Hans Buschbell (Hrsg.)
Münchener AnwaltsHandbuch
Straßenverkehrsrecht

Münchener Anwalts Handbuch

Straßenverkehrsrecht

Herausgegeben von

Hans Buschbell
Rechtsanwalt in Düren und Köln

Bearbeitet von:

Klaus Baschek, Rechtsanwalt und Notar, Fachanwalt für Verkehrsrecht in Gelsenkirchen; *Dr. Frank Baumann* LL.M., Rechtsanwalt und Fachanwalt für Versicherungsrecht in Hamm; *Hans Buschbell*, Rechtsanwalt in Düren und Köln; *Prof. Harald Geiger*, Präsident des Verwaltungsgerichts München a.D.; *Paul Kuhn*, Rechtsanwalt in Diedorf; *Dr. Daniela Mielchen*, Rechtsanwältin und Fachanwältin für Verkehrsrecht in Hamburg; *Joachim Otting*, Rechtsanwalt in Hünxe; *Dr. Markus Schäpe*, Rechtsanwalt und Fachanwalt für Verkehrsrecht in München

4., überarbeitete Auflage 2015

C.H. BECK

Zitiervorschlag: MAH StraßenverkehrsR/*Bearbeiter* § ... Rn. ...

www.beck.de

ISBN 978 3 406 66294 2

© 2015 Verlag C. H. Beck oHG
Wilhelmstraße 9, 80801 München
Druck und Bindung: Beltz Bad Langensalza GmbH,
Neustädter Straße 1–4, 99947 Bad Langensalza

Satz: Druckerei C. H. Beck Nördlingen

Gedruckt auf säurefreiem, alterungsbeständigem Papier
(hergestellt aus chlorfrei gebleichtem Zellstoff)

Vorwort zur 4. Auflage

Das Werk „Münchener Anwalthandbuch Straßenverkehr" wird nunmehr in 4. Auflage vorgelegt. Das grundsätzliche Konzept des Werkes, die Materie „Straßenverkehrsrecht" in ihren Kernbereichen darzustellen, wird beibehalten, beginnend mit dem Thema „Verwaltungsrechtliches Führerscheinverfahren" über das Verkehrsstraf- und OWi-Recht und das Straßenverkehrshaftungsrecht bis hin zum Recht der Kraftfahrtversicherung.

Herausgeber und Autoren haben sich zum Ziel gesetzt, die Materie Straßenverkehrsrecht umfassend darzustellen. Demgemäß werden auch Rechtsmaterien mit Bezug zum Straßenverkehrsrecht gesondert dargestellt, so z. B. verfahrensrechtliche und steuerrechtliche Fragen. Darüber hinaus werden in einem besonderen Teil auch sonstige Rechtsgebiete mit straßenverkehrsrechtlichem Bezug behandelt, also Sozialvorschriften, Lenk- und Ruhezeiten, Transportrecht und Verfallsverfahren. Besonderes Anliegen des Werkes ist es, auf die Schnittstellen und Verzahnungen zu den einzelnen Kernbereichen aufmerksam zu machen und diese darzustellen.

Eine Besonderheit des Werkes besteht darin, dass sich ein Kapitel mit der Darstellung der Ansprüche bei Körperverletzung, insbesondere bei Schwerstverletzten befasst – sog. Personengroßschäden. Diese spezielle Behandlung dieses bedeutsamen Themas soll auf diesem schwierigen Gebiet die Kompetenz des Anwaltes unterstützen.

Eine weitere, sicherlich sehr nützliche Eigenheit des Werkes ist, dass zu jedem der vorgenannten Bereiche Fragen der Beteiligung von Rechtsschutz behandelt werden. Dies erleichtert zur jeweiligen Fallgestaltung die Klärung und Beurteilung der Eintrittspflicht der Rechtsschutzversicherung. Für die Praxis sind sicherlich die vielfältigen Mustertexte sehr nützlich, die den einzelnen Kapiteln als Anhang beigefügt sind. Gleiches gilt für die zahlreich angebotenen Checklisten.

Alle relevanten Rechtsentwicklungen auf dem Gebiet des Straßenverkehrsrechtes werden ausführlich und aktuell behandelt. Das Werk ist auf dem Stand September 2014. Die 4. Auflage wird erneut durch das bewährte und spezialisierte Autorenteam bearbeitet. Neu hinzugekommen ist zudem für die 4. Auflage Herr Rechtsanwalt *Paul Kuhn*, der ebenfalls über langjährige Praxis im Verkehrsrecht verfügt.

Verlag, Herausgeber und das Autorenteam sind auch weiterhin dankbar für Anregungen zur Weiterentwicklung des Werkes. Besonderer Dank gilt meiner Manuskriptsekretärin Frau Gabi Frank für die hilfreiche und engagierte Unterstützung bei der Erstellung des Manuskriptes.

Düren/Köln, im November 2014   Hans Buschbell

Vorwort zur 1. Auflage

Das vorliegende Werk als Anwaltshandbuch zum Straßenverkehrsrecht, also als umfassendes Werk zu diesem speziellen Rechtsgebiet, behandelt diese umfangreiche Rechtsmaterie in einem Band in vier Teilbereichen, nämlich – Verkehrsstraf- und OWi-Recht, – verwaltungsrechtliche Führerscheinverfahren, – Straßenverkehrshaftungsrecht, – Recht der Kraftfahrtversicherung.

Die Darstellung des Straßenverkehrsrechtes in den vorgenannten vier Teilbereichen wurde erstmals vom Verfasser in dem vorangegangenen Werk mit dem Titel „Straßenverkehrsrecht in der Praxis" angewandt. Ziel des Werkes ist es zunächst, die genannten Teilbereiche des Straßenverkehrsrechtes, orientiert an der gebotenen ganzheitlichen Betrachtung, in ihren rechtlichen Verknüpfungen und Wechselwirkungen darzustellen. Hierbei ist nämlich zu vergegenwärtigen, dass bei allen genannten Teilbereichen verknüpfte rechtliche Konsequenzen in Betracht kommen. So haben z.B. die Einlassung und das Ergebnis eines Ermittlungs-, Straf- oder OWi-Verfahrens Auswirkungen auch auf das Recht der Fahrerlaubnis, also das Behalten oder die Wiedererteilung der Fahrerlaubnis, die Feststellungen zur Eignung und speziell zu den Voraussetzungen der Wiedererteilung der Fahrerlaubnis, z.B. nach Entzug im Strafverfahren. Ebenso haben Einlassungen und das Ergebnis eines Straf- und Ordnungswidrigkeitenverfahrens Auswirkungen auf die haftungsrechtliche Beurteilung beim Unfallschaden. Weiter können sich Konsequenzen ergeben zum Versicherungsschutz, etwa in der Fahrzeugversicherung und auch hinsichtlich eines potenziellen Regresses der Versicherung als Pflichtversicherung, z.B. bei der Teilnahme am Straßenverkehr unter der Wirkung von Alkohol, Drogen oder bei dem etwa im Raum stehenden Vorwurf der Verkehrsunfallflucht. Die aufgezeigten Zusammenhänge und Wechselwirkungen müssen bei der Bearbeitung einer verkehrsrechtlichen Angelegenheit gesehen und im Sinne des Betroffenen richtig behandelt werden.

Die Komplexität, Schwierigkeit und die nicht selten existenzielle Bedeutung eines straßenverkehrsrechtlichen Vorganges für Betroffene werden in der Praxis häufig nicht richtig oder zu gering eingeschätzt. Ebenso werden die rechtlichen Zusammenhänge in der Praxis nicht selten übersehen, und dies kann für Betroffene erhebliche, manchmal existenzielle Nachteile haben. Ziel des Werkes ist es, einmal die Materie „Straßenverkehrsrecht" umfassend und insbesondere in den verknüpften Rechtsfolgen darzustellen und dem Benutzer einen umfassenden Leitfaden zu bieten. Die Kenntnis von der Materie „Straßenverkehrsrecht" und von den rechtlichen Zusammenhängen schafft Kompetenz und Sicherheit bei der Bearbeitung eines verkehrsrechtlichen Sachverhaltes.

Bei der facetten- und ebenso umfangreichen Materie des Straßenverkehrsrechtes ist es erkennbar schwierig, alle Einzelfragen umfassend und vertieft zu behandeln. Bei der Themenbehandlung erschien es aber besonders wichtig, auf alle Einzelfragen einzugehen. Hierzu kann verwiesen werden auf die umfassende und differenzierte Gliederung. Es wurde Wert darauf gelegt, alle praxisrelevanten Fragen umfassend darzustellen, so dass das Werk eine weitere Grundlage ist für die Bearbeitung eines verkehrsrechtlichen Mandates. Andererseits will das Werk nicht Anspruch auf wissenschaftliche Vertiefung von Einzelfragen erheben. Hierzu werden im Einzelfall Hinweise auf weiterführende und vertiefende Literatur gegeben. Die Verbindung zwischen der praxisorientierten Darstellung und den umfassenden Hinweisen auf weiterführende und vertiefende Literatur rechtfertigt den Anspruch des Werkes, „Anwaltshandbuch des Straßenverkehrsrechtes" zu sein.

Die dem Werk vorangestellte Inhaltsübersicht und die umfassende Gesamtgliederung, orientiert an der Einteilung des Werkes in die vier Kernthemen des Verkehrsrechtes, ermöglichen einen sicheren Überblick über die Thematik und das Auffinden der Darstellung zu Einzelthemen. Die Nutzung des Werkes soll auch noch dadurch erleichtert werden, dass jedem der 49 Paragraphen wiederum die Gliederung zum jeweiligen Themenbereich vorangestellt ist in Verbindung mit der Darstellung der jeweiligen Spezialliteratur.

Vorwort

Jeder der vier Kernbereiche der Materie „Straßenverkehrsrecht" wird behandelt entsprechend dem Bearbeitungsablauf, also beginnend mit der Annahme des Mandates, der Sachverhaltsdarstellung, bis hin zur finanziellen bzw. Gebührenabwicklung und der eventuellen Beteiligung von Rechtsschutz. Die Themenbehandlung hat die Position desjenigen vor Augen, der eine verkehrsrechtliche Angelegenheit zu regeln hat, speziell des Anwaltes, der einen in einer Verkehrsangelegenheit Betroffenen zu beraten und/oder zu vertreten hat. Dies kommt auch in einer Besonderheit des Werkes zum Ausdruck. So werden in jedem der vier Teilbereiche des Werkes, orientiert an der speziellen Thematik, bestimmte, sich zu jedem Themenbereich wiederholende Problemstellungen behandelt, nämlich
– Mandatsannahme und -organisation,
– Rechtsmittel und Rechtsmittelverfahren,
– Beteiligung von Rechtsschutz sowie
– Vergütung des Anwaltes einschließlich Beratungs- und Prozesskostenhilfe.

Um die Arbeit in der praktischen Abwicklung zu unterstützen, werden zahlreiche Checklisten, so z.B. zur Annahme des Mandates oder zu Schadenpositionen, geboten. Darüber hinaus sind zu zahlreichen Einzelfragen Übersichten integriert. Weiter werden jeweils im Text zu wichtigen und sich wiederholenden Arbeitsschritten Mustertexte und Formulierungsvorschläge geboten. Hierdurch soll die Abwicklung von routinemäßigen und sich wiederholenden Arbeitsschritten und insbesondere Schriftsätzen erleichtert und eine rationelle Arbeitsweise gefördert werden.

Anliegen und Zielsetzung des Werkes, eine praxisorientierte Darstellung der Materie „Straßenverkehrsrecht" zu bieten, wird ergänzt durch einen Anhang. Dieser bietet zu jedem der genannten Teilbereiche des „Straßenverkehrsrechts" zunächst einen Mustertext für die sinnvolle Information des Mandanten zum Ablauf der verkehrsrechtlichen Angelegenheit. Darüber hinaus enthält der dem Werk angefügte Anhang zu jedem Teilbereich wichtige Informationen und praxisorientierte Arbeitshilfen und Übersichten.

Besonders dankbar bin ich für die hilfreiche und engagierte Unterstützung durch Frau Gabi Frank bei der Erstellung des Manuskriptes. Dem Verlag C.H. Beck, namentlich Herrn Dr. Schäfer, danke ich für die professionelle Unterstützung.

Das Werk will eine kompakte und zugleich umfassende Grundlage für die Bearbeitung von Angelegenheiten des Straßenverkehrsrechtes sein. Die Themen werden praxisorientiert behandelt mit ausführlichen Hinweisen auf Rechtsprechung sowie weiterführende und vertiefende Literatur. Rechtsprechung und Literatur sind bearbeitet zum Stand vom 1. März 2001.

Autor und Verlag sind für Anregungen zur weiteren Entwicklung des Werkes dankbar.

Düren/Köln, im April 2001   Hans Buschbell

Inhaltsübersicht

	Seite
Vorwort	V
Inhaltsverzeichnis	XIII
Bearbeiterverzeichnis	XLIII
Abkürzungs- und Literaturverzeichnis	XLV

Teil A. Mandatsannahme und -organisation

§ 1	Allgemeine Grundlagen der Mandatsannahme und -organisation in verkehrsrechtlichen Angelegenheiten *(Baschek)*	1
§ 2	Besonderheiten im verwaltungsrechtlichen Führerscheinverfahren *(Baschek)*	19
§ 3	Besonderheiten im verkehrsrechtlichen Straf- und OWi-Recht *(Schäpe)*	21
§ 4	Besonderheiten im Straßenverkehrszivilrecht und im Recht der Kraftfahrtversicherung *(Baschek)*	41

Teil B. Das verwaltungsrechtliche Führerscheinverfahren (Erteilung, Antrag, Wiedererteilung)

§ 5	Erwerb und Geltung der Fahrerlaubnis sowie Fragen zur im Ausland erworbenen Fahrerlaubnis *(Geiger)*	45
§ 6	Die Voraussetzungen für die Erteilung und die Wiedererteilung der Fahrerlaubnis *(Geiger)*	70
§ 7	Allgemeine Maßnahmen und Maßnahmen der Fahrerlaubnisbehörde bei Probeführerschein und nach dem Punktsystem *(Geiger)*	131
§ 8	Beratung und Therapien *(Geiger)*	150
§ 9	Rechtsmittel und Rechtsmittelverfahren *(Geiger)*	161
§ 10	Beteiligung von Rechtsschutz im verwaltungsrechtlichen Führerscheinverfahren *(Baschek)*	179
§ 11	Kosten und Gebühren, Beratungs- und Prozesskostenhilfe im verwaltungsrechtlichen Führerscheinverfahren *(Baschek)*	186

Teil C. Das verkehrsrechtliche Straf- und OWi-Verfahren

§ 12	Beratung, Bestellung und Tätigkeit als Verteidiger im Ermittlungsverfahren *(Schäpe)*	197
§ 13	Feststellung von Verkehrsverstößen *(Schäpe)*	220
§ 14	Klärung von Rechtsfragen *(Schäpe)*	260
§ 15	Verteidigertätigkeit in der Hauptverhandlung *(Schäpe)*	303
§ 16	Verteidigung und Vertretung bei – drohender – Führerscheinmaßnahme *(Schäpe)*	325
§ 17	Rechtsmittel und Rechtsmittelverfahren *(Schäpe)*	353
§ 18	Kostenerstattung und Gesuche *(Schäpe)*	368
§ 19	Nebenklage, Adhäsionsverfahren und Vertretung nach Opferschutzgesetz *(Schäpe)*	373
§ 20	Die Beteiligung von Rechtsschutz im verkehrsrechtlichen Straf- und OWi-Verfahren *(Baschek)*	378
§ 21	Kosten und Gebühren, Beratungs- und Prozesskostenhilfe im verkehrsrechtlichen Straf- und OWi-Verfahren *(Baschek)*	400
Anhang Teil C *(Schäpe)*		426

Teil D. Haftungs- und Schadensrecht

| § 22 | Die außergerichtliche Geltendmachung von Haftpflichtansprüchen gegen Schädiger und Haftpflichtversicherung – Schadenmanagement *(Kuhn)* | 455 |
| § 23 | Haftungsrecht und Beweisfragen *(Kuhn)* | 502 |

Inhaltsübersicht

		Seite
§ 24	Der Sachschaden – Grundlagen und einzelne Schadenpositionen *(Kuhn)*	570
§ 25	Die Regulierung von Personenschäden – Haftungs- und Beweisfragen *(Kuhn)*	618
§ 26	Die Ansprüche bei Schwerstverletzungen – Personengroßschäden *(Buschbell)*	635
§ 27	Die Ansprüche mittelbar Geschädigter/Dritter *(Kuhn)*	725
§ 28	Schadensminderungspflicht und Vorteilsausgleich *(Kuhn)*	740
§ 29	Der Arbeits- und Wegeunfall *(Kuhn)*	751
§ 30	Der Regress des Sozialversicherungsträgers und sonstiger Leistungsträger *(Kuhn)*	766
§ 31	Der Unfall mit Auslandsberührung (einschließlich Unfall mit Stationierungsstreitkräften) *(Kuhn)*	783
§ 32	Die Beteiligung von Rechtsschutz und Prozessfinanzierung *(Baschek)*	797
§ 33	Die Anwaltsvergütung bei der Unfallschadenabwicklung *(Baschek)*	819
Anhang Teil D *(Baschek)*		848

Teil E. Verfahrensrecht, Steuerrecht und Haftungsrecht

§ 34	Fristen, Verzug, Verjährung *(Kuhn)*	863
§ 35	Steuerliche Aspekte der Unfallschadenregulierung *(Kuhn)*	872
§ 36	Verhandlung, Kapitalisierung und Abfindungsvergleich *(Buschbell)*	879
§ 37	Der Kraftschadenprozess *(Buschbell)*	897
§ 38	Der Anwalt in eigener Sache, Haftungsrisiko und Rechtsdienstleistungsgesetz *(Buschbell)*	926
Anhang Teil E		932

Teil F. Vertragliche Beziehungen im Verkehrsrecht/Verkehrsvertragsrecht

§ 39	Der Pkw-Kauf *(Otting)*	937
§ 40	Das Pkw-Leasing *(Otting)*	994
§ 41	Die Pkw-Reparatur *(Otting)*	1006

Teil G. Die Kraftfahrtversicherung

§ 42	Rechtsgrundlagen der Kraftfahrtversicherung *(Baumann)*	1019
§ 43	Der Versicherungsvertrag in der Kraftfahrtversicherung *(Baumann)*	1040
§ 44	Die Kraftfahrthaftpflichtversicherung *(Baumann)*	1069
§ 45	Die Fahrzeugversicherung – Teilkaskoversicherung (A.2.2 AKB 08) *(Baumann)*	1094
§ 46	Die Kraftfahrtversicherung – Vollkaskoversicherung (A.2.3 AKB 08) *(Baumann)*	1111
§ 47	Die Kfz-Unfallversicherung (A 4 AKB 08) *(Baumann)*	1128
§ 48	Leistungsfreiheit und Regress in der Kraftfahrtversicherung *(Baumann)*	1134
§ 49	Verfahrensrecht in der Kraftfahrtversicherung *(Baumann)*	1142
§ 50	Fragen der Versicherungsaufsicht *(Baumann)*	1155
§ 51	Exkurs: Die Rückversicherung *(Baumann)*	1158
§ 52	Die Beteiligung von Rechtsschutz in der Kraftfahrtversicherung *(Baschek)*	1159
§ 53	Kosten, Gebühren und Verfahrenskosten in der Kraftfahrtversicherung *(Baschek)*	1166
Anhang Teil G *(Baumann)*		1173

Teil H. Sonstige Rechtsgebiete und Verfahren mit straßenverkehrsrechtlichem Bezug

§ 54	Sozialvorschriften – Lenk- und Ruhezeiten *(Mielchen)*	1217
§ 55	Transportrecht, Gefahrgut und LKW-Maut *(Mielchen)*	1240
§ 56	Verfallsverfahren gem. § 29 a OWiG *(Mielchen)*	1285
Sachverzeichnis		1299

Inhaltsverzeichnis

Teil A. Mandatsannahme und -organisation

§ 1 Allgemeine Grundlagen der Mandatsannahme und -organisation in verkehrsrechtlichen Angelegenheiten Seite

   I. Der Verkehrsunfall – ein Massenphänomen 2
      1. Der Verkehrsunfall – ein Massenphänomen, Ursache für menschliche Tragik und wirtschaftliche Beeinträchtigungen 2
      2. Statistische Aussagen zum Straßenverkehrsunfall 3
      3. Checkliste zur Mandatsannahme und Mandatsabwicklung für außergerichtliche Geltendmachung und Kraftschadenprozess 6
   II. Das Verkehrsrecht – eine facettenreiche Materie 6
      1. Die verschiedenen Rechtsgebiete mit Bezug zum Verkehrsrecht 6
      2. Die Organisation der Mandatsführung 6
   III. Die Gefahr der Interessenkollision 8
      1. Die Gefahr der Interessenkollision, speziell im Straßenverkehrsrecht 9
      2. Die Gefahr des Parteiverrates 10
      3. Möglichkeiten zum Ausschluss der Doppelvertretung 10
   IV. Organisation der Akte und Korrespondenz sowie Nutzung moderner Technik ... 11
      1. Unfallaufnahme sowie Mandanten- und Stammdatenerfassung 11
      2. Nutzung von Arbeitshilfen 14
      3. Nutzung elektronischer Kommunikation 15
   V. Die notwendige Kompetenz und Wissensmanagement 15
      1. Die notwendige Kompetenz 15
      2. Kommunikation zwischen Anwalt und Mandant 16
      3. Wissensmanagement 16
   VI. Kooperation mit Spezialisten 16
   VII. Besonderheiten beim Auslandsunfall 16
      1. Allgemeines 16
      2. Das richtige Vorgehen 17
      3. Die Schadenpositionen 17
   VIII. Der Unfall mit Schwerverletzten – eine besondere Herausforderung 17
   IX. Die Beteiligung von Rechtsschutz 17
   X. Die Vergütungsfrage 17
      1. Die gesetzliche Vergütung 17
      2. Hinweispflicht auf Streitwertabhängigkeit des Honorars 18
      3. Die Vergütungsvereinbarung und Erfolgshonorar 18

§ 2 Besonderheiten im verwaltungsrechtlichen Führerscheinverfahren

   I. Mandatsannahme und Beratung 19
      1. Existenzielle und wirtschaftliche Bedeutung der Fahrerlaubnis 19
      2. Die Möglichkeiten, die Fahrerlaubnis zu erhalten, zu behalten oder wiederzuerlangen 19
      3. Beratung zu besonderen Möglichkeiten 19
   II. Vergütung und Rechtsschutzdeckung 20
   III. Konkrete Ratschläge zu Verhalten und Vorgehen 20

§ 3 Besonderheiten im verkehrsrechtlichen Straf- und OWi-Recht

   I. Prüfung möglicher Interessenkollisionen 22
      1. Die Gefahr der Interessenkollision 23

Inhaltsverzeichnis

	Seite
2. Die Gefahr des Parteiverrates	23
3. Möglichkeiten zum Ausschluss der Doppelvertretung	24
II. Annahme des Mandates	24
1. Mandatsanbahnung	24
2. Die Vollmacht	25
3. Anzahl der Verteidiger	27
4. Verbot der gemeinschaftlichen Verteidigung, § 146 StPO	27
5. Pflichtverteidigung	27
III. Beratung zum Verfahrensablauf und zu Fragen des richtigen Verhaltens	28
1. Allgemeine Information	28
2. Verkehrsverstöße im Ausland	29
3. Verhalten gegenüber Ermittlungen der Polizei	30
4. Eintragungen im Bundeszentralregister und in das Fahreignungsregister	30
5. Verjährungsfristen	31
6. Mögliche sofortige Maßnahmen	31
7. Die Situation bei – drohender – Führerscheinmaßnahme	32
8. Kontakt mit Verletzten/Hinterbliebenen	32
IV. Die Gebührenfrage und Klärung der Beteiligung von Rechtsschutz	33
1. Gesetzliche Gebühren	33
2. Erstattung notwendiger Auslagen durch die Staatskasse	34
3. Vergütungsvereinbarung	34
4. Beteiligung von Rechtsschutz	36
V. Organisation der Akte	37
1. Allgemeine Grundsätze	37
2. Nutzung von Mandanten- und Aktenstammdaten	37
3. Organisatorische Hilfen	37
VI. Informations- und Wissensbeschaffung	39
1. Grundsätzliches	39
2. Klärung des Sachverhaltes	39
3. Klärung rechtlicher Thematik	39
4. Informationsbeschaffung	40
VII. Nutzung programmierter Textverarbeitung	40

§ 4 Besonderheiten im Straßenverkehrszivilrecht und im Recht der Kraftfahrtversicherung

I. Das Mandat im Straßenverkehrszivilrecht	41
1. Unfallaufnahme sowie Mandanten- und Stammdatenerfassung	41
2. Die Gefahr der Interessenkollision	41
3. Klärung des Mandatsumfanges	41
4. Die Gebührenfrage und die mögliche Beteiligung von Rechtsschutz	42
II. Die Mandate in Angelegenheiten der Kraftfahrtversicherung	42
1. Mandatsannahme	42
2. Vergütung und mögliche Rechtsschutzdeckung	42

Teil B. Das verwaltungsrechtliche Führerscheinverfahren (Erteilung, Entzug, Wiedererteilung)

§ 5 Erwerb und Geltung der Fahrerlaubnis sowie Fragen zur im Ausland erworbenen Fahrerlaubnis

I. Rechtliche Grundlagen	46
1. Überblick	46
2. Die wichtigsten Regelungen im Einzelnen	46

Inhaltsverzeichnis

	Seite
II. Erwerb der Fahrerlaubnis	48
1. Grundsatz der Freiheit zur Teilnahme am Straßenverkehr	48
2. Die Erlaubnispflicht für das Führen von Kraftfahrzeugen	50
3. Fahrerlaubnis auf Probe, Vorbesitz anderer Fahrerlaubnisklassen, Befristung und Einschränkung der Fahrerlaubnis	56
4. Erteilung der Fahrerlaubnis	58
5. Neuerteilung der Fahrerlaubnis	61
6. Verlängerung einer Fahrerlaubnis	61
7. Ersatzführerschein	62
8. Internationaler Führerschein	62
III. Im Ausland erworbene Fahrerlaubnisse	62
1. Inhaber einer ausländischen Fahrerlaubnis ohne deutschen Wohnsitz	63
2. Inhaber einer EG- und EWR-Fahrerlaubnis mit deutschem Wohnsitz	64
3. Inhaber einer Drittstaaten-Fahrerlaubnis mit deutschem Wohnsitz	69

§ 6 Die Voraussetzungen für die Erteilung und Wiedererteilung der Fahrerlaubnis

	Seite
I. Die Begriffe der Eignung und Ungeeignetheit	72
1. Der Begriff der Eignung	72
2. Bedingte Eignung	74
3. Teileignung	74
II. Eignungszweifel bei Alkoholproblematik	75
1. Rechtliche Grundlagen	75
2. Die Fälle der alkoholbedingten Fahrungeeignetheit	75
3. Wiederherstellung der Eignung	77
III. Eignungszweifel bei Drogenproblematik	80
1. Die verstärkte Drogenproblematik	80
2. Kontrollen und Maßnahmen der Polizei	81
3. Die Beurteilung der Eignung bei Drogenkonsum in der Rechtsprechung	82
4. Wiederherstellung der Eignung	87
IV. Die Prüfung der Eignung	89
1. Allgemeines	89
2. Die Aspekte bei der Eignungsprüfung im Einzelnen	91
3. Besondere Eignungsanforderungen für die Fahrerlaubnis der Klassen D, D1, DE und D1E sowie zur Fahrgastbeförderung	92
4. Änderungen in den Eignungsvoraussetzungen	92
5. Bedeutung der strafrechtlichen Beurteilung der Eignung für die Fahrerlaubnisbehörde	95
6. Konsequenzen aus der strafrechtlichen Beurteilung der Ungeeignetheit	96
7. Erkenntnisquellen für die Fahrerlaubnisbehörde	99
V. Die Befähigung	101
1. Die Befähigung und ihr Nachweis durch theoretische und praktische Prüfung	101
2. Ausnahmen vom Erfordernis des Nachweises der Befähigung	101
VI. Mögliche Anlässe zur Begutachtung, Anforderungen an Begutachtungen und Inhalt des Gutachtens	103
1. Einzelfragen zu möglichen Anlässen der Begutachtung für Fahreignung im Verwaltungsverfahren	103
2. Musterschriftsätze bei Anordnung zur Begutachtung der Fahreignung	116
VII. Rechtliche Anforderungen an eine Begutachtungsanordnung	117
1. Gesetzliche Grundlagen der Begutachtung	117
2. Das Begutachtungsverfahren	123
3. Erneute Begutachtung, Obergutachten	127

Inhaltsverzeichnis

	Seite
VIII. Anforderungen an Gutachten	127
1. Notwendiger Inhalt des Gutachtens	127
2. Auswertung des Gutachtens	129

§ 7 Allgemeine Maßnahmen und Maßnahmen der Fahrerlaubnisbehörde bei Probeführerschein und nach dem Punktsystem

I. Allgemeine Maßnahmen (Verkehrsunterricht, Fahrtenbuch)	132
1. Verkehrsunterricht	132
2. Fahrtenbuch	133
II. Maßnahmen bei Fahrerlaubnis auf Probe	136
1. Voraussetzungen für Maßnahmen	136
2. Die Maßnahmen im Einzelnen	136
3. Neuerteilung der Fahrerlaubnis auf Probe nach Entziehung	139
4. Maßnahmen nach Neuerteilung der Fahrerlaubnis auf Probe	140
5. Übersicht: Maßnahmen der Fahrerlaubnisbehörde bei Fahrerlaubnis auf Probe	140
III. Das Fahreignungs-Bewertungssystem, das Fahreignungsregister und sonstige Register	141
1. Fahreignungsregister, Grundlagen und Zweckbestimmung	141
2. Eintragungen in das Fahreignungsregister	141
3. Tilgung von Eintragungen	142
4. Verwertung von Eintragungen	144
IV. Maßnahmen nach dem Fahreignungs-Bewertungssystem	145
1. Punktebewertung	145
2. Die in Betracht kommenden Maßnahmen	146
3. Besonderheiten bei speziellen Sachverhalten der Punkteberechnung	148
4. Neuerteilung der Fahrerlaubnis nach Entziehung	149

§ 8 Beratung und Therapien

I. Sachverhaltsklärung	150
1. Akteneinsicht gemäß § 29 VwVfG, § 100 VwGO	150
2. Auswertung der Akten	151
3. Hinweis auf Vorbereitungskurse durch Fahrerlaubnisbehörde	151
II. Frühzeitige Darstellung der Problematik	151
1. Das Mandantengespräch	151
2. Information und Belehrung für Betroffene	152
3. Die Nutzung der Zeit ab – drohender – Entziehung der Fahrerlaubnis	153
III. Vorbereitung auf Begutachtung für Fahreignung	154
1. Vorbereitung ist sinnvoll und notwendig	154
2. Möglichkeiten der Vorbereitung auf die Begutachtung	154
3. Die Begutachtung für Fahreignung und das richtige Verhalten – Ratschläge an den Mandanten	156
4. Information über den Ablauf der Begutachtung	157
5. Beratung bei negativem Ergebnis der Begutachtung	159
IV. Gebühren und Kosten für die Teilnahme an Kursen und Begutachtung	159
1. Verwaltungsgebühren	159
2. Die Kosten der Begutachtung	159
3. Kosten für Teilnahme an Kursen	160
4. Anwaltsgebühren	160

§ 9 Rechtsmittel und Rechtsmittelverfahren

I. Maßnahmen außerhalb des förmlichen Rechtsmittelverfahrens	161
1. Die Anordnung zur Beibringung eines Gutachtens	161

Inhaltsverzeichnis

	Seite
2. Ziel: Beschleunigung des Verfahrens	164
3. Erörterung mit der Fahrerlaubnisbehörde	164
4. Dienstaufsichtliche Maßnahmen	164
II. Die einzelnen Rechtsmittel	164
1. Grundsätzliches	164
2. Widerspruch	165
3. Klage zum Verwaltungsgericht	166
4. Vorgehen gegen Anordnung der sofortigen Vollziehung	170
5. Beschwerde	174
6. Berufung	175
7. Revision/Sprungrevision	176
8. Wiedereinsetzung	176
III. Streitwert	177

§ 10 Beteiligung von Rechtsschutz im verwaltungsrechtlichen Führerscheinverfahren

I. Der Versicherungsschutz	179
1. Allgemeines	179
2. Die Regelungen in den ARB	180
II. Die Rechtsschutzdeckung im Verkehrsverwaltungsrecht	181
1. Mögliche Fallgestaltungen	181
2. Verkehrsrechtliche Anordnungen ohne Rechtsschutzdeckung im verkehrsrechtlichen Verwaltungs-Rechtsschutz	182
III. Voraussetzungen der Rechtsschutzgewährung	182
1. Vorliegen eines Versicherungsfalles	182
2. Interessenwahrnehmung vor Verwaltungsbehörde oder Verwaltungsgericht	183
IV. Leistungsumfang	183
1. Der Leistungsumfang nach ARB	183
2. Kosten/Gebühren für Begutachtung für Fahreignung (BfF)/MPU	184

§ 11 Kosten und Gebühren, Beratungs- und Prozesskostenhilfe im verwaltungsrechtlichen Führerscheinverfahren

I. Kosten	186
II. Gebühren der Fahrerlaubnisbehörde	188
III. Anwaltsvergütung	188
1. Beratung	188
2. Außergerichtliche Gebühren im Verwaltungsverfahren	189
3. Gebühren-/Auslagenerstattung	192
4. Die Gebühren im Verfahren vor den Verwaltungsgerichten	192
IV. Gegenstandswert	193
1. Allgemeines/Grundlagen	193
2. Streitwertkatalog für die Verwaltungsgerichtsbarkeit, speziell zum Bereich Verkehrsrecht (Fassung 31.5./1.6./18.7.2013)	193
V. Beratungs- und Prozesskostenhilfe	194
1. Beratungshilfe	194
2. Prozesskostenhilfe	194

Teil C. Das verkehrsrechtliche Straf- und OWi-Verfahren

§ 12 Beratung, Bestellung und Tätigkeit als Verteidiger im Ermittlungsverfahren

I. Bestellung und Tätigkeit als Verteidiger	198
1. Bestellung	198
2. Akteneinsicht	199

Inhaltsverzeichnis

	Seite
II. Verteidigungsstrategie	201
1. Fragen zur Feststellung des Verantwortlichen	201
2. Beachtung haftungs- und versicherungsrechtlicher Konsequenzen	204
III. Eigene Ermittlungen des Verteidigers	205
1. Zulässigkeit eigener Ermittlungen des Verteidigers	205
2. Möglichkeiten eigener Ermittlungen des Verteidigers	205
3. Die Durchführung eigener Ermittlungen	206
IV. Ziel der Verteidigung	210
1. Einstellung im strafrechtlichen Verfahren	210
2. Verwarnung mit Strafvorbehalt	213
3. Erledigung durch Strafbefehl	213
4. Vorbereitung der Hauptverhandlung	213
5. Einstellung des Bußgeldverfahrens	213
6. Erledigung durch Beschlussentscheid gemäß § 72 OWiG	214
V. Musterschriftsätze	215
1. Bestellung bei Polizei	215
2. Bestellung bei Staatsanwaltschaft, Bußgeldstelle, Gericht	217
3. Bestellung, speziell in Trunkenheitssache	217
4. Aktenanforderung für Aktenauszug	217
5. Erklärungen zur Terminierung	218
6. Vertagung	218
7. Schreiben an Staatsanwaltschaft/Gericht wegen Einstellung	218
8. Auftrag an Kollegen zur Terminvertretung	219

§ 13 Feststellung von Verkehrsverstößen

	Seite
I. Allgemeine Fragen zur Feststellung von Verkehrsverstößen	221
1. Messungen durch Kommunen	222
2. Keine Messung durch Private	223
3. Behinderung oder Beeinträchtigung von Feststellungen und Einrichtungen	223
4. Verfahren zur Feststellung von Verkehrsverstößen	224
II. Geschwindigkeitsmessverfahren	225
1. Praktische Fragen zur Geschwindigkeitsüberschreitung	226
2. Radarmessverfahren	227
3. Laser-Geschwindigkeitsmesssysteme	228
4. Lichtschranken-Messverfahren	229
5. Koaxialkabelmessverfahren	230
6. Spiegel-Messverfahren	231
7. Funkstopp-Messverfahren	232
8. Geschwindigkeitsermittlung durch Nachfahren	232
9. Geschwindigkeitsmessung durch Verkehrsüberwachungsanlage ProViDa	233
10. Geschwindigkeitsmessung von einer Brücke herab	233
11. Feststellung der Geschwindigkeit aufgrund Fahrtenschreiber	233
12. Notwendige richterliche Feststellung	234
13. Richtlinien der einzelnen Bundesländer	234
III. Abstandsmessverfahren	234
1. Rechtsfragen zum erforderlichen Abstand	234
2. Die Messverfahren im Einzelnen	235
IV. Rotlichtüberwachungsanlagen	238
1. Ahndung von Rotlichtverstoß	238
2. Die Rotlichtüberwachungsanlagen	238
3. Feststellung durch Beobachtung	240
4. Voraussetzungen für die Feststellung eines qualifizierten Rotlichtverstoßes	240
5. Notwendige tatrichterliche Feststellungen	240

Inhaltsverzeichnis

	Seite
V. Verstöße im Zusammenhang mit der Nutzung des Fahrtenschreibers	241
1. Rechtsgrundlage für die Benutzung eines Fahrtenschreibers	241
2. Verpflichtung zur Aufbewahrung	241
3. Ahndung von Verkehrsverstößen aufgrund der Fahrtenschreiberaufzeichnung	241
4. Verfahrensfragen	241
VI. Unfalldatenspeicher (UDS)	242
1. Funktionsweise	242
2. Auswertung von UDS-Aufzeichnungen	242
VII. Verstöße gegen Lenk- und Ruhezeiten	243
1. Rechtsgrundlagen	243
2. Überwachung und Zuständigkeit	243
VIII. Achslast und Gesamtgewicht sowie Wägungen	244
1. Gewichtsgrenzen	244
2. Überprüfung des Gewichtes und Messungen	244
IX. Identitätsfeststellung	245
1. Identifizierung anhand des Fahrerfotos	245
2. Identifizierung bei Kennzeichenanzeigen	246
3. Erkennungsdienstliche Behandlung und Gegenüberstellung	247
4. Humanbiologische Gutachten	247
X. Alkohol- und Drogenfahrten	247
1. Rechtliche Aspekte der Feststellung von Alkohol und Drogen	247
2. Die Feststellung der Alkoholkonzentration	248
3. Die Feststellung von Drogen/Rauschmitteln sowie Medikamenten	258
4. Medikamenteneinnahme	259
§ 14 Klärung von Rechtsfragen	
I. Verteidigervollmacht	262
1. Form	262
2. Umfang der Vollmacht	262
3. Wirkung der Vollmacht	263
II. Zustellung	263
1. Adressat der Zustellung	263
2. Form der Zustellung	264
3. Ersatzzustellung	264
III. Allgemeine Rechtsfragen in Verkehrsstraf- und OWi-Sachen	265
1. Allgemeine Aspekte	265
2. Rechtswidrigkeit bei Verkehrsverstößen	265
3. Schuldfähigkeit	266
4. Vorsatz und Fahrlässigkeit bei Verkehrsverhalten	266
5. Actio-libera-in-causa	267
6. Tateinheit, Tatmehrheit, Dauerstraftat	267
7. Fragen des Beweisrechts	268
8. Strafzumessung, Tagessatzhöhe und Bußgeldbemessung	269
IV. Die Tatbestände des Verkehrsstrafrechtes	271
1. Fahrlässige Tötung (§ 222 StGB)	271
2. Fahrlässige Körperverletzung (§ 229 StGB)	274
3. Trunkenheit im Verkehr (§ 316 StGB)	274
4. Straßenverkehrsgefährdung (§ 315c StGB)	277
5. Gefährlicher Eingriff in den Straßenverkehr (§ 315b StGB)	280
6. Vollrausch (§ 323a StGB)	281
7. Unerlaubtes Entfernen vom Unfallort (§ 142 StGB)	282
8. Nötigung (§ 240 StGB)	288

Inhaltsverzeichnis

	Seite
9. Sonstige Straftatbestände mit verkehrsrechtlichem Bezug	289
10. Fahren ohne Fahrerlaubnis oder trotz Fahrverbotes (§ 21 StGB)	289
11. Die Verantwortung dritter Personen	290
V. Die Verteidigung bei Verkehrsordnungswidrigkeiten	290
1. Grundlagen des Ordnungswidrigkeitenrechts	290
2. Die Ahndung von Verkehrsverstößen	291
3. Verteidigung bei Verstößen gegen § 24a StVG	294
4. Der Bußgeldbescheid	295
5. Verjährung	297
6. Besonderheiten des Verfahrens	299
VI. Verkehrsverstöße im Ausland	302
1. Die Ahndung von Verkehrsverstößen im Ausland	302
2. Rechtshilfe- und Vollstreckungsabkommen	302

§ 15 Verteidigertätigkeit in der Hauptverhandlung

I. Vorbereitung der Hauptverhandlung	304
1. Klärung des Ziels der Verteidigung	305
2. Klärung von Rechtsfragen und Sachkompetenz	305
3. Abstimmung über Terminierung	306
4. Vorbereitung der Beweisaufnahme	306
5. Ladung von Zeugen und Sachverständigen durch den Verteidiger	307
6. Vor- und außerprozessuale Klärungen mit Verfahrensbeteiligten	310
7. Vorbereitung der Hauptverhandlung mit dem Mandanten	311
8. Die Anwesenheitspflicht des Angeklagten/Betroffenen	311
9. Ankündigung von Beweisanträgen	312
II. Die Hauptverhandlung	313
1. Gesetzliche Regelungen	313
2. Verhandlungsführung und Fragerecht sowie Protokollierung	313
3. Die Beweisaufnahme	313
4. Beweisantrag	316
5. Rechtliche Hinweise gemäß § 265 StPO	317
6. Hinweis für die Praxis: Terminbericht	318
III. Strafzumessung und Gefahr der Freiheitsstrafe	319
1. Strafzumessung	319
2. Die Gefahr der Freiheitsstrafe	319
IV. Verwarnung mit Strafvorbehalt	319
1. Die gesetzlichen Voraussetzungen	319
2. Prozessuale Fragen und Rechtsmittel	320
3. Rechtsfolgen der Verwarnung mit Strafvorbehalt	321
V. Besonderheiten der Hauptverhandlung im OWi-Verfahren	321
1. Die Anordnung des persönlichen Erscheinens in der Hauptverhandlung	321
2. Die Beweisaufnahme im OWi-Verfahren	323
3. Beachtung der Gefahr des Übergangs in das Strafverfahren	324
4. Das Absehen von der Urteilsbegründung	324

§ 16 Verteidigung und Vertretung bei – drohender – Führerscheinmaßnahme

I. Allgemeine Aspekte der Verteidigungsstrategie	326
1. Problemstellung	326
2. Wege zur Abwendung des Entzuges der Fahrerlaubnis	327
3. Checkliste zur Verteidigung/Vertretung in Führerscheinmaßnahmen	327
II. Entziehung der Fahrerlaubnis	328
1. Die vorläufige Entziehung	328
2. Entziehung der Fahrerlaubnis	330

Inhaltsverzeichnis

	Seite
3. Ausnahmen vom Entzug der Fahrerlaubnis und der Sperre	335
4. Entzug der Fahrerlaubnis und Verteidigung	336
5. Austausch von Führerscheinmaßnahmen	337
6. Entziehung der Fahrerlaubnis gegen Beifahrer	337
7. Entziehung der Fahrerlaubnis bei Taten allgemeiner Kriminalität	337
III. Das Fahrverbot	338
1. Das Fahrverbot gemäß § 44 StGB	338
2. Das Fahrverbot gemäß § 25 StVG	341
3. Fahrverbot und Bußgeldkatalog-Verordnung (BKatV)	343
4. Die Voraussetzungen für das Absehen vom Fahrverbot	345
5. Übersicht über Rechtsprechung zum Absehen vom Fahrverbot	345
6. Ausnahmen für bestimmte Fahrzeugarten	349
7. Notwendige Feststellungen im Urteil	349
8. Vollstreckung des Fahrverbotes	350
IV. Die Entschädigung für Führerscheinmaßnahmen	350
1. Die Entschädigung	350
2. Ausnahmen von der Entschädigung	351
3. Umfang der Entschädigung	351
4. Entschädigungsverfahren	351

§ 17 Rechtsmittel und Rechtsmittelverfahren

I. Im Strafverfahren	353
1. Strafbefehlsverfahren	353
2. Berufung	355
3. Revision und Sprungrevision	357
4. Rechtsbehelfe bei Führerscheinmaßnahme	358
II. Im Bußgeldverfahren	361
1. Der Einspruch	361
2. Die Rechtsbeschwerde	363
III. Fristwahrung und Antrag auf Wiedereinsetzung	366

§ 18 Kostenerstattung und Gesuche

I. Regelung Kostenangelegenheit	368
1. Allgemeines	368
2. Kostenpflicht im Einzelnen	369
II. Ratenzahlung und Zahlungserleichterung	370
1. Antrag auf Gewährung Ratenzahlung/Zahlungserleichterung	370
2. Fragebogen über Vermögensverhältnisse	371
III. Gnadengesuch und Antrag auf Haftverschonung	371

§ 19 Nebenklage und Adhäsionsverfahren

I. Nebenklage	373
1. Die gesetzliche Regelung	373
2. Gesetzliche Regelung bei Verletzungen infolge Verkehrsunfalls	373
3. Die gerichtliche Entscheidung	374
4. Die Rechtsposition und die Rechte des Nebenklägers	375
5. Prozesskostenhilfe für den Nebenkläger	375
6. Kosten und notwendige Auslagen der Nebenklage	376
II. Adhäsionsverfahren	376
1. Der Antrag	376
2. Der Anspruch auf Entschädigung	376
3. Die Kosten	377

Inhaltsverzeichnis

	Seite
§ 20 Beteiligung von Rechtsschutz im verkehrsrechtlichen Straf- und OWi-Verfahren	
I. Die verschiedenen Rechtsschutzbedingungen ARB (75)/ARB (94)/ARB (2000)/(2008) (2010)(2012) sowie die Abwicklung des Rechtsschutzmandates	379
1. Verkehrsrecht und Rechtsschutz	380
2. Vorschlag für effiziente Korrespondenz mit der Rechtsschutzversicherung	382
II. Versicherungsschutz und Leistungsansprüche auf Rechtsschutz in Straf- und OWi-Verfahren	385
1. Der Verkehrs- und Fahrerrechtsschutz	385
2. Die Eintrittspflicht der Rechtsschutzversicherung bei verkehrsrechtlichen Straftaten	386
3. Der Versicherungsschutz bei verkehrsrechtlichen Ordnungswidrigkeiten	387
4. Umfang der Rechtsschutzgewährung	388
5. Ersatz der Verteidigervergütung	389
6. Kosten für außergerichtliche Sachverständigengutachten	391
7. Leistungsumfang bei Beratungen gem. § 34 RVG	393
8. Rechtsschutz bei Auslandsunfällen	393
III. Beachtung von Ausschlussklauseln	394
1. Rechtsschutz bei Vorsatztat	394
2. Kein Ausschluss bei Verkehrsordnungswidrigkeiten (ARB 94)(ARB 2000) (ARB 2010)	395
3. Ausschluss bei Halterhaftung	395
4. Sonstige Einschränkungen	395
IV. Obliegenheiten in der Rechtsschutzversicherung im Verkehrsrecht	396
1. Die Regelungen zu den Obliegenheiten	396
2. Vorsätzliche Verkehrsstraftat	396
V. Beteiligung von Rechtsschutz bei Vertretung von Verletzten	397
1. Im Nebenklageverfahren	397
2. Im Adhäsionsverfahren	397
3. Im Verfahren nach Opferschutzgesetz	397
4. Übersicht	397
VI. Ablehnung des Rechtsschutzes durch den Versicherer	397
1. Mutwilligkeit im Straf- und OWi-Verfahren	397
2. Verfahren bei Verneinung der Leistungspflicht	398
§ 21 Kosten und Gebühren, Beratungs- und Prozesskostenhilfe im verkehrsrechtlichen Straf- und OWi-Verfahren	
I. Die Gebührentatbestände – System und Übersicht	401
1. Die Verteidigervergütung	401
2. Das System der Regelung der Verteidigervergütung	401
II. Die gesetzlichen Gebühren des Wahlverteidigers im Verkehrsstrafverfahren	404
1. Gebühren bei Verteidigung im vorbereitenden Verfahren	404
2. Gebühren bei Verteidigung im gerichtlichen Verfahren	406
3. Zusätzliche Gebühren und Auslagen im vorbereitenden und gerichtlichen Verfahren sowie Einzeltätigkeiten	407
III. Die Gebühren im verkehrsrechtlichen Bußgeldverfahren	413
1. Allgemeines	413
2. Die Verteidigervergütung im Verfahren vor der Verwaltungsbehörde	413
3. Die Verteidigervergütung im gerichtlichen Verfahren im ersten Rechtszug	415
4. Zusätzliche Gebühren und Auslagen im Verfahren vor der Verwaltungsbehörde und dem Amtsgericht sowie Einzeltätigkeiten	417
IV. Besonderheiten beim Übergang vom staatsanwaltschaftlichen Ermittlungsverfahren in das Bußgeldverfahren	418

Inhaltsverzeichnis

	Seite
V. Die Gebührenhöhe und deren Bestimmung	419
1. Die Gebührenhöhe, differenziert nach Art des Gerichtes	419
2. Die Bestimmung der Gebühren nach den Kriterien gemäß § 14 RVG	419
VI. Die Vergütungsvereinbarung	420
1. Zu beachtende Aspekte	420
2. Vergütungsvereinbarung und Rechtsschutz	423
VII. Beachtung besonderer Gebührentatbestände	423
1. Prüfung eines Rechtsmittels	423
2. Gebühren für Gnadenantrag und Antrag auf Zahlungserleichterung	423
3. Gebühr bei Vertretung anderweitig beteiligter Personen	423
4. Feststellung einer Pauschalgebühr	424
5. Beratung und Gutachten gemäß § 34 RVG	424
VIII. Beratungs- und Prozesskostenhilfe in Verkehrsstraf- und OWi-Sachen	425

Anhang Teil C

I. Mandanteninformation Verkehrsstraf- und Ordnungswidrigkeitenrecht	426
II. Musterschriftsätze zur Mandatsabwicklung	430
1. Erledigung Verfahren ohne Hauptverhandlung (HV)	430
2. Korrespondenz bei Erledigung mit Hauptverhandlung	436
3. Sonstige Mandantenkorrespondenz	443
4. Verfügungen zur Anwendung der Musterschriftsätze	453

Teil D. Haftungs- und Schadensrecht

§ 22 Die außergerichtliche Geltendmachung von Haftpflichtansprüchen gegen Schädiger und Haftpflichtversicherung – Schadenmanagement

I. Klärung des Mandatsverhältnisses und vorläufige Maßnahmen	457
1. Der/die Auftraggeber und der Umfang des Mandates	457
2. Prüfung und Klärung möglicher Interessenkollisionen	459
3. Entgegennahme der Vollmacht	462
4. Die Bestellung des Betreuers, evtl. im Wege einstweiliger Anordnung	464
5. Hinweis- und Beratungspflichten	465
II. Feststellung des Schädigers, seiner Versicherung und sonstiger Beteiligter; speziell beim Massenunfall	465
1. Feststellung des Schädigers und seiner Versicherung	465
2. Besonderheit beim Massen- und Serienunfall	465
3. Beteiligung der Verkehrsopferhilfe e. V. (VOH), Berlin	466
4. Ansprüche gegen Deutsches Büro Grüne Karte e. V.	467
5. Schadenbearbeitung durch die Gemeinschaft der Grenzversicherer	469
6. Feststellung des Schadenregulierungsbeauftragten bei Unfallabwicklung gemäß 4. KH-Richtlinie (jetzt 6. KH-Richtlinie)	470
III. Möglichkeiten der Beweissicherung	470
1. Vor- und außerprozessuale Beweissicherung	470
2. Gerichtliches Beweisverfahren	470
3. Beweismöglichkeiten durch Unfalldatenspeicher – UDS	473
IV. Geltendmachung von Ansprüchen gegen Halter, Fahrer, Versicherung und sonstige Beteiligte	473
1. Ansprüche gegen Halter, Fahrer und Haftpflichtversicherung	473
2. Unfall mit Bundeswehrfahrzeugen, Bundespolizei- und Militärfahrzeugen der NATO	474
3. Ansprüche gegen Verein „Verkehrsopferhilfe e. V." (VOH), Berlin	477
V. Musterschriftsätze zur Abwicklung von Haftpflichtansprüchen gegen Halter, Fahrer, Versicherung und sonstige Beteiligte	479
1. Musterschriftsätze für erstes Anspruchsschreiben	480

Inhaltsverzeichnis

	Seite
2. Musterschriftsätze für vorläufige, ergänzende und endgültige Spezifikation	485
3. Typische Korrespondenz mit Dritten	487
4. Korrespondenz mit Mandantschaft	491
5. Korrespondenz Meldung Rechtsschutz sowie Kosten- und Gebührenkorrespondenz	492
VI. Geltendmachung von Ansprüchen bei Unfall mit Auslandsberührung	492
1. Unfall im Inland mit Ausländer	492
2. Der Unfall im Ausland mit Ausländer	494
3. Unfall zwischen Inländern im Ausland	494
VII. Schadenmanagement beim Kraftfahrzeughaftpflichtschaden	494
1. Der Begriff des Schadenmanagements	494
2. Die Position der Versicherung	495
3. Die Interessenlage des Geschädigten	496
4. Schadenmanagement – eine Herausforderung für die Anwaltschaft	498
5. Überlegungen für neue Lösungswege	500

§ 23 Haftungsrecht und Beweisfragen

I. Die Haftung im Straßenverkehrsrecht	506
1. Die Haftungsgrundlagen – die gesetzliche Regelung zur Gefährdungshaftung	506
2. Überblick über die in Betracht kommenden Haftungstatbestände	507
II. Der Anspruch aus Gefährdungshaftung	507
1. Die Haftung des Halters	508
2. Der Halterbegriff	512
3. Ausschluss der Haftung bei Arbeits- und Dienstunfällen	513
4. Abgrenzung zwischen Kraftfahrzeug-Haftpflichtversicherung und Allgemeiner Haftpflichtversicherung	513
5. Haftungsausschluss bei höherer Gewalt gemäß § 7 Abs. 2 StVG	520
6. Ausschluss und Minderung der Verantwortlichkeit gemäß § 827 BGB	521
7. Ausschluss/Einschränkung der Haftung für Kinder bis 7 bzw. 10 Jahre	521
8. Haftung bei Schwarzfahrt	521
9. Die Haftung des Fahrers gemäß § 18 StVG	522
III. Haftungstatbestände bei Verschuldenshaftung	523
1. Haftung nach § 823 Abs. 1 BGB	523
2. Haftung nach § 823 Abs. 2 BGB	524
3. Haftung des Halters für den Verrichtungsgehilfen gemäß § 831 BGB	525
4. Haftung des Aufsichtspflichtigen gemäß § 832 BGB	525
5. Haftung des Tierhalters gemäß § 833 BGB	526
6. Ausschluss und Einschränkung der Haftung von Kindern gemäß § 828 BGB	526
7. Billigkeitshaftung gemäß § 829 BGB	526
8. Haftung bei Amtspflichtverletzung gemäß § 839 BGB	527
9. Der Anspruch bei Selbstaufopferung im Straßenverkehr	528
10. Haftung aus Verletzung der Streu- bzw. Verkehrssicherungspflicht	528
IV. Die Haftung bei entgeltlicher und unentgeltlicher Beförderung von Insassen, speziell die Haftung unter Ehegatten und für Kinder	531
1. Die Haftung für Insassen gemäß § 8a StVG	531
2. Speziell: die Ansprüche unter Ehegatten und für Kinder	532
V. Die Haftung beim Fußgänger- und Radfahrerunfall, speziell Kinderunfall	533
1. Fußgängerunfall	533
2. Radfahrerunfall	534
3. Teilnahme am Straßenverkehr mit besonderen Fortbewegungsmitteln	535
4. Der Unfall mit Beteiligung von Kindern	536

Inhaltsverzeichnis

	Seite
VI. Fragen der Eisenbahnhaftung und der Haftung des Omnibusunternehmers und -fahrers	538
1. Eisenbahnhaftung	538
2. Die Schadenshaftung des Omnibusunternehmers und -fahrers	538
VII. Mitverschulden im Straßenverkehrsrecht	539
1. Mögliches Mitverschulden von Fahrzeuginsassen, speziell unter nahen Angehörigen	540
2. Soziusfahrer	541
3. Radfahrer	541
4. Fußgänger	542
5. Verkehrssicherungspflicht	543
6. Mitverschulden bei Kinderunfall	543
7. Mitverschulden des Geschädigten	544
VIII. Haftungsverteilung	546
1. Die Regelung des § 17 StVG	546
2. Grundsätzliches zur internen Ausgleichspflicht mehrerer gesetzlicher Haftpflichtiger	547
3. Die einzelnen Abwägungskriterien	548
4. Die mitursächliche Betriebsgefahr	548
5. Rechtsprechung zur Abwägung zu häufigen Fallgestaltungen	549
IX. Haftungsverzicht	552
1. Allgemeines	552
2. Haftungsverzicht bei Gefälligkeitsfahrt	553
3. Vertraglicher Ausschluss	553
4. Fahrgemeinschaften	553
5. Fragen des Mitverschuldens	553
X. Probleme bei Erreichen der Versicherungs-/Deckungssumme	554
1. Versicherungssumme als Höchstgrenze der Leistungspflicht	554
2. Das Verteilungsverfahren bei Überschreiten der Höchstsumme	556
3. Versicherungssumme bei Unfällen im Ausland	557
XI. Der „gestellte" und „provozierte" Unfall	557
1. Unfallmanipulation	557
2. Der „gestellte" und der „provozierte" Verkehrsunfall	558
3. Beweisfragen	558
4. Der „provozierte" Unfall	564
5. Ausgleichspflicht unter deliktischen Gesamtschuldnern	564
XII. Beweislastfragen	564
1. Bei Gefährdungshaftung	564
2. Beweislast bei Schwarzfahrt	564
3. Beweislast bei Verschuldenshaftung	564
4. Beweislast bei Schuldanerkenntnis	565
5. Anscheinsbeweis	565
XIII. Regulierungsverzug	566
1. Allgemeines	566
2. Voraussetzungen des Verzuges	566
3. Folgen des Verzuges	567
XIV. Das anzuwendende Recht bei Unfall im Ausland	568
1. Das Recht des Tatortes	568
2. Das anzuwendende Recht nach der Regelung der Artikel 40 bis 42 EGBGB	568
3. Besonderheiten für exterritoriale und bevorrechtigte Personen	568
XV. Feststellungen zu haftungsrelevanten Tatsachen-/Unfallursachenfeststellung – technikbezogenen und personenbezogenen Unfallursachen	569

Inhaltsverzeichnis

	Seite
§ 24 Der Sachschaden – Grundlagen und einzelne Schadenpositionen	
I. Der Anspruch auf Ersatz des Sachschadens	572
1. Der Begriff des Schadenersatzes	572
2. Der Anspruch auf Schadenersatz	572
3. Ersatz von Vermögensschäden	573
4. Fragen der Kausalität	573
II. Die Sachschadenpositionen im Einzelnen	574
1. Übersicht Sachschadenpositionen	574
2. Der Fahrzeugschaden	575
3. Wertminderung	588
4. Kosten für Bergung, Abschleppen und Überführen	590
5. Kosten der Schadenermittlung – Sachverständigengutachten	590
6. Mietwagenkosten	593
7. Nutzungsausfallentschädigung und Vorhaltekosten	598
8. Diverse Sachschadenpositionen	601
9. Anspruch auf Erstattung der Anwaltsgebühren	603
10. Sonstige Schadenpositionen zum Fahrzeugschaden	604
III. Der Anspruch auf Erstattung von Finanzierungskosten und Zinsen	606
IV. Der Anspruch auf Erstattung der Mehrwertsteuer	606
1. Grundsätzliches	606
2. Einzelfragen	607
3. Neuwagenersatz	607
V. Schadenabrechnung bei Leasingfahrzeugen	608
1. Allgemeines	608
2. Besonderheiten beim Schadenfall mit Leasingfahrzeug hinsichtlich der Art des Schadens sowie hinsichtlich der einzelnen Schadenpositionen	608
3. Die Ansprüche des Leasinggebers	610
4. Ansprüche des Leasingnehmers	611
5. Versicherungsrechtliche Ansprüche	612
6. Die Geltendmachung der Ansprüche	612
7. Besonderheiten beim Unfall mit dem Leasingfahrzeug	613
VI. Geltendmachung von Schadenersatzansprüchen nach Quotenvorrecht	613
1. Grundgedanke des Quotenvorrechtes	614
2. Die Abrechnung nach dem Quotenvorrecht in der Praxis	614
3. Berechnungsbeispiele	615
§ 25 Die Regulierung von Personenschäden – Haftungs- und Beweisfragen	
I. Die Geltendmachung/Anmeldung der Ansprüche	619
1. Die Ansprüche gegen den Schädiger und dessen Versicherung/Direktanspruch	619
2. Geltendmachung von Ansprüchen aus Unfallversicherung und sonstigen Versicherungen	620
II. Die Kausalität von Verletzungen und die Zurechenbarkeit von Verletzungsfolgen in Rechtsprechung und Literatur	621
1. Fragen der Beweislast	621
2. Praktische Hinweise zur Darstellung/Regulierung von (schweren) Unfallverletzungen, speziell HWS-Verletzungen, im Straßenverkehr	622
3. Der Ursachenzusammenhang zwischen der Schwere des Unfalls/des Aufpralls und den Verletzungen	624
4. Die „Harmlosigkeitsgrenze" in der Rechtsprechung	625
5. Medizinische Lösungswege, speziell neurootologische Untersuchung	626
6. Die Rechtsprechung des BGH (Urteil vom 28.1.2003)	627
7. Beweisfragen bei Vorschaden oder nachträglichen Ursachen	629

Inhaltsverzeichnis

	Seite
8. Psychische Erkrankungen nach Unfallereignissen – „posttraumatische Belastungsstörung"	629
9. Schockschaden als Gesundheitsschaden	630
10. Notwendige Substanziierung zu Verletzungen und Untersuchungsmethoden	631
III. Die notwendigen gutachtlichen Feststellungen	631
1. Die Problemstellung	631
2. Die Bedeutung der Primärverletzung	631
3. Die Beschwerden und der Kausalzusammenhang	632
4. Die Auswahl des Sachverständigen	633
5. Speziell: Begutachtung zu den Pflege- und Betreuungskosten	634

§ 26 Die Ansprüche bei Schwerstverletzungen – Personengroßschäden

	Seite
I. Die besondere Problemstellung	640
1. Die gebotene besondere Betrachtung	640
2. Statistisches	641
3. Die Situation für Betroffene mit schweren bleibenden Folgen	642
4. Die geforderte Kompetenz	642
5. Mitwirkungspflichten des Geschädigten – Belehrungspflichten des Anwaltes	643
6. Mögliche und gebotene anwaltliche berufliche Zusammenarbeit	643
II. Das richtige Vorgehen, die Geltendmachung der in Betracht kommenden Ansprüche	643
1. Übersicht/Checkliste zur Regulierung der Ansprüche für Verletzte/Schwerverletzte (Personengroßschäden)	643
2. Die Geltendmachung/Anmeldung der Ansprüche	644
3. Geltendmachung von Ansprüchen aus Unfallversicherung und sonstigen Versicherungen	645
III. Klärung der in Betracht kommenden Ansprüche und Beweisfragen	646
1. Der Personenschaden	646
2. Beweisfragen	646
3. Übersicht der Schadenpositionen	647
IV. Heilbehandlungskosten	649
1. Grundsätzliches	649
2. Heilbehandlung im Ausland	650
3. Kosten für kosmetische Operationen	650
4. Nebenkosten bei stationärer Behandlung	651
5. Schadensminderungspflicht und Vorteilsausgleich	651
6. Forderungsübergang	652
V. Vermehrte Bedürfnisse	652
1. Grundsätzliches	652
2. Übersicht: vermehrte Bedürfnisse	652
3. Pflegekosten	653
4. Betreuungskosten	656
5. Anspruch auf behindertengerechtes Wohnen und verletzungsbedingte Umzugskosten	656
6. Ansprüche bei Umschulung und Rehabilitation	657
7. Umbaukosten für Fahrzeug oder Anschaffung eines behindertengerechten Fahrzeuges	658
8. Sonstige Ansprüche	658
VI. Erwerbsschaden	659
1. Grundsätzliches	659
2. Der Erwerbsschaden des unselbständig Tätigen	661
3. Sonstige auszugleichende Nachteile	663

Inhaltsverzeichnis

	Seite
4. Die Rechtsposition des verletzten Beamten	665
5. Der Erwerbsschaden bei Kindern und Jugendlichen sowie sonstigen Personengruppen	665
6. Die Folgelast für Arbeitgeber/Dienstherrn	667
7. Erwerbsschaden des Selbstständigen	667
8. Steuern	669
9. Schadensminderungspflicht und Vorteilsausgleich	670
10. Wertung überobligatorischer Tätigkeit	670
VII. Haushaltsführungsschaden	671
1. Grundsätzliches und Anspruchsgrundlagen	671
2. Fallgestaltungen und Kriterien bei der Berechnung des Haushaltsführungsschadens	672
3. Arbeitsinhalte und Zeitaufwand, statistische Arbeitszeit einer Frau bei unterschiedlichen Haushaltssituationen	673
4. Die unterschiedlichen Anspruchsgrundlagen und Darlegungslast	675
5. Der Anspruch bei Tötung einer haushaltsführenden Person	676
6. Bei Verletzung der den Haushalt führenden Person	680
7. Der Anspruch auf Rente	682
8. Möglicher Rechtsübergang auf SVT	683
9. Prozessuale Fragen	684
10. Fragebogen/Muster zur Ermittlung der Tätigkeit und der zeitlichen Beeinträchtigung	685
11. Berechnungsbeispiel	685
12. Der Haushaltsführungsschaden bei der eingetragenen Lebenspartnerschaft und der nichtehelichen Lebensgemeinschaft	685
VIII. Der Schmerzensgeldanspruch	686
1. Der Schmerzensgeldanspruch, rechtliche Grundlagen	686
2. Checkliste zu den Kriterien der Schmerzensgeldbemessung	687
3. Kriterien zur Bemessung der Höhe des Schmerzensgeldes	688
4. Besondere Fallgestaltungen zum Schmerzensgeld	691
5. Mögliches Teilschmerzensgeld?	694
6. Die Bestimmung der Höhe des Schmerzensgeldes	694
7. Mitverschulden und Vorteilsausgleich	697
8. Schmerzensgeld als Kapital oder Rente	697
9. Schmerzensgeld und erbrechtliche sowie familienrechtliche Aspekte	699
10. Der Schmerzensgeldanspruch im Prozess	699
11. Speziell: der Zinsanspruch bei verzögerter Regulierung	701
12. Besteuerung des Schmerzensgeldes	702
13. Verjährung	702
IX. Entschädigungs- und Leistungsansprüche gegenüber sozialen Leistungsträgern und privaten Versicherungen	703
1. Die Beteiligung von sozialen Leistungsträgern	703
2. Beratungspflicht	704
3. Beachtung der Leistungsansprüche gegenüber sozialen Leistungsträgern	704
4. Voraussetzungen des Rechtsübergangs/Regress des Sozialversicherungsträgers	705
5. Ausschluss des Forderungsübergangs aufgrund des sog. „Familienprivilegs"	707
6. Der Regress des Rentenversicherungsträgers wegen Beitragszahlung	707
X. Verhandlung, Kapitalisierung und Abfindungsvergleich	708
1. Die anzustrebende außergerichtliche Erledigung	708
2. Auch die Möglichkeit von Teilregulierungen beachten	708
3. Der Abfindungsvergleich, ein Spezialthema	709
4. Kapitalisierung	709

Inhaltsverzeichnis

	Seite
XI. Personenschadenmanagement – Case-Management – und Rehabilitation von im Straßenverkehr Schwerverletzten	709
1. Der Begriff Case-/Personenschadenmanagement sowie Reha-Management	709
2. Bereiche und Arten des Reha-Managements	710
3. Speziell Personenschadenmanagement und Reha-Management bei Verletzungen im Straßenverkehr	712
4. Vereinbartes Reha-Management und Rehabilitationsverfahren gemäß SGB XI – Die Regelung in SGB IX und die Schnittstelle zwischen vereinbarten Reha-Maßnahmen und Maßnahmen nach SGB XI	712
5. Abwicklung/Regeln des Personenschaden-/Case- und Reha-Managements	713
6. Die rechtlichen Beziehungen zwischen den Beteiligten	715
7. Code of Conduct des Reha-Managements sowie Muster einer Rehabilitationsvereinbarung	717
8. Fazit	722
XII. Das Behindertentestament	722
1. Die Problemstellung	722
2. Regelungsziele	723
3. Lösungsmöglichkeiten im Überblick	723
4. Ergebnis	724

§ 27 Die Ansprüche mittelbar Geschädigter und Dritter

	Seite
I. Rechtsgrundlagen und Übersicht Schadenpositionen	725
1. Die in Betracht kommenden Anspruchsgrundlagen	725
2. Checkliste: Ansprüche der mittelbar Geschädigten	726
II. Anspruch der Erben wegen Beerdigungskosten	727
1. Der Anspruch auf Ersatz der Beerdigungskosten	727
2. Die zu ersetzenden Kosten	727
III. Anspruch wegen entgangener Unterhaltsleistungen	728
1. Der Unterhaltsschaden gemäß § 844 Abs. 2 BGB	728
2. Die Anspruchsberechtigten – Fallgestaltungen	729
3. Die Berechnung des Schadenersatzes wegen entgangenen Unterhaltes	731
4. Schadensminderungspflicht und Vorteilsausgleich	736
5. Steuerfragen	737
6. Fragen des Forderungsübergangs	737
IV. Anspruch wegen entgangener Dienste	738
1. Dienstleistungspflicht kraft Gesetzes	738
2. Die Höhe des Schadens für entgangene Dienste	738
3. Feststellung der Ansprüche	739

§ 28 Schadensminderungspflicht und Vorteilsausgleich

	Seite
I. Schadensminderungspflicht	740
1. Grundlagen	741
2. Schadensminderungspflicht und Sachschaden	742
3. Schadensminderungspflicht bei Personenschaden	744
4. Ersatz für Aufwendungen	747
II. Vorteilsausgleich	747
1. Grundlagen	747
2. Beim Sachschaden	748
3. Vorteilsausgleich bei Ansprüchen aus Körperverletzung	749
4. Anzurechnende Leistungen	750
5. Einzelfälle zu nicht anzurechnenden Leistungen	750

Inhaltsverzeichnis

	Seite
§ 29 Der Arbeits- und Wegeunfall	
I. Die Rechtslage	752
1. Grundgedanke der Unfallversicherung	752
2. Die Rechtslage	752
II. Der Arbeitsunfall	753
1. Begriff „Arbeitsunfall"	753
2. Verfahrensfragen bei Arbeitsunfall	754
III. Ausschluss der Haftung bei Arbeits- und Wegeunfall	755
1. Ausschluss der Haftung	755
2. Die ausgeschlossenen Ansprüche	755
IV. Haftungsbeschränkungen beim Arbeits- und Wegeunfall	756
1. Die Haftungsbeschränkung nach SGB VII	756
2. Die Haftungsbeschränkungen im Einzelnen	757
3. Beschränkung der Haftung und gemeinsame Betriebsstätte	760
V. Die Rechtslage bei Teilnahme am allgemeinen Straßenverkehr	762
1. Allgemeines	762
2. Die Haftung bei Wegeunfällen im Einzelnen	762
3. Die Rechtslage beim Sachschaden bei einem Verkehrsunfall	763
VI. Unfallversicherung und Hilfeleistung bei Unglücksfällen	763
1. Normzweck	763
2. Voraussetzungen	763
3. Anspruchsübergang	764
VII. Die Leistungsansprüche bei einem versicherten Unfall	764
VIII. Abwicklung mit sozialrechtlichen Leistungsträgern	765
1. Verfahren	765
2. Bindungswirkung	765
§ 30 Der Regress des Sozialversicherungsträgers und sonstiger Leistungsträger	
I. Die Rechtslage	767
1. Allgemeines	767
2. Die geänderte Rechtslage	767
3. Die Sozialleistungsträger	767
II. Forderungsübergang	768
1. Die Voraussetzungen des Forderungsübergangs	768
2. Ausnahmen vom Forderungsübergang	772
3. Das Angehörigenprivileg	774
4. Berechnung des Kapitalwertes	775
III. Regress der Pflegekasse	775
1. Gesetzliche Grundlage	775
2. Die Versicherungspflicht	776
3. Übersicht: Leistungen der Pflegekasse	776
4. Feststellung der Pflegestufen	777
5. Regress der Pflegekasse	777
IV. Regress der Bundesagentur für Arbeit	778
1. Die in Betracht kommenden Leistungen	778
2. Der Forderungsübergang	778
3. Übergang von Unterhaltsansprüchen beim Bezug von Arbeitslosengeld II und Sozialgeld nach dem SGB II	779
V. Regress des Dienstherrn	779
1. Rechtsgrundlagen	779
2. Die übergangsfähigen Ansprüche	780
3. Quotenvorrecht des Beamten	780

Inhaltsverzeichnis

	Seite
VI. Der Beitragsregress gemäß § 119 SGB X	780
1. Gesetzliche Grundlage	780
2. Einzelfragen	780
VII. Der Forderungsübergang bei Entgeltfortzahlung durch den Arbeitgeber gemäß § 6 EFZG	781
1. Gesetzliche Grundlage	781
2. Der Forderungsübergang	781
3. Kosten der Rechtsverfolgung	781
VIII. Prozessuales – Fragen der Beweislast	782

§ 31 Der Unfall mit Auslandsberührung

	Seite
I. Vorbemerkungen und Problemstellung:	784
II. Versicherungsschutz bei Unfall mit Ausländern im Inland	784
1. Die Versicherungsdeckung	784
2. Das Recht des Unfallortes	787
III. Geltendmachung und Abwicklung von Ersatzansprüchen bei Unfall im Inland mit Auslandsbezug	788
1. Die außergerichtliche Geltendmachung	788
2. Das gerichtliche Verfahren	789
IV. Unfall im Ausland	789
1. Beide Beteiligte Inländer/Deutsche	789
2. Die wichtigsten Punkte zur Unfallschadenregulierung gemäß 6. KH-Richtlinie	790
3. Die Abwicklung im Einzelnen	790
4. Fragen des Gerichtsstandes	793
5. Die Rechtsverfolgungskosten	794
V. Übersicht über Entschädigungsleistungen bei Kraftfahrzeugunfällen	796
VI. Ausländische Kfz-Mindestversicherungssummen	796
1. Geltung der Mindestversicherung	796
2. Möglichkeit der Absicherung	796
3. Versicherungsschutz für Personenschäden	796

§ 32 Die Beteiligung von Rechtsschutz und Prozessfinanzierung

	Seite
I. Das System der Rechtsschutzversicherung im Straßenverkehrszivilrecht	798
1. Der Schadenersatzrechtsschutz in den Allgemeinen Bedingungen für die Rechtsschutzversicherung (ARB)	798
2. Ausschluss für die Abwehr von Schadenersatzansprüchen	798
3. Versicherter Personenkreis	799
4. Der Versicherungsschutz bei Tötung oder Verletzung	800
5. Notwendige Angaben im Schadenersatzrechtsschutzfall	800
6. Einholung Deckungszusage	801
II. Umfang des Versicherungsschutzes für die Geltendmachung von Schadenersatzansprüchen	803
1. Die außergerichtliche Geltendmachung	803
2. Gerichtliches Beweisverfahren	805
3. Gebühren für die Bestellung eines Pflegers	805
4. Im Prozessverfahren	805
III. Einzelne Leistungsansprüche gegen die Rechtsschutzversicherung	806
1. Rechtsschutz und Hebegebühr	806
2. Versicherungsschutz für Nebenverfahren	806
3. Abrategebühr	806
IV. Die Erstattung der Gebührendifferenz bei Teilregulierung	807

Inhaltsverzeichnis

	Seite
V. Vorgehen bei Differenzen über Versicherungsschutz, Stichentscheid oder Schiedsverfahren	808
1. Nach ARB 75	808
2. Nach ARB 94	808
3. Nach ARB 2000/2010	808
VI. Rechtsschutz-Schaden-Service-Gesellschaft	808
VII. Die Auswirkungen der 4. und 5. KH-Richtlinie auf den Rechtsschutzfall im Ausland	809
1. Inhalt und Ziel der 4. KH-Richtlinie für Auslandsschäden	809
2. Die Regelungen zum Auslandsschaden	809
3. Auswirkungen der 4. KH-Richtlinie auf die Abwicklung des Auslandsschadenfalles, speziell im Straßenverkehrsrecht, sowie 5. KH-Richtlinie	811
VIII. Die mögliche Beteiligung der Prozessfinanzierung	813
1. Was ist Prozessfinanzierung?	813
2. Prozessfinanzierung in der anwaltlichen Praxis	814
3. Prozessfinanzierungsauftrag	815
4. Kosten und Gebühren in einer Prozessfinanzierungsangelegenheit	816
5. Der Nutzen der Prozessfinanzierung	816

§ 33 Die Anwaltsvergütung bei der Unfallschadenabwicklung

	Seite
I. Der Vergütungsanspruch	820
1. Das Mandat als Grundlage	820
2. Umfang des Mandates	821
3. Vertretung mehrerer Unfallgeschädigter	821
II. Die außergerichtlichen Gebühren	823
1. Beratungsgebühr und Erstgespräch gem. § 34 RVG	823
2. Die Geschäftsgebühr der Nr. 2300 VV-RVG	824
3. Die Höhe der Geschäftsgebühr der Nr. 2300 VV-RVG	825
4. Einigungsgebühr der Nr. 1000 VV-RVG	829
5. Hebegebühr der Nr. 1009 VV-RVG	829
6. Auslagen des 7. Teils des VV-RVG	829
7. Abwicklung der Gebühren durch die Versicherer in Kfz-Haftpflichtschäden	830
8. Kein Verzicht auf weitere Ansprüche bei Abrechnung nach Abrechnungsgrundsätzen.	831
III. Gegenstandswert und Vergütungsvereinbarung	832
1. Der Gegenstandwert	832
2. Vergütungsvereinbarung	833
IV. Der Anspruch auf Erstattung der Gebühren	834
1. Grundsätzliches	834
2. Einzelfragen	835
3. Gebührenberechnung bei Teilregulierung	836
4. Anwaltsgebühren bei Regelung unter Inanspruchnahme der Kaskoversicherung	837
5. Vergütung für die Einholung einer vormundschaftsgerichtlichen Genehmigung	838
6. Rechtsanwaltskosten bei Schaden mit Leasingfahrzeugen	838
7. Anwaltsgebühren in eigener Sache	838
V. Gebühren im gerichtlichen Verfahren	838
1. Die Verfahrensgebühr der Nr. 3100 VV-RVG	838
2. Die Terminsgebühr der Nr. 3104 VV-RVG	840
3. Die Einigungsgebühr der Nr. 1003 VV-RVG	842
VI. Erstattung der Gebührendifferenz bei Teilregulierung	842

Inhaltsverzeichnis

	Seite
VII. Erstattung der Gebühren für die Einholung der Deckungszusage der Rechtsschutzversicherung?	843
VIII. Musterschriftsätze zur Kosten- und Gebührenkorrespondenz und Abrechnungsmuster	843
1. Geschäftsgebühr, Nr. 2300 VV-RVG	843
2. Geschäfts- und Einigungsgebühr, Nr. 2300 und Nr. 1000 VV-RVG	844
3. Gebührenanspruch auf Gebührendifferenz gegen Mandant bzw. Rechtsschutzversicherung bei Teilregulierung	844
4. Abrechnungsmuster für anwaltliche Tätigkeit nach Erteilung des Prozessauftrages und Vermeidung des Verfahrens durch Besprechung mit der Gegenseite vor Klageerhebung.	845
5. Abrechnungsmuster hinsichtlich Anrechnung der Geschäftsgebühr auf die Verfahrensgebühr bei gleich hohem Streitwert	845
6. Abrechnungsmuster hinsichtlich Anrechnung der Geschäftsgebühr auf die Verfahrensgebühr bei unterschiedlichem Streitwert	846
7. Abrechnungsmuster hinsichtlich Anrechnung der über der Schwelle liegenden Geschäftsgebühr auf die Verfahrensgebühr bei gleich hohem Streitwert	846
8. Abrechnungsmuster hinsichtlich Anrechnung der über der Schwelle liegenden Geschäftsgebühr auf die Verfahrensgebühr bei unterschiedlichem Streitwert	847
9. Einbeziehen nicht rechtshängiger Ansprüche in Vergleichsverhandlungen in einem laufenden Rechtsstreit	847

Anhang Teil D

	Seite
1. Mandanteninformation in Unfallsachen	848
Zur Information und zur Beachtung für die Abwicklung von Schadensangelegenheiten im Straßenverkehr	848
2. Merkblatt zum Unfall mit Auslandsberührung	851
3. Schadensmeldung an das Deutsche Büro Grüne Karte e. V.	855
4. Übersicht für Rechtsanwälte und Anspruchsteller zur Beteiligung von Prozessfinanzierung	856
5. Praxistipps: Schadenersatz in Deutschland	859

Teil E. Verfahrensrecht, Steuerrecht und Haftungsrecht

§ 34 Fristen, Verzug, Verjährung

	Seite
I. Regulierungsfristen und Verzug	863
1. Regulierungsfristen	863
2. Verzug	865
3. Frist für Klageerhebung	866
II. Die Verjährung	866
1. Verjährung von Schadenersatzansprüchen	866
2. Beginn und Hemmung der Verjährung	866
3. Verjährung und Unfallspätschäden	869
4. Tabellarische Übersicht über Verjährungsfristen im Haftungsrecht	870

§ 35 Steuerliche Aspekte der Unfallschadenregulierung

	Seite
I. Allgemeines	872
1. Schadenersatz und Steuern	872
2. Klärung der evtl. Steuerlast	873

Inhaltsverzeichnis

	Seite
II. Sachschaden und Steuern	873
1. Sachschaden	873
2. Besonderheiten bei Auslandsberührung	873
III. Personenschaden und Steuern	874
1. Entschädigung infolge Personenschadens	874
2. Nicht zu versteuernde Entschädigungsleistungen	874
3. Steuervorteile	875
4. Steuerersparnisse und Lohn	875
5. Steuerpflicht für Schmerzensgeld, Unterhalt und Haushaltsführungsschaden	876
6. Gemeinsame Steuerveranlagung	877
7. Vorbehalt des Ersatzes für Steuern	877
IV. Steuerliche Absetzbarkeit von Unfallkosten	877
1. Steuerliche Grundsätze	877
2. Voraussetzungen der steuerlichen Absetzbarkeit	877
3. Die abzugsfähigen Posten	877

§ 36 Verhandlung, Kapitalisierung und Abfindungsvergleich

	Seite
I. Anwaltliche Verhandlung	880
1. Die außergerichtliche Erledigung	880
2. Sachgerechtes Vorgehen	880
II. Der Abfindungsvergleich	881
1. Rechtliche Aspekte	881
2. Vollmacht und Vertretung	882
3. Außergerichtlicher/gerichtlicher Vergleich	884
4. Grenzen der Regelung	884
5. Form	885
6. Notwendige Belehrung des Anspruchstellers	886
7. Notwendige ausführliche Formulierung	886
8. Störung der Geschäftsgrundlage iSv § 313 BGB	886
9. Checkliste: Voraussetzungen und Inhalt eines Abfindungsvergleiches	887
III. Kapitalisierung	888
1. Rente und/oder Kapital	888
2. Das Recht auf Kapitalisierung	888
3. Vorteile und Risiken der Kapitalisierung	889
4. Die Berechnung der Kapitalabfindung	889
5. Steuerliche Aspekte	890
IV. Vorbehalte	891
1. Allgemeines	891
2. Vorbehalt zu einzelnen Positionen	891
3. Vorbehalt des Verzichtes auf Einrede der Verjährung	892
4. Lösungsmöglichkeit von einem Abfindungsvergleich nur in engen Grenzen	892
5. Anwaltspflichten beim Abfindungsvergleich	893
6. (Un-)Wirksamkeit eines Abfindungsvergleichs	894
V. Anpassung oder Änderung einer Abfindungsvereinbarung	895
1. Unvorhergesehene Spätschäden	895
2. Rentenanpassung	895
3. Speziell: Zuerkennung eines weiteren Schmerzensgeldes	895
VI. Abfindungsvergleich und Anwaltshonorar	895
1. Der Erstattungsanspruch	895
2. Die Höhe der Anwaltsvergütung gemäß RVG	896
3. Vereinbarung über Gebührenausgleich	896

Inhaltsverzeichnis

	Seite
§ 37 Der Kraftschadenprozess	
I. Grundlagen	899
1. Allgemeines	899
2. Berufsrechtliche Aspekte im Kraftfahrthaftpflichtprozess	900
3. Mögliche Besonderheiten bei erhobener Widerklage	900
II. Der Aktivprozess	900
1. Prüfung der Aktivlegitimation	900
2. Aktivlegitimation bei Forderungsübergang auf Sozialleistungsträger	902
3. Aktivlegitimation bei Leasingfahrzeugen	902
III. Passivlegitimation	902
1. Prüfung der Passivlegitimation	902
2. Der Direktanspruch gegen die Versicherung	903
3. Unfall mit Auslandsbeteiligung	903
IV. Prozessuale Fragen	904
1. Die Zuständigkeit	904
2. Widerklage	905
3. Streitwert	906
4. Bindungswirkung	906
5. Eigener Anwalt bei „fingiertem" Unfall	907
6. Prozessuale Besonderheiten bei Vorliegen eines Unfalls nach SGB VII	907
V. Klageanträge – Leistungs- und Feststellungsklage	908
1. Leistungsklage	908
2. Feststellungsklage	910
VI. Beweisfragen	911
1. Die Beweislastverteilung	911
2. Beweisführung	912
3. Anscheinsbeweis	913
4. Sachverständigenbeweis	913
5. Die Haftung des gerichtlichen Sachverständigen	915
VII. Streitwert und Kosten	915
1. Streitwert	915
2. Kosten und Gebühren	915
3. Entschädigung wegen überlangen Verfahrens	917
VIII. Rechtsmittel	917
1. Checkliste: Rechtsmittel im Kraftschaden (-Prozess)	917
2. Tatbestandsprüfung und Tatbestandberichtigung	918
3. Die Berufung im Einzelnen	918
4. Die Revision	921
5. Beschwerde	921
6. Rechtskraftwirkung	922
IX. Muster Klageschrift Schadenersatzforderung und Feststellungsklage	922
1. Muster: Klageschrift Schadenersatzforderung	922
2. Muster: Feststellungsklage, unbezifferter Klageantrag	924
§ 38 Der Anwalt in eigener Sache, Haftungsrisiko und Rechtsdienstleistungsgesetz	
I. Problemstellung	926
1. Haftungsrisiken	926
2. Vergütungsanspruch und Pflichtverletzung	927
3. Belehrungspflichten	927
4. Berufsrechtliche Risiken, speziell Interessenkollision	927
II. Vermeidung von Haftungsrisiken	928
1. Übersicht über die wichtigsten Haftungstatbestände	928
2. Ausreichende Versicherungssumme	929

Inhaltsverzeichnis

	Seite
3. Verjährungsbeginn bei anwaltlichen Beratungsfehlern	929
4. Verjährung und Hemmung	929
5. Verhalten im Haftpflichtfall	929
III. Das Rechtsdienstleistungsgesetz	930
1. Rechtsdienstleistungsgesetz und Rechtsdienstleistungsverordnung – RDV	930
2. Rechtsdienstleistung in Verkehrsangelegenheiten, speziell bei der Schadenregulierung	930

Anhang Teil E
Kapitalisierungstabellen ... 932

Teil F. Vertragliche Beziehungen im Verkehrsrecht – „Verkehrsvertragsrecht"

§ 39 Der Pkw-Kauf

I. Verbrauchsgüterkauf	938
1. Rechtsgrundlagen	938
2. Unternehmer	938
3. Passivlegitimation bei Umgehungsgeschäft	939
4. Verbraucher- und Unternehmerstatus nicht disponibel	940
5. Täuschungen über Status	940
6. Existenzgründerfälle	941
7. Doppelstatus (Dual Use)	941
8. Beweislast für das Vorliegen eines Verbrauchsgüterkauf	941
9. Nicht-Verbraucher und Nicht-Unternehmer	941
10. Kauf des Fahrzeugs durch Verbraucher am Ende der Leasingzeit	941
11. Agenturgeschäft	942
12. Verbraucherschutzrechte beim Verbrauchsgüterkauf	942
II. Der Vertragsabschluss	942
III. Einbeziehung von AGB	943
IV. Vertragstypen mit Verbraucher – Widerrufsrecht	945
1. Außerhalb von Geschäftsräumen geschlossene Verträge	945
2. Verbraucher-Teilzahlungskauf	946
3. Verbundener Vertrag aus Kauf und Darlehen	947
4. Fernabsatz	948
V. Inzahlungnahme	952
1. Kaufvertrag mit Ersetzungsbefugnis	952
2. Doppelkauf mit Verrechnungsabrede	952
3. Getrennte Kaufverträge	953
VI. Nichtabnahme des Fahrzeugs durch den Käufer	953
VII. Sachmangel	954
1. Neufahrzeug	954
2. Gebrauchtwagen	961
VIII. Ausschluss von Sachmangelhaftungsansprüchen	976
1. Individualvertragliche Klauseln	976
2. Klauseln in AGB	976
IX. Beweislastumkehr	977
X. Die Sachmangelhaftungsansprüche	980
1. Ersatzlieferung	980
2. Nachbesserung	981
3. Minderung	985
4. Rücktritt	985
5. Nutzungsvergütung nach Rücktritt	986

Inhaltsverzeichnis

	Seite
6. Nutzungsvergütung für nach Kauf montiertes Zubehör	987
7. Nutzungsvergütung für Überführungs- und Zulassungskosten	988
8. Schadenersatz zusätzlich zu den Sachmangelhaftungsrechten	988
XI. Garantie	989
1. Neuwagengarantien	990
2. Gebrauchtwagengarantien, Gebrauchtwagengarantieversicherungen	991

§ 40 Das Pkw-Leasing

I. Grundsätzliches, Vertragstypen	994
1. Verbreitete Modelle und daraus resultierende Rechtsprobleme des Leasings	994
2. Das Dreiecksverhältnis	995
II. Verbraucherschutzaspekte	996
1. Widerrufsrecht	996
2. Abtretung wirksam ausgeschlossener Sachmangelhaftungsansprüche	996
III. Inzahlunggabe eines Fahrzeugs	997
IV. Sachmangelhaftungsansprüche	998
1. Grundsätzliches	998
2. Abwicklung	998
V. Erwerb des Fahrzeugs durch den Leasingnehmer nach Leasingende	999
VI. Diebstahl des Fahrzeugs während der Laufzeit des Leasingvertrages	1000
VII. Unfall mit Totalschaden während der Leasingzeit	1000
VIII. Unplanmäßige Beendigung des Leasingvertrages	1001
IX. Planmäßige Beendigung des Leasingvertrages	1002
1. Die Abrechnung des Restwertvertrages	1002
2. Verwertung des Fahrzeugs nach Vertragsbeendigung	1002
3. Die Abrechnung des Kilometervertrages	1004
X. Verjährung	1005

§ 41 Die Pkw-Reparatur

I. Außerhalb von Geschäftsräumen geschlossene Verträge sowie Fernabsatz	1006
II. Grundsätzliches, Abgrenzung zum Kauf mit Montageverpflichtung	1008
III. Einbeziehung der Allgemeinen Geschäftsbedingungen	1009
IV. Die finanzierte Reparatur	1010
V. Kostenvoranschlag	1011
VI. Sachmangelhaftungsausschluss	1012
VII. Pflichten des Auftragnehmers	1012
VIII. Pflichten des Auftraggebers	1014
IX. Werkunternehmerpfandrecht und Zurückbehaltungsrecht	1015
X. Sachmangelhaftungsansprüche	1016
XI. Sachmangelhaftung bei „Ohne-Rechnung-Abrede"	1017
XII. Verjährung	1018
XIII. Gerichtsstand	1018

Teil G. Die Kraftfahrtversicherung

§ 42 Rechtsgrundlagen der Kraftfahrtversicherung

I. Allgemeines und Rechtsentwicklung	1020
1. Der Begriff der Kraftfahrtversicherung	1020
2. Die Rechtsentwicklung	1020
3. Das neue Versicherungsvertragsgesetz	1021

Inhaltsverzeichnis

	Seite
II. KH-Versicherung und internationale sowie europarechtliche Regelungen	1021
1. Verordnung über Internationalen Kraftfahrzeugverkehr (IntVO)	1022
2. Europarechtliche Regelungen zur Harmonisierung der Rahmenbedingungen in der Kfz-Haftpflichtversicherung	1022
3. Der Schadenregulierungsvertreter	1023
4. Neuere Europarechtliche Rechtsentwicklung	1029
5. Sonstige Zielsetzungen in der KH-Versicherung sowie des Pflichtversicherungsgesetzes	1030
III. Die Rechtsgrundlagen des deutschen Versicherungsrechtes	1030
1. Versicherungsvertragsgesetz (VVG)	1031
2. Versicherungsaufsichtsgesetz (VAG)	1031
3. Pflichtversicherungsgesetz (PflVG)	1031
4. Ausländer-Pflichtversicherungsgesetz (AuslPflVG)	1032
5. Kraftfahrzeug-Pflichtversicherungsverordnung (KfzPflVV)	1036
6. AKB und TB	1037
7. BGB und HGB	1038
8. Internationales Versicherungsrecht und grenzüberschreitende Versicherungsverträge	1038

§ 43 Der Versicherungsvertrag in der Kraftfahrtversicherung

	Seite
I. Anwendung des neuen VVG/Überleitungsvorschriften	1042
II. Beteiligte Personen	1042
1. VN und Versicherer	1042
2. Versicherungsvertreter- und -makler	1043
3. Der geschädigte Dritte in der Kfz-Haftpflichtversicherung	1043
4. Mitversicherte Personen	1043
III. Allgemeines zum Versicherungsvertrag in der Kraftfahrtversicherung	1043
1. Vertragsschluss	1044
2. Beginn und Dauer des Versicherungsvertrages	1045
3. Beratungs- und Dokumentationspflichten	1046
4. Informationspflichten	1048
5. Das Widerrufsrecht nach §§ 8, 9 VVG	1050
6. Anfechtung, Rücktritt, Kündigung	1051
7. Divergenz zwischen Antrag und Versicherungsschein	1052
8. Tarifierungsmerkmale	1052
9. Grenzüberschreitende Versicherungsverträge	1052
10. Kaskoversicherung bei Leasingfahrzeugen	1054
IV. Die Pflicht zur Prämienzahlung	1055
1. Allgemeines	1055
2. Erst- und Folgeprämie	1055
3. Rechtsfolgen bei verspäteter Zahlung der Erstprämie	1055
4. Rechtsfolgen bei verspäteter Zahlung der Folgeprämie	1056
5. Risikoadäquater Prämienanspruch des Versicherers bei frühzeitiger Beendigung des Versicherungsverhältnisses	1056
V. Vorläufige Deckung	1057
1. Allgemeines	1057
VI. Risikoausschlüsse und -begrenzungen sowie Leistungsfreiheit des Versicherers	1059
1. Primäre Risikobegrenzung	1059
2. Sekundäre Risikobegrenzung	1059
3. Obliegenheiten	1060
4. Vertraglich vereinbarte Obliegenheiten gem. § 28 VVG	1061
5. Gefahrerhöhung gem. §§ 23 bis 27, 29 VVG	1063
6. Die vorvertragliche Anzeigeobliegenheit gem. §§ 19 bis 22 VVG	1065

Inhaltsverzeichnis

	Seite
7. Weitere Obliegenheiten	1066
8. Schuldhafte Herbeiführung des Versicherungsfalles	1066
9. Anzeigepflichten im Zusammenhang mit Tarifierungsmerkmalen	1066
VII. Verjährung von Ansprüchen aus dem Versicherungsvertrag	1067
1. Allgemeine Verjährungsvorschriften	1067
2. Beginn und Unterbrechung der Verjährung	1067
3. Die Verjährung des Direktanspruchs nach § 115 Abs. 2 VVG	1068

§ 44 Die Kraftfahrthaftpflichtversicherung

	Seite
I. Das Mandat in der Kraftfahrthaftpflichtversicherung	1070
1. Das Haftungsverhältnis	1070
2. Das Deckungsverhältnis	1070
II. Allgemeines	1071
1. Die Rechtsquellen	1071
2. Besonderheiten des Vertrages in der Kfz-Haftpflichtversicherung	1071
III. Versichertes Risiko	1073
1. Gegenstand der KH-Versicherung	1073
2. Der Anspruch auf Versicherungsschutz	1075
3. Räumlicher Geltungsbereich	1075
4. Haftpflichtversicherung bei Prüfungsfahrten, Probefahrten, Überführungsfahrten	1075
5. Fahrzeugwechsel	1076
IV. Einschränkungen und Ausschluss des Versicherungsschutzes durch Obliegenheitsverletzung/Leistungsfreiheit	1076
1. Einteilung der Obliegenheiten	1076
2. Obliegenheitsverletzung vor Eintritt des Versicherungsfalles	1076
3. Obliegenheitsverletzung nach Eintritt des Versicherungsfalles	1081
4. Gefahrerhöhung	1085
5. Herbeiführung des Versicherungsfalles	1086
V. Der Repräsentant in der KH-Versicherung	1087
1. Allgemeines	1087
2. Beispiele für Repräsentanteneigenschaft	1087
3. Verneinung der Repräsentanteneigenschaft	1088
VI. Der Direktanspruch in der KH-Versicherung nach § 115 Abs. 1 Nr. 1 VVG	1088
1. Allgemeines	1088
2. Das Verweisungsprivileg	1089
3. Rechtskrafterstreckung	1089
4. Anzeigepflichten des Dritten	1090
VII. Die Deckungsklage in der KH-Versicherung	1090
1. Allgemeines	1090
2. Trennungsprinzip und Bindungswirkung	1090
VIII. Abwicklung des Versicherungsfalles	1090
1. Regulierungsbefugnis und Prozessführungsrecht des Versicherers	1090
2. Anerkenntnis- und Befriedigungsrecht des VN	1092
3. Verfügungsverbot nach § 108 Abs. 1 VVG	1092
4. Abtretungsrecht nach § 108 Abs. 2 VVG	1092
IX. Kraftfahrthaftpflichtversicherung und internationales Recht	1092
X. Verkehrsopferhilfe e. V.	1093

§ 45 Die Fahrzeugversicherung – Teilkaskoversicherung (A.2.2 AKB 08)

	Seite
I. Der Versicherungsvertrag	1095
II. Versichertes Risiko	1095
1. Allgemeines zum Versicherungsschutz	1095

Inhaltsverzeichnis

	Seite
2. Der Versicherungsschutz im Einzelnen	1096
3. Der Versicherungsschutz gegen Entwendung	1100
4. Die Entschädigung bei Totalschaden, Zerstörung und Verlust des Fahrzeuges	1104
5. „Wieder aufgefundene" Sachen	1106
III. Einschränkung und Ausschluss des Versicherungsschutzes, speziell bei Obliegenheitsverletzungen, sowie vorsätzliche und grob fahrlässige Herbeiführung des Versicherungsfalles	1106
1. Allgemeines	1106
2. Einzelfragen zur Kaskoversicherung	1106
3. Folgen der Obliegenheitsverletzung	1108
4. Grob fahrlässige Herbeiführung des Versicherungsfalls	1108

§ 46 Die Fahrzeugversicherung – Vollkaskoversicherung (A.2.3 AKB 08)

I. Allgemeines	1112
II. Versicherte Ereignisse	1112
1. Unfallschäden	1112
2. Mut- und böswillige Handlungen	1114
III. Ausschluss und Einschränkung des Versicherungsschutzes	1114
1. Allgemeines	1114
2. Einzelfälle der groben Fahrlässigkeit	1114
3. Obliegenheitsverletzungen	1119
IV. Abwicklung der Ansprüche	1120
1. Allgemeines	1120
2. Die Geltendmachung der Entschädigung und speziell Abrechnung nach der Differenztheorie	1122
V. Ansprüche aus der Autoschutzbriefversicherung und sonstigen Versicherungen	1126
1. Autoschutzbrief	1126
2. Exkurs: Ansprüche aus sonstigen Versicherungen	1126

§ 47 Die Kfz-Unfallversicherung (A 4 AKB 08)

I. Die Bedeutung der Kfz-Unfallversicherung	1128
II. Rechtsgrundlagen	1128
1. Allgemeines	1128
2. Vorläufige Deckung	1129
III. Versicherte Gefahren und Personen	1129
1. Gegenstand der Versicherung	1129
2. Unfallbegriff	1129
IV. Versicherte Leistungen	1130
1. Allgemeines	1130
2. Leistung bei Invalidität	1130
3. Leistung bei Tod	1131
4. Krankenhaustagegeld, Genesungsgeld und Tagegeld	1131
5. Fälligkeit	1132
6. Neubemessung des Invaliditätsgrades	1132
7. Sonstiges	1132
V. Einschränkung und Ausschluss des Versicherungsschutzes	1132
1. Ausschluss bestimmter Unfallursachen	1132
2. Ausschluss bestimmter Unfallfolgen	1133

Inhaltsverzeichnis

	Seite
§ 48 Der Regress in der Kraftfahrtversicherung	
I. Der Regress in der Kfz-Haftpflichtversicherung	1134
1. Die Regress nach § 116 Abs. 1 VVG	1134
2. Weitere Regresstatbestände	1136
II. Der Regress in der Kaskoversicherung	1136
1. Der Regress nach § 86 Abs. 1 VVG	1136
2. Weitere Regresstatbestände	1138
III. Der Regress bei ungerechtfertigter Bereicherung und unerlaubter Handlung	1138
1. Der Regress nach §§ 812 ff. BGB	1139
2. Der Regress nach §§ 823 ff. BGB	1140
IV. Der Regress des Sozialversicherungsträgers	1141
§ 49 Verfahrensrecht und Kraftfahrtversicherung	
I. Allgemeines	1143
1. Die Besonderheiten des Versicherungsprozesses	1143
2. Checkliste zur versicherungsrechtlichen (prozessualen) Auseinandersetzung	1144
II. Der Versicherungsprozess in der Kraftfahrtversicherung	1145
1. Prozessuale Besonderheiten im Haftpflicht- und Versicherungsprozesses	1145
2. Klageart und Anträge	1147
3. Gerichtsstand, speziell für die Deckungsklage	1147
4. Prozessführungsrecht der klagenden Partei	1148
5. Passivlegitimation	1148
6. Streitwert	1149
III. Beweisfragen und Beweislastverteilung im Versicherungsprozess, speziell Regressprozess	1149
1. Allgemeines und die einzelnen Fallgestaltungen	1149
2. Beweisfragen im Rückforderungs-, Regressprozess des Versicherers	1150
IV. Klage gegen Leistungsablehnung gemäß § 12 Abs. 3 VVG	1151
V. Sachverständigenverfahren	1151
1. Sachverständigenverfahren, Rechtsgrundlage	1151
2. Das Sachverständigenverfahren	1151
3. Verbindlichkeit/Unverbindlichkeit des Gutachtens	1152
VI. Außergerichtliche Streitschlichtung und Ombudsmann	1153
1. Die mögliche außergerichtliche Streitschlichtung	1153
2. Beschwerde beim Ombudsmann	1153
§ 50 Fragen der Versicherungsaufsicht	
I. Gesetzliche Grundlagen	1155
1. Versicherungsaufsichtsgesetz	1155
2. Regelungen zum Aufsichtsrecht	1155
II. Versicherungsaufsicht und Verbraucherschutz	1156
1. Die Organisation der Versicherungsaufsicht	1156
2. Auflösung des Bundesaufsichtsamtes für das Versicherungswesen (BAV)	1156
3. Versicherungsaufsichtsbehörden der Länder	1156
4. Beschwerdemöglichkeit	1156
§ 51 Exkurs: Die Rückversicherung	
I. Rückversicherung und Kraftfahrtversicherung	1158
1. Begriff	1158
2. Bedeutung der Rückversicherung in Kraftfahrtversicherung	1158
II. Vertragliche Regelungen	1158

Inhaltsverzeichnis

	Seite
§ 52 Die Beteiligung von Rechtsschutz in der Kraftfahrtversicherung	
I. Rechtsschutz zum Versicherungsvertragsrecht	1159
1. Der grundsätzlich mögliche Rechtsschutz	1159
2. Ausgeschlossene Rechtsschutzdeckung	1161
3. Die Meldung des Rechtsschutzfalles	1162
II. Der Versicherungsschutz zu einzelnen Arten der Kraftfahrtversicherung	1163
1. Versicherungsschutz für Interessenwahrnehmung aus Versicherungsverträgen	1163
2. Mitversicherte Personen	1163
3. Der Umfang der Rechtsschutzdeckung	1164
4. Rechtsschutz und Sachverständigenverfahren	1165
III. Der Versicherungsfall bei Streitigkeiten aus Versicherungsverträgen	1165
§ 53 Kosten, Gebühren, Verfahrenskostenhilfe in der Kraftfahrtversicherung	
I. Allgemeines	1166
II. Kosten und Gebühren	1167
1. Außergerichtliche Angelegenheit	1167
2. Gerichtliches Verfahren	1167
3. Sachverständigenverfahren gemäß § 14 AKB	1167
4. Beratung und „erstes Gespräch"	1167
III. Beratungs- und Prozesskostenhilfe	1168
1. Beratungshilfe	1168
2. Prozesskostenhilfe	1169
3. Kostenschutz durch Rechtsschutzversicherung und/oder Gewerkschaft	1171
IV. Gegenstandswert	1172
1. Rechtsgrundlagen des materiellen Streitwertrechtes	1172
2. Gegenstandswert/Streitwert in versicherungsrechtlichen Angelegenheiten	1172
Anhang Teil G	
1. Mandanteninformation zum Versicherungsrecht	1173
2. Mandanteninformation zur Kraftfahrtversicherung	1176
3. Schreiben an die Kaskoversicherung nach Ablehnung der Kaskodeckung	1181
4. Klage auf Kaskoleistung aufgrund von Entwendung	1182
5. Nichtzahlung der Prämie (Erst- und Folgeprämie)	1184
6. Regress bei Obliegenheitsverletzung vor Versicherungsfall	1188
7. Satzung des Vereins Versicherungsombudsmann e. V.	1203
8. Verfahrensordnung des Versicherungsombudsmanns (VomVO)	1207
9. Anspruchsbegründung nach Obliegenheitsverletzung bei und/oder nach dem Versicherungsfall am Beispiel des unerlaubten Entfernens vom Unfallort (Aufklärungsobliegenheit)	1211
10. Musterklage: Rückforderung wegen Leistung in der Kaskoversicherung	1214

Teil H. Sonstige Rechtsgebiete und Verfahren mit straßenverkehrsrechtlichem Bezug

§ 54 Sozialvorschriften – Lenk- und Ruhezeiten	
I. Rechtsgrundlagen	1218
1. EU-Regelungen	1218
2. Europäisches Übereinkommen über die Arbeit des im internationalen Straßenverkehr beschäftigten Fahrpersonals (AETR) vom 1. Juli 1970 zuletzt geändert durch das Gesetz vom 18. August 1997 (BGBl. II S. 1550)	1218
3. Nationale Vorschriften der Bundesrepublik Deutschland	1219
4. Rangfolge	1219

Inhaltsverzeichnis

	Seite
II. Überblick über die Lenk- und Ruhezeiten	1220
1. Anwendungsbereich	1220
2. Begriffsbestimmungen	1220
3. Lenk- und Ruhezeiten	1221
III. § 21a ArbZG	1225
IV. Kontrollmöglichkeiten der Behörden	1226
1. Straßenkontrolle	1226
2. Betriebskontrolle	1229
V. Bußgeldvorschriften	1231
1. Überblick über Zuwiderhandlungen	1231
2. Verantwortliche	1233
3. Bedeutung der Bußgeldrichtlinien/Bemessung der Geldbuße	1234
4. Gewerbezentralregister	1238
VI. Prozessuales	1239
1. Verjährung, Verfahrensablauf	1239
2. Kosten und Gebühren	1239

§ 55 Transportrecht, Gefahrgut und LKW-Maut

	Seite
I. Güterkraftverkehrsgesetz (GüKG)	1241
1. Begriffsbestimmungen	1242
2. Gewerblicher Güterverkehr	1244
3. Werkverkehr	1251
4. Bundesamt für Güterverkehr	1252
5. Bußgeldvorschriften	1254
6. Kosten und Gebühren	1257
II. Gefahrgut	1257
1. Begriffsbestimmungen	1258
2. Gefahrgutvorschriften im Überblick	1258
3. Beförderung gefährlicher Güter	1261
4. Begleitpapiere	1261
5. Fahrzeug- und Beförderungsarten	1263
6. Sicherheitsausrüstung der Fahrzeuge	1263
7. Kennzeichnung von Gefahrgut	1264
8. Durchführung der Beförderung	1264
9. Gefahrgutbeauftragter	1265
10. Pflichtverletzungen der Beteiligten	1268
11. Verstöße und ihre Ahndung	1270
12. Kosten und Gebühren	1273
13. Nützliche Internet-Adressen für den Bereich Gefahrgutbeförderung	1273
III. LKW-Maut	1273
1. Begriff der Maut	1273
2. Rechtsgrundlagen	1274
3. Mautpflicht	1274
4. Befreiung von der Mautpflicht	1274
5. Mautschuldner	1276
6. Berechnung und Höhe der Maut	1277
7. Erhebung der Maut	1278
8. Pflichten des Mautschuldners	1279
9. Mautkontrollen	1281
10. Mautverstöße und deren Ahndung	1282
11. Kurzüberblick: Mautgebühren in der EU	1284
12. Kosten und Gebühren	1284

Inhaltsverzeichnis

	Seite
§ 56 Verfallsverfahren gemäß § 29a OWiG	
I. Entstehungsgeschichte	1285
1. Zweck der Vorschrift	1286
2. Anwendungsbereich	1286
II. Struktur des § 29a OWiG	1286
1. Tatbestandsmerkmale	1286
2. Tatbestandsvarianten	1289
3. Berechnung des Vermögensvorteils	1291
III. Prozessuales	1295
1. Verfahrensarten	1295
2. Zuständigkeiten, Formvorschriften und Verjährung	1296
3. Sicherungsmaßnahmen	1297
4. Vollstreckung der rechtskräftigen Verfallsanordnung	1298
IV. Rechtsanwaltsgebühren	1298
Sachverzeichnis	1299

Bearbeiterverzeichnis

Klaus Baschek, Rechtsanwalt und Notar,
Fachanwalt für Verkehrsrecht
Gelsenkirchen

Dr. Frank Baumann, LL.M., Rechtsanwalt und
Fachanwalt für Versicherungsrecht
Wolter Hoppenberg
Hamm

Hans Buschbell, Rechtsanwalt
H. Buschbell & Coll.
überörtliche Sozietät
Düren und Köln

Prof. Harald Geiger
Präsident des Verwaltungsgerichts a.D.
Honorarprofessor an der Technischen Universität München

Paul Kuhn, Rechtsanwalt
Diedorf

Dr. Daniela Mielchen, Rechtsanwältin und
Fachanwältin für Verkehrsrecht
Mielchen & Coll.
Rechtsanwälte für Verkehrsrecht
Hamburg

Joachim Otting, Rechtsanwalt
rechtundraeder
Hünxe

Dr. Markus Schäpe, Rechtsanwalt und
Fachanwalt für Verkehrsrecht
München

Abkürzungs- und Literaturverzeichnis

aA	anderer Ansicht
aaO	am angegebenen Ort
AAK	Atemalkoholkonzentration
Abl.	Amtsblatt
Abs.	Absatz
ADAC	Allgemeiner Deutscher Automobil-Club
ADH-Verfahren	Alkoholdehydrogenase
AETR	Europäisches Übereinkommen über die Arbeit des im internationalen Straßenverkehr beschäftigten Fahrpersonals
aF	alte Fassung
AFG	Arbeitsförderungsgesetz
AG.	Amtsgericht
AGBG (AGB-Gesetz)	Gesetz zur Regelung des Rechts der Allgemeinen Geschäftsbedingungen
AKB	Allgemeine Bedingungen für die Kraftfahrtversicherung
AktuarV	Verordnung über die versicherungsmathematische Bestätigung und den Erläuterungsbericht des verantwortlichen Aktuars
Alt.	Alternative
ÄndVO	Änderungsverordnung
AnlV	Verordnung über die Anlage des gebundenen Vermögens von Versicherungsunternehmen (Anlageverordnung)
Anm.	Anmerkung
AnwBl	Anwaltsblatt
ARB	Allgemeine Rechtsschutzbedingungen
Arge VerkR	Arbeitsgemeinschaft Verkehrsrecht
Art.	Artikel
AS	Aufbauseminar
AuslPflVG	Ausländer-Pflichtversicherungsgesetz
AUB	Allgemeine Unfallversicherungsbedingungen
Aufl.	Auflage
AV.	Allgemeine Verwaltungsvorschrift(en)
AVB	Allgemeine Versicherungsbedingungen
AVO	Ausführungsverordnung
Az.	Aktenzeichen
BA	Bundesagentur für Arbeit
BAB	Bundesautobahn
BaFin	Bundesanstalt für Finanzdienstleistungsaufsicht
BAG	Gesetz über die Errichtung eines Bundesaufsichtsamtes für das Versicherungswesen
BAK	Blutalkoholkonzentration
BAT	Bundes-Angestelltentarifvertrag
Bauer	Die Kraftfahrtversicherung, 6. Aufl. 2010
BAV	Bundesaufsichtsamt für das Versicherungswesen
BayObLG	Bayerisches Oberstes Landgericht
BB	Der Betriebsberater
BBG	Bundesbeamtengesetz
Bd.	Band
BDSG	Bundesdatenschutzgesetz
BeckRA-Hdb	Beck'sches Rechtsanwaltshandbuch (Hrsg. Büchting/Heussen), 10. Aufl. 2011
BerHG	Gesetz über Rechtsberatung und Vertretung für Bürger mit geringen Einkommen (Beratungshilfegesetz)
Berz/Burmann	Handbuch des Straßenverkehrsrechts, Loseblatt, 32. Aufl. 2014
BetrVG	Betriebsverfassungsgesetz
BfA	Bundesversicherungsanstalt für Angestellte

Abkürzungsverzeichnis

BfF	Begutachtung für Fahreignung
BFH	Bundesfinanzhof
BGA	Bundesgesundheitsamt
BGB	Bürgerliches Gesetzbuch
BGBl.	Bundesgesetzblatt
BGH	Bundesgerichtshof
BGHSt.	Amtliche Sammlung der Entscheidungen des Bundesgerichtshofs in Strafsachen
BGHZ	Amtl. Sammlung der Entscheidungen des Bundesgerichtshofs in Zivilsachen
BKatV	Bußgeldkatalogverordnung
Bode/Winkler	Fahrerlaubnis, 5. Aufl. 2006
Böhme/Biela	Kraftverkehrs-Haftpflicht-Schäden, 25. Aufl. 2013
BOKraft	Verordnung über den Betrieb von Kraftfahrtunternehmen im Personenverkehr
BORA	Berufsordnung der Rechtsanwälte
BOStrab	Straßenbahn-Bau- und Betriebsordnung
Bouska/Laeverenz	Fahrerlaubnisrecht, 3. Aufl. 2004
BRAGO	Bundesgebührenordnung für Rechtsanwälte
BRAO	Bundesrechtsanwaltsordnung
BRRG	Beamtenrechtsrahmengesetz
BSGH	Bundessozialhilfegesetz
BStMI	Bayerisches Staatsministerium des Innern
BT-Drucks.	Bundestagsdrucksache
BtMG	Gesetz über den Verkehr mit Betäubungsmitteln (Betäubungsmittelgesetz)
van Bühren/Lemcke/ Jahnke	Anwalts-Handbuch Verkehrsrecht, 2. Aufl. 2011
Buschbell/Hering	Handbuch Rechtsschutzversicherung, 5. Aufl. 2011
Buschbell/Otting	Arbeitshilfen für die Schadensregulierung, 4. Aufl. 2003
BUZ	Berufsunfähigkeits-Zusatzversicherung
BVerfG.	Bundesverfassungsgericht
BVerwG	Bundesverwaltungsgericht
BVerwGE	Amtl. Sammlung der Entscheidungen des Bundesverwaltungsgerichts
BZR	Bundeszentralregister
BZRG	Bundeszentralregistergesetz
bzw.	beziehungsweise
CoB	Council of Bureaux
DAR	Deutsches Autorecht
DAV	Deutscher Anwaltverein
DB	Der Betrieb
DBKG	Deutsches Büro Grüne Karte e. V.
ders.	derselbe
dh	das heißt
DÖV	Die öffentliche Verwaltung
Drucks.	Drucksache
Dt. VGT	Deutscher Verkehrsgerichtstag
EBO	Eisenbahn-Bau- und Betriebsordnung
EDV	Elektronische Datenverarbeitung
EFZG	Entgeltfortzahlungsgesetz
EG	Europäische Gemeinschaft
EGBGB	Einführungsgesetz zum Bürgerlichen Gesetzbuch
EGGVG	Einführungsgesetz zum Gerichtsverfassungsgesetz
EMRK	Europäische Menschenrechtskonvention
EO	Eichordnung
ESBO	Eisenbahn-Bau- und Betriebsordnung für Schmalspurbahnen
EStG	Einkommensteuergesetz
etc	et cetera
EU	Europäische Union

Abkürzungsverzeichnis

EuAlÜbk	Europäisches Auslieferungsübereinkommen
EuGÜbk	Europäisches Gerichtsstandsübereinkommen
e. V.	eingetragener Verein
evtl.	eventuell
EWG.	Europäische Wirtschaftsgemeinschaft
EWR.	Europäischer Wirtschaftsraum
FamRZ.	Zeitschrift für das gesamte Familienrecht
f., ff.	folgende Seite bzw. Seiten
FAO	Fachanwaltsordnung
Ferner	Straßenverkehrsrecht, 2. Aufl. 2005
FeV	Fahrerlaubnis-Verordnung
Feyock/Jacobsen/Lemor	Kraftfahrtversicherung, 3. Aufl. 2009
FF	Forum Familienrecht
FinDAG	Finanzdienstleistungsaufsichtsgesetz
Fischer	Strafgesetzbuch und Nebengesetze, 61. Aufl. 2014
Fleischmann/Hillmann	Das verkehrsrechtliche Mandat, Band 2: Verkehrszivilrecht, 6. Aufl. 2012
FPersG	Fahrpersonalgesetz
FPersV	Fahrpersonalverordnung
Freyschmidt/Krumm	Verteidigung in Straßenverkehrssachen, 10. Aufl. 2013
Fn.	Fußnote
GABl.	Gemeinsames Amtsblatt des Landes Baden-Württemberg
GDV	Gesamtverband der Deutschen Versicherungswirtschaft e. V.
Gebhardt	Das verkehrsrechtliche Mandat, Band 1: Verteidigung in Verkehrsstraf- und Ordnungswidrigkeitenverfahren, 7. Aufl. 2012
gem.	gemäß
Gerold/Schmidt	Rechtsanwaltsvergütungsgesetz: RVG, 21. Aufl. 2013
GewStG	Gewerbesteuergesetz
ggf.	gegebenenfalls
GG.	Grundgesetz für die Bundesrepublik Deutschland
GGT	Gamma-Glutamyltransferase
GKG	Gerichtskostengesetz
GmbH	Gesellschaft mit beschränkter Haftung
GmS(-OGB)	Gemeinsamer Senat (der Obersten Gerichtshöfe des Bundes)
GSZ	Großer Senat in Zivilsachen
GVG	Gerichtsverfassungsgesetz
GVO	Gruppenfreistellungsverordnung
GWG	Geldwäschegesetz
HaftPflG	Haftpflichtgesetz
Hentschel/König/Dauer	Straßenverkehrsrecht, 42. Aufl. 2013
HGB	Handelsgesetzbuch
Himmelreich/Halm	Handbuch des Fachanwalts Verkehrsrecht, 5. Aufl. 2014
hM	herrschende Meinung
HPflG	Haftpflichtgesetz
Hs.	Halbsatz
HUK	Haftpflicht-Unterstützungs-Kasse
HV	Hauptverhandlung
HWS.	Halswirbelsäule
ICD	International Classification of Diseases and Related Health Problems (von der Weltgesundheitsorganisation [WHO] herausgegebene internationale Klassifikation der Krankheiten und verwandten Gesundheitsprobleme. Die aktuelle Ausgabe des ICD wird als „ICD-10" bezeichnet)
idR	In der Regel
IntKfzVO	Verordnung über den internationalen Kraftfahrzeugverkehr
IntVO	Verordnung über den internationalen Kraftfahrzeugverkehr
iSd	im Sinne der, des

Abkürzungsverzeichnis

iSv	im Sinne von
iVm	in Verbindung mit
Jagow/Burmann/Heß	Straßenverkehrsrecht, Kommentar, 23. Aufl. 2014
JGG	Jugendgerichtsgesetz
JurBüro	Das juristische Büro
JVA	Justizvollzugsanstalt
JZ	Juristenzeitung
KBA	Kraftfahrtbundesamt
Kfz	Kraftfahrzeug
KfzPflVV	Kraftfahrzeug-Pflichtversicherungsverordnung
KG	Kammergericht
KH	Kraftfahrthaftpflicht
KH-Versicherung	Kraftfahrthaftpflichtversicherung
Kuhn	Schadensverteilung bei Verkehrsunfällen, 8. Aufl. 2013
Küppersbusch	Ersatzansprüche bei Personenschäden, 11. Aufl. 2013
KV	Kostenverzeichnis
KWG	Kreditwesensgesetz
LA	Londoner Abkommen
LFZG	Lohnfortzahlungsgesetz
LG	Landgericht
lit.	litera
Lkw	Lastkraftwagen
LPartG	Lebenspartnerschaftsgesetz
LSE	Lexikon straßenverkehrsrechtlicher Entscheidungen (Loseblattsammlung)
LuftVG	Luftverkehrsgesetz
MABl.	Amtsblatt des Bayerischen Staatsministeriums des Innern
MAG	Multilaterale Garantieabkommen
MAH Vergutungsrecht	Münchener Anwaltshandbuch Vergütungsrecht (Hrsg. *Teubel/Scheungrab*), 2. Aufl. 2011
MAH Versicherungsrecht	Münchener Anwaltshandbuch Versicherungsrecht (Hrsg. *Terbille/Höra*), 3. Aufl. 2013
MAH Strafverteidigung	Münchener Anwaltshandbuch Strafverteidigung (Hrsg. *Widmaier/Müller/Schlothauer*), 2. Aufl. 2014
MBl. LSA	Ministerialblatt des Landes Sachsen-Anhalt
MdI	Ministerium des Innern
MDR	Monatsschrift für Deutsches Recht
Meyer-Goßner/Schmitt	Strafprozessordnung, 57. Aufl. 2014
MI	Ministerium des Innern
MittBl	Mitteilungsblatt
MPI	Medizinisch-Psychologisches Institut
MPU	medizinisch-psychologische Untersuchung
MüKoBGB	Münchener Kommentar zum Bürgerlichen Gesetzbuch, 6. Aufl. 2012
MüKoZPO	Münchener Kommentar zur Zivilprozessordnung, 4. Aufl. 2012
mwH	mit weiteren Hinweisen
mwN	mit weiteren Nachweisen
MwSt.	Mehrwertsteuer
NATO	North Atlantic Treaty Organization (Organisation des Nordatlantik-Vertrags)
nF	neue Fassung
NJW	Neue Juristische Wochenschrift
NJW-RR.	NJW-Rechtsprechungsreport
NJWE-VHR	NJW-Entscheidungsdienst Versicherungs-/Haftungsrecht
Nr.(n.)	Nummer(n)
NRW	Nordrhein-Westfalen
NStZ	Neue Zeitschrift für Strafrecht
NVVG	Versicherungsvertragsgesetz
NZV	Neue Zeitschrift für Verkehrsrecht

Abkürzungsverzeichnis

OGH	Oberster Gerichtshof
OLG	Oberlandesgericht
OVG	Oberverwaltungsgericht
OWi	Ordnungswidrigkeit
OWiG	Gesetz über Ordnungswidrigkeiten
Palandt	Bürgerliches Gesetzbuch, 73. Aufl. 2014
PAuswG	Gesetz über Personalausweise
PFDeckRV	Verordnung über Rechnungsgrundlagen für die Deckungsrückstellung von Pensionsfonds (Pensionsfonds-Deckungsrückstellungsverordnung)
PFKapAV	Verordnung über die Anlage des gebundenen Vermögens von Pensionsfonds (Pensionsfonds-Kapitalanlagenverordnung)
PFKAustV	Verordnung über die Kapitalausstattung von Pensionsfonds (Pensionsfonds-Kapitalausstattungsverordnung)
PflegeVG	Pflegeversicherungsgesetz
PflVG	Pflichtversicherungsgesetz
PflW	Pflichtversicherungsverordnung
PHV	Privat-Haftpflichtversicherung
PKH	Prozesskostenhilfe
Pkw	Personenkraftwagen
Prölss	Versicherungsaufsichtsgesetz: VAG, 12. Aufl. 2005
Prölss/Martin	Versicherungsvertragsgesetz, 28. Aufl. 2010
PTB	Physikalisch-Technische Bundesanstalt
RA	Rechtsanwalt
RBerG	Rechtsberatungsgesetz
RdErl.	Runderlass
RDG	Rechtsdienstleistungsgesetz
RDG-E	Entwurf zum neuen Rechtsdienstleistungsgesetz
Rn.	Randnummer
RechVersV	Verordnung über die Rechnungslegung von Versicherungsunternehmen (Versicherungsunternehmens-Rechnungslegungsverordnung)
Reha	Rehabilitation
RG	Reichsgericht
RGBl.	Reichsgesetzblatt
RGSt.	Amtliche Sammlung der Entscheidungen des Reichsgerichts in Strafsachen
RGZ	Amtl. Sammlung der Reichsgerichtsrechtsprechung in Zivilsachen
RichtlRA	Richtlinien für Rechtsanwälte
RiLSA	Richtlinien für Lichtsignalanlagen
RiStBV.	Richtlinien für das Straf- und Bußgeldverfahren
Römer/Langheid	Versicherungsvertragsgesetz VVG, 4. Aufl. 2014
Roth	Verkehrsrecht, 3. Aufl. 2012
RS	Rechtsschutz
Rspr.	Rechtsprechung
r+s	Recht und Schaden
RVG	Gesetz über die Vergütung der Rechtsanwältinnen und Rechtsanwälte
RVO	Reichsversicherungsordnung
RVT	Rentenversicherungsträger
S.	Seite(n), Satz
Scheffen/Pardey	Schadensersatz bei Unfällen mit Minderjährigen, NJW-Schriftenreihe Band 59, 2. Aufl. 2003
SGB	Sozialgesetzbuch
SMG	Schuldrechtsmodernisierungsgesetz
sog	so genannt
SolBerG	Solvabilitätsbereinigungs-Verordnung
SoldG	Soldatengesetz
STA	Staatsanwaltschaft
StAnz.	Staatsanzeiger
StGB	Strafgesetzbuch

Abkürzungsverzeichnis

Stiefel/Maier	Kraftfahrtversicherung, 18. Aufl. 2010
StPO	Strafprozessordnung
StrEG	Gesetz über die Entschädigung für Strafverfolgungsmaßnahmen
StVG	Straßenverkehrsgesetz
StVO	Straßenverkehrs-Ordnung
StVZO	Straßenverkehrs-Zulassungs-Ordnung
SVR	Straßenverkehrsrecht
SVT	Sozialversicherungsträger
TB	Tarifbedingungen
TÜV	Technischer Überwachungs-Verein
TVO	Tarifverordnung
UA	Uniform Agreement
uÄ	und Ähnliches
UDS	Unfalldatenspeicher
UNO	United Nations Organization
UStG	Umsatzsteuergesetz
UVEG	Unfallversicherungs-Einordnungsgesetz/Gesetz zur Einordnung des Rechts der gesetzlichen Unfallversicherung in das SGB
UVT	Unfallversicherungsträger
UWG	Gesetz gegen den unlauteren Wettbewerb
VA	Verwaltungsakt
VG	Verwaltungsgericht
VAG	Versicherungsaufsichtsgesetz
VBl.	Verwaltungsblatt
VDS	Verband der Schadenversicherer
VerBAV	Veröffentlichungen des Bundesaufsichtsamtes für das Versicherungs- und Bausparwesen
VersR	Versicherungsrecht
VerwZG	Verwaltungszustellungsgesetz
VGH	Verwaltungsgerichtshof
vgl.	vergleiche
VGT	Verkehrsgerichtstag
VkBl.	Verkehrsblatt
VKS	Verkehrskontrollsystem
VN	Versicherungsnehmer
VO	Verordnung, Verzugsordnung
VOH	Verkehrsopferhilfe e. V.
VR	Versicherer
VRS	Verkehrsrechts-Sammlung
VTA	Visual Tree Assessment
VU	Versicherungsunternehmen
VV	Vergütungsverzeichnis
VVG	Gesetz über den Versicherungsvertrag
VwGO	Verwaltungsgerichtsordnung
VwV	Verwaltungsvorschrift
VwVfG	Verwaltungsverfahrensgesetz
Weihrauch/Bosbach	Verteidigung im Ermittlungsverfahren, 7. Aufl. 2011
ZAP	Zeitschrift für die Anwaltspraxis
zB	zum Beispiel
ZDK	Zentralverband des Deutschen Kraftfahrzeuggewerbes
zfs	Zeitschrift für Schadensrecht
zGG	zulässiges Gesamtgewicht
Ziff.	Ziffer
ZPO	Zivilprozessordnung
ZRP	Zeitschrift für Rechtspolitik
ZuSEG	Gesetz über die Entschädigung von Zeugen und Sachverständigen
zZt	zur Zeit

Teil A. Mandatsannahme und -organisation

§ 1 Allgemeine Grundlagen der Mandatsannahme und -organisation in verkehrsrechtlichen Angelegenheiten

Übersicht

	Rn.
I. Der Verkehrsunfall – ein Massenphänomen	1–13
1. Der Verkehrsunfall – ein Massenphänomen, Ursache für menschliche Tragik und wirtschaftliche Beeinträchtigungen	1–10
a) Allgemeines	1
b) Bei Unfall mit Schwerstverletzten	2/3
c) Die notwendige Kompetenz	4–10
2. Statistische Aussagen zum Straßenverkehrsunfall	11–13
a) Straßenverkehrsunfälle in Deutschland im Jahr 2006	11
b) Statistisches zur Zahl der Fahrzeuge und Zahl der Schadenfälle sowie zum Schadenaufwand	12
c) Die Kraftfahrtversicherung nach Beitragseinnahmen und Schadenaufwand	13
II. Das Verkehrsrecht – eine facettenreiche Materie	14–17
1. Die verschiedenen Rechtsgebiete mit Bezug zum Verkehrsrecht	14/15
2. Die Organisation der Mandatsführung	16
3. Checkliste zur Mandatsannahme und Mandatsführung für außergerichtliche Geltendmachung und Kraftschadenprozess	17
III. Die Gefahr der Interessenkollision	18–28
1. Die Gefahr der Interessenkollision, speziell im Straßenverkehrsrecht	19–22
2. Die Gefahr des Parteiverrates	23/24
3. Möglichkeiten zum Ausschluss der Doppelvertretung	25–28
IV. Organisation der Akte und Korrespondenz sowie Nutzung moderner Technik	29–52
1. Unfallaufnahme sowie Mandanten- und Stammdatenerfassung	29–46
a) Daten- und Stammdatenerfassung	30
b) Erfassen der Schadenpositionen	31–34
c) Speziell: Daten zur Schadenregulierung	35/36
d) Fertigung einer Skizze	37/38
e) Datenschutz bei der Übermittlung von Daten	39–41
f) Einleitung der Bearbeitung	42/43
g) Zusammengefasste Bearbeitungs- und Informationsunterlagen	44–46
2. Nutzung von Arbeitshilfen	47
3. Nutzung elektronischer Kommunikation	48–52
V. Die notwendige Kompetenz und Wissensmanagement	53–58
1. Die notwendige Kompetenz	53/54
2. Kommunikation zwischen Anwalt und Mandant	55
3. Wissensmanagement	56–58
VI. Kooperation mit Spezialisten	59/60
VII. Besonderheiten beim Auslandsunfall	61–63
1. Allgemeines	61
2. Das richtige Vorgehen	62
3. Die Schadenpositionen	63
VIII. Der Unfall mit Schwerverletzten – eine besondere Herausforderung	64
IX. Die Beteiligung von Rechtsschutz	65/66
X. Die Vergütungsfrage	67–71
1. Die gesetzliche Vergütung	67
2. Hinweispflicht auf Streitwertabhängigkeit des Honorars	68/69
3. Die Vergütungsvereinbarung und Erfolgshonorar	70/71

Schrifttum: *Abel* (Hrsg.), Datenschutz in Anwaltschaft, Notariat und Justiz, 2. Aufl. 2003; *Bachmann*, Vorreiter für die Schadensabwicklung, AnwBl. 2007, 603; *v. Crailsheim/Mühlbauer*, Betreuungsrecht, in: Beck'sches Rechtsanwalts-Handbuch, 10. Aufl. 2011, § 32 (zitiert: BeckRA-Hdb/*v. Crailsheim/Mühlbauer*); *Disterer*, Ansätze zum Wissensmanagement bei Anwälten durch Klassifikation juristischen Wissens, AnwBl. 2003, 189; *Elsner*, Ausblick auf 2008, zfs 2007, 661 (Editorial); *Fischer*, Strafgesetzbuch: StGB und Nebengesetze, 61. Aufl. 2014; *Groß/Herrmann*, Kommunikation zwischen Anwalt und Mandant, AnwBl. 2003, 32; *Grüneberg*, Haftungsquoten bei Verkehrsunfällen, 13. Aufl. 2013; *Hamm*, Der Anwaltsvertrag, in: Beck'sches Rechtsanwalts-Handbuch, 10. Aufl. 2011, § 50 (zitiert: BeckRA-Hdb/*Hamm*); *Himmelreich/Halm/Bücken*, Kfz-Schadensregulierung, Stand 2008; *Küppersbusch*, Ersatzansprüche bei Personenschaden, 11. Aufl. 2013; *Patzelt*, Verkehrssicherungspflicht, 4. Aufl. 2006; *Roxin*, Strafrechtliche Risiken des Anwaltsberufes, in: Beck'sches Rechtsanwalts-Handbuch, 10. Aufl. 2011 § 52 (zitiert: BeckRA-Hdb/*Roxin*); *Schwackenberg*, Keine Angst vor beruflicher Zusammenarbeit, AnwBl. 5/2006 (Editorial); *Kuhn*, Schadensverteilung bei Verkehrsunfällen, 7. Aufl. 2013; *Willamowski*, Wissensmanagement für Anwälte, AnwBl. 2005, 298; *Wittkowski*, ADAC-Seminar: EDV-Einsatz in der Verkehrsrechtskanzlei, DAR 2002, 46.

I. Der Verkehrsunfall – ein Massenphänomen

1. Der Verkehrsunfall – ein Massenphänomen, Ursache für menschliche Tragik und wirtschaftliche Beeinträchtigungen

1   **a) Allgemeines.** Verkehrsunfälle sind ein **Massenphänomen** mit häufig gleich gelagerten Sachverhalten. In vielen Anwaltskanzleien machen Mandate zum Bereich des Verkehrsrechtes einen großen Teil der anwaltlichen Tätigkeit aus. Diese Situation legt es nahe, eine optimal abgestimmte und effiziente Mandatsabwicklung zu organisieren. Die Häufigkeit der abzuwickelnden Mandate bringt aber auch die Gefahr mit sich, verkehrsrechtliche Mandate nur routinemäßig abzuwickeln und hierbei Besonderheiten im Einzelfall und Zusammenhänge rechtlicher Thematik bei der Abwicklung von Straßenverkehrsunfällen zu übersehen oder zu unterschätzen. Es gibt im Grunde keinen „typischen Sachverhalt", es sei denn man denkt nur an den Straßenverkehrsunfall bei klarer Haftungslage, bei dem „nur" Sachschaden oder Bagatellverletzungen vorliegen.

2   **b) Bei Unfall mit Schwerstverletzten.** Eine besonders schwierige Thematik ergibt sich beim Straßenverkehrsunfall mit – insbesondere schweren – Verletzungen oder tödlichem Ausgang. Diese Folgen eines Straßenverkehrsunfalls stellen stets einen schweren Einschnitt in die Lebenssituation eines Menschen oder einer Familie dar. Neben der menschlichen Tragik sind diese Unfallfolgen in der Regel auch „die Quelle für einen – materiellen – Vermögensschaden in Gestalt von Aufwendungen, die erforderlich werden, um die Gesundheit wieder herzustellen oder die Unfallfolge zu mildern". Zu denken ist auch an vermehrte körperliche Bedürfnisse, Ausfall oder Verminderung des Erwerbseinkommens, Verlust eines Unterhaltsrechtes, Entstehung von Beerdigungskosten sowie erheblichen Beeinträchtigungen in der Lebensplanung und Lebensführung.[1]

3   Zu Recht wird bei *Himmelreich e.a.* im Vorwort[2] Folgendes ausgeführt: „Die Regulierung von Kfz-Schäden entwickelt sich immer mehr zu einer Spezialmaterie, die eine umfangreiche Aufarbeitung von Rechtsprechung und Literatur erfordert". Der Anwalt, der mit der Bearbeitung von Kfz-Schadenfällen, insbesondere mit – schwerwiegenden – Personenschäden, befasst ist, sollte sich bewusst machen, dass sachgerechte Bearbeitung nur möglich ist, wenn die notwendigen Spezialkenntnisse vorhanden sind, nicht zuletzt auch unter dem Aspekt der Vermeidung von Regressfällen.

4   **c) Die notwendige Kompetenz.** Es wird oft nicht richtig eingeschätzt, welche Kompetenz erforderlich ist, solche Schadenvorgänge verantwortungsbewusst und sachgerecht zu bearbeiten. Hier ist aus der Sicht des Anwaltes daran zu denken, dass auf Seiten des Schädigers und der Versicherung ein erfahrener und mit der Materie besonders vertrauter Sachbearbeiter tätig ist. Man kann allgemein davon ausgehen, dass die Sachbearbeiter bei den Haft-

---
[1] *Küppersbusch* Einl. Rn. 1.
[2] *Himmelreich/Halm/Bücken* Kfz-Schadensregulierung Bd. 1, Vorwort.

pflichtversicherungen nicht nur gut ausgebildet, sondern auch gut fortgebildet sind. Im Regelfall sind die für Großschäden zuständigen Sachbearbeiter der Haftpflichtversicherungen „Kollegen", man reguliert also auf „Augenhöhe".

Demgegenüber haben nur wenige Anwälte Erfahrung in der Bearbeitung von Schadenvorgängen mit solch schwerwiegenden Folgen. Zur Vermeidung von möglichen schwerwiegenden Regressen sollte der hier nicht spezialisierte Anwalt überlegen, ob er ein solches Mandat übernimmt oder überhaupt alleine führt oder einen spezialisierten Kollegen zurate zieht. In der Anwaltschaft ist es leider – anders als im Medizinbereich – noch nicht üblich, bei schwierigen Sachverhalten, die Spezialkenntnisse erfordern, auch wirklich den Spezialisten hinzuzuziehen.

Der Spezialist für solche Regulierungen ist der Fachanwalt für Verkehrsrecht, den es seit 2006 gibt. Die Ausbildung des Fachanwalts für Verkehrsrecht gewährleistet dem rechtssuchenden Publikum, dass er den für seinen Fall notwendigen und erforderlichen Spezia_listen findet.

Die Einführung der Zusatzbezeichnung „Fachanwalt" kann als eine Erfolgsstory beschrieben werden. Im Kalenderjahr 1960 zählte man insgesamt 911 Fachanwälte. Im Jahr 2000 wurde die Zahl von zehntausend (11.080) überschritten. Seit dem hat sich die Zahl der Fachanwälte/Fachanwältinnen mehr als vervierfacht. 2013 wurden insgesamt 46.823 Fachanwälte gezählt bei einer Gesamtzahl von 160.880 Rechtsanwälten insgesamt.

Die Fachanwaltschaft für Verkehrsrecht ist eine recht junge Fachanwaltschaft. Seit ihrer Einführung im Jahr 2006 erfreut sie sich aber unter den Rechtsanwälten einer großen Beliebtheit. Dies verdeutlichen die nachfolgenden Zahlen:

Fachanwälte und Fachanwältinnen für Verkehrsrecht seit 2006

	2006	2007	2008	2009	2010	2011	2012	2013
männlich	368	1.038	1.556	1.841	2.113	2.384	2.577	2.752
weiblich	28	118	206	263	307	360	404	458
insgesamt	396	1.156	1.762	2.104	2.420	2.744	2.981	3.210

Nachdem ein gewisser Sättigungsgrad erreicht war, ist die Anzahl der Anträge seit dem Jahr 2011 zurückgegangen. Dies liegt zum einen daran, dass sehr viele Rechtsanwälte in kurzer Zeit den Fachanwaltstitel erworben haben, zum anderen aber auch daran, dass es jetzt offensichtlich schwerer geworden ist, die für eine Antragsstellung notwendigen Fallzahlen (160 in drei Jahren) zu erreichen. Die Schwierigkeit besteht nicht in den außergerichtlichen Fällen, sondern vielmehr bei den gerichtlichen Verfahren (60 in drei Jahren), vor allem aber beim Erreichen des Quorums von mindestens je 5 Fällen in den jeweils vorgeschriebenen Fachgebieten: 1. Verkehrszivilrecht, insbesondere das Verkehrshaftungsrecht und das Verkehrsvertragsrecht, 2. Versicherungsrecht, insbesondere das Recht der Kraftfahrtversicherung, der Kaskoversicherung sowie Grundzüge der Personenversicherungen, 3. Verkehrsstraf- und Ordnungswidrigkeitenrecht, 4. Recht der Fahrerlaubnis gem. § 14d FAO.

Vor allem die Fälle aus den Nr. 2 und 4 gem. § 14d FAO bereiten den Rechtsanwälten Schwierigkeiten, weil diese Fälle offensichtlich nicht so häufig vorkommen. Gleichwohl ist die Fachanwaltschaft für Verkehrsrecht zwischenzeitlich die viertgrößte Fachanwaltschaft nach Arbeitsrecht, Familienrecht und Steuerrecht.

2. Statistische Aussagen zum Straßenverkehrsunfall

Der Unfall im Straßenverkehr als Massenphänomen wird auch belegt durch Statistiken, und zwar insbesondere durch die Zahl der Straßenverkehrsunfälle, die Zahl der Fahrzeuge sowie die Zahl der Schadenfälle. Die nachfolgend dargestellten statistischen Übersichten verdeutlichen dies:

a) Straßenverkehrsunfälle Deutschland Jahre 2008–2012

Unfälle (polizeilich erfasste): Deutschland, Jahre, Unfallkategorie, Ortslage							
Statistik der Straßenverkehrsunfälle Deutschland Unfälle (polizeilich erfasste) (Anzahl)							
Unfallkategorie	Ortslage	2008	2009	2010	2011	2012	2013
Unfälle mit Personenschaden	innerorts	221.306	213.361	195.833	210.427	206.696	199.650
	außerorts (ohne Autobahnen)	81.039	79.051	73.635	77.549	75.094	73.003
	auf Autobahnen	18.269	18.394	18.829	18.290	17.847	18.452
	Insgesamt	320.614	310.806	288.297	306.266	299.637	291.105
Schwerwiegende Unfälle mit Sachschaden ieS	innerorts	53.730	51.601	51.388	48.435	48.571	47.582
	außerorts (ohne Autobahnen)	24.086	23.643	24.035	21.476	21.610	21.240
	auf Autobahnen	13.328	14.275	16.684	11.576	11.966	12.002
	Insgesamt	91.144	89.519	92.107	81.487	82.147	80.824
Sonst. Unfälle unter dem Einfluss berausch. Mittel	innerorts	15.275	14.435	13.426	13.627	13.488	12.977
	außerorts (ohne Autobahnen)	2.277	2.117	1.973	1.994	2.004	1.967
	auf Autobahnen	653	617	635	640	651	620
	Insgesamt	18.205	17.169	16.034	16.261	16.143	15.564
Übrige Sachschadensunfälle	innerorts	1.374.242	1.410.319	1.499.441	1.470.576	1.482.411	1.508.895
	außerorts (ohne Autobahnen)	369.063	366.467	386.564	366.052	401.026	396.524
	auf Autobahnen	120.395	119.173	128.828	120.815	120.479	121.099
	Insgesamt	1.863.700	1.895.959	2.014.833	1.957.443	2.003.916	2.026.608
Insgesamt	innerorts	1.664.553	1.689.716	1.760.088	1.743.065	1.751.166	1.769.104
	außerorts (ohne Autobahnen)	476.465	471.278	486.207	467.071	499.734	492.734
	auf Autobahnen	152.645	152.459	164.976	151.321	150.943	152.173
	Insgesamt	2.293.663	2.313.453	2.411.271	2.361.457	2.401.843	2.414.011

Quelle: Statistisches Bundesamt, Wiesbaden

§ 1 Mandatsannahme und -organisation in verkehrsrechtlichen Angelegenheiten 12, 13 § 1

b) Fahrzeugbestand in den Jahren 2007–2013 — 12

Kraftfahrzeugbestand: Deutschland, Stichtag, Kraftfahrzeugarten							
Statistik des Kraftfahrzeug- und Anhängerbestandes Deutschland Kraftfahrzeugbestand (Anzahl)							
Kraftfahr-zeugarten	Stichtag						
	1.1.2007	1.1.2008	1.1.2009	1.1.2010	1.1.2011	1.1.2012	1.1.2013
Kfz insgesamt	55.511.374	49.330.037	49.602.623	50.184.419	50.902.131	51.735.177	52.391.012
Krafträder insgesamt	3.969.103	3.566.122	3.658.590	3.762.561	3.827.894	3.908.072	3.982.978
Motorräder	3.885.572	3.481.157	3.560.060	3.650.111	3.704.649	3.775.827	3.843.155
Pkw insgesamt	46.569.657	41.183.594	41.321.171	41.737.627	42.301.563	42.927.647	43.431.124
Kraftomnibus-se insgesamt	83.549	75.068	75.270	76.433	76.463	75.988	76.023
Lkw insgesamt	2.604.061	2.323.064	2.346.678	2.385.099	2.441.377	2.528.656	2.578.567
Acker-schlepper	1.800.572	1.743.300	1.763.514	1.788.950	1.813.049	1.843.750	1.869.910
Übrige Kfz	284.160	258.954	260.517	262.838	263.735	266.743	269.581
Wohnmobile	413.387	326.374	325.101	330.664	332.169	340.788	353.663
Kfz-Anhänger insgesamt	5.728.632	5.642.301	5.774.838	5.910.737	6.057.273	6.213.903	6.358.577

Quelle: Kraftfahrt-Bundesamt, Flensburg
Ab 1.1.2008:
ohne vorübergehend stillgelegte Fahrzeuge (etwa 12 %).
Die Werte vom 1.1.2008 sind daher mit den früheren Werten nicht mehr vergleichbar.
© Statistisches Bundesamt, Wiesbaden 2014 | Stand: 22.06.2014

c) Die Kraftfahrtversicherung nach Beitragseinnahmen und Schadenaufwand — 13

Versicherungszweig	1990	2000	2008		2009		2010		2011		2012		2013	
	Mio. EUR	Mio. EUR	Mio. EUR	Veränderung in v. H.	Mio. EUR	Veränderung in v. H.	Mio. EUR	Veränderung in v. H.	Mio. EUR	Veränderung in v. H.	Mio. EUR	Veränderung in v. H.	Mio. EUR	Veränderung in v. H.
Beitragseinnahmen														
insgesamt	14.346	20.358	20.372	− 2,1	20.057	− 1,5	20.158	0,5	20.887	3,6	21.989	5,3	23.260	5,8
Kfz-Haftpflicht	9.371	12.628	14.495	− 2,4	12.148	− 2,8	12.124	− 0,2	12.551	3,5	13.216	5,3	13.297	5,4
Vollkasko	3.528	5.748	6260	− 0,7	6.373	1,8	6.530	2,5	6.811	4,3	7.211	5,9	7.707	6,9
Teilkasko	1.047	1.740	1495	− 4,2	1.422	− 4,9	1.394	− 2,0	1.420	1,9	1.462	2,9	1.529	4,6
Insassen-Unfall	399	242	121	− 7,7	114	− 5,7	110	− 3,6	105	− 4,3	101	− 4,4	97	− 4,0
Schadenaufwand														
insgesamt	12.847	20.355	19.561	− 2,4	19.223	− 0,7	20.060	3,3	20.444	1,9	20.222	− 1,1	21.770	7,7

Quelle: Jahrbücher – Die deutsche Versicherungswirtschaft, GDV

II. Das Verkehrsrecht – eine facettenreiche Materie

1. Die verschiedenen Rechtsgebiete mit Bezug zum Verkehrsrecht

14 Im Allgemeinen wird unter einem verkehrsrechtlichen Mandat die Geltendmachung von Schadenersatzansprüchen verstanden, in der Regel Sachschadenpositionen. Im Bewusstsein ist hierbei häufig nicht, dass bei Straßenverkehrsunfällen Menschen verletzt werden. Nicht selten ergeben sich schwerste Verletzungen und tödliche Unfälle. Hierzu ist zu verweisen auf die diesbezüglichen Ausführungen in → § 26.

15 Besonderheiten können sich zB ergeben, wenn ein geleastes Fahrzeug beteiligt ist. Zu beachten sind auch Wechselwirkungen zwischen strafrechtlichen Sachverhalten und der möglichen Leistungsfreiheit des Versicherers mit der Folge eines Regresses seitens der Versicherungsunternehmen, etwa bei Unfallflucht oder Alkoholfahrt mit einer höheren BAK. Diese Aspekte können auch zum Tragen kommen, wenn es um Ansprüche aus der Kaskoversicherung geht. Beachtet werden müssen auch Besonderheiten, die sich beim Arbeits- und Wegeunfall ergeben, und der hiermit verbundene mögliche Bezug zum Sozialrecht. Hinzu kommt, dass Ansprüche in Betracht kommen für Personen, die in verschiedener Weise am Unfall beteiligt waren bzw. zu Schaden gekommen sind. Zu nennen sind hierbei Halter, Fahrer oder Insasse eines Fahrzeuges.

2. Die Organisation der Mandatsführung

16 Selbstverständlich sollte sein, für jeden Beteiligten einen separaten Aktenvorgang anzulegen und zu führen. Wichtig ist jeweils, mögliche Interessenkollisionen zu erkennen und zu beachten (vgl. nachstehend → Rn. 18 ff.). Die differenzierte Mandatsführung ist auch wichtig für die finanzielle Abwicklung, speziell auch für den Vergütungsanspruch.

3. Checkliste zur Mandatsannahme und Mandatsabwicklung für außergerichtliche Geltendmachung und Kraftschadenprozess

17

Checkliste

I. Prüfung Interessenkollision
- ☐ Mandant/Auftraggeber
  - Halter
  - Fahrer
  - Insasse/Beifahrer
  - Leasinggeber
  - Leasingnehmer
  - Sonstige Betroffene, zB Anspruchsteller für Unterhaltsschaden oder Haushaltsführungsschaden
  - Arbeitgeber/Dienstherr

II. Annahme des Mandates
- ☐ Mandatsannahme für
  - Halter
  - evtl. Leasinggeber/Leasingnehmer
  - Fahrer
  - sonstige Geschädigte
- ☐ Entgegennahme der Vollmacht
  - Mandant selbst
  - gesetzlicher Vertreter
    - bei Minderjährigen
    - Bestellung Betreuer[3]
  - Speziell: Vertretungsvollmacht bei Unternehmen, gesetzlicher Vertreter

---

[3] Zu Betreuung, Vormundschaft und Pflegschaft im Einzelnen vgl. BeckRA-Hdb § 32.

III. Gegenstand und Umfang des Mandats
- ☐ Klärung des Mandatsgegenstandes
  - Geltendmachung von Haftpflichtansprüchen gegen
    - Schädiger
    - Kraftfahrthaftpflichtversicherung
    - Dritte
  - Ansprüche gegen eigene Fahrzeugversicherung
    - Teilkasko
    - Vollkasko
    - evtl. Abrechnung nach Differenztheorie

IV. Beratung zur Abwicklung des Mandates
- ☐ Information über Abwicklung der Schadenangelegenheit durch Mandanteninformation
- ☐ Klärung spezieller Besonderheiten des Schadenvorganges
- ☐ Information speziell zum Unfall im Ausland

V. Evtl. notwendige Eilmaßnahmen zur Beweissicherung
- ☐ Klärung der Verkehrssituation
- ☐ Straßenverhältnisse
- ☐ Sonstige Unfallursache
- ☐ Begutachtung der beteiligten Fahrzeuge
- ☐ Feststellung/Dokumentation von Verletzungen (Primärverletzungen)
- ☐ Ermittlungen zur Schadenhöhe

VI. Speziell: Unfall mit Auslandsberührung
- ☐ Unfall im Inland mit Ausländer, Geltendmachung der Ansprüche gegen
  - Deutsches Büro Grüne Karte e. V.
  - Garantiefonds/Verkehrsopferhilfe (VOH), zB bei nicht ermitteltem ausländischem Fahrzeug
- ☐ Unfall im Ausland, speziell Regulierung gemäß 4. KH-Richtlinie

VII. Klärung der Haftungsvoraussetzungen
- ☐ Haftung aus § 7 StVG
- ☐ Haftung aus unerlaubter Handlung, §§ 823 ff. BGB
  - Speziell: Verletzung der Verkehrssicherungspflicht
  - Sonstige Haftungstatbestände (zB Tierhalterhaftung)
- ☐ Klärung der Haftungsquote
  - Quotierung nach § 17 StGB
  - Mitverschulden § 254 StGB
- ☐ Speziell: Anspruch des Beifahrers/Insassen bei (Allein-)Verschulden des Fahrers

VIII. Belehrung über Schadensminderungspflichten
- ☐ Allgemeines zur Schadensminderungspflicht
- ☐ Belehrung zur Schadensminderungspflicht zu einzelnen Schadenpositionen bei
  - Fahrzeugschaden (umgehende Erteilung Reparaturauftrag)
  - Totalschaden: Verwertung der Restwerte
  - Beauftragung Sachverständiger
    - Geringfügigkeitsgrenze ca. 800,– EUR bis 1.000,– EUR
  - Inanspruchnahme Mietwagen
    - Mindestfahrleistung beachten
  - Möglicher Anspruch auf Nutzungsentschädigung
- ☐ Personenschaden und Schadensminderungspflicht

IX. Klärung von Fristen und Verjährungsfragen
- ☐ Fristen für Geltendmachung von Ansprüchen aus Unfallversicherung
- ☐ Prüfung der Verjährungsfristen

X. Der Kraftschadenprozess
  1. Der gerichtlich geltend zu machende Anspruch
     ☐ Der Anspruchsberechtigte/Aktivlegitimation
        • Vertretung/gesetzlicher Vertreter
     ☐ Besonderheiten für die Geltendmachung des Anspruches auf
        • Unterhaltsschaden
        • Haushaltsführungsschaden
  2. Die richtige Fassung des Klageantrages
     ☐ Leistungsantrag
     ☐ Feststellungsantrag
        • Bei Schmerzensgeldforderung
        • Zukunftsschaden
        • Ersatz von Versicherungsbeiträgen
     ☐ Beweisfragen
XI. Klärung der Kosten sowie der Anwaltsvergütung
    ☐ Erstattung der gesetzlichen Gebühren durch
       • Schädiger/Versicherung
    ☐ Speziell: Gebührendifferenz zwischen geltend gemachtem Anspruch und reguliertem Anspruch
    ☐ Die Gebühren als Schadenposition bei Geltendmachung Kaskoentschädigung
    ☐ Die Gebühren im Prozess
    ☐ Freistellungsanspruch bei Rechtsschutzdeckung
    ☐ Vereinbarung Sonderhonorar als Summe oder Zeithonorar
XII. Die Beteiligung von Rechtsschutz
     ☐ Anspruch Rechtsschutzdeckung für
        • Versicherungsnehmer
        • mitversicherte Person
     ☐ Umfang der Rechtsschutzdeckung
        • Anwaltsgebühren
        • Kosten
        • Speziell: Anspruch auf Kostendeckung bei notwendiger Beweissicherung (gedeckt nur gerichtliches Beweisverfahren; vgl. Bezug zum Straf- und OWi-Verfahren)
        • Korrespondenzgebühr im gerichtlichen Verfahren
        • Kostendeckung bei Auslandsunfall

III. Die Gefahr der Interessenkollision

Checkliste

I. Prüfung Interessenkollision
   ☐ Die möglichen Beteiligten
      • Beschuldigter
      • Angeklagter
      • Betroffener
      Eltern/Kind
   ☐ Strafantrag und Nebenklage
   ☐ Verfolgung von Schadenersatzansprüchen
      • (Sach- und Personenschaden)
   ☐ Klärung versicherungsrechtlicher Fragen
   ☐ Abwehr von Regressen
   ☐ Der Tatbestand des Parteiverrates
   ☐ Kontrolle zum Abschluss von Doppelvertretungen

II. Die Annahme des Mandates
- ☐ Mandatsannahme
- ☐ Das (Vor-)Gespräch
- ☐ Klärung des Mandatsverhältnisses
  - • Mandant
  - • Mandatsgegenstand
- ☐ Speziell: Mandatsannahme nach Anwaltswechsel
- ☐ Entgegennahme der Vollmacht
  - • Mandant selbst
  - • Gesetzlicher Vertreter
- ☐ Speziell: Vertretungsvollmacht bei Unternehmen (gesetzlicher Vertreter)
- ☐ Benennung des/der Verteidiger/s in der Vollmacht
  - • Beachtung Begrenzung der Verteidiger (§ 137 StPO)
- ☐ Pflichtverteidigung

III. Beratung zum Verfahrensablauf und zu wichtigen Einzelfragen
1. Information über Verfahrensablauf
   - ☐ Klärung der Bedeutung der Einkommens- und Vermögensverhältnisse für Geldbuße
   - ☐ Die in Betracht kommende Geldbuße bei Einstellung
   - ☐ Geldstrafe
2. Verstöße im Ausland
   - ☐ Verkehrsverstoß im Ausland
   - ☐ Verfahrensablauf im Ausland
   - ☐ Unfallschaden im Ausland
   - ☐ Das richtige Verhalten gegenüber Ermittlungsbehörden, speziell Polizei
   - ☐ Notwendige Angaben zur Person
   - ☐ Speziell: Identitätsfeststellung
   - ☐ Mögliche Gefahr erkennungsdienstlicher Maßnahmen, Gegenüberstellung
3. Klärung möglicher Eintragungen im Bundeszentralregister und in der Verkehrszentralkartei
   - ☐ Die Frage der Verjährung

IV. Beachtung möglicher Eilmaßnahmen
- ☐ Beratung zur möglichen tätigen Reue bei Verkehrsunfallflucht (§ 142 Abs. 4 StGB)
- ☐ Aspekte bei – drohender – Führerscheinmaßnahme
- ☐ Feststellungen zur Verkehrssituation, speziell Unfallrekonstruktion oder sonstigen nach dem Sachverhalt relevanten Fragen, zB Wahrnehmungsgutachten bei dem Vorwurf der Unfallflucht

V. Klärung der Kosten- und Gebührenfrage
- ☐ Die gesetzlichen Gebühren
- ☐ Vergütungsvereinbarung
- ☐ Beteiligung von Rechtsschutz
- ☐ Möglichkeit der Beratungshilfe

1. Die Gefahr der Interessenkollision, speziell im Straßenverkehrsrecht

Bei der Annahme eines Mandates in einer Straßenverkehrsangelegenheit ist die Gefahr der Interessenkollision besonders groß, weil in diesen Angelegenheiten regelmäßig auf einer Unfallseite mehrere Personen beteiligt sind, sei es als Halter, Fahrer oder Insasse. Maßgebend ist die gesetzliche Regelung des **§ 43a Abs. 4 BRAO**. Nach dieser Vorschrift und ebenso gemäß **§ 356 StGB** ist es dem Anwalt untersagt, pflichtwidrig beiden Parteien zu dienen.[4] Der Anwalt darf widerstreitende Interessen nur dann nicht vertreten, wenn sie aus demselben Sachverhalt gegenläufig abzuleiten sind. Parteiverrat iSd § 356 StGB erfordert, dass der Anwalt „in derselben Rechtssache" beiden Parteien pflichtwidrig dient.[5]

---

[4] BeckRA-Hdb/*Hamm* § 50 Rn. 63.
[5] BeckRA-Hdb/*Roxin* § 52 Rn. 11 ff.

20 Die Verteidigertätigkeit für den Fahrzeugführer und die evtl. gleichzeitige Vertretung eines Fahrzeuginsassen in zivilrechtlicher Hinsicht kann zur Interessenkollision führen im Hinblick auf die gesamtschuldnerische Haftung. Die Vertretung von Ehepartnern, Freunden oder Arbeitskollegen kann brisant werden. Hierbei ist zu beachten, dass die Interessenkollision und die Rechtsfolgen hieraus nicht dadurch ausgeschlossen werden, dass ein Mandant sich mit der Vertretung eines anderen einverstanden erklärt hat,[6] und zwar unabhängig davon, ob das erste Mandat beendet war oder nicht.[7] Im Strafverfahren sind der Beschuldigte und der durch die Tat Verletzte jeweils eine eigene Partei.[8] Somit ist die Vertretung von Fahrer und verletztem Beifahrer als Nebenkläger nicht möglich.

21 Die Verteidigung des Fahrzeughalters, der wegen Fahrens ohne Fahrerlaubnis (§ 21 Abs. 1 S. 1 StVG) angeklagt ist, ist nicht unzulässig, wenn gleichzeitig der Fahrer gegen den Vorwurf des Fahrens ohne Fahrerlaubnis (§ 21 Abs. 1 S. 2 StVG) verteidigt wird.[9]

22 In Straßenverkehrsangelegenheiten muss stets – und das gilt insbesondere für größere Kanzleien – vorab geprüft werden, ob nicht bereits das Mandat für einen anderen Unfallbeteiligten angenommen ist. Bei gleichzeitiger Annahme eines Mandates für verschiedene am Unfall beteiligte Parteien sind beide Mandate nicht fortzuführen. Für die Verfolgung von Schadenersatzansprüchen, etwa für den Beifahrer/Insassen des Fahrzeuges, ist die Thematik der Interessenkollision noch deutlicher gegeben (vgl. hierzu → § 22 Rn. 9 ff.).

2. Die Gefahr des Parteiverrates

23 Ein Anwalt, der in einer Angelegenheit mehrere Mandanten vertritt, also zB in Unfallangelegenheiten die Verteidigung oder Interessenvertretung für mehr als einen beteiligten Mandanten übernimmt, läuft Gefahr, sich des Parteiverrates gemäß § 356 StGB schuldig zu machen. Diese Gefahr besteht insbesondere bei der Verteidigung oder Vertretung in einer verkehrsrechtlichen Angelegenheit. Hierbei ist zu vergegenwärtigen, dass der Beschuldigte und derjenige, der durch den Unfall verletzt wurde, unterschiedliche Parteien sind.[10] Bei der Vertretung von Fahrer und verletztem Beifahrer kommen diese Grundsätze ebenso zur Anwendung wie auch bei der Vertretung eines Nebenklägers. Widerstreitende Interessen ergeben sich, wenn bei einem Antrag auf Zulassung der Nebenklage für den Beifahrer dieser auch die Mithaftung des Fahrers geltend macht, für den die Verteidigung übernommen wurde. Diese Grundsätze gelten auch bei der Vertretung von Ehepartnern, Freunden und Arbeitskollegen. Pflichtwidrigkeit der anwaltlichen Tätigkeit wird nicht dadurch ausgeschlossen, dass der erste Mandant sich mit der Vertretung des anderen einverstanden erklärt, und zwar unabhängig davon, ob das Erstmandat beendet war oder nicht, s. o. Rn. 15.[11]

24 Auch liegt Parteiverrat vor, wenn der Anwalt den beteiligten Fahrer verteidigt und gleichzeitig die Interessen eines Unfallgeschädigten vertritt, und zwar unabhängig davon, ob dies mit dem Einverständnis der Beteiligten geschieht.[12] An dieser Beurteilung ändert sich auch dadurch nichts, dass die Ansprüche für einen Beifahrer nur gegen die hinter dem Fahrer stehende Haftpflichtversicherung gerichtet werden.[13]

3. Möglichkeiten zum Ausschluss der Doppelvertretung

25 Gerade in verkehrsrechtlichen Angelegenheiten besteht die Gefahr, dass mehrere Beteiligte, also speziell Unfallgegner, einem Anwalt das Mandat antragen. Wichtig für den Anwalt ist, von vornherein das Risiko eines Doppelmandates auszuschließen, da bei der Annahme eines Doppelmandates beide Mandate nicht fortgeführt werden können.

---

[6] BGHSt 18, 198.
[7] RGSt 66, 104.
[8] BGHSt 5, 285.
[9] LG Hamburg NZV 1990, 325.
[10] BGHSt 5, 285.
[11] BGHSt 18, 198; RGSt 66, 104.
[12] Vgl. *Gebhardt* § 1 Rn. 41.
[13] BayObLG NJW 1995, 606; zum Begriff des Interessengegensatzes vgl. *Fischer* § 356 Rn. 5 a.

26 Zum Ausschluss von Doppelmandaten empfiehlt *Gebhardt* die Führung eines „Unfalltagebuches". Hierzu kann ein normaler Kalender verwandt werden. In diesen werden neben dem Ereignisdatum sämtliche verfügbaren Informationen zu den Parteien eingetragen. Das identische Unfalldatum ist also hier der Anknüpfungspunkt.[14]

27 Es dürfte sicherlich im Zuge der EDV-gestützten Mandatsbearbeitung auch möglich sein, die Unfalldaten zur Vermeidung von Doppelmandaten mittels elektronischer Datenverarbeitung zu klären. Hierbei ist jedoch nicht der Name des Mandanten Anknüpfungspunkt. Vielmehr müssen Anknüpfungspunkt Unfalldatum und Unfallort sein. In der Praxis ist dies also durch EDV-gestützte Arbeitsweise so zu lösen, dass bekannt gewordene Unfallgeschehen nach Ort und Datum erfasst werden und ggf. verbunden werden mit Namen von potenziellen Mandanten. Für größere Kanzleien und insbesondere Kanzleien, die zahlreiche Mandate in Verkehrsangelegenheiten führen, kommt zur Vermeidung der Interessenkollision die Führung eines sog. „Gegnerregisters" in Betracht.[15]

28 Bei der Frage des Doppelmandates muss auch gesehen werden, dass nach Kenntnis von der Annahme widerstreitender Mandate beide sofort niederzulegen sind. In diesem Falle verliert der Anwalt seinen Gebührenanspruch.

IV. Organisation der Akte und Korrespondenz sowie Nutzung moderner Technik

1. Unfallaufnahme sowie Mandanten- und Stammdatenerfassung

29 Die beste und sicherste Übersicht über alle in Betracht kommenden Aspekte ist zu gewinnen anhand einer Checkliste, die alle Aspekte der Unfallschadenbearbeitung enthält. Hierzu wird verwiesen auf die Checkliste vorstehend in → Rn. 17. Die Orientierung an einer Checkliste ist jedenfalls solange zu empfehlen, bis die Unfallbearbeitung zur absoluten Routine wird.

30 a) **Daten- und Stammdatenerfassung.** Die Aufnahme der Daten zu den Beteiligten und zum Sachverhalt des Unfallgeschehens erfolgt regelmäßig und zweckmäßigerweise mithilfe des „Fragebogens für Anspruchsteller" (vgl. hierzu nachstehend → Rn. 35 sowie das Muster in § 22 Rn. 18). Der Fragebogen kann auch EDV-gestützt ausgefüllt werden. Dies hat den Vorteil. dass sich der Fragebogen leicht in die Korrespondenz einfügen lässt, zB auch per e-mail. Viele Versicherungen führen den Schriftverkehr heute per e-mail. Dabei ist aber auf die Datensicherheit zu achten. Gegebenenfalls, wenn kein verschlüsselter e-mail Verkehr möglich ist, sollte sich der Rechtsanwalt bzgl. des e-mail Verkehrs von seinem Mandanten von der anwaltlichen Schweigepflicht entbinden lassen.

31 b) **Erfassen der Schadenpositionen.** Die Unfallabwicklung wird erleichtert, wenn hinsichtlich aller in Betracht kommenden Ansprüche von vornherein die für die Erfassung und den Nachweis der Schadenpositionen erforderlichen Vordrucke genutzt oder dem Mandanten zur Ausfüllung gegeben werden. Dies erfordert eine rationale Bearbeitung von Unfallangelegenheiten, um zusätzliche, zeitraubende und Kosten verursachende Korrespondenz zu vermeiden. Es ist daher zB bei gegebenen Verletzungen empfehlenswert, dem Mandanten von vornherein einen Attestvordruck zur Vorlage beim Arzt auszuhändigen oder ggf. den Attestvordruck dem Arzt unmittelbar zur Bestätigung der Verletzungen zu übersenden (hierzu wird verwiesen auf das in § 21 Rn. 92–94 angebotene Textmuster). In einem solchen Fall sollte in jedem Falle von vornherein eine Erklärung über die Entbindung von der Schweigepflicht vom verletzten Mandanten entgegengenommen werden. Weiter kommen in Betracht Vordrucke zur Bestätigung der Lohnfortzahlung.

---

[14] Vgl. *Gebhardt* § 1 Rn. 4.
[15] BeckRA-Hdb/*Hamm* § 50 Rn. 64.

32 Seit Sommer 2013 gibt es neue Schweigepflichtentbindungserklärungen, die von den Versicherern ausschließlich verwandt werden. Die alten Formulare werde nicht mehr anerkannt. Bei den neuen Formularen handelt es sich um einen Musterentwurf, der zwischen dem Gesamtverband der Versicherungswirtschaft (GDV) und den Datenschutzbehörden ausgehandelt wurde. Hintergrund sind die strengen Anforderungen des Datenschutzes an die Information der Person, deren Daten gespeichert werden. Schließlich wird die Unfallabwicklung erleichtert, wenn dem Mandanten von vornherein eine schriftliche Information übergeben wird über alle Aspekte der Unfallschadenabwicklung.

33 Bei Nutzung von EDV können neben der Erfassung der Daten zum Unfall mittels des „Fragebogens für Anspruchsteller" die Daten zum Mandanten und zur Akte, also speziell die Daten zu Unfallort, Uhrzeit, Unfallgegner sowie den Versicherungen, erfasst werden. Auch kann die Unfallabwicklung unterstützt werden, wenn Drittbeteiligte, etwa beteiligte Versicherungen, erfasst werden. Dies kann nützlich sein, wenn es zB um die Vorbereitung oder Zusammenfassung von Besprechungen bzw. Sammelbesprechungen mit Versicherungen geht, oder auch um die Regulierungspraktiken einer Versicherung transparent zu machen.

34 Bei der Mandatsannahme und dem Beginn der Mandatsbearbeitung sind verschiedene Aspekte zu unterscheiden, nämlich:
- Erfassen der aktenintern Mandanten- und Aktenstammdaten,
- Daten zur Schadenabwicklung, differenziert nach Anspruchsgrundlagen und Schadenpositionen,
- Einleitung der Bearbeitung/Geltendmachung der Ansprüche sowie
- Information an Mandantschaft.

Zu den vorgenannten Aspekten ist im Einzelnen Folgendes auszuführen:

35 c) **Speziell: Daten zur Schadenregulierung.** Zunächst ist zu verweisen auf den „Fragebogen für Anspruchsteller", der auf einer Übereinkunft zwischen dem DAV und dem GDV (früher HUK-Verband) beruht.

36 Schließlich ist jedoch anzumerken, dass der bisher allgemein angewandte „Fragebogen für Anspruchsteller" im Zeitalter EDV-gestützter Arbeitsmethoden antiquiert wirkt. Es gibt Möglichkeiten, die Datenerfassung und Datenübermittlung vonseiten des Anspruchstellers bzw. des ihn vertretenden Anwaltes und der eintrittspflichtigen Versicherung mittels elektronischer Kommunikation zu übermitteln. Anzustreben ist, dass hier auf der Basis elektronischer Arbeitsmethoden und Kommunikation entsprechend dem „Fragebogen für Anspruchsteller" eine Standardkommunikation entwickelt und ggf. zwischen dem DAV und dem GDV abgestimmt und vereinbart wird. Dies würde sicherlich auf Seiten der Anwaltschaft Spezialisierung fördern und umgekehrt auf Seiten der Versicherung den Arbeits- und Verwaltungsaufwand sowie den Zeitraum bei der Schadenabwicklung erheblich reduzieren.[16] Viele Versicherungen haben bereits den Rechtsanwälten die Möglichkeit eröffnet, Schäden über das Internet bzw. eine sichere Kommunikationsplattform zu ermöglichen (WEB-Akte).

37 d) **Fertigung einer Skizze.** Ein Unfallgeschehen lässt sich anhand einer Darstellung mittels einer Skizze besser und klarer erfassen als lediglich durch eine Beschreibung in Worten.

38 Praktisch dürfte es sein, einen Vordruck für eine Skizze vorzuhalten oder in mehreren Versionen die typischen Verkehrssituationen darzustellen. Modelle (Spielzeugautos, -motorräder, -Lkw.) können zur Klärung des Sachverhaltes eine Hilfe sein (siehe Skizze auf Seite 12). Hilfreich ist auch ein Blick auf Google-Earth. Hier kann man sich schnell einen Überblick über die Unfallörtlichkeit bilden und auch einen Ausdruck des Bildschirminhaltes zu den Handakten nehmen. Wegen des bestehenden copyrights sollte man aber vorsichtig in der Verwendung dieser Ausdrucke gegenüber Dritten sein.

---

[16] Vgl. zum Stichwort „Datensammlung" *Fleischmann/Hillmann* § 1 Rn. 97 ff.

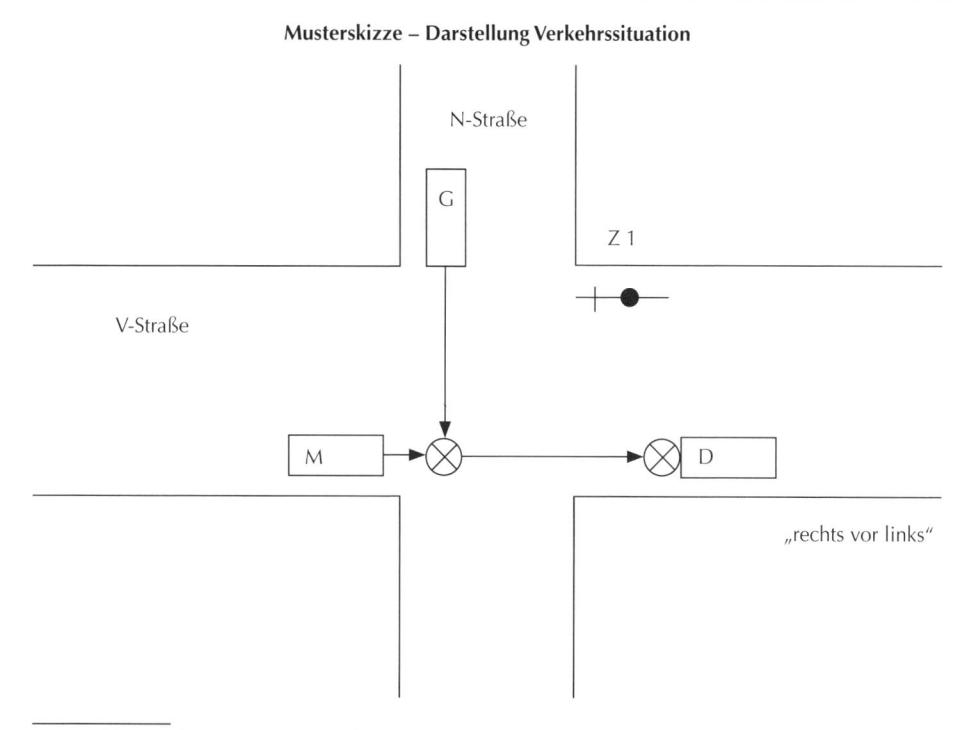

Musterskizze – Darstellung Verkehrssituation

V = Vorfahrt(straße), N = Neben(straße),
M = Mandat, G = Gegner, D = Dritter

e) **Datenschutz bei der Übermittlung von Daten.** Ein bei der Unfallbearbeitung bisher in rechtlicher Hinsicht wenig beachteter Aspekt ist die Frage der Übermittlung von Daten. Es ist selbstverständlich, dass im Rahmen der Mandatsbearbeitung Daten zu übermitteln sind. Dies gilt zunächst einmal gegenüber dem Mandanten. Eine solche Übermittlungspflicht ergibt sich aus der Berufsordnung der Rechtsanwälte. § 11 Abs. 1 BerufsO bestimmt, dass der Anwalt den Auftraggeber über alle wesentlichen Maßnahmen und Vorgänge in seiner Sache unverzüglich unterrichten muss.[17]

Andererseits werden Daten, speziell in der außergerichtlichen Korrespondenz, übermittelt an den Schädiger, dessen Haftpflichtversicherung oder sonstige beteiligte Versicherungen sowie möglicherweise auch an andere Beteiligte, etwa Sachverständige. Die Zulässigkeit dieser Übermittlung richtet sich wiederum nach § 28 Abs. 1 BDSG. Es ist davon auszugehen, dass die Übermittlung der Daten zulässig ist, soweit dies zur ordnungsgemäßen Erfüllung der Mandatsabwicklung erforderlich ist.[18]

Ob und ggf. welche Probleme sich unter datenrechtlichen Gesichtspunkten ergeben können bei der Nutzung moderner Kommunikationsmittel bei der Unfallschadenbearbeitung, etwa Internet, muss noch geklärt werden anhand der sich ergebenden praktischen Anwendung (siehe hierzu auch Rn. 26).

f) **Einleitung der Bearbeitung.** Nach Klärung der Fragen zum Mandatsverhältnis sowie dessen Umfang sollte möglichst umgehend und zügig die Bearbeitung, also die Geltendmachung der Ansprüche, eingeleitet werden. Gerade im Bereich der Unfallschadenbearbeitung ist Schnelligkeit gefordert. In der Regel geht es nämlich darum, alsbald zu klären und sicherzustellen, dass der Geschädigte den finanziellen Ausgleich erhält. Dies betrifft insbesondere den am Fahrzeug entstandenen Sachschaden sowie den Ausgleich der Kosten für sonstige Beteiligte.

---

[17] Vgl. im Einzelnen *Abel* § 3 Rn. 97.
[18] Vgl. hier im Einzelnen und zu den Grenzen der Datenübermittlung *Abel* § 3 Rn. 98 bis 100.

Nach Durchführung der Reparatur oder bei Totalschaden nach Anschaffung eines Ersatzfahrzeuges muss der Geschädigte alsbald sicher sein, über die zum Ausgleich der Schadenpositionen notwendigen Mittel zu verfügen. Hierbei ist an die Anerkennung der Haftung seitens des Geschädigten bzw. seiner Versicherung und die Zahlung eines Vorschusses zu denken.

Ist eine klare Haftungslage nicht gegeben oder wird die Haftung seitens der Versicherung nicht anerkannt, so ist an die Sicherung der Finanzierung der Schadenpositionen zu denken.

Bei bestehender Vollkaskoversicherung kommt die Inanspruchnahme dieser Versicherung in Betracht nach der so genannten „Differenztheorie" (vgl. § 46 Rn. 39 ff.).

Zu denken ist auch an die evtl. Notwendigkeit und Möglichkeit der Beweissicherung (vgl. nachstehend § 22 Rn. 52 ff.).

43 Eine zügige Sachbearbeitung ist schon allein wegen des sogenannten Schadensmanagements der Versicherungen erforderlich. Vielfach handeln die Versicherungen heute sehr schnell. Dies erfolgt nicht, um dem Geschädigten schneller zu seinem Geld zu verhelfen, sondern dient dazu, den Rechtsanwalt aus dem Regulierungsgeschäft zu drängen. Immer wieder zeigt sich, dass die Versicherungen bei diesen Regulierungen am Anwalt vorbei nicht die Interessen des Geschädigten im Auge haben. Eine Aufklärung der Versicherungen, welche Ansprüche den Geschädigten zustehen, erfolgt in der Regel nicht oder nur sehr unvollständig.

44 g) Zusammengefasste Bearbeitungs- und Informationsunterlagen. *aa) Bearbeitungsunterlagen.* Zur rationellen Unfallbearbeitung ist es zu empfehlen, zusammengefasst, quasi in einem Set oder in Klarsichthüllen, Bearbeitungsunterlagen zur Verfügung zu halten, und zwar
- Checkliste (→ Rn. 17)
- Arbeitsblatt neues Mandat
- Fragebogen für Anspruchsteller (→ § 22 Rn. 25
- Übersicht über Schadenpositionen (Sachschadenpositionen → § 24 Rn. 12, Personenschaden →§ 26 Rn. 15)
- Vordruck Skizze
- Vordruck Vollmacht
- Vordruck Entbindung von der ärztlichen Schweigepflicht.

45 *bb) Informationen und Unterlagen für den Mandanten.* Empfehlenswert ist es, umgekehrt dem Mandanten im Zusammenhang mit der Unfallabwicklung notwendige Informationen und Unterlagen zu übergeben. In Betracht kommt eine sog. Mandanteninformation.

46 Die Mandanteninformation, die dem Mandanten in schriftlicher Form gelegentlich einer Unfallaufnahme zu übergeben ist, hat zunächst einen Informationszweck. Darüber hinaus können diese Informationen auch zu Marketingzwecken dienen und zum anderen, insbesondere in Unfallangelegenheiten, einer Mandantenbindung.

2. Nutzung von Arbeitshilfen

47 Kompetenz und rationale Arbeitsmethoden sind am sichersten zu erreichen durch die Nutzung möglicher Informationsquellen. Neben der Fachliteratur sind Informationsquellen wichtig zu allen Fragen, die bei der Bearbeitung von Schadenfällen, speziell Verkehrsschadenfällen, relevant sind. Es geht um die schnellstmögliche Ermittlung aller möglichen Beteiligten. Dies sind nicht nur Haftpflichtversicherungen, sondern auch evtl. spezielle Beteiligte, etwa Träger der Sozialversicherung oder die Behörden der Verteidigungslastenverwaltung. Häufig ist es schwierig, Informationen zum Unfall und über Beteiligte zu erhalten. Wenn der Unfall sich in einer fernen Region ereignet hat, kann es für die Schnelligkeit der Bearbeitung wichtig sein, alsbald die zuständige Polizeidienststelle, etwa auch einer Bundesautobahn, zu ermitteln. Darüber hinaus wird die Sachbearbeitung bei einer Unfallschadenangelegenheit nicht nur rationell, sondern auch qualitativ unterstützt durch mögliche Checklisten zu
- Haftungstatbeständen[19]
- möglichen Schadenpositionen.

---

[19] Vgl. *Grüneberg,* Haftungsquoten bei Verkehrsunfällen; *Kuhn,* Schadensverteilung bei Verkehrsunfällen; vgl. auch *Patzelt,* Verkehrssicherungspflicht.

3. Nutzung elektronischer Kommunikation

In der Schadenabwicklung und insbesondere in der Kommunikation mit Beteiligten, speziell Versicherungen, werden bisher erkennbar noch nicht hinreichend die Möglichkeiten moderner Kommunikation genutzt.

Die Kommunikation auf elektronischem Weg bietet die Möglichkeit, an Drittbeteiligte und speziell an Versicherungen Schriftstücke und Bilddokumente per E-Mail zu übermitteln. Auf diesem Weg kann neben Kostenersparnis auch eine erhebliche Beschleunigung erreicht werden. Auf gleichem Weg kann auch der Zahlungsverkehr beschleunigt werden. Dies setzt natürlich voraus, dass aufseiten aller Beteiligten und insbesondere der Versicherungen Interesse und Bereitschaft an dieser Beschleunigung besteht in der Kommunikation mit Anwälten als Interessenvertreter des Geschädigten.[20]

In diesem Zusammenhang ist schließlich auch darauf hinzuweisen, dass an verschiedenen Stellen – und insbesondere seitens der Versicherungswirtschaft – Netzwerke aufgebaut werden oder aufgebaut worden sind. In diese Netzwerke zur abgestimmten Kommunikation sollte auch die Anwaltschaft eingebunden werden. Es wird ein Schadenportal angeboten, das es ermöglicht, mit allen deutschen Versicherern in der Kfz-Haftpflicht- und Rechtsschutzversicherung die Korrespondenz auf elektronischem Weg zu führen (www.verkehrsanwälte.de). Das Schadenportal wurde von der Arbeitsgemeinschaft Verkehrsrecht in Kooperation mit der E-Consult realisiert.[21]

Sowohl im Bereich der Kraftschadenregulierung wie auch im Bereich der Rechtsschutzversicherung gibt es bereits diverse „Netze", über die die Kommunikation geführt wird. Hierbei handelt es sich zB um das GDV Netzwerk, e-consult, drebis, Amade (ADAC). Der Vorteil der verschiedenen elektronischen Netzwerke liegt in der schnellen Abwicklung, die letztlich dem Mandanten zu Gute kommt, aber auch dem Rechtsanwalt, da auch die kostenmäßige Abrechnung der anwaltlichen Tätigkeit über diese Netze erledigt wird.

Ohnehin muss sich die Anwaltschaft vermehrt mit den elektronischen Kommunikationsmitteln befassen, wie dies zB bereits heute die Notare vielfältig machen (müssen). Das **Gesetz zur Förderung des elektronischen Rechtsverkehrs** mit den Gerichten ist am 16.10.2013 im Bundesgesetzblatt verkündet worden.[22] Das Gesetz verpflichtet die BRAK gem. § 31a BRAO, zum 1.1.2016 für jeden Rechtsanwalt und jede Rechtsanwältin ein besonderes elektronisches Anwaltspostfach einzurichten, über das zukünftig die elektronische Kommunikation von Anwälten abgewickelt wird. Nach dem derzeitigen Stand wird die BRAK den ihr aufgezwungenen Auftrag erfüllen. Zweifel bestehen aber daran, ob die einzelnen Bundesländer die gesetzlichen Vorgaben erfüllen können und werden.

V. Die notwendige Kompetenz und Wissensmanagement

1. Die notwendige Kompetenz

Es wird oft nicht richtig eingeschätzt, welche Kompetenz erforderlich ist, solche Schadenvorgänge verantwortungsbewusst und sachgerecht zu bearbeiten. Hier ist aus der Sicht des Anwaltes daran zu denken, dass aufseiten des Schädigers und der Versicherung ein erfahrener und mit der Materie besonders vertrauter Sachbearbeiter tätig ist. Demgegenüber haben nur wenige Anwälte Erfahrung in der Bearbeitung von Schadenvorgängen mit solch schwerwiegenden Folgen. Zur Vermeidung von möglichen schwerwiegenden Regressen sollte der hier nicht spezialisierte Anwalt überlegen, ob er ein solches Mandat übernimmt oder überhaupt alleine führt oder einen spezialisierten Kollegen zurate zieht. In der Anwaltschaft ist es leider – anders als im Medizinbereich – noch nicht üblich, bei schwierigen Sachverhalten, die Spezialkenntnisse erfordern, auch wirklich den Spezialisten hinzuzuziehen.

Festzustellen ist: das Verkehrsrecht pulsiert und daran wird sich auch in Zukunft nichts ändern. Der BGH überrascht bei seiner Rechtsprechung zur Schadenabwicklung immer

---

[20] Vgl. hierzu auch *Wittkowski* DAR 2002, 46f.
[21] Vgl. *Bachmann* AnwBl. 2007, 603.
[22] BGBl. 2013 I, 3786 ff.

2. Kommunikation zwischen Anwalt und Mandant

55   Wichtig ist die zeitnahe und sachgerechte Korrespondenz zwischen Anwalt und Mandant. Dies ist ein sicherlich verbesserungswürdiger Aspekt in der Mandatsführung. Wichtig ist auch, dass der Anwalt in der Kommunikation mit dem Mandanten dessen „Sprache spricht".[24] Auch kann ein nicht zeitnah erfolgter Rückruf zum Vertrauensverlust und zu Ärger führen. Zwischenzeitlich erfolgt die Kommunikation zwischen Anwalt und Mandant häufig auch mittels elektronischer Medien. Hierbei ist jedoch stets der Erwartungshorizont des Mandanten zu beachten. Dieser erwartet eine sachliche, verständliche und formgerechte Information.

3. Wissensmanagement

56   Wissensmanagement (knowledge management) ist ein aktuelles Thema in Theorie und Praxis vieler verschiedener Fachgebiete. Dieses Thema ist insbesondere auch für Anwaltskanzleien von besonderer Wichtigkeit.[25]

57   Jede Spezialisierung auf ein bestimmtes juristisches Fachgebiet, gleich welcher Art, erfordert im Alltag standardisierte Betreuung. Hierzu gehört aber auch eine ständige Weiter- und Fortbildung des Rechtsanwaltes. Der Fachanwalt für Verkehrsrecht muss zur Zeit jährlich 10 Stunden Fortbildung nachweisen, ab 2015 sind es 15 Stunden.

58   Professionelles Wissensmanagement setzt gutes Informationsmanagement voraus. Hierbei steht die systematische Organisation der Informationsquellen im Vordergrund. Zu denken ist auch daran bei einer Kanzlei ab einer bestimmten Größenordnung eine Mitarbeiterin oder einen Mitarbeiter für die Betreuung von Wissensmanagement abzustellen. Eine Entscheidung hierzu erfordert jedoch ein Abwägen zwischen den hierdurch verursachten zusätzlichen Kosten und der zu erreichenden Effizienz.[26]

VI. Kooperation mit Spezialisten

59   In anderen beruflichen Bereichen und etwa speziell im Bereich der Medizin ist eine sich ergänzende berufliche Zusammenarbeit selbstverständlich. Dieser Aspekt ist in der Anwaltschaft absolut unterentwickelt.

60   Zu fordern ist, dass auch in der Anwaltschaft die Kooperation mit Spezialisten mehr und mehr akzeptiert und praktiziert wird. So sollte der Anwalt, der im Verkehrsrecht tätig ist, etwa der Fachanwalt für Verkehrsrecht, sich nicht scheuen, wenn ihm ein Mandat angetragen wird zum Medizinschadenbereich, den auf diesem Gebiet kompetenten Kollegen, also den Fachanwalt für Medizinrecht, zu konsultieren. Für diese Kooperation sollten bestimmte Standards hinsichtlich der Organisation und der Vergütung entwickelt werden (zur möglichen und gebotenen anwaltlichen Zusammenarbeit, speziell im Bereich des Personengroßschadens, vgl. § 26 Rn. 10, 11).

Auch ist an dieser Stelle ein Zitat anzuführen: „Keine Angst vor beruflicher Zusammenarbeit".[27]

VII. Besonderheiten beim Auslandsunfall

1. Allgemeines

61   Ein Mandat zu einem Straßenverkehrsunfall, der sich im Ausland zugetragen hat, sollte nur derjenige übernehmen, der mit den speziellen Aspekten der Abwicklung eines Auslandsunfalls vertraut ist.

---

[23] *Elsner* zfs 2007, 661 (Editorial).
[24] Vgl. *Groß/Herrmann* AnwBl. 2003, 32 vgl. dort auch Fn. 1.
[25] *Willamowski* AnwBl. 2005, 298 ff.
[26] *Willamowski* a. a. O.; vgl. auch *Disterer* AnwBl. 2003, 189 ff.
[27] Vgl. *Schwackenberg* AnwBl. 5/2006, Editorial, unter Hinweis auf *Heussen* AnwBl. 2006, 293 ff.

2. Das richtige Vorgehen

Ansprüche aus einem Unfallereignis, das sich im Ausland zugetragen hat, sind außergerichtlich geltend zu machen gegenüber dem Schadenregulierungsbeauftragten der Versicherung des Schädigers. Ist eine außergerichtliche Regulierung nicht möglich und die gerichtliche Geltendmachung erforderlich, so ergeben sich Unsicherheiten zu der Frage, ob Zuständigkeit eines inländischen Gerichtes am Wohnsitz des Geschädigten gegeben ist.

3. Die Schadenpositionen

Wichtig ist es bei der Mandatsannahme und Mandatsführung zur Geltendmachung von Ansprüchen aus einem Unfallereignis, das sich im Ausland zugetragen hat, genaue Kenntnis zu haben oder sich zu beschaffen über die in Betracht kommenden Ansprüche. Hierzu kann verwiesen auf Spezialliteratur.[28] Wichtig ist es auch, den Mandanten über die Besonderheiten der in Betracht kommenden Ansprüche aus einem Unfallereignis im Ausland zu informieren, damit der Mandant keine falsche Dispositionen trifft, die letztlich zu Problemen im Mandat führen können.

VIII. Der Unfall mit Schwerverletzten – eine besondere Herausforderung

Die Übernahme und Führung eines Mandates für eine bei einem Straßenverkehrsunfall schwer verletzte Person erfordert besonderes Know-how zu diesem Tätigkeitsfeld. Diese Thematik wird ausführlich behandelt in → § 26.

IX. Die Beteiligung von Rechtsschutz

Im verkehrsrechtlichen Bereich ist zu vergegenwärtigen, dass hier eine Marktdeckung von mehr als 50 % gegeben ist. Dies wiederum rechtfertigt die Feststellung, dass die Führung eines verkehrsrechtlichen Mandates, sei es die Verteidigung in einem Straf- oder OWi-Verfahren, die Vertretung in einer Führerscheinangelegenheit, die Geltendmachung von Schadenersatzansprüchen oder Verfolgung von Ansprüchen gegenüber Versicherungen oder sozialen Leistungsträgern, häufig in den Deckungsbereich der Rechtschutzversicherung fällt.

Für den Anwalt ist es wichtig, mit den einzelnen Aspekten der Beteiligung von Rechtschutz, dem versicherten Risiko, möglichen Ausschlüssen, der Thematik des Versicherungsfalles sowie den Leistungsansprüchen im Einzelnen bestens vertraut zu sein. Hierzu ist zu verweisen auf die zu jedem Abschnitt dieses Handbuchs angefügte Behandlung des Themas „Die Beteiligung von Rechtsschutz".

X. Die Vergütungsfrage

1. Die gesetzliche Vergütung

Zum Bereich des Straßenverkehrsrechts ist das Thema der Vergütung jeweils in jedem Teil des Buches separat behandelt. Hierzu ist zu verweisen auf folgende Darstellungen:

§ 11 Kosten und Gebühren, Beratungs- und Prozesskostenhilfe im verwaltungsrechtlichen Führerscheinverfahren
§ 21 Kosten und Gebühren, Beratungs- und Prozesskostenhilfe im verkehrsrechtlichen Straf- und OWi-Verfahren
§ 33 Die Anwaltsvergütung bei der Unfallschadenabwicklung
§ 53 Kosten, Gebühren, Beratungs- und Prozesskostenhilfe in der Kraftfahrtversicherung.

---

[28] Vgl. hierzu *Feyock/Jacobsen/Lemor* Kraftfahrtversicherung, 3. Aufl. 2009.

2. Hinweispflicht auf Streitwertabhängigkeit des Honorars

68 Zur Vergütung ist die Regel des § 49b Abs. 5 BRAO zu beachten. Diese normiert eine Verpflichtung des Anwalts, den Mandanten **vor Übernahme des Auftrages** darauf hinzuweisen, wenn sich seine Gebühren nach dem Gegenstandswert richten. Die Verletzung dieser Pflicht kann einen Schadenersatzanspruch des Mandanten gemäß §§ 280 Abs. 1, 311 Abs. 2 BGB auslösen.

69 Zu beachten ist jedoch, dass den Mandanten die Beweislast dafür trifft, dass der Rechtsanwalt seiner Hinweispflicht aus § 49b Abs. 5 BRAO nicht nachgekommen ist. Der Anwalt muss allerdings konkret darlegen, in welcher Weise er belehrt haben will.[29]

3. Die Vergütungsvereinbarung und Erfolgshonorar

70 Dem Anwalt ist es nicht verwehrt, mit dem Mandanten eine über die gesetzliche Vergütung hinausgehende Vergütung zu vereinbaren, sei es die Vereinbarung eines Pauschalbetrages oder eines Zeithonorars etc.

71 Die zum 1.7.2008 in Kraft getretene Gesetzesänderung[30] zur eingeschränkten Zulässigkeit der Vereinbarung von Erfolgshonoraren wird nach Ansicht des Verfassers auch im Bereich des Straßenverkehrsrechtes keine große Bedeutung gewinnen. Die Hürden, die der Gesetzgeber an eine zulässige Vereinbarung gestellt hat, sind hoch und können nur im absoluten Ausnahmefall übersprungen werden.[31]

---

[29] BGH Urt. v. 11.10.2007 – IX ZR 105/06, DB 2007, 2704; vgl. auch *Grams*, Besprechung des Urteils in BRAK-Mitt 2008, 14.
[30] Gesetz zur Neuregelung des Verbots der Vereinbarung von Erfolgshonoraren vom 12.6.2008, BGBl. I 2008, S. 1000.
[31] vgl. hierzu die hervorragenden Ausführungen von *Teubel* in Mayer/Kroiß/Teubel RVG § 4a Rn. 27 ff.

§ 2 Besonderheiten im verwaltungsrechtlichen Führerscheinverfahren

Übersicht

	Rn.
I. Mandatsannahme und Beratung	1–4
1. Existenzielle und wirtschaftliche Bedeutung der Fahrerlaubnis	1/2
2. Die Möglichkeiten, die Fahrerlaubnis zu erhalten, zu behalten oder wiederzuerlangen	3
3. Beratung zu besonderen Möglichkeiten	4
II. Vergütung und Rechtsschutzdeckung	5
III. Konkrete Ratschläge zu Verhalten und Vorgehen	6–8

I. Mandatsannahme und Beratung

1. Existenzielle und wirtschaftliche Bedeutung der Fahrerlaubnis

Bei der Beratung und/oder Vertretung eines Mandanten, der mit Problemen zur Fahrerlaubnis konfrontiert ist, muss der Anwalt sich stets bewusst sein, welche Bedeutung die Fahrerlaubnis in aller Regel für den Betroffenen hat. Der – drohende – Entzug der Fahrerlaubnis oder Probleme bei der Wiedererteilung der Fahrerlaubnis stellen eine erhebliche Belastung für den Betroffen dar. Dies kann beginnen mit der Unannehmlichkeit, das Auto nicht mehr benutzen zu können und auf öffentliche Verkehrsmittel angewiesen zu sein, bis hin zur eindeutigen Bedrohung der wirtschaftlichen Existenz, zB für den Handelsvertreter oder Versicherungsvertreter sowie insbesondere für den Berufskraftfahrer. Hinzu kommt eine kaum vorstellbare psychologische Belastung für den Betroffenen. Diesen Problemkreis muss sich der Anwalt bei der Führung eines Mandates in einer Führerscheinangelegenheit stets vergegenwärtigen. **1**

Über eine besondere Problematik ist der Mandant zu beraten und zu belehren, wenn die Anerkennung der Gültigkeit einer **EU-Fahrerlaubnis** Gegenstand der Problematik ist. Die Frage der Zulässigkeit einer EU-Fahrerlaubnis ist nach wie vor seit Jahren ein die Gerichte beschäftigendes Thema. Auch ist der Mandant darüber zu informieren, welches notwendige Vorgehen sich ergibt, wenn ein außergerichtliches Vorgehen nicht zum Erfolg führt. Besteht die Gefahr der Entziehung der Fahrerlaubnis mit Anordnung der sofortigen Vollziehung, so ist der Mandant über das ggf. notwendige Vorgehen im Wege der **einstweiligen Anordnung** zu informieren. Zu weiteren Aspekten der Beratung des Mandanten vgl. nachfolgend → § 8. **2**

2. Die Möglichkeiten, die Fahrerlaubnis zu erhalten, zu behalten oder wiederzuerlangen

Es ist nicht zu verkennen, dass der Möglichkeit, die Fahrerlaubnis zu erhalten oder wiederzuerlangen, zB bei Alkoholfahrt mit hohem Alkoholwert oder bei Wiederholungstaten, durch das Gesetz aufgrund der Rechtslage Grenzen gesetzt sind. Andererseits aber muss der Anwalt in einer Führerscheinangelegenheit das – realistische – Ziel stets vor Augen haben, welches der sicherste und kürzeste Weg ist, den Führerschein zu erhalten oder wiederzuerlangen. Dies erfordert bei den vielfältigen Problemstellungen, von vornherein die Entwicklung einer klaren Strategie zur Mandatsführung. Diese Strategie ist auch mit dem Mandanten zu besprechen und ihm verständlich zu machen. **3**

3. Beratung zu besonderen Möglichkeiten

Ist der Mandant nach dem **Punktesystem** mit einer hohen Zahl von Punkten belastet, so ist er über die Möglichkeit des Punkteabbaus zu belehren. **4**

Steht die Möglichkeit einer **MPU** im Raum, so muss dem Mandanten die hierzu gegebene Situation erläutert werden. Hilfreich ist es für den Mandanten, wenn ihm in Vorgesprächen Ablauf und Inhalt der MPU erläutert werden.

In der Praxis hat die Thematik der Erteilung und der **Wiedererteilung der Fahrerlaubnis** besondere Bedeutung. Einzelheiten zu diesem Fragenkomplex, und zwar zu Alkohol- und/oder Drogenproblematik werden ausführlich behandelt in → § 6. Die gesetzliche Neuregelung zum 1.5.2014 (Bußgeldreform) wird diese Problematik verschärfen, da absehbar ist, dass die Fahrerlaubnis nach dem neuen Recht schneller in Gefahr ist als nach der alten Regelung.

II. Vergütung und Rechtsschutzdeckung

5   Die Frage der Vergütung ist auch von vornherein mit dem Mandanten zu besprechen. Insbesondere kommt es in Betracht, mit dem Mandanten eine **Vereinbarung über eine Sondervergütung** zu besprechen, also über die Gebühren, die über die gesetzlichen Gebühren hinaus zu zahlen sind.

Kommt die Eintrittspflicht der **Rechtsschutzversicherung** in Betracht, so ist Rechtsschutzdeckung zu klären. Kommt auch bei möglicher Rechtsschutzdeckung die Vereinbarung einer Sondervergütung in Betracht, so ist der Mandant darüber zu belehren, dass die Rechtsschutzversicherung lediglich von den gesetzlichen Gebühren freizustellen hat.

Steht, wie vorstehend erwähnt, eine MPU im Raum, so ist der Mandant zu den Kosten zu informieren und insbesondere darüber, dass auch bei bestehender Rechtsschutzversicherung diese Kosten nicht von der Rechtsschutzversicherung getragen werden, soweit die MPU außergerichtlich verlangt wird.

Hinsichtlich der Vergütung in Führerscheinverfahren wird verwiesen auf die Ausführungen von *Baschek* in → § 11.

III. Konkrete Ratschläge zu Verhalten und Vorgehen

6   Entsprechend der Problemstellung erwartet der Mandant neben der Aufzeigung der rechtlichen Problematik konkrete Ratschläge zur Lösung der Probleme. Bei drohenden Führerscheinmaßnahmen ist zu klären und zu erläutern, ob und mit welcher Maßnahme eine drohende Führerscheinmaßnahme abgewendet werden kann, zB durch Abbau des Punktekontos, soweit dies nach der Rechtslage möglich ist.

7   Bei zu erwartenden Problemen bei der Wiedererteilung der Fahrerlaubnis ist es entgegen häufig zu beobachtender Praxis wichtig, schon im Strafverfahren, wenn Probleme bei der Wiedererteilung der Fahrerlaubnis zu erwarten sind, diese konkret dem Mandanten aufzuzeigen und ebenso aufzuzeigen, durch welche konkreten Verhaltensweisen oder Maßnahmen am sichersten die Wiedererteilung der Fahrerlaubnis zu erreichen ist. Dies beginnt mit Informationen und Belehrungen zur geänderten richtigen Lebensweise bis hin zur Empfehlung und evtl. Begleitung von Beratungen in entsprechenden Einrichtungen. Dem Mandanten sind konkret Adressen für Beratungen und Therapien zu empfehlen. Hierbei ist es sicherlich auch für den Mandanten nützlich, seitens des Anwaltes mit den Personen, die die Beratungen oder Therapien durchführen, die Problematik zu besprechen. Der Anwalt als Interessenvertreter des Betroffenen kann am besten gegenüber der Beratungsstelle, die in aller Regel nicht mit der rechtlichen Problematik vertraut ist, die konkrete Problemstellung darlegen. Hinzu kommt, dass durch die Information der Beratungsstelle seitens des Anwaltes es dem Mandanten erspart bleibt, erneut den Sachverhalt und seine Probleme darzulegen. Auch kann auf diesem Weg mit der Beratungsstelle eine wechselseitige Rückkopplung über den Erfolg der empfohlenen Beratung abgestimmt werden. Es erscheint sinnvoll, die erörterten Probleme und Lösungsmöglichkeiten dem Mandanten schriftlich darzulegen.

8   Schließlich sollte der Mandant auch konkret über die anfallenden Kosten von Beratungen und Therapien, soweit diese nicht von dritter Stelle getragen werden, sowie über die anfallenden Verfahrenskosten und Anwaltsgebühren informiert werden.

§ 3 Besonderheiten im verkehrsrechtlichen Straf- und OWi-Recht

Übersicht

	Rn.
I. Prüfung möglicher Interessenkollisionen	1–11
1. Die Gefahr der Interessenkollision	2–5
2. Die Gefahr des Parteiverrates	6/7
3. Möglichkeiten zum Ausschluss der Doppelvertretung	8–11
II. Annahme des Mandates	12–33
1. Mandatsanbahnung	12
a) Das (Vor-)Gespräch	12/13
b) Mandatsannahme nach Anwaltswechsel	14/15
c) Standesrechtliche Fragen bei Verteidigerwechsel	16–19
2. Die Vollmacht	20–25
3. Anzahl der Verteidiger	26–28
4. Verbot der gemeinschaftlichen Verteidigung, § 146 StPO	29
5. Pflichtverteidigung	30–33
III. Beratung zum Verfahrensablauf und zu Fragen des richtigen Verhaltens	34–67
1. Allgemeine Information	35–37
a) Information über den Verfahrensablauf	35
b) Bedeutung der Einkommens- und Vermögensverhältnisse	36/37
2. Verkehrsverstöße im Ausland	38–43
a) Der Verkehrsverstoß im Ausland	38–42
b) Der Unfallschaden im Ausland	43
3. Verhalten gegenüber Ermittlungen der Polizei	44–48
a) Allgemeines	44
b) Angaben zur Person	45/46
c) Identitätsfeststellung	47
d) Erkennungsdienstliche Maßnahmen	48
4. Eintragungen im Bundeszentralregister und in der Fahreignungsregister	49–52
5. Verjährungsfristen	53
6. Mögliche sofortige Maßnahmen	54–59
a) Tätige Reue gemäß § 142 Abs. 4 StGB	54
b) Aspekte bei – drohender – Führerscheinmaßnahme	55–57
c) Feststellungen zur Unfallsituation	58/59
7. Die Situation bei – drohender – Führerscheinmaßnahme	60–62
8. Kontakt mit Verletzten/Hinterbliebenen	63–67
IV. Die Gebührenfrage und Klärung der Beteiligung von Rechtsschutz	68–86
1. Gesetzliche Gebühren	69
2. Erstattung notwendiger Auslagen durch die Staatskasse	70–75
3. Vergütungsvereinbarung	76–82
a) Zulässigkeit	76–80
b) Vergütungsvereinbarung und Rechtsschutz	81/82
4. Beteiligung von Rechtsschutz	83–86
V. Organisation der Akte	87–94
1. Allgemeine Grundsätze	87
2. Nutzung von Mandanten- und Aktenstammdaten	88/89
3. Organisatorische Hilfen	90–94
VI. Informations- und Wissensbeschaffung	95–101
1. Grundsätzliches	96/97
2. Klärung des Sachverhaltes	98
3. Klärung rechtlicher Thematik	99/100
4. Informationsbeschaffung	101
VII. Nutzung programmierter Textverarbeitung	102–105

Schrifttum: *Bode/Meyer-Gramcko,* Überforderung des Kraftfahrers, 2007; *Buschbell,* Rationale Rechtsschutzkorrespondenz, 2000; *Buschbell/Hering,* Handbuch Rechtsschutz, 5. Aufl. 2011; *Freyschmidt/Krumm,* Verteidigung in Straßenverkehrssachen, 10. Aufl. 2013; *Hartung/Römermann,* Marketing- und Management-Handbuch für Rechtsanwälte, 1999; *Tsambikakis,* Das Mandatsverhältnis, in: *Widmaier/Müller/Schlothauer* (Hrsg.) Münchener Anwaltshandbuch Strafverteidigung, 2. Aufl. 2014, § 2 (zitiert: MAH Strafverteidigung); *Weihrauch/Bosbach,* Verteidigung im Ermittlungsverfahren, 7. Aufl. 2011.

I. Prüfung möglicher Interessenkollisionen

Checkliste zur Mandatsannahme

I. Prüfung Interessenkollision
- ☐ Mögliche Verfahrensbeteiligung
  - Beschuldigter
  - Angeklagter
  - Betroffener
- ☐ Strafantrag und Nebenklage
- ☐ Verfolgung von Schadenersatzansprüchen
  - Sach- und Personenschaden
- ☐ Klärung versicherungsrechtlicher Fragen
- ☐ Abwehr von Regressen
- ☐ Gefahr des Parteiverrates
- ☐ Kontrolle zum Ausschluss von Doppelvertretungen

II. Die Annahme des Mandates
- ☐ Mandatsannahme
- ☐ (Vor-)Gespräch
- ☐ Klärung des Mandatsverhältnisses
  - Mandant
  - Mandatsgegenstand
- ☐ Speziell: Mandatsannahme nach Anwaltswechsel
- ☐ Entgegennahme der Vollmacht
  - Mandant selbst
  - Gesetzlicher Vertreter
- ☐ Speziell: Vertretungsvollmacht bei Unternehmen (gesetzlicher Vertreter)
- ☐ Benennung des/der Verteidiger/s in der Vollmacht
  - Beachtung Begrenzung der Verteidiger
- ☐ Pflichtverteidigung

III. Beratung zum Verfahrensablauf und zu wichtigen Einzelfragen
  1. Information über Verfahrensablauf
     - ☐ Klärung der Bedeutung der Einkommens- und Vermögensverhältnisse
     - ☐ Geldauflage bei Einstellung
     - ☐ Geldstrafe
  2. Verstöße im Ausland
     - ☐ Verkehrsverstoß im Ausland
     - ☐ Verfahrensablauf im Ausland
     - ☐ Unfallschaden im Ausland
     - ☐ Verhalten gegenüber Ermittlungsbehörden
     - ☐ Notwendige Angaben zur Person
     - ☐ Speziell: Identitätsfeststellung
     - ☐ Mögliche Gefahr erkennungsdienstlicher Maßnahmen, Gegenüberstellung
  3. Klärung möglicher Eintragungen im Bundeszentralregister und im Fahreignungsregister
     - ☐ Tilgungsfristen

IV. Beachtung möglicher Eilmaßnahmen
- ☐ Tätige Reue in der Verkehrsunfallflucht
- ☐ Aspekte bei drohender Führerscheinmaßnahme
- ☐ Unfallrekonstruktion und Wahrnehmungsgutachten bei Unfallflucht

V. Klärung der Kosten- und Gebührenfrage
- ☐ Gesetzlichen Gebühren
- ☐ Vergütungsvereinbarung
- ☐ Beteiligung der Rechtsschutzversicherung
- ☐ Möglichkeit der Beratungshilfe

1. Die Gefahr der Interessenkollision

Bei der Annahme eines Mandates im Straßenverkehrsrecht besteht die Gefahr der Interessenkollision im Besonderen, weil in diesen Angelegenheiten regelmäßig auf einer Unfallseite mehrere Personen beteiligt sind, nämlich als Halter, Fahrer oder Insasse. Maßgebend ist die gesetzliche Regelung des § 43a Abs. 4 BRAO. Nach dieser Vorschrift und ebenso gemäß § 356 StGB ist es dem Anwalt untersagt, pflichtwidrig beiden Parteien zu dienen.[1] Der Anwalt darf widerstreitende Interessen dann nicht vertreten, wenn sie aus demselben Sachverhalt gegenläufig abzuleiten sind. Parteiverrat iSd § 356 StGB erfordert, dass der Anwalt „in derselben Rechtssache" beiden Parteien pflichtwidrig dient.[2]

Die Verteidigertätigkeit für den Fahrzeugführer und die evtl. gleichzeitige Vertretung eines Fahrzeuginsassen in zivilrechtlicher Hinsicht kann zur Interessenkollision im Hinblick auf die gesamtschuldnerische Haftung führen. Die Vertretung von Ehepartnern, Freunden oder Arbeitskollegen kann daher rechtlich brisant werden. Hierbei ist zu beachten, dass die Interessenkollision und die Rechtsfolgen hieraus nicht dadurch ausgeschlossen werden, dass ein Mandant sich mit der Vertretung eines anderen einverstanden erklärt hat,[3] und zwar unabhängig davon, ob das erste Mandat beendet war oder nicht.[4] Im Strafverfahren sind der Beschuldigte und der durch die Tat Verletzte jeweils eine selbstständige Partei.[5] Somit ist die Vertretung von Fahrer und verletztem Beifahrer als Nebenkläger nicht möglich.

Die Verteidigung des Fahrzeughalters, der wegen Fahrens ohne Fahrerlaubnis (§ 21 Abs. 1 S. 1 StVG) angeklagt ist, ist nicht unzulässig, wenn gleichzeitig der Fahrer gegen den Vorwurf des Fahrens ohne Fahrerlaubnis (§ 21 Abs. 1 S. 2 StVG) verteidigt wird.[6]

In Straßenverkehrsangelegenheiten muss stets – insbesondere in größeren Kanzleien – vorab geprüft werden, ob nicht bereits das Mandat für einen anderen Unfallbeteiligten angenommen ist. Bei gleichzeitiger Annahme eines Mandates für verschiedene am Unfall beteiligte Parteien sind beide Mandate nicht fortzuführen. Für die Verfolgung von Schadenersatzansprüchen, etwa für den Beifahrer/Insassen des Fahrzeuges, ist die Problematik der Interessenkollision umso mehr gegeben.

2. Die Gefahr des Parteiverrates

Ein Anwalt, der in einer Angelegenheit mehrere Mandanten vertritt, also speziell in Unfallangelegenheiten die Verteidigung oder Interessenvertretung für mehr als einen beteiligten Mandanten übernimmt, läuft Gefahr, sich des Parteiverrates gemäß § 356 StGB schuldig zu machen. Hierbei ist zu vergegenwärtigen, dass der Beschuldigte und derjenige, der durch den Unfall verletzt wurde, unterschiedliche Parteien sind.[7] Bei der Vertretung von Fahrer und verletztem Beifahrer kommen diese Grundsätze ebenso zur Anwendung wie auch bei der Vertretung eines Nebenklägers. Widerstreitende Interessen ergeben sich beispielsweise, wenn bei einem Antrag auf Zulassung der Nebenklage für den Beifahrer dieser auch die Mithaftung des Fahrers geltend macht, für den die Verteidigung übernommen wurde. Diese Grundsätze gelten auch bei der Vertretung von Ehepartnern, Freunden und Arbeitskollegen. Pflichtwidrigkeit der anwaltlichen Tätigkeit wird nicht dadurch ausgeschlossen, dass der erste Mandant sich mit der Vertretung des anderen einverstanden erklärt, und zwar unabhängig davon, ob das Erstmandat beendet war oder nicht.[8]

Parteiverrat liegt auch vor, wenn der Anwalt den beteiligten Fahrer verteidigt und gleichzeitig die Interessen eines Unfallgeschädigten vertritt, und zwar unabhängig davon, ob dies mit dem Einverständnis der Beteiligten geschieht.[9] An dieser Beurteilung ändert sich auch

---

[1] BeckRA-Hdb/*Hamm* A 2 Rn. 61.
[2] BeckRA-Hdb/*Roxin* 4 Rn. 22.
[3] BGHSt 18, 198.
[4] RGSt 66, 104.
[5] BGHSt 5, 285.
[6] LG Hamburg NZV 1990, 325.
[7] BGHSt 5, 285.
[8] BGHSt 18, 198; RGSt 66, 104.
[9] Vgl. *Gebhardt* § 1 Rn. 27.

dadurch nichts, dass die Ansprüche für einen Beifahrer nur gegen die hinter dem Fahrer stehende Haftpflichtversicherung gerichtet werden.[10]

3. Möglichkeiten zum Ausschluss der Doppelvertretung

8 Gerade in verkehrsrechtlichen Angelegenheiten besteht die Gefahr, dass mehrere Beteiligte, also speziell Unfallgegner, einem Anwalt das Mandat antragen. Wichtig für den Anwalt ist, von vornherein das Risiko eines Doppelmandates auszuschließen, da bei der Annahme eines Doppelmandates beide Mandate nicht fortgeführt werden können.

9 Zum Ausschluss von Doppelmandaten genügt bereits die Führung eines **Unfalltagebuches**. Hierzu kann ein normaler Kalender verwandt werden. In diesen werden neben dem Ereignisdatum sämtliche verfügbaren Informationen zu den Parteien eingetragen. Das identische Unfalldatum ist also hier der Anknüpfungspunkt.[11]

10 Im Rahmen der EDV-gestützten Mandatsbearbeitung ist es darüber hinaus auch möglich, die Unfalldaten zur Vermeidung von Doppelmandaten abzugleichen. Hierbei ist jedoch nicht der Name des Mandanten Anknüpfungspunkt, sondern das Unfalldatum und der Unfallort. In der Praxis ist dies also so zu lösen, dass bekannt gewordene Unfallgeschehen nach Ort und Datum erfasst werden und ggf. mit Namen von potenziellen Mandanten verbunden werden. Für größere Kanzleien und insbesondere Kanzleien, die zahlreiche Mandate in Verkehrsangelegenheiten führen, kommt zur Vermeidung der Interessenkollision die Führung eines sog. **Gegnerregisters** in Betracht.[12]

11 Bei der Frage des Doppelmandates muss auch gesehen werden, dass nach Kenntnis von der Annahme widerstreitender Mandate beide sofort niederzulegen sind. In diesem Falle verliert der Anwalt seinen Gebührenanspruch.

II. Annahme des Mandates

1. Mandatsanbahnung

12 a) **Das (Vor-)Gespräch.** Der Mandatsübernahme geht regelmäßig ein Vorgespräch voraus, oder die Übernahme erfolgt im Zusammenhang mit diesem Gespräch. Wichtig ist, dass erst die Annahme des Mandates das Mandatsverhältnis begründet. Erst der Abschluss des Mandatsvertrages löst insbesondere den gesetzlichen Gebührenanspruch aus.[13]

13 Das Vorgespräch gehört als Abklärung für eine Mandatsübernahme zu dem geschützten Bereich im Verteidigungsverhältnis. Es ist zu beachten, dass auch der Inhalt des Vorgespräches, auch wenn nicht über die Sache gesprochen worden ist, der anwaltlichen **Schweigepflicht** gemäß § 203 StGB, § 53 StPO sowie den Grundsätzen des anwaltlichen Berufsrechtes unterliegt. Geführte Vorgespräche oder Anbahnungsgespräche hindern grundsätzlich nicht, die Vertretung eines anderen Beschuldigten zu übernehmen, wenn keine Interessenkollision vorliegt und standesrechtliche Regeln nicht entgegenstehen.

14 b) **Mandatsannahme nach Anwaltswechsel.** Es kommt insbesondere auch in verkehrsrechtlichen Angelegenheiten nicht selten vor, dass Beschuldigte oder Betroffene einen Anwaltswechsel wollen. In diesem Falle sind die Regeln des Berufsrechtes zu beachten. Zudem ist es eine Frage des guten Stils, wenn bei einem Mandatswechsel der potenzielle Mandant auf die Regeln des Berufsrechtes hingewiesen wird und ebenso mit dem Kollegen/der Kollegin bei gewünschter Beendigung des Mandates Kontakt aufgenommen wird. Das Gespräch in diesem Stadium ist als Anbahnungsgespräch, quasi als Vorstufe zur förmlichen Mandatsübernahme zu werten. Zudem ist es sicherlich für den Eindruck des potenziellen Mandanten positiv, wenn der neu zu beauftragende Anwalt sich nicht in das Mandat „drängt", sondern pflichtgemäß sachlich die Gründe für den gewünschten Anwaltswechsel erörtert.

15 Bei einem Anwaltswechsel sind zunächst auch prozessuale Fragen zu bedenken. Hierbei ist zunächst daran zu denken, dass der potenzielle Mandant, der das Mandat bei einem bis-

---

[10] BayObLG NJW 1995, 606; zum Begriff des Interessengegensatzes vgl. *Fischer* § 356 Rn. 5a.
[11] Vgl. *Gebhardt* § 1 Rn. 4.
[12] BeckRA-Hdb/*Hamm* A 2 Rn. 62.
[13] BeckRA-Hdb/*Hamm* A 2 Rn. 5.

her tätigen Verteidiger beenden will, möglicherweise in der Kanzlei des Kollegen bereits formal drei Verteidiger beauftragt hat. Die Stellung eines weiteren Verteidigers würde somit gegen die in § 137 Abs. 1 S. 2 StPO geregelte Begrenzung der Verteidiger auf drei Verteidiger verstoßen. Daher wäre ein Rechtsmittel, das durch den zusätzlichen Verteidiger in dieser Situation eingelegt würde, unwirksam. Es ist also in jedem Fall empfehlenswert, mit dem zuvor tätigen Kollegen Kontakt aufzunehmen, und zwar wegen der häufig gegebenen Eilbedürftigkeit per Fax.

c) Standesrechtliche Fragen bei Verteidigerwechsel. Neben prozessualen Fragen, die bei einem Anwaltswechsel eine Rolle spielen können, sind auch bei einem Anwaltswechsel gemäß § 15 BORA berufsrechtliche Fragen zu beachten. Bei einem Anwaltswechsel hat gemäß § 15 Abs. 2 BORA der Verteidiger, der sich neu bestellen will, den bisher tätigen Verteidiger unverzüglich zu unterrichten. Will der neu zu bestellende Verteidiger anstelle des bisherigen Verteidigers tätig werden, hat er gemäß § 15 Abs. 1 BORA sicherzustellen, dass der früher tätige Rechtsanwalt von der Mandatsübernahme unverzüglich benachrichtigt wird. Dagegen ist die Beendigung des früheren Auftragsverhältnisses nicht Voraussetzung der Mandatsannahme, ebenso nicht die Kenntnis des Verteidigers von der Beendigung.

Hinsichtlich der Gebühren kann der bisher tätige Verteidiger sein Einverständnis von der Beendigung des Mandates bzw. der neuen Verteidigerbestellung nicht vom Ausgleich der Gebühren abhängig machen. Es spricht aber für die Seriosität eines Anwaltes oder Verteidigers im Zusammenhang mit der Übernahme eines Mandates, in dem bereits ein anderer Kollege oder Verteidiger tätig war, den Mandanten darauf hinzuweisen, dass der Mandant das Honorar seines bisherigen Verteidigers auszugleichen hat.[14]

Um auch insoweit bei der Mandatsübernahme gegenüber dem Mandanten Klarheit zu schaffen, empfiehlt es sich, den Mandanten schriftlich über die zu beachtenden Grundsätze zu informieren. Es ist folgende Formulierung zu empfehlen:

Formulierungsvorschlag:

In dem gegen Sie laufenden Verfahren wollen Sie den Unterzeichner mit der Verteidigung beauftragen. In diesem Verfahren ist aber bereits Herr Rechtsanwalt . . . . . . tätig.

Grundsätzlich besteht die Bereitschaft zur Übernahme des Mandates. Jedoch wird Wert darauf gelegt, dass das Mandatsverhältnis bei dem früher tätigen Kollegen ordnungsgemäß beendet wird. Dies beinhaltet die Kündigung des früheren Mandatsverhältnis, soweit nicht bereits geschehen, sowie die Information über die Übernahme der Verteidigung durch den Unterzeichner.

Darüber hinaus wird hier Wert darauf gelegt, dass die Honorierung des früher tätigen Kollegen geregelt ist. Es wird gebeten, soweit nicht bereits geschehen, dies zu klären und mir zu bestätigen.

2. Die Vollmacht

Soll nach Ausschluss einer Interessenkollision ein Verteidigermandat übernommen werden, so muss der Mandant für die Verteidigung im Strafprozess oder im Ordnungswidrigkeitenverfahren eine Vollmacht unterschreiben. Das schriftliche Vollmachtsdokument dient zum einen als Nachweis für das Zustandekommen des Mandatsverhältnisses. Zum anderen ist die schriftliche Vollmacht erforderlich zur Legitimation bei der Behörde, bei der die Bestellung als Verteidiger gemäß § 137 StPO erfolgt.

Die Unterzeichnung einer schriftlichen Vollmacht ist nicht für die Begründung des Mandatsverhältnisses bei Übernahme einer Wahlverteidigung erforderlich. Regelmäßig genügt, dass der Verteidiger anzeigt, dass er mit der Wahlverteidigung beauftragt ist. Hierbei ist jedoch zu beachten, dass gleichzeitig innerhalb von Sozietäten erklärt wird, wer als Verteidiger bestellt ist.

Erforderlich ist, dass der Mandant die Vollmacht unterschreibt. Eine Unterzeichnung durch Dritte, etwa Familienangehörige, ist nicht ausreichend. Bei einem noch nicht volljährigen Mandanten (der etwa des Fahrens ohne Fahrerlaubnis beschuldigt wird) muss die

---

[14] Vgl. hierzu auch *Weihrauch/Bosbach* Rn. 14.

Vollmacht vom gesetzlichen Vertreter unterzeichnet werden. Hierbei ist die Vorschrift des § 67 JGG zu beachten.[15]

23 Im **Bußgeldverfahren** kann auch ohne Vorlage einer schriftlichen Vollmacht Einspruch eingelegt werden. Liegt keine schriftliche Vollmacht des Verteidigers vor und erfolgt eine förmliche Zustellung nicht an den Betroffenen selbst, so ist die Zustellung an den Verteidiger nur dann wirksam, wenn eine ordnungsgemäße Mandatierung vorliegt. Nur wenn es auch hieran fehlt, kommt dem zugestellten Bußgeldbescheid keine verjährungsunterbrechende Wirkung zu.[16] Eine nach Zustellung des Bußgeldbescheides nachgewiesene Vollmacht heilt diesen Mangel nicht.

24 Richtet ein Verfahren sich zunächst gegen Firmen, so sind bei der Entgegennahme der Vollmacht Besonderheiten zu beachten. Im Bußgeldverfahren kann die Erteilung einer Firmen-Vollmacht in Betracht kommen, zB wenn ein Unternehmen in der Haltereigenschaft betroffen ist. Hierbei kommt zunächst in Betracht, dass für das betroffene Unternehmen die vertretungsberechtigte Person unterzeichnet. Dies ist zu unterscheiden von der Vollmacht, die von dem für den Verstoß. Verantwortlichen zu unterzeichnen ist. Dieser braucht nicht identisch zu sein mit der gesetzlichen Vertretung des Unternehmens, also dem Geschäftsführer.

Muster einer Vollmacht:

25

Vollmacht

Zustellungen werden nur an den Bevollmächtigten erbeten!

Den Rechtsanwälten

wird hiermit zur Prozessführung – Verteidigung – Vertretung

in Sachen

Proz.-Reg.-Nr.: RA

In Straf- und OWi-Verfahren gilt die Vollmacht (§ 137 StPO) für

......
......

Vollmacht für alle Instanzen erteilt.

Die Vollmacht umfasst insbesondere die Befugnis,
1. Untervollmacht zu erteilen.
2. Rechtsmittel einzulegen und zurückzunehmen, einen Vergleich abzuschließen sowie Anerkenntnis und Verzicht zu erklären.
3. In der Hauptverhandlung in Abwesenheit zu vertreten (§ 234 StPO); sowie zur Vertretung in Abwesenheit des Angeklagten im Strafbefehlsverfahren (§ 411, Abs. 2 StPO).
4. Strafanträge sowie alle nach der Strafprozessordnung zulässigen Anträge zu stellen.
5. Zustellungen zu bewirken und entgegenzunehmen.
6. Geld, Wertsachen und Urkunden, insbesondere den Streitgegenstand und die vom Gegner, von der Justizkasse und von sonstigen Stellen zu erstattenden Beträge entgegenzunehmen und ohne die Beschränkungen des § 181 BGB darüber zu verfügen.
7. Anträge in Kostenfestsetzungs- und Erstattungsverfahren zu stellen, auch nach rechtskräftigem Abschluss des Verfahrens.

Sämtliche erwachsenen Kostenerstattungsansprüche, auch gegen evtl. beteiligte Rechtsschutzversicherungen, sind mit der Vollmachterteilung an den Bevollmächtigten abgetreten. Mehrere Vollmachtgeber haften als Gesamtschuldner.

Die Vollmacht erstreckt sich auch auf Neben- und Folgeverfahren (Arreste und einstweilige Verfügung, Zwangsvollstreckungs- und Interventionsverfahren, Konkurs- oder Vergleichsverfahren über das Vermögen des Gegners usw.).

......, den ......

......
Unterschrift

---

[15] *Freyschmidt* Rn. 15.
[16] Vgl. *Bergmann* DAR 2010, 662 mwN.

3. Anzahl der Verteidiger

Gemäß § 137 StPO ist die Zahl der Verteidiger auf drei beschränkt. Dies gilt auch im Bußgeldverfahren. Hierzu ist auch ein Unterbevollmächtigter, der neben dem Vollmachtgeber auftritt, mitzuzählen.[17] Lautet die Vollmacht auf mehr als drei Mitglieder einer Anwaltssozietät, so liegt ein Verstoß gegen § 137 StPO vor.

In der Praxis erscheint es empfehlenswert und ausreichend, die Verteidigervollmacht jeweils zunächst maximal auf zwei Mitglieder der Sozietät zu beschränken. Dies eröffnet die Möglichkeit, ggf. bei Verhinderung der beiden benannten Verteidiger einen dritten Verteidiger, zB für die Wahrnehmung des Termins der Hauptverhandlung, zu benennen. Hierbei ist zu beachten, dass der Mandant über die mögliche Ergänzung der Vollmacht zu belehren ist bzw. diese mit ihm abzustimmen ist. Es empfiehlt sich daher, in der Korrespondenz oder Mandatsbestätigung mit dem Mandanten ua wie folgt zu formulieren:

> **Formulierungsvorschlag:**
>
> Die Verteidigervollmacht wurde erteilt für RA . . . . . . und RA . . . . . .
> Es ist einvernehmlich vorbehalten, die Vollmacht auf ein drittes, diesseits zu benennendes Sozietätsmitglied auszudehnen.

4. Verbot der gemeinschaftlichen Verteidigung, § 146 StPO

In § 146 StPO ist geregelt, dass die gemeinschaftliche Verteidigung mehrerer Betroffener durch einen Verteidiger unzulässig ist. Dies gilt auch in Bußgeldverfahren.[18] Eine unzulässige gemeinschaftliche Verteidigung liegt vor, wenn es sich um dieselbe Tat handelt und Verfahrensidentität gegeben ist. Die Führung des Verteidigungsmandates zeitlich nach einem anderen abgeschlossenen Mandat ist dagegen zulässig.

5. Pflichtverteidigung

Die Pflichtverteidigung kommt im Verkehrsrecht nur in wenigen Ausnahmefällen in Betracht. Die Voraussetzungen notwendiger Pflichtverteidigung nach § 140 Abs. 2 StPO können vorliegen, wenn eine Gesamtfreiheitsstrafe von 6 Monaten ohne Bewährung oder eine lebenslängliche Sperre zu erwarten ist. Auch kommt schon bei einer Sperrfrist von 5 Jahren die Verpflichtung zur Bestellung eines Pflichtverteidigers in Betracht.[19]

In der Praxis wenden sich nach Erhalt eines Anhörungsschreibens oder nach Zugang einer behördlichen Mitteilung über ein eingeleitetes Verfahren Beschuldigte oder Betroffene häufig telefonisch an den Verteidiger und wünschen die Übernahme der Verteidigung. Wenn die Betroffenen auch in aller Regel die Vereinbarung eines Termins wünschen, so kann es aus Gründen rationeller Arbeitsweise und auch um den Betroffenen einen vermeidbaren Besprechungstermin in der Kanzlei zu ersparen, empfehlenswert sein, das Mandat unter Beachtung der Kollisionsprüfung telefonisch entgegenzunehmen. In einem solchen Fall empfiehlt es sich, nach Annahme des Mandates und Erfassen der Daten aufgrund der Übersendung des zugegangenen Dokumentes per Fax oder Mail an den Mandanten wie folgt zu schreiben:

> **Formulierungsvorschlag:**
>
> In der verkehrsrechtlichen Angelegenheit wurde, wie telefonisch erörtert, das Mandat zur Verteidigung übernommen. Es wird gebeten, die anliegende vorbereitete Vollmacht zu unterzeichnen und nach Unterzeichnung unter Angabe des Aktenzeichens zurückzusenden.

---

[17] *Gebhardt* § 1 Rn. 15.
[18] BVerfGE 45, 272.
[19] Vgl. hierzu *Freyschmidt* Rn. 10, speziell Fn. 19 unter Hinweis auf Rspr. und Literatur.

> Sofern eine eintrittspflichtige Rechtsschutzversicherung besteht, wird gebeten, den Namen der Gesellschaft und die Versicherungsscheinnummer mitzuteilen oder eine Kopie der Versicherungspolice zu übersenden.
> Zum derzeitigen Stand erscheint eine Besprechung nicht erforderlich. Vielmehr erscheint eine solche erst nach Einsicht in die Akten sinnvoll. Die Akten wurden über die zuständige Behörde angefordert. Nach Eingang der Akten wird berichtet und ein Termin zur Besprechung und ggf. zur Fertigung einer Einlassung vorgeschlagen.
> Im Übrigen ist unsere Mandanteninformation zum Straf- und Ordnungswidrigkeitenverfahren beigefügt.

33 Der vorgenannte Formulierungsvorschlag eines Anschreibens an den Mandanten geht davon aus, dass in aller Regel in einer verkehrsrechtlichen Angelegenheit, sofern nicht besondere Eile etwa wegen drohenden Führerscheinentzuges geboten ist, eine Besprechung erst nach Einsicht in die Akten notwendig und sinnvoll ist. Die erwähnte Mandanteninformation (Anhang C Rn. 1) ist zur Information des Mandanten hilfreich.

III. Beratung zum Verfahrensablauf und zu Fragen des richtigen Verhaltens

34 Schon beim ersten Gespräch mit dem Mandanten, der mit einem Straf- oder Ordnungswidrigkeitenverfahren konfrontiert ist, ergeben sich verschiedene Fragen. Der Betroffene möchte Informationen zum Verfahrensablauf sowie zum richtigen Verhalten gegenüber der Polizei, etwa aufgrund einer Vorladung wegen Unklarheit über die Person des Fahrers. Regelmäßig spielt auch die Frage von Voreintragungen eine Rolle; sie sollte auch schon seitens der Verteidigung angeschnitten und hierüber belehrt werden. Insbesondere aber ist seitens des Verteidigers an sich möglicherweise aufdrängende, sofort notwendige Maßnahmen zu denken. Auch wünscht der Mandant in aller Regel Klarheit über Kosten, die möglicherweise auf ihn zukommen, und ob die Eintrittspflicht einer bestehenden Rechtsschutzversicherung gegeben ist.

1. Allgemeine Information

35 **a) Information über den Verfahrensablauf.** Schon bei der Annahme des Mandates sollte der Mandant über den Gang des Verfahrens informiert werden, um Unsicherheit und unnötige Rückfragen seitens des Mandanten auszuschließen.[20] Dies gilt erfahrungsgemäß insbesondere für Verfahren mit Führerscheinmaßnahmen. Hier wünscht der Mandant regelmäßig Auskunft über bestimmte Fragen, zB Gang und Dauer des Verfahrens, Anrechnung der Zeit der Beschlagnahme und vorläufigen Entziehung der Fahrerlaubnis.

> **Praxistipp:**
> Es erscheint empfehlenswert und praktisch, über den Gang des Verfahrens für den Mandanten ein Informationsblatt als Mandanteninformation zur Verfügung zu stellen, das über den Ablauf des Straf- oder Bußgeldverfahrens informiert.

36 **b) Bedeutung der Einkommens- und Vermögensverhältnisse.** Wichtig ist von vornherein die Klärung der Einkommens- und Vermögensverhältnisse. Dies kann schon für die Bemessung der Geldbuße bei einer angestrebten Einstellung gemäß § 153a StPO relevant sein. Wird konkret eine Einstellung angeregt, so sollten in der vorzulegenden Einlassung Angaben über das Einkommen des Mandanten gemacht werden und evtl. auch über die wirtschaftliche Situation des Ehepartners.

---

[20] MAH Strafverteidigung/*Tsambikakis* § 2 Rn. 81.

Ebenso ist mit dem Mandanten zu erörtern, dass bei einer nicht zu vermeidenden Strafe die Einkommens- und Vermögensverhältnisse von Bedeutung für die Bemessung der Tagessatzhöhe sind. Empfehlenswert ist es auch, mit dem Mandanten für den Fall der Durchführung der Hauptverhandlung die Darstellung der Einkommens- und Vermögensverhältnisse vorab gründlich zu erörtern. Die finanziellen Verhältnisse des Mandanten sind auch wichtig für die Bemessung der Gebühren nach den Kriterien des § 14 RVG.

2. Verkehrsverstöße im Ausland

a) **Der Verkehrsverstoß im Ausland.** Durch den immer mehr zunehmenden grenzüberschreitenden Verkehr ergibt sich auch immer häufiger die Notwendigkeit der Beratung zur Rechtslage und zum gebotenen Verhalten beim Vorwurf von Verkehrsverstößen im Ausland. Die Betroffenen wünschen kompetente Auskunft über Bußgelder und Führerscheinfragen. Hierüber gibt es zunehmend Spezialliteratur.[21]

Vorrangig wünschen Mandanten auch Auskunft darüber, ob und in welcher Weise im Ausland verhängte Geldstrafen in Deutschland **vollstreckt** werden. Mit Österreich besteht seit 1990 in Verkehrssachen ein eingeschränktes Rechtshilfeabkommen.[22] Dabei macht sich nach österreichischem Recht der Halter, der den für die Straftat oder Ordnungswidrigkeit verantwortlichen Fahrer nicht benennt, nach § 103 KFG isoliert strafbar. Da eine solche Sanktionierung des Aussage- oder Zeugnisverweigerungsrechts gegen deutsches Verfassungsrecht verstößt, verweigern die deutschen Behörden in derartigen Fällen die Vollstreckung. Insofern ist dieses Abkommen von deutscher Seite faktisch außer Kraft gesetzt, sofern die Anwendung nicht mit deutschem Verfassungsverständnis vereinbar ist. Diese Strafverfügungen werden deshalb in Deutschland nicht mehr vollstreckt.[23]

Bis 2010 wurden Entscheidungen anderer ausländischer Verwaltungsbehörden oder Gerichte in Verkehrssachen grundsätzlich nicht vollstreckt. Nicht selten wird aber die Frage gestellt, ob bei erneuter Einreise ins Ausland verhängte Geldstrafen oder Geldbußen aus früheren Vorgängen vollstreckt werden oder welche Maßnahmen drohen. Die Intensität der Vollstreckungsbemühungen im Begehungsland ist sehr unterschiedlich. Insbesondere bei Führerscheinmaßnahmen im Ausland ist jedoch äußerste Vorsicht geboten, um strafrechtliche Folgen im Fall der Wiedereinreise zu vermeiden. Für den Fall, dass der Betroffene tatsächlich mit der offen stehenden Forderung konfrontiert wird, besteht immer die Möglichkeit, den dann ggf. erhöhten Betrag vor Ort zu zahlen.[24]

Ein Kraftfahrer, der bei einer Verkehrskontrolle die vor Ort verlangte Zahlung einer Geldbuße nicht akzeptiert, muss in aller Regel für die voraussichtliche Geldbuße und die Verfahrenskosten Sicherheit leisten. Es ist daran zu denken, dass bei bestehender Rechtsschutzdeckung insoweit Eintrittspflicht der Rechtsschutzversicherung mit der Maßgabe gegeben ist, dass der Kautionsbetrag durch die Rechtsschutzversicherung zur Verfügung gestellt wird, quasi als Vorschuss, der an die Rechtsschutzversicherung wiederum zu erstatten ist, soweit er nicht durch Verfahrenskosten (anders als die Geldbuße) verbraucht ist.

Durch die Umsetzung des EU-Rahmenbeschlusses zur gegenseitigen Vollstreckung von Geldsanktionen vom 24.2.2005[25] wurde die Rechtslage bei Verkehrsverstößen in EU-Staaten und ihrer Ahndung im Inland grundlegend geändert.[26] Sofern sich der Halter allerdings darauf berufen hat, nicht mit dem tatsächlichen Fahrer identisch zu sein, und wird er nur wegen seiner Haltereigenschaft bestraft, unterbleibt die Vollstreckung im Inland.

b) **Der Unfallschaden im Ausland.** Im Zusammenhang mit der Beratung über Verfahren im Ausland wegen dort begangener Verkehrsverstöße ist für den Fall, dass es zu einem Un-

---

[21] Vgl. *Neidhart/Nissen*, Bußgeldkataloge in Europa; *Nissen* in Beck/Berr, OWi-Sachen im Straßenverkehrsrecht.
[22] Rechtshilfeabkommen vom 1.1.1990 (BGBl. 1990 II, 358).
[23] *Gebhardt* § 16 Rn. 5.
[24] Vgl. hierzu auch *Gebhardt* § 16 Rn. 4–8 sowie speziell zu Parkverstößen in den Niederlanden.
[25] ABl. L 76/16 vom 22.3.2005.
[26] Vgl. *Nissen/Schäpe* ZVR 2010, 155.

fall mit Fremdschaden gekommen ist, darauf hinzuweisen, dass im Ausland das Strafverfahren oftmals mit der Entscheidung über zivilrechtliche Ansprüche verbunden wird (Adhäsionsverfahren). Dem Betroffenen ist daher zu empfehlen, bei anhängigen Strafverfahren nach einem Unfall stets die eigene Haftpflichtversicherung zu informieren.

3. Verhalten gegenüber Ermittlungen der Polizei

44 **a) Allgemeines.** Unsicherheit besteht bei vielen Beschuldigten bzw. Betroffenen darüber, ob sie einer **Vorladung zur Polizei** Folge leisten müssen. Eine solche Verpflichtung besteht nicht. Jedoch besteht gemäß § 163a Abs. 3 StPO die Verpflichtung, auf **Ladung vor der Staatsanwaltschaft** zu erscheinen. Das Gleiche gilt für die Vorladung zur Bußgeldbehörde gemäß § 163a Abs. 3 S. 1 StPO iVm § 46 Abs. 1 OWiG.

45 **b) Angaben zur Person.** Grundsätzlich besteht die Pflicht, Angaben zur eigenen Person zu machen. Diese Verpflichtung ist gemäß § 111 OWiG bußgeldbewehrt. Hierbei ist der Mandant jedoch lediglich verpflichtet, die zur Feststellung der Identität notwendigen Angaben zu machen, also Vorname, Familienname und ggf. Geburtsname, Ort und Tag der Geburt sowie Angaben zur Anschrift. Sind diese Angaben der Behörde bereits bekannt, entfällt die Auskunftspflicht.

46 Von der Pflicht zur Angabe der Personalien sind jedoch die Angaben über die Tat bzw. Tatbeteiligung zu unterscheiden. Die Grenze der Verpflichtung besteht dort, wo die geforderten Angaben einer Selbstbezichtigung gleichkommen.[27] Eine Verknüpfung im Anhörungsbogen von Fragen zur Tat mit Angaben zur Person wäre unzulässig.[28]

47 **c) Identitätsfeststellung.** Steht bei einem Ermittlungsverfahren die Identität des Beschuldigten oder Betroffenen nicht fest, so ist es notwendig, dass der Anwalt bereits bei Mandatsannahme den Mandanten auf die zu erwartende Ermittlungstätigkeit der Polizei hinweist. Insbesondere ist darauf hinzuweisen, dass mit Ermittlungstätigkeiten der Polizei im häuslichen Bereich, also bei der Familie, im Wohnumfeld oder im Betrieb zu rechnen ist.[29] Über die Möglichkeit vorbeugender Reaktionen ist der Mandant zu belehren, verbunden mit dem Hinweis, dass Angehörige ein Zeugnisverweigerungsrecht haben.

48 **d) Erkennungsdienstliche Maßnahmen.** Auch in verkehrsrechtlichen Angelegenheiten wird, wenn zB bei einer Unfallflucht die Person des verantwortlichen Fahrers nicht feststeht, mit erkennungsdienstlichen Maßnahmen agiert. Die Anfertigung von Fotografien muss ein Betroffener im Bußgeld- wie auch ein Beschuldigter im Strafverfahren gemäß § 81b StPO ebenso dulden wie eine Gegenüberstellung.[30]

4. Eintragungen im Bundeszentralregister und in das Fahreignungsregister

49 Schon beim ersten Mandantengespräch ist im Hinblick auf die Verteidigungsstrategie die Frage anzusprechen, ob und ggf. welche Eintragungen im Bundeszentralregister und im Fahreignungsregister vorliegen. Hier sind Mandanten häufig nicht in der Lage, eine sichere Auskunft zu geben, insbesondere nicht über den Zeitpunkt einer etwa vorliegenden Eintragung über einen früheren Verkehrsverstoß. Dies ist aber wichtig für die Verwertbarkeit oder Löschung von Voreintragungen.

50 Wenn auch von den Ermittlungsbehörden regelmäßig Auskünfte bei den Registerbehörden eingeholt werden, so ist es zwingend geboten, von vornherein entsprechende Auskünfte selbst einzuholen. Dem Verteidiger ist unter Vorlage einer Vollmacht kostenlos vollständige Auskunft aus dem Register zu erteilen, auch über Eintragungen in der Überliegefrist. Die Auskunft wird derzeit noch ausschließlich schriftlich erteilt.

---

[27] BGHSt 34, 39.
[28] OLG Stuttgart DAR 1990, 273; vgl. im Einzelnen auch *Gebhardt* § 8 Rn. 2, 3.
[29] *Schäpe* DAR 1999, 187.
[30] *Gebhardt* § 7 Rn. 3.

Musterschreiben: Auskunft beim Kraftfahrtbundesamt

> Auszug aus dem Fahreignungsregister für: ......, Geburtsname ......
> geboren am: ...... in ......
> wohnhaft in: ......
>
> Sehr geehrte Damen und Herren,
>
> für den oben bezeichneten Mandanten bitten wir um Erteilung einer Auskunft aus dem Fahreignungsregister über vorliegende Eintragungen.
>
> Rechtsanwalt
>
> Anlage:
> Vollmacht

Die Einholung der Auskunft wird durch die Verteidigervergütung erfasst. Eventuelle Eintragungen nach § 3 BZRG befinden sich in der Ermittlungsakte und müssen nicht gesondert angefordert werden; ein vereinfachtes Verfahren wie beim Fahreignungsregister besteht dort nämlich nicht.

5. Verjährungsfristen

Bei der Verteidigung in einem Ordnungswidrigkeitenverfahren ist die Frage der Verjährung besonders zu beachten. Die Verjährungsfristen werden durch Maßnahmen der jeweiligen Behörde unterbrochen.[31] Die Verfolgungsverjährungsfrist für eine Verstoß nach § 24 StVG beträgt bis zum Erlass des Bußgeldbescheides drei Monate, danach sechs Monate (§ 26 Abs. 3 StVG). Vorsätzliche Verstöße gegen § 24a StVG verjähren gemäß §§ 24a Abs. 4 StVG, 31 Abs. 2 Nr. 3 OWiG nach einem Jahr, fahrlässig begangene Verstöße gegen § 24a StVG gemäß §§ 24a Abs. 4 StVG, 31 Abs. 2 Nr. 4, 17 Abs. 2 OWiG nach sechs Monaten. Der Verstoß nach § 24c StVG unterliegt nach §§ 24c Abs. 3 StVG, 31 Abs. 2 Nr. 4, 17 Abs. 1 OWiG ebenfalls der sechsmonatigen Frist.

6. Mögliche sofortige Maßnahmen

a) **Tätige Reue gemäß § 142 Abs. 4 StGB.** Liegen die Voraussetzungen einer tätigen Reue gemäß § 142 Abs. 4 StGB vor, so sollte der Mandant sogleich über diese Möglichkeit informiert und über die Voraussetzungen belehrt werden. Die Voraussetzungen gemäß § 142 Abs. 4 StGB sind, dass sich der Unfall außerhalb des fließenden Verkehrs mit nicht bedeutendem Schaden ereignet hat sowie die Ermöglichung der Feststellung innerhalb von 24 Stunden erfolgt ist.

b) **Aspekte bei – drohender – Führerscheinmaßnahme.** Ist der Führerschein des Mandanten beschlagnahmt oder droht die vorläufige Entziehung der Fahrerlaubnis oder ist sie bereits erfolgt, so ist es für den Mandanten wichtig, wie der Gang des Verfahrens ist und wie dieser beschleunigt werden kann. Ebenfalls wird regelmäßig Auskunft über die Berechnung der Sperrfrist gewünscht und darüber, ob die Zeit der vorläufigen Entziehung angerechnet wird. Schon im frühen Stadium der Verteidigertätigkeit ist die Möglichkeit der Abkürzung der Sperrfrist gemäß § 69a Abs. 7 StGB, das Erfordernis einer medizinisch-psychologischen Untersuchung oder eines Abstinenznachweises anzusprechen. Im Übrigen ist es empfehlenswert, dem Mandanten hierzu bereits eine entsprechende Mandanteninformation zu übergeben.

Ist der Mandant bei vorläufiger Entziehung der Fahrerlaubnis gemäß § 111a StPO noch im Besitz des Führerscheins, so ist er darüber zu belehren, dass er nicht mehr zum Führen eines Fahrzeuges berechtigt ist und dass bei Nichtbeachtung der Entziehung der Fahrerlaub-

---

[31] Vgl. ausführliche Darstellung bei *Göhler* OWiG § 33 Rn. 6 ff.

nis neben strafrechtlichen auch haftungs- und versicherungsrechtliche Konsequenzen drohen. Es ist empfehlenswert, den Mandanten auch hierüber schriftlich zu belehren.

57 **Formulierungsvorschlag:**

> Es wird darauf hingewiesen, dass auch die – vorläufige – Entziehung der Fahrerlaubnis die Konsequenz hat, dass Sie nicht mehr zum Führen eines fahrerlaubnispflichtigen Kraftfahrzeuges berechtigt sind. Eine Zuwiderhandlung stellt eine Verkehrsstraftat dar mit erheblichen Konsequenzen, auch hinsichtlich einer weitergehenden Führerscheinmaßnahme.
> Insbesondere ist darauf hinzuweisen, dass wegen des – auch vorläufigen – Entzuges der Fahrerlaubnis bei Verursachung eines Unfalls der Verlust des Versicherungsschutzes droht.

58 c) **Feststellungen zur Unfallsituation.** Bei Übernahme eines Mandates nach einem kurz zuvor geschehenen Unfall ist zu überlegen und dem Mandanten ggf. zu empfehlen, die Spurensicherung zur Unfallverursachung und zum Unfallablauf selbst zu veranlassen, sofern das Tatgeschehen noch „frisch" ist und Spuren gesichert werden können. Dies gilt neben der Verkehrssituation und den Straßenverhältnissen am Unfallort auch für Beschädigungen an den beteiligten Fahrzeugen.

59 Die Feststellungen zu den Unfallspuren kann sowohl für die Position des Mandanten im Ermittlungs- bzw. Bußgeldverfahren als auch für die Beurteilung der Haftungsfrage Bedeutung haben. Zu beachten ist, dass bei bestehender Kostendeckung grundsätzlich die Kosten eines öffentlich bestellten und vereidigten Sachverständigen von dort zu tragen sind.

7. Die Situation bei – drohender – Führerscheinmaßnahme

60 Der Verlust der Fahrberechtigung stellt einen gravierenden Einschnitt für den Mandanten dar. Dies gilt auch, wenn lediglich eine Führerscheinmaßnahme droht, sei es aufgrund einer bereits vorliegenden Mitteilung seitens der Staatsanwaltschaft oder des Gerichtes, bei dem die vorläufige Entziehung beantragt ist. Unsicherheit ergibt sich beim Betroffenen unabhängig von einer vorliegenden Mitteilung zu einem möglichen Führerscheinentzug schon dann, wenn ein Tatbestand in Rede steht, bei dem auch schon der Entzug der Fahrerlaubnis droht, etwa bei Verkehrsunfallflucht oder Straßenverkehrsgefährdung.

61 Steht eine Führerscheinmaßnahme im Raum, so ist der Verteidiger in verschiedener Hinsicht gefordert, den Mandanten über die gegebene rechtliche Situation zu informieren. Ist der **Führerschein beschlagnahmt** oder liegt ein Beschluss über die vorläufige Entziehung der Fahrerlaubnis vor und ist der Mandant noch im Besitz der Fahrerlaubnis, so muss er über die strafrechtlichen und versicherungsrechtlichen Folgen belehrt werden, die sich ergeben, wenn trotz der vorliegenden Entscheidung ein Fahrzeug im öffentlichen Straßenverkehr geführt wird.

62 Bei einer Führerscheinmaßnahme ist der Mandant über den Lauf des Verfahrens zu informieren, also darüber, ob ein Strafbefehlsverfahren anzustreben oder die Durchführung einer Hauptverhandlung zu erwarten ist. Insbesondere interessiert den Mandanten die Frage, wie lange mit dem Entzug der Fahrerlaubnis in der Regel zu rechnen ist. Hier kann der Verteidiger regelmäßig auf Erfahrungswerte, die regional unterschiedlich sein werden, verweisen. Wichtig ist aber schon in diesem Stadium des Verfahrens, mit dem Mandanten die Frage zu erörtern, wann und unter welchen Voraussetzungen die **Wiedererteilung der Fahrerlaubnis** zu erreichen ist.

8. Kontakt mit Verletzten/Hinterbliebenen

63 Ein schwieriger, aber auch stets zu beachtender Aspekt ist es, im Gespräch mit dem Mandanten zu klären, ob bei schwerwiegenden Verletzungen mit dem Verletzten Kontakt aufgenommen werden soll oder ob es bei Tötung eines Unfallopfers empfehlenswert ist, mit den Hinterbliebenen Kontakt aufzunehmen. Zunächst ist daran zu denken, dass bei Kontakt oder Gesprächen mit einem Unfallverletzten Meinungsverschiedenheiten aufkommen können. Dies gilt ebenso bei Kontakt mit den Hinterbliebenen eines Getöteten. Nicht auszuschließen ist, dass der Verletzte oder die Hinterbliebenen belastende Vorwürfe erheben. Andererseits kann der Kontakt mit einem Verletzten oder Hinterbliebenen zu einem positiven Signal werden. Es stellt sich also die Frage, welches Verhalten dem Mandanten zu empfehlen ist.

Zunächst sollte Klarheit darüber geschaffen werden, um welche Person es sich handelt, mit der Kontakt aufgenommen werden soll. Haben Beteiligte bereits ihrerseits Vorwürfe erhoben, so ist es problematisch, eine unmittelbare Kontaktaufnahme zu verfolgen. Auch ist daran zu denken, über eine vertrauenswürdige Mittelsperson die Kontaktaufnahme zu dem Verletzten oder Hinterbliebenen herzustellen.

Erscheint ein persönlicher Kontakt empfehlenswert, so sind dem Mandanten bestimmte Verhaltenshinweise zu geben. Insbesondere wenn keine eindeutige Haftungslage gegeben ist, sollte es vermieden werden, über die Schuldfrage zum Unfall zu sprechen. Dem Mandanten ist zu empfehlen, dies auch mit dem Gedanken zum Ausdruck zu bringen, dass es lediglich um eine menschliche Geste und das Bekunden des Mitgefühls über den erlittenen Schmerz geht.

In sachlicher Hinsicht ist der Mandant darüber zu belehren, dass eine Kontaktaufnahme bei den Strafverfolgungsbehörden positive Auswirkungen für das Verfahren haben kann. Möglicherweise zitieren der Verletzte oder die Hinterbliebenen die Geste und sehen von der Stellung eines Strafantrages ab oder nehmen einen bereits gestellten Antrag zurück. Schließlich ist die Kontaktaufnahme mit dem aufrichtigen Bedauern der schweren Folgen im späteren Verfahren, insbesondere in der Hauptverhandlung, ein positives Argument für die Verteidigung, denn es kommt hierin zum Ausdruck, dass dem Mandanten bzw. Angeklagten die Folgen seiner Tat nicht gleichgültig sind.

In dem Fall, in dem eine versuchte Kontaktaufnahme zurückgewiesen wurde, kann hierauf bei der Einlassung oder in der Hauptverhandlung hingewiesen werden. Es kann davon ausgegangen werden, dass dies auf Seiten der Staatsanwaltschaft und auch des Gerichtes dennoch als positive, den Beschuldigten entlastende Geste gewertet wird.[32]

IV. Die Gebührenfrage und Klärung der Beteiligung von Rechtsschutz

Wichtig für den Mandanten ist es bei Erteilung eines Mandates in einer verkehrsrechtlichen Straf- und Ordnungswidrigkeitensache zu wissen, welche Kosten und Gebühren auf ihn zukommen können. Empfehlenswert ist, dies von vornherein zu klären und den Mandanten entsprechend zu belehren.

1. Gesetzliche Gebühren

Die Gebühren bestimmen sich nach den Tätigkeiten bzw. Tätigkeitsabschnitten des Verteidigers, also danach, ob das Verfahren schon im Ermittlungsverfahren endet oder ob es zu einer Hauptverhandlung kommt, ggf. mit Rechtsmittelinstanzen. Anzusprechen ist die besondere Gebührensituation in Ordnungswidrigkeitenverfahren beim möglichen Übergang vom Ermittlungsverfahren bei der Staatsanwaltschaft zur Bußgeldstelle. Sofern keine Rechtsschutzversicherung besteht, ist auf das Kostenrisiko auch bei Verfahrenseinstellung nach § 47 Abs. 2 OWiG gesondert hinzuweisen. Ebenfalls ist der Mandant über anfallende Verfahrenskosten und insbesondere darüber zu belehren, dass evtl. – unverhältnismäßig – hohe Kosten bei Einschaltung von Sachverständigen anfallen können, wobei die Einschaltung des Sachverständigen auch von Amts wegen unter Umständen erfolgen kann, insbesondere bei vorgetragenen Zweifeln an der Messtechnik oder beim Bestreiten der Fahrereigenschaft.

---

[32] Vgl. hierzu *Berz/Burmann* 12 A Rn. 59–61.

2. Erstattung notwendiger Auslagen durch die Staatskasse

70 Auch sollte mit dem Mandanten erörtert werden, ob und unter welchen Voraussetzungen eine Erstattung der Gebühren, also der ihm erwachsenen notwendigen Auslagen, durch die Staatskasse in Betracht kommt.

71 Zunächst bestimmt § 464 StPO, dass jedes Urteil, jeder Strafbefehl und jede eine Untersuchung einstellende Entscheidung eine Bestimmung darüber treffen muss, von wem die Kosten des Verfahrens zu tragen sind. In § 464 Abs. 2 StPO ist geregelt, dass die Entscheidung darüber, wer die notwendigen Auslagen trägt, das Gericht in dem Urteil oder in dem Beschluss trifft. Die Entscheidung über die Erstattung notwendiger Auslagen muss in einem das Verfahren abschließenden Urteil oder in einem Beschluss erfolgen.

72 § 467 StPO bestimmt, dass die Auslagen der Staatskasse zur Last fallen und ebenso notwendige Auslagen des Betroffenen, soweit er freigesprochen, die Eröffnung des Hauptverfahrens gegen ihn abgelehnt oder das Verfahren gegen ihn eingestellt wird. Eine Erstattung notwendiger Auslagen kommt nur im Rahmen gesetzlicher Gebühren in Betracht und erfasst nicht die darüber hinausgehenden Kosten einer Vergütungsvereinbarung. Selbstständige Kosten- und Auslagenentscheidungen sehen die §§ 467a, 469 StPO vor. In § 467a StPO ist der Fall der Auslagenerstattung bei Einstellung des Ermittlungsverfahrens geregelt; die Vorschrift beinhaltet eine abschließende Regelung für den Fall der Verfahrenseinstellung nach Erhebung öffentlicher Klage.

73 Zu beachten ist, dass ein Antrag Voraussetzung für die Auslagenentscheidung gemäß § 469a StPO ist. Der Antrag ist an keine bestimmte Frist und Form gebunden und kann zurückgenommen werden. Rechtliches Gehör muss der Staatsanwaltschaft, dem Angeschuldigten oder sonstigen Beteiligten gewährt werden. Diese „Kann-Bestimmung" gestattet die Belastung der Staatskasse oder eines anderen Beteiligten, dh Beschuldigten, Nebenklägers oder eines Nebenbeteiligten.[33] Eine Auslagenerstattung findet nicht statt, solange die Voraussetzungen des § 467a StPO nicht gegeben sind.

74 Schließlich ist auf die Vorschrift des § 467 Abs. 5 StPO hinzuweisen. Hierdurch wird festgelegt, dass bei einer endgültigen Einstellung nach Auflagenerfüllung in den Fällen des § 153a StPO die notwendigen Auslagen des Angeschuldigten nicht der Staatskasse auferlegt werden.

75 Die lediglich fakultative Auslagenerstattung kann für den Beschuldigten eine unbefriedigende Situation darstellen. Unter diesem Aspekt empfiehlt *Weihrauch*,[34] im Ermittlungsverfahren nichts zu sagen, sondern auf die Zustellung der Anklageschrift zu warten und alsdann eine entlastende Darstellung zu bringen. Es ist jedoch zweifelhaft, ob diese Empfehlung in jedem Fall im Interesse des Mandanten ist.

3. Vergütungsvereinbarung

76 a) **Zulässigkeit.** Auch in verkehrsrechtlichen Angelegenheiten ist häufig die Vereinbarung eines Sonderhonorars nahe liegend. Hierbei ist zu klären, ob das Sonderhonorar als Gesamthonorar vereinbart wird, das über den gesetzlichen Gebühren liegt bzw. liegen muss, oder ob dies neben den gesetzlichen Gebühren gezahlt wird, ggf. bei bestehender Rechtsschutzversicherung. Hierbei ist der Mandant darauf hinzuweisen, dass die Rechtsschutzversicherung lediglich die gesetzlichen Gebühren trägt. Grundsätzlich ist gemäß **§ 4 RVG** die Vereinbarung einer die gesetzlichen Gebühren übersteigenden Vergütung zulässig. In vielen Fällen des Ermittlungsverfahrens ist dies auch sinnvoll und notwendig. Eine sachgerechte Verteidigung im Ermittlungsverfahren erfordert nicht selten ein Engagement und einen Zeitaufwand, der durch die gesetzlichen Gebühren nur ungenügend honoriert wird.[35]

77 An eine korrekte Vergütungsvereinbarung sind mehrere Anforderungen zu stellen. Zunächst bedarf die Vergütungsvereinbarung der Schriftform.[36] Die Vergütungsvereinbarung darf nicht in der Vollmacht oder in einer Urkunde mit noch anderem Text enthalten sein. In

---

[33] *Meyer-Goßner* § 467a Rn. 8.
[34] *Weihrauch/Bosbach* Rn. 228.
[35] *Weihrauch/Bosbach* Rn. 236.
[36] *Gerold/Schmidt/v. Eicken/Madert/Müller-Rabe* § 4 RVG Rn. 7.

der Praxis ist die Verwendung einer vorgedruckten Vereinbarung üblich. Andererseits kommt es auch in Betracht, eine Vergütungsvereinbarung im Rahmen des gewöhnlichen Schriftverkehrs zu treffen.[37] Hierbei ist jedoch auf die notwendige Belehrung des Mandanten zu achten. Der Mandant muss nämlich darüber belehrt werden, dass der vereinbarte Betrag von den gesetzlichen Gebühren abweicht. Im Übrigen kann die Vergütungsvereinbarung auch mit einem Dritten getroffen werden.[38] Daran zu denken ist auch, dass ein Dritter es übernimmt, für die Gebühren einzustehen. Dies kann in Form einer Bürgschaft geschehen.

Zur Höhe der Gebühren ist zunächst darauf zu achten, dass in der Gebührenvereinbarung klar zum Ausdruck kommen muss, ob die Vereinbarung die Bestimmung der gesetzlichen Gebühren konkret enthält oder ob die vereinbarten Gebühren neben den gesetzlichen Gebühren zu zahlen sind. Beides ist als zulässig anerkannt. Gerade in letzterem dürfte der Sinn einer Vergütungsvereinbarung liegen, da der Anwalt nämlich stets Anspruch auf Zahlung der gesetzlichen Gebühren hat. Eine Vergütungsvereinbarung soll demnach gerade die darüber hinausgehenden Gebühren fixieren. Die Höhe der Gebühren ist nicht an die Höchstgebühren gebunden. Der konkreten Höhe des Honorars sind rechtlich durch § 138 BGB Grenzen gesetzt.

Bei der Gestaltung der Vergütungsvereinbarung ist daran zu denken, dass einmal verschiedene Tätigkeiten erfasst werden können, zum anderen aber auch ein fester Betrag vereinbart werden kann oder eine Abrechnung auf Zeithonorarbasis möglich ist. Weiter sollte klargestellt werden, dass neben dem vereinbarten Betrag bestimmte Kostenpositionen, wie Mehrwertsteuer, Reisekosten, Tagegelder, Abwesenheitsgelder, Schreibauslagen sowie Fotokopien gesondert zu erstatten sind. Empfehlenswert ist es, zusätzlich klarzustellen, dass der Ausgang des Verfahrens ohne Einfluss auf die Höhe des Honorars ist. Weiter sollte der Mandant darauf hingewiesen werden, dass der vereinbarte Betrag von den gesetzlichen Gebühren abweicht und dass im Falle des Obsiegens eine Erstattungsfähigkeit nur im Rahmen der gesetzlichen Gebühren gegeben ist. Wichtig ist auch, die Fälligkeit zu regeln. Eine Vergütungsvereinbarung könnte folgende Form haben:[39]

Muster einer Vergütungsvereinbarung:

In der Mandatssache . . . .
hat der Auftraggeber die Anwaltskanzlei . . . . . . zu seinem Vertreter – Prozessbevollmächtigten bestellt.

☐ Der Auftraggeber zahlt an den Rechtsanwalt für die Bearbeitung der Sache neben den gesetzlichen Gebühren ohne Rücksicht auf den Umfang des Verfahrens ein Honorar in Höhe von . . . . . . EUR (in Worten: . . . . . . Euro).

☐ In Straf- und OWi-Verfahren erhöht sich bei weiterer Hauptverhandlung das Honorar je Hauptverhandlung um . . . . . . EUR

☐ Für die Beratung ist anstelle der Vergütung für die Erstberatung gemäß Nr. 2101 VV-RVG Vergütung nach Gegenstandswert (nach einem vereinbarten Mindeststreitwert . . . . . . EUR) vereinbart.

☐ Es wird Abrechnung auf Zeithonorarbasis vereinbart. Es wird ein Stundensatz von . . . . . . EUR zzgl. Mehrwertsteuer vereinbart.

Das Honorar ist wie folgt fällig: . . . . . .

Evtl. Zahlungen einer Rechtsschutzversicherung werden nicht angerechnet.

Alle Auslagen wie Mehrwertsteuer, Reisekosten, Tagegelder, Abwesenheitsgelder, Schreibauslagen und dergleichen sowie Fotokopien werden daneben gesondert erstattet.

Der Ausgang des Verfahrens ist ohne Einfluss auf die Höhe des Honorars. Dem Auftraggeber ist bekannt, dass der vereinbarte Betrag von der gesetzlichen Regelung abweicht und dass im Falle des Obsiegens eine Erstattungsfähigkeit nur im Rahmen der gesetzlichen Gebühren gegeben ist.

---

[37] *Weihrauch/Bosbach* Rn. 237.
[38] *Weihrauch/Bosbach* Rn. 241.
[39] Zur möglichen Fassung der Vergütungsvereinbarung vgl. auch *Weihrauch* Rn. 244 sowie *Berz/Burmann* 12 B Rn. 147.

Gemäß § 29 Abs. 1 ZPO ist der Sitz der Anwaltskanzlei als vertraglicher Erfüllungsort gleichzeitig Gerichtsstand für alle Ansprüche aus dem dieser Vereinbarung zugrunde liegenden Rechtsverhältnis.
Von dieser Vereinbarung haben beide Vertragsschließenden je ein Exemplar erhalten.

....
Ort, Datum Der Rechtsanwalt Der Auftraggeber

Hiermit verpflichte ich ...... mich als selbstschuldnerischer Bürge für die vorstehend vereinbarten Gebühren.

....
Ort, Datum

81 **b) Vergütungsvereinbarung und Rechtsschutz.** Die Rechtsschutzversicherung hat bedingungsgemäß den Mandanten bzw. Versicherungsnehmer nur in Höhe der gesetzlichen Gebühren freizustellen. Dies bedeutet, dass ein darüber hinausgehendes vereinbartes Honorar von der Rechtsschutzversicherung nicht zu erstatten ist. Hierüber ist der Mandant zu belehren. Es erscheint unbedingt wichtig, diese Belehrung schriftlich vorzunehmen, um Missverständnissen vorzubeugen. In Betracht kommt auch, den Hinweis an den Mandanten mit der übrigen Verteidigerpost zu verbinden, etwa bei Übersendung der Kopie der Einlassung. Der belehrende Text kann der Korrespondenz angefügt werden.

82 **Formulierungsvorschlag:**
Es wird auf die getroffene Vergütungsvereinbarung Bezug genommen. Im Hinblick darauf, dass zwar eine Eintrittspflicht der Rechtsschutzversicherung in Betracht kommt bzw. gegeben ist, muss klargestellt werden – wie auch schon mündlich dargelegt –, dass die Rechtsschutzversicherung lediglich die gesetzlichen Gebühren trägt und nicht die darüber hinausgehenden zusätzlich vereinbarten Gebühren.

4. Beteiligung von Rechtsschutz

83 Im Verkehrsrecht besteht zumeist eine Rechtsschutzdeckung angetragener Mandate. Die Voraussetzungen für die Eintrittspflicht der Rechtsschutzversicherung sind standardmäßig zu prüfen; hierzu wird auf die Checkliste zur Prüfung der Eintrittspflicht der Rechtsschutzversicherung im Anhang verwiesen.[40]

84 Wichtig ist es aber auch, den Mandanten je nach Sachverhalt darauf hinzuweisen, dass bei Vorsatzstraftaten im verkehrsrechtlichen Bereich Rechtsschutzdeckung nur bedingt und mit der Maßgabe in Betracht kommt, dass die Rechtsschutzdeckung bei einer rechtskräftigen Verurteilung wegen Vorsatz wieder entfällt.

85 Empfehlenswert ist in diesem Zusammenhang, bei der Rechtsschutzversicherung einen angemessenen Vorschuss bis zur Höhe der voraussichtlich anfallenden Gebühren anzufordern. Hier ist der Mandant darauf hinzuweisen, dass möglicherweise die Rechtsschutzversicherung den gezahlten Vorschuss von ihm zurückfordert. In der Praxis erfolgt dies nicht zwingend. Schließlich ist der Mandant darauf hinzuweisen, dass bei einer reinen Vorsatztat auch im Straßenverkehrsrecht keine Eintrittspflicht der Rechtsschutzversicherung nach rechtskräftiger Verurteilung besteht, so zB bei Nötigung.

86 **Formulierungsvorschlag:**
Zur Eintrittspflicht der Rechtsschutzversicherung ist klarzustellen, dass die Deckungszusage der Rechtsschutzversicherung für den Versicherungsfall mit der Maßgabe auflösend bedingt erteilt worden ist, dass die Eintrittspflicht der Rechtsschutzversicherung rückwirkend entfällt, wenn eine Verurteilung wegen einer vorsätzlich begangenen Straftat erfolgt.

---

[40] Vgl. *Buschbell/Hering* § 24 Rn. 5, 6.

V. Organisation der Akte

1. Allgemeine Grundsätze

Bei der Bearbeitung von Mandaten in einer Unfallangelegenheit kommt die anwaltliche Vertretung als Verteidiger des Beschuldigten bzw. des Betroffenen sowie die Vertretung des Geschädigten im Nebenklageverfahren gem. §§ 385 ff. StPO, im Adhäsionsverfahren gem. §§ 403 ff. StPO und die Vertretung in zivilrechtlicher Hinsicht für den Beschuldigten bzw. Betroffenen und/oder die Vertretung von Fahrzeuginsassen sowie sonstigen Drittgeschädigten in Betracht.[41] Es ist empfehlenswert, in Unfallangelegenheiten verschiedene Aktenvorgänge anzulegen, differenziert nach Streitgegenständen und Mandanten. Hierdurch wird erreicht, dass die zu verschiedenen Angelegenheiten und für verschiedene Mandanten geführte Akte übersichtlich bleibt, abgesehen von der notwendigen Übersicht bei der finanziellen Abwicklung. Zudem sollte der Aktendeckel einer Handakte mit einer Tasche versehen sein, in die zusätzliche Unterlagen eingelegt oder eingeschoben werden können.

2. Nutzung von Mandanten- und Aktenstammdaten

Durch EDV-Nutzung ist die Möglichkeit gegeben, die Daten zum Mandatsverhältnis – Mandantenstammdaten – sowie die Daten zum Sachverhalt – Mandatsstammdaten – zu erfassen. Die Erfassung der Stammdaten des Mandanten ist neben sonstigem Rationalisierungseffekt eine gute und sichere Möglichkeit sicherzustellen, dass eine Interessenkollision auszuschließen ist. Dies ist insbesondere in Unfallangelegenheiten sehr nützlich und wertvoll, weil in der Praxis nach einem Unfallgeschehen die Beteiligten sehr schnell anwaltliche Hilfe in Anspruch nehmen und hierdurch insbesondere die Gefahr gegeben ist, dass ein Mandat versehentlich für beide Unfallbeteiligte angenommen wird.

Auch betriebswirtschaftliche Informationen können durch EDV-Nutzung erfasst und ausgewertet werden. Die Mandatsstruktur, also speziell die Zahl der Mandate in Verkehrsstraf- und Ordnungswidrigkeitenverfahren, kann erfasst werden. Ebenso können die Erlöse zum Sachgebiet bei Anwendung eines entsprechend strukturierten Buchhaltungsprogramms ausgewertet werden. Schließlich können Drittbeteiligte, zB Rechtsschutzversicherungen, erfasst werden.

3. Organisatorische Hilfen

Wichtig ist es, bei der Führung einer Akte alle Bereiche der Mandatsführung sofort überprüfbar sind. Das Handaktenblatt ist dabei so zu gestalten, dass neben den Angaben zu Auftraggeber, Gegner, Gegenanwalt etc. wichtige Informationen sofort übersichtlich nachprüfbar sind. Hier kann folgende Gestaltung empfohlen werden:

Muster: Handaktenblatt

In Sachen
......
gegen
......
Rechtsschutz: nein/ja bei
......
bestätigt mit Schreiben vom
......
Prozesskostenhilfe
......

---

[41] Zum Ausschluss von Doppelmandaten vgl. *Gebhardt* § 1 Rn. 1–4.

Beratungshilfe

. . . . . .

Pflichtverteidigung

. . . . . .

Beratungsvertrag:

. . . . . .

Bezeichnung des Gerichts:

. . . . . .

I. Inst. . . . . . .   Akt.-Z. . . . . . .
II. Inst. . . . . . .   Akt.-Z. . . . . . .

92 Zusätzlich ist es nützlich, so genannte „Quittungsvermerke" über evtl. ausgezahlte Beträge oder ausgehändigte Unterlagen in Verbindung mit dem Handaktenblatt (Innenseite) zu führen. Dies hat den Vorteil, dass die notwendigen Informationen – entgegen weit verbreiteter Übung – nicht in den Akten zu suchen sind, sondern übersichtlich im Handaktenblatt nachprüfbar sind. Sonst ist es häufig schwierig, die Bestätigung über den Erhalt, insbesondere von Unterlagen, in der Akte zu suchen. Zudem besteht die Gefahr, dass bei Aktenauflösung oder Aushändigung Bestätigungsvermerke, etwa über die Rückgabe von Urkunden schwer oder nicht mehr auffindbar sind.

Muster „Quittungsvermerke"

93   I. Vermerk für Kosten- und Gebührenbearbeitung
        Evtl. Fahrtkosten   ja/nein   Datum: Unterschrift
        Sonstige Kostenhinweise:
        Abrechnung mit Unterbevollmächtigten   Datum: Unterschrift
        II. Quittungsvermerk
        Bar-Betrag-Scheck über EUR   Datum: Unterschrift
        Unterlagen erhalten: Datum: Unterschrift
        III. Verfügung für Ablage   Datum: Unterschrift
        Noch zu erledigen:
        Sache als erledigt ablegen
        Kostenblatt geprüft

94 Sinnvollerweise ist folgendes Schema auf der Innenseite des Aktendeckels anzubringen:

Mandant	Rechtsschutzversicherung
	Ansprüche Dritter, andere Verfahren
Polizei, StA, Gericht	
Akteneinsicht	Wiedervorlagen
JVA	

VI. Informations- und Wissensbeschaffung

Die effiziente Bearbeitung eines Mandates, insbesondere auch in einer Straf- und Ordnungswidrigkeitenangelegenheit, macht es erforderlich, von vornherein die – spezielle – Problematik des konkreten Falles in tatsächlicher und rechtlicher Hinsicht zu klären. In tatsächlicher Hinsicht kann es darum gehen, Besonderheiten der Unfallsituation zu klären, etwa Straßenverhältnisse, Witterungsverhältnisse, besondere Lichtverhältnisse oder technische Bedingungen der Unfallsituation, etwa die Griffigkeit des Straßenbelages für die Bremswirkung. Ebenso wichtig ist es, von vornherein die besondere rechtliche Problematik des jeweiligen Falles herauszuarbeiten, etwa besondere Umstände in der Person des oder der Beteiligten. Die Erarbeitung des jeweiligen Falles in tatsächlicher und rechtlicher Hinsicht mag intensive Arbeit erfordern. Andererseits ist sie aber Voraussetzung für den Erfolg: Die am Anfang der Mandatsbearbeitung investierte Zeit schafft Kompetenz bei der weiteren Bearbeitung des Mandates. Bei der Erarbeitung des Sachverhaltes und der rechtlichen Thematik bietet es sich an, die Möglichkeiten neuer Informationssysteme zu nutzen.[42] Zu den Möglichkeiten ist im Einzelnen Folgendes auszuführen:

1. Grundsätzliches

Das Internet bietet ein breites Angebot zu Zwecken der Informationsbeschaffung. Viele Universitäten und Forschungseinrichtungen bieten Informationen über Forschungsprojekte.[43] Im Übrigen ist auch darauf hinzuweisen, dass der Einsatz der Computertechnik die Arbeit am Sachverhalt erleichtern kann. Auch kann durch die Nutzung moderner EDV-gestützter Informationstechnik die „Arbeit am Recht" erleichtert werden.[44]

Als Fazit zum so genannten „Informations- und Wissensmanagement" gilt folgende Erfahrung: „Wissen ist die einzige Ressource, welche sich durch Gebrauch vermehrt ... Wissensexplosion, verkürzte Wissenshalbwertszeiten und die zunehmende Wissensintensität aller Managementbereiche stellen ungeheure Herausforderungen für professionelle Wissensmanager dar.[45]"

2. Klärung des Sachverhaltes

Die Bewertung eines Unfallgeschehens kann von verschiedensten Faktoren abhängen. Wichtige Aspekte können sein:
- Unfallort/Straßenverhältnisse
- Klare oder mehrdeutige Verkehrsregelung
- Verkehrsdichte
- Unfallhäufigkeit
- Witterungsverhältnisse
- Sichtverhältnisse (etwa Sonneneinstrahlung)
- Spezielle äußere Einflüsse, Straßenbelag oder Verschmutzung der Straße
- Technische Aspekte der beteiligten Fahrzeuge.

Zu vielen der vorgenannten Aspekte können die Informationen über Online-Dienste beschafft werden, so zB Auskünfte über Witterungsverhältnisse.[46]

3. Klärung rechtlicher Thematik

Im Bereich des Straßenverkehrsrechtes und speziell im Straf- und Ordnungswidrigkeitenverfahren gilt, dass es sich im Wesentlichen oft um sehr ähnlich gelagerte Sachverhalte handelt. Andererseits wird vielfach übersehen, dass in zahlreichen Fällen sich jeweils eine spezielle rechtliche Problematik ergeben kann. Dies kann unter vielfältigsten Gesichtspunkten

---

[42] Vgl. hierzu ausführlich *Hartung/Römermann*, § 31 Informations- und Wissensmanagement, S. 661 ff.
[43] *Hartung/Römermann* § 31 Rn. 59, 62.
[44] *Hartung/Römermann* § 31 Rn. 68, 75.
[45] *Hartung/Römermann* § 31 Rn. 1.
[46] Vgl. hierzu *Hartung/Römermann* § 31 Rn. 62 unter Hinweis auf das vielfältige Angebot von Universitäten und Forschungsstellen mit detaillierten Angaben über Forschungsprojekte und Ergebnisse.

der Fall sein, etwa die Beurteilung der Wartepflicht beim Tatbestand der Verkehrsunfallflucht gemäß § 142 StGB oder die Feststellungsverfahren von Alkoholwerten oder Drogenkonsum und ihre möglichen Fehlerquellen. Dies trifft auch für prozessuale Fragen zu, etwa die Verwertbarkeit von Beweismitteln oder Zeugenaussagen. Im Ergebnis ist der Verteidiger in einem Straf- und Ordnungswidrigkeitenverfahren gefordert, die speziellen Probleme eines Falles herauszufiltern und sich mit der besonderen rechtlichen Thematik des Falles vertraut zu machen. Nur diese Vorgehensweise schafft Kompetenz.

100 Eine häufig übersehene Problematik ist die Leistungsfähigkeit und die Leistungsgrenze des Kraftfahrers. Dies betrifft sowohl die Arbeit am Sachverhalt als auch die Frage der Zurechnung einer Handlung. Beispielhaft sind hier die Klärung der Reaktionszeit oder technische Fragen zur Bremswirkung, Bremsansprechzeit oder Bremsschwellzeit zu nennen.[47]

4. Informationsbeschaffung

101 Für erfolgreiche anwaltliche Tätigkeit ist es wichtig und nützlich, zum konkreten Fall in Betracht kommende Informationen umfassend zu beschaffen. Hierbei ist einmal an den Mandanten entlastende Erkenntnisse in der Forschung zu denken, aber auch an die Ermittlung von Experten zu speziellen Fragen oder den Informationsaustausch zu besonderen Fragen mittels des Internets. Zu denken ist hierbei etwa an spezielle Problembereiche, etwa Feststellung und Beurteilung der Wirkung von Lichtverhältnissen, die durch lichttechnische Gutachten zu klären sind.[48] Hier kann keine umfassende Checkliste aller Möglichkeiten dargestellt werden. Vielmehr sind hier das Engagement und Ideen des Anwaltes gefordert.

VII. Nutzung programmierter Textverarbeitung

102 Gerade im Bereich des Verkehrsrechtes kommen vergleichbar gelagerte Sachverhalte in Betracht. Dies ermöglicht es, zu bestimmten Tätigkeitsbereichen programmierte Textverarbeitungssysteme zu verwenden. Dies betrifft im Bereich des Verkehrsrechtes sowohl die Verteidigertätigkeit im Straf- und Ortsnungswidrigkeitenverfahren als auch die Geltendmachung von Haftpflichtansprüchen. Die programmierte Textverarbeitung ist andererseits nur in den Bereichen sinnvoll, in denen Standardtexte ohne notwendige große individuelle und fallbezogene Änderungen anzuwenden sind. Dies betrifft generell die Verteidigerbestellung, die Abrechnung und schließlich die Korrespondenz mit der Rechtsschutzversicherung.

103 Nicht geeignet dürfte programmierte Textverarbeitung bei gebotener individueller Textfassung, also speziell bei Einlassungen sein. Dies führt einmal dazu, dass nur unzureichend der konkrete Sachverhalt dargestellt wird. Zum anderen besteht auch die Gefahr, dass für den Leser, also etwa den Staatsanwalt oder Richter, erkennbar ist, dass es sich bei der Textfassung um einen Programmtext handelt und nicht um eine konkrete, zum Sachverhalt formulierte Einlassung oder Erklärung.[49]

104 Im besonderen Maße kann programmierte Textverarbeitung für die Korrespondenz mit der Rechtsschutzversicherung verwendet werden. Hierbei ist zu beachten, dass die Korrespondenz, abgesehen vom Schriftverkehr mit der Rechtsschutzversicherung auch abgestimmte Informationen an den Mandanten erfordert.[50]

105 Als mögliche Anwendungsbereiche für die Verteidigertätigkeit kommen in Betracht:
- Verteidigerbestellung, speziell in Führerscheinangelegenheit
- Rechtsmittelkorrespondenz, differenziert nach Straf- und Ordnungswidrigkeitenverfahren
- Kostenkorrespondenz, differenziert nach Mandant bzw. Rechtsschutz als Kostenträger
- Korrespondenz/Information an Mandanten.

---

[47] Vgl. hierzu *Bode/Meyer-Gramcko* S. 140 ff. sowie generell zu medizinischen, psychologischen und rechtlichen Fragen für eine erfolgreiche Verteidigung.

[48] Vgl. zur Möglichkeit der Informationsbeschaffung *Hartung/Römermann* § 31 Rn. 62.

[49] Zu den Grundsätzen eines möglichen Textsystems vgl. BeckRA-Hdb/*Buschbell*, 3. Aufl. 1993, K III (in den Folgeauflagen des Handbuches wurde der Organisationsbereich und damit auch das Kapitel zur Text- und Datenverarbeitung nicht aufgenommen).

[50] Vgl. umfassende Darstellung der Korrespondenz Rechtsschutz *Buschbell*, Rationale Rechtsschutzkorrespondenz – Sammlung der Korrespondenz zwischen Anwalt, Rechtsschutzversicherung und Mandant.

§ 4 Besonderheiten im Straßenverkehrszivilrecht und im Recht der Kraftfahrtversicherung

Übersicht

	Rn.
I. Das Mandat im Straßenverkehrszivilrecht	1–8
1. Unfallaufnahme sowie Mandanten- und Stammdatenerfassung	1
2. Die Gefahr der Interessenkollision	2
3. Klärung des Mandatsumfanges	3–6
4. Die Gebührenfrage und mögliche Beteiligung von Rechtsschutz	7/8
a) Die Gebührenfrage	7
b) Mögliche Rechtsschutzdeckung	8
II. Die Mandate in Angelegenheiten der Kraftfahrtversicherung	9–12
1. Mandatsannahme	9/10
2. Vergütung und mögliche Rechtsschutzdeckung	11/12
a) Die Vergütung	11
b) Rechtsschutzdeckung	12

Schrifttum: *Fleischmann/Hillmann,* Das verkehrsrechtliche Mandat, Band 2: Verkehrszivilrecht, 4. Aufl. 2006.

I. Das Mandat im Straßenverkehrszivilrecht

1. Unfallaufnahme sowie Mandanten- und Stammdatenerfassung

Die Führung eines Mandates im Straßenverkehrsrecht bietet – verglichen mit anderen Rechtsmaterien – eine optimale Möglichkeit, die Bearbeitung vereinheitlicht zu organisieren. Zu denken hierbei ist an die Unfallaufnahme sowie die Erfassung der Mandats- und Aktenstammdaten. Hierzu wird verwiesen auf die Ausführungen in → § 1 Rn. 29 ff. **1**

2. Die Gefahr der Interessenkollision

Gerade beim verkehrsrechtlichen Mandat kann die Problematik der Interessenkollision wichtig werden. Dies ergibt sich daraus, dass die Tätigkeit für den Mandanten zu verschiedenen Mandatsgegenständen erfolgen kann, und zwar insbesondere in Form der Geltendmachung von Ansprüchen, und zwar für verschiedene Personen, also Halter, Fahrer oder Insassen. Darüber hinaus steht auch häufig im Raum das Mandat zur Verteidigung. Bei dieser Konstellation kann sich leicht eine Interessenkollision ergeben zwischen der Geltendmachung von Schadenersatzansprüchen für andere Personen und der Zielrichtung der Verteidigung (→ § 1 Rn. 18 ff.). **2**

3. Klärung des Mandatsumfanges

Wichtig ist es, bei der Annahme des Mandats im Mandantengespräch den Mandatsumfang zu klären. Im Vordergrund steht hierbei die Geltendmachung der Schadenersatzansprüche sowie evtl. auch die Übernahme der Verteidigung für den Mandanten, soweit ein Straf- und OWi-Verfahren eingeleitet ist. Ebenfalls ist nach unklarer Haftungslage auf die Möglichkeit der Geltendmachung von Ansprüchen aus der Kraftfahrzeug-Kaskoversicherung zu verweisen. **3**

Soweit es in Betracht kommt, dass auch Ansprüche von der Gegenseite geltend gemacht werden, muss von vornherein der Mandant darüber belehrt werden, dass hierzu Korrespondenz mit der eigenen Haftpflichtversicherung zur Abwehr der Ansprüche in Betracht kommt. Der Aspekt der Rückstufung des Schadenfreiheitsrabattes ist anzusprechen. In diesem Zusammenhang sollte der Mandant auch auf die Kosten hingewiesen werden, soweit der Rechtsanwalt tätig werden soll zur Abwehr an den Mandanten gestellter Ansprüche. **4**

Das fängt damit an, dass der Mandant selbstverständlich davon ausgeht, der Rechtsanwalt werde auch insoweit für ihn tätig. Die großzügige Überlassung des von der eigenen Haftpflichtversicherung dem Mandanten zugesandten Fragebogens an den Rechtsanwalt zur weiteren Bearbeitung ist nur ein Teil davon. Hier entstehen ausschließlich Kosten, die weder die Haftpflichtversicherung des Mandanten noch eine eventuell bestehende Rechtsschutzversicherung trägt.

5   Auch ist der Mandant zu belehren über die rechtlichen Wechselwirkungen bei einem Straßenverkehrsunfall, nämlich die Bedeutung des Straf- und OWi-Verfahrens und dessen Ausgangs für das Zivilverfahren. Insbesondere ist der Mandant aber darüber zu belehren, dass zwischen dem Straf- und OWi-Verfahren und der Geltendmachung der zivilrechtlichen Ansprüche grundsätzlich keine präjudizielle Wirkung gegeben ist.

6   Ist ein Verkehrsunfall mit Auslandsberührung gegeben, sei es ein Unfall im Inland mit Beteiligung eines Ausländers oder ein Unfall im Ausland, so ist der Mandant über das jeweils in Betracht kommende Vorgehen zu informieren.

4. Die Gebührenfrage und die mögliche Beteiligung von Rechtsschutz

7   a) **Die Gebührenfrage.** Der Mandant ist darüber zu informieren, dass die gegnerische Haftpflichtversicherung, soweit diese Schadenersatz leistet, auch die insoweit anfallenden gesetzlichen Gebühren zu tragen hat. Anzusprechen ist auch die mögliche Frage der Gebührendifferenz, soweit es nur zu einer Teilregulierung kommt.

8   b) **Mögliche Rechtsschutzdeckung.** Zu klären ist, ob für den Mandanten und ggf. auch für mitversicherte Personen Rechtsschutzdeckung in Betracht kommt. Gegenüber der Rechtsschutzversicherung wird in der Praxis regelmäßig der Rechtsschutzvorgang gemeldet. Hierbei handelt es sich um ein gesondertes Mandat, für das jedoch in der Praxis keine besondere Vergütung erhoben wird. Auch kommt bei der Geltendmachung zivilrechtlicher Ansprüche, insbesondere bei einem Mandat für schwer verletzte Personen, die Vereinbarung einer Sondervergütung in Betracht. Zu weiteren Einzelheiten der Bearbeitung des zivilrechtlichen Mandates in Angelegenheiten des Straßenverkehrshaftungsrechtes vgl. im Einzelnen Teil D.

II. Die Mandate in Angelegenheiten der Kraftfahrtversicherung

1. Mandatsannahme

9   Bei der Mandatsannahme sind Gegenstand und Umfang des Mandates zu klären. Grundsätzlich kommt bei einem Mandat in einer Angelegenheit der Kraftfahrtversicherung in Betracht
- Geltendmachung von Leistungsansprüchen gegenüber der eigenen Versicherung bzw. gegenüber eigenen Versicherungen. In Betracht kommen Ansprüche aus
  – Kraftfahrtversicherung (Teil- oder Vollkaskoversicherung)
  – Kraftfahrtunfallversicherung
  – sonstige Versicherungen (Krankentagegeld- oder Krankenhaustagegeldversicherung)
- Abwehr von möglichen Regressen.

10   Zu den vorgenannten möglichen Gegenständen eines Mandates ist der Umfang des Mandates zu klären. Zu den einzelnen Mandaten sind gesonderte Vollmachten zu erteilen. Auch ist es empfehlenswert, zu den einzelnen Vorgängen separate Aktenvorgänge zu führen. Dies dient der besseren Übersicht, speziell auch zu Vergütungsfragen.

2. Vergütung und mögliche Rechtsschutzdeckung

11   a) **Die Vergütung.** Grundsätzlich sind die gesetzlichen Gebühren gegenüber dem Mandanten zu erheben. Ein Erstattungsanspruch für die Gebühren kommt bei Leistungsansprüchen gegenüber der Versicherung erst in Betracht, wenn diese sich mit der Erfüllung der geltend gemachten Ansprüche in Verzug befindet.

b) Rechtsschutzdeckung. Ist Gegenstand des Mandates die Geltendmachung von Ansprüchen gegenüber einer eigenen Versicherung, so kommt Rechtsschutzdeckung, sofern Vertragsrechtsschutz besteht, erst in Betracht, wenn ein Rechtsschutzfall gegeben ist. Dieser ist nach den Bedingungen erst gegeben, wenn die Versicherung die geltend gemachten Ansprüche abgelehnt hat.

Teil B. Das verwaltungsrechtliche Führerscheinverfahren (Erteilung, Entzug, Wiedererteilung)

§ 5 Erwerb und Geltung der Fahrerlaubnis sowie Fragen zur im Ausland erworbenen Fahrerlaubnis

Übersicht

	Rn.
I. Rechtliche Grundlagen	1–8
1. Überblick	1/2
2. Die wichtigsten Regelungen im Einzelnen	3–8
a) EU-Richtlinien	3
b) Regelungen im StVG	4
c) Fahrerlaubnisverordnung (FeV) und Anlagen	5–8
II. Erwerb der Fahrerlaubnis	9–72
1. Grundsatz der Freiheit zur Teilnahme am Straßenverkehr	9–14
a) Prinzipielle Erlaubnisfreiheit zur Teilnahme am Straßenverkehr	9/10
b) Allgemeine Einschränkungen	11–14
2. Die Erlaubnispflicht für das Führen von Kraftfahrzeugen	15–33
a) Grundsatz	15–17
b) Ausnahmen vom Erfordernis der Fahrerlaubnis	18–22
c) Einteilung in Fahrerlaubnisklassen	23–29
d) Dienstfahrerlaubnis	30
e) Feuerwehrfahrberechtigung	31/32
f) Führerschein	33
3. Fahrerlaubnis auf Probe, Vorbesitz anderer Fahrerlaubnisklassen, Befristung und Beschränkung der Fahrerlaubnis	34–51
a) Fahrerlaubnis auf Probe	34–40
b) Vorbesitz anderer Fahrerlaubnisklassen	41–44
c) Befristete Fahrerlaubnis	45–49
d) Beschränkung der Fahrerlaubnis	50/51
4. Erteilung der Fahrerlaubnis	52–65
a) Inlandswohnsitz	53–55
b) Mindestalter und „begleitetes Fahren ab 17"	56/57
c) Eignung	58
d) Befähigung	59
e) Sonstiges	60
f) Verfahren	61–65
5. Neuerteilung der Fahrerlaubnis	66/67
6. Verlängerung einer Fahrerlaubnis	68/69
7. Ersatzführerschein	70/71
8. Internationaler Führerschein	72
III. Im Ausland erworbene Fahrerlaubnisse	73–90
1. Inhaber einer ausländischen Fahrerlaubnis ohne deutschen Wohnsitz	75–79
a) Grundsatz	75
b) Einschränkungen	76–78
c) Entziehung der Fahrerlaubnis	79
2. Inhaber einer EG- und EWR-Fahrerlaubnis mit deutschem Wohnsitz	80–88
a) Grundsatz	80
b) Einschränkungen	81–87
c) Zuerkennungsverfahren	88
3. Inhaber einer Drittstaaten-Fahrerlaubnis mit deutschem Wohnsitz	89/90

Schrifttum: *Berz,* Das EU-Übereinkommen über den Entzug der Fahrerlaubnis, NZV 2000, 145; *Blum,* Ausländische Fahrerlaubnisse, NZV 2008, 176; *Bode/Winkler,* Fahrerlaubnis, 5. Aufl. 2006; *Bouska/Laeverenz,* Fahrerlaubnisrecht, 3. Aufl. 2004; *Burmann,* Das Fahrerlaubnisrecht Schnittstellen zwischen Verwaltungsrecht und Strafrecht, DAR 2005, 64; *Ferner,* Straßenverkehrsrecht, 2. Aufl. 2006; *Geiger,* Die Erteilung einer Fahrerlaubnis unter Auflagen ZVS 201, 46; *ders.*, Durchsetzung von fahrerlaubnisrechtlichen Nebenbestimmungen DAR 2012, 663; *ders.*, Verbot des Führens nicht fahrerlaubnispflichtiger Fahrzeuge, SVR 2007, 161; *ders.*, Neues Ungemach durch die 3. Führerscheinrichtlinie der Europäischen Gemeinschaften, DAR 2006, 126; *ders.*, Entziehung und Wiedererteilung der Fahrerlaubnis durch die Verwaltungsbehörde, NZV 2005, 623; *ders.*, Der feststellende Verwaltungsakt nach § 28 Abs. 4 Satz 2 FeV, SVR 2009, 253; *ders.*, Fahrungeeignetheit bei nur „privatem" Alkoholmissbrauch, DAR 2002, 347; *Gehrmann,* Das Gesetz zur Änderung des Straßenverkehrsgesetzes und anderer Gesetze, NJW 1998, 3534; *Grohmann,* Anerkennung ausländischer Fahrerlaubnisse und Führerscheintourismus BA 2005, 106; *Gutmann,* Umschreibung türkischer Fahrerlaubnisse? SVR 2013, 293; *Hailbronner/Thomas,* Der Führerschein im EU-Recht, NJW 2007, 1089; *Huppertz,* Anhänger hinter Krafträdern – ein Problem der neuen FeV?, NZV 2013, 375; *Janker,* Elektrische Mobilitätshilfen (Segway) SVR 2012, 101; *Kettler,* Segway NZV 2008, 71; *Ludowisy,* Auswirkung der EuGH-Entscheidung (zur Anerkennung ausländischer Führerscheine (DAR 2006, 375) auf die Praxis der Fahrerlaubnisanerkennung, DAR 2006, 532; *Kokott,* Verkehrsraum Europa: Der EuGH steuert mit DAR 2006, 604; *Otte/Kühner,* Führerscheintourismus ohne Grenzen?, NZV 2004, 321; *Ternig,* EU-Fahrerlaubnisse: Möglichkeiten der Nutzung im Inland beim Erwerb im Ausland, zfs 2004, 293; *ders.*, EU-Fahrerlaubnisse, Führerscheintourismus, Klarheit durch den EuGH, zfs 2006, 428; *Windhorst,* Unerlaubte Einreise von Lkw-Fahrern – Auswirkungen der „EU-Fahrerbescheinigung", NZV 2004, 281; *Zwerger,* Grenzenloser Fahrspaß in Europa, zfs 2006, 543.

I. Rechtliche Grundlagen

1. Überblick

1   Die gesetzlichen Regelungen zum Recht der Fahrerlaubnis sind, schon weil sie in verschiedenen Gesetzen und Verordnungen enthalten sind, unübersichtlich. Auch die einzelnen Vorschriften sind oft schwierig und von ihrem Aufbau wenig transparent. Hinzu kommt, dass teilweise auf Regelungen in Anhängen verwiesen wird, die sich ihrerseits nicht durch Klarheit und Verständlichkeit auszeichnen. Als wichtigste nationale Rechtsquellen sind zu nennen:
Straßenverkehrsgesetz (StVG) und
Fahrerlaubnisverordnung (FeV) mit Anlagen;[1]
Fahrlehrergesetz (FahrlG).

2   Schließlich sind Regelungen zum Recht der Fahrerlaubnis und speziell zu Maßnahmen gegen Inhaber der Fahrerlaubnis getroffen in den verkehrsrechtlichen Straftatbeständen des Strafgesetzbuches (StGB), der Strafprozessordnung (StPO) und im Ordnungswidrigkeitengesetz (OWiG).[2]
Hinzu kommen Regelungen auf Europäischer Ebene.

2. Die wichtigsten Regelungen im Einzelnen

3   **a) EU-Richtlinien.** Richtlinien des Rates[3] sind gemäß Art. 288 Abs. 2 AEUV für jeden Mitgliedstaat, an den sie gerichtet werden, hinsichtlich des zu erreichenden Ziels verbindlich; es bleibt jedoch dem einzelnen Mitgliedstaat die Wahl der Form und der Mittel überlassen. Richtlinien bedürfen daher, damit sie Wirksamkeit erlangen, der Umsetzung in nationales Recht. Nach der Rechtsprechung des EuGH kann sich ein Bürger gegenüber staatlichen Behörden im Einzelfall unmittelbar auf eine Richtlinie berufen, die nicht oder nicht vollständig innerhalb der vorgegebenen Frist in nationales Recht transferiert wurde. Das setzt voraus, dass die entsprechende Bestimmung eindeutig eine subjektive Rechtsposition vermittelt und inhaltlich hinreichend bestimmt ist.[4] Zu erwähnen sind die Erste Führerscheinrichtlinie vom 4.12.1980,[5] die Zweite Richtlinie vom 29.7.1991.[6] und die Dritte Füh-

---

[1] Die Verordnung über den Internationalen Kraftverkehr (IntVO) wurde durch die 4. Verordnung zur Änderung der FeV mit Wirkung vom 30.10.2008 aufgehoben; die entsprechenden Vorschriften finden sich jetzt im Wesentlichen in §§ 29 und 29a FeV.
[2] Vgl. Zum Verhältnis zwischen strafgerichtlichen und verkehrsverwaltungsrechtlichen Maßnahmen *Geiger* NZV 2005, 623; *Burmann* DAR 2005, 64.
[3] In den meisten Fällen bedarf die Richtlinie der Zustimmung des Europäischen Parlaments (vgl. Art. 289 Abs. 1 AEUV: ordentliches Gesetzgebungsverfahren: Annahme des Rechtssatzes durch das Parlament und den Rat auf Vorschlag der Kommission).
[4] EuGH NJW 1982, 499; ständige Rechtsprechung.
[5] Erste RL 80/1263/EWG des Rates zur Einführung eines EG-Führerscheins vom 4.12.1980 ABl. L 375, S. 1.
[6] RL 91/439/EWG des Rates vom 29.7.1991 über den Führerschein, ABl. L 237, 1.

rerscheinrichtlinie[7] vom 20.12.2006. Im Bereich der gegenseitigen Anerkennung von Fahrerlaubnissen, die in einem anderen Mitgliedstaat der EU erteilt wurden, hat das Europäische Recht maßgebliche Bedeutung erlangt.

b) **Regelungen im StVG.** Im StVG sind folgende fahrerlaubnisrechtliche Regelungen getroffen:
- Grundlagen und Eckdaten für die Erteilung und Entziehung der Fahrerlaubnis, Fahrerlaubnis auf Probe und Fahreignungs-Bewertungssystem (§§ 2 bis 4)
- Ermächtigungsgrundlagen für Verordnungen und allgemeine Verwaltungsvorschriften (§ 6 Abs. 1 Nr. 1)
- Vorschriften für das Fahreignungsregister (§§ 28 bis 30c) sowie
- Vorschriften für das Zentrale Fahrerlaubnisregister (§§ 48 bis 63).

c) **Fahrerlaubnisverordnung (FeV) und Anlagen.** § 6 Abs. 1 Nr. 1 StVG enthält die Ermächtigungsgrundlage zur Ausführung der Regelungen des StVG generell auf dem Gebiet des Fahrerlaubnisrechts und bildet somit die Grundlage für die FeV.

aa) Regelungsübersicht der FeV. Die Fahrerlaubnisverordnung enthält folgende Regelungstatbestände:
- Allgemeine Regelungen für die Teilnahme am Straßenverkehr (§§ 1 bis 3)
- Regelungen zum Führen von Kraftfahrzeugen
  - Allgemeine Regelungen (§§ 4 bis 6)
  - Voraussetzungen für die Erteilung einer Fahrerlaubnis (§§ 7 bis 20)
  - Verfahren bei der Erteilung einer Fahrerlaubnis (§§ 21 bis 25)
  - Regelungen über den Internationalen Führerschein (§§ 25a und 25b)
  - Sonderbestimmungen für das Führen von Dienstfahrzeugen (§§ 26 bis 27)
  - Sonderbestimmungen für Inhaber ausländischer Fahrerlaubnisse (§§ 28 bis 31)
  - Fahrerlaubnis auf Probe (§§ 32 bis 39)
  - Punktsystem (§§ 40 bis 45)
  - Entziehung oder Beschränkung der Fahrerlaubnis, Anordnung von Auflagen (§§ 46 bis 47)
  - Sonderbestimmungen für das Führen von Taxen, Mietwagen, Krankenkraftwagen und Personenkraftwagen im Linienverkehr (§ 48)
- Register
  - Zentrales Fahrerlaubnisregister und örtliche Fahrerlaubnisregister (§§ 49 bis 58)
  - Fahreignungsregister (§§ 59 bis 64)
- Anerkennung und Begutachtung für bestimmte Aufgaben (§§ 65 bis 72)
- Durchführungs-, Bußgeld-, Übergangs- und Schlussvorschriften (§§ 73 bis 78)

bb) Anlagen zur FeV. Die Anlagen zur Fahrerlaubnisverordnung enthalten folgende Regelungen:
- Mindestanforderungen an die Ausbildung von Bewerbern um eine Prüfbescheinigung für Mofas und Krankenfahrstühle nach § 5 Abs. 2 FeV durch Fahrlehrer (zu § 5 Abs. 2 FeV); Anlage 1
- Ausbildungs- und Prüfbescheinigungen für Mofas (zu § 5 Abs. 2 und 4 FeV); Anlage 2
- Umstellung von Fahrerlaubnissen alten Rechts und Umtausch von Führerscheinen nach bisherigen Mustern (zu § 6 Abs. 7 FeV); Anlage 3
- Eignung und bedingte Eignung zum Führen von Kraftfahrzeugen (zu §§ 11, 13 und 14 FeV); Anlage 4
- Eignungsuntersuchungen für Bewerber und Inhaber der Klassen C, C1, D, D1 und der zugehörigen Anhängerklassen E sowie der Fahrerlaubnis zur Fahrgastbeförderung (zu § 11 Abs. 9, § 48 Abs. 4 und 5 FeV); Anlage 5
- Anforderungen an das Sehvermögen (zu §§ 12, 48 Abs. 4 und 5 FeV); Anlage 6
- Fahrerlaubnisprüfung (zu § 16 Abs. 2, § 17 Abs. 2 und Abs. 3 FeV); Anlage 7
- Allgemeiner Führerschein, Dienstführerscheine, Führerschein zur Fahrgastbeförderung (zu § 25 Abs. 1, § 26 Abs. 1, § 48 Abs. 3 FeV); Anlage 8

---

[7] RL 2006/126/EG des Europäischen Parlaments und des Rates vom 30.12.2006 ABl. L 403, S. 18; hierzu *Geiger* DAR 2006, 126; *Hailbronner/Thomas* NJW 2007, 1089 und *Kokott* DAR 2006, 604.

- Muster der Prüfungsbescheinigung zum „Begleiteten Fahren" ab 17 Jahre; Anlage 8a
- Muster über den Internationalen Führerschein; Anlagen 8b und 8c
- Verwendung von Schlüsselzahlen für Eintragungen in den Führerschein (zu § 25 Abs. 3 FeV); Anlage 9
- Dienstfahrerlaubnisse der Bundeswehr (zu §§ 26 und 27 FeV); Anlage 10
- Staatenliste zu den Sonderbestimmungen für Inhaber einer ausländischen Fahrerlaubnis (zu §§ 28 und 31 FeV); Anlage 11
- Bewertung der Straftaten und Ordnungswidrigkeiten im Rahmen der Fahrerlaubnis auf Probe (§ 2a des Straßenverkehrsgesetzes) (zu § 34 FeV); Anlage 12
- Punktebewertung nach dem Punktesystem (zu § 39 FeV); Anlage 13
- Voraussetzungen für die amtliche Anerkennung als Begutachtungsstelle für Fahreignung (zu § 66 Abs. 2 FeV); Anlage 14
- Grundsätze für die Durchführung der Untersuchungen und die Erstellung der Gutachten (zu § 11 Abs. 5 FeV); Anlage 4a.

8 Die früher in der IntVO enthaltenen Regelungen über ausländische Fahrerlaubnisse wurden durch die 4. Änderungsverordnung zur FeV im Wesentlichen gleich lautend in die FeV eingefügt. § 29 Abs. 1 S. 1 FeV regelt die Geltung von ausländischen Fahrerlaubnissen im Inland für Personen, die in Inland keinen ordentlichen Wohnsitz im Sinne von § 7 FeV haben. Diese gelten, wenn keine der in § 29 Abs. 3 FeV aufgelisteten Ausnahmen eingreifen, auch im Bundesgebiet. Begründen Staatsangehörige eines Mitgliedstaats der Europäischen Union oder eines Vertragsstaats des Abkommens über den Europäischen Wirtschaftsraum (EWR) ihren Wohnsitz im Bundesgebiet, gilt § 28 FeV. Für die Angehörigen anderer Staaten besteht die Berechtigung, mit ihrer ausländischen Fahrerlaubnis im Inland Kraftfahrzeuge führen zu dürfen, grundsätzlich für 6 Monate ab Wohnsitzbegründung. Ist mit einem Aufenthalt nicht über 12 Monate zu rechnen, kann die Geltungsdauer auf Antrag um weitere 6 Monate verlängert werden. § 29a FeV regelt die Aberkennung des Rechts, von einer ausländischen Fahrerlaubnis im Bundesgebiet Gebrauch machen zu dürfen.

II. Erwerb der Fahrerlaubnis

1. Grundsatz der Freiheit zur Teilnahme am Straßenverkehr

9 a) **Allgemeine Erlaubnisfreiheit zur Teilnahme am Straßenverkehr.** Nach der deutschen Rechtsordnung hat jeder Staatsbürger das Recht auf allgemeine Teilnahme am Straßenverkehr. Dies folgt aus dem Grundrecht auf freie Entfaltung der Persönlichkeit (Art. 2 Abs. 1 GG).[8] Die allgemeine Verkehrsfreiheit, also die Freiheit zur Teilnahme am Straßenverkehr, gilt jedoch nur insoweit, als nicht Rechte anderer verletzt werden und nicht gegen die verfassungsmäßige Ordnung oder das Sittengesetz verstoßen wird, wie sich aus dem Wortlaut des Art. 2 Abs. 1 GG ergibt. Das Recht zur allgemeinen Teilnahme am Straßenverkehr ist quasi als „Grundregel" in § 1 FeV normiert. Danach ist zum Verkehr auf öffentlichen Straßen grundsätzlich jeder zugelassen, es sei denn, das Gesetz schreibt für einzelne Verkehrsarten eine Erlaubnis vor.

10 Hieraus folgt, dass die allgemeine Teilnahme am Straßenverkehr grundsätzlich zulassungsfrei ist. Umgekehrt kommt eine besondere Erlaubnis in Betracht, wo dies sachlich geboten ist, speziell orientiert am Sicherheitsrisiko, das von der Teilnahme am Straßenverkehr ausgeht.[9]

11 b) **Allgemeine Einschränkungen.** Personen, die nur eingeschränkt verkehrstüchtig sind, dürfen nach § 2 Abs. 2 FeV nur dann am Verkehr teilnehmen, wenn die notwendigen Vorsichtsmaßnahmen getroffen sind, um andere Verkehrsteilnehmer nicht zu gefährden.

12 Eine Einschränkung und Entziehung der Zulassung zur allgemeinen Teilnahme am Verkehr ist in § 3 FeV vorgesehen für das Führen von Fahrzeugen, für die eine Erlaubnispflicht

---

[8] Vgl. BVerfGE 80, 137 = NJW 1989, 2525 für das Reiten im Walde.
[9] Vgl. *Bode/Winkler* § 1 Rn. 1.

nicht vorgeschrieben ist, also für Fahrräder oder fahrerlaubnisfreie Kraftfahrzeuge sowie für das Führen von Tieren, also etwa als Reiter, das Führen von Schafen oder das Lenken von Pferdefuhrwerken.[10] Nach § 3 Abs. 1 FeV ist die Fahrerlaubnisbehörde verpflichtet, das Führen von Fahrzeugen und Tieren zu untersagen, zu beschränken oder mit den erforderlichen Auflagen zu versehen, wenn sich der Betreffende als ungeeignet oder nur noch bedingt geeignet erwiesen hat. Was unter Eignung im Sinne dieser Bestimmung zu verstehen ist, definiert das Gesetz nicht. Grundsätzlich kann dabei auf § 2 Abs. 4 StVG zurückgegriffen werden. Geeignet ist danach ein Kraftfahrzeugführer, der die notwendigen geistigen und körperlichen Anforderungen erfüllt und nicht wiederholt oder erheblich gegen verkehrsrechtliche Bestimmungen oder Strafgesetze verstoßen hat; letzteres bezeichnet man als charakterliche Eignung. Allerdings bezieht sich diese Definition auf fahrerlaubnispflichtige Fahrzeuge; sie bedarf deshalb für § 3 Abs. 1 FeV einer Einschränkung dahingehend, dass nur solche Mängel relevant sind, die sich auf das Führen von nicht erlaubnispflichtigen Fahrzeugen beziehen.

In § 3 Abs. 2 FeV ist geregelt, wie zu verfahren ist, wenn Tatsachen die Annahme rechtfertigen, dass der Führer eines Fahrzeuges oder Tieres zum Führen ungeeignet ist. In dieser Vorschrift wird auf die allgemeinen Regelungen zur Eignung der §§ 11 bis 14 FeV verwiesen. § 3 Abs. 1 FeV sieht als mögliche Maßnahmen bei festgestellter Ungeeignetheit die Untersagung, die Beschränkung und die Anordnung von Auflagen vor. Die Vorschrift räumt der Behörde kein Ermessen ein, sondern stellt sich als gebundene Entscheidung dar. Welche der genannten Alternativen in Betracht kommt, bestimmt sich nach dem Grundsatz der Verhältnismäßigkeit; es ist der geringstmögliche Eingriff vorzunehmen, der geeignet ist, die Gefährdung der Verkehrssicherheit zu beseitigen. Die Beschränkung kann sich etwa darauf beziehen, dass nur ein bestimmter Typ von erlaubnisfreien Fahrzeug benutzt werden darf. Die Fahrerlaubnisbehörde hat zu prüfen, ob dem Betreffenden das Führen fahrerlaubnisfreier Fahrzeuge untersagt werden soll. 13

Die größte Bedeutung hat die Frage erlangt, welche Folgen das Führen eines Fahrrads unter Alkoholeinfluss hat. Nach Nr. 8.1 der Anlage 4 zur FeV ist fahrungeeignet, wer Alkoholmissbrauch betreibt. Darunter versteht das Gesetz die mangelnde Fähigkeit, das Führen eines Fahrzeugs und einen die Fahrsicherheit beeinträchtigenden Alkoholkonsum sicher trennen zu können. Während bei einem Autofahrer im Regelfall ab einer Blutalkoholkonzentration (BAK) von 1,1‰ von einer absoluten Fahruntüchtigkeit auszugehen ist, liegt der entsprechende Wert bei einem Radfahrer bei 1,6‰.[11] Soll von der Verkehrsteilnahme mit einem Fahrrad auf mangelnde Eignung zum Führen eines fahrerlaubnispflichtigen Kraftfahrzeugs geschlossen werden, bedarf es regelmäßig der Einholung eines Fahreignungsgutachtens einer Begutachtungsstelle für Fahreignung. Rechtsgrundlage für die Anordnung, sich einer entsprechenden medizinisch-psychologischen Untersuchung zu unterziehen, ist § 13 S. 1 Nr. 2 lit. c) FeV.[12] Wird auf der Grundlage dieser Vorschrift eine MPU verlangt, sind an die Fragestellung, die sowohl an den Betreffenden als auch die Begutachtungsstelle zu übermitteln ist (§ 11 Abs. 6 FeV) sowie die Begründung durch die Fahrerlaubnisbehörde besondere Anforderungen zu stellen. Es müssen nämlich Tatsachen vorhanden sein, die den Schluss zulassen, dass der Betreffende in Zukunft auch mit einem Kraftfahrzeug in alkoholisierten Zustand auffällig werden wird.[13] Beabsichtigt die Fahrerlaubnisbehörde, das Führen von Fahrzeugen jeglicher Art zu untersagen und die Fahrerlaubnis zu entziehen, ist es geboten, dem Gutachter auch die Fragestellung vorzugeben, ob zu erwarten ist, dass ein Kraftfahrzeug unter Alkoholeinfluss geführt wird.[14] Wird das Gutachten nicht beigebracht, darf die Behörde gemäß § 11 Abs. 8 S. 1 FeV auf die Ungeeignetheit des Betreffenden zu schließen. Eine Ungleichbehandlung mit Roller- oder Inline-Skater-Fahrern liegt nicht vor, weil es sich insoweit nicht um Fahrzeuge im Sinne der StVO handelt.[15] 14

---

[10] Hierzu *Geiger* SVR 2007, 161.
[11] BayVGH vom 28.12.2010 – 11 CS 10.2095 Rn. 13 mwN.
[12] BVerwG NJW 2013, 2696 = zfs 2013, 474.
[13] OVG Lüneburg DAR 2012, 161.
[14] OVG Lüneburg DAR 2011, 716.
[15] BVerwG zfs 2013, 474.

2. Die Erlaubnispflicht für das Führen von Kraftfahrzeugen

15 **a) Grundsatz.** Das Führen eines Kraftfahrzeuges erfordert nach § 2 Abs. 1 S. 1 StVG grundsätzlich eine Fahrerlaubnis. Ein Fahrzeug führt, wer es durch Betätigen der Einrichtungen, die dessen Betrieb dienen, in Bewegung setzt oder hält.[16] Der Motor muss dabei nicht zwingend laufen; es genügt, wenn das Fahrzeug im Leerlauf etwa in einem abschüssigen Bereich zum Rollen gebracht wird.

16 Als Kraftfahrzeug gilt nach § 1 Abs. 2 StVG jedes Landfahrzeug, das mit Maschinenkraft bewegt wird und nicht an Bahngleise gebunden ist. Art. 4 Abs. 1 S. 3 RL 2006/126/EG definiert Kraftfahrzeuge dahingehend, dass darunter jedes auf der Straße mit eigener Kraft verkehrende Fahrzeug mit Antriebsmotor mit Ausnahme von Schienenfahrzeugen fällt. Inhaltliche Abweichungen vom nationalen Kraftfahrzeugbegriff bestehen trotz des teilweise abweichenden Wortlauts nicht. Der Begriff Maschinenkraft ist als Gegenstück zur Naturkraft und zur menschlichen oder tierischen Kraft zu verstehen. Dazu gehören Benzinmotoren, Dieselmotoren und Elektromotoren ebenso wie Dampfmaschinen. Es kommt nicht darauf an, auf welche Weise die Kraft auf die Räder übertragen wird; geeignet hierfür sind Ketten, Riemen, Wellen und ähnliche technische Vorrichtungen. Als Antrieb mittels Maschinenkraft kommt auch ein Antrieb durch einen Propeller oder den Rückstoß eines Raketentriebwerks. Der Antrieb muss fest mit dem Fahrzeug verbunden sein. Das Fahrzeug muss sich mit eigener Kraft fortbewegen, dh die Maschine muss sich während der Fahrt auf dem Fahrzeug selbst befinden. Nicht erforderlich ist, dass zwischen dem Fahrgestell und dem Antrieb eine ständige feste Verbindung besteht. Auch nur vorübergehend mit einem maschinellen Antrieb versehene Landfahrzeuge sind Kraftfahrzeuge iSv § 1 Abs. 2, § 2 Abs. 1 StVG. Es macht keinen Unterschied, ob der Antrieb mit dem Fahrzeug direkt verbunden ist etwa durch Befestigung des Propellermotors auf dem Gepäckträger des Zweirades. Es genügt aber nicht, wenn ein Fahrzeug durch einen auf dem Rücken des Fahrers befestigten Propeller fortbewegt wird.[17] Auf welche Weise sind das Fahrzeug an Land fortbewegt wird, umschreibt das Gesetz nicht. Neben Rädern kommen daher Ketten, Kufen aber auch Luftkissen in Betracht.

17 Umgekehrt bedarf keiner Fahrerlaubnis, wer ein durch ein anderes Kraftfahrzeug abgeschlepptes betriebsunfähiges Fahrzeug lenkt. Der Lenker des abgeschleppten Wagens ist nicht Führer eines Kraftfahrzeugs.[18] Das Erfordernis der Fahrerlaubnis entfällt jedoch nur, wenn das abgeschleppte Fahrzeug betriebsunfähig ist. Wer einen wegen Kraftstoffmangels betriebsunfähigen Pkw im Abschleppvorgang führt, bedarf hierzu keiner Fahrerlaubnis. Wer einen solchen Pkw lenkt, ist allerdings Fahrer eines Fahrzeugs iSv § 316 StGB.[19]

18 **b) Ausnahmen vom Erfordernis der Fahrerlaubnis.** Von der Regelung des § 2 Abs. 1 S. 1 Hs. 1 StVG, nach der für das Führen von Kraftfahrzeugen auf öffentlichen Plätzen und Wegen eine behördliche Erlaubnis erforderlich ist, können durch den Bundesminister für Verkehr durch Rechtsverordnung Ausnahmen von diesem Erfordernis gestattet werden. Diese Ausnahmeregelung orientiert sich bei der Bestimmung der Ausnahme an Geschwindigkeit und Gefährlichkeit der Fahrzeuge.

19 Bei der Festlegung von Ausnahmen vom Erlaubniszwang ist die Straßenverkehrsbehörde an die Ordnungsvorstellungen des § 2 StVG gebunden. Eine Ausnahme ist nur in den Fällen zulässig, in denen die bestimmungsgemäße Verwendung des Kraftfahrzeuges die Verkehrssicherheit nicht oder nur unwesentlich beeinträchtigt.

20 Als mögliche Ausnahmen sind zu nennen die Regelungen des § 4 FeV für Fahrzeuge mit Hilfsmotor, die bauartbedingt nicht schneller als 25 km/h fahren können. Neben dieser Ausnahme brauchen Führer von Fahrzeugen mit Hilfsmotor, Leicht- und Kleinkrafträdern eine Fahrerlaubnis.

21 Im Einzelnen kommen folgende Ausnahmen in Betracht:
- Mofas (einspurige, einsitzige Fahrräder mit Hilfsmotor – auch ohne Tretkurbeln –, wenn ihre Bauart Gewähr dafür bietet, dass die Höchstgeschwindigkeit auf ebener Bahn nicht

---

[16] *Bouska/Laeverenz* § 1 StVG Erl. 6.
[17] *Bouska/Laeverenz* § 1 StVG Erl. 3; *Grunewald* NZV 2000, 384; aA OLG Oldenburg DAR 2000, 373.
[18] BGH NZV 1990, 157.
[19] OLG Hamm DAR 1999, 178.

mehr als 25 km/h beträgt) sind fahrerlaubnisfrei gemäß § 4 Abs. 1 S. 2 Nr. 1 FeV mit der Maßgabe, dass der Führer eines Mofas seine Qualifikation nachgewiesen hat.
- Mobilitätshilfen im Sinne des § 1 Abs. 1 der Mobilitätshilfenverordnung. Das sind Fahrzeuge mit elektrischem Antrieb und einer bauartbedingten Höchstgeschwindigkeit von nicht mehr als 20 km/h, die folgende Merkmale aufweisen:
  1. zweispuriges Kraftfahrzeug mit zwei parallel angeordneten Rädern mit integrierter elektronischer Balance-, Antriebs-, Lenk- und Verzögerungstechnik,
  2. eine Gesamtbreite von nicht mehr als 0,7 m,
  3. eine Plattform als Standfläche für einen Fahrer,
  4. eine lenkerähnliche Haltestange, über die der Fahrer durch Schwerpunktverlagerung die Beschleunigung oder Abbremsung sowie die Lenkung beeinflusst,
  5. entspricht den Anforderungen der RL 72/245/EWG des Rates vom 20.6.1972 zur Angleichung der Rechtsvorschriften der Mitgliedstaaten über von Fahrzeugen verursachte Funkstörungen (elektromagnetische Verträglichkeit) (ABl. L 152 vom 6.7.1972, S. 15), die zuletzt durch die RL 2006/96/EG (ABl. L 363 vom 20.12.2006, S. 81) geändert worden ist, in der jeweils geltenden Fassung,
  6. eine Anzeige für den Energievorrat.
  Als Beispiel sind Segways[20] zu nennen.
- Motorisierte Krankenfahrstühle (einsitzige, nach der Bauart zum Gebrauch durch körperlich behinderte Personen bestimmte Kraftfahrzeuge mit Elektroantrieb, einer Leermasse von nicht mehr als 300 kg einschließlich Batterien jedoch ohne Fahrer, einer zulässigen Gesamtmasse von nicht mehr als 500 kg, einer bauartbedingten Höchstgeschwindigkeit von nicht mehr als 15 km/h und einer Breite über alles von maximal 110 cm) sind fahrerlaubnisfrei gemäß § 4 Abs. 1 S. 2 Nr. 2 FeV, jedoch nur bis zu einer bauartbedingten Höchstgeschwindigkeit bis zu 15 km/h.
- Langsam fahrende Kraftfahrzeuge sind fahrerlaubnisfrei gemäß § 4 Abs. 1 S. 2 Nr. 3 FeV bei einer bauartbedingten Höchstgeschwindigkeit von nicht mehr als 6 km/h (selbstfahrende Arbeitsmaschinen, land- und forstwirtschaftliche Zugmaschinen und Flurförderzeuge/Stapler) sowie einachsige Zug- oder Arbeitsmaschinen, die von Fußgängern an Holmen geführt werden.

Für das Führen von **Mofas** sind Sonderbestimmungen zu beachten. Nach § 5 Abs. 1 S. 1 FeV bedarf derjenige, der auf öffentlichen Straßen ein Mofa führen will einer Prüfbescheinigung. In der entsprechenden Prüfung hat er nachzuweisen, dass er ausreichende Kenntnisse der für das Führen von Kraftfahrzeugen maßgebenden gesetzlichen Regelungen hat und mit den Gefahren des Straßenverkehrs ausreichend vertraut ist. Einzelheiten sind in der Anlage 1 zur FeV enthalten. Wer eine Fahrerlaubnis besitzt, braucht die Mofa-Prüfung nicht abzulegen. Wird bestandskräftig oder sofort vollziehbar ein Verbot von der Benutzung eines Mofa im öffentlichen Straßenverkehr ausgesprochen, ist der Betreffende nach § 3 Abs. 2 S. 3 FeV verpflichtet, die Prüfbescheinigung unverzüglich der zuständigen Behörde vorzulegen. Die Untersagung, eine Mofa zu führen, wird gemäß § 28 Abs. 3 Nr. 4 StVG im Fahreignungsregister eingetragen, so dass die Polizei bei Kontrollen die Fahrberechtigung überprüfen kann; durch die Ablieferungspflicht ist sichergestellt, dass die Betroffenen nicht bei Kontrollen den Eindruck erwecken können, sie seien noch fahrberechtigt.

c) **Einteilung in Fahrerlaubnisklassen.** Das Gesetz kennt keine allgemeine Fahrerlaubnis für Kraftfahrzeuge. Vielmehr gibt es starke Differenzierungen. Den allgemeinen Grundsatz hierzu enthält § 2 Abs. 1 S. 2 StVG.

Einzelheiten über die verschiedenen Fahrerlaubnisklassen sind in der FeV geregelt. Dabei gibt es Fahrerlaubnisklassen, die auf europarechtlicher Grundlage beruhen sowie rein nationale. Gemäß § 6 Abs. 6 FeV bleiben die bis zum 31.12.1998 erteilten Fahrerlaubnisse alten Rechts im Umfang ihrer bisherigen Berechtigung bestehen. Jedoch ergeben sich Einschränkungen nach Maßgabe der Übergangsbestimmungen des § 76 FeV. Eine Umstellung auf die neuen Fahrerlaubnisklassen ist derzeit nicht erforderlich. Die Umschreibung erfolgt nur auf Antrag. Bis zu einem Umtausch bleibt die alte Fahrerlaubnis also in ihrem bisherigen Um-

---

[20] Hierzu *Janker* SVR 2012, 101 und *Kettler* NZV 2008, 71.

fang gültig. Dies gilt auch für die frühere Fahrerlaubnisklasse 2 (Lkw). Diese verliert jedoch mit Vollendung des 50. Lebensjahres des Inhabers gemäß § 76 Nr. 9 S. 13 FeV ihre Gültigkeit. Wer sie weiterhin behalten will, muss entsprechend der nunmehr geltenden Regelungen regelmäßig ihre Verlängerung beantragen.

25 Uneingeschränkten Besitzstandsschutz genießt die frühere Fahrerlaubnisklasse 3. Diese umfasst die Klassen B, BE, C1, C1E, jedoch begrenzt auf die Kombinationen mit nicht mehr als 3 Achsen. Einzelheiten zu Besitzstandsregelungen sind in § 6 Abs. 6 und 7 FeV und in der Anlage 3 der FeV geregelt.

26 § 6 Abs. 3 FeV enthält eine Regelung, wonach Fahrerlaubnisse mancher Klassen aufgrund der weitergehenden Ausbildung und Prüfung für die jeweils höhere Klasse praktisch prüfungsfrei mit erteilt werden. Gemäß § 9 FeV sind Fahrerlaubnisklassen, die Voraussetzung zum Erwerb einer höheren Klasse sind, nicht eingeschlossen und werden nicht aufgeführt. Dies gilt zB für die Klasse B, die Voraussetzung für den Erwerb der Klassen C und D ist. Dieser untrennbare Zusammenhang führt dazu, dass es die Erteilung einer isolierten Fahrerlaubnis der Klasse C nicht gibt. Das gilt auch dann, wenn ein Strafgericht in seinem Urteil eine bestimmte Fahrerlaubnisklasse von der Wiedererteilungssperre ausgenommen hat, die es überhaupt nicht gibt – etwa eine Fahrerlaubnis zum Führen von Kraftfahrzeugen mit mehr als 7,5 t. Die Einteilung der Fahrerlaubnisklassen beruht – mit Ausnahme der wenigen nationalen – auf einer Richtlinie der Europäischen Gemeinschaften[21] und ist einer Modifikation weder durch die Verwaltungsbehörde noch die Strafgerichte zugänglich.[22] Dem Gemeinschaftsrecht kommt – aus seiner Sicht – ein Anwendungsvorrang gegenüber dem Recht der einzelnen Mitgliedsstaaten zu.[23] Lässt das europäische Recht keinen Spielraum, ist eine Abweichung – auch im Weg einer Ausnahme nach § 74 FeV – unzulässig. Für den Fall, dass eine Fahrerlaubnis nicht isoliert erteilt werden darf, enthält § 9 S. 2 FeV eine entsprechende Regelung. Dadurch ist klargestellt, dass etwa eine Fahrerlaubnis der Klasse C, die das Strafgericht nach § 69a Abs. 2 StGB von der Sperre ausgenommen hat, nicht isoliert erteilt werden darf.

27 Die Fahrerlaubnis wird in folgenden Klassen erteilt:
Klasse AM:
- Zweirädrige Kleinkrafträder (auch mit Beiwagen) mit einer durch die Bauart bestimmten Höchstgeschwindigkeit von nicht mehr als 45 km/h und einer elektrischen Antriebsmaschine oder einem Verbrennungsmotor mit einem Hubraum von nicht mehr als 50 cm^3 oder einer maximalen Nenndauerleistung bis zu 4 kW im Falle von Elektromotoren,
- Krafträder mit einer durch die Bauart bestimmten Höchstgeschwindigkeit von nicht mehr als 45 km/h und einer elektrischen Antriebsmaschine oder einem Verbrennungsmotor mit einem Hubraum von nicht mehr als 50 cm^3, die zusätzlich hinsichtlich der Gebrauchsfähigkeit die Merkmale von Fahrrädern aufweisen (Fahrräder mit Hilfsmotor),
- dreirädrige Kleinkrafträder und vierrädrige Leichtkraftfahrzeuge jeweils mit einer durch die Bauart bestimmten Höchstgeschwindigkeit von nicht mehr als 45 km/h und einem Hubraum von nicht mehr als 50 cm^3 im Falle von Fremdzündungsmotoren, einer maximalen Nutzleistung von nicht mehr als 4 kW im Falle anderer Verbrennungsmotoren oder einer maximalen Nenndauerleistung von nicht mehr als 4 kW im Falle von Elektromotoren; bei vierrädrigen Leichtkraftfahrzeugen darf darüber hinaus die Leermasse nicht mehr als 350 kg betragen, ohne Masse der Batterien im Falle von Elektrofahrzeugen.

Klasse A1:
- Krafträder (auch mit Beiwagen) mit einem Hubraum von bis zu 125 cm^3 und einer Motorleistung von nicht mehr als 11 kW, bei denen das Verhältnis der Leistung zum Gewicht 0,1 kW/kg nicht übersteigt und
- dreirädrige Kraftfahrzeuge mit symmetrisch angeordneten Rädern und einem Hubraum von mehr als 50 cm^3 bei Verbrennungsmotoren oder einer bauartbedingten Höchstgeschwindigkeit von mehr als 45 km/h und mit einer Leistung von bis zu 15 kW.

---

[21] 1. und 2. Führerscheinrichtlinie; → Fn. 5 und 6.
[22] VG Berlin NZV 2001, 139; *Burmann* DAR 2005, 64; aA *Bouska/Laeverenz* § 69a StGB Anm. 4.
[23] Vgl. *Eyermann/Geiger* VwGO § 1 Rn. 15 mwN.

§ 5 Erwerb und Geltung der Fahrerlaubnis

Klasse A2:
- Krafträder (auch mit Beiwagen) mit einer Motorleistung von nicht mehr als 35 kW, bei denen das Verhältnis der Leistung zum Gewicht 0,2 kW/kg nicht übersteigt.

Klasse A:
- Krafträder (auch mit Beiwagen) mit einem Hubraum von mehr als 50 cm³ oder mit einer durch die Bauart bestimmten Höchstgeschwindigkeit von mehr als 45 km/h und
- dreirädrige Kraftfahrzeuge mit einer Leistung von mehr als 15 kW und dreirädrige Kraftfahrzeuge mit symmetrisch angeordneten Rädern und einem Hubraum von mehr als 50 cm³ bei Verbrennungsmotoren oder einer bauartbedingten Höchstgeschwindigkeit von mehr als 45 km/h und mit einer Leistung von mehr als 15 kW.

Klasse B:
- Kraftfahrzeuge – ausgenommen Kraftfahrzeuge der Klassen AM, A1, A2 und A – mit einer zulässigen Gesamtmasse von nicht mehr als 3.500 kg, die zur Beförderung von nicht mehr als acht Personen außer dem Fahrzeugführer ausgelegt und gebaut sind (auch mit Anhänger mit einer zulässigen Gesamtmasse von nicht mehr als 750 kg oder mit Anhänger über 750 kg zulässiger Gesamtmasse, sofern 3.500 kg zulässige Gesamtmasse der Kombination nicht überschritten wird).

Klasse BE:
- Fahrzeugkombinationen, die aus einem Zugfahrzeug der Klasse B und einem Anhänger oder Sattelanhänger bestehen, sofern die zulässige Gesamtmasse des Anhängers oder Sattelanhängers 3.500 kg nicht übersteigt.

Klasse C1:
- Kraftfahrzeuge, ausgenommen Kraftfahrzeuge der Klassen AM, A1, A2 und A, mit einer zulässigen Gesamtmasse von mehr als 3.500 kg, aber nicht mehr als 7.500 kg, und die zur Beförderung von nicht mehr als acht Personen außer dem Fahrzeugführer ausgelegt und gebaut sind (auch mit Anhänger mit einer zulässigen Gesamtmasse von nicht mehr als 750 kg).

Klasse C1E:
- Fahrzeugkombinationen, die aus einem Zugfahrzeug
- der Klasse C1 und einem Anhänger oder Sattelanhänger mit einer zulässigen Gesamtmasse von mehr als 750 kg bestehen, sofern die zulässige Gesamtmasse der Fahrzeugkombination 12.000 kg nicht übersteigt,
- der Klasse B und einem Anhänger oder Sattelanhänger mit einer zulässigen Gesamtmasse von mehr als 3.500 kg bestehen, sofern die zulässige Gesamtmasse der Fahrzeugkombination 12.000 kg nicht übersteigt.

Klasse C:
- Kraftfahrzeuge, ausgenommen Kraftfahrzeuge der Klassen AM, A1, A2, A, mit einer zulässigen Gesamtmasse von mehr als 3.500 kg, die zur Beförderung von nicht mehr als acht Personen außer dem Fahrzeugführer ausgelegt und gebaut sind (auch mit Anhänger mit einer zulässigen Gesamtmasse von nicht mehr als 750 kg).

Klasse CE:
- Fahrzeugkombinationen, die aus einem Zugfahrzeug der Klasse C und Anhängern oder einem Sattelanhänger mit einer zulässigen Gesamtmasse von mehr als 750 kg bestehen.

Klasse D1:
- Kraftfahrzeuge, ausgenommen Kraftfahrzeuge der Klassen AM, A1, A2, A, die zur Beförderung von mehr als acht, aber nicht mehr als 16 Personen außer dem Fahrzeugführer ausgelegt und gebaut sind und deren Länge nicht mehr als 8m beträgt (auch mit Anhänger mit einer zulässigen Gesamtmasse von nicht mehr als 750 kg).

Klasse D1E:
- Fahrzeugkombinationen, die aus einem Zugfahrzeug der Klasse D1 und einem Anhänger mit einer zulässigen Gesamtmasse von mehr als 750 kg bestehen.

Geiger

Klasse D:
- Kraftfahrzeuge, ausgenommen Kraftfahrzeuge der Klassen AM, A1, A2, A, die zur Beförderung von mehr als acht Personen außer dem Fahrzeugführer ausgelegt und gebaut sind (auch mit Anhänger mit einer zulässigen Gesamtmasse von nicht mehr als 750 kg).

Klasse DE:
- Fahrzeugkombinationen, die aus einem Zugfahrzeug der Klasse D und einem Anhänger mit einer zulässigen Gesamtmasse von mehr als 750 kg bestehen.

Klasse T:
- Zugmaschinen mit einer durch die Bauart bestimmten Höchstgeschwindigkeit von nicht mehr als 60 km/h und selbstfahrende Arbeitsmaschinen oder selbstfahrende Futtermischwagen oder selbstfahrende Futtermischwagen mit einer durch die Bauart bestimmten Höchstgeschwindigkeit von nicht mehr als 40 km/h, die jeweils nach ihrer Bauart zur Verwendung für land- oder forstwirtschaftliche Zwecke bestimmt sind und für solche Zwecke eingesetzt werden (jeweils auch mit Anhängern).

Klasse L:
- Zugmaschinen, die nach ihrer Bauart zur Verwendung für land- oder forstwirtschaftliche Zwecke bestimmt sind und für solche Zwecke eingesetzt werden, mit einer durch die Bauart bestimmten Höchstgeschwindigkeit von nicht mehr als 40 km/h und Kombinationen aus diesen Fahrzeugen und Anhängern, wenn sie mit einer Geschwindigkeit von nicht mehr als 25 km/h geführt werden, sowie selbstfahrende Arbeitsmaschinen, selbstfahrende Futtermischwagen, Stapler und andere Flurförderzeuge jeweils mit einer durch die Bauart bestimmten Höchstgeschwindigkeit von nicht mehr als 25 km/h und Kombinationen aus diesen Fahrzeugen und Anhängern.

28 Nicht geregelt ist, ob Anhänger hinter Motorrädern oder Trikes gezogen werden dürfen. Aus dem Umstand, dass die Klasse nur im Zusammenhang mit Fahrerlaubnissen der Klassen B, C und D (samt Unterklassen) erwähnt ist, lässt nicht den Schluss zu, dass Anhänger nicht von Motorrädern oder Trikes gezogen werden dürfen. Vielmehr folgt daraus im Umkehrschluss, dass es hierzu keiner speziellen Fahrerlaubnis bedarf.[24]

29 Die Fahrerlaubnis zur Fahrgastbeförderung (§ 48 FeV) ist notwendig für Taxen, Mietwagen (im Sinne des Personenbeförderungsgesetzes), Personenkraftwagen im Linienverkehr oder bei gewerbsmäßigen Ausflugsfahrten oder Ferienziel-Reisen. Zusätzlich zu dieser Erlaubnis ist der Besitz der entsprechenden Fahrerlaubnisklasse B oder D erforderlich

30 **d) Dienstfahrerlaubnis.** Gemäß § 2 Abs. 10 StVG sind bestimmte Behörden berechtigt, in eigener Zuständigkeit Fahrerlaubnisse für das Führen von Fahrzeugen, deren Halter der Dienstherr ist, zu erteilen. Das gilt nach § 26 Abs. 1 S. 1 FeV für Bundeswehr, Bundespolizei und Polizei; welche Dienststellen für diese handeln, ergibt sich aus § 73 Abs. 4 FeV. Bundesbahn und Bundespost können aufgrund der zwischenzeitlich erfolgten Privatisierung keine Fahrerlaubnisse mehr erteilen. Die von den Dienststellen der Bundeswehr, der Bundespolizei und den Landespolizeibehörden erteilten Fahrerlaubnisse berechtigen nur zum Führen von Dienstfahrzeugen. Der Dienstführerschein ist nach amtlichem Muster zu erstellen.[25] Da mit zivilen Fahrerlaubnissen auch Dienstfahrzeuge geführt werden dürfen, ist die Erteilung einer Dienstfahrerlaubnis nicht zwingend.[26] Soweit aber Fahrzeuge geführt werden sollen, für die es eine allgemeine Fahrerlaubnis nicht gibt, bedarf es eines entsprechenden Dienstführerscheins. § 26 Abs. 2 FeV regelt, dass der Inhaber der Dienstfahrerlaubnis von dieser nur während der Dauer des Dienstverhältnisses Gebrauch machen darf. Der Dienstführerschein ist nach Beendigung des Dienstverhältnisses einzuziehen. Beendigungstatbestände sind im Wesentlichen die Auflösung durch Vertrag, Kündigung, Entlassung oder Eintritt in den Ruhestand. Ist zu erwarten, dass das Dienstverhältnis wieder begründet werden wird, wird der Dienstführerschein zwar eingezogen, die Dienstfahrerlaubnis erlischt aber nicht. Ist eine Dienstfahrerlaubnis ungültig geworden, kann sie nach den Regelungen

---

[24] Zutreffend *Huppertz* NZV 2013, 375.
[25] Muster 2 und 3 der Anlage 8 zur FeV.
[26] *Bouska/Laeverenz* § 26 FeV Anm. 1.

über die Verlängerung einer Fahrerlaubnis neu erteilt werden (§ 26 Abs. 2 S. 4 FeV). Eine Dienstfahrerlaubnis kann wie eine zivile bei Eintritt der Fahrungeeignetheit nach § 3 Abs. 1 StVG, § 46 Abs. 1 FeV entzogen werden.

e) **Feuerwehrfahrberechtigung.** § 2 Abs. 10a StVG enthält Regelungen über das Führen schwerer Fahrzeuge der Freiwilligen Feuerwehren, der von den Ländern anerkannten Rettungsdienste, des Technischen Hilfswerks und der sonstigen Einheiten des Katastrophenschutzes. Begünstigt sind nur die Mitarbeiter, die ihren Dienst ehrenamtlich ausüben; Mitglieder der Berufsfeuerwehren oder sonstige hauptamtliche tätige Mitarbeiter der genannten Institutionen können eine derartige Fahrberechtigung nicht erwerben. Dabei gibt es zwei Klassen, nämlich solche für Fahrzeuge mit einer zulässigen Gesamtmasse bis 4,75 t und solche bis 7,5 t; bei beiden darf auch ein Anhänger gezogen werden, wenn die jeweilige Gesamtmasse nicht überschritten wird. Zuständig für die Erteilung der Fahrberechtigungen ist die nach Landesrecht zuständige Behörde; das Gesetz verzichtet auf jegliche Vorgaben, welche Behörde das sein soll. Voraussetzung für den Erwerb ist der mindestens zweijährige Besitz der Klasse B, eine Einweisung in das Führen von Einsatzfahrzeugen mit 4,75 bzw. 7,5 t zulässiger Gesamtmasse und das Bestehen einer praktischen Prüfung. Anders als bei allgemeinen Fahrerlaubnissen ist für die Prüfung nicht ein amtlich anerkannter Prüfer einer Technischen Prüfstelle berufen; vielmehr genügt es, wenn die Prüfung von einem Angehörigen der Institutionen abgenommen wird, der die Befähigung besitzt, einen Anwärter auf die entsprechende Fahrerlaubnis bei der praktischen Einweisung an Stelle eines Fahrlehrers zu begleiten (§ 2 Abs. 13 S. 4 iVm § 2 Abs. 16). Die Fahrberechtigung gilt ausschließlich für Einsatzfahrzeuge der genannten Institutionen und zwar im gesamten Bundesgebiet allerdings nur im Rahmen der Erfüllung ihrer Aufgaben. Eine von den Organisationen gestattete private Nutzung eines Einsatzfahrzeugs ist mit der entsprechenden Fahrberechtigung ebenso unzulässig wie ein Einsatz im Ausland. Wechselt ein Angehöriger einer Organisation zu einer anderen, bleibt die Fahrberechtigung bestehen. Eine Umschreibung in eine Fahrerlaubnis scheidet aus.[27]

Die Einführung der Feuerwehrfahrberechtigung ist rechtspolitisch zweifelhaft. Die Beherrschung der schweren mit Sonderrechten ausgestatteten Fahrzeuge setzt eine besonders sorgfältige Ausbildung voraus. Ob diese dadurch, dass Sonderfahrerlaubnisse erteilt werden, im erforderlichen Umfang erreicht wird, kann nicht als gesichert gelten. Zudem ist ihre Zulässigkeit unter europarechtlichen Gesichtspunkten problematisch. Art. 4 Abs. 5 UA 2 RL 2006/126/EG[28] nimmt nur Fahrzeuge der Streitkräfte und des Katastrophenschutzes von ihrem Geltungsbereich aus, nicht aber solche der Feuerwehren. Dass die Richtlinie Feuerwehrfahrzeuge als eigenständige Nutzungsart sieht, ergibt sich unschwer aus Art. 4 Abs. 6 UA. 2 Buchst. a) RL 2006/126 EG, der für Fahrzeuge dieser Institution eine Herabsetzung des allgemeinen Mindestalters gestattet. Es spricht auch viel dafür, dass Katastrophenschutz im Sinne der 3. Führerscheinrichtlinie Bevölkerungsschutz im Verteidigungsfall meint, nicht aber den Schutz bei Naturkatastrophen.[29] Die Gleichsetzungen der Feuerwehren, den nach Landesrecht anerkannten Rettungsdiensten und dem Technischen Hilfswerk mit sonstigen Einheiten des Katastrophenschutzes[30] durch das 7. StVGÄndG ändert an diesem rechtlichen Befund daher nichts. Unabhängig davon mag es zutreffen, dass die Feuerwehr in bestimmten Situationen auch im Rahmen des – wie auch immer zu definierenden – Katastrophenschutzes tätig wird; nicht jeder Feuerwehreinsatz erfolgt aber in diesem Zusammenhang. Schließlich hat der Bundesgesetzgeber nicht die Kompetenz, die landesrechtliche geregelten Feuerwehren als Einheiten des – bundesrechtlichen – Katastrophenschutzes zu definieren. Da die Richtlinie eine Fahrerlaubnis wie die in § 2 Abs. 10a umschriebene nicht kennt, ist die Regelung europarechtswidrig;[31] auch eine richtlinienkonforme Auslegung ist nicht möglich.[32]

---

[27] *Hentschel/König/Dauer* § 2 StVG Rn. 30h.
[28] RL 2006/126/EG des Europäischen Parlaments und des Rates vom 20.12.2006 über den Führerschein (3. Führerscheinrichtlinie) ABl. Nr. L 403 vom 30.12.2006 S. 18.
[29] *Engelke* NZV 2010, 183/186.
[30] Vgl. hierzu auch BR-Drs. 858/10 [Beschluss] S. 1.
[31] Zutreffend HKD/*Dauer* Rn 83; aA BHJJ/*Janker* Rn. 21h.
[32] So bereits für die Vorgängerregelung *Beck* NZV 2010, 493 (4496).

33 **f) Führerschein.** § 2 Abs. 1 S. 3 StVG enthält die Definition des Führerscheins. Er stellt den amtlichen Nachweis dar, dass die Fahrerlaubnis für eine bestimmte Klasse – oder mehrere Klassen – erteilt wurde. Der Führerschein ist damit eine Art Legitimationspapier, das den Besitz der Fahrerlaubnis belegt. Die Fahrerlaubnis ist die amtlich festgestellte Berechtigung, Kraftfahrzeuge einer bestimmten Klasse führen zu dürfen. Dem entsprechend beseitigt der Fahrerlaubnisentzug diese Berechtigung, während eine strafprozessuale Sicherstellung oder Beschlagnahme des Führerscheins nur die Folge hat, dass von der Fahrerlaubnis während der Dauer der Maßnahme kein Gebrauch gemacht werden darf. Auch das Fahrverbot lässt den Bestand der Fahrerlaubnis unberührt. Die entsprechende Anordnung bewirkt nur, dass die aus der Fahrerlaubnis fließenden Rechte für den im Urteil oder Bußgeldbescheid festgesetzten Zeitraum nicht ausgeübt werden dürfen. Nach Ablauf des Fahrverbots leben diese automatisch wieder auf. Es bedarf also keiner Neuerteilung der Fahrerlaubnis wie nach einer Entziehung. Der Führerschein ist nach § 4 Abs. 2 S. 2 FeV beim Führen von Kraftfahrzeugen mitzuführen und zuständigen Personen auf Verlangen zur Prüfung auszuhändigen.

3. Fahrerlaubnis auf Probe, Vorbesitz anderer Fahrerlaubnisklassen, Befristung und Einschränkung der Fahrerlaubnis

34 **a) Fahrerlaubnis auf Probe.** Gemäß § 2a Abs. 1 S. 1 StVG wird beim erstmaligem Erwerb einer Fahrerlaubnis für die Klassen A, B, C, D und E diese auf Probe erteilt. Die Probezeit beträgt 2 Jahre. Gemäß § 32 FeV sind die Fahrerlaubnisse der Klassen M, L oder T von den Vorschriften über die Fahrerlaubnis auf Probe ausgenommen. Nach § 33 Abs. 1 FeV gelten Besonderheiten für Dienstfahrerlaubnisse. Zusätzlich gelten folgende spezielle Regelungen:

35 Die Regelung über die Fahrerlaubnis auf Probe entfällt nicht bei **Umtausch** einer **ausländischen Fahrerlaubnis** in eine deutsche. Die Zeit seit dem Erwerb der ausländischen Fahrerlaubnis ist nach § 2a Abs. 1 S. 2 StVG auf die Probezeit anzurechnen.

36 Inhaber von Fahrerlaubnissen aus EU- und EWR-Staaten, die ihren Wohnsitz in die Bundesrepublik Deutschland verlegt haben, werden in das System der Fahrerlaubnis auf Probe einbezogen; auch hier wird die Zeit seit Erwerb der Fahrerlaubnis auf die Dauer der Probezeit angerechnet (§ 2a Abs. 1 S. 3 und 4 StVG).

37 Gemäß § 2a S. 6 und 7 StVG endet die Probezeit nicht nur bei Entziehung der Fahrerlaubnis, sondern auch bei einem Verzicht auf die Fahrerlaubnis und läuft mit Neuerteilung der Fahrerlaubnis im Umfang der Restdauer weiter.

38 Bei **Beschlagnahme, Sicherstellung oder Verwahrung von Führerscheinen** gemäß § 94 StPO sowie bei vorläufiger Entziehung der Fahrerlaubnis gemäß § 111a StPO und bei sofort vollziehbarer Entziehung der Fahrerlaubnis durch die Fahrerlaubnisbehörde wird der Ablauf der Probezeit gehemmt (§ 2a Abs. 1 S. 5 StVG).

39 Bei **endgültiger Entziehung** nach vorangegangener vorläufiger Maßnahme wird bei Neuerteilung der Fahrerlaubnis für die Berechnung der Restdauer der Probezeit nur die Zeit bis zur Anordnung der vorläufigen Maßnahme berücksichtigt.

40 Gemäß § 2a Abs. 2a StVG gilt eine Besonderheit in dem Fall, in dem die Teilnahme an einem **Aufbauseminar** (§ 2 Abs. 2 S. 1 Nr. 1 StVG) angeordnet worden ist. In diesem Falle verlängert sich die Probezeit um 2 Jahre.

41 **b) Vorbesitz anderer Fahrerlaubnisklassen.** Nach § 2 Abs. 2 S. 2 StVG, können als Voraussetzung für die Erteilung der Fahrerlaubnis der Vorbesitz anderer Klassen oder Fahrpraxis in einer anderen Klasse festgelegt werden. Im Einzelnen gilt Folgendes:

42 *aa) Fahrerlaubnis der Klassen C1, C, D1 oder D.* Eine Fahrerlaubnis dieser Klassen setzt den vorherigen Erwerb der Klasse B voraus. Die höhere Klasse darf frühestens mit der Fahrerlaubnis der Klasse B erteilt werden.

43 *bb) Fahrerlaubnis der Klassen BE, C1E, CE, D1E oder DE.* Eine Fahrerlaubnis für die Anhänger-Fahrerlaubnisklassen darf nur dann erteilt werden, wenn der Bewerber bereits die Fahrerlaubnis für das ziehende Fahrzeug besitzt.

44 *cc) Fahrerlaubnis der Klasse T (land- oder forstwirtschaftliche Zugmaschinen).* Für diesen Bereich enthält § 6 Abs. 2 FeV eine Beschränkung. 16- bis 18jährige dürfen nur land- oder

forstwirtschaftliche Zugmaschinen mit einer durch die Bauart bestimmten Höchstgeschwindigkeit von nicht mehr als 40 km/h – auch mit Anhängern – führen. Mit Erreichen des 18. Lebensjahres erfolgt der Aufstieg in die unbeschränkte Klasse T automatisch. Der Erwerber einer Fahrerlaubnis der Klasse T, der bereits 18 Jahre alt ist, unterliegt keiner Einschränkung.

c) **Befristete Fahrerlaubnis.** Einige Fahrerlaubnisarten werden nur für eine bestimmte Geltungsdauer erteilt mit der Maßgabe, dass regelmäßig ärztliche Wiederholungsuntersuchungen vorgeschrieben sind. Nicht zu verwechseln mit der Befristung einer Fahrerlaubnis ist die Befristung der Gültigkeit von Führerscheinen. Nach § 24a Abs. 1 FeV ist die Gültigkeit der ab dem 19. Januar 2013 ausgestellten Führerscheine auf 15 Jahre befristet; Führerscheine, die vor dem 19. Januar 2013 ausgestellt worden sind, sind gemäß § 24a Abs. 2 FeV bis zum 19. Januar 2033 umzutauschen.

45

Bei der Befristung der Fahrerlaubnis werden zwei Gruppen unterschieden, nämlich:
- Gruppe 1 gilt für Fahrer von Fahrzeugen der Klasse A und B mit Anhänger- und Unterklassen.
- Für Fahrer der Gruppe 2 gelten die Klassen C und D und entsprechende Unter- und Anhängerklasse.

46

Fahrer, die zur Gruppe 1 gehören, müssen im Zusammenhang mit der Erteilung der Fahrerlaubnis nur dann untersucht werden, wenn ein besonderer Anlass besteht. Für Fahrer der Gruppe 2 sind neben einer ärztlichen Untersuchung bei der Erteilung der Fahrerlaubnis regelmäßige ärztliche Wiederholungsuntersuchungen vorgeschrieben.

47

Die Führerscheinklassen AM, A1, A2, A, B, BE, L, M und T werden gemäß § 23 Abs. 1 S. 1 FeV unbefristet erteilt. Die Fahrerlaubnis der Klassen C1 und C1E werden gemäß § 23 Abs. 1 S. 2 Nr. 1 FeV bis zur Vollendung des 50. Lebensjahrs erteilt, ab der Vollendung des 45 Lebensjahrs des Bewerbers für fünf Jahre. Die Fahrerlaubnis der Klassen C und CE werden grundsätzlich unabhängig vom Lebensalter einheitlich gemäß § 23 Abs. 1 S. 2 Nr. 2 FeV für die Dauer von 5 Jahren erteilt. Die Fahrerlaubnis der Klassen D, D1, DE und D1E gelten gemäß § 23 Abs. 1 S. 2 Nr. 3 FeV nur für 5 Jahre. Für die Fristberechnung ist grundsätzlich gemäß § 23 Abs. 1 S. 2 FeV das Datum maßgebend, an dem die Fahrerlaubnisbehörde den Auftrag zur Herstellung des Führerscheins erteilt.[33]

48

Die Fahrerlaubnis zur Fahrgastbeförderung wird gemäß § 48 Abs. 5 S. 1 FeV ohne Rücksicht auf das Alter des Betreffenden für nicht mehr als fünf Jahre erteilt. Sie wird auf Antrag der Inhabers jeweils bis zu 5 Jahre verlängert, wenn er die in § 48 Abs. 3 Nr. 1 bis 3 FeV genannten Voraussetzungen erfüllt. Dazu muss er seine geistige und körperliche Eignung gemäß § 11 Abs. 9 FeV in Verbindung mit Anlage 5 zur FeV nachweisen. Weiterhin muss er belegen, dass er die Anforderungen an das Sehvermögen gemäß § 12 Abs. 6 FeV in Verbindung mit Nr. 2 der Anlage 6 zur FeV erfüllt. Schließlich dürfen keine Tatsachen die Annahme rechtfertigen, dass er nicht die Gewähr dafür bietet, dass er der besonderen Verantwortung bei der Beförderung von Fahrgästen gerecht wird. Die Verlängerung der Fahrerlaubnis zur Fahrgastbeförderung kann nach § 48 Abs. 7 S. 2 FeV nur dann über die Vollendung des 60. Lebensjahres hinaus erfolgen, wenn der Antragsteller zusätzlich seine Eignung nach Maßgabe der Nr. 2 der Anlage 5 zur FeV nachweist.

49

d) **Beschränkung der Fahrerlaubnis.** Bei bedingter Eignung zum Führen von Kraftfahrzeugen kann gemäß § 2 Abs. 4 S. 2 StVG iVm § 23 Abs. 2 FeV eine Fahrerlaubnis beschränkt werden oder eine uneingeschränkt erteilte Fahrerlaubnis nachträglich gemäß § 46 Abs. 2 FeV eingeschränkt werden. Die Beschränkung oder Auflage[34] muss geeignet sein, den Eignungsmangel zu kompensieren. Es kommen folgende Einschränkungen in Betracht:
- Beschränkung auf das Führen einer bestimmten Fahrzeugart oder eines bestimmten Kraftfahrzeuges mit besonderen Einrichtungen (§ 23 Abs. 2 S. 2 FeV). Als Beschränkung auf eine bestimmte Fahrzeugart kommt etwa die Erstreckung der Fahrerlaubnis nur auf Fahrzeuge bis zu einem bestimmten Hubraum in Betracht. Bei besonderen Einrichtungen ist insbesondere an Fahrzeuge mit Automatikgetriebe, mit einem besonders ausgestatteten

50

---
[33] Vgl. hierzu *Bode/Winkler* § 2 Rn. 56.
[34] Vgl. hierzu *Geiger* ZVS 2013, 46; *ders.* DAR 2012, 663.

Lenkrad oder mit Handgas zu denken. Die Beschränkung ist im Führerschein nach § 25 Abs. 3 FeV im Führerschein zu vermerken; dabei sind die in der Anlage 9 zur FeV aufgelisteten Schlüsselzeichen zu verwenden. Werden andere als die dort aufgeführten Beschränkungen verfügt, ist das – nationale – Schlüsselzeichen 177 in den Führerschein einzutragen. Es verpflichtet den Inhaber, andere als die nach den allgemeinen Schlüsselzahlen als Anhang zum Führerschein verfügten Beschränkungen, Nebenbestimmungen und Zusatzangaben mitzuführen.

- Der Gebrauch der Fahrerlaubnis kann mit einer Auflage versehen werden. Auflagen in diesem Sinne sind Nebenbestimmungen, die sich nicht auf das Fahrzeug beziehen.[35] Anwendungsfall ist etwa die Auflage, beim Fahren eine Sehhilfe zu tragen. Es kommt auch eine räumliche Einschränkung, etwa Fahrten auf einen bestimmten Umkreis um den Wohnort zu beschränken. Möglich ist auch eine bestimmte Höchstgeschwindigkeit festzulegen, die nicht überschritten werden darf. Auch hier ist die Fahrerlaubnisbehörde an den Katalog der Anlage 9 zur FeV gebunden.

51 Ist der Grund für die Beschränkung nachträglich weggefallen, was im Regelfall durch ein entsprechendes Gutachten zu belegen ist, hat der Betreffende einen Rechtsanspruch auf Aufhebung der Nebenbestimmung und Erteilung eine neuen uneingeschränkten Fahrerlaubnis.

4. Erteilung der Fahrerlaubnis

52 Die Voraussetzungen für die Erteilung einer Fahrerlaubnis sind in § 2 Abs. 2 StVG aufgelistet. Die näheren Bestimmungen sind im Wesentlichen in der Fahrerlaubnis-Verordnung geregelt.

53 a) **Inlandswohnsitz.** Nach § 2 Abs. 2 S. 1 Nr. 1 StVG ist grundlegende Voraussetzung für die Erteilung der Fahrerlaubnis das Erfordernis eines ordentlichen Wohnsitzes des Bewerbers im Inland. Diese Regelung zielt einmal darauf ab, den Fahrerlaubniserwerber dort auszubilden und zu prüfen, wo er als Fahranfänger am Straßenverkehr teilnimmt. Insbesondere aber soll durch das Wohnsitzerfordernis verhindert werden, dass eine Person in mehreren Staaten eine auch im Bundesgebiet grundsätzlich anerkannte Fahrerlaubnis erwirbt mit der Möglichkeit, für den Fall der Entziehung auf eine andere Fahrerlaubnis zurückgreifen zu können.

54 Der Begriff des ordentlichen Wohnsitzes ist in § 7 Abs. 1 FeV definiert.[36] Der ordentliche Wohnsitz wird danach an dem Ort angenommen, an dem der Bewerber sich wegen persönlicher und beruflicher Bindungen oder – bei Fehlen beruflicher Bindungen – wegen persönlicher Bindungen, die enge Beziehungen zwischen ihm und dem Wohnort erkennen lassen, gewöhnlich, dh mindestens 185 Tage des Kalenderjahres im Inland aufhält. Der ordentliche Wohnsitz besteht nicht erst, wenn eine Person in einem Staat 185 Tage tatsächlich gewohnt hat. Diese Voraussetzung gilt vielmehr bereits dann als erfüllt, wenn der Aufenthalt mit der ernsthaften Absicht begründet wird, für einen zusammenhängenden Zeitraum von mindestens 185 Tagen an dem betreffenden Ort zu wohnen. Als Beleg hierfür kommt etwa die Heirat mit einer Person im Inland oder der Abschluss eines – unbefristeten – Arbeitsvertrags im Bundesgebiet in Betracht.[37] Für die Berechnung dieser Frist ist entscheidend, dass die Person zum „Wohnen" berechtigt ist. Hierfür ist maßgebend Eigentum, Miete oder jede andere Form der Überlassung von Wohnraum. Auch ein Hotelaufenthalt kann unter diese Regelung fallen. Grundsätzlich setzt die Definition des 185-Tage-Aufenthaltes einen zusammenhängenden Aufenthalt voraus. Jedoch wird dieser Aufenthalt bei kurzfristigen Unterbrechungen nicht aufgehoben, und die Frist beginnt nicht von neuem. Ein vorübergehendes Verlassen des Aufenthaltsortes, gleich aus welchem Grund, führt nicht zu einer Unterbrechung der 185-Tage-Frist.

---

[35] *Bouska/Laeverenz* § 23 FeV Anm. 6.
[36] Die Definition setzt die Vorgaben der EU-Führerscheinrichtlinien um (vgl. Art. 12 Abs. 1 der RL 2006/12/EG und Art. 7 Abs. 1 Buchst. b der RL 91/439/EWG).
[37] *Bouska/Laeverenz* § 7 Anm. 2b.

Für Studenten und Schüler ist in § 7 Abs. 2 und 3 FeV eine Sonderregelung getroffen. 55
Hiernach ist der Besuch einer Universität oder Schule keine Verlegung des ordentlichen
Wohnsitzes.

b) **Mindestalter und „begleitetes Fahren ab 17".** Regelungen für das Mindestalter sind in 56
§ 10 Abs. 1 FeV getroffen. Für die Fahrerlaubnis der Klasse A gilt die Altersgrenze von
25 Jahren bei direktem Zugang. Ausnahmen vom Mindestalter sind nach Maßgabe des § 74
FeV möglich. Bei der Erteilung einer Ausnahme ist restriktiv zu verfahren; sie kommt nur in
Betracht, wenn außergewöhnliche Umstände für den Betreffende eine unzumutbare Härte
bedeuten.[38] Im Regelfall wird eine medizinisch-psychologische Untersuchung nach § 10
Abs. 2, § 11 Abs. 3 S. 1 Nr. 2 FeV nötig sein.

Nach Maßgabe von § 48a Abs. 1 FeV beträgt das Mindestalter für die Erteilung einer 57
Fahrerlaubnis für die Klassen B und BE abweichend von § 10 Abs. 1 Nr. 3 FeV 17 Jahre.
Die Fahrerlaubnis ist zwingend mit der Auflage zu versehen, dass von ihr nur Gebrauch
gemacht werden darf, wenn der Fahrerlaubnisinhaber während des Führens des Kraftfahrzeugs von mindestens einer namentlich bezeichneten Person begleitet wird. Mit Erreichen des allgemeinen Mindestalters entfällt die Auflage (§ 48a Abs. 2 S. 2 FeV). Die Anforderungen an die begleitende Person sind in § 48a Abs. 5 und 6 FeV geregelt. Unter den Voraussetzungen des § 74 Abs. 1 Nr. 1 FeV kann in besonderen Ausnahmefällen eine Ausnahme von der Begleitauflage nach § 48a Abs. 2 S. 1 FeV erteilt werden. Hieran sind die gleichen Anforderungen zu knüpfen wie bei einer Befreiung vom Erfordernis des Mindestalters. Bei der Ermächtigung zum begleiteten Fahren ab 17 Jahre handelt es sich rechtlich um eine Fahrerlaubnis auf Probe im Sinne der straßenverkehrsrechtlichen Vorschriften.[39]

c) **Eignung.** Zentrales Element für alle Maßnahmen der Fahrerlaubnisbehörden ist der 58
Begriff der Fahreignung Das Gesetz definiert diesen nur sehr allgemein. Nach § 2 Abs. 4
StVG ist derjenige zum Führen von Kraftfahrzeugen geeignet, wer die notwendigen körperlichen und geistigen Anforderungen erfüllt und nicht erheblich oder wiederholt gegen verkehrsrechtliche Vorschriften oder Strafgesetze verstoßen hat. Negativ lässt sich der Begriff
dahin definieren, dass Fahrgeeignetheit auszuschließen ist, wenn der Betreffende körperlich,
geistig oder charakterlich nicht in der Lage ist, ein Kraftfahrzeug ohne Gefährdung anderer
zu führen. Die körperlichen und geistigen Anforderungen ergeben sich im Wesentlichen aus
§ 11 Abs. 2 S. 2 FeV. Danach fehlt die körperliche Eignung, wenn eine Erkrankung oder
eine Beeinträchtigung im Sinne der Anlagen 4 und 5 zur Fahrerlaubnisverordnung vorliegt.
Allerdings handelt es sich dabei nur um eine beispielhafte Aufzählung; hieraus lässt sich
aber mit hinreichender Sicherheit erschließen, unter welchen Voraussetzungen der Gesetzgeber von nicht bestehender oder nur bedingter Eignung ausgehen wollte. Zu den körperlichen Voraussetzungen gehört auch die Erfüllung der in § 12 Abs. 1 FeV in Verbindung mit
der Anlage 6 zur Fahrerlaubnisverordnung im Einzelnen geregelten Anforderungen an das
Sehvermögen. Die charakterliche Eignung ist im Gesetz nicht ausdrücklich erwähnt; sie ergibt sich jedoch indirekt daraus, dass die Fahrerlaubnis nach § 11 Abs. 1 S. 3 FeV regelmäßig zu versagen ist, wenn der Bewerber erheblich oder wiederholt gegen verkehrsrechtliche
Bestimmungen oder Strafgesetze verstoßen hat. Im Erteilungsverfahren trägt der Fahrerlaubnisbewerber die materielle Beweislast für das Vorliegen der Eignung.

d) **Befähigung.** Zur Befähigung gehören ausreichende Kenntnisse der beim Führen eines 59
Kraftfahrzeugs zu beachtenden Vorschriften, der Gefahrenabwehr, der umweltbewussten
und energiesparenden Fahrweise, die Fähigkeit zum Umsetzen dieser Kenntnisse sowie ausreichende technische Kenntnisse und Fertigkeiten zur sicheren Bedienung des Fahrzeugs. Die
Befähigung ist durch das Bestehen der theoretischen (§ 16 FeV) und der praktischen Prüfung (§ 17 FeV) nachzuweisen.

e) **Sonstiges.** Weiterhin muss der Betreffende auf einem Kraftfahrzeug nach dem Fahrer- 60
lehrergesetz und den auf ihm beruhenden Rechtsvorschriften ausgebildet worden sein. Er
muss seine Kenntnisse über die Erstversorgung Verletzter am Unfallort und die dafür not-

---

[38] VG Braunschweig NZV 2008, 315 mit Anm. *Dauer*.
[39] VG Göttingen NJW 2013, 2697.

wendigen Erste Hilfe Maßnahmen belegen. Schließlich darf er keine in einem Mitgliedstaat der Europäischen Gemeinschaft oder eines Vertragsstaats des Abkommens über den Europäischen Wirtschaftsraum erteilte Fahrerlaubnis besitzen.

61 **f) Verfahren.** Die gemäß § 2 Abs. 1 S. 1 StVG zu erteilende Fahrerlaubnis wird auf schriftlichen Antrag erteilt (§ 2 Abs. 6 StVG). Die örtliche Zuständigkeit der Fahrerlaubnisbehörde richtet sich nach § 73 Abs. 2 FeV iVm § 12 des Melderechtsrahmengesetzes. Einzelheiten über das Verwaltungsverfahren sind geregelt in § 21 FeV. Wichtig ist, dass die Fahrerlaubnisbehörde verlangen kann, dass der Bewerber persönlich bei der Behörde erscheint.

62 Bei der Stellung des Antrages sind folgende Angaben zu machen bzw. Unterlagen vorzulegen:
- Daten zur Person (§ 2 Abs. 6 StVG, § 21 Abs. 1 S. 3 Nr. 1 FeV),
- Angaben über die ausbildende Fahrschule (§ 21 Abs. 1 S. 3 Nr. 3 FeV),
- Erklärung zu anderweitiger Fahrerlaubnis (§ 21 Abs. 2 FeV),
- Geburtsurkunde (§ 21 Abs. 3 Nr. 1 FeV),
- Lichtbild nach Maßgabe der Bestimmungen der Passverordnung (§ 21 Abs. 3 Nr. 1 FeV),
- Nachweis des Sehvermögens durch Sehtestbescheinigung bei den Fahrerlaubnisklassen A, A1, B, BE, M, S, L oder T (§ 21 Abs. 3 Nr. 3 FeV),
- Gutachten oder Zeugnis über die körperliche und geistige Eignung bei Fahrerlaubnis der Klassen C, C1. CE, C1E, D, D1, DE oder D1E,
- Nachweis über die Teilnahme an einer Unterweisung in lebensrettenden Sofortmaßnahmen bei den Klassen AM, A1, A2, A , B, BE, L oder T bzw. über die Ausbildung in Erster Hilfe bei einer Fahrerlaubnis der Klassen C, C1. CE, C1E, D, D1, DE oder D1E.

63 Die zuständigen Behörden können nach § 22 Abs. 1 FeV durch Einholung von Auskünften aus dem Melderegister die Richtigkeit und Vollständigkeit der vom Bewerber mitgeteilten Daten überprüfen, wenn sich Zweifel an den Angaben des Betroffenen ergeben.

64 Gemäß § 22 Abs. 2 FeV hat die Fahrerlaubnisbehörde von Amts wegen zu ermitteln, ob Bedenken gegen die Eignung des Bewerbers zum Führen von Kraftfahrzeugen bestehen und er bereits im Besitz einer Fahrerlaubnis ist. Sie hat dazu auf seine Kosten eine Auskunft aus dem Fahreignungsregister und dem Zentralen Fahrerlaubnisregister einzuholen. Sie kann außerdem auf seine Kosten – in der Regel über das Kraftfahrt-Bundesamt – eine Auskunft aus den entsprechenden ausländischen Registern einholen und verlangen, dass der Bewerber die Erteilung eines Führungszeugnisses zur Vorlage bei der Fahrerlaubnisbehörde nach den Vorschriften des Bundeszentralregistergesetzes beantragt (§ 2 Abs. 7 S. StVG, § 22 Abs. 2 S. 3 FeV). Ob das geschieht, ist nach pflichtgemäßem Ermessen zu entscheiden.[40] Regelmäßig wird das verlangt, wenn es Anhaltspunkte für das Vorliegen strafbarer Handlungen mit verkehrsrechtlicher Bedeutung gibt und die sich nicht ohnehin schon aus dem Fahreignungsregister ergeben. Werden Tatsachen bekannt, die Bedenken gegen die Eignung des Bewerbers begründen, kann nach Maßgabe der §§ 11 bis 14 FeV vom Fahrerlaubnisbewerber die Vorlage einen ärztlichen bzw. eines medizinisch-psychologischen Gutachtens verlangt werden.

65 Muss der Bewerber noch die Fahrprüfung ablegen, hat die Fahrerlaubnisbehörde nach § 22 Abs. 4 FeV die zuständige Technische Prüfstelle für den Kraftfahrzeugverkehr mit der Prüfung zu beauftragen und ihr den vorbereiteten Führerschein (§ 25 FeV) ohne Angabe des Datums der Erteilung der beantragten Klasse unmittelbar zu übersenden. Der Sachverständige oder Prüfer prüft, ob der Bewerber zum Führen von Kraftfahrzeugen, gegebenenfalls mit Anhänger, der beantragten Klasse befähigt ist. Der Sachverständige oder Prüfer oder sonst die Fahrerlaubnisbehörde händigt, wenn die Prüfung bestanden ist, den Führerschein nach dem Einsetzen des Aushändigungsdatums in Feld 14 auf der Rückseite des Führerscheins (Nr. 2.2 der Anlage 8 zur FeV) aus. Das darf nur dann erfolgen, wenn die Identität des Bewerbers zweifelsfrei feststeht. Kann der Sachverständige oder Prüfer die Identität nicht klären, ist die Fahrerlaubniserteilung in Gestalt der Aushändigung des Führerscheins ausgeschlossen. Der Betreffende muss dann mit der Fahrerlaubnisbehörde den Streit um seine Identität klären. Der Identitätsnachweis von Ausländern wird regelmäßig nur durch einen anerkannten und

---

[40] *Bode/Winkler* § 6 Rn. 6.

gültigen Pass oder Passersatz (§ 3 AufenthV) erfolgen können. Die Regelung des § 3 Abs. 1 AufenthG ist auch für das Fahrerlaubnisverfahren von Bedeutung. Die mit Lichtbild versehene Duldungsbescheinigung (§ 60a Abs. 4 AufenthG) reicht für den Identitätsnachweis nach § 22 Abs. 4 S. 4 FeV nicht aus, weil diese auch ausgestellt wird, wenn die Identität des Betreffenden nicht abschließend geklärt ist. Die materielle Beweislast für die Identität liegt beim Fahrerlaubnisbewerber. Hat der Sachverständige oder Prüfer den Führerschein ausgehändigt, teilt er das der Fahrerlaubnisbehörde unter Angabe des Aushändigungsdatums mit. Außerdem hat er der Fahrerlaubnisbehörde die Ausbildungsbescheinigung zu übersenden. Die Fahrerlaubnis wird durch die Aushändigung des Führerscheins oder, wenn der Führerschein nicht vorliegt, ersatzweise durch eine befristete Prüfungsbescheinigung, die im Inland zum Nachweis der Fahrberechtigung dient, erteilt. Liegt der Führerschein vor, ist er dem Inhaber gegen Rückgabe der Bescheinigung zu übergeben.

5. Neuerteilung der Fahrerlaubnis

Nach § 20 Abs. 1 FeV gelten für die Neuerteilung einer Fahrerlaubnis nach vorangegangener Entziehung oder nach vorangegangenem Verzicht die Vorschriften über die Ersterteilung. Eine Besonderheit gilt für die Fahrprüfung. Gemäß § 20 Abs. 2 FeV ordnet die Fahrerlaubnisbehörde nach pflichtgemäßem Ermessen die Durchführung der theoretischen und/oder praktischen Prüfung an, wenn Tatsachen vorliegen, welche die Annahmen rechtfertigen, dass der Betreffende die entsprechende Kenntnisse oder Fähigkeiten nicht mehr besitzt. Wesentliche Bedeutung erlangt dabei der Zeitraum, in dem der Betreffende nicht am motorisierten Kraftverkehr teilgenommen hat. Eine feste Grenze gibt es nicht; es entscheiden vielmehr die Besonderheiten des Einzelfalls. Hat der Betreffende vor dem Verlust der Fahrerlaubnis eine lange und intensive Fahrpraxis absolviert, wird man den Zeitraum länger ansetzen können als bei einer nur sporadischen Verkehrsteilnahme. Nach 4 Jahren Unterbrechung wird meist die Grenze überschritten sein, auf eine praktische und theoretische Prüfung verzichten zu können. 66

Nach Entzug der Fahrerlaubnis und bei Neuerteilung einer Fahrerlaubnis in Verbindung mit der Umstellung der Fahrerlaubnisklassen besteht bei Neuerteilung kein Bestandsschutz mit der Maßgabe, dass eine früher unbefristet erteilte Fahrerlaubnis, die entzogen wurde, wiederum unbefristet zu erteilen ist. Dies stellt auch keinen Verstoß gegen den Gleichbehandlungsgrundsatz bei Neuerteilung einer Fahrerlaubnis dar. Bei der Neuerteilung der Fahrerlaubnis besteht keine Eignungsvermutung, dh die Erteilung der Fahrerlaubnis ist zu versagen, wenn die Eignung nicht positiv festgestellt werden kann. 67

6. Verlängerung einer Fahrerlaubnis

Im Antrag auf Verlängerung einer Fahrerlaubnis für die Lkw-Klassen C, C1, CE, CE1 oder die Busklassen D, D1, DE, D1E hat der Bewerber die für die Erteilung einer solchen Fahrerlaubnis erforderlichen Nachweise hinsichtlich körperlicher und geistiger Eignung sowie Sehvermögen zu erbringen. Gemäß § 24 Abs. 1 S. 1 FeV wird die Geltungsdauer der Fahrerlaubnis auf Antrag des Bewerbers jeweils um die in § 23 Abs. 1 S. 2 FeV angegebenen Zeiträume verlängert, wenn der Bewerber seine Eignung nach Maßgabe der Anlage 5 und die Erfüllung der Anforderungen an das Sehvermögen nach Anlage 6 nachweist (Nr. 1), und wenn zusätzlich keine Tatsachen vorliegen, die die Annahme rechtfertigen, dass eine der sonstigen aus den §§ 7 bis 19 FeV ersichtlichen Voraussetzungen für die Erteilung der Fahrerlaubnis fehlt (Nr. 2). Zu ermitteln ist, ob der Betreffende noch die theoretischen und praktischen Fähigkeiten zum sicheren Führen eines Fahrzeugs der entsprechenden Klasse besitzt. Hinsichtlich der Erforderlichkeit der praktischen Prüfung ist auch und in erster Linie die Zeitdauer einer fehlenden Fahrpraxis zu berücksichtigen. Aus Gründen der Sicherheit des Verkehrs ist es sachlich geboten, danach zu differenzieren, wie lange der erstmalige Nachweis der klassenspezifischen Fahrbefähigung für Lastkraftwagen schon zurückliegt, wie lange – und ob regelmäßig oder nur sporadisch – der Betroffene von dieser Fahrerlaubnis Gebrauch gemacht und wie lange eine möglicherweise danach liegende Phase mangelnder Fahrpraxis angedauert hat. Dabei ist nicht allein auf die seit dem Ablauf der Gültigkeit der 68 alten Fahrerlaubnis bis zum Zeitpunkt der mündlichen Verhandlung verstrichene Zeit abzustellen, sondern auch der davor liegende Zeitraum einzubeziehen, in dem eine einschlägige Fahrpraxis des Bewerbers entweder ganz gefehlt hat oder doch nur sehr eingeschränkt vorhanden war.[41]

69 Bewerber um die Verlängerung einer Fahrerlaubnis zur Personenbeförderung müssen ebenfalls nur die für die Erteilung einer solchen Fahrerlaubnis erforderlichen Nachweise hinsichtlich körperlicher und geistiger Eignung sowie Sehvermögen gemäß § 48 Abs. 5 Nr. 1 und 2 FeV erbringen.[42]

7. Ersatzführerschein

70 Bei einer Erweiterung, Verlängerung einer Fahrerlaubnis oder einer Änderung von notwendigen Angaben auf dem Führerschein wird nach § 25 Abs. 2 FeV ein neuer Führerschein ausgefertigt. Bei einer Namensänderung ist eine Neuausstellung nicht vorgeschrieben; im Regelfall wird jedoch auf Antrag ein neuer Führerschein ausgestellt, weil es wegen unterschiedlicher Namen auf dem Führerschein und einem Ausweis uU zu Schwierigkeiten kommen kann. Bei der Aushändigung eines neuen Führerscheins ist gemäß § 25 Abs. 5 FeV der bisherige Führerschein einzuziehen und ungültig zu machen. Der bisherige Führerschein verliert mit der Aushändigung des neuen Führerscheins seine Gültigkeit. Die Kosten für die Ausfertigung des Ersatzführerscheins trägt der Antragsteller.

71 Bei Abhandenkommen oder Vernichtung eines Führerscheins ist dessen Inhaber verpflichtet, den Verlust unverzüglich anzuzeigen und sich ein Ersatzdokument ausstellen zu lassen, es sei denn, er verzichtet auf die Fahrerlaubnis. Ihm wird auf Antrag ein neuer Führerschein (Ersatzführerschein) ausgefertigt. Voraussetzung hierfür ist der Nachweis durch den Antragsteller, dass ihm die entsprechende Fahrerlaubnis erteilt wurde. Die Fahrerlaubnisbehörde vergewissert sich hierüber durch Einholung einer Auskunft aus dem Zentralen Fahrerlaubnisregister und aus dem Fahreignungsregister (§ 25 Abs. 4 FeV). Wird der verlorene Führerschein nach Aushändigung des neuen Führerscheins wieder aufgefunden, so ist er der zuständigen Fahrerlaubnisbehörde unverzüglich abzuliefern. Geschieht das nicht, handelt der Betreffende ordnungswidrig (§ 24 StVG, § 75 Nr. 10 FeV). Dem Abhandenkommen steht das Unbrauchbarwerden gleich. Darunter ist auch die Veränderung des Aussehens des Führerscheininhabers etwa durch fortgeschrittenes Alter zu subsumieren.

8. Internationaler Führerschein

72 Kraftfahrzeugführern, die im Besitz einer EU- oder EWR-Fahrerlaubnis sind oder eine ausländische Fahrerlaubnis nach Maßgabe des § 29 FeV nachweisen, wird gemäß § 25a FeV auf Antrag ein Internationaler Führerschein ausgestellt; dem Antrag ist ein Lichtbild, das den Anforderungen der Passverordnung entspricht sowie der Führerschein beizufügen (§ 25a Abs. 2 FeV). Internationale Führerscheine müssen nach § 25b Abs. 1 FeV in deutscher Sprache mit lateinischen Schriftzeichen ausgestellt werden. Die entsprechenden Muster sind in den Anlagen 8b und 8c zur FeV enthalten. Die Internationalen Führerscheine nach Muster 8a gelten ein Jahr, die nach Muster 8c drei Jahre jeweils ab dem Zeitpunkt ihrer Ausstellung (§ 25b Abs. 4 FeV). Die Entsprechungen hinsichtlich der jeweiligen Fahrerlaubnisklassen regeln § 25b Abs. 2 und 3 FeV). Internationale sind ebenso wie die nationalen ausländischen Führerscheine samt notwendiger Übersetzungen (§ 29 Abs. 2 S. 2 FeV) gemäß § 4 Abs. 2 S. 2 FeV von deren Besitzern mit sich zu führen und zuständigen Personen auf Verlangen zur Prüfung auszuhändigen.

III. Im Ausland erworbene Fahrerlaubnisse

73 Inhaber einer ausländischen Fahrerlaubnis sind gemäß § 2 Abs. 11 S. 1 StVG zum Führen von Kraftfahrzeugen berechtigt nach Maßgabe der §§ 28 bis 31 FeV.

---

[41] BVerwG NJW 2012, 696.
[42] *Bode/Winkler* § 5 Rn. 33.

Bei der sich ergebenden Rechtslage sind folgende Aspekte zu unterscheiden:
- Inhaber einer ausländischen Fahrerlaubnis ohne deutschen Wohnsitz
- Inhaber einer EU- und EWR-Fahrerlaubnis bei deutschem Wohnsitz, die von einem Mitgliedstaat der EU oder eines Vertragsstaats des EWR ausgestellt wurde
- Inhaber einer Drittstaaten-Fahrerlaubnis.

Bei der Beurteilung der Berechtigung zum Führen von Kraftfahrzeugen in der Bundesrepublik Deutschland sind zu den vorstehend ausgeführten Aspekten im Einzelnen folgende Regelungen zu beachten. **74**

1. Inhaber einer ausländischen Fahrerlaubnis ohne deutschen Wohnsitz

a) **Grundsatz.** Der Inhaber einer ausländischen Fahrerlaubnis, der im Inland keinen ordentlichen Wohnsitz im Sinne von § 7 Abs. 1 FeV hat, darf grundsätzlich im Umfang der Berechtigung gemäß § 29 Abs. 1 S. 1 FeV im Inland Kraftfahrzeuge führen. In § 29 Abs. 2 FeV ist geregelt, durch welche Dokumente die ausländische Fahrerlaubnis nachgewiesen werden kann und inwieweit es einer Übersetzung bedarf. Grundsätzlich müssen ausländische Führerscheine übersetzt werden, um in Deutschland ein Fahrzeug führen zu dürfen. Eine Ausnahme gilt für die nicht in deutscher Sprache von Mitgliedstaaten der Europäischen Union, von Vertragsstaaten des EWR oder der Schweiz ausgestellten Führerscheine. Gleiches gilt für Führerscheine, die nicht dem Anhang 6 des Übereinkommens über den Straßenverkehr vom 8. November 1968 entsprechen. Dies folgt aus der Regelung des § 29 Abs. 2 S. 2 FeV. Die Übersetzung ist mit dem Führerschein zu verbinden, es sei denn die Bundesrepublik Deutschland hat auf das Mitführen der Übersetzung verzichtet. Die Übersetzung muss nicht zwingend fest mit dem ausländischen Führerschein verbunden sein; es ist ausreichend, wenn die Zusammengehörigkeit durch eine unzweideutige Bezugnahme auf die Daten des Führerscheins dokumentiert wird.[43] Welche Stellen eine Übersetzung vornehmen dürfen, ergibt sich aus § 29 Abs. 2 S. 3 FeV. Das sind die Berufskonsularbeamten oder Honorarkonsulen, international anerkannte Automobilclubs in den Ausstellungsstaaten oder die vom Bundesverkehrsministerium bestimmten Stellen (§ 29 Abs. 2 S. 3 FeV). Die Einzelheiten sind der Ausführungsanweisung zu § 1 IntVO[44] und der Verlautbarung des Verkehrsministeriums vom 14. Mai 1963[45] zu entnehmen. Zwar ist die IntVO außer Kraft gesetzt; bis zum Erlass neuer Verwaltungsvorschriften sind die bisherigen aber weiterhin anzuwenden. **75**

b) **Einschränkungen.** § 29 Abs. 3 FeV enthält teilweise erhebliche Einschränkungen hinsichtlich der Gültigkeit ausländischer Fahrerlaubnisse. Die Fahrberechtigung fehlt für Inhaber ausländischer Fahrerlaubnisse, **76**

1. die lediglich im Besitz eines Lernführerscheins oder eines anderen vorläufig ausgestellten Führerscheins sind,
1a. die das nach § 10 Absatz 1 für die Erteilung einer Fahrerlaubnis vorgeschriebene Mindestalter noch nicht erreicht haben und deren Fahrerlaubnis nicht von einem anderen Mitgliedstaat der Europäischen Union oder einem anderen Vertragsstaat des Abkommens über den Europäischen Wirtschaftsraum erteilt worden ist,
2. die zum Zeitpunkt der Erteilung der ausländischen Erlaubnis zum Führen von Kraftfahrzeugen eines Staates, der nicht ein Mitgliedstaat der Europäischen Union oder ein anderer Vertragsstaat des Abkommens über den Europäischen Wirtschaftsraum ist, ihren ordentlichen Wohnsitz im Inland hatten,
2a. die ausweislich des EU- oder EWR-Führerscheins oder vom Ausstellungsmitgliedstaat der Europäischen Union oder des Vertragsstaates des Europäischen Wirtschaftsraums herrührender unbestreitbarer Informationen zum Zeitpunkt der Erteilung ihren ordentlichen Wohnsitz im Inland hatten, es sei denn, dass sie als Studierende oder Schüler im Sinne des § 7 Abs. 2 die Fahrerlaubnis während eines mindestens sechsmonatigen Aufenthalts erworben haben,

---
[43] *Hentschel/König/Dauer* § 29 FeV Rn. 12.
[44] Abgedruckt bei *Bouska/Laeverenz* § 1 IntVO Anm. 2.
[45] VkBl. 1963, 222 ergänzt durch Verlautbarungen VkBl. 1976, 163, VkBl. 1978, 186, VkBl. 1985, 234 und VkBl. 1991, 240.

3. denen die Fahrerlaubnis im Inland vorläufig oder rechtskräftig von einem Gericht oder sofort vollziehbar oder bestandskräftig von einer Verwaltungsbehörde entzogen worden ist, denen die Fahrerlaubnis bestandskräftig versagt worden ist oder denen die Fahrerlaubnis nur deshalb nicht entzogen worden ist, weil sie zwischenzeitlich auf die Fahrerlaubnis verzichtet haben,
4. denen auf Grund einer rechtskräftigen gerichtlichen Entscheidung keine Fahrerlaubnis erteilt werden darf oder
5. solange sie im Inland, in dem Staat, der die Fahrerlaubnis erteilt hatte oder in dem Staat, in dem sie ihren ordentlichen Wohnsitz haben, einem Fahrverbot unterliegen oder der Führerschein nach § 94 der Strafprozessordnung beschlagnahmt, sichergestellt oder in Verwahrung genommen worden ist.

77 Ein Lernführerschein erlaubt ihrem Inhaber, in Begleitung bzw. Aufsicht einer anderen Person, ein Kraftfahrzeug im öffentlichen Verkehr zu führen, um auf diese Weise die für eine Fahrprüfung erforderlichen Fertigkeiten zu erlangen.[46] Was unter anderen vorläufig ausgestellten – ausländischen – Führerscheinen zu verstehen ist, erläutert das Gesetz nicht. Hierunter wird man solche verstehen, die zwar nach Ablegung einer Prüfung ausgestellt wurden, die aber mangels Erfüllung weiterer Voraussetzungen noch nicht als endgültiger Führerschein angesehen werden können.[47]

78 In den Fällen des § 29 Abs. 3 Nr. 2, 2a und 3 FeV kann die Fahrerlaubnisbehörde einen feststellenden Verwaltungsakt über die fehlende Berechtigung erlassen. Das Ermessen, das ihr dabei eingeräumt ist, ist damit im Regelfall auf Null reduziert, wenn zwischen ihr und dem Betreffenden Streit über die Berechtigung besteht. Das Recht, von einer ausländischen Fahrerlaubnis nach einer der in § 29 Abs. 3 Nr. 3 und 4 FeV genannten Entscheidungen im Inland Gebrauch machen zu dürfen, wird auf Antrag erteilt, wenn die Gründe für die Entziehung nicht mehr bestehen (§ 29 Abs. 4 FeV). Zuständig für das Zuerkennungsverfahren ist nach § 73 Abs. 3 FeV jede untere Fahrerlaubnisbehörde.

79 c) **Entziehung der Fahrerlaubnis.** Eine Entziehung einer ausländischen Fahrerlaubnis ist nicht möglich. An ihre Stelle tritt die Aberkennung des Rechts, von dieser im Bundesgebiet Gebrauch machen zu dürfen (§ 46 Abs. 5 FeV); verfahrensmäßig unterscheidet sich die Inlandsungültigkeitserklärung nicht grundsätzlich von einem Entziehungsverfahren. § 46 Abs. 5 FeV verweist insoweit auf die entsprechenden Regelungen. Die Inlandsungültigkeitsfeststellung kann sowohl bei mangelnder Eignung als auch bei fehlender Befähigung erfolgen (§ 46 Abs. 3 und 4 FeV). Bei eingeschränkter Eignung oder Befähigung können – nur im Inland gültige – Auflagen verfügt werden (§ 46 Abs. 2 FeV). Die Aberkennung des Rechts, von einer ausländischen Fahrerlaubnis im Bundesgebiet Gebrauch machen zu dürfen, ist auf dem Führerschein zu vermerken und über das Kraftfahrt-Bundesamt der ausstellenden Behörde des Ausland mitzuteilen (§ 47 Abs. 2 S. 1 FeV). Die Inlandsungültigkeit ist durch die Anbringung eines roten, schräg durchgestrichenen „D" auf einem dafür geeigneten freien Feld des ausländischen Führerscheins zu dokumentieren.

2. Inhaber einer EG- und EWR-Fahrerlaubnis mit deutschem Wohnsitz

80 a) **Grundsatz.** Inhaber einer Fahrerlaubnis aus einem Mitgliedstaat der Europäischen Union oder einem EWR-Staat, die ihren ordentlichen Wohnsitz im Sinne von § 7 Abs. 1 FeV in die Bundesrepublik Deutschland verlegen, können gemäß § 2 Abs. 11 S. 2 StVG ihre im EU- oder EWR-Ausland erworbene Fahrerlaubnis unbefristet nutzen. Ein Umtausch der ausländischen in eine deutsche Fahrerlaubnis ist nicht erforderlich. Eine türkische Fahrerlaubnis steht einer EU- oder EWR-Fahrerlaubnis nicht gleich; das Assoziationsabkommen zwischen der EU und der Türkei verpflichtet nicht zu einer Gleichbehandlung.[48] Eine Entziehung von Fahrerlaubnissen, die von einem Mitgliedstaat der EU oder einem Vertragsstaat des EWR erteilt wurden, ist genauso wenig möglich wie die von anderen ausländischen

---

[46] *Bouska/Laeverenz* § 28 Anm. 10a.
[47] *Bouska/Laeverenz* § 28 Anm. 10b.
[48] *Gutmann* SVR 2013, 293.

§ 5 Erwerb und Geltung der Fahrerlaubnis

Staaten erteilten. An deren Stelle tritt nach § 3 Abs. 1 S. 2 StVG, § 46 Abs. 5 FeV die Aberkennung des Rechts, von der ausländischen Fahrerlaubnis im Bundesgebiet Gebrauch zu machen. Ist eine solche Entscheidung bestandskräftig oder sofort vollziehbar, hat der Betreffende die Fahrerlaubnis vorzulegen, damit diese Beschränkung eingetragen werden kann (§ 47 Abs. 1 FeV). Für Inhaber von EU- und EWR-Führerscheinen gilt § 47 Abs. 2 FeV. Die Ungültigkeit der EU/EWR-Fahrerlaubnis im Inland wird nach § 47 Abs. 2 S. 2 FeV von der deutschen Fahrerlaubnisbehörde eingetragen. Das geschieht in der Regel durch Anbringung eines roten, schräg durchgestrichenen „D" auf einem hierfür geeigneten Feld des Führerscheins; bei einem EU-Kartenführerschein erfolgt der Eintrag in Feld 13 (§ 47 Abs. 2 S. 2 FeV). Die Fahrerlaubnisbehörde teilt die Aberkennung der Fahrberechtigung in Deutschland der Behörde, die den Führerschein ausgestellt hat, über das Kraftfahrt-Bundesamt mit. Einschränkungen von der Anerkennungspflicht hinsichtlich EU- und EWR-Fahrerlaubnissen sind in § 28 Abs. 2 bis 4 FeV enthalten. Der Umfang der Berechtigung der jeweiligen Fahrerlaubnisklassen ist nach § 28 Abs. 2 FeV anhand der Entscheidung vom 25. August 2008 der Kommission über Äquivalenzen zwischen bestimmten Klassen von Führerscheinen[49] in der jeweiligen Fassung zu ermitteln. Die Berechtigung nach § 28 Abs 1 FeV gilt nicht für die nationalen Fahrerlaubnisklassen, für die die Entscheidung der Kommission keine Entsprechung enthält. Für die Berechtigung zum Führen von Fahrzeugen der Klassen AM, L und T gilt § 6 Abs. 3 FeV entsprechend. Die Vorschriften über die Geltungsdauer von Fahrerlaubnissen der Klassen C, C1, CE, C1E, D, D1, DE und D1E in § 23 Abs. 1 FeV gelten gemäß § 28 Abs. 3 FeV auch für die entsprechenden EU- und EWR-Fahrerlaubnisse. Grundlage für die Berechnung der Geltungsdauer ist das Datum der Erteilung der ausländischen Fahrerlaubnis. Wäre danach eine solche Fahrerlaubnis ab dem Zeitpunkt der Verlegung des ordentlichen Wohnsitzes in das Bundesgebiet nicht mehr gültig, weil seit der Erteilung mehr als fünf Jahre verstrichen sind oder – bei den Klassen C1 und C1E – der Inhaber das 50. Lebensjahr bereits vollendet hat, besteht die Berechtigung nach § 28 Abs. 1 S. 1 FeV noch sechs Monate, gerechnet von der Begründung des ordentlichen Wohnsitzes im Inland an.

b) Einschränkungen. Die nachstehenden Einschränkungen gelten uneingeschränkt nur für Inhaber von Fahrerlaubnissen aus dem Europäischen Wirtschaftsraum. In der Praxis haben Führerscheine, die von anderen Mitgliedstaaten der EU ausgestellt wurden, Bedeutung erlangt. Für diese Fahrerlaubnisse gelten nach der Rechtsprechung des EuGH Besonderheiten, die zu einer einschränkenden Auslegung der nationalen Vorschriften zwingen.[50] Ob die im nationalen Recht statuierten Einschränkungen Anwendung finden, hängt davon ab, ob diese mit dem unmittelbaren Regelungsgehalt des Art. 2 Abs. 1 der RL 2006/126/EG vereinbar sind. Das Gemeinschaftsrecht ist weder nationales Recht noch Völkerrecht; es handelt sich um eine eigenständige Rechtsordnung, die aus einer autonomen Rechtsquelle fließt.[51] Aus der Sicht des Gemeinschaftsrechts kommt diesem unbedingter Vorrang vor allen nationalen Vorschriften zu; keine wie auch immer geartete innerstaatliche Vorschrift kann dem – primären oder sekundären – Gemeinschaftsrecht vorgehen.[52] § 28 Abs. 4 S. 1 Nr. 1 FeV beschränkt die Berechtigung, von der ausländischen Fahrerlaubnis im Bundesgebiet Gebrauch machen zu dürfen, für Inhaber einer EU- oder EWR-Fahrerlaubnis, die lediglich im Besitz eines Lernführerscheins oder eines anderen vorläufig ausgestellten Führerscheins sind. Das gleiche gilt nach § 28 Abs. 4 S. 1 Nr. 2 FeV, wenn ein Fahrerlaubnisinhaber im Zeitpunkt der Erteilung ausweislich des Führerscheins oder anderer unbestreitbarer Informationen aus dem Ausstellermitgliedstaat seinen ordentlichen Wohnsitz im Inland hatte, es sei denn, dass er als Student oder Schüler im Sinne des § 7 Abs. 2 FeV die Fahrerlaubnis während eines mindestens sechsmonatigen Aufenthalts im europäischen Ausland erworben hat. Das Wohnsitzerfordernis muss im Zeitpunkt der Erteilung der Fahrerlaubnis erfüllt sein, nicht bereits

---

[49] Entscheidung 2008/766/EG, ABl. EG L 270 vom 10.10.2008 S. 31.
[50] Eine (anwaltliche) Checkliste zur Prüfung der Inlandsgültigkeit einer EU-Fahrerlaubnis findet sich bei Koehl DAR 2013, 241.
[51] BVerfGE 22, 293 = NJW 1968, 348.
[52] EuGH NJW 1964, 2371.

bei Aufnahme der Ausbildung.[53] Art. 12 der RL 2006/126/EG definiert den Begriff des ordentlichen Wohnsitzes; er stimmt sinngemäß, wenn auch nicht wörtlich mit § 7 FeV überein. Die Neufassung des § 28 Abs. 4 S. 1 Nr. 2 beruht auf der Rechtsprechung des EuGH. Maßgeblich sind insoweit die Entscheidungen in den Sachen Wiedemann und Funk[54] sowie Zerche, Seuke und Schubert.[55] Entschieden hat der EuGH, dass keine Anerkennungspflicht besteht, wenn aufgrund von unbestreitbaren Informationen aus dem Ausstellermitgliedstaat feststeht, dass dieser dort keinen Wohnsitz gehabt hat; das kann sich insbesondere daraus ergeben, dass im Führerschein ein Wohnort in Deutschland eingetragen ist. In der Sache Wierer hat der EuGH[56] ausgesprochen, dass der Aufnahmemitgliedstaat bei der Frage, ob eine EU-Fahrerlaubnis inlandsgültig ist, grundsätzlich auf die Informationen beschränkt ist, die der Ausstellermitgliedstaat in den Führerschein aufnimmt oder sonst von sich aus zur Verfügung stellt. Auch eindeutige – unbestreitbare – Informationen aus dem Aufnahmemitgliedstaat stehen diesen nicht gleich. Der EuGH[57] hat in der Sache Akyüz bestätigt, dass – unbestreitbare – Informationen aus dem Ausstellerstaat auch dann vorliegen, wenn diese zwar von einer dortigen Behörde stammen, aber von einem Dritten wie etwa der Deutschen Botschaft in dem entsprechenden Land übermittelt werden. Es kommt also nicht darauf an, auf welchem Weg die Informationen nach Deutschland gelangen; es muss nur sichergestellt sein, dass sie auf Auskünften von Stellen etwa Meldeämtern des Ausstellerstaats beruhen. Bei der Beurteilung, ob der Inhaber einer im EU-Ausland erworbenen Fahrerlaubnis im Zeitpunkt der Erteilung dieser Berechtigung seinen ordentlichen Wohnsitz im Ausstellermitgliedstaat hatte, sind die Gerichte des Aufnahmemitgliedstaates allerdings nicht schlechthin auf die Informationen beschränkt, die sich dem verfahrensgegenständlichen Führerschein entnehmen lassen oder die sie – ggf. auf Nachfrage hin – sonst vom Ausstellermitgliedstaat erhalten. Vielmehr hat eine Prüfung unter Berücksichtigung aller Umstände des Rechtsstreits, mit dem es befasst ist, zu erfolgen. Danach bilden die vom Ausstellermitgliedstaat herrührenden Informationen gleichsam den Rahmen, innerhalb dessen die Gerichte des Aufnahmemitgliedstaates alle Umstände eines vor ihnen anhängigen Verfahrens berücksichtigen dürfen.[58] In der Sache Grasser hat der EuGH[59] festgestellt, dass eine ausländische Fahrerlaubnis, die unter Verstoß gegen das Wohnsitzerfordernis ausgestellt wurde und dieser auf Informationen aus dem Ausstellerstaat beruht, im Inland ungültig ist, auch wenn sich der Betroffene nicht zuvor im Inland als fahrungeeignet erwiesen hat.

82 Nach § 28 Abs. 3 S. 1 Nr. 3 FeV gilt § 28 Abs. 1 FeV nicht für Inhaber von EU- oder EWR-Fahrerlaubnissen, denen die Fahrerlaubnis im Inland vorläufig oder rechtskräftig von einem Gericht oder sofort vollziehbar oder bestandskräftig von einer Verwaltungsbehörde entzogen worden ist, denen die Fahrerlaubnis bestandskräftig versagt worden ist oder denen die Fahrerlaubnis nur deshalb nicht entzogen worden ist, weil sie zwischenzeitlich auf die Fahrerlaubnis verzichtet haben. Das bedarf europarechtlich der Einschränkung. Hat ein anderer Mitgliedstaat der EU nach vorgängiger Entziehung im Inland eine Fahrerlaubnis erteilt, ist diese grundsätzlich anzuerkennen. Der Aufnahmemitgliedstaat darf weder prüfen, ob das Wohnsitzerfordernis erfüllt war[60] noch ob die Wiedererlangung der Faheignung zutreffend geprüft wurde. Die gleiche Beschränkung enthält § 28 Abs. 3 S. 1 Nr. 4 FeV für Fahrerlaubnisbewerber, denen auf Grund einer rechtskräftigen gerichtlichen Entscheidung keine Fahrerlaubnis erteilt werden darf. Der EuGH[61] hat in der Sache Möginger ausgeführt, dass keine Anerkennungspflicht besteht, wenn die ausländische Fahrerlaubnis während des

---

[53] OVG Magdeburg SVR 2014, 70.
[54] EuGH NJW 2008, 2403.
[55] EuGH DAR 2008, 459 mit Anm. *Geiger* DAR 2008, 463 und *König* DAR 2008, 464; hierzu *Dauer* NJW 2008, 2381.
[56] EuGH NJW 2010, 217.
[57] EuGH DAR 2012, 192 mit Anm. *Geiger*.
[58] BayVGH NZV 2013, 259.
[59] EuGH DAR 2011, 385 mit Anm. *Geiger*.
[60] EuGH, NJW 2004, 1725 = DAR 2004, 333 mit Anm. *Geiger* DAR 2004, 340 [Rs. Kapper]; hierzu auch *Otte/Kühne* NZV 2004, 321; *Grohmann*, BA 2005, 106.
[61] EuGH NJW 2009, 207 = DAR 2008, 582 = BA 2008, 383 = SVR 2008, 432.

Laufs einer Sperrfrist erteilt wurde. Die Inlandsungültigkeit besteht auch dann, wenn sich die Frage nach ihrer Gültigkeit erst nach Ablauf der Sperrfrist stellt. Keine Möglichkeit, von einer ausländischen Fahrerlaubnis im Bundesgebiet Gebrauch machen zu dürfen, besteht, solange ihr Inhaber im Inland, in dem Staat, der die Fahrerlaubnis erteilt hatte, oder in dem Staat, in dem sie ihren ordentlichen Wohnsitz haben, einem Fahrverbot unterliegt oder der Führerschein nach § 94 StPO beschlagnahmt, sichergestellt oder in Verwahrung genommen worden ist (§ 28 Abs. 3 S. 1 Nr. 5 FeV). Das dürfte auch europarechtlich zulässig sein; insoweit gelten die gleichen Grundsätze wie bei einer während einer Sperrfrist erteilten Fahrerlaubnis.

Nach § 28 Abs. 4 S. 1 Nr. 6 FeV gilt eine EU- oder EWR-Fahrerlaubnis im Inland nicht, wenn ihr Inhaber im Zeitpunkt ihres Erwerbs Inhaber einer deutschen Fahrerlaubnis war. Diese Vorschrift ist Ausfluss der Regelung in Art. 7 Abs. 5 Buchst. a) der RL 2006/126/EG, wonach jede Person nur Inhaber eines einzigen Führerscheins sein darf. Auch diese Vorschrift bedarf einer europarechtlichen Einschränkung. Die Entscheidung des EuGH[62] in der Sache Schwarz betraf die Frage nach der Gültigkeit einer ausländischen Fahrerlaubnis, die von einem späteren Mitgliedstaat der Europäischen Gemeinschaft erteilt wurde. Der EuGH hat festgestellt, dass ein Angehöriger eines Mitgliedstaats zwei gültige Führerscheine ausnahmsweise dann gleichzeitig besetzen kann, wenn einer ein EU-Führerschein und der andere ein von einem anderen Mitgliedstaat ausgestellter Führerschein ist, sofern beide vor dem Beitritt des zuletzt genannten Staates zur Union erworben wurden. 83

Inlandsungültigkeit einer EU- oder EWR-Fahrerlaubnis ist gemäß § 28 Abs. 4 S. 1 Nr. 7 FeV anzunehmen, wenn sie aufgrund einer Fahrerlaubnis eines Drittstaats, der nicht in der Anlage 11 zur FeV aufgeführt ist, prüfungsfrei umgetauscht wurde; das Gleiche gilt, wenn der Führerschein, mit dem der Besitz der Drittstaatenfahrerlaubnis belegt wurde, gefälscht war. Europarechtliche Bedenken gegen diese Regelung bestehen nicht. Die gegenseitige Anerkennungspflicht des Art. 2 Abs. 1 der RL 2006/126/EG greift nur ein, wenn der Ausstellermitgliedstaat eine Prüfung von Eignung und Befähigung nach Art. 7 Abs. 1 Buchst. a der RL 2006/126/EG vorgenommen hat. Wurde lediglich ein neuer Führerschein vergleichbar mit der Ausstellung eines Ersatzdokuments ausgehändigt, fehlt es an einer anzuerkennenden Entscheidung über die Erteilung einer Fahrerlaubnis.[63] Bei einem Antrag auf Erteilung einer Fahrerlaubnis aufgrund des Vorbesitzes einer Drittstaatenfahrerlaubnis ist nach Art. 11 Abs. 1 der RL 2006/127/EG die Gültigkeit des entsprechenden Führerscheins zu prüfen. Liegt dem gefälschten Führerschein keine Fahrerlaubnis zugrunde, kann durch den Umtausch in einen Führerschein eines EU-Mitgliedstaates keine wirksame Fahrerlaubnis entstehen mit der Folge, dass keine Anerkennungspflicht entsteht.[64] Das gilt nach dem Wortlaut des Gesetzes unabhängig davon, ob der Umtausch aufgrund einer Prüfung oder prüfungsfrei erfolgt ist.[65] Es ist allerdings zweifelhaft, ob das bei der erstgenannten Alternative europarechtskonform ist. Hat der Ausstellermitgliedstaat eine Fahrerlaubnis aufgrund einer nach der dortigen Rechtslage durchzuführenden Eignungsüberprüfung erteilt, greift die europarechtliche Anerkennungspflicht. Insoweit bedarf die Norm einer einschränkenden Auslegung. 84

Die Berechtigung nach § 28 Abs. 1 FeV gilt gemäß § 28 Abs. 4 S. 1 Nr. 8 FeV nicht für Inhaber einer EU- oder EWR-Fahrerlaubnis, die zum Zeitpunkt der Erteilung einer Fahrerlaubnis eines Drittstaates, die in eine ausländische EU- oder EWR-Fahrerlaubnis umgetauscht worden ist, oder zum Zeitpunkt der Erteilung der EU- oder EWR-Fahrerlaubnis auf Grund einer Fahrerlaubnis eines Drittstaates ihren Wohnsitz im Inland hatten, es sei denn, dass sie die ausländische Erlaubnis zum Führen eines Kraftfahrzeugs als Studierende oder Schüler im Sinne des § 7 Abs. 2 in eine ausländische EU- oder EWR-Fahrerlaubnis während eines mindestens sechsmonatigen Aufenthalts umgetauscht haben. Die Vorschrift setzt die 85

---

[62] EuGH DAR 2009, 191.
[63] BVerwG NJW 2009, 1687 und OVG Lüneburg DAR 2009, 408.
[64] OVG Saarlouis vom 24.10.2011 – 1 B 367/11 <juris> Rn. 8; aA BayVGH SVR 2011, 395 = BA 2011, 294; BayVGH DAR 2011, DAR 2011, 425 = VerMitt 2011, 60 m. Anm. *Geiger*.
[65] *Hentschel/König/Dauer* § 28 FeV Rn. 49.

von Art. 11 Abs. 6 UAbs. 2 S. 2 der RL 2006/126/EG eingeräumte Möglichkeit zur Nichtanerkennung einer Fahrerlaubnis aus einem andern Mitgliedstaat teilweise um. Die Richtlinie hätte eine Ausnahme von der Anerkennungspflicht generell gestattet, wenn der Betreffende nach Umtausch einer Drittstaatenfahrerlaubnis in eine EU-Fahrerlaubnis den Ausstellermitgliedstaat verlässt. Die jetzige Regelung ist weitgehend unnötig, weil nach der Rechtsprechung des EuGH eine Anerkennungspflicht immer dann entfällt, wenn sich aus dem Führerschein oder aufgrund sonstiger Informationen aus dem Ausstellermitgliedstaat ergibt, dass dort kein Wohnsitz begründet worden war. Sie findet somit nur dann Anwendung, wen sich aufgrund von Informationen aus dem Aufnahmemitgliedstaat ergibt, dass der Betreffende im Zeitpunkt des Umtauschs seinen Wohnsitz im Bundesgebiet hatte.

86 In den Fällen des § 28 Abs. 4 S. 1 Nr. 2 und 3 FeV kann die Fahrerlaubnisbehörde einen Verwaltungsakte erlassen, durch den die fehlende Berechtigung festgestellt wird.[66] In diesen Fällen besteht die Inlandsungültigkeit kraft Gesetzes, ohne dass es eines feststellenden Verwaltungsakts nach § 28 Abs. 4 S. 4 FeV bedarf.[67] Gleichwohl kann es vor allem in Zweifelsfällen angebracht sein, einen solchen zu erlassen. Das der Fahrerlaubnisbehörde eingeräumte Ermessen ist intendiert und bezieht sich nur auf die Frage, ob die gegebene Rechtslage durch einen feststellenden Bescheid verdeutlicht werden soll. Es genügt regelmäßig, wenn sich die Fahrerlaubnisbehörde von der Vorstellung leiten lässt, dass der Betroffene über die kraft Gesetzes geltende Rechtslage ins Bild gesetzt werden muss, etwa weil dieser sich des fortdauernden Rechts berühmt, auch im Bundesgebiet von seiner ausländischen Fahrerlaubnis Gebrauch machen zu dürfen, bzw. weil ein solches weiteres Gebrauchmachen zu erwarten ist.[68] Maßgeblicher Zeitpunkt für die Beurteilung, ob der Berechtigung aus einer im Ausland erteilten EU-Fahrerlaubnis ungetilgte Maßnahmen des Entzugs oä entgegenstehen, ist der Zeitpunkt der Erteilung dieser EU-Fahrerlaubnis. Der spätere Zeitpunkt des Erlasses eines Feststellungsbescheids über die Nichtberechtigung ist insoweit unerheblich.[69] Ein Verwaltungsakt des Inhalts, dass dem Inhaber untersagt wird von der Fahrerlaubnis Gebrauch zu machen, ist mangels Rechtsgrundlage unzulässig; er kann aber in einen feststellenden Verwaltungsakt nach § 28 Abs. 4 S. 2 FeV umgedeutet werden. Dieser ist auf das gleiche Ziel gerichtet wie die Untersagungsverfügung, weil beide dem gleichen öffentlichen Interesse dienen und die gleiche materiell-rechtliche Tragweite haben. Es soll verhindert werden, dass der Betroffene seiner inlandsungültigen Fahrerlaubnis im Bundesgebiet ein Kraftfahrzeug führt.[70] Das Gesetz beschränkt die Zulässigkeit eines feststellenden Verwaltungsakts auf die Fälle des § 28 Abs. 4 S. 1 Nr. 2 und 3 FeV. Einen solchen auch bei den anderen Fallgestaltungen für möglich zu erachten,[71] ist nicht unproblematisch. Denn es entspricht gefestigter höchstrichterlicher Rechtsprechung,[72] dass feststellende Verwaltungsakte jedenfalls dann einer gesetzlichen Ermächtigungsgrundlage bedürfen, wenn etwas für den Betreffenden Ungünstiges festgestellt werden soll. Eine solche Rechtsgrundlage gibt es für die anderen Alternativen nicht. Es besteht aber wegen der kraft Gesetzes bestehenden Inlandsungültigkeit die Möglichkeit, diese durch Anbringung eines Sperrvermerks entsprechend § 47 Abs. 2 S. 3 FeV auf dem Führerschein zu dokumentieren.

87 Für die Anwendung des § 28 Abs. 4 S. 1 Nr. 3 und 4 FeV ist Voraussetzung, dass die dort genannten Maßnahmen noch im Fahreignungsregister eingetragen sind und noch keine Tilgungsreife besteht. Es wäre – auch unter Berücksichtigung der Rechtsprechung des EuGH[73] – unverhältnismäßig, jemanden zeitlich unbeschränkt von der Verkehrsteilnahme abzuhalten, sofern nicht besondere Umstände das erfordern. Deshalb ist die Nichtanerkennung von

---

[66] Hierzu *Geiger* SVR 2009, 253.
[67] BVerwG NZV 2012, 51 = DAR 2012, 98 = BA 2012, 58; BVerwG BA 2012, 53; vgl. auch OLG Hamburg BA 2012, 39.
[68] OVG Nordrhein-Westfalen BA 2011, 253.
[69] VGH Baden-Württemberg BA 2011, 250.
[70] BayVGH BayVBl 2012, 21.
[71] *Hentschel/König/Dauer* § 28 FeV Rn. 57.
[72] BVerwGE 72, 265; 6, 160; BVerwG NJW 1987, 969; vgl. auch *Stelkens/Bonk/Sachs*, VwVfG 7. Aufl. 2008, § 35 Rn. 220.
[73] Vgl. EuGH NJW 2004, 1738 = DAR 2004, 333 m. Anm. *Geiger* – Kapper.

EU- und EWR-Fahrerlaubnissen daran gekoppelt, dass die entsprechenden Maßnahmen noch verwertbar sind. Die Europarechtskonformität dieser Regelung ist in Zweifel gezogen worden.[74] Ausgehend von der Rechtsprechung des EuGH, wonach ein Mitgliedstaat nicht befugt ist, einer Person, auf die eine Maßnahme des Entzugs oder der Aufhebung einer von diesem Mitgliedstaat erteilten Fahrerlaubnis angewendet worden ist, auf unbestimmte Zeit die Anerkennung der Gültigkeit eines Führerscheins zu versagen, der ihr möglicherweise später von einem anderen Mitgliedstaat ausgestellt wird, wird bezweifelt, dass dem – entgegen der Begründung des Verordnungsgebers[75] – durch die Regelung in § 28 Abs. 4 S. 3 FeV im hinreichenden Umfang Rechnung getragen wird. Die Kritik greift aber zu kurz. § 28 Abs. 4 S. 3 FeV bezieht sich lediglich darauf, bis zu welchem Zeitpunkt ein feststellender Verwaltungsakt in den Fällen des § 28 Abs. 4 S. 1 Nr. 2 und 3 FeV erlassen werden darf. Wenn überhaupt ist die vom Verordnungsgeber gewählte Lösung, ein Zuerkennungsverfahren einzuführen und nicht die Inlandsgültigkeit kraft Gesetzes mit Ablauf der Tilgungsfrist eintreten zu lassen.

c) **Zuerkennungsverfahren.** Wenn die in § 28 Abs. 4 S. 1 Nr 2 und 3 FeV aufgeführten 88 Gründe, die zum Eintritt der Inlandsungültigkeit geführt haben, weggefallen sind, wird die ausländische Fahrerlaubnis nicht automatisch wieder gültig. Das gilt namentlich für die Fälle, bei denen es auf die Verwertbarkeit einer behördlichen oder gerichtlichen Maßnahme ankommt (§ 28 Abs. 5 S. 2 iVm Abs. 4 S. 3 FeV). Es bedarf vielmehr eines gesonderten Zuerkennungsverfahrens, das inhaltlich einem Neuerteilungsverfahren entspricht (§ 28 Abs. 5 S. 2 iVm § 20 Abs. 1 und 3 FeV). Eine Prüfung der Befähigung (§ 20 Abs. 2 FeV) findet nicht statt. Wurde zuvor ein feststellender Verwaltungsakt erlassen, ist dieser zur Klarstellung aufzuheben,[76] unterbleibt die Aufhebung, macht das die Zuerkennungsentscheidung nicht rechtswidrig; denn der feststellende Verwaltungsakt wird gegenstandslos und verliert wegen Erledigung seine Wirksamkeit (§ 43 Abs. 2 VwVfG). Bedenken gegen die Regelung bestehen nicht, insbesondere nicht im Hinblick auf die europarechtlichen Vorgaben.[77] Dass nach Feststellung der Inlandsungültigkeit und Wegfall des dafür maßgeblichen Grundes die Inlandsungültigkeit der ausländischen Fahrerlaubnis automatisch eintreten muss, kann in dieser Absolutheit der Rechtsprechung des EuGH nicht entnommen werden. Die Forderung, Fahrerlaubnisse aus anderen Mitgliedstaaten der EU ohne weitere Formalitäten anzuerkennen,[78] betrifft nicht die Frage, was nach nationalem Recht zu geschehen hat, wenn eine ausländische Fahrerlaubnis in Einklang mit den europarechtlichen Grundsätzen als inlandsungültig angesehen wurde. Hier ein Zuerkennungsverfahren einzuführen, erscheint danach vertretbar.

3. Inhaber einer Drittstaaten-Fahrerlaubnis mit deutschem Wohnsitz

Inhaber von Fahrerlaubnissen aus Staaten, die nicht zur Europäischen Gemeinschaft und 89 nicht zum Europäischen Wirtschaftsraum gehören, dürfen bei Begründung eines ordentlichen Wohnsitzes in der Bundesrepublik Deutschland die Fahrerlaubnis gemäß § 29 Abs. 1 S. 3 FeV noch für die Dauer von 6 Monaten benutzen. Auf Antrag kann gemäß § 29 Abs. 1 S. 4 FeV die Frist um weitere 6 Monate verlängert werden, wenn der Inhaber glaubhaft macht, dass er sich nicht länger als 12 Monate im Inland aufhalten wird. Die Vorschriften über den Nachweis der ausländischen Fahrerlaubnis die Notwendigkeit der Übersetzung des ausländischen Führerscheins (§ 29 Abs. 2 FeV) gelten auch hier.

Auf der Grundlage gegenseitiger Anerkennung werden Fahrerlaubnisse aus bestimmten 90 Nicht-EU-Staaten in der Anlage 11 zu den §§ 28 und 31 FeV aufgeführt, deren Umschreibung – je nach Ausstellerland und Fahrerlaubnisklasse – keine Prüfung voraussetzt Die Liste ist nicht abschließend und kann jederzeit durch Gegenseitigkeitsabkommen ergänzt werden, wenn ein Staat die nötigen Nachweise für seine Aufnahme erbringt.

---

[74] BVerfG DAR 2012, 14; *Hentschel/König/Dauer* § 28 FeV Rn. 53.
[75] BR-Drs. 851/08, S. 12.
[76] *Hentschel/König/Dauer* § 28 FeV Rn. 62.
[77] *Hentschel/König/Dauer* § 28 FeV Rn. 61.
[78] EuGH DAR 2009, 191, Rn. 75 – Schwarz.

§ 6 Die Voraussetzungen für die Erteilung und Wiedererteilung der Fahrerlaubnis

Übersicht

	Rn.
I. Der Begriffe der Eignung und Ungeeignetheit	1–17
1. Der Begriff der Eignung	3–13
a) Straßenverkehrsgesetz	4/5
b) Fahrerlaubnis-Verordnung	6–10
c) Strafgesetzbuch	11/12
d) Begutachtungsleitlinien und Begutachtungskriterien	13
2. Bedingte Eignung	14–16
3. Teileignung	17
II. Eignungszweifel bei Alkoholproblematik	18–34
1. Rechtliche Grundlagen	18
2. Die Fälle der alkoholbedingten Fahrungeeignetheit	19–26
a) Abhängigkeit	19–22
b) Alkoholbedingte Verkehrsauffälligkeit	23/24
c) Missbrauch	25/26
3. Wiederherstellung der Fahreignung	27–34
a) Abhängigkeit	27–29
b) Alkoholbedingte Verkehrsauffälligkeit	30/31
c) Missbrauch	32
d) Nachweis	33
e) Wiedererteilung nach Fahrerlaubnisentziehung.	34
III. Eignungszweifel bei Drogenproblematik	35–57
1. Die verstärkte Drogenproblematik	36–38
2. Kontrollen und Maßnahmen der Polizei	39–42
a) Mögliche Verdachtsmomente auf Medikamenten- oder Drogeneinfluss	39
b) Maßnahmen bei Verdacht	40/41
c) Mögliche Maßnahmen der Polizei	42
3. Die Beurteilung der Eignung bei Drogenkonsum in der Rechtsprechung	43–54
a) Cannabis	45–51
b) Harte Drogen	52–54
4. Wiederherstellung der Eignung bei Drogenkonsum	55–57
a) Konsummuster	55
b) Abhängigkeit	56
c) Einnahme von Drogen	57
IV. Die Prüfung der Eignung	58–114
1. Allgemeines	58–62
a) Die Regelung gemäß FeV	58
b) Grundsätze der Eignung	59
c) Eignungsmängel bei strafbarem Verhalten	60–62
2. Die Aspekte bei der Eignungsprüfung im Einzelnen	63–68
a) Körperliche Eignungsqualitäten	63
b) Psychophysische Eignungsqualitäten	64
c) Intellektuelle Eignungsqualitäten	65/66
d) Persönlichkeitsfaktoren	67
e) Fertigkeiten und Fähigkeiten	68
3. Besondere Eignungsanforderungen für die Erteilung der Fahrerlaubnis der Klassen D, D1, DE und D1E sowie zur Fahrgastbeförderung	69
4. Änderungen in den Eignungsvoraussetzungen	70–92
a) Konkrete Veränderungen der Lebenssituation und Lebensführung	72–77
b) Alkohol und Trinkgewohnheiten	78–87
c) Persönlichkeitsimmanente Veränderungen	88–92
5. Bedeutung der strafrechtlichen Beurteilung der Ungeeignetheit für die Fahrerlaubnisbehörde	93–98
6. Konsequenzen aus der strafrechtlichen Beurteilung der Ungeeignetheit	99–108
a) Beachtung der Sperrfrist	99–104

	Rn.
b) Beachtlichkeit des Strafverfahrens und des hier festgestellten Sachverhaltes	105–108
7. Erkenntnisquellen bei der Eignungsprüfung	109–114
a) Voraussetzungen für die Fahreignungsüberprüfung	109/110
b) Registerauskünfte	111
c) Strafakten	112
d) Polizeiauskünfte	113
e) Mitteilungen ausländischer Behörden	114
V. Die Befähigung	115–122
1. Die Befähigung und ihr Nachweis durch theoretische und praktische Prüfung	115/116
2. Ausnahmen vom Erfordernis des Nachweises der Befähigung	117–122
VI. Mögliche Anlässe zur Begutachtung, Anforderungen an Begutachtungen und Inhalt des Gutachtens	123–167
1. Einzelfragen zu möglichen Anlässen der Begutachtung für Fahreignung (BfF) im Verwaltungsverfahren	123–165
a) Alkoholproblematik	128–133
b) Drogenproblematik	134–144
c) Fahrerlaubnis auf Probe	145
d) Mehrfachtäter	146
e) Beeinträchtigungen und Erkrankungen	147–150
f) Sonstige Fallgestaltungen	151–161
g) Kosten des Fahreignungsgutachtens	162–165
2. Musterschriftsätze bei Anordnung zur Begutachtung der Fahreignung	166/167
a) Mögliche Musterschriftsätze in der Praxis	166
b) Musterschriftsatz an Verwaltungsbehörde wegen Begutachtung der Fahreignung	167
VII. Rechtliche Anforderungen an eine Begutachtungsanordnung	168–207
1. Gesetzliche Grundlagen der Begutachtung	169–189
a) Die Anordnung zur Begutachtung	169–177
b) Inhaltliche Anforderungen an die Gutachtensanordnung	178–189
2. Das Begutachtungsverfahren	190–205
a) Die Gutachtensbeauftragung	191–195
b) Das Verfahren bei der Begutachtungsstelle	196–205
3. Erneute Begutachtung, Obergutachten	206/207
VIII. Anforderungen an Gutachten	208/222
1. Notwendiger Inhalt des Gutachtens	208–213
2. Auswertung des Gutachtens	214–222
a) Vollständigkeit	215
b) Nachvollziehbarkeit	216/217
c) Rechtliche Fehler	218
d) Folgerungen	219–222

Schrifttum: *Banse,* Aggressivität, Straftaten und Fahreignung: Empirische Zusammenhänge und Implikationen für die Fahreignungsbegutachtung ZVS 2012, 119; *Barthelmess,* Aggressivität im Straßenverkehr NZV 2013, 22; *Berghaus/Friedel,* Methadon-Substitution und Fahreignung, NZV 1994, 377; *Berr/Krause/Sachs,* Drogen im Straßenverkehr, 1. Aufl. 2007; *Berz/Burmann,* Handbuch des Straßenverkehrsrechts, Loseblatt, Stand Mai 2014; *Bode,* Abstinenz von Alkohol und anderen Drogen als Voraussetzung der Kraftfahreignung, BA 2004, 234; *ders.,* Einmaliger Konsum harter Drogen und Kraftfahreignung, BA 2006, 81; *ders.,* Einnahme von Betäubungsmitteln (außer Cannabis) und Kraftfahreignung, DAR 2002, 24; *ders./Winkler,* Fahrerlaubnis, 5. Aufl. 2006; *Bouska/Laeverenz,* Fahrerlaubnisrecht, 3. Aufl. 2004; *Burmann,* Das Fahrerlaubnisrecht – Schnittstelle zwischen Verwaltungs- und Strafrecht, DAR 2005, 61; *Daldrup e. a.,* Entscheidung zwischen einmaligem/gelegentlichem und regelmäßigem Cannabiskonsum, BA 2000, 39; *Drasch e. a.,* Unfälle und reale Gefährdung des Staßenverkehrs unter Cannabis-Wirkung, BA 2006, 441; *Eisenmenger,* Drogen im Straßenverkehr – Neue Entwicklungen, NZV 2006, 24/27; *Eyermann,* VwGO, 14. Aufl. 2014; *Ferner,* Straßenverkehrsrecht, 2. Aufl. 2006; *Gehrmann,* Bedenken gegen die Kraftfahreignung und Eignungszweifel in ihren grundrechtlichen Schranken, NZV 2003, 10; *ders.,* Die medizinisch-psychologische Untersuchung im Straßenverkehrsrecht, NZV 1997, 10; *ders.,* Vorbeugende Abwehr von Verkehrsgefahren durch haschischkonsumierende Kraftfahrer, NZV 1997, 457; *ders./Undeutsch,* Das Gutachten der MPU und Kraftfahreignung, 1995; *Geiger,* Aktuelle Rechtsprechung zum Fahrerlaubnisrecht, SVR 2007, 441; *ders.,* Die Bedeutung der medizinisch-psychologischen Untersuchung im Fahrerlaubnisrecht, NZV 2007, 489; *ders.,* Anforderungen an die Tatsachenfeststellung bei Fahrerlaubnisentzug wegen Drogenauffälligkeit, BayVBl. 2005, 645; *ders.,* Aktuelle Rechtsprechung zum Recht der Fahrerlaubnisse, SVR 2006, 401; *ders.,* Rechtsschutz gegen Maßnahmen der

Fahrerlaubnisbehörden, DAR 2001, 488; *ders.*, Fahrerlaubnis und Drogenkonsum – Konsequenzen aus der neueren Rechtsprechung, NZV 2003, 272; *ders.*, Aktuelle Rechtsprechung zum Fahrerlaubnisrecht, DAR 2004, 690; *ders.*, Anforderungen an medizinisch-psychologische Gutachten aus verwaltungsrechtlicher Sicht, NZV 2002, 20; *ders.*, Überlegungen zur Weiterentwicklung der medizinisch-psychologischen Untersuchung, DAR 2003, 494; *ders.*, Fahrungeeignetheit bei nur „privatem" Alkoholmissbrauch?, DAR 2002, 347; *ders.*, Neuere Rechtsprechung zur Fahreignung bei Alkohol- und Drogenauffälligen, DAR 2003, 97; *ders.*, Die medizinisch-psychologische Untersuchung: Untersuchungsanlässe, inhaltliche Anforderungen, Reformansätze, BA 2010, 95; *ders.*, Überlegungen zur Reform der MPU SVR 2010, 408; *ders.*, Zur Reformbedürftigkeit der MPU SVR 2012, 447; *Grünning/Ludovisy*, Die Rechtsnatur der MPU-Anordnung, DAR 1993, 53; *Gübner*, Maßnahmen der Fahrerlaubnisbehörde bei Besitz und Konsum von Cannabis Teil 1, VRR 2005, 54, Teil 2, VRR 2005, 93; *Haffner/Dettling*, Labordiagnostik bei Alkoholfragestellungen in der Fahreignungsbegutachtung, BA 2008, 167; *Heinrich*, Verkehrsteilnahme mit körperlichen oder geistigen Mängeln, SVR 2005, 45; *Henn*, Zur aktuellen Problematik von Eignungsüberprüfung, Entziehung der Fahrerlaubnis und vorläufigem Rechtsschutz, NJW 1993, 3169; *Hentschel*, Trunkenheit – Fahrerlaubnisentziehung, Fahrverbot im Straf- und Ordnungswidrigkeitenrecht, 10. Aufl. 2006; *ders.*, Straßenverkehrsrecht, 39. Aufl. 2007; *Hillmann III*, Rechtliche und rechtspolitische Probleme des verwaltungsrechtlichen Fahrerlaubnisrechts im Anschluss an den Beschluss des BVerfG v. 20.6.2002, zfs 2004, 49; *ders.*, Zweifel an der Fahreignung DAR 2003, 106; *ders.*, Nachweisfragen – MPU – Rechtsprobleme (Verhältnismäßigkeit/Rechtsnatur) BA 2003, 114; *Himmelreich*, Alkoholkonsum – privat und ohne Verkehrsteilnahme: Fahrerlaubnis-Entzug im Verkehrs-Verwaltungsrecht wegen Alkohol-Missbrauchs? DAR 2002, 60; *Himmelreich/Halm*, Handbuch des Fachanwalts Verkehrsrecht, 2. Aufl. 2008; *ders./Janker/Karbach*, Fahrverbot, Fahrerlaubnisrecht und MPU-Begutachtung im Verwaltungsrecht, 8. Aufl. 2007; *Iffland*, 1,6 Promille – ein Kriterium zur Erfassung erstmalig auffälliger Kraftfahrer als Rückfallgefährdete?, NZV 1993, 369; *Kannheiser/Maukisch*, Die verkehrsbezogene Gefährlichkeit von Cannabis und Konsequenzen für die Fahreignungsdiagnostik, NZV 1995, 417; *Hofmann/Petermann/Witthöft*, Der Beitrag der Psychologie zu Thema Aggressionen im Straßenverkehr SVR 2013, 12; *Koehl*, Das Verhältnis der FeV zu den Abstinenzerfordernissen der Beurteilungs-Kriterien DAR 2013, 624; *ders.*, Aggressivität im Straßenverkehr – Auswirkungen auf die Fahreignung SVR 2013, 8; *ders.*, Cannabiskonsum und Fahreignung DAR 2012, 185; *Kopp/Ramsauer*, VwVfG, 14. Aufl. 2013; *Kopp/Schenke*, VwGO, 19. Aufl. 2013; *Kunkel*, Fahreignungsgutachten der MPU, zfs 1996, 241; *Lenhart*, Das Erfordernis tatrichterlicher Feststellungen über die Eignung im Hinblick auf Anordnung einer MPU durch die Fahrerlaubnisbehörde, DAR 2002, 302; *Müller e.a.*, Leistungsverhalten und Toxikokinetik der Cannabinoide nach inhalativer Marihuanaaufnahme, BA 2006, 361; *Müller-Grune*, Zur Erstattungsfähigkeit von Gutachterkosten nach befolgter Beibringungsanordnung der Fahrerlaubnisbehörde, DAR 2003, 551; *Petersen*, Die Anerkennung von Begutachtungsstellen für Fahreignung – eine unendliche Geschichte gerichtlicher Auseinandersetzungen?, zfs 2000, 1; *Rochholz/Kaatsch*, Gefahr im Verzug! Notwendigkeit einer zeitnahen Blutentnahme bei Straßenverkehrsdelikten BA 2011, 129; *Schlund*, Grundsätze ärztlicher Schweigepflicht im Rahmen der Verkehrssicherheit, DAR 1995, 50; *Schreiber*, Die medizinisch-psychologische Untersuchung nach der neuen Fahrerlaubnisverordnung, ZRP 1999, 519; *Tepe*, Aggressionspotential im Fahrerlaubnisrecht NZV 2010, 64; *Uhle/Löhr-Schwaab*, Abstinenz-Check bei Führerscheinproblemen wegen Alkohol, zfs 2007, 192; *Werwath/Lewrenz/Püschel*, Zum Stellenwert von Obergutachten im Fahreignungsprozess – Eine Evaluationsstudie, BA 1999, 290: *Stephan*, Eignung, 1,6 Promille – Grenze und Abstinenzforderung, DAR 1995, 41; *Türk*, Cannabis intoxication and fatal road crashes in France, BA 2006, 286; *Weibrecht*, Nachweisfragen – MPU – Rechtsprobleme BA 2003, 130; *Westphal e.a.*, Morphin und Codein im Blut nach Genuss von Mohnsamen, BA 2006, 14; *Zwerger*, Erschwerter Rechtsschutz durch Regelungsdefizite in der Fahrerlaubnis-Verordnung, insbesondere bei Drogenauffälligkeit, zfs 2006, 362: *ders.*, Rechtsfragen beim Entzug der Fahrerlaubnis bei Drogenauffälligkeit, DAR 2005, 431.

I. Die Begriffe der Eignung und Ungeeignetheit

1   Die Eignung ist neben der Befähigung Voraussetzung für den Erhalt und das Behalten der Fahrerlaubnis (§ 2 Abs. 4 und 5, Abs. 7 S. 1 und Abs. 8 StVG). Dies gilt sowohl für den Ersterwerb als auch für die Wiedererteilung der Fahrerlaubnis und andererseits bei der Prüfung des Fortbestehens der Eignung oder der ggf. eingeschränkten Eignung.

2   Die nachstehende Behandlung des Begriffs der Befähigung sowie des Begriffs der Eignung gilt also für alle Fälle, in denen es um die Erteilung, Wiedererteilung oder um den Bestand der Fahrerlaubnis geht oder um Maßnahmen zur Einschränkung der Fahrerlaubnis oder um die Erteilung von Auflagen.

1. Der Begriff der Eignung

3   Der Begriff Eignung ist gesetzlich nicht definiert. In verschiedenen Rechtsvorschriften sind aber Hinweise enthalten, aus denen sich mit hinreichender Sicherheit entnehmen lässt, was der Gesetzgeber unter Fahreignung versteht. Anhaltspunkte liefern auch Verwaltungsrichtlinien.

§ 6 Die Voraussetzungen für Erteilung und Wiedererteilung der Fahrerlaubnis   4–13 **§ 6**

a) Straßenverkehrsgesetz. Nach § 2 Abs. 4 S. 1 StVG ist derjenige zum Führen von Kraftfahrzeugen geeignet, der die notwendigen körperlichen und geistigen Anforderungen erfüllt und nicht erheblich oder nicht wiederholt gegen verkehrsrechtliche Vorschriften oder gegen Strafgesetze verstoßen hat. Die Fahreignung kann deshalb in eine körperliche, geistige und charakterliche Komponente untergliedert werden. Dabei sind die Übergänge insbesondere bei körperlichen oder geistigen Mängeln fließend. Das ist aber letztlich ohne Belang, da das Gesetz zwischen diesen keinen grundsätzlichen Unterschied macht. Eine Abgrenzung zur charakterlichen Eignung ist dagegen ohne weiteres möglich, wenn man darunter, wie es das Gesetz nahe legt, nur die Verkehrsauffälligkeit versteht. 4

Gemäß § 6 Abs. 1 Nr. 1 lit. c StVG wird das Bundesministerium für Verkehr ermächtigt, über die Anforderungen an die Eignung zum Führen von Kraftfahrzeugen Rechtsverordnungen und allgemeine Verwaltungsvorschriften mit Zustimmung des Bundesrates zu erlassen. Das ist in der Fahrerlaubnis-Verordnung geschehen. 5

b) Fahrerlaubnis-Verordnung. Aus der FeV ergeben sich nähere Konkretisierungen zum Begriff der Kraftfahreignung. 6

aa) Sehvermögen. Für die Regelung zum Sehvermögen als besonderer Teil der körperlichen Eignung ist maßgebend § 12 Abs. 1 FeV iVm der Anlage 6 zur FeV und den hierin genannten Anforderungen, und zwar differenziert für die allgemeine Fahrerlaubnis sowie speziell für die Fahrerlaubnis für Lkw und Bus sowie zur Personenbeförderung. 7

bb) Körperliche und geistige Eignung. § 11 Abs. 1 S. 2 FeV definiert die (übrige) körperliche und die geistige Fahreignung negativ. 8

Danach sind die Anforderungen an die körperliche und geistige Eignung insbesondere dann nicht erfüllt, wenn eine Erkrankung oder eine Beeinträchtigung nach den Anlagen 4 oder 5 zur FeV vorliegt. Zu beachten ist, dass es sich dabei nicht um eine abschließende Regelung handelt. Das ergibt sich nicht nur aus dem Wortlaut des § 11 Abs. 1 S. 2 FeV, sondern auch aus Nr. 1 und 2 der Vorbemerkungen zur Anlage 4. Bei anderen Erkrankungen oder Beeinträchtigungen ist im Hinblick auf ihre Relevanz zu prüfen, ob sie von ähnlicher Schwere und vergleichbare Auswirkungen auf die körperliche und geistige Leistungsfähigkeit haben wie die im Katalog der Anlage 4 zur FeV genannten. 9

cc) Die charakterliche Eignung. In § 2 Abs. 4 S. 1 StVG, § 11 Abs. 1 S. 3 FeV wird die charakterliche Eignung damit umschrieben, dass Fahrerlaubnisbewerber nicht erheblich oder nicht wiederholt gegen verkehrsrechtliche Vorschriften oder gegen Strafgesetze verstoßen haben dürfen. Ist dies gegeben, so ist die Eignung ausgeschlossen. Eine Beschreibung des Begriffs Erheblichkeit solcher Verstöße enthält die genannte Vorschrift nicht. 10

c) Strafgesetzbuch. Die Rechtsgrundlage für die Entziehung der Fahrerlaubnis im Strafverfahren enthält § 69 Abs. 1 S. 1 StGB. Hiernach entzieht der Strafrichter die Fahrerlaubnis demjenigen, der eine rechtswidrige Straftat bei oder im Zusammenhang mit dem Führen eines Kraftfahrzeuges oder unter Verletzung der Pflichten eines Kraftfahrzeugführers begangen hat und wenn sich aus der Tat ergibt, dass er zum Führen von Kraftfahrzeugen ungeeignet ist. 11

In der Regel ungeeignet zum Führen von Kraftfahrzeugen sind nach der Gesetzesbestimmung des § 69 Abs. 2 StGB Fahrerlaubnisinhaber, die die im Einzelnen bezeichneten Straftaten begangen haben, nämlich 12
- Trunkenheit im Verkehr (§ 316 StGB),
- Gefährdung des Straßenverkehrs (§ 315c StGB),
- unerlaubtes Entfernen vom Unfallort (§ 142 StGB) sowie
- Vollrausch iSv § 323a StGB.

d) Begutachtungs-Leitlinien zur Kraftfahrereignung[1] **und Beurteilungskriterien.**[2] Bei diesen handelt es sich nicht um eine gesetzliche Vorschrift, sondern um eine Verwaltungsricht- 13

---

[1] Begutachtungs-Leitlinien zur Kraftfahreignung, Berichte der Bundesanstalt für Straßenwesen Mensch und Sicherheit Heft M115 Stand Mai 2014; vgl. auch *Schubert/Schneider/Eisenmenger/Stephan*, Kommentar zu den Begutachtungsleitlinien, 2. Aufl. 2005.
[2] Beurteilungskriterien, Urteilsbildung in der Medizinisch-Psychologischen Fahreignungsdiagnostik, 3. Aufl. 2013.

linie. Sie liefern Anhaltspunkte für die Präzisierung des Begriffs der Kraftfahrereignung. Die Leitlinien sind bei einer ärztlichen oder medizinisch-psychologischen Begutachtung grundsätzlich zu Grunde zu legen. Die Beurteilungskriterien stellen den derzeitigen Stand der Wissenschaft in verkehrsmedizinischer und verkehrspsychologischer Hinsicht dar. Da Fahreignungsgutachten wissenschaftlichen Ansprüchen genügen müssen, was sich aus Nr. 2 lit. a) der Anlage 4a zur FeV ergibt, sind sie bei der Begutachtung zu beachten.

2. Bedingte Eignung

14   Ist der Bewerber aufgrund körperlicher oder geistiger Mängel nur bedingt zum Führen von Kraftfahrzeugen geeignet, so kann die Fahrerlaubnisbehörde eine entsprechend modifizierte Fahrerlaubnis erteilen, wenn durch entsprechende Auflagen und Beschränkungen zur Fahrerlaubnis das sichere Führen der Kraftfahrzeuge gewährleistet werden kann.

15   Bedingte Eignung kommt bei Vorliegen charakterlicher Mängel grundsätzlich nicht in Betracht.[3] Das folgt schon aus dem insoweit nicht zweifelhaften Wortlaut des § 2 Abs. 4 S. 2 StVG. § 23 Abs. 2 S. 2 FeV enthält diese Beschränkung nicht; sie lässt sich aber ohne weiteres daraus ableiten, dass die zulässigen Beschränkungen und Auflagen nach Anlage 9 zur FeV sich auf körperliche und eingeschränkt auch auf geistige Mängel beziehen. Es ist auch nicht erkennbar, dass es Beschränkungen und Auflagen gibt, die charakterliche Eignungsmängel im fahrerlaubnisrechtlichen Sinn ausgleichen können. Die Regelung in § 69a Abs. 2 StGB steht dem nicht entgegen; vielmehr geht diese Vorschrift weitgehend ins Leere.[4] Die Ausnahme bestimmter Fahrerlaubnisklassen von der Sperrfrist für die Wiedererteilung stellt keine eingeschränkte Fahrerlaubnis im Rechtssinne dar. Im Übrigen wäre die Fahrerlaubnisbehörde durch die europarechtlichen Beschränkungen trotz einer Ausnahme von der Sperrfrist im Strafurteil gehindert, eine Fahrerlaubnis zu erteilen, die von einer der in Art. 4 der RL 2006/126EG aufgeführten Fahrerlaubnisklassen abweicht. Für die nationalen Fahrerlaubnisklassen kann im Einzelfall eine „modifizierte Fahrerlaubnis" im Weg der Ausnahme (§ 74 FeV) in Betracht kommen.

16   Die bei festgestelltem Alkoholmissbrauch diskutierte Möglichkeit,[5] einem zuvor alkoholauffälligen Kraftfahrer, der seine Lebensweise geändert hat, die Fahrerlaubnis unter der Auflage regelmäßiger medizinischer Untersuchung der Leberwerte zu erteilen, ist rechtlich unzulässig. Zwar versteht der Verordnungsgeber Alkoholmissbrauch als körperlichen bzw. geistigen Mangel; aus Nr. 8.2 der Anlage 4 zur FeV folgt jedoch, dass dort jedenfalls im Regelfall keine Beschränkungen oder Auflagen zur Kompensation einer bedingten Eignung vorgesehen sind. Dass im Einzelfall ein Sonderfall im Sinne der Vorbemerkung 3 zur Anlage 4 vorliegt, ist kaum vorstellbar.

3. Teileignung

17   Das Fahrerlaubnisrecht kennt eine Teileignung grundsätzlich nicht. Das bedeutet, dass sich ein festgestellter Eignungsmangel grundsätzlich auf alle Fahrerlaubnisklassen bezieht. Eine Ausnahme gilt, soweit der Gesetzgeber hinsichtlich bestimmter Klassen besondere Anforderung stellt, die für andere Klasse ohne Bedeutung sind. In der Anlage 4 zur FeV wird das durch die beiden dort genannten Fahrzeuggruppen dokumentiert. Zur Gruppe 1 gehören Fahrzeuge der Klassen A, A1, B, BE, M, L und T, zur Gruppe 2 die Klassen C, C1, CE, C1E, D, D1 DE, D1E und die Fahrerlaubnis zur Fahrgastbeförderung. Das wird in der Regel nur bei körperlichen Beeinträchtigungen der Fall sein. Richtigerweise wird man hier aber von einer bedingten Eignung und nicht von einer Teileignung sprechen. Generell keine Teileignung oder teilweise Eignung gibt es bei charakterlichen Mängeln. Das gleiche gilt bei Alkohol- oder Drogenauffälligkeit.

---

[3] *Bouska/Laeverenz* § 2 StVG Anm. 21; aA *Bode/Winkler* § 3 Rn. 50.
[4] *Hentschel/König/Dauer* § 2 StVG Rn. 71.
[5] In diesem Sinne wohl *Bode/Winkler* § 3 Rn. 50 und Berz/Burmann/*Gehrmann* 17 B Rn. 34.

II. Eignungszweifel bei Alkoholproblematik

1. Rechtliche Grundlagen

Das Fahrerlaubnisrecht fragt nicht danach, ob und in welchem Umfang ein Fahrerlaubnisinhaber oder -bewerber Alkohol konsumiert. Das Trinken von Alkohol als solches wird von der Rechtsordnung nicht missbilligt; relevant wird Alkoholkonsum erst, wenn ein Zusammenhang mit dem Straßenverkehr besteht. Wann ein fahrerlaubnisrechtlich bedeutsamer Alkoholkonsum anzunehmen ist, lässt sich § 13 FeV entnehmen. Die Vorschrift listet die Tatbestände auf, bei deren Vorliegen die zuständige Behörde die Beibringung eines ärztlichen oder eines medizinisch-psychologischen Gutachtens verlangen darf. Es lassen sich dabei drei Fallgestaltungen unterscheiden, nämlich Alkoholabhängigkeit, Verkehrsverstöße unter Alkoholeinfluss und – sonstiger – Missbrauch. Die Übergänge zwischen den beiden letztgenannten sind fließend.

2. Die Fälle der alkoholbedingten Fahrungeeignetheit

a) **Abhängigkeit.** Abhängigkeit ist in den Begutachtungs-Leitlinien zur Kraftfahrereignung unter Bezug auf die diagnostischen Leitlinien der Alkoholabhängigkeit nach ICD 10 wie folgt gegeben.[6]

„Die sichere Diagnose ‚Abhängigkeit' sollte nur gestellt werden, wenn irgendwann während des letzten Jahres drei oder mehr der folgenden Kriterien vorhanden waren:
- Ein starker Wunsch oder eine Art Zwang, psychotrope Substanzen zu konsumieren.
- Verminderte Kontrollfähigkeit bezüglich des Beginns, der Beendigung und der Menge des Konsums.
- Ein körperliches Entzugssyndrom bei Beendigung oder Reduktion des Konsums, nachgewiesen durch die substanzspezifischen Entzugssymptome oder durch die Aufnahme der gleichen oder einer nahe verwandten Substanz, um Entzugssymptome zu mildern oder zu vermeiden.
- Nachweis einer Toleranz. Um die ursprünglich durch niedrigere Dosen erreichten Wirkungen der psychotropen Substanz hervorzurufen, sind zunehmend höhere Dosen erforderlich (eindeutige Beispiele hierfür sind die Tagesdosen von Alkoholikern und Opiatabhängigen, die bei Konsumenten ohne Toleranzentwicklung zu einer schweren Beeinträchtigung oder sogar zum Tode führen würden).
- Fortschreitende Vernachlässigung anderer Vergnügen oder Interessen zugunsten des Substanzkonsums, erhöhter Zeitaufwand, um die Substanz zu beschaffen, zu konsumieren oder sich von den Folgen zu erholen.
- Anhaltender Substanzkonsum trotz Nachweises eindeutiger schädlicher Folgen, wie zB Leberschädigung durch exzessives Trinken, depressive Verstimmungen infolge starken Substanzkonsums oder drogenbedingte Verschlechterung kognitiver Funktionen. Es sollte dabei festgestellt werden, dass der Konsument sich tatsächlich über Art und Ausmaß der schädlichen Folgen im Klaren war oder dass zumindest davon auszugehen ist."

Eine einmalige starke Alkoholisierung mit anschließendem aggressivem Verhalten reicht im Regelfall nicht aus, um den Verdacht für eine Alkoholabhängigkeit zu begründen.[7]

Alkoholabhängigkeit ist in erster Linie eine Form der körperlichen Nichteignung. Sie zu diagnostizieren ist Sache eines Arztes. Abhängigkeit führt nach Nr. 8.3 der Anlage 4 unmittelbar zur Fahrungeeignetheit. Im Regelfall wird zur Frage, ob Abhängigkeit vorliegt, ein Gutachten erforderlich sein; steht aber aufgrund bereits vorhandener Unterlagen etwa Berichten über einen stationären Klinikaufenthalt fest, dass die Voraussetzungen des ICD 10 erfüllt sind, kann auch unmittelbar nach § 11 Abs. 7 FeV eine Fahrerlaubnisentziehung ausgesprochen werden.[8] Die Frage, ob eine Abhängigkeit geheilt werden kann und deshalb

---
[6] Begutachtungsleitlinien 3.11.2.
[7] BayVGH SVR 2012, 317.
[8] OVG Nordrhein-Westfalen BA 2014, 130.

„nicht mehr besteht", wird man das verneinen müssen. Entscheidend ist, dass der Betreffende im maßgeblichen Zeitpunkt keinen Alkohol mehr trinkt. Steht fest, dass ein Alkoholabhängiger nach therapeutischer Behandlung und Wiedererlangung der Fahrerlaubnis in früheres Suchtverhalten zurückgefallen ist, bedarf es vor der Fahrerlaubnisentziehung keiner erneuten fachärztlichen Begutachtung. Es entspricht dem Krankheitsbild des Alkoholabhängigen, dass bereits der einmalige auch nur geringfügige Konsum von Alkohol den Rückfall begründen kann.[9]

23 **b) Alkoholbedingte Verkehrsauffälligkeit.** In Anlehnung an die Regelung in § 13 Nr. 2 lit. a) und b) FeV liegt eine fahreignungsrelevante Alkoholproblematik vor, wenn der Betreffende wiederholt Zuwiderhandlungen im Straßenverkehr begangen hat oder ein Fahrzeug mit einer BAK von mindestens 1,6 Promille oder einer AAK von 0,8 mg/l geführt hat. Der letztgenannte Fall kann auch unter Missbrauch subsumiert werden, weil hier mit Sicherheit ein die Fahrsicherheit beeinträchtigender Alkoholkonsum vorgelegen hat. Die Trunkenheitsfahrt muss nicht mit einem Kraftfahrzeug erfolgt sein; es genügen auch fahrerlaubnisfreie Fahrzeuge. Dementsprechend wurde Fahrungeeignetheit angenommen, wenn ein Fahrerlaubnisinhaber in entsprechend alkoholisiertem Zustand mit einem Fahrrad gefahren ist;[10] das gilt schon für einen Ersttäter. Gleiches ist anzunehmen, wenn die Trunkenheitsfahrt mit einem Mofa begangen wurde; die Prüfbescheinigung nach § 5 FeV stellt keine Fahrerlaubnis dar. Dabei ist jeweils eine Alkoholisierung in dem Umfang erforderlich, die § 24a Abs. 1 StVG als ahndungswürdig ansieht. Bei Zuwiderhandlungen mit nicht fahrerlaubnispflichtigen Fahrzeugen gilt § 24a Abs. 1 StVG nicht. Hier müssen Alkoholwerte erreicht werden, die eine Verurteilung nach § 315c Abs. 1 Nr. 1a) oder § 316 StGB rechtfertigen. Während bei einem Autofahrer im Regelfall ab einer Blutalkoholkonzentration (BAK) von 1,1‰ von einer absoluten Fahruntüchtigkeit auszugehen ist, liegt der entsprechende Wert bei einem Radfahrer bei 1,6‰.[11] Eine Ungleichbehandlung mit Roller- oder Inline-Skater-Fahrern liegt nicht vor, weil es sich insoweit nicht um Fahrzeuge im Sinne der StVO handelt.[12] Bei einer einmaligen Trunkenheitsfahrt unter 1,6 Promille mit einem fahrerlaubnispflichtigen Fahrzeug kann nicht zwingend von einer Alkoholproblematik ausgegangen werden. Unter Berücksichtigung der hinter § 11 Abs. 3 Nr. 4 FeV stehenden Wertung kann nur bei erheblicher Alkoholisierung die Frage der Fahreignung aufgeworfen werden. Werte im Bereich der absoluten Fahruntüchtigkeit (1,1 Promille) sind insoweit relevant.[13] Wiederholte Verkehrszuwiderhandlungen setzen mindestens zwei entsprechende Vorfälle voraus. Verwertbar sind alle Vorgänge, für die noch keine Tilgungsreife eingetreten ist. Dass nach einem Vorfall eine – positive – MPU vorgelegt wurde, führt nicht zu einer Zäsur mit der Folge, dass dieser nicht mehr berücksichtigt werden dürfte.

24 Die Feststellung einer wegen alkoholbedingter Verkehrszuwiderhandlungen anzunehmenden Ungeeignetheit ist sowohl von medizinischer als auch von psychologischer Seite zu behandeln. Wer wiederholt Alkohol – wenn auch im gesellschaftlich tolerierten Umfang – konsumiert und in diesem Zustand ein Fahrzeug führt, kann möglicherweise körperliche Schäden aufweisen; gleichzeitig ist aber festzustellen, ob auch in Zukunft mit entsprechendem Fehlverhalten gerechnet werden muss. Diese auf das Trinkverhalten gerichtete Prognose, die auch als – subjektive – Wahrscheinlichkeit eines Rückfalls bezeichnet wird, ist eine psychologische Fragestellung.[14]

25 **c) Missbrauch.** Der Begriff des Alkoholmissbrauchs wird in im Gesetz nicht abschließend definiert. Allgemein versteht man darunter einen Alkoholkonsum, der über das gesellschaftlich als angemessen angesehene Maß hinaus geht und die Grenze zur – körperlichen –

---

[9] VG Bremen BA 2013, 49.
[10] BVerwG NJW 1989, 1623; VD 1995, 47; VD 1995, 46; NZV 1996, 84; BayVGH zfs 2010, 296; OVG Mecklenburg-Vorpommern BA 2007, 52; OVG Berlin-Brandenburg NJW 2003, 442 [LS], VGH Baden-Württemberg NZV 1998, 519; VG Neustadt (Weinstraße) zfs 2005, 123; BA 2007, 70; OVG Rheinland-Pfalz NJW 2012, 3388 = DAR 2012, 601 unter Aufgabe der früheren Rechtsprechung DAR 2010, 35 = BA 2009, 437.
[11] BayVGH vom 28.12.2010 – 11 CS 10.2095 <juris> Rn. 13 mwN.
[12] BVerwG zfs 2013, 474.
[13] Vgl. BayVGH DAR 2002, 330; VG Augsburg zfs 2008, 117: 1,43 Promille.
[14] Ferner/*Möthrath* § 54 Rn. 47.

Schädlichkeit überschreitet; die ICD–10 spricht hier von schädlichem Gebrauch. Für das Fahreignungsrecht ist diese Definition nur eingeschränkt brauchbar. Hinweise, was Alkoholmissbrauch im fahrerlaubnisrechtlichen Sinn bedeutet, liefert die Anlage 4 zur FeV. Missbrauch liegt nach Nr. 8.1 der Anlage 4 zur FeV vor, wenn das Führen von Kraftfahrzeugen und ein die Fahrsicherheit beeinträchtigender Alkoholkonsum nicht hinreichend sicher getrennt werden kann. Das stellt aber keine abschließende Definition dar, was sich aus Nr. 3 S. 1 der Vorbemerkung schließen lässt. Danach gelten die in der Anlage 4 vorgenommenen Bewertungen nur für den Regelfall; im Einzelfall ist auch eine andere Beurteilung möglich. Über den Fall des nachgewiesenen Unvermögens hinaus, Trinken und Fahren zu trennen, kann ein fahreignungsrelevanter Missbrauch auch im Einzelfall dann anzunehmen sein, wenn ein mittelbarer Zusammenhang zwischen Alkoholkonsum und Teilnahme am Straßenverkehr vorliegt.[15] Ein solcher besonderer Umstand liegt etwa vor, wenn der Betreffende, der häufig im schädlichen Umfang Alkohol konsumiert, als Berufskraftfahrer[16] arbeitet und daher gehalten ist, abgesehen von seinen dienstfreien Zeiten täglich am Straßenverkehr teilzunehmen. Angesichts der typischen Abbauzeiten von Alkohol im Körper liegt in solchen Fällen ein Dauerkonflikt vor zwischen der Neigung, oft und in größeren Mengen Alkohol zu konsumieren und der Verpflichtung, im nüchternen Zustand ein Kraftfahrzeug zu führen. Gleiches gilt, wenn es sich um einen Taxifahrer handelt.[17] Ausreichend ist es auch, wenn ein Fahrerlaubnisinhaber in erheblich alkoholisiertem Zustand versucht, sein Fahrzeug aufzuschließen, um dieses zu benutzen.[18] Zweifelhaft ist dagegen die Annahme, es liege straßenverkehrsrechtlich relevanter Alkoholmissbrauch vor, wenn eine Mutter gegen Mitternacht mit ihrem 4-jährigen Kind in angeheiterter Stimmung eine Bar besucht, um dort weiter zu trinken;[19] zu fordern ist das Vorliegen weiterer Umstände, die im genannten Fall darin zu sehen waren, dass die Betroffene bereits früher im Straßenverkehr mit Alkohol aufgefallen war.

Alkoholmissbrauch ist nicht nur eine medizinische, sondern auch eine psychologische Frage. Es kommt für die Fahreignung nicht nur darauf an, ob durch den übermäßigen Alkoholkonsum schon körperliche Schäden eingetreten sind, die die Fähigkeit des Betroffenen, ein Kraftfahrzeug sicher führen zu können, in Frage stellen. Wesentlich ist auch die Feststellung, ob in Zukunft eine Trennung von Trinken und Fahren mit hinreichender Sicherheit erwartet werden kann. 26

3. Wiederherstellung der Eignung

a) **Abhängigkeit.** Wiederherstellung der Eignung bei Abhängigkeit kommt nach Nr. 8.4 der Anlage 4 zur FeV iVm Nr. 3.11.2 der Begutachtungs-Leitlinien unter folgenden Voraussetzungen in Betracht: 27
- Entwöhnungsbehandlung und in der Regel Nachweis der Abstinenz für die Dauer eines Jahres
- Nachweis dauerhafter Abstinenz
- Fehlen sonstiger eignungsrelevanter Mängel
- Beseitigung der Ursachen der Alkoholabhängigkeit, etwa bei früherer massiver Störung der Persönlichkeit.

Anders als bei der Frage, ob wegen Alkoholabhängigkeit die Fahrerlaubnis entzogen werden soll, ist die Problematik, ob nach Abhängigkeit wieder Fahreignung eingetreten ist, nicht nur eine medizinische Frage. Denn es ist zu prüfen, ob die Abhängigkeit überwunden ist und in Zukunft nicht mit einem Rückfall gerechnet werden muss; § 13 S. 2 lit. e) FeV sieht deshalb die Vorlage einer positiven MPU als verpflichtend an. Auf andere Weise kann der Nachweis der Wiedererlangung der Fahrereignung nicht geführt werden. Es genügt da- 28

---

[15] VG Augsburg zfs 2008, 117; *Geiger* DAR 2002, 347; aA *Himmelreich* DAR 2002, 60.
[16] VGH Baden-Württemberg NZV 2002, 580 = zfs 2002, 504 = BA 2003, 245; VG Sigmaringen NVwZ-RR 2002, 116/117.
[17] VGH Baden-Württemberg NZV 2002, 582 = zfs 2002, 555 = BA 2003, 249.
[18] AA OVG Saarlouis zfs 2001, 92.
[19] VGH Baden-Württemberg VBlBW 2001, 490 = DAR 2001, 233.

her nicht, wenn lediglich durch positive Screenings der Nachweis einer einjährigen Abstinenz geführt wird.

29 Die einjährige Abstinenzzeit muss durch mehrere Kontrolluntersuchungen belegt werden. Die Termine müssen kurzfristig und für den Betroffenen unvorhersehbar anberaumt werden, damit dieser keine Gelegenheit hat, sich darauf vorzubereiten. Erforderlich sind in der Regel sechs Screenings; im Einzelfall können aber auch mehr verlangt werden. Wie die Abstinenz nachzuweisen ist, regelt das Gesetz nicht. Von den Laborparametern, die mit dem Ziel einer Abstinenzkontrolle üblicherweise erhoben werden (nämlich dem Gamma-GT-, dem GOT- und GPT-, dem MCV- und dem CDT-Wert), kommt dem erstgenannten die weitaus größte Bedeutung zu, da er allgemein als der empfindlichste herkömmliche Marker gilt.[20] Gleichwohl hat er deutliche Schwächen. Es hat sich schon relativ früh gezeigt, dass in etwa 50 bis 60 % aller Fälle von alkoholauffälligen Kraftfahrern mit einer Blutalkoholkonzentration von 1,6‰ die Gamma-GT-Werte im Normbereich liegen.[21] Das bedeutet, dass zwar hohe Leberwerte einen Hinweis auf Alkoholmissbrauch darstellen können; niedrige Werte erbringen aber nicht zwangsläufig den Nachweis dafür, dass der Betreffende nicht zu übermäßigem Alkoholgenuss neigt. Es zeigt sich auch, dass erhöhte Gamma-GT-Werte auf andere Ursachen zurückgeführt werden können, etwa die Einnahme bestimmter Medikamente[22] oder der – berufsbedingte – Umgang mit toxischen Stoffen. Der CDT-Wert hat ebenfalls erhebliche Bedeutung wegen seiner hohen Spezifität. Seine Feststellung ist aber aufwändiger als die der Leberwerte. Als besonders brauchbar hat sich der Ethylglucoronid – Wert (EtG) erwiesen.[23] Dieser Stoff wird im Körper als Abbauprodukt von Alkohol gebildet und ist außer im Urin auch im Serum und in den Haaren nachweisbar. Während die Werte für die vorgenannten Parameter einen indirekten Zeitmarker hinsichtlich eines übermäßigen Alkoholkonsums darstellen, handelt es sich bei dem EtG-Wert um den Nachweis eines direkten Abbauprodukts von Ethanol, das im Urin für mindestens 36 Stunden und bis zu 80 Stunden, in den Haaren unter Umständen auch mehrere Monate feststellbar ist. Der Nachweis von EtG eignet sich daher besonders für die Überwachung von Patienten im Alkoholentzug oder für Fragestellungen, bei denen ein Alkoholkonsum Stunden bis wenige Tage vorangegangen war, der aber auf Basis der Blutalkoholmessung nicht mehr erfassbar ist. Angesichts der hohen Aussagekraft des EtG-Werts bietet eine genügend häufige, kurzfristig und zu für den Antragsteller unvorhersehbaren Terminen gewonnene Urinproben, die auf das Vorhandensein von EtG hin analysiert werden, eine ausreichende Gewähr dafür, dass er während dieser Zeit auf Alkohol verzichtet.[24] Da EtG im Urin – dosisabhängig – zwischen 1 bis 3 Tagen nachweisbar ist, muss die Ladung zur Urinabgabe kurzfristig, in der Regel innerhalb von 24 Stunden erfolgen. Wegen der hohen Aussagekraft dieses Markers stellen die Beurteilungskriterien für die Erstellung von Fahreignungsgutachten[25] zu Recht auf diesen Parameter ab, wenn eine anhaltende Abstinenz von Alkohol festgestellt werden soll.

30 **b) Alkoholbedingte Verkehrsauffälligkeit.** Für diese Fallgestaltung sehen weder der Anhang 4 zur FeV noch die Begutachtungs-Leitlinien besondere Kriterien für die Wiedererlangung der Fahreignung vor. Es gelten deshalb allgemeine Grundsätze:
- Keine körperlichen Schäden durch den Alkoholkonsum.
- Keine Leistungsbeeinträchtigungen.
- Einsichtsfähigkeit hinsichtlich der begangenen Zuwiderhandlungen.
- Hinreichende Sicherheit, dass künftig keine entsprechenden Verstöße stattfinden.

31 Auch hier ist zum Nachweis künftigen verkehrsangepassten Verhaltens eine MPU unumgänglich (§ 13 S. 2 lit. b) bis d) FeV).

---

[20] *Schubert/Schneider/Eisenmenger/Stephan* Erl. zu Nr. 3.11.2, S. 163.
[21] *Iffland* NVwZ 1993, 369.
[22] Vgl. hierzu *Schubert/Schneider/Eisenmenger/Stephan* Erl. zu Nr. 3.11.2.3, S. 163.
[23] *Haffner/Dettling* BA 2008, 167; *Uhle/Löhr-Schwaab* zfs 2007, 192.
[24] OVG Magdeburg NJW 2009, 1829; BayVGH Beschl. v. 31.7.2007 – 11 CS 08.1103 – <juris>.
[25] Beurteilungskriterien Kriterium A 1.3 N Nr. 3. Die – älteren – Begutachtungs-Leitlinien zur Kraftfahreignung stellen dagegen noch auf die weniger spezifischen Parameter Gamma-GT, GOT, GPT, MCV, CDT und Trigyceride ab [Nr. 3.11.2].

c) **Missbrauch.** Gemäß Nr. 8.2 der Anlage 4 der FeV ist Eignung wieder zu bejahen nach 32
Beendigung des Missbrauchs, wenn die Änderung des Trinkverhaltens gefestigt ist. Hiernach
müssen gemäß Nr. 3.11.1 der Begutachtungs-Leitlinien folgende Voraussetzungen gegeben
sein:
- Änderung des Trinkverhaltens.
- Die vollzogene Änderung im Umgang mit Alkohol muss stabil sein.
- Alle körperlichen Befunde lassen auf Beendigung des Missbrauchs schließen.
- Alkoholbedingte Leistungs- und Funktionsbeeinträchtigungen fehlen.

Hier ist eine MPU Pflicht (§ 13 S. 2 lit. e) FeV).

d) **Nachweis.** Ein wegen übermäßigen Alkoholkonsums auffälliger Kraftfahrer kann seine 33
Fahreignung nur wiedererlangen, wenn sich bei ihm ein grundlegender Wandel in seiner
Einstellung zum Komplex Alkohol überhaupt – und nicht nur zum Komplex Alkohol und
Straßenverkehr – vollzieht. Voraussetzung hierfür ist, dass der Betreffende jedenfalls über
einen längeren Zeitraum – grundsätzlich ist ein Jahr zu fordern – zu einer stabilen Abstinenz gefunden hat.[26] Das bedeutet, dass der Betreffende Umfang und Ursachen seines – früheren – Alkoholproblems erkannt, dieses ggf. durch Inanspruchnahme professioneller Hilfe
bearbeitet und eine Strategie entwickelt haben muss, wie er künftig auf Alkohol verzichtet.
Es reicht demnach nicht aus, dass der Betreffende über einen längeren Zeitraum tatsächlich
abstinent ist. Hinzu kommen muss eine Änderung der inneren Einstellung zum Alkohol. Allein der Wunsch, die Fahrerlaubnis wiederzuerlangen und deshalb auf Alkohol zu verzichten, ist nicht tragfähig. Es besteht die erhebliche Gefahr, wenn der äußere Anlass für die
Abstinenz weggefallen ist, wieder in alte Gewohnheiten zu verfallen. Zum Nachweis einer
Abstinenz kann auf die Ausführungen im Zusammenhang mit Alkoholabhängigkeit verwiesen werden. Es gibt keinen festen Zeitraum, wie lange die Abstinenz andauern muss. Eine
mindestens sechsmonatige Zeit des Nichttrinkens wird das Minimum darstellen. Bei sehr
hohen Alkoholwerten, also in der Regel solchen von 1,6 ‰ und mehr, kann auch eine einjährige Abstinenz erforderlich sein. Im Blick auf die gebotene Beurteilung der individuellen
Rückfallwahrscheinlichkeit bei Kraftfahrern, die bereits wegen eines alkoholbedingten Verkehrsdelikts aufgefallen sind, stellt sich die Frage, ob und gegebenenfalls unter welchen
Voraussetzungen aus bisheriger Teilnahme am Straßenverkehr unter Alkoholeinfluss der
Schluss darauf gezogen werden kann, dass der Betroffene auch in Zukunft mit wesentlich
höherer Wahrscheinlichkeit als ein bisher unauffälliger Kraftfahrer Trunkenheitsdelikte im
Straßenverkehr begehen wird. Diese Prognose ist aufgrund einer umfassenden Würdigung
der Gesamtpersönlichkeit des einzelnen Betroffenen unter Berücksichtigung seiner individuellen Verhältnisse zu erstellen. Bei festgestellten Alkoholkonzentrationen zwischen 1,1 und
1,59 ‰ kann nicht typisierend von einem Gewohnheitstrinker im verkehrsrechtlichen Sinne
ausgegangen werden. Ob und in welchem Umfang zum Nachweis der Wiedererlangung der
Fahreignung eine Abstinenz zu fordern ist, bedarf genauer Ermittlungen im Einzelfall. Anhaltspunkte liefern Anzahl der alkoholbedingten Auffälligkeiten, der jeweils erreichte Grad
der Alkoholisierung, Zeitpunkt und Umstände, die zur Trunkenheitsfahrt geführt haben und
vor allem die Einstellung des Betroffenen im Hinblick auf die – zuverlässige – Vermeidung
vergleichbarer Vorfälle. Bei Trunkenheitsfahrten im Ordnungswidrigkeitenbereich, also zwischen 0,5 und 1,09 ‰ wird regelmäßig eine Abstinenz nicht zu fordern sein.

e) **Wiedererteilung nach Fahrerlaubnisentziehung.** Nach § 13 S. 1 Nr. 2 lit. d) FeV ist zum 34
Nachweis, dass Fahreignung wieder eingetreten ist, eine MPU erforderlich, wenn die Fahrerlaubnis aus einem der in § 13 S. 1 Nr. 2 lit. a) bis c) FeV genannten Gründe entzogen worden war. dabei kommt es nicht darauf an, durch wen die Entziehung erfolgt ist, durch das
Strafgericht oder die Verwaltungsbehörde.[27] Da für die Strafgerichte andere Voraussetzungen gelten als für die Fahrerlaubnisbehörde, führt das zu einer erheblichen Ausweitung der
Möglichkeiten, eine MPU zu verlangen. Außer im Fall wiederholter Trunkenheitsfahrten
kommt im Verwaltungsverfahren eine Entziehung wegen einer einmaligen Trunkenheitsfahrt

---

[26] Grundlegend OVG Schleswig NZV 1992, 379; zur Notwendigkeit einer Abstinenz und zur Ablehnung des
Konzepts „kontrolliertes Trinken" bei diesem Personenkreis *Stephan* DAR 1995, 41.
[27] BVerwG NJW 2013, 3670.

nur in Betracht, wenn eine BAK von 1,6‰ oder mehr bzw. eine entsprechende AAK festgestellt wurde; für das Strafgericht genügen geringere Blutalkoholkonzentrationen; zur Annahme einer absoluten Fahruntüchtigkeit genügt eine BAK von 1,1‰, so dass eine Verurteilung nach § 316 StGB möglich und eine Fahrerlaubnisentziehung im Regelfall auszusprechen ist. Ist das geschehen, bedarf es im Wiedererteilungsverfahren keiner Nachprüfung ob Alkoholmissbrauch gemäß § 13 S. 1 Nr. 2 lit. a) FeV vorgelegen hat.[28] Die strafgerichtliche Entziehung der Fahrerlaubnis wegen einer Fahrt unter Alkoholeinfluss löst somit für ein Wiedererteilungsverfahren ohne weiteres die Notwendigkeit der Anordnung einer medizinisch-psychologischen Untersuchung aus.[29]

III. Eignungszweifel bei Drogenproblematik

35   Hinweise zur Beurteilung der Eignung sowie zur Problematik der Betäubungsmittel sowie anderer psychoaktiv wirkender Stoffe und Arzneimittel können aus § 14 FeV entnommen werden. Weitergehend Regelungen enthält die Anlage 4 der FeV (unter Nr. 9). Ebenso ergeben sich Eignungsaussagen aus den Begutachtungs-Leitlinien zur Kraftfahrereignung (unter 3.12).

1. Die verstärkte Drogenproblematik

36   Festzustellen ist, dass die Einnahme von Betäubungsmitteln und anderen psychoaktiv wirkenden Stoffen im Zusammenhang mit dem Führen von Kraftfahrzeugen in starkem Maße zugenommen hat. Wenn auch in absoluten Zahlen Alkoholauffälligkeit häufiger ist als Drogenauffälligkeit, sind die Rechtsfragen in Zusammenhang mit letzteren die schwierigeren und in der Praxis relevanteren. Häufig wird dies auch noch verstärkt in Verbindung mit Alkohol.

37   Die verkehrsbezogene Gefährlichkeit der Einnahme einer bestimmten Droge quantitativ festzustellen, ist schwierig. Es ist rechtlich und moralisch nicht möglich, Personen zur Erforschung der Auswirkungen von Drogenkonsum auf die Verkehrssicherheit mit illegalen Rauschmitteln zu behandeln. Ausgewichen wird teilweise auf Länder, die – jedenfalls was die Einnahme von Cannabis angeht – keine oder nur geringe strafrechtlichen Hürden aufgebaut haben. das gilt, was die Forschung im Hinblick auf die Wirkungen von Cannabis angeht, vor allem für die Niederlande.[30] Zur Beurteilung der Kraftfahreignung in Bezug auf Drogenkonsum sind verschiedene Fragen zu klären:
- Liegt nur Besitz von Drogen vor oder wurden diese eingenommen?
- Welche Drogen wurden konsumiert?
- In welcher Frequenz werden Drogen konsumiert?
- Handelt es sich um einen singulären Konsum im Probierstadium?
- Wurde unter Drogeneinfluss ein Kraftfahrzeug benutzt?
- Liegen wiederholte Delikte im Zusammenhang mit Drogen vor?
- Sind Beeinträchtigungen der Leistungsfähigkeit oder Persönlichkeitsstörungen zu beobachten?
- Besteht eine Neigung zum kombinierten Konsum von Drogen und Alkohol?
- Liegt ein Gebrauch unterschiedlicher Drogen vor?
- Ist der Betroffene drogenabhängig?
- Hat er schon einmal eine Entwöhnungsbehandlung wegen Drogenmissbrauchs absolviert?

38   Welche Aufklärungsmaßnahmen veranlasst sind, lässt sich im Wesentlichen § 14 FeV entnehmen. Es müssen jeweils Tatsachen vorliegen, die den Schluss zulassen, dass einer der in § 14 FeV aufgelisteten Tatbestände erfüllt ist. Es muss also noch nicht nachgewiesen sein, dass der Tatbestand erfüllt ist; ob das der Fall ist, soll durch die von der Fahrerlaubnisbehörde angeordnete Maßnahme geklärt werden. Es müssen konkrete Tatsachen sein, die den Schluss auf Drogenkonsum zulassen; dass bei einem Verkehrsteilnehmer gerötete Augen

---

[28] VGH Baden-Württemberg VBlBW 2013, 19.
[29] VGH Baden-Württemberg BA 2014, 131.
[30] Vgl. Untersuchung an der Universität Maastricht; hierzu *Müller e. a.* BA 2006, 361.

festgestellt wurden, riecht nicht aus.[31] Bei Besitz von Rauschmitteln ist nach § 14 Abs. 1 S. 2 FeV eine ärztliche Untersuchung nötig, die Aufschluss darüber geben soll, ob es auch zum Konsum gekommen ist. Für Cannabis bedarf die Vorschrift einer einengenden Auslegung. Außer tatsächlichen Hinweisen auf Besitz dieses Rauschmittels müssen Anhaltspunkte dafür vorliegen, dass eine der Zusatztatsachen iSv Nr. 9.2.2 der Anlage 4 zur FeV erfüllt ist.[32] Gibt es auf Tatsachen gestützte Hinweise, dass Abhängigkeit von Betäubungsmitteln in Sinne des BtmG oder von anderen psychoaktiv wirkenden Stoffen besteht,[33] ist ein ärztliches Gutachten erforderlich (§ 14 Abs. 1 S. 1 Nr. 1 FeV); denn Abhängigkeit ist als Krankheit zu werten. Eine medizinische Untersuchung ist auch angezeigt, wenn es konkrete Hinweise auf Drogenkonsum gibt, dessen Häufigkeit aber nicht feststeht. Hier ist allerdings zwischen Cannabis und den so genannten harten Drogen zu differenzieren. Bei letzteren genügt eine einmalige Einnahme, während bei Cannabis zwischen einmaligem, gelegentlichem oder regelmäßigem Konsum unterschieden werden muss. Einer medizinisch-psychologischen Untersuchung bedarf es, wenn bei gelegentlichem Cannabiskonsum Zusatztatschen hinzu kommen. Nr. 9.2.2 der Anlage 4 zur FeV benennt beispielhaft relevante Zusatztatsachen. Solche liegen vor, wenn zur gelegentlichen Einnahme von Cannabis fehlendes Trennverhalten, zusätzlicher Gebrauch von Alkohol oder anderen psychoaktiv wirkenden Stoffen hinzu kommt, eine Störung der Persönlichkeit oder ein Kontrollverlust eingetreten ist. Einmaliger Cannabiskonsum ist fahrerlaubnisrechtlich irrelevant,[34] während regelmäßiger Konsum zur Ungeeignetheit führt. Es besteht inzwischen weitgehend Einigkeit darüber, dass eine regelmäßige Einnahme von Cannabis nur bei täglichem oder nahezu täglichem Konsum anzunehmen ist.[35] Gelegentlicher Konsum ist jeder, der dahinter zurückbleibt, aber mehr als einmal erfolgt ist.

2. Kontrollen und Maßnahmen der Polizei

a) **Mögliche Verdachtsmomente auf Medikamenten- oder Drogeneinfluss.** Typische Ausfallerscheinungen oder unerklärliche Fahrfehler sind mögliche Indizien für Medikamenten- und Drogeneinnahme. Dies gilt insbesondere, wenn Alkoholeinwirkung auszuschließen ist, etwa nach vorangegangenem Atemalkoholtest. Weitere Indizien sind körperliche Auffälligkeiten, etwa gerötete Augen.

b) **Maßnahmen bei Verdacht.** Ergibt sich bei einem Polizeibeamten im Rahmen einer Verkehrskontrolle ein Verdacht, der Betroffene könne unter Drogen gefahren sein, so bieten sich verschiedene Arten von Testmöglichkeiten an. In der Erprobung und teilweise im praktischen Einsatz finden sich:
- Schweißtest
- Speicheltest
- Urinprobe.

Zu beachten ist jedoch der Grundsatz „nemo tenetur". Kein Betroffener ist verpflichtet, an seiner eigenen Überführung mitzuwirken. Somit kommt lediglich die Entnahme einer Schweißprobe in Betracht. Speichelproben und Urinproben sind ohne ausdrückliche Einwilligung des Betroffenen nicht möglich. Bestehen hinreichende Verdachtsmomente wird im Regelfall die Entnahme einer Blutprobe durch einen Arzt angeordnet. In der Praxis werden Drogenvortests in der Regel durch Urinuntersuchungen mit Hilfe spezieller Teststreifen durchgeführt. Selbst wenn diese auf bestimmte Stoffe ansprechen, können sie nicht zum Beweis für einen erfolgten Drogenkonsum herangezogen werden. Sie bieten aber Anlass für Aufklärungsmaßnahmen durch die Fahrerlaubnisbehörde. In der Praxis verwenden Polizeibeamte bei Verdacht auf Drogenkonsum vor allem bei Verkehrskontrollen standardisierte Verfahren, die in entsprechenden Formblättern dokumentiert werden. Diese werden in geeigneten Fällen mit einer Mitteilung nach § 2 Abs. 12 StVG den Fahrerlaubnisbehörden

---

[31] BayVGH SVR 2013, 312.
[32] OVG Nordrhein-Westfalen DAR 2013, 723.
[33] Auch hier gilt die ICD 10.
[34] AA OVG Hamburg NJW 2006, 1367.
[35] VGH Baden-Württemberg NZV 2004, 213; BayVGH BA 2004, 97.

übermittelt und kommen, sofern sich der Verdacht einer Straftat oder Ordnungswidrigkeit ergeben zu den entsprechenden Akten.

42 c) **Mögliche Maßnahmen der Polizei.** Zunächst ist zu beachten, dass bei allen Maßnahmen der Polizei eine Belehrungspflicht besteht gemäß § 136 StPO. Prozessual stellt sich die Frage, ob Erklärungen des Betroffenen ohne Belehrung im Strafverfahren nutzbar sind. Nicht zu verkennen ist, dass die Rechtsprechung im Interesse einer möglichst umfassenden Sachaufklärung im Interesse der Verkehrssicherheit dazu tendiert, die Rechte des Betroffenen zurückzudrängen. Der Verwaltungsprozess kennt grundsätzlich kein Beweisverwertungsverbot; analog werden lediglich die für den Strafprozess relevanten absoluten Beweisverwertungsverbote angewendet.[36] Aussagen des Betroffenen etwa über seinen Drogenkonsum, die dieser ohne vorherige Belehrung gemacht hat, sind deshalb sowohl im Verwaltungsverfahren als auch im verwaltungsgerichtlichen Verfahren verwertbar.

3. Die Beurteilung der Eignung bei Drogenkonsum in der Rechtsprechung

43 Die Auseinandersetzung mit der Thematik der „Eignung" oder „Ungeeignetheit" zum Führen von Kraftfahrzeugen in Verbindung mit Drogenkonsum ist dadurch geprägt, dass das Gesetz durch die Verwendung unbestimmter Rechtsbegriffe wenig transparent und die Definition insbesondere des regelmäßigen und gelegentlichen Konsums umstritten ist. Zum andern haben die Fahrerlaubnisbehörden verschiedene Handlungsalternativen, die von den Auswirkungen auf den Betroffenen von unterschiedlichem Gewicht sind. Die hierzu ergangene Rechtsprechung ist dem entsprechend wenig übersichtlich und teilweise uneinheitlich; auch die Literatur kommt zu unterschiedlichen Ansätzen.

44 Die Thematik des Einflusses von Drogen auf die Eignung zum Führen von Kraftfahrzeugen beschäftigt sich mit der Art der Drogen, der Menge, der Gewöhnung und der Fähigkeit zur Trennung zwischen dem Führen eines Kraftfahrzeuges und der Einnahme von Drogen.

Zunächst ist festzustellen, dass die unterschiedliche rechtliche Behandlung des Konsums von Alkohol und Drogen im Hinblick auf die Fahreignung mit Art. 3 Abs. 1 GG vereinbar ist. Die Wirkung von Alkohol ist weitgehend bekannt und vom Konsumenten im Grundsatz vorhersehbar. Dagegen ist die Wirkung der verschiedenen Drogen nicht mit einander zu vergleichen und Dauer und Stärke des Rauschzustands nicht abschätzbar. Das folgt schon daraus, dass für den Konsumenten nicht erkennbar ist, welchen Wirkstoffgehalt die von ihm erworbene illegale Droge hat. So ist etwa bekannt, dass der Gehalt an THC in dem auf dem Markt befindlichen Haschisch in den letzten Jahren angestiegen und die Wirkung einer Konsumeinheit stärker geworden ist. Das rechtfertigt eine jedenfalls in den Einzelheiten unterschiedliche Behandlung von Alkohol und illegalen Drogen. Ebenso beruhen die §§ 11 und 46 FeV sowie Anlage 4 zur FeV auf einer im Hinblick auf Art. 80 Abs. 1 S. 2 GG ausreichend bestimmten Grundlage.[37]

45 a) **Cannabis.** Bei der Beurteilung der Fahreignung bei Cannabiskonsum ist maßgeblich auf die Einnahmefrequenz abzustellen. Es wird zwischen einmaligem, gelegentlichem und regelmäßigem Konsum unterschieden.

46 In der Rechtsprechung ist weitgehend geklärt, dass regelmäßiger Konsum ein solcher ist, der täglich oder fast täglich stattfindet.[38] Im Schrifttum und der früheren Rechtsprechung[39] gibt es dagegen auch andere Definitionen. So wird insbesondere geltend gemacht, dass auch der gewohnheitsmäßige Gebrauch von Cannabis darunter fällt.[40] Das ist anzunehmen, wenn sich der Drang, Cannabis zu konsumieren, so verselbständigt hat, dass eine willentliche Entscheidung darüber, ob ein Joint geraucht wird, praktisch nicht mehr stattfindet. Dieses Konsummuster, das die Beurteilungsleitlinien[41] dem regelmäßigen Cannabiskonsum gleichstellen, wird in der Rechtsprechung als nicht fahrerlaubnisrelevant angesehen, was

---

[36] Hierzu *Eyermann/Geiger* VwGO § 86 Rn. 23b mwN.
[37] VGH Baden-Württemberg zfs 2005, 158.
[38] So zB BayVGH BA 2004, 97; VGH Baden-Württemberg NZV 2004, 213.
[39] Nachweise bei *Geiger* DAR 2001, 488.
[40] *Geiger* NZV 2003, 272; so auch VG Saarlouis zfs 2006, 539.
[41] Begutachtungsleitlinien zur Kraftfahreignung Nr. 3.12.1.

wegen des Wortlauts des Gesetzes konsequent ist. Was gelegentlicher Konsum ist, regelt das Gesetz nicht. Maßgeblich für die Auslegung eines vom Normgeber verwendeten Wortes ist grundsätzlich die Bedeutung dieses Wortes im allgemeinen Sprachgebrauch. In der deutschen Sprache wird „gelegentlich", soll die Häufigkeit von Geschehnissen umschrieben werden, im Sinne von „manchmal", „häufiger, aber nicht regelmäßig", „öfters", „hin und wieder" oder „ab und zu" verstanden und dient damit zur Beschreibung eines mehr als ein Mal eingetretenen Ereignisses. Anhaltspunkte, dass der Verordnungsgeber das Wort „gelegentlich" in einem anderen Sinn verstanden wissen will, sind nicht ersichtlich. Auch die Amtliche Begründung[42] zu § 14 FeV lässt nicht darauf schließen, dass der Verordnungsgeber im Widerspruch zum allgemeinen Sprachgebrauch davon ausgegangen wäre, auch ein einmaliger Konsum von Cannabis erfülle das Merkmal der gelegentlichen Einnahme. Richtigerweise wird man das verneinen müssen.[43] Gelegentlicher Konsum ist demnach ein solcher, der hinter dem regelmäßigen zurück bleibt, aber häufiger als einmal stattgefunden hat.[44] Soweit die Rechtsprechung[45] darauf abstellt, schon bei einer – behauptetermaßen – einmaligen Fahrt unter Cannabiseinfluss könne im Regelfall ausgeschlossen werden, dass kein experimenteller Konsum vorliegt, begegnet sie Bedenken. Es ist zwar zuzugeben, dass es im hohen Maße unwahrscheinlich ist, wenn bereits beim erstmaligen Konsum eine Verkehrsteilnahme stattfindet und diese bei einer Kontrolle entdeckt wird; aber daraus schon den Nachweis für eine häufigere Einnahme abzuleiten geht zu weit. Es zeichnet sich allerdings die Tendenz ab, dass die vorgenannte Meinung mehr und mehr akzeptiert wird. Der Annahme eines gelegentlichen Cannabiskonsums steht es nicht entgegen, dass zwischen den Konsumakten ein längerer Zeitraum vergangen ist. War der erste Verstoß strafrechtlich relevant, kann er berücksichtigt werden, solange er im Fahreignungsregister noch eingetragen ist.[46] Eine feste Grenze, welche Zeit zwischen den Konsumakten liegen muss, um sie noch als relevant anzusehen, gibt es nicht; es entscheiden die Besonderheiten des Einzelfalls. Wenn einmal Cannabis konsumiert wurde und die Erinnerung daran noch präsent ist, ist das Stadium des Experimentierens verlassen worden, wenn erneut zu Cannabis gegriffen wurde. Ist ein Zeitraum von etwa dreieinhalb Jahren vergangen und hat der Betroffene einen Kurs für drogenauffällige Kfz-Fahrer absolviert hat, der ihm anschließend eine Drogenfreiheit bestätigt hat, schließt das die Annahme eines fahrerlaubnisrechtlich relevanten Cannabiskonsums nicht aus.[47]

Bei der Entscheidung über die Frage, ob regelmäßiger oder gelegentlicher Konsum vorliegt, wurde auf bestimmte Laborwerte[48] zurückgegriffen, die allerdings teilweise keinen absoluten Beweiswert besitzen, sondern lediglich Indizwirkung. Soweit früher auf den Metaboliten THC-COOH abgestellt wurde,[49] ist das zwischenzeitlich nicht mehr Stand der Wissenschaft. Aus einem THC-Wert, der in einer Blutprobe festgestellt wurde, kann nicht im Wege der Rückrechnung mit hinreichender Genauigkeit ermittelt werden, wie hoch der THC-Spiegel zu einem bestimmten, vor der Blutentnahme liegenden Zeitpunkt war, wie das zB bei Alkohol möglich ist. Auf die Erkenntnisse über das Abbauverhalten von THC darf aber insoweit zurückgegriffen werden, als sich aus ihnen – gleichsam im Wege des Ausschlussverfahrens – negative Aussagen dergestalt herleiten lassen, dass ein für einen bestimmten Zeitpunkt eingeräumter oder sonst feststehender Konsum von Cannabis keinesfalls (alleine) für die Konzentrationen ursächlich gewesen sein kann, die in einer später gewonnenen Blutprobe vorhanden waren.[50] Wird vorgetragen, der Betreffende habe zu ei-

47

---

[42] BR-Drucks. 443/89, S. 262 ff.
[43] VGH Baden-Württemberg NZV 2004, 215; *Hentschel* § 2 StVG Rn. 17; aA OVG Hamburg NJW 2006, 1367 = BA 2006, 165 = zfs 2006, 626.
[44] BayVGH DAR 2006, 349 = zfs 2006, 294; OVG Brandenburg BA 2006, 161.
[45] OVG Nordrhein-Westfalen BA 2012, 179; OVG Rheinland-Pfalz NZV 2011, 573 = BA 2011, 186; VGH Baden-Württemberg BA 2007, 190; aA VGH Kassel NJW 2009, 1523; BayVGH vom 16.8.2006 – 11 CS 05.3394 <juris>.
[46] VG Gelsenkirchen SVR 2014, 73.
[47] VGH Kassel vom 9.8.2012 BA 2013, 44.
[48] Vgl. *Daldrupp ua* BA 2000, 39.
[49] Nachweise bei *Geiger* SVR 2006, 401.
[50] BayVGH NJW 2014, 407.

nem Zeitpunkt, in dem ein Nachweis von THC im Blut nicht mehr möglich ist, Cannabis konsumiert, ist, wenn in der Blutprobe THC gefunden wurde, eine zumindest zweimalige Einnahme anzunehmen.

48 Ein gelegentlicher Konsum von Cannabis führt nur dann zur Fahrungeeignetheit, wenn weitere Tatsachen hinzukommen. Nr. 9.2.2 der Anlage 4 zur FeV nennt beispielhaft solche Zusatztatsachen. Dazu gehört das mangelnde Trennvermögen zwischen Cannabiskonsum und Fahren, der Beigebrauch von Alkohol oder anderen psychoaktiv wirkenden Stoffen, eine Störung der Persönlichkeit oder Kontrollverlust. Diese Aufzählung ist aber nicht abschließend; daneben können auch andere Tatsachen in Betracht kommen. Einen solchen Umstand kann das jugendliche Alter der Cannabis-Konsumenten darstellen; denn bei diesen ist nicht auszuschließen, dass auch der nur gelegentliche Cannabiskonsum zum Eintritt chronischer Beeinträchtigungen der Leistungsfähigkeit führen kann.[51] Dieser Grundsatz darf aber nicht schematisch angewendet werden. Er ist nur dann zutreffend, wenn es sich um einen länger andauernden und intensiveren Konsum gehandelt hat.[52] Wie sich aus den Regelbeispielen entnehmen lässt, sind als Zusatztatsachen nur solche Umstände anzusehen, die in einem inneren Zusammenhang zu dem Drogenkonsum stehen. Kein Umstand in diesem Sinn ist es, wenn ein zuvor verlangtes Facharztgutachten mangelhaft ist[53] etwa weil eine Urinabnahme nicht unter Aufsicht erfolgte oder sonst Zweifel an der Untersuchung auftreten. Hier hat die Behörde den Betreffenden auf die Mängel hinzuweisen und die Vorlage eines ordnungsgemäßen Gutachtens zu verlangen. Der Umstand, dass der Betreffende, ohne unter Einfluss des Rauschmittels zu stehen, Verkehrsordnungswidrigkeiten begangen hat, stellt ebenfalls keine Zusatztatsache im Sinne von § 14 Abs. 1 S. 4 FeV dar.[54] Das Gleiche gilt für den Umstand, dass in einem Kraftfahrzeug Cannabis gefunden wurde.[55]

49 Die in der Praxis bedeutsamste Zusatztatsache ist das mangelnde Trennvermögen zwischen Cannabiskonsum und Verkehrsteilnahme. Hier wird vielfach auf Laborwerte zurückgegriffen. Die Frage, ob welcher THC-Konzentration im Blut von mangelndem Trennvermögen im Sinne von Nr. 9.2.2 der Anlage 4 zur FeV auszugehen ist, ist inzwischen weitgehend geklärt. Es zeichnet sich in der obergerichtlichen Rechtsprechung ab, dass insoweit ein Wert von 1 ng/ml THC im Blutserum relevant ist.[56] Dem haben sich zwischenzeitlich auch das OVG Nordrhein-Westfalen, das diese Frage bislang offen gelassen hatte,[57] das OVG Thüringen[58] sowie das OVG Bremen[59] angeschlossen. Ausschlaggebend für diese Einschätzung ist, dass nach dem Beschluss der sog. Grenzwertkommission vom 20. November 2002, aktualisiert durch Beschluss vom 22. Mai 2007,[60] der Grenzwert für die Annahme einer Ordnungswidrigkeit nach § 24a Abs. 2 StVG für THC bei 1 ng/ml Serum liegen soll. Eine solche Konzentration kann einschließlich eines entsprechenden Sicherheitszuschlags sicher nachgewiesen und quantitativ präzise bestimmt werden. Insbesondere erscheint bei Erreichen einer derartigen Konzentration eine Einschränkung der Fahrtauglichkeit möglich. Das das zutreffend ist, zeigen auch neuere Studien;, schon bei Werten von 1,0 ng/ml können in signifikanter Weise Beeinträchtigungen festgestellt werden.[61] Bei einer THC-Konzentration von weniger als 1,0 ng/ml im Plasma sind fahrerlaubnisrechtliche Maßnahmen nicht veranlasst.[62]

---

[51] OVG Lüneburg DAR 2003, 45 = zfs 2003, 322.
[52] OVG Lüneburg vom 6.12.2013 zfs 2014, 116 = BA 2014, 40.
[53] BayVGH NJW 1995, 72 = NZV 1994, 454.
[54] VG Augsburg DAR 2004, 287.
[55] *Krause* in: Ferner § 55 Rn. 45.
[56] So zB VGH Baden-Württemberg NJW 2012, 2744; NJW 2006, 2135; dem stimmen auch die Instanzgerichte zu. vgl. VG Saarlouis zfs 2011, 358; VG Gelsenkirchen vom 30.8.2011 BA 2011, 372; aA nur BayVGH DAR 2006, 407.
[57] OVG Nordrhein-Westfalen SVR 2012, 315; BA 2014, 37.
[58] OVG Weimar NJW 2013, 712 = DAR 2012, 719 = BA 2012, 331.
[59] OVG Bremen NJW 2012, 3526 = DAR 2012, 599.
[60] BA 2007, 311.
[61] Hierzu die Nachweise bei *Geiger* SVR 2006, 401.
[62] BayVGH DAR 2006, 407; im Hinblick auf neuere Studien könnte dieser Wert allerdings ins Wanken geraten; vgl. hierzu *Türk* BA 2006, 286; *Drasch e.a.* BA 2006, 441: Die derzeitige Nachweisgrenze von 0,5 ng/ml THC im Serum stellt nicht die Untergrenze der negativen Wirkung von Cannabis auf den Straßenverkehr dar.

Haaranalysen sind nicht geeignet, aktuellen Drogenkonsum nachzuweisen, da die Drogensubstanzen durch den langsamen Metabolismus der Haarwurzeln erst nach etwa drei bis vier Wochen in den Haarschaft eingebaut werden. Möglich ist nur eine Langzeitbetrachtung für die Vergangenheit.[63]   50

In der Praxis bedeutsam ist auch die Kombination von Cannabis mit anderen Drogen (Polytoxikomanie). Dabei spielt es keine Rolle, welche Rauschmittel zusätzlich eingenommen werden. Handelt es sich um harte Drogen, wäre im Übrigen schon aus diesem Grund Ungeeignetheit anzunehmen. Häufig ist auch der Beigebrauch von – psychoaktiv wirkenden – Arzneimitteln. Den Streit, welche Anforderungen erfüllt sein müssen, um einen fahrerlaubnisrechtlich relevanten Mischkonsum von Alkohol und Cannabis annehmen zu können, hat das Bundesverwaltungsgericht entschieden.[64] Es hat die Auffassung des BayVGH, es müsse zusätzlich ein Bezug zum Straßenverkehr bestehen,[65] nicht geteilt. Der zusätzliche Konsum von Alkohol[66] ist dann von Bedeutung, wenn der Grad der Alkoholisierung erheblich ist. Das Gesetz enthält keine weiteren Voraussetzungen, nennt insbesondere keine Grenzwerte. Einigkeit dürfte darüber bestehen, dass das bei Werten unterhalb von Bagatellgrenzen nicht der Fall ist. Jedenfalls bei einer Alkoholkonzentration von 0,3‰ und mehr sowie einer THC-Konzentration von 1,0 ng/ml ist wegen des jeweils selbständigen Einflusses auf die Fahrtüchtigkeit das Tatbestandsmerkmal erfüllt. Die Verkehrsmedizin hat die Auswirkungen des Mischkonsums von Cannabis und Alkohol nicht im Einzelnen geklärt; es ist aber sicher, dass es zu additiven und/oder synergetischen Effekten kommt. Im Hinblick auf das darin liegende Gefahrpotential ist es gerechtfertigt, insoweit eine Gleichsetzung mit harten Drogen vorzunehmen. Entscheidend ist nicht ob Alkohol und Cannabis gleichzeitig konsumiert wurden; es kommt vielmehr auf die Wirkungskumulation an.[67]   51

b) Harte Drogen. Im Hinblick auf die so genannten harten Drogen – das sind nach Nr. 9.1 der Anlage 4 zur FeV im Wesentlichen alle Betäubungsmittel, die unter das Betäubungsmittelgesetz fallen mit Ausnahme von Cannabis – ist die Rechtslage hinreichend klar. Nach Nr. 9.1 der Anlage 4 zur FeV liegt Fahrungeeignetheit bei der – nachgewiesenen – Einnahme dieser Stoffe vor; ausreichend ist ein einmaliger Konsum. Die Rechtsprechung[68] geht dem entsprechend davon aus, dass – jedenfalls in aller Regel – bereits nach einmaligem Konsum von harten Drogen wie Amphetamin[69] („Ecstasy"), LSD[70] oder Kokain[71] Fahrungeeignetheit besteht. Etwas anderes mag gelten, wenn feststeht, dass lediglich eine experimentelle Einnahme vorgelegen hat und weiterer Konsum ausgeschlossen werden kann. Nicht notwendig ist, dass der Betreffende unter dem Einfluss dieser Drogen am Straßenverkehr teilgenommen hat; insoweit ist der Wortlaut des Gesetzes eindeutig. Eine Differenzierung[72] zwischen „wirklich harten Drogen" wie Heroin und „stimulierenden Drogen" wie Kokain und Ecstasy ist nicht möglich.[73] Dagegen spricht schon, dass bei diesen illegalen Drogen wegen deren im Einzelfall nicht bekanntem Wirkstoffgehalt (Kokain) bzw. Zusammensetzung („Designerdrogen" auf der Basis von Amphetamin) ihre Auswirkungen nicht sicher abschätzbar sind und deshalb eine hohe Gefahr besteht, dass der Konsument in Verkennung seiner Fahrtüchtigkeit am Straßenverkehr teilnimmt. Hinzu kommt, dass auch Kokain jedenfalls in Form   52

---

[63] Berz/Burmann/*Meininger* Teil 15 B Rn. 72.
[64] BVerwG BA 2014, 30.
[65] BayVGH NZV 2013, 415 (Leitsatz); aA VGH Baden-Württemberg VBlBW 2006, 253.
[66] Hierzu VGH Baden-Württemberg NZV 1999, 54.
[67] VGH Baden-Württemberg NJW 2014, 410.
[68] Anders teilweise das Schrifttum vgl. etwa *Bode* DAR 2002, 24; *ders.* BA 2006, 81; *Hillmann III* DAR 2005, 601; zweifelnd auch *Berr/Krause/Sachs* Rn. 1005 und Ferner/*Kraus* § 55 Rn. 75.
[69] OVG Hamburg zfs 2008, 239; OVG Weimar BA 2003, 469; OVG Rheinland-Pfalz DAR 2001, 183 = zfs 2001, 141 = BA 2003, 71; VG Ansbach BA 2008, 156; VG Hamburg BA 2013, 208; VG Gelsenkirchen BA 2013, 210; VG Braunschweig NJW 2005, 1816 = NZV 2005, 534; einschränkend VGH Kassel BA 2003, 70; ähnlich OVG Saarlouis BA 2003, 469.
[70] *Gehrmann* NZV 2003, 10.
[71] VGH Baden-Württemberg VBlBW 2002, 213 = NZV 2002, 296 = DAR 2002, 185; enger OVG Rheinland-Pfalz zfs 2000, 418.
[72] Himmelreich/Halm/*Mahlberg* § 35 Rn. 131.
[73] Im Ergebnis auch Himmelreich/Halm/*Mahlberg* § 35 Rn. 132.

von Aufbereitungen wie Crack ein hohes Suchtpotential besitzt. Für ein „Redaktionsversehen"[74] spricht nichts. Das dafür angeführte Argument, eine Unterscheidung zwischen Einnahme und Abhängigkeit sowohl in der Anlage 4 zur FeV als auch in den Begutachtungsleitlinien sei überflüssig, wenn beides zur Fahrungeeignetheit führe, verkennt, dass im Hinblick auf die Wiedererlangung der Fahreignung zwischen den beiden Alternativen entscheidende Unterschiede bestehen. Die Feststellung, ob der Betreffende das Rauschmittel tatsächlich zu sich genommen hat, kann im Einzelfall aber durchaus Probleme aufwerfen. Regelmäßig wird durch den Nachweis der Wirkstoffe oder durch Abbau im Körper entstandener Metabolite durch Untersuchung von Urin, Blut und Haaren geführt werden können. Es gibt jedoch Fallgestaltungen, bei denen im Blut Wirkstoffe oder Abbauprodukte festgestellt wurden, der Betreffende aber vorträgt, diese seien auf „legale Weise" entstanden. So wird im verkehrsmedizinischen Schrifttum berichtet, dass nach dem Konsum von Mohnprodukten im Blut Morphin und Codein nachgewiesen wurden.[75] Im Hinblick darauf, dass der Nachweis im Regelfall nur etwa vier Stunden nach dem Genuss mohnhaltiger Lebensmittel möglich ist und außerdem stark morphinhaltige Mohnsamen in Deutschland kaum erhältlich sind, wird das in der Praxis kaum relevant sein. An den Vortrag, das festgestellte Abbauprodukt sei auf die Einnahme legaler Mittel zurückzuführen, sind strenge Anforderungen zu stellen. So genügt etwa der Hinweis, das im Blut gefundene Abbauprodukt von Kokain festgestellte Benzoylecgonin finde sich auch in Ecgonin, einer in der Coca-Pflanze vorkommenden Substanz, nicht, eine Einnahme des Rauschmittels in Frage zu stellen.[76] Das Getränk Red Bull Cola enthält Spuren von Kokain. Diese sind aber so gering, dass jedenfalls eine Konzentration von 21 ng/ml Benzoylecgonin im Blut ausgeschlossen ist.[77]

53 Bei der Behandlung insbesondere von Heroinabhängigen mit Methadon ist eine differenzierte Betrachtung geboten. Methadon ist in der Anlage III zu § 1 BtmG aufgeführt; es handelt sich daher um ein Betäubungsmittel im Sinne dieses Gesetzes. Wer als Heroinabhängiger mit diesem Stoff substituiert wird, ist deshalb grundsätzlich nicht fahrgeeignet.[78] Substitutionsmittel sprechen im Wesentlichen die gleichen Rezeptoren im Gehirn an wie Heroin. In besonderen Ausnahmefällen kann aber Fahreignung bestehen.[79] Eine derartige positive Beurteilung der Fahreignung ist nur möglich, wenn besondere Umstände vorliegen. Hierzu gehören vor allem eine mehr als einjährige Substitution, die Freiheit vom Beigebrauch anderer psychoaktiv wirksamer Substanzen einschließlich Alkohol für den gleichen Zeitraum, nachgewiesen durch geeignete regelmäßige und überraschend durchgeführte Kontrollen, der Nachweis einer eigenverantwortlichen Lebensführung sowie das Fehlen von Störungen der Gesamtpersönlichkeit.

54 Probleme bereitet die Einnahme „ungewöhnlicher" Drogen, über deren Wirkungsweise verhältnismäßig wenig bekannt ist. Das betrifft in erster Linie Khat. So werden die Zweigspitzen mit jungen Blättern des Khatstrauches bezeichnet. Wissenschaftliche Hinweise zur Frage des Einflusses von Khat-Genuss auf die Fahreignung sind nicht bekannt. Die konsumfertige Einheit besteht aus einem ca. 150 g schweren Bündel. Gewohnheitskonsumenten benötigen pro Sitzung 100 bis 400 g Khat. Nach diesen Maßgaben müssen sogar Cannabisprodukte wesentlich wirksamere Drogen sein Die Khatpflanze enthält den Wirkstoff Cathinon, der in der Anlage I zum Betäubungsmittelgesetz aufgeführt ist. Dieser Stoff ist chemisch instabil und wird durch enzymatische Reduktion bei Welken, Trocknen und Lagern der Pflanze zu dem in seiner Wirkung achtmal schwächeren Cathin umgewandelt; dieser Wirkstoff ist in der Anlage III zum BtmG aufgeführt. Daraus wird geschlossen, dass Khat trotz seiner verhältnismäßig schwachen Wirkung den harten Drogen gleichzusetzen ist mit der Folge, dass auch der nur einmalige Konsum von Khat nach der Regelannahme der Nr. 9.1 der Anlage 4 zur FeV zur Fahrungeeignetheit führt.[80] Die Gegenmeinung verweist

---

[74] So *Bode/Winkler* § 3 Rn. 194; *ders.* BA 2006, 81.
[75] *Westphal e.a.* BA 2006, 14.
[76] OVG Bautzen BA 2014, 39.
[77] VG Bremen SVR 2013, 357.
[78] Vgl. Begutachtungsleitlinien zur Fahreignung Nr. 3.12.
[79] OVG Hamburg NZV 1997, 247; VG Leipzig SächsVBl. 2007, 169; *Berghaus/Friedel* NZV 1994, 377.
[80] VGH Kassel NJW 2012, 2294 = zfs 2012, 478 = SVR 2012, 432.

auf den Umstand, dass bislang nicht hinreichend geklärt sei, wie sich der Konsum von Khat auf die Kraftfahreignung auswirkt. Es kommt daher auf die Umstände des Einzelfalls an, ob trotz fehlender Klärung der Auswirkungen eines Khatkonsums erhebliche Zweifel an der Kraftfahreignung des Khatkonsumenten bestehen.[81] Eine undifferenzierte Gleichsetzung von Khat mit harten Drogen dürfte sich angesichts dessen verbieten. Es wird wohl für Fahrerlaubnisbehörden und Gerichte im Einzelfall nichts anders übrig bleiben, als durch Einholung eines Gutachtens einer fachlich kompetenten Stelle zu klären, ob bei dem Betreffenden die Fahreignung (noch) besteht.

4. Wiederherstellung der Eignung

a) **Konsummuster.** Zur Beantwortung der Frage, ob Fahreignung wieder eingetreten ist, ist zwischen den verschiedenen Konsummustern und der Art der Drogen, die eingenommen wurden, zu unterscheiden. Bei einmaligem Probierkonsum bedarf es keiner besonderen Maßnahmen; hier fehlt es schon an einer Fahrungeeignetheit. Bei Abhängigkeit bedarf es keiner Differenzierungen zwischen den konsumierten Stoffen; hier ist immer Entgiftung und strikte Abstinenz zu fordern. Bei sonstigem Drogenkonsum ist Abstinenz zu fordern. Besonderheiten gelten beim Cannabiskonsum.

b) **Abhängigkeit.** Als Voraussetzung für die Wiedererlangung der Fahreignung bei Abhängigkeit nennt Nr. 9.5 der Anlage 4 zur FeV eine mindestens einjährige Abstinenz nach Entgiftung und Entwöhnung. Das gilt für alle Arten von Drogen. Eine kürzere Frist ist nur dann als ausreichend anzusehen, wenn besondere Umstände es nahe legen, dass der Erfolg der Entwöhnungs- und Entgiftungsbehandlung bereits früher eingetreten ist.[82] Die Begutachtungsleitlinien zur Kraftfahreignung fordern in Nr. 3.12.1 für den Regelfall eine stationäre Behandlung oder eine solche im Rahmen einer anderen Einrichtung für Suchtkranke. Ein so genannter kalter Entzug, also ohne therapeutische Unterstützung, wird nur in besonderen Ausnahmefällen anzuerkennen sein, weil sich dessen Langzeitwirkung kaum abschätzen lässt. Die Abstinenz ist durch eine ausreichende Zahl von Drogenscreenings zu belegen, in der Regel zwischen vier und sechs. Es können aber auch mehr verlangt werden, was vor allem dann angezeigt ist, wenn die Konsumfrequenz vor der Abstinenzentscheidung hoch war. Die Termine hierfür müssen kurzfristig und für den Betroffenen unvorhersehbar anberaumt werden. Ist eine Urinuntersuchung erforderlich, darf zwischen Ladung und Abnahme wegen der verhältnismäßig kurzen Halbwertzeiten der Wirkstoffe von Drogen bzw. ihrer Metabolite[83] kein längerer Zeitraum als 24 Stunden[84] liegen; besser wäre in jedem Fall eine noch kürzere Spanne. Wer an einem Programm zur Feststellung der Abstinenz teilnimmt, muss alles Zumutbare tun, um die jeweiligen Termine wahrnehmen zu können.[85] Die Urinabgabe muss unter Aufsicht erfahrener, entsprechender ausgebildeter Personen erfolgen, um Manipulationen auszuschließen. Die Zahl der Drogenscreenings in Form von Blut- oder Urinuntersuchungen kann umso geringer sein, je länger mit Hilfe einer Haaranalyse[86] ein suchtmittelfreier Zeitraum bewiesen werden kann. Bei den Untersuchungen, durch die eine Abstinenz nachgewiesen werden soll, sind in aller Regel polytoxikologische Screenings durchzuführen. Das ist erforderlich, damit sichergestellt ist, dass nicht auf andere Substanzen umgestiegen wird. Bei einer Abhängigkeit von Drogen ist die Gefahr einer Substanzverlagerung besonders hoch, so dass es gerechtfertigt ist, die Untersuchung breiter anzulegen, als es bei einer Begutachtung bei tatsächlichen Hinweisen auf die Einnahme eines bestimmten Rauschmittels zulässig ist. Die Wiedererlangung der Fahreignung setzt neben der Abstinenz voraus, dass der Betroffene sein Drogenproblem erkannt und dessen Ursachen bearbei-

---

[81] OVG Nordrhein-Westfalen VerkMitt 2009, Nr. 9; so auch VG Stuttgart vom 17.9.2003 – 3 K 3079/03 <juris>.
[82] VGH Baden-Württemberg NZV 2003, 56 = DÖV 2002, 783/784 = VBlBW 2002, 389.
[83] Vgl. hierzu die Nachweise bei *Schubert/Mattern* S. 160 sowie *Rochholz/Kaatsch* BA 2011, 129.
[84] *Schubert/Mattern* S. 174
[85] Dazu kann das tägliche Abhören von Telefonanrufbeantworter und Handy-Mailbox gehören (OVG Rheinland-Pfalz zfs 2010, 300; VG Neustadt/Weinstraße zfs 2010, 298).
[86] Einzelheiten bei *Schubert/Mattern* S. 162 ff.

tet hat; nur so ist hinreichend sicher gestellt, dass es nicht zu einem Rückfall kommt. Vielfach werden hierfür eine psychotherapeutische Behandlung und die Teilnahme an einer Selbsthilfegruppe unabdingbar sein. Fahreignung kann nur wieder eintreten, wenn die Abstinenz hinreichend stabil ist; es bedarf also einer Prognose, ob der Betreffende Verhaltensmuster erlernt hat, die es erwarten lassen, dass er künftig abstinent ist.

Dazu ist sowohl eine medizinische als auch eine psychologische Untersuchung erforderlich (§ 14 Abs. 2 Nr. 1 FeV).

57 c) **Einnahme von Drogen.** Hat der Betäubungsmittelkonsument seine Fahreignung verloren, kann er sie erst wiedergewinnen, wenn ein ausreichend langer Abstinenzzeitraum verstrichen ist. Wann nach Wegfall der Fahreignung wegen Einnahme harter Drogen die Eignung wieder gegeben ist, ist gesetzlich nicht geregelt. Erforderlich ist, dass aktuell kein Drogenkonsum mehr stattfindet, was durch entsprechende Screenings nachzuweisen ist. Ein bestimmter Abstinenzzeitraum[87] ist nicht zu fordern; es entscheiden die Verhältnisse des Einzelfalls.[88] In der Regel wird Eignung erst nach einjähriger Abstinenz wieder anzunehmen sein. Zwar gilt Nr. 9.5 der Anlage 4 zur FeV unmittelbar nur für die Fälle einer Abhängigkeit; hier muss allerdings noch die klinische Entgiftung und Entwöhnung hin zu kommen. Es spricht jedoch, jedenfalls bei Konsum harter Drogen einiges dafür, die in dieser Vorschrift genannte Frist entsprechend auf die Fälle des Drogenkonsums, in denen noch keine Abhängigkeit besteht, entsprechend anzuwenden.[89] Da die Bewertungen in Anlage 4 zur FeV nicht ausnahmslos Beachtlichkeit beanspruchen, kann es aber auch hier Fallgestaltungen geben, in denen die Zurücklegung einer kürzeren als einer einjährigen Zeitspanne ausreicht, um eine wegen einer Betäubungsmittelproblematik verloren gegangene Fahreignung wieder zu erlangen.[90] Entscheidend wird sein, welche Drogen in welcher Frequenz und in welcher Menge konsumiert wurden. Bei multiplem Drogenkonsum wird eine Abweichung von der Einjahresfrist regelmäßig nicht in Betracht kommen. In erster Linie kommt es auf die Problembearbeitung an; erst dann, wenn diese abgeschlossen ist, kann erwartet werden, dass der Betreffende nicht mehr zu Drogen greifen wird. Der Besuch einer Drogenberatungsstelle ist nicht zwingende Voraussetzung für die Wiedererlangung der Fahreignung, aber ein gewichtiges Indiz, dass die Auseinandersetzung mit dem früheren Drogenkonsum ernsthaft stattfindet. Um eine Abstinenz nachzuweisen ist grundsätzlich ein polytoxikologisches Drogenscreening zu veranlassen. Die im Vergleich zu Cannabis unterschiedliche Behandlung harter Drogen rechtfertigt sich daraus, dass diese in ihrer Wirkung deutlich intensiver und ihr Suchtpotential höher liegt, so dass auch hier sichergestellt sein muss, dass nicht auf andere Substanzen ausgewichen wird. Besonderheiten gelten für Cannabis. Sofern kein atypischer Sachverhalt im Sinne der Vorbemerkung 3 der Anlage 4 zur FeV inmitten steht, kann die wegen eine fahreignungsrechtlich relevanten Konsums von Cannabis verloren gegangene Fahreignung in entsprechender Anwendung von Nr. 9.5 der Anlage 4 zur FeV frühestens nach einjähriger, nachgewiesener Abstinenz wiedererlangt werden.[91] Bei nur gelegentlicher Einnahme von Cannabis kann statt einer vollständigen Abstinenz auch der nachgewiesene Übergang zu einem mit den Anforderungen der Nummer 9.2.2 der Anlage 4 zur FeV vereinbaren Konsumverhalten genügen. Das Erfordernis einer einjährigen Abstinenz ist richtigerweise nicht als zwingend anzusehen, sondern eher im Sinne eines Richtwerts, von dem je nach den Besonderheiten des Einzelfalls abgewichen werden kann. War der Betreffende ausschließlich wegen Cannabiskonsums auffällig geworden, hat sich ein Drogenscreening auf den Nachweis von THC bzw. dessen Abbauprodukten zu beschränken. Für ein polytoxikologisches Screening besteht in der Regel keine Veranlassung. Damit der Betroffene nach dem Ablauf dieser Zeitspanne nicht alsbald wieder in sein früheres, rechtswidriges und gefahrträchtiges Konsumverhalten zurückfällt, setzt die Wiedererlangung der Fahreignung die Prognose voraus, dass die Verhaltensänderung von Dauer ist. Um einen solchen inneren

---

[87] Vgl. hierzu *Koehl* DAR 2013, 624.
[88] In diese Richtung auch OVG Mecklenburg-Vorpommern BA 2013, 141/143.
[89] Offen insoweit BayVGH vom 18.2.2008 – 11 CS 07.2831 <juris>.
[90] BayVGH vom 4.2.2008 – 11 CS 07.2965 <juris>; in diese Richtung auch *Schubert/Schneider/Eisenmenger/Stephan*, Erl. zu 3.12.1 S. 190: Einjährige Drogenabstinenz als Richtwert.
[91] BayVGH, SVR 2009, 111; BayVGH BayVBl 2006, 18.

Wandel feststellen zu können, bedarf es neben ärztlichen Feststellungen, ob durch den Drogenkonsum keine körperlichen Beeinträchtigungen entstanden sind, einer psychologischen Bewertung im Hinblick auf die gewandelte Einstellung (§ 14 Abs. 1 Nr. 2 FeV).

IV. Die Prüfung der Eignung

1. Allgemeines

a) **Die Regelung gemäß FeV.** Die Eignung wird bei der Ersterteilung grundsätzlich unterstellt, wenn es nicht Hinweise gibt, dass diese nicht gegeben ist. Bei der Wiedererteilung nach vorangegangener Entziehung ist dagegen die Eignung grundsätzlich zu überprüfen. Hierfür ist in der Regel eine MPU erforderlich. Nach der Vorgabe in § 2 Abs. 4 StVG differenziert die FeV zwischen körperlicher, geistiger und charakterlicher Eignung. Was die körperliche und geistige Eignung angeht, verweisen § 11 Abs. 1 S. 1 und 2 FeV auf die Anlagen 4 und 5. Letztere betrifft die Eignungsuntersuchung für Bewerber und Inhaber der Fahrerlaubnisklassen C, C1, CE, C1E, D, D1, DE und D1E sowie der Fahrerlaubnis zur Fahrgastbeförderung. Die Anlage 4 enthält nach der Vorbemerkung 1 häufiger auftretende Erkrankungen und Beeinträchtigungen, die die Eignung zum Führen von Kraftfahrzeugen längere Zeit beeinträchtigen oder aufheben können. Aus der Formulierung dieser Vorschrift folgt, dass die dort aufgeführten Erkrankungen oder Mängel keine abschließenden Regelungen darstellen. Allerdings dürfte es problematisch sein, wenn die Fahrerlaubnisbehörden von sich aus Erkrankungen oder Mängel, die nicht in den genannten Anlagen aufgeführt sind, benennen sollen, die zur Fahrungeeignetheit führen sollen.

b) **Grundsätze der Eignung.** Als Grundsätze für die Eignungsbewertung bei körperlichen und geistigen Erkrankungen und Beeinträchtigungen sind folgende Aspekte zu nennen, die für die Beurteilung der Eignung relevant sind:
- Bei schweren Erkrankungen ist im akuten Stadium die Fähigkeit zum sicheren Führen von Kraftfahrzeugen in der Regel nicht gegeben.
- Durch eine ärztlich verordnete Therapie kann die Fähigkeit wieder erworben werden.
- Hierbei ist oftmals die Einstellungsphase abzuwarten.
- Bei Beurteilung der Fahreignung sind dabei ua der Verlauf der Krankheit, die Lebensführung und Einstellung des Patienten, Kompensationsmöglichkeiten und die möglichen Nebenwirkungen der Behandlung zu berücksichtigen.

c) **Eignungsmängel bei strafbarem Verhalten.** Charakterlich ungeeignet ist, wer wiederholt gegen verkehrsrechtliche Vorschriften und Strafgesetze verstoßen hat. Dabei trifft das Gesetz unterschiedliche Regelungen. Zum einen ist das Fahreignungs-Bewertungssystem des § 4 StVG zu nennen, das je nach der Zahl und Schwere der Zuwiderhandlungen ein abgestuftes Vorgehen der Fahrerlaubnisbehörde vorsieht. Unabhängig davon kann aufgrund einzelner Vorfälle die Fahreignung überprüft werden. Das gilt namentlich bei Straftaten. Einzelheiten hierzu regelt § 11 Abs. 3 S. 1 Nr. 5 bis 7 FeV. Diese Vorschriften stellen eine Reaktion des Verordnungsgebers auf die Rechtsprechung des BGH dar, der bei allgemeinen Straftaten ohne direkten Bezug zum Straßenverkehr eine Fahrerlaubnisentziehung im Strafverfahren als Maßregel der Sicherung und Besserung grundsätzlich ausgeschlossen hat. Die strafgerichtliche Entziehung der Fahrerlaubnis wegen charakterlicher Ungeeignetheit bei Taten im Zusammenhang mit dem Führen eines Kraftfahrzeugs (§ 69 Abs. 1 S. 1 Var. 2 StGB) setzt danach voraus, dass die Anlasstat tragfähige Rückschlüsse darauf zulässt, dass der Täter nicht bereit ist, die Sicherheit des Straßenverkehrs seinen eigenen kriminellen Interessen unterzuordnen.[92] Diese Voraussetzungen müssen auch bei Anwendung der genannten Bestimmungen vorliegen. Es liegt auf der Hand, dass nicht jeder, der ein Kraftfahrzeug zum Zweck der Begehung einer Straftat einsetzt, sich zwangsläufig verkehrsgefährdend verhalten wird. Dieser Umstand wird durch den Begriff der „Erheblichkeit" zum Ausdruck gebracht, für dessen Bejahung es nicht darauf ankommt, ob die Tat schwerwiegend im Sinne einer

---

[92] BGH BGHSt 50, 93 = NJW 2005, 1957 – Drogenkurier.

strafrechtlichen Bewertung ist, sondern ob sie einen Bezug zur Kraftfahreignung aufweist. Vielmehr mag es sich in zahlreichen Fällen der Einsetzung eines Kraftfahrzeugs zum Zweck der Begehung einer Straftat so verhalten, dass der Betroffene sich als Teilnehmer am Kraftfahrzeugverkehr im Gegenteil besonders umsichtig verhält und die Verkehrsregeln besonders genau beachtet, um nicht auffällig zu werden. Beispielsweise ist es in der strafgerichtlichen Rechtsprechung anerkannt, dass es bei der bloßen Nutzung eines Kraftfahrzeugs zur Suche nach Tatobjekten oder Tatopfern nicht naheliegt, dass eine Gefährdung der Verkehrssicherheit eintritt. Auch in den Kurierfällen, in denen der Täter im Fahrzeug Rauschgift transportiert, sind Belange der Verkehrssicherheit nicht ohne weiteres berührt. Ein allgemeiner Erfahrungssatz, dass Transporteure von Rauschgift im Fall von Verkehrskontrollen zu besonders riskanter Fahrweise entschlossen sind, besteht nicht. Für den Transport von Diebes- oder Schmuggelgut sowie beim Transport von illegalen Waffen gilt nichts anderes. Vielmehr muss anhand konkreter Umstände, die sich aus der Tat unter Berücksichtigung der Täterpersönlichkeit ergeben, festgestellt werden, ob die Anlasstat tatsächlich Rückschlüsse auf die Kraftfahreignung zulässt. Dafür kann es genügen, dass der Täter im Zusammenhang mit der Tat naheliegend mit einer Situation gerechnet hat oder rechnen musste, in der es zu einer Gefährdung oder Beeinträchtigung des Verkehrs kommen konnte.[93]

61 *aa) Straftaten im Straßenverkehr.* Wird jemand wegen einer rechtswidrigen Tat verurteilt, die er bei oder im Zusammenhang mit dem Führen eines Kraftfahrzeugs oder unter Verletzung der Pflichten eines Kraftfahrzeugführers begangen hat, so entzieht ihm das Gericht die Fahrerlaubnis, wenn sich aus der Tat ergibt, dass er zum Führen von Kraftfahrzeugen ungeeignet ist. § 69 Abs. 2 StGB stellt die Regelvermutung auf, dass bei einer Gefährdung des Straßenverkehrs (§ 315c StGB), einer Trunkenheit im Verkehr (§ 316 StGB) und bei einem unerlaubten Entfernen vom Unfallort (§ 142 StGB) der Täter als ungeeignet anzusehen ist. Gleiches gilt bei einem Vollrausch (§ 323a StGB), der sich auf eine der vorgenannten Taten bezieht. Unterbleibt bei derartigen Straftaten eine Entziehung der Fahrerlaubnis im Strafverfahren, darf die Fahrerlaubnisbehörde nur nach Maßgabe des § 3 Abs. 4 StVG tätig werden.

62 *bb) Die Geeignetheit aufgrund von Straftaten außerhalb des Straßenverkehrs.* In engen Grenzen können auch Straftaten, die nicht zu einer Entziehung der Fahrerlaubnis im Strafverfahren führen, fahreignungsrelevant sein. Es handelt sich dabei um folgende Tatbestände:
- Eine erhebliche Straftat oder mehrere Straftaten, die im Zusammenhang mit dem Straßenverkehr stehen (§ 11 Abs. 3 S. 1 Nr. 5 FeV). Was ein erheblicher Verstoß ist, hat das Gesetz nicht näher geregelt. Ein Rückgriff auf die Wertung, die bei der Vergabe von Punkten im Rahmen des § 4 StVG vorzunehmen ist, verbietet sich. Es ist auch nicht möglich, auf die abstrakte gesetzliche Strafandrohung abzustellen. Gleiches gilt für die im Einzelfall verhängte Strafe, weil bei der Strafzumessung nicht nur die Schwere der Schuld zu berücksichtigen ist, sondern auch individuelle Faktoren, die fahreignungsrechtlich nicht relevant sind. Ein Verstoß ist vielmehr dann erheblich, wenn er sich von der Art seiner Begehung deutlich von vergleichbaren anderen unterscheidet. Er muss den Schluss auf eine besondere rücksichtslose Einstellung des Betroffenen im Hinblick auf die Verkehrssicherheit offenbaren; weiterhin muss zu erwarten sein, dass sich der Betreffende weiterhin in ähnlicher Weise aggressiv verhalten wird. Es sollen solche Verhaltensweisen als Anlass für eine Untersuchung genommen werden, die als dissozial, anpassungsgestört und unkontrolliert charakterisiert werden können.[94] Mehrere Straftaten setzt mindestens zwei Vorfälle voraus. Hat das Strafgericht in ordnungsgemäßer Weise die Fahreignung eines Fahrerlaubnisinhabers bejaht, kann die Verkehrsbehörde den gleichen Sachverhalt nicht zu Lasten des Betreffenden verwerten. § 11 Abs. 3 S. 1 Nr. 5 FeV wird deshalb in den Fällen des § 69 Abs. 2 StGB kaum Bedeutung erlangen. Straftaten in Zusammenhang mit dem Straßenverkehr können etwa die Nötigung eines anderen Verkehrsteilnehmers durch zu dichtes Auffahren oder Versicherungsbetrug in Zusammenhang mit gestellten Unfällen sein. In Betracht kommt auch ein Verstoß gegen § 21 StVG.[95]

---
[93] BayVGH SVR 2012, 475.
[94] *Tepe* NZV 2010, 64.
[95] *Bouska/Laeverenz* § 11 FeV Erl. 19e.

- Eine erhebliche Straftat, die im Zusammenhang mit der Kraftfahreignung steht, insbesondere wenn es Anhaltspunkte für ein hohes Aggressionspotential[96] gibt oder die erhebliche Straftat unter Nutzung eines Kraftfahrzeugs begangen wurde (§ 11 Abs. 3 S. 1 Nr. 6 FeV). Straftaten, die sich durch besondere Aggression auszeichnen sind solche, die eine Veranlagung des Betreffenden zu Rohheit oder eine geringe Hemmschwelle gegenüber der körperlichen Integrität anderer Menschen erkennen lassen.[97] Ob eine allgemeine Straftat fahreignungsrelevant ist, lässt sich nur im Einzelfall feststellen. Eine allgemeine Erfahrungstatsache, dass negatives soziales Verhalten, das sich in einer Neigung zu Brutalität manifestiert, unteilbar ist und deshalb auch jederzeit im Straßenverkehr auftreten kann, gibt es nicht. Anzeichen für Fahreignungsrelevanz können besonders impulsive, aggressive und unmaßstäbliche Verhaltensweisen sein, die darauf schließen lassen, dass der Betreffende besonders in konflikthaften Situationen in gleicher Weise wie außerhalb des Straßenverkehrs auch im Straßenverkehr die Rechtsgüter anderer nicht achten wird. Der Anwendungsbereich der zweiten Alternative dürfte gering sein. In Betracht kommt etwa die Verwendung eines Kraftfahrzeugs, um fingierte Auffahrunfälle zu begehen in der Absicht, Versicherungsleistungen zu erlangen.
- Mehrere, also mindestens zwei Straftaten, die im Zusammenhang mit der Kraftfahreignung stehen, insbesondere wenn Anhaltspunkte für ein hohes Aggressionspotential bestehen (§ 11 Abs. 3 S. 1 Nr. 7 FeV). Hierzu gehören Straftaten der vorsätzlichen gefährlichen Körperverletzung,[98] Raub, Widerstand gegen Vollstreckungsbeamte, Beleidigung Nötigung, Bedrohung oder Sachbeschädigung in Betracht.[99] Dabei kann keine pauschale Betrachtung vorgenommen werden; es ist vielmehr eine Bewertung aller Tatumstände im Einzelfall anzustellen. Derartige Straftaten einschließlich Beleidigung können bei einem Bewerber um eine Fahrerlaubnis zur Personenbeförderung die Befürchtung begründen, dass er in Konfliktlagen, die im Berufsalltag eines Taxifahrers häufig auftreten können, nicht angemessen zu reagieren vermag.[100]

2. Die Aspekte bei der Eignungsprüfung im Einzelnen

a) Körperliche Eignungsqualitäten. Die für die Eignung zum Führen von Kraftfahrzeugen erforderlichen körperlichen Eignungsqualitäten erfordern die Fähigkeit, die mit dem Verkehrsablauf verbundenen Prozesse visuell wahrnehmen zu können. Darüber hinaus muss die intellektuelle Befähigung gegeben sein, die technischen Funktionen des Kraftfahrzeuges bedienen zu können entsprechend den Erfordernissen des Straßenverkehrs.

b) Psychophysische Eignungsqualitäten. Die vom Fahrerlaubnisbewerber oder -inhaber zu fordernden psychophysischen Eignungsqualitäten beinhalten die Fähigkeit, das Verkehrsgeschehen in der Gesamtheit zu erfassen und entsprechend den Erfordernissen zu reagieren und zu handeln. Die Anforderungen können sehr unterschiedlich sein, je nach Art der in Betracht kommenden Verkehrsteilnahme, also etwa als Motorradfahrer, als Pkw-Lenker oder als Taxifahrer und schließlich als Lenker eines Lkw oder sogar eines Omnibusses.

c) Intellektuelle Eignungsqualitäten. Unter den zu fordernden intellektuellen Eignungsqualitäten ist die Fähigkeit zu verstehen, die notwendigen theoretischen und praktischen Kenntnisse zum Führen eines Kraftfahrzeuges zu erlernen und insbesondere die Verkehrsvorschriften zu beherrschen sowie die Regeln zur Bedienung der technischen Funktionen des Fahrzeuges und schließlich der Abwehr evtl. Gefahren.

Liegen auf diesem Gebiet deutliche Leistungsdefizite vor, und zwar unabhängig von dem gegebenen IQ, so ist davon auszugehen, dass die Eignung zum Führen von Kraftfahrzeugen nicht gegeben ist.

d) Persönlichkeitsfaktoren. Die Persönlichkeitsfaktoren sind ein wichtiges Indiz für die Eignung zum Führen von Kraftfahrzeugen. Die vom Bewerber oder Inhaber einer Fahrer-

---

[96] Hierzu ausführlich *Banse* ZVS 2012, 119.
[97] *Bouska/Laeverenz* § 11 FeV Erl. 19e.
[98] BayVGH SVR 2012, 279.
[99] VGH Kassel SVR 2013, 315.
[100] BayVGH SVR 2012, 354.

laubnis zu fordernden qualitativen Persönlichkeitsfaktoren orientieren sich am Charakter des Kraftfahrers, und zwar im Hinblick auf die Fähigkeit zu verantwortlichem Handeln. Hierunter ist das soziale Verhalten gegenüber anderen, also anderen Verkehrsteilnehmern, zu verstehen, und zwar im Hinblick auf die Fähigkeit, Rücksicht zu nehmen, Risiken einzuschätzen und zu vermeiden und das eigene Verkehrsverhalten den Gegebenheiten anzupassen. Wichtige Indizien sind die Fähigkeit zur Selbstbeherrschung und Vermeidung von affektgesteuertem Handeln sowie tolerantes Verhalten bei einem Fehlverhalten anderer Verkehrsteilnehmer, insbesondere Zurückhaltung und Vermeidung von affektgesteuertem Handeln. Bei der Beurteilung der Eignung zum Führen von Kraftfahrzeugen ist wichtig die Fähigkeit zu einem Verhalten, die Rechte anderer Verkehrsteilnehmer zu respektieren, und die Vermeidung eines Verhaltens, das sich über die Rechte anderer aus egoistischen Gründen hinwegsetzt.

68 **e) Fertigkeiten und Fähigkeiten.** Vom Merkmal der Eignung zum Führen von Kraftfahrzeugen ist die Befähigung zu unterscheiden; § 2 Abs. 4 und 5 StVG trennen diese beiden Voraussetzungen für die Erteilung einer Fahrerlaubnis. Befähigung bedeutet, dass die Voraussetzungen gegeben sind, die sich bei der Teilnahme am Straßenverkehr ergebenden Anforderungen theoretisch und praktisch zu beherrschen. Außerdem müssen Kenntnisse und Fertigkeiten zu einem risikogerechten Verhalten bestehen. Die Prüfung der Befähigung ist bei der Ersterteilung durch eine theoretische und praktische Prüfung nachzuweisen. Bei der Wiedererteilung nach Entziehung oder Zeitablaufs bei befristeten Fahrerlaubnissen ist nach Maßgabe der Verhältnisse des Einzelfalls von der Fahrerlaubnisbehörde gemäß § 20 Abs. 2 FeV zu entscheiden, ob eine theoretische und/oder praktische Prüfung zu absolvieren ist. Das entscheidende Moment ist die Zeit, innerhalb deren von der Fahrerlaubnis kein Gebrauch gemacht wurde.[101]

3. Besondere Eignungsanforderungen für die Fahrerlaubnis der Klassen D, D1, DE und D1E sowie zur Fahrgastbeförderung

69 Nach § 11 Abs. 9 FeV haben die Bewerber um die Erteilung oder Verlängerung einer Fahrerlaubnis der Klassen C, C1, CE, C1E, D D1, DE oder D1E zur Feststellung ihrer Eignung neben den allgemeinen Nachweisen zusätzlich einen Nachweis nach Maßgabe der Anlage 5 der FeV vorzulegen. Das Gleiche gilt nach § 48 Abs. 4 Nr. 4 FeV für Bewerber um eine Fahrerlaubnis zur Fahrgastbeförderung. Die besonderen Anforderungen beziehen sich insbesondere auf Belastbarkeit, Orientierungs-, Konzentrations- und Aufmerksamkeitsleistungen sowie Reaktionsfähigkeit. Ob die besondere Verantwortung für die Beförderung von Fahrgästen im Sinne von § 11 Abs. 1 S. 4 FeV besteht, kann bei begründeten Zweifeln durch eine MPU geklärt werden (§ 11 Abs. 3 Nr. 8 FeV).

4. Änderungen in den Eignungsvoraussetzungen

70 Hat sich jemand als ungeeignet zum Führen von Fahrzeugen erwiesen und ist später zu prüfen, ob er wieder zum Führen von Fahrzeugen geeignet ist, so muss die Prüfung auch einschließen die Beurteilung von Änderungen in den Eignungsvoraussetzungen.

71 Die Bedeutung von Veränderungen in den Eignungsvoraussetzungen muss unter dem konkreten Anlass der Eignungsprüfung gesehen werden. In Betracht kommt eine erneute Eignungsprüfung nach vorangegangener Verneinung der Eignung, also nach Entzug oder nach Verzicht auf die Fahrerlaubnis zur Vermeidung einer Entziehung. Bei der Eignungsprüfung aufgrund von Maßnahmen wegen Verkehrsauffälligkeiten (Entziehung nach dem Punktsystem des § 4 StVG oder bei der Fahrerlaubnis auf Probe gemäß § 2a StVG) kann ins Gewicht fallen, ob die Voraussetzungen, die zu den Verkehrsverstößen geführt haben, sich geändert haben, zB eine Veränderung im Falle eines Berufskraftfahrers, der stets unter dem Stress beruflicher Belastung gearbeitet hatte und nunmehr nicht mehr beruflich mit dem Auto ständig unterwegs ist. Auch bei einer Wiedererteilung der Fahrerlaubnis wegen

---

[101] BVerwG NJW 2012, 696 = NZV 2012, 198 = DAR 2012, 346.

Alkoholauffälligkeit kommt einer Änderung der Lebensverhältnisse eine große Bedeutung zu.

a) Konkrete Veränderungen der Lebenssituation und Lebensführung. Bei der Neubeurteilung der Eignung zum Führen von Kraftfahrzeugen sind konkrete Änderungen der Lebenssituation und Lebensführung, die auf die Eignung zum Führen von Kraftfahrzeugen Einfluss haben können, zu berücksichtigen.

Das können verschiedene Umstände sein, zB
- Stress,
- Belastung,
- Ermüdung,
- Krankheit,
- berauschende Mittel,
- Alkohol.[102]

Stress, Belastungen oder Überforderungen können dazu führen, dass die Grenzen der Leistungsfähigkeit eines Fahrzeugführers überschritten werden und Verkehrssituationen nicht richtig beurteilt und gemeistert werden. Zu denken ist zB an die Situation des Auslieferungsfahrers, der ständig zwischen dem Konflikt, schnell Waren auszuliefern einerseits und andererseits der Möglichkeit von Verkehrsbehinderungen beim Ladevorgang, in Stress gerät und schließlich – um den Arbeitsplatz nicht zu verlieren – die Interessen des Arbeitgebers für wichtiger hält als ein verkehrsgerechtes Verhalten. Diesem so belasteten Kraftfahrer kann es passieren, dass er wegen häufiger Verkehrsbehinderungen auffällig wird durch hohe Punkteintragungen in der Verkehrszentralkartei. Ändert sich die berufliche Situation für diesen Auslieferungsfahrer, so kann dies ein wichtiger Aspekt sein, der die durch sein früheres Verhalten indizierte Ungeeignetheit wieder aufhebt.

Auch Ermüdung führt zu einem Absinken der Leistungsfähigkeit. Die ständige, evtl. berufsbedingte Überlastung führt zu Übermüdung. Diese Situation, die die Eignung zum Führen von Kraftfahrzeugen beeinflusst, kann sich ändern, wenn die zu Übermüdung führenden Umstände ausgeräumt werden entweder durch bessere Zeit- und Terminplanung oder durch eine Änderung der persönlichen oder beruflichen Situation.

Auch krankheitsbedingte Einschränkungen der Eignung zum Führen von Kraftfahrzeugen können ausgeschaltet sein nach Diagnose der Ursachen und erfolgreicher therapeutischer Behandlung der Krankheit. Das gilt auch für durchaus schwerwiegende Krankheitsbilder wie psychotischen Störungen. Diese können das Realitätsurteil auch Menschen in so erheblichem Ausmaß beeinträchtigen, dass selbst die Einschätzung normaler Verkehrssituationen gestört wird. Die Voraussetzung zum sicheren Führen von Kraftfahrzeugen im Fall einer akuten Psychose ist regelmäßig erst dann wieder gegeben, wenn keine Störung mehr nachweisbar ist, die das Realitätsurteil erheblich beeinträchtigt.[103]

Bei dem die Eignung aufhebenden oder einschränkenden Genuss von Drogen und insbesondere Alkohol führt eine festgestellte und objektiv nachgewiesene Abstinenz von diesen Drogen zu einer Veränderung bei der Eignungsbeurteilung.

b) Alkohol und Trinkgewohnheiten. Die Teilnahme am Straßenverkehr unter Einfluss von Alkohol wird vom Gesetz als Straftatbestand oder Ordnungswidrigkeit sanktioniert.

Zunächst ist die Beurteilung der Alkoholproblematik im Hinblick auf die Eignung zum Führen von Kraftfahrzeugen nicht nur zu sehen unter dem Aspekt der absoluten oder relativen Fahruntüchtigkeit, sondern insbesondere unter dem Gesichtspunkt der Gefährlichkeit, die von der Teilnahme am Straßenverkehr unter Alkoholeinfluss ausgehen kann. Also ist entscheidend die Frage, ob bei dem Führerscheininhaber oder Führerscheinbewerber eine Alkoholproblematik festzustellen ist, die die Annahme rechtfertigt, dass es unter dem Einfluss von Alkohol zu Gesetzesverstößen im Straßenverkehr kommt.

Die Alkoholproblematik verdeutlicht sich an verschiedenen Merkmalen, nämlich
- der Höhe der Blutalkoholkonzentration,

---

[102] *Bode/Winkler* § 3 Rn. 315.
[103] VG Bremen SVR 2014, 157.

- Art des Verkehrsverstoßes,
- Tageszeit der festgestellten Alkoholkonzentration und schließlich
- am Verhalten im Zusammenhang mit den Feststellungen bei der Blutentnahme.[104]

81 Die obergerichtliche Rechtsprechung hat wiederholt die Auffassung vertreten, dass Blutalkoholwerte von über 1,3‰ mit einem sozialadäquaten Trinkverhalten keinesfalls vereinbar sind. Sie setzen vielmehr eine durch den häufigen Genuss großer Alkoholmengen erworbene gesteigerte Alkoholverträglichkeit voraus.[105] Personen, die Blutalkoholwerte von 1,6‰ und mehr erreichen, leiden an einer dauerhaften, ausgeprägten Alkoholproblematik, der ein abnormes Trinkverhalten zugrunde liegt. Dabei muss sich der übermäßige Genuss von Alkohol über einen längeren Zeitraum hinweg erstreckt haben. Die psychische bzw. physiologische Barriere – kein Abbruch des Konsums infolge Übelkeit oder Erbrechen – muss dabei regelmäßig und andauernd überschritten werden.[106] Ein nicht geübter Trinker ist nicht in der Lage, solche Mengen an Alkohol zu sich zu nehmen, sein Fahrzeug aufzufinden, es in Gang zu setzen und es über eine gewisse Strecke zu bewegen. Ein einmaliger „Ausrutscher" ist deshalb ausgeschlossen.[107]

82 Für die Beurteilung der Alkoholproblematik sind auch objektive Tätermerkmale von Bedeutung, nämlich das Lebensalter, die Dauer des Führerscheinbesitzes, die bisherige Verkehrsbewährung sowie etwaige Straftaten unter Alkoholeinfluss außerhalb des Straßenverkehrsrechtes. Hinzu kommen auch bestimmte aus der Lebenssituation oder aus persönlichkeitsimmanenten Umständen und Ursachen ersichtliche Fehlverhalten, speziell bei Teilnahme am Straßenverkehr unter Einfluss von Alkohol.

83 Als Beispiele sind zu nennen: jugendtümliche Fehlanpassung, unzureichende Entwicklung und Kontrolle von Trink- und Trinkfahrmustern, anpassungserschwerende Fehleinstellungen und Haltungen, lebensgeschichtlich bedingte Persönlichkeitslabilisierungen, chronifizierten Alkoholmissbrauch und riskante Vermeidungstechnik im Trinkfahrkonflikt und schließlich eine Alkoholkrankheit.[108]

84 Ob geänderte Lebensumstände die Annahme rechtfertigen, dass die Umstände, die die Ungeeignetheit zum Führen von Kraftfahrzeugen aufgrund gegebener Alkoholproblematik bedingen, ausgeräumt sind, hängt davon ab, ob die geänderten Umstände eine positive Prognose für künftiges Verhalten rechtfertigen. Hierbei müssen die verschiedenen angeführten, unterschiedlichen Umstände differenziert gesehen werden.

85 Ob die Alkoholproblematik ausgeräumt ist, hängt ausschließlich von der Frage ab, ob die Umstände, die die Alkoholproblematik bedingen, ausgeräumt sind. Dies hängt davon ab, ob die Neigung zum Alkohol korrigiert worden ist, etwa durch die Teilnahme an einer Entziehungskur, oder ob der Betroffene, bei dem eine Alkoholproblematik gegeben war, durch Teilnahme an Kursen zur Alkoholproblematik gelernt hat, abstinent zu sein oder kontrolliert zu trinken.

86 Es sind nach Erfahrungswerten zur Rückfallwahrscheinlichkeit verschiedene Gruppen von alkoholauffällig gewordenen Kraftfahrern zu unterscheiden.
Es handelt sich hierbei um
- alkoholgeschädigte oder alkoholkranke Personen, bei denen die pathologischen Leberwerte den Alkoholmissbrauch offenbaren,
- Personen unter 20 Jahren, die aufgrund ihrer bisherigen Lebenserfahrung dazu neigen, Konflikte durch Trinken zu lösen,
- Personen mit Störungen im Persönlichkeitsbereich, bei denen zB die Neigung zu Gesetzesverletzungen auch außerhalb des Straßenverkehrs, zB bei Kriminalstraftaten, oder auch im Bereich des Straßenverkehrsrechtes, etwa durch Fahren ohne Fahrerlaubnis, offenbar wird, und schließlich
- Personen mit auffälligen Persönlichkeitseigenarten, die zB durch Neigung zur Aggression gekennzeichnet sind.

---

[104] *Bode/Winkler* § 3 Rn. 132.
[105] So zB OVG Lüneburg zfs 2006, 54.
[106] VGH Baden-Württemberg DAR 2006, 32.
[107] Das verkennt Himmelreich/Halm/*Mahlberg* § 35 Rn. 120.
[108] *Bode/Winkler* § 3 Rn. 139.

Die vorstehend aufgeführten Problemgruppen zeigen, wie differenziert die Möglichkeit 87 gesehen werden muss, ob bei Personen, bei denen Ungeeignetheit offenbar wurde oder festgestellt worden ist, eine Veränderung gegeben ist, die die Annahme der Ungeeignetheit ausschließt, und nunmehr geänderte Umstände für eine Geeignetheit zum Führen von Kraftfahrzeugen sprechen.

c) **Persönlichkeitsimmanente Veränderungen.** Auch Veränderungen in der Persönlichkeit 88 des Führerscheinbewerbers können zu einer Änderung der Beurteilung der Eignung zum Führen von Kraftfahrzeugen führen. Hierbei ist an verschiedene Aspekte zu denken, zB jugendliches Alter oder inzwischen fortgeschrittenes Alter, verbunden mit gefestigter Lebenserfahrung, und schließlich krisenhafte Lebenssituationen.

Speziell bei Jugendlichen kann es zu typischen, durch jugendlichen Leichtsinn bedingten 89 Verhaltensfehlern im Straßenverkehr kommen. Diese sind häufig verbunden mit mangelnder Erfahrung.[109]

Eine besondere Bedeutung bei der Beurteilung der Eignung zum Führen von Kraftfahrzeugen 90 können Lebenskrisen haben. Hierbei ist zu denken an den Verlust des Arbeitsplatzes, den Verlust eines nahen Angehörigen oder das Scheitern einer Ehe. Dies führt zu geänderten Verhaltensweisen und speziell häufig zu der Neigung, die Krise durch Alkoholgenuss zu verdrängen. Waren diesen Lebenskrisen Umstände, die zur Ungeeignetheit zum Führen von Kraftfahrzeugen führten, so kann umgekehrt die feststellbare Bewältigung der Lebenskrise zu einer geänderten Beurteilung führen.

Bei der Frage der Wiedergewinnung der Fahreignung darf aber nicht an der Erforschung 91 der Veränderungen der objektiven Lebensumstände stehen geblieben werden. Diese sind meist nur Folge eines psychischen Fehlverhaltens. Entscheidend ist deshalb danach zu fragen, ob die Veränderungen Folge einer geänderten Geisteshaltung sind oder nur im Hinblick auf die Wiedererteilung der Fahrerlaubnis erfolgt sind. Der Betreffende muss sein Problem erkannt haben, das ihn zu seinem Fehlverhalten geführt hat. Ein Kraftfahrer, der ständig die zulässige Höchstgeschwindigkeit überschreitet, macht das nicht, weil er die entsprechenden Verkehrszeichen nicht erkennt. Er hat eine generelle Fehleinstellung zu einem angepassten, rücksichtsvollen Verkehrsverhalten. Ein Kraftfahrer, der im Übermaß Alkohol konsumiert, macht das nicht, weil ihm die Getränke besonders schmecken, sondern weil es ihm auf die Wirkung des Alkohols ankommt. Ein Drogenkonsument will den Rausch, den der eingenommene Stoff verursacht. In einem zweiten Schritt muss er – möglicherweise mit professioneller Hilfe – Strategien entwickeln, um das Problem zu lösen, dieses aufarbeiten. Diese Strategien müssen verinnerlicht und umgesetzt werden. Die geänderten Lebensumstände müssen demnach Folge des Einstellungswandels sein.

Die bei Alkoholauffälligen in der Praxis bedeutsamste Möglichkeit, die Fahrerlaubnis zu 92 entziehen, ist die strafgerichtliche Entscheidung. Rechtsgrundlage hierfür ist § 69 StGB. Hierbei handelt es sich um eine Maßregel der Sicherung und Besserung. Wird jemand wegen einer rechtswidrigen Tat verurteilt, die er bei oder im Zusammenhang mit dem Führen eines Kraftfahrzeugs oder unter Verletzung der Pflichten eines Kraftfahrzeugführers begangen hat, so entzieht ihm das Gericht die Fahrerlaubnis, wenn sich aus der Tat ergibt, dass er zum Führen von Kraftfahrzeugen ungeeignet ist. Bei Drogenauffälligkeit sind Fahrerlaubnisentzüge durch die Strafgerichte eher die Ausnahme, weil es – anders als bei Alkohol – kaum allgemein anerkannte Grenzwerte für die absolute Fahruntüchtigkeit gibt.

5. Bedeutung der strafrechtlichen Beurteilung der Eignung für die Fahrerlaubnisbehörde

Für die Beurteilung der Ungeeignetheit sind regelmäßig 93
- die Gesamtpersönlichkeit des Täters,
- bisherige unbeanstandete Fahrweise oder
- einschlägige Vorstrafen und
- sonstige Umstände, die einen Schluss auf mangelndes Verantwortungsbewusstsein im Verkehr zulassen,

zur Beurteilung heranzuziehen.

---

[109] *Bode/Winkler* § 3 Rn. 326.

94 Aus den vorstehend angeführten Grundsätzen folgt, dass nur der zum Führen von Kraftfahrzeugen geeignet ist, der beim Führen von Kraftfahrzeugen andere Verkehrsteilnehmer gegenwärtig nicht unzumutbar gefährdet und auch in Zukunft nicht unzumutbar gefährden wird.

95 Diese Beurteilung der potenziellen Gefährdung bei der Teilnahme am Straßenverkehr führt dazu, die **Prognose** zu stellen, ob bei der Teilnahme am Straßenverkehr eine Gefährdung zu erwarten ist und mit welcher Wahrscheinlichkeit.

96 Ob und in welchem Maße und mit welcher Wahrscheinlichkeit eine Gefahr aufgrund der Teilnahme am Straßenverkehr gegeben ist, muss unter verschiedenen Aspekten beurteilt werden.

97 Gefährlich ist das Verhalten eines Verkehrsteilnehmers, wenn es zu Unfällen oder beinahe zu Unfällen führt oder durch das Verhalten eine erhöhte Unfallgefahr verursacht wird oder – unfallträchtige – Konfliktsituationen ausgelöst werden. Unter dem Gesichtspunkt der Gefährlichkeit und der damit verbundenen Gefahr für die Verursachung von Unfällen, Beinaheunfällen oder Konfliktsituationen werden vier Typen von Fahrern unterschieden, nämlich solche mit

- vielen Konflikten und vielen Unfällen,
- wenigen Konflikten und vielen Unfällen,
- vielen Konflikten und wenigen Unfällen und
- wenigen Konflikten und wenigen Unfällen.

98 Bei der Prognose der Gefährlichkeit, die von einem Teilnehmer am Straßenverkehr ausgeht, sind also Befunde maßgebend, aus denen sich Verhaltensweisen ablesen lassen, sodass hieraus gefolgert werden kann, ob und in welchem Maße bei der Teilnahme am Straßenverkehr Konflikte und Unfälle verursacht werden.

6. Konsequenzen aus der strafrechtlichen Beurteilung der Ungeeignetheit

99 a) **Beachtung der Sperrfrist.** Gemäß § 69a StGB ist geregelt, dass die Verwaltungsbehörde vor Ablauf der vom Strafgericht festgesetzten Sperrfrist eine neue Fahrerlaubnis nicht erteilen kann.

100 Zu beachten ist, dass die Mindestsperrfrist gemäß § 69a Abs. 7 StGB 3 Monate beträgt. Das Mindestmaß der Sperre beträgt 1 Jahr gemäß § 69a Abs. 3 StGB, wenn gegen den Täter in den letzten 3 Jahren vor der Tat bereits einmal eine Sperre angeordnet worden ist.

101 Nach Ablauf der Sperre entscheidet die Verwaltungsbehörde über die Neuerteilung der Fahrerlaubnis. Der Ablauf der gerichtlich festgesetzten Sperrfrist bedeutet nicht, dass damit automatisch ein Anspruch auf Neuerteilung der Fahrerlaubnis entstehen würde; vielmehr muss die Verkehrsbehörde in jedem Einzelfall prüfen, ob nach ihrem Ablauf die Fahreignung wieder gegeben ist.

102 Die Dauer der vom Strafgericht verhängten Wiedererteilungssperre ist für die Verwaltungsbehörde verbindlich; es gibt keine Möglichkeit, diese im Verwaltungsweg abzukürzen. Meint der Betreffende, er habe nach Rechtskraft der strafgerichtlichen Entscheidung seine Fahreignung zurückerlangt, hat er die Möglichkeit, nach § 69a Abs. 7 StGB die Aufhebung der Sperrfrist zu beantragen. Voraussetzung hierfür ist, dass erhebliche neue Tatsachen vorliegen, die den Schluss zulassen, der Fahrzeugführer besitze nunmehr entgegen der Prognose des erkennenden Gerichts das notwendige Verantwortungsbewusstsein.[110]

103 Das Gesetz regelt im Einzelnen, unter welchen Voraussetzungen die Behörde nach der Entziehung, der vorläufigen Entziehung oder Beschlagnahme des Führerscheins oder einer sonstigen Maßnahme nach § 94 StPO unmittelbar die Fahrerlaubnis wieder erteilen darf. Erforderlich ist, dass sie die Eignung des Betreffenden bejaht und keine Tatsachen vorliegen, welche die Annahme rechtfertigen, dass der Betreffende die theoretischen und praktischen Fertigkeiten zum Führen eines Kraftfahrzeugs nicht mehr besitzt.

104 Anders als früher gibt es seit Inkrafttreten der 4. Verordnung zur Änderung der Fahrerlaubnis-Verordnung keine feste Frist mehr, nach deren Ablauf die Verkehrsbehörde eine neue Befähigungsprüfung zwingend verlangen müsste. Vielmehr muss die Behörde jetzt im

---

[110] OLG Hamm BA 2001, 381.

Einzelnen belegen, weshalb sie die theoretischen oder praktischen Kenntnisse und Fertigkeiten des Betroffenen anzweifelt. Maßgebliches Kriterium ist die Dauer der Unterbrechung der Fahrpraxis. Ist diese erheblich, ist es grundsätzlich ermessensgerecht, die theoretischen und praktischen Fähigkeiten zu überprüfen. Dazu ist sie im Rahmen des Wiedererteilungsverfahrens berechtigt, von dem Bewerber Einzelheiten über seine Fahrpraxis zu erfragen.

b) Beachtlichkeit des Strafverfahrens und des dort festgestellten Sachverhaltes. Für die Erteilung der Fahrerlaubnis gilt eine Besonderheit in dem Fall, in dem gegen den Inhaber der Fahrerlaubnis ein Strafverfahren anhängig ist, in dem die Entziehung der Fahrerlaubnis nach § 69 StGB in Betracht kommt. Für die Dauer der Anhängigkeit des Strafverfahrens gilt ein Vorrang zugunsten der Strafgerichte. § 3 Abs. 3 StVG verbietet der Verwaltungsbehörde Maßnahmen, die auf dem gleichen Sachverhalt beruhen.[111] Dies gilt jedoch nicht für die Fahrerlaubnis, die von einer Dienststelle der Bundeswehr, des Bundesgrenzschutzes oder der Polizei für Dienstfahrzeuge erteilt worden ist. § 3 Abs. 3 S. 1 StVG statuiert ein Berücksichtigungsverbot nur für den Fall, dass gegen den Inhaber einer Fahrerlaubnis ein Strafverfahren anhängig ist, in dem die Entziehung einer Fahrerlaubnis nach § 69 StGB in Betracht kommt. Einer analogen Anwendung dieser Vorschrift auf anhängige Ordnungswidrigkeitenverfahren, mögen sie wegen eines gegen einen Bußgeldbescheid eingelegten Einspruchs auch bei Gericht anhängig sein, steht entgegen, dass das Gesetz insoweit keine unbeabsichtigte Regelungslücke aufweist. Aus § 3 Abs. 4 S. 2 Hs. 2 StVG folgt, dass der Gesetzgeber gesehen hat, dass Feststellungen, denen uU Bedeutung für fahrerlaubnisrechtliche Behördenentscheidungen zukommt, nicht nur in Straf-, sondern auch in bußgeldrechtlichen Verfahren getroffen werden können. Wenn er es gleichwohl nicht für geboten erachtet hat, auch insoweit ein temporäres Berücksichtigungsverbot auszusprechen, wie das in § 3 Abs. 3 StVG für den Fall der Anhängigkeit bestimmter Strafverfahren geschehen ist, so muss darin ein bewusstes Abstandnehmen des Gesetzgebers von einer Erstreckung dieser Regelung auf ordnungswidrigkeitenrechtliche Verfahren gesehen werden. Eine analoge Anwendung der Vorschrift auf laufende Ordnungswidrigkeitenverfahren ist deshalb nicht möglich;[112] diese entfalten keine Sperrwirkung für die Fahrerlaubnisbehörde.[113] § 3 Abs. 3 S. 1 StVG untersagt der Fahrerlaubnisbehörde nur, eine Entziehungsverfügung auf einen Sachverhalt zu stützen, der auch Gegenstand eines Strafverfahrens ist. Die Norm hindert die Behörde aber nicht daran, dem Inhaber während eines Strafverfahrens die Fahrerlaubnis wegen eines anderen Sachverhalts zu entziehen, für den die Sperre des § 3 Abs. 3 S. 1 StVG nicht gilt.[114] Die Bindungswirkung erstreckt sich auf den Sachverhalt, der Gegenstand des Strafverfahrens ist; erfasst wird nicht nur die Tat im Sinne des sachlichen Strafrechts, sondern der gesamte Vorgang, auf den sich die Untersuchung erstreckt.[115] Die Bindungswirkung des § 3 Abs. 3 StVG besteht ab der Einleitung des Strafverfahrens bis zu dessen förmlichem Abschluss und bezieht sich auf strafrechtliche Untersuchungen zu den Straftaten, die ihrer Art nach die Entziehung der Fahrerlaubnis zu rechtfertigen vermögen. Es ist der Fahrerlaubnisbehörde verwehrt, die konkrete Wahrscheinlichkeit einer Fahrerlaubnisentziehung im Strafverfahren zu bewerten. Die Regelung des § 3 Abs. 3 StVG steht auch vorbereitenden Aufklärungsmaßnahmen wie der Anforderung eines medizinisch-psychologischen Gutachtens entgegen. Eine auf § 11 Abs. 8 S. 1 FeV gestützte Entziehung der Fahrerlaubnis ist rechtswidrig, wenn die Gutachtensanordnung zu einem Zeitpunkt erfolgte, zu dem noch ein Berücksichtigungsverbot nach § 3 Abs. 3 StVG bestand. Eine rückwirkende Heilung einer Gutachtensanforderung nach Wegfall des Berücksichtigungsverbots ist nicht möglich.[116] Im Übrigen ist die Bestimmung nur eine der Durchsetzung des materiellen Rechts dienende Verfahrensvorschrift, deren Verletzung eine trotz eines anhängigen Strafverfahrens verfügte Fahrerlaubnisentziehung nicht

---

[111] Hierzu *Burmann* DAR 2005, 61.
[112] OVG Sachsen-Anhalt BA 2012, 327.
[113] VGH Baden-Württemberg BA 2008, 83.
[114] VGH Baden-Württemberg NZV 2007, 326 = SVR 2007, 352.
[115] BVerwG DAR 2012, 595 = zfs 2012, 592.
[116] VGH Baden-Württemberg vom 19.8.2013 NJW 2014, 484.

rechtswidrig macht. Das gilt allerdings nur dann, wenn der Behörde bei ihrer Entscheidung kein Ermessen eingeräumt ist.[117]

106 Mit Rechtskraft der strafgerichtlichen Entscheidung, durch die die Fahrerlaubnis entzogen worden ist, erlischt die Fahrerlaubnis. Die Wiedererteilung richtet sich nach § 20 FeV. Grundsätzlich entfaltet ein strafgerichtliches Urteil gegenüber der Fahrerlaubnisbehörde gemäß § 3 Abs. 4 S. 1 StVG Bindungswirkung. Diese nicht nur für die Maßnahme der Entziehung selbst, sondern nach ihrem Sinn und Zweck für das gesamte Entziehungsverfahren unter Einschluss der vorbereitenden Maßnahmen, so dass in derartigen Fällen die Behörde schon die Beibringung eines Gutachtens nicht anordnen darf.[118] Die Bindungswirkung tritt allerdings nur ein, wenn das Strafgericht, wozu es nach § 267 Abs. 6 S. 2 StPO verpflichtet ist, eine Begründung dafür gibt, weshalb entgegen der Regelvermutung des § 69 Abs. 2 StGB Fahreignung besteht. Unterbleibt das, ist die Behörde nicht daran gehindert, durch Anordnung einer Gutachtensbeibringung Ermittlungen über die Fahreignung des Betreffenden anzustellen[119] und gegebenenfalls die Fahrerlaubnis zu entziehen.[120] Das Gleiche gilt, wenn das Urteil in abgekürzter Form nach § 267 Abs. 4 StPO ergeht. Der Vorrang der strafrichterlichen vor der behördlichen Entscheidung gemäß § 3 Abs. 4 StVG findet seine innere Rechtfertigung darin, dass die Entziehung der Fahrerlaubnis durch den Strafrichter als Maßregel der Besserung und Sicherung keine Nebenstrafe, sondern eine in die Zukunft gerichtete, aufgrund der Sachlage zum Zeitpunkt der Hauptverhandlung zu treffende Entscheidung über die Gefährlichkeit des Kraftfahrers für den öffentlichen Straßenverkehr ist. Nur wenn diese Entscheidung nachvollziehbar begründet wird, kann der Zweck des § 3 Abs. 4 StVG erreicht werden, überflüssige und aufwändige Doppelprüfungen des Strafgerichts einerseits und der Verwaltungsbehörde andererseits zu vermeiden und die Gefahr widersprechender Entscheidungen auszuschalten. Die vom Gesetz angeordnete Bindungswirkung lässt sich danach nur rechtfertigen, wenn die Behörde den schriftlichen Urteilsgründen hinreichend sicher entnehmen kann, dass überhaupt und mit welchem Ergebnis das Strafgericht die Kraftfahreignung beurteilt hat. Deshalb entfällt die Bindungswirkung, wenn das Strafurteil überhaupt keine Ausführungen zur Kraftfahreignung enthält oder wenn jedenfalls in den schriftlichen Urteilsgründen unklar bleibt, ob das Strafgericht die Fahreignung eigenständig beurteilt hat.[121] Die Bindungswirkung tritt nur bei identischem Sachverhalt ein. Ein solcher liegt nicht vor, wenn die Fahrerlaubnisbehörde weitergehende Erkenntnisse hat als das Strafgericht. Übersieht das Strafgericht bei seiner Eignungsbeurteilung eine einschlägige Vorverurteilung,[122] kann die Behörde das zum Anlass eigener Ermittlungen machen. Das Gleiche gilt, wenn der Betroffene nachträglich – aus welchen Gründen auch immer – ein medizinisch-psychologisches Gutachten vorlegt, das sein Fahrungeeignetheit bestätigt.

107 Der Ablauf der gerichtlich festgesetzten Sperrfrist bedeutet nicht, dass damit automatisch ein Anspruch auf Neuerteilung der Fahrerlaubnis entstehen würde; vielmehr muss die Verkehrsbehörde in jedem Einzelfall prüfen, ob nach ihrem Ablauf die Fahreignung wieder gegeben ist. Ursprünglich hat die verwaltungsgerichtliche Rechtsprechung eine – eingeschränkte – inhaltliche Bindung der Fahrerlaubnisbehörde an die tatrichterlichen Würdigungen im Strafurteil angenommen.[123] Danach sollte die Verwaltungsbehörde im Wiedererteilungsverfahren bei unveränderter Sachlage bei der Beurteilung der Fahreignung den Umständen, die der Strafrichter in seiner Entscheidung gewürdigt hat, besonderes Gewicht beimessen. Die Rechtsentwicklung ist hierüber inzwischen hinweggegangen. Das Gesetz

---

[117] OVG Lüneburg zfs 2008, 114; BayVGH zfs 2008, 116.
[118] OVG Nordrhein-Westfalen vom 25.6.2012 BA 2013, 40. Zu dieser Entscheidung ist anzumerken, dass die vom Amtsgericht gegebene Begründung, der Zeitraum von 13 Monaten sei ausreichend gewesen, um die Allgemeinheit vor dem Angeklagten zu schützen, die Voraussetzungen nicht erfüllt; mit der Fahreignung des Betreffenden hat das nichts zu tun.
[119] OVG Nordrhein-Westfalen BA 2014, 127; VG Frankfurt NJW 2002, 80/81; *Lenhart* DAR 2002, 302.
[120] BVerwG Buchholz 442.10 § 4 StVG Nr. 83.
[121] OVG Nordrhein-Westfalen zfs 2012, 539.
[122] BVerwG NZV 1988, 37; *Burmann* DAR 2005, 63.
[123] BVerwG NJW 1964, 607.

schreibt vielmehr der Fahrerlaubnisbehörde vor der Neuerteilung eigene Ermittlungen vor. Für Verkehrsauffällige ergibt sich das aus § 11 Abs. 3 S. 1 Nr. 5 lit. a) FeV. Bei alkoholbedingten Fahreignungszweifeln sieht § 13 S. 1 Nr. 2 lit. d) FeV ausdrücklich eigene Aufklärungsmaßnahmen vor, die in der Regel über die hinausgehen, die im Strafverfahren üblich sind, nämlich die Einholung eines medizinisch-psychologischen Fahreignungsgutachtens. Gleiches gilt nach § 14 Abs. 2 Nr. 1 FeV bei einer Entziehung der Fahrerlaubnis wegen Drogenauffälligkeit.

Eine Besonderheit gilt bei Entziehung einer ausländischen Fahrerlaubnis gemäß § 69b Abs. 1 S. 2 StGB. Bei Personen mit ordentlichem Wohnsitz im Ausland tritt an die Stelle der Wiedererteilung einer Fahrerlaubnis die Erteilung des Rechtes, von der ausländischen Fahrerlaubnis im Inland wieder Gebrauch machen zu können. 108

7. Erkenntnisquellen für die Fahrerlaubnisbehörde

a) **Voraussetzungen für eine Eignungsprüfung.** Unabdingbare Voraussetzung für Maßnahmen gegen auffällig gewordene Fahrerlaubnisinhaber ist, dass Tatsachen vorliegen, auf denen die Eignungszweifel beruhen. Das ergibt sich aus § 2 Abs. 8 StVG iVm § 3 Abs. 2 FeV. Tatsachen im Rechtssinne sind sinnlich wahrnehmbare oder feststellbare Zustände oder Umstände. Welche das sind, kann nicht allgemein gesagt werden; es kommt vielmehr darauf an, welche Tatbestandsmerkmale die Norm, die auf den konkreten Sachverhalt angewendet werden soll, enthält. 109

Tatsachen, aus denen sich lediglich eine entfernt liegende Möglichkeit eines relevanten Mangels folgern lässt, sind nicht geeignet, die Beibringung eines Gutachtens zu verlangen oder sonst Grundlage für behördliche Maßnahmen zu sein; eine Eignungsuntersuchung „ins Blaue hinein" ist nicht zulässig. Anderseits müssen es keine Tatsachen sein, aus denen sich „massive Anhaltspunkte" für eine Fahrungeeignetheit ergeben oder die gar vollen Beweis für die Fahrungeeignetheit erbringen. Vielmehr ist für die Anordnung, ein Gutachten vorzulegen, erforderlich, dass auf Grund konkreter tatsächlicher Anhaltspunkte berechtigte Zweifel an der Kraftfahreignung des Betreffenden bestehen. Die tatsächlichen Feststellungen müssen den Eignungsmangel als naheliegend erscheinen lassen. In keinem Fall ist zu fordern, dass aufgrund der vorliegenden Tatsachen die Fahrungeeignet schon feststehen muss; ist das gegeben, hat die Behörde unmittelbar die entsprechende Maßnahme nach § 11 Abs. 7 FeV zu verfügen, ohne eine weitere Sachaufklärung durch Beibringung eines Gutachtens zu betreiben. 110

b) **Registerauskünfte.** Nach § 2 Abs. 7 S. 1 StVG, § 22 Abs. 2 FeV hat die Fahrerlaubnisbehörde zu ermitteln, ob der Antragsteller zum Führen von Kraftfahrzeugen geeignet und befähigt ist. Satz 2 schreibt ferner vor, dass sie dazu Auskünfte aus dem Fahreignungsregister und dem Zentralen Fahrerlaubnisregister nach den Vorschriften des Straßenverkehrsgesetzes einzuholen hat. Nach S. 3 kann sie außerdem insbesondere entsprechende Auskünfte aus ausländischen Registern oder von ausländischen Stellen einholen sowie die Beibringung eines Führungszeugnisses zur Vorlage bei der Verwaltungsbehörde nach den Vorschriften des Bundeszentralregisters verlangen. Insofern liegt aber keine abschließende Regelung vor. Es deshalb nicht ausgeschlossen, strafgerichtliche Urteile heranzuziehen, die nicht in einem der in § 2 Abs. 7 StVG, § 22 Abs. 2 FeV aufgeführten Register erwähnt bzw. nicht in einem Führungszeugnis zur Vorlage bei einer Verwaltungsbehörde aufgeführt wird; zu denken ist hier etwa an Entscheidungen im jugendgerichtlichen Verfahren. Denn der Ansicht, die Fahrerlaubnisbehörde könne bei der Überprüfung der Fahreignung von Fahrerlaubnisbewerbern nur solche Urteile oder sonstige für den Antragsteller nachteilige tatsächliche Umstände verwerten und zum Anlass für die Anordnung zur Beibringung eines Gutachtens nehmen, die ihren Niederschlag in einem der dort genannten Register oder Zeugnis gefunden haben, kann nicht gefolgt werden. Aus der Amtlichen Begründung[124] zum Gesetz zur Änderung des Straßenverkehrsgesetzes und anderer Gesetze vom 24. April 1998, durch das § 2 Abs. 7 StVG (im Wesentlichen) seine derzeitige Fassung erlangte, ist zu entnehmen, dass dort nur 111

---

[124] BT-Drs. 13/6914, Nr. 2 S. 65.

die wichtigsten Maßnahmen zur Ermittlung der Eignung und Befähigung des Betreffenden genannt sind und die Aufzählung nur beispielhaft ist. Auch der Wortlaut der Norm spricht gegen eine Beschränkung der Fahrerlaubnisbehörde auf die dort genannten Maßnahmen zur Klärung der Fahreignung. Zudem widerspräche eine Beschränkung der Behörde auf den Inhalt der in § 2 Abs. 7 StVG aufgeführten Register ihrer Verpflichtung, durch eine Überprüfung der Fahrerlaubnisbewerber im Hinblick auf Eignungsmängel die Sicherheit des allgemeinen Straßenverkehrs sicherzustellen.

112 **c) Strafakten.** Zulässig ist es auch, wenn die Verkehrsbehörde sich über das zuständige Gericht oder die entsprechende Staatsanwaltschaft eine Urteilsabschrift übermitteln lässt, wenn sie Kenntnis von einem Strafverfahren erlangt. Gesetzliche Grundlage hierfür ist § 474 Abs. 2 S. 1 Nr. 2 1. Alt. StPO. Danach ist die Erteilung einer Auskunft an eine andere öffentliche Stelle zulässig, soweit dieser Stelle in sonstigen Fällen auf Grund einer besonderen Vorschrift von Amts wegen personenbezogene Informationen aus Strafverfahren übermittelt werden dürfen. § 474 StPO regelt die Auskunftserteilung aus Akten eines Strafverfahrens für verfahrensexterne Zwecke. Die Auskunftserteilung, über die nach dem rechtskräftigen Abschluss des Strafverfahrens gemäß § 478 Abs. 1 S. 1 StPO die Staatsanwaltschaft zu entscheiden hat, kann nach § 477 Abs. 1 StPO auch durch die Überlassung einer Abschrift aus der Akte erfolgen.

113 **d) Polizeiauskünfte.** Eine typische Informationsquelle sind Informationen der Polizei nach § 2 Abs. 12 StVG. Diese Vorschrift ermächtigt und verpflichtet die Polizeibehörden, fahreignungsrelevante Tatsachen an die Fahrerlaubnisbehörden zu melden. Das Gesetz unterscheidet nicht, um welche Polizeieinheiten es sich dabei handelt. Verpflichtet zur Informationsübermittlung sind sowohl die Landespolizei (Schutzpolizei, Verkehrspolizei und Kriminalpolizei) als auch die Bundespolizei. Hinzu kommen das Bundeskriminalamt und die Militärpolizei der Bundeswehr.[125] Die allgemeinen Sicherheits- und Ordnungsbehörden fallen nicht darunter. Es handelt sich um eine Initiativübermittlung, dh die Polizei hat die Daten ohne Anforderung weiter zu geben und lediglich das datenschutzrechtliche Erfordernis zu prüfen. Sinn und Zweck der Norm ist, dem gefahrenabwehrenden Charakter des Fahrerlaubnisrechts Rechnung zu tragen. Die Fahrerlaubnisbehörden sollen in die Lage versetzt werden, nach dem Fahrerlaubnisrecht mögliche Maßnahmen zur Unfallvermeidung und Gefahrenabwehr prüfen zu können. Das beschränkt den Inhalt der weiter zu gebenden Informationen. Es muss sich um solche handeln, die für die Beurteilung der Eignung oder Befähigung relevant sein können. Ob das der Fall ist, ist im Rahmen einer ex ante Betrachtung aus Sicht der Polizei zu beantworten. Die Erforderlichkeit der Übermittlung ist an der Möglichkeit der Verwendung der Daten zur Eignungsüberprüfung bei der Fahrerlaubnisbehörde zu messen. Sind die Informationen aus Sicht der Fahrerlaubnisbehörde nicht relevant, sind die entsprechenden Unterlagen zeitnah zu vernichten. Die Informationen müssen sich nicht zwingend auf Fahrerlaubnisinhaber beziehen; wegen der den Fahrerlaubnisbehörden durch § 3 FeV eingeräumten Möglichkeit, das Führen fahrerlaubnisfreier Fahrzeuge zu untersagen,[126] sind auch Informationen weiter zu geben, die solche Verkehrsteilnehmer betreffen. Der Wortlaut der Vorschrift, die nur von Kraftfahrzeugen spricht, steht dem nicht entgegen.[127] Der enge Zusammenhang mit dem Führen fahrerlaubnisfreier Fahrzeuge[128] und dem von fahrerlaubnispflichtigen Kraftfahrzeugen[129] rechtfertigt zumindest eine Analogie. Bei der Übermittlung von Auskünften ist darauf zu achten, dass in entsprechende Mitteilungen alle Tatsachen nachvollziehbar aufgeführt sind. Das gilt insbesondere für Protokolle, die aus Anlass einer Verkehrskontrolle gemacht werden. Bei Verdacht auf eine Drogenfahrt sind die Auffälligkeiten möglichst exakt zu schildern und etwaige Äußerungen des Betroffenen wie-

---

[125] *Müller* SVR 2007, 241/242.
[126] Hierzu *Geiger* SVR 2007, 161.
[127] HKD/*Dauer* Rn. 25; *Weibrecht* NZV 2001, 145/147.
[128] Vgl. OVG Rheinland-Pfalz NJW 2012, 3388: Entziehung der Fahrerlaubnis nach Trunkenheitsfahrt mit einem Fahrrad.
[129] Vgl. OVG Lüneburg DAR 2012, 161: Verbot des Führens fahrerlaubnisfreier Fahrzeuge nach Trunkenheitsfahrt mit einem Kraftfahrzeug.

der zu geben. Erfahrungsgemäß werden entsprechende Aussagen später gerne bestritten, so dass den Protokollen im Verwaltungsverfahren und oft auch im verwaltungsgerichtlichen Verfahren oft erheblicher Beweiswert zukommt. Wenn polizeiliche Mitteilungen diesen Anforderungen nicht genügen, sollten die Fahrerlaubnisbehörden darauf dringen, dass diese umgehend ergänzt werden; nach Monaten ist die Erinnerung der Polizeibeamten oft schon verblasst und nachträgliche Ergänzungen sind nicht mehr möglich.

e) **Mitteilungen ausländischer Behörden.** Hinweise auf das Vorliegen fahreignungsrelevanter Tatsachen finden sich nicht nur in Mitteilungen inländischer Behörden und Stellen; im verstärkten Umfang gehen auch Mitteilungen ausländischer Dienststellen bei deutsche Fahrerlaubnisbehörden ein. Hintergrund ist, dass bei solchen Konstellationen im Ausland eine Entziehung der deutschen Fahrerlaubnis nicht möglich ist; vielmehr kann nur die Berechtigung, von dieser in dem entsprechenden Staat Gebrauch zu machen, abgesprochen werden. Für die Bundesrepublik Deutschland folgt das aus § 3 Abs. 1 S. 2 StVG und § 46 Abs. 5 S. 2 FeV. Europarechtliche Grundlage für die Anwendung dieser Grundsätze für Fahrerlaubnisse aus den Staaten der Europäischen Gemeinschaften ist Art. 8 Abs. 2 der RL 91/439/EWG. Bei der Verwertung der Erkenntnisse haben die deutschen Behörden zu überprüfen, ob ihre Gewinnung inländischen Standards entspricht. Das gilt insbesondere für die Bestimmung von Blut- oder Atemalkoholwerten. Die Atemalkoholkonzentration (AAK-Wert), eine Gaskonzentration, ist in Milligramm Ethanol je Liter Atemluft (mg/l) zu messen (vgl. § 24a Abs. 1 StVG). Die Messung ist unter Beachtung der im Gutachten des Bundesgesundheitsamtes „Prüfung der Beweissicherheit der Atemalkoholanalyse" (BGA-G Atemalkohol) enthaltenen Verfahrensbestimmungen durchzuführen. Danach muss eine Messung ua mit zwei voneinander unabhängigen Messsystemen mit elektronischer Selbstkontrolle und in zwei Wellenlängenbereichen bei der Infrarotmessung erfolgen. Weiterhin muss die Messung 20 Minuten nach Trinkende erfolgt sein. Ob die Messung im Ausland den entsprechenden Anforderungen entsprach, ist im Einzelfall nachzuprüfen. Fehlt es daran, dürfen entsprechende Mitteilungen nicht zum Anlass für weitergehende Maßnahmen genommen werden.

V. Die Befähigung

1. Die Befähigung und ihr Nachweis durch theoretische und praktische Prüfung

Die Begriffe Eignung und Befähigung sind sachlich und inhaltlich unterschiedlich. Nach § 2 Abs. 5 StVG ist zum Führen von Kraftfahrzeugen befähigt, wer ausreichende Kenntnisse der für das Führen von Kraftfahrzeugen maßgebenden gesetzlichen Vorschriften hat, mit den Gefahren des Straßenverkehrs und den zu ihrer Abwehr erforderlichen Verhaltensweisen vertraut ist, die zum sicheren Führen eines Kraftfahrzeuges, ggf. mit Anhänger, erforderlichen technischen Kenntnisse besitzt und zu ihrer praktischen Anwendung in der Anlage ist und über ausreichende Kenntnisse einer umweltbewussten und energiesparenden Fahrweise verfügt und zu ihrer praktischen Anwendung in der Lage ist.

Die theoretischen Fahrerlaubnisprüfung ist in § 16 FeV, die über die praktische in § 17 FeV geregelt. Einzelheiten über die Fahrerlaubnisprüfung enthält die Anlage 7 zur FeV. Eine wichtige Vorschrift über die theoretische Prüfung enthält Nr. 1.4 der Anlage 7. Danach gilt die Prüfung als nicht bestanden, wenn der Bewerber Täuschungshandlungen begangen hat. Unterschleif kann etwa durch Verwendung von Lösungsschablonen, Spickerkärtchen und ähnlichen Gegenständen begangen werden. Wird eine Täuschungshandlung nachträglich aufgedeckt, ist die Fahrerlaubnis zu entziehen, da nicht feststeht, dass der Betreffende zum Führen von Kraftfahrzeugen befähigt; eine Rücknahme nach § 48 VwVfG kommt nicht in Betracht, da das Entziehungsverfahren das speziellere Rechtsinstitut ist.

2. Ausnahmen vom Erfordernis des Nachweises der Befähigung

Bei Neuerteilung einer Fahrerlaubnis kann in den Fällen der §§ 20 Abs. 2, 27 Abs. 1 Nr. 3, 30 Abs. 1 Nr. 3, 31 Abs. 1 Nr. 3 FeV auf die Fahrerlaubnisprüfung verzichtet werden.

In § 20 Abs. 2 FeV ist geregelt, dass auf die Fahrerlaubnisprüfung verzichtet werden kann, wenn keine Tatsachen vorliegen, die die Annahme rechtfertigen, dass der Bewerber die nach § 16 Abs. 1 und § 17 Abs. 1 FeV erforderlichen Kenntnisse und Fähigkeiten nicht mehr besitzt. Das hat die Behörde im Einzelfall zu prüfen; eine starre Frist, ab wann vom Verlust ausreichender Fähigkeiten oder Kenntnisse auszugehen ist, gibt es nicht. Bei der Prüfung der Frage, ob iSv § 20 Abs. 2 FeV Tatsachen vorliegen, die die Annahme rechtfertigen, dass der Bewerber die erforderlichen theoretischen und praktischen Kenntnisse und Fähigkeiten nicht mehr besitzt, kommt auch nach der Änderung von § 20 Abs. 2 FeV durch die Vierte Verordnung zur Änderung der Fahrerlaubnisverordnung[130] dem Zeitfaktor (Zeiten vorhandener oder fehlender Fahrpraxis) eine wesentliche Bedeutung zu. diese Vorschrift in Bezug auf die erforderliche Befähigung zum Führen von Kraftfahrzeugen (§ 2 Abs. 2 S. 1 Nr. 5 StVG, § 17 Abs. 1 FeV) so zu verstehen ist, dass es nicht darauf ankommt, ob nach den vorliegenden Tatsachen feststeht, dass dem Bewerber die Befähigung zum Führen von Kraftfahrzeugen fehlt. Denn bei Zugrundelegung dieser Auslegung würde die Erfüllung des Tatbestands des § 20 Abs. 2 FeV (ebenso wie bei § 24 Abs. 1 S. 1 Nr. 2 FeV) die Ablegung einer praktischen Prüfung, durch die gerade die Befähigung nachgewiesen werden soll, überflüssig machen. Vielmehr legt der Verwaltungsgerichtshof die Bestimmung dahingehend aus, dass es für ihre Erfüllung ausreicht, wenn aufgrund der vorliegenden Tatsachen gewichtige Anhaltspunkte für die Annahme bestehen, dass dem Bewerber die erforderliche Befähigung fehlen könnte. Dass der zeitliche Aspekt auch nach dem Wegfall der Zweijahresfrist eine entscheidende Rolle spielt, folgt zum einen daraus, dass die Fahrerlaubnisbehörde bei Bewerbern um eine Fahrerlaubnis der entsprechenden Klassen in den meisten Fällen nicht auf aus einer Verkehrsteilnahme resultierende Tatsachen zurückgreifen kann, weil diese mangels Besitzes einer derartigen Fahrerlaubnis nicht vorliegen können. Daher ist die Dauer fehlender Fahrpraxis regelmäßig der einzige Anhaltspunkt für Zweifel an der Befähigung, da der Betroffene im Straßenverkehr wegen des Fehlens der einschlägigen Fahrerlaubnis weder negativ auffallen noch umgekehrt das Fortbestehen seiner Befähigung unter Beweis stellen kann.[131]

118 In § 20 Abs. 3 FeV ist jedoch geregelt, dass von dem möglichen Verzicht unberührt bleibt die mögliche Anordnung der medizinisch-psychologischen Untersuchung gemäß § 11 Abs. 3 Nr. 5 FeV.

119 Gemäß § 27 Abs. 1 Nr. 3 FeV kann die Fahrerlaubnisprüfung (§ 15 FeV) entfallen, bzw. die Anwendung dieser Vorschrift entfällt, wenn der Inhaber einer Dienstfahrerlaubnis während der Dauer des Dienstverhältnisses die Erteilung einer allgemeinen Fahrerlaubnis beantragt. Dies kann zB der Fall sein, wenn der Inhaber einer Fahrerlaubnis der Bundeswehr die Erteilung einer allgemeinen Fahrerlaubnis beantragt.

120 Ebenso entfällt die Fahrerlaubnisprüfung (§ 15 FeV), wenn der Inhaber einer EU- oder EWR-Fahrerlaubnis, die zum Führen von Kraftfahrzeugen im Inland berechtigt oder berechtigt hat, die Erteilung einer Fahrerlaubnis für die entsprechende Klasse von Kraftfahrzeugen beantragt. In diesem Fall finden auch die Vorschriften keine Anwendung über Sehtest sowie über die Unterweisung in lebensrettenden Sofortmaßnahmen und die Ausbildung in erster Hilfe sowie die Vorschriften über die Ausbildung.

121 Weiter entfällt die Fahrerlaubnisprüfung (§ 15 FeV), wenn der Inhaber einer Fahrerlaubnis aus einem Staat außerhalb des Abkommens über den Europäischen Wirtschaftraum, und zwar gemäß Staatenlisten, Anlage 11 zur FeV, die Erteilung einer Fahrerlaubnis beantragt. Auch in diesem Fall entfällt in gleicher Weise das Erfordernis der augenärztlichen Untersuchung, des Sehtests sowie der Unterweisung in lebensrettenden Sofortmaßnahmen und der Ausbildung in erster Hilfe und der Vorschriften über die Ausbildung.

122 Der Umfang der Prüfung für die Führung von Mofas beschränkt sich gemäß § 5 FeV auf Kenntnis von Vorschriften und Gefahren.

---

[130] Vom 18. Juli 2008 (BGBl I 1338).
[131] BayVGH DAR 2010, 716.

VI. Mögliche Anlässe zur Begutachtung, Anforderungen an Begutachtungen und Inhalt des Gutachtens

1. Einzelfragen zu möglichen Anlässen der Begutachtung für Fahreignung im Verwaltungsverfahren

Es gibt unterschiedliche Arten einer Fahreignungsbegutachtung. Die in der Praxis wichtigsten sind die Anordnung der Beibringung eines ärztlichen Gutachtens und eines medizinisch-psychologischen Gutachtens. Beide sind nicht gegeneinander austauschbar. Vielmehr wird für alle in Betracht kommenden Anlässe festgelegt, welche Art der Begutachtung stattzufinden hat. Daneben gibt es noch die Möglichkeit – ergänzend – die Begutachtung durch einen amtlich anerkannten Sachverständigen oder Prüfer gemäß § 11 Abs. 4 FeV anzuordnen. Nicht in allen vom Gesetz vorgesehenen Fallgestaltungen muss die Behörde auf die Gutachtensbeibringung zurück greifen. § 11 Abs. 7 FeV gibt ihr vielmehr die Befugnis, unmittelbar fahrerlaubnisentziehende Maßnahmen zu ergreifen, wenn sie von der Ungeeignetheit des Betroffenen überzeugt ist. Diese Überzeugung kann sich aus anderen bereits vorliegenden Erkenntnisquellen ergeben. War etwa ein alkoholauffälliger Kraftfahrer bereits in klinischer Behandlung und ergibt sich aus den medizinischen Unterlagen, dass Alkoholabhängigkeit besteht, bedarf es regelmäßig keiner Gutachtensanordnung. Gleiches gilt, wenn bei einem im Straßenverkehr Cannabisauffälligen im Blut der Wirkstoff THC in entsprechender Konzentration festgestellt wurde.

Das Gesetz sieht verschiedene Anlässe vor, bei denen eine Fahreignungsbegutachtung angeordnet werden kann:
- Alkoholproblematik,
- Drogenproblematik,
- Fahrerlaubnis auf Probe,
- Mehrfachtäter,
- Beeinträchtigungen und Krankheiten,
- bei Wiedererteilung nach Entziehung,
- sonstige Anlässe.

Die Anordnung, ein ärztliches oder medizinisch-psychologische Gutachten vorzulegen, bedarf, weil es sich um einen Eingriff in das Persönlichkeitsrecht des Betroffenen handelt, einer gesetzlichen Grundlage. Diese ist entweder unmittelbar im StVG, meist aber in der FeV enthalten; auch in deren Anlage 4 findet sich eine besondere Rechtsgrundlage. Keine Ermächtigungsgrundlage für eine Gutachtensanforderung stellt § 3 Abs. 8 StVG dar. Diese Bestimmung stellt zusammen mit § 6 Abs. 1 Nr. 1 lit. y) StVG die Grundlage für die Schaffung entsprechender Regelungen für den Verordnungsgeber dar.

Fahreignungsgutachten sind ein Hilfsmittel zur Entscheidungsfindung. Das bedeutet, dass die Behörde sie nicht ungeprüft übernehmen darf; sie sind vielmehr einer eigenen – kritischen – Würdigung zu unterziehen. Die Anforderungen, denen die Gutachten genügen müssen, sind in § 11 Abs. 5 FeV und der Anlage 15 zur Fahrerlaubnisverordnung enthalten, die Bestandteil des Gesetzes und damit für die Begutachtungsstellen verbindlich ist. Die Anlage gilt nicht nur für medizinisch-psychologische, sondern auch für fachärztliche Gutachten. Die Behörde darf sich über ein ordnungsgemäßes Gutachten nicht hinwegsetzen; ihnen fehlt hierzu regelmäßig die Sachkunde, um die darin enthaltenen Feststellungen zu widerlegen.[132] Entspricht das Gutachten den gesetzlichen Anforderungen nicht, darf es der Entscheidung der Behörde nicht zugrunde gelegt werden. Der Betreffende ist auf dessen Mangelhaftigkeit hinzuweisen und ihm nahe zu legen, für Nachbesserung zu sorgen. Da die Behörde nicht Auftraggeber des Gutachtens ist, ist es ihr regelmäßig untersagt, unmittelbar mit der Begutachtungsstelle Kontakt aufzunehmen und auf die Erstellung eines neuen, mängelfreien Gutachtens oder auf ergänzende Ausführungen hinzuwirken. Eine Ausnahme ist dann zu machen, wenn der Betreffende die Behörde dazu ermächtigt hat.

---

[132] BVerwG NJW 1992, 1251.

127 Ein im Verwaltungsverfahren erstelltes Fahreignungsgutachten kann grundsätzlich auch im Verwaltungsprozess verwendet werden. Eine Ausnahme gilt nur dann, wenn es unvollständig, widersprüchlich oder sonst mangelhaft ist, insbesondere wenn es von unzutreffenden tatsächlichen Voraussetzungen ausgeht, die Sachkunde des Gutachters zweifelhaft ist oder Anhaltspunkte dafür bestehen, dass er nicht unparteiisch ist.[133]

128 a) **Alkoholproblematik.** aa) *Ärztliches Gutachten.* Nach § 13 S. 1 Nr. 1 FeV ist ein ärztliches Gutachten beizubringen, wenn Tatsachen die Annahme von Alkoholabhängigkeit begründen. Solche Tatsachen können sich aus Mitteilung von Ärzten ergeben, die im Rahmen der Behandlung von Patienten Kenntnis über fahreignungsrelevante Tatsachen erlangen. Zwar macht sich ein Arzt wegen eines Verstoßes gegen seine Schweigepflicht nach § 203 StGB strafbar, wenn er unbefugt in beruflicher Eigenschaft erlangte fremde Geheimnisse offenbart. Hierzu gehören auch Erkenntnisse über Alkohol- oder Drogenabhängigkeit. Die Strafbarkeit entfällt dann, wenn der Arzt bei Abwägung der gegeneinander stehenden Interessen – Schutz des Patienten einerseits, Verkehrssicherheit der Allgemeinheit andererseits – zu der Überzeugung gelangt, letzteren gebühre eindeutig der Vorrang. Voraussetzung hierfür ist, dass er sichere Kenntnis davon hat, dass der Patient trotz einer Erkrankung, der zur Fahrungeeignetheit führt, ein Kraftfahrzeug führt. Vor einer Mitteilung an die Fahrerlaubnisbehörde hat der Arzt den Betreffenden auf seinen Gesundheitszustand hinzuweisen und auf die Gefahren aufmerksam zu machen, die sich beim Führen eines Kraftfahrzeugs für ihn und andere Verkehrsteilnehmer ergeben; hiervon kann nur abgesehen werden, wenn ein Zureden wegen der Art der Erkrankung oder wegen der Uneinsichtigkeit des Patienten sinnlos ist. Ob diesen Anforderungen Genüge getan ist, braucht die Fahrerlaubnisbehörde nicht zu prüfen; sie kann bei entsprechenden Mitteilungen eines Arztes die notwendigen Maßnahmen ergreifen.

129 bb) *Medizinisch-psychologisches Gutachten.* Ausgangspunkt für die Frage, ob bei Alkoholmissbrauch ein Fahreignungsgutachten verlangt werden kann, ist § 13 S. 1 Nr. 2 lit. a) FeV. Nach dieser Bestimmung ist eine medizinisch-psychologische Untersuchung anzuordnen, wenn sich aus einem nach § 13 Nr. 1 FeV angeordneten ärztlichen Gutachten zwar keine Abhängigkeit von Alkohol ergibt, aber Anzeichen für einen Alkoholmissbrauch vorliegen oder sonst Tatsachen die Annahme hierfür begründen. Im Regelfall genügt dabei eine psychologische Untersuchung, weil eine zweifache ärztliche Untersuchung nur in seltenen Fällen objektiv nötig ist.[134] Die Fahrerlaubnis-Verordnung ist im Lichte des verfassungsrechtlichen Übermaßverbots auszulegen, das es untersagt, den Betroffenen mehr als nach den Umständen des Einzelfalls erforderlich zu belasten. Eine Ausnahme gilt, wenn eine erneute ärztliche Untersuchung notwendig ist, etwa wenn zwischen beiden Begutachtungen ein längerer Zeitraum verstrichen oder es sonst Anhaltspunkte gibt, dass in medizinischer Hinsicht Änderungen eingetreten sind; das ist in der Aufforderung zur Gutachtensvorlage zu begründen. Die Aufgabe des Verkehrspsychologen ist es in erster Linie festzustellen, ob der Betreffende wegen des Alkoholmissbrauchs eine Gefahr für die Verkehrssicherheit darstellt insbesondere ob zu erwarten ist, dass er unter Alkoholeinfluss am Straßenverkehr teilnehmen wird.

130 Die Auslegung dieser Bestimmung hat sich am Gesamtzusammenhang der Vorschrift des § 13 S. 1 Nr. 2 FeV zu orientieren. Weder die Systematik noch der Sinn und Zweck dieser Bestimmung lässt den Schluss zu, dass § 13 Nr. 2 lit. a) FeV die Anforderung eines medizinisch-psychologischen Gutachtens grundsätzlich in allen Fallkonstellationen erlauben würde, die von den in den Buchstaben b) bis e) umschriebenen Alternativen nicht erfasst werden. Vielmehr ist § 13 Nr. 2 FeV so zu verstehen, dass er in seinen Buchstaben a) bis e) voneinander unabhängig Fälle normiert, in denen wegen ähnlich gewichtiger Hinweise auf eine alkoholbedingte Straßenverkehrsgefährdung die Anforderung eines medizinisch-psychologischen Gutachtens als erforderlich anzusehen ist. Vor diesem Hintergrund ist § 13 Nr. 2 lit. a) FeV so zu verstehen, dass er in Fällen, in denen nur eine einmalige Alkoholfahrt

---
[133] *Eyermann/Geiger* VwGO § 98 Rn. 22.
[134] VG Augsburg zfs 2008, 296 m. zust. Anm. *Haus*; VG München NJW 2000, 893 [L.]; vgl. auch BVerwG NZV 1998, 300.

im Ordnungswidrigkeitenbereich inmitten steht, die Anordnung eines medizinisch-psychologischen Gutachtens nur erlaubt, wenn zusätzlich konkrete Anzeichen für einen Alkoholmissbrauch im straßenverkehrsrechtlichen Sinne, also dafür vorliegen, dass der Betroffene generell zwischen einem die Fahrsicherheit beeinträchtigenden Alkoholkonsum und dem Fahren nicht zu trennen vermag.[135] Der Begriff des Missbrauchs ist ein speziell fahrerlaubnisrechtlicher; der in ICD10 genannte schädliche Gebrauch von Alkohol[136] ist damit nicht oder jedenfalls nicht vollständig deckungsgleich. Nach Nr. 8.1 der Anlage 4 zur FeV ist Missbrauch anzunehmen, wenn das sichere Führen eines Fahrzeugs und ein die Fahrsicherheit beeinträchtigender Alkoholkonsum nicht hinreichend sicher getrennt werden kann. Alkoholmissbrauch im fahrerlaubnisrechtlichen Sinne setzt nicht zwingend voraus, dass tatsächlich ein Kraftfahrzeug im Zustand erheblicher Alkoholisierung in Betrieb gesetzt wurde.[137] Es genügt ein innerer Zusammenhang mit dem Straßenverkehr; es muss eine hinreichende Anhaltspunkte vorliegen, dass der Betroffene sich nicht verkehrsgerecht verhalten wird.[138] Das ist etwa anzunehmen, wenn ein Dauerkonflikt zwischen Alkoholkonsum und Nüchternheitsgebot vorliegt.[139] Das Gleiche gilt, wenn bei dem Betreffenden wegen schon in der Vergangenheit zu verzeichnender Trunkenheitsfahrten von einer gegebenenfalls latenten Trennungsproblematik auszugehen ist.[140] Dagegen genügt es nicht, wenn es zu einer hohen, ein normabweichendes Trinkverhalten als naheliegend erscheinenden Blutalkoholkonzentration gekommen ist[141] oder wenn es bei erheblicher Alkoholisierung zu einem Ehestreit gekommen ist.[142] Ebenso wenig ist es ausreichend, wenn ein betrunkener Beifahrer dem Fahrer ins Lenkrad greift.[143]

131 Eine medizinisch-psychologische Untersuchung ist nach § 13 S. 1 Nr. 2 lit. b) FeV dann nötig, wenn wiederholt Zuwiderhandlungen im Straßenverkehr unter Alkoholeinfluss begangen wurden. Das setzt mindestens zwei verwertbare, aktenkundige Verstöße voraus. Eine Zuwiderhandlung gegen § 24c StGB bleibt nach § 13 S. 2 FeV außer Betracht. Dabei sind die Tilgungsvorschriften des § 29 Abs. 1 S. 2 StVG zu beachten. Ist eine Zuwiderhandlung getilgt oder tilgungsreif, ist der Betreffende zu behandeln, als ob die Tat nie geschehen wäre. Das ist in § 29 Abs. 7 S. 1 StVG zwar nur für gerichtliche Entscheidungen ausdrücklich ausgesprochen, gilt aber als allgemeiner Grundsatz[144] auch für andere der Tilgung unterliegende Vorgänge. Er findet seine Bestätigung auch in § 2 Abs. 9 S. 2 StVG.

132 Nach § 13 S. 1 Nr. 2 lit. c) FeV ordnet die Fahrerlaubnisbehörde die Beibringung eines medizinisch-psychologischen Gutachtens an, wenn ein Fahrzeug im Straßenverkehr mit einer Blutalkoholkonzentration von 1,6‰ und mehr (oder einer entsprechenden Atemalkoholkonzentration) geführt wurde. Ein Ermessen ist der Behörde nicht eingeräumt. Im Wiedererteilungsverfahren – § 13 FeV gilt für dieses nach 20 Abs. 1 FeV unmittelbar – kann der Nachweis der Wiedererlangung deshalb ausschließlich durch Vorlage eines entsprechenden Gutachtens erbracht werden. Es muss sich nicht um ein Kraftfahrzeug gehandelt haben; es genügt auch eine Verkehrsteilnahme mit einem anderen Fahrzeug, insbesondere einem Fahrrad.[145] Eine Ungleichbehandlung mit Roller- oder Inline-Skater-Fahrern liegt nicht vor, weil es sich insoweit nicht um Fahrzeuge im Sinne der StVO handelt.[146] Der Grund hierfür liegt

---

[135] OVG Rheinland-Pfalz BA 2007, 329; weitergehend zB VG Gelsenkirchen BA 2008, 158.
[136] Vgl. *Schubert/Schneider/Eisenmenger/Stephan* Erl. 3.11.1 (Fn. 9).
[137] Das Problem wird unter dem Gesichtspunkt der Relevanz des sogenannten privaten Alkoholmissbrauchs diskutiert; vgl. hierzu einerseits *Himmelreich* DAR 2002, 60 und andererseits *Geiger* DAR 2002, 347.
[138] So auch OVG Saarlouis BA 2008, 330.
[139] VGH Baden-Württemberg DAR 2002, 523: Berufskraftfahrer; DAR 2002, 570: Taxifahrer.
[140] OVG Rheinland-Pfalz zfs 2006, 713; OVG Lüneburg vom 24.11.2004 – 12 ME 418/04 <juris> (soweit ersichtlich sonst nicht veröffentlicht).
[141] OVG Nordrhein-Westfalen zfs 2014, 119.
[142] VG Augsburg zfs 2005, 420.
[143] VG Augsburg zfs 2008, 117.
[144] Vgl. § 51 Abs. 1 BZRG.
[145] BVerwG NJW 1989, 1623; VD 1995, 47; VD 1995, 46; NZV 1996, 84; NJW 2008, 2601 mit Anmerkung *Reichel*; OVG Mecklenburg-Vorpommern BA 2007, 52; OVG Berlin-Brandenburg NJW 2003, 442 (L.); VGH Baden-Württemberg NZV 1998, 519; VG Neustadt (Weinstraße) zfs 2005, 123; BA 2007, 70.
[146] BVerwG NJW 2013, 2696.

in der Erkenntnis, dass der so genannte Geselligkeitstrinker alkoholische Getränke allenfalls bis zu einem Blutalkoholwert von 1,0 oder 1,3 Promille verträgt oder zu sich nehmen kann, und dass Personen, die Blutalkoholwerte von über 1,6 Promille erreichen, regelmäßig an einer dauerhaft ausgeprägten Alkoholproblematik leiden.[147]

133 Ein medizinisch-psychologisches Gutachten ist nach § 13 S. 1 Nr. 2 lit. d) FeV auch dann zu fordern, wenn die Fahrerlaubnis bereits einmal aus einem der vorstehend genannten Gründen entzogen worden ist. Dabei ist es gleichgültig, ob der Fahrerlaubnisentzug von einer Fahrerlaubnisbehörde oder einem Strafgericht ausgesprochen wurde.[148] Das Gleiche gilt schließlich, wenn sonst zu klären ist, ob Alkoholmissbrauch oder Abhängigkeit nicht mehr bestehen (§ 13 S. 1 Nr. 2 lit. e) FeV). Letzteres setzt voraus, dass Abhängigkeit oder Alkoholmissbrauch früher einmal festgestellt wurde. Dabei ist es unerheblich, ob das in einem Verwaltungsverfahren durch die Fahrerlaubnisbehörde, in einem Strafverfahren durch ein ordentliches Gericht oder im Rahmen einer verwaltungsgerichtlichen Streitigkeit geschehen ist. Die Formulierung, dass zu ermitteln ist, ob Abhängigkeit nicht mehr besteht, ist verfehlt. Denn Abhängigkeit von Alkohol ist nach gefestigter Meinung nicht heilbar; richtig wäre es festzustellen, ob derzeit stabile Abstinenz von Alkohol besteht und ein Rückfall mit hinreichender Sicherheit auszuschließen ist.

134 b) **Drogenproblematik.** *aa) Ärztliches Gutachten.* Nach § 14 Abs. 1 S. 1 Nr. 1 FeV ordnet die Fahrerlaubnisbehörde die Vorlage eines ärztlichen Gutachtens an, wenn Tatsachen die Annahme begründen, dass Abhängigkeit von Betäubungsmitteln im Sinne des Betäubungsmittelgesetzes oder von anderen psychoaktiv wirkenden Stoffen besteht. Ein Unterschied zwischen harten Drogen und Cannabis[149] wird nicht gemacht.

135 § 14 Abs. 1 S. 1 Nr. 2 FeV ermächtigt die Behörde, ein ärztliches Gutachten zu verlangen, wenn es tatsächliche Hinweise auf Einnahme von Drogen gibt. Nach dem Wortlaut der Vorschrift ist zwischen den verschiedenen Arten von Betäubungsmitteln nicht zu unterscheiden. Es gibt auch keine Beschränkung im Hinblick auf die Konsumfrequenz. Gleichwohl bedarf es bei der Auslegung der Reichweite dieser Bestimmung einer einschränkenden Auslegung. Für Cannabiskonsum schreibt Nr. 9.2 der Anlage 4 zur FeV eine differenzierte Betrachtungsweise vor; Fahrungeeignetheit ist danach nur bei regelmäßigem Konsum oder bei gelegentlichem Konsum und Hinzutreten weiterer Umstände anzunehmen. Bei einmaligem Konsum von Cannabis ist von einer Gutachtensanforderung generell abzusehen. Dieser ist für die Fahreignung nicht relevant. Gleiches gilt, wenn es nur Anhaltspunkte für eine gelegentliche Einnahme von Cannabis gibt. Nur bei tatsächlichen Hinweisen auf regelmäßige Einnahme im vorstehend beschriebenen Sinn ist die Beibringung eines Facharztgutachtens anzuordnen. Ein Teil der Rechtsprechung[150] vertritt die Ansicht, dass die Bestimmung des § 14 Abs. 1 S. 1 Nr. 2 FeV nicht nur in den Fällen des Verdachts auf regelmäßigen Konsum von Cannabis, sondern auch bei Anhaltspunkten für einen nur gelegentlichen Konsum und das Vorliegen eines der in Nr. 9.2.2 aufgeführten zusätzlichen Umstände Anwendung findet. Hierfür ist aber § 14 Abs. 1 S. 4 FeV die speziellere Regelung.

136 Bei missbräuchlicher Einnahme von psychoaktiv wirkenden Medikamenten oder anderen in gleicher Weise wirkenden Stoffen[151] ist nach § 14 Abs. 1 S. 1 Nr. 3 FeV ein ärztliches Gutachten anzufordern. Missbrauch liegt vor, wenn die Stoffe nicht entsprechend ärztlicher Anweisung genommen werden.[152] In der Praxis sind Fälle isolierten Medikamentenmissbrauchs eher selten; vielfach tritt Medikamentenmissbrauch im Zusammenhang mit illegalen Drogen auf.

---

[147] BVerwG zfs 1994, 269, 270 = DAR 1994, 332, 333; NZV 1996, 84; OVG Nordrhein-Westfalen NZV 1992, 127; ständige Rechtsprechung.
[148] BVerwG NJW 2013, 2696.
[149] Zur Frage der Abhängigkeit von Cannabis vgl. *Gehrmann* NZV 1997, 457.
[150] VGH Baden-Württemberg DAR 2004, 113 = zfs 2003, 620 = BA 2004, 288; aA *Geiger* DAR 2003, 97, 100; *ders.* NZV 2003, 272.
[151] Hierbei kann es sich etwa um künstliche Cannabinoide handeln, die – noch – nicht in die Anlagen zum BtMG eingetragen sind (VG München B. v. 31.7.2013 – 1 S 13.2990 – juris [sonst ersichtlich nicht veröffentlicht]); diese nehmen nicht an der Privilegierung von Cannabis im Vergleich zu anderen Betäubungsmitteln teil (VG Augsburg SVR 2014, 117).
[152] Zu den Einzelheiten vgl. *Schubert ua* Nr. 3.12.3.2 (S. 200).

Nach § 14 Abs. 1 S. 2 FeV kann die Behörde ein ärztliches Gutachten verlangen, wenn **137**
der Betreffende Betäubungsmittel besitzt oder besessen hat. In diesen Fällen ist der Behörde
– anders als in den vorstehend beschriebenen Konstellationen – ein Ermessen eingeräumt.
Das kann zur Folge haben, dass bei einem reinen Dealer auf eine entsprechende Untersuchung verzichtet werden kann. Eine Unterscheidung zwischen den verschiedenen Arten von
Drogen kennt das Gesetz nicht; sie ist auch nicht aus Gründen der Verhältnismäßigkeit zu
fordern. Durch das Gutachten soll geklärt werden, ob und gegebenenfalls in welchem Umfang der Betreffende das Betäubungsmittel konsumiert hat.

Vor allem bei Drogenauffälligen stellt sich häufig die Frage, ob anstelle eines kompletten **138**
fachärztlichen Gutachtens die Vorlage eines Drogenscreenings angeordnet werden soll. Ein
Teil der Rechtsprechung[153] meint, aus Gründen der Verhältnismäßigkeit könne im Einzelfall
nur ein solches Screening verlangt werden. Dabei wird aber der Begriff des fachärztlichen
Gutachtens verkannt, wie ihn die Fahrerlaubnis-Verordnung[154] verwendet. Das Drogenscreening stellt ein reines Messverfahren dar, das dazu dient, Analysewerte zu bestimmen,
die eine Aussage darüber treffen, ob in der Prüfsubstanz bestimmte Stoffe enthalten sind. Es
erlaubt aber keine Aussage darüber, auf welche Weise der entsprechende Stoff aufgenommen wurde.[155] Das fachärztliche Gutachten soll dagegen zu eben diesen Punkten Aussagen
treffen. Ein ordnungsgemäßes fachärztliches Gutachten über einen Drogenauffälligen wird
dabei ohne ein Drogenscreening nicht auskommen können; es darf sich darin aber auch
nicht erschöpfen. Wenn überhaupt wird ein isoliertes Drogenscreening nur in den Fällen des
§ 14 Abs. 1 S. 2 FeV in Betracht kommen.

bb) Medizinisch psychologisches Gutachten. Die Vorlage eines medizinisch-psychologischen Gutachtens kann nach § 14 Abs. 1 S. 3 FeV gefordert werden, wenn eine gelegentliche **139**
Einnahme von Cannabis vorliegt und weitere Tatsachen die Zweifel an der Eignung begründen. Gelegentlicher Konsum ist nach der gängigen Gesetzesauslegung jeder, der in seiner
Häufigkeit hinter dem regelmäßigen zurück bleibt. Wie oft die Aufnahme des Rauschmittels
stattgefunden haben muss, regelt das Gesetz nicht. Richtigerweise wird man als gelegentlichen Konsum nur einen solchen bezeichnen können, der häufiger als einmal stattgefunden
hat.[156] Ein Teil der Rechtsprechung fingiert nach einer einmaligen Einnahme einen gelegentlichen Konsum. Danach bedarf es nach einer Teilnahme am Straßenverkehr unter Cannabiseinfluss der ausdrücklichen Berufung des Fahrerlaubnisinhabers auf einen Erstkonsum und
der substantiierten und glaubhaften Darlegung der Einzelumstände dieses Konsums, um
nicht von einem jedenfalls gelegentlichen Cannabiskonsum ausgehen zu können. Ein Zusammentreffen von erstmaligem – experimentellem – Cannabiskonsum, anschließender Verkehrsteilnahme unter verkehrssicherheitsrelevanter Einwirkung der bislang noch zu keiner
Zeit ausprobierten Droge und dem entsprechenden Auffälligwerden im Rahmen einer polizeilichen Verkehrskontrolle – trotz der nur geringen Dichte der Verkehrsüberwachung durch
die Polizei – sei kaum ernsthaft in Betracht zu ziehen.[157] Dem ist nicht zu folgen. Da das Erfordernis der Gelegentlichkeit der Cannabiseinnahme eine der Tatbestandsvoraussetzungen
darstellt, von deren Erfüllung es abhängt, ob das in der Nr. 9.2.2 der Anlage 4 zur FeV genannte Regelbeispiel für Fahrungeeignetheit vorliegt, obliegt es der Behörde, die einer Person
die Fahreignung abspricht, darzulegen und erforderlichenfalls zu beweisen, dass der Betroffene Cannabis mehr als einmal konsumiert hat.[158] Hinzukommen müssen Anhaltspunkte für
das Vorliegen weiterer Tatsachen, die zusammen mit dem Cannabiskonsum Zweifel an der

---

[153] VGH Baden-Württemberg DAR 2002, 183; OVG Nordrhein-Westfalen DAR 2002, 185; VG Berlin NJW 2000, 2440.
[154] Für § 15b StVZO hat das Bundesverwaltungsgericht die Vorlage – nur – eines Drogenscreenings für zulässig erachtet, ohne allerdings die Frage zu problematisieren; vgl. BVerwG NZV 2000, 345; OVG Nordrhein-Westfalen NJW 1999, 161.
[155] VGH Baden-Württemberg DAR 2002, 183/184.
[156] BayVGH DAR 2006, 349; OVG Brandenburg BA 2006, 161; aA OVG Hamburg NJW 2006, 1367; zfs 2005, 626 = BA 2006, 165.
[157] OVG Münster DAR 2012, 275; OVG Rheinland-Pfalz NJW 2011, 1985 = NZV 2011, 573 = DAR 2011, 279.
[158] So ausdrücklich VGH Kassel NJW 2009, 1523.

Fahreignung begründen. Ob diese Voraussetzungen vorliegen, hat die Fahrerlaubnisbehörde im Streitfall darzulegen und gegebenenfalls zu beweisen. Was unter solchen Zusatztatsachen zu verstehen ist, lässt sich Nr. 9.2. der Anlage 4 zur FeV entnehmen. Das sind neben fehlendem Trennvermögen die dort genannten Umstände, nämlich in erster Linie Beigebrauch von Alkohol.[159] Wenn diese nicht durch Laborwerte feststehen, können auch andere Erkenntnisquellen herangezogen werden; diese müssen allerdings so zuverlässig sein, dass sie als Nachweis von Tatsachen gewertet werden können. Hiervon kommen vor allem Feststellungen über Verhaltensauffälligkeiten und dergleichen in polizeilichen Protokollen in Betracht.[160] Es muss nachgewiesen sein, dass eine gleichzeitige Wirkung von Alkohol und Cannabis stattgefunden hat. Alkohol- und Drogenkonsum kann additive aber auch synergetische Wirkungen zeigen; das gilt jedenfalls dann, wenn beide Stoffe in nicht nur geringfügigem Umfang konsumiert werden.[161] Die Grenze ist sicher überschritten, wenn eine BAK von 0,5 ‰ oder ein entsprechende AAK von 0,25 mg/l sowie eine THC-Konzentration von 0,1 ng/ml festgestellt wurden. Nach den Besonderheiten des Einzelfalls können aufgrund des Umstands, dass es keine gesicherten Erkenntnis über die individuellen Reaktion des Parallelkonsums gibt, kommen auch geringere Wert in Betracht. Indiz für eine Beeinflussung kann das Vorliegen von Auffälligkeiten und Ausfallerscheinungen sein. Dem gleichzeitigen Konsum von Cannabis und Alkohol ist die Aufnahme anderer psychoaktiv wirkender Stoffe gleich gestellt. Bei beiden Konstellationen ist eine Verkehrsteilnahme nicht Voraussetzung, um zu einer Fahrungeeignetheit zu kommen. Weitere Zusatztatsachen sind Kontrollverlust und Störungen der Persönlichkeit. Die Aufzählung hinsichtlich der Zusatztatsachen ist nicht abschließend. Allerdings haben sich in der Praxis keine weiteren Fallgruppen herausgebildet. Die in der Rechtsprechung vertretene These, das jugendliche Alter des Betreffenden sei eine beachtliche Zusatztatsache[162] trifft in dieser Allgemeinheit nicht zu. es muss sich vielmehr um einen längeren, andauernden und intensiveren Konsum gehandelt haben.[163]

140 Nach § 14 Abs. 2 Nr. 1 FeV ist die Beibringung eines medizinisch-psychologischen Gutachtens anzuordnen, wenn die Fahrerlaubnis bereits einmal aus einem der in § 14 Abs. 1 FeV genannten Gründen entzogen worden war. Diese Vorschrift bezieht sich auf alle Fälle einer rauschmittelbedingten Fahrerlaubnisentziehung, also nicht nur auf die Fallgestaltungen des § 14 Abs. 1 S. 1 FeV. Es ist dabei ohne Belang, ob die Entziehung durch das Strafgericht oder eine Verwaltungsbehörde erfolgt ist.

141 Nach § 14 Abs. 2 Nr. 2 FeV ist ein medizinisch-psychologisches Fahreignungsgutachten vorzulegen, wenn zu klären ist, ob noch Abhängigkeit besteht oder sonst Drogen im Sinne des § 14 Abs. 1 FeV konsumiert werden. Die Vorschrift setzt nicht voraus, dass eine Fahrerlaubnisentziehung erfolgt ist; das wird von § 14 Abs. 2 Nr. 1 FeV erfasst. § 14 Abs. 2 Nr. 2 FeV erlaubt die Anforderung eines medizinisch-psychologischen Gutachtens nicht, wenn ein zuvor beigebrachtes ärztliches Gutachten nach Ansicht der Behörde mangelhaft ist und keine klare Schlussfolgerung im Hinblick auf die gestellte Frage zulässt.[164] Im Verhältnis von § 14 Abs. 2 Nr. 2 FeV zu der Regelung in § 14 Abs. 1 S. 3 FeV ist Letztere die Speziellere. Wenn nämlich selbst die gelegentliche Einnahme von Cannabis lediglich die Möglichkeit der Anordnung eines medizinisch-psychologischen Gutachtens eröffnet und das auch nur, wenn weitere eignungsrelevante Tatsachen bekannt sind, wäre es nicht verständlich, wenn die Behörde zur Klärung der Frage, ob der Betreffende weiterhin – gelegentlich – solche Mittel einnimmt, zur Anforderung eines medizinisch-psychologischen Gutachtens verpflichtet wäre. Im Hinblick auf die in jeder medizinisch-psychologischen Begutachtung liegende Beeinträchtigung des Persönlichkeitsrechts des Betreffenden ist § 14 Abs. 2 Nr. 2 FeV verfassungskonform dahin auszulegen, dass eine medizinisch-psychologische Begutachtung nur dann angeordnet werden muss, wenn in einem Fahrerlaubnisverfahren eine frühere Abhängigkeit des Betreffenden bekannt geworden ist oder feststeht, dass dieser, ohne abhängig zu

---

[159] Hierzu VGH Baden-Württemberg DÖV 2006, 483.
[160] OVG Lüneburg zfs 2005, 575.
[161] BVerwG BA 2014, 30.
[162] OVG Lüneburg BA 2004, 563; BA 2003, 171.
[163] OVG Lüneburg BA 2014, 40.
[164] VG Augsburg NZV 2002, 291.

sein, Drogen in einer Weise und Intensität konsumiert hat, die nach Maßgabe der Anlage 4 zur Fahrerlaubnisverordnung zur Nichteignung führen.[165]

Nach § 14 Abs. 2 Nr. 3 FeV ist – zwingend – eine MPU anzuordnen, wenn wiederholt – also mindestens zweimal – Zuwiderhandlungen gegen § 24a StVG begangen wurden. Durch den Zusatz, dass § 13 Nr. 2 lit. b) FeV unberührt bleibt, ist klargestellt, dass von § 14 Abs. 2 Nr. 3 FeV alle Fälle erfasst werden, in denen mindestens eine Zuwiderhandlung unter Einfluss von Drogen (§ 24a Abs. 2 StVG) begangen wurde. Bei wiederholten Verstößen gegen § 24a Abs. 1 StVG greift § 13 Nr. 2 lit. b) FeV ein. **142**

Die Anordnung, zur Klärung der Eignung eines Fahrerlaubnisinhabers zum Führen eines Kraftfahrzeugs wegen nachgewiesenen Drogenkonsums ein medizinisch-psychologisches Gutachten beizubringen, ist nicht an die Einhaltung einer festen Frist nach dem letzten erwiesenen Betäubungsmittelmissbrauch gebunden. Erforderlich ist eine Einzelfallentscheidung unter Einbeziehung aller relevanten Umstände. Die Grenze ist erreicht, wenn ein Verwertungsverbot besteht, also wenn Tilgungsreife im Fahreignungsregister eingetreten ist.[166] **143**

§ 14 Abs. 2 FeV ist grundsätzlich auf das Wiedererteilungsverfahren zugeschnitten, was bei der Regelung in Nr. 1 nicht zweifelhaft sein kann. Teilweise wird bezweifelt, dass § 14 Abs. 2 Nr. 2 FeV im Entziehungsverfahren überhaupt Anwendung findet.[167] Für diese These spricht zwar einiges. So werden die Fälle, in denen bei aktuellem Drogenkonsum eine Fahrerlaubnisentziehung möglich ist, durch andere Normen abgedeckt; bei tatsächlichen Hinweisen auf Einnahme harter Drogen und regelmäßigen Konsum von Cannabis greift § 14 Abs. 1 S. 1 Nr. 2 FeV ein, bei gelegentlichem Konsum und Hinzutreten weiterer Tatsachen § 14 Abs. 1 S. 3 FeV. Dagegen spricht aber die Verweisung in § 46 Abs. 3 FeV. Außerdem werden nicht alle denkbaren Varianten von § 14 Abs. 1 FeV erfasst. Das ist insbesondere dann anzunehmen, wenn der Konsum längere Zeit zurückliegt, ohne dass zum damaligen Zeitpunkt fahrerlaubnisrechtliche Maßnahmen ergriffen wurden. Hier wird ist nicht im Sinne des § 14 Abs. 1 S. 1 Nr. 2 FeV die Annahme begründet, dass die Einnahme noch oder wieder vorliegt. Außerdem wäre in diesen Fällen ein ärztliches Gutachten kaum ein ausreichendes Aufklärungsmittel. nach einem betäubungsmittelbedingten Ausschluss der Fahreignung setzt eine positive Beurteilung nicht nur eine Änderung des Konsumverhaltens voraus, sondern auch einen stabilen Einstellungswandel; dieser kann nur im Rahmen einer psychologischen Exploration festgestellt werden. **144**

c) **Fahrerlaubnis auf Probe.** § 2a StVG, der die Fahrerlaubnis auf Probe regelt, sieht ein umfangreiches und differenziertes Maßnahmenpaket vor, wenn deren Inhaber während der Probezeit erheblich gegen Verkehrsvorschriften verstoßen hat. Eine ärztliche Begutachtung ist dabei nicht vorgesehen. Eine medizinisch-psychologische Untersuchung kann nach § 2a Abs. 4 StVG angeordnet werden, wenn der Inhaber einer Fahrerlaubnis auf Probe Zuwiderhandlungen begangen hat, die nach den Umständen des Einzelfalls Anlass zu der Annahme gibt, dass der Betreffende zum Führen von Kraftfahrzeugen ungeeignet ist. Das ist streng genommen keine spezielle Maßnahme im System der Fahrerlaubnis auf Probe, sondern eine im Rahmen des § 3 StVG. Ob diese Maßnahme ergriffen wird, steht im Ermessen der Behörde; sie kann sich auch auf die allgemeinen Anordnungen beschränken. Einer medizinisch-psychologischen Untersuchung zur Klärung der charakterlichen Eignung bedarf es nach § 2a Abs. 5 S. 5 StVG, wenn nach Neuerteilung der Fahrerlaubnis innerhalb der neuen Probezeit (§ 2a Abs. 1 S. 7 StVG) Verkehrszuwiderhandlungen (eine schwerwiegende oder zwei weniger schwerwiegende Zuwiderhandlung gemäß § 34 FeV iVm der Anlage 12 zur FeV) begangen werden, die Maßnahmen nach § 2a Abs. 2 StVG zur Folge hätten. Die Gutachtensanordnung erfolgt in der Regel; das bedeutet, dass die Behörde nur in besonderen Ausnahmefällen hierauf verzichten kann. **145**

d) **Mehrfachtäter.** Im Maßnahmenkatalog des Fahreignungs-Bewertung-Systems nach § 4 StVG ist die Anordnung der Beibringung eines ärztlichen Gutachtens oder eines Gutachtens **146**

---

[165] OVG Bremen NJW 2000, 2438; VG Augsburg VwRR-BY 2001, 220; *Bouska/Laeverenz* § 14 FeV Anm. 7b.
[166] BVerwG NJW 2005, 3440 = DAR 2005, 578 = BA 2006, 52 = DVBl. 2005, 1333 = BayVBl. 2006, 118.
[167] OVG Bremen NJW 2000, 2438.

einer amtlich anerkannten Begutachtungsstelle für Fahreignung nicht vorgesehen. Erst im Wiedererteilungsverfahren kann die Behörde ein medizinisch-psychologisches Fahreignungsgutachten anordnen, um die charakterliche Eignung des Betreffenden feststellen zu können. Rechtsgrundlage hierfür ist § 4 Abs. 10 S. 4 StVG. Wird eine Fahrerlaubnis wegen Erreichens von 8 oder mehr Punkten entzogen (§ 4 Abs. 3 S. 1 Nr. 3 StVG), läuft eine Sperrfrist von sechs Monaten ab Ablieferung des Führerscheins bei der Behörde. Zur Feststellung der Wiedererlangung der Eignung ist gemäß § 4 Abs. 10 S. 4 StVG regelmäßig die Beibringung eines Gutachtens einer amtlich anerkannten Begutachtungsstelle anzuordnen.

147 **e) Beeinträchtigungen und Erkrankungen.** § 11 Abs. 2 S. 3 FeV erlaubt der Fahrerlaubnisbehörde, bei Eignungszweifel ein ärztliches Gutachten zu verlangen, wenn es tatsächliche Hinweise auf Beeinträchtigungen oder Krankheiten nach Anlage 4 oder 5 gibt. Für die Beurteilung des Sehvermögens ist § 12 FeV iVm der Anlage 6 die Rechtsgrundlage. Bei Alkohol- und Drogenauffälligkeit gelten die speziellen Anforderungen der §§ 13 und 14 FeV.

148 Der Katalog der Anlage 4 zur FeV enthält, was sich aus seiner Vorbemerkung 1 ergibt, häufiger vorkommende Erkrankungen und Beeinträchtigungen, die erfahrungsgemäß geeignet sind, die Fahreignung längerfristig zu beeinträchtigen. Daneben gibt es seltenere Erkrankungen, bei denen der Verordnungsgeber davon abgesehen hat, diese in die Auflistung aufzunehmen und Hinweise im Hinblick auf die Feststellung und die Wiedergewinnung der Fahreignung bei ihrem Auftreten zu geben. Hier ist es Aufgabe der Fahrerlaubnisbehörde, im Einzelfall zu entscheiden, ob und welche Gutachten vorzulegen sind. In der Praxis zeigt sich, dass diese Fälle selten sind.

149 Einer besonderen Betrachtung bedarf die Fahreignung bei Altersabbau. Hohes Alter ist für sich genommen kein Grund, an der Fahreignung des Betreffenden zu zweifeln. Der Katalog der Mängel und Erkrankungen in der Anlage 4 kennt dem entsprechend auch keinen Tatbestand des Altersabbaus. Es gibt jedoch einzelne Erkrankungen, die häufiger bei fortgeschrittenem Alter vorkommen. Bei nachlassendem Sehvermögen kann nach § 12 Abs. 8 FeV die Vorlage eines augenärztlichen Gutachtens verlangt werden. Schwerhörigkeit kann unter den Voraussetzungen der Nr. 2 der Anlage 4 zur FeV fahreignungsrelevant sein. Schwere Altersdemenz und schwere Persönlichkeitsveränderungen durch pathologische Alterungsprozesse führen nach Nr. 7.3 der Anlage 4 zur Fahrungeeignetheit; ob diese Erkrankungen vorliegen, kann durch ein ärztliches Gutachten abgeklärt werden.

150 Nicht jeder Umstand berechtigt, bei älteren Fahrerlaubnisinhabern ein ärztliches Gutachten zu fordern. Es müssen vielmehr Fakten sein, die einen sicheren Rückschluss auf altersbedingte Fahrungeeignetheit zulassen. Als Beispiele können völlig unangepasstes Verkehrsverhalten wie beständiger Wechsel zwischen Schleichfahrt und unmotiviertem Beschleunigen, erkennbare Verwirrtheit bei einer Kontrolle und schwere, durch keine äußeren Umstände erklärbare Fahrfehler angeführt werden.

151 **f) Sonstige Fallgestaltungen.** Neben den vorstehend aufgeführten Konstellationen sieht das Gesetz noch in anderen Fällen die Möglichkeit für die Behörde vor, medizinisch-psychologische Fahreignungsgutachten zu fordern.

152 *aa) Zusätzliches medizinisch-psychologisches Gutachten.* Nach § 11 Abs. 3 S. 1 Nr. 1 FeV kann eine MPU verlangt werden, wenn sich nach Würdigung eines ärztlichen Gutachtens (§ 11 Abs. 2 FcV) oder cincs Gutachtens cines amtlich anerkannten Sachverständigen oder Prüfers (§ 11 Abs. 4 Nr. 2 FeV) die Notwendigkeit ergibt, den Sachverhalt auch aus psychologischer Sicht überprüfen zu lassen. Die Vorschrift bietet keine Rechtsgrundlage dafür, ein von der Behörde als unzureichend erachtetes ärztliches Gutachten durch ein medizinisch-psychologisches zu „ergänzen". Vielmehr muss der Betreffende auf die Mangelhaftigkeit des vorgelegten Gutachtens hingewiesen und ihm Gelegenheit zur Beibringung eines ordnungsgemäßen gegeben werden. Eine ergänzende psychologische Begutachtung kann etwa dann in Betracht kommen, wenn es um Glaubwürdigkeitsfragen geht, die ein Arzt aufgrund seiner Ausbildung nicht oder nicht abschließend beurteilen kann.

153 Die Regelung, im Anschluss an ein ärztliches Gutachten eine medizinisch-psychologische Untersuchung durchzuführen, ist unter der Gesichtspunkt der Verhältnismäßigkeit problematisch, weil eine zweifache ärztliche Untersuchung nicht in allen Fällen objektiv erfor-

derlich ist.[168] Diese Notwendigkeit ist in der Gutachtensanforderung darzulegen. Gibt es für eine nochmalige ärztliche Begutachtung keinen Anlass, kann nur die Vorlage eines psychologischen Gutachtens verlangt werden. § 11 Abs. 3 S. 1 1. HS FeV steht dem nicht entgegen. Diese Bestimmung definiert das medizinisch-psychologische Gutachten als ein solches einer amtlich anerkannten Begutachtungsstelle für Fahreignung, sagt aber nicht dazu aus, welche Untersuchungsgegenstände es jeweils abdecken soll. Eine erneute ärztliche Untersuchung im Rahmen einer MPU kann etwa dann erforderlich sein, wenn der ursprüngliche Gutachtensauftrag nur eingeschränkt war und sich nachträglich herausstellt, dass weitere medizinische Fragestellungen aufgetreten sind oder zwischen den beiden Untersuchungen ein längerer Zeitraum liegt und es tatsächliche Hinweise auf körperliche Veränderungen gibt.

bb) Befreiung vom Mindestalter. § 10 Abs. 1 FeV setzt für den Erwerb verschiedener Fahrerlaubnisklassen ein Mindestalter voraus. Soll hiervon hinsichtlich der allgemeinen Altersgrenzen abgewichen werden, kann die Fahrerlaubnisbehörde nach § 11 Abs. 3 S. 1 Nr. 2 FeV eine MPU verlangen. Gleiches gilt nach § 10 Abs. 2 iVm § 10 Abs. 1 Nr. 5, lit. b) bb), Nr. 7 lit. b), Nr. 8 lit. b, Nr. 9 lit. b), c), d) oder e) FeV für die Vorbereitung einer Entscheidung, vom Mindestalter für die Erteilung einer Fahrerlaubnis während oder nach Abschluss einer Ausbildung zu fahrzeugbezogenen Berufen zu befreien; hier ist die Vorlage eines medizinisch-psychologischen Gutachtens verpflichtend. Die physische wie auch die psychische Entwicklung des Menschen verläuft nicht mit einer einheitlichen Geschwindigkeit oder Kontinuität. Daher entspricht auch beim jugendlichen, heranwachsenden Menschen der zu einem bestimmten Zeitpunkt festzustellende Entwicklungsstand nicht immer dem kalendarischen Alter. Es ist deshalb im konkreten Einzelfall zu prüfen, ob es Anhaltspunkte dafür gibt, eine es bei dem Bewerber eine Reifeverzögerung oder eine Reifebeschleunigung gibt.[169] Im Hinblick auf den Umstand, dass jugendliche Verkehrsteilnehmer in höherem Maße in Unfälle verwickelt sind als ältere Fahranfänger ist ein strenger Maßstab gerechtfertigt; die Anordnung einer MPU wird sich daher im Rahmen des § 11 Abs. 3 S. 1 Nr. 2 FeV als Regel darstellen.[170]

cc) Auffälligkeiten im Rahmen einer Fahrprüfung. Nach § 18 Abs. 3 FeV hat der Sachverständige oder Prüfer, der die theoretische (§ 16 FeV) und die praktische Prüfung (§ 17 FeV) abnimmt, dabei gewonnene Erkenntnisse, die Zweifel an der Fahreignung des Betreffenden rechtfertigen, der Fahrerlaubnisbehörde mitzuteilen; der Betreffende ist davon zu unterrichten. Die Beobachtungen sind, sollen sie gerichtsverwertbar sein, schriftlich, etwa in Form eines Protokolls festzuhalten. Die Behörde hat bei erheblichen Auffälligkeiten im Rahmen der Fahrerlaubnisprüfung die Möglichkeit, gemäß § 11 Abs. 3 S. 1 Nr. 3 FeV eine medizinisch-psychologische Untersuchung anzuordnen. Erheblichkeit ist anzunehmen, wenn die Auffälligkeit deutlich aus dem Rahmen des Üblichen, was bei einer Prüfung erwartet werden kann, fällt. Die Behörde darf die Wertung des Prüfers nicht unbesehen übernehmen; sie hat dessen Feststellungen vielmehr selbst auf ihre fahreignungsrechtliche Relevanz hin zu überprüfen.

dd) Beförderung von Fahrgästen. Nach § 48 Abs. 4 Nr. 2 FeV ist Voraussetzung für die Erteilung einer Fahrerlaubnis zur Fahrgastbeförderung ua, dass der Betreffende die Gewähr dafür bietet, dass er der besonderen Verantwortung bei der Beförderung von Fahrgästen gerecht wird. Liegen Tatsachen vor, die darauf schließen lassen, dass das nicht der Fall ist, kann nach § 11 Abs. 3 S. 1 Nr. 8 FeV eine MPU angeordnet werden. Die Vorschrift gilt sowohl im Erteilungs- als auch im Entziehungsverfahren; letzteres folgt aus § 48 Abs. 9 S. 1 FeV, der sowohl bei Zweifeln hinsichtlich der allgemeinen Fahreignung als auch der besonderen Voraussetzungen für die Personenbeförderung auf § 11 FeV verweist. Die persönliche Zuverlässigkeit ist ein von der Eignung zum Führen von Kraftfahrzeugen unabhängiges, gerade auf die auszuübende Fahrgastbeförderung bezogenes Erfordernis eigener Art. Ob diese Voraussetzung vorliegt, ist durch Würdigung der Gesamtpersönlichkeit des Betroffenen an-

---

[168] VG Augsburg zfs 2008, 296 m. zust. Anm. *Haus*; VG München NJW 2000, 893 [L.]; vgl. auch BVerwG NZV 1998, 300.
[169] Vgl. Begutachtungsleitlinien zur Kraftfahrereignung Begründung zu Nr. 3.18.
[170] *Bouska/Laeverenz* § 11 FeV Erl. 19c.

hand aller bekannten verwertbaren Straftaten und Ordnungswidrigkeiten verkehrsrechtlicher und nicht verkehrsrechtlicher Art sowie sonstiger Vorkommnisse zu beurteilen. Bei Verfehlungen, die nicht in unmittelbarem Zusammenhang mit der Personenbeförderung stehen, kommt es darauf an, ob diese Charaktereigenschaften offenbaren, die sich auch bei der – gewerblichen- Beförderung zum Schaden der Fahrgäste auswirken können.[171] Nicht erforderlich ist hingegen, dass die Verfehlungen bei oder während der Personenbeförderung begangen worden sind. Die Gewähr für die Wahrnehmung der besonderen Verantwortung bei der Beförderung von Fahrgästen fehlt im Hinblick auf die zu treffende Prognose bereits dann, wenn Tatsachen vorliegen, welche die ernsthafte Befürchtung rechtfertigen, dass der Inhaber der Fahrerlaubnis zur Fahrgastbeförderung bzw. ein Inhaber der Fahrerlaubnis D oder D 1 die besonderen Sorgfaltspflichten, die ihm bei der Beförderung ihm anvertrauter Personen obliegen, künftig missachten werde. Die Ansicht, Leben, Gesundheit und Eigentum von Fahrgästen seien beim Transport durch den Inhaber einer Fahrerlaubnis zur Personenbeförderung im Vergleich mit den entsprechenden Rechtsgütern der übrigen Verkehrsteilnehmer nicht schutzwürdiger, sodass dem Schutz der Fahrgäste vor Unfällen bereits durch das Erfordernis der allgemeinen Eignung zum Führen von Kraftfahrzeugen ausreichend Rechnung getragen werde, verkürzt den Schutzbereich des § 11 Abs. 1 S. 4 FeV und den des § 48 Abs. 4 Nr. 2a FeV auf eine besondere Verantwortung des Fahrers in seinem persönlichen Verhalten beim Umgang mit den beförderten Fahrgästen. Eine derartige Einschränkung lässt sich weder dem Wortlaut der Regelung noch deren Sinn und Zweck entnehmen. Das Gewährbieten der besonderen Verantwortung bei der Beförderung von Fahrgästen ist eine besondere charakterliche Eignungsvoraussetzung, die die Vertrauenswürdigkeit des Betroffenen kennzeichnet und für deren Prüfung wesentlich darauf abzustellen ist, ob der Betroffene sich des Vertrauens, er werde die Beförderung von Fahrgästen ordentlich ausführen, würdig zeigt oder nicht. Es ist deshalb gerechtfertigt, an die charakterliche Eignung von Personenbeförderern erhöhte Anforderungen auch insoweit zu stellen, als es um die Beachtung von straßenverkehrsrechtlichen Vorschriften geht, mit der Folge, dass bei der Beurteilung des spezifischen Eignungserfordernisses nach § 11 Abs. 1 S. 4 FeV auch Verkehrsverstöße (Ordnungswidrigkeiten und Straftaten) zu berücksichtigen sind, die im Falle einer allgemeinen Fahrerlaubnis noch keine Reaktionen nach sich ziehen würden.[172]

157 *ee) Erhebliche oder wiederholte Verkehrszuwiderhandlungen.* Nach § 11 Abs. 3 S. 1 Nr. 4 FeV kann zur Klärung der Fahreignung ein medizinisch-psychologisches Gutachten gefordert werden, wenn der Betreffende einen erheblichen oder wiederholte sonstige Verstöße gegen verkehrsrechtliche Vorschriften begangen hat. Die im Rahmen des Punktsystems des § 4 StVG vorgesehenen Maßnahmen stellen keine abschließende Regelung dar. Vielmehr ergibt sich aus § 4 Abs. 1 S. 3 StVG, dass das Fahreignungs-Bewertungssystem keine Anwendung findet, wenn sich die Notwendigkeit früherer oder anderer Maßnahmen aufgrund anderer Vorschriften ergibt; als Beispielsfall ist die Entziehung der Fahrerlaubnis nach § 3 Abs. 1 StVG genannt. Zur Vorbereitung einer solchen Entscheidung kann eine MPU verlangt werden. Dabei können auch Verkehrsordnungswidrigkeiten, selbst wenn diesen für sich genommen wie etwa Verstöße gegen Parkvorschriften oder Geschwindigkeitsüberschreitungen nur geringes Gewicht beizumessen ist, in besonders krassen Fällen insbesondere bei beharrlicher und häufiger Begehung die Beibringung eines Eignungsgutachtens wegen Zweifel an der charakterlichen Eignung des Fahrerlaubnisinhabers rechtfertigen. Bei dieser besonderen Fallgestaltung kann auf charakterliche Mängel, die sich in der kontinuierlichen Missachtung der Rechtsordnung geäußert haben, geschlossen werden.[173] Fahrerlaubnisentziehungen außerhalb des Fahreignungsbewertungssystems, also vor Erreichen von 8 Punkten und ohne vorherige Gutachtensanforderung sind möglich, werden aber die Ausnahme sein. Zwar sieht § 11 Abs. 7 FeV vor, dass Aufklärungsmaßnahmen unterbleiben können, wenn die Nicht-

---

[171] BVerwG NJW 1986, 2779; VGH Baden-Württemberg NVwZ-RR 1990, 164 = NZV 1990, 366; OVG Lüneburg 1998 NZV 1999, 55.
[172] OVG Nordrhein-Westfalen NJW 2013, 2217 unter Aufgabe der früheren Rechtsprechung (OVG Nordrhein-Westfalen NWVBl 1999, 5).
[173] OVG Lüneburg SVR 2007, 191.

eignung des Betroffenen zur Überzeugung der Behörde feststeht. Hieran sind aber – jedenfalls was die Fahrerlaubnisentziehung wegen Verkehrszuwiderhandlungen außerhalb des Punktsystems anbelangt – strenge Maßstäbe anzulegen; sie ist in diesem Falle gehalten, die Umstände des Einzelfalls sorgfältig zu würdigen. Nur bei besonders eklatanten Verkehrsverstößen wird ausnahmsweise eine Fahrerlaubnisentziehung ohne vorherige Anordnung, ein Fahreignungsgutachten beizubringen, zulässig sein.[174]

ff) Fahrerlaubnisrelevante Straftaten. Bei einer erheblichen Straftat oder wiederholten sonstigen Straftaten, die in Zusammenhang mit dem Straßenverkehr oder bei Straftaten, die im Zusammenhang mit der Kraftfahreignung stehen, hat die Fahrerlaubnisbehörde die Möglichkeit, nach § 11 Abs. 3 S. 1 Nr. 5 FeV die Beibringung eines medizinisch-psychologischen Gutachtens zu verlangen. Der Begriff der Erheblichkeit ist gesetzlich nicht definiert. Er kann nicht mit der eher im strafrechtlichen Bereich verwendeten Formulierung schwerwiegend gleichgesetzt werden. Die Erheblichkeit muss sich auf die Fahreignung beziehen. Bei Verkehrsstraftaten ist der Vorrang strafgerichtlicher Entscheidungen nach § 3 Abs. 4 StVG zu beachten. Hat das Strafgericht in ordnungsgemäßer Weise die Fahreignung eines Fahrerlaubnisinhabers bejaht, kann die Verkehrsbehörde den gleichen Sachverhalt nicht zu Lasten des Betreffenden verwerten. § 11 Abs. 3 S. 1 Nr. 5 FeV wird deshalb in den Fällen des § 69 Abs. 2 StGB kaum Bedeutung erlangen; diese Vorschrift stellt die Regelvermutung auf, dass bei einer Gefährdung des Straßenverkehrs (§ 315c StGB), einer Trunkenheit im Verkehr (§ 316 StGB) und bei einem unerlaubten Entfernen vom Unfallort (§ 142 StGB) der Täter als ungeeignet anzusehen ist. Gleiches gilt bei einem Vollrausch (§ 323a StGB), der sich auf eine der vorgenannten Taten bezieht. Andere Straftaten in Zusammenhang mit dem Straßenverkehr können etwa die Nötigung eines anderen Verkehrsteilnehmers durch zu dichtes Auffahren oder Versicherungsbetrug in Zusammenhang mit gestellten Unfällen sein. 158

Eine MPU kann nach § 11 Abs. 3 S. 1 Nr. 6 FeV bei einer erheblichen Straftat angeordnet werden, die in Zusammenhang mit der Fahreignung steht, insbesondere wenn Anhaltspunkte für ein hohes Aggressionspotenzial bestehen oder die Straftat unter Nutzung eines Fahrzeugs begangen wurde. Als Beispiel sind Drogentransporte mit einem Kraftfahrzeug zu nennen. Straftaten, die sich durch besondere Aggression auszeichnen sind solche, die eine Veranlagung des Betreffenden zu Rohheit oder eine geringe Hemmschwelle gegenüber der körperlichen Integrität anderer Menschen erkennen lassen.[175] Wann das im Einzelnen vorliegt, ist nicht abschließend geklärt. Im Schrifttum wird sowohl aus juristischer[176] als auch psychologischer[177] Sicht versucht, Licht ins Dunkel zu bringen. Die Straftaten, die Anlass zur Eignungsbegutachtung geben können, müssen nicht rechtskräftig abgeurteilt sein, vielmehr genügt es, wenn sich ihr Vorliegen aus Feststellungen etwa der Polizei oder aus anderen Erkenntnissen in einem strafrechtlichen Ermittlungsverfahren hinreichend zuverlässig ergibt Insbesondere können hiernach auch Vorfälle berücksichtigt werden, in denen die strafrechtlichen Verfahren im Stadium vor einer rechtskräftigen Verurteilung eingestellt worden sind oder §§ 154, 154a StPO – von der Erhebung einer öffentlichen Klage abgesehen bzw. die Strafverfolgung auf andere Gesetzesverletzungen beschränkt worden ist. Als Anhaltspunkte für ein hohes Aggressionspotential nach § 11 Abs. 3 S. 1 Nr. 6 und 7 FeV kommen insbesondere Straftaten wie schwere und gefährliche Körperverletzung, Raub, Widerstand gegen Vollstreckungsbeamte, Beleidigung, Nötigung, Bedrohung oder Sachbeschädigung in Betracht.[178] § 11 Abs. 3 S. 1 Nr. 7 FeV erlaubt der Behörde die Beibringung eines medizinisch-psychologischen Gutachtens bei – mindestens zwei – Straftaten, die in Zusammenhang mit der Kraftfahreignung stehen, insbesondere wenn es Hinweise auf ein hohes Aggressionspotenzial gibt. 159

gg) Frühere Fahrerlaubnisentziehung. Eine spezielle Rechtsgrundlage für die Anordnung einer MPU im Wiedererteilungsverfahren enthält § 11 Abs. 3 S. 1 Nr. 9 FeV. Danach ist die 160

---

[174] OVG Nordrhein-Westfalen NJW 2007, 3084 = SVR 2008, 154.
[175] *Bouska/Laeverenz* § 11 FeV Anm. 19e.
[176] *Koehl* SVR 2013, 8; *Tepe* DAR 2013, 361.
[177] *Hofmann/Petermann/Witthöft* NZV 2013, 22.
[178] VGH Kassel NJW 2013, 3192.

Behörde berechtigt, das Gutachten einer amtlich anerkannten Begutachtungsstelle für Fahreignung zu fordern, wenn dem Bewerber die Fahrerlaubnis wiederholt – also mindestens zweimal – entzogen worden ist oder der – erstmalige – Entzug aus einem Grund nach § 11 Abs. 3 S. 1 Nr. 4 bis 7 FeV beruhte. Ob der Entzug durch die Fahrerlaubnisbehörde oder das Strafgericht erfolgt ist, ist ohne Belang. Bei der Frage, ob eine medizinisch-psychologische Untersuchung verlangt wird, sind die Besonderheiten des Einzelfalls zu berücksichtigen. Insbesondere dann, wenn es sich um die erstmalige Entziehung wegen einer Verkehrsstraftat geht, ist der Verhältnismäßigkeitsgrundsatz zu beachten. Handelt es sich um einen ansonsten unbescholtenen Kraftfahrer, der die Fahrerlaubnis seit langer Zeit besitzt, sind Fahreignungszweifel regelmäßig nicht angebracht.[179]

161 *hh) Ausnahmen von der Regelbeurteilung.* Eine weitere Rechtsgrundlage für eine Gutachtensanordnung findet sich in Nr. 3 der Vorbemerkungen der Anlage 4 zur FeV. Danach können die Fahrerlaubnisbehörden ein medizinisch-psychologisches Gutachten fordern, wenn Anhaltspunkte dafür bestehen, dass Ausnahmen von der Regelbewertung vorliegen, wie sie die Anlage 4 zur FeV vorsieht. Das kann möglich sein bei Kompensationen durch besondere menschliche Veranlagungen, durch Gewöhnung, durch besondere Einstellung oder durch besondere Verhaltenssteuerungen und -umstellungen. Obwohl die Anlage 4 zur FeV jedenfalls schwerpunktmäßig medizinische Sachverhalte regelt, ist es gerechtfertigt, bei Abweichungen nicht nur auf die von einem Arzt zu beantwortende Frage nach Art und Umfang der Krankheit abzustellen, sondern auch auf die Beurteilung durch einen Psychologen. Diesem obliegt es festzustellen, ob eine Kompensation der Beeinträchtigung durch besondere menschliche Veranlagungen, durch Gewöhnung, durch besondere Einstellung oder durch besondere Verhaltenssteuerungen und -umstellungen vorliegt. An die Kompensation sind dabei prinzipiell umso höhere Anforderungen zu stellen, je gewichtiger der Mangel ist. Es handelt sich dabei – in aller Regel – um Umstände, die zugunsten des Betreffenden sprechen.[180] Es obliegt insoweit dem Betroffenen, durch schlüssigen Vortrag die besonderen Umstände darzulegen und nachzuweisen, die ein Abweichen von der Regelvermutung rechtfertigen sollen.[181] Bei Drogenkonsum spielen diese Gesichtspunkte keine Rolle; im Gegenteil spricht eine Gewöhnung an Rauschmittel für eine Erhöhung der Gefährdung durch entsprechende Kraftfahrer, sodass die Bestimmung wohl nur für andere in der Anlage 4 zur FeV aufgeführten Krankheiten und Mängel Anwendung finden wird.

162 *g) Kosten des Fahreignungsgutachtens.* Nach § 11 Abs. 6 S. 5 FeV erfolgt die Fahreignungsuntersuchung im Auftrag des Betroffenen; er hat, wie sich aus § 11 Abs. 6 S. 2 FeV ergibt, die dafür anfallenden Kosten zu tragen. Das gilt grundsätzlich auch dann, wenn sich nach Einholung des Gutachtens herausstellt, dass die Fahreignungszweifel nicht oder nicht mehr bestehen. In einem solchen Fall wird zwar die Kostenentscheidung im Ausgangs- oder Widerspruchsbescheid zugunsten des Betroffenen ausfallen. Die Aufwendungen für die Gutachtenserstellung gehören aber nicht zu den erstattungsfähigen Kosten.[182] Das wird durch § 4 Abs. 1 Nr. 1 GebOSt[183] bestätigt. Danach ist ua zur Zahlung der Kosten verpflichtet, wer die Untersuchung veranlasst hat oder zu wessen Gunsten sie angeordnet wurde. Von diesem Grundsatz gibt es auch keine Ausnahme, wenn der Betreffende geltend machen kann, die Aufforderung zur Gutachtensbeibringung sei rechtswidrig gewesen. Wenn das der Fall ist, muss er der Aufforderung nicht nachkommen. Lehnt die Behörde wegen Nichtvorlage des Gutachtens die Erteilung einer Fahrerlaubnis ab oder entzieht sie diese unter Hinweis auf § 11 Abs. 8 S. 1 FeV, kann um gerichtlichen Rechtsschutz nachgesucht werden; in den entsprechenden Verfahren kann geklärt werden, ob die Anordnung zu Recht erfolgt ist.

---

[179] OVG Saarlouis SVR 2007, 113.
[180] *Bouska/Laeverenz* § 14 FeV Erl. 6.
[181] Vgl. zB BayVGH vom 30.5.2008 – 11 CS 08.127; vom 23.4.2008 – 11 CS 07.2671; vom 18.2.2008 – 11 CS 07.2831; vom 31.5.2007 – 11 C 06.2695; vom 6.11.2007 – 11 CS 07.1069 <juris> (alle soweit ersichtlich sonst nicht veröffentlicht); OVG Brandenburg zfs 2005, 50.
[182] VG Hamburg NJW 2002, 2730.
[183] Gebührenordnung für Maßnahmen im Straßenverkehr vom 26.6.1970 BGBl. I 1296 mit späteren Änderungen.

Einer Klage auf Feststellung, dass die Aufforderung zur Gutachtensvorlage rechtswidrig war, steht § 44a VwGO entgegen.[184] Diese Vorschrift ist auch nicht aus Gründen der Gewährung effektiven Rechtsschutzes einschränkend auszulegen,[185] weil dem Betroffenen – wie dargelegt – anderweitige Klagemöglichkeiten offen stehen. Unzumutbare Benachteiligungen treten dadurch nicht ein. Notfalls ist ein Verfahren zur Gewährung einstweiligen Rechtsschutzes durchzuführen.

Die Aufforderung, ein Fahreignungsgutachten vorzulegen, ist eine gebührenpflichtige Maßnahme; Kostenschuldner ist der Fahrerlaubnisinhaber oder -bewerber. Nach § 13 Abs. 1 S. 3 BGebG werden Kosten, die bei richtiger Sachbehandlung nicht entstanden wären, nicht erhoben. Bei der Anfechtung der Kostenentscheidung nach § 20 Abs. 1 S. 1 2. Alt. BGebG kann damit inzident die Prüfung der Rechtmäßigkeit der Anordnung erreicht werden.[186]

Die Überlegung, die Kosten für ein zu Unrecht gefordertes Gutachten auf der Grundlage des allgemeinen Folgenbeseitigung ersetzt zu bekommen,[187] ist nicht zielführend. Der Folgenbeseitigungsanspruch setzt neben einem rechtswidrigen Handeln der Behörde voraus, dass dieses kausal für die Rechtsverletzung war. Er ist auf die Beseitigung der unmittelbaren Folgen des Handelns gerichtet; mittelbare Folgen können nur im Weg des Schadensersatzes geltend gemacht werden.[188] Die Verpflichtung, an die Untersuchungsstelle die entsprechenden Gebühren bezahlen zu müssen, ist eine solche mittelbare Folge. Damit bleibt nur der Weg über den Amtshaftungsanspruch (§ 839 BGB, Art. 34 GG) zu den ordentlichen Gerichten.

Gegen die Anordnung, ein Fahreignungsgutachten vorzulegen, kann nicht eingewendet werden, der Betroffene habe nicht die erforderlichen finanziellen Mittel, um dieses zu bezahlen. Nach ständiger Rechtsprechung, stellen fehlende finanzielle Mittel in aller Regel keinen ausreichenden Grund dar, um die Vorlage eines zu Recht verlangten Fahreignungsgutachtens zu unterlassen, ohne dass dem Betroffenen einer solchen Anordnung die Rechtsfolge des § 11 Abs. 8 S. 1 FeV entgegengehalten werden kann. Bei einer berechtigten Anforderung eines Eignungsgutachtens kann es auf die wirtschaftlichen Verhältnisse des Betroffenen ebenso wenig ankommen wie bei anderen Maßnahmen der Straßenverkehrsbehörde, die im Interesse der Verkehrssicherheit erforderlich sind. Wer am Straßenverkehr teilnehmen möchte, muss grundsätzlich die dafür erforderlichen Mittel selbst aufbringen. Dem kann, soll der Gedanke der Verkehrssicherheit nicht ad absurdum geführt werden, ernsthaft nicht widersprochen werden. Niemand käme auf die Idee zu sagen, er brauche die Hauptuntersuchung seines Kraftfahrzeugs nicht durchführen zu lassen, weil zur Begleichung der dafür anfallenden Gebühr nicht in der Lage sei. Nicht anders kann es sein, wenn nicht das Fahrzeug des Betreffenden zu einer Gefahr für andere Verkehrsteilnehmer geworden ist, sondern dessen Fahrer. Nur unter ganz besonderen Umständen kann einem Verkehrsteilnehmer zugebilligt werden, der Aufforderung zur Beibringung eines Eignungsgutachtens entgegenzuhalten, es sei ihm unzumutbar, die damit einhergehenden Kosten aus eigenen Mitteln oder mit fremder Hilfe aufzubringen. Die Beibringungslast, die § 11 Abs. 2 bis Abs. 4 sowie §§ 13 f. FeV dem Betroffenen auferlegen, wenn berechtigte Zweifel an seiner Eignung zum Führen von Fahrzeugen bestehen, bezieht sich nicht nur auf das geforderte Gutachten selbst; sie umfasst auch diejenigen Tatsachen, die in seinem besonderen Fall die Zahlung der Kosten des Gutachtens als nicht zumutbar erscheinen lassen. Kommt der Betroffene der Pflicht zur Darlegung dieser Tatsachen nicht nach, so kann von einer grundlosen Weigerung, sich begutachten zu lassen, ausgegangen und die Nichteignung zum Führen von Fahrzeugen als erwiesen angesehen werden. Da ein wirtschaftliches Unvermögen somit nur ganz ausnahmsweise als ein ausreichender Grund dafür anerkannt werden kann, dass die in § 11 Abs. 8 S. 1 FeV bezeichnete Rechtsfolge nicht eintritt, und Vorsorge dagegen ge-

---

[184] AA VG Hamburg NJW 2002, 2730.
[185] Zu den Voraussetzungen hierfür *Eyermann/Geiger* § 44a Rn. 16.
[186] Vgl. OVG Nordrhein-Westfalen DAR 2008, 104.
[187] BVerwG NJW 1990, 2637 = NZV 1990, 165 = DAR 1990, 153 vgl. auch ausführlich zu dieser Thematik *Müller-Grune* DAR 2003, 551, der einen auf Geldersatz gerichteten Folgenbeseitigungsanspruch bejaht.
[188] *Kopp/Ramsauer* § 49a Rn. 31.

troffen werden muss, dass eine Bedürftigkeit lediglich vorgeschoben wird, um eine im Interesse der Verkehrssicherheit gebotene Aufklärung der Fahreignung zu verhindern, sind an den Nachweis fehlender finanzieller Mittel als Hinderungsgrund für die Beibringung eines Eignungsgutachtens strenge Anforderungen zu stellen. Zu verlangen ist deshalb nicht nur eine lückenlose Offenlegung der persönlichen und wirtschaftlichen Lage durch den Betroffenen, wobei die Richtigkeit der gemachten Angaben durch aussagekräftige Unterlagen zweifelsfrei zu belegen ist. Von einem zur Vorlage eines Eignungsgutachtens verpflichteten Verkehrsteilnehmer ist vielmehr auch zu fordern, dass er alle nach Sachlage ernsthaft in Betracht kommenden Möglichkeiten ausschöpft, um die einer Begutachtung entgegenstehenden finanziellen Hemmnisse auszuräumen.[189] Ist dem Betreffenden – ausnahmsweise – die Beibringung eines kostenpflichtigen Gutachtens nicht zuzumuten, muss die Behörde im Rahmen ihrer Amtsermittlungspflicht nach anderen Möglichkeiten suchen, um Zweifel an der Fahreignung auszuräumen. Dazu kann es gehören, dass die Fahrerlaubnisbehörde von sich aus im Rahmen einer Beweisaufnahme ein Gutachten in Auftrag gibt und die Kosten dafür zunächst begleicht. Im Rahmen der im Bescheid zu treffenden Kostenentscheidung ist darüber zu befinden, wer mit den Kosten zu belasten ist. Das wird der Antragsteller als Zweckveranlasser auch dann sein, wenn das Gutachten für ihn positiv ist. Die Aufwendungen für die Gutachtenserstellung sind als Auslagen geltend zu machen; sie können im Zweifel im Wege der Verwaltungsvollstreckung beigetrieben werden. Ist das nicht möglich, etwa weil der Betreffende an der Gutachtenserstellung nicht mitwirkt, ist nach den Regeln über die materielle Beweislast bzw. den Grundsätzen über die Beweisvereitelung zu entscheiden. In Betracht kommt eine solche Vorgehensweise in der Regel nur im Entziehungsverfahren, weil hier die Behörde beweisbelastet ist. Im Neuerteilungsverfahren ist es grundsätzlich Sache des Antragstellers, seine wieder gewonnene Fahreignung zu belegen; hier wird die Einholung eines behördlichen Gutachtens in aller Regel nicht veranlasst sein.

2. Musterschriftsätze bei Anordnung zur Begutachtung der Fahreignung

a) Mögliche Musterschriftsätze in der Praxis. Die Anlässe zur Begutachtung können sehr verschieden sein. Es erscheint daher nicht unbedingt sinnvoll, für alle möglichen Fallgestaltungen unter Berücksichtigung der verschiedenen denkbaren Sachverhalte Musterschriftsätze anzubieten. Deshalb wird nachfolgend lediglich ein Schriftsatzmuster dargestellt, das eine in der Praxis häufiger vorkommende Fallgestaltung betrifft.

b) Musterschriftsatz an Verwaltungsbehörde wegen Begutachtung der Fahreignung

An die Fahrerlaubnisbehörde ......

Anordnung der Beibringung eines Gutachtens einer Begutachtungsstelle für Fahreignung vom ...... Az. ......

Sehr geehrte Damen und Herren,

durch die og Anordnung wurde unsere Mandantschaft von der Behörde zu einer medizinisch-psychologischen Untersuchung, aufgefordert. Diese Anordnung ist rechtswidrig und deshalb aufzuheben.

Herrn ...... wird vorgeworfen, er habe am ...... unter dem Einfluss von Cannabis am Straßenverkehr teilgenommen. Bei ihm sei bei einer damals gewonnenen Blutprobe ein THC-Wert von 0,5 ng/ml festgestellt worden. Es kann hier offen bleiben, ob seine Einlassung bei der polizeilichen Fahrzeugkontrolle, er konsumiere gelegentlich Cannabis der Wahrheit entspricht und im vorliegenden Verfahren verwertbar ist; mein Mandant wurde damals nicht als Beschuldigter belehrt. Denn selbst bei gelegentlichem Cannabiskonsum ist eine Gutachtensanforderung nach § 14 Abs. 1 S. 4 FeV nur zulässig, wenn weitere Tatsachen Zweifel an der Fahreignung begründen. Hierzu zählt insbesondere fehlendes Trennvermögen. Bei einem THC-Wert von 0,5 ng/ml ist aber nicht

---

[189] BVerwGE 71, 93 = NJW 1985, 2490; BVerwG NZV 1998, 300; VGH Kassel BA 2010, 436; aA VG Ansbach BA 2010, 313.

mehr davon auszugehen, dass der Betreffende unter dem Einfluss der Droge gestanden hat. Nach der Rechtsprechung können bei gelegentlichem Cannabiskonsum und Fahren mit einer THC-Konzentration zwischen 1,0 und 2,0 ng/ml Blut Eignungszweifel iSd § 14 Abs. 1 Satz 4 FeV, angenommen werden, die die Fahrerlaubnisbehörde zur Anforderung eines medizinisch-psychologischen Fahreignungsgutachtens berechtigen, mit dem ermittelt werden soll, ob der Betroffene künftig zwischen der Einnahme von Cannabis und der motorisierten Teilnahme am Straßenverkehr trennen wird (vgl. BayVGH DAR 2006, 407). Eine MPU kann von meinem Mandanten deshalb nicht verlangt werden.

Mit freundlichen Grüßen

Rechtsanwalt

VII. Rechtliche Anforderungen an eine Begutachtungsanordnung

Die Anordnung, sich ärztlich oder medizinisch-psychologisch untersuchen zu lassen, stellt einen Eingriff in das Persönlichkeitsrecht des Betroffenen dar. Hierfür bedarf es nicht nur einer gesetzlichen Grundlage; vielmehr hat die Behörde auch weitergehende gesetzliche Vorgaben zu beachten. Diese betreffen sowohl das Verfahren als auch die inhaltliche Ausgestaltung einer Gutachtensanforderung.[190] 168

1. Gesetzliche Grundlagen der Begutachtung

a) **Die Anordnung zur Begutachtung.** *aa) Rechtsgrundlagen.* Die Anlässe, aufgrund deren die Fahrerlaubnisbehörde eine ärztliche oder medizinisch-psychologische Untersuchung anordnen darf, sind im Gesetz abschließend geregelt. Ist weder im StVG noch in der FeV einschließlich deren Anlage eine entsprechende Ermächtigungsgrundlage enthalten, kann kein Gutachten verlangt werden. 169

bb) Die Voraussetzungen für die Anordnung zur Beibringung. Unabdingbare Voraussetzung für Maßnahmen gegen auffällig gewordene Fahrerlaubnisinhaber ist, dass Tatsachen vorliegen, auf denen die Eignungszweifel beruhen. Das ergibt sich aus § 2 Abs. 8 StVG iVm § 3 Abs. 2 FeV. Tatsachen im Rechtssinne sind sinnlich wahrnehmbare oder feststellbare Zustände oder Umstände.[191] Welche das sind, kann nicht allgemein gesagt werden; es kommt vielmehr darauf an, welche Tatbestandsmerkmale die Norm, die auf den konkreten Sachverhalt angewendet werden soll, enthält. Tatsachen, aus denen sich lediglich eine entfernt liegende Möglichkeit eines relevanten Mangels folgern lässt, sind nicht geeignet, die Beibringung eines Gutachtens zu verlangen oder sonst Grundlage für behördliche Maßnahmen zu sein. Anderseits müssen es keine Tatsachen sein, aus denen sich „massive Anhaltspunkte" für eine Fahrungeeignetheit ergeben oder die gar vollen Beweis für die Fahrungeeignetheit erbringen. Vielmehr ist für die Anordnung, ein Gutachten vorzulegen, erforderlich, dass auf Grund konkreter tatsächlicher Anhaltspunkte berechtigte Zweifel an der Kraftfahreignung des Betroffenen bestehen. Die tatsächlichen Feststellungen müssen den Eignungsmangel als naheliegend erscheinen lassen.[192] Es müssen konkrete und verwertbare Anhaltspunkte existieren, also solche, die gegebenenfalls gerichtlich überprüft werden können. Vermutungen, Gerüchte oder Werturteile reichen niemals aus. Das gilt unabhängig davon aus welcher Quelle die Gerüchte stammen. Deshalb tragen auch Amtsärztliche Vermutungen aufgrund von Erkenntnissen nach Hören-Sagen eine Gutachtenanordnung zur Überprüfung der Fahreignung grundsätzlich nicht. Eine ausreichende vorherige Sachaufklärung der Tatsachen, die die Möglichkeit fehlender Fahreignung begründen, durch die Straßenverkehrsbehörde ist unverzichtbar.[193] Bei anonymen Hinweisen ist größte Vorsicht 170

---
[190] Vgl. zur Bedeutung der MPU *Geiger* NZV 2007, 489; Überlegungen zur Weiterentwicklung der MPU *ders.* SVR 2012, 447; *ders.* SVR 2010, 11; *ders.* DAR 2003, 494.
[191] *Eyermann/Geiger* § 86 Rn. 7.
[192] OVG Nordrhein-Westfalen vom 30.6.2004 – 19 B 195/04 (soweit ersichtlich nicht veröffentlicht).
[193] VG Osnabrück SVR 2014, 153.

geboten. In aller Regel wird die Fahrerlaubnisbehörde im Rahmen ihrer gesetzlichen Amtsermittlungspflicht zunächst allgemeine Nachforschungen anzustellen haben, um deren Richtigkeit zu überprüfen. Die Aufforderung an den Fahrerlaubnisinhaber, ein Gutachten beizubringen, gehört nicht zu den dafür vorgesehenen Mitteln. Es ist unzulässig, auf einen bloßen Verdacht hin, gleichsam „ins Blaue hinein" eine derart weitgehende Untersuchungsmaßnahme anzuordnen.[194]

171 Die Rechtsnatur einer Gutachtensanforderung ist rechtlich umstritten; ein Teil des Schrifttums[195] und die ältere Rechtsprechung einiger Oberverwaltungsgerichte[196] sehen sie als anfechtbaren Verwaltungsakt im Sinne von § 35 S. 1 VwVfG an. Zutreffenderweise wird man diese Frage verneinen müssen.[197] Denn es fehlt an einer Regelung; der Betreffende wird lediglich aufgefordert, eine notwendige Mitwirkungshandlung vorzunehmen. Verwaltungsprozessual ist die Frage eher akademischer Natur. Denn unabhängig davon, ob es sich um einen Verwaltungsakt handelt, ist eine isolierte verwaltungsgerichtliche Überprüfung durch § 44a S. 1 VwGO ausgeschlossen. Diese Bestimmung sieht vor, dass behördliche Verfahrenshandlungen nur gemeinsam mit den gegen die Sachentscheidung zulässigen Rechtsbehelfen angefochten werden können. Hierunter fallen alle Anordnungen, die im Vorfeld einer Verwaltungsentscheidung erlassen werden, die abschließende Entscheidung also nur vorbereiten.[198] Die isolierte Anfechtbarkeit einer Anordnung zur Gutachtensbeibringung ergibt sich auch nicht aus § 44a S. 2 1. Alt. VwGO. Denn die Anordnung kann nicht mit Mitteln des Verwaltungszwangs vollstreckt werden. Welche Rechtsfolgen die Nichtbeibringung hat, ist abschließend in § 11 Abs. 8 S. 1 FeV geregelt. Der Ausschluss der isolierten verwaltungsgerichtlichen Kontrolle stellt keine Erschwernis dar, die zu einem Verstoß gegen die durch Art. 19 Abs. 4 GG normierte Gewährleistung effektiven Rechtsschutzes führen würde. Ob die Anordnung zur Gutachtensvorlage zulässig war, ist inzident im Streitverfahren über die Versagung oder Entziehung der Fahrerlaubnis zu überprüfen. § 11 Abs. 8 S. 1 FeV regelt ausdrücklich, dass die Nichtvorlage eines von der Behörde geforderten Gutachtens nur dann den Schluss auf die Nichteignung zulässt, wenn die Anordnung rechtmäßig war.

172 *cc) Verfahrensregelungen.* Eine Anhörung vor Erlass einer Gutachtensanforderung ist entbehrlich. Das Anhörungsrecht des Beteiligten im Verwaltungsverfahren wird ausgelöst durch die unmittelbare Beeinträchtigung, die seine Rechtsstellung durch das Verfahrensergebnis erfahren kann. Dementsprechend verpflichtet § 28 Abs. 1 VwVfG die Behörde zur Anhörung dessen, in dessen Rechte sie durch Verwaltungsakt einzugreifen beabsichtigt. Bei der Anordnung, ein Gutachten beizubringen, handelt es sich aber lediglich um eine vorbereitende Maßnahme, die der Sachverhaltsaufklärung im Hinblick auf die später zu treffende Entscheidung über die Entziehung der Fahrerlaubnis dient. Erst vor Erlass dieser das Verfahren abschließenden Entscheidung ist daher eine Anhörung geboten.[199]

173 Obwohl die Anforderung eines Gutachtens kein Verwaltungsakt ist und deshalb § 39 Abs. 1 S. 2 VwVfG nicht anwendbar ist, bedarf sie nach allgemeinen rechtsstaatlichen Erwägungen einer schriftlichen Begründung jedenfalls dann, wenn der Behörde bei Erlass der Anordnung ein Ermessen zusteht. In jedem Fall ist in der Anordnung eindeutig und nachvollziehbar darzulegen, auf welchen tatsächlichen Vorgang die Behörde ihre Fahreignungszweifel stützt;[200] die Angabe der konkreten Rechtsgrundlage, die nach Auffassung der Behörde die Gutachtensanforderung rechtfertigt, ist dagegen nicht zu fordern. Für die Beur-

---

[194] BVerwG NJW 2002, 78/80 = DAR 2001, 522 f.; OVG Rheinland-Pfalz NJW 2002, 2581.
[195] Vgl. zB *Schreiber* ZRP 1999, 519; *Henn* NJW 1993, 3169/3170; *Grüning/Ludowisy* DAR 1993, 53; *Bode/Winkler* § 10 Rn. 5; *Himmelreich/Halm/Mahlberg* Kapitel 35 Rn. 489 und aus verkehrspsychologischer Sicht *Müller* DAR 2006, 534.
[196] OVG Lüneburg NJW 1968, 2310; OVG Nordrhein-Westfalen NJW 1968, 267; VGH Kassel NJW 1967, 1527; BayVGH NJW 1966, 2030.
[197] BVerwG BayVBl. 1995, 59; BVerwGE 34, 248/249; st. Rspr.; vgl. auch BayVGH NJW 1968, 469 sowie *Eyermann/Geiger* § 44a Rn. 9; *Geiger* DAR 2001, 488; *Berz/Burmann/Gehrmann* 18 E Rn. 2; *Himmelreich/Janker/Karbach* Rn. 1005; *Kopp/Ramsauer* § 35 Rn. 65.
[198] Vgl. *Eyermann/Geiger* VwGO § 44a Rn. 4.
[199] BVerwG NJW 1990, 2637 = NZV 1990, 165 = DAR 1990, 153.
[200] BVerwG DAR 2001, 522.

teilung der Rechtmäßigkeit einer Gutachtensanforderung ist auf den Zeitpunkt der Anordnung abzustellen. Eine Nachbesserung oder gar ein Auswechseln der Begründung im gerichtlichen Verfahren ist daher nicht möglich.[201]

Aus dem Schreiben, durch das die Beibringung eines Gutachtens angeordnet wird, muss der Betroffene entnehmen können, was nach Ansicht der Behörde Anlass für die Maßnahme ist, sodass er die Möglichkeit hat zu beurteilen, ob diese gerechtfertigt ist.[202] Die Tatsachen, aufgrund deren die Behörde Eignungszweifel hat, müssen ihm in einer Weise mitgeteilt werden, dass sie aus sich heraus verständlich sind.[203] Eine nur schlagwortartige Bezeichnung wie etwa „Verdacht auf Drogenkonsum" oder „Ordnungswidrigkeit nach § 24a StVG" genügt dabei nicht. Vielmehr muss der Adressat erkennen können, was ihm konkret zur Last gelegt wird. Eine „Heilung" dieses formalen Mangels im Gerichtsverfahren ist nicht möglich; die Behörde kann also nicht nachträglich vortragen, es hätten im Zeitpunkt der Anordnung der Gutachtensbeibringung – weitere – tatsächliche Umstände vorgelegen, welche die Maßnahme rechtfertigen würden. Es bleibt der Behörde aber unbenommen, aufgrund nachträglich bekannt gewordener Tatsachen den Betroffenen erneut zur Vorlage eines Fahreignungsgutachtens aufzufordern.[204]

174

Damit die Behörde bei Nichtvorlage des Gutachtens auf die Ungeeignetheit des Betreffenden nach § 11 Abs. 8 S. 1 FeV schließen kann, ist er über diese Rechtsfolge zu belehren (§ 11 Abs. 8 S. 2 FeV). Das Gesetz schreibt der Behörde vor, eine Gutachtensanforderung mit einer Fristsetzung für dessen Vorlage zu verbinden (§ 11 Abs. 6 S. 2 FeV). Schlussfähig ist eine Weigerung allerdings nur dann, wenn sich die Fristsetzung auf die Gutachtensvorlage als solche bezieht. Wurde der Betroffene lediglich aufgefordert, innerhalb einer bestimmten Frist die Erklärung vorzulegen, welche Begutachtungsstelle er beauftragen möchte (§ 11 Abs. 6 S. 3 FeV), kann daraus keine für den Betreffenden negative Schlussfolgerung gezogen werden. Etwas anderes gilt dann, wenn anlässlich der Übersendung der Einverständniserklärung generell erklärt wird, man werde sich keiner Untersuchung unterziehen. Hier wäre es unnötige Förmelei zu verlangen, dass noch eine mit Fristsetzung verbundene Aufforderung zur Gutachtensvorlage versandt wird.

175

Die von der Behörde gesetzte Frist zur Vorlage des Gutachtens muss angemessen sein. Es muss dem Betroffenen zumutbar sein, das Gutachten zu ihrem Ablauf erstellen zu lassen. Das setzt voraus, dass dem Betroffenen unter Berücksichtigung der regionalen Umstände und der üblichen Terminstände der jeweiligen amtlich anerkannten Begutachtungsstellen für Fahreignung eine fristgerechte Vorlage des geforderten Gutachtens zuzumuten und möglich ist.[205] Gibt es triftige Gründe, weshalb die Begutachtung nicht stattfinden konnte, ist die Frist im erforderlichen Umfang zu verlängern. Solche Umstände können die Verhinderung des Gutachters oder Verzögerungen etwa bei Laboruntersuchungen sein. Dagegen sind Umstände in der Sphäre des Betroffenen regelmäßig unbeachtlich. Es sind von ihm alle zumutbaren Anstrengungen zu verlangen, um eine zeitgerechte Gutachtensvorlage zu gewährleisten. Das gilt jedenfalls, wenn es um die Entziehung der Fahrerlaubnis geht und ein Sofortvollzug im Raum steht. Bei Neuerteilungsverfahren, wo eine Gefahr für andere Verkehrsteilnehmer regelmäßig auszuschließen ist, ist ein großzügigerer Maßstab anzulegen. Als Weigerung ist es auch zu werten, wenn der Betreffende ein Gutachten erstellen lässt, dieses aber nicht vorlegt, sondern anbietet, ein weiteres in Auftrag geben zu wollen. Eine Ausnahme kann gelten, wenn nachvollziehbar geltend gemacht wird, das Gutachten sei fehlerhaft[206] und deswegen schwebe ein zivilrechtlicher Streit, mit dem Nachbesserung verlangt wird. Hier wird man dem Betroffenen grundsätzlich Gelegenheit geben müssen, innerhalb einer – knappen – Nachfrist ein anderes Gutachten erstellen zu lassen. Gibt es für den Betroffenen nicht ausräumbare Probleme, die gesetzte Frist einzuhalten, sollte umgehend die Fahrerlaubnisbehörde informiert und um Verlängerung nachgesucht werden. Nach § 11

176

---

[201] VGH Baden-Württemberg vom 23.2.2010 zfs 2010, 356.
[202] OVG Nordrhein-Westfalen DAR 2002, 185/186.
[203] BVerwG DAR 2001, 522; VGH Baden-Württemberg NZV 2002, 580.
[204] BVerwG NJW 2002, 78/80 = DAR 2001, 522/523.
[205] VG Saarlouis DAR 2013, 408 = SVR 2013, 434.
[206] Vgl. hierzu *Geiger* NZV 2002, 20.

Abs. 6 S. 2 Hs. 2 FeV hat die Behörde den Betroffenen darauf hinzuweisen, dass er Einsicht in die Akten nehmen kann, die der Begutachtungsstelle übersandt werden. Bei dieser Vorschrift handelt es sich um eine Ordnungsvorschrift, deren Verletzung nicht zur Rechtswidrigkeit der Gutachtensanforderung führt.[207] Denn die Vorschrift wiederholt nur das, was nach allgemeinem Verwaltungsverfahrensrecht ohnehin gilt.

177 Eine Besonderheit bei der Fristsetzung besteht, wenn die Wiedererlangung der Fahreignung vom Nachweis einer hinreichend langen Abstinenz abhängt. Der in der Praxis immer wieder gebrachte Einwand, die Frist müsse so lange bemessen sein, dass dem Betreffenden ermöglicht werde, die Eignungszweifel – ggf. durch einen Nachweis über die gefestigte Änderung seines Verhaltens nach einer Trunkenheitsfahrt oder nachgewiesenem Drogenkonsum – auszuräumen, vernachlässigt den primären Zweck der Ermächtigung zu einer Gutachtensanordnung. Die Gutachtensanordnung gehört als Gefahrerforschungseingriff zu den Gefahrenabwehrmaßnahmen, die von der Fahrerlaubnisbehörde zum Schutz der anderen Verkehrsteilnehmer vor ungeeigneten bzw. mangelnder Eignung verdächtigen Fahrerlaubnisinhabern zu ergreifen sind. Dieser Schutzauftrag ist im Hinblick auf die gegenwärtige potentielle Gefährdung der Verkehrssicherheit durch einen möglicherweise ungeeigneten Kraftfahrer mit der gebotenen Beschleunigung zu erfüllen und duldet keinen Aufschub bis zu einem entfernten Zeitpunkt in der Zukunft, zu dem ein solcher Fahrer die Fahreignung wiedererlangt haben mag. Auf einen derartigen Aufschub läuft aber die These hinaus, dass einem des Alkoholmissbrauchs im dargelegten Rechtssinne verdächtigen Fahrerlaubnisinhaber eine Gutachtensbeibringung erst für einen Zeitpunkt abverlangt werden dürfe, für den er sein Trennungsvermögen wahrscheinlich dartun könne. Die Frist nach § 11 Abs. 6 S. 2 FeV dient nicht dazu, dem Fahrerlaubnisinhaber die Möglichkeit einzuräumen, erst den Nachweis über die Beendigung des Alkohol- oder Drogenmissbrauchs zu führen, bevor die Fahrerlaubnisbehörde Maßnahmen zur Gefahrenabwehr ergreifen kann.[208]

178 **b) Inhaltliche Anforderungen an die Gutachtensanordnung.** Das Gesetz regelt teilweise etwas unübersichtlich die inhaltlichen Anforderungen an eine Anordnung, ein ärztliches oder ein medizinisch-psychologisches Gutachten beizubringen.

179 *aa) Fragestellung.* Nach § 11 Abs. 6 S. 1 FeV legt die Behörde in ihrer Anordnung die Fragen fest, die im Rahmen der Begutachtung beantwortet werden sollen. Durch den Hinweis, dass dabei die Besonderheiten des Einzelfalls zu würdigen sind, ist sichergestellt, dass keine pauschalen Fragen gestellt werden dürfen, also nicht „ins Blaue hinein" ermittelt wird. Die Fragestellung muss dem Betreffenden mitgeteilt werden. Zwar schreibt das § 11 Abs. 6 S. 2 FeV nicht ausdrücklich vor; aus Sinn und Zweck der Vorschrift ist das aber geboten.[209] Die Fragestellung muss so konkret sein, dass der Betroffene daraus entnehmen kann, was die Behörde im Hinblick auf seine Fahreignung für klärungsbedürftig hält. Nur dann ist er in der Lage, sich innerhalb der nach § 11 Abs. 6 S. 2 FeV gesetzten Frist ein Urteil darüber zu bilden, ob die Aufforderung anlassbezogen und verhältnismäßig ist, oder ob er sich ihr verweigern darf, ohne befürchten zu müssen, dass ihm die Fahrerlaubnisbehörde die Fahrerlaubnis unter Berufung auf § 11 Abs. 8 S. 1 FeV wegen Nichteignung entzieht. Nur bei genauer Kenntnis der Fragestellung kann sich der Betroffene auch darüber schlüssig werden, ob er sich der Untersuchung aussetzen will.[210] Hieran sind deshalb strenge Anforderungen zu stellen. Es genügt nicht, wenn sich nur aus der Begründung der Anordnung erschließen lässt, was die Behörde meint. Das verbietet es, dass undifferenziert nach dem Vorliegen von Krankheiten oder Mängeln nach den Anlagen 4 und 5 zur FeV gefragt wird. Vielmehr sind die Krankheit oder die Beeinträchtigung genau zu benennen, wobei regelmäßig auf die Bezeichnung in der entsprechenden Anlage abzustellen ist. Ist für die Behörde bei

---

[207] VGH Kassel ESVGH 61, 243; offen BayVGH zfs 2013, 177: Jedenfalls dann unschädlich, wenn durch Einsicht in die Akten kein anderer Kenntnisstand hätte erworben werden können.
[208] VGH Baden-Württemberg DAR 2012, 164; OVG Weimar ThürVBl 2012, 39 = BA 2012, 171; vgl. auch *Koehl* DAR 2012, 185.
[209] Berz/Burmann/*Gehrmann* 19 B Rn. 10; aA VGH Baden-Württemberg NZV 2002, 294 = DAR 2002, 183 = BA 2002, 141.
[210] OVG Magdeburg NJW 2012, 2604.

Erlass einer Gutachtensbeibringungsanordnung nicht hinreichend klar, um welche Erkrankung es sich handelt, ist sie gehalten, sich des Sachverstands des öffentlichen Gesundheitsdienstes zu bedienen, um zu einer Zuordnung der aufzuklärenden Symptomatik zu den einzelnen eignungsausschließenden Erkrankungen und damit zu sachgerechten Präzisierung der Fragestellung zu kommen.[211] Im Fall eines komplexen medizinischen Aufklärungsbedarf bei unbekannter Art der Erkrankung gebietet es der Grundsatz der Verhältnismäßigkeit, ein nach Wahrscheinlichkeit krankheitsbedingter Beeinträchtigungen der Fahreignung gestaffeltes Untersuchungsprogramm in der Gutachtensanordnung mit angemessen strukturierter Festsetzung der Fristen zur Gutachtensvorlage anzuordnen.[212] Handelt es sich um einen in der Anlage 4 zur FeV nicht behandelten Sachverhalt, ist dieser in vergleichbarer Weise zu beschreiben. Kommt es auf eine Prognose an zB auf künftiges Verkehrsverhalten oder die Stabilität einer Abstinenz, ist auch hier eine entsprechende Frage zu formulieren.[213]

Die Fragestellung, die in der Gutachtensanforderung enthalten ist, muss mit der identisch sein, die an die Untersuchungsstelle gerichtet wird.[214] Dieses Erfordernis kommt bereits in der wörtlichen Übereinstimmung der jeweiligen Nachsätze des § 11 Abs. 6 S. 1 FeV einer- und des § 11 Abs. 6 S. 4 FeV andererseits zum Ausdruck. Vor allem aber „legt" die Fahrerlaubnisbehörde nach § 11 Abs. 6 S. 1 FeV in der Anordnung zur Beibringung des Gutachtens „fest", welche Fragen im Hinblick auf die Eignung des Betroffenen zum Führen von Kraftfahrzeugen zu klären sind. Die Entscheidung, was Gegenstand der Begutachtung zu sein hat, muss nach dem eindeutigen Willen des Verordnungsgebers bereits im Rahmen der an den Pflichtigen gerichteten Aufforderung fallen, ein Fahreignungsgutachten beizubringen. Wenn die Fahrerlaubnisbehörde nach § 11 Abs. 6 S. 4 FeV der untersuchenden Stelle die zu klärenden Fragen lediglich „mitteilt", so bestätigt das, dass im Vollzug dieser Vorschrift – anders als im Rahmen der Anordnung nach S. 1 – nichts mehr zu entscheiden ist, sondern eine schon getroffene Entscheidung lediglich nachrichtlich weiterzugeben ist. Unschädlich sind deshalb zum einen nur solche Abweichungen zwischen den nach § 11 Abs. 6 S. 1 FeV und nach § 11 Abs. 6 S. 4 FeV ergangenen Verlautbarungen der Behörde, die sich im rein sprachlichen Bereich bewegen, ohne dass die unterschiedliche Ausdrucksweise auch nur die Möglichkeit einer dem Betroffenen nachteiligen, mit der getroffenen Festlegung nicht übereinstimmenden Auslegung denkbar erscheinen lässt. Folgenlos bleiben zum anderen solche inhaltlichen Divergenzen, die den Betroffenen schlechthin nicht beeinträchtigen können. In allen anderen Fällen ist er befugt, einer Gutachtensanforderung nicht nachzukommen bzw. ein erstelltes Fahreignungsgutachten nicht vorzulegen. **180**

Unzulässig ist es etwa, wenn in Fällen einer fahreignungsrelevanten Verkehrszuwiderhandlung oder Straftat (§ 11 Abs. 3 S. 1 Nr. 5 bis 7 FeV), die Rückschlüsse auf einen charakterlichen Fahreignungsmangel zulässt, danach zu fragen, ob Bedenken gegen die körperliche oder geistige Eignung des Betreffenden bestehen.[215] Als problematisch erweist im Rahmen einer Gutachtensanforderung wegen gelegentlichen Cannabiskonsums die Fragestellung, ob der Betreffende außer diesem Stoff auch andere Rauschmittel konsumiert hat. Sie ist jedenfalls dann fehlerhaft, wenn sich keine Anhaltspunkte dafür bestehen, dass eine entsprechende Einnahme stattgefunden haben könnte.[216] Ein solches Ausforschungsgutachten stellt einen unzulässigen Eingriff in das Persönlichkeitsrecht des Betroffenen dar.[217] **181**

Wird die Gutachtensanforderung auf verschiedene Fragenkomplexe gestützt ist, und erweist sich nur einer davon als rechtens, stellt sich die Frage, ob der Betreffende berechtigt ist, die Gutachtensanforderung insgesamt zu verweigern. Ist die Anforderung teilbar, ist der Betroffene nur verpflichtet, dem rechtmäßigen Teil der Anordnung nachzukommen. Fehlt es an einer Teilbarkeit, braucht er der Aufforderung nicht Folge zu leisten. Dabei sind für den **182**

---

[211] VGH Baden-Württemberg zfs 2014, 237 [Ls.].
[212] VGH Baden-Württemberg zfs 2014, 240 [Ls.].
[213] Hinweise auf die wesentlichen Fragestellungen finden sich in den Beurteilungskriterien Kapitel 1.4 S. 57 ff.
[214] VG Osnabrück SVR 2014, 153.
[215] VGH Baden-Württemberg zfs 2013, 476 = SVR 2013, 353.
[216] OVG Lüneburg zfs 2014, 56.
[217] VG Neustadt. a. d. Weinstraße BA 2013, 52.

Betroffenen keine zu strengen Maßstäbe anzulegen. Es muss auch für einen Laien erkennbar sein, dass es sich um zwei unterschiedliche Komplexe handelt, von denen jeder selbständig bewertet werden kann. Zweifel gehen zu Lasten der Behörde, der die materielle Beweislast für die Rechtmäßigkeit der Gutachtensanforderung obliegt. In jedem Fall empfiehlt es sich in einem solchen Fall mit der Behörde Kontakt aufzunehmen um den Umfang der Begutachtungsanforderung abzuklären.

183 *bb) Ärztliche Gutachter.* Die möglichen Gutachter für ein medizinisches Gutachten führt § 11 Abs. 2 S. 3 FeV auf. Es sind das zum einen Fachärzte mit verkehrsmedizinischer Qualifikation (§ 11 Abs. 2 S. 3 Nr. 1 FeV). Näheres hierzu ist geregelt in § 65 FeV. Der Nachweis der Zusatzqualifikation ist durch Vorlage eines Gutachtens der zuständigen Ärztekammer zu führen. Abweichend hiervon ist auch eine mindestens einjährige Tätigkeit bei einer Begutachtungsstelle für Fahreignung ausreichend. Die Anordnung zur Beibringung eines ärztlichen Gutachtens ist nur dann hinreichend bestimmt, wenn die genaue Angabe der Fachrichtung des Arztes gemacht wird, bei dem die gebotene Untersuchung erfolgen kann.[218] Nur dann kann der Betroffene angesichts der Vielzahl denkbarer fachärztlicher Untersuchungen erkennen, welche konkrete Untersuchung von ihm gefordert wird, um die aus Sicht der Fahrerlaubnisbehörde bestehenden Zweifel an seiner Eignung zum Führen von Kraftfahrzeugen auszuräumen. Bei der Auswahl der Fachrichtung ist auf die konkrete Frage abzustellen, die durch das Gutachten geklärt werden soll.[219] Zur Klärung einer hochgradigen Schwerhörigkeit (Nr. 2 der Anlage 4 zur FeV) kommt nur ein Hals-Nasen-Ohrenarzt in Betracht, während für die Auswirkungen einer Zuckerkrankheit (Nr. 5 der Anlage 4 zur FeV) ein Internist zu wählen ist; für psychische Erkrankungen (Nr. 7 der Anlage 4 zur FeV) ist das Gutachten eines Psychiaters anzufordern. Der Gutachter soll nach § 11 Abs. 2 S. 5 FeV nicht zugleich der den Betroffenen behandelnde Arzt sein. Bei diesem ist ein Interessenkonflikt nicht auszuschließen. Eine Ausnahme kommt nur in Betracht, wenn kein anderer Arzt der entsprechenden Fachrichtung zur Verfügung steht. Weiter kommt in Betracht ein Arzt in einem Gesundheitsamt oder ein anderer Arzt der öffentlichen Verwaltung (§ 11 Abs. 2 S. 3 Nr. 2 FeV). Seine Kompetenz wird aus seiner amtlichen Tätigkeit gefolgert; eine spezifische verkehrsmedizinische Qualifikation wird nicht verlangt. Weiter können beauftragt werden arbeits- oder betriebsmedizinisch ausgebildete Ärzte (§ 11 Abs. 2 S. 3 Nr. 3 FeV), Fachärzte für Rechtsmedizin (§ 11 Abs. 2 S. 3 Nr. 4 FeV) sowie Ärzte in einer amtlich anerkannten Begutachtungsstelle für Fahreignung (§ 11 Abs. 2 S. 3 Nr. 5 FeV).

184 In der Anordnung legt die Behörde abstrakt fest, welcher der vorgenannten Mediziner mit der Gutachtenserstellung zu beauftragen ist. Der Arzt oder die Begutachtungsstelle (§ 11 Abs. 2 S. 3 Nr. 5 FeV) darf in der Anordnung nicht namentlich bestimmt werden; der Betroffene hat ein Wahlrecht zwischen den in Frage kommenden Gutachtern.[220] Das ergibt sich mit hinreichender Klarheit aus § 11 Abs. 6 S. 2 und 3 FeV.

185 Nach § 11 Abs. 2 S. 4 FeV kann die Behörde mehrere Anordnungen im Hinblick auf die Erstellung ärztlicher Gutachten treffen. Ist von vornherein klar, dass die Fragestellung den Bereich verschiedener Fachärzte betrifft, kann eine zusammengefasste Beibringungsanordnung ergehen. Hängt eine Untersuchung dagegen von der anderen ab, müssen getrennte Anordnungen ergehen. Bei Schwerhörigkeit, die nach Nr. 2.1 der Anlage 4 zur FeV allein nicht ausreicht, um zur Fahrungeeignetheit zu kommen, wird regelmäßig ein solches Stufenverhältnis bestehen; zuerst muss der Grad der Schwerhörigkeit abgeklärt werden; erreicht der Hörverlust das dort genannte Maß, ist durch Beauftragung eines Augenarztes zu ermitteln, ob etwa Sehstörungen hinzukommen.

186 *cc) Bestimmung der Begutachtungsstelle.* Ein medizinisch-psychologisches Gutachten kann nur von einer amtlich anerkannten Begutachtungsstelle für Fahreignung erstellt werden (§ 11 Abs. 3 S. 1 1. HS FeV). Die Begutachtungsstelle bedarf gemäß § 66 Abs. 1 FeV der Anerkennung durch die nach Landesrecht zuständige Behörde. In § 66 Abs. 2 FeV iVm Anlage 14 der FeV ist rechtsverbindlich vorgeschrieben, unter welchen Voraussetzungen die

---

[218] VG Saarlouis zfs 2013, 297.
[219] OVG Nordrhein-Westfalen DAR 2001, 88.
[220] OVG Hamburg NZV 2000, 348.

Anerkennung für die Begutachtungsstelle für Fahreignung zu erteilen ist. Die Anerkennungsvoraussetzungen sind:
- finanzielle und organisatorische Leistungsfähigkeit,
- erforderliche personelle und sachliche Ausstattung,
- Ausschluss sonstiger Tätigkeiten,
- Begutachtung durch die Bundesanstalt für Straßenwesen (BASt),
- Erfahrungsaustausch sowie
- wirtschaftliche Unabhängigkeit der Gutachter.

Die früher in § 72 geregelte Akkreditierung[221] wurde zum 1.5.2014 abgeschafft und durch eine spezielle Begutachtung durch die BASt ersetzt. Der Wegfall der Akkreditierung hat einen europarechtlichen Hintergrund. Wegen der Umsetzung einer EU-Richtlinie durch das Gesetz über die Akkreditierungsstelle[222] wurde es erforderlich, eine einheitliche Akkreditierungsstelle zu schaffen. Diese ist nationale Akkreditierungsstelle im Sinne der Verordnung (EG) Nr. 765/2008 des Europäischen Parlaments und des Rates vom 9. Juli 2008 über die Anforderungen an Akkreditierung und Marktüberwachung bei der Vermarktung von Produkten und zur Aufhebung der Verordnung (EWG) Nr. 339/93[223] und für Akkreditierungen nach Art. 3 der Verordnung (EG) Nr. 765/2008 zuständig. Dieser Stelle sollte die straßenverkehrsrechtlichen Akkreditierungen offenbar nicht übertragen werden, weil sie nicht über die erforderlichen Spezialkenntnisse verfügt. Die 10. ÄnderungsVO zur FeV sieht nunmehr in Übereinstimmung mit der schon länger geänderten Ermächtigungsgrundlage in § 6 Abs. 1 Nr. 1 lit. d) StVG eine spezielle Begutachtung durch die BASt vor.

In der Anordnung kann die Behörde nur festlegen, dass eine amtlich anerkannte Begutachtungsstelle zu beauftragen ist; es darf weder eine Beschränkung im Hinblick auf einen Träger von Begutachtungsstellen noch auf eine bestimmte örtliche Niederlassung vorgenommen werden. Stehen mehrere zur Auswahl, ist es Sache des Betroffenen, eine auszuwählen.

dd) Amtlich anerkannter Sachverständiger oder Prüfer. Die in den Fällen des § 11 Abs. 4 FeV einzuschaltenden Sachverständigen oder Prüfer für den Straßenverkehr werden zur Abklärung von Fragen eingeschaltet, die eher technischer Natur sind. Er kann etwa dazu Stellung nehmen, welche Auflagen bei einem bedingt geeigneten Fahrerlaubnisinhaber oder -bewerber erforderlich sind, um den festgestellten Mangel zu kompensieren.

2. Das Begutachtungsverfahren

Das Begutachtungsverfahren beginnt mit der Beauftragung des Arztes oder der Untersuchungsstelle durch den Betroffenen und endet mit der Übersendung des Gutachtens an den Auftraggeber oder die Fahrerlaubnisbehörde. Der Einwand, die Aufforderung der Verkehrsbehörde, ein Fahreignungsgutachten vorzulegen, könne deshalb nicht befolgt werden, weil die dafür notwendigen finanziellen Mittel fehlen, ist grundsätzlich unbeachtlich.[224] Denn wer am Straßenverkehr teilnehmen möchte, muss grundsätzlich die dafür erforderlichen Mittel selbst aufbringen. Dem kann, soll der Gedanke der Verkehrssicherheit nicht ad absurdum geführt werden, ernsthaft nicht widersprochen werden. Niemand käme auf die Idee zu sagen, ein Fahrzeughalter brauche die Hauptuntersuchung seines Kraftfahrzeugs nicht durchführen zu lassen, weil er zur Begleichung der dafür anfallenden Gebühr nicht in der Lage sei. Nicht anders kann es sein, wenn nicht das Fahrzeug des Betreffenden zu einer Gefahr für andere Verkehrsteilnehmer geworden ist, sondern dessen Fahrer. An den Nachweis fehlender finanzieller Mittel als Hinderungsgrund für die Beibringung eines Eignungsgutachtens sind strenge Anforderungen zu stellen. Zu verlangen ist deshalb nicht nur eine lückenlose Offenlegung der persönlichen und wirtschaftlichen Lage durch den Betroffenen,

---
[221] Einzelheiten über die – bisherige – Qualitätssicherung im Fahrerlaubniswesen finden sich bei *Himmelreich/Halm/Kunz/Weinand* Kap. 35.
[222] BGBl. I S. 2625.
[223] ABl. L 218 vom 13.8.2008, S. 30.
[224] BayVGH vom 12.6.2012 – 11 C 12.920, BeckRS 2012, 52849 (sonst soweit ersichtlich nicht veröffentlicht).

wobei die Richtigkeit der gemachten Angaben durch aussagekräftige Unterlagen zweifelsfrei zu belegen ist. Von einem zur Vorlage eines Eignungsgutachtens verpflichteten Verkehrsteilnehmer ist vielmehr auch zu fordern, dass er alle nach Sachlage ernsthaft in Betracht kommenden Möglichkeiten ausschöpft, um die einer Begutachtung entgegenstehenden finanziellen Hemmnisse auszuräumen.[225] Keine Rechtsprechung gibt es zu der Frage, was passieren soll, wenn tatsächlich einmal ganz besondere Umstände vorliegen, die es erlauben würden, dass der Einwand fehlenden finanziellen Unvermögens greift. Den Betreffenden, an dessen Fahreignung durch Tatsachen belegte Zweifel bestehen, ohne weitere Überprüfung am Straßenverkehr teilnehmen zu lassen, verbietet sich aus offensichtlichen Gründen. Es bleibt deshalb nur die Möglichkeit, dass die Fahrerlaubnisbehörde von Amts wegen Beweis erhebt, ob Fahreignung besteht oder nicht. Das kann im Extremfall bedeuten, dass die Behörde selbst ein Fahreignungsgutachten in Auftrag geben und die entsprechenden Gebühren begleichen muss. Diese können als Aufwendungen im Rahmen der Kostenentscheidung des im Anschluss daran ergehenden Bescheids geltend gemacht und – sobald wieder finanzielle Leistungsfähigkeit eingetreten ist – ggf. zwangsweise beigetrieben werden. Kostenpflichtig ist der Betreffende als Zweckveranlasser auch dann, wenn das Gutachten für ihn positiv ist. Diese Grundsätze bedürfen jedoch einer Einschränkung, die sich aus den Regeln über die materielle Beweislast ergibt. Diese ist nämlich unterschiedlich, je nachdem, ob es sich um ein Entziehungs- oder ein Wiedererteilungsverfahren handelt. In ersterem trägt die Behörde, in letzterem der Antragsteller die Beweislast. Dem entsprechend kommt eine Beweiserhebung in Gestalt eines von der Behörde selbst in Auftrag gegebenen Gutachtens nur bei Entziehungsverfahren in Betracht.

191   a) **Die Gutachtensbeauftragung.** Bei seiner Wahl zwischen verschiedenen in Betracht kommenden Stellen ist der Auftraggeber nur an die Art gebunden, die von der Behörde gemäß § 11 Abs. 6 S. 2 FeV mitgeteilt worden ist. Hat er eine entsprechende Stelle ausgewählt, hat er das der Behörde mitzuteilen (§ 11 Abs. 6 S. 3 FeV); das wird allgemein als Einverständniserklärung bezeichnet. Die Fahrerlaubnisbehörde schickt die Fahrerlaubnisakten an die Untersuchungsstelle. Der Betreffende ist vorab darüber zu informieren, dass er die Unterlagen, die an den Gutachter übersandt werden, einsehen kann. Auf diese Weise kann sichergestellt werden, dass keine Vorgänge übermittelt werden, die für die Begutachtung keine Rolle spielen. So ist etwa darauf zu achten, dass die Akten keine Hinweise auf Vorgänge enthalten, die wegen Ablaufs der Tilgungsfrist nicht mehr verwertbar sind. Ansonsten sind die vollständigen Unterlagen zu versenden (§ 11 Abs. 6 S. 4 FeV). Die Behörde darf nicht durch eine Selektion der Akten die Begutachtung in eine bestimmte Richtung lenken; ob etwas für die Gutachtenserstellung relevant ist, entscheidet der Arzt oder der zuständige Mitarbeiter der Begutachtungsstelle. Zusammen mit den Unterlagen werden die Fragen mitgeteilt, die im Rahmen der Untersuchung zu beantworten sind. Diese müssen identisch mit denjenigen sein, die zuvor dem Betreffenden bekannt gegeben wurden.

192   Die Begutachtung erfolgt aufgrund eines Auftrags des Fahrerlaubnisinhabers oder -bewerbers. Nur zwischen ihm und der Untersuchungsstelle besteht ein Rechtsverhältnis. Das bedeutet, dass das Gutachten nur ihm zu übersenden ist, es sei denn, der Betroffene hat den Arzt oder Sachverständigen ermächtigt, es unmittelbar an die Fahrerlaubnisbehörde zu schicken. Die Untersuchungsstelle darf die Behörde, wenn das nicht geschehen ist, von sich aus über den Ausgang der Begutachtung nicht unterrichten. Sie unterrichtet die Behörde auch nicht, ob der Betreffende überhaupt einen Gutachtensauftrag erteilt hat. Durch die Rücksendung der Führerscheinakten erfährt die Verkehrsbehörde nur, dass das Untersuchungsverfahren beendet ist.

193   Der Gutachter darf der Behörde auch keine ergänzenden Auskünfte erteilen, die über das vorgelegte Gutachten hinausgehen; eine Ausnahme gilt wiederum, wenn der Betreffende damit einverstanden ist. Hat die Behörde noch weiteren Aufklärungsbedarf, etwa weil ein Teil der Fragen nicht beantwortet ist, muss sie sich an den Betreffenden wenden, der um sich um Nachbesserung zu bemühen hat.

---

[225] BVerwGE 71, 93 = NJW 1985, 2490; BVerwG NZV 1998, 300; VGH Kassel BA 2010, 436; aA VG Ansbach BA 2010, 313.

194 In der Praxis sollte der Mandant im Regelfall keine Zustimmung geben, das Gutachten unmittelbar an die Fahrerlaubnisbehörde zu schicken. Nur so hat der Anwalt die Möglichkeit, es vorab zu überprüfen, auf etwaige Mängel hinzuweisen und Klarstellungen durch unmittelbare Kontaktaufnahme mit dem Arzt oder der Begutachtungsstelle zu erreichen. Ist das Gutachten für den Mandanten positiv, ist es unmittelbar der Behörde zu übersenden. Ist es negativ und kann dieses Ergebnis rechtlich nicht beanstandet werden, ist es von den Besonderheiten des Einzelfalls abhängig, ob es gleichwohl zu den Behördenakten gegeben werden soll. Hierbei ist zu bedenken, dass ein – negatives – Gutachten, das der Behörde vorgelegt wird, von dieser verwertet werden kann, und zwar auch dann, wenn es zu Unrecht gefordert wurde.[226]

195 Wird das Gutachten durch den Betroffenen der Fahrerlaubnisbehörde überreicht, gelangt dieses in die Führerscheinakte. Einmal kommt es dann zu einem negativen Bescheid hinsichtlich des Antrages auf Erteilung der Fahrerlaubnis. Diese Fahrerlaubnisversagung wird auf Dauer von 10 Jahren beim Kraftfahrtbundesamt gemäß § 29 Abs. 1 S. 1 Nr. 3 StVG negativ registriert. Im Übrigen hat jeder einen Anspruch auf Auskunft durch das Kraftfahrtbundesamt. Des Weiteren ist zu beachten, dass gemäß § 29 Abs. 5 S. 1 StVG hinsichtlich der Tilgungsfrist gilt, dass bei Versagung oder Einziehung der Fahrerlaubnis wegen mangelnder Eignung die Tilgungsfrist erst mit der Erteilung oder Neuerteilung der Fahrerlaubnis beginnt, spätestens jedoch 5 Jahre nach der beschwerenden Entscheidung. In der Praxis ist für den Betroffenen deshalb empfehlenswert, den vorliegenden Antrag auf Erteilung bzw. Neuerteilung der Fahrerlaubnis gegenüber der Fahrerlaubnisbehörde zurückzunehmen oder zu erklären, dass hierüber vorerst nicht zu entscheiden ist.

196 **b) Das Verfahren bei der Begutachtungsstelle.** Der Ablauf einer Untersuchung bei einem Arzt bedarf keiner näheren Beschreibung. Welche medizinischen Fragen hier erörtert werden und welche Methoden der Arzt anwenden muss, um sie beantworten zu können, ist weitgehend einzelfallabhängig. Dagegen bedarf die Durchführung einer medizinisch-psychologischen Untersuchung näherer Erläuterungen. Das Verfahren ist in seinen wesentlichen Teilen in der Anlage 4a zur FeV geregelt. Die medizinisch-psychologische Untersuchung unterfällt im Regelfall in drei Abschnitte. Am Anfang findet eine ärztliche Untersuchung statt. Daran schließt sich ein Leistungstest an und schließlich erfolgt die psychologische Exploration.

197 *aa) Anwesenheit Dritter.* Nr. 3 der Anlage 4a zur FeV sieht vor, dass zur medizinisch-psychologischen Untersuchung ein beeidigter oder öffentlich bestellter und vereidigter Dolmetscher oder Übersetzer beigezogen werden kann; die Kosten hierfür hat der Untersuchte ebenso wie den der gesamten Begutachtung zu tragen. Mangelnde finanzielle Leistungsfähigkeit ist dabei kein Grund, von der Gutachtensbeibringung bzw. Dolmetscherbeiziehung abzusehen.[227] Bestellt wird der Sprachmittler von der Untersuchungsstelle.

198 Nicht geregelt ist, ob der Betroffene sich beim Untersuchungsgespräch eines Rechtsanwalts bedienen darf, etwa um sich von diesem beraten zu lassen. Die Untersuchung ist eine höchstpersönliche Angelegenheit, sodass eine Vertretung im Rechtssinne unmöglich ist. Bestätigt wird das durch § 2 Abs. 3 Nr. 2 VwVfG, wonach § 14 VwVfG, der die Vertretung durch einen Bevollmächtigten im Verwaltungsverfahren regelt, bei Leistungs-, Eignungs- und ähnlichen Prüfungen nicht gilt. Der Vorschrift unterfällt jede Maßnahme, die der Ermittlung der Leistung oder Eignung einer Person durch eine Behörde dient.[228] Damit ist die Situation bei einer medizinisch-psychologischen Untersuchung vergleichbar; der Gutachter soll bei der Exploration und den Leistungstests die Fahreignung des Betroffenen ermitteln. Aber auch die Hinzuziehung eines Rechtsanwalts als Zuhörer kann nicht verlangt werden. Es steht dem Sachverständigen aber frei, auf Antrag einen Bevollmächtigten zuzulassen. Er hat allerdings dafür zu sorgen, dass dadurch keine Störung des Gangs der Untersuchung eintreten kann. Das wird in vielen Fällen die Anwesenheit eines Dritten verbieten. Es kann nicht ausgeschlossen werden, dass ein Betroffener bei seinen Antworten etwa auf Fragen

---
[226] BVerwG NJW 2002, 522; BayVGH DAR 2006, 413; kritisch hierzu Himmelreich/Halm/*Mahlberg* Kap. 35 Rn. 258.
[227] BVerwGE 71, 93.
[228] BVerwGE 62, 169.

nach einem Alkoholabusus sich von der Gegenwart eines Zuhörers beeinflussen lässt, selbst wenn er dieser zugestimmt hat.

199 *bb) Anlassbezogenheit der Untersuchung.* Die Untersuchung muss nach Nr. 1 lit. a der Anlage 4a zur FeV anlassbezogen sein. Der Gutachter hat auf die von der Behörde nach § 11 Abs. 6 S. 1 FeV gestellten Fragen einzugehen und darf nicht von sich aus den Untersuchungsgegenstand ändern. Der Umfang der Untersuchung und damit auch des Gutachtens bestimmt sich nach den Umständen des Einzelfalls. Ist die Befundlage einfach, kann eine kurze medizinische Untersuchung oder psychologische Exploration ausreichen. Bei komplexen Sachverhalten wird der Aufwand entsprechend größer sein.

200 Hinsichtlich des Ablaufs der Untersuchung schreibt Nr. 1 lit. d der Anlage 4a zur FeV vor, dass der Betroffene zu Beginn über deren Gegenstand und Zweck aufzuklären ist. Über die Untersuchung sind nach Nr. 1 lit. e der Anlage 4a Aufzeichnungen zu führen. Das Gesetz überlässt es aber dem Gutachter zu entscheiden, in welcher Form das zu geschehen hat. Sinn der Regelung ist es, im Zweifelsfall nachweisen zu können, in welcher Weise sich der Betroffene geäußert oder wie er sich in bestimmten Situationen verhalten hat. Das beste Beweismittel – jedenfalls was eine mündliche Exploration angeht – ist eine Tonaufnahme.[229] Dass eine solche gemacht wird, kann aber nicht verlangt werden.

201 In der ärztlichen Untersuchung wird der Betreffende medizinisch untersucht, wobei sich deren Umfang an der Fragestellung zu orientieren hat. Meist wird nach einer Anamnese der körperliche Zustand ermittelt. Besteht eine Alkoholproblematik wird in der Regel eine Blutprobe genommen werden. Bei Drogenauffälligen ist grundsätzlich eine Urinprobe abzugeben. Dabei ist, soll sie verwertbar sein, eine Augenkontrolle unabdingbar.

202 *cc) Leistungstests.* Nicht alle Leistungsbeeinträchtigungen können vom Arzt mittels einer Apparatemedizin festgestellt werden. Leistungseinbrüche bedürfen einer anderen Diagnostik. Hierfür finden herkömmlicherweise Leistungstests statt. Üblich ist die Messung der Aufmerksamkeitsleistung unter Monotonie. Festgestellt wird dabei der Umfang der Konzentrationsfähigkeit. Weiterhin wird häufig ein Tachistokoptest zur Erfassung der Überblicksgewinnung durchgeführt. Getestet wird damit die Fähigkeit, wesentliche Einzelheiten des Fahrumfeldes so rasch wie möglich wahrzunehmen; es soll die Wahrnehmungs- und Orientierungsleistung im visuellen Bereich ermittelt werden. Je nach Fragestellung kommen weiter Tests hinzu etwa zur Überprüfung des Kurzzeitgedächtnisses bei Verdacht auf einen fahreignungsrelevanten Altersabbau. Durchgeführt werden die Tests inzwischen fast ausschließlich an Computern; im Einzelfall kann auch ein Papier/Bleistifttest zur Anwendung kommen. Die Testprogramme sind standardisiert und auf ihre Aussagefähigkeit überprüft. Diese Tests werden in vielen Untersuchungsstellen von Psychologen durchgeführt. Das macht die Testung noch nicht zu einer psychologischen Untersuchung im Rechtssinn. Sie kann von jeder anderen Person, die Kenntnisse über die Bedienung der entsprechenden Testgeräte verfügt, beaufsichtigt werden.

203 *dd) Psychologische Exploration.* Auch die psychologische Exploration hat sich strikt an der Fragestellung zu orientieren. Der Psychologe darf nicht eine Untersuchung der Gesamtpersönlichkeit vornehmen, sondern hat sie auf den Anlass zu beschränken. Kommt er während seiner Befragung zu dem Ergebnis, dass der Betreffende zwar nicht aus dem Grund fahrungeeignet ist, nach dem die Fahrerlaubnisbehörde gefragt hat, sondern aus einem ganz anderen, darf er das zwar dem Klienten sagen, seine Erkenntnisse aber nicht an die Behörde weiter geben. Die Exploration ist kein Frage/Antwort-Spiel, bei dem erfolgreich ist, wer viel „gelernt" hat. Das Gespräch wird vielmehr so geführt, dass der Betreffende Gelegenheit hat, seine Einstellung zu dem Mangel, der zu den Fahreignungszweifeln geführt hat, darzulegen; Aufgabe des Psychologen ist es, ihn dahin zu führen.

---

[229] Für die Notwendigkeit einer technischen Aufzeichnung der Exploration *Geiger*, Die medizinisch-psychologische Untersuchung: Untersuchungsanlässe, inhaltliche Anforderungen, Reformansätze, BA 2010, 95; *ders.*, Überlegungen zur Weiterentwicklung der medizinisch-psychologischen Untersuchung DAR 2003, 494; idS auch *Weibrecht*, Nachweisfragen – MPU – Rechtsprobleme BA 2003, 130 und *Hillmann*, Zweifel an der Fahreignung DAR 2003, 106; *ders.*, Nachweisfragen – MPU – Rechtsprobleme (Verhältnismäßigkeit/Rechtsnatur) BA 2003, 114.

Zu untersuchen sind nach Nr. 1 lit. b der Anlage 4a zur FeV nur die Eigenschaften, Befähigungen und Verhaltensweisen, die für die Kraftfahreignung von Bedeutung sind; wegen des in jeder Untersuchung liegenden Eingriffs in das Persönlichkeitsrecht[230] ist hier Zurückhaltung geboten; es darf, wie die Verordnung ausdrücklich klarstellt, keine Untersuchung der gesamten Persönlichkeit stattfinden. Die Untersuchung hat nach Nr. 1 lit. c der Anlage 4a zur FeV nach anerkannten wissenschaftlichen Grundsätzen zu erfolgen.

Im Regelfall erhält der Betroffene nach Abschluss der medizinisch-psychologischen Untersuchung eine kurze Rückmeldung, welchen Inhalt das noch zu erstellende Gutachten voraussichtlich haben wird. Das ist sinnvoll, weil es ihm möglicherweise Gelegenheit gibt, seine bisherigen Äußerungen nochmals zu überdenken und erforderlichenfalls Korrekturen anzubringen.

3. Erneute Begutachtung, Obergutachten

Erhält der Betroffene ein negatives Gutachten, stellt sich die Frage, ob er einen Anspruch darauf hat, dass er erneut zur Begutachtung zugelassen wird. Diese Frage ist grundsätzlich zu verneinen. Es ist Sache der Behörde, ob sie bei Fahreignungszweifeln ein Gutachten anfordert. Sind diese durch das Gutachten bestätigt, sind die rechtlichen Voraussetzungen für eine – weitere – Gutachtenanforderung weg gefallen. Geht um die Entziehung einer Fahrerlaubnis, wird die Behörde regelmäßig nicht bereit sein, zuzuwarten, wenn der Fahrerlaubnisinhaber freiwillig ein neues Gutachten erstellen lassen möchte. Hier wird er auf ein Neuerteilungsverfahren zu verweisen sein. Geht es um die Erteilung einer Fahrerlaubnis, besteht – aus Sicht der Behörde – meist keine Eile. Hier wird eine großzügigere Betrachtung angebracht sein. Stimmt die Fahrerlaubnisbehörde einer neuen Begutachtung zu, hat sie die Akten wie bei der Erstuntersuchung der entsprechenden Stelle zur Verfügung zu stellen.

Eine Obergutachterstelle ist weder im StVG noch in der FeV erwähnt. Die Fahrerlaubnisbehörde hat deshalb keine Möglichkeit, auf die Vorlage eines Obergutachtens zu dringen. Im Übrigen existieren anders als für die medizinisch-psychologischen Untersuchungsstellen, deren Zulassung in einem strengen Regeln unterliegenden Verfahren erfolgt und die der Qualitätskontrolle durch die Bundesanstalt für Straßenwesen unterliegen, vergleichbare Regeln für Obergutachterstellen nicht. Eine Weisung der obersten Landesbehörde[231] an eine Fahrerlaubnisbehörde, eine Obergutachterstelle einzuschalten, stellt keine Rechtsgrundlage im Verhältnis zu dem Betroffenen dar; ihre Befassung in einem konkreten Fall kann somit nur auf freiwilliger Basis erfolgen.

VIII. Anforderungen an Gutachten

1. Notwendiger Inhalt des Gutachtens

Die Anforderungen, denen die Gutachten genügen müssen, sind in § 11 Abs. 5 FeV und der Anlage 4a zur FeV enthalten, die Bestandteil des Gesetzes und damit für die Begutachtungsstellen verbindlich ist. Die Anlage gilt nicht nur für medizinisch-psychologische, sondern auch für fachärztliche Gutachten. Nach Nr. 2 lit. a der Anlage 4a zur FeV müssen sie in allgemeinverständlicher Form abgefasst sein. Die Ergebnisse sind so zu begründen, dass sie nachvollzogen und nachgeprüft werden können. Nachvollziehbarkeit bedeutet in erster Linie, dass der Sachverständige die Tatsachen anzugeben hat, auf denen seine Schlussfolgerungen beruhen; es müssen alle wesentlichen Befunde aufgeführt werden. In dem Gutachten muss der wesentliche Inhalt des Untersuchungsgesprächs mitgeteilt werden. Dabei ist nicht erforderlich, dass dieses in wörtlicher Rede dargestellt wird. Es genügt auch eine Zusammenfassung in indirekter Rede.[232] Sinnvollerweise sind aber die Äußerungen des Betreffenden, auf die letztlich die abschließende Bewertung gestützt wird, wörtlich wiederzugeben; das erhöht die Transparenz des Gutachtens.

---

[230] BVerfG DAR 1993, 427/428.
[231] Vgl. 2.2.d) der Begutachtungsleitlinien; hierzu auch *Haffner* BA 2006, 288.
[232] BVerwG DAR 1995, 36.

209 Weiterhin muss sich aus dem Gutachten ergeben, dass es sich auf einen konkreten Einzelfall bezieht. Das schließt es nicht aus, dass in einem allgemeinen einleitenden Teil textbausteinartig dargelegt wird, auf was es bei der Untersuchung ankommt und welches die maßgeblichen Kriterien für die Bewertung durch den Sachverständigen sind. Dagegen ist die Verwendung von Textbausteinen in der Befunddarstellung und der Beschreibung der Einschätzung, weshalb der Betreffende fahrungeeignet ist, weitgehend unzulässig. Finden sich in diesem Teil des Gutachtens zu mehr als 50 % textbausteinartige Ausführungen, ist dieses im Regelfall fehlerhaft.[233] Das schließt aber nicht aus, dass auch in diesem Teil bestimmte Fachausdrücke verwendet werden, die sich auch in vielen anderen Gutachten wiederfinden. Das gleiche gilt für bestimmte Textpassagen, die für einen „Standardfall" passen. Eine prägnante, griffige Formulierung, die aus der Fachsprache des Sachverständigen entlehnt ist, wird nicht dadurch unrichtig, dass sie in verschiedenen gleichartigen Fallbeschreibungen verwendet wird. Es muss nur sichergestellt sein, dass die Schlussfolgerung individuell, dh anhand der in der konkreten Exploration gegebenen Antworten begründet wird. Dazu ist nicht am Wortlaut zu haften, sondern eine Gesamtbetrachtung des Gutachtens vorzunehmen.

210 Die Nachprüfbarkeit bezieht sich auf die Wissenschaftlichkeit der Begutachtung. Sie erfordert, dass die Untersuchungsverfahren, die zu den Befunden geführt haben, angegeben und, soweit die Schlussfolgerungen auf Forschungsergebnisse gestützt wurden, die entsprechenden Fundstellen zitiert werden. Das bedeutet aber nicht, dass in dem Gutachten im Einzelnen die wissenschaftlichen Grundlagen für die Erhebung und Interpretation der Befunde wieder gegeben werden müssen; es genügt der Hinweis, wie das Forschungsergebnis lautet. Ein Fahreignungsgutachten ist keine wissenschaftliche Expertise, sodass eine Auseinandersetzung mit den verschiedenen wissenschaftlichen Fachmeinungen nicht erforderlich ist. Es ist aber erforderlich, dass das Ergebnis, auf das sich der Sachverständige stützt, in der Wissenschaft anerkannt wird.

211 Der medizinische Teil hat die Ergebnisse der körperlichen Untersuchung des Probanden zu enthalten. Das bedeutet etwa bei der Feststellung einer Abhängigkeit von Alkohol, Drogen oder Medikamenten, dass die Gesichtspunkte, die dieser Diagnose zugrunde liegen, im einzelnen dargelegt werden. Bei Drogenauffälligen muss das Ergebnis eines Screenings mitgeteilt werden, sinnvollerweise auch, unter welchen Umständen die Probe genommen wurde. Denn nur bei einer unter Aufsicht genommenen Probe, deren Zeitpunkt für den Betreffenden nicht vorhersehbar war, ist das Ergebnis verwertbar; der Proband muss dazu so kurzfristig geladen worden sein, dass er sich darauf nicht vorbereiten konnte. Bei Begutachtung wegen Alkoholdelikten sind die Laborwerte anzugeben. Bei Auffälligkeiten in diesen Bereichen müssen diese beschrieben und etwaige Erklärungen für die Abweichung von Normwerten diskutiert werden. Wenn ein Referenz- oder Normwert von der Art der Untersuchung abhängt, so etwa bei Gamma-GT-Werten, muss dieser angegeben werden. Auch hier muss die Einbestellung so kurzfristig gewesen sein, dass nicht durch vorüber gehende Abstinenz ein positives Ergebnis herbeigeführt werden konnte.

212 Werden Leistungstests durchgeführt, ist deren Ablauf zu schildern und die Ergebnisse, sofern sich diese nicht von selbst erschließen, sind zu erläutern.[234] Das kann unmittelbar in Anschluss an die Wiedergabe des Testverlaufs geschehen oder in einem Anhang zum Gutachten. Anzugeben ist auch, welches Ziel durch die jeweilige Testung verfolgt wird.

213 Der wesentliche Inhalt des psychologischen Untersuchungsgesprächs muss mitgeteilt werden.[235] Dabei müssen die Äußerungen, auf die der Gutachter sein Urteil stützt, wiedergegeben sein; sind sie nicht aus sich heraus verständlich, muss der Psychologe seine daraus gezogenen Schlüsse erläutern. Wird das Ergebnis mit Zweifeln an der Glaubwürdigkeit des Probanden begründet, die sich nicht aus seinen Äußerungen ergeben, müssen die Beobachtungen nonverbaler Art im Gutachten beschrieben werden. Bei der Wiedergabe der Exploration darf der Gutachter nicht selektieren, indem nur die Passagen wiedergegeben werden, die das letztlich gefundene Ergebnis stützen; vielmehr muss aus der Aufzeichnung der Ab-

---

[233] VG Freiburg NZV 1995, 48.
[234] *Gehrmann* NZV 2003, 10/17.
[235] Ausführlich hierzu *Kunkel* zfs 1996, 241.

lauf des Gesprächs – wenn auch in geraffter Form – erkennbar sein. Verwickelt sich der Betreffende in Widersprüche, muss erkennbar werden, dass er damit konfrontiert wurde. Wiedergegeben werden müssen auch Nachfragen oder Rückfragen.[236] Erstere sind notwendig, um klarmachen zu können, dass der Betreffende trotz Hinweisen bei einer bestimmten Aussage geblieben ist; letzterer bedarf es, um sicherstellen zu können, dass keine Missverständnisse aufgetreten sind.

2. Auswertung des Gutachtens

Ein Fahreignungsgutachten ist ein Hilfsmittel für die Behörde, sich über die Fahreignung des Betreffenden schlüssig zu werden. Nicht der Gutachter trifft diese Entscheidung, sondern die Fahrerlaubnisbehörde. Sie darf das Gutachten deshalb nicht ungeprüft übernehmen, sondern muss es einer eigenen kritischen Würdigung unterziehen. Das ist der Ansatzpunkt im Fahrerlaubnisverfahren für den Anwalt, der für seinen Mandanten einen positiven Ausgang des Verfahrens erreichen möchte. Das setzt aber voraus, dass er selbst zuerst das Gutachten analysiert und verstanden hat. Dabei wird die Frage der Nachprüfbarkeit, also der Wissenschaftlichkeit des Gutachtens die geringste Rolle spielen. 214

a) **Vollständigkeit.** Zunächst ist darauf zu achten, ob das Fahreignungsgutachten vollständig ist, also alle wesentlichen Teile enthält. Ausgangspunkt ist die Fragestellung der Behörde. Zu allen Punkten muss das Gutachten eine Antwort liefern. Ist etwa im Fall des § 14 Abs. 1 S. 4 FeV sowohl nach der Konsumfrequenz gefragt als auch nach der Fähigkeit, künftig Cannabiskonsum und Fahren trennen zu können, muss das Gutachten zu beiden Aspekten Stellung nehmen. 215

b) **Nachvollziehbarkeit.** Das gefundene Ergebnis muss so begründet sein, dass die sich im Rahmen der ärztlichen Untersuchung und/oder der psychologischen Exploration ermittelten Tatsachen die Schlussfolgerung rechtfertigen. Gibt der Betreffende etwa weiterhin einen völlig unrealistischen Alkoholkonsum an, ist das Ergebnis, er habe sein Problem nicht erkannt und damit nicht überwunden, ohne weiteres verständlich. Beschreibt der Betreffende dagegen sein Trinkmuster realistisch, gibt er seine Erfahrungen bei seinem Versuch, abstinent zu werden widerspruchsfrei an und schildert er seine neuen Lebensgewohnheiten, so ist ein negatives Gutachten kaum verständlich; ist es trotzdem der Fall, obliegt es dem Gutachter darzulegen, weshalb er den Einstellungswandel für nicht ausreichend hält. Kommt statt eines negativen Gutachtens auch ein solches in Betracht, das mit einer Empfehlung für eine Teilnahme an einer Kurs zur Wiederherstellung der Fahreignung nach § 70 FeV endet, bedarf es hierzu Ausführungen des Gutachters. 216

Die Praxis zeigt, dass viele Facharztgutachten im Hinblick auf ihre Nachvollziehbarkeit gravierende Mängel aufweisen. Anders als anerkannte Begutachtungsstellen, die in größerer Zahl Fahreignungsgutachten fertigen, erstellen Ärzten meist nur selten derartige Gutachten. Bei diesen fehlt es gelegentlich an einer klaren Unterscheidung zwischen Befundtatsachen und Schlussfolgerungen. Auch an einer klaren Beantwortung der gestellten Fragen kann es fehlen. 217

c) **Rechtliche Fehler.** Es kommt immer wieder vor, dass bei einer Fahreignungsbegutachtung die rechtlichen Vorgaben nicht hinreichend beachtet werden. Das gilt in erster Linie für die Berücksichtigung nicht mehr verwertbarer Eintragungen im Fahreignungsregister. § 28 Abs. 8 S. 1 StVG bestimmt, dass Eintragungen im Fahreignungsregister, die getilgt oder tilgungsreif sind, für die Überprüfung der Kraftfahreignung dem Betroffenen nicht mehr vorgehalten und zu seinem Nachteil verwertet werden dürfen. Das Gleiche gilt, wenn nicht mehr verwertbare frühere Fahreignungsgutachten unter Verstoß gegen § 2 Abs. 9 FeV noch in den der Begutachtungsstelle übersandten Führerscheinakten enthalten sind. Finden sich in dem Gutachten Anhaltspunkte, dass derartige Unterlagen für das Ergebnis kausal waren, ist es fehlerhaft und darf der Entscheidung der Fahrerlaubnisbehörde nicht zugrunde gelegt werden. 218

d) **Folgerungen aus einem fehlerhaften Gutachten.** Ist das Fahreignungsgutachten falschnegativ, darf es von der Behörde nicht beachtet werden. Der Betreffende ist, wenn er es vorgelegt hat, auf die Mangelhaftigkeit hinzuweisen und ihm Gelegenheit zu geben, es nach- 219

---

[236] *Himmelreich/Janker/Karbacher* Rn. 1113.

bessern zu lassen. Da der Fahrerlaubnisinhaber oder -bewerber Auftraggeber des Gutachtens ist, ist es der Behörde ohne dessen Zustimmung verwehrt, unmittelbar Kontakt mit dem Ersteller des Gutachtens aufzunehmen und die Mängelbeseitigung zu veranlassen. Dem Betroffenen ist eine angemessene Frist zu setzen, innerhalb deren er um Ausstellung eines ordnungsgemäßen Gutachtens nachzusuchen hat.

220 Wird das falsch-negative Gutachten nicht vorgelegt, ist vom Gutachter die unverzügliche Beseitigung der Mängel zu fordern. Ist er dazu nicht bereit, ist notfalls auch eine Klage zu den Zivilgerichten einzureichen. In jedem Fall ist die Fahrerlaubnisbehörde zu unterrichten. Denn bei grundloser Verweigerung der Vorlage eines zu Recht geforderten Gutachtens wird diese regelmäßig von der ihr nach § 11 Abs. 8 S. 1 FeV eingeräumten Befugnis Gebrauch machen, auf die Fahrungeeignetheit des Betreffenden zu schließen. Von der Möglichkeit einer Fristverlängerung machen die Behörden erfahrungsgemäß im Neuerteilungsverfahren eher Gebrauch als im Entziehungsverfahren. Hier kann möglicherweise Schlimmeres, nämlich die Entziehung der Fahrerlaubnis und die daraus folgenden Notwendigkeit, verwaltungsgerichtlichen Rechtsschutz beantragen zum müssen, dadurch verhindert werden, dass vorübergehend auf die Fahrerlaubnis verzichtet wird. Kann nachträglich ein positives Gutachten vorgelegt werden, dürfte einer Wiedererteilung nichts im Wege stehen; kostenmäßig ist dieser Weg möglicherweise der günstigere. Schließlich besteht die Möglichkeit, mit der Behörde zu vereinbaren, die Fahrerlaubnisentziehung nicht mit Sofortvollzug auszustatten, so dass während der aufschiebenden Wirkung eines zur Fristwahrung eingereichten Rechtsbehelfs der Mandant die Fahrerlaubnis nutzen kann, bis nach Vorlage eines ordnungsgemäßen Gutachtens Klarheit über die Eignung besteht.

221 Lehnt die Behörde eine Fristverlängerung oder die vorstehend beschriebenen Maßnahmen ab und erlässt einen Bescheid, ist hinsichtlich des weiteren Vorgehens zu differenzieren. Geht es um die Erteilung oder Wiedererteilung, genügt es grundsätzlich nicht, Verpflichtungsklage zu erheben mit der Begründung, das im Verwaltungsverfahren erstellte Gutachten sei falsch; denn selbst wenn das so ist, ist damit die Eignung des Betreffenden nicht nachgewiesen. Zwar kann das Gericht, wenn es ebenfalls von der Mangelhaftigkeit des Gutachtens ausgeht, im Weg der Beweisaufnahme ein eigenes Gutachten in Auftrag geben. Da für das Gericht eine Beschränkung auf die in § 11 Abs. 2 und 3 FeV aufgelisteten Ärzte und Begutachtungsstellen nicht besteht, wird es nach § 98 VwGO iVm § 404 Abs. 2 ZPO in der Regel auf öffentlich bestellte und vereidigte Sachverständige zurück greifen, wobei die für ein solches Gutachten anfallenden Kosten deutlich höher sind als eine fachärztliche oder eine medizinisch-psychologische Untersuchung bei einer amtlich anerkannte Untersuchungsstelle. Außerdem ist das zeitliche Moment zu beachten; ein Verwaltungsgerichtsverfahren mit förmlicher Beweisaufnahme dauert erfahrungsgemäß länger als eine erneute Begutachtung im behördlichen Verfahren. Ist eine Entziehung der Fahrerlaubnis Verfahrensgegenstand und ist diese auf ein falsch-negatives Gutachten gestützt, ist die Reaktion des Gerichts nicht klar vorhersehbar. Bestehen begründete Fahreignungszweifel und sind diese nicht durch ein Gutachten widerlegt, wird kaum mit einer für den Betroffenen günstigen Entscheidung gerechnet werden können. Günstigenfalls wird das Gericht ein eigenes Gutachten erstellen lassen mit den dargestellten Kosten- und Verzögerungsfolgen.

222 Im Einzelfall ist zu prüfen, ob es für einen Betroffenen möglich ist, vorbereitend oder unterstützend das Gutachten eines auf dem Gebiet der Verkehrsmedizin oder Verkehrspsychologie qualifizierten Arztes oder Sachverständigen beizubringen. Wenn dieses Gutachten auch nicht formal das Gutachten einer amtlich anerkannten Begutachtungsstelle für Fahreignung ersetzt, so kann es doch unter Umständen hilfreich sein. Hierbei ist davon auszugehen, dass das Gutachten sich orientiert an der bereits bekannten oder zu erwartenden Fragestellung der Fahrerlaubnisbehörde zur Begutachtung der Fahreignung. Das Privatgutachten kann in zweierlei Hinsicht hilfreich sein. Einmal kann es geeignet sein, Bedenken der Fahrerlaubnisbehörde gegen die Eignung auszuräumen. Zum anderen kann es Hilfe und Orientierung sein für das evtl. nachfolgend entsprechend der Anordnung der Fahrerlaubnisbehörde zu erstellende Gutachten einer amtlich anerkannten Begutachtungsstelle. Allzu große Hoffnung sollte man auf ein solches Privatgutachten nicht setzen. Erfahrungsgemäß wird ihnen weder im behördlichen noch im gerichtlichen Verfahren besondere Bedeutung zugemessen.

§ 7 Allgemeine Maßnahmen und Maßnahmen der Fahrerlaubnisbehörde bei Probeführerschein und nach dem Punktsystem

Übersicht

	Rn.
I. Allgemeine Maßnahmen (Verkehrsunterricht, Fahrtenbuch)	1–13
1. Verkehrsunterricht	1–3
2. Fahrtenbuch	4–13
a) Rechtsgrundlage	4
b) Ermittlung des Fahrers und Fragen des Zeugnisverweigerungsrechtes	5–8
c) Grundsatz der Verhältnismäßigkeit	9
d) Zuständigkeit	10
e) Ersatzfahrzeug	11
f) Die Pflicht zur Führung des Fahrtenbuches	12/13
II. Maßnahmen bei Fahrerlaubnis auf Probe	14–38
1. Voraussetzungen für Maßnahmen	15
a) Mögliche Maßnahmen	15/16
b) Bindung der Fahrerlaubnisbehörde an Entscheidungen im Straf- und Bußgeldverfahren	17
2. Die Maßnahmen im Einzelnen	18–34
a) Anordnung der Teilnahme an Aufbauseminar	18/19
b) Arten des Aufbauseminars	20–27
c) Verwarnung unter Hinweis auf verkehrspsychologische Beratung	28–32
d) Entziehung der Fahrerlaubnis	33
e) Ausschluss der aufschiebenden Wirkung	34
3. Neuerteilung der Fahrerlaubnis auf Probe nach Entziehung	35/36
4. Maßnahmen nach Neuerteilung der Fahrerlaubnis auf Probe	37
5. Übersicht: Maßnahmen der Fahrerlaubnisbehörde bei Fahrerlaubnis auf Probe	38
III. Das Fahreignungs-Bewertungssystem, das Fahreignungsregister und sonstige Register	39–58
1. Fahreignungsregister, Grundlagen und Zweckbestimmung	39/40
2. Eintragungen in das Fahreignungsregister	41–45
a) Einzutragende Entscheidungen	41–43
b) Mitteilung von Entscheidungen an das Kraftfahrtbundesamt	44/45
3. Tilgung von Eintragungen	46–55
a) Fristgebundene Tilgung	47–51
b) Beginn der Tilgungsfrist	52–54
c) Hemmung von Eintragungen	55
4. Verwertung von Eintragungen	56–58
IV. Maßnahmen nach dem Fahreignungs-Bewertungssystem	59–83
1. Punktebewertung	61–66
a) Regelungen zur Punktebewertung	61
b) Besonderheiten bei der Punktebewertung	62–64
c) Bindung der Fahrerlaubnisbehörde an Entscheidungen in Straf- und Bußgeldverfahren	65
d) Mitteilung über Verkehrsverstöße	66
2. Die in Betracht kommenden Maßnahmen	67–73
a) Bei 4 oder 5 Punkten: Ermahnung und Hinweis auf Fahreignungsseminar	68
b) Bei 6 oder 7 Punkten: Verwarnung und Hinweis auf Fahreignungsseminar	69/70
c) Bei 8 Punkten: Entzug der Fahrerlaubnis	71
d) Übersicht: Maßnahmen der Fahrerlaubnisbehörde bei Eintragung bestimmter Punktzahlen in der Verkehrszentralkartei	72
e) Ausschluss der aufschiebenden Wirkung	73
3. Besonderheiten bei speziellen Sachverhalten der Punkteberechnung	74–80
a) Hoher Punktestand ohne Ermahnung	75/76
b) Möglicher Punkterabatt bei Wohlverhalten	77–80

	Rn.
4. Neuerteilung der Fahrerlaubnis nach Entziehung	81–83
a) Sperrfrist von 6 Monaten	82
b) Beibringung eines Gutachtens einer amtlich anerkannten Begutachtungsstelle für Fahreignung	83

Schrifttum: *Albrecht*, Die VZR-Reform und andere Neuregelungen des Straßenverkehrsgesetzes 2013, SVR 2013, 441; *Albrecht/Bartelt-Lehrfeld*, Das neue Fahreignungsseminar für Mehrfachtäter, DAR 2013, 13; *Barthelmess*, Verkehrssicherheit, Fahreignung und Mehrfachtäter, NZV 2013, 521; *Bode/Winkler*, Fahrerlaubnis, 5. Aufl. 2006; *Brock*, Zur umfangreichen rechtlichen Einordnung des Punktehandels im Internet, DAR 2003, 484; *Borzym*, Das neue Fahreignungsregister SVR 2013, 167; *Fromm*, Zur Punktebewertung nach dem neuen Fahreignungsregister, SVR 2014, 46; *Funke*, Die Reform des Punktsystems NZV 2013, 1; *Janker*, Punkteabbau durch Teilnahme an verkehrspsychologischer Beratung, SVR 2007, 87; *ders.*, Wann „ergeben" sich die Punkte?, SVR 2004, 1; *Koehl*, Die Neuregelung des Punktsystems und ihre Auswirkungen auf das verkehrsverwaltungsrecht DAR 2013, 9; *ders.*, Effektiver Rechtsschutz gegen Auferlegung eines Fahrtenbuchs, NZV 2008, 169; *Riedmeyer*, Registereintragung und Tilgung von Verkehrsstraftaten und -ordnungswidrigkeiten und ihre Auswirkungen auf die Fahrerlaubnis, zfs 2003, 275; *Schäpe*, Unverwertbarkeit von Voreintragungen in der Überliegefrist, DAR 2007, 348; *Schubert*, Die Reform des Punktsystems im Gesetzgebungsverfahren, SVR 2013, 1; *Weber* Zur Anordnung der Führung eines Fahrtenbuchs nach § 31a StVO, SVR 2014, 50; *Winter*, Voraussetzungen einer Fahrtenbuchauflage, DAR 2013, 290; *Ziegert*, Fahrtenbuchauflage, zfs 1995, 242.

I. Allgemeine Maßnahmen (Verkehrsunterricht, Fahrtenbuch)

1. Verkehrsunterricht

1   Grundlage für die Anordnung zur Teilnahme am Verkehrsunterricht ist § 48 StVO. Nach dieser Vorschrift ist derjenige, der Verkehrsvorschriften nicht beachtet, auf Vorladung der Straßenverkehrsbehörde oder der von ihr beauftragten Beamten verpflichtet, an einem Unterricht über das Verhalten im Straßenverkehr teilzunehmen. Zweck der Vorschrift ist die Aufrechterhaltung der Sicherheit und Ordnung auf den Straßen; Verkehrsteilnehmer, die erhebliche Fehler begangen haben, sollen durch den Unterricht in die Lage versetzt werden, sich künftig beanstandungsfrei zu verhalten. Die Anordnung, am Verkehrsunterricht teilzunehmen, stellt keine Strafe dar, sondern ist eine Maßnahme vorbeugender Gefahrenabwehr.[1]

2   Die Vorschrift ist sehr weit gefasst; sie bedarf deshalb einer einschränkenden Auslegung. In Betracht kommen nur beachtliche Verstöße gegen Verkehrsvorschriften. Erheblich ist ein Verstoß in der Regel dann, wenn er in das Fahreignungsregister einzutragen ist. Die Art und Weise der Begehung muss den Verdacht nahe legen, dass der Betreffende entweder die Verkehrsregeln nicht kennt oder nur unzureichend kennt oder sich deren Tragweite und Bedeutung nicht bewusst ist. Hat ein Kraftfahrer jahrelang unauffällig am Straßenverkehr teilgenommen und handelt es sich um einen erstmaligen erheblichen Verkehrsverstoß ist nicht anzunehmen, dass dieser auf Unkenntnis der einschlägigen Verkehrsbestimmungen beruht. In einem solchen Fall ist eine Vorladung zum Verkehrsunterricht unverhältnismäßig. Die Ladung zum Verkehrsunterricht hat deshalb zu unterbleiben, bei Personen, bei denen kein Erziehungsbedürfnis erkennbar ist, insbesondere wenn Lebensalter, Beruf und Fahrpraxis darauf schließen lassen, dass sie die Verkehrsvorschriften kennen.[2] Im Übrigen muss die Begehung von Verkehrsverstößen feststehen. Die Vorladung zum Verkehrsunterricht wird deshalb in der Regel erst erfolgen, wenn der zu Grunde liegende Verstoß rechtskräftig geahndet ist. In diesem Fall kann im Verwaltungsprozess nicht mehr mit Erfolg vorgetragen werden, es habe keine Verkehrsübertretung gegeben. Eine Ausnahme gilt dann, wenn Gründe vorliegen, die eine Wiederaufnahme des Straf- bzw. Ordnungswidrigkeitenverfahrens rechtfertigen würden. Die Entscheidung, einen Verkehrsteilnehmer zum Verkehrsunterricht zu schicken, steht im Ermessen der Behörde. Es ist deshalb zu begründen, weshalb im konkreten Einzelfall diese Maßnahme für notwendig angesehen wird; die Interessen der Allgemeinheit an der Aufrechterhaltung der Verkehrssicherheit sind mit den Belangen des Betroffenen abzuwägen.

---

[1] BayVGH NZV 1991, 207; Burmann/Heß/Jahnke/Janker § 48 StVO Rn. 1.
[2] Burmann/Heß/Jahnke/Janker § 4 Rn. 4.

Die nach § 48 StVO ausgesprochene Aufforderung zum Verkehrsunterricht stellt begrifflich einen Verwaltungsakt dar. **Zuständig** zur Vorladung ist die Straßenverkehrsbehörde oder der von ihr im Rahmen der Geschäftsverteilung beauftragte Beamte; eine Übertragung auf andere Personen etwa einen Polizeivollzugsbeamten ist nicht möglich.[3] Gegen diesen ist Widerspruch und Anfechtungsklage zulässig. Diese Rechtsbehelfe haben grundsätzlich gemäß § 80 Abs. 1 S. 1 VwGO aufschiebende Wirkung Es handelt sich nicht um einen Fall des § 80 Abs. 2 Nr. 2 VwGO, also nicht um eine unaufschiebbare Anordnung eines Polizeivollzugsbeamten, was sich schon daraus erklärt, dass für die Anordnung die Verkehrsbehörde und nicht die Polizei zuständig ist. Wer der rechtswirksamen Anordnung nicht Folge leistet, begeht gemäß § 49 Abs. 4 Nr. 6 StVO iVm § 24 StVG eine Ordnungswidrigkeit.

2. Fahrtenbuch

a) Rechtsgrundlage. Die Fahrtenbuchauflage[4] setzt gemäß § 31a StVZO zum einen eine Zuwiderhandlung gegen Verkehrsvorschriften und zweitens die Unmöglichkeit der Feststellung des Fahrzeugführers voraus. Die Anordnung erfolgt gemäß § 31a Abs. 1 S. 1 StVZO durch die Verwaltungsbehörde. Zweck der Fahrtenbuchauflage ist die Sicherstellung der Beachtung der einem Kfz-Halter obliegenden Aufsichtspflicht über die von ihm in Verkehr gebrachten Fahrzeuge. Die Vorschrift soll für den Fall, dass bei Zuwiderhandlung gegen Verkehrsvorschriften die Feststellung des Fahrzeugführers nicht möglich war, sicherstellen, dass in Zukunft der Täter einer Verkehrsordnungswidrigkeit ermittelt werden kann. Bedenken gegen die Verfassungsmäßigkeit der Auferlegung einer Fahrtenbuchauflage bestehen nicht, wenn der Grundsatz der Verhältnismäßigkeit beachtet wird.[5]

b) Ermittlung des Fahrers und Fragen des Zeugnisverweigerungsrechtes. Voraussetzung für die Anordnung einer Fahrtenbuchauflage gemäß § 31a StVZO ist die Verletzung von Verkehrsvorschriften in nennenswertem Umfang, ohne dass der Fahrzeugführer, der das Fahrzeug während des Verstoßes geführt hat, festgestellt werden kann. Nicht möglich im Sinne dieser Vorschrift ist die Fahrerfeststellung dann gewesen, wenn die Behörde nach den Umständen des Einzelfalles nicht in der Lage war, den Täter zu ermitteln, obwohl sie alle angemessenen und zumutbaren Maßnahmen getroffen hat.[6] Angemessen sind die Maßnahmen, die die Behörde in sachgerechtem und rationellem Einsatz der ihr zur Verfügung stehenden Mittel nach pflichtgemäßem Ermessen zu treffen hat, die der Bedeutung des aufzuklärenden Verkehrsverstoßes gerecht werden und erfahrungsgemäß Erfolg haben können. Dabei können sich Art und Umfang der Ermittlungstätigkeit an der Erklärung des Fahrzeughalters ausrichten. Lehnt dieser erkennbar die Mitwirkung an einer Aufklärung des Verkehrsverstoßes ab, so ist es der Behörde regelmäßig nicht zuzumuten, wahllos zeitraubende und kaum Aussicht auf Erfolg bietende Ermittlungen zu betreiben.[7] Für die Beurteilung, ob der Fahrzeugführer nach einer Zuwiderhandlung gegen Verkehrsvorschriften mit hinreichender Sicherheit identifiziert werden kann, ist die Einschätzung der Ordnungswidrigkeitenbehörde maßgeblich. Etwas anderes gilt allenfalls dann, wenn die Bewertung nicht nachvollziehbar ist, insbesondere sich die Täterschaft der Behörde hätte aufdrängen müssen.[8]

Von einem hinreichenden Ermittlungsaufwand der Bußgeldbehörde kann grundsätzlich nur dann ausgegangen werden, wenn der Halter unverzüglich (vorbehaltlich besonderer Umstände des Einzelfalls regelmäßig innerhalb von zwei Wochen nach dem Verkehrsverstoß) von der mit seinem Kraftfahrzeug begangenen Zuwiderhandlung in Kenntnis gesetzt wird, damit er die Frage, wer zur Tatzeit sein Fahrzeug geführt hat, noch zuverlässig beantworten und der Täter Entlastungsgründe vorbringen kann. Die Frist von zwei Wochen ist kein for-

---

[3] *Burmann/Heß/Jahnke/Janker* § 48 StVO Rn. 2.
[4] Ausführlich dazu *Winter* DAR 2013, 290.
[5] BVerfG NJW 1982, 568; kritisch Himmelreich/Halm/*Mahlberg* Kapitel 35 Rn. 682.
[6] BVerwG BayVBl. 1983, 310; *Ziegert* zfs 1995, 242.
[7] BVerwG Buchholz 442.16 § 31a StVZO Nr. 12; OVG Lüneburg DAR 2004, 607; VGH Baden-Württemberg VBlBW 1993, 65; VGH Kassel NJW 2005, 2411.
[8] OVG Lüneburg DAR 2013, 405.

males Tatbestandsmerkmal der gesetzlichen Regelung; sie beruht vielmehr auf dem Erfahrungssatz, dass man sich an bestimmte Vorgänge nur zeitlich beschränkt erinnern kann. Sie stellt somit keine starre Grenze dar.[9] Die Berufung auf fehlende Erinnerung muss noch vor dem Eintritt der Verfolgungsverjährung geschehen sein. Denn die nachträgliche Geltendmachung einer Erinnerungslücke kann dem Halter ebenso wenig zugute kommen wie die Namhaftmachung des verantwortlichen Fahrers nach Verjährungseintritt. Eine verzögerte Anhörung steht der Fahrtenbuchauflage dann nicht entgegen, wenn feststeht, dass die Verzögerung für die Erfolglosigkeit der Täterermittlung nicht ursächlich gewesen ist. Zwar zeigt die Praxis, dass die Ordnungswidrigkeitenbehörden sich mit der Anhörung oft unverhältnismäßig viel Zeit lassen; begründet ist das Vorbringen aber nur dann, wenn der Betroffene substantiiert geltend machen kann, wegen der verspäteten Übersendung des Bogens sich nicht mehr erinnern zu können, wem er das Fahrzeug überlassen hat. Hierzu bedarf es der Darlegung, wie vielen Personen das Fahrzeug zur Verfügung steht und was notwendig ist, damit sich der Dritte in den Besitz des Fahrzeugs bringen kann. Wird das Fahrzeug etwa im Rahmen eines Gewerbebetriebs Dritten zur Verfügung gestellt, ist zu fordern, dass ein – internes – Aufzeichnungssystem installiert ist, um den jeweiligen Nutzer feststellen zu können. Unterbleibt das, kann das als mangelnde Mitwirkungshandlung gewertet werden, sodass sich der Halter nicht auf fehlende Erinnerung berufen kann. Kann der Fahrzeughalter den Fahrer eines Firmenfahrzeugs auf dem Tatfoto nicht erkennen, trifft ihn die Verpflichtung zur Nachforschung über den in Frage kommenden Fahrer des Tatfahrzeugs. Denn wenn mit einem Firmenfahrzeug ein Verkehrsverstoß begangen worden ist, ist es nicht Aufgabe der im Ordnungswidrigkeitenverfahren ermittelnden Behörde, innerbetriebliche Vorgänge aufzudecken, denen die Geschäftsleitung weitaus näher steht. Es fällt vielmehr in die Sphäre der Geschäftsleitung, entweder von vornherein organisatorische Vorkehrungen dafür zu treffen, damit festgestellt werden kann, welche Person zu einem bestimmten Zeitpunkt ein bestimmtes Firmenfahrzeug benutzt hat, oder jedenfalls der Behörde den Firmenangehörigen oder gegebenenfalls auch mehrere Firmenangehörige zu benennen, denen das betreffende Fahrzeug betriebsintern zugeordnet ist. Nur wenn solche Personen benannt werden, sind nämlich der Behörde weitere Ermittlungen innerhalb der Belegschaft zumutbar und damit die Voraussetzungen einer Fahrtenbuchauflage noch nicht gegeben.[10]

7 Weitere Ermittlungen der Bußgeldbehörde sind grundsätzlich dann nicht erforderlich, wenn sich der Betroffene auf ein Zeugnis- oder Aussageverweigerungsrecht beruft. Die Behörde darf in einem solchen Fall in aller Regel davon ausgehen, dass weitere Ermittlungen zeitaufwändig wären und kaum Aussicht auf Erfolg bieten würden, den Fahrer in der für Ordnungswidrigkeiten geltenden kurzen Verjährungsfrist zu ermitteln. Der oft gebrachte Einwand, das strafprozessuale Aussageverweigerungsrecht stehe einer Fahrtenbuchauflage entgegen, erweist sich nicht als durchgreifend. Dabei wird der Unterschied zwischen einer Strafverfolgung für eine bereits begangene Tat und der Verhinderung künftiger Verkehrsgefährdungen verkannt. Der Halter muss weder sich noch andere nahe Angehörige belasten, soweit es um die Ahndung eines Verkehrsverstoßes geht. Überlässt der Halter sein Fahrzeug Dritten und trifft er keine Vorkehrungen für die Aufklärbarkeit von etwaigen künftigen Verkehrsverstößen, die mit seinem Fahrzeug begangen werden, muss er hierzu durch die Behörde angehalten werden. Der sich auf ein Aussage- bzw. Zeugnisverweigerungsrecht berufende Fahrzeughalter muss sich darüber im Klaren sein, dass die Verweigerung der Aussage ihm als fehlende Mitwirkung bei der Feststellung des verantwortlichen Fahrzeugführers entgegengehalten werden kann. Denn ein doppeltes „Recht", nach einem Verkehrsverstoß einerseits im Ordnungswidrigkeitenverfahren die Aussage zu verweigern und zugleich trotz fehlender Mitwirkung bei der Feststellung des Fahrzeugführers auch von einer Fahrtenbuchauflage verschont zu bleiben, besteht nicht. Ein solches „Recht" widerspräche dem Zweck des § 31a StVZO, nämlich der Sicherheit und Ordnung des Straßenverkehrs zu dienen.[11]

---

[9] *Koehl* NZV 2008, 169.
[10] VGH Baden-Württemberg NJW 2011, 628.
[11] BVerwG NZV 2000, 385; Buchholz 442.16 § 31a StVZO Nr. 22 = zfs 1995, 397 = DAR 1995, 459; s. auch BVerfG NJW 1982, 568.

Weitergehende Maßnahmen sind auch dann entbehrlich, wenn der betroffene Fahrzeughalter den ihm übersandten Anhörungsbogen unausgefüllt und kommentarlos zurückschickt oder überhaupt nicht reagiert. Aus einem solchen Verhalten darf die Behörde grundsätzlich schließen, dass der Halter nicht willens ist, an der Aufklärung des Sachverhalts mitzuwirken.[12] Etwas anderes gilt, wenn gegenüber der Bußgeldbehörde nachvollziehbar erklärt wird, weshalb der Anhörbogen nicht zeitnah übersandt werden kann, etwa weil der Halter urlaubsbedingt nicht erreichbar ist.[13]

c) **Grundsatz der Verhältnismäßigkeit.** Auch bei einem erstmaligen Verkehrsverstoß kommt die Auferlegung eines Fahrtenbuches in Betracht. Dabei muss der Grundsatz der Verhältnismäßigkeit zwischen Verkehrsverstoß und Maßnahme beachtet werden.[14] Leichte, nicht gefährdende Verstöße allein reichen nicht aus.[15] Jedenfalls dann, wenn der Verstoß bei einem Eintrag in das Fahreignungsregister mit mindestens einem Punkt zu bewerten wäre, kommt eine Fahrtenbuchauflage in Betracht. Die Dauer orientiert sich in der Regel nach der Schwere der Verkehrszuwiderhandlung. Nach allgemeiner Meinung in der obergerichtlichen Rechtsprechung rechtfertigt bereits die erstmalige Begehung erheblichen Verkehrsverstoßes die Verpflichtung zur Führung eines Fahrtenbuches für die Dauer von sechs Monaten, ohne dass es darauf ankommt, ob in Einzelfall Umstände vorliegen, welche die Gefährlichkeit des Verkehrsverstoßes erhöhen. Der Zeitraum von einem halben Jahr wird deshalb die Untergrenze bei Fahrtenbuchauflagen darstellen.[16] Unverhältnismäßig kann eine Fahrtenbuchauflage sein, wenn zwischen der Begehung der Ordnungswidrigkeit und der entsprechenden Maßnahme der Verkehrsbehörde ein unverhältnismäßig langer Abstand liegt; das ist jedenfalls bei einem Zeitraum von 16 Monaten nicht anzunehmen.[17]

d) **Zuständigkeit.** § 31a Abs. 1 StVZO regelt die Zuständigkeit nur insoweit, als dort die Verwaltungsbehörde genannt ist. Nach § 68 Abs. 1 StVZO sind damit die nach Landesrecht zuständigen unteren Verkehrsbehörden gemeint. Die örtliche Zuständigkeit ergibt sich aus § 68 Abs. 2 StVZO. Regelmäßig ist das die Behörde des Wohnorts des Betroffenen, mangels eines solchen die des Aufenthaltsorts.

e) **Ersatzfahrzeug.** Eine Fahrtenbuchauflage, die für ein bestimmtes Fahrzeug ohne Zusatz angeordnet wurde, bezieht sich im Regelfall auf das Fahrzeug, mit dem der Verkehrsverstoß begangen wurde. § 31a Abs. 1 S. 2 StVZO verschafft der Verwaltungsbehörde aber ausdrücklich die Möglichkeit, ein oder mehrere Ersatzfahrzeuge für ein vom Halter veräußertes oder anderweitig abgeschafftes Fahrzeug, mit dem eine erhebliche Verkehrszuwiderhandlung begangen worden ist, zu bestimmen. Der Begriff Ersatzfahrzeug ist dabei weit auszulegen. Im Hinblick auf das Ziel der Bestimmung, nämlich zu verhindern, dass sich der Halter durch Veräußerung des mit der Auflage versehenen Tatfahrzeugs der bestehenden Verpflichtung zu entziehen versucht, ist Ersatzfahrzeug im Sinne des § 31a Abs. 1 S. 2 StVZO deshalb nicht nur das vor oder während der Fahrtenbuchauflage anstelle des veräußerten neu angeschaffte Fahrzeug; vielmehr zählen dazu auch alle anderen Fahrzeuge des Halters, die im Zeitpunkt der Veräußerung des „Tatfahrzeugs" von ihm betrieben werden und demselben Nutzungszweck zu dienen bestimmt sind.[18]

f) **Die Pflicht zur Führung des Fahrtenbuches.** Die Pflicht zur Führung des Fahrtenbuches **beginnt** mit der Unanfechtbarkeit der Fahrtenbuchauflage oder im Fall der Anordnung der sofortigen Vollziehung mit dem in der Verfügung genannten Zeitpunkt. Der Sofortvollzug der Fahrtenbuchauflage kann angeordnet werden, wenn das im besonderen öffentlichen Interesse liegt. Das ist etwa anzunehmen, wenn zu befürchten ist, dass schon vor Eintritt der Bestandskraft erneut Verkehrsverstöße begangen werden. Anhaltspunkte sind Zuwider-

---

[12] VGH Baden-Württemberg DAR 2000, 378.
[13] VGH Baden-Württemberg DAR 2008, 278.
[14] OVG Lüneburg NJW 1979, 669; OVG Nordrhein-Westfalen VRS 75, 384.
[15] BVerwG DAR 1965, 167.
[16] Ferner/*Jung* § 49 Rn. 3.
[17] OVG Lüneburg zfs 2014, 58; ähnlich VG Sigmaringen zfs 2014, 59.
[18] OVG Berlin NJW 2003, 2402; vgl. auch BayVGH BayVBl. 2004, 633.

handlungen in der Vergangenheit, besondere Uneinsichtigkeit des Halters und versuche, den maßgeblichen Sachverhalt zu verschleiern.

13   Zu beachten ist auch der mögliche Inhalt der Fahrtenbuchauflage. Zunächst ergibt sich der mögliche Inhalt aus § 31a Abs. 2 StVZO. Mit einer Fahrtenbuchauflage kann nicht verlangt werden, Kilometerstände, Abfahrts- und Zielorte oder die Fahrstrecke einzutragen.[19] Vielmehr ist der Pflichtenkatalog in § 31a Abs. 2 StVZO abschließend geregelt.

Der Verstoß gegen die Pflicht zur Führung des Fahrtenbuches stellt gemäß § 69a Abs. 5 Nr. 4, 4a StVZO iVm § 24 StVG eine Ordnungswidrigkeit dar.

II. Maßnahmen bei Fahrerlaubnis auf Probe

14   Besondere Regelungen zur Fahrerlaubnis auf Probe sind getroffen in den Vorschriften der §§ 2a, 2b und 2c StVG.

1. Voraussetzungen für Maßnahmen

15   a) **Mögliche Maßnahmen.** Das Gesetz sieht bei Verkehrszuwiderhandlungen durch einen Inhaber einer Fahrerlaubnis auf Probe verschiedene Maßnahmen vor, die sich grundsätzlich an der Zahl und Schwere der Verkehrsverstöße orientiert. Diese reichen von der Anordnung, an einem Aufbauseminar teilzunehmen bis zur Entziehung der Fahrerlaubnis. Von diesem System bleibt die Möglichkeit, die Fahrerlaubnis wegen Ungeeignetheit (§ 3 StVG; § 46 FeV) unberührt (§ 2a Abs. 4 S. 1 1. Hs. StVG) Die Behörde hat, wenn Tatsachen vorliegen, die auf die Ungeeignet hindeuten, auch die Möglichkeit, eine medizinisch-psychologische Untersuchung anzuordnen (§ 2a Abs. 4 S. 1 2. Hs. StVG). Die Maßnahmen sind auch dann zu ergreifen, wenn im Zeitpunkt ihrer Anordnung die Probezeit bereits abgelaufen war. Entscheidend ist, dass die Zuwiderhandlung während der Probezeit begangen wurde; wann die Verurteilung stattfindet, ist ohne Belang.

16   Die Bewertung der Straftaten und Ordnungswidrigkeiten erfolgt gemäß Anlage 12 der FeV iVm § 34 Abs. 1 FeV. In der Anlage 12 der FeV werden
- in Abschnitt A schwerwiegende Zuwiderhandlungen und
- in Abschnitt B weniger schwerwiegende Zuwiderhandlungen

aufgeführt. An diese Bewertung ist die Verkehrsbehörde gebunden; es gibt keine Möglichkeit, hiervon abzuweichen.

17   b) **Bindung der Fahrerlaubnisbehörde an Entscheidungen im Straf- und Bußgeldverfahren.** An die im Straf- und Bußgeldverfahren ergangene Entscheidung ist die Fahrerlaubnisbehörde gebunden und kann ihrerseits die Tat nicht erneut überprüfen (§ 2a Abs. 2 S. 2 StVG). Der Betreffende kann also im Verwaltungsverfahren nicht mehr geltend machen, die Zuwiderhandlung sei von ihm nicht begangen worden.[20]

2. Die Maßnahmen im Einzelnen

18   a) **Anordnung der Teilnahme an Aufbauseminar.** Die Teilnahme an einem Aufbauseminar ist anzuordnen, wenn
- der Inhaber einer Fahrerlaubnis auf Probe eine schwerwiegende Zuwiderhandlung oder zwei weniger schwerwiegende Zuwiderhandlungen begangen hat (§ 2a Abs. 2 Nr. 1 StVG).
- Die Teilnahme an einem Aufbauseminar ist anzuordnen, wenn die Fahrerlaubnisbehörde aufgrund allgemeiner Eignungszweifel ein Fahreignungsgutachten in Auftrag gegeben hat und nach dessen Auswertung die Nichteignung für nicht erwiesen hält (§ 2a Abs. 4 S. 2 StVG). Voraussetzung ist, dass der Betreffende nicht zuvor schon zu einer Kursteilnahme verpflichtet worden war.

Maßgeblicher Zeitpunkt für die Rechtmäßigkeit einer Anordnung gegenüber Inhabern einer Fahrerlaubnis auf Probe ist der des Erlasses des Bescheids. Das Gesetz kennt keinen

---

[19] OVG Nordrhein-Westfalen DAR 1995, 379.
[20] Amtl. Begr. zum ÄndG vom 24.4.1996, BR-Drs. 821/96; *Hentschel* § 2a StVG Rn. 1d.

Zeitraum, innerhalb dessen nach Begehung einer schwerwiegenden Zuwiderhandlung gemäß § 2a Abs. 2 S. 1 StVG die entsprechende Maßnahme der Fahrerlaubnisbehörde verfügt werden muss. Richtigerweise wird man eine Verwirkung des Rechts, entsprechende Maßnahmen zu ergreifen, verneinen müssen. Die Anordnung der Teilnahme an einem Aufbauseminar ist aber dann unzulässig, wenn die im Verkehrszentralregister eingetragene rechtskräftige Entscheidung im Zeitpunkt des Erlasses der Anordnung bereits getilgt oder tilgungsreif war.[21]

Die Anordnung bedarf gemäß § 34 Abs. 2 FeV der Schriftform und hat die Verkehrszuwiderhandlung zu bezeichnen. Der Besuch hat binnen einer von der Behörde bestimmten angemessenen Frist zu erfolgen. Angemessen ist die Frist, wenn erwartet werden kann, dass der Betreffende bis zu ihrem Ablauf das Seminar besuchen kann. Dabei sind von ihm gewisse Anstrengung zu erwarten, damit er den Aufbaukurs alsbald absolvieren kann.

b) **Arten des Aufbauseminars.** Es gibt verschiedene Arten von Aufbauseminaren für Fahrerlaubnisinhaber auf Probe. Welches zu besuchen ist, richtet sich nach dem begangenen Delikt. Zu unterscheiden sind verschiedene Arten von Aufbauseminaren, nämlich:
- gewöhnliches Aufbauseminar,
- besonderes Aufbauseminar,
- Einzelseminar.

aa) *Gewöhnliches Aufbauseminar.* Das gewöhnliche Aufbauseminar ist zu besuchen, wenn es um allgemeine Verkehrszuwiderhandlungen geht. Es wird von Fahrlehrern durchgeführt. Die Erteilung der Seminarerlaubnis richtet sich nach § 31 des Fahrlehrergesetzes.

In den Kursen sind nach § 35 Abs. 2 FeV die Verkehrszuwiderhandlungen, die bei den Teilnehmern zur Anordnung der Teilnahme geführt haben und die Ursachen dafür zu diskutieren. Durch Gruppengespräche, Verhaltensbeobachtungen bei der Fahrprobe, Analyse problematischer Verkehrssituationen und durch Vermittlung verkehrsrechtlichen Wissens soll ein sicheres und rücksichtsvolles Fahrverhalten erreicht werden. Dabei soll insbesondere die Einstellung zum Verhalten im Straßenverkehr geändert, das Risikobewusstsein gefördert und die Gefahrerkennung verbessert werden.

Der äußere Ablauf des Aufbauseminars ist in § 35 FeV geregelt.

Hiernach ist das Aufbauseminar in Gruppen mit mindestens 6 und höchstens 12 Teilnehmern durchzuführen. Damit soll gewährleistet sein, dass die gewünschte gruppendynamische Wirkung eintritt.[22] Es besteht aus einem Kurs mit 4 Sitzungen von jeweils 135 Minuten Dauer in einem Zeitraum von 2 bis 4 Wochen. Jedoch darf an einem Tag nicht mehr als eine Sitzung stattfinden. Zusätzlich ist zwischen der ersten und der zweiten Sitzung eine Fahrprobe durchzuführen, der der Beobachtung des Fahrverhaltens des Seminarteilnehmers dient. Die Fahrprobe soll in Gruppen mit 3 Teilnehmern durchgeführt werden, wobei die reine Fahrzeit jedes Teilnehmers 30 Minuten nicht unterschreiten darf.

bb) *Besonderes Aufbauseminar.* Das besondere Aufbauseminar wird angeordnet gegen Inhaber einer Fahrerlaubnis auf Probe bei Führen von Kraftfahrzeugen unter Alkoholeinfluss oder unter Einfluss anderer berauschender Mittel. Durchgeführt wird das besondere Aufbauseminar von Diplompsychologen. Diese müssen eine verkehrspsychologische Ausbildung nachweisen sowie Kenntnisse und Erfahrungen bei der Untersuchung und Begutachtung alkohol- und drogenauffälliger Kraftfahrer. Weiter ist erforderlich die amtliche Anerkennung als Kursleiter (§ 36 Abs. 6 FeV).

Der äußere Ablauf des besonderen Aufbauseminars ist in § 36 Abs. 3 FeV geregelt. Es ist in Gruppen mit mindestens sechs und höchstens zwölf Teilnehmern durchzuführen. Es besteht aus einem Kurs mit einem Vorgespräch und drei Sitzungen von jeweils 180 Minuten Dauer in einem Zeitraum von zwei bis vier Wochen sowie der Anfertigung von Kursaufgaben zwischen den Sitzungen.

Den Inhalt des besonderen Aufbauseminar umschreibt § 36 Abs. 4 FeV. In den Kursen müssen die Ursachen, die bei den Teilnehmern zur Anordnung der Teilnahme an einem Auf-

---

[21] VGH Baden-Württemberg NZV 2013, 415.
[22] *Bouska/Laeverenz* § 35 FeV Anm. 2.

bauseminar geführt haben, diskutiert und Möglichkeiten für ihre Beseitigung erörtert werden. Wissenslücken der Kursteilnehmer über die Wirkung von Alkohol und Drogen auf die Verkehrsteilnehmer sollen geschlossen und individuell angepasste Verhaltensweisen entwickelt und erprobt werden, um die der Verkehrssicherheit abträglichen Konsumgewohnheiten zu ändern und künftige Verstöße zu unterbinden; geeignete Verhaltensmuster sollen eingeübt werden. Zusätzlich ist auf die Problematik der wiederholten Verkehrszuwiderhandlungen einzugehen.

26   *cc) Einzelseminar.* Gemäß § 2b Abs. 1 S. 2 StVG besteht die Möglichkeit eines Einzelseminars. Das gilt sowohl für das allgemeine als auch das besondere Aufbauseminar. Grundgedanke für die Einführung dieses Aufbauseminars ist, wie sich aus der Begründung des Gesetzentwurfes[23] ergibt, die Überlegung, dass dem Inhaber einer Fahrerlaubnis, dem aufgrund seiner persönlichen Lebenssituation ein Gruppenseminar nicht zumutbar ist, die Teilnahme an einem Einzelseminar zu ermöglichen ist. Aufbauseminare sind grundsätzlich als Gruppenseminare durchzuführen; Einzelseminare sind die Ausnahme. Ermessensfehlerfrei können Fahrerlaubnisbehörden grundsätzlich davon ausgehen, dass beruflich bedingte zeitliche Belastungen, Zeitmangel aus sonstigem Grund oder eine finanzielle Belastung des Betroffenen keinen Anlass für die Gestattung der Teilnahme an einem Einzelseminar darstellen können. Die Erreichung des Seminarziels und damit letztlich die Verkehrssicherheit erfordern, dass auch beruflich stark eingespannte Verkehrsteilnehmer sich die Zeit nehmen, zur Verbesserung ihres Verkehrsverhaltens in dem vom Gesetzgeber regelmäßig vorgesehenen Umfang Gruppenseminare zu besuchen.[24] Nur bei besonders gelagerten Ausnahmefällen, deren Voraussetzungen zu belegen sind, ist die Teilnahme an einem Einzelseminar zu ermöglichen. Eine Teilnahme an einem Einzelseminar kann insbesondere dann gestattet werden, wenn in zumutbarer Zeit keine Gruppenveranstaltung angeboten werden kann. Zum Einzelseminar sind in §§ 35 Abs. 3, 36 Abs. 5 FeV besondere Regelungen getroffen worden. Hiernach gelten die für die Gruppenseminare vorgesehenen Vorschriften mit der zusätzlichen Maßgabe, dass die Gespräche bei gewöhnlichem Seminar in 4 Sitzungen von jeweils 60 Minuten Dauer und bei besonderem Seminar in 3 Sitzungen von jeweils 90 Minuten Dauer durchzuführen sind.

27   *dd) Teilnahmebescheinigung.* Gemäß § 37 FeV stellt der Seminarleiter über die Teilnahme an einem Aufbauseminar eine Bescheinigung zur Vorlage bei der Fahrerlaubnisbehörde aus. Voraussetzung für die Erteilung der Bescheinigung ist die Teilnahme an allen Sitzungen sowie die Teilnahme an einer Fahrprobe, und dass bei einem besonderen Aufbauseminar die Anfertigung von Kursaufgaben nicht verweigert wurde.

28   **c) Verwarnung unter Hinweis auf verkehrspsychologische Beratung.** Hat der Inhaber einer Fahrerlaubnis auf Probe nach Teilnahme an einem Aufbauseminar eine weitere schwerwiegende oder zwei weitere weniger schwerwiegende Zuwiderhandlungen begangen, muss die Fahrerlaubnisbehörde ihn schriftlich verwarnen und ihm nahe legen, innerhalb von zwei Monaten an einer verkehrspsychologischen Beratung teilzunehmen (§ 2a Abs. 2 S. 1 Nr. 2 StVG). Die Verwarnung ist kein Verwaltungsakt. Sie ist mehr als Hinweis an den Betroffenen zu sehen, dass er seine Einstellung zur Verkehrsteilnahme ändern muss. Als Hilfestellung wird im dabei die verkehrspsychologische Beratung angeboten.

29   Einzelheiten der verkehrspsychologischen Beratung sind in § 2a Abs. 2 S. 3, § 4 Abs. 9 StVG iVm § 38 Abs. 1 FeV geregelt.

In der verkehrspsychologischen Beratung soll der Fahrerlaubnisinhaber veranlasst werden, Mängel in seiner Einstellung zum Straßenverkehr und im verkehrssicheren Verhalten zu erkennen und die Bereitschaft zu entwickeln, diese Mängel abzubauen. Die Beratung findet in Form eines Einzelgesprächs statt; sie kann durch eine Fahrprobe ergänzt werden, wenn der Berater dies für erforderlich hält. Der Berater soll die Ursachen der Mängel aufklären und Wege zu ihrer Beseitigung aufzeigen. Das Ergebnis der Beratung ist nur für den Betroffenen bestimmt und nur diesem mitzuteilen.

---

[23] BR-Drs. 821/96, 70.
[24] VGH Kassel vom 25.6.2013 NJW 2013, 3260.

aa) Berater. Die Beratung darf gemäß § 4 Abs. 9 S. 6 StVG nur von einer Person durchgeführt werden, die amtlich anerkannt und persönlich zuverlässig ist sowie über den Abschluss eines Hochschulstudiums als Diplompsychologe verfügt sowie eine Ausbildung und Erfahrungen in der Verkehrspsychologie nachweist (§ 71 FeV). 30

Eine formelle Anerkennung ist nicht vorgesehen. Vielmehr genügt die Vorlage einer Bestätigung der Sektion Verkehrspsychologie des Berufsverbandes Deutscher Psychologinnen und Psychologen e. V. (§ 71 Abs. 1 FeV).

bb) Durchführung der Beratung. Das verkehrspsychologische Beratungsgespräch findet als Einzelgespräch statt und umfasst mindestens vier Zeitstunden. 31

Der Inhalt des Beratungsgesprächs orientiert sich an den im Fahreignungsregister enthaltenen Verkehrszuwiderhandlungen und bezieht sich auf die Darstellung der einzelnen Verstöße sowie auf die Detailbeschreibung der Bedingungen und Gründe, die zu den Verstößen geführt haben, sowie die Erarbeitung von Lösungsmöglichkeiten für die Zukunft. Über das Gespräch wird ein Protokoll geführt.

cc) Teilnahmebescheinigung. Zur Vorlage bei der Fahrerlaubnisbehörde wird dem Teilnehmer des Beratungsgespräches gemäß § 38 S. 5 FeV eine Bescheinigung erteilt. Zu beachten ist jedoch, dass der Betroffene nicht verpflichtet ist, an der verkehrspsychologischen Beratung teilzunehmen, und dass das Ergebnis gemäß § 38 S. 4 FeV nur für den Betroffenen bestimmt und nur diesem mitzuteilen ist. 32

d) Entziehung der Fahrerlaubnis. Die Fahrerlaubnis ist zu entziehen, wenn der Inhaber der Fahrerlaubnis nach Ablauf von 2 Monaten seit der Verwarnung erneut eine weitere schwerwiegende oder zwei weitere weniger schwerwiegende Zuwiderhandlungen begangen hat (§ 2a Abs. 1 S. 1 Nr. 3 StVG). Dies gilt unabhängig davon, ob der Fahrerlaubnisinhaber die empfohlene verkehrspsychologische Beratung in Anspruch genommen hat oder nicht. 33

Ebenso ist die Fahrerlaubnis zu entziehen, wenn der Inhaber der Fahrerlaubnis entgegen einer entsprechenden Anordnung an einem Aufbauseminar nicht teilgenommen hat.

e) Ausschluss der aufschiebenden Wirkung. Rechtsmittel gegen die Anordnung des Aufbauseminars haben gemäß § 2a Abs. 6 StVG keine aufschiebende Wirkung. Ebenfalls ist die sofortige Vollziehbarkeit gegeben bei Entziehung der Fahrerlaubnis wegen Nichtteilnahme am Aufbauseminar oder wegen Erfolglosigkeit der Verwarnung. 34

3. Neuerteilung der Fahrerlaubnis auf Probe nach Entziehung

Gemäß § 2a Abs. 1 S. 6 und 7 StVG endet die Probezeit vorzeitig, wenn die Fahrerlaubnis entzogen wird oder der Inhaber auf sie verzichtet. 35

Bei Neuerteilung einer Fahrerlaubnis beginnt eine neue Probezeit.

Zu beachten ist eine 3-monatige Sperrfrist für die Neuerteilung der Fahrerlaubnis gemäß § 2a Abs. 5 S. 3 StVG nach deren Entzug; die Frist beginnt mit der Ablieferung des Führerscheins.

Ist die Fahrerlaubnis entzogen worden ua wegen Erfolglosigkeit der Verwarnung oder Nichtbefolgung der Anordnung zur Teilnahme an einem Aufbauseminar, darf die neue Fahrerlaubnis nur erteilt werden, wenn der Antragsteller nachweist, dass er an einem Aufbauseminar teilgenommen hat. Dies gilt auch, wenn der Antragsteller nur deshalb nicht an einem Aufbauseminar teilgenommen hat oder der Anordnung nicht gefolgt ist, weil die Fahrerlaubnis aus anderen Gründen entzogen worden ist oder er zwischenzeitlich auf die Fahrerlaubnis verzichtet hat (§ 2a Abs. 5 S. 1 und 2 StVG).

Zur Bestimmung des Begriffs im Regelfall iSv § 2 Abs. 5 S. 5 StVG kommen Umstände in Betracht, die die Persönlichkeit des Inhabers der Fahrerlaubnis auf Probe betreffen. Denn die Begutachtung, dient – wie alle entsprechenden Begutachtungen im Bereich der Fahrerlaubnis – der Vorbereitung einer Entscheidung der Verkehrsbehörde darüber, ob der Inhaber der Fahrerlaubnis auf Probe auf der Grundlage einer umfassenden Würdigung seiner Gesamtpersönlichkeit zum Führen von Kraftfahrzeugen (noch) geeignet ist.[25] 36

---

[25] VGH Baden-Württemberg zfs 2000, 472.

4. Maßnahmen nach Neuerteilung der Fahrerlaubnis auf Probe

37 Ist eine Fahrerlaubnis auf Probe nach vorangegangener Entziehung erteilt worden, so gelten hierfür nicht die bei vorangegangener Fahrerlaubnis geltenden Grundsätze. Vielmehr ist stattdessen die Beibringung eines Gutachtens einer amtlich anerkannten Begutachtungsstelle für Fahreignung anzuordnen, sobald der Inhaber einer Fahrerlaubnis innerhalb der neuen Probezeit erneut eine schwerwiegende oder zwei weniger schwerwiegende Zuwiderhandlungen begangen hat (§ 2a Abs. 5 S. 4 und 5 StVG).

5. Übersicht: Maßnahmen der Fahrerlaubnisbehörde bei Fahrerlaubnis auf Probe

38

Zuwiderhandlungen	Maßnahmen			Bemerkungen/ Hinweise
a) Schwerwiegende Zuwiderhandlung oder 2 weniger schwerwiegende Zuwiderhandlungen § 2a Abs. 2 Nr. 1 StVG	Anordnung Teilnahme an Aufbauseminar (AS)			Nach Anordnung der Teilnahme an AS **verlängert Probezeit** sich um **2 Jahre** (§ 2a Abs. 2a StVG)
	Gewöhnliches AS: durchgeführt von Fahrlehrern (§ 2b Abs. 2 S. 1 StVG)	Besonderes AS: Teilnahme am Straßenverkehr unter Alkohol- oder Drogeneinfluss (§ 2b Abs. 2 S. 2 StVG), Durchführung durch Dipl.-Psychologen (§ 36 Abs. 6 FeV)	Einzelseminar: im Einzelfall anstelle von Gruppenseminar, wenn aufgrund persönlicher Lebenssituation Gruppenseminar nicht zumutbar (§ 2b Abs. 1 S. 2 StVG), Gestattung auf Antrag	Inhalt und Ablauf der Seminare ist geregelt in §§ 35 ff. FeV. Teilnahmebescheinigung zur Vorlage bei der Fahrerlaubnisbehörde (§ 37 FeV)
Fahrerlaubnisbehörde hält nach Auswertung eines Gutachtens einer amtl. anerkannten BfF Nichteignung für nicht erwiesen (§ 2a Abs. 4 S. 3 StVG)	Aufbauseminar, wenn nicht schon teilgenommen			(AS kommt auch als Auflage zur Einstellung des Verfahrens in Betracht gem. § 153a StPO)
	Anordnung Teilnahme an Aufbauseminar			
b) Nach Teilnahme an AS eine weitere schwerwiegende oder 2 weniger schwerwiegende Zuwiderhandlungen	**Schriftliche Verwarnung,** verbunden mit der Empfehlung, innerhalb von 2 Monaten an einer **verkehrspsychologischen Beratung** teilzunehmen (§ 2a Abs. 2 S. 1 Nr. 2 StVG)			Teilnahme ist **freiwillig;** der Inhalt der verkehrspsychologischen Beratung ist geregelt in § 38 Abs. 1 FeV. Berater muss Dipl.-Psychologe sein (§ 4 Abs. 9 S. 6 StVG)
c) Eine weitere schwerwiegende oder 2 weitere weniger schwerwiegende Zuwiderhandlungen innerhalb von 2 Monaten seit Verwarnung	Entzug der Fahrerlaubnis			

Zuwiderhandlungen	Maßnahmen	Bemerkungen/ Hinweise
d) Nichtbefolgung von Anordnungen der Teilnahme an AS (§ 2a Abs. 3 und 4 S. 3 StVG)	**Aufbauseminar** Eine neue Fahrerlaubnis darf nur erteilt werden, wenn der Antragsteller nachweist, dass er an einem Aufbauseminar teilgenommen hat.	

III. Das Fahreignungs-Bewertungssystem, das Fahreignungsregister und sonstige Register

1. Fahreignungsregister, Grundlagen und Zweckbestimmung

Die Regelungen zum Fahreignungsregister sind in §§ 28 bis 30c StVG[26] geregelt. Ergänzende Regelungen hierzu finden sich in den §§ 59 bis 64 FeV. Das Fahreignungsregister wird beim Kraftfahrtbundesamt in Flensburg geführt.

In § 28 Abs. 2 StVG beschreibt die Aufgaben des Registers. Es dient der Speicherung von Daten für bestimmte Aufgabenbereiche. Hiernach bezweckt das Fahreignungsregister die Sammlung von Daten für
- die Eignungsbeurteilung von Kraftfahrern und von Begleitern im Rahmen des begleiteten Fahrens mit 17 (Nr. 1),
- die Prüfung der Berechtigung zum Führen von Kraftfahrzeugen (Nr. 2) – namentlich zur Klärung bei Polizei- oder Grenzkontrollen, ob dem Betreffenden die Fahrerlaubnis entzogen ist oder ihm ein Fahrverbot aufgelegt wurde,
- die Beurteilung von Wiederholungstätern in Straf- und Ordnungswidrigkeitsverfahren (Nr. 3) sowie
- die Beurteilung der Zuverlässigkeit von Personen, die zB als Fahrzeughalter für die Einhaltung der zur Sicherheit im Straßenverkehr bestehenden Vorschriften verantwortlich sind (Nr. 4). Hier ist jedoch anzumerken, dass diesbezügliche Verstöße der Unternehmer und Disponenten nach dem Fahrpersonalgesetz im Gewerbezentralregister registriert werden.

2. Eintragungen in das Fahreignungsregister

a) **Einzutragende Entscheidungen.** In das Fahreignungsregister werden unterschiedliche Sachverhalte eingetragen. Es handelt sich dabei nicht nur um gerichtliche Entscheidungen im Straf- und Bußgeldverfahren, sondern auch um verwaltungsbehördliche Entscheidungen. Das System von Eintragung und Tilgung ist auch nach der Neuregelung wenig transparent und führt zu vielen Streitpunkten.

Nach § 28 Abs. 3 StVG werden für Maßnahmen der Fahrerlaubnisbehörde bedeutsame Entscheidungen eingetragen,[27] und zwar insbesondere
- rechtskräftige Entscheidungen der Strafgerichte wegen einer Straftat iSv § 6 Abs. 1 Nr. 1 Buchst. s) StVG soweit sie auf Strafe, Verwarnung mit Strafvorbehalt erkennen oder einen Schuldspruch enthalten,
- Rechtskräftige Entscheidungen der Strafgerichte, die eine Entziehung der Fahrerlaubnis, eine isolierte Sperre oder ein Fahrverbot aussprechen sowie strafgerichtliche Entscheidungen, die eine vorläufige Entziehung der Fahrerlaubnis anordnen,
- der Verwaltungsbehörden über Versagung und Entziehung der Fahrerlaubnis sowie
- der Verwaltungsbehörden und Gerichte wegen Verkehrs-Ordnungswidrigkeiten nach den §§ 24, 24a oder § 24c StVG, wenn neben der Geldbuße ein Fahrverbot nach § 25 StVG angeordnet worden ist oder eine Geldbuße von mindestens 60,– EUR festgesetzt worden

---

[26] In der Fassung des 5. Gesetzes zur Änderung des Straßenverkehrsgesetzes und anderer Gesetze vom 28.8.2013, BGBl. I SA. 3313.
[27] Vgl. *Riedmeyer* zfs 2003, 275; vgl. auch *Janker* SVR 2004, 1.

ist oder unter Anwendung des Bußgeldkataloges hätte festgesetzt werden müssen und nur wegen besonders guter oder schlechter wirtschaftlicher Verhältnisse des Betroffenen von dem dort bestimmten Regelsatz abgewichen worden ist (§ 28a StVG).

43 Einzutragen sind nach § 28 Abs. 2 Nr. 12 StVG die Anordnung einer Teilnahme an einem Aufbauseminar, einem besonderen Aufbauseminars und die Teilnahme an einer verkehrspsychologischen Beratung, soweit dies für die Anwendung der Regelung der Fahrerlaubnis auf Probe (§ 2a StVG) und des Punktsystems (§ 4 StVG) erforderlich ist, einzutragen. Nach § 28 Abs. 3 Nr. 13 ist auch die Teilnahme an einem Fahreignungsseminar einzutragen, soweit das für die Anwendung der Regelungen des Fahreignungs-Bewertungssystems erforderlich ist.

44 **b) Mitteilung von Entscheidungen an das Kraftfahrbundesamt.** In § 28 Abs. 4 StVG ist geregelt, dass Gerichte, Staatsanwaltschaften und die anderen Behörden verpflichtet sind, dem Kraftfahrtbundesamt die nach § 28 Abs. 3 StVG zu speichernden oder zu einer Änderung oder Löschung einer Eintragung führenden Daten mitzuteilen.

45 Die Übermittlung hat unverzüglich, also ohne schuldhaftes Zögern zu erfolgen. Die Aktualität liegt im Interesse sowohl der Allgemeinheit als auch der Betroffenen. Wird die Übermittlung verzögert, ändert das nichts an der Richtigkeit der Eintragung. Es kann dabei aber zu Schwierigkeiten führen die zu vermeiden sind. So ist es etwa wenig sinnvoll, wenn eine Eintragung hinsichtlich eines Inhabers einer Fahrerlaubnis, die den Besuch eines Aufbauseminars zur Folge hat, erst nach längerer Zeit erfolgt.[28]

3. Tilgung von Eintragungen

46 Die Regelungen zur Tilgung sind in § 29 StVG enthalten. Sie sind unübersichtlich und wenig transparent. Wegen der Bedeutung der Eintragungen insbesondere für Maßnahmen nach dem Fahreignungsbewertungssystem ist jeweils sorgfältig zu prüfen, ob nicht bereits Unverwertbarkeit wegen Eintritts der Tilgungsreife eingetreten ist.

47 **a) Fristgebundene Tilgung.** *aa) Generelle Tilgungsfristen.* Die Tilgungsfristen betragen nach § 29 Abs. 1 S. 2 Nr. 1 StVG zwei Jahre und sechs Monate bei Entscheidungen über eine Ordnungswidrigkeit,
a) die in der Rechtsverordnung nach § 6 Abs. 1 Nr. 1 Buchst. s bb bbb als verkehrssicherheitsbeeinträchtigende oder gleichgestellte Ordnungswidrigkeit mit einem Punkt bewertet ist oder
b) soweit weder ein Fall des Buchst. a noch des § 29 Abs. 2 S. 2 Nr. 3 Buchst. b StVG vorliegt und in der Entscheidung ein Fahrverbot angeordnet worden ist,
Monate.

48 Die Tilgungsfrist beträgt nach § 29 Abs. 1 S. 2 Nr. 2 StVG fünf Jahre
a) bei Entscheidungen über eine Straftat, vorbehaltlich von § 29 Abs. 1 2 S. 2 Nr. 3 Buchst. a StVG
b) bei Entscheidungen über eine Ordnungswidrigkeit, die in der Rechtsverordnung nach § 6 Abs 1 Nr. 1 Buchst. s bb aaa StVG als besonders verkehrssicherheitsbeeinträchtigende oder gleichgestellte Ordnungswidrigkeit mit zwei Punkten bewertet ist,
c) bei von der nach Landesrecht zuständigen Behörde verhängten Verboten oder Beschränkungen, ein fahrerlaubnisfreies Fahrzeug zu führen,
d) bei Mitteilungen über die Teilnahme an einem Fahreignungsseminar, einem Aufbauseminar, einem besonderen Aufbauseminar oder einer verkehrspsychologischen Beratung.

49 Nach § 29 Abs. 1 S. 2 Nr. 3 StVG beträgt die Tilgungsfrist zehn Jahre
a) bei Entscheidungen über eine Straftat, in denen die Fahrerlaubnis entzogen oder eine isolierte Sperre angeordnet worden ist,
b) bei Entscheidungen über Maßnahmen oder Verzichte nach § 28 Abs. 3 Nr. 5 bis 8 StVG Eintragungen über Maßnahmen der nach Landesrecht zuständigen Behörde nach § 2a Abs. 2 S. 1 Nr. 1 und 2 StVG (Anordnung der Teilnahme an einem Aufbauseminar bzw.

---

[28] *Bouska/Laeverenz* § 28 StVG Anm. 7.

Verwarnung) und § 4 Abs. 5 S. 1 Nr. 1 und 2 StVG (Verwarnung nach Erreichens von 6 oder 7 Punkten bzw. Entziehung der Fahrerlaubnis nach Erreichen von 8 oder mehr Punkten) werden getilgt, wenn dem Inhaber einer Fahrerlaubnis die Fahrerlaubnis entzogen wird. Sonst erfolgt eine Tilgung bei den vorgenannten Maßnahmen gegenüber Fahrerlaubnisinhabern auf Probe ein Jahr nach Ablauf der Probezeit und bei Maßnahmen nach dem Fahreignungs-Bewertungssystem dann, wenn die letzte Eintragung wegen einer Straftat oder Ordnungswidrigkeit getilgt ist.

bb) Abweichungen von den allgemeinen Tilgungsfristen. Eine spezielle Abweichungen von den allgemeinen Tilgungsfristen ist in § 29 Abs. 1 S. 5 StVG geregelt. 50
Danach können Abweichungen von den allgemeinen Tilgungsfristen durch Rechtsverordnung nach § 30c Abs. 1 Nr. 2 StVG zugelassen werden, wenn die eingetragene Entscheidung auf körperlichen oder geistigen Mängeln oder fehlender Befähigung beruht.

cc) Ausschluss der Tilgung. Tilgungsfristen gelten nicht, wenn die Erteilung einer Fahrerlaubnis oder des Rechtes, von einer ausländischen Fahrerlaubnis Gebrauch zu machen, für immer untersagt worden ist (§ 29 Abs. 2 StVG). 51
Ohne Rücksicht auf den Lauf von Tilgungsfristen erfolgt die Tilgung bei den in § 29 Abs. 3 StVG aufgeführten Fällen, dh bei Tilgung einer Entscheidung im Bundeszentralregister, bei Rechtskraft eines erfolgreich durchgeführten Wiederaufnahmeverfahrens und schließlich aufgrund einer amtlichen Mitteilung über den Tod des Betroffenen. Eine Tilgung ist auch dann vorzunehmen, wenn die nach Landesrecht zuständige Behörde verfügt, dass die Entscheidung nicht in das Bundeszentralregister aufgenommen wird. Voraussetzung hierfür ist, wenn das zur Vermeidung ungerechtfertigter Härten erforderlich ist und öffentliche Interessen nicht entgegenstehen. Hierbei handelt es sich um einen unbestimmten Rechtsbegriff, dessen Voraussetzungen durch das Verwaltungsgericht vollumfänglich überprüfbar sind. Eine Tilgung ist in der Regel nur erforderlich, wenn die der Eintragung zugrunde liegende Entscheidung materiell unrichtig ist. Keine ungerechtfertigte Härte stellt es dar, wenn der Betroffene persönliche oder berufliche Nachteile – zB weil er aufgrund der Eintragung mit einer Entziehung der Fahrerlaubnis nach dem Fahreignungs-Bewertungssystem rechnen muss – befürchtet.

b) Beginn der Tilgungsfrist Der Beginn der Tilgungsfrist ist in § 29 Abs. 4 und 5 StVG geregelt. Hiernach gilt Folgendes: 52
Die Tilgungsfrist beginnt
1. bei strafgerichtlichen Verurteilungen und bei Strafbefehlen mit dem Tag der Rechtskraft, wobei dieser Tag auch dann maßgebend bleibt, wenn eine Gesamtstrafe oder eine einheitliche Jugendstrafe gebildet oder nach § 30 Abs. 1 JGG auf Jugendstrafe erkannt wird oder eine Entscheidung im Wiederaufnahmeverfahren ergeht, die eine registerpflichtige Verurteilung enthält,
2. bei Entscheidungen der Gerichte nach den §§ 59, 60 StGB und § 27 JGG mit dem Tag der Rechtskraft,
3. bei gerichtlichen und verwaltungsbehördlichen Bußgeldentscheidungen sowie bei anderen Verwaltungsentscheidungen mit dem Tag der Rechtskraft oder Unanfechtbarkeit der beschwerenden Entscheidung,
4. bei Aufbauseminaren nach § 2a Abs. 2 S. 1 Nr. 1 StVG, verkehrspsychologischen Beratungen nach § 2a Abs. 2 S. 1 Nr. 2 StVG und Fahreignungsseminaren nach § 4 Abs. 7 StVG mit dem Tag der Ausstellung der Teilnahmebescheinigung.

Bei der Versagung oder Entziehung der Fahrerlaubnis wegen mangelnder Eignung, der Anordnung einer Sperre nach § 69a Abs. 1 S. 3 des StGB oder bei einem Verzicht auf die Fahrerlaubnis beginnt die Tilgungsfrist erst mit der Erteilung oder Neuerteilung der Fahrerlaubnis, spätestens jedoch fünf Jahre nach der Rechtskraft der beschwerenden Entscheidung oder dem Tag des Zugangs der Verzichtserklärung bei der zuständigen Behörde. Bei von der nach Landesrecht zuständigen Behörde Nach § 3 FeV verhängten Verboten oder Beschränkungen, ein fahrerlaubnisfreies Fahrzeug zu führen, beginnt die Tilgungsfrist fünf Jahre nach Ablauf oder Aufhebung des Verbots oder der Beschränkung. 53

54 Nach Eintritt der Tilgungsreife wird eine Eintragung nach § 29 Abs. 6 S. 1 StVG grundsätzlich gelöscht; Ausnahmen hiervon sind in § 29 Abs. 6 S. 2 und 3 StVG enthalten. Danach wird eine Eintragung nach § 28 Abs. 3 Nr. 1 oder 3 StVG nach Eintritt der Tilgungsreife erst nach einer Überliegefrist von einem Jahr gelöscht. Während dieser Überliegefrist darf der Inhalt dieser Eintragung nur noch zu folgenden Zwecken übermittelt, genutzt oder über ihn eine Auskunft erteilt werden:
1. an die nach Landesrecht zuständige Behörde zur Anordnung von Maßnahmen im Rahmen der Fahrerlaubnis auf Probe nach § 2a StVG,
2. an die nach Landesrecht zuständige Behörde zur Ergreifung von Maßnahmen nach dem Fahreignungs-Bewertungssystem nach § 4 Abs. 5 StVG oder
3. zur Auskunftserteilung an den Betroffenen nach § 30 Abs. 8 StVG.
Die in § 29 Abs. 6 S. 1 und 2 StVG geregelte Überliegefrist beginnt nach Ablauf der regulären Tilgungsfrist. Sie hat – anders als nach früherem Recht – keine Tilgungshemmung zur Folge. Sie hat nur noch insoweit Bedeutung, als dass während ihres Laufs – beschränkt – Auskünfte erteilt werden dürfen
Eine Tilgung ist ausgeschlossen, solange der Betroffene im Zentralen Fahrerlaubnisregister als Inhaber einer Fahrerlaubnis auf Probe gespeichert ist (§ 29 Abs. 6 S. 4 StVG).

55 c) **Hemmung von Eintragungen.** Anders als das bisherige Recht gibt es grundsätzlich keine Hemmung von Eintragungen durch nachfolgende mehr. Vielmehr läuft die Tilgungsfrist für jede eingetragene Entscheidung, sei es eine Straftat, eine Ordnungswidrigkeit oder eine Verwaltungsmaßnahme getrennt. Das hat das – noch immer komplizierte Verfahren – im gewissen Umfang vereinfacht.

4. Verwertung von Eintragungen

56 Folge der Löschung ist der Eintritt eines Verwertungsverbots. Dieses bezieht sich auf alle Arten der Entscheidung. Die zum alten Recht virulente Streitfrage, ob das auch für die Löschung von Verwaltungsentscheidungen[29] und nicht nur von Straftaten oder Ordnungswidrigkeiten gilt, ist durch die Neufassung des Gesetzes obsolet geworden.

57 Ist eine Eintragung im Fahreignungsregister gelöscht, dürfen die Tat und die Entscheidung dem Betroffenen für die Zwecke des § 28 Abs. 2 StVG nicht mehr vorgehalten und nicht zu seinem Nachteil verwertet werden. Es tritt also ein vollständiges Verwertungsverbot ein. Unterliegt eine Eintragung im Fahreignungsregister über eine gerichtliche Entscheidung nach § 29 Abs. 1 S. 2 Nr. 3 Buchst. a StVG einer zehnjährigen Tilgungsfrist, darf sie nach Ablauf eines Zeitraums, der einer fünfjährigen Tilgungsfrist nach den vorstehenden Vorschriften entspricht, nur noch für folgende Zwecke an die nach Landesrecht zuständige Behörde übermittelt und dort genutzt werden:
1. zur Durchführung von Verfahren, die eine Erteilung oder Entziehung einer Fahrerlaubnis zum Gegenstand haben,
2. zum Ergreifen von Maßnahmen nach dem Fahreignungs-Bewertungssystem nach § 4 Abs. 5 StVG.

58 Außerdem dürfen für die Prüfung der Berechtigung zum Führen von Kraftfahrzeugen Entscheidungen der Gerichte nach den §§ 69 bis 69b StGB an die nach Landesrecht zuständige Behörde übermittelt und dort genutzt werden. Das gilt nicht für Eintragungen wegen strafgerichtlicher Entscheidungen, die für die Ahndung von Straftaten herangezogen werden. Insoweit gelten die Regelungen des Bundeszentralregistergesetzes.
Das Verwertungsverbot ist nur für die Maßnahmen der Verwaltungsbehörden, die in § 28 Abs. 2 StVG genannt sind, relevant, sondern auch für die Erstellung von Fahreignungsgutachten. Maßgeblicher Zeitpunkt für die Rechtmäßigkeit einer Beibringungsanordnung ist der des Erlasses der entsprechenden Verfügung. Ist in diesem Zeitpunkt für eine Eintragung bereits Tilgungsreife eingetreten, darf der entsprechende Vorfall weder in der Anordnung noch in dem Fahreignungsgutachten Erwähnung finden. Dass im Zeitraum danach, also während der Gutachtenserstellung, Tilgungsreife eintritt, ist dagegen unbeachtlich.

---

[29] Zutreffend BVerwG NJW 1977, 1075 = DAR 1977, 161.

IV. Maßnahmen nach dem Fahreignungs-Bewertungssystem

Das Punktsystem, das Maßnahmen gegen verkehrsauffällige Kraftfahrer enthält, ist in § 4 StVG geregelt.[30] Daneben gelten § 40 FeV und die Anlage 13 zur FeV. Die Übergangsregelung vom alten Mehrfachtäter-Punktsystem auf das neue Fahreignungs-Bewertungssystem ist in § 65 Abs. 3 StVG enthalten. Danach gilt – etwas verkürzt – Folgendes: Entscheidungen, die nach § 28 Abs. 3 StVG aF im Verkehrszentralregister gespeichert worden sind und nach § 28 Abs. 3 StVG nF nicht mehr zu speichern wären, werden am 1. Mai 2014 gelöscht. Für die Feststellung, ob eine Entscheidung nach § 28 Abs. 3 StVG nF nicht mehr zu speichern wäre, bleibt die Höhe der festgesetzten Geldbuße außer Betracht. Entscheidungen, die nach § 28 Abs. 3 StVG aF im Verkehrszentralregister gespeichert worden und nicht von Nr. 1 erfasst sind, werden bis zum Ablauf des 30. April 2019 nach den Bestimmungen des § 29 StVG aF getilgt und gelöscht. Dabei kann eine Ablaufhemmung nach § 29 Abs. 6 S. 2 StVG aF nicht durch Entscheidungen, die erst ab dem 1. Mai 2014 im Fahreignungsregister gespeichert werden, ausgelöst werden. Für Entscheidungen wegen Ordnungswidrigkeiten nach § 24a gilt § 65 Abs. 3 Nr. 2 S 1 StVG nF mit der Maßgabe, dass sie spätestens fünf Jahre nach Rechtskraft der Entscheidung getilgt werden. Auf Entscheidungen, die bis zum Ablauf des 30. April 2014 begangene Zuwiderhandlungen ahnden und erst ab dem 1. Mai 2014 im Fahreignungsregister gespeichert werden, sind die Neufassung des StVG und die auf Grund des § 6 Abs. 1 Nr. 1 Buchst. s StVG erlassenen Rechtsverordnungen in der ab dem 1. Mai 2014 geltenden Fassung anzuwenden. Anstelle der dort genannten Grenze von 60 EUR gilt die – bisherige – die Grenze von 40 EUR.

Bestehende Eintragungen werden nach nachfolgender Tabelle umgerechnet:

Punktestand vor dem 1. Mai 2014	Fahreignungs-Bewertungssystem ab dem 1. Mai 2014	
	Punktestand	Stufe
1–3	1	Vormerkung (§ 4 Abs. 4 StVG)
4–5	2	
6–7	3	
8–10	4	**1**: Ermahnung (§ 4 Abs. 5 S. 1 Nr. 1 StVG)
11–13	5	
14–15	6	**2**: Verwarnung (§ 4 Abs. 5 S. 1 Nr. 2 StVG)
16–17	7	
> = 18	8	**3**: Entzug (§ 4 Abs. 5 S. 1 Nr. 3 StVG)

1. Punktebewertung

a) Regelungen zur Punktebewertung. Im Fahreignungsregister erfasste Straftaten und Ordnungswidrigkeiten werden mit 1 bis 3 Punkten bewertet (§ 4 Abs. 2 S. 1 StVG). Im Einzelnen gilt folgende Bewertung:

Straftaten mit Bezug auf die Verkehrssicherheit oder gleichgestellte Straftaten, sofern in der Entscheidung über die Straftat die Entziehung der Fahrerlaubnis nach den §§ 69 und 69b StGB oder eine Sperre nach § 69a Abs. 1 S. 3 StGB angeordnet worden ist, werden nach § Abs. 2 S. 1 Nr. 1 StVG mit drei Punkten, Straftaten mit Bezug auf die Verkehrssicherheit oder gleichgestellte Straftaten, sofern sie nicht von Nr. 1 erfasst sind, und besonders verkehrssicherheitsbeeinträchtigende oder gleichgestellte Ordnungswidrigkeiten jeweils mit zwei Punkten (§ 4 Abs. 2 S. 1 Nr. 2 StVG) und verkehrssicherheitsbeeinträchtigende oder gleichgestellte Ordnungswidrigkeiten mit einem Punkt bewertet (§ 4 Abs. 2 S. 1 Nr. 3 StVG). Einzelheiten sind geregelt in der Anlage 13 zur FeV iVm § 40 FeV.

---

[30] Zur Neuregelung vgl. *Barthelmess* NZV 2013, 521; *Borzym* SVR 2013, 167; *Schubert* SVR 2013, 1; *Koehl* DAR 2013, 9; *Albrecht/Bartelt-Lehrfeld* DAR 2013, 13; *Funke* NZV 2013, 1; *Albrecht* SVR 2013, 441.

62 **b) Besonderheiten bei der Punktebewertung.** *aa) Tateinheit.* Bei tateinheitlich begangenen, mehreren Zuwiderhandlungen wird nur gemäß § 4 Abs. 2 S. 3 StVG die Zuwiderhandlung mit der höchsten Punktezahl berücksichtigt. Es findet also keine additive Punktebewertung der einzelnen Verstöße statt.

63 *bb) Tatmehrheit.* Werden jedoch in einer Entscheidung mehrere Verkehrsordnungswidrigkeiten gemäß § 20 OWiG mit mehreren Geldbußen geahndet, so führt das zu einer additiven Punktebewertung jedes einzelnen Verstoßes. Gleiches gilt bei Straftaten.

64 *cc) Punktelöschung.* Wird eine Fahrerlaubnis erteilt, dürfen Punkte für vor der Erteilung rechtskräftig gewordene Zuwiderhandlungen nach § 4 Abs. 3 S. 1 StVG nicht mehr berücksichtigt werden; sie werden gelöscht. Die – rechtskräftige – Entziehung der Fahrerlaubnis, die Anordnung einer Sperre für die Neuerteilung einer Fahrerlaubnis nach § 69a Abs. 1 S. 3 StGB und der Verzicht auf die Fahrerlaubnis führen ebenfalls zur Löschung der Punkte für die vor dieser Entscheidung begangenen Zuwiderhandlungen, wenn die Fahrerlaubnis danach neu erteilt wird (§ 4 Abs. 3 S. 2 und 3 StVG). Das gilt nicht bei der
Entziehung der Fahrerlaubnis wegen Nichtteilnahme an einem Aufbauseminar für Inhaber einer Fahrerlaubnis auf Probe nach § 2a Abs. 3 StVG, bei der Verlängerung einer Fahrerlaubnis oder bei einer Erteilung nach Erlöschen einer befristet erteilten Fahrerlaubnis.
Von der Löschung der Punkte ist die Eintragung im Fahreignungsregister zu unterscheiden; für diese gelten die Tilgungsvorschriften.

65 **c) Bindung der Fahrerlaubnisbehörde an Entscheidungen in Straf- und Bußgeldverfahren.** Bei sich aufgrund der Punktebewertung ergebenden einzuleitenden Maßnahmen ist die Fahrerlaubnisbehörde an die zugrunde liegenden rechtskräftigen Entscheidungen über die Ordnungswidrigkeiten oder Straftaten gemäß § 4 Abs. 5 S. 4 StVG gebunden und hat nicht noch einmal Einzelheiten oder das Vorliegen der Tat zu prüfen. Rechtskräftige Bußgeldbescheide entfalten im Rahmen des Fahreignungs-Bewertungssystems Bindungswirkung für die Fahrerlaubnisbehörden in gleicher Weise wie gerichtliche Entscheidungen auch dann, wenn sie selbst keiner gerichtlichen Überprüfung unterzogen wurden.[31]

66 **d) Mitteilung über Verkehrsverstöße.** Das Kraftfahrtbundesamt teilt bei Erreichen einer bestimmten Punktezahl den zuständigen Fahrerlaubnisbehörden die vorhandenen Eintragungen aus dem Fahreignungsregister gemäß § 4 Abs. 8 StVG mit. Hiernach hat die Straßenverkehrsbehörde die sich ergebenden Maßnahmen einzuleiten.

2. Die in Betracht kommenden Maßnahmen

67 Nach dem Punktsystem kommen abgestuft nach der erreichten Punktzahl verschiedene Maßnahmen in Betracht. Für das Erreichen der Punktzahl gilt nach § 4 Abs. 2 S. 3 StVG das Tattagprinzip. Dieses gilt auch für die Frage, welchen Zeitpunkt die Behörde für das Ergreifen einer Maßnahme zugrunde zu legen hat. Das ist in § 4 Abs. 4 S. 4, 5 und 6 StVG ausdrücklich geregelt. Das bedeutet, dass der Eintritt der Tilgungsreife für eine Zuwiderhandlung, die zwischen dem – letzten – Tattag und der Entscheidung der Behörde über das Ergreifen der entsprechenden Maßnahme eintritt, unbeachtlich ist. Das Gesetz unterscheidet dabei zwischen drei Maßnahmen mit Außenwirkung für den Betroffenen. Die in § 4 Abs. 4 StVG genannte Vormerkung, die bei einem Stand zwischen einem und drei Punkten vorzunehmen ist, stellt einen behördeninternen Vorgang dar.

68 **a) Bei 4 oder 5 Punkten: Ermahnung und Hinweis auf Fahreignungsseminar.** Ergeben sich 4 oder 5 Punkte, ist der Betroffene gemäß § 4 Abs. 5 Nr. 1 StVG, § 41 Abs. 1 FeV schriftlich zu ermahnen. Er wird hierbei über den Punktestand informiert. Darüber hinaus erfolgt der Hinweis auf die Möglichkeit der freiwilligen Teilnahme an einem Fahreignungsseminar iSv § 4a StVG. Die Teilnahme an dem Fahreignungsseminar, und diesen Anreiz bezweckt der Hinweis, führt bei freiwilliger Teilnahme an diesem Aufbauseminar zu einem Punkterabatt gemäß § 4 Abs. 7 StVG.

---

[31] VGH Baden-Württemberg NJW 2014, 487.

b) Bei 6 oder 7 Punkten: Verwarnung und Hinweis auf Fahreignungsseminar. Sind für 69
den Betroffenen 6 oder 7 Punkte eingetragen, hat ihn die Fahrerlaubnisbehörde gemäß § 4
Abs. 5 Nr. 2 StVG zu verwarnen. Die Verwarnung ist – erneut – mit dem Hinweis auf die
Teilnahme an einem Fahreignungsseminar verbunden, um dem betreffenden die die Möglichkeit zu geben, sein Verkehrsverhalten zu verbessern. Er ist darauf aufmerksam zu machen, dass die Teilnahme nicht zu einem Punkteabzug führt. Er ist weiterhin darüber zu unterrichten, dass bei Erreichen von 8 Punkten die Fahrerlaubnis entzogen wird.

Die Teilnahme an einem Fahreignungsseminarseminar ist für den Betroffenen nicht ver- 70
pflichtend. Mit dem Fahreignungsseminar soll nach § 4a Abs. 1 StVG erreicht werden, dass
die Teilnehmer sicherheitsrelevante Mängel in ihrem Verkehrsverhalten und insbesondere in
ihrem Fahrverhalten erkennen und abbauen. Hierzu sollen die Teilnehmer durch die Vermittlung von Kenntnissen zum Straßenverkehrsrecht, zu Gefahrenpotenzialen und zu verkehrssicherem Verhalten im Straßenverkehr, durch Analyse und Korrektur verkehrssicherheitsgefährdender Verhaltensweisen sowie durch Aufzeigen der Bedingungen und Zusammenhänge
des regelwidrigen Verkehrsverhaltens veranlasst werden. Das Fahreignungsseminar besteht
aus einer verkehrspädagogischen und aus einer verkehrspsychologischen Teilmaßnahme, die
aufeinander abzustimmen sind. Zur Durchführung der verkehrspädagogischen Teilmaßnahme sind Fahrlehrer, berechtigt, die über eine Seminarerlaubnis Verkehrspädagogik nach § 31a
des Fahrlehrergesetzes verfügen. Den verkehrspsychologischen Teil dürfen Personen durchführen, die eine Seminarerlaubnis Verkehrspsychologie nach § 4a Abs. 3 StVG haben. Für diese ist Voraussetzung, dass der Bewerber über einen Abschluss eines Hochschulstudiums als
Diplom-Psychologe oder einen gleichwertigen Master-Abschluss in Psychologie verfügt, eine
verkehrspsychologische Ausbildung an einer Universität oder gleichgestellten Hochschule
oder Stelle, die sich mit der Begutachtung oder Wiederherstellung der Kraftfahreignung befasst, oder eine fachpsychologische Qualifikation nach dem Stand der Wissenschaft durchlaufen hat, über Erfahrungen in der Verkehrspsychologie entweder durch eine mindestens dreijährige Begutachtung von Kraftfahrern an einer Begutachtungsstelle für Fahreignung oder
eine mindestens dreijährige Durchführung von besonderen Aufbauseminaren oder von Kursen zur Wiederherstellung der Kraftfahreignung, oder durch eine mindestens fünfjährige freiberufliche verkehrspsychologische Tätigkeit, deren Nachweis durch Bestätigungen von Behörden oder Begutachtungsstellen für Fahreignung oder durch die Dokumentation von zehn
Therapiemaßnahmen für verkehrsauffällige Kraftfahrer, die mit einer positiven Begutachtung
abgeschlossen wurden, erbracht werden kann, oder durch eine mindestens dreijährige freiberufliche verkehrspsychologische Tätigkeit nach vorherigem Erwerb einer Qualifikation als
klinischer Psychologe oder Psychotherapeut nach dem Stand der Wissenschaft verfügt und im
Fahreignungsregister mit nicht mehr als zwei Punkten belastet ist.

c) Bei 8 Punkten: Entzug der Fahrerlaubnis. Der automatische Entzug der Fahrerlaubnis 71
beruht auf der in § 4 Abs. 5 S. 1 Nr. 3 StVG formulierten Vermutung der Nichteignung zum
Führen von Kraftfahrzeugen. Ein Ermessen steht der Behörde nicht zu.

d) Übersicht: Maßnahmen der Fahrerlaubnisbehörde bei Eintragung bestimmter Punkt- 72
zahlen in der Verkehrszentralkartei

Punktzahl	Maßnahmen	Bemerkungen/Hinweise
4 oder 5	Schriftliche Ermahnung § 4 Abs. 5 S. 1 Nr. 1 StVG, verbunden mit Information über Punktestand und Hinweis auf freiwillige Teilnahme an einem Fahreignungsseminarseminar nach § 4a StVG.	Bei erfolgreichem Besuch eines Fahreignungsseminars wird **Punkterabatt** gewährt (§ 4 Abs. 7 StVG)
6 oder 7	Verwarnung § 4 Abs. 5 S. 1 Nr. 2 StVG mit Mitteilung des Punktestands , Hinweis auf Teilnahme an einem Fahreignungsseminar und Unterrichtung über die Entziehung der Fahrerlaubnis bei Erreichen von 8 Punkten)	Keine Reduzierung des Punktestands bei Teilnahme an einem Fahreignungsseminar (§ 4 Abs. 5 S. 2 2. HS StVG)

Punktzahl	Maßnahmen	Bemerkungen/Hinweise
8	**Entziehung der Fahrerlaubnis** (gesetzliche Vermutung der Nichteignung § 4 Abs. 5 S. 1 Nr. 3 StVG)	Entziehung ist sofort vollziehbar (§ 4 Abs. 9 StVG)
	Eine neue Fahrerlaubnis darf frühestens **6 Monate** nach Wirksamkeit der Entziehung erteilt werden (Frist beginnt mit Ablieferung des Führerscheins). Gleichgestellt ist der Verzicht bei mindestens zwei Eintragungen nach § 28 Abs. 3 Nr. 1 oder 3 StVG. Vor Neuerteilung der Fahrerlaubnis hat die Fahrerlaubnisbehörde *in der Regel* die Beibringung eines **Gutachtens einer amtlich anerkannten Begutachtungsstelle für Fahreignung** anzuordnen (§ 4 Abs. 10 S. 4 StVG).	

Hinweise für die Praxis:
1. Punkterabatt bei freiwilliger Teilnahme an Fahreignungsseminar im Zusammenhang mit einer Ermahnung: 1 Punkt.
2. Punkterabatt nur einmal innerhalb von 5 Jahren.
3 Kein Punkterabatt bei Teilnahme an Fahreignungsseminar in Zusammenhang mit einer Verwarnung

73 e) **Ausschluss der aufschiebenden Wirkung.** Gemäß § 4 Abs. 9 StVG haben Rechtsmittel gegen die Entziehung der Fahrerlaubnis bei Erreichen von 8 Punkten keine aufschiebende Wirkung. Um einstweiligen Rechtsschutz zu erlangen, ist ein Antrag nach § 80 Abs. 5 VwGO beim Verwaltungsgericht zu stellen.

3. Besonderheiten bei speziellen Sachverhalten der Punkteberechnung

74 Der in § 4 StVG geregelte Maßnahmenkatalog ist zwingend. Davon kann nicht abgewichen werden. Das bedeutet, dass eine Maßnahme einer höheren Stufe nicht angeordnet werden darf, wenn eine zuvor durchzuführende nicht veranlasst worden ist. Um das zu erreichen, sieht § 4 Abs. 6 StVG eine Reduzierung des Punktestands vor und zwar auf einen solchen, der die Durchführung der „übersprungenen" zur Folge hat.

75 a) **Hoher Punktestand ohne Ermahnung.** Ergeben sich für den Betroffenen 6 oder 8 Punkte, ohne dass die Fahrerlaubnisbehörde gemäß § 4 Abs. 5 S. 1 Nr. 1 StVG ergriffen, also eine Ermahnung ausgesprochen hat, ist er so zu stellen, als ob er 5 Punkte hätte. Werden 8 Punkte erreicht oder überschritten, ohne dass die Fahrerlaubnisbehörde eine Verwarnung nach § 4 Abs. 5 S. 1 Nr. 2 StVG ausgesprochen hat, wird der Betroffene gemäß § 4 Abs. 6 S. 3 StVG so gestellt, als ob er 7 Punkte hätte. Hierbei handelt es sich um einen echte Reduzierung, sodass bei nachfolgenden Eintragungen von dem geringeren Punktstand auszugehen ist.

76 Die vorstehend dargestellte Konstellation ist denkbar, wenn gegen den Betroffenen wegen mehrerer zeitlich eng beieinander liegender Straf- oder Bußgeldentscheidungen Punkteeintragungen erfolgen, sodass sich innerhalb kurzer Zeit die entsprechende Punktzahl ergibt.

77 b) **Möglicher Punkterabatt bei Wohlverhalten.** Die Möglichkeit des Punkterabattes ist in § 4 Abs. 7 StVG geregelt. Es ergeben sich folgende Möglichkeiten:

78 *aa) Punkterabatt bei freiwilliger Teilnahme an Fahreignungsseminarseminar.* Nimmt der Inhaber einer Fahrerlaubnis vor Erreichen von 6 Punkten ohne Anordnung der Fahrerlaubnisbehörde an einem Fahreignungsseminar aufgrund eigener Entscheidung teil, kann sich ein Punkterabatt ergeben. Dieser beträgt 1 Punkt (§ 4 Abs. 7 S. 1 1. HS StVG). Maßgeblich für die Berechnung des Punktestands ist der Zeitpunkt der Ausstellung der Teilnahmebescheinigung. Begeht der Betreffende also während des Laufs des Seminars eine weitere Zu-

widerhandlung und erreicht er 6 Punkte, tritt keine Reduzierung des Punktestands ein. Die Teilnahme an einem Aufbauseminar ist gemäß § 4 Abs. 7 S. 2 StVG nur einmal möglich. Eine erneute Teilnahme zur Erreichung einer Punktereduzierung ist zulässig, wenn ein vorangegangenes Fahreignungsseminar länger als fünf Jahre zurückliegt. Für den zu verringernden Punktestand und die Berechnung der Fünfjahresfrist ist nach § 4 Abs. 7 S. 3 jeweils das Ausstellungsdatum der Teilnahmebescheinigung maßgeblich.

bb) Kein Punkterabatt bei höherem Punktestand. Erreicht der Betreffende 6 oder 7 Punkte, ist eine Punktereduzierung durch freiwillige Teilnahme an einem Fahreignungsseminar generell ausgeschlossen. 79

cc) Grenzen des Punkterabattes. Punkterabatt für ein Fahreignungsseminar kann jeweils nur einmal innerhalb von 5 Jahren gewährt werden (§ 4 Abs. 7 S. 2 StVG). Auch ist Punkterabatt nur bis zum Stand von null Punkten möglich. 80

4. Neuerteilung der Fahrerlaubnis nach Entziehung

Ist die Fahrerlaubnis entzogen worden, so ist die Neuerteilung vom Vorliegen besonderer Bedingungen abhängig. 81

a) **Sperrfrist von 6 Monaten.** Bei Entzug der Fahrerlaubnis aufgrund von 8 oder mehr Punkten darf eine neue Fahrerlaubnis frühestens 6 Monate nach Wirksamkeit der Entziehung erteilt werden. Die Frist beginnt mit der Ablieferung des Führerscheins (§ 4 Abs. 10 S. 3 StVG). Einer Entziehung steht ein Verzicht auf die Fahrerlaubnis gleich, wenn zum Zeitpunkt der Wirksamkeit des Verzichts – das ist der Zeitpunkts des Zugangs der entsprechenden Erklärung bei der Fahrerlaubnisbehörde – zu Lasten des Betreffenden zwei oder mehr Eintragungen im Sinne von § 28 Abs. 3 Nr. 1 oder 3 StVG im Fahreignungsregister gespeichert waren. In diesem Fall ist davon auszugehen, dass der Verzicht erfolgt ist, um einer drohenden Fahrerlaubnisentziehung zu entgehen. 82

b) **Beibringung eines Gutachtens einer amtlich anerkannten Begutachtungsstelle für Fahreignung.** Gemäß § 4 Abs. 10 S. 4 StVG ist vor Erteilung einer neuen Fahrerlaubnis in der Regel die Beibringung eines Gutachtens einer amtlich anerkannten Begutachtungsstelle für Fahreignung anzuordnen. 83

§ 8 Beratung und Therapien

Übersicht

	Rn.
I. Sachverhaltsaufklärung	1–7
1. Akteneinsicht gemäß § 29 VwVfG, § 100 VwGO	1–4
2. Auswertung der Akten	5/6
3. Hinweis auf Vorbereitungskurse durch Fahrerlaubnisbehörde	7
II. Frühzeitige Darstellung der Problematik	8–17
1. Das Mandantengespräch	8–11
a) Konfrontation mit den Folgen des Verlustes der Fahrerlaubnis	8/9
b) Die notwendige Beratung	10/11
2. Information und Belehrung für Betroffene	12–14
3. Die Nutzung der Zeit ab – drohender – Entziehung der Fahrerlaubnis	15–17
III. Vorbereitung auf Begutachtung für Fahreignung	18–45
1. Vorbereitung ist sinnvoll und notwendig	18–21
2. Möglichkeiten der Vorbereitung auf die Begutachtung	22–28
a) Medizinische Fragen	22–24
b) Beratung durch Psychologen	25–27
c) Spezielle Vorbereitungskurse	28
3. Die Begutachtung für Fahreignung und das richtige Verhalten – Ratschläge an den Mandanten	29/30
a) Vor der MPU	29
b) Das richtige Verhalten während der Begutachtung	30
4. Information über den Ablauf der Begutachtung	31–40
a) Allgemeines	31–33
b) Die medizinische Untersuchung	34
c) Untersuchung durch den Psychologen	35–38
d) Leistungstests, Gerätetests	39
e) Prüfung des theoretischen Verkehrswissens	40
5. Beratung bei negativem Ergebnis der Begutachtung	41–45
a) (Keine) Weitergabe des Gutachtens an die Fahrerlaubnisbehörde	41–43
b) Folgerungen aus negativem Gutachten	44/45
IV. Gebühren und Kosten für die Teilnahme an Kursen und Begutachtung	46–51
1. Verwaltungsgebühren	46
2. Die Kosten der Begutachtung	47
3. Kosten für Teilnahme an Kursen	48/49
4. Anwaltsgebühren	50/51

Schrifttum:; *Gehrmann*, Das Problem der Wiederherstellung der Kraftfahreignung nach neuem Fahrerlaubnisrecht – Die anwaltliche Beratung vor einer medizinisch-psychologischen Begutachtung verkehrsauffälliger Kraftfahrer, NZV 2004, 167; *ders.*, Der Arzt und die Fahreignungsmängel seines Patienten – Vertrauensverhältnis kontra Verkehrssicherheit, NZV 2005, 1; *Geiger*, Die Bedeutung von Nachschulungskursen für Erwerb und Erhalt von Fahrerlaubnissen, SVR 2006, 447; *Himmelreich*, Lebenslange Abstinenz oder kontrolliertes Trinken, DAR 2000, 93; *ders.*, Nachschulung, Aufbau-Seminar, Wieder-Eignungs-Kurs und Verkehrs-Therapie zur Abkürzung der strafrechtlichen Fahrerlaubnis-Sperre bei einem Trunkenheitsdelikt – im Blickpunkt der neueren Rechtsprechung, DAR 2004, 8; *ders.*, Psychologische oder therapeutische Schulungs-Maßnahmen zwecks Reduzierung oder Aufhebung der Fahrerlaubnis-Sperre (§ 69a StGB) – ein Irrgarten für Strafrichter?, DAR 2005, 130.

I. Sachverhaltsklärung

1. Akteneinsicht gemäß § 29 VwVfG, § 100 VwGO

1   Der Anwalt als Interessenvertreter des Betroffenen hat das Recht auf Akteneinsicht. Dies ergibt sich für Verwaltungsvorgänge aus § 29 VwVfG[1] sowie für das verwaltungsgerichtliche Verfahren aus § 100 VwGO. Der Anspruch auf Akteneinsicht ist eine besondere Form des rechtlichen Gehörs und soll Transparenz der Entscheidungsfindung fördern.

---

[1] Bzw. der entsprechenden Vorschriften der Landesverwaltungsverfahrensgesetze.

Bei der Fahrerlaubnisbehörde werden im Regelfall folgende Aktensammlungen geführt: 2
- Verwaltungsvorgang mit Registerauszügen
- Kopien von Strafakten über verkehrsrechtliche Vorgänge[2]
- Kopien von Strafakten über sonstige strafrechtliche Vorgänge mit verkehrsrechtlicher Relevanz
- Akten über Bußgeldvorgänge.

Die drei letztgenannten werden – wenn überhaupt – nur in Kopie vorliegen, da Staatsanwaltschaften und Gerichte ihre Akten regelmäßig bei sich verwahren. Es ist auch nicht immer sichergestellt, dass die entsprechenden Akten bzw. Auszüge der Fahrerlaubnisbehörde von Amts wegen zugeleitet werden. Grundsätzlich erfolgt nur eine Mitteilung über anhängige Strafverfahren. Es ist dann Sache der Behörde, sich im Einzelfall Kenntnis davon zu verschaffen. 3

Der Vertreter eines Betroffenen hat von Beginn des Verwaltungsverfahrens, also schon vor einer förmlichen Anhörung bis zum Abschluss des Verwaltungsverfahrens, einen Anspruch auf Einsichtnahme in die Verwaltungsakten einschließlich der beigezogenen Schriftstücke. Voraussetzung ist, dass die Behörde Maßnahmen gegen den Betroffenen einleiten will oder solche zumindest nicht ausgeschlossen sind. Akteneinsicht wird, jedenfalls bei den Behörden, grundsätzlich nur gewährt, wenn der Anwalt eine Vollmacht vorlegt. Regelmäßig machen die Behörden von der im Gesetz eingeräumten Möglichkeit, die Verwaltungsvorgänge an die Kanzlei des Bevollmächtigten zu schicken, nur in beschränktem Umfang Gebrauch. Gerechtfertigt ist das jedenfalls dann, wenn die Akten zur Bearbeitung benötigt werden, umfangreich sind und deshalb ein Kopieren für die Dauer des Verbleibs der Akten beim Anwalt unökonomisch ist. In diesem Fall ist bei der Behörde – sinnvollerweise nach vorheriger Terminabsprache – Akteneinsicht zu nehmen. Wichtige Schriftstücke sind dabei zu kopieren. 4

2. Auswertung der Akten

Bei Akteneinsicht ist der vollständige Inhalt der Akten auszuwerten und insbesondere hinsichtlich der für das Fahrerlaubnisverfahren relevanten Fakten. Zu achten ist darauf, dass die Unterlagen keine Vorgänge enthalten, die wegen Eintritts der Tilgungsreife nicht mehr verwertbar sind. Gegebenenfalls ist die Behörde darauf aufmerksam zu machen, dass diese entfernt oder zumindest entsprechend kenntlich gemacht werden. 5

In Betracht kommt auch Kenntnis von Mitteilungen von Privatpersonen (Nachbarn, Kindern, Ehegatten, Arbeitskollegen etc.). Ebenso kann von Bedeutung sein, was über Vorsprachen des Fahrerlaubnisbewerbers bei der Behörde persönlich vermerkt ist, etwa über die körperliche oder geistige Eignung. 6

3. Hinweis auf Vorbereitungskurse durch Fahrerlaubnisbehörde

Die Fahrerlaubnisbehörde soll nach § 25 VwVfG Hinweise oder Auskünfte geben. Diese Hinweise beziehen sich nach dem Wortlaut des Gesetzes nur auf die Rechten und Pflichten im Verfahren. Meist werden auch Anregungen gegeben, wie sich der Betroffene verhalten soll, um möglichst problemlos zu seinem Führerschein zu kommen oder ihn zu behalten. Vielfach liegen dort auch Listen auf, in denen Begutachtungsstellen und Ärzte verzeichnet sind, die Gutachten erstellen dürfen. Das gilt auch für Kurse und Beratungsstellen, die Hilfestellung leisten können. Auch im Internet gibt es einschlägige Foren, wobei dabei sorgfältig darauf zu achten ist, dass diese seriös sind, was vielfach nicht der Fall ist. Ausführliche Informationen insbesondere zur Vorbereitung auf eine MPU sind über die Homepage der Bundesanstalt für Straßenwesen zu erlangen.[3] 7

II. Frühzeitige Darstellung der Problematik

1. Das Mandantengespräch

a) **Konfrontation mit den Folgen des Verlustes der Fahrerlaubnis.** Besonders schwierig ist das Mandantengespräch, wenn der Vorwurf der Trunkenheit im Straßenverkehr im Raum 8

---

[2] Soweit diese von der Staatsanwaltschaft oder dem Strafgericht angefordert wurden.
[3] http://www.bast.de/cln_033/nn_42258/DE/Qualitaetsbewertung/MPU/MPU.html.

steht. In aller Regel empfindet der Betroffene schon selbst, dass das Geschehen neben dem Vorwurf eines Gesetzesverstoßes ein charakterliches Defizit offenbart. Dies gilt insbesondere, wenn höhere Blutalkoholwerte gegeben sind, etwa ab dem markanten Wert von 1,6‰, bei dem eine medizinisch-psychologische Untersuchung obligatorisch ist.

9 Über das sich für den Betroffenen ergebende Schuldgefühl hinaus wird der Betroffene insbesondere alsbald nach dem Vorfall, wenn der Führerschein beschlagnahmt ist, sich seiner auf ihn zukommenden Schwierigkeiten bewusst. Diese ergeben sich dadurch, dass zB für die Fahrt zum Arbeitsplatz öffentliche Verkehrsmittel benutzt werden müssen oder er auf die Mitnahme durch andere angewiesen ist, abgesehen von der von dem Betroffenen häufig gefürchteten Schadenfreude Dritter.

In dieser Situation erwartet der Betroffene vom Anwalt Rat und weiterführende Hilfe.[4]

10 **b) Die notwendige Beratung.** In erster Linie ist daran zu denken, den Mandanten über den Gang des Verfahrens zu informieren. Insbesondere muss aber auch die durch die Alkoholauffälligkeit zum Ausdruck kommende Problematik angesprochen werden.

Der Betroffene, bei dem die festgestellte Blutalkoholkonzentration unter 1,6‰ lag und der Ersttäter ist, kann darüber belehrt werden, dass zunächst davon ausgegangen werden kann, dass nach aller Voraussicht nach Durchführung des strafgerichtlichen Verfahrens und nach Ablauf der in Betracht kommenden Sperrfrist die Fahrerlaubnis wieder erteilt wird. Es ist allerdings zu berücksichtigen, dass nach § 13 Abs. S. 1 Nr. 2 lit. d FeV eine MPU-Anordnung auch dann zu erwarten ist, wenn das Strafgericht eine Fahrerlaubnisentziehung wegen Alkoholmissbrauchs mit einer BAK weniger als 1,6‰ ausgesprochen hat. Die Vorschrift gilt nämlich auch dann, wenn die Entziehung nicht durch eine Verwaltungsbehörde, sondern auch durch ein Strafgericht erfolgt ist.[5] Hat das Strafgericht wegen einer Trunkenheitsfahrt mit einer BAK von 1,58‰ im Tatzeitpunkt eine Fahrerlaubnisentziehung ausgesprochen, kann im Wiedererteilungsverfahren ohne weitere Prüfung durch die Fahrerlaubnisbehörde von einem Alkoholmissbrauch im Sinne von § 13 S. 1 Nr. 1 lit. a FeV iVm Nr. 8.1 der Anlage 4 ausgegangen und eine MPU gefordert werden.[6] Die Praxis zeigt, dass die Behörden von dieser Möglichkeit verstärkt Gebrauch machen. Bei Mandanten, die eine Blutalkoholkonzentration haben, die nicht erheblich über 1,1‰ liegt und die Ersttäter sind, sollte auch die Möglichkeit der Abkürzung der Sperrfrist durch Teilnahme an einem geeigneten Seminar angesprochen werden.

11 Bei Mandanten mit höherer Blutalkoholkonzentration, die vor Wiedererteilung der Fahrerlaubnis erwartungsgemäß ein positives Gutachten einer amtlich anerkannten Begutachtungsstelle für Fahreignung beibringen müssen, ist deutlich die Problematik anzusprechen schon im frühen Stadium der anwaltlichen Beratung. Bereits zu Beginn der Verteidigertätigkeit im Ermittlungsverfahren sollte der Betroffene informiert werden über die Notwendigkeit und Möglichkeit, der Alkoholproblematik zu begegnen. Ebenso sollte er darauf hingewiesen werden, sich mit der Problematik der Begutachtung vertraut zu machen. Wichtig jedenfalls ist, die Zeit bis zur möglichen Neuerteilung der Fahrerlaubnis zu nutzen. Nach bisheriger Erfahrung ist es so, dass in diesem Stadium des Verfahrens lediglich der Blick auf die Durchführung des Strafverfahrens und ein möglichst günstiges Ergebnis gerichtet ist, nicht aber auf das sich anschließende Verfahren wegen der Neuerteilung der Fahrerlaubnis.

2. Information und Belehrung für Betroffene

12 Anzusprechen ist auch die – statistisch belegte – Erfahrung der Psychologen, dass bei Personen, die durch Alkoholfahrten auffällig geworden sind, eine erhöhte Rückfallgefahr besteht. Der Betroffene ist auch darüber zu belehren, dass neben der psychologischen Untersuchung zu den vorstehend angesprochenen Aspekten eine körperliche Untersuchung stattfindet zu Befunden, die Auskunft über möglichen Alkoholkonsum geben. Hierzu ist dem Mandanten von vornherein zu raten, durch den Arzt in regelmäßigen Abständen eine Unter-

---

[4] *Gehrmann* NZV 2004, 167.
[5] BVerwG NJW 2013, 3670 = zfs 2013, 593 = BA 2013, 252.
[6] VGH Baden-Württemberg SVR 2013, 108.

suchung der Leberwerte vornehmen zu lassen. Ein Erfolgserlebnis stellt es in der Regel für die Betroffenen dar, wenn die in zeitlichen Abständen durchgeführte Untersuchung der Leberwerte fortschreitend niedrigere Werte anzeigt. Das muss natürlich mit entsprechend verantwortungsbewusstem Umgang mit Alkohol einhergehen. Sinnlos ist es, vor den absehbaren Terminen zur Blutentnahme gezielt auf Alkohol zu verzichten, um anschließend wieder in alte Trinkgewohnheiten zurück zu fallen. Das ist auch deshalb abzuraten, weil jedenfalls bei Abhängigkeit nicht nur eine Prüfung der sogenannten Leberwerte, insbesondere des Gamma-GT-Wertes erfolgt, sondern der Ethylglucoronid-Wert (EtG) bestimmt wird. Hierzu wird im Regelfall eine Haarprobe entnommen, mit deren Hilfe Alkoholkonsum im nennenswerten Umfang für einen Zeitraum von mehreren Monaten nachgewiesen werden kann.

> **Praxistipp:**
> Wichtig ist jedenfalls, den Zeitraum des Strafverfahrens für Therapien, zB für die Teilnahme an einem geeigneten Seminar, einer verkehrspsychologischen Beratung oder sonstigen Rehabilitationsmaßnahmen, zu nutzen. Dies gilt nicht nur bei Alkoholproblematik, sondern auch für Mehrfach- bzw. Punktetäter.

Zusätzlich ist es sinnvoll, den Mandanten bereits über den Gang des Verwaltungsverfahrens bei Neuerteilung der Fahrerlaubnis zu informieren. Dies gilt insbesondere für den Fall, in dem die Anordnung zur Beibringung eines medizinisch-psychologischen Gutachtens zu erwarten ist. Insbesondere sind die unterschiedlichen Funktionen der Führerscheinstelle und der Untersuchungsstelle zu erläutern und das Ineinandergreifen von Abläufen bei diesen Verwaltungsverfahren. Dem Mandanten ist darzustellen, dass einmal das Verfahren auf Wiedererteilung der Fahrerlaubnis einzuleiten ist bei der Verwaltungsbehörde, die sich dann dazu äußert, ob und unter welchen Voraussetzungen die Fahrerlaubnis wieder erteilt wird. Danach und parallel dazu erfolgt die Anmeldung zur Untersuchung, wobei die Untersuchungsstelle wiederum die Führerscheinakte bei der Verwaltungsbehörde anfordert und im Übrigen erst tätig wird, wenn die anfallenden Kosten gezahlt werden. Sodann stellt sich die Frage bei negativem Ausgang des Verfahrens, ob das negative Gutachten der Führerscheinstelle vorgelegt wird.

Der Mandant sollte konkret über die Möglichkeiten der Vorbereitung auf die Begutachtung informiert werden. Dies geschieht primär im Mandantengespräch. Im Übrigen ist es aber auch sinnvoll, konkret über Vorbereitungsmaßnahmen zu informieren. Keineswegs hilfreich ist es, den Mandanten mit negativen Schilderungen über die medizinisch-psychologische Untersuchung zu verunsichern. Denn diese ist mit Abstand besser als ihr Ruf. So zeigt sich etwa, dass – im langjährigen Vergleich – mehr als die Hälfte der durchgeführten medizinisch-psychologischen Untersuchungen bei erstmals alkoholauffälligen Kraftfahrern positiv ausfallen, davon ca. 40 Prozent uneingeschränkt positiv und ca. 15 Prozent mit einer Nachschulungsanordnung nach § 70 FeV.[7]

3. Die Nutzung der Zeit ab – drohender – Entziehung der Fahrerlaubnis

Die Anordnung zur Beibringung eines positiven Gutachtens einer Begutachtungsstelle für Fahreignung kann unterschiedliche Anlässe haben. Einmal kann es gehen um die Wiedererteilung der Fahrerlaubnis nach Entzug durch das Strafgericht oder die Verwaltungsbehörde. Zum anderen kommt in Betracht Entzug der Fahrerlaubnis durch die Fahrerlaubnisbehörde, weil die Eignung eines Kraftfahrers zweifelhaft geworden ist.

In jedem Fall sollte der Zeitraum ab der Entziehung der Fahrerlaubnis oder bei Maßnahmen der Verwaltungsbehörde, gerichtet auf drohenden Entzug der Fahrerlaubnis, ge-

---

[7] Zahlen für 2013: 55,0 % positiv, 11,5 % mit Nachschulungsanordnung; über alle Untersuchungsanlässe hinweg lauten die Zahlen 57,5 % positiv, 6,7 % mit Nachschulungsanordnung (Quelle: Bundesanstalt für Straßenwesen).

nutzt werden, und zwar gerichtet auf die medizinische oder psychologische Problematik der Fahreignung. In medizinischer Hinsicht kommt in Betracht eine medizinische Untersuchung, insbesondere zu den für den Alkoholkonsum relevanten Faktoren. Weiter ist eine verkehrspsychologische Beratung oder die Teilnahme an entsprechenden Kursen in Erwägung zu ziehen.

17 Für den Fall des drohenden Entzuges der Fahrerlaubnis durch die Fahrerlaubnisbehörde wegen Eignungszweifeln ist eine Nachfrage bei der Fahrerlaubnisbehörde empfehlenswert, ob bei Anordnung der Entziehung von der Anordnung der sofortigen Vollziehbarkeit abgesehen wird, sofern eine solche nicht kraft Gesetzes besteht. Hier kann bei während der aufschiebenden Wirkung eines Rechtsbehelfs wertvolle Zeit gewonnen werden.

III. Vorbereitung auf Begutachtung für Fahreignung

1. Vorbereitung ist sinnvoll und notwendig

18 Derjenige, der eine Prüfung absolvieren muss, bereitet sich nach jeder Lebenserfahrung hierauf vor. Dies wird im Hinblick auf die Begutachtung für Fahreignung häufig übersehen oder vernachlässigt. Die Notwendigkeit der Vorbereitung hierzu ist vom Anwalt zu empfehlen und es sind hierzu Anleitungen zu geben.

19 Bei der in Betracht kommenden Vorbereitung und Anleitung für die Begutachtung für Fahreignung müssen die unterschiedlichen Anlässe der Begutachtung gesehen werden. Dies können einmal die unterschiedlichen Anlässe bei Eignungszweifeln sein sowie auch beim notwendigen Nachweis der Befähigung.

20 Bei Zweifeln an der Eignung sind die häufigsten Anlässe: Alkoholproblematik, insbesondere bei einer Blutalkoholkonzentration von 1,6‰ und höher, Probleme bei der Fahrerlaubnis auf Probe oder bei Eintragung von 8 Punkten und mehr im Fahreignungsregister sowie bei Drogenauffälligkeit; sonstige Anlässe sind erfahrungsgemäß seltener. Ebenso können Bedenken gegen die Eignung oder Befähigung zum Führen von Fahrzeugen bestehen, etwa bei älteren Personen. Aufgabe des beratenden Anwaltes ist es, hier konkrete Ratschläge zu geben und Hilfen anzubieten. Besondere Maßnahmen sind erfahrungsgemäß bei Drogenauffälligen erforderlich. Anders als Alkoholauffällige sind Drogenkonsumenten oft wenig einsichtsfähig im Hinblick auf die – scheinbare – Ungleichbehandlung etwa von Cannabis und Alkohol. Vielen, vor allem jungen Cannabiskonsumenten, ist nicht bekannt, dass auch bei fehlender Verkehrsauffälligkeit der Führerschein in Gefahr ist, etwa bei regelmäßiger Einnahme. Auch die Einnahme so genannter Party- oder Designerdrogen, also von Amphetamin und seinen Derivaten führt schon wie auch die Einnahme anderer harter Drogen (das sind – mit Ausnahme von Cannabis – im Wesentlichen alle, die unter das Betäubungsmittelgesetz fallen) bei einmaliger Einnahme grundsätzlich zum Verlust der Fahreignung. Das entspricht ständiger Rechtsprechung.[8] Hier besteht hoher Beratungsbedarf.

21 Bei einem Alkoholauffälligen stellt sich die Frage, ob einem Betroffenen lebenslange Abstinenz oder kontrolliertes Trinken zu empfehlen ist. Die Rechtsprechung geht unter Hinweis auf verkehrsmedizinische und verkehrspsychologische Erkenntnisse jedenfalls bei Blutalkoholwerten von 1,6‰ grundsätzlich von der Forderung nach einer stabilen, dh länger eingeübten Abstinenz aus. Der Anwalt sollte den Mandanten zur Vermeidung großer Enttäuschungen darauf hinweisen, dass das auf ihn zukommen kann. Bei Drogenkonsumenten ist absolute Abstinenz erforderlich. Eine Ausnahme gilt bei der Einnahme von Cannabis; hier ist auch der Wechsel zu einem fahrerlaubnisrechtlich nicht relevanten Konsummuster möglich.

2. Möglichkeiten der Vorbereitung auf die Begutachtung

22 a) **Medizinische Fragen.** aa) *Erkrankungen und Mängel, die die Eignung beeinträchtigen.* Gemäß Anlage 4 zur FeV sind Erkrankungen und Beeinträchtigungen, die die Eignung zum

---

[8] Vgl. etwa OVG Sachsen-Anhalt BA 2011, 115; VG Saarlouis BA 2011, 371; VG Gelsenkirchen BA 2011, 372; VG Gelsenkirchen BA 2013, 210; VG Hamburg BA 2013, 208 jeweils mwN.

Führen von Kraftfahrzeugen längere Zeit beeinträchtigen oder aufheben können, im Wesentlichen folgende:
- Mangelndes Sehvermögen (§ 12 Abs. 8 FeV und Anlage 6)
- Schwerhörigkeit und Gehörlosigkeit
- Bewegungsbehinderungen
- Herz- und Gefäßkrankheiten
- Zuckerkrankheit
- Krankheiten des Nervensystems
- Psychische Störungen
- Nierenerkrankungen
- Organtransplantationen sowie
- Lungen- und Bronchialerkrankungen.

Die Aufzählung ist nicht abschließend; es handelt sich vielmehr um die häufiger auftretenden Erkrankungen und Beeinträchtigungen, die erfahrungsgemäß negativen Einfluss auf die Fahreignung haben.

bb) Vorbereitende ärztliche Untersuchung. Grundsätzlich ist es empfehlenswert, bei krankheitsbedingten Eignungszweifeln schon Wochen oder möglichst Monate vor der anstehenden Begutachtung eine Untersuchung durch den Haus- oder Facharzt zu den in Rede stehenden Erkrankungen durchführen zu lassen. Bei negativen Untersuchungsbefunden sollten Therapien eingeleitet werden. Eine Bescheinigung über Befunde, durchgeführte Therapien und den gesundheitlichen Zustand sollte zur Verfügung gehalten werden für die Untersuchung. Es ist nämlich davon auszugehen, dass auch bei der Begutachtung für Fahreignung eine medizinische Untersuchung stattfindet.

Bei Alkoholproblematik ist es unbedingt ratsam, schon rechtzeitig die Leberwerte überprüfen zu lassen. Sind die festgestellten Werte wegen der Einnahme von Medikamenten oder bestehender Krankheit erhöht, so empfiehlt es sich dringend, diese Problematik durch einen Arzt bescheinigen zu lassen. Diese Bescheinigung sollte dann dem Arzt und Psychologen anlässlich der Begutachtung vorgelegt werden. Darüber hinaus sollte in jedem Fall, auch wenn die Begutachtung nicht wegen des Vorliegens krankheitsbedingter Eignungsmängel angeordnet wurde, eine Untersuchung durch den Haus- oder einen Facharzt erfolgen.

b) Beratung durch Psychologen. Es ist empfehlenswert und lohnend, vor Durchführung der Begutachtung bei einer medizinisch-psychologischen Untersuchung zuvor einen anerkannten, seriösen Psychologen aufzusuchen und sich von diesem eingehend informieren und beraten zu lassen. In Betracht kommt auch, sich einer individual-psychologischen Verkehrstherapie zu unterziehen. Es ist darauf zu achten, dass es sich um seriöse Berater handelt. Es gibt keine gesetzlichen Zulassungsschranken für „MPU-Berater", so dass sich hier ein unübersichtlicher Markt etabliert hat, in dem sich vielfach auch Personen finden, die weder über das erforderliche Fachwissen verfügen noch realistische Perspektiven aufzeigen können, wie etwaige Fehleinstellungen behoben werden können. Möglicherweise kann eine Nachfrage bei der Fahrerlaubnisbehörde helfen. Kriterien für die Feststellung, ob es sich um einen seriösen Anbieter handelt sind etwa:

- Seriöser, renommierter Träger der Beratungsstelle.
- Kostenlose Erstgespräche zum Kennenlernen
- Nachweis der Qualifikation (Diplom in Psychologie oder ein vergleichbarer Masterabschluss)
- Vorlage eines klaren Kurs- oder Beratungskonzepts
- Kosten- und Leistungstransparenz; Vorsicht ist bei Kombiangeboten (Beratung und Therapie) angebracht; hier muss klar sein, welche Gebühr für welche Maßnahme verlangt wird; es muss klar erkennbar sein, dass beide unabhängig voneinander angeboten werden
- Keine Werbung mit Erfolgsquoten
- Keine Garantien insbesondere Geld-zurück-Garantie bei Nichtbestehen der MPU
- Seriöse Werbeauftritte, Vermeidung des diskriminierenden Begriffs „Idiotentest"
- Vorhandensein von Praxisräumen, keine Beratung in Privaträumen oder Hotels

- Keine gleichzeitige Vermittlungstätigkeit von Krediten zur Finanzierung der MPU oder von Vorbereitungsmaßnahmen
- Keine Werbung mit Führerschein ohne MPU.
  Realistische Preise. Hier lohnt es sich, verschiedene Anbieter zu vergleichen.

27 In jedem Fall sollte nach einer durchgeführten Beratung oder Behandlung der Psychologe einen ausführlichen Bericht zur Vorlage bei der Gutachterstelle und der Fahrerlaubnisbehörde erstellen.

Praxistipp:

Der in Verkehrssachen tätige Anwalt sollte Namen und Anschriften von Verkehrspsychologen zur Verfügung halten und dem Mandanten mitteilen. Ebenso sollte der Anwalt informieren über verkehrspsychologische Interventionsprogramme.

28 c) **Spezielle Vorbereitungskurse.** Zur Vorbereitung auf die Begutachtung für Fahreignung kommen auch spezielle Vorbereitungskurse in Betracht.[9] Hier kann der Anwalt einerseits kaum selbst detaillierte Informationen geben, andererseits aber auf die Schwierigkeit des Begutachtungsablaufes hinweisen und Empfehlungen zur Vorbereitung geben.[10] Auch hier ist darauf zu achten, dass nur seriöse Anbieter empfohlen werden.

3. Die Begutachtung für Fahreignung und das richtige Verhalten – Ratschläge an den Mandanten

29 a) **Vor der MPU.** Dem Mandanten ist zu empfehlen:
- In ausgeruhtem Zustand erscheinen, nicht etwa im Anschluss an eine Nachtschicht, ausgiebig schlafen.
- Vorher absolut keinen Alkohol trinken und keine Aufputsch- oder Beruhigungsmittel einnehmen. Diese beeinflussen erkennbar das Verhalten und setzen die Fähigkeit zu klarem Denken und schnellen folgerichtigen Reaktionen herab.
- Möglichst keine Medikamente einnehmen. Bei Notwendigkeit zur Einnahme von Medikamenten sollte hierüber der Arzt bei der Begutachtung informiert werden (Beipackzettel des Medikamentes ist mitzunehmen). Sinnvoll kann es in diesem Zusammenhang auch sein, sich eine Bestätigung des Arztes, der das Medikament verschrieben hat, ausstellen zu lassen, damit keine Zweifel über die Ordnungsmäßigkeit der Einnahme des Arzneimittels auftreten können.
- Unauffällige Kleidung.

30 b) **Das richtige Verhalten während der Begutachtung**
- Rechtzeitiges Erscheinen.
- Sich stets vergegenwärtigen, ruhig zu bleiben, auch bei längerer Wartezeit. Bei Wartezeiten ist das Lesen positiver Lektüre zu empfehlen.
- Es ist empfehlenswert, keine Einwände gegen eine Tonbandaufnahme zu haben und dies auch zu äußern. Tonbandaufnahmen können bei späteren Unklarheiten über den Ablauf der Untersuchung ein wichtiges Beweismittel und Hilfe sein. Dass vom Mandanten ein Tonmitschnitt gefordert wird, stellt kein Misstrauen gegen den Untersuchenden dar, sondern dient ausschließlich für die Transparenz der Anamnese und der Exploration.[11] Gegebenenfalls wird für die Anfertigung der Tonaufnahme eine zusätzliche Gebühr verlangt, über deren Höhe man sich vorab erkundigen sollte.
- Durch Zuversicht über einen positiven Verlauf Lampenfieber und Prüfungsangst vermeiden.

---

[9] Hierzu auch *Geiger* SVR 2006, 447.
[10] Vgl. *Himmelreich* DAR 2004, 8 sowie *ders.* DAR 2005, 130.
[11] Vgl. hierzu Begutachtungskriterien Begutachtung in der Fahreignungsbegutachtung 8.4.2 (S. 342) und 8.4.4 (S. 346): Tonmitschnitt als Zusatzleistung auf Wunsch des Klienten.

- Absolut unratsam ist es, Zweifel am Sinn der Untersuchung und an der Qualität zu äußern.
- Probleme nicht auf andere, sondern auf sich selbst beziehen und hiermit auseinander setzen.
- Vorwürfe gegen Polizei und Justiz helfen nicht. Auch das Pechvogelsyndrom ist nicht hilfreich. Dies führt schnell – und berechtigterweise – zu der Annahme von „Uneinsichtigkeit" und eigener „Kritiklosigkeit".
- Die Wahrheit ist am sichersten, und hierdurch werden Widersprüche vermieden. So ist es bei einem kurz nach einer Verkehrsteilnahme labormäßig nachgewiesenem Cannabiskonsum sinnlos, zu behaupten, man habe am Tag zuvor einen Joint geraucht. Angesichts der dem Sachverständigen bekannten Abbaugeschwindigkeit des Wirkstoffs THC wird eine solche Einlassung schnell als Lüge oder Schutzbehauptung entlarvt.
- Bagatellisierung von Trinkmengen ist kontraproduktiv. Aufgrund der festgestellten Alkoholwerte lässt sich ohne weiteres auf die – ungefähre – Trinkmenge schließen.
- Bei hoher Alkoholisierung (Blutalkoholkonzentrationen von 1,6‰ und mehr) sind die früherer Trinkgewohnheiten ehrlich zu schildern; ein „Ausrutscher" ist hier grundsätzlich auszuschließen.
- Auf Fragen, die als suggestiv empfunden werden, sollte man gelassen reagieren. So kann man zB auf die Frage: „Sie haben also soundso viel getrunken?" etwa wie folgt antworten: „Zur Menge des Trinkens und zum Ablauf kann Folgendes gesagt werden: ......". Problematisch kann auch zB die Frage sein: „Sie haben also früher mehr Alkohol getrunken als heute?". Durch diese Fragestellung werden zwei – negative – Verhaltensweisen bzw. Trinkmengen verglichen. Hier sollte man auf die jeweiligen Zeitpunkte abstellen und entsprechend differenziert antworten.
- Speziell ausländische Probanden, die nicht sicher in der deutschen Sprache sind, können die Hilfe vereidigter Dolmetschers in Anspruch nehmen.
- Grundsätzlich wird nach Beendigung der eigentlichen Exploration eine Rückmeldung durch den Psychologen gegeben. Diese kann sich – vor allem wenn keine Tonaufnahme erfolgt – damit beginnen, dass das Ergebnis des Untersuchungsgesprächs anhand der Aufzeichnungen rekapituliert wird. Das sollte man aufmerksam verfolgen, ob sich irgendwelche Missverständnisse ergeben haben; ist das der Fall, sollte freundlich und sachlich auf deren Beseitigung hingewirkt werden. Regelmäßig wird der Psychologe auch schon eine Einschätzung geben, welches Ergebnis die Exploration voraussichtlich erbracht hat. Ist das negativ, sollte man nachfragen, welches die tragenden Gründe hierfür waren; vielleicht gelingt noch eine Richtigstellung.

4. Information über den Ablauf der Begutachtung

a) **Allgemeines.** Dankbar ist der Mandant, der mit seiner anstehenden Begutachtung für Fahreignung konfrontiert wird, über den Ablauf informiert zu werden. Zunächst ist der Mandant bzw. der zu Untersuchende darüber zu informieren, dass die Fahrerlaubnisbehörde die Führerscheinakte der Untersuchungsstelle zugeschickt hat. Arzt und Psychologe kennen also alle Fakten zur Problematik der Erteilung, des Entzuges, der Neuerteilung und meist auch die Akte des vorangegangenen Strafverfahrens.

Auch ist davon auszugehen, dass anhand des Akteninhaltes alle Vorfälle, zu denen eine Verurteilung erfolgt ist, bekannt sind. Dies betrifft auch Eintragungen in das Fahreignungsregister, die nach den einschlägigen Bestimmungen bereits gelöscht sind. Nicht immer sind diese aus den Akten entfernt oder als unverwertbar kenntlich gemacht.

Von Wichtigkeit ist häufig der Inhalt des Protokolls über die Entnahme der Blutprobe. Aus bestimmten Verhaltensweisen, speziell zB wenn jemand bei der Blutprobe und der hiermit verbundenen Untersuchung trotz eines relativ hohen Alkoholwertes ein sicheres Verhalten zeigt, wird – zu Recht – angenommen, dass er an Alkohol gewöhnt ist.

b) **Die medizinische Untersuchung.** Die medizinische Untersuchung besteht aus verschiedenen Schritten; regelmäßig findet folgender Ablauf statt:

- Familien- und Eigenanamnese
- Internistische Untersuchung
- Neurologische Untersuchung, zB Untersuchungen auf Reflexverhalten, Zittern von Händen, Kopf- und Augenlidern
- Laboruntersuchungen, betreffend Urin, Blut, Leberwerte.

Wichtig ist zu beachten, dass gegenüber dem untersuchenden Arzt und dem Psychologen übereinstimmende Erklärungen und Darstellungen gegeben werden.

35 c) **Untersuchung durch den Psychologen.** Die Untersuchung durch den Psychologen verläuft in der Regel wie folgt mit folgendem Inhalt:
- Klärung des Lebenslaufs sowie persönlicher Daten zu Elternhaus, Ausbildung, Beruf, Familienstand, Kindern, Krankheiten, Operationen, Freizeitgestaltung. Insbesondere wird nach den Gewohnheiten des Alkoholgenusses und des Rauchens gefragt.
- Klärung und Erörterung zum Ablauf und zu Ursachen von Gesetzesverstößen. Hierbei beziehen die Klärungen sich auf die Darstellung aus der Sicht des Betroffenen sowie hieraus gezogenen Folgerungen.

36 Bei **Alkoholfahrten:**
- Hier werden regelmäßig erörtert Trinkmenge und Zeitrahmen des Trinkens.
- Darstellung des Geschehens, also der Trunkenheitsfahrt.
- Erörterung der früheren und jetzigen Trinkgewohnheiten, insbesondere Fragen nach Häufigkeit und Art des Alkoholgenusses.
- Bei geändertem Trinkverhalten werden Gründe und Motive erfragt.
- Bei Darstellung des geänderten Verhaltens wird nach Erklärungen gefragt, speziell dahin gehend, in welchem Umfang und aus welchem Grund der Alkoholkonsum reduziert oder eingestellt wurde.
- Erörterungen über Wirkungen von Alkohol auf das Fahrverhalten.
- Fragen der Berechnung der BAK.
- Alkoholabbau.
- Problematik des Restalkohols.

37 Bei **Drogenproblematik:**
- Art der konsumierten Drogen, etwaiger Beigebrauch anderer berauschender Mittel wie zB Alkohol.
- Konsumfrequenz.
- letzter Drogenkonsum.
- derzeitiger Konsum.
- Dauer und Stabilität einer Abstinenz.
- Änderung der Lebensumstände.
- Grund für die Einnahme von Drogen, Bewältigung des dahinter stehenden Problems.
- Kenntnisse über Wirkungsweise von Drogen und die Folgen für die Fahrtüchtigkeit.

38 Bei Verkehrsverstößen **ohne Alkohol und Drogen:**
- Erörterung des Tatgeschehens.
- Erklärungen für das strafbare oder ordnungswidrige Verhalten.
- Klärung zur Einstellung zu dem vorangegangenen Verhalten.
- Strategie zur Vermeidung weiterer Verkehrsauffälligkeit.

39 d) **Leistungstests, Gerätetests.** Durch Tests anhand von Geräten und Testbögen erfolgt eine Prüfung
- der Leistungsfähigkeit und des Verhaltens unter Leistungsdruck
- der Schnelligkeit und Genauigkeit der optischen Wahrnehmung
- des Reaktionsvermögens, speziell Reaktionsgenauigkeit, -schnelligkeit und -sicherheit bei schnell wechselnden optischen und akustischen Signalen
- der Konzentrationsfähigkeit
- der allgemeinen Leistungsfähigkeit in Stresssituationen.

40 e) **Prüfung des theoretischen Verkehrswissens.** Die Prüfung erfolgt verbal oder anhand von Fragebögen.

5. Beratung bei negativem Ergebnis der Begutachtung

a) (Keine) Weitergabe des Gutachtens an die Fahrerlaubnisbehörde. Dem Mandanten ist von vornherein zu empfehlen, schon bei Erteilung des Auftrages einer schon in diesem Stadium erfragten Zustimmung zur Weitergabe des Gutachtens an die Fahrerlaubnisbehörde nicht zuzustimmen. Die Entscheidung hierüber ist vorzubehalten.

Bei Vorliegen eines negativen Ergebnisses sollte das Gutachten keinesfalls ohne Rücksprache mit dem Anwalt an die Fahrerlaubnisbehörde weitergeleitet werden. Für den anwaltlich vertretenen Mandanten kann insoweit der Fahrerlaubnisbehörde Folgendes mitgeteilt werden:

> **Formulierungsvorschlag:**
> Ein Gutachten kann aus folgenden Gründen . . . . . . noch nicht vorgelegt werden.
> Zu gegebener Zeit erfolgt hierzu eine Mitteilung.
> Es wird gebeten, die Akte auf Frist für die Dauer von . . . . . . Monaten zu nehmen.

Wichtig ist zu wissen, dass die Fahrerlaubnisbehörde, die die Aushändigung des Gutachtens anfordert, diese nicht erzwingen kann. Allerdings ist zu bedenken, dass bei Nichtvorlage des Gutachtens innerhalb der von der Behörde gesetzten Frist auf die Ungeeignetheit des Betroffenen nach § 11 Abs. 8 S. 1 FeV geschlossen werden kann. Es ist deshalb in jedem Fall notwendig, mit der Behörde Kontakt aufzunehmen und sie dazu zu bewegen, die Frist bis zur Vorlage eines neuen Gutachtens zu verlängern. Das bedarf jedoch guter Gründe; allein der Hinweis, das bisherige Gutachten werde nicht vorgelegt, wird kaum genügen.

b) Folgerungen aus negativem Gutachten. Zunächst ist genau zu analysieren, aus welchem Grund das Gutachten negativ ausgefallen ist.

Bei einem negativen Gutachten aufgrund medizinischer Befunde ist es empfehlenswert, die Ursachen für die medizinischen Probleme auszuräumen und die Untersuchung zu wiederholen.

Im Übrigen sind die Aspekte, die zu dem negativen Ergebnis geführt haben, zu ermitteln und zu analysieren. Aus Gründen für ein negatives Gutachten sollten Folgerungen gezogen werden, quasi als Vorbereitung für die sicherlich notwendige nächste Untersuchung.

In Betracht kommt etwa, dem Mandanten zu empfehlen, sich an einen renommierten Verkehrspsychologen zu wenden und mit diesem das Gutachten unter fachlichen Gesichtspunkten durchzugehen. Ebenso ist es möglich, sich bei einem erfahrenen Psychologen einer Nachschulung oder einer verkehrstherapeutischen Einzelbehandlung zu unterziehen. Hierdurch können sicherlich die Chancen des Mandanten auf ein positives Gutachten verbessert werden.

Zu denken ist auch an die Empfehlung, an speziellen Nachschulungskursen oder weiteren Vorbereitungskursen teilzunehmen.

IV. Gebühren und Kosten für die Teilnahme an Kursen und Begutachtung

1. Verwaltungsgebühren

Die anfallenden Verwaltungsgebühren richten sich nach der Gebührenordnung für Maßnahmen im Straßenverkehr. Ihre Höhe richtet sich nach der Art der in Rede stehenden Mängel.

2. Die Kosten der Begutachtung

Die Kosten für die Begutachtung richten sich nach dem erbrachten Arbeitseinsatz. Die Untersuchungsstellen bieten in aller Regel Übersichten über die anfallenden Kosten. Sie sind in der Gebührenordnung für Maßnahmen im Straßenverkehr (GebOSt) geregelt. Sie betragen für Alkohol- und Drogenuntersuchungen 338,– EUR netto. Bei kombinierten Fragestellungen erhöht sich die Untersuchungsgebühr um die Hälfte der jeweils höchsten Teilgebühr. Drogenuntersuchungen sind in der Regel teurer, weil hier regelmäßig ein Drogenscreening mit einer zusätzlichen Gebühr von 128,– EUR anfällt. Hinzu können weitere Kosten für Sonderleistungen wie Tonbandmitschnitt, für Zweitschriften und Gutachtenversand kommen. Die Gesamtkosten können daher bis zu 500,– EUR betragen. Aus Erfahrung kann gesagt werden, dass die Kosten für ein Obergutachten – je nach Aufwand und Obergutachtenstelle – mindestens bei 2.000,– EUR liegen. Derartige Stellen sind aber nicht als Ersteller von Fahreignungsgutachten anerkannt und können, soweit eine entsprechende Einrichtung im jeweiligen Bundesland überhaupt existiert, nur bei speziellen Fragestellungen herangezogen werden; hierzu bedarf es stets einer Vereinbarung mit der Fahrerlaubnisbehörde, um eine Obergutachterstelle einschalten zu können.

3. Kosten für Teilnahme an Kursen

48   Ein einheitliches Kostentableau für die Kosten der Teilnahme an Aufbauseminaren und verkehrspsychologischen Beratungen steht nicht zur Verfügung. Auskünfte über anfallende Kosten für die einzelnen Arten des Aufbauseminars und der verkehrspsychologischen Beratung erteilen die hierfür zuständigen Stellen.

49   Die Kosten für Maßnahmen zum Abbau des Punktekontos, also zur Erlangung des Punkterabattes, die durch Fahrschulen durchgeführt werden, sind zu erfragen bei den hierfür zugelassenen Fahrschulen.

4. Anwaltsgebühren

50   Der Anwalt kann – außerhalb des verwaltungsgerichtlichen Verfahrens[12] – zunächst die gesetzlichen Gebühren erheben. In Betracht kommt der Anfall der Gebühr für Beratung oder auch bei Korrespondenz mit der Fahrerlaubnisbehörde oder Begutachtungsstelle. Auch kommt in Betracht, wenn zB eine unstreitige Regelung erreicht wird, dass der Anfall einer Vergleichsgebühr gerechtfertigt ist.

51   In aller Regel dürften aber, jedenfalls wenn die wirtschaftlichen Verhältnisse des Mandanten es rechtfertigen, die Bemühungen eines kompetenten und qualifiziert arbeitenden Anwaltes kaum durch die gesetzlichen Gebühren abzugelten sein. Hier erscheint es empfehlenswert, eine **Vergütungsvereinbarung** zu treffen. Diese kann einen aus Erfahrung gerechtfertigten Pauschalbetrag beinhalten oder auch nach Zeitaufwand ein Zeithonorar.

---

[12] Zu den Streitwerten im verwaltungsgerichtlichen Verfahren vgl. *Geiger* DAR 2014, 57.

§ 9 Rechtsmittel und Rechtsmittelverfahren

Übersicht

	Rn.
I. Maßnahmen außerhalb des förmlichen Rechtsmittelverfahrens	1–8
1. Die Anordnung zur Beibringung eines Gutachtens	1–5
2. Ziel: Beschleunigung des Verfahrens	6
3. Erörterung mit der Fahrerlaubnisbehörde	7
4. Dienstaufsichtliche Maßnahmen	8
II. Die einzelnen Rechtsmittel	9–70
1. Grundsätzliches	9–15
a) Möglichkeit des Widerspruchs und der Klage	9
b) Spezielle Einzelfälle	10–15
2. Widerspruch	16/17
3. Klage zum Verwaltungsgericht	18–34
a) Form und Frist	18/19
b) Verfahrensgrundsätze	20–25
c) Anfechtungsklage	26/27
d) Musterklagen	28/29
e) Verpflichtungsklage	30–33
f) Vorbeugende Feststellungsklage	34
4. Vorgehen gegen Anordnung der sofortigen Vollziehung	35–49
a) Die Anordnung der sofortigen Vollziehung	35–37
b) Die gerichtliche Prüfung und Aussetzung der sofortigen Vollziehung	38–46
c) Fälle der gesetzlich angeordneten sofortigen Vollziehung	47/48
d) Musterantrag auf Aussetzung der sofortigen Vollziehung	49
5. Beschwerde	50–52
6. Berufung	53–62
7. Revision/Sprungrevision	63/64
8. Wiedereinsetzung	65–70
a) Wiedereinsetzung im Verwaltungsverfahren	65/66
b) Wiedereinsetzung im gerichtlichen Verfahren	67/68
c) Anfechtung der Wiedereinsetzungsentscheidung	69/70
III. Streitwert	71/72
Vorläufiger Streitwert	71
Endgültiger Streitwert	72

Schrifttum: Bode/Winkler, Fahrerlaubnis, 5. Aufl. 2006; *Eyermann*, Verwaltungsgerichtsordnung, 14. Aufl. 2014; *Geiger*, Anfechtbarkeit einer MPU-Anforderung, ZVS 2013, 260; *ders.* Anfechtbarkeit einer MPU-Anordnung, SVR 2014, 92; *ders.* Die Fragestellung bei Anforderung eines Fahreignungsgutachtens, ZVS 2013, 189; *ders.* Die Erteilung einer Fahrerlaubnis unter Auflagen, ZVS 2013, 46; *ders.* Durchsetzung von fahrerlaubnisrechtlichen Nebenbestimmungen, DAR 2012, 663; *ders.* Amtsermittlung und Beweiserhebung im Verwaltungsprozess, BayVBl. 1999, 321; *ders.*, Gerichtskosten und Streitwerte in verkehrsverwaltungsrechtlichen Streitigkeiten, DAR 2005, 491; *ders.* Die Neuregelung des Widerspruchsverfahrens durch das AGVwGO, BayVBl 2008, 161; *ders.*, Die mündliche Verhandlung im Verwaltungsprozess, BayVBl. 2006, 421; *Hillmann*, Reform der MPU, DAR 2014, 134; *Himmelreich/Janker/Karbach*, Fahrverbot, Fahrerlaubnisentzug und MPU-Begutachtung im Verwaltungsrecht, 8. Aufl. 2007; *Kopp/Ramsauer*, Verwaltungsverfahrensgesetz, 15. Aufl. 2014; *Kopp/Schenke*, Verwaltungsgerichtsordnung, 20. Aufl. 2014; *Mahlberg*, Aufforderung zur Beibringung eines medizinisch-psychologischen Fahreignungsgutachtens nach verkehrsrechtlichen/strafrechtlichen Zuwiderhandlungen, DAR 2011, 669; *Müller-Rath*, Anfechtbarkeit der fahrerlaubnisbehördlichen Anordnung, ein MPU-Gutachten beizubringen, ZVS 2013, 239; *Weber*, Zum Rechtsschutz gegen die Anordnung der Fahrerlaubnisbehörde zur Beibringung eines Fahreignungsgutachtens, ZVS 2013, 242.

I. Maßnahmen außerhalb des förmlichen Rechtsmittelverfahrens

1. Die Anordnung zur Beibringung eines Gutachtens

Die Anordnung einer ärztlichen Begutachtung ist geregelt in § 11 Abs. 2 FeV. Für die Anordnung, ein medizinisch-psychologisches Gutachten vorzulegen, enthält § 11 Abs. 3 FeV   1

Regelungen. Eine Begutachtung kommt nur dann in Frage, wenn durch Tatsachen begründete Eignungszweifel vorliegen. Steht die Nichteignung zur Überzeugung der Fahrerlaubnisbehörde fest, kann nach § 11 Abs. 7 FeV eine Gutachtensanforderung unterbleiben. Wird ein zu Recht gefordertes Gutachten nicht beigebracht, kann die Behörde gemäß § 11 Abs. 8 FeV auf die Ungeeignetheit der Betreffenden schließen.

2 Die Anordnung zur Begutachtung ist nicht isoliert anfechtbar. Die Anordnung der Begutachtung ist eine unselbstständige Maßnahme zur Beweiserhebung bei der Prüfung der Eignung oder Nichteignung zum Führen von Kraftfahrzeugen.[1] Der Betreffende wird lediglich aufgefordert, eine notwendige Mitwirkungshandlung vorzunehmen um der Behörde die gebotene Sachaufklärung zu ermöglichen. Es wird somit nicht unmittelbar in seine Rechtsstellung eingegriffen. Dass das Gesetz die Weigerung, dem nachzukommen, insoweit sanktioniert, als es der Fahrerlaubnisbehörde unter den in § 11 Abs. 8 FeV näher umschriebenen Umständen erlaubt, auf seinen Fahrungeeignetheit zu schließen, ändert daran nichts. Ein Eingriff in seine Rechtsstellung erfolgt erst durch die darauf beruhende Folgemaßnahme, nämlich die Entziehung oder die Verweigerung der Neuerteilung der Fahrerlaubnis. Ob es sich um einen Verwaltungsakt handelt, bedarf keiner Klärung, weil § 44a VwGO in jedem Fall eine isolierte Überprüfung ausschließt. Erst die Maßnahme selbst, etwa die Entziehung der Fahrerlaubnis wegen Nichtbeibringung des Gutachtens stellt einen anfechtbaren Verwaltungsakt dar; im Rahmen dieses Verfahrens ist inzident zu prüfen, ob die Gutachtensanforderung rechtens war. Es sind deshalb gegen das Verlangen, ein Gutachten vorzulegen, weder Widerspruch noch Anfechtungsklage möglich. Gleiches gilt für entsprechende Anträge auf einstweiligen Rechtsschutz.[2] Auch eine vorbeugende Unterlassungsklage[3] gegen eine drohende Gutachtensanforderung scheidet im Regelfall aus. Denn die Voraussetzungen hierfür – schwere nicht oder nur schwer zu beseitigende Schäden, kein anderes Mittel zu deren Verhinderung – werden kaum gegeben sein; der Betreffende kann bei einer sofort vollziehbaren Fahrerlaubnisentziehung wegen Nichtbeibringung verwaltungsgerichtlichen Eilrechtsschutz in Anspruch nehmen oder hat, wenn kein Sofortvollzug angeordnet wird, den Suspensiveffekt des § 80 Abs. 1 VwGO. Eine indirekte Möglichkeit, die Gutachtensanforderung gerichtlich überprüfen zu lassen, besteht durch Anfechtung der damit verbundenen Kostenentscheidung. Nach § 13 Abs. 1 S. 3 BGebG, das nach § 6a Abs. 3 StVG auch für die von den Landesbehörden durchgeführten Fahrerlaubnisverfahren gilt, werden Gebühren, die bei richtiger Sachbehandlung nicht entstanden wären nicht erhoben. Im Rahmen der Überprüfung der Kostenentscheidung (§ 20 Abs. 1 S. 1 2. Alt. BGebG) ist vom Gericht inzident zu prüfen, ob die Gutachtensanforderung rechtmäßig war.

3 Die derzeitige Rechtslage wird als unbefriedigend empfunden.[4] Denn dem Betroffenen wird ein nicht unerhebliches Risiko aufgebürdet. Er muss sorgfältig prüfen, ob die Aufforderung der Behörde, ein Fahreignungsgutachten vorzulegen, in formeller und materieller Hinsicht rechtmäßig ist. Verneint er die Frage und kann er die Behörde nicht von der Richtigkeit seiner Ansicht überzeugen, besteht die Gefahr, dass ihm die Fahrerlaubnis wegen unberechtigter Nichtvorlage des Gutachtens entzogen wird. Verzichtet die Behörde auf die Anordnung der sofortigen Vollziehung gemäß § 80 Abs. 2 Nr. 4 VwGO haben seine Rechtsbehelfe gegen die Fahrerlaubnisentziehung gemäß § 80 Abs. 1 VwGO aufschiebende Wirkung mit der Folge, dass er bis zum rechtskräftigen Abschluss des Verfahrens im Besitz

---

[1] BVerwG NZV 1996, 84; BayVBl. 1995, 59; DAR 1994, 372; BVerwGE 34, 248/249; ständige Rechtsprechung; vgl. auch BayVGH NJW 1968, 469 sowie *Eyermann/Geiger* § 44a Rn. 9; *Geiger* ZVS 2013, 260; *ders.*, DAR 2001, 488; *Himmelreich/Janker/Karbach* Rn. 1005; *Müller-Rath* ZVS 2013, 239; *Weber* ZVS 2013, 242; aA *Hillmann* Anmerkung zu VG Oldenburg vom 15.6.2012 - 7 B 364/12, DAR 2012, 533/534; *Mahlberg* DAR 2011, 669; *Schreiber* ZRP 1999, 519; *Grünning/Ludovisy* DAR 1993, 53; vgl. auch *Bode/Winkler* § 10 Rn. 5; *Himmelreich/Halm/Mahlberg* Kap. 35 Rn. 489 und aus verkehrspsychologischer Sicht *Müller* DAR 2006, 534.
[2] BVerwG NVwZ-RR 1997, 663; OVG Nordrhein-Westfalen NJW 1981, 70.
[3] So *Ferner/Ebner* § 56 Rn. 39.
[4] Der Verkehrsgerichtstag 2014 hat dementsprechend gefordert, dass die Gutachtensanforderung einer isolierten verwaltungsgerichtlichen Kontrolle unterworfen werden soll (hierzu *Hillmann* DAR 2014, 134/139; *Born* NZV 2014, 154 und *Janker* SVR 2014, 77 je mit Wiedergabe der Empfehlungen des entsprechenden Arbeitskreises; vgl. auch die Zusammenfassung des Verlaufs der Beratungen BA 2014, 66/71).

seiner Fahrerlaubnis bleibt. Ordnet die Fahrerlaubnisbehörde aber – wie vielfach üblich – den Sofortvollzug an, muss er vor dem Verwaltungsgericht einen Antrag nach § 80 Abs. 5 VwGO stellen. Das bedeutet für ihn, dass er bis zu einer positiven Entscheidung des Gerichts vorübergehend ohne Fahrerlaubnis ist. Das führt nicht zu einem Verstoß gegen die durch Art. 19 Abs. 4 GG normierte Gewährleistung effektiven Rechtsschutzes. Der Grundsatz des geltenden Verwaltungsprozessrechts, dass regelmäßig nur nachgängiger Rechtsschutz gegen belastende behördliche Maßnahmen gewährt wird, gilt im Bereich des gesamten Verwaltungsrechts und stellt keine Besonderheit des Fahrerlaubnisrechts dar. Nicht zu verkennen ist, dass das gleichwohl eine erhebliche Belastung für den Betreffenden darstellt. Es wird deshalb zu Recht gefordert, dass der Gesetzgeber reagieren muss, um die Rechtslage zu ändern. Eine Möglichkeit bietet sich im Hinblick auf § 44a S. 2 VwGO an. Danach ist isolierter verwaltungsgerichtlicher Rechtsschutz zulässig, wenn die Vorbereitungs- oder Verfahrenshandlung vollstreckbar ist. Der hier verwendete Begriff der Vollstreckbarkeit bezieht sich auf den im Recht der Verwaltungsvollstreckung verwendeten; Die Anordnung der sofortigen Vollziehbarkeit einer behördlichen Maßnahme durch den Gesetzgeber ist regelmäßig ein Hinweis, dass es sich trotz ihrer Einordnung als vorbereitende Verfahrenshandlung um einen vollstreckungsfähigen Verwaltungsakt im Sinne des § 44a S. 2 VwGO handelt. So ist die Anordnung der Verkehrsbehörde gegenüber dem Inhaber einer Fahrerlaubnis auf Probe, an einem Aufbauseminar teilzunehmen (§ 2a Abs. 2 S. 1 Nr. 1 und Abs. 4 S. 2 StVG), kraft Gesetzes (§ 2a Abs. 6 StVG) sofort vollziehbar mit der Folge, dass insoweit um verwaltungsgerichtlichen Rechtsschutz nachgesucht werden kann. Dieser Gedanke ließe sich auch für die Frage der Anfechtbarkeit einer Gutachtensanforderung fruchtbar machen. Würde man etwa durch einen Zusatz im Gesetz „Rechtsmittel gegen die Anforderung eines Gutachtens haben keine aufschiebende Wirkung." klarstellen, dass es sich um eine vollstreckbare Anordnung handelt, wäre der Weg zu einer isolierten verwaltungsgerichtlichen Überprüfung eröffnet. Ist die Verpflichtung, sich einer MPU unterziehen zu müssen, gerichtlich bestätigt, würde das sicher zur Akzeptanz beitragen, ohne dass die Verkehrssicherheit gefährdet wäre. Das könnte durch eine Ergänzung des § 2 Abs. 8 StVG erreicht werden.[5]

Wenn auch ein förmliches Rechtsmittel, also Widerspruch oder Klage, nicht in Betracht kommt, so bedeutet das jedoch nicht, dass keine Möglichkeit besteht, auf das Verfahren Einfluss zu nehmen. Hierbei ist nämlich zu vergegenwärtigen, dass die Fahrerlaubnisbehörde die Fragestellung festzulegen hat. Diese muss sich auf den Anlass der Begutachtung beziehen. Das ergibt sich aus § 11 Abs. 6 S. 1 FeV. Die Fahrerlaubnisbehörde legt danach unter Berücksichtigung der Besonderheiten des Einzelfalles und unter Beachtung der Anlagen 4 und 5 zur FeV in der Anordnung zur Beibringung des Gutachtens fest, welche Fragen im Hinblick auf die Eignung des Betroffenen zum Führen von Kraftfahrzeugen zu klären sind.[6] Hinter dem rechtlichen Gebot, auch gegenüber dem Adressaten der Gutachtensanforderung zum Ausdruck bringen, welche genauen Fragen der zu betrauende Sachverständige oder die einzuschaltende Begutachtungsstelle klären sollen, steht ein gewichtiges sachliches Anliegen des Betroffenen. Denn nur auf diese Weise wird er zum einen in die Lage versetzt, sich frühzeitig ein Urteil darüber zu bilden, ob die Aufforderung rechtmäßig ist oder ob er sich ihr verweigern darf, ohne die sich aus § 11 Abs. 8 FeV ergebende Rechtsfolge befürchten zu müssen. Zum anderen kann sich der Pflichtige nur bei genauer Kenntnis der konkret zu klärenden Fragestellung darüber schlüssig werden, ob er sich auch bei zu bejahender Rechtmäßigkeit der Gutachtensanforderung aussetzen will. Ist die Fragestellung nicht sachgerecht, so sollte hiergegen im Wege der Gegenvorstellung vorgegangen werden, verbunden mit einem Gegenvorschlag für eine sachgerechte Fragestellung. Das ist von erheblicher Bedeutung, weil der Gutachter sich nach Nr. 1a) der Anlage 15 zur FeV an die durch die Fahrerlaubnisbehörde vorgegebene Fragestellung zu halten hat.

Es ist somit von dem Grundsatz auszugehen, dass mit Rechtsmitteln nur Entscheidungen über Erteilung, Versagung oder Entziehung der Fahrerlaubnis angefochten werden können,

---

[5] *Geiger* SVR 2014, 92.
[6] Hierzu *Geiger* ZVS 2013, 189.

nicht aber die ihnen vorausgehende Entscheidung über Art und Umfang der Beweiserhebung.[7]

2. Ziel: Beschleunigung des Verfahrens

6   Für denjenigen, der die Wiedererteilung einer Fahrerlaubnis beantragt, ist häufig die lange Dauer des Verfahrens problematisch. Einerseits kann ein Antrag auf Wiedererteilung der Fahrerlaubnis erst zu einem bestimmten Zeitpunkt vor Ablauf einer Sperrfrist gestellt werden. Andererseits aber verzögert ein Vorgehen gegen die Anordnung zur Beibringung eines Gutachtens häufig zum Nachteil des Betroffenen die Verfahrenserledigung. Das bedeutet, dass es für den Anwalt, der einen Betroffenen in dieser Situation berät und vertritt, wichtig ist, alle Möglichkeiten der Verfahrensbeschleunigung auszuschöpfen. Das kooperative Gespräch mit der Fahrerlaubnisbehörde ist dem regelmäßig sehr förderlich.

3. Erörterung mit der Fahrerlaubnisbehörde

7   Die Entscheidung der Fahrerlaubnisbehörde beruht auf einem bestimmten Sachverhalt. Wichtig ist es, den Sachverhalt im Interesse des Betroffenen zu klären und zu verhindern, dass Fakten, die nicht zu verwerten sind, tatsächlich unberücksichtigt bleiben und andererseits alle entlastenden Aspekte vorgebracht werden. Im Wege der Erörterung mit der Straßenverkehrsbehörde kann es nützlich sein, durch Darstellung und Nachweis bestimmter Umstände, zB durch Vorlage eines privaten ärztlichen Gutachtens oder Attestes, den Sachverhalt im Sinne des Betroffenen zu klären. Es kann sich auch als sinnvoll erweisen, den Betreffenden, auf den eine Gutachtensanforderung zukommt, rechtzeitig auf die anstehende Untersuchung vorzubereiten. Die Fahrerlaubnisbehörden haben in aller Regel Unterlagen über seriöse Stellen und Institutionen, die Vorbereitungskurse anbieten. Dort sind meist auch Listen von Untersuchungsstellen für eine MPU ebenso vorrätig wie von Ärzten, die Fahreignungsgutachten erstellen dürfen (§ 11 Abs. 2 FeV). Bei Letzteren ist aber vorab zu klären, welche Fachrichtung in Betracht kommt. Denn es ist Sache der Behörde festzulegen, welche Art von Arzt mit der Begutachtung betraut werden muss.

4. Dienstaufsichtliche Maßnahmen

8   Als ultima ratio, zB bei nicht sachgerechter Verzögerung der Bearbeitung oder Behandlung der Angelegenheit, kann eine Dienstaufsichtsbeschwerde hilfreich sein. Ein solcher nichtförmlicher Rechtsbehelf kommt aber aus Erfahrung nur in Betracht, wenn das Vorbringen gegen die dienstliche Behandlung der Angelegenheit tatsächlich nachweisbar stichhaltig ist.

II. Die einzelnen Rechtsmittel

1. Grundsätzliches

9   a) **Möglichkeit des Widerspruchs und der Klage.** Gegen alle Entscheidungen der Fahrerlaubnisbehörde – soweit sie nicht unter § 44a VwGO fallen – kann derjenige, zu dessen Ungunsten eine solche Entscheidung ergeht, Rechtsmittel erheben. Als Rechtsmittel kommen in Betracht Widerspruch zur Verwaltungsbehörde und Klage zu den Verwaltungsgerichten. Die Möglichkeit zur Einlegung von Rechtsmitteln betrifft nicht nur die Versagung der Fahrerlaubnis, sondern auch alle Einschränkungen bei der Erteilung der Fahrerlaubnis; Auflagen können im Regelfall selbstständig angefochten werden.[8]

10   b) **Spezielle Einzelfälle.** Zu denken ist aber auch daran, dass im Bereich des Fahrerlaubnisrechtes nicht nur Entscheidungen der Fahrerlaubnisbehörde der Anfechtung unterliegen können, sondern auch sonstige Einzelmaßnahmen.

---

[7] Vgl. auch *Bode/Winkler* § 7 Rn. 163.
[8] Vgl. zu den Einzelheiten *Eyermann/Happ* § 40 Rn. 46 ff.; vgl. auch *Geiger* ZVS 2013, 46 und DAR 2012, 663.

Die Eintragung von Entscheidungen im Fahreignungsregister kann unter verschiedenen 11
Gesichtspunkten rechtlich angreifbar sein. Hierbei können im Einzelnen folgende Maßnahmen in Rede stehen:
- Die Mitteilung zur Eintragung.
- Die Eintragung von Entscheidungen in das Fahreignungsregister.
- Die Punktebewertung.
- Löschungsverfahren.

aa) Anfechtung der Veranlassung der Eintragung. Die Mitteilung einer Entscheidung zur 12
Eintragung ist nicht anfechtbar, weil sie keine rechtliche Außenwirkung hat. Die Mitteilung einer Entscheidung seitens der Behörde an das Kraftfahrt-Bundesamt ist ein nicht isoliert anfechtbares Verwaltungsinternum.[9]

bb) Anfechtung der Eintragung. Im Übrigen stellt die Eintragung von Entscheidungen in 13
das Fahreignungsregister keinen verwaltungsgerichtlich überprüfbaren Verwaltungsakt dar.[10] Das bedeutet, dass der Betroffene sich gegen eine Eintragung, die er für unrechtmäßig hält, nicht auf dem Verwaltungsrechtsweg wehren kann. Die Eintragung ist unmittelbare Folge der Verurteilung im Straf- oder Ordnungswidrigkeitenverfahren; ihr fehlt sowohl der Regelungscharakter als auch die Außenwirkung – beides Tatbestandmerkmale des § 35 VwVfG. Im Übrigen ist zu berücksichtigen, dass im Fahreignungsregister nur die Verurteilungen als solche eingetragen werden. Soweit darin Punktebewertungen nach der entsprechenden Verordnung vermerkt werden, sind diese nicht konstitutiv. Es ist vielmehr Sache der Fahrerlaubnisbehörde bei Maßnahmen nach dem Fahreignungs-Bewertungssystem (§ 4 StVG) die entsprechende Einschätzung vorzunehmen (§ 4 Abs. 2 S. 1 StVG). An die Verurteilungen als solche, also die Feststellung des Sachverhalts und die Beurteilung der Schuldfrage ist die Fahrerlaubnisbehörde grundsätzlich gebunden (§ 4 Abs. 5 S. 4, § 3 Abs. 4 StVG). Sie hat allerdings zu prüfen, ob nicht hinsichtlich einzelner Eintragungen nicht zwischenzeitlich Tilgungsreife eingetreten ist.

cc) Anfechtung der Punktebewertung. Die Punktebewertung ist nicht anfechtbar. Nur im 14
Rahmen einer verwaltungsgerichtlichen Anfechtung einer Anordnung nach § 4 Abs. 5 StVG wird inzident geprüft, ob die von der Verkehrsbehörde vorgenommene Bewertung der Verkehrszuwiderhandlungen zutreffend war.

dd) Das Löschungsverlangen. Für das Löschungsverlangen zu vorgenommenen Eintra- 15
gungen ist maßgebend das Datenschutzgesetz. Hiernach hat jeder das Recht auf Löschung der zu seiner Person gespeicherten Daten, wenn ihre Speicherung unzulässig war oder die ursprünglich erfüllten Voraussetzungen für die Speicherung weggefallen sind (§ 4 Nr. 4 BDSG). Dieser Anspruch kann im Wege der Verpflichtungsklage verfolgt werden.

2. Widerspruch

Gegen belastende Entscheidungen der Fahrerlaubnisbehörde durch einen Verwaltungsakt 16
ist grundsätzlich Widerspruch zu erheben. Das Widerspruchsverfahren richtet sich nach den Vorschriften der §§ 68 ff. VwGO, § 79 VwVfG. Im Vorverfahren werden Rechtmäßigkeit und Zweckmäßigkeit der ablehnenden oder der mit Beschränkungen und Nebenbestimmungen versehenen Bescheide der Fahrerlaubnisbehörde überprüft. Es ist darauf zu achten, ob das Widerspruchsverfahren nicht – wie zB in Bayern – durch Landesgesetz abgeschafft wurde.[11] Dann ist unmittelbar Klage zu erheben.

Der Widerspruch ist gemäß § 70 VwGO bei der Fahrerlaubnisbehörde einzulegen, und 17
zwar binnen Monatsfrist ab Bekanntgabe des Ausgangsbescheids. Auch ist es möglich, den Widerspruch bei der für die Widerspruchsentscheidung zuständigen Behörde – höhere Verwaltungsbehörde – gemäß § 73 Abs. 1 Nr. 1 VwGO einzulegen.

---

[9] *Bode/Winkler* § 11 Rn. 8.
[10] *Bode/Winkler* § 11 Rn. 8; Ferner/*G. Bittmann* § 53 Rn. 8.
[11] Hierzu *Geiger* BayVBl 2008, 161; vgl. auch BayVGH vom 2.3.2012 – 11 CS 09.2446, juris sowie BayVBl 2009, 111.

3. Klage zum Verwaltungsgericht

18 a) **Form und Frist.** Für die Anfechtungs- und Verpflichtungsklage gelten die Vorschriften der Verwaltungsgerichtsordnung. Für die Form ist maßgebend § 81 VwGO. Danach ist die Klage schriftlich oder – was für eine anwaltliche Klage ausscheidet – zur Niederschrift des Urkundsbeamten der Geschäftsstelle zu erheben. Schriftform setzt grundsätzlich die eigenhändige Unterschrift voraus. Zulässig ist auch die Klageerhebung durch Telefax, auch durch Computerfax.[12] Ob eine Klageerhebung durch Übersendung einer elektronischen Datei (E-Mail) möglich ist, bestimmt das Landesrecht (Rechtsverordnung auf der Grundlage des § 55a Abs. 1 VwGO). Die inhaltlichen Anforderungen an die Klageschrift regelt im Wesentlichen § 82 Abs. 1 VwGO. Sie muss den Kläger (mit vollständiger Anschrift),[13] den Beklagten und den Klagegegenstand bezeichnen. Die Klage soll einen bestimmten Antrag und eine Begründung enthalten; die streitgegenständlichen Bescheide – Ausgangs- und ggf. Widerspruchsbescheid – sollen in Urschrift oder Abschrift beigefügt werden. Grundsätzlich sind jeweils Mehrfertigungen für die übrigen Prozessbeteiligten einzureichen. Entspricht die Klage nicht den zwingenden Anforderungen des § 82 Abs. 1 VwGO, kann der Vorsitzende oder der Berichterstatter eine Ergänzung unter Setzung einer Ausschlussfrist verlangen. Unterbleibt das, ist die Klage unzulässig; bei unverschuldet verspäteter Einreichung kann Heilung nach den Grundsätzen über die Wiedereinsetzung in den vorigen Stand (§ 60 VwGO) erfolgen.

19 Die Klagefrist beträgt einen Monat nach Zustellung des Widerspruchsbescheids bzw. bei Entbehrlichkeit eines Vorverfahrens nach Bekanntgabe des Ausgangsbescheids (§ 74 VwGO). Die Frist für die Einreichung der Klage ist nur gewahrt, wenn vor Ablauf der Frist die Klage bei Gericht eingeht.[14] Entscheidet die Behörde nach Antragstellung nicht binnen angemessener Frist oder bleibt die Widerspruchsbehörde untätig, kann Untätigkeitsklage nach § 75 VwGO erhoben werden; als angemessen ist dabei stets ein Frist von drei Monaten anzusehen. Ob diese eingehalten ist, bestimmt sich nicht nach dem Zeitpunkt der Klageerhebung, sondern der gerichtlichen Entscheidung.

20 b) **Verfahrensgrundsätze.** Als einer der wichtigsten Verfahrensgrundsätze des verwaltungsgerichtlichen Verfahrens bestimmt § 86 VwGO, dass das Gericht den Sachverhalt von Amts wegen erforscht.[15] In § 86 Abs. 1 S. 2 VwGO ist bestimmt, dass die Beteiligten hierbei heranzuziehen sind. Im Übrigen ist in § 86 Abs. 1 S. 2 VwGO geregelt, dass das Gericht an das Vorbringen und an die Beweisanträge der Beteiligten nicht gebunden ist. Die Amtsermittlungspflicht endet, wo die Mitwirkungslast der Beteiligten beginnt. Jeder muss also grundsätzlich das vortragen, was in seiner Sphäre liegt und was dem Gericht nicht aus den Akten erkennbar ist (Darlegungslast). Nach diesem Grundsatz regelt sich auch die materielle Beweislast.[16] Ist eine Tatsache nicht aufklärbar, geht ihre Nichterweislichkeit – vorbehaltlich spezialgesetzlicher Ausnahmen – zu Lasten dessen, der sich darauf beruft oder für den sie günstig ist. Aus § 2 Abs. 4 und 5 StVG ist zu entnehmen, dass der Fahrerlaubnisbewerber die materielle Beweislast für seine Eignung und Befähigung trägt. Auch bei der Neuerteilung der Fahrerlaubnis besteht keine Eignungsvermutung, dh die Erteilung der Fahrerlaubnis ist zu versagen, wenn die Eignung nicht positiv festgestellt werden kann. Dagegen muss die Behörde bei einer Fahrerlaubnisentziehung nachweisen, dass der Fahrerlaubnisinhaber seine Eignung verloren hat. Wird die Fahrerlaubnisentziehung auf einen Tatbestand gestützt, der nach der Anlage 4 zur FeV die Ungeeignetheit begründet und beruft sich der Betreffende auf einen Ausnahmefall (Vorbemerkung 3 zur Anlage 4), trägt er hierfür die Beweislast.

21 Auch im Fahrerlaubnisrecht ist der Grundsatz der Beweisvereitelung zu beachten, wie er seinen Ausdruck in § 444 ZPO gefunden hat. Für das Verwaltungsverfahren hat er seine Ausprägung in § 11 Abs. 8 FeV gefunden. Wer sich weigert, ein zu Recht gefordertes Gut-

---

[12] Zu den Einzelheiten *Eyermann/Geiger* § 81 Rn. 8.
[13] *Eyermann/Geiger* § 82 Rn. 3.
[14] Vgl. hierzu *Kopp/Schenke* § 81 Rn. 2.
[15] Ausführlich hierzu *Geiger* BayVBl. 1999, 321.
[16] Hierzu *Eyermann/Geiger* § 86 Rn. 2 ff.

achten beizubringen, ist als ungeeignet anzusehen. Dieser Grundsatz gilt auch für den Verwaltungsprozess.

Der Untersuchungsgrundsatz hat insbesondere Bedeutung auch für die Beweiserhebung. 22 Beweise, die zur Feststellung des Sachverhaltes erforderlich erscheinen, muss das Gericht ohne Rücksicht darauf, ob die Beteiligten entsprechende Beweisanträge stellen, von Amts wegen erheben. Allerdings muss das Gericht nicht „ins Blaue hinein" ermitteln. Es hat nur das von Amts wegen aufgreifen, was sich ihm aufdrängt. Beachtet das Gericht diese Grundsätze nicht, so kommt die Rüge ungenügender Sachaufklärung in Betracht. In der mündlichen Verhandlung[17] gestellte Beweisanträge muss das Gericht gemäß § 86 Abs. 2 VwGO durch begründeten Beschluss verbescheiden.[18] Sonstige Beweisangebote insbesondere bedingte Beweisanträge können im Rahmen der die Instanz abschießenden Entscheidung abgehandelt werden.

Wird ein Beweisantrag zu Unrecht abgelehnt, so stellt dies nicht nur eine Rechtsverletzung gemäß § 86 Abs. 2 VwGO dar, sondern auch einen Verstoß gegen § 86 Abs. 1 S. 2 VwGO.[19] Auf einen übergangenen oder zu Unrecht abgelehnten Beweisantrag kann ein Rechtsmittel gestützt werden. Wichtig ist jedoch, dass der Antrag im Protokoll der mündlichen Verhandlung aufgeführt ist.[20] Es ist Sache des Anwalts, auf eine ordnungsgemäße Protokollierung zu achten.

Von Bedeutung ist auch die in § 86 Abs. 3 VwGO postulierte Hinweispflicht des Vorsitzenden. Diese Vorschrift hat den Zweck, die sachgemäße Durchführung des Verfahrens zu erleichtern und zu verhindern, dass die Verwirklichung der den Beteiligten zustehenden formellen Verfahrensrechte und materiellen Ansprüche an deren Unerfahrenheit scheitert.[21] Die Hinweispflicht ist bei anwaltschaftlich Vertretenen allerdings eingeschränkt, weil erwartet werden kann, dass diese durch ihren Prozessbevollmächtigten hinreichend beraten werden.

Bei der Frage, ob ein Verwaltungsakt rechtmäßig ist, ist zunächst der maßgebliche Zeitpunkt zu ermitteln. Eine feste Regel, welcher das ist, gibt es nicht. Zunächst ist zu prüfen, ob das materielle Recht oder das Verwaltungsverfahrensrecht eine ausdrückliche oder im Weg der Auslegung zu ermittelnde Regelung enthalten, welche Sach- und Rechtslage relevant ist.[22] Ist das nicht der Fall, kann auf eine Faustformel zurückgegriffen werden, die allerdings nur einen groben Anhalt bieten kann. So wird es bei der Anfechtungsklage grundsätzlich auf den Zeitpunkt der letzten Behördenentscheidung ankommen. Hingegen spricht eine Vermutung dafür, dass eine Verpflichtungsklage nur dann begründet ist, wenn der Betreffende im Zeitpunkt der letzten gerichtlichen Entscheidung in der Tatsacheninstanz einen Anspruch auf den begünstigenden Verwaltungsakt hat. Für die Rechtmäßigkeit einer Fahrerlaubnisentziehung gilt die vorgenannte Regel. Steht im Zeitpunkt der letzten Behördenentscheidung die Fahrungeeignetheit fest, ist der Entziehungsbescheid rechtmäßig.[23] Tritt während des gerichtlichen Verfahrens wieder Eignung ein, hat das auf die Rechtmäßigkeit des Entziehungsbescheids keinen Einfluss mehr; insoweit ist der Betreffende auf ein Neuerteilungsverfahren zu verweisen.

c) Anfechtungsklage. Bei der Anfechtungsklage, die sich gegen eine belastende verwaltungsrechtliche Entscheidung richtet (§ 42 Abs. 1 1. Alt. VwGO), gibt es im Verkehrsverwaltungsrecht einige typische Fallgestaltungen insbesondere: Entziehung der Fahrerlaubnis, Vorgehen gegen die Verhängung von Auflagen oder Einschränkungen bei der Fahrerlaubnis und schließlich gegen Maßnahmen der Fahrerlaubnisbehörde ohne Führerscheinmaßnahme, zB Anordnung der Fahrtenbuchauflage, der Teilnahme am Verkehrsunterricht etc. Die Klagebegründung muss sich mit den jeweiligen zugrunde liegenden Tatsachen und den sich daraus ergebenden Rechtsfragen auseinander setzen.

---

[17] Zum Ablauf einer mündlichen Verhandlung *Geiger* BayVBl. 2006, 421/425.
[18] Zu den möglichen Ablehnungsgründen *Eyermann/Geiger* § 86 Rn. 3 ff.
[19] *Eyermann/Geiger* § 86 Rn. 32.
[20] *Eyermann/Geiger* § 86 Rn. 30.
[21] *Eyermann/Geiger* § 86 Rn. 47.
[22] BVerwGE 78, 243.
[23] BVerwGE 99, 249.

27 **Formulierungsvorschlag:**

Es wird beantragt,
den Bescheid der Fahrerlaubnisbehörde vom ...... und den Widerspruchsbescheid der ...... vom ...... aufzuheben.[24]

28 **d) Musterklagen.** *aa) Anfechtungsklage zum VG wegen angeordneter unzulässiger medizinisch-psychologischer Begutachtung*

Verwaltungsgericht
......

Klage

des ......

– Kläger –

Prozessbevollmächtigte: ......
gegen ......

– Beklagter –

wegen: Entziehung der Fahrerlaubnis.

Vorläufiger Streitwert[25] ......

Namens und im Auftrag des Klägers wird beantragt,
1. den Bescheid des Beklagten vom ...... Aktenzeichen ...... in Form des Widerspruchsbescheides des ...... in ...... vom ...... Aktenzeichen ...... aufzuheben;
2. dem Beklagten aufzugeben, den vom Kläger mit Schreiben vom ...... abgelieferten Führerschein herauszugeben und für den Fall, dass der Führerschein unbrauchbar gemacht wurde, einen neuen Führerschein der
Klasse ...... auszustellen.[26]

Begründung:
Der angefochtene Bescheid in Form des Widerspruchsbescheides ist nicht rechtmäßig und verletzt den Kläger in seinen Rechten.
Dem Kläger wurde die Fahrerlaubnis der Klasse ...... mit Ordnungsverfügung vom ...... entzogen. Die Zustellung erfolgte am ...... Seitens des Klägers wurde Widerspruch eingelegt und begründet mit Schriftsatz seiner jetzigen Prozessbevollmächtigten vom ......
Die Widerspruchsbehörde wies den Widerspruch zurück mit Bescheid vom ...... Zugestellt wurde dieser Bescheid am ......
Innerhalb der Klagefrist nach dieser Zustellung wird hiermit fristgemäß Klage erhoben.
Der Entzug der Fahrerlaubnis wurde verfügt, weil sich der Kläger geweigert hat, ein medizinisch-psychologisches Gutachten vorzulegen. Die Anordnung war jedoch rechtswidrig, sodass der Kläger ihr nicht nachkommen musste. Die Behörde stützt die Gutachtensaufforderung auf den Vorfall am ...... Dabei war der Kläger von der Polizei in seinem Auto sitzend angetroffen worden. Bei ihm wurde eine Blutprobe entnommen, die eine mittlere Blutalkoholkonzentration von 1,59 Promille ergab. Damit lagen die Voraussetzungen des § 13 Nr. 2b) FeV nicht vor, der eine BAK von

---

[24] Wurde der Ausgangsbescheid durch die Widerspruchsbehörde abgeändert, empfiehlt sich folgende Formulierung: ... den Bescheid vom ... in Gestalt des Widerspruchsbescheids vom ...
[25] Notwendige Angabe nach § 61 GKG; zum Streitwert in verkehrsverwaltungsrechtlichen Streitigkeiten vgl. *Geiger* DAR 2005, 491.
[26] Dieser auf § 113 Abs. 1 S. 2 VwGO zielende Antrag setzt voraus, dass die Fahrerlaubnisentziehung für sofort vollziehbar erklärt wurde und der Mandant seiner Ablieferungspflicht nachgekommen ist. Regelmäßig ist ein solcher Antrag entbehrlich, weil die Behörden im Fall einer rechtskräftigen Aufhebung einer Entziehungsverfügung von Amts wegen den Führerschein zurück geben. Die sofortige Vollziehung kann nicht im Rahmen der Anfechtungsklage überprüft werden; hierfür ist ausschließlich das Verfahren nach § 80 Abs. 5 VwGO gegeben (BVerwG NVwZ-RR 1995, 299).

1,6 Promille fordert. Außerdem ist der Kläger nicht gefahren; das Fahrzeug war vielmehr auf einem Parkplatz gestanden. Er hat sich nur wegen des schlechten Wetters in das Fahrzeug gesetzt. Wegen der von ihm erkannten erheblichen Alkoholisierung wollte er das Fahrzeug auch nicht in Betrieb setzen. Auch auf § 13 Nr. 2a) FeV konnte die Gutachtensaufforderung nicht gestützt werden. Zum einen betreibt der Kläger keinen Alkoholmissbrauch. Zum andern hat er nicht gegen das Gebot, Alkoholkonsum und Verkehrsteilnahme zu trennen (vgl. Nr. 8.1 der Anlage 4 zur FeV) verstoßen.

Sich zum Zweck der Ausnüchterung in ein Auto zu setzen missbilligt die Rechtsordnung nicht. War deshalb die Gutachtensaufforderung nicht zulässig, durfte die Fahrerlaubnisbehörde nicht wegen der Nichtvorlage der MPU auf die Ungeeignetheit des Klägers schließen (§ 11 Abs. 8 FeV). Es ist deshalb antragsgemäß zu entscheiden.

Rechtsanwalt

bb) Anfechtungsklage zum VG wegen Entziehung der Fahrerlaubnis (Kurzform)

Verwaltungsgericht
......

Klage

des ......

– Kläger –

Prozessbevollmächtigte: ......

gegen ......

– Beklagte –

wegen: Entziehung der Fahrerlaubnis.

Hiermit bestelle ich mich unter Vollmachtsvorlage[27] für den Kläger. Namens und im Auftrag des Klägers wird hiermit beantragt,

den Bescheid des Beklagten vom ......, Aktenzeichen ......, in Form des Widerspruchsbescheides des ...... in ...... vom ......, Zeichen ...... kostenpflichtig aufzuheben.

Gründe:

Der Beklagte entzog dem Kläger die Fahrerlaubnis der Klasse ...... mit Ordnungsverfügung vom ...... Die Zustellung erfolgte am ...... Der Kläger legte Widerspruch ein und begründet diesen auch mit Schriftsatz seiner Prozessbevollmächtigten vom ...... Der ...... (Widerspruchsbehörde) in ...... wies den Widerspruch zurück mit Bescheid vom ...... Zugestellt wurde dieser Bescheid am ...... Innerhalb eines Monats nach dieser Zustellung wird Klage erhoben. Eine Abschrift der Klageschrift ist in der Anlage beigefügt, ebenfalls die Ordnungsverfügung des Beklagten sowie der Widerspruchsbescheid und unsere Vollmacht. Die Begründung bleibt einem weiteren Schriftsatz vorbehalten.[28]

Rechtsanwalt

Anlagen

e) Verpflichtungsklage. Die Verpflichtungsklage hat die Verurteilung des Prozessgegners zum Erlass eines begünstigenden Verwaltungsaktes zum Ziel (§ 42 Abs. 1 2. Alt. VwGO). Das kann erreicht werden durch Erlass eines neuen Verwaltungsaktes nach Ablehnung eines Antrags (Versagungsgegenklage) oder eines unterlassenen Verwaltungsaktes. Für den Be-

---

[27] Nach § 67 Abs. 3 S. 1 VwGO ist die Vollmacht schriftlich zu den Gerichtsakten einzureichen.
[28] Zwar sollen nach § 82 Abs. 1 S. 3 VwGO in der Klage die zur Begründung dienenden Tatsachen und Beweismittel angegeben werden. Wenn zur Klagebegründung aber noch weitere Ermittlungen durch den Anwalt erforderlich sind, etwa noch ein Gespräch mit dem Mandanten notwendig ist, kann man so verfahren. Hier ist allerdings damit zu rechnen, dass der Vorsitzende oder Berichterstatter eine Klagebegründung unter Fristsetzung nachfordert. Sofern dem nicht nachgekommen wird, ist mit einer Verfügung nach § 87b VwGO (Androhung der Zurückweisung verspäteten Vorbringens) zu rechnen.

reich des Rechtes der Fahrerlaubnis bedeutet dies, dass immer dann, wenn die Erteilung einer Fahrerlaubnis abgelehnt ist oder die Behörde untätig geblieben ist, die Verpflichtungsklage in Betracht kommt. Die Untätigkeitsklage ist – im vorliegenden Zusammenhang – als Unterfalle der Verpflichtungsklage anzusehen. Sie kommt nach § 75 VwGO dann in Betracht, wenn die Behörde über einen Antrag – etwa die Erteilung einer Fahrerlaubnis – nicht binnen angemessener Frist entschieden kann. Im Regelfall sind drei Monate abzuwarten.

31 Hat der Betreffende einen Rechtsanspruch auf die begünstigende Regelung, handelt es sich um eine Verpflichtungsklage im engeren Sinne; mit ihr wird die Verurteilung des Beklagten zum Erlass des Verwaltungsakts erreicht, etwa zur Erteilung einer Fahrerlaubnis. Besteht nur ein Anspruch auf ermessensfehlerfreie Entscheidung spricht man von einer Bescheidungsklage; mit ihr wird die Neuverbescheidung unter Beachtung der Rechtsauffassung des Gerichts erreicht. Wird die Erteilung der Fahrerlaubnis eingeklagt, setzt das voraus, dass die praktische sowie theoretische Prüfung bestanden ist. Konnte diese noch nicht abgelegt werden, weil die Behörde die Eignung des Betreffenden verneint hat, ist die Klage darauf zu richten, den Beklagten unter Aufhebung der entgegen stehenden Bescheide zu verpflichten, den Kläger zur Fahrerlaubnisprüfung zuzulassen.

32 **Formulierungsbeispiel:**

Es wird beantragt,
den Beklagten unter Aufhebung des Versagungsbescheids vom . . . . . . zu verpflichten, dem Kläger die Fahrerlaubnis der Klasse(n) . . . . . . zu erteilen.

Im Fall einer Verpflichtungsklage auf Wiedererteilung der Fahrerlaubnis, bei der die Fahrerlaubnisprüfung noch abzulegen ist, lautet der Antrag wie folgt

33 **Formulierungsbeispiel:**

Es wird beantragt, den Kläger unter Aufhebung des Bescheids des Beklagten vom . . . . . . und des Widerspruchsbescheids vom . . . . . . zur Fahrerlaubnisprüfung der Klasse . . . . . . zuzulassen.

34 **f) Vorbeugende Feststellungsklage.** Grundsätzlich kommt auch eine vorbeugende Feststellungsklage in Betracht. An diese Rechtsschutzform ist zu denken, wenn Gefahr besteht, dass durch die Ablehnung der Fahrerlaubnis oder deren Verlängerung vollendete Tatsachen geschaffen werden, die nicht oder nur schwer wieder gut zu machen sind. Da die Verwaltungsgerichtsordnung vom Grundsatz der Gewährung nachträglichen Rechtsschutzes ausgeht, werden an vorbeugende Feststellungsklagen strenge Anforderungen gestellt. Diese Klageart wird daher nur in besonderen Ausnahmefällen in Erwägung zu ziehen sein. Im Verkehrsverwaltungsrecht besteht regelmäßig die Möglichkeit zur Gewährung einstweiligen Rechtsschutzes; das gilt insbesondere bei einer für sofort vollziehbar erklärten Fahrerlaubnisentziehung. Eine einstweilige Anordnung nach § 123 VwGO auf – vorläufige – Erteilung einer Fahrerlaubnis kommt kaum in Betracht, weil die besonderen Voraussetzungen für eine derartige Vorwegnahme der Hauptsache – unbeschadet der Problematik einer vorläufigen Fahrerlaubnis, die das Gesetz nicht kennt – regelmäßig nicht erfüllt sein werden. da diese aber ähnlich sind wie bei einer Vorwegnahme der Hauptsache durch einstweilige Anordnungen, scheidet auch insoweit vorbeugender Rechtsschutz aus.

4. Vorgehen gegen Anordnung der sofortigen Vollziehung

35 **a) Die Anordnung der sofortigen Vollziehung.** *aa) Widerspruch und aufschiebende Wirkung.* Es ist von dem verwaltungsrechtlichen Grundsatz auszugehen, dass die Einlegung des Widerspruchs gegen die angefochtene Verfügung grundsätzlich aufschiebende Wirkung hat,

weil vor Unanfechtbarkeit der Entscheidung, zB der Fahrerlaubnisentziehung, gemäß § 80 Abs. 1 VwGO keine vollendeten Tatsachen geschaffen werden sollen.

bb) Die Anordnung der sofortigen Vollziehung in der Praxis. In der Praxis ist es so, dass die Fahrerlaubnisbehörde oder bei Widerspruch die höhere Verwaltungsbehörde als die für die Widerspruchsentscheidung zuständige Behörde in vielen Fällen des Fahrerlaubnisrechtes die sofortige Vollziehung, zB zum Entzug der Fahrerlaubnis oder zu Beschränkungen und Auflagen, gemäß § 80 Abs. 2 Nr. 4 VwGO anordnet. Diese Anordnung kann zugleich mit der Entscheidung über die Fahrerlaubnisentziehung getroffen werden. Auch kann sie nach Widerspruchseingang ergehen oder erst von der höheren Verwaltungsbehörde angeordnet werden. Eine vorherige Anhörung zu der beabsichtigten Anordnung ist nicht geboten.[29]

Die Anordnung der sofortigen Vollziehung muss im öffentlichen Interesse liegen; das besondere öffentliche Interesse an der sofortigen Vollziehung ist schriftlich gemäß § 80 Abs. 3 VwGO zu begründen. Umgekehrt kann die Fahrerlaubnisbehörde auch im Widerspruchsverfahren die Anordnung der sofortigen Vollziehung nach § 80 Abs. 4 VwGO aussetzen, wenn eine erneute Prüfung eine andere Gefahrenprognose erlaubt.

b) Die gerichtliche Prüfung und Aussetzung der sofortigen Vollziehung. *aa) Das Antragsverfahren.* Ist die sofortige Vollziehung einer Maßnahme zur Fahrerlaubnis angeordnet, so steht dem Betroffenen das besondere Verfahren gemäß § 80 Abs. 5 VwGO über die gerichtliche Aussetzung der sofortigen Vollziehung zur Verfügung. Der Antrag geht dahin, das Gericht der Hauptsache möge die aufschiebende Wirkung des Widerspruchs/der Klage wieder herstellen bzw anzuordnen.[30] Wurde die sofortige Vollziehung bereits vollstreckt, hat also der Fahrerlaubnisinhaber den Führerschein bereits abgeliefert oder sind bereits Beschränkungen/Auflagen im Führerschein eingetragen, so geht der Antrag gemäß § 80 Abs. 5 S. 3 VwGO zusätzlich dahin, die Vollziehung aufzuheben.

Es ist möglich, diese Anträge bereits zu stellen, sobald die Verfügung, die für sofort vollziehbar erklärt worden ist, bekannt wurde. Dieser Antrag kann gemäß § 80 Abs. 5 S. 3 VwGO auch bereits vor Erhebung der Anfechtungsklage, also bereits mit Widerspruchseinlegung gestellt werden.

Zuständig ist das Gericht der Hauptsache. Das ist das Gericht, bei dem die Hauptsache anhängig ist, also während des Widerspruchs- und Klageverfahrens das Verwaltungsgericht, während des Berufungs- und Berufungszulassungsverfahrens das Oberverwaltungsgericht und während des Revisions- oder Nichtzulassungsbeschwerdeverfahrens das Bundesverwaltungsgericht.

Die Prüfung durch das Verwaltungsgericht erfolgt im Regelfall zweistufig. Wurde die sofortige Vollziehung nach § 80 Abs. 2 Nr. 4 VwGO angeordnet, prüft das Gericht zunächst, ob die dafür gegebene Begründung den Anforderungen des § 80 Abs. 3 VwGO entspricht. Formularmäßige, die Besonderheiten des Einzelfalls nicht berücksichtigende Begründungen reichen nicht aus. Allerdings ist zu berücksichtigen dass im Sicherheitsrecht, wozu auch das Fahrerlaubnisrecht gehört, meist die Gründe, die etwa eine Fahrerlaubnisentziehung rechtfertigen, auch die Anordnung des Sofortvollzugs erlauben. Fehlt die nach § 80 Abs. 3 S. 1 VwGO notwendige Begründung oder ist sie unzureichend, ist vom Gericht im Rahmen des Verfahrens nach § 80 Abs. 5 VwGO nicht die aufschiebende Wirkung des in der Hauptsache eingelegten Rechtsbehelfs wiederherzustellen. Es ist vielmehr die Anordnung des Sofortvollzugs aufzuheben.[31] Eines gesonderten hierauf gerichteten Antrags bedarf es nicht. Wird die Herstellung der aufschiebenden Wirkung beantragt, erfolgt keine kostenpflichtige Abweisung im Übrigen. Ist die formale Begründung des Sofortvollzugs nicht zu beanstanden, trifft das Gericht eine eigenständige Abwägungsentscheidung, bei der in erster Linie eine Hauptsacheprognose angestellt wird. Das bedeutet, dass das Gericht die Sach- und Rechtslage in einer dem Charakter eines Eilverfahrens adäquaten Weise summarisch prüft. Ist der

---

[29] OVG Lüneburg DVBl. 1989, 887.
[30] In den Fällen des § 80 Abs. 2 Nr. 1 bis 3 VwGO ist der Antrag auf Anordnung und bei § 80 Abs. 2 Nr. 4 VwGO auf Wiederherstellung der aufschiebenden Wirkung zu richten.
[31] VGH Baden-Württemberg DÖV 1996, 939; OVG Schleswig NVwZ-RR 1996, 148; *Eyermann/J. Schmidt* § 80 Rn. 93; aA BayVGH BayVBl. 1999, 465/466.

Verwaltungsakt voraussichtlich rechtswidrig, führt das zur aufschiebenden Wirkung des Hauptsacherechtsbehelfs; denn es besteht kein öffentliches Interesse am Vollzug einer rechtswidrigen Verwaltungsentscheidung. Ist der Bescheid dagegen voraussichtlich rechtmäßig, wird der Antrag im Regelfall erfolglos sein. Bei offenen Erfolgsaussichten wird die Entscheidung sich an einer allgemeinen Interessenabwägung orientieren.

42 *bb) Die Begründung des Aussetzungsantrages.* Wesentlicher Aspekt des Antrages auf Aussetzung der Vollziehung ist die Darlegung, weshalb der Bescheid rechtswidrig ist. Für die Interessenabwägung ist auszuführen, dass für die Dauer des Rechtsmittelverfahrens keine Umstände vorhanden sind, die dafür sprechen, dass eine besondere Straßenverkehrsgefährdung zu besorgen ist, wenn der Inhaber der Fahrerlaubnis einstweilen weiter als Fahrzeugführer am öffentlichen Straßenverkehr teilnimmt. Dieser Gesichtspunkt hat nach der ständigen gerichtlichen Praxis nur dann Entscheidungsrelevanz, wenn die Erfolgsprognose kein klares Ergebnis erbringt, also bei offenem Verfahrensausgang im Hauptsacheverfahren.[32] Im Hinblick auf die in verwaltungsgerichtlichen Eilverfahren eingeschränkte Amtsermittlungspflicht ist der Anwalt gehalten, hier umfassend zugunsten seines Mandanten vorzutragen.

43 Es ist erforderlich, dass die Tatsachen, auf die der Antrag zur Aussetzung der Vollziehung gestützt wird, glaubhaft gemacht werden. Zwar verweist § 80 VwGO anders als § 123 Abs. 3 VwGO nicht auf § 920 Abs. 2 ZPO. Es ist aber anerkannt, dass diese Grundsätze auch hier gelten. Zur Stützung von Tatsachenbehauptungen sind eidesstattliche Versicherungen vorzulegen und – soweit vorhanden – ärztliche Gutachten oder Stellungnahmen. Dabei ist aber zu beachten, dass – entsprechend der Regelung in § 11 Abs. 2 S. 4 FeV – Atteste von Ärzten, bei denen der Mandant in Behandlung ist, nur eingeschränkten Beweiswert haben.

44 Maßgebend für die Beurteilung der Sach- und Rechtslage ist grundsätzlich der Zeitpunkt der Entscheidung des Gerichtes. Eine Ausnahme gilt, wenn das materielle Recht einen früheren Zeitpunkt als maßgeblich ansieht. In den Fällen des § 13 Nr. 2 Buchst. b FeV stellt sich die Frage des maßgeblichen Zeitpunkts für die Rechtmäßigkeit der Gutachtensanforderung, und zwar dann, wenn nach Zugang des entsprechenden Verlangens für eine der Verkehrszuwiderhandlungen unter Alkoholeinfluss Tilgungsreife eingetreten ist. Im Hinblick auf die Beurteilung der Rechtmäßigkeit der Gutachtenanforderung als Vorbereitungsmaßnahme für eine Verwaltungsentscheidung ist nach Maßgabe des materiellen Rechts auf den Zeitpunkt der Gutachtenanforderung abzustellen.[33] Für Maßnahmen nach dem Fahreignungs-Bewertungssystem gilt nach § 4 Abs. 5 S. 5 StVG das Tattagprinzip. Es kommt also auf den Punktestand im Zeitpunkt der Begehung der letzten Tat an, die zum Erreichen des jeweiligen Punktestands geführt hat. Spätere Tilgungen bleiben außer Betracht.

45 Seitens des Rechtsmittelführers ist entsprechend der gerichtlichen Sach- und Rechtsprüfung im Regelfall dreistufig in der Begründung vorzugehen. Zum einen ist darzulegen, dass die Begründung der Anordnung der sofortigen Vollziehbarkeit unzureichend ist. Zum zweiten ist auszuführen, weshalb die behördliche Maßnahme rechtswidrig ist; hierauf ist besonderes Augenmerk zu richten, weil es sich um den meist entscheidenden Punkt handelt. Zum dritten ist zu begründen, weshalb das Interesse des Inhabers der Fahrerlaubnis an der weiteren Berechtigung zum Führen von Fahrzeugen gewichtiger ist als das öffentliche Interesse an der Verkehrssicherheit.

Im Einzelfall kommt auch eine Aussetzung der sofortigen Vollziehung unter Auflagen in Betracht. Werden entsprechende Auflagen nicht beachtet, kann das Gericht gemäß § 80 Abs. 7 S. 1 VwGO die Aussetzung der Vollziehung wieder aufheben.

46 Wird eine Entscheidung nach § 80 Abs. 5 VwGO bestandskräftig, kann auf Antrag eines Beteiligten eine Abänderung des Beschlusses nach § 80 Abs. 7 VwGO erfolgen. Das ist nur zulässig, wenn sich die Umstände in tatsächlicher oder rechtlicher Hinsicht geändert haben; dem steht es gleich, wenn der Beteiligte ohne Verschulden gehindert war, im Verfahren nach § 80 Abs. 5 VwGO bestimmte Umstände vorzutragen. Es macht für die Frage der Abänderung eines Beschlusses keinen Unterschied, ob dieser stattgebenden oder ablehnenden Inhalt hatte;

---

[32] Vgl. BVerfG BA 2008, 73.
[33] OVG Mecklenburg-Vorpommern SVR 2007, 354.

die materielle Bindungswirkung ist die selbe. Von Amts wegen ist eine Abänderung grundsätzlich immer zulässig; sie ist veranlasst, wenn dem Gericht Tatsachen vorliegen, aus denen sich die Notwendigkeit hierfür ergibt. Zuständig ist auch hier das Gericht der Hauptsache.

c) **Fälle der gesetzlich angeordneten sofortigen Vollziehung.** aa) *Bei Fahrerlaubnis auf Probe.* Ist gegen den Inhaber der Fahrerlaubnis auf Probe die Teilnahme an einem Aufbauseminar angeordnet, so besteht gemäß § 2a Abs. 6 StVG bei einem Rechtsmittel gegen die Anordnung zur Teilnahme am Aufbauseminar keine aufschiebende Wirkung.

bb) Nichtteilnahme am Aufbauseminar. Bei Anordnung zur Teilnahme an einem Aufbauseminar gegen den Inhaber der Fahrerlaubnis oder bei Erfolglosigkeit der Verwarnung hat ein Rechtsmittel gegen die Anordnung gemäß § 2a Abs. 6 StVG keine aufschiebende Wirkung haben. Lässt sich nicht feststellen, ob die weitere Teilnahme eines ansonsten bisher unauffälligen Verkehrsteilnehmers am Straßenverkehr so gefährlich ist, dass sie auch für die Dauer des Widerspruchsverfahrens verhindert werden muss, ist eine Anordnung der sofortigen Vollziehung nicht gerechtfertigt.

d) **Musterantrag auf Aussetzung der sofortigen Vollziehung**

Verwaltungsgericht
......
Antrag
des......
— Antragsteller —
Prozessbevollmächtigter: ......

gegen
— Antragsgegner —
wegen: Entziehung der Fahrerlaubnis mit sofortiger Vollziehung.

Vorläufiger Streitwert ......

Namens und im Auftrag des Antragstellers, für den Vollmacht in der Anlage beigefügt ist, wird hiermit beantragt,
1. die aufschiebende Wirkung des Widerspruchs vom ...... gegen den Bescheid des Antragsgegners vom ...... wiederherzustellen bzw. anzuordnen[34] und den Antragsgegner zu bescheiden, den vom Antragsteller mit dem Widerspruchsschriftsatz seiner Anwälte abgelieferten Führerschein unverzüglich wieder an den Antragsteller zurückzugeben,
2. die Kosten des Verfahrens dem Antragsgegner aufzuerlegen.

Begründung:

Mit Bescheid vom ...... (als Anlage Nr. 1 beigefügt) entzog der Antragsgegner dem Antragsteller unter Anordnung der sofortigen Vollziehbarkeit die Fahrerlaubnis der Klasse(n) ......, und ordnete gleichzeitig unter Zwangsgeldandrohung die Einziehung des im Besitz des Antragstellers befindlichen Führerscheins an. Gegen die Entziehungsverfügung zugestellt am ......, hat der Antragsteller durch seinen Prozessbevollmächtigten fristgerecht mit Schriftsatz vom ...... Widerspruch (als Anlage Nr. 2 beigefügt) erhoben.
Der Antragsteller hat inzwischen den Führerschein beim Antragsgegner abgeliefert.
Der am ...... geborene Antragsteller ist zurzeit als ...... (im Außendienst) in ...... tätig. Um seinen Beruf auszuüben, muss er täglich sehr viel fahren. Er ist damit wie ein Berufskraftfahrer zu behandeln. Er kann inzwischen durch die sofortige Vollziehung der Fahrerlaubnisentziehung seine Arbeit kaum ausführen. Im Augenblick muss er sich, weil er ohne Fahrerlaubnis ist und sich seine Arbeit nicht mit dem Fahrrad oder mit öffentlichen Verkehrsmitteln erledigen lässt, gegen Entgelt fahren lassen.

---

[34] Es wird hierbei davon ausgegangen, dass eine gemäß § 80 Abs. 2 Nr. 4 VwGO für sofort vollziehbar erklärte Fahrerlaubnisentziehung und eine kraft Gesetzes (vgl. § 80 Abs. 2 S. 2 VwGO) sofort vollziehbar erklärte Zwangsgeldandrohung Gegenstand des Verfahrens ist.

Der Bescheid erweist sich als rechtswidrig. Die Begründung für die Anordnung der sofortigen Vollziehung ist unzureichend. Der Antragsgegner führt für ein angeblich überwiegendes öffentliches Interesse lediglich formelhafte Wendungen an, die jede Auseinandersetzungen mit den Besonderheiten des Einzelfalls vermissen lassen. Außerdem ist die vom Antragsgegner vorgenommene Interessenabwägung fehlerhaft. Der Antragsgegner hat kein besonderes öffentliches Interesse an der sofortigen Vollziehung dargelegt.

Die Anordnung der sofortigen Vollziehung wäre nur dann zulässig gewesen, wenn überwiegende und dringende Gründe für eine konkrete unmittelbar drohende Gefahr für den öffentlichen Straßenverkehr bei weiterer Teilnahme des Antragstellers am Straßenverkehr vorliegen würden und die sofortige Vollziehung nicht ohne schwerwiegende Beeinträchtigung des öffentlichen Interesses aufgeschoben werden kann, was hier nicht der Fall ist.

Demgegenüber hat der Antragsteller sein besonderes und überwiegendes Interesse an der aufschiebenden Wirkung dargelegt und glaubhaft gemacht, und zwar hinsichtlich seiner Berufsausübung mit Hinweis auf seine Gesamtjahreskilometerleistung als Berufskraftfahrer sowie im Hinblick auf den drohenden Verlust seines Arbeitsplatzes.

Zur Sache selbst beziehe ich mich auf die Widerspruchsbegründung vom . . . . . . (Anlage Nr. 3) und weise ergänzend auf Folgendes hin: . . . .

Rechtsanwalt

Anlagen

5. Beschwerde

50   Die **Frist** zur Einlegung der Beschwerde gegen Entscheidungen des Verwaltungsgerichts im einstweiligen Rechtsschutzverfahren beträgt nach § 146 Abs. 1 S. 2 VwGO zwei Wochen ab Bekanntgabe der Entscheidung. Für sie gilt die Schriftform; schon für die Einlegung der Beschwerde besteht Anwaltszwang. Sie kann fristwahrend sowohl beim Ausgangs- als auch beim Beschwerdegericht erhoben werden. Nach § 146 Abs. 4 Satz 1 VwGO sind Beschwerden gegen Beschlüsse des Verwaltungsgerichts in Verfahren des vorläufigen Rechtsschutzes (§§ 80, 80a und 123 VwGO) innerhalb eines Monats nach Bekanntgabe der Entscheidung zu begründen. Die Begründung ist, sofern sie nicht bereits mit der Beschwerde vorgelegt worden ist, beim Beschwerdegericht einzureichen (§ 146 Abs. 4 S. 2 VwGO). Anders als bei der Einlegung der Beschwerde (vgl. § 147 VwGO) hat der Beschwerdeführer bei der Begründung nicht die Wahl zwischen Ausgangs- und Rechtsmittelgericht.[35] Eine Verlängerung der Begründungsfrist ist gesetzlich ausgeschlossen.

51   Die Beschwerde muss einen bestimmten Antrag enthalten und die Gründe darlegen, aus denen die Entscheidung abzuändern oder aufzuheben ist und sich gemäß § 146 Abs. 4 S. 3 VwGO mit der angefochtenen Entscheidung auseinander setzen. Eine Auseinandersetzung mit der angefochtenen Entscheidung erfordert, dass der Prozessbevollmächtigte des Beschwerdeführers die entscheidungstragende Begründung des Verwaltungsgerichts aufgreift, den Streitstoff und die einschlägigen Tatsachen- und Rechtsfragen konkret durchdringt und aufbereitet und sodann in nachvollziehbarer Weise aufzeigt, in welchen Punkten und aus welchen Erwägungen heraus er diese Entscheidungsbegründung und das Entscheidungsergebnis für unrichtig hält.[36]

52   **Formulierungsbeispiel:**

Es wird beantragt, den Beschluss des Verwaltungsgerichts . . . . . . vom . . . . . . abzuändern und die aufschiebende Wirkung der Klage vom . . . . . . wieder herzustellen.

---

[35] Hierzu auch VGH Baden-Württemberg NVwZ-RR 2002, 795.
[36] VGH Baden-Württemberg NVwZ 2002, 883; BayVGH BayVBl. 2003, 304; NVwZ 2003, 632; NVwZ 2003, 766.

6. Berufung

Eine zulassungsfreie Berufung gibt es im Verwaltungsprozess nicht. Sie ist nur möglich, wenn sie vom Verwaltungsgericht oder dem Oberverwaltungsgericht zugelassen wurde. Nach § 124a Abs. 1 VwGO kann das Verwaltungsgericht in Fällen grundsätzlicher Bedeutung oder bei Divergenz (§ 124 Abs. 2 Nr. 3 und 4 VwGO) dieses Rechtsmittel in seinem Urteil zulassen. Wird hiervon kein Gebrauch gemacht, ist eine Berufung nur dann statthaft, wenn sie das Berufungsgericht auf einen besonderen Antrag hin zugelassen hat (§ 124a Abs. 4 VwGO). Die Berufungszulassung durch das Verwaltungsgericht kommt nur in den von § 124a Abs. 1 S. 1 VwGO abschließend genannten Fällen in Betracht. Hierüber entscheidet das Gericht von Amts wegen; eines hierauf gerichteten Antrags bedarf es nicht. Das Verwaltungsgericht kann in seinem Urteil nur positiv über die Zulassung der Berufung entscheiden; eine Ablehnung der Zulassung ist nicht möglich (§ 124a Abs. 1 S. 3 VwGO). Dementsprechend gibt es auch kein besonderes Rechtsmittel, wenn die Berufungszulassung unterbleibt. Die Berufung ist nach § 124a Abs. 2 S. 1 VwGO innerhalb eines Monats nach Zustellung des vollständigen Urteils beim Verwaltungsgericht einzulegen; die Einreichung beim Oberverwaltungsgericht wahrt die Frist nicht.[37]

Formulierungsbeispiel:

Es wird beantragt, das Urteil des Verwaltungsgerichts ...... vom ...... abzuändern und den Beklagten unter Aufhebung der entgegen stehenden Bescheide zu verpflichten, dem Kläger die Fahrerlaubnis Klasse ...... zu erteilen.

Lässt das Verwaltungsgericht die Berufung nicht zu, ist das statthafte Rechtsmittel der Antrag auf Zulassung der Berufung. Der Antrag ist nach § 124 Abs. 4 S. 2 VwGO bei dem Verwaltungsgericht, dessen Urteil oder Gerichtsbescheid angefochten wird, einzureichen; die Frist hierfür beträgt ein Monat. Prüfungsgegenstand im Zulassungsverfahren ist nach § 124a Abs. 5 S. 2 VwGO ausschließlich die Frage, ob ein Zulassungsgrund im Sinne des § 124 Abs. 2 VwGO dargelegt wurde und vorliegt. Es wird also in diesem Verfahren noch nicht über die Rechtmäßigkeit der erstinstanziellen Entscheidung befunden; hierzu bedarf es stets der Durchführung eines Berufungsverfahrens. Über den Antrag auf Zulassung entscheidet das Gericht gemäß § 124a Abs. 5 S. 1 VwGO durch Beschluss; dieser soll nach § 124a Abs. 5 S. 3 VwGO kurz begründet werden. Erweist sich der Zulassungsantrag als unzulässig, wird er verworfen. Mit dieser Entscheidung ist das Verfahren abgeschlossen (§ 124a Abs. 5 S. 4 VwGO); Rechtsmittel dagegen gibt es nicht.

In dem Berufungszulassungsantrag sind gemäß § 124a Abs. 4 S. 4 VwGO die Gründe, auf die das Rechtsmittel gestützt wird anzugeben. Die Zulassungsgründe sind in § 124 Abs. 2 VwGO abschließend aufgezählt.

Ernstliche Zweifel an der Rechtmäßigkeit des angefochtenen Urteils (§ 124 Abs. 2 Nr. 1 VwGO sind dann begründet, wenn ein einzelner tragender Rechtssatz oder eine erhebliche Tatsachenfeststellung mit schlüssigen Argumenten in Frage gestellt wird. Sie sind nicht erst gegeben, wenn bei der im Zulassungsverfahren allein möglichen summarischen Überprüfung der Erfolg des Rechtsmittels wahrscheinlicher ist als der Misserfolg.[38] Den Anforderungen an die Darlegung ernsthafter Zweifel an der Richtigkeit der verwaltungsgerichtlichen Entscheidung ist nur Genüge getan, wenn der die Zulassung begehrende Verfahrensbeteiligte sich substantiiert inhaltlich mit dem Urteil auseinandersetzt und dabei aufzeigt, was aus seiner Sicht unzutreffend ist.

Besondere tatsächliche oder rechtliche Schwierigkeiten (§ 124 Abs. 2 Nr. 2 VwGO) sind anzunehmen, wenn bei der im Zulassungsverfahren gebotenen kursorischen Prüfung der Erfolgsaussichten einer Berufung keine hinreichend sichere Prognose über den Ausgang des Rechtsstreits getroffen werden kann.[39]

---

[37] BVerfG NVwZ 2003, 728; *Eyermann/Happ* § 124a Rn. 40.
[38] BVerfG NVwZ-RR 2008, 1.
[39] BVerfG NVwZ 2000, 1163.

59 Grundsätzliche Bedeutung (§ 124 Abs. 2 Nr. 3 VwGO) ist dann gegeben, wenn die Entscheidung über den Einzelfall hinaus Bedeutung hat. Von allgemeiner Bedeutung ist eine Frage dann, wenn sie für eine größere Zahl von Fällen maßgeblich ist.

60 Divergenz, dh Abweichung von einer Entscheidung des Oberverwaltungsgerichts, des Bundesverwaltungsgerichts, des Bundesverfassungsgerichts oder des Gemeinsamen Senats der obersten Gerichtshöfe des Bundes (§ 124 Abs. 2 Nr. 4 VwGO) liegt vor, wenn das Gericht einen allgemeinen, abstrakten Rechtssatz aufgestellt hat, der in Widerspruch zu einer Entscheidung eines der genannten Gerichte steht. Im Zulassungsantrag sind der vom Verwaltungsgericht aufgestellte Rechtssatz als auch der des Obergerichts, von dem das Erstgericht abgewichen sein soll, zu bezeichnen.

61 Wesentlicher Verfahrensfehler (§ 124 Abs. 2 Nr. 5 VwGO) ist ein solcher, der das Ergebnis der Entscheidung beeinflusst haben kann. In dem Antrag müssen die Tatsachen bezeichnet werden, die den gerügten Verfahrensmangel schlüssig ergeben.[40] Grundsätzlich muss auch dargelegt werden, weshalb die Entscheidung auf dem Mangel beruht;[41] eine Ausnahme wird für solche Verfahrensfehler zu machen sein, die nach § 138 VwGO absolute Revisionsgründe darstellen.

62 **Formulierungsvorschlag:**

Es wird beantragt, die Berufung gegen das Urteils des Verwaltungsgerichts . . . . . . vom . . . . . . zuzulassen.

7. Revision/Sprungrevision

63 Die Revision ist nur möglich, wenn sie entweder im angefochtenen Urteil des Berufungsgerichts oder aufgrund Nichtzulassungsbeschwerde durch das Revisionsgericht zugelassen wurde. Eine zulassungsfreie Revision gibt es nicht. Die Nichtzulassungsbeschwerde ist binnen eines Monats nach Zustellung des vollständig abgesetzten Urteils bei dem Gericht, dessen Entscheidung angefochten wird, unter Bezeichnung eben dieses Urteils einzulegen (§ 133 Abs. 2 VwGO) und innerhalb von zwei Monaten – berechnet ab Zustellung des Berufungsurteils – zu begründen. Dabei ist die grundsätzliche Bedeutung, die Divergenz oder der Verfahrensmangel, auf den die Revision abgestützt werden soll, darzulegen (§ 133 Abs. 3 VwGO). Wird der Beschwerde nicht abgeholfen, so ist die Sache dem Revisionsgericht vorzulegen. Dieses entscheidet durch Beschluss, der grundsätzlich kurz zu begründen ist (§ 133 Abs. 5 VwGO). Bei zugelassener Revision ist die Rechtsmittelschrift binnen eines Monats nach Zustellung der Zulassungsentscheidung bei dem Ausgangs- oder dem Revisionsgericht (§ 139 Abs. 1 S. 1 und 2 VwGO) einzureichen und innerhalb der Revisionsbegründungsfrist (§ 139 Abs. 3 S. 1 VwGO) unter Beachtung der in § 139 Abs. 3 S. 4 VwGO genannten Formalien zu begründen.

64 Nach § 134 Abs. 1 VwGO steht den Beteiligten unter Umgehung der Berufungsinstanz unmittelbar die Revision zu, wenn Kläger und Beklagter der Einlegung der Sprungrevision zugestimmt haben und das Verwaltungsgericht die Sprungrevision im Urteil oder auf Antrag in einem gesonderten Beschluss zugelassen hat. Dem schriftlichen Antrag, der innerhalb eines Monats nach Zustellung des vollständigen Urteils einzureichen ist, ist die Zustimmung zur Einlegung der Sprungrevision beizufügen.

8. Wiedereinsetzung

65 a) **Wiedereinsetzung im Verwaltungsverfahren.** Wurde im Verwaltungsverfahren eine Frist versäumt, so richtet sich die in Betracht kommende Wiedereinsetzung nach § 32 VwVfG. Diese Vorschrift regelt die Wiedereinsetzung gegen die Versäumung gesetzlicher Fristen (für

---

[40] Vgl. BVerwG NVwZ-RR 1990, 220.
[41] Vgl. BVerwG DVBl. 1993, 49.

den Bereich der Fristen im gerichtlichen Verfahren gilt für das verwaltungsgerichtliche Verfahren § 60 VwGO).

§ 32 VwVfG findet Anwendung auf alle gesetzlichen Fristen, also auch zum Verwaltungsverfahren der Fahrerlaubnisbehörde. § 32 VwVfG ist nicht auf die von der Fahrerlaubnisbehörde nach § 11 Abs. 6 S. 2 FeV gesetzten Fristen zur Vorlage eines Fahreignungsgutachtens anwendbar. Ebenfalls keine Frist, in die Wiedereinsetzung gewährt werden könnte, ist die nach § 20 Abs. 2 S. 2 FeV. Danach ist im Wiedererteilungsverfahren ein Verzicht auf die theoretische oder praktische Fahrprüfung ist nicht zulässig, wenn seit der Entziehung, der vorläufigen Entziehung, der Beschlagnahme des Führerscheins oder einer sonstigen Maßnahme nach § 94 StPO oder dem Verzicht mehr als zwei Jahre verstrichen sind. Hier ist allenfalls eine Ausnahme nach § 74 Abs. 1 FeV denkbar.

Der Antrag auf Wiedereinsetzung ist gemäß § 32 Abs. 2 VwVfG innerhalb von 2 Wochen nach Wegfall des Hindernisses zu stellen. Voraussetzung für die Wiedereinsetzung in den vorigen Stand ist, dass jemand ohne Verschulden verhindert war, eine gesetzliche Frist einzuhalten. Hierbei gilt, dass das Verschulden eines Vertreters dem Vertretenen zuzurechnen ist. Im Übrigen ist es wichtig, innerhalb der Antragsfrist die versäumte Handlung nachzuholen (§ 32 Abs. 2 S. 3 VwVfG).[42]

b) Wiedereinsetzung im gerichtlichen Verfahren. Gemäß § 60 VwGO ist bestimmt, dass auf Antrag Wiedereinsetzung in den vorigen Stand zu gewähren ist, wenn jemand ohne Verschulden verhindert war, eine gesetzliche Frist einzuhalten. Anwendungsbereich des § 60 VwGO sind alle gesetzlichen Fristen, auch die Versäumung der Wiedereinsetzungsfrist. Insbesondere gilt dies auch für die Versäumung der Klagefrist gemäß § 74 VwGO. Eine entsprechende Anwendung kommt in den Fällen des § 82 Abs. 2 VwGO in Betracht.

Voraussetzung für die Wiedereinsetzung gemäß § 60 Abs. 1 VwGO ist die Versäumung einer gesetzlichen Frist. Weitere Voraussetzung ist das Vorliegen eines Hinderungsgrundes, die Frist zu wahren, und schließlich die Versäumung der Frist ohne Verschulden.[43]

Der Antrag auf Wiedereinsetzung ist binnen 2 Wochen nach Wegfall des Hindernisses zu stellen, und die Tatsachen zur Begründung des Antrages sind bei der Antragstellung oder im Verfahren über den Antrag glaubhaft zu machen. Weiter ist innerhalb der Antragsfrist die versäumte Rechtshandlung nachzuholen.

Zuständig für die Entscheidung über den Wiedereinsetzungsantrag ist das Gericht, das über die versäumte Rechtshandlung zu befinden hat.

c) Anfechtung der Wiedereinsetzungsentscheidung. Die Beteiligten haben gegen die Gewährung oder Versagung der Wiedereinsetzung, auch soweit die Behörde darüber durch gesonderten Beschluss entschieden hat, gemäß § 44a VwGO keine Rechtsbehelfe, sondern können die Fehlerhaftigkeit der Entscheidung nur im Rahmen eines Rechtsbehelfs in der Hauptsache geltend machen.. Ablehnende Wiedereinsetzungsentscheidungen der Verwaltungsbehörde sind von den Gerichten uneingeschränkt nachprüfbar.

Im Verfahren gemäß § 60 VwGO, also bei der Versäumung einer Frist im gerichtlichen Verfahren, ist die Entscheidung, durch die Wiedereinsetzung gewährt wird, unanfechtbar.

Lehnt das Gericht die Wiedereinsetzung ab, so kann sie nur mit den Rechtsmitteln weiterverfolgt werden, die hinsichtlich der Hauptsache gegeben sind.[44]

III. Streitwert

a) Vorläufiger Streitwert. Nach § 6 Abs. 1 Nr. 4 GKG werden in Prozessverfahren vor den Verwaltungsgerichten die allgemeinen Gerichtsgebühren mit Klageerhebung fällig. Prozessverfahren in diesem Sinn sind – etwas verkürzt – Klageverfahren, Berufungs- und Berufungszulassungsverfahren sowie Revisionsverfahren. Nicht betroffen sind die Anträge auf Gewährung einstweiligen Rechtsschutzes. Folge der vorgezogenen Fälligkeit ist, dass das Gericht unmittelbar nach Eingang der Klage nach § 63 Abs. 1 S. 1 GKG ohne Anhörung der

---

[42] Zu Hinderungsgründen und fehlendem Verschulden vgl. ausführlich *Kopp/Ramsauer* § 32 Rn. 18 ff.
[43] Ausführlich hierzu *Eyermann/J. Schmidt* § 69 Rn. 6 ff.
[44] *Kopp/Schenke* § 60 Rn. 40.

Beteiligten einen vorläufigen Streitwert festsetzt. Dieser Beschluss ist, wie sich § 68 Abs. 1 GKG entnehmen lässt, unanfechtbar. Schuldner ist nach § 22 Abs. 1 S. 1 GKG derjenige, der das Verfahren eingeleitet hat, also – bezogen auf die erste Instanz – der Kläger. Aufgrund der vorläufigen Streitwertfestsetzung erstellt die Gerichtsverwaltung eine ebenso vorläufige Kostenrechnung. Diese ist bei einer anwaltschaftlich vertretenen Partei grundsätzlich an den Bevollmächtigten zu schicken. Insoweit handelt es sich um eine im Verfahren erstellte Mitteilung nach § 67 Abs. 6 S. 4 VwGO. Dem Anwalt obliegt es, die Rechnung an den Mandanten weiter zu leiten. Die Nichtbegleichung der vorläufigen Kostenrechnung kann zwar dazu führen, dass die Vollstreckung eingeleitet wird. Prozessual treten aber – anders als im Zivilprozess – keine Nachteile für den Kläger ein; das Gericht muss das Verfahren gleichwohl weiter betreiben.

72   b) **Endgültiger Streitwert.** Zusammen mit der die Instanz abschließenden Entscheidung erlässt das Gericht gemäß § 63 Abs. 2 GKG einen Streitwertbeschluss, auf dessen Grundlage die Gerichtsgebühren errechnet werden. Der Streitwert ist im Regelfall auch Grundlage für die – gesetzlichen – Anwaltsgebühren (§ 23 Abs. 1 RVG. Maßgeblich ist das Interesse des Klägers an der begehrten Entscheidung (§ 52 Abs. 1 GKG). Eine wichtige und maßgebende Hilfe hierbei ist der Streitwertkatalog für die Verwaltungsgerichtsbarkeit,[45] an den sich die Gerichte weitestgehend halten. Dieser Beschluss ist nach Maßgabe des § 68 GKG mit der Beschwerde anfechtbar.

---

[45] Streitwertkatalog für die Verwaltungsgerichtsbarkeit in der Fassung der am 31.5./1.6.2012 und 18.7.2013 beschlossenen Änderungen; auszugsweise abgedruckt. abgedruckt bei *Geiger* DAR 2014, 57.

§ 10 Beteiligung von Rechtsschutz im verwaltungsrechtlichen Führerscheinverfahren

Übersicht

	Rn.
I. Der Versicherungsschutz	1–11
1. Allgemeines	1
2. Die Regelungen in den ARB	2–11
a) ARB 75	2
b) ARB 94/2000/2008/2010	3–11
II. Die Rechtsschutzdeckung im Verkehrsverwaltungsrecht	12–17
1. Mögliche Fallgestaltungen	13–15
a) Angelegenheiten mit Bezug zur Fahrerlaubnis	13
b) Anordnungen der Straßenverkehrsbehörde ohne Bezug zur Fahrerlaubnis	14
c) Sonstige verkehrsrechtliche Verwaltungsakte	15
2. Verkehrsrechtliche Anordnungen ohne Rechtsschutzdeckung im verkehrsrechtlichen Verwaltungs-Rechtsschutz	16/17
III. Voraussetzungen der Rechtsschutzgewährung	18–28
1. Vorliegen eines Versicherungsfalles	18–27
a) Der Versicherungsfall beim Verwaltungs-Rechtsschutz in Verkehrssachen	18/19
b) Besondere Fallgestaltung Führerscheinrechtsschutz/Maßnahmen nach Punktesystem	20–27
2. Interessenwahrnehmung vor Verwaltungsbehörde oder Verwaltungsgericht	28
IV. Leistungsumfang	29–38
1. Der Leistungsumfang nach ARB	29/30
2. Kosten/Gebühren für Begutachtung für Fahreignung (BfF)/MPU	31–38

Schrifttum: *Buschbell/Hering*, Handbuch Rechtsschutz, 5. Aufl. 2011; *van Bühren/Plote*, ARB, 3. Aufl. 2013; *Harbauer*, Rechtsschutzversicherung, 8. Aufl. 2010-; *Mathy*, Rechtsschutz-Alphabet, 2. Aufl. 2000; *Plote*, Anwalt und Rechtsschutzversicherung, 2000; *Prölss/Martin*, Versicherungsvertragsgesetz, 28. Aufl. 2010 (zitiert: Prölss/Martin/*Bearbeiter*).

I. Der Versicherungsschutz

1. Allgemeines

Der Versicherungsschutz in verkehrsrechtlichen Verwaltungsangelegenheiten beinhaltet die Rechtsschutzdeckung für die Verfolgung und Abwehr von Rechten in allen verkehrsrechtlichen Verwaltungsangelegenheiten.[1] Das Wort „verkehrsrechtlich" ist kein eindeutiger Begriff der Rechtssprache. Für die Versicherungsdeckung in einer verkehrsrechtlichen Angelegenheit kommt es somit auf die „Zweckrichtung" des vom VN jeweils erstrebten oder abgewehrten Verwaltungsaktes an. Als „verkehrsrechtlich" ist jede behördliche Anordnung zu werten, die primär der Sicherheit und Ordnung des Verkehrs zu dienen bestimmt ist. Abzugrenzen ist die „verkehrsrechtliche" Angelegenheit von verkehrswirtschaftlichen oder sozialpolitischen Verwaltungsanordnungen.[2] Diese Abgrenzung ist allerdings nicht überzeugend, weil auch verkehrswirtschaftliche und sozialpolitische Verwaltungsanordnungen der Verkehrssicherheit dienen können. Richtigerweise ist die Abgrenzung dahin gehend zu ergänzen, dass entscheidend ist, ob die „verkehrsrechtliche" Anordnung die Teilnahme am Straßenverkehr betrifft.

1

---

[1] Harbauer/*Stahl* ARB 94/2000 § 2 Rn. 13, 14.
[2] Harbauer/*Stahl* ARB 94 § 2 Rn. 14.

2. Die Regelungen in den ARB

2 **a) ARB 75.** Nach ARB 75, die in noch geringem Umfang zur Anwendung kommen, besteht Versicherungsschutz lediglich in Angelegenheiten der Fahrerlaubnis.

In verkehrsbezogenen Vertragsarten (§§ 21 Abs. 3d, 22 Abs. 3d, 23 Abs. 2c, 24 Abs. 6 Ziff. 3b, 26 Abs. 3e) bietet der sog. „Führerscheinrechtsschutz" Rechtsschutzdeckung[3] für die Wahrnehmung rechtlicher Interessen in Widerspruchsverfahren vor Verwaltungsbehörden wegen

- Einschränkung,
- Entzug oder Wiedererlangung der Fahrerlaubnis und
- im Verfahren vor Verwaltungsgerichten aus den gleichen Gründen.

Im Übrigen kommt nach ARB 75 Versicherungsschutz erst von Beginn des Widerspruchsverfahrens an in Betracht.[4]

3 **b) ARB 2010.** *aa) Die Regelungen.* Die Regelungen in § 21 ARB 94 und ARB 2000 sind identisch. Diese Regelungen umfassen mit gewissen Modifikationen in Abs. 1 und 2 den auf die Person des VN bezogenen Verkehrs-Rechtsschutz des § 21 ARB 75 und in Abs. 3 den auf ein bestimmtes Fahrzeug bezogenen Fahrzeug-Rechtsschutz des § 22 ARB 75. In der Regelung des § 21 ARB 94/2000 enthalten die Absätze 4 bis 10 für beide Versicherungsformen geltende Modalitäten.

4 In den neuen ARB 2008/2010 ergeben sich leichte Abweichungen durch die Anpassung der ARB an das neue VVG. Der Wortlaut des § 21 ARB 2008/2010 ist bis einschließlich Nr. 7 identisch mit den ARB 2000. In Nr. 10 ist die Obliegenheit nicht „negativ", sondern „positiv" formuliert. Im weiteren ist das Rechtsfolgensystem der Obliegenheitsverletzung an die neuen Vorschriften des VVG angepasst.

5 *bb) Voraussetzungen des Versicherungsschutzes.* Gemäß § 21 Abs. 1 ist Voraussetzung für den Versicherungsschutz – ebenso wie in § 21 ARB 75 –, dass neben der versicherten Eigenschaft das Kraftfahrzeug – mit Ausnahme des angemieteten Selbstfahrer-Vermietfahrzeuges sowie der Fälle des Abs. 6 – im Zeitpunkt des Rechtsschutzfalles (§ 4) auf den VN zugelassen ist. Mit einem Versicherungskennzeichen versehene zulassungsfreie Kraftfahrzeuge sind den zulassungspflichtigen nunmehr ausdrücklich gleichgestellt. Handelt es sich um zulassungsfreie Fahrzeuge, so kommt Versicherungsschutz des § 21 nicht in Betracht. Diese sind nur in den Verträgen nach §§ 23 bis 28 mitversichert.

6 Ein wichtiger Unterschied der Rechtsschutzdeckung in § 21 ARB 75 ist, dass Abs. 1 sich nur auf Motorfahrzeuge zu Lande sowie auf Anhänger, also nicht auf Motorfahrzeuge zu Wasser und in der Luft, bezieht. Diese sind nur gemäß Abs. 3 versicherbar. Im Unterschied zu § 21 ARB 75 hat der VN durch Abs. 1 auch Versicherungsschutz als Mieter eines zum vorübergehenden Gebrauch gemieteten Selbstfahrer-Vermietfahrzeuges sowie Anhängers.

7 *cc) Mitversicherte Personen.* Nach § 21 Abs. 1 Satz 2 ARB 2010 sind alle berechtigten Fahrer und Insassen der gemäß Abs. 1 S. 1 versicherten Fahrzeuge, also auch eines angemieteten Selbstfahrer-Mietfahrzeuges, mitversichert.

8 *dd) Der Versicherungsfall.* Voraussetzung für Rechtsschutzdeckung ist, dass ein Rechtsschutzfall iSd § 4 ARB 2010 gegeben ist.[5] Zu beachten ist, dass im Verwaltungs-Rechtsschutz in Verkehrssachen eine 3-monatige Wartezeit nach § 4 Abs. 1 S. 3 ARB 2010 als vereinbart gilt.[6]

9 Wird dem Versicherungsnehmer der Führerschein wegen einer Trunkenheitsfahrt entzogen und erteilt die Verwaltungsbehörde nach Ablauf der Sperrfrist keine neue Fahrerlaubnis, so ist nicht der belastende Verwaltungsakt der Rechtsschutzfall. Als erster Verstoß gegen Rechtspflichten ist die Trunkenheitsfahrt anzusehen.[7] Liegt die Trunkenheitsfahrt

---

[3] Vgl. auch hierzu *Buschbell/Hering*, Übersichten zu den Leistungsarten der ARB in den §§ 21 bis 29, § 11 Rn. 7 ff.
[4] Harbauer/*Stahl* ARB 75 Vorb. 21 Rn. 137.
[5] *van Bühren/Plote* § 4 ARB 2010, Rn. 3
[6] *van Bühren/Plote* § 4 ARB 2010, Rn. 47.
[7] Harbauer/*Maier* ARB 94/2000 § 4 Rn. 5.

zeitlich vor dem Beginn des Versicherungsschutzes, so besteht kein Rechtsschutz, es sei denn, dass die Trunkenheitsfahrt länger als ein Jahr vor dem Versicherungsbeginn gelegen hat. In diesem Fall wird dieser Zeitpunkt nicht als Eintritt des Rechtsschutzfalles berücksichtigt.[8]

Zu beachten ist, dass die Regelung zum Verwaltungs-Rechtsschutz in Verkehrssachen in ARB 2000/2008 (in der Fassung der Verbandsempfehlung) inhaltsgleich ist mit der Regelung in ARB 94.[9] Andererseits aber muss beachtet werden, dass abweichende Regelungen in verschiedenen ARB inzwischen angeboten werden. In jedem Fall ist es empfehlenswert, bei der Klärung der Rechtsschutzdeckung in einer verwaltungsrechtlichen Führerscheinangelegenheit den Inhalt der jeweils maßgebenden ARB zu überprüfen.

Mit den ARB 94/2010 wurde bewusst der Zeitpunkt des für die Eintrittspflicht des Versicherers maßgeblichen Rechtsschutzfalles sehr früh gelegt, um Zweckabschlüsse zu vermeiden.[10] Die Formulierungen in der von den Versicherern verwandten ARB sind nicht einheitlich und folgen nicht immer den Musterempfehlungen. So haben verschiedene Versicherer wieder die alte Formulierung des § 14 ARB 75 in ihre ARB übernommen.[11]

II. Die Rechtsschutzdeckung im Verkehrsverwaltungsrecht

Im Verkehrsverwaltungsrecht kommt Rechtsschutzdeckung in Betracht für das Vorgehen eines Betroffenen bei einem erstrebten oder abgewehrten Verwaltungsakt in einer verkehrsrechtlichen Angelegenheit, die primär der Sicherheit und Ordnung des Verkehrs dient. Hierbei sind zu unterscheiden Angelegenheiten, die Maßnahmen zur Fahrerlaubnis betreffen, Maßnahmen der Straßenverkehrsbehörde ohne Bezug zur Fahrerlaubnis sowie evtl. Maßnahmen, die den ruhenden Verkehr betreffen. Somit kommt Rechtsschutzdeckung in verkehrsrechtlichen Verwaltungsangelegenheiten in Betracht wie folgt:

1. Mögliche Fallgestaltungen

a) Angelegenheiten mit Bezug zur Fahrerlaubnis

- Ablehnung der (Erst-)Erteilung der Fahrerlaubnis,
- Einschränkung der Fahrerlaubnis (zB räumlich oder lediglich für bestimmte Fahrzeugarten),
- bei Erteilung von Auflagen,
- Anordnung zur Beibringung eines medizinisch-psychologischen Gutachtens bzw. Anordnung der Begutachtung für Fahreignung (sofern ein Verwaltungsakt vorliegt),[12]
- verwaltungsrechtliche Maßnahmen bei der Fahrerlaubnis auf Probe,
- Anordnung des Entzuges der Fahrerlaubnis,
- Ablehnung der Wiedererteilung der Fahrerlaubnis.

b) Anordnungen der Straßenverkehrsbehörde ohne Bezug zur Fahrerlaubnis

- Anordnung zur Führung eines Fahrtenbuches,[13]
- Anordnung zur Teilnahme am Verkehrsunterricht.[14]

c) Sonstige verkehrsrechtliche Verwaltungsakte

- Anordnung zum Abschleppen eines verkehrswidrig abgestellten Fahrzeuges.[15]

---

[8] *Buschbell/Hering* § 18 Rn. 24.
[9] Vgl. *Plote* § 4 Rn. 57.
[10] *van Bühren/Plote* ARB 2010 § 4 Rn. 6
[11] *van Bühren/Plote* ARB 2010 § 4 Rn. 9 m. w. Nachw.
[12] Vgl. *Buschbell/Hering* § 18 Rn. 19.
[13] AG Düsseldorf zfs 1985, 211.
[14] AG Buxtehude zfs 1985, 275.
[15] *Buschbell/Hering* § 18 Rn. 21.

2. Verkehrsrechtliche Anordnungen ohne Rechtsschutzdeckung im verkehrsrechtlichen Verwaltungs-Rechtsschutz

16   Eine Vielzahl von verkehrswirtschaftlichen, arbeitsrechtlichen und sozialrechtlichen Bestimmungen regeln nicht in erster Linie die Sicherheit und Ordnung des Verkehrs. Sie sind geschaffen zur Regelung wirtschafts-, arbeits- und sozialpolitischer Probleme. Soweit hier die Verwaltungsbehörde im verkehrsrechtlichen Sinne tätig wird, fällt die Interessenwahrnehmung nicht unter die Versicherungsdeckung. Betroffen sind hier insbesondere
- das Ausländerpflichtversicherungsgesetz,
- das Fahrlehrergesetz,
- das Pflichtversicherungsgesetz,
- die VO über den Betrieb von Kraftfahrtunternehmen im Personenverkehr (BOKraft),
- die Straßenbahn-Bau- und Betriebsordnung (BOStrab),
- das Personenbeförderungsgesetz,
- das Güterkraftverkehrsgesetz,
- das Bundesfernstraßengesetz,
- die FahrpersonalVO,
- die GefahrgutVO u.a.m.

17   Ob im Einzelfall bei den vorgenannten Rechtsmaterien Rechtsschutzdeckung im verkehrsrechtlichen Verwaltungs-Rechtsschutz in Betracht kommt, muss wiederum geprüft werden anhand der Definition der verkehrsrechtlichen Angelegenheit, und zwar dahin gehend, ob es sich um einen Verwaltungsakt handelt, der der Sicherheit und Ordnung bei der Teilnahme am Straßenverkehr dient.

III. Voraussetzungen der Rechtsschutzgewährung

1. Vorliegen eines Versicherungsfalles

18   a) *Der Versicherungsfall beim Verwaltungs-Rechtsschutz in Verkehrssachen.* Geregelt ist der Rechtsschutzfall für den Verwaltungs-Rechtsschutz in Verkehrssachen in § 4 Abs. 1c ARB 2010. Diese Regelung verfolgt den Zweck, die in § 14 Abs. 2 und 3 ARB 75 umschriebenen Versicherungsfälle zusammenzufassen und einheitlich zu regeln. Die Bestimmung des § 4 Abs. 2 S. 2 ARB 94 gilt auch für den Verwaltungs-Rechtsschutz in Verkehrssachen.[16] Die Regelung in § 4 Abs. 1c ARB 2000/2008 ist gleichlautend.[17]

19   In allen Rechtsangelegenheiten des § 2b bis j, also auch im verkehrsrechtlichen Verwaltungs-Rechtsschutz, besteht der Anspruch auf Versicherungsschutz, wenn der VN oder ein anderer gegen Rechtspflichten oder Rechtsvorschriften verstoßen hat oder haben soll.[18]

20   b) *Besondere Fallgestaltung Führerscheinrechtsschutz/Maßnahmen nach Punktesystem.* Wird ein verkehrsrechtlicher Verwaltungsakt aufgrund des Punktesystems erlassen, und zwar aufgrund des Erreichens einer bestimmten Punktzahl, so stellt sich die Frage, ob der Versicherungsfall ausgelöst wird durch den ersten zugrunde liegenden bzw. registrierten Verkehrsverstoß oder durch den Verkehrsverstoß, dessen Registrierung zur Addition auf 18 (bzw. seit dem 1.5.2014: 8) Punkte führt. Maßgebend ist die Regelung des § 4 Abs. 2 ARB 94 bzw. 2000/2008. Hiernach soll auf den ersten Verkehrsverstoß, welcher der 18-Punkte-Regelung zugrunde liegt, abzustellen sein.[19]

21   Für die Regelungen in ARB 75, und zwar nach § 14 Abs. 2 S. 2, ist die Frage streitig. Hiernach kommt in Betracht, dass der Versicherungsfall erst durch das letzte Verkehrsdelikt eintritt, durch das die Punktgrenze auf 18 bzw. 8 erhöht wurde.[20]

---

[16] *Mathy* S. 1031.
[17] ARB 94 und ARB 2000 abgedruckt bei *Buschbell/Hering* S. 569 und 590; ARB 2008 abgedruckt bei van Bühren/*Plote* (2. Aufl.) mit einer zusätzlichen Synopse der ARB 2000/2008.
[18] Harbauer/*Maier* ARB 94 § 4 Rn. 5.
[19] Harbauer/*Maier* ARB 2010 § 4 Rn. 12; *Mathy* Verwaltungs-Rechtsschutz in Verkehrssachen, S. 1031; *Plote* § 5 Rn. 147.
[20] LG Itzehoe VersR 1988, 906; *Maier* in: Harbauer ARB 75 § 14 Rn. 33; Prölss/Martin/*Prölss/Armbrüster* 27. Aufl, 2004, ARB 75 § 14 Rn. 7 mwN; *Plote* § 5 Rn. 147.

Festzustellen ist, dass viele Rechtsschutzversicherer in ihren aktuellen Bedingungen wieder auf die Formulierung des § 14 ARB 75 zurückgreifen und für den Rechtsschutzfall nicht die Musterbedingungen der ARB 94/2000 verwenden.[21]

Es ist darauf hinzuweisen, dass die Musterbedingungen als Verbandsempfehlung zu § 4 ARB 94 den in der Gruppenfreistellungsverordnung geforderten Hinweis enthalten, dass es für den einzelnen Rechtsschutzversicherer möglich ist, in seinen unternehmensbezogenen Bedingungen etwas anders zu bestimmen (Art. 7 Abs. 1 lit. a und b Gruppenfreistellungsverordnung).[22] Schließlich gilt gemäß § 4 Abs. 1 S. 3 ARB 94 eine dreimonatige Wartezeit. Dies ist gleich lautend auch in den ARB 2000/2008 geregelt.

Nach § 4 Abs. 2 ARB 2010 ist der Beginn des Rechtsschutzfalls maßgebend, wenn dieser sich über einen längeren Zeitraum erstreckt. Beim Erlass eines Verwaltungsaktes ist auf den Zeitpunkt des Erlasses abzustellen.[23] Soweit der Verwaltungsakt auf einem Verhalten des VN beruht, tritt der Rechtsschutzfall mit dem Setzen der Ursache des Bescheides ein.[24]

Bei einer Entziehung der Fahrerlaubnis wegen Erreichens der 18-(bzw. 8-)Punkte-Grenze infolge wiederholter Verstöße gegen straßenverkehrsrechtliche Vorschriften oder Strafgesetze ist jede einzelne Verkehrsordnungswidrigkeit oder Straftat ein selbständiger Rechtsschutzfall. Anspruch auf Deckungsschutz hat der Versicherungsnehmer nur, wenn der erste der für die Fahrerlaubnisentziehung maßgeblichen Verstöße innerhalb des versicherten Zeitraums liegt.[25] Nach BGH reicht jeder tatsächliche, objektiv feststellbare Vorgang aus, der den Keim eines Rechtskonflikts in sich trägt.[26]

Allerdings ist zu beachten, dass gem. § 4 Abs. 2 S. 2 jeder Rechtsschutzfall außer Betracht bleibt, der länger als ein Jahr vor Beginn des Versicherungsschutzes für den betroffenen Gegenstand der Versicherung eingetreten ist. Soweit also ein Mandant Punkte angesammelt hat, müssen die Punkte, die während der Laufzeit des Versicherungsvertrages und die Punkte, die in einem Jahr vor Abschluss des Vertrages angefallen sind, addiert werden. Liegen diese unter der Grenze von 18 bzw. jetzt 8 Punkten, besteht Versicherungsschutz.

Wurde dem Mandanten die Fahrerlaubnis wegen einer Trunkenheitsfahrt entzogen und beantragt dieser nach Ablauf der Sperrfrist eine neue Fahrerlaubnis und lehnt die Straßenverkehrsbehörde dies ab, so ist Rechtsschutzfall die Begehung der Straftat und nicht der ablehnende Bescheid der Behörde.[27] Soweit die Behörde einen Vorfall im Straßenverkehr zum Anlass nimmt, die Fahrtüchtigkeit zu überprüfen, liegt in der Anordnung der Behörde der Rechtsschutzfall.[28]

2. Interessenwahrnehmung vor Verwaltungsbehörde oder Verwaltungsgericht

Weitere Voraussetzung für Rechtsschutzdeckung im verkehrsrechtlichen Verwaltungs-Rechtsschutz ist, dass die Interessenwahrnehmung vor einer Verwaltungsbehörde oder einem Verwaltungsgericht stattfindet. Gemeint sind hier alle Verwaltungsbehörden, die verkehrsrechtlich tätig werden, und alle Verwaltungsgerichte, auch die Oberverwaltungsgerichte und das Bundesverwaltungsgericht.[29]

IV. Leistungsumfang

1. Der Leistungsumfang nach ARB

In welcher Höhe der Versicherer die Vergütung des für den VN tätigen Anwaltes und die im Verfahren anfallenden Kosten zu übernehmen hat, ist in § 5 Abs. 1a ARB 94 und gleich

---

[21] Vgl. *van Bühren/Plote* § 4 Rn. 9 mwN.
[22] Vgl. hierzu auch *Mathy*, Verwaltungs-Rechtsschutz in Verkehrssachen, S. 1031.
[23] *van Bühren/Plote* ARB 2010 § 4 Rn. 42
[24] *van Bühren/Plote* ARB 2010 § 4 Rn. 42
[25] BGH NJW 2006, 3001 = DAR 2007, 235 = NZV 2006, 575 = VersR 2006, 1355
[26] *Harbauer/Maier* ARB 2010 § 4 Rn. 89
[27] *van Bühren/Plote* ARB 2010 § 4 Rn. 43
[28] *Harbauer/Maier* ARB 2010 § 4 Rn. 88; *van Bühren/Plote* ARB 2010, Rn. 43
[29] *Buschbell/Hering* § 18 Rn. 17.

lautend in § 5 ARB 2000/2008/2010 geregelt (früher in § 2 Abs. 1a ARB 75). Hiernach hat die Rechtsschutzversicherung zunächst die Vergütung des für den Versicherungsnehmer tätigen Anwaltes in gesetzlicher Höhe zu tragen.

30 Im Übrigen trägt die Rechtsschutzversicherung die Verwaltungsverfahrens- und Verwaltungsvollstreckungskosten, und zwar gemäß § 5 Abs. 1e ARB 94/2000/2008/2010. Diese Regelung entspricht der früheren Regelung in § 2 Abs. 1d ARB 75. Somit trägt die Rechtsschutzversicherung die im Verwaltungsverfahren bzw. verwaltungsgerichtlichen Verfahren entstehenden Gebühren und Auslagen (Verwaltungskosten).[30]

2. Kosten/Gebühren für Begutachtung für Fahreignung (BfF)/MPU

31 In verkehrsrechtlichen Verwaltungsangelegenheiten (Bußgeldsachen, verwaltungsgerichtliche Führerscheinverfahren, Fahrtbuchanordnung, Anordnung zur Teilnahme am Verkehrsunterricht, Streitigkeiten beim Abschleppen eines verkehrsbehindernd abgestellten Fahrzeugs)[31] trägt die Rechtsschutzversicherung, wie ausgeführt, die gesetzlichen Gebühren des Anwaltes sowie die Verwaltungskosten, jedoch nur im **verwaltungsrechtlichen sowie verwaltungsgerichtlichen** Führerscheinverfahren.

32 Nicht jedoch werden die gesetzliche Vergütung des Anwaltes, die Kosten für Begutachtung, soweit nicht gerichtlich angeordnet, durch die Rechtsschutzversicherung übernommen. Bei den MPU-Gutachtern handelt es sich nicht um Sachverständige, die von der Verwaltungsbehörde herangezogen werden; es obliegt vielmehr dem Antragsteller, ein derartiges Gutachten zur Erlangung der Fahrerlaubnis beizubringen.[32] Diese Gutachten dienen einzig und allein dem Zweck, die Eignung des Antragstellers nachzuweisen.

33 Wichtig ist es, den Mandanten/Betroffenen rechtzeitig zu informieren und dies möglichst auch schriftlich festzuhalten, damit keine Missverständnisse auftreten. Hierbei ist zu unterscheiden zwischen der Frage möglicher Rechtsschutzdeckung und einem in Betracht kommenden Sonderhonorar.

34 **Formulierungsvorschlag (1), betreffend Rechtsschutzdeckung:**

In der Führerscheinangelegenheit ist zur Kostenfrage Folgendes auszuführen:

Zunächst ist darauf hinzuweisen, dass für die angeordnete Begutachtung für Fahreignung, also die Beibringung eines medizinisch-psychologischen Gutachtens, durch die Verwaltungsbehörde Eintrittspflicht der Rechtsschutzversicherung nicht in Betracht kommt, solange es sich um eine Anordnung handelt, die keinen Verwaltungsakt im Rechtssinne darstellt. Vorliegend handelt es sich um eine solche Anordnung, ohne dass ein Verwaltungsakt gegeben ist, mit der Folge, dass Eintrittspflicht der Rechtsschutzversicherung nicht in Betracht kommt.

Zu den einzelnen Kostenpositionen ist Folgendes auszuführen:

Die Verwaltungsgebühren ergeben sich aus den maßgebenden Bestimmungen der Gebührenordnung.

Die Kosten für die Teilnahme an Kursen und für die Begutachtung sind aus entsprechenden Kostenübersichten zu erfahren.

Schließlich richten sich die anfallenden gesetzlichen Anwaltsgebühren nach dem Rechtsanwaltsvergütungsgesetz (RVG).

35 Empfehlenswert ist es, maßgebende Gebührensatzungen der regionalen oder örtlichen Straßenverkehrsbehörden vorzuhalten. Dies gilt auch für die Kostenübersichten der Kursanbieter oder Begutachtungsstellen.

---

[30] Harbauer/*Bauer* ARB 75 § 2 Rn. 118 f.
[31] *van Bühren/Plote* § 5 Rn. 81.
[32] *van Bühren/Plote* § 5 Rn. 87.

Soweit die Vereinbarung eines Sonderhonorars angezeigt erscheint, ist zu differenzieren zwischen einem Vorgang mit Rechtsschutzdeckung und ohne Rechtsschutzdeckung. Der nachstehende Formulierungsvorschlag berücksichtigt beide Alternativen:

> **Formulierungsvorschlag (2):**
>
> Zu der Kosten- und Gebührenfrage in der Führerscheinangelegenheit ist Folgendes auszuführen:
>
> Zunächst ist darauf hinzuweisen, dass für die angeordnete Begutachtung für Fahreignung, also die Beibringung eines medizinisch-psychologischen Gutachtens, durch die Verwaltungsbehörde Eintrittspflicht der Rechtsschutzversicherung nicht in Betracht kommt, solange es sich um eine Anordnung handelt, die keinen Verwaltungsakt im Rechtssinne darstellt. Diese Voraussetzung ist vorliegend nicht gegeben.
>
> Zu den einzelnen Kostenpositionen ist Folgendes auszuführen:
>
> Die Verwaltungsgebühren ergeben sich aus den maßgebenden Bestimmungen der Gebührenordnung.
>
> Die Kosten für die Teilnahme an Kursen und für die Begutachtung sind aus entsprechenden Kostenübersichten zu erfahren.
>
> Schließlich richten sich die anfallenden gesetzlichen Anwaltsgebühren nach dem Rechtsanwaltsvergütungsgesetz (RVG).
>
> Zu den möglichen anfallenden Anwaltsgebühren ist Folgendes klarstellend auszuführen:
>
> In der vorliegenden Angelegenheit geht der Umfang der Tätigkeit über das hinaus, was durch die gesetzlichen Gebühren angemessen gedeckt ist. Hierzu ist auf folgende Aktivitäten zu verweisen ......
>
> Es wird vorgeschlagen, der Klarheit wegen in dieser Angelegenheit eine Vereinbarung zu den anfallenden Gebühren zu treffen wie folgt: ......
>
> Der Entwurf der Vergütungsvereinbarung mit diesseitiger Unterschrift ist beigefügt mit der Bitte um Unterzeichnung und Rückreichung des Originals. Die Kopie ist für Ihre Unterlagen bestimmt.

Alternativ ist anzufügen, soweit Eintrittspflicht der Rechtsschutzversicherung gegeben ist:

> **Formulierungsvorschlag:**
>
> Soweit eine Rechtsschutzversicherung besteht und deren Eintrittspflicht gegeben ist, trägt die Rechtsschutzversicherung nicht die Gebühren aus einer Vergütungsvereinbarung, sondern nur die gesetzlichen Gebühren.

§ 11 Kosten und Gebühren, Beratungs- und Prozesskostenhilfe im verwaltungsrechtlichen Führerscheinverfahren

Übersicht

	Rn.
I. Kosten	1–4
II. Gebühren der Fahrerlaubnisbehörde	5
III. Anwaltsvergütung	6–41
1. Beratung	7–11
2. Außergerichtliche Gebühren	12–31
a) Die Geschäftsgebühr der Nr. 2300 VV-RVG	13
b) Höhe der Gebühr	14/15
c) Toleranzgrenze	16–19
d) Die Geschäftsgebühr der Nr. 2301 VV-RVG	20–21
e) Toleranzgrenze	23
f) Die Anrechnungsvorschriften	24
g) Die Erledigungsgebühr	25/26
h) Auslagen des 7. Teils des VV-RVG	27–31
3. Gebühren-/Auslagenerstattung	32–34
4. Die Gebühren im Verfahren vor den Verwaltungsgerichten	35–41
a) Gesetzliche Grundlage	35
b) Die Gebühren im Prozess	36–40
c) Die Auslagen	41
IV. Gegenstandswert	42–45
1. Allgemeines/Grundlagen	42/43
2. Streitwertkatalog für die Verwaltungsgerichtsbarkeit, speziell zum Bereich Verkehrsrecht (Fassung 2013)	44/45
a) Vorbemerkungen	44
b) Richtwert zum Verkehrsrecht (Ziff. 46 des Streitwertkataloges)	45
V. Beratungs- und Prozesskostenhilfe	46–48
1. Beratungshilfe	46/47
2. Prozesskostenhilfe	48

Schrifttum: *Dörndorfer,* Kostenhilferecht für Anfänger, 2014; *Gerold/Schmidt,* Rechtsanwaltsvergütungsgesetz: RVG, 21. Aufl. 2013; *Hartmann,* Kostengesetze, 44. Aufl. 2014; *Haus,* Das verkehrsrechtliche Mandat, Band 3: Verkehrsverwaltungsrecht, 2004; *Kalthoener/Büttner/Wrobel-Sachs,* Prozesskostenhilfe und Beratungshilfe, NJW-Schriftenreihe, 2. Aufl. 1999; *Kopp/Ramsauer,* Verwaltungsverfahrensgesetz: VwVfG, 9. Aufl. 2005; *Teubel/Scheungrab* (Hrsg.), Münchener Anwaltshandbuch Vergütungsrecht, 2. Aufl. 2011.

I. Kosten

1   Im Führerscheinverfahren können unter den verschiedensten Gesichtspunkten Kosten entstehen. Hierbei sind verschiedene mögliche Maßnahmen zu unterscheiden, speziell die Kosten für eine Begutachtung bei dem Erwerb oder der Wiedererteilung der Fahrerlaubnis. Zu denken ist auch an ein mögliches Obergutachten und die hierdurch entstehenden Kosten. Insbesondere aber kommen Kosten für Aufbauseminare in Betracht in den Fällen des Aufbauseminars bei der Fahrerlaubnis auf Probe oder bei bestimmtem Punktestand. Bei den Aufbauseminaren ist zu unterscheiden zwischen den einzelnen Arten der Seminare, also ob es sich um ein allgemeines, spezielles oder Einzel-Aufbauseminar handelt. Weiter kommen in Betracht die verkehrspsychologische Beratung und die hiermit verbundenen Kosten. Häufigster Fall der Beratung in Führerscheinverfahren ist die Beratung über eine von der Verwaltungsbehörde angeordnete MPU bzw. die spätere Beratung nach vorliegendem – negativen – Gutachten. Hier handelt es sich um Tätigkeiten, die insbesondere im Hinblick auf die Anforderungen an die Erlangung einer Fachanwaltschaft auf dem Gebiet des Verkehrsrechts Bedeutung haben, denn das „Recht der Fahrerlaubnis" gehört gem. § 14d Nr. 4 FAO zu dem Bereich der nachzuweisenden besonderen Kenntnisse. Die echten Fälle gem. § 14d

Nr. 4 FAO scheinen dünn gesät zu sein. Nach FAO muss für die Antragsstellung ein Fallquorum erreicht werden. Dies bedeutet, dass aus mindestens drei Bereichen der in § 14d Nr. 1–4 aufgeführten Bereiche ein Quorum von 5 Fällen erreicht werden muss. Bei der Antragstellung für die Fachanwaltschaft Verkehrsrecht mangelt es den Anträgen in der Regel an den echten Fahrerlaubnisfällen. Dies kann zwar durch das Erreichen des Quorums in den anderen Bereichen kompensiert werden, bedeutet aber, dass der Antragsteller dann zumindest aus dem Gebiet des Versicherungsrechts 5 Fälle nachweisen muss. Auch dies scheint mit Schwierigkeiten verbunden zu sein. Die bei den Rechtsanwaltskammern eingerichteten Fachausschüsse müssen nach den vorgetragenen Fällen eine Bewertung treffen. Dies setzt voraus, dass der Antragsteller den „Fall" umfassend vorträgt, da andernfalls eine Bewertung nicht möglich ist.

> **Praxistipp:**
> Die Beratungen in MPU-Sachen sollte der Anwalt im Hinblick auf eine spätere Beantragung einer Fachanwaltschaft besonders sorgfältig dokumentieren, um den Umfang der Beratungstätigkeit nachweisen zu können. Vom Mandanten mitgebrachte Unterlagen sollte der Anwalt nicht nur in Augenschein nehmen, sondern auch in Kopie zu seiner Handakte. Um der Papierflut (MPU-Gutachten) Herr zu werden, empfiehlt sich das Einscannen.

Die Einrichtungen, welche die vorgenannten Untersuchungen, Kurse oder Seminare durchführen, bieten meistens Kostenübersichten an. Empfehlenswert ist es für den auf dem Gebiet des Fahrerlaubnisrechtes tätigen Anwalt, Kostentableaus der einzelnen Anbieter zur Verfügung zu halten. Dank Internet lassen sich heute leicht entsprechende Anbieter finden, jedoch lässt sich über deren Qualität keine Aussage machen. **2**

> **Praxistipp:**
> Jedenfalls wünscht der Betroffene bzw. Mandant in der Regel eine Information über potenziell anfallende Kosten. Neben der in Betracht kommenden mündlichen Information des Mandanten sollte dieser auch schriftlich über die anfallenden Kosten informiert werden.

Schließlich ist auch zu denken an die Möglichkeit der Beauftragung eines Privatgutachters. Es kommt eine Vereinbarung hinsichtlich des Kostenbetrages in Betracht, wobei das neu geschaffene Justizvergütungs- und -entschädigungsgesetz (JVEG) Anhaltspunkte über die Höhe der Stundensätze enthält, Anl. 1 zu § 9 JVEG. **3**

> **Formulierungsvorschlag:**
> In der Führerscheinangelegenheit kommt als empfohlene Maßnahme in Betracht ......
> Hinsichtlich der hierfür anfallenden Kosten wird verwiesen auf die in Kopie beigefügte Übersicht aus dem JVEG, das in gerichtlichen Verfahren heranzuziehen ist. Evtl. kommt auch in Betracht, an die genannte Institution eine Anfrage wegen der voraussichtlich anfallenden Kosten zu richten.
> In jedem Fall ist davon auszugehen, dass die angegebenen Beträge Circa-Beträge sind.
> Soweit die Beauftragung eines Privatgutachters in Betracht kommt, erfolgt die Kostenberechnung regelmäßig nach Stundensätzen. Diese sind ggf. zu vereinbaren, wobei sich eine Orientierung an den JVEG-Sätzen empfiehlt.
> Bei der Regelung der Auftragserteilung und der Kostenvereinbarung sind wir – wenn gewünscht – gerne behilflich.

Es ist davon auszugehen, dass der Mandant, in diesen Dingen regelmäßig unerfahren, dankbar ist, wenn die Kostenangelegenheit im genannten Sinne für ihn geregelt wird. **4**

II. Gebühren der Fahrerlaubnisbehörde

5 Unter dem Begriff „Gebühren" im rechtstechnischen Sinne ist zu verstehen der Betrag, der von der Behörde, also der Fahrerlaubnisbehörde, erhoben wird. Die Erhebung der Gebühren beruht regelmäßig auf entsprechenden Verordnungen. Die Erhebung der Gebühren erfolgt durch Bescheid, der im Übrigen, soweit die Gebühren nicht richtig berechnet sind, anfechtbar ist.

III. Anwaltsvergütung

6 Zu den anfallenden Anwaltsgebühren ist zu unterscheiden zwischen den verschiedenen Tätigkeiten des Anwaltes. In Betracht kommt neben der Beratung die Tätigkeit im Verfahren vor der Verwaltungsbehörde oder vor dem Verwaltungsgericht, ggf. in den verschiedenen Instanzen.

1. Beratung

7 Unter „Beratung" erfasst § 34 Abs. 1 RVG den mündlichen oder schriftlichen Rat oder eine Auskunft. Gebührenmäßig gibt es zwischen diesen Arten der Beratung keine wesentlichen Unterschiede. Auch auf die Tätigkeit in verwaltungsrechtlichen Angelegenheiten finden die Vorschriften über die Erteilung des Rates oder einer Auskunft gemäß § 34 RVG Anwendung.

8 Ist die verwaltungsrechtliche Angelegenheit Gegenstand eines ersten Beratungsgesprächs, also auch eine Führerscheinangelegenheit, kann der Anwalt keine höhere Gebühr als 190,– EUR liquidieren, § 34 Abs. 1 S. 3 RVG.

9 Unter „Rat" ist die Empfehlung des Anwaltes zu verstehen, sich in einer bestimmten Angelegenheit in bestimmter Weise zu verhalten.[1] Die Auskunft unterscheidet sich vom Rat dadurch, dass es sich nicht um die Empfehlung des Rechtsanwaltes über das Verhalten des Auftraggebers in einer bestimmten Lage handelt, sondern um die Antwort auf bestimmte Fragen allgemeiner Art.[2] Der Rat kann sowohl schriftlich wie auch mündlich erteilt werden. Vereinbaren Anwalt und Auftraggeber für die Beratungtätigkeit keine Gebührenvereinbarung, greifen, wenn der Auftraggeber Verbraucher i. S. von § 13 BGB ist, so genannte Kappungsgrenzen ein, einmal bei 190,– EUR für die so genannte „Erstberatung" und weiter eine maximale Grenze von 250,– EUR. Die Kappungsgrenze von 190,– EUR bezieht sich nur auf das mündliche Beratungsgespräch, nicht aber auf den schriftlichen Rat. Für einen schriftlichen Rat könnte der Anwalt daher, wenn es die Sache zulässt, maximal einen Betrag von 250,– EUR berechnen.

10 Im Übrigen ist zu beachten, dass der Rat oder die Auskunft nicht mit einer anderen gebührenpflichtigen Tätigkeit zusammenhängen darf, § 34 Abs. 1 S. 1 RVG. Anderenfalls wird der Rat oder die erteilte Auskunft durch die Gebühr der anderen gebührenpflichtigen Tätigkeit abgegolten. Hier ist insbesondere die Abgrenzung zur Geschäftstätigkeit gemäß Teil 2 Abschnitt 3 VV-RVG ebenso relevant wie schwierig. Wenn der Rechtsanwalt einen Mandanten in einer strafrechtlichen Sache (Trunkenheit) vertreten hat und dem Mandanten wurde die Fahrerlaubnis entzogen, dann gehört nach Ansicht des Verfassers zumindest die Beratung des Mandanten über das weitere Vorgehen zur Wiedererlangung der Fahrerlaubnis noch zum Mandat in der Strafsache. Entscheidend ist immer der dem Anwalt erteilte Auftrag, unabhängig davon, welche Tätigkeiten tatsächlich entfaltet werden. Die nach § 34 Abs. 1 RVG anfallende Gebühr ist gem. § 34 Abs. 2 RVG, wenn nichts anderes vereinbart ist, auf eine Gebühr für eine sonstige Tätigkeit, die mit der Beratung zusammenhängt, anzurechnen. Dies gilt selbst dann, wenn eine Gebührenvereinbarung geschlossen wird. Es ist daher unbedingt darauf zu achten, dass auch bei Abschluss einer Gebührenvereinbarung eine Anrechnung der vereinbarten Vergütung auf eine sonstige Tätigkeit, die mit der Sache

---

[1] Gerold/Schmidt/*Mayer* § 34 Rn. 7.
[2] Gerold/Schmidt/*Mayer* § 34 Rn. 12.

zusammenhängt, ausgeschlossen wird. Klargestellt ist nunmehr durch den neu eingefügten § 3a Abs. 1 S. 4 RVG (Vergütungsvereinbarung), dass für die „**Gebührenvereinbarung**" gem. § 34 RVG die strengen Formvorschriften gem. § 3a Abs. 1 S. 1 und 2 RVG keine Anwendung finden.

Der Rechtsanwalt darf im übrigen für die Beratung nach § 34 RVG nicht generell den Betrag von 190,- EUR fordern, wie dies vielfach in Gebührenrechnungen der Fall ist. Vielmehr muss der Rechtsanwalt seine Gebühr bestimmen und diese in Rechnung stellen. Liegt diese Gebühr dann über dem Betrag von 190,- EUR, ist die Gebühr entsprechend auf den Kappungsbetrag zu kürzen. Auch dies sollte aus der Rechnung ersichtlich sein.

2. Außergerichtliche Gebühren im Verwaltungsverfahren

Für die außergerichtliche Tätigkeit in Verwaltungssachen können nach dem Vergütungsverzeichnis des RVG folgende Gebühren – ggfls. nebeneinander- anfallen:
- die Geschäftsgebühr der Nr. 2300 VV-RVG,
- die Erledigungsgebühr der Nr. 1002 VV-RVG.

a) Die Geschäftsgebühr der Nr. 2300 VV-RVG. Die Geschäftsgebühr entsteht für das Betreiben des Geschäftes einschließlich der Information und für die Mitwirkung bei der Gestaltung eines Vertrages, Vorb. 2.3 Abs. 3 VV-RVG.

In Verwaltungsverfahren fällt regelmäßig die Geschäftsgebühr gemäß Nr. 2300 VV-RVG an. Mit der Gebühr wird die zu führende Korrespondenz, zB mit der Fahrerlaubnisbehörde, eine etwaige Teilnahme an Terminen, Verhandlungen oder Beweisaufnahmen vor der Behörde und Besprechungen mit Dritten abgegolten.

b) Höhe der Gebühr. Der Gebührenrahmen der Geschäftsgebühr reicht von 0,5 bis 2,5. Eine Bestimmung der Gebührenhöhe erfolgt durch Gewichtung der folgenden Kriterien des § 14 RVG:
- Umfang und Schwierigkeit der anwaltlichen Tätigkeit,
- Bedeutung der Angelegenheit für den Auftraggeber,
- Einkommens- und Vermögensverhältnisse des Auftraggebers.
- Ein besonderes Haftungsrisiko des Anwalts kann Berücksichtigung finden.

Ist von einer durchschnittlichen Angelegenheit auszugehen, beträgt die zugrunde zu legende Mittelgebühr 1,5. Nach der Anmerkung zu Nr. 2300 VV-RVG kann aber

„eine Gebühr von mehr als 1,3 nur gefordert werden, wenn die Tätigkeit umfangreich oder schwierig war".

Liegt der Umfang oder die Schwierigkeit über dem Durchschnitt, ist die Berechnung einer höheren Gebühr als 1,3 möglich. Für alle anderen Fälle stellt die sog. Schwellengebühr von 1,3 eine Regelgebühr dar.[3] Somit kommt eine geringere Gebühr als 1,3 nur dann in Betracht, wenn das Mandatsverhältnis vorzeitig beendet wird oder eine denkbar einfache Sache vorliegt, die deutlich vom Durchschnitt abweicht. Denn es ist stets zu berücksichtigen, dass die Schwellengebühr bereits 13 % unterhalb der Mittelgebühr liegt. Bei einem hohen Schwierigkeitsgrad, zB Gutachteneinholung oder die Wahrnehmung von Terminen oder Besprechungen mit der Verkehrsbehörde, kann eine Gebühr bis zu 2,5 entstehen. Gleiches gilt hinsichtlich eines überdurchschnittlichen Umfangs, zB Einholung mehrerer Gutachten. Dagegen ist ein kurzes Telefonat nicht geeignet, eine höhere Gebühr als 1,3 zu begründen.[4] Gerade in Fahrerlaubnisangelegenheiten kommt der Überprüfung des MPU-Gutachtens durch den Rechtsanwalt eine erhebliche Bedeutung zu. Die Überprüfung der MPU-Gutachten ist insgesamt aufwendig und schwierig, so dass sich der Ansatz einer oberhalb der Kappungsgrenze liegenden Gebühr häufig ergibt. Bedeutung hat dies besonders für die Abrechnung mit der Rechtsschutzversicherung, die in der Regel einfache Tätigkeitsmerkmale unterstellt.

---
[3] BT-Drucks. 15/1971, S. 206, 207; AG Landstuhl NJW 2005, 161; AG Kelheim zfs 2005, 200 f.
[4] BT-Drucks. a. a. O.

> **Praxistipp:**
> Aufgrund der dem Anwalt im Streitfall obliegenden Darlegungs- und Beweislast sollte ein gesondertes Aktenblatt geführt werden, in dem die geführten Telefonate hinsichtlich
> Gesprächspartner
> Gesprächsdauer und
> Gesprächsinhalt
> aufgezeichnet werden können.
> Dieses Aktenblatt ist ggf. auch verwendbar, wenn eine Abrechnung mit dem Mandanten oder Rechtsschutzversicherer zu fertigen ist.

16 c) **Toleranzgrenze.** Bei der Ausübung des Ermessens, vgl. §§ 14 RVG, 315 BGB, wird dem Anwalt eine Toleranzgrenze von 20 % eingeräumt. Liegt die Gebührenbestimmung innerhalb dieser Toleranzgrenze, ist eine Abänderung in der Regel nicht möglich.[5] Um Wiederholungen zu vermeiden, wird auf die Ausführungen in § 21 Rn. 9 verwiesen.

17 Sind keine Umstände erkennbar, die eine Erhöhung oder eine Ermäßigung rechtfertigen, entspricht also die Vertretung in jeder Hinsicht dem Durchschnitt, steht dem Anwalt grundsätzlich die Mittelgebühr des einschlägigen Gebührenrahmens zu.[6]
Als Bemessungskriterien sind zu nennen
- der zeitliche Aufwand
- Wartezeiten (etwa vor Beginn der Gerichtsverhandlung)[7]
- Schwierigkeit und Intensität der anwaltlichen Tätigkeit
- Bedeutung der Angelegenheit
- eingeholte Sachverständigengutachten
- Vermögens- und Einkommensverhältnisse des Auftraggebers.[8]

18 Im Übrigen ist zu empfehlen, die wirtschaftlichen Verhältnisse bei der Annahme des Mandates zu erfragen und in den Handakten zu vermerken. Wichtig ist das schon deswegen, weil vielfach Mandanten nach der Abrechnung durch den Rechtsanwalt vortragen, arm zu sein. Der Rechtsanwalt sollte daher bei „Selbstzahlern" den Mandanten umfangreich über die Kosten belehren und dies dokumentieren.

19 Häufig wenden Mandanten auch ein, den Rechtsanwalt nur unter der Bedingung des Eintritts der Rechtsschutzversicherung beauftragt zu haben. So hat unlängst das AG Köln entschieden, dass aufgrund der Verbreitung von Rechtsschutzversicherungen die Erteilung der Deckungszusagen eine übliche Bedingung für den Abschluss eines Anwaltsvertrages sei und deshalb die Beweislast dafür, dass der anwaltliche Geschäftsbesorgungsvertrag unbedingt abgeschlossen worden sei, regelmäßig beim Rechtsanwalt liege, wenn der Mandant sich darauf berufe.[9] Hansens empfiehlt den Abschluss eines schriftlichen Anwaltsvertrages. In diesen Vertrag kann der Anwalt dann die wesentlichen Daten der Mandatserteilung aufnehmen und auch vermerken, dass der Anwaltsvertrag unbedingt abgeschlossen wurde. In diesen Vertrag kann der Rechtsanwalt dann auch noch den bei Abrechnung nach Gegenstandswert erforderlichen Hinweis auf § 49b Abs. 5 BRAO aufnehmen.[10]

20 d) **Die Geschäftsgebühr der Nr. 2301 VV-RVG.** Die Gebühr in der bis zum 31.7.2013 geltenden Fassung ist gestrichen ebenso wie der Abschnitt 4 Teil 2 des Vergütungsverzeichnisses. Diese Geschäftsgebühr, die nur zusätzlich zur Geschäftsgebühr der Nr. 2300 VV-RVG entstand, konnte für eine Tätigkeit berechnet werden, die in einem der Nachprüfung eines Verwaltungsaktes dienenden – weiteren – Verwaltungsverfahren entfaltet wurde, zB Widerspruchsverfahren. Beispiel: Stellt der Anwalt den Antrag auf Wiedererteilung der Fahrerlaubnis, kann die Geschäftsgebühr der Nr. 2300 VV-RVG berechnet werden. Ergeht ein an-

---

[5] Gerold/Schmidt/*Madert* 17. Aufl., § 14 RVG Rn. 34.
[6] Gerold/Schmidt/*Madert* 17. Aufl., § 14 RVG Rn. 71.
[7] Gerold/Schmidt/*Mayer* § 14 RVG Rn. 15.
[8] Vgl. hierzu: Gerold/Schmidt/*Madert* 17. Aufl., § 14 RVG Rn. 41 bis 59.
[9] AG Köln RVGreport 2014, 247 m. Anm. Hansens
[10] Anmerkung *Hansens* RVGreport 2014, 248

tragsabweisender Bescheid der Behörde und wird der Anwalt mit der Einlegung des Widerspruchs beauftragt, entstand zusätzlich die Geschäftsgebühr der Nr. 2301 VV-RVG. Insoweit ist auf § 17 Ziff. 1a RVG zu verweisen, wonach das Verwaltungsverfahren und das der Nachprüfung des Verwaltungsaktes dienende weitere Verwaltungsverfahren als gesonderte Angelegenheiten ausgewiesen werden. Nach der BRAGO lag nur eine Angelegenheit vor, § 119 Abs. 1 BRAGO.

Wird der Anwalt erst im Verwaltungsverfahren mandatiert, das der Nachprüfung des Verwaltungsaktes dient, zB im Widerspruchsverfahren, begründet dies die Geschäftsgebühr der Nr. 2300 VV-RVG. Die Regelung findet sich jetzt als Anrechnungsvorschrift in der Vorbemerkung 2.3 Abs. 4 VV. **21**

Für das Verwaltungsverfahren fällt damit erneut eine Gebühr nach VV 2300 an, bei der dann die Anrechnungsvorschrift gem. Vorbemerkung 2.3.Abs. 4 VV zu berücksichtigen ist. Danach wir die im Verwaltungsverfahren entstandene Gebühr zur Hälfte, bei Wertgebühren aber höchstens mit einem Gebührensatz von 0,75 auf eine Geschäftsgebühr für eine Tätigkeit im weiteren Verwaltungsverfahren, das der Nachprüfung des Verwaltungsaktes dient, angerechnet. **22**

e) **Toleranzgrenze.** Bei der Ausübung des Ermessens gilt das zu Rn. 13 Gesagte. **23**

f) **Die Anrechnungsvorschriften.** Gemäß Vorb. 3 Abs. 4 VV-RVG ist die zuletzt entstandene Geschäftsgebühr zur Hälfte, höchstens jedoch 0,75 auf die Verfahrensgebühr des nachfolgenden Verwaltungsprozesses anzurechnen. Entstehen zwei Geschäftsgebühren, bleibt die zuerst angefallene Geschäftsgebühr unberührt. **24**

g) **Die Erledigungsgebühr.** Bei Erledigung einer Rechtssache ganz oder teilweise nach der Zurücknahme oder Änderung des mit einem Rechtsbehelf angefochtenen Verwaltungsaktes erhält der Anwalt, der bei der Erledigung mitgewirkt hat, gemäß Nr. 1002 VV-RVG eine 1,5 Gebühr. Hierbei sind drei Voraussetzungen zu beachten: **25**
- Die Behörde muss in dem erlassenen Bescheid eine dem Auftraggeber ungünstige Auffassung vertreten haben.
- Der Bescheid muss von dem Auftraggeber angefochten worden sein. Dies betrifft sowohl das außergerichtliche (Nr. 1002 VV-RVG) wie das gerichtliche Rechtsbehelfsverfahren (Nr. 1003 VV-RVG).
- Der Bescheid muss zugunsten des Auftraggebers ganz oder teilweise zurückgenommen oder abgeändert werden.

Für das Verfahren vor der Fahrerlaubnisbehörde bedeutet dies, dass die Erledigungsgebühr verdient ist, wenn zB die Ablehnung der Erteilung einer Fahrerlaubnis oder eine Verfügung über den Entzug der Fahrerlaubnis ganz oder teilweise zurückgenommen wird oder abgeschwächt wird durch Auflagen etc. **26**

h) **Auslagen des 7. Teils des VV-RVG.** Neben den Gebühren können die Auslagen des 7. Teils des VV-RVG berechnet werden: **27**

aa) Die Pauschale für Entgelte für Post- und Telekommunikationsdienstleistungen. Der Anwalt kann anstelle der tatsächlichen Aufwendungen (Nr. 7001 VV-RVG) einen Pauschsatz fordern (Nr. 7002 VV-RVG). Dieser Pauschsatz fällt in jeder gebührenrechtlichen Angelegenheit an, Anm. zu Nr. 7002 VV-RVG, und beträgt 20 % der abgerechneten Gebühren, höchstens 20,- EUR. Es ist darauf zu achten, dass mehrere Pauschalen berechnet werden können, wenn mehrere Geschäftsgebühren entstanden sind. **28**

bb) Die Dokumentenpauschale. Die Kopien sind in Ziffern 1a) bis d) der Nr. 7000 VV-RVG zu gliedern. Gefertigte Ablichtungen von Behördenakten können demnach voll berechnet werden, soweit diese für die sachgemäße Bearbeitung geboten waren. Informationskopien an Gegner oder Mandanten nur, wenn jeweils 100 Stück überschritten werden. Sollen Dritte informiert werden, zB der Rechtsschutzversicherer, ist wiederum jede Ablichtung abrechnungsfähig. Für die ersten 50 Ablichtungen können 0,50 EUR, für jede weitere Seite 0,15 EUR berechnet werden. Unter Ablichtungen fallen auch jetzt auch Faxschreiben, Anmerkung zu Nr. 7000 VV, allerdings nur deren Versendung und nicht der Empfang. Bei Farbkopien erhöhen sich die Gebühren auf 1,- EUR für die ersten 50 Seiten und für jede **29** weitere Farbkopie auf 0,30 EUR. Die Kontingente der Kopien (einfach bzw. Farbe) können jede für sich voll ausgeschöpft werden, es wird also nicht zusammengerechnet (Mischen impossibel).

30 cc) *Reisekosten.* Findet eine Terminswahrnehmung außerhalb der Gemeinde statt, in der sich die Kanzlei oder die Wohnung des Rechtsanwalts befindet, können Reisekosten berechnet werden, vgl. Vorb. 7 Abs. 2 VV-RVG. Bei Benutzung öffentlicher Verkehrsmittel sind die tatsächlichen Aufwendungen ersatzfähig, Nr. 7003 VV-RVG. Bei Benutzung des eigenen Pkw können 0,30 EUR je gefahrenen Kilometer berechnet werden, Nr. 7004 VV-RVG. Tage- und Abwesenheitsgelder der Nr. 7005 VV-RVG sind an die jeweilige Abwesenheitsdauer geknüpft. Sonstige Auslagen, zB Parkgebühren, unterfallen der Regelung der Nr. 7006 VV-RVG.

31 dd) *Die Umsatzsteuer.* Auf die Umsatzsteuer besteht gemäß Nr. 7008 VV-RVG ein Anspruch.

3. Gebühren-/Auslagenerstattung

32 Nach § 80 VwVfG ist davon auszugehen, dass bei Erfolg eines Widerspruches der Rechtsträger, dessen Behörde den angefochtenen Verwaltungsakt erlassen hat, demjenigen, der Widerspruch erhoben hat, die zur zweckentsprechenden Rechtsverfolgung oder Rechtsverteidigung notwendigen Aufwendungen zu erstatten hat. Im Übrigen ist in § 80 Abs. 2 VwVfG geregelt, dass die Gebühren und Auslagen eines Rechtsanwaltes oder eines sonstigen Bevollmächtigten im Vorverfahren erstattungsfähig sind, wenn die Zuziehung eines Bevollmächtigten notwendig war.

§ 80 VwVfG regelt nur die Kostenentscheidung im Widerspruchsverfahren gemäß §§ 68 ff. VwGO.

33 Die vorstehend zitierte gesetzliche Regelung bedeutet für das Fahrerlaubnisverfahren, dass bei erfolgreichem Widerspruch grundsätzlich eine Kostenerstattung in Betracht kommt. In diesem Verfahren dürfte auch regelmäßig schon wegen der Komplexität und Schwierigkeit der Materie die Zuziehung eines Anwaltes notwendig sein. Jedoch gilt § 80 Abs. 2 VwVfG nicht für die Kosten einer nur anwaltlichen oder sonstigen fachkundigen Beratung ohne Bevollmächtigung zur Vertretung.[11]

34 Die Entscheidung über die Erstattung der Kosten erfolgt gemäß § 73 Abs. 3 S. 2 VwGO iVm § 80 VwVfG durch die Verwaltungsbehörde. Der Kostenerstattungsanspruch kann nicht unmittelbar, sondern nur aufgrund des zu beantragenden Kostenfestsetzungsbescheides geltend gemacht werden.[12]

4. Die Gebühren im Verfahren vor den Verwaltungsgerichten

35 a) *Gesetzliche Grundlage.* Die gerichtlichen Gebühren sind in Teil 3 des VV-RVG geregelt. Für das Entstehen dieser Gebühren ist entscheidend, ob ein Prozessmandat erteilt worden ist. Ist der Anwalt lediglich tätig vor Verwaltungsbehörden, so finden die Regelungen des 2. Teils des VV Anwendung. Daneben sind die Vorschriften des 1. Teils (Allgemeine Gebühren) und 7. Teils (Auslagen) des VV anwendbar.

36 b) *Die Gebühren im Prozess. aa) Die Verfahrensgebühr.* Zunächst kommt der Anfall der Verfahrensgebühr der Nr. 3100 VV-RVG in Betracht. Diese entsteht, wenn der Anwalt beauftragt ist, in einem gerichtlichen Verfahren tätig zu werden, und er aufgrund dieses Auftrages die Tätigkeit vornimmt.

37 Erledigt sich der Auftrag, bevor der Anwalt die Klage, den ein Verfahren einleitenden Antrag oder einen Schriftsatz, der Sachanträge, Sachvortrag, die Zurücknahme der Klage oder die Zurücknahme eines Antrags enthält, eingereicht hat oder bevor er seine Partei in einem Termin vertreten hat, erhält der Anwalt gemäß Nr. 3101 VV-RVG eine 0,8 Verfahrensgebühr.

---

[11] *Kopp/Ramsauer* § 80 Rn. 34 ff.
[12] BVerwG NVwZ 1992, 669; vgl. auch im Übrigen *Kopp/Ramsauer* § 80 Rn. 37.

Für den Verwaltungsprozess gilt, dass das außergerichtliche und gerichtliche Verwaltungsverfahren verschiedene Angelegenheiten sind und die außergerichtliche Tätigkeit deshalb nicht durch die Verfahrensgebühr abgegolten ist, § 17 Ziff. 1a RVG. 38

bb) Die Terminsgebühr. Für die Vertretung in einem Verhandlungs-, Erörterungs- oder Beweisaufnahmetermin erhält der Anwalt gemäß Vorb. 3 Abs. 3 VV-RVG die Terminsgebühr der Nr. 3104 VV-RVG, folglich eine 1,2 Gebühr. Insoweit kommen mündliche Verhandlungen vor dem Verwaltungsgericht iSv § 101 Abs. 1 VwGO, Erörterungstermine vor dem Vorsitzenden bzw. dem Berichterstatter gemäß § 87 Abs. 1 Nr. 1 VwGO oder Beweisaufnahmeverfahren gemäß §§ 96, 97 VwGO in Betracht. 39

cc) Die Einigungsgebühr Nrn. 1000, 1003 VV-RVG sowie Erledigungsgebühr gemäß Nrn. 1002, 1003 VV-RVG. Es ist von dem Grundsatz auszugehen, dass die Regelungen über die Einigungsgebühr auch bei Rechtsverhältnissen des öffentlichen Rechts gelten, soweit über die Ansprüche vertraglich verfügt werden kann. Andererseits kommt die Erledigungsgebühr zum Tragen, wenn eine Rechtssache, also etwa Angelegenheit der Fahrerlaubnis, ganz oder teilweise erledigt wird durch Zurücknahme oder Änderung des mit einem Rechtsbehelf angefochtenen Verwaltungsaktes.[13] 40

c) Die Auslagen. Neben den Gebühren können Auslagen berechnet werden, vgl. vorstehend Rn. 22 ff. 41

IV. Gegenstandswert

1. Allgemeines/Grundlagen

Gemäß § 23 Abs. 1 RVG sind in gerichtlichen Verfahren die Streitwertvorschriften für die Anwaltskostenberechnung anzuwenden, die das Gericht heranzuziehen hat. Im außergerichtlichen Bereich sind diese Vorschriften ebenfalls einschlägig, wenn der Gegenstand der außergerichtlichen Tätigkeit auch Gegenstand eines gerichtlichen Verfahrens sein könnte, § 23 Abs. 1 S. 3 RVG. Demnach unterscheiden sich die anzuwenden Vorschriften in der Regel nicht nach außergerichtlicher oder gerichtlicher Tätigkeit. 42

Maßgeblich für die Bestimmung des Gegenstandswertes ist § 52 GKG. Durch die sog. „Streitwertkommission" des Bundesverwaltungsgerichts und der Oberverwaltungsgerichte/Verwaltungsgerichtshöfe ist ein Streitwertkatalog erarbeitet. Dieser wird nachstehend wiedergegeben, und zwar die Vorbemerkungen sowie die Festlegungen hinsichtlich des Verkehrsrechtes (Ziff. 46 des Streitwertkataloges). Der in § 52 Abs. 2 GKG angegebene Regelwert ist anlässlich des Kostenrechtsmodernisierungsgesetzes 2004 von 4.000,– EUR auf 5.000,– EUR angehoben worden. Danach beträgt der Gegenstands- oder Streitwert in einer Führerscheinsache in der Regel 5.000,– EUR bezüglich der Führerscheinklassen A, B, C 1 und D 1, sowie 7.500,– EUR hinsichtlich der Führerscheinklassen C und D. Ein Gegenstandswert von 2.500,– EUR ist anzunehmen bei Streitigkeiten bezüglich der Führerscheinklassen A 1, E, M, L und T, vgl. Ziff. 46 des Kataloges. 43

2. Streitwertkatalog für die Verwaltungsgerichtsbarkeit, speziell zum Bereich Verkehrsrecht (Fassung 31.5./1.6./18.7.2013)

Mit der Neufassung des Streitwertkataloges wurden teilweise die Werte angepasst. In den verkehrsrechtlichen Angelegenheiten hat sich keine Änderung ergeben. Auch wurde der Auffangwert nicht – wie teilweise erwartet – erhöht. Vielmehr ist dieser bei 5.000,– EUR geblieben und entspricht damit dem allgemeinen Auffangwert gem. § 23 Abs. 3 RVG. Sind mehrere Fahrzeugklassen betroffen, bestimmt sich der Streitwert nach der Addition der eigenständigen Klassen.[14] 44

---
[13] Vgl. im Einzelnen Gerold/Schmidt/*Müller-Rabe* 1002 VV Rn. 10 ff.
[14] VGH Mannheim JB 08, 203

45 b) Richtwert zum Verkehrsrecht (Ziff. 46 des Streitwertkataloges)[15]

46.	Verkehrsrecht	
46.1	Fahrerlaubnis Klasse A	Auffangwert
46.2	Fahrerlaubnis Klasse A M, A 1, A 2	½ Auffangwert
46.3	Fahrerlaubnis Klasse B, BE	Auffangwert
46.4	Fahrerlaubnis Klasse C, CE	1½ Auffangwert
46.5	Fahrerlaubnis Klasse C 1, C1E	Auffangwert
46.6	Fahrerlaubnis Klasse D, DE	1½ Auffangwert
46.7	Fahrerlaubnis Klasse D 1, D1E	Auffangwert
46.8	Fahrerlaubnis Klasse L	½ Auffangwert
46.9	Fahrerlaubnis Klasse T	½ Auffangwert
46.10	Fahrerlaubnis zur Fahrgastbeförderung	2-facher Auffangwert
46.11	Fahrtenbuchauflage	400,– EUR je Monat
46.12	Teilnahme am Aufbauseminar	1/2 Auffangwert
46.13	Verlängerung der Probezeit	1/2 Auffangwert
46.14	Verbot des Fahrens erlaubnisfreier Fahrzeuge	Auffangwert
46.15	Verkehrsregelnde Anordnungen	Auffangwert
46.16	Sicherstellung, Stilllegung eines Kraftfahrzeuges	½ Auffangwert

V. Beratungs- und Prozesskostenhilfe

1. Beratungshilfe

46   Beratungshilfe wird gem. § 2 Abs. 2 BerHG in allen rechtlichen Angelegenheiten gewährt. Im Strafrecht und Ordnungswidrigkeitenrecht wird Beratungshilfe aber nur für Beratung und nicht Vertretung gewährt, § 2 Abs. 2 S. 2 BerHG.

Aus dem Grundsatz der umfassenden Gewährung von Beratungshilfe folgt, dass diese auch in Betracht kommt für Angelegenheiten des Verwaltungsrechtes, also somit auch für die Beratung in einer Angelegenheit des Fahrerlaubnisrechtes.

Grundsätzlich besteht gemäß § 2 Abs. 1 BerHG die Beratungshilfe in Beratung und soweit erforderlich in Vertretung.

Die gemäß Teil 2 Abschnitt 5 des VV-RVG abzurechnende Beratung entspricht der Tätigkeit gemäß § 34 Abs. 1 RVG. Sie erfasst also den mündlichen und schriftlichen Rat und die Erteilung einer Auskunft.

47   Zu beachten ist, dass die Erforderlichkeit der Vertretung nicht schon bei der Erteilung des Berechtigungsscheines zu beurteilen ist, sondern erst nachträglich bei der Gebührenfestsetzung.[16]

Zu beachten ist, dass gemäß § 1 Abs. 1 BerHG die Beratungshilfe nur auf Antrag gewährt wird und der Antrag mündlich oder schriftlich beim Amtsgericht zu stellen ist. Wird der Rechtsanwalt ohne Vorlage eines Beratungshilfescheins tätig, ist der Antrag auf nachträgliche Bewilligung spätestens **4 Wochen** nach Beginn der Beratungshilfetätigkeit zu stellen, § 6 Abs. 2 S. 2 BerHG.

2. Prozesskostenhilfe

48   In § 166 VwGO ist geregelt, dass die Vorschriften der §§ 114 ff. ZPO entsprechend anwendbar sind. Hieraus folgt, dass auch im verwaltungsgerichtlichen Verfahren, also in ei-

---

[15] Abgedr. in *Hartmann*, Kostengesetze Anh. I B zu § 52 GKG; www.bverwg.de/medien/pdf/streitwertkatalog.pdf.
[16] *Haus* § 65 Rn. 67.

nem Verfahren, das eine Führerscheinangelegenheit zum Gegenstand hat, Prozesskostenhilfe in Betracht kommt.[17] Im Übrigen gelten hinsichtlich der weiteren Voraussetzungen, der Formalien und Abrechnung die gleichen Grundsätze wie im Verfahren der ordentlichen Gerichtsbarkeit.

[17] *Haus* § 65 Rn. 66 ff.

Teil C. Das verkehrsrechtliche Straf- und OWi-Verfahren

§ 12 Beratung, Bestellung und Tätigkeit als Verteidiger im Ermittlungsverfahren

Übersicht

	Rn.
I. Bestellung und Tätigkeit als Verteidiger	1–17
1. Bestellung	1–3
2. Akteneinsicht	4–17
a) Die Bedeutung der Akteneinsicht	4–6
b) Gegenstand der Akteneinsicht	7–11
c) Die Aktenversendungspauschale	12
d) Rechtsmittel gegen Verweigerung der Akteneinsicht	13
e) Neue Wege zur Gewährung von Akteneinsicht – praktische Probleme	14–17
II. Verteidigungsstrategie	18–40
1. Fragen zur Feststellung des Verantwortlichen	18–31
a) Der Fahrer	18–28
b) Der verantwortliche Halter	29–31
2. Beachtung haftungs- und versicherungsrechtlicher Konsequenzen	32–40
a) Haftpflichtversicherung	33/34
b) Kaskoversicherung	35–37
c) Unfallversicherung und Berufsunfähigkeits-Zusatzversicherung	38
d) Unfallflucht und Versicherungsrecht	39
e) Fahren ohne Fahrerlaubnis und Versicherungsschutz	40
III. Eigene Ermittlungen des Verteidigers	41–66
1. Zulässigkeit eigener Ermittlungen des Verteidigers	41
2. Möglichkeiten eigener Ermittlungen des Verteidigers	42
3. Die Durchführung eigener Ermittlungen	43–66
a) Einholung von Auskünften	43–45
b) Besichtigung des Tat-/Unfallortes, Anfertigung von Fotografien und Skizzen	46
c) Beauftragung eines Privatdetektivs	47
d) Beauftragung eines Sachverständigen	48–56
e) Befragung von Zeugen	57–65
f) Rechtsanwalt als Zeuge	66
IV. Ziel der Verteidigung	67–97
1. Einstellung im strafrechtlichen Verfahren	70–87
a) Einstellung gemäß § 170 Abs. 2 StPO	72/73
b) Einstellung gemäß § 153 StPO	74–77
c) Einstellung gemäß § 153a StPO, § 47 JGG	78–82
d) Einstellung gemäß § 153b StPO	83
e) Einstellung gemäß § 154 StPO	84
f) Einstellung gemäß § 45 JGG	85
g) Absehen von Strafe gemäß § 60 StGB	86
h) Einstellung bei Tod des Betroffenen	87
2. Verwarnung mit Strafvorbehalt	88
3. Erledigung durch Strafbefehl	89/90
4. Vorbereitung der Hauptverhandlung	91
5. Einstellung des Bußgeldverfahrens	92–94
6. Erledigung durch Beschlussentscheid gemäß § 72 OWiG	95–97
V. Musterschriftsätze	98–110
1. Bestellung bei Polizei	98–101
a) Verteidigerbestellung in Strafsache	98
b) Erinnerung an Akteneinsicht allgemein	99
c) Verteidigerbestellung in Verkehrssache	100
d) Erinnerung Akteneinsicht in Verkehrssache	101
2. Bestellung bei Staatsanwaltschaft, Bußgeldstelle, Gericht	102

		Rn.
3. Bestellung, speziell in Trunkenheitssache		103
4. Aktenanforderung für Aktenauszug		104
5. Erklärungen zur Terminierung		105
6. Vertagung		106
7. Schreiben an Staatsanwaltschaft/Gericht wegen Einstellung		107/108
	a) Zustimmung allgemein	107
	b) Ablehnung Angebot Einstellung	108
8. Auftrag an Kollegen zur Terminvertretung		109/110
	a) Rechtshilfe	109
	b) Terminvertretung in Untervollmacht	110

Schrifttum: *Andrejtschitsch/Walischewski*, Strafrechtliche Verfahren, in: Beck'sches Rechtsanwalts-Handbuch, 10. Aufl. 2011, Kap. H; *Borgmann/Jungk/Grams*, Anwaltshaftung, 4. Aufl. 2005; *Burhoff*, Einstellung des Verfahrens: Voraussetzungen, Vor- und Nachteile, Verkehrsrecht aktuell 2003, 119; *Eisenberg*, Jugendgerichtsgesetz, 17. Aufl. 2014; *Fischer*, Strafgesetzbuch und Nebengesetze, 61. Aufl. 2014; *Freyschmidt/Krumm*, Verteidigung in Straßenverkehrssachen, 10. Aufl. 2013; *Gebhardt*, Das verkehrsrechtliche Mandat, Band 1: Verteidigung in Verkehrsstraf- und Ordnungswidrigkeitenverfahren, 7. Aufl. 2012; *Göhler*, Ordnungswidrigkeitengesetz, 16. Aufl. 2012; *Halm*, Versicherungsrechtliche Konsequenzen der Unfallflucht, DAR 2007, 617; *Hartung/Römermann*, Marketing- und Management-Handbuch für Rechtsanwälte, 1999; *Meyer-Goßner/Schmitt*, Strafprozessordnung, 57. Aufl. 2014; *Schäpe*, Schnellere Aktenauskunft bei Verkehrsunfällen, DAR 2003, 333; *Schlothauer*, Vorbereitung der Hauptverhandlung durch den Verteidiger, 2. Aufl. 1998; *ders.*, Ermittlungsverfahren, in: Widmaier/Müller/Schlothauer Münchener Anwaltshandbuch Strafverteidigung, 2. Aufl. 2014 § 3; *Sommer*, Moderne Strafverteidigung, AnwBl. 2004, 506; *Weihrauch/Bosbach*, Verteidigung im Ermittlungsverfahren, 7. Aufl. 2011.

I. Bestellung und Tätigkeit als Verteidiger

1. Bestellung

1 Nach Übernahme des Mandates ist es zunächst angezeigt, sich als Verteidiger umgehend zu bestellen, wenn ein Ermittlungsverfahren gegen den Mandanten geführt wird. Das Bestellungsschreiben ist an das jeweilige Organ der Strafverfolgung zu richten, also an die Polizeibehörde, die Staatsanwaltschaft, das Gericht oder im Ordnungswidrigkeitenverfahren an die Bußgeldstelle. Wichtig ist es, mit dem Bestellungsschreiben den Antrag auf Akteneinsicht zu verbinden. Auch kommt in Betracht, insbesondere bei in Rede stehenden Eilentscheidungen, zB bei dem möglichen Antrag auf vorläufige Entziehung der Fahrerlaubnis, auf den Anspruch rechtlichen Gehörs gemäß § 33 StPO hinzuweisen. Ein sachgerechtes Bestellungsschreiben kann folgenden Inhalt haben:

Muster eines Bestellungsschreibens:

2 Aktenzeichen ......
In dem Ermittlungsverfahren
gegen ......
wegen ......
wird die Verteidigerbestellung angezeigt für ......

Die Strafverteidigervollmacht, lautend auf ......, ist beigefügt (oder bei noch nicht vorliegender Vollmacht: „Bevollmächtigung wird versichert und Vollmacht wird nachgereicht").

Es wird um Akteneinsicht gebeten. Sofern die Akten sich nicht mehr bei der dortigen Behörde befinden, wird gebeten, das Bestellungsschreiben und die Anforderung auf Akteneinsicht an die aktenführende Behörde weiterzuleiten. Sollten die Akten derzeit nicht entbehrlich sein, so wird um Nachricht darüber gebeten, wann mit dem Eingang der Akten gerechnet werden kann.

Nach Akteneinsicht wird, sofern dies sachgerecht erscheint, eine Einlassung vorgelegt.

Im Übrigen wird vor jeder etwaigen weiteren Maßnahme um rechtliches Gehör gemäß §§ 33, 33a StPO gebeten.

Rechtsanwalt

Zum Inhalt des vorstehend vorgeschlagenen Textes der Verteidigerbestellung ist anzumerken, dass Akteneinsicht mitunter erst bei Vorlage einer schriftlichen Vollmacht gewährt wird. Dem widerspricht, dass bereits in der Anbahnungsphase die Akteneinsicht benötigt wird, um die Übernahme des angetragenen Mandates zu prüfen.[1] Deshalb begründet bereits die Anzeige der Bevollmächtigung einen Rechtsanspruch auf Akteneinsicht.[2] Im Übrigen ist es empfehlenswert anzugeben, auf welchen Verteidiger oder auf welche Verteidiger die vorgelegte schriftliche Vollmacht lautet und eine Kopie zur Akte zu nehmen. Der Hinweis auf die mögliche Einlassung erscheint in jedem Fall sachdienlich. Unter Umständen ist es sachgerecht, auf der Rücksendung der Akten zu vermerken, ob eine Einlassung erfolgt. Auch in Verkehrsangelegenheiten hängt es von den näheren Umständen ab, ob und wann eine Einlassung zielführend ist. Der Anspruch auf rechtliches Gehör ist insbesondere bei Führerscheinmaßnahmen beachtlich, etwa dem Antrag auf Beschlagnahme oder vorläufige Entziehung der Fahrerlaubnis.

2. Akteneinsicht

a) Die Bedeutung der Akteneinsicht. Für den Verteidiger ist es unerlässlich zu wissen, was dem Beschuldigten konkret vorgeworfen wird. Darüber hinaus ist für eine effiziente Verteidigung wichtig zu wissen, welche Beweismittel existieren. Dies ergibt sich in aller Regel aus dem Akteninhalt, sei es, dass in der Akte bereits Protokolle über Zeugenvernehmungen oder Sachverständigengutachten sind, oder sich Vermerke über beabsichtigte Beweiserhebungen in der Akte befinden. Im OWi-Verfahren sind die Frontfotos und Messprotokoll unerlässlich, bevor zur Fahrereigenschaft sowie zum Tatvorwurf ausgesagt wird.

Wichtig ist es auch, gegenüber dem Mandanten, sofern er die Darlegung seiner Sicht in Form der Einlassung wünscht, deutlich zu machen, dass ein solches Vorgehen vor Akteneinsicht mit Risiken behaftet ist. Risiken können sich einmal daraus ergeben, dass möglicherweise Verteidigererklärungen abgegeben werden, zu denen kein Anlass besteht. Im Übrigen kann erst nach Akteneinsicht und Kenntnis der Beschuldigung und der Beweissituation hierzu präzise Stellung genommen werden. Gegenüber einem Mandanten, der auf alsbaldige Einlassung noch vor Akteneinsicht drängt, ist dies etwa durch folgendes Anschreiben darzustellen:

Formulierungsvorschlag:
...... Wie bereits mündlichen dargelegt, erscheint es zunächst geboten, Erklärungen zu Ihrer Verteidigung erst nach Einsicht in die Akten abzugeben. Erst mit Hilfe der Akteneinsicht kann nämlich geklärt werden, welche Beschuldigung gegen Sie konkret erhoben wird und welche möglichen Beweismittel – Zeugenvernehmungen, Sachverständigengutachten etc. – sich hierfür aus der Akte ergeben. Nach Akteneinsicht wird die Angelegenheit daher eingehend mit Ihnen besprochen und gemeinsam entschieden, ob und mit welchem Inhalt eine zum Ziel führende Einlassung erfolgen soll.

b) Gegenstand der Akteneinsicht. Das Recht auf Akteneinsicht und der Inhalt der Akteneinsicht ist in § 147 Abs. 1 StPO geregelt. Gegenstand des Anspruches auf Akteneinsicht ist dabei, die Akten, die dem Gericht vorliegen oder diesem im Falle der Erhebung der Anklage vorzulegen wären, einzusehen. Nicht vom Recht auf Akteneinsicht sind die Handakten der Staatsanwaltschaft umfasst.[3] Hingegen gehören zu den Akten iSd § 147 StPO auch die Beiakten, die die Staatsanwaltschaft beigezogen hat. Empfehlenswert ist es, bei dem Antrag auf Akteneinsicht auch auf die Beiakten hinzuweisen und auch insoweit Akteneinsicht zu wünschen. Ebenso ist von dem Recht auf Akteneinsicht der Inhalt der Registerauszüge umfasst.[4]

---
[1] *Meyer-Goßner/Schmitt* § 147 Rn. 9.
[2] LG Oldenburg StV 1990, 59.
[3] *Meyer-Goßner/Schmitt* § 147 Rn. 13; MAH Strafverteidigung/*Schlothauer* § 3 Rn. 37.
[4] *Weihrauch/Bosbach* Rn. 60, 61.

Im Übrigen ist zu beachten, dass auch Informationen, die elektronisch gespeichert sind, der Akteneinsicht unterliegen.

8 Für den Bereich des Verkehrsrechtes ist auch zu beachten, dass Video- oder Filmaufzeichnungen zwar keine Akten sind, aber Beweisstücke iSv § 147 Abs. 1 StPO. Der Verteidiger hat das Recht, hiervon Kenntnis zu nehmen. In diesem Fall tritt an die Stelle des Einsehens der Akte die Kenntnisnahme.

9 Gemäß § 147 Abs. 3 StPO hat der Verteidiger Anspruch auf Einsicht in
- Niederschriften über die Vernehmung des Beschuldigten,
- Niederschriften über solche richterlichen Untersuchungshandlungen, bei denen ihm als Verteidiger die Anwesenheit gestattet worden ist oder hätte gestattet werden müssen und
- Gutachten von Sachverständigen.[5]

10 Der Antrag auf Akteneinsicht sollte unter Beachtung des § 147 Abs. 2 StPO wie folgt gefasst werden:

Formulierungsvorschlag:

Es wird beantragt,

die gemäß § 147 Abs. 3 StPO vorhandenen Unterlagen zur Einsicht zur Verfügung zu stellen, Video- oder Filmaufzeichnungen zur Kenntnis zu bringen und hilfsweise zu erklären, dass weitere Unterlagen, die Gegenstand der Akteneinsicht gemäß § 147 Abs. 2 StPO sind, nicht bestehen.

11 Zu dem Anspruch auf Kenntnisnahme von elektronisch gespeicherten Daten, insbesondere Videoaufzeichnungen, ist zu bemerken, dass es Aufgabe der Verteidigung ist, auf eigene Kosten die technischen Voraussetzungen für die Anfertigung einer Kopie zu schaffen.[6] In der Praxis bedeutet dies, dass der Verteidiger ggf. auf Anforderung zur Fertigung einer Kopie geeignete Datenträger zur Verfügung stellt.

12 c) **Die Aktenversendungspauschale.** Werden die Akten zugeschickt, ist gemäß Nr. 9003 des Kostenverzeichnisses zum GKG bzw. § 107 Abs. 5 OWiG eine Aktenversendungspauschale in Höhe von 12,– EUR zu zahlen. Das BVerfG hat dies für verfassungskonform erklärt.[7] Zu beachten ist, dass gemäß § 56 Abs. 2 GKG ausschließlich der Antragsteller Kostenschuldner ist.[8]

13 d) **Rechtsmittel gegen Verweigerung der Akteneinsicht.** Wird die beantragte Akteneinsicht verweigert, so stellt sich die Frage, ob die Entscheidung der Staatsanwaltschaft zu überprüfen ist. Es gilt, dass die auf § 147 Abs. 2 StPO gestützte Weigerung der Staatsanwaltschaft, dem Beschuldigten Akteneinsicht zu gewähren, nicht im Verfahren nach §§ 23 ff. EGGVG überprüfbar ist. Auch die Dauer des Ermittlungsverfahrens rechtfertigt grundsätzlich keine andere Beurteilung.[9] Nach vermerktem Abschluss der Ermittlungen kann gegen die Versagung aber die gerichtliche Entscheidung nach § 161a StPO bzw. § 62 OWiG beantragt werden (§ 147 Abs. 5 S. 2 StPO).

14 e) **Neue Wege zur Gewährung von Akteneinsicht – praktische Probleme.** Die Abwicklung von Verkehrsunfallangelegenheiten und speziell auch Verkehrsstraf- und OWi-Sachen nimmt teilweise erhebliche Zeit in Anspruch. Dies liegt zu einem beachtlichen Teil daran, dass Akteneinsicht oft erst nach längerer Zeit nach Abschluss der Ermittlungen gewährt wird.

15 In der Praxis des Verkehrsstraf- und Ordnungswidrigkeitenrechtes ist es so, dass nach Aufnahme eines Unfallgeschehens durch die Polizei, nach Fertigung der Anzeige oder nach Unfallaufnahme und ggf. nach Herbeiführung von Zeugenaussagen der Vorgang an die

---

[5] Vgl. hierzu ausführlich *Weihrauch/Bosbach* Rn. 63.
[6] *Weihrauch/Bosbach* Rn. 66.
[7] BVerfG NStZ 1997, 42.
[8] *Schäpe* DAR 2008, 114.
[9] OLG Karlsruhe NJW 1997, 267.

Staatsanwaltschaft abgegeben wird. Durch die Staatsanwaltschaft wird dann über die Gewährung der Akteneinsicht entschieden und regelmäßig wird auch erst dann vollumfängliche Akteneinsicht gewährt.

Die Phase zwischen der Unfallaufnahme der Polizei und der Gewährung der Akteneinsicht durch die Staatsanwaltschaft oder Bußgeldstelle nimmt häufig einen unangemessen langen Zeitraum in Anspruch. In der Praxis kann es vorkommen, dass der Aktenlauf der Staatsanwaltschaft durch die Kanzlei zur Versendung der Akten an den Verteidiger mehrere Wochen in Anspruch nimmt. Dies ist unter jedem Gesichtspunkt nachteilig: Einmal kommt es zu einer Verfahrensverzögerung, auch und insbesondere in der Schadensregulierung. Zum anderen besteht für die Beteiligten und insbesondere für den Mandanten über einen unangemessen langen Zeitraum Unklarheit über die Verfahrenssituation.[10]

Gemäß § 478 Abs. 1 S. 3 StPO kann die Staatsanwaltschaft die Behörden des Polizeidienstes, die die Ermittlung geführt haben oder führen, ermächtigen, in den Fällen des § 475 StPO Akteneinsicht und Auskünfte zu erteilen. In § 475 StPO wiederum sind die Voraussetzungen für die Erteilung von Auskünften und Akteneinsicht für Privatpersonen oder sonstige Stellen geregelt. Zu beachten ist, dass Privatpersonen oder sonstige private Stellen (zB private Versicherungen) grundsätzlich Auskünfte aus Akten nur über einen Rechtsanwalt erhalten können.[11] In zahlreichen Bundesländern gibt es daher die Regelung, dass die Polizeibehörden in Straßenverkehrsunfallangelegenheiten dem Verteidiger unmittelbar Akteneinsicht gewähren können.[12]

II. Verteidigungsstrategie

1. Fragen zur Feststellung des Verantwortlichen

a) **Der Fahrer.** In Verkehrssachen steht häufig die Frage im Vordergrund, wer der verantwortliche Fahrer im Zeitpunkt der Tat ist, sofern nicht eine konkrete Person schon in diesem Stadium des Ermittlungsverfahrens festgestellt ist. Dies kann sowohl Angelegenheiten des Verkehrsstrafrechts als auch des Verkehrsordnungswidrigkeitenrechts betreffen. Im Strafrecht ist hierbei an Anzeigen wegen Verkehrsgefährdung oder Nötigung zu denken. Diese beruhen sowohl auf Anzeigen seitens der Polizei als auch von Privatpersonen. Gerade bei Anzeigen, bei denen nicht konkret der Fahrer von vornherein festgestellt ist, wird häufig ein bestimmter Sachverhalt angegeben, verbunden mit einer Anzeige gegen den verantwortlichen Fahrer oder die verantwortliche Fahrerin und mit einer mehr oder weniger genauen Personenbeschreibung. Ermittelt wird in diesen Fällen anhand des Kennzeichens zunächst der Halter. Alsdann ist Gegenstand der weiteren Ermittlungen die Feststellung des verantwortlichen Fahrers im Tatzeitpunkt.

aa) *Benennung des Fahrers?* Für den Anwalt, der in einer solchen Situation als Verteidiger beauftragt wird, stellt sich die Frage, ob von vornherein der Fahrer, sofern dieser bekannt ist, benannt wird oder ob dies – zunächst – unterbleibt. Klar ist, dass der Verteidiger in keiner Weise verpflichtet ist, dem Mandanten zu raten, sich als Fahrer zu offenbaren. Diese Verteidigungsstrategie verstößt weder gegen Rechtsvorschriften noch gegen Regeln des Berufsrechtes. Wer, obwohl er auf dem beigefügten Foto als Fahrer zu erkennen ist, im Anhörungsbogen wahrheitswidrig eine im Ausland ansässige Person mit Namen und Anschrift als Fahrer angibt, macht sich keiner falschen Verdächtigung gemäß § 164 StGB schuldig, wenn er erkennbar davon ausgeht, dass die Bußgeldstelle wegen des Wohnsitzes im Ausland kein Ordnungswidrigkeitenverfahren gegen die angegebene Person einleiten wird[13] oder wegen Verjährung eingeleitet werden kann.[14] Anders verhält es sich bei der Benennung einer tatsächlich existenten Person im Inland vor Verjährungseintritt.

---

[10] Vgl. hierzu im Einzelnen *Buschbell/Janker* ZRP 1996, 475 ff.
[11] *Meyer-Goßner/Schmitt* § 475 Rn. 1 unter Hinweis auf BVerfG NJW 2002, 2307.
[12] *Schäpe* DAR 2003, 333.
[13] OLG Düsseldorf VRS 91, 174.
[14] OLG Celle DAR 2007, 713.

20 *bb) Konsequenzen bei Nichtbenennung des Fahrers.* Liegt bei Verkehrsverstößen, insbesondere im Bereich des Ordnungswidrigkeitenrechtes, ein Foto vom Fahrer vor, so stellt sich zunächst die Frage, ob davon ausgegangen werden kann, dass anhand des Fotos der Fahrer grundsätzlich aufgrund der Qualität des Fotos zu ermitteln ist. In etwa 15 % der angefertigten Frontfotografien sind diese zur Täteridentifizierung nicht geeignet.[15]

21 Schon in diesem Stadium des Verfahrens ist der Mandant über mögliche weitere Ermittlungshandlungen der Polizei zu informieren. Sofern die Anhörung des Halters keine verwertbaren Ergebnisse gebracht hat, können Lichtbilder aus dem Pass- oder Personalausweisregister angefordert werden. Nur wenn auch nach dieser Erhebung die Fahrerfrage ungeklärt ist, kommt eine Datenerhebung im Umfeld des Halters in Betracht.[16] Dies geschieht regelmäßig durch Befragung Dritter sowohl im persönlichen wie auch im beruflichen Bereich; über Aussage- und Zeugnisverweigerungsrechte ist dabei zu informieren.

22 Das Schwärzen des Beifahrers auf dem Foto vor einer Vorlage bei Dritten erfolgt aus Gründen des Datenschutzes des abgebildeten Beifahrers,[17] so dass sich eine Nichtbeachtung dieser Vorgabe nicht auf die Verfolgbarkeit des Tatvorwurfes auswirkt. Insbesondere ist aber der Mandant oder Halter über die Möglichkeit einer Fahrtenbuchauflage zu belehren. Insbesondere bei Anzeigen von Privatpersonen wird seitens der Ermittlungsbehörden eine Gegenüberstellung bzw. Lichtbildvorlage in Betracht gezogen.[18] Empfehlenswert ist es, in diesem Zusammenhang an den Mandanten ein Informationsschreiben zu richten, in dem auf die Sach- und Rechtslage hingewiesen wird.

Musterschreiben: Belehrung über Benennung des Fahrers

23 Im jetzigen Stadium des Verfahrens steht für die Ermittlungsbehörden die Person des verantwortlichen Fahrers nicht fest. Es liegt lediglich ein Frontfoto vom Fahrer vor (bzw. es liegt eine Anzeige vor mit einer Beschreibung des Fahrers/der Fahrerin).

Es ist davon auszugehen, dass die Ermittlungsbehörden nunmehr versuchen, den bzw. die verantwortliche/n Fahrer/in zu ermitteln. Regelmäßig geschieht dies auch durch Befragung Dritter, etwa durch Befragung von Personen im Unternehmen oder im persönlichen Umfeld, zB Nachbarn und schließlich auch durch Befragung von Familienangehörigen nach Rücksprache und Erscheinen unter der angegebenen Adresse. Es wird darauf hingewiesen, dass Familienangehörige ein Zeugnisverweigerungsrecht haben.

Bei der Beratung wurde darauf hingewiesen, dass eine Fahrtenbuchauflage unter bestimmten Voraussetzungen in Betracht kommt, sofern der Fahrer/die Fahrerin nicht ermittelt werden kann.

Soweit eine Personenbeschreibung vorliegt, kann auch in Betracht kommen, dass eine Gegenüberstellung bzw. Lichtbildvorlage zur Wiedererkennung mit anzeigenden Personen in Betracht kommt. Sofern und soweit Sie weitere Nachricht von den Ermittlungsbehörden erhalten, wird gebeten, nach hier Kontakt aufzunehmen, um in der konkreten Situation über das weitere Vorgehen und Verhalten zu entscheiden.

24 Schließlich ist darauf hinzuweisen, dass sich für den Verteidiger die Frage stellt, in welcher Form die Verteidigerbestellung erfolgt, wenn der Fahrer/die Fahrerin nicht zu ermitteln ist. Handelt es sich beim Adressaten des Vernehmungs- oder Anhörungsbogens um eine natürliche Person, so erfolgt selbstverständlich die Verteidigerbestellung für die angegebene betroffene Person.

25 Ist der Vernehmungs- oder Anhörungsbogen an ein Unternehmen als Halter des Fahrzeuges gerichtet und steht nicht ein Halterverstoß in Rede, so kommt grundsätzlich eine Verteidigerbestellung nicht in Betracht. Im Übrigen wird hier in der Praxis unterschiedlich verfahren. Manchmal wird undifferenziert ein Vernehmungs- oder Anhörungsbogen übersandt. Auch

---

[15] *Gebhardt* § 10 Rn. 12.
[16] *Schäpe* DAR 1999, 186.
[17] Vgl. auch *Gebhardt* § 10 Rn. 16.
[18] Vgl. hierzu *Gebhardt* § 10 Rn. 19; zum Verfahren vgl. Nr. 18 der Richtlinien für das Strafverfahren und das Bußgeldverfahren (RiStBV).

kommt es vor, dass lediglich Zeugenfragebogen versandt werden. In diesem Fall kann das Unternehmen sich eines Beistandes bedienen, und es kommt die Bestellung als Beistand in Betracht. Die Anzeige an die Ermittlungsbehörde kann in diesem Fall etwa wie folgt erfolgen:

> **Formulierungsvorschlag:**
>
> Betr. . . . . . .
> Sehr geehrte Damen und Herren,
> in der oben genannten Angelegenheit wird die Interessenvertretung für . . . . . . angezeigt.
> Seitens der Mandantschaft wird versucht zu klären, wer das genannte Fahrzeug im fraglichen Zeitpunkt gefahren hat. Sobald diese Ermittlungen sachdienliche Ergebnisse erbracht haben, wird weiter berichtet.
> Im Übrigen wird um Akteneinsicht gebeten.

Selbstverständlich ist, dass in allen Fällen – unter Vorlage einer Vollmacht – um Akteneinsicht gebeten wird. Anhand des Akteninhaltes ist alsdann das mögliche weitere sachgerechte Vorgehen zu entscheiden. Allerdings ist darauf hinzuweisen, dass bei einer Zeugenbefragung der Rechtsbeistand keinen Anspruch auf Akteneinsicht hat. Sofern sich die Bußgeldstelle auf diese Position bezieht, sollte darauf hingewiesen werden, dass ohne Vorlage eines aussagekräftigen Lichtbildes keine Ermittlung des Fahrzeugführers möglich ist. Wird die Zusendung des Fotos verweigert und kann der Fahrer nicht festgestellt werden, ist eine Fahrtenbuchauflage wegen verweigerter Mitwirkung nicht gerechtfertigt.

Bei bestehender Rechtsschutzversicherung wird Kostenschutz für die Verteidigertätigkeit in einem Straf- und Ordnungswidrigkeitenverfahren gewährt, sofern und sobald ein Ermittlungsverfahren gegen eine verantwortliche Person konkret eingeleitet ist. Dies trifft bei Übersendung eines Zeugenfragebogens an einen Halter nicht zu, wenn etwa das Foto erkennbar eine männliche Person zeigt und Halter eine Frau ist. Das Gleiche gilt bei Übersendung eines Zeugenfragebogens an ein Unternehmen.

b) Der verantwortliche Halter. Zu unterscheiden von der Situation bei Kennzeichenanzeigen ist die Anzeige gegen den Halter eines Fahrzeuges wegen Verstoßes gegen Pflichten, die auch den Halter betreffen. Dies ist der Fall zB bei mangelnder Verkehrssicherheit des Fahrzeuges etc. Auch in einem solchen Fall muss nicht unbedingt der Halter persönlich verantwortlich sein. In Betracht kommt, dass die Verantwortung delegiert ist. Hier ist der Sachverhalt exakt zu ermitteln.

Weiter ist auch daran zu denken, dass Vorstand oder Geschäftsführung eines Unternehmens im Bereich der Verantwortung der Haltereigenschaft als Verantwortliche in Betracht kommen, sodass ggf. für die genannte verantwortliche Person die Verteidigerbestellung angezeigt ist. Bei einer solchen Fallgestaltung ist es empfehlenswert, die Mandantschaft über die Rechtslage und das richtige Verhalten zu informieren:

Muster: Informationsschreiben an Mandantschaft

> In einer verkehrsrechtlichen Angelegenheit wird dem Halter des Fahrzeuges mit dem amtlichen Kennzeichen . . . . . . und damit Ihnen als Halter bzw. als für die Geschäftsführung des Unternehmens verantwortliche Person vorgeworfen, gegen Halterpflichten verstoßen zu haben.
> Zunächst wurde die Verteidigerbestellung angezeigt. Es ist nun zu klären, wer für den in Rede stehenden, angeblich rechtswidrigen Sachverhalt verantwortlich ist. Ihre Verantwortung entfällt, soweit in verbindlicher Form die Verantwortung für den Sachverhalt auf eine andere Person wirksam delegiert wurde. Dies ist intern zu klären und gegenüber der Behörde zu belegen.
> Im Übrigen wird für künftige Fälle empfohlen, die Verantwortung festzulegen für Pflichten, die den Halter betreffen. Empfehlenswert ist es, die Übertragung von solchen Verantwortungen schriftlich zu fixieren und von demjenigen, auf den die Verantwortung übertragen wird, bestätigen zu lassen.

2. Beachtung haftungs- und versicherungsrechtlicher Konsequenzen

32   Inhalt und Ergebnis des Ermittlungsverfahrens können verschiedene Konsequenzen im Haftungs- und Versicherungsrecht haben. Hierbei ist stets bei der Definition der Verteidigungsstrategie an die Fassung der Einlassung zu denken. In Betracht kommen Konsequenzen sowohl für die Haftpflichtversicherung, die Kaskoversicherung als auch für die Unfallversicherung bzw. Berufsunfähigkeits-Zusatzversicherung.

33   a) **Haftpflichtversicherung.** Nach der Kraftfahrzeug-Pflichtversicherungsverordnung (KfzPflVV) ist es möglich, Trunkenheits- oder Drogenklauseln anzuwenden, die den Katalog der vertraglichen Obliegenheiten vor Eintritt des Versicherungsfalles ergänzen. In Betracht kommt gemäß § 5 Abs. 3 KfzPflVV ein Regress bis zu 5.000,– EUR. Für die Verteidigung ist es wichtig, darauf zu achten, dass die BAK richtig berechnet wird oder Fehlerquellen, insbesondere beim Nachweis des Drogenkonsums, beachtet werden. Bei der Trunkenheitsklausel handelt es sich um eine vor dem Schadenfall zu erfüllende Obliegenheit mit der Folge, dass auf deren Verletzung die Versicherung sich gemäß § 28 Abs. 1 VVG nur berufen kann, wenn innerhalb eines Monats nach Kenntnis der Obliegenheitsverletzung der Versicherungsvertrag gekündigt wird. Auch eine wiederholte Trunkenheitsfahrt ist keine Gefahrerhöhung iSv § 23 VVG.[19]

34   Im Übrigen ist durch den Anwalt, auch wenn er als Verteidiger tätig ist und mit dem Unfallschaden und speziell der Schadenmeldung konfrontiert wird, darauf zu achten, dass es eine Obliegenheitsverletzung darstellen kann, wenn Angaben zur Entnahme einer Blutprobe oder zur BAK nicht oder falsch gemacht werden.[20] Eine falsche Schadenmeldung, abgegeben mit dem Ziel, einen Nachteil beim Schadenfreiheitsrabatt zu vermeiden, stellt kein strafbares Delikt dar, weil es hier bei Eigennutz an der Stoffgleichheit iSv § 263 StGB fehlt.[21]

35   b) **Kaskoversicherung.** Gerade in der Kaskoversicherung können die Teilnahme am Straßenverkehr und der infolge Trunkenheit verursachte Unfall erhebliche versicherungsrechtliche Konsequenzen haben. Ein Kraftfahrer mit einer BAK von 1,1 ‰ ist absolut fahruntüchtig und verliert den Versicherungsschutz.[22] Entfallen kann diese Konsequenz lediglich bei Nachweis der Unzurechnungsfähigkeit iSd § 827 Abs. 1 BGB.[23] Im Übrigen ist nach den Regeln des Anscheinsbeweises bei absoluter Fahruntüchtigkeit grundsätzlich von **Ursächlichkeit** der Trunkenheitsfahrt für den Unfall auszugehen.

36   Auch relative Fahruntüchtigkeit kann für versicherungsrechtliche Fragen relevant sein. In den Fällen relativer Fahruntüchtigkeit gibt es keinen Anscheinsbeweis für die Ursächlichkeit des Unfalls und die damit gegebene grob fahrlässige Herbeiführung des Versicherungsfalles. In diesem Fall trifft den Versicherer die volle Beweislast:[24] Der Versicherer muss das Vorliegen weiterer Umstände nachweisen, die die Fahrunsicherheit des Versicherungsnehmers und die Kausalität für das Unfallgeschehen begründen.[25]

37   Der vorstehende Hinweis verdeutlicht die Bedeutung der richtigen Verteidigungsstrategie und ebenso, dass im Interesse des Mandanten auch alle Zusammenhänge zu bedenken sind. Schließlich ist auch zu beachten, dass gegen den Arbeitnehmer ein Regress in Betracht kommt, wenn dieser grob fahrlässig einen Unfall herbeigeführt hat und der Regressanspruch gemäß § 86 VVG auf den Kaskoversicherer übergeht. Hier sind die Grundsätze gefahrgeneigter Arbeit sowie tarifvertragliche Ausschlussfristen zu beachten.[26] Ebenso ist zu beachten, dass sich auch bei in Rede stehender Unfallflucht pflichtversicherungsrechtliche Konsequenzen ergeben.

38   c) **Unfallversicherung und Berufsunfähigkeits-Zusatzversicherung.** Bei Konzentrationen ab 1,1 ‰[27] kann eine den Versicherungsschutz ausschließende Bewusstseinsstörung iSd

---

[19] BGH VersR 1986, 693.
[20] Vgl. *Gebhardt* § 16.
[21] BayObLG NZV 1995, 33.
[22] BGH NZV 1992, 27.
[23] OLG Köln VersR 1995, 205; vgl. auch *Gebhardt* § 16 Rn. 75 ff.
[24] OLG Köln VersR 1966, 971.
[25] OLG Karlsruhe zfs 1993, 161.
[26] Vgl. *Gebhardt* § 16 Rn. 75 ff.
[27] OLG Saarbrücken BA 2004, 86.

Nr. 5.1.1. AUB 2012 vorliegen, nicht jedoch bei relativer Fahruntüchtigkeit. Dies kann auch bei Verletzung eines Beifahrers in Betracht kommen. Hier ist von einer BAK auszugehen, die über 2,0‰ liegt.[28] Im Übrigen ist zu beachten, dass bei einer vorsätzlich begangenen Trunkenheitsfahrt kein Versicherungsschutz in der BUZ besteht.[29]

d) Unfallflucht und Versicherungsrecht. Nach den neuen Bedingungen der AKB ist vereinbart, dass in der Regel ein Rückgriff auf 2.500,– EUR, bei besonders schwerwiegender Verletzung einer Obliegenheit auf 5.000,– EUR limitiert ist (§ 6 Abs. 1 und 3 KfzPflVV). Jedoch ist zu beachten, dass der Regress des Versicherers nur möglich ist, wenn die Unfallflucht die Interessen des Versicherers ernsthaft gefährden konnte.[30] 39

e) Fahren ohne Fahrerlaubnis und Versicherungsschutz. Gerade im Bereich der Verteidigung des Fahrens ohne Fahrerlaubnis oder des Anordnens oder Gestattens des Fahrens ohne Fahrerlaubnis ist es für den Verteidiger wichtig, diesen Vorwurf zu entkräften oder auszuräumen. Hier ist zu beachten, dass der Besitz der wirksamen Fahrerlaubnis eine Obliegenheit ist, die vor dem Versicherungsfall zu erfüllen ist, sodass die Versicherung sich auf Leistungsfreiheit nur bei fristgemäßer Kündigung gemäß § 28 Abs. 1 VVG berufen kann. 40

III. Eigene Ermittlungen des Verteidigers

1. Zulässigkeit eigener Ermittlungen des Verteidigers

Eine oft nicht angewandte Möglichkeit effizienter Verteidigung sind eigene Ermittlungen des Verteidigers. Dies beruht zum einen darauf, dass eigene Ermittlungen der Verteidigung bei den Ermittlungsbehörden Misstrauen hervorrufen. Andererseits besteht in der Anwaltschaft Unsicherheit darüber, ob und in welchem Umfang eigene Ermittlungen der Verteidigung zulässig sind. *Weihrauch*[31] führt die in der Praxis vorherrschenden Argumente gegen eigene Ermittlungen der Verteidigung an und führt aus, dass eigene Ermittlungen des Verteidigers diesen möglicherweise zu nah an den Beschuldigten heranbringen würden, und das Anwaltsbüro solle sich nicht als Ermittlungsbüro darstellen. Die Befragung durch den Verteidiger nehme dem Zeugen die Unbefangenheit und für den Verteidiger bestehe die Gefahr, sich im Zeugenstand wiederzufinden. Im Übrigen könne der Verteidiger in Konflikt geraten zwischen Schweigepflicht im Interesse des Mandanten und strenger Wahrheitspflicht gegenüber den Strafverfolgungsorganen. Das Recht auf eigene Ermittlungen des Verteidigers ist im Gesetz nicht ausdrücklich geregelt. Es ist aber allgemein anerkannt, dass der Verteidiger berechtigt ist, eigene Ermittlungen zu führen.[32] 41

2. Möglichkeiten eigener Ermittlungen des Verteidigers

Eigene Ermittlungen des Verteidigers sind 42
- Einholung von Auskünften,
- Besichtigung des Tat-(Unfall-)Ortes mit Anfertigung von Fotografien und Skizzen,
- Beauftragung eines Privatdetektivs,
- Beauftragung eines Sachverständigen,
- Befragung von Zeugen.

Es ist nicht zu verkennen, dass in der Praxis eigene Ermittlungen des Verteidigers keine große Rolle spielen. Auch muss eingeräumt werden, dass diese häufig aus Mangel an Zeit und Geld nicht erfolgen und schließlich manchmal aufgrund nicht ausreichend intensiver Bearbeitung des Sachverhaltes und mangels Ausnutzung aller Möglichkeiten.

---

[28] BGH VersR 1992, 730.
[29] Vgl. im Einzelnen *Gebhardt* § 15 Rn. 64.
[30] OLG Karlsruhe zfs 1998, 57.
[31] BeckRA-Hdb/*Andrejtschitsch/Walischewski* H Rn. 8, 9.
[32] *Weihrauch/Bosbach* Rn. 93.

3. Die Durchführung eigener Ermittlungen

43 **a) Einholung von Auskünften.** Unproblematisch ist in aller Regel die Einholung von Auskünften. Hier kommen Auskünfte aller Art in Betracht, so zB die Einholung einer Auskunft beim Wetterdienst über die Witterungsverhältnisse zum Unfallzeitpunkt, eine Auskunft bei der Polizeibehörde über die Unfallhäufigkeit einer bestimmten Unfallstelle oder ein Beschilderungsplan bzw. Ampelphasenplan. Wichtig erscheint es aber, bei der Einholung von Auskünften zum Ausdruck zu bringen, dass diese im Rahmen der Verteidigertätigkeit in einem Ermittlungsverfahren für einen Mandanten benötigt werden. Das Anschreiben an eine Behörde, die um Auskunft gebeten wird, könnte wie folgt lauten:

44 **Formulierungsvorschlag:**
Auskunft zu Witterungsverhältnissen am ...... in ......
Sehr geehrte Damen und Herren,
aus Anlass eines Verkehrsunfalls ist der Unterzeichner als Verteidiger tätig für .... Für die Klärung des Sachverhaltes ist wichtig festzustellen, welche Witterungsverhältnisse zum Unfallzeitpunkt herrschten. Der Unfall hat sich zugetragen am ...... um ...... Uhr in ....
Es wird um baldige Auskunft gebeten.

45 Wichtig ist dabei auch die Kostenfrage. So ist es empfehlenswert, vorab die voraussichtlichen Kosten für die erbetene Auskunft zu erfragen. Beim Mandanten bzw. seiner Rechtschutzversicherung sollte ein entsprechender Vorschussbetrag angefordert werden, damit die Kosten gedeckt sind und der Anwalt vermeidet, persönlich in Anspruch genommen zu werden. Eine Eintrittspflicht der Rechtsschutzversicherung für diese Kosten kommt dann in Betracht, wenn die Auskunft in Form eines Gutachtens etwa zu der Frage erbeten wird, ob bei der konkreten Unfallsituation mit dem Eintritt von Glatteis zu rechnen war bzw. wie die Schaltphasen der Lichtzeichenanlage eingerichtet sind.

46 **b) Besichtigung des Tat-/Unfallortes, Anfertigung von Fotografien und Skizzen.** In Unfallangelegenheiten ist es häufig als Sofortmaßnahme notwendig, den Unfallort zu dokumentieren. Dies kann durch Anfertigung von Fotografien oder Skizzen geschehen. Es bietet sich auch an, Tatortbesichtigungen durch **sachkundige Dritte** vornehmen zu lassen, etwa durch einen technischen Sachverständigen. Die Durchführung von Ermittlungen an Ort und Stelle durch einen Sachverständigen ist empfehlenswert, auch um zu vermeiden, selbst als Verteidiger Erklärungen abgeben zu müssen oder gar als Zeuge vernommen zu werden. Zudem ist es sachdienlich, eine Person mit besonderer Sachkunde mit der Besichtigung eines Unfallortes zu beauftragen, insbesondere im Hinblick auf die Unfallursachenermittlung.

47 **c) Beauftragung eines Privatdetektivs.** Es besteht auch die Möglichkeit, einen Privatdetektiv zu beauftragen. Hierbei ist jedoch Vorsicht geboten. *Weihrauch*[33] weist auf die Problematik bei der Beauftragung eines Privatdetektivs hin und führt aus, dass die Methoden von Privatdetektiven nicht immer unanfechtbar sind. Insbesondere aber muss beachtet werden, dass der Ermittlungszweck dem Detektiv mitgeteilt werden muss. Hierbei könnte es notwendig sein, Akteninhalte mitzuteilen, die der Verpflichtung zur Verschwiegenheit unterliegen. Es ist zu empfehlen, mit dem Detektiv ein so genanntes „freies Mitarbeiterverhältnis" zu begründen. Dies kann in der Weise erfolgen, dass in einer schriftlichen Vereinbarung ebenfalls die Verpflichtung zur Verschwiegenheit geregelt wird. In einem solchen Fall bestehen keine Bedenken, dem Detektiv Einsicht in die fotokopierten Akten zu geben. Im Übrigen könnte so dem Detektiv gemäß § 53a StPO ein Zeugnisverweigerungsrecht erwachsen.[34] Besondere Bedeutung hat die **Kostenfrage** bei der Beauftragung eines

---
[33] *Weihrauch/Bosbach* Rn. 100.
[34] Vgl. hierzu ausführlich *Weihrauch/Bosbach* Rn. 93.

Privatdetektivs. Hier sollten klare Absprachen über Zeitaufwand und -begrenzung getroffen werden.

d) Beauftragung eines Sachverständigen. Im Bereich des Verkehrsunfallrechtes kann die Beauftragung eines Sachverständigen sachdienlich sein. In Betracht kommt, durch einen Sachverständigen eine gutachtliche Stellungnahme zur Frage der Unfallursache anfertigen zu lassen. Diese betrifft insbesondere 48
- Unfallort
- Verkehrsverhältnisse
- Beschilderung
- Sichtverhältnisse
- Spurensicherung
- Schäden an Fahrzeugen.

Bei unklarem Unfallhergang ist es erforderlich, bei der notwendigen Feststellung zu Schäden an Fahrzeugen alle unfallbeteiligten Fahrzeuge zu besichtigen und aufeinander abzustimmen. Ein Sachverständiger, der auf privater Grundlage tätig wird, hat keinen Zugang zu den Fahrzeugen, sofern die Beteiligten hiermit nicht einverstanden sind. 49

Problematisch kann das Auffinden eines geeigneten Sachverständigen sein, der bereit ist, auf der Grundlage eines privaten Auftrages unfallanalytisch tätig zu werden. In der Praxis ist es so, dass qualifizierte Sachverständige solche Aufträge nicht oder nicht gerne übernehmen mit der Begründung, sie würden in aller Regel durch Polizei oder die Staatsanwaltschaft beauftragt. Die Sachverständigen befürchten bei Annahme eines privaten Auftrages, ihr Ansehen könne bei beauftragenden Ermittlungsbehörden Misstrauen auslösen. Dieser Ansicht muss mit dem Argument entgegengetreten werden, dass Ermittlungen seitens der Verteidigung zulässig und geboten sind. Häufig sind für die Verteidigung wichtige Unfallspuren später nicht mehr festzustellen, so zB Bremsspuren oder Beschädigungen an möglicherweise zwischenzeitlich entsorgten Fahrzeugen oder erneuerten Fahrzeugteilen. 50

Zudem kann die Beauftragung eines Sachverständigen problematisch sein, weil von vornherein nicht auszuschließen ist, dass dieser zu nachteiligen Erkenntnissen kommt. In diesem Fall empfiehlt sich, dass der Sachverständige zunächst informell gebeten wird, bestimmte Fragen zu klären, und zwar in dem Sinne, ob für den Mandanten günstige Erkenntnisse festzustellen sind. Kommt der Sachverständige zu der Erkenntnis, dass solche für den Mandanten entlastenden Umstände, zB zu dem Vorwurf der Wahrnehmbarkeit bei Verkehrsunfallflucht, festzustellen sind, sollte erst dann der Auftrag zur Fertigung eines Gutachtens erteilt werden. 51

Kommt der Sachverständige dagegen zu dem Ergebnis, dass keine entlastenden Umstände festzustellen, sondern vielmehr belastende Umstände gegeben sind, so erscheint es empfehlenswert, hierzu einen internen Aktenvermerk zu fertigen. Für den Sachverständigen stellt sich jedoch die Situation, dass er bei einem späteren Auftrag durch die Ermittlungsbehörden oder durch das Gericht seine frühere Einschaltung offenbaren muss und als Sachverständiger ausscheidet. Nicht auszuschließen ist in einem solchen Fall, dass die Staatsanwaltschaft oder das Gericht aufgrund dieser Offenbarung den Sachverständigen als Zeugen hören will. Dies ist wiederum nur zu umgehen, indem mit dem Sachverständigen eine Vereinbarung über seine Tätigkeit, und zwar im Rahmen des Auftrages, getroffen wird, der ebenfalls eine Verpflichtung zur Verschwiegenheit beinhaltet. 52

Bei den Kosten des Sachverständigen ist zu prüfen, ob die **Eintrittspflicht einer Rechtsschutzversicherung** in Betracht kommt. Voraussetzung ist jedoch, dass ein öffentlich bestellter und vereidigter Sachverständiger oder eine rechtsfähige technische Sachverständigenorganisation beauftragt wird. Häufig ist es in der Praxis aber so, dass nach Abstimmung mit der Rechtsschutzversicherung diese auch die Einschaltung eines nicht öffentlich bestellten und vereidigten Sachverständigen, dessen Qualifikation bekannt und anerkannt ist, akzeptiert. Wird ein technischer Privatgutachter förmlich beauftragt, so sollte dies schriftlich geschehen.[35] 53

---

[35] Vgl. hierzu ausführlich *Buschbell* DAR 2003, 55 ff.

Muster: Beauftragung eines Sachverständigen/einer Sachverständigenorganisation

54 Feststellungen zur Unfallursache des Unfalls am . . . . . . in . . . . . .
Dokumentation von . . . . . .

Sehr geehrte . . . . . .
aus Anlass des oben genannten Unfalls ist der Unterzeichner als Verteidiger tätig für . . . . . .
Zur Feststellung der Unfallursache sind folgende Fragen klärungsbedürftig: . . . . . .
Es wird gebeten, zu den vorstehend angesprochenen Aspekten Ermittlungen anzustellen.
Sollten weitere Aspekte für die Unfallursache relevant erscheinen, so wird gebeten, die Feststellungen hierauf auszudehnen.
Es wird gebeten, nach Fertigstellung das Gutachten mit Ihrer Liquidation zu übersenden.

Rechtsanwalt

55 Es ist weiter empfehlenswert, zugleich die Rechtsschutzversicherung über den Auftrag zu informieren und schriftlich um Deckungsschutz für anfallende Kosten eines eingeschalteten technischen Privatgutachters anzufragen.

Muster: Informationsschreiben an die Rechtsschutzversicherung

56 VS-Nr.: . . . . . .
VN: . . . . . .
Versicherungsschutz für: . . . . . .
Versichertes Fahrzeug: . . . . . ., Kennzeichen: . . . . . .
Unfallereignis vom . . . . . .

Sehr geehrte Damen und Herren,
aus Anlass oben genannten Unfallereignisses ist der Unterzeichner als Verteidiger tätig für den Versicherungsnehmer bzw. die mitversicherte Person.
Für die Verteidigung zur Entlastung des Mandanten erscheint es notwendig, Fragen zur Unfallursache zu klären. Hiermit wurde ein technischer Privatgutachter beauftragt. Es wird verwiesen auf das in Kopie beigefügte Auftragsschreiben an den Sachverständigen.
Es wird gebeten, über die Kostendeckung für die Verteidigertätigkeit hinaus auch Kostenschutz zu gewähren für die anfallenden Kosten für die Einholung des Gutachtens des beauftragten Sachverständigen.

Rechtsanwalt

57 **e) Befragung von Zeugen.** Wichtigste Möglichkeit eigener Ermittlungstätigkeit des Verteidigers ist die Befragung von Zeugen. Es gibt keine Bestimmung, die dem Anwalt bzw. Verteidiger die Befragung von Zeugen untersagt. Die Anhörung von Zeugen ist jedoch so durchzuführen, dass der Anschein einer unzulässigen Zeugenbeeinflussung vermieden wird.[36]

58 Kommt die Befragung von Zeugen in Betracht, so stellt sich die Frage, auf welchem Weg der Verteidiger Kontakt mit dem Zeugen aufnehmen soll. Hier sind verschiedene Möglichkeiten denkbar. Zunächst ist daran zu denken, dass der Mandant auf die Person eines Zeugen, der zum Sachverhalt bekunden kann, hinweist und diesen mit zur Besprechung mit dem Verteidiger bringt oder veranlasst, dass dieser erscheint. Andererseits kann der Verteidiger auch von sich aus Kontakt mit dem Zeugen aufnehmen.

59 Die Möglichkeit einer telefonischen Kontaktaufnahme erscheint problematisch. Zunächst ist daran zu denken, dass der Zeuge es ablehnt, gegenüber dem Verteidiger eine Aussage zu

---

[36] *Freyschmidt* Rn. 26.

machen. In einem solchen Fall können Missverständnisse in der Form aufkommen, dass der Zeuge behauptet, er sei zu einer bestimmten Zeugenaussage aufgefordert worden, etwa weil der Verteidiger darlegt, worauf es im Verfahren ankommt, verbunden mit der Frage, ob der Zeuge hierzu etwas bekunden könne. Im Übrigen ist es zu vermeiden, von am Telefon gegebenen Erklärungen eines potenziellen Zeugen Aufzeichnung zu machen. Vielmehr erscheint es unbedingt sachdienlich, mit dem Zeugen über seine möglichen Bekundungen ein persönliches Gespräch zu führen.

Bei einem Gespräch mit einem Zeugen ist ein wichtiger Aspekt der persönliche Eindruck, den der Verteidiger von der Person des Zeugen gewinnt. Bei dem Gespräch mit dem Zeugen ist die Hinzuziehung eines Gesprächszeugen nicht möglich.[37] Vielmehr sollte der Verteidiger den Zeugen um ein Gespräch bitten. Die Aufforderung zu dem Gespräch sollte schriftlich erfolgen. In diesem Schreiben sollte auch dargelegt werden, zu welchem Sachverhalt das Gespräch zu führen ist. Insbesondere sollte der Zeuge zum einen auf die Möglichkeit und rechtliche Zulässigkeit eines Gesprächs zwischen einem Zeugen und dem Verteidiger hingewiesen werden. Andererseits sollte aber auch zum Ausdruck kommen, dass eine Verpflichtung zu dem Gespräch oder zum Erscheinen beim Verteidiger nicht besteht. Das Schreiben an den Zeugen kann folgenden Wortlaut haben:

Muster: Schreiben an Zeugen

In einer verkehrsrechtlichen Angelegenheit wird hier verteidigt . . . . . .
Bei der Angelegenheit handelt es sich um einen Unfall bzw. angeblichen Verkehrsverstoß am . . . . . . um . . . . . . Uhr in . . . . . .
Seitens des Mandanten wurde mitgeteilt, dass Sie den vorgenannten Vorgang beobachtet haben. Für den Mandanten wird daher um ein Gespräch gebeten, um zu klären, ob und ggf. welche Bekundungen Sie als Zeuge zu dem Vorfall machen können. Es wird daher um ein Gespräch gebeten und ebenso gebeten, den Termin für dieses Gespräch mit der Kanzlei – über das Sekretariat . . . . . ., Tel.: . . . . . . – zu vereinbaren.
Es wird darauf hingewiesen, dass Sie zum Erscheinen nicht verpflichtet sind. Andererseits kann das erbetene Gespräch zur Aufklärung des Sachverhaltes dienen. Es wird daher um Kontaktaufnahme gebeten.
Sollten Ihnen Reisekosten oder Verdienstausfall entstehen, so werden diese in üblicher Weise erstattet.
Abschließend wird darauf hingewiesen, dass der Verteidiger das Recht hat, Zeugen zu befragen. Selbstverständlich können Sie über diese Kontaktaufnahme und diesen Brief sowie über die erbetene Unterredung der Polizei, Staatsanwaltschaft und dem Gericht unbefangen Mitteilung machen.

Rechtsanwalt

Es ist empfehlenswert, die Erklärung schriftlich aufzunehmen. Dies kann in Form eines Aktenvermerks, aber auch durch Formulierung einer schriftlichen Erklärung des Zeugen geschehen, die dieser unterzeichnet.

Wichtig für das Vorgehen des Verteidigers ist es, dass die Bekundungen des Zeugen vollständig aufgenommen werden. Dies bringt es mit sich, dass auch evtl. belastende Bekundungen aufzunehmen sind. Andererseits ist der Verteidiger gehalten, belastende Umstände nicht in das Verfahren einzuführen. Im Übrigen ist es zulässig, eine **Tonbandaufzeichnung** von dem Gespräch herzustellen.[38]

Über Erklärungen des Zeugen hinaus kommt auch die Aufnahme einer eidesstattlichen Versicherung in Betracht. Hierbei ist jedoch darauf hinzuweisen, dass der Anwalt und speziell der Verteidiger eidesstattliche Versicherungen lediglich für solche Verfahren aufnehmen oder verwerten soll, in denen die Glaubhaftmachung gesetzlich zulässig ist. Dies kommt im Strafprozess nur in wenigen Ausnahmefällen in Betracht, so zB bei der Ablehnung von Rich-

---
[37] Vgl. *Weihrauch/Bosbach* Rn. 105 unter Hinweis auf Rspr. und Literatur.
[38] *Weihrauch/Bosbach* Rn. 110.

tern gemäß § 26 StPO sowie bei der Ablehnung von Sachverständigen gemäß § 74 Abs. 3 StPO sowie im Falle der Wiedereinsetzung in den vorigen Stand gemäß § 45 StPO und schließlich zu den Umständen der Zeugnisverweigerung gemäß § 56 StPO.

65 Im Übrigen (und dies ist in Verkehrssachen wichtig) kommt die Aufnahme einer eidesstattlichen Versicherung auch in Betracht, wenn es sich um die Feststellung von Tatsachen als Grundlage von Neben- oder Zwischenentscheidungen handelt, so zB bei Beschlüssen gemäß § 111a StPO, also im Falle der vorläufigen Entziehung der Fahrerlaubnis.[39]

66 **f) Rechtsanwalt als Zeuge.** Die Unabhängigkeit des Rechtsanwalts des Mandanten kann in Gefahr sein, wenn der Anwalt in einem Strafverfahren (oder Zivilprozess) seines Mandanten neben dessen Vertretung die Rolle des Zeugen übernimmt. In der Regel wird es notwendig sein, das Mandat niederzulegen, weil der Rechtsanwalt in der Doppelrolle des Verteidigers einerseits und des Zeugen andererseits nicht mehr uneingeschränkt in der Lage ist, die ihm als unabhängigen Berater und Vertreter seines Mandanten obliegenden Aufgaben mit der nötigen Entschluss- und Handlungsfreiheit zu erfüllen. Dies gilt auch, wenn der Anwalt von der Staatsanwaltschaft (oder dem Prozessgegner) in die Rolle des Zeugen gedrängt wird.[40]

IV. Ziel der Verteidigung

67 Über die Verteidigungsstrategie hinaus ist es sinnvoll, ein Ziel der Verteidigung zu definieren und anzustreben. Das Ziel der Verteidigung kann unterschiedlich sein, gemessen an dem in Rede stehenden Tatvorwurf, der Schuld des Täters und schließlich orientiert an den Folgen der Tat. Das für den Beschuldigten günstigste Ziel einer Verteidigung im Ermittlungsverfahren ist die Einstellung des Verfahrens, differenziert nach den verschiedenen Arten der Einstellung. Dabei sind die verschiedenen vor- oder nachteiligen Aspekte bei der Einstellung des Verfahrens zu beachten. So kann zB die Einstellung gegen Geldauflage gegenüber einem möglichen Freispruch Nachteile für die Verfolgung von Schadenersatzansprüchen haben und ebenso Nachteile bei einem drohenden Regress, etwa bei dem in Rede stehenden Vorwurf des unerlaubten Entfernens vom Unfallort.[41]

68 Im Übrigen ist bei Klärung des Ziels der Verteidigung auch daran zu denken, dass unterschiedliche prozessuale Erledigungen möglich sind. In Betracht kommt, um dem Mandanten eine Hauptverhandlung zu ersparen, die Erledigung durch Strafbefehl, wenn eine Hauptverhandlung vermeidbar ist. Wenn eine solche nicht vermeidbar ist, muss der Mandant hierauf vorbereitet werden.

69 Zur Erledigung hinsichtlich der nicht zu vermeidenden Strafe kommt es auch in Betracht, Verwarnung mit Strafvorbehalt nach § 59 StGB anzustreben; dies wird häufig übersehen. In gleicher Weise ist bei einem Bußgeldverfahren zu prüfen, ob gemäß § 47 OWiG eine Einstellung zu erreichen ist, sei es vor Durchführung einer Hauptverhandlung oder in einer Hauptverhandlung.

1. Einstellung im strafrechtlichen Verfahren

70 Es kommen verschiedene Arten der Einstellung in Betracht, und zwar:
- Einstellung des Verfahrens gemäß § 170 Abs. 2 StPO
- Einstellung gemäß § 153 StPO
- Einstellung gemäß §§ 153a StPO, 47 JGG
- Einstellung gemäß § 153b StPO
- Einstellung gemäß § 154 StPO.

71 Zu den Chancen, eine Einstellung zu erreichen, kann auf statistische Werte verwiesen werden. Rund die Hälfte aller bei den Staatanwaltschaften anhängigen Ermittlungsverfahren in Verkehrsstrafsachen wird eingestellt. Zwei Drittel der Einstellungen erfolgen gemäß

---

[39] Vgl. auch *Weihrauch/Bosbach* Rn. 112.
[40] *Borgmann/Jungk/Grams* Kap. I § 3 Rn. 23.
[41] *Burhoff* Verkehrsrecht aktuell 8/2003, 119; *Halm* DAR 2007, 617.

§ 170 Abs. 2 StPO.[42] Für einen engagierten und pflichtbewusst arbeitenden Verteidiger, der das Ziel einer Einstellung vor Augen hat, ist es unumgänglich, sich mit den Voraussetzungen und Wirkungen der verschiedenen Arten einer Einstellung zu befassen. Die Voraussetzungen einer jeweils angestrebten Einstellung sind im Einzelnen zu prüfen und darzulegen. Zu den Arten der Einstellung im Einzelnen ist Folgendes auszuführen:

a) **Einstellung gemäß § 170 Abs. 2 StPO.** Die Einstellung gemäß § 170 Abs. 2 StPO kommt in Betracht, wenn genügender Anlass zur Erhebung der öffentlichen Anklage fehlt. Dies kann aus sachlichen oder rechtlichen Gründen gegeben sein. Sie ist in der Regel zu erreichen, wenn dargelegt werden kann, dass nicht genügend Beweise für die Tat vorhanden sind oder Fakten und Beweismittel angeführt werden, die Zweifel rechtfertigen.

Eine erreichte Einstellung gemäß § 170 Abs. 2 StPO ist als optimales Ergebnis der Verteidigung zu bezeichnen. Dieser „Freispruch 2. Klasse" kann auch für die Haftung und versicherungsrechtliche Fragen von erheblicher Bedeutung sein, insbesondere zur Abwendung eines drohenden Regresses.

b) **Einstellung gemäß § 153 StPO.** *aa) Allgemeine Voraussetzungen.* Die Einstellung gemäß § 153 StPO erfolgt nach dem Opportunitätsprinzip. Eine Einstellung gemäß § 153 StPO kommt in Betracht, wenn die Schuld gering ist. Gerade in Verkehrsangelegenheiten bietet sich hier für den Verteidiger die Chance, anhand der tatsächlichen Umstände des Unfallgeschehens, zB Straßenverhältnisse oder Ortsunkundigkeit, darzulegen, dass von einer geringen Schuld auszugehen ist. Weitere Voraussetzung ist, dass es an einem öffentlichen Verfolgungsinteresse fehlt.

Die Einstellung gemäß § 153 Abs. 1 StPO stellt eine Ausnahme vom Legalitätsprinzip dar. Aus dieser Erwägung heraus soll grundsätzlich die Einstellung mit Zustimmung des Gerichtes erfolgen.[43] Jedoch ist bei geringfügigen Vergehen die Einstellung auch ohne Zustimmung des Gerichtes möglich gemäß § 153 Abs. 1 S. 2 StPO.

Ferner kommt die Einstellung auch nach Klageerhebung unter den gleichen Voraussetzungen des § 153 Abs. 1 StPO in Betracht, jedoch nur mit Zustimmung der Staatsanwaltschaft und grundsätzlich auch des Angeschuldigten.

bb) Bei überlanger Verfahrensdauer. Der BGH[44] hatte zu entscheiden, ob bei überlanger Verfahrensdauer und Verletzung des Beschleunigungsgebotes des Art. 6 Abs. 1 S. 1 EMRK eine Einstellung des Verfahrens geboten ist. In dem vom BGH (für den Fall von Bankrotthandlungen) entschiedenen Fall wurde erkannt, dass die Einstellung des Verfahrens nach § 153 Abs. 2 StPO gerechtfertigt ist, weil „infolge der überlangen Verfahrensdauer, der Verletzung des Beschleunigungsgebotes und der erheblichen Belastung des Angeklagten durch das bisherige Verfahren die Schuld im jetzigen Zeitpunkt als gering im Sinne dieser Vorschrift anzusehen ist und ein öffentliches Interesse an der weiteren Verfolgung nicht mehr besteht". Diese Grundsätze sind sicherlich auch auf einzelne Verfahren des Verkehrsrechtes mit der Folge zu übertragen, dass bei überlanger Verfahrensdauer, insbesondere bei längerem Stillstand der Ermittlungen (im entschiedenen Fall 22 Monate) die Einstellung des Verfahrens gemäß § 153 Abs. 2 StPO geboten ist.

c) **Einstellung gemäß § 153a StPO, § 47 JGG.** *aa) Allgemeine Voraussetzungen der Einstellung.* Gemäß § 153a StPO kann die Staatsanwaltschaft mit Zustimmung des Gerichtes und des Beschuldigten bei einem Vergehen vorläufig von der Erhebung der öffentlichen Anklage absehen, wenn bestimmte Auflagen oder Weisungen geeignet sind, das öffentliche Interesse an der Strafverfolgung zu beseitigen, und wenn die Schwere der Schuld dem nicht entgegensteht. Der Anwendungsbereich des § 153a StPO ist im Verkehrsrecht erheblich.[45]

Im Rahmen des Verkehrsrechtes kommt als Voraussetzung für die Einstellung regelmäßig die Auferlegung einer Geldbuße in Betracht. Zur Höhe der Buße sollte der Verteidiger, wenn er diese Art der Einstellung anstrebt, bereits in der Einlassung nachvollziehbare Ausführun-

---

[42] Vgl. hierzu *Weihrauch/Bosbach* Rn. 119.
[43] *Meyer-Goßner/Schmitt* § 153 Rn. 10.
[44] NJW 1996, 2739.
[45] Vgl. hierzu und zur amtlichen Begründung *Freyschmidt* Rn. 359.

gen machen. Die weiter genannte Möglichkeit der Einstellung unter Auflagen und Weisungen, auch die Teilnahme am Aufbauseminar nach § 153a Abs. 1 Nr. 6 StPO spielt im Rahmen des Verkehrsrechtes kaum eine Rolle.

80 Als Erfahrungssätze für die Bereitschaft der Staatsanwaltschaft zur Einstellung gemäß § 153a StPO führt *Freyschmidt*[46] folgende Umstände an:
- Das Verschulden ist im Verhältnis zu gleich gelagerten Fällen im unteren bis mittleren Bereich.
- Die Buße muss den Einkommens- und Vermögensverhältnissen angepasst sein.
- Schwierige Beweissituation.

81 Gerade um die zuletzt genannte Voraussetzung zu erfüllen, ist es Aufgabe des Verteidigers, die Beweissituation genau zu würdigen und mögliche Zweifel hiergegen aufzuzeigen. Die Einstellung erfolgt mit Zustimmung des Gerichtes regelmäßig zunächst vorläufig unter Mitteilung der Auflage, etwa der Bußgeldzahlung. Wird die Auflage erfüllt, erfolgt endgültige Einstellung des Verfahrens. Dies hat zur Folge, dass die Tat nicht mehr als Vergehen verfolgt werden kann.

Im Strafverfahren gegen Jugendliche und Heranwachsende wird die Einstellung gemäß §§ 153, 153a StPO verdrängt durch die Sondernormen der §§ 45, 47 JGG.

82 **bb) Einstellung und Aufbauseminar.** Gemäß § 153a Abs. 1 Nr. 6 StPO kann die Einstellung auch mit der Auflage erfolgen, an einem Aufbauseminar nach § 2b Abs. 2 S. 2 oder § 4a StVG teilzunehmen. Diese Möglichkeit wird in der Praxis zumindest bislang kaum genutzt.

83 **d) Einstellung gemäß § 153b StPO.** Die Regelung des § 153b StPO stellt eine spezielle Vorschrift dar, die die Einstellung des Verfahrens ermöglicht zu den gleichen Voraussetzungen, unter denen von der Strafe abgesehen werden kann. In § 153b StPO ist geregelt, dass die Staatsanwaltschaft mit Zustimmung des Gerichtes, das für die Hauptverhandlung zuständig wäre, das Verfahren einstellen kann, wenn die Voraussetzungen vorliegen, unter denen das Gericht von Strafe gemäß § 60 StGB absehen kann.[47]

84 **e) Einstellung gemäß § 154 StPO.** Eine Einstellung gemäß § 154 StPO kommt hinsichtlich unwesentlicher Nebendelikte in Betracht, um eine Straffung des Verfahrens zu erreichen. Bei einer Einstellung gemäß § 154 StPO ist weder die Zustimmung des Gerichtes noch des Beschuldigten erforderlich.

85 **f) Einstellung gemäß § 45 JGG.** Nach dieser Vorschrift kann die Staatsanwaltschaft ohne Zustimmung des Richters von der Verfolgung absehen, wenn die Voraussetzungen des § 153 StPO vorliegen. § 45 Abs. 2 JGG sieht vor, dass die Staatsanwaltschaft von der Verfolgung absieht, wenn eine erzieherische Maßnahme bereits durchgeführt oder eingeleitet ist und sie weder eine Beteiligung des Richters nach Abs. 3 noch die Erhebung der Anklage für erforderlich hält. Nach der Gesetzesregelung steht einer erzieherischen Maßnahme das Bemühen des Jugendlichen gleich, einen Ausgleich mit dem Verletzten zu erreichen. Es ist davon auszugehen, dass die Vorschriften der §§ 45, 47 JGG die Möglichkeit eröffnen sollen, ein förmliches Verfahren zu vermeiden.[48]

86 **g) Absehen von Strafe gemäß § 60 StGB.** Nach § 60 StGB kann das Gericht bei besonderer Täter- und Opferbeziehung von Strafe absehen, wenn die Folgen der Tat für den Täter so schwer sind, dass die Verhängung einer Strafe offensichtlich verfehlt wäre. Die Tat muss schwere Folgen für den Täter gehabt haben; dies kann auch der Verlust von Angehörigen oder nahe stehenden Menschen sein.[49] Bei einem tragischen Konfliktfall, der zur fahrlässigen Tötung des Ehepartners führte, muss erörtert werden, ob die Voraussetzungen des § 60 StGB vorliegen.[50]

---

[46] *Freyschmidt* Rn. 364.
[47] Zu den Fällen, in denen das Absehen von Strafe in Betracht kommt, vgl. *Meyer-Goßner/Schmitt* § 153b Rn. 1 und unten Rn. 63.
[48] *Eisenberg* § 45 Rn. 17.
[49] Vgl. hierzu im Einzelnen *Fischer* § 60 Rn. 4.
[50] Vgl. BGH NJW 1996, 3350.

h) Einstellung bei Tod des Betroffenen.
Im Falle des Todes des Betroffenen während eines anhängigen Verfahrens ist das Verfahren gemäß § 206a StPO, § 46 OWiG einzustellen.[51]

2. Verwarnung mit Strafvorbehalt

Es ist daran zu denken, dass gerade auch im Straßenverkehrsrecht das Institut der Verwarnung mit Strafvorbehalt gemäß §§ 59 ff. StGB in Betracht kommt, was allerdings in der Praxis wenig beachtet und angewandt wird.

3. Erledigung durch Strafbefehl

Für den Beschuldigten kann es erstrebenswert sein, eine Hauptverhandlung zu vermeiden und eine Erledigung des Verfahrens durch Strafbefehl zu erreichen. Dies ist insbesondere bei geklärtem Sachverhalt und unter den in § 409 Abs. 1 StPO geregelten Voraussetzungen möglich. Nach Abstimmung mit dem Mandanten über eine Erledigung durch Strafbefehl kann dies gegenüber der Staatsanwaltschaft angeregt werden:

Musterschreiben: Anregung eines Strafbefehls

In dem Ermittlungsverfahren
gegen ......
wird angeregt,
das Verfahren durch Strafbefehl abzuschließen.
Der Sachverhalt ist geklärt. Der Beschuldigte ist bislang strafrechtlich in keiner Weise in Erscheinung getreten ist. Er würde einen Strafbefehl akzeptieren.
Bei der Festsetzung der Tagessätze sind folgende festgestellten Tatumstände zu würdigen:
Zu der in der Betracht kommenden Strafe ist zu bemerken, dass die wirtschaftlichen Verhältnisse des Beschuldigten sich wie folgt darstellen:
Der Beschuldigte erzielt ein Einkommen netto von ......
Er hat als unterhaltsberechtigte Personen zu unterhalten die Ehefrau und ...... Kind/er. Die Ehefrau ist nicht berufstätig. Somit ist unter Berücksichtigung aller lebensnotwendigen Aufwendungen von einem maximalen anrechenbaren Einkommen von ...... auszugehen.
Es wird um wohlwollende Beurteilung gebeten.

Rechtsanwalt

4. Vorbereitung der Hauptverhandlung

Auch in verkehrsrechtlichen Angelegenheiten gehört zur Entwicklung der Verteidigungsstrategie die gründliche Vorbereitung der Hauptverhandlung mit dem Mandanten. Wichtige Faktoren für die Verteidigungsstrategie sind:
- Klärung des Sachverhaltes
- Klärung rechtlicher Problematik
- Verteidigungsziel
- Klärung der Fragen zur Strafzumessung, speziell der wirtschaftlichen Verhältnisse.[52]

5. Einstellung des Bußgeldverfahrens

Für das Bußgeldverfahren gilt das Opportunitätsprinzip, im Gegensatz zum Strafverfahren mit dem Legalitätsprinzip. Liegen die Voraussetzungen für eine Einstellung des Verfah-

---
[51] BGH NZV 1999, 519.
[52] Vgl. hierzu im Einzelnen *Schlothauer* Rn. 6 ff.

rens vor, so ist es angezeigt, diese in der Einlassung darzulegen und eine Einstellung des Verfahrens anzuregen. Als Aspekte für die Begründung der Einstellung kommen nicht nur die Umstände und die Bedeutung des Verstoßes, sondern gerade auch Zweckmäßigkeitgesichtspunkte in Betracht. Letzteres betrifft das angemessene Verhältnis zwischen dem Verfahren und der erstrebten Zielrichtung.[53] Insbesondere ist bei unklarer Sachlage die Einstellung des Verfahrens anzustreben. In Betracht kommt dies insbesondere bei widerstreitenden Erklärungen und Zeugenaussagen. Gleiches gilt bei unklarer Rechtslage. Es widerspricht dem Sinn des OWi-Rechtes, schwierige Zweifelsfragen einer Tatbestandsverwirklichung, der Rechtswidrigkeit und der Vorwerfbarkeit bis ins Letzte zu durchleuchten und zu klären.[54]

93 Über die Einstellung des Verfahrens ist nach pflichtgemäßem Ermessen zu entscheiden. Bei einer Einstellung gemäß § 47 Abs. 2 OWiG ist bei einer durch Bußgeldbescheid verhängten Geldbuße bis zu 100,- EUR die Zustimmung der Staatsanwaltschaft nicht erforderlich, wenn diese auf die Teilnahme an der Hauptverhandlung verzichtet hat. Eine Einstellung des Verfahrens sollte bei den gegebenen Voraussetzungen angeregt und begründet werden:

**Musterschreiben: Anregung einer Einstellung
nach § 47 Abs. 2 OWiG**

94 In dem OWi-Verfahren
gegen ......
wegen ......
wird angeregt bzw. beantragt,
   das Verfahren gemäß § 47 Abs. 2 OWiG einzustellen.
Zur Begründung wird darauf hingewiesen, dass eine Einstellung des Verfahrens aus Gründen der Zweckmäßigkeit geboten ist, weil notwendige Aufklärungsmaßnahmen nicht im Verhältnis zum Tatvorwurf stehen.
Im Übrigen ist eine unklare Sachlage gegeben. Zum Sachverhalt gibt es widersprüchliche Zeugenaussagen.

Rechtsanwalt

6. Erledigung durch Beschlussentscheid gemäß § 72 OWiG

95 Die Beschlussentscheidung gemäß § 72 OWiG kommt in Betracht, wenn eine Hauptverhandlung entbehrlich ist und der Sachverhalt hinreichend geklärt ist. Einwendungen des Betroffenen gegen den Tatvorwurf schließen das schriftliche Verfahren aus.[55] Bei gründlicher Vorbereitung ist insbesondere die Beschlussentscheidung angezeigt, wenn zwischen dem Wohnort des Betroffenen bzw. des Verteidigers und dem zuständigen Gericht eine erhebliche Entfernung liegt. In diesen Fällen ist die Beschlussentscheidung gemäß § 72 OWiG anzuregen. In Betracht kommt auch, die Anregung zu verbinden mit einem Vorschlag zur Bußgeldhöhe, etwa Herabsetzung der Geldbuße auf unter 60,- EUR, sodass eine Eintragung im Fahreignungsregister nicht erfolgt. Auch kommt die gleiche Anregung mit dem Ziel eines Fortfalls des Fahrverbotes bei angemessener Erhöhung der Geldbuße in Betracht. Der erklärte Begründungsverzicht nach § 72 Abs. 6 OWiG bietet dem Gericht einen zusätzlichen Anreiz für diese Form der Verfahrenserledigung. Die Bemühungen des Verteidigers werden durch eine zusätzliche Gebühr nach Nr. 5115 VV-RVG honoriert.

---

[53] Vgl. *Göhler* § 47 Anm. 3.
[54] *Göhler* § 47 Rn. 4a.
[55] *Göhler* § 72 Rn. 2, 3.

§ 12 Beratung, Bestellung und Tätigkeit als Verteidiger im Ermittlungsverfahren

Musterschreiben: Anregung einer Einstellung nach § 72 OWiG

In dem Bußgeldverfahren
gegen ......
wegen ......
wird beantragt,
    gemäß § 72 OWiG durch Beschluss zu entscheiden.
Mit einer Beschlussentscheidung besteht Einverständnis, wenn das Gericht
- die Geldbuße ermäßigt auf nicht mehr als ......
- von der Verhängung eines Fahrverbotes absieht.

Die Voraussetzungen für eine Beschlussentscheidung gemäß 72 OWiG sind gegeben. Eine Hauptverhandlung scheint entbehrlich, da der Sachverhalt geklärt ist. Unter den oben genannten Voraussetzungen wird Begründungsverzicht erklärt.

                                                                            Rechtsanwalt

Im Übrigen ist zu beachten, dass das Gericht auch von sich aus durch Beschluss entscheiden kann, wenn es eine Hauptverhandlung für nicht erforderlich hält. Jedoch ist weiter erforderlich, dass der Betroffene und die Staatsanwaltschaft diesem Verfahren nicht ausdrücklich widersprechen. Das Gericht muss zuvor auf die Möglichkeit eines solchen Verfahrens und des Widerspruchs hinweisen und Gelegenheit zur Stellungnahme innerhalb von 2 Wochen geben.

V. Musterschriftsätze

1. Bestellung bei Polizei

a) Verteidigerbestellung in Strafsache

Ermittlungsverfahren
gegen: ......
wegen: ......
Tagebuch-Nr.: ......
Sachbearbeiter: ......

Sehr geehrte Damen und Herren,
hiermit wird die Verteidigerbestellung in oben bezeichneter Angelegenheit angezeigt für ......
Zur Sache wird nach Akteneinsicht Stellung genommen, soweit dies erforderlich erscheint.
Zunächst wird gebeten, das Aktenzeichen, unter dem der Vorgang bei der Staatsanwaltschaft oder bei Gericht geführt wird, vorab per Fax mitzuteilen oder dieses Schreiben an die aktenführende Behörde weiterzugeben und nach hier Zwischenbescheid zu erteilen.

                                                                            Rechtsanwalt

Anlage:
Vollmacht

b) Erinnerung an Akteneinsicht allgemein

99 Ermittlungsverfahren gegen: ......
wegen: ......
Tagebuch-Nr.: ......
Sachbearbeiter: ......

Sehr geehrte ......
in oben bezeichneter Angelegenheit wird Bezug genommen auf die bezeichnete Eingabe.
Es wird nochmals um Weiterleitung dieser Eingabe an die aktenführende Behörde gebeten mit der gleichzeitigen Bitte um Gewährung von Akteneinsicht.
Im Übrigen wird gebeten – soweit nicht bereits geschehen – das Aktenzeichen der Staatsanwaltschaft oder Bußgeldstelle mitzuteilen.

Rechtsanwalt

c) Verteidigerbestellung in Verkehrssache

100 Verkehrssache
Vorfall vom: ......
Ort: ......
Betroffen/Beschuldigt: ......

Sehr geehrte Damen und Herren,
hiermit wird die Verteidigerbestellung in o. g. Angelegenheit angezeigt für ......
Zur Sache wird nach Akteneinsicht Stellung genommen, soweit dies erforderlich erscheint.
Zunächst wird um Akteneinsicht gebeten.

Rechtsanwalt

Anlage:
Vollmacht

d) Erinnerung Akteneinsicht in Verkehrssache

101 Verkehrssache – Erinnerung
Vorfall vom: ......
Ort: ......
Betroffen/Beschuldigt: ......

Sehr geehrte Damen und Herren,
in o. b. Angelegenheit wurde die Verteidigerbestellung angezeigt und um Akteneinsicht gebeten. Bisher liegt eine Nachricht nicht vor bzw. wurde Akteneinsicht nicht gewährt.
Nochmals wird dringend um Akteneinsicht gebeten. Ggf. wird gebeten, diese Eingabe an die aktenführende Behörde weiterzugeben.
Sollten die Akten augenblicklich nicht entbehrlich sein, so wird um Mitteilung gebeten, wann mit dem Eingang der Akten gerechnet werden kann.

Rechtsanwalt

2. Bestellung bei Staatsanwaltschaft, Bußgeldstelle, Gericht

In dem Ermittlungsverfahren
gegen ......
wegen ......
wird die Verteidigerbestellung angezeigt. Bevollmächtigung wird versichert.
Es wird um Akteneinsicht gebeten. Nach Einsicht in die Akten wird erforderlichenfalls eine Stellungnahme vorgelegt.

Rechtsanwalt

102

3. Bestellung, speziell in Trunkenheitssache

In dem Ermittlungsverfahren
gegen ......
wegen Verkehrsdeliktes
wird die Verteidigerbestellung angezeigt.
Bevollmächtigung wird versichert.
Es wird gebeten, baldmöglichst und evtl. telefonisch die Höhe der Blutalkoholkonzentration mitzuteilen.
Vorsorglich wird für den Beschuldigten gegen die Einbehaltung des Führerscheins

Widerspruch

erhoben.
Soweit der Grenzwert absoluter Fahruntüchtigkeit nicht erreicht ist, wird um Rücksendung des Führerscheins an den Beschuldigten und um Mitteilung nach hier gebeten.
Soweit gemäß § 111a StPO die vorläufige Entziehung der Fahrerlaubnis beantragt ist, wird um Weiterleitung dieser Eingabe an das Gericht und sodann gebeten, vor Entscheidung über die vorgenannte Maßnahme gem. § 33 Abs. 3 StPO in jedem Falle bisher nicht gewährtes rechtliches Gehör und Akteneinsicht zu gewähren, damit eine notwendige Einlassung vor der Entscheidung zugesandt werden kann.

Rechtsanwalt

103

4. Aktenanforderung für Aktenauszug

Unfall vom ...... in: ......
Beteiligte: ......
Aktenzeichen: ......

Sehr geehrte Damen und Herren,
in o. b. Angelegenheit wird um Akteneinsicht gebeten.
Sollten die Akten sich bereits bei der Staatsanwaltschaft oder Bußgeldstelle befinden, so wird um Weiterleitung dieses Schreibens an die aktenführende Behörde gebeten. Sollte das Aktenzeichen der aktenführenden Behörde bereits bekannt sein, so wird um Mitteilung des Aktenzeichens per Fax gebeten, damit die aktenführende Behörde unmittelbar angeschrieben werden kann.
Vollmacht wird versichert.

Rechtsanwalt

104

5. Erklärungen zur Terminierung

105 In dem Ermittlungsverfahren/Strafverfahren
gegen . . . . . .
wird gebeten, alsbald Termin zur Hauptverhandlung zu bestimmen.
Der Betroffene bzw. Beschuldigte hat ein Interesse an alsbaldiger Durchführung der Hauptverhandlung. Es wird daher um alsbaldige wohlwollende Terminbestimmung gebeten.
Soweit Terminbestimmung nicht in nächster Zeit möglich ist, wird gebeten mitzuteilen, wann mit der Durchführung der Hauptverhandlung gerechnet werden kann.

Rechtsanwalt

6. Vertagung

106 In dem Verfahren
gegen . . . . . .
wird gebeten,
den anberaumten Termin zur Hauptverhandlung wegen Verhinderung des Verteidigers aufzuheben und auf einen anderen Termin zu verlegen.
Die Wahrnehmung des Termins ist wegen Verhinderung der bestellten Verteidiger bzw. auch der anderen Anwälte der Sozietät wegen anderweitiger Termine nicht möglich. Es wird daher um wohlwollende Verlegung des Termins, wie beantragt, gebeten.

Alternative:
Der Mandant ist wegen . . . . . . an der Wahrnehmung der Termine gehindert.

Rechtsanwalt

7. Schreiben an Staatsanwaltschaft/Gericht wegen Einstellung

a) Zustimmung allgemein

107 In dem Ermittlungsverfahren
gegen . . . . . .
wird Bezug genommen auf die Mitteilung zur möglichen Einstellung des Verfahrens.
Für den Beschuldigten wird erklärt, dass dieser bereit ist, die angebotene Erledigung des Verfahrens zu akzeptieren.
Der Beschuldigte wird die Geldauflage zahlen. Der Nachweis der Zahlung wird erbracht werden. Sollte sich hierbei eine geringfügige Überschreitung der angebotenen Zahlungsfrist ergeben, so wird um stillschweigende Fristverlängerung gebeten.

Rechtsanwalt

b) Ablehnung Angebot Einstellung

108 In dem Ermittlungsverfahren
gegen . . . . . .
wird Bezug genommen auf das Angebot zur Einstellung des Verfahrens.
Aufgrund der gegebenen Sach- und Rechtslage können wir uns nicht ohne weiteres zur Zustimmung zur Einstellung entschließen. Es sind noch Rücksprachen bzw. Ermittlungen zum Sachverhalt erforderlich.
Es wird um Fristverlängerung für die erbetene Erklärung um einen Monat gebeten. Alsdann wird von hier aus nach weiterer Rücksprache mit dem Mandanten weiter Stellung genommen.

Rechtsanwalt

8. Auftrag an Kollegen zur Terminvertretung
a) Rechtshilfe

Auftrag zur Terminvertretung für Rechtshilfetermin   109

Sehr geehrte . . . . . .
in einem vor dem Amtsgericht . . . . . . anhängigen Verfahren vertreten wir . . . . . .
Rechtshilfetermin wurde bestimmt auf den . . . . . .
Namens und im Auftrag des Mandanten wird gebeten, diesen Termin in Untervollmacht wahrzunehmen und dies zu bestätigen.
Sollten Sie an der Übernahme des Mandates verhindert sein, so wird gebeten, das Mandat an einen zur Übernahme bereiten und geeigneten Kollegen weiterzugeben. Blanko-Untervollmacht ist beigefügt.
Nach Durchführung des Termins wird um Terminnachricht gebeten unter Beifügung der Liquidation.
Die notwendigen Informationen ergeben sich aus den in der Anlage bezeichneten Unterlagen.

Rechtsanwalt

Anlagen:

b) Terminvertretung in Untervollmacht

In einem vor dem Amtsgericht . . . . . . anhängigen Verfahren vertreten wir.   110
Termin zur Hauptverhandlung vor dem genannten Gericht steht an am . . . . . .
Namens und im Auftrag des Mandanten wird gebeten, in Untervollmacht die Verteidigung im Termin wahrzunehmen und die Übernahme des Mandates zu bestätigen. Sollten Sie an der Übernahme des Mandates verhindert sein, so wird gebeten, das Mandat an einen zur Übernahme bereiten Kollegen weiterzugeben. Blanko-Vollmacht ist beigefügt.
Die notwendigen Informationen ergeben sich aus den als Anlage beigefügten und bezeichneten Unterlagen.
Die Vorbereitung der Hauptverhandlung ist von hier aus erfolgt. Es wird vorgeschlagen und insoweit Einverständnis angenommen, dass die für die Terminvertretung anfallenden Gebühren geteilt werden.
Nach Durchführung des Termins wird um Terminnachricht gebeten unter Beifügung der Liquidation.

Rechtsanwalt

Anlagen:

§ 13 Feststellung von Verkehrsverstößen

Übersicht

	Rn.
I. Allgemeine Fragen zur Feststellung von Verkehrsverstößen	1–23
1. Messungen durch Kommunen	4–7
2. Keine Messung durch Private	8/9
3. Behinderung oder Beeinträchtigung von Feststellungen und Einrichtungen	10–15
a) Verhinderung der Messung oder Warnung vor Messung	10/11
b) Beschädigung einer Messanlage	12
c) Beeinträchtigung durch technische Veränderungen	13
d) Sicherstellung des Warngerätes	14
e) Kennzeichenmissbrauch	15
4. Verfahren zur Feststellung von Verkehrsverstößen	16–23
a) Technische Messverfahren	16
b) Notwendige Eichung von Verkehrsüberwachungsgeräten	17–22
c) Hinweis auf Spezialliteratur	23
II. Geschwindigkeitsmessverfahren	24–91
1. Praktische Fragen zur Geschwindigkeitsüberschreitung	29/30
2. Radarmessverfahren	31–40
a) MULTANOVA VR 6F	38/39
b) TRAFFIPAX-SPEEDOPHOT	40
3. Laser-Geschwindigkeitsmesssysteme	41–50
4. Lichtschranken-Messverfahren	51–63
5. Koaxialkabelmessverfahren	64–68
a) TRAFFIPHOT-S.	64–66
b) TRUVELO M4-2	67/68
6. Spiegel-Messverfahren	69/70
7. Funkstopp-Messverfahren	71/72
8. Geschwindigkeitsermittlung durch Nachfahren	73–78
9. Geschwindigkeitsmessung durch Verkehrsüberwachungsanlage ProViDa	79–84
10. Geschwindigkeitsmessung von einer Brücke herab	85
11. Feststellung der Geschwindigkeit aufgrund Fahrtenschreiber	86–88
12. Notwendige richterliche Feststellung	89/90
13. Richtlinien der einzelnen Bundesländer	91
III. Abstandsmessverfahren	92–117
1. Rechtsfragen zum erforderlichen Abstand	92–95
2. Die Messverfahren im Einzelnen	96–117
a) Brückenabstandsmessverfahren	97–110
b) Abstandsmessung mit ProViDa (Police-Pilot)	111/112
c) Verkehrskontrollsystem (VKS) – Brückenabstandsmessverfahren	113–115
d) Abstandsfeststellung durch Beobachtungen aus Polizeifahrzeug sowie Schätzungen	116/117
IV. Rotlichtüberwachungsanlagen	118–139
1. Ahndung von Rotlichtverstoß	118/119
2. Die Rotlichtüberwachungsanlagen	120–136
3. Feststellung durch Beobachtung	137
4. Voraussetzungen für die Feststellung eines qualifizierten Rotlichtverstoßes	138
5. Notwendige tatrichterliche Feststellungen	139
V. Verstöße im Zusammenhang mit der Nutzung des Fahrtenschreibers	140–146
1. Rechtsgrundlage für die Benutzung eines Fahrtenschreibers	140
2. Verpflichtung zur Aufbewahrung	141/142
3. Ahndung von Verkehrsverstößen aufgrund der Fahrtenschreiberaufzeichnung	143/144
a) Regelung zu Lenk- und Ruhezeiten	143
b) Möglichkeit der Feststellung von Geschwindigkeitsverstößen	144
4. Verfahrensfragen	145/146
VI. Unfalldatenspeicher (UDS)	147–152
1. Funktionsweise	148–151
2. Auswertung von UDS-Aufzeichnungen	152

§ 13 Feststellung von Verkehrsverstößen

	Rn.
VII. Verstöße gegen Lenk- und Ruhezeiten	153–162
1. Rechtsgrundlagen	153–155
2. Überwachung und Zuständigkeit	156–162
VIII. Achslast und Gesamtgewicht sowie Wägungen	163–167
1. Gewichtsgrenzen	163
2. Überprüfung des Gewichtes und Messungen	164–167
IX. Identitätsfeststellung	168–184
1. Identifizierung anhand des Fahrerfotos	168–178
a) Anforderung an Urteilsfeststellungen	168–176
b) Datenschutzrechtliche Bestimmungen	177/178
2. Identifizierung bei Kennzeichenanzeigen	179
3. Erkennungsdienstliche Behandlung und Gegenüberstellung	180/181
4. Humanbiologische Gutachten	182–184
a) Problemstellung	182/183
b) Gutachterkosten	184
X. Alkohol- und Drogenfahrten	185–235
1. Rechtliche Aspekte der Feststellung von Alkohol und Drogen	186–192
a) Rechtliche Situation des Betroffenen	186–188
b) Alcotest/Drogentest und Verdacht	189–192
2. Die Feststellung der Alkoholkonzentration	193–225
a) Allgemeines	193/194
b) Atemalkoholmessung	195–198
c) Feststellung der BAK durch Blutprobe	199–214
d) Berechnung	215–218
e) Tabelle zur annähernden Berechnung des Blutalkoholgehalts	219–222
f) Gleichwertigkeit beider Messverfahren	223/224
g) Notwendige tatrichterliche Feststellungen	225
3. Die Feststellung von Drogen/Rauschmitteln sowie Medikamenten	226–233
a) Feststellung	226–229
b) Teilnahme am Straßenverkehr unter Rauschmitteleinfluss	230–232
c) Rauschmittel-/Drogeneinnahme und Fahreignung	233
4. Medikamenteneinnahme	234/235

Schrifttum: *Albrecht*, Radarwarngeräte und andere verbotene Geräte zur Ankündigung von Verkehrskontrollen, DAR 2006, 481; *Arzt*, Rechtsfragen der automatisierten Kennzeichenerkennung, SVR 2004, 368; *Beck/Berr*, OWi-Sachen im Straßenverkehrsrecht, 5. Aufl. 2012; *Beck/Löhle/Kärger*, Fehlerquellen bei polizeilichen Messverfahren, Geschwindigkeit, Abstand, Rotlicht, 10. Aufl. 2013; *Brenner*, Der Einsatz von Unfalldatenspeichern im Lichte der Vorgaben des Verfassungsrechts, NZV 2003, 360; *Burhoff/Grün*, Messungen im Straßenverkehr, 3. Aufl. 2013; *Buschbell*, Fragen zur Zulässigkeit des Daten- bzw. Bildaustausches zwischen Bußgeldstelle und Pass- bzw. Führerscheinbehörde zur Identifikation eines Betroffenen, MittBl der Arge VerkR 1996, 39; *Ferner*, Kennzeichenmissbrauch, missbräuchliche Herstellung von Kennzeichen und Feilbieten nicht genehmigter Fahrzeugteile, SVR 2004, 297; *Gebhardt*, Das verkehrsrechtliche Mandat, Band 1: Verteidigung in Verkehrsstraf- und Ordnungswidrigkeitenverfahren, 7. Aufl. 2012; *Graeger*, Unfalldatenspeicher, NZV 1994, 16; *Haase*, Blutalkoholberechnung bei Alkoholstraftaten im Straßenverkehr, insbesondere unter Berücksichtigung eines Nachtrunks, zfs 2004, 149; *Hassemer/Topp*, Datenschutz und Verkehrsrecht, NZV 1995, 169; *Haus/Zwerger*, Das verkehrsrechtliche Mandat, Band 3: Verkehrsverwaltungsrecht, 2. Aufl. 2012; *Hentschel*, Straßenverkehrsrecht, 42. Aufl. 2013; *ders.*, Trunkenheit – Fahrerlaubnisentziehung – Fahrverbot im Straf- und Ordnungswidrigkeitenrecht, 10. Aufl. 2006 (zitiert: Hentschel Trunkenheit); *Janker*, Der langsame Abschied von der Blutprobe – Aktuelle Fragen zum Führen von Kraftfahrzeugen unter Alkoholeinfluss nach § 24a Abs. 1 StVG sowie § 316 StGB, DAR 2002, 49; *Burmann/Heß/Jahnke/Janker*, Straßenverkehrsrecht, 23. Aufl. 2014; *Maatz*, Atemalkoholmessung – Forensische Verwertbarkeit und Konsequenzen aus der AAK-Entscheidung des BGH, BA 2002, 21; *Schäpe*, Grenzen der Fahrerermittlung durch die Behörde, DAR 1999, 186 ff.; *Schönke/Schröder*, Strafgesetzbuch, 29. Aufl. 2014; *Starken*, Richtlinien der Bundesländer zur Geschwindigkeitsüberwachung, DAR 1998, 85.

I. Allgemeine Fragen zur Feststellung von Verkehrsverstößen

Die Feststellung des objektiven Sachverhaltes von Verkehrsverstößen bildet die Grundlage für die mögliche Ahndung solcher Verstöße. Bei der Feststellung von Verkehrsverstößen werden vorrangig statt der lediglich optischen Wahrnehmung durch die Polizei technische Messeinrichtungen verwandt, die immer weiter fortentwickelt werden. Dies gilt sowohl für die Feststellung von Geschwindigkeitsverstößen durch Messanlagen als auch von Rotlichtverstößen durch Überwachungskameras sowie Abstandsmessverfahren. Ebenso werden bei der Feststellung von Verkehrsverstößen aufgrund der Einnahme berauschender Mittel, also Alkohol oder Drogen, technische Messverfahren eingesetzt. Diese Verfahren erfordern aber für den Verteidiger, mit den Voraussetzungen der Zulässigkeit ihres Einsatzes sowie mit den Messverfahren und schließlich auch mit möglichen Fehlerquellen vertraut zu sein.

2   Einzelne Messverfahren werden in diesem Teil des Buches in der gebotenen Kürze behandelt. Eine detaillierte Darstellung ist in diesem Rahmen nicht möglich. Hierzu ist auf die Spezialliteratur zu verweisen.[1] Im Rahmen dieses Beitrages werden in komprimierter Weise die bei den einzelnen Verfahren zur Feststellung von Verkehrsverstößen relevanten Aspekte unter Hinweis auf Rechtsprechung und weiter führende Literatur dargestellt.

3   Nachfolgend werden zunächst allgemeine Grundsätze, die bei der Feststellung von Verkehrsverstößen zu beachten sind, dargestellt. Dies betrifft die Zulässigkeit der Verfahren zur Feststellung von Verkehrsverstößen durch die beteiligten Stellen sowie relevantes (Fehl-)Verhalten von Betroffenen zur Verhinderung von solchen Feststellungen.

1. Messungen durch Kommunen

4   Die Feststellung von Verkehrsverstößen obliegt grundsätzlich den Polizeibehörden oder solchen Behörden, für die spezielle Zuständigkeiten geregelt sind (zB Gewerbeaufsicht etc.).

Demgegenüber sind in der Praxis der Feststellung von Verkehrsverstößen Zuständigkeiten auf Kommunen und auch auf Private übertragen. Immer mehr Länder sind dazu übergegangen, die Zuständigkeit für innerörtliche Geschwindigkeitsmessungen auf Kommunalbehörden zu übertragen. Zunächst wurden hiergegen Bedenken vorgebracht.[2] Zwischenzeitlich ist jedoch unstrittig, dass die Übertragung von Zuständigkeiten zur Feststellung von Verkehrsverstößen, wenn diese in rechtlich nicht angreifbarer Weise durch den Gesetz- oder Verordnungsgeber erfolgt, zulässig ist. Weiter liegt ein Verwertungsverbot von Feststellungen nicht vor, wenn die Feststellungen durch eine nicht zuständige kommunale Behörde getroffen wurden.[3]

5   Die Messung durch Kommunen ist unter verfassungsrechtlichen Gesichtspunkten nicht zu beanstanden, soweit die Landesverordnungsgeber die Gemeinden ermächtigen, Geschwindigkeitsmessanlagen in eigener Regie zur Feststellung von Geschwindigkeitsüberschreitungen zu betreiben.[4] Dies ist in fast allen Bundesländern geschehen. Soweit die Kommunen ermächtigt sind, umfasst dies die Befugnis für die selbstständige und eigenverantwortliche Ermittlung, Feststellung und Erforschung von Verkehrsverstößen sowie die Sicherung der Beweise.[5]

6   Im Übrigen ist jedoch zu beachten, dass nach dem Opportunitätsprinzip gemäß § 47 OWiG die Geschwindigkeitsüberwachung nur nach pflichtgemäßem Ermessen erfolgen darf.[6] Hiernach dürfen die Kommunen die Auswahl und Anzahl der Standorte von Geschwindigkeitsmessanlagen nicht an fiskalischen Interessen, sondern nur an dem Ziel der Verkehrssicherheit ausrichten. Zudem sind die durch die Kommunen gewählten Standorte zur Vermeidung von Doppelmessungen mit den örtlichen Polizeidienststellen genau abzustimmen.[7]

7   Bedenken, die sich aus kommunalrechtlicher Sicht gegen die sachliche Zuständigkeit eines Zweckverbandes für die Verfolgung und Ahndung von Verkehrsordnungswidrigkeiten ergeben, lassen die Wirksamkeit eines von diesem Zweckverband wegen einer Geschwindigkeitsüberschreitung erlassenen Bußgeldbescheides unberührt.[8]

---

[1] Vgl. zB *Beck/Löhle/Kärger* Fehlerquellen bei polizeilichen Messverfahren; *Burhoff/Grün* Geschwindigkeits- und Abstandsmessungen im Straßenverkehr.
[2] OLG Stuttgart NZV 1990, 439; aA *Janker* NJW 1992, 1365.
[3] Vgl. *Gebhardt* § 19 Rn. 7.
[4] OLG Düsseldorf DAR 1997, 77.
[5] OLG Stuttgart DAR 1991, 31.
[6] OLG Stuttgart DAR 1991, 31.
[7] *Beck/Löhle/Kärger* § 8 E.
[8] BayObLG DAR 2004, 709.

2. Keine Messung durch Private

Die Befugnis der Gemeinden zur Verkehrsüberwachung leitet sich aus ihrer Zuständigkeit für die Verfolgung von Straßenverkehrsordnungswidrigkeiten ab. Die Überwachung des Verkehrs selbst stellt verfahrensrechtlich bereits den Beginn der Verfolgung ordnungswidrigen Handelns dar. Hieraus folgt, dass die Durchführung von Verkehrsüberwachungsmaßnahmen nur durch Hoheitsträger zulässig ist. Sie darf auf Private nicht übertragen werden. Dies ist inzwischen in der Rechtsprechung anerkannt.[9]

Gebilligt ist dagegen der Einsatz privater Dienste dann, wenn im Rahmen eines Leiharbeitnehmerverhältnisses ein privater Mitarbeiter in einer Gemeinde arbeitet und dort sowohl räumlich als auch organisatorisch integriert ist. Er kann dann lediglich unterstützend tätig werden. Die Verantwortung sowie die Ausübung des eingeräumten Ermessens muss bei einem Mitarbeiter der Behörde bleiben.[10]

3. Behinderung oder Beeinträchtigung von Feststellungen und Einrichtungen

a) Verhinderung der Messung oder Warnung vor Messung. Nach § 23 Abs. 1b StVO ist dem Kraftfahrzeugführer untersagt, ein technisches Gerät zu betreiben oder betriebsbereit mitzuführen, das dafür bestimmt ist, Verkehrsüberwachungsmaßnahmen anzuzeigen oder zu stören. Hierzu zählen nicht die „klassischen" Radarwarner, sondern auch Meldungen im Navigationsgerät mit entsprechendem Inhalt (POI).[11]

Radiomeldungen mit „Blitzwarnungen" sind von diesem Verbot nicht erfasst, da das Radiogerät nicht dazu „bestimmt" ist, die Warnung ortsbezogen – also nur am Kontrollort – abzugeben. Das Warnen eines anderen Verkehrsteilnehmers stellt grundsätzlich keinen Verstoß dar, solange hierdurch nicht andere Verkehrsteilnehmer in ihrer Fahrweise behindert, gefährdet oder sonst wie belästigt werden.[12]

b) Beschädigung einer Messanlage. Eine Geschwindigkeitsmessanlage ist keine eigenständige Anlage, die unter die Schutzfunktion des § 316b Abs. 1 Nr. 3 StGB fällt, sondern nur ein technisches Hilfsmittel.[13] Zuzustimmen ist der Auffassung,[14] wonach eine Geschwindigkeitsmessanlage nicht in den Schutzbereich des § 316b Abs. 1 StGB fällt, mit der Folge, dass keine Bestrafung aufgrund dieses Tatbestandes erfolgen kann, sondern lediglich wegen Sachbeschädigung.

c) Beeinträchtigung durch technische Veränderungen. Durch Installation einer so genannten „Gegenblitzanlage" können Geschwindigkeitsmessungen beeinträchtigt werden. Eine solche „Gegenblitzanlage" funktioniert in der Weise, dass durch den Belichtungsblitz der Mess- und Radaranlagen der Polizei nahezu synchron automatisch ein Überbelichtungsblitz ausgelöst wird mit der Folge, dass das Beweisfoto bis zur Unkenntlichkeit überstrahlt wird. Durch dieses Handeln ist der Tatbestand der Fälschung technischer Aufzeichnungen iSv § 268 Abs. 3 StGB als erfüllt.[15] Das Befestigen von Reflektoren am Kfz zwecks Überbelichtung des Frontfotos ist weder nach § 268 Abs. 1 Nr. 2 StGB noch nach § 274 Abs. 1 Nr. 1 StGB, möglicher Weise aber nach § 303 StGB strafbar.[16] Demgegenüber liegt keine Urkundenfälschung vor, wenn das amtliche Kennzeichen eines Kraftfahrzeuges mit einem reflektierenden Mittel versehen wird, sodass die Erkennbarkeit der Buchstaben und Ziffern bei Blitzlichtaufnahmen beeinträchtigt ist.[17] Dies ist lediglich ein Verstoß nach § 10 FZV.

d) Sicherstellung des Warngerätes. Der Betrieb eines Radarwarngerätes ermöglicht es dem Verkehrsteilnehmer, sich ungestraft über Bestimmungen der Verkehrssicherheit hinwegzu-

---

[9] AG Alsfeld DAR 1995, 210; OLG Frankfurt DAR 1995, 335; vgl. auch *Beck/Löhle/Kärger* § 8 E.
[10] BayObLG DAR 1999, 321.
[11] *Albrecht* DAR 2006, 481; *Thiele* NZV 2006, 66.
[12] OLG Stuttgart NZV 1997, 242; OVG Münster NJW 1997, 1596; vgl. auch ausführlich *Möller* NJW 1999, 2600 und LG Bonn NZV 2000, 115.
[13] OLG Stuttgart DAR 1997, 288; *Fischer* § 316b Rn. 4.
[14] *Gebhardt* § 19 Rn. 4; zum Umfang der Erstattungspflicht LG Konstanz NJW 1997, 467.
[15] AG Tiergarten DAR 1999, 182.
[16] OLG München NStZ 2006, 576.
[17] BGH NZV 2000, 47; vgl. auch *Arzt* SVR 2004, 368.

setzen und dadurch andere Verkehrsteilnehmer zu gefährden und begründet eine gegenwärtige Gefahr, die eine Sicherstellung rechtfertigt, da diese sich jederzeit aktualisieren kann. Auch die angedrohte Vernichtung des Radarwarngerätes ist rechtlich unbedenklich.[18] Die Sicherstellung eines Radarwarngerätes ist zulässig, denn das Mitführen begründet eine gegenwärtige Gefahr für die öffentliche Sicherheit, da die polizeiliche Verkehrsüberwachung beeinträchtigt werden kann. Auch die Anordnung der Vernichtung eines Radarwarngerätes begegnet keinen rechtlichen Bedenken, da im Falle einer Verwertung des Gerätes die Gefahr bestünde, dass das Gerät erneut zum Einsatz käme.[19] Dies gilt allerdings nicht für Navigationsgeräte oder Smartphones, bei denen das Programm zur Radarwarnung nur ein untergeordneter Nebenzweck ist.

15   e) **Kennzeichenmissbrauch.** Grundlagen sind die Straftatbestände der §§ 22 bis 23 StVG zum Kennzeichenmissbrauch und des missbräuchlichen Herstellens, Vertreibens oder Ausgebens von Kennzeichen. Diese Tatbestände sind mit Freiheitsstrafe bis zu einem Jahr oder Geldstrafe bedroht.

4. Verfahren zur Feststellung von Verkehrsverstößen

16   a) **Technische Messverfahren.** Zur Feststellung von Verkehrsverstößen werden in der Regel Messgeräte eingesetzt. Dies gilt insbesondere für
- Geschwindigkeitsmessverfahren
- Abstandsmessverfahren
- Rotlichtüberwachungsanlagen.

Nachfolgend werden die Funktionsweisen der Messgeräte kurz dargestellt. In der Darstellung ist das jeweilige Verfahren behandelt unter den Gesichtspunkten
- Funktionsweise des Gerätes
- mögliche Fehlerquellen
- notwendige Feststellungen im Urteil.

17   b) **Notwendige Eichung von Verkehrsüberwachungsgeräten.** Die zur amtlichen Überwachung des Straßenverkehrs eingesetzten Messgeräte müssen zugelassen und geeicht sein, sofern dies zur Gewährleistung der Messsicherheit erforderlich ist. Maßgebend sind das Eichgesetz sowie die Eichordnung. Zusatzeinrichtungen stehen den Messgeräten gleich.

18   Zur Gültigkeitsdauer der Eichung bei Geschwindigkeitsmessgeräten ist in § 12 Abs. 1 iVm Anhang B Nr. 18.3 EichO bestimmt, dass die Gültigkeitsdauer der Eichung für Geschwindigkeitsmessgeräte für die amtliche Überwachung des Straßenverkehrs ein Jahr beträgt. Nach § 12 Abs. 3 EichO beginnt die Gültigkeitsdauer der Eichung mit Ablauf des Kalenderjahres, in dem das Messgerät selbst geeicht wurde. Die Jahresfrist wird somit nicht vom Datum der Eichung an gerechnet; vielmehr beginnt sie erst nach Ablauf des Kalenderjahres, in dem das Messgerät zuletzt geeicht wurde. Eichtoleranzen wurden dabei von der PTB festgesetzt. Auch während der gültigen Eichfrist können bei einem Gerät Defekte auftreten. Nacheichungen sind nach Beseitigung der aufgetretenen Defekte wie auch nach Softwareaktualisierungen erforderlich und zu dokumentieren.

19   Aufmerksamkeit ist geboten, wenn ein Gerät deutlich vor dem Ablauf der gültigen Eichfrist nachgeeicht worden ist. Dies kann ein Hinweis dafür sein, dass das Gerät während der gültigen Eichfrist beschädigt wurde. In einem solchen Fall ist es empfehlenswert abzuklären, welcher Defekt die frühe Nacheichung erforderlich machte und wie lange dieser Defekt – vor seinem Erkennen – bereits bestand bzw. wie lange dieser Defekt möglicherweise Fehlmessungen bewirken konnte. Wenn an einem Gerät innerhalb der gültigen Eichfrist ein Defekt auftritt, sollen diejenigen Messungen nicht mehr verwertet werden, von denen nicht zweifelsfrei feststeht, ob der Defekt zum Zeitpunkt ihrer Durchführung bereits bestand.[20]

---

[18] VG Berlin DAR 2000, 282.
[19] VG Trier DAR 2004, 172.
[20] *Beck/Löhle/Kärger* § 1 C. unter Hinweis auf festgestellte Einzelfälle zu Fehlmessungen bei aufgetretenen Defekten.

Es ist jedenfalls empfehlenswert nachzuprüfen, ob das zum Messzeitpunkt gültig geeichte Gerät zwischenzeitlich wieder nachgeeicht wurde – innerhalb oder außerhalb der normalen Frist – und ob und ggf. in welchem Umfang Reparaturen zur Erlangung der Nacheichung notwendig waren. Diese Fragen sind zu klären anhand der so genannten „Lebensakte" (Reparaturbuch/Mängelbuch) des Gerätes. Es kommt in Betracht, hierzu Anfragen an die Behörde, die das Messgerät einsetzt, zu richten. Ein Anspruch auf Überlassung dieser behördeninternen Aufzeichnungen für den Verteidiger ist äußerst strittig: Die Lebensakte ist nicht Bestandteil der Ermittlungsakte. Sie wird aber einem vom Gericht bestellten Sachverständigen zur Anfertigung seines Gutachtens zur Verfügung gestellt.

> **Formulierungsvorschlag:**
> Messgerät zur Überwachung von . . . . . .
> Geräte-Nr. . . . . . .
> Als Verteidiger in einer Verkehrsangelegenheit, in der das oben genannte Gerät zur Feststellung eines etwaigen Verkehrsverstoßes eingesetzt wurde, wird gebeten, Daten zur „Lebensakte" des oben genannten Gerätes (Reparaturbuch/Mängelbuch) in Kopie oder zur Einsichtnahme zu übermitteln.

In den Mitgliedsländern der EU dürfen nach Auffassung der PTB Braunschweig nicht nur Geschwindigkeitsmessgeräte verwendet werden, die den technischen Normen der EU unterliegen und bei dieser angemeldet wurden. Geschwindigkeitsmessgeräte zur Überwachung des Straßenverkehrs sind nicht in europäischen Richtlinien geregelt. Die Standards dieser Geräte unterliegen dem nationalen Recht. In Deutschland sind dies das Eichgesetz sowie die Eichordnung. Da diese Rechtsvorschriften vom Bundesministerium für Wirtschaft gemäß Richtlinie 83/189/EWG notifiziert wurden, bestehen keine EU-rechtlichen Bedenken gegen die Verwendung der Messgeräte.[21]

c) **Hinweis auf Spezialliteratur.** Nachfolgend werden die wichtigsten Verfahren zur Feststellung von praxisrelevanten Verkehrsverstößen dargestellt. Diese Ausführungen geben als Arbeitshilfe Orientierung über die angewandten Messverfahren und möglichen Fehlerquellen sowie rechtliche Aspekte zur notwendigen tatrichterlichen Feststellung. Hinzuweisen ist aber auf die diesbezügliche Spezialliteratur.[22]

II. Geschwindigkeitsmessverfahren

Zurzeit werden folgende Geschwindigkeitsmessverfahren angewandt:
- Radarmessungen
- Lasermessgeräte
- Lichtschrankengeräte
- Koaxialkabelmessverfahren
- Geschwindigkeitsmessungen durch Nachfahren (mit und ohne geeichtem Tachometer sowie mit und ohne fotografische Abstandsüberwachung)
- Verkehrsüberwachungsanlage Pro ViDa
- Geschwindigkeitsmessungen mit Videokamera von Brücken herab.

An Geschwindigkeitsmessgeräte sind nach heutigem Stand der Technik hinsichtlich ihrer technischen Ausstattung und Funktionsweise hohe Anforderungen zu stellen, nämlich das Vorliegen folgender Eigenschaften:
- Möglichkeit der Messung beider Fahrtrichtungen mit wirksamer Richtungsselektion
- wirksame Abschirmung gegen Störstrahlung
- Reichweitenbeeinflussung
- Möglichkeit von Funktionskontrollen

---

[21] Vgl. hierzu ausführlich mit Fundstellennachweis *Beck/Löhle/Kärger* § 1 C.
[22] → vor Rn. 1.

- Fotodokumentation des gesamten Messvorgangs und nicht nur der Messdaten
- definierte Fotoposition
- Möglichkeit mehrfacher Vergleichsmessungen.[23]

Geschwindigkeitsmessungen durch Private sind nur zulässig, wenn ein sachkundiger Beamter der Behörde die Messungen ständig überwacht.[24]

26 Durch „Polizeirichtlinien" ist in den einzelnen Ländern geregelt, welche Streckentoleranzen zu beachten sind. In der Regel sollen Geschwindigkeitsmessungen in einer Entfernung von 150 m ab dem Beginn und vor dem Ende einer Beschränkungszone erfolgen. Ein schon 50 m nach dem Schild gemessener Verstoß stellt in der Regel eine geringe Pflichtwidrigkeit dar[25] und kann eine Ausnahme vom Regelfahrverbot begründen.[26] Wichtig für die Verteidigung ist es, nicht nur über die technischen Funktionen und Fehlerquellen von Messgeräten informiert zu sein, sondern auch die Richtlinien der einzelnen Bundesländer durch Geschwindigkeitsüberwachung präsent zu haben und auf ihre Einhaltung zu achten.

27 Zwar handelt es sich nur um Richtlinien und Erlasse der einzelnen Bundesländer, die keine unmittelbare Außenwirkung entfalten, jedoch unter dem Gleichbehandlungsgebot des Art. 3 GG rechtsbindend wirken. Somit ist die gebotene Beachtung des Gleichbehandlungsgrundsatzes zwangsläufig auf den Bereich des jeweiligen Bundeslandes beschränkt.[27]

28 Grundsätzlich sollen Geschwindigkeitsüberwachungen vorrangig an Unfallhäufungsstellen(-strecken) und in schutzwürdigen Zonen, zB an Kindergärten, Schulen oder Seniorenheimen erfolgen. Gefahrenstellen und Unfallhäufungsstellen sind als solche Streckenabschnitte definiert, auf denen eine erhöhte Unfallgefahr angenommen werden muss. Dies ist zB der Fall, wenn sich in unmittelbarer Nähe Spielplätze, Schulen, Seniorenheime oder andere Objekte für ähnlich schutzwürdige Personen befinden.[28]

1. Praktische Fragen zur Geschwindigkeitsüberschreitung

29 Geschwindigkeitsüberschreitungen sind die am häufigsten vorkommenden Verkehrsordnungswidrigkeiten. Eine besondere Bedeutung ergibt sich für den Betroffenen schon im Hinblick auf den sich ergebenden Punkteeintrag und insbesondere aber bei drohendem Fahrverbot. Aufgabe des Verteidigers ist es deshalb, die Schwach- bzw. Angriffspunkte im Messverfahren sowie im tatrichterlichen Urteil zu beachten. Als wichtigste Problembereiche und Angriffspunkte sind zu nennen:

30

Checkliste

☐ Welches Messverfahren wurde verwendet?
☐ Ist das Messgerät ordnungsgemäß geeicht?
☐ Wurde das Gerät fachgerecht verwendet?
☐ Welche Toleranzwerte wurden abgezogen?
☐ Wie funktionieren die Messgeräte und arbeiten sie zuverlässig?
☐ Besondere Aspekte bei Feststellungen ohne technisches Gerät
☐ Welche Fehlerquellen kommen in Betracht?
☐ Anforderungen an die tatrichterlichen Feststellungen[29]

---

[23] Vgl. hierzu *Beck/Löhle/Kärger* § 2.
[24] OLG Frankfurt DAR 1995, 335; BayObLG DAR 1997, 407.
[25] OLG Oldenburg NZV 1994, 286.
[26] BayObLG zfs 1995, 433.
[27] Vgl. hierzu *Sobisch* DAR 2010, 48; MAH Strafverteidigung/*Leipold* § 48 Rn. 29.
[28] Vgl. im Einzelnen *Sobisch* DAR 2010, 48; zu den einzelnen Messverfahren und insbesondere Beweisfragen vgl. ausführlich *Hentschel* StVO § 3 Rn. 29a und speziell Literaturhinweise Rn. 64.
[29] Vgl. hierzu auch *Burhoff* Verkehrsrecht aktuell 2003, 109; im Übrigen ist zu verweisen auf die ausführliche Darstellung der Messmethoden und Beweisfragen bei *Hentschel* StVO § 3 Rn. 57.

2. Radarmessverfahren

Folgende speziellen Fehlerquellen sind bei Messungen mit Radargeräten möglich:

Geometrische Fehler kommen in Betracht, wenn das Fahrzeug nicht den Radarstrahl unter einem Winkel von 22° durchfährt (beim Traffipax Speedophot beträgt der Wert 20°). Bei einem kleineren Winkel werden höhere Werte angezeigt.[30] So beträgt der Messfehler bei der Durchfahrt mit 20° statt 22° immerhin 1,35%.

Reflexions-Fehlmessungen können in Betracht kommen, wenn die Radarstrahlen als elektromagnetische Wellen von Metallflächen oder Betonflächen reflektiert werden. Reflexionen führen zu Intensitätsverlusten. Reflexions-Fehlmessungen sind wahrscheinlicher bei höherer Sendefrequenz, stärkerer Intensität des Radarmessstrahls, größerer Reflexionsfläche und bei größerer Nähe der Reflexionsfläche an die Radarantenne und auch bei möglicherweise erfassten störenden Fahrzeugen. Hieraus folgt, dass Fehler bei Reflexion des Radarstrahls an einer nicht bewegten größeren Metallfläche oder an einem feinmaschigen Metallgitter sowie am Heck eines sich im Gegenverkehr bewegenden Fahrzeuges oder als Reflexion des Radarstrahls an einem so genannte „Triple-Spiegel" möglich sind (Doppel-Reflexionen). Der sog. „Triple-Spiegel-Effekt" führt exakt zur Verdopplung der gefahrenen Geschwindigkeit.[31]

Rotationsfehlmessungen kommen bei Reflexion an einem rotierenden Teil eines Fahrzeuges in Betracht. Rotationsfehlmessungen sind insbesondere bei Krafträdern zu prüfen.[32] Auch sind Störungen durch **externe Sender** denkbar, etwa Fremdsender wie Polizeifunk, CB-Funk, Amateurfunk, Autotelefon. Allerdings sind die heutigen Radargeräte hierzu besser abgeschirmt. Diese Abschirmmaßnahmen verhindern ein Eindringen elektromagnetischer Störstrahlungen, die von außerhalb des Übertragungskanals kommen. Liegt die Nutzfrequenz einer Störstrahlung jedoch innerhalb des Übertragungskanals des Radargerätes, kann dieser unter Umständen blockiert werden.[33]

Auch die Reichweiteneinstellung am Messgerät hat Auswirkungen auf das Messergebnis. Zur Vermeidung von **Knickstrahlreflexionen** ist bei einer gerätenahen Vorbeifahrt die Einstellung „nah" zu wählen, da anderenfalls geringfügig überhöhte Geschwindigkeiten angezeigt werden. Allerdings liegen diese noch innerhalb der Eichfehlergrenzen, die bei Geschwindigkeiten unter 100 km/h bei ± 3 km/h bzw. über 100 km/h bei 3% liegen.

Bedienungsfehler kommen in Betracht, wenn die Funktionstasten des Gerätes während der Messung betätigt werden. Eine durch Fehlimpulse ausgelöste Geschwindigkeitsanzeige könnte einem zufällig vorbeifahrenden Fahrzeug zugeordnet werden.

Übertragungsfehler sind möglich, wenn ein ermittelter Messwert nicht richtig in das Datenfeld des jeweiligen Lichtbildes übertragen wird. Hierzu sind am Beginn und am Ende einer Messung verschiedene Funktionsprüfungen durchzuführen und fotografisch zu dokumentieren (Segmenttests etc.). Indizien für mögliche Übertragungsfehler sind das Auftreten von nicht realen Zahlenfiguren etc.[34]

Auch kann das Messergebnis durch **Kamerafehler** beeinflusst werden. So kann das gemessene Fahrzeug infolge einer verzögerten Fotoauslösung bereits ganz oder zumindest teilweise aus dem Fotobereich (Fotoposition) herausgefahren sein; wenn zufällig ein nachfolgendes Fahrzeug zum Zeitpunkt der verzögerten Fotoauslösung in den Fotobereich (Fotoposition) einfährt, kann diesem der Messwert des tatsächlich gemessenen vorausfahrenden Fahrzeuges zugeordnet werden. Verzögerte Fotoauslösungen kommen ua durch mechanische Defekte der Kamera zustande.[35] Derzeit sind folgende **Radargeräte** in Benutzung:

a) MULTANOVA VR 6F. Dieses Gerät kann sowohl die Geschwindigkeit des abfließenden wie auch des ankommenden Verkehrs messen. Der Verkehr wird mehrfach gemessen. Auch bei der Messung des ankommenden Verkehrs erfolgt ein geräteinterner Ver-

---

[30] Vgl. hierzu Rechenbeispiele bei *Beck/Löhle/Kärger* § 2 B II 1.
[31] *Beck/Löhle/Kärger* § 2 B II 4.
[32] Vgl. hierzu im Einzelnen *Beck/Löhle/Kärger* § 2 B II 5.
[33] *Beck/Löhle/Kärger* § 2 B II 6.
[34] *Beck/Löhle/Kärger* § 2 B II 9.
[35] Vgl. *Beck/Löhle/Kärger* § 2 B II 10.

gleich.³⁶ Bei der Prüfung, ob eine Fehlmessung vorliegt, ist zu differenzieren zwischen ankommendem und abfließendem Verkehr.

39   Das Radargerät Multanova VR 6 F hat eine hohe Sendefrequenz mit der Folge, dass Reflexionsmessungen vorkommen können. Abhängig von der Oberfläche des reflektierenden Gegenstandes kann eine sog. „diffuse Reflexion" vorkommen. Insbesondere aber können sog. „Knickstrahlreflexionen" vorkommen. In diesem Fall wird der Radarstrahl an einem ortsfesten Reflektor, zB Leitplanke oder einem ähnlichen Gegenstand, geknickt. Solche Phänomene sind auch messstellenspezifisch. Es kann nahe liegen zu klären, ob Knickstrahlreflexionen an einer bestimmten Messstelle gehäuft auftreten, etwa an einer bestimmten Messstelle auf der Autobahn.³⁷

40   b) TRAFFIPAX-SPEEDOPHOT. Bei diesem Gerät, mit dem die Geschwindigkeit sowohl des ankommenden wie auch des abfließenden Verkehrs gemessen werden kann, erfolgt die Messwertbildung durch umfangreiche unterschiedliche Mengen von Dopplersignalen, abhängig von Menge, Größe und Bauform der Fahrzeuge. Diese werden dann sortiert und bewertet.³⁸ Die möglichen Fehlerquellen entsprechen denen bei dem Messgerät Multanova VR 6 F.

3. Laser-Geschwindigkeitsmesssysteme

41   Zurzeit werden folgende Lasergeräte eingesetzt:
- LTI 20.20 TS/KM
- LAVEG
- LR 90–235/P
- Ultra Lyte 100 R
- Laser Patrol
- FG 21-P.

42   Die Laserhandmessgeräte werden ohne fotografische Dokumentation eingesetzt, obwohl Zusatzgeräte für eine fotografische Dokumentation zur Verfügung stehen würden. Die Messsicherheit von Lasergeräten, speziell des RIEGL LR 90–235/P war in der Vergangenheit mehrfach Gegenstand von Diskussionen.³⁹

43   Neben diesen klassischen Laserhandmessgeräten wird auch das Gerät vom Typ XV 2 und 3 der Firma Leivtec eingesetzt.⁴⁰ Es arbeitet zwar nach dem gleichen Messprinzip, aber mit einer anderen Konzeption. Die Messung beginnt mit dem Eintritt des Fahrzeuges in ein so genanntes „Messfenster" bei einer Entfernung zum Sensor von 50 bis 43 m. Die Messung endet, wenn sich das Fahrzeug dem Sensor um 10 m genähert hat, spätestens aber wenn ab Messbeginn mehr als 1,3 s vergangen sind.

44   Messungen mit diesem Gerät sind dann nicht verwertbar, wenn im Messfenster neben dem gemessenen Fahrzeug ein oder mehrere zusätzliche Fahrzeuge sichtbar sind, die folgende Bedingungen erfüllen: Das zusätzliche Fahrzeug ist auf allen Bildern der Messfolge (einschließlich Messbereichsanfang und Messbereichsende) zumindest teilweise innerhalb des Messfeldrahmens. Das zusätzliche Fahrzeug fährt auch auf den Sensor zu. Das zusätzliche Fahrzeug wird größer als ein Drittel des Messfeldrahmens abgebildet, dh es befindet sich während der gesamten Messdauer in einer möglichen Messentfernung.

45   Weiter ist eine Fehlmessung denkbar, wenn das Fahrzeug des herannahenden Verkehrs einen sehr schlechten Reflektor darstellen würde, das Fahrzeug des Gegenverkehrs dagegen einen sehr guten Laserreflektor darstellen würde und hinter dem Fahrzeug des Gegenverkehrs noch ein weiteres Fahrzeug des Gegenverkehrs gefahren wäre.

46   Die Messung durch die Windschutzscheibe ist nach der Betriebsanleitung und dem Zulassungsschein der PTB zulässig. Mögliche Fehler der Geschwindigkeitsmessung mit Laser-

---

³⁶ Zu diesem Gerät, das derzeit am häufigsten eingesetzt wird, vgl. zu den technischen Daten *Beck/Löhle/Kärger* § 2 B III 1.
³⁷ Vgl. hierzu im Einzelnen und ausführlich und auch zu möglichen weiteren Fehlmessungen *Beck/Löhle/Kärger* § 2 B III 1.
³⁸ Zu den technischen Daten und der Funktionsweise im Einzelnen vgl. *Beck/Löhle/Kärger* § 2 B III 2.
³⁹ Vgl. hierzu ausführlich *Beck/Löhle/Kärger* § 2 C; *Thumm* DAR 1998, 116 ff.; zur Zulässigkeit der Laser-Messverfahren vgl. auch BGH NJW 1998, 321.
⁴⁰ *Beck/Löhle/Kärger* § 2 D.

Messgeräten, jüngst auch mit PoliScan Speed sind Gegenstand einer umfangreichen Judikatur sowie Gegenstand von Diskussionen in der Literatur.[41]

Auch wenn der Einsatz von Lasergeräten als standardisierte Messverfahren anerkannt ist, können falsche Messergebnisse, insbesondere aber Zuordnungsfehler nicht ausgeschlossen werden. Die exakte Durchführung der Gerätetests ist unerlässlich, um sichere Ergebnisse zu erhalten. Beim Anvisieren eines stehenden Objektes muss als Messwert 0 km/h angezeigt werden. Der Segmenttest belegt das Aufleuchten aller Bildpunkte der Geschwindigkeits- und Abstandsanzeige. Durch den Visiertest wird die vertikale und horizontale Ausrichtung des Messgerätes überprüft. 47

Um zuverlässige Parameter zu haben, müssen dabei die Mindestabstände eingehalten und im Protokoll dokumentiert werden. Beim Anvisieren des zu messenden Fahrzeuges ist darauf zu achten, dass die Seitenflächen nicht mitgemessen werden. Zu zielen ist beim Kraftwagen auf das vordere Kennzeichen, beim Kraftrad auf den Scheinwerfer als besten Reflektor. 48

Da beim Laserhandmessgerät kein Foto gemacht wird, ist die Dokumentation im Protokoll für die Verwertbarkeit des Messergebnisses maßgeblich. Dabei ist auch der festgestellte Abstand einzutragen, der je nach Gerätetyp unterschiedlich groß sein darf. Je größer der Abstand ist, desto schwieriger ist die sichere Zuordnung des Messergebnisses zu einem bestimmten Fahrzeug, es sei denn, es handelt sich um das einzige Fahrzeug in dieser Fahrtrichtung, das im Erfassungsbereich des Messgerätes fuhr. Dies muss dann auch im Protokoll dokumentiert werden. 49

Während die Stufenprofil-Fehlmessung („Porsche-Effekt") im praktischen Versuch nicht nachgestellt werden konnte,[42] besteht die tatsächliche Gefahr von Übertragungsfehlern, wenn keine doppelte Kontrolle des abgelesenen Wertes erfolgt, zB bei Identität des Mess- und Protokollbeamten oder bei großer räumlicher Distanz. 50

4. Lichtschranken-Messverfahren

Bei Lichtschrankengeräten erfolgt die Geschwindigkeitsmessung auf der Basis von Weg-/Zeitmessungen. Drei Infrarot-Lichtschranken überqueren in Abständen von jeweils 25 cm rechtwinklig die Fahrbahn. Es wird die Zeit, die ein Fahrzeug für das Zurücklegen der Strecke zwischen den verschiedenen Lichtschranken benötigt, gemessen. Auf der Grundlage der bekannten Wegstrecke lässt sich hieraus die Geschwindigkeit nach der Gleichung Geschwindigkeit = Weg/Zeit berechnen. 51

Die hierzu eingesetzten Geräte heißen 52
- ESO µP 80/VIII-4
- ES 1.0
- ES 3.0

Bei dem Vierfach-Messprinzip wird ein Fahrzeug nicht nur zweimal an der Vorderfront bei der Einfahrt in die Lichtstrahlen, sondern zusätzlich zweimal am Heck bei der Ausfahrt aus dem Lichtstrahlbereich gemessen. 53

Zu Abtast-Fehlmessungen üblicher Art kann es bei der Vierfach-Messung dann kommen, wenn ein Fahrzeug an der Vorderfront und am Heck jeweils in Lichtstrahlenhöhe ein spiegelsymmetrisch ausgebildetes Stufenprofil aufweist. 54

Probleme können sich bei Geschwindigkeitsmessungen über mehrere Fahrstreifen der gleichen Fahrtrichtung ergeben. Das gilt insbesondere dann, wenn zwei Fahrzeuge in der gemessenen Fahrtrichtung nahezu gleichzeitig in den Strahlenbereich einfahren. 55

Auch können Aufstellungsfehler in Betracht kommen, wenn die Lichtstrahlen die Fahrbahn relativ zur Fahrtrichtung nicht senkrecht, sondern schräg überqueren. Bei schräg über die Fahrbahn verlaufenden Lichtstrahlen ist die Durchfahrtstrecke des Fahrzeuges größer als im Idealfall.[43] 56

Eine Fortentwicklung dieses Messverfahrens ist die mikroprozessorgesteuerte **Lichtschrankenmessanlage Typ LS 4.0**. Auch bei diesem Gerät erfolgt die Geschwindigkeitsmes- 57

---

[41] Vgl. ausführlich *Hentschel* StVO § 3 Rn. 61.
[42] *Thumm* DAR 1998, 116 ff.
[43] Vgl. hierzu im Einzelnen *Beck/Löhle/Kärger* § 2 E.

sung nach der Weg-/Zeit-Messung (Geschwindigkeit = Weg/Zeit). Bei der Laserlichtschranke LS 4.0 wird die Messbasis durch zwei Basis-Lichtschranken I und II festgelegt. Diese Lichtschranken (Laserlichtstrahlen) sind in Fahrbahnlängsrichtung (Fahrtrichtung der Fahrzeuge) 25 cm voneinander entfernt angebracht. In der Mitte zwischen den beiden Basis-Lichtschranken befinden sich zwei weitere Lichtschranken III und IV (Kontroll-Lichtschranken), die übereinander angeordnet sind. Die Lichtschranke III befindet sich dabei 0,5 cm über der Verbindungslinie Lichtschranke I und II, während die Lichtschranke IV 0,5 cm darunter liegt. Der senkrechte Abstand zwischen den beiden Kontroll-Lichtschranken III und IV beträgt 1 cm. Aufgrund dieser Konstellation beträgt der messwirksame senkrechte Abstand zwischen den beiden Kontrolllichtschranken III und IV etwa 1,3 cm.

58 Dem Lichtempfänger gegenüber wird der Lichtsender auf der anderen Straßenseite aufgestellt. Die Laserstrahlen des Lichtsenders überqueren die Straße rechtwinklig zur Fahrtrichtung der Fahrzeuge und treffen auf den Lichtempfänger. Die Unterbrechung der Lichtstrahlen durch ein Fahrzeug löst die auswertbaren Steuerimpulse aus. Das Messgerät Typ LS 4.0 ermöglicht wegen der kurzen Messbasis von 0,25 m die Durchführung von Messungen auch in Kurven.

59 Vor Inbetriebnahme der Lichtschrankenmessanlage LS 4.0 müssen zwei Tests durchgeführt (und dokumentiert) werden. Der Test I und der Test II müssen jeweils zweimal pro Messstelle ausgeführt werden, und zwar einmal zu Beginn und einmal am Ende des Messeinsatzes. Durch die fotografische Dokumentation des Tests I wird gewährleistet, dass alle Segmente der dreistelligen Geschwindigkeitsanzeige in der Datenbox funktionsfähig sind und die Datenfunkstrecke einschließlich Datenkabel zu den Fotoanlagen in Ordnung ist. Der Test II dient zur Überprüfung der EPROM- und RAM-Bausteine im Rechnersystem, der Datenkabelverbindung vom Bedienpult zum Rechner im Lichtempfänger sowie aller Anzeigeelemente im Bedienpult.

60 Das Einseitensensormessverfahren **ES 1.0** hat mit den anderen Lichtschrankengeräten hinsichtlich der Messwertbildung keine Gemeinsamkeiten.[44] Die Geschwindigkeit wird durch vier optische Sensoren bestimmt, wobei drei parallel und einer im rechten Winkel über die Fahrbahn ausgerichtet sind. Während die drei parallel ausgerichteten Sensoren durch Messung der Helligkeitsunterschiede eine Geschwindigkeitsermittlung durch das Weg-Zeit-Prinzip vornehmen, dient der vierte Sensor der Feststellung der Messentfernung.

61 Problematisch ist, dass bei Dämmerung und Dunkelheit nicht die Fahrzeugfront, sondern das Fahrzeugheck gemessen wird. Dies ist an stark abweichenden Fotopositionen feststellbar. Dieses Problem wurde durch Softwareänderungen versucht anzugehen. Ferner ist die Fotoaufnahmeposition so zu wählen, dass die Fahrbahn in der gesamten Breite der messrelevanten Abläufe abgebildet wird. Fahren zwei Fahrzeuge versetzt nebeneinander in gleicher Richtung, so kann die Messwertzuordnung problematisch sein. Nach den Verwertungsvorgaben der Bedienungsanleitung dürfen Fotos mit mehreren Fahrzeugen je Fahrtrichtung auf oder hinter der Messlinie nicht verwertet werden. Um dies sicherzustellen, ist der Einsatz durch den Messbeamten aufmerksam zu beobachten bzw. eine zweite Fotoanlage einzusetzen. Testfotos zu Beginn und Ende belegen die Funktionsfähigkeit der Anzeigesegmente.

62 Bei der Einrichtung der Messstelle ist die Aufstellgeometrie zu beachten. Die parallele Ausrichtung des Messsensors zur Fahrbahnoberfläche (Querneigung) ist erforderlich, da sich sonst die Messbasis verkürzt und zu Ungunsten des Betroffenen eine überhöhte Geschwindigkeit angezeigt wird.

63 Das Nachfolgemessgerät **ES 3.0** besteht aus insgesamt fünf Sensoren, wobei wiederum drei Sensoren die Geschwindigkeit ermitteln, während jetzt zwei Sensoren die Entfernung zwischen Sensor und Fahrzeug errechnen.

5. Koaxialkabelmessverfahren

64 **a) TRAFFIPHOT-S.** Das – stationäre – Geschwindigkeitsmessgerät TRAFFIPHOT-S besteht aus drei einzelnen Piezo-Kabeln. Diese sind in einem Abstand von jeweils 1 m bei einer

---

[44] Vgl. *Beck/Löhle/Kärger* § 2 F.

Fehlertoleranz von plus 1 cm bzw. minus 0,5 cm rechtwinklig zum Fahrbahnverlauf in die Fahrbahndecke verlegt. Beim Überfahren der Kabel durch die Reifen eines Fahrzeuges werden Spannungsimpulse ausgelöst. Aufgrund dieser Spannungsimpulse werden drei Zeitmessungen gestartet und gestoppt sowie gemessen, nämlich die
- Überfahrzeit zwischen Kabel 1 und Kabel 2,
- Überfahrzeit zwischen Kabel 2 und Kabel 3,
- Überfahrzeit zwischen Kabel 1 und Kabel 3.

Nach der Gleichung Geschwindigkeit = Weg/Zeit werden drei Geschwindigkeiten berechnet. Diese werden geräteintern miteinander verglichen.

Bei Abweichungen über ± 1 km/h wird die Messung geräteintern verworfen. Bei Übereinstimmung wird der geringste der drei Messwerte in das Datenfeld eingeblendet. Das Lichtbild wird etwa 15 bis 20 ms nach Überfahren des dritten Kabels ausgelöst. Aus der Fotoposition des Fahrzeuges lässt sich damit dessen – piezo-elektrisch gemessene – Geschwindigkeit größenordnungsmäßig überprüfen.

Fehlmessungen sind nicht so selten wie früher angenommen. Dies hat dazu geführt, dass an den mechanischen Zustand der Sensoren (Piezo-Kabel) strenge Anforderungen zu stellen sind.[45]

Fehlerquellen können gegeben sein, wenn zB Winterdienste durch Schneepflüge die Sensoren in erheblichem Maße belasten bzw. beschädigen.[46] Durch Radlastschwankungen können Schwingungen verursacht werden, die wiederum Signale auslösen.[47] TRAFFIPAX TraffiStar S 330 ist die Weiterentwicklung und arbeitet mit 3 piezoelektrischen Drucksensoren, deren Signale ausgewertet werden.

b) TRUVELO M4-2. Das Messgerät Truvelo M4-2 wird angewandt in mobiler und stationärer Ausführung. Beim mobilen Gerät dieses Typs werden je zwei Koaxialkabel in einem Abstand von 1,5m senkrecht zur Fahrbahnlängsachse über die überwachten Fahrstreifen verlegt. Beim Überfahren der Startkabel durch ein Fahrzeug mit den Vorderrädern beginnt die Zeitmessung durch zwei Uhren. Diese Zeitmessung endet, wenn das Fahrzeug mit den Vorderrädern die beiden Stoppkabel überfährt.[48] Beim stationären Truvelo M4-2 sind die Messkabel in so genannten „Trennfugen" innerhalb der Fahrbahndecke verlegt.

Fehlerquellen können sich ergeben, wenn die Messkabel nicht rechtwinklig sondern schräg überfahren werden, also etwa bei einem beginnenden Überholvorgang. In diesem Fall wird allerdings eine geringere Geschwindigkeit als die tatsächlich gefahrene angezeigt.

6. Spiegel-Messverfahren

Bei einem Spiegel-Messverfahren erfolgt die Geschwindigkeitsberechnung nach dem Weg-/Zeit-Prinzip. Die Messung erfolgt bezogen auf eine zuvor definierte Strecke. Diese beträgt in der Regel 150 m. Die genaue Festlegung der Strecke ist zu überprüfen. Am Beginn der Messstrecke wird am Fahrbahnrand außerhalb der Fahrbahn ein so genannter „Winkelspiegel" aufgestellt, dessen beide Spiegelflächen (ca. 50 cm × 70 cm groß) einander zugekehrt sind. Der Spiegel muss so angebracht sein, dass seine Flächen in einem Winkel von 45° zueinander stehen. Die Zeitmessung beginnt, wenn das am Spiegel vorbeifahrende Fahrzeug eine bei Tageslicht und normaler Witterung zweifelsfrei erkennbare Spiegelreflexion, den so genannten „Dunkelblitz", auslöst. Die Messung endet, wenn das Fahrzeug mit der Hinterachse oder dem Heck die Markierungslinie am Ende der Messstrecke durchfährt.

Messfehler können auftreten, wenn die Messstrecke nicht richtig vermessen ist, bei ungenügender Genauigkeit der Zeitnahme und einer evtl. zweifelhaften Zuordnung des Dunkelblitzes.

---

[45] Zum Einsatz und der bautechnischen Ausführung vgl. im Einzelnen *Beck/Löhle/Kärger* § 2 G II.
[46] *Beck/Löhle/Kärger* § 2 G II.
[47] *Beck/Löhle/Kärger* § 2 G II.
[48] Vgl. hierzu im Einzelnen *Beck/Löhle/Kärger* § 2 G IV.

7. Funkstopp-Messverfahren

71 Ähnlich dem Spiegel-Messverfahren erfolgt die Zeitmessung auf der Grundlage einer genau definierten Messstrecke. Beide Verfahren werden jedoch in der Praxis kaum mehr eingesetzt. Bei diesem Verfahren ist die Mindeststrecke mindestens 300 m lang. Am Beginn der Messstrecke und am Ende der Messstrecke befinden sich Polizeibeamte, jeweils ausgerüstet mit Stoppuhren.

72 Folgende Fehlerquellen können auftreten bei der Vermessung der Messstrecke, bei der Zeitnahme infolge Verwendung von Stoppuhren ungenügender Ganggenauigkeit und bei der Zeitnahme sowie beim Durchgeben der Kommandos. Auch können Zuordnungsfehler auftreten, da die Ansprechstelle und die Stoppstelle nicht immer wechselseitig im Sichtbereich liegen.[49]

8. Geschwindigkeitsermittlung durch Nachfahren

73 Hier erfolgt die Feststellung der Geschwindigkeit durch Ablesen vom Tachometer des nachfolgenden Polizei-Messfahrzeuges. Der Tachometer des nachfolgenden Fahrzeuges muss nicht geeicht und justiert sein. Vielmehr genügen die eichamtliche Überprüfung der Funktionsweise des Tachos und die diesbezügliche Richtigkeit der Geschwindigkeitsanzeige.

74 Die Mindestlänge der Messstrecke ist abhängig von der Geschwindigkeit und soll betragen:
- bei 50–70 km/h 300–400 m
- bei 50–90 km/h 400–600 m
- bei 90–120 km/h mindestens 500 m

Bei geringerem Verfolgungsabstand darf die Messstrecke auch kürzer sein.[50] Anderenfalls müssen ggf. höhere Toleranzen eingeräumt werden.

75 Bei Geschwindigkeitsmessungen durch Nachfahren bedarf es grundsätzlich der Feststellung des Abstandes zwischen beiden Fahrzeugen.[51] Der Verfolgungsabstand soll nicht groß, aber möglichst gleich bleibend sein. Auch hierzu sind von der Rechtsprechung Grundsätze aufgestellt worden wie folgt:
- bei 40–60 km/h maximal 30 m
- bei 61–90 km/h maximal 50 m
- bei 91–120 km/h maximal 100 m.

76 Ist der Tachometer weder geeicht noch justiert, werden Toleranzen von mindestens 7 % vom Skalenwert gewährt.[52] Bei Nachfahren der Polizei zur Geschwindigkeitsmessung bei Nacht ist ein Toleranzabzug von 20 % ausreichend, aber auch erforderlich.[53] Geschwindigkeitsmessungen durch Nachfahren mit einem Fahrzeug erfolgen auch ohne Fotoeinrichtung.

77 Mögliche Fehlerquellen sind:
- Erhebliche Geschwindigkeitsänderungen während der Fahrstrecke
- Ungenauigkeit des nicht geeichten Tachometers des Polizeifahrzeuges
- Ungeeignetheit durch ungenügenden Reifenluftdruck des Polizeifahrzeuges
- Abweichungen von der Geschwindigkeitsanzeige
- Ungenauigkeit, bedingt durch schlechtes Reifenprofil am Polizeifahrzeug
- Ungenauigkeit durch Ablesefehler.[54]

78 Zu den allgemein anerkannten Vorgaben für die Verwertbarkeit einer Geschwindigkeitsmessung durch Nachfahren zählt ua ein nicht zu großer, gleich bleibender Abstand zwischen dem überprüften Fahrzeug und dem nachfolgenden Polizeifahrzeug. Dieser soll möglichst dem „halben Tachoabstand" entsprechen. Im Urteil sind Feststellungen dazu zu treffen, wie groß der gleich bleibende Abstand war.[55]

---

[49] Vgl. im Einzelnen *Beck/Löhle/Kärger* § 2 J.
[50] KG VRS 59, 386.
[51] KG NZV 1991, 119 f.
[52] Vgl. hierzu Darstellung des Zusammenhangs der Geschwindigkeit – Messstrecke – sowie Verfolgungsabstand *Beck/Löhle/Kärger* § 2 I; vgl. im Übrigen OLG Düsseldorf NZV 1990, 318.
[53] OLG Celle NZV 2004, 419.
[54] Vgl. hierzu im Einzelnen auch *Beck/Löhle/Kärger* § 2 I.
[55] BayObLG DAR 2000, 320; vgl. auch *Krumm* NZV 2004, 377.

9. Geschwindigkeitsmessung durch Verkehrsüberwachungsanlage ProViDa

Die ProViDa-Anlage besteht aus einem Impulsgeber, einem digitalen Tachometer, dem Steuergerät Police-Pilot, einer Interface-Einheit und einer Videokamera mit Monitor. Alle Daten können auf einem Videorecorder gespeichert werden. In dem digitalen Tachometer befinden sich ein Wegstreckenzähler sowie eine Geschwindigkeitsanzeige, die ebenfalls im Monitor dargestellt wird.

Das Police-Pilot-Steuergerät besitzt auf der Vorderseite eine digitale Anzeigevorrichtung für die Geschwindigkeit, für die während einer Messung zurückgelegte Wegstrecke und die dafür benötigte Zeit. Die Interface-Einheit hat neben der Stromversorgung eine Vorrichtung zur Angleichung der Anlage an die Wegdrehzahl. Zudem sind enthalten ein Datum- und Zeitgenerator sowie verschiedene Interface-Einheiten und ein Video-Datengenerator.

Auf dem Monitor werden neben der von der Videokamera aufgenommenen Verkehrssituation verschiedene Daten eingeblendet, nämlich Datum, laufende Uhrzeit, Geschwindigkeit, Geschwindigkeitsanzeige des digitalen Tachometers sowie Berechnung der Geschwindigkeit, bezogen auf die zurückgelegte Wegstrecke und die dazu benötigte Zeit. Bei einer Messung mit dem ProViDa-System ist es, um möglichen Fehlern Rechnung zu tragen, ausreichend, wenn bei Fehlen besonderer Umstände ein Toleranzwert von 5 km/h bis 100 km/h bzw. 5 % der ermittelten Geschwindigkeit bei Werten über 100 km/h berücksichtigt wird.[56]

Das ProViDa-System dient neben der Geschwindigkeitsmessung auch zur Feststellung der Abstandsüberwachung, Überholen im Überholverbot, der Überwachung von Lichtzeichenanlagen und Feststellung der Missachtung des Rechtsfahrgebots, Straßenverkehrsgefährdungen sowie verkehrswidriges Rechtsüberholen oder unzulässiges Linksfahren.[57]

Die Möglichkeit der Kopplung des ProViDa-Systems mit einer Videoanlage ermöglicht Geschwindigkeitsmessungen auf verschiedene Weise, nämlich aus stehendem Fahrzeug, im Fahrbetrieb bei konstantem Abstand zum überwachten Fahrzeug, Messungen zwischen zwei ortsfesten Punkten und im Fahrbetrieb bei variablem Abstand zum überwachten Fahrzeug.[58]

Beim ProViDa-System ist auch wichtig die Videobandauswertung. Das angewandte, derzeit genauste Verfahren ist das so genannte Vidista-Verfahren (Vidista steht für Video-Distanz-Auswertung). Hierbei handelt es sich nicht um ein Messgerät, sondern um eine Auswertungsmethode für Videoaufzeichnungen.[59] Bei Auswertung einer Geschwindigkeitsmessung mit ProViDa kann ein Fehler auftreten, wenn die Positionsbestimmung am Ende der Messstrecke ungenau und nicht dokumentiert ist.[60]

10. Geschwindigkeitsmessung von einer Brücke herab

Systeme, die hauptsächlich zur Abstandsfeststellung eingesetzt werden, können auch für Geschwindigkeitsmessungen verwandt werden. Auch hier wird das Weg-/Zeit-System angewandt durch Messung bzw. Feststellung der Geschwindigkeit zwischen auf der Fahrbahn angebrachten Markierungen. Diese sind in einem Abstand von 50 m auf der Fahrbahn angebracht, und zwar jeweils zwei 40 cm breite Markierungen. Die Geschwindigkeitsmessung erfolgt nach dem Weg-/Zeit-System.[61]

11. Feststellung der Geschwindigkeit aufgrund Fahrtenschreiber

Bei einer Geschwindigkeitsüberschreitung, die sich für eine längere Strecke aus Fahrtenschreiberaufzeichnungen ergibt, ist es dem Richter möglich, die Tachoscheibe ohne Hinzuziehung eines Sachverständigen im Wege des **Augenscheins** auszuwerten.[62] Für eine kürzere

---

[56] OLG Hamm DAR 2004, 42; BayObLG DAR 2004, 37.
[57] Vgl. im Einzelnen *Beck/Löhle/Kärger* § 2 I II.
[58] Vgl. im Einzelnen hierzu und zum Berechnungsweg *Beck/Löhle/Kärger* § 2 I II.
[59] Vgl. hierzu im Einzelnen *Beck/Löhle/Kärger* § 2 I III.
[60] AG Hamburg zfs 2004, 187.
[61] Vgl. hierzu im Einzelnen *Beck/Löhle/Kärger* § 2 K.
[62] OLG Düsseldorf NZV 1990, 306; OLG Bamberg NZV 2008, 45.

Strecke ist dagegen die Einholung eines Sachverständigengutachtens geboten.[63] Bei Geschwindigkeitsverstößen, gestützt auf Aufzeichnungen des Fahrtenschreibers, ist ein Abzug von 6 km/h vorzunehmen.

87 Problematisch sind die Bestimmung zum Tatort und die Annahme von Tatmehrheit bei Geschwindigkeitsüberschreitungen, die auf einer Fahrtenschreiberdiagrammscheibe aufgezeichnet sind und offenbar eine längere Strecke betreffen.[64]

88 Mögliche Verkehrsfehler sind eine falsche Reifengröße, zu geringer Reifenluftdruck oder eine falsche Getriebeadaption. Im Übrigen kann die Zeit der Aufzeichnung eine Fehlerquelle sein und ebenso zu geringe Geschwindigkeit.[65]

12. Notwendige richterliche Feststellung

89 Eine Verurteilung gemäß § 3 Abs. 1 Satz 1 StVO erfordert bestimmte tatrichterliche Feststellungen im Urteil.[66] Bei einer Verurteilung wegen einer Geschwindigkeitsüberschreitung kommt es darauf an, ob das eingesetzte Verfahren als standardisiertes Messverfahren anerkannt ist, das bei gleichen Voraussetzungen gleiche Ergebnisse erwarten lässt.[67] In diesem Fall ist das angewandte Messverfahren, nicht aber zwingend auch der konkrete Gerätetyp mit der berücksichtigten Toleranz im Urteil mitzuteilen.

90 Jedoch gilt, dass bei dem Vorwurf einer fahrlässigen Geschwindigkeitsüberschreitung auf Autobahnen das Urteil konkrete Feststellungen darüber enthalten muss, in welcher Weise eine Geschwindigkeitsbegrenzung angeordnet oder aus den Umständen ersichtlich war.[68]

13. Richtlinien der einzelnen Bundesländer

91 Die Richtlinien der Bundesländer zur Durchführung der Geschwindigkeitsmessungen sind verwaltungsintern und in der Regel nicht in den Amtsblättern veröffentlicht. Teilweise unterscheiden sich die Vorgaben je nach Bundesland erheblich oder werden im Lauf der Zeit gravierend geändert. Eine aktuelle Zusammenstellung findet sich in Fachbeiträgen.[69]

III. Abstandsmessverfahren

1. Rechtsfragen zum erforderlichen Abstand

92 Welchen Abstand ein Kraftfahrer zu dem vorausfahrenden Fahrzeug einzuhalten hat, ist in der Straßenverkehrsordnung nicht ausdrücklich geregelt. In der Praxis wird häufig von dem Grundsatz ausgegangen, dass der Abstand dem Wert des „halben Tachostandes" entsprechen muss. Nach herrschender Rechtsprechung darf der Sicherheitsabstand zwischen zwei Kraftfahrzeugen den innerhalb von 0,8 s zurückzulegenden Weg nicht unterschreiten.[70]

93 Zu beachten ist jedoch, dass nach dem bundeseinheitlichen Bußgeldkatalog derjenige, der bei einer Geschwindigkeit von mehr als 80 km/h weniger als $5/10$ des halben Tachoabstandes zum vorausfahrenden Fahrzeuges einhält, mit Geldbußen ab 75,– EUR und entsprechendem Punkteintrag im Fahreignungsregister rechnen muss. Der Bußgeldkatalog sieht eine Staffelung vor von weniger als $5/10$ des halben Tachowertes bis weniger als $1/10$. Die Buße erhöht sich bei geringerem Abstand. Zusätzlich sieht der Bußgeldkatalog eine Staffelung mit Fahrverboten bzw. zusätzlich höheren Geldbußen bei Nichteinhaltung des vorgeschriebenen Abstandes bei einer Geschwindigkeit von mehr als 100 bzw. 130 km/h.

---

[63] OLG Köln DAR 1990, 109; OLG Düsseldorf DAR 1996, 66.
[64] Vgl. hierzu AG Marl zfs 1994, 30 f.
[65] Vgl. hierzu ausführlich *Beck/Löhle/Kärger* § 2 L.
[66] Vgl. hierzu *Hentschel* StVO § 3 Rn. 56b.
[67] BGH NJW 1998, 321.
[68] OLG Düsseldorf DAR 2005, 164; zu den Anforderungen an die Darstellung der Geschwindigkeitsüberschreitung bei Verwendung eines Laser-Geschwindigkeitsmessgerätes OLG Brandenburg DAR 2005, 97 und OLG Brandenburg DAR 2005, 162.
[69] Vgl. *Sobisch* DAR 2010, 48.
[70] *Beck/Löhle/Kärger* § 3 A; vgl. auch *Burhoff* ZAP 2004 Fach 9, 733; *ders.* Verkehrsrecht aktuell 2003, 153; vgl. auch ausführlich *Hentschel* StVO § 4 Rn. 5 ff.

Voraussetzung der Ahndungswürdigkeit ist, dass die Abstandsunterschreitung nicht nur ganz vorübergehend war,[71] wobei sich bei höheren Geschwindigkeiten die Abstandsmessung auf eine Strecke von ca. 200 bis 300 m beziehen muss.[72] 94

Die Frage, ob ein Abstand ausreichend ist, ist allein durch den Tatrichter entschieden werden muss.[73] Nach der Rechtsprechung ist es ausreichend, anhand eines Videofilms das Fahrverhalten der Beteiligten im Fernbereich zu beurteilen.[74] 95

2. Die Messverfahren im Einzelnen

Zurzeit werden folgende Messverfahren angewandt: 96
- Brückenabstandsmessverfahren
- Video-Brückenabstandsmessverfahren
- Abstandsmessverfahren mit ProViDa (Police-Pilot)
- Abstandsfeststellung durch Beobachtung aus Polizeifahrzeug.

Nachfolgend werden zu den einzelnen Verfahren Funktionsweisen und mögliche Fehlerquellen sowie die Frage notwendiger Feststellungen durch das Gericht behandelt.

a) **Brückenabstandsmessverfahren.** *aa) TRAFFIPAX-Verfahren.* Das TRAFFIPAX-Verfahren beruht auf Feststellungen zum Abstands- und Geschwindigkeitsverhalten der überwachten Fahrzeuge. Zunächst wird im Fernbereich (300 m–150 m vor dem Ende der Messstelle) visuell durch Polizeibeamte – ggf. mit Fernglas – das Abstands- und Geschwindigkeitsverhalten festgestellt. Nach Beobachtung dieses Verhaltens wird dann im Nahbereich (150 m–0 m vor dem Ende der Messstelle) die mittlere Geschwindigkeit des vorausfahrenden Fahrzeuges durch Zeitmessungen mit geeichten Stoppuhren ermittelt. Sodann erfolgt die Abstandsermittlung am Ende des Nahbereiches mithilfe entsprechender Fahrbahnmarkierungen. 97

Das TRAFFIPAX-Verfahren stellt Unsicherheit, da einmal der Abstand festgestellt wird, der dann in einer Relation zu einer mittleren Geschwindigkeit beurteilt wird. Insbesondere die mittlere Geschwindigkeit des überwachten Fahrzeuges und damit die für den gebotenen Abstand notwendige Bezugsgröße werden nicht objektiv festgestellt. Zusätzliche Fehlerquellen sind Abweichungen der Stoppuhren sowie mögliche Differenzen aufgrund unterschiedlicher Reaktionszeiten der beteiligten Polizeibeamten. 98

bb) DISTANOVA-Verfahren. Das DISTANOVA-Verfahren unterscheidet sich vom TRAFFIPAX-Verfahren zunächst dadurch, dass anstelle der auf der Fahrbahn angebrachten Meter-Markierungen beim DISTANOVA-Verfahren die Abstandsfeststellungen ersetzt werden durch ein so genanntes „Ätz-Dia". Am Beginn des Fernbereichs (etwa 300 m vor dem Ende der Messstelle) wird ein Lichtbild angefertigt, sodass der Abstand der beiden Fahrzeuge im Fernbereich festgestellt werden kann. 99

Sodann werden im Nahbereich (70 m–0 m vor dem Ende der Messstelle) in einem elektronisch vorgewählten Zeitabstand zwei Lichtbilder gefertigt. Mithilfe der Meter-Markierungen auf dem Ätz-Dia können dann sowohl der Abstand als auch die Geschwindigkeiten der beiden Fahrzeuge festgestellt werden. Unter Auswertung sowohl des Fotos im Fernbereich wie auch der beiden Fotos im Nahbereich lässt sich die mittlere Geschwindigkeit zwischen dem ersten und dem letzten Lichtbild ermitteln. Auch dieses Verfahren hat jedoch die Unsicherheit, dass nicht uneingeschränkt durch objektive Fakten das Abstandsverhalten und die Geschwindigkeit der überwachten Fahrzeuge auf der gesamten Strecke zu fixieren sind. 100

cc) Modifiziertes DISTANOVA-Verfahren. Das modifizierte DISTANOVA-Verfahren wird in folgenden Abschnitten durchgeführt: Wird ein zu geringer Sicherheitsabstand zwischen zwei Fahrzeugen beobachtet, so wird von einem Polizeibeamten auf einer Messbrücke zu dem Zeitpunkt ein Foto ausgelöst, in dem das erste Fahrzeug eine Markierung passiert, die im Abstand von 250 m zum Ende des Messbereichs angebracht ist. Im Abstand von 0,8 s danach wird automatisch ein zweites Lichtbild ausgelöst. 101

---

[71] Vgl. zu dieser Problematik *Beck/Berr* Rn. 450 mit Nachweisen aus der Rspr.
[72] OLG Köln DAR 1983, 364; OLG Düsseldorf DAR 2003, 464.
[73] BGH DAR 1983, 56.
[74] OLG Hamm NZV 1994, 120.

102 Wenn das nachfolgende Fahrzeug auf dem zweiten Lichtbild die – erwähnte – weiße Fahrbahnmarkierung passiert hat, so wird hieraus geschlossen, dass das zweite Fahrzeug im Fernbereich den gebotenen 0,8 s-Abstand nicht eingehalten hat.

103 Fehlerhaft kann diese Folgerung dann sein, wenn beide Fahrzeuge exakt mit gleicher Geschwindigkeit fahren. Sodann werden entsprechend dem DISTANOVA-Verfahren im Nahbereich (70 m–0 m vor dem Ende der Messstrecke) zwei weitere Lichtbilder aufgenommen. Durch diese Lichtbilder werden dann die Abstände im Nahbereich zusätzlich dargestellt.

104 Zu diesem Verfahren fordert die Rechtsprechung, dass der vorgeworfene zu geringe Sicherheitsabstand nicht nur über eine kurze Strecke, sondern über einen Bereich von zumindest 250 bis 300 m gegeben sein muss. Weitere Voraussetzung ist, dass beide Fahrzeuge im Bereich der überwachten Strecke eine konstante und gleich hohe Geschwindigkeit einhielten und ihr Abstand längs der gesamten Strecke gleich groß war.

105 Auch das modifizierte DISTANOVA-Verfahren kann zu Unsicherheiten und Beweisproblemen führen. Diese sind insbesondere gegeben bei Veränderung der Geschwindigkeit des ersten oder des nachfolgenden Fahrzeuges innerhalb des Beobachtungsbereichs. Diese Geschwindigkeits- und Abstandsveränderungen sind nicht ohne weiteres erkennbar.

106 Zu den Tachoabständen gilt Folgendes:
Der halbe Tachometerabstand ist identisch mit dem 1,8 s-Abstand. Hieraus abgeleitet ergeben sich folgende Werte:
- $^2/_{10}$ Wert des halben Tachometerabstandes = 0,36 s Abstand
- $^3/_{10}$ Wert des halben Tachometerabstandes = 0,45 s Abstand
- $^4/_{10}$ Wert des halben Tachometerabstandes = 0,72 s Abstand
- $^5/_{10}$ Wert des halben Tachometerabstandes = 0,90 s Abstand.

107 *dd) Video-Brückenabstandsmessverfahren.* Zu diesem Verfahren sind zwei Verfahren zu unterscheiden, nämlich ein einfaches Video-Brückenabstandsmessverfahren sowie das VAMA-Brückenabstandsmessverfahren. Diese Verfahren unterscheiden sich dadurch, dass beim einfachen Video-Brückenabstandsmessverfahren nur eine Videokamera auf einer Brücke installiert ist. Demgegenüber werden beim VAMA-Videobrückenabstandsmessverfahren zwei Videokameras mit unterschiedlichen Brennweiten benutzt.

108 Die Kamera mit der größeren Brennweite ermöglicht die Auswertung des Nahbereichs (ca. 30 m bis ca. 120 m vor dem Aufstellort der Kamera bzw. vor der Brücke). In diesem Bereich werden Abstände und Geschwindigkeiten der beiden überwachten Fahrzeuge gemessen.

109 Die zweite Kamera mit der kleineren Brennweite ermöglicht einen Überblick über weiter entfernte Bereiche der Fahrbahn (ab ca. 80 m vom Aufstellort [Brücke] entfernt). Diese Kamera erfasst den Fernbereich bis ca. 350 m vor dem Aufstellort. Durch diese Kamera soll die Verkehrssituation festgehalten werden. Aufgrund einer Synchronisation beider Kameras entsteht ein zweigeteiltes Videobild, das auf der einen – linken – Seite den Nahbereich und auf der anderen – rechten – Seite den Fernbereich darstellt.[75]

110 Fehlerquellen können bei diesem System sich ergeben, wenn die Markierungen auf der Fahrbahn nicht wirklich exakt vermessen sind. Hierbei ist zu berücksichtigen, dass auch das präziseste Auflösungsvermögen von Videoaufnahmen nicht imstande ist, im Fernbereich die Abstände absolut exakt darzustellen. Im Übrigen ist geltend zu machen, dass nach der Lebenserfahrung kaum davon ausgegangen werden kann, dass voneinander unabhängig fahrende Verkehrsteilnehmer exakt die gleiche Geschwindigkeit über die vorgesehene Messstrecke einhalten.[76]

111 b) **Abstandsmessung mit ProViDa (Police-Pilot).** Das ProViDa-System (Police-Pilot) ist neben Geschwindigkeitsmessungen auch zur Abstandsmessung einzusetzen.
Bei Abstandsmessungen werden drei Komponenten ermittelt:
- Der Abstand, den das überwachte Fahrzeug zum vorausfahrenden Fahrzeug einhält.

---

[75] Zur Funktionsweise im Einzelnen sowie den verschiedenen Bilddarstellungen vgl. *Beck/Löhle/Kärger* § 3 B I.
[76] Zu möglichen Fehlerquellen und Berechnungsbeispielen vgl. im Einzelnen *Krumm* DAR 2005, 55.

- Geschwindigkeit beider Fahrzeuge, also des vorausfahrenden und nachfolgenden Fahrzeuges.
- Länge der Strecke, auf die sich die Abstandsfeststellung bezieht.

Die Abstandsfeststellung des überwachten Fahrzeuges erfolgt mithilfe von Videoaufzeichnungen. Hierbei wird der Abstand zwischen Videokamera und dem Heck des dem überwachten Fahrzeug vorausfahrenden Fahrzeuges ermittelt. Hiernach wird der Abstand zwischen Videokamera und dem Heck des Fahrzeuges des Betroffenen festgestellt. Aus der Subtraktion beider Einzelabstände und nach Abzug der Länge des überwachten Fahrzeuges ergibt sich der Abstand zwischen Vorderfront des überwachten Fahrzeuges und dem Heck des vorausfahrenden Fahrzeuges. Aus dem Verhältnis der Geschwindigkeit und der Wegstrecke wird dann der Abstand bzw. der mögliche Vorwurf zu geringen Abstandes ermittelt.[77]

c) Verkehrskontrollsystem (VKS) – Brückenabstandsmessverfahren. Das VKS ist ebenfalls ein Video-Brückenabstandsmessverfahren. Es unterscheidet sich allerdings in verschiedenen Punkten von dem üblichen Video-Brückenabstandsmessverfahren.

Beim VKS-Brückenabstandsmessverfahren wird innerhalb eines bestimmten Fahrbahnabschnittes mit einer Videokamera von einem festen, mindestens 3 m über der Fahrbahnoberfläche liegenden Kameraaufstandspunkt der Verkehr aufgenommen. Das System erfordert die Kenntnis der Abstände und Geschwindigkeiten der überwachten Fahrzeuge. Diese werden durch Messung von Strecke und Zeit festgestellt. Beim VKS wird die Zeit durch automatisches Zählen der Videohalbbilder gemessen. Der zeitliche Abstand zwischen zwei aufeinanderfolgenden Videohalbbildern beträgt $1/50$ s.

Die Abstände zwischen den Fahrzeugen und die von ihnen zurückgelegten Wegstrecken werden mithilfe der perspektivischen Transformation innerhalb bestimmter Auswerttoleranzen berechnet. Die perspektivische Transformation erfolgt in der Weise, dass auf dem zur Abstandsüberwachung ausgewählten Fahrbahnabschnitt 4 Passpunkte auf der Fahrbahnoberfläche markiert werden. Sie müssen auf dem Videofilm zu sehen sein. Die Abstände zwischen den 4 Passpunkten müssen vor Ort mit einem geeichten Längenmessgerät gemessen werden. Die perspektivische Transformation erfordert im Hinblick auf eine möglichst hohe Auswertungsgenauigkeit im Prinzip einen planebenen Fahrbahnabschnitt. Hieraus folgt, dass Kuppen, Senken oder veränderliche Steigungen Auswertfehler bedingen. Das VKS kann daher nur auf bestimmten Fahrbahnabschnitten eingesetzt werden.[78]

d) Abstandsfeststellung durch Beobachtungen aus Polizeifahrzeug sowie Schätzungen. Nicht selten wird der Abstand aus einem Polizeifahrzeug heraus gemessen. Bei dieser Feststellung erfolgt die Beobachtung durch Polizeibeamte. Es muss eine Mindeststrecke eingehalten werden, es sei denn, der Abstand zwischen den Fahrzeugen würde sich vergrößern.[79] Eine Strecke von 300 m ist jedenfalls nicht ausreichend.[80]

Bei der Beurteilung der Verlässlichkeit einer Schätzung des Abstandes hintereinander fahrender Kraftfahrzeuge hat der Tatrichter dem Umstand Rechnung zu tragen, dass eine hinreichend genaue Abstandsschätzung ungeübten Personen in der Regel nicht möglich ist.[81] Eine – nur optische – Schätzung des Abstandes ohne weitere Anhaltspunkte ist grundsätzlich auch zur Nachtzeit jedenfalls bei einem Abstand von 100 m möglich. Etwaige Ungenauigkeiten bei Verwendung eines ungeeichten Tachometers und bei der Abstandsschätzung werden durch einen Abzug von 20 % der abgelesenen Geschwindigkeit ausgeglichen. Die Abstandermittlung bei Geschwindigkeitsmessungen durch Nachfahren ist tatrichterliche Aufgabe; maßgeblich sind die Besonderheiten des Einzelfalles.[82]

---

[77] OLG Hamm VRS 106, 466.
[78] Zum System im Einzelnen und zu vorbereitenden Maßnahmen an einer Messstelle und Kontrollstrecke sowie Genauigkeit der Auswertung und Toleranzen sowie Messwerte vgl. im Einzelnen *Beck/Löhle/Kärger* § 3 B II; *Krumm* SVR 2005, 460.
[79] OLG Düsseldorf NZV 1993, 80.
[80] OLG Koblenz DAR 1990, 390; vgl. auch *Gebhardt* § 20 Rn. 2.
[81] OLG Düsseldorf DAR 2000, 80 f.
[82] OLG Celle NZV 2004, 419 = DAR 2005, 163.

IV. Rotlichtüberwachungsanlagen

1. Ahndung von Rotlichtverstoß

118 Rotlichtverstöße werden in der Regel erst ab 0,5 s verfolgt.[83] Problematisch ist die Frage, welcher Punkt für den Beginn der Messung maßgebend ist und bis zu welchem Punkt gemessen wird. Entscheidend für die Berechnung der Rotlichtzeit ist der Zeitpunkt, in dem der Kraftfahrer in den von der Ampel gesicherten Bereich einfährt.[84]

119 Rotlichtverstöße werden nach dem bundeseinheitlichen Bußgeldkatalog geahndet. Ein qualifizierter Rotlichtverstoß liegt vor, wenn ein Verkehrsteilnehmer eine schon mehr als 1 s Rotlicht zeigende Lichtzeichenanlage überfährt. In diesem Fall wird gemäß § 4 Abs. 1 BKatV (lfd. Nr. 132.3) ein Regelfahrverbot von einem Monat Dauer verhängt.

2. Die Rotlichtüberwachungsanlagen

120 Stationäre Rotlichtüberwachungsanlagen funktionieren mittels einer Induktionsschleife, die in die Fahrbahn verlegt ist. Diese Induktionsschleife liegt meistens zwischen Haltelinie und Lichtsignalmasten. Bei modernen Rotlichtüberwachungsanlagen werden zur Erreichung höherer Messgenauigkeit nicht nur eine, sondern zwei Induktionsschleifen eingebaut.

121 Wird durch ein Fahrzeug nach einer zuvor eingestellten Zeit nach Rotbeginn die erste Induktionsschleife überfahren, wird ein erstes Foto ausgelöst. Um zu dokumentieren, ob das Fahrzeug tatsächlich in den Kreuzungsbereich eingefahren war, wird nach einer weiteren festen Zeitspanne oder nach einer definierten weiteren Wegstrecke ein zweites Foto ausgelöst, ggf. mittels einer innerhalb der Kreuzung verlegten zweiten Induktionsschleife.

122 In den Fotoaufnahmen sind die jeweiligen Zeiten nach Rotbeginn dargestellt. Anhand der Wegstrecke, die ein Fahrzeug zwischen den beiden Aufnahmen zurückgelegt hat sowie anhand der hierfür benötigten Zeit lässt sich die mittlere Geschwindigkeit des Fahrzeuges zwischen den beiden Aufnahmen berechnen.[85]

123 Für die Frage, ob ein Rotlichtverstoß vorliegt bzw. ob der Fahrer eines Fahrzeuges noch rechtzeitig vor der Ampelanlage anhalten konnte, sind verschiedene Umstände maßgebend, nämlich die den Fahrer warnende Gelbphase, die Straßenverhältnisse sowie die Bremswirkung unter Berücksichtigung der normalen Reaktions- und Bremsschwellzeit.

124 Nach den Verwaltungsvorschriften (VwV) zu § 37 StVO beträgt die Gelbphase bei innerorts erlaubten 50 km/h mindestens 3 s, bei 60 km/h 4 s und bei 70 km/h 5 s. Bei normalen Fahrzeug- und Straßenbedingungen reichen diese Zeitspannen aus, um rechtzeitig vor dem gesicherten Bereich zum Stillstand zu kommen.

125 Der ungünstigste Umschaltzeitpunkt einer Lichtzeichenanlage von Grün auf Gelb ist dabei gegeben, wenn er mit 50 km/h fahrend noch 41,7 m von der Ampel entfernt ist. Dies bedeutet, dass er bei Weiterfahrt mit konstanter Geschwindigkeit die Ampel gerade bei Gelbende bzw. Rotbeginn bei exakter Funktionsweise des Phasenwechsels passieren würde. Um ein Fahrzeug innerhalb dieser genannten Strecke zum Stehen zu bringen, bedarf es unter Berücksichtigung der normalen Reaktions- und Bremsschwellzeit von 1 s einer Bremswirkung in einer Stärke von 3,3 m/s².[86]

126 Für einen Pkw- und Motorradfahrer sind diese Bremsverzögerungen problemlos zu erreichen, sodass ein rechtzeitiges Anhalten möglich ist. Die Bremsverzögerung von 3,3m/s² kann jedoch für einen Busfahrer bereits bei normalen Fahrbahnbedingungen wegen möglicher Gefährdung der auf die Bremsung nicht gefassten stehenden Fahrzeuginsassen kritisch sein. Bremsverzögerungen in diesem Ausmaß bringen bei Lastzügen insbesondere auf nassen Fahrbahnen die Gefahr von Schleudervorgängen mit sich. Dies gilt insbesondere auch für Langholztransporter. Es ist davon auszugehen, dass ein gefahrloses Anhalten für Fahrer von

---

[83] *Gebhardt* § 22 Rn. 4; vgl. auch ausführlich *Löhle/Beck* DAR 2000, 1 ff.
[84] *Hentschel* StVO § 37 Rn. 50.
[85] Vgl. zum Verfahren im Einzelnen *Beck/Löhle/Kärger* § 4 A.
[86] *Beck/Löhle/Kärger* § 4 A.

Lastzügen, Sattelkraftfahrzeugen und Langholztransportern nur möglich ist, wenn sie sich vor Ampelanlagen auf eine evtl. notwendige Bremsung einstellen.[87]

127 Zum Funktionieren der Phasenwechsel ist anzumerken, dass bei modernen Ampelanlagen, bei denen die Gelbphase durch eine Netzfrequenz gesteuert wird, Verkürzungen oder Verlängerungen der Gelbphase von mehr als 5 % auftreten können. Nach *Beck/Löhle/Kärger*[88] war es bei älteren Ampelanlagen mit älterer Widerstands- und Schalttechnik möglich, dass Verkürzungen/Verlängerungen der Gelbzeiten um bis zu 0,5 s vorkommen können. Es konnten Funktionsstörungen bei älteren Ampelanlagen in der Art auftreten, dass gegeneinander gesicherte Richtungen gleichzeitig Grünlicht erhalten.

128 Diese Gefahr ist bei modernen Ampelanlagen mit Sicherheitseinrichtungen ausgeschlossen aufgrund einer so genannten „Grün-Grün-Verriegelung". In diesem Fall schaltet die Ampelanlage etwa nach 1 s selbstständig ganz aus oder geht auf Gelbblinken. An der so gesicherten Ampelanlage wird das störungsbedingte Ausschalten in der Steuerzentrale dokumentiert. Es ist daher ggf. empfehlenswert, hierzu Informationen über Dokumentationen anzufordern.

129 Der entscheidende Faktor für die Verkehrssicherheit einer ampelgerechten Kreuzung ist die Zwischenzeit. Dies ist die Zeitdauer zwischen dem Ende der Grünzeit eines Verkehrsstroms und dem Beginn der Freigabezeit eines anderen Verkehrsstroms. Die von den beiden genannten Verkehrsströmen gemeinsam benutzte Knotenpunktfläche wird als Konfliktfläche bezeichnet.[89]

130 Zur rechtlichen Problematik ergeben sich verschiedene Fragen, nämlich
- Definition des Beginns des Rotlichtverstoßes?
- Ist dieser bereits gegeben beim Überfahren der Haltelinie mit der Vorderfront des Fahrzeuges?
- oder erst in dem Augenblick, in dem der Fahrer aus dem Fahrzeug heraus die Ampel nicht mehr sehen kann?
- oder erst bei Passieren des Lichtsignalmastes mit der Vorderfront des Fahrzeuges?

131 Dies hat folgende Konsequenzen: Wird der Rotlichtverstoß so definiert, dass er erst in dem Augenblick beginnt, in dem das Fahrzeug mit der Vorderfront den Lichtsignalmast passiert, so fällt die auf der ersten Aufnahme eingeblendete und dem Bußgeldbescheid zugrunde gelegte Rot- bzw. Gelblichtzeit zugunsten eines Betroffenen aus, wenn er zum Zeitpunkt der ersten Aufnahme mit der Vorderfront seines Fahrzeuges den Lichtsignalmast noch nicht erreicht hat.

132 Wird der Rotlichtverstoß dagegen so definiert, dass er bereits beginnt mit dem Überfahren der Haltelinie mit der Vorderfront des Fahrzeuges, und liegt die erste Induktionsschleife erst nach der Haltelinie, so wird die erste Aufnahme zu einem Zeitpunkt ausgelöst, zu dem der Betroffene die Haltelinie mit der Vorderfront seines Fahrzeuges bereits passiert hat.[90] Zu möglichen **Fehlerquellen** kann geltend gemacht werden, dass in Ausnahmefällen auch Fehleinblendungen von Rotlicht- bzw. Gelblicht- und Rotlichtzeiten vorkommen können.[91]

133 Rotlichtüberwachung ist auch mittels des ProViDa-Gerätes möglich, und zwar in der Funktionsweise der Videoaufzeichnung mit eingeblendeter Uhrzeit aus einem Polizeifahrzeug, das in entsprechender Position steht. In diesem Fall wird mittels der Videoaufzeichnung der Rotlichtbeginn der Ampel rekonstruiert und mithilfe der auf dem Videoband eingeblendeten Uhrzeit zeitlich fixiert. Durch Weg-/Zeit-Berechnung wird dann ermittelt, zu welchem Zeitpunkt ein Fahrzeugführer mit seinem Fahrzeug die Ampelanlage bei Rot passiert hat. Aus der Differenz der beiden Zeiten ergibt sich dann die einem etwaigen Rotlichtverstoß zugrunde zu legende Rotlichtzeit.

---

[87] Vgl. zu dieser Problematik im Einzelnen *Beck/Löhle/Kärger* § 4 A.
[88] *Beck/Löhle/Kärger* § 4 A.
[89] *Beck/Löhle/Kärger* § 4 A.
[90] Vgl. hierzu und zu technischen Fragen über die Auslösung der durch die Induktionsschleife gesteuerten Fotos und zu den technischen Toleranzen von Rotlichtüberwachungsanlagen im Einzelnen *Beck/Löhle/Kärger* § 4 A.
[91] Vgl. hierzu *Beck/Löhle* S. 147; OLG Braunschweig NJW 2007, 391.

134 In diesem Verfahren kommen mögliche Zeitfehler in Betracht.[92] Das in einer Überwachungsanlage eingebaute Uhrwerk muss geeicht sein.[93] Streitig in der Rechtsprechung ist die Frage, welche Zeit der Berechnung der Zeit des Rotlichtverstoßes zugrunde zu legen ist. Nach OLG Köln[94] ist die Zeit bis zur Vorbeifahrt an der Ampel zu messen. Dies kann aber nur für den Fall überzeugen, dass keine Haltelinie vorhanden ist.[95] Für den Betroffenen ist die günstigste Berechnung, wenn nur die Zeit gemessen wird, die bis zum Erreichen der Haltelinie vergeht.[96] Dies entspricht auch der üblichen Praxis.

135 Zu beachten ist, dass die Verlegeposition der Induktionsschleife wichtig ist. Eine korrekte Zeitmessung ist nur möglich, wenn die Induktionsschleife direkt unter der Haltelinie verlegt ist.[97] Wenn eine Induktionsschleife in Fahrtrichtung gesehen nach vorne verschoben ist, können je nach Fahrtgeschwindigkeit längere Rotlichtzeiten, sogar bis 0,5 s, dargestellt werden.

136 Gefühlsmäßigen Schätzungen durch Polizeibeamte ist kritisch zu begegnen. Eine bloß gefühlsmäßige Schätzung eines Polizeibeamten, die Ampel habe mindestens 2 bis 3 s Rot gezeigt, genügt zum Nachweis zumindest dann nicht, wenn dem Kraftfahrer ein nicht nur kurzzeitiger Rotlichtverstoß vorgeworfen wird.[98] Bei Feststellung eines Rotlichtverstoßes mittels Stoppuhren ist ein Sicherheitsabzug von 0,3 s geboten und ausreichend.[99] Die Annahme eines qualifizierten Rotlichtverstoßes allein aufgrund freier (gefühlsmäßiger) Sekundenschätzung eines Polizeibeamten ist rechtsfehlerhaft.[100]

3. Feststellung durch Beobachtung

137 Das Mitzählen eines Polizeibeamten bietet für sich keine ausreichende Sicherheit für den Beweis eines qualifizierten Rotlichtverstoßes. Dies ist in der obergerichtlichen Rechtsprechung anerkannt.[101]

4. Voraussetzungen für die Feststellung eines qualifizierten Rotlichtverstoßes

138 Es ist davon auszugehen, dass der qualifizierte Rotlichtverstoß in der Regel eine grobe Pflichtverletzung iSv § 25 Abs. 1 S. 1 StVG indiziert. Ein die Verhängung eines Fahrverbotes begründender Regelfall ist gleichwohl zu verneinen, wenn die gesamten Tatumstände so weit von dem typischen, vom Verordnungsgeber ins Auge gefassten Fall des Verkehrsverstoßes abweichen, dass eine grobe Pflichtverletzung im Ergebnis nicht festgestellt werden kann, zB bei Losfahren des zunächst ordnungsgemäß bei Rot haltenden Betroffenen nach 37 s Rotlichtdauer aufgrund eines Fehlschlusses (erneutes Stehenbleiben nach wenigen Metern). Dies beinhaltet keine abstrakte Gefährdung des mit der Lichtzeichenanlage geschützten Quer- bzw. Fußgängerverkehrs.[102] Der subjektive Tatbestand einer beharrlichen Pflichtwidrigkeit iSd § 25 Abs. 1 StVG entfällt dann, wenn der dem Kraftfahrzeugführer vorgeworfene Verstoß, der die Beharrlichkeit begründen soll, auf ein sog. Augenblicksversagen zurückgeht, das auch ein sorgfältiger und pflichtbewusster Kraftfahrer nicht immer vermeiden kann.[103]

5. Notwendige tatrichterliche Feststellungen

139 Bei der Prüfung und Feststellung eines sog. qualifizierten Rotlichtverstoßes stellt sich die Frage, welche tatrichterlichen Feststellungen im Urteil zu treffen sind. Dies ist sicherlich

---

[92] Vgl. *Beck/Löhle/Kärger* § 4 C.
[93] KG DAR 1992, 224; OLG Köln NZV 1993, 169.
[94] NZV 1994, 330.
[95] OLG Karlsruhe DAR 1995, 221.
[96] OLG Frankfurt zfs 1995, 34; OLG Düsseldorf DAR 1995, 167; BayObLG zfs 1995, 433.
[97] *Gebhardt* § 22 Rn. 11; *Beck/Löhle/Kärger* § 4.
[98] OLG Düsseldorf DAR 2003, 85.
[99] BayObLG DAR 1995, 299; *Hentschel* StVO § 37 Rn. 64; KG DAR 2004, 711.
[100] OLG Köln NZV 2004, 651.
[101] AG Suhl DAR 2005, 169 unter Hinweis auf die Anmerkungen zur obergerichtlichen Rspr.
[102] KG VRS 114, 60.
[103] OLG Karlsruhe NJW 2003, 3719; vgl. auch *Hentschel* StVO § 37 Rn. 61.

nach den Umständen des Einzelfalles differenziert zu sehen. Die Formulierung im tatrichterlichen Urteil: „Auf die in Augenschein genommenen Lichtbilder wird ausdrücklich Bezug genommen" reicht für eine ordnungsgemäße Bezugnahme zur Fahreridentifizierung iSd § 267 Abs. 1 S. 3 StPO aus,[104] nicht aber zur Bezugnahme auf den vorgeworfenen Verkehrsverstoß.

V. Verstöße im Zusammenhang mit der Nutzung des Fahrtenschreibers

1. Rechtsgrundlage für die Benutzung eines Fahrtenschreibers

Nach der Regelung des § 57a StVZO bzw. Art. 2 der VO (EG) Nr. 561/2006 ist für bestimmte Kraftfahrzeuge und Gespanne die Verpflichtung zur Benutzung von Fahrtenschreibern und Kontrollgeräten vorgeschrieben. Die Feststellung von Verkehrsverstößen, speziell Geschwindigkeitsüberschreitungen, durch Auswertung der Schaublätter und Fahrerkarten beinhaltet mehrere Rechtsprobleme. Hierbei geht es um Fragen der Verwertbarkeit, des Tatbegriffes sowie der Tatkonkretisierung.[105]

2. Verpflichtung zur Aufbewahrung

Es ist vorgeschrieben, dass der Fahrer die Aufzeichnungen über die Lenk- und Ruhezeiten sowie über arbeitsfreie Tage für den laufenden Tag und die 28 vorangegangenen Kalendertage mit sich führt und auf Verlangen vorlegt. Für sich aus der Aufzeichnung ergebende Verkehrsverstöße gilt hinsichtlich der Verwertbarkeit, dass diese auf Verkehrsverstöße des Tattages und des jeweiligen Vortages zu beschränken sind.[106] Die digitale Fahrerkarte speichert ohnedies die Geschwindigkeit nur für die letzten 24 Stunden, so dass länger zurück liegende Tempoverstöße beim Auslesen nicht mehr feststellbar sind.

Für den Unternehmer ist geregelt, dass dieser die Schaublätter 2 Jahre lang aufbewahren muss. Die Verjährungsfrist für die vorzeitige Vernichtung von Schaublättern beginnt mit der Vernichtung.[107]

3. Ahndung von Verkehrsverstößen aufgrund der Fahrtenschreiberaufzeichnung

a) **Regelung zu Lenk- und Ruhezeiten.** Die Lenk- und Ruhezeiten richten sich je nach Fahrzeuggröße nach unterschiedlichen gesetzlichen Grundlagen. Für Kraftfahrzeuge mit Anhänger über 3,5 t zulässigem Gespanngewicht sind die Sozialvorschriften der VO (EG) Nr. 561/2006 einschlägig. Für den Güterverkehr dienende Kraftfahrzeuge von 2,8 bis 3,5 t zulässigem Gesamtgewicht ist dagegen nur bundesdeutsches Recht in Form der Fahrpersonalverordnung (FPersV) relevant, das einige Abweichungen von den zunächst genannten EU-Regelungen beinhaltet. Ausnahmen gelten stets für die nichtgewerbliche Güterbeförderung, also für private Zwecke.

b) **Möglichkeit der Feststellung von Geschwindigkeitsverstößen.** Problematisch ist die Bestimmung zum Tatort und die Annahme von Tatmehrheit bei Geschwindigkeitsüberschreitungen, die auf einer Fahrtenschreiberdiagrammscheibe aufgezeichnet sind und offenbar eine längere Strecke betreffen.[108]

4. Verfahrensfragen

Da Fahrtenschreiber Aufzeichnungen für eine längere Fahrstrecke enthalten, ergibt sich die Frage der Zuordnung des Verstoßes in zeitlicher und örtlicher Hinsicht. Die Angabe der Kontrollstelle oder des Firmensitzes des Halters im Bußgeldbescheid soll ausreichend

---

[104] OLG Hamm DAR 2005, 165 unter Hinweis auf die diesbezügliche obergerichtliche Rspr.
[105] Vgl. hierzu *Krumm* SVR 2004, 250; *Beck/Löhle/Kärger* § 2 M.
[106] *Meininger* NZV 1994, 309 mwN.
[107] BayObLG NZV 1996, 42.
[108] Vgl. hierzu AG Marl zfs 1994, 30 f.

sein.¹⁰⁹ Demgegenüber sieht hier das LG Münster¹¹⁰ keine ausreichende Verfahrensgrundlage für den Bußgeldbescheid.

146 Manipulationen am Fahrtenschreiber stellen eine Urkundenfälschung bzw. Fälschung technischer Aufzeichnungen dar.¹¹¹ Schon die Verwendung nicht passender Scheiben und hierdurch bedingte falsche Aufzeichnungen sollen nach BGH¹¹² strafbar sein. Bei Falscheintragungen ist der Tatbestand der Urkundenfälschung gegeben.¹¹³ Jedoch ist die falsche Angabe über den Abfahrtort durch den Fahrer keine Urkundenfälschung, wenn ihm die alleinige Verantwortung für die Eintragungen obliegt. In diesem Fall liegt keine Täuschung über den Aussteller vor.¹¹⁴

VI. Unfalldatenspeicher (UDS)

147 Der Unfalldatenspeicher (UDS) ist ein System zur Erfassung der verschiedensten Abläufe eines Fahrzeuges, speziell bei der Beteiligung eines Fahrzeuges an einem Unfall, und hilft somit bei der Unfallrekonstruktion. Da es bisher keine gesetzliche Regelung zum Einbau von Unfalldatenspeicher gibt, beruht der Einbau von UDS auf der persönlichen Entscheidung des Fahrzeughalters. Der verpflichtende Einsatz von Unfalldatenspeicher wird im Lichte der Vorgaben des Verfassungsrechts kritisch gesehen.¹¹⁵

1. Funktionsweise

148 UDS ist ein System zur Erfassung von Daten und damit zur Unfallrekonstruktion. UDS ist mit zwei Beschleunigungssensoren ausgestattet, welche die Bewegung des Fahrzeuges sowohl in Längs- als auch in Querrichtung erfassen. Ein weiteres Sensorsystem misst die Drehung des Fahrzeuges, die bei Kurvenfahrten, bei Spurwechselvorgängen oder anderen Lenkmanövern auftreten. Die Messung der Fahrzeugdrehung erfolgt durch Bestimmung der Orientierung des Fahrzeuges zu den Magnetfeldlinien der Erde (Kompassdaten).

149 Ferner wird die Geschwindigkeit des Fahrzeuges gemessen. Hierbei wird durch einen elektronischen Impulsgeber die Drehzahl eines Fahrzeugrades oder einer Achse erfasst, die auch für die Anzeige der Tachogeschwindigkeit herangezogen wird. Um von der gemessenen Impulszahl je Radumdrehung auf eine Fahrgeschwindigkeit schließen zu können, muss die so genannte „Wegdrehzahl" bekannt sein. Sie wird durch Abrollen des Fahrzeuges über eine bekannte gerade Strecke bei gleichzeitiger Zählung der dabei abgegebenen Impulse ermittelt.

150 Darüber hinaus werden noch verschiedene Schaltzustände ausgewählter elektrischer Verbraucher erfasst. Diese sog. „Statusinformationen" betreffen
• den Schaltzustand der Zündung,
• des Bremslichts,
• der Blinker rechts und links,
• der Bremsbeleuchtungseinrichtung sowie
• wahlweise zusätzlich zu erfassende Größen (zB Blaulicht, Martinshorn oder Türkontakt).
Wichtig ist, dass die Messung der vorgenannten Größen kontinuierlich bei allen Fahrvorgängen erfolgt, und zwar über eine begrenzte Zeitdauer nach dem Abstellen des Fahrzeuges.

151 Die ständig gemessenen Daten, die der UDS erhält, werden in einem Speicher alle 30 Sekunden überschrieben, sofern es nicht zur Speicherung durch Unfallerkennung oder Betätigung der Warnblinkanlage kommt.

2. Auswertung von UDS-Aufzeichnungen

152 Die Messdaten im Unfalldatenspeicher werden in codierter Form aufgezeichnet. Zur Interpretation der Aufzeichnungen ist eine spezielle Software erforderlich, die dem Hersteller

---

[109] OLG Hamm zfs 1994, 187 und BayObLG DAR 1996, 31.
[110] LG Münster DAR 1995, 303; ebenso AG Aalen NZV 1993, 206; *Göhler* § 66 Rn. 43.
[111] BayObLG NZV 1995, 287; hierzu umfassend *Langer* DAR 2002, 103.
[112] BGH NJW 1994, 743; aA BayObLG VRS 46, 124.
[113] BayObLG NZV 1993, 328.
[114] BayObLG MDR 1987, 1047.
[115] Vgl. hierzu *Brenner* NZV 2003, 360.

sowie von ihm autorisierten Sachverständigen mit spezieller Erfahrung in der Unfallanalyse und Fahrdynamik zur Verfügung steht. Im Ergebnis kann UDS also neben der speziellen Feststellung von verschiedenen vorgenannten Daten auch die Geschwindigkeit darstellen, so dass Überschreitungen auf dieser Grundlage geahndet werden könnten.[116] Praxisfälle hierzu sind bislang nicht bekannt.

VII. Verstöße gegen Lenk- und Ruhezeiten

1. Rechtsgrundlagen

Bei grenzüberschreitenden Fahrten außerhalb der EU, EWG und der Schweiz sind allein die Regelungen des AETR maßgeblich. 153

Fahrten innerhalb dieser räumlichen Grenze unterliegen der VO (EG) Nr. 561/2006. Liegt eine der in diesen Rechtsgrundlagen enthaltenen Ausnahmen vor, so sind die FPersV, hilfsweise das ArbZG auf Regelungen hin zu überprüfen. 154

Im Übrigen ist zu beachten, dass auch Tarifverträge Regelungen über den Bereich der Lenk- und Ruhezeiten enthalten können.

Hinsichtlich der Arbeitszeiten des Fahrpersonals im Straßengüterverkehr ist auf die folgende Tabelle zu verweisen: 155

Tabelle: Arbeitszeiten des Fahrpersonals im Straßengüterverkehr

Lenkzeit täglich	9 Std. 2 × wöchentlich 10 Std.
Lenkzeit wöchentlich	56 Std.
Lenkzeit je Doppelwoche	90 Std.
Unterbrechung der Lenkzeit nach einer Lenkzeit von	4½ Std.
Lenkzeitunterbrechung mindestens	45 Min., aufteilbar in 2 Teilunterbrechungen von mind. 15 Min. und mind. 30 Min.
Tagesruhezeit 1 Fahrer	11 Std., verkürzbar auf 3 × wöchentlich 9 Std. oder 12 Std. bei Aufteilung in zwei Abschnitte mit mind. 3 Std. und mit mind. 8 Std., jeweils innerhalb jedes Zeitraumes von 24 Std.
2 oder mehr Fahrer	9 Std. innerhalb jedes Zeitraumes von 30 Std.
Wöchentliche Ruhezeit	2 × 45 Std. oder 1 × 45 Std. mit Tagesruhezeitverkürzung auf 24 Std.

2. Überwachung und Zuständigkeit

Die Überwachung von Fahrzeugen im Straßengüterverkehr erweist sich als eine dringende Notwendigkeit, weil jedes dritte Schwerlastfahrzeug Mängel aufweist, speziell technische Mängel, Nichtbeachtung der Lenk- und Ruhezeiten sowie Geschwindigkeitsüberschreitungen.[117] 156

Dabei ergeben sich häufig Feststellungen zu Vergehenstatbeständen, nämlich 157
- Urkundenfälschung, § 267 StGB,
- Fälschung technischer Aufzeichnungen, § 268 StGB sowie
- Urkundenunterdrückung, § 274 StGB.

Zur Zuständigkeit fehlen im EU-Recht einheitliche Regelungen. Dies folgt daraus, dass die Überwachung der Vorschriften und die Sanktion von Verstößen weiterhin in die Zuständigkeit der Mitgliedstaaten fallen. Rechtsgrundlage für die Ahndung von Verstößen gegen Lenk- und Ruhezeiten ist in Deutschland §§ 8, 8a FPersG. 158

---

[116] *Beck/Löhle/Kärger* § 2 N; *Kamm* VD 2003, 96; *Graeger* NZV 2004, 16.
[117] Vgl. *Hardt* zfs 1999, 89 ff., 90.

159 Die Zuständigkeit für die Verfolgung und Ahndung ergibt sich aus § 9 FPersG sowie §§ 37, 38 OWiG. Es gilt das Territorialprinzip. Dies bedeutet, dass Ordnungswidrigkeiten nur dann zu ahnden sind, wenn sie im räumlichen Geltungsbereich des OWiG begangen werden.[118]

160 Im Übrigen ist zu beachten, dass der Fahrer verpflichtet ist, vor Fahrtantritt seine Fahrerkarte bzw. eine auf seinen Namen ausgefüllte Tachoscheibe einzulegen und sich von dem Funktionieren des Gerätes zu überzeugen. Während der Fahrt besteht jedoch keine weitere Verpflichtung, sich von dem ordnungsgemäßen Funktionieren des Gerätes zu überzeugen.[119]

161 Der Unternehmer ist verpflichtet, dem Fahrer eine Bescheinigung über arbeitsfreie Tage vor Fahrtantritt auszuhändigen. Auch ist der Unternehmer verpflichtet, die sich ergebenden Pflichten zu überwachen.[120]

162 Verstöße gegen die Sozialvorschriften werden nicht in das Verkehrszentralregister eingetragen. Jedoch erfolgt ab einer Geldbuße von 200,– EUR der Eintrag in das Gewerbezentralregister (§ 149 GewO). Dieses kann Relevanz für konzessionsrechtliche Fragen haben.

VIII. Achslast und Gesamtgewicht sowie Wägungen

1. Gewichtsgrenzen

163 Die Regelung zu Gewichtsgrenzen enthält § 34 StVZO. Diese werden definiert durch die Belastungen, die Achsen, Räder oder Laufrollen auf die ebene Fahrbahn ausüben. Maßgebend ist der beladene Zustand, weil es sich um Gewichtshöchstgrenzen handelt. Die Definition des zulässigen Gesamtgewichtes ist in § 34 Abs. 3 S. 2 StVZO enthalten.[121]

2. Überprüfung des Gewichtes und Messungen

164 Die Zulässigkeit von Messungen und das Verfahren sind in § 31c StVZO geregelt. Bei Gespannen müssen Zugfahrzeug und Anhänger getrennt gewogen werden. Bei der Feststellung des Gesamtgewichtes eines ziehenden Fahrzeuges muss die Anhängerstützlast mitberücksichtigt werden, weil das ziehende Fahrzeug mitbelastet wird (Stützlast). Deshalb muss ein einachsiger Anhänger beim Wiegen angekoppelt bleiben. Bei Zügen und Sattelfahrzeugen ist gemäß § 34 Abs. 6 StVZO auch das zulässige Gesamtgewicht der Einzelfahrzeuge zu beachten. Das zulässige Gewicht eines Sattelkraftfahrzeuges kann durch Addition der einzelnen ermittelten Gewichte von Zugmaschine und Auflieger unter Abzug eines Sicherheitszuschlages zuverlässig festgestellt werden.[122]

165 An der Gewichtsprüfung hat der Betroffene mitzuwirken, und zwar unabhängig von der Entfernung bis zur nächsten Waage. Die früher geltende 6 km-Grenze ist in der Regelung des § 31c StVZO nicht mehr enthalten. Wird ein beanstandetes Übergewicht festgestellt, so hat der Betroffene die Kosten zu tragen.

166 Fragen können sich ergeben hinsichtlich der Feststellung der Schuld im Zusammenhang mit der Überladung eines Fahrzeuges. Es gilt, dass es auch unter Berücksichtigung der technischen Entwicklung und der herstellerseitig vorgenommenen Verbesserungen moderner Transportfahrzeuge erforderlich ist, dass die konkreten äußeren Umstände bei der Beladung und hinsichtlich des Ladegutes die Überlegung nahe legen, dass eine Überladung vorliegen könnte.[123] Auch bei einer Überladung von 74 % müssen die Urteilsgründe Umstände mitteilen, aus denen sich ergibt, dass der Betroffene von der Überladung Kenntnis oder konkreten Anlass hatte, an der Einhaltung der erlaubten Höchstlademenge zu zweifeln.[124]

---

[118] Vgl. hierzu und Beispiele für Tatbestände *Hardt* zfs 1999, 89, 90, 91.
[119] OLG Karlsruhe NZV 1997, 51.
[120] Vgl. *Gebhardt* § 23 Rn. 27, 28.
[121] Zum Begriff der Achse, Achslast und zulässige Achslast vgl. *Hentschel* StVZO § 34 Rn. 3–7.
[122] OLG Düsseldorf VRS 64, 462 (Abschlag 2,7 %).
[123] OLG Düsseldorf NZV 1999, 218.
[124] OLG Oldenburg DAR 2000, 225; vgl. hierzu auch ausführlich *Beck/Berr* Rn. 474 ff.

Gemäß § 69a Abs. 5 Nr. 4c StVZO stellt der Verstoß gegen die Mitwirkungspflicht gemäß § 31 S. 1 StVZO und gegen die Auflage des Um- und Abladens (S. 4 Hs. 2) eine Ordnungswidrigkeit dar.[125] 167

IX. Identitätsfeststellung

1. Identifizierung anhand des Fahrerfotos

a) Anforderung an Urteilsfeststellungen. Als wesentlicher Bestandteil der Beweiswürdigung ist es allein Aufgabe des Tatrichters, anhand eines Fotos den Betroffenen als verantwortlichen Fahrer zu identifizieren. Es ist nicht zulässig, die Identifizierung des Betroffenen der Beurteilung eines Polizeibeamten oder eines ersuchten Richters zu überlassen.[126] 168

Zur Feststellung der Identität des Beschuldigten oder Betroffenen sind die besonders charakteristischen Identifizierungsmerkmale wie Haarfarbe, Augenbrauen, Nase- und Stirnpartie mit der vergleichenden Inaugenscheinnahme des Fahrzeugführers auf dem Radarfoto einerseits und des in der Hauptverhandlung erschienenen Betroffenen andererseits zu untersuchen.[127] 169

Für die Identitätsfeststellung im Bußgeldverfahren gelten für den Tatrichter, der anhand eines bei der Verkehrsüberwachungsmaßnahme gefertigten Beweisfotos die Überzeugung erlangt, dass der Betroffene und die abgebildete Person identisch sind, besondere Anforderungen an die Urteilsgründe. Eine ordnungsgemäße Bezugnahme auf ein Lichtbild der Akte gemäß § 267 Abs. 1 S. 3 StPO iVm § 71 Abs. 1 OWiG hat zur Folge, dass dieses Foto damit Bestandteil der Urteilsgründe wird. Hierdurch wird dem Rechtsbeschwerdegericht die Möglichkeit gegeben, das Foto selbst in Augenschein zu nehmen und seine Eignung als Beweismittel zu überprüfen. Bei guter Bildqualität und wirksamer Bezugnahme genügt es, das Bild im Urteil durch Nennung von Aufnahmezeit und Aufnahmeort zu konkretisieren. Ist das Bild dagegen minderer Qualität, sind die charakteristischen Merkmale sowie die konkrete Übereinstimmung im Einzelnen zu nennen.[128] Die bloße Mitteilung der Fundstelle und die Mitteilung, das Lichtbild sei in Augenschein genommen und mit dem Betroffenen verglichen worden, sind nicht als Bezugnahme nach § 267 Abs. 1 S. 3 StPO zu werten.[129] 170

Unterbleibt eine prozessordnungsgemäße Verweisung auf das Beweisfoto, so muss das Urteil Ausführungen zur Bildqualität enthalten und die abgebildete Person oder jedenfalls mehrere charakteristische Identifizierungsmerkmale so präzise beschreiben, dass dem Rechtsmittelgericht anhand der Beschreibung in gleicher Weise wie bei Betrachtung des Fotos die Prüfung ermöglicht wird, ob dieses zur Identifizierung generell geeignet ist.[130] 171

Die vielfach praktizierte Fahrerermittlung anhand eines Lichtbildabgleichs gemäß § 20 Abs. 2 Nr. 3 Passgesetz oder § 2b Abs. 2 Nr. 3 PAuswG ist aus Gründen der Verhältnismäßigkeit allenfalls bei Verfolgung eintragungspflichtiger Ordnungswidrigkeiten zulässig. Im Übrigen muss in jedem Fall ein erfolgloser Ermittlungsversuch beim Fahrzeughalter vorangehen.[131] Eine Befragung im Umfeld ist hiernach erst zulässig, wenn der – zulässige – Lichtbildabgleich erfolglos geblieben ist und es sich zusätzlich um eine besonders schwerwiegende Ordnungswidrigkeit handelt, die zB mit einem Fahrverbot zu ahnden ist. Ansonsten ist der Grundsatz der Verhältnismäßigkeit verletzt.[132] 172

Die Bußgeldbehörde kann das bei einer Verkehrsordnungswidrigkeit aufgenommene Foto zum Zweck der Fahreridentifizierung mit dem bei der Meldebehörde hinterlegten Ausweisfoto vergleichen. Werden beim Abgleich datenschutzrechtliche Bestimmungen des § 2b 173

---

[125] *Hentschel* StVZO § 34 Rn. 15.
[126] OLG Stuttgart VRS 62, 459; vgl. auch *Gebhardt* § 9 Rn. 41.
[127] Vgl. OLG Hamm DAR 1995, 415 f. unter Hinweis auf den notwendigen Umfang der Beschreibung der Vergleichsmerkmale und der hierzu vorliegenden Rspr.; vgl. auch OLG Hamm zfs 1993, 212.
[128] OLG Hamm zfs 2005, 413.
[129] OLG Köln NZV 2004, 596.
[130] BGH NJW 1996, 1420; zur Identifizierung anhand eines Radarfotos durchschnittlicher Qualität vgl. auch OLG Hamm DAR 1996, 245.
[131] *Schäpe* DAR 1999, 186 ff.
[132] *Schäpe* DAR 1999, 186 ff.

Abs. 2 und Abs. 3 PAuswG unzureichend beachtet, führt dies nicht zu einem Verfahrenshindernis; in der Regel ergibt sich hieraus auch kein Beweisverwertungsverbot.[133]

174 Bei der vorzunehmenden Abwägung ist zu berücksichtigen, dass durch die Übermittlung des Passbildes der Kernbereich der Privatsphäre des Betroffenen nicht berührt wird und die Identifizierung des Betroffenen jederzeit auf andere Weise verfahrensfehlerfrei hätte erfolgen können.[134]

175 Im Übrigen ist es für die Verteidigung angezeigt, vorsorglich bei der Thematik der Identifikation eines Betroffenen auf die Rechtslage hinzuweisen, etwa mit folgendem Text:

Muster eines Hinweisschreibens bzgl. Identifikation eines Betroffenen

In dem Ermittlungsverfahren

gegen . . . . . .

wegen . . . . . .

wird im Hinblick auf die Identifikation und den angestrebten Daten- und Bildaustausch zwischen der Bußgeldstelle und der Pass- bzw. Führerscheinbehörde auf die Rechtslage hingewiesen.

Die Übermittlung eines Passfotos darf nur dann erfolgen, wenn es sich um die Ahndung eines Vergehens handelt, welches zu den eintragungspflichtigen Delikten zählt. Weiterhin ist die Übermittlung erst dann möglich, wenn die ersuchende Behörde ihre eigenen Möglichkeiten zur Identitätsfeststellung des Betroffenen ausgeschöpft hat und weiterer Aufwand unverhältnismäßig wäre.

Diese Voraussetzungen sind nicht gegeben.

Im Übrigen wird, sofern der Daten- und Bildaustausch angestrebt wird, zuvor um Mitteilung und Gewährung rechtlichen Gehörs gebeten.

Rechtsanwalt

176 Wird durch Rechtsbeschwerde gerügt, die Polizei habe unzulässigerweise unter Verstoß gegen datenschutzrechtliche Bestimmungen von der Passbehörde die Kopie eines Ausweisbildes des Betroffenen eingeholt, so müssen in der Begründung der Rechtsbeschwerde Tatsachen aufgeführt werden, aus denen sich der Verfahrensverstoß ergibt.[135] Stellt jedoch das Rechtsbeschwerdegericht aufgrund einer Verfahrensrüge fest, dass das bei einer Verkehrsüberwachung gefertigte Frontfoto für eine Identifizierung des Betroffenen in der Hauptverhandlung geeignet war, so kann dieses Ergebnis im Rahmen der Sachrüge Berücksichtigung finden.[136]

177 **b) Datenschutzrechtliche Bestimmungen.** Bei der Ermittlung eines Beschuldigten oder Betroffenen anhand von Fotos sind datenschutzrechtliche Bestimmungen zu beachten. Hiernach ist die Polizei zur vergleichenden Auswertung von Fotos aus der Personalausweiskartei oder Führerscheinakte erst berechtigt, wenn sie andere angemessene Ermittlungen vergeblich angestellt hat.[137]

178 Im Übrigen ist zu beachten, dass durch ermittelnde Polizeibeamte auf Frontfotos mit abgebildetem Beifahrer geschwärzt werden müssen, sofern das Foto Dritten vorgelegt wird.[138] Der Verstoß hiergegen ist für das Bußgeldverfahren folgenlos.

2. Identifizierung bei Kennzeichenanzeigen

179 Ist allein das Kennzeichen des Fahrzeuges, mit dem der Verkehrsverstoß begangen worden sein soll, bekannt, so können die Ermittlungen allein über den Fahrzeughalter erfolgen. Ein Rückschluss vom Halter auf den Fahrer ist dagegen nicht statthaft.

---

[133] BayObLG DAR 2004, 38; OLG Bamberg DAR 2006, 336.
[134] OLG Brandenburg Der Verkehrsjurist 2003, 11; vgl. auch OLG Stuttgart NJW 2004, 83.
[135] Vgl. hierzu *Buschbell* MittBl der Arge VerkR 1996, 39.
[136] BayObLG NZV 2000, 48.
[137] *Buschbell* MittBl der Arge VerkR 1996, 39.
[138] Zur datenschutzrechtlichen Einschränkung und Ermittlungstätigkeit allgemein *Hassemer/Topp* NZV 1995, 169.

3. Erkennungsdienstliche Behandlung und Gegenüberstellung

Es kommt in der Praxis vor, speziell beim Verdacht des unerlaubten Entfernens vom Unfallort gemäß § 142 StGB, dass der Verdächtige erkennungsdienstlich behandelt wird. Dies ist grundsätzlich auch in Verkehrsstrafsachen möglich. Hierbei ist jedoch der Grundsatz der Verhältnismäßigkeit zu beachten.

Die Voraussetzungen und Vorgaben zur Gegenüberstellung für Verkehrsstraf- und Ordnungswidrigkeitenverfahren sind in Nr. 18 RiStBV geregelt. In diesem Fall sind an die Täteridentifizierung anhand von Gegenüberstellungen hohe Anforderungen zu stellen.

4. Humanbiologische Gutachten

a) **Problemstellung.** Anthropologische bzw. humanbiologische Gutachten werden immer mehr zur Identifizierung von Verkehrssündern in Ordnungswidrigkeitenverfahren oder bei Verkehrsstraftaten durch die Gerichte eingeholt. Anhand von sichtbaren Körperpartien auf dem Lichtbild versuchen dann Sachverständige, eine Identifizierung vorzunehmen. Die Problematik besteht darin, einzelne Merkmale wie das Gesicht der Person am Steuer durch einen Vergleich zwischen dem Polizeifoto, einem sonstigen Foto oder der Person selbst qualitativ so zu bewerten, dass eine Identifizierung möglich ist.

Dazu wurde eine morphologisch-diagnostische und computergestützte Untersuchungsmethode zum Bildvergleich mit dem Ziel entwickelt, Fehlinterpretationen zu vermeiden und möglichst sichere Anhaltspunkte für die Feststellung der Identität der Person am Steuer zu erhalten. Hierzu werden auch biostatische Berechnungsmethoden angewandt. Die Standards für anthropologische Gutachten sind veröffentlicht.[139] Die Erstellung der Gutachten beruht nicht auf standardisierten Verfahren.[140] Diese Identifizierungsmethoden sind sowohl in der Rechtswissenschaft und auch in der Medizin nicht unumstritten.[141]

b) **Gutachterkosten.** Anthropologische Vergleichsgutachten verursachen erhebliche Kosten, die in der Regel zwischen 500,- EUR und 1.500,- EUR liegen. Wegen der zu erwartenden hohen Kosten muss zuvor der Betroffene angehört werden, bevor ein solches Gutachten eingeholt wird. Erfolgt eine solche Anhörung nicht, liegt ein Verstoß gegen den Grundsatz der Verhältnismäßigkeit vor und damit eine unrichtige Sachbehandlung. In diesem Fall sind gemäß § 21 Abs. 1 GKG die Kosten nicht zu erheben.[142] Auch schon die vorsorgliche Ladung eines Humanbiologen zum Verhandlungstermin kann einen Verstoß gegen den Grundsatz der Verhältnismäßigkeit darstellen.

X. Alkohol- und Drogenfahrten

Die Teilnahme am Straßenverkehr unter dem Einfluss von Alkohol und Drogen spielt eine erhebliche Rolle im Verkehrsrecht. Dabei geht es um die Feststellung der alkoholischen Beeinflussung oder der Beeinflussung durch Drogen, die strafrechtlichen oder ordnungsrechtlichen Folgen sowie schließlich der Konsequenzen für die Fahrerlaubnis. Nachfolgend werden Fragen im Zusammenhang mit der Feststellung von Alkohol und Drogen sowie möglichen Fehlerquellen der Messung behandelt.

1. Rechtliche Aspekte der Feststellung von Alkohol und Drogen

a) **Rechtliche Situation des Betroffenen.** *aa) Verpflichtung zur Duldung.* Ist bei Verdacht auf eine Alkoholfahrt eine Blutentnahme zur Bestimmung der Alkoholkonzentration angeordnet, so besteht für den Betroffenen lediglich eine Duldungspflicht. Eine Verpflichtung zum aktiven Mitwirken besteht nicht.[143]

---

[139] DAR 1999, 188.
[140] BGH NStZ 2000, 106.
[141] AG Hamburg-Altona DAR 1996, 368 ff.; AG Wiesbaden DAR 1996, 157.
[142] LG Freiburg zfs 1993, 385; LG Baden-Baden zfs 1994, 263; LG Frankfurt DAR 1996, 248.
[143] BGHSt 34, 39.

187 Dagegen besteht keine Verpflichtung, Fragen zu beantworten.[144] Der Betroffene muss sich keinen Prüfungen unterziehen und auch nicht den Alcotest dulden. Ebenso braucht er bei sonstigen Untersuchungen, zB der Feststellung des Drehnystagmus, nicht mitwirken.[145] Eine Urinprobe zur Feststellung von Rauschmitteln/Drogen oder Medikamenten kann gemäß § 81 StPO nicht angeordnet werden.

188 *bb) Entnahme der Blutprobe nur durch approbierten Arzt.* Eine Blutprobe darf nur durch einen approbierten Arzt erfolgen.[146] Jedoch steht der Verwertbarkeit einer Blutprobe nicht die Tatsache entgegen, dass die Blutprobe durch einen nicht approbierten Arzt entnommen worden ist.[147] Ebenso soll nach überwiegender Auffassung kein Beweisverwertungsverbot vorliegen, wenn der Polizeibeamte irrtümlich die Voraussetzungen der Gefahr im Verzug wegen drohenden Verlust von Beweismitteln durch Resorption annahm und deshalb selbst die Blutentnahme anordnete.[148]

189 b) *Alcotest/Drogentest und Verdacht. aa) Test.* Eine verdachtsunabhängige Kontrolle ist nicht von § 36 Abs. 5 StVO gedeckt. Der Vortest darf daher erst dann gemacht werden, wenn zumindest ein vager Anfangsverdacht besteht. Nach dem „Gemeinsamen Erlass für die Feststellung von Alkohol im Blut bei Straftaten und Ordnungswidrigkeiten" soll der Tatverdacht regelmäßig durch einen Alcotest überprüft werden. Eine verbindliche rechtliche Wirkung hat jedoch das Angebot zur Durchführung eines Alcotests nicht.[149]

190 Zur Feststellung des Konsums von Drogen sind Schnelltests nützliche Hilfsmittel, um eine schnelle Orientierung oder Entkräftung des Anfangsverdachts zu erhalten und ggf. angemessene Maßnahmen einzuleiten.[150]

191 *bb) Verdacht.* Es ist davon auszugehen, dass bei Alkoholverdacht zunächst die Durchführung eines so genannten Alcotests angeboten wird. Diese werden mittels Atemalkohol-Vortestgerät durchgeführt und zeigen die gemessenen Atemalkoholwerte digital an. Dabei führen die Geräte, wie verschiedene Vergleichsstudien gezeigt haben, häufig zu beachtlichen Abweichungen vom tatsächlichen Alkoholisierungsgrad.

192 Das Ergebnis von Schnelltests reicht nicht aus, um einen einmaligen Drogenkonsum eindeutig nachzuweisen. Aufgrund derartiger Schnelltests kann sich aber der konkrete Anfangsverdacht für weiter gehende Maßnahmen erhärten.[151]

2. Die Feststellung der Alkoholkonzentration

193 a) *Allgemeines.* Zur Feststellung von Alkohol-, Medikamenten- und Drogeneinfluss bei Straftaten und Ordnungswidrigkeiten sind von einer länderübergreifenden Arbeitsgruppe Richtlinien erarbeitet worden. Diese mündeten in eine bundeseinheitliche Verwaltungsvorschrift, die dann von den Bundesländern umgesetzt wurde.[152]

194 Der Inhalt des Erlasses führt zur Feststellung von Alkohol-, Medikamenten- und Drogeneinfluss folgende Punkte auf:
- Allgemeines
- Atemalkoholprüfung
- körperliche Untersuchung und Blutentnahme
- Urinproben
- Harnproben
- Vernichtung des Untersuchungsmaterials
- Sicherstellung/Beschlagnahme von Führerscheinen

---

[144] OLG Hamm NJW 1974, 713.
[145] Vgl. hierzu *Gebhardt* § 36 Rn. 43.
[146] OLG Celle NJW 1969, 567.
[147] BGHSt 24, 125.
[148] OLG Stuttgart VRR 2008, 32 m. Anm. *Burhoff*.
[149] *Gebhardt* § 36 Rn. 41.
[150] *Haus* § 10 Rn. 6.
[151] *Haus* § 10 Rn. 6.
[152] *Haus* § 10 Rn. 2.

b) Atemalkoholmessung. *aa) Messverfahren.* Atemalkoholmessgeräte müssen nach § 3 Abs. 1 Nr. 3 Eichordnung für die amtliche Überwachung des Straßenverkehrs geeicht sein. Fehlende Eichung oder Bauartzulassung des Messgerätes führt zur Unverwertbarkeit der Messung, kann also nicht durch Sicherheitsabschläge kompensiert werden.[154] Vor dem grundlegenden Beschluss des BGH[155] waren demgegenüber teilweise Abschläge als notwendig erachtet worden.[156]

Als mögliche, das Messergebnis verfälschende Störfaktoren sind in verschiedenen Untersuchungen namentlich diskutiert worden: die Luftfeuchtigkeit, Temperatureinflüsse, Mundrestalkohol, auch in Zahnfleischtaschen oder aus Zahnprothesehaftmitteln, Magenluft, vermehrte Speichelbildung, durch „Schnüffeln" aufgenommene andere flüchtige Substanzen und Lösungsmittel, Verwendung von Mundwässern, Rachensprays, Toiletten- und Rasierwässern sowie die Atemtechnik.[157]

Bei Verwendung eines geeichten Atemalkoholmessgerät des Typs Alcotest 7110 MK III Evidential unter Beachtung der Verfahrensbestimmungen ist die Feststellung der AAK zulässig und der gemessene Wert entscheidend. Obwohl der BGH die Atemalkoholanalyse als standardisiertes Verfahren anerkannt hat, muss der Tatrichter bei Anhaltspunkten für Messfehler im Einzelfall im Rahmen der Aufklärungspflicht oder auf entsprechenden Beweisantrag diesen nachzugehen.[158] So sind bei der Atemalkoholanalyse eine Wartezeit von 20 Minuten ab Trinkende sowie eine Kontrollzeit von 10 Minuten innerhalb dieser Wartezeit vorgeschrieben.[159]

bb) AAK- und BAK-Werte. Nach rechtsmedizinischen Erkenntnissen scheidet eine unmittelbare Konvertierung einer gemessenen Atemalkoholkonzentration (AAK) in einen BAK-Wert aus. Durch gesetzliche Festlegung ist vielmehr ein eigenständiger AAK-Wert als Tatbestandsmerkmal des § 24a Abs. 1 StVG festgelegt worden.[160] Bei Doppelmessungen stellt die Vereinbarkeit der Messergebnisse von Blut- und Atemalkohol bei Abweichungen schwierige medizinische Fragen, die die Sachkunde eines Richters übersteigen und nur durch einen ausgebildeten Experten zutreffend beurteilt werden können. In einer solchen Situation kann das Tatgericht einen Beweisantrag nicht im Hinblick auf die eigene Sachkunde zurückweisen. Da in § 24a Abs. 1 StVG zwei voneinander unabhängige Grenzwerte festgelegt wurden, kann der Gegenbeweis durch knappe Unterschreitung des anderen Grenzwertes nicht geführt werden.

Etwas anderes kann allenfalls dann gelten, wenn die BAK so gering ist, dass Fehler bei der AAK-Ermittlung offensichtlich sind.

c) Feststellung der BAK durch Blutprobe. *aa) Allgemeines.* In Strafverfahren oder bei verweigerter oder unmöglicher AAK-Ermittlung erfolgt die Feststellung und der Nachweis der Alkoholisierung durch Entnahme einer Blutprobe. Die Blutprobe ist möglichst bald nach der Tat durch Venenpunktion mittels Vakuumvenüle zu entnehmen, und zwar regelmäßig aus der Ellenbeugenvene.

bb) Einzelne Untersuchungsmethoden. Früher wurden zur Feststellung der BAK verschiedene Methoden angewandt. Inzwischen wird von den Laboratorien zum Alkoholnachweis die gaschromatographische Methode mit automatischer Probeneingabe angewandt. Die

---

[153] Vgl. hierzu ausführlich mit Nachweisen der Umsetzung und Veröffentlichung *Haus* § 10 Rn. 3.
[154] *Maatz* BA 2002, 21; *Janker* DAR 2002, 49; zum Atemalkoholanalysegerät Alcotest 7410 vgl. OLG Stuttgart DAR 2004, 409.
[155] NZV 2001, 267.
[156] Vgl. *Hentschel* StVG § 24a Rn. 17 mit ausführlichen Nachweisen der Rspr. und Lit.
[157] *Beck/Löhle/Kärger* § 6 A.
[158] BGH NZV 2001, 267 (271).
[159] Vgl. *Hentschel* StVG § 24a Rn. 16; OLG Karlsruhe DAR 2004, 466.
[160] BGH NZV 2001, 267; vgl. auch *Hentschel* StVG § 24a Rn. 16.

Gaschromatographen sind nicht eichfähig. Vielmehr genügt es, dass das Finden genauer Messwerte durch Teilnahme an Ringversuchen sichergestellt ist. Das gaschromatographische Verfahren wird als überlegen angesehen und besitzt eine hohe Genauigkeit. Es ist daher in der Rechtsprechung und im juristischen Schrifttum anerkannt.[161]

201 *cc) Zweite Blutprobe.* Gemäß dem Gutachten des Bundesgesundheitsamtes (BGA)[162] wird empfohlen, im Abstand von 45 min. eine zweite Blutprobe zu entnehmen, wenn von dem Betroffenen behauptet wird, dass er innerhalb einer Stunde vor der Blutentnahme noch Alkohol genossen habe.

202 Es ist davon auszugehen, dass die Differenz der Ergebnisse beider Proben nicht unbedingt der tatsächlichen Veränderung des Blutalkoholspiegels entsprechen muss. Eine Fehlerbreite ist nicht auszuschließen. Diese wird durch einen Sicherheitszuschlag von 0,1‰ bis 0,15‰ ausgeglichen. Bei Differenzen bis zu 0,3‰ zwischen beiden Blutproben ist es rein theoretisch denkbar, dass in Wahrheit kein Alkoholabbau bzw. -anstieg stattgefunden hat.[163]

203 *dd) Der so genannte „Analysemittelwert".* Bei der Feststellung der BAK ist nicht von dem niedrigsten der gemessenen Einzelwerte auszugehen, sondern maßgebend ist der arithmetische Mittelwert, und zwar der Mittelwert aller Einzelanalysen und nicht der Mittelwert beider angewandten Untersuchungsmethoden.[164] Dabei werden nur die beiden ersten Dezimalen nach dem Komma berücksichtigt.[165]

204 *ee) Sicherheitszuschlag.* Aufgrund des Gutachtens des BGA 1989[166] ist durch Beschluss des BGH vom 28.6.1990[167] der Grundwert für absolute Fahrunfähigkeit von Kraftfahrern auf 1‰ und der Sicherheitszuschlag auf 0,1‰ abgesenkt worden. Das Gutachten beruht auf den Ergebnissen eines Ringversuches und der Tatsache, dass sich die Messgenauigkeit inzwischen deutlich verbessert hat.[168]

205 *ff) Resorptionsphase.* Bei der Bestimmung der Höhe der BAK ist zu berücksichtigen, dass sich der Alkoholgehalt in der Zeit zwischen der Tatzeit, der Sistierung und bis zur Blutentnahme in der Regel verändert. Einmal kann es zu einer Erhöhung der BAK aufgrund fortschreitender Resorption kommen. Auch kann die BAK – und dies ist die Regel – aufgrund zwischenzeitlich erfolgten Alkoholabbaus geringer geworden sein. In diesem Fall muss das Gericht vom Entnahmewert auf den Tatzeitwert zurückrechnen. Die Rückrechnung ist jedoch nur dann eine Hochrechnung, wenn sie in die Zeit der Eliminationsphase (Phase des Alkoholabbaus) fällt.[169]

206 Die Bestimmung der BAK muss differenziert geschehen. Denkbar ist, dass die Tatzeit nur kurze Zeit nach Trinkende lag. In diesem Fall ist es möglich, dass die Resorptionsphase noch nicht abgeschlossen war. In derartigen Fällen ist es, wenn die BAK zur Tatzeit festgestellt werden muss, unter Umständen erforderlich, einen Abzug von der festgestellten BAK vorzunehmen, insbesondere wenn auch die Entnahme der Blutprobe in die Anstiegsphase der Blutalkoholkurve fällt. Bei noch nicht abgeschlossener Resorption muss in der Weise zurückgerechnet werden, dass vom Entnahmewert ein Abzug zu machen ist. In diesem Fall muss zugunsten des Angeklagten von einem linearen Verlauf des Anstiegs der BAK ausgegangen werden.

207 Eine Rolle spielt dabei der **Abbauwert**. Mitunter ist es für den Betroffenen vorteilhaft, vom maximalen Abbauwert auszugehen. Als statistisch höchstmöglicher Abbauwert gilt ein Wert von 0,2‰ zuzüglich eines Sicherheitszuschlages von weiteren 0,2‰.[170]

---

[161] Vgl. *Hentschel* Trunkenheit Rn. 66 unter Hinweis auf die Rspr. (Fn. 184).
[162] BGA-Gutachten S. 63.
[163] Vgl. hierzu *Hentschel* Trunkenheit Rn. 77.
[164] *Hentschel* Trunkenheit Rn. 79.
[165] BayObLG DAR 2001, 465.
[166] NZV 1990, 104.
[167] BGHSt 37, 89.
[168] Vgl. hierzu im Einzelnen *Hentschel* Trunkenheit Rn. 89.
[169] *Hentschel* Trunkenheit Rn. 90 sowie Fn. 280 unter Anführung der Rspr. und Literatur.
[170] *Hentschel* Trunkenheit Rn. 93.

Es muss im konkreten Fall die BAK zur Tatzeit ermittelt werden. Ebenso muss festgestellt 208
werden, ob seine Fahrsicherheit beeinträchtigt war und ob insbesondere der Grenzwert von
1,1‰ erreicht war oder ob eine BAK von mindestens 0,5‰ iSv § 24a Abs. 1 StVG vorlag.
In diesem Fall ist bei der Rückrechnung ein gleich bleibender Abbauwert von 0,1‰
zugrunde zu legen, von dem das Gericht ohne Hinzuziehung eines Sachverständigen nicht
abweichen darf.[171]

gg) Ende der Resorptionsphase. Für die Bestimmung der BAK unter Rückrechnung vom 209
Zeitpunkt der Blutentnahme auf einen früheren Zeitpunkt ist vorauszusetzen, dass das Ende
der Resorptionsphase feststeht. Vom Entnahmewert kann auf den Tatzeitwert ausschließlich
dann zurückgerechnet werden, wenn die Resorptionsphase zur Tatzeit abgeschlossen war.[172]

Der Zeitpunkt des Abschlusses der Resorption hängt jedoch von unterschiedlichen Fakto- 210
ren ab. So können Magenfüllung und Trinkgeschwindigkeit eine wichtige Rolle spielen.[173]
Ein „normaler Trinkverlauf" liegt vor, wenn eine Alkoholbelastung von 0,5 bis 0,8 Gramm
Alkohol pro Kilogramm Körpergewicht innerhalb einer Stunde nicht überschritten wird. Ist
jedoch die stündliche Alkoholbelastung höher, die Trinkmenge also im Verhältnis zur Trinkzeit sehr groß, so wird von „forciertem Trinken" gesprochen.

Es ist davon auszugehen, dass bei normalem Trinkverlauf das Gericht ohne Benachteiligung 211
des Angeklagten grundsätzlich die ersten beiden Stunden nach Trinkende nicht in die Hochrechnung einbeziehen darf, wenn nicht im konkreten Fall ein früherer Abschluss der Resorption nachweisbar ist, und zwar nicht nur bei Aufnahme großer Alkoholmengen. Wichtig für den Verteidiger ist also, auf Klärung des Endes der Resorptionsphase zu drängen.
Steht zweifelsfrei fest, dass zwischen Trinkende und Tatzeit mindestens 2 Stunden verstrichen sind, kann mit einem Faktor von 0,1‰ pro Stunde zurückgerechnet werden, solange
mangels entsprechender Anknüpfungstatsachen kein anderer Abbauwert feststellbar ist.[174]

Ist die in Rede stehende BAK am Grenzwert von 1,1‰, so ist es für die Verteidigung 212
wichtig, einen sachgerechten Beweisantrag zu stellen oder eine sachgerechte Beweisanregung
hinsichtlich der Resorptionsphase vorzutragen.

hh) Nachtrunk. Wird der Wert der BAK durch Alkoholaufnahme nach Ende der Tat be- 213
einflusst, so kommt es für die Ermittlung der BAK zur Tatzeit darauf an festzustellen, welcher Abzug vom festgestellten Mittelwert zu machen ist. In einem solchen Fall muss in den
Urteilsgründen dargelegt werden, welcher Abzug gemacht und wie der Abzug berechnet
worden ist. In manchen Fällen ist jedoch für die Berechnung des Abbauwertes die Auswertung zweier entnommener Blutproben hilfreich, was bei nach der Tat behauptetem Nachtrunk in der Regel geschieht.

Es empfiehlt sich bei der Beurteilung von Nachtrunkbehauptungen die Untersuchung der 214
Blutprobe auf Begleitalkohole (zB Methanol, Propanol etc.). Diese können mittels der Gas-
chromatographie festgestellt werden und häufig die Angabe über den Nachtrunk bestimmter Arten und Mengen von Getränken bestätigen oder widerlegen. Muss bei behauptetem
Nachtrunk die BAK berechnet werden, ist hinsichtlich des Reduktionsfaktors mit dem für
den Angeklagten/Betroffenen günstigsten möglichen Wert zu rechnen, wenn ein aktueller
Wert nicht feststellbar ist. Hier muss im Rahmen der Tatbestände der günstigste Wert
zugrunde gelegt werden.[175]

d) Berechnung. *aa) Möglichkeit der Rückrechnung durch das Gericht.* In der Regel kann 215
das Gericht bei eigener Sachkunde ohne Hinzuziehung eines Sachverständigen die Rückrechnung selbst vornehmen. In den Fällen, in denen die BAK in der Nähe der entsprechenden Grenzwerte, also 1,1‰ oder 0,5‰ liegt, ist jedoch in der Regel ein Sachverständiger
hinzuziehen. Aus dem Urteil muss sich ergeben, welcher Zeitraum bei der Rückrechnung
ausgeklammert wurde. Ist in den Urteilsgründen nicht festgestellt worden, dass mit 0,1‰

---

[171] *Hentschel* Trunkenheit Rn. 95 bzw. Fn. 288 mit ausführlicher Darstellung der Rspr. und Literatur.
[172] Vgl. BGA-Gutachten S. 53.
[173] Vgl. im Einzelnen *Hentschel* Trunkenheit Rn. 99.
[174] *Hentschel* StGB § 316 Rn. 12; OLG Hamm NZV 2002, 279.
[175] OLG Frankfurt NZV 1997, 239; vgl. auch *Haase* zfs 2004, 149.

pro Stunde zurückgerechnet wurde, so ist in den Urteilsgründen das angenommene Trinkende sowie der vom Gericht angenommene Zeitpunkt des Abschlusses der Resorption und der zugrunde gelegte Abbauwert mitzuteilen.[176]

216 Berechnungsfragen können sich ergeben, wenn zwischen dem höchsten und dem niedrigsten Einzelwert eine erhebliche Differenz auftritt. Die Ergebnisse einer Blutalkoholuntersuchung nach dem ADH- und Gaschromatographie-Verfahren rechtfertigen eine Verurteilung wegen Grenzwertüberschreitung, wenn bei Blutalkoholkonzentrationen mit einem Mittelwert ab 1,1‰ die Differenz zwischen dem höchsten und dem niedrigsten Einzelwert (Variationsbreite) nicht mehr als 10 % des Mittelwertes beträgt und das untersuchende Institut die erfolgreiche Teilnahme an den Ringversuchen versichert; einer Berechnung der Standardabweichung der Einzelwerte bedarf es nicht.[177]

217 *bb) Bestimmung der BAK durch „Vorausrechnung".* Soll der Betroffene eine Alkoholmenge im Körper gehabt haben, die zu einer BAK von 1,1‰ oder 0,5‰ führen kann, und liegt die bei Entnahme festgestellte BAK unter dem jeweiligen Grenzwert, so kommt eine so genannte „Vorausrechnung" in Betracht. Ist die Menge des genossenen Alkohols und die Trinkzeit bekannt, so kommt die Berechnung der BAK im Gipfelpunkt der Alkoholkurve in Betracht, ausgehend von derjenigen zur Zeit der Blutentnahme. Die Berechnung muss durch einen Sachverständigen erfolgen. Das Gericht darf ohne Hinzuziehung eines Sachverständigen nicht die festgestellte BAK von 0,4‰ auf 0,5‰ „vorausrechnen".[178]

218 *cc) Schaubilder zur Bestimmung der Tatzeit-BAK.* Hilfreich kann es sein, sich den Verlauf der Alkoholkurve anhand von Schaubildern unter Berücksichtigung der Zeitachse in Verbindung mit dem Trinkverhalten in Verbindung zur festgestellten BAK zur Entnahmezeit zu vergegenwärtigen. Dies mögen die nachfolgend dargestellten Schaubilder verdeutlichen:[179]

Schaubilder

100 Gramm Alkohol getrunken von einem 80 kg schweren Mann (zB 1 L Wein 12,5 %)

Cirka-Verlauf der Alkoholkurve

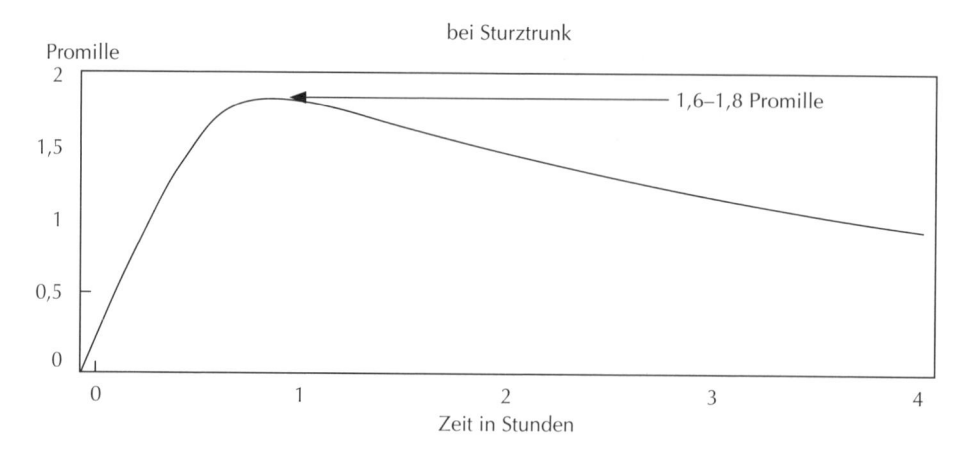

bei Sturztrunk

---

[176] Vgl. *Hentschel* Trunkenheit Rn. 111, 112, 113.
[177] BGH DAR 1999, 459 ff.
[178] Vgl. hiezu *Hentschel* Trunkenheit Rn. 114.
[179] Entnommen mit freundlicher Genehmigung des Verfassers *Gebhardt* § 35.

§ 13 Feststellung von Verkehrsverstößen   219 § 13

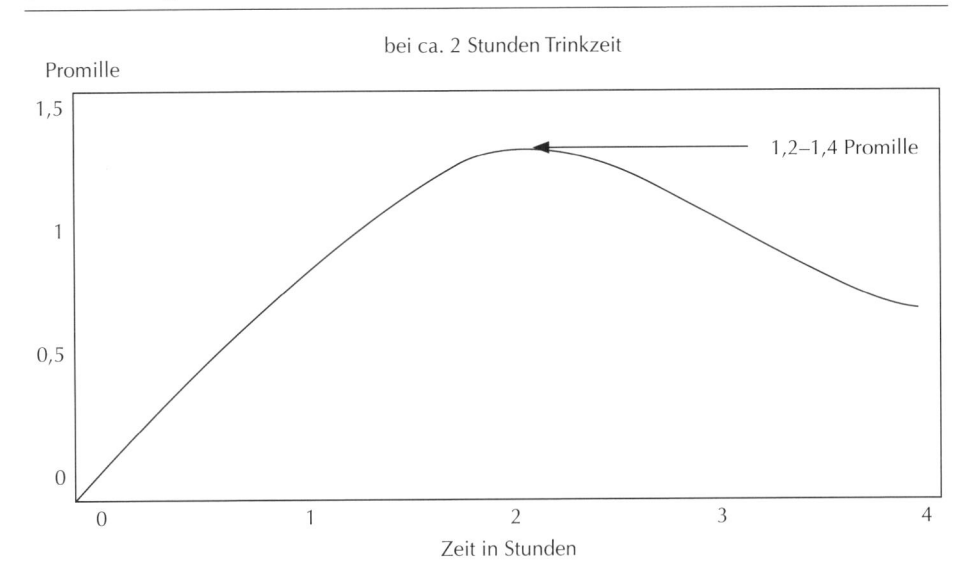

bei ca. 2 Stunden Trinkzeit

Diagramm: Promille-Verlauf über Zeit in Stunden; Maximum 1,2–1,4 Promille bei ca. 2 Stunden.

Warum darf ohne Kenntnis des Trinkverlaufes (insbes. des Trinkendes) nicht zurückgerechnet werden?

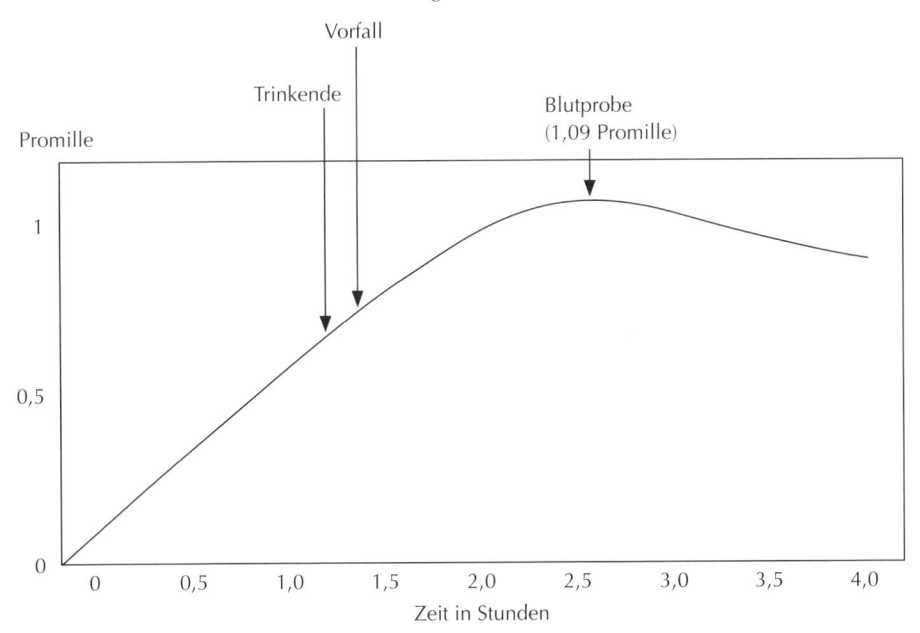

Diagramm: Promille-Verlauf mit Markierungen Trinkende, Vorfall und Blutprobe (1,09 Promille).

Eine Rückrechnung ergäbe einen Tatzeitalkoholwert von fast 1,2 Promille, obwohl zu keinem Zeitpunkt eine höhere Konzentration von 1,09 Promille vorlag.

e) Tabelle zur annähernden Berechnung des Blutalkoholgehalts.[180] *aa) Allgemeines.* Die **219** Tabelle dient zur Ermittlung des maximalen Blutalkoholgehaltes bei nüchternem Magen und besten Resorptionsverhältnissen. Die angegebenen Werte werden nach einer guten

---

[180] Entnommen *Xanke* Lexikon straßenverkehrsrechtlicher Entscheidungen.

Mahlzeit nicht erreicht, sondern es kann bis zu einem Drittel weniger Alkohol im Blut festgestellt werden.

220 In Spalte 1 ist die Art der Getränke angegeben. Aus Spalte 2 kann man den Alkoholgehalt der Getränke in Volumen-Prozent, aus Spalte 3 die Menge der Getränke in Kubikzentimetern (ccm) und aus Spalte 4 den enthaltenen Alkohol in Gramm (g) entnehmen. In den nächsten Spalten ist die Blutalkoholkonzentration bei dem entsprechenden Körpergewicht in g ‰ abzulesen.

Beispiel:
Welchen maximalen Blutalkoholgehalt bewirken sechs Glas 4 vol-%iges Bier à 250 ccm bei einem Menschen von 70 kg Körpergewicht?
Nachsehen bei Bier, 4 vol-%iges, 250 ccm
70 kg = 0,16 g‰ je Glas
6 Glas = 6 × 0,16 g‰ = 0,96 g‰

Nach sehr gutem Essen etwa $\frac{0,96 \times 2}{3}$ = 0,64 g‰

221 Bei dieser Berechnung sind ein Verteilungsfaktor von 0,7 und schnelles Trinken zugrunde gelegt. Werden die Trinkmengen in längeren Zeiträumen aufgenommen, so ist der Blutalkoholgehalt geringer.

bb) Tabellarische Übersicht

Getränk	Vol-% Alkohol	ccm	Gramm Alkohol	40 kg	45 kg	50 kg	55 kg	60 kg	65 kg	70 kg	75 kg	80 kg	85 kg	90 kg	95 kg	100 kg	105 kg	110 kg	115 kg	120 kg
Akvavit	38	20	6,1	0,22	0,19	0,17	0,16	0,14	0,13	0,12	0,12	0,11	0,10	0,10	0,09	0,09	0,08	0,08	0,08	0,07
	42	20	6,7	0,24	0,21	0,19	0,17	0,16	0,15	0,14	0,13	0,12	0,11	0,11	0,10	0,10	0,09	0,09	0,08	0,08
	45	20	7,2	0,26	0,23	0,21	0,19	0,17	0,16	0,15	0,14	0,13	0,12	0,11	0,11	0,10	0,10	0,09	0,09	0,09
Aprikosengeist	40	20	6,4	0,23	0,20	0,18	0,17	0,15	0,14	0,13	0,12	0,11	0,11	0,10	0,10	0,09	0,09	0,08	0,08	0,08
Arrac	60	20	9,6	0,34	0,30	0,27	0,25	0,23	0,21	0,20	0,18	0,17	0,16	0,15	0,14	0,14	0,13	0,12	0,12	0,11
Apfelkorn	25	20	4,0	0,14	0,13	0,11	0,10	0,10	0,09	0,08	0,08	0,07	0,07	0,06	0,06	0,06	0,05	0,05	0,05	0,05
	32	20	5,1	0,18	0,16	0,15	0,13	0,12	0,11	0,10	0,10	0,09	0,09	0,08	0,08	0,07	0,07	0,07	0,06	0,06
Bier	4	100	3,2	0,11	0,10	0,09	0,08	0,08	0,07	0,07	0,06	0,06	0,05	0,05	0,05	0,05	0,04	0,04	0,04	0,04
Bier (Standard)	5	100	4,0	0,14	0,13	0,11	0,10	0,10	0,09	0,08	0,08	0,07	0,07	0,06	0,06	0,06	0,05	0,05	0,05	0,05
	5	250	10,0	0,36	0,32	0,29	0,26	0,24	0,22	0,20	0,19	0,18	0,17	0,16	0,15	0,14	0,14	0,13	0,12	0,12
	5	330	13,2	0,47	0,42	0,38	0,34	0,31	0,29	0,27	0,25	0,24	0,22	0,21	0,20	0,19	0,18	0,17	0,16	0,16
	5	500	20,0	0,71	0,63	0,57	0,52	0,48	0,44	0,41	0,38	0,36	0,34	0,32	0,30	0,29	0,27	0,26	0,25	0,24
Bier	6	100	4,8	0,17	0,15	0,14	0,12	0,11	0,11	0,10	0,09	0,09	0,08	0,08	0,07	0,07	0,07	0,06	0,06	0,06
Birnengeist	40	20	6,4	0,23	0,20	0,18	0,17	0,15	0,14	0,13	0,12	0,11	0,11	0,10	0,10	0,09	0,09	0,08	0,08	0,08
	45	20	7,2	0,26	0,23	0,21	0,19	0,17	0,16	0,15	0,14	0,13	0,12	0,11	0,11	0,10	0,10	0,09	0,09	0,09
Bitter	38	20	6,1	0,22	0,19	0,17	0,16	0,14	0,13	0,12	0,12	0,11	0,10	0,10	0,10	0,09	0,08	0,08	0,08	0,07
	42	20	6,7	0,24	0,21	0,19	0,17	0,16	0,15	0,13	0,12	0,12	0,11	0,11	0,10	0,10	0,09	0,09	0,08	0,08
	48	20	7,7	0,27	0,24	0,22	0,20	0,18	0,17	0,16	0,15	0,14	0,13	0,12	0,12	0,11	0,10	0,10	0,10	0,09
Boonekamp	40	20	6,4	0,23	0,20	0,18	0,17	0,15	0,14	0,13	0,12	0,11	0,11	0,10	0,10	0,09	0,09	0,08	0,08	0,08
Bourbon	40	20	6,4	0,23	0,20	0,18	0,17	0,15	0,14	0,13	0,12	0,11	0,11	0,10	0,10	0,09	0,09	0,08	0,08	0,08
Calvados	43	20	6,9	0,25	0,22	0,20	0,18	0,16	0,15	0,14	0,13	0,12	0,12	0,11	0,10	0,10	0,09	0,09	0,09	0,08
Cognac	42	20	6,7	0,24	0,21	0,19	0,17	0,16	0,15	0,13	0,12	0,12	0,11	0,11	0,10	0,10	0,09	0,09	0,08	0,08
	38	20	6,1	0,22	0,19	0,17	0,16	0,14	0,13	0,12	0,12	0,11	0,10	0,10	0,10	0,09	0,08	0,08	0,08	0,07
	40	20	6,4	0,23	0,20	0,18	0,17	0,15	0,14	0,13	0,12	0,11	0,11	0,10	0,10	0,09	0,09	0,08	0,08	0,08
Doppelkorn	38	20	6,1	0,22	0,19	0,17	0,16	0,14	0,13	0,12	0,12	0,11	0,10	0,10	0,10	0,09	0,08	0,08	0,08	0,07
Doornkaat	38	20	6,1	0,22	0,19	0,17	0,16	0,14	0,13	0,12	0,12	0,11	0,10	0,10	0,10	0,09	0,08	0,08	0,08	0,07
Eierlikör	20	20	3,2	0,11	0,10	0,09	0,08	0,08	0,07	0,07	0,06	0,06	0,05	0,05	0,05	0,05	0,04	0,04	0,04	0,04
Enzian	38	20	6,1	0,22	0,19	0,17	0,16	0,14	0,13	0,12	0,12	0,11	0,10	0,10	0,10	0,09	0,08	0,08	0,08	0,07
Genever	40	20	6,4	0,23	0,20	0,18	0,17	0,15	0,14	0,13	0,12	0,11	0,11	0,10	0,10	0,09	0,09	0,08	0,08	0,08
Gin	40	20	6,4	0,23	0,20	0,18	0,17	0,15	0,14	0,13	0,12	0,11	0,11	0,10	0,10	0,09	0,09	0,08	0,08	0,08
	47	20	7,5	0,27	0,24	0,21	0,20	0,18	0,17	0,15	0,14	0,13	0,13	0,12	0,11	0,11	0,10	0,10	0,10	0,09
Goldwasser	30	20	4,8	0,17	0,15	0,14	0,12	0,11	0,11	0,10	0,09	0,09	0,08	0,08	0,07	0,07	0,07	0,06	0,06	0,06
	40	20	6,4	0,23	0,20	0,18	0,17	0,15	0,14	0,13	0,12	0,11	0,11	0,10	0,10	0,09	0,09	0,08	0,08	0,08
Himbeergeist	40	20	6,4	0,23	0,20	0,18	0,17	0,15	0,14	0,13	0,12	0,11	0,11	0,10	0,10	0,09	0,09	0,08	0,08	0,08
	45	20	7,2	0,26	0,23	0,21	0,19	0,17	0,16	0,15	0,14	0,13	0,12	0,11	0,11	0,10	0,10	0,09	0,09	0,09
	50	20	8,0	0,29	0,25	0,23	0,21	0,19	0,18	0,16	0,15	0,14	0,13	0,13	0,12	0,11	0,11	0,10	0,10	0,10

Getränk	Vol-% Alkohol	ccm	Gramm Alkohol	40 kg	45 kg	50 kg	55 kg	60 kg	65 kg	70 kg	75 kg	80 kg	85 kg	90 kg	95 kg	100 kg	105 kg	110 kg	115 kg	120 kg
Kirschwasser	40	20	6,4	0,23	0,20	0,18	0,17	0,15	0,14	0,13	0,12	0,11	0,11	0,10	0,10	0,09	0,09	0,08	0,08	0,08
	42	20	6,7	0,24	0,21	0,19	0,17	0,16	0,15	0,14	0,13	0,12	0,11	0,11	0,10	0,10	0,09	0,09	0,08	0,08
	45	20	7,2	0,26	0,23	0,21	0,19	0,17	0,16	0,15	0,14	0,13	0,12	0,11	0,11	0,10	0,10	0,09	0,09	0,09
Kognak	38	20	6,1	0,22	0,19	0,17	0,16	0,14	0,13	0,12	0,12	0,11	0,10	0,10	0,09	0,09	0,08	0,08	0,08	0,07
	40	20	6,4	0,23	0,20	0,18	0,16	0,15	0,14	0,13	0,12	0,11	0,11	0,10	0,10	0,09	0,09	0,08	0,08	0,07
Korn	32	20	5,1	0,18	0,16	0,15	0,13	0,12	0,11	0,10	0,10	0,09	0,09	0,08	0,08	0,07	0,07	0,07	0,06	0,06
	38	20	6,1	0,22	0,19	0,17	0,16	0,14	0,13	0,12	0,12	0,11	0,10	0,10	0,09	0,09	0,08	0,08	0,08	0,07
Kümmel	32	20	5,1	0,18	0,16	0,15	0,13	0,12	0,11	0,10	0,10	0,09	0,09	0,08	0,08	0,07	0,07	0,06	0,06	0,06
	38	20	6,1	0,22	0,19	0,17	0,16	0,14	0,13	0,12	0,12	0,11	0,10	0,10	0,09	0,09	0,08	0,08	0,08	0,07
Kümmerling	43	20	6,9	0,25	0,22	0,20	0,18	0,16	0,15	0,14	0,13	0,12	0,12	0,11	0,10	0,10	0,10	0,09	0,09	0,08
Magenbitter	35	20	5,6	0,20	0,18	0,16	0,15	0,13	0,12	0,11	0,11	0,10	0,09	0,09	0,08	0,08	0,08	0,07	0,07	0,07
	35	20	5,6	0,20	0,18	0,16	0,15	0,13	0,12	0,11	0,11	0,10	0,09	0,09	0,08	0,08	0,08	0,07	0,07	0,07
	38	20	6,1	0,22	0,19	0,17	0,16	0,14	0,13	0,12	0,12	0,11	0,10	0,10	0,09	0,09	0,08	0,08	0,08	0,07
	42	20	6,7	0,24	0,21	0,19	0,17	0,16	0,15	0,14	0,13	0,12	0,12	0,11	0,11	0,10	0,10	0,09	0,09	0,08
	45	20	7,2	0,26	0,23	0,21	0,19	0,17	0,16	0,15	0,14	0,13	0,12	0,11	0,11	0,10	0,10	0,09	0,09	0,09
Malteserkreuz	43	20	6,9	0,25	0,22	0,20	0,18	0,16	0,15	0,14	0,13	0,12	0,12	0,11	0,10	0,10	0,10	0,09	0,09	0,08
Melissengeist	80	20	12,8	0,46	0,41	0,37	0,33	0,30	0,28	0,26	0,24	0,23	0,22	0,20	0,19	0,18	0,17	0,17	0,16	0,15
Obstler	38	20	6,1	0,22	0,19	0,17	0,16	0,14	0,13	0,12	0,12	0,11	0,10	0,10	0,09	0,09	0,08	0,08	0,08	0,07
	42	20	6,7	0,24	0,21	0,19	0,17	0,16	0,15	0,14	0,13	0,12	0,12	0,11	0,11	0,10	0,10	0,09	0,09	0,08
	45	20	7,2	0,26	0,23	0,21	0,19	0,17	0,16	0,15	0,14	0,13	0,12	0,11	0,11	0,10	0,10	0,09	0,09	0,09
Ouzo	38	20	6,1	0,22	0,19	0,17	0,16	0,14	0,13	0,12	0,12	0,11	0,10	0,10	0,09	0,09	0,08	0,08	0,08	0,07
	40	20	6,4	0,23	0,20	0,18	0,17	0,15	0,14	0,13	0,12	0,11	0,11	0,10	0,10	0,09	0,09	0,08	0,08	0,08
Pastis	42	20	6,7	0,24	0,21	0,19	0,17	0,16	0,15	0,14	0,13	0,12	0,12	0,11	0,11	0,10	0,10	0,09	0,09	0,08
Pernod	43	20	6,9	0,25	0,22	0,20	0,18	0,16	0,15	0,14	0,13	0,12	0,12	0,11	0,10	0,10	0,10	0,09	0,09	0,08
	40	20	6,4	0,23	0,20	0,18	0,17	0,15	0,14	0,13	0,12	0,11	0,11	0,10	0,10	0,09	0,09	0,08	0,08	0,08
	45	20	7,2	0,26	0,23	0,21	0,19	0,18	0,16	0,15	0,14	0,13	0,12	0,11	0,11	0,10	0,10	0,09	0,09	0,09
Rum	40	20	6,4	0,23	0,20	0,18	0,17	0,15	0,14	0,13	0,12	0,11	0,11	0,10	0,10	0,09	0,09	0,08	0,08	0,08
	42	20	6,7	0,24	0,21	0,19	0,17	0,16	0,15	0,14	0,13	0,12	0,12	0,11	0,11	0,10	0,10	0,09	0,09	0,08
	43	20	6,9	0,25	0,22	0,20	0,18	0,16	0,15	0,14	0,13	0,12	0,12	0,11	0,10	0,10	0,10	0,09	0,09	0,08
	54	20	8,6	0,31	0,27	0,25	0,22	0,21	0,19	0,18	0,16	0,15	0,15	0,14	0,13	0,13	0,12	0,11	0,11	0,10
	73	20	11,7	0,42	0,37	0,33	0,30	0,28	0,26	0,24	0,22	0,21	0,20	0,19	0,18	0,17	0,16	0,15	0,15	0,14
Scotch	80	20	12,8	0,46	0,41	0,37	0,33	0,30	0,28	0,26	0,24	0,23	0,22	0,20	0,19	0,18	0,17	0,16	0,16	0,15
	40	20	6,4	0,23	0,20	0,18	0,17	0,15	0,14	0,13	0,12	0,11	0,11	0,10	0,10	0,09	0,09	0,08	0,08	0,08
Sekt	43	20	6,9	0,25	0,22	0,20	0,18	0,16	0,15	0,14	0,13	0,12	0,12	0,11	0,10	0,10	0,10	0,09	0,09	0,08
	12	100	9,6	0,34	0,30	0,27	0,25	0,23	0,21	0,20	0,18	0,17	0,16	0,15	0,14	0,14	0,13	0,12	0,12	0,11
	12	700	672	2,40	2,13	1,92	1,75	1,60	1,48	1,37	1,28	1,20	1,13	1,07	1,01	0,96	0,91	0,87	0,83	0,80
Slivovic	40	20	6,4	0,23	0,20	0,18	0,17	0,15	0,14	0,13	0,12	0,11	0,11	0,10	0,10	0,09	0,09	0,08	0,08	0,08
	44	20	7,0	0,25	0,22	0,20	0,18	0,17	0,15	0,14	0,13	0,13	0,12	0,11	0,11	0,10	0,10	0,09	0,09	0,08
	55	20	8,8	0,31	0,28	0,25	0,23	0,21	0,19	0,18	0,17	0,16	0,15	0,14	0,13	0,13	0,12	0,11	0,11	0,10
Süßwein	15	100	12,0	0,43	0,38	0,34	0,31	0,29	0,26	0,24	0,23	0,21	0,20	0,19	0,18	0,17	0,16	0,16	0,15	0,14
	15	700	84,0	3,00	2,67	2,40	2,18	2,00	1,85	1,71	1,60	1,50	1,41	1,33	1,26	1,20	1,14	1,09	1,04	1,00

§ 13 Feststellung von Verkehrsverstößen 222 § 13

Getränk	Vol-% Alkohol	ccm	Gramm Alkohol	40 kg	45 kg	50 kg	55 kg	60 kg	65 kg	70 kg	75 kg	80 kg	85 kg	90 kg	95 kg	100 kg	105 kg	110 kg	115 kg	120 kg
Steinhäger	38	20	6,1	0,22	0,19	0,17	0,16	0,14	0,13	0,12	0,12	0,11	0,10	0,10	0,09	0,09	0,08	0,08	0,08	0,07
	40	20	6,4	0,23	0,20	0,18	0,17	0,15	0,14	0,13	0,12	0,11	0,11	0,10	0,10	0,09	0,09	0,08	0,08	0,08
Underberg	44	20	7,0	0,25	0,22	0,20	0,18	0,17	0,15	0,14	0,13	0,13	0,12	0,11	0,11	0,10	0,10	0,09	0,09	0,08
Weißwein	10	100	8,0	0,29	0,25	0,23	0,21	0,19	0,18	0,16	0,15	0,14	0,13	0,13	0,12	0,11	0,11	0,10	0,10	0,10
	10	700	56,0	2,00	1,78	1,60	1,45	1,33	1,23	1,14	1,07	1,00	0,94	0,89	0,84	0,80	0,76	0,73	0,70	0,67
Wein	10	100	8,0	0,29	0,25	0,23	0,21	0,19	0,18	0,16	0,15	0,14	0,13	0,13	0,12	0,11	0,11	0,10	0,10	0,10
	10	250	20,0	0,71	0,63	0,57	0,52	0,48	0,44	0,41	0,38	0,36	0,34	0,32	0,30	0,29	0,27	0,26	0,25	0,24
	10	700	56,0	2,00	1,78	1,60	1,45	1,33	1,23	1,14	1,07	1,00	0,94	0,89	0,84	0,80	0,76	0,73	0,70	0,67
	12	100	9,6	0,34	0,30	0,27	0,25	0,23	0,21	0,20	0,18	0,17	0,16	0,15	0,14	0,14	0,13	0,12	0,12	0,11
	12	250	24,0	0,86	0,76	0,69	0,62	0,57	0,53	0,49	0,46	0,43	0,40	0,38	0,36	0,34	0,33	0,31	0,30	0,29
	12	700	67,2	2,40	2,13	1,92	1,75	1,60	1,48	1,37	1,28	1,20	1,13	1,07	1,01	0,96	0,91	0,87	0,83	0,80
	15	100	12,0	0,43	0,38	0,34	0,31	0,29	0,26	0,24	0,23	0,21	0,20	0,19	0,18	0,17	0,16	0,16	0,15	0,14
	15	250	30,0	1,07	0,95	0,86	0,78	0,71	0,66	0,61	0,57	0,54	0,50	0,48	0,45	0,43	0,41	0,39	0,37	0,36
	15	700	84,0	3,00	2,67	2,40	2,18	2,00	1,85	1,71	1,60	1,50	1,41	1,33	1,26	1,20	1,14	1,09	1,04	1,00
Weinbrand	38	20	6,1	0,22	0,19	0,17	0,16	0,14	0,13	0,12	0,12	0,11	0,10	0,10	0,09	0,09	0,08	0,08	0,08	0,07
	40	20	6,4	0,23	0,20	0,18	0,17	0,15	0,14	0,13	0,12	0,11	0,11	0,10	0,10	0,09	0,09	0,08	0,08	0,08
Weizenkorn	32	20	5,1	0,18	0,16	0,15	0,13	0,12	0,11	0,10	0,10	0,09	0,09	0,08	0,08	0,07	0,07	0,07	0,06	0,06
	38	20	6,1	0,22	0,19	0,17	0,16	0,14	0,13	0,12	0,12	0,11	0,10	0,10	0,09	0,09	0,08	0,08	0,08	0,07
Whisky	40	20	6,4	0,23	0,20	0,18	0,17	0,15	0,14	0,13	0,12	0,11	0,11	0,10	0,10	0,09	0,09	0,08	0,08	0,08
	43	20	6,9	0,25	0,22	0,20	0,18	0,16	0,15	0,14	0,13	0,12	0,12	0,11	0,10	0,10	0,09	0,09	0,09	0,08
Williams Christ	25	20	4,0	0,14	0,13	0,11	0,10	0,10	0,09	0,08	0,08	0,07	0,07	0,06	0,06	0,06	0,05	0,05	0,05	0,05
	40	20	6,4	0,23	0,20	0,18	0,17	0,15	0,14	0,13	0,12	0,11	0,11	0,10	0,10	0,09	0,09	0,08	0,08	0,08
Wodka	40	20	6,4	0,23	0,20	0,18	0,17	0,15	0,14	0,13	0,12	0,11	0,11	0,10	0,10	0,09	0,09	0,08	0,08	0,08
	42	20	6,7	0,24	0,21	0,19	0,17	0,16	0,15	0,14	0,13	0,12	0,12	0,11	0,10	0,10	0,09	0,09	0,08	0,08
	43	20	6,9	0,25	0,22	0,20	0,18	0,16	0,15	0,14	0,13	0,12	0,12	0,11	0,10	0,10	0,09	0,09	0,09	0,08
	48	20	7,7	0,27	0,24	0,22	0,20	0,18	0,17	0,15	0,15	0,14	0,13	0,12	0,12	0,11	0,11	0,10	0,10	0,09
	55	20	8,6	0,31	0,28	0,25	0,23	0,21	0,19	0,18	0,17	0,16	0,15	0,14	0,13	0,13	0,12	0,11	0,11	0,10
Zwetschgenwasser	40	20	6,4	0,23	0,20	0,18	0,17	0,15	0,14	0,13	0,12	0,11	0,11	0,10	0,10	0,09	0,09	0,08	0,08	0,08
	45	20	7,2	0,26	0,23	0,21	0,19	0,17	0,16	0,15	0,14	0,13	0,12	0,11	0,11	0,10	0,10	0,09	0,09	0,09
	50	20	8,0	0,29	0,25	0,23	0,21	0,19	0,18	0,16	0,15	0,14	0,13	0,13	0,12	0,11	0,11	0,10	0,10	0,10
Medikamente																				
Baldrian	16	20	2,6	0,09	0,08	0,07	0,07	0,06	0,06	0,05	0,05	0,05	0,04	0,04	0,04	0,04	0,03	0,03	0,03	0,03
	18	20	2,9	0,10	0,09	0,08	0,07	0,07	0,06	0,06	0,05	0,05	0,05	0,05	0,04	0,04	0,04	0,04	0,04	0,03
Biovital	16	20	2,6	0,09	0,08	0,07	0,07	0,06	0,06	0,05	0,05	0,04	0,04	0,04	0,04	0,03	0,03	0,03	0,03	0,03
Doppelherz	17	20	2,7	0,10	0,09	0,08	0,07	0,06	0,06	0,06	0,05	0,05	0,05	0,04	0,04	0,04	0,04	0,03	0,03	0,03
Frauengold	17	20	2,7	0,10	0,09	0,08	0,07	0,06	0,06	0,06	0,05	0,05	0,05	0,04	0,04	0,04	0,03	0,03	0,03	0,03
	18	20	2,9	0,10	0,09	0,08	0,07	0,07	0,06	0,06	0,05	0,05	0,05	0,05	0,04	0,04	0,04	0,04	0,04	0,03
Ginseng	36	20	5,8	0,21	0,18	0,16	0,15	0,14	0,13	0,12	0,11	0,10	0,10	0,09	0,09	0,08	0,08	0,07	0,07	0,07

Quelle: *Xanke* Lexikon straßenverkehrsrechtlicher Entscheidungen.

223 **f) Gleichwertigkeit beider Messverfahren.** Wird die alkoholische Beeinflussung des Betroffenen sowohl durch Atemalkoholmessung als auch durch Blutuntersuchung ermittelt, so kann schon im Hinblick auf die fehlende Konvertierbarkeit bei Abweichungen der Ergebnisse grundsätzlich keinem der beiden Messungen ein höherer Beweiswert beigemessen werden. Daher genügt es in der Praxis auch, wenn ein gesetzlicher Grenzwert des § 24a Abs. 1 StVG erreicht wird. Ein Anspruch auf Überprüfung der Alkoholisierung nach der alternativen Messmethode besteht nicht.

224 Ergeben sich jedoch signifikante Abweichungen der Ergebnisse trotz unmittelbar nacheinander durchgeführter Messungen, so stellt sich die Frage der Zuverlässigkeit der Messergebnisse. Bei deren Klärung ist zu berücksichtigen, dass der Blutuntersuchung angesichts der mindestens vierfachen Analyse mit unterschiedlichen Untersuchungsmethoden ein besonders hoher Grad an Zuverlässigkeit zukommt.[181] Darüber hinaus kann der Wert der BAK nachuntersucht werden.

225 **g) Notwendige tatrichterliche Feststellungen.** Bei einer Verurteilung wegen Verstoßes gegen § 24a Abs. 1 StVG, der eine Ermittlung der Atemalkoholkonzentration im standardisierten Messverfahren zugrunde liegt, ist den Darstellungsanforderungen an das tatrichterliche Urteil grundsätzlich genügt, wenn die Messmethode und der sich aus der Messung ergebende Atemalkoholwert mitgeteilt werden. Bestehen keine Anhaltspunkte für Unregelmäßigkeiten, müssen die Urteilsgründe sich nicht zur Bauartzulassung und Eichung des Messgerätes sowie zur Beachtung der Messbestimmungen äußern.[182]

3. Die Feststellung von Drogen/Rauschmitteln sowie Medikamenten

226 **a) Feststellung.** Der Nachweis der Einnahme von Rauschmitteln/Drogen kann grundsätzlich mittels einer Blutprobe, Haarprobe oder Urinprobe geführt werden. Hervorzuheben ist, dass eine Urinprobe gemäß § 81 StPO nicht zwangsweise entnommen werden kann. Der Nachweis von Drogen im Straßenverkehr gestaltet sich nach wie vor schwierig; insbesondere fehlen gerichtsverwertbare Schnelltests.[183]

227 Die Polizei verfügt zwischenzeitlich über die technische Ausstattung, drogenbedingte Veränderungen auf der Hautoberfläche oder eine Vergrößerung der Pupille festzustellen. Diese Geräte sind jedoch nur als Vortestgeräte zugelassen. Sie dienen nicht als gerichtsverwertbarer Nachweis. Hierfür kommt ausschließlich die Blutprobe in Frage.[184] Das Schulungsprogramm „Drogenerkennung im Straßenverkehr" soll Polizeibeamte in die Lage versetzen, drogen- und medikamentenbeeinflusste Fahrer zuverlässig zu erkennen.[185]

228 Der Nachweis einer Fahruntüchtigkeit, bedingt durch Rauschmittelkonsum, setzt nicht notwendiger Weise die Feststellung eines Fahrfehlers voraus. Vielmehr genügt es, dass eine während der Fahrt vorhandene erhebliche Beeinträchtigung des Reaktions- und Wahrnehmungsvermögens auf andere Weise zuverlässig festgestellt wird. Dies ist zB durch Feststellung des Zustandes und des Verhaltens des Beschuldigten bei einer Polizeikontrolle unmittelbar im Anschluss an die Fahrt möglich.[186] Erforderlich ist jedoch, dass die Auffälligkeiten eindeutig auf den Drogen- oder Arzneimittelkonsum zurückgeführt werden können.[187]

229 Bisher wurde ein Beweisgrenzwert für absolute Fahrunsicherheit nach Drogenkonsum nicht anerkannt. Erforderlich ist daher die Feststellung weiterer Beweisanzeichen.[188] Dies gilt auch bei dem Nachweis von Drogenwirkstoffen, da die Grenzwertkommission lediglich Empfehlungen abgegeben hat: Bei Erreichen oder Überschreiten des analytischen Grenzwer-

---

[181] *Janker* DAR 2002, 49.
[182] OLG Hamburg NZV 2004, 269 (gegen OLG Hamm NZV 2002, 414 = NJW 2002, 2485); OLG Hamm SVR 2004, 145; BayObLG zfs 2003, 316.
[183] *Haus* § 10 Rn. 4.
[184] *Gebhardt* § 36 Rn. 103.
[185] *Haus* § 10 Rn. 8 Fn. 9.
[186] BayObLG DAR 1997, 76.
[187] OLG Düsseldorf NZV 1994, 326; BayObLG zfs 1994, 184; OLG Frankfurt NZV 1995, 116; zur Rspr. zu Heroin vgl. OLG Frankfurt NZV 1992, 289.
[188] BGHSt 44, 92; vgl. auch *Hentschel* NJW 2000, 696 (703).

tes kann vom Gericht ohne weitere Feststellungen eine Wirkung iSd § 24a Abs. 2 StVG angenommen werden.

b) Teilnahme am Straßenverkehr unter Rauschmitteleinfluss. Durch Gesetz vom 28.4.1998[189] ist ein Ordnungswidrigkeitentatbestand für Drogenfahrten durch § 24a Abs. 2 StVG eingeführt worden. Danach begeht derjenige eine Ordnungswidrigkeit, der unter der Wirkung eines der in der Anlage zum Gesetz genannten berauschenden Mittel am Straßenverkehr teilnimmt. Nach dem Gesetz liegt eine solche Wirkung vor „… wenn eine der in dieser Anlage genannten Substanzen im Blut nachgewiesen wird". Hiernach ist es nicht erforderlich, dass die Einnahme zu einer konkreten Beeinträchtigung geführt hat.

Die Liste in der Anlage zum StVG führt folgende berauschende Mittel und Substanzen auf:

Berauschende Mittel:	Substanzen:
Cannabis	Tetrahydrocannabinol (THC)
Heroin	Morphin
Morphin	Morphin
Cocain	Cocain
Cocain	Benzoylecgonin
Amfetamin	Amfetamin
Designer-Amfetamin	Methylendioxyethylamphetamin (MDE)
Designer-Amfetamin	Methylendioxymethamphetamin (MDMA)
Metamfetamin	Metamfetamin

Die Liste beruht auf einer Rechtsverordnung, die nach § 24a Abs. 5 StVG geändert und ergänzt werden kann.

Ordnungswidriges Verhalten aufgrund Rauschmitteleinnahme wird nach § 24a Abs. 4 StVG mit einer Geldbuße bis 3.000,– EUR geahndet. Außerdem ist die Verhängung eines Fahrverbotes bis zu 3 Monaten nach § 25 Abs. 1 S. 2 StVG indiziert.

c) Rauschmittel-/Drogeneinnahme und Fahreignung. Neben dem Tatbestand der Ordnungswidrigkeit spielt die Einnahme von Rauschmitteln eine wichtige Rolle bei der Frage der Fahreignung. Ungeeignetheit ist nach § 14 FeV bereits bei bloßer Einnahme von Betäubungsmitteln außerhalb des Straßenverkehrs gegeben.[190]

4. Medikamenteneinnahme

In § 24a Abs. 2 S. 3 StVG ist geregelt, dass eine Ordnungswidrigkeit nicht vorliegt, wenn die festgestellte Substanz ausschließlich durch die bestimmungsgemäße Einnahme eines Arzneimittels in das Blut gelangt ist. Der Ausschluss der Ordnungswidrigkeit setzt jedoch voraus, dass die Einnahme für einen konkreten Krankheitsfall ärztlich verordnet wurde.

Andererseits ist zu beachten, dass dennoch die Strafbarkeit gemäß §§ 316, 315c StGB im Falle nachgewiesener Fahrunsicherheit in Betracht kommt, selbst wenn sie auf der Einnahme von Arzneimitteln beruht. Dies gilt auch dann, wenn die eingenommenen Mittel ärztlich verordnet wurden.[191]

---

[189] BGBl. I 810.
[190] *Hentschel* StVG § 2 Rn. 17 mit ausführlichen Nachweisen aus Rspr. und Literatur.
[191] Vgl. auch ausführlich *Nehm* DAR 2000, 444 ff.

§ 14 Klärung von Rechtsfragen

Übersicht

	Rn.
I. Verteidigervollmacht	1–9
1. Form	1
2. Umfang der Vollmacht	2–6
a) (Haupt-)Verteidigervollmacht	2–4
b) Untervollmacht	5/6
3. Wirkung der Vollmacht	7–9
II. Zustellung	10–18
1. Adressat der Zustellung	10–15
2. Form der Zustellung	16
3. Ersatzzustellung	17/18
III. Allgemeine Rechtsfragen in Verkehrsstraf- und OWi-Sachen	19–57
1. Allgemeine Aspekte	20–24
a) Die notwendige Kompetenz	20–23
b) Die Entwicklung des Straßenverkehrsrechtes	24
2. Rechtswidrigkeit bei Verkehrsverstößen	25–27
3. Schuldfähigkeit	28
4. Vorsatz und Fahrlässigkeit bei Verkehrsverhalten	29–35
a) Die Begriffe	29/30
b) Die Schuldfähigkeit bei Alkoholgenuss	31/32
c) Die Bedeutung der Schreck- und Reaktionszeit für die Vorwerfbarkeit des Handelns	33–35
5. Actio-libera-in-causa	36
6. Tateinheit, Tatmehrheit, Dauerstraftat	37–41
a) Allgemeines	37/38
b) Die Rechtsfolgen	39–41
7. Fragen des Beweisrechts	42/43
8. Strafzumessung, Tagessatzhöhe und Bußgeldbemessung	44–57
a) Strafzumessung und Tagessatzhöhe	44–49
b) Verwarnung, Verwarnungsgeld	50
c) Bußgeldbemessung	51–57
IV. Die Tatbestände des Verkehrsstrafrechtes	58–201
1. Fahrlässige Tötung (§ 222 StGB)	62–79
a) Der objektive Tatbestand	62–64
b) Speziell: fahrlässige Tötung bei Trunkenheitsfahrt	65/66
c) Der subjektive Tatbestand	67–70
d) Strafzumessung	71–74
e) Versuchter Totschlag bei Zufahren auf Geschädigten	75–77
f) Strafmaß und Strafaussetzung zur Bewährung bei Unfall mit Todesfolge	78/79
2. Fahrlässige Körperverletzung (§ 229 StGB)	80–86
a) Gegenstand der Tat	80/81
b) Die Fahrlässigkeit	82/83
c) Prozessuale Besonderheiten	84–86
3. Trunkenheit im Verkehr (§ 316 StGB)	87–106
a) Der Tatbestand	87–102
b) Schuldform	103–106
4. Straßenverkehrsgefährdung (§ 315c StGB)	107–127
a) Der Tatbestand der Gefährdung des Straßenverkehrs gemäß § 315c StGB	107–125
b) Die subjektiven Tatbestandsmerkmale	126
c) Anforderungen an Urteilsbegründung	127
5. Gefährlicher Eingriff in den Straßenverkehr (§ 315b StGB)	128–133
a) Die Tathandlung	128–132
b) Die innere Tatseite	133
6. Vollrausch (§ 323a StGB)	134–138
a) Allgemeines	134

	Rn.
b) Tathandlung	135/136
c) Vorsatz oder Fahrlässigkeit	137/138
7. Unerlaubtes Entfernen vom Unfallort (§ 142 StGB)	139–179
a) Der objektive Tatbestand	141–165
b) Der subjektive Tatbestand	166–170
c) Verkehrsunfallflucht und tätige Reue (§ 142 Abs. 4 StGB)	171–179
8. Nötigung (§ 240 StGB)	180–185
a) Objektiver Tatbestand	181–184
b) Rechtswidrigkeit und subjektiver Tatbestand	185
9. Sonstige Straftatbestände mit verkehrsrechtlichem Bezug	186–190
a) Urkundenfälschung (§ 267 StGB)	186
b) Unbefugter Gebrauch eines Fahrzeugs (§ 248b StGB)	187/188
c) Beleidigung im Straßenverkehr	189/190
10. Fahren ohne Fahrerlaubnis oder trotz Fahrverbotes (§ 21 StGB)	191–197
a) Objektiver Tatbestand	192–196
b) Subjektiver Tatbestand	197
11. Die Verantwortung dritter Personen	198–201
a) Die strafrechtliche Verantwortlichkeit des Gastwirtes oder privaten Gastgebers	199/200
b) Verantwortlichkeit des Fahrzeughalters	201
V. Die Verteidigung gegen Verkehrsordnungswidrigkeiten	202–283
1. Grundlagen des Ordnungswidrigkeitenrechts	202–209
a) Die gesetzlichen Regelungen	203
b) Opportunitätsprinzip	204–207
c) Verteidigungsstrategien	208/209
2. Die Ahndung von Verkehrsverstößen	210–229
a) Gesetzliche Grundlage	210–212
b) Vorsatz und Fahrlässigkeit	213–216
c) Notstand	217/218
d) Täterschaft und Beteiligung	219–224
e) Der Tatbegriff bei mehreren Geschwindigkeitsverstößen	225–228
f) Bußgeldbemessung	229
3. Verteidigung bei Verstößen gegen § 24a StVG	230–237
a) Fahren unter Alkoholeinwirkung	231–233
b) Berauschende Mittel im Straßenverkehr	234/235
c) Bemessung der Geldbuße	236/237
4. Der Bußgeldbescheid	238–250
a) Allgemeines	238
b) Der Bußgeldbescheid im Einzelnen	239–250
5. Verjährung	251–265
a) Die Verfolgungsverjährung	252/253
b) Die Frist für die Verfolgungsverjährung	254
c) Unterbrechung der Verfolgungsverjährung	255–263
d) Schema zur Überprüfung der Verjährung	264/265
6. Besonderheiten des Verfahrens	266–283
a) Zwischenverfahren	266–272
b) Das schriftliche Verfahren gemäß § 72 OWiG	273–275
c) Kostenregelung nach § 109a Abs. 2 OWiG	276
d) Kostentragungspflicht des Halters	277–283
VI. Verkehrsverstöße im Ausland	284–290
1. Die Ahndung von Verkehrsverstößen im Ausland	284–286
a) Die zunehmende Häufigkeit von Verkehrsverstößen im Ausland	284
b) Die Rechtsfolgen eines Verkehrsverstoßes im Ausland	285/286
2. Rechtshilfe und Vollstreckungsabkommen	287–290

Schrifttum: *Albrecht,* Die unbefriedigenden Lösungen zur Konkurrenz bei Verkehrsverstößen, DAR 2007, 61; *Beck/Berr,* OWi-Sachen im Straßenverkehrsrecht, 6. Aufl. 2012; *Berz/Burmann,* Handbuch des Straßenverkehrsrecht, 31. Aufl. 2013; *Bönke,* Die neue Regelung über „tätige Reue" in § 142 StGB, NZV 1998, 129; *ders.,* Grenzüberschreitende Ahndung von Verkehrsverstößen, NZV 2006, 19; *Burhoff,* Worauf Verteidiger unbedingt achten müssen, Verkehrsrecht aktuell 2004, 122; *Ferner,* § 142 StGB – Unerlaubtes Entfernen vom Unfallort, SVR 2004, 178; *ders.,* Verteidigungsansätze bei §§ 315b, 315c und 316a StGB (Arbeitshilfe), SVR 2004, 104; *Fischer,* Strafgesetzbuch und Nebengesetze, 61. Aufl. 2014; *Freyschmidt/Krumm,* Verteidigung in Straßenverkehrssachen, 10. Aufl. 2013; *Gebhardt,* Das verkehrsrechtliche Mandat, Band 1: Verteidigung in Verkehrsstraf- und Ordnungswidrigkeitenverfahren, 7. Aufl. 2012; *Geppert,* Anmerkung zum Beschluss des

BVerfG vom 19.3.2007 – 2 BvR 2273/06, DAR 2007, 380; *Göhler,* Ordnungswidrigkeitengesetz, 16. Aufl. 2012; *Grünheid,* Das Übereinkommen vom 28. April 1999, NZV 2000, 237; *Hartung,* Fachanwaltschaft, in: Beck'sches Rechtsanwalts-Handbuch, 10. Aufl. 2011, Kap. N 5 (zitiert: BeckRA-Hdb/*Hartung*); *Halm,* Versicherungsrechtliche Konsequenzen der Unfallflucht, DAR 2007, 617; *Hentschel,* Trunkenheit – Fahrerlaubnisentziehung – Fahrverbot im Straf- und Ordnungswidrigkeitenrecht, 10. Aufl. 2006 (zitiert: *Hentschel* Trunkenheit); *Heß/Burmann,* Die Zustellung des Bußgeldbescheids, NJW-Spezial 2004, 255; *Hillmann III,* Probleme der Vorsatzverurteilung bei Trunkenheitsdelikten und der Anrechenbarkeit vorläufiger Entziehung der Fahrerlaubnis, zfs 2000, 376; *Himmelreich/Krumm/Staub,* Verkehrsunfallflucht, 6. Aufl. 2013; *Himmelreich/Halm,* Handbuch des Fachanwalts Verkehrsrecht, 5. Aufl. 2014; *Janiszewski,* Verkehrsstrafrecht, 5. Aufl. 2004; *Janker,* Strafrecht gegen Verkehrsrowdys – rechtliche und rechtspolitische Aspekte, DAR 2005, 121; *Kuhn,* Verkehrsstrafsachen, in: Widmaier, Münchener Anwaltshandbuch Strafverteidigung, 2006, § 46; *Maier,* Die Neufassung des Tatbestands der Unfallflucht (§ 142 StGB) – Auswirkungen auf die Kraftfahrversicherung, NVersZ 1998, 59; *Meyer-Goßner/Schmitt,* Strafprozessordnung, 57. Aufl. 2014; *Mielchen/Meyer,* Anforderungen an die Führerscheinkontrolle durch den Arbeitgeber bei Überlassung von Firmenfahrzeugen an den Arbeitnehmer, DAR 2008, 5; *Neidhart/Nissen,* Bußgeld im Ausland, 3. Aufl. 2011; *Roth,* Mehrere festgestellte Geschwindigkeitsüberschreitungen während einer Fahrt, MittBl der Arge VerkR 2003, 146; *Schönke/Schröder,* Strafgesetzbuch, 29. Aufl. 2014.

I. Verteidigervollmacht

1. Form

1 Erforderlich ist, dass der Anwalt, der als Verteidiger tätig wird, eine Verteidigervollmacht vorlegt. Es muss unmissverständlich sein, dass die Vollmacht als Verteidigervollmacht erteilt wurde. Eine besondere Form für die Beauftragung des Wahlverteidigers ist nicht vorgeschrieben.[1] Die Wirksamkeit einer Verteidigerbestellung hängt nicht von der Vorlage einer Vollmachtsurkunde ab.[2] Für den Nachweis des Verteidigerverhältnisses genügt die Benennung des Verteidigers durch den Beschuldigten oder die Bestellung eines Anwaltes als Verteidiger. Jedoch kann bei Zweifeln die Vorlage einer Vollmachtsurkunde verlangt werden.[3]

2. Umfang der Vollmacht

2 a) **(Haupt-)Verteidigervollmacht.** Die Verteidigervollmacht bevollmächtigt den Anwalt zur Wahrnehmung der Verteidigerstellung. Der Verteidiger ist jedoch allein damit noch nicht befugt, den Beschuldigten in dessen Abwesenheit in der Hauptverhandlung zu vertreten. Hierzu muss eine besondere Vollmacht erteilt werden. In § 234 StPO und § 73 Abs. 3 OWiG ist bestimmt, dass sich der Angeklagte durch einen mit schriftlicher Vollmacht versehenen Verteidiger vertreten lassen kann, soweit die Hauptverhandlung ohne Anwesenheit des Angeklagten stattfinden kann. In diesem Fall setzt die wirksame Vertretung grundsätzlich eine schriftliche Vertretungsvollmacht voraus, die auch aufgrund mündlicher Ermächtigung von einem Dritten oder dem Bevollmächtigten selbst[4] unterzeichnet werden kann. Die Vollmacht muss in diesem Fall dem Gericht schon bei Beginn der Hauptverhandlung vorliegen.[5] Für die gewollte Vertretung in der Hauptverhandlung ist die gewöhnliche Verteidigervollmacht nicht ausreichend.

3 Die Vertretungsvollmacht gemäß § 234 StPO kann zugleich in oder mit der Verteidigervollmacht erteilt werden.[6] Sie muss aber klar zum Ausdruck bringen, dass der Verteidiger mit der Vertretung beauftragt ist und kann wie folgt formuliert werden:

4 Formulierungsvorschlag:
...... Die Vollmacht umfasst insbesondere die Befugnis, in der Hauptverhandlung in Abwesenheit zu vertreten (§ 234 StPO) ......

---

[1] OLG Hamm AnwBl. 1981, 31; vgl. auch *Meyer-Goßner/Schmitt* vor § 137 Rn. 9.
[2] BayObLG DAR 1986, 249.
[3] OLG Hamm AnwBl. 1981, 31.
[4] BayObLG NStZ 2002, 277.
[5] OLG Koblenz MDR 1972, 801; OLG Köln MDR 1964, 435.
[6] BGHSt 9, 356.

Einer schriftlichen Vollmacht bedarf es nicht, wenn der Angeklagte die Vollmacht bei einer kommissarischen Vernehmung vor der Hauptverhandlung zu Protokoll erklärt hat.[7]

b) **Untervollmacht.** Der Wahlverteidiger kann – im Gegensatz zum Pflichtverteidiger – einen unterbevollmächtigten Verteidiger auswählen und bevollmächtigen, wenn ihn der Beschuldigte hierzu ermächtigt hat. Die Ermächtigung zur Verteidigung in Untervollmacht wird in der Regel formularmäßig in einer Vollmachtsurkunde erteilt. Eine Untervollmacht auch iSv § 234 StPO bedarf nicht der Schriftform. Es genügt, dass sie auf andere Weise nachgewiesen wird.[8]

Gerade im Bereich des Verkehrsstraf- und OWi-Rechtes hat die Unterbevollmächtigung eine erhebliche Bedeutung, da die Hauptverhandlung am Ort des Tatgeschehens stattfindet, und dieser Ort liegt häufig in großer Entfernung vom Sitz der Kanzlei des Hauptbevollmächtigten.

3. Wirkung der Vollmacht

Der gewählte Verteidiger, dessen schriftliche Vollmacht sich bei den Akten befindet, gilt als bevollmächtigt zur Wahrnehmung der Verteidigung. Darüber hinaus gilt er kraft Gesetzes gemäß § 145a Abs. 2 StPO, § 51 Abs. 3 OWiG als ermächtigt, Zustellungen und sonstige Mitteilungen entgegenzunehmen.

Zu beachten ist, dass Ladungen des Angeklagten bzw. des Mandanten dann wirksam dem Verteidiger zugestellt werden können, wenn die Vollmacht dies ausdrücklich vorsieht.[9] Der mit schriftlicher Vollmacht ausgestattete Verteidiger kann also für den Beschuldigten bzw. Betroffenen Zustellungen und sonstige Mitteilungen entgegennehmen. Dies betrifft zB die Zustellung der Anklage gemäß § 201 StPO, des Strafbefehls gemäß § 407 StPO sowie des Hinweises nach § 72 Abs. 1 S. 2 OWiG zur Entscheidung im Beschlussverfahren sowie die Zustellung des Bußgeldbescheides oder des Urteils. Wichtig ist, dass die Zustellungsvollmacht auch nach Beendigung des Mandates solange fort gilt, bis die Anzeige des Betroffenen oder des Verteidigers über das Erlöschen des Verteidigerverhältnisses zu den Akten gelangt ist.[10]

Ob der Verteidiger trotz nicht vorliegender Vollmachtsurkunde als rechtsgeschäftlich ermächtigt zur Zustellung anzusehen ist, hängt von den näheren Umständen ab, insbesondere vom Auftreten des Anwalts als Verteidiger mit typischem Verteidigerhandeln und vom Umfang des vom Betroffenen erteilten Auftrags.

II. Zustellung

1. Adressat der Zustellung

Das Zustellungsverfahren bestimmt sich, wenn der Angeklagte bzw. Betroffene einen Verteidiger bestellt hat, für das Strafverfahren nach § 145a Abs. 2 StPO und für das Ordnungswidrigkeitenverfahren nach § 51 Abs. 3 OWiG. Im Übrigen ist in § 51 OWiG bestimmt, dass für das Zustellungsverfahren der Verwaltungsbehörde im Bußgeldverfahren die Vorschriften des Verwaltungszustellungsgesetzes gelten.[11]

Die vorgenannten Vorschriften ermächtigen lediglich zur Zustellung an den bestellten Verteidiger; sie begründen jedoch keine Rechtspflicht. Vielmehr steht es im pflichtgemäßen Ermessen des Gerichtes bzw. der Behörde, ob dem Angeklagten bzw. dem Betroffenen oder seinem Verteidiger zugestellt wird.[12]

Im Übrigen ist als Ordnungsvorschrift geregelt, dass im Falle der Zustellung an den Anwalt der Mandant und im umgekehrten Fall der Anwalt zu informieren ist. Die Beachtung

---

[7] OLG Hamm NJW 1954, 1856.
[8] *Meyer-Goßner/Schmitt* § 234 Rn. 7.
[9] *Gebhardt* § 2 Rn. 7.
[10] OLG Koblenz VRS 71, 203.
[11] Vgl. hierzu Übersicht über das Verwaltungszustellungsgesetz des Bundes sowie der Länder *Göhler* § 51 Rn. 2a; vgl. auch *Heß/Burmann* NJW-Spezial 2004, 255.
[12] LG Berlin AnwBl. 1980, 120.

dieser Vorschrift ist jedoch ohne Bedeutung für die Wirksamkeit der Zustellung und den Fristablauf. Wichtig ist, dass allein die Zustellung des Strafbefehls oder des Bußgeldbescheides an den Angeschuldigten bzw. Betroffenen die Einspruchsfrist in Gang setzt, auch wenn eine nach § 145a Abs. 3 S. 2 StPO bzw. § 51 Abs. 3 S. 3 OWiG vorgeschriebene Benachrichtigung an den Verteidiger nicht erfolgt.[13] Dies stellt jedoch einen Fall der Wiedereinsetzung in den vorigen Stand von Amts wegen dar.

13   Es ist daher wichtig, den Mandanten darauf hinzuweisen, dass er über etwaige Zustellungen an ihn den Verteidiger informieren sollte. Dies verursacht zwar etwas Mehrarbeit, vermeidet jedoch möglicherweise ein Wiedereinsetzungsgesuch. Deshalb sollte in der Verteidigerpost bei Bestätigung der Übernahme der Verteidigung hierauf hingewiesen werden.

14   **Formulierungsvorschlag:**
Sofern Ihnen in der Angelegenheit Mitteilungen oder Entscheidungen zugestellt werden, wird gebeten, die Kanzlei hierüber umgehend zu informieren.

15   Ist bei erfolgter Zustellung an den Mandanten eine Benachrichtigung des Verteidigers unterblieben, so stellt sich im Falle der Fristversäumung die Frage, ob hierauf ein Wiedereinsetzungsgesuch gestützt werden kann.[14] Im Übrigen ist davon auszugehen, dass die Zustellung an den Verteidiger dann zulässig und wirksam ist, wenn der Angeklagte bzw. Betroffene unbekannten Aufenthaltes ist.[15]

2. Form der Zustellung

16   Bei Zustellung an den Betroffenen erfolgt die Zustellung grundsätzlich durch Übergabe des zuzustellenden Schriftstückes am Wohnort des Betroffenen. Als Wohnort gilt, und zwar unabhängig von melderechtlichen Vorschriften, die Räumlichkeit, die der Betroffene zur Zeit der Zustellung tatsächlich für eine gewisse Dauer bewohnt.[16] Eine Räumlichkeit gilt dann nicht mehr als Wohnung, wenn der Betroffene seinen räumlichen Mittelpunkt an einen anderen Ort verlagert. Für einen Studenten, der während des Semesters seinen Wohnort am Studienort hat, gilt der Studienort als Wohnort.[17] Anders ist dies während der Semesterferien, wenn der Student seinen Wohnort an die Heimatadresse zurückverlagert.[18]

3. Ersatzzustellung

17   In dem Fall, in dem einem Betroffenen ein Schriftstück nicht selbst zugestellt werden kann, kann nach den Regeln der §§ 178 bis 181 ZPO eine Ersatzzustellung erfolgen. Die Ersatzzustellung ist zB an die Familie oder an erwachsene Hausgenossen möglich. Eine Ersatzzustellung an die Wohnadresse ist auch dann zulässig, wenn der Betroffene vorübergehend nicht anwesend ist, sich also zB für eine kürzere Zeit auf Geschäfts- oder Urlaubsreise befindet oder zu einem kurzfristigen freiwilligen Aufenthalt in der Klinik.[19] Dies ist jedoch bei längerer beruflicher Abwesenheit nicht möglich.[20]

18   Eine Ersatzzustellung durch Niederlegung bei der Post gemäß § 181 ZPO ist erst nach vorangegangenem Versuch einer Ersatzzustellung gemäß § 180 ZPO zulässig. Bei Zustellung durch eingeschriebenen Brief ist die Zustellung an einen Ersatzempfänger, nicht jedoch die Zustellung durch Niederlegung zulässig. Hiernach gilt das Schriftstück nach dem dritten

---

[13] *Gebhardt* § 4 Rn. 6.
[14] Dies bejahen LG Koblenz AnwBl. 1984, 273; LG Duisburg zfs 1993, 104; zur Übersicht über die – auch gegenteilige – Rspr. vgl. *Gebhardt* § 4 Rn. 6.
[15] BGH NStZ 1991, 28.
[16] OLG Düsseldorf StV 1993, 400; OLG Koblenz zfs 2005, 363.
[17] OLG Karlsruhe NZV 1996, 164.
[18] *Gebhardt* § 4 Rn. 33.
[19] BGH NJW 1985, 2197.
[20] BGH NJW 1951, 931.

Tag nach Aufgabe zur Post als zugestellt. Gemäß § 4 Abs. 1 VwZG gilt dies auch dann, wenn der dritte Tag auf einen Samstag, Sonntag oder Feiertag fällt.[21]

III. Allgemeine Rechtsfragen in Verkehrsstraf- und OWi-Sachen

Nachfolgend werden die Aspekte erörtert, die allgemeine Fragen zum objektiven und subjektiven Tatbestand im Verkehrsstraf- und OWi-Recht berühren sowie Fragen der Beweisführung und die für die Strafzumessung und Bußgeldbemessung allgemeingültigen Aspekte. Einzelfragen hierzu und zu den einzelnen Tatbeständen werden jeweils bei der Behandlung der einzelnen Tatbestände des Verkehrsstraf- und Ordnungswidrigkeitenrechtes einschließlich der hierzu relevanten prozessualen Fragen dargestellt.

1. Allgemeine Aspekte

a) **Die notwendige Kompetenz.** Die Verteidigertätigkeit in Verkehrsstrafsachen ist teilweise bestimmt durch die Vorstellung, die durch eine Vielzahl von Mandaten gewonnene Routine sei ausreichende Grundlage für die Verteidigertätigkeit. Dies führt häufig leicht dazu, die Mandate in Verkehrsangelegenheiten „routinemäßig" abzuwickeln. Häufig ist auch unbewusst die Vorstellung vorhanden, dass die Angelegenheit auch für den Mandanten keine besondere Bedeutung hat. Hierbei darf aber nicht übersehen werden, dass eine Verurteilung in einer Verkehrssache regelmäßig die Eintragung von Punkten im Fahreignungsregister mit sich bringt, und eine Häufung von Punkten kann für den Mandanten zu existenziellen Problemen anwachsen.

Dies gilt etwa für den Berufskraftfahrer und auch für denjenigen, der beruflich auf die Benutzung eines Kraftfahrzeuges angewiesen ist, etwa einen Handelsvertreter, und muss den in Verkehrsangelegenheiten tätigen Verteidiger veranlassen, auch die Verteidigertätigkeit in Verkehrssachen mit besonderer Verantwortung zu führen. Es erfordert eine eingehende Klärung des Sachverhaltes im Hinblick auf Besonderheiten und Möglichkeiten, Zweifel im Nachweis des Tatbestandes offen zu legen.

Somit ist neben der Beschäftigung mit dem Sachverhalt auch die Kenntnis der Methoden der Unfallursachenermittlung und etwa der Geschwindigkeitsmessungen oder sonstiger Verfahren zur Feststellung von Verkehrsverstößen erforderlich. Mit der Technik dieser Verfahren muss der Verteidiger sich vertraut machen, ebenso mit möglichen Fehlerquellen. Darüber hinaus müssen etwaige besondere Rechtsfragen im Einzelfall erkannt und vertieft werden.

Positiv ist dabei festzustellen, dass der **Fachanwalt für Verkehrsrecht** eingeführt worden ist. Dies führte zu einer Steigerung der Kompetenz in Angelegenheiten des Straf- und OWi-Rechtes seitens der Anwälte als Verteidiger.[22]

b) **Die Entwicklung des Straßenverkehrsrechtes.** Die Entwicklung des Straßenverkehrsrechtes ist durch zahlreiche Gesetzes- und Verordnungsänderungen gekennzeichnet. *Hentschel*[23] bezeichnet die Tätigkeit des Gesetz- und Verordnungsgebers als „in den vergangenen Jahren zunehmend hektisch". Hinzu kommt eine mitunter ausufernde Veröffentlichungspraxis von Entscheidungen, die es dem Verteidiger schwer macht, den Überblick zu bewahren und neue Tendenzen zu erkennen. Für denjenigen, der auf dem Gebiet des Straßenverkehrsrechtes tätig ist, speziell den auf diesem Gebiet tätigen Anwalt, ist ein geeigneter Weg, sich über die Entwicklungen des Straßenverkehrsrechtes durch Information anhand der regelmäßig, zumindest jährlich erscheinenden Rechtsprechungsübersichten auf dem Laufenden zu halten.

2. Rechtswidrigkeit bei Verkehrsverstößen

Die tatbestandsmäßige Verwirklichung eines Verkehrsverstoßes indiziert die Rechtswidrigkeit. Die durch die Tatbestandsverwirklichung vermutete Rechtswidrigkeit wird ausge-

---
[21] BayVGH NJW 1991, 1250.
[22] Vgl. hierzu ausführlich BeckRA-Hdb/*Zehner* Kap. N 4 sowie BeckRA-Hdb/*Hartung* Kap. N 5 mit ausführlicher Darstellung der Rechtsgrundlagen der FAO.
[23] *Henschel* NJW 2000, 696.

schlossen, wenn **Rechtfertigungsgründe** vorliegen. Diese kommen auch im Bereich des Verkehrsrechts in Betracht.[24]

26   Eher selten kommt als Rechtfertigungsgrund Notwehr in Betracht, etwa beim Tatbestand der Nötigung. Hierbei ist jedoch die Verhältnismäßigkeit der Mittel zu beachten. Im Bereich des Verkehrsrechtes hat der sowohl im Verkehrsstrafrecht als auch im Bußgeldverfahren gleichermaßen geregelte Notstand häufig Bedeutung. Rechtfertigender Notstand kann bei Geschwindigkeitsüberschreitung gegeben sein, wenn zB ein Arzt die Geschwindigkeitsregelungen missachtet, um Leben und Gesundheit zu retten.[25] Allerdings besteht hier die Gefahr, dass der Betroffene bei irrtümlicher Annahme des Notstandes vorsätzlich gehandelt hat.

27   Zu denken ist auch an die Einwilligung des Verletzten, die die Rechtswidrigkeit ausschließen kann, zB wenn ein Beifahrer sich quasi in bewusster Selbstgefährdung einem Angetrunkenen anvertraut.[26]

3. Schuldfähigkeit

28   Die Schuldfähigkeit bzw. die Aufhebung der Schuldfähigkeit gemäß § 20 StGB oder die Einschränkung der Schuldfähigkeit gemäß § 21 StGB betreffen im Bereich des Straßenverkehrsrechtes regelmäßig die Fälle der Alkoholisierung. Auch bei BAK-Werten von 3‰ und mehr kann ohne Zuziehung eines medizinischen Sachverständigen nicht durch das Gericht über die Schuldunfähigkeit allein entschieden werden.[27]

4. Vorsatz und Fahrlässigkeit bei Verkehrsverhalten

29   **a) Die Begriffe.** Zum Begriff der Fahrlässigkeit im Straßenverkehr gilt der Grundsatz, dass die Nichtkenntnis objektiv vorhandener Fahrunsicherheit vorwerfbar ist.[28] Für die Frage der Schuld ist die dem Kraftfahrer zuzubilligende Reaktionszeit von großer Bedeutung. So ist für die Schuldfrage relevant, ob ein unfallbeteiligter Kraftfahrer auf eine ihm drohende Gefahr zu langsam reagiert hat und deshalb der Vorwurf begründet ist, sich rechtswidrig und schuldhaft verhalten zu haben.

30   Bei der Beurteilung der Schuldfähigkeit stellt sich die Frage, unter welchen Voraussetzungen das Gericht die Bewertung eines Sachverständigengutachtens übernehmen darf. Im Zusammenhang mit der gebotenen Gesamtschau der Täterpersönlichkeit und ihrer Entwicklung muss das Gericht nähere Erörterungen zur Persönlichkeit des Täters vornehmen; es darf die Bewertung eines Sachverständigen nicht übernehmen, ohne sie kritisch zu hinterfragen. Auffälligkeiten in der Persönlichkeit eines Angeklagten und ihr Einfluss auf die Tat muss das Gericht – unter Berücksichtigung der Umstände des Einzelfalles – umfassend prüfen.[29]

31   **b) Die Schuldfähigkeit bei Alkoholgenuss.** Die Höhe der BAK kann Anlass geben, die Voraussetzungen verminderter Schuldfähigkeit zu prüfen. Liegt die mögliche BAK des Angeklagten zur Tatzeit bei etwa 2,5‰, so ist zu bedenken, dass sich die Erkenntnis- und Kritikfähigkeit des Angeklagten derart verringert haben kann, dass die Fähigkeit, seine Fahruntüchtigkeit zu erkennen, in einer zwar als Fahrlässigkeit vorwerfbaren, jedoch den Vorsatz ausschließenden Weise beeinträchtigt gewesen sein kann. In diesem Fall sind Erörterungen zur Schuldfähigkeit des Angeklagten im Urteil erforderlich.[30] Nach Auffassung des 4. Strafsenats des BGH[31] findet die Rechtsfigur der actio-libera-in-causa (vorverlagerte Verantwortlichkeit) auf Trunkenheitsdelikte im Straßenverkehr keine Anwendung mehr.

---

[24] Vgl. *Janiszewski* Rn. 109; vgl. ausführlich zu Rechtswidrigkeit und Rechtfertigungsgründen *Hentschel* Einl. Rn. 112 ff.
[25] Vgl. hierzu im Einzelnen *Janiszewski* Rn. 113, eine ausführliche Darstellung von Beispielen in Rn. 115; vgl. hierzu auch *Hentschel* Einl. Rn. 118.
[26] Vgl. hierzu *Janiszewski* Rn. 119.
[27] BGH NJW 1991, 852.
[28] *Hentschel* Einl. Rn. 133 ff.
[29] BGH NZV 2000, 213 f.
[30] OLG Hamm zfs 1998, 313.
[31] BGH NZV 1996, 500.

32 Es gibt keinen wissenschaftlich begründeten Erfahrungssatz, wonach von einer Blutalkoholkonzentration zur Tatzeit von 2‰ an aufwärts die Schuldfähigkeit erheblich vermindert ist.[32] Es kann jedoch von dem Grundsatz ausgegangen werden, dass der Tatrichter gehalten ist, sich in einer für das Revisionsgericht nachprüfbaren Weise mit der Frage auseinander zu setzen, ob die Schuldfähigkeit gemäß § 21 StGB erheblich vermindert und deshalb eine Strafrahmenverschiebung nach § 49 Abs. 1 StGB angezeigt war.[33] Andererseits bedingen die Feststellung verminderter Schuldfähigkeit und eine hierdurch veranlasste Strafrahmenverschiebung nicht notwendigerweise eine Verkürzung der Sperrfrist für die Wiedererteilung der Fahrerlaubnis.[34]

33 c) **Die Bedeutung der Schreck- und Reaktionszeit für die Vorwerfbarkeit des Handelns.** aa) *Das willentliche Handeln.* Keine vorwerfbaren Handlungen sind „instinktive" Abwehr- und Ausweichbewegungen in Bestürzung oder Schreck bei Zwang zu sofortigem Verhalten. Hierunter fallen zB Fehlreaktionen wie unrichtiges Ausscheren bei unvorhersehbarer Gefahr, schreckhaftes Bremsen bei plötzlicher Reifenpanne oder bei plötzlichem Auftauchen eines teilweise auf der falschen Fahrbahnseite entgegenkommenden Fahrzeuges.[35]

34 bb) *Schreck- und Reaktionszeit.* Für die Beurteilung der Fahrlässigkeit bei Verkehrsverstößen sind die Schreck- und Reaktionszeit wichtige Faktoren. Schreckzeit steht nur dem zu, der schuldlos durch maschinelles Versagen oder einen Verkehrsverstoß von einem nicht zu vermutenden Ereignis überrascht wird.[36] Die Reaktionszeit (im engeren Sinne, also ohne Bremsansprechzeit) läuft vom Erkennen des Sachverhaltes bis zur körperlichen Reaktion ab und hängt von der Körperbeschaffenheit ab. Zur eigentlichen Reaktionszeit tritt die mechanisch bedingte Bremsansprechzeit (Zeit der Kraftübertragung bis zum Ansprechen der Bremse) hinzu. Die Reaktions- und Bremsansprechzeit (= Reaktionszeit im weiteren Sinne) ergibt zusammen eine Zeit von etwa 0,8 s.[37]

35 Demgegenüber kann eine Fehlreaktion rechtlich relevant sein. Fehlreaktionen durch Schreck oder Verwirrung in plötzlicher, unvorhersehbarer, unverschuldeter Gefahr sind nicht vorwerfbar, so zB Lenkbewegung nach links bei rechts in die Fahrbahn laufenden Rehen.[38] Auch kann unvorhersehbares Bremsversagen einen erfahrenen Kraftfahrzeugführer überfordern.[39]

5. Actio-libera-in-causa

36 Die – vorsätzliche – Actio-libera-in-causa, die zur Bestrafung wegen vorsätzlicher Tatbegehung führt, setzt nach herrschender Meinung voraus, dass der Täter vorsätzlich den Zustand verminderter Schuldfähigkeit oder Schuldunfähigkeit herbeigeführt hat und dabei im Bewusstsein der späteren Straftat gehandelt hat, wobei bedingter Vorsatz hinsichtlich der später verwirklichten Straftat genügt.[40] Seit der Entscheidung des 4. Strafsenats des BGH[41] ist diese Rechtsfigur für Trunkenheitsfahrten nicht mehr anwendbar.

6. Tateinheit, Tatmehrheit, Dauerstraftat

37 a) **Allgemeines.** Die Vorschrift des § 52 StGB regelt zum einen die Art und Weise der Strafzumessung bei Erfüllung mehrerer Tatbestände durch eine Handlung.[42] Tateinheit setzt

---

[32] BGHSt 43, 46.
[33] OLG Düsseldorf DAR 2000, 281.
[34] OLG Düsseldorf aaO; vgl. hierzu auch *Hillmann III* zfs 2000, 376.
[35] *Hentschel* Einl. Rn. 86.
[36] BGH NZV 1994, 149; *Hentschel* StVO § 1 Rn. 29 mit Darstellung von Beispielen.
[37] *Hentschel* StVO § 1 Rn. 30 mit ausführlicher Darstellung der differenzierten Rspr. zur Reaktions- und Bremsansprechzeit.
[38] *Hentschel* Einl. Rn. 131, 144.
[39] *Hentschel* Einl. Rn. 144.
[40] *Hentschel* Einl. Rn. 151b; nach OLG Hamm zfs 1998, 313 keine Anwendung auf Trunkenheitsdelikte.
[41] BGH NZV 1996, 500.
[42] Schönke/Schröder/*Stree* § 52 Rn. 2; im Übrigen vgl. hier auch zum Theoriestreit betreffend Mehrheitstheorie/Einheitstheorie Schönke/Schröder/*Stree* § 52 Rn. 3.

voraus, dass eine Handlung mehrere Gesetzestatbestände oder denselben Tatbestand mehrmals erfüllt. Erforderlich ist also Handlungseinheit.[43]

38   In den §§ 53, 54 StGB ist die Art und Weise der Strafzumessung für den Fall geregelt, dass in einem Strafverfahren mehrere selbständige Straftaten desselben Täters abgeurteilt werden (Realkonkurrenz, Tatmehrheit). Für jede Straftat ist eine Einzelstrafe festzusetzen, aus der dann eine Gesamtstrafe gebildet werden muss.[44] Bei Tatmehrheit verlieren die einzelnen Straftaten mit der Bildung der Gesamtstrafe nicht ihre Eigenbedeutung. Dies ist insbesondere für Nebenstrafen, Nebenfolgen und Maßnahmen von Bedeutung. Nebenfolgen können nicht nur für alle Einzeldelikte gleichzeitig verhängt werden, sondern nur neben einer Einzelstrafe.[45]

39   **b) Die Rechtsfolgen.** Mehrere Zuwiderhandlungen sind durch eine Handlung iSv § 4 Abs. 2 S. 2 StVG begangen, wenn mehrere Gesetzesverletzungen zueinander in Idealkonkurrenz iSd materiellen Straf- oder Ordnungswidrigkeitenrechts stehen.[46] Zwischen dem unerlaubten Besitz von Betäubungsmitteln (§ 29 Abs. 1 S. 1 Nr. 3 BtMG) und der zeitgleich begangenen Ordnungswidrigkeit des Führens eines Kraftfahrzeuges unter der Wirkung von berauschenden Mitteln (§ 24a Abs. 2 StVG) besteht verfahrensrechtlich keine Tatidentität iSd § 264 StPO, wenn das Mitsichführen der Betäubungsmittel im Kraftfahrzeug in keinem inneren Beziehungs- bzw. Bedienungszusammenhang mit dem Fahrvorgang steht.[47]

Zwischen dem Führen eines Kraftfahrzeuges ohne angelegten Sicherheitsgurt und einzelnen auf der Fahrt begangenen anderen Ordnungswidrigkeiten ist Tateinheit anzunehmen.[48]

40   Die Problematik der Tatbeurteilung bei mehreren festgestellten Geschwindigkeitsüberschreitungen während einer Fahrt wird derzeit nicht einheitlich beurteilt. Sie ist zudem stark von der Situation des Einzelfalls abhängig.[49]

41   Für die Beurteilung eines strafrechtlich relevanten Verhaltens ist erheblich, ob eine Dauerstraftat gegeben ist oder ob Tatmehrheit vorliegt. Die Dauerstraftat des Fahrens ohne Fahrerlaubnis endet regelmäßig erst mit Abschluss einer von vornherein für einen längeren Weg geplanten Fahrt und wird nicht durch kurze Unterbrechungen in selbständige Taten aufgespalten.[50]

7. Fragen des Beweisrechts

42   Die Beweisaufnahme ist Teil der Hauptverhandlung, indem mit den gesetzlich zugelassenen Mitteln von Amts wegen oder auf Antrag eines Prozessbeteiligten Tatsachen und Erfahrungssätze aufgeklärt werden.[51] Die gesetzliche Regelung enthält § 244 StPO. Maßgebende Vorschrift für den Bereich des Ordnungswidrigkeitenrechtes ist § 77 OWiG. Nach dieser Vorschrift bestimmt das Gericht den Umfang der Beweisaufnahme, unbeschadet der Vorschrift des § 244 Abs. 2 StPO. Auch hier gilt wie im Strafprozess der Grundsatz der Aufklärungspflicht von Amts wegen. Jedoch gilt im Bußgeldverfahren nicht das formelle Beweisantragsrecht des § 244 Abs. 3 und 4 StPO. Die Ablehnung eines Beweisantrages muss jedoch in einem richterlichen Beschluss begründet werden. Dies ergibt sich aus der entsprechenden Anwendung des § 244 Abs. 6 StPO.[52]

43   Das Beweisverwertungsverbot wird jüngst wieder in stärkerem Maße diskutiert und beachtet. Zunächst ist die Unterscheidung zwischen Unzulässigkeit eines Beweisantrages und der unzulässigen Beweiserhebung zu beachten. Unzulässig ist zB die Beweiserhebung mit in der StPO nicht zugelassenen Beweismitteln sowie über Themen, die nicht Gegenstand einer

---

[43] Vgl. hierzu zu den Erfordernissen der Handlungseinheit Schönke/Schröder/*Stree* § 52 Rn. 4, 5.
[44] Schönke/Schröder/*Stree* § 53 Rn. 10, 13.
[45] Schönke/Schröder/*Stree* § 53 Rn. 29.
[46] OVG Münster DAR 2003, 578.
[47] BGH NZV 2005, 52.
[48] OLG Rostock Verkehrsrecht aktuell 2005, 18; aA *Albrecht* DAR 2007, 61.
[49] *Roth* MittBl der Arge VerkR 2003, 146; OLG Zweibrücken DAR 2003, 281; OLG Düsseldorf NZV 2001, 173.
[50] BGH VersR 2004, 486.
[51] Meyer-Goßner/*Schmitt* § 244 Rn. 2.
[52] *Beck/Berr* Rn. 80.

Beweisaufnahme sein können.⁵³ Die in unzulässiger Weise gewonnenen Ergebnisse unterliegen nur in engen Grenzen und nur ausnahmsweise einem Verwertungsverbot.⁵⁴

8. Strafzumessung, Tagessatzhöhe und Bußgeldbemessung

a) **Strafzumessung und Tagessatzhöhe.** Gemäß § 40 StGB wird eine Geldstrafe in Tagessätzen verhängt. Gemäß Abs. 2 dieser Vorschrift bestimmt das Gericht die Höhe eines Tagessatzes unter Berücksichtigung der persönlichen und wirtschaftlichen Verhältnisse des Täters. In der Regel soll dem Täter der Betrag entzogen werden, der seinem Tagesnettoeinkommen, multipliziert mit der Zahl der schuldangemessenen Tagessätze, entspricht (§ 40 Abs. 2 S. 2 StGB).⁵⁵ Hierbei ist in der Regel von dem Nettoeinkommen auszugehen. Auf der Aktivseite ist neben dem erzielten Einkommen das Vermögen zu beachten. Andererseits führen aber auch wirtschaftliche Belastungen des Täters zu einer Verringerung der Tagessatzhöhe.

Als solche wirtschaftlichen Belastungen kommen in Betracht:
- sämtliche Unterhaltsverpflichtungen,
- Schulden, soweit es sich hierbei um überdurchschnittliche Belastungen handelt,
- außergewöhnliche Belastungen, etwa für Körperbehinderte.⁵⁶

Bei Personen, bei denen das Nettoeinkommen sich nicht aus dem regelmäßig bezogenen Lohn oder Gehalt ergibt, ist die Bestimmung des Nettoeinkommens problematisch. Maßgebend ist dann, was der Täter im Rahmen seines Lebenszuschnitts an Einkünften jeglicher Art zur Verfügung hat.⁵⁷

Zu nennen sind folgende **Personengruppen**:
- Bei nicht berufstätigen Hausfrauen kommt es auf ihre Teilhabe am Familieneinkommen (tatsächlich gewährter Naturalunterhalt unter Einschluss des Taschengeldes) an.
- Für Studenten (Praktikanten, Lehrlinge, Schüler u. ä.) ist der Lebenszuschnitt zugrunde zu legen. Hier ist maßgebend, was an regelmäßigen Bezügen durch Unterhaltsleistungen, Vergütung etc. zur Verfügung steht.
- Für Soldaten ist der Wehrsold maßgebend.
- Bei Ordensgeistlichen ergibt sich ihr Einkommen nach den Beträgen, die sie von ihrem Orden erhalten.
- Bei einkommensschwachen Personen oder bei Beziehern kleiner Renten ist der Betrag der Unterstützungs- oder Fürsorgeleistung maßgebend.⁵⁸

Bei der Bemessung der Tagessatzhöhe muss das Gericht die Arbeitslosigkeit des Angeklagten bei einem tatbedingten Entzug der Fahrerlaubnis strafmildernd berücksichtigen. Ebenso ist die aus der Straftat resultierende Sperre des Arbeitslosengeldes in Abzug zu bringen. Jedoch ist bei der Bemessung der Dauer der Sperrfrist für die Wiedererteilung der Fahrerlaubnis der tatbedingte Arbeitsplatzverlust nicht zugunsten des Angeklagten zu werten.⁵⁹

Fehler bei der Strafzumessung gehören zu den häufigsten Gründen für Urteilsaufhebungen in der Revisionsinstanz. Hier bieten sich besondere Verteidigungsansätze. Die Strafzumessung ist zwar grundsätzlich Sache des Tatrichters. Das Revisionsgericht kann aber eingreifen, wenn die Zumessungserwägungen in sich fehlerhaft sind, gegen rechtlich anerkannte Strafzwecke verstoßen oder wenn sich die verhängten Strafen nach oben oder unten von ihrer Bestimmung als gerechter Schuldausgleich so weit lösen, dass ein grobes Missverhältnis entsteht.⁶⁰

b) **Verwarnung, Verwarnungsgeld.** Eine Verwarnung ohne Verwarnungsgeld ist gemäß § 56 Abs. 2 OWiG geboten, wenn sie als hoheitliche Reaktion auf einen unbedeutenden Ver-

---

⁵³ Meyer-Goßner/Schmitt § 244 Rn. 49; OLG Hamburg VRR 2008, 91 m. Anm. *Burhoff*.
⁵⁴ Meyer-Goßner/Schmitt Einl. Rn. 55.
⁵⁵ OLG Stuttgart NJW 1994, 745.
⁵⁶ Vgl. hierzu im Einzelnen Schönke/Schröder/*Stree* § 40 Rn. 14.
⁵⁷ *Fischer* § 40 Rn. 6.
⁵⁸ Vgl. im Einzelnen *Fischer* § 40 Rn. 10; im Übrigen ist als Orientierungsgrundsatz der Strafzumessung bei Straßenverkehrsdelikten zu verweisen auf NJW Schriftenreihe Band 51 Rn. 691 ff.
⁵⁹ BayObLG DAR 1999, 560.
⁶⁰ BGHSt 34, 345 (349).

kehrsverstoß ausreicht. Andernfalls beträgt das Verwarnungsgeld nach 5,- EUR bis 55,- EUR, sofern der Verstoß als geringfügig anzusehen ist. Die Höhe des Verwarnungsgeldes ist in der Anlage zur BKatV festgelegt, wobei diese Regelsätze gemäß § 1 Abs. 1 BKatV für den Regelfall Bindungswirkung besitzen. Erfolgt die Zahlung eines angebotenen Verwarnungsgeldes binnen einer Woche, so werden keine zusätzlichen Gebühren und Auslagen erhoben. Anderenfalls findet das Bußgeldverfahren mit Zusatzkosten statt, sofern die Behörde das Verfahren nicht einstellt.

51 c) **Bußgeldbemessung.** In § 26a StVG ist geregelt, dass durch Rechtsverordnung die Regelsätze für Geldbußen wegen einer Ordnungswidrigkeit nach §§ 24, 24a und 24c StVG sowie über die Anordnung des Fahrverbotes nach § 25 StVG geregelt werden. Im Übrigen bestimmt § 17 Abs. 3 S. 2 OWiG, dass auch die wirtschaftlichen Verhältnisse des Täters in Betracht kommen. Somit ist nach dem Gesetz grundsätzlich die Möglichkeit eröffnet, trotz Vorliegens eines Regelfalles von den Regelsätzen der BKatV abzuweichen.

52 Nach § 17 Abs. 1 OWiG beträgt die Geldbuße in Ordnungswidrigkeitenverfahren mindestens 5,- EUR und mangels abweichender Bestimmung in anderen Gesetzen höchstens 1.000,- EUR. Der Verstoß nach § 24 StVG kann nach Abs. 2 dagegen mit einer Geldbuße bis 2.000,- EUR geahndet werden. Dabei ist zu beachten, dass sich bei festgestellter Fahrlässigkeit der Höchstbetrag der Geldbuße um die Hälfte mindert, sofern der gesetzliche Höchstrahmen nicht zwischen Vorsatz und Fahrlässigkeit unterscheidet. Somit können gemäß § 17 Abs. 2 OWiG iVm § 24 StVG fahrlässige Ordnungswidrigkeiten nur mit einer Geldbuße bis zu 1.000,- EUR belegt werden. Die drei- und sechsmonatige Verjährungsfrist ergibt sich dabei aus § 26 Abs. 3 StVG.

53 Für Verstößen gemäß § 24a StVG kommt eine Geldbuße bis zu 3.000,- EUR in Betracht.[61] Diese Regelung nach § 17 Abs. 2 OWiG hat unmittelbar auf die Verjährungsvorschriften Auswirkung, da § 31 Abs. 2 OWiG auf die höchstmögliche Geldbuße des Verstoßes abstellt. Während der vorsätzlich begangene Verstoß gegen § 24a StVG nach § 31 Abs. 2 Nr. 2 OWiG einer zweijährigen Verjährungsverfolgungsfrist unterliegt, gilt für die fahrlässige Tat gemäß § 24a Abs. 3 StVG nach § 31 Abs. 2 Nr. 3 OWiG eine einjährige Frist. Ein Verstoß gegen § 24c StVG unterliegt dagegen wegen der allgemeinen Bußgeldbewehrung nach § 31 Abs. 2 Nr. 4 OWiG einer sechsmonatigen Verjährungsfrist.

54 Die Regelsätze des Bußgeldkataloges sind als materielles Recht nicht nur für die Bußgeldstellen, sondern auch für die Gerichte bindend. Sofern ein Verstoß nicht mit einer Regelfolge belegt ist, gelten die allgemeinen Grundsätze des Sanktionenrechts. Dabei ist zu beachten, dass die Bedeutung der Ordnungswidrigkeit und der Vorwurf vorrangige Grundlagen für die Bemessung der Geldbuße sind. Daneben kommen die wirtschaftlichen Verhältnisse in Betracht. Es ist rechtsfehlerhaft, die Regelbuße lediglich aufgrund von überdurchschnittlichen wirtschaftlichen Verhältnissen des Betroffenen auf die Höchstgeldbuße zu erhöhen.[62] Zu beachten ist dabei, dass gemäß § 28a StVG beim Abweichen vom Bußgeldkatalog dies in der Entscheidung anzugeben ist. In diesem Fall ist dann nicht § 28 Abs. 3 Nr. 3 StVG für die Eintragung im Fahreignungsregister maßgeblich, sondern der Regelsatz der BKatV.

55 Bei Verhängung einer Geldbuße sind die Gerichte auch bei Beträgen über 100,- EUR nicht stets gehalten, Feststellungen zu den wirtschaftlichen Verhältnissen des Betroffenen zu treffen, sofern keine besonderen Anhaltspunkte bestehen.[63] Grundsätzlich sind die wirtschaftlichen Verhältnisse bei der Bußgeldbemessung zu berücksichtigen.[64] Umgekehrt ist die Erwägung, die fehlende Einsicht des Betroffenen strafschärfend zu bewerten, rechtsfehlerhaft.[65] Die Ausnahme von dem Grundsatz des § 17 Abs. 3 S. 2 OWiG, dass die wirtschaftlichen Verhältnisse bei geringfügigen Ordnungswidrigkeiten in der Regel unberücksichtigt bleiben, setzt voraus, dass die wirtschaftlichen Verhältnisse in einem so ungewöhnlichem

---

[61] Vgl. ausführlich *Beck/Berr* Rn. 90 ff.
[62] BayObLG DAR 1999, 36 mit Anm. der Redaktion zur Berücksichtigung der wirtschaftlichen Verhältnisse bei Bemessung der Geldbuße; vgl. hierzu auch ausführlich *Beck/Berr* Rn. 91–98.
[63] OLG Hamm NZV 1996, 246; entgegen OLG Köln NZV 1993, 119.
[64] OLG Hamm zfs 1998, 276.
[65] OLG Hamm NZV 1997, 324.

Maß abweichen, dass ihre Nichtberücksichtigung bei der Bemessung der Geldbuße zu einer unverhältnismäßigen Belastung des Betroffenen führen würde.[66]

Im Urteil sind nähere Ausführungen zu machen, wenn die Geldbuße abweichend von der BKatV festgesetzt wird. Eine Erhöhung der Geldbuße ist qualifiziert zu begründen. Ist eine solche Begründung nicht gegeben, ist für das Rechtsbeschwerdegericht nicht überprüfbar, ob die Erhöhung der Geldbuße rechts- und ermessensfehlerfrei erfolgt ist.[67] 56

Bei der Bemessung einer Geldbuße kann nur dann auf die Feststellung zu den wirtschaftlichen Verhältnissen des Betroffenen verzichtet werden, wenn eine geringfügige Ordnungswidrigkeit iSv § 17 Abs. 3 OWiG vorliegt.[68] 57

IV. Die Tatbestände des Verkehrsstrafrechtes

Nachfolgend werden die wichtigsten Tatbestände des Verkehrsstrafrechtes behandelt: 58
- Fahrlässig Tötung (§ 222 StGB)
- Fahrlässige Körperverletzung (§ 229 StGB)
- Trunkenheit im Straßenverkehr (§ 316 StGB)
- Gefährdung des Straßenverkehrs (§ 315c StGB)
- Gefährlicher Eingriff in den Straßenverkehr (§ 315b StGB)
- Vollrausch (§ 323a StGB)
- Unerlaubtes Entfernen vom Unfallort (§ 142 StGB)
- Nötigung (§ 240 StGB)
- Fahren ohne Fahrerlaubnis (§ 21 StVG)
- unterlassene Hilfeleistung (§ 323c StGB)
- Kennzeichenmissbrauch (§ 22 StVG)

Die Übersicht zeigt einerseits, dass es sich um eine überschaubare Zahl von Straftatbeständen handelt. Ausschließlich diese 11 Tatbestände können im Fall einer Verurteilung zur Eintragung im Fahreignungsregister und damit zu Punkten führen. 59

Die nachfolgenden Ausführungen sollen dazu dienen, einen Überblick über die wichtigsten Problembereiche zu vermitteln, verbunden mit dem Hinweis auf weiterführende Literatur, die durch die jeweiligen Ausführungen nicht ersetzt werden können. 60

Eine besondere Thematik stellt sich im Strafrecht zum Verhalten von Verkehrsrowdys.[69] Ausführlich behandelt *Janker*[70] die rechtlichen Aspekte bei einem rowdyhaften Verhalten zu den einzelnen Straftatbeständen und in Betracht kommen Strafen und Maßnahmen. 61

1. Fahrlässige Tötung (§ 222 StGB)

a) Der objektive Tatbestand. Der Tatbestand der fahrlässigen Tötung setzt die Verletzung einer Sorgfaltspflicht sowie die Voraussehbarkeit des Erfolgseintrittes und des Kausalverlaufs voraus. Geschütztes Rechtsgut iSd § 222 StGB ist das Menschleben. Eine Verletzung dieses Rechtsgutes scheidet aus, wenn vor dem Unfall der Tod bereits eingetreten war, so zB aufgrund eines vor dem Unfall eingetretenen Herzinfarktes. 62

Probleme können sich ergeben, wenn das Unfallopfer später im Krankenhaus stirbt und unfallunabhängige Ursachen in Betracht kommen. Sind Anhaltspunkte für das Vorliegen dieser Problematik vorhanden, so ist es unbedingt notwendig, Krankenunterlagen zu beschaffen und evtl. medizinische Sachverständige zu konsultieren. Hierbei muss seitens der Verteidigung immer gesehen werden, dass der Vorwurf der fahrlässigen Tötung auszuräumen ist, wenn sich durch spätere Aufklärung Zweifel daran ergeben, ob der Tod kausal durch das Unfallgeschehen verursacht ist oder ob auch unfallunabhängige Ursachen in Betracht kommen. 63

---

[66] OLG Düsseldorf NZV 1997, 410.
[67] OLG Thüringen zfs 1998, 234.
[68] OLG Brandenburg DAR 2004, 40.
[69] Vgl. hierzu *Janker* DAR 2005, 121.
[70] *Janker* DAR 2005, 121; vgl. auch LG Karlsruhe NZV 2005, 274 („Autobahnraser-Fall").

64 Auch ist daran zu denken, dass in Ausnahmefällen scheinbare Verkehrsopfer Selbstmörder sind. Mindestens 1 bis 2 % aller Verkehrsunfälle dürften einen suizidalen Hintergrund haben, viele davon als Geisterfahrer.[71]

65 **b) Speziell: fahrlässige Tötung bei Trunkenheitsfahrt.** Im Rahmen der §§ 229 und 222 StGB stellt sich bei Trunkenheit oder Drogeneinnahme des Fahrers die Frage, ob der Unfall für den alkoholbedingt oder drogenbedingt fahrunsicheren Angeklagten vermeidbar war. Ist die festgestellte und eingehaltene Geschwindigkeit bei einem nüchternen Fahrer nicht zu beanstanden, so ist zu prüfen, ob ein Fahrer im nüchternen Zustand oder ohne Einfluss von Drogen den Unfall bei Einhaltung derselben Geschwindigkeit überhaupt hätte vermeiden können.[72]

66 In der Rechtsprechung, auch des BGH,[73] wird überwiegend darauf abgestellt, mit welcher geringeren Geschwindigkeit der Täter nach Eintritt der kritischen Verkehrslage hätte Rechnung tragen können und ob es auch bei dieser Geschwindigkeit zu dem Unfall gekommen wäre. Wer also alkoholisiert ist, muss demnach langsamer als jeder nüchterne fahren.

67 **c) Der subjektive Tatbestand.** Ausgangspunkt des subjektiven Tatbestandes ist die Prüfung des Vorwurfes der Fahrlässigkeit. Der Verstoß gegen Verkehrsvorschriften indiziert die Verletzung einer Sorgfaltspflicht und damit Fahrlässigkeit.[74]

68 Zur wechselseitigen Sorgfaltspflicht gilt (zumindest bis zum Erkennen des Gegenteils), dass sich der verkehrsgerecht Verhaltende grundsätzlich darauf verlassen darf, dass sich andere Verkehrsteilnehmer ebenfalls verkehrsgerecht verhalten. Dieser Vertrauensgrundsatz ist aber eingeschränkt bei eigenem Fehlverhalten, bei erkennbar verkehrswidrigem oder unvernünftigem Verhalten anderer Verkehrsteilnehmer, bei Kindern oder hochbetagten Personen.[75]

69 Besonderheiten gelten, wenn der Getötete Beifahrer oder sonstiger Insasse des Fahrzeuges war und dieser Defizite des Fahrers, zB erkennbare Trunkenheit, nicht beachtet hat oder Defizite des Fahrzeuges, etwa mangelhafte Reifen oder technische Defekte (etwa unzureichende Bremswirkung), kannte. Im Bereich der Strafbarkeit des § 222 StGB stuft die Rechtsprechung die Tötung des Beifahrers als „einverständliche Fremdgefährdung" ein.[76]

70 Eine in Kauf genommene Selbstgefährdung des Opfers hat Auswirkungen für die Strafzumessung. Soweit die Verhängung einer Freiheitsstrafe in Betracht kommt, wird in solchen Fällen grundsätzlich Strafaussetzung zur Bewährung zu bewilligen sein. Dies gilt auch, wenn ein Mitverschulden des Opfers vorliegt, so zB wenn das Opfer als Fahrer oder Insasse eines Fahrzeuges den Sicherheitsgurt nicht angelegt hatte und der Unfall bei angelegtem Sicherheitsgurt keinen tödlichen Verlauf genommen hätte.[77]

71 **d) Strafzumessung.** Zur Strafzumessung kann festgestellt werden, dass bei fahrlässiger Tötung ohne Alkohol in der Regel eine Geldstrafe verhängt wird. Anders kann zu urteilen sein, wenn zu Lasten des Täters erschwerende Umstände hinzutreten (zB mangelhafter Zustand des Fahrzeuges, grobe Fahrlässigkeit). In diesen Fällen steht eine Freiheitsstrafe auch ohne Bewährung im Raum, ebenso typischer Weise bei Alkoholeinwirkung.[78]

72 Für die Strafzumessung bei fahrlässiger Tötung ist vom Strafrahmen der §§ 222, 52 Abs. 2 StGB auszugehen. Dieser sieht eine Freiheitsstrafe bis zu 5 Jahren oder Geldstrafe vor. Dabei sind bei der Strafzumessung auch die unmittelbaren Tatfolgen für den Angeklagten zu berücksichtigen, etwa Verlust des Arbeitsplatzes und Stigmatisierung in den Medien.[79]

---

[71] *Freyschmidt* Rn. 40 unter Hinweis auf Literatur in Fn. 12: *Müller*, 167 sowie *Müller* NZV 1990, 333.
[72] *Hentschel* Trunkenheit Rn. 322 mit ausführlichen Nachweisen der Rspr. und Lit. in Fn. 1; vgl. auch Himmelreich/Halm/*Winkler* Rn. 174.
[73] BGH NJW 1971, 388; aA *Hentschel* Trunkenheit Rn. 325.
[74] OLG Karlsruhe NZV 1990, 199.
[75] OLG Stuttgart NZV 1992, 196; vgl. auch *Freyschmidt* Rn. 71.
[76] *Freyschmidt* Rn. 82.
[77] LG Koblenz StV 1987, 397.
[78] Vgl. auch *Tröndle/Fischer* § 40 Rn. 23.
[79] LG Karlsruhe NZV 2005, 274 („Autobahnraser-Fall").

Es ist von dem Grundsatz auszugehen, dass sich bei tödlichen Alkoholunfällen regelmäßig 73
die Strafaussetzung zur Bewährung verbietet. Jedoch dürfen auch bei Ahndung solcher Taten die besonderen Umstände des Einzelfalles nicht außer Acht gelassen werden.⁸⁰ Dennoch gilt, dass bei Trunkenheitsdelikten im Straßenverkehr mit tödlichen Folgen die Voraussetzungen der Versagung der Strafaussetzung zur Bewährung gemäß § 56 Abs. 3 StGB häufiger vorliegen als bei den meisten anderen Straftaten.⁸¹

Wer alkoholbedingt fahruntüchtig am Straßenverkehr teilnimmt, beschwört nicht mehr 74
beherrschbare Gefahren für Leib und Leben anderer Verkehrsteilnehmer herauf. Dies indiziert ein erhebliches Maß an Verantwortungslosigkeit. Die Strafzumessung ist auch beeinflusst durch das Mitverschulden des Verunglückten.⁸²

e) Versuchter Totschlag bei Zufahren auf Geschädigten. Auch im Straßenverkehrsrecht 75
kann der Tatbestand des – versuchten – Totschlags in Betracht kommen. Dies steht in Rede, wenn der Kraftfahrzeugführer auf eine andere Person in besonders gefährlicher Weise zufährt.

Bei äußerst gefährlicher Gewaltanwendung kann es nahe liegend sein, dass der Täter auch 76
mit der Möglichkeit rechnet, dass das Opfer dabei zu Tode kommen könne und einen solchen Erfolg billigend in Kauf nimmt. Angesichts der hohen Hemmschwelle gegenüber einer Tötung ist jedoch immer die Möglichkeit in Betracht zu ziehen, dass der Täter jedenfalls darauf vertraut, ein solcher Erfolg werde nicht eintreten. In einem solchen Fall ist eine Gesamtschau aller objektiven und subjektiven Tatumstände erforderlich. Diese Gesamtschau wird nicht deshalb entbehrlich, weil der Geschädigte durch einen Anprall auf die Motorhaube geschleudert wurde. Es bedarf in diesem Fall für die Beurteilung genauer Feststellungen, in welcher Weise der Kraftfahrzeugführer auf das Opfer zugefahren ist.⁸³

Tötungsvorsatz kommt auch in Betracht, wenn eine Person von dem Fahrzeug mitge- 77
schleift wird.⁸⁴ Ebenso ist daran zu denken, dass der Tatbestand des Totschlages oder sogar des Mordes in Betracht kommt, wenn ein Fahrzeugführer nach einem Verkehrsunfall das schwer verletzte Opfer zurücklässt, obwohl nach den Umständen anzunehmen ist, dass Hilfe noch möglich ist.⁸⁵ Der Tatbestand ist jedoch nicht gegeben, wenn der Täter glaubt, dass eine Rettung nicht mehr möglich ist oder davon ausgeht, dass von dritter Seite Hilfe gewährt wird.⁸⁶ Speziell kommt beim Durchbrechen einer Polizeisperre Tötungsvorsatz in Betracht.⁸⁷ Hierbei ist jedoch in der Regel davon auszugehen, dass der Täter die Gefährdung, nicht aber die Tötung in Kauf nehmen will.⁸⁸

f) Strafmaß und Strafaussetzung zur Bewährung bei Unfall mit Todesfolge. Bei einem 78
Verkehrsunfall mit tödlichen Unfallfolgen kommt die Vollstreckung einer verhängten Freiheitsstrafe von mindestens 6 Monaten zur Verteidigung der Rechtsordnung nach § 56 Abs. 3 StGB dann in Betracht, wenn der Unfall Folge eines besonders groben und rücksichtslosen Verkehrsverstoßes ist. Die falsche Einschätzung einer Verkehrssituation oder die bloße Überschätzung der eigenen Fähigkeit im Umgang mit einem Kraftfahrzeug genügt hierfür ohne Hinzutreten weiterer Umstände jedoch nicht.⁸⁹

Eine Freiheitsstrafe bei fahrlässiger Tötung im Straßenverkehr kann auch bei einer Tat 79
ohne Alkohol- oder Drogenbeeinflussung in Betracht kommen. Fährt zB ein Lkw-Fahrer trotz erkannter Übermüdung infolge eines Sekundenschlafs ungebremst in ein Stauende und werden dabei andere Verkehrsteilnehmer getötet, so kann eine Freiheitsstrafe von mehr als einem Jahr nicht mit der Erwägung ausgeschlossen werden, eine derart hohe Strafe komme in der Regel nur bei Unfällen aufgrund alkoholbedingter Fahruntüchtigkeit in Betracht.⁹⁰

---

⁸⁰ BayObLG BA 2005, 251.
⁸¹ *Molketin* NZV 1990, 289 sowie die ergänzend aufgeführten Entscheidungen bei *Freyschmidt* Rn. 84.
⁸² OLG Dresden DAR 1999, 38 mit zustimmender Anm. von *Molketin*; OLG Koblenz BA 2002, 483 ff.
⁸³ BGH DAR 1999, 464.
⁸⁴ BGH NZV 1993, 327.
⁸⁵ BGH DAR 1992, 105.
⁸⁶ BGH DAR 1993, 197.
⁸⁷ BGH NZV 1992, 370.
⁸⁸ BGH DAR 1996, 151.
⁸⁹ OLG Karlsruhe DAR 2003, 325.
⁹⁰ BayObLG DAR 2003, 527.

2. Fahrlässige Körperverletzung (§ 229 StGB)

80 **a) Gegenstand der Tat.** Bei der fahrlässigen Körperverletzung im Straßenverkehr ist eine Gesundheitsbeschädigung Gegenstand der Tat. Beim HWS-Schleudertrauma kann es für den Verteidiger nahe liegen zu prüfen, ob eine solche Verletzung vorliegt oder nach dem Unfallhergang überhaupt vorliegen kann. Es ist daher anzuraten, auf eine möglichst exakte Bezeichnung der Art und Lokalisation der behaupteten unfallbedingten Verletzung Wert zu legen. Empfehlenswert kann bei entsprechenden Zweifeln sein, Atteste über ein behauptetes HWS-Schleudertrauma hinsichtlich etwaiger Fehlerquellen genau zu hinterfragen.

81 Im Übrigen ist jedoch stets zu fragen, ob der jeweilige Fall geeignet ist, aufwendige medizinische und Kfz-technische Gutachten erstellen zu lassen. In der Regel wird bei begründeten Zweifeln an der behaupteten Körperverletzung oder der Kausalität eine Einstellung des Verfahrens zu erreichen sein.

82 **b) Die Fahrlässigkeit.** Eine fahrlässige Tatbestandsverwirklichung ist gegeben, wenn die zu beachtenden Sorgfaltspflichten verletzt sind. Maßstab für die zu beachtenden Sorgfaltspflichten sind die Verkehrsvorschriften. Ein Verstoß hiergegen indiziert den Vorwurf der Fahrlässigkeit.[91] Für die Frage des Schuldvorwurfes gelten die gleichen Grundsätze wie bei der fahrlässigen Tötung.[92]

83 Bei der fahrlässigen Körperverletzung kann der Einwilligung des Verletzten Bedeutung zukommen. In diesem Fall orientiert sich die Rechtsprechung an der Vorschrift des § 228 StGB.[93] Jedoch erscheint die Annahme, der Fahrgast sei mit einer etwaigen Körperverletzung einverstanden, wirklichkeitsfremd.[94]

84 **c) Prozessuale Besonderheiten.** Bei der fahrlässigen Körperverletzung ist zu beachten, dass diese nur verfolgt wird, wenn gemäß § 77 StGB ein wirksamer Strafantrag gestellt ist. Dieser ist innerhalb der 3-Monats-Frist gemäß § 77b Abs. 1 StGB zu stellen. Der Strafantrag ist Prozessvoraussetzung.

85 Zu beachten ist, dass Voraussetzung der Wirksamkeit eines Strafantrages seitens eines Minderjährigen ist, dass dieser vom gesetzlichen Vertreter gestellt wird. Hierbei ist auch zu klären, wer gesetzlicher Vertreter ist. Dies kann klärungsbedürftig sein, wenn das Recht der elterlichen Sorge beiden Elternteilen zusteht und wird ein Strafantrag nur von einem Elternteil gestellt, so ist für die Wirksamkeit erforderlich, dass vor Ablauf der Strafantragsfrist der andere Elternteil seine Zustimmung gibt. Im Übrigen ist zu beachten, dass der Strafantrag innerhalb einer Ausschlussfrist von 3 Monaten ab Kenntnis der Tat und des Täters zu stellen ist. Wiedereinsetzung kommt nicht in Betracht.[95]

86 Der Strafantrag kann entbehrlich werden, dass die Staatsanwaltschaft an der Strafverfolgung das besondere öffentliche Interesse bejaht. Die Voraussetzungen für die Bejahung des besonderen öffentlichen Interesses sind in Nr. 243 Abs. 3 RiStBV wie folgt festgelegt:
- einschlägige Vorstrafen des Täters,
- leichtfertiges Handeln, insbesondere wenn der Täter alkoholisiert war oder unter Einfluss berauschender Mittel stand,
- erhebliche Unfallfolgen für den Geschädigten.

Sind weder Strafantrag gestellt noch die Voraussetzungen des öffentlichen Interesses erfüllt, so kommt die Einstellung des Verfahrens gemäß § 153 StPO in Betracht.

3. Trunkenheit im Verkehr (§ 316 StGB)

87 **a) Der Tatbestand.** *aa) Die Tathandlung.* Trunkenheit im Verkehr gemäß § 316 StGB begeht, wer im Verkehr ein Fahrzeug führt, obwohl er infolge des Genusses alkoholischer Ge-

---

[91] OLG Karlsruhe NZV 1990, 199.
[92] Vgl. ausführlich die Darstellung von Beispielen der möglichen Pflichtverletzung bei *Fischer* § 222 Rn. 3.
[93] BGHSt 6, 233; vgl. hierzu ausführlich *Fischer* § 228 Rn. 28 mit ausführlicher Darstellung der Rechtsprechung.
[94] BGHZ 34, 355.
[95] Zu den Formalien des Strafantrages (§§ 77 bis 77d StGB), speziell zur Antragsfrist *Fischer* § 77b Rn. 2.

tränke oder anderer berauschender Mittel nicht in der Lage ist, das Fahrzeug sicher zu führen. Gemäß § 316 Abs. 2 StGB ist die Tat auch fahrlässig begehbar.

Die **Tathandlung** besteht im Führen eines Fahrzeuges im Verkehr. Zum Begriff „Verkehr" verweist die Vorschrift im Gesetzestext auf die Regelungen in §§ 315 bis 315d StGB. Somit betrifft der Straftatbestand nicht nur den Straßenverkehr, sondern alle Bereiche des öffentlichen Verkehrs, also auch Eisenbahn-, Schiffs- und Luftverkehr. 88

Voraussetzung ist das Vorliegen **öffentlichen Verkehrs**. Zu beachten ist jedoch, dass die Öffentlichkeit nicht von den Eigentumsverhältnissen abhängig ist. Öffentlicher Verkehrsraum ist gegeben, wenn dieser zur Benutzung für jedermann zugelassen ist.[96] Öffentlicher Verkehrsraum ist bei einem Parkhaus und ebenso bei einem Tankstellengelände oder Gaststättenparkplatz anzunehmen.[97] Fraglich dürfte es sein, öffentlichen Verkehrsraum bei einem Garagengrundstück anzunehmen, das nur den Garagenmietern zur Nutzung zur Verfügung steht. 89

Andererseits ist nicht jedes Gelände, das von jedermann betreten werden kann, öffentlicher Verkehrsraum. Es muss zusätzlich zum Verkehr bestimmt sein. Dies ist zB nicht der Fall bei einem Straßengraben, der der Aufnahme von Wasser oder auch nur zur Abgrenzung des zum Verkehr bestimmten Teils eines Straßengeländes dient. Somit ist nicht nach § 316 StGB zu bestrafen, wer in alkoholbedingt fahrunsicherem Zustand versucht, ein in den Graben geratenes Fahrzeug mit dessen Motorkraft wieder auf die Fahrbahn zu bringen.[98] Jedoch dürfte die Abgrenzung zwischen dem nicht zum Verkehr bestimmten Graben und dem angrenzenden Fahrbahnbereich in der Praxis kaum möglich sein. 90

Nach BGH[99] findet auf einem Werksgelände kein Straßenverkehr statt, wenn der Zutritt lediglich Werksangehörigen und Personen mit individuell erteilter Fahrerlaubnis möglich ist. Hiernach kommt es für die Beurteilung, ob eine auf einem Betriebsgelände gelegene Verkehrsfläche dem öffentlichen Verkehrsraum zuzuordnen ist, auf die äußeren Gegebenheiten an, die einen Rückschluss auf das Vorhandensein und den Umfang der Gestattung bzw. Duldung des allgemeinen Verkehrs durch den Verfügungsberechtigten zulassen. So kann sich etwa aus einer entsprechenden Beschilderung als „Privat-/Werksgelände", einer Einfriedung des Geländes und einer Zugangsbeschränkung in Gestalt einer Einlasskontrolle ergeben, dass der Verfügungsberechtigte die Allgemeinheit von der Benutzung des Geländes ausschließen will. 91

Weiteres Tatbestandsmerkmal ist das **Führen** eines Fahrzeuges iSv § 316 StGB. Unerheblich ist, ob der Motor angelassen wurde oder ob das Fahrzeug mit laufendem Motor steht. Die Strafbarkeit beginnt, wenn das Fahrzeug in Bewegung gesetzt wird.[100] Führt der Täter ein Moped oder Mofa durch Treten der Pedale, um dadurch den Motor zum Anspringen zu bringen, so führt er es als Kraftfahrer.[101] 92

Hauptanwendungsbereich des Tatbestandes des § 316 StGB ist das Führen eines Kraftfahrzeuges mit einem Blutalkoholwert von mindestens 1,1‰, also bei Erreichen der Grenze der absoluten Fahruntüchtigkeit.[102] Ausreichend ist es, dass der Kraftfahrer zum Zeitpunkt des Vorfalls eine Alkoholmenge im Körper hat, die später zu einer BAK von mindestens 1,1‰ führt.[103] 93

bb) Absolute und relative Fahruntüchtigkeit – typische Fahrfehler. Relative Fahruntüchtigkeit ist gegeben, wenn eine BAK unter 1,1‰ festgestellt ist und wenn sich aus weiteren Umständen ergibt, dass der Alkoholgenuss zur Fahruntüchtigkeit geführt hat.[104] Grundlegend für die Definition der relativen Fahruntüchtigkeit ist die Entscheidung des BGH.[105] Hiernach gilt: 94

---

[96] Zum Begriff der öffentlichen Wege und Plätze vgl. *Hentschel* StVO § 1 Rn. 13 ff.
[97] *Hentschel* Trunkenheit Rn. 335.
[98] *Hentschel* Trunkenheit Rn. 336; vgl. auch BGHSt 6, 100 (103).
[99] BGH DAR 2004, 399.
[100] BGH NZV 1989, 32; *Hentschel* Trunkenheit Rn. 338 ff.
[101] *Hentschel* Trunkenheit Rn. 350.
[102] BGHSt 37, 89.
[103] BGH NJW 1974, 246 sowie BGHSt 37, 89.
[104] BGHSt 31, 44.
[105] BGHSt 31, 44; DAR 1982, 296.

"Die relative Fahruntüchtigkeit unterscheidet sich dabei von der absoluten nicht in dem Grad der Trunkenheit oder der Qualität der alkoholbedingten Leistungsminderung, sondern allein hinsichtlich der Art und Weise, wie der Nachweis der Fahruntüchtigkeit als psychophysischer Zustand herabgesetzter Gesamtleistungsfähigkeit zu führen ist. Dabei stellt die BAK das wichtigste Beweisanzeichen dar."

95 Es ist davon auszugehen, dass es keine für die Fahrleistung unerhebliche BAK gibt. Relative Fahruntüchtigkeit kann schon bei Erreichen eines Wertes von 0,3‰ gegeben sein,[106] jedoch nicht bei einem darunter liegenden Wert.[107]

96 Bei der Prüfung, ob relative Fahruntüchtigkeit gegeben ist, sind sowohl objektive wie subjektive Umstände zu berücksichtigen. Objektive Umstände können sein: Ungünstige Straßen- oder Witterungsverhältnisse sowie Dunkelheit. Subjektive Umstände sind zB Alter, Übermüdung, Erkrankung sowie erkennbare Alkoholempfindlichkeit bei Jugendlichen oder bei schwacher körperlicher Konstitution. Neben der Höhe der BAK kommt es auf erkennbare Ausfallerscheinungen an, die auf Fahruntüchtigkeit schließen lassen. Insbesondere ist die Fahrweise für die Beurteilung der Fahruntüchtigkeit von Bedeutung.

97 Beweisanzeichen für eine relative Fahruntüchtigkeit können in der Person und im Fahrverhalten erkennbar werden. Zur Person kommen als Beweisanzeichen in Betracht: Lallen, verwaschene Sprache, schwankender Gang, unbesonnenes Benehmen bei Polizeikontrollen, gerötete Augen. Dabei sind die ärztlichen Feststellungen bei der Blutentnahme von besonderer Bedeutung. Hier ist von der Verteidigung besondere Aufmerksamkeit zur Beweiswürdigung erforderlich. Die Indizwirkung der Feststellung des Arztes entfällt, wenn der Alkoholwert im Tatzeitpunkt niedriger war, also die Voraussetzungen für ein Ansteigen des Alkoholwertes zur Zeit der Entnahme gegeben sind und nicht gerade ein „Sturztrunk" vorlag.[108]

98 Ungewöhnliche Fahrfehler können ein Indiz für das Vorliegen relativer Fahruntüchtigkeit sein. Aus der Fahrweise kann aber nur auf relative Fahruntüchtigkeit geschlossen werden, wenn es sich um typische alkoholbedingte Fehler handelt. Die Indizwirkung ist jedoch nicht dadurch ausgeschlossen, dass gleichartige Fehler auch nüchternen Fahrern unterlaufen. Je höher die BAK, desto geringer sind die Anforderungen an den Nachweis. Umgekehrt gilt: Je niedriger der BAK-Wert ist, desto höher sind die Anforderungen an die Prüfung der Indizien für die relative Fahruntüchtigkeit.[109]

99 Das Fahren in Schlangenlinien ist das von Polizeibeamten am häufigsten angegebene Indiz. Jedoch kann eine solche Indizwirkung nicht angenommen werden, wenn der Fahrer eines leichten Wagens wegen Seitenwindes von der geraden Linie abweicht.[110] Im Übrigen kann die Indizwirkung auch entfallen, wenn der Fahrer das Fahrzeug über eine längere Strecke beherrscht.[111]

100 Indizwirkung wurde in folgenden Fällen abgelehnt:
- Überhöhte Geschwindigkeit ist dann kein Indiz, wenn ein nachvollziehbares Motiv vorliegt, zB wegen einer Flucht vor der Polizei.[112]
- Auch das Abkommen von der Fahrbahn nach einer Kurve hat dann keine Indizwirkung, wenn dies an solchen Stellen auch nüchternen Kraftfahrern häufig passiert.[113]
- Das Überfahren der Mittellinie ist nicht stets ein Indiz.[114] Auch das Linksabbiegen oder falsches Überholen sind häufigste Unfallursachen bei nüchternen Kraftfahrern. Somit kommt Mitursächlichkeit des Alkoholeinflusses nur in Betracht, wenn weitere Beweisanzeichen angenommen werden können.[115]
- Bei besonders vorsichtiger Fahrweise, zB sehr langsamer Fahrt, kommt Indizwirkung solange nicht in Betracht, wie der Fahrer sich nicht verkehrswidrig verhält.[116] Auch kann

---

[106] BGHSt 19, 243.
[107] OLG Köln NZV 1989, 358.
[108] BGHSt 31, 45.
[109] Vgl. im Einzelnen mit Beispielen aus der Rspr. *Fischer* § 316 Rn. 7.
[110] OLG Hamm NZV 1994, 117.
[111] BGH NZV 1995, 80.
[112] BGH zfs 1994, 464; LG Osnabrück DAR 1994, 128.
[113] LG Zweibrücken zfs 1994, 265.
[114] LG Zweibrücken NZV 1994, 450.
[115] LG Osnabrück DAR 1995, 79.
[116] OLG Köln NZV 1995, 454.

ein Fahrfehler keine Indizwirkung haben, wenn dieser darauf beruht, dass der Fahrzeuglenker ein ungewohntes, fremdes Fahrzeug benutzte.[117]

cc) **Teilnahme.** Handelt der Täter vorsätzlich, so kommt Beihilfe oder Anstiftung zu der Tat des § 316 StGB in Betracht. Teilnahme begeht derjenige, der die Fahrunsicherheit des anderen kennt und diesem bestimmt, sich hierüber hinwegzusetzen. Beihilfe ist zB gegeben, wenn jemand einem erkennbar Betrunkenen das Fahrzeug zur Verfügung stellt.[118] Wichtig ist zu beachten, dass die Teilnahme nur an einer vorsätzlichen Haupttat in Betracht kommt.[119]

dd) *Mofa- und Radfahrer.* Bei Mofafahrern, die ihr Fahrzeug nur durch Treten der Pedale oder durch Abstoßen mit den Füßen in Bewegung setzen, gilt der Grenzwert für Kraftfahrzeugführer nicht. Hier gilt der gleiche Grenzwert wie für Fahrradfahrer.[120] Die Grenze für die absolute Fahruntüchtigkeit von Fahrradfahrern liegt bei 1,6‰. Dabei wird einem Wert für die absolute Fahruntüchtigkeit von 1,5‰ ein Sicherheitszuschlag von 0,1‰ hinzugerechnet.[121]

b) **Schuldform.** Der Tatbestand des § 316 StGB kann vorsätzlich oder fahrlässig begangen werden. Im Gesetz ist hinsichtlich der Fahruntüchtigkeit zwischen Vorsatz und Fahrlässigkeit unterschieden, jedoch ohne Differenzierung im Strafrahmen. Jedoch kann der Unterschied bei der Strafzumessung im Rahmen des Strafrahmens beachtlich sein.[122] Seitens der Verteidigung ist darauf zu achten, dass im Tenor und in den Urteilsgründen die Schuldform festgestellt wird. Dies hat nämlich auch Konsequenzen für die Eintrittspflicht der Rechtsschutzversicherung.

aa) **Fahrlässigkeit.** Fahrlässigkeit liegt vor, wenn der Täter sich bewusst oder unbewusst fahrlässig irrig für fahrtüchtig hält. Fahrlässige Unkenntnis der Fahruntüchtigkeit wird regelmäßig festgestellt werden können, wenn der Täter den Alkohol bewusst zu sich genommen hat. Jedem Kraftfahrer sind die Gefahren des Alkohols bekannt oder müssen diese bekannt sein. Auch hat er sich über die Folgen von Restalkohol Gedanken zu machen.[123]

bb) **Vorsatz.** Vorsatz setzt voraus, dass der Täter sich entweder der Tatsache oder zumindest der Möglichkeit seiner Fahruntüchtigkeit bewusst ist und sich dennoch zum Fahren entschließt. Die Grenze von 1,1‰ ist kein Tatbestandsmerkmal, sondern Beweisregel für den Vorsatz.[124]

cc) **Verminderte Schuldfähigkeit.** Eine Strafmilderung wegen alkoholbedingter beschränkter Schuldfähigkeit nach §§ 21, 49 Abs. 1 StGB kommt beim Trinken in Fahrbereitschaft grundsätzlich nicht in Betracht.[125] Bei hoher Blutalkoholkonzentration bei Werten ab 2‰ ist stets im Urteil zu erörtern, ob verminderte Schuldfähigkeit iSv § 21 StGB in Betracht kommt.[126]

4. Straßenverkehrsgefährdung (§ 315c StGB)

a) **Der Tatbestand der Gefährdung des Straßenverkehrs gemäß § 315c StGB.** Der Tatbestand des § 315c StGB stellt ein konkretes Gefährdungsdelikt dar. Die Tat setzt – anders als ein Vergehen gemäß § 316 StGB – den Eintritt einer konkreten Gefahr voraus. Sie ist daher auch keine Dauerstraftat. Der Tatbestand ist mit dem Eintritt der Gefahr verwirklicht und mit dem Ende der konkreten Gefahr beendet.[127] Im Übrigen gilt § 315c StGB – anders als

---

[117] OLG Köln NZV 1995, 454.
[118] OLG Koblenz NJW 1988, 152.
[119] *Hentschel* Trunkenheit Rn. 392.
[120] BayObLG BA 1993, 254; OLG Hamm NZV 1992, 198; OLG Zweibrücken NZV 1992, 372.
[121] OLG Karlsruhe VersR 1999, 634.
[122] OLG Saarbrücken NJW 1974, 1392.
[123] Vgl. *Fischer* § 316 Rn. 9c.
[124] Vgl. *Fischer* § 316 Rn. 9a.
[125] Vgl. *Fischer* § 316 Rn. 11b.
[126] Vgl. BGH NStZ 1997, 383; OLG Hamm MDR 1999, 1264; OLG Naumburg DAR 2001, 379.
[127] BGH NZV 1995, 196; *Fischer* § 315c Rn. 23.

§ 316 StGB – nur für den Straßenverkehr. Auch hier ist Voraussetzung, dass sich das Tatgeschehen im öffentlichen Verkehr ereignet. Der Tatbestand des § 315c StGB ist zweistufig aufgebaut und umfasst nicht wie § 315b StGB die Sicherheit des Straßenverkehrs als geschütztes Rechtsgut.[128]

108 Bei der Verteidigung gegenüber dem Vorwurf eines Verstoßes der Straßenverkehrsgefährdung gemäß §§ 315c, 315b und 316a StGB ist es wichtig, die Verteidigung an den einzelnen Merkmalen der Tatbestände zu orientieren.[129]

109 *aa) Das Führen eines Fahrzeuges im Zustand der Fahruntüchtigkeit (§ 315c Abs. 1 Nr. 1 StGB).* Zusätzlich zu den Anforderungen nach § 315 StGB hat die Verurteilung nach § 315c StGB hat zur Voraussetzung, dass der Täter das Fahrzeug selbst geführt hat.[130] Das Führen des Fahrzeuges kann auch vorliegen, wenn der Beifahrer in das Steuer greift, um das Fahrzeug zielbestimmt zu lenken. Fahrer und Beifahrer können Führer des Fahrzeuges sein, wenn der eine das Steuer des Kraftfahrzeuges betätigt, während der andere Kupplung und Gashebel bedient, ebenso im Falle des Betätigens von Lenkung und Bremsen beim Abschleppen. Jedoch hat in einem solchen Fall der Pkw die Eigenschaft als Kraftfahrzeug verloren.[131]

110 Weiteres Tatbestandsmerkmal des § 315c Abs. 1 Nr. 1 StGB ist die Fahruntüchtigkeit des Fahrzeugführers. Fahruntüchtigkeit liegt vor, wenn der Fahrzeugführer nicht fähig ist, eine längere Strecke so zu steuern, dass er den Anforderungen des Straßenverkehrs gewachsen ist, und zwar auch bei plötzlich auftretender schwieriger Verkehrslage. In § 315c Abs. 1 Nr. 1a StGB ist normiert, dass die Fahruntüchtigkeit durch den Genuss alkoholischer Getränke oder anderer berauschender Mittel verursacht ist. Dies ist ein Unterfall von § 315c Abs. 1 Nr. 1b StGB.

111 § 315c Abs. 1 Nr. 1b StGB normiert den Fall, dass die Fahruntüchtigkeit die Folge geistiger oder körperlicher Mängel ist, nicht Folge mangelnder technischer Beherrschung oder Ungeschicklichkeit. Die Fahruntüchtigkeit im Sinne dieser Alternative ist zB bei Anfallsleiden, aber auch bei altersbedingten psychofunktionalen Leistungsdefiziten gegeben.[132] Auch kann Übermüdung wegen Überschreitung der Lenk- und Ruhezeiten den Tatbestand des § 315c Abs. 1 Nr. 1b StGB erfüllen. Die Fahruntüchtigkeit kann sowohl bei Nr. 1a als auch bei Nr. 1b eine absolute oder eine relative sein.[133]

112 Körperliche Mängel iSv § 315c Abs. 1 Nr. 1b StGB können dauerhaft sein, zB das Fehlen von Gliedmaßen. Es kann sich aber auch um eine nur vorübergehende Beeinträchtigung handeln, zB beim Tragen eines Gipsbeins oder bei einer Handverletzung. Geistige Mängel können gegeben sein bei Krankheiten wie Fieberzuständen, Heuschnupfen, Medikamenteneinnahme u.ä. Medikamenteneinnahme fällt nicht unter den Tatbestand des § 316 StGB, weil es sich nicht um ein berauschendes Mittel handelt. Dies fällt vielmehr unter den Tatbestand des § 315c Abs. 1 Nr. 1b StGB. Auch kann zB ein epileptisches Anfallsleiden einem geistigen oder körperlichen Mangel gleich zu setzen sein, wenn die Gefahr besteht, dass Anfälle jederzeit auftreten können.[134]

113 *bb) Der Tatbestand des grob verkehrswidrigen und rücksichtslosen Handelns gemäß § 315c Abs. 1 Nr. 2 StGB.* Die Tathandlung bei § 315c Abs. 1 Nr. 2 StGB ist ein abstrakt besonders gefährlicher Verkehrsverstoß. In diesem Tatbestand werden die sieben besonders sanktionierten Todsünden im Straßenverkehr aufgelistet und stehen wegen ihres Unwertgehaltes einer Verkehrsteilnahme in fahrunsicherem Zustand gleich.

Es handelt sich hierbei um folgende Tatbestände:

114 Nichtbeachten der Vorfahrt:
Zunächst gilt die gebotene Beachtung der Vorfahrtsregelung gemäß §§ 8, 18 Abs. 3 StVO. Die Regelung betrifft nur den Wartepflichtigen, nicht den Vorfahrtberechtigten, selbst wenn dieser verkehrs-

---

[128] *Fischer* § 315c Rn. 2.
[129] Vgl. hierzu *Ferner* SVR 2004, 104.
[130] BGH NZV 1995, 364.
[131] BGHSt 36, 343; vgl. hierzu ausführlich *Fischer* § 315c Rn. 3.
[132] BayObLG NJW 1996, 2045.
[133] Vgl. hierzu *Fischer* § 315c Rn. 3c.
[134] BGH NJW 1995, 795.

- Falsches Überholen oder sonst bei Überholvorgängen falsches Fahren: 115
Als falsches Überholen ist jedes regelwidrige Überholen zu qualifizieren, sofern der Regelverstoß den Vorgang gefährlich macht. Für den Begriff des Überholens ist § 5 StVO maßgebend. Erfasst werden Verstöße gegen § 5 StVO. Falsches Überholen ist zB Rechtsüberholen entgegen § 5 Abs. 1 StVO, Überholen entgegen Überholverbot, falsches Aus- oder Einscheren, unerlaubtes Beschleunigen, Ausscheren unter Nichtbeachtung des rückwärtigen Verkehrs, Hineinzwängen in zu enge Lücke, Beschleunigen oder Verringern des Abstandes. Falsches Überholen liegt nicht bei bloßer Geschwindigkeitsüberschreitung oder bei bloßem Hinterherfahren mit zu geringem Abstand vor, wenn dadurch das Überholen durch andere erschwert wird.
- Falsches Fahren an Fußgängerüberwegen: 116
Die Regelung betrifft nur Verstöße gegen § 26 StVO, nicht Verstöße gegen § 9 Abs. 3 S. 3 StVO, die den Fußgängervorrang betreffen. Das Halten auf oder 5m vor Fußgängerüberwegen erfüllt den Tatbestand, weil kein falsches Fahren vorliegt. Die Regelung gilt nur für Zebrastreifen und nicht für Ampelübergänge.[136]
- Zu schnelles Fahren an unübersichtlichen Stellen, an Straßenkreuzungen, Straßeneinmündungen oder 117 Bahnübergängen:
Die Regelung betrifft gefährliche Verhaltensweisen und Verstöße gegen die Vorschriften der §§ 3, 8, 19 StVO. Der Tatbestand betrifft auch zu schnelles Fahren an Kreuzungen und Einmündungen, wenn infolgedessen nicht rechtzeitig angehalten werden kann. Der Begriff der Unübersichtlichkeit ergibt sich nicht mehr aus der StVO und muss sich heraus entwickelt werden.[137] Erforderlich ist die Gefährdung, jedoch erfüllt zu schnelles Fahren mit Gefährdung vor den Kreuzungen nicht den Tatbestand. Etwas anderes gilt jedoch, wenn das Verhalten so ist, dass infolge des Fehlverhaltens die Pflichten an der Kreuzung oder Einmündung nicht erfüllt werden können. Der Tatbestand schützt auch Fußgänger auf Überwegen an Straßenkreuzungen.
- An unübersichtlichen Stellen nicht die rechte Seite der Fahrbahn einhalten: 118
Der Tatbestand schützt den Gegenverkehr gegen das Schneiden unübersichtlicher Kurven. Voraussetzung ist das Benutzen der Gegenfahrbahn. Ausreichend ist nicht, wenn lediglich nicht äußerst rechts gefahren wird.
- Wenden auf Autobahnen oder Kraftfahrstraßen sowie Rückwärts- oder entgegen der Fahrtrichtung 119 Fahren:
Der Tatbestand des Wendens ist erfüllt, wenn hierzu angesetzt wird. Ebenso ist ausreichend das Querstellen oder Schrägstellen auf der Überholspur. Falschfahrt auf der Autobahn, dh das Befahren einer Autobahn oder Kraftfahrstraße in falscher Fahrtrichtung, ist nunmehr ein selbstständiger Gefährdungstatbestand.
- Wird das Fahrzeug absichtlich ungesichert abgestellt oder stehen gelassen, so liegt darin zusätzlich ein 120 Hindernisbereiten iSv § 315b StGB; sonst ist § 315c Abs. 1 Nr. 2g StGB erfüllt.

Tatbestandsmerkmale des § 315c Abs. 1 Nr. 2 StGB sind grob verkehrswidriges und rück- 121 sichts-loses Handeln. Diese Merkmale müssen nebeneinander vorliegen und gehören auch zur Schuldfrage.

Beispiele für Rücksichtslosigkeit:
Gefährdendes Überholen, Schneiden in unübersichtlicher Linkskurve. Kennzeichen für Rücksichtslosigkeit sind Leichtsinn, Eigensucht und Gleichgültigkeit. Rücksichtslosigkeit ist zu verneinen bei hochgradiger Erregung.[138]

Weiteres kumulatives Merkmal gemäß des § 315c Abs. 1 Nr. 2 StGB ist **grob verkehrswidri-** 122 **ges Handeln**. Ob ein solches Handeln vorliegt, ist nach der Sachlage zu entscheiden. Grobe Verkehrswidrigkeit ist bei besonders gefährlichem Abweichen vom pflichtgemäßen Verhalten, zB bei Einbiegen auf Fußgängerüberwege mit quietschenden Reifen gegeben. Auch kann ein Rotlichtverstoß grob verkehrswidrig sein.[139] Grob verkehrswidrig und rücksichtslos handelt, wer mit hoher Geschwindigkeit kurz hinter einem langsam Fahrenden in die Autobahn einbiegt und dort kurz vor einem schnell Fahrenden alsbald auf die Überholspur wechselt.[140]

---

[135] OLG Frankfurt NZV 1994, 365; OLG Düsseldorf NZV 1996, 245.
[136] OLG Stuttgart NJW 1969, 889.
[137] Hentschel StGB § 315c Rn. 8.
[138] Hentschel StGB § 315c Rn. 14.
[139] OLG Köln DAR 1992, 469.
[140] Hentschel StGB § 315c Rn. 25.

123   cc) *Gefährdung.* Den Tatbeständen des § 315c Abs. 1 StGB ist als verbindendes Merkmal gemeinsam, dass durch die Handlung eine konkrete Gefährdung von Leib und Leben eines anderen oder einer fremden Sache von bedeutendem Wert herbeigeführt wird.[141] Das geführte Kraftfahrzeug bleibt hierbei als gefährdete Sache außer Betracht.[142] Dies gilt auch für ein sicherungsübereignetes Fahrzeug[143] und auch für ein Leasingfahrzeug.[144] Die Gefährdung muss sich auf eine Sache von bedeutendem Wert beziehen. Die Wertgrenze dürfte bei 1.000,– EUR oder darüber liegen.[145]

124   Nicht Voraussetzung für den Tatbestand ist, dass ein Schaden tatsächlich eingetreten ist. Die Gefährdung eines Beifahrers kann auch dann den Tatbestand erfüllen, wenn dieser um die Trunkenheit des Fahrers weiß und damit die Eigengefährdung in Kauf genommen hat.[146]

125   Bei mehreren Straßenverkehrsgefährdungen kommt Handlungseinheit in Betracht. In Fällen des § 315c Abs. 1 Nr. 1a StGB stellt eine einheitliche Fahrt in verkehrsuntüchtigem Zustand grundsätzlich eine Handlungseinheit dar, wenn während dieser mehrere Gefahrensituationen herbeigeführt werden; die Herbeiführung von zeitlich hintereinander liegenden Gefahrensituationen verbindet diese zu einer Tat im Sinne eines Dauerdelikts. Treffen unerlaubtes Entfernen vom Unfallort und fahrlässig Tötung je tateinheitlich mit derselben vorsätzlichen Straßenverkehrsgefährdung zusammen, so werden alle drei Delikte – anders als im Falle der fahrlässig begangenen Straßenverkehrsgefährdung – zu einer Tateinheit verbunden.[147]

126   b) **Die subjektiven Tatbestandsmerkmale.** Vorsatz in Bezug auf Alkohol wegen Fahrunsicherheit und Gefährdung setzt voraus, dass der Fahrer seine Fahrunsicherheit kannte oder sie billigend in Kauf nahm. Der Vorsatz muss auch die Gefahr umfassen, die der Fahrer durch sein tatbestandsmäßiges Verhalten für einen anderen Menschen oder für einen bestimmten bedeutenden Sachwert herbeiführt. Der Vorsatz muss sich auch auf die Ursächlichkeit der alkoholbedingten Fahrunsicherheit für die Gefährdung erstrecken. Im Übrigen gehört zum inneren Tatbestand, dass sich der Fahrer des Mangels und dessen bewusst ist, dass der Mangel seine Fahrsicherheit beeinträchtigt.[148] Des Weiteren ist zu beachten, dass beim Tatbestand des § 315c Abs. 1 Nr. 1 StGB auch der **Versuch** strafbar ist.

127   c) **Anforderungen an Urteilsbegründung.** Bei einer Verurteilung wegen fahrlässiger Gefährdung des Straßenverkehrs gemäß § 315c StGB muss im Urteil unmissverständlich dargetan werden, welchen gesetzlichen Tatbestand der Vorschrift das Gericht für verwirkt ansieht und welche Vorschrift für die Bemessung der Rechtsfolgen ausschlaggebend war. Im Falle der relativen Fahruntüchtigkeit gemäß §§ 315c Abs. 1 Nr. 1a, 316 StGB muss das Gericht in den Urteilsgründen darlegen, warum eine Fahruntüchtigkeit vorgelegen haben soll; dies vor allem, wenn eine Rückrechnung der Tatzeit-BAK einen Wert unter 1,1‰ ergibt. Insbesondere bedarf es auch bei Fahruntüchtigkeit bei einer BAK von 0,5‰ iVm starker Übermüdung ausreichender Feststellungen zu den Umständen, die für eine starke Übermüdung sprechen.[149]

5. Gefährlicher Eingriff in den Straßenverkehr (§ 315b StGB)

128   a) **Die Tathandlung.** Geschütztes Rechtsgut ist die Sicherheit des Straßenverkehrs, jedoch nur des öffentlichen Verkehrs, also der Verkehr von Kraftfahrzeugen, Radfahrern und Fußgängern. Der Tatbestand des § 315b StGB ist ein konkretes Gefährdungsdelikt und dreistufig gegliedert:
- Das Zerstören, Beschädigen oder Beseitigen von Anlagen oder Fahrzeugen (Nr. 1),

---

[141] BGH DAR 2000, 222.
[142] BGHSt 27, 40; zfs 1986, 28.
[143] OLG Nürnberg VersR 1977, 679.
[144] OLG Oldenburg NZV 1991, 35.
[145] BayObLG NZV 1998, 164; Himmelreich/Halm/*Winkler* Kap. 35 Rn. 101; MAH Strafverteidigung/*Kuhn* § 47 Rn. 78.
[146] BGHSt 23, 261 = NZV 1995, 8.
[147] OLG Düsseldorf NZV 1999, 388.
[148] *Hentschel* StGB § 315c Rn. 14–16.
[149] BayObLG DAR 2003, 428.

- das Bereiten von Hindernissen (Nr. 2) oder
- die Vornahme eines ähnlichen, ebenso gefährlichen Eingriffs (Nr. 3).

„Anlagen" iSd Tatbestandes des § 315b Abs. 1 Nr. 1 StGB sind vor allen Dingen Verkehrsschilder und -zeichen, Leitplanken und dergleichen, Brücken und die Straßen selbst. Unter „Fahrzeugen" sind sämtliche Beförderungsmittel im öffentlichen Verkehr zu verstehen.[150]

Unter „Hindernisbereiten" (Nr. 2) fällt eine Straßensperre, auch das Spannen eines Drahtes über eine Straße, das Werfen von Holzscheiten auf die Straße oder das Treiben von Schafen auf die Autobahn.

Unter „ähnlichen, ebenso gefährlichen Eingriffen" iSv § 315b Abs. 1 Nr. 3 StGB ist auch das Geben falscher Zeichen oder Signale zu verstehen, wenn sie als verkehrsfremde Außeneingriffe gewertet werden. Dies ist etwa gegeben, wenn ein Einbahnstraßenschild in entgegengesetzter Richtung angebracht wird.[151]

Ein gefährlicher Eingriff gemäß § 315b Abs. 1 Nr. 2 und 3 StGB kann auch bei einem (äußerlich) verkehrsgerechten Verhalten vorliegen, so zB das bewusste Herbeiführen eines Verkehrsunfalls durch Abbremsen bei Annäherung an eine Kreuzung, wenn hierdurch gewollt das Auffahren des nachfolgenden Verkehrsteilnehmers verursacht wird.[152]

Durch das Handeln muss eine konkrete Gefahr herbeigeführt werden.

b) **Die innere Tatseite.** Im fließenden Straßenverkehr wird ein Verkehrsvorgang nur dann zu einem Eingriff in den Straßenverkehr iSd § 315b Abs. 1 StGB „pervertiert", wenn zu dem bewusst zweckwidrigen Einsatz eines Fahrzeugs in verkehrsfeindlicher Einstellung hinzukommt, dass es mit (mindestens bedingtem) Schädigungsvorsatz – etwa als Waffe oder Schadenswerkzeug – missbraucht wird.[153] Zur inneren Tatseite ist zwischen den Tatbeständen unterschieden. Zu beachten ist, dass gemäß § 320 Abs. 2 Nr. 2, Abs. 3 Nr. 1 StGB tätige Reue möglich ist.[154]

6. Vollrausch (§ 323a StGB)

a) **Allgemeines.** Der Tatbestand des Vollrausches gemäß § 323a StGB ist ein Auffangtatbestand. Er kommt in allen Fällen zur Anwendung, in denen zweifelhaft bleibt, ob der Angeklagte schuldunfähig war oder nicht. Voraussetzung ist die Feststellung, aus welchen Tatsachen sich die Möglichkeit ergibt, der Täter habe möglicher Weise im Zustand der Schuldunfähigkeit gehandelt.[155]

b) **Tathandlung.** Die Tathandlung gemäß § 323a StGB verwirklicht, wer sich vorsätzlich oder fahrlässig durch alkoholische Getränke oder andere berauschende Mittel in einen so hochgradigen Rausch versetzt, dass er schuldunfähig wird oder in einen Zustand gerät, bei dem die Schuldunfähigkeit nicht auszuschließen ist, und er in diesem Zustand eine rechtswidrige Tat begeht. Eine Wahlfeststellung zwischen dem Tatbestand des § 323a StGB und der im Rausch begangenen Tat ist nicht möglich.[156]

Auch das Zusammenwirken alkoholischer Getränke oder sonstiger berauschender Mittel mit anderen Ursachen kann zur Schuldunfähigkeit und zur Anwendung des § 323a StGB führen.

c) **Vorsatz oder Fahrlässigkeit.** Zur inneren Tatzeit ist erforderlich, dass sich Vorsatz oder Fahrlässigkeit auf das „sich Berauschen" beziehen. Vorsätzlich iSd § 323a StGB handelt der Täter, der weiß oder zumindest in Kauf nimmt, dass er sich durch den Genuss von Alkohol oder anderen berauschenden Mitteln in einen Rausch versetzt, in dem seine Schuldfähigkeit nicht mehr oder nicht mehr sicher festgestellt werden kann. Dies ist nicht stets ab einer bestimmten BAK anzunehmen. Ein entsprechender Erfahrungswert existiert nicht.[157]

---

[150] *Fischer* § 315b Rn. 5.
[151] Vgl. hierzu im Einzelnen mit Beispielen *Fischer* § 315b Rn. 7.
[152] BGH DAR 2000, 531.
[153] BGH VersR 2003, 1002.
[154] *Fischer* § 320 Rn. 1.
[155] *Hentschel* Trunkenheit Rn. 290 f.
[156] BGHSt 9, 390.
[157] *Hentschel* Trunkenheit Rn. 308 mit ausführlichen Nachweisen der Rspr.

138 Bei einzelnen Tatbeständen, etwa bei Verkehrsunfallflucht gemäß § 142 Abs. 1 StGB iVm § 323a StGB, sind die Umstände des Einzelfalles für die Feststellung einer Schuldunfähigkeit maßgebend.[158]

7. Unerlaubtes Entfernen vom Unfallort (§ 142 StGB)

139 Der Tatbestand des unerlaubten Entfernens vom Unfallort gemäß § 142 StGB stellt eine der umstrittensten verkehrsstrafrechtlichen Vorschriften dar.[159] Die kriminalpolitisch wichtige Vorschrift des § 142 StGB postuliert problematische Pflichten der Unfallbeteiligten,[160] wird aber zugleich als die am meisten verunglückte Bestimmung StGB bezeichnet.[161] Andererseits hat das BVerfG entschieden, dass der Straftatbestand des unerlaubten Entfernens vom Unfallort mit dem Grundgesetz konform ist.[162] Für die Verteidigung ist es wichtig herauszuarbeiten, ob die objektiven und subjektiven Tatbestandsmerkmale des § 142 StGB verwirklicht sind.[163]

140 Bei Übernahme eines Mandates zur Verteidigung wegen unerlaubten Entfernens vom Unfallort ist daran zu denken, ob die Voraussetzungen des § 142 Abs. 4 StGB in Betracht kommen. Hiernach kommt eine Strafmilderung oder das Absehen von Strafe in Betracht, wenn der Unfallbeteiligte innerhalb von 24 Stunden nach einem Unfall außerhalb des fließenden Verkehrs, der ausschließlich nicht bedeutenden Sachschaden zur Folge hat, freiwillig die Feststellung nachträglich ermöglicht.

141 **a) Der objektive Tatbestand.** *aa) Geschütztes Rechtsgut.* Geschütztes Rechtsgut ist ausschließlich die Beweissicherung hinsichtlich aller aus dem Verkehrsunfall erwachsenden zivilrechtlichen Ansprüche der Geschädigten gegeneinander aus Gefährdungshaftung und unerlaubter Handlung sowie der Anspruchsabwehr.[164] Nicht geschützt ist das öffentliche Interesse an lückenloser Erfassung von Verkehrsunfällen und Unfallbeteiligten, um durch Strafen und Maßnahmen auch die Verkehrssicherheit zu erhöhen; auch nicht eine effektive Verfolgung von Straftaten, speziell Trunkenheitsfahrten.[165]

142 *bb) Die Voraussetzungen des objektiven Tatbestandes.* Der objektive Tatbestand sowohl des § 142 Abs. 1 StGB als auch des Abs. 2 erfordert zunächst, dass sich ein **Unfall im Straßenverkehr** ereignet hat. Verkehrsunfall ist ein plötzliches Ereignis im öffentlichen Verkehr, das mit dessen Gefahren in ursächlichem Zusammenhang steht und einen Personen- oder Sachschaden zur Folge hat, der nicht ganz unerheblich ist.

143 **Geschädigter** braucht nicht ein Verkehrsteilnehmer zu sein. Auch das Anfahren eines Tieres kann einen Verkehrsunfall darstellen, ebenso die Beschädigung einer sonstigen Sache in Abwesenheit des Eigentümers. Voraussetzung ist, dass sich aus dem Ereignis Schadenersatzansprüche ergeben können. Beim Überfahren von Wild liegt jedoch kein Verkehrsunfall vor.[166]

144 **Gewollte Unfälle** fallen nicht unter den Tatbestand des § 142 StGB, wenn alle Beteiligten sie gewollt haben. In diesem Fall besteht kein schutzwürdiges privates Aufklärungsinteresse. Jedoch bleibt das Beweisinteresse der unvorsätzlich Beteiligten schutzbedürftig.[167]

145 **Täter** kann im Übrigen nur ein Unfallbeteiligter sein, also jeder, dessen Verhalten nach den Umständen zur Verursachung des Unfalls beigetragen haben kann.[168] Aus der Haltereigenschaft allein kann nicht geschlossen werden, der Halter habe bei der Unfallfahrt auch das Fahrzeug selbst gefahren. Eine solche Beweiswürdigung wäre willkürlich.[169] Der Beifah-

---

[158] *Hentschel* Trunkenheit Rn. 321.
[159] *Freyschmidt* Rn. 197.
[160] *Fischer* § 142 Rn. 2.
[161] Schönke/Schröder/*Cramer*/*Sternberg-Lieben* § 142 Rn. 1 unter ausführlicher Darstellung der Struktur und des Aufbaus der Norm sowie der rechtspolitischen Aspekte.
[162] NJW 1963, 1195 (zur aF); BVerfG DAR 2007, 258; *Geppert* DAR 2007, 380.
[163] *Ferner* SVR 2004, 178.
[164] *Hentschel* StGB § 142 Rn. 20.
[165] *Fischer* § 142 Rn. 3.
[166] Schönke/Schröder/*Cramer*/*Sternberg-Lieben* § 142 Rn. 7.
[167] *Hentschel* StGB § 142 Rn. 26.
[168] *Freyschmidt* Rn. 212.
[169] OLG Köln NZV 1998, 37.

rer kann auch, wenn der Verdacht besteht, dass er auf die Fahrzeugführung eingewirkt hat, ein Unfallbeteiligter sein. Unfallbeteiligte sind nicht bloße Zeugen eines Unfalls, die einige Zeit zuvor von dem Verunfallten überholt wurden, oder Kraftfahrer, deren verkehrsbedingtes Anhalten zu einem Auffahrunfall nachfolgender Fahrzeuge führt. Dies gilt aber nur unter der Voraussetzung, dass nicht der Verdacht eines regelwidrigen Verhaltens besteht oder geäußert wird.[170] Ob ein zur Zeit des Unfalls am Unfallort Anwesender „Unbeteiligter" ist, bestimmt sich nach der aufgrund konkreter Umstände bestehenden Verdachtslage. „Unfallbeteiligter" kann daher auch der Halter sein, selbst wenn nachträglich festgestellt wird, dass er nur Beifahrer war.[171]

Auch Benutzer von Inline-Skates können Täter einer Unfallflucht sein. Sie werden de lege lata als Personen, die ein „besonderes Fortbewegungsmittel" iSd § 24 Abs. 1 StVO mitführen, bezeichnet und somit als Fußgänger iSd StVO. Zu berücksichtigen ist jedoch, dass auch „Unfälle" unter Fußgängern, soweit sie im ursächlichen Zusammenhang mit dem öffentlichen Straßenverkehr und seinen typischen Gefahren stehen und nicht zu gänzlich belanglosem fremden Sach- und Körperschaden führen, tatbestandsmäßig unter den § 142 StGB fallen.[172]

146

Weitere Tatbestandsvoraussetzung ist, dass ein nicht völlig belangloser **Personen- oder Sachschaden** entstanden ist. Geringfügige Hautabschürfungen reichen ebenso wenig wie alsbald vergehende Schmerzen oder Beschmutzung von Körperteilen. Am erforderlichen Sachschaden fehlt es, wenn wegen der Geringfügigkeit des Schadens mit der Geltendmachung von Ersatzansprüchen vernünftigerweise nicht zu rechnen ist.[173] Schäden, die 50,– EUR nicht überschreiten, sind belanglose Schäden.[174] Maßgebend ist die objektive Bewertung des Schadens. Ist ein Mandant mit einer Fallgestaltung, bei der es sich um einen belanglosen Schaden handelt, konfrontiert, so ist zu empfehlen, den Schaden zu dokumentieren und eine Stellungnahme eines technischen Sachverständigen zur Schadenshöhe einzuholen.

147

Weitere Voraussetzung für den Tatbestand des § 142 StGB ist, dass ein **Fremdschaden** entstanden ist. Deshalb kommt der Tatbestand bei ausschließlich eigenem Schaden selbst dann nicht in Betracht, wenn der Geschädigte eigene Ansprüche gegen seinen Kaskoversicherer geltend machen will.[175] Dies gilt auch dann, wenn der Fahrer bzw. Halter lediglich Vorbehaltskäufer ist oder das Fahrzeug sicherungsübereignet hat.[176] Jedoch liegt ein Fremdschaden nach hM immer dann vor, wenn das beschädigte Fahrzeug dem Fahrer nicht gehört,[177] gleichgültig ob es sich um eine befugte Benutzung handelt wie bei einem Firmenwagen oder um eine unbefugte. Dies soll selbst bei Miete oder Leihe gelten.[178]

148

Bei einem Leasingfahrzeug liegt an sich ein Fremdschaden vor. Dies ist jedoch zu verneinen, wenn nach den vertraglichen Beziehungen zwischen Leasingnehmer und Leasinggeber vertraglich geregelt ist, dass der Leasingnehmer für jeden Schaden selbst einzustehen hat.[179] Im Übrigen weist *Gebhardt*[180] zu Recht darauf hin, dass selbst bei Bejahung eines Fremdschadens der Tatbestand wegen mutmaßlichen Einverständnisses entfällt.

149

Weitere Tatbestandsvoraussetzung ist ein **Feststellungsinteresse**. Als Feststellungsinteressent kommt jeder in Betracht, der sich am Unfallort befindet oder dorthin kommt, auch wenn er selbst weder unfallbeteiligt noch durch den Unfall geschädigt ist, sofern er bereit ist, zugunsten der anderen Unfallbeteiligten oder Geschädigten Feststellungen zu treffen und diese weiterzugeben.[181]

150

---

[170] *Gebhardt* § 50 Rn. 95.
[171] BayObLG NZV 2000, 133.
[172] Himmelreich/Halm/*Winkler* Kap. 35 Rn. 101.
[173] Schönke/Schröder/*Cramer/Stermberg-Lieben* § 142 Rn. 8 mit ausführlichen Nachweisen aus Rspr. und Literatur.
[174] LG Gießen DAR 1997, 364; zum Begriff des bedeutenden Schadens vgl. *Ferner* SVR 2004, 178 (180), Stichwort „bedeutender Schaden".
[175] BGHSt 8, 263.
[176] OLG Nürnberg VersR 1977, 659.
[177] BGHSt 9, 267.
[178] *Gebhardt* § 50 Rn. 96.
[179] OLG Hamm NZV 1998, 33.
[180] § 51 Rn. 42.
[181] OLG Zweibrücken DAR 1991, 431; vgl. auch Himmelreich/Halm/*Winkler* Kap. 35 Rn. 122.

151 Bei der Prüfung der objektiven Tatbestandsvoraussetzungen ist zu beachten, dass § 142 Abs. 1 StGB zwei Tatbestände enthält. In § 142 Abs. 1 Nr. 1 StGB sind bestimmte Pflichten des Unfallbeteiligten normiert, wie nachstehend noch im Einzelnen ausgeführt. Ist der Unfallbeteiligte seiner Pflicht nach Abs. 1 Nr. 1 nachgekommen, so ist er endgültig straflos und Abs. 2 kommt nicht zur Anwendung. Hat er umgekehrt seine Pflicht nach Abs. 1 Nr. 1, 2 ohne Rechtfertigung oder Entschuldigung verletzt, ist er vorbehaltlich des Abs. 4 endgültig strafbar. Abs. 2 hat dann keine Bedeutung mehr.[182]

152 Der objektive Tatbestand des § 142 Abs. 1 StGB erfordert, dass sich der Unfallbeteiligte vom Unfallort entfernt, bevor er entweder durch seine Anwesenheit und durch die Angabe, am Unfall beteiligt zu sein, gewisse Feststellungen ermöglicht hat (Nr. 1) oder bevor er eine angemessene Zeit gewartet hat, ohne dass jemand bereit war, Feststellungen zu treffen (Nr. 2).[183] Die Feststellung muss der Täter zugunsten der anderen Unfallbeteiligten und der Geschädigten ermöglichen.

153 Zum Tatbestand des § 142 Abs. 1 Nr. 1 StGB ist zu prüfen, welche Feststellungen zu ermöglichen sind. Die Art der Beteiligung braucht nicht dargelegt zu werden. Wird von einem Feststellungsinteressenten das Erscheinen der Polizei gefordert und hat der Schädiger seine Schuld schriftlich unter Angabe von Person, Fahrzeug und Art der Beteiligung anerkannt, erscheint es zweifelhaft, ob einem Schädiger in einem derartigen Fall das Entfernen vom Unfallort erlaubt sein soll.[184]

154 In jedem Fall hat der Unfallbeteiligte eine passive Feststellungsduldungspflicht. Er muss, wenn fremdes Feststellungsinteresse besteht, am Unfallort warten. Eine Wartepflicht besteht jedoch nur für denjenigen, der sich zum Unfallzeitpunkt am Unfallort befindet. Derjenige, der nachträglich am Unfallort eintrifft, wie zB der hinzu gerufene Halter, hat keine Wartepflicht. Andererseits ist der Unfallbeteiligte nicht verpflichtet, von sich aus Feststellungsinteressenten aufzusuchen. Fraglich ist, ob ein Unfallbeteiligter seine Rolle offenbaren muss, etwa wenn mehrere Fahrzeuginsassen sich als Fahrer zu erkennen geben. Es ist davon auszugehen, dass keine Offenbarungspflicht besteht, andererseits aber darf die Unfallbeteiligung auch nicht geleugnet werden. Feststellungsbereit können auch Dritte sein. In Betracht kommen etwa Anwohner oder Bekannte des Geschädigten. Kinder können nicht feststellungsbereite Dritte sein. Im Übrigen ist davon auszugehen, dass im Gegensatz zur Polizei Hilfspersonen, also Feuerwehr, Notarzt oder Abschleppunternehmen, nicht als feststellungsbereite Dritte anzusehen sind.[185]

155 § 142 Abs. 1 StGB unterscheidet also unter gemeinsamen Voraussetzungen **zwei Fallgruppen**: Nr. 1 regelt den Fall, dass nach einem Unfall jemand bereit und interessiert ist, Feststellungen zum Unfall zu treffen, also als Feststellungsinteressent auftritt. Nr. 2 betrifft den Fall, dass sich kein Feststellungsinteressent findet. In diesem Fall normiert das Gesetz eine Wartepflicht.

156 Die Wartepflicht besteht nur solange, bis der Geschädigte über alle zur Schadenregulierung erforderlichen Angaben informiert ist. Fordert der Feststellungsinteressent den Schädiger auf, das Eintreffen der Polizei abzuwarten, so ist fraglich, ob dann noch eine Wartepflicht besteht, wenn alle für die Schadenregulierung relevanten Feststellungen getroffen sind.[186] Jedenfalls besteht eine Wartepflicht dann nicht mehr, wenn die Frage der Fahrerlaubnis oder der Alkoholisierung des Fahrers für die Beurteilung der zivilrechtlichen Haftung keine Rolle spielt.[187] Danach braucht das Eintreffen der Polizei dann nicht abgewartet zu werden, wenn der Einwand einer Mithaftung des Geschädigten nicht in Betracht kommt und nicht erhoben wird und ein schriftliches Schuldanerkenntnis abgegeben wird.[188]

157 Es sind zu folgenden Aspekten Angaben zu machen:
- Angaben zur Person: Es muss die Möglichkeit zur Identitätsprüfung durch Vorlage der Ausweispapiere gegeben sein.

---

[182] OLG Köln DAR 1994, 204; *Fischer* § 142 Rn. 6.
[183] Schönke/Schröder/*Cramer/Sternberg-Lieben* § 142 Rn. 22.
[184] *Himmelreich/Bücken* Rn. 178 ff.
[185] *Gebhardt* § 50 Rn. 120.
[186] OLG Zweibrücken NZV 1990, 78.
[187] OLG Zweibrücken NZV 1992, 371; aA BayObLG NZV 1992, 245.
[188] *Himmelreich/Halm/Winkler* Kap. 35 Rn. 129.

- Angaben zum Fahrzeug: Die Feststellung des Kennzeichens reicht aus; nicht erforderlich sind Angaben zum Versicherungsverhältnis.
- Art der Beteiligung: Hier muss der Unfallbeteiligte lediglich erklären, dass seine Beteiligung in Frage kommt. Erklärungen zur Haftung braucht er nicht abzugeben. Er braucht sich nicht als Unfallverursacher zu bezeichnen.[189]

Das Zurücklassen einer Visitenkarte oder eines Zettels mit der Adresse reicht nicht aus, ebenso nicht das Zurücklassen des eigenen Fahrzeugs mit den Fahrzeugpapieren.

Angaben sind entbehrlich, wenn auf Feststellungen verzichtet wird. Dies kann stillschweigend erfolgen, etwa dadurch, dass der Geschädigte die Unfallstelle ohne weitere Erklärungen verlässt.[190] Nicht erforderlich ist, dass derjenige, der verzichtet, geschäftsfähig ist. Dies kommt insbesondere bei einem Unfall mit Kindern in Betracht, etwa bei der Beteiligung eines Kindes mit Kinderfahrrad. Hier ist jedoch zu beachten, ob ein Schaden und ggf. in welcher Höhe entstanden ist. Im Übrigen kann ein Kind dann nicht wirksam verzichten, wenn es nach dem Unfall verletzt, verwirrt oder eingeschüchtert ist.[191] Besteht Streit zur Schadenshöhe, etwa über das Vorliegen eines Vorschadens, ist der Unfallverursacher nicht verpflichtet, das Erscheinen der Polizei abzuwarten. Auch hat er keine Rückkehrpflicht. 158

Auch eine mutmaßliche Einwilligung kommt in Betracht. Hier ist eine mutmaßliche Einwilligung oder ein Verzicht bei Verwandten und Nachbarn, Arbeitskollegen oder Arbeitnehmern/Arbeitgebern nahe liegend.[192] Ein mutmaßlicher Verzicht des Leasinggebers ist dann anzunehmen, wenn der Leasingnehmer auch für Zufall haftet.[193] 159

Der Tatbestand des § 142 Abs. 1 Nr. 2 StGB betrifft den Fall, dass am Unfallort ein geschädigter Dritter oder ein Feststellungsinteressent nicht anwesend ist. Dies betrifft vor allem die Unfälle, in denen der Geschädigte abwesend ist, zB bei Beschädigung eines parkenden Fahrzeuges, einer Mauer, eines Lichtmastes oder einer Leitplanke. 160

Die Wartepflicht umfasst nur eine um die Umstände angemessene Zeit. Maßgebend sind sämtliche Umstände des Einzelfalles. Die angemessene Zeit orientiert sich an der Auffassung eines verständigen Beurteilers. Maßgebende Umstände sind Tageszeit, Witterung und Verkehrsdichte. Generelle Zahlen lassen sich nicht angeben. Die Wartezeit kann minimal sein, etwa bei unbedeutender Beschädigung eines vor dem Haus abgestellten Autos eines Nachbarn.[194] 161

Die Wartepflicht kann grundsätzlich nicht durch andere Maßnahmen ersetzt werden, so zB die Benachrichtigung der Polizei nach vorzeitiger Wegfahrt oder Zurücklassen eines Zettels oder der Visitenkarte mit Angaben. Solche Handlungen kommen erst nach Ablauf der Wartefrist in Betracht und können erst hiernach entlasten. Derjenige, der seiner Wartepflicht gemäß § 142 Abs. 1 Nr. 2 StGB nicht genügt, wird grundsätzlich nicht straffrei, wenn er die Feststellungen unverzüglich nachträglich ermöglicht, abgesehen von den besonderen Voraussetzungen des § 142 Abs. 4 StGB. 162

Zum gebotenen Verhalten nach einem Verkehrsunfall ist unabhängig von § 142 StGB auf die Vorschrift des § 34 StVO hinzuweisen. Die Norm schreibt für das Verhalten nach einem Verkehrsunfall vor, 163
- unverzüglich zu halten,
- den Verkehr zu sichern und bei geringfügigen Schäden unverzüglich zur Seite zu fahren,
- sich über die Unfallfolgen zu vergewissern,
- Verletzten zu helfen,
- auf Verlangen anderer seinen Namen und seine Anschrift anzugeben sowie ihnen Führerschein und Fahrzeugschein vorzuweisen,
- Angaben über seinen Haftpflichtversicherer zu machen,
- vor Verlassen des Unfallortes dort Namen und Anschrift zu hinterlassen,
- keine Unfallspuren zu beseitigen, bevor nicht die notwendigen Feststellungen getroffen sind.

---
[189] BayObLG NZV 1993, 35.
[190] OLG Oldenburg NZV 1995, 159.
[191] *Gebhardt* § 50 Rn. 131.
[192] BayObLG NZV 1992, 413.
[193] Vgl. hierzu mit Darstellung der Rspr. *Gebhardt* § 50 Rn. 86.
[194] Vgl. hierzu im Einzelnen *Fischer* mit ausführlicher Darstellung der Rspr. und Literatur § 142 Rn. 36.

Anzumerken ist, dass eine Verletzung der gebotenen Verhaltensregeln des § 34 StVO als Ordnungswidrigkeit geahndet werden kann, sofern keine Verurteilung nach § 142 StGB erfolgt.

164 Nach § 142 Abs. 2 StGB wird ein Unfallbeteiligter auch bestraft, der sich nach Ablauf der Wartefrist oder berechtigt oder entschuldigt vom Unfallort entfernt hat und die Feststellungen nicht unverzüglich nachträglich ermöglicht.

165 In § 142 Abs. 3 StGB ist erläutert, auf welche Weise der Unfallbeteiligte die Feststellungen nachträglich zu ermöglichen hat. Das Gesetz enthält jedoch keine abschließende Regelung,[195] sondern zeigt lediglich beispielhaft Mindestvoraussetzungen auf, wie der Unfallbeteiligte seiner Handlungspflicht zu genügen hat. Der Unfallbeteiligte hat die nachträglichen Feststellungen unverzüglich zu ermöglichen. Wendet er sich an die Polizei, muss er eine nahe gelegene Polizeidienststelle aufsuchen. Die gebotenen Mitteilungen sind wahrheitsgemäß zu machen.

166 b) **Der subjektive Tatbestand.** Vorsatz ist erforderlich für die Fallgestaltung des § 142 Abs. 1 Nr. 1 und 2 StGB. Es genügt bedingter Vorsatz. Der Vorsatz muss sich darauf beziehen, dass ein Unfall stattgefunden hat und dass ein nicht ganz unerheblicher Schaden eingetreten ist.[196] Das Wissen um einen Unfall ist dann problematisch, wenn eine Berührung von Fahrzeugen nicht stattgefunden hat. In einem solchen Fall lassen Hupsignale nicht zwingend auf Vorsatz schließen.[197] Erfährt der Verkehrsteilnehmer erst später von einer Unfallbeteiligung durch verlorene Ladung oder aufgeschleuderte Steine, entfernt er sich ohne Vorsatz und erfüllt somit nicht den Tatbestand des § 142 StGB.[198] Drängen sich jedoch nach der allgemeinen Lebenserfahrung Anhaltspunkte für einen Unfall auf, zB bei Auffahren auf einen harten Gegenstand, kommt in aller Regel bedingter Vorsatz in Betracht. Für den Fahrer ist es geboten, sich über etwaige Fremdschäden zu vergewissern. Steht Eventualvorsatz in Rede, so setzt dies voraus, dass der Täter sich einen nicht ganz belanglosen Schaden zumindest als möglich vorgestellt hat.[199] Bestimmte Indizien lassen auf Vorsatz schließen, so zB lautes Unfallgeräusch, Überfahren eines Gegenstandes oder ruckartige Bewegungen des Fahrzeuges. Hier stellt sich die Beweisproblematik, ob der Fahrer den Unfall wahrgenommen hat.[200] Insbesondere kann das Alter des Kraftfahrers von Bedeutung sein. Die Wahrnehmungsfähigkeit älterer Kraftfahrer ist bei leichten Unfallereignissen eingeschränkt.[201]

167 Der Vorsatz muss sich auch auf den Eintritt eines erheblichen Schadens beziehen, wobei der objektiv erkennbare Verkehrswert maßgebend ist. In diesem Fall ist es geboten, schon alsbald nach dem Unfall, soweit Feststellungen möglich sind, zur Wahrnehmbarkeit eine gutachtliche Stellungnahme einzuholen. Ein solcher Auftrag ist möglichst an einen öffentlich bestellten und vereidigten Sachverständigen zu richten.

168 **Formulierungsvorschlag:**

...... festzustellen, dass
der Fahrer bei dem Unfall am ......
nicht wahrnehmen konnte, dass es zu einer Berührung zwischen den beiden Fahrzeugen gekommen ist (sonstige Umstände etc.)
- unter Berücksichtigung der Tatsache, dass die beschädigten Teile (Stoßstangen) aus Plastik sind,
- im Fahrzeug das Radio eingeschaltet war,
- das Fahrzeug konstruktionsbedingt (Dieselmotor) verhältnismäßig laute Motorgeräusche verursacht, insbesondere nach dem Start ......

---

[195] BGHSt 29, 141.
[196] *Fischer* § 142 Rn. 38.
[197] AG Brühl DAR 1998, 78.
[198] BVerfG DAR 2007, 258; *Geppert* DAR 2007, 380.
[199] OLG Hamm zfs 1997, 34.
[200] Himmelreich/Halm/*Winkler* Kap. 35 Rn. 147.
[201] Zur Person des Unfallbeteiligten und der möglichen Beteiligung des Beifahrers vgl. Himmelreich/Halm/*Winkler* Kap. 35 Rn. 118–120.

169 Im Übrigen ist zu berücksichtigen, dass bei Bestehen einer Rechtsschutzversicherung Deckungspflicht für die Einholung der gutachtlichen Stellungnahme des öffentlich bestellten und vereidigten Sachverständigen besteht.

170 Schließlich sind beim subjektiven Tatbestand mögliche Irrtumsproblematiken anzusprechen. In Betracht kommen Tatbestandsirrtum, Verbotsirrtum und die irrige Annahme eines Verzichts des Berechtigten sowie der Irrtum über die Wartepflicht.[202]

c) Verkehrsunfallflucht und tätige Reue (§ 142 Abs. 4 StGB). Diese Regelung bezieht sich 171 ausschließlich auf Unfälle außerhalb des fließenden Verkehrs und limitiert die tätige Reue durch freiwillige nachträgliche Ermöglichung der Unfallfeststellungen iSv § 142 Abs. 3 StGB zeitlich auf 24 Stunden nach dem Unfallereignis. Im Übrigen ist die Anwendung auf Sachschäden von nicht bedeutendem Umfang beschränkt, erfasst also keine Personenschäden.[203]

aa) Unfall im ruhenden Verkehr. Tätige Reue kommt nur bei einem Unfall außerhalb des 172 fließenden Verkehrs in Betracht. Das Unfallereignis muss ohne Beziehung zum fließenden Verkehr stehen. Dies kommt in der Regel beim Einparken oder beim Rangieren auf Parkplätzen in Betracht, nicht aber beim Auffahren auf ein Verkehrs bedingt oder aus sonstigen Gründen im Bereich des fließenden Verkehrs haltendes Fahrzeug. Voraussetzung muss stets sein, dass sich das Fahrzeug des anderen Unfallbeteiligten außerhalb des fließenden Verkehrs befindet.[204]

Nicht unumstritten ist, ob die Voraussetzungen für einen Unfall außerhalb des fließenden 173 Verkehrs auch bei Beschädigung von Leitplanken, Verkehrsschildern, Zäunen usw. gegeben sind. Es wird die Meinung vertreten, eine solche Auslegung sei zu weit gehend und dürfte dem Willen des Gesetzgebers nicht entsprechen.[205] Andererseits aber ist auch zu berücksichtigen, dass die Vorschrift des § 142 Abs. 4 StGB darauf abzielt, unter bestimmten Voraussetzungen Straffreiheit zu ermöglichen, speziell wenn das beschädigte Fahrzeug oder der beschädigte Gegenstand nicht dem fließenden Verkehr zuzuordnen sind. Dies ist bei Leitplanken, Verkehrsschildern etc. gegeben.[206]

bb) Nicht bedeutender Schaden. Der nicht bedeutende Schaden bezieht sich ausschließlich 174 auf Fremdschaden. Eigenschäden des Täters bleiben außer Betracht. Der Begriff des nicht bedeutenden Sachschadens korrespondiert mit § 69 Abs. 2 Nr. 3 StGB.

cc) Zeitliche Grenze. Die Frist zur nachträglichen Ermöglichung der Feststellungen iSv 175 § 142 Abs. 3 S. 1 StGB beträgt 24 Stunden vom Zeitpunkt des Unfalls an. Es handelt sich nicht um eine Sonderregelung der Unverzüglichkeit. Die Ermöglichung der Feststellungen muss daher innerhalb der Frist geschehen. Der Unfallbeteiligte kann zwar die Frist ausschöpfen. Es besteht jedoch das Risiko, dass die Ermöglichung nicht mehr freiwillig erfolgen kann, etwa wenn der andere Unfallbeteiligte oder die Polizei vorher Feststellungen treffen. Hier kommt es nicht auf das Vorliegen einer eigenen Entscheidung des Unfallbeteiligten an, sondern darauf, ob die Unfallbeteiligung durch Dritte bereits festgestellt wurde.[207]

Bei berechtigtem Entfernen von der Unfallstelle besteht keine Verpflichtung, die Polizei zu 176 benachrichtigen, wenn der Geschädigte unverzüglich unterrichtet wird. Unverzüglich ist bei einem Nachtunfall die Unterrichtung am nächsten Morgen.[208]

dd) Strafmilderung oder Absehen von Strafe. Als Rechtsfolge ordnet § 142 Abs. 4 StGB 177 an, dass eine Strafmilderung erfolgt oder ein Absehen von Strafe in das Ermessen des Strafrichters gestellt ist. Eine Verurteilung ohne Strafmilderung ist daher nicht zulässig, sofern die Voraussetzungen des § 142 Abs. 4 StGB erfüllt sind.[209]

Stellt sich der Täter nach Vollendung des Tatbestandes der Unfallflucht in zeitlich vertret- 178 barem Rahmen aus freien Stücken der Polizei und ermöglicht so die nachträgliche Auf-

---

[202] Vgl. hierzu ausführlich *Fischer* § 142 Rn. 39.
[203] Himmelreich/Halm/*Winkler* Kap. 35 Rn. 118.
[204] *Fischer* § 142 Rn. 63.
[205] *Bönke* NZV 1998, 129.
[206] *Böse* StV 1998, 487.
[207] *Fischer* § 142 Rn. 65.
[208] OLG Hamm Urt. v. 9.4.2003 – 20 U 212/02.
[209] Zu zivilrechtlichen und versicherungsrechtlichen Folgen vgl. auch *Hentschel* StGB § 142 Rn. 76 ff.

klärung des Unfallereignisses sowie die vollständige Regulierung des Schadenfalles, ist dies stets strafmildernd zu berücksichtigen und kann – je nach Schadenshöhe – trotz Überschreitens der Wertgrenze in § 69 Abs. 2 Nr. 2 StGB von der Entziehung der Fahrerlaubnis abzusehen.[210]

179 Trotz Strafmilderung oder Strafaufhebung ist der Schuldspruch im Fahreignungsregister einzutragen und mit 2 Punkten zu bewerten. Günstiger ist daher für den Beschuldigten in jedem Fall die Einstellung des Verfahrens.[211]

8. Nötigung (§ 240 StGB)

180 Der Tatbestand der Nötigung gemäß § 240 StGB kann auch Behinderungen im Straßenverkehr betreffen.[212] Hinzuweisen ist in diesem Zusammenhang auf das Urteil des BVerfG zu Sitzblockaden.[213]

181 **a) Objektiver Tatbestand.** Tatobjekt der Nötigung ist ein anderer Mensch. Mittel der Nötigung sind Gewalt oder Drohung mit einem empfindlichen Übel. Die Nötigungshandlung muss auf Opferseite zu einem Nötigungserfolg führen, der in einer Handlung, Duldung oder Unterlassung bestehen kann.[214]

182 Das Handeln ist vollendet, sobald das Opfer unter der Einwirkung des Nötigungsmittels mit der vom Täter geforderten Handlung begonnen hat. Zwischen Nötigungsmittel und Nötigungserfolg muss ein Kausalzusammenhang bestehen. Speziell bei Behinderung anderer Verkehrsteilnehmer im Straßenverkehr stellt sich die Frage, inwieweit nur eine Verletzung der einschlägigen Verkehrsvorschriften gegeben ist oder darüber hinaus auch eine strafbare Nötigung vorliegt. Voraussetzung ist, dass sich beim Einsatz des Fahrzeuges eine Drohung oder Gewaltanwendung verwirklicht. Hierbei sind Zweck und Mittel zueinander in Beziehung zu setzen.[215]

183 Das Schneiden eines Kraftfahrers beim Überholen stellt Gewalt und damit eine Nötigung dar,[216] ebenso der Fahrbahnwechsel oder ein „Ausbremsen".[217] Jedoch liegt bei leichtem Antippen der Bremse und einem hierdurch bedingten Aufleuchten der Bremslichter keine Nötigung vor.[218] Auch kann zu dichtes Auffahren eine Nötigung darstellen[219] und ebenso die Verkürzung des Abstandes auf weniger als 1 m.[220] Aufzwingen eines bestimmten Fahrverhaltens durch Nebeneinanderfahren kann Gewaltanwendung darstellen, wenn es sich um eine längere Strecke handelt.[221]

184 Keine Nötigung liegt vor bei andauerndem Hupen oder Blinklicht. In Betracht kommt lediglich eine bloße Belästigung, aber keine Gewalteinwirkung.[222] Das Freihalten einer Parklücke ist keine Nötigung, da es an der Verwerflichkeit fehlt.[223] Allerdings liegt eine Nötigung vor, wenn mittels des Einsatzes der Stoßstange eine Person aus der Parklücke gedrängt wird.[224]

185 **b) Rechtswidrigkeit und subjektiver Tatbestand.** Bei der Prüfung der Rechtswidrigkeit ist auf alle Umstände des Einzelfalles abzustellen, etwa wenn der Täter als Beweggrund angibt, den Verkehr reglementieren zu wollen.[225] Zum Vorsatz, auch zum bedingten Vorsatz, gehö-

---

[210] AG Saalfeld zfs 2004, 232 (verhängt 3-monatiges Fahrverbot).
[211] Himmelreich/Halm/*Winkler* Kap. 35 Rn. 147; vgl. aber hierzu *Halm* DAR 2007, 617.
[212] Vgl. hierzu *Fischer* § 240 Rn. 4.
[213] NJW 1995, 1141.
[214] Schönke/Schröder/*Eser* § 240 Rn. 12.
[215] Vgl. hierzu im Einzelnen mit Darstellung der Rspr. und Literatur Schönke/Schröder/*Eser* § 240 Rn. 24.
[216] OLG Köln NZV 1995, 405.
[217] BGH DAR 1995, 296; OLG Stuttgart DAR 1995, 261; vgl. auch Schönke/Schröder/*Eser* § 240 Rn. 24.
[218] OLG Köln NZV 1997, 318.
[219] OLG Köln NZV 1995, 405.
[220] OLG Köln NZV 1992, 371.
[221] OLG Hamm NJW 1991, 3230.
[222] OLG Düsseldorf NZV 1996, 288.
[223] OLG Köln NJW 1979, 2056; vgl. hierzu auch ausführlich *Fischer* § 240 Rn. 41.
[224] OLG Hamm NJW 1970, 474.
[225] Vgl. hierzu *Gebhardt* § 59 Rn. 23.

ren die Kenntnis, mit Gewalt oder durch Drohung mit einem Übel das Verhalten eines anderen zu erzwingen, sowie der Wille zu diesem Zwang.

9. Sonstige Straftatbestände mit verkehrsrechtlichem Bezug

a) Urkundenfälschung (§ 267 StGB). Das Versehen der Kfz-Kennzeichen mit reflektierenden Mitteln zum Schutze vor Radarfotos stellt keine Urkundenfälschung dar.[226] 186

b) Unbefugter Gebrauch eines Fahrzeugs (§ 248b StGB). Gemäß § 248b StGB ist der unbefugte Gebrauch eines Fahrzeuges unter Strafe gestellt. Gemäß § 248b Abs. 4 StGB sind Kraftfahrzeuge alle maschinell bewegten oder bewegbaren nicht schienengebundenen Fahrzeuge, also Autos, Kräder, Elektrofahrzeuge, Wasser- und Luftfahrzeuge mit Motor oder Hilfsmotor. 187

Die Ingebrauchnahme ist die Benutzung des Fahrzeuges zur Fortbewegung. Widerrechtlich muss der Gebrauch sein, auch nach ursprünglich berechtigter Fahrzeugbenutzung. Weiteres Tatbestandsmerkmal ist, dass die Benutzung erfolgt gegen den Willen des Berechtigten. Die Anwendung des § 248b StGB ist bei Zueignungsabsicht ausgeschlossen.[227] 188

c) Beleidigung im Straßenverkehr. Durch das Zeigen von Gesten gegenüber der Videokamera kann eine Beleidigung vorliegen. Eine Kundgabe der Missachtung kann auch über das Medium einer Videokamera erfolgen (polizeiliche Kontrollstelle an Autobahn).[228] 189

Die Äußerung, eine Geschwindigkeitsmessung sei Wegelagerei, die von dem durchführenden Polizisten wahrgenommen wird und auch werden soll, ist regelmäßig keine Beleidigung der Polizisten. Sie ist vielmehr grundsätzlich von der Meinungsfreiheit gedeckt.[229] 190

10. Fahren ohne Fahrerlaubnis oder trotz Fahrverbotes (§ 21 StGB)

§ 21 StVG stellt das Fahren ohne Fahrerlaubnis sowie das Fahren trotz Fahrverbotes unter Strafe. Der Strafrahmen umfasst Freiheitsstrafe bis zu 1 Jahr oder Geldstrafe. Bei der Verteidigung gegenüber dem Vorwurf des Fahrens ohne Fahrerlaubnis ergeben sich zahlreiche zu beachtende Aspekte.[230] 191

a) Objektiver Tatbestand. Unter Strafe gestellt ist Fahren ohne Fahrerlaubnis. Inwieweit zum Führen eines Kraftfahrzeuges iSv § 1 StVG im öffentlichen Straßenverkehr eine Fahrerlaubnis erforderlich ist, ergibt sich aus § 2 StVG und den ausführenden §§ 4 ff. FeV. So kann auch Fahren ohne Fahrerlaubnis gegeben sein, wenn der Fahrer nicht die erforderliche Fahrerlaubnisklasse besitzt. Wer nach Bestehen der Prüfung, aber vor Aushändigung des Führerscheins ein Kraftfahrzeug führt, verletzt § 21 StVG evtl. mit geringerer Schuld.[231] 192

Die Nichtbeachtung einer persönlichen Auflage, zB das Tragen einer Brille, beseitigt die Fahrerlaubnis nicht. Es ist daher kein Verstoß gegen § 21 StVG gegeben, wohl aber gegen die § 23 FeV. Jedoch ist das Führen eines Fahrzeuges bei beschränkter Fahrerlaubnis, wenn diese lediglich für ein bestimmtes Fahrzeug oder eine beschränkte Fahrzeugart erteilt ist, ein Verstoß gegen § 21 StVG.[232] Wer im Rahmen des begleiteten Fahrens nach § 48a FeV ohne eingetragenen Begleiter fährt, begeht keine Straftat nach § 21 StVG; jedoch ist in diesem Fall die Fahrerlaubnis nach § 6e Abs. 3 FeV bis zur Vollendung des 18. Lebensjahres und Nachweis einer Seminarteilnahme zu widerrufen. 193

Wer ein Fahrzeug führt trotz Entziehung der Fahrerlaubnis, verstößt gegen § 21 StVG. Neben der rechtskräftigen oder vorläufigen Entziehung genügt nach § 21 Abs. 2 Nr. 2 StVG auch die Sicherstellung oder Beschlagnahme nach § 94 Abs. 3 StPO. Dagegen verstößt nicht gegen § 21 StVG, wer Personen ohne Besitz einer Fahrerlaubnis zur Fahrgastbeförderung (§ 48 FeV) befördert. 194

---

[226] BGH NJW 2000, 229 = NZV 2000, 47 = zfs 2000, 36 = DAR 1999, 557.
[227] *Hentschel* StGB § 248b Rn. 9.
[228] BayObLG DAR 2000, 277.
[229] OLG Düsseldorf NJW 2003, 3721.
[230] Vgl. hierzu ausführlich *Burhoff* Verkehrsrecht aktuell 2004, 122.
[231] *Hentschel* StVG § 21 Rn. 2.
[232] *Hentschel* StVG § 21 Rn. 3, 4.

195 Wer trotz Fahrverbotes gemäß § 44 StGB oder § 25 StVG fährt, erfüllt den Tatbestand des § 21 StVG. Bei Ablieferung des Führerscheins vor Rechtskraft des Fahrverbotes und Teilnahmen am Kraftverkehr ist der Tatbestand dagegen nicht erfüllt.

196 Der Halter begeht ein Vergehen gemäß § 21 Abs. 1 Nr. 2 bzw. Abs. 2 Nr. 3 StVG, wenn er vorsätzlich anordnet oder zulässt, dass jemand das Fahrzeug führt, der keine Fahrerlaubnis besitzt. Unter Eheleuten dürfen die Anforderungen an die Vorkehrungen für die Verhinderung des Fahrens ohne Fahrerlaubnis nicht überspannt und keine entwürdigenden Vorkehrungen gefordert werden.[233] Der Arbeitgeber ist zu regelmäßigen Kontrollen der Fahrberechtigungen verpflichtet, wenn er Mitarbeitern Kraftfahrzeuge zur Nutzung überlässt.[234]

197 b) Subjektiver Tatbestand. Der Fahrer kann die Tat vorsätzlich oder fahrlässig begehen. Für den Halter, der das Fahren anordnet oder zulässt, ist das Wissen erforderlich, dass der Fahrer nicht die erforderliche Fahrerlaubnis hat. Fahrlässiges Anordnen ist nur in der Form möglich, dass der Anordnende den Mangel der Fahrerlaubnis vorwerfbar nicht kennt. Dies gilt ebenso für fahrlässiges Zulassen.[235]

11. Die Verantwortung dritter Personen

198 Bei Verkehrsstraftaten, die durch den Fahrer des Fahrzeuges verursacht werden, kommt bei Alkoholdelikten auch eine strafrechtliche Verantwortlichkeit des Gastwirtes oder Gastgebers oder die Verantwortlichkeit des Fahrzeughalters in Betracht.

199 a) Die strafrechtliche Verantwortlichkeit des Gastwirtes oder privaten Gastgebers. Für Körperverletzung oder Tötung infolge alkoholbedingter Fahrunsicherheit kann auch derjenige strafrechtlich verantwortlich sein, der als Gastwirt oder privater Gastgeber die Fahrunsicherheit des Fahrzeugführers (mit)herbeigeführt hat.

200 Ein Gastwirt ist nur dann verpflichtet, nach vorangegangenem Alkoholgenuss des Gastes das anschließende Fahren des Gastes mit einem Fahrzeug mit angemessenen und ihm möglichen Mitteln zu verhindern, wenn der Gast offensichtlich so betrunken ist, dass er zu eigenverantwortlichem Verhalten nicht mehr in der Lage ist. Dies ist in der Regel der Fall, wenn er den Zustand der Schuldunfähigkeit erreicht hat.[236] Die gleichen Grundsätze gelten auch für den privaten Gastgeber.

201 b) Verantwortlichkeit des Fahrzeughalters. Der Fahrzeughalter darf das Führen des Fahrzeuges durch eine fahrunsichere Person nicht zulassen. Überlässt er das Fahrzeug einem für ihn erkennbar alkoholisierten Fahrer und verursacht dieser infolge seiner Fahrunsicherheit einen Unfall, so sind ihm dessen Auswirkungen als Folge schuldhafter Verletzung seiner Halterpflicht zuzurechnen. So kann er bei Unfällen mit Körperverletzung oder tödlichem Ausfall neben dem Fahrer nach § 229 bzw. § 222 StGB bestraft werden.[237]

V. Die Verteidigung bei Verkehrsordnungswidrigkeiten

1. Grundlagen des Ordnungswidrigkeitenrechts

202 Auch im Bereich des Ordnungswidrigkeitenrechts ist es geboten, mit den Rechtsentwicklungen und der aktuellen Rechtsprechung vertraut zu sein. Hierzu ist auf die regelmäßig erscheinende Darstellung der Rechtsprechung zu Bußgeldverfahren zu verweisen.

203 a) Die gesetzlichen Regelungen. Das Ordnungswidrigkeitengesetz (OWiG) ist in jetziger Fassung im Jahre 1968 in Kraft getreten und zuletzt zum 1.3.1998 grundlegend geändert worden.[238] Mehr als 95 % aller Ordnungswidrigkeiten betreffen straßenverkehrsrechtliche Verstöße. Die nachfolgenden Abhandlungen betreffen die wichtigsten Fragen der Verteidi-

---

[233] LG Köln NZV 1999, 485.
[234] *Mielchen/Meyer* DAR 2008, 5.
[235] Vgl. hierzu ausführlich *Hentschel* StVG § 21 Rn. 17.
[236] BGH NJW 1964, 412; BGH NJW 1975, 1175; vgl. auch zur Garantenpflicht BGH NJW 1973, 1706.
[237] *Hentschel* Trunkenheit Rn. 331.
[238] Vgl. hierzu *Beck/Berr* Rn. 1.

gung bei Verstößen gegen das Verkehrsordnungswidrigkeitenrecht. Im Übrigen gelten auch für das Bußgeldverfahren die Verfahrensvorschriften des GVG und des JGG.

b) **Opportunitätsprinzip.** Für die Verfolgung von Ordnungswidrigkeiten gilt das Opportunitätsprinzip. Dies folgt aus § 47 OWiG und bedeutet, dass keine Verpflichtung besteht, jede Ordnungswidrigkeit zu verfolgen. Hierüber entscheidet die Verfolgungsbehörde nach pflichtgemäßem Ermessen.

Die Einstellung des Verfahrens kann sowohl durch die Verwaltungsbehörde als auch durch das Gericht erfolgen. Die Einstellung des Verfahrens durch das Gericht kommt gemäß § 47 Abs. 2 OWiG in Betracht, wenn das Gericht eine Ahndung nicht für geboten hält. In der Praxis wird häufig auch durch das Gericht eine Einstellung angestrebt, wenn anderenfalls eine umfangreiche und aufwendige Beweisaufnahme droht.[239] Anders als bei einer Einstellung nach § 153a Abs. 1 S. 2 Nr. 2 StPO darf mit der Einstellung gemäß § 47 OWiG keine Geldbuße verbunden werden (§ 47 Abs. 3 OWiG).

Im Übrigen bedarf die Einstellung durch das Gericht grundsätzlich der Zustimmung der Staatsanwaltschaft. Dagegen ist die Zustimmung nicht nötig, wenn durch Bußgeldbescheid keine höhere Buße als 100,- EUR verhängt wurde und die Staatsanwaltschaft erklärt hat, sie nehme an einer Hauptverhandlung nicht teil. Im Übrigen soll vor einer Verfahrenseinstellung grundsätzlich der Betroffene gehört werden, damit dieser auf eine günstigere Verfahrenserledigung – auch unter Kostengesichtspunkten – hinwirken kann.

Ein Einstellungsbeschluss ist gemäß § 47 Abs. 2 S. 3 OWiG nicht anfechtbar. Dieser Ausschluss der Anfechtbarkeit bezieht sich auch auf die Kosten- und Auslagenentscheidung. Dies wiederum folgt aus § 464 Abs. 3 S. 1 StPO iVm § 46 Abs. 1 OWiG.[240] Im Übrigen werden die notwendigen Auslagen des Betroffenen diesem auferlegt, insbesondere wenn nur aus Opportunitätsgründen eine Einstellung erfolgt, obwohl an sich eine Verurteilung gerechtfertigt wäre.[241]

c) **Verteidigungsstrategien.** In einer nicht geringen Zahl von Verkehrsordnungswidrigkeitenverfahren ist der Verfahrensgang dadurch bestimmt, dass der Anhörungsbogen an den Halter versandt wird und dieser als Fahrer nicht in Betracht kommt. Zu Fragen der Feststellung des Verantwortlichen sowie speziell zur Identitätsfeststellung anhand von Fotos bei Kennzeichenanzeigen wird auf die obigen Ausführungen verwiesen.

Bei der Verteidigung muss bei einer Kennzeichenanzeige beachtet werden, dass eine Fahrtenbuchauflage drohen kann, wenn der Verantwortliche nicht ermittelt wird. Im Übrigen ist es ein legales Verhalten eines Verteidigers, auch den Aspekt möglicher Verfolgungsverjährung im Auge zu haben und die Verteidigungsstrategie hierauf einzurichten.

2. Die Ahndung von Verkehrsverstößen

a) **Gesetzliche Grundlage.** Gesetzliche Grundlage für die Ahndung von Verkehrsordnungswidrigkeiten ist – neben § 24a und § 24c StVG – die Vorschrift des § 24 StVG. Diese Vorschrift ist eine Blankett-Norm.[242] Sie umfasst alle Ordnungswidrigkeiten gegen die StVO, StVZO, FZV und FeV. Als Blankett-Norm wird sie durch deren Vorschriften zu Ordnungswidrigkeiten ergänzt, soweit sie Verbote, Gebote oder Anordnungen an die Verkehrsteilnehmer und Fahrzeughalter enthalten.[243] Erst zusammen mit einer aufgrund von § 6 StVG erlassenen Rechtsverordnung oder einer Anordnung aufgrund einer solchen Rechtsverordnung umschreibt die Vorschrift des § 24 StVG einen Ordnungswidrigkeitstatbestand.[244]

In § 49 StVO sind die Tatbestände der Ordnungswidrigkeiten iVm § 24 Abs. 1 StVG aufgeführt. Für den Bereich der StVZO sind in § 69a StVZO die Ordnungswidrigkeiten aus dem Bereich der Straßenverkehrszulassungsordnung iVm § 24 StVG im Einzelnen aufgeführt.

---

[239] Vgl. hierzu *Göhler* § 47 Rn. 1.
[240] Vgl. hierzu *Göhler* § 47 Rn. 53 ff.
[241] LG Darmstadt DAR 1993, 37.
[242] *Hentschel* StVG § 24 Rn. 5.
[243] *Hentschel* StVG § 24 Rn. 5.
[244] *Hentschel* StVG § 24 Rn. 15 mwN; zur Reform des Ordnungswidrigkeitenrechtes vgl. auch *Gebhardt* DAR 1996, 1 ff.

Verstöße gegen die FeV sind in § 75 FeV, gegen die FZV in deren § 48 als Ordnungswidrigkeiten definiert. Alle Tatbestände der angeführten Ordnungswidrigkeiten müssen ausdrücklich auf § 24 StVG verweisen. Die Verweisung muss ausreichend konkretisiert sein.[245]

212 Durch das Ordnungswidrigkeitenrecht sollen Verstöße gegen Ordnungsrecht, speziell aus dem Bereich des Straßenverkehrsrechtes, wesentlich von der Begehung von Straftaten unterschieden werden. Ziel des Ordnungswidrigkeitenrechtes ist es darüber hinaus, die Verfahren soweit als möglich zu vereinfachen und zu einer Entlastung der Gerichte beizutragen. Das Ziel und die Entlastung der Gerichte darf jedoch nicht dahin interpretiert werden, dass die rechtsstaatliche Qualität des Verfahrens verkürzt wird.[246]

213 **b) Vorsatz und Fahrlässigkeit.** Als Ordnungswidrigkeit wird gemäß § 10 OWiG grundsätzlich nur vorsätzliches Handeln geahndet, außer wenn das Gesetz Fahrlässigkeit ausdrücklich mit Geldbuße bedroht. Bei Schweigen des Gesetzes wird vorsätzliches Handeln vorausgesetzt. Ist im Bußgeldbescheid die Schuldform nicht angegeben, ist in der Regel von dem Vorwurf fahrlässigen Handelns auszugehen; dies entspricht der Systematik des BKatV.

214 Vorsatz ist gegeben, wenn der Betroffene die Tatbestandsmerkmale des Gesetzes kennt und – soweit die Tatbestandsmerkmale noch nicht gegenwärtig sind – deren künftigen Eintritt nach dem voraussichtlichen Ablauf der Tathandlung voraussieht. Darüber hinaus setzt Vorsatz voraus, dass der Betroffene die Tatbestandsverwirklichung will und die Vorstellung hat, den Tatablauf zu beherrschen.[247]

215 Will das Gericht wegen Vorsatzes verurteilen, obwohl der Bußgeldbescheid von fahrlässiger Begehung ausgeht, muss es den Betroffenen auf eine mögliche Verurteilung wegen vorsätzlichen Begehens einer Verkehrsordnungswidrigkeit besonders hinweisen und ihm Gelegenheit zur Verteidigung geben.[248] Im Übrigen ist der Hinweis nach § 265 StPO als wesentliche Förmlichkeit in das Protokoll aufzunehmen. Die dienstliche Erklärung des Bußgeldrichters vermag die fehlende Dokumentation des richterlichen Hinweises im Protokoll nicht zu ersetzen.[249]

216 Die Klärung, ob eine Verkehrsordnungswidrigkeit vorsätzlich oder fahrlässig begangen wurde, ist im Hinblick auf die Bemessung des Bußgeldes wichtig und daher für den Verteidiger ein wichtiger Aspekt. Auch bei einer erheblichen Geschwindigkeitsüberschreitung, zB bei einer Geschwindigkeitsüberschreitung von 41 km/h, lässt sich nicht ohne weiteres auf Vorsatz schließen.[250] Selbst eine Geschwindigkeitsüberschreitung um 34 km/h bei erlaubten 80 lässt nicht auf Vorsatz schließen.[251] Als Faustregel gilt, dass ab einer Geschwindigkeitsüberschreitung um 50 % mit dem Vorwurf vorsätzlicher Begehung zu rechnen ist.[252] Auch kann nicht davon ausgegangen werden, dass im Falle freistehender Ortsschilder und beiderseitiger Bebauung eine innerörtliche Geschwindigkeitsüberschreitung stets vorsätzlich begangen worden ist.[253] Die vorsätzliche Begehung eines typischen Fahrlässigkeitsdeliktes von mehr als 55,– EUR führt nach § 3 Abs. 4a BKatV zur Verdoppelung des Regelsatzes. Auch bei vorsätzlich begangenen Ordnungswidrigkeiten besteht – anders als im Verkehrsstrafrecht – grundsätzliche Eintrittspflicht der Rechtsschutzversicherung.

217 **c) Notstand.** Die Regelung in § 16 OWiG entspricht § 34 StGB und regelt den rechtfertigenden Notstand im Ordnungswidrigkeitenrecht. Hiernach ist die Rechtswidrigkeit ausgeschlossen, wenn das Handeln zur Abwendung einer gegenwärtigen, nicht anders abwendbaren Gefahr notwendig ist und das einzige Mittel zur Gefahrenabwehr ist.[254]

218 Überschreitet zB ein Arzt die zulässige Geschwindigkeit innerorts auf einer gut ausgebauten Straße um 36 km/h, um möglichst rasch seine Praxis zu erreichen, wo ihn ein nach einer

---

[245] *Hentschel* StVG § 24 Rn. 16.
[246] *Beck/Berr* aaO Rn. 2.
[247] Vgl. im Einzelnen *Göhler* § 10 Rn. 2.
[248] OLG Dresden DAR 2004, 102.
[249] OLG Brandenburg zfs 2000, 174.
[250] BayObLG DAR 1994, 162.
[251] OLG Düsseldorf NZV 1997, 530.
[252] KG DAR 2004, 594.
[253] OLG Frankfurt DAR 1995, 260.
[254] *Göhler* § 16 Rn. 3.

Bandscheibenoperation unter akuten Rückenschmerzen und Kreislaufstörungen leidender Patient erwartet, so ist der Verkehrsverstoß nicht als Notstandshandlung gerechtfertigt. Jedoch ist in einem solchen Fall eine grobe Verletzung der Pflichten eines Kraftfahrers zu verneinen mit der Folge, dass von der Anordnung eines Fahrverbotes abzusehen ist.[255] Zu beachten ist in diesem Zusammenhang, dass das Berufen auf eine vermeintliche Notstandslage stets auch in Vorsatz mit den oben dargestellten Folgen umgedeutet werden kann.

d) Täterschaft und Beteiligung. aa) Allgemeines. Täter und damit Betroffener einer Verkehrsordnungswidrigkeit kann jede natürliche Person sein, nicht dagegen eine juristische Person. Handelt jemand als vertretungsberechtigtes Organ einer juristischen Person oder als Mitglied eines solchen Organs, als vertretungsberechtigter Gesellschafter oder als gesetzlicher Vertreter eines anderen, so kann er gemäß § 9 OWiG insbesondere als Halter belangt werden. 219

Ein Gesetz, nach dem besondere persönliche Merkmale die Ahndung begründen, ist auch auf den Vertreter anzuwenden, wenn dieses Merkmal zwar nicht bei ihm, sondern nur bei dem Vertretenen vorliegt. Ein persönliches Merkmal ist die Haltereigenschaft.[256] Ebenso kommt eine Ahndung desjenigen in Betracht, der vom Inhaber eines Betriebes beauftragt ist, diesen ganz oder zum Teil zu leiten, oder den Auftrag hat, in eigener Verantwortung Pflichten zu erfüllen, die nach den gesetzlichen Regelungen den Betriebsinhaber treffen. Eine solche Beauftragung führt dazu, dass die beauftragte Person automatisch die Verantwortung dafür trägt, dass ordnungsrechtliche Gebote und Verbote zu beachten sind. Der Betriebsinhaber ist dann entlastet.[257] 220

In der Praxis ist es wichtig, die Mandantschaft als Inhaber eines Betriebes darüber zu belehren, dass sie sich von Pflichten entlasten kann, wenn sie diese – wirksam – auf einen anderen überträgt. Dies sollte in schriftlicher Form mit entsprechenden Rechten und Pflichten sowie insbesondere durch klare Formulierungen geschehen. 221

bb) Anzeigen gegen juristische Person als Fahrzeughalter. Werden Anzeigen gegen eine juristische Person oder Personengesellschaft als Fahrzeughalter erstattet, so geht bei Kennzeichenanzeigen der Anhörungsbogen und damit die Anzeige dem Geschäftsführer der juristischen Person zu. Grundsätzlich ist eine solche Anzeige ohne rechtliche Wirkung, da nach dem Ordnungswidrigkeitenrecht grundsätzlich nur eine natürliche Person Täter bzw. Betroffener sein kann. Bei einer GmbH oder einer GmbH & Co. KG ist allerdings der Geschäftsführer der GmbH der gesetzliche und damit verantwortliche Vertreter.[258] 222

Die vorstehend wiedergegebene Rechtslage bedingt, dass mit der Übersendung eines Anhörungsbogens an eine juristische Person oder eine Personenhandelsgesellschaft der Geschäftsführer oder der für die Geschäftsführung Verantwortliche Betroffener ist und somit ein Ordnungswidrigkeitenverfahren gegen diesen eingeleitet ist. Dies wiederum hat Auswirkungen auch für die Eintrittspflicht der Rechtsschutzversicherung. Diese kann sich nicht darauf berufen, ein Verfahren sei nicht eingeleitet und damit liege ein Versicherungsfall noch nicht vor. 223

Von der Stellung als gesetzlicher Vertreter ist die Verantwortlichkeit der Organe zu unterscheiden. Es kommt darauf an, ob eine Person Adressat einer Anzeige als gesetzlicher Vertreter oder als Normadressat ist. Wird jemand als gesetzlicher Vertreter einer Gesellschaft für sie als Normadressat verantwortlich gemacht, so sind die Rechtsform der Gesellschaft und die gesellschaftsrechtliche Stellung des Betroffenen aufzuklären und in der Entscheidung darzulegen.[259] 224

e) Der Tatbegriff bei mehreren Geschwindigkeitsverstößen. In § 6 OWiG ist die Zeit der Handlung bestimmt: Danach ist eine Handlung zu der Zeit begangen, zu welcher der Täter tätig geworden ist oder im Falle des Unterlassens hätte tätig werden müssen. In der Praxis ist oft zu klären, ob bei nacheinander begangenen Ordnungswidrigkeiten nur eine Einzeltat vorliegt oder mehrere Taten gegeben sind. 225

---

[255] BayObLG NZV 2000, 215.
[256] *Beck/Berr* Rn. 13.
[257] *Beck/Berr* aaO
[258] BGHSt 28, 371; *Beck/Berr* Rn. 13a.
[259] *Göhler* § 9 Rn. 8.

226 Wenn Geschwindigkeitsverstöße in einem zeitlichen Abstand von ca. 75 min. sowie in einer Entfernung von ca. 130 km begangen werden, sind mehrere Taten im verfahrensrechtlichen Sinn gegeben.[260] Die Ahndung mehrerer Taten bei Geschwindigkeitsverstößen in einem zeitlichen Abstand und in größerer Entfernung stellt keinen Verstoß gegen das Doppelbestrafungsverbot.[261]

227 Im Ordnungswidrigkeitenrecht gilt der prozessuale Tatbegriff des § 264 StPO. Dies bedeutet, dass die Tat ein bestimmter Lebensvorgang ist, innerhalb dessen der Betroffene einen Bußgeldtatbestand verwirklicht hat. Ein solcher einheitlicher geschichtlicher Vorgang liegt vor, wenn die einzelnen Lebenssachverhalte innerlich so miteinander verknüpft sind, dass sie nach der Lebensauffassung eine Einheit bilden. Die Beurteilung, ob ein bestimmter Verkehrsverstoß abgeschlossen ist, muss als Tatfrage entschieden werden.[262]

228 Andererseits liegt eine einheitliche Tat im verfahrensrechtliche Sinne vor, wenn der Betroffene außerorts die durch Zeichen 274 der StVO angeordnete und unmittelbar nach Aufhebung des Streckenverbotes (Zeichen 278 der StVO) auch die allgemein geltende Höchstgeschwindigkeit von 100 km/h überschreitet.[263] Im Urteil muss die Annahme des Vorsatzes im Einzelnen dargelegt werden[264] und ebenso zur Staffelung der Verkehrszeichen Stellung bezogen werden.[265]

229 f) Bußgeldbemessung. Für die gängigsten Verkehrsverstöße enthält der BKat Regelsätze, die bei Vorliegen eines Regelfalls sowohl für die Bußgeldbehörde als auch das Tatgericht verbindlich sind. Liegt kein Regelfall vor, richtet sich die Bußgeldbemessung lediglich nach § 17 OWiG. Jedoch sind verwaltungsinterne Richtlinien für die Bußgeldbemessung zB für Verstöße gegen die Lenk- und Ruhezeiten für das Gericht allenfalls eine Orientierungshilfe, die eine Prüfung im Einzelfall nicht entbehrlich macht. Diese Richtlinien finden unter dem Gesichtspunkt einer möglichst gleichmäßigen Behandlung gleich gelagerter Sachverhalte nur dann Beachtung, wenn sie in der Praxis einen breiteren Anwendungsbereich erreicht haben.[266]

3. Verteidigung bei Verstößen gegen § 24a StVG

230 Das Führen von Kraftfahrzeugen unter Alkohol- und Drogeneinfluss wird als Straftatbestand gemäß § 316 StGB, bei Gefährdung gemäß § 315c StGB geahndet. Auch unter der Grenze absoluter Fahruntüchtigkeit, also unter 1,1‰ Alkohol oder Drogenkonsum, sowie bei relativer Fahruntüchtigkeit als Straftatbestand kann das Fahren unter Alkohol zur Fahrunsicherheit führen. Die Regelung des § 24a StVG schließt diese Lücke. Als Auffangtatbestand sanktioniert die Vorschrift einschlägiges Handeln als Ordnungswidrigkeit.

231 a) Fahren unter Alkoholeinwirkung. § 24a Abs. 1 StVG stellt nicht auf die individuelle Fahrsicherheit ab. Vielmehr sanktioniert die Norm das Erreichen oder Überschreiten des vom Gesetzgeber festgelegten Gefahrengrenzwertes. Fahren nach Alkoholgenuss, der zur Fahrzeit oder danach zu 0,5‰ BAK oder mehr führt, ist ordnungswidrig.

232 Durch Änderungsgesetz vom 27.4.1998[267] ist der bis dahin geltende Promille-Grenzwert von 0,8‰ auf 0,5‰ Blutalkoholkonzentration abgesenkt worden. Hierzu ist in der Begründung ausgeführt:[268]

„In der Vorschrift wird der bisher geltende Promille-Grenzwert von 0,8‰ auf 0,5‰ Blutalkoholkonzentration abgesenkt. Gleichzeitig wird ein Grenzwert von 0,25 mg/l Atemalkoholkonzentration eingeführt, der einer Blutalkoholkonzentration von 0,5‰ entspricht. Dieser Wert geht zurück auf das Gutachten des Bundesgesundheitsamtes von April 1991 …".[269]

---

[260] Thüringer OLG zfs 1999, 494.
[261] Thüringer OLG zfs 1999, 494.
[262] Thüringer OLG zfs 1999, 494 mit ausführlichen Angaben zur Rspr.
[263] OLG Stuttgart NZV 1997, 243.
[264] BGH zfs 1993, 390.
[265] OLG Düsseldorf zfs 1997, 194.
[266] OLG Düsseldorf NZV 2000, 425.
[267] BR-Drs. 13/1439.
[268] *Hentschel* StVG § 24a Rn. 3.
[269] Zur Begründung im Änderungsgesetz vgl. weiter *Hentschel* StVG § 24a Rn. 4, 5.

233 Gemäß § 24a StVG ist der BAK-Wert von 0,5‰ bis 1,09‰ Tatbestandsmerkmal, und zwar ohne Rücksicht auf Fahrtüchtigkeit. Der Wert von 0,5‰ in § 24 Abs. 1 StVG enthält bereits einen Sicherheitszuschlag zum Ausgleich der möglichen Streuungsbreite der BAK-Bestimmung. Maßgebend ist, dass die Alkoholmenge im Körper ist. Wird eine BAK gemessen, die geringer ist als 0,5‰, so kommt nur bei Hinzutreten von Ausfallerscheinungen § 316 bzw. § 315c StGB in Betracht.[270] Der Grenzwert für den Tatnachweis durch Atemkoholanalyse ist also nicht in Abhängigkeit von der BAK-Grenze gesetzt worden.

234 **b) Berauschende Mittel im Straßenverkehr.** Gemäß § 24a Abs. 2 StVG ist das Führen von Kraftfahrzeugen unter Wirkung berauschender Mittel eine Ordnungswidrigkeit. Hierdurch sollen vor allem die zahlreichen Fälle erfasst werden, in denen trotz rauschmittelbedingter Beeinträchtigung der Leistungsfähigkeit als Kraftfahrzeugführer eine Ahndung wegen des Fehlens von Beweisgrenzwerten für absolute Fahrunsicherheit im strafrechtlichen Sinne nicht möglich ist. Nur der Einfluss der in der Anlage zu § 24a Abs. 2 StVG genannten berauschenden Mittel ist tatbestandsmäßig. Maßgeblich ist der Nachweis der benannten Substanzen im Blut, sofern der analytische Grenzwert überschritten ist. Ergänzungen der Anlage aufgrund wissenschaftlicher Erkenntnisse erfolgen durch Rechtsverordnung nach Maßgabe der Ermächtigungsnorm des § 24a Abs. 5 StVG.[271]

235 Der Tatbestand kann vorsätzlich oder fahrlässig begangen werden. Für den Nachweis fahrlässigen Verhaltens gilt, dass derjenige zumindest fahrlässig handelt, der in Kenntnis des vorangegangenen Konsums ein Kraftfahrzeug im öffentlichen Verkehr führt. Dies bedeutet, dass der Kraftfahrer, der die Substanzen im Blut hat, regelmäßig fahrlässig handelt.[272]

236 **c) Bemessung der Geldbuße.** Der Bußgeldrahmen für Verstöße gegen § 24a StVG ist in Abs. 3 festgelegt. Die Höchstgeldbuße beträgt demnach 3.000,– EUR. Dieser Regelrahmen ist gemäß § 17 Abs. 2 OWiG für vorsätzliches und fahrlässiges Handeln abgestuft. Fahrlässiges Handeln kann danach im Höchstbetrag nur bis 1.500,– EUR geahndet werden,[273] was sich auch auf die Verjährungsfrist (§ 31 OWiG) auswirkt. Die Regelsätze des BKat tragen § 17 Abs. 2 OWiG Rechnung.

237 Zur **Verjährung** ist zu beachten, dass für Ordnungswidrigkeiten des § 24a StVG nicht die kurze Verjährungsfrist des § 26 Abs. 3 StVG (3 Monate) gilt. Die Verjährungsfrist für eine Ordnungswidrigkeit gemäß § 24a StVG beträgt bei Vorsatz 2 Jahre, bei Fahrlässigkeit 1 Jahr.

4. Der Bußgeldbescheid

238 **a) Allgemeines.** Eine Ordnungswidrigkeit wird gemäß § 65 OWiG durch einen Bußgeldbescheid geahndet. Der notwendige Inhalt des Bußgeldbescheides ist in § 66 OWiG geregelt.

239 **b) Der Bußgeldbescheid im Einzelnen. aa)** *Der notwendige Inhalt des Bußgeldbescheides und mögliche Mängel.* Zum wesentlichen Inhalt des Bußgeldbescheides gehören
- die Bezeichnung der Person, gegen welche die Rechtsfolgen angeordnet werden,
- die Kennzeichnung der Tat in tatsächlicher und rechtlicher Hinsicht,
- die angeordneten Rechtsfolgen (Geldbuße und Nebenfolgen) sowie
- der Hinweis auf die Möglichkeit des Einspruchs und die Folgen seiner Unterlassung.

Aufgabe des Verteidigers ist es zu prüfen, ob ein Bußgeldbescheid nach seiner Form und nach seinem Inhalt Mängel enthält, die zur Unwirksamkeit führen könnten.

240 Es ist von dem Grundsatz auszugehen, dass die **Nichtigkeit** des Bußgeldbescheides nur bei besonders krassen Mängeln gegeben ist, vergleichbar den Voraussetzungen der Nichtigkeit eines Verwaltungsaktes (§ 44 VwVfG).[274] Ist im Bußgeldbescheid eine unzulässige Rechtsfolge ausgesprochen oder der Bescheid von einer absolut unzuständigen Behörde erlassen,

---

[270] *Hentschel* StVG § 24a Rn. 11–13.
[271] *Hentschel* StVG § 24a Rn. 19, 20.
[272] *Berz/Burmann* 14 G Rn. 10.
[273] *Göhler* § 17 Rn. 3.
[274] OLG Oldenburg NZV 1992, 332.

241 liegt Nichtigkeit vor. Dies ist beim Verstoß gegen das Doppelbestrafungsverbot ebenfalls gegeben.[275]

241 Voraussetzung der Wirksamkeit eines Bußgeldbescheides ist aber eine zeitlich so genau bestimmte Zuordnung der einzelnen Geschwindigkeitsverstöße, dass ihre prozessrechtliche Individualisierung außer Zweifel steht.[276]

242 Falsche Angaben zur Person sind solange ohne Bedeutung, wie nach den Umständen des Einzelfalles kein Zweifel an der Identität des Betroffenen bestehen kann, so zB bei Angabe eines falschen Vornamens oder des Geburtsdatums und des Geburtsortes.[277]

Unschädlich ist auch die irrtümliche Angabe der Tatzeit[278] oder des falschen Tattages,[279] allerdings nur solange nicht ein zeitlich anderes Ereignis gemeint sein könnte.[280]

243 Die Wirksamkeit des Bußgeldbescheides mit der Angabe eines falschen Tatortes wird nicht in Frage gestellt, wenn der Betroffene den Irrtum über den Tatort als offensichtlich erkennen konnte und eine Verwechslungsgefahr mit einem anderen Vorgang nicht bestand.[281]

244 Es gehört nicht zu den Verfahrensvoraussetzungen des gerichtlichen Bußgeldverfahrens, dass der Erlass des Bußgeldbescheides in einer für Außenstehende erkennbaren Weise aktenmäßig dokumentiert ist.[282] Andererseits ist Unwirksamkeit des Bußgeldbescheides gegeben, wenn eine Behörde trotz positiver Kenntnis ihrer örtlichen Unzuständigkeit einen Bußgeldbescheid erlässt. In diesem Fall ist das Verfahren einzustellen.[283]

245 *bb) Form des Bußgeldbescheides.* Der Bußgeldbescheid kann im EDV-Verfahren gemäß § 51 Abs. 1 S. 2 OWiG hergestellt werden. Voraussetzung ist jedoch, dass er auf eine Verfügung des Sachbearbeiters zurückgeführt ist. Diese Verfügung braucht jedoch nicht aktenkundig gemacht zu werden.[284]

246 Voraussetzung für die Wirksamkeit ist, dass der Sachbearbeiter problemlos ermittelt werden kann. Andererseits ist Voraussetzung für die Wirksamkeit eines im EDV-Verfahren erstellten Bußgeldbescheides, dass ein Sachbearbeiter nach umfassender Prüfung des ermittelten Sachverhaltes zu der Überzeugung gelangt, die objektiven und subjektiven Voraussetzungen eines Bußgeldbescheides seien erfüllt. Erforderlich ist, dass hiernach die Entscheidung fällt, einen Bußgeldbescheid zu erlassen. Die Prüfung muss auch das Ergebnis der vorgeschriebenen Anhörung des Betroffenen umfassen, so dass der Bußgeldbescheid dann unwirksam ist, wenn die individuelle Überprüfung des Sachverhaltes durch den Sachbearbeiter letztmalig vor der Versendung des Anhörungsbogens an den Betroffenen erfolgt.[285]

247 Ein Bußgeldbescheid wird nicht durch eine falsche Bezeichnung des Tatortes unwirksam, wenn der tatsächlich gemeinte Tatort unzweifelhaft ist.[286] Andererseits erfüllt ein Bußgeldbescheid seine Umgrenzungs- und Informationsfunktion nicht, wenn sich aus ihm nicht ergibt, welche von mehreren Taten im prozessualen Sinn der richterlichen Kognition unterbreitet werden soll und wenn auch mithilfe des Akteninhalts nicht geklärt werden kann, welcher Sachverhalt auch für den Betroffenen erkennbar und unverwechselbar gemeint ist.[287]

248 Stellt die Verwaltungsbehörde nach Einspruch das Verfahren ein, so verliert der Bußgeldbescheid seine Wirkung. Eine Fortsetzung des Verfahrens ist dann nur durch fristgerechten Erlass eines neuen Bußgeldbescheides möglich.[288]

---

[275] Str., vgl. *Göhler* § 65 Rn. 57a.
[276] Vgl. hierzu *Gebhardt* § 28 Rn. 9.
[277] Vgl. im Einzelnen mit Angaben zur Rspr. *Gebhardt* § 28 Rn. 12.
[278] OLG Frankfurt NStZ 1982, 123.
[279] BayObLG DAR 1989, 372.
[280] OLG Köln NZV 2004, 655.
[281] OLG Hamm NZV 2002, 283.
[282] BGH DAR 1997, 204.
[283] AG Magdeburg DAR 1999, 421.
[284] BGH DAR 1997, 204.
[285] OLG Hamm NZV 1997, 196.
[286] OLG Düsseldorf DAR 1999, 512.
[287] BayObLG zfs 1999, 263.
[288] BayObLG NZV 1999, 393.

cc) Erlass des Bußgeldbescheides und Zustellung. Für die Frage der Verjährung ist der Erlasszeitpunkt von Bedeutung. Gemäß § 33 Abs. 1 Nr. 9 OWiG hat der Erlass des Bußgeldbescheides dann verjährungsunterbrechende Wirkung, sofern er binnen 2 Wochen zugestellt wird.

dd) Zustellung des Bußgeldbescheides. Das Zustellungsverfahren, also die Art und Weise der Zustellung, ist in § 51 OWiG geregelt. Gemäß § 51 Abs. 1 OWiG gelten für das Zustellungsverfahren die Vorschriften des Verwaltungszustellungsgesetzes.[289] Ansonsten gelten die entsprechenden landesrechtlichen Vorschriften, soweit in § 51 Abs. 2 bis 5 OWiG nichts anderes bestimmt ist.[290] An einen Vertreter des Betroffenen kann ein Bescheid zugestellt werden, wenn er allgemein oder für bestimmte Angelegenheit bestellt ist. Maßgebend ist die Vollmacht.

5. Verjährung

Die Verfolgungsverjährung gemäß § 31 Abs. 1 OWiG macht die Verfolgung unzulässig. Die Vollstreckung ist gemäß § 34 Abs. 1 OWiG unzulässig, wenn Vollstreckungsverjährung eingetreten ist. Das Ruhen der Verfolgungsverjährung ist in § 32 OWiG geregelt. Die für die Praxis besonders wichtigen Regelungen zur Unterbrechung der Verfolgungsverjährung ergeben sich aus § 33 OWiG.

a) **Die Verfolgungsverjährung.** Die Verjährung gilt einheitlich für die Verfolgung von Ordnungswidrigkeiten und die Anordnung von Nebenfolgen.

Der Beginn der Verfolgungsverjährung ergibt sich aus § 31 Abs. 3 OWiG mit der Verwirklichung sämtlicher Tatbestandsmerkmale. Bei einer Dauerordnungswidrigkeit (zB Überschreitung des Termins zur Untersuchung des Fahrzeuges oder erlöschender Betriebserlaubnis) beginnt die Verjährungsfrist mit der tatsächlichen Beendigung des ordnungswidrigen Zustandes.

b) **Die Frist für die Verfolgungsverjährung.** Für die Verfolgungsverjährung richtet sich die Frist grundsätzlich nach der Höhe der Bußgeldandrohung. Grundsätzlich gilt für Ordnungswidrigkeiten nach § 24 StVG die kurze Verjährungsfrist von 3 Monaten. Zu beachten ist jedoch, dass für Ordnungswidrigkeiten des § 24a StVG nicht die kurze Verjährung des § 26 Abs. 3 StVG gilt. Vielmehr verjähren Ordnungswidrigkeiten des § 24a StVG gemäß § 31 Abs. 2 Nr. 3 OWiG nach 2 Jahren, bei fahrlässiger Begehung nach 1 Jahr (§ 31 Abs. 2 Nr. 4 OWiG).

c) **Unterbrechung der Verfolgungsverjährung.** In § 33 OWiG ist der Katalog von Unterbrechungshandlungen abschließend geregelt (§ 33 Abs. 1 Nr. 1 bis 15 OWiG). Hiernach haben nur besondere Handlungen die Wirkung der Unterbrechung. Aus § 33 Abs. 4 OWiG ergibt sich, dass Täter und Geschehen konkretisiert sein müssen, damit eine Unterbrechungswirkung eintritt. Die Unterbrechung wirkt nur gegenüber demjenigen, auf den sich die Unterbrechungshandlung bezieht. Zu den einzelnen Unterbrechungstatbeständen des vorgenannten Kataloges ist auf eine umfassende Rechtsprechung zu verweisen.[291]

Nach § 33 Abs. 1 Nr. 9 OWiG ist § 26 Abs. 3 StVG so auszulegen, dass der Erlass des Bußgeldbescheides nur dann Einfluss auf die Verfolgungsverjährung hat, wenn dieser binnen 2 Wochen zugestellt wird.[292] Ist die Anordnung der Übersendung des Anhörungsbogens an den Betroffenen nicht möglich, weil dieser unbekannt verzogen ist, und verfügt die Bußgeldbehörde nach Ermittlung des Wohnsitzes des Betroffenen erneut die Versendung eines Anhörungsbogens an diesen, so unterbricht die 2. Anordnung nicht erneut die Verjährung; die Anordnung der ersten Anhörung hat die Verjährungsunterbrechung bereits bewirkt.[293]

Eine Verjährungsunterbrechung ist bei undatierter Anordnung zur Versendung des Anhörungsbogens nicht gegeben.[294] Die Anordnung einer Vernehmung gemäß § 33 Abs. 4 OWiG muss sich auf eine konkrete Person beziehen. Die Ermittlung in einem Verfahren gegen un-

---

[289] *Göhler* § 50 Rn. 5; *Göhler* Anhang A 5a.
[290] *Göhler* § 51 Rn. 2a.
[291] Vgl. hierzu ausführlich *Beck/Berr* Rn. 172–187.
[292] AG Bielefeld NZV 1999, 266.
[293] OLG Stuttgart DAR 1998, 205.
[294] AG Paderborn zfs 1998, 195.

bekannt wird gerade nicht gegen den (späteren) Betroffenen geführt. Somit unterbricht die im Verfahren gegen unbekannt angeordnete Vernehmung des Geschäftsführers einer Firma, die Kfz-Halterin war, die gegen den (späteren) Betroffenen laufende Verfolgungsverjährung nicht.[295]

258 Im Übrigen unterbricht die angeordnete Übersendung eines Anhörungsbogens nicht die Verfolgungsverjährung, wenn sich aus dem Anschreiben nicht eindeutig ergibt, dass die Verfolgungsbehörde gegen den Adressaten als Betroffenen ermittelt.[296]

259 Die Anordnung der Bußgeldstelle, dem lediglich anhand des Kennzeichens ermittelten Halter eines Kraftfahrzeuges einen Anhörungsbogen zu übersenden, unterbricht diesem gegenüber die Verfolgungsverjährung nur dann, wenn sich aus dem Anhörungsbogen eindeutig ergibt, dass er als Fahrer der Ordnungswidrigkeit beschuldigt wird, also nicht, wenn er lediglich als Zeuge angeschrieben wird.[297]

260 Erfolgt die Übersendung eines Anhörungsbogens als Individualentscheidung des Sachbearbeiters, der sich des Computers als Schreibhilfe bedient, führt sie nur dann zur Verjährungsunterbrechung, wenn der Sachbearbeiter den Vorgang sogleich mit seiner Unterschrift oder seinem Handzeichen abgezeichnet hat.[298] Bei nicht unterbrochenem EDV-Ablauf bedarf es keiner Unterschrift; vielmehr ist der Ausdruck des Schriftstückes der maßgebliche Zeitpunkt.[299]

261 Wird der Anhörungsbogen an einen Dritten übergeben, so tritt gegenüber diesem keine Verjährungsunterbrechung ein. Dies folgt aus § 33 Abs. 1 Nr. 1 OWiG. Nach allgemeiner Ansicht in Rechtsprechung und Literatur ist nur eine gegen eine bestimmte Person gerichtete, nicht aber eine die Ermittlungen des noch unbekannten Täters bezweckende Untersuchungshandlung geeignet, die Verjährung zu unterbrechen. Dies gilt auch dann, wenn sich bei den Akten ein Beweisfoto befindet, welches nach Qualität und Bildausschnitt geeignet ist, den Fahrzeugführer zu ermitteln.[300] Ebenso tritt keine Verjährungsunterbrechung ein, wenn der Anhörungsbogen an eine juristische Peron als Halter gerichtet wird.[301]

262 Verjährungsunterbrechung tritt nach § 33 Abs. 1 Nr. 2 OWiG ein, wenn im Bußgeldverfahren der Richter die Straßenverkehrsbehörde um eine Mitteilung der Beschilderungssituation am Tatort ersucht. Ebenso ist die richterliche Übersendung des Gutachtens an den Betroffenen als eine Anordnung der richterlichen Vernehmung des Betroffenen zu werten, so dass ihr eine verjährungsunterbrechende Wirkung beizumessen ist.[302] Auch tritt Verjährungsunterbrechung nach § 33 Abs. 1 Nr. 10 OWiG ein, wenn die Akten per Telefax vor Ablauf der Verjährungsfrist beim Amtsgericht eingehen.[303]

263 Kommt nach dem zeitlichen Ablauf eines Bußgeldverfahrens in Betracht, dass Verfolgungsverjährung eingetreten ist, so ist dies näher zu überprüfen. Dies erfordert gründliche Durcharbeitung der Akten anhand der hierzu von der Rechtsprechung entwickelten Grundsätze.

264 **d) Schema zur Überprüfung der Verjährung.** Für die Prüfung des Eintrittes der Verfolgungsverjährung sind verschiedene Aspekte maßgebend. Deshalb empfiehlt es sich, anhand eines Schemas die Voraussetzungen der Verfolgungsverjährung zu prüfen. Ein solches Schema könnte in folgenden Rubriken gestaltet werden:

Tatzeit	verjährungsunterbrechende Maßnahme	Bußgeldbescheid

---

[295] OLG Hamm NZV 1999, 261.
[296] OLG Hamburg MittBl der Arge VerkR 1999, 104; ebenso OLG Hamm DAR 2000, 324 f.
[297] OLG Hamm NZV 2000, 178.
[298] OLG Köln zfs 2000, 223.
[299] OLG Düsseldorf NZV 2003, 51.
[300] AG Darmstadt zfs 2000, 225.
[301] OLG Hamm zfs 2000, 224.
[302] OLG Brandenburg DAR 1999, 564.
[303] BayObLG DAR 1998, 359.

Übersicht: Verjährungsfristen im OWi-Recht

Tatbestand	§§	Frist	Fristbeginn
Verfolgung von Ordnungswidrigkeiten, die mit Geldbuße im Höchstmaß von mehr als 15.000,– EUR bedroht sind	31 Abs. 2 Nr. 1, Abs. 3 OWiG	3 Jahre	Beendigung der Handlung; tritt der Erfolg erst später ein, dieser Zeitpunkt, § 31 Abs. 3 OWiG.
Verfolgung von Ordnungswidrigkeiten, die mit Geldbuße von mehr als 2.500,– EUR bis 15.000,–EUR bedroht sind	31 Abs. 2 Nr. 2, Abs. 3 OWiG	2 Jahre	Beendigung der Handlung; tritt der Erfolg erst später ein, dieser Zeitpunkt, § 31 Abs. 3 OWiG
Verfolgung von Ordnungswidrigkeiten, die mit Geldbuße im Höchstmaß von mehr als 1.000,– EUR bis 2.500,– EUR bedroht sind	31 Abs. 2 Nr. 3, Abs. 3 OWiG	1 Jahr	Beendigung der Handlung; tritt der Erfolg erst später ein, dieser Zeitpunkt, § 31 Abs. 3 OWiG.
Verfolgung der übrigen Ordnungswidrigkeiten	31 Abs. 2 Nr. 4, Abs. 3 OWiG	6 Monate	Beendigung der Handlung; tritt der Erfolg erst später ein, dieser Zeitpunkt § 31 Abs. 3 OWiG
Ordnungswidrigkeiten nach § 24 StVG	26 Abs. 3 StVG	3 Monate	Beendigung der Handlung; tritt der Erfolg erst später ein, dieser Zeitpunkt
		6 Monate	Wenn Bußgeldbescheid ergangen oder öffentliche Klage erhoben ist

6. Besonderheiten des Verfahrens

a) **Zwischenverfahren.** In § 69 OWiG ist das so genannte Zwischenverfahren nach Einspruch geregelt. Zweck der Regelung ist es zu vermeiden, dass das Gericht und die Staatsanwaltschaft mit solchen Sachen befasst werden, in denen entweder von vornherein klar ist, dass es zu keiner Sachentscheidung kommen kann, oder in denen der Sachverhalt aufgrund des summarischen Verfahrens für eine gerichtliche Entscheidung unzureichend aufgeklärt ist. Demgemäß hat die Verwaltungsbehörde die Pflicht, bei einem Einspruch im Wege einer Selbstkontrolle näher zu prüfen, ob die vorhandenen Beweismittel im gerichtlichen Verfahren zur Feststellung der Beschuldigung, die der Betroffene mit seinem Einspruch in Abrede stellt, voraussichtlich ausreichen werden.[304]

> **Praxistipp:**
> In diesem Verfahren liegt eine oft nicht genutzte Möglichkeit der Verteidigung. Insbesondere ist hier die Verteidigung gefordert, wenn eine angeregte Einstellung im Verfahren vor Erlass des Bußgeldbescheides nicht ergangen ist und gleichwohl Umstände dafür sprechen, dass der Bußgeldbescheid nicht aufrecht zu erhalten ist. Es ist zu prüfen, ob dann entsprechender Vortrag zu veranlassen ist.

Nach § 69 Abs. 2 OWiG kann die Verwaltungsbehörde dem Betroffenen Gelegenheit geben, sich innerhalb einer bestimmten Frist dazu zu äußern, ob und welche Tatsachen und Beweismittel er im weiteren Verfahren zu seiner Entlastung vorbringen will. Diese Möglichkeit wird in der Praxis selten genutzt. Hierbei wäre insbesondere auf die nach Aktenlage

---

[304] Göhler § 69 Rn. 1.

häufig ungeklärte Sachlage oder den ungeklärten Sachverhalt abzustellen. Die für die Verwaltungsbehörde gemäß § 69 OWiG gebotene Prüfung erstreckt sich zunächst nämlich darauf, ob und wie sich der Betroffene zur Beschuldigung eingelassen hat, welche Beweismittel die Beschuldigung stützen, ob diese ausreichend sind und schließlich ob auch die bisherige rechtliche Würdigung einer näheren Nachprüfung standhält. Bei neuen Gesichtspunkten aufgrund der Einspruchsschrift hat die Verwaltungsbehörde ergänzende Ermittlungen vorzunehmen und die tatsächlich gestellten Beweisanträge oder Beweisanregungen eines Verteidigers zu beachten.[305] Auch kommen von Amts wegen weitere Ermittlungen in Betracht.

268 Als Folge der Prüfung gemäß § 69 OWiG kommt die Rücknahme des Bußgeldbescheides oder die Einstellung des Verfahrens durch die Verwaltungsbehörde in Betracht; beides ist geboten, wenn das Vorbringen des Betroffenen in der Einspruchsschrift oder die nähere Aufklärung des Sachverhaltes die Beschuldigung entkräftet oder als nicht stichhaltig erscheinen lässt.

Muster: Vortrag von Sachverhaltsdarstellung und Beweisanregungen

269 In dem Bußgeldverfahren
gegen . . . . . .
wegen . . . . . .
wurde Bußgeldbescheid erlassen. Hiergegen wurde form- und fristgerecht Einspruch eingelegt. Es wird nunmehr angeregt, das Verfahren einzustellen. Zur Begründung wird folgender Sachverhalt ergänzend und klarstellend nochmals vorgetragen:
. . . . . .
Es werden folgende Beweisanregungen vorgetragen: . . . . . .

Rechtsanwalt

270 Zunächst ist die Verwaltungsbehörde für das Zwischenverfahren zuständig. Hat die Verwaltungsbehörde das Zwischenverfahren durchgeführt, übersendet sie die Akten gemäß § 69 Abs. 3 OWiG über die Staatsanwaltschaft an das Gericht. Im Übrigen hat die Verwaltungsbehörde zu ihrer Entscheidung, warum sie den Bußgeldbescheid nicht zurücknimmt oder nicht einstellt, eine Begründung zu fertigen.

271 Die Staatsanwaltschaft wird Herrin des Verfahrens, sobald die Akten bei ihr eingegangen sind.[306] Sie hat eine Prüfungspflicht in tatsächlicher und rechtlicher Hinsicht. Im Übrigen kann die Staatsanwaltschaft von sich aus weitere Ermittlungen durchführen oder durch die zuständige Verwaltungsbehörde sowie die Beamten des Polizeidienstes durchführen lassen.[307] Als Maßnahme nach Durchführung des Ermittlungsverfahrens kommt nur die Einstellung des Verfahrens in Betracht, sofern die Akten nicht dem Gericht vorgelegt werden. Eine Rücknahme des Bußgeldbescheides ist nicht möglich, da dies nur durch die Behörde erfolgen kann, die den Bescheid erlassen hat.

272 Entscheidungen, die zu einer Einstellung des Verfahrens führen, sind mit einer Auslagenentscheidung zu verbinden. Das ergibt sich aus § 108a OWiG, der auf § 467a Abs. 1 und 2 OWiG verweist. Gegen diese Kostenentscheidung kann innerhalb von 2 Wochen nach Zustellung die gerichtliche Entscheidung beantragt werden.

273 **b) Das schriftliche Verfahren gemäß § 72 OWiG.** Eine Beschlussentscheidung kommt bei hinreichend geklärtem Sachverhalt in Betracht. Voraussetzung für die Beschlussentscheidung gemäß § 72 OWiG ist, dass der Betroffene und die Staatsanwaltschaft dem nicht widersprechen. Gemäß § 72 Abs. 6 OWiG kann durch entsprechende Erklärung aller Beteiligten auf die Begründung des Beschlusses verzichtet werden.[308]

---

[305] Göhler § 69 Rn. 13, 14.
[306] Vgl. Göhler § 69 Rn. 40.
[307] Göhler § 69 Rn. 45.
[308] Göhler § 72 Rn. 63a.

In der Praxis wird seitens der Verteidigung zu wenig Gebrauch gemacht von der Möglichkeit und Anregung, nach § 72 OWiG zu verfahren. So kann etwa bei angeregter Einstellung oder einer Änderung der Entscheidung, etwa zum Fortfall des Fahrverbotes, an das Gericht die Anregung wie folgt formuliert werden:

> **Formulierungsvorschlag:**
> Für den Fall, dass das Gericht erwägt, entsprechend dem Antrag ...... zu entscheiden, besteht Einverständnis mit einer Entscheidung gemäß § 72 OWiG. Begründungsverzicht nach § 72 Abs. 6 OWiG wird erklärt.

c) **Kostenregelung nach § 109a Abs. 2 OWiG.** Im Verfahren ist die Kostenvorschrift des § 109a Abs. 2 OWiG zu beachten. Nach dieser Vorschrift kann davon abgesehen werden, dem Betroffenen die Auslagen zu erstatten, die er durch ein rechtzeitiges Vorbringen entlastender Umstände hätte vermeiden können.

d) **Kostentragungspflicht des Halters.** *aa) Voraussetzungen.* In § 25a StVG ist die Kostentragungspflicht des Halters eines Kraftfahrzeuges geregelt. Voraussetzung für die Kostentragungspflicht ist, dass der äußere Tatbestand eines Halt- oder Parkverstoßes festgestellt ist, ohne dass der Fahrzeugführer mit angemessenem Aufwand vor Eintritt der Verfolgungsverjährung in einem Bußgeldverfahren ermittelt werden kann.

- Der Halt- oder Parkverstoß muss objektiv festgestellt sein.
- Weitere Voraussetzung für die Kostentragungspflicht des Halters ist, dass der Fahrzeugführer nicht festgestellt werden konnte.
- Im Übrigen muss die Ermittlung des Fahrzeugführers ohne unangemessenen Aufwand vor Eintritt der Verfolgungsverjährung nicht möglich gewesen sein.

Die Möglichkeit einer Feststellung des Fahrzeugführers nach Eintritt der Verfolgungsverjährung hat keinen Einfluss auf die Kostentragungspflicht gemäß § 25a Abs. 1 StVG, weil dieser dann nicht mehr belangt werden kann. Benennt der Halter erst wenige Tage vor Verjährungseintritt den Fahrer, so wird die verbleibende Zeit oft nicht ausreichen, der Verwaltungsbehörde die Nachprüfung zu ermöglichen.[309]

Gemäß § 105 Abs. 1 OWiG, § 467a StPO kann die Verwaltungsbehörde lediglich bei Rücknahme des Bußgeldbescheides eine Entscheidung darüber treffen, ob die dem Betroffenen erwachsenen Auslagen der Staatskasse aufzuerlegen sind; in anderen Fällen ist deshalb eine Auslagenentscheidung nicht zulässig. Deshalb kommt bei Erlass eines Halter-Kostenbescheides die Überbürdung der notwendigen Auslagen nicht in Betracht.[310]

bb) Rechtsmittel. Die Kostenentscheidung gemäß § 25a Abs. 2 StVG ergeht mit der das Verfahren abschließenden Entscheidung. Diese Entscheidung kann Einstellung oder Freispruch sein.[311]

Gegenüber der Entscheidung gemäß § 25a StVG kann der Halter oder Beauftragte innerhalb von 2 Wochen ab Zustellung eine gerichtliche Entscheidung beantragen. Zuständig für die Entscheidung ist das Gericht, das gemäß § 68 OWiG über einen Einspruch zu entscheiden gehabt hätte. Der Fahrzeughalter bzw. sein Verteidiger können mit Aussicht auf Erfolg gegen eine Kostenentscheidung gemäß § 25a StVG vorgehen, wenn der Halter seine Verfügungsgewalt einer anderen Person übertragen hat.[312]

Im Übrigen ist zu beachten, dass nach den allgemein angewandten Bedingungen der Rechtsschutzversicherung (ARB) bei einem Bußgeldverfahren mit Kostentragungspflicht nach § 25a StVG kein Deckungsschutz besteht. Gleiches gilt für das Rechtsbehelfsverfahren nach § 25a Abs. 3 StVG.[313]

---

[309] *Hentschel* Straßenverkehrsrecht StVG § 25a Rn. 8.
[310] LG Wiesbaden NZV 1999, 485; vgl. auch BVerfG NJW 1989, 2679.
[311] *Hentschel* StVG § 25a Rn. 13.
[312] Beck/Berr Rn. 207.
[313] Beck/Berr Rn. 208.

VI. Verkehrsverstöße im Ausland

1. Die Ahndung von Verkehrsverstößen im Ausland

284 **a) Die zunehmende Häufigkeit von Verkehrsverstößen im Ausland.** Bei einem Verkehrsverstoß im Ausland gilt das am Ort des Tatgeschehens geltende Recht. Über die Rechtslage und Rechtsfolgen will der Betroffene sich häufig im Inland bei seinem Anwalt informieren. Hiernach ist es geboten, den Mandanten über den Verfahrensablauf und die – drohenden – Maßnahmen zu belehren. Hierbei ist es unumgänglich, sich aktuell über die Rechtslage bei Verkehrsverstößen im Ausland zu informieren.[314]

285 **b) Die Rechtsfolgen eines Verkehrsverstoßes im Ausland.** Daneben ergeben sich häufig spezielle Fragen hinsichtlich der Vollstreckung von festgesetzten Gebühren, Strafen oder Vollstreckungsmaßnahmen. Hinsichtlich der Vollstreckung von Parkgebührenansprüchen aus den Niederlanden in Deutschland ist auf eine Entscheidung des AG Münster[315] zu verweisen:

„Da es sich bei der Forderung von Parkraumbenutzungsentgelt einer niederländischen Gemeinde um eine (öffentlich-rechtliche) Steuerforderung handelt, kann diese gegenüber einem deutschen Kfz-Halter mangels funktionaler Zuständigkeit deutscher Gerichte in Deutschland nicht durchgesetzt werden."

286 Die EU-Justizminister haben sich auf einen Rahmenbeschluss zur Anerkennung und Vollstreckung von Geldbußen ab 70,– EUR in allen EU-Mitgliedstaaten verständigt.[316] Die Umsetzung dieses Rahmenbeschlusses in deutsches Recht und damit seine Anwendbarkeit im Inland ist 2010 erfolgt.[317]

2. Rechtshilfe- und Vollstreckungsabkommen

287 Bei Verkehrsverstößen im Ausland und deren Ahndung sowie möglichen Vollstreckungen sind zwischenstaatliche Abkommen und Vereinbarungen zu beachten.

288 Als wichtigstes bilaterales Übereinkommen ist der deutsch-österreichische Amts- und Rechtshilfevertrag in Verwaltungssachen vom 31.5.1988 (III. Abschnitt, Art. 9: Vollstreckungshilfe; BGBl. 1990 II S. 358) zu nennen.

Er ist seit 1.10.1990 in Kraft und erfasst die Vollstreckung rechtskräftiger Verwaltungsstrafen ab 25,– EUR. Ersatzfreiheitsstrafen sind in Deutschland nicht vollstreckungsfähig.

289 Zur Ermittlung des verantwortlichen Fahrers gibt es im österreichischen Recht die sog. Lenkerauskunft. Diese richtet sich an den Halter und verpflichtet ihn, den verantwortlichen Fahrzeugführer zu benennen. Hierbei stehen ihm nach österreichischem Recht weder ein Aussage- noch ein Zeugnisverweigerungsrecht zu.

290 Die Nichtmitwirkung an dieser Lenkererhebung ist nach § 103 Abs. 2 KFG als eigener Verstoß strafbewehrt. Sie ist keine Ersatzstrafe und bleibt neben dem Grunddelikt bestehen, das gegen einen unbekannten Fahrer geführt wird. Bei Bußgeldbescheiden wegen eines Verstoßes gegen § 103 Abs. 2 KFG werden nach einer Absprache der Innenminister keine Vollstreckungsmaßnahmen in Deutschland betrieben. Die rechtskräftigen Strafen bleiben aber in Österreich vollstreckbar.[318]

---

[314] Zu verweisen ist auf die umfassende Darstellung von *Neidhart/Nissen* Bußgeld im Ausland, und *Beck/Berr* Rn. 846 ff.
[315] DAR 1995, 165; *Nissen* DAR 2004, 196.
[316] ABl. 2005 L 76, 15.
[317] *Beck/Berr* Rn. 862.
[318] *Beck/Berr* Rn. 1082.

§ 15 Verteidigertätigkeit in der Hauptverhandlung

Übersicht

	Rn.
I. Vorbereitung der Hauptverhandlung	1–49
Checkliste zur Vorbereitung der Hauptverhandlung	1–4
1. Klärung des Ziels der Verteidigung	5
2. Klärung von Rechtsfragen und Sachkompetenz	6–9
a) Prozessuale Rechtsfragen	7
b) Materielle Rechtsfragen	8/9
3. Abstimmung über Terminierung	10/11
4. Vorbereitung der Beweisaufnahme	12–20
a) Der Zeugenbeweis	12–17
b) Auseinandersetzung mit bereits vorhandenem Gutachten	18–20
5. Ladung von Zeugen und Sachverständigen durch den Verteidiger	21–31
6. Vor- und außerprozessuale Klärungen mit Verfahrensbeteiligten	32–38
a) Form und Inhalt	33–35
b) Erklärungen nach Abstimmung	36
c) Absprachen im Strafprozess	37/38
7. Vorbereitung der Hauptverhandlung mit dem Mandanten	39–41
8. Die Anwesenheitspflicht des Angeklagten/Betroffenen	42–45
9. Ankündigung von Beweisanträgen	46–49
II. Die Hauptverhandlung	50–85
1. Gesetzliche Regelungen	50
2. Verhandlungsführung und Fragerecht sowie Protokollierung	51–56
a) Die Verhandlungsleitung	51
b) Fragerecht	52
c) Protokollierung	53–55
d) Anordnungen und Sachleitung durch das Gericht	56
3. Die Beweisaufnahme	57–75
a) Zeugenvernehmung	59–67
b) Sachverständiger	68–73
c) Augenscheinseinnahme	74/75
4. Beweisantrag	76–83
a) Notwendiger Inhalt des Beweisantrages	77–79
b) Hilfs-Beweisantrag/Eventual-Beweisantrag	80
c) Beweisanregung	81
d) Form und Zeitpunkt des Beweisantrages	82/83
5. Rechtliche Hinweise gemäß § 265 StPO	84
6. Hinweis für die Praxis: Terminbericht	85
III. Strafzumessung und Gefahr der Freiheitsstrafe	86–88
1. Strafzumessung	86
2. Die Gefahr der Freiheitsstrafe	87/88
IV. Verwarnung mit Strafvorbehalt	89–105
1. Die gesetzlichen Voraussetzungen	91–96
2. Prozessuale Fragen und Rechtsmittel	97–101
3. Rechtsfolgen der Verwarnung mit Strafvorbehalt	102–105
V. Besonderheiten der Hauptverhandlung im OWi-Verfahren	106–129
1. Die Anordnung des persönlichen Erscheinens in der Hauptverhandlung	106–119
a) Anwesenheitspflicht	106/107
b) Die mögliche Entbindung von der Verpflichtung zum Erscheinen	108–113
c) Rechtslage bei Ablehnung eines Antrages	114–116
d) Vernehmung durch einen ersuchten Richter	117
e) Verfahren bei erlaubter Abwesenheit	118
f) Verfahren bei unerlaubter Abwesenheit	119
2. Die Beweisaufnahme im OWi-Verfahren	120–126
a) Der eingeschränkte Umfang der Beweisaufnahme	120–124
b) Vereinfachte Art der Beweisaufnahme	125/126
3. Beachtung der Gefahr des Übergangs in das Strafverfahren	127/128
4. Das Absehen von der Urteilsbegründung	129

§ 15 1, 2   Teil C. Das verkehrsrechtliche Straf- und OWi-Verfahren

Schrifttum: *Freyschmidt/Krumm,* Verteidigung in Straßenverkehrssachen, 10. Aufl. 2013; *Gebhardt,* Das verkehrsrechtliche Mandat, Band 1: Verteidigung in Verkehrsstraf- und Ordnungswidrigkeitenverfahren, 7. Aufl. 2012; *Göhler,* Ordnungswidrigkeitengesetz, 16. Aufl. 2012; *Schlothauer,* Vorbereitung der Hauptverhandlung durch den Verteidiger, 2. Aufl. 1998; *Schönke/Schröder,* Strafgesetzbuch, 29. Aufl. 2014; *Würzberg,* Rücküberleitung vom Bußgeldverfahren zum Strafverfahren gemäß § 81 OWiG – Ein Nötigungsinstrument der Staatsanwaltschaft?, NZV 1996, 61.

I. Vorbereitung der Hauptverhandlung

1

Checkliste
zur Vorbereitung der Hauptverhandlung:

Es sind folgende Punkte zu klären:

- ☐ Klärung und Definition des Verteidigungszieles
  - Einstellung
  - Strafbefehl
  - Bußgeldentscheidung oder Beschlussentscheidung gemäß § 72 OWiG
  - Verwarnung mit Strafvorbehalt
- ☐ Beschaffen und Verarbeiten aller möglichen Informationen
  - Aktuelles Aktenstudium
  - Klärung von – zusätzlichen – Beweismitteln
  - Eigene Ermittlungen
  - Ladung von Zeugen durch den Verteidiger oder gestellter Zeuge
- ☐ Vorbereitung des Mandanten
  - Information über Gang der Hauptverhandlung
  - Information über Verfahrenssituation und mögliches Ergebnis
  - Gespräche und Information zum richtigen Verhalten des Mandanten
- ☐ Einlassung des Mandanten
  - Einkommens- und Wirtschaftverhältnisse
  - Einlassung zur Sache
- ☐ Klärung der rechtlichen Thematik
  - Materielle Rechtsfragen
  - Prozessuale Rechtsfragen
- ☐ Vorbereitung auf Beweisaufnahme
  - Vorbereiten mit Zeugenaussagen und Befragung von Zeugen
  - Auseinandersetzung mit bereits vorhandenen Gutachten
  - Vorbereitung auf Befragung des Sachverständigen
  - Ablehnung des Sachverständigen wegen Besorgnis der Befangenheit
- ☐ Vorbereitung evtl. weiterer Beweisanträge
  - Zusätzliche Zeugen
  - Ergänzendes Gutachten bzw. Obergutachten
  - Ortsbesichtigung
  - Klärung von Fragen der Strafzumessung bzw. Bußgeldbemessung
  - Vorprozessuale Absprachen

2   Der Richter, der die Prozessleitungsbefugnis in der Hauptverhandlung hat, sollte sich in der Regel intensiv in den Fall eingearbeitet haben. Dies beginnt mit der Frage, wer zu laden ist, und führt hin bis zu einer Vorstrukturierung der denkbaren Entscheidung. „Dem korrespondiert nicht immer eine entsprechende Vorbereitung auf Seiten der Verteidigung...".[1]

---

[1] *Schlothauer* Vorwort S. V.

Auch für den Verteidiger, der seine Pflicht für den Mandanten ernst nimmt, ist es wichtig, 3
sich eingehend auf die Hauptverhandlung vorzubereiten. Auch für ihn ist die Einarbeitung
in die Besonderheiten des konkreten Falles notwendig. Anregungen und insbesondere Arbeitshilfen für die effiziente Vorbereitung der Hauptverhandlung sollen nachfolgende Ausführungen bieten.

Eine spezielle Hilfe zur effizienten Vorbereitung bietet die oben zusammengestellte Check- 4
liste zur Vorbereitung auf die Hauptverhandlung. Sie soll quasi als Vorlage für die Vorbereitung der Hauptverhandlung dienen und kann auch dazu dienen, in jede Akte als Arbeitsblatt übernommen zu werden, um als Orientierung über die für die Vorbereitung der Hauptverhandlung zu beachtenden und zu klärenden Punkte zu dienen.

1. Klärung des Ziels der Verteidigung

Die Vorbereitung der Hauptverhandlung beginnt mit der Klärung des möglichen Ziels der 5
Verteidigung, sei es, dass Freispruch in Betracht kommt, eine Einstellung des Verfahrens anzustreben ist oder die Verteidigung darauf gerichtet ist, etwa gegenüber dem Inhalt eines Strafbefehls eine Ermäßigung der Geldstrafe oder eine Abkürzung der Dauer des Entzuges der Fahrerlaubnis bzw. den Fortfall eines Fahrverbotes zu erzielen. An diesem festgelegten Ziel der Verteidigung ist auch die Verteidigungsstrategie zu orientieren. Es ist auch empfehlenswert, das Ziel der Verteidigung und die Chancen hierfür mit dem Mandanten zu erörtern und zu prüfen, ob und wie der Sachverhalt im Sinne des Verteidigungsziels zu klären ist.

2. Klärung von Rechtsfragen und Sachkompetenz

Bei der Verteidigung in Verkehrsstraf- oder Ordnungswidrigkeitssachen ist es von be- 6
sonderer Wichtigkeit, die sich für das Verteidigungsziel ergebende mögliche rechtliche Problematik herauszuarbeiten und sich mit der aktuellen Rechtsprechung vertraut zu machen. Die so geschaffene Sachkompetenz ist – auch – gegenüber dem Gericht von Vorteil.

a) **Prozessuale Rechtsfragen.** Für den Verteidiger ist es wichtig, sich mit verfahrensrecht- 7
lichen Problemen, die sich in der Hauptverhandlung ergeben können, vertraut zu machen. Neben der Beachtung möglicher prozessualer Fehler im vorausgegangenen Verfahren ist es für die Verteidigung wichtig, die prozessualen Fragen zu beachten und vorher zu klären, die sich im Hinblick auf die Sachverhaltsermittlung in der Hauptverhandlung ergeben:

- Einmal ist daran zu denken, ob frühere Angaben des Mandanten oder Beschuldigten im Vorverfahren ordnungsgemäß unter Beachtung der Belehrungspflicht gemäß § 163a StPO zustande gekommen sind.
- Wichtig ist auch zu klären, ob bei der Zeugenvernehmung die prozessualen Bestimmungen, etwa die notwendige Belehrung über ein Zeugnisverweigerungsrecht, gemäß §§ 52 ff. StPO beachtet worden sind.
- Ebenso ist zu prüfen, ob Beweisgegenstände wie zB Tachoscheiben oder digitale Fahrerkarten unter Beachtung der prozessualen Vorschriften sichergestellt worden sind.[2]
- Weiter ist zu prüfen, ob gemäß § 51 Abs. 1 BZRG tilgungsreife Vorstrafen dennoch im Registerauszug vermerkt sind.
- Schließlich stellt sich für den Verteidiger die Frage, ob das Gericht auf erkannte Verfahrensmängel aufmerksam gemacht wird oder nicht. Dies ist wichtig im Hinblick auf eine mögliche Anfechtbarkeit des Urteils mit dem Rechtsmittel der Revision oder Sprungrevision.[3]

b) **Materielle Rechtsfragen.** Bei der Prüfung von Rechtsfragen sind zunächst die Tatbe- 8
standsvoraussetzungen in rechtlicher Hinsicht zu klären. Neben der vorbereitenden Klärung der rechtlichen Problematik des Falles, insbesondere orientiert am Inhalt des Strafbefehls oder der Anklageschrift, sollte der Verteidiger sich bei der Vorbereitung der Hauptverhand-

---

[2] Vgl. im Einzelnen *Schlothauer* Rn. 81.
[3] Vgl. *Schlothauer* Rn. 82.

lung darauf konzentrieren, wie durch entsprechende Zeugenbefragung oder durch Beweisanträge auf die Feststellung der für den Angeklagten günstigen Fallgestaltung hinzuarbeiten ist. Vielfach werden hier die Möglichkeiten, die das materielle Recht für die Entwicklung einer Verteidigungsstrategie bietet, nicht hinreichend genutzt.[4]

9   Dabei ist nicht nur an die Fälle zu denken, in denen zu bestimmten Rechtsfragen in Rechtsprechung und Literatur unterschiedliche Meinungen vertreten werden. Von besonderer Bedeutung sind die Fälle, in denen die Subsumtion des nach Aktenlage ermittelten Sachverhaltes unter die einschlägige Strafvorschrift Lücken aufweist. Anhaltspunkte für Lücken sind insbesondere Fragen im subjektiven Bereich, sei es bei der Annahme vorsätzlichen Verhaltens, sei es der besonderen subjektiven Tatbestandsmerkmale,[5] etwa beim subjektiven Tatbestand der Straßenverkehrsgefährdung des § 315c StGB. Auch Fragen der Rechtswidrigkeit, zB bei der Nötigung, seien beispielhaft angeführt.

3. Abstimmung über Terminierung

10 Für die Verteidigung kann es auch in Verkehrsstrafsachen, insbesondere in Verfahren mit zu erwartender umfangreicher Beweisaufnahme, wichtig und sinnvoll sein, sich mit dem Gericht über die Terminierung der Hauptverhandlung abzustimmen, um Anträge auf Terminaufhebung zu vermeiden. Allerdings besteht kein Anspruch der Verfahrensbeteiligten auf Terminsverlegung.[6] Allerdings gebietet es die prozessuale Fürsorgepflicht des Gerichtes gegenüber dem Betroffenen, bei Verhinderung des Verteidigers auf dessen Antrag die Hauptverhandlung auszusetzen, damit die Mitwirkung des Verteidigers im Interesse des Betroffenen möglich wird.[7] Die Ablehnung einer Terminverschiebung ist nur ausnahmsweise mit Beschwerde gemäß § 304 StPO angreifbar, wenn ein Ermessensfehler vorliegt.[8]

11 Im Übrigen ist es geboten, eine eintretende Verspätung des Verteidigers dem Gericht vorher anzuzeigen. Hieraus kann sich eine erweiterte Wartepflicht des Gerichts ergeben. Es besteht grundsätzlich nach den insoweit von der Rechtsprechung entwickelten Grundsätzen für das Gericht die Pflicht, bis etwa 15 Minuten auf das Erscheinen des Verteidigers zu warten. Dies gilt auch im Bußgeldverfahren.[9]

Beispiel:
Es stellt eine Verletzung rechtlichen Gehörs dar, wenn das Amtsgericht den Einspruch des Betroffenen gegen einen Bußgeldbescheid gemäß § 74 Abs. 2 OWiG verwirft, obwohl der als Rechtsanwalt tätige Betroffene darauf hingewiesen hatte, dass er zur Terminzeit als Pflichtverteidiger in anderer Sache geladen ist. Bei Kollision mehrerer Gerichtstermine obliegt es den Gerichten, die Terminüberschneidung abzustellen.[10]

4. Vorbereitung der Beweisaufnahme

12 a) **Der Zeugenbeweis.** Für einen auf Strafverteidigung spezialisierten Anwalt ist es sinnvoll, sich mit dem Gebiet der Vernehmungstechnik und der Glaubwürdigkeitsbeurteilung vertraut zu machen. Dies gilt auch für den in Straßenverkehrssachen tätigen Anwalt. Nach *Schlothauer* lassen sich aus Verteidigersicht typische Zeugen in **vier Kategorien** einteilen:
- Zeugen, deren wahrheitsgemäße Aussage für den Angeklagten entlastend wirkt,
- Belastungszeugen, deren Aussage wegen irrtümlicher Wahrnehmung aufgrund von Erinnerungsfehlern oder bewusst unrichtig ist,
- Zeugen, die den Angeklagten zutreffend belasten, und
- Zeugen, die bewusst zugunsten des Angeklagten die Unwahrheit sagen.[11]

---

[4] *Schlothauer* Rn. 14.
[5] Vgl. *Schlothauer* Rn. 79.
[6] OLG Hamm 2001, 321.
[7] OLG Celle zfs 1997, 152; OLG Hamm VRR 2005, 275.
[8] *Kropp* NStZ 2004, 668; LG München II NJW 1995, 1439.
[9] BayObLG zfs 1989, 395; OLG Köln NZV 1997, 494.
[10] OLG Düsseldorf NZV 1995, 39.
[11] *Schlothauer* Rn. 85.

Für den Verteidiger ist es unerlässlich, sich bei der Befragung von Zeugen auf die unterschiedliche Zeugentypen entsprechend den vorgenannten Fallgestaltungen einzustellen:

Bei dem Zeugen, der wahrheitsgetreu entlastend für den Mandanten aussagt, ist es wichtig, dafür zu sorgen, dass der Zeuge in die Lage versetzt wird, in der Hauptverhandlung über alle Dinge zu berichten, die für den Angeklagten sprechen. Hierbei muss in richtiger Weise das Erinnerungsvermögen des Zeugen aktiviert werden.

Beim Belastungszeugen, der irrtümlich belastend aussagt, muss der Verteidiger bemüht sein, den Zeugen durch entsprechende Befragung zur Erkenntnis und Korrektur seines Irrtums zu bringen. Hierbei ist es hilfreich für das Befragen, die örtliche und zeitliche Folge der Ereignisse anzusprechen.

Bei dem bewusst unrichtig aussagenden Zeugen ist Ziel und Aufgabe der Verteidigung, das Gericht von der Unglaubwürdigkeit des Zeugen zu überzeugen. Problematisch kann die Zeugenbefragung sein, weil bewusst unrichtig aussagende Zeugen verständlicherweise dazu neigen, ihre Aussage und deren Richtigkeit zu betonen. Es wird daher selten gelingen, den Zeugen zum Eingeständnis der Unwahrheit zu bringen. Hier muss es Ziel der Verteidigung sein, Widersprüche in der Zeugenaussage herauszufragen und deutlich zu machen.

Bei dem Zeugen, der wahrheitsgemäß den Mandanten belastet, besteht für die Verteidigung in der Regel nur die Möglichkeit, Zweifel an der Glaubwürdigkeit oder umfassenden Zuverlässigkeit der Zeugenaussage anzusprechen.

Problematisch ist die Stellung der Verteidigung bei Zeugen, die unwahre entlastende Aussagen machen: Die sich ergebenden straf- und berufsrechtlichen Fragen sollen hier nicht vertieft werden. Jedenfalls empfiehlt es sich, gegenüber solchen Zeugen keine Fragen zu stellen.[12]

b) Auseinandersetzung mit bereits vorhandenem Gutachten. Befindet sich bereits ein Gutachten mit einem für den Mandanten ungünstigen Ergebnis in der Akte, ist es Aufgabe der Verteidigung, zur Vorbereitung der Hauptverhandlung die Stichhaltigkeit des Gutachtens, das in der Hauptverhandlung vorgetragen wird, zu überprüfen. Ziel der Verteidigung ist es darauf hinzuarbeiten, dass der Sachverständige in der Hauptverhandlung seine Auffassung zugunsten des Mandanten korrigiert oder dass sich zumindest Zweifel ergeben.

Eine Möglichkeit des Verteidigers besteht darin, zunächst zu prüfen, ob es mögliche ergänzende Tatsachen gibt. Solche Ergänzungen können für den Sachverständigen eine Grundlage sein, sein bisheriges Gutachten korrigierend zu ergänzen. Darüber hinaus ist zu prüfen, ob es auch andere Interpretationsmöglichkeiten des Ergebnisses der Begutachtung gibt.[13] Kommt der Verteidiger jedoch zu dem Ergebnis, dass ein Gutachten sachlich unzulänglich ist oder dass es auf mangelnder Sachkunde beruht, ist es in der Regel empfehlenswert, dies schon vor der Hauptverhandlung gegenüber dem Gericht zum Ausdruck zu bringen und zu begründen. Hierbei ist zu beachten, dass die Verteidigung nicht die Möglichkeit hat, das Gericht zu zwingen, einen weiteren Sachverständigen in der Hauptverhandlung zu vernehmen.

Aus dem vorläufigen schriftlichen Gutachten oder aus dem Verhalten des Sachverständigen können sich Anhaltspunkte dafür ergeben, dass der Sachverständige aus der Sicht des Angeklagten diesem gegenüber nicht unbefangen ist oder zumindest Besorgnis der Befangenheit gegeben ist. Für die Verteidigung ist dann abzuwägen, ob und wann der Sachverständige wegen Besorgnis der Befangenheit gemäß § 74 StPO abzulehnen ist. Die Ablehnung von Sachverständigen ist ohne zeitliche Begrenzung möglich.[14]

5. Ladung von Zeugen und Sachverständigen durch den Verteidiger

Es ist daran zu denken, ob bei abgelehnter Ladung von Zeugen oder bei einer abgelehnten Ladung eines weiteren Sachverständigen die Selbstladung durch den Verteidiger gemäß § 220 Abs. 1 und 2 StPO zu veranlassen ist.[15] Die von der Verteidigung ordnungsgemäß geladenen Zeugen und Sachverständigen sind verpflichtet, in der Hauptverhandlung zu erscheinen. Bei unentschuldigtem Ausbleiben des gemäß § 220 Abs. 2 StPO geladenen Zeugen

---

[12] *Schlothauer* Rn. 85, 89.
[13] Vgl. hierzu im Einzelnen *Schlothauer* Rn. 98.
[14] *Schlothauer* Rn. 105.
[15] *Schlothauer* Rn. 212 ff.

und Sachverständigen kommen von Amts wegen Maßnahmen wie gegenüber einem durch das Gericht geladenen Zeugen gemäß §§ 51, 77 StPO in Betracht. Voraussetzung hierfür ist jedoch, dass mit der Ladung ein Hinweis gemäß § 48 StPO verbunden war.[16]

22 Im Übrigen ist ein Zeuge oder Sachverständiger aufgrund einer Ladung des Verteidigers nur dann zum Erscheinen in der Hauptverhandlung verpflichtet, wenn die gesetzliche Entschädigung für Versäumnis- und Reisekosten bar vom Gerichtsvollzieher dargeboten oder auf der Ladung eine Hinterlegung bei der Geschäftsstelle des betreffenden Gerichts der Hauptverhandlung nachgewiesen ist (§ 220 Abs. 2 StPO). Jedoch muss der Verteidiger zunächst nach dem JVEG die entsprechenden Berechnungen vornehmen.

23 Die Ordnungsmäßigkeit der Ladung erfordert, dass diese über den Gerichtsvollzieher nach § 38 StPO erfolgt. Gleichzeitig mit der Ladung müssen die voraussichtlich für den Zeugen und Sachverständigen anfallenden Kosten über den Gerichtsvollzieher angeboten werden. Der Verteidiger hat die Ordnungsmäßigkeit der Ladung nachzuweisen durch Vorlage der Zustellungsurkunde des Gerichtsvollziehers, um die Anhörung des/der geladenen Zeugen bzw. Sachverständigen zu erreichen.

24 Das Recht zur Selbstladung von Zeugen und Sachverständigen besteht nach § 220 Abs. 1 StPO auch dann, wenn das Gericht bereits zuvor einen entsprechenden Beweisantrag abgelehnt hatte.[17] Weitere Voraussetzung für die Zeugenvernehmung und Anhörung des Sachverständigen ist, dass in der Hauptverhandlung gemäß § 245 Abs. 2 S. 1 StPO ein förmlicher und vollständiger Beweisantrag gestellt wird. Sind die Voraussetzungen einer ordnungsgemäßen Selbstladung von Zeugen und Sachverständigen gegeben, so kann gegenüber dem gestellten Beweisantrag die Ablehnungsgründe des § 244 Abs. 3 StPO zum Tragen kommen. Jedoch kann die Anhörung eines Sachverständigen nicht aufgrund eigener Sachkunde des Gerichtes abgelehnt werden.[18]

25 Durch die Verteidigung geladene Sachverständige und Zeugen sind präsente Beweismittel iSv § 245 StPO. Für erschienene Zeugen und Sachverständige besteht eine Beweiserhebungspflicht des Gerichtes. Jedoch ist zu beachten, dass Sachverständige, die nicht gemäß § 220 StPO geladen sind, sondern nur zur Hauptverhandlung gestellt werden, keine präsenten, sondern gestellte Sachverständige sind. Für diese gilt eine Beweiserhebungspflicht iSv § 245 Abs. 2 StPO nicht,[19] sondern es bedarf eines Beweisantrages nach § 244 Abs. 3 StPO.

26 Die Höhe der Entschädigung, die selbst geladenen Zeugen und Sachverständigen zu gewähren ist, muss der Angeklagte selbst berechnen. Eine Entschädigungspflicht der Staatskasse gemäß § 220 Abs. 3 StPO besteht nicht, wenn der Zeuge oder Sachverständige bereits von dem Angeklagten voll entschädigt worden ist.[20]

27 Im Übrigen ist für die Wirksamkeit der Ladung wichtig, dass diese formgerecht erfolgt. Nachfolgend wird ein Muster geboten für eine Ladung eines Zeugen oder Sachverständigen durch die Verteidigung gemäß § 220 StPO.

Muster: Ladung eines Zeugen oder Sachverständigen

28 Ladung des Zeugen bzw. Sachverständigen durch den Verteidiger gemäß § 220 StPO

Herrn/Frau . . . . . .
Adresse . . . . . .

In der Strafsache/Ordnungswidrigkeitensache vor dem Amts-/Landgericht
Aktenzeichen: . . . . . .
gegen . . . . . .
wegen . . . . . .

werden Sie hiermit gemäß der Regelung des § 220 Strafprozessordnung (StPO) von dem unterzeichneten Rechtsanwalt als Verteidiger des Angeklagten/Betroffenen

---

[16] *Meyer-Goßner/Schmitt* § 220 Rn. 8.
[17] *Meyer-Goßner/Schmitt* § 220 Rn. 8.
[18] BGH NStZ 1994, 400.
[19] BGH NStZ 1981, 401.
[20] *Meyer-Goßner/Schmitt* § 220 Rn. 12.

§ 15 Verteidigertätigkeit in der Hauptverhandlung

- als Zeuge
- Sachverständiger

zu der vor dem Amts-/Landgericht in ......, Zimmer-Nr. ...... um ...... Uhr anberaumten Hauptverhandlung geladen.

Weiter werden Sie aufgefordert, pünktlich zu diesem Termin zu erscheinen.

Die Ihnen gesetzlich zustehende Entschädigung für Reisekosten und Versäumnis ist bei dem vorgenannten Gericht hinterlegt. Hierzu wird verwiesen auf die der Zustellung beigefügten Bestätigung.

Im Übrigen wird auf die Vorschrift des § 51 Abs. 1 StPO hingewiesen. Diese hat folgenden Wortlaut:

„Einem ordnungsgemäß geladenen Zeugen, der nicht erscheint, werden die durch das Ausbleiben verursachten Kosten auferlegt. Zugleich wird gegen ihn ein Ordnungsgeld und für den Fall, dass dieses nicht beigetrieben werden kann, Ordnungshaft festgesetzt. Auch ist die zwangsweise Vorführung des Zeugen zulässig ...... Im Falle wiederholten Ausbleibens kann das Ordnungsmittel noch einmal festgesetzt werden."

Für den Fall der Ladung des Sachverständigen ist der Wortlaut des § 77 StPO auszuführen:

Formulierungsvorschlag:

Im Falle des Nichterscheinens oder der Weigerung eines zur Erstattung des Gutachtens verpflichteten Sachverständigen wird diesem auferlegt, die dadurch verursachten Kosten zu ersetzen. Zugleich wird gegen ihn ein Ordnungsgeld festgesetzt. Im Falle wiederholten Ungehorsams kann neben der Auferlegung der Kosten das Ordnungsgeld noch einmal festgesetzt werden.

Weigert sich ein zur Erstattung des Gutachtens verpflichteter Sachverständiger, nach § 73 Abs. 1 S. 2 StPO eine angemessene Frist abzusprechen oder versäumt er die abgesprochene Frist, so kann gegen ihn ein Ordnungsgeld festgesetzt werden. Der Festsetzung des Ordnungsgeldes muss eine Androhung unter Setzung einer Nachfrist vorausgehen. Im Falle wiederholter Fristversäumnis kann das Ordnungsgeld noch einmal festgesetzt werden.

Sollten Sie verhindert sein, den angegebenen Termin wahrzunehmen, unterbleibt die Auferlegung der Kosten und die Festsetzung eines Ordnungsmittels, wenn Sie Ihr Ausbleiben rechtzeitig gegenüber dem oben genannten Gericht entschuldigen.

Muster: Nachweis/Bestätigung der Hinterlegung

Bestätigung
In der Strafsache/Ordnungswidrigkeitensache vor dem Amts-/Landgericht
Aktenzeichen: ......
gegen ......
wegen ......
hat Rechtsanwalt ...... zum Zwecke der Deckung der gesetzlichen Entschädigung für Reisekosten und Versäumnis von Frau/Herrn ......
- als Zeugen
- als Sachverständigen

...... EUR (in Worten: ...... Euro) bei der unterzeichneten Geschäftsstelle hinterlegt und die Hinterlegung bei der Gerichtskasse nachgewiesen.
Hinterlegungsnummer,

Aktenzeichen
Dienststempel
Unterschrift

Muster: Zustellungsersuchen an den Gerichtsvollzieher gemäß § 38 StPO zur Ladung des Zeugen/Sachverständigen durch den Verteidiger

31 Verteilungsstelle für Gerichtsvollzieheraufträge
Herrn Gerichtsvollzieher
......
bei dem Amtsgericht ......

Sehr geehrte/r Frau/Herr Gerichtsvollzieher/in,
in einer vor dem Amts-/Landgericht ...... anhängigen Strafsache
gegen ......
ist der Unterzeichner als Verteidiger des Angeklagten tätig.
Strafprozessvollmacht ist in Kopie beigefügt.
Hiermit werden Sie beauftragt, anliegende Zeugenladung an
- Frau/Herrn ......
- Herrn Sachverständigen ......
zuzustellen.
Der genannte Zeuge/Sachverständige soll vor Gericht als Zeugin/Zeuge vernommen werden.
Es wird gebeten, nach Ausführung der Ladung die Zustellungsurkunde zum Nachweis der Zustellung zurückzureichen.
Für Kosten sagt der Unterzeichner sich persönlich stark.

Rechtsanwalt

6. Vor- und außerprozessuale Klärungen mit Verfahrensbeteiligten

32 Auch bei der Verteidigung in Straßenverkehrssachen ist daran zu denken, mit der Staatsanwaltschaft oder mit dem Gericht durch Erörterungen eine möglichst einvernehmliche Erledigung des Verfahrens zu erreichen. In Betracht kommen Besprechungen oder Absprachen über den Ablauf des Verfahrens, die Beschränkung des Verfahrens oder die Erledigung des Verfahrens durch Einstellung bzw. sonstige konkrete Ergebnisse einschließlich der Erörterungen zum Strafmaß.

33 a) **Form und Inhalt.** Bei den anzustrebenden Gesprächen ist es für den Verteidiger wichtig, sich Klarheit über Inhalt und Ziel der Besprechung zu verschaffen. Ebenso ist es wichtig, die für das Rechtsgespräch notwendigen Informationen und notfalls Belege aus Literatur und Rechtsprechung präsent zu haben.

34 Gerade im Bereich des Straßenverkehrsrechtes kommt eine Verfahrensbeschränkung in Betracht, zB Reduzierung der Anklage von dem Vorwurf des § 315c StGB auf den Tatbestand des § 316 StGB oder Fortfall des Vorwurfs der Körperverletzung. Auch kommt eine Verfahrensbeschränkung gemäß § 154a StPO oder eine Teileinstellung gemäß § 154 StPO in Betracht.

35 Zum Verfahrensablauf ist auch daran zu denken, eine Erledigung durch Strafbefehl anzustreben und mit einem ggf. vorab erörterten Inhalt zu erreichen. Umgekehrt ist auch daran zu denken, dass seitens der Staatsanwaltschaft oder des Gerichtes darauf gedrängt wird, einen bestimmten Sachverhalt einzuräumen, um eine Abkürzung des Verfahrens zu erreichen. Für den Verteidiger ist es in diesem Falle wichtig, eine verbindliche Strafmaßzusage zu erhalten.[21]

36 b) **Erklärungen nach Abstimmung.** Zu beachten ist jedoch, dass nach der Besprechung mit der Staatsanwaltschaft über eine mögliche Einstellung des Verfahrens oder einen abgesprochenen Antrag der Staatsanwaltschaft das Gericht informiert wird. Dies gilt selbstverständlich auch umgekehrt gegenüber der Staatsanwaltschaft nach einer mit dem Gericht er-

---

[21] Vgl. hierzu ausführlich *Schlothauer* Rn. 140 f.

örterten Verfahrenserledigung.²² Im Übrigen ist daran zu denken, den Mandanten in geeigneter Form rechtzeitig zu informieren.

c) **Absprachen im Strafprozess.** Auch im Bereich des Verkehrsstrafrechtes können Absprachen zwischen den Prozessbeteiligten – also dem Gericht, der Staatsanwaltschaft und der Verteidigung – in Betracht kommen. Im Bereich des Straßenverkehrsrechts ergibt sie sich bei schwerwiegenden Verkehrsstraftaten, etwa fahrlässiger Tötung in Verbindung mit Alkoholgenuss oder unter Einfluss berauschender Mittel. Im Vordergrund steht hier das Strafmaß, speziell die Frage der Freiheitsstrafe mit oder ohne Bewährung. Auch kann die Frage von Bedeutung sein, ob und ggf. in welchem Umfang auf eine Führerscheinmaßnahme erkannt wird.

Den möglichen Absprachen im Strafprozess hat der BGH²³ Grenzen gesetzt, insbesondere im Hinblick auf Rechtsmittel und Rechtsmittelverzicht. Hiernach gilt: Das Gericht darf im Rahmen einer Urteilsabsprache an der Erörterung eines Rechtsmittelverzichts nicht mitwirken und auf einen solchen Verzicht auch nicht hinwirken. Nach jedem Urteil, dem eine Urteilsabsprache zugrunde liegt, ist der Rechtsmittelberechtigte, der nach § 35a S. 1 StPO über ein Rechtsmittel zu belehren ist, stets auch darüber zu belehren, dass er ungeachtet der Absprache in seiner Entscheidung frei ist, Rechtsmittel einzulegen (qualifizierte Belehrung). Das gilt auch dann, wenn die Absprache einen Rechtsmittelverzicht nicht zum Gegenstand hatte. Der nach einer Urteilsabsprache erklärte Verzicht auf die Einlegung eines Rechtsmittels ist unwirksam, wenn der ihn erklärende Rechtsmittelberechtigte nicht qualifiziert belehrt worden ist.

7. Vorbereitung der Hauptverhandlung mit dem Mandanten

Es gehört zur Verteidigungsstrategie, mit dem Mandanten über Einzelheiten des Verfahrensablaufes und speziell über sein Verhalten in der Hauptverhandlung zu sprechen. Hierbei ist es zunächst empfehlenswert, den mit einem Gerichtsverfahren noch nicht vertrauten Angeklagten über den Ablauf einer Hauptverhandlung zu informieren. Insbesondere aber ist wichtig, mit dem Mandaten zu sprechen, wie dieser sich gegenüber den gegen ihn erhobenen Vorwürfen verhält. Hierbei ist sicherlich zwischen den prozessualen Situationen zu differenzieren.

In jedem Fall dürfte für den geständigen Mandanten empfehlenswert sein, sich im Verfahren und zu einem möglichen Fehlverhalten einsichtig zu zeigen. Dies ist insbesondere wichtig für die Strafzumessung.

Schließlich ist mit dem Mandanten bei einer zu erwartenden Geldstrafe oder Geldbuße auch zu erörtern, wie der Mandant sich über seine Einkommens- und Vermögensverhältnisse erklärt.

8. Die Anwesenheitspflicht des Angeklagten/Betroffenen

Die Verpflichtung des Angeklagten oder Betroffenen zur Anwesenheit in der Hauptverhandlung ist zu beachten und ihm zu erklären. Erforderlichenfalls ist der Betroffene hierzu eingehend zu belehren. Es ist daran zu denken, dass der Angeklagte gemäß § 233 StPO von der Verpflichtung zum Erscheinen in der Hauptverhandlung entbunden werden kann. Im **Strafbefehlsverfahren** kann der Angeklagte sich gemäß § 411 Abs. 2 StPO durch einen mit einer schriftlichen Vollmacht versehenen Verteidiger vertreten lassen.

Ist der Termin zur Hauptverhandlung verlegt worden, so setzt eine Einspruchsverwerfung wegen unentschuldigten Ausbleibens voraus, dass in der Ladung zu dem neuen Termin eine Belehrung nach § 74 Abs. 3 OWiG erfolgt. Der bloße Hinweis auf die Belehrung in einer früheren Ladung genügt nicht.²⁴

---

²² *Schlothauer* Rn. 141–144.
²³ BGH NJW 2005, 1440.
²⁴ OLG Köln NZV 2000, 429.

44 Ein wirksamer Verzicht auf das Anwesenheitsrecht des entbundenen Betroffenen kann nur von einem Verteidiger mit Vertretungsvollmacht erklärt werden.[25] Im Übrigen muss das Gericht sich mit Einwendungen und Bedenken gegen die Möglichkeit der Einspruchsverwerfung wegen unentschuldigten Fehlens in der Hauptverhandlung auseinander setzen und hierzu im Urteil Feststellungen treffen.[26]

45 Schließlich darf das Gericht den Betroffenen nicht, wenn er sein Ausbleiben in der Hauptverhandlung entschuldigt hat, ohne entsprechenden Antrag vom persönlichen Erscheinen entbinden und die Hauptverhandlung in seiner Abwesenheit durchführen. Dies gilt auch, wenn er durch einen Verteidiger vertreten ist.[27]

9. Ankündigung von Beweisanträgen

46 Wenn es mit der Verteidigungsstrategie in Einklang steht, kommt es in Betracht, gegenüber dem Gericht einen förmlichen Beweisantrag anzukündigen oder eine Beweisanregung vorzutragen. Solche Beweisanregungen oder Beweisanträge sind bei der Vorbereitung der Hauptverhandlung zu bedenken.

47 Ein bestimmtes Beweisbegehren ist in Form eines förmlichen **Beweisantrages** vorzubringen. Allein dies begründet gemäß § 219 Abs. 1 S. 2 StPO den Anspruch darauf, dass das Gericht in der Hauptverhandlung zu dem Antrag eine Verfügung trifft und diese bekannt gibt.[28] Über den angekündigten Beweisantrag ist dann gemäß § 244 Abs. 3, Abs. 4 StPO zu entscheiden. Im Übrigen ist über einen vor der Hauptverhandlung mitgeteilten Beweisantrag durch eine rechtzeitig vor der Hauptverhandlung bekannt zu machende Verfügung gemäß § 35 Abs. 2 StPO zu entscheiden.[29]

48 Auch kommt anstelle eines formulierten Beweisantrages eine **Beweisanregung** in Betracht. Die Beachtung von Beweisanregungen ist für die Rechtsmittelinstanz, speziell die Revision, beachtlich. Es ist darauf hinzuweisen, dass Beweisanträge in der Hauptverhandlung förmlich zu wiederholen sind, wenn das Gericht auf einen zuvor mitgeteilten Beweisantrag nicht eingeht.

49 Ein Beweisantrag auf Vernehmung eines Zeugen zum Zwecke der Vorbereitung der Hauptverhandlung ist schriftlich etwa wie folgt zu fassen:

Muster: Beweisantrag auf Vernehmung eines Zeugen

An das
Amts-/Landgericht ......
In der Strafsache
gegen ......
wegen ......
wird zum Zwecke der Vorbereitung der Hauptverhandlung beantragt,
als Zeugen zu laden ....
Der Zeuge wird Folgendes bekunden:
Der Zeuge war nach dem Unfall an der Unfallstelle und bei dem Gespräch zwischen den Unfallbeteiligten zugegen. Er hat gehört, dass der Unfallbeteiligte ...... gegenüber dem Angeklagten erklärt hat, dass „alles geklärt ist", und er damit einverstanden war, dass der Angeklagte sich von der Unfallstelle entfernte.
Für den Fall, dass das Gericht den vorstehend formulierten Antrag nicht berücksichtigen will, wird um rechtzeitige Mitteilung gebeten. In diesem Falle ist seitens der Verteidigung beabsichtigt, den Zeugen gemäß §§ 220, 38 StPO unmittelbar zu laden.

Rechtsanwalt

---

[25] BayObLG DAR 2000, 324.
[26] OLG Celle zfs 2000, 365.
[27] BayObLG NZV 2000, 381.
[28] *Schlothauer* Rn. 126.
[29] Vgl. auch *Schlothauer* Rn. 126.

II. Die Hauptverhandlung

1. Gesetzliche Regelungen

Wesentliche Verfahrensgrundsätze der Hauptverhandlung sind 50
- Grundsatz der Öffentlichkeit
- Grundsatz der Mündlichkeit
- Grundsatz der Unmittelbarkeit bei der Vernehmung von Zeugen und Sachverständigen.[30]

2. Verhandlungsführung und Fragerecht sowie Protokollierung

a) Die Verhandlungsleitung. Die Verhandlungsleitung liegt gemäß § 238 StPO beim Gericht oder beim Vorsitzenden. Bei Beanstandungen über die Verhandlungsführung hat das Gericht hierüber gemäß § 238 Abs. 2 StPO durch Beschluss zu entscheiden und den Beschluss zu begründen, damit ggf. dem Revisionsgericht eine Prüfung möglich ist. 51

b) Fragerecht. Die Reihenfolge des Fragerechtes bestimmt sich nach § 240 Abs. 2 StPO. Hiernach steht es zunächst dem Gericht bzw. dem Vorsitzenden, hiernach dem Staatsanwalt und dem Angeklagten sowie dem Verteidiger zu. Der Verteidiger kann sich gegen Unterbrechungen seines Fragerechtes wehren.[31] 52

Im Übrigen steht dem Verteidiger nach Vernehmung des Angeklagten bzw. Betroffenen und nach jeder einzelnen Beweiserhebung gemäß § 257 Abs. 2 StPO ein Erklärungsrecht zu.

c) Protokollierung. Über das Protokoll bestimmt § 273 Abs. 1 StPO, dass es den Gang der Hauptverhandlung im Wesentlichen wiedergeben muss. Insbesondere sind die den Verlauf der Hauptverhandlung betreffenden Anträge zu protokollieren. 53

Wichtig kann es gerade in Verkehrssachen im Hinblick auf die zivilrechtliche Position des Mandanten sein, bestimmte Aussagen von Verfahrensbeteiligten oder von Zeugen zu protokollieren. Der Verteidiger hat die Möglichkeit, den Antrag auf Protokollierung zu stellen. Der Antrag ist in vollem Wortlaut in das Protokoll aufzunehmen. Hiernach entscheidet das Gericht bei Meinungsverschiedenheiten über den Inhalt einer gewünschten Protokollierung durch Beschluss. 54

Auch sind evtl. Stellungnahmen der Prozessbeteiligten zu protokollieren. Wenn das Gericht einen Antrag auf Protokollierung ablehnt, ist seitens der Verteidigung zu beantragen, hierüber durch Beschluss zu entscheiden.[32] 55

d) Anordnungen und Sachleitung durch das Gericht. Zu der gemäß § 238 StPO dem Vorsitzenden des Gerichts obliegenden Verhandlungsleitung gilt, dass Anordnungen, die die Sachleitung betreffen, mit Zwischenrechtsbehelf gemäß § 238 Abs. 2 StPO beanstandet werden können. Hierunter fallen alle Maßnahmen, mit denen der Vorsitzende auf den Ablauf des Verfahrens und die Verfahrensbeteiligten einwirkt.[33] 56

3. Die Beweisaufnahme

Die Beweisaufnahme ist Teil der Hauptverhandlung. In der Beweisaufnahme wird mit den gesetzlich zugelassenen Beweismitteln von Amts wegen oder auf Antrag eines Prozessbeteiligten der Sachverhalt aufgeklärt. Die Vernehmung des Angeklagten gehört nicht zur Beweisaufnahme. In Verkehrssachen kann aber die Darstellung des Angeklagten zum Geschehensablauf am Unfallort zur Beweisaufnahme gehören.[34] 57

Als Beweismittel kommen Zeugen und Sachverständige sowie eine richterlichen Inaugenscheinnahme in Betracht. Nachfolgend werden die wichtigsten Aspekte der Beweisaufnahme, speziell in Verkehrssachen zur Zeugenvernehmung und zum Sachverständigen, dargestellt. 58

---

[30] Vgl. hierzu *Meyer-Goßner/Schmitt* vor § 226 Rn. 3.
[31] *Meyer-Goßner/Schmitt* vor § 240 Rn. 9.
[32] *Meyer-Goßner/Schmitt* § 271 Rn. 3, 4.
[33] *Meyer-Goßner/Schmitt* § 238 Rn. 10, 11.
[34] Vgl. hierzu *Meyer-Goßner/Schmitt* § 244 Rn. 2.

59 a) *Zeugenvernehmung. aa) Allgemeines zur Zeugenvernehmung.* Bei der Beweisaufnahme durch Zeugenvernehmung kann schon die Reihenfolge der Zeugenvernehmung wichtig sein. Es ist ein Erfahrungssatz, dass nach Möglichkeit zunächst die Zeugen vernommen werden sollten, deren Aussage für den Angeklagten günstig ist, da die Bekundungen der zuerst vernommenen Zeugen in der Regel nachhaltiger in Erinnerung bleiben.[35]

60 Der Verteidiger sollte in geeigneten Fällen versuchen, auf die Reihenfolge der Zeugenvernehmung Einfluss zu nehmen. Dies kann durch eine Beweisanregung erfolgen. In diesem Zusammenhang ist jedoch anzuführen, dass die Bestimmung über die Reihenfolge der Zeugenvernehmung Angelegenheit der Verhandlungsleitung ist und somit durch den Vorsitzenden bestimmt wird.

61 *bb) Fragetechnik.* Wichtig ist, die Befragung eines Zeugen zu strukturieren, also Klarheit darüber zu haben, zu welchem Teil des Geschehens der Zeuge zu befragen ist und in welcher Reihenfolge.

62 Auch ist der Unterschied zwischen geschlossenen Fragen und offenen Fragen zu beachten. Bei einer geschlossenen Frage ist die Antwortmöglichkeit dadurch begrenzt, dass zwei oder mehr Antwortmöglichkeiten bereits in der Frage vorgegeben sind. Im Extremfall kann die Frage nur mit Ja oder Nein beantwortet werden, etwa die Frage: „Waren Sie an der Unfallstelle … ja oder nein?". Demgegenüber enthalten offene Fragen keine festen Antwortkategorien, etwa die Frage: „Wie viel später sind Sie zur Unfallstelle gekommen?". Suggestivfragen sind solche, deren Form und Inhalt einem Befragten die Antwort suggeriert, die er geben soll, etwa die Frage: „Sind Sie sicher, dass Sie den Unfallknall gehört haben?".

63 Ein weiterer Erfahrungsgrundsatz ist, dass nach Bekundungen eines Zeugen, die für den Mandanten günstig sind, möglichst weitere Fragen vermieden werden sollen. In einem solchen Fall besteht die Gefahr, dass Abschwächungen der günstigen Aussagen bekundet werden.[36]

64 Bei Verkehrsunfällen und Trunkenheitsfahrten spielt die Befragung von Polizeibeamten als Zeugen eine besondere Rolle. Bei den Bekundungen von Polizeibeamten als Zeugen spricht *Freyschmidt* von „Gruppendynamik".[37] Der Verteidiger sieht sich solidarischen Bekundungen immer dann gegenüber, wenn Pflichtverletzungen von Polizeibeamten, etwa eine ungenaue Unfallaufnahme etc., im Raum stehen.

65 Im Übrigen sollte nicht nur die Verteidigung, sondern auch das Gericht stets berücksichtigen, dass bei der Prüfung der Glaubwürdigkeit von Polizeizeugen stets zu bedenken ist, dass der Polizeibeamte erfahrungsgemäß sich unter einem gewissen Erfolgszwang sieht und er aus dieser Einstellung heraus nicht mehr tatsächliche von vermeintlichen Beobachtungen unterscheidet.[38]

> **Praxistipp:**
> Es ist für den Verteidiger ratsam, bei der Vernehmung von Polizeibeamten bei Beginn der Befragung abzuklären, ob sich der Polizeizeuge vor der Hauptverhandlung die Akten angesehen hat. Eine solche Frage kann das Gericht nicht zurückweisen, und auch der Beamte kann sich nicht weigern, die Frage zu beantworten.[39] Es ist aber zu vermeiden, dem Beamten einen Vorwurf aus der Einsichtnahme in die Vernehmungsprotokolle zu machen. Einsichtnahme ist nicht unzulässig. Im Übrigen ist es nahe liegend, wenn mehrere Polizeibeamte einen Vorfall beobachtet haben bzw. an der Unfallaufnahme beteiligt waren, zu fragen, ob sie sich als Kollegen vor der Hauptverhandlung wieder über den Vorgang unterhalten haben.

66 *cc) Die Beobachtungsmöglichkeit.* Bereits der 14. Verkehrsgerichtstag 1976 hat sich ausführlich mit den Aussagen von Unfallzeugen beschäftigt und hat folgende Empfehlung gegeben:

---

[35] *Freyschmidt* Rn. 496.
[36] Zur Fragetechnik im Einzelnen vgl. *Freyschmidt* Rn. 497.
[37] *Freyschmidt* Rn. 497.
[38] *Freyschmidt* Rn. 502.
[39] BGHSt 3, 281.

1. Aussagen von Unfallzeugen sind besonders kritisch zu würdigen. Da das Unfallgeschehen meist blitzschnell abläuft, besteht auch für Bekundungen unbeteiligter Zeugen eine Vielzahl möglicher Fehlerquellen.
2. Besondere Vorsicht ist geboten
   a) gegenüber Entfernungs-, Geschwindigkeits- und Zeitschätzungen von Zeugen (Versuchsreihen haben ergeben, dass solche Schätzungen selbst bei auf die Situation vorbereiteten Testpersonen nur zu 5 bis 15 % annähernd richtig waren),
   b) allgemein gegenüber Aussagen unfallbeteiligter Fahrer sowie der sonstigen Insassen unfallbeteiligter Fahrzeuge.

Gerade die Unzulänglichkeit der Schätzung von Entfernungen, Geschwindigkeiten und Zeitabläufen sollte bei der Befragung der Zeugen berücksichtigt werden.

Besondere Aspekte ergeben sich bei der Befragung von Beifahrern. Es verstößt gegen den Grundsatz der freien Beweiswürdigung, Aussagen von Insassen unfallbeteiligter Kraftfahrzeuge oder den Aussagen von Verwandten oder Freunden der Unfallbeteiligten nur für den Fall Beweiswert zuzuerkennen, dass sonstige objektive Gesichtspunkte für die Richtigkeit der Aussagen sprechen.[40]

b) Sachverständiger. *aa) Allgemeines.* In der Praxis wird oft nicht der Grundsatz beachtet, dass dem Verteidiger Gelegenheit zu geben ist, zur Auswahl des Sachverständigen Stellung zu nehmen. Dies ist jedoch ausdrücklich in Nr. 70 Abs. 1 RiStBV geregelt. Die Mitwirkungsmöglichkeit sollte genutzt werden, um von vornherein Bedenken gegen einen bestimmten Sachverständigen zu erheben oder eigene Vorstellungen zur Person des Gutachters zu unterbreiten. Bei einer Beweisanregung oder einem Beweisantrag zur Anhörung eines Sachverständigen sollte dies stets mit einem Hinweis verbunden werden, dass gebeten wird, die Möglichkeit zur Stellungnahme zur Person des Sachverständigen einzuräumen.

> **Formulierungsvorschlag:**
> Soweit ein Sachverständigengutachten einzuholen ist oder ein Sachverständiger zu hören ist, wird gebeten, vor Bestimmung des Sachverständigen Gelegenheit zu geben, zur Auswahl des Sachverständigen Stellung zu nehmen.

bb) Das schriftliche Sachverständigengutachten. Liegt ein schriftliches Sachverständigengutachten vor, so können in Verkehrsstrafsachen ärztliche Atteste über Körperverletzungen, soweit es sich nicht um schwere Körperverletzungen handelt, Gutachten über die Auswertung eines Fahrtenschreibers oder über die Bestimmung der Blutalkoholkonzentration einschließlich seiner Rückrechnung und ärztliche Berichte zur Entnahme von Blutproben in der Hauptverhandlung gemäß § 256 StPO verlesen werden. Beantragt ein Verfahrenbeteiligter die Ladung und Anhörung eines Sachverständigen, so ist dieser Sachverständige zur mündlichen Gutachtenerstattung verpflichtet.

cc) Befragung des Sachverständigen. Bei in Betracht kommender Befragung eines Sachverständigen ist es besonders wichtig, den Inhalt des Gutachtens genau zu kennen und sich mit ihm auseinander zu setzen. Neben der Befragung zu den Feststellungen des Sachverständigen kommt auch in Betracht, den Sachverständigen zu seiner beruflichen Qualifikation zu befragen.[41]

dd) Ablehnung des Sachverständigen. Ergibt sich, dass dem Sachverständigen die erforderliche Kompetenz fehlt, ist er abzulehnen. Dies gilt auch für Sachverständige, die dazu neigen, die Grenzen ihres Fachgebietes zu überschreiten. Im Übrigen kann ein Sachverständiger abgelehnt werden, wenn dieser zuvor für einen anderen Prozessbeteiligten, zB für den Nebenkläger, ein Schadengutachten erstattet hat. In einem solchen Fall liegt die Besorgnis der Befangenheit vor.[42]

Der Befangenheitsantrag ist schriftlich zu stellen und zu begründen.

---
[40] Vgl. ausführlich *Freyschmidt* Rn. 509.
[41] *Freyschmidt* Rn. 526.
[42] *Freyschmidt* Rn. 525.

Muster: Befangenheitsantrag

73 An das
Amtsgericht . . . . . .
In der Strafsache . . . . . .
wird der Sachverständige . . . .
wegen Besorgnis der Befangenheit abgelehnt. Es sind bei der bisherigen Tätigkeit des Sachverständigen in diesem Verfahren Tatsachen hervorgetreten, die bei einem verständigen Angeklagten Misstrauen gegen die Unparteilichkeit des Sachverständigen iSv § 74 StPO hervorrufen.
Zur Begründung wird Folgendes ausgeführt:
Der Sachverständige war bereits aus Anlass des in Rede stehenden Unfallgeschehens für den Unfallbeteiligten . . . . . . tätig und hat für diesen ein Schadengutachten erstellt. Aus dieser Tatsache ist für den Angeklagten zu folgern, dass der Sachverständige Fakten im Sinne eines anderen Unfallbeteiligten festgestellt hat.[43]

Rechtsanwalt

74 c) **Augenscheinseinnahme.** Die richterliche Augenscheinseinnahme ist in § 86 StPO geregelt und kann der Feststellung unmittelbar beweiserheblicher Tatsachen, aber auch von Beweisanzeichen dienen. Der Augenschein besteht darin, dass das Gericht sich von bestimmten Fakten oder Gegenständen oder einer Örtlichkeit einen Eindruck verschafft. Für den Augenschein ist die Unmittelbarkeit der Beweisaufnahme nicht vorgeschrieben. Informatorische Besichtigungen kennt die StPO nicht.[44]

75 In Verkehrsunfallsachen ist es wichtig zu beachten, dass Skizzen und Zeichnungen nur zum Beweis ihrer Existenz oder Herstellung in Augenschein genommen werden können. Kommt es auf ihren gedanklichen Inhalt an, so verbietet § 250 StPO, die Vernehmung ihres Herstellers durch die Inaugenscheinnahme zu ersetzen.[45]

> **Praxistipp:**
> In Unfallsachen ist es also wichtig, wenn es auf bestimmte tatsächliche Gegebenheiten zB eine Örtlichkeit, ankommt, die Einnahme richterlichen Augenscheins an Ort und Stelle zu beantragen.

4. Beweisantrag

76 Beweisanträge sind in der Hauptverhandlung zu stellen. Diese Befugnis der Verteidigung ist die wirksamste Möglichkeit, die den Mandanten entlastenden Umstände – auch gegen den Willen des Gerichtes – in der Hauptverhandlung einzuführen, um so den Gang des Verfahrens zu bestimmen. Der Beweisantrag kann zu Protokoll erklärt werden, sollte jedoch regelmäßig schriftlich formuliert dem Gericht übergeben werden. Hilfs-Beweisanträge sind im Plädoyer zu stellen.

77 a) **Notwendiger Inhalt des Beweisantrages.** Zunächst muss aus dem Antrag hervorgehen, dass eine Beweiserhebung verlangt wird. Hierin unterscheidet sich der Beweisantrag von der Beweisanregung.

78 Der Antrag muss eine bestimmte Beweistatsache bezeichnen. Es genügt die Wiedergabe der Tatsache, auf die sich der Beweisantrag bezieht. Auch können schlagwortartige Verkürzungen benutzt werden. Andererseits kann das Gericht bei einem zu unbestimmten Beweisantrag verlangen, dass der Antragsteller die seiner Wertung zugrunde liegenden Tatsachen darlegt. Dabei muss eine Beweistatsache bestimmt behauptet werden.[46]

---

[43] Vgl. auch Muster eines Befangenheitsantrages mit ausführlicher Begründung *Schlothauer* Rn. 103.
[44] *Meyer-Goßner/Schmitt* § 86 Rn. 3.
[45] *Meyer-Goßner/Schmitt* § 86 Rn. 12.
[46] MAH Strafverteidigung/*Krause* § 7 Rn. 140.

Im Übrigen muss ein bestimmtes Beweismittel angegeben werden, zB durch Benennung eines Zeugen. Beim Antrag auf Sachverständigenbeweis muss ein bestimmter Sachverständiger bezeichnet werden.[47]

b) Hilfs-Beweisantrag/Eventual-Beweisantrag. Bei einem Hilfs-Beweisantrag kann dieser von einem Hauptantrag oder von einer bestimmten Rechtsfolge, zB Freispruch, abhängig gemacht werden. Solche Anträge sind grundsätzlich zulässig.[48]

c) Beweisanregung. Von Beweisanträgen sind Beweisanregungen zu unterscheiden. Sie unterscheiden sich von einem bestimmten Beweisantrag dadurch, dass bei einer Beweisanregung die Beweiserhebung in das Ermessen des Gerichtes gestellt wird. Über Beweisanregungen hat das Gericht im Rahmen seiner Aufklärungspflicht gemäß § 244 Abs. 2 StPO zu entscheiden. Beweisanregungen sind in das Sitzungsprotokoll aufzunehmen, wenn sie nicht in der Einlassung vorgetragen sind und in der Hauptverhandlung gestellt werden.[49]

d) Form und Zeitpunkt des Beweisantrages. Beweisanträge müssen in der Hauptverhandlung gestellt werden. Dies kann mündlich zu Protokoll geschehen. Auch kommt die Vorlage schriftlicher Anträge in Betracht; dies ist auch zu empfehlen. Bis zum Beginn der Urteilsverkündung sind Beweisanträge zulässig. Über einen gestellten Beweisantrag hat das Gericht zu entscheiden.

Die Ablehnung des Antrages erfordert einen Gerichtsbeschluss, der mit Gründen versehen werden muss.[50]

Muster: Beweisantrag auf Einholung eines Sachverständigengutachtens

An das
Amtsgericht ......
In der Strafsache
gegen ......
wegen   Verkehrsunfallflucht

wird die Einholung eines Sachverständigengutachtens beantragt zum Beweis der Tatsache, dass der Angeklagte die Berührung mit dem Fahrzeug des anderen Unfallbeteiligten, Pkw ......, amtliches Kennzeichen ...... aufgrund der an der Unfallstelle herrschenden Geräuschverhältnisse nicht wahrnehmen konnte.

Als Sachverständiger wird der öffentlich bestellte und vereidigte Sachverständige ...... benannt.

Zur Begründung vorstehenden Beweisantrages wird Folgendes ausgeführt:

Dem Angeklagten wird zur Last gelegt, Verkehrsunfallflucht begangen zu haben, indem er sich von der Unfallstelle entfernt hat, obwohl er wahrgenommen hat oder wahrnehmen musste, dass es zu einer Berührung mit dem Pkw ...... gekommen war und hierbei ein Schaden an diesem Fahrzeug entstanden war.

An der Unfallstelle herrschten jedoch überdurchschnittliche Geräusche. Infolge dieser Geräusche war es dem Angeklagten nicht möglich, die Berührung mit dem anderen Fahrzeug wahrzunehmen, zumal es sich bei den beiden Stoßstangen, zwischen denen es zu einer Berührung gekommen sein soll, um Plastikmaterial handelt, das sich leicht und geräuschlos verformt.

Rechtsanwalt

5. Rechtliche Hinweise gemäß § 265 StPO

Gemäß § 265 StPO ist der Angeklagte auf die Veränderung des rechtlichen Gesichtspunktes hinzuweisen. Diese Regelung dient der Sicherung einer umfassenden Verteidigung des

---

[47] Vgl. im Einzelnen *Meyer-Goßner/Schmitt* § 244 Rn. 20, 21.
[48] *Meyer-Goßner/Schmitt* § 244 Rn. 22a unter Abgrenzung vom Eventual-Beweisantrag.
[49] OLG Nürnberg MDR 1984, 74.
[50] Vgl. im Einzelnen *Meyer-Goßner/Schmitt* § 244 Rn. 41 ff.

Angeklagten und seinem Schutz vor Überraschungen. Dies ergibt sich auch aus dem Grundsatz des rechtlichen Gehörs.[51] Auch und gerade in Verkehrsstrafsachen sind die Veränderung des rechtlichen Gesichtspunktes und der notwendige Hinweis hierauf ein wichtiger Aspekt. Dies gilt insbesondere im Hinblick auf die Begehungsform, also ob statt Fahrlässigkeit auch Vorsatz oder etwa ein Fahrverbot bzw. die Entziehung der Fahrerlaubnis in Betracht kommt. Es bedarf eines rechtlichen Hinweises nach § 265 Abs. 1 und 2 StPO, wenn nach Einspruch gegen einen Strafbefehl mit Fahrverbot als Nebenfolge stattdessen im Urteil die Fahrerlaubnis entzogen werden soll.[52] Im Übrigen besteht gemäß § 265 Abs. 3 StPO ein Rechtsanspruch auf Aussetzung der Verhandlung.

6. Hinweis für die Praxis: Terminbericht

85   Für die Praxis ist es wichtig, einen Terminbericht in rationeller Form zu fertigen. Ein solcher Terminbericht dient einmal dem Festhalten des Verhandlungsablaufes und des Ergebnisses und ist zum anderen auch von Nutzen für die Korrespondenz mit der Rechtsschutzversicherung. Nachfolgend wird ein Muster geboten für den Terminbericht in einer Straf- und OWi-Sache:

Terminbericht Straf- und OWi-Sache

Mandant: _____   Az.: _____

1. **Hauptverhandlung**   1. Termin   2. Termin
   fand statt am: _____   Terminvertreter: _____
   Mdt anwesend   ja / nein

2. **Ergebnis STRAFSACHE**   **OWi-SACHE**
2.1 **Einstellung gem. § 153 (a) StPO**   **Einstellung gem. § 47 OWiG**
    Gegen Buße in Höhe von: _____   _____
    zahlbar an: _____   _____
    bis: _____ Konto: _____   _____
    Mandant ist informiert: ja / nein

2.2 **Rücknahme Einspruch**   **Rücknahme Einspruch**
2.3 **Verurteilung**   **Verurteilung**
    Geldstrafe/Tagessätze: _____   Geldbuße: _____
    Entzug Fahrerlaubnis: _____   Führerscheinmaßnahme: _____
    Dauer der Sperrfrist: _____   Fahrverbotsdauer: _____
                                          Führerschein wurde
                                          abgeliefert an: _____
                                          durch: _____

2.4 **Freispruch**

3. **Kostenentscheidung**
3.1 Kosten und notwendige
    Auslagen, auferlegt auf:
    – Mandant: _____   _____
    – Staatskasse: _____   _____

4. **Vertretung NEBENKLAGE**
4.1 Angeklagter verurteilt: ja / nein
    Strafe/Maßnahme: _____
    Einstellung: _____
4.2 Vorläufige Einstellung: _____

---

[51] *Meyer-Goßner/Schmitt* § 265 Rn. 2–5.
[52] BayObLG zfs 2004, 334.

- 4.3 **Kostenentscheidung**
  Kosten Angeklagter
  Kostenentscheidung bei
  endgültiger Einstellung
- 5. **Vertagung**
  vertagt auf: _____
  Termin notiert am: _____ durch: _____
- 6. **Rechtsmittel**
  6.1 Rechtsmittelverzicht:
  6.2 Rechtsmittel: ja / nein / offen
  _____ durch _____
  Ort, Datum

III. Strafzumessung und Gefahr der Freiheitsstrafe

1. Strafzumessung

Das Strafzumessungsrecht ist nur in geringem Umfang gesetzlich strukturiert. Dies gilt sowohl für den Bereich der Strafrahmenwahl als auch für Strafschärfungs- und Strafmilderungsgründe.[53] Die Grundsätze der Strafzumessung sind in § 46 StGB geregelt. Maßgebende Grundsätze für die Bemessung der Strafe sind die Schuld des Täters iSv § 46 Abs. 1 S. 1 StGB sowie die Wirkung auf den Täter (§ 46 Abs. 1 S. 2 StGB) und die Verteidigung der Rechtsordnung.[54] Aufgabe der Verteidigung ist es also, speziell in Verkehrsstrafsachen alle in Betracht kommenden Strafmilderungsgründe anzuführen.

2. Die Gefahr der Freiheitsstrafe

In Verkehrsstrafsachen kommt bei bestimmten Delikten die Gefahr einer Freiheitsstrafe mit oder ohne Bewährung in Betracht. Zu denken ist hier an den Tatbestand der fahrlässigen Tötung, speziell bei Trunkenheitsdelikten, oder bei Trunkenheitsdelikten im Wiederholungsfall.

Die Verteidigung muss von vornherein die Umstände, die für ein Absehen von Freiheitsstrafe oder für die Bewilligung von Bewährung zugunsten des Mandanten angeführt werden können, deutlich zu machen und darf nicht auf die Rechtsmittelinstanz zu vertrauen.

IV. Verwarnung mit Strafvorbehalt

Das – in der Praxis wenig beachtete und angewandte – Institut der Verwarnung mit Strafvorbehalt gemäß §§ 59 ff. StGB kann gerade im Bereich des Verkehrsstrafrechtes eine Möglichkeit bieten, ein Verfahren ohne Verurteilung des Mandanten zu beenden.

Verwarnung mit Strafvorbehalt gemäß § 59 StGB kommt immer dann in Betracht, wenn eine Einstellung des Verfahrens gemäß §§ 153, 153a oder 154 StPO nicht zu erreichen ist. Die Verwarnung mit Strafvorbehalt hat gegenüber der Einstellung des Verfahrens die Besonderheit, dass eine Zustimmung der Staatsanwaltschaft nicht erforderlich ist. Sie kommt also insbesondere in den Fällen zur Anwendung, in denen eine Zustimmung der Staatsanwaltschaft zur Einstellung des Verfahrens nicht zu erreichen ist.

1. Die gesetzlichen Voraussetzungen

Die Verwarnung mit Strafvorbehalt kann nur unter bestimmten, im Gesetz normierten Voraussetzungen zur Anwendung kommen. Dies ist nur gegeben, wenn der Täter wegen einer Tat eine Geldstrafe bis zu 180 Tagessätzen verwirkt hat, was im Verkehrsstrafrecht

---

[53] Vgl. auch zur Strafzumessung und der für die Strafzumessung bedeutenden Umstände RiStBV 15, 73.
[54] Vgl. *Fischer* § 46 Rn. 2.

regelmäßig unterschritten wird. Weitere Voraussetzung ist eine günstige Täterprognose. Dies erfordert die Erwartung, dass der Täter künftig auch ohne Verurteilung keine Straftaten mehr begehen wird. Hierbei ist die Annahme ausreichend, dass in Zukunft mit einem straffreien Leben des Täters zu rechnen ist. Im Bereich des Verkehrsstrafrechtes dürfte dies regelmäßig bei Betroffenen zu bejahen sein, die jahrzehntelang unbeanstandet am Straßenverkehr teilgenommen haben.

92 Zusätzlich müssen besondere Umstände, die sich aus einer Gesamtwürdigung der Tat und der Persönlichkeit des Täters ergeben, es angezeigt erscheinen lassen, den Täter von der Strafe zu verschonen (§ 59 Abs. 1 Nr. 2 StGB). Diese Voraussetzungen werden als gegeben angesehen, wenn bestimmte Umstände, „die das deliktische Geschehen von den Durchschnittsfällen deutlich abheben", gegeben sind.[55] Besondere Umstände können insbesondere das Mitverschulden des Opfers oder eines Dritten sein.[56]

93 Unzulässig ist die Anwendung der Verwarnung mit Strafvorbehalt, wenn die Verteidigung der Rechtsordnung gerade eine Verurteilung zur Strafe gebietet. In § 59 Abs. 1 S. 2 StGB ist ausdrücklich geregelt, dass hinsichtlich des Begriffes der Verteidigung der Rechtsordnung § 56 Abs. 1 S. 2 StGB entsprechend anzuwenden ist.

94 Weiter ist nach der gesetzlichen Bestimmung des § 59 Abs. 2 StGB die Verwarnung mit Strafvorbehalt ausgeschlossen, wenn der Täter während der letzten drei Jahre vor der Tat schon einmal mit Strafvorbehalt verwarnt oder zu Strafe verurteilt worden ist.

95 Unzulässig ist die Verwarnung mit Strafvorbehalt gemäß § 59 Abs. 3 S. 2 StGB ferner, wenn neben der Verwarnung mit Strafvorbehalt auf Maßregeln zur Besserung und Sicherung zu erkennen ist. Dies bedeutet insbesondere für den Bereich des Verkehrsstrafrechtes, dass Verwarnung mit Strafvorbehalt nicht bei Entziehung der Fahrerlaubnis in Betracht kommt.

96 Ausgehend davon, dass eine Verwarnung mit Strafvorbehalt grundsätzlich auch im Verkehrsstrafrecht in Betracht kommt, läuft es der Grundidee dieses Institutes jedoch zuwider, den Täter vor jedem Strafmakel zu bewahren und daneben mit der Nebenstrafe eines Fahrverbotes zu belegen. Allein der Umstand, dass das Fahrverbot durch die Anrechnung der Dauer einer vorläufigen Entziehung der Fahrerlaubnis bereits als verbüßt angesehen werden kann, ändert daran nichts.[57] Im Ordnungswidrigkeitenrecht kommt eine Verwarnung mit Strafvorbehalt nicht in Betracht, da es dort keine dem § 59 StGB entsprechende Regelung gibt.

2. Prozessuale Fragen und Rechtsmittel

97 Entgegen der Ansicht des OLG Düsseldorf[58] besteht kein Missverhältnis zwischen der Anwendung der Verwarnung mit Strafvorbehalt im Verkehrsstrafrecht und dem Ordnungswidrigkeitenrecht. Die Prüfung der Bewilligung der Verwarnung mit Strafvorbehalt sollte aber von Amts wegen erfolgen. Andererseits ist es Aufgabe der Verteidigung, die Möglichkeit der Verwarnung mit Strafvorbehalt zu beachten und ihre Anwendung anzuregen.

98 Sind die Voraussetzungen für die Verwarnung mit Strafvorbehalt gegeben, so ist durch Urteil zu entscheiden. In das Urteil ist zunächst der Schuldspruch aufzunehmen. Zudem ist der Täter ausdrücklich zu verwarnen.

99 Die verwirkte Geldstrafe ist nach Zahl und Höhe der Tagessätze nach Maßgabe der Vorschriften der §§ 40, 46 StGB zu bestimmen. Ferner ist der Vorbehalt der Verurteilung zu Strafe auszusprechen. Im Übrigen ist gemäß § 465 Abs. 1 S. 2 StPO über die Kosten zu entscheiden.

100 Die Entscheidung über die Bewährungszeit und etwaige Auflagen und Weisungen gemäß § 59a StGB sind gemäß § 268a StPO in einem Beschluss zu treffen, der mit dem Urteil zu verkünden ist. Im Übrigen ist der Täter gemäß § 268a Abs. 3 StPO über Auflagen zu belehren. Auch kann die Verwarnung mit Strafvorbehalt gemäß § 407 Abs. 2 StPO in einem Strafbefehl erfolgen.

---

[55] BayObLG DAR 1976, 333; vgl. auch AG Alsheim DAR 1975, 163.
[56] Schönke/Schröder/*Stree* § 59 Rn. 12.
[57] OLG Stuttgart NZV 1994, 405.
[58] OLG Düsseldorf zfs 1991, 284 mwN der Rspr.

Ein Urteil, in dem auf Verwarnung mit Strafvorbehalt erkannt worden ist, kann in gleicher Weise wie ein die Strafe aussprechendes Urteil angefochten werden. Streitig ist, ob ein Rechtsmittel auf die Anwendung der Verwarnung mit Strafvorbehalt beschränkt werden kann; dies ist wohl zu bejahen.

3. Rechtsfolgen der Verwarnung mit Strafvorbehalt

Erfüllt der gemäß § 59 StGB Verwarnte die ihm erteilten Auflagen und Weisungen nicht, verurteilt das Gericht den Verwarnten zu der vorbehaltenen Strafe gemäß § 59b Abs. 1 StGB. Die Verurteilung wird durch das erkennende Gericht erster Instanz und in mündlicher Verhandlung nach Anhörung der Staatsanwaltschaft und des Verwarnten durch Beschluss ausgesprochen. Gegen diesen Beschluss ist die sofortige Beschwerde gemäß § 453 Abs. 1, 2 StPO zulässig.[59]

Wenn der Verurteilte die erteilten Auflagen und Weisungen erfüllt hat und somit nicht zu verurteilen ist, stellt das Gericht gemäß § 59b Abs. 2 StGB fest, dass es bei der Verwarnung sein Bewenden hat. Dies erfolgt ebenfalls durch Beschluss, der wiederum mit sofortiger Beschwerde gemäß § 453 Abs. 2 StPO anfechtbar ist.[60]

Die Verwarnung mit Strafvorbehalt wird gemäß §§ 4 Nr. 3, 5 Abs. 1 Nr. 6 BZRG in das Bundeszentralregister eingetragen, nicht jedoch in das Führungszeugnis.[61]

Kommt es zu einer Verurteilung, wird diese Entscheidung in das Bundeszentralregister gemäß § 12 Abs. 2 S. 1 BZRG eingetragen. Kommt es hingegen nicht zu einer Verurteilung, sondern zu einem Beschluss, wonach es bei der Verwarnung sein Bewenden hat, so wird die Eintragung über die Verwarnung gemäß § 12 Abs. 2 S. 2 BZRG entfernt.

Die Verwarnung mit Strafvorbehalt hat also für den Verwarnten auch den Vorteil, dass diese lediglich für die Dauer der Bewährungszeit eingetragen und nach Ablauf dieser Frist entfernt wird, während die Eintragung einer Verurteilung bei einem Verkehrsvergehen regelmäßig auf die Dauer von 5 Jahren eingetragen bleibt.

V. Besonderheiten der Hauptverhandlung im OWi-Verfahren

1. Die Anordnung des persönlichen Erscheinens in der Hauptverhandlung

a) Anwesenheitspflicht. Die Anwesenheitspflicht des Betroffenen in der Hauptverhandlung gilt auch in geringfügigen Fällen und selbst dann, wenn der Gerichtsort vom Wohnort des Betroffenen weit entfernt liegt.[62]

Der Grundsatz der Verhältnismäßigkeit findet aber über § 73 Abs. 2 OWiG besondere Berücksichtigung. Hiernach kann der Betroffene auf seinen Antrag von der Verpflichtung zum Erscheinen in der Hauptverhandlung unter bestimmten Voraussetzungen entbunden werden. Der Betroffene hat sich entweder bereits zur Sache geäußert oder erklärt, dass er sich in der Hauptverhandlung nicht zur Sache äußern werde. Wenn seine Anwesenheit zur Aufklärung wesentlicher Aspekte nicht erforderlich ist, wird er auf Antrag entbunden, bleibt aber zur Anwesenheit im Termin berechtigt und muss deshalb auch über alle Terminsverlegungen informiert werden.

b) Die mögliche Entbindung von der Verpflichtung zum Erscheinen. aa) Der Antrag. Der Antrag, von der Verpflichtung zum Erscheinen in der Hauptverhandlung entbunden zu werden, bedarf keiner besonderen Form und ist nicht befristet. Nicht mehr strittig ist, ob der Antrag vor der Hauptverhandlung gestellt werden muss oder noch im Termin gestellt werden kann.[63]

Ratsam ist es, diesen Antrag bereits mit der übermittelten Einlassung zu verbinden.

---

[59] *Fischer* § 59b Rn. 1.
[60] *Fischer* § 59b Rn. 2.
[61] Schönke/Schröder/*Stree* § 59 Rn. 21.
[62] *Göhler* § 73 Rn. 2.
[63] *Göhler* § 73 Rn. 4.

Formulierungsvorschlag:

109 Für den Betroffenen wird im Übrigen beantragt,

diesen von der Verpflichtung zum Erscheinen in der Hauptverhandlung gemäß § 73 Abs. 2 OWiG zu entbinden.

Die Voraussetzungen für die Entbindung von der Verpflichtung zum Erscheinen in der Hauptverhandlung sind gegeben.

Eine Äußerung zur Sache liegt vor. Hierzu wird auf die vorstehende Einlassung verwiesen.

Im Übrigen wird für den Betroffenen erklärt, dass dieser sich in der Hauptverhandlung nicht weiter zur Sache äußern wird.

Weiter wird gemäß § 73 Abs. 3 OWiG erklärt, dass der Betroffene sich durch einen mit schriftlicher Vollmacht versehenen Verteidiger in der Hauptverhandlung vertreten zu lassen.

Aufgrund der übermittelten Einlassung ist davon auszugehen, dass die Anwesenheit des Betroffenen in der Hauptverhandlung zur Aufklärung weiterer wesentlicher Gesichtspunkte nicht erforderlich ist, da die Fahrereigenschaft eingeräumt wird.

110 *bb) Die Voraussetzungen der Entbindung von der Verpflichtung zum Erscheinen.* Die Entscheidung des Gerichtes über den Antrag auf Entbindung von der Anwesenheitspflicht in der Hauptverhandlung ist anders als im Falle des § 233 StPO nicht in das Ermessen des Gerichtes gestellt. Vielmehr sind bestimmte Voraussetzungen zu erfüllen, wie vorstehend ausgeführt, nämlich die Äußerung zur Sache bzw. die Erklärung, sich in der Hauptverhandlung nicht zu äußern. Weitere Voraussetzung ist, dass die Anwesenheit zur Aufklärung wesentlicher Gesichtspunkte des Sachverhaltes nicht mehr erforderlich ist.

111 Speziell bei dem auftretenden Verdacht einer Straftat anstelle einer Ordnungswidrigkeit ist die Aufklärung des Sachverhaltes unter diesem Gesichtspunkt erforderlich. Dies gilt auch, wenn der Betroffene den Tatbestand eingeräumt hat. In diesem Fall ist dem Antrag auf Entbindung von der Verpflichtung zum Erscheinen in der Hauptverhandlung nicht stattzugeben. Auch ist die Anwesenheit unerlässlich, wenn die Fahrereigenschaft noch nicht zweifelsfrei eingeräumt wurde.

112 Es ist von dem Grundsatz auszugehen, dass der Betroffene einen Anspruch darauf hat, auf seinen Antrag von der Anwesenheitspflicht nach § 73 Abs. 1 OWiG entbunden zu werden, wenn er sich zur Sache geäußert oder erklärt hat, dass er sich in der Hauptverhandlung nicht zur Sache äußern werde, und wenn seine Anwesenheit zur Aufklärung wesentlicher Gesichtspunkte des Sachverhaltes nicht erforderlich ist. Dies gilt auch, soweit über die Anordnung eines Fahrverbotes zu entscheiden ist; für die vom Tatrichter vorzunehmende Prüfung, ob abweichend von der Regelvermutung des § 4 Abs. 1 BKatV von der Verhängung eines Fahrverbotes abzusehen ist, kommt es grundsätzlich nicht auf den persönlichen Eindruck des Betroffenen an.[64]

113 Im Übrigen gilt, dass nur ein erklärungsbevollmächtigter Verteidiger einen Entbindungsantrag stellen kann. Seine Vollmacht muss dem Gericht im Zeitpunkt der Entscheidung schriftlich vorliegen. Ein Telefax oder eine Kopie genügt der Schriftform.[65]

114 **c) Rechtslage bei Ablehnung eines Antrages.** Die Ablehnung eines Antrages auf Entbindung von der Verpflichtung zum Erscheinen in der Hauptverhandlung ist eine Prozesshandlung. Auch bei Entbindung des Betroffenen von der Verpflichtung zum Erscheinen wird sein Anwesenheitsrecht nicht berührt. Daher ist in jedem Fall seine Ladung zur Hauptverhandlung gemäß §§ 213 ff. StPO iVm §§ 46 Abs. 1, 25 ff. OWiG notwendig, damit der Betroffene entscheiden kann, ob er von dem Recht auf Anwesenheit Gebrauch machen will.

115 In einem gemäß § 74 Abs. 2 OWiG ergangenen Verwerfungsurteil müssen die Umstände, die nach Auffassung des Betroffenen sein Fernbleiben in der Hauptverhandlung entschuldigen sollen, ebenso ausführlich und vollständig enthalten sein wie die Erwägungen des Tat-

---

[64] OLG Karlsruhe zfs 2005, 154.
[65] OLG Hamm zfs 2004, 42.

richters, sie als nicht genügend anzusehen. Dies ist geboten, damit dem Rechtsbeschwerdegericht die Überprüfung dieser Entscheidung möglich ist.[66]

Es kommt dabei nicht darauf an, ob der Betroffene sich genügend entschuldigt hat, sondern ob er genügend entschuldigt ist. Hat das Gericht Anhaltspunkte dafür, dass das Fernbleiben entschuldigt sein kann, ist es grundsätzlich verpflichtet, im Freibeweisverfahren die Stichhaltigkeit der Entscheidungsgründe zu klären.[67] Umgekehrt muss der Betroffene bei einem erkennbaren Widerspruch zwischen Antrag und gerichtlicher Ladung den Sachverhalt aufklären. Anderenfalls ist sein Fernbleiben vom Termin nicht als entschuldigt anzusehen.[68]

Die Durchführung der Hauptverhandlung ohne den Betroffenen, der von seiner Verpflichtung zum Erscheinen in der Hauptverhandlung entbunden ist, richtet sich nach § 73 Abs. 3 OWiG.

d) Vernehmung durch einen ersuchten Richter. Die Anordnung der Vernehmung des Betroffenen durch einen ersuchten Richter im Rahmen einer Hauptverhandlung ist in § 73 OWiG nicht vorgesehen. Hingegen kann im Vorverfahren die richterliche Vernehmung durch die Verwaltungsbehörde beantragt werden; dann ist der Betroffene über den Vernehmungstermin ebenso wie die Staatsanwaltschaft bzw. die Verwaltungsbehörde zu informieren.[69]

e) Verfahren bei erlaubter Abwesenheit. Ist der Betroffene durch einen informierten Verteidiger vertreten, so übernimmt dieser für ihn die Funktion des Aussagemittlers. Nach § 73 Abs. 3 OWiG kann sich der Betroffene durch einen schriftlich bevollmächtigten Verteidiger vertreten lassen. Fehlt die Vertretungsvollmacht, so wird die Hauptverhandlung unter der Mitwirkung des Verteidigers durchgeführt. Ein Hinweis nach § 265 StPO ergeht im Fall der Vertretung gegenüber dem Verteidiger.

f) Verfahren bei unerlaubter Abwesenheit. Bei unerlaubter Abwesenheit hat das Gericht keine andere Wahl als den Einspruch zu verwerfen (§ 74 Abs. 2 OWiG). Erscheint der Betroffene in der Hauptverhandlung verspätet, so ist ihm Gelegenheit zu geben, sich zur Sache zu äußern, soweit in der Sache noch nicht entschieden ist. Im Falle erlaubter Abwesenheit braucht das Gericht nicht mit einer Verspätung zu rechnen.

2. Die Beweisaufnahme im OWi-Verfahren

a) Der eingeschränkte Umfang der Beweisaufnahme. Gemäß § 77 OWiG bestimmt das Gericht den Umfang der Beweisaufnahme, unbeschadet der Pflicht, die Wahrheit von Amts wegen zu erforschen. Hierbei ist die Bedeutung der Sache zu berücksichtigen (§ 77 Abs. 1 S. 2 OWiG).

Das Gericht hat kein freies Ermessen, den Umfang der Beweisaufnahme zu bestimmen. Es kann nicht nach seinem Belieben verfahren. Die Pflicht zur Aufklärung kann sogar in den Fällen des § 77 Abs. 2 Nr. 2 OWiG trotz der danach bestehenden Möglichkeit einer Ablehnung des Beweisantrages eine Ausdehnung der Beweisaufnahme gebieten, weil diese sich nach den Umständen des Falles zur Erforschung der Wahrheit aufdrängt oder nahe liegt.

Die Bedeutung der Sache wird gemäß § 77 Abs. 1 und 2 OWiG berücksichtigt, „weil die Verwirklichung des Ziels, die materielle Wahrheit zu erforschen, nicht dazu führen darf, auch bei der geringfügigen Sache jede nur denkbare Erkenntnisquelle bis auf den letzten Rest auszuschöpfen".[70]

Jedoch ist auch im Bußgeldverfahren eine Verletzung der Aufklärungspflicht gegeben, wenn das Gericht – unabhängig davon, ob Beweisanträge gestellt sind – davon absieht, Beweise zu erheben, deren Nutzen nach der Sachlage zumindest nahe liegt. Wird eine Aufklärungsrüge erhoben, so ist diese nur dann ordnungsgemäß erhoben, wenn dargelegt ist,

---

[66] OLG Hamm NZV 2003, 294; vgl. auch zum Aspekt des gebotenen rechtlichen Gehörs Brandenburgisches OLG NZV 2003, 432.
[67] BayObLG DAR 2003, 567.
[68] BayObLG NZV 2003, 293.
[69] Zur richterlichen Vernehmung des Betroffenen vgl. *Göhler* vor § 59 Rn. 5 ff.
[70] *Göhler* § 77 Rn. 5.

welche Umstände das Gericht dazu hätten veranlassen müssen, von einem bestimmten Beweismittel zur Klärung einer Beweistatsache Gebrauch zu machen.[71]

124   Die Ablehnung eines Beweisantrages gemäß § 77 Abs. 2 Nr. 1 OWiG setzt unter anderem voraus, dass bereits eine Beweisaufnahme über eine beweiserhebliche Tatsache stattgefunden hat. Fehlt es hieran, kann die fehlerhafte Verbescheidung nicht durch Nachschieben anderer Gründe im Urteil des Tatgerichts oder bei der Beurteilung der Begründetheit einer Verfahrensrüge geheilt werden. Es gilt das Verbot der vorweg genommenen Beweiswürdigung.[72] Die Ablehnung eines Beweisantrages muss durch Beschluss erfolgen, der auch begründet werden muss.

125   **b) Vereinfachte Art der Beweisaufnahme.** Eine Ausnahme vom Grundsatz der Unmittelbarkeit enthält die Vorschrift des § 77a OWiG. Der Grundsatz der Unmittelbarkeit gilt auch im Bußgeldverfahren.[73] Eine Abweichung ist nur in den im Gesetz ausdrücklich geregelten Fällen gestattet; insbesondere kommt die Verlesung von behördlichen Erklärungen in Betracht.[74]

126   Die vereinfachte Art der Beweisaufnahme, also die Verlesung von Niederschriften von einer früheren Vernehmung sowie von Urkunden, darf nur unter den Voraussetzungen des § 256 StPO erfolgen.

3. Beachtung der Gefahr des Übergangs in das Strafverfahren

127   Im Ordnungswidrigkeitenverfahren ist durch die Verteidigung stets die Möglichkeit und Gefahr des Übergangs in das Strafverfahren gemäß § 81 OWiG zu beachten. Der Betroffene und sein Verteidiger sind jedoch auf die Veränderung des rechtlichen Gesichtspunktes hinzuweisen und es ist Gelegenheit zur Stellungnahme zu geben. Die Möglichkeit der Rücküberleitung vom Bußgeldverfahren zum Strafverfahren gemäß § 81 OWiG wird häufig als ein Nötigungsinstrument zur Einspruchsrücknahme empfunden.[75]

128   Entscheidend für den Übergang in das Strafverfahren ist gemäß § 81 Abs. 2 S. 1 OWiG der Hinweis des Gerichtes; der Hinweis der Staatsanwaltschaft reicht nicht aus. Mit dem Hinweis ist die Rücknahme des Einspruchs ausgeschlossen.[76]

4. Das Absehen von der Urteilsbegründung

129   Durch § 77b OWiG wurde eine Entlastung der Gerichte angestrebt.[77] Von den Urteilsgründen kann abgesehen werden, wenn alle zur Anfechtung Berechtigten auf die Einlegung der Rechtsbeschwerde verzichten oder wenn innerhalb der Frist keine Rechtsbeschwerde eingelegt wird. Für den Fall, dass die Staatsanwaltschaft an der Hauptverhandlung nicht teilgenommen hat, ist ihre Verzichtserklärung entbehrlich.

---

[71] *Göhler* § 77 Rn. 8.
[72] Zu eindeutigen Fällen der Ablehnungsmöglichkeit, orientiert an der früheren Rspr. zu § 77 OWiG, vgl. *Göhler* § 77 Rn. 13 ff.
[73] *Göhler* § 77a Rn. 1.
[74] Vgl. hierzu *Göhler* § 77a Rn. 3.
[75] Vgl. im Einzelnen *Würzberg* NZV 1996, 61 f.
[76] OLG Köln NZV 2002, 419.
[77] Vgl. *Deutscher* NZV 1999, 185 ff.

§ 16 Verteidigung und Vertretung bei – drohender – Führerscheinmaßnahme

Übersicht

	Rn.
I. Allgemeine Aspekte der Verteidigungsstrategie	1–11
1. Problemstellung	2–6
2. Wege zur Abwendung des Entzuges der Fahrerlaubnis	7–10
3. Checkliste zur Verteidigung/Vertretung in Führerscheinmaßnahmen	11
II. Entziehung der Fahrerlaubnis	12–77
1. Die vorläufige Entziehung	13–28
a) Voraussetzungen	13–16
b) Notwendiges rechtliches Gehör	17/18
c) Die Voraussetzungen für die Entziehung der Fahrerlaubnis gemäß § 111a StPO	19–22
d) Absehen von der vorläufigen Entziehung der Fahrerlaubnis	23
e) Wirksamkeit und Rechtsfolgen der vorläufigen Entziehung	24/25
f) Mögliche Aufhebung der Maßnahme gemäß § 111a Abs. 2 StPO	26
g) Ausnahmen für bestimmte Kraftfahrzeuge	27/28
2. Entziehung der Fahrerlaubnis	29–60
a) Prozessuale Fragen	30
b) Die Voraussetzungen der Entziehung	31–42
c) Entziehung der Fahrerlaubnis in der Berufungsinstanz	43
d) Absehen von der Fahrerlaubnisentziehung als Regelfall	44
e) Die Sperre für die Neuerteilung der Fahrerlaubnis	45–52
f) Abkürzung der Sperrfrist gemäß § 69a Abs. 7 StGB	53–58
g) Verzicht auf Fahrerlaubnis	59/60
3. Ausnahmen vom Entzug der Fahrerlaubnis und der Sperre	61–68
a) Möglichkeit der Ausnahme von der Sperre	61–67
b) Ausnahme von der Entziehung der Fahrerlaubnis	68
4. Entzug der Fahrerlaubnis und Verteidigung	69–71
a) Bei – drohender – vorläufiger Entziehung der Fahrerlaubnis	70
b) Bei Entzug der Fahrerlaubnis	71
5. Austausch von Führerscheinmaßnahmen	72/73
6. Entziehung der Fahrerlaubnis gegen Beifahrer	74
7. Entziehung der Fahrerlaubnis bei Taten allgemeiner Kriminalität	75–77
III. Das Fahrverbot	78–164
1. Das Fahrverbot gemäß § 44 StGB	78–96
a) Verfahrensfragen	79/80
b) Die Verhängung des Fahrverbotes	81–90
c) Vollstreckung des Fahrverbotes	91–95
d) Anrechnung vorläufiger Maßnahmen gemäß § 51 Abs. 5 StGB	96
2. Das Fahrverbot gemäß § 25 StVG	97–112
a) Rechtsnatur des Fahrverbotes	97
b) Voraussetzungen des Fahrverbotes	98–101
c) Fahrverbot bei Verurteilung gemäß § 24a StVG	102–104
d) Wirksamkeit, Dauer und Vollstreckung des Fahrverbotes	105–112
3. Fahrverbot und Bußgeldkatalog-Verordnung (BKatV)	113–125
a) Gesetzliche Grundlage	113
b) Die Regelfälle der BKatV	114
c) Voraussetzungen eines Fahrverbotes	115–120
d) Einzelfälle zur Verhängung eines Fahrverbotes	121–125
4. Die Voraussetzungen für das Absehen vom Fahrverbot	126–128
5. Übersicht über Rechtsprechung zum Absehen vom Fahrverbot	129–146
a) Ausnahmen vom Fahrverbot bei Geschwindigkeitsüberschreitung	131
b) Bei Rotlichtverstoß	132
c) Spezielle Umstände	133
d) Berufliche Härte und Nachteile	134
e) Drohender Arbeitsplatzverlust	135
f) Fahrverbot und Aufbauseminar	136

	Rn.
g) Regelfahrverbot, günstige Prognose	137
h) Lange Dauer des Verfahrens	138
i) Grobes Fehlverhalten	139
j) Einmaliges Versagen	140
k) Abkürzung Fahrverbot und ein Fahrverbot bei wiederholten Verstößen	141–144
l) Fahrverbot und Aufbauseminar	145/146
6. Ausnahmen für bestimmte Fahrzeugarten	147/148
7. Notwendige Feststellungen im Urteil	149–156
8. Vollstreckung des Fahrverbotes	157–164
a) Allgemeines	157
b) Vollstreckung innerhalb einer 4-Monatsfrist	158–164
IV. Die Entschädigung für Führerscheinmaßnahmen	165–175
1. Die Entschädigung	165
2. Ausnahmen von der Entschädigung	166–169
3. Umfang der Entschädigung	170/171
4. Entschädigungsverfahren	172–175

Schrifttum: *Bode*, Entziehung der Fahrerlaubnis im Strafverfahren und Besserung der Kraftfahreignung auffälliger Kraftfahrer, NZV 2004, 7; *Burmann*, Das Fahrerlaubnisrecht – Schnittstellen zwischen Verwaltungs- und Strafrecht, DAR 2005, 61; *Buschbell*, Straßenverkehrsrecht – Verkehrsverstoß, Recht der Fahrerlaubnis, Haftungs- und Versicherungsrecht, in: Beck'sches Rechtsanwalts-Handbuch, 10. Aufl. 2011 (zitiert: BeckRA-Hdb/*Buschbell*); *Fischer*, Strafgesetzbuch und Nebengesetze, 61. Aufl. 2014; *Freyschmidt/Krumm*, Verteidigung in Straßenverkehrssachen, 10. Aufl. 2013; *Gebhardt*, Das verkehrsrechtliche Mandat, Band 1: Verteidigung in Verkehrsstraf- und Ordnungswidrigkeitenverfahren, 7. Aufl. 2012; *Hentschel*, Trunkenheit – Fahrerlaubnisentziehung – Fahrverbot im Straf- und Ordnungswidrigkeitenrecht, 9. Aufl. 2003 (zitiert: *Hentschel* Trunkenheit); *Janker*, Tattag- oder Rechtskraftprinzip bei der Punktereduzierung durch Teilnahme an verkehrspsychologischer Beratung oder Aufbauseminar, DAR 2007, 374; *ders.*, Punktereduzierung durch Teilnahme an Aufbauseminaren oder verkehrspsychologischer Beratung, DAR 2008, 166; *Krause*, Drogen im Straßenverkehr, SVR 2005, 52; *Himmelreich*, Sperrfristabkürzung für die Wiedererteilung der Fahrerlaubnis (§ 69a Abs. 7 Satz 1 StGB) durch eine Verkehrstherapie, DAR 2003, 110; *Krumm*, Die Vollstreckung mehrerer Fahrverbote, DAR 2008, 54; *Meyer-Goßner/Schmitt*, Strafprozessordnung, 57. Aufl. 2014; *Meinel*, Die Richtlinien der Bundesländer für die Geschwindigkeitsüberwachung im Licht der verschärften Bußgeldregelungen, zfs 2008, 127; *Sandherr*, Der Entschädigungsausschluss bei Trunkenheitsfahrten, insbesondere nach § 5 Abs. 2 StrEG, DAR 2007, 420; *Schmitz*, Absehen vom Fahrverbot nach einer verkehrspsychologischen Intensivberatung, DAR 2006, 603; *Starken*, Richtlinien der Bundesländer zur Geschwindigkeitsüberwachung, DAR 1998, 85; *Trupp*, Widersprüchliches zur Führerscheinbeschlagnahme durch die Staatsanwaltschaft und ihre Hilfsbeamten, NZV 2004, 389; *Wirth/Swoboda*, Cannabis im Straßenverkehr, zfs 2004, 54, 102.

I. Allgemeine Aspekte der Verteidigungsstrategie

1 Bei – drohender – Führerscheinmaßnahme muss die Verteidigungsstrategie darauf gerichtet sein, so schnell wie möglich den Sachverhalt im Sinne des Beschuldigten oder Betroffenen zwecks Abwendung einer Führerscheinmaßnahme darzulegen und hierzu Beweisanregungen beizubringen. Gegebenenfalls muss von vornherein die Verteidigung darauf gerichtet sein, für den Mandanten mögliche Ausnahmen von der vorläufigen Entziehung der Fahrerlaubnis oder vom Fahrverbot zu erreichen.

1. Problemstellung

2 Der Mandant kann im Rahmen eines Straf- oder Ordnungswidrigkeitenverfahrens in unterschiedlicher Weise damit konfrontiert sein, dass der Verlust der Fahrerlaubnis oder ein Fahrverbot droht. Bei drohendem Entzug der Fahrerlaubnis können dies sein:
- vorläufige Entziehung der Fahrerlaubnis, differenziert nach Anlass
- endgültige Entziehung durch Strafbefehl oder Urteil unter Sperrfrist mit Verkürzungsmöglichkeit
- Fahrverbot gemäß § 44 StGB bzw. § 25 StVG.

3 Die Problemstellung ist dabei überaus vielschichtig. Zu denken ist zunächst an den Katalog der Fälle, in denen gemäß § 69 Abs. 2 Nr. 1 bis 4 StGB in der Regel Ungeeignetheit zum Führen von Kraftfahrzeugen angenommen wird.

Dies sind:
- Gefährdung des Straßenverkehrs (§ 315c StGB)
- Trunkenheit im Straßenverkehr (§ 316 StGB)
- Unerlaubtes Entfernen vom Unfallort (§ 142 StGB) mit Personenschaden oder bedeutendem Sachschaden
- Vollrausch (§ 323a StGB) in Bezug auf die vorbenannten Taten.

In aller Regel wird der Verteidiger vom Mandanten mit der Problemstellung konfrontiert, 4 dass der vorläufige Entzug der Fahrerlaubnis gemäß § 111a StPO droht. Schon in diesem Stadium ist daran zu denken, ob Ausnahmen vom vorläufigen Entzug der Fahrerlaubnis in Betracht kommen. Dies gilt ebenso, wenn die endgültige Entziehung der Fahrerlaubnis nicht abzuwenden ist.

Zusätzlich muss der kompetent handelnde Anwalt die Wiedererlangung der Fahrerlaub- 5 nis, insbesondere die frühzeitige Vorbereitung auf die Begutachtung für Fahreignung im Auge haben.

Schließlich ist zu beachten, dass die Verteidigung und Vertretung bei drohender Führer- 6 scheinmaßnahme im Straf- oder Bußgeldverfahren von Maßnahmen der Verwaltungsbehörde zu unterscheiden ist.

2. Wege zur Abwendung des Entzuges der Fahrerlaubnis

Orientiert an den unterschiedlichen Problemstellungen muss der Verteidiger klären, ob 7 eine drohende Führerscheinmaßnahme abzuwenden ist. Hierzu muss eine klare Strategie entwickelt werden. Chancen bestehen insbesondere bei der Möglichkeit, die Voraussetzungen relativer Fahruntüchtigkeit in Zweifel zu ziehen, oder beim Vorwurf des unerlaubten Entfernens vom Unfallort, sowohl die objektiven wie subjektiven Tatbestandsmerkmale in Zweifel zu ziehen. Wird das Mandat unmittelbar nach dem Vorfall erteilt, so muss die Chance gesehen werden, gemäß § 142 Abs. 4 StGB durch tätige Reue ein Absehen von Strafe oder eine Milderung zu erreichen.

In jedem Fall ist es aber wichtig, alsbald im Gespräch mit dem Mandanten zu klären, ob 8 Voreintragungen vorliegen. Wenn solche in Betracht kommen oder Unsicherheit über die Löschung besteht, ist auf schnellstem Weg eine Auskunft des Kraftfahrtbundesamtes (KBA) einzuholen.

Kommen die Voraussetzungen für eine Ausnahme vom Entzug der Fahrerlaubnis in Be- 9 tracht, so sind hierzu schnellstens die Voraussetzungen zu klären und Bestätigungen etwa des Arbeitgebers oder eidesstattliche Versicherungen von Zeugen zum Tatgeschehen als Mittel der Glaubhaftmachung vorzulegen.

Beim – drohenden – Fahrverbot ist zu klären, ob Ausnahmen vom Fahrverbot in Betracht 10 kommen. Wenn diese nicht gegeben sind, ist mit dem Mandanten von vornherein der Zeitpunkt für eine Vollstreckung des Fahrverbotes abzusprechen.

3. Checkliste zur Verteidigung/Vertretung in Führerscheinmaßnahmen

I. Entzug der Fahrerlaubnis 11
   1. Vorläufige Entziehung gemäß § 111a StPO
      ☐ Teilnahme am Straßenverkehr unter Drogeneinfluss
      ☐ Trunkenheitsfahrt
         • absolute Fahruntüchtigkeit
         • relative Fahruntüchtigkeit
      ☐ Absehen vom Entzug, zB bei Vergehen gemäß § 142 StGB
      ☐ Möglichkeit (vorläufiger) Beweiserhebungen
         • Gutachten/Wahrnehmbarkeitsgutachten
         • Beweisanregung zur Vernehmung von Zeugen
         • Vorlage eidesstattlicher Versicherungen
      ☐ Einwendungen gegen Feststellung der Höhe der BAK
      ☐ Klärung der Umstände beim Drogenkonsum

2. Entziehung der Fahrerlaubnis gemäß § 69 StGB
   ☐ Trunkenheitsfahrt
   ☐ Teilnahme am Straßenverkehr unter Drogeneinfluss
   ☐ Möglichkeiten der Abwendung der Entziehung
3. Ausnahmen von der Entziehung der Fahrerlaubnis für bestimmte Fahrzeugart
4. Abkürzung der Sperrfrist gemäß § 69a Abs. 7 StGB

II. Führerscheinmaßnahmen im Verwaltungsrecht

III. Fahrverbot
   1. Fahrverbot gemäß § 44 StGB
      ☐ Ziel: Abwendung des Fahrverbotes
      ☐ Erreichen der Mindestdauer gemäß § 44 Abs. 1 S. 1 StGB
      ☐ Ausnahmen vom Fahrverbot für bestimmte Fahrzeugarten
   2. Fahrverbot gemäß § 25 StVG

II. Entziehung der Fahrerlaubnis

12 Die Entziehung der Fahrerlaubnis – vorläufig oder endgültig – beinhaltet ein sehr praxisrelevantes Thema, sei es aufgrund einer Trunkenheitsfahrt oder aufgrund der Teilnahme am Straßenverkehr unter der Wirkung von Drogen oder Medikamenten. Im Übrigen ist es für die Verteidigung und Vertretung eines Beschuldigten/Angeklagten oder Betroffenen wichtig, sich der Schnittstellen zwischen Strafrecht und Verwaltungsrecht bewusst zu sein.[1]

1. Die vorläufige Entziehung

13 a) **Voraussetzungen.** Die vorläufige Entziehung der Fahrerlaubnis ist in § 111a StPO geregelt. Hierdurch soll ermöglicht werden, die Allgemeinheit vor den Gefahren eines ungeeigneten Kraftfahrers schon vor dem rechtskräftigen Urteil zu schützen. Durchgreifende verfassungsrechtliche Bedenken hat das BVerfG verneint.[2] Zuständig ist gemäß § 111a StPO der Richter des nach dem jeweiligen Stand des Verfahrens mit der Sache befassten Gerichts.[3]

14 Im Berufungsverfahren ist somit das Berufungsgericht für Beschlüsse gemäß § 111a StPO zuständig, insbesondere für aufhebende Beschlüsse. Während eines Berufungsverfahrens ist die vorläufige Entziehung der Fahrerlaubnis dann aufzuheben, wenn unter Berücksichtigung der von der fortdauernden vorläufigen Maßnahme ausgehenden Wirkung zu erwarten ist, dass der Maßregelausspruch nach § 69 StGB im Urteil aufgehoben werden wird.[4]

15 Im Übrigen ist davon auszugehen, dass in der Revisionsinstanz die Entscheidung gemäß § 111a StPO nur unter revisionsrechtlichen Gesichtspunkten zu prüfen ist. Somit ist die Möglichkeit einer Aufhebung der Entscheidung durch das Revisionsgericht zu verneinen.[5]

16 Örtlich zuständig ist gemäß § 98 Abs. 2 S. 3 StPO das Gericht, in dessen Bezirk die Sicherstellung erfolgt ist.[6] In Betracht kommt auch die Zuständigkeit des Gerichtes an dem Ort, an dem die Beschlagnahme vorzunehmen ist.[7]

17 b) **Notwendiges rechtliches Gehör.** Wichtig ist, darauf zu achten, dass dem Beschuldigten gemäß § 33 Abs. 3 StPO vor der Beschlussfassung über die vorläufige Entziehung der Fahrerlaubnis rechtliches Gehör zu gewähren ist. Dies gilt ausnahmslos, da die Ausnahmerege-

---

[1] *Burmann* DAR 2005, 61.
[2] BVerfG NStZ 1982, 78.
[3] *Hentschel* Trunkenheit Rn. 840 unter Hinweis auf die Rspr.; vgl. auch *Burhoff* Verkehrsrecht aktuell 2003, 136.
[4] *Hentschel* Trunkenheit Rn. 674.
[5] Vgl. auch OLG Karlsruhe NZV 1999, 345 = DAR 1999, 86; vgl. hierzu auch ausführlich *Hentschel* NJW 2000, 696 (705).
[6] *Hentschel* Trunkenheit Rn. 847 mit Darstellung der Rspr.
[7] *Hentschel* Trunkenheit Rn. 847.

lung des § 33 Abs. 4 StPO nicht zum Tragen kommt, weil bei der vorläufigen Entziehung der Fahrerlaubnis keine Gefährdung des Zwecks der Anordnung anzunehmen ist.

Für die Verteidigung empfiehlt es sich stets, den Anspruch auf rechtliches Gehör gemäß § 33 StPO zu reklamieren.

Formulierungsvorschlag:
Es wird darauf hingewiesen, in jedem Fall vor einer Entscheidung über die vorläufige Entziehung der Fahrerlaubnis rechtliches Gehör gemäß § 33 Abs. 3 StPO zu gewähren. 18

c) **Die Voraussetzungen für die Entziehung der Fahrerlaubnis gemäß § 111a StPO.** *aa) Bei* 19 *Fahruntauglichkeit nach Alkoholgenuss.* Erste Voraussetzung für eine Maßnahme gemäß § 111a StPO ist das Vorliegen von dringenden Gründen für die Annahme, dass die Maßregel nach § 69 StGB angeordnet wird. Dies erfordert einen hohen Grad der Wahrscheinlichkeit, dass das Gericht den Beschuldigten für ungeeignet zum Führen von Kraftfahrzeugen halten und deshalb die Entziehung der Fahrerlaubnis erfolgen wird. Es stellt sich die Frage, ob die Wahrscheinlichkeit der Entziehung der Fahrerlaubnis dadurch ausgeräumt werden kann, dass der Beschuldigte an einem „Aufbauseminar" gemäß § 2b Abs. 2 S. 2 oder § 4 Abs. 7 S. 3 StVG (früher „Nachschulung" genannt) teilnimmt.

Während *Meyer-Goßner/Schmitt*[8] die Teilnahme an einem „Aufbauseminar" nicht als einen Grund dafür ansehen, dass ein Absehen von der Entziehung der Fahrerlaubnis in Betracht kommt, berücksichtigt diese Meinung nicht, dass entscheidend ist, ob die Voraussetzung einer Maßregel nach § 69 StGB durch das Aufbauseminar ausgeräumt wird. Die Erwartung einer Entziehung der Fahrerlaubnis in der Hauptverhandlung rechtfertigt nahezu ein Jahr nach Beschlagnahme des Führerscheins nicht mehr die Aufrechterhaltung der vorläufigen Entziehung.[9] Andererseits steht es der Anordnung einer vorläufigen Entziehung nicht entgegen, dass diese erst 15 Monate nach der zugrunde liegenden Tat angeordnet wird, wenn dem Gericht erst zu diesem Zeitpunkt Gründe bekannt werden, die eine endgültige Entziehung erwarten lassen.[10] 20

Bei Freispruch des Angeklagten in erster Instanz und nach Aushändigung des Führerscheins kann das Berufungsgericht den Führerschein vor seinem Urteil nur aufgrund neuer Tatsachenfeststellungen gemäß § 111a StPO vorläufig entziehen, nicht lediglich aufgrund einer anderen rechtlichen Wertung der vom Gericht erster Instanz festgestellten Tatsachen.[11] Ein Verfahren, in dem die Maßnahme nach § 111a StPO angeordnet worden ist, muss daher ebenso beschleunigt werden wie eine Haftsache.[12] 21

bb) Vorläufige Entziehung bei Drogenkonsum. Relative Fahruntüchtigkeit kommt auch nach Drogenkonsum in Betracht.[13] Somit kommt auch die vorläufige Entziehung in Betracht, wenn eine Fahrt unter der deutlichen Wirkung von Drogen mit Auswirkung auf die Fahrtüchtigkeit festgestellt ist. 22

d) **Absehen von der vorläufigen Entziehung der Fahrerlaubnis.** Die vorläufige Entziehung der Fahrerlaubnis kommt bei Durchschnittsfällen mehr als 6 Monate nach der Tat in der Regel nicht mehr in Betracht. Insbesondere ist die vorläufige Entziehung der Fahrerlaubnis 1 Jahr nach Tatzeitpunkt unverhältnismäßig.[14] 23

e) **Wirksamkeit und Rechtsfolgen der vorläufigen Entziehung.** Der Beschluss wird wirksam, wenn er dem Beschuldigten bekannt gegeben wird. Weder die Zustellung an den Verteidiger noch eine Ersatzzustellung reichen hierzu aus.[15] 24

---

[8] § 111a Rn. 2; vgl. dazu *Hentschel* Trunkenheit Rn. 636 ff.
[9] LG Zweibrücken zfs 2000, 510; vgl. auch AG Bitterfeld zfs 2000, 269 m. Anm. *Bode*.
[10] BVerfG DAR 2000, 565.
[11] OLG Hamm MittBl der Arge VerkR 2000, 28.
[12] OLG Hamm NZV 2002, 380.
[13] OLG Zweibrücken DAR 2004, 409; OLG Zweibrücken DAR 2003, 431; LG Siegen zfs 2004, 39.
[14] LG Lüneburg zfs 2004, 38; vgl. auch *Meyer-Goßner/Schmitt* § 111a Rn. 3.
[15] BGH NJW 1962, 2104.

> **Praxistipp:**
> Für den insoweit tätigen Anwalt ist es empfehlenswert, den Mandanten bei vorläufiger Entziehung der Fahrerlaubnis darüber zu belehren, dass Strafbarkeit gemäß § 21 StVG droht, wenn trotz der vorläufigen Entziehung ein fahrerlaubnispflichtiges Fahrzeug geführt wird. Andererseits ist der Beschuldigte auch darüber zu belehren, dass das Verbot erst wirksam wird, wenn es ordnungsgemäß zugestellt oder verkündet ist.[16]

25   Eine Maßnahme gemäß § 111a StPO kann nur die vorläufige Entziehung der Fahrerlaubnis iSv § 69 StGB beinhalten, eine selbstständige Sperre gemäß § 69a Abs. 1 S. 3 StPO kommt nicht in Betracht.[17]

26   **f) Mögliche Aufhebung der Maßnahme gemäß § 111a Abs. 2 StPO.** Gemäß § 111a Abs. 2 StPO ist die vorläufige Entziehung der Fahrerlaubnis aufzuheben, wenn der Grund weggefallen ist oder wenn das Gericht im Urteil die Fahrerlaubnis nicht entzieht. Bei einem Verfahren oder einer Maßnahme gemäß § 111a StPO ist stets darauf zu achten, ob die Voraussetzungen noch gegeben sind. Bei einer besonders langen Verfahrensdauer und bei groben Verstößen gegen das Beschleunigungsgebot kommt die Aufhebung der Maßnahme in Betracht.[18] Auch das Verfahren der vorläufigen Entziehung der Fahrerlaubnis steht wie alle strafprozessualen Zwangsmaßnahmen unter dem Grundsatz der Verhältnismäßigkeit.[19] Dies bedeutet, dass die vorläufige Entziehung der Fahrerlaubnis aufzuheben ist, wenn seit der Sicherstellung des Führerscheins 8 Monate vergangen sind, ohne dass eine Hauptverhandlung bestimmt worden ist.[20]

Auch kommt in Betracht, dass nach vorläufiger Entziehung der Fahrerlaubnis in der Hauptverhandlung von der Regelfahrerlaubnis gemäß § 69 StGB abgesehen wird.

27   **g) Ausnahmen für bestimmte Kraftfahrzeuge.** Bei der vorläufigen Entziehung der Fahrerlaubnis gemäß § 111a StPO kann auf Antrag oder von Amts wegen eine Ausnahme für bestimmte Fahrzeuge angeordnet werden. Die Voraussetzungen entsprechen denen des § 69a Abs. 2 StGB. Die Einschränkung der Maßnahme ist nur für bestimmte Arten von Kraftfahrzeugen zulässig, nicht für bestimmte Zeiten, Orte und Gebiete oder für Kraftfahrzeuge bestimmter Eigentümer oder Halter.

28   Nachfolgend werden Entscheidungen angeführt, die speziell zur vorläufigen Entziehung der Fahrerlaubnis gemäß § 111a Abs. 1 S. 2 StPO ergangen sind. Hiernach kommen Ausnahmen von der vorläufigen Entziehung der Fahrerlaubnis wie folgt in Betracht:
- Pannenhilfsfahrzeuge sind bestimmte Fahrzeugarten und können es bei Vorliegen besonderer Umstände rechtfertigen, von der vorläufigen Entziehung der Fahrerlaubnis abzusehen.[21]
- Kraftfahrzeuge der Klasse L oder T können – ausnahmsweise – von der vorläufigen Entziehung der Fahrerlaubnis ausgenommen werden, wenn der Zweck der Maßnahme nicht gefährdet wird; insbesondere können also landwirtschaftliche Fahrzeuge von der vorläufigen Entziehung ausgenommen werden.[22]

2. Entziehung der Fahrerlaubnis

29   Die Entziehung der Fahrerlaubnis im Strafverfahren ist in § 69 StGB geregelt. Es handelt sich hierbei um eine Maßregel, nicht um eine Nebenstrafe, und dient somit der Besserung und Sicherung.[23] Der Strafverteidiger erlebt es aber immer wieder, dass der von einer Führerscheinmaßnahme Betroffene dies als die eigentliche Strafe empfindet.

30   **a) Prozessuale Fragen.** Die Entscheidung über eine Maßnahme nach § 69 StGB kann in unterschiedlichen prozessualen Verfahren erfolgen. Mögliche Verfahren sind:

---

[16] Vgl. hierzu *Gebhardt* § 44 Rn. 16.
[17] Vgl. hierzu *Meyer-Goßner/Schmitt* § 111a Rn. 1.
[18] OLG Köln NZV 1991, 243; MAH Strafverteidigung/*Kuhn* § 47 Rn. 242.
[19] OLG Köln NZV 1991, 243; OLG Nürnberg StV 2006, 685.
[20] LG Zweibrücken NZV 2000, 54.
[21] LG Hamburg NZV 1992, 422.
[22] LG Osnabrück zfs 1998, 273 mit ausführlicher Darstellung der Rspr.
[23] Vgl. *Hentschel* Trunkenheit Rn. 565.

- **Strafbefehl.** Durch Strafbefehl ist die Entziehung der Fahrerlaubnis gemäß § 407 Abs. 2 Nr. 2 StPO möglich, jedoch mit der Einschränkung, dass die nach § 69a StGB festzusetzende Sperrfrist nicht mehr als 2 Jahre beträgt.
- **Beschleunigtes Verfahren.** Im beschleunigten Verfahren sind gemäß § 417 StPO grundsätzlich keine Maßnahmen der Besserung und Sicherung zulässig. § 419 Abs. 1 S. 3 StPO regelt eine Ausnahme für die Entziehung der Fahrerlaubnis.
- **Verfahren in Abwesenheit.** Im Verfahren gemäß § 232 StPO kann auf die Entziehung der Fahrerlaubnis erkannt werden, wenn der Angeklagte in der Ladung auf diese Möglichkeit hingewiesen worden ist. Ebenso ist in diesem Verfahren die Verhängung einer „isolierten Sperre" gemäß § 69a Abs. 1 S. 3 StGB zulässig.[24]
- **Nach Entbindung von der Verpflichtung zum Erscheinen.** Auch bei Entbindung von der Pflicht zum Erscheinen gemäß § 233 StPO ist die Verhängung einer Maßregel nach § 69 StGB möglich.
- **Jugendgerichtsverfahren.** Im Jugendgerichtsverfahren ist die Verhängung einer Maßnahme gemäß § 7 JGG zulässig. Die Anordnung der Maßregel fällt gemäß § 39 JGG in die Zuständigkeit des Jugendrichters. Unzulässig ist dagegen die Weisung nach § 10 JGG, den Führerschein für eine bestimmte Zeit zu den Akten zu geben.[25]
- **Notwendiger Hinweis nach § 265 StPO.** Ist im Beschluss über die Eröffnung des Verfahrens die dem Angeschuldigten zur Last gelegte Straftat nicht als Voraussetzung für die Entziehung der Fahrerlaubnis gekennzeichnet, so muss das Gericht den Angeklagten darauf hinweisen, dass die Möglichkeit besteht, in der Hauptverhandlung die Fahrerlaubnis zu entziehen.

b) Die Voraussetzungen der Entziehung. Generelle Voraussetzung für die Entziehung der Fahrerlaubnis ist, dass der Täter eine rechtswidrige Tat bei oder im Zusammenhang mit dem Führen eines Kraftfahrzeuges oder unter Verletzung von Pflichten eines Kraftfahrzeugführers begangen hat.

aa) Verurteilung wegen rechtswidriger Tat. Voraussetzung für die Entziehung der Fahrerlaubnis ist, dass der Täter wegen einer Tat verurteilt worden ist, die bei oder im Zusammenhang mit dem Führen eines Kraftfahrzeuges oder unter Verletzung von Pflichten eines Kraftfahrzeugführers begangen wurde. In Betracht kommt auch die Entziehung der Fahrerlaubnis, wenn der Täter wegen einer rechtswidrigen Tat nur deshalb nicht verurteilt wird, weil Schuldunfähigkeit erwiesen oder nicht ausgeschlossen werden kann oder weil nicht feststeht, ob eine Tat gemäß § 323a StGB oder eine in schuldunfähigem Zustand begangene Tat vorliegt.

bb) Ungeeignetheit zum Führen von Kraftfahrzeugen. Die Entziehung der Fahrerlaubnis hat als weitere Voraussetzung mangelnde Eignung des Täters. Diese mangelnde Eignung kann auf körperlichen oder geistigen Mängeln oder auf charakterliche Unzuverlässigkeit beruhen. Die mangelnde Eignung muss sich aus der Tat ergeben. Eine Gesamtwürdigung der Täterpersönlichkeit ist erforderlich.

cc) Die Ungeeignetheit gemäß § 69 Abs. 2 StGB. Nach § 69 Abs. 2 StGB ist in der Regel Ungeeignetheit gegeben, wenn die in dieser Vorschrift aufgeführten Taten rechtswidrig begangen wurden. Als Regelbeispiele des Eignungsmangels sind folgende Taten aufgeführt:
- Gefährdung des Straßenverkehrs gemäß § 315c StGB,
- Trunkenheit im Verkehr gemäß § 316 StGB,
- unerlaubtes Entfernen vom Unfallort gemäß § 142 StGB sowie
- Vollrausch gemäß § 323a StGB.

dd) Fahruntauglichkeit (relative) nach Drogenkonsum. Relative Fahruntüchtigkeit liegt nach dem Konsum von Betäubungsmitteln erst vor, wenn Umstände erkennbar sind, die über die allgemeine Drogenwirkung hinaus den sicheren Schluss zulassen, dass der Konsument in der konkreten Verkehrssituation fahrunsicher gewesen ist. Die verkehrsspezifischen Indizien müssen also nicht lediglich eine allgemeine Drogenenthemmung erkennen lassen,

---

[24] OLG Köln NJW 1965, 2309.
[25] *Hentschel* Trunkenheit Rn. 575.

sondern sich unmittelbar auf die Beeinträchtigung der Fahreignung beziehen. Als Ausfallerscheinung kommen deshalb insbesondere direkte Defizite im Fahrverhalten in Betracht wie auffällige, riskante, besonders sorglose und leichtsinnige Fahrweise. Die Beeinträchtigung kann aber auch aus einem Leistungsverhalten nach der Tat abgeleitet werden, das sichere Rückschlüsse auf mangelnde Fahrtüchtigkeit (Einschränkungen der Wahrnehmungs- und Reaktionsfähigkeit) zulässt.[26]

36 Relative Fahruntüchtigkeit nach dem Konsum von Betäubungsmitteln kann erst angenommen werden, wenn neben der Beeinträchtigung der Leistungsfähigkeit des Konsumenten weitere Tatsachen erweisen, dass der Genuss zur Fahruntüchtigkeit geführt hat. Festgestellt werden muss ein erkennbares äußeres Verhalten, das auf eine durch den Drogenkonsum hervorgerufene Fahruntüchtigkeit hindeutet. Als solche Ausfallerscheinungen kommen in Betracht: Fahrfehler, Beeinträchtigung der Körperbeherrschung oder sonstiges Verhalten, das rauschbedingte Enthemmung oder Kritiklosigkeit erkennen lässt.[27]

37 *ee) Ungeeignetheit und weitere längere Verkehrsteilnahme nach der Tat.* Eine besondere Problematik ergibt sich, wenn zwischen der Tat und der möglichen Entscheidung über die Entziehung der Fahrerlaubnis eine längere Zeit vergangen ist. Die längere unbeanstandete Teilnahme am Straßenverkehr nach der Tat kann die gesetzliche Vermutung für einen Eignungsmangel beseitigen.[28] Will das Gericht trotz dieser Umstände die Fahrerlaubnis entziehen, muss es begründen, warum es den Täter trotz der langen zwischenzeitlichen unbeanstandeten Teilnahme am Straßenverkehr im Zeitpunkt der Entscheidung noch für ungeeignet hält.[29]

38 Die vorstehend wiedergegebenen Grundsätze müssen grundsätzlich auch für eine Maßnahme der vorläufigen Entziehung der Fahrerlaubnis gemäß § 111a StPO gelten. Allein die Verfahrensdauer vermag eine positive Prognose im Sinne einer vorhandenen charakterlichen Eignung zum Führen von Kraftfahrzeugen nicht zu begründen. Vielmehr ist eine Gesamtwürdigung von Tatumständen und Täterpersönlichkeit erforderlich.[30]

39 *ff) Lange unbeanstandete Teilnahme am Straßenverkehr und Ungeeignetheit.* Bei der Frage, ob langjährige unbeanstandete Teilnahme am Straßenverkehr die Regelvermutung des § 69 Abs. 2 StGB ausräumen kann, muss als entscheidend angesehen werden, ob die erfolgreiche Teilnahme an einem Aufbauseminar auch nach der Regelvermutung gemäß § 69 Abs. 2 StGB die Ungeeignetheit ausräumen kann. In Betracht kommt, dass die Ungeeignetheit zum Führen von Kraftfahrzeugen bei erfolgreicher Teilnahme an einem Aufbauseminar nicht mehr gegeben ist. Hierbei kann der Richter nach Anhörung eines Sachverständigen von Geeignetheit ausgehen.[31] Die Entscheidung, ob Ungeeignetheit noch gegeben ist, folgt aus der Überzeugungsbildung des Tatrichters.

40 In der Praxis liegt es für die Verteidigung nahe, in zwei Schritten die Ungeeignetheit auszuräumen, nämlich
- Empfehlung an den Mandanten, an einem Aufbauseminar teilzunehmen und sodann
- den Beweisantrag zu stellen, dass der Angeklagte nicht mehr zum Führen eines Kraftfahrzeuges ungeeignet ist, durch Beweis mittels Anhörung eines Sachverständigen. Ein solcher Antrag ist dem Gericht vorzulegen und zu begründen:

Formulierungsvorschlag:

41 Es kann nicht mehr davon ausgegangen werden, dass der Angeklagte noch ungeeignet zum Führen von Kraftfahrzeugen ist und die Regelvermutung gemäß § 69 Abs. 2 StGB durchgreift. Die Ungeeignetheit ist ausgeräumt durch die erfolgreiche Teilnahme an einem Aufbauseminar. Tatsächlich ist der Angeklagte nicht mehr zum Führen eines Kraftfahrzeuges ungeeignet.
Beweis: Anhörung des Sachverständigen N. N. . . . . . .

---

[26] OLG Zweibrücken DAR 2004, 409; OLG Zweibrücken NJW 2005, 85.
[27] LG Siegen zfs 2004, 39.
[28] LG Düsseldorf zfs 1980, 187 entgegen OLG Stuttgart NZV 1997, 316.
[29] BGH zfs 1992, 30.
[30] BGH DAR 2000, 532.
[31] AG Homburg DAR 1981, 23; AG Homburg DAR 191, 472.

In Betracht kommt auch, einen solchen Antrag im Rahmen des Verfahrens über die vorläufige Entziehung der Fahrerlaubnis gemäß § 111a StPO mit dem Ziel zu stellen, die vorläufige Entziehung der Fahrerlaubnis abzuwenden oder den Beschluss über die vorläufige Entziehung der Fahrerlaubnis aufzuheben. **42**

c) **Entziehung der Fahrerlaubnis in der Berufungsinstanz.** Auch kommt die Entziehung der Fahrerlaubnis durch das Berufungsgericht in Betracht. Jedoch ist dann zu beachten, dass zwischen dem Tatzeitpunkt und der Berufungsverhandlung ein Zeitraum liegt, in welchem dem Angeklagten die Fahrerlaubnis nicht vorläufig entzogen war, er dabei verkehrsrechtlich nicht aufgefallen ist und dass sich die nach der Tat vom Angeklagten wahrgenommene verkehrspsychologische Beratung auf dessen Geeignetheit zum Führen von Kraftfahrzeugen ausgewirkt hat.[32] **43**

d) **Absehen von der Fahrerlaubnisentziehung als Regelfall.** Von der Entziehung der Fahrerlaubnis kann abgesehen werden, wenn der – die Unfallstelle zunächst verlassende – Schädiger den Unfall am nächsten Tag polizeilich meldet, die Regulierung des Schadens veranlasst und sich beim Geschädigten entschuldigt mit der Folge, dass dieser kein Interesse mehr an einer Strafverfolgung hat. Ein solches Verhalten ist mit einem Fahrverbot nach § 44 StGB ausreichend geahndet.[33] **44**

e) **Die Sperre für die Neuerteilung der Fahrerlaubnis.** Eine Sperre für die Neuerteilung der Fahrerlaubnis ordnet das Gericht zugleich mit seiner Entscheidung über die Entziehung der Fahrerlaubnis im Urteil oder Strafbefehl an. Diese Anordnung beinhaltet das Verbot an die Verwaltungsbehörde, vor Ablauf der verhängten Sperrfrist eine neue Fahrerlaubnis zu erteilen. **45**

aa) *Dauer der Sperrfrist.* Bei der Dauer der Sperrfrist ist zwischen der in § 69a Abs. 1 S. 1 StGB bestimmten Mindestsperrfrist und dem verkürzten Mindestmaß der Sperre gemäß § 69a Abs. 4 StGB zu unterscheiden. **46**

Grundsätzlich beträgt gemäß § 69a Abs. 1 S. 1 StGB das Mindestmaß der Sperre 6 Monate. Gemäß § 69a Abs. 4 StGB verkürzt sich das Mindestmaß der Sperre um die Zeit, in der eine vorläufige Entziehung der Fahrerlaubnis wirksam war. Hierbei ist nicht erforderlich, dass der Führerschein aufgrund des Beschlusses über die vorläufige Entziehung der Fahrerlaubnis auch sichergestellt werden konnte.[34] In diesem Fall darf gemäß § 69a Abs. 4 S. 2 StGB die Sperre 3 Monate nicht unterschreiten. **47**

In der Praxis kann sich die Situation ergeben, dass das Führerscheindokument nicht sichergestellt werden kann, weil dieses nicht mitgeführt wird. Es stellt sich dann die Frage, ob die Zeit zwischen der gewollten Sicherstellung bis zur tatsächlichen Ingewahrsamnahme bei der Berechnung der Sperrfrist gemäß § 69a Abs. 4 iVm Abs. 6 StGB einzurechnen ist. Nach der Fassung des § 94 Abs. 2 StPO ist eine Beschlagnahme geboten, wenn die Gegenstände, also der Führerschein, „nicht freiwillig" herausgegeben werden.[35] **48**

Allein die Beschlagnahme, nicht aber bereits die Aufforderung zur Herausgabe des Führerscheins hindert den Beschuldigten an der weiteren legalen Teilnahme am Verkehr mit fahrerlaubnispflichtigen Fahrzeugen. Fährt er mit dem ihm verbliebenen Führerschein weiter, so macht er sich nicht nach § 21 Abs. 2 S. 2 StVG strafbar.[36] **49**

Eine Erhöhung der Sperrfrist regelt § 69a Abs. 3 StGB für den Fall, dass in den letzten 3 Jahren vor der Tat eine strafgerichtliche Führerscheinsperre angeordnet worden ist. Diese dreijährige Frist beginnt mit der Rechtskraft der Sperrfristanordnung. Gemäß § 69a Abs. 4 StGB verkürzt sich das Mindestmaß der Sperre um die Zeit, in der eine vorläufige Entziehung der Fahrerlaubnis wirksam war. Der vorläufigen Entziehung der Fahrerlaubnis stehen Verwahrung, Sicherstellung und Beschlagnahme gemäß § 69a Abs. 6 StGB gleich, nicht aber der tatsächliche Ausschluss vom Kraftfahrzeugverkehr wegen Verhängung einer Freiheits- **50**

---
[32] OLG Oldenburg zfs 2005, 260.
[33] LG Zweibrücken NZV 2003, 439.
[34] Vgl. *Hentschel* Trunkenheit Rn. 694.
[35] *Meyer-Goßner/Schmitt* § 94 Rn. 13.
[36] *Hentschel* § 21 StVG Rn. 22.

strafe. Das Höchstmaß der Sperre beträgt 5 Jahre. Gemäß § 69a Abs. 1 S. 2 StGB ist eine Sperre auch für immer möglich.

51 **bb) Anrechnung.** Die vorläufige Entziehung der Fahrerlaubnis ist nach der gesetzlichen Regelung nicht anzurechnen. Es ist jedoch geboten, die bisherige Dauer der vorläufigen Entziehung der Fahrerlaubnis bei der Bemessung der Sperre zu berücksichtigen.[37]

52 **cc) Isolierte Sperrfrist.** Hat der Täter keine Fahrerlaubnis, so wird gemäß § 69a Abs. 1 S. 3 StGB nur die Sperre angeordnet. In diesem Fall spricht man von der isolierten Sperrfrist. Die isolierte Fahrerlaubnissperre tritt an die Stelle der Entziehung der Fahrerlaubnis und bildet die eigentliche Maßnahme iSd § 61 Nr. 5 StGB. Voraussetzung ist, dass der Angeklagte im Zeitpunkt der Entscheidung keine Fahrerlaubnis besitzt. Hierbei ist Fahrerlaubnis nicht gleich Führerschein. Der Führerschein ist lediglich das Dokument zum Nachweis der bestehenden Fahrerlaubnis. Hat der Angeklagte eine Fahrerlaubnis, den Führerschein aber verlegt, so gilt § 69a Abs. 1 S. 3 StGB nicht.[38] Auch bei der isolierten Sperrfrist kommt in Betracht, von der Sperre bestimmte Kraftfahrzeugarten auszunehmen.

53 **f) Abkürzung der Sperrfrist gemäß § 69a Abs. 7 StGB.** Eine vorzeitige Aufhebung der Sperre ist gemäß § 69a Abs. 7 StGB möglich. Hier sind formelle und sachliche Voraussetzungen zu beachten. Eine formelle Voraussetzung besteht darin, dass eine vorzeitige Aufhebung der Sperre nur in Betracht kommt, wenn die Sperre mindestens 3 Monate, im Falle von § 69a Abs. 3 StGB 1 Jahr gedauert hat. Diese Frist verkürzt sich unter den Voraussetzungen des Abs. 5 S. 2, Abs. 6 um die entsprechende Zeit.

54 Auch kann die Entscheidung nach § 69a Abs. 7 StGB schon während der Dauer der Mindestsperrfrist für die Zeit nach deren Ablauf ergehen, wenn bereits feststeht, dass der Verurteilte nicht mehr ungeeignet ist. Es muss Grund zu der Annahme bestehen, dass der Täter im Zeitpunkt der Entscheidung über die Abkürzung der Sperrfrist nicht mehr zum Führen von Fahrzeugen ungeeignet ist. In Betracht kommt eine Würdigung des Verhaltens des Täters in der Zwischenzeit, insbesondere aber die Teilnahme des Verurteilten an einer Nachschulung. Durch die Nachschulung soll bewirkt werden, dass eine risikobewusste Einstellung im Straßenverkehr entwickelt wird.[39]

55 Nach positiver Entscheidung über die vorzeitige Aufhebung der Sperrfrist kann die Verwaltungsbehörde die neue Fahrerlaubnis erteilen. Zuständig für die Entscheidung über einen Antrag nach § 69a Abs. 7 StGB ist das Gericht des ersten Rechtszuges. Der Antrag kann auch schon vor Ablauf der Mindestsperrfrist bei Gericht gestellt werden, ohne dass dies ohne weiteres zur Ablehnung führen müsste.[40] Auch kann das Gericht zur Vorbereitung seiner Entscheidung neue Ermittlungen anstellen.[41]

56 Die mögliche Abkürzung der Sperrfrist hat in der Praxis eine erhebliche Bedeutung.[42] Eine vorzeitige Aufhebung ist nur dann möglich, wenn aufgrund neuer Tatsachen die Ungeeignetheit wegfällt, nicht aber aufgrund einer Änderung der Rechtsprechung bereits vorliegende Tatsachen abweichend zu würdigen sind.[43] Auch kommt die vorzeitige Aufhebung der Sperre bei einer Verkehrstherapie in Betracht.[44] Ferner ist die Verkürzung der Sperrfrist gemäß § 69a Abs. 7 StGB bei Wiederholungstätern und noch nicht vollständig abgeschlossener Nachschulung möglich.[45]

57 Schließlich ist daran zu denken, dass die vorzeitige Aufhebung auf bestimmte Kraftfahrzeuge bezogen wird. Ausgangspunkt hierfür ist die Regelung des § 69a Abs. 2 StGB. Nach dieser Bestimmung kann das Gericht für verschiedene Arten von Kraftfahrzeugen unter-

---

[37] Vgl. hierzu *Hentschel* Trunkenheit Rn. 701, 705; vgl. ebenso zu den Bemessungsgrundsätzen *Hentschel* Trunkenheit Rn. 703 ff.
[38] Vgl. hierzu ausführlich *Hentschel* Trunkenheit Rn. 734 ff.
[39] Vgl. hierzu *Fischer* § 69a Rn. 44.
[40] LG Köln DAR 1978, 322.
[41] Vgl. hierzu *Hentschel* Trunkenheit Rn. 791.
[42] Vgl. *Himmelreich* DAR 2003, 110.
[43] AG Rostock DAR 2005, 169.
[44] AG Lüdinghausen NZV 2004, 424.
[45] AG Wuppertal DAR 2004, 169; vgl. auch AG Hof NZV 2004, 101.

schiedliche Maßnahmen anordnen. Entsprechendes gilt für die vorzeitige Aufhebung der Sperre.

Für den Antrag und das Verfahren über die vorzeitige Aufhebung der Sperrfrist besteht unter den gleichen Voraussetzungen Eintrittspflicht der Rechtsschutzversicherung, in denen eine Eintrittspflicht für das vorangegangene Strafverfahren zu gewähren war. Als maßgebender Zeitpunkt für den Versicherungsfall ist der Zeitpunkt zu werten, zu dem seitens des Verurteilten die Voraussetzungen für eine Abkürzung der Sperrfrist geltend gemacht werden. 58

g) Verzicht auf Fahrerlaubnis. In der Praxis kommt es nicht selten vor, dass seitens der Staatsanwaltschaft oder des Gerichtes ein Verzicht auf Fahrerlaubnis angeregt wird, verbunden mit dem Angebot der Einstellung des Verfahrens gemäß §§ 153 ff. StPO. In diesem Fall stellt sich die Frage, ob nach Erledigung des Strafverfahrens und Verzicht auf Fahrerlaubnis ein Antrag auf Neuerteilung der Fahrerlaubnis gestellt werden kann. 59

Für die Entgegennahme der Verzichtserklärung ist gemäß § 2 Abs. 1 S. 1 sowie § 3 Abs. 1 S. 1 StVG die Fahrerlaubnisbehörde zuständig. Nach § 20 Abs. 1 FeV gelten für die Neuerteilung einer Fahrerlaubnis nach vorangegangenem Verzicht die Vorschriften über die Ersterteilung. Im Ergebnis ist es demjenigen, der im Strafverfahren den Verzicht auf die Fahrerlaubnis erklärt hat, unbenommen, einen Antrag auf Neuerteilung zu stellen. Ob die Neuerteilung erfolgt, ist dann im Rahmen der allgemeinen rechtlichen Voraussetzungen zu prüfen.[46] Dies früher mit dem Verzicht verbundene Rechtsfolge, dass dann – anders als bei einer Entziehung der Fahrerlaubnis – Punkte für davor begangene Verkehrsverstöße nicht gelöscht werden, ist durch § 4 Abs. 3 StVG mit der Punktelöschung durch Neuerteilung beseitigt. 60

3. Ausnahmen vom Entzug der Fahrerlaubnis und der Sperre

a) Möglichkeit der Ausnahme von der Sperre. § 69a Abs. 2 StGB regelt ausdrücklich, dass das Gericht von der Sperre bestimmte Arten von Kraftfahrzeugen ausnehmen kann, wenn besondere Umstände die Annahme rechtfertigen, dass der Zweck der Maßregel dadurch nicht gefährdet wird. Diese Gesetzesbestimmung ermöglicht also die Beschränkung der Sperre auf bestimmte Arten von Kraftfahrzeugen. 61

Die Möglichkeit, bestimmte Kraftfahrzeugarten von der Sperre auszunehmen, orientiert sich an der Bestimmung des § 6 Abs. 1 S. 2 FeV, wonach die Fahrerlaubnis auf bestimmte Kraftfahrzeugarten beschränkt werden kann. Nur die insoweit genannten Kraftfahrzeugarten können von der Sperrfrist ausgenommen werden. 62

aa) Beispiele für Ausnahme vom Entzug der Fahrerlaubnis. Früher wurde für bestimmte Kraftfahrzeugarten leichter die Möglichkeit einer Ausnahme bejaht; dabei ist jedoch zu beachten, dass der Vorbesitz der Klasse B für schwere Fahrzeuge auch in den Fällen des § 69a Abs. 2 StGB unerlässlich ist (vgl. § 9 Abs. 3 FeV). § 69a Abs. 2 StGB ist insofern fahrerlaubnisrechtlich nur umsetzbar, wenn es sich um Fahrzeugarten ohne erforderlichen Vorbesitz der Klasse B handelt. 63

- **Lkw der Klasse 3 bis 7,5 t:** OLG Karlsruhe VRS 63, 200; LG Hannover VRS 65, 340; AG Kiel DAR 1981, 395; LG Nürnberg DAR 1982, 26; LG Essen zfs 1982, 61 mit weiteren Nachweisen; LG Memmingen DAR 1982, 373; AG Karlsruhe BA 1983, 167; AG Monschau DAR 1990, 310
- **Feuerlöschfahrzeuge der Klasse 3:** BayObLG NZV 1991, 397
- **Rettungswagen der Feuerwehr bis zu 7,5 t:** LG Hamburg DAR 1992, 191
- **Straßenwachtfahrzeuge des ADAC:** LG Hamburg NZV 1992, 422
- **Landwirtschaftliche Zugmaschinen und Lkw der Klasse 2:** OLG Köln VM 1985, 28; AG Viersen DAR 1983, 367; LG Kempten DAR 1983, 367; LG Zweibrücken zfs 1995, 194; AG Dortmund DAR 1987, 30; AG Wittmund DAR 1987, 392; AG Monschau zfs 1990, 33; AG Emden NZV 1991, 365
- **Radlader:** LG Kempten DAR 1984, 127

---

[46] Vgl. hierzu im Einzelnen *Hentschel* Trunkenheit Rn. 724.

- **Bestimmt bezeichnete Baustellenfahrzeuge auf abgegrenztem Baustellengelände:** AG Mölln zfs 1995, 314
- **Spezialfahrzeuge zur Kanalreinigung:** AG Düren zfs 1984, 160 (Leitsatz)
- **Omnibusse:** OLG Hamm VRS 62, 124
- **Fahrzeuge über 7,5 t der Klasse 2:** OLG Celle DAR 1985, 90
- **Panzerfahrzeuge der Bundeswehr:** LG Detmold DAR 1990, 34
- **Fahrzeuge der Klasse 4:** LG Köln DAR 1990, 112
- **Kraftfahrzeuge der Klasse 2 (ausnahmsweise von der vorläufigen Fahrerlaubnisentziehung):** LG Osnabrück zfs 1998, 273[47]

64 *bb) Antrag auf Ausnahme.* Kommt eine Ausnahme von der Sperre für bestimmte Fahrzeuge in Betracht und wird ein solcher Antrag gestellt, so sind die Voraussetzungen für die Ausnahme nach § 69a Abs. 2 StGB im Einzelnen darzulegen. Hierbei sind die objektiven und subjektiven Umstände im Einzelnen darzulegen und evtl. glaubhaft zu machen, die die Annahme rechtfertigen, dass der Zweck der Maßregel, die Allgemeinheit vor ungeeigneten Kraftfahrzeugführern zu schützen und den Täter wieder zum Führen von Kraftfahrzeugen geeignet zu machen, durch die Ausnahme nicht gefährdet wird.[48] Dies ist bei Alkohol- oder Drogenfahrten kaum noch plausibel vorstellbar.

65 Bei der Festsetzung von Ausnahmen vom Entzug der Fahrerlaubnis ist so zu verfahren, dass durch die Verwaltungsbehörde für den Teil der Fahrerlaubnis, für den eine Entziehung der Fahrerlaubnis nicht erfolgt ist, eine neue Fahrerlaubnis erteilt werden muss, sofern unter verwaltungsrechtlichen Gesichtspunkten keine weitergehenden Eignungszweifel bestehen.

66 Der Antrag auf Ausnahme vom Entzug der Fahrerlaubnis kann schon mit der Einlassung in der Hauptverhandlung gestellt werden, sollte aber in jedem Fall ausführlich begründet werden, sodass die Voraussetzungen für die Ausnahme vom Entzug der Fahrerlaubnis erfüllt sind.

Formulierungsvorschlag:

67 Es wird beantragt,
    für den Fall des Entzuges der Fahrerlaubnis gemäß § 69a Abs. 2 StGB von der Sperre folgende Ausnahme festzusetzen . . . . . .
Zur Begründung wird Folgendes ausgeführt:

. . . . . .

Die Voraussetzungen für die Ausnahme gemäß § 69a Abs. 2 StGB sind gegeben, und zwar sowohl in objektiver wie auch in subjektiver Hinsicht.
Es ist davon auszugehen, dass der Zweck der Maßregel, die Allgemeinheit vor ungeeigneten Kraftfahrzeugführern zu schützen und den Täter wieder zum Führen von Kraftfahrzeugen geeignet zu machen, durch die Ausnahme nicht gefährdet wird.[49]

---

68 **b) Ausnahme von der Entziehung der Fahrerlaubnis.** Die Voraussetzungen für die Ausnahme gemäß § 69a Abs. 2 StGB sind auf die Voraussetzungen für eine Maßnahme nach § 111a StPO übertragbar. In der Durchführung der Entscheidung über die vorläufige Entziehung der Fahrerlaubnis ist zu beachten, dass bei vorläufiger Entziehung der Fahrerlaubnis der Führerschein in amtliche Verwahrung genommen wird. Die Verwaltungsbehörde muss aber alsbald einen Ersatzführerschein für die bestehen gebliebene Fahrerlaubnis erteilen.[50]

4. Entzug der Fahrerlaubnis und Verteidigung

69 Sowohl bei der vorläufigen Entziehung der Fahrerlaubnis gemäß § 111a StPO als auch bei der endgültigen Entziehung der Fahrerlaubnis gemäß § 69 StGB iVm der Verhängung

---

[47] Vgl. hierzu auch Übersicht bei *Fischer* § 69a Rn. 3.
[48] Vgl. hierzu im Einzelnen *Fischer* § 69a Rn. 3a.
[49] Zu den Voraussetzungen im Einzelnen und im Übrigen vgl. *Fischer* § 69a Rn. 3b.
[50] *Meyer-Goßner/Schmitt* § 111a Rn. 4.

einer Sperrfrist gemäß § 69a StGB ist die Verteidigung gefordert, alle Möglichkeiten zu nutzen. Wie sich aus den vorstehenden Darstellung ergibt, ist hierbei an folgendes zu denken:

a) Bei – drohender – vorläufiger Entziehung der Fahrerlaubnis
- Abwehr der vorläufigen Entziehung der Fahrerlaubnis, ggf. bei Fortfall der Voraussetzungen oder in der Rechtsmittelinstanz.
- Ausnahmen bestimmter Kraftfahrzeugarten von der vorläufigen Entziehung der Fahrerlaubnis.

b) Bei Entzug der Fahrerlaubnis
- Abwehr des Entzuges der Fahrerlaubnis
- Erreichen einer möglichst kurzen Sperrfrist
- Beachtung der Mindestsperrfrist
- Antrag auf vorzeitige Aufhebung der Sperrfrist
- Ausnahmen bestimmter Kraftfahrzeugarten vom Entzug der Fahrerlaubnis.

Die vorstehend aufgeführten Aspekte möglicher Chancen der Verteidigung sind dabei zu prüfen.

5. Austausch von Führerscheinmaßnahmen

Für die Verteidigung besteht häufig eine Chance, zugunsten des Mandanten den Austausch von Führerscheinmaßnahmen zu erreichen, also Fahrverbot statt Fahrerlaubnisentzug. Dies ist auch in der Rechtsmittelinstanz möglich. Es ist von dem Grundsatz auszugehen, dass eine begründete Ausnahme von der Entziehung der Fahrerlaubnis auch dann in Betracht kommt, wenn die vom Angeklagten begangene Tat unter § 69 Abs. 2 Nr. 4 StGB fällt.[51]

Bei einem zugunsten des Angeklagten eingelegten Rechtsmittel ist es nicht möglich, anstelle eines Fahrverbotes eine Maßregel nach § 69a StGB treten zu lassen. Umgekehrt ist aber der Übergang von einer Maßregel nach § 69 StGB zum Fahrverbot grundsätzlich möglich und fällt nicht unter das Verschlechterungsverbot der §§ 331, 385 Abs. 2 StPO. Dies hat auch Geltung bei gleichzeitiger Erhöhung der Geldstrafe oder ggf. Geldbuße.

6. Entziehung der Fahrerlaubnis gegen Beifahrer

Auch gegenüber einem Beifahrer kommt die Entziehung der Fahrerlaubnis in Betracht. Bei der Maßregelanordnung nach § 69 Abs. 1 StGB gegen einen Beifahrer sind besonders deutliche Hinweise zu fordern, aus denen sich die Ungeeignetheit zum Führen von Kraftfahrzeugen ergibt.[52]

7. Entziehung der Fahrerlaubnis bei Taten allgemeiner Kriminalität

Seit längerem wird die Frage diskutiert, ob auch bei Taten allgemeiner Kriminalität die Entziehung der Fahrerlaubnis gemäß §§ 69, 69a StGB in Betracht kommt. Fraglich ist dabei, ob sich die Ungeeignetheit des Täters zum Führen von Kraftfahrzeugen, also eine von ihm ausgehende, zum Zeitpunkt der Entscheidung bestehende Gefahr für die Sicherheit des Verkehrs, „aus der Tat ergibt".[53]

Hierzu hat der BGH[54] in Bezug auf Betrug, schwere räuberische Erpressung und unerlaubten Handeltreibens mit Betäubungsmitteln in nicht geringer Menge klargestellt, dass § 69 StGB den Schutz der Sicherheit des Straßenverkehrs bezweckt. Die strafgerichtliche Entziehung der Fahrerlaubnis wegen charakterlicher Ungeeignetheit bei Taten im Zusammenhang mit dem Führen eines Kraftfahrzeugs (§ 69 Abs. 1 S. 1 Var. 2 StGB) setzt daher voraus, dass die Anlasstat tragfähige Rückschlüsse darauf zulässt, dass der Täter bereit ist, die Sicherheit des Straßenverkehrs seinen eigenen kriminellen Interessen unterzuordnen.

---
[51] LG Gera DAR 1999, 420.
[52] BGH NZV 2005, 50.
[53] BGH NZV 2004, 368.
[54] BGH Beschl. v. 27.4.2005 – GSSt 2/04, NJW 2005, 1957.

Charakterliche Defizite allein reichen daher für die Entziehung der Fahrerlaubnis nach § 69 StGB nicht aus.

77 Neuerdings wird auch wieder diskutiert, ob ein strafrechtliches Fahrverbot nach § 44 StGB außerhalb des Verkehrsrechts ermöglicht werden soll, um kleinere und mittlere Straftaten hiermit zu sanktionieren. Erwogen wird dabei, dass hier oftmals die Geldstrafe unzureichend ist und die Voraussetzungen einer Freiheitsstrafe noch nicht erfüllt sind. Diese seit 30 Jahren existente Idee findet sich im Koalitionsvertrag der 18. Legislaturperiode; eine politische Entscheidung um die Umsetzung und deren Details steht derzeit noch aus.

III. Das Fahrverbot

1. Das Fahrverbot gemäß § 44 StGB

78 Das Fahrverbot gemäß § 44 StGB ist eine Nebenstrafe. Die Rechtsnatur und der vom Gesetz verfolgte Zweck werden aus der amtlichen Begründung zum 2. Verkehrssicherungsgesetz deutlich. Hier ist ausgeführt:[55]

„Die Vorschrift nimmt einen im Rahmen der Reform des allgemeinen Strafrechts erarbeiteten Vorschlag vorweg (vgl. § 54 E 1962). Sie sieht als neue Nebenstrafe das dem Täter neben der Hauptstrafe aufzuerlegende Verbot vor, Kraftfahrzeuge jeder oder einer bestimmten Art für die Dauer von einem Monat bis zu 3 Monaten zu führen (Fahrverbot) ... Der Entwurf hat das Fahrverbot als Nebenstrafe ausgestaltet, weil bei dieser Rechtsform am ehesten sachgemäße Grundsätze für seine Verhängung und die Bemessung der Verbotsfrist herausgearbeitet werden können ...

Die Rechtsnatur des Fahrverbots als eine Nebenstrafe wird dadurch zweifelsfrei herausgearbeitet, dass es in den Abschnitt „Strafen" eingestellt und ausdrücklich nur neben Freiheitsstrafe oder Geldstrafe zugelassen wird. Gegenüber Jugendlichen kann es jedoch auch neben Erziehungsmaßregeln und Zuchtmitteln verhängt werden. Das ergibt sich aus § 8 Abs. 3 des JGG."

Bei der Verhängung des Fahrverbotes als Nebenstrafe sind die allgemeinen Strafzumessungsregeln zu beachten.[56]

79 a) **Verfahrensfragen.** Das Fahrverbot kann im beschleunigten Verfahren gemäß § 417 StPO und im Abwesenheitsverfahren gemäß § 232 StPO bzw. § 233 StPO verhängt werden. Weiter kann im Strafbefehl gemäß § 407 Abs. 2 Nr. 1 StPO auf ein Fahrverbot erkannt werden, ebenso im vereinfachten Jugendverfahren gemäß § 76 JGG.[57]

80 Bei der Verhängung des Fahrverbotes ist die Hinweispflicht gemäß § 265 StPO zu beachten.[58] Die Hinweispflicht entfällt nur, wenn der Betroffene bereits auf die Möglichkeit der schwerer wiegenden Entziehung der Fahrerlaubnis hingewiesen worden ist.

81 b) **Die Verhängung des Fahrverbotes.** *aa) Wann ist ein Fahrverbot zulässig?* Ein Fahrverbot gemäß § 44 StGB setzt voraus, dass der Täter eine Straftat, also nicht eine Ordnungswidrigkeit, begangen hat.[59] Die Straftat muss beim eigenen Führen eines Kraftfahrzeuges, im Zusammenhang mit dem Führen des Kraftfahrzeuges oder unter Verletzung der Pflichten eines Kraftfahrzeugführers begangen worden sein.[60] Weitere Voraussetzung für die Verhängung eines Fahrverbotes gemäß § 44 StGB ist die Verurteilung wegen der begangenen Straftat zu einer Freiheitsstrafe oder Geldstrafe.

82 Das Fahrverbot kann gemäß § 44 Abs. 1 StGB nur neben Freiheits- oder Geldstrafe verhängt werden. Dies folgt daraus, dass eine Nebenstrafe begrifflich eine Hauptstrafe voraussetzt.[61] Bei Verwarnung mit Strafvorbehalt gemäß § 59 Abs. 3 StGB kann ebenfalls kein Fahrverbot verhängt werden. Weiter ist es unzulässig, bei Anwendung von § 27 JGG, also lediglich bei Schuldfeststellung, ein Fahrverbot zu verhängen. Anderseits wird die Anord-

---

[55] BT-Drs. IV/651, 12, 13 abgedruckt bei *Hentschel* Trunkenheit Rn. 900.
[56] OLG Köln NZV 1992, 159 = DAR 1992, 152; OLG Köln DAR 1999, 87; OLG Düsseldorf NZV 1993, 76.
[57] Vgl. im Einzelnen *Hentschel* Trunkenheit Rn. 901–905.
[58] Vgl. *Hentschel* Trunkenheit Rn. 906 unter Hinweis auf die umfangreiche Rspr.
[59] *Fischer* § 44 Rn. 6.
[60] *Fischer* § 44 Rn. 5, 6, 7.
[61] OLG Hamburg DAR 1965, 215.

nung des Fahrverbotes neben Erziehungsmaßregeln und Zuchtmitteln gemäß § 8 Abs. 3 JGG als zulässig angesehen.[62]

bb) Die Regelfälle des Fahrverbotes gemäß § 44 Abs. 1 S. 2 StGB. In § 44 Abs. 1 S. 2 StGB sind die Regelfälle bestimmt, in denen ein Fahrverbot zu verhängen ist. Dies sind die Fälle, in denen bei einer Verurteilung nach § 315c Abs. 1 Nr. 1a, Abs. 3 oder § 316 StGB die Entziehung der Fahrerlaubnis gemäß § 69 StGB ausnahmsweise unterblieben ist. Nach der Vorschrift des § 44 Abs. 1 S. 2 StGB ist der Ermessensspielraum des Gerichtes stark eingeschränkt, indem bestimmt ist, dass ein Fahrverbot in den vorgenannten Fällen in der Regel anzuordnen ist. Drängen sich keine Gründe für die Rechtfertigung einer Ausnahme auf, so genügt es, wenn die Urteilsgründe die Feststellung enthalten, dass der Regelfall vorliegt. Umgekehrt ist das Absehen von der Verhängung des Fahrverbots im Urteil besonders zu begründen.

Eine besondere Frage stellt sich in dem Fall, in dem der Zweck der Maßregel durch die Dauer vorläufiger Führerscheinmaßnahmen (Beschlagnahme des Führerscheins, vorläufige Entziehung der Fahrerlaubnis) als erreicht angesehen wird.[63] In diesem Fall kommt die Verhängung eines nur symbolischen Fahrverbotes mit der Maßgabe in Betracht, dass das Fahrverbot als vollstreckt gilt.

cc) Ausnahmen vom Fahrverbot. Grundsätzlich kommt auch in Betracht, von der Verhängung eines Fahrverbotes nach § 44 StGB abzusehen. Der Zeitablauf spielt bei der Notwendigkeit zur Anordnung eine entscheidende Rolle.[64] In Betracht kommt, die Anordnung eines Fahrverbotes durch Erhöhung des Tagessatzes zu kompensieren. Dies bedarf jedoch der Ausfüllung durch Tatsachen, wobei summarische Erwägungen nicht ausreichend sind.[65]

dd) Der Inhalt des Fahrverbotes. Das Fahrverbot bewirkt, dass das Führen von Kraftfahrzeugen verboten wird. Hierbei geht die Fahrerlaubnis nicht verloren, lediglich deren Nutzung wird suspendiert. Das Verbot bezieht sich auf das Führen von Kraftfahrzeugen im Straßenverkehr für die Dauer von einem, zwei oder höchstens drei Monaten.

§ 44 Abs. 2 S. 1 StGB bestimmt, wann das Fahrverbot wirksam wird. So führt *Hentschel*[66] zu § 44 Abs. 3 S. 1 StGB aus, dass das Fahrverbot erst mit der Abgabe des Führerscheins in amtlicher Verwahrung wirksam wird. Ausdrücklich ist in § 44 Abs. 2 S. 1 StGB aber bestimmt, dass das Fahrverbot mit der Rechtskraft des Urteils wirksam wird. Andererseits spricht § 44 Abs. 3 S. 1 StGB nicht von Wirksamkeit. Vielmehr besagt diese Regelung, dass bei amtlicher Verwahrung die Verbotsfrist erst von dem Tage an gerechnet wird, an dem dies geschieht. Im Übrigen ist in § 44 Abs. 3 S. 2 StGB ausdrücklich bestimmt, dass in die Verbotsfrist die Zeit nicht eingerechnet wird, in welcher der Täter auf behördliche Anordnung in einer Anstalt verwahrt wird.

Es ist also zwischen Wirksamkeit und Berechnung der Verbotsfrist zu unterscheiden. Derjenige, der entgegen der Wirksamkeit des Fahrverbotes gemäß § 44 Abs. 2 S. 1 StGB ein Fahrzeug führt, verwirklicht den Straftatbestand des § 21 StVG. Die Vollstreckung eines Fahrverbotes erfolgt in der Weise, dass ein von einer deutschen Behörde erteilter Führerschein amtlich verwahrt wird. Dies ist in § 44 Abs. 2 S. 2 StGB geregelt. Diese Art der Vollstreckung wird auch angewandt, wenn das Fahrverbot auf bestimmte Arten von Kraftfahrzeugen beschränkt ist. Bei Beschränkung auf bestimmte Arten von Kraftfahrzeugen ist ein Ersatzdokument auszustellen, aus dem sich die Beschränkung ergibt.

Die Prüfbescheinigung gemäß § 5 Abs. 4 FeV für das Führen von Mofas ist kein Führerschein iSv § 44 Abs. 2 S. 2, Abs. 3 S. 1 StGB.[67] Gleichwohl erstreckt sich das Fahrverbot auch auf dieses – fahrerlaubnisfreie – Kraftfahrzeug.

ee) Beschränkung des Fahrverbotes auf bestimmte Kraftfahrzeugarten. Vom Fahrverbot können bestimmte Arten von Kraftfahrzeugen ausgenommen werden. Dies ergibt sich aus § 44 Abs. 1 S. 1 StGB. Hinsichtlich der in Betracht kommenden Kraftfahrzeuge gilt das

---

[62] *Hentschel* Trunkenheit Rn. 911.
[63] Vgl. *Hentschel* Trunkenheit Rn. 921 sowie 616.
[64] OLG Stuttgart DAR 1999, 180.
[65] OLG Stuttgart DAR 1999, 180.
[66] NJW 1999, 696 (707).
[67] *Hentschel* Trunkenheit Rn. 930.

Gleiche wie bei der Herausnahme aus der Entziehung der Fahrerlaubnis. Zu beachten ist jedoch, dass die Entscheidungsgesichtspunkte für die Ausnahme bestimmter Kraftfahrzeuge von der Fahrerlaubnissperre gemäß § 69 StGB nicht ohne weiteres zu übertragen sind. Dies folgt aus der anderen Rechtsnatur des Fahrverbotes, da beim Fahrverbot echte Strafzumessungskriterien maßgebend sind. Entscheidend ist, ob der Strafzweck auch mit einem beschränkten Fahrverbot erreicht werden kann.

91 c) **Vollstreckung des Fahrverbotes.** *aa) Grundlagen und Durchführung der Vollstreckung.* Wird der Führerschein nicht freiwillig herausgegeben, so ist er gemäß § 463b Abs. 1 StPO zu beschlagnahmen. Zuständig ist die Vollstreckungsbehörde gemäß § 451 StPO. Die Beschlagnahmeanordnung durch die Vollstreckungsbehörde enthält zugleich die Anordnung einer erforderlich werdenden Wohnungsdurchsuchung beim Führerscheininhaber. Eines besonderen richterlichen Beschlusses bedarf es trotz des Richtervorbehalts des Art. 13 Abs. 2 GG nicht, da die richterliche Anordnung bereits in dem das Fahrverbot verhängenden Urteil oder Strafbefehl enthalten ist.[68]

92 Der Inhaber der Fahrerlaubnis, der den Führerschein nicht herausgeben kann, muss gemäß § 463b Abs. 3 StPO auf Antrag der Vollstreckungsbehörde bei dem Amtsgericht eine eidesstattliche Versicherung über den Verbleib seines Führerscheins abgeben. Wird angegeben, der Führerschein sei verloren gegangen, so ist der Verurteilte aufzufordern, einen Ersatzführerschein zu den Akten zu reichen.[69] Maßgebend für Einzelheiten der Führerscheinverwahrung und der späteren Rückgabe ist die Strafvollstreckungsordnung. Hierbei handelt es sich um eine die Gerichte nicht bindende Verwaltungsanordnung.[70] Ein Aufschub der Vollstreckung kommt bei einem Verfahren auf Wiedereinsetzung nicht in Betracht, ebenso nicht im Gnadenweg.[71]

93 Für Inhaber einer ausländischen Fahrerlaubnis gilt bei der Verhängung des Fahrverbotes, dass an die Stelle der Verwahrung des Führerscheins ein Vermerk im Führerschein angebracht wird.[72] Sofern es sich um einen EU- oder EWR-Führerschein handelt und der Inhaber seinen Wohnsitz im Inland hat, ist jedoch auch dieser Führerschein wie ein deutsches Dokument in amtliche Verwahrung zu geben (§ 44 Abs. 2 S. 3 StGB).

94 *bb) Speziell: Mehrere Fahrverbote.* Umstritten ist die Rechtslage, wenn mehrere Fahrverbote wirksam verhängt sind. Hierbei stellt sich die Frage, ob mehrere einander überschneidende Fahrverbote gleichzeitig ablaufen können oder ob die Verbotsfristen addiert werden und nacheinander beginnen. Bei einer – addierten – Vollstreckung von mehreren Fahrverboten kann sich ergeben, dass die nacheinander laufenden Verbotsfristen aufgrund der jeweils nachfolgenden Vollstreckung die im Gesetz genannte Frist von 3 Monaten weit übersteigen. Neben dem von *Hentschel*[73] angeführten Argument, dass bei der Entscheidung dieser Rechtsfragen die Orientierung an der Höchstdauer von 3 Monaten geboten ist, kommt zusätzlich das durchgreifende Argument in Betracht, dass der Zweck eines Fahrverbotes generell spezialpräventive Funktion mit Warnfunktion hat. Hierbei gilt es, die Regelung des § 44 StGB zu beachten, dass diese Warnfunktion durch ein Fahrverbot „für die Dauer von einem bis zu 3 Monaten" erreicht wird (§ 44 Abs. 1 S. 1 StGB).

95 Der Gesetzgeber geht also davon aus, dass die beabsichtigte Wirkung eines Fahrverbotes grundsätzlich bereits bei einer Dauer von einem Monat zu erzielen ist. Eine längere Dauer kommt nur in Betracht, wenn gewichtige Umstände zu Ungunsten des Täters bei der Tatschwere oder/und Schuld erkennen lassen, dass ein Fahrverbot nicht ausreicht, um den Betroffenen nachhaltig zu beeinflussen.[74]

96 d) **Anrechnung vorläufiger Maßnahmen gemäß § 51 Abs. 5 StGB.** In § 51 Abs. 5 StGB ist bestimmt, dass auf das Fahrverbot gemäß § 44 StGB als Nebenstrafe eine vorläufige Maßnahme,

---

[68] *Hentschel* Trunkenheit Rn. 1033.
[69] *Hentschel* Trunkenheit Rn. 932.
[70] *Hentschel* Trunkenheit Rn. 934.
[71] *Hentschel* Trunkenheit Rn. 933.
[72] *Fischer* § 44 Rn. 21.
[73] *Hentschel* Trunkenheit Rn. 936.
[74] BayObLG DAR 1999, 221.

die das Führen von Kraftfahrzeugen verhindert, angerechnet wird. Die Anrechnung erfolgt auf die Dauer der Verwahrung, Sicherstellung oder Beschlagnahme des Führerscheins oder für die Dauer einer vorläufigen Entziehung der Fahrerlaubnis und beginnt mit dem Zeitpunkt der Zustellung des Beschlusses, auch wenn der Führerschein nicht abgegeben wurde.[75]

2. Das Fahrverbot gemäß § 25 StVG

a) **Rechtsnatur des Fahrverbotes.** Das Fahrverbot gemäß § 25 StVG entspricht dem sachlichen Gehalt des Fahrverbotes gemäß § 44 StGB, jedoch mit dem dogmatischen Unterschied, dass es nicht Nebenstrafe ist, sondern nur als Nebenfolge in Betracht kommt. Dies folgt daraus, dass das Ordnungswidrigkeitenrecht keine Strafe kennt.[76]

b) **Voraussetzungen des Fahrverbotes.** Ein Fahrverbot nach § 25 StVG setzt eine Pflichtverletzung des Fahrers voraus. Es findet nur bei Ordnungswidrigkeiten gemäß den §§ 24, 24a StVG Anwendung und ist nur zulässig, wenn wegen einer Ordnungswidrigkeit eine Geldbuße verhängt wird. Ein Fahrverbot kommt nur gegen den Kraftfahrzeugführer als Nebenfolge in Betracht, nicht auch gegen mögliche Mitverantwortliche, also nicht gegen denjenigen, der als Halter nur das Führen des Fahrzeuges gestattet hat.

Weitere Voraussetzung ist eine grobe oder beharrliche Verletzung der Pflichten eines Kraftfahrzeugführers.[77] Bei dem Begriff beharrlich handelt es sich um einen unbestimmten Rechtsbegriff, der der Ausfüllung im Einzelfall bedarf. Dabei ist dem Tatrichter ein gewisser Beurteilungsspielraum eingeräumt.[78]

Grobe Pflichtverletzungen sind solche, die objektiv immer wieder Ursache schwerer Unfälle sind und subjektiv auf besonders grober Nachlässigkeit oder Gleichgültigkeit beruhen.[79] Auch bei objektiv grobem Verstoß setzt die Anordnung eines Fahrverbotes subjektiv ein besonders verantwortungsloses Verhalten des Fahrers voraus.[80] Bei einer Überschreitung der Geschwindigkeit kommt es ebenso wie bei Rotlichtverstößen auf die Gefährlichkeit des Verstoßes und das besonders verantwortungslose Verhalten, abhängig von den Umständen an.[81]

Auch bei Beharrlichkeit kann ein Fahrverbot ausgesprochen werden, wenn der Verstoß nicht als grob anzusehen ist. Hierbei weist allein die Wiederholung eines Verkehrsverstoßes noch nicht zwingend auf Beharrlichkeit.[82] Vielmehr kommt es darauf an, dass mehrere Verstöße in einem inneren und zeitlichen Zusammenhang stehen und aus mangelnder Rechtstreue begangen wurden.

c) **Fahrverbot bei Verurteilung gemäß § 24a StVG.** Bei einer Verurteilung nach § 24a Abs. 1 oder Abs. 2 StVG, also beim Führen eines Kraftfahrzeuges mit 0,5‰ BAK bzw. 0,25 mg/l AAK oder unter Wirkung berauschender Mittel, ist gemäß § 25 Abs. 1 S. 2 StVG neben Geldbuße in der Regel ein Fahrverbot anzuordnen. Hier kommt es auf weitergehende Pflichtverletzung im Sinne grober oder beharrlicher Verletzung der Pflichten eines Kraftfahrzeugführers nicht an. Vielmehr umschreibt der Tatbestand des § 24a StVG wegen der hohen Durchschnittgefährlichkeit des Kraftfahrzeugführens unter Alkohol oder Drogen den Regelfall eines Fahrverbotes.[83]

Bei diesem gesetzgeberisch indizierten Fahrverbot gemäß § 25 Abs. 1 S. 2 StVG kann von der Anordnung eines Fahrverbotes nur abgesehen werden, wenn die Tatumstände so aus dem Rahmen üblicher Begehungsweisen fallen, dass die Vorschrift über das Regelfahrverbot offensichtlich verfehlt ist und die Anordnung eine Härte ganz außergewöhnlicher Art bedeuten würde. Dies kann zB der Fall sein, wenn von vornherein nur ein Fahren für wenige Meter auf abgelegenem Gelände oder auf Nebenstraßen abseits befahrener Straßen ohne zu befürchtende Gefährdung anderer beabsichtigt war.

---

[75] Vgl. hierzu im Einzelnen *Fischer* § 44 Rn. 18, 19.
[76] *Hentschel* StVG § 25 Rn. 11.
[77] Vgl. auch *Grohmann* DAR 2000, 52 ff.
[78] BayObLG DAR 2000, 222.
[79] *Hentschel* StVG § 25 Rn. 14 mit ausführlichem Nachweis der Rspr.
[80] *Hentschel* StVG § 25 Rn. 14.
[81] *Hentschel* StVG § 25 Rn. 14 mit ausführlicher Zusammenstellung der Rspr.
[82] Vgl. *Hentschel* StVG § 25 Rn. 15.
[83] *Hentschel* StVG § 25 Rn. 18.

104 Demgegenüber rechtfertigen wirtschaftliche Nachteile, die häufig die Folge eines Fahrverbotes sind, keine Ausnahme. Jedoch ist der drohende Arbeitsplatz- oder der Existenzverlust als unausweichliche Folge im Urteil nachprüfbar zu erörtern und ein Absehen vom Fahrverbot gesondert zu rechtfertigen. Verstößt ein Berufskraftfahrer wiederholt gegen § 24a StVG, so ist ein Fahrverbot zu verhängen und das verhängte Fahrverbot nicht auf den Privat-Pkw zu beschränken.[84]
Auch ist ein eingeschränktes Fahrverbot wegen des Übermaßverbotes möglich.[85]

105 d) **Wirksamkeit, Dauer und Vollstreckung des Fahrverbotes.** *aa) Wirksamkeit.* Das Fahrverbot ist grundsätzlich gemäß § 25 Abs. 2 StVG mit der rechtskräftigen Bußgeldentscheidung wirksam.

106 Eine Privilegierung sieht jedoch § 25 Abs. 2a StVG gegenüber dem Fahrverbot gemäß § 44 StGB vor: Wenn in den 2 Jahren vor Begehung der Ordnungswidrigkeit und auch bis zur Bußgeldentscheidung kein Fahrverbot angeordnet worden ist, und zwar gleichgültig, ob nach § 25 StVG oder § 44 StGB, so kann der Beginn der Wirksamkeit des Fahrverbotes als Nebenfolge nach Maßgabe des § 25 Abs. 2a StVG innerhalb von 4 Monaten ab Rechtskraft durch den Betroffenen selbst bestimmt werden. Die Wirksamkeit tritt aber spätestens 4 Monate nach Eintritt der Rechtskraft ein.

107 *bb) Dauer.* Das Fahrverbot wird für die Dauer von 1, 2 oder 3 Monaten verhängt. Bei erstmaliger Verhängung eines nicht nach § 4 BKatV indizierten Fahrverbotes ist die Dauer, wenn nicht besonders erschwerende Umstände vorliegen, auf einen Monat zu begrenzen.

108 Im Übrigen sind die Regelsätze nach § 4 BKatV zu beachten. Die dort vorgegebene jeweilige Frist für die Regelfälle kann nur bei Vorliegen besonderer Voraussetzungen überschritten werden.[86]

109 *cc) Vollstreckung.* Vollstreckt wird das Fahrverbot durch amtliche Verwahrung bzw. durch Eintragung eines Vermerks.[87] Derjenige, der trotz Fahrverbotes ein Fahrzeug führt, macht sich strafbar gemäß § 21 StVG. Hierüber sollte der Betroffene durch den Verteidiger belehrt werden.

110 Die gleichzeitige Vollstreckung von Fahrverboten ist auch weiterhin auf die in § 25 Abs. 2 StVG geregelten Fahrverbote, die mit der Rechtskraft der Bußgeldentscheidung wirksam werden, zulässig. Die Regelung des § 25 Abs. 2a S. 2 StVG, die vorsieht, dass die Fahrverbote nacheinander in der Reihenfolge der Rechtskraft der Bußgeldentscheidungen zu berechnen sind, ist hier nicht anwendbar, da sie nur in Fällen gilt, in denen ein Fahrverbot unter Zubilligung der 4-Monatsfrist für das Wirksamwerden des Fahrverbotes angeordnet worden ist.[88] Für die Mischfälle mit je einem Fahrverbot mit und ohne 4-Monatsfrist findet § 25 Abs. 2a S. 2 StVG ebenfalls Anwendung.[89]

111 Wichtig ist, den Betroffenen auf das durch das Fahrverbot bedingte Verbot, ein Kraftfahrzeug zu führen, hinzuweisen. Nimmt der Täter jedoch in Kenntnis eines gegen ihn mit Bußgeldbescheid angeordneten Fahrverbotes irrig an, dass dieses noch nicht rechtskräftig ist, handelt er jedenfalls dann in einem den Vorsatz ausschließenden Tatbestandsirrtum, wenn sein Irrtum darauf beruht, dass ihm nicht alle zur Rechtskraft führenden tatsächlichen Umstände bekannt waren.[90]

112 Mitunter wird die Durchsuchung der Wohnung angeordnet, wenn der Führerschein nicht freiwillig herausgegeben wird. Hierbei ist jedoch zu beachten, dass bei einer nicht schwerwiegenden Verkehrsordnungswidrigkeit die Durchsuchung der Wohnung und Geschäftsräume des Betroffenen gegen den Verhältnismäßigkeitsgrundsatz verstößt.[91]

---

[84] OLG Hamm DAR 2000, 224.
[85] Vgl. im Einzelnen *Hentschel* StVG § 25 Rn. 19.
[86] BayObLG zfs 1995, 143; OLG Düsseldorf DAR 1998, 242.
[87] Zur Vollstreckung im Einzelnen vgl. *Hentschel* StVG § 25 Rn. 32.
[88] AG Herford DAR 2000, 133.
[89] *Krumm* DAR 2008, 54.
[90] BayObLG NZV DAR 2000, 77.
[91] LG Zweibrücken zfs 1999, 174.

3. Fahrverbot und Bußgeldkatalog-Verordnung (BKatV)

a) Gesetzliche Grundlage. Aufgrund der Ermächtigung gemäß § 26a StVG wurde die BKatV 113
durch den Verordnungsgeber erlassen und ist zum 1.1.1990 als bundeseinheitlich geltende
Bußgeldkatalog-Verordnung als eine – auch die Gerichte bindenden – Rechtsverordnung in
Kraft getreten.[92] Gemäß des § 25 StVG ist die Verhängung eines Fahrverbotes auch in den Fällen möglich, in denen kein Regelfall im Sinne dieser Vorschriften vorliegt.

In § 4 Abs. 1 BKatV sind bestimmte Verstöße als grobe bzw. nach § 4 Abs. 2 BKatV beharrliche Pflichtverletzungen klassifiziert, die in der Regel ein Fahrverbot nach sich ziehen.

b) Die Regelfälle der BKatV. Als Regelfälle der BKatV sind bestimmt: 114
- Geschwindigkeitsüberschreitung um mehr als 30 km/h innerorts
- oder mehr als 40 km/h außerorts
- zweite Geschwindigkeitsüberschreitung um mehr als 25 km/h innerhalb eines Jahres nach Rechtskraft der Verurteilung wegen des ersten Verstoßes
- Unterschreiten des Sicherheitsabstandes um weniger als $^3/_{10}$ des halben Tachowertes bei Geschwindigkeit von mehr als 100 km/h
- Überholen oder Fahrstreifenwechsel mit Gefährdung oder Sachbeschädigung
- Überfahren des Rotlichtes nach mehr als 1s Rotlicht oder unter Gefährdung anderer (qualifizierter Rotlichtverstoß).

c) Voraussetzungen eines Fahrverbotes. Voraussetzung für die Verhängung eines Fahrver- 115
botes nach der BKatV ist das Vorliegen eines der vorgenannten Regelfälle. Die Möglichkeit
der Verhängung eines Fahrverbotes war Gegenstand der Rechtsprechung des BVerfG sowie
verschiedener BGH-Entscheidungen.

Zunächst hatte das BVerfG[93] entschieden, dass der Grundsatz der Verhältnismäßigkeit ein 116
Fahrverbot quasi als „ultima ratio" nur dann zulässt, wenn feststeht, dass der Betroffene
mit milderen Maßnahmen, zB durch die Erhöhung der Regelgeldbuße und im Wiederholungsfall durch die Verhängung des Höchstbetrages, nicht ausreichend zu verkehrsgerechtem Verhalten angehalten werden kann. Dies führte dazu, dass die überwiegende Rechtsprechung der Oberlandesgerichte die Verhängung eines Fahrverbotes selbst bei schweren Verstößen nur in sorgsam begründeten Ausnahmefällen zuließ.

Dieser Rechtsprechung trat der BGH mit seiner Entscheidung vom 28.11.1991[94] mit der 117
Begründung entgegen, die Erfüllung eines der in § 4 BKatV genannten Tatbestände indiziere
das Vorliegen einer groben oder beharrlichen Pflichtverletzung iSd § 25 StVG und verlange
die Verhängung eines Fahrverbotes als angemessene Reaktion auf einen solchen Verstoß.
Diese Rechtsprechung ist durch das BVerfG bestätigt worden.[95]

Somit bestehen keine verfassungsrechtlichen Bedenken, weil der Richter nicht an die In- 118
dizwirkung der Regelfälle in jedem Fall gebunden ist. Der Richter hat vielmehr den Spielraum, im Rahmen einer Gesamtwürdigung aller Umstände des Einzelfalles in objektiver und
subjektiver Hinsicht zu bestimmen, ob das Tatbild vom Durchschnitt der erfahrungsgemäß
vorkommenden Fälle derart abweicht, dass ein Fahrverbot unangemessen ist.

Für die Praxis stellt sich die Frage, wie die BKatV in den Regelfällen verfassungskonform 119
anzuwenden ist. So ist beispielsweise zu prüfen, ob ein Fahrverbot bei nur leichter Fahrlässigkeit bei einem objektiv gefährlichen Verstoß in Betracht kommt.[96] Im Übrigen ist hervorzuheben, dass auch nach Einführung der BKatV § 25 StVG alleinige Rechtsgrundlage für
die Verhängung eines Fahrverbotes ist und somit die Voraussetzungen für die Verhängung
eines Fahrverbotes iSv § 25 StVG stets erfüllt sein müssen.

Voraussetzung für die Verhängung eines Fahrverbotes ist ein grober bzw. beharrlicher 120
Pflichtverstoß. Dieser ist in den in der BKatV geregelten Fällen mit der Maßgabe indiziert,[97]

---
[92] Gebhardt § 26 Rn. 3.
[93] NJW 1969, 1623.
[94] BVerfG zfs 1992, 30.
[95] NJW 1996, 1809.
[96] Vgl. Gebhardt § 26 Rn. 15.
[97] Hentschel StVG § 25 Rn. 14.

dass „in der Regel" ein Fahrverbot auszusprechen ist, wenn sich die Tatumstände als Regelfall darstellen. Vom Fahrverbot kann in besonderen Ausnahmefällen abgesehen werden. Ein Fahrverbot kann seinen Sinn verloren haben, wenn die Tat längere Zeit (etwa 2 Jahre) zurückliegt und die maßgeblichen Umstände für die lange Verfahrensdauer außerhalb des Einflussbereichs des Betroffenen liegen.[98]

121 d) **Einzelfälle zur Verhängung eines Fahrverbotes.** *aa) Führen eines Kraftfahrzeuges unter Alkohol- und Rauschmitteleinwirkung (§ 24a StVG).* Bei Verwirklichung des Tatbestandes des § 24a StVG ist gemäß § 25 Abs. 1 S. 2 StVG regelmäßig ein Fahrverbot zu verhängen. Zwar wäre auch bei § 24a StVG ein Absehen von der Verhängung des Regelfahrverbotes möglich. Dies bedarf jedoch eingehender Begründung.[99] Von der Verhängung eines Regelfahrverbotes nach § 25 Abs. 1 S. 2 StVG kann abgesehen werden, wenn sie für den Betroffenen eine Härte ganz außergewöhnlicher Art darstellt und wenn ein eingeschränktes Fahrverbot oder die Festsetzung einer höheren Geldbuße ausreichen.

122 *bb) Geschwindigkeitsüberschreitung.* Nicht allein die Höhe der Überschreitung der Geschwindigkeit ist maßgebend, sondern die Gesamtumstände müssen berücksichtigt werden. Ein grober Verstoß ist in der Regel dann nicht gegeben, wenn die Messung unmittelbar hinter dem Ortseingangsschild, also unter Verstoß gegen die behördeninternen Richtlinien zur Verkehrsüberwachung durchgeführt wurde.[100] Dies ist in der Regel auch bei einer Messung kurz vor der Ortsausfahrt gegeben.[101] Auch beim Übersehen eines Verkehrsschildes durch Augenblicksversagen fehlt das subjektive Element des Regelfalles.[102]

123 Bei erneuter Überschreitung um mehr als 25 km/h innerhalb einer Jahresfrist ist der Regelfall der Beharrlichkeit nach § 4 Abs. 2 BKatV gegeben. Zu beachten ist, dass es für die Beurteilung der Jahresfrist nicht auf den Zeitpunkt der Begehung der ersten Tat, sondern allein auf den Zeitpunkt der Rechtskraft ankommt.[103]

124 Weiter können Voreintragungen zu Lasten des Betroffenen verwertet werden. In diesem Fall bedarf es jedoch näherer Angaben im Urteil auch hinsichtlich der Art der früheren Verfehlung.[104] Für die Beachtung einer Voreintragung ist zu prüfen, ob dieser ein Warneffekt beizumessen war. Tritt im Laufe des Verfahrens Tilgungsreife der Voreintragung ein, die ein Fahrverbot gerechtfertigt erscheinen ließ, so liegen die Voraussetzungen der Beharrlichkeit für die Verhängung eines Fahrverbotes mit Eintritt der Tilgungsreife nicht mehr vor.[105]

125 *cc) Qualifizierter Rotlichtverstoß.* Das Überfahren eine Ampel nach mehr als 1 s Rotlicht oder unter Gefährdung anderer stellt regelmäßig einen qualifizierten Verstoß dar, bei dem die Voraussetzungen für die Verhängung eines Fahrverbotes gegeben sind.[106] Wird die Rotlichtphase um mehr als 1 s nicht beachtet, so ist als Voraussetzung für die Verhängung des Fahrverbotes eine konkrete Gefährdung nicht erforderlich.[107] Der Tatbestand des qualifizierten Rotlichtverstoßes ist zu verneinen, wenn eine Gefährdung des Querverkehrs geradezu ausgeschlossen ist.[108] Gleiches gilt beim so genannten „Anhängen" an das vorausfahrende Fahrzeug bei einer Baustellenampel.[109] Auch bei Übersehen einer Fußgängerampel und Überfahren des Rotlichtes, nachdem der Fußgänger passieren konnte, kann vom Fahrverbot abgesehen werden.[110] Die subjektiven Voraussetzungen des groben Verstoßes sind bei leich-

---

[98] OLG Köln NZV 2000, 430.
[99] OLG Düsseldorf NZV 1999, 257; vgl. auch OLG Hamm NZV 1999, 214.
[100] BayObLG zfs 1995, 433; *Meinel* zfs 2008, 127; *Starken* DAR 1998, 85.
[101] OLG Düsseldorf DAR 1997, 408.
[102] OLG Zweibrücken zfs 1998, 233; zu weiteren Einzelfällen vgl. *Gebhardt* § 26 Rn. 16 ff.
[103] BGH NZV 1992, 286; OLG Düsseldorf NZV 1994, 41.
[104] OLG Düsseldorf DAR 1996, 65.
[105] OLG Karlsruhe zfs 1997, 75.
[106] OLG Düsseldorf NZV 1992, 312 sowie NZV 1992, 414.
[107] OLG Zweibrücken NZV 1994, 160; OLG Karlsruhe NZV 1996, 38.
[108] OLG Hamm DAR 1996, 69.
[109] OLG Hamm NZV 1994, 369; OLG Köln DAR 1994, 249; OLG Düsseldorf NZV 1995, 35; OLG Oldenburg zfs 1995, 75.
[110] OLG Karlsruhe zfs 1996, 274, aA BayObLG NZV 1997, 320.

4. Die Voraussetzungen für das Absehen vom Fahrverbot

Die Regelung der BKatV entbindet nicht von der Verpflichtung zur Prüfung im Einzelfall, ob die Voraussetzungen für die Verhängung eines Fahrverbotes gegeben sind. Insbesondere ist hier der Grundsatz der Verhältnismäßigkeit bei der Verhängung eines Fahrverbotes zu beachten. Von der Verhängung eines Fahrverbotes kann abgesehen werden, wenn Ausnahmen in der Tat oder der Person des Täters vorliegen und der Warneffekt für den Betroffenen durch die Erhöhung der Geldbuße erreicht werden kann.[112] **126**

Andererseits muss der Tatrichter die Voraussetzungen des Ausnahmetatbestandes begründen, wenn er von der Verhängung eines Regelfahrverbotes absehen will. Hier müssen die tatsächlichen Umstände in nachprüfbarer Weise im Urteil festgestellt werden. Es genügt nicht, auf die Einlassung des Betroffenen Bezug zu nehmen.[113] Wenn sich Gründe aufdrängen, die beachtliche berufliche Nachteile nahe legen, zB für den Fahrer bei einem Kurierdienstunternehmen, so muss das Gericht von Amts wegen prüfen, ob der Betroffene die Zeit des Fahrverbotes überbrücken kann, ohne seine Existenz zu gefährden (etwa durch Urlaub etc.).[114] Für die Frage, ob von der Verhängung eines Fahrverbotes abgesehen werden kann, ist die tatrichterliche Würdigung entscheidend. Hier ist die Verteidigung gefordert, alle Umstände darzulegen, die Zweifel an den Voraussetzungen für die Verhängung des Fahrverbotes beim konkret gegebenen Tatbestand begründen. Es ist also im Einzelnen darzulegen, dass der Verstoß nicht grob ist oder die Voraussetzungen der Beharrlichkeit nicht erfüllt sind oder das Fahrverbot unverhältnismäßig ist. **127**

In den Fällen des § 4 Abs. 1 und Abs. 2 BKatV reichen grundsätzlich schon erhebliche Härten oder eine Vielzahl für sich genommen gewöhnlicher und durchschnittlicher Umstände aus, um eine Ausnahme von einem sonst an sich zu verhängenden Regelfahrverbot zu begründen.[115] Bei Vorliegen eines gesetzlichen Regelfalles nach § 25 Abs. 1 S. 2 StVG kann von der Verhängung des Fahrverbotes nur dann abgesehen werden, wenn entweder Tatumstände äußerer oder innerer Art eine Ausnahme rechtfertigen oder die Anordnung des Fahrverbotes eine Härte außergewöhnlicher Art bedeuten würde. Bei der Prüfung, ob dies zutrifft, ist ein strenger Maßstab anzulegen.[116] **128**

5. Übersicht über Rechtsprechung zum Absehen vom Fahrverbot

In der Vergangenheit war es vergleichsweise einfach, beim Ersttäter ein Absehen vom Fahrverbot durchzusetzen. Durch die Möglichkeit einer Frist von 4 Monaten für den Antritt des Fahrverbots ist die Darlegung der Existenzgefährdung bei Angestellten erheblich erschwert. Mitunter werden Bankauskünfte über die Kreditwürdigkeit gefordert, um bewerten zu können, ob ein gewerblicher Fahrdienst zur Abwendung des Fahrverbots und damit der vorgetragenen Existenzvernichtung beauftragt werden kann. **129**

Nachfolgend ist eine Übersicht über Entscheidungen dargestellt, in denen zu unterschiedlichen Tatbeständen und unter unterschiedlichen Tatumständen von der Verhängung eines Fahrverbotes abgesehen worden ist, obwohl die Voraussetzungen für die Verhängung eines Fahrverbotes gegeben waren. **130**

a) Ausnahmen vom Fahrverbot bei Geschwindigkeitsüberschreitung

- **BayObLG zfs 1998, 234,** kein Fahrverbot bei Geschwindigkeitsüberschreitung, wenn Ortsschilder falsch aufgestellt sind **131**

---

[111] OLG Koblenz DAR 1994, 287; vgl. im Einzelnen *Gebhardt* § 26 Rn. 51 ff. mit ausführlicher Darstellung der Rspr. zu einzelnen Merkmalen.
[112] OLG Oldenburg zfs 1993, 140; Thüringisches OLG zfs 1997, 435.
[113] OLG Celle NZV 1996, 373; OLG Düsseldorf DAR 1996, 366.
[114] OLG Braunschweig zfs 1996, 194.
[115] OLG Hamm NZV 1997, 240.
[116] OLG Düsseldorf DAR 1999, 224.

- OLG Hamm DAR 1998, 322, Ortsunkundiger bei 30 km/h innerorts
- AG Nördlingen DAR 2004, 284, Geschwindigkeitsüberschreitung von 23 km/h außerorts und 2 Voreintragungen
- OLG Dresden DAR 2010, 29, Verstoß der Messung gegen interne Vorgaben
- OLG Stuttgart DAR 2011, 220, Verstoß gegen polizeiliche Richtlinien
- OLG Bamberg VRR 2012, 230, fehlende individuelle Vorwerfbarkeit trotz Regelfall nach § 4 Abs. 2 S. 2 BKatV
- OLG Bamberg DAR 2012, 475, Verbotsirrtum bzgl. Geltungsbereich des Zusatzzeichens

b) Bei Rotlichtverstoß

132
- KG DAR 1997, 361, zunächst an Haltelinie angehalten wird
- OLG Dresden DAR 1998, 280, Anhalteschwierigkeit wegen spiegelglatter Fahrbahn
- OLG Köln NZV 1998, 297, nach verkehrsbedingtem Anhalten Einfahren in die Kreuzung bei Rotlicht
- AG Tettnang zfs 1999, 442, Übersehen der Ampelanlage bei vierspurig ausgebauter Durchgangsstraße
- OLG Hamm MDR 2000, 519, „Mitzieheffekt"
- OLG Karlsruhe NZV 2004, 46, subjektiver Tatbestand einer Pflichtwidrigkeit iSd § 25 Abs. 1 StVG entfällt
- OLG Koblenz NZV 2004, 272, „Augenblicksversagen"
- OLG Bamberg DAR 2008, 596, Frühstart, Rotlicht schützt nicht den Querverkehr
- OLG Celle DAR 2012, 35, Fußgängerampel

c) Spezielle Umstände

133
- AG München DAR 1996, 369, Mutter von 2 Kindern, die auf abgelegenem Einödhof wohnt
- OLG Hamm NZV 1997, 240, bei einer Vielzahl für sich genommen gewöhnlicher und durchschnittliche Umstände
- OLG Hamm NStZ 2006, 322, Auswirkungen auf betreute Angehörige
- AG Karlsruhe zfs 1997, 76, erhebliche finanzielle Nachteile für Einzelanwalt
- OLG Göttingen DAR 2002, 281, wegen 70 %-iger Gehbehinderung
- AG Mannheim zfs 2004, 236, Betreung der 89 jährigen Großmutter
- AG Erlangen, DAR 2004, 168, geständig und nicht vorbelastet
- OLG Bandenburg DAR 2004, 658, Frührentner mit Schwerbehinderungsgrad 100 % bei Alkoholfahrt
- OLG Karlsruhe NJW 2005, 450, Geschwindigkeitsüberschreitung durch Arzt in notstandsähnlicher Situation
- AG Wuppertal NZV 2011, 514, Arbeitsloser bei unmittelbar bevorstehender Existenzgründung

d) Berufliche Härte und Nachteile

134
- BayObLG DAR 1999, 599, drohende Existenzgefährdung – umfassende Aufklärung durch Tatgericht erforderlich
- AG Stadtroda zfs 1999, 173, Geschäftsführer eines größeren Industriebetriebes mit mehreren Zweigstellen
- AG Seligenstadt NZV 2002, 520, selbständiger Fahrlehrer
- AG Ahrensburg zfs 2002, 98, selbständiger Kfz-Sachverständiger
- OLG Hamm NZV 2003, 398, Vielzahl für sich genommen gewöhnlicher oder durchschnittlicher Umstände
- AG Mannheim zfs 2004, 236, Auswirkung auf die Großmutter des Betroffenen
- OLG Karlsruhe zfs 2005, 101, außergewöhnliche Härte
- OLG Bamberg NStZ-RR 2008, 119, selbständiger Taxifahrer
- OLG Jena DAR 2011, 474, bundesweit tätiger Alleinunterhalter mit 3 Monaten Fahrverbot

e) Drohender Arbeitsplatzverlust

- AG Wittenberg DAR 2003, 382, Schwierigkeiten, neuen Arbeitsplatz zu finden   135
- AG Erlangen DAR 2004, 168, drohender Verlust des Arbeitsplatzes
- KG DAR 2004, 164, Existenzgefährdung bei gebotener Berücksichtigung des rechtsstaatlichen Übermaßverbotes
- OLG Hamm SVR 2004, 146, bei Gefährdung der beruflichen Existenz
- AG Hof DAR 2007, 40, angestellter Handelsvertreter im Außendienst
- AG Lüdinghausen DAR 2008, 161, Arbeitgeberbescheinigung ausreichend
- AG Frankfurt/Main NZV 2008, 371, Pizzabote
- AG Walsrode DAR 2011, 223, Tierärztin mit Hausbesuchspraxis

f) Fahrverbot und Aufbauseminar

- BayObLG NZV 1996, 374, keine Ausnahme vom Regelfahrverbot wegen Teilnahme an Aufbauseminar für Kraftfahrer   136
- AG Kiel DAR 1999, 327, Reduzierung der Dauer des Fahrverbotes nach Teilnahme an einem Aufbauseminar
- AG Rendsburg NZV 2006, 611, Aufbauseminar kann genügen
- AG Essen DAR 2006, 344, Aufbauseminar und verkehrspsychologische Beratung
- AG Lüdinghausen DAR 2010, 280, Teilnahme an verkehrspsychologischer Maßnahme

g) Regelfahrverbot, günstige Prognose

- BayObLG DAR 1996, 30, Absehen vom Regelfahrverbot wegen günstiger Prognose   137
- AG Hildesheim DAR 1996, 418, Jahresfrist bei Geschwindigkeitsüberschreitung

h) Lange Dauer des Verfahrens

- BayObLG DAR 2004, 406, kein Fahrverbot bei länger zurückliegender Tat   138
- OLG Köln NZV 2004, 422, kein Fahrverbot bei langer Verfahrensdauer (mehr als 2 Jahre)
- BayObLG NZV 2004, 100, Herabsetzung des Fahrverbots von 2 Monaten auf 1 Monat
- OLG Hamm NZV 2004, 598, kein Fahrverbot bei langer Verfahrensdauer (22 Monate)
- OLG Celle SVR 2005, 194, Frage des Einzelfalls
- OLG Karlsruhe DAR 2005, 168, zu ahndende Tat liegt mehr als 2 Jahre zurück
- OLG Brandenburg NZV 2005, 278, Verkehrsordnungswidrigkeit liegt 2 Jahre und 4 Monate zurück
- OLG Hamm NZV 2006, 50, Rechtmitteleinlegung unschädlich
- OLG Zweibrücken DAR 2011, 649, bei 1 Jahr 9 Monaten

i) Grobes Fehlverhalten

- OLG Celle DAR 2003, 323, Fahrverbot nur als „eindringliches Erziehungsmittel", Fahrverbot nur begründet, wenn das Fehlverhalten auch subjektiv auf groben Leichtsinn, grobe Nachlässigkeit oder Gleichgültigkeit zurückgeht   139
- AG Erlangen DAR 2004, 168, 57 km/h zu schnell auf einer autobahnähnlich ausgebauten Bundesstraße

j) Einmaliges Versagen

- AG Zossen zfs 2001, 234, Überholverbotszeichen beim Überholen eines Lkw übersehen   140
- LG München NZV 2005, 56, kein Fahrverbot bei einmaligem Versagen eines Berufskraftfahrers
- OLG Hamm VRR 2006, 243, einmaliges Aufstellen des Schildes und nächtliches Übersehen durch Ortsunkundigen
- AG Hanau zfs 2006, 654, Tempo-30-Zone nur einmal aufgestellt

k) Abkürzung Fahrverbot und ein Fahrverbot bei wiederholten Verstößen

- OLG Düsseldorf DAR 1998, 113, auch bei mehreren selbstständigen Handlungen, für die der Bußgeldkatalog jeweils ein Regelfahrverbot vorsieht, ist nur ein Fahrverbot anzuordnen.   141

- AG Gießen zfs 1999, 441, statt eines grundsätzlich erforderlichen Fahrverbotes von 2 Monaten kann unter Erhöhung der Geldbuße auf ein Fahrverbot von einem Monat erkannt werden bei gesundheitlichen Problemen und der Notwendigkeit der Wahrnehmung beruflicher Aufgaben.
- OLG Bamberg DAR 2011, 399, 5 Voreintragungen in 4 Jahren, alle unter 26 km/h Überschreitung
- AG Günzburg NZV 2011, 265, 4 Voreintragungen
- AG Borna NZV 2012, 98, Selbständiger Geringverdiener mit chronisch krankem Kind trotz 4 Voreintragungen

142 Als Fazit ist festzuhalten, dass zwar aufgrund der Indizwirkung bei grobem und beharrlichem Pflichtverstoß ein Fahrverbot in der Regel zu verhängen ist, sofern nicht in der Tat selbst Besonderheiten ein Absehen rechtfertigen. Andererseits hat die Verteidigung grundsätzlich die Möglichkeit darzulegen, dass die Voraussetzungen dafür gegeben sind, von der Anordnung eines Fahrverbotes abzusehen. Ein solcher Antrag ist unter Darlegung der einzelnen Voraussetzungen und Umstände zu begründen:

Formulierungsvorschlag:

143 Es wird beantragt,
von der Verhängung eines Fahrverbotes gemäß § 25 StVG abzusehen.
Die Voraussetzungen dafür, von der Verhängung eines Fahrverbotes abzusehen, sind gegeben.
Der Tatbestand eines/einer
☐ Geschwindigkeitsüberschreitung,
☐ Rotlichtverstoßes
ist zwar gegeben. Andererseits aber liegen besondere Umstände vor, die es rechtfertigen, von der Verhängung eines Fahrverbotes abzusehen.
(Hierzu kann verwiesen werden auf die vorgenannten beispielhaft aufgeführten Entscheidungen, zB das Ortsschild war falsch aufgestellt, Fahrt zum Arzt etc.)
Im Übrigen liegen spezielle Umstände für den Betroffenen vor (zB Existenzgefährdung, berufliche Härte eines Taxifahrers, mit Sicherheit drohender Verlust des Arbeitsplatzes).

144 Hilfsweise kann auch beantragt werden, vom Fahrverbot bestimmte Fahrzeugarten auszunehmen. Die vorgenannten möglichen Ausnahmen kommen auch bei einem Fahrverbot gemäß § 44 StGB in Betracht.

145 **l) Fahrverbot und Aufbauseminar.** Die Möglichkeit und Wirkung eines Aufbauseminars im Zusammenhang mit einem Fahrverbot sind bislang kaum diskutiert.[117] Die Möglichkeit einer vorzeitigen Aufhebung der Sperre gemäß § 69a Abs. 7 StGB hat übrigens auch erst dann in das Gesetz Eingang gefunden, nachdem die Möglichkeit zur Beseitigung von Eignungsmängeln durch Teilnahme an einem Kurs „Mainz 77" bereits praktiziert wurde.

146 Inzwischen ist die Möglichkeit und Wirkung eines Aufbauseminars bei mehreren Fallgestaltungen gesetzlich geregelt. Hervorzuheben ist insbesondere die Regelung gemäß § 153a Abs. 1 Nr. 6 StPO. In dieser Vorschrift ist geregelt, dass als Auflagen oder Weisungen in Betracht kommt, „an einem Aufbauseminar nach § 2b Abs. 2 S. 2 oder an einem Fahreignungsseminar nach § 4a des Straßenverkehrsgesetzes teilzunehmen". Ausdrücklich im Gesetz geregelt ist, dass die Teilnahme an einem „Aufbauseminar" sowohl bei einer auf Probe erteilten Fahrerlaubnis (§ 2b StVG) als auch im Rahmen des Fahreignungs-Bewertungssystems (§ 4a StVG) vorgesehen ist. Diese Regelung soll den besonderen Bedürfnissen des Straßenverkehrs Rechnung tragen.[118] Aus den gleichen Gründen und Überlegungen, die zur Berücksichtigung des Aufbauseminars im Verkehrsstrafrecht geführt haben, ist auch daran zu denken, die Teilnahme an einem Aufbauseminar als mögliche Maßnahme zum Absehen von einem Fahrverbot aufzuwerten.

---

[117] Vgl. *Schmitz* DAR 2007, 603.
[118] *Meyer-Goßner/Schmitt* § 153a Rn. 22b.

6. Ausnahmen für bestimmte Fahrzeugarten

Auch kommt in Betracht, bei einem verhängten Fahrverbot bestimmte Fahrzeugarten vom Fahrverbot auszunehmen, wenn ein auf bestimmte Fahrzeugarten beschränktes Fahrverbot als Denkzettel ausreicht. Dies kann der Fall sein, wenn durch ein unbeschränktes Fahrverbot einschneidende berufliche Nachteile herbeigeführt werden, zB wenn sich eine Ausnahme für landwirtschaftliche Traktoren aufdrängt.[119]

Im Übrigen ist davon auszugehen, dass die Beschränkung eines Fahrverbotes auf bestimmte Arten von Kraftfahrzeugen in der Regel anzuordnen ist, wenn ein solches beschränktes Fahrverbot als Denkzettel und Besinnungsmaßnahme für den Betroffenen ausreicht und ein generelles Fahrverbot nicht dem Grundsatz der Verhältnismäßigkeit entspricht.[120] Ist zB gegen den Betroffenen wegen Überschreitung der zulässigen Höchstgeschwindigkeit, die er mit dem Pkw begangen hat, ein Regelfahrverbot anzuordnen, so ist es gerechtfertigt, das Führen von Lkw von dem Fahrverbot auszunehmen, wenn der Betroffene als selbstständiger Kraftfahrer seinen Lkw, für dessen Anschaffung er noch erhebliche Verbindlichkeiten abzutragen hat, ständig selbst fährt und damit seinen Lebensunterhalt verdient.[121]

7. Notwendige Feststellungen im Urteil

Wird ein Regelfall für die Verhängung eines Fahrverbotes bejaht und das Vorliegen eines Ausnahmefalles verneint, so ist zur Anordnung des Fahrverbotes eine weitere Begründung entbehrlich. Durch die Bußgeldkatalogverordnung ist nicht die Einzelfallprüfung, sondern lediglich der Begründungsaufwand eingeschränkt worden.[122]

In Fällen, in denen der Bußgeldkatalog ein Regelfahrverbot vorsieht, bedarf es grundsätzlich keiner näheren Feststellung dazu, ob der durch das Fahrverbot angestrebte Erfolg auch mit einer höheren Geldbuße hätte erreicht werden können. Der Tatrichter muss jedoch in seinen Urteilsgründen zum Ausdruck bringen, dass er sich einer solchen Möglichkeit bewusst war. Bei ausnahmsweisem Absehen vom Fahrverbot muss das Urteil, um dem Rechtsbeschwerdegericht eine Überprüfung zu ermöglichen, entsprechende tatsächliche Feststellungen zu den persönlichen Verhältnissen des Betroffenen enthalten.[123]

Das Tatgericht hat zur Beurteilung der Frage, ob ein Härtefall vorliegt, der der Verhängung eines Fahrverbotes nach der BKatV entgegensteht, im Allgemeinen Feststellungen darüber zu treffen, welche Berufstätigkeit der Betroffene ausübt.[124]

Beruft sich der Betroffene darauf, er habe ein die zulässige Höchstgeschwindigkeit auf 60 km/h begrenzendes Verkehrszeichen nicht wahrgenommen, sind nähere Darlegungen des Tatrichters dazu erforderlich, ob ein Augenblicksversagen oder dennoch eine die Anordnung eines Fahrverbots rechtfertigende grobe Pflichtverletzung vorliegt.[125]

Will das Gericht von der Verhängung eines Fahrverbotes wegen der drohenden Insolvenz des Betroffenen absehen, so muss es dazu im Urteil Tatsachen mitteilen, aus denen sich der drohende wirtschaftliche Schaden erschließt.[126]

Der Tatrichter kann die Annahme von Beharrlichkeit gemäß § 25 Abs. 1 S. 1 StVG auf Feststellungen stützen, die den Eintragungen im Fahreignungsregister zu entnehmen sind. Er ist grundsätzlich nicht verpflichtet, weitere Einzelheiten zu den dort enthaltenen Vortaten festzustellen und mitzuteilen, insbesondere nicht zur Motivationslage des Betroffenen.[127]

Will der Tatrichter das Vorliegen eines außergewöhnlichen Härtefalles, welcher ausnahmsweise ein Absehen von der Verhängung eines nach der BKatV indizierten Fahrver-

---

[119] OLG Düsseldorf NZV 1994, 407.
[120] BayObLG MDR 1999, 1504.
[121] OLG Düsseldorf DAR 1996, 290.
[122] BGHSt 38, 125 = NZV 1992, 117; BGHSt 43, 241 = NZV 1997, 525.
[123] OLG Dresden DAR 1999, 413; vgl. auch OLG Hamm NZV 2000, 136.
[124] OLG Köln NZV 1998, 293.
[125] OLG Naumburg zfs 2000, 318; vgl. hierzu auch OLG Hamm zfs 2000, 319.
[126] OLG Brandenburg DAR 2004, 460.
[127] BayObLG DAR 2004, 163; OLG Karlsruhe DAR 2004, 467; BayObLG DAR 2004, 36.

botes rechtfertigen kann, ablehnen, so muss er die wirtschaftliche Situation im Einzelnen darlegen.[128]

156 Beim Absehen vom Regelfahrverbot ist kein freies Ermessen gegeben. Deshalb hat das Gericht eine auf Tatsachen gestützte, besonders eingehende Begründung zu geben, in der es im Einzelnen darlegt, welche besonderen Umstände in objektiver und subjektiver Hinsicht es gerechtfertigt erscheinen lassen, vom Regelfahrverbot abzusehen.[129]

8. Vollstreckung des Fahrverbotes

157 a) **Allgemeines.** Der sachliche Regelungsgehalt des Fahrverbotes gemäß § 44 StGB und gemäß § 25 StVG ist gleich. Zur Vollstreckung ist daher grundsätzlich auf die Ausführungen zur Vollstreckung des Fahrverbotes gemäß § 44 StGB zu verweisen.

158 b) **Vollstreckung innerhalb einer 4-Monatsfrist.** Die Wirksamkeit eines Fahrverbotes ist für Ersttäter durch § 25 Abs. 2a StVG besonders geregelt. Unter bestimmten Voraussetzungen wird das Fahrverbot erst mit Abgabe des Führerscheins, spätestens nach Ablauf einer Frist von 4 Monaten ab Rechtskraft der Entscheidung wirksam.

159 Dies gilt, wenn gegen den Betroffenen in 2 Jahren vor der Ordnungswidrigkeit kein Fahrverbot und auch bis zur Bußgeldentscheidung kein solches verhängt werden. Hierbei kommt es auf die Rechtskraft an.

160 Liegen die Voraussetzungen vor, so kann der Betroffene innerhalb der Frist bis zur Wirksamkeit frei wählen, zu welchem Zeitpunkt der Führerschein abgegeben wird. Auf diese Vergünstigung hat der Betroffene einen rechtlichen Anspruch, den er auch durchsetzen kann.

161 Die in § 25 Abs. 2a S. 1 StVG genannte Frist von 2 Jahren rechnet ab dem Zeitpunkt, in dem das frühere Fahrverbot rechtskräftig ist. Auf den Zeitpunkt der Entscheidung kommt es nicht an.[130]

162 Im Übrigen ist in § 25 Abs. 2a S. 2 StVG geregelt, dass bei Verhängung weiterer Fahrverbote die Fahrverbotsfristen nacheinander in der Reihenfolge der Rechtskraft der Bußgeldentscheidungen zu berechnen sind.

163 Dies gilt auch bei den so genannten Mischfällen, wenn bei einem von mehreren Fahrverboten die 4-Monatsfrist gewährt wird. Hingegen kommt es bei mehreren Fahrverboten ohne 4-Monatsfrist, also in den Fällen des § 25 Abs. 2 S. 1 StVG zur so genannten Parallelvollstreckung bei gleichzeitiger Einspruchsrücknahme, da jedes Fahrverbot für sich genommen mit der jeweiligen Rechtskraft wirksam wird.[131]

164 Liegen die Voraussetzungen für die Anordnung vor, dass das Fahrverbot erst wirksam wird, wenn der Führerschein nach Rechtskraft der Bußgeldentscheidung in amtliche Verwahrung gelangt, spätestens jedoch mit Ablauf von 4 Monaten seit Eintritt der Rechtskraft, so hat die Verwaltungsbehörde oder das Gericht diese Anordnung zu treffen. Ein Ermessen, ob diese Vorschrift angewendet wird oder nicht, steht der Verwaltungsbehörde oder dem Gericht nicht zu.[132]

IV. Die Entschädigung für Führerscheinmaßnahmen

1. Die Entschädigung

165 Grundlage für die Entschädigung ist das Gesetz über die Entschädigung für Strafverfolgungsmaßnahmen (StrEG). Dieses Gesetz regelt auch die Entschädigung für die vorläufige Entziehung der Fahrerlaubnis und die Sicherstellung des Führerscheins. Die Entschädigungspflicht ist auch gegeben, wenn der Beschuldigte gegen die Sicherstellung des Führerscheins keine Einwände geltend gemacht hat.

---

[128] OLG Karlsruhe NZV 2004, 653.
[129] OLG Hamm NZV 2004, 99.
[130] BGH NJW 2000, 2685 f.
[131] *Krumm* DAR 2008, 54.
[132] OLG Düsseldorf NZV 1998, 172.

2. Ausnahmen von der Entschädigung

Von der grundsätzlichen Entschädigungspflicht nach § 2 Abs. 2 Nr. 5 StrEG sieht das Gesetz drei Ausnahmen vor, nämlich die Entschädigung nur nach Billigkeit gemäß §§ 3, 4 StrEG, den Ausschluss der Entschädigung gemäß § 5 StrEG und die Versagung der Entschädigung gemäß § 6 StrEG.

Während nach § 2 StrEG grundsätzlich eine Entschädigung zu gewähren ist, bedeutet die Entschädigung nach Billigkeit eine Ermessensentscheidung für den Fall der Einstellung. § 4 StrEG eröffnet jedoch die Möglichkeit einer Entschädigung über § 2 StrEG hinaus: Hiernach ist eine Entschädigung trotz Schuldspruchs zu gewähren, wenn dies der Billigkeit entspricht.

Von besonderer praktischer Bedeutung ist der Ausschluss der Entschädigung bei vorsätzlicher oder grob fahrlässiger Verursachung der Maßnahmen iSv § 5 Abs. 2 S. 1 StrEG.[133] Für die Teilnahme am Straßenverkehr trotz Alkoholgenusses ist die Definition der groben Fahrlässigkeit von praktischer Bedeutung, orientiert an der Höhe der festgestellten BAK. Die Rechtsprechung geht davon aus, dass bei einer festgestellten BAK von mindestens 0,5‰ mit konkreten Ausfallerscheinungen ein Ausschluss der Entschädigung aufgrund grober Fahrlässigkeit zu bejahen ist.

Wird der Führerschein länger sichergestellt, einbehalten oder vorläufig entzogen, als dies dem Ergebnis der Tatermittlung entspricht, ist ab dem Zeitpunkt, ab dem die Führerscheinmaßnahme hätte aufgehoben werden können und müssen, dem Beschuldigten Entschädigung zu gewähren. Dies ergibt sich aus der Formulierung des § 5 StrEG, die beinhaltet, dass Entschädigung nicht zu gewähren ist, „... wenn und soweit der Beschuldigte die Strafverfolgungsmaßnahme vorsätzlich oder grob fahrlässig verursacht hat".

Schließlich ist die Entschädigung gemäß § 6 StrEG zu versagen, wenn die Führerscheinmaßnahme überwiegend durch den Betroffenen verursacht worden ist.

3. Umfang der Entschädigung

Gemäß § 7 StrEG sind die wirtschaftlichen Nachteile, die durch den Ausschluss vom fahrerlaubnispflichtigen Verkehr entstehen, auszugleichen. Hierunter fallen zB Aufwendungen für die Heranziehung eines Fahrers oder die Inanspruchnahme anderer Verkehrsmittel.[134]

Auch der Verlust des Arbeitsplatzes als Folge der vorläufigen Führerscheinmaßnahme kann ein entschädigungspflichtiger Schaden unter der Voraussetzung sein, dass die Kündigung auf der durch die Führerscheinmaßnahme entfallenden Einsatzfähigkeit des Mitarbeiters als Kraftfahrer beruht.[135]

Schließlich umfasst der Entschädigungsanspruch nach § 7 StrEG auch den Ersatz der Kosten, die durch die Inanspruchnahme anwaltlicher Hilfe entstehen.

4. Entschädigungsverfahren

Über die Entschädigung entscheidet gemäß § 8 Abs. 1 StrEG das Gericht mit dem Verfahrensabschluss oder durch isolierten Beschluss.

Bei Beendigung des Verfahrens durch Einstellung seitens der Staatsanwaltschaft entscheidet gemäß § 9 StrEG auf Antrag des Beschuldigten grundsätzlich das Amtsgericht am Sitz der Staatsanwaltschaft. Entschädigung für Vermögensschaden wird gemäß § 7 Abs. 2 StrEG nur geleistet, wenn der nachgewiesene Schaden den Betrag von 25,- EUR übersteigt. Der Entschädigungsantrag ist schriftlich innerhalb eines Monats zu stellen.

Nach rechtskräftiger Feststellung der Entschädigungspflicht ist der Anspruch auf Entschädigungsleistungen binnen 6 Monaten bei der Staatsanwaltschaft geltend zu machen, die

---

[133] *Sandherr* DAR 2007, 420.
[134] BGH NJW 1975, 347; *Meyer-Goßner/Schmitt* § 7 StrEG Rn. 4, betreffend Nutzungsausfall bei einem Kfz.
[135] BGH NJW 1988, 1141.

die Ermittlungen zuletzt geführt hat. In diesem Betragsverfahren entscheidet gemäß § 10 Abs. 2 StrEG die Landesjustizverwaltung.

Muster: Entschädigungsantrag

175 An die
Staatsanwaltschaft ......
In dem abgeschlossenen Strafverfahren
gegen ......
wegen ......
wird der frühere Angeklagte hier vertreten zur Geltendmachung seiner Ansprüche für erlittene Schäden durch Strafverfolgungsmaßnahmen. Vollmacht ist beigefügt.
Es wird beantragt,
 wegen der (vorläufigen) Entziehung der Fahrerlaubnis und des hierdurch erlittenen Vermögensschadens eine Entschädigung in Höhe von ...... EUR zu gewähren.
Zur Begründung wird Folgendes ausgeführt:
Der Anspruch ergibt sich aus den §§ 2 Abs. 1, Abs. 2 Nr. 4, 7 Abs. 1 StrEG.
1. Anspruchsvoraussetzungen:
1.1 Dem Antragsteller wurde die Fahrerlaubnis (vorläufig) entzogen.
 Die Entscheidung über die vorgenannte Maßnahme wurde aufgehoben.
 Somit sind die Anspruchsvoraussetzungen gegeben.
1.2 Infolge der unrechtmäßig verhängten Maßnahme hat der Antragsteller folgende Nachteile erlitten:
 Er musste für diverse Fahrten ein Taxi in Anspruch nehmen (vgl. Aufstellung Anlage 1).
 ......
 (Im Übrigen sind die einzelnen Anspruchstatsachen weiter auszuführen.)
2. Der erlittene Vermögensschaden beträgt mehr als 25,– EUR. Die einzelnen Positionen werden im Betragsverfahren nach Feststellung der Entschädigungspflicht beziffert.
3. Keine Ausschluss- oder Hinderungsgründe
 Ausschluss- oder Hinderungsgründe nach dem StrEG stehen den geltend gemachten Ansprüchen nicht entgegen.

Rechtsanwalt

§ 17 Rechtsmittel und Rechtsmittelverfahren

Übersicht

	Rn.
I. Im Strafverfahren	1–40
1. Strafbefehlsverfahren	1–11
a) Zulässigkeit, Form und Inhalt	1/2
b) Einspruch gegen den Strafbefehl	3–11
2. Berufung	12–23
a) Einlegung	13
b) Zulässigkeitsvoraussetzungen	14–17
c) Berufungsbegründung	18
d) Beschränkung der Berufung	19/20
e) Das Berufungsverfahren	21–23
3. Revision und Sprungrevision	24–32
a) Revision	24
b) Sprungrevision	25
c) Revisionsbegründung	26/27
d) Beschränkung der Revision auf Entziehung der Fahrerlaubnis	28–32
4. Rechtsbehelfe bei Führerscheinmaßnahme	33–40
a) Rechtsmittel gegen vorläufige Entziehung der Fahrerlaubnis gemäß § 111a StPO	34–38
b) Ablehnung der Abkürzung der Sperrfrist	39
c) Übersicht: Fristen im Strafverfahren	40
II. Im Bußgeldverfahren	41–75
1. Der Einspruch	41–52
a) Allgemeines, Frist und Form	41–44
b) Mögliche Beschränkung	45/46
c) Rücknahme des Einspruchs	47–51
d) Weiteres Verfahren	52
2. Die Rechtsbeschwerde	53–75
a) Zulässigkeit	55–58
b) Form und Frist	59–63
c) Besetzung des OLG-Senates	64
d) Die Voraussetzungen der Zulassung der Rechtsbeschwerde	65–69
e) Entscheidung des Gerichtes	70/71
f) Vorlage an BGH	72/73
g) Aspekte für Einlegung und Begründung der Rechtsbeschwerde	74
h) Übersicht: Fristen im OWi-Verfahren	75
III. Fristwahrung und Antrag auf Wiedereinsetzung	76–78

Schrifttum: *Andrejtschitsch/Walischewski*, Strafrechtliche Verfahren, in: Beck'sches Rechtsanwalts-Handbuch, 10. Aufl. 2011 (zitiert: BeckRA-Hdb/*Andrejtschitsch/Walischewski*); *Beck/Berr*, OWi-Sachen im Straßenverkehrsrecht, 5. Aufl. 2006; *Buschbell/Buschbell-Kaniewski*, Fristentabelle für die Anwaltspraxis, 9. Aufl. 2014; *Dahs*, Die Revision im Strafprozess, 8. Aufl. 2012; *ders.*, Handbuch des Strafverteidigers, 7. Aufl. 2005; *Freyschmidt/Krumm*, Verteidigung in Straßenverkehrssachen, 10. Aufl. 2013; *Gebhardt*, Das verkehrsrechtliche Mandat, Band 1: Verteidigung in Verkehrsstraf- und Ordnungswidrigkeitenverfahren, 7. Aufl. 2012; *Göhler*, Ordnungswidrigkeitengesetz, 16. Aufl. 2012; *Hentschel*, Trunkenheit – Fahrerlaubnisentziehung – Fahrverbot im Straf- und Ordnungswidrigkeitenrecht, 9. Aufl. 2003 (zitiert: *Hentschel* Trunkenheit); *Meyer-Goßner/Schmitt*, Strafprozessordnung, 57. Aufl. 2014; *Hamm*, Die Revision in Strafsachen, 7. Aufl. 2010; *Schmitz*, Erfolgsaussichten einer Rechtsbeschwerde gegen ein Fahrverbot, zfs 2003, 436.

I. Im Strafverfahren

1. Strafbefehlsverfahren

a) Zulässigkeit, Form und Inhalt. *aa) Zulässigkeit.* Im Verfahren wegen Vergehen vor dem Amtsgericht ist das Strafbefehlsverfahren gemäß § 407 Abs. 1 S. 1 StPO zulässig. Der Straf- 1 befehlsantrag der Staatsanwaltschaft ist gemäß § 407 Abs. 1 S. 4 StPO eine besondere Form der Erhebung der öffentlichen Klage. Daher müssen die gleichen Voraussetzungen wie für die Einreichung einer Anklageschrift vorliegen.[1] Die möglichen Rechtsfolgen sind in § 407 Abs. 2 StPO geregelt und umfassen Geldstrafe, Verwarnung mit Strafvorbehalt, Fahrverbot, Verfall, Einziehung, Vernichtung, Unbrauchbarmachung sowie Entziehung der Fahrerlaubnis, wenn die Sperre nicht mehr als 2 Jahre beträgt, ferner Absehen von Strafe.

2 *bb) Notwendiger Inhalt des Strafbefehls.* Der Strafbefehl muss gemäß § 409 StPO Angaben zur Person, den Namen des Verteidigers, die Tat und ihre gesetzlichen Merkmale sowie die angewendeten Vorschriften, die Beweismittel, die Festsetzung der Rechtsfolgen, die Kostenentscheidung sowie den Hinweis auf die Einspruchsmöglichkeit und schließlich evtl. sonstige in Betracht kommende Belehrungen und Begründung des Absehens von der Entziehung der Fahrerlaubnis enthalten.[2]

3 *b) Einspruch gegen den Strafbefehl. aa) Form, Frist und mögliche Rücknahme sowie Beschränkung.* Die Möglichkeit des Einspruchs gegen den Strafbefehl richtet sich nach § 410 StPO:

- Einspruchsberechtigt sind der Angeklagte und ggf. Nebenbeteiligte.
- Der Einspruch ist innerhalb von 2 Wochen nach der Zustellung des Strafbefehls einzulegen. Für die Fristberechnung ist § 43 StPO maßgebend. Ein telefonischer Einspruch ist nach herrschender Meinung unwirksam.[3]
- Der Einspruch muss nicht begründet werden.
- Der Einspruch kann in der Form zurückgenommen werden, wie bei der Einlegung.
- Der Einspruch kann auf bestimmte Beschwerdepunkte beschränkt werden.
- Gemäß § 411 Abs. 3 StPO kann der Einspruch bis zur Verkündung des Urteils im ersten Rechtszug zurückgenommen werden. Jedoch ist durch die Verweisung in § 411 Abs. 3 S. 2 StPO die Regelung des § 303 StPO zu beachten, dass die Rücknahme nur mit Zustimmung der Staatsanwaltschaft möglich ist. Nach § 303 S. 2 StPO bedarf die Rücknahme eines Rechtsmittels des Angeklagten jedoch nicht der Zustimmung des Nebenklägers.
- Die Zahlung der Strafe beinhaltet nicht den Verzicht auf die Einlegung des Einspruchs oder dessen Rücknahme.[4] Es bedarf einer ausdrücklichen und unmissverständlichen Erklärung über die Rücknahme bzw. den Rechtsmittelverzicht.

Zu beachten ist, dass der Verteidiger den Einspruch nur dann zurücknehmen kann, wenn er hierzu ausdrücklich gemäß § 302 Abs. 2 StPO ermächtigt ist. Die ohne eine solche Ermächtigung vom Verteidiger erklärte Rücknahme des Einspruchs ist unwirksam.

Muster: Einspruch gegen Strafbefehl mit Bestellung

4 In dem Strafverfahren
gegen ......
wegen ......
wird die Verteidigerbestellung angezeigt. Vollmacht wird versichert.
Namens und gem. erteilter Vollmacht wird gegen den Strafbefehl

Einspruch

eingelegt.
Es wird um Akteneinsicht gebeten. Nach Akteneinsicht wird zur Sache Stellung genommen.

Rechtsanwalt

---

[1] BayObLG StV 2002, 356.
[2] Vgl. im Einzelnen *Meyer-Goßner/Schmitt* § 409 Rn. 10 f.
[3] OLG Zweibrücken StV 1982, 415.
[4] Vgl. BeckRA-Hdb/*Andrejtschitsch/Walischewski* H Rn. 183.

> **Muster: Einspruch gegen Strafbefehl in laufender Sache**
>
> In der Strafsache
> gegen ......
> wird gegen den ergangenen Strafbefehl
>
> Einspruch
>
> eingelegt.
> Das Rechtsmittel wird zunächst nur zur Fristwahrung eingelegt. Innerhalb von 2 Wochen wird erklärt, ob der Einspruch aufrecht erhalten bleibt. Es wird gebeten, innerhalb des genannten Zeitraumes Termin zur Hauptverhandlung nicht zu bestimmen. Sollte innerhalb von 2 Wochen die beabsichtigte Erklärung nicht eingegangen sein, so kann davon ausgegangen werden, dass der Einspruch aufrecht erhalten bleibt.
> Es wird nochmals um Akteneinsicht gebeten. Nach Akteneinsicht werden – soweit erforderlich – weitere sachdienliche Erklärungen abgegeben.
>
> Rechtsanwalt

bb) Das Verfahren nach rechtzeitigem Einspruch gemäß § 411 Abs. 1 S. 2 StPO. Für die Hauptverhandlung gelten die allgemeinen Vorschriften der §§ 213 ff. StPO. Der Strafbefehlsantrag ersetzt die Anklage, der Strafbefehl gilt als Eröffnungsbeschluss.[5]

Der Angeklagte kann sich in der Hauptverhandlung gemäß § 411 Abs. 2 S. 1 StPO durch einen Verteidiger vertreten lassen. Dies setzt jedoch grundsätzlich eine schriftliche Vertretungsvollmacht voraus.[6] Im Übrigen bedarf eine von dem vertretungsberechtigten Verteidiger einem anderen Rechtsanwalt erteilte Untervollmacht gemäß § 137 StPO nicht der Schriftform.

Gemäß § 411 Abs. 2 S. 2 StPO gilt für die Hauptverhandlung nach Einspruch im Strafbefehlsverfahren die Vorschrift des § 420 StPO. Diese Vorschrift regelt die vereinfachte Beweisaufnahme. Auf die sich ergebende Unterscheidung eines Verfahrens nach Anklageerhebung oder nach Strafbefehlsantrag ist zu achten, weil hierdurch unterschiedliche Grundsätze für die Beweisaufnahme gelten.[7] Es ist somit die Verlesung von Vernehmungsniederschriften und schriftlichen Äußerungen entsprechend der Regelung des § 77a Abs. 1 OWiG sowie die Verlesung von behördlichen Erklärungen gemäß § 420 Abs. 2 StPO möglich.

Beweisanträge können uneingeschränkt gestellt werden, dürfen jedoch vom Strafrichter ohne die Einschränkungen des § 244 Abs. 3 bis 5 StPO abgelehnt werden. Dies entspricht im Wesentlichen den Ablehnungsvoraussetzungen des § 77 Abs. 2 Nr. 1 OWiG.

Erhebt der Angeklagte Einspruch gegen einen Strafbefehl, in dem wegen einer Verkehrsstraftat als Nebenstrafe ein Fahrverbot angeordnet wurde, bedarf es eines rechtlichen Hinweises nach § 265 Abs. 1 und 2 StPO, wenn im Urteil die Fahrerlaubnis entzogen werden soll.[8]

Bei unentschuldigtem Ausbleiben des Angeklagten in der anberaumten Hauptverhandlung ist gemäß § 412 StPO der Einspruch zu verwerfen. Allerdings kann sich der Angeklagte durch einen mit schriftlicher Vollmacht versehenen Verteidiger vertreten lassen.

2. Berufung

Gegen Urteile des Strafrichters und des Schöffengerichtes ist gemäß § 312 StPO Berufung zulässig.[9]

a) **Einlegung.** Die Berufung muss gemäß § 314 StPO bei dem Gericht des ersten Rechtszuges binnen einer Woche nach Verkündung des Urteils zu Protokoll der Geschäftsstelle

---

[5] Meyer-Goßner/Schmitt § 411 Rn. 3.
[6] MAH Strafverteidigung/Nobis § 10 Rn. 108.
[7] Vgl. im Einzelnen Meyer-Goßner/Schmitt § 420 Rn. 2, 3.
[8] BayObLG NZV 2004, 425.
[9] Zum Rechtsmittel der Berufung vgl. BeckRA-Hdb/Andrejtschitsch/Walischewski H Rn. 172 ff.

oder schriftlich eingelegt werden. Adressat der Berufung ist das Gericht, dessen Urteil angefochten wird, nicht das Berufungsgericht. Die Berufung ist schriftlich einzulegen. Die Einlegung per Telefax ist zulässig.[10] Jedoch ist zu beachten, dass eine telefonische Erklärung nicht der vorgeschriebenen Schriftform genügt.

14 **b) Zulässigkeitsvoraussetzungen.** In § 313 Abs. 1 S. 1 StPO ist bestimmt, in welchen Fällen eine Berufung zulässig ist. Wenn der Angeklagte zu einer Geldstrafe von nicht mehr als 15 Tagessätzen verurteilt und im Falle einer Verwarnung mit Strafvorbehalt nicht mehr als 15 Tagessätze verhängt worden sind oder eine Verurteilung zu einer Geldbuße erfolgt, so ist die Berufung nur zulässig, wenn sie angenommen wird. Gleiches gilt bei Freispruch des Angeklagten oder wenn das Verfahren eingestellt worden ist und die Staatsanwaltschaft eine Geldstrafe von nicht mehr als 30 Tagessätze beantragt hatte.

Muster für Berufungseinlegung

15 Az. . . . . . .
In der Strafsache
gegen . . . . . .
wegen . . . . . .
wird

Berufung

eingelegt.
Es wird um Akteneinsicht gebeten.

Rechtsanwalt

16 Wird die Berufung nicht angenommen, so muss sie offensichtlich unbegründet sein. Dies ist gegeben, wenn für jeden Sachkundigen anhand der Urteilsgründe und einer evtl. vorliegenden Berufungsbegründung und des Protokolls der Hauptverhandlung ohne längere Prüfung erkennbar sein muss, dass das Urteil sachlich-rechtlich nicht zu beanstanden ist und dass keine Verfahrensfehler begangen worden sind, die die Revision begründen würden.[11] Es erscheint daher empfehlenswert, eine annahmepflichtige Berufung zumindest insoweit zu begründen, dass diese nicht offensichtlich unbegründet ist.

17 Eine Besonderheit ist gemäß § 313 Abs. 3 StPO bei Berufung gegen ein Urteil zu beachten, das eine Ordnungswidrigkeit betrifft. In diesem Fall ist die Berufung stets anzunehmen, wenn eine Rechtsbeschwerde zulässig oder die Rechtsbeschwerde zuzulassen wäre. Dies bedeutet, dass zB bei einer Verurteilung zu einer Geldbuße von mehr als 250,– EUR oder Anordnung einer Nebenfolge vermögensrechtlicher Art (Fahrverbot) die Berufung angenommen werden muss.[12]

18 **c) Berufungsbegründung.** Gemäß § 317 StPO kann die Berufung binnen einer weiteren Woche nach Ablauf der Frist zur Einlegung des Rechtsmittels oder, wenn zu dieser Zeit das Urteil noch nicht zugestellt war, nach dessen Zustellung bei dem Gericht des ersten Rechtszuges begründet werden. Die Berufungsbegründung ist gesetzlich nicht vorgeschrieben. Umgekehrt ist die Staatsanwaltschaft nach Nr. 156 Abs. 1 RiStBV gehalten, das Rechtsmittel zu begründen.

19 **d) Beschränkung der Berufung.** Die Berufung kann nach § 318 StPO auf bestimmte Beschwerdepunkte beschränkt werden; dabei sind bestimmte Voraussetzungen zu beachten. Beruht die Entziehung der Fahrerlaubnis nicht nur auf körperlichen oder geistigen, sondern

---

[10] *Meyer-Goßner/Schmitt* Einl. Rn. 139a.
[11] Vgl. im Einzelnen *Meyer-Goßner/Schmitt* § 313 Rn. 8, 9.
[12] Vgl. im Einzelnen *Meyer-Goßner/Schmitt* § 313 Rn. 8.

auch auf charakterlichen Mängeln, so stehen Straf- und Maßregelausspruch in einer so engen gegenseitigen Abhängigkeit, dass eine Berufungsbeschränkung auf den Maßregelausspruch unzulässig ist.[13] So ist bei Nebenstrafen und Nebenfolgen zB die Beschränkung auf die Verhängung des Fahrverbotes gemäß § 44 StGB bzw. § 25 StVG nicht möglich, da diese Rechtsfolge mit der Hauptstrafe untrennbar verknüpft ist.[14]

Die Beschränkung der Berufung allein auf die Frage der Strafaussetzung zur Bewährung ist in der Regel dann unwirksam, wenn auch eine Sperrfrist für die Erteilung einer Fahrerlaubnis angeordnet worden ist.[15]

e) **Das Berufungsverfahren.** Gemäß § 322a StPO entscheidet das Gericht durch Beschluss über die Annahme der Berufung. Diese Entscheidung ist unanfechtbar und bedarf bei Annahme der Berufung keiner Begründung. Ist die Berufung angenommen worden, so findet gemäß § 323 StPO die Hauptverhandlung statt. Der Gang der Hauptverhandlung richtet sich nach der Vorschrift des § 243 Abs. 1 StPO.

Bei unentschuldigtem Ausbleiben des Angeklagten ist die Berufung gemäß § 329 StPO zu verwerfen. Allerdings kann sich der Angeklagte von einem Verteidiger vertreten lassen, wenn die Berufung im Strafbefehlsverfahren erfolgt.

Im Übrigen ist zu beachten, dass gemäß § 331 StPO das Verbot der Schlechterstellung gilt. Hiernach darf das Urteil in Art und Höhe der Rechtsfolgen der Tat nicht zum Nachteil des Angeklagten geändert werden, wenn lediglich dieser oder die Staatsanwaltschaft zu seinen Gunsten Berufung eingelegt hat.

3. Revision und Sprungrevision

a) **Revision.** In der Revisionsinstanz ist grundsätzlich eine Überprüfung der Tatsachenfeststellungen durch das Rechtsmittelgericht ausgeschlossen. Das Revisionsgericht ist an die Feststellungen des Tatrichters gebunden. Es kann nur geprüft werden, ob die Tatsachenfeststellungen rechtlich einwandfrei zustande gekommen sind und ob der Tatrichter die Beweise fehlerfrei gewürdigt hat.[16] Grundsätzlich ist die Revision gemäß § 333 StPO gegen Urteile der Strafkammern und der Schwurgerichte sowie die im ersten Rechtszug ergangenen Urteile der Oberlandesgerichte zulässig. Gesetzlich ausgeschlossen ist die Revision gemäß §§ 441 Abs. 3 S. 2 StPO, 55 Abs. 2 JGG in Jugendsachen.

b) **Sprungrevision.** Gegen ein Urteil, gegen das Berufung zulässig ist, kann statt der Berufung gemäß § 335 Abs. 1 StPO Revision eingelegt werden. Ein Rechtsmittel kann grundsätzlich auch als unbestimmtes Rechtsmittel eingelegt werden. In diesem Fall hat der Beschwerdeführer die Wahl zwischen Berufung und Revision. Die endgültige Wahl des Rechtsmittels kann der Beschwerdeführer dann noch bis zum Ablauf der Revisionsbegründungsfrist treffen. Dieses Vorgehen hat für die Praxis die Auswirkung, dass das Gericht im Hinblick auf die mögliche Fortführung des Rechtsmittels als Revision gefordert ist, das Urteil gründlicher und vorsorglich revisionssicher zu begründen.

c) **Revisionsbegründung.** Die Revision muss innerhalb eines Monats nach Ablauf der Frist zur Einlegung des Rechtsmittels bzw. ab Zustellung der Urteilsgründe begründet werden. Die Revisionsbegründung muss gemäß § 344 Abs. 1, 2 StPO einen konkreten Antrag, inwieweit das Urteil aufzuheben ist, und eine Begründung des Antrages enthalten.

Ein besonderes Maß an anwaltlichem Engagement und Können erfordert die Revisionsbegründung. Hierzu wird verwiesen auf die umfangreiche Spezialliteratur.[17]

---

[13] OLG Frankfurt NZV 1996, 414; vgl. auch *Meyer-Goßner/Schmitt* § 318 Rn. 16, 17.
[14] OLG Hamm NStZ 2006, 592.
[15] OLG Düsseldorf NZV 2000, 51.
[16] *Meyer-Goßner/Schmitt* vor § 333 Rn. 1.
[17] ZB *Hamm* Die Revision in Strafsachen; *Dahs* Die Revision im Strafprozess, und speziell *Zipf* Die Strafmaßrevision; vgl. im Übrigen OLG Hamburg NZV 1990, 42.

Muster: Revisionseinlegung

27 An das
Landgericht
– Strafkammer –
Az. . . . . . .
In der Strafsache
gegen . . . . . .
wegen . . . . . .
wird gegen das am . . . . . . verkündete Urteil

Revision

eingelegt.
Es wird um Akteneinsicht einschließlich der Beiakten gebeten.
Im Übrigen wird gebeten, schon vor Zustellung des Urteils eine Kopie des Protokolls der Hauptverhandlung zu übersenden.

Rechtsanwalt

Die vorstehende Revisionsfassung genügt den Erfordernissen. Der Revisionsantrag braucht nicht mit der Revisionseinlegung verbunden zu werden. Hiervon ist auch abzuraten.[18]

28 d) **Beschränkung der Revision auf Entziehung der Fahrerlaubnis.** Durch die Revisionsanträge muss unmissverständlich zum Ausdruck gebracht werden, inwieweit das Urteil angefochten wird.[19]

29 Wichtig ist, dass die Revisionsgründe als Prozessrüge nur bis zum Ablauf der Revisionsbegründungsfrist erklärt werden können. Demgegenüber können Ausführungen zur Sachrüge bis zur Entscheidung des Revisionsgericht nachgeschoben werden. Insoweit genügt grundsätzlich die Erklärung: „Gerügt wird die Verletzung sachlichen Rechts".

30 Die Revision kann auch mit der Aufklärungsrüge begründet werden. Wird eine solche Rüge erhoben, so muss der Beschwerdeführer darlegen, welche Tatsachenermittlung das Gericht rechtsfehlerhaft unterlassen hat.

31 Kritisch ist, ob eine Revision auf die Maßregel der Entziehung der Fahrerlaubnis gemäß § 69 StGB beschränkt werden kann. Eine isolierte Anfechtbarkeit wird überwiegend verneint, wenn der Strafzumessung zugrunde liegenden Tatsachen zugleich auch eine wesentliche Entscheidungsgrundlage für die Fahrerlaubnisentziehung bilden. Dies ist insbesondere dann der Fall, wenn der Entzug der Fahrerlaubnis mit Charaktermängeln begründet wird.[20]

32 Gerade in Verkehrssachen ist darauf zu achten, dass bei den Tatsacheninstanzen häufig die Frage übersehen wird, ob die Schuldfähigkeit durch die Höhe der Blutalkoholkonzentration vermindert oder ausgeschlossen ist. Hierzu sind Ausführungen der Tatsacheninstanz erforderlich, ansonsten bietet sich hier ein Angriffspunkt für die Revision.

4. Rechtsbehelfe bei Führerscheinmaßnahme

33 Spezielle Rechtsmittel und Rechtsbehelfe gegen Führerscheinmaßnahmen können die vorläufige Entziehung der Fahrerlaubnis gemäß § 111a StPO einschließlich der Ablehnung von beantragten Ausnahmen beim Entzug der Fahrerlaubnis sowie die Ablehnung der Abkürzung der Sperrfrist gemäß § 69a Abs. 7 StGB betreffen.[21]

---

[18] Vgl. *Freyschmidt* Rn. 630 und Muster 19.
[19] *Dahs*, Handbuch des Strafverteidigers, Rn. 867; vgl. auch *Freyschmidt* Rn. 630.
[20] Vgl. OLG Stuttgart NZV 1997, 316.
[21] *Hentschel* Trunkenheit Rn. 880, betreffend Beschwerde gegen Beschluss gemäß § 111a StPO sowie Ausnahmen von der vorläufigen Entziehung sowie gegen Ablehnung einer Abkürzung der Sperrfrist *Hentschel* aaO Rn. 810, betreffend Entscheidung über vorzeitige Aufhebung der Sperre.

a) Rechtsmittel gegen vorläufige Entziehung der Fahrerlaubnis gemäß § 111a StPO. Bei 34
Entziehung der Fahrerlaubnis ist gegen den Beschluss des erkennenden Gerichtes gemäß
§§ 304, 305 S. 2 StPO Beschwerde zulässig. Beschwerdeberechtigt ist außer dem Beschuldigten die Staatsanwaltschaft, wenn ihr Antrag auf Anordnung der Fahrerlaubnisentziehung abgelehnt worden ist. Trotz eines laufenden Revisionsverfahrens ist eine Beschwerde gegen die vorläufige Entziehung der Fahrerlaubnis zulässig. Der Umfang der Prüfungskompetenz des Beschwerdegerichtes ist jedoch eingeschränkt. Nach Einlegung der Revision ist die Prüfung der Voraussetzungen des § 69 StGB, die unmittelbar mit der Prüfung der Voraussetzungen des § 111a StPO verknüpft ist, der Beurteilung durch das Beschwerdegericht entzogen.[22] Weitere Beschwerde gegen Ablehnung der Entscheidung ist gemäß § 310 Abs. 2 StPO ausgeschlossen.[23]

Auch bei ausländischen Führerscheinen ist die vorläufige Entziehung gemäß § 111a 35
StPO zulässig.[24] Gegen die Eintragung des Vermerks kommt ebenfalls die Beschwerde in Betracht.

Ist das gemäß § 33 Abs. 3 StPO zu gewährende rechtliche Gehör im Verfahren zur vorläu- 36
figen Entziehung der Fahrerlaubnis nicht beachtet, so kann dies mit der Beschwerde angefochten werden. Die gleichen Grundsätze gelten auch für den Fall, dass bei der vorläufigen Entziehung der Fahrerlaubnis dem Antrag des Beschuldigten, bestimmte Kraftfahrzeugarten von der Sperre auszunehmen, nicht entsprochen worden ist.

In aller Regel ist die Anfechtung einer Entscheidung über die vorläufige Entziehung der 37
Fahrerlaubnis gemäß § 111a StPO nicht zu empfehlen: Einmal ergibt sich hieraus eine Verzögerung des Verfahrens. Zum anderen besteht die Gefahr, dass durch die Entscheidung und Begründung des Beschlusses der Beschwerdekammer der Sachverhalt zu Lasten des Beschuldigten verfestigt wird.

Muster für Beschwerde

An das 38
Amtsgericht ......
Az. ......
In der Ermittlungssache
gegen ......
wegen: Trunkenheit im Verkehr
wird gegen den Beschluss vom ......, mit dem das Amtsgericht ...... die Fahrerlaubnis vorläufig entzogen hat,

Beschwerde

eingelegt und beantragt,
unter Aufhebung des angefochtenen Beschlusses an den Beschuldigten den Führerschein wieder auszuhändigen.
Zur Begründung wird Folgendes ausgeführt:
Es kann nicht angenommen werden, dass die Voraussetzungen relativer Fahruntüchtigkeit vorliegen. Allenfalls liegt ein Fahrfehler vor, der auch nüchternen Kraftfahrern ohne weiteres häufig unterläuft.[25]

Rechtsanwalt

b) Ablehnung der Abkürzung der Sperrfrist. Gemäß § 69a Abs. 7 StGB kommt in Be- 39
tracht, auf Antrag die Sperrfrist für die Neuerteilung der Fahrerlaubnis abzukürzen. Wird

---
[22] OLG Karlsruhe DAR 2004, 408.
[23] Vgl. im Einzelnen *Meyer-Goßner/Schmitt* § 111a Rn. 19.
[24] Hierzu eingehend *Hentschel* Trunkenheit Rn. 879.
[25] Vgl. hierzu auch Beck'sches Formularbuch für den Strafverteidiger XI A 10 mit ausführlichen Darlegungen zur Ermittlung der Blutalkoholkonzentration bei absoluter Fahruntüchtigkeit und speziell bei relativer Fahruntüchtigkeit.

diesem Antrag nicht entsprochen, so kommt auch hier die Beschwerde gemäß §§ 304, 305 StPO in Betracht. Das Gleiche gilt für den Fall, dass partiell eine Abkürzung der Sperrfrist beantragt wurde, etwa für bestimmte Kraftfahrzeugarten.

40 c) Übersicht: Fristen im Strafverfahren[26]

Entscheidung	Rechtsbehelf	§§	Frist	Fristbeginn
• Beschluss über vorläufige Entziehung der Fahrerlaubnis (§ 111a StPO)	Beschwerde	304, 305 S. 2 StPO	Ohne Frist	–
• Einstellungsbescheid der Staatsanwaltschaft (StA) an Antragsteller, der zugleich Verletzter ist	Beschwerde	171, 172 Abs. 1 StPO	2 Wochen	Bekanntgabe
• Ablehnender Bescheid auf eine Beschwerde wegen Einstellung der Ermittlung	Antrag auf gerichtliche Entscheidung	172 Abs. 2 StPO	1 Monat	Bekanntgabe
• Einstellungsbeschluss des Gerichts außerhalb der Hauptverhandlung wegen Verfahrenshindernis oder Änderung des StGB	Sofortige Beschwerde	206a, b, 311 Abs. 2 StPO	1 Woche	Bekanntgabe
• Ablehnung der Eröffnung des Hauptverfahrens oder vom Antrag der StA abweichende Verweisung an ein Gericht niederer Ordnung	Sofortige Beschwerde	210 Abs. 2, 311 Abs. 2 StPO	1 Woche	Bekanntgabe
• Urteil des Strafrichters oder des Schöffengerichts des AG	Berufung	312, 314 StPO	1 Woche	Verkündung; für abwesende Angeklagte: Zustellung Urteil
• Verwerfung der Berufung als unzulässig wegen Verspätung durch das Gericht erster Instanz	Antrag auf gerichtliche Entscheidung des Berufungsgerichts	319 Abs. 2 StPO	1 Woche	Zustellung des Beschlusses
• Beschluss des Berufungsgerichtes über Verwerfung der Berufung als unzulässig	Sofortige Beschwerde	322 Abs. 2, 311 Abs. 2 StPO	1 Woche	Bekanntgabe gem. § 35 StPO
• Verwerfung der Berufung ohne Verhandlung wegen Ausbleibens des Angeklagten in der Berufungsverhandlung	Antrag auf Wiedereinsetzung in den vorigen Stand	329 Abs. 3 StPO	1 Woche	Zustellung des Urteils
• Urteil des Strafgerichts oder Schöffengerichts	Sprungrevision	335 Abs. 1, 341 StPO	1 Woche	Verkündung; für abwesende Angeklagte: Zustellung Urteil
• Antrag der StA auf Verwerfung der Revision als offensichtlich unbegründet	Gegenerklärung	349 Abs. 3 StPO	2 Wochen	Mitteilung des Antrages

---

[26] Auszug aus *Buschbell/Buschbell-Kaniewski* H 1.1.1.

Entscheidung	Rechtsbehelf	§§	Frist	Fristbeginn
• Entscheidung, die aus Anlass eines Antrages auf Wiederaufnahme des Verfahrens vor dem Gericht erster Instanz erlassen wird	Sofortige Beschwerde	372, 311 Abs. 2 StPO	1 Woche	Bekanntgabe gem. § 35 StPO
• Beschluss, durch den die Ablehnung eines Richters als unzulässig verworfen oder als unbegründet zurückgewiesen wird, sofern die Entscheidung keinen erkennenden Richter betrifft	Sofortige Beschwerde	28 Abs. 2, 311 Abs. 2 StPO	1 Woche	Bekanntgabe gem. § 35 StPO
• Entscheidung, durch die ein Verteidiger gem. §§ 138a, 138b StPO ausgeschlossen wird	Sofortige Beschwerde	138d Abs. 6, 311 Abs. 2 StPO	1 Woche	Bekanntgabe gem. § 35 StPO
• Beschluss des Gerichts über Verhandlung in Abwesenheit des Angeklagten wegen vorsätzlich herbeigeführter Verhandlungsunfähigkeit	Sofortige Beschwerde	231a Abs. 3, 311 Abs. 2 StPO	1 Woche	Bekanntgabe
• Urteil nach Hauptverhandlung ohne den Angeklagten gem. § 232 StPO	Antrag auf Wiedereinsetzung in den vorigen Stand	235 StPO	1 Woche	Zustellung des Urteils
• Strafbefehl	Einspruch	409 Abs. 1 Nr. 7, 410 StPO	2 Wochen	Zustellung
• Nachträgliche Entscheidung über Strafaussetzung zur Bewährung oder Verwarnung mit Strafvorbehalt	Beschwerde	453 Abs. 2, 304 StPO	Ohne Frist	–

II. Im Bußgeldverfahren

1. Der Einspruch

a) **Allgemeines, Frist und Form.** *aa) Allgemeines.* Das gegen den Bußgeldbescheid gegebene Rechtsmittel ist der Einspruch gemäß § 67 OWiG. Einspruchsberechtigt ist der Betroffene. Auch kann im Namen des Betroffenen durch den Verteidiger Einspruch eingelegt werden. 41

bb) Frist. Die Einspruchsfrist beträgt 2 Wochen und beginnt mit der gemäß § 51 OWiG wirksamen Zustellung.[27] Zur Fristwahrung ist erforderlich, dass der Einspruch rechtzeitig bei der zuständigen Verwaltungsbehörde eingegangen ist oder zu deren Niederschrift erklärt worden ist. Eingegangen ist die Einspruchsschrift dann, wenn sie ordnungsgemäß in die Verfügungsgewalt der Verwaltungsbehörde gelangt. Bei einer gemeinsamen Briefannahmestelle, die für mehrere Verwaltungsbehörden besteht, reicht es zur Fristwahrung aus, wenn die Einspruchsschrift bei einer dieser Stellen rechtzeitig eingeht.[28] 42

---

[27] Zur Berechnung der Frist vgl. *Göhler* § 67 Rn. 31.
[28] BGHZ 80, 62 = NJW 1981, 1216; vgl. hierzu auch ausführlich *Göhler* § 67 Rn. 32b.

43   cc) *Form.* In § 67 Abs. 1 S. 1 OWiG ist bestimmt, dass der Einspruch schriftlich oder zur Niederschrift bei der Verwaltungsbehörde einzulegen ist mit der Maßgabe, dass gemäß S. 2 die §§ 297 bis 300 und 302 der StPO über Rechtsmittel entsprechend gelten. Fernschriftliche Einlegung ist ebenfalls zulässig wie per Telefax.

Muster für einen Einspruch:

44   An die
Verwaltungsbehörde
– Bußgeldstelle –
Az.: . . . . . .
In dem Bußgeldverfahren
gegen . . . . . .
wird gegen den Bußgeldbescheid vom . . . . . ., zugestellt am . . . . . .

Einspruch

eingelegt.
Die Begründung des Einspruchs bleibt vorbehalten.
Im Übrigen wird gebeten, Akteneinsicht zu gewähren unter Beifügung aller bestehender Beweismittel (Videobänder etc.).

Rechtsanwalt

45   **b) Mögliche Beschränkung.** Nach § 67 Abs. 2 OWiG ist die Beschränkung des Einspruchs auf bestimmte Beschwerdepunkte möglich. Jedoch hat diese Möglichkeit in der Praxis keine wesentliche Bedeutung erlangt, da diese Verkürzung der Überprüfung nur dann ratsam erscheint, wenn eine Verschlechterung gegenüber dem Bußgeldbescheid zu erwarten ist.

46   Auf die Anordnung eines Fahrverbotes kann der Einspruch nicht beschränkt werden. Dies folgt daraus, dass die Rechtsfolge des Fahrverbotes in einer engen Beziehung zur Geldbuße steht. Nach § 4 BKatV soll die Geldbuße beim ausnahmsweisen Absehen vom Fahrverbot erhöht werden; bei der Beschränkung des Einspruchs auf das Fahrverbot würde die Geldbuße rechtskräftig, so dass dieser Ausgleich unmöglich würde. Die Beschränkung des Einspruchs auf das Fahrverbot führt daher zur unzulässigen Beschränkung des Rechtsmittels, so dass der Einspruch unbeschränkt eingelegt ist. Richtigerweise wäre auf den Rechtsfolgenausspruch zu beschränken, wenn die Tat eingeräumt und das Fahrverbot vermieden werden soll.

47   **c) Rücknahme des Einspruchs.** Die Rücknahme des Einspruchs ist in gleicher Form und unter den gleichen Voraussetzungen möglich wie der Einspruch selbst.

48   In der Praxis kommt es nicht selten vor, dass der Betroffene nach Erhalt des Bußgeldbescheides Geldbuße und Kosten in der irrigen Annahme zahlt, hierzu in jedem Fall und unabhängig von einem eingelegten Rechtsmittel verpflichtet zu sein. Dabei stellt sich die Frage, ob eine Rücknahme des Einspruchs dadurch angenommen werden kann, dass der Betroffene die Geldbuße zahlt. Die Bezahlung des Bußgeldes bedeutet aber noch keinen Verzicht auf Einlegung des Einspruchs.[29] In der Übersendung des Führerscheins bei Verhängung eines Fahrverbotes kann jedoch ein wirksamer Rechtsmittelverzicht gesehen werden;[30] bei Zweifeln an der Ernsthaftigkeit der Rücknahme oder des Verzichts ist davon auszugehen, dass das Rechtsmittel nicht erledigt ist.

49   Die Einspruchsrücknahme ist jederzeit mit der Maßgabe möglich, dass im Vorverfahren die Einspruchsrücknahme keiner Zustimmung bedarf. Im gerichtlichen Verfahren muss die Staatsanwaltschaft gemäß § 75 Abs. 2 OWiG zustimmen, wenn sie ausnahmsweise an der Hauptverhandlung teilnimmt. Die Rücknahme des Einspruchs nach ausgesetzter Hauptver-

---

[29] AG Brühl DAR 1995, 169; OLG Stuttgart DAR 1998, 29; AG Freienwalde DAR 2001, 137.
[30] OLG Nürnberg NZV 1997, 493; OLG Naumburg NStZ-RR 1997, 340; aA OLG Köln VRS 71, 54.

handlung verlangt aber in jedem Fall die Zustimmung der Staatsanwaltschaft.[31] Der Verteidiger darf den Einspruch nur mit ausdrücklicher Ermächtigung des Betroffenen zurücknehmen.

Nach § 81 OWiG kann in einem nicht rechtskräftig abgeschlossenen Bußgeldverfahren die Überleitung in das Strafverfahren durch Erteilung eines Hinweises auf die Änderung des rechtlichen Gesichtspunktes erfolgen. Dieser Hinweis kann auch schon vor der Hauptverhandlung durch schriftliche Verfügung erfolgen. Zwar schreibt § 81 Abs. 1 S. 2 StPO vor, dass eine Verurteilung nur erfolgen darf, wenn dem Betroffenen zuvor Gelegenheit zur Verteidigung gegeben worden ist.

Dies meint aber nicht, dass diese Gelegenheit vor dem Hinweis zu erfolgen hat, der automatisch zur Änderung der Rechtsstellung führt. Mit erteiltem Hinweis ist eine Einspruchsrücknahme nicht mehr möglich.[32] Auch wenn also keine Verpflichtung zur Anhörung vor dem Hinweis besteht,[33] soll nach Nr. 290 Abs. 2 RiStBV Gelegenheit zur Stellungnahme vor Hinweiserteilung gegeben werden. Solche Andeutungen sollten als ernstes Signal und letzte Gelegenheit zur Überprüfung der gewählten Strategie verstanden werden.

d) **Weiteres Verfahren.** Ist form- und fristgerecht Einspruch eingelegt, so entscheidet gemäß § 68 Abs. 1 OWiG das Amtsgericht über den Einspruch. Zuständig ist das Amtsgericht, in dessen Bezirk die Verwaltungsbehörde ihren Sitz hat. Im Verfahren gegen Jugendliche und Heranwachsende ist gemäß § 68 Abs. 2 OWiG der Jugendrichter zuständig.

2. Die Rechtsbeschwerde

Beschlüsse, die im schriftlichen Verfahren gemäß § 72 OWiG ergangen sind, und Urteile können mit der Rechtsbeschwerde gemäß § 79 OWiG angefochten werden. Es handelt sich hierbei um ein Rechtsmittel, das aufgrund seiner Zulassungsvoraussetzungen beschränkt ist.

Die Vorschriften der StPO über Rechtsmittel gelten gemäß § 46 Abs. 1 OWiG im gerichtlichen Bußgeldverfahren sinngemäß, soweit das Gesetz nichts anderes bestimmt. Dies betrifft die Anfechtungsberechtigung, Form und Frist der Einlegung.[34]

a) **Zulässigkeit.** Die Rechtsbeschwerde ist unter den in § 79 OWiG normierten Voraussetzungen zulässig. Ohne weitere Zulassung ist die Rechtsbeschwerde zulässig, wenn gegen den Betroffenen auf eine Geldbuße von 250,– EUR erkannt wurde oder wenn eine Nebenfolge, also ein Fahrverbot angeordnet worden ist. Weiter ist die Rechtsbeschwerde zulässig, wenn der Betroffene wegen einer Ordnungswidrigkeit freigesprochen oder das Verfahren eingestellt oder von der Verhängung eines Fahrverbotes abgesehen worden ist und wegen der Tat im Bußgeldbescheid oder Strafbefehl eine Geldbuße von mehr als 600,– EUR festgesetzt, ein Fahrverbot verhängt oder eine solche Geldbuße oder ein Fahrverbot von der Staatsanwaltschaft beantragt worden war. Des Weiteren ist die Rechtsbeschwerde möglich, wenn ein Einspruch durch Urteil als unzulässig verworfen worden ist oder ein Beschluss gemäß § 72 OWiG trotz rechtzeitigen Widerspruchs des Betroffenen gegen das schriftliche Verfahren ergangen ist.

Im Übrigen ist die Rechtsbeschwerde nur zulässig, wenn sie ausdrücklich gemäß § 80 OWiG auf entsprechenden Antrag hin zugelassen worden ist. Dies ist nur möglich, wenn die Überprüfung des Urteils zur Fortbildung des Rechtes oder zur Sicherung einer einheitlichen Rechtsprechung geboten ist oder wenn das Urteil gemäß § 80 Abs. 1 Nr. 2 OWiG wegen Versagung rechtlichen Gehörs aufzuheben ist.

Dabei wird die Rechtsbeschwerde wegen Anwendung von Rechtsnormen über das Verfahren nicht und wegen der Anwendung von anderen Rechtsnormen zur Fortbildung des Rechtes nur dann zugelassen, wenn gegen den Betroffenen eine Geldbuße von nicht mehr als 100,– EUR festgesetzt oder der Betroffene freigesprochen oder das Verfahren eingestellt wurde und wegen der Tat im Bußgeldbescheid oder im Strafbefehl eine Geldbuße von nicht mehr als 150,– EUR festgesetzt oder von der Staatsanwaltschaft beantragt worden ist.

---

[31] *Göhler* § 75 Rn. 8.
[32] *Göhler* § 81 Rn. 19.
[33] OLG Köln NZV 2002, 419.
[34] Zu den Abweichungen gegenüber dem Revisionsverfahren vgl. *Göhler* Vorb. § 79 Rn. 2 ff.

58 Diese Voraussetzungen zur Rechtsbeschwerde schränken die Zulassung ein. So kann zB die Frage der Verjährung im Rechtsbeschwerdeverfahren nicht geprüft werden, es sei denn, sie steht im Zusammenhang mit der Überprüfung eines anderen Rechtsfehlers zur Sicherung einer einheitlichen Rechtsprechung.[35]

59 **b) Form und Frist.** Für die Rechtsbeschwerde gelten die Vorschriften über das Revisionsverfahren in Strafsachen entsprechend, also für deren Einlegung und deren Begründung die §§ 341 bis 345 StPO und ebenso für das weitere Verfahren, soweit das OWiG gemäß § 79 Abs. 3 S. 1 OWiG nichts anderes bestimmt.

60 Für das Rechtsbeschwerdeverfahren ist die Erklärung notwendig, inwieweit die Entscheidung angefochten und deren Aufhebung beantragt wird. Weiter ist eine Begründung der Rechtsbeschwerde notwendig. Ansonsten ist sie unzulässig.

61 Zunächst kommt die Sachrüge in Betracht. Diese kann durch folgende Formulierung erklärt werden: „Gerügt wird die Verletzung sachlichen Rechts".

Bei der Verfahrensrüge handelt es sich um die Rüge der Verletzung der Rechtsnormen zum Verfahrensablauf und dessen Gestaltung.[36]

62 Gegen die Entscheidungen des Amtsgerichts durch Beschluss ist die Rechtsbeschwerde in entsprechender Anwendung des § 79 Abs. 1 S. 1 Nr. 5 OWiG auch zulässig, wenn die in § 72 Abs. 1 S. 2 OWiG vorgesehene Belehrung nicht erteilt worden ist oder wenn diese unvollständig, fehlerhaft oder irreführend ist. Jedoch muss der Betroffene im Rechtsbeschwerdeverfahren in einer § 344 Abs. 2 StPO genügenden Form geltend machen, dass er einen den Anforderungen des § 72 Abs. 1 S. 2 OWiG entsprechenden Hinweis nicht erhalten habe. Ein etwaiger Verfahrensverstoß ist vom Rechtsbeschwerdegericht nicht von Amts wegen zu berücksichtigen.[37]

Muster: Rechtsbeschwerde

63 An das
Amtsgericht . . . . . .
– Bußgeldabteilung –
Az.: . . . . . .
In dem Ordnungswidrigkeitenverfahren
gegen: . . . . . .
wegen: Überschreitung der zulässigen Höchstgeschwindigkeit
werden folgende Rechtsbeschwerdeanträge gestellt:
Auf die Rechtsbeschwerde des Betroffenen vom . . . . . . wird das Urteil des Amtsgerichtes . . . . . . vom . . . . . . mit den tatsächlichen Feststellungen aufgehoben.
Die Sache wird zur neuen Verhandlung und Entscheidung auch über die Kosten des Rechtsmittels an eine andere Abteilung des Amtsgerichtes zurückverwiesen.
Zur Begründung wird Folgendes ausgeführt:
Es wird gerügt die Verletzung formellen und materiellen Rechtes.[38]

Rechtsanwalt

64 **c) Besetzung des OLG-Senates.** Das Oberlandesgericht beschließt nur dann in der Besetzung mit drei Richtern, wenn eine Geldbuße von mehr als 5.000,– EUR festgesetzt oder beantragt worden ist; auch beim Fahrverbot entscheidet grundsätzlich nur der Einzelrichter.[39] Hat der Bußgeldsenat mit nur einem Richter zu entscheiden, ist der Senat nicht nur in der

---

[35] *Beck/Berr* Rn. 141.
[36] Vgl. im Einzelnen *Göhler* § 79 Rn. 27c und 27d.
[37] OLG Düsseldorf NZV 1999, 182.
[38] Vgl. hierzu Beck'sches Formularbuch XI. E. 1 sowie zur Begründung vgl. aaO Ziff. 2 mit ausführlichen Darlegungen zu den Verfahrensrügen sowie Sachrügen sowie zur Begründung einer Rechtsbeschwerde gegen einen Beschluss nach § 72 OWiG XI E 3.
[39] *Deutscher* NZV 2005, 120.

Hauptsache, sondern auch in allen damit zusammenhängenden Entscheidungen mit nur einem Richter besetzt.[40] Er kann die Sache jedoch dem Senat in Dreierbesetzung übertragen, wenn es ihm zur Fortbildung des Rechts oder zur Sicherung einer einheitlichen Rechtsprechung geboten erscheint (§ 80a Abs. 3 OWiG). Der Senat muss dann in Dreierbesetzung entscheiden, auch wenn er die Auffassung des vorlegenden Richters nicht teilt.[41]

d) Die Voraussetzungen der Zulassung der Rechtsbeschwerde. *aa) Fortbildung des Rechtes.* Die notwendige Fortbildung des Rechtes kann gegeben sein, wenn bei der Auslegung von materiellen und formellen Rechtssätzen Gesetzeslücken vorhanden sind und deshalb Leitsätze aufgestellt werden müssen.[42] Ebenso kann die Fortbildung des Rechtes in Betracht kommen, wenn zur Rechtsgültigkeit von Gesetzesbestimmungen Zweifel bestehen.[43] Im Grundsatz kommt die Fortbildung des Rechtes immer dann in Betracht, wenn Rechtsfragen offen, streitig und deshalb klärungsbedürftig sind. Außerdem muss die Materie zusätzlich für die Aufstellung von allgemein gültigen Regeln geeignet sein.[44] 65

bb) Sicherung einer einheitlichen Rechtsprechung. Die Rechtsbeschwerde kann zur Sicherung einer einheitlichen Rechtsprechung zugelassen werden, wenn die Besorgnis besteht, dass einzelne Amtsgerichte von einer gefestigten Rechtsprechung abweichen oder wenn schwer erträgliche Unterschiede für die Rechtsprechung im Ganzen bei gleich gelagerten Fällen entstehen. Die Grenze besteht jedoch da, wo es sich um einen entschiedenen Einzelfall ohne grundsätzliche Bedeutung handelt. Etwas anderes gilt, wenn mit weiteren Fehlentscheidungen zu rechnen ist. Die Definition der Kriterien „Fortbildung des Rechtes" sowie „Sicherung einer einheitlichen Rechtsprechung" lehnen sich an die entsprechende Regelung in § 80 Abs. 1 Nr. 1 OWiG an. So soll bei einer Fehlentscheidung, die sich nur im Einzelfall auswirkt, die Einheitlichkeit der Rechtsprechung noch nicht gefährdet sein, selbst wenn der Rechtsfehler offensichtlich ist.[45] 66

cc) Versagung rechtlichen Gehörs. Die Versagung rechtlichen Gehörs rechtfertigt gemäß § 80 Abs. 1 Nr. 2 OWiG die Zulassung der Rechtsbeschwerde.[46] Der Antrag auf Zulassung der Rechtsbeschwerde wegen Versagung rechtlichen Gehörs ist jedoch im Einzelnen darzulegen und zu begründen. Zur ausreichenden Begründung des Zulassungsantrages, mit dem gerügt werden soll, dem Betroffenen sei das rechtliche Gehör versagt worden, ist substantiiert darzulegen, was der Betroffene im Fall seiner Anhörung geltend gemacht hätte. Dies gilt besonders dann, wenn zunächst zum Ausdruck gebracht worden ist, der Betroffene werde sich zur Sache nicht äußern.[47] 67

dd) Beschränkung der Rechtsbeschwerde. Eine Beschränkung der Rechtsbeschwerde ist wie im Strafverfahren lediglich auf abtrennbare Teile möglich. Die Rechtsbeschwerde kann jedoch nicht auf die Verhängung des Fahrverbotes beschränkt werden, sondern nur auf den gesamten Rechtsfolgenausspruch.[48] 68

Sieht das Amtsgericht von der Verhängung eines Fahrverbotes ab, obwohl der Bußgeldbescheid ein solches enthielt, und bleibt die Nichtverhängung seitens der Staatsanwaltschaft unangefochten, so steht dem Betroffenen bei einer Geldbuße bis 250,– EUR gegen das Urteil im Übrigen nur der Antrag auf Zulassung der Rechtsbeschwerde zu.[49] 69

e) Entscheidung des Gerichtes. Grundsätzlich entscheidet das Rechtsbeschwerdegericht durch Beschluss, ausnahmsweise gemäß § 79 Abs. 5 OWiG auch durch Urteil, wenn eine Hauptverhandlung stattfindet. 70

---

[40] OLG Hamm NZV 2000, 136.
[41] *Göhler* § 80a Rn. 5.
[42] BayObLG DAR 1991, 388.
[43] KG Berlin NJW 1976, 1465.
[44] Vgl. im Einzelnen *Beck/Berr* Rn. 141; vgl. auch *Schmitz* zfs 2003, 436.
[45] *Göhler* § 80 Rn. 5 unter Hinweis auf Rspr. und Lit.
[46] *Göhler* § 80 Rn. 16a; vgl. auch BayObLG NZV 1992, 288.
[47] OLG Hamm NZV 1989, 220; vgl. zur Zulassung der Rechtsbeschwerde bei Versagung rechtlichen Gehörs auch KG NZV 1993, 453 sowie OLG Hamm NZV 1999, 220 f.; OLG Frankfurt am Main zfs 2004, 41.
[48] OLG Karlsruhe MittBl der Arge VerkR 1999, 139.
[49] OLG Celle NZV 1999, 221.

71 Die Entscheidung ist grundsätzlich zu begründen, es sei denn, die Rechtsbeschwerde wird auf Antrag der Staatsanwaltschaft als offensichtlich unbegründet verworfen. Auch kann das Gericht die Sache an das Amtsgericht zurückverweisen oder selbst entscheiden.

72 **f) Vorlage an BGH.** In § 121 Abs. 2 GVG ist geregelt, dass ein OLG die Sache dem BGH vorzulegen hat, wenn es bei seiner Entscheidung von der Entscheidung eines anderen OLG oder einer Entscheidung des BGH abweichen will. Es besteht eine Vorlegepflicht; diese dient einer einheitlichen Rechtsprechung.[50]

73 Die Vorlage an den BGH erfolgt durch Vorlegungsbeschluss des OLG in Dreierbesetzung. In diesem muss die dem BGH vorgelegte Frage genau formuliert und die Entscheidungserheblichkeit dargelegt werden. Der BGH ist an die Vorlegungsfrage nicht gebunden. Fasst der BGH die vom OLG zu eng gestellte Vorlegungsfrage weiter, so ist die gesamte Antwort des BGH auf die weiter gefasste Frage für die Oberlandesgerichte bindend.[51]

74 **g) Aspekte für Einlegung und Begründung der Rechtsbeschwerde.** Bei der Prüfung zur Begründung der Rechtsbeschwerde sind folgende Aspekte zu beachten:
- Zulässigkeit der Rechtsbeschwerde
  - gegen Urteil und Beschluss nach § 72 OWiG
  - gegen Urteil, wenn Rechtsbeschwerde zugelassen wird
- Frist und Form
  - Wochenfrist gemäß §§ 79 Abs. 3 OWiG, 341 StPO
  - Form: Schriftlich oder zu Protokoll der Geschäftsstelle
- Beschwerdeanträge
- Begründung des Zulassungsantrages (§ 80 Abs. 3 OWiG)
- Begründung der Rechtsbeschwerde
  - Ausführung von Verfahrensverstößen
  - Materiell-rechtliche Verstöße.[52]

75 **h) Übersicht: Fristen im OWi-Verfahren**[53]

Entscheidung	Rechtsbehelf	§§	Frist	Fristbeginn
• Bußgeldbescheid	Einspruch	67 Abs. 1 OWiG 297–300, 302 StPO	2 Wochen	Zustellung
• Beschluss des Gerichts über die Verwerfung des Einspruchs als unzulässig	Sofortige Beschwerde	70 Abs. 2, 46 Abs. 1 OWiG 311 Abs. 2 StPO	1 Woche	Verkündung oder Bekanntgabe der Entscheidung
• Entscheidung des Gerichts nach Einspruch durch Urteil oder Beschluss	Rechtsbeschwerde	79 Abs. 1, Abs. 3, Abs. 4 OWiG, 341, 345 Abs. 1 StPO	1 Woche	Verkündung oder Bekanntgabe der Entscheidung
• Urteil im Strafverfahren, soweit die darin zusätzlich geahndete Ordnungswidrigkeit angegriffen werden soll	Rechtsbeschwerde	83 Abs. 2 OWiG, 79 Abs. 3, Abs. 4, 341, 345 Abs. 1 StPO	1 Woche	Verkündung oder Bekanntgabe der Entscheidung

III. Fristwahrung und Antrag auf Wiedereinsetzung

76 Die Möglichkeit der Wiedereinsetzung kommt gegen die Versäumung aller gesetzlichen und richterlich gesetzten Fristen in Betracht, einschließlich der Versäumung der Frist für den

---

[50] *Meyer-Goßner/Schmitt* GVG § 121 Rn. 5.
[51] BGH DAR 1998, 110.
[52] Vgl. auch ausführlich *Beck/Berr* Rn. 136 ff.
[53] Auszug aus *Buschbell/Buschbell-Kaniewski* H 1.1.2.

Wiedereinsetzungsantrag.[54] Innerhalb einer Woche nach Wegfall des Hindernisses ist der Antrag auf Wiedereinsetzung bei dem Gericht zu stellen, bei dem die Frist wahrzunehmen gewesen wäre. Auch ist das versäumte Rechtsmittel innerhalb dieser Wochenfrist nachzuholen (§ 45 Abs. 2 StPO).

Der Antrag muss Angaben über die versäumte Frist sowie die Hinderungsgründe enthalten und diese glaubhaft machen.

Wenn im Strafbefehlsverfahren ein Einspruch verworfen worden ist, weil der Angeklagte trotz ordnungsgemäßer Ladung nicht erschienen ist, muss grundsätzlich zweispurig verfahren werden, nämlich Wiedereinsetzung in den vorigen Stand beantragt und Berufung eingelegt werden.

Im Bußgeldverfahren entscheidet die Verwaltungsbehörde bzw. das mit dem Rechtsbehelf befasste Gericht gemäß § 52 Abs. 2 OWiG über den Antrag auf Wiedereinsetzung.[55]

Muster: Antrag auf Wiedereinsetzung

In dem Verfahren
gegen ......
wegen ......
wird beantragt,
    dem Beschuldigten bzw. Betroffenen wegen der Versäumung der Rechtsmittelfrist Wiedereinsetzung in den vorherigen Stand zu gewähren.
Begründung und Glaubhaftmachung bleiben einem gesonderten Schriftsatz vorbehalten.

                                                                    Rechtsanwalt

---

[54] OLG Düsseldorf NJW 1982, 16.
[55] Vgl. hierzu im Einzelnen *Beck/Berr* Rn. 148 ff.

§ 18 Kostenerstattung und Gesuche

Übersicht

	Rn.
I. Regelung Kostenangelegenheit	1–15
1. Allgemeines	2–11
a) Abwicklung der Kostenangelegenheit	2
b) Die gesetzlichen Grundlagen	3
c) Kostenfestsetzungsverfahren	4/5
d) Die Kostengrundentscheidung	6–8
e) Kosten im jugendgerichtlichen Verfahren	9–11
2. Kostenpflicht im Einzelnen	12–15
a) Die Kosten des Verurteilten	12
b) Kostenerstattungsanspruch bei Freispruch und Ablehnung der Eröffnung des Hauptverfahrens	13–15
II. Ratenzahlung und Zahlungserleichterung	15–18
1. Antrag auf Gewährung Ratenzahlung/Zahlungserleichterung	16/17
2. Fragebogen über Vermögensverhältnisse	18
III. Gnadengesuch und Antrag auf Haftverschonung	19/20

Schrifttum: *Birkhoff/Müller-Jacobsen*, Gnadenverfahren, in: Widmaier, Münchener Anwaltshandbuch Strafverteidigung, 2. Aufl. 2014; *Burhoff* (Hrsg.), RVG Straf- und Bußgeldsachen, 3. Aufl. 2011; *Freyschmidt/Krumm*, Verteidigung in Straßenverkehrssachen, 10. Aufl. 2013; *Meyer-Goßner/Schmitt*, Strafprozessordnung, 57. Aufl. 2014; *Madert*, Rechtsanwaltsvergütung in Straf- und Bußgeldsachen, 5. Aufl. 2004.

I. Regelung Kostenangelegenheit

1   Vom Gericht ist von Amts wegen im Strafzumessungsakt die Möglichkeit und Notwendigkeit von Zahlungserleichterungen zu prüfen. Vom Verteidiger ist der Mandant darüber zu belehren, dass die Zahlung der Geldstrafe und Kosten in Raten beantragt werden kann. Das Ratenzahlungsgesuch ist ggf. durch den Anwalt an das Gericht bzw. die Vollstreckungsbehörde unter Darlegung der wirtschaftlichen Verhältnisse des Mandanten zu richten.

1. Allgemeines

2   **a) Abwicklung der Kostenangelegenheit.** Es gehört zu den Pflichten des Verteidigers, die Kostenangelegenheit eines Verfahrens abzuwickeln.[1] Hinsichtlich der Kosten eines Verfahrens ist zu unterscheiden zwischen den Kosten des Verfahrens und den auf Seiten des Mandanten entstandenen Gebühren und Auslagen.[2]

3   **b) Die gesetzlichen Grundlagen.** Gemäß § 464a Abs. 1 StPO sind Gebühren und Auslagen der Staatskasse die Kosten des Verfahrens. Nach § 464a Abs. 2 StPO gehören zu den notwendigen Auslagen eines Beteiligten auch
- die notwendigen Aufwendungen des Beteiligten selbst, auch Parteikosten genannt, und
- die Gebühren und Auslagen eines Rechtsanwaltes.

4   **c) Kostenfestsetzungsverfahren.** In § 464b StPO ist geregelt, dass die Höhe der Kosten und Auslagen, die ein Beteiligter einem anderen Beteiligten zu erstatten hat, auf Antrag eines Beteiligten durch das Gericht des ersten Rechtszuges festgesetzt werden. Der Anwalt muss also prüfen, ob ein Kostenerstattungsanspruch besteht, und ggf. einen entsprechenden Antrag stellen.

5   Die Erstattungspflicht wird grundsätzlich auch vom Bestehen einer Rechtsschutzversicherung nicht beeinflusst. Dies gilt sowohl für den Erstattungsanspruch als auch für die Höhe

---

[1] *Madert* Rn. 357.
[2] *Freyschmidt* Rn. 553 ff.

der Vergütung.³ Gleichwohl hat die Eintrittspflicht einer Rechtsschutzversicherung erhebliche Relevanz für die Einstellungsbereitschaft des Gerichts nach § 47 Abs. 2 OWiG.

d) **Die Kostengrundentscheidung.** Im Strafverfahren ist Voraussetzung für die Kostenerstattung, dass eine Entscheidung darüber vorliegt, von wem die Kosten des Verfahrens und die notwendigen Auslagen zu tragen sind. Zu beachten ist, dass das Kostenfestsetzungsverfahren lediglich auf der Grundlage der Kostengrundentscheidung über die Höhe der Kosten entscheidet.

Nach der Regelung des § 464 Abs. 1 StPO muss jedes Urteil, jeder Strafbefehl und jede einstellende Entscheidung eine Bestimmung darüber treffen, von wem die Kosten zu tragen sind. Die Entscheidung, wer die notwendigen Auslagen trägt, trifft gemäß § 464 Abs. 2 StPO das Gericht in dem Urteil oder in dem Beschluss, der das Verfahren abschließt. Hierbei handelt es sich um eine Kostengrundentscheidung.

Fehlt eine Kostengrundentscheidung, so ist daran zu denken, eine solche Entscheidung anzuregen oder zu beantragen. Im Übrigen ist durch Einlegung der sofortigen Beschwerde gemäß § 464 Abs. 3 S. 1 StPO Abhilfe zu erreichen.⁴

e) **Kosten im jugendgerichtlichen Verfahren.** Im Verfahren gegen einen Jugendlichen oder gegen einen Heranwachsenden kann das Gericht bei Anwendung des Jugendstrafrechtes gemäß §§ 74, 109 Abs. 2 JGG davon absehen, dem Angeklagten Kosten und Auslagen aufzuerlegen. Im Rahmen einer zukunftsorientierten Betrachtungsweise geben nicht die Leistungsfähigkeit, sondern erzieherische Belange den Ausschlag.

In Betracht kommt für den Verteidiger der Antrag oder die Anregung, davon abzusehen, dem Angeklagten Kosten und Auslagen aufzuerlegen.

> **Formulierungsvorschlag:**
> Es wird beantragt,
> gemäß §§ 74, 109 Abs. 2 JGG davon abzusehen, dem Angeschuldigten/Angeklagten Kosten und Auslagen aufzuerlegen.
> Zur Begründung ist auszuführen, dass es sich vorliegend um ein Verfahren gegen einen Jugendlichen/Heranwachsenden handelt. Hier ist es angezeigt, davon abzusehen, Kosten und notwendige Auslagen dem Jugendlichen aufzuerlegen.

Wird dem Antrag entsprochen, so ist hiermit nicht notwendiger Weise verbunden, dass eine Erstattung der Verteidigergebühren durch die Staatskasse erfolgt. Zum Anspruch der Erstattung bedarf es einer Festsetzung gemäß § 464b StPO. Dies ergibt sich nicht bereits aus der Regelung des § 74 JGG.⁵

2. Kostenpflicht im Einzelnen

a) **Die Kosten des Verurteilten.** Gemäß § 465 Abs. 1 StPO hat der Angeklagte die Kosten des Verfahrens insoweit zu tragen, als sie durch das Verfahren wegen der Tat entstanden sind, wegen der er verurteilt ist.

b) **Kostenerstattungsanspruch bei Freispruch und Ablehnung der Eröffnung des Hauptverfahrens.** Soweit der Angeklagte freigesprochen worden ist oder die Eröffnung des Hauptverfahrens gegen ihn abgelehnt oder das Verfahren gegen ihn eingestellt worden ist, sind die Kosten und notwendigen Auslagen des Angeklagten nach §§ 467 Abs. 1, 467a StPO grds. der Staatskasse aufzuerlegen. Hiervon bestehen jedoch umfangreiche Ausnahmen (§ 467 Abs. 2 bis 5 StPO). In Bußgeldverfahren gelten die Kostenvorschriften der StPO sinngemäß, werden aber durch §§ 105 ff. ergänzt.⁶

---
³ OLG Frankfurt NJW 1970, 1695.
⁴ *Madert* Rn. 416.
⁵ *Madert* Rn. 360.
⁶ Hierzu umfassend *Göhler* vor § 105.

14 Es gehört zu den Pflichten des Verteidigers, Kosten und Auslagen, die dem Mandanten aus Anlass des Strafverfahrens entstanden sind und die von einem anderen Beteiligten des Strafverfahrens aufgrund einer Rechtsnorm zu erstatten sind, geltend zu machen.

Muster:

15 An das
Amtsgericht . . . . . .
Az.: . . . . . .
In dem Strafverfahren
gegen: . . . . . .
wegen: . . . . . .
wird für den früheren Angeklagten/Betroffenen beantragt,
  folgende Kosten und notwendige Auslagen gegen die Staatskasse festzusetzen:
(Es sind jetzt die einzelnen Gebührentatbestände, die angefallen sind, aufzuführen)
. . . . . .
SUMME
Es wird beantragt,
  festzustellen, dass der Kostenbetrag mit 5 Prozentpunkten über dem Basiszinssatz zu verzinsen ist.

Rechtsanwalt

II. Ratenzahlung und Zahlungserleichterung

1. Antrag auf Gewährung Ratenzahlung/Zahlungserleichterung

16 Gesetzliche Grundlage für den Antrag auf Ratenzahlung bzw. die Bewilligung ist im Strafverfahren die Vorschrift des § 42 StGB, im Ordnungswidrigkeitenverfahren § 18 OWiG.[7] Das Ratenzahlungsgesuch ist schriftlich unter Beifügung einer Erklärung über die wirtschaftlichen Verhältnisse des Betroffenen zu stellen.

Muster:

17 In der Strafsache gegen . . . . . .
wird für den Verurteilten gebeten,
  diesem zu gestatten, die Geldstrafe/-buße in monatlichen Raten von . . . . . . EUR zu zahlen, beginnend mit dem . . . . . .
Aufgrund der wirtschaftlichen Verhältnisse ist der Verurteilte nicht imstande, die zu zahlenden Beträge auf einmal zu erbringen. Wegen der wirtschaftlichen Verhältnisse wird auf den beigefügten Fragebogen verwiesen, der alle notwendigen Angaben enthält.

Rechtsanwalt

Dem Antrag auf Gewährung von Ratenzahlung ist ein Fragebogen über die Vermögensverhältnisse beizufügen.

---

[7] Vgl. hierzu BeckRA-Hdb/*Buschbell* C 16 Rn. 47 f.

2. Fragebogen über Vermögensverhältnisse

Über meine/unsere familiären Verhältnisse und Vermögenslage mache ich folgende nachprüfbare Angaben:
  I. ledig/verheiratet/geschieden
  II. Anzahl der Kinder ...... im Alter von ...... bis ...... Jahren
    Einkommen:
      a) eigenes: monatlich (netto) ...... EUR,
         beschäftigt bei: ......
      b) Ehemann/-frau: monatlich (netto) ...... EUR,
         beschäftigt bei: ......
      c) Kind ...... monatlich (netto) ...... EUR,
         beschäftigt bei: ......
      d) Kind ...... monatlich (netto) ...... EUR,
         beschäftigt bei: ......
  III. Kindergeld monatlich: ...... EUR
  IV. Krankengeld:
      a) eigenes: monatlich ...... EUR
      b) Ehemann/-frau: monatlich ...... EUR
      c) Kind ......: monatlich ...... EUR
      d) Kind ......: monatlich ...... EUR
  V. Arbeitslosenunterstützung
      a) eigene: monatlich ...... EUR
      b) Ehemann/-frau: monatlich ...... EUR
      c) Kind: ...... monatlich ...... EUR
  VI. Finanzielle Belastungen
    1. Miete monatlich ...... EUR
    2. Strom, Gas f. 2 Monate im Durchschnitt ...... EUR
    3. monatliche Ratenzahlungsverpflichtungen ...... EUR
       bei a)
       für ...... noch zu zahlen ...... EUR
       bei b)
       für ...... noch zu zahlen ...... EUR
       bei c)
       für ...... noch zu zahlen ...... EUR
    4. Darlehen bei ...... in Höhe von ...... EUR
       monatliche Rückzahlung ...... EUR
       noch zu zahlen ...... EUR
       Das vorgenannte Bankinstitut entbinde ich vom Bankgeheimnis.
    5. Ich bin Eigentümer des Pkw Marke ...... Baujahr ......
       Der Wagen ist voll bezahlt (sonst Angabe unter 3.).
Nach Abzug aller monatlichen Belastungen verbleibt mir/uns ein Betrag ...... EUR.
Ich bitte, mir/meinem Ehemann/meiner Ehefrau/meinem Sohn/meiner Tochter monatliche/ wöchentliche Raten von ...... EUR zu gestatten. Die Raten werden spätestens bis zum 5. eines jeden Monats zahlbar. Die erste Rate zahle ich bis zum ......
Meinem Gesuch haben keine/folgende Unterlagen beigelegen:

Bei antragsgemäßer Genehmigung des Gesuchs verzichte ich als bevollmächtigter Vertreter meines Ehemannes/meiner Ehefrau/meines Kindes auf einen Bescheid und auf Rechtsmitteleinlegung.

...... den, ...
                                                   (Antragsteller)

III. Gnadengesuch und Antrag auf Haftverschonung

Der Verteidiger muss die Voraussetzungen eines Gnadengesuchs prüfen und in Erwägung ziehen, wenn der Mandant zu einer Freiheitsstrafe – insbesondere ohne Bewährung – verurteilt worden ist.[8] In Betracht kommt der Antrag, die erkannte Freiheitsstrafe zur Bewährung auszusetzen oder dem Verurteilten Vollstreckungsaufschub zu gewähren. Das Verfahren der Strafvollstreckung bzw. das Gnadenverfahren sind geregelt in den Bestimmungen der §§ 449 ff. StPO sowie in der Strafvollstreckungsordnung.

20   Für die Vertretung in einer Gnadensache richtet sich die Gebühr nach VV-RVG Nr. 4300 bis 4304. Diese Gebühr erhält der Rechtsanwalt auch zusätzlich, wenn ihm die Verteidigung übertragen war. Soweit Eintrittspflicht der Rechtsschutzversicherung für das zugrunde liegende Verfahren gegeben war, sind die Kosten für das Gnadengesuch und die Zahlungserleichterung auch durch die Rechtsschutzversicherung zu tragen.

---

[8] Näher dazu MAH Strafverteidigung/*Birkhoff* § 26.

§ 19 Nebenklage und Adhäsionsverfahren

Übersicht

	Rn.
I. Nebenklage	1–18
1. Die gesetzliche Regelung	1/2
2. Gesetzliche Regelung bei Verletzungen infolge Verkehrsunfalls	3–7
a) Die Anschlussberechtigung	3–6
b) Keine Nebenklage gegen Jugendliche	7
3. Die gerichtliche Entscheidung	8/9
4. Die Rechtsposition und die Rechte des Nebenklägers	10–14
a) Nebenkläger und Zeugenposition	10
b) Rechtsmittel des Nebenklägers gemäß §§ 400, 401 StPO	11–13
c) Möglicher Beistand	14
5. Prozesskostenhilfe für den Nebenkläger	15
6. Kosten und notwendige Auslagen der Nebenklage	16–18
II. Adhäsionsverfahren	19–22
1. Der Antrag	19
2. Der Anspruch auf Entschädigung	20
3. Die Kosten	21/22

Schrifttum: *Andrejtschitsch/Walischewski*, Strafrechtliche Verfahren, in: Beck'sches Rechtsanwalts-Handbuch, 10. Aufl. 2011, (zitiert: BeckRA-Hdb/*Andrejtschitsch/Walischewski*); *Freyschmidt/Krumm*, Verteidigung in Straßenverkehrssachen, 10. Aufl. 2013; *Pollähne*, Verletztenvertretung, Nebenklage, Privatklage, in: Widmaier, Münchener Anwaltshandbuch Strafverteidigung, 2. Aufl. 2014; *Meyer-Goßner/Schmitt*, Strafprozessordnung, 57. Aufl. 2014; *Schirmer*, Das Adhäsionsverfahren nach neuem Recht – die Stellung der Unfallbeteiligten und deren Versicherer, DAR 1988, 121.

I. Nebenklage

1. Die gesetzliche Regelung

Der nach § 229 StGB Verletzte ist gemäß § 395 Abs. 3 StPO nur berechtigt, sich der erhobenen öffentlichen Klage als Nebenkläger anzuschließen, wenn dies aus besonderen Gründen, namentlich wegen der schweren Folgen der Tat zur Wahrnehmung seiner Interessen geboten erscheint. **1**

Für die Beurteilung der Berechtigung sind die objektiv schweren Folgen der Tat, die Möglichkeit der Aufklärung des Tatgeschehens im Strafverfahren, der trotz erheblichen Zeitablaufes noch nicht erfolgte volle Schadenausgleich für den Verletzten und schließlich bleibende Folgen der Tat maßgeblich. Die Zulassung der Nebenklage kommt insbesondere in Betracht, wenn vom Schädiger Mitverschulden eingewandt wird und Schadenersatzansprüche bestritten werden.[1] **2**

Gegen einen Jugendlichen ist die Nebenklage gemäß § 80 Abs. 3 JGG unzulässig.

2. Gesetzliche Regelung bei Verletzungen infolge Verkehrsunfalls

a) Die Anschlussberechtigung. Anschlussberechtigt ist grundsätzlich der durch eine rechtswidrige Tat nach § 229 StGB Verletzte. Dies ist in § 395 Abs. 3 StPO geregelt. Es ist von dem Grundsatz auszugehen, dass besondere Gründe iSv § 395 Abs. 3 StPO darin gesehen werden können, dass die Tat zu schweren Verletzungen geführt hat. **3**

Bei einer Körperverletzung gemäß § 229 StGB infolge eines Verkehrsunfalls kann beachtlich sein, dass das Strafverfahren Auswirkung hat auf den noch nicht abschließend regulier- **4**

---

[1] AG Bayreuth DAR 1995, 503; vgl. im Übrigen zur Nebenklage BeckRA-Hdb/*Andrejtschitsch/Walischewski* H Rn. 193.

ten Verkehrsunfall.² Diskutiert wird, ob bei mittleren Verletzungen infolge eines Verkehrsunfalls die Anschlussberechtigung in Betracht kommt. Von Bedeutung ist, ob auch bei schweren Verletzungen der Schaden bereits reguliert ist.³ Aufgabe des Anwaltes ist es also, wenn er Vertreter des Nebenklägers ist, die Schwere der Verletzungen darzulegen und durch Attest oder Gutachten zu belegen. Im Übrigen ist der – schleppende – Gang der Regulierung als Begründung für den Antrag auf Zulassung der Nebenklage anzuführen.

5 Die Anschlusserklärung ist in jeder Lage des Verfahrens zulässig. Der vor Erhebung der öffentlichen Klage erklärte Anschluss wird aber erst wirksam, wenn die Klage gemäß § 396 Abs. 1 S. 2 StPO erhoben ist.

Im Strafverfahren wegen fahrlässiger Tötung ist der Anschluss als Nebenkläger nach § 395 Abs. 2 Nr. 1 StPO in jeder Lage zulässig.⁴

Seitens des Vertreters des Nebenklägers ist also die Anschlusserklärung abzugeben.

Muster einer Anschlusserklärung

6 An das
Amtsgericht . . . . . .
– Strafabteilung –
In der Strafsache
gegen . . . . . .
wegen . . . . . .
zum Nachteil: . . . . . .
wird die Interessenvertretung angezeigt für . . . . . .
Die Mandantin ist Verletzte der Straftat, die dem Strafverfahren zugrunde liegt, und schließt sich dem Strafverfahren gegen den Angeschuldigten/Angeklagten als
Nebenklägerin an.

Hiermit wird Strafantrag gestellt.
Weiter wird beantragt,
    die Nebenklage zuzulassen
Zur Begründung wird Folgendes ausgeführt:
Die Mandantin erlitt bei dem Unfall schwere Verletzungen. Hierzu wird verwiesen auf das beigefügte Attest/Gutachten. Hervorzuheben ist, dass schwere Verletzungen vorliegen wie folgt: . . . . . .
Die Voraussetzungen für die Zulassung der Anschlusserklärung liegen vor. Der Unfall ist ausschließlich auf das Verhalten des Angeklagten zurückzuführen.
Im Übrigen ist darauf hinzuweisen, dass die gegnerische Haftpflichtversicherung
- bisher noch keine Ersatzleistung geleistet hat.
- . . . . . . bisher lediglich gezahlt hat.
Dies ist nur ein Bruchteil der in Betracht kommenden Schadenersatzforderung.⁵

                        Rechtsanwalt

7 **b) Keine Nebenklage gegen Jugendliche.** Gegen einen zur Tatzeit Jugendlichen ist gemäß § 80 Abs. 3 JGG die Nebenklage unzulässig, nicht dagegen gegen Heranwachsende.

3. Die gerichtliche Entscheidung

8 Das Gericht entscheidet gemäß § 396 Abs. 2 StPO über die Berechtigung der Anschlusserklärung. Die Entscheidung ist unanfechtbar. Die Möglichkeit einer Entscheidung eines Instanzgerichtes könnte sich ergeben, wenn ein Verletzter, nachdem in erster Instanz eine An-

---

² AG Homburg Saar VRS 74, 43.
³ *Meyer-Goßner/Schmitt* § 395 Rn. 11.
⁴ LG Traunstein DAR 1991, 316.
⁵ Vgl. auch *Freyschmidt* Rn. 644 f.

schlusserklärung nicht als berechtigt anerkannt worden ist, nach dem Urteil erster Instanz und bei einem Rechtsmittel des Angeklagten in der Rechtsmittelinstanz erneut den Antrag auf Zulassung der Nebenklage einbringt. In diesem Fall müsste das Instanzgericht praktisch erneut über die sachlichen Anschlussvoraussetzungen des § 395 Abs. 3 StPO entscheiden, evtl. verbunden mit der Einlegung eines Rechtsmittels.[6] Im Übrigen ist über die Berechtigung zum Anschluss als Nebenkläger vor der Entscheidung über die Eröffnung des Hauptverfahrens zu entscheiden.

Es ist von dem Grundsatz auszugehen, dass nach § 396 Abs. 2, 1. Hs. StPO die Entscheidung über die Berechtigung zum Anschluss in den Fällen des § 395 Abs. 3 StPO grundsätzlich unanfechtbar ist. Dies gilt jedoch nur in Bezug auf die sachlichen Anschlussvoraussetzungen des § 395 Abs. 3 StPO. Etwas anderes gilt, wenn rechtliches Gehör versagt worden ist.[7]

4. Die Rechtsposition und die Rechte des Nebenklägers

a) **Nebenkläger und Zeugenposition.** Der Nebenkläger kann auch als Zeuge vernommen werden. Taktisch ist dem Nebenkläger stets zu raten, an der Hauptverhandlung als Prozessbeteiligter erst dann teilzunehmen, wenn er bereits als Zeuge vernommen ist. Der Nebenkläger hat gemäß § 397 Abs. 1 S. 1 StPO jedoch das Recht, sofort an der Hauptverhandlung teilzunehmen. Hierbei ist jedoch zu beachten, dass nach erfolgter Teilnahme an der Hauptverhandlung die Glaubwürdigkeit des Nebenklägers als Zeuge gemindert ist.

b) **Rechtsmittel des Nebenklägers gemäß §§ 400, 401 StPO.** Der Nebenkläger kann das Urteil gemäß § 400 Abs. 1 StPO nicht mit dem Ziel anfechten, dass eine andere Rechtsfolge der Tat verhängt wird oder dass der Angeklagte wegen einer Gesetzesverletzung verurteilt wird, die nicht zum Anschluss des Nebenklägers berechtigt.

Jedoch hat der Nebenkläger gemäß § 400 Abs. 2 S. 1 StPO das Recht der sofortigen Beschwerde gegen den Beschluss, durch den die Eröffnung des Hauptverfahrens wegen der zur Nebenklage berechtigenden Tat abgelehnt oder das Verfahren nach den Vorschriften der §§ 206a, 206b StPO eingestellt wird. Der Beschluss, durch den das Verfahren nach §§ 153 ff., 205 StPO eingestellt wird, ist gemäß § 400 Abs. 2 S. 2 StPO für den Nebenkläger unanfechtbar.

Bei jedem Rechtsmittel ist erforderlich, dass eine Beschwer des Nebenklägers als Rechtsmittelführer vorliegt. Grundsätzlich steht dem Nebenkläger auch das Rechtsmittel der Revision offen. Dies muss sich jedoch hinsichtlich der erhobenen Verfahrens- und Sachrüge auf die Anschlusserklärung oder die rechtliche Beurteilung des Nebenklagedeliktes stützen. Demgegenüber ist ein Rechtsmittel unzulässig, das sich auf andere, nicht nebenklagefähige Delikte stützt. Bei einer durch den Nebenkläger eingelegten Berufung stellt sich dieses Problem nicht, da die Berufung nicht begründet werden muss.[8]

c) **Möglicher Beistand.** Obwohl der Anschluss des Nebenklägers erst nach Erhebung der öffentlichen Anklage wirksam ist, so ist es auch vorher schon möglich und sinnvoll, dass der Anwalt für den Nebenkläger als Beistand tätig wird, auch wenn er sich erst später oder gar nicht gemäß § 406 lit. g Abs. 1 StPO anschließt.

5. Prozesskostenhilfe für den Nebenkläger

Bei fahrlässiger Tötung ist nur dann auf Antrag ein Anwalt als Beistand zu bestellen, wenn der Nebenkläger unter 16 Jahre alt ist (§ 397a Abs. 1 S. 2 StPO). Dasselbe gilt, wenn der Nebenkläger aus psychischen oder physischen Gründen außerstande ist, seine Interessen ausreichend wahrzunehmen. Im Übrigen ist der Nebenkläger unter den Voraussetzungen des § 397a Abs. 2 StPO Prozesskostenhilfe zu bewilligen.

In Betracht kommt auch die Stellung eines Antrages auf Bestellung oder Prozesskostenhilfe bei in Aussicht genommener Nebenklageanschlusserklärung während des Vorverfahrens.

---

[6] Vgl. *Meyer-Goßner/Schmitt* § 395 Rn. 12.
[7] LG Saarbrücken zfs 1997, 35; vgl. auch *Meyer-Goßner/Schmitt* § 396 Rn. 19 mwN.
[8] Vgl. BeckRA-Hdb/*Andrejtschitsch/Walischewski* H Rn. 193.

6. Kosten und notwendige Auslagen der Nebenklage

16 Die notwendigen Auslagen des Nebenklägers im Rechtsmittelverfahren hat im vollen Umfang der Angeklagte zu tragen, wenn sein mit dem Ziel des Freispruchs eingelegtes Rechtsmittel erfolglos bleibt. § 472 Abs. 1 S. 2 StPO ist in diesem Fall nicht anwendbar.[9] Über den Antrag auf Erstattung der notwendigen Auslagen der Nebenklage entscheidet das Gericht.
Die Auferlegung der Kosten auf den Verurteilten erfolgt aufgrund Antrages. Der Antrag ist schriftlich zu stellen.

Muster eines Antrages auf Kostentragung:

17 In der Strafsache
gegen ......
wegen ......
wird beantragt,
die Kosten und notwendigen Auslagen des Nebenklägers dem Verurteilten aufzuerlegen.
Kostenfestsetzung wird wie folgt beantragt:
Grundgebühr gemäß VV 4100 ...... EUR
Verfahrensgebühr gemäß VV 4106[10] ...... EUR
Post- und Telefonkostenpauschale Nr. 7002 VV-RVG ...... EUR
Mehrwertsteuer Nr. 7008 VV-RVG ...... EUR
Summe ...... EUR
Es wird gebeten, festzustellen, dass die zu erstattenden Kosten mit 5 Prozentpunkten über dem Basiszinssatz seit Antragstellung zu verzinsen sind.
Im Übrigen wird um Erteilung einer vollstreckbaren Ausfertigung des Kostenfestsetzungsbeschlusses gebeten.

Rechtsanwalt

18 Hat der Nebenkläger eine nur vorläufig erfolgreiche, letztendlich aber erfolglose Revision eingelegt, so gibt es keine gesetzliche Grundlage dafür, ihm sämtliche von seiner Revisionseinlegung an entstandenen Verfahrenskosten und notwendigen Auslagen des Angeklagten aufzubürden.[11]

II. Adhäsionsverfahren

1. Der Antrag

19 Gemäß § 404 StPO kann der Verletzte durch seinen Antrag das Adhäsionsverfahren einleiten. Der Antrag kann auch bereits während des Ermittlungsverfahrens gestellt werden.[12] Das Verfahren richtet sich nur gegen den Schädiger, nicht gegen die hinter ihm stehende Kraftfahrzeughaftpflichtversicherung.[13]

2. Der Anspruch auf Entschädigung

20 Mit dem Adhäsionsverfahren können vermögensrechtliche Ansprüche, also bei Verkehrsunfällen insbesondere solche auf Schadenersatz einschließlich Schmerzensgeld, geltend gemacht werden. Neben dem Antrag, den Angeklagten zur Leistung von Schadenersatz zu verurteilen, ist es auch möglich, einen Feststellungsantrag wegen der zukünftigen Schadenfolgen zu stellen. Gemäß § 404 Abs. 1 S. 2 StPO muss der Antrag Gegenstand und Grund

---

[9] *Meyer-Goßner/Schmitt* § 472 Rn. 5, 6.
[10] Vgl. Gerold/Schmidt/*v. Eicken/Madert/Müller-Rabe* Vorb. 4000 VV Rn. 10.
[11] BGH AGS 1999, 166 f.
[12] *Meyer-Goßner/Schmitt* § 404 Rn. 4.
[13] *Schirmer* DAR 1988, 121.

des Anspruches bezeichnen. Voraussetzung ist, dass es sich um einen Anspruch handelt, der in die Zuständigkeit der ordentlichen Gerichte fällt und noch nicht anderweitig gerichtlich anhängig ist.[14]

3. Die Kosten

Über die Kosten des Adhäsionsverfahrens entscheidet das Gericht gemäß § 472a StPO. Der Angeklagte trägt also die Kosten, wenn und soweit er zur Entschädigung des Verletzten verurteilt worden ist. Gemäß § 404 Abs. 5 StPO besteht für den Verletzten und Angeklagten die Möglichkeit, Prozesskostenhilfe zu erhalten.

Die Vergütung im Adhäsionsverfahren richtet sich nach Nr. 4143, 4144 VV-RVG. Der Anwalt, der zugleich als Verteidiger des Angeklagten tätig ist, verdient ggf. diese Gebühren zusätzlich. Kosten, die dem Beschuldigten oder Angeklagten dadurch entstehen, dass er im Adhäsionsverfahren die geltend gemachten Schadenersatzansprüche abzuwehren versucht, zählen zu den Kosten, die der Haftpflichtversicherer nach § 101 Abs. 1 S. 1 VVG zu ersetzen hat.[15] Im Übrigen kommt auch **auf Seiten des Verletzten** für die Durchsetzung der Schadenersatzansprüche im Adhäsionsverfahren der Anspruch auf Kostenschutz seitens der Rechtsschutzversicherung in Betracht.

---

[14] Vgl. BeckRA-Hdb/*Andrejtschitsch/Walischewsk* H Rn. 194; MAH Strafverteidigung/*Pollähne* § 53 Rn. 23.
[15] Als Mustertext für Antrag auf Bewilligung von Prozesskostenhilfe und Zahlung eines Schmerzensgeldes im Adhäsionsverfahren vgl. *Freyschmidt* Rn. 712.

§ 20 Beteiligung von Rechtsschutz im verkehrsrechtlichen Straf- und OWi-Verfahren

Übersicht

	Rn.
I. Die verschiedenen Rechtsschutzbedingungen ARB (75)/ARB (94)/ ARB (2000)/(2008) sowie die Abwicklung des Rechtsschutzmandates	1–30
1. Verkehrsrecht und Rechtsschutz	3–13
a) Die Beteiligung von Rechtsschutz	3
b) Die Fassung der ARB (94) sowie (2000)/(2008)	4–6
c) Regelungen zum Leistungsumfang im Bereich des Straf- und Ordnungswidrigkeitenrechtsschutzes	7
d) Gegenüberstellung ARB (75)/ARB (94)	8–13
2. Vorschlag für effiziente Korrespondenz mit der Rechtsschutzversicherung	14–30
a) Defizite in der Abwicklung von Rechtsschutzfällen	14
b) Möglichkeit zur Systematisierung der Korrespondenz	15–24
c) Ein – mögliches – System zur rationellen Korrespondenz bei Beteiligung der Rechtsschutzversicherung	25–27
d) Prüfung der Eintrittspflicht der Rechtsschutzversicherung	28–30
II. Versicherungsschutz und Leistungsansprüche auf Rechtsschutz in Straf- und OWi-Verfahren	31–83
1. Der Verkehrs- und Fahrerrechtsschutz	31–33
a) Verkehrs- und Fahrerrechtsschutz	31/32
b) Vertragsumfang	33
2. Die Eintrittspflicht der Rechtsschutzversicherung bei verkehrsrechtlichen Straftaten	34–42
3. Der Versicherungsschutz bei verkehrsrechtlichen Ordnungswidrigkeiten ..	43–45
4. Umfang der Rechtsschutzgewährung	46–52
5. Ersatz der Verteidigervergütung	53–64
a) Erstattung der gesetzlichen Gebühren	53
b) Erstattung der Gebühren bei nur teilweiser Eintrittspflicht	54–58
c) Fälligkeit der Versicherungsleistung	59–64
6. Kosten für außergerichtliche Sachverständigengutachten	65–78
a) Straf- und OWi-Verfahren	69/70
b) Gutachten muss erforderlich sein	71–73
c) Der zu beauftragende Sachverständige/die Sachverständigenorganisation	74–78
7. Leistungsumfang bei Beratungen gem. § 34 RVG	79
8. Rechtsschutz bei Auslandsunfällen	80–83
III. Beachtung von Ausschlussklauseln	84–94
1. Rechtsschutz bei Vorsatztat	87–91
2. Kein Ausschluss bei Verkehrsordnungswidrigkeiten	92
3. Evtl. Ausschluss bei Halterhaftung	93/94
IV. Obliegenheiten in der Rechtsschutzversicherung im Verkehrsrecht	95–101
1. Die Regelungen zu den Obliegenheiten	96–100
2. Vorsätzliche Verkehrsstraftat	101
V. Beteiligung von Rechtsschutz bei Vertretung von Verletzten	102–105
1. Im Nebenklageverfahren	102
2. Im Adhäsionsverfahren	103
3. Im Verfahren nach Opferschutzgesetz	104
4. Übersicht	105
VI. Ablehnung des Rechtsschutzes durch den Versicherer	106–120
1. Mutwilligkeit im Straf- und OWi-Verfahren	106–112
a) Allgemeines	106/107
b) Begriff der „Mutwilligkeit"	108
c) „Missverhältnis" zwischen Geldbuße und Verteidigungskosten	109–112
2. Verfahren bei Verneinung der Leistungspflicht	113–120
a) Vorgehen der Versicherung	113
b) Handeln des VN	114–117
c) Einleitung Schiedsgutachterverfahren	118
d) Stichentscheid in ARB (2000)/(2008)	119
e) Schiedsgutachten/Stichentscheid in ARB 2010	120

Schrifttum: *Buschbell*, Rationelle Rechtsschutzkorrespondenz, Sammlung der Korrespondenz zwischen Anwalt, Rechtsschutzversicherung und Mandant, 2000; *ders.*, Rechtsschutzdeckung für außergerichtliche Gutachten – eine kaum genutzte Chance, DAR 2003, 55; *ders./Hering*, Handbuch Rechtsschutz, 5. Aufl. 2011; *van Bühren/Plote*, ARB, 3. Aufl. 2013; *Harbauer*, Rechtsschutzversicherung, 8. Aufl. 2010; *Kern*, Die neuen Verkehrsrechtsschutz Versicherungsbedingungen der ADAC Rechtsschutz-Versicherungs-AG, DAR 1994, 81 ff.; *Mathy*, Rechtsschutz-Alphabet: Definitionen, Erläuterungen, Abgrenzungen, 2. Aufl. 2000; *Meyer-Goßner*, Strafprozessordnung, 57 Aufl. 2014; *Otting*, Vorsatz, Fahrlässigkeit und Rechtsschutzversicherung bei Trunkenheitsfahrten, zfs 1996, 123.

I. Die verschiedenen Rechtsschutzbedingungen ARB (75)/ARB (94)/ARB (2000)/(2008)(2010)(2012) sowie die Abwicklung des Rechtsschutzmandates

Es gibt kaum ein Rechtsgebiet, in dem die Rechtsschutzversicherung eine vergleichbare Bedeutung hat wie im Bereich des Verkehrsrechtes. Im Bereich des Verkehrsrechtes ist eine Deckung durch die Rechtsschutzversicherung von annähernd 70 % erreicht. Dies bedeutet, dass in Angelegenheiten des Verkehrsrechtes bei zwei von drei Verkehrsrechtsangelegenheiten eine Rechtsschutzversicherung beteiligt ist oder Deckungsschutz gewährt, und macht deutlich, welche Bedeutung die Rechtsschutzdeckung gerade für diesen Rechtsbereich hat. Es zeigt aber auch, wie wichtig es für den auf dem Gebiet des Verkehrsrechtes tätigen Anwalt ist, mit den Rechtsschutzbedingungen und speziell den Rechtsschutzbedingungen zum Verkehrsrecht vertraut zu sein.

Die Bedeutung der Rechtsschutzversicherung für die Anwaltschaft wird deutlich, wenn man sich vergegenwärtigt, dass ca. 3,8 Mio. Rechtsschutzfälle pro Jahr abzuwickeln sind. Die Bedeutung der Rechtsschutzversicherung für die Anwaltschaft möge die nachfolgende Übersicht verdeutlichen:

Jahr	Brutto-Beitragseinnahmen Mrd. EUR	Anzahl der Risiken Mio.[3]	Schadenfälle in Mio.[2]	Versicherungsleistungen[1] Mrd. EUR
1980	0,84		2,23	0,532
1985	1,22		2,71	0,829
1990	1,63		2,99	1,118
2000	2,69	19,14	3,48	1,922
2005	3,01	28,83	3,46	2,23
2006	3,07	28,65	3,55	2,22
2007	3,16	./.	3,65	2,22
2008	3,20	./.	3,69	2,28
2009	3,21	./.	3,88	2,41
2010	3,25	./.	3,82	2,34
2011	3,33	./.	3,83	2,34
2012	3,34	./.	3,79	2,36

[1] Brutto-Aufwendungen für Versicherungsfälle des Geschäftsjahres s. a. G.,
[2] Einschl. neue Verbandsmitglieder.
[3] Aufgrund einer geänderten Zählweise werden die abgedeckten Risiken vom GDV ab dem Jahr 2007 nicht mehr ausgewiesen.

Quelle: *Kilian/Dreske*, Statistisches Jahrbuch 13/14, S. 170, 171, 172

1. Verkehrsrecht und Rechtsschutz

3 a) **Die Beteiligung von Rechtsschutz.** Die Bundesanstalt für Finanzdienstleistungsaufsicht (BaFin) hat Musterbedingungen für die Rechtsschutzversicherung (ARB 94) veröffentlicht. Diese Musterbedingungen treten an die Stelle des bisherigen Bedingungswerkes von 1975. Hierbei muss jedoch berücksichtigt werden, dass diese Bedingungen selbstverständlich nur Geltung haben für Rechtsschutzverträge, die nach den neuen Bedingungen abgeschlossen sind. Für Verträge, die nach den bisherigen Bedingungen vereinbart sind, gelten weiterhin diese Bedingungen. Inzwischen liegen weitere Bedingungen vor, und zwar „Allgemeine Bedingungen für die Rechtsschutzversicherung" (ARB 2000)(ARB 2008)(ARB 2010)(ARB 2012) – GDV-Musterbedingungen (unverbindliche Empfehlung des Gesamtverbandes der Deutschen Versicherungswirtschaft GDV). Abweichende Vereinbarungen sind möglich.

4 b) **Die Fassung der ARB (94) sowie (2000)/(2008)(2010).** Anstelle der bisherigen früheren Einteilung der Rechtsschutzbedingungen in den „Allgemeinen" und den „Besonderen" Teil sind die neuen Bedingungen in vier Abschnitte aufgeteilt. Der erste Abschnitt (§§ 1 bis 6) „Inhalt der Versicherung" enthält eine Aufgabenbeschreibung sowie eine Aufzählung der Leistungsarten sowie der ausgeschlossenen Rechtsangelegenheiten. Weiter ist im ersten Abschnitt geregelt die Entstehung des Anspruches auf Rechtsschutzleistung und welche Kosten der Rechtsschutz zu übernehmen hat sowie die örtliche Geltung der Rechtsschutzversicherung. Im zweiten Abschnitt (§§ 7 bis 15 – ARB 2010 §§ 7 bis 16 –) „Versicherungsverhältnis" sind die allgemeinen versicherungsvertraglichen Beziehungen zwischen VN und Versicherungsunternehmen geregelt. Im dritten Abschnitt (§§ 16 bis 20 – ARB 2010 §§ 17-20 –) sind die Verhältnisse im Schadenfall und speziell die Prüfung der Erfolgsaussicht und die Verjährung des Rechtsschutzanspruches geregelt. In vierten Abschnitt (§§ 21 bis 24 – ARB 201 §§ 21 bis 29 –) ist geregelt, in welchen Formen der Rechtsschutz angeboten wird.

5 Die ARB 2010 enthalten zusätzlich den Anhang zu den ARB 2010, nämlich in § 5a die Einbeziehung des außergerichtlichen Mediationsverfahrens und als notwendige Ergänzung hierzu einen Zusatz in § 5 Abs. 1d, die die Erstattung der Gebührenhöhe des Mediationsverfahrens regelt. Als weiterer Anhang wurde § 9a „Beitragsfreiheit bei Arbeitslosigkeit" eingeführt. Hierzu ist allerdings darauf hinzuweisen, dass die Einführung dieser Klausel nur denjenigen Unternehmen als unverbindlicher Formulierungsvorschlag dient, die die Beitragsbefreiung einführen.[1]

6 Die ARB (2000) in der Fassung der GDV-Musterbedingungen bringen zu den Formen des Versicherungsschutzes, nämlich Verkehrsrechtsschutz (§ 21 ARB) sowie Fahrerrechtsschutz (§ 22 ARB) gegenüber der früheren entsprechenden Fassung keine Änderung. Die neuen ARB (2008) passen die ARB an die Vorschriften des ab 1.1.2008 geltenden neuen VVG an.

7 c) **Regelungen zum Leistungsumfang im Bereich des Straf- und Ordnungswidrigkeitenrechtsschutzes.** Für den Bereich des Verkehrsrechtes sind in § 2 lit. i und j der Strafrechtsschutz sowie der Ordnungswidrigkeitenrechtsschutz definiert. Für diesen Bereich ist der Leistungsumfang in § 5 geregelt. In den §§ 21 ff. ist hiernach festgelegt, in welchen Rechtsschutzarten der Strafrechtsschutz sowie Ordnungswidrigkeitenrechtsschutz gemäß § 2 lit. i und j eingeschlossen sind.[2]

8 d) **Gegenüberstellung ARB (75)/ARB (94).** *aa) Der Aufbau der ARB.* Wie vorstehend unter Rn. 4 f. ausgeführt, ist bei der Fassung der ARB (94) gegenüber den früheren Bedingungen ARB (75) eine neue Aufteilung gewählt worden. Diese neue Aufteilung ist wiederum bei der Fassung der ARB (2000) beibehalten worden. Die nachfolgende Synopse gibt den geänderten Aufbau der Allgemeinen Rechtsschutzbedingungen nach den ARB (94) gegenüber den früheren ARB (75) wieder.

---

[1] *van Bühren/Plote* Anh.: vor § 9a ARB 2010.
[2] Im Übrigen wird zur Gegenüberstellung der ARB 94 und der ARB 75 verwiesen auf *Buschbell/Hering* S. 636 ff.

bb) Synopse ARB (75)/ARB (94)

§ 1	Gegenstand	§ 1	Aufgaben der Rechtsschutzversicherung
§§ 21–29	Leistungsarten	§ 2	Leistungsarten
§ 4	Allgemeine Risikoausschlüsse	§ 3	Ausgeschlossene Rechtsangelegenheiten
§ 14	Eintritt des Versicherungsfalles	§ 4	Voraussetzungen für den Anspruch auf Rechtsschutz
§ 2	Umfang	§ 5	Leistungsumfang
§ 3	Örtlicher Geltungsbereich	§ 6	Örtlicher Geltungsbereich
§ 5	Beginn des Versicherungsschutzes	§ 7	Beginn des Versicherungsschutzes
§ 8	Vertragsdauer	§ 8	Vertragsdauer
§ 7	Beitragszahlung	§ 9	Versicherungsbeitrag
nicht enthalten		§ 10 A.	Bedingungsanpassung
unterschiedlich	Beitragsangleichung	§ 10 B.	Beitragsangleichung
§ 9	Erhöhung und Verminderung der Gefahr	§ 11	Änderung der für die Beitragsberechnung wesentlichen Umstände
§ 10	Wagniswegfall	§ 12	Wegfall des Gegenstandes der Versicherung einschließlich Tod des Versicherungsnehmers
§ 19	Kündigung nach dem Versicherungsfall	§ 13	Außerordentliche Kündigung
nicht enthalten		§ 14	Verjährung des Rechtsschutzanspruches
§ 11	Rechtsstellung dritter Personen	§ 15	Rechtsstellung mitversicherter Personen
§ 12	Anzeigen und Erklärungen	§ 16	Schriftform von Erklärungen
§§ 15, 16, 20	Obliegenheiten nach dem Versicherungsfall – Benennung und Beauftragung des Rechtsanwaltes – Abtretung, Erstattung von Kosten und Versicherungsleistungen	§ 17	Verhalten nach Eintritt eines Rechtsschutzfalles
§ 17	Prüfung der Erfolgsaussichten (Stichentscheid)	§ 18	Schiedsgutachten bei Ablehnung des Rechtsschutzes durch den Versicherer
§ 18	Klagefrist	§ 19	Klagefrist
§ 13	Gerichtsstand	§ 20	Zuständiges Gericht
§ 21	Verkehrs-Rechtsschutz	§ 21	Verkehrs-Rechtsschutz
§ 22	Fahrzeug-Rechtsschutz	§ 21 Abs. 3	Fahrzeug-Rechtsschutz
§ 23	Fahrer-Rechtsschutz	§ 22	Fahrer-Rechtsschutz
§ 25	Familien-Rechtsschutz	§ 23	Privat-Rechtsschutz für Selbstständige
§ 24	Rechtsschutz für Gewerbetreibende und freiberuflich Tätige	§ 24	Berufs-Rechtsschutz für Selbstständige, Rechtsschutz für Firmen und Vereine
§ 25	Familien-Rechtsschutz	§ 25	Privat- und Berufs-Rechtsschutz für Nichtselbstständige
§ 26	Familien- und Verkehrs-Rechtsschutz für Lohn- und Gehaltsempfänger	§ 26	Privat-, Berufs- und Verkehrs-Rechtsschutz für Nichtselbstständige
§ 28	Rechtsschutz für Vereine	§ 28	Privat-, Berufs- und Verkehrs-Rechtsschutz für Selbstständige
§ 29	Rechtsschutz für Grundstückseigentum und Miete	§ 29	Rechtsschutz für Eigentümer und Mieter von Wohnungen und Grundstücken

10   Die ARB 2010 weichen materiell nur geringfügig von den ARB 2000 und ARB 2008 ab. Es gibt zwar immer noch Altverträge, denen auch die ARB 75 oder die ARB 94 zu Grunde liegen. Die Versicherungsunternehmen sind aber bemüht, auch laufende Verträge auf die neuen ARB umzustellen. Eine Änderung betrifft die Vorschrift zum Schiedsgutachten/Stichentscheid, die bis zu den ARB 2008 in § 18 enthalten war und nunmehr in den ARB 2010 inhaltlich unverändert in § 3a aufgeführt wird.

11   Im Oktober 2012 hat der GDV die ARB 2012 bekanntgegeben. Auch diese ARB 2012 sind lediglich Musterbedingungen, deren Verwendung fakultativ ist, wobei auch abweichende Vereinbarungen möglich sind. Ziel der Bekanntgabe der ARB 2012 ist eine größere Transparenz und vor allem eine kundenfreundliche Verständlichkeit des Regelungswerkes, das diesbezüglich sprachwissenschaftlich begleitet wurde. Viele Rechtsschutzversicherer haben zwischenzeitlich auch ARB 2013 und ARB 2014 eingeführt, die im Wesentlichen auf den ARB 2012 beruhen.

12   Die ARB 2012 weichen erheblich von der bisherigen Struktur der „alten" ARB ab. So gibt es zB keine Paragraphen mehr, sondern die einzelnen Regelungen werden numerisch aufgeführt und sind nach sogenannten Themenblöcken gegliedert. Erläuterungen finden statt in der Form Frage/Antwort Spiels, ähnlich wie man dies aus dem Internet (FAQ) kennt. Die bisherigen Vertragsformen wie zB Verkehrsrechtsschutz finden sich nun in den sogenannten „Lebensbereichen" wieder. Diese Lebensbereiche sind in den Ziff. 2.1.1 ARB 2012 aufgeführt.

13   Die Klauseln sind in den einzelnen Vertragsarten durch einen Buchstabenschlüssel gekennzeichnet, zB A für Allgemein, P für Privat, U für Unternehmen, Ver für Verein, L für Landwirte, B für Beruf, Vk für Verkehr, F für Fahrzeug und W für Wohnen. Neu eingeführt wurde ein Opfer-Rechtsschutz, der sich aber nur für die Risiken P, U, Ver und L erstreckt. Voraussetzung ist, dass der Versicherte nebenklagberechtigt ist, durch eine der genannten Straftaten verletzt wurde und dadurch dauernde Körperschäden eingetreten sind. Dieser Versicherungsschutz ist subsidiär ausgelegt, dh, wenn der Versicherte Anspruch auf die kostenlose Beiordnung eines Rechtsanwaltes als Beistand gem. §§ 397a Abs. 1, 406g Abs. 3 StPO hat, besteht kein Versicherungsschutz. Den genauen Wortlaut der ARB 2012 kann man über die Internetadresse: http://www.gdv.de/downloads/versicherungsbedingungen/rechtsschutzversicherung/ abrufen.

2. Vorschlag für effiziente Korrespondenz mit der Rechtsschutzversicherung

14   **a) Defizite in der Abwicklung von Rechtsschutzfällen.** Bei der Meldung und Abwicklung der Rechtsschutzfälle ergeben sich in der Praxis häufig folgende Probleme und Defizite:
- Meldung von Rechtsschutzfällen zu nicht versicherten oder versicherbaren Risiken
- Nichtbeachtung von Ausschlussklauseln
- Fehlen von notwendigen Angaben zur Prüfung der Deckung, zB zu Versicherungsfall, Datum des Versicherungsfalls, versichertes Risiko, etwa Bezeichnung des Grundstückes oder Gebäudes, versicherte Fahrzeuge; ebenso zur Stellung des Mandanten bzw. einer etwa mitversicherten Person, fehlende Ausführungen zum Sachverhalt und zur Erfolgsaussicht, speziell bei der Kosten- und Gebührenabwicklung: Verhältnis der Kostenlast zum Obsiegen und Unterliegen, Teildeckung etc.
- Unzureichende Belehrung des Mandanten (die dieser vom Anwalt erwartet), zB zur Problematik des versicherten Risikos, der Teildeckung oder speziell bei Vorsatztat
- Auch aufseiten der Rechtsschutzversicherung werden Fragen der Eintrittspflicht oft in mehreren Anfragen geklärt (sog. „Treppenkorrespondenz"), obwohl alle offenen Fragen zB in Form einer Checkliste auf einmal erfragt werden könnten.

Diese Defizite in der praktischen Abwicklung können durch eine rationale systematisierte Korrespondenz weitestgehend ausgeräumt werden. Dies muss um so mehr gelten, als es sich um eine wechselseitige Standardkorrespondenz handelt, in der nur in seltenen Fällen individuelle Ausführungen und Hinweise erforderlich sind.

15   **b) Möglichkeit zur Systematisierung der Korrespondenz.** *aa) Die verschiedenen Korrespondenzbereiche.* Bei einer Analyse der Korrespondenz, die bei der Beteiligung von Rechtsschutz zu führen ist, zeigt sich, dass diese Korrespondenz zunächst in zwei Blöcke einzutei-

len ist. Hierbei wird davon ausgegangen, dass aufseiten des Versicherungsnehmers (VN) die Korrespondenz durch den Anwalt geführt wird. Es handelt sich um folgende Textbereiche:
- Korrespondenz zwischen Anwalt/VN und Rechtsschutz
- Informationskorrespondenz von Anwalt an Mandant/VN.

Die Korrespondenz zwischen Anwalt/VN und Rechtsschutz wiederum unterteilt sich in: 16
- Korrespondenz zur Meldung des Rechtsschutzfalles einschließlich Beratungsrechtsschutz sowie zur Rechtsschutzdeckung
- Korrespondenz zur Kosten- und Gebührenabwicklung.

Das Führen der Korrespondenz und speziell die Einholung der Deckungszusage durch die Rechtsschutzversicherung sind jeweils gesonderte Mandate.[3] In aller Regel aber werden für diese gesonderte Tätigkeit Gebühren nicht erhoben. Es handelt sich also um eine „Serviceleistung" der Anwaltschaft für Mandant und Rechtsschutzversicherung beim rechtsschutzversicherten Mandat.

Häufig entsteht Streit zwischen Mandant und Anwalt, wenn der Anwalt seine Tätigkeit gegenüber dem Mandanten abrechnet, weil die Rechtsschutzversicherung eine Kostenübernahme abgelehnt hat. Hier wird in der Regel der zahlungspflichtige Mandant einwenden, die Beauftragung des Rechtsanwaltes sei unter der Bedingung der Kostenzusage durch die Rechtsschutzversicherung erfolgt. Dies ist besonders dann misslich, wenn der Anwalt unter Zeitdruck steht, weil zB unaufschiebbare Maßnahmen im Interesse des Mandanten zu treffen waren, die eine vorherige Einholung der Deckungszusage nicht ermöglichten.

Hier muss der Anwalt besonders sorgfältig arbeiten. Es wird zur Vermeidung des Verlustes anwaltlicher Honorare dringend dazu angeraten, sich generell einen schriftlichen Auftrag erteilen zu lassen (nicht zu verwechseln mit der Vollmacht). In diesem Auftrag sollte die Tätigkeit des Anwaltes (Inhalt des Auftrages) genau umschrieben sein. Dies erspart Ärger bei der Abrechnung, wenn Streit über den Inhalt des Auftrages besteht. Hier muss dann auch aufgeführt werden, ob die anwaltliche Auftrag unbedingt ist oder eventuell vom Vorliegen einer Deckungszusage der Rechtsschutzversicherung abhängig gemacht wird.

Die Entwicklung der elektronisch geführten Korrespondenz hat sich seit der Vorauflage dieses Handbuchs enorm gewandelt. Heute ist die elektronische Deckungszusage mit den meisten Rechtsschutzversicherungen möglich und ständige Praxis. Einige Rechtsschutzversicherungen haben das Meldeverfahren sogar automatisiert, so dass in genau definierten Standardfällen die Anfrage computergesteuert beantwortet und Deckungszusage erteilt wird. Die Laufzeit einer Deckungsanfrage hat sich dadurch erheblich verkürzt.

In der Regel bieten die Rechtsschutzversicherer auch den telefonischen Service einer sofortigen Deckungszusage an, so dass in Eilfällen schnell abklärbar ist, ob und in welchem Umfang Deckungsschutz besteht.

bb) Prüfung der für die Eintrittspflicht relevanten Punkte. Bei der Meldung eines Rechtsschutzfalles sind – differenziert nach Leistungsart, Schadenarten (zB Schadensersatzrechtsschutz, Arbeitsrechtsschutz usw.) sowie nach den einzelnen Rechtsschutzformen (Verkehrsrechtsschutz, Fahrzeugrechtsschutz, Grundstücksrechtsschutz usw.) – die für die Eintrittspflicht und den Deckungsumfang jeweils relevanten Daten anzugeben, zB Kennzeichen (Ersatzfahrzeug), versichertes Objekt (zB beim Grundstücksrechtsschutz).

cc) Vermeidung unwirtschaftlicher Korrespondenz. Bei der Korrespondenzabwicklung zwischen Versicherungsnehmer/Anwalt und Rechtsschutzversicherung sowie umgekehrt kommt in starkem Maße die Anwendung programmierter Textverarbeitung in Betracht, orientiert an der Systematik der möglichen Versicherungsdeckung durch eine Rechtsschutzversicherung.

dd) Standardisierte Korrespondenz – kein Qualitätsverlust. Die Anwendung einer standardisierten Korrespondenz mit festgelegten Textmustern beeinträchtigt in keiner Weise die Qualität der Korrespondenz, da es sich um Sachverhalte handelt, die sich in den Voraussetzungen für die Eintrittspflicht der Rechtsschutzversicherung einschließlich der Kosten- und Gebührenkorrespondenz systematisieren lassen.

---

[3] Vgl. *Buschbell/Hering* § 24 Rn. 1.

25 c) **Ein – mögliches – System zur rationellen Korrespondenz bei Beteiligung der Rechtsschutzversicherung.** *aa) Die notwendige Korrespondenz Anwalt – Rechtsschutzversicherung sowie Anwalt – Mandant.* Abgesehen vom Schriftverkehr mit der Rechtsschutzversicherung hat der Anwalt mit seinem Mandanten bzw. dem Versicherungsnehmer der Rechtsschutzversicherung zu korrespondieren. Die Rechtsschutzversicherung ihrerseits steht ebenfalls in einem notwendigen Korrespondenzverhältnis zum VN. Dies ist aber nicht Gegenstand des bearbeiteten Textsystems.

26 *bb) Mögliche systematische und umfassende Textsammlung.* Die seitens des Anwaltes bei einem Mandat, in dem eine Rechtsschutzversicherung beteiligt ist, zu führende Korrespondenz kann systematisiert werden. Zu denken ist an die verschiedenen Korrespondenzbereiche und Korrespondenzebenen, nämlich
- Meldung Rechtsschutzfall
- Korrespondenz zu Kosten und Gebühren seitens Anwalt an Rechtsschutzversicherung sowie
- Korrespondenz zur Information des Mandanten.[4]

27 d) **Prüfung der Eintrittpflicht der Rechtsschutzversicherung.** Bei Führung eines Mandates in einem verkehrsrechtlichen Straf- und OWi-Verfahren ist bei Beteiligung der Rechtsschutzversicherung zu prüfen, ob die Voraussetzungen für die Eintrittpflicht gegeben sind. Zur Meldung des Rechtsschutzfalles ist der Anwalt zwar nicht verpflichtet, aber in der Praxis hat sich herausgebildet, dass die Meldung eines Rechtsschutzfalles durch den mandatierten Anwalt erfolgt.

28 Es ist empfehlenswert, bei Meldung eines Rechtsschutzfalles nach folgendem Prüfschema vorzugehen:[5]

Checkliste: Eintrittpflicht der Rechtsschutzversicherung

☐ Prüfung der Eintrittpflicht/versichertes Risiko
- Rechtsschutz nach Leistungsart
  - Schadenersatz-Rechtsschutz, § 2a
  - Arbeits-Rechtsschutz, § 2b
  - Wohnungs- und Grundstücks-Rechtsschutz, § 2c
  - Rechtsschutz im Vertrags- und Sachenrecht, § 2d
  - Steuer-Rechtsschutz vor Gerichten, § 2e
  - Sozial-Rechtsschutz, § 2f
  - Verwaltungs-Rechtsschutz in Verkehrssachen, § 2g
  - Disziplinar- und Standes-Rechtsschutz, § 2h
  - Straf-Rechtsschutz, § 2i
  - Ordnungswidrigkeiten-Rechtsschutz, § 2j
  - Beratungs-Rechtsschutz, § 2k
- Rechtsschutzdeckung zu folgender Form des Rechtsschutzes
  - Verkehrs-Rechtsschutz, § 1
  - Fahrer-Rechtsschutz, § 22
  - Privat-Rechtsschutz für Selbstständige, § 23
  - Berufs-Rechtsschutz für Selbstständige, Rechtsschutz für Firmen und Vereine, § 24
  - Privat- und Berufs-Rechtsschutz für Nichtselbstständige, § 25
  - Privat-, Berufs- und Verkehrs-Rechtsschutz für Nichtselbstständige, § 26
  - Landwirtschafts- und Verkehrs-Rechtsschutz, § 27
  - Privat-, Berufs- und Verkehrs-Rechtsschutz für Selbstständige, § 28
  - Mieter von Wohnungen und Grundstücken, § 29

---

[4] Vgl. *Buschbell*, Rationelle Rechtsschutzkorrespondenz, speziell Korrespondenz zur Meldung Rechtsschutz und Mandatsführung (§ 2) sowie Kosten- und Gebührenkorrespondenz zu Straf- und OWi-Rechtsschutz, § 3 Rn. 121 ff.
[5] *Buschbell/Hering* § 24 Rn. 5.

- Spezielle Formen des Rechtsschutzes
  - Spezial-Straf-Rechtsschutz etc.
☐ Bestimmung des Rechtsschutzfalles
  - Eintritt Rechtsschutzfall
  - Wartezeit
  - Datum des Rechtsschutzfalles
  - Kein Risikoausschluss
  - Sonstiges, Verjährung beachten
☐ Meldung Rechtsschutz

Wichtig ist es, von vornherein alle für die Prüfung der Eintrittspflicht seitens der Rechtsschutzversicherung erforderlichen Merkmale, also im Bereich des verkehrsrechtlichen Mandates, anzugeben: **29**
- VS-Nr.
- Versicherungsschutz für VN/mitversicherte Person
- Ereignisdatum
- Art des begehrten Rechtsschutzes (zB für Verteidigung, Gnadengesuch etc.)
- Kennzeichen des beteiligten Fahrzeuges (evtl. Fahrzeugwechsel und somit Kennzeichenwechsel beachten und bei Mandanten erfragen).[6]

Durch rationelle Abwicklung bei der Meldung des Rechtsschutzfalles bleibt sowohl aufseiten des Anwaltes wie auch aufseiten der Rechtsschutzversicherung unwirtschaftliche „Treppenkorrespondenz" erspart. **30**

Muster: Meldung[7] gegenüber der Rechtsschutzversicherung

VS.-Nr.:
VN:
Versicherungsschutz für:
Vorwurf:
Ereignisdatum
Beauftragung in Straf- bzw. OWi-Sache

Sehr geehrte Damen und Herren,
in oben bezeichneter Angelegenheit sind wir mit der Verteidigung beauftragt.
Es wird gebeten, den zugrunde liegenden Sachverhalt den in der Anlage bezeichneten Unterlagen zu entnehmen.
Weiter wird gebeten, bedingungsgemäß Kostenschutz zu gewähren und dies zu bestätigen.

Rechtsanwalt

Anlage:

II. Versicherungsschutz und Leistungsansprüche auf Rechtsschutz in Straf- und OWi-Verfahren

1. Der Verkehrs- und Fahrerrechtsschutz

a) **Verkehrs- und Fahrerrechtsschutz.** Im 4. Abschnitt ist unter dem Titel „Formen des Versicherungsschutzes" in § 21 ARB (2010) Verkehrsrechtsschutz und in § 22 ARB Fahrerrechtsschutz geregelt.[8] **31**

---

[6] Zum Inhalt der Deckungsanfrage vgl. *Buschbell/Hering* § 24 Rn. 6.
[7] Zum Umfang der Eintrittspflicht im Disziplinar- und Standesrechtsschutz vgl. *Buschbell/Hering* § 19 Rn. 1 ff.; vgl. im Übrigen Übersicht zur Eintrittspflicht, versicherte Personen und Leistungsart *Buschbell* § 4 Rn. 12; vgl. auch ausführlich → § 2 Rn. 64 ff.
[8] Soweit Rechtsschutzbedingungen angegeben sind, beziehen die Ausführungen sich jeweils auf die ARB 94.

Im Bedingungswerk der ARB (2010) ist der Verkehrsrechtsschutz wie folgt geregelt:
- Personenbezogener Verkehrsrechtsschutz (§ 21 Abs. 1 ARB)
- Fahrzeugbezogener Verkehrsrechtsschutz (§ 21 Abs. 3 ARB)
- Versicherungsschutz für VN bei Teilnahme am öffentlichen Verkehr als Lenker fremder Fahrzeuge (§ 21 Abs. 7 lit. a ARB) sowie als
- Fahrgast (§ 21 Abs. 7 lit. b), Fußgängerrechtsschutz (§ 21 Abs. 7 lit. c und (Radfahrer) d ARB).

32 Erläuternd ist darauf hinzuweisen, dass bei Rechtsschutz gemäß § 21 Abs. 1 ARB für den Versicherungsschutz Voraussetzung ist, dass das Kraftfahrzeug – mit Ausnahme des angemieteten Selbstfahrervermietfahrzeuges sowie Fälle des § 21 Abs. 6 ARB – im Zeitpunkt des Rechtsschutzfalles auf den VN zugelassen ist.[9] Der Fahrerrechtsschutz gemäß § 22 ARB ist für Personen bestimmt, die kein eigenes Fahrzeug besitzen oder versichern wollen, jedoch häufig beruflich oder privat fremde, nicht auf sie zugelassene Fahrzeuge führen.[10]

33 b) **Vertragsumfang.** Der Vertragsumfang ergibt sich aus § 21 Abs. 4 ARB (2010). Hiernach ist der Leistungsumfang (neben den anderen Bereichen) bestimmt für den Bereich des Strafrechtsschutzes in § 2 lit. i ARB und für den Ordnungswidrigkeitenrechtsschutz in § 2 lit. j ARB. Zum Leistungsumfang vgl. nachfolgend § 10 Rn. 31 ff.

2. Die Eintrittspflicht der Rechtsschutzversicherung bei verkehrsrechtlichen Straftaten

34 Verkehrsrechtliche Straftaten sind nur versichert, wenn die nach den §§ 21 bis 28 ARB abgeschlossene Versicherung den Verkehrsbereich mit eingeschlossen hat, zB §§ 21, 22, 26, 27, 28 ARB. Die vorgenannten Vorschriften verweisen auf § 2 lit. j ARB, der unter aa) die verkehrsrechtlichen Vergehen aufführt und unter bb) die sonstigen Vergehen. Es wird nicht ganz einheitlich beurteilt, wie dieses Abgrenzung zu erfolgen hat.[11]

35 Unter die verkehrsrechtlichen Vergehen fallen alle Strafvorschriften, die unmittelbar der Sicherheit und Ordnung des Verkehrs dienen, also alle Bestimmungen, die die Verkehrsteilnehmer und somit auch den Versicherungsnehmer vor Schädigungen, Gefährdungen und Belästigungen schützen sollen.[12] Hierzu gehören insbesondere:
- Fahren ohne Fahrerlaubnis,
- Kennzeichenmissbrauch,
- unerlaubtes Entfernen vom Unfallort (§ 142 StGB),
- gefährlicher Eingriff in den Straßenverkehr,
- Gefährdung des Straßenverkehrs,
- Trunkenheit im Verkehr.

36 Soweit eine entsprechende Verkehrsrechtsschutzversicherung für ein Schiff oder Flugzeug besteht, oder soweit ein entsprechender Fahrer-Rechtsschutz, der Fahrzeuge zur Luft und zu Wasser deckt, abgeschlossen wurde, besteht auch Rechtsschutz für
- Verstöße gegen die §§ 59, 60 und 62 Luftverkehrsgesetz
- und die §§ 315, 315a, und 316 StGB sowie gegen entsprechende Normen, die die Schifffahrt regeln.

37 Werden dem Versicherungsnehmer Delikte des allgemeinen Strafrechts in Tateinheit mit verkehrsrechtlichen Verstößen vorgeworfen, so werden sie wie verkehrsrechtliche behandelt. Ein innerer Zusammenhang mit verkehrsrechtlichen Verstößen muss gegeben sein. Hierunter fallen:
  Widerstand gegen die Staatsgewalt §§ 113, 114 StGB,
- Körperverletzung §§ 232, 234, 236 StGB,
- Nötigung § 240 StGB,
  unbefugte Benutzung eines Kraftfahrzeugs gem. § 248b StGB,
- Fälschung technischer Aufzeichnungen § 268 StGB.[13]

---

[9] *Harbauer* § 21 ARB 2010 Rn. 4, 5; *van Bühren/Plote* § 21 ARB Rn. 2.
[10] *Harbauer* § 22 ARB 94 Rn. 1.
[11] *Harbauer* ARB 2010 § 2 Anm. 250.
[12] *Harbauer* ARB 2010 § 2 Rn. 251.
[13] *Harbauer* ARB 2010 § 2 Rn. 254, 255.

Nicht als verkehrsrechtlich angesehen werden Verstöße gegen § 25 Abs. 4 und Abs. 5 Arbeitszeitordnung, die u. a. von Arbeitnehmern in Verkehrsbetrieben begangen werden können. Die Frage, ob eine verkehrsrechtliche Vorschrift vorliegt, ist im Ordnungswidrigkeiten-Rechtsschutz bedeutsamer, da die verkehrswirtschaftlichen und verkehrssozialrechtlichen Vorschriften fast nur noch Ordnungswidrigkeiten enthalten. Soweit ein Verstoß gegen § 6 AuslPflVG oder § 9 AuslPflVG vorgeworfen wird, also der Gebrauch eines nicht versicherten Fahrzeuges, ist es umstritten, ob es sich um eine verkehrsrechtliche Vorschrift handelt oder nicht.[14] Da diese Vorschrift die Folgen von Verkehrsunfällen betrifft, kann man nur der Auffassung folgen, die diese Vorschriften zu den verkehrsrechtlichen zählt.

Handelt es sich bei der vorgeworfenen Straftat um eine nur fahrlässig begehbare, so besteht grundsätzlich Rechtsschutz – unabhängig vom Ausgang des Verfahrens. Anders sieht es aus, wenn das vorgeworfene verkehrsrechtliche Vergehen sowohl fahrlässig als auch vorsätzlich begehbar ist. In diesem Fall besteht Rechtsschutz immer dann, wenn es nur zur Verurteilung wegen Fahrlässigkeit kommt, wobei zunächst Versicherungsschutz besteht. Dies gilt auch für die nächste Alternative.

Wird ein vorsätzliches verkehrsrechtliches Vergehen vorgeworfen, so besteht zunächst für die Verteidigung des Versicherungsnehmers Rechtsschutz. Kommt es zur Verurteilung wegen eines vorsätzlichen Vergehens, so entfällt der zunächst zuzusagende Versicherungsschutz rückwirkend mit der Verpflichtung des Versicherungsnehmers, die vom Versicherer vorgeleisteten Kosten an diesen zurückzuerstatten. Die Rückerstattungspflicht trifft den Versicherungsnehmer aber erst dann, wenn das Urteil rechtskräftig ist. Aufgrund dessen besteht zunächst Rechtsschutz auch noch für die Berufung und eine möglicherweise zulässige Revision.

Praxistipp:
In diesen Fällen sollte der Rechtsanwalt, solange keine rechtskräftige Entscheidung vorliegt, vom Rechtsschutzversicherer Kostenvorschuss gem. § 9 RVG verlangen. Danach steht dem Rechtsanwalt das Recht zu, zu Beginn der anwaltlichen Tätigkeit und während einer solchen Tätigkeit bis zu deren Abschluss von seinem Auftraggeber eine Vorauszahlung auf den später fällig werdenden Vergütungsanspruch zu verlangen.[15] Die Höhe dieses Vorschusses umfasst die gesetzlichen Gebühren, und zwar alle im Mandat entstandenen und voraussichtlich noch entstehende Gebühren und Auslagen, einschließlich der etwaigen Zusatzgebühren der Nr. 4141 bzw. 5115 VV RVG.[16] Zahlt die Rechtsschutzversicherung die Gebühren an den Rechtsanwalt, kann sie auch im Fall der Verurteilung wegen Vorsatzes diese nicht vom Rechtsanwalt zurückverlangen, sondern nur von ihrem VN.
Einen weiteren Vorteil bietet die Anforderung eines Kostenvorschusses: Bei Kündigung des Mandates durch den Mandanten kann diese seine Rechtsschutzversicherung anweisen, an den bisherigen Rechtsanwalt keine Zahlungen mehr zu leisten.[17]

Werden dem Versicherungsnehmer mehrere Taten vorgeworfen, und wird er wegen einer Vorsatztat und einer Fahrlässigkeitstat verurteilt, dann besteht nur anteilig Deckung. Diese richtet sich nach dem Gewicht und der Bedeutung der einzelnen abgeurteilten Vergehen. Maßstab sind die jeweiligen Einzel- oder Einsatzstrafen.[18]

Der Versicherungsfall richtet sich nach § 4 Abs. 1c ARB. Einen besonderen Versicherungsfall für den Strafrechtsschutz, wie ihn die ARB (75) vorsah, gibt es nicht mehr.

3. Der Versicherungsschutz bei verkehrsrechtlichen Ordnungswidrigkeiten

Rechtsschutz besteht nach § 2j ARB 2010. Es wird nicht mehr unterschieden zwischen verkehrsrechtlichen und sonstigen Ordnungswidrigkeiten für die Verteidigung wegen des

---

[14] Siehe *Harbauer* ARB 2010 § 2 Rn. 258.
[15] Meyer/Kroiß/*Klees* RVG § 9 Anm. 1.
[16] Meyer/Kroiß/*Klees* RVG § 9 Anm. 26.
[17] Meyer/Kroiß/*Klees* § 9 Anm. 25.
[18] Siehe hierzu OLG Karlsruhe zfs 1993, 66; AG Münster zfs 1991, 93; AG Nürnberg zfs 1990, 162; *Harbauer* ARB 75 § 4 Rn. 179.

Vorwurfs einer verkehrsrechtlichen Ordnungswidrigkeit.[19] Versicherungsschutz besteht auch für die vorsätzliche Begehungsweise, da der Risikoausschluss des § 3 Abs. 5 ARB sich nur auf Straftaten bezieht.[20] Zum Ordnungswidrigkeitenrecht gehören nach § 1 OWiG alle Rechtsnormen, bei denen das Gesetz für rechtswidrige und vorwerfbare Handlungen ein Bußgeld vorsieht.[21]

44   In den ARB 94 ist der Versicherungsschutz unterschiedlich geregelt, je nachdem ob es sich um eine verkehrsrechtliche Ordnungswidrigkeit oder eine sonstige Ordnungswidrigkeit handelt.[22] Dies hat Konsequenzen für den Versicherungsschutz: Bei verkehrsrechtlichen Ordnungswidrigkeiten besteht der Versicherungsschutz auch bei Vorsatz; bei den sonstigen Ordnungswidrigkeiten entfällt der Versicherungsschutz rückwirkend, wenn rechtskräftig festgestellt wird, dass der VN die Ordnungswidrigkeit vorsätzlich begangen hat.[23]

Problematisch ist, ob verkehrswirtschaftliche und -sozialpolitische Bestimmungen, wie zB:
• Güterkraftverkehrsgesetz,
• Personenbeförderungsgesetz,
• BOKraft,
• BOStrab,
• Pflichtversicherungsgesetz,
• Ausländerpflichtversicherungsgesetz,
• Fahrlehrergesetz,
• Fahrpersonalgesetz,
• Bundesfernstraßengesetz,
• Kraftfahrtsachverständigengesetz,

die hauptsächlich gewerbepolizeiliche, verkehrswirtschaftliche und sozialpolitische Aufgabenstellungen haben, verkehrsrechtliche Vorschriften iSd § 2j ARB sind. Dies kann nur am Einzelfall beurteilt werden. Die Zielrichtung der Vorschrift, gegen die der Versicherungsnehmer verstoßen hat oder haben soll, ist zu überprüfen. Die Vorschrift fällt dann unter den Versicherungsschutz, wenn sie zumindest auch als verkehrsrechtlich anzusehen ist, da sie auch der Sicherheit und Ordnung des Verkehrs dient. So fallen zB Verstöße gegen das Abfallbeseitigungsgesetz nicht unter die Deckung, wenn der Versicherungsnehmer sein Schrottauto abgemeldet am Straßenrand oder auf einem öffentlichen Parkplatz abstellt. Hier ist nicht in die Sicherheit und Ordnung des Verkehrs eingegriffen worden.

45   Liegt eine verkehrsrechtliche Ordnungswidrigkeit vor, so besteht Rechtsschutz unabhängig von der Frage, ob eine vorsätzliche oder fahrlässige Begehungsform vorliegt oder nicht und auch unabhängig von der Frage, wie das Verfahren ausgegangen ist.

4. Umfang der Rechtsschutzgewährung

46   In § 21 Abs. 4 ARB (entsprechend in § 22 Fahrer-Rechtsschutz, § 26 Privat-, Berufs- und Verkehrs-Rechtsschutz für Nichtselbständige, § 27 Landwirtschafts- und Verkehrs-Rechtsschutz und § 28 Privat-, Berufs- und Verkehrs-Rechtsschutz für Selbständige) ist der Umfang des Versicherungsschutzes bestimmt. Gemäß § 21 Abs. 4 ARB umfasst dieser (neben Verwaltungsrechtsschutz in Verkehrssachen) Strafrechtsschutz sowie Ordnungswidrigkeitenrechtsschutz.

47   Nach der Systematik der versicherten Rechtsangelegenheit ist wiederum in § 2 ARB bestimmt, welcher Umfang der Versicherungsschutz der §§ 21 ff. ARB bietet. Für den Bereich des Verkehrsrechtsschutzes wiederum ist dies geregelt in § 2 lit. i aa, betreffend die Verteidigung wegen des Vorwurfs eines verkehrsrechtlichen Vergehens, sowie in § 2 lit. j betreffend die Verteidigung wegen des Vorwurfs einer verkehrsrechtlichen Ordnungswidrigkeit. Es muss also die Regelungssystematik gesehen werden, dass in § 2 ARB und speziell für den Bereich des Verkehrsrechtes, wie vorstehend ausgeführt, die in Betracht kommenden Leis-

---

[19] *Harbauer* ARB 2000 § 2 Anm. 281.
[20] *van Bühren/Plote* § 2 ARB Rn. 80.
[21] *van Bühren/Plote* § 2 ARB Rn. 82.
[22] *Harbauer* ARB 2000 § 2 Anm. 284.
[23] *Harbauer* ARB 2000 § 2 Anm. 286.

tungsarten aufgelistet sind, während die einzelnen Formen des Rechtsschutzes in den §§ 21 ff. ARB geregelt sind.[24]

Wird im Versicherungsvertrag entsprechend den möglichen Formen des Versicherungsschutzes gemäß §§ 21 ff. ARB Straf- und Ordnungswidrigkeitenrechtsschutz vereinbart, so umfasst der Versicherungsschutz die Verteidigung wegen des Vorwurfs eines verkehrsrechtlichen Vergehens. 48

In § 2 lit. i aa S. 2 ARB ist geregelt, dass der Versicherungsnehmer dem Versicherer die Kosten, die dieser für die Verteidigung wegen des Vorwurfs eines vorsätzlichen Verhaltens zu tragen hat, erstatten muss, wenn rechtskräftig festgestellt wird, dass der Versicherungsnehmer das Vergehen vorsätzlich begangen hat. 49

Für den Bereich des Ordnungswidrigkeitenrechtsschutzes (§ 2 lit. j ARB) umfasst der Versicherungsschutz die Verteidigung wegen des Vorwurfes einer verkehrsrechtlichen Ordnungswidrigkeit, und zwar unabhängig von der Schuldform, also auch bei einer Verurteilung wegen einer vorsätzlich begangenen Ordnungswidrigkeit. Der Rechtsschutz ist zwar nicht ausdrücklich auf verkehrsrechtliche Ordnungswidrigkeiten beschränkt; diese Beschränkung ergibt sich jedoch daraus, dass die Ordnungswidrigkeit in einem inneren sachlichen Zusammenhang zu den in § 21 Abs. 1 ARB 2010 versicherten Eigenschaften stehen muss.[25] 50

Die Verteidigung steht dann unter Versicherungsschutz, wenn sie „in Verfahren wegen des Vorwurfs" der Verletzung einer straf- oder bußgeldrechtlichen Vorschrift durchgeführt wird. Sobald in einem eingeleiteten Verfahren ein bestimmter Vorwurf gegen den Versicherungsnehmer oder die versicherte Person erhoben wird, setzt der Versicherungsschutz ein. Dies gilt, wenn jemand beispielsweise nach Belehrung gemäß § 163a StPO als Beschuldigter vernommen wird oder vernommen werden soll oder ihm als Betroffener Gelegenheit gegeben wird, sich zu der Beschuldigung – mündlich oder schriftlich – nach Belehrung gemäß § 55 OWiG zu äußern.[26] 51

Lässt sich im Übrigen ein Versicherungsnehmer, der in irgendeiner Weise formell als Beschuldigter in Betracht kommt, von einem Anwalt beraten und rät dieser von Verteidigungsmaßnahmen ab, steht diese Beratung – außer bei Mutwilligkeit des VN – unter Versicherungsschutz. 52

5. Ersatz der Verteidigervergütung

a) Erstattung der gesetzlichen Gebühren. Die gesetzliche Vergütung eines für den Versicherungsnehmer tätigen Rechtsanwaltes trägt die Rechtsschutzversicherung bis zur Höhe der gesetzlichen Gebühren eines am Ort des zuständigen Gerichtes ansässigen Rechtsanwaltes. Dies gilt bei Eintritt eines Rechtsschutzfalles im Inland. Für den Fall eines Rechtsschutzfalles im Ausland ist die Vergütung eines für den Versicherungsnehmer tätigen, am Ort des zuständigen Gerichtes ansässigen ausländischen Rechtsanwaltes zu übernehmen. Ist ein im Inland zugelassener Rechtsanwalt bei einem Rechtsschutzfall im Ausland tätig, trägt der Versicherer die Vergütung bis zur Höhe der gesetzlichen Vergütung, die entstanden wäre, wenn das Gericht zuständig wäre, an dessen Ort der Rechtsanwalt ansässig ist und zusätzlich die Vergütung des Verkehrsanwaltes (vgl. hierzu im Einzelnen nachfolgend Rn. 54 ff.). 53

b) Erstattung der Gebühren bei nur teilweiser Eintrittspflicht. Bei der Frage, ob und inwieweit Eintrittspflicht der Rechtsschutzversicherung gegeben ist, wenn nur eine sog. Teildeckung in Betracht kommt, sind verschiedene Fallgestaltungen denkbar. 54

In Betracht kommt, dass dem VN mehrere Delikte vorgeworfen werden und die Vorwürfe nur teilweise unter Versicherungsschutz stehen. In einem solchen Fall besteht nur anteilige Deckung. Der Umfang richtet sich nach dem Gewicht und der Bedeutung der einzelnen Vorwürfe im Gesamtzusammenhang sowie danach, ob einzelne Verfahrensteile – zB ein zweiter Verhandlungstag – wegen des einen oder anderen Deliktes notwendig waren.[27] 55

---

[24] Vgl. auch *Harbauer* ARB 2000 § 2 Anm. 2.
[25] *van Bühren/Plote* ARB 2010 Rn. 54.
[26] AG Sulingen zfs 1986, 272; *Harbauer* ARB 75 vor § 21 Rn. 75.
[27] *Harbauer* ARB 2010 § 2 Rn. 277; *van Bühren/Plote* § 2 ARB Rn. 66.

56 Nach *Harbauer* ist Versicherungsschutz in der Regel ganz ausgeschlossen bei Gesetzeskonkurrenz zwischen einem nur vorsätzlich begehbaren Vergehen und einer Fahrlässigkeitstat, da die Vorsatztat „meist derart überwiegt", dass die Verteidigung in erster Linie gegen den Vorwurf vorsätzlichen Handelns gerichtet ist und der Vorwurf fahrlässigen Handelns daneben keine selbstständige Bedeutung hat. Ebenso soll nach gleicher Ansicht beim Vorwurf einer in Tateinheit begangenen – nicht gedeckten – Vorsatztat mit einer – gedeckten – Fahrlässigkeitstat der Vorwurf vorsätzlichen Handelns in der Regel als so gravierend bewertet werden, dass das Schwergewicht der Verteidigung gegen diesen Vorwurf gerichtet ist.[28]

57 Dieser Ansicht ist nicht zu folgen. Vielmehr kommt es auch in solchen Fällen stets auf die Umstände des Einzelfalles an. Im Übrigen ist die Ansicht vertretbar, dass die Rechtsschutzversicherung in jedem Fall die Kosten zu übernehmen hat, die angefallen wären, oder bei einer Verteidigung lediglich wegen der vom Versicherungsschutz umfassten Tat. Dies muss jedenfalls dann gelten, wenn anzunehmen ist, dass der VN einen Verteidiger beauftragt hätte, auch wenn lediglich der geringere vom Versicherungsschutz umfasste Vorwurf Gegenstand des Verfahrens gewesen wäre. In einem solchen Fall wären von der Rechtsschutzversicherung die Kosten zu übernehmen, und zwar die insgesamt angefallenen Gebühren abzüglich der Mehrkosten, die sich gemäß § 14 RVG im Hinblick auf den weitergehenden Tatvorwurf bzw. Gesamtkomplex ergeben.

58 Teilweise Eintrittspflicht der Rechtsschutzversicherung kommt auch in Betracht bei einer Teileinstellung des Verfahrens oder bei Teilfreispruch. In diesem Fall hat die Staatskasse nur die auf den Gegenstand des Freispruches oder die Teileinstellung, soweit Kostenerstattung in Betracht kommt, anfallenden Mehrkosten zu erstatten.[29]

59 c) **Fälligkeit der Versicherungsleistung.** Gemäß § 5 Abs. 2a ARB kann der Versicherungsnehmer die Übernahme der vom Versicherer zu tragenden Kosten verlangen, sobald er nachweist, dass er zu deren Zahlung verpflichtet ist oder diese Verpflichtung bereits erfüllt hat.

60 Sobald der Mandant des Anwaltes, also der VN, als Kostenschuldner in Anspruch genommen wird, also nach **Vorschussanforderung**, hat die Rechtsschutzversicherung – Versicherungsdeckung vorausgesetzt – ihre Leistung zu erbringen. Für die Fälligkeit genügt die „Inanspruchnahme" des VN, dh die entsprechende Kostenanforderung durch den Kostengläubiger.[30]

61 Zur Begründung der Fälligkeit ist darauf zu achten, dass die Gebührenrechnung oder Vorschussanforderung der Regelung des § 10 RVG entspricht. Dies bedeutet, dass Vorschüsse, Gebühren und Auslagen im Einzelnen aufzugliedern und hierbei die angewandten Gebührenvorschriften anzugeben sind. Die Vorschuss- oder Gebührenanforderungen sind zu unterzeichnen.[31]

62 Im Rahmen des § 5 Abs. 2a ARB hat die Rechtsschutzversicherung, wenn der Rechtsanwalt gemäß § 9 RVG für seine – auch noch nicht fälligen – entstandenen und die voraussichtlich entstehenden Gebühren und Auslagen einen angemessenen Vorschuss fordert, diesen zu übernehmen. Der Rechtsanwalt kann nämlich gemäß § 9 RVG für die voraussichtlich entstehenden Gebühren und Auslagen einen angemessenen Vorschuss verlangen. Bei der Vorschussanforderung sind nicht die strengen Voraussetzungen einer Rechnung gem. § 10 RVG zu beachten. Gleichwohl empfiehlt sich aber, auch bei einer Vorschussrechnung die Form gem. § 10 RVG und die steuerlichen Formvorschriften zu beachten, um Auseinandersetzungen mit der Rechtsschutzversicherung zu verhindern. Grundsätzlich soll der Rechtsanwalt aber deutlich machen, dass er „Vorschuss" verlangt. Dies hat zB Bedeutung bei der Anforderung von Rahmengebühren, die in Straf- oder OWi-Mandaten anfallen. Hier geht es speziell um die Frage der Ausübung des Ermessens. Aus der „Rechnung" sollte deutlich werden, dass die Ausübung des Ermessens nicht endgültig ist. Dies wird in der Regel durch die „Vorschussanforderung" deutlich.

---

[28] *Harbauer* ARB 2010 § 2 Rn. 277.
[29] BGH NJW 1973, 775; *Meyer-Goßner* § 465 Rn. 8, 9.
[30] *Harbauer* ARB 2010 § 5 Rn. 175.
[31] *Harbauer* ARB 2010 § 5 Rn. 172.

Die Leistungspflicht der Rechtsschutzversicherung beginnt, sobald der VN wegen des Vorschusses „in Anspruch genommen wird". Dies ist der Fall, sobald der Rechtsanwalt den Vorschuss anfordert. „Angemessen" ist der Gesamtbetrag der Gebühren und Auslagen, die voraussichtlich entstehen können.[32]

63

Die Anforderung von Vorschüssen ist von praktischer Bedeutung insbesondere bei Vorsatztaten im verkehrsrechtlichen Bereich. In diesem Fall besteht zunächst Versicherungsschutz. Dieser kommt erst in Fortfall, sobald der VN wegen einer Vorsatztat rechtskräftig verurteilt ist. Zu beachten ist, dass der Anwalt unter Umständen gegenüber der Rechtsschutzversicherung zur Rückzahlung verpflichtet ist, wenn die Rechtsschutzversicherung den angeforderten Vorschuss unmittelbar an den Rechtsanwalt als künftigen Kostengläubiger unter dem Vorbehalt der Rückforderung zahlt und der Rechtsanwalt diese Zahlung mit Vorbehalt widerspruchslos entgegennimmt und schließlich die Rechtsschutzversicherung gegenüber dem VN nicht zur Kostentragung verpflichtet ist.[33] In diesen Fällen muss der Rechtsanwalt seinen Mandanten darüber beraten und aufklären, dass im Falle einer Verurteilung wegen Vorsatztat die vom Rechtsschutz gezahlten Gebühren und Kosten ggfls. zurückgefordert werden. Häufig verlangen aber Rechtsschutzversicherungen auch in diesen Fällen von ihren VN die an den Rechtsanwalt gezahlten Gebühren nicht zurück.

64

6. Kosten für außergerichtliche Sachverständigengutachten

Gegenstand der Rechtsschutzversicherung sind die Ksot4en für Sachverstädige nur, wenn diese vom Gericht herangezogen werden (§ 5 Abs. 1 lit c). Dies betrifft in der Regel das gerichtliche Verfahren, aber auch das gesonderte Beweissicherungsverfahren.[34] Letzteres hat im Straf- und OWi-Verfahren keine Bedeutung. Wichtig ist zu beachten, dass die Rechtsschutzdeckung für außergerichtliche Gutachten nur für bestimmte Angelegenheiten und darüber hinaus nur unter bestimmten Voraussetzungen gewährt wird.[35]

65

Die nachfolgenden Darstellungen orientieren sich an der Fassung der ARB (2010). Auf einschränkende Abweichungen in den ARB (75) wird im Zusammenhang zur jeweiligen Voraussetzung der Rechtsschutzdeckung hingewiesen.

66

Es ist davon auszugehen, dass die Rechtsschutzdeckung für ein außergerichtliches Gutachten unter drei Voraussetzungen gewährt wird. Diese drei Voraussetzungen sind:

67

- Gegen den VN oder die mitversicherte Person muss ein Straf- oder Ordnungswidrigkeitenverfahren anhängig sein wegen des Vorwurfes, eine verkehrsrechtliche Vorschrift verletzt zu haben.
- (gilt nur für ARB 75) Voraussetzung für die Übernahme der Kosten eines Privatgutachtens ist, dass das Gutachten für die Verteidigung erforderlich ist
- Dritte Voraussetzung für die Kostenübernahme durch die Rechtsschutzversicherung ist, dass das Gutachten erstattet wird durch einen öffentlich bestellten technischen Sachverständigen oder eine rechtsfähige technische Sachverständigenorganisation (zB TÜV oder DEKRA).

Ob die vorgenannten Voraussetzungen vorliegen, unterliegt sicherlich nicht der Prüfungspflicht des technischen Sachverständigen. Dies ist ihm auch schon deshalb verwehrt, weil die Prüfung der Voraussetzungen mit der Klärung von Rechtsfragen verbunden ist und die Beratung in Rechtsangelegenheiten nach den Bestimmungen des RBerG nur dem Anwalt gestattet ist. Hier ist also Vorsicht geboten, etwa in dem Fall, in dem ein Betroffener unmittelbar den Auftrag zur Gutachtenerstattung erteilen will. Etwas anderes gilt selbstverständlich nur dann, wenn die Rechtsschutzversicherung unmittelbar den Auftrag erteilt oder der Betroffene bereits die Deckungszusage seiner Rechtsschutzversicherung für ein privates Gutachten erhalten hat.

68

Nachfolgend werden die vorgenannten drei Voraussetzungen im Einzelnen dargestellt:

---

[32] *Harbauer* ARB 2010 § 5 Rn. 176, 177.
[33] BGH VersR 1972, 1141.
[34] *van Bühren/Plote* ARB 2010 § 5 Rn. 90.
[35] *Buschbell* DAR 2003, 55.

69 a) **Straf- und OWi-Verfahren.** *aa) Im Rahmen der Verteidigung in einem Straf- und OWi-Verfahren.* Die Erstattung eines außergerichtlichen Gutachtens kommt nur in Betracht im Rahmen der Verteidigung in einem Straf- und Ordnungswidrigkeitenverfahren, in dem dem Betroffenen vorgeworfen wird, eine verkehrsrechtliche Vorschrift verletzt zu haben. Hierbei ist davon auszugehen, dass es sich um die Verletzung einer verkehrsrechtlichen Vorschrift des Straf- und Ordnungswidrigkeitenrechtes im weitesten Sinne handeln kann, beginnend etwa mit dem Vorwurf der Geschwindigkeitsüberschreitung, die zB Ursache für einen Verkehrsunfall sein soll. Auch kommen verkehrsrechtliche Vorsatztaten, etwa der Tatbestand der Verkehrsunfallflucht, in Betracht.

70 *bb) Keine Kostendeckung für Gutachten in anderen, speziell zivilrechtlichen Angelegenheiten.* Wichtig ist zu beachten, dass keine Kostendeckung für ein außergerichtliches Gutachten in Betracht kommt, soweit es sich um eine zivilrechtliche Angelegenheit handelt. Hierbei ist insbesondere zu denken an die Klärung der Voraussetzungen des Schadenersatzes, also keine Kostendeckung zB für ein Unfallursachengutachten und selbstverständlich auch nicht für ein Gutachten zur Feststellung des Schadenumfanges.

71 **b) Gutachten muss erforderlich sein (nur ARB 75).** Weitere Voraussetzung für die Übernahme der Kosten eines Privatgutachtens ist es, dass dieses für die Verteidigung in einem gegen den VN oder eine mitversicherte Person anhängigen Verfahren erforderlich sein muss. Die Frage, ob das Gutachten für die Verteidigung erforderlich ist, richtet sich an den Verteidiger und nicht an den Sachverständigen. Hier handelt es sich um eine zu entscheidende Rechtsfrage, deren Klärung nach den Bestimmungen des RBerG dem Sachverständigen verwehrt ist und für die nur der Anwalt zuständig ist.

72 Der für die Beurteilung der „Notwendigkeit" zuständige Aspekt ist nicht, ob die Verteidigung gegen den Vorwurf eines verkehrsrechtlichen Verstoßes rechtlich hinreichende Aussicht auf Erfolg bietet. Vielmehr geht es darum, ob der dem Versicherungsnehmer oder der mitversicherten Person vorgeworfene Sachverhalt richtig ist und ein Schuldvorwurf begründet sein kann.[36]

73 Die Frage, ob ein Gutachten „erforderlich ist", ist aber auch für die Tätigkeit des Sachverständigen relevant. „Erforderlich" kann ein Gutachten sein, wenn es auch nur möglicherweise den gegen den VN erhobenen Schuldvorwurf erschüttern kann. Wichtig für den Sachverständigen ist es, die Merkmale des als Schuldvorwurf im Raum stehenden Tatbestandes zu kennen. Zu denken ist hierbei bei dem Vorwurf der Körperverletzung, ob der die Körperverletzung verursachende Zusammenstoß der Fahrzeuge für den Beschuldigten unter den gegebenen Umständen, also etwa der Sicht- und Straßenverhältnisse und dem beiderseitigen Bremsverhalten, vermeidbar war oder nicht. Es ist also Aufgabe des Verteidigers, bei der Auftragserteilung und der Formulierung des Inhaltes des Auftrages klar zu definieren, welcher Sachverhalt im Sinne des Beschuldigten zu klären ist.

74 **c) Der zu beauftragende Sachverständige/die Sachverständigenorganisation.** *aa) Gutachten eines öffentlich bestellten technischen Sachverständigen.* Weitere Voraussetzung für die Kostenübernahme für ein privates Gutachten ist zunächst, dass die Erstattung erfolgt durch einen öffentlich bestellten technischen Sachverständigen. Die öffentliche Bestellung kann erfolgt sein aufgrund § 36 GewO oder anderer bundes- oder landesrechtlicher Bestimmungen. Grund für diese Einschränkung ist, dass diesen Personen durch die mit der Bestellung verbundene Beeidigung eine besondere Glaubwürdigkeit verliehen wird. Zum anderen soll die Beschränkung auf öffentlich bestellte Sachverständige Gewähr dafür bieten, dass die Rechtsschutzversicherer nicht Kosten für einen nicht hinreichend sachkundigen Gutachter aufzuwenden haben.[37]

75 Weiter muss der Gutachter auf technischem Gebiet bestellt sein, also insbesondere sachverständig sein auf dem Gebiet der Unfallanalyse, zB Rekonstruktion von Bewegungsabläufen, Beurteilung von Ampelphasenschaltungskurs oder auf dem Gebiet von Fahrzeugmängeln, zB Defekte an der Brems- oder Lenkanlage, Reifenmängel etc.[38]

---

[36] Vgl. *Harbauer* ARB 75 § 2 Rn. 127.
[37] *Harbauer* ARB 75 § 2 Rn. 128.
[38] *Harbauer* ARB 75 § 2 Rn. 128.

Die Kosten für Privatgutachten auf anderen Gebieten, zB Medizin, hat der Rechtsschutzversicherer nicht zu übernehmen. Hier kann es jedoch zu einer Berührung der Kompetenzen kommen zwischen Medizin und technischem Sachverstand, etwa bei der Feststellung, welche Geschwindigkeit beim Zusammenstoß gegeben war und ob diese Geschwindigkeit die – behauptete – HWS-Schleuderverletzung verursacht haben kann.

bb) Gutachten einer rechtsfähigen technischen Sachverständigenorganisation. Zu den Bestellungsvoraussetzungen wurde in die ARB (94) und gleich lautend in die ARB (2000)/(2008) die ausweitende Regelung übernommen, dass der Rechtsschutzversicherer auch die Kosten trägt für ein privates Gutachten „einer rechtsfähigen technischen Sachverständigenorganisation". Diese Regelung war in den ARB (75) noch nicht enthalten. Hinsichtlich der übrigen Voraussetzungen, also Erstattung des Gutachtens zur Verteidigung in einem Straf- und OWi-Verfahren und der Erforderlichkeit des Gutachtens, ist auf die vorstehenden Ausführungen unter → Rn. 69ff. zu verweisen.

Teilweise wird ausgehend von § 1 ARB (der Versicherer erbringt die für die Wahrnehmung der rechtlichen Interessen des VN oder des Versicherten erforderlichen Leistungen ...) die Meinung vertreten, dass das Merkmal der Erforderlichkeit gleichwohl noch gelte.[39] Dieser Ansicht ist zu widersprechen, denn gem. § 3 Abs. 1a ARB steht dem Versicherer nicht das Recht zu, die Erfolgsaussicht der Verteidigung in Straf- oder OWi-Verfahren zu prüfen. Der Versicherer kann also auch keine Ablehnung des Rechtsschutzes aussprechen. Grenze wäre hier allenfalls die „Mutwilligkeit", die aber in der Regel nur sehr schwer nachzuweisen sein wird.

7. Leistungsumfang bei Beratungen gem. § 34 RVG

Gem. § 5 Abs. 1a) ARB trägt der Versicherer in den Fällen, in denen das Rechtsanwaltsvergütungsgesetz für die Erteilung eines mündlichen oder schriftlichen Rates oder einer Auskunft (Beratung), die nicht mit einer anderen gebührenpflichtigen Tätigkeit zusammenhängt und für die Ausarbeitung eines Gutachtens keine der Höhe nach bestimmte Gebühr festsetzt, je Rechtsschutzfall eine Vergütung bis zu ...... Euro. In der Regel haben die Versicherer hier – angelehnt an die Vorschrift des § 34 RVG- einen Betrag in Höhe von maximal 250,- EUR festgelegt, bei Erstberatung in Höhe von 190,- EUR.

8. Rechtsschutz bei Auslandsunfällen

Bei Eintritt eines Rechtsschutzfalles im Ausland trägt gemäß § 5 Abs. 1 lit. b ARB die Rechtsschutzversicherung die Vergütung eines für den Versicherungsnehmer tätigen, am Ort des zuständigen Gerichtes ansässigen ausländischen oder eines im Inland zugelassenen Rechtsanwaltes. Bei Beauftragung eines im Inland zugelassenen Anwaltes trägt der Versicherer die Vergütung bis zur Höhe der gesetzlichen Vergütung, die entstanden wäre, wenn das Gericht, an dessen Ort der Rechtsanwalt ansässig ist, zuständig wäre.

Zusätzlich trägt die Rechtsschutzversicherung gemäß § 5 Ziff. 1 lit. a ARB, wenn der Versicherungsnehmer mehr als 100 km Luftlinie (entgegen dem Wortlaut ist nicht die Luftlinie maßgebend, sondern die Entfernung in Straßen- oder Bahnkilometern nach amtlichen Entfernungsangaben, da sowohl VN wie auch RA in der Regel nicht per Hubschrauber anreisen)[40] vom zuständigen Gericht entfernt wohnt und ein ausländischer Rechtsanwalt für den Versicherungsnehmer tätig ist, weitere Kosten für einen im Landgerichtsbezirk des Versicherungsnehmers ansässigen Anwalt bis zur Höhe der gesetzlichen Vergütung eines Rechtsanwaltes, der lediglich den Verkehr mit dem ausländischen Rechtsanwalt führt. Diese Erweiterung gilt für sämtliche Leistungsarten des § 2 ARB (außer § 2 lit. k), also auch für die Fälle des Straf- und Ordnungswidrigkeitenrechtsschutzes sowie auch für eine außer- und vorgerichtliche Interessenwahrnehmung.[41]

---

[39] *Buschbell* DAR 2003, 55, 56; Prölss/Martin/*Armbrüster* § 5 ARB 94 Rn. 7.
[40] *van Bühren*/*Plote* ARB 2010 § 5 Rn. 29.
[41] *Harbauer* ARB 94 § 3 Rn. 29.

82 Im Übrigen trägt bei einem Unfall im Ausland der Rechtsschutzversicherer die Kosten der Reise des Versicherungsnehmers zu einem ausländischen Gericht, wenn sein Erscheinen als Beschuldigter oder Partei vorgeschrieben oder zur Vermeidung von Rechtsnachteilen erforderlich ist (§ 5 Ziff. 1 lit. g ARB). Zur Höhe der zu erstattenden Kosten ist geregelt, dass diese zu erstatten sind bis zur Höhe der für Geschäftsreisen von deutschen Rechtsanwälten geltenden Sätze.

83 Im Auslandsschadenfall sorgt die Rechtsschutzversicherung für die Übersetzung der für die Wahrnehmung der rechtlichen Interessen des Versicherungsnehmers im Ausland notwendigen schriftlichen Unterlagen und trägt die dabei anfallenden Kosten.

III. Beachtung von Ausschlussklauseln

84 Auch im Bereich der Verkehrssachen sind die in Betracht kommenden Risikoausschlüsse zu beachten. Diese sind in den ARB (2010) sinnvollerweise geregelt im Anschluss an die Leistungsbeschränkung in § 2 ARB.

85 Gem. § 3a) besteht kein Rechtsschutz für Verfahren vor Verfassungsgerichten und gem. b) auch nicht in Verfahren vor internationalen oder supranationalen Gerichtshöfen. Allerdings besteht Rechtsschutz dann, wenn ein Gericht in einem an sich versicherten Verfahren dieses nach Art. 100 GG aussetzt und ein entscheidungserhebliches Gesetz auf seine Verfassungsmäßigkeit hin überprüfen lässt.[42]

86 Nach ARB (94) sind die bisher in § 4 Abs. 1 ARB geregelten Risikoausschlüsse beseitigt. Nunmehr ist in § 5 Abs. 3 ARB zum Leistungsumfang geregelt, dass die Versicherung nicht zu tragen hat die Kosten, die der Versicherungsnehmer ohne Rechtspflicht übernommen hat, zB eine zusätzliche Leistung an den Nebenkläger, Kosten für das Strafvollstreckungsverfahren jeder Art nach Rechtskraft einer Geldstrafe oder Geldbuße unter 250,– EUR.

1. Rechtsschutz bei Vorsatztat

87 Für den Bereich der verkehrsrechtlichen Strafvorschriften sind die Voraussetzungen des Ausschlusses des Versicherungsschutzes entgegen der Regelung des § 4 Abs. 3a und b ARB 75 jetzt in § 2 lit i aa geregelt. Nach dieser Vorschrift besteht Versicherungsschutz nur noch, wenn dem VN ein verkehrsrechtliches Vergehen zur Last gelegt wird. Wird rechtskräftig festgestellt, dass der VN das Vergehen vorsätzlich begangen hat, ist er verpflichtet, dem Versicherer die Kosten zu erstatten, die dieser für die Verteidigung wegen des Vorwurfes eines vorsätzlichen Verhaltens getragen hat.

88 Verkehrsrechtliche Vorschriften im Sinne der genannten Vorschrift sind Fahren ohne Fahrerlaubnis, unerlaubtes Entfernen vom Unfallort usw.[43] Diese Erweiterung des Versicherungsschutzes im Vergleich zu Straftaten des allgemeinen Strafrechtes bedeutet, dass auch bei Vorsatztat und Einstellung des Verfahrens die Rechtsschutzversicherung Versicherungsschutz zu gewähren hat und der Ausschluss des Versicherungsschutzes bei Vorsatztaten nicht zum Tragen kommt. Bei Einstellung eines Verfahrens zB wegen Fahrens ohne Fahrerlaubnis oder Unfallflucht ist also durch die Rechtsschutzversicherung Versicherungsschutz zu gewähren.

Für die Begehung eines **Verbrechens** (zB §§ 315 Abs. 3, 315b Abs. 3 StGB) besteht hingegen kein Versicherungsschutz mehr.

89 In versicherungsrechtlicher Hinsicht ist darauf hinzuweisen, dass es sich bei den vorgenannten Verstößen um Obliegenheitsverletzungen vor dem Versicherungsfall handelt. In diesen Fällen konnte der Versicherer gemäß § 6 Abs. 1 Ziff. 3 VVG aF nur nach ordnungs- und fristgemäßer Kündigung Regress nehmen. Dies ist gem. § 28 VVG jetzt nicht mehr Voraussetzung für eine Leistungsfreiheit. Das alte Alles-oder-Nichts-Prinzip ist weggefallen. Stattdessen wird differenziert nach der Schwere des Verschuldens des Versicherungsnehmers. Bei Vorsatz oder Arglist wird der Versicherer leistungsfrei. Bei grober Fahrlässigkeit ist der Ver-

---

[42] *van Bühren/Plote* ARB 2010 § 3 Rn. 99.
[43] Vgl. im Einzelnen *Harbauer* ARB 94 § 4 Rn. 201 ff.

sicherer berechtigt, seine Leistung entsprechend der Schwere des Verschuldens des Versicherungsnehmers zu quoteln.

In § 4 Abs. 3b S. 1 ARB 75 ist der Sonderfall der Rauschtat geregelt. Für Rauschtaten (§ 323a StGB) besteht generell kein Versicherungsschutz. Diese Sonderregelung ist in § 2 lit. i nicht enthalten. Da eine Rauschtat sowohl vorsätzlich wie auch fahrlässig begangen werden kann, besteht hier zunächst Versicherungsschutz, solange keine Verurteilung wegen Vorsatz erfolgt. Bei der Verteidigung im Ordnungswidrigkeitenverfahren spielt die Vorsatzfrage gemäß § 2 lit. j keine Rolle.[44] 90

Im Übrigen ist festzustellen, dass der Versicherungsschutz für die Verteidigung in Verkehrsstrafverfahren nach § 2 lit. j aa ARB in etwa dem Verkehrsstrafrechtsschutz der früheren Regelung des § 4 Abs. 3b entsprach mit dem praktisch wenig bedeutsamen Unterschied, dass die Verteidigung wegen des Vorwurfs eines verkehrsrechtlichen Verbrechens nicht mehr unter Versicherungsschutz steht, und dass die Sonderregelung wegen eines im schuldausschließenden Rausch begangenen Verkehrsdeliktes (§ 323a StGB) entfallen ist.[45] 91

2. Kein Ausschluss bei Verkehrsordnungswidrigkeiten (ARB 94)(ARB 2000)(ARB 2010)

In den ARB (94) findet für Ordnungswidrigkeiten eine Unterscheidung statt zwischen allgemeinen Ordnungswidrigkeiten und den bei der Teilnahme am Straßenverkehr begangenen Ordnungswidrigkeiten. In diesem Punkt verändern die ARB (94) die frühere Rechtslage und differenzieren – dem Strafrechtsschutz nachgebildet – zwischen verkehrsrechtlichen (§ 2 lit. j aa) und sonstigen Ordnungswidrigkeiten (§ 2 lit. j bb). Bei verkehrsrechtlichen Ordnungswidrigkeiten bleibt es beim uneingeschränkten Versicherungsschutz. 92

Seit den ARB 2000 wird nicht mehr zwischen verkehrsrechtlichen und sonstigen Ordnungswidrigkeiten unterschieden.

3. Ausschluss bei Halterhaftung

Zur Halterhaftung ist die ehemalige Klausel zu § 25a StVG fortgefallen. Hier ist jedoch zu beachten, dass unterschiedliche ARB-Bedingungen angeboten werden, insbesondere auch solche, die die Halterhaftung unter Versicherungsschutz stellen. Gem. § 3 Abs. 3e ARB 2010 besteht kein Rechtsschutz für die Wahrnehmung rechtlicher Interessen in Ordnungswidrigkeiten- und Verwaltungsverfahren wegen eines Halt- oder Parkverstoßes. Dieser Ausschluss umfasst auch die Fälle der Halterhaftung gem. § 25a StVG. 93

Mit dem Ausschluss der Halt- und Parkverstöße werden die sogenannten Bagatellbußgeldsachen aus dem Rechtsschutz herausgenommen. Manche Rechtsschutzversicherer haben dies in anderen Klauseln verankert, dass generell Ordnungswidrigkeiten unter einer bestimmten Eintragungsgrenze (zB 35,– EUR) nicht unter den Rechtsschutz fallen. 94

4. Sonstige Einschränkungen

Viele Rechtsschutzversicherer vereinbaren mit ihren VN Selbstbeteiligungsklauseln. In der Regel sind dies Beträge um 150,– EUR, neuerdings aber auch höher bis zu 300,– EUR oder sogar 750,– EUR. Hier muss jeder VN entscheiden, ob die Vereinbarung einer Selbstbeteiligung in einem tragbaren Verhältnis zum Prämienvorteil steht. Bei einer Selbstbeteiligung in einer Höhe von über 300,– EUR mag bei Verkehrsstrafsachen oder Ordnungswidrigkeiten daran gezweifelt werden. 95

> **Praxistipp:**
> Sobald der Rechtsschutzversicherer mit der Deckungsbestätigung die Höhe einer Selbstbeteiligung mitteilt, sollte der Rechtsanwalt sofort diesen Betrag von seinem Mandanten anfordern. In der Regel hat sich nämlich gezeigt, dass die berechtigte Forderung des Rechtsanwalts nach Abschluss der Sache ungleich schwerer zu realisieren ist.

---

[44] *Harbauer* ARB 94 § 4 Rn. 176.
[45] *Harbauer* ARB 94 § 2 Rn. 19.

> In Verkehrsstrafsachen, aber auch bei den Ordnungswidrigkeiten kommt es gelegentlich zu Frei- oder Teilfreisprüchen mit entsprechender Kostenerstattung durch die Staatskasse. Hier kommt das **Quotenvorrecht** des VN zum Tragen. Zahlt nämlich der Versicherer die dem VN entstehenden Kosten, dann geht der Kostenerstattungsanspruch insoweit gem. § 86 Abs. 1 VVG auf den Versicherer über. Dieser gesetzliche Forderungsübergang darf jedoch nicht zum Nachteil des VN geltend gemacht werden. D. h., dass zunächst aus dem Erstattungsbetrag der VN seine Selbstbeteiligung erhält und ggfls. auch die dem Anwalt entstehenden Reisekosten gem. VV 7003, 7004, 7005, 7006 RVG. Letztere Kosten sind im Bereich der Strafsachen und Ordnungswidrigkeiten nicht vom Rechtsschutz umfasst. Viele Rechtsanwälte verzichten aus Unkenntnis auf diese Gebühren.

IV. Obliegenheiten in der Rechtsschutzversicherung im Verkehrsrecht

1. Die Regelungen zu den Obliegenheiten

96 In § 21 Abs. 6 ARB 75 (§ 21 Abs. 8 ARB 2010) sind Obliegenheiten geregelt. Hierbei ist zu unterscheiden zwischen Obliegenheiten, die zu erfüllen sind
- vor dem Versicherungsfall,
- beim Versicherungsfall sowie
- nach dem Versicherungsfall.

97 Als **vor dem Versicherungsfall** zu erfüllende Obliegenheiten sind zu nennen:
- Fahren mit der vorgeschriebenen Fahrerlaubnis (Führerscheinklausel)
- Berechtigung zum Führen des Fahrzeuges
- Fahren eines zugelassenen Fahrzeuges.

98 Überlässt der Versicherungsnehmer sein Kraftfahrzeug schuldhaft an einen Dritten ohne Fahrerlaubnis, tritt der Versicherungsfall in diesem Zeitpunkt ein und nicht erst dann, wenn das Führen des Kraftfahrzeuges ohne Fahrerlaubnis von der Polizei entdeckt wird.[46]

99 Als Obliegenheit, die **im Versicherungsfall** zu erfüllen ist, ist die ordnungsgemäße und vollständige Meldung des Versicherungsfalles zu nennen.

100 Wichtigster Fall der Verletzung einer Obliegenheit **nach dem Versicherungsfall** ist die Verkehrsunfallflucht. In diesem Fall konnte Leistungsfreiheit des Versicherungsnehmers gemäß § 6 VVG aF eintreten. Voraussetzung hierfür allerdings war, dass die Versicherung gemäß § 6 VVG aF innerhalb eines Monats ab Kenntnis von der Obliegenheitsverletzung den Versicherungsvertrag kündigt. Dies war nicht gängige Praxis seitens der Rechtsschutzversicherung. Wichtig für den Verteidiger ist in dem Fall, in dem die Rechtsschutzversicherung bei einer solchen Obliegenheitsverletzung den Vertrag nicht fristgerecht gekündigt hat, die Erklärung zur Leistungsfreiheit als unbegründet zurückzuweisen. Nach neuem Recht bedarf es keiner Kündigung mehr, um Leistungsfreiheit zu erreichen. Hier wird auf die Ausführungen zu Rn. 60 verwiesen.

2. Vorsätzliche Verkehrsstraftat

101 Ein spezielles Thema ist die Eintrittspflicht der Rechtsschutzversicherung bei vorsätzlich begangener Verkehrsstraftat. In diesem Fall kommt gemäß § 2 lit. i aa) ARB 2010 der Deckungsschutz der Rechtsschutzversicherung in Fortfall, wenn der Versicherungsnehmer oder die mitversicherte Person wegen einer verkehrsrechtlichen Vorsatztat verurteilt wird. Ein insoweit in Betracht kommender Tatbestand ist zB die – vorsätzliche – Trunkenheitsfahrt gemäß § 315c Abs. 1 Nr. 1a, Abs. 3 Nr. 2 StGB sowie der Tatbestand des § 316 Abs. 1, 2 StGB.[47] Der Verteidiger wird in diesen Fällen, die auch fahrlässig begehbar sind, darauf hinwirken, dass nur wegen fahrlässiger Begehungsweise verurteilt wird.

---

[46] Vgl. hierzu mit Angaben zur Rspr. *Mathy*, Stichwort „Verkehrsrechtsschutz", Ziff. 5.
[47] Vgl. hierzu ausführlich mit Darstellung der Rspr. *Otting* zfs 1996, 123.

V. Beteiligung von Rechtsschutz bei Vertretung von Verletzten

1. Im Nebenklageverfahren

Bei Vertretung des Nebenklägers hat die Rechtsschutzversicherung die Kosten einer vom Mandanten bzw. VN selbst erhobenen „aktiven" Nebenklage nicht zu übernehmen im Gegensatz zu den Kosten einer „passiven" Nebenklage. Im Falle der passiven Nebenklage ist der VN entsprechend der gerichtlichen Kostenentscheidung von den Nebenklagekosten freizustellen.

2. Im Adhäsionsverfahren

Bei der Geltendmachung von Schadenersatzansprüchen ist es unerheblich, in welchem Verfahren die Schadenersatzansprüche geltend gemacht werden. Also sind beim Adhäsionsverfahren iSd §§ 403 ff. StPO – auch wenn es im Ausland durchgeführt wird – von der Rechtsschutzversicherung die Kosten zu übernehmen.

3. Im Verfahren nach Opferschutzgesetz

Die Grundsätze, die bezüglich der Nebenklage ausgeführt sind, müssen auch gelten bei Vertretung des Verletzten nach dem Opferschutzgesetz. In diesem Fall ist der Mandant bzw. der Versicherungsnehmer, gegen den sich eine Vertretung nach dem Opferschutzgesetz seitens des Verletzten richtet, von den insoweit anfallenden Kosten entsprechend der gerichtlichen Kostenentscheidung freizustellen.

4. Übersicht

Häufig ergeben sich in der Praxis Unklarheiten über die Möglichkeiten der Beteiligung von Rechtsschutz bzw. über den Kostenfreistellungsanspruch gegenüber der Rechtsschutzversicherung. Die mögliche Beteiligung von Rechtsschutz (und ggf. Haftpflichtversicherung) bei Vertretung eines Verletzten besteht gemäß nachstehender Übersicht:

	aktiv	passiv
Nebenklage	nein	ja[1]
Adhäsionsverfahren	ja	ja[2]
Opferschutzgesetz	nein	ja[1]

[1] Freistellungsanspruch gemäß gerichtlicher Kostenentscheidung.
[2] Kostentragung durch ggf. bestehende Haftpflichtversicherung.

VI. Ablehnung des Rechtsschutzes durch den Versicherer

1. Mutwilligkeit im Straf- und OWi-Verfahren

a) *Allgemeines.* In § 3a ARB 2010 (= § 18 ARB (94)) ist (entsprechend der früheren Regelung des Stichentscheides gemäß § 17 aF) geregelt, dass der Versicherer den Versicherungsschutz ablehnen kann aus zwei Gründen, die in der genannten Vorschrift aufgeführt sind, nämlich weil in den Fällen des § 2 lit. a bis lit. g die Wahrnehmung der rechtlichen Interessen keine hinreichende Aussicht auf Erfolg hat oder weil der durch die Wahrnehmung der rechtlichen Interessen voraussichtlich entstehende Kostenaufwand unter Berücksichtigung der berechtigten Belange der Versichertengemeinschaft in einem groben Missverhältnis zum angestrebten Erfolg steht (Mutwilligkeit).

Zu beachten ist jedoch, dass die Einschränkung gemäß §§ 3a ARB nur gilt für die Leistungsarten des § 2 lit. a bis g, wonach die Möglichkeit gegeben war, den Versicherungsschutz wegen fehlender ausreichender Erfolgsaussicht abzulehnen. Im Strafrechtsschutz (§ 2 lit. i) sowie im Ordnungswidrigkeitenrechtsschutz (§ 2 lit. j) findet keine Prüfung der Erfolgsaussicht statt.[48]

108　b) **Begriff der „Mutwilligkeit".** Im Sinne des § 1 Abs. 1a ist als „mutwillig" (entsprechend der Regelung des § 1 Abs. 1 S. 2 aF) zu verstehen, wenn die Wahrnehmung rechtlicher Interessen wirtschaftlich in hohem Maße unvernünftige, zum erstrebten Erfolg in keinem Verhältnis stehende rechtliche Maßnahmen zu Lasten aller Versicherten verursacht, also bei Maßnahmen, die auch eine vermögende unversicherte und wirtschaftlich denkende Partei unterlassen hätte.[49] Die Frage der „Mutwilligkeit" der Verteidigung in einem Straf- oder Bußgeldverfahren ist streitig.[50] Das Missverhältnis zwischen Geldbuße und Verteidigungskosten für sich allein ist nicht das allein entscheidende Kriterium für die Entscheidung der Frage der „Mutwilligkeit".[51] Vergleichbar ist die Situation im Kostenfestsetzungsverfahren der StPO. Nach LG Freiburg ist die Inanspruchnahme eines Anwaltes auch bei geringen Geldbußen nicht rechtsmissbräuchlich.[52]

109　c) **"Missverhältnis" zwischen Geldbuße und Verteidigungskosten.** Das „Missverhältnis" zwischen Geldbuße und Verteidigungskosten kann nicht das allein entscheidende Kriterium für die Bejahung oder Verneinung der Mutwilligkeit sein, „da es gerade die Aufgabe der Rechtsschutzversicherung ist, dem VN das Kostenrisiko bei der Abwehr rechtlicher Eingriffe aller Art abzunehmen". Maßstab für die Mutwilligkeit kann nicht sein, was ein „normaler" nicht Rechtsschutzversicherter in gleicher Lage tun würde. Würde man dies eng sehen, stände der ganze Markt der Rechtsschutzversicherungen im Verkehrs- und OWi-Recht in Frage.

110　Zu prognostizieren ist vielmehr, was ein Versicherungsnehmer ohne Rechtsschutzversicherung in guten wirtschaftlichen Verhältnissen, der keine finanziellen Rücksichten nehmen muss, in der Lage des VN voraussichtlich getan haben würde. Darlegungs- und beweispflichtig für das Merkmal der „Mutwilligkeit" als ein Ausschlusstatbestand für die Gewährung des Versicherungsschutzes ist nach allgemeinen Grundsätzen nicht der Versicherungsnehmer, sondern die Rechtsschutzversicherung.[53]

111　Bei Prüfung des Merkmals der Mutwilligkeit ist natürlich nicht nur das Verhältnis von Geldbuße zu Kosten zu beachten. Immerhin hat der Gesetzgeber speziell für die Verkehrsordnungswidrigkeiten eigene Abrechnungsziffern, nämlich die Vergütungsziffern der VV 5100 ff. geschaffen. Hier hat sich der Gesetzgeber bei Verabschiedung des RVG an den Verkehrsbußgeldsachen orientiert.[54]

112　Gerade in den Verkehrs-OWi-Verfahren befindet sich ein besonderer Zündstoff, der sich nicht an der Höhe der ausgeworfenen Geldbuße bemessen lässt. Die Verkehrsordnungswidrigkeiten führen in der Regel zu einem Eintrag in das Fahreignungsregister (früher Verkehrszentralregister). Die Reform des Registers zum 1.5.20014 wird nämlich zu einer Verschärfung führen, da ein Verlust der Fahrerlaubnis bereits mit 8 Punkten erfolgt. Hierdurch gewinnen die Verkehrsbußgeldsachen an Bedeutung.

2. Verfahren bei Verneinung der Leistungspflicht

113　a) **Vorgehen der Versicherung.** Lehnt der Versicherer den Rechtsschutz wegen groben Missverhältnisses ab, hat er dies dem Versicherungsnehmer oder dem beauftragten Rechtsanwalt als dessen Vertreter „unverzüglich" unter Angabe der Gründe schriftlich mitzuteilen. Zusätzlich muss der Versicherer neben der Begründung der Ablehnung insbesondere auch den Versicherungsnehmer über die Kostenfolge nach § 3a Abs. 5 ARB 2010 (§ 18 Abs. 5 ARB 75) informieren.

---

[48] Vgl. im Einzelnen *Harbauer* ARB 94 § 18 Rn. 3.
[49] *Harbauer* ARB 94 § 18 Rn. 2.
[50] *Harbauer* ARB 94 § 17 Rn. 7.
[51] LG Aachen VersR 1983, 361, 363; AG Warendorf zfs 1987, 144; AG Kassel zfs 1985, 369 = AnwBl. 85, 543; AG Hannover zfs 1985, 276 mwN.
[52] LG Freiburg AnwBl. 1986, 159.
[53] *Harbauer* ARB 75 § 2 Rn. 5.
[54] BT-Drucks. 15/1971 vom 11.11.2003, S. 230.

b) Handeln des VN. Gibt der Versicherungsnehmer sich mit einer Ablehnung gemäß § 3a 114
Abs. 1 lit. a oder b ARB nicht zufrieden, braucht er jedoch den Weg des § 3a ARB nicht einzuschlagen. Er kann seinen Rechtsschutz auch unmittelbar bei Gericht einklagen.[55]

In § 19 ARB 75 ist geregelt, dass der Versicherungsnehmer im Falle der Ablehnung des 115
Rechtsschutzes, und wenn ein Schiedsgutachterverfahren nicht durchgeführt wird oder die ergangene Entscheidung des Schiedsgutachters nicht anerkannt wird, den Anspruch auf Rechtsschutz innerhalb von 6 Monaten gerichtlich geltend machen kann. Die Frist beginnt, nachdem die Ablehnung des Versicherers oder die Entscheidung des Schiedsgutachters dem Versicherungsnehmer schriftlich unter Angabe der mit dem Fristablauf verbundenen Rechtsfolgen mitgeteilt wurde.

Mit dem Inkrafttreten des neuen VVG zum 1.1.2008 ist § 19 ARB weggefallen, da auch 116
die Vorschrift (Klagefrist) gem. § 12 Abs. 3 VVG aF aufgehoben wurde. Es gelten nunmehr die allgemeinen Vorschriften.

Umgekehrt kommt in Betracht, dass auch der Versicherungsnehmer die Durchführung des 117
Verfahrens nach § 3aARB verlangt. In diesem Fall hat der Versicherer gemäß § 3a Abs. 3 S. 1 ARB innerhalb eines Monats nach Zugang des Verlangens des VN das Verfahren einzuleiten, indem er den Präsidenten der für den Wohnsitz des VN zuständigen Rechtsanwaltskammer um Benennung eines Schiedsgutachters gemäß § 3a Abs. 4 S. 1 ARB bittet und hiervon den Versicherungsnehmer unterrichtet.

c) Einleitung Schiedsgutachterverfahren. Leitet der Versicherer das Verfahren nicht inner- 118
halb eines Monats ein, gilt der Rechtsschutzanspruch des VN gemäß § 3a Abs. 3 S. 3 ARB im geltend gemachten Umfang – entsprechend der Regelung des § 128 VVG – als anerkannt.[56]

d) Stichentscheid in ARB (2000)/(2008). Während in § 18 ARB (2000) das Schiedsgut- 119
achten ohne Änderung übernommen worden ist, sieht nunmehr § 18 Abs. 2 und 3 wahlweise zum Schiedsgutachten die Wiedereinführung des Stichentscheides vor. Diese Regelung ist inhaltlich fast identisch mit den Regelungen der ARB (75).

e) Schiedsgutachten/Stichentscheid in ARB 2010 In den ARB 2010 ist § 18 entfallen. Die 120
Regelung findet sich jetzt – inhaltlich unverändert – in § 3a ARB 2010.

---

[55] BGH VersR 2003, 683.
[56] Vgl. im Einzelnen *Harbauer* ARB 94 § 18 Rn. 5.

§ 21 Kosten und Gebühren, Beratungs- und Prozesskostenhilfe im verkehrsrechtlichen Straf- und OWi-Verfahren

Übersicht

	Rn.
I. Die Gebührentatbestände	1–17
– System und Übersicht –	1
1. Die Verteidigervergütung	1
2. Das System der Regelung der Verteidigervergütung	2–17
a) Die Gebührentatbestände	2/3
b) Das System der Gebühren	4–17
II. Die gesetzlichen Gebühren des Wahlverteidigers im Verkehrsstrafverfahren	18–64
1. Gebühren bei Verteidigung im vorbereitenden Verfahren	18–26
a) Allgemeine Gebühren	18–24
b) Verfahrensgebühr im vorbereitenden Verfahren	25
c) Abgrenzung Grundgebühr zu Verfahrensgebühr	26
2. Gebühren bei Verteidigung im gerichtlichen Verfahren	27–33
a) Allgemeines	27
b) Die Gebühren	28–33
3. Zusätzliche Gebühren und Auslagen im vorbereitenden und gerichtlichen Verfahren sowie Einzeltätigkeiten	34–64
a) Allgemeines	34
b) Die Zusatzgebühr (Befriedigungsgebühr)	35–47
c) Einzeltätigkeiten	48
d) Auslagen	49–64
III. Die Gebühren im verkehrsrechtlichen Bußgeldverfahren	65–91
1. Allgemeines	65–68
2. Die Verteidigervergütung im Verfahren vor der Verwaltungsbehörde	69–74
a) Allgemeine Gebühr	69
b) Gebühren im Verfahren vor der Verwaltungsbehörde	70–74
3. Die Verteidigervergütung im Verfahren im ersten Rechtszug	75–81
a) Allgemeines	75
b) Die Gebühren	76–81
4. Zusätzliche Gebühren und Auslagen im Verfahren vor der Verwaltungsbehörde und dem Amtsgericht sowie Einzeltätigkeiten	82–91
a) Allgemeines	82
b) Die Zusatzgebühr	83/84
c) Einzeltätigkeiten	85
d) Auslagen	86–91
IV. Besonderheiten beim Übergang vom staatsanwaltschaftlichen Ermittlungsverfahren in das Bußgeldverfahren	92–96
V. Die Gebührenhöhe und deren Bestimmung	97–109
1. Die Gebührenhöhe, differenziert nach Art des Gerichtes	97
2. Die Bestimmung der Gebühren nach den Kriterien gemäß § 14 RVG	98–109
a) Die Bemessungskriterien für die Gebührenhöhe gemäß § 14 RVG	98–102
b) Die Bemessungskriterien nach § 14 Abs. 1 RVG im Einzelnen	103–109
VI. Die Vergütungsvereinbarung	110–122
1. Zu beachtende Aspekte	111–120
2. Vergütungsvereinbarung und Rechtsschutz	121/122
VII. Beachtung besonderer Gebührentatbestände	123–129
1. Prüfung eines Rechtsmittels	123
2. Gebühren für Gnadenantrag und Antrag auf Zahlungserleichterung	124
3. Gebühr bei Vertretung anderweitig beteiligter Personen	125
4. Feststellung einer Pauschalgebühr	126
5. Beratung und Gutachten gemäß § 34 RVG	127–129
VIII. Beratungs- und Prozesskostenhilfe in Verkehrsstraf- und OWi-Sachen	130–132

Schrifttum: *Baumgärtel*, Die Rahmengebühr des § 105 BRAGO in Verkehrsordnungswidrigkeitssachen und andere kostenrechtliche Streitfragen – zu den §§ 105, 26, 95 und 31 I Nr. 4 BRAGebO, VersR 1978, 581; *Bischof/Jungbauer/Bräuer/Curkovic/Mathias/Uher*, RVG Kommentar, 2. Aufl. 2007; *Brieske/Teubel/Scheungrab* (Hrsg.), Münchener Anwaltshandbuch Vergütungsrecht, 2007; *Burhoff*, RVG Straf- und Bußgeldsachen, 2. überarbeitete und erweiterte Aufl. 2007; *Enders*, RVG für Anfänger, 16. Aufl. 2014; *Gerold/Schmidt*, Rechtsanwaltsvergütungsgesetz, 21. Aufl. 2013; *dies.*, Rechtsanwaltsvergütungsgesetz, 18. Aufl. 2008; *Harbauer*, Rechtsschutzversicherung, 7. Aufl. 2004; *ders.*, Rechtsschutzversicherung, 8. Auflage 2010 *Madert*, Rechtsanwaltsvergütung in Straf- und Bußgeldsachen, 5. Aufl. 2004; *Hartmann*, Kostengesetze, 44. Aufl. 2014; *Hartung/Römermann/Schons*, Rechtsanwaltsvergütungsgesetz, 2. Aufl. 2013; *Mayer/Kroiß/Teubel*, Das neue Gebührenrecht, 1. Aufl. 2004; *Mayer/Kroiß*, Rechtsanwaltsvergütungsgesetz, 6. Aufl. 2013; *Schneider/Wolf*, Rechtsanwaltsvergütungsgesetz, 3. Aufl. 2006.

I. Die Gebührentatbestände – System und Übersicht

1. Die Verteidigervergütung

Bei der Vergütung für die Verteidigertätigkeit in Straf- und Bußgeldverfahren ist zu unterscheiden zwischen den gesetzlichen Gebühren des Wahlverteidigers und anderer gewählter Vertreter, die ihm gleichgestellt werden, sowie der Vergütung einer Vergütungsvereinbarung und schließlich ggf. der Vergütung im Rahmen der Pflichtverteidigung.

Die gesetzlichen Strafsachengebühren des Wahlverteidigers, anderer gewählter Vertreter, die ihm gleich gestellt werden, und des Pflichtverteidigers sind geregelt in Teil 4 des Vergütungsverzeichnisses des RVG (VV-RVG). Teil 5 des VV-RVG enthält die Gebühren in Bußgeldverfahren.

Die Vergütung des Anwaltes für die Tätigkeit im Rahmen der Pflichtverteidigung ist ebenfalls in den genannten Teilen des VV-RVG abgebildet. Diese sind neben den Rahmengebühren des § 13 RVG als Festgebühren in der rechten Spalte zu finden. Diese wurden den Wahlverteidigergebühren angepasst und betragen nunmehr rund 80 % der Wahlverteidigermittelgebühren. Zur Vergütung auf der Grundlage einer **Vergütungsvereinbarung** sind besondere Aspekte zu beachten s. u. Rn. 69 ff.

2. Das System der Regelung der Verteidigervergütung

a) Die Gebührentatbestände. Die dem Verteidiger zustehende Gebühr bestimmt sich nach Tätigkeiten sowie nach Verfahrensabschnitten. An Verfahrensabschnitten ist zu unterscheiden zwischen dem vorbereitenden Verfahren, ggf. dem Zwischenverfahren sowie dem gerichtlichen Verfahren und dem Rechtsmittelverfahren. Darüber hinaus kommen nach rechtskräftigem Abschluss des Verfahrens in Betracht die Tätigkeiten für Gnadengesuche oder Anträge auf Gewährung von Ratenzahlungen, Kostenfestsetzungsverfahren sowie Wiederaufnahmeverfahren.

Gleiches gilt für das Verkehrsordnungswidrigkeitenverfahren. Hier kann sich die Tätigkeit beziehen auf das Verfahren vor der Verwaltungsbehörde, das Verfahren vor dem Amtsgericht sowie auf das Verfahren der Rechtsbeschwerde. Die Tätigkeit des Verteidigers kann in der Erteilung eines Rates, der Gesamtverteidigung oder in der Ausführung eines Einzelauftrages bestehen. Auf den erteilten Auftrag kommt es an, unabhängig davon, welche Tätigkeit letztlich entfaltet wird.

b) Das System der Gebühren. Nach der BRAGO lag der Hauptregelungszweck in der Bestimmung des Verteidigerhonorars bezüglich der Hauptverhandlung eines Straf- oder Bußgeldverfahrens. Mit dem Kostenrechtsänderungsgesetz 1994 und der Schaffung des § 84 Abs. 2 BRAGO als Erfolgsgebühr im Falle einer Hauptverhandlungsvermeidung wurde der erste Schritt in eine stärkere Einbindung des Verteidigers in das vorbereitende Verfahren vollzogen. Um eine weitere Verlagerung der anwaltlichen Tätigkeit in das Ermittlungsverfahren zu erreichen, sind mit dem RVG einige Gebührentatbestände neu geschaffen worden, zB die Termingebühr außerhalb der Hauptverhandlung. Ziel ist eine Vermeidung des gerichtlichen Verfahrens.[1] Wie in den Zivilsachen kennen die Honorarvorschriften nur noch die Verfahrens- und Termingebühr mit Ausnahme der Grundgebühr.

---

[1] BT-Drucks. 15/1971, S. 219.

Nach wie vor handelt es sich um Pauschalgebühren, welche die gesamte Tätigkeit als Verteidiger abgelten sollen, Vorb. 4.1 Abs. 2 VV-RVG.

5 aa) *Strafsachen.* Das Vergütungsverzeichnis der Strafsachen (Teil 4) enthält in Abschnitt 1 die „Gebühren des Verteidigers". In den verschiedenen Unterabschnitten sind geregelt:
- Allgemeine Gebühren (Unterabschnitt 1)
- Gebühren des vorbereitenden Verfahrens (Unterabschnitt 2)
- Die gerichtlichen Gebühren (Unterabschnitt 3)
- Wiederaufnahmeverfahren (Unterabschnitt 4)
- Zusätzliche Gebühren (Unterabschnitt 5).

In Abschnitt 2 sind die Gebühren in der Strafvollstreckung und in Abschnitt 3 die Einzeltätigkeiten in Strafsachen enthalten.

Die einzelnen Gebührentatbestände sind im Vergütungsverzeichnis doppelt abgebildet. Insoweit ist die Gebühr „mit Zuschlag" dann anzuwenden, wenn sich der Beschuldigte nicht auf freiem Fuß befindet, Vorb. 4 Abs. 4 VV-RVG. Die Verfahrens- und Terminsgebühren des gerichtlichen Verfahrens (Unterabschnitt 3) sind von der Ordnung des Gerichts abhängig. Während die Allgemeinen Gebühren und die des vorbereitenden Verfahrens in allen Strafverfahren gleichermaßen zu berücksichtigen sind und allenfalls eine Gewichtung innerhalb des zur Verfügung stehenden Rahmens erfolgen kann, sind die Verfahren des Amtsgerichts, der Strafkammer und des OLG mit unterschiedlichen Betragsrahmen ausgestaltet.

6 Das vorbereitende Verfahren endet mit Eingang der Anklageschrift, des Antrags auf Erlass eines Strafbefehls bei Gericht oder im beschleunigten Verfahren bis zum Vortrag der Anklage, wenn diese nur mündlich erhoben wird, Anm. zu Nr. 4104 VV-RVG. Es können demnach mehrere Verfahrens- oder Terminsgebühren innerhalb eines Verteidigungsmandats entstehen, zB Vertretung zunächst im vorbereitenden Verfahren (zB Nr. 4104 VV-RVG) und anschließender Verteidigung im gerichtlichen Verfahren vor dem Amtsgericht (zB Nr. 4106 VV-RVG).

7 bb) *Bußgeldsachen.* Im Vergütungsverzeichnis der Bußgeldsachen (Teil 5) sind in Abschnitt 1 die „Gebühren des Verteidigers" geregelt. Die Unterabschnitte beinhalten:
- Allgemeine Gebühr (Unterabschnitt 1)
- Verfahren vor der Verwaltungsbehörde (Unterabschnitt 2)
- Verfahren vor dem Amtsgericht (Unterabschnitt 3)
- Verfahren über die Rechtsbeschwerde (Unterabschnitt 4)
- Zusätzliche Gebühren (Unterabschnitt 5).

8 In Abschnitt 2 befinden sich die Vorschriften für Einzeltätigkeiten in Bußgeldsachen. Mit Ausnahme der Grundgebühr ist die Gebührenbestimmung der in Abschnitt 1 geregelten Gebühren von der Höhe der zum Zeitpunkt des Entstehens der Gebühr zuletzt festgesetzten Geldbuße abhängig. Ist eine solche nicht festgesetzt worden, richtet sich die Höhe der Gebühren nach dem mittleren Betrag der in der Bußgeldvorschrift angedrohten Geldbuße, Vorb. 5.1 Abs. 2 VV-RVG. Verfahren mit Geldbußen „unter 40,– EUR", von „40,– EUR bis 5.000,– EUR" und „über 5.000,– EUR" sehen jeweils eigene Betragsrahmengebühren vor.

9 Zum Verfahren vor der Verwaltungsbehörde gehört auch das Verwarnungs- und Zwischenverfahren. Dieser Verfahrensabschnitt endet mit Eingang der Akten bei Gericht, Vorb. 5.1.2 Abs. 2 VV-RVG. Wird der Mandant im Verfahren vor der Verwaltungsbehörde und im anschließenden Verfahren vor dem Amtsgericht vertreten, können ebenfalls mehrere Verfahrens- und/oder Terminsgebühren entstehen.

10 cc) *Übergang eines Strafverfahrens in ein Bußgeldverfahren.* Es handelt sich gemäß § 17 Ziff. 10b RVG um verschiedene Angelegenheiten, sodass unter Anwendung des § 15 Abs. 2 RVG die Gebühren gesondert berechnet werden können. In diesen Fällen entsteht aber die Grundgebühr nur einmal, Anm. Abs. 2 zu Nr. 5100 VV-RVG. Die Verfahrens- oder Terminsgebühren der jeweiligen Verfahrensabschnitte entstehen sowohl im Straf- als auch im Bußgeldverfahren gesondert, können dabei auch mehrfach anfallen. Mehrfach entstehen kann auch die Pauschale für Entgelte für Post- und Telekommunikationsdienstleistungen gem. Nr. 7002 VV-RVG, die gem. Anmerkung in jeder Angelegenheit gefordert werden kann. Die Pauschale kann in jeder gebührenrechtlichen Angelegenheit gefordert werden.[2]

---

[2] Bischof/*Bräuer* RVG VV 7002 Rn. 5; AnwK-RVG/*N. Schneider* VV 7002 Rn. 32.

§ 21 Kosten und Gebühren

Bei einer Überleitung vom Bußgeldverfahren in ein Strafverfahren gilt das bereits Gesagte; **11** die Grundgebühr ist anzurechnen, Anm. Abs. 2 zu Nr. 4100 VV-RVG. Allerdings handelt es sich hier nicht um verschiedene Angelegenheiten, da dieser Fall nicht in § 17 RVG, der die verschiedenen Angelegenheiten regelt, aufgeführt ist. Damit würde in dieser Fallkonstellation die Gebühr gem. Nr. 7002 VV-RVG nicht mehrfach anfallen.

dd) Die Ermittlung der Gebührenhöhe. Eine Bestimmung der Gebührenhöhe erfolgt in- **12** nerhalb des im Vergütungsverzeichnis abgebildeten Betragsrahmens durch Gewichtung der folgenden Kriterien des § 14 RVG:
- Umfang der anwaltlichen Tätigkeit,
- Schwierigkeit der anwaltlichen Tätigkeit,
- Bedeutung der Angelegenheit für den Auftraggeber,
- Einkommens- und Vermögensverhältnisse des Auftraggebers,
- Ein besonderes Haftungsrisiko des Anwalts ist ebenfalls zu berücksichtigen.

Ist von einer durchschnittlichen Angelegenheit auszugehen, ist die Mittelgebühr gerecht- **13** fertigt. Die Ermittlung dieser Mittelgebühr erfolgt dadurch, dass Mindest- und Höchstgebühr zusammengerechnet und der sich ergebende Betrag durch zwei geteilt wird.

Wie bei allen Rahmengebühren wird dem Verteidiger eine „Toleranzgrenze" von 20 % **14** eingeräumt, innerhalb derer eine Abänderung der berechneten Kosten nicht erfolgt.[3] Über die Bestimmung der Toleranzgrenze besteht in Rechtsprechung und Schrifttum Uneinigkeit. In einer Entscheidung vom 12.2.2008 weist das LG Zweibrücken darauf hin, dass es sich bei der 20 % Grenze nicht um eine starre Grenze handelt, sondern dass auch noch geringfügige Abweichungen von 5 % toleriert werden müssen.[4] So hält das AG Saarbrücken auch eine Abweichung von 30 % noch für ermessensfehlerfrei.[5] Begründet wird dies mit dem weiten Gebührenrahmen, den das RVG dem Rechtsanwalt eröffnet. Allerdings übersieht das AG hierbei, dass sich der Gebührenrahmen in Straf- bzw. Bußgeldsachen auch im RVG nicht wirklich erweitert hat. So beträgt die Grundgebühr gem. Nr. 4100 VV für alle Verfahrensarten einheitlich 40,- EUR bis 360,- EUR, die Verfahrensgebühr gem. Nr. 4104 40,- EUR bis 290,- EUR, hingegen beliefen sich die alten Gebührenrahmen des § 83 Abs. 1 Nr. 1 auf 90,- EUR bis 1300,- EUR, Nr. 2 auf 60,- EUR bis 780,- EUR und Nr. 3 auf 50,- EUR bis 660,- EUR. Hier hat das AG eine unzulässige Vermischung der unterschiedlichen Rahmen einerseits bei Strafsachen (Betragsrahmengebühren) und andererseits bei außergerichtlichen Tätigkeiten (Satzrahmengebühren) vorgenommen. Tatsächlich werden aber im Hinblick auf den sehr weiten Gebührenrahmen gem. VV 2300 von 0,5 bis 2,5 Stimmen laut, die die Toleranzgrenze jetzt bei 30 % annehmen.[6] *Teubel* führt an Hand eines Beispiels auf, dass bei dem weiten Gebührenrahmen nach VV 2300 von 0,5 bis 2,5 eine theoretische Abweichung von um 500 % denkbar sei, hingegen nach § 118 BRAGO nur eine maximale Abweichung von 100 % ($^{10}/_{10}$ statt $^{5}/_{10}$) und dass der Ansatz einer 1,3 Gebühr statt der angemessenen 1,0 Gebühr bereits eine Abweichung von 30 % darstellt.[7] Grundsätzlich sollte keine Differenzierung der Toleranzgrenze zwischen Strafsachen und anderen Angelegenheiten erfolgen. Trotz der vorstehend aufgeführten Meinungen hat sich die Rechtsprechung bisher, soweit bekannt, noch nicht dazu geäußert, ob gegebenenfalls eine Ausweitung der von der Rechtsprechung entwickelten Toleranzgrenze tolerabel ist. So hat der BGH in seiner Rechtsprechung wiederholt die Toleranzgrenze von 20 % bestätigt.[8]

---

[3] Zuletzt: OLG Köln Beschl. v. 10.8.2007 – 2 Ws 332/07, n.v.; OLG Koblenz Beschl. v. 10.9.2007 – 1 Ws 191/07, n.v.; LG Hamburg Beschl. v. 8.2.2007 – 631 Qs 2/08, n.v.; LG Zweibrücken Beschl. v. 12.2.2008 – Qs 68/07, n.v.; Thür. OLG Jena RVGreport 2005, 145.
[4] LG Zweibrücken a.a.O.
[5] AG Saarbrücken RVG prof. Feb. 2006, S. 20.
[6] *Mayer/Kroiß/Teubel*, Das neue Gebührenrecht, § 4 Rn. 94, 95; *Hartung/Römermann/Schons* § 14 Rn. 91 (20 bis 30 %); *Hansens/Braun*, Praxis des Vergütungsrechts, Teil 1 Rn. 201 bis 207; *Braun/Hansens* RVG-Praxis S. 39 (30 bis 40 %); *Schneider/Wolf/Rick* § 14 Rn. 76.
[7] *Mayer/Kroiß/Teubel* a.a.O.
[8] BGH Urt. v. 8.5.2012 – VI ZR 273/11.

15 Gewarnt werden muss aber davor, die von der Rechtsprechung überwiegend angenommene Toleranzgrenze generell anzuwenden, also immer Gebühren mit einem 20 % Aufschlag zu berechnen. Dies wird zum einen den gesetzlichen Vorgaben der Ermessensausübung durch den Anwalt gem. § 14 Abs. 1 RVG nicht gerecht, zum anderen kann bei fehlender Begründung einer angesetzten Gebühr diese auch dann schon unbillig sein, wenn sie die Toleranzgrenze um weniger als 20 % übersteigt.[9] Stellt das Gericht im Rechtsstreit fest, dass die berechnete Gebühr unbillig ist, wird die Gebühr auf den angemessenen Betrag festgesetzt und nicht etwa auf den angemessenen Betrag +20 %.

16 Ein Rechtsanwalt, der einmal sein Ermessen ausgeübt, ist daran gebunden.[10] Es empfiehlt sich daher, bei der Ausübung des Ermessens sehr sorgfältig zu sein. Häufig wird bei der Abrechnung „ergebnisorientiert" gearbeitet. Der Rechtsanwalt stellt sich eine bestimmte Gebührensumme vor, so dass die Abrechnung entsprechend auf diese Summe hingebogen wird. Zahlt der Mandant oder ein Dritter dann nicht, wird die Abrechnung häufig neu, jetzt aber mit den tatsächlichen Kriterien nach § 14 I RVG erstellt, dh, der Anwalt übt nunmehr erst sein Ermessen richtig aus. Diese richtige, aber nachträglich vorgenommene Ermessensausübung ist dann aber nicht mehr zulässig, da sich der Rechtsanwalt bereits durch seine erste Kostenrechnung bzw. das einmal ausgeübte Ermessen gebunden hat.

> **Praxistipp:**
> Um aus diesem Dilemma herauszukommen, empfiehlt sich folgendes: Der Rechtsanwalt behält sich in seiner Kostenrechnung ausdrücklich eine erneute Ermessensausübung vor für den Fall, dass keine vollständige oder fristgerechte Zahlung erfolgt. Gerade bei der Abrechnung mit Rechtsschutzversicherungen kann eine solche Vorgehensweise sinnvoll sein. Der Rechtsschutzversicherung wird das Angebot unterbreitet, die Angelegenheit mit einer bestimmten Summe unter Vorbehalt der vollständigen Zahlung abzurechnen. Geht die Rechtsschutzversicherung nicht auf das Angebot ein, wird das Ermessen nach den Kriterien des § 14 Abs. 1 RVG ausgeübt.

17 Hier ist der Rechtsanwalt nicht an die ursprüngliche Abrechnung gebunden.[11] Nicht gehindert ist der Rechtsanwalt, irrtümlich nicht geltend gemachte Gebühren und Auslagen grundsätzlich nachzufordern.[12]

II. Die gesetzlichen Gebühren des Wahlverteidigers im Verkehrsstrafverfahren

1. Gebühren bei Verteidigung im vorbereitenden Verfahren

18 **a) Allgemeine Gebühren.** Unter Allgemeinen Gebühren sind Gebührentatbestände zu verstehen, die neben den jeweiligen Gebühren sowohl im vorbereitenden Verfahren als auch im gerichtlichen Verfahren entstehen können. Im vorbereitenden Verfahren können demnach beispielsweise die Grundgebühr der Nr. 4100 VV-RVG, die Verfahrensgebühr der Nr. 4104 VV-RVG und die Terminsgebühr der Nr. 4102 VV-RVG entstehen. Zusätzliche Gebühren des Unterabschnitts 5 können ebenfalls anfallen. Im gerichtlichen Verfahren kann eine Terminsgebühr der Nr. 4102 neben der Terminsgebühr für Hauptverhandlungen, zB Nr. 4108 VV-RVG berechnet werden.

19 *aa) Die Grundgebühr.* Sie entsteht nach der Anmerkung zu Nr. 4100 VV RVG **neben** der Verfahrensgebühr. Mit dem 2 Kostenrechtsmodernisierungsgesetz hat der Gesetzgeber klar-

---

[9] Bischof/*Jungbauer* § 14 Rn. 58.
[10] BGH AnwBl. 1987, 489; LG Köln DAR 1988, 392; Gerold/Schmidt/*Mayer* § 14 Rn. 4; Schneider/Wolf/*Rick* § 14 Rn. 82; a. A. *Baldus* DAR 1988, 393.
[11] BGH NJW 1987, 3203 = NStZ 1987, 463; Gerold/Schmidt/*Mayer* § 14 Rn. 4.
[12] BGH NJW 1987, 3203 = NStZ 1987, 463; *Hartmann* § 14 Rn. 12.

gestellt, dass neben einer Grundgebühr auch die Verfahrensgebühr anfällt. Dies war nach dem bis zum 31.7.2013 geltenden Recht in der Rechtsprechung umstritten. Viele Gerichte haben die – irrige – Rechtsansicht vertreten, dass Grundgebühr und Verfahrensgebühr isoliert anfallen können.

Für die erstmalige Einarbeitung in den Rechtsfall erhält der Verteidiger eine Grundgebühr. **20** Diese entsteht unabhängig davon, in welchem Verfahrensabschnitt eine Beauftragung erfolgt ist, Anm. Abs. 1 zu Nr. 4100 VV RVG. Mit dieser Gebühr wird der Arbeitsaufwand entgolten, der für das erste Gespräch mit dem Mandanten und die erste Beschaffung der erforderlichen Informationen notwendig ist.[13] Hierbei handelt es sich regelmäßig um die Akteneinsicht. Gegebenenfalls hat innerhalb des zur Verfügung stehenden Betragsrahmens eine Gewichtung zu erfolgen. Die Grundgebühr fällt damit nur einmal bis zum rechtskräftigen Abschluss des Verfahrens an. Auch bei einer Zurückverweisung an ein untergeordnetes Gericht entsteht die Grundgebühr nicht erneut, obwohl gem. § 21 Abs. 1 RVG insoweit ein neuer Rechtszug vorliegt. Gleichwohl erstreckt sich die Grundgebühr nicht über das gesamte Verfahren, sondern ist mit der erstmaligen Einarbeitung „verbraucht". Je nach dem, in welchem Verfahrensabschnitt der Verteidiger erstmals beauftragt wird, kann er dies im Rahmen entsprechend berücksichtigen. Ein Verteidiger, der zB kurz vor der Hauptverhandlung erst beauftragt wird, muss sich möglicherweise unter Zeitdruck in den Fall erstmals einarbeiten. Dies kann zum Ansatz einer Grundgebühr führen, die überdurchschnittlich ist.[14]

In letzter Zeit ist häufig bei der Abrechnung mit Rechtsschutzversicherungen der Versuch **21** zu beobachten, die Grundgebühr anteilig auf das gesamte Verfahren anzurechnen. Diese Praxis ist falsch, da verkannt wird, dass die Grundgebühr nur einen zeitlich sehr engen Abschnitt der Mandatsbearbeitung erfasst und alle weiteren Tätigkeiten danach von anderen Gebühren abgedeckt werden.

Ist in einem Bußgeldverfahren eine Grundgebühr der Nr. 5100 VV-RVG entstanden, ist **22** diese auf die Grundgebühr der Strafsachen anzurechnen, Anm. Abs. 2 zu Nr. 4100 VV-RVG. Befindet sich der Beschuldigte nicht auf freiem Fuß, entsteht die Grundgebühr „mit Zuschlag", Nr. 4101 VV-RVG. Da nach der gesetzlichen Klarstellung zu Nr. 4100 VV RVG (entsprechend auch Nr. 5100 VV RVG) Grund- und Verfahrensgebühr immer zusammen anfallen, fällt auch eine eventuelle Zuschlagsgebühr für beide Gebühren (Grund- und Verfahrensgebühr) an.

bb) Die Terminsgebühr. Mit Einführung des RVG ist die Terminsgebühr der Nr. 4102 VV- **23** RVG neu geschaffen worden. Mit dieser „Allgemeinen Gebühr", also einer Gebühr, die in jedem Verfahrensstadium gesondert entstehen kann, sollen die Termine, welche außerhalb einer Hauptverhandlung stattfinden, entgolten werden, zB Vernehmung als Beschuldigter vor der Polizei oder der Staatsanwaltschaft, Haftprüfungstermine, Verhandlungen im Rahmen des Täter-Opfer-Ausgleichs usw., vgl. Anm. zu Nr. 4102 VV-RVG. Mehrere Termine an einem Tag sind als ein Termin zu werten. Mit der Terminsgebühr der Nr. 4102 VV-RVG wird im vorbereitenden Verfahren und im gerichtlichen Verfahren die Tätigkeit an jeweils bis zu drei Terminen honoriert. Es ist darauf zu achten, dass die Terminsgebühr der Nr. 4102 VV-RVG neben der Terminsgebühr für die Hauptverhandlung entstehen kann, wenn im gerichtlichen Verfahren zB Haftprüfungstermine stattfinden. Diese Haftprüfungstermine werden mit der Terminsgebühr für Hauptverhandlungstermine nicht entgolten. Der vierte Termin im Sinne des VV Nr. 4102 RVG löst in jedem Verfahrensabschnitt eine neue Terminsgebühr aus.

Befindet sich der Beschuldigte nicht auf freiem Fuß, entsteht auch diese Gebühr „mit Zu- **24** schlag", Nr. 4103 VV-RVG. Auf die Dauer der freiheitsentziehenden Maßnahme kommt es hierbei nicht an. Eine kurze Zeit „nicht auf freiem Fuß" ist für den Anfall der Zuschlagsgebühr ausreichend.[15] Die Zuschlagsgebühr erstreckt sich aber nur auf die für den jeweiligen Verfahrensabschnitt anfallende Gebühr. Wird ein Verteidiger mit der Wahrnehmung der Interessen ein nicht auf freiem Fuß befindlichen Mandanten beauftragt und nimmt der Vertei-

---

[13] BT-Drucks. 15/1971, S. 222; *Burhoff* Rn. 21 zu VV 4100.
[14] Vgl. Gerold/Schmidt/*Burhoff* VV 4100, 4101 Rn. 22.
[15] AG Heilbronn AGS 2006, 516.

diger im Ermittlungsverfahren einen Termin vor der Ermittlungsbehörde wahr, so fallen die Grund-, Verfahrens- und Terminsgebühr jeweils in der zweiten Alternative mit Zuschlag an.

25 **b) Verfahrensgebühr im vorbereitenden Verfahren.** Im vorbereiteten Verfahren können die Allgemeinen Gebühren des Unterabschnitts 1 und die Gebühren des Unterabschnitts 2 gleichzeitig entstehen. Neben der Grundgebühr und ggf. der Terminsgebühr entsteht für das Betreiben des Geschäfts einschließlich der Information die Verfahrensgebühr der Nr. 4104 VV-RVG, vgl. Vorb. 4 Abs. 2 VV-RVG. Mit dieser Gebühr werden die Tätigkeiten des Verteidigers entgolten, die nicht mit der Grund- oder Terminsgebühr honoriert werden, zB Einlassungen gegenüber der Staatsanwaltschaft, eigene Ermittlungen.

Nach der Anmerkung der Gebühr endet das vorbereitende Verfahren mit Eingang der Anklageschrift, des Antrags auf Erlass eines Strafbefehls bei Gericht oder im beschleunigten Verfahren bis zum Vortrag der Anklage, wenn diese nur mündlich erhoben wird. Befindet sich der Beschuldigte nicht auf freiem Fuß, entsteht die Gebühr gemäß Nr. 4105 VV-RVG „mit Zuschlag".

26 **c) Abgrenzung Grundgebühr zu Verfahrensgebühr.** Trotz der gesetzlichen Klarstellung zu den Nr. 4100 und 5100 VV RVG bereitet eine klare Abgrenzung der Grundgebühr zur Verfahrensgebühr Schwierigkeiten. Die Verfahrensgebühr erhält der Rechtsanwalt für das Betreiben des Geschäfts einschließlich der Information. Damit beinhaltet die Verfahrensgebühr auch Tätigkeitsmerkmale der Grundgebühr. Einigkeit besteht in der Literatur darüber, dass die weitere, über die erstmalige Beschaffung notwendiger Informationen hinausgehende Tätigkeit von der Verfahrensgebühr abgedeckt wird.[16] Damit fallen also alle Tätigkeiten, die von der Grundgebühr nicht mehr erfasst werden, in andere Verfahrensabschnitte. Der Übergang von der Grundgebühr zur Verfahrensgebühr ist „fließend". Entsprechend wird der Rechtsanwalt dann bei seiner Honorarabrechnung die einzelnen Verfahrensabschnitte innerhalb des Rahmens gem. § 14 RVG gewichten müssen, wobei eine exakte Gewichtung der jeweiligen Tätigkeitsmerkmale und der Zurechnung derselben zur Grund- oder Verfahrensgebühr wegen der fließenden Tätigkeiten mit einer gewissen Schwierigkeit verbunden ist.

2. Gebühren bei Verteidigung im gerichtlichen Verfahren

27 **a) Allgemeines.** Mit Eingang der Anklageschrift, des Antrags auf Erlass eines Strafbefehls bei Gericht oder im beschleunigten Verfahren bis zum Vortrag der Anklage, wenn diese nur mündlich erhoben wird, beginnt das gerichtliche Verfahren, Anm. zu 4104 VV-RVG.

28 **b) Die Gebühren.** Es können im gerichtlichen Verfahren die Allgemeinen Gebühren des Unterabschnitts 1 und die Gebühren des Unterabschnitts 3 „gerichtliches Verfahren" nebeneinander entstehen. Ist eine Beauftragung im vorbereitenden Verfahren erfolgt, treten die Gebühren des Unterabschnitts 2 hinzu.

29 *aa) Die Grundgebühr.* Wird der Rechtsanwalt in diesem Verfahrensabschnitt mandatiert, entsteht zunächst die Grundgebühr der Nr. 4100 VV-RVG für die Einarbeitung in den Rechtsfall. Auf die Ausführungen zu Rn. 11 wird Bezug genommen. Ist eine Grundgebühr bereits im vorbereitenden Verfahren entstanden, entsteht diese nicht erneut, Anm. Abs. 1 zu Nr. 4100 VV-RVG. Die weiteren Gebühren des gerichtlichen Verfahrens bilden wiederum die Verfahrens- und Terminsgebühr. Befindet sich der Beschuldigte nicht auf freiem Fuß, entsteht die Gebühr gemäß Nr. 4101 VV-RVG „mit Zuschlag".

30 *bb) Verfahrensgebühr.* Durch die Verfahrensgebühr wird die gesamte Tätigkeit des Verteidigers außerhalb der Hauptverhandlung, zB Vorbereitung auf die Hauptverhandlung, Einlassungen gegenüber dem Gericht, entgolten. Befindet sich der Beschuldigte nicht auf freiem Fuß, entsteht die Gebühr „mit Zuschlag".

31 *cc) Terminsgebühr.* Es wird unterschieden zwischen der Terminsgebühr für Termine der Hauptverhandlung und der Terminsgebühr für Termine außerhalb der Hauptverhandlung.

---

[16] *Burhoff* RVG Rn. 21 4100 VV; Gerold/Schmidt/*Burhoff* VV 4100, 4101 Rn. 10.

Während die Tätigkeit in der Hauptverhandlung durch die Terminsgebühr des Unterabschnitts 3 VV-RVG geregelt ist, zB Nr. 4106 VV-RVG im ersten Rechtszug vor dem Amtsgericht, kann zusätzlich die Terminsgebühr des Unterabschnitts 1, zB für Haftprüfungstermine, anfallen.

Finden mehrere Hauptverhandlungstage statt, entstehen unabhängig von der Frage, ob es 32 sich um Hauptverhandlungen oder Fortsetzungstermine handelt, die Terminsgebühren der jeweiligen Gerichtsordnung erneut in voller Höhe. Allenfalls innerhalb des zur Verfügung stehenden Rahmens ist eine Gewichtung möglich. Nachdem durch die Verfahrensgebühr eine Vorbereitung auf die Hauptverhandlung abgegolten wird, können je nach Lage des Falles in „Kurzterminen" auch unterdurchschnittlich hohe Gebühren anfallen.

Erscheint der Verteidiger zu einem anberaumten Termin, und findet er aus Gründen, die 33 er nicht zu vertreten hat, nicht statt, entsteht dennoch die Terminsgebühr. Dies gilt nicht, wenn er rechtzeitig von der Aufhebung oder Verlegung des Termins in Kenntnis gesetzt worden ist, Vorb. 4 Abs. 3 VV-RVG. Befindet sich der Beschuldigte nicht auf freiem Fuß, entstehen die Terminsgebühren „mit Zuschlag".

In der **Berufung und Revision** findet die dargestellte Systematik mit der Verfahrens- und Terminsgebühr ihre Fortsetzung.

3. Zusätzliche Gebühren und Auslagen im vorbereitenden und gerichtlichen Verfahren sowie Einzeltätigkeiten

a) **Allgemeines.** Der Unterabschnitt 5 enthält zusätzliche Gebühren, die neben den darge- 34 stellten Gebühren entstehen können. Es handelt sich um die Zusatzgebühr, verschiedene Verfahrensgebühren, zB für Tätigkeiten bei Einziehung und verwandten Maßnahmen. Neben den Gebühren können Auslagen berechnet werden.

b) **Die Zusatzgebühr (Befriedungsgebühr) Nr. 4141 VV RVG.** Der Rechtsanwalt erhält 35 eine zusätzliche Gebühr, wenn durch seine Mitwirkung einen Hauptverhandlung entbehrlich wird. In den weiteren Anmerkungen sind die Fälle aufgeführt, in denen dies der Fall ist:
1. das Strafverfahren nicht vorläufig eingestellt wird, oder
2. das Gericht beschließt, das Hauptverfahren nicht zu eröffnen, oder
3. sich das gerichtliche Verfahren durch Rücknahme des Einspruchs gegen den Strafbefehl , der Berufung oder der Revision des Angeklagten oder eines anderen Verfahrensbeteiligten erledigt; ist bereits ein Termin zur Hauptverhandlung bestimmt, entsteht die Gebühr nur, wenn der Einspruch, die Berufung oder die Revision früher als zwei Wochen vor Beginn des Tages, der für die Hauptverhandlung vorgesehen war, zurückgenommen wird, oder
4. das Verfahren durch Beschluss nach § 411 Abs. 1 Satz 3 StPO endet.

Für den Fall der Einstellung des Verfahrens aufgrund einer **Mitwirkung** des Verteidigers 36 oder im Falle der Rücknahme eines Einspruches innerhalb der Frist vor Durchführung der Hauptverhandlung, billigt die Nr. 4141 VV-RVG dem Verteidiger eine besondere Vergütung in Höhe der jeweiligen Verfahrensgebühr des vorbereitenden oder gerichtlichen Verfahrens zu. Es ist darauf zu achten, dass es sich bei dieser Gebühr stets um eine Mittelgebühr handelt, Anm. Abs. 3 zu Nr. 4141 VV-RVG, die damit zur Festgebühr wird.[17] In der Anmerkung zu Nr. 4141 Abs. 3 heißt es: „Für den Wahlanwalt bemisst sich die Gebühr nach der Rahmenmitte".

Von der Regelung nicht erfasst – weil dies nicht angemessen wäre – werden die Fälle nur 37 vorläufiger Einstellung. Vorläufige Einstellungen sind insbesondere solche nach § 153a StPO bis zur Feststellung der Erfüllung der Auflagen und Weisungen, nach § 154d S. 1 StPO, wenn die Staatsanwaltschaft dem Anzeigenden eine Frist setzt, um eine Frage, die nach bürgerlichem Recht oder nach Verwaltungsrecht zu beurteilen ist, im bürgerlichen Streitverfahren oder im Verwaltungsstreitverfahren auszutragen, oder nach § 205 StPO, weil der Hauptverhandlung für längere Zeit die Abwesenheit des Angeklagten oder ein anderes in seiner Person liegendes Hindernis entgegensteht.

---

[17] Gerold/Schmidt/*Burhoff* VV 4141 Rn. 38.

38 Wegen der einheitlich ein Verfahren abgeltenden Gebühren können „Teileinstellungen" im Ermittlungsverfahren nach §§ 153, 153a StPO nicht nach der hier vorgeschlagenen Vorschrift abgerechnet werden, wenn dieses Ermittlungsverfahren wegen anderer Taten weitergeführt und zur Anklagereife gebracht wird. In diesen Fällen kann der Rechtsanwalt sein Engagement für die Einstellung indes bei der Bestimmung der Gebühr im Rahmen des § 14 RVG berücksichtigen. Der Spielraum für eine Berücksichtigung solcher Bemühungen ist durch die Erweiterung des Gebührenaufkommens größer geworden. Entsprechendes gilt für ein Engagement des Rechtsanwalts bei Strafverfolgungsbeschränkungen nach § 154a StPO.

39 Die vorgeschlagene Regelung soll nach wie vor dem Phänomen entgegenwirken, dass vielfach Einsprüche gegen den Strafbefehl in der Hauptverhandlung nach Aufruf zur Sache zurückgenommen werden. Verbessert werden soll die Vergütung für denjenigen Verteidiger, dessen rechtzeitige Prüfung dazu führt, dass eine Hauptverhandlung und die damit verbundene Vorbereitung des Gerichts aber auch ggf. der Zeugen und Sachverständigen entbehrlich werden.

40 Nach der Gesetzesfassung kommt die Anwendung der Vorschrift nur in den Fällen in Betracht, in denen eine Hauptverhandlung entbehrlich ist. Wird in der Hauptverhandlung eine Einstellung des Verfahrens erreicht, wird die Tätigkeit durch die Terminsgebühr für Hauptverhandlungen abgegolten.

Wenn aber bereits eine Hauptverhandlung stattgefunden hat, kann die Zusatzgebühr wie folgt anfallen:
1. Die Hauptverhandlung wird ausgesetzt und das Verfahren wird sodann außerhalb der Hauptverhandlung eingestellt.
2. Das Gericht stellt zunächst in der Hauptverhandlung das Verfahren vorläufig gem. § 153a StPO ein. Der Angeklagte erfüllt die Auflagen nicht, so dass das Gericht neuen HV-Termin anberaumt. Es gelingt jetzt dem Verteidiger, früher als 14 Tage vor dem anberaumten Termin das Gericht zu einer erneuten Einstellung zu bewegen. Hier wird die neu angesetzte Hauptverhandlung entbehrlich, so dass eine Zusatzgebühr anfällt.
3. Nach Aussetzung der Hauptverhandlung wird der Einspruch gegen einen Strafbefehl zurückgenommen.

41 Wird hingegen die Hauptverhandlung nicht ausgesetzt, sondern fortgesetzt und vor dem neuen Termin erfolgt eine Einstellung, fällt die Zusatzgebühr nicht an. Bei Unterbrechung und Fortsetzung der Hauptverhandlung gilt der Grundsatz der Einheitlichkeit der Hauptverhandlung, so dass der weitere Verhandlungstermin keine „neue" Hauptverhandlung darstellt.[18]

42 In der Berufungsinstanz ist eine Anwendung der Zusatzgebühr auf die Fälle, in denen der Rechtsanwalt entweder eine Einstellung ohne Hauptverhandlung erreicht oder rechtzeitig eine Rücknahme des Rechtsmittels vor der Hauptverhandlung veranlasst, Anm. Abs. 1 Ziff. 1 u. 3 zu Nr. 4141 VV-RVG, denkbar.

Nicht anwendbar ist die Zusatzgebühr in den Fällen, in denen nach vorläufiger Einstellung des Verfahrens dieses wieder fortgesetzt wird, etwa weil die Auflagen zur Einstellung nicht erfüllt worden sind.

Weitere Voraussetzung für die Verwirklichung des Gebührentatbestandes ist die **Mitwirkung des Verteidigers**. Die Gebühr gemäß Nr. 4141 VV-RVG entsteht nicht, wenn ein Beitrag des Rechtsanwaltes zur Förderung des Verfahrens nicht ersichtlich ist.

43 Nach der Gesetzesfassung ist es so, dass die Gebühr stets verdient ist, es sei denn, dass die Mitwirkung des Anwaltes nicht ersichtlich ist. Aus dieser negativen Formulierung folgt, dass die Mitwirkung zugunsten des Rechtsanwaltes vermutet wird. Mit dieser Formulierung wird die Darlegungs- und Beweislast für die Mitwirkung des Rechtsanwaltes an der Einstellung des Verfahrens umgekehrt.[19]

44 Eine ursächliche Mitwirkung des Anwaltes erfordert nicht notwendig eine Tätigkeit gegenüber der Staatsanwaltschaft oder dem Gericht. Es genügt zB in den Fällen, in denen die Einstellung die Zustimmung des Beschuldigten erfordert, wenn der Rechtsanwalt die Vor-

---

[18] Gerold/Schmidt/*Burhoff* VV 4141 Rn. 23.
[19] Hartung/Schons/Enders/*Hartung* Nr. 5115 Rn. 8.

aussetzungen und die Zustimmung mit dem Mandanten klärt.[20] Eine Verteidigerbestellung mit Akteneinsichtsgesuch reicht nicht aus, die Gebühr auszulösen. Eine Einlassung aber, die die Ermittlungsbehörde zur Einstellung veranlasst, stellt eine Mitwirkung dar, auch wenn der Verteidiger keinen Antrag auf Einstellung des Verfahrens stellt. Nimmt der Verteidiger nach Erhebung der Anklage umfangreich Stellung und beantragt, den Antrag der Staatsanwaltschaft auf Eröffnung zurückzuweisen und stellt dann das Gericht mit Zustimmung der StA das Verfahren nach § 153 Abs. 2 StPO ein, fällt eine Zusatzgebühr an. Eines ausdrücklichen Einstellungsantrages durch den Verteidiger bedarf es nicht. Jede Tätigkeit, die letztlich zum Erfolg führt, ist eine Mitwirkung des Verteidigers. Mitwirken kann auch ein gezieltes Schweigen sein, auch die Mitteilung, der Mandant werde sich zur Sache nicht einlassen.[21]

Der Rechtsanwalt kann die Zusatzgebühr auch mehrfach verdienen. Regt der Rechtsanwalt zB die Einstellung des strafrechtlichen Ermittlungsverfahrens an und die Staatsanwaltschaft folgt dem und gibt die Sache wegen einer OWi an die Ordnungsbehörde ab, dies ihrerseits eine Einstellung vornimmt, dann hat der Rechtsanwalt sowohl die Gebühr gem. Nr. 4141 VV RVG wie auch die Gebühr Nr. 5115 VV RVG verdient. Dies gilt selbst dann, wenn der Rechtsanwalt im OWi-Verfahren nicht „tätig" war.[22] Nach der Rechtsprechung des BGH dürfen an die Mitwirkung des Rechtsanwaltes keine hohen Anforderungen gestellt werden.[23] Es reicht jede Tätigkeit aus, die die zur Förderung der Verfahrenserledigung geeignet ist.[24] 45

> **Praxistipp:**
> Schon im ersten Anschreiben an die Ermittlungsbehörde sollte der Verteidiger beantragen, das gegen seinen Mandanten einzustellen, soweit dies in der Sache vertretbar ist.

Weiter kommt der Gebührentatbestand zum Tragen bei Rücknahme des Einspruches gegen einen Strafbefehl, und zwar dann, wenn der Verteidiger den Einspruch gegen den Strafbefehl früher als 2 Wochen vor Beginn des Tages, der für die Hauptverhandlung vorgesehen war, zurücknimmt. Es muss aber nicht bereits ein Termin zur Hauptverhandlung anberaumt sein. Wird kurzfristig Hauptverhandlungstermin anberaumt und der Verteidiger beantragt Aufhebung und Verlegung und nimmt dann den Einspruch früher als 2 Wochen vor dem neuen Termin zurück, werden die Voraussetzungen bzgl. der 2-Wochen-Frist wieder erfüllt.[25] Denkbar ist auch eine analoge Anwendung der Anm. 1 Ziff. 3 zu VV 4141.[26] 46

Durch das 2. Kostenrechtsmodernisierungsgesetz neu eingefügt wurde Anm. Abs. 1 Nr. 4 zu VV 4141. Danach fällt einen Zusatzgebühr auch in den Fällen gem. § 411 Abs. 1 S 3 StPO an, wenn das Verfahren durch Beschluss endet. Hierunter fallen die Fälle, in denen gegen einen Strafbefehl Einspruch eingelegt wird und der Einspruch auf die Höhe der Tagessätze beschränkt wird. In diesen Fällen kann das Gericht mit Zustimmung des Angeklagten, des Verteidigers und der Staatsanwaltschaft durch Beschluss gem. § 411 Abs. S. 3 StPO entscheiden mit der Folge, dass der Rechtsanwalt eine Zusatzgebühr verdient. In diesen Fällen hatte die Rechtsprechung auch schon vor dem 2. Kostenrechtmodernisierungsgesetz überwiegend die Vorschrift Nr. 4141 VV RVG analog angewandt.[27] 47

c) **Einzeltätigkeiten.** Ist dem Anwalt eine Verteidigung sonst nicht übertragen, sind die Gebühren des Abschnitts 3 des 4. Teils VV anzuwenden. Wird in der Folge die Verteidigung übertragen, findet eine Anrechnung der Gebühren statt, Vorb. 4.3 Abs. 4 VV-RVG. Folgende Tätigkeiten sind beispielhaft zu nennen: 48

---

[20] Gerold/Schmidt/*Burhoff* 17. Aufl., Nr. 4141–4146 VV Rn. 19.
[21] Gerold/Schmidt/*Burhoff* Nr. 4141 VV Rn. 8.
[22] BGH NJW 2009, 368, 369.
[23] BGH NJW 2009, 368; BGH NJW 2011, 1605.
[24] Hartung/Schons/Enders/*Hartung* VV 5115 Rn. 9.
[25] Gerold/Schmidt/*Burhoff* 17. Aufl. VV 4141 Rn. 10.
[26] Gerold/Schmidt/*Burhoff* Nr. 4141 VV Rn. 30 mit Beispielen; Burhoff/*Burhoff* Nr. 4141 Rn. 33.
[27] Vgl. die Auflistung bei Gerold/Schmidt/*Burhoff* Nr. 4141 Rn. 43.

- Anfertigung oder Unterzeichnung einer Schrift zur Begründung einer Revision
- Anfertigung oder Unterzeichnung einer Privatklage
- Verkehrsanwaltstätigkeit
- Einlegung eines Rechtsmittels
- Gnadengesuche.

49 **d) Auslagen.** Neben den dargestellten Gebühren können die Auslagen des 7. Teils des VV-RVG berechnet werden.

50 *aa) Entgelte für Post- und Telekommunikationsdienstleistungen.* Wahlweise kann die Pauschale gemäß Nr. 7002 VV-RVG oder die tatsächlichen Aufwendungen verlangt werden, Nr. 7001 VV-RVG. In **jeder** Angelegenheit fällt die Pauschale an, Anm. zu Nr. 7002 VV-RVG, und beträgt 20 % der abgerechneten Gebühren, höchstens 20,- EUR.

51 Durch die Klarstellung des Gesetzgebers in § 17 Nr. 10a, b und 11 RVG (verschiedene Angelegenheiten) ergeben sich für den Anfall der Auslagen mehrfache Abrechnungen der Pauschalen. So sind das strafrechtliche Ermittlungsverfahren und a) ein nachfolgendes gerichtliches Verfahren und b) ein sich nach Einstellung des Ermittlungsverfahrens anschließendes Bußgeldverfahren verschiedene Angelegenheiten. Ebenso sind verschiedene Angelegenheiten das Bußgeldverfahren vor der Verwaltungsbehörde und das nachfolgende gerichtlichen Verfahren.

52 *bb) Die Dokumentenpauschale.* Die Kosten für gefertigte Kopien und Ausdrucke aus Behörden- oder Gerichtsakten können gemäß Nr. 7000 Ziffer 1a) VV-RVG berechnet werden. Für die ersten 50 Ablichtungen können 0,50 EUR, für jede weitere Seite 0,15 EUR berechnet werden. Für die Arbeit des Verteidigers ist ein umfasender Aktenauszug aus der Strafakte erforderlich. Viele Verteidiger gehen daher dazu über, den gesamten Akteninhalt abzulichten, um so eine 1:1 Kopie der Strafakte zu erhalten. Diese Ablichtungen müssen aber nach Nr. 7000 Ziff. 1a VV zur sachgemäßen Bearbeitung der Rechtssache geboten sein. Die Frage der Notwendigkeit sollte hierbei nicht kleinlich gesehen werden.[28] Das Landgericht Essen hat hierzu eine praxisgerechte Entscheidung gefällt.[29] Dort heißt es: „Bei der Beurteilung der Frage, welche Ablichtungen durch den Verteidiger aus der amtlichen Ermittlungsakte zur sachgemäßen Bearbeitung der Rechtssache geboten sind, ist auf kleinliche Differenzierungen zu verzichten. Es begegnet, auch mit Blick auf die spätere Erstattung von Auslagen keiner Bedenken, wenn der Verteidiger die Akten einer Kanzleikraft übergibt und vollständig (einschließlich Beiakten, der Aktendeckel und lose einliegender Blätter) ablichten läßt".[30]

53 Die **Übermittlung** per Telefax steht der Herstellung einer Kopie gleich, Anmerkung 1 zu Nr. 7000 VV-RVG, eingeführt durch das 2. JuMoG. Allerdings soll die Dokumentpauschale nicht durch den Empfang eines Telefaxes ausgelöst werden.[31] Der Anwalt erhält nach hM die Gebühr gem. VV 7000 Ziff. 1 nur für die Faxversendung, nicht aber für den Faxempfang.[32] Begründet wird dies damit, der Anwalt stelle keine Ablichtung her.[33] Mit dem 2. Kostenrechtsmodernisierungsgesetz hat der Gesetzgeber das Wort „Ablichtungen" durch das Wort „Kopie" ersetzt. Der Gesetzgeber wollte damit die heute gebräuchlichere Bezeichnung wählen, wohl aber auch klarstellen, dass das Scannen nicht erfasst sein sollte.[34] Dafür spricht auch der Ablauf des Gesetzgebungsverfahrens, da nämlich der Bundesrat eine genau entgegengesetzte Auffassung vertrat, wonach nämlich nur der Empfang eines Faxes und eben nicht dessen Übermittlung zu vergüten sein sollte. Die Bundesregierung hat sich mit ihrem Entwurf durchgesetzt, so dass auch nach geltendem Recht eine andere Interpretation ausgeschlossen ist.[35] Klar geregelt wird dies in Nr. 9000 Ziff. 1b KV GKG für die gerichtlichen

---

[28] Burhoff/*Schmidt* VV 7000 Rn. 36.
[29] *Enders* Rn. 204 = JurBüro 2011, 474.
[30] Leitsatz JurBüro 2011, 474.
[31] *Hansens* RVGreport 2007, 163 (169).
[32] Gerold/Schmidt/*Müller-Rabe* VV 7000 Rn. 10, 11.
[33] *N. Schneider* NJW 2007, 325.
[34] Gerold/Schmidt/*Müller-Rabe* Nr. 7000 Rn. 16.
[35] Gerold/Schmidt/*Müller-Rabe* Nr. 7000 Rn. 21.

Verfahren. Danach fällt beim Gericht für den Ausdruck eines Faxes eine Herstellungspauschale an.

Die Regelung ist unbefriedigend und wird auch dem tatsächlichen Aufwand nicht gerecht. 54
Das Versenden eines Faxes kostet heute praktisch nichts. In Zeiten der Telefonflatrates können diese Kosten nicht einmal erfasst werden. Auch lassen sich Faxe per Computer versenden, so dass nicht einmal eine körperliche Tätigkeit zum Versenden am Faxgerät erforderlich ist. Hingegen ist der Empfang eines Faxes mit Kosten verbunden: Strom, Papier und Toner lassen sich berechnen. Auch läßt sich kein Unterschied erkennen, ob ein Fax nun beim Gericht oder beim Rechtsanwalt empfangen wird. Hier ist der Gesetzgeber zur Nachbesserung verpflichtet.

Dass offensichtlich auch angefertigte Scans von Seiten nicht erstattungsfähig sein sollen, 55
ist ebenso wenig hinnehmbar. Gerade in umfangreichen Strafsachen scannen viele Rechtsanwälte die Ermittlungsakte, ohne die Seiten ausdrucken zu lassen. Der Aufwand des Scannens ist identisch mit dem des Kopierens. Die Übermittlung per Fax ist auch nichts anderes als die Herstellung eines Scans. Der Rechtsanwalt muss also in Konsequenz dieser Regelung die eingescannten Seiten erst ausdrucken lassen, um eine Vergütung hierfür zu erzielen. Anderer und richtiger Ansicht ist Enders, der den Anfall der Dokumentenpauschale auch beim Einscannen bejaht.[36]

Neu ist die Regelung bzgl. der Anfertigung von Farbkopien. Für Farbkopien erhält der 56
Rechtsanwalt für die ersten 50 Seiten je Seite 1,- EUR, für jede weitere Seite 0,30 EUR. Hier lohnt sich die Anschaffung eines Farbkopierers, der heute nicht wesentlich teurer als ein SW-Gerät ist. Der Farbkopierer bietet zudem gerade beim Kopieren von Ermittlungsakten (zB von Farbfotografien) Vorteile. Nach dem eindeutigen Wortlaut der Vorschrift sind die Kontingente für SW-Kopien und Farb-Kopien jeweils getrennt abzurechnen. Ziff. 2 spricht ausdrücklich sowohl bei den einfachen Kopien von den **ersten** 50 abzurechnenden Kopien ebenso wie von den **ersten** 50 abzurechnenden Kopien in Farbe.[37]

Weiter erhält der Rechtsanwalt gem. Nr. 7000 Ziff. 2 VV RVG für die Überlassung von 57
elektronisch gespeicherten Dateien anstelle der in Nummer 1 Buchstabe d genannten Ablichtungen und Ausdrücke je Datei eine Gebühr von 1,50 EUR, höchstens aber 5,- EUR. Der alte Streit, was unter einer Datei zu verstehen ist, ist durch die Neufassung in Ziff. 2 überholt. Eine Datei kann aus einer Ablichtung bestehen oder auch aus einer Mehrzahl von Ablichtungen. Für die in einem Arbeitsgang überlassenen, bereitgestellten oder in einem Arbeitsgang auf denselben Datenträger übertragenen Dokumente entfällt höchstens einen Gebühr von 5,- EUR. Nach Anmerkung 2 zu Ziff. 2 beträgt die Dokumentpauschale nicht weniger, als die Dokumentpauschale im Fall der Nummer 1 betragen würde, wenn zum Zwecke der Überlassung von elektronisch gespeicherten Dateien Dokumente im Einverständnis mit dem Auftraggeber zuvor von der Papierform in die elektronische Form übertragen werden. Im Klartext: wenn der Rechtsanwalt also Papier einscannt und hierdurch eine Datei (egal in welchem Format) erstellt, erhält er zusätzlich zu der Gebühr Nr. 7000 Ziff. 2 die Gebühr Nr. 7000 Ziff. 1 VV RVG. Wo hier der Unterschied zu eingescannten Seiten aus Ermittlungsakten liegt, die nach den Willen des Gesetzgebers wohl nicht vergütet werden sollen, erschließt sich nicht.

Wichtig ist, dass die Gebühren nach Nr. 7000 VV RVG in jeder Angelegenheit gem. § 15 58
Abs. 2 RVG erneut anfallen. Das bedeutet, dass die Kontingente bei den Kopien und Ausdrucken mehrfach angesetzt werden können.[38] Kopiert zB der Rechtsanwalt im strafrechtlichen Ermittlungsverfahren aus der Behördenakte 60 Seiten, anschließend im gerichtlichen Verfahren weitere 60 Seiten aus der Gerichtsakte, dann fallen für jede Angelegenheit die Kosten nach Nr. 7000 Ziff. 1 erneut an. Es erfolgt keine Addition der kopierten Seiten.

cc) Reisekosten. Finden Termine außerhalb der Gemeinde statt, in der sich die Kanzlei 59
oder Wohnung des Anwalts befindet, entstehen Reisekosten, Vorb. 7 Abs. 2 VV-RVG. Es

---

[36] *Enders* Rn. 203; Hartung/Schons/Enders/*Hartung* Nr. 7000 Rn. 4 mwN.
[37] So auch Enders RVG Rn. 232; Gerold/Schmidt/*Müller-Rabe* Nr. 7000 VV Rn. 201.
[38] Hartung/Schons/Enders/*Hartung* Nr. 7000 VV Rn. 25; Gerold/Schmidt/*Müller-Rabe* Nr. 7000 VV Rn. 204.

kommen die Fahrtkosten gemäß Nrn. 7003 und 7004 VV-RVG in Betracht. Hiernach können neben den tatsächlichen Reiseaufwendungen, zB Kosten der Bahn, eines Taxis, pauschale EUR 0,30 je gefahrenen Kilometer für die Benutzung des eigenen Pkw berechnet werden. Daneben entstehen Tage- und Abwesenheitsgelder, die an Dauer der Reise geknüpft sind, Nr. 7005 VV-RVG; diese Kosten wurden mit Inkrafttreten des 2. Kostenrechtmodernisierungsgesetzes geringfügig erhöht: bis zu vier Stunden 25,– EUR, von mehr als 4 bis 8 Stunden 40,– EUR und von mehr als 8 Stunden 70,– EUR. Bei Auslandsreisen kann zu diesen Beträgen ein Zuschlag von 50 % berechnet werden. Sonstige Kosten, z. B Parkgebühren, unterfallen der Regelung der Nr. 7006 VV-RVG und sind mit der tatsächlich angefallenen Höhe abzurechnen

60   dd) *Die Umsatzsteuer*. Die Umsatzsteuer, Nr. 7008 VV-RVG, ist in gesetzlicher Höhe geschuldet.

61   ee) *Umsatzsteuer auf Aktenversendungspauschale*. Die ursprünglich an dieser Stelle in der Vorauflage vertretene Ansicht, die Aktenversendungspauschale sei umsatzsteuerneutral, wird nicht mehr aufrecht erhalten. Vielmehr muss der Rechtsanwalt bei Weiterberechnung dieser Kosten Umsatzsteuer berechnen.

62   In letzter Zeit wurde eine umfangreiche Diskussion geführt über das Problem „Umsatzsteuer und durchlaufende Posten",[39] ausgelöst durch ein Urteil des AG Dessau vom 7.12.2006.[40] Das AG Dessau vertritt die Ansicht, bei der Aktenversendungspauschale handele es sich um einen durchlaufenden Posten, der nicht der Umsatzsteuer unterliege, weil der Rechtsanwalt die Kosten im Namen und für Rechnung des Mandanten verauslagt habe. Dem Urteil des AG Dessau kann nicht gefolgt werden. Das AG Dessau verkennt – und hat sich damit auch nicht auseinandergesetzt –, dass Kostenschuldner der Aktenversendungspauschale nicht der Mandant ist, sondern der Rechtsanwalt. Kostenschuldner der Auslagen für die Versendung oder elektronische Übermittlung der Akte (Nummer 9003 des Kostenverzeichnisses) ist gem. § 28 Abs. 2 GKG derjenige, der die Versendung beantragt hat.[41] Es kommt nicht darauf an, in wessen Interesse die Akten angefordert werden, sondern wer die Versendung beantragt.[42] Das Bundesverfassungsgericht hat in mehreren Entscheidungen dazu Stellung genommen, wer Kostenschuldner der Aktenversendungspauschale ist.[43] Dies ist der Rechtsanwalt als Antragsteller, da dem Beschuldigten selber kein eigenes Antragsrecht auf Akteneinsicht zusteht. Gem. § 147 Abs. 7 StPO können dem Beschuldigten, der keinen Verteidiger hat, unter bestimmten Voraussetzungen Auskünfte und Ablichtungen aus den Akten erteilt werden. Ein eigenes Recht auf Akteneinsicht ist damit nicht verbunden. Nur der Verteidiger hat das Recht auf Akteneinsicht gem. § 147 Abs. 1 StPO und auch das Recht, dass ihm die Akten gem. § 147 Abs. 4 StPO auf Antrag in sein Büro mitgegeben werden.

63   Anknüpfungspunkt für die Frage des Anfalls der Umsatzsteuer ist, wer Kostenschuldner ist. Ein durchlaufender Posten nach § 10 Abs. 1 Nr. 6 UStG liegt vor, wenn der Unternehmer lediglich als Mittelsperson tätig wird und sowohl die Vereinnahmung als auch die Verausgabung im fremden Namen und für fremde Rechnung erfolgt.[44] Werden daher die Kosten der Aktenversendungspauschale dem Mandanten weiterberechnet, handelt es sich um Auslagenersatz, der der Umsatzsteuer zu unterwerfen ist, und nicht um einen durchlaufenden Posten.[45] Der BGH hat in seinem Urteil vom 6.4.2011 ausdrücklich den Anfall von Umsatzsteuer auf die Aktenversendungspauschale gem. § 28 II GKG, § 107 V OWiG bejaht.[46]

---

[39] *Henke* AnwBl. 2007, 224; *Schons* AnwBl. 2007, 369 und 2007, 618; *Bohnenkamp* KammerReport RAK Hamm Nr. 3/2007 S. 13; Mitteilungen RAK München III/2007 S. 5; Kammerreport RAK Zweibrücken 3/2007, S. 3.
[40] AG Dessau AnwBl. 2007, 239.
[41] VGH München NJW 2007, 1483; so auch *Hartmann* § 28 GKG Rn. 6; *ders.* KV Nr. 9003 Rn. 3.
[42] *Hartmann* a. a. O.
[43] BVerfGE 53, 207, 214; BVerfG NJW 1996, 2222; NJW 1997, 1433.
[44] Abschn. 152 I 2 Umsatzsteuerrichtlinien (UStR) 2005 v. 16.12.2004 (BStBl. I 2004, Sondernr. 3; *Sterzinger* NJW 2008, 1254.
[45] *Sterzinger* NJW 2008, 1256; AG Neustadt an der Weinstraße NJW-Spezial 2008, 413.
[46] BGH NJW 2011, 3041 = AnwBl 2011, 583.

Die OFD Karlsruhe hat in einer Auskunft vom 15.8.2007 gleichfalls die Rechtsauffassung 64
vertreten, dass bei den Kosten für Aktenversendung, Grundbuchauszüge, Handelsregisterauszüge und Einwohnermeldeamtsanfragen regelmäßig der Unternehmer (Rechtsanwalt, Notar) Schuldner sei und es sich damit lediglich um Auslagenersatz handele, der bei Weiterberechnung an den Mandanten der Umsatzsteuer unterworfen sei. Weiter heißt es dort, die abweichende Auffassung des AG Dessau zur Aktenversendungspauschale im Urteil vom 7.12.2006 sei unmaßgeblich.[47] Das OLG Düsseldorf hat entschieden, dass für den Bereich des Zivilrechts Kostenschuldner der Akteneinsicht der Auftraggeber des Rechtsanwaltes sei.[48] Diese Entscheidung steht aber der hier vertretenen Ansicht nicht entgegen, da sie sich ausdrücklich nur auf das Zivilrecht bezieht. Der von Kroiß vertretenen Rechtsansicht, es handele sich bei der Aktenversendungspauschale um durchlaufende Auslagen des Rechtsanwaltes kann unter Hinweis auf die oben zitierte obergerichtliche Rechtsprechung nicht gefolgt werden.[49]

III. Die Gebühren im verkehrsrechtlichen Bußgeldverfahren

1. Allgemeines

Die Vergütung des Verteidigers im Bußgeldverfahren ist in Teil 5 VV-RVG geregelt. Für 65
die Vergütung des Verteidigers nach diesen Vorschriften ist es entscheidend, ob das Verfahren vor der Verwaltungsbehörde als Bußgeldverfahren betrieben wird oder nicht. Unerheblich ist, ob das dem Betroffenen vorgeworfene Verhalten tatsächlich eine Ordnungswidrigkeit darstellt oder nicht.

Das Bußgeldverfahren vor der Verwaltungsbehörde beginnt
- mit dem Eingang einer Anzeige bei der Polizei oder einer Verwaltungsbehörde,
- mit Eingang einer Anzeige bei einer StA, wenn diese dieses Verfahren gemäß § 43 OWiG an die Verwaltungsbehörde abgibt,
- bei einer Tätigkeit von Amts wegen mit der Aufnahme der Ermittlungen.

Es endet 66
- mit dem Zugang der Nachricht über die Einstellung durch die Verwaltungsbehörde, zB gemäß § 47 Abs. 1 OWiG oder die StA,
- mit der Zustellung des Bußgeldbescheides gemäß §§ 66, 67 OWiG, sofern kein Einspruch eingelegt wird,
- bei Einspruchseinlegung erst mit dem Eingang der Akten bei Gericht.

Das Bußgeldverfahren vor dem Amtsgericht **beginnt** 67
- mit dem Eingang der Akten bei Gericht.

Es **endet** 68
- mit Verwerfung des Einspruches als unzulässig gemäß § 70 Abs. 1 OWiG,
- mit Einstellung des Verfahrens (§ 47 Abs. 2 OWiG),
- mit einer Entscheidung durch Beschluss gemäß § 72 OWiG,
- mit einer Entscheidung nach Hauptverhandlung durch Urteil gemäß §§ 71 ff. OWiG.

2. Die Verteidigervergütung im Verfahren vor der Verwaltungsbehörde

a) **Allgemeine Gebühr.** Das System der Strafsachengebühren findet im Teil 5 VV-RVG sei- 69
ne Fortsetzung. Unter der allgemeinen Gebühr ist die Grundgebühr im Unterabschnitt 1 zu verstehen. Dieser Gebührentatbestand kann sowohl im Verfahren vor der Verwaltungsbehörde (Unterabschnitt 2) als auch im Verfahren vor dem Amtsgericht (Unterabschnitt 3) verwirklicht werden. Für die erstmalige Einarbeitung in den Rechtsfall erhält der Verteidiger eine Grundgebühr. Diese entsteht unabhängig davon, in welchem Verfahrensabschnitt eine Beauftragung erfolgt ist, Anm. Abs. 1 zu Nr. 5100 VV-RVG. Mit dieser Gebühr wird der Arbeitsaufwand entgolten, der für das erste Gespräch mit dem Mandanten und die Beschaf-

---

[47] Auskunft OFD Karlsruhe vom 15.8.2007, S 7200/16 unter Abrufnummer 073399 bei: www.iww.de.
[48] OLG Düsseldorf BeckRS 2008, 08375.
[49] Mayer/Kroiß RVG Nr. 7008 VV Rn. 4.

fung der erforderlichen Informationen notwendig ist.[50] Hierbei handelt es sich regelmäßig um die Akteneinsicht. Auch die Einsichtnahme von Filmmaterial bei den Behörden ist mit dieser Gebühr abgegolten. Gegebenenfalls hat innerhalb des zur Verfügung stehenden Betragsrahmens eine Gewichtung zu erfolgen. Im Verfahren vor der Verwaltungsbehörde können demnach die Grundgebühr der Nr. 5100 VV-RVG, die Verfahrensgebühr, zB der Nr. 5103 VV-RVG und die Terminsgebühr der Nr. 5104 VV-RVG entstehen. Zusätzliche Gebühren des Unterabschnitts 5 können ebenfalls anfallen.

70 b) **Gebühren im Verfahren vor der Verwaltungsbehörde.** Der Verfahrensabschnitt beginnt mit Einleitung des Verfahrens und endet mit Eingang der Akten bei Gericht, Vorb. 5.1.2 Abs. 1 VV-RVG. Im Hinblick darauf, dass eine Gebührenbestimmung von der zu erwartenden Geldbuße abhängig ist, werden die Verfahrens- und Terminsgebühren des Unterabschnitts 2 dreifach abgebildet. Es sind bei Geldbußen unter 40,– EUR andere Betragsrahmen zu beachten als bei Geldbußen von 40,– EUR bis 5.000,– EUR und Verfahren mit mehr als 5.000,– EUR. Ist eine Geldbuße nicht festgesetzt, richtet sich die Höhe der Gebühren nach dem mittleren Betrag der angedrohten Geldbuße, Vorb. 5.1 Abs. 2 VV-RVG. Die Staffelung der Gebühren nach der Höhe der Geldbuße sollte einen alten Streit beilegen. Die Rechtsschutzversicherungen wie auch ein Teil der Rechtsprechung vertraten die Ansicht, dass es sich bei Bußgeldsachen um regelmäßig unterdurchschnittliche Angelegenheiten handele, die auch nur unterdurchschnittliche Gebühren auslösten. Bis zum Inkrafttreten des RVG gab es keine eigenen Abrechnungsvorschriften für Ordnungswidrigkeiten, sondern es wurde in § 105 BRAGO auf die strafrechtlichen Abrechnungsvorschriften verwiesen. Es gibt umfangreiche Rechtsprechung zu der Frage, ob eine Bußgeldsache nun durchschnittlich oder unterdurchschnittlich ist. Der Gesetzgeber hat daher den Vorschlag aufgegriffen, die Vergütungshöhe an die Höhe der Geldbuße zu koppeln. Die Dreiteilung der Gebühren ist dann allerdings nur für die Tätigkeit vor der Verwaltungsbehörde (Nr. 5101 ff. VV) und für das gerichtliche Verfahren (Nr. 5107 ff.) erfolgt. Die übrigen Gebührentatbestände (Grundgebühr VV 5100, Verfahrensgebühr im gerichtlichen Verfahren VV 5113, 5114 und Rechtsbeschwerde VV 5113, 5114) sind hingegen einheitlich für alle Bußgeldsachen. Mit der untersten Stufe der Geldbußen unter 40,– EUR werden die sogenannten Bagatellbußgeldsachen erfasst, die nicht zu einer Eintragung in die Verkehrszentralkartei führen. Teilweise sind bei Rechtsschutzversicherungen diese Bußgeldsachen auch gem. § 3 Abs. 3e) ARB 94 aus dem Leistungskatalog herausgenommen worden. Die Mehrzahl aller Bußgeldsachen im verkehrsrechtlichen Bereich betrifft die zweite Stufe der Bußgelder von 40,– EUR bis 5.000,– EUR. Hier handelte es sich bis zum 30.4.2014 um die in der Regel eintragungspflichtigen Geldbußen, die zur Eintragung von Punkten auf dem persönlichen Konto in der Verkehrszentralkartei führen. Mit dem Inkrafttreten der Bußgeldreform zum 1.5.2014 werden Bußgelder erst ab einem Betrag von 60,– EUR in das Fahreignungsregister eingetragen. Der Verfasser geht davon aus, dass der Gesetzgeber die Grenze der ersten Stufe in Zukunft anheben wird, so dass dann die zweite Stufe Bußgelder von 60,– EUR bis 5.000,– EUR umfassen wird. Zum Zeitpunkt des Entwurfes des 2. KostRMoG war nicht damit zu rechnen, dass die Bußgeldreform umgesetzt wird. Dies erfolgt erst sehr spät im Gesetzgebungsverfahren, so dass eine Anpassung im RVG wohl nicht mehr berücksichtigt werden konnte.

71 Bei Bußgeldsachen über 5.000,– EUR sind gem. § 80a OWiG im Rechtsbeschwerdeverfahren die Bußgeldsenate der Oberlandesgerichte mit drei Richtern besetzt, bei kleineren Geldbußen mit einem Richter. Dies ist in der Begründung des Gesetzes ausdrücklich erwähnt als Argument dafür, dass diese Bußgeldsachen über 5.000,– EUR deswegen schwieriger und umfangreicher sind und dementsprechend auch höhere Gebühren rechtfertigen.[51] Die Gebührenunterschiede zwischen der zweiten und dritten Stufe sind für die Verfahrens- und Terminsgebühr im Verfahren vor der Verwaltungsbehörde marginal; im gerichtlichen Verfahren im ersten Rechtszug beträgt der Unterschied ca. 20 bis 25 %.

72 Obwohl durch das RVG die Gebührenhöhe an die Geldbuße gekoppelt wurde, versuchen Rechtsschutzversicherer immer wieder, in Ansatz gebrachte Mittelgebühren in Verkehrsord-

---

[50] BT-Drucks. 15/1971, S. 222.
[51] BT-Drucks. 15/1971, S. 230.

nungswidrigkeiten mit dem Hinweis zu bestreiten, es handele sich grundsätzlich um unterdurchschnittliche Angelegenheiten. Soweit die Rechtsschutzversicherungen sich hierbei auf Urteile beziehen, die noch zu Vorschriften der BRAGO ergangen sind, sind diese Urteile überwiegend durch die völlig andere Struktur des RVG überholt und untauglich. Der Gesetzgeber hat die Dreiteilung der Gebühren nach Bußgeldhöhe eingeführt, um auf diese Art eine sachgerechte Honorierung in Bußgeldsachen zu erreichen. In der amtlichen Begründung zum RVG ist insoweit auch ausdrücklich auf Verkehrsordnungswidrigkeiten Bezug genommen worden mit Hinweis darauf, dass in Bagatellbußgeldsachen – wegen der fehlenden Eintragung in der Verkehrszentralkartei – die Gebühren niedriger abgegolten werden sollen als nach bisherigem Recht, hingegen sollte bei Bußgeldsachen ab 40,– EUR das derzeitige Niveau beibehalten werden.[52] Durchschnittliche Bußgeldsachen sind damit auch durchschnittlich abzurechnen. Abweichungen vom Durchschnitt in einigen Fällen oder in bestimmten Verfahrensabschnitten können dann über den Rahmen der einzelnen Abrechnungsziffern ausgeglichen werden. Die grundsätzliche Diskussion, ob Bußgeldsachen generell unterdurchschnittlich sind, gehört mit der Verabschiedung des RVG der Vergangenheit an. Gleichwohl gibt es auch heute noch gerichtliche Entscheidungen, die die eindeutige Intention des Gesetzgebers ignorieren.

aa) Die Verfahrensgebühr. Für das Betreiben des Geschäfts einschließlich der Information 73 entsteht die Verfahrensgebühr des Unterabschnitts 2, vgl. Vorb. 5 Abs. 2 VV-RVG. Mit dieser Gebühr werden die Tätigkeiten des Verteidigers entgolten, die nicht mit der Grund- oder Terminsgebühr honoriert werden, zB Einlassungen gegenüber der Verwaltungsbehörde, eigene Ermittlungen.

bb) Die Terminsgebühr. Mit Einführung des RVG ist die Terminsgebühr des Unterab- 74 schnitts 2 neu geschaffen worden. Mit dieser Gebühr sollen die Termine, welche im vorgerichtlichen Stadium stattfinden, abgegolten werden, zB Vernehmung vor der Polizei oder Verwaltungsbehörde, vgl. Vorb. 5.1.2 Abs. 2 VV-RVG. Finden mehrere Termine statt, entsteht die Gebühr nur einmal, § 15 Abs. 2 RVG. Es ist gegebenenfalls eine Gewichtung innerhalb des Betragsrahmens vorzunehmen.

3. Die Verteidigervergütung im gerichtlichen Verfahren im ersten Rechtszug

a) **Allgemeines.** Mit Eingang der Akten bei Gericht beginnt das gerichtliche Verfahren, 75 Vorb. 5.1.2 Abs. 1 VV-RVG. Die Dreiteilung der Gebühren ist auch in diesem Unterabschnitt zu beachten, vgl. Rn. 38.

b) **Die Gebühren.** Es können im gerichtlichen Verfahren die Grundgebühr als allgemeine 76 Gebühr des Unterabschnitts 1 und die Gebühren des Unterabschnitts 3 „gerichtliches Verfahren" entstehen. Ist eine Beauftragung im Verfahren vor der Verwaltungsbehörde erfolgt, treten die Gebühren des Unterabschnitts 2 hinzu.

aa) Die Grundgebühr. Wird der Rechtsanwalt in diesem Verfahrensabschnitt mandatiert, 77 entsteht zunächst die Grundgebühr der Nr. 5100 VV-RVG für die Einarbeitung in den Rechtsfall. Auf die Ausführungen zu Rn. 37 wird Bezug genommen. Ist eine Grundgebühr bereits im Verfahren vor der Verwaltungsbehörde entstanden, fällt diese nicht erneut an, Anm. Abs. 1 zu Nr. 5100 VV-RVG. Die weiteren Gebühren des gerichtlichen Verfahrens bilden wiederum die Verfahrens- und Terminsgebühr. im übrigen wird bzgl. des Anfalls der Grundgebühr und der Verfahrensgebühr auf die vorstehenden Ausführung unter Rn. 11 verwiesen.

bb) Verfahrensgebühr. Durch die Verfahrensgebühr wird die gesamte Tätigkeit des Vertei- 78 digers außerhalb der Hauptverhandlung, zB Vorbereitung auf die Hauptverhandlung, Einlassungen gegenüber dem Gericht, entgolten. Neben der Verfahrensgebühr im Verfahren vor der Verwaltungsbehörde kann demnach eine weitere Verfahrensgebühr für das gerichtliche Verfahren entstehen.

---

[52] BT-Drucks. 15/1971, S. 230.

79 cc) *Terminsgebühr.* Für die Tätigkeit in der Hauptverhandlung entsteht die Terminsgebühr des Unterabschnitts 3 VV. Finden mehrere Hauptverhandlungstage statt, entstehen unabhängig von der Frage, ob es sich um Hauptverhandlungen oder Fortsetzungstermine handelt, die Terminsgebühren erneut. Allenfalls innerhalb des zur Verfügung stehenden Rahmens ist eine Gewichtung möglich. Nachdem durch die Verfahrensgebühr eine Vorbereitung auf die Hauptverhandlung abgegolten wird, können je nach Lage des Falles in „Kurzterminen" auch unterdurchschnittlich hohe Gebühren anfallen.

80 Erscheint der Verteidiger zu einem anberaumten Termin, und findet er aus Gründen, die er nicht zu vertreten hat, nicht statt, entsteht dennoch die Terminsgebühr. Dies gilt nicht, wenn er rechtzeitig von der Aufhebung oder Verlegung des Termins in Kenntnis gesetzt worden ist, Vorb. 5 Abs. 3 VV-RVG.

81 In Bußgeldsachen, in denen es keine Berufung oder Revision gegen Entscheidungen des Amtsgerichtes gibt, sondern nur das Rechtsmittel der Rechtsbeschwerde gemäß § 79 OWiG, erhält der Verteidiger für die Rechtsbeschwerde und das weitere Verfahren die Gebühren des Unterabschnitts 4 VV. Wird im Rechtsbeschwerdeverfahren ohne Hauptverhandlung entschieden, erhält der Verteidiger die Verfahrensgebühr der Nr. 5113 VV-RVG. Findet im Rechtsbeschwerdeverfahren eine Hauptverhandlung statt und hat der Verteidiger an ihr teilgenommen, so tritt die Terminsgebühr gem. Nr. 5114 VV-RVG hinzu.

4. Zusätzliche Gebühren und Auslagen im Verfahren vor der Verwaltungsbehörde und dem Amtsgericht sowie Einzeltätigkeiten

82 a) *Allgemeines.* Der Unterabschnitt 5 enthält zusätzliche Gebühren, die neben den dargestellten Gebühren entstehen können. Es handelt sich um die Zusatzgebühr, die Verfahrensgebühr für Tätigkeiten bei Einziehung und verwandten Maßnahmen. Neben den Gebühren können Auslagen berechnet werden.

83 b) *Die Zusatzgebühr.* Auf die Ausführungen zu Rn. 21 ff. wird ergänzend hingewiesen. Die Zusatzgebühr entsteht in Höhe der jeweiligen Verfahrensgebühr (des Verfahrens vor der Verwaltungsbehörde oder des Amtsgerichts), wenn das Verfahren nicht nur vorläufig eingestellt wird. Eine Einstellung nach § 47 Abs. 1 und 2 OWiG ist eine endgültige und nicht nur vorläufige Einstellung.[53] Auch die Rücknahme des Einspruchs löst die Zusatzgebühr aus, unabhängig davon, in welchem Verfahrensabschnitt eine Rücknahme erfolgt ist. Im Verfahren vor dem Amtsgericht ist auf die Zwei-Wochen-Frist der Anm. Abs. 1 Ziff. 4 zu 5115 VV-RVG zu achten. Streng genommen ist es keine genaue Zwei-Wochen-Frist, denn nach dem Wortlaut der Vorschrift muss der Einspruch „früher" als zwei Wochen vor Beginn des Tages, der für die Hauptverhandlung vorgesehen war, zurückgenommen werden. Des Weiteren wird die Zusatzgebühr ausgelöst, wenn die Behörde einen Bußgeldbescheid aufhebt und durch einen neuen ersetzt, gegen den kein Einspruch eingelegt wird. Ferner wird das schriftliche Bußgeldverfahren (§ 72 Abs. 1 S. 1 OWiG) dadurch entgolten, dass die Zusatzgebühr statt der Terminsgebühr entsteht. Auch hinsichtlich dieser Vorschrift ist darauf zu achten, dass eine auf die Förderung des Verfahrens gerichtete Tätigkeit entfaltet worden sein muss. Eine Verteidigerbestellung mit Akteneinsichtsgesuch reicht nicht aus, die Zusatzgebühr zu begründen, wenn die Behörde das Verfahren in der Folge einstellt. Es ist darauf zu achten, dass die Zusatzgebühr stets eine Mittelgebühr ist, Anm. Abs. 3 zu Nr. 5115 VV-RVG. Damit wird die Zusatzgebühr zur Festgebühr, da für ihre Bestimmung kein Ermessen besteht.

84 Hat bereits in der Sache ein Hauptverhandlungstermin stattgefunden und wird die Hauptverhandlung ausgesetzt und erreicht der Verteidiger sodann eine Einstellung des Verfahrens oder nimmt den Einspruch zurück, so ist die Zusatzgebühr entstanden.[54] Wird der Hauptverhandlungstermin lediglich unterbrochen und soll fortgesetzt werden, dann wirkt sich eine zeitlich dazwischen liegende Einstellung oder Rücknahme des Einspruchs nicht aus, da bei Unterbrechung und Fortsetzung der Grundsatz der Einheit der Hauptverhandlung gilt.[55]

---

[53] Gerold/Schmidt/*Burhoff* Nr. 5115 VV Rn. 8.
[54] Gerold/Schmidt/*Burhoff* Nr. 4141 VV Rn. 21.
[55] *Burhoff* RVG VV 4141 Rn. 19; Gerold/Schmidt/*Burhoff* Nr. 4141 VV Rn. 21; *Schneider*/Wolf VV 4141 Rn. 31.

c) **Einzeltätigkeiten.** Ist dem Anwalt eine Verteidigung sonst nicht übertragen, sind die 85
Gebühren des Abschnitts 2 des 5. Teils VV anzuwenden. Die Nr. 5200 VV-RVG ersetzt die
frühere Regelung des § 91 BRAGO. Wird in der Folge die Verteidigung übertragen, findet
eine Anrechnung statt, Anm. Abs. 3 zu Nr. 5200 VV-RVG. Folgende Tätigkeiten sind beispielhaft zu nennen:
- Verkehrsanwaltstätigkeit
- Einlegung eines Rechtsmittels.

d) **Auslagen.** Neben den dargestellten Gebühren können die Auslagen des 7. Teils des VV- 86
RVG berechnet werden.

aa) Entgelte für Post- und Telekommunikationsdienstleistungen. Wahlweise können die 87
Pauschale gemäß Nr. 7002 VV-RVG oder die tatsächlichen Aufwendungen verlangt werden,
Nr. 7001 VV-RVG.
In jeder Angelegenheit fällt die Pauschale an, Anm. zu Nr. 7002 VV-RVG, und beträgt
20 % der abgerechneten Gebühren, höchstens 20,- EUR. Unter einer Angelegenheit ist der
Gesamtverteidigungsauftrag zu verstehen.

bb) Die Dokumentenpauschale. Die Kosten für gefertigte Ablichtungen von Behörden- 88
und Gerichtsakten können gemäß Nr. 7000 Ziffer 1a) VV-RVG verlangt werden. Für die
ersten 50 Ablichtungen können 0,50 EUR, für jede weitere Seite 0,15 EUR berechnet werden. Für Farbkopien können für die ersten 50 Seiten je 1,- Euro, für die weiteren Seiten
0,30 EUR berechnet werden.

cc) Reisekosten. Finden Termine außerhalb der Gemeinde statt, in der sich die Kanzlei 89
oder Wohnung des Anwalts befindet, können Reisekosten abgerechnet werden, Vorb. 7
Abs. 2 VV-RVG. Es kommen die Fahrtkosten gemäß Nrn. 7003 und 7004 VV-RVG in Betracht. Hiernach können neben den tatsächlichen Reiseaufwendungen, zB Kosten der Bahn,
eines Taxis, pauschale 0,30 EUR je gefahrenen Kilometer für die Benutzung des eigenen
Pkw berechnet werden. Daneben entstehen Tage- und Abwesenheitsgelder, die an die Dauer
der Reise geknüpft sind, Nr. 7005 VV-RVG. Sonstige Kosten, z. B Parkgebühren, unterfallen
der Regelung der Nr. 7006 VV-RVG.

dd) Die Umsatzsteuer. Die Umsatzsteuer ist in der Nr. 7008 VV-RVG geregelt. 90

ee) Aktenversendungspauschale. Hier wird auf die vorstehenden Ausführungen zu Rn. 32 91
verwiesen.

IV. Besonderheiten beim Übergang vom staatsanwaltschaftlichen Ermittlungsverfahren in das Bußgeldverfahren

Bei der Verteidigertätigkeit in Straf- und Bußgeldverfahren ist speziell beim Übergang von 92
der einen Verfahrensart in die andere zu klären, welcher Gebührentatbestand gegeben ist.
Die hiermit zusammenhängenden Fragen haben in der Vergangenheit häufig zu gegensätzlichen Standpunkten und Handhabungen geführt. Das 2. KostRMoG hat insoweit Klarheit
geschaffen. Gemäß § 17 Ziff. 10a) und b) RVG handelt es sich um verschiedene Angelegenheiten, sodass die Gebühren jeweils gesondert anfallen, § 15 Abs. 2 RVG. Eine Ausnahme
bildet die Grundgebühr, weil eine Anrechnungsvorschrift insoweit zu beachten ist.
Für die Verteidigervergütung beim Übergang vom strafrechtlichen Ermittlungsverfahren
zum Bußgeldverfahren gilt hiernach Folgendes:
Wenn ein bei der Staatsanwaltschaft geführtes Ermittlungsverfahren, in dem der Anwalt 93
als Verteidiger tätig ist, eingestellt und die Akte an die Verwaltungsbehörde zur Verfolgung
als Ordnungswidrigkeit abgegeben wird, so ist dem Verteidiger für seine Tätigkeit im Ermittlungsverfahren bei der Staatsanwaltschaft zunächst eine Grundgebühr (Nr. 4100 VV-RVG), eine Verfahrensgebühr (Nr. 4104 oder 4105 VV-RVG) sowie eine Zusatzgebühr
(Nr. 4141 VV-RVG) entstanden, wenn eine Mitwirkung vorliegt.
Bei anschließender Fortführung des Verfahrens als Bußgeldverfahren und nachfolgender 94
Einstellung erhält der in diesem Verfahrensabschnitt tätige Verteidiger zusätzlich die Verfahrensgebühr des Unterabschnitts 2, Abschnitt 1 des Teil 5 VV-RVG sowie die Zusatzgebühr

der Nr. 5115 VV-RVG. Die Mitwirkung des Rechtsanwaltes aus dem strafrechtlichen Ermittlungsverfahren wirkt auch im OWi-Verfahren fort (siehe oben Rn. 26).

95 Wird in dem so durch die Bußgeldstelle fortgeführten Verfahren gegen den Betroffenen ein Bußgeldbescheid erlassen, gegen den der Betroffene durch seinen Verteidiger Einspruch einlegen lässt, so erhält der Verteidiger für das Bußgeldverfahren vor der Verwaltungsbehörde eine Verfahrensgebühr und im anschließenden Verfahren vor dem Amtsgericht ebenfalls die Verfahrensgebühr (Teil 5, Abschnitt 1, Unterabschnitt 3 VV-RVG). Demnach können mit den Verfahrensgebühren der Strafsachen unter Umständen drei oder mehr Verfahrensgebühren entstehen und beim Übergang eines strafrechtlichen Ermittlungsverfahrens nach dessen Einstellung und der Einstellung des sich anschließende Bußgeldverfahrens auch zwei Zusatzgebühren gem. VV 4141 und VV 5115, die untereinander nicht anrechenbar sind.[56]

96 Die Auslagen des Teils 7 VV-RVG, insbesondere die Pauschale für Post- und Telekommunikationsentgelte, entstehen jeweils gesondert, Anm. zu Nr. 7002 VV-RVG.

V. Die Gebührenhöhe und deren Bestimmung

1. Die Gebührenhöhe, differenziert nach Art des Gerichtes

97 Auf die Ausführungen zu Rn. 5 wird ergänzend hingewiesen.

2. Die Bestimmung der Gebühren nach den Kriterien gemäß § 14 RVG

98 a) Die Bemessungskriterien für die Gebührenhöhe gemäß § 14 RVG. Die gesetzlichen Gebühren der Teile 4 und 5 VV RVG sind Betragsrahmengebühren, bestimmt durch einen Mindest- und Höchstbetrag. Nach § 14 Abs. 1 S. 1 RVG bestimmt der Anwalt innerhalb dieses Rahmens die Gebühr im Einzelfall. Durch die Trennung der Strafsachen und Bußgeldverfahren gelten die nachfolgenden Ausführungen für beide Verfahren.

99 Bei Meinungsverschiedenheiten zwischen Auftraggeber und Anwalt über die Angemessenheit der vom Rechtsanwalt bestimmten Gebühr kommt eine Festsetzung nach § 11 Abs. 8 RVG in Betracht. Hierzu muss der Auftraggeber allerdings die Höhe der Vergütung ausdrücklich anerkannt haben. Liegt ein solches Anerkenntnis nicht vor, ist im Zivilrechtsweg eine Klärung herbeizuführen. Gem. § 11 Abs. 8 RVG kann der Rechtsanwalt auch die Mindestgebühr gegen seinen Auftraggeber festsetzen lassen. Dies ist aber gefährlich und sollte tunlichst unterlassen werden! Denn durch den Antrag auf Festsetzung der Mindestgebühr verzichtet der Rechtsanwalt auf die weitere Gebührenforderung.[57]

100 Ist die Gebühr von einem Dritten zu ersetzen, so ist die vom Anwalt bestimmte Gebühr zunächst verbindlich. Im Erstattungsverfahren kann ihre Verbindlichkeit nur durch die positive Feststellung ihrer **Unbilligkeit** beseitigt werden. Ob eine Gebühr der Höhe nach billigem Ermessen entspricht, unterliegt der Wertung.[58]

101 Es kann nicht generell umschrieben werden, wann eine Unbilligkeit der vom Anwalt getroffenen Bestimmung vorliegt.[59] Nach *Baumgärtel* ist bereits bei einer Abweichung von 10 % die Gebührenbestimmung unbillig und damit unverbindlich.[60] Die überwiegende Ansicht nimmt eine Unbilligkeit erst dann an, wenn die Abweichung 20 % oder mehr beträgt.[61]

102 Kommt es zwischen dem Auftraggeber und dem Anwalt zu einem Rechtsstreit über die Gebührenhöhe, so hat das Gericht gemäß § 14 Abs. 2 RVG ein Gutachten des Vorstandes der Rechtsanwaltskammer einzuholen. An dieses Gutachten ist das Gericht bei seiner Ent-

---

[56] Gerold/Schmidt/*Burhoff* Nr. 4141 Rn. 16, Nr. 5115 VV Rn. 3; *Enders* Rn. 2552.
[57] BGH Urteil vom 4.7.2013 IX ZR 306/12 = BeckRS 2013, 13353.
[58] Gerold/Schmidt/*v. Eicken/Madert/Müller-Rabe*, 17. Aufl., § 14 Rn. 8.
[59] Gerold/Schmidt/*v. Eicken/Madert/Müller-Rabe*, 17. Aufl., § 14 Rn. 8.
[60] *Baumgärtel* VersR 1978, 581.
[61] OLG Düsseldorf AnwBl. 1982, 262; OLG München AnwBl. 1975, 171; LG Wuppertal AnwBl. 85, 160; LG Aschaffenburg AnwBl. 1981, 34; Gerold/Schmidt/*Mayer* § 14 RVG Rn. 12 mwN; zuletzt: Thür. OLG Jena RVGreport 2005, 145.

scheidung jedoch nicht gebunden.⁶² Das von der Rechtsanwaltskammer gem. § 14 Abs. 2 RVG einzuholende Gutachten soll nur dann erforderlich sein, wenn es sich um einen Rechtsstreit zwischen Anwalt und Auftragnehmer handelt.⁶³ Der von *Schons* und *Teubel* vertretenen Ansicht, das generell ein Gutachten der Rechtsanwaltskammer einzuholen sei, ist der Vorzug zu geben.⁶⁴

b) Die Bemessungskriterien nach § 14 Abs. 1 RVG im Einzelnen. In § 14 RVG ist bestimmt, dass bei der Bestimmung der Gebührenhöhe alle Umstände des Einzelfalles zu berücksichtigen sind. Das Gesetz stellt hierbei nunmehr 5 Umstände besonders heraus, nämlich 103
- die Bedeutung der Angelegenheit,
- der Umfang der anwaltlichen Tätigkeit,
- die Schwierigkeit der anwaltlichen Tätigkeit,
- die Vermögens- und Einkommensverhältnisse des Auftraggebers und
- ein Haftungsrisiko des Anwalts.

Unter dem Begriff der „**Bedeutung der Angelegenheit**" für den Mandanten ist zu verstehen dessen unmittelbares persönliches, wirtschaftliches und individuelles Interesse an der Angelegenheit sowie darüber hinaus die weiteren Auswirkungen, zB die Eintragung im Verkehrszentralregister oder die Bedeutung für den Beruf des Mandanten. Droht einem einschlägig Vorbestraften – was im Bereich des Verkehrsstrafrechtes häufig der Fall sein kann – im Falle einer erneuten Verurteilung eine erhebliche Freiheitsstrafe, so ist bereits hierdurch eine Überschreitung der Mittelgebühr gerechtfertigt. 104

Im Bereich der Verkehrsstrafsachen und auch der Verkehrsordnungswidrigkeiten erhöhen Voreintragungen im Verkehrszentralregister stets dann die Bedeutung der Angelegenheit für den Betroffenen/Beschuldigten, wenn diese in Verbindung mit dem drohenden weiteren Anfall von Punkten in dem zu beurteilenden Fall geeignet sind, Maßnahmen des Straßenverkehrsamtes auszulösen.⁶⁵ 105

Der Begriff des „**Umfanges der Angelegenheit**" gemäß § 14 RVG zielt auf den zeitlichen Aspekt des Arbeitsaufwandes ab. Hierbei sind zu berücksichtigen Dauer und Anzahl von Besprechungen mit dem Mandanten oder mit Dritten, Zeitaufwand für Auswertung der Strafakten, Umfang von Einlassung und Stellungnahmen. Darüber hinaus ist für die Bewertung des Umfanges der Angelegenheit auch die Dauer der Hauptverhandlung Bewertungskriterium. 106

Bei der Bewertung der „**Schwierigkeit der anwaltlichen Tätigkeit**" sind die qualitative Anforderung und die Anforderungen an die Intensität der Arbeit zu beachten. Die anwaltliche Tätigkeit ist als schwierig zu bewerten, „wenn die Sache aus besonderen Gründen über das Normalmaß hinausgeht".⁶⁶ 107

Unter dem schließlich weiter im Gesetz ausdrücklich genannten Kriterium der „**Vermögens- und Einkommensverhältnisse**" sind die wirtschaftlichen Verhältnisse des Mandanten zu verstehen. Zu Recht bezeichnet *Römermann* dieses Kriterium als im Grunde **systemfremd**.⁶⁷ Die Einkommensverhältnisse sind mit dem durchschnittlichen Nettoeinkommen aller Haushalte zu vergleichen.⁶⁸ Steht hinter dem Auftraggeber eine die Kosten tragende Rechtsschutzversicherung, wird regelmäßig von mindestens durchschnittlichen Einkommens- und Vermögensverhältnissen des Auftraggebers auszugehen sein.⁶⁹ Bei einem Auftraggeber, der sich eine Rechtsschutzversicherung leistet, besteht daher keine Veranlassung, 108

---

⁶² BGH NJW 2005, 2143; NJW 2004, 1046; OLG Hamm Urt. v. 5.12.2006 – 28 U 31/05, Internetbeilage zu AnwBl. 10/2007 S. 1.
⁶³ BGH DVBl. 1969, 204; BFH RVG-report 2006, 20; BVerwG RVG-report 2006, 21; Schneider/Wolf/*Rick* § 14 Rn. 87; Gerold/Schmidt/*Mayer* § 14 Rn. 35; a. A. *Schons* NJW 2005, 1024, 1025 und 3089, 3091; Brieske/Teubel/Scheungrab/*Teubel* MAH Vergütungsrecht § 43 Rn. 45.
⁶⁴ Schons NJW 2005, 1024, 1025 und 3089, 3091.
⁶⁵ Gerold/Schmidt/*v. Eicken/Madert/Müller-Rabe*, 17. Aufl., § 14 Rn. 92 ff.
⁶⁶ Gerold/Schmidt/*v. Eicken/Madert/Müller-Rabe*, 17Aufl., § 14 Rn. 50 ff.
⁶⁷ Hartung/Römermann/*Schons*, § 14 Rn. 34.
⁶⁸ Gerold/Schmidt/*Mayer* § 14 Rn. 18.
⁶⁹ LG Kaiserslautern AnwBl. 1964, 289.

unter dem Durchschnitt liegende Einkommens- und Vermögensverhältnisse anzunehmen. Dies entspricht auch der durchgängigen Praxis der Rechtsanwaltskammern bei der Erstellung von Gebührengutachten.

109 Sind in Strafsachen keine Umstände erkennbar, die eine Erhöhung oder Ermäßigung rechtfertigen, ist von der Mittelgebühr auszugehen,[70] wobei im Rahmen der Kompensationstheorie ein überdurchschnittliches Kriterium von einem unterdurchschnittlichen beeinflusst werden kann.

VI. Die Vergütungsvereinbarung

110 Auch bei der Verteidigung in verkehrsrechtlichen Angelegenheiten kann es angezeigt sein, dem Mandanten eine Vergütungsvereinbarung vorzuschlagen und mit ihm abzuschließen. Dies kann angemessen sein bei besonderem Umfang oder Schwierigkeit der anwaltlichen Tätigkeit, zB wenn eine Führerscheinmaßnahme gegen den Mandanten in Rede steht und etwa ein umfangreicher Sachverhalt zu klären ist oder Gespräche zu führen sind, etwa mit der Staatsanwaltschaft oder dem Gericht. Besonders bei erheblichem Tatvorwurf wie zB fahrlässiger Tötung drängt sich der Abschluss einer Vergütungsvereinbarung auf. Keiner weiteren Erwähnung bedarf eigentlich die Feststellung, dass die gesetzlichen Gebühren in Strafsachen bei umfangreicher und schwieriger Tätigkeit nicht kostendeckend sind. Bei Abschluss einer Vergütungsvereinbarung sind die verschiedenen nachstehend dargestellten Aspekte zu beachten.

1. Zu beachtende Aspekte

111 Durch das Gesetz zur Neuregelung des Verbots der Vereinbarung von Erfolgshonoraren vom 25.4.2008, dem der Bundesrat in seiner Sitzung vom 23.5.2008 zugestimmt hat, wurden die Vorschriften über Vergütungsvereinbarungen grundlegend geändert. Der Gesetzgeber musste einer Entscheidung des Bundesverfassungsgerichts folgen. Durch Beschluss vom 12.12.2006 hatte das Bundesverfassungsgericht entschieden: „Das Verbot anwaltlicher Erfolgshonorare einschließlich des Verbotes der „quota litis" (§ 49b Abs. 2 BRAO aF, § 49b Abs. 2 Satz 1 BRAO) ist mit Art. 12 Abs. 1 GG insoweit nicht vereinbar, als es keine Ausnahme für den Fall zulässt, dass der Rechtsanwalt mit der Vereinbarung einer erfolgsbasierten Vergütung besonderen Umständen in der Person des Auftraggebers Rechnung trägt, die diesen sonst davon abhielten, seine Rechte zu verfolgen".[71]

112 Die gesetzliche Neuregelung stellt eine sogenannte kleine Lösung dar, da das Erfolgshonorar nur unter engen Voraussetzungen freigegeben wurde. Das Bundesverfassungsgericht hatte dem Gesetzgeber in seiner Entscheidung freie Hand gelassen, eine unbeschränkte Freigabe wäre somit möglich gewesen.

113 Der neue § 3a RVG regelt nunmehr die Anforderungen an eine Vergütungsvereinbarung. Nach der alten Vorschrift des § 4 RVG war peinlichst darauf zu achten, dass die richtige Terminologie angewandt wurde. So war die Überschrift „Vergütungsvereinbarung" zwingend vorgeschrieben, wenn der Rechtsanwalt die Vergütungsvereinbarung verfasst hatte. Nunmehr kann nach § 3a RVG neben der Bezeichnung Vergütungsvereinbarung auch eine vergleichbare Bezeichnung erfolgen. Somit könnte eine solche Vereinbarung als Honorarbzw. Gebührenvereinbarung bezeichnet werden. Die Textform reicht nunmehr für eine Vereinbarung aus. Damit ist es auch möglich, die Vereinbarung in Form eines Faxschreibens zu fassen. Die nach altem Recht strenge Schriftform ist also für die Wirksamkeit der Vergütungsvereinbarung ab dem 1.7.2008 nicht mehr erforderlich. Die Vergütungsvereinbarung darf nicht in der Vollmacht enthalten sein und muss von anderen Vereinbarungen, außer der Auftragserteilung (nicht zu verwechseln mit der Vollmacht) deutlich abgesetzt sein. Besser wäre es gewesen, nicht von Auftragserteilung, sondern von Auftragsbeschreibung zu sprechen. Ferner muss sie einen Hinweis darauf erhalten, dass die gegnerische Partei, ein Verfahrensbeteiligter oder die Staatskasse im Falle der Kostenerstattung regelmäßig nicht mehr als

---

[70] AA Gerold/Schmidt/*v. Eicken/Madert/Müller-Rabe*, 17. Aufl., § 14 Rn. 71.
[71] BVerfG NJW 2007, 979 = BB 2007, 617.

die gesetzliche Vergütung erstatten muss. Klargestellt ist nunmehr, dass die Formvorschriften des § 3a Abs. 1 S. 1 und 2 RVG nicht für eine Gebührenvereinbarung gem. § 34 RVG gelten. Das war nach altem Recht streitig.

Obwohl die gesetzlich vorgeschriebene Form der Vergütungsvereinbarung klar definiert ist, finden sich in der täglichen Praxis immer wieder Vergütungsvereinbarungen, die den gesetzlichen Vorgaben nicht entsprechen. Auf dem Gebiet des Strafrechts waren und sind Vergütungsvereinbarungen schon immer weit verbreitet, weil die gesetzlichen Vergütungen hier deutlich zu gering waren und noch sind.[72] **114**

Nach § 4 Abs. 1 RVG kann in außergerichtlichen Angelegenheiten eine niedrigere als die gesetzliche Vergütung vereinbart werden. Sie muss in einem angemessenen Verhältnis zu Leistung, Verantwortung und Haftungsrisiko des Rechtsanwalts stehen. Liegen die Voraussetzungen für die Bewilligung von Beratungshilfe vor, kann der Rechtsanwalt ganz auf eine Vergütung verzichten, § 4 Abs. 1 S. 3 (in der ab 1.1.2014 geltenden Fassung). **115**

Gem. § 4b RVG kann aus einer Vergütungsvereinbarung, die nicht den gesetzlichen Anforderungen entspricht, keine höhere als die gesetzliche Vergütung gefordert werden.

Das **Erfolgshonorar** ist in § 4a RVG geregelt. Es darf nur im Einzelfall und nur dann vereinbart werden, wenn der Auftraggeber aufgrund seiner wirtschaftlichen Verhältnisse bei verständiger Betrachtung ohne die Vereinbarung eines Erfolgshonorars von der Rechtsverfolgung abgehalten würde. In einem gerichtlichen Verfahren darf für den Fall des Misserfolgs sowohl ein unter den gesetzlichen Gebühren liegendes Honorar vereinbart werden als auch kein Honorar, wenn gleichzeitig für den Erfolgsfall ein angemessener Zuschlag auf die gesetzlichen Gebühren vereinbart wird. Zwingend muss die Vereinbarung enthalten die voraussichtliche gesetzliche Vergütung und gegebenenfalls die erfolgsunabhängige vertragliche Vergütung, zu der der Rechtsanwalt bereit wäre, den Auftrag zu übernehmen, sowie die Angabe, welche Vergütung bei Eintritt welcher Bedingung verdient sein soll. Ferner sind in der Vereinbarung die wesentlichen Gründe anzugeben, die für die Bemessung des Erfolgshonorars bestimmend sind und ein Hinweis darauf, dass die Vereinbarung keinen Einfluss auf die gegebenenfalls vom Auftraggeber zu zahlenden Gerichtskosten, Verwaltungskosten und die von ihm zu erstattenden Kosten anderer Beteiligter hat. Insgesamt enthält die Formulierung von § 4a RVG so viel Zündstoff, dass es schwierig sein wird, eine allen gesetzlichen Anforderungen gerecht werdende Vereinbarung zu treffen und es ist absehbar, dass die Gerichte mit der Überprüfung von Erfolgshonorarvereinbarungen ausreichend beschäftigt werden. **116**

Diskutiert wird in Rechtsprechung und Rechtslehre auch die Frage, ob anwaltliche Vergütungsvereinbarungen dem **AGB-Recht** unterliegen können.[73]

Beim **Inhalt** der Vergütungsvereinbarung ist zu beachten, dass klar zum Ausdruck kommen muss, ob das vereinbarte Honorar als Pauschalhonorar zu zahlen ist und die gesetzlichen Gebühren umfasst oder neben den gesetzlichen Gebühren zu zahlen ist. Vor der Vereinbarung von Pauschalhonoraren muss gewarnt werden. Sehr häufig kommt es zu einer vorzeitigen Beendigung des Mandates mit der Folge, dass Streit darüber besteht, welche Vergütung der Rechtsanwalt bisher verdient hat. Bei Vereinbarung eines Pauschalhonorars wird im ersten Schritt überprüft, welchen Teil seiner Leistung der Rechtsanwalt bisher erbracht hat. Nur diesen Teil kann er bezahlt verlangen. Diese Feststellung ist teilweise schwierig und kann vielfach erst dann erfolgen, wenn die Angelegenheit insgesamt erledigt ist. Hat zB der Rechtsanwalt pauschal für das Ermittlungsverfahren einen Betrag von 10.000,– EUR erhalten und hat er bei Beendigung des Mandates ca. 35 % seiner Leistung erbracht, so hat er auch nur Anspruch auf Zahlung eines dem Anteil der Leistung entsprechenden Honorars von 3.500,– EUR aus § 628 Abs. 1 S. 1 BGB. Im zweiten Schritt wird gem. § 3a Abs. 2 S. 1 RVG überprüft, ob diese vereinbarte Vergütung unter Berücksichtigung aller Umstände unangemessen hoch ist. Hierzu hat das Gericht gem. § 3a Abs. 2 S. 2 RVG ein Gutachten der Rechtsanwaltskammer einzuholen. Kommt das Gericht zu dem Ergebnis, das nach § 628 Abs. 1 BGB zu zahlende Honorar sei unangemessen, wird die Vergütung im Rechtsstreit auf den angemessenen Betrag bis zur Höhe der gesetzlichen Vergütung **117**

---

[72] Mayer/Kroiß/*Teubel* § 3a Rn. 4.
[73] Vgl. hierzu im Einzelnen *Madert* Rn. 8.

herabgesetzt. Zu der Frage, was als unangemessen hoch anzusehen ist, hat sich der Bundesgerichtshof in einem bemerkenswerten Urteil auf den Standpunkt gestellt, dass bei Strafverteidigungen eine Vergütung, die mehr als das Fünffache über den gesetzlichen Höchstgebühren liegt, eine tatsächliche Vermutung dafür spricht, dass sie unangemessen hoch und das Mäßigungsgebot des § 3 Abs. 3 BRAGO (entspricht der Regelung an § 4 Abs. 4 RVG) verletzt ist.[74] Zwar ist diese Entscheidung noch zu den Vorschriften der alten BRAGO ergangen, sie ist aber ebenso auf die Vorschriften des RVG anwendbar. Im Ergebnis hält der BGH eine Vergütungsvereinbarung, die den insgesamt sechsfachen Wert des gesetzlichen Höchsthonorars übersteigt, für unangemessen. Die Entscheidung hat zu heftigen Reaktionen geführt.[75] Nicht gefolgt ist der Entscheidung des BGH das OLG Frankfurt[76] und das OLG Hamm, das in zwei Entscheidungen klar und mit deutlichen Worten zum Ausdruck gebracht hat, dass es die Entscheidung nicht stütze.[77] In der Entscheidung OLG Hamm AGS 2007, 550 ging es nicht um die Vereinbarung eine Pauschalhonorars, sondern um ein Stundenhonorar in Höhe von 500,– EUR, das das OLG nicht beanstandet hat. In dem anderen Fall war ein Pauschalhonorar vereinbart worden, das die gesetzlichen Gebühren um das 38-fache überstieg. Auch dies hält das OLG Hamm nicht für unangemessen und hat insbesondere auch verfassungsrechtliche Bedenken gegen die vom BGH vertretene Ansicht geäußert.

> **Praxistipp:**
> Es kann empfehlenswert sein, Vergütungsvereinbarungen für einzelne Verfahrensabschnitte zu treffen. In der Vergütungsvereinbarung muss jedoch dann klar zum Ausdruck kommen, auf welchen Verfahrensabschnitt sich die Vereinbarung bezieht. Dies ist empfehlenswert in umfangreichen Angelegenheiten und insbesondere dann, wenn über den Ablauf des Verfahrens, insbesondere über den Umfang der Tätigkeit, ein Überblick noch nicht gegeben ist.[78]

118 Die bisherige Rechtsprechung des BGH zum sogenannten Mäßigungsgebot wurde vom Bundesverfassungsgericht wesentlich korrigiert.[79] Der BGH hat die Entscheidung des BVerfG zum Anlass genommen, seine Rechtsprechung zu modifizieren.[80] In dem Leitsatz heißt es:
1. Die aus dem Überschreiten des fünffachen Satzes der gesetzlichen Gebühren herzuleitende Vermutung der Unangemessenheit eines vereinbarten Verteidigerhonorars kann durch die Darlegung entkräftet werden, dass die vereinbarte Vergütung im konkreten Fall unter Berücksichtigung aller Umstände angemessen ist (Modifikation von BGHZ 162, 98).
2. Veranlasst der Verteidiger den Mandanten mit dem Hinweis, andernfalls das Mandat niederzulegen, zum Abschluss einer die gesetzlichen Gebühren überschreitenden Vergütungsvereinbarung, kann der Mandant seine Erklärung nur dann wegen widerrechtlicher Drohung anfechten, wenn ihn der Verteidiger erstmals unmittelbar vor oder in der Hauptverhandlung mit diesem Begehren konfrontiert.
3. Wird zugunsten des Rechtsanwalts ein Stundenhonorar vereinbart, hat er die während des abgerechneten Zeitintervalls erbrachten Leistungen konkret und in nachprüfbarer Weise darzulegen.

Damit hält der BGH zwar noch an seiner Rechtsprechung zum Mäßigungsgebot fest, aber lässt aber dem Rechtsanwalt den Nachweis zu, dass die vereinbarte Vergütung im konkreten Fall unter Berücksichtigung aller Umstände angemessen ist.

---

[74] BGH NJW 2005, 2142.
[75] OLG Frankfurt AGS 2006, 113 = AnwBl. 2006,212; Mayer/Kroiß/Teubel § 4 Rn. 211; Tsambikakis StraFo 2005, 621; Lutje NJW 2005, 2490; Johnigk StV 2005, 621; Schneider BGH-Report 2005, 1154; Henssler/Kilian WuB VIII. E. § 3 BRAGO 1.05; OLG Hamm AGS 2007, 550; OLG Hamm AnwBl. 2008, 546 ff.
[76] OLG Frankfurt AGS 2006, 113 = AnwBl. 2006, 212.
[77] OLG Hamm AGS 2007, 550; OLG Hamm AnwBl. 2008, 546 ff.
[78] Vgl. hierzu im Einzelnen mit praktischen Hinweisen für das Abfassen von Vergütungsvereinbarungen, einschließlich einer hierzu erstellten Checkliste Madert Rn. 15 und 16.
[79] BVerfG AnwBl. 2009, 650 = BRAK-Mitt. 2009, 172 m. Anm. Schons.
[80] BGHZ 184, 209 = NJW 201, 1364.

Auch bezüglich der Vereinbarung eines Stundenhonorars führt der BGH aus, dass dessen Vereinbarung bei einem umfangreichen Ermittlungsverfahren grundsätzlich sachgerecht sei und auch Stundenhonorare von 500 EUR und mehr nicht von vornherein zu beanstanden seien, sondern es vielmehr auf die konkreten Umstände des Einzelfalles ankomme. Sodann macht der BGH auch noch Ausführungen zum Nachweis der geleisteten Stunden durch den Rechtsanwalt. Hier genügen nicht pauschale Angaben, sondern der Rechtsanwalt müsse stichwortartig in einer auch im Nachhinein verständlichen Weise niederlegen, welche konkrete Tätigkeit er innerhalb eines bestimmten Zeitraums verrichtet hat.

Bei Abschluss einer Vergütungsvereinbarung durch einen **Bevollmächtigten** sind besondere Grundsätze zu beachten. Die Vollmacht zum Abschluss einer Vergütungsvereinbarung bedarf nämlich ebenso der Form des § 3a Abs. 1 RVG wie eine nachträgliche Genehmigung.[81]

2. Vergütungsvereinbarung und Rechtsschutz

Es ist davon auszugehen, dass bei bestehender Rechtsschutzversicherung der Mandant und VN gegenüber der Rechtsschutzversicherung einen Freistellungsanspruch hinsichtlich der Gebühren nur im Umfang der gesetzlichen Gebühren hat. Eine auf Parteivereinbarung beruhende Vergütung hat die Rechtsschutzversicherung nicht zu übernehmen, sondern lediglich die sich aus dem Gesetz ergebende Vergütung.[82]

Für den Fall, dass bei bestehender Rechtsschutzdeckung eine über die gesetzlichen Gebühren hinausgehende Gebührenvereinbarung getroffen werden soll, ist es unerlässlich, den Mandanten hierzu zu belehren. Einmal ist dem Mandanten darzulegen, dass die Rechtsschutzversicherung die Gebühren übernimmt, jedoch nur in Höhe der gesetzlichen Gebühren. Weiter ist gegenüber dem Mandanten geltend zu machen, dass es im Einzelfall angemessen ist, eine über die gesetzlichen Gebühren hinausgehende Vergütung zu vereinbaren. Zweckmäßigerweise wird der Mandant darüber ausdrücklich belehrt und darauf hingewiesen, dass eine Beteiligung der Rechtsschutzversicherung an dem vereinbarten Sonderhonorar aufgrund der festgelegten Versicherungsbedingungen nicht möglich ist, und dass somit eine Rückfrage bei der Rechtsschutzversicherung von vornherein keinen Erfolg haben kann.

VII. Beachtung besonderer Gebührentatbestände

1. Prüfung eines Rechtsmittels

Bei der Beauftragung eines Anwaltes zur Prüfung der Erfolgsaussichten eines Rechtsmittels sind die Nr. 2102 und 2103 VV-RVG anwendbar. Zwar gehört grundsätzlich die Belehrung über Rechtsmittel noch zur abgeschlossenen Instanz, eine sachliche Prüfung über die Aussichten eines Rechtsmittels wird aber von der Verfahrensgebühr der abgeschlossenen Instanz nicht mehr erfasst.[83] Wir der Rechtsanwalt danach mit der weiteren Vertretung beauftragt, ist die nach Nr. 2102 oder Nr. 2103 VV verdiente Gebühr anzurechnen.

2. Gebühren für Gnadenantrag und Antrag auf Zahlungserleichterung

Für den Gnadenantrag erhält der Verteidiger eine Gebühr nach Nr. 4303 VV-RVG und für einen Antrag auf Zahlungserleichterung eine Vergütung nach Nr. 4302 VV-RVG.

3. Gebühr bei Vertretung anderweitig beteiligter Personen

Bei Vertretung des Verletzten oder als Vertreter eines Privat- oder Nebenklägers, eines Zeugen oder Sachverständigen erhält der tätige Anwalt die Vergütung gemäß Teil 4 in entsprechender Anwendung, vgl. Vorb. 4 Abs. 1 VV-RVG. Vertritt der Rechtsanwalt in einem

---

[81] LG Darmstadt ZAP Nr. 8 v. 27.4.2000, S. 559, Fach 24, S. 575.
[82] *Harbauer* ARB (94) § 2 Rn. 18 bis 19; *Buschbell/Hering* § 10 Rn. 47, 58.
[83] *Gerold/Schmidt/Madert* Nr. 2100 VV Rn. 1.

Strafverfahren mehrere Nebenkläger, so erhält er auch die Gebühr Nr. 1008 VV. Voraussetzung ist, dass der Rechtsanwalt in derselben Angelegenheit tätig ist. Es erhöht sich die Verfahrensgebühr und zwar erhöhen sich die Mindest- und die Höchstgebühr um 30 %, so dass sich die zu berechnende Gebühr aus einem größeren Rahmen errechnet. Vertritt der Rechtsanwalt mehrere Nebenkläger sowohl im vorbereitenden wie auch im gerichtlichen Verfahren, so erhöht sich sowohl die Verfahrensgebühr gem. Nr. 4104 VV wie auch die Verfahrensgebühr Nr. 4106 VV.[84]

Im Adhäsionsverfahren verdient der Anwalt neben den Gebühren eines Verteidigers gemäß Nr. 4143 VV-RVG im ersten Rechtszug eine 2,0, im Berufungs- und Revisionsverfahren 2,5 Gebühren gemäß Nr. 4144 VV-RVG.

Die Kosten für die Heranziehung eines Beistandes sind wie Nebenklagekosten zu behandeln, also von dem verurteilten Angeklagten analog §§ 472 Abs. 3 S. 1, 473 Abs. 1 S. 2 StPO zu tragen bzw. zu erstatten.

4. Feststellung einer Pauschalgebühr

126   Gemäß § 42 RVG können in Straf- und Bußgeldverfahren sowohl der Wahl- als auch der Pflichtverteidiger wegen des besonderen Umfangs oder der besonderen Schwierigkeit eine höhere Vergütung festsetzen lassen. Für den entsprechenden Antrag ist zuständig das Oberlandesgericht, in dessen Bezirk das Gericht des ersten Rechtszuges liegt. Bei Wahlverteidigern darf die Vergütung das Doppelte der gesetzlichen Höchstgebühr nicht überschreiten. Der ergehende Beschluss ist nicht anfechtbar.

Anträge, die das Verfahren vor der Verwaltungsbehörde betreffen, sind an die bearbeitende Verwaltungsbehörde zu richten. Gegen die ergehende Entscheidung ist ein Antrag auf gerichtliche Entscheidung zulässig, § 42 Abs. 5 VV-RVG.

5. Beratung und Gutachten gemäß § 34 RVG

127   In der bis zum 30.6.2006 geltenden Fassung des RVG waren Beratung und Gutachten in den Nrn. 2100 VV bis 2103 VV geregelt. § 34 RVG alter Fassung bezog sich nur auf die Mediation. Mit Inkrafttreten von Art. 5 Abs. 1 des Kostenrechtmodernisierungsgesetzes vom 5.5.2004 (BGBl. I 718) zum 1.7.2006 ist die außergerichtliche Beratungstätigkeit aus dem Vergütungsverzeichnis des RVG herausgenommen worden. Gemäß § 34 Abs. 1 S. 1 RVG soll der Rechtsanwalt für einen mündlichen oder schriftlichen Rat oder eine Auskunft (Beratung), die nicht mit einer anderen gebührenpflichtigen Tätigkeit zusammenhängen, für die Ausarbeitung eines schriftlichen Gutachtens und für die Tätigkeit als Mediator auf eine Gebührenvereinbarung hinwirken.

128   Da § 34 RVG die gesamte Beratungstätigkeit aus dem Vergütungsverzeichnis herausgenommen hat, muss der Anwalt mit seinem Auftraggeber eine Gebührenvereinbarung schließen. Wird keine Gebührenvereinbarung geschlossen, dann berechnen sich die Gebühren nach den Vorschriften des bürgerlichen Rechts. Ist der Auftraggeber Verbraucher iSd § 13 BGB, wobei sich die Verbrauchereigenschaft auf das Mandatsverhältnis bezieht, beschränkt sich die Vergütung auf einen Betrag von maximal 250,– EUR; bei einem ersten Gespräch (Erstberatung) kann keine höhere Gebühr als 190,– EUR berechnet werden, § 34 Abs. 1 S. 3 RVG. Die Kappungsgrenze von 190,– EUR betrifft nur das Beratungsgespräch, nicht aber den schriftlichen Rat. Für einen schriftlichen Rat könnte der Anwalt daher, wenn es die Sache zulässt, maximal einen Betrag von 250,– EUR berechnen.

129   Im Übrigen ist zu beachten, dass der Rat oder die Auskunft nicht mit einer anderen gebührenpflichtigen Tätigkeit zusammenhängen darf, § 34 Abs. 1 S. 1 RVG. Anderenfalls wird der Rat oder die erteilte Auskunft durch die Gebühr der anderen gebührenpflichtigen Tätigkeit abgegolten. Hier ist insbesondere die Abgrenzung zur Geschäftstätigkeit gemäß Teil 2 Abschnitt 4 VV-RVG ebenso relevant wie schwierig. Entscheidend ist der dem Anwalt erteilte Auftrag, unabhängig davon, welche Tätigkeiten tatsächlich entfaltet werden. Die nach § 34 Abs. 1 RVG anfallende Gebühr ist gem. § 34 Abs. 2 RVG, wenn nichts anderes verein-

---

[84] Burhoff/*Volpert* S. 340 Rn. 28.

bart ist, auf eine Gebühr für eine sonstige Tätigkeit, die mit der Beratung zusammenhängt, anzurechnen. Dies gilt selbst dann, wenn eine Gebührenvereinbarung geschlossen wird. Es ist daher darauf zu achten, dass auch bei Abschluss einer Gebührenvereinbarung eine Anrechnung der vereinbarten Vergütung auf eine sonstige Tätigkeit, die mit der Sache zusammenhängt, ausgeschlossen wird. Die Gebührenvereinbarung gem. § 34 RVG unterliegt nicht den strengen Formvorschriften gem. § 3a RVG, § 3a Abs. 1 S. 4 RVG.

VIII. Beratungs- und Prozesskostenhilfe in Verkehrsstraf- und OWi-Sachen

Auch in Straf- und Bußgeldsachen wird gemäß § 2 Abs. 1 und 2 BerHG Beratungshilfe gewährt, jedoch nur für die Beratung und nicht für eine weitere Vertretung. Gemäß § 1 Abs. 1 BerHG ist Voraussetzung, dass der Anwalt zur Wahrnehmung von Rechten außerhalb eines gerichtlichen Verfahrens in Anspruch genommen wird. Das Ermittlungsverfahren bei der Staatsanwaltschaft und ebenso das Bußgeldverfahren vor der Verwaltungsbehörde sind keine gerichtlichen Verfahren, sodass für die Vertretung im Ermittlungsverfahren, solange gerichtliche Anhängigkeit nicht gegeben ist, Beratungshilfe in Betracht kommt. Allerdings wird gem. § 2 Abs. 2 S. 2 BerHG in Angelegenheiten des Strafrechts und des Ordnungswidrigkeitenrechts nur **Beratung** gewährt, also nicht die Vertretung. Ebenso kommt Beratungshilfe in Betracht für die Stellung eines Gnadenantrages und bei Straferlass im Gnadenwege, da es sich hierbei um ein verwaltungsrechtliches Verfahren handelt.

Die Regelungen bezgl. der Beratungshilfe wurden durch das 2. KostRMoG mit Wirkung zum 1.1.2014 geändert. Zu beachten ist, dass es ein neues, umfangreiches Beratungshilfeformular gibt. Nach der Ansicht des Gesetzgebers soll durch dieses Formular eine Vereinfachung gegenüber dem früheren Recht eintreten, was man aber wegen des bürokratischen Mehraufwandes bezweifeln kann. Gem. § 6 Abs. 2 BerHG kann der Antrag, wenn sich der Rechtssuchende wegen Beratungshilfe unmittelbar an eine Beratungsperson wendet, nachträglich gestellt werden, wobei in diesem Fall gem. § 6 Abs. 2 S. 2 BerHG der Antrag **spätestens 4 Wochen** nach Beginn der Beratungshilfetätigkeit zu stellen ist.

Prozesskostenhilfe kommt für den Beschuldigten, Angeklagten oder Betroffenen nicht in Betracht. Hier gelten ausschließlich die Vorschriften der §§ 140 ff. StPO, also der möglichen Pflichtverteidigung, soweit die Voraussetzungen hierfür – was in Verkehrssachen selten in Betracht kommen dürfte – gegeben sind. Es sind die dargestellten Gebühren anzuwenden. Die Festgebühren des gerichtlich bestellten oder beigeordneten Rechtsanwalts sind im Vergütungsverzeichnis in der rechten Spalte dargestellt. Die Kosten des Pflichtverteidigers betragen rund 80 % der Wahlverteidigermittelgebühr. Für das Adhäsionsverfahren ist jedoch die Gewährung von Prozesskostenhilfe gemäß § 404 Abs. 5 StPO möglich.

Anhang Teil C

Übersicht

	Rn.
I. Mandanteninformation Verkehrsstraf- und Ordnungswidrigkeitenrecht	1
II. Musterschriftsätze zur Mandatsabwicklung	2–70
1. Erledigung Verfahren ohne Hauptverhandlung (HV)	2–14
a) Einstellung in Straf- und OWi-Sachen	2–6
b) Kein Einspruch	7/8
c) Rücknahme Einspruch	9/10
d) Bei Führerscheinmaßnahmen kein Einspruch/Rücknahme Einspruch	11–13
e) Beschlussentscheidung	14
2. Korrespondenz bei Erledigung mit Hauptverhandlung	15–31
a) Einstellung OWi-Verfahren	15
b) Einstellung Strafverfahren	16/17
c) Verurteilung OWi-Verfahren	18
d) Verurteilung Strafverfahren	19/20
e) Verwarnung mit Strafvorbehalt	21/22
f) Freispruch	23/24
g) Freispruch Strafverfahren	25
h) Verurteilung mit Fahrverbot OWi-Verfahren	26/27
i) Verurteilung Strafverfahren mit Entzug Fahrerlaubnis – MPU	28/29
j) Freispruch OWi-Verfahren – Fahrverbot	30
k) Freispruch Strafverfahren – Entzug Fahrerlaubnis	31
3. Sonstige Mandantenkorrespondenz	32–70
a) Nachricht an Mandant über Verteidigerbestellung	32–35
b) Übersenden Einlassung	36–38
c) Verteidigung gegen OWi-Anzeige	39/40
d) Nachricht an Mandant nach Anklage	41/42
e) OWi-Verfahren	43/44
f) Strafverfahren	45/46
g) Einspruch gegen Bußgeldbescheid mit Fahrverbot	47–49
h) Einspruch gegen Strafbefehl mit Führerscheinentzug	50–52
i) Nachricht an Mandant über Anfrage an Kraftfahrtbundesamt	53/54
j) Angebot über Einstellung des Verfahrens	55–57
k) Terminachricht an Mandant	58–60
l) Terminnachricht an Nebenkläger	61
m) Nachricht an Mandant über Terminverlegung	62/63
n) Nachricht an Mandant über Beauftragung Kollegen	64/65
o) Nachricht an Mandant über Rechtsmittel nach Hauptverhandlung	66–69
4. Verfügungen zur Anwendung der Musterschriftsätze	70

I. Mandanteninformation Verkehrsstraf- und Ordnungswidrigkeitenrecht[1]

1 **Der Verfahrensablauf im Einzelnen**
Das Straf- und Ordnungswidrigkeitenverfahren einschließlich Führerscheinmaßnahme und die Beteiligung einer Rechtsschutzversicherung

1. Die Einleitung des Verfahrens

1.1 Ein Straf- und Ordnungswidrigkeitenverfahren wird durch die Ermittlungsbehörde, dh durch die Polizei oder durch die Staatsanwaltschaft, eingeleitet.

1.2 Im Ermittlungsverfahren bei der Staatsanwaltschaft heißt der Beteiligte „Beschuldigter" und nach Anklageerhebung „Angeklagter". Im Bußgeldverfahren verwendet das Gesetz den Begriff „Betroffener".

---

[1] Stand: September 2014.

I. Mandanteninformation

- 1.3 Durch die Polizei oder das Ordnungsamt kann bei geringfügigen Verfehlungen ein Verwarnungsgeld von 5,– EUR bis 55,– EUR erhoben werden. Eine Verwarnung wird nicht im Fahreignungsregister gespeichert, bringt also keine Punkte.

2. Die Vorladung und Vernehmung

- 2.1 Regelmäßig wird der Beschuldigte oder Betroffene zur Vernehmung durch die Polizei geladen. Empfehlenswert ist es, gegenüber der Polizeibehörde lediglich Angaben zur Person zu machen. Zur Sache sollten Angaben nicht gemacht werden. Stattdessen erfolgt der Hinweis, dass eine Äußerung zur Sache über einen Verteidiger erfolgt.
- 2.2 Der beauftragte Anwalt hat als Verteidiger das Recht, die Akten einzusehen. Regelmäßig kommt erst nach Einsicht in die amtlichen Ermittlungsakten die Einlassung für den Mandanten in Betracht.

3. Verfahren bei der Staatsanwaltschaft oder Bußgeldstelle

Bei der Staatsanwaltschaft oder bei der Bußgeldstelle kann das Verfahren auf verschiedene Arten erledigt oder fortgeführt werden.

- 3.1 Die Staatsanwaltschaft kann das Verfahren gemäß § 170 Abs. 2 StPO oder § 153 StPO ohne Zahlung einstellen oder – nach vorheriger Anhörung und Zustimmung des Beschuldigten – gemäß § 153a StPO gegen Zahlung einer Geldauflage Im Falle der Einstellung gegen Zahlung einer Buße ist regelmäßig eine Besprechung mit dem Verteidiger erforderlich.
- 3.2 Auch kann die Staatsanwaltschaft das Verfahren im Hinblick auf eine in Rede stehende Straftat etwa wegen einer fahrlässigen Körperverletzung einstellen und wegen der unfallursächlichen Ordnungswidrigkeit, zB Vorfahrtsverletzung, das Verfahren an die Bußgeldstelle abgeben. Diese kann ihrerseits ebenfalls das Bußgeldverfahren einstellen oder einen Bußgeldbescheid erlassen kann (vgl. Ziff. 5).
- 3.3 Stellt die Staatsanwaltschaft das Verfahren nicht ein, so kommt es zum Antrag auf Erlass eines Strafbefehls beim Amtsgericht oder zur Erhebung der Anklage.

4. Das gerichtliche Strafverfahren

- 4.1 Mit Erlass eines Strafbefehls ist das Verfahren beim Gericht anhängig. Erlässt das Gericht auf Antrag der Staatsanwaltschaft Strafbefehl, so wird dieser rechtskräftig, wenn hiergegen nicht innerhalb von 2 Wochen ab Zustellung Einspruch eingelegt wird.
Nach Einlegung des Einspruchs bestimmt das Gericht – wie nach Eröffnung des Hauptverfahrens aufgrund einer Anklage – Termin zur Hauptverhandlung.
- 4.2 In der durchzuführenden Hauptverhandlung entscheidet das Gericht auf der Grundlage der dann durchzuführenden Beweisaufnahme, also nach Vernehmung von Zeugen oder Sachverständigen oder nach einem Ortstermin. Dabei ist grundsätzlich die Anwesenheit des Angeklagten erforderlich. Lediglich in der Hauptverhandlung nach vorangegangenem Strafbefehl und Einspruch kann der Angeklagte bzw. Mandant sich durch einen mit schriftlicher Vollmacht versehenen Verteidiger auf gesonderten und begründeten Antrag vertreten lassen. Wenn nicht alle in Betracht kommenden Beweismittel präsent bzw. Zeugen anwesend sind oder weitere Zeugen benannt werden, erfolgt eine Vertagung der Hauptverhandlung.
- 4.3 Das Gericht kann das Verfahren nach Beweisaufnahme einstellen.
- 4.4 Soweit keine Einstellung des Verfahrens erfolgt, entscheidet das Gericht nach Hauptverhandlung durch Urteil. Grundsätzlich wird in Verkehrsstrafsachen statt einer Freiheitsstrafe eine Geldstrafe verhängt. Diese wird bemessen nach einer Zahl von Tagessätzen. Die Höhe des Tagessatzes orientiert sich am anrechenbaren Nettoeinkommen des Angeklagten.
- 4.5 Ausnahmsweise kommt in Verkehrssachen die Verhängung einer Freiheitsstrafe mit oder ohne Bewährung bei schwerwiegenden Delikten, zB fahrlässiger Tötung in Verbindung mit einer Alkoholfahrt oder bei schweren Verkehrsstraftaten im Wiederholungsfall, in Betracht.
- 4.6 Andererseits hat Freispruch zu erfolgen, wenn die Schuld des Angeklagten nicht zweifelsfrei zu beweisen ist.

5. Das verkehrsrechtliche Bußgeldverfahren

- 5.1 Nach Einleitung eines Verfahrens wegen einer Verkehrsordnungswidrigkeit durch die Polizei oder nach Abgabe eines Verfahrens durch die Staatsanwaltschaft nach Einstellung wegen einer Verkehrsstraftat wird das Verfahren durch die Bußgeldstelle als Ordnungswidrigkeitenverfahren geführt. Diese hört zunächst den Betroffenen an.

5.2 Auch im Ordnungswidrigkeitenverfahren kann die Bußgeldstelle das Verfahren gemäß § 47 Abs. 1 OWiG einstellen; Auflagen gibt es dabei nicht.
5.3 Stellt die Bußgeldstelle das Verfahren nicht ein, bietet sie bei geringfügigen Verstößen ein Verwarnungsgeld an; bei Nichtzahlung des Verwarnungsgeldes oder bei schwereren Verstößen ergeht ein Bußgeldbescheid.
5.4 Gegen den Bußgeldbescheid ist innerhalb von 2 Wochen ab Zustellung Einspruch einzulegen. Über den Einspruch entscheidet das Gericht in einer Hauptverhandlung oder auch durch Beschluss, wenn der Betroffene und sein Verteidiger damit einverstanden sind.
5.5 In der Hauptverhandlung, die grundsätzlich in Anwesenheit des Betroffenen stattzufinden hat, kann das Gericht das Verfahren einstellen, oder es entscheidet durch Urteil und verhängt eine Geldbuße. Ebenso ist zwar möglich, aber selten, dass das Gericht vom Vorwurf der Ordnungswidrigkeit freispricht, wenn die Tat nicht bewiesen ist.

Zu beachten ist auch, dass es nach dem Gesetz auch möglich ist, vom Ordnungswidrigkeitenverfahren wiederum in das Strafverfahren überzugehen, wenn sich in der Hauptverhandlung Aspekte für das Vorliegen einer Straftat ergeben. In diesem Fall hat das Gericht jedoch auf die Veränderung des rechtlichen Gesichtspunktes hinzuweisen. Dann ist die Rücknahme des Einspruches in Erwägung zu ziehen.

5.6 Keine Eintragung in das Verkehrszentralregister in Flensburg erfolgt bei einer Geldbuße unter 60,– EUR.

6. Das Verfahren mit drohender Führerscheinmaßnahme

6.1 Bei Straftaten ist es zulässig, dass der Führerschein durch die Polizei vorläufig beschlagnahmt wird. Wird gegen die Beschlagnahme des Führerscheins Einspruch erhoben, so entscheidet das Gericht auf Antrag der Staatsanwaltschaft über eine vorläufige Entziehung der Fahrerlaubnis gemäß § 111a StPO. Gegen diesen Beschluss ist die Beschwerde möglich. Hierüber entscheidet die Beschwerdekammer des Landgerichts. Dieses Rechtsmittel ist jedoch nur empfehlenswert, wenn begründete Aussicht auf eine Abänderung durch die Beschwerdekammer besteht.

Wenn die festgestellte Blutalkoholkonzentration den Grenzwert von 1,1 ‰ erreicht wurde, ist stets mit einer Entziehung der Fahrerlaubnis zu rechnen. Ebenso kommt die Entziehung der Fahrerlaubnis bei Alkoholwerten unter dem genannten Grenzwert in Betracht, wenn bei der zugrunde liegenden Tat oder im Verhalten des Beschuldigten typische alkoholbedingte Ausfallerscheinungen, zB Fahren in Schlangenlinien, erkennbar geworden sind.

6.2 Im Strafverfahren entscheidet das Gericht, wenn das Verfahren nicht eingestellt wird oder wenn es nicht zum Freispruch kommt, durch Urteil gleichzeitig über eine in Betracht kommende Führerscheinmaßnahme. Die Fahrerlaubnis wird entzogen, wenn sich der Angeklagte durch diese Tat als ungeeignet zum Führen von Kraftfahrzeugen erwiesen hat. Wenn die Fahrerlaubnis entzogen wird, wird zugleich die Verwaltungsbehörde angewiesen, eine neue Fahrerlaubnis nicht vor Ablauf einer vom Gericht bestimmten Frist zu erteilen.
6.3 Vom Entzug der Fahrerlaubnis – auch schon der vorläufigen Entziehung der Fahrerlaubnis – können bestimmte Fahrzeugarten ausgenommen werden.
6.4 Die Sperrfrist für die Neuerteilung der Fahrerlaubnis beginnt mit dem Zeitpunkt der Entscheidung des Gerichtes und im Strafbefehlsverfahren bei Rücknahme des Einspruches mit dem Zeitpunkt des Erlasses des Strafbefehls.

Die regelmäßige Dauer der Entziehung der Fahrerlaubnis bei Ersttätern beträgt insgesamt bei folgenlosen Trunkenheitsfahrten und Alkoholkonzentrationen im Bereich mittlerer Werte ca. 9 bis 12 Monate. Hier gibt es erhebliche regionale Unterschiede; anders als im Bußgeldkatalog gibt es keine gesetzlich festgelegten Rechtsfolgen.

6.5 Es ist empfehlenswert, etwa 6 bis 8 Wochen vor Ablauf der Sperrfrist bei dem für den Wohnort zuständigen Straßenverkehrsamt eine neue Fahrerlaubnis zu beantragen, da die Fahrerlaubnisbehörde vor einer Neuerteilung entscheiden muss, ob Eignungszweifel durch ärztliche oder medizinisch-psychologische Untersuchungen ausgeräumt werden müssen.
6.6 Auch ist daran zu denken, dass eine Abkürzung der Sperrfrist für den Entzug der Fahrerlaubnis bzw. die Neuerteilung der Fahrerlaubnis aufgrund einer Maßnahme bei einer hierfür qualifizierten Stelle erreicht werden kann. Wird dies erwogen, sollten die Voraussetzungen, Kosten und zu erwartenden Verkürzungen mit dem Verteidiger besprochen werden.

6.7 Als Führerscheinmaßnahme kommt anstelle des Entzuges der Fahrerlaubnis im Strafverfahren auch das Fahrverbot in Betracht, wenn zwar keine Ungeeignetheit festgestellt wurde, aber diese Nebenstrafe als Denkzettel geboten erscheint.

6.8 Im Ordnungswidrigkeitenverfahren wird ebenfalls bei bestimmten Verkehrsverstößen ein Fahrverbot verhängt. Einzelheiten sind in § 4 der Bußgeldkatalog-Verordnung (BKatV) geregelt. Auch beim Fahrverbot ist es möglich, hiervon bestimmte Fahrzeugarten auszunehmen. Wenn es sich um einen minderschweren Regelfall handelt oder der Betroffene eine unbotmäßige Härte (zB durch drohenden Arbeitsplatzverlust) vorträgt und beweisen kann, kann die Bußgeldstelle oder das Gericht im Einzelfall von der Verhängung eines Fahrverbots absehen; meist wird dann die Geldbuße erhöht.

6.8 Das Fahrverbot wird durch Abgabe des Führerscheins bei der zuständigen Stelle vollstreckt. Eingerechnet in die Dauer der Vollstreckung des Fahrverbotes wird die Zeit, für die der Betroffene den Führerschein aufgrund vorläufiger Beschlagnahme entbehrt hat. Wenn in den letzten 2 Jahren vor Verhängung des Fahrverbotes nicht bereits ein Fahrverbot verhängt worden war, hat der Betroffene 4 Monate Zeit, den Beginn des Fahrverbots selbst zu bestimmen; hierauf wird der Betroffene im Bußgeldbescheid oder Urteil ausdrücklich hingewiesen. Spätestens nach Ablauf 4 Monaten beginnt das Fahrverbot. Die Monatsfrist beginnt dabei erst in dem Moment, in dem sich der Führerschein in amtlicher Verwahrung bei der Vollstreckungsbehörde befindet.

7. **Besonderheiten bei Fahrerlaubnis auf Probe**
7.1 Der Inhaber der Fahrerlaubnis auf Probe unterliegt einer zweijährigen Probezeit.
7.2 Fällt der Inhaber des Probeführerscheins durch einen gewichtigen Verkehrsverstoß innerhalb der Probezeit auf, wird durch das Straßenverkehrsamt ein Aufbauseminar angeordnet, das auf Kosten des Führerscheininhabers durchgeführt wird. Hierdurch verlängert sich zudem die Probezeit auf 4 Jahre.
7.3 Fällt der Inhaber des Probeführerscheins während der Probezeit nach Teilnahme am Aufbauseminar, aber innerhalb der jetzt vierjährigen Probezeit erneut auf, werden weitere Maßnahmen bis hin zur Entziehung der Fahrerlaubnis ergriffen.

8. **Eintragungen im Bundeszentralregister und im Fahreignungsregister**
8.1 Verurteilungen und Führerscheinmaßnahmen werden bei Strafsachen im Bundeszentralregister eingetragen. Bei Verkehrsstraftaten, die die Verkehrssicherheit betreffen oder diesen gleichgestellt sind, erfolgt zudem die Eintragung im Fahreignungsregister. Dort werden auch Bußgeldverstößen ab 60,– EUR eingetragen, die die Verkehrssicherheit betreffen oder diesen gleichgestellt sind.
8.2 Das Gericht oder zuvor die Staatsanwaltschaft bzw. Polizei holen beim Bundeszentralregister oder beim Kraftfahrtbundesamt im Rahmen eines Ermittlungsverfahrens eine Auskunft darüber ein, ob und gegebenenfalls welche Eintragungen vorliegen. Voreintragungen können sich bei der Bemessung der Strafe oder Geldbuße erhöhend auswirken.
8.3 Eintragungen im Bundeszentralregister über Verkehrsstrafsachen werden in 5 Jahren, bei Geldstrafen über 90 Tagessätzen oder Freiheitsstrafe nach 10 Jahren getilgt.
Die Tilgung von Eintragungen von Ordnungswidrigkeiten erfolgt regelmäßig nach 2,5 Jahren. Nur grobe Ordnungswidrigkeiten bleiben 5 Jahre eingetragen. Verkehrsverstöße, die nach dem 30.4.2014 eingetragen werden, haben keine Tilgungshemmung. Ältere Eintragungen unterliegen anderen Tilgungsregeln.
8.4 In jedem Fall lohnt es sich, selbst oder über einen Verteidiger beim Verkehrszentralkartei kostenlos die schriftliche Auskünfte über vorliegende Eintragungen einzuholen.

9. **Beteiligung einer bestehenden Rechtsschutzversicherung in Verkehrsstraf- und Ordnungswidrigkeitenverfahren**
9.1 Soweit eine Rechtsschutzversicherung besteht, durch die das Risiko des Verkehrsrechtsschutzes abgedeckt wird, wird für den Versicherungsnehmer und mitversicherte Personen Rechtsschutz gewährt.
9.2 Bei Eintrittspflicht einer Rechtsschutzversicherung hat diese grundsätzlich die Kosten des Verfahrens sowie die Gebühren eines Verteidigers zu tragen. Der Leistungsumfang der Rechtsschutzversicherung ergibt sich aus den Allgemeinen Rechtsschutz Bedingungen (ARB). In Straf- und Ordnungswidrigkeitenverfahren werden zudem die Kosten für privat in Auftrag gegebene Sachverständigengutachten getragen.

9.3 Neben der grundsätzlich gegebenen Eintrittspflicht der Rechtsschutzversicherung in Verkehrsangelegenheiten ist zu beachten, dass bestimmte Ausschlusstatbestände in Betracht kommen. Ein Versicherungsschutz besteht nicht beim Führen eines nicht zugelassenen Fahrzeuges. Darüber hinaus ist der Versicherungsschutz bei Verkehrsstrafsachen nicht gegeben, wenn der Mandant bzw. der Versicherungsnehmer wegen einer verkehrsrechtlichen Vorsatztat rechtskräftig verurteilt wird. In diesem Fall entfällt der zu gewährende Rechtsschutz rückwirkend.

9.4 Unbeachtlich ist der Vorsatz bei verkehrsrechtlichen Ordnungswidrigkeiten.

10. Fristversäumnis und Wiedereinsetzung

Bei nicht schuldhafter Versäumung einer Frist (zB bei Zustellung während Urlaubsabwesenheit) kommt Wiedereinsetzung in Betracht. Diese ist innerhalb einer Frist von zwei Wochen ab Wegfall des Hindernisses zu beantragen. Die Voraussetzungen sind in geeigneter Weise glaubhaft zu machen.

11. Straf- und Ordnungswidrigkeitenverfahren und Schadenersatzansprüche aus Unfällen

11.1 Es ist von dem Grundsatz auszugehen, dass Straf- und Ordnungswidrigkeitenverfahren in Verkehrsangelegenheiten selbständige Angelegenheiten neben der evtl. notwendigen Regelung der Schadensersatzansprüche sind. Diese Regulierung ist separat zu betreiben. Grundsätzlich ist der Ausgang des einen oder anderen Verfahrens nicht zwingend präjudizierend für das jeweils andere Verfahren.

11.2 Hinsichtlich der Verfolgung von Schadenersatzansprüchen wird auf die hierzu vorliegende besondere Information in Unfallsachen verwiesen.

II. Musterschriftsätze zur Mandatsabwicklung

1. Erledigung Verfahren ohne Hauptverhandlung (HV)

a) Einstellung in Straf- und OWi-Sachen

aa) Allgemein

2   Sehr geehrte . . . . . .,
ich freue mich mitteilen zu können, dass das Verfahren eingestellt worden ist.
Nach Einstellung des Verfahrens ist daher keine Geldstrafe oder Geldauflage zu zahlen. Insbesondere wird der Vorgang auch nicht im Flensburger Fahreignungsregister oder im Strafregister registriert.
Für die Übertragung des Mandates und das entgegengebrachte Vertrauen danken wir vielmals.
In der somit erledigten Angelegenheit wird anliegend Liquidation mit der Bitte um Ausgleichung übermittelt.[2]

Rechtsanwalt

bb) Bei Fortführung als OWi-Sache

3   Sehr geehrte . . . . . .,
in der bekannten Angelegenheit kann berichtet werden, dass die Staatsanwaltschaft das Strafverfahren eingestellt hat.
In der Einstellungsverfügung bringt die Staatsanwaltschaft jedoch zum Ausdruck, dass die Akte an die Bußgeldstelle zur Prüfung weitergegeben wurde, ob eine Ordnungswidrigkeit vorliegt. Hierzu ist weitere Nachricht seitens der Bußgeldstelle abzuwarten.

---

[2] Soweit eine Rechtsschutzversicherung besteht, wird anstelle des Absatzes hinsichtlich der Gebühren folgender Text vorgeschlagen: „Da diese Angelegenheit ihre Erledigung gefunden hat, wurde gegenüber der Rechtsschutzversicherung abgerechnet".

II. Musterschriftsätze zur Mandatsabwicklung   4–6 **Anhang Teil C**

Sobald von dort eine Nachricht eingeht, erhalten Sie weiteren Bescheid.

Wegen der bisher angefallenen Kosten wird anliegend Liquidation mit der Bitte um Ausgleichung überreicht.[3]

Rechtsanwalt

cc) Einstellung – auch – als OWi-Verfahren

Sehr geehrte ......,   4

ich freue mich mitteilen zu können, dass nach der Erledigung des Strafverfahrens nun auch das Bußgeldverfahren eingestellt worden ist.

Nach Einstellung beider Verfahren ist daher weder Geldstrafe noch Geldauflage zu zahlen. Insbesondere wird der Vorgang auch nicht im Flensburger Fahreignungsregister oder im Strafregister registriert.

Für die Übertragung des Mandates und das entgegengebrachte Vertrauen danken wir vielmals.

In der somit erledigten Angelegenheit wird anliegend Liquidation mit der Bitte um Ausgleichung übermittelt.[4]

Rechtsanwalt

dd) Einstellung gegen Zahlung einer Geldauflage

Sehr geehrte ......,   5

die Staatsanwaltschaft hat den beiliegenden Vorschlag unterbreitet, das Strafverfahren gegen Geldauflage einzustellen.

Die Einstellung kann demnach gegen Zahlung von ...... EUR erfolgen. Dieser Betrag ist innerhalb der im Schreiben genannten Frist zu bezahlen. Unter den gegebenen Umständen erscheint dies als ein günstiges Ergebnis, da die Angelegenheit somit ohne weiteres gerichtliches Verfahren ihren Abschluss gefunden hat. Zudem wird so der Eintrag im Bundeszentral- und Fahreignungsregister vermieden.

Sollten Sie hierzu Fragen haben, eine Reduzierung der Geldauflage anstreben oder die Weiterführung des Verfahrens wünschen, sollten Sie die Zahlung zurückstellen und mit mir Rücksprache zum weiteren Vorgehen nehmen.

Rechtsanwalt

Anlage

ee) Verfolgungsverjährung

Sehr geehrte ......,   6

nach Auswertung der Ermittlungsakte konnte ich feststellen, dass die Verjährungsfristen zur Verfolgung des Verkehrsverstoßes abgelaufen sind. Es ist daher nicht mehr damit zu rechnen, dass ein Bußgeldbescheid in dieser Angelegenheit ergeht.

Sollte wider Erwarten in der Angelegenheit eine weitere Nachricht eingehen, so wird um umgehende Information gebeten. Ansonsten wird die Angelegenheit nach Ausgleichung der Liquidation

---

[3] Soweit eine Rechtsschutzversicherung besteht, wird anstelle des Absatzes hinsichtlich der Gebühren folgender Text vorgeschlagen: „Da diese Angelegenheit ihre Erledigung gefunden hat, wurde gegenüber der Rechtsschutzversicherung abgerechnet".

[4] Soweit eine Rechtsschutzversicherung besteht, wird anstelle des Absatzes hinsichtlich der Gebühren folgender Text vorgeschlagen: „Da diese Angelegenheit ihre Erledigung gefunden hat, wurde gegenüber der Rechtsschutzversicherung abgerechnet".

Schäpe

als erledigt betrachtet, verbunden mit dem Dank für die Übertragung des Mandates und das entgegengebrachte Vertrauen. Anliegend übermittele ich die Liquidation mit der Bitte um Ausgleichung.[5]

Rechtsanwalt

b) Kein Einspruch

aa) Bußgeldbescheid

7 Sehr geehrte . . . . . .,
in der bekannten Angelegenheit wurde – weisungsgemäß – gegen den ergangenen Bußgeldbescheid kein Einspruch eingelegt. Dies bedeutet, dass der Bußgeldbescheid am . . . . . . rechtskräftig ist bzw. wird.[6]
Es wird empfohlen, alsbald den festgesetzten Geldbetrag und die Kosten zu begleichen.
Sofern Sie wegen der Höhe der zu zahlenden Geldbuße Ratenzahlung wünschen, wird um Kontaktaufnahme gebeten, damit ein entsprechender Antrag gestellt wird.
Andernfalls wird der Vorgang hier als erledigt betrachtet. Daher wird anliegend Liquidation mit der Bitte um Ausgleichung übermittelt. Sollten noch Fragen zu klären sein, so wird um Rücksprache gebeten.
Für die Übertragung des Mandates und das entgegengebrachte Vertrauen danken wir vielmals.

Rechtsanwalt

bb) Strafbefehl

8 Sehr geehrte . . . . . .,
in der bekannten Angelegenheit wurde – weisungsgemäß – gegen den ergangenen Strafbefehl kein Einspruch eingelegt. Dies bedeutet, dass der Strafbefehl am . . . . . . rechtskräftig ist bzw. wird.
Es wird empfohlen, alsbald den festgesetzten Geldbetrag und die Kosten zu begleichen.
Sofern Sie wegen der Höhe der zu zahlenden Geldstrafe Ratenzahlung wünschen, wird um Kontaktaufnahme gebeten, damit ein entsprechender Antrag gestellt werden kann.
Andernfalls wird der Vorgang hier als erledigt betrachtet. Daher wird anliegend Liquidation mit der Bitte um Ausgleichung übermittelt. Sollten noch Fragen zu klären sein, so wird um Rücksprache gebeten.
Für die Übertragung des Mandates und das entgegengebrachte Vertrauen danken wir vielmals.

Rechtsanwalt

---

[5] Bei Rechtsschutzversicherung: „Über den angenommenen Abschluss der Angelegenheit wurde der Rechtsschutzversicherung berichtet und abgerechnet. Sollte wider Erwarten in der Angelegenheit eine weitere Nachricht eingehen, so wird um umgehende Information gebeten. Ansonsten wird der Vorgang als erledigt betrachtet, verbunden mit dem Dank für die Übertragung des Mandates und das entgegengebrachte Vertrauen."

[6] Soweit eine Rechtsschutzversicherung besteht, wird hinter dem 1. Absatz anstelle der nachfolgenden Absätze folgender Text vorgeschlagen: „Es wird empfohlen, alsbald den zu zahlenden Betrag zu begleichen. Sofern Sie wegen der Höhe der zu zahlenden Geldstrafe Ratenzahlung wünschen, wird um Kontaktaufnahme gebeten, damit ein entsprechender Antrag gestellt wird.
Die für die Stellung des Ratenzahlungsgesuches anfallenden Gebühren sind von der Rechtsschutzversicherung zu tragen.
Über den Abschluss der Angelegenheit wurde der Rechtsschutzversicherung berichtet. Durchschrift ist beigefügt. Den Bußgeldbescheid (bzw. Kostenbescheid) sollten Sie nach Begleichung an die Rechtsschutzversicherung zu übersenden unter Angabe der Schadennummer, damit die Verfahrenskosten erstattet werden.
Sollten noch Fragen zu klären sein, so wird um Rücksprache gebeten. Ansonsten wird die Angelegenheit als erledigt betrachtet, verbunden mit dem Dank für die Übertragung des Mandates und das entgegengebrachte Vertrauen."

c) Rücknahme Einspruch

aa) Gegen Bußgeldbescheid

Sehr geehrte ......,

in der bekannten Angelegenheit wurde – weisungsgemäß – der Einspruch gegen den Bußgeldbescheid zurückgenommen. Dies bedeutet, dass der Vorgang nunmehr rechtskräftig abgeschlossen ist.[7]

Es wird empfohlen, soweit nicht bereits geschehen, den Geldbetrag zuzüglich Kosten zu begleichen.

Sofern Sie wegen der Höhe der zu zahlenden Geldbuße Ratenzahlung wünschen, wird um Kontaktaufnahme gebeten, damit ein entsprechender Antrag gestellt werden kann.

In der abgeschlossenen Angelegenheit wird wegen der hier angefallenen Kosten Liquidation mit der Bitte um Ausgleichung übermittelt.

Sollten noch Fragen zu klären sein, so wird um Rücksprache gebeten. Ansonsten wird der Vorgang nach Ausgleichung der Liquidation als erledigt betrachtet, verbunden mit dem Dank für die Übertragung des Mandates und das entgegengebrachte Vertrauen.

Rechtsanwalt

bb) Gegen Strafbefehl

Sehr geehrte ......,

in der bekannten Angelegenheit wurde – weisungsgemäß – der Einspruch gegen den Strafbefehl zurückgenommen. Dies bedeutet, dass der Vorgang nunmehr rechtskräftig abgeschlossen ist.

Es wird empfohlen, soweit nicht bereits geschehen, den Geldbetrag zuzüglich Kosten zu begleichen, spätestens nach Erhalt einer entsprechenden Aufforderung.

Sofern Sie wegen der Höhe der zu zahlenden Geldstrafe Ratenzahlung wünschen, wird um Kontaktaufnahme gebeten, damit ein entsprechender Antrag gestellt werden kann.

In der abgeschlossenen Angelegenheit wird wegen der hier angefallenen Kosten Liquidation mit der Bitte um Ausgleichung übermittelt.

Sollten noch Fragen zu klären sein, so wird um Rücksprache gebeten. Ansonsten wird der Vorgang nach Ausgleichung der Liquidation als erledigt betrachtet, verbunden mit dem Dank für die Übertragung des Mandates und das entgegengebrachte Vertrauen.

Rechtsanwalt

---

[7] Soweit eine Rechtsschutzversicherung besteht, wird hinter dem 1. Absatz anstelle der nachfolgenden Absätze folgender Text vorgeschlagen: „Über den Abschluss wurde der Rechtsschutzversicherung berichtet und dieser gegenüber abgerechnet. Durchschrift des Schreibens ist beigefügt.

Es wird empfohlen, den zu zahlenden Geldbetrag – ausschließlich Kosten – zu zahlen, soweit nicht bereits geschehen, spätestens jedoch nach Erhalt einer entsprechenden Aufforderung. Den Bußgeldbescheid (bzw. Kostenbescheid) sollten Sie nach Begleichung an die Rechtsschutzversicherung zu übersenden unter Angabe der Schadennummer, damit die Verfahrenskosten erstattet werden.

Sofern Sie wegen der Höhe der zu zahlenden Geldstrafe bzw. Geldbuße Ratenzahlung wünschen, wird um Kontaktaufnahme gebeten, damit ein entsprechender Antrag gestellt wird. Die für die Stellung des Ratenzahlungsgesuchs anfallenden Gebühren sind von der Rechtsschutzversicherung zu tragen.

Ansonsten wird der Vorgang als erledigt betrachtet, verbunden mit dem Dank für die Übertragung des Mandates und das entgegengebrachte Vertrauen."

Schäpe

d) Bei Führerscheinmaßnahmen kein Einspruch/Rücknahme Einspruch
aa) Bußgeldbescheid mit Fahrverbot

11 Sehr geehrte ......,

in der bekannten Angelegenheit wurde weisungsgemäß gegen den ergangenen Bußgeldbescheid kein Einspruch eingelegt (alternativ: zurückgenommen). Dies bedeutet, dass der Bescheid rechtskräftig ist bzw. wird.[8]

Es wird empfohlen, alsbald den festgesetzten Geldbetrag und die Kosten zu begleichen.

Sofern Sie wegen der Höhe der zu zahlenden Geldbuße Ratenzahlung wünschen, wird um Kontaktaufnahme gebeten, damit ein entsprechender Antrag gestellt wird.

Da auf ein Fahrverbot erkannt wurde, ist der Führerschein – soweit nicht bereits geschehen – bei der zuständigen Behörde fristgerecht abzuliefern. Nach Ablauf der Dauer des Fahrverbotes wird der Führerschein unaufgefordert von der Behörde zurückgesandt.

Der Vorgang kann als erledigt betrachtet werden. Daher wird anliegend Liquidation mit der Bitte um Ausgleichung übermittelt.

Sollten noch Fragen zu klären sein, so wird um Rücksprache gebeten. Ansonsten betrachten wir den Vorgang als erledigt, verbunden mit dem Dank für die Übertragung des Mandates und das entgegengebrachte Vertrauen.

Rechtsanwalt

bb) Strafbefehl – Fahrverbot

12 Sehr geehrte ......,

in der bekannten Angelegenheit wurde weisungsgemäß gegen den ergangenen Strafbefehl Einspruch nicht eingelegt (alternativ: zurückgenommen). Dies bedeutet, dass der Bescheid rechtskräftig ist bzw. wird.[9]

---

[8] Soweit eine Rechtsschutzversicherung besteht, wird hinter dem 1. Absatz anstelle der nachfolgenden Absätze folgender Text vorgeschlagen: „Es wird empfohlen, alsbald den zu zahlenden Betrag zu begleichen. Sofern Sie wegen der Höhe der zu zahlenden Geldbuße Ratenzahlungen wünschen, wird um Kontaktaufnahme gebeten, damit ein entsprechender Antrag gestellt wird. Die für die Stellung des Ratenzahlungsgesuches anfallenden Gebühren sind von der Rechtsschutzversicherung zu tragen.

Soweit auf ein Fahrverbot erkannt wurde, ist der Führerschein – soweit nicht bereits geschehen – fristgerecht abzuliefern. Dies kann über das Büro geschehen. Nach Ablauf der Dauer des Fahrverbotes wird der Führerschein unaufgefordert von der Behörde zurückgesandt. Über den Abschluss der Angelegenheit wurde der Rechtsschutzversicherung berichtet. Durchschrift ist beigefügt.

Nach Begleichung ist der Bußgeldbescheid an die Rechtsschutzversicherung zu übersenden unter Angabe der Schadennummer, damit die Verfahrenskosten erstattet werden.

Sollten noch Fragen zu klären sein, so wird um Rücksprache gebeten. Ansonsten betrachten wir die Angelegenheit als erledigt, verbunden mit dem Dank für die Übertragung des Mandates und das entgegengebrachte Vertrauen".

[9] Soweit eine Rechtsschutzversicherung besteht, wird hinter dem 1. Absatz anstelle der nachfolgenden Absätze folgender Text vorgeschlagen: „Es wird empfohlen, alsbald den zu zahlenden Betrag zu begleichen.

Sofern Sie wegen der Höhe der zu zahlenden Geldstrafe Ratenzahlung wünschen, wird um Kontaktaufnahme gebeten, damit ein entsprechender Antrag gestellt wird. Die für die Stellung des Ratenzahlungsgesuches anfallenden Gebühren sind von der Rechtsschutzversicherung zu tragen.

Soweit auf ein Fahrverbot erkannt wurde, ist der Führerschein – soweit nicht bereits geschehen – fristgerecht abzuliefern. Dies kann über das Büro geschehen. Nach Ablauf der Dauer des Fahrverbotes wird der Führerschein unaufgefordert von der Behörde zurückgesandt.

Auch kann der Antrag von hier aus gestellt werden. Sofern Sie dies wünschen, wird um Mitteilung gebeten. Es muss jedoch bemerkt werden, dass für die entstehenden Kosten die Rechtsschutzversicherung nicht eintrittspflichtig ist.

Über den Abschluss der Angelegenheit wurde der Rechtsschutzversicherung berichtet. Durchschrift ist beigefügt.

Soweit eine Rechnung über die Verfahrenskosten Ihnen zugeht, ist diese Ihrerseits an die Rechtsschutzversicherung zu übersenden unter Angabe der Schadennummer.

Ansonsten betrachten wir die Angelegenheit als erledigt, verbunden mit dem Dank für die Übertragung des Mandates und das entgegengebrachte Vertrauen."

Es wird empfohlen, alsbald den festgesetzten Geldbetrag und die Kosten zu begleichen.

Sofern Sie wegen der Höhe der zu zahlenden Geldstrafe Ratenzahlung wünschen, wird um Kontaktaufnahme gebeten, damit ein entsprechender Antrag gestellt wird.

Da auf ein Fahrverbot erkannt wurde, ist der Führerschein – soweit nicht bereits geschehen – abzuliefern. Nach Ablauf der Dauer des Fahrverbotes wird der Führerschein unaufgefordert von der Behörde zurückgesandt.

Der Vorgang kann als erledigt betrachtet werden. Daher wird anliegend Liquidation mit der Bitte um Ausgleichung überreicht.

Sollten noch Fragen zu klären sein, so wird um Rücksprache gebeten. Ansonsten wird der Vorgang als erledigt betrachtet, verbunden mit dem Dank für die Übertragung des Mandates und das entgegengebrachte Vertrauen.

Rechtsanwalt

cc) Strafbefehl – Entzug Fahrerlaubnis

13

Sehr geehrte ......,

in der bekannten Angelegenheit wurde weisungsgemäß gegen den ergangenen Strafbefehl Einspruch nicht eingelegt (alternativ: zurückgenommen). Dies bedeutet, dass der Bescheid rechtskräftig ist bzw. wird.[10]

Es wird empfohlen, alsbald den festgesetzten Geldbetrag und die Kosten zu begleichen.

Sofern Sie wegen der Höhe der zu zahlenden Geldstrafe Ratenzahlung wünschen, wird um Kontaktaufnahme gebeten, damit ein entsprechender Antrag gestellt wird.

Da die Fahrerlaubnis entzogen wurde, wird empfohlen, etwa 6 Wochen vor Ablauf der festgesetzten Sperrfrist Neuerteilung einer Fahrerlaubnis bei dem für den Wohnsitz zuständigen Straßenverkehrsamt zu beantragen.

Der Vorgang kann als erledigt betrachtet werden. Daher wird anliegend Liquidation übermittelt mit der Bitte um Ausgleichung.

Sollten noch Fragen zu klären sein, so wird um Rücksprache gebeten. Ansonsten wird der Vorgang als erledigt betrachtet, verbunden mit dem Dank für die Übertragung des Mandates und das entgegengebrachte Vertrauen.

Rechtsanwalt

e) Beschlussentscheidung

14

Sehr geehrte ......,

in der bekannten Angelegenheit hat das Gericht durch Beschluss entschieden. Es wird davon ausgegangen, dass eine Ausfertigung des Beschlusses unmittelbar zugestellt wurde.[11]

---

[10] Soweit eine Rechtsschutzversicherung besteht, wird hinter dem 1. Absatz anstelle der nachfolgenden Absätze folgender Text vorgeschlagen: „Es wird empfohlen, alsbald den zu zahlenden Betrag zu begleichen.

Sofern Sie wegen der Höhe der zu zahlenden Geldstrafe Ratenzahlung wünschen, wird um Kontaktaufnahme gebeten, damit ein entsprechender Antrag gestellt wird. Die für die Stellung des Ratenzahlungsgesuches anfallenden Gebühren sind von der Rechtsschutzversicherung zu tragen.

Soweit die Fahrerlaubnis entzogen wurde, wird empfohlen, etwa 6 Wochen vor Ablauf der festgesetzten Sperrfrist Neuerteilung einer Fahrerlaubnis bei dem für den Wohnsitz zuständigen Straßenverkehrsamt zu beantragen.

Über den Abschluss der Angelegenheit wurde der Rechtsschutzversicherung berichtet. Durchschrift ist beigefügt.

Soweit eine Rechnung über die Verfahrenskosten Ihnen zugeht, ist diese Ihrerseits an die Rechtsschutzversicherung zu übersenden unter Angabe der Schadennummer.

Ansonsten betrachten wir die Angelegenheit als erledigt, verbunden mit dem Dank für die Übertragung des Mandates und das entgegengebrachte Vertrauen."

[11] Soweit eine Rechtsschutzversicherung besteht, wird hinter dem 1. Absatz anstelle der nachfolgenden Absätze folgender Text vorgeschlagen: „Über den Abschluss wurde der Rechtsschutzversicherung berichtet und dieser gegenüber abgerechnet. Durchschrift des Schreibens ist beigefügt."

Es wird empfohlen, den zu zahlenden Betrag einschließlich Kosten zu zahlen – soweit nicht bereits geschehen –, spätestens jedoch nach Erhalt einer entsprechenden Aufforderung.

In der abgeschlossenen Angelegenheit wird wegen der hier angefallenen Kosten Liquidation mit der Bitte um Ausgleichung übermittelt.

Ansonsten wird der Vorgang als erledigt betrachtet. Für die Übertragung des Mandates und das uns entgegengebrachte Vertrauen wird gedankt.

Rechtsanwalt

2. Korrespondenz bei Erledigung mit Hauptverhandlung

a) Einstellung OWi-Verfahren

15   Sehr geehrte . . . . . .,

in der bekannten Angelegenheit wird Bezug genommen auf das Ergebnis der Hauptverhandlung und auf die Besprechung nach dem Termin.

Das Verfahren wurde eingestellt.

Nach Einstellung des Verfahrens ist daher keine Geldstrafe oder Geldauflage zu zahlen. Insbesondere wird der Vorgang auch nicht im Flensburger Fahreignungsregister oder im Strafregister registriert.

Für die Übertragung des Mandates und das entgegengebrachte Vertrauen danken wir vielmals.

In der somit erledigten Angelegenheit wird anliegend Liquidation mit der Bitte um Ausgleichung übermittelt.[12]

Rechtsanwalt

b) Einstellung Strafverfahren

aa) Ohne Geldauflage – 1. Instanz

16   Sehr geehrte . . . . . .,

in der bekannten Angelegenheit wird Bezug genommen auf das Ergebnis der Hauptverhandlung und auf die Besprechung nach dem Termin.

Das Verfahren wurde eingestellt.

Nach Einstellung des Verfahrens ist daher keine Geldstrafe oder Geldauflage zu zahlen. Insbesondere wird der Vorgang auch nicht im Flensburger Fahreignungsregister oder im Strafregister registriert.

Für die Übertragung des Mandates und das entgegengebrachte Vertrauen danken wir vielmals.

In der somit erledigten Angelegenheit wird anliegend Liquidation mit der Bitte um Ausgleichung übermittelt.

Rechtsanwalt

Es wird empfohlen, den zu zahlenden Betrag – ausschließlich Kosten – zu zahlen, soweit nicht bereits geschehen, spätestens jedoch nach Erhalt einer entsprechenden Aufforderung. Soweit Ihnen eine Rechnung über die Verfahrenskosten zugeht, ist diese Ihrerseits an die Rechtsschutzversicherung zu übersenden unter Angabe der Schadennummer.

Ansonsten wird der Vorgang als erledigt betrachtet. Für die Übertragung des Mandates und das uns entgegengebrachte Vertrauen wird gedankt.

[12] Soweit eine Rechtsschutzversicherung besteht, wird anstelle des Absatzes hinsichtlich der Gebühren folgender Text vorgeschlagen: „Soweit eine Kostenrechnung zugeht, ist diese an die Rechtsschutzversicherung zu übersenden zur Ausgleichung unter Angabe der Schadennummer der Rechtsschutzversicherung.

Gegenüber der Rechtsschutzversicherung wurde über den Abschluss berichtet und abgerechnet. Es wird auf das in Durchschrift beigefügte Schreiben verwiesen.

Die Angelegenheit wird als erledigt betrachtet. Für die Übertragung des Mandates und das entgegengebrachte Vertrauen danken wir vielmals."

bb) Mit Geldauflage – 1. Instanz

Sehr geehrte ......,
in der bekannten Angelegenheit wird Bezug genommen auf das Ergebnis der Hauptverhandlung und auf die Besprechung nach dem Termin.

Das Verfahren wird endgültig eingestellt, wenn die Geldauflage innerhalb der gesetzten Frist gezahlt ist. Ein Eintragungen im Bundeszentral- oder Fahreignungsregister erfolgt damit nicht.

In der abgeschlossenen Angelegenheit wird anliegend Liquidation mit der Bitte um Ausgleichung übersandt. Hiernach wird die Angelegenheit als erledigt betrachtet, verbunden mit dem Dank für die Übertragung des Mandates und das entgegengebrachte Vertrauen.[13]

Rechtsanwalt

c) Verurteilung OWi-Verfahren

In Ihrer bekannten Angelegenheit wird Bezug genommen auf das Ergebnis des Termins zur Hauptverhandlung und auf die im Anschluss an den Termin geführte Unterredung.[14]

Es wird empfohlen, nach Eingang entsprechender Aufforderung die verhängte Geldbuße und Kosten zu zahlen. Sofern Sie wegen der Höhe der zu zahlenden Geldbuße Ratenzahlung wünschen, wird um Kontaktaufnahme gebeten, damit ein entsprechender Antrag gestellt wird.

Ein Rechtsmittel soll wie besprochen nicht eingelegt werden.

In der abgeschlossenen Angelegenheit wird anliegend Liquidation mit der Bitte um Ausgleichung übermittelt. Hiernach wird die Angelegenheit als erledigt betrachtet, verbunden mit dem Dank für die Übertragung des Mandates und das entgegengebrachte Vertrauen.

Rechtsanwalt

d) Verurteilung Strafverfahren

aa) Allgemein rechtskräftig – 1. Instanz

Sehr geehrte ......,
in der bekannten Angelegenheit wird Bezug genommen auf das Ergebnis des Termins zur Hauptverhandlung und auf die im Anschluss an den Termin geführte Unterredung.

Es wird empfohlen, nach Eingang entsprechender Aufforderung die verhängte Geldstrafe einschließlich Verfahrenskosten zu zahlen. Sofern Sie wegen der Höhe der zu zahlenden Geldstrafe Ratenzahlung wünschen, wird um Kontaktaufnahme gebeten, damit ein entsprechender Antrag gestellt wird.

---

[13] Soweit eine Rechtsschutzversicherung besteht, wird anstelle des Absatzes hinsichtlich der Gebühren folgender Text vorgeschlagen: „Soweit eine Kostenrechnung zugeht, ist diese an die Rechtsschutzversicherung zu übersenden zur Ausgleichung unter Angabe der Schadennummer der Rechtsschutzversicherung.
Gegenüber der Rechtsschutzversicherung wurde über den Abschluss berichtet und abgerechnet. Es wird auf das in Durchschrift beigefügte Schreiben verwiesen.
Die Angelegenheit wird als erledigt betrachtet. Für die Übertragung des Mandates und das entgegengebrachte Vertrauen danken wir vielmals."

[14] Soweit eine Rechtsschutzversicherung besteht, wird hinter dem 1. Absatz anstelle der nachfolgenden Absätze folgender Text vorgeschlagen: „Es wird empfohlen, nach Eingang entsprechender Aufforderung die verhängte Geldstrafe bzw. Geldbuße zu zahlen. Die Verfahrenskosten werden von der Rechtsschutzversicherung getragen. Sofern Sie wegen der Höhe der zu zahlenden Geldbuße Ratenzahlung wünschen, wird um Kontaktaufnahme gebeten, damit ein entsprechender Antrag gestellt wird. Die für die Stellung des Ratenzahlungsgesuches anfallenden Gebühren sind von der Rechtsschutzversicherung zu tragen.
Soweit eine Rechnung über die Verfahrenskosten Ihnen zugeht, ist diese Ihrerseits an die Rechtsschutzversicherung zu übersenden unter Angabe der Schadennummer.
Gegenüber der Rechtsschutzversicherung wurde über den Abschluss berichtet. Es wird verwiesen auf das in Durchschrift beigefügte Schreiben.
Ein Rechtsmittel soll nicht eingelegt werden. Daher ist vom Abschluss der Angelegenheit auszugehen.
Für die Übertragung des Mandates und das entgegengebrachte Vertrauen wird vielmals gedankt."

Ein Rechtsmittel soll nicht eingelegt werden.
In der abgeschlossenen Angelegenheit wird anliegend Liquidation mit der Bitte um Ausgleichung übermittelt. Hiernach wird die Angelegenheit als erledigt betrachtet, verbunden mit dem Dank für die Übertragung des Mandates und das entgegengebrachte Vertrauen.

Rechtsanwalt

bb) Nicht rechtskräftig – 1. Instanz

20 Sehr geehrte . . . . . .,
in der bekannten Angelegenheit wird Bezug genommen auf das Ergebnis des Termins und auf die im Anschluss an den Termin geführte Unterredung.
Gegen die ergangene Entscheidung wurde weisungsgemäß Rechtsmittel eingelegt. Durchschrift ist beigefügt.
In der abgeschlossenen Instanz wird anliegend Liquidation mit der Bitte um Ausgleichung des ausgewiesenen Betrages überreicht. Zu gegebener Zeit wird zur Sache weiter berichtet.[15]
Anlage Rechtsanwalt

e) Verwarnung mit Strafvorbehalt

aa) Allgemein rechtskräftig – 1. Instanz

21 Sehr geehrte . . . . . .,
in Ihrer bekannten Angelegenheit wird Bezug genommen auf das Ergebnis des Termins zur Hauptverhandlung und auf die im Anschluss an den Termin geführte Unterredung.
Das Gericht erkannte auf Verwarnung mit Strafvorbehalt.
Zu diesem Abschluss des Verfahrens ist noch zu bemerken, dass lediglich Schuldspruch und Bestimmung der Strafe erfolgte. Hiermit ist eine Verurteilung nicht verbunden, sondern lediglich der Vorbehalt der Verurteilung. Nach Ablauf der Bewährungsfrist wird das Gericht feststellen, dass es gemäß § 59b StGB sein Bewenden haben wird. Eine Verurteilung erfolgt dann nicht und ist auch nicht gegeben.[16] Eine Eintragung in Fahreignungsregister erfolgt gleichwohl.
Ein Rechtsmittel soll wie besprochen nicht eingelegt werden.
In der abgeschlossenen Angelegenheit wird anliegend Liquidation mit der Bitte um Ausgleichung übermittelt. Hiernach wird die Angelegenheit als erledigt betrachtet, verbunden mit dem Dank für die Übertragung des Mandates und das entgegengebrachte Vertrauen.

Rechtsanwalt

bb) Nicht rechtskräftig – 1. Instanz

22 Sehr geehrte . . . . . .,
in der bekannten Angelegenheit wird Bezug genommen auf das Ergebnis des Termins und auf die im Anschluss an den Termin geführte Unterredung.

---

[15] Soweit eine Rechtsschutzversicherung besteht, wird anstelle des Absatzes hinsichtlich der Gebühren folgender Text vorgeschlagen: „Der Rechtsschutzversicherung wurde über die Einlegung des Rechtsmittels berichtet und dieser gegenüber Abrechnung erteilt."
[16] Soweit eine Rechtsschutzversicherung besteht, wird anstelle der nachfolgenden Absätze folgender Text vorgeschlagen: „Es wird empfohlen, nach Eingang entsprechender Aufforderung, die Gerichtskosten zu zahlen. Die Verfahrenskosten werden von der Rechtsschutzversicherung getragen.
Soweit eine Rechnung über die Verfahrenskosten Ihnen zugeht, ist diese Ihrerseits an die Rechtsschutzversicherung zu übersenden unter Angabe der Schadennummer.
Gegenüber der Rechtsschutzversicherung wurde über den Abschluss berichtet. Es wird verwiesen auf das in Durchschrift beigefügte Schreiben.
Ein Rechtsmittel soll nicht eingelegt werden. Daher ist vom Abschluss der Angelegenheit auszugehen.
Für die Übertragung des Mandates und das entgegengebrachte Vertrauen wird vielmals gedankt."

II. Musterschriftsätze zur Mandatsabwicklung

Das Gericht erkannte auf Verwarnung mit Strafvorbehalt.

Gegen die Sie beschwerende Entscheidung wurde weisungsgemäß Rechtsmittel eingelegt. Durchschrift ist beigefügt.

In der abgeschlossenen Instanz wird anliegend Liquidation mit der Bitte um Ausgleichung des ausgewiesenen Betrages überreicht. Zu gegebener Zeit wird zur Sache berichtet.[17]

Rechtsanwalt

f) Freispruch
aa) OWi-Verfahren

23

Sehr geehrte ......,

in Ihrer bekannten Angelegenheit wird Bezug genommen auf das Ergebnis des Termins und auf die im Anschluss an den Termin geführte Unterredung.

Bekanntlich erfolgte im Termin Freispruch auf Kosten der Staatskasse, die auch die notwendigen Auslagen zu tragen hat. Kostenfestsetzung gegenüber der Staatskasse wurde beantragt. Es wird verwiesen auf den in Durchschrift beigefügten Antrag.[18]

Soweit Erstattungsansprüche wegen Verdienstausfall und Fahrtkosten gegenüber der Staatskasse geltend gemacht werden sollen, bitten wir innerhalb von 10 Tagen um Nachricht und um Vorlage von Belegen. Sollte innerhalb der genannten Frist eine entsprechende Mitteilung nicht eingehen, so wird davon ausgegangen, dass insoweit Ansprüche gegenüber der Staatskasse nicht weiterverfolgt werden sollen.

Anderenfalls kommen wir auf die Sache zurück.

Rechtsanwalt

bb) Antrag auf Zulassung Rechtsbeschwerde

24

Sehr geehrte ......,

in Ihrer bekannten Angelegenheit hatte die Rechtsbeschwerde Erfolg. Auf die Rechtsbeschwerde hin erfolgte Freispruch.

Aufgrund des Freispruches hat die Staatskasse die Kosten und notwendigen Auslagen zu tragen. Kostenfestsetzung gegenüber der Staatskasse wurde beantragt. Es wird auf den in Durchschrift beigefügten Antrag verwiesen.[19]

Soweit Erstattungsansprüche wegen Verdienstausfall und Fahrtkosten gegenüber der Staatskasse geltend gemacht werden sollen, bitten wir innerhalb von 10 Tagen um Nachricht und um Vorlage von Belegen. Sollte innerhalb der genannten Frist eine entsprechende Mitteilung nicht eingehen, so wird davon ausgegangen, dass insoweit Ansprüche gegenüber der Staatskasse nicht weiterverfolgt werden sollen.

Im Übrigen kommen wir auf die Sache zurück.

Rechtsanwalt

---

[17] Soweit eine Rechtsschutzversicherung besteht, wird anstelle des Absatzes hinsichtlich der Gebühren folgender Text vorgeschlagen: „Der Rechtsschutzversicherung wurde über die Einlegung des Rechtsmittels berichtet und dieser gegenüber Abrechnung erteilt."

[18] Soweit eine Rechtsschutzversicherung besteht, wird anstelle des Absatzes hinsichtlich der Gebühren folgender Text vorgeschlagen: „Im Termin erfolgte Freispruch auf Kosten der Staatskasse, die auch die notwendigen Auslagen zu tragen hat.
Über den Abschluss wurde der Rechtsschutzversicherung berichtet."

[19] Soweit eine Rechtsschutzversicherung besteht, wird anstelle des Absatzes hinsichtlich der Gebühren folgender Text vorgeschlagen: „Aufgrund des Freispruches hat die Staatskasse die Kosten und notwendige Auslagen zutragen.
Über den Abschluss wurde der Rechtsschutzversicherung berichtet".

Schäpe

g) Freispruch Strafverfahren

25 Sehr geehrte . . . . . .,

in Ihrer bekannten Angelegenheit wird Bezug genommen auf das Ergebnis des Termins und auf die im Anschluss an den Termin geführte Unterredung.

Bekanntlich erfolgte im Termin Freispruch auf Kosten der Staatskasse, die auch die notwendigen Auslagen zu tragen hat. Kostenfestsetzung gegenüber der Staatskasse wurde beantragt.

Es wird verwiesen auf den in Durchschrift beigefügten Antrag.

Soweit Erstattungsansprüche wegen Verdienstausfall und Fahrtkosten gegenüber der Staatskasse geltend gemacht werden sollen, bitten wir innerhalb von 10 Tagen um Nachricht und um Vorlage von Belegen. Sollte innerhalb der genannten Frist eine entsprechende Mitteilung nicht eingehen, so wird davon ausgegangen, dass insoweit Ansprüche gegenüber der Staatskasse nicht weiterverfolgt werden sollen.

Im Übrigen kommen wir auf die Sache zurück.

Rechtsanwalt

h) Verurteilung mit Fahrverbot OWi-Verfahren

aa) Rechtskräftig

26 Sehr geehrte . . . . . .,

in der bekannten Angelegenheit wird Bezug genommen auf die Hauptverhandlung und auf die im Anschluss an den Termin geführte Unterredung.[20]

Die verhängte Geldbuße ist nach Aufforderung zu zahlen. Sofern Sie wegen der Höhe der zu zahlenden Geldbuße Ratenzahlung wünschen, wird um Kontaktaufnahme gebeten, damit ein entsprechender Antrag gestellt wird.

Da auf ein Fahrverbot erkannt wurde, ist, soweit nicht bereits geschehen, der Führerschein fristgerecht bei der Staatsanwaltschaft abzuliefern. Nach Ablauf des Fahrverbotes wird von dort der Führerschein unaufgefordert zurückgesandt.

In der abgeschlossenen Angelegenheit wird anliegend Liquidation mit der Bitte um Ausgleichung übermittelt.

Sollten noch Fragen zu klären sein, so wird um Rücksprache gebeten. Ansonsten wird der Vorgang als erledigt betrachtet, verbunden mit dem Dank für die Übertragung des Mandates und das entgegengebrachte Vertrauen.

Rechtsanwalt

---

[20] Soweit eine Rechtsschutzversicherung besteht, wird hinter dem 1. Absatz anstelle der nachfolgenden Absätze folgender Text vorgeschlagen: „Die verhängte Geldbuße ist spätestens nach Aufforderung zu zahlen. Sofern Sie wegen der Höhe der zu zahlenden Geldbuße Ratenzahlung wünschen, wird um Kontaktaufnahme gebeten, damit ein entsprechender Antrag gestellt wird. Die für die Stellung des Ratenzahlungsgesuches anfallenden Gebühren sind von der Rechtsschutzversicherung zu tragen.

Soweit auf ein Fahrverbot erkannt wurde, ist, soweit nicht bereits geschehen, der Führerschein fristgerecht bei Gericht oder Staatsanwaltschaft abzuliefern. Nach Ablauf der Dauer des Fahrverbotes wird von dort der Führerschein unaufgefordert zurückgesandt.

Über den Abschluss der Angelegenheit wurde der Rechtsschutzversicherung berichtet und dieser gegenüber Abrechnung erteilt.

Soweit eine Kostenrechnung zugeht, bitten wir, diese an die Rechtsschutzversicherung weiterzuleiten unter Angabe des bekannten Aktenzeichens, damit die Ausgleichung durch die Rechtsschutzversicherung erfolgt.

Sollten noch Fragen zu klären sein, so wird um Rücksprache gebeten. Ansonsten wird der Vorgang als erledigt betrachtet, verbunden mit dem Dank für die Übertragung des Mandates und das entgegengebrachte Vertrauen."

II. Musterschriftsätze zur Mandatsabwicklung

bb) Rechtsbeschwerde

27

Sehr geehrte ......,
in der bekannten Angelegenheit wurde der Antrag auf Zulassung der Rechtsbeschwerde verworfen. Dies bedeutet, dass das Verfahren nunmehr entsprechend der vorliegenden angegriffenen Entscheidung rechtskräftig abgeschlossen ist.
Die verhängte Geldbuße ist nach Aufforderung zu zahlen. Sofern Sie wegen der Höhe der zu zahlenden Geldbuße Ratenzahlung wünschen, wird um Kontaktaufnahme gebeten, damit ein entsprechender Antrag gestellt wird.
Da auf ein Fahrverbot erkannt wurde, ist, soweit nicht bereits geschehen, der Führerschein fristgerecht bei der Staatsanwaltschaft abzuliefern. Nach Ablauf der Dauer des Fahrverbotes wird von dort der Führerschein unaufgefordert zurückgesandt.
In der abgeschlossenen Angelegenheit wird anliegend Liquidation mit der Bitte um Ausgleichung übermittelt.
Sollten noch Fragen zu klären sein, so wird um Rücksprache gebeten. Ansonsten wird der Vorgang als erledigt betrachtet, verbunden mit dem Dank für die Übertragung des Mandates und das entgegengebrachte Vertrauen.

Rechtsanwalt

i) Verurteilung Strafverfahren mit Entzug Fahrerlaubnis – MPU

aa) Rechtskräftig – 1. Instanz

28

Sehr geehrte ......,
in der bekannten Angelegenheit wird Bezug genommen auf das Ergebnis des Termins und auf die Besprechung nach dem Termin.
Es wird empfohlen, die Geldstrafe nach Aufforderung zu zahlen. Sofern Sie wegen der Höhe der zu zahlenden Geldstrafe Ratenzahlung wünschen, wird um Kontaktaufnahme gebeten, damit ein entsprechender Antrag gestellt wird.[21]
Da im Termin eine weitere Sperrfrist für die Erteilung einer neuen Fahrerlaubnis verhängt wurde, wird empfohlen, etwa 4–6 Wochen vor Ablauf dieser Zeit bei dem für den Wohnort zuständigen Straßenverkehrsamt formlos einen Antrag auf Neuerteilung der Fahrerlaubnis zu stellen.
Die Blutalkoholkonzentration betrug in Ihrem Fall mehr als 1,6‰. Somit muss davon ausgegangen werden, dass die Straßenverkehrsbehörde nach den anzuwendenden Eignungsrichtlinien verlangt, dass ein medizinisch-psychologisches Gutachten über die Fahreignung beigebracht wird. Es erscheint unbedingt notwendig, diese Problematik zu erörtern, um bereits jetzt, soweit nicht bereits geschehen, zum weiteren Vorgehen zu beraten.
Anliegend ist Liquidation beigefügt.[22]

Rechtsanwalt

bb) Nicht rechtskräftig – 1. Instanz

29

Sehr geehrte ......,
in der bekannten Angelegenheit wird Bezug genommen auf das Ergebnis des Termins und auf die im Anschluss an den Termin geführte Unterredung.

---

[21] Soweit eine Rechtsschutzversicherung besteht, wird an dieser Stelle folgende ergänzende Formulierung vorgeschlagen: „Die für die Stellung des Ratenzahlungsgesuches anfallenden Gebühren sind von der Rechtsschutzversicherung zu tragen."
[22] Soweit eine Rechtsschutzversicherung besteht, wird anstelle des Absatzes hinsichtlich der Gebühren folgender Text vorgeschlagen: „Soweit eine Kostenrechnung zugeht, bitten wir diese an die Rechtsschutzversicherung weiterzuleiten unter Angabe des bekannten Aktenzeichens, damit Ausgleichung durch die Rechtsschutzversicherung erfolgt."

Schäpe

Gegen die Sie beschwerende Entscheidung wurde weisungsgemäß Rechtsmittel eingelegt. Durchschrift ist beigefügt.

In der abgeschlossenen Instanz wird anliegend Liquidation mit der Bitte um Ausgleichung des ausgewiesenen Betrages überreicht.[23]

Zwar wird auf die verhängte Sperrfrist für die Neuerteilung der Fahrerlaubnis der Lauf des Berufungsverfahrens angerechnet. Sollte die Durchführung der Hauptverhandlung in der Berufungsinstanz sich jedoch über die Dauer der verhängten Sperrfrist hinaus verzögern, so wird Antrag auf vorzeitige Aufhebung der Entziehung der Fahrerlaubnis gestellt werden. Hierzu erfolgt zu gegebener Zeit Abstimmung.

Anlage Rechtsanwalt

j) Freispruch OWi-Verfahren – Fahrverbot

30   Sehr geehrte . . . . . .,

in der bekannten Angelegenheit wird Bezug genommen auf das Ergebnis des Termins und auf die im Anschluss an den Termin geführte Unterredung.

Im Termin erfolgte der Freispruch auf Kosten der Staatskasse, die auch die notwendigen Auslagen zu tragen hat. Kostenfestsetzung gegenüber der Staatskasse wurde beantragt. Es wird verwiesen auf den in Durchschrift beigefügten Antrag.[24]

Soweit Erstattungsansprüche wegen Verdienstausfall und Fahrtkosten gegenüber der Staatskasse geltend gemacht werden sollen, bitten wir innerhalb von 10 Tagen um Nachricht und um Vorlage von Belegen. Sollte innerhalb der genannten Frist eine entsprechende Mitteilung nicht eingehen, so wird davon ausgegangen, dass insoweit Ansprüche gegenüber der Staatskasse nicht weiterverfolgt werden sollen.

Sofern durch eine etwaige Beschlagnahme des Führerscheins Schaden nachweisbar entstanden ist, wird um Mitteilung und um Vorlage etwaiger Schadenbelege gebeten, möglichst innerhalb von 10 Tagen ab Datum dieses Schreibens. Sollte innerhalb dieser Frist eine Nachricht hierzu nicht eingehen, wird davon ausgegangen, dass insoweit Ansprüche gegenüber der Staatskasse nicht geltend gemacht werden sollen.

Für die Übertragung des Mandates und das entgegengebrachte Vertrauen danken wir.

Rechtsanwalt

k) Freispruch Strafverfahren – Entzug Fahrerlaubnis

31   Sehr geehrte . . . . . .,

in Ihrer bekannten Angelegenheit wird Bezug genommen auf das Ergebnis des Termins und auf die im Anschluss an den Termin geführte Unterredung.

Bekanntlich erfolgte im Termin Freispruch auf Kosten der Staatskasse, die auch die notwendigen Auslagen zu tragen hat. Kostenfestsetzung gegenüber der Staatskasse wurde beantragt. Es wird verwiesen auf den in Durchschrift beigefügten Antrag.

Sofern Erstattungsansprüche wegen Verdienstausfall und Fahrtkosten gegenüber der Staatskasse geltend gemacht werden sollen, bitten wir innerhalb von 10 Tagen um Nachricht und um Vorlage von Belegen. Sollte innerhalb der genannten Frist eine entsprechende Mitteilung nicht eingehen, so wird davon ausgegangen, dass insoweit Ansprüche gegenüber der Staatskasse nicht weiterverfolgt werden sollen.

---

[23] Soweit eine Rechtsschutzversicherung besteht, wird anstelle des Absatzes hinsichtlich der Gebühren folgender Text vorgeschlagen: „Der Rechtsschutzversicherung wurde über die Einlegung des Rechtsmittels berichtet und dieser gegenüber Abrechnung erteilt."

[24] Soweit eine Rechtsschutzversicherung besteht, wird anstelle des Absatzes hinsichtlich der Gebühren folgender Text vorgeschlagen: „Im Termin erfolgte Freispruch auf Kosten der Staatskasse, die auch die notwendigen Auslagen zu tragen hat.
Über den Abschluss wurde der Rechtsschutzversicherung berichtet."

Soweit durch die vorläufige Entziehung der Fahrerlaubnis ein nachweisbarer Schaden entstanden ist, wird um Mitteilung und Vorlage von Belegen gebeten innerhalb von 10 Tagen ab Datum dieses Schreibens.
Danach kommen wir auf die Sache zurück.

Rechtsanwalt

3. Sonstige Mandantenkorrespondenz

a) Nachricht an Mandant über Verteidigerbestellung

aa) Allgemein

Sehr geehrte . . . . . .,
in oben bezeichneter Angelegenheit wurde die Bestellung gegenüber der mit der Sache befassten Behörde angezeigt. Weiteres ist augenblicklich nicht zu veranlassen.
Sobald die Akten vorgelegen haben, werden hiervon Ablichtungen gefertigt. Alsdann erhalten Sie Nachricht zwecks eingehender Besprechung der Angelegenheit.
Sollte Ihnen zwischenzeitlich in dieser Angelegenheit von der Behörde oder sonstiger Seite eine Nachricht zugehen, so wird um Information an mich gebeten.

Rechtsanwalt

bb) OWi-Sache

Sehr geehrte . . . . . .,
in dem Ordnungswidrigkeitenverfahren wurde die Bestellung gegenüber der mit der Sache befassten Behörde angezeigt.
Die Behörde wurde um Akteneinsicht gebeten. Sobald die Akten vorliegen, werden hiervon Ablichtungen gefertigt. Alsdann erhalten Sie Nachricht zwecks Rücksprache.
Sollte Ihnen in dieser Angelegenheit zwischenzeitlich von der Behörde oder einer sonstigen Stelle eine Nachricht zugehen, so wird um Information nach hier gebeten.

Rechtsanwalt

cc) Verkehrsstrafsache

Sehr geehrte . . . . . .,
in oben bezeichneter Angelegenheit wurde die Bestellung gegenüber der mit der Sache befassten Behörde angezeigt.
Die Behörde wurde um Akteneinsicht gebeten. Sobald die Akten vorgelegen haben, werden hier Ablichtungen gefertigt. Alsdann werden Sie zur Rücksprache bestellt zwecks eingehender Erörterung der Angelegenheit.
Sollte Ihnen zwischenzeitlich von der Behörde oder von sonstiger Stelle in der Angelegenheit eine Nachricht zugehen, so wird um Information nach hier gebeten.

Rechtsanwalt

dd) Führerscheinsache

Sehr geehrte . . . . . .,
in oben bezeichneter Angelegenheit wurde die Bestellung gegenüber der mit der Sache befassten Behörde angezeigt. Durchschrift ist beigefügt.

Die Behörde wurde um Akteneinsicht gebeten. Sobald die Akten vorliegen, werden vom Akteninhalt Ablichtungen gefertigt. Alsdann werden Sie zur Rücksprache zwecks eingehender Erörterung der Angelegenheit bestellt.

Augenblicklich kann Weiteres nicht erreicht werden.

Gegen die Beschlagnahme des Führerscheins wurde Beschwerde eingelegt. Über die vorläufige Entziehung der Fahrerlaubnis wird ggf. auf Antrag der Staatsanwaltschaft das Gericht entscheiden.

Sollte Ihnen zwischenzeitlich von der Behörde oder von sonstiger Stelle in dieser Angelegenheit eine Nachricht zugehen, so wird um Information nach hier gebeten.

Anlage Rechtsanwalt

b) Übersenden Einlassung

aa) Allgemein

36 Sehr geehrte . . . . . .,

in o. b. Angelegenheit wurde eine Einlassung gefertigt und vorgelegt. Kopie ist beigefügt.

Die weitere Entscheidung und Veranlassung seitens der zuständigen Behörde muss abgewartet werden.

Sobald eine weitere Nachricht eingeht, wird weiter berichtet.

Anlage Rechtsanwalt

bb) An Staatsanwaltschaft/Bußgeldstelle

37 Sehr geehrte . . . . . .,

in o. b. Angelegenheit wurde eine Einlassung gefertigt. Diese wurde vorgelegt.

Ziel der Verteidigung ist die Einstellung des Verfahrens. Sofern hierzu bzw. über den weiteren Fortgang des Verfahrens seitens der Behörde eine weitere Nachricht eingeht, wird weiter berichtet.

Rechtsanwalt

cc) An Gericht

38 Sehr geehrte . . . . . .,

in o. b. Angelegenheit wurde gegenüber dem Gericht eine Einlassung vorgelegt.

Zum Verfahrensfortgang ist anzumerken, dass das Gericht nunmehr Termin bestimmt, sofern keine Entscheidung nach Aktenlage zu unseren Gunsten möglich erscheint. Über den Fortgang sowie eine Terminsnachricht werden Sie informiert.

Rechtsanwalt

c) Verteidigung gegen OWi-Anzeige

aa) Inanspruchnahme Halter bei Parkverstoß

39 Sehr geehrte . . . . . .

in o. b. Angelegenheit wird vorgeworfen, einen Parkverstoß begangen zu haben.

Nach den Bestimmungen des § 25a Straßenverkehrsgesetz werden dem Halter des Kraftfahrzeuges oder seinem Beauftragten die Kosten des Verfahrens auferlegt, wenn nicht vor Eintritt der Verfolgungsverjährung der verantwortliche Führer des Kraftfahrzeuges ermittelt oder benannt wird.[25]

---

[25] Soweit eine Rechtsschutzversicherung besteht, wird zusätzlich folgender Text vorgeschlagen: „Soweit Eintrittspflicht der Rechtsschutzversicherung in Betracht kommt, muss darauf hingewiesen werden, dass diese

Es ist zu prüfen, ob Benennung möglich ist oder erfolgen soll. Hierzu wird um kurzfristige Nachricht gebeten. Verfolgungsverjährung tritt nach von 3 Monaten ein.

Rechtsanwalt

bb) Verwarnung/Buße unter 60,– EUR

Sehr geehrte . . . . . .,
in der bekannten Bußgeldsache erging ein Bußgeldbescheid. Hiergegen wurde vorsorglich Einspruch eingelegt.
Wegen der Höhe des Bußgeldes ist es zu erwägen, ob es empfehlenswert ist, das Verfahren durchzuführen oder den Einspruch zurückzunehmen. Ein Bußgeld unter EUR 60,– wird nicht in die Verkehrszentralkartei eingetragen.
Nach Abwägung aller Umstände erscheint es im vorliegenden Fall nicht empfehlenswert, das Verfahren durchzuführen, insbesondere unter Berücksichtigung der gegebenen Beweissituation.
Es wird daher um Kontaktaufnahme gebeten, damit entschieden wird, ob der Einspruch aufrechterhalten bleibt oder nicht.

Rechtsanwalt

d) Nachricht an Mandant nach Anklage

aa) Besprechung nicht erforderlich

Sehr geehrte . . . . . .,
in der bekannten Angelegenheit liegt zwischenzeitlich die Anklage bzw. die Mitteilung über evtl. Schlussgehör vor. Es wird davon ausgegangen, dass die entsprechende Mitteilung auch unmittelbar zugegangen ist.
Augenblicklich ist Weiteres nicht zu veranlassen. Über die Sache wird weiter berichtet, sobald hierzu Veranlassung besteht.

Rechtsanwalt

bb) Besprechung erforderlich

Sehr geehrte . . . . . .,
in der bekannten Angelegenheit liegt zwischenzeitlich die Anklage bzw. die Mitteilung über evtl. Schlussgehör vor. Es wird davon ausgegangen, dass die entsprechende Mitteilung auch unmittelbar zugegangen ist.
In der Sache ist eine Besprechung erforderlich. Es wird um Rücksprache gebeten, zweckmäßigerweise nach vorheriger telefonischer Vereinbarung eines Besprechungstermines und möglichst unter Vorlage dieses Schreibens

Rechtsanwalt

e) OWi-Verfahren

aa) Einspruch gegen Bußgeldbescheid

Sehr geehrte . . . . . .,
in der bekannten Angelegenheit erging zwischenzeitlich ein Bußgeldbescheid. Es wird davon ausgegangen, dass auch Ihnen eine Ausfertigung zugestellt worden ist.

---

nach den zugrunde liegenden Bestimmungen nicht in Betracht kommt, wenn der verantwortliche Fahrer nicht vor Eintritt der Verfolgungsverjährung benannt wird. Es wird gebeten, soweit möglich, vor Eintritt der Verfolgungsverjährung noch den Fahrer zu benennen."

Hiergegen wurde form- und fristgerecht Einspruch eingelegt. Die beigefügte Durchschrift ist für Ihre Unterlagen bestimmt.

Augenblicklich ist Weiteres nicht zu veranlassen. Es kann davon ausgegangen werden, dass alsbald ein Termin stattfindet.

Zu gegebener Zeit wird weiter zur Sache berichtet.

Anlage Rechtsanwalt

bb) Einspruch gegen Bußgeldbescheid vorsorglich

44   Sehr geehrte . . . . . .,

in der bekannten Angelegenheit erging zwischenzeitlich ein Bußgeldbescheid. Es wird davon ausgegangen, dass auch Ihnen eine Ausfertigung zugestellt worden ist.

Hiergegen wurde form- und fristgerecht Einspruch eingelegt. Der Einspruch wurde zunächst vorsorglich und zur Fristwahrung eingelegt.

Es erscheint sachdienlich, die Angelegenheit zu besprechen, damit geklärt werden kann, ob das eingelegte Rechtsmittel aufrechterhalten bleibt oder nicht.

Es wird daher um Rücksprache gebeten, zweckmäßigerweise nach vorheriger telefonischer Vereinbarung eines Besprechungstermins.

Rechtsanwalt

f) Strafverfahren

aa) Einspruch gegen Strafbefehl

45   Sehr geehrte . . . . . .,

in der bekannten Angelegenheit erging zwischenzeitlich ein Strafbefehl. Es wird davon ausgegangen, dass auch Ihnen eine Ausfertigung zugestellt worden ist.

Hiergegen wurde form- und fristgerecht Einspruch eingelegt. Die beigefügte Durchschrift ist für Ihre Unterlagen bestimmt.

Augenblicklich ist Weiteres nicht zu veranlassen. Es kann davon ausgegangen werden, dass alsbald ein Termin stattfindet.

Zu gegebener Zeit wird weiter zur Sache berichtet.

Anlage Rechtsanwalt

bb) Einspruch gegen Strafbefehl vorsorglich

46   Sehr geehrte . . . . . .,

in der bekannten Angelegenheit erging zwischenzeitlich ein Strafbefehl. Es wird davon ausgegangen, dass auch Ihnen eine Ausfertigung zugestellt worden ist.

Hiergegen wurde form- und fristgerecht Einspruch eingelegt. Der Einspruch wurde zunächst vorsorglich und zur Fristwahrung eingelegt.

Es erscheint sachdienlich, die Angelegenheit zu besprechen, damit geklärt werden kann, ob das eingelegte Rechtsmittel aufrechterhalten bleibt oder nicht.

Es wird daher um Rücksprache gebeten, zweckmäßigerweise nach vorheriger telefonischer Vereinbarung eines Besprechungstermins.

Rechtsanwalt

II. Musterschriftsätze zur Mandatsabwicklung

g) Einspruch gegen Bußgeldbescheid mit Fahrverbot

aa) Einspruch allgemein

47

Sehr geehrte . . . . . .,

in der bekannten Angelegenheit erging zwischenzeitlich ein Bußgeldbescheid. Es wird davon ausgegangen, dass auch Ihnen eine Ausfertigung zugestellt worden ist.

Hiergegen wurde form- und fristgerecht Einspruch eingelegt, insbesondere wegen des verhängten Fahrverbotes. Die beigefügte Durchschrift ist für Ihre Unterlagen bestimmt.

Augenblicklich ist Weiteres nicht zu veranlassen. Es kann davon ausgegangen werden, dass alsbald ein Termin stattfindet.

Zu gegebener Zeit wird weiter zur Sache berichtet.

Anlage Rechtsanwalt

bb) Einspruch vorsorglich

48

Sehr geehrte . . . . . .,

in der bekannten Angelegenheit erging zwischenzeitlich ein Bußgeldbescheid. Es wird davon ausgegangen, dass auch Ihnen eine Ausfertigung zugestellt worden ist.

Hiergegen wurde form- und fristgerecht Einspruch eingelegt, insbesondere wegen des verhängten Fahrtverbotes. Der Einspruch wurde zunächst vorsorglich und zur Fristwahrung eingelegt.

Es wird darauf hingewiesen, dass nach einer evtl. Rücknahme des Rechtsmittels bzw. bei Rechtskraft des Bescheides das verhängte Fahrverbot mit der Folge wirksam wird, dass entsprechend der Belehrung kein Fahrzeug mehr geführt werden darf und der Führerschein bei der zuständigen Behörde abzuliefern ist. Nach Ablauf der Frist wird der Führerschein zurückgegeben.

Es erscheint sachdienlich, die Angelegenheit zu besprechen, damit geklärt werden kann, ob das eingelegte Rechtsmittel aufrechterhalten bleibt oder nicht. Es wird daher um Rücksprache gebeten, zweckmäßigerweise nach vorheriger telefonischer Vereinbarung eines Besprechungstermins.

Rechtsanwalt

cc) Kein Einspruch

49

Sehr geehrte . . . . . .,

in der bekannten Ordnungswidrigkeitensache erging zwischenzeitlich ein Bußgeldbescheid. Dieser ist Ihnen sicherlich zugegangen.

Hiergegen kann innerhalb von 2 Wochen ab Zustellung ein Rechtsmittel eingelegt werden. Die Zustellung ist erfolgt am . . . . . ., sodass innerhalb von 2 Wochen vom genannten Tag an Einspruch eingelegt werden kann.

Nach Abwägung aller Umstände raten wir nicht zur Einlegung des Rechtsmittels. Sollten Sie gleichwohl die Einlegung des Rechtsmittels wünschen, so bitten wir fristgemäß um Nachricht. Sollte innerhalb der genannten Frist keine Weisung eingegangen sein, so wird von der Einlegung des Rechtsmittels Abstand genommen.

Es wird darauf hingewiesen, dass nach Ablauf der Rechtsmittelfrist der Bescheid rechtskräftig wird mit der Folge, dass entsprechend der Belehrung an kein Kraftfahrzeug mehr gefahren werden darf und der Führerschein bei der den Bescheid erlassenden Behörde abzuliefern ist. Nach Ablauf der Dauer des Fahrverbotes wird der Führerschein abzugeben.

Rechtsanwalt

Schäpe

h) Einspruch gegen Strafbefehl mit Führerscheinentzug

aa) Einspruch allgemein

50 Sehr geehrte . . . . . .,

in der bekannten Angelegenheit erging zwischenzeitlich ein Strafbefehl. Es wird davon ausgegangen, dass auch Ihnen eine Ausfertigung zugestellt worden ist.

Hiergegen wurde form- und fristgerecht Einspruch eingelegt, insbesondere wegen der entzogenen Fahrerlaubnis. Die beigefügte Durchschrift ist für Ihre Unterlagen bestimmt.

Augenblicklich ist Weiteres nicht zu veranlassen. Es kann davon ausgegangen werden, dass alsbald ein Termin stattfindet.

Zu gegebener Zeit wird weiter zur Sache berichtet.

Anlage Rechtsanwalt

bb) Einspruch vorsorglich

51 Sehr geehrte . . . . . .,

in der bekannten Angelegenheit erging zwischenzeitlich ein Strafbefehl. Es wird davon ausgegangen, dass auch Ihnen eine Ausfertigung zugestellt worden ist.

Hiergegen wurde form- und fristgerecht Einspruch eingelegt, insbesondere wegen der Entziehung der Fahrerlaubnis. Der Einspruch wurde zunächst vorsorglich und zur Fristwahrung eingelegt.

Bei Rücknahme des Rechtsmittels, dh bei Rechtskraft des Bescheides, würde die Fahrerlaubnis erlöschen. Neuerteilung einer Fahrerlaubnis kann erst mit Ablauf der festgesetzten Sperrfrist beantragt werden.

Es erscheint sachdienlich, die Angelegenheit zu besprechen, damit geklärt werden kann, ob das eingelegte Rechtsmittel aufrechterhalten bleibt oder nicht.

Es wird daher um Rücksprache gebeten, zweckmäßigerweise nach vorheriger telefonischer Vereinbarung eines Besprechungstermins.

Rechtsanwalt

cc) Kein Einspruch

52 Sehr geehrte . . . . . .,

in der bekannten Strafsache erging zwischenzeitlich ein Strafbefehl. Dieser ist Ihnen sicherlich zugegangen.

Hiergegen kann innerhalb von 2 Wochen ab Zustellung ein Rechtsmittel eingelegt werden. Die Zustellung ist erfolgt am . . . . . ., sodass innerhalb von 2 Wochen vom genannten Tage an Einspruch eingelegt werden kann.

Nach Abwägung aller Umstände raten wir nicht zur Einlegung des Rechtsmittels. Sollten Sie Einlegung des Rechtsmittels wünschen, so bitten wir fristgemäß um Nachricht. Sollte innerhalb der genannten Frist keine Weisung eingegangen sein, so wird von der Einlegung des Rechtsmittels Abstand genommen.

Rechtsanwalt

i) Nachricht an Mandant über Anfrage an Kraftfahrtbundesamt

aa) Über Anfrage an Kraftfahrtbundesamt

53 Sehr geehrte . . . . . .,

auftragsgemäß haben wir bei dem Kraftfahrtbundesamt Auskunft über dort evtl. vorliegende Eintragungen eingeholt. Sobald die Auskunft hier vorliegt, werden wir hierüber berichten.

Rechtsanwalt

bb) Mitteilung der Auskunft mit Liquidation

54

Betr.: Auskunft des Kraftfahrtbundesamtes
Sehr geehrte . . . . . .,
auftragsgemäß wurde bei dem Kraftfahrtbundesamt in Flensburg Auskunft eingeholt.
Kopie der Auskunft ist beigefügt.
Wegen der Bemühungen in dieser Angelegenheit wird gemäß unten stehender Liquidation Abrechnung erteilt. Es wird um Ausgleichung des ausgewiesenen Kostenbetrages gebeten. Klarstellend wird darauf hingewiesen, dass auch bei ggf. bestehender Rechtsschutzversicherung diese nicht eintrittspflichtig ist.
Sollten noch Fragen zu klären sein, so wird Rücksprache anheim gestellt. Ansonsten wird die Angelegenheit alsdann als erledigt betrachtet, verbunden mit dem Dank für die Übertragung des Mandates und das entgegengebrachte Vertrauen.
Anlage Rechtsanwalt

j) Angebot über Einstellung des Verfahrens
aa) Empfehlung Annahme

55

Sehr geehrte . . . . . .,
in dem bekannten, oben bezeichneten Ermittlungsverfahren hat die Ermittlungsbehörde angeboten, das Verfahren gegen Zahlung einer Geldauflage einzustellen. Kopie der Mitteilung der Behörde ist beigefügt.
Nach der Sach- und Rechtslage ist zu befürchten, dass es bei Durchführung des Verfahrens zu einer möglichen Verurteilung mit der Folge einer weitergehenden finanziellen Belastung kommt. Auch ist zu berücksichtigen, dass im Falle einer Verurteilung eine Eintragung in das Fahreignungsregister und eine Eintragung im Bundeszentralregister erfolgt. Nach Abwägung aller Umstände möchten wir empfehlen, das Angebot zur Einstellung seitens der Behörde anzunehmen. Der Betrag ist ggf. fristgerecht bei der bezeichneten Stelle einzuzahlen. Alsdann wird um Vorlage des Einzahlungsbeleges nach hier zwecks Weiterleitung an die Behörde gebeten.
Sollte weitergehend Ratenzahlung gewünscht werden, so wird um Nachricht gebeten. Ebenfalls wird um Kontaktaufnahme gebeten, sofern eine Besprechung der Angelegenheit gewünscht wird.
Für den Fall der Zustimmung zur Einstellung wird um Nachricht nach hier gebeten.
Anlage Rechtsanwalt

bb) Anforderung Rücksprache bei Mandant

56

Sehr geehrte . . . . . .,
in dem bekannten, oben bezeichneten Ermittlungsverfahren hat die Ermittlungsbehörde angeboten, das Verfahren gegen Zahlung einer Geldauflage einzustellen. Kopie der Mitteilung der Behörde ist beigefügt.
Nach der Sach- und Rechtslage ist zu befürchten, dass es bei Durchführung des Verfahrens zu einer möglichen Verurteilung kommt mit der Folge einer weitergehenden finanziellen Belastung. Auch ist zu berücksichtigen, dass im Falle einer Verurteilung eine Eintragung in das Fahreignungsregister und eine Eintragung im Bundeszentralregister . . . erfolgt.
Es wird für sachdienlich gehalten, die Angelegenheit vor Entscheidung über die Annahme des Angebotes der Behörde nochmals zu besprechen.
Es wird um Terminvereinbarung während der angegebenen Sprechstunden gebeten unter Vorlage dieses Schreibens.
Anlage Rechtsanwalt

Schäpe

cc) Empfehlung Ablehnung

57 Sehr geehrte . . . . . .,

in dem bekannten, oben bezeichneten Ermittlungsverfahren hat die Ermittlungsbehörde angeboten, das Verfahren gegen Zahlung einer Geldbuße einzustellen. Kopie der Mitteilung der Behörde ist beigefügt.

Nach der Sach- und Rechtslage ist nicht auszuschließen, dass es bei Durchführung des Verfahrens zu einer möglichen Verurteilung kommt mit der Folge einer weitergehenden finanziellen Belastung. Auch ist zu berücksichtigen, dass im Falle einer Verurteilung eine Eintragung in das Fahreignungsregister und eine Eintragung im Bundeszentralregister erfolgt.

Gleichwohl wollen wir nicht zur Annahme des Angebotes des Einstellungsverfahrens raten. Sofern gegenteilige Nachricht von Ihnen nicht eingeht, wird davon ausgegangen, dass Sie mit der Ablehnung des Angebotes zur Einstellung einverstanden sind. Anderenfalls wird um Kontaktaufnahme und um Rücksprache gebeten, zweckmäßigerweise nach vorheriger telefonischer Vereinbarung eines Besprechungstermins.

Anlage Rechtsanwalt

k) Terminnachricht an Mandant
aa) Besprechung nicht erforderlich

58 Sehr geehrte . . . . . .,

in Ihrer bekannten Angelegenheit hat das Gericht Termin zur Hauptverhandlung bestimmt auf den . . . . . .

Es wird davon ausgegangen, dass Sie unmittelbar eine entsprechende Nachricht erhalten und demzufolge zur angesetzten Terminstunde anwesend sind.

Rechtsanwalt

bb) Besprechung erforderlich

59 Sehr geehrte . . . . . .,

in Ihrer bekannten Angelegenheit hat das Gericht Termin zur Hauptverhandlung bestimmt auf den . . . . . .

Es wird davon ausgegangen, dass Sie unmittelbar eine entsprechende Nachricht erhalten haben und Sie demzufolge zur angesetzten Terminstunde anwesend sind.

Es erscheint sachdienlich, die Angelegenheit einige Tage vor dem Termin nochmals zu besprechen. Es wird daher um Rücksprache gebeten, zweckmäßigerweise nach vorheriger telefonischer Vereinbarung eines Besprechungstermins und möglichst unter Vorlage dieses Schreibens.

Rechtsanwalt

cc) Besprechung erforderlich zur Fertigung Einlassung

60 Sehr geehrte . . . . . .,

in Ihrer bekannten Angelegenheit hat das Gericht Termin zur Hauptverhandlung bestimmt auf den . . . . . .

Es wird davon ausgegangen, dass Sie unmittelbar eine entsprechende Nachricht erhalten haben und Sie demzufolge zur angesetzten Terminstunde anwesend sind.

Es ist noch erforderlich, eine – ergänzende – Einlassung zu fertigen und vorzulegen. Es wird daher um Rücksprache gebeten bei . . . . . ., zweckmäßigerweise nach vorheriger telefonischer Vereinbarung eines Besprechungstermins und möglichst unter Vorlage dieses Schreibens.

Rechtsanwalt

l) Terminnachricht an Nebenkläger

Sehr geehrte ......,
in der bekannten Angelegenheit, in der Sie auch als Nebenkläger beteiligt sind, hat das Gericht inzwischen Termin bestimmt auf den ......
Es wird davon ausgegangen, dass Ihnen auch unmittelbar eine Ladung zugegangen ist.

Rechtsanwalt

m) Nachricht an Mandant über Terminverlegung

aa) Über Terminverlegung

Sehr geehrte ......,
in der bekannten Angelegenheit hat das Gericht den bereits bekannt gegebenen Termin aufgehoben und neuen Termin bestimmt auf den ......
Es wird davon ausgegangen, dass Ihnen eine gleich lautende Nachricht zugegangen ist.
Im Übrigen wird Bezug genommen auf die frühere Terminnachricht.

Rechtsanwalt

bb) Terminverlegung bei Nebenklage

Sehr geehrte ......,
in der bekannten Angelegenheit hat das Gericht den bereits bekannt gegebenen Termin aufgehoben und neuen Termin bestimmt auf den ......
Es wird davon ausgegangen, dass Ihnen eine gleich lautende Nachricht zugegangen ist.
Im Übrigen wird Bezug genommen auf die frühere Terminnachricht.

Rechtsanwalt

n) Nachricht an Mandant über Beauftragung Kollegen

aa) Erscheinen im Termin nicht erforderlich

Sehr geehrte ......,
in der bekannten Angelegenheit wurde zwischenzeitlich vom Gericht Termin bestimmt.
Der Termin findet vor einem auswärtigen Gericht statt. Es erscheint unter Abwägung aller, insbesondere der wirtschaftlichen Umstände nicht geboten, dass der Termin von hier aus wahrgenommen wird, um erhebliche Fahrtkosten und Abwesenheitsgelder zu vermeiden. Außerdem würden die sich aus der Ortsverschiedenheit ergebenden Mehrkosten von einer Rechtsschutzversicherung bekanntlich nicht getragen.
Demzufolge wurde ein Kollege am Sitz des Gerichts gebeten, den Termin wahrzunehmen. Durchschrift des entsprechenden Auftragsschreibens ist beigefügt. Ein Erscheinen Ihrerseits zum Termin ist – aufgrund der bereits vom Gericht bewilligten Abwesenheit – nicht erforderlich. Selbstverständlich steht es Ihnen frei, zum Termin zu erscheinen.
Soweit Fragen zu klären sind, wird um Kontaktaufnahme gebeten.

Rechtsanwalt

bb) Erscheinen im Termin erforderlich

65 Sehr geehrte . . . . . .,
in der bekannten Angelegenheit wurde zwischenzeitlich vom Gericht Termin bestimmt.
Der Termin findet vor einem auswärtigen Gericht statt. Es erscheint unter Abwägung aller und insbesondere der wirtschaftlichen Umstände nicht geboten, dass der Termin von hier aus wahrgenommen wird, um erhebliche Fahrtkosten und Abwesenheitsgelder zu vermeiden. Auch würden die sich aus der Ortsverschiedenheit ergebenden Mehrkosten von einer Rechtsschutzversicherung bekanntlich nicht getragen.
Demzufolge wurde ein Kollege am Sitz des Gerichts gebeten, den Termin wahrzunehmen. Durchschrift des entsprechenden Auftragsschreibens ist beigefügt. Ein Erscheinen Ihrerseits zum Termin wurde angeordnet; auf Antrag können Sie hiervon entbunden werden. Sofern dies gewünscht ist, bitten wir um kurzfristige Rücksprache.
Es erscheint sachdienlich, dass die Angelegenheit mit dem beauftragten Kollegen vor dem Termin besprochen wird, zweckmäßigerweise etwa eine halbe Stunde vor der angesetzten Terminstunde. Insoweit wird gebeten, mit dem beauftragten Kollegen fernmündlich ggf. einen Termin zu bestimmen.
Soweit Fragen zu klären sind, wird um Kontaktaufnahme gebeten.
Anlage Rechtsanwalt

o) Nachricht an Mandant über Rechtsmittel nach Hauptverhandlung
aa) Antrag auf Zulassung Rechtsbeschwerde

66 Sehr geehrte . . . . . .,
in o. b. Angelegenheit wurde Antrag auf Zulassung der Rechtsbeschwerde gestellt. Kopie der Eingabe ist beigefügt.
Hinsichtlich der Erfolgsaussicht des Rechtsmittels muss darauf hingewiesen werden, dass ein Antrag auf Zulassung der Rechtsbeschwerde nur zuzulassen ist, wenn dies zur Fortbildung des Rechtes oder zur Sicherung einer einheitlichen Rechtsprechung geboten ist. Ob diese Voraussetzungen letztlich gegeben sind, kann erst geprüft und entschieden werden, sobald die schriftlichen Urteilsgründe vorliegen.
Sobald diese eingegangen sind, wird zur Sache weiter berichtet und zur möglichen Erfolgsaussicht des Rechtsmittels Stellung genommen.
Anlage Rechtsanwalt

bb) Berufung

67 Sehr geehrte . . . . . .,
in dem bekannten Verfahren wurde Berufung eingelegt. Kopie der Berufungsschrift ist beigefügt.
Die Berufung kann, muss aber nicht begründet zu werden. Jedenfalls kommt eine Begründung zweckmäßigerweise erst in Betracht, sobald die schriftlichen Urteilsgründe vorliegen.
Sobald diese eingegangen sind, wird zur Durchführung des Rechtsmittels bzw. zur etwaigen Begründung weiter berichtet.
Anlage Rechtsanwalt

cc) Revision

68 Sehr geehrte . . . . . .,
gegen die Sie beschwerende Entscheidung wurde Revision eingelegt. Kopie der Revisionsschrift ist beigefügt.

II. Musterschriftsätze zur Mandatsabwicklung

Wenn das Revisionsverfahren durchgeführt wird, muss die Revision innerhalb eines Monats begründet werden. Die Frist zur Begründung beginnt mit der Zustellung der schriftlichen Urteilsgründe. Sobald die schriftlichen Urteilsgründe vorliegen, wird zur Sache weiter berichtet.
Anlage Rechtsanwalt

dd) Antrag auf Wiedereinsetzung

Sehr geehrte . . . . . .,
gegen die Versäumung der Rechtsmittelfrist wurde, wie erörtert, Antrag auf Wiedereinsetzung gestellt. Kopie der Antragsschrift ist beigefügt.
Der Antrag auf Wiedereinsetzung ist umgehend, spätestens innerhalb von einer Woche, zu begründen, und die Voraussetzungen für die Wiedereinsetzung sind glaubhaft zu machen. Dies erfolgt regelmäßig durch Vorlage von etwaigen Unterlagen bzw. Urkunden oder durch Vorlage einer eidesstattlichen Versicherung. Es wird um umgehende Rücksprache gebeten, damit der Antrag auf Wiedereinsetzung begründet und glaubhaft gemacht werden kann.
Anlage Rechtsanwalt

4. Verfügungen zur Anwendung der Musterschriftsätze

In Sachen: . . . . . . Az.: . . . . . .

1. Verfügung allgemein:[26] . . . . . .
2. Verfügung für Textverarbeitung – EDV

    Betr.: . . . . . .
    Schreiben an: . . . . . .
    Kennziffer: . . . . . .
    evtl. Zusatz an entspr. Stelle: . . . . . .
    Anlagen: . . . . . .

    Betr.: . . . . . .
    Schreiben an: . . . . . .
    Kennziffer: . . . . . .
    evtl. Zusatz an entspr. Stelle: . . . . . .
    Anlagen: . . . . . .

    Betr.: . . . . . .
    Schreiben an: . . . . . .
    Kennziffer: . . . . . .
    Anlagen: . . . . . .

Ergänzungen an entsprechender Stelle, wenn verfügt:
☐ Wegen der Verfolgung von Schadensersatzansprüchen erhalten Sie weiteren Bescheid.
☐ Die Gegenseite hat sich nicht mehr gemeldet.
☐ Die Sache wird nicht weiterverfolgt.
☐ Eintrittspflicht der RS-Versicherung ist nicht gegeben.
☐ Es wird um Rücksprache gebeten zur Fertigung einer Einlassung/zur Vorbereitung eines Termins bei Frau RAin/Herrn RA . . . . . .
☐ Terminvertreter ist Frau RAin/Herr RA . . . . . .
☐ Die Geldbuße ist niedriger als 60,– EUR. Es entfällt daher eine Eintragung im Fahreignungsregister.

Zur Erledigung an: . . . . . . am: . . . . . . durch: . . . . . .
erledigt am: . . . . . . durch: . . . . . .

---

[26] Anlagen sind in den Schriftsätzen zu bezeichnen.

Teil D. Haftungs- und Schadensrecht

§ 22 Die außergerichtliche Geltendmachung von Haftpflichtansprüchen gegen Schädiger und Haftpflichtversicherung – Schadenmanagement

Übersicht

	Rn.
I. Klärung des Mandatsverhältnisses und vorläufige Maßnahmen	1–45
1. Der/die Auftraggeber und der Umfang des Mandates	1–8
a) Auftraggeber/Mandant(en)	1/2
b) Klärung des Umfanges des Mandates	3/4
c) Das Mandatsverhältnis	5
d) Das Mandatsverhältnis bei Leasingfahrzeug	6–8
2. Prüfung und Klärung möglicher Interessenkollisionen	9–25
a) Grundsätzliches	9/10
b) Mögliche Fälle der Interessenkollision	11–17
c) Berufsrechtsfallen für Verkehrsrechtler	18/19
d) Möglichkeiten der Kollisionsprüfung	20–24
e) Muster „Fragebogen für Anspruchsteller"	25
3. Entgegennahme der Vollmacht	26–38
a) Allgemeines	26
b) Die Vertretung von Minderjährigen	27
c) Beauftragung durch Geschäftsführung ohne Auftrag	28/29
d) Vollmachtserteilung durch Gebrechlichkeitsbetreuer	30–32
e) Der Anspruch auf Erstattung der Gebühren gegenüber Haftpflichtversicherung und Rechtsschutz	33–35
f) Vollmachtserteilung bei Leasing	36–38
4. Die Bestellung des Betreuers, evtl. im Wege einstweiliger Anordnung	39–41
a) Voraussetzungen und Betreuerbestellung im Wege einstweiliger Anordnung	39
b) Die Bestellung des Betreuers	40
c) Aufgabenkreis	41
5. Hinweis- und Beratungspflichten	42–45
II. Feststellung des Schädigers, seiner Versicherung und sonstiger Beteiligter; speziell beim Massenunfall	46–73
1. Feststellung des Schädigers und seiner Versicherung	46
2. Besonderheit beim Massen- und Serienunfall	47–53
a) Der Massenunfall	47–52
b) Der Serienunfall	53
3. Beteiligung der Verkehrsopferhilfe e.V. (VOH), Berlin	54–60
a) Der Verein „Verkehrsopferhilfe e.V."	54/55
b) Regulierungsverfahren	56
c) Voraussetzung und Umfang der Leistungspflicht	57–59
d) Die Anschrift des Vereins Verkehrsopferhilfe	60
4. Ansprüche gegen Deutsches Büro Grüne Karte e. V.	61–70
a) Die Beteiligung des Deutschen Büros Grüne Karte e. V.	61
b) Aufgaben nach dem Grüne-Karte-System	62–66
c) Notwendige Angaben	67–69
d) Vorgehen bei gerichtlichem Verfahren	70
5. Schadenbearbeitung durch die Gemeinschaft der Grenzversicherer	71/72
6. Feststellung des Schadenregulierungsbeauftragten bei Unfallabwicklung gemäß 4. KH-Richtlinie	73
III. Möglichkeiten der Beweissicherung	74–88
1. Vor- und außerprozessuale Beweissicherung	74–76
2. Gerichtliches Beweisverfahren	77–86
a) Antragsverfahren im selbstständigen Beweisverfahren	78–82

	Rn.
b) Durchführung des Beweisverfahrens	83–85
c) Eintrittspflicht der Rechtsschutzversicherung	86
3. Beweismöglichkeiten durch Unfalldatenspeicher – UDS	87/88
IV. Geltendmachung von Ansprüchen für Halter, Fahrer, Versicherung und sonstige Beteiligte	89–114
1. Ansprüche gegen Halter, Fahrer und Haftpflichtversicherung	89–93
a) Allgemeines	89
b) Der Direktanspruch	90–92
c) Fristen und Verwirkung	93
2. Unfall mit Bundeswehrfahrzeugen, Bundespolizei- und Militärfahrzeugen der NATO	94–103
a) Haftung der Bundeswehr und der Bundespolizei	94–98
b) Unfall mit Militärfahrzeugen der NATO	99–100
c) Die Geltendmachung und Fristen	101–103
3. Ansprüche gegen Verein „Verkehrsopferhilfe e. V." (VOH), Berlin	104–114
a) Eintrittspflicht der VOH	104
b) Voraussetzungen der Leistungspflicht	105/106
c) Umfang der Leistungspflicht	107–109
d) Verfahrensrechtliche Fragen	110–113
e) Begrenzung auf Mindestversicherungssumme und Verjährung	114
V. Musterschriftsätze zur Abwicklung von Haftpflichtansprüchen gegen Halter, Fahrer, Versicherung und sonstige Beteiligte	115–150
1. Musterschriftsätze für erstes Anspruchsschreiben	119–128
a) Auffahrunfall	120/121
b) Vorfahrtmissachtung	122–124
c) Unfall bei Abbiegevorgang/ Überholvorgang	125/126
d) Gegner auf Gegenfahrbahn	127/128
2. Musterschriftsätze für vorläufige, ergänzende und endgültige Spezifikation	129–132
a) Vorläufige Spezifikation	130
b) Ergänzende Spezifikation	131
c) Endgültige Spezifikation	132
3. Typische Korrespondenz mit Dritten	133–143
a) Aktenanforderung bei Polizei	133
b) Aktenanforderung bei Polizei – Erinnerung	134
c) Aktenanforderung bei Staatsanwaltschaft/Gericht/Bußgeldstelle	135
d) Aktenanforderung bei Staatsanwaltschaft/Gericht/Bußgeldstelle – Erinnerung	136
e) Anschreiben an Zeugen mit Fragebogen-Vordruck	137–139
f) Anfrage an Arzt wegen Attest	140–143
4. Korrespondenz mit Mandantschaft	144–148
a) Übersenden an Mandantschaft – 1. Anspruchsschreiben	144
b) Anforderung bei Mandantschaft – Informationen, Unterlagen und Belege allgemein	145
c) Mitteilung an Mandant über Spezifikation	146–148
5. Korrespondenz Meldung Rechtsschutz sowie Kosten- und Gebührenkorrespondenz	149/150
VI. Geltendmachung von Ansprüchen bei Unfall mit Auslandsberührung	151–163
1. Unfall im Inland mit Ausländer	152–160
a) Geltendmachung der Ansprüche beim Deutschen Büro Grüne Karte e. V.	153/154
b) Die Schadenregulierung	155–158
c) Passivlegitimation bei Klagen	159
d) Die Beteiligung der Grenzversicherung	160
2. Der Unfall im Ausland mit Ausländer	161
3. Unfall zwischen Inländern im Ausland	162/163
VII. Schadenmanagement beim Kraftfahrzeughaftpflichtschaden	164–208
1. Der Begriff des Schadenmanagements	166–171
2. Die Position der Versicherung	172–182
a) Unfallzahlen und Schadenaufwand	172–174
b) Die Aktivitäten der Kraftfahrthaftpflichtversicherung	175/176
c) Einzelne Aktivitäten	177–182

	Rn.
3. Die Interessenlage des Geschädigten	183–190
a) Die Situation des Geschädigten	183–188
b) Das Risiko für den Geschädigten	189/190
4. Schadenmanagement – eine Herausforderung für die Anwaltschaft	191–200
a) Bisherige Aktivitäten	191–198
b) Umfrage bei Geschädigten	199/200
5. Überlegungen für neue Lösungswege	201–208
a) Anwaltschaft und Nutzung moderner Kommunikation	201
b) Der Anwalt als „Unfallschadenmanager"	202–205
c) Rechtliche Überlegungen zur Fortentwicklung des Schadenmanagements	206
d) Schadenmanagement beim Personenschaden	207/208

Schrifttum: *Bachmeier*, Regulierung von Auslandsunfällen, 1. Auflage 2013; *Bauer*, Die Kraftfahrtversicherung, 6. Aufl. 2010; *Berg ua*, „Was können Agenturen im Kfz-Haftpflichtgeschäft leisten?, Versicherungswirtschaft 1999, 352; *Berg/Mayer*, Dekra Automobil AG, Der Unfalldatenspeicher als Informationsquelle für die Unfallforschung in der Pre-Crash-Phase, Bericht im Auftrag der Bundesanstalt für Straßenwesen, 1996; *Böhme/Biela*, Kraftfahrzeugs-Haftpflicht-Schäden, 25. Aufl. 2012; *van Bühren*, Interessenkonflikte bei der Vertretung mehrerer Unfallbeteiligter, Spektrum für Versicherungsrecht, 2004, 58; *Engelke*, Schadenmanagement durch Versicherer – mehr als nur ein Mittel zur Kostendämpfung, NZV 1999, 225; *Grunewald*, Das Problem der Vertretung widerstreitender Interessen und ihrer Vermeidung, AnwBl. 2005, 437; *Heinsen*, Rechtsschutzversicherung und Anwaltschaft im Umbruch, ausgewählte Probleme der Rechtsschutzversicherung, herausgegeben von der ARGE Versicherungsrecht im DAV, S. 54 ff.; *Höfle*, Die Interessenkollision im Verkehrsrecht und Versicherungsrecht, zfs 2002, 413; *Kääb*, Berufsrechtsfallen für Verkehrsrechtler, NZV 2003, 121; *Keilbar*, Prozessmuntschaft des Haftpflichtversicherers, Bindungswirkungen und anwaltliches Mandat, NZV 1991, 335; *Koch*, Heute gibt es in Frankreich keinen Verkehrsrechtsanwalt mehr – in Deutschland wird das immer anders sein, zfs 1999, 225; *Kuhn*, Schadenmanagement durch Versicherer – Gefahr für den Geschädigten?, NZV 1999, 229; *Macke*, Aktuelle Tendenzen bei der Regulierung von Unfallschäden, DAR 2000, 506 ff.; *Nehls*, Wer ist kompetenter Personenschadensmanager?, zfs 2000, 421; *Otting*, Rechtsdienstleistungen – Neue Märkte für Nichtanwälte durch das RDG, 2008; *Pamer*, Unfallmanagement, DAR 1999, 299; *Riedmeyer*, Umfrage über Autoversicherer in der Zeitschrift „Capital" in MittBl der Arge VerkR 1999, 124; *Schmieder*, Aus den Fehlern anderer lernen, Versicherungswirtschaft 2004, 1917; Versicherungswirtschaft 1999, 731: Autohändler als Schadenregulierer „die Alternative" und die Saab-Händler kooperieren; Versicherungswirtschaft 2005, 514: „Prozesssteuerung im Kfz-Werkstattmanagement" unter Hinweis auf die Aktivitäten von The Innovation Group (TIG) GmbH (ehemals Motorcare); *Weise*, Praxis des selbständigen Beweisverfahrens, C. H. Beck-Verlag, 1993.

I. Klärung des Mandatsverhältnisses und vorläufige Maßnahmen

1. Der/die Auftraggeber und der Umfang des Mandates

   a) Auftraggeber/Mandant(en). Bei Annahme eines Mandates zur Regelung von Ansprüchen aus Anlass eines Straßenverkehrsunfalls ist es zunächst wichtig zu klären, wer Auftraggeber ist. Dies ergibt sich häufig daraus, dass nicht stets der Mandant persönlich bzw. ein Geschädigter erscheint, sondern für ihn ein Dritter, weil etwa der Geschädigte infolge von Unfallverletzungen verhindert ist. Insbesondere ist zu klären, wer Halter des beschädigten Fahrzeuges oder Eigentümer beschädigter Sachen ist. Dies ist wichtig, weil dem Halter die Schadenersatzansprüche für das Fahrzeug zustehen, während bei Personenschaden für den Verletzten Ansprüche in Betracht kommen. 1

   Darüber hinaus ist zu differenzieren, ob Ansprüche für den Fahrer und/oder Halter sowie für Fahrzeuginsassen geltend gemacht werden. Ebenso ist zu denken an in Betracht kommende Ansprüche für mittelbar Geschädigte, zB bei Körperverletzung oder Tötung der Anspruch wegen Unterhaltsleistung, Dienstleistung oder Beerdigungskosten. 2

   b) Klärung des Umfanges des Mandates. Wichtig ist es zu klären, zu welchen Bereichen und Ansprüchen der Mandant Auftrag zur Interessenvertretung erteilt. Hierbei ist zunächst zu denken an die evtl. in Betracht kommende Verteidigung in einem Straf- und/oder OWi-Verfahren. In diesem Zusammenhang ist auch zu klären, ob der Mandant die Interessenvertretung wünscht zur Stellung eines Strafantrages und Antrages auf Zulassung als Nebenkläger. Insbesondere aber ist darüber hinaus zu klären, ob das Mandatsverhältnis und die 3

Auftragserteilung lediglich die Geltendmachung von Haftpflichtansprüchen gegen Dritte zum Gegenstand haben oder ob das Mandat sich auch bezieht auf die Geltendmachung von Ansprüchen gegen die eigene Versicherung. Hierbei ist zu denken an die Fahrzeugversicherung als Teil- oder Vollkaskoversicherung. Darüber hinaus kommen in Betracht Ansprüche gegen sonstige Leistungsträger, zB bei einem Arbeits- oder Wegeunfall gegen die Berufsgenossenschaft.

4 Die Klärung des Auftragsverhältnisses und insbesondere des Umfanges des Mandates ist von Bedeutung nicht nur für die gegebenen Gebührenansprüche, sondern auch für die anwaltliche Haftung gegenüber dem Auftraggeber. Hierbei ist insbesondere zu denken an zu beachtende Fristen bei der Geltendmachung der Ansprüche gegenüber der eigenen Versicherung, etwa der Unfallversicherung (zu Leistungsvoraussetzungen und Fristen → § 47 Rn. 10 ff.).

5 c) Das Mandatsverhältnis
- Der **Umfang** des Auftrages des Mandates ist mit dem Mandanten – bei Beachtung der Kollisionsprüfung – zu klären. Ebenso zu klären sind die zu regelnden Streitgegenstände, zB neben der Geltendmachung von Haftpflichtansprüchen die Geltendmachung von Ansprüchen gegen eigene Versicherungen oder Dritte.
- Speziell bei **Minderjährigen** ist auf ordnungsgemäße Vollmachtserteilung durch den/die vermögenssorgeberechtigten Eltern oder gesetzlichen Vertreter zu achten.
- **Betreuerbestellung** kommt in Betracht, wenn Verletzte nicht imstande sind, selbst zu handeln.
- Bei Körperverletzung ist von vornherein die Erklärung über die **Entbindung** von der **Schweigepflicht** beizuziehen. Soweit Atteste ausreichend sind zum Nachweis der Verletzungen, empfiehlt es sich, dem Mandanten einen Attestvordruck auszuhändigen zur Weiterleitung an den Arzt zwecks Ausfüllung (Muster Attestvordruck → Rn. 106).
- Belehrungen über **Schadensminderungspflichten** sollten dokumentiert werden, damit sie unstreitig bleiben. Hier empfiehlt es sich, dies in der Korrespondenz an den jeweiligen Mandanten zu bestätigen.
- Beteiligung von **Rechtsschutz** ist zu klären und insbesondere die Frage des Rechtsschutzes für mitversicherte Personen.
- Bei der praktischen Abwicklung des Mandates erhält der Mandant von seiner eigenen Versicherung die Aufforderung zur **Schadenmeldung,** wenn ein Unfallgegner Ansprüche stellt. Hierbei wird in der Praxis regelmäßig der Mandant unterstützt, ohne dass insoweit ein zusätzliches Mandat begründet wird. Hierbei darf aber nicht übersehen werden, dass gerade die Unfalldarstellung für den Mandanten von Wichtigkeit ist für die eigene Rechtsposition und manchmal auch für die Frage des Versicherungsschutzes und bei im Raum stehender Unfallflucht oder Alkoholeinwirkung für die Frage zu einem möglicherweise drohenden Regress.

6 d) **Das Mandatsverhältnis bei Leasingfahrzeug.** Bei Beteiligung eines Leasingfahrzeuges stellt sich für den Anwalt die oft übersehene Frage, inwieweit er tätig und beauftragt werden kann.

Wenn nicht der Leasinggeber, sondern der Leasingnehmer als Mandant in Betracht kommt, ergibt sich dessen Rechtsstellung hinsichtlich der Verfolgung von Schadenersatzansprüchen aus dem Leasingvertrag. Dieser sollte deshalb stets vorgelegt werden. Hier muss der zu beauftragende Anwalt klären, ob und in welchem Umfang der Leasingnehmer berechtigt und/oder verpflichtet ist, Schadenersatzansprüche geltend zu machen.

7 Regelmäßig regeln die Leasingbedingungen für den Fall eines Unfalls des Leasingfahrzeuges Folgendes:
- Der Leasingnehmer ist verpflichtet, den Unfall dem Leasinggeber umgehend zu melden. Die Erteilung eines Reparaturauftrages bzw. die Verwertung des Fahrzeuges muss mit dem Leasinggeber abgestimmt werden.
- Bei Totalschaden darf der Leasingnehmer das Auto nicht ohne Zustimmung des Leasinggebers verwerten, da wirtschaftlicher Eigentümer allein der Leasinggeber ist und der Leasingnehmer lediglich Nutzungsberechtigter.

- Der Leasingnehmer ist verpflichtet, bei der Geltendmachung von Schadenersatzansprüchen der gegnerischen Versicherung mitzuteilen, dass es sich bei dem Unfallbeschädigten Fahrzeug um ein Leasingfahrzeug handelt.

Auf die vorgenannten Besonderheiten ist hinzuweisen, obwohl die Meldung an den Leasinggeber oder die entsprechende Mitteilung über das Leasingverhältnis an die gegnerische Versicherung in der Praxis häufig unterbleibt.

Zu beachten ist, dass die Ansprüche, die das Leasingfahrzeug betreffen, grundsätzlich 8 dem Leasinggeber als Eigentümer und nicht dem Leasingnehmer als reinem Nutzungsberechtigten zustehen. Hiergegen stehen dem Leasingnehmer die sich aus der Nutzungsbeeinträchtigung ergebenden Ansprüche zu (→ im Einzelnen § 24 Rn. 207 ff.).

2. Prüfung und Klärung möglicher Interessenkollisionen

a) **Grundsätzliches.** Die genaue Klärung des Mandatsverhältnisses steht auch in Verbindung mit der Notwendigkeit der Prüfung möglicher Interessenkollisionen.[1] Dies ist speziell bei der Bearbeitung von Unfallschadenangelegenheiten differenziert zu prüfen. Hierbei ist nicht nur daran zu denken, dass die Interessenvertretung nur für eine Unfallpartei übernommen werden kann. Bei einem Verkehrsunfall sind auch auf einer Seite einer Unfallpartei nicht selten verschiedene Betroffene oder Geschädigte beteiligt. Einmal kommen in Betracht bei Beschädigung eines Fahrzeuges die Ansprüche des Halters oder ggf. des Leasinggebers. Weiter ist zu denken an Ansprüche, die für Beifahrer in Betracht kommen. Zusätzlich kommen auch unterschiedliche Tätigkeiten für den zu beauftragenden Anwalt in Betracht. Neben der Interessenvertretung zur Geltendmachung von Schadenersatzansprüchen steht auch häufig die Verteidigertätigkeit im Raum oder die Stellung eines Strafantrages.

Grundsätzlich ist maßgebend die Vorschrift des § 356 StGB (Parteiverrat). Ein Anwalt 10 darf hiernach nicht tätig werden, wenn er eine andere Partei in derselben Rechtssache bereits im entgegengesetzten Interesse beraten oder vertreten hat.

b) **Mögliche Fälle der Interessenkollision.** Eine Interessenkollision kann dann auftreten, 11 wenn das Verschulden eines Dritten fraglich ist oder wenn überhaupt nur eine Haftung aus Betriebsgefahr in Betracht kommt. Haftet ein Dritter möglicherweise lediglich unter dem Gesichtspunkt der Betriebsgefahr, so kommt bei Verletzung eines Insassen der Schmerzensgeldanspruch nur gegen den Fahrer in Betracht. Hier liegt die Interessenkollision auf der Hand.[2]

Problematisch können die Fälle sein, in denen für einen Insassen des Fahrzeuges Schmerzensgeldansprüche geltend zu machen sind und ein Mitverschulden des Fahrers in Betracht kommt. In einem solchen Fall kann es unter Umständen den Interessen des verletzten Insassen entsprechen, Ansprüche auch gegen den Fahrer geltend zu machen. Auch ist an den Fall zu denken, dass dem Insassen des Fahrzeuges Ansprüche wegen erlittener Körperschäden auch in vollem Umfang gegen den Fahrer des Fahrzeuges zustehen und damit gegen die eigene Haftpflichtversicherung, und zwar selbst dann, wenn der verletzte Insasse selbst Halter des Fahrzeuges ist (A 1.5.6 Muster-AKB 6 DV 2008 idF v. 17.2.2014).

Beachtlich kann die Frage der Interessenkollision auch sein bei der Geltendmachung der 13 Ansprüche für den Insassen bei gleichzeitiger Verteidigung des Fahrers trotz der gesamtschuldnerischen Haftung aller Unfallbeteiligter gegenüber dem Insassen. Auch kann Interessenkollision in Betracht kommen bei Verteidigung des Fahrzeugführers und der Geltendmachung von Schadenersatzansprüchen, etwa für den Auftraggeber als geschädigten Halter des Fahrzeuges, speziell wegen der eventuellen Haftung des Fahrers auch gegenüber dem Arbeitgeber. Schließlich ist auch an mögliche Interessenkollision zu denken bei Verteidigung des Fahrers, der Leasingnehmer des beteiligten Fahrzeuges ist, und der Geltendmachung von Schadenersatzansprüchen, etwa für den Leasinggeber.

Besondere Probleme können sich ergeben, wenn der Anwalt in einem Passivprozess aus 14 Anlass eines Kraftschadenunfalls auch die Haftpflichtversicherung vertritt und für den be-

---

[1] van Bühren/*van Bühren* Anwalts-Handbuch Verkehrsrecht, Teil 1 Rn. 4 ff.; vgl. auch *Grunewald* AnwBl. 2005, 437.
[2] Vgl. *Berz/Burmann* 2 A Rn. 23.

klagten Versicherungsnehmer und/oder Fahrer Widerklage erhebt und wenn auf beiden Seiten die gleiche Haftpflichtversicherung beteiligt ist, also der gleiche Versicherer für Schaden und Gegenschaden verantwortlich ist.[3]

15 Zu allen möglichen Fallgestaltungen der Interessenkollision kann nicht generell gesagt werden, ob und bei welcher Fallgestaltung eine Interessenkollision vorliegt. Dies ist durch den Anwalt, der berät oder die Interessen vertritt, im Einzelfall zu prüfen.

16 Zur Klärung des Mandatsverhältnisses im Hinblick auf das Auftragsverhältnis und die Prüfung der Interessenkollision ist es in jedem Fall für den Anwalt empfehlenswert, das Ergebnis der Prüfung und Belehrungen gegenüber dem Mandanten schriftlich festzuhalten. Dies gilt insbesondere zum Mandatsverhältnis und zum Umfang des Mandates und schließlich auch zur Prüfung einer etwaigen Interessenkollision.

17 Die Gefahr von Interessenkonflikten bei der Vertretung mehrerer Unfallbeteiligter kann nicht deutlich genug hervorgehoben werden und muss bei Mandatsannahme geprüft werden. Zu verweisen ist hier auf die berufsrechtliche Regelung, speziell § 3 BORA.[4]

18 **c) Berufsrechtsfallen für Verkehrsrechtler.** Nicht zu übersehen ist, dass das Verkehrsrecht und das Berufsrecht in den letzten Jahren manche Änderungen erfahren haben. Zu denken ist zunächst an die in berufsrechtlichen Grenzen mögliche Werbung, etwa durch Kooperation mit Automobilfirmen oder Werkstätten. Das Verbreiten von Werbeunterlagen kann die Grenze zum Unerlaubten überschreiten, wenn für das Verbreiten solcher Schriften Vorteile versprochen werden. Der Grat zwischen dem Zulässigen und dem Berufswidrigen ist ungeheuerlich schmal.[5] Bei der zu prüfenden Interessenkollision ist immer Vorsicht geboten bei der Interessenvertretung für Arbeitgeber und Arbeitnehmer.

19 Das Zweite Gesetz zur Änderung schadensersatzrechtlicher Vorschriften[6] hat im Hinblick auf die umfassende Gefährdungshaftung weiteres Potenzial von Interessenkollision mit sich gebracht. Hierbei ist davon auszugehen, dass aufgrund der Gefährdungshaftung und der hiermit verbundenen umfassenden Haftung, die lediglich bei höherer Gewalt gemäß § 7 Abs. 2 StVG ausgeschlossen ist, die Vertretung von Fahrer und Insasse nicht möglich ist aufgrund der sich ergebenden Interessenkollision.[7]

20 **d) Möglichkeiten der Kollisionsprüfung.** Ebenso wichtig wie das Beachten und Kennen von möglichen Interessenkollisionen ist auch die tatsächliche Handhabung der Kollisionsprüfung. Als Möglichkeit bietet sich an, die Kollisionsprüfung durchzuführen nach folgenden Merkmalen:
- Unfallort und -zeit sowie
- Beteiligte, speziell Fahrer und Halter beteiligter Fahrzeuge
- Ansprüche mittelbar Betroffener.

21 Anhand der vorgenannten Kriterien ist eine jeweils aktuelle Kollisionsprüfung vorzunehmen. Hierbei muss der Sachbearbeiter sich vergegenwärtigen, dass die Identifizierung eines Mandates nach Unfallort und -zeit allein nicht ausreichend ist, sondern maßgebend ist, für welche Unfallpartei das Mandat erteilt bzw. angenommen wird.

22 In Kanzleien, die auf die Unfallbearbeitung spezialisiert sind und in denen demgemäß Unfallmandate in großem Umfang anfallen, kann es durchaus passieren, dass von einem Sachbearbeiter zunächst ein Unfallmandat angenommen wird, während einige Zeit später ein anderer Sachbearbeiter bzw. Anwalt für eine andere Unfallpartei das Mandat annimmt. Es bieten sich verschiedene Möglichkeiten an, die unglückliche Situation einer zu spät festgestellten Interessenkollision zu vermeiden. Unglücklich ist die Situation bei Annahme beider Unfallparteien nicht nur für den Anwalt, der beide Mandate niederlegen muss. Darüber hinaus ist in der Praxis immer festzustellen, dass sich eine Enttäuschung auch bei den Mandanten ergibt und möglicherweise der Verlust einer ständig vertretenen Mandantschaft.

---

[3] Vgl. *Keilbar* NZV 1991, 335.
[4] Vgl. hierzu ausführlich und überzeugend *van Bühren*, Spektrum für Versicherungsrecht 2004, 58.
[5] *Kääb* NZV 2003, 121.
[6] BGBl. I 2002, 2674.
[7] Vgl. hierzu ausführlich *Kääb* NZV 2003, 121 und ebenso *Höfle* zfs 2002, 413, *van Bühren* in: Spektrum für Versicherungsrecht 2004, 58.

Deshalb sollte der Aspekt der Organisation der Prüfung der Interessenkollision nicht unterschätzt werden.

Es bieten sich verschiedene Möglichkeiten an, die Prüfung der Interessenkollision jeweils aktuell zu gewährleisten. Als Empfehlung ist hierbei an folgende Möglichkeiten zu denken: 23
- Sofortige Abstimmung zwischen Anwälten und Sachbearbeitern, die mit der Unfallbearbeitung befasst sind, evtl. unter Beteiligung des/der Mitarbeiter(innen) an Telefonzentrale oder Empfang.
- Erfassen der Unfalldaten per EDV nach Ort, Zeit und Mandant sowie Halter und Fahrer. In der Praxis würde sich diese Erfassung im Organisationsbereich der Telefonzentrale bzw. des Empfangs anbieten. Diese Erfassung würde auch schon erfolgen bei telefonischer Anmeldung eines Unfallmandates bzw. eines Mandates wegen einer Verteidigung in einer Verkehrsangelegenheit.

Ein zusätzlicher Effekt bei der vorgenannten EDV-mäßigen Erfassung von Unfallmandaten wäre die Möglichkeit der statistischen Erfassung und Auswertung der Beteiligung an Unfallschadenabwicklungen. 24

25 e) Muster „Fragebogen für Anspruchsteller"

Fragebogen für Anspruchsteller

1.1 Name des Anspruchstellers: _____ Beruf: _____
1.2 Anschrift: _____ Tel.: _____
2.1 Name des Schädigers (Kfz-Halter): _____ Tel.: _____
2.2 Anschrift: _____ 2.3 Fahrz.-Kennz.: _____
2.4 Haftpflichtversicherung: _____ 2.5 Policen-Nr.: _____
2.6 Name des Fahrers: _____ 2.7 Anschrift: _____
3.1 Unfallort: _____ Unfalltag: _____ Unfallzeit: _____
3.2 Unfallschilderung (Skizze ggf. auf besonderem Blatt): _____
_____
_____
_____
_____
_____

3.3 Weitere am Unfall beteiligte Verkehrsteilnehmer: _____
3.4 Zeugen: _____
3.5 Welche Polizei nahm Unfall auf: _____ Az.: _____
4. Ansprüche richten sich gegen: _____
5.1 Sachschaden an: _____
5.2 Eigentümer/Halter: _____
5.3 Betriebsvermögen: ja ☐ nein ☐   Vorsteuer: ja ☐ nein ☐
5.4 Umfang des Schadens: _____
5.5 Anschaffungszeitpunkt: _____ Preis _____
5.6 Voraussichtliche Wiederherstellungskosten: _____ 5.7 Reparaturdauer: _____
5.8 Besichtigung möglich bei: _____
5.9 Besichtigung ist erfolgt durch SV: _____
5.10 Vorschaden: ja ☐ nein ☐ ggf. Umfang: _____
6. **Bei beschädigten Kraftfahrzeugen zusätzlich zu beantworten:**
6.1 Fahrzeugart: _____ Fabrikat: _____ Erstzulassung: _____ Km-Stand: _____ Amtl. Kennz.: _____
6.2 Wie viele Vorbesitzer sind in der Zulassungsbescheinigung Teil II eingetragen: _____
6.3 Durch welche Gesellschaft (Geschäftsstelle) und unter welcher Policen-Nr. war das Fahrzeug zur Zeit des Unfalls versichert:
   Haftpflicht-Versicherung: _____ Nr. _____
   Vollkasko-Versicherung: _____ Selbstbeteiligung: _____ Nr. _____
   Teilkasko-Versicherung: ja ☐ nein ☐   Insassen-Versicherung: ja ☐ nein ☐ Nr. _____
   Rechtsschutz-Versicherung: _____ Nr. _____
   Bei Personenschaden:
7.1 Name des Verletzten: _____ 7.2 Anschrift: _____
7.3 Geb.-Datum: _____ 7.4 Beruf: _____ 7.5 Arbeitgeber: _____
8.1 Umfang der Verletzungen: _____
8.2 Krankenhaus: _____ 8.3 stationär von _____ bis _____
8.4 Ambul. beh. Ärzte: _____ 8.5 arbeitsunfähig von _____ bis _____
8.6 Krankenkasse: _____ 8.7 Berufsunfall: ja ☐ nein ☐
9. Der Verletzte ist ausdrücklich damit einverstanden, dass die behandelnden Ärzte dem Versicherungsunternehmen Gutachten und Auskünfte erteilen.

_____, den _____   _____
                                              Unterschrift des Anspruchstellers

3. Entgegennahme der Vollmacht

26 a) **Allgemeines.** Entsprechend dem – geklärten – Mandatsverhältnis ist die Vollmacht zu fixieren. Es ist darauf zu achten, dass in der Vollmacht möglichst genau Inhalt und Umfang der Vollmacht angegeben werden. Dies gilt insbesondere für den Auftrag für Tätigkeit neben der Geltendmachung von Schadenersatzansprüchen, also zB für die Vertretung gegenüber der eigenen Versicherung, Dritten oder sonstigen Leistungsträgern.

b) Die Vertretung von Minderjährigen. Bei der Vertretung von Minderjährigen ist auf ordnungsgemäße Erteilung der Vollmacht durch den oder die Sorgeberechtigten zu achten. Es ist davon auszugehen, dass Minderjährige in der Regel durch beide Elternteile vertreten werden. 27

c) Beauftragung durch Geschäftsführung ohne Auftrag. In Betracht kommt auch, dass Verwandte oder sonstige nahestehende Personen, wenn der Verletzte nicht imstande ist, notwendige erste Maßnahmen einzuleiten, einen Anwalt beauftragen. Diese Beauftragung ist rechtlich zu qualifizieren als Geschäftsführung ohne Auftrag. Andererseits ist für den zu beauftragenden Anwalt naheliegend, wenn der Vertretene bzw. Mandant zur Vollmachtserteilung nicht in der Lage ist, einen Gebrechlichkeitsbetreuer bestellen zu lassen. Dieser Antrag ist gem. § 1896 BGB bei dem Vormundschaftsgericht zu stellen. 28

Gebührenrechtlich ist zu beachten, dass dieser Antrag gesonderte Gebühren gem. § 17 RVG iVm Nr. 3100 VV RVG auslöst, da es sich insoweit um eine FGG-Angelegenheit handelt. Auch kommt die Entstehung der Terminsgebühr nach Nr. 3104 VV RVG in Betracht, wenn der Anwalt beim Vormundschaftsgericht auf eine entsprechende Beweiserhebung bei Ärzten zur Feststellung der Gebrechlichkeit mitwirkt.[8] 29

d) Vollmachtserteilung durch Gebrechlichkeitsbetreuer. Ist ein Volljähriger aufgrund erlittener Verletzungen nicht imstande, seine Angelegenheiten selbst zu besorgen, so ist durch das Vormundschaftsgericht auf Antrag, ggf. auch von Amts wegen, ein Betreuer zu bestellen. 30

Voraussetzung für die Bestellung ist ein materieller Befund, also eine psychische oder eine durch den Unfall gegebene körperliche oder geistige Behinderung.[9] Es ist also ggf. empfehlenswert, durch den behandelnden Arzt den Befund durch ein Attest bestätigen zu lassen, aus dem sich ergibt, dass der Betroffene nicht imstande ist, seine Angelegenheiten selbst zu erledigen. 31

Maßgebend war das Betreuungsgesetz.[10] Durch dieses Gesetz wurde anstelle der Entmündigung, der Vormundschaft über Volljährige und der Gebrechlichkeitspflegschaft das einheitliche Rechtsinstitut der Betreuung eingeführt. Für diese Tätigkeit kommt eine gesonderte Vergütung in Betracht. → vorstehend Rn. 21. 32

e) Der Anspruch auf Erstattung der Gebühren gegenüber Haftpflichtversicherung und Rechtsschutz. Besteht für am Unfall beteiligte Personen Rechtsschutzdeckung, so kommt Rechtsschutzdeckung auch in Betracht für notwendige Vorbereitungshandlungen zur Durchsetzung von Schadensersatzansprüchen im Rahmen des § 4 ARB 2000. Seit der Geltung der ARB 94 sind FGG-Angelegenheiten nicht mehr von der Rechtsschutzdeckung ausgeschlossen.[11] 33

Im Übrigen sind Anwaltskosten als notwendiger Aufwand des Geschädigten im Rahmen seines Anspruchs auf Erstattung seiner Anwaltskosten vom Schädiger und dessen Haftpflichtversicherung zu ersetzen.[12] Bei Rechtsschutzdeckung gilt, dass der Deckungsumfang sich auch bezieht auf Gebühren, die anfallen im Zusammenhang mit Handlungen, die erforderlich sind zur Wirksamkeit einer Vereinbarung, etwa einer Vergleichsregelung über Schadensersatzansprüche. Hierbei ist zu denken an die Einholung der Genehmigung des Vormundschaftsgerichtes zum Abschluss eines Vergleiches, etwa bei Minderjährigen oder Betreuten. 34

---

[8] *Buschbell* Straßenverkehrsrecht § 35 Rn. 25 f.
[9] Vgl. Palandt/*Diederichsen* § 1896 Rn. 3 ff.; zu einstweiligen Anordnungen s. AG Hattingen Beschl. v. 4.10.2005 – 3 XVII P 252.
[10] Betreuungsgesetz (BtG) vom 12.9.1990, BGBl. I 2002, außer Kraft seit 25.4.2006; jetzt §§ 1896 ff. BGB.
[11] Vgl. *Harbauer*, Rechtsschutzversicherung, 8. Auflage, ARB 2000, § 23 Rn. 30.
[12] *Fleischmann/Hillmann* § 1 Rn. 96.

35 Für die Einholung einer vormundschaftsgerichtlichen Genehmigung für einen Vergleich handelt es sich um ein besonderes gerichtliches Verfahren. Die in diesem Zusammenhang erfolgte anwaltliche Tätigkeit ist gesondert zu berücksichtigen.[13]

36 **f) Vollmachtserteilung bei Leasing.** Handelt es sich bei dem beschädigten Fahrzeug um ein Leasingfahrzeug, so ist durch den Anwalt die ordnungsgemäße Vollmachtserteilung zu klären. Hierbei ist davon auszugehen, dass regelmäßig der Leasingnehmer als Geschädigter beim Anwalt vorspricht. Der Anwalt seinerseits muss klären durch Einsicht in den Leasingvertrag, welche Rechte und Pflichten für den Leasingnehmer sich ergeben hinsichtlich der einzelnen Schadenpositionen. Es ist von Folgendem auszugehen:
- Der Leasingnehmer ist regelmäßig verpflichtet, den Unfall dem Leasinggeber zu melden. Reparatur bzw. Verwertung des Fahrzeuges sind mit diesem abzustimmen.
- Bei Totalschaden hat der Leasinggeber als wirtschaftlicher Eigentümer zu entscheiden.
- Hinsichtlich des Nutzungsausfalls ist regelmäßig der Leasingnehmer anspruchsberechtigt.

37 Nach den üblichen Vertragsgestaltungen für Leasingverträge ist der Leasingnehmer einerseits zur Anzeige des Schadenfalles gegenüber dem Leasinggeber, andererseits aber ebenso zur Durchführung der Reparatur von Schäden verpflichtet. Wichtig ist es für den Anwalt, der die Interessenvertretung eines Leasingnehmers übernimmt, zu klären, ob und inwieweit der Leasingnehmer berechtigt ist, die Ansprüche gegen den Schädiger geltend zu machen. Hierbei ist zu klären, ob dies nach den Vertragsbedingungen im eigenen Namen geschehen kann oder im Namen des Leasinggebers.

38 In der Praxis kommt es nicht selten vor, dass seitens der zum Schadenersatz verpflichteten Versicherung hinsichtlich der Gebühren eingewandt wird, dass eine ordnungsgemäße Bevollmächtigung für den Leasinggeber nicht vorliegt oder dass der Leasinggeber, der regelmäßig über eine eigene Rechtsabteilung verfügt, imstande ist, die Ansprüche selbst geltend zu machen. In diesem Fall sind entscheidend die vertraglichen Regelungen zwischen Leasingnehmer und Leasinggeber. Sind diese so gestaltet, dass der Leasingnehmer berechtigt und verpflichtet ist, Schadenersatzansprüche geltend zu machen, so kann die Unfallabwicklung erfolgen in gleicher Weise wie in dem Fall, in dem der Geschädigte selbst Eigentümer und Halter des Fahrzeuges ist.[14]

4. Die Bestellung des Betreuers, evtl. im Wege einstweiliger Anordnung

39 **a) Voraussetzungen und Betreuerbestellung im Wege einstweiliger Anordnung.** Nicht selten ergibt sich bei einem Straßenverkehrsunfall, dass eine schwer verletzte, etwa im Koma liegende Person nicht imstande ist, ihre Angelegenheiten ganz oder teilweise selbst zu besorgen. In einem solchen Fall kommt gem. § 1896 BGB die Bestellung eines Betreuers in Betracht. Die medizinischen Voraussetzungen sind durch ein Sachverständigengutachten festzustellen.[15]

40 **b) Die Bestellung des Betreuers.** Die Bestellung des Betreuers erfolgt auf Antrag des Betroffenen oder von Amts wegen oder, wenn der Behinderte seinen Willen nicht kundtun kann, ggf. auf Antrag oder Anregung des eingeschalteten Anwaltes.

Bei Eilbedürftigkeit kann die Bestellung auch im Wege der einstweiligen Anordnung erfolgen.[16]

Die Betreuung ist subsidiär gegenüber einer ggf. vorliegenden Vorsorgevollmacht.[17]

41 **c) Aufgabenkreis.** Bei der Stellung des Antrages auf Anordnung der Bestellung eines Betreuers ist der Aufgabenkreis anzugeben. In der Regel kommt bei infolge eines Straßenverkehrsunfalls Verletzten in Betracht: Gesundheitsfürsorge, Vermögensangelegenheiten, Behörden-, Renten- und Sozialhilfeangelegenheiten und Geltendmachung und Regelung von Ansprüchen als Unfallopfer.

---

[13] → § 36 Rn. 22; LG Hanau zfs 2004, 35.
[14] Vgl. hierzu auch *Fleischmann/Hillmann* § 1 Rn. 66.
[15] Palandt/*Diederichsen* § 1896 Rn. 5.
[16] AG Gummersbach – 16 C 364/06, n. v.
[17] Palandt/*Diederichsen* § 1896 Rn. 11.

5. Hinweis- und Beratungspflichten

42 Bei Übernahme des Mandates sollte der Geschädigte durch den Anwalt zunächst informiert werden über die praktische Abwicklung, also zum Beispiel die in Betracht kommende Beauftragung eines Sachverständigen und die Erteilung eines Auftrages an eine Werkstatt des Vertrauens. Der beauftragte Sachverständige und die Reparaturwerkstatt sollten informiert werden über das Mandat in der Unfallangelegenheit, damit Gutachten bzw. Rechnungen unmittelbar dem Anwalt zur Geltendmachung der Ansprüche zur Verfügung gestellt werden. Gerade in Bezug auf Gutachten ist es von Vorteil, wenn der Gutachter davon unterrichtet wird, dass ein Anwalt eingeschaltet ist. Das Gutachten wird in diesen Fällen in der Regel per Rechnung an den Anwalt geschickt, Vorkasse ist nicht erforderlich.

43 Wichtig ist, den Mandanten auf die Schadensminderungspflicht hinzuweisen.[18] Zu informieren ist der Mandant ebenfalls auch unter dem Aspekt der Schadensminderungspflicht über die Möglichkeit einer Notreparatur und die Notwendigkeit der alsbaldigen Erteilung eines Reparaturauftrages.[19]

44 Darüber hinaus sollte der Mandant hingewiesen werden auf die Möglichkeit, anstelle eines Mietfahrzeuges Nutzungsentschädigung geltend zu machen bei tatsächlicher Nutzungsmöglichkeit und Nutzungswillen.

45 Rationell und zeitsparend ist es sicherlich, den Mandanten durch ein Informationsblatt über die Abwicklung der Unfallregulierung zu informieren. In diese Information sollten auch die vorerwähnten Aspekte zur Beratung und zum Hinweis aufgenommen werden. Die Übergabe eines solchen Informationsblattes sollte auch in der Akte vermerkt werden. Das Überlassen eines solchen Informationsblattes hat auch noch den Effekt und Nutzen, dass der Mandant sich über den Ablauf einer Unfallregulierung direkt informieren kann. Hierdurch werden sicherlich zeitraubende Rückfragen vermieden.

II. Feststellung des Schädigers, seiner Versicherung und sonstiger Beteiligter; speziell beim Massenunfall

1. Feststellung des Schädigers und seiner Versicherung

46 Bei der Bearbeitung von Unfallschadenangelegenheiten sind vorrangig der Schädiger, seine Versicherung und sonstige Beteiligte festzustellen. Bei polizeilich aufgenommenen Schadenfällen können der Name des Halters, des Fahrers sowie das Kennzeichen und evtl. auch die Versicherung über die Polizei erfragt werden. Im Übrigen ist es möglich, Auskunft über die Versicherung und Versicherungsscheinnummer sowie über die für die Regulierung zuständige Versicherungsdirektion zu erhalten über den Zentralruf der Autoversicherer (www.gdv-dl.de).

2. Besonderheit beim Massen- und Serienunfall

47 a) *Der Massenunfall. aa) Grundsätze der Regulierung.* Für die – immer häufiger vorkommenden – Massenunfälle gilt ein besonderes Regulierungssystem. Dieses kommt zur Anwendung bei einer Mindestzahl von 50 verunfallten Fahrzeugen.[20]

48 *bb) Die Abwicklung der Regulierung.* Bei der Beteiligung an einem Unfall mit einer Vielzahl von Fahrzeugen wird empfohlen, sich telefonisch an den Zentralruf der Autoversicherer zu wenden: www.gdv-dl.de. Dort werden Auskünfte erteilt zur Durchführung einer gemeinsamen Regulierungsaktion. Voraussetzung der gemeinsamen Aktion ist, dass mindestens 50 Fahrzeuge am Unfallgeschehen in einem engen räumlichen und zeitlichen Zusammenhang beteiligt waren. Die Lenkungskommission des GDV entscheidet auf der Grundlage der Unfallschilderungen, ob eine gemeinsame Regulierungsaktion eingeleitet wird oder nicht.

---

[18] Vgl. *van Bühren* Unfallregulierung Rn. 15.
[19] Vgl. *van Bühren* Unfallregulierung Rn. 156.
[20] Vgl. hierzu im Einzelnen *Böhme/Biela* Rn. A 385–387.

49 Hierzu hat die Regulierungsempfehlung des GDV folgende Empfehlung: „Liegt nur ein Heckschaden vor, wird der Schaden zu 100 % übernommen. Bei Vorliegen eines Frontschadens werden 25 % des Schadens gezahlt. Bei Schäden an Front und Heck werden $^2/_3$ getragen".

50 Die vorgenannten Quoten gelten nicht für die Regulierung von Schäden von Fahrzeuginsassen, die nicht Fahrer oder Halter sind. Diesbezüglich wird nach Sach- und Rechtslage reguliert.
Wichtig ist, dass der Schadenfreiheitsrabatt des Versicherungsnehmers der Kfz-Haftpflichtversicherung durch die gemeinsame Regulierungsaktion nicht berührt wird.

51 Geschädigte können frei entscheiden, ob sie an der gemeinsamen Regulierungsaktion teilnehmen oder nicht. Falls ein Geschädigter sich gegen die Teilnahme entscheidet, liegt es an ihm, den konkreten Schädiger zu ermitteln und die anspruchsbegründenden Tatsachen darzulegen.[21] Die Regulierung erfolgt dann nach Sach- und Rechtslage
Die Kommunikationsdaten des GDV lauten:

Gesamtverband der Deutschen Versicherungswirtschaft e. V.
Abteilung Kraftfahrtversicherung
Wilhelmstr. 43/43 G
10117 Berlin
Postfach 08 02 64
10002 Berlin
Telefon 0 30–20 20-50 00
Fax 0 30–20 20-60 00
E-Mail: berlin@gdv.de
Internet: www.gdv.de

52 Ein angestrebtes internationales Übereinkommen über die Regulierung von Massenunfällen ist nicht zustande gekommen. Es wird jedoch davon ausgegangen, dass bei Beteiligung eines nicht in Deutschland zugelassenen Fahrzeuges, also ein Fall der Beteiligung des Deutschen Büros Grüne Karte, nach den gleichen Grundsätzen zu regulieren ist.

53 **b) Der Serienunfall.** Besondere Schwierigkeiten ergeben sich bei der Aufklärung eines Serienunfalls, also bei sich nacheinander ereignenden Unfällen, und zwar hinsichtlich der Haftungsvoraussetzungen und der Schadenhöhe.
Bei nacheinander auffahrenden Fahrzeugen – Serienunfall – ist häufig die Klärung des Haftungsgrundes problematisch, und zwar insbesondere zu der Frage, ob bei Serienunfällen eine Schuldfeststellung auch mittels Anscheinsbeweises getroffen werden kann. Nach *OLG Düsseldorf* kann bei unaufgeklärten Serienunfällen eine Schuldfeststellung nicht mittels Anscheinsbeweises getroffen werden.[22] Zur Schadenhöhe ergeben sich zur Entstehung von Heck- und Frontschaden der beteiligten Fahrzeuge Probleme. Zum Frontschaden des auffahrenden Fahrzeuges kommt in Betracht, dass das vorausfahrende Fahrzeug bereits aufgefahren war und somit an diesem Fahrzeug ein Frontschaden entstanden war und ebenfalls an dem diesem vorausfahrenden Fahrzeug. Denkbar ist auch, dass der Serienanstoß erst verursacht worden ist durch das nachfolgende Fahrzeug. Hinzu kommt, dass bei einem möglicherweise unmittelbar vorangegangenen Auffahren des vorausfahrenden Fahrzeuges entstandener Schaden vergrößert worden ist. Nach *OLG Düsseldorf*[23] kann der nachfolgend Auffahrende im Hinblick auf den Frontschaden am Fahrzeug des Vorausfahrenden nicht mit dem Anscheinsbeweis belastet werden. Dieser greift hiernach nur hinsichtlich des Heckschadens. Nach *OLG Brandenburg* gibt es bei Kettenauffahrunfällen keinen Erfahrungssatz, der den Anscheinsbeweis unterstützt.[24]

3. Beteiligung der Verkehrsopferhilfe e. V. (VOH), Berlin

54 **a) Der Verein „Verkehrsopferhilfe e. V.".** Zweck und Aufgabe des Vereins ergibt sich aus der Satzung, und zwar aus § 2. Zweck und Aufgabe des Vereins ist es, „verbliebene wirt-

---

[21] Vgl. hierzu GDV, Information über Grundsätze für die Regulierung von Massenunfällen.
[22] OLG Düsseldorf NZV 1995, 486 ff. m. Anm. von *Greger* NZV 1995, 489 f, LG Wuppertal SP 2013, 251.
[23] OLG Düsseldorf NZV 1995, 486 ff. m. Anm. von *Greger* NZV 1995, 489 f.
[24] OLG Brandenburg VRR 2010, 465 = ADAJUR-Dok.Nr. 89628.

schaftliche Lücken in der obligatorischen Auto-Haftpflichtversicherung zu schließen und darüber hinaus auch die Position des Geschädigten bei Unfällen im Ausland durch ersatzpflichtige Ansprechpartner im Inland zu stärken".[25]

Der Verein „Verkehrsopferhilfe e. V." ist selbst kein Versicherer. Vielmehr handelt es sich um eine Einrichtung der deutschen Versicherungswirtschaft. Mitglieder sind alle Versicherungsunternehmen, die die Kraftfahrzeug-Haftpflichtversicherung in Deutschland als Erstversicherer betreiben.[26] Der Verein untersteht der Aufsicht des Bundesministeriums der Justiz und für Verbraucherschutz (BMJV). Er wird von seinen Mitgliedern, also den Versicherungsunternehmen, und im Übrigen nach § 8 Abs. 1 PflVG beitragspflichtigen Versicherungsunternehmen finanziert.[27]

b) **Regulierungsverfahren.** Zu unterscheiden sind drei Formen des Regulierungsverfahrens, nämlich Garantiefondsfall (§ 12 Abs. 1 Nr. 1–3 PflVG), Insolvenzfall (§ 12 Abs. 1 Nr. 4 PflVG) sowie Ansprüche gegen die Entschädigungsstelle gem. § 12a PflVG.[28]

c) **Voraussetzung und Umfang der Leistungspflicht.** Voraussetzung der Ansprüche gegen den Verein ist, „dass der Geschädigte wie jeder andere Anspruchsteller das Vorliegen der zivilrechtlichen Voraussetzungen seines Anspruchs gegen den Entschädigungsfonds darzulegen und zu beweisen hat".[29]

Ersetzt werden alle Sachschäden, also auch Fahrzeugschäden, soweit sie ersatzpflichtig sind, sowie sonstige Schäden mit einem Selbstbehalt von 500,– EUR. Voraussetzung hierfür ist, dass der Schaden durch ein nicht versichertes Kfz oder ein Kfz verursacht wurde, dessen Fahrer sich unerlaubt vom Unfallort entfernt hat.

Schmerzensgeld wird nur bei „besonders schweren Verletzungen", also wenn erhebliche Dauerschäden verbleiben, gezahlt.[30] Das Schmerzensgeld liegt dabei in der Regel niederer als in den Fällen, in denen ein Versicherer eintrittspflichtig ist.

d) **Die Anschrift des Vereins Verkehrsopferhilfe.** Die Anschrift des Vereins Verkehrsopferhilfe lautet:

Verkehrsopferhilfe e. V.
Wilhelmstraße 43/43 G
10117 Berlin
Tel.: 0 30/20 20 58 58
Fax: 0 30/20 20 57 22
E-Mail: voh@verkehrsopferhilfe.de

Die Anspruchsvoraussetzungen im Einzelnen und der Leistungsumfang werden nachfolgend unter § 22 Rn. 74 ff. dargestellt.

4. Ansprüche gegen Deutsches Büro Grüne Karte e. V.

a) **Die Beteiligung des Deutschen Büros Grüne Karte e. V.** Wird von einem im Ausland zugelassenen Kraftfahrzeug im Inland ein Unfall verursacht, so erfolgt die Unfallabwicklung über das Deutsche Büro Grüne Karte e. V. Offizieller Sitz des Deutschen Büros Grüne Karte e. V. ist

Wilhelmstraße 43/43 G
10117 Berlin.

Die Schadenmeldung an das Deutsche Büro Grüne Karte (DBGK) erfolgt nach wie vor über Hamburg, zur Vermeidung von Papierflut telefonisch oder per E-Mail, möglichst nicht per Post.

---

[25] Himmelreich/Halm/*Elvers*, Kap. 29 Rn. 26.
[26] Himmelreich/Halm/*Elvers* Kap. 29 Rn. 28.
[27] Himmelreich/Halm/*Elvers* Kap. 29 Rn. 43.
[28] Vgl. im Einzelnen *Elvers* Kap. 29 Rn. 51–57.
[29] Himmelreich/Halm/*Elvers* Kap. 29 Rn. 106; zu den besonderen Voraussetzungen der einzelnen vorgenannten Fallgestaltungen vgl. Himmelreich/Halm/*Elvers* Kap. 29 Rn. 113 ff.
[30] Himmelreich/Halm/*Elvers* Rn. 128 m. N. aus der Rspr. (Fn. 163).

Tel.: 0 40/3 34 40-0
Fax: 0 40/3 34 40–70 40
E-Mail (allgemeine Anfragen): dbgk@gruene-karte.de oder claims@gruene-karte.de (Meldung von Schadenfällen)
E-Mail (Meldung von Schadenfällen): claims@gruene-karte.de

Für Klagen, die sich gegen das Deutsche Büro Grüne Karte richten, ist die Anschrift Berlin anzugeben.

62 b) **Aufgaben nach dem Grüne-Karte-System.** Das Grüne-Karte-System regelt Unfälle, die durch ausländische Fahrzeuge im „Inland" (gewöhnlicher Standort des Fahrzeugs des Geschädigten) verursacht werden. Erfasst werden auch Unfälle, die in einem Drittland, in dem Schädiger und Geschädigter „Ausländer sind" (evtl. auch Auslandsunfall gemäß der 6. KH-Richtlinie). Nicht erfasst von dem Grüne-Karte-System wird jedoch die umgekehrte Fallkonstellation, bei der ein Inländer in seinem Land ein ausländisches Fahrzeug beschädigt.[31]

63 Das Deutsche Büro Grüne Karte behandelt und reguliert als „Behandelndes Büro" für Rechnung des ausländischen „Zahlenden Büros" die Verpflichtungen der Halter und Führer ausländischer Kraftfahrzeuge aus Unfällen in Deutschland. Es gibt selbst oder durch ein Mitglied an die Halter in Deutschland zugelassener Kraftfahrzeuge Grüne Karten aus.

Umgekehrt übernimmt es als „Zahlendes Büro" die Verantwortung für die Erfüllung der Verpflichtungen aus Kraftfahrzeugunfällen im Ausland gegenüber dem dortigen „Behandelnden Büro".

64 Liegen die Voraussetzungen auf der Grundlage einer ausgegebenen Grünen Karte vor, übernimmt das Deutsche Büro Grüne Karte die Pflichten eines Haftpflichtversicherers für ausländische Kraftfahrzeuge. Es kann dann wie ein Haftpflichtversicherer in Anspruch genommen werden und reguliert in aller Regel die Schadenfälle nicht selbst, sondern überträgt die Abwicklung einem Mitgliedsunternehmen oder einem privaten Schadenregulierungsbüro.[32]

65 Es empfiehlt sich, Schadenersatzansprüche aus Anlass eines Unfalls im Inland mit einem im Ausland zugelassenen Kraftfahrzeug beim vorgenannten Büro geltend zu machen. Dieses Büro kann die Schadenregulierung abwickeln. In der Regel beauftragt das Büro jedoch einen inländischen Versicherer, in der Regel die Korrespondenzgesellschaft der beteiligten ausländischen Versicherung.

66 Der Verein „Grüne Karte e.V." haftet nicht für den durch ein ausländisches Fahrzeug verursachten Unfall, wenn das Fahrzeug kein gültiges Kennzeichen eines in der Verordnung vom 8.5.1974 genannten Staaten führt. Voraussetzung der Haftung ist, dass das Fahrzeug das vorgeschriebene Kennzeichen eines bestimmten ausländischen Gebietes führt. Dies steht im Einklang mit den sich aus den entsprechenden europäischen Normen ergebenden Verpflichtungen.[33]

67 c) **Notwendige Angaben.** Für die Bearbeitung eines Schadenvorgangs benötigt das Büro folgende Mindestangaben:
- Schadentag,
- Schadenort,
- Kfz-Kennzeichen des Schädigers.

Um überhaupt tätig werden zu können, können dem Büro, wenn ein Anhänger beteiligt ist, das Kennzeichen des ziehenden Fahrzeuges oder des Anhängers angegeben werden, weil versicherungsrechtlich gemäß § 3 KfzPflVV Zugwagen und Anhänger eine Einheit bilden. Die Anhängerversicherung ist unter diesen Umständen im Rahmen der Gesamtschuldnerschaft eintrittspflichtig, wenn es sich um einen versicherungspflichtigen Anhänger handelt (§ 115 Abs. 1 S. 1 Nr. 1 VVG).

68 Für die Meldung eines Schadenvorganges an Deutsches Büro Grüne Karte e.V. wird folgender Text empfohlen:

---

[31] Himmelreich/Halm/*Lemor/Becker* Kap. 3 Rn. 37 mit weiterer ausführlicher Darstellung.
[32] Himmelreich/Halm/*Halm* Teil 1, Kap. 3, III.1.; *Bachmeier*, § 2 A Rn. 61.
[33] OLG Karlsruhe NZV 1998, 287.

Muster: Meldung eines Schadensvorgangs an Deutsches Büro Grüne Karte e. V.

Schadentag: ......
Schadenort: ......
Kfz-Kennzeichen des Schädigers: ......
Herkunftsland des Schädigers: ......
Anspruchsteller: ......
Schädiger: ......
Versicherer des Schädigers: ......
Versicherungsscheinnummer: ......
und/oder Grüne-Karte-Nr.: ......
Gültigkeit der Grünen Karte: ......

Aktenzeichen

Sehr geehrte Damen und Herren,

aus Anlass oben genannten Unfallereignisses werden hier vertreten die Interessen von ......
Die sich für den Mandanten ergebenden Ansprüche werden hiermit geltend gemacht.
Es wird gebeten, einen inländischen Haftpflichtversicherer oder ein Schadenregulierungsbüro mit der Regelung des Schadenfalles zu beauftragen.
Zu den Anspruchsvoraussetzungen des geltend gemachten Anspruches und zur Höhe des Anspruches wird verwiesen auf das beigefügt Anspruchsschreiben.
Es wird gebeten, die Beauftragung eines Haftpflichtversicherers zu bestätigen.

Rechtsanwalt

(Als Anspruchsschreiben für das zu beauftragende Versicherungsunternehmen ist beizufügen das Anspruchsschreiben gemäß Textvorschlag zu § 22 Rn. 85 ff.).

Die Meldung soll möglichst per E-Mail erfolgen.

d) Vorgehen bei gerichtlichem Verfahren. Darauf zu achten ist, dass bei Beschreitung des Rechtsweges das Deutsche Büro Grüne Karte e. V. für eine Klage in Deutschland passivlegitimiert ist und nicht das vom Büro benannte Versicherungsunternehmen.
Zu den weiteren Einzelheiten vgl. „Merkblatt zum Unfall mit Auslandsberührung" im Anhang Teil D.2.

5. Schadenbearbeitung durch die Gemeinschaft der Grenzversicherer

Ist ein beteiligtes Fahrzeug bei der Gemeinschaft der Grenzversicherer versichert (rosa Grenzversicherungsschein), sind Schadensersatzansprüche durch Vorlage des Versicherungsscheins oder einer Kopie desselben bei der Gemeinschaft der Grenzversicherer anzumelden.
Notwendig ist zumindest die Angabe und Gültigkeitsdauer des Versicherungsscheins und das amtliche Kennzeichen.
Es genügt eine formlose Schadenmeldung. Diese sollte Namen und Adressen der Beteiligten sowie den Unfallort und das Unfalldatum enthalten.
Die offizielle Anschrift der Gemeinschaft der Grenzversicherer lautet:

GDV
– Gemeinschaft der Grenzversicherer –
Wilhelmstraße 43/43 G
10117 Berlin

(hierzu auch → § 31 Der Unfall mit Auslandsberührung einschließlich Unfall mit Stationierungskräften, insbesondere → § 31 Rn. 4 ff., Versicherungsschutz bei Unfall mit Ausländern im Inland).

6. Feststellung des Schadenregulierungsbeauftragten bei Unfallabwicklung gemäß 4. KH-Richtlinie (jetzt 6. KH-Richtlinie)

73 Sind Ansprüche geltend zu machen bei einem Unfall mit Auslandsberührung, und zwar bei einem Unfall, der sich im Ausland ereignet hat, so kommt in Betracht die Geltendmachung der Ansprüche bei dem Schadenregulierungsbeauftragten der beteiligten ausländischen Versicherung in Deutschland.
Die Auskunft über den Schadenregulierungsbeauftragten erteilt die Auskunftsstelle. Hierzu ist zu verweisen auf die diesbezüglichen Ausführungen in → § 31 „Der Unfall mit Auslandsberührung".

III. Möglichkeiten der Beweissicherung

1. Vor- und außerprozessuale Beweissicherung

74 Bei schwierigen und unklaren Unfallsituationen ist eine eigene Inaugenscheinnahme des Anwaltes von der Unfallstelle empfehlenswert und nützlich. Der engagierte Anwalt wird die hiermit verbundenen Mühen zur besseren Interessenvertretung seines Mandanten nicht scheuen. Zu beachten ist aber, dass der Anwalt hierdurch nicht Gefahr laufen darf, in eine etwaige Zeugenstellung zum Unfallgeschehen hineinzugeraten. Wenn es auf Wahrnehmungen ankommt, für die Zeugen in Betracht kommen, sollten unbeteiligte Dritte als in Betracht kommende Zeugen herangezogen werden. Empfehlenswert ist das gemeinsame Ausfüllen des Europäischen Unfallberichts mit dem Schädiger, der in sieben Sprachen vorliegt. Die Unfallbeteiligten geben ihre Unfallschilderung ab und unterschreiben dann den Bericht.

75 Darüber hinaus sollte, wo dies erforderlich ist, von der Möglichkeit Gebrauch gemacht werden, Beweise zu sichern. In einem evtl. später notwendigen Prozess können meistens Spuren nicht mehr gesichert und ausgewertet werden. Dies gilt vornehmlich bei Unfallgeschehen, die nicht polizeilich aufgenommen worden sind. Auch bei erfolgter polizeilicher Unfallaufnahme kann die Veranlassung einer Beweissicherung erforderlich sein, weil nicht immer mit Sicherheit angenommen werden kann, dass die aufnehmenden Polizeibeamten alle in Betracht kommenden, für den Mandanten wichtigen Spuren gesichert haben.

76 Eine Möglichkeit der außergerichtlichen Beweissicherung ist es, einen vereidigten Sachverständigen zu beauftragen, Unfallspuren zu sichern und hierüber ein Unfallursachengutachten zu erstellen.
Für die Kosten eines evtl. außergerichtlichen Gutachtens ist jedoch Eintrittspflicht der Rechtsschutzversicherung nicht gegeben – anders als im Bereich des Straf- und OWi-Verfahrens.

2. Gerichtliches Beweisverfahren

77 Zur Klärung von Tatsachen und zur Sicherung von Beweisen kommt das gerichtliche Beweisverfahren in Betracht kommt. Dies kann sich beispielhaft beziehen auf
• technische Fragen zum Unfallhergang
  (zB Anstoßgeschwindigkeit, Anstoßrichtung, Bremsverzögerung etc.),
• Fragen der Kausalität zwischen Unfallhergang und Unfallfolgen
  (zB beim geltend gemachten unfallbedingten HWS-Schleudertrauma),
• medizinische Fragen
  (zB Unfallbedingtheit von Verletzungsfolgen, speziell Einschränkung der Erwerbsfähigkeit).
In Betracht kommt das selbstständige Beweisverfahren gemäß §§ 485 ff. ZPO[34] sowie das Beweisverfahren im Rahmen eines anhängigen Rechtsstreites zur Klärung von Unfallspuren, deren Verlust zu besorgen ist.

78 **a) Antragsverfahren im selbstständigen Beweisverfahren.** Sind der Unfallhergang und die Kausalität von Unfallfolgen – speziell Verletzungsfolgen – streitig, so ist zur Klärung des Sachverhaltes und zur Kausalität die Einleitung eines selbstständigen gerichtlichen Beweis-

---

[34] Einzelheiten siehe *Weise*, Das selbständige Beweisverfahren, 1993, *Beweissicherung*.

§ 22 Die außergerichtliche Geltendmachung von Haftpflichtansprüchen

verfahrens nicht nur möglich, sondern angezeigt. Hierdurch kann nämlich ein evtl. langwieriger Rechtsstreit vermieden werden.

Das – selbstständige – Beweisverfahren kann sich auf verschiedenste Tatsachen beziehen. Als Beispiel ist nachstehend ausgeführt ein Antrag auf Durchführung eines selbstständigen Beweisverfahrens, der die Klärung der Kausalität zwischen Unfallhergang und Verletzungen zum Gegenstand hat.

Muster eines Antrages auf Durchführung eines selbstständigen Beweisverfahrens:

Antrag

des ......, Köln

– Antragsteller –

Verfahrensbevollmächtigte: Anwaltskanzlei Schlau & Kollegen, ...

gegen

die Kraftfahrtversicherungs-AG ......

– Antragsgegnerin –

wegen: Sicherung des Beweises

Namens und im Auftrag des Antragstellers werden folgende Anträge gestellt:

Ohne mündliche Verhandlung wird angeordnet, dass über folgende Behauptungen des Antragstellers Beweis erhoben wird:

1. Der Antragsteller leidet aufgrund der unfallbedingten HWS-Distorsion vom ...... noch heute an
   - Weichteilverletzungen
   - sekundären Depressionen und angstneurotischer Beschwerdeverarbeitung
   - kombinierten peripheren und zentralen Gleichgewichtsfunktionsstörungen mit Hinweis auf rechtsseitige vestibuläre Unterfunktion
   - Schwindelattacken und stromschlagartigen Stichen in linker Kopfhälfte, verursacht durch unbewusste Drehung des Kopfes nach hinten oder nach links
   - Innenohrläsion, rechts durch die plötzlichen Beschleunigungs- und Erschütterungsverletzungen des Bogengangapparates und des Ventrikulus
   - Muskelhartspann in der Schulter-Nacken-Region
   - diffuser Schmerzausstrahlung in Hinterhaupt, BWS und Schulter-Arm-Bereich
   - Schluckbeschwerden (Kloßgefühl)
   - Sehstörungen (Sternchensehen, Schleiersehen, Doppelsehen, Schwarzwerden)
   - Tinnitus
   - Übelkeit, Durchfall und Kreislaufstörungen nach stromschlagartigen Stichen im Kopf
   - Schlafstörungen
   - Vigilanzstörungen, Konzentrationsstörungen
   - Palpationsschmerzen
   - Gefügestörungen der HWS.
2. Das Unfallereignis vom ...... hat bei dem Antragsteller zu einer Traumatisierung geführt, die die gesamte Symptomatik auch unter Einschluss der vegetativen Symptome hinreichend erklärt.
3. Die Beschwerden des Antragstellers ergeben sich aufgrund einer durchzuführenden bildtechnischen Untersuchung noch heute.
4. Unfallfolgen liegen noch heute vor.
5. Der Antragsteller ist in der Ausführung seiner beruflichen Tätigkeit beeinträchtigt durch
   - Vergesslichkeit
   - Depressionen
   - herabgesetzte Arbeitsfähigkeit, max. 2 Stunden/Tag.
   - Durch Schwindelanfälle nach stromschlagartigen Stichen im Kopf ist Pkw-Führung oft mehrere Tage/mehrfach im Monat nicht möglich.
6. Die Arbeitsunfähigkeit vom ...... bis heute ggf. in Prozentsätzen ist festzustellen.
7. Beweis wird durch Einholung eines schriftlichen unfallchirurgischen-orthopädischen bzw. neurologisch-psychiatrischen Sachverständigengutachtens erhoben, das durch die Klinik in ...... oder ...... erstellt werden sollte.

Begründung:
Der Antragsteller erlitt am ...... einen unverschuldeten Verkehrsunfall. Der Versicherungsnehmer der Antragsgegnerin fuhr mit hoher Geschwindigkeit auf das Fahrzeug des Antragstellers auf, wodurch dieser nicht unerheblich verletzt wurde.

Sofort litt der Antragsteller unter:
- starken Nackenschmerzen,
- Kopfschmerzen,
- ausstrahlenden Beschwerden in den linken Arm.

Mittel der Glaubhaftmachung: Beigefügtes Attest des Dr. Spezialist, ...
Der Antragsteller hat bereits verschiedene Untersuchungen über sich ergehen lassen. So wurde in dem fachorthopädischen Gutachten vom ...... der ...... Klinik festgestellt, dass eine weitere Begutachtung nach einem Jahr erfolgen sollte. Auch wurde in dem Gutachten festgestellt, dass im Übrigen immer noch Arbeitsunfähigkeit vorliegen würde.

Mittel der Glaubhaftmachung: Beigefügtes Gutachten der Klinik ......
Dieses Gutachten passte der Antragsgegnerin nicht, sodass eine weitere Begutachtung in der berufsgenossenschaftlichen Unfallklinik ...... erfolgte. Bezüglich der von dem Antragsteller geklagten vegetativen Krankheitssymptome hatte selbst die berufsgenossenschaftliche Unfallklinik ...... auf Blatt 6 des Gutachtens eine weitere neurologisch-psychiatrische Begutachtung empfohlen.

Mittel der Glaubhaftmachung: Beigefügtes Gutachten vom ......
Diese zusätzliche Begutachtung wird von der Antragsgegnerin nicht in Auftrag gegeben.
Die Begutachtung der berufsgenossenschaftlichen Unfallklinik ...... war zudem mangelhaft. Die Begutachtung bestand in erster Linie in einer Befragung. Befunde oder Röntgenbilder, die der Antragsteller mitgebracht hatte, wurden überhaupt nicht eingesehen.

Mittel der Glaubhaftmachung: Beigefügte eidesstattliche Versicherung des Antragstellers.
Der Antragsteller hat ein rechtliches Interesse an der Feststellung des Gesundheitszustandes und der daraus resultierenden Dauerfolgen. Die Feststellungen sind geeignet, einen Rechtsstreit zwischen den Beteiligten zu vermeiden.

Das angerufene Gericht ist zuständig. Die Versicherungsgesellschaft unterhält unter der angegebenen Adresse eine Filialdirektion.

Die in Rede stehenden Ansprüche übersteigen den Betrag von 5.000,– EUR, sodass die Zuständigkeit des angerufenen Landgerichtes gegeben ist.

Rechtsanwalt

81 Zum Verfahrensgang ist zu beachten, dass wie im Prozessverfahren Erwiderungen und Repliken in Betracht kommen. Es ist daran zu denken, zur Ausschöpfung aller Möglichkeiten der Aufklärung auch zu beantragen, Unterlagen beizuziehen, die zur Aufklärung des Sachverhaltes beitragen können. Hierbei ist zu denken etwa an Gutachten in einer Kaskoschadensache oder Schadenanzeigen.

Der Antrag kann so gefasst werden:

Formulierungsvorschlag:

82 Es wird beantragt,
der Antragsgegnerin aufzuerlegen, die Haftpflicht- und Kaskoschadenanzeige des VN ...... zu den Akten zu reichen sowie Originalgutachten aus dem Kaskoschaden sowie die Schadenanzeige zum Haftpflicht- und Kaskoschaden.[35]

---

[35] In einem Schadenvorgang, in dem ein selbstständiges Beweisverfahren eingeleitet wurde, ergab sich, dass die Versicherung als Antragsgegnerin geltend machte unter Berufung auf ein Gutachten, dass die Auffahrgeschwindigkeit ihres VN unter 20 km/h lag. Aufgrund der dann ergänzend angeordneten Vorlage der Haftpflicht- und Kaskoschadenanzeige wurde offenbar, dass der eigene VN die Geschwindigkeit des „eigenen Fahrzeuges mit ca. 80 km/h" angegeben hatte.

b) Durchführung des Beweisverfahrens. Aufgrund eines formgerecht gestellten Antrages 83
ordnet das Gericht gemäß §§ 485 ff. ZPO an, dass über die Behauptung des Antragstellers
und die hierzu gestellten Fragen Beweis erhoben wird.

Zusätzlich ist daran zu denken anzuregen, dass der zu beauftragende Sachverständige die 84
Parteien und ihre Bevollmächtigten zu einem durchzuführenden Termin, etwa zur Augenscheinseinnahme, lädt.

Ebenso ist anzuregen, dass der Sachverständige erklärt, ob die gestellten Fragen in sein 85
Fachgebiet fallen. Es ist empfehlenswert, dies zusätzlich in der Antragsschrift anzuregen.

Auch kommt in Betracht, dass das Gericht die Parteien zur mündlichen Erörterung des
Gutachtens lädt, insbesondere mit dem Ziel, eine Einigung herbeizuführen. Im – selbstständigen – Beweisverfahren kann also auch eine Regelung angestrebt werden.

c) Eintrittspflicht der Rechtsschutzversicherung. Bei bestehender Rechtsschutzversicherung 86
rung kommt auch Kostendeckung durch die Rechtsschutzversicherung in Betracht. Dies betrifft nicht nur Beweisverfahren, die technische Gutachten zum Gegenstand haben. Vielmehr
kommt auch Rechtsschutzdeckung in Betracht bei der notwendigen Klärung von Tatsachen
im Rahmen der Verfolgung von Schadenersatzansprüchen. Dies betrifft also auch die Klärung von medizinischen Fragen. Zur Beteiligung von Rechtsschutz → § 32.

3. Beweismöglichkeiten durch Unfalldatenspeicher – UDS

In der Diskussion, insbesondere auch wiederholt auf dem Verkehrsgerichtstag, war die 87
Frage nach den Möglichkeiten zur Einführung technischer Unfallaufzeichnungsgeräte. Bereits seit mehr als ¼ Jahrhundert haben Arbeitskreise auf dem Verkehrsgerichtstag sich mit
dieser Frage beschäftigt.[36]

Beweismöglichkeiten durch UDS unterstützen nicht nur Feststellungen zum Unfallhergang allgemein, sondern haben sicherlich auch Bedeutung für die Ermittlung von Einzelvorgängen, so zB Anstoßwinkel, Kollisionsdauer, mittlerer Anstoßbeschleunigung, Auslaufverhalten. Erkennbar könnte dies eine besondere Hilfe sein bei der Feststellung von HWS-Verletzungen.[37]

Die Gefahr der Benutzung eines solchen UDS ist darin zu sehen, dass er von der Staats- 88
anwaltschaft beschlagnahmt und ausgewertet werden kann und die Ergebnisse gegen den
Fahrer benutzt werden können.

IV. Geltendmachung von Ansprüchen gegen Halter, Fahrer, Versicherung und sonstige Beteiligte

1. Ansprüche gegen Halter, Fahrer und Haftpflichtversicherung

a) Allgemeines. Empfehlenswert ist es, Ansprüche unmittelbar gegenüber der Haftpflicht- 89
versicherung des Schädigers geltend zu machen (zur Möglichkeit der Feststellung des Schädigers und seiner Versicherung vgl. vorstehend Rn. 34). Durch Anschreiben an den Schädiger oder dessen Vertreter ergeben sich häufig Verzögerungen und unsachliche Korrespondenz. Das Gleiche gilt für die mögliche Geltendmachung der Ansprüche gegen den
Fahrer des gegnerischen am Unfall beteiligten Fahrzeuges.

b) Der Direktanspruch. Der Geschädigte kann sich also wegen seiner Schadenersatzan- 90
sprüche direkt an den Versicherer halten und diesen ggf. auch verklagen. Umgekehrt verwehrt der Direktanspruch dem Dritten nicht das Recht, zusätzlich gegen den Versicherungs-

---

[36] Veröffentlichungen der Entschließungen der Arbeitskreise (AK) der Deutschen Verkehrsgerichtstage (VGT): VGT 1973 AK 1; VGT 1976 AK 4; VGT 1979 AK 7; VGT 1980 AK 1; VGT 1983 AK 7; VGT 1984 AK 2; VGT 1990 AK 1; VGT 1994 AK 1; vgl. A. *Berg* und U. *Mayer*, Dekra Automobil AG, Der Unfalldatenspeicher als Informationsquelle für die Unfallforschung in der Pre-Crash-Phase, Bericht im Auftrag der Bundesanstalt für Straßenwesen, 1996.
[37] OLG Celle DAR 1998, 473 f.; AG Waldkirch DAR 1999, 129; LG Duisburg DAR 1999, 267 f.; LG Osnabrück DAR 1999, 509.

nehmer und den mitversicherten Fahrer vorzugehen und notfalls sowohl die Versicherung, den Versicherungsnehmer und den mitversicherten Fahrer zu verklagen.[38]

91 Auch der Versicherungsnehmer selbst kann als Dritter einen Direktanspruch gegen seine eigene Kfz-Haftpflichtversicherung geltend machen, wenn er durch eine mitversicherte Person einen Schaden erlitten hat, der nicht unter den Risikoausschluss von A 1.5.6 Muster-AKB GDV 2008 i.d.F. v. 17.2.2014 fällt. Voraussetzung ist in diesem Fall jedoch, dass es sich nicht um ein so genanntes „krankes Versicherungsverhältnis" handelt.[39]

92 Der Direktanspruch kann auch geltend gemacht werden gegen Kfz-Halter, die gemäß § 2 Abs. 1 Nr. 1 bis 5 PflVG von der Pflichtversicherung befreit sind. Dies sind nach dieser Vorschrift die Bundesrepublik Deutschland, die Länder, die Gemeinden mit mehr als 100.000 Einwohnern, die Gemeindeverbände sowie Zweckverbände, denen ausschließlich Körperschaften des öffentlichen Rechts angehören, sowie juristische Personen, die von einem nach § 1 Abs. 3 Nr. 3 des Versicherungsaufsichtsgesetzes von der Versicherungsaufsicht freigestellten Haftpflichtschadenausgleich Deckung erhalten. Auf diese Einrichtungen findet die Vorschrift des § 3 PflVG Anwendung.

93 c) Fristen und Verwirkung. Zu den Regulierungsfristen aufseiten des Schädigers und seiner Versicherung wird verwiesen auf die Ausführungen zu § 34.

Die Verwirkung der Ansprüche aus Gefährdungshaftung ist in § 15 StVG geregelt. Hiernach verliert der Ersatzberechtigte die ihm aufgrund des StVG zustehenden Rechte, wenn er nicht spätestens innerhalb von zwei Monaten, nachdem er von dem Schaden und der Person des Ersatzpflichtigen Kenntnis erhalten hat, dem Ersatzpflichtigen den Unfall anzeigt.[40]

2. Unfall mit Bundeswehrfahrzeugen, Bundespolizei- und Militärfahrzeugen der NATO

94 a) Haftung der Bundeswehr und der Bundespolizei. *aa) Haftungsvoraussetzungen.* Haben Fahrer von Fahrzeugen der Bundeswehr einen Unfall verursacht, so sind die Ansprüche jeweils bei dem

Bundesamt für Infrastruktur, Umweltschutz und Dienstleistungen, der Bundeswehr, Abteilung Dienstleistungen, Justiz- und Schadensbearbeitung

geltend zu machen.

Hausanschrift:
Fontainengraben 150,
53123 Bonn,
Postanschrift: Postfach 2963,
53019 Bonn
Telefon: +49 22 81 2-00
Fax: +49 22 81 2-6771
Fax(IVBB): +49 22 81 2-6771).[41]

95 Bei Beteiligung von Militärfahrzeugen der Bundeswehr richtet sich der Anspruch nach § 839 BGB iVm Art. 34 GG.

96 **Musterschriftsatz: Geltendmachung der Ansprüche**

An das
Bundesamt für Infrastruktur, Umweltschutz und Dienstleistungen der Bundeswehr
Unfall vom . . . . . . in . . . . . .
Beteiligtes Fahrzeug der Bundeswehr mit Kennzeichen . . . . . .

Sehr geehrte Damen und Herren,

aus Anlass o. g. Unfallereignisses wird hier vertreten . . . . . .

1. Haftungsvoraussetzungen
   An dem o. g. Unfall war das genannte Fahrzeug der Bundeswehr beteiligt.

---

[38] Vgl. *Feyock/Jacobsen/Lemor* § 115 PflVG Rn. 1 ff.
[39] BGH VersR 1986, 1010.
[40] Vgl. hierzu und zu den Ausnahmen von der Rechtsverwirkung *Hentschel* StVG § 15 Rn. 1 f.
[41] *Böhme/Biela* C 21.

Der Unfall hat sich wie folgt zugetragen:
(Jetzt sind einzufügen Mustertexte entsprechend der Unfallsituation, vgl. hierzu nachfolgend Rn. 84 ff.)
Die Haftung des beteiligten Militärfahrzeuges der Bundeswehr ergibt sich aus § 839 BGB iVm Art. 34 GG.
Der Anspruch wird hiermit geltend gemacht.

2. Schadenhöhe
Es ist folgender Schaden entstanden: . . . . . .
(Bitte sämtliche in Betracht kommenden Ansprüche aufführen, selbst wenn sie noch nicht beziffert werden können. Zur vorläufigen bzw. endgültigen Spezifikation → Rn. 129 ff.)

Rechtsanwalt

Auf gleicher Rechtsgrundlage kommt die Haftung des Bundes in Betracht bei Verursachung eines Schadens durch ein Fahrzeug der Bundespolizei.
Die Haftung aus § 18 StVG ist bei dem beamteten Kfz-Führer ausgeschlossen.[42]

bb) *Verweisungsprivileg.* Gemäß dem Verweisungsprivileg des § 839 Abs. 1 S. 2 BGB haftet die öffentlich-rechtliche Körperschaft nur, wenn der Geschädigte auf eine andere Weise keinen Ersatz zu erlangen vermag. Dies gilt jedoch nicht, wenn der Amtsträger bei Teilnahme am allgemeinen Verkehr schuldhaft einen Verkehrsunfall verursacht und ebenso nicht bei Rückgriffsansprüchen nach § 110 SGB VII.
Im Übrigen sind die Sonderrechte nach § 35 StVO zu beachten.[43]

b) **Unfall mit Militärfahrzeugen der NATO.** Für Gaststreitkräfte in Deutschland sind die Aufgaben für die Schadenregulierung auf die Bundesanstalt für Immobilienaufgaben übertragen. Das Gesetz zur Gründung der Bundesanstalt für Immobilienaufgaben löst die Organisationseinheiten der Bundesvermögensverwaltung auf und überträgt deren Aufgaben in den Bereich der Bundesanstalt für Immobilienaufgaben.[44] Die Bundesanstalt für Immobilienaufgaben wird gem. § 4 des vorgenannten Gesetzes geleitet und vertreten von einem Vorstand.[45]

Zuständig sind die Schadenregulierungsstellen des Bundes (SRB). Die örtlichen Zuständigkeiten sind wie folgt verteilt:

Dienststelle/Anschrift	Zuständigkeitsbereich
Bundesanstalt für Immobilienaufgaben Schadensregulierungsstelle **Regionalbüro Ost Erfurt** Ludwig-Erhard-Ring 8 99099 Erfurt Telefon: (03 61) 3 78 73 33 Telefax: (03 61) 3 78 70 73	**Bayern** (nur Regierungsbezirk Unterfranken), **Brandenburg Berlin, Hessen, Sachsen, Sachsen-Anhalt, Thüringen** – sämtliche Schäden – Bremen, Hamburg, Mecklenburg-Vorpommern, Niedersachsen, Nordrhein-Westfalen (nur Regierungsbezirk Detmold), Sachsen-Anhalt, Schleswig-Holstein – nur Personendauerschäden –
Bundesanstalt für Immobilienaufgaben Schadensregulierungsstelle **Regionalbüro West Koblenz** Schloss (Hauptgebäude) 56068 Koblenz Telefon: (02 61) 39 08-0 Telefax: (02 61) 39 08-1 81	**Rheinland-Pfalz, Saarland, Nordrhein-Westfalen** (ohne Regierungsbezirk Detmold)

---

[42] KG VersR 1976, 193; OLG Schleswig VersR 1998, 241 mit Anm. *Schmalzl* VersR 1998, 981.
[43] www.bund.de/DE/Behoerden.
[44] Vgl. hierzu Gesetz über die Bundesanstalt für Immobilienaufgaben (BImAG) vom 9.12.2004, BGBl. I S. 3235.
[45] Vgl. § 4 des Gesetzes Gesetz über die Bundesanstalt für Immobilienaufgaben (BImAG) vom 9.12.2004, BGBl. I S. 3235.

Dienststelle/Anschrift	Zuständigkeitsbereich
Bundesanstalt für Immobilienaufgaben Schadensregulierungsstelle **Regionalbüro Süd Nürnberg** Krelingstraße 50 90408 Nürnberg Telefon: (09 11) 3 76-0 Telefax: (09 11) 3 76-24 49	**Baden-Württemberg** **Bayern** (ohne Regierungsbezirk Unterfranken)

101 c) **Die Geltendmachung und Fristen.** Bei der Geltendmachung ist eine Ausschlussfrist von 90 Tagen zu beachten:[46] Im Falle der Ablehnung des Antrages muss binnen 3 Monaten Klage vor den ordentlichen Gerichten, und zwar dem Landgericht, gemäß § 71 Abs. 2 Nr. 2 GVG erhoben werden.[47] Die Zuständigkeit des Landgerichtes ist gegeben unabhängig von der Höhe des Streitwertes. Beklagte ist ausschließlich die Bundesrepublik Deutschland, vertreten durch die Bundesanstalt für Immobilienaufgaben Schadenregulierungsstelle des Bundes – Regionalbüro ... (hier ist das entsprechende Regionalbüro mit Adresse einzusetzen), vertreten durch den Vorstand in Prozessstandschaft für die jeweilige Streitkraft.

102 Bei Beteiligung von Militärfahrzeugen der Bundeswehr richtet sich der Anspruch nach § 839 BGB iVm Art. 34 GG unmittelbar.

Musterschriftsatz: Geltendmachung der Ansprüche

103 Bundesanstalt für Immobilienaufgaben
Schadenregulierungsstelle
Regionalbüro ...... –
Unfall vom ......
Unfallort ......
Beteiligtes ausländisches Dienstfahrzeug der in der Bundesrepublik stationierten NATO-Truppen, und zwar ......

Sehr geehrte Damen und Herren,

aus Anlass des o. g. Unfallereignisses werden hier vertreten die Interessen der/des ...... Vollmacht ist beigefügt.

1. Haftungsvoraussetzungen
   a) Die Zuständigkeit der dortigen Behörde ist gegeben, weil ein Fahrzeug eines ausländischen Militärangehörigen an einem Unfall beteiligt war, und zwar nach dem NATO-Truppenstatut in Verbindung mit dem Zusatzabkommen.
   b) Der Unfall hat sich wie folgt zugetragen: ......
   (Zur Darstellung der einzelnen Unfallsituationen vgl. nachstehend → Rn. 118 ff.)
2. Schadenhöhe
   Es ist folgender Schaden entstanden: ......
   Hierzu wird verwiesen Kostenvoranschlag/Gutachten ......

   Die weitere und endgültige Spezifikation erfolgt in einem gesonderten Schriftsatz.
   Regulierung des Schadens bzw. Zahlung eines angemessenen Vorschusses in Höhe von ......
   wird bis zum ...... erbeten.

Rechtsanwalt

---

[46] *Hentschel* StVG § 16 Rn. 22 mit ausführlicher Darstellung der speziellen Haftungsvoraussetzungen sowie mit Hinweis auf weiterführende Literatur.
[47] BGH NJW 1985, 1081; *Böhme/Biela* C 28, 29.

3. Ansprüche gegen Verein „Verkehrsopferhilfe e. V." (VOH), Berlin

a) Eintrittspflicht der VOH. Eintrittspflicht der Verkehrsopferhilfe kommt gemäß § 12 Abs. 1 S. 1 PflVG in Betracht für Unfälle, die sich in der Bundesrepublik Deutschland ereignet haben. Es kommen 4 Fallgestaltungen für Eintrittspflicht der VOH gemäß § 12 Abs. 1 S. 1 Nr. 1 bis 4 PflVG in Betracht. Dies ist der Fall, wenn 104

- das Fahrzeug, durch dessen Gebrauch der Schaden verursacht worden ist, nicht ermittelt werden kann
- für das schadenverursachende Fahrzeug die erforderliche Haftpflichtversicherung nicht besteht
- eine Deckung seitens der Haftpflichtversicherung nicht gewährt wird, weil der Schaden vorsätzlich und widerrechtlich herbeigeführt worden ist
- über das Vermögen des leistungspflichtigen Versicherers ein Insolvenzverfahren eröffnet worden ist.

Zur Institution der Verkehrsopferhilfe → Rn. 39–42.
Bei einem Unfall im Gebiet der Bundesrepublik Deutschland werden durch die VOH Deutsche und Ausländer entschädigt.[48]

b) Voraussetzungen der Leistungspflicht. Die Voraussetzungen der Leistungspflicht ergeben sich aus § 12 PflVG. Im Falle des § 12 Abs. 1 PflVG, also bei Verursachung eines Schadens durch ein nicht ermitteltes Fahrzeug, ist die VOH nur eintrittspflichtig, wenn der Geschädigte nicht Ersatz seines Schadens von einem Schadenversicherer oder von einem Verband im Inland zugelassener Haftpflichtversicherer zu erlangen vermag. Ebenso entfällt die Leistungspflicht der VOH, soweit der Geschädigte in der Lage ist, Ersatz seines Schadens nach den Vorschriften über die Amtspflichtverletzung zu erlangen oder soweit der Schaden durch Sozialversicherungsträger, Arbeitgeber und andere ausgeglichen wird (§ 12 Abs. 1 S. 3 PflVG). Der vorgenannte Leistungsfall kommt in der Praxis vor bei Vorliegen eines Amtshaftungsanspruchs des Geschädigten, wenn der Unfall durch ein nicht versichertes Fahrzeug verursacht worden ist, das von der Zulassungsstelle nicht rechtzeitig aus dem Verkehr gezogen wurde.[49] 105

Im Übrigen bestimmt sich die Leistungspflicht der VOH gemäß § 12 Abs. 4 S. 1 PflVG nach den Bestimmungen, die zwischen Versicherer und Geschädigtem in dem Fall gelten, in dem der Versicherer dem Versicherungsnehmer gegenüber von der Verpflichtung zur Leistung gemäß § 3 Nr. 4 bis 6 PflVG frei ist. 106

c) Umfang der Leistungspflicht. Die Leistungspflicht der VOH ist auch dem Umfang und der Höhe nach beschränkt. 107

Für „Fahrerfluchtfälle" gemäß § 12 Abs. 1 S. 1 Nr. 1 PflVG besteht ein Anspruch auf Ersatz von Sachschäden am Fahrzeug und von Sachfolgeschäden (zB Reparaturkosten, Wiederbeschaffungswert, Wertminderung, Mietwagenkosten etc.) grundsätzlich nicht. Hierfür ist es erforderlich, dass eine Person erheblich verletzt wurde bei dem Unfall und Schmerzensgeld fordern kann.

Übrige Schadenpositionen werden nur insoweit ersetzt als sie den Betrag von 500,– EUR übersteigen. Dies ist ein Fall geregelter Selbstbeteiligung.

In den so genannten „Fahrerfluchtfällen" gemäß § 12 Abs. 1 S. 1 Nr. 1 PflVG besteht ein Anspruch auf Schmerzensgeld nur, wenn und soweit der Geschädigte wegen der besonderen Schwere der Verletzungen zur Vermeidung einer groben Unbilligkeit zu entschädigen ist. Hier stellt die Rechtsprechung strenge Anforderungen an das Vorliegen einer „besonders schweren Verletzung". Im Übrigen sind auch die Schmerzensgeldbeträge der Höhe nach wesentlich geringer als in sonstigen allgemein entschädigten Haftpflichtfällen.[50] 108

---

[48] Vgl. hierzu ausführlich *Bauer* Rn. 905 ff.
[49] BGH VersR 1976, 885; BGH DAR 1981, 386; LG Flensburg VersR 1989, 79; OLG Karlsruhe VersR 2011, 351.
[50] LG Darmstadt VersR 1980, 365; vgl. ausführlich *Bauer* Rn. 988, 990, Fn. 347.

Musterschriftsatz: Geltendmachung des Anspruches gegen VOH

109
Verkehrsopferhilfe e. V.
Wilhelmstraße 43/43 G
10117 Berlin

Verkehrsunfall vom ......
Unfallort ......
Beteiligt: Unbekanntes Fahrzeug mit unbekanntem Kennzeichen

Sehr geehrte Damen und Herren,

aus Anlass des o. g. Unfallereignisses wird hier vertreten ......
Vollmacht ist beigefügt.

1. Haftungsvoraussetzungen
Der Unfall hat sich wie folgt zugetragen: ......
(zu der Darstellung der verschiedenen Unfallsituationen vgl. nachstehend Rn. 84 ff.)
Die Voraussetzungen der Leistungspflicht der VOH ergeben sich aus § 12 PflVG.
Der Schaden ist verursacht worden durch ein nicht ermitteltes Fahrzeug.
Es kommen folgende Sachverhalte zur Begründung des Anspruches in Betracht:
- Der Fahrer des anderen beteiligten Fahrzeuges hat „Unfallflucht" begangen, und das Fahrzeug konnte nicht ermittelt werden.
- Für das beteiligte gegnerische Fahrzeug bestand keine Kraftfahrthaftpflichtversicherung.
- Der Unfall ist vom Fahrer des gegnerischen Fahrzeuges vorsätzlich begangen worden, sodass die Haftpflichtversicherung nicht zur Zahlung verpflichtet ist.
- Über das Vermögen des KH-Versicherers wurde das Insolvenzverfahren eröffnet.

2. Schadenhöhe
Zur Schadenhöhe ist Folgendes auszuführen: ......

Rechtsanwalt

110 d) **Verfahrensrechtliche Fragen.** Die Bearbeitung erfolgt in der Regel durch ein Versicherungsunternehmen, das Mitglied der VOH ist. Ein beauftragtes Unternehmen kann Schäden bis zu einem vom Vorstand festzusetzenden Betrag endgültig abwickeln.

111 Kommt eine Einigung mit dem Geschädigten nicht zustande und übersteigt der Schadenbetrag das Limit, so wird der Schadenvorgang der Regulierungskommission der VOH gemäß § 10 Abs. 3 der Satzung des Vereins vorgelegt. Die Regulierungskommission hat auf Verlangen eine begründete Entscheidung vorzulegen. Dies gilt auch bei der gesamten oder teilweisen Ablehnung der Entschädigung (§ 10 Abs. 4 der Satzung).

112 Gegen Entscheidungen der Regulierungskommission oder der Verkehrsopferhilfe kann die Schiedsstelle angerufen werden. Diese unterbreitet der Verkehrsopferhilfe einen Regulierungsvorschlag oder sieht von einer Entscheidung ab.

Die Entscheidung der Schiedsstelle ist Voraussetzung für die Zulässigkeit der Klage gegen die Verkehrsopferhilfe.

113 Diese ist passiv legitimiert, nicht etwa das mit der Schadenregulierung beauftragte Mitgliedsunternehmen. Beklagter ist also der Verein Verkehrsopferhilfe e. V., gesetzlich vertreten durch seinen Vorstand.

Zuständig ist das Amts- bzw. Landgericht Berlin oder das Gericht, in dessen Bezirk sich der Unfall ereignet hat.

114 e) **Begrenzung auf Mindestversicherungssumme und Verjährung.** Die Schadenersatzpflicht der VOH ist auf die Höhe der Mindestversicherungssumme in der Kraftfahrzeug-Haftpflichtversicherung beschränkt. Ansprüche gegen die VOH verjähren gemäß § 12 Abs. 3 PflVG in 3 Jahren.

V. Musterschriftsätze zur Abwicklung von Haftpflichtansprüchen gegen Halter, Fahrer, Versicherung und sonstige Beteiligte

Besteht für den Schädiger Versicherungsdeckung bei einer inländischen Kraftfahrthaftpflichtversicherung, so ist es empfehlenswert, die Ansprüche direkt bei dieser Versicherung geltend zu machen.

In der Regel kann das erste Anspruchsschreiben sich darauf beschränken, solange eine gegenteilige Darstellung seitens des Schädigers nicht bekannt ist, die Anspruchsvoraussetzungen in allgemeiner Form darzulegen. Diese Korrespondenz kann sich orientieren an den typischen Unfallsituationen. Nach praktischer Erfahrung ergeben sich folgende **typische Unfallsituationen:**

- Auffahrunfall
  - im fließenden Verkehr
  - im ruhenden Verkehr
- Vorfahrtmissachtung
  - bei Vorfahrtregelung
  - bei Vorfahrt rechts-vor-links
  - durch Linksabbieger
- Unfall bei
  - Abbiegevorgang Gegner trotz Überholvorgang durch Mandant
  - Überholvorgang Gegner trotz Abbiegevorgang durch Mandant
- Gegner auf Gegenfahrbahn.

Die vorgenannten Unfallsituationen lassen sich in Standardtexte fassen wie folgt:
- Darstellung der Aktivlegitimation bzw. Anzeige Interessenvertretung (allgemein)
- Darstellung der jeweiligen Unfallsituation unter Bezugnahme auf Angaben im „Fragebogen für Anspruchsteller" (→ Rn. 25) hinsichtlich der Beteiligten, Unfallort und -zeit.
- Fristsetzung und Angaben zur Zahlung.

Ebenso lässt sich die Korrespondenz zur Spezifikation vorläufig, ergänzend oder abschließend sowie die typische Korrespondenz mit Dritten, etwa Polizei, Arzt wegen Attestanforderung sowie zu Kosten und Gebühren in Standardtexte fassen.

Nachfolgend werden zu den wichtigsten Korrespondenzvorgängen Musterschriftsätze geboten.

Übersicht über Musterschriftsätze zur Korrespondenz in Unfallschadenangelegenheiten:

1. Musterschriftsätze für erstes Anspruchsschreiben
   Muster: Allgemeine Darlegungen, Rn. 85
   a) Auffahrunfall, Rn. 120/121
      - Auffahrunfall im fließenden Verkehr, Rn. 120
      - Auffahrunfall im ruhenden Verkehr, Rn. 121
   b) Vorfahrtmissachtung, Rn. 122–124
      - Vorfahrtmissachtung bei Vorfahrtregelung, Rn. 122
      - Vorfahrtmissachtung bei Vorfahrt rechts-vor-links, Rn. 123
      - Vorfahrtmissachtung durch Linksabbieger, Rn. 124
   c) Unfall bei Abbiegevorgang/Überholvorgang, Rn. 125/126
      - Unfall bei Abbiegevorgang Gegner trotz Überholvorgang durch Mandant, Rn. 125
      - Unfall bei Überholvorgang Gegner trotz Abbiegevorgang durch Mandant, Rn. 126
   d) Gegner auf Gegenfahrbahn, Rn. 127
2. Musterschriftsätze für vorläufige, ergänzende und endgültige Spezifikation
   a) Vorläufige Spezifikation, Rn. 129
   b) Ergänzende Spezifikation, Rn. 130
   c) Endgültige Spezifikation, Rn. 132
3. Typische Korrespondenz mit Dritten
   a) Aktenanforderung bei Polizei, Rn. 133

b) Aktenanforderung bei Polizei – Erinnerung, Rn. 134
c) Aktenanforderung bei Staatsanwaltschaft/Gericht/Bußgeldstelle, Rn. 135
d) Aktenanforderung bei Staatsanwaltschaft/Gericht/Bußgeldstelle – Erinnerung, Rn. 136
e) Anschreiben an Zeugen mit Fragebogen-Vordruck, Rn. 137–139
- Zeugen-Fragebogen, Rn. 137
- Anschreiben, Rn. 138
- Erinnerung, Rn. 139
f) Anfrage an Arzt wegen Attest, Rn. 141–143
- Attestvordruck, Rn. 141
- Anfrage, Rn. 142
- Erinnerung, Rn. 143
4. Korrespondenz mit Mandantschaft
a) Übersenden an Mandantschaft – 1. Anspruchschreiben, Rn. 144
b) Anforderung bei Mandantschaft – Informationen, Unterlagen und Belege allgemein, Rn. 145
c) Mitteilung an Mandant über Spezifikation, Rn. 146–148
- Vorläufige Spezifikation, Rn. 146
- Ergänzende Spezifikation, Rn. 147
- Endgültige Spezifikation, Rn. 148

1. Musterschriftsätze für erstes Anspruchsschreiben

119 Der Text im Anspruchsschreiben zu allgemeinen Darlegungen kann wie folgt gefasst werden:

Muster: Allgemeine Darlegungen

VS-Nr.: ......
VN: ......
Fahrer: ......
Unfallereignis vom: ......
Fahrzeug: ......

Sehr geehrte Damen und Herren,

hiermit wird angezeigt, dass wir beauftragt sind, aus Anlass des oben genannten Unfallereignisses die Ersatzansprüche geltend zu machen für ......
Bevollmächtigung wird versichert.
Zur Begründung der hiermit geltend gemachten Ersatzansprüche wird verwiesen auf die auf der Seite 2 dieses Schreibens wiedergegebene Unfallschilderung.
Anliegend ist „Fragebogen für Anspruchsteller" beigefügt, der alle für die Regulierung des Schadens notwendigen Angaben enthält.
Zur Begründung wird im Einzelnen Folgendes ausgeführt:

Nachfolgend werden zu den oben in → Rn. 83 genannten typischen Unfallsituationen Mustertexte geboten wie folgt:

120 a) **Auffahrunfall**

aa) Auffahrunfall im fließenden Verkehr

Muster:

I.

Zur genannten Unfallzeit befand sich das Fahrzeug des Mandanten an dem im beigefügten Fragebogen (Ziffer 3.1) genannten Unfallort. Der Fahrer musste das Fahrzeug verkehrsbedingt anhalten. Auf das ordnungsgemäß angehaltene Fahrzeug fuhr der Fahrer des bei Ihnen versicherten Fahrzeuges auf (vgl. Fragebogen Ziffer 3.2).

Es entstanden die im Fragebogen näher bezeichneten Schäden (vgl. Fragebogen Ziffer 5 bis 9).
Somit sind die Voraussetzungen gemäß § 7 Abs. 1 StVG gegeben. Die Ersatzpflicht ist auch nicht ausgeschlossen. Der Unfall wurde nicht durch höhere Gewalt gemäß § 7 Abs. 2 StVG verursacht.

II.

Es wird ein Vorschuss von

...... EUR

gefordert, dessen Eingang hier erwartet wird spätestens innerhalb einer Woche ab Datum dieses Schreibens.

Die Angemessenheit der angeforderten Akontozahlung ergibt sich aus den gemachten Angaben bzw. aus den in der Anlage beigefügten Unterlagen.

Sofern die Akontozahlung innerhalb der genannten Frist nicht geleistet wird, muss die Mandantschaft Kredit in Anspruch nehmen, wodurch weitere, Sie belastende Kosten entstehen würden.

Alle Zahlungen in dieser Sache sind an uns zu leisten. Dies wird mitgeteilt unter Hinweis auf etwaige hier bekannte interne Sicherungsabtretungen. Bevollmächtigung zum Geldempfang ist gegeben.

Rechtsanwalt

Anlagen

bb) Auffahrunfall im ruhenden Verkehr 121

Muster:

I.

Zur genannten Unfallzeit befand sich das Fahrzeug des Mandanten an dem im beigefügten Fragebogen (Ziffer 3.1) genannten Unfallort. Das Fahrzeug war ordnungsgemäß geparkt. Auf das ordnungsgemäß geparkte Fahrzeug fuhr der Fahrer des bei Ihnen versicherten Fahrzeuges auf (vgl. Fragebogen Ziffer 3.2).

Es entstanden die im Fragebogen näher bezeichneten Schäden (vgl. Fragebogen Ziffer 5 bis 9).
Somit sind die Voraussetzungen gemäß § 7 Abs. 1 StVG gegeben. Die Ersatzpflicht ist auch nicht ausgeschlossen. Der Unfall wurde nicht durch höhere Gewalt gemäß § 7 Abs. 2 StVG verursacht.

II.

Es wird ein Vorschuss von

...... EUR

gefordert, dessen Eingang hier erwartet wird spätestens innerhalb einer Woche ab Datum dieses Schreibens.

Die Angemessenheit der angeforderten Akontozahlung ergibt sich aus den gemachten Angaben bzw. aus den in der Anlage beigefügten Unterlagen.

Sofern die Akontozahlung innerhalb der genannten Frist nicht geleistet wird, muss die Mandantschaft Kredit in Anspruch nehmen, wodurch weitere, Sie belastende Kosten entstehen würden.

Alle Zahlungen in dieser Sache sind an uns zu leisten. Dies wird mitgeteilt unter Hinweis auf etwaige hier bekannte interne Sicherungsabtretungen. Bevollmächtigung zum Geldempfang ist gegeben.

Rechtsanwalt

Anlagen

122 b) Vorfahrtmissachtung

aa) Vorfahrtmissachtung bei Vorfahrtregelung

Muster:

I.

Zur genannten Unfallzeit befand sich das Fahrzeug des Mandanten an dem im beigefügten Fragebogen (Ziffer 3.1) genannten Unfallort. Der Fahrer des diesseits beteiligten Fahrzeuges befand sich auf der vorfahrtsberechtigten Straße. Das seitens Ihres VN beteiligte Fahrzeug näherte sich aus der hinsichtlich der Vorfahrt negativ beschilderten Seitenstraße und fuhr unter Missachtung der Vorfahrt gegen das passierende Fahrzeuges der Mandantschaft (vgl. Fragebogen Ziffer 3.2).

Es entstanden die im Fragebogen näher bezeichneten Schäden (vgl. Fragebogen Ziffer 5 bis 9).

Somit sind die Voraussetzungen gemäß § 7 Abs. 1 StVG gegeben. Die Ersatzpflicht ist auch nicht ausgeschlossen. Der Unfall wurde nicht durch höhere Gewalt gemäß § 7 Abs. 2 StVG verursacht.

II.

Es wird ein Vorschuss von

...... EUR

gefordert, dessen Eingang hier erwartet wird spätestens innerhalb einer Woche ab Datum dieses Schreibens.

Die Angemessenheit der angeforderten Akontozahlung ergibt sich aus den gemachten Angaben bzw. aus den in der Anlage beigefügten Unterlagen.

Sofern die Akontozahlung innerhalb der genannten Frist nicht geleistet wird, muss die Mandantschaft Kredit in Anspruch nehmen, wodurch weitere, Sie belastende Kosten entstehen würden.

Alle Zahlungen in dieser Sache sind an uns zu leisten. Dies wird mitgeteilt unter Hinweis auf etwaige hier bekannte interne Sicherungsabtretungen. Bevollmächtigung zum Geldempfang ist gegeben.

Rechtsanwalt

Anlagen

123 *bb) Vorfahrtmissachtung bei Vorfahrt rechts-vor-links*

Muster:

I.

Zur genannten Unfallzeit befuhr das diesseits beteiligte Fahrzeug die im beigefügten Fragebogen (Ziff. 3.1) genannte Unfallstelle. Das bei Ihnen versicherte Fahrzeug kam von links. Der Fahrer des Ihrerseits beteiligten Fahrzeuges beachtete nicht die dort geltende Vorfahrtsregelung „rechts-vor-links". Es kam zum Zusammenstoß (vgl. Fragebogen Ziffer 3.2).

Es entstanden die im Fragebogen näher bezeichneten Schäden (vgl. Fragebogen Ziffer 5 bis 9).

Somit sind die Voraussetzungen gemäß § 7 Abs. 1 StVG gegeben. Die Ersatzpflicht ist auch nicht ausgeschlossen. Der Unfall wurde nicht durch höhere Gewalt gemäß § 7 Abs. 2 StVG verursacht.

II.

Es wird ein Vorschuss von

...... EUR

gefordert, dessen Eingang hier erwartet wird spätestens innerhalb einer Woche ab Zugang dieses Schreibens.

Die Angemessenheit der angeforderten Akontozahlung ergibt sich aus den gemachten Angaben bzw. aus den in der Anlage beigefügten Unterlagen.

Sofern die Akontozahlung innerhalb der genannten Frist nicht geleistet wird, muss die Mandantschaft Kredit in Anspruch nehmen, wodurch weitere Sie belastende Kosten entstehen würden.

Alle Zahlungen in dieser Sache sind an uns zu leisten. Dies wird mitgeteilt unter Hinweis auf etwaige hier bekannte interne Sicherungsabtretungen. Bevollmächtigung zum Geldempfang ist gegeben.

Rechtsanwalt

Anlagen

cc) Vorfahrtmissachtung durch Linksabbieger

Muster:

I.

Zur genannten Unfallzeit befuhr das Fahrzeug des Mandanten die im beigefügten Fragebogen (Ziffer 3.1) genannte Straße. Der Fahrer des bei Ihnen versicherten Fahrzeuges befuhr die Straße in entgegengesetzter Richtung und wollte links abbiegen. Hierbei beachtete er nicht die Vorfahrt des entgegenkommenden Fahrzeuges des Mandanten (vgl. Fragebogen Ziffer 3.2).

Es entstanden die im Fragebogen näher bezeichneten Schäden (vgl. Fragebogen Ziffer 5 bis 9).

Somit sind die Voraussetzungen gemäß § 7 Abs. 1 StVG gegeben. Die Ersatzpflicht ist auch nicht ausgeschlossen. Der Unfall wurde nicht durch höhere Gewalt gemäß § 7 Abs. 2 StVG verursacht.

II.

Es wird ein Vorschuss von

...... EUR

gefordert, dessen Eingang hier erwartet wird spätestens innerhalb einer Woche ab Zugang dieses Schreibens.

Die Angemessenheit der angeforderten Akontozahlung ergibt sich aus den gemachten Angaben bzw. aus den in der Anlage beigefügten Unterlagen.

Sofern die Akontozahlung innerhalb der genannten Frist nicht geleistet wird, muss die Mandantschaft Kredit in Anspruch nehmen, wodurch weitere, Sie belastende Kosten entstehen würden.

Alle Zahlungen in dieser Sache sind an uns zu leisten. Dies wird mitgeteilt unter Hinweis auf etwaige hier bekannte interne Sicherungsabtretungen. Bevollmächtigung zum Geldempfang ist gegeben.

Rechtsanwalt

Anlagen

c) Unfall bei Abbiegevorgang/Überholvorgang

aa) Unfall bei Abbiegevorgang Gegner trotz Überholvorgang durch Mandant

Muster:

I.

Zur genannten Unfallzeit befuhr das Fahrzeug des Mandanten die im beigefügten Fragebogen (Ziffer 3.1) genannte Straße. Voraus fuhr das bei Ihnen versicherte Fahrzeug. Der Fahrer des diesseits beteiligten Fahrzeuges war im Begriff zu überholen, als der Fahrer des bei Ihnen versicherten Fahrzeuges, ohne dies zuvor zu erkennen zu geben bzw. ohne Betätigen der linken Blinklichtanlage, plötzlich nach links zog und hierbei das überholende Fahrzeug der Mandantschaft erfasste (vgl. Fragebogen Ziffer 3.2).

Es entstanden die im Fragebogen näher bezeichneten Schäden (vgl. Fragebogen Ziffer 5 bis 9).

Somit sind die Voraussetzungen gemäß § 7 Abs. 1 StVG gegeben. Die Ersatzpflicht ist auch nicht ausgeschlossen. Der Unfall wurde nicht durch höhere Gewalt gemäß § 7 Abs. 2 StVG verursacht.

II.

Es wird ein Vorschuss von

...... EUR

gefordert, dessen Eingang hier erwartet wird spätestens innerhalb einer Woche ab Zugang dieses Schreibens.

Die Angemessenheit der angeforderten Akontozahlung ergibt sich aus den gemachten Angaben bzw. aus den in der Anlage beigefügten Unterlagen.

Sofern die Akontozahlung innerhalb der genannten Frist nicht geleistet wird, muss die Mandantschaft Kredit in Anspruch nehmen, wodurch weitere Sie belastende Kosten entstehen würden.

Alle Zahlungen in dieser Sache sind an uns zu leisten. Dies wird mitgeteilt unter Hinweis auf etwaige hier bekannte interne Sicherungsabtretungen. Bevollmächtigung zum Geldempfang ist gegeben.

Rechtsanwalt

Anlage

126 *bb) Unfall bei Überholvorgang Gegner trotz Abbiegevorgang durch Mandant*

Muster:

I.

Zur genannten Unfallzeit befuhr das Fahrzeug der Mandantschaft die im Fragebogen (Ziffer 3.1) genannte Straße. Der Fahrer des diesseits beteiligten Fahrzeuges wollte nach links abbiegen, nachdem er sich zuvor durch erstmaliges Schauen in den Rückspiegel über die Verkehrssituation vergewissert hatte, dass er gefahrlos abbiegen könne, und zum zweiten Mal nach Betätigen der linken Blinklichtanlage. Trotz dieses erkennbaren Abbiegevorganges wollte der Fahrer des bei Ihnen versicherten Fahrzeuges noch überholen. Es kam zu einem Zusammenstoß (vgl. Fragebogen Ziffer 3.2), den der Fahrer des diesseits beteiligten Fahrzeuges nicht vermeiden konnte.

Es entstanden die im Fragebogen näher bezeichneten Schäden (vgl. Fragebogen Ziffer 5 bis 9). Somit sind die Voraussetzungen gemäß § 7 Abs. 1 StVG gegeben. Die Ersatzpflicht ist auch nicht ausgeschlossen. Der Unfall wurde nicht durch höhere Gewalt gemäß § 7 Abs. 2 StVG verursacht.

II.

Es wird ein Vorschuss von

...... EUR

gefordert, dessen Eingang hier erwartet wird spätestens innerhalb einer Woche ab Zugang dieses Schreibens.

Die Angemessenheit der angeforderten Akontozahlung ergibt sich aus den gemachten Angaben, bzw. aus den in der Anlage beigefügten Unterlagen.

Sofern die Akontozahlung innerhalb der genannten Frist nicht geleistet wird, muss die Mandantschaft Kredit in Anspruch nehmen, wodurch weitere Sie belastende Kosten entstehen würden.

Alle Zahlungen in dieser Sache sind an uns zu leisten. Dies wird mitgeteilt unter Hinweis auf etwaige hier bekannte interne Sicherungsabtretungen. Bevollmächtigung zum Geldempfang ist gegeben.

Rechtsanwalt

Anlage

127 **d) Gegner auf Gegenfahrbahn**

Muster:

I.

Zur genannten Unfallzeit befuhr das Fahrzeug des Mandanten die im beigefügten Fragebogen (Ziffer 3.1) genannte Straße. Entgegen kam das bei Ihnen versicherte Fahrzeug. Der Fahrer des bei Ihnen versicherten Fahrzeuges geriet auf die – aus seiner Fahrtrichtung gesehen – linke Fahrbahn, dh die Fahrbahn, welche vom Fahrzeug des Mandanten befahren wurde. Hierbei wurde das Fahrzeug des Mandanten erfasst (vgl. Fragebogen Ziffer 3.2).

Es entstanden die im Fragebogen näher bezeichneten Schäden (vgl. Fragebogen Ziffer 5 bis 9).

Der Fahrer des diesseits beteiligten Fahrzeuges versuchte noch auszuweichen. Trotzdem war der Unfall nicht zu vermeiden. Somit sind die Voraussetzungen gemäß § 7 Abs. 1 StVG gegeben. Die Ersatzpflicht ist auch nicht ausgeschlossen. Der Unfall wurde nicht durch höhere Gewalt gemäß § 7 Abs. 2 StVG verursacht.

II.

Es wird ein Vorschuss von

...... EUR

gefordert, dessen Eingang hier erwartet wird spätestens innerhalb einer Woche ab Zugang dieses Schreibens.
Die Angemessenheit der angeforderten Akontozahlung ergibt sich aus den gemachten Angaben bzw. aus den in der Anlage beigefügten Unterlagen.
Sofern die Akontozahlung innerhalb der genannten Frist nicht geleistet wird, muss die Mandantschaft Kredit in Anspruch nehmen, wodurch weitere Sie belastende Kosten entstehen würden.
Alle Zahlungen in dieser Sache sind an uns zu leisten. Dies wird mitgeteilt unter Hinweis auf etwaige hier bekannte interne Sicherungsabtretungen. Bevollmächtigung zum Geldempfang ist gegeben.

Rechtsanwalt

Anlage

Selbstverständlich ist es auch möglich, den Text zu den allgemeinen Darlegungen und zur **128** Fristsetzung zu verbinden mit individuellen Unfalldarstellungen oder mit einer Unfalldarstellung unter Bezugnahme auf die ggf. gefertigte Einlassung im Straf- oder OWi-Verfahren. Musterschriftsätze zur Geltendmachung von Ansprüchen gegen sonstige Ersatzpflichtige sind an entsprechender Stelle eingearbeitet. Zum Anspruchsschreiben nach Unfall mit Bundeswehrfahrzeugen, Bundespolizei- und Militärfahrzeugen der NATO → vorstehend § 22 Rn. 66 ff., 73 sowie gegen Verein „Verkehrsopferhilfe e.V." (VOH) → vorstehend § 22 Rn. 79 und zur Geltendmachung von Ansprüchen bei Unfall mit Auslandsberührung gegen „Deutsches Büro Grüne Karte e.V." → § 22 Rn. 43 ff.

2. Musterschriftsätze für vorläufige, ergänzende und endgültige Spezifikation

Dem Anspruchsschreiben mit Vorschussanforderungen folgt regelmäßig die vorläufige **129** und ergänzende Spezifikation. Hierzu werden folgende Mustertexte geboten.

a) Vorläufige Spezifikation **130**

Muster:

VS-Nr.: ......
VN: ......
Fahrer: ......
Unfallereignis vom: ......
Fahrzeug: ......

Sehr geehrte Damen und Herren,

in o. b. Angelegenheit wird Folgendes ausgeführt:

I.

Wegen der Haftungsvoraussetzungen wird Bezug genommen auf die früheren Darlegungen, aus denen sich die Begründetheit der Ansprüche ergibt.

II.

Der Schaden wird gemäß der anliegenden Aufstellung vorläufig spezifiziert. Zum Nachweis wird verwiesen auf die in der Anlage bezeichneten Unterlagen bzw. wird Schadenausgleich gemäß § 287 ZPO ohne nähere Spezifikation beansprucht. Ausgleich des Schadensbetrages gemäß vorläufiger Spezifikation wird innerhalb von 10 Tagen ab Datum dieses Schreibens erwartet. Bei Vorliegen eines Totalschadens wird das Fahrzeug zu dem im Gutachten festgelegten Restwert veräußert.

Rechtsanwalt

Anlage

131 b) Ergänzende Spezifikation

Muster:

VS-Nr.: ......
VN: ......
Fahrer: ......
Unfallereignis vom: ......
Fahrzeug: ......

Sehr geehrte Damen und Herren,

in o.b. Angelegenheit wird Folgendes ausgeführt:

I.

Wegen der Haftungsvoraussetzungen wird Bezug genommen auf die früheren Darlegungen, aus denen sich die Begründetheit der Ansprüche ergibt.

II.

Der der Mandantschaft entstandene Schaden wird anknüpfend an die bereits übermittelte – vorläufige – Schadenspezifikation ergänzend spezifiziert gemäß anliegender Aufstellung.

Auf die hiernach sich ergebende Schadensumme von	EUR.
haben Sie bisher gezahlt	EUR.
Somit ist ein weiterer Betrag bzw. Vorschuss zu zahlen in Höhe von	EUR.

Ausgleich dieses Betrages wird erwartet innerhalb von 10 Tagen ab Datum dieses Schreibens.

Rechtsanwalt

Anlage

132 c) Endgültige Spezifikation

Muster:

VS-Nr.: ......
VN: ......
Fahrer: ......
Unfallereignis vom: ......
Fahrzeug: ......

Sehr geehrte Damen und Herren,

in o.b. Angelegenheit wird Folgendes ausgeführt:

I.

Wegen der Haftungsvoraussetzungen wird Bezug genommen auf die früheren Darlegungen, aus denen sich die Begründetheit der Ansprüche ergibt.

II.

Der der Mandantschaft entstandene Schaden wird anknüpfend an die bereits übermittelte – vorläufige – Schadenspezifikation endgültig spezifiziert gem. anliegender Aufstellung.

Auf die hiernach sich ergebende Schadensumme von	EUR
haben Sie bisher gezahlt	EUR.
Somit sind zum Ausgleich des Schadens noch zu zahlen	EUR.

Ausgleich dieses Betrages wird erwartet innerhalb von 10 Tagen ab Datum dieses Schreibens.

Rechtsanwalt

Anlage

3. Typische Korrespondenz mit Dritten

a) Aktenanforderung bei Polizei

Muster:

Unfall vom: ......   in: ......
Beteiligte: ......
Aktenzeichen: ......

Sehr geehrte Damen und Herren,

in o. b. Angelegenheit wird um Akteneinsicht gebeten.

Sollten die Akten sich bereits bei der Staatsanwaltschaft oder Bußgeldstelle befinden, so wird um Weiterleitung dieses Schreibens an die aktenführende Behörde gebeten. Sollte das Aktenzeichen der aktenführenden Behörde bereits bekannt sein, so wird um – evtl. telefonische – Mitteilung des Aktenzeichens gebeten, damit die aktenführende Behörde unmittelbar angeschrieben werden kann.

Vollmacht ist anliegend beigefügt.

Rechtsanwalt

Anlage
Vollmacht

b) Aktenanforderung bei Polizei – Erinnerung

Muster:

Unfall vom: ......   in: ......
Beteiligte: ......
Aktenzeichen: ......

Sehr geehrte Damen und Herren,

in o. b. Angelegenheit wird Bezug genommen auf die bereits vorliegende Aktenanforderung. Es wird **unbedingt** um Zwischenbescheid und insbesondere um Mitteilung des sicherlich bekannten Aktenzeichens der Staatsanwaltschaft oder Bußgeldstelle gebeten.

Rechtsanwalt

c) Aktenanforderung bei Staatsanwaltschaft/Gericht/Bußgeldstelle

Muster:

In dem Ermittlungsverfahren
gegen ......
wird die Interessenvertretung angezeigt der/des ......
Vollmacht ist anliegend beigefügt.
Es wird um Akteneinsicht gebeten. Umgehende Rückgabe der Akten wird zugesichert.

Rechtsanwalt

Anlage
Vollmacht

136 d) Aktenanforderung bei Staatsanwaltschaft/Gericht/Bußgeldstelle – Erinnerung

Muster:

> In dem Ermittlungsverfahren
> gegen . . . . . .
> wird Bezug genommen auf die bereits vorliegende Aktenforderung.
> Nochmals wird **dringend** an die Überlassung der Akten erinnert.
> Sollten die Akten augenblicklich nicht entbehrlich sein, so wird um Zwischennachricht gebeten.
>
> Rechtsanwalt

137 e) Anschreiben an Zeugen mit Fragebogen-Vordruck

aa) Zeugen-Fragebogen

Muster:

> Zeugen-Fragebogen
>
> I. Zur Person
> . . . . . .
> (Familienname) (Vorname)
> . . . . . .
> (Geburtsdatum) (Beruf)
> . . . .
> (Anschrift)   (Telefon)
> Ich bin mit dem Beschuldigten/Betroffenen nicht/wie folgt verwandt oder verschwägert:
> Ich will – nicht – aussagen. (nicht Zutreffendes streichen)
>
> II. Zur Sache
> 1. Waren Sie Augenzeuge des Vorfalles?   ja/nein
> 2. Wie hat sich der Unfall zugetragen? (Schildern Sie bitte – erforderlichenfalls auf einem besonderen Blatt – alle für die Beurteilung des Vorfalls bedeutsamen Tatsachen, insbesondere das Verhalten der Beteiligten vor dem Vorfall, Bewegungsrichtungen, Fahrweise, Geschwindigkeit, Beleuchtungs- und Witterungsverhältnisse, Straßenbeschaffenheit usw. Geben Sie dabei auch Ihren Standort im Augenblick des Vorfalls möglichst genau an.)
> . . . . . ., den . . . .
> (Unterschrift)

138 *bb) Anschreiben*

Muster:

> Unfallereignis vom:
>
> Sehr geehrte . . . . . .
> aus Anlass oben genannten Unfallereignisses wird hier vertreten . . . . . .
> Sie waren Zeuge / Zeugin des oben genannten Verkehrsunfalls.
> Es wird daher gebeten, Ihre Bekundungen evtl. unter Benutzung des beigefügten Fragebogens mitzuteilen.
> Im Übrigen wird um Mitteilung darüber gebeten, ob außer Ihnen weitere Personen das Unfallgeschehen beobachtet haben. Ggf. wird um Bekanntgabe der Anschriften – soweit möglich – gebeten.
>
> Rechtsanwalt
>
> Anlage:
> Fragebogen

cc) Erinnerung 139

Muster:

Unfallereignis vom: ......
Sehr geehrte ......
aus Anlass oben genannten Unfallereignisses wird hier vertreten ......
Sie waren Zeuge des oben genannten Verkehrsunfalls waren. Deshalb wurden Sie bereits angeschrieben mit der Bitte, Ihre Bekundungen
schriftlich mitzuteilen Auf das Anschreiben haben Sie bisher nicht reagiert. Es wird daher nochmals gebeten, alsbald Ihre Zeugenaussage zu übermitteln.
Nochmals wird um Mitteilung gebeten, ob außer Ihnen weitere Personen das Unfallgeschehen nach Ihrem Wissen beobachtet haben. Ggf. wird auch um Bekanntgabe der Anschriften – soweit möglich – gebeten.
Für Ihre Bemühungen wird vielmals gedankt.

Rechtsanwalt

f) Anfrage an Arzt wegen Attest (Nach Übermittlung der Entbindungserklärung von der 140
Schweigepflicht holt in der Regel die eintrittspflichtige Versicherung das Attest ein)

aa) Attestvordruck

Muster: 141

Hiermit entbinde ich die mich aus Anlass des unter Ziff. 1.3. genannten Unfallereignisses behandelnden Ärzte von der ärztlichen Schweigepflicht.
......, den ......
......
Unterschrift

Sehr geehrte(r) Frau/Herr Doktor,
aus Anlass des unter Ziff. 1. genannten Unfallereignisses vertreten wir den unten angegebenen Patienten. Namens und im Auftrag des Mandanten der Sie, wie oben ersichtlich, von der ärztlichen Schweigepflicht entbunden hat, wird gebeten, über die Unfallverletzungen zu den nachstehenden Fragen ein Attest zu erteilen.

Rechtsanwalt

Aktenzeichen: ......
1.1. Name u. Anschrift des Patienten: ......
1.2. Geburtsdatum: ......
1.3. Unfalltag u. Unfallort: ......
2.1. Kurz gefasste Diagnose: ......
2.2. Welche Behandlungsmaßnahmen wurden getroffen? ......
3.1. Dauer der stationären Behandlung: vom ...... bis ......
3.2. Dauer der ambulanten Behandlung: vom ...... bis ......
3.3. Dauer der Arbeitsunfähigkeit (auch bei Kindern, Rentnern und Hausfrauen entsprechend ausfüllen):
  % ...... vom: ...... bis: ......
  % ...... vom: ...... bis: ......
4. Ist ein Dauerschaden zu befürchten?: ja/nein
  % ......

5. Voraussichtliche Wiederherstellung: ja/nein
% ......

Ihre Liquidation für diesen Bericht: EUR ......
Ihre Konto-Nr.: ......
Bank, Sparkasse, Postgiroamt: ......
Name des Kontoinhabers: ......
....
(Ort und Datum) (Stempel u. Unterschrift)

142 *bb) Anfrage*

Muster:

Mandant: ......
Unfall vom: ......

Sehr geehrte ......
aus Anlass des oben genannten Ereignisses hat uns ...... mit seiner Interessenvertretung beauftragt.
Unser Mandant wurde bei dem Unfall verletzt und hat sich deswegen in Ihre Behandlung begeben haben. Für die Interessenvertretung benötigen wir von Ihnen ein ärztliches Attest, welches sich auf die Art der erlittenen Verletzungen, die Dauer einer evtl. Arbeitsunfähigkeit und etwaige Folgeschäden bezieht.
Eine Entbindungserklärung von Ihrer ärztlichen Schweigepflicht ist diesem Schreiben beigefügt, bzw. ergibt sich aus dem Attestvordruck.
Wir bitten höflichst, uns alsbald das Attest zukommen zu lassen, evtl. auf dem zweifach beigefügten Vordruck. Ihre Kostennote wollen Sie bitte beifügen, damit diese von hier aus ausgeglichen werden kann.
Für Ihre Mühe danken wir im Voraus.

Rechtsanwalt

Anlage:
Schweigepflichtentbindungserklärung
Attestvordruck

143 *cc) Erinnerung*

Muster:

In oben bezeichneter Unfallangelegenheit haben wir Sie angeschrieben und um Erstellung eines ärztlichen Attestes gebeten.
Bisher haben Sie dieses Attest noch nicht übermittelt.
Nochmals bitten wir im Interesse des Mandanten um Erledigung.
Für Ihre Bemühungen wird vielmals gedankt.

Rechtsanwalt

4. Korrespondenz mit Mandantschaft

a) Übersenden an Mandantschaft – 1. Anspruchsschreiben — 144

Muster:

Sehr geehrte ......

in der Unfallschadenangelegenheit wurden die Ansprüche gegenüber der Versicherungsgesellschaft des Unfallgegners geltend gemacht. Kopie des Anspruchsschreibens ist beigefügt.

Sobald eine Nachricht seitens der Versicherungsgesellschaft oder eine Akontozahlung eingeht, erhalten Sie weiteren Bescheid.

Soweit Ihnen Mitteilungen zugehen, wird gebeten, diese nach hier zu übermitteln. Dies gilt, soweit der Unfall polizeilich aufgenommen wurde, insbesondere für Nachrichten seitens der Polizeibehörde. Darüber hinaus wird gebeten, alle eingehenden Mitteilungen, etwa seitens der eigenen Versicherungsgesellschaft oder von der Gegenseite oder deren Versicherungsgesellschaft nach hier zu übermitteln.

Im Übrigen wird gebeten, zu allen in Betracht kommenden Schadenpositionen Belege oder Schadennachweise zu erfassen und zu übermitteln bzw. gelegentlich der nächsten Besprechung vorzulegen.

Rechtsanwalt

Anlage:
Kopie des Anspruchsschreiben

b) Anforderung bei Mandantschaft – Informationen, Unterlagen und Belege allgemein — 145

Muster:

Sehr geehrte ......

in der bezeichneten bzw. bekannten Unfallangelegenheit wird gebeten, alle den Unfall betreffenden Unterlagen, insbesondere Schadensbelege, baldmöglichst vorzulegen, damit der Schaden gegenüber der Versicherung abschließend spezifiziert werden kann.

Nach den hier geführten Unterlagen und nach erteilten Informationen werden insbesondere benötigt: ......

Dem Eingang der Unterlagen wird spätestens innerhalb von 10 Tagen ab Datum dieses Schreibens entgegengesehen. Ansonsten wird davon ausgegangen, dass die Angelegenheit auf der Grundlage der hier vorliegenden Unterlagen abgeschlossen werden kann.

Rechtsanwalt

c) Mitteilung an Mandant über Spezifikation. — 146

aa) Vorläufige Spezifikation

Muster:

Sehr geehrte ......

in der bezeichneten bzw. bekannten Unfallangelegenheit wurde der Schaden gemäß in Durchschrift beigefügtem Schreiben **vorläufig** spezifiziert. Die beigefügte Durchschrift ist für Ihre Unterlagen bestimmt.

Zu gegebener Zeit wird der Schaden weiter spezifiziert.

Soweit Schadenbelege noch nicht vorgelegt wurden, wird um alsbaldige Einreichung, bzw. um Information über evtl. noch nicht bekannte Schadenpositionen gebeten.

Über die Stellungnahme seitens der Versicherungsgesellschaft wird umgehend informiert.

Rechtsanwalt

Anlagen:
Durchschrift des Schreibens an die Versicherung

147 *bb) Ergänzende Spezifikation*

Muster:

Sehr geehrte ......
in der bezeichneten bzw. bekannten Unfallangelegenheit wurde der Schaden gemäß in Durchschrift beigefügtem Schreiben **ergänzend** spezifiziert. Die beigefügte Durchschrift ist für Ihre Unterlagen bestimmt.
Zu gegebener Zeit wird der Schaden weiter spezifiziert.
Soweit Schadenbelege noch nicht vorgelegt wurden, wird um alsbaldige Einreichung bzw. um Information über evtl. noch nicht bekannte Schadenpositionen gebeten.
Über die Stellungnahme seitens der Versicherungsgesellschaft wird umgehend informiert.

Rechtsanwalt

Anlage

148 *cc) Endgültige Spezifikation*

Muster:

Sehr geehrte ......
in der bezeichneten bzw. bekannten Unfallangelegenheit wurde der Schaden gegenüber der Versicherungsgesellschaft **endgültig** spezifiziert. Durchschrift des Schreibens ist beigefügt. Die beigefügte Durchschrift ist für Ihre Unterlagen bestimmt.
Es wird davon ausgegangen, dass Sie mit dem Inhalt der Schadenaufstellung einiggehen. Ansonsten wird um Information gebeten.
Nach Eingang einer Stellungnahme seitens der Versicherungsgesellschaft wird umgehend informiert.

Rechtsanwalt

Anlagen:
Durchschrift des Schreibens an die Versicherung
Durchschrift der endgültigen Spezifikation

5. Korrespondenz Meldung Rechtsschutz sowie Kosten- und Gebührenkorrespondenz

149 Auch die Korrespondenz zur Meldung der Schadenangelegenheit als Rechtsschutzfall ist für die Erledigung durch Standardtexte besonders geeignet. Die entsprechenden Musterschriftsätze sind an entsprechender Stelle in → § 32 eingearbeitet.

150 Ebenso ist die Kosten- und Gebührenkorrespondenz durch Standardtexte zu erledigen. Die entsprechenden Schriftsatzmuster sind in → § 33, betreffend Anwaltsgebühren bei der Unfallschadenabwicklung, eingearbeitet.

VI. Geltendmachung von Ansprüchen bei Unfall mit Auslandsberührung

151 Zum Auslandsunfall im Allgemeinen → § 31.
Nachfolgend werden die Besonderheiten dargestellt, die zu beachten sind bei der Geltendmachung der Ansprüche für Inländer.

1. Unfall im Inland mit Ausländer

152 Grundsätzlich ist es möglich bei Verursachung eines Straßenverkehrsunfalls durch ein im Ausland zugelassenes und versichertes Fahrzeug, die Ansprüche beim ausländischen Versicherer und ggf. bei dem ausländischen Fahrzeughalter und Fahrer geltend zu machen. Dies ist aber in der Regel zeitraubend und deshalb nicht zu empfehlen. Stattdessen empfiehlt es sich, die Ansprüche geltend zu machen beim Deutschen Büro Grüne Karte e. V. Zur Institution des Deutschen Büros Grüne Karte e. V. → Rn. 61 ff. und → § 31 Rn. 4 ff.

a) Geltendmachung der Ansprüche beim Deutschen Büro Grüne Karte e. V. *aa) Die Institution des Deutschen Büros Grüne Karte e. V.* Wird durch ein im Ausland zugelassenes Kraftfahrzeug ein Verkehrsunfallschaden verursacht, so können die Ansprüche gemäß § 6 Abs. 1 AuslPflVG iVm § 3 Nr. 1 PflVG geltend gemacht werden beim Deutschen Büro Grüne Karte e. V. (→ Anschrift Rn. 61). 153

Zur Abwicklung von Ansprüchen mit dem Deutschen Büros Grüne Karte e. V. ist zu verweisen auf das von dieser Institution herausgegebene Merkblatt.

Im Übrigen wird hinsichtlich der beteiligten Staaten, für die das Deutsche Büro Grüne Karte e. V. reguliert, verwiesen auf die Ausführungen in → § 42 Rn. 66 ff.

bb) Die Schadenmeldung. Kommt die Eintrittspflicht des Deutschen Büros Grüne Karte e. V. in Betracht, so sind gegenüber der vorgenannten Institution die Ansprüche geltend zu machen. Bei der Geltendmachung der Ansprüche sind folgende Angaben erforderlich: 154
- Amtliches Kennzeichen des schädigenden Fahrzeuges
- Namen und Anschriften der Unfallbeteiligten
- Unfallort
- Unfalldatum
- Name des ausländischen Haftpflichtversicherers und Versicherungsscheinnummer (soweit bekannt)
- Angaben zum Fahrzeug, Marke, Typ.

Das Deutsche Büro Grüne Karte e. V. kann selbst regulieren. In der Regel aber beauftragt die Institution einen inländischen Haftpflichtversicherer, in der Regel die Korrespondenzgesellschaft des beteiligten ausländischen Versicherers, soweit bekannt.

Zur Geltendmachung der Ansprüche beim Deutschen Büro Grüne Karte e. V. → Musterschriftsatz vorstehend Rn. 69.

b) Die Schadenregulierung. Entsprechend dem anzuwenden Tatortprinzip erfolgt die Regulierung grundsätzlich nach gleichen Grundsätzen wie bei Schadenverursachung durch ein im Inland zugelassenes Fahrzeug. 155

Zu beachten ist jedoch, dass die unmittelbare Inanspruchnahme des Deutschen Büros Grüne Karte e. V. nur bis zu der in Deutschland gesetzlich vorgeschriebenen Mindestdeckungssumme in Höhe von 7,5 Millionen Euro bei Personenschäden, 1 Million Euro bei Sachschäden und 50.000 EUR bei reinen Vermögensschäden besteht (§ 4 Pflichtversicherungsgesetz, Anlage 1). 156

Das Büro übernimmt nur „neben" dem „anderen" Versicherer die Pflichten eines Haftpflichtversicherers. Der Direktanspruch gegen das Büro schließt den Direktanspruch gegen das ausländische Versicherungsunternehmen nicht aus, sofern ein solcher Direktanspruch nach dem anzuwendenden Recht gegeben ist.[51] 157

Keinen Direktanspruch hat der Geschädigte gegen das beauftragte Versicherungsunternehmen. Dieses Unternehmen oder das Schadenregulierungsbüro ist nur Bevollmächtigter des Büros. Das Gleiche gilt für die direkt eingeschalteten Korrespondenzunternehmen.[52] 158

c) Passivlegitimation bei Klagen. Im Prozessfall ist nicht das beauftragte Versicherungsunternehmen oder Korrespondenzunternehmen, sondern das Deutsche Büro Grüne Karte e. V. passivlegitimiert. 159

Das Büro wird satzungsgemäß durch seinen Vorstand vertreten. (Vgl. auch „Merkblatt zum Unfall mit Auslandsberührung" Anhang D.2)

d) Die Beteiligung der Grenzversicherung. Bei Verursachung eines Schadens durch ein im Ausland zugelassenes Fahrzeug hängt der Direktanspruch ab von der Art der KH-Deckung des ausländischen Fahrzeuges. 160

---

[51] *Feyock/Jacobsen/Lemor* AuslPflVG § 6 Rn. 5 (S. 802 ff.).
[52] *Knappmann* in Prölss/Martin PflVG § 3 Rn. 2 Aa.

Liegt eine Grenzversicherung vor, so kann die Gemeinschaft der Grenzversicherer direkt in Anspruch genommen werden.

Die Grenzversicherergemeinschaft ist als Gesellschaft bürgerlichen Rechts parteifähig.[53] Im Prozessfall ist die Gesellschaft selbst Partei.

Die Klage muss sich also gegen alle an der Gemeinschaft der Grenzversicherer beteiligten KH-Versicherer richten.[54]

2. Der Unfall im Ausland mit Ausländer

161   Kommt es im Ausland zu einem Unfall, bei dem ein Ausländer beteiligt ist, so richtet sich die Abwicklung der Unfallangelegenheit nach den im Ausland geltenden Regeln.

Aufgrund des In-Kraft-Tretens der 4. KH-Richtlinie ist die Regulierung von Schäden aus Anlass von Straßenverkehrsunfällen mit Kraftfahrzeugen im Ausland nunmehr auch möglich durch Geltendmachung der Ansprüche im Inland gegenüber dem Schadenregulierungsbeauftragten der beteiligten ausländischen Versicherung. Hierzu wird verwiesen auf die diesbezüglichen Ausführungen in → § 31.

3. Unfall zwischen Inländern im Ausland

162   Kommt es im Ausland zu einem Unfall, an dem beide beteiligte Deutsche oder andere Personen mit Lebensmittelpunkt in Deutschland sind, so gilt deutsches Schadenrecht.

In diesem Falle erfolgt die Regulierung zwischen den Versicherungen mit der Maßgabe, dass hinsichtlich der Verhaltensregeln ausländisches Straßenverkehrsrecht gilt.

Im Übrigen gilt zu den Haftungsvoraussetzungen und zur Schadenhöhe deutsches Schadenrecht.

163   Ist der Unfallhergang streitig und ist die Beschaffung von Unfallunterlagen, speziell von Akten der Polizei oder Staatsanwaltschaft, erforderlich, so ist es empfehlenswert, die deutschen Botschaften oder Konsulate einzuschalten und von dort – gegen Kostenerstattung – Aktenkopien zu erbitten (zum Unfall im Ausland und zu anderen Fallgestaltungen, also Unfall mit einem Ausländer, → § 31).

VII. Schadenmanagement beim Kraftfahrzeughaftpflichtschaden

164   Das Thema „Schadenmanagement" beherrscht die Diskussion zum Verkehrshaftungsrecht. Es ist bestimmt durch das Bestreben der Versicherungswirtschaft, über die Schadenregulierung hinaus auch die Schadenbehebung in die Hand zu nehmen oder zu „steuern". Seitens der Assekuranz wird Schadenmanagement als „Service" für den Geschädigten dargestellt. Demgegenüber wird seitens des Verbraucherschutzes und der Autofahrerverbände sowie der Anwaltschaft die Unfallregulierung unter Steuerung seitens der Versicherung des Schädigers als eine Gefahr dargestellt für den Rechtsschutz des Unfallgeschädigten.

165   Auffallend in der Diskussion ist, dass von den genannten beteiligten Stellen konträre Positionen verfolgt und fortentwickelt werden, ohne dass das Bestreben um einen Konsens ersichtlich wird, der der Rechts- und Sachlage angemessen ist.

1. Der Begriff des Schadenmanagements

166   Zur Begriffsbestimmung des Schaden- oder Unfallmanagements führt *Pamer*[55] aus:

„Unter dem Begriff Unfallmanagement oder auch Unfallschadenmanagement sind alle nachhaltigen Bemühungen eines Unfallgeschädigten, seine berechtigten Schadenersatzansprüche nach einem Kfz-Unfallschaden durchzusetzen, zu verstehen, gleich ob er selbst für die Durchsetzung seiner Schadenersatzansprüche sorgt oder die Durchsetzung Reparaturbetrieben, Versicherern, Rechtsanwälten oder sonstigen Personen oder Einrichtungen überlässt. Bei dieser Begriffsbestimmung soll nicht verkannt werden, dass unter Unfallschadenmanagement in der Regel Versicherungs-Unfallschadenmanagement verstanden wird. Dies liegt daran, dass die Versicherungen diesen Begriff belegt haben...".

---

[53] BGH NJW 1981, 1953 f.
[54] Vgl. hierzu *Feyock/Jacobsen/Lemor* AuslPflVG § 6 Rn. 2 (S. 802) unter Hinweis auf die mögliche Vertretung durch den Verein Deutsches Büro Grüne Karte e. V.
[55] DAR 1999, 299 ff.

In der Praxis bedeutet Unfallschadenmanagement, dass die Versicherer einmal ihr Bemühen darauf konzentrieren, nach einem Unfall möglichst schnell Kontakt mit dem Geschädigten zu erhalten, und nach einem Unfall alle Vorkehrungen treffen zur Beseitigung des Schadens, beginnend mit dem Abschleppen des Fahrzeuges, und primär der Reparatur bis hin zur unmittelbaren Zahlung der Reparaturkosten an die von der Versicherung eingeschaltete Reparaturwerkstatt.

Der Geschädigte empfindet die Aktivitäten häufig als Service, ohne sich bewusst zu machen, dass diese Handhabung in vielfacher Hinsicht seine Belange nicht berücksichtigt. Dies ist zB der Fall, wenn der Geschädigte etwa keinen Ausgleich für eine vorhandene Wertminderung erhält oder keine Zahlung für Nutzungsausfall erfolgt, wenn ein Mietfahrzeug nicht in Anspruch genommen wurde, oder schließlich die ihm nach der Rechtsprechung zustehende Auslagenpauschale nicht gezahlt wird.

Beim Schadenmanagement geht es aufseiten der Versicherung darum, den Schadenaufwand zu senken. Hierüber kann auch nicht hinwegtäuschen, wenn seitens der Versicherungswirtschaft für den Geschädigten der Begriff „Schadenkunde" eingeführt oder populär gemacht werden soll.[56] Um eine Minimierung der Schadenzahlung zu erreichen, wird seitens der Versicherungswirtschaft versucht, durch verschiedenste Aktivitäten Einfluss auf den Geschädigten zu nehmen.

Es wird nicht verkannt, dass es grundsätzlich ein verständliches Anliegen der Versicherungswirtschaft ist, den Schadenaufwand zu minimieren. Dies darf aber nicht zu Lasten des Geschädigten hinsichtlich der ihm nach dem Gesetz zustehenden Ansprüche geschehen.

Nachfolgend werden die verschiedenen Aspekte des Schadenmanagements behandelt hinsichtlich der Position der Beteiligten, also der Versicherung und des Geschädigten, sowie der Beteiligung des Anwaltes und sonstiger an der Unfallabwicklung beteiligter Dritter, zB Sachverständige, Werkstätten, Mietwagenunternehmen etc. Die rechtlichen Grenzen des Schadenmanagements sollen aufgezeigt werden und ebenso neue Wege zur Abwicklung von Schadenfällen.

2. Die Position der Versicherung

a) Unfallzahlen und Schadenaufwand. Für die sich steigernden Aktivitäten der Versicherer zum Schadenmanagement werden verschiedene Gründe genannt. Zusätzlich ist der steigende Aufwand für Schadenfälle verbunden mit der seit der Liberalisierung des Versicherungsmarktes Mitte 1994 gewachsenen Konkurrenzsituation.

Aus Statistiken, die durch den GDV veröffentlicht werden, ergeben sich Aussagen über Risiken, Schadenzahlen, Schadenaufwand und Schadendurchschnitt.[57]

Im Jahre 2012 wurden durch die Kraftfahrtversicherer Schäden mit einem Volumen von über 20 Mrd. EUR reguliert, und zwar nach Angaben seitens der Versicherungswirtschaft „nahezu reibungslos".[58] Nach Angaben des Ombudsmannes gab es nur 1.388 Beschwerden über Kraftfahrtversicherer (vgl. www.versicherungsombudsmann.de, Jahresbericht 2012).

b) Die Aktivitäten der Kraftfahrthaftpflichtversicherung. Seitens der Versicherungswirtschaft wird teilweise der Geschädigte als „Schadenkunde" bezeichnet.[59] Andererseits wird richtigerweise auch von der Steuerung des Geschädigten gesprochen. Die Wege der Versicherer, Einfluss auf den Geschädigten und die Schadenregulierung zu nehmen, sind mehrschichtig. Zunächst wird versucht, auf direktem Weg Kontakt zum Geschädigten zu erhalten. Dies geschieht oftmals durch die Überlassung von Karten mit der Versicherung und der Nummer mit der Bitte an den Versicherungsnehmer, diese Karte direkt am Unfallort dem Unfallgegner zu übergeben. Auch die Möglichkeit, dass der Geschädigte noch am Unfallort oder kurz darauf vom Versicherungssachbearbeiter angerufen wird, steht im Raum. Auf diese Art und Weise wird versucht, den Geschädigten von der Einschaltung von teuren

---

[56] So *Engelke* als Referent auf dem 37. Verkehrsgerichtstag in Goslar, Arbeitskreis IV.
[57] Vgl. Gesamtverband der Deutschen Versicherungswirtschaft e. V., Statistisches Taschenbuch 2013, 55 ff., www.gdv.de.
[58] *Brüss* VW 2008, 838.
[59] So *Engelke* als Referent auf dem 37. Verkehrsgerichtstag in Goslar (Arbeitskreis IV) NZV 1999, 225 ff.

externen Sachverständigen und Rechtsanwälten abzuhalten. Zusätzlich versuchen Versicherer insbesondere, mit Werkstätten zusammenzuarbeiten in dem Sinne, dass die Reparatur unmittelbar aufgrund Absprachen zwischen Werkstatt und Versicherer durchgeführt wird. Dem Geschädigten wird versprochen, dass sein Kfz kostenfrei abgeholt wird und nach der Reparatur vollständig gereinigt wieder zurückgebracht wird. Der Geschädigte erhält für die Zeit der Reparatur einen Ersatzwagen angeboten.

176 Versicherungsgesellschaften bieten Werkstätten-Dienste an mit dem Ziel und der Erwartung, dass Werkstätten mit der Haftpflichtversicherung des Schädigers Kontakt aufnehmen. Werkstätten müssen festgelegte Reparaturkostensätze akzeptieren einschließlich der Stellung eines Ersatzfahrzeuges sowie eines Provisionsabzuges von 5 %.[60] Diese Art der Zusammenarbeit wird den Werkstätten dadurch schmackhaft gemacht, dass der Versicherer verspricht, seinerseits für eine Auslastung der Werkstatt durch Unfallfahrzeuge mit beizutragen.

177 c) **Einzelne Aktivitäten.** Die Kraftfahrzeugversicherungen betreiben ein sog. Schadenmanagement. Hierdurch soll ein Weg für den Kontakt mit den Geschädigten aufgebaut werden.

178 Zusätzlich sollen die Versicherungsagenturen darauf ausgerichtet werden, bei Kfz-Haftpflichtschäden eingebunden zu werden in der Weise, dass der Kontakt zum Geschädigten hergestellt wird oder zur gegnerischen Versicherung vermittelt wird.[61] Hiernach sollen Agenturen in besonderem Maße geeignet sein zur systematischen „Auswahl der Vertragswerkstätten" im Rahmen eines so genannten „Netzwerkes".
Sogar Autohändler sollen als Schadenregulierer kooperieren.[62]

179 Das Schadenmanagement wird von den Versicherungen immer weiter entwickelt. Von Versicherern werden – fast unbemerkt – Werkstattnetze als nächste Entwicklungsstufe im Bereich des Kfz-Werkstattmanagement aufgebaut. Als maßgebliche Marktentwicklungen in der Kfz-Branche werden verschiedene Punkte angeführt, zB: Werkstattmanagement und Kasko-Police mit Werkstattbindung sind branchenüblich; Werkstattnetze sind von K-Versicherern aufgebaut und öffnen sich auch für Dritte, um die Bindung der Werkstätten zu verstärken.[63]

180 In starkem Maße sind Kfz-Werkstätten in die Prozesssteuerung zum Schadenmanagement eingebunden. Festzustellen ist, dass der Bereich Kfz-Schadenmanagement immer häufiger von Versicherungsunternehmen an Dienstleister outgesourct wird.[64]
Im Übrigen ist zu verweisen auf das GDV-Schadennetz.[65]

181 Nunmehr richten sich die Befugnisse der Werkstatt nach dem Rechtsdienstleistungsgesetz (RDG), in Kraft seit dem 1.7.2008.[66]

182 Dem aktiven Schadenmanagement durch die Versicherung sind jedoch Grenzen gesetzt. Aktives Schadenmanagement ist rechtlich als geschäftsmäßige Besorgung einer fremden Rechtsangelegenheit zu sehen. Der Rahmen eines zulässigen notwendigen Hilfsgeschäftes wird verlassen, wenn der Versicherer eine Leistung erbringt, zu welcher weder er noch sein Versicherungsnehmer verpflichtet ist. Versicherer und Schädiger sind nicht zur Vermittlung eines Mietwagens verpflichtet, sondern zur Leistung von Schadensersatz.[67]

3. Die Interessenlage des Geschädigten

183 a) **Die Situation des Geschädigten.** Statistisch gesehen wird jeder Autofahrer alle 7 Jahre in einen Verkehrsunfall verwickelt. In aller Regel ist ein Geschädigter nach einem Schadenereignis hilf- und ratlos, insbesondere dann, wenn er erstmals bei einem Straßenverkehrs-

---

[60] Vgl. hierzu ausführlich *Kuhn* NZV 1999, 229 ff.
[61] Vgl. hierzu *Berg ua*, Was können Agenturen im Kfz-Haftpflichtgeschäft leisten? Versicherungswirtschaft 1999, 352.
[62] Vgl. Mitteilung in Versicherungswirtschaft 1999, 731: Autohändler als Schadenregulierer „die Alternative" und die Saab-Händler kooperieren.
[63] *Thiele/Focke/Engler*, Kfz-Werkstattmanagement 2.0 – Neue Entwicklungsstufe, neue Regeln, VW 2008, 215.
[64] Vgl. hierzu Versicherungswirtschaft 2005, 514: „Prozesssteuerung im Kfz-Werkstattmanagement" unter Hinweis auf die Aktivitäten von The Innovation Group (TIG) GmbH (ehemals Motorcare).
[65] Vgl. hierzu *Schmieder* Versicherungswirtschaft 2004, 1917.
[66] Über außergerichtliche Rechtsdienstleistungen vom 12.12.2007 (BGBl. I S. 2840), zuletzt geändert durch Art. 1 Gesetz gegen unseriöse Geschäftspraktiken vom 1.10.2013 (BGBl. I, S. 3714).
[67] Vgl. *Otting*, Fünf Jahre Rechtsdienstleistungsgesetz, SVR 2013, 241.

unfall geschädigt ist. Nach der Erfahrung ist es so, dass in aller Regel die Beteiligten jeweils ihre Rechtsposition in einem für sie günstigen Sinne beurteilen. Der erstmals an einem Unfall beteiligte Geschädigte weiß oftmals nicht, welche Schadenpositionen ihm zustehen. Dies gilt schon für die geläufigen Sachschadenpositionen, wie der Anspruch auf Ersatz der Reparaturkosten, auch ggf. Ersatz fiktiver Reparaturkosten. Dies gilt insbesondere dann, wenn ein Anspruch auf Neuwagenersatz in Betracht kommt. Zusätzlich ist in aller Regel einem Geschädigten nicht bekannt, unter welchen Voraussetzungen er einen Sachverständigen zur Schadenfeststellung beauftragen kann. Die Schadenposition „Wertminderung" ist nicht regelmäßig bewusst und ebenso nicht die Schadenposition der Auslagenpauschale.

Hinzu kommt, dass auch bei leichten Verletzungen, etwa einer sich harmlos darstellenden 184
Knieverletzung, Schmerzensgeld beansprucht werden kann, abgesehen davon, dass eine solche Verletzung oft später zu erkennende Spätfolgen haben kann, ganz zu schweigen von den speziellen Schadenpositionen, zB Haushaltsführungsschaden etc.

In dieser Situation und Position der Unkenntnis über die zustehenden Rechte akzeptieren 185
Geschädigte oft den so empfundenen scheinbaren guten Service der Versicherung des Schädigers, eine komplikationslose Reparatur des Fahrzeuges als eine gute Schadenregulierung zu akzeptieren.

Ausführlich und zutreffend beschreibt *Macke*[68] Situation und Folgen des Schadenmana- 186
gements durch die Versicherung. *Macke*[69] führt hierzu Folgendes aus:

„Dass sich da bei den Versicherern Sachverstand und Erfahrung finden, ist nicht zu bezweifeln. Das ist die eine Seite. Auf der anderen Seite aber fragt sich, ob die Versicherer auch in dieser Hinsicht – letztlich geleitet von dem Bestreben, das Gesamterstattungsvolumen nach Möglichkeit zurückzufahren – die berufenen Sachwalter ihrer Kunden sind, etwa im Kaskofall, und ob sie gar geeignete Sachwalter auch der Unfallgegner ihrer Kunden sind, die ihnen als Anspruchsteller gegenübertreten und denen sie traditionellerweise anspruchsabwehrend gegenüberstehen. Ist da nicht die Versuchung vorprogrammiert, da ein bisschen und dort ein bisschen zu kürzen und dem Geschädigten das mit der Nutzungsausfallentschädigung oder dem merkantilen Minderwert nicht geradezu auf die Nase zu binden? Das ist das eine: die Sorge vor einer Verkürzung von Schadensersatzleistungen, wie sie dem Geschädigten nach Recht und Rechtsprechung zustehen. Weiter kommt aber auch das Rollenspiel zwischen Versicherern, Rechtsanwälten, Sachverständigen, Mietwagenunternehmen und Werkstätten durcheinander. Wird es dahin kommen, so lauten die besorgten Fragen, dass künftig die Schadensfeststellung nur noch durch eigene Sachverständige der Versicherung oder durch von ihr abonnierte Sachverständige erfolgt und freie Sachverständige herausgedrängt werden? ... Auch dergleichen kann auf die Verkürzung von Rechten des Geschädigten hinauslaufen: auf eine Verkürzung des Rechts, bei einem Rechtsanwalt seines Vertrauens Rat zu suchen und sich von ihm über seine Rechte – alle Rechte – aufklären zu lassen; auf eine Verkürzung des Rechts, sich eines freien Sachverständigen seiner Wahl zu bedienen, die gewohnte Werkstatt einzuschalten und den Mietwagen bei der Autovermietung nebenan zu mieten ..."

Hinzu kommt, dass einmal Geschädigten meistens nicht bewusst ist, dass der Schädiger 187
und dessen Haftpflichtversicherung auch die Kosten bei Interessenvertretung durch einen Anwalt zu erstatten haben. Auch sind Geschädigte in aller Regel sich nicht darüber im Klaren, dass die hinter ihnen stehende Rechtsschutzversicherung das Kostenrisiko bei Beauftragung eines Anwaltes trägt. Hierbei muss man sich vergegenwärtigen, dass im Bereich des Verkehrsrechtes durch die Rechtsschutzversicherung eine Versicherungsdichte von 60 % erreicht ist.[70]

Auch handeln Geschädigte häufig aus der Überlegung heraus, sich mit der Direktregulie- 188
rung durch die Versicherung zufrieden zu geben, um zur Kostenminimierung bei den Versicherern und damit zur Prämienstabilität beizutragen, ohne sich zu vergegenwärtigen, dass sie auf ihnen zustehende Rechte verzichten und Nachteile in Kauf nehmen.

b) Das Risiko für den Geschädigten. Hervorzuheben ist, dass aufseiten der Versicherung 189
rechtskundige Sachbearbeiter beteiligt sind, während der Geschädigte in aller Regel über seine Rechte nicht informiert ist. Der Geschädigte erteilt zwar, auch nach dem Konzept der Versicherung, den Reparaturauftrag an die Werkstatt. In der Regel ist jedoch in diesem

---

[68] *Macke* DAR 2000, 506 ff., 514.
[69] *Mackle* DAR 2000, 506 ff., 514.
[70] *Heinsen* DAV, S. 54 ff., 57.

Zeitpunkt nicht klar, ob von einer 100%igen Haftung auszugehen ist. Möglicherweise bleibt ein Teil der Reparaturkosten bei ihm hängen. Hinzu kommt, dass der Geschädigte nicht informiert ist oder nicht informiert wird über seine Rechtsposition, auch fiktiv Reparaturkostenabrechnung vornehmen zu können. Die Art und Weise der vorzunehmenden Reparatur legt der Geschädigte, worauf *Riedmeyer*[71] zu Recht hinweist, in die Hand der Werkstatt. Diese baut möglicherweise ohne sein Wissen und zu Unrecht gebrauchte Teile ein, anstatt schadhafte Teile durch neue zu ersetzen.

190 Auch ist der Geschädigte in aller Regel nicht darüber informiert, welche Schadenpositionen ihm zustehen. So wird häufig in den von der Versicherungswirtschaft in Auftrag gegebenen Gutachten die Position „Wertminderung" nicht aufgeführt. Dem Geschädigten ist in aller Regel nicht bekannt, dass er Nutzungsausfall beanspruchen kann und ebenso eine Auslagenpauschale.

4. Schadenmanagement – eine Herausforderung für die Anwaltschaft

191 **a) Bisherige Aktivitäten.** Bei allen Aktivitäten seitens der Versicherungswirtschaft, andere Wege im Schadenmanagement zu gehen, wird aber in keiner Weise gesehen und erkannt oder genannt, dass bei der Schadenabwicklung unvermeidlich Rechtsfragen zu klären sind. Dies beginnt bei der Beurteilung der Haftungslage sowie den einzelnen Schadenpositionen.

192 Die Benachteiligung des Geschädigten wird schon deutlich, wenn man sich die Grundlagen des Schadenersatzrechtes, speziell die Struktur der Norm des § 249 S. 2 BGB, also die Ersetzungsbefugnis des Gläubigers, vergegenwärtigt. Diese Norm schützt die Dispositionsfreiheit des Geschädigten.

Es ist nicht zu verkennen, dass die Aktivitäten der Versicherungswirtschaft Wirkung zeigen. Hierbei wird häufig auf die Regulierungspraxis in anderen Ländern hingewiesen.[72]

193 Die Anwaltschaft muss erkennen und anerkennen, dass Haftpflicht- und Rechtsschutzversicherungen kaufmännische Unternehmen sind. Deshalb sind diese ausgerichtet auf Kostenminimierung und Gewinnmaximierung.

194 Zum anderen ist die in anderen europäischen Ländern gegebene Rechtslage anders. In Deutschland sind dem Schadenmanagement durch Versicherer Grenzen gesetzt. Zuzustimmen ist *Koch*,[73] wenn er darauf hinweist, dass die deutsche Anwaltschaft und speziell die auf dem Gebiet des Verkehrsrechts arbeitenden Rechtsanwältinnen und Rechtsanwälte nicht ihre Strategie ausschließlich auf gesetzliche Schutzräume ausrichten, vielmehr sollte aktiv nach der Möglichkeit des RDG gehandelt werden.

195 Zur derzeitigen Situation ist festzustellen, dass eine Änderung der Aktivitäten seitens der Versicherungswirtschaft nur zu erreichen ist, wenn seitens der Anwaltschaft wirksame Strategien entgegengesetzt werden.

196 Eine Änderung zum möglichen Schadenmanagement, insbesondere Tätigkeit zB von Werkstätten bei der Schadenregulierung ergibt sich aufgrund des Rechtsdienstleistungsgesetzes – RDG.[74] → § 38 Der Anwalt in eigener Sache.

197 Erster Ansatz für die Strategien der Anwaltschaft muss es sein, die Öffentlichkeit darüber zu informieren, dass die häufig als „Service" bezeichnete Direktregulierung Nachteile für den Geschädigte mit sich bringen kann, weil dem Geschädigten in aller Regel nicht bekannt ist und auch nicht erklärt wird, welche Positionen zu ersetzen sind, zB Nutzungsausfall, Wertminderung und Auslagenpauschale. Im Übrigen muss darüber informiert werden, dass nach dem Gesetz und den von der Rechtsprechung entwickelten Grundsätzen der Schädiger und dessen Versicherung im Rahmen der Schadensersatzpflicht auch die Anwaltsgebühren zu ersetzen hat.

198 Die Anwaltschaft kann gezielt Informationsbroschüren verteilen und Werbekampagnen organisieren. Solche Informationsbroschüren, etwa mit dem Titel „Sofort zum Anwalt",

---

[71] *Riedmeyer*, Umfrage über Autoversicherer in der Zeitschrift „Capital" in MittBl der Arge VerkR 1999, 124.
[72] Vgl. hierzu *Koch* zfs 1999, 225 ff.
[73] Vgl. hierzu *Koch* zfs 1999, 225 ff.
[74] Vgl. hierzu ausführlich *Otting*, Fünf Jahre Rechtsdienstleistungsgesetz, SVR 2013, 241.

können verbunden werden mit einem Vordruck für Unfallaufnahme. Der Geschädigte kann über seine wichtigsten Rechte informiert werden und darauf hingewiesen werden, dass zB der Verkehrsgerichtstag auch unter Beteiligung von Versicherungen beschlossen hat, dass der Anspruch des Unfallgeschädigten auf die unverzügliche Beratung und Vertretung durch den Anwalt seines Vertrauens zu unterstützen ist.[75] Wenn die auf dem Gebiet des Verkehrsrechts tätigen Anwälte und speziell die in der Arbeitsgemeinschaft Verkehrsrecht zusammengeschlossenen Anwälte gezielt dieses möglichst einheitlich gestaltete Informationsblatt verteilen, ist sicherlich alsbald eine Aufklärung der Öffentlichkeit und eine Breitenwirkung zu erzielen.

b) Umfrage bei Geschädigten. Um einen wirklichen Überblick über die Direktabwicklung durch die Versicherung zu erhalten, kommt auch die Befragung von Geschädigten in Betracht. Eine solche Befragung kann auch durch den Anwalt gegenüber seinem Klienten erfolgen. Es wird folgende Fassung einer möglichen Umfrage vorgeschlagen:[76]

Checkliste zur Umfrage bei Geschädigten

Erlitten Sie in letzter Zeit einen Straßenverkehrsunfall ohne jegliches Eigenverschulden mit Sachschaden?	☐ ja	☐ nein
Wenn ja, welche Ansprüche haben Sie geltend gemacht?		
Bei Reparatur:		
☐ Reparaturkosten	☐ ja	☐ nein
• Gemäß Kostenvoranschlag	☐ ja	☐ nein
• Gemäß Gutachten	☐ ja	☐ nein
☐ Wertminderung	☐ ja	☐ nein
Bei Totalschaden:		
☐ Wiederbeschaffungswert abzüglich Restwert	☐ ja	☐ nein
☐ Reparaturkosten	☐ ja	☐ nein
☐ Kosten der Abmeldung/Anmeldung des neuen Fahrzeuges	☐ ja	☐ nein
☐ Sachverständigenkosten	☐ ja	☐ nein
☐ Mietwagenkosten	☐ ja	☐ nein
☐ Nutzungsausfall	☐ ja	☐ nein
☐ Abschleppkosten	☐ ja	☐ nein
☐ Auslagenpauschale	☐ ja	☐ nein
☐ Kosten der Rechtsverfolgung (Anwaltsgebühren)	☐ ja	☐ nein
Fragen zur Abwicklung:		
☐ Hat die Versicherung direkt reguliert?	☐ ja	☐ nein
☐ Wer hat die Versicherung benachrichtigt?		
. . . . . .		
☐ Wie lange dauerte die Schadenabwicklung?		
ca. . . . . . . Tage; ca. . . . . . . Wochen		
☐ Wurde von der Versicherung eine Empfehlung ausgegeben für:		
• Kfz-Sachverständigen?	☐ ja	☐ nein
• Mietwagenunternehmen?	☐ ja	☐ nein
☐ Wurden Sie darüber belehrt, dass bei Inanspruchnahme eines Anwaltes dessen Kosten zu tragen sind?	☐ ja	☐ nein
Ergebnis der Regulierung:		
☐ Wurde der Schaden vollständig reguliert	☐ ja	☐ nein

---

[75] Vgl. 33. Verkehrsgerichtstag 1995, Arbeitskreis III, Unerlaubte Rechtsberatung in Verkehrssachen, Veröffentlichung, S. 114 ff.
[76] Bei der Umfrage durch den ADAC wurde über die ADAC-Motorwelt eine Umfrage etwa gleichen Inhaltes durchgeführt (ADAC-Motorwelt 10/2000).

5. Überlegungen für neue Lösungswege

201 **a) Anwaltschaft und Nutzung moderner Kommunikation.** In der Reparaturabwicklung zwischen Versicherung und Werkstatt wird seit einiger Zeit die so genannte „digitale Schadenübertragung" eingesetzt im Rahmen so genannter „Schadennetze". Nach diesem Konzept soll die Schadenregulierung bis zur Reparatur in folgenden Schritten erfolgen:
- Aufnahme des Schadens durch den Kfz-Betrieb
- Erstellung eines Kostenvoranschlages unter Fertigung von Digitalfotos
- Übertragung sämtlicher Daten, insbesondere des Kostenvoranschlages inklusive der Digitalfotos, an den jeweiligen Versicherer per Internet, der sodann die übermittelten Schadenunterlagen und Digitalfotos evtl. mithilfe eines eigenen Gutachters auswertet und im Anschluss hieran möglicherweise sofort Reparaturfreigabe erteilt.
- Regulierung unter Ausschluss unnötiger Nebenkosten.[77]

Am weitesten verbreitet sind bislang folgende Schadennetze: AUDATEX (Audamail, AudaImage), DAT (MultiTel), Claimsnet, DSN (Dekra-Schadennetz).[78]

202 **b) Der Anwalt als „Unfallschadenmanager".** Nur der auf dem Gebiet des Verkehrsrechts spezialisierte Anwalt kann wirklich kompetent beraten und vertreten. Wichtig ist es, der Öffentlichkeit bewusst zu machen, dass der beste Berater in der Schadenangelegenheit der spezialisierte Anwalt ist.

203 Die dem Geschädigten zustehenden Rechte kann nicht der nur gelegentlich mit Verkehrsrecht befasste Anwalt beurteilen, sondern nur der auf diesem Gebiet spezialisierte Anwalt. Nur dieser kennt die Verkehrsunfallschadenersatz-Rechtsprechung der Gerichte, insbesondere die des BGH und der Obergerichte. Er muss diese mindestens so genau kennen wie Spezialisten der KH-Versicherer.

204 Schließlich ist es auch für den auf dem Gebiet der Unfallschadenregulierung tätigen Anwalt erforderlich, mit den modernen Mitteln der Kommunikation zu arbeiten. Hierzu erscheint es angezeigt, den Anwalt in die Reparaturabwicklung auf der Grundlage der Schadennetze einzubinden (→ Rn. 201).

205 Diese Einbindung des Anwaltes kann dazu führen, dass auch der Anwalt seinerseits die technischen Möglichkeiten zur schnellstmöglichen Feststellung des Schadens nutzt bzw. in den Feststellungsprozess eingebunden wird.

Perspektivisch wird sogar die Möglichkeit genannt, dass im Rahmen des Schadenmanagements anwaltliche Mediation in Betracht kommt.[79]

206 **c) Rechtliche Überlegungen zur Fortentwicklung des Schadenmanagements.** Wenn davon auszugehen ist, dass die Versicherer von dem Angebot eines Schadenmanagements an den Unfallbeteiligten nicht abzuhalten sind, so könnte eine Minderung des Risikos für den Geschädigten dadurch erreicht werden, dass die Versicherung beim Schadenmanagement gegenüber dem Geschädigten ein „auflösend bedingtes" Angebot unterbreitet.[80] *Macke*[81] sieht sogar die Möglichkeit einer gesetzlichen Regelung dahin gehend, dass nach dem Vorbild des Raten- bzw. Haustürgeschäftes der Geschädigte das Schadenmanagement bzw. die Vereinbarung einer Regulierung innerhalb einer bestimmten Frist widerrufen kann. Innerhalb dieser Frist könnte der Geschädigte sich darüber beraten lassen, ob das Angebot angemessen und zu akzeptieren ist oder nicht.

207 **d) Schadenmanagement beim Personenschaden.** Anders als beim Sachschadenmanagement stellt sich beim sog. „Personenschadenmanagement" eine andere Problematik. Hier geht es um die medizinische, soziale und berufliche Rehabilitation und Reintegration nach schweren Unfallverletzungen, die im Straßenverkehr häufig vorkommen.

---

[77] Vgl. hierzu ausführlich *Pamer* Unfallmanagement DAR 1999, 299 f., 306.
[78] *Pamer* Unfallmanagement DAR 1999, 299 f., 306.
[79] *Bischof*, Mediation und modernes Schadenmanagement, Spektrum für Versicherungsrecht 2008, 12.
[80] *Macke*, Aktuell Tendenzen bei der Regulierung von Unfallschäden DAR 2000, 506 ff., 515.
[81] *Macke* DAR 2000, 506 ff., 515.

Mit dem „Schadenmanagement beim Personenschaden" hat sich der 38. Deutsche Verkehrsgerichtstag (Arbeitskreis II) beschäftigt.[82] Im Übrigen ist zu verweisen auf die Ausführungen zum Personenschadenmanagement in → § 26 Rn. 436 ff.

---

[82] Vgl. hierzu den Bericht von *Nehls*, Wer ist kompetenter Personenschadensmanager?, zfs 2000, 421; zu dieser Thematik vgl. auch *Macke* DAR 2000, S. 515.

§ 23 Haftungsrecht und Beweisfragen

Übersicht

	Rn.
I. Die Haftung im Straßenverkehrsrecht	1–7
1. Die Haftungsgrundlagen – die gesetzliche Regelung zur Gefährdungshaftung	1–4
2. Überblick über die in Betracht kommenden Haftungstatbestände	5–7
a) Allgemeine Haftungssachverhalte	5
b) Spezielle Haftungstatbestände	6
c) Vertragliche Haftungstatbestände	7
II. Der Anspruch aus Gefährdungshaftung	8–107
1. Die Haftung des Halters	13–38
a) Kraftfahrzeug iSv § 7 Abs. 1 StVG	14–23
b) Der Betrieb eines Kraftfahrzeuges	24–35
c) Kausalzusammenhang zwischen „Betrieb" des Kfz und Schadenereignis	36–38
2. Der Halterbegriff	39–45
3. Ausschluss der Haftung bei Arbeits- und Dienstunfällen	46–48
4. Abgrenzung zwischen Kraftfahrzeug-Haftpflichtversicherung und Allgemeiner Haftpflichtversicherung	49–78
a) Die Risikodeckung der Kraftfahrzeug-Haftpflichtversicherung	49–52
b) Kleine und Große „Benzinklausel"	53–56
c) Die Risikoabgrenzung im Einzelfall	57–69
d) Entscheidung der Paritätischen Kommission	70–78
5. Haftungsausschluss bei höherer Gewalt gem. § 7 Abs. 2 StVG	79–83
a) Die Regelungen zum Haftungsausschluss	79/80
b) Der Begriff der höheren Gewalt	81/82
c) Entlastung gegenüber höherer Gewalt	83
6. Ausschluss und Minderung der Verantwortlichkeit gemäß § 827 BGB	84/85
7. Ausschluss/Einschränkung der Haftung für Kinder bis 7 bzw. 1 Jahre	86–90
8. Haftung bei Schwarzfahrt	91–97
9. Die Haftung des Fahrers gemäß § 18 StVG	98–107
a) Die gesetzliche Regelung	98
b) Die Haftung des Kraftfahrzeug- oder Anhängerführers	99
c) Der Entlastungsbeweis	100
d) Umfang der Ersatzpflicht des Kraftfahrtzeug- oder Anhängerführers	101–103
e) Haftung Arbeitgeber für Lkw-Fahrer	104
f) Die Haftung des Arbeitnehmers bei Verkehrsunfällen mit Firmen- oder Privatwagen	105
g) Die Haftung für Schäden am Firmenfahrzeug	106/107
III. Haftungstatbestände bei Verschuldenshaftung	108–162
1. Haftung nach § 823 Abs 1 BGB	108–110
2. Haftung nach § 823 Abs 2 BGB	111–118
a) Allgemeines zum Haftungstatbestand	111–113
b) Verletzung von Sorgfaltspflichten	114–116
c) Mögliche Haftung des Arztes in Verkehrssachen	117/118
3. Haftung des Halters für den Verrichtungsgehilfen gemäß § 831 BGB	119–121
4. Haftung des Aufsichtspflichtigen gemäß § 832 BGB	122–124
5. Haftung des Tierhalters gemäß § 833 BGB	125/126
6. Ausschluss und Einschränkung der Haftung von Kindern gemäß § 828 BGB	127
7. Billigkeitshaftung gemäß § 829 BGB	128–131
8. Haftung bei Amtspflichtverletzung gemäß § 839 BGB	132–139
a) Allgemeines	132
b) Verweisungsprivileg bei Beamten	133/134
c) Sorgfaltspflicht bei der Kraftfahrzeug-Hauptuntersuchung	135–137
d) Unterbliebene Entstempelung, verzögerte Stilllegung	138/139
9. Der Anspruch bei Selbstaufopferung im Straßenverkehr	140–143
a) Anspruch auf Entschädigung	140/141
b) Die Selbstaufopferung für Minderjährige im Straßenverkehr	142/143

§ 23 Haftungsrecht und Beweisfragen § 23

	Rn.
10. Haftung aus Verletzung der Streu- bzw. Verkehrssicherungspflicht	144–162
a) Allgemeines	144–147
b) Streupflicht für den Fahrzeugverkehr	148–150
c) Streupflicht für den Fußgängerverkehr	151–152
d) Streupflicht auf Parkplätzen	153/154
e) Streupflicht für Radfahrer	155
f) Organisation der Streupflicht	156
g) Verkehrssicherungspflicht und Verkehrsregelung	157–160
h) Sonstige Fälle der Verkehrssicherungspflicht	161/162
IV. Die Haftung bei entgeltlicher und unentgeltlicher Beförderung von Insassen, speziell die Haftung unter Ehegatten und für Kinder	163–179
1. Die Haftung für Insassen gemäß § 8a StVG	163–169
a) Haftung bei entgeltlicher, geschäftsmäßiger Personenbeförderung	164–167
b) Haftungsausschluss	168
c) Haftung bei Fahrgemeinschaft	169
2. Speziell: die Ansprüche unter Ehegatten und für Kinder	170–179
a) Der Anspruch der Ehegatten und Kinder als Insassen generell	170/171
b) Ansprüche unter Eheleuten und für Kinder	172–175
c) Verjährung und Hemmung der Verjährung	176
d) Hemmung der Verjährung aus familiären und ähnlichen Gründen	177–179
V. Die Haftung beim Fußgänger- und Radfahrerunfall, speziell Kinderunfall	180–210
1. Fußgängerunfall	180–185
2. Radfahrerunfall	186–191
3. Teilnahme am Straßenverkehr mit besonderen Fortbewegungsmitteln	192–194
4. Der Unfall mit Beteiligung von Kindern	195–210
a) Keine Haftung für ein Kind unter 7 Jahren	196
b) Die haftungsrechtliche Situation für Kinder vom 7. bis 10. Lebensjahr bei Verkehrsunfällen	197–210
VI. Fragen der Eisenbahnhaftung und Haftung des Omnibusunternehmers und -fahrers	211–218
1. Eisenbahnhaftung	211–213
a) Rechtsgrundlagen für den Betrieb von Eisenbahnen	211
b) Haftungsfragen	212/213
2. Die Schadenshaftung des Omnibusunternehmers und -fahrers	214–218
a) Haftung gemäß § 7 StVG	214/215
b) Deliktische Haftung	216
c) Haftung für Fahrer gemäß § 831 BGB	217/218
VII. Mitverschulden im Straßenverkehrsrecht	219–268
1. Mögliches Mitverschulden von Fahrzeuginsassen speziell unter nahen Angehörigen	223–227
2. Soziusfahrer	228/229
3. Radfahrer	230–237
4. Fußgänger	238–240
a) Verkehrssicherungspflicht gegenüber Fußgängern	238
b) Mögliches Mitverschulden	239/240
5. Verkehrssicherungspflicht	241/242
6. Mitverschulden bei Kinderunfall	243–249
a) Fragen des Mitverschuldens	243–246
b) Mitnahme von Kindern und Mitverschulden	247–249
7. Mitverschulden des Geschädigten	250–268
a) Alkohol und/oder Übermüdung des Fahrers	252–254
b) Anschnallpflicht	255–257
c) Schutzhelm	258–262
d) Sicherheitsgurt	263–268
VIII. Haftungsverteilung	269–311
1. Die gesetzliche (Neu) Regelung	269–272
2. Grundsätzliches zur internen Ausgleichspflicht mehrerer gesetzlicher Haftpflichtiger	273–281
a) Grundsätzliches	273/274
b) Besondere Fallgestaltungen	275–280
c) Haftung und Zurechnungszusammenhang zwischen „künstlichem Stau" und Auffahrunfall	281

Kuhn

	Rn.
3. Die einzelnen Abwägungskriterien	282–284
a) Das Maß der Verursachung	282/283
b) Die Schadenursache	284
4. Die mitursächliche Betriebsgefahr	285/286
5. Rechtsprechung zur Abwägung zu häufigen Fallgestaltungen	287–311
a) Beteiligung Lastzug	287
b) Bus	288
c) Überholen	289
d) Krad	290
e) Haltendes Fahrzeug	291
f) Abgestelltes Fahrzeug	292
g) Auffahren	293–300
h) Begegnungsverkehr	301
i) Unfall Linksabbieger	302
j) Türöffnen	303
k) Haftungsverteilung bei Beteiligung von Radfahrern und Fußgängern, speziell Kindern	304
l) Rechtsprechung zu verschiedensten Fallgestaltungen	305
m) Quotentabellen und ihre Anwendung	306–311
IX. Haftungsverzicht	312–326
1. Allgemeines	312–316
a) Mögliche Vereinbarungen und ihre Grenzen	312
b) Form der Vereinbarung zur Haftung	313
c) Wirkung auch für Haftpflichtversicherung	314–316
2. Haftungsverzicht bei Gefälligkeitsfahrt	317–319
3. Vertraglicher Ausschluss	320
4. Fahrgemeinschaften	321–323
5. Fragen des Mitverschuldens	324–326
X. Probleme bei Erreichen der Versicherungs-/Deckungssumme	327–353
1. Versicherungssumme als Höchstgrenze der Leistungspflicht	327–343
a) Die maßgebende vereinbarte Versicherungssumme	327–330
b) Einheitlichkeit des Schadenereignisses	331
c) Höchstsumme bei mehreren Geschädigten	332/333
d) Bei Rentenleistungen	334–337
e) Hinweispflicht des Versicherers	338
f) Übersicht über aktuelle Haftungshöchstgrenzen	339
g) Krankes Versicherungsverhältnis	340/341
h) Kosten des Rechtsschutzes	342/343
2. Das Verteilungsverfahren bei Überschreiten der Höchstsumme	344–352
a) Das Verteilungsverfahren	344–346
b) Höchstsumme und Rentenleistung	347
c) Rangordnung mehrerer Geschädigter	348/349
d) Befriedigungsvorrecht des Geschädigten, Verteilungsverfahren	350
e) Das Recht zur Hinterlegung (Abandonrecht)	351
f) Rechtslage bei Widerspruch des VN	352
3. Versicherungssumme bei Unfällen im Ausland	353
XI. Der „gestellte" und „provozierte" Unfall	354–419
1. Unfallmanipulation	354–362
a) Steigende Tendenz	354
b) Kontrollsysteme der Versicherungswirtschaft	355
c) Erkennen typischer Auffälligkeitsmerkmale	356–362
2. Der „gestellte" und der „provozierte" Verkehrsunfall	363–365
a) Allgemeines	363/364
b) Der gestellte Unfall	365
3. Beweisfragen	366–415
a) Allgemeines	366
b) Beweisgrundsätze	367/368
c) Die Wertung einzelner Kriterien in der Rechtsprechung	369–412
d) Berufsrechtliche Fragen	413
e) Prozessuale Fragen	414
f) Versicherungsrechtliche Fragen	415
4. Der „provozierte" Unfall	416–418
5. Ausgleichspflicht unter deliktischen Gesamtschuldnern	419

	Rn.
XII. Beweislastfragen	420–432
1. Bei Gefährdungshaftung	420–422
a) Allgemeines	420/421
b) Entlastungsbeweis bei höherer Gewalt	422
2. Beweislast bei Schwarzfahrt	423
3. Beweislast bei Verschuldenshaftung	424
4. Beweislast bei Schuldanerkenntnis	425
5. Anscheinsbeweis	426–432
a) Begriff und Inhalt	426–428
b) Grundsätze des Anscheinsbeweises im Einzelnen	429–432
XIII. Regulierungsverzug	433–448
1. Allgemeines	433–437
2. Voraussetzungen des Verzuges	438–440
3. Folgen des Verzuges	441–448
a) Anwaltskosten	441
b) Prozesskosten	442
c) Kreditkosten	443/444
d) Weitere Schadenpositionen, speziell Mietwagenkosten	445
e) Verpflichtung zur Zinszahlung	446–448
XIV. Das anzuwendende Recht bei Unfall im Ausland	449–456
1. Das Recht des Tatortes	449
2. Das anzuwendende Recht nach der Regelung der Artikel 4 bis 42 EGBGB	450–454
3. Besonderheiten für exterritoriale und bevorrechtigte Personen	455/456
XV. Feststellungen zu haftungsrelevanten Tatsachen-/Unfallursachenfeststellung – technikbezogenen und personenbezogenen Unfallursachen	457/458

Schrifttum: *Arendt,* Der manipulierte Verkehrsunfall, NJW-Spezial 2005, 447; *Bernau,* Die Aufsichtshaftung über Minderjährige im Straßenverkehr, DAR 2008, 286; *ders.,* Führt die Haftungsprivilegierung des Kindes in § 828 II BGB zu einer Verschärfung der elterlichen Aufsichtshaftung aus § 832 I BGB?, NZV 2005, 234; *Böhme/Biela,* Kraftverkehrs-Haftpflicht-Schäden, 25. Aufl. 2013; *Born,* Der manipulierte Unfall im Wandel der Zeit, NZV 1996, 257; *Bruns,* Bestehen Verkehrssicherungspflichten gegenüber Fußgängern, die Oberflächen von Straßen und Wegen in einem für den schadlosen Verkehr geeigneten Zustand zu halten, nur in besonders für Fußgänger ausgewiesenen Bereichen? – Besprechung des Urteils dese OLG Frankfurt vom 18.10.2007 – 1 U 100/07 (NZV 2008, 159) –, NZV 2008, 123; *Brüseken/Krumbholz/Thiermann,* Typische Haftungsquoten bei Verkehrsunfällen – Münchner Quotentabelle, NZV 2000, 441; *Buschbell,* Der Kinderunfall im Straßenverkehr, SVR 2006, 241; *Buschbell/Otting,* Arbeitshilfen für die Schadensregulierung, 4. Aufl. 2003; *Diederichsen,* Die Rechtsprechung des BGH zum Haftpflichtrecht; DAR 2008, 301; *Eggert,* Der Fußgängerunfall in der aktuellen Rechtsprechung, Verkehrsrecht aktuell 2004, 168; *ders.,* Der Radfahrer-Unfall in der aktuellen Rechtsprechung, Verkehrsrecht aktuell 2004, 186; *ders.,* Unfälle bei Eis und Schnee in der aktuellen Rechtsprechung, Verkehrsrecht aktuell 2005, 26; *Filthaut,* Die Gefährdungshaftung für Schäden durch Oberleitungsomnibusse (Obusse), NZV 1995, 52; *ders.,* 2. SchadÄndG und Bahnhaftung – Zweifelsfragen zum Begriff des „motorisierten Verkehrs", NZV 2003, 161; *ders.,* Rechtsprechung zur Schadenshaftung des Omnibusunternehmers und -fahrers, NZV 2004, 67; *ders.,* Die neuere Rechtsprechung zur Bahnhaftung, NZV 2004, 554; *ders.,* Rechtsprechung zur Schadenshaftung des Omnibusunternehmers und -fahrers, NZV 2008, 226; *Gebhardt,* Das Kind als Opfer, MittBl der Arge VerkR 2004, 37; *Gerlach, von,* Die Rechtsprechung des BGH zum Haftpflichtrecht, DAR 1995, 221; *Grüneberg,* Haftungsquoten bei Verkehrsunfällen, 12. Aufl. 2012; *ders.,* Schadenverursachung durch ein außerhalb der Fahrbahn abgestelltes Kraftfahrzeug – ein Fall des § 7 I StVG?, NZV 2001, 109; *ders.,* Der Straßenverkehrsunfall in der zivilrechtlichen Abwicklung – Haftungsverteilung – Einzelfälle, ZAP Nr. 8 vom 25.4.2001, 433, Fach 9, 615; *Heimbücher,* „Gefällige" Helfer – Versicherungsschutz für Eigenschäden?, VW 2005, 288; *Heß/Burmann,* Das Kind und der ruhende Verkehr, NJW-Spezial 2005, 63; *Himmelreich,* Finanzierungskosten – ein Alptraum der Kfz-Haftpflichtversicherer, NJW 1973, 976; *Huber,* Das neue Schadensersatzrecht, 2003; *ders.,* Schadensersatzpflicht eines 7- und 10-jährigen Kindes bei Kollision mit einem ordnungsgemäß geparkten Fahrzeug, DAR 2005, 171; *Hufnagel,* Fahrradhelmpflicht auf dem Umweg über den Mitverschuldenseinwand bei Verkehrsunfällen, DAR 2007, 289; *Jagow/Burmann/Heß,* Straßenverkehrsrecht, Kommentar, 21. Aufl. 2010; *Jahnke,* Haftungs- und Verschuldensbeschränkungen bei der Abwicklung von Haftpflichtfällen, VersR 1996, 294; *Kaufmann,* Die Haftung des Arbeitnehmers bei Verkehrsunfällen mit Firmen- oder Privatwagen, DAR 2004, 476; *Kuhn,* Haftungsverteilung bei Verkehrsunfällen, 8. Aufl. 2013; *Küppersbusch,* Ersatzansprüche bei Personenschäden, 10. Aufl. 2010; *Lang ua,* Die Unfallregulierung nach neuem Schadensersatzrecht, NZV 2003, 441; *Lemcke,* Gefährdungshaftung im Straßenverkehr, zfs 2002, 308; *ders.,* Gefährdungshaftung im Straßenverkehr unter Berücksichtigung der Änderung durch das 2. Schadenrechtsänderungsgesetz, zfs 2002, 318; *Müller,* Das reformierte Schadenersatzrecht, VersR 2003, 1; *Notthoff,* Entschädigungspflichtiger Unfall im Sinne des § 12 Abs. 1 II e) AKB bei einer Kollision zwischen Zugfahrzeug und Anhänger?, MittBl der Arge VerkR 1997, 10; *Pardey*, Verkehrsunfall mit Beteiligung von Kindern, zfs 2002, 264; *Rinne*, Aus der neueren Rechtsprechung des BGH zur Haftung der öffentlichen Hand bei Verletzung der Räum- und Streupflicht auf öffentlichen Verkehrsflächen, NJW 1996, 3303; *Scheffen/Pardey*, Schadensersatz bei Unfällen mit Minderjährigen, NJW-Schriftenreihe Band 59, 2. Aufl. 2003; *Schirmer*, Neues Schadensersatzrecht in der Praxis – Haftung, Schmerzensgeld, Sachschaden, DAR 2004, 21; *Kuhn*, Schadensverteilung bei Verkehrsunfällen, 8. Aufl. 2013; *Stiefel/Maier*, Kraftfahrtversicherung, 18. Aufl. 2010; *Tavakoli*, Privatisierung und Haftung der Eisenbahn, Diss., 2001; *Ternig*, Änderungen der StVZO 2013, NZV 2014, 248; *Verheyen*, KH-Kriterienkatalog für manipulierte Verkehrsunfälle (Stand: 31.12.93), zfs 1994, 313 ff.; *Vogenauer*, Die zivilrechtliche Haftung von Inline-Skatern im Straßenverkehr, VersR 2002, 1345.

I. Die Haftung im Straßenverkehrsrecht

1. Die Haftungsgrundlagen – die gesetzliche Regelung zur Gefährdungshaftung

1 Durch das Zweite Gesetz zur Änderung schadensersatzrechtlicher Vorschriften (2. SchadÄndG) vom 19.7.2002[1] wurde im StVG die Gefährdungshaftung ausgeweitet. Das Straßenverkehrsgesetz (StVG) ist in verschiedenen Bestimmungen geändert worden. Seitdem lautet § 7 StVG:

§ 7 Haftung des Halters, Schwarzfahrt

(1) Wird bei dem Betrieb eines Kraftfahrzeugs oder eines Anhängers, der dazu bestimmt ist, von einem Kraftfahrzeug mitgeführt zu werden, ein Mensch getötet, der Körper oder die Gesundheit eines Menschen verletzt oder eine Sache beschädigt, so ist der Halter verpflichtet, dem Verletzten den daraus entstehenden Schaden zu ersetzen.

(2) Die Ersatzpflicht ist ausgeschlossen, wenn der Unfall durch höhere Gewalt verursacht wird.

(3) Benutzt jemand das Fahrzeug ohne Wissen und Willen des Fahrzeughalters, so ist er anstelle des Halters zum Ersatz des Schadens verpflichtet; daneben bleibt der Halter zum Ersatz des Schadens verpflichtet, wenn die Benutzung des Fahrzeugs durch sein Verschulden ermöglicht worden ist. Satz 1 findet keine Anwendung, wenn der Benutzer vom Fahrzeughalter für den Betrieb des Kraftfahrzeugs angestellt ist oder wenn ihm das Fahrzeug vom Halter überlassen worden ist. Die Sätze 1 und 2 sind auf die Benutzung eines Anhängers entsprechend anzuwenden.

2 Die Regelung bedeutet die Ausdehnung der Gefährdungshaftung bis zur Grenze der höheren Gewalt (§ 7 Abs. 2 StVG). Durch § 7 Abs. 2 StVG ergibt sich eine rechtliche Besserstellung der Geschädigten, die selbst nicht mit einem Kraftfahrzeug an dem Unfall beteiligt sind, also: Fußgänger, Radfahrer, insbesondere Kinder sowie Grundstückseigentümer. Es ist zu beachten, dass im Verhältnis zwischen zwei oder mehr unfallbeteiligten Kraftfahrzeugen, also im Innenverhältnis, gemäß der Regelung des § 17 Abs. 3 StVG es im Ergebnis bei der alten Rechtslage bleibt, und zwar der Anrechnung der Betriebsgefahr bis zur Grenze des unabwendbaren Ereignisses.[2]

3 Gemäß Art. 2 des Zweiten Gesetzes zur Änderung schadenersatzrechtlicher Vorschriften (2. SchadÄndG) sind als geänderte Bestimmungen des BGB, soweit das Straßenverkehrsrecht betroffen ist, folgende Paragraphen zu nennen:[3]
- §§ 249, 253 BGB, betreffend Schadensabrechnung;
- § 828b BGB, betreffend die Rechtsstellung von Kindern bei Unfällen im Straßen- und Eisenbahnverkehr;
- § 839a BGB (neu eingefügt), betreffend die Haftung des gerichtlichen Sachverständigen;
- § 847 BGB ist gestrichen und ersatzlos in Fortfall gekommen.

Gemäß Art. 4 2. SchadÄndG, betreffend Änderung des Straßenverkehrsgesetzes:
- Geändert wurden die §§ 7, 8, 8a sowie § 10 Abs. 2 S. 2 StVG, betreffend Haftungsvoraussetzungen;
- § 12 Abs. 1 sowie § 12a sowie § 12b StVG, betreffend Einführung eines Schmerzensgeldanspruches bei Gefährdungshaftung;

---

[1] BGBl. I S. 2674.
[2] *Schirmer* DAR 2004, 21; vgl. OLG Nürnberg, DAR 2012, 462.
[3] *Müller* VersR 2003, 1 ff.

- § 17 Abs. 2 und § 18 Abs. 3 StVG, betreffend Anwendung der Regelung des § 17 Abs. 1 StVG auf spezielle Haftungstatbestände einschließlich einer Neuregelung zur gesamtschuldnerischen Haftung.

Die gesetzliche Regelung beinhaltet eine Vielzahl von Haftungserweiterungen zugunsten des Geschädigten:
- Schmerzensgeldanspruch auch bei Gefährdungshaftung
- Gefährdungshaftung auch gegenüber unentgeltlich beförderten Fahrzeuginsassen
- Einschränkung des Entlastungsbeweises auf höhere Gewalt, soweit es sich nicht um Unfälle zwischen Kraftfahrzeugen handelt[4]
- Halterhaftung für den Anhänger
- Heraufsetzung der Haftungshöchstsummen
- Verschiebung der Haftungsgrenze bei Kindern im motorisierten Straßenverkehr von 7 auf 10 Jahre
- Erstattung der Umsatzsteuer nur, wenn und soweit sie tatsächlich angefallen ist.[5]

2. Überblick über die in Betracht kommenden Haftungstatbestände

a) Allgemeine Haftungssachverhalte

Gefährdungshaftung:
- Haftung des Halters § 7 Abs. 1 StVG
- Gefährdungshaftung auch für den Halter des Anhängers § 8 StVG
- Erweiterte Insassenhaftung gem. § 8 StVG
- Gefährdungshaftung auch für unentgeltlich beförderte Mitfahrer, § 8a StVG
- Haftung des Fahrers §§ 7 Abs. 1, 18 StVG

Sonstige Haftungstatbestände:
- Unerlaubte Handlung § 823 Abs. 1 BGB
- Verletzung der Verkehrssicherungspflicht § 823 Abs. 2 BGB
- Haftung des Geschäftsherrn § 831 Abs. 2 BGB
- Haftung der Eltern aus Verletzung der Aufsichtspflicht § 832 BGB
- Haftung des Tierhalters § 833 BGB
- Haftung Minderjähriger § 828 BGB
- Haftung aus Billigkeit § 829 BGB
- Haftung des Staates § 839 BGB, Art. 34 GG

b) Spezielle Haftungstatbestände

Haftung öffentlich-rechtlicher Körperschaften:
- Haftung bei Handeln in Ausübung des Hoheitsrechtes oder ohne Ausübung hoheitlicher Aufgaben
- Haftung im Rahmen der Kfz-Zulassung
- Haftung im Zusammenhang mit Sicherung und Regelung des Straßenverkehrs
- Haftung nach NATO-Truppenstatut und Zusatzabkommen

Eisenbahnhaftung

c) Vertragliche Haftungstatbestände
- Beförderungsvertrag
- Fahrgemeinschaft

II. Der Anspruch aus Gefährdungshaftung

Die Institution der Gefährdungshaftung bezweckt den Ausgleich für Schäden aus den durch zulässigen Kfz-Betrieb entstehenden Gefahren.[6] Es liegt der Gedanke zugrunde, dass

---

[4] Zur Definition der „höheren Gewalt" vgl. OLG Celle SVR 2006, 69; *Filthaut*, § 2 HPflG RN 71.
[5] *Lang ua* NZV 2003, 441; *Sterzinger*, Schadensposition Umsatzsteuer bei Unfällen mit Kraftfahrzeugen, NJW 2011, 2181.
[6] BGHZ 117, 337 = NZV 1992, 229.

9 derjenige, der im eigenen Interesse bestimmte Gefahrenquellen schafft, für die daraus notwendigerweise hervorgehenden Schädigungen einzustehen hat.[7]

9 Der Gefährdungshaftung liegt der Gedanke sozialer Verantwortung für eigene Wagnisse zugrunde. Sie beinhaltet nicht den Ausgleich für Verhaltensunrecht, sondern für Schäden aus den durch zulässigen Betrieb eines Kraftfahrzeuges oder eines Kfz-Anhängers entstehenden Gefahren. Die Haftung des Halters auch für Schäden beim Betrieb eines Anhängers wurde durch das 2. SchadÄndG vom 19.7.2002[8] eingeführt. Anspruchsberechtigter ist derjenige, der bei dem Betrieb eines Kfz oder eines Kfz-Anhängers einen Personen- oder Sachschaden erlitten hat. Gleichgestellt sind nunmehr das Kfz und der Kfz-Anhänger. Hierbei ist gleichgültig, ob der Anhänger bei dem Unfall mit dem Kfz verbunden war oder nicht. „Verletzter" iSv §§ 7, 17, 18 StVG kann auch der Insasse eines unfallbeteiligten Kfz oder Kfz-Anhängers sein.

10 Das vorsätzliche In-Brand-Setzen eines ordnungsgemäß auf einem Parkplatz abgestellten Pkw ist keine Verwirklichung der Betriebsgefahr iSd § 7 Abs. 1 StVG. Kommt es zu einem Übergreifen des Brandes durch das so in Brand gesetzte Fahrzeug auf ein anderes Kfz, so verwirklicht sich nicht dessen Betriebsgefahr iSv § 7 Abs. 1 StVG. Hinzu kommen muss vielmehr, dass der Brand oder dessen Übergreifen in einem ursächlichen Zusammenhang mit einem bestimmten Betriebsvorgang oder einer bestimmten Betriebseinrichtung steht.[9]

11 Ungeschriebenes Tatbestandsmerkmal ist die Rechtswidrigkeit. Ansonsten würde bei einem verabredeten und gestellten Unfall auch die StVG-Haftung des Halters des Schädigerfahrzeuges zum Tragen kommen. Der Anspruch beim gestellten „Unfall" scheitert an der fehlenden Rechtwidrigkeit der Schädigung.[10]

12 Anspruchsverpflichteter ist gemäß § 7 Abs. 1 StVG der Halter des Kfz. Ebenso ist Anspruchsverpflichteter der Halter des Kfz-Anhängers. Zum Begriff der Kfz-Anhänger gehören auch Wohnwagen.[11] Ebenso ist Ersatzpflichtiger der Führer des Kfz oder des Anhängers gemäß § 18 StVG.

1. Die Haftung des Halters

13 Voraussetzung für die Haftung des Halters nach § 7 Abs. 2 StVG ist, dass bei dem Betrieb eines Kraftfahrzeuges der Schaden eintritt.

14 a) **Kraftfahrzeug iSv § 7 Abs. 1 StVG.** *aa) Die StVG-Haftung für Kraftfahrzeuge.* Gemäß § 1 Abs. 2 StVG sind Kraftfahrzeuge „durch Maschinenkraft angetriebene, nicht an Bahngleise gebundene Landfahrzeuge". Gleichgültig ist die Antriebsenergie und ebenso, ob sich das Kraftfahrzeug auf Rädern, Kufen, Raupen oder Ketten bewegt. Unter die StVG-Haftung fallen somit auch Fahrräder mit Hilfsmotor, Mopeds,[12] Mofas[13] und ebenso elektrische „Oberleitungsomnibusse"[14] sowie ebenso Rasenmäher mit Benzinmotor und Sitzgelegenheit.[15] Im Übrigen ist zu vergegenwärtigen, dass in den zurückliegenden Jahren der Straßenverkehr durch immer andere Fahrzeugarten bereichert wurde. Zu nennen sind hier zweisitzige Pkw, Elektroscooter oder auch die Quads.[16]

15 Auch Inline-Skates erfüllen die Definition des Fahrzeuges. Sie sind Gegenstände, die zur Fortbewegung auf dem Boden geeignet sind. Ihre Benutzung ist zwar nicht gesetzlich geregelt, es darf aber jedermann mit Fahrzeugen die öffentlichen Straßen benutzen.[17]

16 Hinsichtlich der Benutzung unterliegen sie jedoch im Straßenverkehr den Regeln für Fußgänger.[18] Anders OLG Oldenburg: „Inline-Skates können nicht als „ähnliches Fortbewe-

---

[7] BGH NJW 1988, 2802; vgl. ausführlich Hentschel/König/Dauer/*König* § 7 StVG Rn. 1.
[8] Zweites Gesetz zur Änderung schadensersatzrechtlicher Vorschriften vom 19.7.2002, BGBl I S. 2674; vgl. ausführlich Hentschel/König/Dauer/*König* § 7 StVG Rn. 1.
[9] BGH VersR 2008, 656.
[10] Hentschel/König/Dauer/*König* § 7 StVG Rn. 1 unter Hinweis BGH DAR 1990, 224 mwN.
[11] *Feyock*, § 10a, Rn. 1–16.
[12] BGH NJW 1971, 1983.
[13] BGH VersR 1972, 1004.
[14] Vgl. *Filthaut* NZV 1995, 52.
[15] LG Osnabrück VersR 1984, 254.
[16] Vgl. hierzu ausführlich *Ternig* NZV 2014, 248.
[17] OLG Oldenburg DAR 2000, 528.
[18] *Hentschel* § 25 StVO Rn. 12.

gungsmittel" iS von § 24 StVO angesehen werden. Außerhalb geschlossener Ortschaften müssen Inline-Skater deshalb gem. § 2 I StVO am rechten Fahrbahnrand laufen.[19] Inzwischen ist höchstrichterlich entschieden,[20] dass Inline-Skater auf den Bürgersteig und nicht auf die Fahrbahn gehören. Bei Benutzung der linken Fahrbahnhälfte wurde eine Mitverschuldensquote von 60 % zugewiesen. Inline-Skates sind – bis zu einer ausdrücklichen Regelung durch den Verordnungsgeber – als „ähnliche Fortbewegungsmittel" iSd § 24 Abs. 1 StVO anzusehen; daher sind Inline-Skater grundsätzlich den Regeln für Fußgänger zu unterwerfen.[21] Eine Erweiterung der Nutzung ergibt sich aus § 31 StVO. Gem. § 31 Abs. 2 StVO ist durch das Zusatzzeichen („Inlineskaten frei") das Inlineskaten und Rollschuhlaufen auch auf der Fahrbahn, dem Seitenstreifen und auf Radwegen zulässig (ab 1.4.2013).

bb) Ausnahmen von der Haftung gemäß § 7 StVG. Die Haltergefährdungshaftung entfällt bei technisch besonders langsamen Kraftfahrzeugen. Langsam bewegliche Kraftfahrzeuge sind solche, deren Bauart schnelleres Fahren als mit 20 km/h ausschließt oder bei denen Vorrichtungen das Fahren mit über 20 km/h verhindern. **17**

Eine Besonderheit ergibt sich, wenn ein parkender Anhänger zuvor mit einem langsamen Kraftfahrzeug iSv § 8 Nr. 1 StVG verbunden war, die Verbindung aber im Unfallzeitpunkt bereits gelöst war.[22] **18**

Ebenso entfällt die Gefährdungshaftung gemäß § 8 Nr. 2 StVG, wenn der Verletzte bei dem Betrieb des Kraftfahrzeuges oder des Anhängers tätig war. Der Grundgedanke ist hier, dass derjenige nicht in den Schutzbereich der Gefährdungshaftung fällt, der sich durch seine Tätigkeit freiwillig in den besonderen Gefahrenbereich des Betriebes eines solchen Fahrzeuges begeben hat. Hierbei ist es gleichgültig, ob die Tätigkeit entgeltlich, unentgeltlich, vertraglich oder außervertraglich war oder auf Gefälligkeit beruhte.[23] **19**

Weiter ist die Haftung ausgeschlossen gemäß § 8 Nr. 3 StVG für Schäden an beförderten Sachen. Beförderung liegt vor bei einer körperlichen Verbindung mit dem Kraftfahrzeug.[24] Demgegenüber wird nicht befördert der Führer des Fahrzeuges.[25] Kommt es zu Sachschäden, die nicht mit Körperschäden verbunden sein müssen, beschränkt sich die Haftung auf Unfallschäden an Sachen, die der Beförderte „an sich trägt" und die er vertragsgemäß mit sich führt.[26] **20**

Der Haftungsausschluss gem. § 8 Nr. 3 StVG betrifft die Beschädigung beförderter Sachen oder die Zerstörung von beförderten, getragenen oder mitgeführten Sachen. Der Haftungsausschluss ist hierauf beschränkt, sodass der Haftungsausschluss nach dieser Vorschrift nicht für Kosten gilt, die anlässlich eines Verkehrsunfalls dadurch entstehen, dass die beförderte Sache beseitigt werden muss (Orangen auf der Fahrbahn nach einem Verkehrsunfall).[27] **21**

cc) Verbot des Haftungsausschlusses bei entgeltlicher Personenbeförderung gemäß § 8a StVG. Grundgedanke der Regelung des § 8a StVG ist der Grundsatz, allen Fahrzeuginsassen einen Ersatz für von ihnen erlittene Körperschäden zu gewähren.[28] Gemäß § 8a StVG haftet der Fahrzeughalter uneingeschränkt auch für Schäden beförderter Personen. Die Regelung der Gefährdungshaftung beinhaltet die Ausdehnung der Gefährdungshaftung für Personen, gleichgültig ob sich der Geschädigte außerhalb oder innerhalb des Kraftfahrzeuges aufgehalten hat. Bei entgeltlicher Beförderung sind entgegenstehende Vereinbarungen gemäß § 134 BGB nichtig. Zweck dieser Regelung ist zu verhindern, dass den entgeltlich Beförder- **22**

---

[19] OLG Oldenburg NZV 2000, 470 mit kritischer Anm. von *Bouska*.
[20] BGH Urt. v. 19.3.2002 – VI ZR 333/00 – r+s 2002, 234; vgl. auch ausführlich *Vogenauer* VersR 2002, 1345.
[21] Revisionsentscheidung BGH r+s 2002, 234.
[22] *Hentschel* § 8 StVG Rn. 2 unter Hinweis auf Lit.
[23] *Hentschel* § 8 StVG Rn. 4.
[24] BGH NJW 1962, 1676.
[25] *Geigel* Kap. 25 Rn. 299.
[26] *Hentschel* § 8 StVG Rn. 9.
[27] BGH VersR 2008, 230; *Hentschel* StVG § 8 Rn. 5; *Heß*, StVG § 8 Rn. 11 ff.
[28] *Hentschel* § 8a StVG, Begründung zur Neufassung durch Änderungsgesetz vom 19.7.2002 (BT-Drucks. 14/7752, S. 31 f.).

23 ten der erhöhte Schutz gemäß § 7 StVG durch Vereinbarung oder durch Nutzungsordnung entzogen wird.

23 Ist die Beförderung nicht entgeltlich oder nicht geschäftsmäßig, so ist die Vereinbarung eines Haftungsausschlusses auch in Bezug auf Personenschäden zulässig.[29] Dies gilt nicht, wenn der Haftungsausschluss in einem Formular festgeschrieben ist.[30]

24 **b) Der Betrieb eines Kraftfahrzeuges.** *aa) Beim „Betrieb" eines Kraftfahrzeuges und/oder eines Kfz-Anhängers.* Weitere Voraussetzung der Gefährdungshaftung nach § 7 Abs. 1 StVG ist, dass der Schaden beim **Betrieb** des Fahrzeuges eingetreten ist. Ein Schaden ist beim „Betrieb" eines Kraftfahrzeuges eingetreten, wenn er durch die dem Kfz-Betrieb typisch innewohnende Gefährlichkeit adäquat verursacht ist. Es genügt ein naher zeitlicher und örtlicher ursächlicher Zusammenhang mit einem bestimmten Betriebsvorgang oder einer bestimmten Betriebseinrichtung des Kraftfahrzeuges.[31]

25 Bei der Definition des Begriffs „Betrieb" iSv StVG sind zwei Meinungen zu unterscheiden, nämlich die verkehrstechnische sowie die maschinentechnische Auffassung. Nach der verkehrstechnischen Auffassung, die im Grundsatz herrschend ist, ist der Betrieb eines Kraftfahrzeuges gegeben für Kraftfahrzeuge, die sich im öffentlichen Verkehrsbereich bewegen oder in verkehrsbeeinflussender Weise darin ruhen. Hiernach beginnt der Betrieb eines Kraftfahrzeuges mit dem Ingangsetzen des Motors und endet mit dem Motorstillstand außerhalb des öffentlichen Verkehrsbereiches. Auch ein zB den Verkehrsraum einengendes, ruhendes Kraftfahrzeug kann ebenso gefährdend, ja gefährdender sein als ein bewegtes. Dies bedeutet, dass der Betrieb eines Fahrzeuges nach der verkehrstechnischen Auffassung erst dann nicht mehr gegeben ist, wenn das Fahrzeug „an einem Ort außerhalb des öffentlichen Verkehrs aufgestellt wird".[32]

26 Nach der engeren maschinentechnischen Auffassung ist das Kraftfahrzeug nur in Betrieb, solange der Motor das Kraftfahrzeug oder eine seiner Betriebseinrichtungen bewegt. Diese Auffassung wird durch den BGH nur angewandt für Zwecke der Zurechnung von Kfz-Unfällen außerhalb des öffentlichen Verkehrsraumes (zB Fabrikgelände).[33]

27 Der Betrieb dauert an, solange das Kraftfahrzeug im Verkehr verbleibt und hierdurch die Betriebsgefahr fortbesteht.[34]

Der Gesetzesfassung liegt nur noch die verkehrstechnische Betriebsauffassung zugrunde. Es kommt nicht darauf an, ob der Unfall im öffentlichen Verkehr oder auf privatem Gelände stattfand.[35]

Die hM rechnet den Schaden durch einen wegrollenden Einkaufswagen beim Beladen des Kfz dem Betrieb des Kfz zu und sieht deshalb die Kfz-Haftpflichtversicherung für eintrittspflichtig an.

28 Schwierig und ebenso streitig ist oft die Frage, welche Vorgänge zum Betrieb eines Kraftfahrzeuges zu rechnen sind. Hierzu zählen insbesondere alle Vorgänge, die mit einem Ladegeschäft zusammenhängen. So gehört zum Betrieb eines Lkw das Entladen dampf- oder rauchentwickelnder Stoffe auf einer Baustelle, die Handhabung der Ladeeinrichtungen, so zB der Ladeklappe eines Lkw. Noch zum Betrieb eines Kfz gehörig sind die Schäden, die durch verlorene Ladung entstehen.[36] Hierzu gehören auch die Fälle der Verschmutzung der Fahrbahn.[37] Auch das Be- und Entladen von Ladegut gehört zum Betrieb eines Kfz[38] und ebenso das Betanken und das Ein- und Aussteigen.[39] Die hM rechnet Schäden beim Beladen

---

[29] *Hentschel* § 8a StVG Rn. 2.
[30] § 309 Nr. 7 BGB.
[31] Vgl. ausführlich *Hentschel* § 7 StVG Rn. 4 mit ausführlichen Nachweisen aus Rechtsprechung und Literatur.
[32] Vgl. ausführlich *Hentschel* § 7 StVG Rn. 5.
[33] BGH NJW 1975, 886; OLG München NZV 1996, 199; aA *Grüneberg* NZV 2001, 109, 110.
[34] BGH NJW 1996, 2023; vgl. ergänzend hierzu ausführlich *Hentschel* § 7 StVG Rn. 7, 8.
[35] Geigel/*Kaufmann*, 25. Kapitel, R. 50.
[36] BGH NJW 1964, 411.
[37] BGH NJW 1982, 2669.
[38] BGH VersR 1965, 1149.
[39] OLG Nürnberg NZV 1989, 354.

eines Kfz aus dem Einkaufswagen dem Betrieb und dem Gebrauch des Kfz zu. Der Schaden wird deshalb der KFZ-Haftpflichtversicherung zur -regulierung zufallen.

Demgegenüber sind Schäden nicht mehr dem „Betrieb" eines Kfz zuzurechnen, die durch die Fahrzeugeigenschaft als Verkehrsmittel verursacht werden. Wird durch die Polizei ein Moped als Lichtquelle benutzt, so ist ein hierbei entstehender Schaden nicht beim Betrieb des Kraftfahrzeuges entstanden.[40] Kommt es im Zusammenhang mit dem Abschleppen eines Fahrzeuges zum Schaden, so ist nur das schleppende Fahrzeug in „Betrieb".[41]

bb) Nicht beim „Betrieb" eines Kraftfahrzeuges. Nicht dagegen sind dem Wirkungsbereich des § 7 StVG zuzurechnen Schäden durch Ladeeinrichtungen am Grundstück oder an Anlagen auf Grundstücken, zB Silos, Beschädigung oder Befüllen eines Öltanks, weil die Sicherung nicht funktioniert.[42]

Kraftfahrzeuge befinden sich iSd § 7 StVG dann in Betrieb, wenn sie sich im öffentlichen Verkehrsbereich bewegen oder in verkehrsbeeinflussender Weise ruhen. Wird ein Kraftfahrzeug auf ausschließlich dem ruhenden Verkehr vorbehaltenen, von der Fahrbahn getrennten Flächen vorschriftsmäßig geparkt, befindet es sich nicht mehr in Betrieb.[43] Ein Fahrzeugführer haftet nicht schon aufgrund des Betriebes seines Fahrzeuges, welches von der Fahrbahn abgekommen und für andere Verkehrsteilnehmer nicht sichtbar in einer Wiese liegen geblieben ist, für solche Schäden, die er nach dem Aussteigen bei dem Versuch verursacht, durch Winken ein anderes Fahrzeug anzuhalten. Bei zeitlicher und örtlicher Nähe zu dem ersten Unfall können diese Schäden aber noch dem Gebrauch des Fahrzeuges iSv § 10 AKB zuzurechnen sein, wenn der Fahrzeugführer mit dem Anhalteversuch den Zweck verfolgt, alsbald die Polizei über den ersten Unfall und die dabei möglicherweise entstandenen Fremdschäden zu informieren.[44]

Problematisch kann sein die Beurteilung der Frage, ob ein Betriebsschaden vorliegt, wenn Zugfahrzeug und Anhänger kollidieren, oder ob es sich in einem solchen Fall um einen entschädigungspflichtigen Unfall gemäß § 12 Abs. 1 Abs. 2e AKB handelt. Bei Einwirkung eines Anhängers auf das Zugfahrzeug liegt kein inneres (Betriebs-)Ereignis vor mit der Folge, dass ein Unfall iSv § 12 Abs. 1 AKB vorliegt.[45]

Zu unterscheiden ist der „Betrieb" eines Kraftfahrzeuges vom „Gebrauch" des Fahrzeuges iSv A 1.1.1 AKB 2008, unverbindliche Bekanntgabe vom 17.2.2014, GDV. Gemäß dieser Bestimmung sind nur die Schäden zu ersetzen, welche durch den Gebrauch verursacht sind iSv A 1.1.1. AKB 2008. Der Gebrauch des Kfz ist weiter zu fassen als der Betrieb iSv § 7 StVG.[46]

cc) Fortdauer des Betriebes. Solange das Kraftfahrzeug im Verkehr verbleibt und die hierdurch geschaffene Betriebsgefahr fortbesteht, ist von Fortdauer des Betriebes des Kfz auszugehen.[47]

Von Fortdauer des Betriebes ist auszugehen zB beim Anhalten vor einem Hindernis, beim Anhalten, um eine Betriebsstörung zu beheben, Öffnen der Wagentür und ebenso beim Liegenbleiben des Fahrzeuges auf der Standspur, um ein Fahrzeug anzuhalten.[48] In Betrieb sind auch parkende Kraftfahrzeuge, solange sie den Verkehr irgendwie beeinflussen können. Auch dauert der Betrieb eines Kraftfahrzeuges fort, wenn ein unfallbeteiligtes Kraftfahrzeug an der Unfallstelle verbleibt. Das Gleiche gilt für ein Kraftfahrzeug, das wegen Treibstoffmangels liegen bleibt. Insbesondere gehört auch das Betanken des Kfz zum Betrieb.[49]

---

[40] BGH VersR 1961, 263.
[41] BGH VersR 1969, 47.
[42] *Hentschel* § 7 StVG Rn. 6.
[43] AG Hannover zfs 1998, 169.
[44] OLG Hamm NZV 1999, 469.
[45] Vgl. hierzu ausführlich *Notthoff* MittBl der Arge VerkR 1997, 10, betreffend einen Schadenfall, bei dem ein Wohnanhänger aufgrund vorbeifahrender Lkw instabil wurde und gegen die hintere rechte Seite des ihn ziehenden Pkw schleuderte; BGH, DAR 2013, 146.
[46] LG Köln NZV 1999, 476.
[47] BGH NJW 1996, 2023; OLG München NZV 2004, 205.
[48] OLG Frankfurt NZV 2004, 262.
[49] Vgl. im Einzelnen *Hentschel* § 7 StVG Rn. 8.

35 dd) *Keine Fortdauer des Betriebes.* Keine Fortdauer des Betriebes ist gegeben, wenn das Fahrzeug völlig aus dem Verkehrsbereich entfernt ist. Das Betreten der Fahrbahn durch den Fahrer oder Beifahrer ist nicht mehr der Fortdauer des Betriebes zuzurechnen.[50]

36 c) Kausalzusammenhang zwischen „Betrieb" des Kfz und Schadenereignis. Der zurechenbare Zusammenhang eines Unfalls mit dem Betrieb des Kfz wird durch Betriebsbeginn und Betriebsende begrenzt. Zunächst ist das Tatbestandsmerkmal „beim Betrieb" im Hinblick auf den Schutzzweck des § 7 Abs. 1 StVG weit zu fassen. Das Kfz ist in Betrieb, solange es bei der Abwicklung des Verkehrs eine Gefahr darstellt und solange sich die typische Gefahr des Straßenverkehrs verwirklicht.[51]

37 Wirft ein Fahrgast aus einem fahrenden Kfz einen Gegenstand und verletzt oder schädigt er hierdurch einen Dritten, sei es unbeabsichtigt oder auch vorsätzlich, so ist das der Betriebsgefahr des fahrenden Kfz zuzurechnen.[52]

Entzündet sich ein Kfz nach einer längeren Betriebspause selbst und wird hierdurch ein Schaden verursacht, greift die Betriebsgefahr.[53]

38 Eine Halterhaftung ist jedoch nicht gegeben für Schäden, die im weitesten Zusammenhang ursächlich durch den Betrieb eines Kraftfahrzeuges ausgelöst werden. Der Zurechnungszusammenhang fehlt, wenn der Schaden keine spezifische Auswirkung derjenigen Gefahren ist, für die § 7 StVG den Verkehr schadlos halten soll.[54]

2. Der Halterbegriff

39 Ersatzpflichtig ist der Halter des Fahrzeuges. Halter ist, wer das Kraftfahrzeug für eigene Rechnung gebraucht, nämlich die Kosten bestreitet und die Verwendungsnutzungen zieht.[55]

Demgegenüber begründet eine nur ganz vorübergehende Verfügung nicht die Haltereigenschaft. So ist zB bei Kfz-Sicherstellung die Polizei nicht Halter und ebenso nicht ein Werkstattbesitzer, der das Kraftfahrzeug repariert und danach Probe fährt, und auch nicht der Inhaber einer Sammelgarage an den dort abgestellten Kraftfahrzeugen.

40 Zu beachten ist, dass dann, wenn die Voraussetzungen der Halterstellung nicht gegeben sind und das Fahrzeug benutzt wird, die Haftung als Fahrer mit den Einschränkungen gemäß § 18 StVG zum Tragen kommt.

41 Bei **Miet- oder Leihverträgen** über ein Fahrzeug ist entscheidend der Zeitraum der Überlassung und darüber hinaus die Frage, ob der Eigentümer jederzeit über das Fahrzeug selbst verfügen kann. Der Mieter, Pächter oder Entleiher ist Halter neben dem Vermieter, wenn er das Fahrzeug zur allgemeinen Verwendung für eigene Rechnung benutzt und die Verfügungsgewalt besitzt, zB bei Urlaubsreise ins Ausland.

Bei Leasingverträgen ist alleiniger Halter der Leasingnehmer, wenn der Leasingvertrag auf längere Zeit geschlossen ist und der Leasingnehmer die Betriebskosten trägt.[56]

42 Die Stellung als Halter eines Kraftfahrzeuges **endet** jedenfalls dann, wenn die tatsächliche Möglichkeit, den Einsatz des Kraftfahrzeuges zu bestimmen (Verfügungsgewalt) nicht nur vorübergehend (im entschiedenen Fall mindestens 2½ Jahre) entzogen worden ist. Eine entsprechende Anwendung des § 7 Abs. 3 S. 1, 2. Hs. StVG zu Lasten des früheren Halters ist in den Fällen des § 7 Abs. 3 S. 2 StGB nach Wechsel der Haltereigenschaft auch dann nicht möglich, wenn der neue Halter unbekannt ist.[57]

Bei Überführung eines gekauften Wagens an den Käufer wird dieser mit dem Übergang der Verfügungsgewalt auf ihn Halter.[58]

---

[50] *Hentschel* § 7 StVG Rn. 9.
[51] *Geigel* Kap. 25 Rn. 55.
[52] *Geigel* Kap. 25 Rn. 71.
[53] BGH DAR 2014, 196.
[54] Vgl. hierzu Beispiel *Geigel* Kap. 25 Rn. 77, 78.
[55] BGH NJW 1983, 1492; AG Norden, ZfS 2004, 286; *Grüneberg*, Allgemeines, Rn. 16.
[56] Vgl. *Hentschel* § 7 StVG Rn. 16a.
[57] BGH NJW 1997, 660 = DAR 1997, 108.
[58] *Hentschel* § 7 StVG Rn. 18.

Auch können mehrere Personen zugleich Halter sein, zB Eigentümer und Entleiher.[59]

Die Grundsätze des Kausalzusammenhangs für den Betrieb des Kfz sind nunmehr auf die nach gleichen Grundsätzen gegebene Anhängerhaftung zu übertragen. 43

Für die Beurteilung des Kausalzusammenhangs zwischen dem Betrieb des Kfz und eines Anhängers und dem Schadenereignis ist von dem Grundsatz auszugehen, dass Kausalzusammenhang gegeben ist, wenn der Unfall auf der Gefahr beruht, die vom Betrieb eines anderen Kfz oder Anhängers typischerweise ausgeht.[60]

Der Versicherungsschutz für Schäden, die durch einen Anhänger verursacht werden, ist in A 1.1.5 AKB 2008, Fassung 14.2.2014 (§ 3 KfzPflVV) geregelt.

Ein Anhänger ist gemäß § 18 Abs. 1 StVZO zulassungspflichtig und versicherungspflichtig gemäß § 1 PflVG, aber kein Kraftfahrzeug iSv § 1 Abs. 2 StVG, weil er nicht durch eigene Maschinenkraft bewegt wird. Für Schäden, die durch einen Anhänger verursacht werden, haftet somit der Halter/Führer des Kraftfahrzeuges neben dem Halter des Anhängers. Diese Haftung besteht auch dann, wenn der Anhänger von der Zugmaschine abgekoppelt ist und der Anhänger zB selbstständig ins Rollen gerät. Auch in diesem Fällen bleibt die Einheit, die Zugmaschine und Anhänger bilden, bestehen. 44

Die spezielle Haftpflichtversicherung für Anhänger gemäß A 1.1.5 AKB bezieht sich nur auf die Schäden, die durch den Anhänger verursacht werden, wenn er mit einem Kraftfahrzeug nicht verbunden ist oder sich von dem Kraftfahrzeug gelöst hat und sich nicht mehr in Bewegung befindet.[61] 45

3. Ausschluss der Haftung bei Arbeits- und Dienstunfällen

Bei Arbeits- und Dienstunfällen sind die Haftungsbeschränkungen der §§ 104 SGB VII, 636 RVO (alt) zugunsten des Unternehmers zu beachten. Diese Regelungen überlagern das Haftungsrecht nach StVG und ebenso das deliktische Haftungsrecht. 46

Die Regelung des § 636 RVO gilt für Schadenereignisse, die bis zum 31.12.1996 eingetreten sind. Nach dieser Regelung ist die Haftung des Unternehmers nur für Versicherte und deren Angehörige und Hinterbliebene gegeben bei Personenschäden durch Arbeitsunfall, und zwar nur bei Vorsatz iSv § 276 BGB oder bei Arbeitsunfällen bei der Teilnahme am allgemeinen Verkehr, bei der der Geschädigte jedem anderen Verkehrsteilnehmer gleichsteht.[62] 47

Für Unfälle ab dem 1.1.1997 gilt die Regelung des § 104 SGB VII, die an die Stelle von § 636 RVO getreten ist. Durch die Regelung des §§ 104 ff. SGB VII wird die privatrechtliche Haftung der dort genannten Personen bei einem nicht vorsätzlich oder auf einem Weg zur oder von der Arbeit herbeigeführten Unfall gegenüber dem verletzten Arbeitnehmer in größerem Umfang als bisher beschränkt (→ im Einzelnen § 29 Rn. 24ff.). Das Haftungsprivileg betrifft auch Ansprüche nach § 7 StVG. 48

4. Abgrenzung zwischen Kraftfahrzeug-Haftpflichtversicherung und Allgemeiner Haftpflichtversicherung

a) Die Risikodeckung der Kraftfahrzeug-Haftpflichtversicherung. Der Umfang der Versicherungsdeckung der Kraftfahrzeug-Haftpflichtversicherung ist in A 1.1.1 AKB (Musterbedingungen) geregelt. Neben der Risikodeckung außerhalb des Schadenfalles sind Schäden versichert, die durch den Gebrauch des im Vertrag bezeichneten Fahrzeuges entstehen. 49

Häufig bereitet Schwierigkeiten, ob ein eingetretener Schaden der Kraftfahrzeug-Haftpflichtversicherung zuzuordnen ist oder der Allgemeinen Haftpflichtversicherung.

Der Kfz-Versicherung zugewiesen sind alle aus dem Gebrauch des Fahrzeugs entstehenden Risiken. Vom Fahrzeuggebrauch erfasst sind sämtliche Handlungsweisen, die zu den typischen Aufgabenbereichen eines Kfz-Führers gehören. Dazu gehören auch Schäden, die 50

---

[59] Zu den Besonderheiten bei Geschäftsunfähigkeit, beschränkter Geschäftsfähigkeit und bei juristischen Personen sowie Gesellschaften, Sicherungsübereignung, Eigentumsvorbehalt und zum Bereich des öffentlichen Dienstes und privater Dienstverträge vgl. ausführlich *Hentschel* § 7 StVG Rn. 22 bis 25.
[60] OLG Hamm NZV 1990, 231; vgl. BGH, VersR 2014, 104.
[61] *Bauer* Rn. 763 ff.
[62] BGH NZV 1992, 112.

durch parkende Fahrzeuge verursacht werden, wenn sich durch das abgestellte Fahrzeug die spezielle Fahrzeuggefahr verwirklicht. Dies ist zB der Fall, wenn das Kraftfahrzeug nicht ordnungsgemäß zum Parken abgestellt worden ist. Das Kraftfahrzeughaftpflichtrisiko gemäß A 1.1.1 AKB (Musterbedingungen GDV) fällt allein in den Risikobereich der Kraftfahrthaftpflichtversicherung und ist von der Privathaftpflicht ausgenommen.[63]

51 Die Allgemeinen Haftpflichtbedingungen erwähnen das Kraftfahrzeugrisiko nur in den §§ 1 Nr. 2 b (Risikoerhöhung und Risikoerweiterung) und 2 Nr. 3 c (Vorsorgeversicherung) und schließen das Kraftfahrzeugrisiko für diese Bereiche aus. Dieser generelle Ausschluss erfolgt so, dass zunächst in den Risikobeschreibungen für bestimmte Arten der Haftpflichtversicherung das jeweils versicherte Risiko beschrieben und im Anschluss daran das Kraftfahrzeugrisiko in genau definiertem Umfang durch eine Kraftfahrzeugklausel (auch Benzinklausel genannt) wieder ausgeschlossen wird.[64]

52 Im Verhältnis zwischen Kraftfahrzeug-Haftpflichtversicherung und Allgemeiner Haftpflichtversicherung gilt, dass diese sich nicht überschneiden dürfen. Andererseits darf aber auch keine überraschende Deckungslücke entstehen beim Eintritt eines Schadens. Etwaige Unklarheiten würden nach der Rechtsprechung zu Lasten des Versicherers gehen.[65]

53 **b) Kleine und Große „Benzinklausel".** *aa) „Kleine Benzinklausel"*. Die üblicherweise in der Privathaftpflichtversicherung geregelte so genannte „Kleine Benzinklausel" lautet:

„Nicht versichert ist die Haftpflicht des Eigentümers, Besitzers, Halters und Führers eines Kfz, Luft- oder Wasserfahrzeuges wegen Schäden, die durch den Gebrauch des Fahrzeuges verursacht werden".

54 Durch diese Klausel werden nur Haftpflichtfälle vom Privathaftpflichtversicherungsschutz ausgenommen, die in einem inneren Zusammenhang mit dem Gebrauch eines Kfz stehen.[66] Ein nach den AKB nicht versicherbarer Fahrzeuggebrauch des Halters oder Besitzers des Fahrzeuges fällt nicht in den Risikoausschluss der Kleinen Benzinklausel.[67] Hiernach erhält der Versicherungsnehmer einer Privathaftpflichtversicherung durch diese Versicherung Deckung für Schäden, die er als gelegentlicher Beifahrer in einem fremden Kfz bei unachtsamen Türöffnen verursacht. Für die Abgrenzung der Risikobereiche zwischen Privathaftpflichtversicherung und Kfz-Haftpflichtversicherung kommt es nicht auf den Zeitpunkt des Schadeneintritts, sondern nur darauf an, wann der Fahrzeughalter (Eigentümer, Fahrer etc.) seine haftungsbegründende Tätigkeit begangen hat. Der BGH hat entschieden, dass es dem Kfz-Risiko zuzurechnen ist, wenn der VN sein nicht mehr reparaturfähiges Fahrzeug auf den Müllplatz bringt, um sich seines Besitzes zu entledigen und es nicht viel später durch zündelnde Kinder zu einer Explosion des noch mit Benzin gefüllten Tanks kommt, bei welcher die Kinder verletzt werden.[68]

55 Nicht selten ergibt sich die Problematik der Abgrenzung zwischen Eintrittspflicht der Privat- und Kraftfahrzeug-Haftpflichtversicherung, zB bei einem Brandschaden, verursacht durch einen Heizlüfter im Kraftfahrzeug. So hat der BGH entschieden: Der Ausschluss einer Deckung von Haftpflichtansprüchen in der Privathaftpflichtversicherung wegen Schäden, die durch den Gebrauch eines Kraftfahrzeugs verursacht sind (sog. Benzinklausel), setzt voraus, dass sich eine Gefahr verwirklicht hat, die gerade dem Fahrzeuggebrauch eigen, diesem selbst und unmittelbar zuzurechnen ist. Hierbei kommt es für die Auslegung der Ausschlussklausel nicht auf § 10 AKB an.[69] Der entschiedene Rechtsstreit und das Ergebnis orientieren sich daran, dass sich ein Risiko realisiert hat, das sich durch den Gebrauch des Heizlüfters und nicht durch das Risiko des Kraftfahrzeuges verwirklicht hat. Dreht ein 14-jähriges Mädchen den im Zündschloss des PKW steckenden Schlüssel, um Musik zu hören,

---

[63] LG Nürnberg SVR 2004, 149.
[64] *Bauer* Rn. 753.
[65] BGH VersR 1956, 283; VersR 1977, 468; VersR 1984, 854; VersR 1986, 537; VersR 1989, 243 = DAR 1989, 143 = NZV 1989, 146; *Bauer* Rn. 758 f.
[66] BGH VersR 1984, 854.
[67] BGH DAR 1989, 143.
[68] BGH VersR 1977, 468; vgl. *Feyock/Jacobsen/Lemor* § 10 AKB Rn. 24.
[69] BGH DAR 2007, 207.

stellt es keinen Betriebsschaden dar, wenn sie den Schlüssel zu weit gedreht hatte und der PKW hierdurch einen Satz vollzog, der zu einem Schaden führte.[70]

bb) *Große Benzinklausel*. Die so genannte „Große Benzinklausel" liegt der Betriebshaftpflichtversicherung zugrunde und lautet üblicherweise: 56

„(1) Nicht versichert ist die Haftpflicht wegen Schäden, die der Versicherungsnehmer, ein Mitversicherter oder eine von ihnen bestellte oder beauftragte Person durch den Gebrauch eines Kraftfahrzeuges oder Kraftfahrzeuganhängers verursachen. . . . . (4) Eine Tätigkeit der in Nr. (1) genannten Personen an einem Kraftfahrzeug, Kraftfahrzeuganhänger und Wasserfahrzeug ist kein Gebrauch im Sinne dieser Bestimmung, wenn keine dieser Personen Halter oder Besitzer des Fahrzeuges ist, und wenn das Fahrzeug hierbei nicht in Betrieb genommen wird".

Der Personenkreis, der Versicherungsschutz genießt, ist differenziert geregelt zwischen der Regelung nach A 1.1.1 AKB und der vorstehend zitierten Regelung.[71]

c) **Die Risikoabgrenzung im Einzelfall.** Zu der Frage, ob ein Schaden, der bei der Benutzung eines Kfz entsteht, unter das Risiko der Kraftfahrzeug-Haftpflichtversicherung (KH-Versicherung) fällt oder der Privaten Haftpflichtversicherung (PHV) zuzuordnen ist, ist auf eine sehr kasuistische Rechtsprechung zu verweisen. 57

Nachfolgend werden beispielhaft einige Entscheidungen aufgeführt, differenziert nach den Umständen der Schadenentstehung:

aa) Fahrzeugwäsche 58
- *OLG Celle* DAR 1976, 72: Ein Kraftfahrzeug in der Waschanlage, das sich mit Motorkraft selbst in Bewegung setzt, ist nicht „in Betrieb" und „in Gebrauch"; ebenso *AG Hamburg* VersR 1988, 260
- *OLG Hamm* zfs 1987, 308: Entsteht ein Unfallschaden durch gefrorenes Wasser mehr als 3 Stunden nach der Wäsche, unterfällt dies nicht mehr dem Gebrauch, also keine Haftung der KH-Versicherung.

bb) Nicht gewerbsmäßige Reparatur 59
- *AG Dinslaken* VersR 1985, 983: Entsteht ein Schaden durch Sprühnebel beim Autolackieren auf ein anderes Kfz, so ist dies der KH-Versicherung zuzurechnen.
- *LG Kiel* VersR 1986, 538: Entsteht ein Schaden infolge von Schweißarbeiten an Kfz in einer Scheune, so ist auch der hierdurch entstehende Schaden der KH-Versicherung zuzurechnen, da das Kraftfahrzeug nicht notwendig am Straßenverkehr teilnehmen muss; ebenso *OLG München* VersR 1987, 196; vgl. auch BGH VersR 1988, 1283.
- *OLG Nürnberg* VersR 1990, 79: Bei Schweißarbeiten aus Gefälligkeit an dem gelegentlich mitbenutzten Kraftfahrzeug der Freundin und einem hierdurch entstandenen Schaden ist dieser der PHV zuzuordnen.
- *BGH* VersR 1990, 482: „Gebrauch" eines Pkw liegt grundsätzlich auch bei Schweißarbeiten vor.

cc) Falsches Betanken 60
- *LG Duisburg* NJW-RR 2007, 831; vgl. auch *LG Köln* VersR 2007, 58: Keine Eintrittspflicht der Privathaftpflichtversicherung bei Betanken eines Fremdautos mit Benzin statt Diesel

dd) Schadenentstehung beim Be- und Entladen 61
- *LG Köln* VersR 1970, 268: Ein Schaden, der auf unsachgemäßer Behandlung des entladenen Gutes beruht, unterfällt nicht der KH-Versicherung.
- *BGH* NJW 1979, 2408: Das Entladen von Öl mittels einer auf dem Lkw befindlichen Pumpe zählt zum „Gebrauch" mit der Folge, dass für den entstandenen Schaden die KH-Versicherung eintrittspflichtig ist.
- *AG Frankfurt* VersR 1985, 984: Eintrittspflicht der KH-Versicherung ist gegeben bei Entstehung eines Schadens durch die Ladung beim Vorbereiten der Entladung und bei abgestelltem Motor.

---

[70] OLG Celle v. 7.3.2005 – Az 8 W 9/05, ADAJUR-Dok.Nr. 65387.
[71] Vgl. hierzu im Einzelnen *Feyock/Jacobsen/Lemor* § 10 AKB Rn. 28 f.

- *AG München* zfs 1990, 136: Entsteht beim Ski-Entladen Schaden am daneben stehenden Kfz, so unterfällt dies dem Risiko der KH-Versicherung. Gleiches gilt, wenn ein Schaf beim Entladen entweicht und einen Unfall verursacht: *OLG Stuttgart* r+s 1995, 3.
- *RGZ* 160, 129: Nicht dem Risiko der KH-Versicherung unterfällt ein Schaden, der durch Lautsprechermusik entsteht aus dauerhaft mit dem Kfz verbundenen Lautsprechern. Musik gehört nicht zum Beförderungszweck des Kfz.
- *BGH* DAR 1975, 271: Kein typischer Kfz-Gebrauch liegt vor, wenn beim Befüllen eines Silos mit Futter unter Verwendung des Kfz-Motors ein Schaden entsteht.

62   ee) *Kein Schaden durch „Gebrauch" des Kfz*

- *OLG Hamm* VersR 1991, 218: Das Heranziehen eines Anhängers und ein hierbei entstehender Schaden entsteht nicht beim Gebrauch des Fahrzeuges, sodass nicht die KH-Versicherung sondern die PHV eintrittspflichtig ist.
- *OLG Köln* VersR 1996, 49: Ein Schaden am Ladegut nach Ausladen ist nicht mehr über die KH-Versicherung gedeckt.
- *OLG Hamm* zfs 1996, 59: Das Beladen eines Lkw gehört zum Gebrauch. Der Schaden an der Ladung beim Beladevorgang zählt jedoch nicht mehr zur Tätigkeit iSv § 11 Nr. 3 AKB, sodass Eintrittspflicht der PHV in Betracht kommt.
- *BGH* VersR 1961, 263: Wird das Kfz als Lichtquelle benutzt und entsteht hierdurch ein Schaden, so ist dieser nicht „beim Betrieb" entstanden.
- *AG Düsseldorf* DAR 2004, 157: Bei Haftung für Schäden durch ein herab fahrendes automatisches Garagentor bei versehentlicher Betätigung der Fernbedingung durch ein minderjähriges Kind ist wegen der Benzinklausel nicht die Privathaftpflichtversicherung eintrittspflichtig.

63   ff) *Schaden durch Einkaufswagen*

- *LG Aachen,* r+s 1990, 188: Gebrauch eines Kfz liegt vor, wenn das Kfz aktuell und unmittelbar, zeit- und ortsnah beteiligt war.
- *AG Bamberg,* VersR 1992, 1480: Der Schaden beim Wegrollen des Einkaufswagens während des Aufschließens des Kofferraums unterfällt der KH-Versicherung; ebenso *LG Köln,* VersR 1996, 50, wenn ein Einkaufswagen ins Rollen kommt und gegen ein Krad stößt.
- *AG Frankfurt a.M.,* NJW-RR 2004, 116 = *Kuhn,* § 2 Nr. 1693: Lässt ein PKW-Halter den Einkaufswagen los, um die Türe per Fernbedienung zu öffnen, und beschädigt der Einkaufswagen ein anderes Kfz, ist dies Teil der Fahrzeugbenutzung und deshalb die Kfz-Haftpflichtversicherung eintrittspflichtig.

weitere Urteile siehe *Kuhn,* § 2, 4.

64   gg) *Schaden durch Hindernisbeseitigung*

- *AG Frankfurt* VersR 1985, 983, 196: Ein Schaden, der an einem Krad entsteht, weil dieses wegen Verstellens der Einfahrt beiseite geräumt wird, unterfällt dem Risiko der KH-Versicherung.
- *OLG Hamm* zfs 1993, 196: Wird ein Fahrzeug weggeschoben, um eine Parklücke zu vergrößern, und entsteht hierbei ein Schaden, so unterfällt dies dem Risiko der KH-Versicherung. Das Gleiche gilt bei der Entstehung eines Schadens infolge Wegschiebens eines Krades und dessen Beschädigung: *LG Hannover* zfs 1996, 422.

65   hh) *Schaden bei Benutzung des Kfz als Arbeitsmaschine*

- *BGH* VersR 1978, 827: Entsteht beim Einfüllen von Öl außerhalb des Verkehrsraumes ein Schaden, so ist dies nicht „dem Betrieb" zurechenbar.
- *BGH* VersR 1979, 956: Die Heizölbefüllung ist zwar nicht unbedingt „Betrieb", aber als „Gebrauch" zu bewerten, sodass Eintrittspflicht der KH-Versicherung gegeben ist.
- *OLG Frankfurt* r+s 1997, 142: Alle mit der typischen Arbeitsleistung verbundenen Gefahren unterfallen der KH-Versicherung.
- *BGH* VersR 1971, 611: Das Abschleppen eines betriebsunfähigen Kfz unterfällt der KH-Versicherung.

- *LG Frankenthal* SVR 2004, 275: Schäden durch Windabrift auf ein Nachbarfeld sind nicht dem Gebrauch des Kraftfahrzeug-Haftpflicht versicherten Ackerschleppers mit Anbauspritze zuzuordnen, da der Schaden nicht durch die Eigenschaft als Transportmittel entstanden ist.

ii) Ende des Betriebes iSv § 7 StVG

- *OLG Koblenz* VersR 1985, 232: Ein abgestellter Wohnwagen, der in Brand gerät, ist nicht mehr „in Betrieb", wenn er zum Verkauf auf Betriebsgelände abgestellt ist.
- *LG Bielefeld* VersR 1989, 246: Ebenso nicht mehr in Betrieb ist, wenn ein Kraftfahrzeug zum Ausschlachten und zur Gewinnung von Austauschteilen seit ca. 1 Jahr abgestellt ist und hierbei ein Schaden entsteht; keine Kfz-Haftung, sondern in Betracht kommt PHV.
- *BGH* VersR 1995, 90: Ein vorübergehendes Abstellen beendet den Betrieb nicht.
- *OLG Nürnberg* zfs 1998, 45: Ist ein Kfz in der Garage endgültig stillgelegt und kommt es zur Explosion, so befindet das Fahrzeug sich nicht mehr in Betrieb; ein Schaden unterfällt nicht der Kfz-Haftpflichtversicherung.

jj) Schäden durch die Person des Fahrers

- *OLG Frankfurt* VersR 1991, 458: Verlässt ein Fahrer das Kfz und verursacht als „Fußgänger" einen Schaden, so unterfällt dies nicht dem Risiko der KH-Versicherung.
- *LG Koblenz* r+s 1994, 256: Ein Schaden nach versehentlichem Anlassen eines Kfz zum Probelauf von Kassetten unterfällt als „Gebrauch" dem Risiko der KH-Versicherung.
- *LG Freiburg*, VersR 1996, 1227: Nimmt ein Minderjähriger unberechtigterweise die Krad-Schlüssel eines Gastes und beschädigt das Krad, so ist nicht die Eintrittspflicht der PHV gegeben, sondern der KH-Versicherung.

kk) Schäden durch mitfahrende Personen, die nicht Beifahrer iSd AKB sind

- *LG Passau* VersR 1971, 1008: Öffnet ein Insasse die Beifahrertür und kommt es zu einem Schaden, so ist Eintrittspflicht der KH-Versicherung gegeben.
- *BGH* VersR 1982, 281: Überquert ein Fahrgast zum Besteigen eines Taxis die Fahrbahn, so ist ein Schaden nicht dem „Gebrauch" des mit geschlossenen Türen wartenden Taxis zuzurechnen.
- *AG Braunschweig* zfs 1983, 7: Beschädigt ein Fahrgast ein Taxi durch Türöffnen, so kommt Eintrittspflicht der PHV in Betracht.
- *AG Köln*, VersR 1988, 1079: Entsteht beim Öffnen der Beifahrertür durch Beifahrer ein Schaden, so unterfällt dies dem Risiko der KH-Versicherung.
- *AG Neumünster* NJW 1988, 217: Entsteht beim Abladen eines Anhängers, der nicht dem VN gehört, ein Schaden, so kommt Eintrittspflicht der PHV in Betracht.
- *OLG Hamm* MDR 1988, 323: Beim unbeabsichtigten In-Bewegung-Setzen eines Kfz kommt Eintrittspflicht der PHV nicht in Betracht.
- *OLG Hamm* zfs 1990, 170: Wird ein Zaun geöffnet, um das Ausfahren eines Pkw zu ermöglichen, und ereignet sich hierbei ein Schaden, so fällt dies in den Risikobereich der PHV.
- *OLG Düsseldorf* r+s 1992, 408: Entsteht infolge versehentlichen Lösens der Bremse durch nicht berufsmäßigen Beifahrer ein Schaden, so unterfällt dies nicht der KH-Versicherung, sondern der PHV.
- *AG Mannheim* VersR 1995, 1084: Bei Verletzung der Aufsichtspflicht gegenüber einem 3-jährigen Sohn und dreht dieser den Zündschlüssel in einem geliehenen Kfz um und kommt es infolgedessen zu einem Schaden, so kommt Eintrittspflicht der PHV in Betracht.

ll) Spezielle Fälle zur Abgrenzung der KH- und der Privaten Haftpflichtversicherung – Fälle möglicher „Deckungslücke"

- *BGH* VersR 1963, 325: Ein Gebrauch eines Fahrzeuges durch einen Abholer liegt nicht vor, wenn dieser auf seinem Grundstück die Aufstellung der Fahrzeuge regelt und Maßnahmen zur Sicherung des Verkehrs trifft.
- *BGH* DAR 1977, 243: Explodiert auf einer Müllhalde ein Kfz, so unterfällt dies dem Risiko der KH-Versicherung.

- *OLG Hamm* r+s 1988, 163: Entsteht durch Schieben eines normalerweise am Kfz angekoppelten Anhängers ein Schaden, so kommt Eintrittspflicht der KH-Versicherung in Betracht.
- *OLG Karlsruhe* NZV 1993, 33: Eine Deckung der PHV kommt nicht in Betracht, wenn normalerweise Deckungsschutz über KH-Versicherung besteht, dieser aber wegen Risikoausschlusses nicht gegeben ist (Fall einer „Deckungslücke").
- *BGH* NJW 1992, 315: Wird ein noch nicht zugelassenes Neufahrzeug beschädigt, so ist weder Eintrittspflicht der KH- noch der Privaten Haftpflichtversicherung gegeben („Deckungslücke").
- *OLG Schleswig* r+s 1994, 90: Ist der KH-Versicherer wegen fehlender Prämienzahlung leistungsfrei, so führt dies nicht zur Eintrittspflicht der AH-Versicherung („Deckungslücke").
- *OLG Hamm* zfs 1996, 59: Entsteht an der Ladung beim Beladen ein Schaden, so unterfällt dieser Schadenfall weder der KH-Versicherung noch der Transportversicherung („Deckungslücke").
- *BGH* NJW-RR 2007, 464: Der Ausschluss einer Deckung von Haftpflichtansprüchen in der Privathaftpflichtversicherung wegen Schäden, die durch den Gebrauch eines Kraftfahrzeugs verursacht sind (sog. Benzinklausel), setzt voraus, dass sich eine Gefahr verwirklicht hat, die gerade dem Fahrzeuggebrauch eigen, diesem selbst und unmittelbar zuzurechnen ist. Für die Auslegung der Ausschlussklausel kommt es nicht auf § 10 AKB an.
- *AG München*, BeckRS 2011, 26115: Das Zurückschieben des Fahrersitzes (und die dadurch verursachte Beschädigung eines Laptops) ist Fahrzeuggebrauch.

70 **d) Entscheidung der Paritätischen Kommission.** *aa) Deckungslücken.* Wie bereits ausgeführt (vgl. vorstehend Rn. 31), soll zwischen der Risikodeckung der Kraftfahrzeug-Haftpflichtversicherung und der Allgemeinen Haftpflichtversicherung keine Deckungslücke entstehen.

In der Rechtspraxis kommt es aber immer wieder zu Abgrenzungsproblemen. Diese dürfen aber nicht zu Lasten des Versicherungsnehmers gehen.

71 Zunächst gilt, dass bei Meinungsverschiedenheiten darüber, wer den Schadenfall zu bearbeiten hat, der Versicherer die Bearbeitung im Rahmen des bei ihm bestehenden Versicherungsvertrages übernimmt, der mit dem Schadenfall zuerst befasst worden ist.[72]

72 Im Übrigen haben die Versicherer in der so genannten **„Paritätischen Kommission"** eine Institution geschaffen, die wie ein Gutachterausschuss Streitfragen bei Abgrenzungen entscheidet. Zunächst ist anzuführen, dass die Versicherer diese Regelung, die auf einer Geschäftsplanmäßigen Erklärung beruht, anwenden, obwohl die Geschäftsplanmäßigen Erklärungen gemäß § 5 Abs. 3 VAG in der Fassung vom 29.7.1994 nicht mehr Gegenstand des genehmigten Geschäftsplanes sind.

73 Bei der Paritätischen Kommission handelt es sich um einen von den Haftpflichtversicherern eingesetzten Gutachterausschuss, dessen Aufgabe es ist, Streitfragen zu entscheiden, von welcher Haftpflichtversicherung ein Schaden zu tragen ist.

74 Die Paritätische Kommission kann, was in der Praxis gelegentlich übersehen wird, nur von den beteiligten Versicherungen angerufen werden und nicht von einem betroffenen Versicherungsnehmer. Die Entscheidungen der Paritätischen Kommission sind für die Versicherer bindend, nicht für den Versicherungsnehmer.[73]

75 *bb) Beispiele für Entscheidungen.* Zu Entscheidungen der Paritätischen Kommission und zur Abgrenzung der Eintrittspflicht der KH-Versicherung sowie der Privathaftpflichtversicherung und Betriebshaftpflichtversicherung kann auf folgende Entscheidungen sowie Literatur hingewiesen werden.

76 **Eintrittspflicht der KH Versicherung:**
- Waschen im Winter, Schaden durch gefrierendes Wasser, Rundschreiben 26/62 M vom 4.9.1962 (Fall 70)

---

[72] *Feyock/Jacobsen/Lemor* § 10 AKB Rn. 29.
[73] *Feyock/Jacobsen/Lemor* § 10 AKB Rn. 30.

§ 23 Haftungsrecht und Beweisfragen   77 § 23

- Fahrer öffnet beim Einsteigen in das Kfz die Tür, anderer muss ausweichen und verunglückt,
  Rundschreiben 22/64 vom 24.11.1964 (Fall 79)
- Wasserhahn nicht richtig zugedreht nach Waschvorgang, Wasser dringt in Keller ein,
  Rundschreiben 5/66 M vom 25.2.1966 (Fall 85)
- Fahrzeug kommt auf Split zu Schaden, der gestreut worden war, um ein von der Straße abgekommenes Kfz wieder flott zu machen,
  Rundschreiben 17/66 M vom 9.8.1966 (Fall 87)
- Vermischen der Ladung mit Resten alter Ladung in ungeeignetem Behälter, Rundschreiben 21/66 M vom 18.10.1966 (Fall 88)
- Unterlassen des Verschließens des Einfüllstutzens nach Beendigung des Ladevorgangs (Fall 99)
- Verwechseln eines Ackers beim Düngen durch Landwirt und hierdurch verursachter Schaden (Fall 182)
- Übungsleiterin eines Sportvereins, die die Kinder nach Hause befördern sollte, lässt Kind aussteigen. Dieses rennt auf die Straße und wird schwer verletzt (Fall 129)
- Beim Schieben eines Motorrades vor der Zapfsäule einer Tankstelle zur Luftstation stolpert VN und stieß dabei gegen ein abgestelltes anderes Motorrad, das beschädigt wurde (Fall 171)
- Schaden durch nicht richtig verschlossenen Lichtschacht,
  Rundschreiben 13/78 M vom 16.3.1978 (Fall 118)

Auch ist hinzuweisen auf folgende Entscheidungen zur Abgrenzung der Kraftfahrzeug- und Privathaftpflichtversicherung:
- Das Öffnen der Garagen mit der Fernbedienung vom Kraftfahrzeug aus stellt einen Gebrauch des Kraftfahrzeuges dar.[74]
- Eintrittspflicht des Kfz-Haftpflichtversicherers für Ölunfall, wenn sowohl Haftung aufgrund gesetzlicher Haftpflichtbestimmungen privatrechtlichen Inhalts gegeben ist als auch Haftung nach AKB.[75]

Eintrittspflicht der Privathaftpflichtversicherung/Betriebshaftpflichtversicherung: 77
- Kein Betrieb, wenn Anhänger sich außerhalb der öffentlichen Verkehrsfläche befand,
  Rundschreiben 8/65 vom 26.4.1965 (Fall 84)
- Beim beabsichtigten Umfüllen von Benzin entsteht Brand, weil VN in 1 m Abstand vom gefüllten Eimer ein Feuerzeug anzündet wegen Dunkelheit. Eimer und Umfeld geraten in Flammen (Fall 143).
- Fahrzeug wurde vor Zugseil eingesetzt beim beabsichtigten Fällen eines Baumes. Während einer Arbeitspause fiel der angesägte Baum in eine andere Richtung als die vorgesehene Fallrichtung und erschlug eine Person. Eintrittspflicht der Betriebshaftpflichtversicherung des Handwerks-/Fällbetriebes (Fall 154).
- Beim Verladen eines Pferdes in ein Fahrzeug über eine angelegte Rampe übernimmt eine Person das Pferd und führt dieses zur Beruhigung von der Verladestelle weg. Das Tier tritt plötzlich aus und verletzt die Person, die es führte – nicht Verladevorgang (Fall 170).
- Beim Anhalten aufgrund eines Reifenschadens springt Hund aus dem Fahrzeug heraus und läuft auf die Fahrbahn der Bundesautobahn und wird von einem Fahrzeug erfasst und überfahren und das Fahrzeug beschädigt. Kein Fall des fehlerhaften Be- und Entladens. Eintrittspflicht der Hundehaftpflichtversicherung (Fall 176).
- Schaden durch Motoröl aus ausgebautem Motor ist nicht mehr dem Fahrzeuggebrauch zuzurechnen,
  Rundschreiben 29/71 M vom 28.9.1978 (Fall 104)
- Bereitstellen von Mülltonnen zum Leeren durch vorausgehenden Beifahrer des Müllfahrzeugs,
  Rundschreiben R 43 M vom 21.9.1978 (Fall 119)

---

[74] LG Saarbrücken r+s 2005, 415 = zfs 2005, 453.
[75] BGH DAR 2007, 269.

- Weitere Disposition mit der aus dem Kfz entladenen Ware, Ende des Gebrauchs nach erstmaligem Abstellen,
Rundschreiben HUKR 23/88 M vom 28.10.1988 (Fall 133).

78 Grundgedanke der Abgrenzung:
- Ausschluss der Deckung von Haftpflichtansprüchen in der Privaten Haftpflichtversicherung für Schäden, die durch den Gebrauch eines Kfz verursacht sind (sog. Benzinklausel), setzt voraus, dass sich eine Gefahr verwirklicht, die gerade dem Fahrzeuggebrauch eigen und zuzurechnen ist. Die Ausschlussklausel gem. A 1.5 AKB kommt nicht zur Anwendung.[76]
- Die sog. „kleine Benzinklausel" greift nicht ein, wenn ein auf dem Beifahrersitz des abgestellten Pkw sitzendes 14-jähriges Mädchen den im Zündschlüssel steckenden Schlüssel versehentlich dreht und der Motor startet und das Fahrzeug in Bewegung gerät und ein anderes geparktes Fahrzeug beschädigt.[77]

Im Übrigen gibt es zur Thematik der Abgrenzung zwischen Kraftfahrzeug-Haftpflichtversicherung und der Allgemeinen/Betriebshaftpflichtversicherung eine kasuistische Rechtsprechung.[78]

5. Haftungsausschluss bei höherer Gewalt gemäß § 7 Abs. 2 StVG

79 **a) Die Regelungen zum Haftungsausschluss.** Wird ein Unfall durch höhere Gewalt verursacht, so ist die Ersatzpflicht gemäß § 7 Abs. 2 StVG ausgeschlossen. Das Kriterium des Haftungsausschlusses bei höherer Gewalt wurde durch das Zweite Gesetz zur Änderung straßenverkehrsrechtlicher Vorschriften eingeführt.[79] Diese Regelung ersetzt den früheren Haftungsausschluss bei Unfallverursachung durch ein unabwendbares Ereignis.

80 Die Ersetzung des Entlastungskriteriums des unabwendbaren Ereignisses durch das Merkmal der höheren Gewalt führt zu einer Ausdehnung der Gefährdungshaftung. Diese neu geschaffene Rechtssituation kommt insbesondere den Interessen unfallgeschädigter Kinder entgegen.[80]

81 **b) Der Begriff der höheren Gewalt.** Unter dem Begriff der „höheren Gewalt" ist ein außergewöhnliches, betriebsfremdes, von außen durch elementare Naturkräfte oder durch Handlungen dritter (betriebsfremder) Personen herbeigeführtes Ereignis zu verstehen, das nach menschlicher Einsicht und Erfahrung unvorhersehbar ist, mit wirtschaftlich erträglichen Mitteln auch durch äußerste nach der Sachlage vernünftigerweise zu erwartende Sorgfalt nicht verhütet werden kann und das auch nicht im Hinblick auf seine Häufigkeit in Kauf genommen werden muss.[81] Es ist anerkannt, dass die zu § 1 Abs. 2 Nr. 1 HPflG ergangene Rechtsprechung herangezogen werden kann.[82] Schon das Reichsgericht hatte den Begriff „höhere Gewalt" mit einer kaum zu überbietenden Strenge definiert.[83]

82 Die Definition der „höheren Gewalt" iSv § 7 Abs. 2 StVG nF entspricht dem Begriff, den die Rechtsprechung entwickelt hat, und zwar bezogen auf andere Vorschriften des deutschen Rechts. Demgemäß liegt zB keine höhere Gewalt iSv von § 7 Abs. 2 StVG nF vor, wenn ein Radfahrer, der einen an einer Bushaltestelle vorbeiführenden Radweg benutzt, von einem wartenden Schüler infolge Unachtsamkeit so angestoßen wird, dass er zu Fall kommt und von einem gerade wieder anfahrenden Bus überfahren wird.[84]

---

[76] BGH VersR 2007, 388 = SVR 2007, 264 = r+s 2007, 102.
[77] OLG Celle VersR 2006, 256 = zfs 2005, 403.
[78] Vgl. hierzu ausführlich zu Fällen, in denen die Deckung in der Betriebshaftpflichtversicherung bejaht wurde, *Feyock/Jacobsen/Lemor* § 10 AKB Rn. 31 und Fälle, in denen die Deckung der Betriebshaftpflichtversicherung verneint wurde, *Feyock/Jacobsen/Lemor* § 10 AKB Rn. 32.
[79] 2. SchadÄndG vom 19.7.2002, BGBl I 2002 S. 2674.
[80] *Hentschel* § 7 StVG Rn. 31.
[81] BGH NZV 2004, 395.
[82] LG Itzehoe NZV 2004, 366; vgl. auch *Huber* § 4 Rn. 27.
[83] *Tavakoli* § 11 G, S. 278 unter Hinweis auf RGZ 95, 94; 104, 151; 109, 72; 112, 285; 171, 105.
[84] OLG Celle Urt. v. 12.5.2005 – 14 U 231/04, Verkehrsrecht aktuell 9/2005, 154.

c) **Entlastung gegenüber höherer Gewalt.** Derjenige, der sich gemäß § 7 Abs. 2 StVG entlasten will, muss die Verursachung des Unfalls durch höhere Gewalt beweisen. Unaufklärbarkeit tatsächlicher Umstände geht zu Lasten des Beweispflichtigen.[85]

6. Ausschluss und Minderung der Verantwortlichkeit gemäß § 827 BGB

Es ist von dem Grundsatz auszugehen, dass die Zurechnungsfähigkeit Haftungsvoraussetzung des Schädigers ist, soweit das Verschuldensprinzip gilt. Dies betrifft die Regelungen der §§ 827 bis 829 BGB.[86] Voraussetzung für den Haftungsausschluss ist Bewusstlosigkeit und der Ausschluss freier Willensbestimmung gemäß § 827 S. 1 BGB.

Bei einem selbst verschuldeten vorübergehenden Ausschluss der freien Willensbestimmung gemäß § 827 Satz 2 BGB ist die Verantwortung gegeben, wenn Fahrlässigkeit gegeben ist. Jedoch entfällt in diesem Fall die Verantwortlichkeit, wenn der Zustand sich ohne Verschulden ergeben hat. So ist zB unverschuldet der Zustand der Unzurechnungsfähigkeit, wenn die berauschende Eigenschaft des Getränkes weder gekannt noch erkannt werden musste.

Die Beweislast für Unzurechnungsfähigkeit trifft jedoch den Täter selbst.[87]

7. Ausschluss/Einschränkung der Haftung für Kinder bis 7 bzw. 10 Jahre

Gemäß § 828 Abs. 1 BGB ist ein Kind unter 7 Jahren für sein Handeln nicht verantwortlich. Dies gilt sowohl für das Kind als Täter für die Haftung aus § 823 BGB als auch für das Kind als Opfer.

Nach der Regelung des § 828 Abs. 2 BGB ist diese Verantwortlichkeitsgrenze für „Unfälle mit einem Kfz oder einer Bahn" auf 10 Jahre erhöht. Zu beachten ist, dass der Begriff „Kfz-Anhänger" hier nicht aufgeführt ist. Bei einem Unfall mit einem isoliert abgestellten Kfz-Anhänger liegt also die Verantwortlichkeitsgrenze weiterhin bei 7 Jahren. Dies gilt ferner weiterhin bei Unfällen unter Fußgängern oder Radfahrern.

Für die Beurteilung der Haftung bei einem Kinderunfall mit einem Kfz ist es somit von wesentlicher Bedeutung, ob das Kind im Unfallzeitpunkt bereits 10 Jahre alt war oder nicht. Dies hat Bedeutung sowohl für die Frage der Haftung des Kindes als auch für eine etwaige Mitverantwortung iSv § 254 BGB.[88]

Diese gesetzliche Neuregelung hat zur Folge, dass die Haftung gemäß § 7 Abs. 2 StVG nur entfällt bei höherer Gewalt.

Im Übrigen ist zu beachten, dass der Entlastungsbeweis nach § 18 Abs. 1 S. 2 StVG geführt ist, wenn der Kraftfahrer die Verschuldensvermutung widerlegen kann, also zB nachweisen kann, dass er sich verkehrsrichtig verhalten hat. Dies hat zur Folge, dass möglicherweise der Fahrer sich entlasten kann, während die Haftung des Halters besteht. Wichtig sind bei einem Kinderunfall die Haftungsvoraussetzungen insoweit differenziert darzulegen.

Im Übrigen ist die Thematik der Schadenersatzpflicht von Kindern bei Unfällen im Straßenverkehr Gegenstand umfangreicher Rechtsprechung und wird ebenso umfangreich in der Literatur diskutiert zu den verschiedensten Fallgestaltungen. Im Übrigen ist hierzu auch zu verweisen auf die Ausführungen in → Rn. 195 ff.

8. Haftung bei Schwarzfahrt

Die Haftung im Falle einer Schwarzfahrt regelt § 7 Abs. 3 StVG. In diesem Falle tritt derjenige, der ohne Wissen und Willen des Fahrzeughalters das Fahrzeug benutzt, in der Haftung an die Stelle des Halters. Jedoch bleibt der Halter zum Ersatz des Schadens verpflichtet, wenn die Benutzung des Fahrzeuges durch sein Verschulden ermöglicht worden ist.

---

[85] *Huber* § 4 Rn. 21; vgl. hierzu im Einzelnen mit Beispielen für nicht gegebene höhere Gewalt *Hentschel* § 7 StVG Rn. 35.
[86] Palandt/*Sprau* § 827 Rn. 1.
[87] Palandt/*Sprau* § 827 Rn. 3.
[88] van Bühren/*Lemcke* Teil 2 Rn. 350, 351; vgl. auch BGH Beschl. v. 11.3.2008 – VI ZR 75/07 – DAR 2008, 336 (Bestätigung der bisherigen Rspr. zu den Grundsätzen der Überforderungssituation von Kindern); *Buschbell*, Aktuelle Rechtsentwicklung bei Personenschäden von Kindern im Straßenverkehr, SVR 2006, 241.

92 Es ist also von dem Grundsatz auszugehen, dass die Halterhaftung für Unfälle beim Betrieb des Fahrzeuges ausscheidet, wenn jemand das Fahrzeug ohne Wissen und Willen des Haltes benutzt. Jedoch bleibt der Halter haftbar, wenn er den Benutzer für den Fahrzeugbetrieb angestellt oder wenn er ihm das Fahrzeug überlassen hat.[89]
Die Benutzung des Fahrzeuges ohne Wissen und Willen des Halters bedeutet, dass die Benutzung gegen sein Wissen und gegen seinen Willen erfolgt ist.

93 Übergibt der Halter eines Fahrzeuges einem Händler das Fahrzeug zum **Verkauf**, so entfällt seine Halterhaftung, wenn der Händler das Kraftfahrzeug unbefugt einem Dritten zur Benutzung für eigene Zwecke überlässt.[90]

94 Jedoch bleibt die Haftung des Halters erhalten, wenn dieser die Fahrzeugbenutzung schuldhaft ermöglicht hat.[91] An die erforderliche Haltersorgfalt gemäß § 7 Abs. 3 S. 1 StVG sind strenge Anforderungen zu stellen.[92]

95 In diesem Zusammenhang ist darauf hinzuweisen, dass ein Haftungsausschluss gegeben ist bei Arbeits- und Dienstunfällen. Bei Arbeitsunfällen sind die Haftungsbeschränkungen des § 104 SGB VII zugunsten des Unternehmens zu beachten. Diese Vorschriften überlagern das Haftungsrecht des StVG ebenso wie das deliktische Haftungsrecht.[93]

96 Der Regelung des § 7 Abs. 3 StVG wurde der Satz angefügt: „Die Sätze 1 und 2 sind auf die Benutzung eines Anhängers entsprechend anzuwenden". Durch diese Anfügung soll klargestellt werden, dass auch in den Fällen der unbefugten Benutzung eines Anhängers, die nicht zu einem Halterwechsel führt, lediglich der Nutzer nach § 7 StVG in gleicher Weise haftet.

97 Die Beweislast für die Schwarzfahrt hat der Halter. Jedoch ist für einen Sachverhalt, der auf Verschulden des Halters schließen lässt, der Verletzte beweispflichtig. Der Entlastungsbeweis für genügende Sorgfalt obliegt dem Halter.[94]

9. Die Haftung des Fahrers gemäß § 18 StVG

98 **a) Die gesetzliche Regelung.** Nachdem die Haftung des Anhängerhalters – entsprechend dem Vorschlag des Bundesrates – nicht nur mit dem Kraftfahrzeug verbundene Anhänger umfasst, sondern auch sich von dem Kraftfahrzeug lösende und abgestellte Anhänger einbezieht, muss auch die Haftung des Fahrzeugführers nach § 18 Abs. 1 StVG entsprechend angepasst werden, um weiterhin eine Parallelität beider Haftungstatbestände zu gewährleisten. Nur wenn der Anhänger mit dem Kraftfahrzeug verbunden ist, ist der Führer des Kraftfahrzeugs stets zugleich der Führer des Anhängers, was eine Anpassung des § 18 StVG entbehrlich macht. Löst sich hingegen der Anhänger von dem Kraftfahrzeug, das ihn mitgeführt hat, oder wird er abgestellt, wird im Hinblick auf den Anhänger kein Kraftfahrzeug geführt, wie dies aber Voraussetzung der Haftung nach § 18 Abs. 1 StVG geltender Fassung für von diesem Anhänger (mit-)verursachte Unfallschäden wäre.

99 **b) Die Haftung des Kraftfahrzeug- oder Anhängerführers.** Der Führer des Kraftfahrzeuges oder Anhängers, der nicht identisch ist mit dem Halter des Kraftfahrzeuges, haftet nur im Rahmen vermuteter Verschuldenshaftung.[95] Es handelt sich um Verschuldenshaftung mit umgekehrter Beweislast.

100 **c) Der Entlastungsbeweis.** Der Fahrer ist entlastet, wenn er nachweist, dass die gewöhnliche verkehrserforderliche Sorgfalt angewandt hat.[96] Der Entlastungsbeweis betrifft sämtliche Tatsachen, die als schuldbegründend in Betracht kommen. Ungeklärtes geht zu Lasten des Fahrers. Dieser muss sich von Schuld völlig entlasten. Trifft den Fahrer keine (Mit-)Schuld, entfällt seine Haftung nach § 18 Abs. 1 StVG (vgl. OLG Schleswig, MDR 2011, 846 = ADAJUR-Dok.Nr. 93829; OLG Düsseldorf, BeckRS 2013, 05625).

---

[89] BGHZ 37, 311 = NJW 1962, 1676.
[90] *Hentschel* § 7 StVG Rn. 52.
[91] BGHZ 37, 311 = NJW 1962, 1676.
[92] OLG Karlsruhe NZV 1992, 485.
[93] Vgl. hierzu ausführlich *Hentschel* § 7 StVG Rn. 61.
[94] OLG Jena DAR 2004, 144.
[95] OLG Hamm NZV 2000, 376.
[96] OLG Hamm NZV 2000, 376.

d) Umfang der Ersatzpflicht des Kraftfahrzeug- oder Anhängerführers. Die Ersatzpflicht 101 des Kraftfahrzeug- oder Anhängerführers entspricht den Regeln der Haftung aus Betriebsgefahr nach § 7 StVG. Die Führerhaftung gilt für die Fälle des § 7 Abs. 1 StVG, dh für alle Körper- und Gesundheitsverletzungen, Tötung und Sachbeschädigung beim Kfz-Betrieb. Im Übrigen folgt aus § 18 Abs. 1 S. 1 StVG, dass der Fahrzeugführer nicht gemäß § 18 StVG für Schäden des Halters haftet. Insoweit kommen lediglich vertragliche oder deliktische Ansprüche in Frage.

Jedoch sind die Absätze 2 und 3 des § 7 StVG unanwendbar. Jedoch richtet sich die Haf- 102 tung des Kraftfahrzeug- oder Anhängerführers im Übrigen nach Maßgabe der §§ 8, 15 StVG. Sie ist also auch unter den Voraussetzungen des § 8 StVG ausgeschlossen.

Gemäß § 9 StVG ist die Regelung des § 254 BGB entsprechend anwendbar. Für Umfang 103 und Beschränkung des Schadenersatzes gelten die Bestimmungen der §§ 10–13 StVG und für Verjährung kommt § 14 StVG zur Anwendung sowie für die Anzeigepflicht die Bestimmung des § 15 StVG. Bei einer Fahrstunde gilt der Fahrlehrer als Kfz-Führer. Nur er haftet nach StVG. Allerdings unterliegt auch der Fahrschüler gemäß § 823 BGB der Verschuldenshaftung.[97] Hier ist der Ausbildungsstand des Fahrschülers zu berücksichtigen.

e) Haftung Arbeitgeber für Lkw-Fahrer. Der Arbeitgeber eines Lastkraftwagenfahrers haf- 104 tet als Geschäftsherr gemäß § 831 BGB dem Unfallgeschädigten auf Schmerzensgeld, wenn er nicht ein verkehrsrichtiges Verhalten seines Fahrers als Verrichtungsgehilfen beweist oder den Entlastungsbeweis für fehlendes eigenes Auswahl- und Überwachungsverschulden führt.[98] Der Beweisfrage kommt bei dieser Thematik besondere Bedeutung zu. Es entspricht der ständigen Rechtsprechung des BGH,[99] dass der bei einem Verkehrsunfall Verletzte seiner Beweislast genügt, wenn er die Beschädigung bzw. Verletzung eines der durch § 823 Abs. 1 BGB geschützten Rechtsgüter durch den Verrichtungsgehilfen des Halters nachweist. Umgekehrt obliegt die Beweislast für verkehrsrichtiges Verhalten des Verrichtungsgehilfen dem Geschäftsherrn.[100]

f) Die Haftung des Arbeitnehmers bei Verkehrsunfällen mit Firmen- oder Privatwagen. 105 Ereignet sich ein Verkehrsunfall auf einer betrieblich veranlassten Fahrt, so stellt sich die Frage, ob und, wenn ja, in welchem Umfang eine Haftung des Fahrers in Betracht kommt. Hierbei ist zunächst zu unterscheiden, ob der Arbeitnehmer eine betrieblich veranlasste Fahrt mit dem eigenen Pkw unternimmt oder ob er ein Firmenfahrzeug führt.

g) Die Haftung für Schäden am Firmenfahrzeug. Grundsätzlich kommt ein Anspruch des 106 Arbeitgebers auf Schadenersatz aus § 280 BGB und aus §§ 823 ff. BGB gegen den Arbeitnehmer in Betracht.

Eine volle Haftung des Arbeitnehmers für jeden schuldhaft verursachten Schaden am 107 Fahrzeug des Arbeitgebers kommt jedoch nicht in Betracht. Zunächst ist die im Arbeitsverhältnis geltende Risikoverteilung zu beachten mit der Folge, dass der Schaden aufgrund des Betriebsrisikos grundsätzlich vom Arbeitgeber allein zu tragen ist. Andererseits aber hat der Arbeitnehmer im Arbeitsverhältnis besondere Treue- und Fürsorgepflichten zu beachten. Die Haftung ist nach den Grundsätzen der so genannten „gefahrgeneigten Arbeit" zu beurteilen. Im Übrigen ist die Rechtsprechung weiterentwickelt worden. Die Grundsätze gelten nunmehr für alle Arbeiten, die durch den Betrieb veranlasst sind und aufgrund eines Arbeitsverhältnisses geleistet werden, auch wenn diese Arbeiten nicht gefahrengeneigt sind.[101]

III. Haftungstatbestände bei Verschuldenshaftung

1. Haftung nach § 823 Abs. 1 BGB

Nach § 823 Abs. 1 BGB ist eine Haftung gegeben, wenn ein Schädiger vorsätzlich oder 108 fahrlässig ein durch diese Bestimmung geschütztes Rechtsgut verletzt. Geschützte Rechts-

---

[97] OLG Koblenz NZV 2004, 401.
[98] KG DAR 2002, 122.
[99] BGHZ 24, 21 f.
[100] BGHZ 24, 21 f.
[101] Vgl. hierzu ausführlich *Kaufmann* DAR 2004, 476; *Böhme/Biela* Rn. B 12, B 33.

güter im Sinne dieser Bestimmung sind: Leben, Körper, Gesundheit, Eigentum oder ein eigentumsähnliches Recht. Hierzu zählt auch der Besitz und der eingerichtete und ausgeübte Gewerbebetrieb.[102]

Voraussetzung für die Haftung ist Verschulden, sei es vorsätzliches oder fahrlässiges Handeln.

109 Schuldunfähigkeit kommt in Betracht, wenn der Fahrer plötzlich bewusstlos wird und dann ein Sach- oder Personenschaden eintritt.[103] In diesem Falle kommt Haftung des Halters gemäß § 7 Abs. 1 StVG in Betracht. Als Ersatzberechtigte kommen in Betracht unmittelbar geschädigte natürliche und juristische Personen sowie ferner der Ersatzberechtigte gemäß § 844 BGB bei Tötung sowie gemäß § 845 BGB Ersatzansprüche wegen entgangener Dienste.

Lediglich mittelbar Geschädigte haben keinen Ersatzanspruch. Mittelbar geschädigt ist, wer weder körperlich verletzt ist, noch dessen Sachen beschädigt wurden.

110 Durch das Recht auf eingerichteten und ausgeübten Gewerbebetrieb wird der Betrieb in seinem Bestand geschützt. Ein betriebsbezogener ersatzpflichtiger Eingriff liegt jedoch nicht vor, wenn ein Betriebsangehöriger verletzt wird und dieser hierdurch ausfällt und für ihn eine Hilfskraft angestellt und bezahlt werden muss.[104] Ebenso besteht kein Ersatzanspruch bei Unterbrechung des Fernsprechanschlusses.[105]

2. Haftung nach § 823 Abs. 2 BGB

111 **a) Allgemeines zum Haftungstatbestand.** Die Ersatzverpflichtung gemäß § 823 Abs. 1 BGB trifft gemäß Abs. 2 dieser Vorschrift auch denjenigen, der gegen ein den Schutz eines anderen bezweckendes Gesetz verstößt. Schutzgesetz iSv § 823 Abs. 2 BGB ist eine Rechtsnorm, die dazu dient, den einzelnen bzw. einen Personenkreis vor einer bestimmten Schädigung zu bewahren. Im Bereich des Verkehrsrechtes sind dies alle Normen, die Schutzvorschriften für das Straßenverkehrsrecht sind, also zB die StVO, die StVZO, das StGB sowie das OWiG.

112 Bei Verstoß gegen ein Schutzgesetz iSv § 823 Abs. 2 BGB muss der Geschädigte nicht das Verschulden desjenigen beweisen, der gegen ein Schutzgesetz verstoßen hat. Es muss lediglich der objektive Verstoß gegen das Schutzgesetz dargetan werden. Hier tritt eine **allgemeine Beweislastumkehr** ein mit der Maßgabe, dass derjenige, der gegen ein Schutzgesetz verstoßen hat, sich entlasten muss.[106]

113 Den Kraftfahrer trifft in der Regel kein Verschulden, wenn er ohne warnende Anzeichen plötzlich auf Glatteis stößt und hierdurch von der Fahrbahn abkommt. Es ist nicht schon deshalb mit Glatteis oder Raureif zu rechnen, weil eine Straße durch „freies Feld" führt.[107]

114 **b) Verletzung von Sorgfaltspflichten.** Die Grundpflichten für alle Verkehrsteilnehmer, also für Halter, Fahrer, Beifahrer, Fahrzeuginsassen, Fußgänger, Radfahrer, sind in der StVO und StVZO aufgeführt. Die Bestimmungen der StVO gelten für den öffentlichen Straßenverkehr. Zum öffentlichen Verkehrsraum zählen neben den öffentlichen Straßen Wege und Plätze und auch solche Verkehrsräume, auf denen aufgrund ausdrücklicher oder stillschweigender Duldung des Verfügungsberechtigten die verkehrsmäßige Nutzung durch jedermann zugelassen ist und auch stattfindet. Zu nennen sind hier Parkplätze, Zufahrten oder Tankstellen.[108]

115 Für den Verkehr auf nicht öffentlichem Verkehrsraum gelten die für den Verkehr auf öffentlichen Straßen geltenden Regelungen entsprechend.[109] Ein Verstoß gegen diese Sorgfaltspflichten führt zur Haftung gemäß § 823 Abs. 2 BGB.

---

[102] *Palandt/Sprau* § 823 Rn. 20; zum Nachweis vgl. BGH, DAR 2004, 24.
[103] *Palandt/Sprau* § 823 Rn. 40 ff.
[104] AG Düsseldorf, BeckRS 2003, 16428 = ADAJUR-Dok.Nr. 57714.
[105] OLG Oldenburg VersR 1975, 866.
[106] BGH VersR 1961, 231.
[107] OLG Köln VersR 1999, 377.
[108] Vgl. *Böhme/Biela* Rn. A 120; vgl. OLG Celle, PVR 2002, 335 = ADAJUR-Dok.Nr. 54006.
[109] OLG Rostock, DAQR 2011, 263.

Ebenso sind diese Vorschriften bei der Prüfung eventueller Mithaftung gemäß §§ 9 StVG, 254 BGB in die Abwägung einzubeziehen.[110]

Im Rahmen dieser Abhandlung können die Verhaltensvorschriften nicht im Einzelnen behandelt werden. Vielmehr ist zum gebotenen Verhalten im Straßenverkehr auf die entsprechenden Erläuterungen und Kommentierungen zur StVO zu verweisen.[111]

c) Mögliche Haftung des Arztes in Verkehrssachen. Ein Arzt kann nach einer Behandlung eines Patienten im Hinblick auf dessen mögliche Teilnahme am Straßenverkehr verpflichtet sein, je nach Art der Behandlung Vorkehrungen zu treffen, dass eine Teilnahme am Straßenverkehr unterbleibt.

Wird zB ein Patient im Rahmen einer Behandlung sediert, so genügt nicht die Belehrung des Patienten, dass er aufgrund der erfolgten Behandlung nicht am Straßenverkehr teilnehmen dürfe. Vielmehr kommt in Betracht, dass ein so behandelter Patient an der Teilnahme am Straßenverkehr gehindert wird. Es ist von dem Grundsatz auszugehen: Wird ein Patient bei einer ambulanten Behandlung so stark sediert, dass seine Tauglichkeit für den Straßenverkehr für einen längeren Zeitraum erheblich eingeschränkt ist, kann dies für den behandelnden Arzt die Verpflichtung begründen, durch geeignete Maßnahmen sicherzustellen, dass sich der Patient nach der durchgeführten Behandlung nicht unbemerkt entfernt.[112]

3. Haftung des Halters für den Verrichtungsgehilfen gemäß § 831 BGB

Nach § 831 BGB kommt eine Haftung des Halters/Eigentümers für eine objektive und widerrechtliche Handlung des Verrichtungsgehilfen in Betracht. Als Verrichtungsgehilfen kommen in Betracht der Fahrer, Beifahrer oder Schaffner. Verrichtungsgehilfe ist, wem vom Halter oder von dessen Beauftragten Tätigkeiten übertragen worden sind, die er weisungsgemäß auszuführen hat.[113]

Voraussetzung für die Haftung ist einerseits Rechtswidrigkeit der Verletzung des geschützten Rechtsgutes oder eines Schutzgesetzes. Der Geschädigte hat dies und die Verletzungsfolgen zu beweisen, während der Halter sich entlasten kann, indem er beweist, dass das Handeln des Verrichtungsgehilfen den Regeln der Verkehrsvorschriften entsprach.

Auch kann ein Halter sich dadurch entlasten, dass er nachweist, dass er die Ausübung und Überwachung einem bewährten und zuverlässigen höheren Angestellten übertragen hat. Dies ist in der Praxis von Bedeutung bei der Überwachung zB eines Fuhrparks, aber zum Beispiel auch im Zusammenhang mit der Übertragung der Räum- und Streudienste durch den Hauseigentümer.

4. Haftung des Aufsichtspflichtigen gemäß § 832 BGB

Aufsichtsbedürftige Personen sind:
- Minderjährige oder
- Personen, die wegen ihres geistigen oder körperlichen Zustandes der Beaufsichtigung bedürfen, zB Kranke, geistige oder körperlich Behinderte, Epileptiker, Blinde.[114]

Aufsichtspflichtig ist der Inhaber des Personenrechtes gegenüber dem minderjährigen Kind, also die Eltern (§§ 1626 ff., 1671 ff., 1757, 1565 BGB), Vormund oder Pfleger gegenüber Mündel (§§ 1793, 1797, 1800, 1909 f., 1915 BGB).[115]

Speziell bei Kindern bestimmt sich das Maß der gebotenen Aufsicht nach Alter, Eigenart und Charakter, nach Voraussehbarkeit des schädigenden Verhaltens sowie danach, was verständige Eltern nach vernünftigen Anforderungen in der konkreten Situation an erforder-

---

[110] Vgl. *Becker/Böhme/Biela* Rn. A 121.
[111] Vgl. zB *Hentschel,* Kommentierung der StVO, S. 357 f.; vgl. auch *Jagow/Burmann/Heß,* Straßenverkehrsrecht, Kommentar mit Einführung in die straf- und bußgeldrechtlichen, öffentlich-rechtlichen und zivilrechtlichen Grundlagen des Straßenverkehrs (1. Teil) sowie der Kommentierung zur StVO.
[112] BGH VersR 2003, 1126 = zfs 2003, 439.
[113] BGH VersR 1960, 354.
[114] Palandt/*Sprau* § 832 Rn. 4.
[115] Vgl. im Einzelnen weiter Palandt/*Sprau* § 832 Rn. 4; vgl. hierzu ausführlich *Bernau* DAR 2008, 286, *Spindler* in BeckOK, BGB § 832 3. ED 20. Februar 2014.

lichen und zumutbaren Maßnahmen treffen müssen, um Schädigungen Dritter durch Kinder zu verhindern.[116] Für den Bereich des Straßenverkehrsrechtes kommt es also darauf an, ob Kinder oder Personen, die sonst der Beaufsichtigung bedürfen, so beaufsichtigt werden, dass sie im Bereich des Straßenverkehrs keinen Schaden verursachen können.

124 Der Aufsichtspflichtige kann sich entlasten. Eine **Entlastung** kann einmal in der Weise erfolgen, dass der Aufsichtspflichtige darlegt und beweist, dass er alles Erforderliche zur Ausübung der Aufsichtspflicht unternommen hat und speziell zB zum Bereich des Verkehrsverhaltens von Kindern diese hinreichend informiert hat. Schließlich ist auch der Entlastungsbeweis dadurch möglich, dass der Aufsichtspflichtige darlegt und beweist, dass der Schaden auch bei gehöriger Beaufsichtigung entstanden wäre.

Zum Mitverschulden beim Kinderunfall vgl. → nachstehend Rn. 243 ff.

5. Haftung des Tierhalters gemäß § 833 BGB

125 Im Bereich des Straßenverkehrs kommt es nicht selten vor, dass Schäden und speziell Straßenverkehrsunfälle verursacht werden durch Tiere. Einschlägig ist für die Haftung des Tierhalters die Vorschrift des § 833 BGB. Diese Vorschrift statuiert gemäß § 833 S. 1 BGB eine grundsätzliche Schadenersatzpflicht.

126 Handelt es sich bei dem Tier, durch das der Schaden verursacht worden ist, um ein so genanntes Nutztier, so kann der Tierhalter gemäß § 833 S. 2 BGB sich entlasten. Der Entlastungsbeweis bezieht sich auf mangelndes Verschulden oder auf die Kausalitätsvermutung (vgl. BGH, NZV 2010, 135 = ADAJUR-Dok.Nr. 83816).

6. Ausschluss und Einschränkung der Haftung von Kindern gemäß § 828 BGB

127 Gemäß § 828 Abs. 2 BGB ist die Verantwortungsgrenze für Kinder bei Unfällen mit einem Kfz oder mit einer Schienen- oder Schwebebahn von 7 auf 10 Jahre angehoben worden. Daraus folgt, dass bei einem Kfz-Verkehrsunfall mit Beteiligung eines unter 10 Jahre alten Kindes nicht nur eine Haftung des Kindes ausscheidet, sondern auch eine Kürzung der Ansprüche des Kindes gemäß §§ 254, 828 Abs. 2 BGB wegen Mitverschuldens ausscheidet.[117] Im Übrigen wird hierzu verwiesen auf die vorstehenden Ausführungen zu → Rn. 86 ff.

7. Billigkeitshaftung gemäß § 829 BGB

128 Während § 827 BGB den Ausschluss der Verantwortung für denjenigen regelt, der im Zustand der Bewusstlosigkeit oder krankhafter Störung der Geistestätigkeit einem anderen einen Schaden zufügt, regelt § 829 BGB die so genannte Billigkeitshaftung.

129 Nach § 829 BGB hat derjenige den Schaden insoweit zu ersetzen, als die Billigkeit eine Schadloshaltung erfordert und ihm nicht die Mittel entzogen werden, die er zum angemessenen Unterhalt sowie zur Erfüllung seiner gesetzlichen Unterhaltspflichten benötigt.

130 Im Straßenverkehrshaftungsrecht kann Billigkeitshaftung praktisch werden bei einem Fahrer, der bewusstlos wird oder infolge Erkrankung zusammenbricht und infolgedessen einen Sach- oder Personenschaden verursacht.

131 Zunächst muss insoweit vergegenwärtigt werden, dass in diesem Fall der Halter und dessen KH-Versicherung gemäß § 7 Abs. 1 StVG für den entstandenen Schaden haften. Erhält in diesem Fall der Geschädigte bereits vollen Ersatz seiner materiellen Schäden nach StVG,

---

[116] LG Köln NJW 2007, 2563 = NZV 2007, 577 (elterliche Aufsichtspflicht über ein zwei- bis dreijähriges Kind; LG Saarbrücken NJW 2007, 1888 (zweijähriges Kind), BGH DAR 2009, 387 (Normal entwickelten Kindern ist das Spielen ohne Aufsicht im Freien gestattet, (ein 5½ Jahre altes Kind muss auf einem Spielplatz in regelmäßigen Abständen von 30 Minuten kontrolliert werden), AG Mönchengladbach-Rheydt NZV 2012, 387 (keine Aufsichtspflichtverletzung bei Unfall zwischen Kfz und 6-jährigem Fahrrad fahrenden Kind, wenn dieses die wesentlichen Verkehrsregeln bereits kennt und schon häufig in der näheren Wohnumgebung mit dem Fahrrad unterwegs ist, ähnlich OLG Celle, DAR 2005, 606 bei Bernau), AG Bingen, Az 2 C 381/07, ADAJUR-Dok.Nr. 86986 (keine Aufsichtspflichtverletzung der Eltern eines 8-jährigen Rad fahrenden Kindes, wenn dieses vorher belehrt worden war).

[117] van Bühren/*Lemcke* Teil 2 Rn. 31.

so kommt ein Schmerzensgeld nur in Betracht, wenn aufgrund der schweren Verletzungen es die Billigkeit erfordert, dem Geschädigten über den materiellen Schaden hinaus ein Schmerzensgeld zukommen zu lassen. Hierbei kann der Umstand berücksichtigt werden, dass für den schuldlos handelnden Schädiger Versicherungsschutz aufgrund seiner Kfz-Pflichtversicherung besteht.[118]

8. Haftung bei Amtspflichtverletzung gemäß § 839 BGB

a) Allgemeines. Die Haftung wegen Amtspflichtverletzung gemäß § 839 BGB ist gegenüber der Haftung aus §§ 823 ff. BGB vorrangig. Die Haftung bei Amtspflichtverletzung ist auch weitergehend. Sie erstreckt sich nicht nur auf die gemäß § 823 BGB geschützten Rechtsgüter, sondern darüber hinaus umfasst sie auch Vermögensschäden.

b) Verweisungsprivileg bei Beamten. In § 839 Abs. 1 S. 2 BGB ist geregelt, dass ein Beamter im Falle der fahrlässigen Schadenverursachung nur dann in Anspruch genommen werden kann, wenn der Verletzte nicht auf andere Weise Ersatz verlangen kann. Es handelt sich um eine subsidiäre Haftung. Gemäß Art. 34 GG trifft diese nicht den handelnden Beamten selbst, sondern den Staat oder die Körperschaft, für die er tätig ist. Hieraus folgt, dass bei Amtshaftungsfällen bei Beteiligung eines Beamten als Fahrer dieser nicht in Anspruch genommen werden kann. Hier ist dessen Passivlegitimation nicht gegeben. Es ist lediglich die Anstellungsbehörde oder Körperschaft passivlegitimiert.[119]

Das Verweisungsprivileg gemäß § 839 Abs. 1 S. 2 BGB kommt jedoch nur bei Ausführung einer hoheitlichen Tätigkeit in Betracht. So handelt der Abschleppunternehmer, der von der Polizeibehörde durch privatrechtlichen Vertrag mit der Bergung und/oder dem Abschleppen eines Unfallfahrzeuges beauftragt wird, bei der Durchführung der polizeilich angeordneten Bergungsmaßnahmen in Ausübung eines öffentlichen Amtes.[120]

c) Sorgfaltspflicht bei der Kraftfahrzeug-Hauptuntersuchung. Die Amtspflicht des amtlich anerkannten Kraftfahrzeugprüfers zur sachgemäßen Durchführung einer Hauptuntersuchung besteht auch gegenüber einem potenziellen Opfer des Straßenverkehrs. Dies ist jedenfalls dann der Fall, wenn ein Dritter im Verkehr einen Schaden an Körper und Gesundheit dadurch erleidet, dass der Prüfer pflichtwidrig und schuldhaft einen die Verkehrssicherheit aufhebenden Mangel übersieht, den Weiterbetrieb des Fahrzeuges nicht unterbindet und deshalb der Mangel einen Verkehrsunfall verursacht.

Der Hinweis auf die „Riesenzahl" von Kraftfahrzeugen und Untersuchungsfällen vermag keinen Freiraum für ein Handeln ohne Verantwortung und Haftung zu eröffnen. Dies wäre mit dem gebotenen Schutz der Bevölkerung unvereinbar.[121]

In einem solchen Fall ist der für eine Schadenersatzhaftung erforderliche Drittbezug der verletzten Amtspflicht zu bejahen.

Bei der technischen Prüfung zur Betriebserlaubnis (§ 21 S. 3 StVZO) war in rechtlicher Hinsicht eine Besonderheit zu beachten. Der Grundsatz, dass die den amtlichen Sachverständigen für den Kfz-Verkehr bei der technischen Prüfung nach § 21 S. 3 StVZO treffenden Amtspflichten nicht dem Schutz des Vermögens des zukünftigen Fahrzeugerwerbers dienen, gilt auch, soweit die generelle Benutzbarkeit des Fahrzeuges in Frage steht. Der Sachverständige handelt in Ausübung hoheitlicher Befugnisse, jedoch verletzt er keine ihm gegenüber einem späteren Erwerber des Fahrzeugs obliegende Amtspflicht, wenn er fahrlässig Mängel übersieht oder unrichtige technische Angaben in dem Kfz-Brief als richtig bescheinigt.[122] § 21 StVO ist ab dem 1.6.2012 geändert worden. Der ursprüngliche Satz 3 ist entfallen.

d) Unterbliebene Entstempelung, verzögerte Stilllegung. Häufiger Anwendungsfall der Amtspflichtverletzung ist die **unterbliebene Entstempelung** nach Stilllegung des Fahrzeuges

---

[118] Vgl. *von Gerlach* DAR 1995, 221, 233; BGH NJW 1995, 242 = NZV 1995, 65 = zfs 1995, 53; DAR 1995, 65 = VersR 1995, 96 = r+s 1995, 53.
[119] Vgl. *Fleischmann/Hillmann* § 2 Rn. 249.
[120] BGH DAR 1993, 187; vgl. auch *Fleischmann/Hillmann* § 2 Rn. 248; BGH VersR 2014, 502.
[121] OLG Koblenz NJW 2003, 297.
[122] BGH SVR 2005, 61 = VersR 2005, 362.

durch die Straßenverkehrsbehörde oder das Ausstellen unrichtiger Fahrzeugdokumente. Die Amtspflichten der Zulassungsstelle, die bei der ordnungsgemäßen Ausstellung eines Kraftfahrzeugbriefs zu beachten sind, dienen nicht dem Schutz potenzieller Käufer und deren Vermögensinteressen, sodass der Käufer keine Ansprüche aus Amtspflichtverletzung herleiten kann.[123]

Ebenso ist ausgeschlossen die Haftung des Beamten als Fahrer gemäß § 18 StVG.

139 Setzt die Zulassungsstelle für Kraftfahrzeuge nach Mitteilung der Haftpflichtversicherung, dass der Versicherungsschutz entfallen ist, die Stilllegung des betreffenden Fahrzeugs nicht mit dem nötigen Nachdruck durch, so kann darin eine zur Ersatzpflicht für Unfallschäden führende Amtspflichtverletzung iSv § 839 BGB liegen.[124]

9. Der Anspruch bei Selbstaufopferung im Straßenverkehr

140 **a) Anspruch auf Entschädigung.** Weicht ein Kraftfahrer im Straßenverkehr einem Fußgänger oder einem Radfahrer aus, um einen Unfall mit diesem zu vermeiden, so ergibt sich die Frage, ob und inwieweit der gerettete Verkehrsteilnehmer für Personen und/oder Sachschäden des ausgewichenen Kraftfahrers haftet. Zur speziellen Problematik gegenüber Minderjährigen → nachfolgend Rn. 142.

Nach der Geltung des § 7 Abs. 2 StVG ist eine Ersatzpflicht erst dann ausgeschlossen, wenn der Unfall durch höhere Gewalt verursacht wird.

141 In der Konsequenz der Anwendung des § 7 Abs. 2 StVG, also der verschärften Halterhaftung, besteht ein Aufwendungsersatzanspruch aus GoA nur dann, wenn der hypothetische Unfall durch höhere Gewalt verursacht worden wäre.[125] Nach *Huber*[126] soll beim Aufwendungsersatzanspruch weiterhin das Kriterium der Unabwendbarkeit herangezogen werden. Hierbei ist nicht berücksichtigt, dass die Haftung nach StVG andere Voraussetzungen hat als die zivilrechtliche Haftung aus GoA. Soweit das Verschuldenskriterium zur Anwendung kommt, erscheint die Lösung über § 17 StVG sachgerecht.[127]

142 **b) Die Selbstaufopferung für Minderjährige im Straßenverkehr.** Weicht ein Kraftfahrer im Straßenverkehr einem Kind aus, so kommt die verschärfte Entlastungsmöglichkeit gemäß § 7 Abs. 2 StVG zum Tragen. Eine deliktische Haftung scheitert, wenn der Minderjährige das 7. Lebensjahr nicht vollendet hat, da er gemäß § 828 Abs. 1 BGB nicht deliktsfähig ist. Dies gilt auch für Kinder nach Vollendung des 7. Lebensjahres bis zur Vollendung des 10. Lebensjahres mit der Maßgabe, dass eine Haftung nicht gegeben ist, soweit keine vorsätzliche Deliktsbegehung gemäß § 828 Abs. 2 Satz 2 BGB vorliegt.

Für ältere Kinder bis zum vollendeten 18. Lebensjahr richtet sich die Deliktsfähigkeit nach § 828 Abs. 3 BGB, sodass auf die Einsichtsfähigkeit des Kindes abzustellen ist.

143 Zu beachten ist der Aspekt der möglichen Haftung für den Aufwendungsersatzanspruch aus GoA, speziell gegen den Minderjährigen. Dies setzt voraus, dass der Kraftfahrer mit dem Ausweichmanöver ein Geschäft für das Kind iSv § 677 BGB geführt hat.

Schließlich kann auch eine deliktische Haftung der Eltern gemäß § 832 BGB in Betracht kommen (zum generellen Anspruch bei Selbstaufopferung im Straßenverkehr → Rn. 86).

10. Haftung aus Verletzung der Streu- bzw. Verkehrssicherungspflicht

144 **a) Allgemeines.** Auszugehen ist von dem Grundsatz, dass keine allgemeine Streupflicht besteht. Voraussetzungen und Umfang der Räum- und Streupflicht sind bestimmt von dem Gedanken einer angemessenen Risikoverteilung. Einerseits hat der Verkehrsteilnehmer Anspruch auf ein gewisses Maß an Sicherheit. Andererseits aber kann er nicht erwarten, dass ihm jedes Risiko abgenommen wird.[128]

---

[123] OLG Düsseldorf DAR 2000, 261.
[124] LG Essen NZV 2002, 508.
[125] *Geigel* Kap. 25 Rn. 97.
[126] *Huber* § 3 Rn. 85.
[127] Vgl. auch *Heimbücher* VW 2005, 288 mit Ausführungen auch zu Ansprüchen aus der Unfallversicherung.
[128] *Geigel* Kap. 14 Rn. 132 ff.

145 In einer Grundsatzentscheidung zu Inhalt und Umfang der Räumpflicht hat der BGH[129] formuliert: „Inhalt und Umfang der winterlichen Räum- und Streupflicht auf den öffentlichen Straßen unter dem Gesichtspunkt der Verkehrssicherung richten sich nach den Umständen des Einzelfalls. Art und Wichtigkeit des Verkehrswegs sind dabei ebenso zu berücksichtigen wie seine Gefährlichkeit und die Stärke des zu erwartenden Verkehrs. Die Räum- und Streupflicht besteht also nicht uneingeschränkt. Sie steht vielmehr unter dem Vorbehalt des Zumutbaren, wobei es auch auf die Leistungsfähigkeit des Sicherungspflichtigen ankommt. Grundsätzlich muss sich der Straßenverkehr auch im Winter den gegebenen Straßenverhältnissen anpassen. Der Sicherungspflichtige hat aber durch Schneeräumen und Bestreuen mit abstumpfenden Mitteln die Gefahren, die infolge winterlicher Glätte für den Verkehrsteilnehmer bei zweckgerechter Wegebenutzung und trotz Anwendung der im Verkehr erforderlichen Sorgfalt bestehen, im Rahmen und nach Maßgabe der vorgenannten Grundsätze zu beseitigen".

146 Als Fazit dieser Entscheidung ist festzustellen, dass einerseits von objektiven Voraussetzungen auszugehen ist, nämlich: Wichtigkeit des Verkehrsweges sowie Gefährlichkeit und Stärke des zu erwartenden Verkehrs. Andererseits gelten für den Streupflichtigen die Grundsätze, dass die Streupflicht besteht im Rahmen des Zumutbaren und der Leistungsfähigkeit. Aufseiten des Verkehrsteilnehmers gilt der Grundsatz, dass der Verkehrsteilnehmer sich den gegebenen Straßenverhältnissen anpassen muss und die im Verkehr erforderliche Sorgfalt zu beachten hat.

147 Nachstehend wird zu den verschieden Fallgestaltungen die Verkehrssicherungspflicht behandelt im Rahmen der Räum- und Streupflicht, und zwar differenziert nach der Verkehrsteilnahme sowie unter Berücksichtigung von Organisationspflichten aufseiten des Streupflichtigen und weiter die allgemeine Verkehrsregelungspflicht.

148 b) *Streupflicht für den Fahrzeugverkehr.* Hier ist von dem Grundsatz auszugehen, dass die Streu- und Räumungspflicht den Ländern und Gemeinden aufgrund gesetzlicher Regelungen in den einzelnen Bundesländern zugewiesen ist. Im Übrigen ist zu unterscheiden zwischen der Streupflicht innerorts und außerhalb geschlossener Ortschaften:

149 *aa) Streupflicht innerhalb geschlossener Ortschaften.* Es ist von dem Grundsatz auszugehen, dass innerhalb geschlossener Ortschaften Streupflicht nur an verkehrswichtigen und gefährlichen Stellen besteht. Gefährliche Stellen sind solche, an denen der Zustand oder die Anlage der Straße die Bildung von Glatteis begünstigt oder die Wirkung des Glatteises erhöht, sodass diese besonderen Verhältnisse auch von einem Verkehrsteilnehmer, der sorgfältig ist, nicht ohne weiteres erkannt werden können.[130] Als „verkehrswichtig" sind insbesondere Durchfahrten von Bundesstraßen sowie die innerörtlichen Hauptverkehrsstraßen anzusehen.[131]

150 *bb) Streupflicht außerhalb geschlossener Ortschaften.* Außerorts besteht eine Streupflicht nur an besonders gefährlichen Stellen.[132] Nur solche Stellen sind als besonders gefährlich einzustufen, die auch bei besonders sorgfältigem Fahren die Gefahrenstelle aufgrund der Beschaffenheit der Straße nicht rechtzeitig erkennen lassen.[133] Umgekehrt ist von dem Kraftfahrer das Bewusstsein zu erwarten, dass sich auf Brücken besonders häufig Glatteis bildet. Neben Gefährlichkeit der Straßenstelle ist Voraussetzung für die Streupflicht außerhalb geschlossener Ortslagen, dass der Straße eine Verkehrsbedeutung zukommt.[134]

151 c) *Streupflicht für den Fußgängerverkehr.* Zum Schutz des Fußgängerverkehrs trifft die Kommunen eine erhöhte Streupflicht. Innerhalb geschlossener Ortschaften sind Gehwege grundsätzlich zu bestreuen. Dies gilt jedoch nicht für unwichtige, wenig begangene Wege.

---

[129] DAR 1998, 140.
[130] Thür. OLG NZV 2001, 87; vgl. auch ausführlich *Eggert* Verkehrsrecht aktuell 2005, 26.
[131] BGH NJW 1991, 3336; vgl. im Übrigen *Berz/Burmann* 9 B Rn. 10; vgl. OLG Hamburg, NJW-RR 2003, 1676.
[132] BGH NZV 1995, 144; BGH, DAR 2004, 314.
[133] OLG Nürnberg NZV 1991, 311.
[134] OLG Nürnberg NZV 1991, 311; *Hentschel* § 45 StVO Rn. 62.

152 Insbesondere sind Fußgängerüberwege, die als solche gekennzeichnet sind, zu streuen. „Zebrastreifen" müssen gestreut werden.[135] Maßgebendes Merkmal ist hier, dass ständig erheblicher Fußgängerverkehr herrscht.[136] Streupflicht besteht an diesen Stellen nur, wenn eine allgemeine Glätte besteht und nicht nur Glätte an vereinzelten Stellen.[137]

153 **d) Streupflicht auf Parkplätzen.** Auf Parkplätzen ist von der Erfahrung auszugehen, dass hier regelmäßig mit geringer Geschwindigkeit gefahren wird. Deswegen ist im Allgemeinen Streuen nicht erforderlich. Auf Parkplätzen ist Streupflicht zu bejahen an den Stellen, die von Fußgängern begangen werden.[138] Außerdem ist erforderlich, dass es sich um einen belebten Parkplatz handelt.[139]

154 Auf Parkplätzen von Gaststätten gelten strenge Anforderungen an die Streupflicht. Dies gilt insbesondere auch für Kundenparkplätze.[140] Ebenfalls gelten – im privaten Bereich – strenge Anforderungen an die Streupflicht auf einem zum Hauseingang führenden Weg. So ist der Hauseigentümer gegenüber Mietern verpflichtet, auch bei außergewöhnlich schwierigen und gefährlichen Witterungsverhältnissen im Rahmen der zeitlichen Grenzen der Streupflicht eine jederzeitige Begehbarkeit des Hausweges sicherzustellen.[141]

Zu denken ist jedoch auch hinsichtlich des Verhaltens des Verkehrsteilnehmers bzw. des Fußgängers an ein mögliches Mitverschulden.

Für Fußgänger besteht außerorts grundsätzlich keine Streupflicht.[142]

155 **e) Streupflicht für Radfahrer.** Streupflicht für Radfahrer besteht nach den gleichen Grundsätzen wie für die übrigen Verkehrsteilnehmer.[143]

156 **f) Organisation der Streupflicht.** Grundsätzlich haben die Kommunen sowie sonstigen Träger der öffentlichen Verwaltung den Winterdienst ordnungsgemäß zu organisieren und insbesondere die Organisation abzustimmen auf die Rangfolge der zu streuenden Straßen und Flächen.

In zeitlicher Hinsicht ist zu fordern, dass die Streupflicht zu erfüllen ist vor Einsetzen des Hauptberufsverkehrs.[144]

157 **g) Verkehrssicherungspflicht und Verkehrsregelung.** Es ist von dem Grundsatz auszugehen, dass bei der Verkehrsregelung die Träger der Straßenbaulast bzw. die Verkehrsbehörden stets hoheitlich handeln.[145] Die Verkehrsbehörden sind zu Maßnahmen der Verkehrssicherung nur verpflichtet, soweit dies objektiv erforderlich und nach objektiven Maßstäben zumutbar ist. Diese Pflicht wird begrenzt umgekehrt durch die Pflicht des Verkehrsteilnehmers und besteht also nicht, wenn der Verkehrsteilnehmer bei zweckgerichteter Benutzung der Straße und Anwendung der gebotenen Aufmerksamkeit selbst auf Gefahren aufmerksam wird und Schäden abwenden kann. Bei schwierigen Verkehrslagen ist vom Verkehrsteilnehmer eine gesteigerte Aufmerksamkeit zu erwarten.[146] Eine Verpflichtung zur Verkehrsrege-

---

[135] OLH Hamm zfs 1996, 9; OLG Frankfurt a. M. NZV 2005, 638.
[136] BGH NZV 1995, 144; OLG Hamm zfs 1996, 9.
[137] OLG Hamm zfs 1996, 9; OLG Hamm NZV 2005, 43, betreffend Verkehrssicherungspflicht für Straßenbankett; BGH, NJW–RR 2005 = ADAJUR-Dok.Nr. 65506; BGH, DAR 1997, 358 = ADAJUR-Dok.Nr. 56044; OLG Naumburg, BeckRS 2012, 20171 = ADAJUR-Dok.Nr. 99445; OLG Frankfurt a.M., NZV 2005, 638 = ADAJUR-Dok.Nr. 65891; OLG Nürnberg, VRS 123, 13 = ADAJUR-Dok.Nr. 98907; OLG München, Kuhn, § 2, 1660 = ADAJUR-Dok.Nr. 78960.
[138] BGH NJW 1996, 202; LG Coburg BeckRS 2011, 29343.
[139] *Berz/Burmann* 9 B Rn. 20.
[140] BGH NJW 1966, 202.
[141] BGH VersR 1977, 431.
[142] Thür. OLG DAR 1999, 262; OLG Hamm zfs 1991, 115.
[143] OLG Celle NZV 2001, 217; BGH, DAR 2004, 26 = ADAJUR-Dok.Nr. 56044; OLG Hamm, NZV 1993, 394 = ADAJUR-Dok.Nr. 17845.
[144] Vgl. hierzu im Einzelnen *Berz/Burmann* Kap. 9 mit ausführlicher Darstellung zur Verkehrssicherungspflicht auf Straßen mit differenzierter Darstellung zu den einzelnen Gefahrenquellen, zB Schlagloch, Straßenbäume sowie Streupflicht für Fahrzeugverkehr, Fußgänger, Radfahrer sowie zu Fragen der Organisation der Streupflicht.
[145] BGH VersR 1981, 336; vgl. BGH, VersR 2001, 589.
[146] *Berz/Burmann* 9 C Rn. 2.

lung kann sich ergeben bei besonders gefahrenträchtigen Kreuzungen[147] oder bei Änderung von Verkehrsregelungen, insbesondere von Vorfahrtregelungen.[148]

Zusätzlich gilt für die Tätigkeit der Straßenverkehrsbehörde der Grundsatz, dass Verkehrseinrichtungen und Verkehrzeichen so angebracht oder gestaltet werden müssen, dass sie für einen mit den Verkehrsvorschriften vertrauten, durchschnittlich aufmerksamen Verkehrsteilnehmer auch bei schneller Fahrt durch einen raschen und beiläufigen Blick deutlich erkennbar sind.

Für Ampeln ergeben sich Besonderheiten. Die ordnungsgemäße Anbringung richtige Programmierung sowie Schaltung der Lichtzeichenanlage ist Amtspflicht der Straßenverkehrsbehörde. Unterhaltung der eingerichteten Anlage, technische Wartung etc. sind Gegenstand der Verkehrssicherungspflicht.[149]

Eine besondere Problematik kann sich ergeben bei einem Straßenverkehrsunfall aufgrund „feindlichen" Grün. Kommt es trotz ordnungsgemäßer Wartung und vorhandener Sicherheitseinrichtungen zu einem Defekt in der Ampel mit der Folge, dass „feindliches" Grün angezeigt wird, so scheidet eine Verletzung der Verkehrsregelungspflicht aus, weil Verschulden nicht gegeben ist. In Betracht kommt jedoch eine Haftung der Straßenverkehrsbehörde nach den anzuwendenden Vorschriften des Ordnungsbehörden- und Polizeiverwaltungsrechtes.[150]

h) **Sonstige Fälle der Verkehrssicherungspflicht.** *aa) Überwachung der Standfestigkeit von Straßenbäumen.* Zur Straßenverkehrssicherungspflicht gehört auch die Sorge für die Standfestigkeit von Straßenbäumen einschließlich der Sicherung gegen Windbruch und Windwurf.[151] Eine jährlich zweimalige Sichtprüfung von Straßenbäumen im belaubten und unbelaubten Zustand nach der sog. „VTA-Methode" erfüllt grundsätzlich die an die Verkehrssicherungspflicht zu stellenden Anforderungen.[152]

bb) Schwellen. Unebenheiten sowie Einrichtungen auf der Fahrbahn zur Sperrung einer Straße dürfen keine Gefahr bilden, etwa durch fehlende reflektierende Flächen oder mangelnde Beleuchtung.[153]

IV. Die Haftung bei entgeltlicher und unentgeltlicher Beförderung von Insassen, speziell die Haftung unter Ehegatten und für Kinder

1. Die Haftung für Insassen gemäß § 8a StVG

Gemäß § 8a StVG haftet der Fahrzeugführer uneingeschränkt auch für Schäden der beförderten Personen. Hierbei kommt es nicht darauf an, ob die Beförderung entgeltlich oder unentgeltlich erfolgt. Demnach gilt die Gefährdungshaftung des § 7 StVG nunmehr umfassend auch für die Personenbeförderung, und zwar unabhängig davon, ob sich der Geschädigte außerhalb oder innerhalb des Kfz aufgehalten hat.[154]

a) **Haftung bei entgeltlicher, geschäftsmäßiger Personenbeförderung.** *aa) Allgemeines.* Bei entgeltlicher, geschäftsmäßiger Personenbeförderung ist eine Haftung für Personenschäden und den sich hieraus ergebenden Vermögensschaden nicht abdingbar.

Der Gesetzeszweck dieser Regelung, wonach die Haftung nicht abdingbar ist, soll verhindern, dass dem Beförderten der erhöhte Schutz gemäß § 7 StVG durch Vereinbarung oder Benutzungsordnung entzogen wird. Entgegenstehende Vereinbarungen sind gemäß § 134 BGB nichtig.

---

[147] BGH VersR 1981, 336; OLG Karlsruhe, BeckRS 2013, 22256.
[148] BGH NZV 1991, 147.
[149] *Hentschel* § 37 StVO Rn. 63 mwN.
[150] Vgl. hierzu im Einzelnen *Berz/Burmann* 9 C Rn. 7, 8.
[151] Vgl. hierzu ausführlich *Hentschel* § 45 StVO Rn. 53; weitere Rechtsprechung *Kuhn* § 2 XXIX. Verkehrssicherungspflicht, 1.
[152] OLG Hamm NZV 2005, 371.
[153] OLG Hamm NZV 2000, 169; vgl. im Übrigen zu weiteren Einzelfällen ausführlich *Hentschel* § 45 StVO Rn. 53; *Kuhn* § 2.8.
[154] Art. 229 § 5 EGBGB; vgl. *Heß*, StVG § 8a, Rn. 1–8.

Demgegenüber ist die Haftung für Sachschäden und deren Vermögensfolgen auch bei entgeltlicher, geschäftsmäßiger Personenbeförderung abdingbar oder beschränkbar.

166 *bb) Entgeltlichkeit.* Entgeltlichkeit der Beförderung ist gegeben, wenn sie der Person, die die Beförderung übernommen hat, durch irgendeine in deren wirtschaftlichem Interesse liegende Leistung abgegolten wird. Das Merkmal der Entgeltlichkeit ist weit auszulegen. Es genügen also mittelbare, wirtschaftlich messbare Vorteile.

167 *cc) Geschäftsmäßigkeit.* Geschäftsmäßigkeit ist gegeben, wenn die entgeltliche Personenbeförderung mindestens gelegentlich wiederholt oder dadurch zum wiederkehrenden Bestandteil der Beschäftigung gemacht wird.[155]

168 b) **Haftungsausschluss.** Die Vereinbarung eines Haftungsausschlusses ist zulässig, wenn die Beförderung nicht entgeltlich oder nicht geschäftsmäßig erfolgt.

Der Fahrschulausbildungsvertrag hat keine entgeltliche, geschäftsmäßige Personenbeförderung zum Gegenstand.

Keine Entgeltlichkeit liegt vor bei Kostenteilung, wenn der Fahrer auch sonst gefahren wäre.[156]

169 c) **Haftung bei Fahrgemeinschaft.** Hinsichtlich von Fahrgemeinschaften ist davon auszugehen, dass Mitnahme gegen Kostenerstattung oder Betriebskostenbeteiligung nicht entgeltlich, gelegentliche Mitnahme ohne Wiederholungsabsicht auch gegen Entgelt nicht geschäftsmäßig ist. Für Entgeltlichkeit ist maßgebend, ob wirtschaftliche Interessen den eigentlichen Grund für die Beförderung bilden. Das ist nicht der Fall bei wechselseitigen Fahrgemeinschaften.[157]

2. Speziell: die Ansprüche unter Ehegatten und für Kinder

170 a) **Der Anspruch der Ehegatten und Kinder als Insassen generell.** Wird derjenige, der in einem Fahrzeug befördert wird, verletzt, so kommen für diesen als Insassen Schadenersatzansprüche gemäß § 8a StVG in Betracht, gleichgültig ob es sich bei der beförderten Person um den Ehegatten oder um Kinder als beförderte Personen handelt.

171 Selbst der Ehegatte als Fahrzeughalter kann seinen Personenschaden, den er als Beifahrer erleidet, gegen die eigene Kfz-Haftpflichtversicherung geltend machen, wenn er bei einem Unfall, den der andere Ehepartner mit dem versicherten Kfz verursacht hat, verletzt wird.

172 b) **Ansprüche unter Eheleuten und für Kinder.** *aa) Haftungsvoraussetzungen.* In der Praxis wird häufig verkannt, dass auch unter Ehegatten Schadenersatzansprüche gegeben sind, wenn durch den Ehegatten als Fahrer oder Fahrerin ein Unfall verursacht wird und hierbei der andere einen Personenschaden erleidet. In diesem Fall steht auch dem verletzten Ehegatten der Schadenersatzanspruch zu. Dies gilt auch dann, wenn der verletzte Ehegatte selbst Halter des Fahrzeuges und Versicherungsnehmer ist.[158]

In gleicher Weise stehen auch einem als Insassen verletzten Kind gegen den Elternteil, der das Fahrzeug gelenkt hat, bei einem Unfall Schadenersatzansprüche zu.

173 *bb) Der mögliche Direktanspruch.* Unter Verwandten besteht einmal häufig die Meinung, dass Ansprüche aus Rechtsgründen nicht in Betracht kommen. Darüber hinaus wird von der Verfolgung von Ansprüchen abgesehen in der Annahme, diese müssten gegen den Fahrer persönlich geltend gemacht werden. Dies ist wegen des Direktanspruches gemäß § 3 PflVG nicht erforderlich. Vielmehr können solche Ansprüche unmittelbar gegen die Kraftfahrthaftpflichtversicherung geltend gemacht werden. Dies gilt auch für den geschädigten Versicherungsnehmer. Dieser kann gegen seine eigene Kraftfahrzeug-Haftpflichtversicherung den Direktanspruch des Geschädigten gemäß § 3 Nr. 1 PflVG geltend machen. Er ist „Dritter" im Sinne dieser Bestimmung.

---

[155] *Hentschel* § 8a StVG Rn. 3, 5.
[156] *Hentschel* § 8a StVG Rn. 4.
[157] BGHZ 80, 303 = NJW 1981, 1842; aA OLG Köln NJW 1978, 2556.
[158] Vgl. zur Problematik des Ausgleichsanspruch bei Verletzung des Ehepartners und von Familienangehörigen *Böhme/Biela* Rn. A 351.

Auch der VN kann grundsätzlich als Dritter einen Direktanspruch gegen seinen eigenen 174
Kfz-Haftpflichtversicherer haben, wenn er durch eine mitversicherte Person einen Schaden
erlitten hat, der nicht unter den Risikoausschluss von A 1.5 AKB (Musterbedingungen GDV
AKB 2008, Bekanntgabe 14.2.2014) fällt. Voraussetzung ist, dass es sich um ein „gesundes"
Versicherungsverhältnis handelt.[159]

cc) Haftung für Ehegatten und Kind(er). Eine besondere Haftungskonstellation kann sich 175
ergeben bei der Beförderung des Ehegatten oder eines Kindes. Es stellt sich die Frage, ob in
einem solchen Fall von dem zulässigen Ausschluss der Haftung gemäß § 8a Satz 1 StVG
auszugehen ist aufgrund konkludenten Haftungsverzichtes oder der Annahme einer Gefälligkeitsfahrt. Dies ist aber generell zu verneinen mit der Folge, dass gemäß § 8a StVG von
der Haftung gemäß § 7 StVG auszugehen ist und im Übrigen von der Haftung gemäß § 823
Abs. 1 und 2 BGB, soweit die Verschuldensvoraussetzungen gegeben sind.

c) Verjährung und Hemmung der Verjährung. Die Verjährung von Ansprüchen richtet 176
sich nach den §§ 194 ff. BGB. Auch für Ansprüche aus unerlaubter Handlung sind nunmehr
die durch das SMG neu gefassten allgemeinen Verjährungsvorschriften der §§ 194 ff. BGB
maßgebend.[160] Im Übrigen finden gemäß § 14 StVG die für unerlaubte Handlungen geltenden Vorschriften des BGB entsprechende Anwendung auf die Verjährung für Ansprüche
nach StVG.

d) Hemmung der Verjährung aus familiären und ähnlichen Gründen. Gemäß § 207 BGB 177
ist die Verjährung von Ansprüchen zwischen Ehegatten gehemmt, solange die Ehe besteht.
Das Gleiche gilt, soweit für das Straßenverkehrsrecht von Bedeutung, für die Ansprüche
zwischen Lebenspartnern, solange die Lebenspartnerschaft besteht (§ 207 Abs. 1 BGB).
Ebenso ist die Verjährung gehemmt für Ansprüche zwischen Eltern und Kindern und dem
Ehegatten eines Elternteils und dessen Kindern bis zur Vollendung des 18. Lebensjahres.

Aus dieser Regelung zur Hemmung folgt, dass für Ansprüche von Ehegatten untereinan- 178
der, solange die Ehe besteht, die Verjährung gehemmt ist. Das Gleiche gilt für Ansprüche unter Lebenspartnern für die Dauer des Bestandes der Lebenspartnerschaft und für die Ansprüche der Kinder gegenüber Eltern und dem Ehegatten eines Elternteils und dessen
Kindern bis zur Erreichung der Volljährigkeit. Erst ab dem Zeitpunkt, in dem der Hemmungstatbestand in Fortfall kommt, beginnt die Verjährung. Für Ansprüche zwischen Ehegatten gilt die Hemmung auch für Ansprüche, die vor der Ehe entstanden sind. Die Hemmung der Ansprüche der Ehegatten untereinander endet mit der Auflösung der Ehe.

Die Hemmung von Ansprüchen zwischen Eltern und Kindern und dem Ehegatten eines 179
Elternteils und dessen Kindern erfasst Ansprüche des Kindes gegen die Eltern, aber auch
umgekehrt Ansprüche der Eltern gegen das Kind. Gleichgültig ist, ob die Eltern die elterliche
Sorge haben oder ob sie verheiratet sind. Erfasst sind gemäß § 1754 BGB auch Ansprüche
zwischen Adoptiveltern und Kindern und seit dem 1.1.2002 auch die Ansprüche zwischen
dem Kind und dem Ehegatten, seines Vaters oder seiner Mutter. Die Hemmung endet, wenn
das Kind das 18. Lebensjahr vollendet hat oder adoptiert wird.[161]

V. Die Haftung beim Fußgänger- und Radfahrerunfall, speziell Kinderunfall

1. Fußgängerunfall

In § 25 StVO ist das vorgeschriebene Verhalten von Fußgängern im Straßenverkehr gere- 180
gelt.[162] Die Rechtsprechung hat für die Haftung gegenüber Fußgängern den Grundsatz entwickelt, dass der Kraftfahrer sich nur bei Vorliegen besonderer Umstände auf ein unvorschriftsmäßiges Verhalten von Fußgängern einstellen muss. Bei den Fragen der zivilrecht-

---

[159] BGH VersR 1986, 1010; vgl. auch *Feyock/Jacobsen/Lemor* § 3 PflVG Rn. 8.
[160] Palandt/*Sprau* § 852 Rn. 1.
[161] Palandt/*Heinrichs* § 207 Rn. 4.
[162] Vgl. hierzu im Einzelnen *Hentschel* § 25 StVO Rn. 12 ff.; vgl. auch *Eggert* Verkehrsrecht aktuell 2004, 168.

181 lichen Haftung ist zu unterscheiden zwischen den seitens der Fußgänger zu beachtenden Regeln, dem vorgeschriebenen Verhalten von Kraftfahrzeugführern gegenüber Fußgängern und speziell dem Verhalten gegenüber Kindern und älteren Menschen.

181 Die Verantwortung oder Mitverantwortung des Fußgängers gegenüber dem Kraftfahrzeugführer orientiert sich grundsätzlich an § 25 StVO. Der Fußgänger muss erkannten oder erkennbaren Gefahren ausweichen.[163]

Bei Klärung von Haftungsverteilungen sind die jeweiligen Unfallsituationen maßgebend.[164]

182 Durch § 3 Abs. 2a StVO trifft den Kraftfahrzeugführer jedoch eine besondere Sorgfaltspflicht gegenüber Kindern, Hilfsbedürftigen und älteren Menschen.

Bei einem Unfall mit denen durch § 3 Abs. 2a StVO geschützten Personen muss der Kraftfahrer den gegen ihn sprechenden Beweis des ersten Anscheins für sein Alleinverschulden widerlegen.[165]

183 Nach § 3 Abs. 2a StVO haben Fahrzeugführer die Gefährdung von Kindern auszuschließen. Dies verlangt von dem Fahrer das Äußerste an Vorsicht, Umsicht und Rücksicht, die höchstmögliche Sorgfalt und soll auch der eigenen Unvorsichtigkeit der Kinder begegnen.

184 Voraussetzung für das erhöhte Sorgfaltsgebot ist, dass der gefährdete Verkehrsteilnehmer aufgrund äußerlich erkennbarer Merkmale als Person, die der geschützten Personengruppe angehört, erkennbar ist. Es muss also Erkennbarkeit als Kind, Hilfsbedürftiger oder älterer Mensch gegeben sein. Der Schutz besteht für Kinder bis zur Vollendung des 14. Lebensjahres. Zu berücksichtigen ist jedoch, dass eine objektivierte Einschätzung des Kindesalters den Fahrer entlasten kann. Die Pflicht zur verstärkten Gefahrenabwehr trifft den Fahrer, sobald er den Umständen nach mit besonders schutzbedürftigen Personen und deren Gefährdung rechnen muss, also in allgemein auffälligen Situationen oder bei einem speziellen Anlass zu besonderer Vorsicht.[166]

185 Zu den Sorgfaltspflichten eines Kraftfahrers gegenüber einem die Fahrbahn überquerenden Fußgänger und einem möglichen Mitverschulden des Fußgängers gilt, dass eine fehlerhafte Fahrweise des Kraftfahrers bei der Haftungsverteilung betriebsgefahrerhöhend nur dann berücksichtigt werden kann, wenn sie sich auf den Unfall ausgewirkt hat.[167] Zum Mitverschulden beim Fußgängerunfall → Rn. 142 f.

2. Radfahrerunfall

186 In § 2 Abs. 4 StVO ist das vorgeschriebene Verhalten von Radfahrern im Straßenverkehr geregelt. Bei der Beurteilung des Verhaltens von Radfahrern und insbesondere zivilrechtlicher Haftungsfragen ist zu unterscheiden einmal das Verhalten von Radfahrern im Straßenverkehr allgemein und gegenüber sonstigen Verkehrsteilnehmern, speziell Autofahrern. Andererseits ist zu sehen das vorgeschriebene Verhalten von Kraftfahrzeugführern gegenüber Radfahrern und speziell gegenüber Kindern und Jugendlichen als Radfahrer.

187 Radfahrer bilden wegen ihrer Beweglichkeit, der oft mehr oder weniger unvermeidlich schwankenden Fahrlinie (Seitenwind, Steigung) und nicht immer ausreichender Verkehrseinordnung ein besonderes Problem.[168] Für Radfahrer sind Sorgfaltspflichten iSv § 276 BGB gegenüber anderen Radfahrern, Fußgängern sowie Fahrzeugen maßgebend. Der erwachsene Radfahrer hat sich gegenüber Kindern als Fußgängern aus dem Gedanken des § 3 Abs. 2a StVO heraus und auch radfahrenden Kindern sorgfältiger als gegenüber Jugendlichen und Erwachsenen zu verhalten. Der Erwachsene muss in Rechnung stellen, dass Kinder noch nicht besonders verkehrsgeübt sind, insbesondere im Alter unter 10 Jahren.[169]

---

[163] OLG Celle DAR 1984, 124; vgl. BGH, VersR 1983, 1037; *Scheidler*, DAR 2011, 452.
[164] Vgl. hierzu *Scheffen/Pardey* Rn. 532 ff.
[165] Zur Haftung gegenüber Fußgängern im Einzelnen vgl. im Übrigen Entscheidungsübersicht in LSE zum Stichwort „Fußgänger" Nr. 1654/1724; LG Saarbrücken, BeckRS 2011, 12849.
[166] Vgl. im Einzelnen *Scheffen/Pardey* Rn. 469 ff. mit ausführlichen Nachweisen der Rspr.
[167] BGH NZV 2000, 466.
[168] Vgl. *Hentschel* § 2 StVO Rn. 66.
[169] Vgl. hierzu ausführlich *Scheffen/Pardey* Rn. 539.

Es ist von dem Grundsatz auszugehen, dass der Radfahrer ebenfalls verpflichtet ist, die im 188
Verkehr erforderliche Sorgfalt einzuhalten.[170]
Auch sind nicht selten Radfahrunfälle ohne Beteiligung von Kraftfahrzeugen. Dies ist insbesondere der Fall beim Fahren von Radfahrern in einer Gruppe.[171]
Die Frage des ausreichenden Sicherheitsabstandes ist von besonderer Bedeutung. Auch 189
gegenüber stehenden Fahrzeugen muss der Radfahrer einen ausreichenden Sicherheitsabstand einhalten.
Umgekehrt ist beim Überholen eines Radfahrers durch einen Pkw im Allgemeinen die 190
Einhaltung eines seitlichen Sicherheitsabstandes von 1m ausreichend.[172] Nach einem Urteil des OLG Jena kann das Vorbeifahren eines Fahrradfahrers an parkenden Fahrzeugen mit einem Sicherheitsabstand von 80–90 cm zwar einen Mitverschuldenseinwand begründen an einem Unfall, der durch das plötzlicher Öffnen der Türe entsteht. Das Mitverschulden tritt in einem solchen Fall allerdings gegenüber dem groben Verstoß des Autofahrers gegen § 14 StVO zurück.[173]
Auch bei einem grob verkehrswidrigen Verhalten eines jugendlichen (14-jährigen) Rad- 191
fahrers ist eine völlige Freistellung des Pkw-Halters von der Gefährdungshaftung gemäß § 7 Abs. 1 StVG aF nicht anzunehmen.[174] Ein 14,5 Jahre alter Radfahrer haftet bei Vorfahrtsverletzung gegenüber einem Pkw-Fahrer für dessen Schaden zu 100 %.[175]
Im Übrigen ist zu beachten, dass für Radfahrer im Rahmen einer Vereinsaktivität als Radfahrer in der Regel eine spezielle Unfallversicherung besteht.
Zum Mitverschulden Radfahrer → Rn. 140 f.

3. Teilnahme am Straßenverkehr mit besonderen Fortbewegungsmitteln

Die Bestimmung des § 24 StVO enthält eine besondere Regelung über besondere Fortbe- 192
wegungsmittel. Solche Fortbewegungsmittel iSv § 24 StVO sind solche, die ohne wesentliche Gefährdung von Fußgängern dem Gehwegverkehr zugeordnet werden können. Hierzu zählen nach der gesetzlichen Regelung Schiebe- und Greif-Reifenrollstühle, Rodelschlitten, Kinderwagen, Roller, Kinderfahrräder und ähnliche Fortbewegungsmittel. Nach § 24 StVO sind diese Fortbewegungsmittel nicht Fahrzeuge im Sinne der Straßenverkehrsordnung. Gemäß § 24 Abs. 2 StVO darf mit Krankenfahrstühlen und mit den in § 24 Abs. 1 StVO genannten Rollstühlen dort, wo Fußgängerverkehr zulässig ist, gefahren werden, jedoch nur mit Schrittgeschwindigkeit. Benutzer solcher Fortbewegungsmittel unterliegen nicht den Regeln für den Fahrzeugverkehr, sondern den für den Fußgängerverkehr geltenden Normen.
Rollbretter sind keine Fortbewegungsmittel iSv § 24 StVO, weil auf sie die Kriterien, zB 193
geringe Geschwindigkeit und keine wesentliche Gefahrenmomente, nicht zutreffen. Rollbretter sind weder Fahrzeuge noch sonstige Fortbewegungsmittel.[176] Nach *Hentschel*[177] sind sie Sportgeräte. Zuzustimmen ist der Ansicht von *Heß*,[178] wonach sie Fortbewegungsmittel iSv § 24 StVO sind. Diese Unterordnung kommt der wirklichen Benutzungsart am nächsten. Diese sind sicherlich iSv § 24 Abs. 1 StVO unter den Begriff „ähnliche Fortbewegungsmittel" zu subsumieren.
Sie dürfen in Fußgängerzonen nur benutzt werden, solange dort kein Lieferverkehr er- 194
laubt ist. Auf Gehwegen und in Fußgängerzonen außerhalb zugelassenen Lieferverkehrs dürfen sie als Kinderspielzeug mit geringer Bewegungsgeschwindigkeit benutzt werden.[179]
Zur Teilnahme am Straßenverkehr mit Inline-Skates und Quads vgl. Rn. 11 f.

---

[170] Van Bühren/*Lemcke* Teil 2 Rn. 328; vgl. auch *Eggert* Verkehrsrecht aktuell 2004, 186.
[171] Van Bühren/*Lemcke* Teil 2 Rn. 338 ff.
[172] BGH VersR 1959, 947; im Übrigen wird verwiesen auf die Zusammenstellung der Entscheidungen in LSE zum Stichwort „Radfahrer", Nr. 3025/3049.
[173] OLG Jena, NJW-RR 2009, 1248 = ADAJUR-Dok.Nr. 83245.
[174] BGH r+s 2004, 122 = DAR 2004, 220, ergangen zur Abwägung gemäß § 7 Abs. 1 StVG aF.
[175] LG Koblenz DAR 2005, 94.
[176] *Hentschel* § 31 StVO Rn. 6.
[177] *Hentschel* § 31 StVO Rn. 6.
[178] StVR, StVO § 24,1.
[179] Vgl. hierzu ausführlich unter Hinweis auf Probleme der Rollbrettfahrer *Hentschel* § 31 StVO Rn. 6; *Wendrich*, NZV 2002, 212.

4. Der Unfall mit Beteiligung von Kindern

195 Ziel des Zweiten Gesetzes zu Änderung schadenersatzrechtlicher Vorschriften (2. SchadÄndG)[180] war es, die Stellung von Kindern bei Unfällen im Straßenverkehr zu verbessern, und zwar sowohl für das Kind als Opfer als auch für das Kind als Täter. Dies ist erreicht durch folgende Neuregelungen:
- Anhebung der Verantwortlichkeitsgrenze für Kinder auf 10 Jahre, sowohl als Täter als auch als Opfer bei Straßenverkehrsunfällen,
- der Entlastungsbeweisung für den Kfz-Halter ist erschwert,
- die Insassen sind auch in die Gefährdungshaftung einbezogen, auch bei unentgeltlicher Personenbeförderung,
- Anspruch auf Schmerzensgeld auch bei Gefährdungshaftung,
- die Haftungshöchstgrenze ist bei Ansprüchen aus der Gefährdungshaftung angehoben.[181]

196 a) **Keine Haftung für ein Kind unter 7 Jahren.** Gemäß § 828 Abs. 1 BGB ist ein Kind unter 7 Jahren für sein Handeln nicht verantwortlich. Dies gilt sowohl für die Beteiligung des Kindes als Täter und auch als Opfer. Die Verantwortlichkeitsgrenze für Kinder ist jetzt auf 10 Jahre angehoben.

197 b) **Die haftungsrechtliche Situation für Kinder vom 7. bis 10. Lebensjahr bei Verkehrsunfällen.** Durch das 2. SchadÄndG[182] ist die Verantwortlichkeitsgrenze „bei Unfällen mit einem Kraftfahrzeug oder mit einer Schienen- oder Schwebebahn ab 1.8.2002 von 7 auf 10 Jahre angehoben worden.

198 Zu beachten ist, dass diese Haftungsregelung nicht allgemein gilt, sondern, wie sich aus der Gesetzesfassung des § 828 Abs. 2 S. 1 BGB ergibt, nur „für den Schaden, den er bei einem Unfall mit einem Kraftfahrzeug, einer Schienenbahn oder einer Schwebebahn" einem anderen zufügt. Zu beachten ist, dass dies nach der Gesetzesfassung nicht für Anhänger gilt.[183]

199 *aa) Haftung des Kindes.* Gemäß § 828 Abs. 2 S. 1 BGB ist von dem Grundsatz auszugehen, dass das Kind bis zum vollendeten 10. Lebensjahr nicht für Schäden haftet, die es bei einem Unfall mit einem Kraftfahrzeug, einer Schienen- oder Schwebebahn verursacht oder mitverursacht hat. Dies gilt unabhängig davon, ob das Kind Täter oder Opfer ist.

200 Der gesetzgeberische Grund für diese Regelung liegt darin, dass grundsätzlich das Kind in diesem Alter in der Regel noch nicht in der Lage ist, die besonderen Gefahren des motorisierten Straßen- und Bahnverkehrs zu erkennen und sich entsprechend zu verhalten.[184]

201 Streitig ist, ob diese Grundsätze nur für Unfälle im fließenden Verkehr gelten oder allgemein für Unfälle mit einem Kraftfahrzeug, solange dieses „in Betrieb" ist iSv § 7 StVG. Zu vergegenwärtigen ist die gesetzgeberische Zielsetzung, nämlich die Rechtsstellung der Kinder bei Unfällen im Straßenverkehr zu verbessern.

In Betracht kommt, dass bei derartigen Unfällen an die Anwendung des § 829 BGB zu denken ist.

202 *bb) Keine Mitverantwortung des Kindes.* Die das Kind, das das 7., aber noch nicht das 10. Lebensjahr vollendet hat, schützende Regelung des § 828 Abs. 2 S. 1 BGB gilt unabhängig davon, ob das Kind Täter oder Opfer ist. Hieraus folgt, dass das Kind sich auf eigene Ansprüche kein Mitverschulden an der Schadensverursachung anrechnen lassen muss. Dies gilt auch gemäß § 254 BGB iVm § 829 BGB.

---

[180] BGBl I S. 2674.
[181] van Bühren/*Lemcke* Teil 2 Rn. 345.
[182] Zweites Gesetz zur Änderung schadensersatzrechtlicher Vorschriften vom 19.7.2002, BGBl I 2002 S. 2674.
[183] Vgl. auch *Pardey* zfs 2002, 264; vgl. auch ausführlich *Huber* DAR 2005, 171; vgl. auch *Buschbell* SVR 2006, 241.
[184] Palandt/*Sprau* § 828 Rn. 3.

203 Das Haftungsprivileg des § 828 Abs. 2 BGB für Kinder zwischen dem 7. und dem 10. Lebensjahr kommt nicht dem Kind zugute, welches mit seinem Fahrrad ein ordnungsgemäß im Verkehr geparktes Fahrzeug beschädigt.[185]

204 Gemäß § 8a StVG ist für das Kind als Insasse eines Fahrzeuges auch ohne Verschuldensnachweis Anspruch auf Schadenersatz in voller Höhe gegenüber Fahrer und Halter gegeben.[186]

205 Das Haftungsprivileg des § 828 Abs. 2 S. 1 BGB greift nach dem Sinn und Zweck der Vorschrift nur ein, wenn sich bei der gegebenen Fallkonstellation um eine typische Überforderungssituation des Kindes durch die spezifischen Gefahren des motorisierten Verkehrs realisiert hat. Hierbei geht der BGH[187] davon aus, dass mit der Einführung der Ausnahmevorschrift des § 828 Abs. 2 BGB der Gesetzgeber dem Umstand Rechnung tragen wollte, dass Kinder regelmäßig frühestens ab Vollendung des 10. Lebensjahres imstande sind, die besonderen Gefahren des motorisierten Straßenverkehrs zu erkennen. Dies gilt insbesondere hinsichtlich der Einschätzung von Entfernungen und Geschwindigkeiten. Im Übrigen ist hier nach dem Wortlaut des § 828 Abs. 2 S. 1 BGB nicht zu entnehmen, dass der Gesetzgeber bei diesem Haftungsprivileg zwischen dem fließenden und dem ruhenden Verkehr unterscheiden wollte.

206 Einschränkend ist jedoch festzustellen, dass das Haftungsprivileg des § 828 Abs. 2 S. 1 BGB nach dem Sinn und Zweck nur eingreift, wenn es sich bei der gegebenen Fallkonstellation um eine typische Überforderungssituation des Kindes durch die spezifischen Gefahren des motorisierten Verkehrs handelt.[188]

cc) Die haftungsrechtliche Stellung Jugendlicher unter 18 Jahren. Ist das Kind älter als 207 10 Jahre, so ist es gemäß § 828 Abs. 3 BGB für sein Verhalten verantwortlich, wenn es zum Unfallzeitpunkt bereits schuldfähig, also deliktsfähig, zurechnungsfähig und einsichtsfähig war. Diese Voraussetzungen sind gegeben, wenn das Kind intellektuell in der Lage war, die Gefährlichkeit seines Tuns oder Unterlassens zu erkennen und wenn es fahrlässig iSv § 276 BGB gehandelt hat.

208 Die Frage der Schuldfähigkeit ist jeweils individuell zu beantworten und hierbei kommt es auf den Entwicklungsstand des Jugendlichen und darauf an, ob er die Gefährlichkeit seines Verhaltens erkennen konnte.

Bei der Beurteilung der Fahrlässigkeit iSv § 276 BGB ist ein objektiver Maßstab anzulegen in dem Sinne, dass auf die Verstandesreife der entsprechenden Altersgruppe abzustellen ist.[189]

209 Nach BGH[190] wird Schuldfähigkeit bei einem Kind über 10 Jahren vermutet. Hierbei obliegt es dem Kind, die gesetzliche Vermutung zu widerlegen. Im Übrigen muss der Unfallgegner das Verschulden beweisen.

210 Für das über 10 Jahre alte Kind kommt in Betracht, dass es sich ein Mitverschulden des Aufsichtspflichtigen anspruchsverkürzend anrechnen lassen muss. Hierbei ist zu beachten, dass zwei Verantwortungsteile in Betracht kommen, nämlich der Verantwortungsteil des Jugendlichen selbst sowie des Aufsichtspflichtigen. Voraussetzung für die Mithaftung ist, dass beide Verantwortungsteile miteinander verschmolzen sind. Dies ist aber nur ausnahmsweise gegeben.[191] Sollte der Entwicklungsstand des Kindes strittig sein, bleibt nur die Einholung eines psychologischen Gutachtens.

---

[185] BGH NJW 2008, 147 = DAR 2008, 77 = NZV 2008, 22.
[186] *Gebhardt* MittBl der Arge VerkR 2004, 37 unter Hinweis darauf, dass im Jahr 2002 14.520 Kinder als Insassen eines Fahrzeuges verunfallten.
[187] BGH Urt. v. 30.11.2004 – VI ZR 335/03 – NJW 2005, 354 = NZV 2005, 139 = DAR 2005, 146 = VersR 2005, 376; vgl. auch Besprechung von *Heß/Burmann* NJW-Spezial 2005, 63; BGH DAR 2007, 454; NJW-Spezial 2007, 305 = zfs 2007, 435 = r+s 2007, 300.
[188] BGH Urt. v. 21.12.2004 – VI ZR 276/03 – NZV 2005, 185; Urt. v. 17.4.2007, DAR 2007, 454 = ADAJUR-Dok.Nr. 73453; Urt. v. 30.6.2009, DAR 2009, 690 = ADAJUR-Dok.Nr. 83817. Vgl. hierzu auch *Bernau* NZV 2005, 234.
[189] BGH NJW 1984, 58 = VersR 1984, 641; vgl. *Lang*, r+s-Beilage 2011, 63.
[190] NJW 1984, 58 = VersR 1984, 641.
[191] BGH VersR 1978, 735.

VI. Fragen der Eisenbahnhaftung und der Haftung des Omnibusunternehmers und -fahrers

1. Eisenbahnhaftung

211 a) **Rechtsgrundlagen für den Betrieb von Eisenbahnen.** Grundlage für den Betrieb von Eisenbahnen sind die Vorschriften der Eisenbahn-Bau- und Betriebsordnung (EBO) vom 8.5.1967 (BGBl II S. 1563), zuletzt geändert durch Art. 1 Sechste VO zur Änd. eisenbahnrechtl. Vorschriften vom 25.7.2012 (BGBl. I S. 1703), der Eisenbahn-Bau- und Betriebsordnung für Schmalspurbahnen (ESBO) vom 25.2.1972 (BGBl I S. 269), zuletzt geändert durch Art. 2, Sechste VO zur Änderung eisenbahnrechtlicher Vorschriften vom 25.7.2012 (BGBl. I S. 1703), der Straßenbahn-Bau- und Betriebsordnung (BOStrab) vom 11.12.1987 (BGBl. I S. 2648), zuletzt geändert durch Art. 1 Fünfte VO zur Änderung personenbeförderungsrechtlicher Vorschriften vom 8.11.2007 (BGBl. I S. 2569) und des Eisenbahnkreuzungsgesetzes in der Fassung der Bekanntmachung vom 21. März 1971 (BGBl. I S. 337), FNA 910-1, zuletzt geändert durch Art. 281 Neunte ZuständigkeitsanpassungsVO vom 31.10.2006 (BGBl. I S. 2407). Im Übrigen gelten einschlägig für Bahnübergänge insbesondere §§ 11 EBO, 11 ESBO und 20 BOStrab. Bei diesen drei genannten Betriebsordnungen handelt es sich um Rechtsverordnungen mit Gesetzeskraft.[192]

Im Übrigen enthält § 19 iVm § 12 Abs. 1 Nr. 5 StVZO eine abschließende Regelung über das Verhalten der Straßenverkehrsteilnehmer an Bahnübergängen.[193]

212 b) **Haftungsfragen.** Kommt es zu Unfällen zwischen Kraftfahrzeugen von Verkehrsteilnehmern und dem Eisenbahnverkehr, gilt Folgendes: Das Verschulden eines Kraftfahrers, der trotz roten Blinklichtes über einen Bahnübergang fährt und mit einem Nahverkehrszug zusammenstößt, ist so schwerwiegend, dass die Eisenbahnbetriebsgefahr völlig zurückzutreten hat.[194] Auch tritt die Betriebsgefahr des Zuges beim Zusammenstoß eines Schwertransporters auf einen durch Blinklicht und Halbschranken gesicherten Bahnübergang zurück.[195] Bleibt ein Bagger auf Grund eines Motorschadens auf einem Bahnübergang liegen und kommt es daher zu einer Kollision mit einem herannahenden Zug, trifft den Baggerführer eine Mithaftung von 1/3.[196] Wird ein PKW an einem mit Warnblinkanlage gesicherten Bahnübergang von einem Zug erfasst und konnte der Fahrzeugführer das Warnblinken nicht sehen, weil die Anlage durch Pflanzenwuchs nur beschränkt sichtbar war, haften der Eisenbahnunternehmer und der Träger der Verkehrssicherungspflicht als Gesamtschuldner. Die Klägerin, die die Signalanlage erst 10 Meter vor dem Übergang sehen konnte, haftet dennoch zu 1/3.[197]

213 Fährt eine Straßenbahn, für die die genannten Vorschriften ebenfalls gelten, auf ein im Schienenraum befindliches Fahrzeug auf, ist nicht prima facie davon auszugehen, dass der Straßenbahnfahrer schuldhaft gehandelt hat.[198]

2. Die Schadenshaftung des Omnibusunternehmers und -fahrers

214 a) **Haftung gemäß § 7 StVG.** Es ist davon auszugehen, dass aufgrund der Regelung des 2. SchadÄndG[199] in Kraft seit dem 1.8.2002, der Omnibusunternehmer sich grundsätzlich nicht mehr durch die Führung des Unabwendbarkeitsbeweises von der Haftung nach § 7 StVG befreien kann. Vielmehr ist von der Haftung bis zur Grenze der „höheren Gewalt" auszugehen.

---

[192] *Filthaut* NZV 2008, 226.
[193] OLG Frankfurt VersR 1988, 295.
[194] OLG Koblenz NZV 2002, 184 = ADAJUR-Dok.Nr. 49145.
[195] OLG Hamm Urt. v. 6.9.1993; LG Bielefeld, BeckRS 2006, 07705; vgl. *Filthaut* NZV 2004, 554 zur Verpflichtung des Eisenbahnbetreibers, Bahnübergänge zusätzlich zur Lichtzeichenanlage durch den Einbau von zugesteuerten Halbschranken zu sichern OLG Celle VersR 1995, 1286.
[196] OLG Hamm, NZV 1996, 374 = ADAKUR-Dok.Nr. 27657.
[197] BGH, NZV 1994, 146 = ADAJUR-Dok.Nr. 21492.
[198] *Filthaut* NZV 2004, 554.
[199] Zweites Gesetz zur Änderung schadensersatzrechtlicher Vorschriften vom 19.7.2002, BGBl. I S. 2674.

Im Rahmen der Schadenausgleichung bei der Teilnahme am „motorisierten Verkehr" kommt die Neuregelung des § 17 Abs. 3 StVG zur Anwendung.[200]

Zu denken ist hinsichtlich der Haftung an die verschiedensten Fallgestaltungen und die sich hieraus ergebenden Haftungsfragen, etwa des Anfahrens oder Überfahrens des an der Haltestelle wartenden Fahrgastes oder der Schädigung des Fahrgastes aufgrund starken Abbremsens.[201]

b) **Deliktische Haftung.** Neben der StVG-Haftung kommt auch deliktische Haftung gemäß § 823 BGB zum Tragen.

Grundsätze der deliktischen Haftung sind differenziert zu sehen, nämlich ob der Unfall sich im Fahrbetrieb, etwa beim Abfahren von der Haltestelle, zugetragen hat oder ob er sich aufgrund einer Verletzung der Verkehrssicherungspflicht, etwa Verletzung der Streupflicht an einer Haltestelle, zugetragen hat.[202]

c) **Haftung für Fahrer gemäß § 831 BGB.** Als Geschäftsherr haftet der Omnibusunternehmer gemäß § 831 Abs. 1 Nr. 1 BGB für einen Schaden, den Fahrbedienstete als seine Verrichtungsgehilfen Dritten widerrechtlich zufügen. Den Entlastungsbeweis kann der Unternehmer nur führen, indem er nachweist, dass er bei der Auswahl und der Überwachung die im Verkehr erforderliche Sorgfalt beachtet hat. Es gelten hierfür strenge Maßnahmen und es werden regelmäßig konkrete und wirksame Kontrollen verlangt.[203]

Zur Haftung des Busfahrers bei Beförderung von Behinderten gilt, dass für ihn nur dann eine Beobachtungspflicht eines Fahrgastes gilt, wenn sich dessen körperliche Behinderung aufdrängt. Hierzu zählen beispielsweise Amputationen von Armen oder Beinen, Krücken oder Blindheit. Andererseits muss jeder Fahrgast grundsätzlich sich eigenverantwortlich um einen sicheren Halt bemühen.[204]

VII. Mitverschulden im Straßenverkehrsrecht

Neben der Regelung zum Schadenausgleich zwischen Fahrzeughaltern gemäß § 17 StVG bei einem Unfall beim Betrieb des Kraftfahrzeuges spielt im Bereich des Straßenverkehrsrechtes das Mitverschulden eine große Rolle. Soweit die Ausgleichsregelung des § 17 StVG als Spezialregelung nicht zur Anwendung kommt, ist das Mitverschulden zu beurteilen nach der allgemeinen Regelung des § 254 BGB. Mitverschulden kann insbesondere eine Rolle spielen für Insassen oder Soziusfahrer. So spricht der Beweis des ersten Anscheins für die Annahme, dass sich die Kopfverletzung, die ein Kradfahrer ohne Helm erlitten hat, durch das Helmtragen vermieden worden wären. Wer sich so verhält, verstößt gegen § 21a Abs. 2 S. 1 StVO und trägt sie alleinige Haftung für die Verletzungen.[205] Wer als Motorradfahrer keine Schutzkleidung trägt, muss sich bei einem Unfall, bei dem er verletzt wird, ein Mitverschulden anrechnen lassen. Dies gilt trotz der fehlenden Verpflichtung, Schutzkleidung tragen zu müssen.[206] Ein Soziusfahrer haftet zu 30 % mit, wenn er bei einem Unfall verletzt wird, weil er keinen Schutzhelm trug. Die Haftungsquote besteht unabhängig davon, dass der Unfallgegner die Vorfahrt missachtet hatte.[207]

Wer entgegen § 21a Abs. 1 S. 1 StVO den Sicherheitsgurt nicht anlegt, haftet grundsätzlich mit, wenn er bei einem Unfall verletzt wird.[208]

Weiter spielt die Frage des Mitverschuldens gemäß § 254 BGB eine große Rolle bei der Haftungsverteilung bei einem Unfall zwischen einem Kraftfahrzeug und einem Radfahrer oder Fußgänger. Häufig kommt es hierbei zu Unfällen bei Situationen, bei denen ein Kfz aus

---

[200] Vgl. hierzu *Lemcke* zfs 2002, 318, 319; *Filthaut* NZV 2003, 161, 163.
[201] Vgl. hierzu ausführlich unter Hinweis auf Rspr. *Filthaut* NZV 2004, 67.
[202] *Filthaut* NZV 2004, 67.
[203] KG NZV 2001, 426.
[204] LG Lübeck Urt. v. 14.2.2007 – 4 O 157/06 – NZV 2007, 523.
[205] BGH, NJW 1983, 1380 = ADAJUR-Dok.Nr. 65000.
[206] OLG Brandenburg, DAR 2009, 649 = ADAJUR-Dok.Nr. 84498.
[207] OLG Nürnberg, VRS 77, 23.
[208] OLG Naumburg, DAR 2008, 388 = ADAJUR-Dok.Nr. 78613; vgl. OLG Celle: Mitverschulden 20 %, SP 2000, 154 = ADAJUR-Dok.Nr. 40209; weitere Rechtsprechung siehe *Kuhn* § 2 XXIII.

einer Einfahrt und ein Radfahrer in Gegenrichtung auf dem Fußweg oder auch Fahrradweg kommt. In einer solchen Situation ist der Radfahrer nicht vorfahrtsberechtigt, wenn es zum Unfall kommt. Er haftet unter diesen Umständen zu 100 %.[209]

221 Überquert ein Fußgänger die Fahrbahn außerhalb hierfür zugelassener Flächen, kommt eine Mithaftung in Betracht, wenn es zum Unfall mit einem Kfz kommt. Somit ist bei relativ schmaler Fahrbahn ein Fußgänger nicht berechtigt, die Fahrbahn zunächst bis zur Mitte zu überqueren, um den Fahrverkehr von rechts passieren zu lassen. Dies ist nur bei breiten Straßen gestattet. Kommt es zum Unfall, haftet der Fußgänger zu 50 %.[210] Eine 100 %-Haftung ist gegeben, wenn der Fußgänger die Fahrbahn außerhalb einer Fußgängerfurt überquert und sein Verschulden als grob fahrlässig einzustufen ist. In diesem Fall tritt die Betriebsgefahr des Kfz in vollem Umfang zurück.[211]

222 Eine Sondersituation ergibt sich bei Unfällen zwischen Kfz und jugendlichen Radfahrern. Hier kommt es darauf an, ob diese schon in der Lage sind, einzusehen, dass ihr Verhalten nicht verkehrsgerecht ist und zu Schäden führen kann. Fährt ein Kind mit erheblich überhöhter Geschwindigkeit auf die Einmündung einer Straße zu und schneidet die Kurve extrem, so dass es auf der linken Fahrbahnseite unterwegs ist, haftet es trotz der Regelungen in § 828 BGB zu 100 % bei einem Unfall mit einem Kfz. Dessen Betriebsgefahr tritt vollständig zurück. Ein Jugendlicher im Alter von 12 Jahren ist bereits so mit den Gefahren des Straßenverkehrs vertraut, dass er weiß, dass er so nicht fahren darf.[212]

1. Mögliches Mitverschulden von Fahrzeuginsassen, speziell unter nahen Angehörigen

223 Dem haftungsbegründenden Verschulden des Fahrers steht das mögliche Mitverschulden des Insassen gegenüber. Mitverschulden setzt voraus, dass der Insasse von der mangelnden Verkehrstauglichkeit des Fahrzeuges oder der beeinträchtigten Verkehrstüchtigkeit des Fahrers weiß und trotzdem mitfährt.

Zunächst kann ein Mitverschulden dadurch begründet sein, dass ein Insasse die Aufmerksamkeit des Fahrers ablenkt. Jedoch trägt der Fahrer, auch wenn eine Beifahrerin (Insassin) den Fahrer massiv ablenkt, die weit überwiegende Verantwortung für die Verletzung, die sie als Beifahrerin durch einen auf der Ablenkung beruhenden Unfall erleidet.[213] Eine besondere Problematik kann sich ergeben, wenn der Fahrer alkoholisiert ist und der Unfall hierauf zurückzuführen ist. Ein Mitfahrer, der die alkoholbedingte Fahruntüchtigkeit des Fahrers bei gehöriger Sorgfalt vor Fahrantritt erkennt, muss von der Mitfahrt Abstand nehmen. Erkennt er sie erst während der Fahrt, muss er den Fahrer zum Anhalten auffordern, um aussteigen zu können. Unterlässt er dieses, hat er einen Teil des Schadens, den er bei einem alkoholbedingten Abkommen von der Fahrbahn erleidet, selbst zu tragen.[214] Der Mitverschuldensvorwurf ist jedoch nur dann gerechtfertigt, wenn der verletzte Beifahrer die Alkoholisierung des Fahrers bei gehöriger Sorgfalt hätte erkennen können. Allein normale Müdigkeit zur Nacht kombiniert mit leichtem Alkoholgenuss bietet aus der Sicht des Beifahrers noch keinen Anlass, an der Fahrtüchtigkeit des Fahrers zu zweifeln.[215]

224 Grundsätzlich trägt der Pkw-Fahrer für die Führung des Fahrzeuges die alleinige Verantwortung. Von einem Fahrgast kann deshalb in der Regel nicht verlangt werden, den Fahrer zu langsamerem Fahren aufzufordern. Der (die) Beifahrer(-in) ist nicht verpflichtet, auf den Fahrer einzuwirken, um ihn zu veranlassen, seine unangemessene hohe Geschwindigkeit zu mäßigen.[216] Eine vorwerfbare Selbstgefährdung kommt nur ausnahmsweise in Betracht,

---

[209] OLG Celle, MDR 2001, 1236 = ADAJUR-Dok.Nr. 46973; weitere Rechtsprechung im Zusammenhang eines Unfalls zwischen Kfz und Radefahrer siehe *Kuhn* § 23 XXI.
[210] OLG Düsseldorf, SVR 2009, 147.
[211] KG v. 18.9.2010 – Az 12w 24/10, BeckRS 2010, 28412 = ADAJUR-Dok.Nr. 94982; weitere Rechtsprechung zu Unfällen zwischen Kfz und Fußgängern siehe *Kuhn* § 2 X.
[212] OLG Nürnberg, VRS 111, 1; weitere umfangreiche Rechtsprechung zu Unfällen zwischen Kfz und Kindern siehe *Kuhn* § 2 XIII.
[213] OLG Hamm NZV 1995, 481 (1/4 Mitverschulden).
[214] KG, DAR 2006, 506 = ADAJUR-Dok.Nr. 69900; OLG Hamm, NZV 2006, 85 = ADAJUR-Dok.Nr. 67706.
[215] OLG Hamm r+s 1998, 236.
[216] OLG Hamm NZV 2000, 167.

wenn der Fahrgast weiß oder hätte erkennen können, dass er sich in erhebliche nahe liegende Gefahr begibt. Dies ist nicht schon dann der Fall, wenn eine Ehefrau zu ihrem Mann ins Auto steigt und der Wagen nach erheblicher Überschreitung der Autobahn-Richtgeschwindigkeit verunglückt.[217]

Voraussetzung des Mitverschuldens des Insassen ist der vom Versicherer zu führende Nachweis, dass der Geschädigte die Gefahrenlage erkannte oder erkennen konnte.[218]

Kann der Mitfahrer die alkoholbedingte Fahruntüchtigkeit des Fahrers bei gehöriger Sorgfalt vor Fahrantritt erkennen, muss er von der Mitfahrt Abstand nehmen. Erkennt er sie erst während der Fahrt, muss er den Fahrer zum Anhalten auffordern, um aussteigen zu können. Unterlässt er dieses, hat er einen Teil des Schadens, den er bei einem alkoholbedingten Abkommen von der Fahrbahn erleidet, selbst zu tragen (im entschiedenen Fall 1/3).[219]

Der Beifahrer, der bei einem vom Fahrer fahrlässig verschuldeten Verkehrsunfall erheblich verletzt wurde, muss nicht bereits deshalb einen Teil seiner Unfallfolgen selbst tragen, weil ihm bekannt war, dass die Fahrerlaubnis des Fahrers wenige Wochen zuvor wegen einer Trunkenheitsfahrt vorläufig sichergestellt worden war. Der Vorwurf der bewussten Gefahraussetzung kann dem geschädigten Insassen erst gemacht werden, wenn ihm eine unfallverursachende Beeinträchtigung der Fahrtüchtigkeit oder Fahrsicherheit des Fahrers im Hinblick auf die Unfallfahrt bekannt war oder hätte bekannt sein müssen.[220]

Auch wenn eine Beifahrerin den Fahrer massiv ablenkt, trägt der Fahrer die weit überwiegende Verantwortung für die Verletzung, die die Beifahrerin durch einen auf der Ablenkung beruhenden Unfall erleidet.[221]

2. Soziusfahrer

Zu den Verletzungen eines Soziusfahrers kommen die Haftungsgrundsätze zur Anwendung, wie dargestellt, zu den Ansprüchen der Insassen und speziell unter Ehegatten oder auch mit Kindern (→ Rn. 107 ff.).

Auch denjenigen, der auf einem Zweirad mitfährt, kann ein Mitverschulden treffen.

Auch trifft denjenigen ein Mitverschulden, der auf dem Gepäckträger eines Kraftrades mitfährt.[222] Den Soziusfahrer, der trotz Zusage es unterlässt, die Richtungsänderung anzuzeigen, kann ein Mitverschulden treffen.[223] Auch die ungünstige Beeinflussung des Motorradfahrers kann ein Mitverschulden begründen.[224]

Andererseits hat der Fahrer grundsätzlich selbst die Verantwortung für die Führung des Fahrzeuges.

3. Radfahrer

Die Haftung des Radfahrers im Falle einer Unfallverursachung oder Mitverursachung richtet sich nach §§ 823 Abs. 1, 823 Abs. 2 BGB. Einer Gefährdungshaftung unterliegen Radfahrer nicht.[225]

Bei der Beurteilung der Frage, ob einen Radfahrer an einem Unfall ein Mitverschulden trifft, sind verschiedene Unfallsituationen zu unterscheiden. Zunächst ist zu denken an einen Unfall zwischen einem Kraftfahrzeug und einem Radfahrer. Darüber hinaus kommen Haftungsfragen in Betracht bei Unfällen zwischen Radfahrern. Hierbei ist zu denken an die Unfallverursachung zwischen Radfahrern im kreuzenden Verkehr, im gleich gerichteten Verkehr oder im Begegnungsverkehr.[226]

---

[217] OLG Hamm VersR 2000, 1255.
[218] OLG Düsseldorf (BGH) r+s 1995, 293.
[219] OLG Oldenburg r+s 1998, 237. Die Revision gegen das Urteil hat der BGH durch Beschl. v. 10.2.1998 – 6 ZR 235/97, nicht angenommen.
[220] OLG Köln VersR 1999, 1299.
[221] OLG Hamm NZV 1995, 481.
[222] OLG Nürnberg DAR 1957, 267.
[223] BGH VersR 1955, 501 und 456.
[224] BGH VersR 1966, 1156.
[225] van Bühren/*Lemcke* Teil 2 Rn. 524.
[226] van Bühren/*Lemcke* Teil 2 Rn. 524.

232 Die den Radfahrer treffende Pflicht – und Sorgfaltspflicht – bestimmt sich bei der Beurteilung der Verantwortung und des Verschuldensvorwurfs nach den Vorschriften der StVO und StVZO, soweit diese für den Radfahrer gelten.
Bei der Haftungsabwägung ist davon auszugehen, dass zumindest zwei Unfallbeteiligte den Unfall zu verantworten haben können.

233 Die Haftungsabwägung richtet sich nach § 254 BGB (bei Unfällen mit Schienenbahnen kommt § 4 Haftpflichtgesetz zur Anwendung). Die Haftungsbeurteilung richtet sich nach den Umständen des Einzelfalles und hängt insbesondere davon ab, inwieweit der Schaden vorwiegend von dem einen oder dem anderen Teil verursacht worden ist.
Die Haftungsabwägung unterliegt den Beweisregelungen des § 287 ZPO. Dies bedeutet, dass alle Umstände ggf. durch den Tatrichter zu würdigen sind.
Auch kommen die Regeln des Anscheinsbeweises in Betracht.[227]

234 Für den Radfahrer gelten gegenüber Fußgängern besondere Sorgfaltspflichten, insbesondere auf einem kombinierten Fuß- und Radweg.[228] Werden Rad- und Fußgängerwege auf jeweils nur optisch voneinander getrennten Verkehrsflächen so dicht aneinander vorbeigeführt, dass im innerstädtischen Begegnungsverkehr abstrakt gefährliche Situationen zwangsläufig zu erwarten sind, können ähnliche Situationen entstehen wie auf gemeinsamen Rad- und Gehwegen. Solche Situationen begründen eine vergleichbare Pflicht zur Rücksichtnahme von Radfahrern auf Fußgänger jedenfalls dann, wenn sich das abstrakte Gefährdungspotential zu einer kritischen Situation verdichtet.[229]

235 Im Verhältnis der Haftung zwischen Radfahrer und einem Pkw aus Betriebsgefahr gilt zunächst der Grundsatz, dass der Führer eines Pkw berechtigt ist, außerorts einen rechts fahrenden Radfahrer auch mit der zulässigen Geschwindigkeit zu überholen. Die Betriebsgefahr des Pkw tritt, wenn ein Radfahrer sich grob fahrlässig verhält, vollständig zurück. Ein Radfahrer, welcher die Fahrspur wechselt, ohne auf den nachfolgenden Verkehr zu achten, handelt grob fahrlässig.[230]

236 Die Vorfahrtsverletzung eines Radfahrers durch Nichtbeachten der Vorfahrt ist als ein grob fahrlässiges Verhalten zu bewerten, hinter das im Rahmen der Haftungsabwägung die Betriebsgefahr eines Kraftfahrzeuges zurücktritt.[231]

237 Eine gesetzliche Pflicht für Radfahrer zum Tragen eines Fahrradhelms besteht nicht. Dieser Umstand steht jedoch der Annahme eines Mitverschuldens für den Radfahrer bei einem Verkehrsunfall mit Kopfverletzung grundsätzlich nicht entgegen, jedenfalls nicht bei sportlich ambitionierten Fahren mit besonderen Risiken.[232]

4. Fußgänger

238 a) **Verkehrssicherungspflicht gegenüber Fußgängern.** Für die Verkehrssicherungspflicht gegenüber Fußgängern gilt der Grundsatz, dass die Oberflächen von Straßen und Wegen in einem für den schadlosen Verkehr geeigneten Zustand zu halten sind. Dies gilt besonders insbesondere für besonders für Fußgänger ausgewiesene Bereiche (§ 41 StVO und Verkehrszeichen Nr. 298).[233]

239 b) **Mögliches Mitverschulden.** Für die Haftung und Mitschuld von Fußgängern im Straßenverkehr gelten die gleichen Grundsätze wie hinsichtlich der Haftungsbeurteilung bei Radfahrern (vgl. vorstehend Rn. 140 f.). Maßgebende Vorschrift für die Beurteilung verkehrsgerechten Verhaltens von Fußgängern ist § 25 StVO.

240 Es gilt der Grundsatz, dass Fußgänger, wo Gehwege vorhanden sind, diese innerorts – wie außerorts – benutzen müssen. Gehwege sind solche öffentlichen Verkehrsflächen, die zur

---

[227] van Bühren/*Lemcke* Teil 2 Rn. 524.
[228] OLG Oldenburg NZV 2004, 360; vgl. auch OLG Nürnberg NZV 2004, 358.
[229] BGH r+s 2009, 79 = ADAJUR-Dok.Nr. 81469.
[230] LG Mühlhausen NZV 2004, 359.
[231] LG Frankfurt/Oder SVR 2004, 191.
[232] OLG Saarbrücken v. 9.10.2007 – 4 U 80/07 – ACE-VERKEHRSJURIST 2008, 7; OLG Düsseldorf DAR 2007, 646; OLG Celle, DAR 214, 199 = ADAJUR-Dok.Nr. 104153; *Hufnagel* DAR 2007, 289.
[233] Vgl. hierzu *Bruns* NZV 2008, 123.

Benutzung durch Fußgänger bestimmt und eingerichtet sind sowie durch Trennung von der Fahrbahn aufgrund ihrer Gestaltung äußerlich als solche erkennbar sind.[234] Ein Fußgänger muss sich vor Betreten der Fahrbahn überzeugen, dass sich kein Kraftfahrzeug nähert.[235] Das Mitverschulden iSv § 254 BGB ist gegeben, wenn ein Fußgänger eine stark befahrene – 7,2 m breite – Straße in Abschnitten zu überqueren versucht, oder wenn er eine Hauptverkehrsstraße überquert.[236] Den Fußgänger, der für die Überquerung der Straße nicht den Fußgängerüberweg an der ampelgeregelten Kreuzung benutzt, trifft ein Mitverschulden.[237]

5. Verkehrssicherungspflicht

Bei der Verkehrssicherungspflicht ist von dem Grundsatz auszugehen, dass derjenige, der die ihm obliegende Verkehrssicherungspflicht schuldhaft verletzt, dem Geschädigten zum Schadenersatz verpflichtet ist.

Umgekehrt kommt auch in Betracht, dass den bei einem Unfall Geschädigten ein Mitverschulden trifft gegenüber der Verletzung der Verkehrssicherungspflicht. Bei Schnee- und Eisglätte kann das Betreten eines erkennbar spiegelglatten Parkplatzes ein Mitverschulden begründen.[238] Die Nutzung eines glatten Weges kann ein Mitverschulden begründen, wenn die Benutzung eines anderen möglich und zumutbar ist.[239]

Bei der Beurteilung des Mitverschuldens ist auf die Umstände des Einzelfalles abzustellen.

6. Mitverschulden bei Kinderunfall

a) Fragen des Mitverschuldens. Es kommt auch Mithaftung von Kindern und Jugendlichen gemäß § 254 BGB in Betracht. Grundsätzlich setzt Mithaftung gemäß § 254 BGB voraus, dass der Geschädigte die Vorsicht außer Acht gelassen hat, die im Hinblick auf die Schadensentstehung möglich und zumutbar sowie geboten gewesen ist, um einen Schaden in der Art des tatsächlich eingetretenen Nachteils vermeiden zu helfen. Die Mitverantwortung des bei einem Verkehrsunfall geschädigten Kindes oder Jugendlichen hat der Schädiger darzulegen und zu beweisen.[240]

Bei der Abwägung der Verursachungs- und Verantwortungsanteile ist dem Geschädigten der Anteil anzulasten, der dem eigenen Verschulden billigerweise zuzurechnen ist.

Bei der Beurteilung des Mitverschuldens sind die Grundsätze der Deliktsfähigkeit zu beachten. Bis zur Vollendung des 7. Lebensjahres ist dem Kind danach keine eigene Haftung anzulasten und keine eigene Mithaftung entgegenzuhalten. Über § 829 BGB ist dies nur ausnahmsweise zu korrigieren.[241]

Von 7 Jahren an ist das Kind nicht schadenersatzpflichtig und von einer Mitschuld freizustellen, wenn es eine mangelnde Einsichtsfähigkeit nachweist.[242]

Die bloße Teilnahme am Straßenverkehr vermag keine Mitschuldquote von Kindern und Jugendlichen, wie auch nicht bei älteren, gebrechlichen und behinderten Personen, zu begründen. Hier ist die Regelung des § 3 Abs. 2a StVO zu beachten. Zu evtl. Mitschuldquote bei Kindern und Jugendlichen als Fußgänger oder Benutzer von besonderen Fortbewegungsmitteln gibt es eine umfangreiche Rechtsprechung.[243]

Das Mitverschulden eines noch nicht 10 Jahre alten Kindes kann bei der Abwägung nach § 9 StVG und § 254 BGB nicht in gleicher Weise gewichtet werden wie bei einem Er-

---

[234] Vgl. *Hentschel* § 25 StVO Rn. 12.
[235] BGH VersR 1965, 995.
[236] BGH NJW 1959, 1363; vgl. AG Eisenach, SVR 2009, 147.
[237] BGH MDR 2000, 1189; vgl. OLG Celle, SP 2005, 403 = ADAJUR-Dok.Nr. 66293.
[238] BGH NJW 1985, 483; vgl. OLG Brandenburg, MDR 2000, 159 = ADAJUR-Dok.Nr. 40404.
[239] BGH VersR 1957, 710; zu Einzelfällen des Mitverschuldens bei Verletzung der Verkehrssicherungspflicht vgl. Palandt/*Heinrichs* § 254 Rn. 27.
[240] *Scheffen/Pardey* Rn. 494 f.
[241] *Scheffen/Pardey* Rn. 9.
[242] *Scheffen/Pardey* Rn. 9.
[243] Hierzu ist zu verweisen auf die Quotenübersicht bei *Scheffen/Pardey* Rn. 506 ff., differenziert nach Alter von Kindern und Jugendlichen und der jeweiligen Unfallsituation und ebenso differenziert nach Beteiligung als Fußgänger oder als Radfahrer; siehe auch *Kuhn* § 2 XIII, mit bebilderten Beispielen.

wachsenen. Deshalb gilt der Abwägungsgrundsatz, dass ein grob verkehrswidriges Verhalten des Geschädigten den sich aus der Betriebsgefahr ergebenden Haftungsanteil des Unfallgegners auf Null reduzieren kann, für noch nicht 10 Jahre alte Kinder nicht.[244] Eine Sonderregelung bietet § 828 Abs. 2 BGB, der bei Unfällen im motorisierten Straßenverkehr die Haftung eines Kindes bis zum vollendeten 10. Lebensjahr vollständig entfallen lässt.

247 **b) Mitnahme von Kindern und Mitverschulden.** *aa) Allgemeines.* Gemäß der Regelung des § 21 StVO dürfen Kinder bis zum vollendeten 12. Lebensjahr, die kleiner als 150 cm sind, im Kfz nur mitgenommen werden, wenn amtlich genehmigte, für Kinder geeignete Rückhalteeinrichtungen benutzt werden.

Bei einem für die Verletzungen ursächlichen Verstoß gegen die genannte Bestimmung haftet der Halter gegenüber dem Kind nach § 7 Abs. 1 StVG, der Fahrer nach § 823 Abs. 2 BGB.[245]

248 *bb) Speziell: Mitverschulden des gesetzlichen Vertreters/der Eltern.* Es ist von dem Grundsatz auszugehen, dass gemäß § 1664 BGB die Eltern bei der Ausübung der elterlichen Sorge dem Kind gegenüber nur für die Sorgfalt einzustehen haben, die sie in eigenen Angelegenheiten anzuwenden pflegen.[246] Die Haftungsbeschränkung gilt für das gesamte Gebiet der elterlichen Sorge, also sowohl für die Personen- als auch für die Vermögenssorge.[247]

249 Im Übrigen ist von dem Grundsatz auszugehen, dass die Verletzung der Aufsichtspflicht der Eltern dem deliktunfähigen Kind nicht anspruchsmindernd zuzurechnen ist.[248] Eltern haften ihren Kindern gegenüber grundsätzlich nur nach dem Verschuldensmaßstab der §§ 1664, 277 BGB. Dies gilt grundsätzlich auch im Fall der Teilnahme am allgemeinen Straßenverkehr.[249] Dies gilt jedoch nicht, wenn die Verletzung des Kindes durch die Eltern bei der Führung eines Kraftfahrzeuges erfolgt.[250]

Jedoch kann einem schuldunfähigen Kind das Mitverschulden einer aufsichtspflichtigen Person über die Haftungseinheit zugerechnet werden.[251]

7. Mitverschulden des Geschädigten

250 Grundsätzlich trägt der Fahrer allein die Verantwortung für das ordnungsgemäße Führen des Fahrzeuges.[252] Es kommt jedoch auch ein Einwand des Mitverschuldens gegenüber dem Insassen in Betracht, wenn dieser mitfährt, obwohl er Umstände erkennen konnte oder erkennen musste, aus denen eine spezielle Gefährdung aufgrund von Mängeln beim Fahrer vorhanden war.[253]

251 So kommt zB der Einwand des Mitverschuldens gegenüber dem Insassen in Betracht, wenn dieser mitfährt, obwohl er wusste oder wissen musste, dass der Fahrer noch keine Fahrerlaubnis hatte oder das Fahrzeug nicht zugelassen war oder technische Mängel hatte.[254] Nachfolgend werden einzelne Fallgestaltungen behandelt, aus denen sich der Einwand des Mitverschuldens ergeben kann.

252 **a) Alkohol und/oder Übermüdung des Fahrers.** Hat der Fahrer Alkohol getrunken und/oder ist er übermüdet, so kann ein Mitverschulden des Insassen in Betracht kommen, wenn der Unfall nachweisbar durch Fahrlässigkeit des Fahrers verursacht wurde und der Insasse bei gebotener Aufmerksamkeit und aus den erkennbaren Gesamtumständen Mängel in der Fahrtüchtigkeit erkennen muss.[255]

---

[244] OLG Nürnberg VersR 1999, 1035; zur Kollision eines Pkw mit einem 8-jährigen Kind und einem etwaigen Mitverschulden des Kindes vgl. OLG Hamm NZV 2000, 259.
[245] Vgl. auch *Böhme/Biela* Rn. A 279.
[246] *Palandt/Diederichsen* § 1664 Rn. 1.
[247] *Palandt/Diederichsen* § 1664 Rn. 3.
[248] van Bühren/*Jahnke* Teil 4 Rn. 206 unter Hinweis auf die Rspr. Fn. 5.
[249] van Bühren/*Jahnke* Teil 4 Rn. 206 unter Hinweis auf Rspr. Fn. 7.
[250] van Bühren/*Jahnke* Teil 4 Rn. 206 unter Hinweis auf Rspr. Fn. 8.
[251] van Bühren/*Jahnke* Teil 4 Rn. 206 unter Hinweis auf Rspr. Fn. 10.
[252] BGH VersR 1966, 565; OLG Hamm NZV 1999, 466.
[253] *Küppersbusch* Rn. 491 ff.
[254] *Küppersbusch* Rn. 493 mit Hinweisen auf die entsprechende Rspr.
[255] *Küppersbusch* Rn. 494 mit ausführlicher Darstellung der Rspr.

Die Beweislast jedoch trifft den Schädiger für die Voraussetzungen des Einwandes des 253
Mitverschuldens.[256] Auch müssen Zweifel an der Fahrtüchtigkeit sich aufdrängen, wenn
etwa bei fortgeschrittener Tageszeit eine Übermüdung des Fahrers in Betracht kommt und
diese noch durch die Wirkung des Alkohols verstärkt ist.[257]

Das Mitverschulden bei Alkoholgenuss des Fahrers ist nicht ausgeschlossen, wenn der 254
Beifahrer selbst alkoholisiert ist.[258] Die Mithaftungsquote bei Alkoholisierung des Fahrers
ist, wenn besondere Umstände nicht vorliegen, in der Regel mit $1/3$ zu bewerten. Auch kann
die Mithaftungsquote 50 % betragen.[259]

Im Kaskobereich bedeutet eine Alkoholisierung ab der absoluten Fahruntüchtigkeit die
Leistungsfreiheit des Versicherers zu 100 %.[260]

b) **Anschnallpflicht.** Ein erhebliches Mitverschulden kann sich auch ergeben bei Verstoß 255
gegen die Anschnallpflicht. Hier ergeben sich schwierige Fragen zum Beweis und zur Haftungsverteilung.

Die Mitursächlichkeit des Nichtanlegens eines Sicherheitsgurtes wird bei Verletzungen,
die ein Fahrzeuginsasse durch Herausschleudern aus dem Fahrzeug erleidet, vermutet.

Der Höhe nach bewertet die Rechtsprechung die Mithaftungsquote je nach den Umstän- 256
den des Einzelfalles mit $1/5$ bis $1/2$. Ein Mitverschulden von $1/3$ ist gerechtfertigt, wenn der Unfall sich zu einer Zeit ereignete, zu der kein starker Fahrverkehr herrschte, aber aufgrund
der gefahrenen hohen Geschwindigkeit (Autobahnfahrt) die Gefahr schwerer Unfallfolgen
deutlich erhöht ist.[261]

In der vorstehend zitierten Entscheidung des Landgerichtes Halle[262] sind wichtige Krite- 257
rien genannt für die Bewertung des Mitverschuldens, also zB Verkehrssituation, Tageszeit,
Geschwindigkeit und die Wahrscheinlichkeit von schweren Unfallfolgen infolge eines Verstoßes gegen die Anschnallpflicht.

c) **Schutzhelm.** Wird ein Schutzhelm durch den Fahrer oder den Sozius eines Kraftrades 258
nicht getragen, so ist zu unterscheiden zwischen Motorrädern, Mopeds und Fahrrädern mit
Hilfsmotor.

aa) *Bei Motorrädern.* Bei Motorrädern ist die Pflicht zur Tragung von Schutzhelmen ge- 259
regelt in § 21a Abs. 2 StVO. Wird bei einem Motorrad ein Schutzhelm nicht getragen, so
begründet dies jedenfalls einen Einwand des Mitverschuldens.[263]

bb) *Bei Mopeds.* Bei Mopeds mit einer durch die Bauart bestimmten Höchstgeschwindig- 260
keit von 40 km/h besteht auch gemäß § 21a Abs. 2 StVO die Pflicht zum Tragen von
Schutzhelmen sowohl für den Mopedfahrer als auch für Sozien. Auch hier kommt ein Mitverschulden in Betracht.[264]

cc) *Fahrräder mit Hilfsmotoren.* Bei der Benutzung eines Fahrrades mit Hilfsmotor und 261
einer Höchstgeschwindigkeit von mehr als 25 km/h besteht nach der Gesetzeslage die
Pflicht zum Tragen von Schutzhelmen.

dd) *Radfahrer.* Für Radfahrer ist gesetzlich keine Pflicht zum Tragen von Schutzhelmen 262
geregelt. Solange dies nicht der Fall ist, kann das Nichttragen eines Schutzhelmes dem Geschädigten nicht als Mitverschulden entgegengehalten werden.[265] Mitverschulden jedoch bei
sportlich ambitionierten Fahren.[266]

---

[256] OLG Hamm SP 1998, 101.
[257] OLG Hamm zfs 1996, 4.
[258] OLG Hamm zfs 1996, 4.
[259] *Küppersbusch* Rn. 497.
[260] BGH, DAR 2011, 700 = ADAJUR-Dok.Nr. 93914; weitere Rechtsprechung siehe *Kuhn* § 3 IV.
[261] LG Halle Schadenpraxis 2000, S. 336; vgl. auch *Hentschel* § 21a StVO Rn. 3.
[262] LG Halle SP 2000, 336.
[263] *Küppersbusch* Rn. 499 mit ausführlicher Darstellung der Rspr. zu den einzelnen Haftungsquoten.
[264] *Küppersbusch* Rn. 500.
[265] *Küppersbusch* Rn. 502 mit ausführlichen Hinweisen auf die Rspr. zB OLG Hamm VersR 2001, 1577;
OLG Celle, DAR 2014, 199; DAR 2012, 335.
[266] OLG Saarbrücken v. 9.10.2007 – 4 U 80/07 – ACE-VERKEHRSJURIST 2008, 7.

263 **d) Sicherheitsgurt.** Wird ein Gurt nicht angelegt, so begründet dies einen Mithaftungseinwand. Hierzu kommen im Einzelnen folgende Aspekte nach den insoweit von der Rechtsprechung entwickelten Grundsätzen in Betracht:

264 *aa) Anlegeverpflichtung.* Wird ein vorhandener Gurt nicht angelegt, begründet dies grundsätzlich den Einwand des Mitverschuldens.

Ausnahmeregelungen sind in § 21a Abs. 1 StVO getroffen, zB für Taxifahrer, Lieferanten beim Haus-zu-Haus-Verkehr und für Kinder unter 12 Jahren sowie bei Vorliegen einer Ausnahmegenehmigung gemäß § 46 Abs. 1 S. 1 Nr. 5b StVO.[267]

265 Die Anschnallpflicht entfällt grundsätzlich auch nicht bei einem kurzzeitigen verkehrsbedingten Anhalten.[268] Hierbei kommt es jedoch auch auf die Situation an. Wird bei einer Verrichtung im Auto der Sicherheitsgurt notwendigerweise abgelegt und kommt es in diesem Augenblick, etwa bei einem im Stau stehenden Fahrzeug, zu einem Auffahrunfall, so dürfte der Mitverschuldenseinwand bei dieser gegebenen Situation zweifelhaft sein. Kommt ein Kfz unfallbedingt zum Stehen, entfällt die Anschnallpflicht.[269]

Bei einem Unfall im Ausland kommt es darauf an, ob im jeweiligen Land eine Anschnallpflicht bestand.[270]

266 *bb) Kausalität und Beweis.* Die Kausalität für das Nichtanlegen des Gurtes für die Entstehung oder Verschlimmerung des Schadens kommt bei bestimmten Fallgestaltungen in Betracht. Dies ist etwa bei solchen Unfallmechanismen der Fall, bei denen der Sicherheitsgurt seine Schutzwirkung entfalten kann, etwa bei Frontalzusammenstößen.[271]

267 *cc) Beweislast.* Der Schädiger muss beweisen, dass die Verletzung bei angelegtem Gurt vermieden worden wäre oder nicht so schwerwiegend gewesen wäre. Im Übrigen muss der Schädiger zunächst beweisen, dass der Insasse den Gurt nicht angelegt hatte. Demgegenüber muss der Verletzte die Einwände, die Verletzungen wären auch bei angelegtem Gurt eingetreten, beweisen.

268 *dd) Die Höhe der Mithaftungsquote.* Die mögliche Mithaftungsquote hängt von den Umständen ab. Entscheidend sind der Verursachungsbeitrag sowie das Verschulden des verletzten Insassen. Prozentual werden in der Rechtsprechung Mithaftungsquoten von 20 % sowie 1/3 oder teilweise bis zu 50 % angewandt.[272]

Bei der Kürzung des Schadenersatzes wegen Mithaftung kommen nur solche Personenschäden in Betracht, für die das Nichtanlegen des Gurtes ursächlich war.

VIII. Haftungsverteilung

1. Die Regelung des § 17 StVG

269 Die Bestimmung des § 17 StVG regelt den Ausgleich mehrerer haftpflichtiger Kraftfahrzeughalter. Sie ist ergänzt um den Ausschlussgrund des „unabwendbaren Ereignisses".

Die Regelung des § 17 Abs. 2 StVG enthält die bisherige in § 7 Abs. 1 Satz 2 StVG geregelte Ausgleichspflicht bei mehreren unfallbeteiligten Kraftfahrzeugen. Die Aufnahme dieser Ausgleichspflicht in einem eigenen Absatz und ihre Neuformulierung dienen dem besseren Verständnis der Norm. Eine inhaltliche Änderung ist damit nicht verbunden.[273]

270 In § 17 Abs. 3 StVG ist geregelt, dass Ausgleichspflichten nach den Abs. 1 und 2 ausgeschlossen sind, wenn der Unfall durch ein „unabwendbares Ereignis" verursacht wurde. Anders als der Regierungsentwurf es vorsah, soll der Haftungsausschluss des „unabwend-

---

[267] *Küppersbusch* Rn. 506.
[268] *Küppersbusch* Rn. 506 unter Hinweis auf die Rspr. (BGH VersR 2001, 524).
[269] BGH, DAR 2012, 386.
[270] BGH, MDR 1983, 571 = ADAJUR-Dok.Nr. 10063; OGH Wien, Urteil vom 29.5.2008, Az 2Ob 42/08B, ADAJUR-Dok.Nr. 81883.
[271] Vgl. im Einzelnen *Küppersbusch* Rn. 507 mit Darstellung von Beispielen und Hinweisen auf die entsprechende Rspr.
[272] Vgl. hierzu ausführlich *Küppersbusch* Rn. 510 Fn. 52 mit Beispielen aus der umfangreichen Rspr.
[273] Begründung zum Änderungsgesetz vom 19.7.2002 (BT-Drucks. 14/8780, S. 22 f.).

baren Ereignisses" nicht vollständig entfallen, sondern weiterhin für den Schadenausgleich zwischen den Haltern mehrerer unfallbeteiligter Kraftfahrzeuge gelten. Die Begründung des Regierungsentwurfs (S. 30) weist zwar zu Recht darauf hin, dass bei einer richtigen Anwendung der §§ 9 StVG, 254 BGB für den „Idealfahrer" keine Nachteile aus dem Wegfall des „unabwendbaren Ereignisses" erwachsen dürften. Der Ausschuss hat sich jedoch im Interesse größtmöglicher Rechtssicherheit dafür entschieden, den Ausschlussgrund des „unabwendbaren Ereignisses" für den Schadenausgleich zwischen den nach § 7 Abs. 1 StVG haftpflichtigen Haltern von Kraftfahrzeugen beizubehalten, um unmissverständlich klarzustellen, dass für die genannte Fallgruppe im Ergebnis keine Rechtsänderung beabsichtigt ist. Für die Praxis ergibt sich überdies der Vorteil, dass insoweit weiterhin auf die bekannte Rechtsfigur des „unabwendbaren Ereignisses" und die dazu ergangene Rechtsprechung zurückgegriffen werden kann.

Sie enthält den Ausgleich zwischen haftpflichtigen Kraftfahrzeughaltern und anderen Haftpflichtigen und erweitert ihn um den Anhängerhalter. Soweit auch hier auf eine Verbindung des unfallbeteiligten Anhängers zu dem Kraftfahrzeug verzichtet wird, handelt es sich um eine Folgeänderung des geänderten § 7 Abs. 1 StVG.

Aus der Begründung zur gesetzlichen Regelung folgt, dass im Wesentlichen die Ausgleichspflicht nach den bisher hierfür maßgebenden Kriterien unter Einbeziehung des Begriffs des „unabwendbaren Ereignisses" zu beurteilen ist.

2. Grundsätzliches zur internen Ausgleichspflicht mehrerer gesetzlicher Haftpflichtiger

a) *Grundsätzliches.* In § 17 Abs. 1 und 2 StVG sind zwei Fallgestaltungen inneren Ausgleichs geregelt, nämlich
- zwei oder mehrere in Betrieb befindliche Kraftfahrzeuge (oder Anhänger) sind ursächlich unfallbeteiligt und schädigen eine Person ohne Kraftfahrzeug (§ 7 Abs. 1 StVG)

oder
- zwei oder mehrere in Betrieb (iSv § 7 StVG) befindliche Kraftfahrzeuge oder Kraftfahrzeuganhänger sind, unter Umständen unterschiedlich unfallbeteiligt und verursachen einem oder einigen der Halter Personen- oder Sachschaden (§ 7 Abs. 2 StVG).

Die Regelung des § 17 Abs. 1 StVG ändert den Grundsatz der gesamtschuldnerischen Haftung gemäß § 426 Abs. 1 S. 1 BGB nach Kopfteilen dahin gehend, dass sich der Ausgleich zwischen den Beteiligten stattdessen nach dem Maß ihrer Verursachung des Schadens, also der Betriebsgefahr, richtet.[274]

b) *Besondere Fallgestaltungen. aa) Unfall unter Ehegatten.* Bei der Haftung von Ehegatten untereinander ist davon auszugehen, dass § 1359 BGB keine Anwendung findet. Nach dieser Vorschrift haben Ehegatten untereinander nur für diejenige Sorgfalt einzustehen, welche sie in eigenen Angelegenheiten anzuwenden pflegen (diligentia quam in suis).[275]

bb) Vereinbarter Haftungsausschluss. Ein zwischen Halter und Insasse ausdrücklich oder stillschweigend vereinbarter Haftungsausschluss lässt auf Verschulden begründete Ausgleichsansprüche eines anderen unfallbeteiligten Halters aus § 17 StVG unberührt.[276] Diese Regelung gilt auch bei unentgeltlicher Mitnahme eines Fahrgastes. Der Halter haftet selbst dann, wenn der Fahrer den Unfall nicht verschuldet hat. Nur bei Unfällen, die auf „höhere Gewalt" (zB Starkregen) zurückzuführen sind, entfällt die Haftung des Halters nach § 7 StVG. Formularmäßig kann der Halter die Haftung für Personenschäden nicht ausschließen.[277] Dies bedarf einer individuellen Vereinbarung. In dieser sollte festgelegt werden, dass der Halter für Schäden, die nicht durch Versicherungsleistungen ausgeglichen werden, nicht haftet. In einer solchen individuellen Vereinbarung kann auch festgelegt werden, dass der geschädigte Mitfahrer für den Fall, dass er die Kfz-Haftpflicht in Anspruch nimmt, den Rückstufungsschaden übernimmt.

---

[274] *Hentschel* § 17 StVG Rn. 1.
[275] BGH, NJW 1988, 1208.
[276] BGHZ 12, 213 = NJW 1954, 875; zu den Voraussetzungen und Auswirkungen eines stillschweigenden Haftungsausschlusses vgl. OLG Celle NZV 2013, 292 = ADAJUR-Dok.Nr. 99779.
[277] § 309 Nr. 7 BGB.

277 cc) *Besonderheit bei Tierhalterhaftung.* Soweit die Haftung für Tiergefahr besteht, setzt § 17 StVG als Sondervorschrift auch das in § 840 Abs. 3 BGB vorgesehene Tierhalter- und Hüterprivileg außer Kraft.[278]

278 dd) *§ 17 StVG als Sonderbestimmung gegenüber §§ 9 StVG, 254 BGB.* § 17 StVG geht als Sonderbestimmung den Regelungen der §§ 9 StVG, 254 BGB vor.[279]

279 ee) *Bewertung der Betriebsgefahr.* Soweit Kraftfahrzeuge schadensursächlich beteiligt sind, fällt deshalb ihre Betriebsgefahr, ausgenommen bei Entlastung gemäß § 17 Abs. 3, §§ 7 Abs. 2, 18 Abs. 1 StVG grundsätzlich zu Lasten des Halters und/oder Fahrers ins Gewicht. Diese Regelung entspricht dem Grundgedanken des § 254 BGB in gegenwärtiger ausdehnender Auslegung entgegen dem Wortlaut („Verschulden"). Vielmehr ist nach konkreten Verursachungsanteilen auszugleichen, wenn auch Schuldgesichtspunkte zu berücksichtigen sind.[280]

280 ff) *§ 17 StVG als Sondervorschrift.* § 17 StVG als Sondervorschrift ist nicht anwendbar in den in dieser Vorschrift nicht genannten Fällen. Soweit dies der Fall ist, ist die Beurteilung vorzunehmen gemäß § 254 BGB, der inhaltlich nicht wesentlich abweicht.

281 c) **Haftung und Zurechnungszusammenhang zwischen „künstlichem Stau" und Auffahrunfall.** Auch kommen Fallgestaltungen in Betracht, bei denen ein „künstlicher Stau" speziell durch die Polizei aufgebaut wird, um in bestimmten Verkehrssituationen zu reagieren, etwa einen Straftäter zu stellen. In solchen Fällen gilt: Die Verwendung von Polizeifahrzeugen zum Aufbau eines „künstlichen Staus" durch Fahrverlangsamung und Anhalten einerseits sowie zur Verfolgung eines Flüchtigen mit hoher Geschwindigkeit andererseits beeinflusst direkt den auf der BAB fahrenden Verkehr, sodass sich die von den Polizeifahrzeugen ausgehende Gefahr bei der Schadenentstehung auswirkt. Eine Fahrzeugführung ist nicht erforderlich. Kommt es in einem solchen Fallgestaltung zu einem Auffahrunfall, ist die Haftung abzuwägen zwischen den Beteiligten, also die Haftung des Staates für die Polizei, des Auffahrenden sowie des Flüchtigen.[281]

3. Die einzelnen Abwägungskriterien

282 a) **Das Maß der Verursachung.** Bei der Abwägung gemäß § 17 StVG entscheidet in erster Linie das Maß der Verursachung, und zwar das Gewicht der von den Beteiligten gesetzten Schadenursachen. Maßgebend ist die Auswirkung auf den konkreten Schadenfall.[282] Es können auch Schuldgesichtspunkte zum Tragen kommen[283] sowie das Maß des Verschuldens, etwa grob verkehrswidriges Verhalten.

283 Der Geschädigte kann auch mehrere, die den Schaden verursacht bzw. mitverursacht haben, in Anspruch nehmen. In diesem Fall ist die Mitverantwortung gegenüber jedem Schädiger gesondert abzuwägen.[284]

284 b) **Die Schadenursache.** Jeder Umstand, der in die Abwägung einbezogen wird, muss ursächlich für den Schaden sein, und zwar erwiesenermaßen.

4. Die mitursächliche Betriebsgefahr

285 Bei der Abwägung ist die mitursächliche Betriebsgefahr des Kfz des Geschädigten zu beachten und diese fällt ins Gewicht, wenn der Schädiger nur für Verschulden haftet.
Bei der Haftung gemäß § 8 Nr. 1 StVG hat der Geschädigte nur Mitschuld zu vertreten. Als Insasse des eigenen Kraftfahrzeuges hat der Halter mangels Entlastung gemäß § 7 Abs. 2 StVG auch die eigene ursächlich gewordene Betriebsgefahr zu vertreten.

---

[278] *Hentschel* § 17 StVG Rn. 1; umfangreiche Rechtsprechung hierzu siehe *Kuhn* § 2 XXVI.
[279] BGH NZV 1994, 146.
[280] *Hentschel* § 17 StVG Rn. 1.
[281] Vgl. hierzu OLG Bamberg NZV 2007, 241.
[282] BGH DAR 2003, 308.
[283] BGH NZV 1996, 272.
[284] *Hentschel* § 17 StVG Rn. 4.

Die Betriebsgefahr eines Kraftfahrzeuges besteht in der Gesamtheit der Umstände, welche 286
durch die Eigenart des Kraftfahrzeuges Gefahr mit sich bringt. Maßgebend sein können
hierfür Fahrzeuggröße, Fahrzeugart, Gewicht, Fahrzeugbeschaffenheit sowie typische Eigenschaften im Verkehr (etwa Bahn), Beleuchtung, Fahrgeschwindigkeit.

Zur Betriebsgefahr ist zu berücksichtigen, dass Motorräder, weil sie unstabil sind, eine beträchtliche Betriebsgefahr aufweisen.[285] Ein Quad hat eine höhere Betriebsgefahr als ein PKW.[286]

5. Rechtsprechung zur Abwägung zu häufigen Fallgestaltungen

a) **Beteiligung Lastzug.** Die Betriebsgefahr eines Lastzuges ist bei etwa gleicher Geschwindigkeit beider Fahrzeuge in der Regel höher als die eines Pkw zu bewerten.[287] Ereignet sich ein Unfall im Baustellenbereich einer Autobahn beim Überholen auf der schmaleren Überholspur, hat ein LKW keine höhere Betriebsgefahr als ein PKW.[288] 287

b) **Bus.** Die Betriebsgefahr eines Busses ist in der Regel erheblich höher als die eines Pkw. Haftung zu gleichen Teilen kommt in Betracht bei Anfahren eines Linienbusses an Haltestelle ohne Rücksicht auf dicht aufgerücktes Taxi und schuldhaftem Verstoß des Taxifahrers gegen § 20 StVO. 288

c) **Überholen.** Die Betriebsgefahr des Überholenden kann größer sein als die des Überholten.[289] Bei grob fahrlässigem „Schneiden" und der Betriebsgefahr des hierdurch zum Bremsen gezwungenen Lkw ist die Betriebsgefahr zu 2/3 Anteil zu Lasten des Überholers zu bewerten. Bei schnellem Überholen ist die Betriebsgefahr höher zu bewerten als bei langsamer Fahrt. 289

d) **Krad.** Überholt ein Krad auf der linken Seite eine Kolonne, so stellt dies eine erhebliche Betriebsgefahr dar. Die Betriebsgefahr eines Motorrades, dessen Fahrer eine Kolonne und ein vor einer Ausfahrt anhaltendes Fahrzeug dieser Kolonne trotz Überholverbotes überholt, ist wesentlich höher als diejenige eines Kraftfahrzeuges, dessen Fahrer aus der Ausfahrt durch die Lücke nach links einbiegt und dabei mit dem Motorradfahrer kollidiert (Haftung 1/3 zu 2/3 zu Lasten des Überholenden).[290] 290

e) **Haltendes Fahrzeug.** Die Betriebsgefahr eines haltenden Fahrzeuges oder eines verkehrsbedingt oder ungewollt zum Stehen gekommenen kann der eines fahrenden gleichkommen oder sie übersteigen. Dies gilt besonders, wenn ein Lastzug ohne Sicherung auf der Autobahn hält oder bei Dunkelheit querstehend die Fahrbahn blockiert.[291] Kollidiert ein Pkw-Fahrer, der bei Dunkelheit auf der BAB mit 130 km/h und ohne vorausfahrendes Fahrzeug mit Abblendlicht fährt, mit einem umgestürzt in der rechten Fahrspur liegenden Kfz, das aus ungeklärten Gründen verunglückt ist, muss sich der Pkw-Fahrer wegen mitwirkenden Verschuldens eine Anspruchskürzung (hier: auf 2/3) gefallen lassen.[292] 291

f) **Abgestelltes Fahrzeug.** Auch von einem abgestellten Fahrzeug geht eine Betriebsgefahr aus.[293] Ein unfallsächlicher Verstoß des Geschädigten gegen ein Halteverbot führt bei Haftungsabwägung zu der Ansetzung einer Betriebsgefahr von 25 %.[294] 292

g) **Auffahren.** Bei einem Auffahrunfall ist im Grundsatz von der vollen Haftung des Auffahrenden auszugehen, da zumindest im Wege des Anscheinsbeweises unterstellt werden kann, dass der Auffahrunfall dadurch verursacht worden ist, dass der Fahrer des auffahrenden Fahrzeuges unaufmerksam oder mit einem unzureichenden Sicherheitsabstand zu dem 293

---

[285] KG NZV 2002, 34.
[286] OLG München, r+s 2014, 95 = ADAJUR-Dok.Nr. 103847.
[287] OLG Köln NZV 1995, 74.
[288] OLFG Oldenburg, NZV 2013, 344 = ADAJUR-Dok.Nr 4. 102733.
[289] OLG Naumburg DAR 2001, 223.
[290] Vgl. LG Tübingen, Az 5 O 80/13, ADAJUR-Dok.Nr. 104242.
[291] OLG Hamm MDR 1994, 781; OLG Celle, MDR 2002, 1119 = ADAJUR-Dok.Nr. 51335.
[292] OLG Frankfurt a. M., r+s 2002, 410.
[293] LG Bochum NZV 2004, 366.
[294] AG Witten zfs 2004, 12.

vorausfahrenden Fahrzeug gefahren ist.[295] Beim Auffahrunfall ist die Verursachung jedoch differenziert zu sehen.

294 Bei einem Zusammenstoß mit einem auf einer Autobahn stehenden Fahrzeug ist zu beachten, dass der fließende Verkehr hiermit wegen § 18 Abs. 8 StVO grundsätzlich nicht zu rechnen braucht. Gleichwohl ist eine Schadenteilung angebracht, wenn der Fahrer des auffahrenden Fahrzeuges den Unfall zB infolge fehlender Aufmerksamkeit oder nicht angepasster Geschwindigkeit mitverursacht hat. Je nach Fallgestaltung kann sein Mitverursachungsanteil dann sogar überwiegen.[296]

295 Bei einem Auffahrunfall auf einer sonstigen Straße ist in der Regel von der Alleinhaftung des Auffahrenden auszugehen. Dies gilt insbesondere beim Anhalten zwecks Linksabbiegens, beim Anhalten zwecks Aussteigens des Beifahrers, beim Anhalten aus sonstigen Gründen.

Eine Mithaftung des Haltenden kommt dann in Betracht, wenn dieser zB an einer ungünstigen Stelle (zB Kurvenbereich, Unübersichtlichkeit, schlechte Sicht oder Lichtverhältnisse) angehalten hat oder bei Dunkelheit ungenügend beleuchtet war.[297]

296 Beim Auffahrunfall auf abbremsendes Fahrzeug ist in der Regel von der vollen Haftung des Auffahrenden auszugehen, wenn das Abbremsen verkehrsbedingt und angemessen, dh nicht unnötig abrupt, erfolgte.[298]

Beim Auffahrunfall auf ein vorausfahrendes Fahrzeug ist grundsätzlich von der vollen Haftung des Auffahrenden auszugehen.

297 Bei Nichteinhaltung des gebotenen Sicherheitsabstandes ist der Verstoß gegen § 4 Abs. 1 StVO im Rahmen der Abwägung der beiderseitigen Verursachungsanteile grundsätzlich gegenüber jedem Mitverursacher zu berücksichtigen. Hierbei gilt der gegen den Auffahrenden sprechende Anscheinsbeweis.[299] Dieser kann auch dann erschüttert werden, wenn der Vorausfahrende unvorhersehbar und ohne Ausschöpfung des Anhalteweges „ruckartig" zum Stehen gekommen und der Nachfolgende deshalb aufgefahren ist.[300]

298 Bei mehrfachem Auffahren (Kettenauffahrunfall) ist die Abwägung differenziert vorzunehmen. Kann das mittlere Fahrzeug noch rechtzeitig abbremsen, trifft seinen Halter grundsätzlich keine Haftung. In Betracht kommt eine Mithaftung des Erstfahrzeuges, wenn der Fahrer zB unnötig oder abrupt abgebremst hat.[301] Ist das mittlere Fahrzeug bereits aufgefahren, gelten im Verhältnis zwischen Erst- und Zweitfahrzeug die allgemeinen Grundsätze, sodass zunächst von der Alleinhaftung des (auffahrenden) Zweitfahrzeuges auszugehen ist. Eine Mithaftung des Erstfahrzeuges kann in Betracht kommen. Ist die Auffahrreihenfolge nicht aufklärbar im Verhältnis zwischen Erst- und Zweitfahrzeug, gilt das Vorstehende, da der Halter des Zweitfahrzeuges aufgrund der ungeklärten Unfallsituation nicht den Nachweis der „Unabwendbarkeit" iSv § 17 StVG führen kann.

Beim Auffahren vor „Starenkasten" haftet der Auffahrende zu 75 %, wenn ein Grund für das starke Abbremsen des vorausfahrenden Fahrzeuges nicht festgestellt werden kann.[302]

299 Nimmt der Geschädigte mehrere Verursacher in Anspruch, so ist seine Mitverantwortung gegenüber jedem der Schädiger gesondert nach § 254 BGB bzw. § 17 StVG abzuwägen im Rahmen sog. Einzelabwägung.[303]

300 Zur Beweislage gilt im Übrigen, dass bei einem Auffahrunfall der Beweis des ersten Anscheins dafür spricht, dass der Auffahrende die erforderliche Sorgfalt hat vermissen lassen. Der Anscheinsbeweis wird nur dann entkräftet, wenn der Auffahrende die von ihm behaupteten, aber bestrittenen Tatsachen, die die ernsthafte Möglichkeit eines atypischen Geschehensablaufs ergeben, beweist.[304]

---

[295] *Grüneberg* ZAP Nr. 8 Fach 9, 615.
[296] *Grüneberg* ZAP Nr. 8 Fach 9, 615.
[297] OLG Hamm VersR 1984, 245 (33 % Mithaftung).
[298] Vgl. mit Darstellung verschiedener Fallgestaltungen *Grüneberg* ZAP Nr. 8 Fach 9, 615.
[299] Vgl. BGH, DAR 2008, 337.
[300] BGH VersR 2007, 557; vgl. auch BGH Urt. v. 16.1.2007, r+s 2007, 166.
[301] OLG Köln VersR 1966, 375; vgl. BGH, DAR 2008, 337; OLG Bamberg, NZV 2004, 30.
[302] LG Dresden NZV 2004, 367.
[303] BGH NJW 2006, 896 = NZV 2006, 191.
[304] OLG Köln SVR 2004, 186.

h) Begegnungsverkehr. Beim Begegnungsverkehr zweier Kraftfahrzeuge gleichen Typs und 301
annähernd gleicher Geschwindigkeit ist die Betriebsgefahr gleich groß. Dagegen kann die Betriebsgefahr eines Motorrades gegenüber derjenigen des begegnenden Pkw und dem Verschulden von dessen Führer ganz zurücktreten, wenn die Kollision auf der Fahrbahnhälfte des Kradfahrers erfolgte. Gleiche Betriebsgefahr und gleiches Verschulden bei Unfall zwischen Linksabbieger und Auffahrendem.[305] Gleiche Schuld und Betriebsgefahr bei Nichtbeachten des Fahrtrichtungsanzeigers eines links Abbiegenden (Grundstück) durch Überholen und Nichtbeachten des vom Überholenden gegebenem Hupsignals durch den Abbiegenden.[306]
Es ist von Alleinhaftung des Einfahrenden gegenüber dem fließenden Verkehr auszugehen.

i) Unfall Linksabbieger. Die Betriebsgefahr eines Kraftfahrzeuges, das nach links abbiegt, 302
ist gegenüber derjenigen eines unter normalen Umständen geradeaus fahrenden Fahrzeuges erhöht. Bestehen für den Linksabbieger erschwerte Sichtverhältnisse auf den Gegenverkehr, führt dies zu einer weiteren Erhöhung der Betriebsgefahr.[307]

j) Türöffnen. Bei unvorsichtigem Türöffnen zur Fahrbahn hin und zu geringem Seitenab- 303
stand des anderen Beteiligten kommt Haftungsverteilung zu $1/2$ in Betracht.[308]

k) Haftungsverteilung bei Beteiligung von Radfahrern und Fußgängern, speziell Kindern. 304
Hierzu ist zu verweisen auf die diesbezüglichen Ausführungen, betreffend Kinderunfall (→ Rn. 122 ff.) bzw. Radfahrunfall (vorstehend → Rn. 118 f.).

l) Rechtsprechung zu verschiedensten Fallgestaltungen. Es ist zu vergegenwärtigen, dass 305
zu den verschiedensten Fallgestaltungen eine differenziert kasuistische Rechtsprechung gegeben ist. Diese kann im Rahmen dieser Abhandlung nicht im Einzelnen dargestellt werden. Vielmehr ist zu verweisen auf die hierzu vorliegenden Zusammenstellungen in der Literatur.[309]

m) Rechtsprechungsübersichten („Quotentabellen") und ihre Anwendung. Die Beurtei- 306
lung der Haftungsverteilung kann im Einzelfall schwierig und sehr differenziert sein. Hierzu ist zu verweisen auf die Ausführungen zum Stichwort „Abwägungskriterien" (→ Rn. 174 f.) und speziell in Verbindung mit der „Betriebsgefahr" (→ Rn. 176).

Hilfreich bei der Beurteilung der Haftungsfragen sind die zu dieser Thematik entwickel- 307
ten Quotentabellen.[310]

Die Quotentabellen sind in ihrem Aufbau und ihrer Systematik unterschiedlich konzipiert. Zur Information über die Anwendung der Quotentabellen wird kurz der Aufbau und das Konzept angesprochen.

Einmal[311] gliedert sich der Aufbau der Darstellung der Haftungsquoten nach der **Art der** 308
beteiligten Verkehrsteilnehmer, also Kraftfahrzeug, Schienenfahrzeug, Fuhrwerk, Radfahrer, Fußgänger, Tier und sodann am **typischen Erscheinungsbild** der Verkehrssituation und hierzu wiederum an der Art der Bewegung bei der Beteiligung am Verkehrsunfall.

Die Schadenverteilung bei Verkehrsunfällen ist bei *Kuhn* dargestellt mit Bildern zu den 309
beschriebenen Situationen und anhand von Stichworten, zB Abschleppen, Auffahren, Fahrstreifenwechsel etc.[312]

Die Nutzung der Quotentabellen ist zu empfehlen zur möglichst sicheren Beurteilung der 310
Haftungsvoraussetzungen und der bei Haftungsverteilung oder Mitverschulden in Betracht kommenden Haftungsquoten.

Im Übrigen ist von dem Grundsatz auszugehen, dass Quotentabellen nur Anwendung 311
finden, wenn die Einzelheiten eines Unfallhergangs nicht geklärt sind und die Haftung allein

---

[305] OLG Düsseldorf VersR 1983, 348.
[306] Vgl. hierzu auch ausführlich *Kuhn* § XI.
[307] BGH DAR 2005, 260 = r+s 2005, 213; vgl. hierzu auch NJW-Spezial 2005, 208.
[308] Weitere Rechtsprechung siehe *Kuhn* § 2 XXI.
[309] Zum Beispiel: *Hentschel* § 17 StVG Rn. 11 ff. sowie zu den Quotentabelle zur Haftungsverteilung und zu diversen Urteilen *Kuhn* § 2 I ff.
[310] *Grüneberg*, Haftungsquoten bei Verkehrsunfällen; *Kuhn*, Schadensverteilung bei Verkehrsunfällen.
[311] So *Grüneberg*, Haftungsquoten bei Verkehrsunfällen.
[312] So *Kuhn*, Schadensverteilung bei Verkehrsunfällen.

aus der Betriebsgefahr oder dem Anscheinsbeweis zu entnehmen ist. Hierbei ist von der Erfahrung auszugehen, dass kein Unfall dem anderen gleicht.[313]

IX. Haftungsverzicht

1. Allgemeines

312 **a) Mögliche Vereinbarungen und ihre Grenzen.** Zum – vereinbarten – Haftungsverzicht ist davon auszugehen, dass im Schuldrecht Vertragsfreiheit gilt, sodass grundsätzlich durch Vertrag im Voraus die Haftung ausgeschlossen oder eingeschränkt werden kann. Hierbei sind jedoch Besonderheiten zu beachten:
- Die Haftung für Vorsatz (§ 276 Abs. 3 BGB) kann nicht im Voraus erlassen werden.
- Nach den Bestimmungen der AGB ist ein Haftungsausschluss oder eine Begrenzung der Haftung für einen Schaden, der auf einer grob fahrlässigen Vertragsverletzung des Verwenders der AGB selbst oder eines gesetzlichen Vertreters oder Erfüllungsgehilfen beruht, gemäß §§ 305 ff. BGB (früher § 11 AGBG) unwirksam. Diese Vorschrift gilt auch für deliktische Ansprüche.[314]
- Bei Personenbeförderung ist gemäß § 8a StVG die Vereinbarung des Haftungsausschlusses verboten für die Tötung oder Verletzung beförderter Personen. Die Haftung für Sachschäden und deren Vermögensfolgen ist auch bei entgeltlicher geschäftsmäßiger Personenbeförderung abdingbar oder beschränkbar.
- Ist die Beförderung nicht entgeltlich oder nicht geschäftsmäßig, so ist die Vereinbarung eines Haftungsausschlusses gegenüber dem Halter bei Fällen ohne Verschulden auch in Bezug auf Personenschäden nur individuell zulässig.[315]
- Im Übrigen unterliegt ein Haftungsausschluss einer allgemeinen Kontrolle nach §§ 138, 242, 307, 309 BGB.[316]

313 **b) Form der Vereinbarung zur Haftung.** Ein Haftungsverzicht kann formfrei oder auch konkludent vereinbart werden.[317] Voraussetzung ist ein Verzichtswille und die Kenntnis davon, worauf verzichtet wird. Ein Haftungsverzicht kann nicht geschlossen werden aus bloßem Stillschweigen und auch nicht aus einer persönlichen oder verwandtschaftlichen Beziehung.

Für Minderjährige ist zu beachten, dass ein vertraglicher Haftungsausschluss oder eine Haftungsminderung der Zustimmung der gesetzlichen Vertreter bedarf.[318]

314 **c) Wirkung auch für Haftpflichtversicherung.** Eine wirksame Vereinbarung über Haftungsverzicht oder Haftungsbeschränkung wirkt auch zugunsten des Haftpflichtversicherers.[319]

315 Es ist daher empfehlenswert, bei einer Verzichtsvereinbarung klarzustellen, inwieweit der Verzicht gelten soll, und insbesondere klarzustellen, dass dieser nicht gegenüber dem Haftpflichtversicherer gelten soll.

Formulierungsvorschlag:

316 Zwischen den Vertragsschließenden, nämlich

X als Halter und Fahrer des Fahrzeuges

sowie

Y als Mitfahrender,

wird hinsichtlich der Haftung Folgendes vereinbart:

---

[313] *Brüseken/Krumbholz/Thiermann* NZV 2000, 441 ff. (mit Fortschreiben von Haftungsquoten zu typischen Unfallsituationen).
[314] BGH VersR 1985, 595.
[315] *Hentschel* § 8a StVG Rn. 2.
[316] Vgl. im Einzelnen und ausführlich *Jahnke* VersR 1996, 294, 299.
[317] BGH VersR 1995, 583.
[318] OLG Koblenz zfs 1987, 130.
[319] OLG Koblenz aaO

Gegenüber dem Halter und Fahrer wird auf die Haftung, soweit gesetzlich zulässig, verzichtet und der Verzicht angenommen.

Die Verzichtsvereinbarung gilt jedoch nur insoweit, als nicht die Haftung einer Haftpflichtversicherung oder die Haftung von Dritten gegeben ist.

2. Haftungsverzicht bei Gefälligkeitsfahrt

Bei einer Gefälligkeitsfahrt ist in der Regel kein stillschweigender Haftungsverzicht anzunehmen. Nur in Ausnahmefällen, und zwar bei lediglich leichter Fahrlässigkeit, ist von einem Haftungsverzicht des Insassen auszugehen.[320]

Im Übrigen ist bei Haftungsbeschränkung davon auszugehen, dass Gefälligkeiten, denen ja das Fehlen eine Rechtsbindungswillens zu Eigen ist, bewirken, dass vertragliche Ansprüche zwischen den Beteiligten ausgeschlossen sind.[321]

Stillschweigender Haftungsverzicht für fahrlässig verursachte, nicht haftpflichtversicherte Sachschäden ist bei Gefälligkeitsfahrt im alleinigen Interesse des Fahrzeugeigentümers anzunehmen.[322]

3. Vertraglicher Ausschluss

Wie bereits ausgeführt (→ Rn. 312 ff.), können zwischen Fahrer und Insassen vertragliche Haftungserleichterungen vereinbart werden. Ersatzansprüche der Teilnehmer an einer Motorsportveranstaltung gegen andere Teilnehmer können durch eine Vereinbarung mit dem Veranstalter auf Schäden begrenzt werden, die grob fahrlässig oder vorsätzlich herbeigeführt worden sind.[323] Jedoch ist bei einer Motorradrallye kein stillschweigender Haftungsausschluss anzunehmen.[324]

4. Fahrgemeinschaften

Die Mitnahme von Personen, die sich lediglich an den Betriebskosten der Fahrt beteiligen, stellt keine entgeltliche Beförderung dar.[325]

Fahren Angehörige eines Betriebes in einem Kfz zur Arbeitsstätte und zurück, genießen sie auch dann Versicherungsschutz im Rahmen der gesetzlichen Unfallversicherung, wenn sich der Unfall auf dem Umweg ereignet, der gemacht wird, um ein Mitglied der Fahrgemeinschaft an seine Wohnung zu bringen (§ 8 Abs. 2 Nr. 2b SGB VII).[326]

Zur Haftung gegenüber Insassen bei geschäftsmäßiger und unentgeltlicher Beförderung vgl. § 23 Rn. 163 ff. sowie zum Mitverschulden → Rn. 219 ff. sowie → Rn. 324 ff.

5. Fragen des Mitverschuldens

Wer sich bewusst der besonderen Gefahr der Teilnahme an der Fahrt eines fahrunsicheren Kraftfahrzeuges oder mit einem nicht verkehrssicheren Kraftfahrzeug verbundenen Anhängers aussetzt, kann keinen vollen Schadenersatz fordern.

Der früher angewandte Grundsatz des „Handelns auf eigene Gefahr" wird heute nicht mehr als rechtfertigende Einwilligung angesehen, weil dies lebensfremd wäre und im Übrigen bei minderjährigen Geschädigten zu keiner befriedigenden Lösung führen und schließlich immer nur zur völligen Haftungsfreistellung führen könnte. Vielmehr ist die Würdigung grundsätzlich unter dem Aspekt des Mitverschuldens vorzunehmen.[327]

---

[320] BGH VersR 1978, 625; vgl. auch *Böhme/Biela* Rn. A 289 mit ausführlichen Nachweisen.
[321] BGH NJW 1992, 2474 = VersR 1992, 1145.
[322] OLG Frankfurt NJW 1998, 1232; vgl. *Wessel*, VersR 2011, 569.
[323] OLG Koblenz r+s 1993, 300.
[324] OLG Koblenz NZV 1995, 21; zur Grenze des Haftungsverzichts bei Motorsportveranstaltungen siehe BGH, DAR 2008, 265.
[325] BGH VersR 1981, 780 = r+s 1981, 144.
[326] Vgl. hierzu auch ausführlich *Böhme/Biela* Rn. A 297.
[327] Vgl. hierzu im Einzelnen *Hentschel* § 16 StVG Rn. 10 unter Hinweis auf Rspr.

326 Als Beispiele für Mitverschulden sind zu nennen die Mitfahrt mit alkoholbeeinträchtigtem Fahrer, insbesondere dann, wenn das Gesamtbild des Fahrers und seiner Fahrweise Anlass zu Zweifeln an seiner Fahrsicherheit gebietet.[328]
Keine Mitschuld ist anzunehmen bei Mitfahren mit einem Fahranfänger.
Die Kenntnis von gefahrerhöhenden Umständen begründet nicht stets Mitschuld.

X. Probleme bei Erreichen der Versicherungs-/Deckungssumme

1. Versicherungssumme als Höchstgrenze der Leistungspflicht

327 a) **Die maßgebende vereinbarte Versicherungssumme.** Die Versicherungssumme kann vereinbart werden zu Personen-, Sach- und Vermögensschäden, differenziert nach den einzelnen Schadenarten oder pauschal.

328 Ist die Versicherungssumme für jede Schadenart gesondert vereinbart, kann die Höchstgrenze für eine Schadenart überschritten werden, auch wenn die Versicherungssumme für die anderen Schadenarten aus dem gleichen Schadenereignis bei weitem nicht erreicht wird. Dem Versicherer ist es in diesem Fall möglich, sich auf die Überschreitung der Versicherungssumme zu berufen.[329]

329 Meistens wird die höchste zu vereinbarende Deckungssumme gewählt. Die „unbegrenzte" Deckung wird von den Versicherern nicht mehr angeboten. Dies ist insbesondere nach der Tariffreigabe rechtlich unbedenklich.[330]

330 In der Wirklichkeit sind Fallgestaltungen denkbar, bei denen unter den deckungs- und haftungsrechtlichen Fragestellungen fraglich ist, ob voller Schadenersatz geleistet werden kann oder ob nicht das Kürzungs- und Verteilungsverfahren nach § 12 Abs. 2 iVm § 12a Abs. 5 StVG bzw. § 108 Abs. 1 VVG notwendig wird.

331 b) **Einheitlichkeit des Schadenereignisses.** Durch die Regelung in A 1.3 AKB (Musterbedingungen GDV, Stand 14.2.2014) ist bestimmt, dass mehrere zeitlich zusammenhängende Schäden aus der gleichen Ursache als ein Schadenereignis zu behandeln sind, wenn es sich um einen einheitlichen Geschehensablauf handelt. Die Frage, ob ein einheitlicher Geschehensablauf vorliegt, muss im Einzelfall geklärt werden.[331]

332 c) **Höchstsumme bei mehreren Geschädigten.** Die Versicherungsbedingungen sehen in der Regel vor, dass die Begrenzung der Leistungspflicht auch bei mehreren Geschädigten gilt.

333 Eine Besonderheit kann gegeben sein bei Rückgriffsansprüchen gemäß § 86 VVG, zB des Kaskoversicherers. Auch diese Ansprüche sind im Rahmen der Versicherungssumme zu berücksichtigen. Eine Besonderheit gilt jedoch bei Anwendung des Teilungsabkommens zwischen Haftpflichtversicherer und Kaskoversicherer. Entsprechendes gilt auch für Teilungsabkommen mit einem Sozialversicherungsträger.[332] Zur möglichen Kürzung im Verteilungsverfahren → Rn. 346 ff.

334 d) **Bei Rentenleistungen.** Ist ein Anspruch auf Rentenleistung zu erfüllen, so erfolgt eine besondere Berechnung der Höchstsumme gemäß § 107 ff VVG. Dies kommt insbesondere in Betracht bei haftungsrechtlich zu erfüllenden Rentenansprüchen gemäß §§ 842, 843 BGB. Die Regelung des § 107 VVG kommt jedoch nur bei Rentenleistungen zur Anwendung, nicht zB bei periodisch abgerechneten Leistungsansprüchen.[333] Bei einer Rentenzahlungsverpflichtung bemisst sich die Deckungspflicht des Versicherers nur nach dem Rentenkapitalwert. Liegt dieser innerhalb der Versicherungssumme, so ist Leistungspflicht gegeben.

335 Übersteigt der Rentenkapitalwert die Deckungssumme, so braucht der Versicherer dem VN ab Rentenzahlungsbeginn nur in dem prozentualen Verhältnis von Rentenkapitalwert zu Deckungssumme freistellen.

---

[328] OLG Düsseldorf, SP 2002, 267 = ADAJUR-Dok.Nr. 51293; OLG Karlsruhe, NZV 2009, 226.
[329] *Stiefel/Maier* § 10 Rn. 141 ff.
[330] Vgl. hierzu im Einzelnen *Stiefel/Maier* § 10 Rn. 110.
[331] Vgl. hierzu im Einzelnen *Stiefel/Maier* § 10 Rn. 111.
[332] Vgl. hierzu im Einzelnen *Stiefel/Maier* § 10 Rn. 115.
[333] Stiefel/Maier § 10 Rn. 120 ff.; BGHZ 28, 144.

Eine Versicherungssumme ist regelmäßig dann nicht ausreichend, um alle Direktansprüche zu befriedigen, wenn nach Abzug der Kapitalzahlungen auf Ansprüche, die keine Rentenansprüche sind, die verbleibende Versicherungssumme geringer ist als die Summe der Kapitalisierungswerte aller Rentenleistungen.[334] 336

Zu beachten ist, dass nach Bedingungsfreigabe die Berechnung des Kapitalwertes der Rente in den AKB geregelt ist, und zwar auf der Grundlage der Vorgaben des § 8 KfzPflVV.[335]

Hinzuweisen ist auch auf eine frühere Geschäftsplanmäßige Erklärung.[336] Hiernach lautete die Verpflichtung der Versicherer unter anderem: 337

„... Bei der Prüfung der Frage, ob der Kapitalwert der Rente die Versicherungssumme bzw. die nach Abzug sonstiger Leistungen verbleibende Restversicherungssumme übersteigt und mit welchem Betrag sich der Versicherungsnehmer an laufenden Rentenzahlungen beteiligen muss, werden wir eine um 25 v. H. erhöhte Versicherungssumme zugrunde legen. Die sonstigen Leistungen werden wir bei dieser Berechnung mit ihrem vollen Betrag von der Versicherungssumme absetzen."

Für die Rentenberechnung ist auf die allgemeinen Sterbetafeln zu verweisen.[337]

e) **Hinweispflicht des Versicherers.** Droht die Überschreitung der Deckungssumme wegen Leistung aufgrund eines unlimitierten Teilungsabkommens, so besteht eine Hinweispflicht des Versicherers.[338] 338

f) **Übersicht über aktuelle Haftungshöchstgrenzen.** Durch Gesetzesänderung[339] bestehen folgende Höchstbeträge: 339

Gesetz	
§ 12 StVG	
Tötung oder Verletzung eines/mehrerer Menschen durch dasselbe Ereignis[340]	5.000.000,– EUR
Im Falle einer entgeltlichen, geschäftsmäßigen Personenbeförderung bei Tötung oder Verletzung von mehr als 8 beförderten Personen erhöht sich der Betrag um für jede weitere getötete oder verletzte beförderte Person.[341]	600.000,– EUR
Sachbeschädigung	1.000.000,– EUR
§ 12a StVG	
Tötung/Verletzung eines/mehrerer Menschen durch dasselbe Ereignis	10.000.000,– EUR
Sachbeschädigung an unbeweglichen Sachen	10.000.000,– EUR
§ 12b StVG	
Nichtanwendbarkeit der Höchstbeträge, wenn ein Schaden bei dem Betrieb eines gepanzerten Gleiskettenfahrzeugs verursacht wird.	
§ 9 HaftPflG Tötung/Verletzung je Person	600.000 EUR Jahr 36.000 EUR

---

[334] BGH DAR 2007, 203.
[335] Stiefel/Maier § 10 Rn. 110.
[336] Abgedruckt bei *Stiefel/Maier* § 10 Rn. 152.
[337] Vgl. hierzu im Einzelnen *Stiefel/Maier* § 10 Rn. 123.
[338] Stiefel/*Maier/Hofmann* § 10 Rn. 115.
[339] Zweites Gesetz zur Änderung des Pflichtversicherungsgesetzes und anderer versicherungsrechtlicher Vorschriften vom 10.12.2007, BGBl I 2007 S. 2833.
[340] Die Höchstbeträge nach Satz 1 Nr. 1 StVG gelten auch für den Kapitalwert einer als Schadensersatz zu leistenden Rente.
[341] Die Höchstbeträge nach Satz 1 Nr. 1 StVG gelten auch für den Kapitalwert einer als Schadensersatz zu leistenden Rente.

Gesetz	
§ 10 HaftpflG Sachschaden (außer Grundstücke)	300.000 EUR
§ 88 AMG Tötung/Verletzung einer Person Tötung/Verletzung mehrerer Personen	600.000 EUR Jahr 36.000 EUR 120.000.000 EUR Jahr 7.200.00 EUR

340 g) **Krankes Versicherungsverhältnis.** *aa) Die eingeschränkte Leistungspflicht bei „krankem" Versicherungsverhältnis.* Bei einem so genannten „kranken" Versicherungsverhältnis steht dem Geschädigten gegen den Versicherer nur ein auf die gesetzliche Mindestdeckungssumme begrenzter Direktanspruch gemäß §§ 3 Nr. 4, 6 PflVG, 117 Abs. 3 VVG zu.[342]

341 *bb) Versicherungssumme und Leistung nach Teilungsabkommen.* Als Besonderheiten gelten Leistungen nach Teilungsabkommen. Hier gilt, dass nur der Betrag, der nach Sach- und Rechtslage geschuldet wird, auf die Deckungssumme in Anrechnung gebracht werden kann und nicht der etwa höhere Betrag, der aufgrund des Teilungsabkommens geleistet worden ist.[343]

342 h) **Kosten des Rechtsschutzes.** Die Versicherung umfasst gemäß § 101 VVG die gerichtlichen und außergerichtlichen Kosten, soweit die Aufwendung der Kosten den Umständen nach geboten ist. Im Übrigen umfasst die Versicherung auch die Kosten der Verteidigung in einem Strafverfahren, das wegen einer Tat eingeleitet wurde, welche die Verantwortlichkeit des Versicherungsnehmers einem Dritten gegenüber zur Folge haben könnte, sofern diese Kosten auf Weisung des Versicherers aufgewendet wurden. Im Übrigen hat der Versicherer die Kosten auf Verlangen des Versicherungsnehmers vorzuschießen.[344]

343 Im Übrigen ist von dem Grundsatz auszugehen, dass der Versicherer die Kosten voll zu tragen hat, denn die Pflicht zur Abwehr unberechtigter Ansprüche ist nicht durch die Deckungssumme begrenzt.[345]

2. Das Verteilungsverfahren bei Überschreiten der Höchstsumme

344 a) **Das Verteilungsverfahren.** Das Verteilungsverfahren ist geregelt in § 109 VVG. Ist die Forderung eines Dritten noch nicht durch Vergleich, Anerkenntnis oder Urteil festgestellt, so hat der Versicherer den Anspruch im Verteilungsverfahren durch Bildung einer Rückstellung in angemessener Höhe zu berücksichtigen.

345 In der Versicherungsmathematik ist zu berücksichtigen, ob ein Zinszuschlag zur Versicherungssumme in Betracht kommt. Ein solcher Zinszuschlag kann in Betracht kommen bei zu einem späteren Zeitpunkt eintretender Fälligkeit. Maßgebend ist jedoch, ob der Versicherer die Versicherungssumme gewinnbringend anlegen konnte.

346 Auch ist eine Kürzung möglich, wenn bei einer Leistung im Rahmen eines „kranken" Versicherungsverhältnisses zusammen mit Leistungen an Sozialversicherungsträger die Mindestversicherungssumme gemäß § 117 VVG überschritten ist.[346]

347 b) **Höchstsumme und Rentenleistung.** Bei Rentenzahlungen im Verteilungsverfahren sind Besonderheiten zu beachten. Streitig ist die Frage, zu welchem Zeitpunkt der Kapitalwert der Rente zu berechnen ist. Nach überwiegender Meinung ist maßgebend der Zeitpunkt der Entstehung des Rentenanspruchs nach Gesetz.[347]

348 c) **Rangordnung mehrerer Geschädigter.** Verschiedene Gläubiger iSv §§ 107, 108 VVG sind einmal die verschiedenen Anspruchsteller und darüber hinaus evtl. auch beteiligte Sozialversicherungsträger.

---

[342] Vgl. *Stiefel/Maier* § 10 Rn. 120.
[343] *Stiefel/Maier* § 10 Rn. 115.
[344] § 101 Abs. 1 S. 3 VVG.
[345] § 101 Abs. 1 S. 2 VVG.
[346] Vgl. im Einzelnen *Stiefel/Maier* § 10 Rn. 110.
[347] Vgl. *Littbarski*, Münchner Kommentar zum VVG, 1. Auflage 2011, VVG § 107, 4.

Im Rahmen der §§ 107 ff. VVG ist auch ein Quotenvorrecht zugunsten einzelner Gläubiger zu berücksichtigen. Zwischen den verschiedenen Gläubigern kann bei der Errechnung des jeweiligen Einzelanspruchs, der jedem von ihnen zusteht, das Quotenvorrecht den Ausschlag geben. Das kommt in Frage, wenn der dem unmittelbar Geschädigten entstandene Sachschaden größer ist als ein Ersatzanspruch.[348]

d) Befriedigungsvorrecht des Geschädigten, Verteilungsverfahren. Beruft sich der Geschädigte im Haftpflichtprozess gegenüber dem Vortrag des Haftpflichtversicherers, die Versicherungssumme reiche zur Befriedigung der mehreren Betroffen nicht aus, auf sein Befriedigungsvorrecht aus § 116 Abs. 4 SGB X, so führt dies nicht dazu, dass die Verteilung der Versicherungssumme generell unterbleibt. Vielmehr findet zunächst im Rahmen des Verteilungsverfahrens die anteilige Kürzung aller Forderungen statt. Sodann erhält der Geschädigte einen Anteil von den Ansprüchen seiner Rechtsnachfolger in der Höhe, wie sie erforderlich ist, um seinen Ausfall infolge der Kürzung auszugleichen.[349]

e) Das Recht zur Hinterlegung (Abandonrecht). Die Muster-AKB gestehen dem Versicherer das Recht zur Hinterlegung zu. Bei Erreichen der Deckungssumme kann der Versicherer die Versicherungssumme zuzüglich des auf ihn entfallenden prozentualen Kostenanteils hinterlegen.

f) Rechtslage bei Widerspruch des VN. Die Leistungsfreiheit des Versicherers behandelt die Möglichkeit, dass der VN der Befriedigung der Ansprüche widerspricht. Die Vollmacht hierzu ergibt sich aus A 1.1.4 AKB (Musterbedingungen GDV, Stand 14.2.2014). Es handelt sich hierbei quasi um eine „Zahlungssperre". Die Rechtsfolge ist, dass der VN von dem Tag an, an dem die Weigerung von ihm ausgesprochen wird, das volle Risiko für etwaige, die Versicherungssumme übersteigende Mehraufwendungen übernimmt. Leistungsfreiheit ist jedoch nur gegeben, wenn der Versicherer den VN auf die Rechtsfolgen hingewiesen hat.[350]

3. Versicherungssumme bei Unfällen im Ausland

Die Problematik des Erreichens der Versicherungssumme gilt auch bei Unfällen im Ausland. Hier gilt, dass der Versicherer bei Unfällen im Ausland auch im Verhältnis zum VN mindestens in dem Umfange für den Schaden eintreten muss, in dem es das Pflichtversicherungsgesetz des betreffenden Landes vorschreibt.[351]

XI. Der „gestellte" und „provozierte" Unfall

1. Unfallmanipulation

a) Steigende Tendenz. Die Zahl der Entwendungsfälle von Fahrzeugen hat stark abgenommen. Demgegenüber steigt die Zahl der Kfz-Unfälle mit dem Verdacht auf Unfallmanipulation. Nach Angaben der Versicherungswirtschaft beträgt der Anteil der manipulierten Unfälle nahezu 10 % aller gemeldeten Schäden. Hieraus errechnet sich eine Schadensumme von über 1 Mrd. EUR.

b) Kontrollsysteme der Versicherungswirtschaft. Gegenüber den immer raffinierter werdenden Methoden der Unfallmanipulation reagiert die Versicherungswirtschaft durch verbesserte Kontrollsysteme (Uniwagnis-Datei, EDV-Programm „ISP/KH" sowie Sonderabteilungen zur Bearbeitung auffälliger Schadenfälle). Auch sind die Methoden zur Aufdeckung der Unfallmanipulation in den letzten Jahren auch im technischen und juristischen Bereich ständig verbessert worden.[352]

c) Erkennen typischer Auffälligkeitsmerkmale. Für das Erkennen manipulierter Unfälle ist es wichtig, die Auffälligkeitsmerkmale zu erkennen und zu werten.

---

[348] Vgl. Römer/Langheid/*Langheid*, Versicherungsvertragsgesetz, VVG § 86 V. Quotenvorrecht.
[349] BGH r+s 2003, 521 = zfs 2003, 589.
[350] Vgl. im Einzelnen *Stiefel/Maier* § 10 Rn. 149 ff.
[351] Vgl. *Stiefel/Maier*, § 103 VVG-Herbeiführung des Versicherungsfalles, a) gestellter Unfall.
[352] van Bühren/*Lemcke* Teil 6 Rn. 2.

357 Von der Versicherungswirtschaft ist eine Kriterienliste/Checkliste für Meldungen an den GDV entwickelt worden. Diese Kriterienliste erfasst nach verschiedenen Aspekten die Unfallmeldung und wertet sie aus, nämlich nach verschiedenen, nachfolgend aufgeführten Kriterien.

358 *aa) Schadensschilderung/-hergang.* So wird zB ausgewertet, ob der Unfall sich zu einer ungewöhnlichen Zeit und in abgelegener Gegend zugetragen hat, ob eine polizeiliche Unfallaufnahme unterblieb, Auffahren auf stehendes Fahrzeug oder zum harmlosen, ungefährlichen Hergang, Verursachung des Unfalls durch Abrutschen vom Kupplungs- oder Bremspedal, Behinderung durch unbekanntes Drittfahrzeug.

359 *bb) Beteiligte Fahrzeuge.* Häufig sind beteiligt aufseiten des Schädigerfahrzeuges Mietwagen, geringwertiges Fahrzeug oder Lkw ohne Einstufung des Schadenfreiheitsrabattes. Auffällig kann auch sein das Verschweigen von Vorschäden.

360 Bei einem manipulierten Unfall ist häufig ein Mietfahrzeug beteiligt. Jedoch wird diese Indizwirkung relativiert, wenn ein hoher Selbstbehalt seitens des Mieters vereinbart ist. Weiter spricht gegen die Indizwirkung einer Unfallmanipulation, wenn das beschädigte Fahrzeug erst geraume Zeit nach dem Unfall unrepariert in Zahlung gegeben wird.[353]

361 *cc) Beteiligte Personen.* Beteiligte Personen sind zu überprüfen hinsichtlich etwaiger Vorstrafen, zB wegen Betruges, Verschweigens von Bekanntschaften oder sonstiger einschlägiger Vorstrafen. Ebenfalls können finanzielle Schwierigkeiten bei einem oder mehreren Beteiligten relevant sein.

362 *dd) Auswertung der Kriterien.* Die Kriterien werden ausgewertet und durch Punkte gewichtet. Bei Erreichen einer bestimmten Gewichtung kommt der konkrete Verdacht auf Unfallmanipulation in Betracht mit der Folge der Leistungsverweigerung oder Ablehnung der Deckung. Alsdann ist im Prozess und ggf. im parallel verlaufenden Strafverfahren zu klären, ob eine Unfallmanipulation vorliegt.

2. Der „gestellte" und der „provozierte" Verkehrsunfall

363 a) **Allgemeines.** Gestellte Unfälle sind solche Verkehrsunfälle, bei denen Schädiger und Geschädigter zum Nachteil der eintrittspflichtigen Haftpflichtversicherung zusammenarbeiten.[354]

364 Wird vom Schädiger und Geschädigten wie verabredet „in bewusstem und gewolltem Zusammenwirken" ein Schadenfall herbeigeführt oder täuschen sie diesen vor, so steht dem Geschädigten kein Schadenersatzanspruch zu. Dies ergibt sich daraus, dass der Geschädigte in die Rechtsgutverletzung eingewilligt hat.[355]

365 b) **Der gestellte Unfall.** Von einem „gestellten" Unfall ist auszugehen, wenn ein Unfall nach entsprechender Verabredung absichtlich herbeigeführt wird.[356] Von einem „provozierten Verkehrsunfall" ist zu sprechen, wenn dieser durch einseitiges rücksichtsloses Verhalten herbeigeführt wird. Beispielhaft ist zu nennen ein für den Hintermann überraschendes Bremsmanöver.[357]

3. Beweisfragen

366 a) **Allgemeines.** Beim Verdacht der Unfallmanipulation trägt zunächst der Geschädigte die Beweislast für den Unfallhergang und die hierbei verursachten Unfallschäden. Ihn trifft nicht die Beweislast für die Unfreiwilligkeit.

Zunächst wird davon ausgegangen, dass auch der zur Vortäuschung von Haftpflichtansprüchen absichtlich herbeigeführte Verkehrsunfall ein „Unfall" iSv § 7 StVG ist.[358]

---

[353] OLG Hamm NZV 2008, 91.
[354] *Born* NZV 1996, 257 ff. sowie Empfehlung VII des 28. Deutschen Verkehrsgerichtstages VersR 1990, 362.
[355] BGH NJW 1989, 3162 = VersR 1989, 637 = DAR 1989, 226.
[356] van Bühren/*Lemcke* Teil 6 Rn. 11.
[357] van Bühren/*Lemcke* Teil 6 Rn. 14.
[358] BGH NZV 1992, 403 = r+s 1992, 333 = VersR 1992, 1028; vgl. hierzu auch van Bühren/*Lemcke* Teil 6 Rn. 5.

b) Beweisgrundsätze. Voraussetzung der durch Indizien gewonnenen Überzeugungsbildung, dass ein manipulierter Unfall vorliegt, ist keine mathematisch lückenlose Gewissheit, die bei einem Indizienbeweis ohnehin kaum zu erlangen ist. Vielmehr ist ausreichend, wenn ein für das praktische Leben brauchbarer Grad von Gewissheit vorliegt. Als manipulationstypisch sind ua folgende Umstände anzusehen: Auffahrunfall, Dunkelheit, Fehlen unbeteiligter Zeugen, Fehlen eines plausiblen Grundes für die Anwesenheit an der Unfallstelle, Verwendung eines Schrottkraftfahrzeuges auf Schädigerseite und eines vorgeschädigten Pkw aufseiten des Geschädigten.[359]

Für die Überzeugungsbildung des Gerichtes ist also nicht mathematisch lückenlose Gewissheit erforderlich. Der Richter darf und muss sich in tatsächlich zweifelhaften Fällen mit einem Grad von Gewissheit begnügen, der den Zweifeln Schweigen gebietet, ohne sie völlig auszuschließen.[360]

c) Die Wertung einzelner Kriterien in der Rechtsprechung

(1) **Ungewöhnlicher Unfallhergang:** ungewöhnliches Maß an Unaufmerksamkeit; besondere Umstände *BGH* VersR 1979, 514; *OLG Karlsruhe* zfs 1989, 41; *OLG Hamm* zfs 1988, 161; *OLG Zweibrücken* VersR 1988, 970f.; *OLG Hamm* VersR 1986, 280; *OLG Hamm* – 5 U 50/92; *Dannert* in r+s 1990, 1 ff.; mehrfache frontale Kollision eines gestohlenen mit einem geparkten Fahrzeug indiziert vorsätzliches Verhalten des Schädigers: *KG* VersR 2003, 613; Ausweichmanöver nach Vorfahrtverletzung: *OLG Köln* VersR 2000, 252; Häufung manipulationstypischen Indizien: *OLG Bremen* VersR 2003, 35.

(2) **Auffahrunfall:** insbesondere bei unkritischer Örtlichkeit; geringe Aufprallgeschwindigkeit; ungebremstes Auffahren *OLG Saarbrücken* DAR 1989, 64; *OLG Zweibrücken* zfs 1988, 162; *OLG Zweibrücken* VersR 1988, 970f.; *OLG Celle* VersR 1988, 1286; *OLG Karlsruhe* VersR 1988, 1287; *OLG Hamm* – 5 U 50/92; *LG Duisburg* r+s 1992, 267; *LG Frankfurt* zfs 1988, 161; *LG Mannheim* zfs 1988, 162; *LG Hannover* zfs 1988, 163; *LG Frankfurt* VersR 1988, 699; *Dannert* in r+s 1990, 1 ff.; Mehrfach frontale Kollision eines gestohlenen mit einem geparkten Kfz ist Indiz für Bestellunfall *KG* VersR 2003, 613; Erfassen eines geparkten Fahrzeuges, wenn der Fahrer des schädigenden Fahrzeuges behauptet, er habe beim Einbiegen in eine Straße das dort parkende Fahrzeug seitlich gestreift: *OLG Köln* DAR 2001, 129 = VersR 2002, 253; mehrfache Frontalkollision mit geparktem Fahrzeug indiziert Manipulation: *KG* NZV 2003, 85

(3) **Behinderung durch unbekannten Dritten oder Tier ohne Fahrzeugberührung:** *Dannert* r+s 90, 1 ff.;

(4) **Das schädigende Fahrzeug ist**
(a) **wirtschaftlich wertlos**
OLG Karlsruhe r+s 1990, 17; *OLG München* zfs 1990, 78; *OLG Celle* zfs 1989, 41; *OLG Köln* zfs 1988, 161; *OLG Hamm* zfs 1988, 161; *OLG Celle* VersR 1988, 1286; *OLG Hamm* – 5 U 50/92; *LG Essen* zfs 1989, 41; *LG Mannheim* zfs 1988, 162; *LG Hannover* zfs 1988, 163; *LG Essen* zfs 1988, 164; *Dannert* r+s 1990, 1 ff.; manipulierte Unfälle selbst mit fast neuwertigen Fahrzeugen sind zunehmend festzustellen: *KG* VersR 2003, 1552
und/oder
(b) **vollkaskoversichert**
BGH VersR 1979, 514; *OLG Koblenz* VersR 1990, 396; *OLG Saarbrücken* DAR 1989, 64; *OLG Hamburg* VersR 1989, 179; *OLG Frankfurt* VersR 1987, 756; *OLG Hamm* VersR 1986, 280; *LG Lübeck* zfs 1989, 42; *LG Osnabrück* zfs 1988, 162; *LG Würzburg* VersR 1988, 1035; *Dannert* r+s 1990, 1 ff.
und/oder
(c) **ein Mietfahrzeug**
BGH VersR 1979, 514; *OLG Koblenz* VersR 1990, 396; *OLG Saarbrücken* DAR 1989, 64; *OLG Zweibrücken* VersR 1988, 970f.; *OLG Karlsruhe* VersR 1988, 1287; *OLG*

---

[359] OLG Jena DAR 2004, 30.
[360] OLG Celle SVR 2004, 424; ebenso KG VersR 2003, 613.

Hamm VersR 1986, 280; *LG Osnabrück* zfs 1988, 162; *LG Würzburg* VersR 1988; 1035; *Dannert* r+s 1990, 1 ff.
und/oder
(d) **wird mit rotem Nummernschild**
LG Duisburg r+s 1992, 267; *LG Mannheim* zfs 1988, 162; *Dannert* r+s 1990, 1 ff.
und/oder
(e) **mit Zollkennzeichen gefahren**
LG Essen zfs 1988, 164;

373 (5) **Das geschädigte Fahrzeug gehört der gehobenen bzw. der Luxusklasse an**
BGH VersR 1979, 281; *BGH* VersR 1979, 514; *OLG Karlsruhe* r+s 1990, 17; *OLG München* zfs 1990, 78; *OLG Celle* zfs 1989, 41; *OLG Saarbrücken* in DAR 1989, 64; *OLG Hamburg* VersR 1989, 179; *OLG Zweibrücken* zfs 1988, 162; *OLG Zweibrücken* VersR 1988, 970f.; *OLG Celle* VersR 1988, 1286; *OLG Karlsruhe* VersR 1988, 1287; *OLG Hamm* VersR 1986, 280; *OLG Köln* VersR 1980, 1051; *OLG Hamm* – 6 U 50/92; *LG Paderborn* zfs 1990, 78; *LG Essen* zfs 1989, 41; *LG Frankfurt* zfs 1988, 161; *LG Mannheim* zfs 1988, 162; *LG Hannover* zfs 1988, 163; *LG Essen* zfs 1988, 164; *Dannert* r+s 1990, 1 ff.;

374 (6) **Schädigendes und/oder geschädigtes Fahrzeug weisen Vorschäden auf**
OLG Karlsruhe r+s 1990, 17; *OLG München* zfs 1990, 78; *OLG Koblenz* VersR 1990, 396; *OLG Celle* zfs 1989, 41; *OLG Zweibrücken* VersR 1988, 970f.; *OLG Frankfurt* VersR 1987, 756; *OLG Hamm* VersR 1986, 280; *LG Paderborn* zfs 1990, 78; *Dannert* r+s 1990, 1 ff.

375 (7) **Kurze Versicherungsdauer**
OLG Hamm VersR 1993, 26; *OLG München* zfs 1990, 78; *OLG Celle* zfs 1989, 41; *OLG Köln* zfs 18.988, 161; *Dannert* r+s 1990, 1 ff.

376 (8) **TÜV-Untersuchung beteiligter Fahrzeuge stand unmittelbar bevor**
OLG München zfs 1990, 78; *LG Hannover* zfs 1988, 163; *OLG Hamm* – 6 U 50/92;

377 (9) **Beteiligte sind miteinander bekannt oder befreundet oder stehen in Abhängigkeitsverhältnis:** insbesondere wenn dies zunächst bestritten wurde
BGH VersR 1979, 514; *OLG München* zfs 1990, 78; *OLG Celle* zfs 1989, 41 f.; *OLG Saarbrücken* DAR 1989, 64; *OLG Zweibrücken* VersR 1988, 970; *OLG Celle* VersR 1988, 1286; *OLG Karlsruhe* VersR 1988, 1287; *OLG Frankfurt* VersR 1980, 580; *LG Paderborn* zfs 1990, 78: *LG Lübeck* zfs 1989, 42; *LG Osnabrück* zfs 1988, 162; *LG Würzburg* VersR 1988, 1035; *Dannert* r+s 1990, 1 ff.; falsche Angaben zum Bekanntschaftsgrad: *OLG Rostock* DAR 2002, 221.

378 (10) **Mitwirkung unbekannter (oft ausländischer) Personen bei Unfallherbeiführung; Mitwirkung branchenbezogener Beteiligter**
Dannert r+s 1990, 1 ff.;

379 (11) **Beteiligter ist bereits wegen Versicherungsbetruges bestraft:** zumindest jedoch an einem weiteren dubiosen Unfall beteiligt
BGH VersR 1979, 514; *BGH* VersR 1978, 862 ff.; *OLG München* zfs 1990, 78; *OLG Celle* zfs 1989, 41; *OLG Frankfurt* VersR 1987, 580; *OLG Hamm* VersR 1986, 280; *OLG Hamm* VersR 1980, 280; *OLG Frankfurt* VersR 1980, 978; *OLG Köln* VersR 1980, 1051; *OLG Hamm* – 5 U 50/92; *LG Paderborn* zfs 1990, 78; *LG Nürnberg-Fürth* zfs 1988, 161, 162; *LG Würzburg* VersR 1988, 1035; *Dannert* r+s 1990, 1 ff.;

380 (12) **Beteiligte stammen aus der „Szene":** (Prostituierte, Zuhälter, Dealer, Unfallbetrügerszene)
BGH VersR 1979, 281; *BGH* VersR 1979, 514; *OLG Hamm* – 5 U 50/92; *LG Nürnberg-Fürth* zfs 1988, 163;

381 (13) **Vermögensverhältnisse der Beteiligten sind nicht geordnet; Missverhältnis zwischen sozialem und wirtschaftlichem Statuts:** insbesondere beim Anspruchsteller
zB Zwangsvollstreckungen, Haftbefehle zur eidesstattlichen Versicherung, eidesstattliche Versicherung –

OLG *München* zfs 1990, 78; OLG *Saarbrücken* DAR 1989, 64; OLG *Köln* VersR 1980, 1051; *Dannert* r+s 1990, 1 ff.; *Geyer* in VersR 1989, 882 f.

(14) **Vielfalt** von Schäden in relativ kurzer Zeit   382
OLG *Celle* VersR 1988, 1286; OLG *Frankfurt* VersR 1987, 580; LG *Frankfurt* zfs 1988, 161; LG *Frankfurt* VersR 1988, 699; LG *Nürnberg-Fürth* zfs 1988, 162, 163; LG *Duisburg* – 3 O 253/92;

(15) **Fehlendes Motiv** für Unfallfahrt   383
BGH VersR 1979, 514; OLG *Hamm* VersR 1993, 26; OLG *Saarbrücken* DAR 1989, 64; OLG *Karlsruhe* VersR 1988, 1287; OLG *Frankfurt* VersR 1987, 756; OLG *Hamm* VersR 1986, 280 f.; OLG *Hamm* – 6 U 50/92; *Dannert* r+s 1990, 1 ff.

(16) **Unfall** ereignete sich zu einer Zeit, zu der keine Zeugen zu erwarten sind, Nachtzeit   384
BGH VersR 1979, 514; OLG *München* zfs 1990, 78; OLG *Koblenz* VersR 1990, 396; OLG *Karlsruhe* zfs 1989, 41; OLG *Köln* VersR 1989, 163; OLG *Hamburg* Vers 1989, 179; OLG *Frankfurt* VersR 1987, 756; OLG *Hamm* VersR 1986, 280; OLG *Hamm* – 5 U 50/92; LG *Mannheim* zfs 1988, 162; *Dannert* r+s 1990, 1 ff.;

(17) **Unfall** ereignete sich an einem abgelegenen Ort   385
BGH VersR 1979, 514; OLG *Koblenz* VersR 1990, 396; OLG *Karlsruhe* zfs 1989, 41; OLG *Hamburg* VersR 1989, 179; OLG *Frankfurt* VersR 1987, 756; OLG *Hamm* VersR 1986, 280; OLG *Hamm* – 5 U 50/92; LG *Essen* zfs 1989, 41; LG *Lübeck* zfs 1989, 42; LG *Hannover* zfs 1988, 163; *Dannert* r+s 1990, 1 ff.;

(18) **In den Fahrzeugen** befanden sich jeweils nur die Fahrer als Fahrzeuginsassen   386
BGH VersR 1979, 514; OLG *Hamburg* VersR 1989, 179; OLG *Zweibrücken* zfs 1988, 162; OLG *Hamm* VersR 1986, 280;

(19) **Unbeteiligte** sind als Zeugen nicht vorhanden, vorhandene Zeugen werden nicht benannt   387
BGH VersR 1979, 514; OLG *Karlsruhe* r+s 1990, 17; OLG *München* zfs 1990, 78; OLG *Koblenz* VersR 1990, 396; OLG *Celle* zfs 1989, 41; OLG *Saarbrücken* DAR 1989, 64; LG *Osnabrück* zfs 1988, 162; falsche Angaben zum Bekanntschaftsgrad von Unfallbeteiligten reichen aus, um Unglaubwürdigkeit der Zeugen zu begründen: OLG *Rostock* DAR 2002, 221.

(20) **Typische Fahrfehler:** sich häufig wiederholende, für manipulierte Unfälle typische,   388
im normalen Verkehr jedoch völlig untypische Fahrfehler, zB Verwechseln von Gas- und Bremspedal; Ausweichen vor Haustieren
BGH VersR 1979, 514; *Dannert* r+s 1990, 1 ff.; *Geyer* VersR 1989, 882 f.;

(21) **Schäden** korrespondieren nicht mit Schadenschilderung   389
OLG *Celle* zfs 1989, 41; OLG *Saarbrücken* DAR 1989, 64; OLG *Hamburg* VersR 1989, 179; OLG *Bamberg* zfs 1988, 163; OLG *Köln* VersR 1980, 1051; LG *Paderborn* zfs 1990, 78; LG *Nürnberg-Fürth* zfs 1988, 161, 162; LG *Osnabrück* zfs 1988, 162; *Dannert* r+s 1990, 1 ff.;

(22) **Schäden an den beteiligten Fahrzeugen** korrespondieren nicht in allen Bereichen   390
OLG *Köln* VersR 1989, 163; OLG *Zweibrücken* VersR 1988, 970 f.; LG *Essen* zfs 1988, 164; *Dannert* r+s 1990, 1 ff.

(23) **Objektive Unfallspuren** fehlen oder wurden nicht festgestellt   391
OLG *Saarbrücken* DAR 1989, 64; OLG *Hamm* VersR 1986, 280;

(24) **Endstellung der Fahrzeuge** wurde nicht aufgenommen   392
OLG *Saarbrücken* DAR 89, 64;

(25) **Polizei** wurde von den Beteiligten nicht zur Unfallstelle gerufen   393
OLG *München* zfs 1990, 78 = NZV 1990, 32; *Dannert* r+s 1990, 1 ff.

(26) **Sofortiges Schuldeingeständnis** wegen eindeutiger Haftungsgrundlage   394
OLG *Karlsruhe* r+s 1990, 17; OLG *Zweibrücken* zfs 1988, 162; OLG *Köln* VersR 1980, 1051; *Dannert* r+s 1990, 1 ff.; *Geyer* VersR 1989, 882 f.

395 **(27) Beteiligte Fahrzeuge verschwanden unmittelbar nach Unfall**
OLG Karlsruhe r+s 1990, 17; *OLG München* zfs 1990, 78; *OLG Köln* VersR 1989, 163; *LG Duisburg* r+s 1992, 267;

396 **(28) Nachbesichtigung wurde verweigert**
OLG Köln Vers 1989, 163; *LG Duisburg* r+s 1992, 267; *Dannert* r+s 1990, 1 ff.;

397 **(29) Aufkäufer der Fahrzeuge nicht benannt**
OLG München zfs 1990, 78 = NZV 1990, 32; *OLG Zweibrücken* VersR 1988, 970; *LG Duisburg* r+s 1992, 267; *Dannert* r+s 1990, 1 ff.

398 **(30) Aussageverweigerung zum Aufenthalt zur Unfallzeit**
BGH VersR 1979, 514;

399 **(31) Nur pauschale Unfallschilderung unaufgeklärter Schadenablauf**
OLG Celle zfs 1989, 41; *OLG Bamberg* zfs 1988, 163; *LG Duisburg* r+s 1992, 267; *Dannert* r+s 1990, 1 ff.; *Geyer* VersR 1989, 882 f.

400 **(32) Abweichungen in gewichtigen Details:** insbesondere mit der Tendenz zur situationsbedingten Anpassung der Darstellung zum Unfallablauf nach Aufdeckung der Ungereimtheiten
OLG Celle zfs 1989, 41; *OLG Saarbrücken* DAR 1989, 41; *OLG Karlsruhe* VersR 1988, 1287; *Geyer* VersR 1989, 882 f.

401 **(33) Benennung „bekannter" Zeugen:** Zeugen sind bereits in Vorunfällen des Anspruchstellers oder VN – auch in geänderter Rollenverteilung – bekannt geworden
LG Nürnberg-Fürth zfs 1988, 163; *Geyer* VersR 1989, 882 f.

402 **(34) Verhalten des Versicherungsnehmers nach Unfall, insbesondere im Prozess**
Verhalten nach Unfall lässt Schluss zu, dass Aufklärung des wirklichen Geschehens verhindert werden sollte.
VN hat sich im Rechtsstreit zum Unfall weder vertreten lassen noch sich geäußert bzw. nur bestimmte Dritte verklagt
OLG Köln zfs 1988, 161; *OLG Zweibrücken* VersR 1988, 970 f.; *OLG Frankfurt* VersR 1987, 756; *OLG Köln* VersR 1980, 1051; *OLG Düsseldorf* – 4 U 171/92; *LG Duisburg* 3 O 253/92.

403 **(35) Abrechnung erfolgt auf fiktiver Basis**
OLG Celle zfs 1989, 41; *OLG Frankfurt* VersR 1987, 580; *LG Frankfurt* VersR 1988, 699; *LG Würzburg* VersR 1988, 1035; *Dannert* r+s 1990, 1 ff.

404 **(36) Vorlage von Gutachten „bestimmter" Sachverständiger**
LG Nürnberg-Fürth zfs 1988, 161, 162; *LG Duisburg* – 3 O 253/92.

405 **(37) Rentierlichkeit des Schadens**
OLG Hamm 5 U 50/92; *LG Paderborn* zfs 1990, 78 = VersR 1990, 63; *LG Nürnberg-Fürth* zfs 1988, 161, 162.

406 **(38) Unzutreffende Angaben zu Vorschäden, unzutreffende Ausführungen in Gutachten werden nicht korrigiert**
BGH VersR 1979, 514; *OLG Köln* VersR 1989, 163; *OLG Frankfurt* VersR 1980, 978; *Dannert* r+s 1990, 1 ff.

407 **(39) Enger zeitlicher Zusammenhang zwischen Schadeneintritt und Erwerb des Ersatzfahrzeuges**
OLG Düsseldorf – 4 U 171/92.

408 **(40) Zeitwertfeststellung für Pkw vor Schadeneintritt ohne konkrete Verkaufsumstände**
OLG Düsseldorf – 4 U 171/92.

409 **(41) Drohender Ablauf der Kaskofrist für Neupreisentschädigung**
OLG Koblenz VersR 1990, 396; Abschluss einer Vollkaskoversicherung mit außergewöhnlich niedrigerer Selbstbeteiligung: *OLG Frankfurt* zfs 2004, 501.[361]

---

[361] Entnommen: *Verheyen* zfs 1994, 313 ff.; van Bühren/*Lemcke* Teil 6 Checkliste zur Feststellung der Einwilligung beim gestellten Unfall, Rn. 97.

(42) Manipulierter Unfall auch bei Personen mit gesellschaftlicher Anerkennung, auch 410
ohne Gewinnerzielungsabsicht.
Anerkennung in der Gesellschaft oder allgemein hohes Ansehen steht der Stellung eines manipulierten Unfalls nicht entgegen: *KG VersR* 2003, 35; auch ohne Gewinnerzielungsabsicht kann manipulierter Unfall angenommen werden.

(43) Speziell: Unfall nach dem „Berliner Modell". 411
Eine spezielle Vorgehensweise ist der gestellte Unfall nach dem „Berliner Modell". Hier wird mit einem entwendeten Pkw, der an Ort und Stelle zurückgelassen wird, ein abgestelltes Kraftfahrzeug vorsätzlich beschädigt, um sodann den Haftpflichtversicherer auf Gutachtenbasis in Anspruch zu nehmen. Als typische Umstände für dieses Vorgehen sind folgende Umstände zu bewerten: Altes, für einen Dieb uninteressantes Kfz, dessen Sperrvorrichtung relativ leicht überwunden werden kann, Schadenereignis und Entwendung liegen zeitlich kurz zusammen, und bevorzugt werden solche Unfälle dargestellt zur Nachtzeit.[362] Weitere Anzeichen für das Vortäuschen eines Unfalls nach dem so genannten „Berliner Modell" sind Typ, Alter und Vorschäden der Unfallfahrzeuge, unproblematische Straßenverhältnisse am Unfallort, freiwilliges Zurücklassen des Schädigerfahrzeuges am Unfallort, Geschwindigkeitswechsel vor dem Aufprall, überhöhtes Regulierungsbegehren auf Gutachterbasis sowie unzutreffende Angaben: *KG VersR* 2003, 610.[363]

Behauptet ein mitverklagter Versicherer eine Manipulation, kann er dem mitverklagten VN und dessen Fahrer als Streithelfer beitreten und für sie Berufung einlegen.[364]

Hat der Versicherer geleistet, steht diesem gemäß § 812 BGB ein Rückforderungsan- 412
spruch zu.[365] Der Versicherer kann auch Erstattung der Aufwendungen verlangen, die zur Aufklärung der Manipulation aufgewendet wurden.[366]

d) Berufsrechtliche Fragen. Im Falle der Ablehnung der Schadenregulierung durch die 413
Haftpflichtversicherung mit der Begründung, es handele sich um einen gestellten Unfall, ist der Anwalt gehindert, sowohl den Haftpflichtversicherer als auch den bösgläubigen VN zu vertreten.[367]

e) Prozessuale Fragen. In prozessualer Hinsicht kann problematisch sein, wenn der Haft- 414
pflichtversicherer genötigt ist, mit doppeltem Kostenaufwand zwei Anwälte zu beauftragen. Nach *Freyberger* kann das erstrebte Ziel, nämlich Klageabweisung gegen beide Beklagte unter Inanspruchnahme nur eines Anwaltes, der beauftragt wird, den Versicherer zu vertreten und dem bösgläubigen VN im Wege der Streithilfe beizutreten, erreicht werden. Unter Umständen kann im Unterliegensfall der Haftpflichtversicherer sich im Deckungsprozess auf Leistungsfreiheit berufen.[368]

f) Versicherungsrechtliche Fragen. Beim „manipulierten" Unfall kommt der Ausschluss 415
gemäß § 81 VVG zur Anwendung. Neben den vertraglichen Ausschlüssen gibt es in der Kfz-Haftpflichtversicherung den gesetzlichen Ausschluss gemäß § 81 VVG aufgrund vorsätzlicher Herbeiführung des Versicherungsfalles. Hierbei reicht unter Umständen Eventualvorsatz, zB wenn bei einem verabredeten Verkehrsunfall sich der direkte Vorsatz des VN nur auf die Schädigung des Unfallpartners bezog, der VN aber die zusätzliche Verletzung des an der Verabredung unbeteiligten Geschädigten billigend in Kauf genommen hat.[369]

In der Fahrzeugversicherung wird der Versicherer ebenfalls leistungsfrei, wenn der VN den Versicherungsfall vorsätzlich oder grob fahrlässig herbeigeführt hat.[370]

---

[362] Vgl. hierzu *Böhme/Biela* Kap. 1 Rn. 1.
[363] Vgl. hierzu KG NZV 2003, 87; ebenso OLG Köln NZV 2000, 260; OLG Celle, BeckRS 2007, 18332.
[364] BGH zfs 1994, 286 = r+s 1994, 212; aA OLG Frankfurt zfs 1994, 36.
[365] BGH VersR 1995, 81; ebenso OLG Hamm r+s 1998, 98 auch hinsichtlich des vorgetäuschten Personenschadens.
[366] OLG Hamburg VersR 1988, 482; OLG München NZV 1989, 28; OLG Oldenburg VersR 1992, 1159.
[367] van Bühren/*Lemcke* Teil 6 Rn. 210 ff.
[368] van Bühren/*Lemcke* Teil 6 Rn. 183 ff.
[369] KG NZV 1990, 30.
[370] Vgl. hierzu *Feyock/Jacobsen/Lemor* AKB § 2b Rn. 105.

4. Der „provozierte" Unfall

416 Ein „provozierter" Unfall liegt vor, wenn es der „Geschädigte" darauf anlegt, dass ein redlicher Verkehrsteilnehmer einen Schaden zufügt.

417 Typische Indizien hierfür sind: Zahlreiche Unfälle in letzter Zeit, kostengünstige Behebung von Vorschäden bzw. Abrechnung derselben aufgrund von Sachverständigengutachten, als Unfallort wird regelmäßig bevorzugt Kreuzung mit gleichberechtigtem Verkehr, ungewöhnlich langsame Beschleunigung oder abruptes Abbremsen.[371]

418 Hinsichtlich Beweisfragen sowie berufsrechtlicher Fragen ist zu verweisen auf die vorstehenden Ausführungen zum „gestellten" Unfall. Zu den Kriterien als Indiz für den „gestellten" und den „provozierten" Unfall → Rn. 356ff.

5. Ausgleichspflicht unter deliktischen Gesamtschuldnern

419 Bei einer Unfallmanipulation kann der Gehilfe einer Unfallmanipulation, der von dem geschädigten Haftpflichtversicherer auf Schadenersatz in Anspruch genommen wird, vom Haupttäter im Wege des Gesamtschuldnerausgleichs erst dann Zahlung verlangen, wenn er selbst an den geschädigten Versicherer mehr gezahlt hat, als er im Innenverhältnis zum Haupttäter tragen muss; vorher besteht nur ein quotenmäßiger Freistellungsanspruch. Im Innenverhältnis der deliktisch haftenden Gesamtschuldner kann für ihre Quote nicht nur das Maß der Verursachung und des Verschuldens von Bedeutung sein, sondern auch die Höhe des jeweiligen Beuteanteils.[372]

XII. Beweislastfragen

1. Bei Gefährdungshaftung

420 a) **Allgemeines.** Es ist von dem Grundsatz auszugehen, dass die Beweislast bei einem Unfall beim Betrieb eines Kraftfahrzeuges dem Verletzten obliegt.[373]

421 Bestreitet zB die beklagte Kraftfahrzeughaftpflichtversicherung die Unfallbeteiligung ihres Versicherungsnehmers, so muss der Geschädigte zunächst nachweisen, dass der Versicherungsnehmer an dem Unfall tatsächlich ursächlich beteiligt war.

422 b) **Entlastungsbeweis bei höherer Gewalt.** Derjenige, der sich nach § 7 Abs. 2 StVG entlasten will, muss die Verursachung des Unfalls durch höhere Gewalt beweisen.
Unaufklärbarkeit tatsächlicher Umstände geht zu Lasten des Beweispflichtigen.[374]

2. Beweislast bei Schwarzfahrt

423 Dem Halter obliegt der Beweis dafür, dass der Unfall sich zugetragen hat bei einer Schwarzfahrt. Umgekehrt muss der Geschädigte, der ein Verschulden des Halters behauptet, den hier zugrunde liegenden Sachverhalt beweisen. Der Halter seinerseits muss wiederum den Entlastungsbeweis für genügende Sorgfalt führen.[375] Wurde zB die Schwarzfahrt durch im verschlossenen Wagen verbliebene Schlüssel ermöglicht, so spricht der erste Anschein für ein Zurücklassen der Schlüssel durch den Halter.[376]

3. Beweislast bei Verschuldenshaftung

424 Der Anspruchsteller muss den haftungsbegründenden und haftungsausfüllenden Sachverhalt beweisen.[377] Zur Beweissituation bei Körperverletzung ist zu verweisen auf die Ausführungen in → § 25 Rn. 10 ff.

---

[371] Vgl. hierzu ausführlich *Böhme/Biela* Rn. A 96; vgl. auch van Bühren/*Lemcke* Teil 6, Rn. 14, 15; vgl. auch *Arendt* NJW-Spezial 2005, 447.
[372] OLG Hamm NZV 2001, 520.
[373] *Hentschel* § 7 StVG Rn. 48.
[374] *Huber* § 4 Rn. 21; vgl. *Hentschel* § 7 StVG Rn. 33.
[375] OLG Karlsruhe NZV 1992, 485; *Burmann*, StVG § 7, Rn. 28.
[376] BGH NJW 1981, 103.
[377] Vgl. Palandt/*Sprau* § 823 Rn. 80.

4. Beweislast bei Schuldanerkenntnis

Wird am Unfallort Anerkenntnis zur Alleinschuld abgegeben, so führt dies zu einer Umkehr der Beweislast in dem Sinne, dass die Richtigkeit der gegnerischen Unfalldarstellung vermutet wird.[378] Es entfaltet grundsätzlich keine materiell-rechtliche Wirkung zu Lasten des Halters oder Versicherers.

425

5. Anscheinsbeweis

a) Begriff und Inhalt. Anscheinsbeweis bedeutet, dass dem Richter die Überzeugung vermittelt wird, dass ein Geschehen so verlaufen ist, wie es nach der Lebenserfahrung für gleichartige Geschehnisse typisch ist.[379]

426

Die Anwendung von Anscheinsbeweisregeln setzt die Feststellung eines Sachverhaltes mit einer Eigentümlichkeit voraus, die nach der Lebenserfahrung eine bestimmte (typisierte) Beurteilung begründet. Daher ist eine Heckkollision einer Typizität nicht zugänglich, wenn zusätzliche objektive Umstände bekannt sind, die als Besonderheiten gegen die bei derartigen Fallgestaltungen gegebene Typizität sprechen.[380]

427

Beispielhaft sei für den Bereich des Straßenverkehrshaftungsrechtes angeführt, dass der Anscheinsbeweis für eine Haftung spricht beim Abkommen von der Fahrbahn und speziell beim Auffahren auf den Vorausfahrenden.[381]

428

b) Grundsätze des Anscheinsbeweises im Einzelnen. Die Rechtsgrundsätze zum Anscheinsbeweis dürfen nur dann herangezogen werden, wenn sich unter Berücksichtigung aller unstreitigen und festgestellten Einzelumstände und besonderen Merkmale des Sachverhaltes ein für die zu beweisende Tatsache nach der Lebenserfahrung typischer Geschehensablauf ergibt. An einem derartigen typischen Lebenssachverhalt fehlt es, wenn ein Kraftfahrer zwar von einer geraden und übersichtlichen Fahrbahn abkommt, dies aber in unmittelbarem Zusammenhang damit steht, dass er bei Gegenverkehr von einem anderen Fahrzeug überholt wird, das den Überholvorgang nur knapp zu Ende führen kann.[382]

429

Der gegen den Auffahrenden sprechende Anscheinsbeweis ist entkräftet, wenn der Vorausfahrende in engem zeitlichen und örtlichen Zusammenhang mit dem Unfall die Fahrspur gewechselt hat. Die bloße Behauptung eines Fahrspurwechsels reicht dazu nicht aus. Es müssen sich aus den unstreitigen oder in der Beweisaufnahme festgestellten Umständen zumindest konkrete Anhaltspunkte und Indizien ergeben, dass dies so gewesen ist.[383]

430

Bei einem typischen Auffahrunfall spricht der Anscheinsbeweis dafür, dass der Auffahrende entweder durch einen ungenügenden Sicherheitsabstand (§ 4 I 1 StVO), durch unangepasste Geschwindigkeit (§ 3 I StVO) und/oder durch allgemeine Unaufmerksamkeit (§ 1 II StVO) den Unfall schuldhaft verursacht hat. Auch ein Hinweis auf ein mögliches Ausweichmanöver genügt zur Darlegung eines atypischen Geschehensablaufes nicht.[384]

431

Zu weiteren Einzelfragen der Beweislast vgl. → § 37 Kraftschadensprozess Rn. 68 ff.

Der bei einem Auffahrunfall für ein nicht verkehrsgerechtes Verhalten des Auffahrenden sprechende Anscheinsbeweis kann entkräftet sein, wenn sich die Kollision in einem unmittelbaren zeitlichen und örtlichen Zusammenhang mit einem Fahrstreifenwechsel des Vorausfahrenden ereignet. Ein derartiger Zusammenhang kann fehlen, wenn der Vorausfahrende nach dem Fahrstreifenwechsel zunächst über eine längere Strecke beschleunigt und erst dann sein Fahrzeug abgebremst hat. Bleibt der Unfallhergang bei einem Auffahrunfall nach einem Fahrstreifenwechsel ungeklärt, ist der Schaden hälftig zu teilen.[385]

432

---

[378] BGH NJW 1984, 799; KG, DAR 2006, 633 = ADAJUR-Dok.Nr. 68717; KG, BeckRS 2009, 10069.
[379] BGHZ 39, 107; NZV 1996, 277; vgl. auch *Hentschel* Einl. Rn. 157 a.
[380] van Bühren/*Lemcke* Teil 2 Rn. 679.
[381] Vgl. *Hentschel* § 4 StVO Rn. 17 f.; OLG Saarbrücken, BeckRS 2009, 19429.
[382] BGH NJW 1996, 1828.
[383] OLG Köln VersR 2004, 77 = DAR 2004, 32; BGH, DAR 2012, 123 = ADAJUR-Dok.Nr. 96320.
[384] OLG Düsseldorf NZV 2006, 200.
[385] KG VersR 1998, 518.

XIII. Regulierungsverzug

1. Allgemeines

433 Bei der Regulierung von Straßenverkehrsunfällen kommt es häufig zu Problemen, weil aus der Sicht des Geschädigten und/oder des ihn vertretenden Anwaltes die Versicherung nicht zügig reguliert, sondern sich Verzögerungen ergeben.

434 Häufig wird von der Versicherung geltend gemacht, dass noch Fragen zum Haftungsgrund zu klären sind. Die Versicherung wünscht in der Regel bei polizeilich aufgenommenen Verkehrsunfallangelegenheiten Einsicht in die amtlichen Ermittlungsakten oder sie verweist darauf, dass der Schaden durch den Versicherungsnehmer noch nicht gemeldet ist. Auch wird häufig darauf verwiesen, dass noch Zeugenaussagen einzuholen sind.

Andererseits wird zur Schadenhöhe geltend gemacht, dass der geltend gemachte Schaden nicht ordnungsgemäß belegt ist.

435 Es ist von dem Grundsatz auszugehen, dass die Versicherung das Recht hat, Einsicht in die amtlichen Ermittlungsakten zu nehmen, und zuvor nicht in Verzug gerät. Soweit die Befragung von Zeugen in Rede steht, muss es aufseiten des Geschädigten möglich sein, dass der Anwalt selbst die Befragung der Zeugen durchführt, um so eine Beschleunigung zu erreichen und damit ggf. die Voraussetzungen des Verzuges zu schaffen.

436 Soweit die Versicherung sich darauf beruft, dass der VN den Schaden noch nicht gemeldet hat, liegt dies in der Sphäre der Versicherung und ist somit für die Voraussetzungen des Verzuges irrelevant.

437 Sodann stellt sich die Frage, welcher Prüfungszeitraum dem Kfz-Haftpflichtversicherer für die Schadenregulierung zuzubilligen ist. Zu beklagen ist, dass es bisher hierzu keine klare Rechtsprechung zugunsten des Geschädigten gibt. So hat das AG Landau noch judiziert, dass bei durchschnittlichen Verkehrsunfällen ein Prüfungszeitraum für den Kfz-Haftpflichtversicherer von 4 bis 6 Wochen und bei auffälligen Rückfragen sogar ein solcher von 6 bis 8 Wochen angemessen ist.[386] Das AG Erlangen sieht bei einfach gelagerten Tatbeständen eine Regulierungsfrist von zwei Wochen als angemessen an. Dies gilt selbst in der Urlaubszeit.[387] Auf die Einsichtnahme in die Ermittlungsakte kommt es darüber hinaus nicht an.

Unabhängig vom Verzug kommt die Forderung von Schadenzinsen ab dem Unfalltag in Betracht.[388]

2. Voraussetzungen des Verzuges

438 Verzug ist die vom Schuldner gemäß § 285 BGB zu vertretende Verzögerung einer fälligen Leistung im Sinne von § 271 BGB trotz Mahnung gemäß § 268 Abs. 1 BGB, also eine vom Schuldner zu vertretende Leistungsstörung.[389]

439 Im Bereich der Regulierung von Kraft-Haftpflichtschäden tritt Verzug mit seinen Folgen erst ein, wenn der Gläubiger nach Eintritt der Fälligkeit und nach ordnungsgemäßer Bezifferung des Schadens sowie nach Ablauf einer angemessenen Bearbeitungs- und Regulierungsfrist eine rechtswirksame Mahnung ausgesprochen hat. Der Schädiger und seine Haftpflichtversicherung kommen mit der fälligen Leistung nicht in Verzug, solange in tatsächlicher Hinsicht gewichtige Bedenken gegen die Leistungspflicht bestehen. Hieraus folgt, dass dem Ersatzpflichtigen, also in der Regel der Versicherung, eine ausreichende Frist eingeräumt werden muss, um die anspruchsbegründenden Voraussetzungen in vornehmlich tatsächlicher Hinsicht ordnungsgemäß zu prüfen. Eine unzutreffende Beurteilung von Rechtsfragen steht dem Eintritt des Verzuges nicht entgegen.[390]

---

[386] AG Landau zfs 2003, 145 mit Hinweisen auf Rspr. OLG Stuttgart, DAR 213, 708.
[387] AG Erlangen, DAR 2005, 690 = ADAJUR-Dok.Nr. 65678.
[388] AG Recklinghausen, Az 11 C 316/2000, ADAJUR-Dok.Nr. 44283.
[389] *Himmelreich/Halm/Bücken* A VI Rn. 97 ff.
[390] *Himmelreich/Halm/Bücken* A VI Rn. 100.

Im Übrigen gilt, dass ohne Mahnung Verzug dann eintritt, wenn der Schuldner, also der 440
Schädiger, oder dessen Haftpflichtversicherung die Ersatzansprüche des Geschädigten ganz
oder teilweise ablehnen.[391]

3. Folgen des Verzuges

a) Anwaltskosten. Für die Verpflichtung, Anwaltskosten zu tragen, ist im Bereich des 441
Schadenersatzrechtes der Verzug in der Regel ohne Bedeutung. Dies folgt daraus, dass die
Anwaltskosten eine selbstständige Schadenposition sind.

b) Prozesskosten. Sind der Schädiger und/oder dessen Haftpflichtversicherung mit der 442
Schadenregulierung in Verzug, so folgt hieraus im Falle der Rechtshängigkeit der Ansprüche, dass die Kosten des gerichtlichen Verfahrens zu tragen sind.

c) Kreditkosten. Bei Verzug kommt in Betracht, dass der Geschädigte zur Deckung des 443
unfallbedingten Kapitalbedarfs einen Kredit aufnehmen muss, sofern er über eigene flüssige
Mittel nicht verfügt. Wird ein angemessener Vorschuss nicht geleistet, so sind die Kosten für
in Anspruch genommenen Kredit zu erstatten.

Die Erstattung von Kreditkosten ist nicht davon abhängig, dass tatsächlich Verzug einge- 444
treten ist. Es ist daher daran zu denken, die Versicherung auf die Notwendigkeit der Inanspruchnahme des Krediteres hinzuweisen. Dies kann auch geboten sein unter dem Aspekt der
Schadenminderungspflicht iSv § 254 BGB.[392]

d) Weitere Schadenpositionen, speziell Nutzungsausfallentschädigung bzw. Mietwagen- 445
kosten. Ist der Schädiger nicht imstande, die Kosten für die Reparatur eines Fahrzeuges zu
zahlen, und ist ihm auch die Kreditaufnahme nicht möglich, so hat dies zur Folge, dass für
die zusätzliche Dauer der Inanspruchnahme des Mietwagens die Mietwagenkosten oder
Nutzungsausfallentschädigung zu erstatten sind über die ansonsten angemessene Nutzungsdauer hinaus, wenn die Reparaturwerkstatt nicht bereit ist, ohne Zahlung der Reparaturkosten das beschädigte bzw. reparierte Fahrzeug herauszugeben.[393]

e) Verpflichtung zur Zinszahlung. Befindet der Schädiger bzw. dessen Versicherung sich 446
mit der Regulierung der Schadenersatzansprüche in Verzug, so ist die Entschädigungssumme
zu verzinsen.

Zur Höhe kommt in Betracht, dass die Höhe des Zinsanspruches bestimmt wird un- 447
ter dem Aspekt des Schadenersatzes entweder als Ausgleich für die Inanspruchnahme eines
Kredites, ggf. eines Überziehungskredites, oder einer entgangenen Anlage der Entschädigung.

In der Praxis wird häufig nicht beachtet, speziell für den Bereich des Schmerzensgeldes, 448
dass auch auf das Schmerzensgeld Zinsen zu zahlen sind, wenn der Schmerzensgeldanspruch fällig ist. Zunächst ist zu beachten, dass ein Anspruch auf Teil-Schmerzensgeld nicht
in Betracht kommt. Umgekehrt aber ist Fälligkeit zu begründen, wenn alle für die Bemessung des Schmerzensgeldes wesentlichen Faktoren, also etwa Verletzungsumfang und – dauernde – Verletzungsfolgen, geklärt sind. In der Praxis wird häufig seitens der Versicherung
die Zahlung des Schmerzensgeldes bis zur Gesamtregelung zurückgestellt. Es sollte jedoch
darauf geachtet werden, dass grundsätzlich der Anspruch fällig zu stellen ist, verbunden mit
dem Hinweis, dass ab einem bestimmten Zeitpunkt der Schmerzensgeldanspruch zu verzinsen ist. Der Schädiger sollte zumindest zu der Zahlung eines Vorschusses aufgefordert werden.

---

[391] *Himmelreich/Halm/Bücken* A VI Rn. 101 (jedoch ohne konkrete Ausführungen zur Bearbeitungs- und Regulierungsfrist).
[392] KG, DAR 2010, 138 = ADAJUR-Dok.Nr. 85877.
[393] LG Aachen, NJW 2013, 2294 = ADAJUR-Dok.Nr. 101936: Nutzungsausfallentschädigung für 565 Tage.

XIV. Das anzuwendende Recht bei Unfall im Ausland

1. Das Recht des Tatortes

449 Bei unerlaubten Handlungen gilt zivilrechtlich grundsätzlich gem. Art. 40 Abs. 1 EGBGB das Recht des Tatortes.[394] Dies gilt auch bei Ansprüchen aus Gefährdungshaftung.[395]

2. Das anzuwendende Recht nach der Regelung der Artikel 40 bis 42 EGBGB

450 Die Neuregelung des internationalen Privatrechts nach den Art. 40 bis 42 EGBGB knüpft an den gemeinsamen gewöhnlichen Aufenthalt (Art. 41 Abs. 2 EGBG) und an das Recht der wesentlich engeren Verbindung (Art. 41 EGBGB).

451 Bei Verkehrsunfällen ist in der Regel Tatort der Unfallort. Das hiernach zur Anwendung kommende Tatortprinzip wird gem. Art. 40 Abs. 2 EGBGB durchbrochen, wenn sowohl Schädiger als auch Geschädigter ihren gewöhnlichen Aufenthalt in demselben Staat haben. In diesem Fall ist das Recht dieses Staates anzuwenden, ohne dass weitere Anknüpfungstatsachen vorliegen müssen, die auf jenen Staat verweisen. In dem Fall, in dem Schädiger und Geschädigter beide ihren gewöhnlichen Aufenthalt im Inland haben, gilt nicht Tatortrecht, sondern deutsches Recht, so zB bei einem Unfall in Österreich, wenn Schädiger und Geschädigter als Jugoslawen ihren ständigen Aufenthalt in Deutschland haben.[396] Schon zur früheren Rechtslage vor der gesetzlichen Neuregelung der Art. 40 bis 42 EGBGB hatte der BGH entschieden, dass selbst dann, wenn Schädiger und Geschädigter die Staatsangehörigkeit des Tatortes besitzen, das Recht des gewöhnlichen Aufenthaltes anzuwenden war.[397]

452 Die Neuregelung der Art. 40 bis 42 EGBGB gewährt dem Geschädigten bei Auseinanderfallen von Handlungs- und Erfolgsort in Bezug auf das anzuwendende Recht ein Wahlrecht (Art. 40 Abs. 1 S. 2 EGBGB).

453 Weiteres Kriterium für die Rechtswahl ist neben dem Recht des gemeinsamen gewöhnlichen Aufenthaltes auch das Recht der wesentlich engeren Verbindung (Art. 41 EGBGB). Der Grundsatz des Tatortprinzips wird durchbrochen durch das Recht der „wesentlich engeren Verbindung" zu einem anderen Staat (Art. 41 EGBGB). Der Fall, in dem das beteiligte Fahrzeug in demselben Staat zugelassen und versichert ist, soll eine solche engere Verbindung begründen.[398]

454 Kommt die Regelung des Art. 41 Abs. 2 EGBGB zur Anwendung, so gilt dies jedoch nicht für die örtlichen Verkehrs- bzw. Verhaltensregeln.[399] In diesem Fall kommen die ausländischen Verkehrsregeln zur Anwendung. Es ist möglich, die Anwendung deutschen Rechtes stillschweigend zu vereinbaren.[400]

3. Besonderheiten für exterritoriale und bevorrechtigte Personen

455 Mitglieder diplomatischer und konsularischer Vertretungen sowie Exterritoriale und bevorrechtigte Personen sind nach Maßgabe der Wiener Übereinkommen von 1961–63 über diplomatische und konsularische Beziehungen von der deutschen Gerichtsbarkeit befreit (§§ 18–20 GVG; 46 Abs. 1 OWiG).[401]

---

[394] EGBGB in der Fassung der Bekanntmachung vom 21.9.1994 (BGBl I S. 2494 ber. BGBl. 1997 I S. 1061), zuletzt geändert durch BVerfG. Beschl. – 1 BvL 6/10 vom 17.12.2013 (BGBl. 2014 I S. 110).
[395] Vgl. BGH NJW 1985, 1285 = ADAJUR-Dok.Nr. 10066; LG Trier, BeckRS 2013, 05350 = ADAJUR-Dok.Nr. 99451.
[396] Vgl. zu dieser Thematik *Hentschel*, Einl. Rn. 25 unter Hinweis auf BGHZ 90, 294 = NJW 1984, 2032.
[397] BGHZ 119, 137 = NZV 1992, 438; diese Entscheidung betraf einen Unfall, bei dem ein Kind als Insasse schwer verunglückte und das Fahrzeug von der Mutter gelenkt wurde. In diesem Fall erkannte der BGH, dass deutsches Haftungsrecht anzuwenden war, obwohl der Unfall sich in dem Land ereignete, dessen Staatsangehörigkeit die Beteiligten hatten.
[398] LG Berlin NJW-RR 2002, 1107; vgl. *Hentschel* Einl. Rn. 25 unter Hinweis auf BGHZ 90, 294 = NJW 1984, 2032.
[399] BGHZ 119, 137 = NZV 1992, 438; 1996, 272.
[400] Vgl. hierzu ausführlich Fallbeispielen *Hentschel* Einl. Rn. 25.
[401] Vgl. hierzu Fallbeispielen *Hentschel* Einl. Rn. 28.

Die Mitglieder der in der Bundesrepublik Deutschland stationierten nichtdeutschen NATO-Truppen sind von der deutschen Gerichtsbarkeit ausgenommen und unterliegen dieser nur nach Maßgabe von Art. VII des NATO-Truppenstatuts und Art. 19 des Zusatzabkommens.[402]

XV. Feststellungen zu haftungsrelevanten Tatsachen-/Unfallursachenfeststellung – technikbezogenen und personenbezogenen Unfallursachen

Die Beurteilung der Haftung oder Mithaftung ist abhängig von der Feststellung von Tatsachen, zB von der Geschwindigkeit des Fahrzeuges, dem Bremsen sowie der Bremswirkung, also von technikbezogenen Fakten. Oftmals sind ein unfallanalytisches und ein darauf aufbauendes biomechanisches Gutachten erforderlich, um den Unfallhergang und dessen Auswirkungen auf beteiligte Personen rekonstruieren zu können.

Weiter kommen für die Beurteilung der Haftung oder Mithaftung auch personenbezogene Fakten in Betracht, speziell der Genuss von Alkohol oder Drogen.

Die Feststellungen von technikbezogenen Unfallsachen sowie personenbezogenen Ursachen wird erleichtert durch die Nutzung von Tabellen.[403] Zu nennen sind folgende Tabellen zur technikbezogenen Feststellung der Unfallursache, nämlich
- Umrechnungstabelle km/h in m/s
- Anfahrgeschwindigkeit
- Anhalteweg
- Geschwindigkeit aus Bremswegen
- Überholweglänge sowie
- zurückgelegte Wegstrecke.

Bei personenbezogenen Ursachen ist neben dem Drogengenuss die Berechnung des Blutalkoholgehaltes von Bedeutung. Hierzu wird verwiesen auf die Tabelle in → § 13 Rn. 177 f.

---

[402] Vgl. ausführlich *Hentschel* Einl. Rn. 29.
[403] Vgl. hierzu auch *Buschbell/Otting* 2. Teil Tabellen, A technikbezogene Feststellungen zur Unfallursache, S. 403 ff. sowie personenbezogene Ursachen *Buschbell/Otting* aaO S. 409 ff.

§ 24 Der Sachschaden – Grundlagen und einzelne Schadenpositionen

Übersicht

	Rn.
I. Der Anspruch auf Ersatz des Sachschadens	1–11
1. Der Begriff des Schadenersatzes	2
2. Der Anspruch auf Schadenersatz	3–8
a) Sachschaden	3/4
b) Sachfolgeschäden	5
c) Begrenzung der Haftung	6–8
3. Ersatz von Vermögensschäden	9
4. Fragen der Kausalität	10/11
a) Bei Verschuldenshaftung	10
b) Gefährdungshaftung	11
II. Die Sachschadenpositionen im Einzelnen	12–195
1. Übersicht Sachschadenpositionen	12
2. Der Fahrzeugschaden	13–95
a) Ersatz der Reparaturkosten	13–30
b) Einzelheiten der „130 %-Grenze"	31–46
c) Anspruch auf Ersatz „fiktiver" Reparaturkosten	47–56
d) Anspruch bei Totalschaden	57–70
e) Anspruch auf Neuwagenersatz/neue Kleidung	71–81
f) Der Restwert	82–90
g) Exkurs: Zeitwertgerechte Reparatur	91–93
h) Entsorgungskosten	94
i) Übersicht über die Rechtsprechung des BGH zur Abrechnung des Fahrzeugschadens	95
3. Wertminderung	96–105
a) Grundlagen	96–104
b) Einzelfragen	105
4. Kosten für Bergung Abschleppen und Überführen	106/107
5. Kosten der Schadenermittlung – Sachverständigengutachten	108–127
a) Der Anspruch auf Ersatz der Schadenermittlungskosten	108–111
b) Einzelfragen	112–124
c) Kosten eines Kostenvoranschlages	125/126
d) Umfang der Recherchen des Sachverständigen bei der Restwertermittlung	127
6. Mietwagenkosten	128–156
a) Der Anspruch auf Anmietung	128–131
b) Ersatz der Mietwagenkosten im Einzelnen	132–147
c) Die Problematik der Anmietung zum Unfallersatztarif	148–156
7. Nutzungsausfallentschädigung und Vorhaltekosten	157–175
a) Die Voraussetzungen von Nutzungsausfallentschädigung	157–163
b) Einzelfragen zum Anspruch auf Nutzungsausfall	164–171
c) Nutzungsausfallentschädigung/Vorhaltekosten für gewerblich genutzte Fahrzeuge	172–175
8. Diverse Sachschadenpositionen	176–185
a) Sachschaden an Gegenständen im Fahrzeug	176
b) Schäden an Bäumen und Gehölzen	177/178
c) Sonstige Positionen	179
d) Speziell: der Anspruch auf Ersatz des Rückstufungsschadens	180–185
9. Anspruch auf Erstattung der Anwaltsgebühren	186–194
a) Allgemeines	186
b) Einzelfragen	187–190
c) Speziell: Vergütung für Einholung einer vormundschaftsgerichtlichen Genehmigung	191
d) Erstattungsfähigkeit der Kosten eines ausländischen Verkehrsanwaltes	192
e) Erstattung der Kosten für Aktenversendung	193/194
10. Sonstige Schadenpositionen zum Fahrzeugschaden	195

	Rn.
III. Der Anspruch auf Erstattung von Finanzierungskosten und Zinsen	196
IV. Der Anspruch auf Erstattung der Mehrwertsteuer	197–206
1. Grundsätzliches	197/198
2. Einzelfragen	199–201
a) Fahrzeugreparatur	199
b) Fiktive Abrechnung auf Gutachtenbasis	200
c) Ersatzteilkauf	201
3. Neuwagenersatz	202–206
a) Kauf bei Händler	202–204
b) Gebrauchtwagenkauf von Privat	205
c) Einzelfragen	206
V. Schadenabrechnung bei Leasingfahrzeugen	207–237
1. Allgemeines	207
2. Besonderheiten beim Schadenfall mit Leasingfahrzeug hinsichtlich der Art des Schadens sowie hinsichtlich der einzelnen Schadenpositionen	208–213
a) Teil- oder Totalschaden	209
b) Besonderheiten zur Schadenposition Wertminderung	210
c) Die Schadenabwicklung beim Teilschaden	211
d) Die Abwicklung beim Totalschaden	212
3. Die Ansprüche des Leasinggebers	213–220
a) Fahrzeugschaden	213–219
b) Wertminderung	220
4. Ansprüche des Leasingnehmers	221–223
a) Anspruch auf Mietwagen und/oder Nutzungsausfall	221
b) Rechtsverfolgungskosten	222/223
5. Versicherungsrechtliche Ansprüche	224–226
a) Ansprüche aus der Kaskoversicherung	224
b) Unfall mit dem Leasingfahrzeug und Abrechnung nach Differenztheorie/Quotenvorrecht	225/226
6. Die Geltendmachung der Ansprüche	227–230
7. Besonderheiten beim Unfall mit dem Leasingfahrzeug	231–237
a) Betriebsgefahr	231–233
b) Gefahrgeneigte Arbeit	234
c) Obliegenheiten nach dem Unfall	235–237
VI. Geltendmachung von Schadenersatzansprüchen nach Quotenvorrecht	238–253
1. Grundgedanke des Quotenvorrechtes	240–242
2. Die Abrechnung nach dem Quotenvorrecht in der Praxis	243–249
a) Die quotenbevorrechtigten Schadenpositionen	243–246
b) Die nicht quotenbevorrechtigten Schadenpositionen	247
c) Auswirkungen des Quotenvorrechts	248/249
3. Berechnungsbeispiele	250–253
a) Die Abrechnung und Abrechnungsbeispiele	250
b) Besondere Fallgestaltung bei differenzierter Haftung für Front- und Heckschaden	251–253

Schrifttum: *Anselm,* Die Unfallinstandsetzung mit gebrauchten Ersatzteilen, NZV 1999, 149; *Balke,* Abzüge bei der Nutzungsausfallentschädigung (mit Rechtsprechungsübersicht), SVR 2005, 218; *Baschek,* in: Münchener Anwaltshandbuch Vergütungsrecht, 2007; *Böhme/Biela,* Kraftverkehrs-Haftpflicht-Schäden, 25. Aufl. 2012; *Budel,* Zeitwertgerechte Reparatur, VersR 1998, 1460; *ders.,* Empfehlungen des 37. Deutschen Verkehrsgerichtstages zur Kfz-Reparatur mit Gebrauchtteilen, VersR 1999, 286; *Burmann,* Abrechnung eines Kfz-Sachschadens auf Neuwagenbasis, zfs 2000, 329; *Eggert,* 130 %-Rechtsprechung: neuester Stand, Verkehrsrecht aktuell 2004, 115; *Engel,* Problemschwerpunkte bei Beendigung des Kfz-Leasingvertrags und Unfällen mit dem Leasingfahrzeug, ZAP Nr. 2 v. 24.1.2001, Fach 4, 653; *Franke,* Aktenübersendungspauschale und Zweites Justizmodernisierungsgesetz, Editorial, SVR 9/2007; *Geigel,* Der Haftpflichtprozess, 26. Aufl. 2011; *Hecker,* Die häufig übersehenen Schadenersatzpositionen oder „Kleinvieh macht auch Mist", MittBl. der Arge VerkR 2005, 37; *Hellwig,* Der Schaden, Stand: 2008; *Hötzel/Hund,* Aktualisierte Gehölzwerttabellen, 3. Aufl. 2001; *Huber,* Integritätsinteresse versus Mobilitätsinteresse – Besprechung zweier richtungsweisender BGH-Entscheidungen vom 15.2.2005 zum Kfz-Sachschaden, SVR 2005, 241; *ders.,* Die Kappung der Mehrwertsteuer bei der fiktiven Schadenabrechnung gemäß § 249 II 2 BGB – eine einfach zu handhabende Regelung? – zugleich Besprechung von *Pamer,* Schadenersatz und Mehrwertsteuer (2003) sowie Schwacke-Liste, Regel- und Differenzbesteuerung (2003), NZV 2004, 105; *ders.,* Schadenersatz, technischer Fortschritt und normative Betrachtung, SVR Nr. 5 2005, Editorial; *ders.,* Versagte Vorteilsausgleichung bei Beschädigung staatlichen Eigentums, NJW 2005, 950; *ders.,* Aktuelle Fragen des Sachschadens, ÖJZ 2005, 211; *Kirchhof,*

Der Verkehrsunfall im Zivilprozess – Sachschadenspositionen –, MDR 1999, 273; *Knöpper/Quaisser*, BGH – Neues von der Mehrwertsteuer, MittBl. Arge VerkR 2006, 3; *Kuhn*, Rechtsprechung zur Abrechnung des wirtschaftlichen Totalschadens, DAR 2005, 68; *Küppersbusch*, Nutzungsausfallentschädigung für Pkw, Geländewagen und Transporter, DAR 2008, 39; *Luckey*, Fiktive Schadensabrechnung bei wirtschaftlichem Totalschaden, VersR 2004, 1525; *Müller-Sarnowski*, Ungereimtheiten bei der Beendigung von Kilometerleasingverträgen, DAR 2004, 368; *Otting*, Merkantiler Minderwert, SVR 2004, 420; *ders.*, „... wenn er das Fahrzeug tatsächlich reparieren lässt und weiterbenutzt" (mit sehr praxisrelevanten Beispielen), SVR 2005, 51; *ders.*, Totalschaden versus Integritätsinteresse, SVR 2005, 262; *Reinking/Kessler/Sprenger*, AutoLeasing und AutoFinanzierung, 5. Aufl. 2013; *Reinking*, Schadensabwicklung von Unfällen mit Beteiligung von Leasingfahrzeugen, zfs 2000, 281 ff.; *ders.*, Die Auswirkungen der Schuldrechtsreform auf das private Kraftfahrzeugleasing, DAR 2002, 145; *Revilla*, Stundenverrechnungssätze – eine Interpretation des „Porsche"-Urteils aus Sicht des Geschädigten, zfs 2008, 188; *Richter*, Die Regulierung von Mietwagenkosten im Unfallersatzgeschäft, zfs 2005, 109; *Schäpe*, (Steuer-)rechtliche Probleme bei der Aktenversendungspauschale, DAR 2008, 114; *Schlüßler*, Die „Direktvermittlung" des Kfz-Haftpflichtversicherers im Lichte des UWG, zfs 2007, 123; *Schneider*, Kfz-Totalschaden und Umsatzsteuer – fiktiver Steuerersatz für die fiktive Abrechnung?, NZV 2003, 555; *Splitter*, Der merkantile Minderwert, DAR 2000, 49; *Sumpf*, Ein ständiges Ärgernis ist die Erstattungsfähigkeit von Kosten für Voranschläge, MittBl. der Arge Verkehrsrecht 2005, 56; *Volze*, Die Haftung des Sachverständigen, Spektrum Versicherungsrecht 2005, 3; *Graf von Westphalen*, Rechtsprechungsübersicht zum Leasingrecht 2002–2004, BB 2004, 2025.

I. Der Anspruch auf Ersatz des Sachschadens

1   Zu den in Betracht kommenden Anspruchsgrundlagen ist zu verweisen auf die Ausführungen in → § 23 Rn. 1 ff.

Nachfolgend werden dargestellt die einzelnen Sachschadenspositionen, und zwar des/der unmittelbar Geschädigten. Weitere Aspekte mit Auswirkungen auf den Schadenersatzanspruch und insbesondere zur Höhe des Anspruches auf Entschädigung sind separat behandelt, und zwar

- steuerliche Aspekte im Zusammenhang mit dem Schadenersatz, → § 35 Rn. 1 ff.
- Schadensminderungspflicht, speziell zu einzelnen Schadenpositionen, sowie Vorteilsausgleich, sowohl zum Sach- als auch zum Personenschaden, → § 28
- Ansprüche der mittelbar Geschädigten, → § 27.

Hinsichtlich der Rechtslage zu den vorgenannten Aspekten wird verwiesen auf die speziellen Ausführungen zu den vorgenannten Aspekten des Schadenersatzrechtes.

1. Der Begriff des Schadenersatzes

2   Im Gesetz ist nicht definiert, was unter „Schaden" zu verstehen ist, der bei Vorliegen eines haftungsbegründenden Tatbestandes zu ersetzen ist. Nach dem Grundgedanken des Schadenersatzrechtes sollen durch die Schadenersatzleistung die entstandenen Nachteile ausgeglichen werden. Art, Inhalt und Umfang der Schadenersatzleistung bestimmen sich nach den Vorschriften der §§ 249 ff. BGB. Diese Gesetzesbestimmungen enthalten keine Anspruchsgrundlage, sondern ergänzen die Normen, die Schadenersatzansprüche vorsehen. Die §§ 249 ff. BGB finden grundsätzlich auf alle Schadenersatzansprüche Anwendung, gleichgültig ob sie auf Vertrag, Delikt oder Gefährdung beruhen.[1] Die Umsatzsteuer wird nur dann bezahlt, wenn sie tatsächlich anfällt.[2] Im Übrigen enthalten die Vorschriften der §§ 10 ff. StVG spezielle Regelungen zum Schadenersatz für Ansprüche aus Gefährdungshaftung gemäß § 7 StVG.

2. Der Anspruch auf Schadenersatz

3   a) **Sachschaden.** Grundsätzlich kann der Geschädigte gemäß § 249 BGB die Wiederherstellung des Zustandes verlangen, der bestehen würde, wenn sich das Schadenereignis nicht ereignet hätte.

Im Gesetz ist nicht definiert, was unter dem Schaden zu verstehen ist, der bei Vorliegen eines haftungsbegründenden Tatbestandes zu ersetzen ist. Vielmehr regelt das Gesetz nur, wie und in welchem Umfang die Nachteile aus einer Schädigung auszugleichen sind.[3]

---

[1] Palandt/*Heinrichs* vor § 249 Rn. 2; vgl. auch *Huber* ÖJZ 2005, 211.
[2] § 249 Abs. 2 S. 2 BGB.
[3] *Geigel* Kap. 4 Rn. 1; vgl. auch *Geigel* aaO. Übersicht über Schrifttum zum Schadenersatz.

Hinsichtlich des Schadens am Fahrzeug kommen folgende Schadenpositionen in Betracht: 4
- Ersatz des Fahrzeugschadens einschließlich Minderwert
- Abschlepp- und evtl. Bergungs- sowie Überführungskosten
- Ersatz der Sachverständigenkosten
- Anspruch auf Nutzungsausfall oder Mietwagenkosten oder evtl. Vorhaltekosten
- Verdienstausfall
- Ab- und Ummeldekosten.

b) Sachfolgeschäden. Neben den Schäden, die am Fahrzeug unmittelbar entstehen, kommen auch sonstige Schadenpositionen in Betracht, quasi Schäden „rund um das Fahrzeug". Hierbei handelt es sich um so genannte „Sachfolgeschäden". Diese Schadenpositionen beziehen sich zum einen auf das beschädigte Fahrzeug. Zum anderen betreffen sie die Regulierung des Schadens.[4]

c) Begrenzung der Haftung. Während im Rahmen der Verschuldenshaftung die Haftung unbegrenzt ist,[5] gilt im Rahmen der Gefährdungshaftung die Regelung der §§ 12, 12a StVG. Durch Gesetzesänderung[6] wurden die Höchstgrenzen für Entschädigungen geändert. Hiernach ist gem. § 12 Abs. 1 Satz 1 Nr. 1 StVG im Falle der Tötung oder Verletzung eines oder mehrerer Menschen durch dasselbe Ereignis die Haftung begrenzt bis zu einem Betrag von insgesamt 5 Mio. EUR. Im Fall einer entgeltlichen, geschäftsmäßigen Personenbeförderung erhöht sich für den ersatzpflichtigen Halter des befördernden Kraftfahrzeugs oder Anhängers bei der Tötung oder Verletzung von mehr als 8 beförderten Personen der vorgenannte Betrag von 5 Mio. EUR um 600.000,- EUR für jede weitere getötete oder verletzte beförderte Person. Die Höchstbeträge nach StVG-Haftung gelten auch für den Kapitalwert einer als Schadensersatz zu leistenden Rente (vgl. insoweit die erstellte Übersicht der aktuellen Haftungshöchstgrenzen in § 23 Rn. 207).

Die vorgenannten Höchstbeträge für die Schadenersatzpflicht gem. § 12 StVG gelten für 7 die StVG-Haftung, nicht für die Haftung bei unerlaubter Handlung aus Verschulden. Wichtig ist deshalb bei der Geltendmachung von Ansprüchen, auch diese Ansprüche geltend zu machen neben den Ansprüchen aus der StVG-Haftung.

Das 2. Schadenrechtsänderungsgesetz hat eine haftungsmäßige Beschränkung auf einen 8 Kapitalbetrag von 600.000 EUR und eine Jahresrente von 36.000 EUR gebracht.[7] Diese Beschränkung gilt auch für Tatbestände des Haftpflichtgesetzes (HPflG).

3. Ersatz von Vermögensschäden

Zunächst gilt § 249 S. 1 BGB für alle Fälle des zu ersetzenden materiellen wie immateriellen Schadens. Darüber hinaus ist in § 252 S. 1 BGB bestimmt, dass Schadenausgleich auch Ersatz entgangenen Gewinns bedeutet. In den Fällen einer unerlaubten Handlung, die sich gegen eine Person richtet, ist in § 842 BGB konkretisiert, dass auch die Nachteile für den Erwerb oder das Fortkommen des Verletzten zu ersetzen sind.[8]

Im Übrigen wird die Norm des § 252 S. 1 BGB, die den Schadenausgleich betrifft, ergänzt durch die beweisrechtliche Norm des § 252 S. 2 BGB.

4. Fragen der Kausalität

a) Bei Verschuldenshaftung. Im Rahmen der Verschuldenshaftung gemäß §§ 823 ff. BGB 10 muss zwischen der schädigenden Handlung und der Rechtsgutverletzung ein ursächlicher Zusammenhang bestehen. Dies ist die so genannte haftungsbegründende Kausalität. Andererseits muss der eingetretene Schaden auf die Rechtsgutverletzung zurückzuführen sein

---

[4] Vgl. Fleischmann/Hillmann/Schneider § 8 Rn. 1.
[5] Vgl. *Palandt* Einführung Vor § 823 Rn. 6.
[6] Zweites Gesetz zur Änderung des Pflichtversicherungsgesetzes und anderer versicherungsrechtlicher Vorschriften vom 10.12.2007, BGBl. I 2007 S. 2833.
[7] Vgl. *Filthaut*, HPflG § 9, Rn. 2.
[8] Vgl. hierzu im Einzelnen Geigel Kap. 3 Rn. 1; zu Einzelheiten der Berechnung des Haftungshöchstbetrages und der Verteilung vgl. im Einzelnen *Geigel* Kap. 4 Rn. 156 ff.

(haftungsausfüllende Kausalität). Diese betrifft den Ursachenzusammenhang zwischen dem Schadenereignis und dem hierdurch eingetretenen Schaden.[9]

11   b) **Gefährdungshaftung.** Im Rahmen der Gefährdungshaftung gemäß §§ 7 ff. StVG muss sich der Unfall als das Ergebnis einer Gefahr darstellen, die üblicherweise von dem Betrieb eines Kfz ausgeht. Der eingetretene Schaden muss hierauf zurückzuführen sein. Es muss ein so genannter adäquater Kausalzusammenhang bestehen.[10]

Zum Begriff des Betriebes eines Kraftfahrzeuges vgl. im Einzelnen → § 23 Rn. 24 ff.

II. Die Sachschadenpositionen im Einzelnen

1. Übersicht Sachschadenpositionen

12

Checkliste Sachschadenpositionen

I. Fahrzeugschaden
  1. Ansprüche bei Beschädigung des Fahrzeuges
     a) Reparatur
        - evtl. bis 130 %-Grenze
        - gemäß Kostenvoranschlag
        - gemäß Sachverständigengutachten
        - Fiktive Reparaturkostenabrechnung
           - Reparatur wird nicht durchgeführt
           - Fahrzeug ist/wird veräußert
     b) Totalschaden
        - Wiederbeschaffungswert
        - Restwert
        - Verwertung/Verkauf des Restwertes
     c) Neuwagenersatz
        - Zulassungsdatum
        - Kilometerleistung
        - Art des Schadens
     d) Wertminderung
        - festgestellt durch ......
        - geschätzt
        - speziell: Alter des Fahrzeuges
     e) Sonstige Schadenpositionen
        - Zulassungskosten
        - Entsorgungskosten
  2. Abschleppkosten
  3. Kosten der Schadenermittlung/Sachverständigengutachten
  4. Mietwagenkosten
  5. Nutzungsausfall
     - für die Dauer vom ...... bis ......
     - Art des Fahrzeuges
     - (Fahrzeug geringerer Klasse)
  6. Vorhaltekosten für gewerblich genutzte Fahrzeuge
  7. Finanzierungskosten/Zinsen
  8. Nebenkostenpauschale
  9. Sonstige Schadenpositionen
     - Sachschäden an Gegenständen im Fahrzeug
     - Schäden an Bäumen/Gehölzen

---

[9] Berz/Burmann/*Grüneberg* A 4 Rn. 36.
[10] Berz/Burmann/*Grüneberg* A 4 Rn. 36.

10. Erstattung Anwaltsgebühren
   - Gesetzliche Gebühren
   - Gebühren gemäß Vereinbarung mit dem Mandanten

II. Ansprüche gegen eigene Fahrzeugversicherung/Schadenpositionen
   - Reparaturkosten
     Wiederbeschaffungswert abzüglich Restwert
   - Abschleppkosten
   - Wertminderung (sofern in den AKB vorgesehen)

III. Ansprüche gegen sonstige Versicherungen, Verkehrs-Service-Versicherung, Reisegepäckversicherung etc.

Die vorstehende Übersicht soll eine Hilfe bieten für die in Betracht kommenden Schadenpositionen. Nicht zu verkennen ist, dass in Betracht kommende Schadenpositionen oft übersehen werden.[11]

2. Der Fahrzeugschaden

a) *Ersatz der Reparaturkosten.* Der Anspruch auf Ersatz des Reparaturschadens ist gegeben, wenn die Wiederherstellung des beschädigten Fahrzeuges technisch möglich und wirtschaftlich sinnvoll ist.

Grundsätzlich besteht ein Anspruch auf Ersatz des konkret nachgewiesenen und tatsächlich entstandenen Reparaturaufwandes. Hier sind jedoch Abweichungen zu beachten, nämlich wie folgt:
- Die Reparaturkosten dürfen den Wiederbeschaffungswert des Fahrzeuges bis zu 30% übersteigen.[12]
- Bei Wertverbesserung kommen Abzüge „neu für alt" in Betracht.[13]

aa) Konkrete Reparaturkosten. Für den Anspruch auf Ersatz der konkreten Reparaturkosten ist es unerheblich, ob die Reparatur in einer Fachwerkstatt oder in einem sonstigen Betrieb durchgeführt wird. Bei konkreter Abrechnung werden jedoch nur die tatsächlich nachgewiesenen Aufwendungen ersetzt.

Der Geschädigte kann zum Ausgleich des durch den Unfall verursachten Fahrzeugschadens die vom Sachverständigen geschätzten Reparaturkosten bis zur Höhe des Wiederbeschaffungswertes ohne Abzug des Restwertes verlangen, wenn er das Fahrzeug tatsächlich reparieren lässt und weiterbenutzt. Die Qualität der Reparatur spielt jedenfalls solange keine Rolle, als die geschätzten Reparaturkosten den Wiederbeschaffungswert nicht übersteigen.[14] Entscheidet sich der Geschädigte für die Ersatzbeschaffung, kann er vom Schädiger die Zahlung der vom Sachverständigen ermittelten Reparaturkosten inklusive Mehrwertsteuer fordern, wenn er seinerseits Mehrwertsteuer zahlen muss, die der Höhe nach derjenigen bei der Reparaturkostenkalkulation entspricht bzw. diese übersteigt.[15]

Erwirbt der Geschädigte ein Ersatzfahrzeug zu einem Preis, der dem in einem Sachverständigengutachten ausgewiesenen Bruttowiederbeschaffungswert des Unfallbeschädigten Fahrzeuges entspricht oder diesen Wert übersteigt, kann er im Wege konkreter Schadenabrechnung die Kosten der Ersatzbeschaffung verlangen, und zwar bis zur Höhe des Bruttowiederbeschaffungswertes.[16]

---

[11] Zur aktuellen Rspr. des BGH und speziell zur Abgrenzung zwischen der Abrechnung auf Reparatur- und Totalschadenbasis sowie zum Unfallersatztarif und zu den ersatzfähigen Mietwagenkosten vgl. ausführlich *Huber* SVR 2005, 241 unter Hinweis auf SVR 2005, 227 und SVR 2005, 228; *Hecker* MittBl. der Arge VerkR 2005, 37.
[12] BGH NJW 1992, 302 ff. = zfs 1992, 8 = DAR 1992, 22 ff.
[13] Vgl. *Jahnke*, BGB § 249, Art und Umfang des Schadenersatzes, II, Rn. 106 f.
[14] BGH DAR 2003, 372; vgl. auch *Otting* SVR 2005, 51.
[15] BGH DAR 2013, 462.
[16] BGH DAR 2005, 500.

18 Lässt der Geschädigte nicht reparieren, sondern veräußert er das beschädigte Fahrzeug und realisiert hierdurch den Restwert, so ist sein Schaden in entsprechender Höhe ausgeglichen. In einem solchen Fall sind die fiktiven Reparaturkosten durch den Wiederbeschaffungsaufwand begrenzt. In diesem Fall findet die sog. 70 %-Grenze keine Anwendung.[17]

19 Macht der Geschädigte fiktive Reparaturkosten geltend, können die Stundensätze grundsätzlich auf die Höhe der durchschnittlichen – nicht markengebundenen – Werkstätten reduziert werden. Etwas anderes gilt, wenn die Reparatur in einer nicht markengebundenen Werkstatt unzumutbar ist. Hiervon ist auszugehen, wenn der Unfallwagen noch nicht drei Jahre alt ist oder der Geschädigte nachweislich sämtliche Wartungs- und Reparaturarbeiten in einer Markenwerkstatt ausführen lässt.[18]

20 Lässt ein Unfallgeschädigter sein Fahrzeug nicht in einen verkehrssicheren Zustand versetzen und nutzt er das Fahrzeug nicht mindestens sechs Monate weiter, kann er die vom Sachverständigen geschätzten Kosten nicht fiktiv abrechnen. Er hat nur einen Anspruch auf den Wiederbeschaffungswert abzüglich Restwert.[19]

21 Der Schaden des Unfallgeschädigten, der sein beschädigtes Fahrzeug nicht reparieren lässt, sondern durch Verkauf den Restwert realisiert, ist in entsprechender Höhe ausgeglichen. In diesem Fall wird auch bei Abrechnung fiktiver Reparaturkosten der Schaden als Ersatzanspruch durch den Wiederbeschaffungswert begrenzt mit der Folge, dass für die Anwendung der so genannten „70-Prozent-Grenze" kein Raum ist.[20]

22 Bei einer Teilreparatur, die zur Verkehrssicherheit des Unfallwagens führt, kann der Geschädigte Reparaturkosten bis zur Höhe des Wiederbeschaffungswertes ohne Abzug des Restwertes auch dann verlangen, wenn die Reparaturkostenprognose oberhalb von 130 % des Wiederbeschaffungswertes liegt.[21]

23 Der Reparaturkostenaufwand über 100 % bis maximal 130 % des Wiederbeschaffungswertes kann nur verlangt werden, wenn die Reparaturen fachgerecht und in einem Umfang durchgeführt werden, wie ihn der Sachverständige zur Grundlage seiner Kostenschätzung gemacht hat. Repariert der Geschädigte bei einem den Wiederbeschaffungswert des Fahrzeuges übersteigenden Schaden nur teilweise oder nicht fachgerecht, sind Reparaturkosten, die über dem Wiederbeschaffungsaufwand des Fahrzeuges liegen, nur dann zu erstatten, wenn diese Reparaturkosten konkret angefallen sind, oder wenn der Geschädigte nachweisbar wertmäßig in einem Umfang repariert hat, der den Wiederbeschaffungsaufwand übersteigt. Andernfalls ist die Höhe des Ersatzanspruches auf den Wiederbeschaffungsaufwand beschränkt.[22] Hierbei ist davon auszugehen, dass die Ersatzbeschaffung eine Form der Restitution ist mit der Folge, dass eine Unterlassung jeglicher Restitution zur Kappung der Mehrwertsteuer nach § 249 Abs. 2 Satz 2 BGB führt.[23]

Wichtig für die Praxis ist eine Regelung zum Ausgleich der Reparaturkosten. Hierzu kommen folgende Aspekte zum Tragen:

24 In der Regel steht der Betrag zum Bezahlen der Reparaturrechnung bei Abschluss der Reparatur noch nicht zur Verfügung. Regelmäßig lassen Werkstätten sich eine Sicherungsabtretung geben.[24] Auch eine Reparaturkostenübernahmeerklärung der Versicherung kommt in Betracht. Es ist sinnvoll und empfehlenswert, mit der Werkstatt im Hinblick auf die vorgenannten möglichen Sicherungen der Werkstattforderung den Verzicht auf das Werkstattunternehmerpfandrecht zu vereinbaren, das grundsätzlich nach durchgeführter Reparatur dem Werkstattunternehmer zusteht.

25 Eine Besprechung zwischen dem beauftragten Anwalt und der beteiligten Werkstatt kann bedeutsam sein für die Höhe der Gebühr gemäß Nr. 2300 VV-RVG. Dies kann eine Über-

---

[17] BGH r+s 2005, 393; vgl. auch BGH NJW 2005, 2220.
[18] BGH DAR 2010, 77.
[19] OLG Dresden, Az 7 U 1181/13, ADAJUR-Dok.Nr 5. 104727.
[20] BGH VersR 2005, 1257; vgl. auch BGH NZV 2005, 512.
[21] OLG Hamm SVR 2004, 393.
[22] BGH NZV 2005, 243 = SVR 2005, 228 = zfs 2005, 184; vgl. weiter BGH SVR 2005, 227; BGH NJW 2005, 2541; vgl. zu dieser Thematik auch *Huber* SVR 2005, 241.
[23] *Huber*, Integritätsinteresse versus Mobilitätsinteresse, SVR 2005, 241, 242.
[24] Zu Einzelheiten der Sicherungsabtretung mit praktischen Hinweisen vgl. *Fleischmann/Hillmann* § 7 Rn. 19 f.

schreitung der Regelgebühr in Höhe von 1,3 begründen. Deshalb ist es wichtig, über durchgeführte Besprechungen mit der Werkstatt einen Aktenvermerk zu fertigen und, wenn dies sachlich sinnvoll ist, auch der Werkstatt zu bestätigen, um so ggf. eine Überschreitung der Regelgebühr von 1,3 zu begründen. Der Gegenstandswert errechnet sich ungeachtet etwaiger Abtretungen stets nach dem vollen Fahrzeugschaden.[25] Empfehlenswert ist es, die getroffene Vereinbarung an die Werkstatt auch zur Rechtssicherheit die Haftpflichtversicherung des Gegners mitzuteilen.

Kosten, die durch erfolglose Reparaturversuche oder durch Fehler/Preiserhöhung der Werkstatt entstehen, sind vom Schädiger zu tragen. Die Werkstatt ist nicht Erfüllungsgehilfe des Geschädigten, da die Reparatur nach der Wertung des § 249 BGB Sache des Schädigers ist.[26]

Bei der Ermittlung des als Schadenersatz und Schadenausgleich zu zahlenden Betrages kommen, was bisher häufig nicht beachtet wird, auch Aspekte des technischen Fortschrittes in Betracht unter dem Aspekt normativer Betrachtung.[27] Der Aspekt des technischen Fortschritts spielt keine entscheidende Rolle unter dem Aspekt normativer Betrachtung, vielmehr aber bei der Beurteilung des merkantilen Minderwertes und etwa der Abrechnung auf Neuwagenbasis und schließlich auch bei der Nutzung des Internets zur Verwertung des Restwertes. Diese Aspekte fließen ein in die nachstehende Behandlung der genannten Schadenpositionen.

bb) *Abzug „neu für alt"*. Ergibt sich bei der Reparatur eine Wertverbesserung, etwa wegen Erneuerung der Reifen, des Auspuffs oder sonstiger Verschleißteile, so kommt in Betracht, dass der Geschädigte sich diese Wertverbesserung auf den Schadenersatz unter dem Gesichtspunkt „Abzüge neu für alt" anrechnen lassen muss.[28] Keinesfalls sollte sich der Geschädigte damit zufrieden geben, wenn der Abzug pauschal prozentual festgesetzt wird. Hier muss eine konkrete Angabe gefordert werden, welche Teile und welche Reparaturen konkret betroffen sind. Ein Abzug „neu für alt" bei einer Seitenscheibe scheitert schon daran, dass diese keinem Verschleiß unterliegt und damit die Lebensdauer des Autos aufweist.

cc) *Reparatur mit Gebrauchtteilen*. Der Arbeitskreis VII des 37. Deutschen Verkehrsgerichtstages 1999 hat sich mit dem Thema „Kfz-Reparatur mit Gebrauchtteilen" beschäftigt. Hierbei stellt sich zunächst die Frage, ob bei der Reparatur mit Gebrauchtteilen eine gleichwertige Reparatur gegeben ist. Insbesondere aber ergeben sich logistische Probleme. Die Verfügbarkeit von geeigneten Gebrauchtteilen ist problematisch. Weiter ist problematisch die Frage von Garantieansprüchen (→ Rn. 91 ff. „Exkurs: Zeitwertgerechte Reparatur").[29] Die Reparatur mit Gebrauchtteilen hat in der Praxis jedoch keine große Bedeutung erlangt. Hierfür ist sicherlich nicht unwichtig das Problem der Vorratshaltung. Der BGH lässt allerdings eine Reparatur mit Gebrauchtteilen zu, wenn es dem Geschädigten gelingt, damit sein Fahrzeug wieder verkehrssicher zu machen und die Kosten unter dem Wiederbeschaffungswert zu halten.[30]

dd) *Höhe der Stundensätze*. Der Geschädigte, der fiktive Reparaturkosten abrechnet, darf grundsätzlich der Schadenberechnung die Stundenverrechnungssätze einer markengebundenen Fachwerkstatt zugrunde legen. Der abstrakte Mittelwert der Stundenverrechnungssätze aller repräsentativen Marken- und freien Fachwerkstätten einer Region repräsentiert als statisch ermittelte Rechengröße nicht den zur Wiederherstellung erforderlichen Betrag.[31] Allerdings muss er seine Forderung auf die Durchschnittsstundensätze von Karosseriefachwerkstätten reduzieren lassen, wenn diese nach den Herstellervorgaben reparieren, sein Kfz

---

[25] *Geigel* Kap. 41 Rn. 26; vgl. auch *Hansens* zfs 2007, 311 mwN.
[26] BGH DAR 1995, 28; auch falsche Abrechnung zu Lasten des Schädigers: OLG Hamm NZV 1995, 442; LG Hannover BeckRS 2014, 00897; OLG Saarbrücken BeckRS 2012, 05572.
[27] *Huber* SVR Nr. 5 2005 Editorial.
[28] Vgl. AGH Dortmund BeckRS 2009, 14040; *Filthaut* HPflG § 10 Haftungsgrenze für Sachschäden Rn. 23 ff.
[29] Vgl. hierzu im Einzelnen *Fleischmann/Hillmann* § 7 Rn. 13 bis 16; *Budel* VersR 1998, 1460; *ders.* VersR 1999, 286; *Anselm* NZV 1999, 149; so auch OLG Düsseldorf VRR 2011, 459 = ADAJUR-Dok.Nr. 94320.
[30] BGH DAR 2011, 133.
[31] BGH NJW 2003, 2086 = DAR 2010, 28; vgl. hierzu auch einschränkend BGH zfs 2005, 382 (Ersatzanspruch nur bei fachgerechter Reparatur); vgl. hierzu *Revilla* zfs 2008, 188.

schon älter als drei Jahre ist und er nicht nachweisen kann, dass sämtliche Wartungs- und Reparaturarbeiten in einer Markenwerkstatt gemacht wurden.[32]

31 b) **Einzelheiten der „130 %-Grenze".** Das Interesse des Geschädigten kann einmal gerichtet sein auf die tatsächliche Wiederherstellung des früheren Zustandes gemäß § 249 S. 1 BGB oder auf die Zahlung des zur Herstellung erforderlichen Geldbetrages gemäß § 249 S. 2 BGB. Ist die Wiederherstellung nicht möglich, so hat gemäß § 251 Abs. 1 BGB der Schaden- bzw. Wertausgleich zu erfolgen.

32 Für das Wiederherstellungsinteresse des Geschädigten gilt, dass dieser häufig eine Reparatur wünscht, obwohl die Kosten für die Reparatur höher sind als der Wert des Fahrzeuges. Dies ist in der Regel bedingt durch geschätzte Sonderausstattungen des Fahrzeuges oder, weil das Fahrzeug vertraut ist, die Weiterbenutzung des Fahrzeuges einer Ersatzanschaffung vorgezogen wird.

33 Diesem Integritätsinteresse hat die Rechtsprechung dadurch Rechnung getragen, dass der Geschädigte Anspruch auf Ersatz der Reparaturkosten auch noch dann hat, wenn sie den Wiederbeschaffungswert bis zu 30 % übersteigen.[33]

34 Voraussetzung für Schadenersatz bis zur 130 %-Grenze ist jedoch, dass die Reparatur tatsächlich durchgeführt wird. Bei lediglich fiktiven Reparaturkosten kommt diese Grenze nicht in Betracht.[34] Der Geschädigte muss, wenn dies bestritten wird, die Durchführung der Reparatur beweisen. Weitere Voraussetzung für die Inanspruchnahme des 30%igen Zuschlags ist, dass die Reparatur auch fachgerecht durchgeführt worden ist.[35]

35 Für die Inanspruchnahme des „Bonus" des 30%igen Zuschlages ist bei der Durchführung der Reparatur unerheblich, ob diese in einer Fachwerkstatt durchgeführt wird oder ob der Geschädigte selbst repariert.[36] Entscheidend ist die qualitativ einwandfreie und fachliche Reparatur.

36 Nach der Rechtsprechung ist der Nachweis des Integritätsinteresses zu verlangen durch Weiterbenutzung des reparierten Fahrzeuges. Der Restwert findet keine Berücksichtigung, wenn der Geschädigte das Fahrzeug nicht nur vorübergehend weiterbenutzt und dadurch sein Integritätsinteresse an dem Fahrzeug beweist. Nach BGH[37] ist entscheidend das Vorliegen des Integritätsinteresses durch Weiterbenutzung des Fahrzeuges für sechs Monate. Das OLG Celle lässt eine fachgerechte Reparatur ausreichen. Nach Ansicht des Gerichts ist die Dauer der Weiternutzung unerheblich.[38]

Will jedoch der Geschädigte bei einem Totalschaden sein Fahrzeug weiter nutzen, muss er sich dessen Restwert anrechnen lassen, auch wenn er diesen nicht realisiert.[39]

37 Das schutzwürdige Integritätsinteresse am Erhalt des beschädigten Fahrzeuges ist dargetan durch eine Reparatur, bei der das Fahrzeug in allen wesentlichen Punkten instand gesetzt worden ist, es also keine nennenswerten Beanstandungen hinsichtlich des Reparaturergebnisses gibt. Hierbei ist nicht entscheidend, ob eine Reparatur mit Originalersatzteilen/Neuteilen oder gebrauchten Ersatzteilen durchgeführt wurde.[40]

38 Der Anteil von 30 % über dem Wiederbeschaffungswert ist als Grenzwert anzusehen. Liegen die (voraussichtlichen) Kosten der Reparatur eines Kraftfahrzeuges mehr als 30 % über dem Wiederbeschaffungswert, so ist die Instandsetzung in aller Regel wirtschaftlich unvernünftig. Der Geschädigte kann vom Schädiger grundsätzlich nur die Wiederbeschaffungskosten verlangen.[41] Lässt der Geschädigte sein Fahrzeug dennoch reparieren, so können die

---

[32] BGH NJW 2010, 2727 = ADAJUR-Dok.Nr. 88803.
[33] BGH NJW 1992, 302 ff. = zfs 1992, 8 = DAR 1992, 22 ff. = NZV 1992, 66, 67; zur Kritik hieran vgl. *Berz/Burmann* 5 B Rn. 6.
[34] BGH NJW 1992, 66, 88.
[35] *Berz/Burmann* 5 B Rn. 8.
[36] BGH NJW 1992, 1618.
[37] BGHZ 168, 43 ff. = DAR 2006, 441; vgl. auch BGH DAR 2008, 79 = VersR 2008, 134 = NJW 2008, 437 = r+s 2008, 35 sowie BGH VersR 2008, 135 = NJW 2008, 439 = DAR 2008, 81.
[38] OLG Celle NJW 2008, 928 = ADAJUR-Dok.Nr. 77477.
[39] BGHZ 171, 287 = NJW 2007, 1674 = NZV 2007, 291 = VersR 2007, 1145 = DAR 2007, 325.
[40] OLG Oldenburg NZV 2000, 469.
[41] BGHZ 115, 375.

Kosten nicht in einen vom Schädiger auszugleichenden wirtschaftlich vernünftigen Teil (bis zu 130 % des Wiederbeschaffungswertes) und einen vom Geschädigten selbst zu tragenden wirtschaftlich unvernünftigen Teil gespalten werden.[42]

Die Voraussetzungen für die höhere Entschädigung aufgrund des Integritätsinteresses entfallen, wenn der Geschädigte die Reparatur zwar durchführt oder durchführen lässt, kurze Zeit später aber das Fahrzeug veräußert.[43] Problematisch kann sein, wie hier die zeitliche Grenze zu bemessen ist. Der BGH und ihm folgend die Untergerichte gehen in der Regel von einer Weiterbenutzung von mindestens sechs Monaten aus.[44] **39**

Für die Bemessung der 130 %-Grenze war lange Zeit streitig, ob der Restwert zu berücksichtigen war oder nicht.

Nunmehr gilt, dass zu vergleichen sind die Instandsetzungskosten und der verbleibende Minderwert einerseits mit dem Wiederbeschaffungswert ohne Abzug des Restwertes andererseits.[45] Grundlage für diese Wertbestimmung ist regelmäßig das Sachverständigengutachten. **40**

Schließlich ist zu berücksichtigen, dass die Integritätsentscheidung bis zur 130 %-Grenze keine starre Grenze ist. Vielmehr handelt es sich um einen Richtwert. Es ist jeweils auf die Besonderheiten des Einzelfalles abzustellen.[46] Der dem Geschädigten bei der Reparatur seines Kfz zustehende „Integritätszuschlag" von 30 % gilt grundsätzlich auch für gewerblich genutzte Fahrzeuge.[47] **41**

Der Geschädigte hat, unabhängig davon, ob nach der Berechnung des Sachverständigen die kalkulierten Reparaturkosten unter der 130 %-Grenze liegen, dann Anspruch auf Erstattung der Reparaturkosten, wenn die tatsächlichen Reparaturkosten bei ordnungsgemäßer und zeitwertgerechter Reparatur die 130 %-Grenze nicht übersteigen.[48] **42**

Auch kann der Geschädigte eines Kfz-Unfalls vom Schädiger und dessen KH-Versicherung den Ersatz des ihm entstandenen Schadens auf der Basis der von einem Kfz-Sachverständigen geschätzten notwendigen Reparaturkosten einer Fachwerkstatt ersetzt verlangt, soweit diese nicht 130 % des Wiederbeschaffungswertes des beschädigten Fahrzeuges übersteigen.[49] Andererseits steht es dem Käufer eines Unfallbeschädigten Fahrzeuges nicht zu, die den Wiederbeschaffungswert um nicht mehr als 130 % übersteigenden Reparaturkosten zu verlangen.[50] **43**

Eine besondere Fallgestaltung der 130 %-Grenze liegt vor, wenn diese durch Sondernachlass bestimmt wird. Der Geschädigte hat keinen Anspruch auf Ersatz von Reparaturkosten, die den Wiederbeschaffungswert um 30 % übersteigen, wenn die tatsächlichen Reparaturkosten höher lagen und die 130 %-Grenze nur durch Aushandeln von Sonderkonditionen mit der Werkstatt eingehalten wurde.[51] **44**

Bei der Betrachtung, Bewertung und Anwendung der 130 %-Grenze ist die Grundthese der BGH-Rechtsprechung zugrunde zu legen. Hiernach gilt, dass bei der Beschädigung eines Kfz das schadenersatzrechtliche Ziel der Restitution auf zweierlei Weise erreicht werden kann, und zwar zum einen durch Instandsetzung, zum anderen durch Beschaffung eines gleichwertigen Ersatzfahrzeuges. Wird der Weg der Instandsetzung gewählt, darf das Integritätsinteresse des Geschädigten nicht verkürzt werden.[52] **45**

In der Praxis sind folgende Punkte zu beachten: Für den Schädiger bzw. dessen Versicherung ist es häufig günstiger, auf Totalschadensbasis abzurechnen. Ein festgestellter Min- **46**

---

[42] BGH DAR 2007, 635 = VersR 2007, 1244 = NJW 2007, 2917 = r+s 2007, 433 = NZV 2007, 564.
[43] OLG Hamm NZV 1993, 432, 433.
[44] BGH DAR 2006, 441; BGH DAR 2008, 79; BGH DAR 2008, 81; aA OLG Celle NJW 2008, 928.
[45] BGH NJW 1992, 302.
[46] BGH NZV 1992, 66, 68; zum Einfluss von Nebenforderungen auf die Berechtigung des Anspruches auf 130 %-Entschädigung vgl. im Einzelnen *Berz/Burmann* 5 B Rn. 14.
[47] BGH NZV 1999, 159; Ergänzung zu BGHZ 115, 364 und 375; ebenso OLG Hamm VersR 1999, 330; OLG Dresden DAR 2001, 303 = ADAJUR-Dok.Nr. 44392; OLG Saarbrücken r+s 2013, 520 = ADAJUR-Dok.Nr. 103990.
[48] AG Hof DAR 2000, 276.
[49] OLG Oldenburg MittBl. Arge VerkR 2000, 46.
[50] AG Siegburg MDR 2000, 332.
[51] LG Bremen NZV 1999, 253.
[52] BGH NJW 2003, 2085.

derwert ist auf der Reparaturseite in den Kostenvergleich einzubeziehen, während der Restwert außen vor bleibt. Auch ein Abzug „neu für alt" ist nicht gerechtfertigt. Schließlich muss die Reparatur nachgewiesen werden. Wird das Fahrzeug unmittelbar nach der Reparatur veräußert, kann die Voraussetzung für die Anwendung des Integritätszuschlages entfallen.[53]

47 **c) Anspruch auf Ersatz „fiktiver" Reparaturkosten. aa) *Grundsätzliches*.** Von „fiktiver" Schadenabrechnung wird gesprochen, wenn die Abrechnung erfolgt unabhängig davon, ob der Schaden behoben wird oder nicht.

48 Grundlage für den Anspruch auf „fiktive" Abrechnung ist § 249 S. 2 BGB. Hiernach hat der Geschädigte Anspruch auf Ausgleich des für die Wiederherstellung des ursprünglichen Zustandes „erforderlichen" Geldbetrages. Dies folgt aus dem Grundsatz der Dispositionsfreiheit des Geschädigten. Dieser kann deshalb zum Schaden selbstständig disponieren wie folgt:
- Verzicht auf Durchführung der Reparatur
- Durchführung nur einer Teilreparatur
- Durchführung einer (gegenüber der Schätzung) kostengünstigeren Reparatur.

49 Der Geschädigte hat in jedem Fall Anspruch auf Zahlung des Betrages, der für die Durchführung einer fachgerechten Reparatur anfällt. Auch braucht der Geschädigte – anders als bei konkreter Durchführung einer Reparatur – keine Reparaturkostenrechnung vorzulegen zur Bezifferung des Schadens. Die Bezifferung kann zweckmäßigerweise erfolgen auf der Grundlage eines Kostenvoranschlages oder eines Sachverständigengutachtens.[54] Die Mehrwertsteuer wird allerdings nur dann mit bezahlt, wenn sie tatsächlich angefallen ist.[55]

50 In diesem Zusammenhang ist darauf hinzuweisen, dass auch bei Eigenreparatur der Anspruch auf Ersatz der Reparaturkosten gegeben sein kann. Dies gilt jedenfalls in dem Fall, in dem der Geschädigte eine eigene Reparaturwerkstatt unterhält und er auch Fremdreparaturen durchführt. Hiernach kann er auch die Kosten fiktiv wie eine Fachwerkstatt abrechnen.[56] Quasi wie „fiktive Schadenregulierung" kann grundsätzlich ein Fahrzeugschaden auf Basis eines Sachverständigengutachtens abgerechnet werden, ohne dass es des Nachweises bedarf. Die Rechtsprechung ist jedoch hierzu uneinheitlich. Bei Verbringungskosten wird dies zum Beispiel befürwortet, wenn die Reparaturwerkstatt, deren Kostensätze dem Gutachten zugrunde gelegt werden, über keine eigene Lackierwerkstatt verfügt und im näheren Umkreis des Geschädigten keine Werkstatt mit eigener Lackiererei gegeben ist.[57] Dies gilt für folgende Kostenpositionen:
- Verbringungskosten
- Ersatzteilpreisaufschläge
- Kosten der Fahrzeugvermessung
- Kosten der Fahrzeugreinigung zwecks Lackierung.

51 Veräußert ein Geschädigter sein unfallbeschädigtes Fahrzeug in unrepariertem Zustand, ist er nicht verpflichtet, den Veräußerungserlös zu offenbaren. Auch in diesem Fall kann er Ersatz der erforderlichen Instandsetzungskosten verlangen.[58]

52 Die (fiktiv) vom Sachverständigen geschätzten Reparaturkosten bis zur Höhe des Wiederbeschaffungswertes kann der Geschädigte in der Regel nur abrechnen, wenn er das Fahrzeug mindestens sechs Monate weiterbenutzt und zu diesem Zweck, falls erforderlich, verkehrssicher (teil-)reparieren lässt. Ansonsten kann er nur den Wiederbeschaffungswert verlangen, da er – so die Begründung – infolge der Weiterveräußerung den Restwert realisiert hat. Diese muss er sich bei der Schadenberechnung mindestens anrechnen lassen.[59] Eine sechsmonatige Weiterbenutzung hält das LG Nürnberg[60] nicht für erforderlich.

---

[53] Vgl. hierzu ausführlich *Eggert* Verkehrsrecht aktuell 2004, 115.
[54] Vgl. hierzu *Tietgens* § 18 Rn. 33.
[55] § 249 Abs. 2 BGB.
[56] AG Bergisch-Gladbach MittBl. der Arge VerkR 2005, 65.
[57] Vgl. AG Düsseldorf SP 2003, 137; LG Lüneburg SP 2010, 190.
[58] Thür. OLG MittBl. der Arge VerkR 2005, 64; vgl. auch AG Würzburg MittBl. der Arge VerkR 2005, 65 und AG Augsburg MittBl. der Arge VerkR 2005 MittBl. der Arge VerkR 2005, 64.
[59] BGH VersR 2008, 839 (im Streitfall hatte der Geschädigte das Fahrzeug nach 22 Tagen weiterveräußert), i. A. an BGHZ 154, 395 = VersR 2003, 918, 168, 43 = VersR 2006, 989.
[60] Zfs 2007, 444.

bb) Der Anspruch auf Ersatz der „fiktiven" Reparaturkosten im Einzelnen. Der Anspruch 53
auf Ersatz der „fiktiven" Schadenabrechnung gewährt dem Geschädigten die Möglichkeit, als
Schadenersatz den Geldbetrag zu verlangen, der dem festgestellten oder geschätzten Reparaturaufwand entspricht. Für den Anwalt, der den Geschädigten berät, können verschiedene
Gründe angeführt werden zur Anwendung der fiktiven Schadenabrechnung, nämlich:
- Weiterbenutzung des Fahrzeuges in beschädigtem Zustand (soweit dieses verkehrssicher ist)
- Anschaffung eines neuen Fahrzeuges ohne Durchführung der Reparatur am beschädigten Fahrzeug oder Eintausch des beschädigten Fahrzeuges bei Anschaffung des Neufahrzeuges
- Möglichkeit der Durchführung der Reparatur in Eigenreparatur
- Durchführung der Reparatur kostengünstiger in einer preisgünstigen Werkstatt
- Lediglich Durchführung einer Notreparatur.[61]

Der Geschädigte kann sich damit begnügen, ein Gutachten eines Kfz-Sachverständigen 54
oder bei Schäden bis ca. 1.000 EUR einen Kostenvoranschlag vorzulegen. Auch bei fiktiver
Abrechnung hat der Geschädigte Anspruch auf Ersatz der Kosten, die sich ergeben aus einer
Kalkulation auf der Grundlage „mittlerer ortsüblicher Stundenverrechnungssätze".[62] Bei
fiktiver Abrechnung sind die Reparaturkostenansätze einer Fachwerkstatt, nicht mittlere
ortsübliche Verrechnungssätze anzusetzen.[63]

Der Geschädigte hat Anspruch auf „Geldausgleich" gemäß „fiktiver" Reparaturabrechnung, auch wenn das Fahrzeug vor Durchführung einer Reparatur verkauft wird.[64]

Der Anspruch auf Ersatz der „fiktiven" Reparaturkosten ist dann nicht gegeben, wenn 55
das zum Nachweis des Reparaturaufwandes vorgelegte Sachverständigengutachten objektiv
ganz oder in Teilen fehlerhaft ist.[65]

cc) Eigenreparatur. Auch bei Eigenreparatur kann der Geschädigte, der sein Fahrzeug 56
selbst repariert, von dem Schädiger den Geldbetrag verlangen, der ihm bei der Reparatur in
einer Fachwerkstatt in Rechnung gestellt worden wäre, und zwar auch gemäß Sachverständigengutachten.[66]

d) Anspruch bei Totalschaden. Ist die Reparatur eines Fahrzeuges nicht mehr möglich, 57
liegt ein Totalschaden vor. Dieser kann sich ergeben, wenn die Reparatur entweder aus technischen oder aus wirtschaftlichen Gründen nicht möglich oder sinnvoll ist. Hierbei ist zu
unterscheiden zwischen einem
- echten Totalschaden oder einem
- unechten Totalschaden sowie
- unter Berücksichtigung der „130%-Regelung".

Es ist feststehende Rechtsprechung,[67] dass im Totalschadenfall der Restwert des verunfall- 58
ten Fahrzeuges vom Wiederbeschaffungswert abzuziehen ist. Hierbei ist anerkannt, dass der
Geschädigte seiner Schadenberechnung grundsätzlich den von einem anerkannten Sachverständigen ermittelten Restwert zugrunde legen und den Unfallwagen zu diesem Wert auch
verkaufen oder in Zahlung geben darf.[68] Hiernach braucht der Geschädigte sich nicht vom
Schädiger bzw. dessen Versicherung auf einen höheren Restwerterlös verweisen zu lassen,
der nur auf einem Sondermarkt spezialisierter Restwertaufkäufer zu erzielen wäre.[69]

aa) Echter Totalschaden. Ein echter Totalschaden ist gegeben, wenn die Reparatur des 59
Fahrzeugs aus technischen Gründen nicht möglich oder aus wirtschaftlichen Gründen nicht

---

[61] Vgl. hierzu im Einzelnen *Fleischmann/Hillmann* § 8 Rn. 79 f.
[62] AG Clausthal-Zellerfeld zfs 1997, 135; *Berz/Burmann* 5 B Rn. 34.
[63] AG Gießen zfs 2000, 152; LG Essen SP 2013, 115 = ADAJUR-Dok.Nr. 101331.
[64] BGH NJW 1992, 903; aA OLG Köln zfs 1988, 171; *Berz/Burmann* 5 B Rn. 57.
[65] Vgl. hierzu *Berz/Burmann* 5 B Rn. 57.
[66] LG Landau zfs 1999, 59; OLG Düsseldorf SP 04/03, 135.
[67] BGHZ 115, 364, 372 = VersR 1992, 457; VersR 1993, 769; BGH DAR 2007, 634 bei Weiternutzung des reparierten Kfz.
[68] BGH VersR 1992, 457 = DAR 1992, 172.
[69] BGH DAR 2007, 634; BGH DAR 2010, 460.

sinnvoll ist. Ein technischer Totalschaden liegt vor, wenn das Fahrzeug aus technischen Gründen nicht mehr repariert werden kann. Von einem wirtschaftlichen Totalschaden spricht man, wenn die Reparaturkosten unverhältnismäßig höher sind als der Wiederbeschaffungswert abzüglich Restwert.

60 In der Regel bietet das Sachverständigengutachten die Grundlage für die Entscheidung des Geschädigten, ob er sein Fahrzeug reparieren lassen darf oder ob er auf Totalschadensbasis abrechnen muss. Es ist davon auszugehen, dass auch nach der Rechtsprechung die Abrechnung auf Gutachterbasis selbst bei einer Totalbeschädigung des Kfz möglich ist.[70]

61 Der Geschädigte kann im Wege konkreter Schadenabrechnung die Kosten der Ersatzbeschaffung bis zur Höhe des (Brutto-)Wiederbeschaffungswertes des Unfallbeschädigten Fahrzeuges verlangen, wenn er ein Ersatzfahrzeug zu einem Preis erwirbt, der dem in einem Sachverständigengutachten ausgewiesenen (Brutto-)Wiederbeschaffungswert des Unfallbeschädigten Kraftfahrzeuges entspricht oder diesen übersteigt. In diesem Fall ist der Restwert abzuziehen. Auf die Frage, ob und in welcher Höhe in dem im Gutachten ausgewiesenen (Brutto-)Wiederbeschaffungswert Umsatzsteuer enthalten ist, kommt es in diesem Zusammenhang nicht an.[71]

62 Aufgrund der Änderung des § 249 BGB muss Mehrwertsteuer nur noch dann bezahlt werden, wenn sie tatsächlich angefallen ist. Für die Regulierung des wirtschaftlichen Totalschadens ergeben sich oftmals Schwierigkeiten bei der Feststellung des konkreten – im Wiederbeschaffungswert enthaltenen – Steuersatzes. Dies ist unterschiedlich, je nachdem ob eine Ersatzbeschaffung beim Händler oder von Privat oder überhaupt nicht erfolgt. Hinsichtlich des Steuersatzes kann es zu unterschiedlichen Ergebnissen kommen.

63 Beim Ankauf eines Ersatzfahrzeuges von Privat gilt, dass der Geschädigte lediglich den Nettowiederbeschaffungswert erhält, wenn er kein Ersatzfahrzeug anschafft. Vom Bruttowiederbeschaffungswert werden in diesem Fall 19% abgezogen, wenn der Gutachter den Wiederbeschaffungswert unter Berücksichtigung des (Regel-)Mehrwertsteuersatzes ausgewiesen hatte.[72]

64 Beim Ankauf eines Ersatzfahrzeuges vom Händler, und zwar ohne Ausweis der Mehrwertsteuer und mit Angabe der Rechnungsnummer, kann er nur 2% des Brutto-Verkaufswertes als Umsatzsteuer fordern, nicht aber die im Gutachten ausgewiesenen 19% (Differenzbesteuerung).[73]

65 Im Falle eines wirtschaftlichen Totalschadens an einem Kfz hat der Geschädigte einen Anspruch auf Ersatz von Umsatzsteuer nur, wenn er eine Ersatzbeschaffung vorgenommen oder – ungeachtet der Unwirtschaftlichkeit einer Instandsetzung – sein beschädigtes Fahrzeug repariert hat und wenn tatsächlich Umsatzsteuer angefallen ist.[74]

66 *bb) Unechter Totalschaden.* Ein unechter Totalschaden liegt dann vor, wenn die Reparatur des beschädigten Fahrzeuges dem Geschädigten unter Berücksichtigung der besonderen Interessen nicht zugemutet werden kann (nachstehend → Rn. 71 ff., betreffend Anspruch auf Neuwagenersatz).[75]

67 *cc) Totalschaden und 130%-Grenze.* Auch bei der Abrechnung auf Totalschadensbasis gilt, dass der Geschädigte Anspruch hat auf Ersatz der festgestellten Reparaturkosten bis zur 130%-Grenze (im Einzelnen vorstehend → Rn. 31 ff.).

68 *dd) Totalschaden und Restwert.* Schwierig ist oft die Frage abzugrenzen, unter welchen Umständen sich der Geschädigte auf ein Restwertangebot des Versicherers verweisen lassen muss, wenn er nicht gegen seine Schadensminderungspflicht gemäß § 254 BGB verstoßen will. Unter Umständen ist der Geschädigte verpflichtet, von einer ihm vom Versicherer er-

---

[70] Vgl. hierzu ausführlich *Luckey* VersR 2004, 1525.
[71] BGH NJW 2005, 2220.
[72] BGH DAR 2004, 379 mit Anm. *Steffen;* jetzt auch BGH NJW 2005, 2220 (Anspruch auf Ersatz des Bruttowiederbeschaffungswerts).
[73] Vgl. hierzu *Kuhn* DAR 2005, 68 mit ausführlichen Nachweisen der Rspr. zu den einzelnen Fallgestaltungen.
[74] BGH DAR 2004, 379.
[75] Vgl. hierzu *Geigel* Kap. 3 Rn. 41.

öffneten günstigen Verwertungsmöglichkeit Gebrauch zu machen. Ein Verstoß gegen die Schadensminderungspflicht kann vorliegen, wenn besondere Umstände dem Geschädigten Veranlassung geben, günstigere Verwertungsmöglichkeiten wahrzunehmen.[76] Die Ausnahmen, unter denen der Geschädigte auf ein günstiges Restwertangebot der Versicherung eingehen muss, sind vom Schädiger zu beweisen. Der bloße Hinweis auf eine preisgünstigere Möglichkeit der Verwertung, um deren Realisierung sich der Geschädigte erst noch bemühen muss, genügt indessen nicht, um seine Obliegenheit zur Schadensminderung auszulösen.[77]

Ein Geschädigter ist grundsätzlich nicht verpflichtet, einen Sondermarkt für Restwertverkäufer im Internet in Anspruch zu nehmen; er muss sich jedoch einen höheren Erlös anrechnen lassen, den er bei tatsächlicher Inanspruchnahme eines solchen Sondermarktes ohne besondere Anstrengungen erzielt.[78] Der Geschädigte braucht nicht einen Sondermarkt für Restwertaufkäufer im Internet in Anspruch zu nehmen. Erzielt er jedoch einen höheren Erlös, muss er sich diesen anrechnen lassen, wenn er tatsächlich einen Sondermarkt in Anspruch nimmt. Ein ansonsten erzielter überdurchschnittlicher Erlös auf Grund von erhöhten Anstrengungen des Geschädigten kommt jedoch dem Schädiger nicht zugute.[79]

Andererseits stellt sich die Frage, ob ein überdurchschnittlicher Erlös, den der Geschädigte für seinen Unfallwagen aus Gründen erzielt, die mit dem Zustand des Fahrzeuges nichts zu tun haben, anzurechnen ist. Dies kann zB der Fall sein, wenn der Geschädigte als Ersatzfahrzeug ein Neufahrzeug erwirbt und für den Restwert einen höheren Betrag als vom Sachverständigen kalkuliert erzielt. Hier gilt der Grundsatz, dass der Schädiger den Geschädigten nicht auf einen höheren Restwert verweisen kann, wenn dieser etwa einen höheren Ertrag erzielt, etwa wenn er sein beschädigtes Fahrzeug beim Erwerb eines Neufahrzeuges in Zahlung gibt.[80]

e) Anspruch auf Neuwagenersatz/ neue Kleidung. aa) *Der Anspruch auf Neuwagenersatz.* Wird ein neuwertiges Fahrzeug erheblich beschädigt, so hat der Geschädigte Anspruch auf Ersatz eines identischen Neufahrzeuges. Dies gilt allerdings nur für Pkw, nicht für Nutzfahrzeuge.[81]

Kernpunkt der Frage, ob ein Anspruch auf Neuwagenersatz zu bejahen ist, ist die Frage, ob dem Geschädigten eine Reparatur zumutbar ist oder nicht. Die Zumutbarkeit kann einmal orientiert werden an den fortgeschrittenen Möglichkeiten der Reparaturtechnik.[82] Andererseits wird der Standpunkt vertreten, es komme auf die Verkehrsauffassung an. Hiernach kann der Minderwert beim beschädigten Fahrzeug durch merkantilen Minderwert ausgeglichen werden.[83]

Neuwertig ist ein Fahrzeug bei kurzer Zulassungsdauer (bis zu einem Monat), einwandfreiem Zustand, einem im Verhältnis zum Kaufpreis erheblichen Reparaturaufwand und geringer Fahrleistung. Die Grenze liegt in der Regel bei 1.000 km. Bei besonderen Umständen kommt eine Neuwertentschädigung in Betracht auch bis zu einer Laufleistung von 3.000 km, wenn Zeitwert plus Ersatz des merkantilen Minderwertes nicht zum vollen Schadenausgleich führen.[84]

Der Geschädigte muss das Unfallfahrzeug nicht der Versicherung anbieten, wenn er auf Neuwagenbasis abrechnet.[85]

---

[76] BGH NJW 2000, 800 mit Anm. *Eggert* = NZV 2000, 162 = DAR 2000, 159 mit Anm. *Weigel* = VersR 2000, 467 = MDR 2000, 330; OLG Hamm NJW-RR 2009, 320 = ADAJUR-Dok. Nr. 82335; OLG Düsseldorf, NJW-RR 2008, 617.
[77] BGH aaO; BGH zfs 2005, 600.
[78] BGH zfs 2005, 184.
[79] BGH SVR 2005, 264.
[80] BGH zfs 2005, 184.
[81] OLG Stuttgart VersR 1983, 92; vgl. auch *Otting* SVR 2005, 262.
[82] OLG Celle NZV 2004, 586 sowie OLG Düsseldorf SP 2004, 158.
[83] Vgl. hierzu *Huber* SVR Nr. 5 2005 Editorial, im Ergebnis bejahend merkantilen Minderwert zum Ausgleich für Preisabschlag und Beeinträchtigung eines evtl. Verkaufserlöses.
[84] *Hentschel* StVG § 12 Rn. 11a; BGH NJW 1982, 433; KG zfs 1986, 365; OLG Hamm VersR 1986, 1196.
[85] KG SVR 2005, 308.

74 Die Grundsätze der Abrechnung auf Neuwagenbasis sind auch anwendbar, wenn es sich bei dem beschädigten Fahrzeug um ein **Leasingfahrzeug** handelt.[86] Dies gilt dann, wenn besonders schwerwiegende Schäden und bleibende Mängel vorhanden sind. Bei einer Kilometerleistung eines Neufahrzeuges zwischen 1.000 und 3.000 km kommt der Anspruch auf Ersatz für Neufahrzeug lediglich unter bestimmten Voraussetzungen in Betracht, nämlich:
- Sicherheitsrelevante Teile sind beschädigt, und es bleiben Unsicherheitsfaktoren
- Voraussichtlich auch nach durchgeführter Reparatur verbleibende Schönheitsfehler
- Gefährdung der Herstellergarantie aufgrund der Schwere und Art des Schadens.[87]

75 Eine Abrechnung auf Neuwagenbasis ist nur dann zulässig, wenn ein fabrikneues Auto erheblich beschädigt worden ist. Karosserie oder Fahrwerk des Pkw müssen so stark beschädigt sein, dass sie in wesentlichen Teilen wieder aufgebaut werden müssen und nicht bloß Montageteile auszutauschen sind.[88]

76 Von dem Grundsatz, dass Anspruch auf Neuwagenersatz nur bis zu einer Laufleistung von 1.000 km besteht, kann ausgegangen werden, wenn sich eine Unzumutbarkeit der Weiterbenutzung durch den Geschädigten aus konkreten technischen oder ästhetischen Mängeln ergibt, die durch die Reparatur nicht beseitigt werden können. In solchen Fällen ist der merkantile Minderwert einschließlich des technischen so hoch anzusetzen, dass sich eine ins Gewicht fallende Differenz der verschiedenen Berechnungsarten nicht mehr ergibt.[89]

77 Zu beachten ist jedoch, dass bei Abrechnung auf Neuwagenbasis ein zu erzielender Preisnachlass abzusetzen ist, so zB auch der Werksangehörigenrabatt. Steht dieser im Zeitpunkt des Unfalls dem Geschädigten nicht zu, weil er ihn erst kurz vorher in Anspruch genommen hat, bleibt er bei der Entschädigung unberücksichtigt. Voraussetzung für den Anspruch auf Neuwagenersatz ist, dass ein Neuwagen tatsächlich angeschafft wird.[90]

Beim Anspruch auf Neuwagenersatz kommt eine fiktive Schadenabrechnung nicht in Betracht.[91]

78 Wird die Reparatur nicht durchgeführt und ist beim Totalschaden vom Wiederbeschaffungswert der Restwert in Abzug zu bringen, so ergeben sich häufig Differenzen über den Restwert, und zwar hinsichtlich der Bewertung als auch hinsichtlich des Vorgehens bei der Verwertung der Restwerte (hierzu nachstehend im Einzelnen → Rn. 82 ff.).

79 *bb) Besonderheiten bei Leasingfahrzeugen.* Ist in einem Schadenfall ein Leasingfahrzeug so schwer beschädigt, dass der Anspruch auf Neuwagenersatz in Betracht kommt, so kann der Leasinggeber die Sach- und Leistungsgefahr durch AGB nur dann auf den Leasingnehmer verlagern, wenn er ihm gleichzeitig für den Fall des Totalschadens ein kurzfristiges Kündigungsrecht einräumt.[92] Es ist davon auszugehen, dass ein Totalschaden in der Regel durch Kündigung des Leasingvertrages zum Vertragsende führt. Dies tritt jedoch nicht automatisch ein, sondern vielmehr muss der Leasingvertrag aus dem genannten Grund gekündigt werden. Beim Anspruch auf Totalschaden eines beschädigten Leasingfahrzeuges ist der Leasinggeber nicht zur Ersatzbeschaffung verpflichtet. In der Praxis ist es so, dass in der Regel ein modifizierter Vertrag über das Ersatzfahrzeug abgeschlossen wird.[93]

80 Im Übrigen ist bei der Anwendung von Leasingverträgen stets zu prüfen, ob entsprechende Klauseln, speziell über die Abrechnung, im Einklang stehen mit den AGB-Bestimmungen. Eine Klausel in den AGB eines Leasingvertrages über Kraftfahrzeuge, in denen der Leasinggeber für die Abrechnung bei vorzeitiger Vertragsbeendigung – anders als bei ordnungsge-

---

[86] OLG Nürnberg NZV 1994, 439.
[87] Vgl. hierzu im Einzelnen *Fleischmann/Hillmann* § 4 Rn. 6.
[88] OLG Celle NZV 2004, 586.
[89] BGH NJW 1982, 433; OLG Hamm NZV 2000, 170; vgl. auch *Burmann* zfs 2000, 329 (mit ausführlichen Nachweisen der Rspr.).
[90] OLG Nürnberg zfs 1991, 45; zu Einzelfragen und speziell Beschaffungsproblemen vgl. im Einzelnen *Fleischmann/Hillmann* § 7 Rn. 372.
[91] OLG Nürnberg zfs 1991, 45.
[92] BGH NJW 1992, 683.
[93] Vgl. im Einzelnen *Fleischmann/Hillmann* § 7 Rn. 378; *Müller-Sarnowski* DAR 2004, 368; *Graf von Westphalen* BB 2004, 2025.

mäß Vertragsbeendigung – nur 90 % des erzielten Gebrauchtwagenerlöses berücksichtigt, benachteiligt den Leasingnehmer unangemessen und ist unwirksam.[94]

cc) Kleidung. Wird bei einem Unfall Motorradkleidung beschädigt, hat der Geschädigter Anspruch auf Neuwertersatz, wenn sie noch relativ neuwertig ist. Motorradkleidung unterliegt nicht den für normale Kleidung geltenden Bemessungskriterien. Sie dient vornehmlich der Sicherheit.[95] Wird ein Helm bei einem Unfall beschädigt, hat der Geschädigte ebenfalls Anspruch auf die Zahlung der Kosten eines neuen Helms. Ein Abzug „neu für alt" ist nicht angebracht.[96]

f) Der Restwert. aa) Allgemeines. Der Wert des Fahrzeuges im beschädigten Zustand wird als „Restwert" bezeichnet. Die Feststellung des Restwertes muss sich am Marktwert orientieren. In der Regel ist davon auszugehen, dass ein Restwert nur vorliegt, wenn das Fahrzeug in beschädigtem Zustand wieder verwertet werden kann und nicht lediglich „Schrottwert" hat. Während früher „Schrottwert" noch berücksichtigt werden konnte, dürfte dies heute ausscheiden, da Fahrzeuge und insbesondere beschädigte Fahrzeuge ordnungsgemäß entsorgt werden müssen. Diese Kosten stellen sogar eine ausgleichsfähige Schadenposition dar.[97]

Auch zum „Restwert" sind verschiedenen Fallgestaltungen denkbar. Einmal kommt der Fall in Betracht, dass ein Restwert nicht mehr zu erzielen ist. In diesem Fall bleibt der Restwert außer Ansatz. Hat das Fahrzeug in beschädigtem Zustand einen Restwert, so ist dieser bei der Schadenberechnung zu berücksichtigen, also beim Totalschaden in Abzug zu bringen.

bb) Der Restwert im Einzelnen. Wird die Reparatur durchgeführt und liegen die Reparaturkosten unter dem Wiederbeschaffungswert zuzüglich 30 %, so ist der Restwert nicht zu berücksichtigen. Im Falle der Durchführung der Reparatur sind zu vergleichen
- Instandsetzungskosten sowie verbleibender Minderwert einerseits,
- der sich dann ergebende Wert ist zu vergleichen mit dem Wiederbeschaffungswert ohne Abzug des Restwertes.[98]

Der frühere Streit, ob bei der Bestimmung der 130 %-Toleranzgrenze der Restwert zu berücksichtigen ist, ist zwischenzeitlich dahin gehend entschieden, dass bei tatsächlicher Durchführung der Reparatur der Restwert nicht zu berücksichtigen ist.[99]

Das Vorgehen bei der Verwertung der Restwerte bietet in der Praxis häufig Anlass zu Streitigkeiten. Hierbei stellt sich einmal die Frage, ob der Geschädigte sich durch die Versicherung auf spezielle Restwertkäufer verweisen lassen muss oder ob er das Fahrzeug zu dem Restwert, den der von ihm eingeschaltete Sachverständige ermittelt hat, veräußern darf.[100]

Inzwischen hat der BGH[101] diese Frage entschieden. Der Leitsatz dieser Entscheidung lautet:

„Der Geschädigte darf bei Ausübung der Ersetzungsbefugnis des § 249 S. 2 BGB die Veräußerung seines beschädigten Fahrzeuges grundsätzlich zu demjenigen Preis vornehmen, den ein von ihm eingeschalteter Sachverständiger als Wert auf dem allgemeinen Markt ermittelt hat. Auf höhere Einkaufspreise spezieller Restwertaufkäufer braucht er sich in aller Regel nicht verweisen zu lassen."

Es ist von dem Grundsatz auszugehen, dass der Geschädigte regelmäßig das Unfallfahrzeug bei einem Aufkäufer seines Vertrauens in Zahlung geben kann, ohne von dem gegnerischen Versicherer auf einen höheren Restwerterlös verwiesen werden zu können. Der Geschädigte ist nicht gehalten, mit der Verwertung des Unfallfahrzeuges zu warten, bis der

---

[94] BGH VersR 2002, 1155 = DAR 2002, 414 (auch zur konkreten Berechnung des Schadens des Leasinggebers bei vorzeitiger Kündigung); vgl. auch *Reinking* DAR 2002, 145.
[95] LG Oldenburg DAR 2002, 171 = ADAJUR-Dok.Nr. 46271.
[96] AG Stuttgart, Urt. v. 7.3.2008 – 42 C 6461/07, ADAJUR-Dok.Nr. 90587.
[97] Vgl. *Tietgens* § 18 Rn. 91; AG Zwickau – 23 C 0235/05, ADAJUR-Dok.Nr. 65505.
[98] BGH NJW 1992, 302; 1992, 305.
[99] *Berz/Burmann* 5 B Rn. 11.
[100] Vgl. zur unterschiedlichen Rechtsprechung Berz/Burmann 5 B Rn. 12.
[101] NZV 1993, 305; so auch LG Freiburg Urt. v. 21.1.1999 MittBl. der Arge VerkR 1999, 17; BGH DAR 2005, 152 = ADAJUR-Dok.Nr. 61549.

Versicherer Gelegenheit hatte, vom Inhalt des Gutachtens Kenntnis zu nehmen und ggf. dem Geschädigten ein höheres Restwertangebot zu unterbreiten. Dies gilt zumindest dann, wenn der Geschädigte im Zeitpunkt des höheren Restwertangebotes des Versicherers sein Fahrzeug bereits veräußert hat, sodass insoweit kein Verstoß gegen § 254 BGB vorliegt.[102] Auch verstößt der Geschädigte weder gegen das Gebot der Wirtschaftlichkeit des § 249 BGB noch gegen seine Schadensminderungspflicht, wenn er sein Fahrzeug vor Zugang des Restwertangebotes durch den Haftpflichtversicherer veräußert.[103] Er ist nicht verpflichtet, die Versicherung von seiner Verkaufsabsicht zu benachrichtigen.[104]

88 In der Praxis kommt es häufig vor, dass Versicherungen dem Geschädigten auf schnellstem Weg, etwa per Fax, ein Angebot zum Restwert übermitteln. Hier tritt die gemäß § 249 BGB dem Geschädigten zustehende Dispositionsfreiheit mit den Grundsätzen der Schadensminderung in Widerspruch. Unter Berufung auf die Rechtsprechung des BGH[105] entscheiden auch die Untergerichte,[106] dass der Geschädigte sich in aller Regel nicht auf höhere Ankaufpreise spezieller Restwertaufkäufer verweisen lassen muss, und dass bei eigener Verwertung durch den Geschädigten kein Verstoß gegen die Schadensminderungspflicht vorliegt. Es ist von dem Grundsatz auszugehen, dass der Geschädigte grundsätzlich die Veräußerung seines beschädigten Fahrzeuges zu demjenigen Preis vornehmen darf, den ein von ihm eingeschalteter Sachverständiger als Wert auf dem allgemeinen Markt ermittelt hat.[107]

89 Es ist von dem Grundsatz auszugehen, dass der Geschädigte im Allgemeinen dem Gebot der Wirtschaftlichkeit genügt, wenn er im Totalschadenfall das Unfallfahrzeug zu dem in einem Sachverständigengutachten ausgewiesenen Restwert verkauft oder in Zahlung gibt (vorstehend → Rn. 68 ff. zum Stichwort „Totalschaden und Restwert").[108] Der Restwert wird in der Regel ermittelt, neben der möglichen Vorlage eines Angebotes durch einen potenziellen Ankäufer, durch einen Sachverständigen. Wird der Restwert durch den Sachverständigen – in der Regel überhöht – unzutreffend festgestellt, so kommt gegen den Sachverständigen ein Regressanspruch des zahlenden Versicherers in Betracht (hierzu nachfolgend → Rn. 120 ff.).

90 *cc) Eigenverwertung des Geschädigten.* Verwertet der Geschädigte das Wrack selbst aufgrund Inserates im Internet und erzielt er infolgedessen einen höheren Wert als vom Sachverständigen geschätzt, so stellt sich die Frage, ob dies lediglich der Schadensminderungspflicht entspricht oder ob auch die durch dieses Bemühen angefallenen Aufwendungen zu ersetzen sind.[109] Im Ergebnis ist der vom Sachverständigen geschätzte Wert maßgeblich. Der Mehrerlös steht wegen der überobligationsmäßigen Anstrengungen des Geschädigten diesem zu. Im Übrigen ist zu verweisen auf die Ausführungen zur Wertermittlung durch den Sachverständigen (nachfolgend → Rn. 108 ff.).

91 **g) Exkurs: Zeitwertgerechte Reparatur.** In letzter Zeit wird verstärkt die Möglichkeit diskutiert, die Unfallinstandsetzung mit gebrauchten Ersatzteilen vorzunehmen. Hiermit hat sich der Arbeitskreis VII des 37. Verkehrsgerichtstages 1999 eingehend befasst und sich grundsätzlich dafür ausgesprochen, die Kfz-Reparatur mit gebrauchten Ersatzteilen auch im Versicherungsschaden einzusetzen. Hierbei dürfen neben Fragen der technischen Möglichkeiten nicht übersehen werden mögliche Nachteile für den Geschädigten hinsichtlich der Qualität, Haltbarkeit und evtl. auch Verkehrssicherheit bei Durchführung der Reparatur mit gebrauchten Ersatzteilen. Demgegenüber wird seitens der Versicherungswirtschaft der Standpunkt vertreten: „Die Unfallreparatur von Fahrzeugen mit gebrauchten Originalersatzteilen ist technisch einwandfrei möglich, ökologisch sinnvoll und kostensparend".[110]

---

[102] LG Köln DAR 2003, 226; LG Konstanz zfs 2005, 491.
[103] LG Köln DAR 2003, 226.
[104] OLG Düsseldorf NZV 2004, 584.
[105] NJW 1993, 1849.
[106] ZB AG Aschaffenburg zfs 1999, 103 f.
[107] OLG München DAR 1999, 407, 408; zum Restwert vgl. auch *Kirchhof* MDR 1999, 273, 274; BGH DAR 2009, 196.
[108] BGH NJW 2000, 800.
[109] BGH NJW 2005, 357.
[110] Vgl. Bericht über eine Allianz-Veranstaltung zur Kfz-Versicherung: Zeitwertgerechte Reparatur steckt in Deutschland noch in den Kinderschuhen, Versicherungswirtschaft 1999, 567.

Bei der Reparatur mit Gebrauchtteilen ergibt sich die Thematik und wird seitens des 92
Schädigers oder der Versicherung vorgebracht, dass eine Reparatur mit Gebrauchtteilen
nicht ordnungsgemäß ist. Dieser Argumentation folgt die Rechtsprechung nicht. Das Amtsgericht Hagen[111] hat hierzu ausgeführt:

„Mit dem Sachverständigen ist das Gericht der Auffassung, dass jedenfalls das konkret vorgefundene Fahrzeug mithilfe der zum Teil gebrauchten Ersatzteile ordnungsgemäß repariert worden ist, was den fachgerechten Reparaturaufwand durch den Kraftfahrzeugbetrieb angeht. Angesichts des Alters des Fahrzeuges ist die Reparatur als zeitwertgerecht anzusehen ... Im gleichen Gegensatz zu der Argumentation der Beklagten (Versicherung) im vorliegenden Falle wäre vielmehr einem Geschädigten der Einwand des § 251 Abs. 2 BGB oder gar des § 254 BGB entgegenzuhalten, weil gerade ein wirtschaftlich vernünftig denkender Mensch ein Fahrzeug des Erhaltungs- und Alterszustandes des Klägers gerade nicht vollständig, falls möglich, mit Neuteilen reparieren lässt, um damit den zur Reparatur erforderlichen Kostenaufwand im vertretbaren Rahmen gering zu halten."

Im gleichen Sinne entschied auch das OLG Oldenburg. Hiernach ist entscheidend dafür, 93
ob eine fachgerechte Reparatur vorliegt, allein die Frage, ob der vor der Beschädigung bestehende Zustand des Fahrzeuges auch durch den Einbau von gebrauchten Teilen erreicht worden ist, also von einer Teil- oder Billigreparatur nicht gesprochen werden kann.[112]

h) **Entsorgungskosten.** Bei der Beschädigung eines Fahrzeuges können unter verschiede- 94
nen Gesichtspunkten zusätzlich Entsorgungskosten anfallen. Hierbei sind die verschärften
Umweltbestimmungen zu beachten. Hiernach müssen auch Fahrzeugwracks oder Reparaturteile ordnungsgemäß entsorgt werden.
Verursacht die Verwertung des Unfallfahrzeuges Entsorgungskosten, so stellen diese eine
Ausgleichspflichtige Schadenposition dar, und dieser Schaden ist zu ersetzen.[113]

i) **Übersicht über die Rechtsprechung des BGH zur Abrechnung des Fahrzeugschadens.**[114] 95
Der BGH hat seine Rechtsprechung zur Abrechnung des Fahrzeugschadens seit April 2003 in
über 20 Entscheidungen fortentwickelt. Danach sind die Abrechnungsalternativen davon abhängig, in welche der folgenden 4 Schadenstufen der Fahrzeugschaden einzugruppieren ist.[115]

1. Stufe: Reparaturaufwand höher als Wiederbeschaffungs-Wert + 30 % (über 130 %-Bereich)

1. G kann nur auf Wiederbeschaffungs-Basis abrechnen, entweder konkret brutto oder fiktiv netto (zuletzt BGH r+s 2007, 433 = NZV 2007, 564).
2. G kann nicht reparieren und beschränkt auf 130 % Ersatz fordern (BGH r+s 2007, 433 = NZV 2007, 564).
3. G kann nicht Teilreparatur durchführen und deren Bezahlung verlangen (BGH r+s 2007, 433 = NZV 2007, 564).
4. Die Einhaltung der 130 %-Grenze ist wohl nicht möglich durch Einsatz von Gebrauchtteilen.
5. Bei Weiterbenutzung ist idR der vom SV für den regionalen Markt ermittelte Restwert anzusetzen (zuletzt BGH r+s 2007, 259 = NZV 2007, 291).

2. Stufe: Rep-Aufwand zwischen WB-Wert und weiteren 30 % (130 %-Bereich)

1. Abrechnung auf Brutto-RepK-Basis nur bei fachgerechter Reparatur gem. Gutachten und Weiterbenutzung, idR für mindestens 6 Monate (zuletzt BGH r+s 2008, 307 = VersR 2008, 937).
2. Abrechnung auf RepK-Basis auch möglich bei fachgerechter Reparatur in Eigenregie und Weiterbenutzung, idR für mindestens 6 Monate (zuletzt BGH r+s 2008, 81 = NZV 2008, 138).
3. Bei Teilreparatur Ersatz der tatsächlich angefallenen Reparaturkosten bis zur 100 %-Grenze (BGH r+s 2005, 174 = NZV 2005, 245).

---

[111] Urt. v. 18.3.1999 – 10 C 41/99 – MittBl. der Arge VerkR 2000, 23.
[112] OLG Oldenburg zfs 2000, 339.
[113] AG Frankfurt/M. NZV 1994, 115.
[114] Entnommen: *Lemcke/Heß/Burmann*, Abrechnung des Fahrzeugschadens: Das Vier-Stufen-Modell des BGH, r+s 2008, 351.
[115] *Wellner* NZV 2007, 401.

4. Sonst nur Abr. auf WB-Basis, bei fiktiver Abr. auf Netto-WB-Basis (zuletzt BGH r+s 2008, 307 = VersR 2008, 138).
5. Bei Weiterbenutzung Ansatz des vom SV ermittelten Restwerts (zuletzt BGH r+s 2007, 259 = NZV 2007, 291); bei Veräußerung Anrechnung eines mühelos erzielten höheren Erlöses (BGH r+s 2005, 393 = NZV 2005, 453; r+s 2005, 124 = NZV 2005, 140), sonst Anrechnung des tatsächlichen erzielten Erlöses (BGH r+s 2005, 482 = NZV 2005, 571); ein höheres Angebot vor Veräußerung muss annahmefähig sein (BGH r+s 2000, 107 = NZV 2000, 162).
6. Wechsel der Abrechnungsart (erst fiktiv auf Netto-WB-Basis, dann konkret auf Brutto-RepK-Basis) ist möglich, auch ohne Vorbehalt (BGH r+s 2007, 37 = NZV 2007, 27).
7. Mischung der Abrechnungsarten – teils fiktiv, teils konkret – ist nicht möglich (BGH r+s 2005, 174 = NVZ 2005, 245; BGH r+s 2006, 473 = NZV 2006, 461).
8. Abrechnung im 130%-Bereich ist auch bei gewerblich genutzten Kfz möglich (BGH r+s 1999, 151 = NZV 1999, 159).

3. Stufe: Rep-Aufwand bis zum WB-Wert (100%-Bereich)
1. Abrechnung auf Brutto-RepK-Basis (konkret) bei fachgerechter Reparatur, auch ohne Weiterbenutzung (BGH r+s 2007, 122 = NZV 2007, 180).
2. Fiktive Abrechnung auf Netto-RepK-Basis bei Weiterbenutzung, idR für mind. 6 Monate, ggf. nach Versetzung in verkehrssicheren Zustand (zuletzt BGH r+s 2008, 350 = VersR 2008, 839).
3. Sonst nur Abr. auf WB-Basis, bei fiktiver Abr. auf Netto-WB-Basis; auch bei Irrtum über Restwerthöhe keine fiktive Abr. auf Netto-RepK-Basis, die sog. 70%-Grenze gilt nicht (BGH r+s 2005, 393).
4. Bei Weiterbenutzung immer Ansatz des vom SV ermittelten Restwerts (zul. BGH r+s 2007, 259 = NZV 2007, 291).
5. Bei Ersatzbeschaffung immer Ansatz des Brutto-WB-Werts (konkret), wenn der Brutto-Preis des Ersatzfahrzeugs mind. so hoch ist wie der Brutto-WB-Wert (zuletzt BGH r+s 2006, 262 = NZV 2006, 190).
6. S. ferner oben zu II. 5.–8.; dies gilt auch hier.

4. Stufe: Rep-Aufwand geringer als WB-Aufwand (WB-Aufwand-Bereich)
1. G kann in einer Werkstatt oder in Eigenregie reparieren und konkret auf RepK-Basis abrechnen, MwSt. wird ersetzt, soweit angefallen.
2. G kann fiktiv auf Netto-RepK-Basis abrechnen.
3. G kann erst fiktiv auf Netto-RepK-Basis und nach durchgeführter Rep. auf Brutto-RepK-Basis abrechnen, auch ohne Vorbehalt (BGH r+s 2007, 37 = NZV 2007, 27).
4. G kann wohl nicht zunächst fiktiv auf Netto-RepK-Basis abrechnen und später, nach durchgeführter billigerer Rep. die jetzt tatsächlich angefallene MwSt. fordern (zulässig nur Wechsel der Abrechnungsart, nicht Mischung fiktiv – konkret).
5. G kann wohl nicht das Unfallfahrzeug unrepariert in Zahlung geben und auf Brutto-RepKBasis abrechnen (unzulässige Mischung fiktiv – konkret, s. *Greiner* zfs 2006, 63, 65 zu III. 1. b und c); G kann aber das Fahrzeug repariert in Zahlung geben und dann auf Brutto-RepK-Basis abrechnen.

3. Wertminderung

96 a) **Grundlagen.** Nicht nur die Beschädigung des Fahrzeuges als solche ist Gegenstand des Fahrzeugschadens. Darüber hinaus ist die Beeinträchtigung des Fahrzeuges, die verbleibt trotz durchgeführter Reparatur, zu ersetzen. Diese Beeinträchtigung ist die so genannte Wertminderung. Hierbei sind zwei Bereiche der Wertminderung zu unterscheiden, nämlich
- technischer Minderwert und
- merkantiler Minderwert.

97 Unter „technischem Minderwert" ist zu verstehen die Beeinträchtigung des Fahrzeuges, die verbleibt, wenn trotz durchgeführter Reparaturarbeiten nicht sämtliche Schäden an dem Fahrzeug in technisch einwandfreier Art und Weise beseitigt werden können, sodass das Fahrzeug nicht den Zustand hat, den ein nicht beschädigtes Fahrzeug aufweist. Hier ist je-

doch davon auszugehen, dass angesichts der fortschreitenden Reparaturtechnik nur in ganz besonderen Ausnahmefällen ein technischer Minderwert verbleiben kann.[116] So hat zB das OLG Frankfurt[117] bei verbliebenen Farbabweichungen eines Unfallfahrzeuges einen so genannten „technischen Minderwert" verneint.

Unter dem Begriff „merkantiler Minderwert" versteht man den Makel, den das Fahrzeug trotz fachgerechter Reparatur behält aufgrund der – zu offenbarenden – Qualifizierung als Unfallfahrzeug. Dies beruht auf der Marktsituation. Hiernach ist für einen Gebrauchtwagen, der einen offenbarungspflichtigen Unfallschaden erlitten hatte, ein geringerer Preis zu erzielen als für ein unfallfreies Fahrzeug. Wertminderung kommt nicht nur in Betracht für Personenkraftwagen, sondern auch für Nutzfahrzeuge.[118] Bei Luxusfahrzeugen (zB Ferrari) wird die Auffassung vertreten, dass es für solche Fahrzeuge keine merkantile Wertminderung gibt. Begründet wird dies damit, dass für solche Fahrzeuge, selbst wenn sie erheblich unfallgeschädigt sind, ein großer Aufkäufermarkt besteht. Für die Marktteilnehmer ist dabei nicht entscheidend, dass es sich um einen Unfallwagen handelt.[119] 98

Der technische Fortschritt legt Überlegungen nahe, ob und inwieweit Wertminderung überhaupt noch in Betracht kommen kann. Hierbei ist davon auszugehen, dass die moderne Reparaturtechnik es in aller Regel erlaubt, eine spurlose Beseitigung der durch den Unfall eingetretenen Schäden vorzunehmen. Die „Lebenserwartung", also die betriebsgewöhnliche Nutzungsdauer, von Fahrzeugen hat auch zugenommen.[120] Eine starre Grenze orientiert am Lebensalter des Fahrzeuges und der Laufleistung ist nicht mehr angebracht.[121] 99

aa) Die Voraussetzungen des Anspruches. Voraussetzung für den Anspruch auf Wertminderung ist, dass das Fahrzeug einen nicht unerheblichen Schaden erlitten hat. Für den Anspruch auf Wertminderung können folgende Voraussetzungen genannt werden: 100
- Die Nutzungsdauer des Fahrzeuges ist nicht überdurchschnittlich hoch.
- Der eingetretene Schaden ist erheblich.
- Das Fahrzeug weist keine wesentlichen Vorschäden auf.

bb) Berechnung der Wertminderung. Die Rechtsprechung schätzt grundsätzlich gemäß § 287 ZPO den verbleibenden Minderwert,[122] orientiert an folgenden Kriterien: 101
- Fahrleistung des Fahrzeuges
- Alter und Zustand des Fahrzeuges
- Art des Schadens
- Etwaige Vorschäden sowie
- Zahl der Vorbesitzer.[123]

Andererseits wurden Methoden und Berechnungsbeispiele zur Ermittlung des Minderwertes entwickelt. Als führend gilt die Methode nach *Ruhkopf-Sahm*.[124]

Der Berechnungsmethode liegt das Verhältnis der Reparaturkosten zum Wiederbeschaffungswert einerseits und darüber hinaus das Fahrzeugalter zugrunde. Diese Berechnungsmethode ist in folgender tabellarischer Übersicht darzustellen:[125] 102

Zulassungsjahr	10–30 %	30–60 %	60–90 %
1.	5 %	6 %	7 %
2.	4 %	5 %	6 %
ab. 3.	3 %	4 %	5 %

---

[116] *Tietgens* § 18 Rn. 185; vgl. ausführlich *Splitter* DAR 2000, 49 ff.
[117] VersR 1978, 378.
[118] BGH VersR 1980, 46, 47; OLG Stuttgart VersR 1986, 773 und ebenso für Motorräder LG Ulm VersR 1984, 1178.
[119] LG Erfurt NZV 2003, 342.
[120] Anm. *Otting* SVR 2005, 67.
[121] BGH SVR 2005, 65; vgl. auch hierzu ausführlich *Huber* SVR Nr. 5 2005 Editorial.
[122] KG zfs 1995, 333.
[123] Vgl. *Tietgens* § 18 Rn. 201.
[124] Vgl. hierzu im Einzelnen *Hellwig* „Wertminderung" W 50; zur Berechnung nach der Tabelle von *Ruhkopf-Sahm* und nach der Methode *Halbgewachs* vgl. *Hentschel* § 12 StVG Rn. 26.
[125] Vgl. *Tietgens* § 18 Rn. 198.

103 Bei der Anwendung der unterschiedlichen Berechnungsmethoden sind je nach Gerichtsbezirk und Berechnungsmethode auch unterschiedliche Ergebnisse zur Bezifferung des merkantilen Minderwertes möglich. Die sauberste Lösung, die Abfrage bei Gebrauchtwagenhändlern, wird von Sachverständigen nur in den wenigsten Fällen praktiziert.

104 *cc) Speziell: ältere Kraftfahrzeuge.* Nach BGH ist bisher nicht abschließend entschieden, bis zu welchem Alter eines Fahrzeuges bzw. bis zu welcher Laufleistung ein merkantiler Minderwert zuzuerkennen ist.[126] Auch bei über 5 Jahre alten Fahrzeugen wird zwischenzeitlich eine Wertminderung zugesprochen.[127]

105 *b) Einzelfragen.* Die Ermittlung der Wertminderung muss auch den tatsächlichen Gegebenheiten auf dem Gebrauchtwagenmarkt entsprechen.[128] Auch bei der Zugrundelegung von Tabellen ist auf Besonderheiten des konkreten Unfallschadens Rücksicht zu nehmen. Konkreter Ermittlung durch Sachverständigen gebührt der Vorzug vor Tabellenanwendung.[129] Die merkantile Wertminderung richtet sich nicht nach der Beurteilung der Reparaturkosten,[130] sondern nach dem Unterschied der Veräußerungswerte (Zeitwerte) vor dem Unfall und nach dem Unfall.[131]

4. Kosten für Bergung, Abschleppen und Überführen

106 Muss ein Fahrzeug nach einem Unfall, zB aus dem Straßengraben, geborgen werden, so sind die hierdurch anfallenden Kosten grundsätzlich erstattungsfähig unter der Voraussetzung, dass das Fahrzeug nicht wieder ohne Bergung auf die Fahrbahn gelangen kann.[132]

Ebenso sind Abschleppkosten grundsätzlich zu erstatten, und zwar in der Regel bis zur nächsten Vertragswerkstätte.[133]

Bei der Abrechnung nach Quotenvorrecht ist zu beachten, dass auch die Abschleppkosten zu den quotenbevorrechtigten klassischen Positionen gehören.[134]

Muss ein beschädigtes Schienenfahrzeug in die bahneigene Werkstatt zurückgeführt werden, so sind die Kosten für Personal, Beförderung, Fahrwegbenutzung einschließlich aufgewendeter Verwaltungskosten zu erstatten.[135]

107 Schließlich ist zu beachten, dass bei einer bestehenden Mobilitätsversicherung, also zB Schutzbrief, auch ein Erstattungsanspruch gegen diese Leistungsträger in Betracht kommt mit der Maßgabe, dass diese ihrerseits aufgrund evtl. gemäß § 86 VVG übergegangenen Anspruches Regress nehmen können.

5. Kosten der Schadenermittlung – Sachverständigengutachten

108 *a) Der Anspruch auf Ersatz der Schadenermittlungskosten.* Es ist zunächst von dem Grundsatz auszugehen, dass der Geschädigte die Voraussetzungen und die Höhe des geltend zu machenden Anspruches darlegen und beweisen muss. Dies geschieht in der Praxis der Unfallschadenabwicklung dadurch, dass der Geschädigte zur Schadenermittlung ein Sachverständigengutachten oder einen Kostenvoranschlag erstellen lässt.

Die Kosten für das Sachverständigengutachten oder den Kostenvoranschlag sind vom Schädiger gemäß § 249 BGB zu ersetzen.

---

[126] BGH DAR 2005, 78 (ohne ausdrückliche Festlegung eines Maßstabes hinsichtlich Alter und Kilometerleistung).
[127] AG Hamburg v. 16.7.2003 – 52 C 1044/03, ADAJUR-Dok.Nr. 58126.
[128] Vgl. *Geigel* Kap. 3 Rn. 55.
[129] OLG Celle zfs 1984, 5; OLG Köln VersR 1992, 973; aA LG München I zfs 2013, 261 m. Anm. *Diehl*: die wissenschaftliche Ermittlungsmethode nach zB *Ruhkopf-Sahm* ist den Erfahrungswerten von Händlern vorzuziehen.
[130] OLG Köln zfs 1984, 101.
[131] OLG Düsseldorf DAR 1976, 184; vgl. auch ausführlich *Otting* SVR 2004, 420.
[132] OLG Celle VersR 1968, 1196.
[133] *Böhme/Biela* Rn. D 92.
[134] BGH VersR 1982, 383; vgl. hierzu auch *Fleischmann/Hillmann* § 6 Rn. 14.
[135] *Böhme/Biela* Rn. D 94.

Das Risiko des Fehlschlages der Kostenermittlung muss der Schädiger tragen, jedenfalls solange den Geschädigten hinsichtlich der sorgfältigen Auswahl und zu treffenden Information des Gutachters kein Verschulden trifft.[136]

Bei der Beauftragung eines Sachverständigen ist zu beachten, dass der Geschädigte gegen seine Schadensminderungspflicht verstößt, wenn er bei Vorliegen eines Bagatellschadens einen Sachverständigen beauftragt. Die Grenze für die Berechtigung zur Beauftragung eines Sachverständigen ohne Verstoß gegen die Schadensminderungspflicht ist nicht starr, wird in der Regel bei ca. 750 EUR gesetzt. Das AG Nördlingen setzt den Grenzwert mit rund 900 EUR fest.[137]

In diesem Zusammenhang kann problematisch sein, ob ein Verstoß gegen die Schadensminderungspflicht vorliegt, wenn die Höhe des gegebenen Schadens von vornherein nicht einzuschätzen ist. Kann der Geschädigte jedoch im Grenzbereich des Betrages von ca. EUR 700,- den erforderlichen Aufwand zur Behebung des Schadens nicht einschätzen, darf ihm das Risiko der entstehenden Begutachtungskosten nicht überbürdet werden.[138] Nach derzeitiger Praxis ist davon auszugehen, dass bei einem Schaden ab EUR 750,- nicht mehr von einem Bagatellschaden auszugehen ist.[139] Steht ein wirtschaftlicher Totalschaden im Raum, darf immer ein Sachverständiger eingeschaltet werden, selbst wenn der Reparaturschaden im Grenzbereich von 700 EUR liegen sollte.

Für den Schadenersatzprozess gilt jedoch, dass in dem Fall, in dem urkundenbeweislich verwertete Gutachten aus einem Ermittlungsverfahren nicht ausreichen, um die von einer Partei zum Beweisthema angestellten Überlegungen und die in ihrem Vortrag angesprochenen aufklärungsbedürftigen Fragen zu beantworten, der Tatrichter auf Antrag der Partei einen Sachverständigen hinzuziehen muss und eine schriftliche oder mündliche Begutachtung anordnen muss.[140]

b) Einzelfragen. *aa) Die Höhe der Sachverständigenkosten.* Zu den Kosten für das Sachverständigengutachten hat sich in letzter Zeit ein Streit insbesondere über die Preisgestaltung entwickelt. Einmal ist mangels konkreter Grundlage die Honorarbemessung nicht transparent und einheitlich.[141] In diesen Streit über die Preisgestaltung bei den Sachverständigenkosten fließt auch ein, dass das Berufsbild des Sachverständigen weder definiert noch geschützt ist.[142] Maßgeblich ist der für die Ermittlung „erforderliche" Geldbetrag.[143]

Ist die Höhe der Vergütung für Sachverständige nicht von vornherein festgelegt, so ist gemäß § 632 Abs. 2 BGB zunächst eine Taxe maßgebend. Im Übrigen ist in Ermangelung einer behördlich festgesetzten Taxe die „übliche Vergütung" als vereinbart anzusehen. Üblich ist nur, was bei den beteiligten Kreisen allgemeine Verkehrsgeltung besitzt.[144] Eine „übliche Vergütung" iSv § 632 BGB für vereidigte Kfz-Sachverständige existiert nicht. Das vom Sachverständigen nach billigem Ermessen zu bestimmende Honorar ist nach § 315 BGB richterlich überprüfbar. Eine Orientierung der Honorarhöhe an den veranschlagten Reparaturkosten (etwa 8 %) ist grundsätzlich nicht zu beanstanden.[145] Ist eine bestimmte Vergütung nicht vereinbart, kommt eine übliche Vergütung iSv § 632 Abs. 2 BGB in Betracht.[146]

Die Abrechnung nach Zeitaufwand wird ebenfalls von manchen Gerichten anerkannt.[147]

---

[136] OLG Hamm r+s 1999, 279; AG Leonberg DAR 2000, 277: Die Grenze des Bagatellschadens ist bei (DM 1.400,- entsprechend) EUR 700,- zu ziehen.
[137] AG Nördlingen Urt. v. 16.5.2014 – 1 C 140/14.
[138] AG Oberhausen zfs 1999, 195.
[139] AG Nürnberg zfs 2004, 35; ebenso AG Coburg DAR 2004, 354.
[140] BGH NZV 2000, 504.
[141] Vgl. van Bühren/*Lemcke* Teil 3 Rn. 317.
[142] Vgl. van Bühren/*Lemcke* Teil 3 Rn. 291.
[143] LG Leipzig Beck RS 2005, 05977.
[144] AG Köln zfs 1992, 386 mit zustimmender Anm. der Schriftleitung; vgl. auch Palandt/*Sprau* § 632 Rn. 15.
[145] AG Essen VersR 2000, 68.
[146] BGH Urteile v. 4.4.2006 (X ZR 80/05 und X ZR 122/05). S. hierzu Pressemitteilung des BGH vom 4.4.2006 VersR 2006, 98.
[147] AG Siegen SP 2004, 244.

114 Auch können Gebührenordnungen von Verbänden ebenso wie privat erstellte Festlegungen nicht als allgemein üblich angesehen werden.[148] Dies gilt für die Allianz-Tabelle[149] und ebenso für die Kostenberechnung der DEKRA,[150] weil deren Interessen zu sehr auf Kostendämpfung im Interesse von Großkunden, also Versicherungen, gerichtet sind, sodass die Allgemeingültigkeit nicht gegeben ist. Aber auch Ermittlungen des BVSK werden nicht immer als verbindlich anerkannt.[151]

115 Die Bestimmung der Vergütung des Sachverständigen ist nach billigem Ermessen gemäß § 315 BGB zu treffen, wenn nicht zuvor zwischen dem Geschädigten und dem Sachverständigen eine Vereinbarung hierüber getroffen worden ist. Bei der Honorarfestsetzung sind neben dem Gegenstandswert die Schwierigkeit und der Umfang sowie die Gesamtdauer der Arbeitszeit von der Besichtigung des Fahrzeuges bis zur Fertigstellung des Gutachtens sowie die Vorbildung und Lebensstellung des Sachverständigen zu berücksichtigen. Der wirtschaftliche Wert des Sachverständigengutachtens für den Besteller liegt regelmäßig darin, ein taugliches Mittel zur Beweissicherung zu erhalten.[152]

116 Es ist auch nicht zu beanstanden, dass der Geschädigte eine Honorarrechnung eines von ihm beauftragten Sachverständigen ausgleicht, die sich an der Schadenhöhe orientiert. Vom Geschädigten kann nicht verlangt werden, eine Honorarrechnung von dem Sachverständigen zu fordern, die sich an dem konkreten getroffenen Zeitaufwand des Sachverständigen orientiert.[153]

117 Unrichtig erscheint auch die Begriffsverwendung „Sachverständigengebühren". Terminologisch wird zutreffenderweise von „Gebühren" nur gesprochen bei öffentlich-rechtlich begründeten Abgaben. Richtigerweise ist der Aufwand für die Erstattung des Sachverständigengutachtens als „Kosten" oder „Kostenaufwand" zu bezeichnen.

118 Ein Sachverständiger ist auf der sicheren Seite, wenn er mit seinem Auftraggeber die Kriterien für seine Honorarberechnung schriftlich fixiert, also von vornherein feststeht, wie das Honorar berechnet wird.

119 Stellt der Sachverständige Nebenkosten für Fahrten, Kopien, Porto, Internetnutzung separat in Rechnung, muss der Geschädigte deren Plausibilität prüfen. Ein Betrag bis zu 100 EUR wird jedoch nicht beanstandet.[154]

120 *bb) Mangelhaftes Gutachten.* Ist ein Gutachten offenkundig falsch oder als Gefälligkeitsgutachten zu qualifizieren, so sind trotzdem die Kosten hierfür von dem Schädiger grundsätzlich zu tragen.[155]

121 Für einen Sachverständigen können sich aus verschiedenen Sachverhalten Regressansprüche ergeben, so zB bei einer falschen Reparaturempfehlung. Auch bergen Bewertungsgutachten finanzielle Risiken in sich. Die Haftung repräsentiert aber für den Sachverständigen nicht nur finanzielle Risiken, sondern spricht auch sein berufliches Selbstverständnis sowie seine Unabhängigkeit an. Die Haftung ist ein unverzichtbares Korrektiv.[156]

122 Jedoch ist davon auszugehen, dass der vom Geschädigten beauftragte Sachverständige gegenüber dem in die Schutzwirkung des Gutachterauftrags einbezogenen Haftpflichtversicherer des Unfallgegners zu keinen weitergehenden Erhebungen verpflichtet ist, als gegenüber seinem eigentlichen Auftraggeber.[157]

---

[148] Palandt/*Weidenkaff* § 612 Rn. 9.
[149] LG Duisburg zfs 1990, 9.
[150] AG Köln zfs 1990, 346; AG Essen-Steele zfs 1990, 371.
[151] Anders AG Nördlingen Urt. v. 16.5.2014 – 1 C 140/14: BVSK-Honorarbefragung ist geeignete Schätzgrundlage.
[152] Vgl. ausführlich AG Lüdenscheid zfs 1998, 293.
[153] AG Eschweiler zfs 1998, 292; AG Kassel zfs 1995,15; AG Michelstadt SP 2007, 337.
[154] LG Saarbrücken NJW 2012, 3658.
[155] LG Heilbronn zfs 1989, 195; AG Augsburg zfs 1990, 194 und 228; AG Tecklenburg zfs 1990, 372; vgl. KG DAR 2003, 318; aA OLG Hamm r+s 1993, 102; LG Bochum zfs 1990, 346; speziell wenn Sachverständiger und Inhaber einer Werkstatt identisch sind AG Köln zfs 1986, 236; AG Dortmund DAR 2006, 283.
[156] Vgl. van Bühren/*Lemcke* Teil 3 Rn. 298.
[157] OLG Karlsruhe VersR 2005, 706 und OLG Karlsruhe Urt. v. 27.1.2005 – 12 U 299/04; vgl. auch *Volze* SpV 2005, 3.

In der Praxis lassen die hinter den Schädigern stehenden Haftpflichtversicherungen sich häufig den Anspruch auf Erstattung der Sachverständigenkosten, und zwar bei überhöhten Kostenberechnungen und mangelhaften Gutachten, abtreten. In diesen Fällen steht dem Geschädigten jedenfalls der Anspruch auf Erstattung der vollen Sachverständigenkosten zu.[158] 123

Eine spezielle Problematik ergibt sich, wenn in einem Sachverständigengutachten der Restwert unrealistisch und damit unzutreffend festgestellt worden ist. In diesem Fall kommt der so genannte „Restwertregress" gegen den Kfz-Sachverständigen in Betracht.[159] Die Rückforderung des für ein mangelhaftes Gutachten gezahlten Honorars setzt Fristsetzung voraus.[160] 124

c) Kosten eines Kostenvoranschlages. Die Frage der Kosten für einen Kostenvoranschlag muss je nach Fallgestaltung differenziert gesehen werden. Zu beachten ist, dass die Forderung von Kostenvoranschlagskosten nur relevant ist, wenn der Ersteller des Kostenvoranschlags den Auftraggeber darauf hingewiesen hat, dass hierfür Kosten anfallen. Ein Kostenvoranschlag ist im Zweifel nicht zu vergüten.[161] Werden Kosten berechtigterweise von der Werkstatt gefordert, ist zu unterscheiden zwischen einem Kostenvoranschlag für einen Bagatellschaden, bei dem ein Auftrag an einen Sachverständigen nicht in Betracht kommt (bis ca. 750 EUR Reparaturkosten, kein wirtschaftlicher Totalschaden), und dem Kostenvoranschlag anstelle eines Gutachtens. Zum anderen ist auch zu differenzieren zwischen der Fallgestaltung, in der ohne Durchführung einer Reparatur ein Kostenvoranschlag erstattet wird oder bei zunächst eingeholtem Kostenvoranschlag tatsächlich die Reparatur durchgeführt wird. 125

Die Erstattung der Kosten wird oftmals versagt, wenn diese Kosten bei der Reparatur angerechnet worden wären.[162]

Ersetzt ein Kostenvoranschlag ein mögliches Sachverständigengutachten, so sind, wenn die weiteren Voraussetzungen gegeben sind, die Kosten für den Kostenvoranschlag auch zu erstatten.[163] 126

In der Literatur wird die Meinung vertreten, dass dann, wenn der Geschädigte sein Kfz nicht reparieren lässt, dennoch die Kosten gefordert werden können, weil der Geschädigte nur so seinen Schaden nachweisen kann.[164]

d) Umfang der Recherchen des Sachverständigen bei der Restwertermittlung. Es ist von dem Grundsatz auszugehen, dass ein Kfz-Sachverständiger nicht verpflichtet ist, bei der Ermittlung des Restwertes Angebote aus dem sog. „Sondermarkt" unter Berücksichtigung von Internet-Restwertbörsen und spezialisierten Restwertaufkäufern einzuholen.[165] Der Sachverständige muss nur solche Angebote einholen, die auch sein Auftraggeber berücksichtigen müsste.[166] 127

6. Mietwagenkosten

a) Der Anspruch auf Anmietung. aa) Grundsätzliches. Von besonderer Bedeutung im Bereich des Kraftfahrthaftpflichtrechtes ist bei Beschädigung oder Zerstörung von Kraftfahrzeugen der Anspruch auf Anmietung eines Ersatzfahrzeuges.[167] 128

Grundsätzlich darf ein gleichartiges und gleichwertiges Fahrzeug angemietet werden, das nach Typ, Komfort, Größe, Bequemlichkeit und Leistung dem beschädigten oder zerstörten Fahrzeug entspricht.[168] Mietwagenkosten nach Unfallersatztarif sind in der Regel nur zu erstatten, wenn unmittelbar nach dem Unfall zur Weiterfahrt ein Mietwagen benötigt wird.[169] 129

---

[158] *Geigel* Kap. 3 Rn. 122.
[159] *Geigel* Kap. 3 Rn. 122.
[160] AG Stuttgart SVR 2004, 393; vgl. ebenso AG Gießen SVR 2004, 193.
[161] § 632 Abs. 3 BGB.
[162] AG Berlin-Mitte SP 2012, 185.
[163] AG Rheinberg SP 2013, 336.
[164] Vgl. van Bühren/*van Bühren* Teil 1 Rn. 10; *Sumpf* MittBl. der Arge VerkR 2005, 56.
[165] OLG Köln NZV 2005, 44 = DAR 2004, 703; aA LG Koblenz VersR 2003, 1050.
[166] BGH DAR 2009, 196.
[167] Vgl. van Bühren/*Lemcke* Teil 3 Rn. 220.
[168] Berz/Burmann/*Born* 5 C Rn. 10.
[169] BGH NZV 2008, 286 = zfs 2008, 326.

130 Weitere Voraussetzung für den Anspruch ist, dass die Miete eines Ersatzfahrzeuges im Hinblick auf die entgangene Nutzung objektiv erforderlich ist. Voraussetzung für den Anspruch auf Kostenersatz ist, dass die Miete tatsächlich erfolgt ist, der Mietwagen also wirklich genommen wurde.[170]

131 *bb) Der Anspruch auf Ersatz der Mietwagenkosten.* Mietwagenkosten gehören regelmäßig zu den Kosten der Schadenbehebung.[171] Zu dem Streit, ob und inwieweit Mietwagenkosten als „erforderlicher Aufwand" zur Schadenbehebung erforderlich sind, hat der BGH in einem Grundsatzurteil zum sog. „Unfallersatztarif" entschieden. Ein solcher Tarif ist nur insoweit ein „erforderlicher" Aufwand zur Schadenbehebung, als die Besonderheiten dieses Tarifs mit Rücksicht auf die Unfallstation (etwa die Vorfinanzierung, das Risiko eines Ausfalls mit der Ersatzforderung wegen falscher Bewertung der Anteile am Unfallgeschehen durch den Kunden oder den Kfz-Vermieter u. A.) einen gegenüber dem Normaltarif höheren Preis aus betriebswirtschaftlicher Sicht rechtfertigen, weil sie auf Leistungen des Vermieters beruhen, die durch die besondere Unfallsituation veranlasst und infolgedessen zur Schadenbehebung erforderlich sind.[172]

132 *b) Ersatz der Mietwagenkosten im Einzelnen. aa) Erforderlichkeit der Anmietung.* Es ist von dem Grundsatz auszugehen, dass der Geschädigte grundsätzlich einen Anspruch hat, ein Mietfahrzeug in Anspruch zu nehmen. Dies gilt insbesondere für denjenigen, der vor dem Schadenereignis ein eigenes Fahrzeug ständig zur Verfügung hatte. Ein Geschädigter soll durch das Unfallereignis nicht schlechter gestellt sein als ohne dieses Unfallereignis. Andererseits muss die Anmietung eines Mietfahrzeuges erforderlich sein, um als Schadenposition anerkannt zu werden.[173]

133 Beispiel für die Notwendigkeit der Anmietung ist zB die Benutzung des Fahrzeuges für den Arbeitsweg. Dies gilt auch bei geringem Fahrbedarf, zB für den Geschäftsmann, der mit wechselnden Fahrstrecken rechnen muss. Er weiß in der Regel nicht, welcher Fahrbedarf auf ihn zukommt.[174] Wenn der Geschädigte schwankenden Fahrbedarf auch vor dem Unfall nachweist, kann er eine Erstattung von Mietwagenkosten in jedem Fall verlangen, wenn er mit dem Mietwagen tatsächlich nur sehr wenig fährt.[175] Ersatz kann auch eine Person verlangen, die auf den Mietwagen für Arztfahrten angewiesen ist, selbst wenn es sich um Kurzstrecken handelt.[176]

134 Dem Geschädigten steht der Anspruch auf Ersatz der Mietwagenkosten nach einem Unfall auch dann zu, wenn er zwar nicht zur Arbeit geht, sich aber von einem Dritten chauffieren lässt, beispielsweise von seiner Ehefrau zum Arztbesuch, zu Einkäufen oder zur Suche eines Ersatzfahrzeuges. Auch der Sonntagsfahrer erleidet einen Schaden im wirtschaftlichen Sinne nur dadurch, dass sein Pkw für die gewohnte Ausflugsfahrt am Wochenende nicht zur Verfügung steht mit der Einschränkung, dass für die restliche Woche ein Schaden nicht entstanden ist.[177]

135 *bb) Anmietung und Schadensminderungspflicht.* Der bei einem Verkehrsunfall Geschädigte verstößt – wie der BGH[178] entschied – nicht in jedem Fall gegen seine Pflicht zur Geringhaltung des Schadens, wenn er ein Ersatzfahrzeug zu einem im Rahmen der so genannten „Unfallersatztarife" günstigen Tarif anmietet.

---

[170] Berz/Burmann/*Born* 5 C Rn. 15.
[171] BGH NZV 2005, 32 (unter Hinweis auf die frühere Rspr. BGH NJW 1985, 793; NJW 1993, 3321 = VersR 1994, 64) = DAR 2005, 270.
[172] BGH SVR 2005, 62 = NZV 2005, 32 = NJW 2005, 51 = VersR 2005, 239 (der BGH hat durch die Urt. v. 12.10.2004 – VI ZR 151/03 – und v. 26.10.2004 – VI ZR 300/03 – die Berufungsurteile aufgehoben zur Prüfung der Angemessenheit der geltend gemachten speziellen „Unfallersatztarife"; siehe auch BGH DAR 2006, 682; BGH DAR 2007, 262; BGH DAR 2006, 380; vgl. hierzu auch *Richter* zfs 2005, 109.
[173] Berz/Burmann 5 C Rn. 3.
[174] Grenzwert in der Regel bei weniger als 20 km OLG München NZV 1995, 362, 363; vgl. auch Berz/Burmann 5 C Rn. 4.
[175] LG München DAR 1989, 388.
[176] AG Bremen NZV 2013, 451.
[177] BGHZ 45, 212, 219; vgl. im Einzelnen Berz/Burmann 5 C Rn. 5.
[178] BGH NJW 1996, 1958 = DAR 1996, 314 f.

Auch ist von dem Grundsatz auszugehen, dass das Gebot zu wirtschaftlich vernünftiger **136** Schadensbehebung von dem Geschädigten nicht verlangt, zugunsten des Schädigers zu sparen oder sich so zu verhalten, als ob er den Schaden selbst zu tragen hätte.[179] Bei der Prüfung der Wirtschaftlichkeit von Mietwagenkosten ist grundsätzlich das Preisniveau an dem Ort maßgebend, an dem das Fahrzeug angemietet und übernommen wird.[180] Der bei einem Verkehrsunfall Geschädigte verstößt im Regelfall nicht gegen seine Pflicht zur Geringhaltung des Schadens, wenn er ein Ersatzfahrzeug zu einem im Rahmen der Unfallersatztarife liegenden Tarif anmietet. Seiner Erkundungspflicht genügt der Geschädigte, wenn der vereinbarte Unfallersatztarif im Rahmen des Üblichen liegt.[181]

Mietet nach einem Verkehrsunfall der Geschädigte ein Ersatzfahrzeug zu einem so genannten Unfallersatztarif an, kann er Erstattung dieser Kosten vom Schädiger nur insoweit ersetzt verlangen, als sie erforderlich waren.[182] **137**

Besonderheiten sind zu beachten bei der Anmietung eines Ersatztaxis durch einen Taxiunternehmer. Mietet ein Taxiunternehmer während der Reparaturzeit seines Unfallgeschädigten Taxifahrzeuges ein Ersatztaxi an, so kann nicht von einer allgemein gültigen „Regelgrenze" iSv § 251 Abs. 2 BGB ausgegangen werden, die bestimmt ist durch den (200 %igen) voraussichtlichen Verdienstausfall. Vielmehr ist entscheidend das schützenswerte wirtschaftliche Interesse des Geschädigten.[183] Selbst wenn die Kosten für das Ersatztaxi weit über dem Gewinn des Unternehmers liegen, darf gegebenenfalls – im Interesse der Kundenbindung – ein Ersatztaxi angemietete werden.[184] **138**

Besonderheiten ergeben sich bei der Anmietung von Sonderfahrzeugen, also zB eines Rettungsfahrzeuges. Wird das Rettungstransportfahrzeug eines Rettungsdienstes bei einem Unfall beschädigt, so kann der Träger des Rettungsdienstes vom Schädiger Ersatz der erforderlichen Kosten für die Anmietung eines Ersatzfahrzeuges verlangen, wenn er auf das beschädigte Fahrzeug angewiesen war und selbst über kein Ersatzfahrzeug verfügte. Dies gilt grundsätzlich auch dann, wenn benachbarte Rettungsdienste in der Lage gewesen wären, dem Geschädigten ein Ersatzfahrzeug zur Verfügung zu stellen. Es ist Sache des Schädigers, näher darzulegen, dass eine derartige Möglichkeit bestand und kostengünstiger gewesen wäre.[185] **139**

Auch können sich Probleme ergeben bei hohen oder überhöhten Mietwagenkosten. Hier ist von dem Grundsatz auszugehen, dass in dem Fall, in dem die Kosten eines Mietwagens desselben Typs wie das Unfallfahrzeug besonders hoch sind, der Geschädigte sich entweder mit einem weniger komfortablen Ersatzfahrzeug begnügen oder die Einholung von Alternativangeboten veranlassen muss.[186] **140**

Eine besondere Problematik ergibt sich, wenn ein Luxusfahrzeug beschädigt wurde und ein Mietwagen angemietet werden muss. Hier gilt, dass bei Ausfall eines Luxusfahrzeuges (zB DB 500 SL) der Geschädigte verpflichtet ist, zur Vermeidung besonders hoher Mietwagenkosten auch außerhalb des örtlichen Raumes Vergleichsangebote einzuholen oder sich mit einem weniger komfortablen – eine Gruppe unter der Gruppe seines Unfallwagen liegenden – Ersatzfahrzeug zu begnügen.[187] **141**

cc) Mietwagendauer. Es ist davon auszugehen, dass grundsätzlich maßgebend sind die **142** Angaben des Sachverständigen zur voraussichtlichen Reparaturdauer.

Diese Angaben des Sachverständigen stellen aber lediglich eine Prognose dar zum voraussichtlichen Wiederherstellungszeitraum. Der Geschädigte ist soweit möglich verpflichtet, mittels einer Notreparatur das Fahrzeug in einen vorübergehenden fahrfähigen Zustand zu **143**

---

[179] BGH NJW 1992, 302.
[180] BGH r+s 2008, 258 = DAR 2008, 331 (auch zur Eignung von Listen oder Tabellen für die Schätzung von Mietwagenkosten).
[181] OLG Düsseldorf NZV 2000, 366 = MittBl. der Arge VerkR 2000, 27.
[182] BGH DAR 2005, 270.
[183] BGH DAR 1994, 16 f.
[184] LG Wiesbaden SP 2011, 258 = ADAJUR-Dok.Nr. 93963.
[185] OLG Dresden r+s 2000, 21.
[186] LG Frankfurt NZV 2000, 175.
[187] LG Frankfurt r+s 2000, 22.

versetzen und es solange weiter zu nutzen, bis eine endgültige Reparatur möglich ist.[188] Es kommt in Betracht, dass die Kosten der Notreparatur ggf. den Kosten der Anmietung für die Dauer der behelfsmäßigen Nutzung gegenüberzustellen sind.[189] In jedem Fall sind die Kosten der Notreparatur vom Schädiger gesondert zu übernehmen.

144 Bei einer voraussichtlich langen Reparaturdauer kommt in Betracht, dass der Geschädigte verpflichtet ist, sich ein „Interimsfahrzeug" anzuschaffen. Dies gilt insbesondere bei einem Neuwagenersatzanspruch. Insbesondere bei einer unmittelbar bevorstehenden weiten Urlaubsreise mit einer voraussichtlich hohen Kilometerleistung kann die Anschaffung eines Interimsfahrzeuges als die preisgünstigere Alternative in Betracht kommen.[190] In diesem Fall gehen aber die zusätzlichen Kosten für die An- und Abmeldung des Interimsfahrzeuges, Wertverlust sowie Versicherungsmehrkosten zu Lasten des Schädigers.

Auch bei einem Totalschaden richtet sich die Wiederbeschaffungsdauer in erster Linie nach den Angaben in einem Sachverständigengutachten.[191]

Zur möglichen Dauer der Inanspruchnahme eines Mietfahrzeuges muss dem Geschädigten auch eine gewisse Überlegungsfrist zugestanden werden. Diese kann bis zu 10 Tage betragen.[192]

145 *dd) Ersparte Eigenkosten.* Grundsätzlich kann der Geschädigte ein Fahrzeug gleichen Typs anmieten.[193] Andererseits werden aber grundsätzlich Abzüge für ersparte Eigenkosten durch die Rechtsprechung vorgenommen, also zB für unterbliebene Abnutzung, ersparte Pflegekosten und Ölverbrauch. Dies gilt insbesondere aber dann nicht, wenn der Geschädigte freiwillig ein Fahrzeug einer niedrigeren Klasse anmietet. Versicherer verzichten in solchen Fällen in der Regel auf den Abzug, wenn ein geringwertiges Fahrzeug angemietet wird. Der ggf. vorgenommene Abzug der ersparten Eigenkosten schwankt von Gericht zu Gericht und liegt zwischen 5 und bis zu 15 %.[194] Andererseits werden aber exakte Berechnungen in der Praxis vermieden und es wird pauschaliert.[195]

146 *ee) Mietwagen und Versicherungsschutz.* Der Geschädigte hat grundsätzlich Anspruch auf Ersatz der Kosten für die Vollkaskoversicherung oder Rechtsschutzversicherung für ein Mietfahrzeug, wenn er eine solche Versicherung auch für das eigene Fahrzeug abgeschlossen hat. Ansonsten kann er keinen Ersatz der in den Mietwagenkosten enthaltenen Versicherungskosten erstattet verlangen,[196] es sei denn, dass der Geschädigte während der Mietzeit einem erhöhten wirtschaftlichen Risiko ausgesetzt war. Zum Abschluss speziell der Vollkaskoversicherung ist aber zu beobachten, dass die Mietwagenunternehmen wegen des Verlust-, Diebstahls- und Schadenrisikos den Abschluss einer Vollkaskoversicherung verlangen.[197]

147 Eine Kfz-Werkstatt, die dem Kunden für die Dauer der Reparatur des Pkw kostenlos ein Ersatzfahrzeug zur Verfügung stellt, kann gegen den Entleiher im Falle der Beschädigung des Leihfahrzeuges nur Ersatzansprüche in Höhe der Selbstbeteiligung der Vollkaskoversicherung geltend machen, wenn sie ihn auf die mangelnde Vollkaskoversicherung für das Kfz nicht hingewiesen hat.[198]

148 **c) Die Problematik der Anmietung zum Unfallersatztarif.** Die Frage, ob der Geschädigte und unter welchen Voraussetzungen ein Mietfahrzeug zum sog. „Unfallersatztarif" anmie-

---

[188] OLG Köln NZV 1990, 429; OLG München zfs 1985, 330; vgl. OLG Karlsruhe – 13 U 213/11, ADAJUR-Dok.Nr. 104053.
[189] OLG Oldenburg zfs 1990, 227.
[190] *Fleischmann/Hillmann* § 8 Rn. 125.
[191] *Hentschel* § 12 StVG Rn. 37.
[192] *Fleischmann/Hillmann* § 8 Rn. 90 f.
[193] BGH NJW 1982, 519.
[194] LG Dresden BeckRS 2010, 06130: 10 % Eigenersparnisabzug.
[195] Zur Berechnung der Abzüge für ersparte Eigenkosten vgl. Gutachten der Universität Bamberg, das lediglich einen Abzug von 3 % errechnet, zitiert nach *Fleischmann/Hillmann* § 8 Rn. 134 ff.
[196] OLG Oldenburg zfs 1983, 203; OLG Hamm NZV 1994, 31; jetzt grundsätzlich auch zustimmend BGH zfs 2005, 390.
[197] *Fleischmann/Hillmann* § 8 Rn. 148 f.
[198] AG Duisburg NJWE-VHR 1998, 253.

ten kann oder gehalten ist anzumieten zum Normaltarif, hat zu einer sehr differenzierten Rechtsprechung des BGH geführt. Die umfangreiche, sehr differenzierte Rechtsprechung ist bei einer Analyse der Thematik in die nachfolgend aufgeführten Themenbereiche einzuteilen, nämlich: Erforderlichkeit, Erkundungspflicht des Geschädigten, Aufklärungspflicht des Autovermieters, Höhe der Mietwagenkosten, notwendige Darlegungen, Frage der Wirksamkeit des Mietvertrages sowie K-Versicherung und UWG.

Zu den vorgenannten Problembereichen ist zu verweisen auf die nachfolgenden Ausführungen:

aa) Erforderlichkeit. Die Prüfung der Erforderlichkeit erstreckt sich darauf, ob spezifische Leistungen bei der Vermietung an den Unfallgeschädigten allgemein den Mehrpreis rechtfertigen. Dabei muss die Kalkulation des Vermieters im konkreten Fall nicht nachvollzogen werden.[199] Bestehen unfallbedingte Mehraufwendungen des Vermieters bei der Vermietung an den Unfallgeschädigten, so ist ein Aufschlag auf den „Normaltarif" erwägenswert, um den Schaden auszugleichen.[200]

Eine Schätzung der ersatzfähigen Mietwagenkosten in Höhe des dreifachen Satzes des Nutzungsausfalls hält der BGH[201] für nicht gerechtfertigt.

bb) Erkundungspflicht. Für die Annahme, dem Geschädigten sei kein wesentlich günstigerer Tarif zugänglich gewesen, reicht es nicht aus, dass das Mietwagenunternehmen dem Geschädigten nur einen Tarif angeboten hat und ihm bei der Anmietung eines Ersatzfahrzeuges unter Offenlegung der Unfallsituation auch im Bereich einer Stadt ausschließlich den Unfallersatztarif angeboten worden wäre.[202]

cc) Aufklärungspflicht des Vermieters. Bietet der Vermieter dem Unfallgeschädigten einen Tarif an, der deutlich über dem Normaltarif für Unfallersatzfahrzeuge auf dem örtlich relevanten Markt liegt und besteht deshalb die Gefahr, dass die Haftpflichtversicherung nicht den vollen Tarif übernimmt, so muss er den Mieter hierüber aufklären.[203]

dd) Höhe der Mietwagenkosten. Zu den Anforderungen an die Feststellung, ob ein vom Geschädigten beanspruchter Unfallersatztarif aufgrund unfallspezifischer Kostenfaktoren iSd § 249 BGB erforderlich ist und ob dem Geschädigten ein Normaltarif ohne weiteres zugänglich war, ist es nicht erforderlich die Kalkulation des konkreten Vermieters nachzuvollziehen. Vielmehr ist lediglich zu prüfen, ob spezifische Leistungen bei der Vermietung an den Unfallgeschädigten allgemein den Mehrpreis rechtfertigen.[204]

ee) Notwendige Darlegung. Dem Geschädigten, der nach einem Verkehrsunfall ein Ersatzfahrzeug zu einem Unfallersatztarif angemietet hat, obliegt es konkret darzulegen, warum der gegenüber dem Normaltarif höhere Preis aus betriebswirtschaftlicher Sicht gerechtfertigt war. Ein Grund hierfür kann es sein, wenn er auf Leistungen des Autovermieters beruht, der durch die besondere Unfallsituation des Geschädigten veranlasst ist.[205]

ff) Wirksamkeit des Vertrages. Es ist davon auszugehen, dass das Rechtsverhältnis zwischen dem Vermieter und Mieter eines Ersatzwagens nach einem Verkehrsunfall keine Auswirkungen für den Anspruch auf Erstattung der Mietwagenkosten hat. Es ist im Allgemeinen für die Schadensabrechnung nicht erheblich, ob der Mietvertrag zwischen dem Geschädigten und Mietwagenunternehmer wegen Verstoß gegen die guten Sitten gem. §§ 138, 139 BGB nichtig ist.[206]

---

[199] BGH NJW 2007, 2782; vgl. hierzu auch Anm. *Huber* NJW 2007, 3783, 3784.
[200] BGH NJW 2007, 2758 = DAR 2007, 510 = r+s 2007, 345 = VersR 2007, 1144.
[201] DAR 2007, 699 = VersR 2007, 1286 = NJW 2007, 2916 = zfs 2007, 628 = NZV 2007, 563.
[202] BGH NZV 2007, 351 = DAR 2007, 327.
[203] BGH zfs 2007, 630 = SVR 2008, 104 = zfs 2007, 630 = DAR 2008, 86.
[204] BGH NJW 2007, 122 = NZV 2007, 231 = VersR 2007, 514 = DAR 2007, 261; Anm. zu dieser Entscheidung vgl. *Richter* SVR 2007, 177 sowie *Reitenspiess* DAR 2007, 345.
[205] LG Dortmund NZV 2006, 269; vgl. auch LG Aschaffenburg NZV 2006, 601.
[206] Vgl. hierzu BGH DAR 2007, 511 (Leitsatz) = VersR 2007, 1457 = NJW 2007, 1447; weiter BGH VersR 2007, 809 = NJW 2007, 2181.

155 *gg) Wettbewerbswidriger Hinweis der K-Versicherung.* Eine Wettbewerbshandlung liegt vor, wenn ein K-Haftpflichtversicherer sich in den Wettbewerb der Mietwagenunternehmer einmischt. Er handelt wettbewerbswidrig, wenn er bei der Abwicklung eines Verkehrsunfalls dem Geschädigten mitteilt, es würden lediglich Mietwagenkosten übernommen, deren Höhe dem Nutzungsausfall nach der Nutzungsausfalltabelle entspricht.[207]

156 *hh) Ermittlung des Mietwagenpreises nach Tabellenwerken.* Zunehmend besteht die Tendenz der Versicherungsgesellschaften, vorgelegte Mietwagenrechnungen zu kürzen mit dem Hinweis, dass die geforderten Kosten über den durchschnittlichen Kostensätzen der Region liegen. Sie verweisen dabei meistens auf die Tabelle von *Fraunhofer*.[208] Seitens der Anwaltschaft wird in der Regel auf den Mietpreisspiegel von *Eurotax-Schwacke* verwiesen.[209] Die Rechtsprechung wendet regional unterschiedlich die eine oder die andere Liste an.[210] Der BGH stellt darauf ab, dass auch ein grundsätzlich geeigneter Mietpreisspiegel nur eine Grundlage für die Schätzung nach § 287 Abs. 1 ZPO darstellt. Bei Zweifeln daran, ob der in der Liste befindliche Preis den örtlichen durchschnittlichen Normalpreis darstellt, kann deshalb mit Zu- bzw. Abschlägen eine Korrektur vorgenommen werden.[211] In Betracht kommt zwischenzeitlich nach der Rechtsprechung auch die Ermittlung des Normaltarifs auf der Basis des arithmetischen Mittels aus Schwacke-Liste und Fraunhofer-Tabelle, wenn im Rechtsstreit vorgelegte Vergleichsangebote anderer Vermieter mit der tatsächlichen Anmietsituation nicht zu vergleichen sind. Es bedarf nach OLG Celle keines Sachverständigengutachtens.[212]

7. Nutzungsausfallentschädigung und Vorhaltekosten

157 **a) Die Voraussetzungen von Nutzungsausfallentschädigung.** Ein Geschädigter, der kein Ersatzfahrzeug anmietet, kann unter bestimmten Voraussetzungen eine Entschädigung für den Nutzungsausfall begehren. Der Anspruch auf Nutzungsausfallentschädigung leitet sich ab aus dem Vermögenswert, den die ständige Verfügbarkeit der beschädigten Sache für den Eigentümer hat.[213] Der Anspruch auf Nutzungsausfallentschädigung ist als Ergebnis richterlicher Rechtsfortbildung anerkannt.

158 Den Anspruch auf Nutzungsausfall auch für ältere Kraftfahrzeuge hat der BGH grundsätzlich bestätigt.[214] Hiernach gilt, dass dem Eigentümer eines privat genutzten Pkw, der durch einen Eingriff die Möglichkeit zur Nutzung verliert, grundsätzlich ein Anspruch auf Ersatz seines Nutzungsausfallschadens zusteht. Die Bemessung der Höhe des Anspruchs erfolgt nach § 287 ZPO und insoweit ist der Tatrichter frei. Als eine in diesem Sinne geeignete Methode der Schadensschätzung hat der BGH die von der Rechtsprechung herangezogenen Tabellen von *Küppersbusch* anerkannt. So gilt: auch bei langer Ausfalldauer steht einer Ermittlung der Nutzungsausfallentschädigung auf der Grundlage der Tabelle *Küppersbusch* nichts entgegen.[215] Spielt das Alter eines Pkw eine wesentliche Rolle, so ist der Tatrichter aus Rechtsgründen nicht gehalten, in jedem Einzelfall bei der Beurteilung der entgangenen Gebrauchsvorteile eine aufwendige Berechnung anzustellen, sondern darf grundsätzlich im Rahmen des ihm nach § 287 ZPO bei der Schadenschätzung eingeräumten Ermessens aus Gründen der Praktikabilität und der gleichmäßigen Handhabung typischer Fälle weiterhin mit den in der Praxis anerkannten Tabellen arbeiten.

---

[207] LG Karlsruhe NZV 2005, 263; vgl. auch *Schlüßler*, Die „Direktvermittlung" des Kfz-Haftpflichtversicherers im Lichte des UWG, zfs 2007, 123.
[208] *Fraunhofer* Marktpreisspiegel Mietwagen Deutschland 2013.
[209] *Schwacke* Mietpreisspiegel 2011.
[210] OLG Köln DAR 2009, 703, OLG München DAR 2009, 36, LG Rostock SP 2012, 327: Fraunhofer-Liste; OLG Karlsruhe NJW-RR 2008, 1113, LG Karlsruhe NZV 2009, 230: Schwacke-Liste.
[211] BGH DAR 2013, 196.
[212] OLG Celle VRR 2/2014, 66.
[213] *Geigel* Kap. 3 Rn. 97; BGHZ 98, 212; BGHZ 98, 212; vgl. auch Nutzungsausfallentschädigungen 2008, Pkw, Geländewagen und Transporter NJW, Beilage zu Heft 1–2/2008 sowie *Küppersbusch*, Nutzungsausfallentschädigung, NZV-Beilage 2012, Heft 1.
[214] BGH DAR 2005, 78.
[215] BGH SVR 2005, 182 = DAR 2005, 265 = r+s 2005, 263; vgl. auch zu dieser Thematik *Balke* SVR 2005, 218 (mit Rechtsprechungsübersicht).

159 Voraussetzung für die Nutzungsausfallentschädigung ist, dass der Geschädigte infolge des Schadens tatsächlich auf die Nutzung seines Fahrzeuges verzichten muss. Dies gilt auch für die Zeit der Selbstreparatur.

Ein Nutzungsausfallschaden ist nicht gegeben, wenn bei Beschädigung eines gewerblich genutzten Kraftfahrzeuges dem Geschädigten ein gleichwertiges Ersatzfahrzeug zur Verfügung steht.[216]

160 Der Anspruch auf Nutzungsausfallentschädigung setzt Nutzungswillen und hypothetische Nutzungsmöglichkeit für die gesamte tatsächliche Dauer der Nutzungsausfallentschädigung voraus. Fehlt es hieran – sei es unfallbedingt oder nicht – liegt kein Vermögensschaden vor. Stellt ein Dritter dem Geschädigten ein Fahrzeug unentgeltlich zur Verfügung, so entlastet dies den Schädiger nach den für die Vorteilsausgleichung geltenden Grundsätzen nicht.[217] Der Nutzungsausfall ist auch dann zu entschädigen, wenn das Fahrzeug von Angehörigen oder anderen Personen genutzt worden wäre.

161 In Rechtsprechung und insbesondere Literatur wird die Frage diskutiert, ob eine Nutzungsausfallentschädigung zu versagen ist für den unfallbedingt fahruntüchtigen Fahrzeughalter. Ausgangspunkt ist die Grundsatzentscheidung des BGH im Jahre 1993.[218] Wie ausgeführt ist Voraussetzung des Anspruchs eine „fühlbare" Beeinträchtigung mit der Maßgabe, dass nachgewiesen sein muss, dass das beschädigte Fahrzeug auch tatsächlich genutzt worden wäre, also Nutzungswille und Nutzungsmöglichkeit vorhanden gewesen wären. An den Voraussetzungen „Nutzungswille" und „Nutzungsmöglichkeit" entzündet sich die Auseinandersetzung über die rechtsdogmatische Begründung der Nutzungsausfallentschädigung. Hierzu gibt es unterschiedliche Aspekte. Der Fahrzeughalter, der unverletzt den Unfall übersteht, erhält ohne Frage die volle Nutzungsausfallentschädigung, während sie demjenigen, der wegen erlittener Verletzungen nicht fahrtüchtig ist, versagt werden soll. Der Halter eines ihm nach dem Unfall zur Verfügung stehenden Zweitfahrzeuges soll keine Nutzungsausfallentschädigung erhalten, und ebenso soll derjenige, der auf die Durchführung der Reparatur verzichtet, keine Nutzungsausfallentschädigung erhalten. *Maiwald* kommt unter Berufung auf die Rechtsprechung des BGH[219] zu dem Ergebnis, dass im Interesse der Einheitlichkeit der Rechtsprechung nicht hingenommen werden kann, dass ausgerechnet solchen Unfallbeteiligten, die bei einem Unfall erheblich verletzt werden, eine entschädigungslose Vorenthaltung ihres Fahrzeuges mit der Begründung zugemutet wird, sie seien unfallbedingt aus ihrem Alltagsleben herausgefallen und könnten deshalb ihr Fahrzeug nicht selbst führen. Wenn der Anspruch auf Nutzungsausfallentschädigung rechtsdogmatisch als Schadenposition anerkannt wird, ist nicht einzusehen, warum unter bestimmten aufgeführten Voraussetzungen die Nutzungsausfallentschädigung versagt werden soll.

162 Ein Nutzungsausfall steht auch bei abstrakter Schadenberechnung zu, wenn das Kfz tatsächlich nicht verkehrssicher ist.[220] Der Nutzungsausfall ist auch bei abstrakter Schadenberechnung nicht zu versagen, weil die fiktive und konkrete Schadenabrechnung gleichwertig sind. Der Geschädigte muss allerdings auch hier seinen Nutzungswillen beweisen.

163 Hat der Geschädigte bereits vor dem Unfall ein Ersatzfahrzeug bestellt, so kann er Nutzungsentschädigung auch verlangen über den vom Sachverständigen hinaus verlangten Zeitraum. Voraussetzung ist, dass die durch den Ankauf und Wiederverkauf eines Zwischenfahrzeuges entstehenden Kosten nicht wesentlich den Betrag der Nutzungsentschädigung übersteigen.[221] Ebenso kommt ein Anspruch auf Nutzungsausfallentschädigung in Betracht bei Rücktritt vom Kaufvertrag wegen Mangels des gekauften Fahrzeuges.[222]

164 **b) Einzelfragen zum Anspruch auf Nutzungsausfall.** *aa) Die Voraussetzungen.* Die ständige Gebrauchsmöglichkeit eines Pkw ist ein geldwerter Vermögensvorteil. Wird diese Ge-

---

[216] BGH zfs 2008, 267.
[217] BGH Betrieb 1970, 876.
[218] BGHZ 40, 345.
[219] Vgl. van Bühren/*Lemcke* Teil 3 Rn. 262 ff.
[220] AA OLG Oldenburg zfs 1997, 173 mit Anm. und gegenteiliger Ansicht *Diehl* aaO.
[221] BGH DAR 2008, 139 = NZV 2008, 137.
[222] BGH NJW 2008, 911 = VRR 2008, 143.

brauchsmöglichkeit entzogen, begründet dies einen Schadenersatzanspruch in Form des Anspruches auf Nutzungsausfallentschädigung.

Auch für ein vom Ehegatten des Geschädigten genutztes luxuriöses Zweitfahrzeug kann der Geschädigte Nutzungsausfall geltend gemacht.[223]

165 Keine Nutzungsausfallentschädigung gibt es für ein verunfalltes Wohnmobil, das lediglich zu Freizeitfahrten benutzt wird.[224] Auch bei einem „Spaßfahrzeug" (hier Quad) wird dem Geschädigten keine Nutzungsausfallentschädigung zugesprochen.[225]

Wird ein Motorrad bei einem Unfall beschädigt, erhält der Geschädigte keine Nutzungsausfallentschädigung, wenn er während der Reparaturzeit einen PKW nutzen kann.[226]

166 Besonderheiten können gelten bei besonderen Fallgestaltungen. Hinsichtlich der Nutzungsentschädigung für ein Behördenfahrzeug gilt, dass der Anspruch auf Nutzungsentschädigung nicht besteht aufgrund Anspruches auf abstrakte Nutzungsentschädigung, sondern nur zuzuerkennen ist mittels Nachweises der konkreten Vermögenseinbuße.[227]

167 Problematisch sein kann der Anspruch auf Nutzungsausfallentschädigung bei Unfall kurz vor Antritt einer Urlaubsreise. Insoweit kommt grundsätzlich ein Anspruch in Betracht. Dieser ist jedoch zu bewerten unter dem Aspekt des § 254 BGB.[228]

168 *bb) Die Höhe der Nutzungsausfallentschädigung.* Die Schadenersatzregelung bei Verkehrsunfällen als Massenphänomen hat es erforderlich gemacht, zu schematisierter Abrechnung auch der Nutzungsausfallentschädigung zu kommen. Hierzu wurden Tabellen entwickelt. Diese Tabellen sind seit mehr als 20 Jahren Grundlage der Berechnung. Hinzuweisen ist auf die Tabelle *Sanden/Danner,* jetzt herausgegeben von *Küppersbusch.* Dieses bei *Eurotax-Schwacke* erschienene Werk erfasst auf einer Bandbreite von 10 Jahren die gängigen Pkw-Typen (über 43.000). Die Liste wird jährlich überarbeitet. Ein unabhängiger Autorenrat überprüft jeweils die Parameter der Liste. Information anhand der zuletzt genannten Tabelle kann erforderlich sein im Hinblick auf zurückliegende Unfälle. Die Tabellen gehen bei einem Zeitraum von jeweils 5 Jahren davon aus, dass das Unfallfahrzeug eine Gruppe tiefer eingestuft wird.

169 Die Rechtsprechung lässt zwischenzeitlich manchmal eine Herunterstufung für ein älteres Fahrzeug nicht zu, wenn dieses Kfz sich in einem nachweislich überdurchschnittlich gepflegten Zustand befindet.

170 Ist das beschädigte Fahrzeug mit spezieller, der Behinderung angepasster Ausstattung versehen (Handbremsgerät und Automatikgetriebe), ist ein über der üblichen Nutzungsentschädigung liegender Nutzungswert festzustellen. Pro Nutzungstag ist zur üblichen Nutzungsausfallentschädigung ein Zuschlag in Höhe von 4,50 EUR in diesem Fall angemessen.[229]

171 Auch für Motorräder wird grundsätzlich Nutzungsausfallentschädigung gewährt, wenn es das einzige zur Verfügung stehende Fahrzeug ist.[230]

Für unfallbeschädigte Fahrräder gewähren manche Gerichte ebenfalls einen Anspruch auf Nutzungsausfall.[231] Insbesondere gilt dies, wenn der Geschädigte nachweislich einen fortgesetzten Nutzungswillen und eine entsprechende Nutzungsmöglichkeit hat. Hiervon wird ausgegangen, wen das Fahrrad immer zur Bewältigung des Wegs zur und von der Arbeitsstätte benutzt wird. In der Rechtsprechung wird in diesen Fällen ein Betrag von fünf bis zehn Euro pro Tag zugesprochen.[232]

---

[223] OLG Koblenz NZV 2004, 258.
[224] BGH DAR 2008, 465.
[225] LG Gießen SP 2007, 293; so auch AG Schwäbisch Gmünd SP 2004, 376.
[226] LG Wuppertal SP 2008, 331; aA OLG Düsseldorf SP 2008,328: Besitzt der Geschädigte noch einen PKW, kann er trotzdem Nutzungsausfallentschädigung für sei „Harley Davidson"-Motorrad fordern, wenn er den Willen und auch die Möglichkeit der Nutzung hat.
[227] OLG Hamm VersR 2004, 1552.
[228] OLG Hamm r+s 2002, 330.
[229] LG Chemnitz DAR 1999, 507.
[230] So enthält zB das Tabellenwerk Eurotax-Schwacke ua auch die „Nutzungsentschädigung für Krafträder" nach *Küppersbusch.*
[231] AG Paderborn zfs 1999, 195; KG NZV 1994, 393; AG Lörrach DAR 1994, 501.
[232] LG Lübeck SVR 2012, 142.

c) **Nutzungsausfallentschädigung/Vorhaltekosten** für gewerblich genutzte Fahrzeuge. 172
aa) Grundsätzlich keine Entschädigung für Nutzungsausfall. Bei gewerblich genutzten Fahrzeugen gibt es in der Regel keinen Nutzungsausfall im Sinne der Nutzungsausfallentschädigung für Pkw. Bei Beschädigung eines gewerblich genutzten Kraftfahrzeuges kommt eine abstrakte Nutzungsausfallentschädigung nicht in Betracht.[233] Wird ein gewerblich genutztes Fahrzeug beschädigt, sodass es nicht genutzt werden kann, so ist für den Ersatz des Nutzungswertes eine differenzierte Betrachtung geboten. Wird das gewerblich genutzte Fahrzeug unmittelbar zur Erzielung von Einnahmen eingesetzt, zB ein Taxi, ist der Schaden entweder durch Bestimmung der hierauf zurückzuführenden Minderung des Gewerbeertrages oder über die mit der Ersatzbeschaffung verbundenen Kosten zu bestimmen.[234] Wenn ein Fahrzeug, das nicht unmittelbar der Gewinnerzielung dient, zB ein Direktionswagen, beschädigt ist, so ist der Nutzungsausfall zu ersetzen, wenn das geschädigte Unternehmen nur durch besondere Bemühungen die Entbehrungen ausgleichen kann.[235]

Für Kastentransporter, Kombifahrzeuge und Kleinbusse gibt es wie bei Pkw eine identisch 173 aufgebaute Nutzungsausfalltabelle. Jedoch gilt, dass bei Beschädigung eines gewerblich genutzten Kraftfahrzeugs keine abstrakte Nutzungsausfallentschädigung in Betracht kommt.[236]

bb) Vorhaltekosten. Ausgehend davon, dass bei Beschädigung eines Fahrzeuges dieses 174 während der Reparaturzeit für die vorgesehene Nutzung ausfällt, wird Nutzungsausfallentschädigung gewährt. Größere Betriebe gehen aber oft dazu über, von vornherein dadurch Vorsorge zu treffen, dass eine Reservehaltung erfolgt. Hier entstehen so genannte „Vorhaltekosten" (Kosten der Anschaffung, des Kapitaldienstes und der Unterhaltung). Die Vorhaltekosten werden nach Einsatzzeit während der Reparatur berechnet.[237]

Bei Beschädigung eines gewerblich genutzten Fahrzeuges muss der Geschädigte seinen 175 Ausfallschaden konkret berechnen. Wenn Vorhaltekosten für ein Reservefahrzeug oder Mietkosten für ein Ersatzfahrzeug nicht angefallen sind, muss er im Einzelnen vortragen, welche konkreten Aufträge er nicht hat ausführen können, weil ihm das beschädigte Fahrzeug nicht zur Verfügung stand, und welche Einnahmen ihm dadurch entgangen sind.[238]

8. Diverse Sachschadenpositionen

a) **Sachschaden an Gegenständen im Fahrzeug.** Grundsätzlich sind durch Dritte verur- 176 sachte Schäden an den im Fahrzeug befindlichen Sachen ersatzfähig, soweit die Beschädigung in kausalem Zusammenhang mit dem Unfall steht. Dies gilt sogar für Gegenstände, die in der Unfallsituation durch Dritte aus dem Fahrzeug gestohlen werden.[239]

b) **Schäden an Bäumen und Gehölzen.** Bei Beschädigung oder Zerstörung von Bäumen 177 oder Gehölzen ist in der Regel die Naturalrestitution nicht möglich. Insbesondere spielt hier eine Rolle, dass speziell Bäume mit hohem Alter nicht oder nur mit unverhältnismäßig hohem Aufwand zu ersetzen sind, in der Regel aber auch nicht zu beschaffen sind. Die Schadenersatzpflicht ist zunächst auf die Wertminderung des Grundstücks abzustellen und beschränkt sich auf die vorzunehmende Schätzung, die sich an wirtschaftlich vernünftigen Anhaltspunkten orientiert. Solche Kosten sind die Kosten für den Erwerb und die Anpflanzung eines jungen Baumes, die höheren Pflegekosten während der Anwachszeit sowie Zuschlag für das Anwachsrisiko und die Aufzinsung des Kapitaleinsatzes für die Anschaffung und Pflege;[240] auch ist auf eine zur Schadenberechnung entwickelte Tabelle hinzuweisen.[241]

---

[233] OLG Hamm zfs 2000, 341 (unter Aufgabe der Rspr. des Senates NZV 1993, 65).
[234] OLG Schleswig MDR 2006, 202 = ADAJUR-Dok.Nr. 66789.
[235] *Fleischmann/Hillmann* § 8 Rn. 225 ff.; OLG Schleswig SVR 2006, 221 m. Anm. *Rindsfus*.
[236] OLG Hamm DAR 2001, 359; vgl. Tabelle *Eurotax-Schwacke* Nutzungsausfallentschädigung 2014.
[237] *Geigel* Kap. 3 Rn. 68 ff.; vgl. Tabelle *Eurotax-Schwacke* Vorhaltekosten 2014.
[238] OLG Düsseldorf NZV 1999, 472.
[239] BGH MDR 1997, 240.
[240] BGH NJW 1975, 2061; OLG Celle VersR 1986, 973.
[241] *Hötzel/Hund*, Aktualisierte Gehölzwerttabellen.

178 Anders als bei der Schadenberechnung für beschädigte oder zerstörte Bäume stellt sich die Rechtslage bei der Zerstörung von Heckenpflanzen oder Gehölzen.[242] Werden Gehölze beschädigt, deren Anzucht der Entnahme zum Verkauf dient, die also lediglich Scheinbestandteil eines Grundstücks werden, sind der Sachwert der Pflanzen sowie ein evtl. entgangener Gewinn zu ersetzen.[243] Kein Ersatz durch Neubepflanzung ist zu leisten, wenn sich die beschädigten Pflanzen regenerieren.[244]

179 **c) Sonstige Positionen**
- Mehrprämie bei Inanspruchnahme Kaskoversicherung
- Abmeldung des beschädigten Fahrzeuges
- Neuzulassung des Ersatzwagens
- Amtliche Kennzeichen
- Stempel- und Prüfplaketten
- Vignetten
- TÜV-Untersuchung
- Kfz-Brief und Überführungskosten
- Kfz-Steuer
- Haftpflichtprämie
- Werkstattgarantie und technische Überprüfung
- Abschleppkosten
- Unterstellkosten/Standgeld
- Demontagekosten
- Verschrottungskosten
- Zeitungsinserate
- Fahrtkosten
- Verdienstausfall
- Vermittlungsprovision
- Umlackieren
- Reklamebeschriftung
- Sonderlackierung
- Kreditkosten
- Kreditkosten für vorgezogene Investitionen
- Lichtbildkosten
- Rückholkosten
- Kosten für vorzeitige Aufhebung Leasingvertrag
- Verlust eines öffentlichen Zuschusses
- Zollkosten.

180 **d) Speziell: der Anspruch auf Ersatz des Rückstufungsschadens.** Für den Geschädigten können sich Schäden hinsichtlich der Höhe der Prämie für die Fahrzeugversicherung ergeben, und zwar sowohl hinsichtlich des Schadenfreiheitsrabattes in der Haftpflichtversicherung als auch in der Fahrzeugversicherung.

181 *aa) Schaden durch Änderung des Schadenfreiheitsrabattes in der Haftpflichtversicherung.* Ergibt sich nach einem Unfallereignis bei Leistung der eigenen Kraftfahrthaftpflichtversicherung eine nachteilige Änderung des Schadenfreiheitsrabattes, so besteht insoweit kein Anspruch auf Ersatz dieses Nachteils.[245]

182 *bb) Prämiennachteile in der Fahrzeugversicherung.* Ergibt sich unfallbedingt eine nachteilige Einstufung des Schadenfreiheitsrabattes in der Fahrzeugversicherung, so haften hierfür der Schädiger und dessen Haftpflichtversicherung. Der Anspruch auf Ausgleich des Rückstufungsschadens besteht nicht, wenn der Geschädigte seine Kaskoversicherung in Anspruch nimmt im Hinblick auf mögliche weitergehende Ansprüche. Dies kann zB der Fall sein bei

---

[242] Vgl. hierzu OLG Hamm VersR 1988, 598.
[243] OLG Hamm NJW-RR 1992, 1438.
[244] OLG Köln BeckRS 1998, 300336.
[245] Vgl. van Bühren/*Lemcke* Teil 3 Rn. 330 mit Rechtsprechungsnachweisen.

einem Anspruch auf Abrechnung auf Neuwagenbasis. In diesem Fall haben der Schädiger und dessen Haftpflichtversicherung den Rückstufungsschaden nicht auszugleichen.

Nimmt der Geschädigte seine Kaskoversicherung in Anspruch, weil der Haftpflichtversicherer die Entschädigungsleistung – auch zunächst – verweigert, so besteht ein Anspruch auf Ausgleich des Rückstufungsschadens. 183

Differenziert ist die Thematik zu sehen im Falle einer Quotenhaftung gemäß § 17 StVG. In diesem Falle erscheint es angezeigt und zutreffend, dass in Höhe der Haftungsquote der Rückstufungsschaden auszugleichen ist.[246] 184

Im Übrigen ist zu beachten, dass der Rückstufungsschaden sich nicht nur in einer Prämienperiode ausweist, sondern auch für einen längeren Zeitraum Auswirkungen auf die Prämienhöhe hat. In diesem Fall ist es unerlässlich, den sich ergebenden Rückstufungsschaden durch die eigene Fahrzeugversicherung ausrechnen zu lassen. Diese Berechnung wird in der Regel für vier Jahre angestellt. Die Berechnung beruht auf der Basis des augenblicklich versicherten Kfz. Mögliche höhere Prämien durch Versicherung eines höherpreisigen Kfz werden bei dieser Berechnung nicht berücksichtigt. Die andere Möglichkeit besteht darin, Jahr für Jahr konkret den finanziellen Verlust von der gegnerischen Kfz-Haftpflichtversicherung zu fordern. Dabei werden sämtliche Umstände berücksichtigt, die sich auf die Prämie auswirken, auch weitere Schäden. Bei einer gerichtlichen Geltendmachung kann jeweils nur der aktuelle Verlust konkret gefordert werden. Der Zukunftsschaden muss über einen Feststellungsantrag geltend gemacht werden. 185

9. Anspruch auf Erstattung der Anwaltsgebühren

a) **Allgemeines.** Die Beauftragung eines Anwaltes zur Geltendmachung der Schadenersatzansprüche ist eine adäquate Schadenfolge. Die durch die Beauftragung des Anwaltes entstehenden Kosten sind zu erstatten.[247] Voraussetzung für den Anspruch auf Erstattung der Anwaltsgebühren ist nicht, dass zuvor der Schädiger oder die Versicherung in Verzug gesetzt wird.[248] Es ist davon auszugehen, dass der Geschädigte sich im Regelfall einem in der Regulierung von Unfallschäden versierten Sachbearbeiter der Haftpflichtversicherung gegenübersieht. Unter dem Aspekt der „Waffengleichheit" ist deshalb der Anspruch auf Erstattung der Rechtsanwaltskosten im Rahmen der Rechtsverfolgungskosten zu bejahen.[249] 186

b) **Einzelfragen.** Grundsätzlich sind die Rechtsanwaltkosten als Kosten der Rechtsverfolgung zu erstatten.[250] Eine Ausnahme vom Anspruch auf Erstattung der Anwaltsgebühren kann lediglich bei Bagatellschäden und bei besonders gelagerten Fällen in Betracht kommen.[251] Diese Einschränkung gilt aber auch nur dann, wenn die Versicherung in solchen Fällen sofort und ohne Abstriche reguliert.[252] 187

Auch dann, wenn ein Unternehmen geschädigt ist, ist der Anspruch auf Erstattung der Anwaltsgebühren grundsätzlich gegeben. Dies beruht darauf, dass auch in einem Unternehmen tätige Juristen in der Regel nicht mit den Einzelheiten der Haftungsfrage und insbesondere nicht vertraut sind mit den in Betracht kommenden Schadenpositionen. Zudem ist zu berücksichtigen, dass auch diese Tätigkeit einen ggf. nach Stundenberechnung zu ersetzenden Aufwand darstellt. Im Übrigen ist von dem Grundsatz auszugehen, dass die sofortige Beiziehung eines Anwaltes zur Durchsetzung von Schadenersatzansprüchen erlaubt ist. Dieses gilt auch, wenn es sich bei dem Geschädigten zB um eine Autovermietungsfirma handelt. Voraussetzung ist in diesem Fall allerdings, dass es sich um keinen alltäglich in diesem Geschäft auftretenden Fall handelt und der Sachverhalt nicht eindeutig ist.[253] Dies er- 188

---

[246] Vgl. hierzu ausführlich van Bühren/*Lemcke* Teil 3 Rn. 329 bis 337.
[247] BGH VersR 1963, 266; BGH VersR 1970, 41.
[248] AG Halle BeckRS 2013, 09587.
[249] Berz/Burmann/*Born* 5 C Rn. 82.
[250] AG Berlin zfs 2002, 89.
[251] Vgl. BGH NJW 1995, 446.
[252] *Fleischmann*/*Hillmann* § 8 Rn. 352.
[253] AG Stuttgart-Bad Cannstatt SVR 2006, 36 = ADAJUR-Dok.Nr. 68203.

gibt sich ua aus dem Grundsatz der „Waffengleichheit", da der Haftpflichtversicherer meist über ein juristisch geschultes und erfahrenes Personal bezüglich der Abwicklung von Schadenfällen verfügt.[254]

189 Ist der Geschädigte selbst Rechtsanwalt, gelten für ihn keine anderen Anforderungen. Nur in einfach gelagerten Fällen kann er auf die Eigenregulierung und damit auf die Verneinung der Gebührenerstattung verwiesen werden.[255]

190 Eine besondere Fallgestaltung kann sich ergeben, wenn der Geschädigte seine Forderung gegen den eigenen Versicherer geltend macht. In diesem Fall ist der Kostenerstattungsanspruch hinsichtlich der Anwaltskosten dem Schädiger gegenüber grundsätzlich auf die Gebühren nach dem Wert beschränkt, für den dieser Ersatz zu leisten hat. Ist es aus Sicht des Geschädigten erforderlich, anwaltliche Hilfe in Anspruch zu nehmen, so gilt dies grundsätzlich auch für die Anmeldung des Versicherungsfalls bei dem eigenen Versicherer.[256]

Zu den in Betracht kommenden Gebühren und zur Gebührenberechnung im Einzelnen → § 33.

191 **c) Speziell: Vergütung für Einholung einer vormundschaftsgerichtlichen Genehmigung.** In straßenverkehrsrechtlichen Schadenangelegenheiten ist es nicht selten geboten, insbesondere bei der Verteidigung von Minderjährigen, eine vormundschaftsgerichtliche Genehmigung einzuholen. Diese Tätigkeit ist gesondert zu vergüten. Bei der Einholung der vormundschaftlichen Genehmigung für einen Vergleich handelt es sich um ein besonderes gerichtliches Verfahren (§ 23 Abs. 3 RVG).[257] Die in diesem Zusammenhang erfolgte anwaltliche Tätigkeit ist gesondert zu berücksichtigen.

192 **d) Erstattungsfähigkeit der Kosten eines ausländischen Verkehrsanwaltes.** Kosten eines ausländischen Verkehrsanwaltes, dessen Hinzuziehung zur zweckentsprechenden Rechtsverfolgung oder Rechtsverteidigung geboten war, sind nur in Höhe der Gebühren eines deutschen Rechtsanwaltes erstattungsfähig.[258] Dieser Aspekt dürfte auch von Bedeutung sein für die Abwicklung von Schadenangelegenheiten nach der 4. KH-Richtlinie und ggf. auch für den Kostenerstattungsanspruch einer Rechtsschutzversicherung, soweit diese Kosten für den ausländischen Verkehrsanwalt bedingungsgemäß gezahlt hat.

193 **e) Erstattung der Kosten für Aktenversendung.** Müssen speziell zur Beurteilung der Haftungsfrage die Straf- oder Akten des OWi-Verfahrens eingesehen werden, so ist der Anwalt, der die Akten anfordert, grundsätzlich Schuldner der Aktenversendungspauschale. Diese Kosten sind jedoch zu erstatten. Der Anwalt kann diese Kosten auch geltend machen, wenn er im Auftrag seines Mandanten die Unterlagen anfordert.

194 Bei der Aktenversendungspauschale handelt es sich es sich weder um allgemeine Geschäftskosten noch um Telekommunikationsentgelte iSd Nr. 7001, 7002 VV, vielmehr sind es Aufwendungen, die gesondert in Rechnung gestellt werden können. Auf die Aktenversendungspauschale ist die in Ansatz zu bringende Umsatzsteuer zu erstatten. Auch die Rechtsschutzversicherung ist verpflichtet, diese Umsatzsteuer dem Versicherungsnehmer bzw. Anwalt zu erstatten.[259]

10. Sonstige Schadenpositionen zum Fahrzeugschaden

195 Nachstehend werden – in alphabetischer Reihenfolge – einige in der Praxis besonders häufig vorkommende Schadenpositionen im Einzelnen behandelt.

---

[254] AG Darmstadt zfs 2002, 300.
[255] AG Bonn SUR 2005, 347; BGH DAR 1995, 67.
[256] BGH NZV 2005, 252 (betreffend Ansprüche aus einer Gebäudeversicherung), verbunden mit dem Hinweis des BGH auf die Rspr. zur Kaskoversicherung.
[257] LG Hanau zfs 2004, 35.
[258] BGH NJW 2005, 1353.
[259] AG Lahn AGS 2008, 264; vgl. auch *Franke*, Aktenübersendungspauschale und Zweites Justizmodernisierungsgesetz, Editorial, SVR 9/2007; zu (steuer-)rechtlichen Problemen bei der Aktenversendungspauschale vgl. *Schäpe* DAR 2008, 114.

- **Abschleppkosten:** Abschleppkosten sind bei einem fahrunfähigen Kraftfahrzeug als adäquate Unfallfolge zu ersetzen. Hierbei ist jedoch zu beachten, dass der Aufwand für das Abschleppen angemessen sein muss und im Verhältnis sich orientieren muss an der möglichen Reparatur. Grundsätzlich kann das Fahrzeug in die üblicherweise benutzte Werkstatt gebracht werden, falls sie nicht unverhältnismäßig weit entfernt ist.[260] Ist das Fahrzeug zweifelsfrei Schrott, genügt Abschleppen zur nächsten Werkstatt oder zum Abstellplatz.
- Im Übrigen ist in diesem Zusammenhang daran zu denken, dass als Leistungsträger für das Bergen und Abschleppen des Fahrzeuges auch eine ggf. bestehende Schutzbriefversicherung eintrittspflichtig ist. Hier wird oftmals auf das in den Bedingungen enthaltene sogenannte Subsidiaritätsprinzip Bezug genommen. Danach trägt die Stelle die Kosten, die als erste hierum ersucht wird.
- **An-, Ab- und Ummeldekosten** sind zu ersetzen. Hier kann Abrechnung erfolgen nach konkreter Berechnung, oder diese Kosten werden pauschal mit 80,– EUR bis 120 EUR angesetzt.
- **Detektivkosten.** Es kann auch erforderlich sind, zur Vorbereitung der Rechtsverfolgung einen Detektiv einzuschalten. Grundsätzlich sind die hierfür aufgewandten Kosten erstattungsfähig. Dies gilt jedenfalls dann, wenn die Einschaltung vernünftigerweise geboten ist. Im Prozessverfahren ist dies jedenfalls zu bejahen, wenn die Einschaltung eines Detektivs geboten ist im Hinblick auf die prozessuale Situation und Beweislage.[261] Vorgerichtliche Ermittlungskosten sind erstattungsfähig, wenn sie verhältnismäßig sind.[262]
- **Fahrtkosten** sind zu ersetzen. Auch hier kommt konkrete Abrechnung in Betracht.
- **Kostenvoranschlagskosten** sind grundsätzlich zu vergüten (hierzu auch Ausführungen vorstehend → Rn. 108 ff. und Rn. 125/126).
- **Kreditkosten** werden erstattet, wenn eigene Mittel zur Schadensbehebung fehlen. Der Nachweis der Notwendigkeit der Kreditaufnahme ist der Versicherung aus Gründen der Schadensminderungspflicht anzuzeigen.[263]
- Nimmt der Geschädigte nach verzögerlicher Regulierung wegen seines Verdienstausfalls Kredit zur Finanzierung des Lebensunterhaltes für sich und seine Familie auf, dann hat der Schädiger für die Kreditkosten aufzukommen, wenn er auf die Notlage aufmerksam gemacht worden ist. Zur Schadensminderung ist der Geschädigte gehalten, eigene Mittel, wie Krankenhaustagegeld und Schmerzensgeld, zum Lebensunterhalt einzusetzen, hat dann allerdings auch einen Anspruch auf entgangene Kapitalnutzung.[264]
- **Leasinggebühren,** die für die Dauer der Reparatur anfallen, sind nicht zu erstatten. Äquivalent ist hier zu sehen der Anspruch auf ein Mietfahrzeug oder Nutzungsausfallentschädigung.
- **Rabattverlust** in der eigenen Haftpflichtversicherung wird nicht ersetzt. Dies gilt auch dann, wenn der Geschädigte gegenüber seiner eigenen Haftpflichtversicherung erklärt, mit der Regulierung nicht einverstanden zu sein.[265]
- **Rechtsverfolgungskosten:** Kosten der Rechtsverfolgung sind grundsätzlich zu erstatten. Dies gilt auch für einen unstreitigen Sachverhalt.[266]
  Zu beachten ist, dass auch der Ersatz der Rechtsanwaltskosten für Verhandlungen mit dem Kaskoversicherer als ersatzfähige Schadenposition anzusehen ist.[267]
- **Reparaturbescheinigung:** Die Kosten eines Sachverständigen für eine Reparaturbescheinigung bei Reparatur in Eigenregie sind zu erstatten.[268]

---

[260] Vgl. hierzu *Hentschel* § 12 StVG Rn. 28.
[261] BGH NJW 1990, 2060.
[262] OLG Düsseldorf Spektrum Versicherungsrecht 2006, 23.
[263] ZB OLG Düsseldorf zfs 1997, 253; AG Münster BeckRS 2013, 05801.
[264] OLG Nürnberg zfs 2000, 12; ebenso OLG Frankfurt NJW 1999, 2447.
[265] LG Karlsruhe – 3 O 335/07, ADAJUR-Dok.Nr. 79258.
[266] Bei absolut einfach und klarliegenden Sachverhalt und Körperschaft des öffentlichen Rechtes als Anspruchsteller vgl. BGH NJW 1995, 1944; zu den Voraussetzungen der Erstattungsfähigkeit von Rechtsverfolgungskosten bei Ansprüchen aus Unfallversicherung vgl. BGH VersR 2006, 521.
[267] OLG Karlsruhe NZV 1989, 231.
[268] AG Aachen MittBl. der Arge VerkR 2005, 99; aA AG Saarlouis SUR 2012, 389.

- **Risikozuschlag,** der in Betracht kommt bei Anschaffung eines Ersatzfahrzeuges, wird nicht erstattet. Hier ist davon auszugehen, dass der Marktwert des Fahrzeuges ggf. einschließlich Werksgarantie ein evtl. Risiko beinhaltet.
- **Schadenfreiheitsrabatt,** der aufgrund der Einschaltung der Kaskoversicherung vermindert wird, ist nur unter bestimmten Voraussetzungen zu ersetzen. Hier ist davon auszugehen, dass bei einer Haftungsverteilung die Rückstufung ohnehin in Betracht kommt. Bei vollständiger Haftung des Gegners jedoch ist der Verlust des Schadenfreiheitsrabattes auszugleichen.[269]
- **Standkosten** sind zu ersetzen.
- **Überprüfungspauschale** zur Klärung, ob das Fahrzeug mängelfrei ist, kommt als Schadenposition in Betracht. Jedoch ist in der Rechtsprechung streitig, ob diese Überprüfungspauschale zu ersetzen ist.[270]
- **Verbringungskosten** für das Abschleppen des Fahrzeuges in die Werkstatt sind zu ersetzen. Auch hier kommt ggf. Eintrittspflicht der Schutzbriefversicherung in Betracht. Auch bei abstrakter Abrechnung sind Verbringungskosten zur Lackiererei zu erstatten, wenn keine Werkstatt im Umkreis über eine eigene Lackierkabine verfügt.[271] Dies gilt auch bei fiktiver Abrechnung.[272]
- **Zeitaufwand,** zB für Fahrten zur Werkstatt und zum Anwalt, sind in der Regel nicht auszugleichen.
- **Zeitungsanzeigen,** zB zum Auffinden von Zeugen, sind als adäquate Schadenfolge zu ersetzen. Diese sind jedenfalls dann erstattungsfähig, wenn die Partei in Beweisnot ist und die Kosten nicht in einem Missverhältnis zur streitigen Forderung stehen.[273]

III. Der Anspruch auf Erstattung von Finanzierungskosten und Zinsen

196 Es ist von dem Grundsatz auszugehen, dass der Geschädigte grundsätzlich die Kosten für die Schadenbeseitigung vorfinanzieren muss. In dem Fall, in dem er hierzu nicht in der Lage ist, kann er auf Kosten des Schädigers einen Kredit aufnehmen. In diesem Fall besteht Anspruch auf Ersatz der entstehenden Kreditkosten nicht nur als Verzugsschaden, sondern auch gemäß § 249 Abs. 2 BGB als weiterer unfallbedingter Folgeschaden. Es sind jedoch die Grundsätze der Schadenminderungspflicht zu beachten.[274] Ist der Schädiger oder dessen Haftpflichtversicherung mit dem Ausgleich des Schadens in Verzug, so besteht ein Anspruch auf Ersatz des Zinsschadens als Verzugsschaden gemäß §§ 286, 288 BGB.[275]

IV. Der Anspruch auf Erstattung der Mehrwertsteuer

1. Grundsätzliches

197 Die Regelung des § 249 Abs. 2 Satz 2 BGB bedingt die Frage, ob im Einzelfall dem Geschädigten der Ersatz des Umsatzsteueranteils zu erstatten ist oder zu versagen ist. Die Regelung ist Ausfluss des Ringens „um die Bändigung der im deutschen Recht überaus großzügigen fiktiven Schadensberechnung...". Die Regelung hat insbesondere im Hinblick auf

---

[269] AG Siegburg SP 2005, 412.
[270] Für Ersatz zB OLG Frankfurt NJW MDR 1991, 54; ebenso OLG Frankfurt NJW 1982, 2198; dagegen: AG Hanau zfs 1997, 333.
[271] AG Kiel DAR 1997, 159; vgl. auch AG Karlsruhe Urt. v. 2.7.1999 – 2 C 123/99; ebenso AG Schopfheim Urt. v. 21.1.2000 – C 328/99 (Leitsätze abgedruckt in zfs 2000, 152).
[272] AG Göttingen DAR 1999, 173; ebenso AG Rheda-Wiedenbrück DAR 1999, 173 (jedenfalls dann, wenn im regionalen Bereich des Schadensortes keine Werkstätte mit eigener Lackiererei vorhanden ist).
[273] LG Mönchengladbach NZV 2004, 206.
[274] van Bühren/*Lemcke* Teil 3 Rn. 281.
[275] van Bühren/*Lemcke* Teil 3 Rn. 282.

die praktischen Schwierigkeiten beim Massenphänomen der Kfz-Schadenregulierung eine Kappung der Mehrwertsteuer mit sich gebracht.[276]

Der Anspruch auf Erstattung der Mehrwertsteuer ist differenziert zu sehen nach den einzelnen Fallgestaltungen. Hierzu wird verwiesen auf die Übersicht zur Mehrwertsteuererstattung bei Sachschäden gemäß § 249 BGB. 198

2. Einzelfragen

a) **Fahrzeugreparatur.** Es ist von dem Grundsatz auszugehen, dass ein Anspruch auf volle Erstattung der Mehrwertsteuer bei Vollreparatur gegeben ist, wenn eine Rechnung einer Fachfirma mit ausgewiesener Mehrwertsteuer vorgelegt wird. Lässt der Geschädigte den Schaden mehrwertsteuerpflichtig reparieren und weist er die Reparaturkosten durch Vorlage einer Rechnung (mit ausgewiesener Mehrwertsteuer) nach, ist ihm der komplette Rechnungsbetrag zu erstatten.[277] 199

b) **Fiktive Abrechnung auf Gutachtenbasis.** Die Mehrwertsteuer ist grundsätzlich nur bei einem tatsächlichen „Anfallen" zu ersetzen. Bei fiktiver Abrechnung auf Gutachtenbasis wird nur der Nettoschadenbetrag ohne Mehrwertsteuer ersetzt. Ist im Gutachten nur der Brutto-Schaden ausgewiesen, ist der Mehrwertsteuerbetrag herauszurechnen. Dies geschieht durch Teilung des Bruttobetrages durch 119 % oder durch 1,19.[278] 200

c) **Ersatzteilkauf.** Schafft der Geschädigte selbst Ersatzteile an, so erfolgt Erstattung, soweit Mehrwertsteuer nachgewiesen wird durch Vorlage der Rechnung mit ausgewiesener Mehrwertsteuer. 201

3. Neuwagenersatz

a) **Kauf bei Händler.** Macht der Geschädigte im Falle eines wirtschaftlichen Totalschadens des Kraftfahrzeuges und einer Ersatzbeschaffung bei einem gewerblichen Verkäufer über den vom Gericht geschätzten Differenz-Mehrwertsteuerbetrag iSd § 25a UStG den vollen Mehrwertsteuerbetrag iSv § 10 UStG lediglich abstrakt aufgrund eines Sachverständigengutachtens geltend, so steht diesem Begehren § 249 Abs. 2 S. 2 BGB entgegen.[279] 202

Bei Neuwagenkauf beim Händler ist die gesetzliche Mehrwertsteuer im Verkaufspreis enthalten. Bis zur Höhe des nach dem Gutachten zur wirtschaftlichen Schadenbeseitigung erforderlichen Betrages kann der Geschädigte Ersatz der Mehrwertsteuer verlangen. Etwas anderes gilt nur dann, wenn solche Fahrzeuge nur differenzbesteuert angeboten werden. Die Mehrwertsteuer fällt hier nur auf die Differenz zwischen Händlereinkaufs- und -verkaufspreis an.[280] 203

In der Praxis wird ein Wert von 2 % vom kalkulatorischen Wiederbeschaffungswert als Differenzsteuer angesetzt. Dieser Wert stellt eine für die tägliche Regulierungspraxis praktikable Größe dar.[281] 204

b) **Gebrauchtwagenkauf von Privat.** Bei einem Gebrauchtwagenkauf von Privat fällt keine Mehrwertsteuer an. Somit besteht lediglich der Anspruch auf Erstattung des Nettobetrages. 205

c) **Einzelfragen.** Wird staatliches Eigentum, also etwa ein Behördenfahrzeug, beschädigt, so stellt sich die Frage, ob und inwieweit ein Anspruch auf Mehrwertsteuererstattung gegeben ist. Dieses Thema ist zu sehen unter dem Aspekt, dass die Mehrwertsteuer aufgrund der 206

---

[276] Vgl. *Huber* NZV 2004, 105 mit ausführlicher Darstellung der hierzu vorliegenden Lit.
[277] Berz/Burmann/*Born* 5 B Rn. 62 f.; vgl. auch *Knöpper/Quaisser*, BGH – Neues von der Mehrwertsteuer, MittBl. Arge VerkR 2006, 3.
[278] Berz/Burmann/*Born* 5 B Rn. 62g mit Berechnungsbeispiel.
[279] BGH DAR 2004, 447 (Bestätigung des Urt. v. 20.4.2004 – VI ZR 109/03).
[280] *Schneider* NZV 2003, 555.
[281] *Huber* NZV 2004, 105 mwN; vgl. hierzu auch ausführlich mit Berechnungsbeispiel Berz/Burmann/*Born* 5 B Rn. 62n.

Gesetzeslage der öffentlichen Hand, also dem Bund, den Ländern und Kommunen, wieder zufließt.[282] Zusätzlich muss bei diesem Aspekt auch gesehen werden, dass die zugeflossene Mehrwertsteuer noch zwischen Bund und Ländern aufgeteilt wird.

V. Schadenabrechnung bei Leasingfahrzeugen

1. Allgemeines

207 Wird ein Leasingfahrzeug bei einem Straßenverkehrsunfall beschädigt, so ergeben sich sehr differenzierte Rechtslagen. Diese betreffen einmal die Schadenabwicklung und zum anderen die Pflichten des Leasingnehmers unter haftungsrechtlichen Gesichtspunkten, speziell unter dem Aspekt der gefahrgeneigten Arbeit, und weiter versicherungsrechtliche spezielle Aspekte.[283]

2. Besonderheiten beim Schadenfall mit Leasingfahrzeug hinsichtlich der Art des Schadens sowie hinsichtlich der einzelnen Schadenpositionen

208 Nachfolgend werden anhand von Schaubildern die unterschiedlichen Fallgestaltungen und Besonderheiten dargestellt zur Art des Schadens und zu den einzelnen Schadenpositionen.

209 a) Teil- oder Totalschaden

Teil- oder Totalschaden

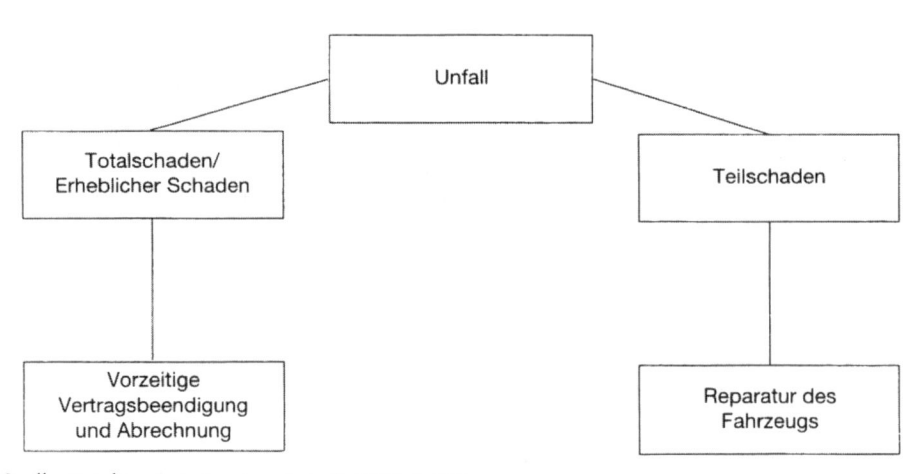

Unfall
├── Totalschaden/Erheblicher Schaden
│   └── Vorzeitige Vertragsbeendigung und Abrechnung
└── Teilschaden
    └── Reparatur des Fahrzeugs

Quelle: *Reinking* Auto-Leasing, 3. Aufl. 1999, S. 178.

Bei einem durch Drittverschulden bei einem Autounfall total beschädigten Leasingfahrzeug steht sowohl dem Leasinggeber als auch dem Leasingnehmer ein Kündigungsrecht zu.[284]

---

[282] Vgl. hierzu *Huber* NJW 2005, 950 mit ausführlicher Darstellung der Problematik sowie ausführliche Darstellung der Rspr. und Lit.
[283] Zur Schadenabwicklung von Unfällen mit Beteiligung von Leasingfahrzeugen vgl. *Reinking* zfs 2000, 281 ff.; vgl. auch ausführlich *Engel* ZAP Nr. 2 Fach 4, 653, 164 und *Müller-Sarnowski* DAR 2004, 368.
[284] BGH NJW 1986, 673 ff.; BGH NJW 1987, 377, 378; vgl. hierzu auch *Mülle* zfs 2000, 325.

b) Besonderheiten zur Schadenposition Wertminderung 210

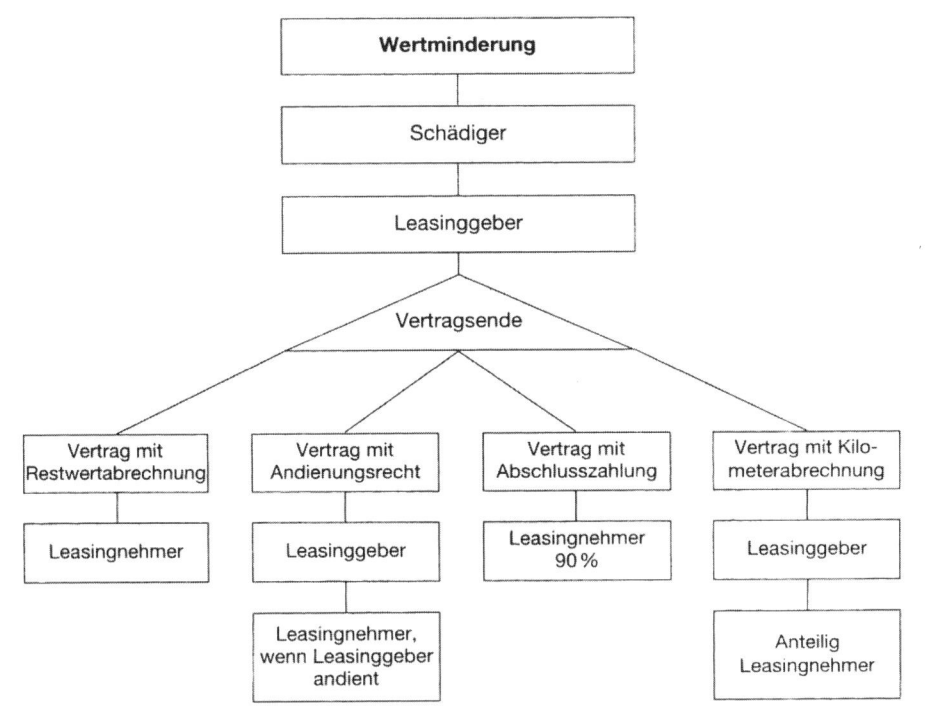

```
                    Wertminderung
                          |
                       Schädiger
                          |
                     Leasinggeber
                          |
                      Vertragsende
        ┌─────────────┬──────┴──────┬─────────────┐
   Vertrag mit    Vertrag mit    Vertrag mit    Vertrag mit Kilo-
   Restwert-      Andienungs-    Abschluss-     meterabrechnung
   abrechnung     recht          zahlung
        |             |              |                |
   Leasingnehmer  Leasinggeber  Leasingnehmer    Leasinggeber
                      |            90 %               |
                  Leasingnehmer,                  Anteilig
                  wenn Leasinggeber               Leasingnehmer
                  andient
```

Quelle: *Reinking/Kessler/Sprenger*, AutoLeasing und AutoFinanzierung, § 14 Rn. 20.

c) Die Schadenabwicklung beim Teilschaden 211

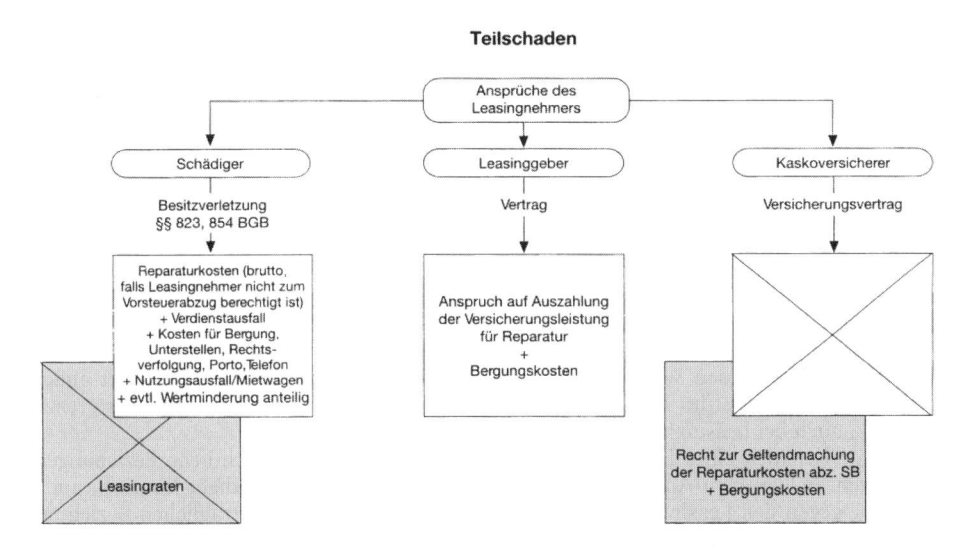

```
                         Teilschaden
                              |
                       Ansprüche des
                       Leasingnehmers
         ┌────────────────────┼────────────────────┐
      Schädiger           Leasinggeber         Kaskoversicherer
         |                     |                    |
   Besitzverletzung         Vertrag         Versicherungsvertrag
   §§ 823, 854 BGB
         |                     |                    |
   Reparaturkosten (brutto,  Anspruch auf Aus-
   falls Leasingnehmer nicht zahlung der Ver-
   zum Vorsteuerabzug be-   sicherungsleistung
   rechtigt ist)            für Reparatur
   + Verdienstausfall            +
   + Kosten für Bergung,    Bergungskosten      Recht zur Geltendmachung
     Unterstellen, Rechts-                      der Reparaturkosten abz. SB
     verfolgung, Porto,Telefon                  + Bergungskosten
   + Nutzungsausfall/Mietwagen
   + evtl. Wertminderung anteilig

   [Leasingraten – durchgestrichen]
```

Quelle: *Reinking/Kessler/Sprenger*, AutoLeasing und AutoFinanzierung, § 14 Rn. 58.

212   d) Die Abwicklung beim Totalschaden

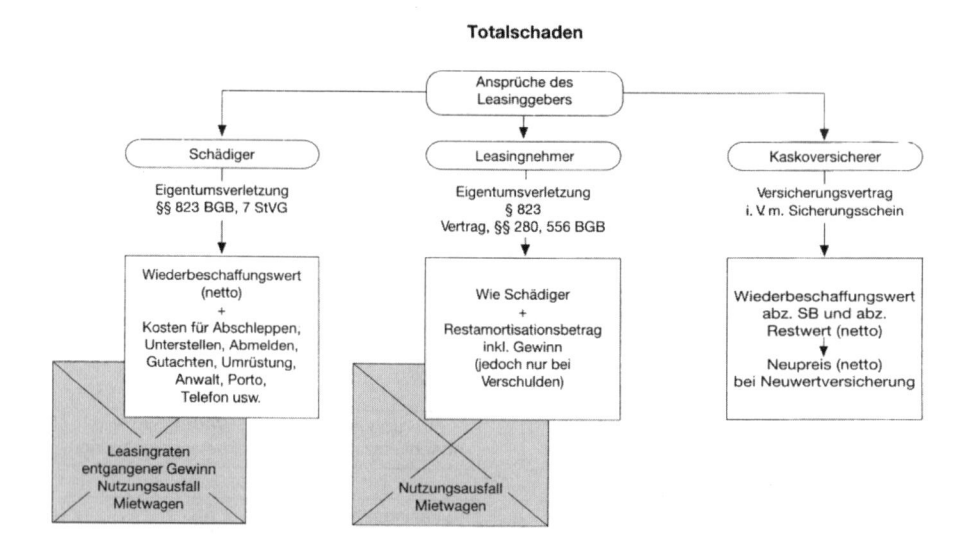

Totalschaden

Ansprüche des Leasinggebers

- **Schädiger**
  - Eigentumsverletzung §§ 823 BGB, 7 StVG
  - Wiederbeschaffungswert (netto) + Kosten für Abschleppen, Unterstellen, Abmelden, Gutachten, Umrüstung, Anwalt, Porto, Telefon usw.
  - ~~Leasingraten entgangener Gewinn Nutzungsausfall Mietwagen~~

- **Leasingnehmer**
  - Eigentumsverletzung § 823
  - Vertrag, §§ 280, 556 BGB
  - Wie Schädiger + Restamortisationsbetrag inkl. Gewinn (jedoch nur bei Verschulden)
  - ~~Nutzungsausfall Mietwagen~~

- **Kaskoversicherer**
  - Versicherungsvertrag i. V. m. Sicherungsschein
  - Wiederbeschaffungswert abz. SB und abz. Restwert (netto)
  - Neupreis (netto) bei Neuwertversicherung

Quelle: *Reinking/Kessler/Sprenger*, AutoLeasing und AutoFinanzierung, § 14 Rn. 101.

Die vorgenannten Schaubilder zeigen, wie differenziert die einzelnen Aspekte bei der Abwicklung eines Schadenfalles mit einem Leasingfahrzeug zu sehen sind. Nachfolgend werden die einzelnen Problembereiche im Einzelnen dargestellt.

3. Die Ansprüche des Leasinggebers

213   a) **Fahrzeugschaden.** *aa) Teilschaden.* Wird das Fahrzeug beschädigt, so steht der Anspruch dem Grunde nach dem Leasinggeber als Eigentümer zu, nicht dem Leasingnehmer als dem lediglich Nutzungsberechtigten. Etwas anderes gilt nur, wenn die Schadenersatzansprüche auf den Leasingnehmer aufgrund vereinbarter Abtretung übertragen sind.
Grundlage für den Anspruch des Leasinggebers sind bei Verschuldenshaftung die §§ 823 ff. BGB und bei Gefährdungshaftung § 7 StVG.
Eingeschlossen in den Anspruch ist nicht der Anspruch auf Erstattung der Mehrwertsteuer, sofern der Leasinggeber zum Vorsteuerabzug berechtigt ist.

214   *bb) Totalschaden.* Totalschaden liegt vor, wenn die Instandsetzung des beschädigten Leasingfahrzeuges entweder nicht möglich oder unwirtschaftlich ist, weil sie einen unverhältnismäßig hohen Aufwand iSv § 251 Abs. 2 BGB erfordert.

215   Schwierigkeiten bei der Grenzziehung zwischen Reparatur- und Totalschaden bereitet weiterhin die Ungewissheit darüber, ob die Rechtsprechung zur Opfergrenze von 130 % auf Leasingfahrzeuge anzuwenden ist. Es ist grundsätzlich davon auszugehen, dass dem Geschädigten das Recht zusteht, sein Fahrzeug auch dann reparieren zu lassen, wenn die Wiederherstellungskosten den Wiederbeschaffungswert übersteigen, wobei der Restwert außer Betracht bleibt.[285] Es ist im Ergebnis davon auszugehen, dass die Reparaturrichtwertgrenze von 130 % auch bei Leasingfahrzeugen Anwendung findet.[286]

216   Beim Totalschaden eines Leasingfahrzeuges sind unterschiedliche rechtliche Beziehungen zu beachten. Neben dem Anspruch des Leasinggebers gegen den Schädiger kommen auch Ansprüche gegen den Leasingnehmer in Betracht, und zwar zu den vertraglichen Beziehungen und ggf. zur Vertragsabwicklung.

---

[285] BGH NJW 1992, 302.
[286] *Reinking/Kessler/Sprenger*, AutoLeasing und AutoFinanzierung, § 14 Rn. 62 ff.

Unabhängig von einem etwaigen Verschulden hat der Leasingnehmer dem Leasinggeber 217
den Fahrzeugschaden aus der vertraglich vereinbarten Übernahme der Sach- und Gewährleistungsgefahr bis zur Deckung aller Kosten des Leasingvertrages zu ersetzen. Hierbei fließt der Wert des Fahrzeuges als Rechnungsposten in die Ausgleichszahlung, die der Leasingnehmer dem Leasinggeber schuldet, ein. Die Ausgleichszahlung entspringt der so genannten „Vollamortisationsgarantie" des Leasingnehmers und gehört daher zur vertraglichen Erfüllungspflicht. Hierbei ist zu beachten, dass die Unterscheidung zwischen Erfüllungs- und Schadenersatzansprüchen für die Umsatzbesteuerung von wichtiger Bedeutung ist.

Die Vertragsabwicklung nach einem Unfall mit Totalschaden oder erheblichen Beschädi- 218
gungen entspricht weitgehend der Abwicklung bei vorzeitiger Vertragsbeendigung aufgrund fristloser Kündigung des Leasinggebers aus wichtigem Grund.[287]

Nachfolgend wird ein Abrechnungsbeispiel zum Haftungsschaden im Falle des Totalscha- 219
dens dargestellt:[288]

Beispiel zum Haftungsschaden

Neuanschaffungspreis	30.000,– EUR	
Kalkulierter Restwert	14.000,– EUR	
Monatliche Leasingrate	500,– EUR	
Totalschaden im 25. Monat durch Fremdverschulden		
Wiederbeschaffungswert	16.000,– EUR	
Restwert	1.000,– EUR	
Restliche Leasingrate 17 × 500,–	8.500,– EUR	
Abzüglich ersparte Aufwendungen 17 × 20,–	340,– EUR	
Abzüglich Gewinnanteile der ausstehenden Raten (kein Abzug bei Eigenverschulden)	800,– EUR	
Abzüglich Zinsvorteil infolge Vorfälligkeit	1.200,– EUR	
Verbleiben	6.140,– EUR	6.140,– EUR
Zuzüglich Kalkulierter Restwert	14.000,– EUR	
Abzüglich Zinsvorteil wegen Vorfälligkeit	1.900,– EUR	
Verbleiben	12.100,– EUR	12.100,– EUR
Haftungsschaden insgesamt		18.240,– EUR
Abzüglich Restwert		1.000,– EUR
Abzüglich Versicherungsleistung		15.000,– EUR
Wiederbeschaffungswert abzüglich Restwert		
Überschießender Haftungsbetrag		**2.240,– EUR**

b) **Wertminderung.** Anspruch auf Wertminderung steht dem Leasinggeber zu. Dieser wie- 220
derum ist bei einem Kfz-Leasingvertrag mit Gebrauchtwagenabrechnung und Restwertgarantie des Leasingnehmers verpflichtet, die von ihm empfangene Wertminderung bei der Abrechnung am Vertragsende zugunsten des Leasingnehmers zu berücksichtigen.

Die Wertminderung kompensiert den Mindererlös, soweit er auf den Unfall beruht.[289]

4. Ansprüche des Leasingnehmers

a) **Anspruch auf Mietwagen und/oder Nutzungsausfall.** Dem Leasingnehmer steht auf- 221
grund des Leasingvertrages das Nutzungsrecht zu. Er hat den unmittelbaren Besitz des Leasingfahrzeuges. Hieraus folgt, dass der Leasingnehmer das Recht hat, ein Mietfahrzeug für die Ausfallzeit in Anspruch zu nehmen.

Nimmt der Leasingnehmer ein Mietfahrzeug nicht in Anspruch, so hat er den Anspruch auf Ausgleich des Nutzungsausfalls.

---

[287] *Reinking/Kessler/Sprenger*, AutoLeasing und AutoFinanzierung, § 14 Rn. 87.
[288] Entnommen: *Reinking/Kessler/Sprenger*, AutoLeasing und AutoFinanzierung, § 14 Rn. 83.
[289] *Reinking/Kessler/Sprenger*, AutoLeasing und AutoFinanzierung, § 14 Rn. 17.

222 b) **Rechtsverfolgungskosten.** Dem Leasingnehmer ist es aufgrund der komplizierten Rechtsverhältnisse und seiner mangelnden Sachkunde in der Handhabung von Schadensfällen nicht zuzumuten, sich ohne anwaltliche Hilfe um die Schadenregulierung zu bemühen.[290] Somit hat der Schädiger auch die Anwaltskosten für die Rechtsverfolgung zu tragen.

223 Von dem Anspruch werden auch die Anwaltsgebühren erfasst, die durch eine Regulierung der Ansprüche gegenüber dem Kaskoversicherer entstanden sind, zu deren Vornahme der Leasinggeber den Leasingnehmer ermächtigt hat.[291]

5. Versicherungsrechtliche Ansprüche

224 a) **Ansprüche aus der Kaskoversicherung.** Aufgrund des in Verbindung mit dem Leasingvertrag erteilten Sicherungsscheins ist der Leasinggeber berechtigt, über die Rechte aus der Fahrzeugversicherung zu verfügen und die Entschädigung zu beanspruchen. Die Vollkaskoversicherung schuldet dem Leasinggeber die Reparaturkosten in Höhe des Nettobetrages.[292]

225 b) **Unfall mit dem Leasingfahrzeug und Abrechnung nach Differenztheorie/Quotenvorrecht.** Bei einem mitwirkenden Verschulden des Leasingnehmers bei einem Straßenverkehrsunfall ist dessen Quotenvorrecht zu beachten. Das Quotenvorrecht beinhaltet, dass der innerhalb der Mithaftungsquote liegende unmittelbare Fahrzeugschaden des geschädigten Leasingnehmers dem Anspruch der Kaskoversicherung vorgeht.

226 Hierzu wird verwiesen auf das nachstehend dargestellte Abrechnungsbeispiel.[293]

Beispiel zum Quotenvorrecht		
Selbstbeteiligung	500,– EUR	
Reparaturkosten	4.000,– EUR	
Gutachterkosten	400,– EUR	
Bergungskosten	250,– EUR	
Schaden	4.650,– EUR	4.650,– EUR
Mithaftung des Dritten 30 %		1.395,– EUR
Leasinggeber		
erhält Selbstbeteiligung des Leasingnehmers		500,– EUR
Gutachterkosten		400,– EUR
Bergungskosten		250,– EUR
Summe		**1.150,– EUR**
Kaskoversicherer		
erhält den Restbetrag von		245,– EUR

6. Die Geltendmachung der Ansprüche

227 Beim Unfall mit einem Leasingfahrzeug ist zu beachten, ob und inwieweit der Leasingnehmer ermächtigt ist, zur Schadenabwicklung Mandatsauftrag zu erteilen.

Die Rechtsstellung des Leasingnehmers richtet sich nach dem Inhalt des Leasingvertrages. Es ist also unumgänglich, ggf. hierzu den Leasingvertrag zu prüfen.

228 Es ist jedoch davon auszugehen, dass der Leasingnehmer nach dem Inhalt des Vertrages regelmäßig nicht nur berechtigt, sondern verpflichtet ist, den Unfall dem Leasinggeber unverzüglich zu melden.

229 Die Erteilung des Reparaturauftrages bzw. die Verwertung des Fahrzeuges müssen mit dem Leasinggeber abgestimmt werden. Insbesondere darf bei Eintritt eines Totalschadens der Leasingnehmer das Auto nicht ohne Zustimmung des Leasinggebers verwerten (abgesehen davon, dass er dies tatsächlich nicht kann, weil er über den Kraftfahrzeugbrief nicht verfügt).

---

[290] AG Münster Az 48 C 1403/06, ADAJUR-Dok.Nr. 85563.
[291] LG Kaiserslautern DAR 1993, 196.
[292] *Reinking/Kessler/Sprenger*, AutoLeasing und AutoFinanzierung, § 14 Rn. 34.
[293] Entnommen: *Reinking/Kessler/Sprenger*, AutoLeasing und AutoFinanzierung, § 17 Rn. 37.

Schließlich ist noch auf den Aspekt hinzuweisen, dass der Leasingnehmer grundsätzlich 230
rechtlich verpflichtet ist, bei einer Schadenregulierung eines Schadens an einem Leasingfahrzeug den Schädiger bzw. dessen Haftpflichtversicherung über den Umstand zu informieren, dass es sich um ein Leasingfahrzeug handelt. Dies würde jedoch die Abwicklung komplizierter gestalten und verzögern. In der Praxis werden daher Unfälle mit Leasingfahrzeugen, insbesondere beim Reparaturschaden, abgewickelt in gleicher Weise wie Schäden an einem Fahrzeug, dessen Halter der Mandant selbst ist.

7. Besonderheiten beim Unfall mit dem Leasingfahrzeug

a) Betriebsgefahr. Eine Kürzung des Haftungsanteils der von dem Leasingfahrzeug ausge- 231
henden Betriebsgefahr gegenüber dem Leasinggeber ist nicht gerechtfertigt.[294] Der Schädiger wird durch die volle Haftung nicht unbillig belastet, da er im Wege des Gesamtschuldnerausgleichs beim Leasingnehmer, dem Halter des Leasingfahrzeuges, Regress in Höhe der aus der Betriebsgefahr resultierenden Mithaftungsquote nehmen kann.

In Betracht kommt im Falle der Klage des Leasinggebers, und zwar in voller Höhe der Er- 232
satzansprüche, für den in Anspruch genommenen Schädiger, dem Leasingnehmer gerichtlich den Streit zu verkünden, falls die Voraussetzungen für eine Mithaftung aus mitwirkender Betriebsgefahr vorliegen. Hierbei ist nämlich zu berücksichtigen, dass der eindeutige Wortlaut von § 17 StVG nicht zulässt, dem Leasinggeber als Eigentümer des Fahrzeuges die Betriebsgefahr zuzurechnen. Deshalb lehnt die Rechtsprechung auch eine entsprechende Anwendung dieser Vorschrift ab.[295]

Dem Leasinggeber als Fahrzeugeigentümer wird weder die Betriebsgefahr noch das Mit- 233
verschulden des Leasingnehmers an einem Verkehrsunfall zugerechnet, wenn der Leasinggeber – wie typischerweise – kein Fahrzeughalter ist.[296]

b) Gefahrgeneigte Arbeit. Es ist von dem Grundsatz auszugehen, dass für Schäden, die ein 234
Arbeitnehmer in Ausübung gefahrgeneigter Arbeit verursacht, er dem Geschädigten gegenüber uneingeschränkt haftet, falls er vorsätzlich oder grob fahrlässig handelt. Bei geringer Schuld entfällt die Schadenersatzverpflichtung, während bei leichter und mittlerer Fahrlässigkeit der Schaden quotal zu verteilen ist.[297]

c) Obliegenheiten nach dem Unfall. Eine besondere Frage stellt sich beim Unfall mit ei- 235
nem Leasingfahrzeug für den Leasingnehmer dahin gehend, ob er nach einem Unfall am Unfallort bis zur Feststellung seiner Person und der Art seiner Beteiligung warten muss.

Falls der Leasinggeber dem Leasingnehmer das Risiko der Beschädigung des Leasingfahr- 236
zeuges auch für den Zufall und höhere Gewalt auferlegt hat, besteht im Regelfall kein Feststellungsinteresse des Leasinggebers.[298]

Auch begeht der Leasingnehmer, der sich ohne Hinzuziehung der Polizei vom Unfallort 237
entfernt, keine Unfallflucht. Er verletzt auch keine Obliegenheit aus dem Versicherungsvertrag und behält den Versicherungsschutz der Vollkaskoversicherung.[299]

VI. Geltendmachung von Schadenersatzansprüchen nach Quotenvorrecht

Die Anwendung des Quotenvorrechtes ist sowohl zu sehen unter versicherungsvertrag- 238
lichen als auch unter haftungsrechtlichen Aspekten. Bei einer bestehenden Vollkaskoversicherung kommt nämlich für den Versicherungsnehmer die Inanspruchnahme der Kasko-

---

[294] BGH NJW 1986, 1044; DAR 2007, 636.
[295] *Reinking/Kessler/Sprenger*, AutoLeasing und AutoFinanzierung, § 14 Rn. 6.
[296] BGH NJW 2007, 3120 = NZV 2007, 610 = DAR 2007, 636 = VersR 2007, 1387 = r+s 2007, 435.
[297] Zur Anwendung der Grundsätze der gefahrgeneigten Arbeit beim Leasingfahrzeug vgl. *Reinking* aaO § 14 Rn. 11.
[298] OLG Hamm NJW-RR 1992, 925.
[299] OLG Hamm NZV 1998, 339.

versicherung in Betracht. Dies ist insbesondere nahe liegend, wenn bei einem Haftpflichtschaden die Haftung des Gegners unklar ist.

239 In einem solchen Fall kann das so genannte „Quotenvorrecht" zugunsten des Versicherungsnehmers dazu führen, dass er in der Addition der Leistungen aus seiner Vollkaskoversicherung und haftungsrechtlich vom Gegner auch bei einer erheblichen Mithaftung vollen Schadenausgleich erhält.

Zur Darstellung des Themas unter versicherungsrechtlichen Gesichtspunkten wird verwiesen auf die Ausführungen in → § 46 Rn. 39 ff.

1. Grundgedanke des Quotenvorrechtes

240 Das Quotenvorrecht, schon von der Rechtsprechung des Reichsgerichtes entwickelt und vom BGH fortgeführt, beinhaltet ein Vorrecht des Begünstigten, nämlich des Versicherungsnehmers, zu Lasten eines anderen, dh der Vollkaskoversicherung.

241 Das Quotenvorrecht bringt demjenigen, der eine Vollkaskoversicherung abgeschlossen hat und hierfür Prämien zahlen muss, bei einem Fahrzeugschaden Schadenausgleich, ohne dass es zu einer Mehrzahlung des Zahlungspflichtigen kommt.

Von praktischer Bedeutung ist das Quotenvorrecht bei einem straßenverkehrsrechtlichen Haftungsfall, bei dem ein Mitverschulden oder eine Mithaftung bei Gefährdungshaftung gegeben ist.

242 Die Möglichkeit der Anwendung des Quotenvorrechtes bei Inanspruchnahme der Vollkaskoversicherung ist aufseiten des Schädigers und auch bei Anwälten wenig bekannt oder jedenfalls nicht unbedingt bewusst.[300]

Auch kommt es in der Praxis sogar bei Gerichten häufig zu falschen Berechnungen bei der Abrechnung nach dem Quotenvorrecht.[301]

2. Die Abrechnung nach dem Quotenvorrecht in der Praxis

243 **a) Die quotenbevorrechtigten Schadenpositionen.** Das Quotenvorrecht ermöglicht es dem Geschädigten, aufgrund der Inanspruchnahme seiner Vollkaskoversicherung auch bei Mithaftung vollen Ersatz des Fahrzeugschadens zu erhalten.

244 Die Inanspruchnahme der Vollkaskoversicherung führt zu einem Verlust des Schadenfreiheitsrabattes. Diese Position wiederum jedoch kann als selbstständige Schadenposition gegenüber dem Schädiger geltend gemacht werden.

245 Die Schadenpositionen, die unter das versicherte Risiko der Kaskoversicherung fallen, sind quotenbevorrechtigt. Hierzu gehören
- die unter das Risiko der Vollkaskoversicherung fallenden Schäden, also Reparaturkosten bzw. Wiederbeschaffungswert sowie
- alle unmittelbaren Sachschäden. Dies sind die 4 „klassischen" Quotenvorrechtspositionen und evtl. Abzüge „neu für alt", sofern Abzüge „neu für alt" auch nach haftungsrechtlichen Gesichtspunkten begründet sind.

246 Die 4 bzw. 5 Quotenvorrechtspositionen sind also:
- Selbstbeteiligung
- Wertminderung
- Sachverständigenkosten
- Abschleppkosten
- Abzüge „neu für alt".

247 **b) Die nicht quotenbevorrechtigten Schadenpositionen.** Zu den nicht quotenbevorrechtigten Schadenpositionen gehören die Sachfolgeschäden, also: Mietwagenkosten, Nutzungsausfall, Ladungsschaden, Unkostenpauschale usw. sowie Kosten für die Geltendmachung

---

[300] Vgl. van Bühren/*Lemcke* Teil 3 Rn. 338.
[301] Vgl. hierzu *Fleischmann/Hillmann* § 6 Rn. 1 bis 4 mit – vorangestellt – einer ausführlichen Übersicht der Literatur.

der Vollkaskoleistung durch einen beauftragten Anwalt und die Schadenposition des Verlustes des Schadenfreiheitsrabattes.[302]

c) Auswirkungen des Quotenvorrechts. Gesetzliche Grundlage für die Anwendung des Quotenvorrechtes ist die Vorschrift des § 86 VVG. Hiernach geht ein Anspruch auf die leistende Kaskoversicherung über, aber begrenzt durch die nach der Quote gegebene Zahlungspflicht des Schädigers.

Nach dieser Regelung wird ebenfalls verhindert, dass der Geschädigte mehr als seinen Schaden ersetzt bekommt. Die Ersatzleistung an den Geschädigten, und zwar sowohl die Leistung aus der Vollkaskoversicherung als auch die quotenmäßige Ersatzleistung des Schädigers, führen zu einer Entschädigung, die begrenzt ist durch den dem Geschädigten effektiv entstandenen Schaden.

3. Berechnungsbeispiele

a) Die Abrechnung und Abrechnungsbeispiele. Zunächst wird verwiesen auf das bei der Darstellung der versicherungsrechtlichen Thematik dargestellte Berechnungsbeispiel (→ § 46 Rn. 39 ff.).

Als weitere übersichtliche Darstellung eines Abrechnungsbeispiels wird verwiesen auf die Darstellung bei *Fleischmann/Hillmann*.[303]

b) Besondere Fallgestaltung bei differenzierter Haftung für Front- und Heckschaden. Wichtiger Faktor für die Anwendung des Quotenvorrechtes ist die Haftungsquote und das hierdurch bedingte Ergebnis für den Geschädigten bzw. Versicherungsnehmer der Vollkaskoversicherung.

Zusätzlich kommt eine differenziertere Abrechnung in Betracht, wenn unterschiedliche Haftung in Betracht kommt für den Heck- und Frontschaden, also bei einem Schadenfall, bei dem Auffahrunfall ein eigenes Auffahren des Geschädigten auf ein vorausfahrendes Fahrzeug vorangegangen ist. Hierzu wird verwiesen auf das nachfolgend dargestellte Beispiel einer Abrechnung in einem (konkreten) Schadenfall (die konkreten Zahlen beziehen sich auf konkrete Abrechnung bzw. angerechnete Zahlungen).

(1) Heckschaden
  (a) Berechnung nach Differenztheorie
  Bezüglich der Regulierung des Heckschadens wird die Differenztheorie angewandt. Hierzu ergibt sich im Einzelnen **zunächst** einmal der Gesamtanspruch wie folgt (die genannten DM-Beträge werden nachfolgend hälftig als EUR-Beträge genannt):

Totalschaden abzüglich Restwert	3.900,00 EUR
Sachverständigengebühren	350,00 EUR
Abschleppkosten	57,00 EUR
Kostenpauschale	20,00 EUR
	4.327,00 EUR
Ersatzanspruch und vom KH-Versicherer reguliert 2/3 =	2.884,66 EUR
kongruenter Schaden:	
Totalschaden abzüglich Restwert	3.900,00 EUR
Sachverständigengebühren	350,00 EUR
Abschleppkosten	57,00 EUR
insgesamter kongruenter Schaden:	4.307,00 EUR
hiervon zahlte der KH-Versicherer (2/3)	2.871,33 EUR
inkongruenter Schaden:	
Kostenpauschale	20,00 EUR
Ersatzanspruch 2/3 =	13,33 EUR

---

[302] Vgl. hierzu im Einzelnen auch *Fleischmann/Hillmann* § 6 Rn. 25.
[303] *Fleischmann/Hillmann* § 6 Rn. 32 bis 36.

(b) Anspruch aus Kasko
Kasko hätte bei voller Inanspruchnahme gezahlt für Heckschaden:

Totalschaden abzügl. Restwert	3.900,00 EUR
+ Abschleppkosten	57,00 EUR
	3.957,00 EUR
./. Selbstbehalt	500,00 EUR
insgesamt:	3.457,00 EUR

(c) Abrechnung des kongruenten Schadens und aus Kaskoversicherung
Obergrenze:

kongruenter Schaden	4.307,00 EUR
abzüglich fiktive Kaskoleistung	3.457,00 EUR
	850,00 EUR

Hiermit ist die Obergrenze zu 2.884,66 EUR nicht erreicht.
Nach der Differenztheorie sind demnach noch zu zahlen für den Heckschaden:

kongruenter Schaden	4.307,00 EUR
./. KH-Zahlung (²/₃)	2.871,33 EUR
insgesamt:	1.435,67 EUR

(2) Regulierung des Restanspruchs für den kausalen Frontschaden

Totalschaden insgesamt	7.800,00 EUR
hiervon sind für den Heckschaden abzuziehen	4.500,00 EUR
verbleibt ein Rest in Höhe von	3.300,00 EUR
abzügl. Selbstbehalt	500,00 EUR
bleibt noch zu zahlen für den Frontschaden	2.800,00 EUR

(3) Ergebnis und Kontrollrechnung

(a) Ergebnis

Anspruch aus Differenztheorie	1.435,67 EUR
Restanspruch aus Kaskoversicherung für Front- und Heckschaden	2.800,00 EUR
	4.235,67 EUR
hiervon bereits gezahlt	2.800,00 EUR
verbleibt eine Restentschädigung	1.435,67 EUR

(b) Kontrollrechnung
berechtigter Gesamtanspruch:

Totalschaden	7.200,00 EUR
Sachverständigengebühr anteilig	350,00 EUR
Abschleppkosten	57,00 EUR
Kostenpauschale	20,00 EUR
	7.627,00 EUR
hiervon ist abzuziehen:	
⅓ Mithaftung zur Kostenpauschale	6,67 EUR
Selbstbehalt	500,00 EUR
ergibt insgesamt einen berechtigten Gesamtanspruch in Höhe von	7.120,33 EUR

(c) **Gegenprobe**
Der Mandant hat nun erhalten:

vom Kaskoversicherer	2.800,00 EUR
(gem. angenommener Abrechnung, s. 3a)	
vom Kaskoversicherer (Differenztheorie)	1.435,67 EUR
(s. vorstehend 1c)	
vom Haftpflichtversicherer (aus Quote, s. 1a)	2.884,66 EUR
analog dem berechtigten Gesamtanspruch	7.120,33 EUR

Das vorgenannte Beispiel zeigt, wie komplex die Abrechnung sich einerseits darstellen kann. Andererseits aber führt die Nichtbeachtung der möglichen Abrechnung nach Differenztheorie zu einem erheblichen Nachteil für den Geschädigten.

§ 25 Die Regulierung von Personenschäden – Haftungs- und Beweisfragen

Übersicht

	Rn.
I. Die Geltendmachung/Anmeldung der Ansprüche	1–9
1 Die Ansprüche gegen den Schädiger und dessen Versicherung/Direktanspruch	1–6
a) Die Anmeldung/Geltendmachung des Anspruches	1/2
b) Rechtliche Wirkung	3–6
2. Geltendmachung von Ansprüchen aus Unfallversicherung und sonstigen Versicherungen	7–9
II. Die Kausalität von Verletzungen und die Zurechenbarkeit von Verletzungsfolgen in Rechtsprechung und Literatur	10–52
1. Fragen der Beweislast	10–16
a) Die Beweislast des Geschädigten/Verletzten	10/11
b) Spezielle Beweislastfragen zum Nachweis einer Verletzung	12–16
2. Praktische Hinweise zur Darstellung/Regulierung von (schweren) Unfallverletzungen speziell HWS-Verletzungen im Straßenverkehr	17/18
3. Der Ursachenzusammenhang zwischen der Schwere des Unfalls/des Aufpralls und den Verletzungen	19–21
a) Problemstellung	19/20
b) Köperverletzung im Straßenverkehr und wirtschaftliche Bedeutung	21
4. Die „Harmlosigkeitsgrenze" in der Rechtsprechung	22–24
a) Urteile „pro Harmlosigkeitsgrenze"	22
b) Urteile „contra Harmlosigkeitsgrenze"	23
c) „Harmlosigkeitsgrenze" und biomechanische Gutachten	24
5. Medizinische Lösungswege speziell neurootologische Untersuchung	25–27
a) Medizinische Komponente bei HWS-Verletzungen	25
b) Mögliche neurootologische Begutachtung	26/27
6. Die Rechtsprechung des BGH (Urteil vom 28.1.2003)	28–37
a) Der Regelungsgehalt des § 286 ZPO zur Feststellung der Primärverletzung	28/29
b) Feststellung der Ursächlichkeit der unfallbedingten Verletzungen gemäß § 287 ZPO	30–32
c) Die Bedeutung der BGH-Rechtsprechung	33–36
d) Die Haftung bei Erst- und Zweitunfall	37
7. Beweisfragen bei Vorschaden oder nachträglichen Ursachen	38–42
a) Vorschaden	39
b) Nachträgliches Schadenereignis	40–42
8. Psychische Erkrankungen nach Unfallereignissen – „posttraumatische Belastungsstörung"	43–47
a) Psychische Überlagerung nachgewiesener Primärverletzungen	43–45
b) Einschränkungen der Ersatzpflicht	46/47
9. Schockschaden als Gesundheitsschaden	48/49
10. Notwendige Substanziierung zu Verletzungen und Untersuchungsmethoden	50–52
III. Die notwendigen gutachtlichen Feststellungen	53–74
1. Die Problemstellung	53/54
2. Die Bedeutung der Primärverletzung	55–57
a) Feststellung der Primärverletzung	55/56
b) Feststellungen zum Unfallhergang	57
3. Die Beschwerden und der Kausalzusammenhang	58–63
a) Feststellung verbliebener Schäden	58–60
b) Der Kausalzusammenhang	61–63
4. Die Auswahl des Sachverständigen	64–70
a) Allgemeines	64
b) Der Auftrag an den medizinischen Gutachter und die Fragestellung	65/66

	Rn.
c) Aufgaben des Sachverständigen	67
d) Formular- oder freies Gutachters	68
e) Die Auswahl des Gutachters	69/70
5. Speziell: Begutachtung zu den Pflege und Betreuungskosten	71–74

Schrifttum: *Bachmeier,* Die aktuelle Entwicklung bei der HWS-Schleudertrauma-Problematik, DAR 2004, 421; *Balke,* Medizinische Begutachtung in der Regulierung von Verkehrsunfällen, SVR 2005, 78; *Claussen,* Medizinische neurootologische Wege zum Lösen von Beweisfragen beim HWS-Schleudertrauma, DAR 2001, 337; *Dannert,* Erneute Schädigung einer bereits vorgeschädigten Halswirbelsäule, NZV 2000, 9; *Eggert,* HWS-Verletzungen in der aktuellen gerichtlichen Praxis, Verkehrsrecht aktuell 2004, 204; *Grimm,* Unfallversicherung, 5. Aufl. 2013; *Großer,* Gefahr erkannt – Risiko gebannt? Gibt es eine unterschiedliche Belastung der Halswirbelsäule bei einem erwarteten gegenüber einem unerwarteten Pkw-Heckanstoß?, DAR 2004, 426; *Hadeln v./Zuleger,* Die HWS-Verletzung im Niedriggeschwindigkeitsbereich, insbesondere im Hinblick auf die Entscheidung des BGH vom 28.1.2003, NZV 2004, 273; *Hentschel,* Straßenverkehrsrecht, 42. Aufl. 2013; *Heß,* Psychische Erkrankungen nach Unfallereignissen, HWS und die posttraumatische Belastungsstörung, NZV 2001, 287; *Heß/Burmann,* Das – ewige – HWS-Trauma, NJW-Spezial 2004, 303; *Himmelreich/Halm,* Handbuch des Fachanwalts Verkehrsrecht, 5. Aufl. 2014; *Jaeger/Luckey,* Schmerzensgeld, 4. Aufl. 2007; *Krumbholz,* HWS-Verletzungen in der gerichtlichen Praxis, DAR 2004, 434; *Kuhn,* HWS-Verletzungen in der Schadenregulierung, DAR 2001, 344; *Mazzotti/Castro,* Das „HWS-Schleudertrauma" aus orthopädischer Sicht – Stand 2008, NZV 2008, 113; *Oppel,* Medizinische Komponente beim HWS, DAR 2003, 400; *Pschyrembel,* Klinisches Wörterbuch, 265. Aufl. 2013; *Scheffen/Pardey,* Die Rechtsprechung des BGH zum Schadenersatz beim Tod einer Hausfrau und Mutter, 3. Aufl. 1994; *Wedig,* „Harmlosigkeitsgrenze" bei HWS-Verletzungen?, zugleich eine Besprechung des BGH-Urteils vom 28.1.2003, VI ZR 139/02, DAR 2003, 393.

I. Die Geltendmachung/Anmeldung der Ansprüche

1. Die Ansprüche gegen den Schädiger und dessen Versicherung/Direktanspruch

a) **Die Anmeldung/Geltendmachung des Anspruches.** Der Entschädigungsanspruch kann gegen den Schädiger geltend gemacht werden. Empfehlenswert ist es aber auch – zusätzlich – den Anspruch/Direktanspruch bei der Versicherung des Schädigers iSv § 3 PflVG anzumelden. Die Anmeldung des Anspruches bei der Versicherung des Schädigers sollte aus Gründen der Beweiserleichterung schriftlich erfolgen; es genügt jedoch auch die mündliche Anmeldung, und zwar aus der Überlegung heraus, dass § 3 Nr. 3 PflVG Schriftform nicht ausdrücklich vorsieht.[1] Die Anmeldung erfordert nicht Spezifizierung der Forderung. Es genügt die Schilderung des Schadenereignisses, die erkennen lässt, dass hieraus Ansprüche hergeleitet werden.[2] 1

In der Praxis ist es empfehlenswert, gegenüber der Versicherung zu **formulieren:**

> **Formulierungsvorschlag:**
> Hiermit werden die sich für den Geschädigten (NN) nach dem Unfallereignis vom . . . . . . ergebenden Ansprüche angemeldet 2

Empfehlenswert ist es aber auch, neben der pauschalen Formulierung die in Betracht kommenden Schadenpositionen zu bezeichnen mit der Maßgabe, dass es sich hierbei „insbesondere um die Positionen . . ." handelt.

b) **Rechtliche Wirkung.** Gemäß § 3 Nr. 3 PflVG ist geregelt, dass aufgrund der Anmeldung des Anspruches die Verjährung bis zum Eingang der schriftlichen – ablehnenden – Entscheidung des Versicherers gehemmt ist. Die Hemmung der Verjährung dauert nur bis zur abschließenden schriftlichen Entscheidung des Versicherers über die angemeldeten Ansprüche. 3

In § 3 Nr. 3 Satz 3 PflVG ist geregelt, dass die Hemmung der Verjährung des Anspruches gegen den Versicherer auch bewirkt die Hemmung der Verjährung des Anspruches gegen 4

---
[1] BGH VersR 1982, 546.
[2] BGH VersR 1982, 546.

den ersatzpflichtigen Versicherungsnehmer und umgekehrt. Die Hemmung der Verjährung endet erst in dem Zeitpunkt, in dem der Versicherer eine abschließende Stellungnahme zu Grund und Umfang der Entschädigungspflicht abgibt.[3] Die rechtliche Wirkung der Entscheidung des Versicherers setzt voraus, dass die Entscheidung, auch eine positive Entscheidung, schriftlich getroffen wird.[4]

Streitig und ungeklärt ist der Fall, in dem der Versicherer sich gegenüber einem PKH-Antrag des Geschädigten verteidigt und erklärt, dass er die Ansprüche zurückweise.

5 Die verjährungshemmende Wirkung der Forderungsanmeldung beim Versicherer erstreckt sich nicht nur auf den Teil des Anspruches, der innerhalb der vereinbarten Versicherungssumme liegt, sondern auf den gesamten Anspruch. Dies gilt aber dann nicht, wenn der Versicherer klar zu erkennen gibt, dass er nur im Rahmen der Versicherungssumme zahlen bzw. regulieren werde.[5]

6 Der Anspruch des Ersatzberechtigten gegen den Entschädigungsfonds gemäß § 12 PflVG verjährt in 3 Jahren. Diese Regelung weicht insoweit von § 3 Nr. 3 PflVG ab. In diesem Fall beginnt der Lauf der Frist gemäß § 12 Abs. 3 Satz 2 PflVG mit dem Zeitpunkt zu laufen, in dem der Entschädigungsfonds „von dem Schaden und von den Umständen Kenntnis erlangt hat, die die Inanspruchnahme des Fonds ermöglichen".[6]

2. Geltendmachung von Ansprüchen aus Unfallversicherung und sonstigen Versicherungen

7 Im Rahmen der Darstellung von Straßenverkehrsunfällen ist auch zum Personenschaden die Kraftfahrtunfallversicherung zu erwähnen, geregelt in A 4 Muster-AKB GDV AKB 2008 Stand 14.2.2014. Die Fassung von A 4 AKB betreffend Kraftfahrtunfallversicherung muss gesehen werden im Zusammenhang mit den Allgemeinen Unfallversicherungsbedingungen (AUB). Nach AUB, und zwar § 9 Muster-AUB GDV 2014, ist als Obliegenheit nach Eintritt eines Unfalls, der voraussichtlich eine Leistungspflicht herbeiführt, geregelt die Pflicht des VN zur Unterrichtung des Versicherers. Der mit der Regelung von Personenschäden befasste Anwalt, der nach Klärung des Mandatsumfanges auch beauftragt wird, Ansprüche aus der Unfallversicherung geltend zu machen, hat die Obliegenheit zur unverzüglichen Unterrichtung zu beachten, damit der VN nicht Gefahr läuft, dass die Versicherung sich bei Verletzung der Anzeigeobliegenheit auf Leistungsfreiheit beruft.[7]

8 Neben der Unfallversicherung kommen Ansprüche in Betracht zB aus einer Gruppenunfallversicherung oder aus einer BUZ-Versicherung. Ggf. ist es empfehlenswert, durch Prüfung der Policen zu den in Betracht kommenden Versicherungen die Notwendigkeit und den Umfang der Geltendmachung sowie hierzu gegebene Fristen zu klären um zu vermeiden, dass die Versicherung sich auf Leistungsfreiheit berufen kann.

9 Für den Eintritt des Versicherungsfalles, das Unfallereignis als solches und die dadurch bedingte Gesundheitsschädigung gilt in der Unfallversicherung der Grundsatz des Vollbeweises gemäß § 286 ZPO. Dem Versicherungsnehmer kommen in der Unfallversicherung zwar die Beweiserleichterungen des § 287 ZPO zugute, jedoch nur für die Frage der Kausalität zwischen einer (festgestellten) unfallbedingten Gesundheitsbeschädigung und einer bewiesenen Invalidität. Die konkrete Ausgestaltung des Gesundheitsschadens und dessen Dauerhaftigkeit muss der Versicherungsnehmer nach § 286 ZPO beweisen. Für einen behaupteten Dauerschaden gilt, dass erst hiernach eine Schätzung des Invaliditätsgrades in Betracht kommt.[8] Im Übrigen wird für die Überzeugungsbildung nach § 286 ZPO als Beweismaß keine an Sicherheit grenzende Wahrscheinlichkeit verlangt. Vielmehr genügt ein bereits für das praktische Leben brauchbarer Grad von Gewissheit, der Zweifeln Schweigen gebietet. Im Übrigen ist von dem Grundsatz auszugehen, dass an die ärztlichen Feststellungen der Invalidität keine hohen Anforderungen zu stellen sind. Es ist nicht erfor-

---

[3] *Feyock/Jacobsen/Lemor* § 3 PflVG Rn. 25.
[4] BGH VersR 1992, 604.
[5] *Feyock/Jacobsen/Lemor* § 10 AKB Rn. 112 mwN.
[6] *Feyock/Jacobsen/Lemor* § 12 PflVG Rn. 112.
[7] Vgl. hierzu *Grimm* Unfallversicherung § 9 Rn. 7, 8.
[8] BGH r+s 1998, 80.

derlich, dass die Feststellung einen an der Gliedertaxe ausgerichteten Invaliditätsgrad enthält.[9]

II. Die Kausalität von Verletzungen und die Zurechenbarkeit von Verletzungsfolgen in Rechtsprechung und Literatur

1. Fragen der Beweislast

a) *Die Beweislast des Geschädigten/Verletzten.* Die Beweislast für einen Unfall und speziell dafür, dass dieser sich beim Betrieb eines Kraftfahrzeuges ereignet hat, obliegt dem Verletzten.[10]

Besonderheiten gelten, wenn Grundsätze des Anscheinsbeweises zur Anwendung kommen. Beweisführung durch Anscheinsbeweis kann bei den verschiedensten Sachverhalten zum Tragen kommen. So kommen die Grundsätze des Anscheinsbeweises zum Tragen dahin gehend, dass eine Notbremsung aus hoher Geschwindigkeit geeignet ist, eine Körperverletzung des Fahrers herbeizuführen.[11] Zum Anscheinsbeweis im Übrigen vgl. die Ausführungen zum Titel: „Kraftschadenprozess" (→ § 37 Rn. 76/77).

Anzuführen ist, dass bei einer Haftung aufgrund des Tatbestandes höherer Gewalt der Halter die den Haftungsausschluss begründenden Tatsachen beweisen muss.[12] Im Übrigen ist zur Beweislastfrage bei der Haftung aus höherer Gewalt zu verweisen auf die Ausführungen zu vorstehend → § 23 Rn. 422.

b) *Spezielle Beweislastfragen zum Nachweis einer Verletzung. aa) Die haftungsbegründende Kausalität.* Eine besondere Problematik ergibt sich bei der Klärung der Anforderungen an den Nachweis einer Verletzung. Es ist von dem Grundsatz auszugehen, dass demjenigen, der unfallbedingte Verletzungen geltend macht, der Vollbeweis gemäß § 286 ZPO obliegt.[13] Bei der Beweisfrage ist zu unterscheiden zwischen der haftungsbegründenden und haftungsausfüllenden Kausalität. Der BGH[14] hat klargestellt, dass der Nachweis des Haftungsgrundes den strengen Anforderungen des Vollbeweises unterliegt. Demnach hat das Gericht unter Berücksichtigung des gesamten Inhaltes der Verhandlung und des Ergebnisses einer Beweisaufnahme nach freier Überzeugung zu entscheiden, ob eine tatsächliche Behauptung für wahr oder nicht wahr zu erachten ist. Die nach § 286 ZPO erforderliche Überzeugung des Richters erfordert keine absolute oder unumstößliche Gewissheit und auch keine „an Sicherheit grenzende Wahrscheinlicht", sondern nur einen für das praktische Leben brauchbaren Grad von Gewissheit, der Zweifeln Schweigen gebietet. Wichtig für die Feststellung einer haftungsbegründenden Kausalität sind bei Verletzungen die Feststellungen und Begutachtungen der erstbehandelnden Ärzte. Dies bedeutet neben der Klärung der Frage, ob eine behauptete Verletzung auf ein Unfallereignis zurückzuführen ist, vorrangig die Klärung der Frage, ob tatsächlich nach dem Unfall die behauptete Verletzung diagnostiziert wurde. Mit dem Nachweis, dass der Unfall zu einer bestimmten Verletzung und damit zu einer Körperverletzung, also einer Primärverletzung, geführt hat, steht der Haftungsgrund fest.

Zu beachten ist, dass auch Beweiserleichterungen in Betracht kommen. Steht ein Sachverhalt fest, der nach der Lebenserfahrung auf einen typischen Geschehensablauf hinweist, so ist dieser prima facie bewiesen. Der Anscheinsbeweis hat insbesondere im Verkehrshaftpflichtrecht große praktische Bedeutung.[15]

---

[9] OLG Karlsruhe DAR 2005, 29.
[10] *Hentschel* § 7 StVG Rn. 48 mwN.
[11] *Hentschel* § 7 StVG Rn. 48.
[12] *Hentschel* § 7 StVG Rn. 33, 48.
[13] OLG Hamm r+s 2002, 371 (der BGH hat durch Beschluss vom 16.4.2002 – VI ZR 311/01 – nicht angenommen).
[14] BGH (OLG Stuttgart) DAR 2003, 218 mit Anm. *Steiger* DAR 2003, 220 = r+s 2003, 172 = NJW 2003, 1116 = zfs 2003, 287 = NZV 2003, 167; Himmelreich/Halm/*Jaeger*, Handbuch des Fachanwalts Verkehrsrecht, Kap. 14 Rn. 181.
[15] *Küppersbusch* Rn. 26 und 46; vgl. auch Baumbach/Lauterbach/Albers/*Hartmann* ZPO Anhang § 286 Rn. 159 ff.

14 *bb) Die haftungsausfüllende Kausalität.* Von der Prüfung der haftungsbegründenden Kausalität ist die Frage der haftungsausfüllenden Kausalität zu unterscheiden. Die Frage der haftungsausfüllenden Kausalität wird gemäß § 287 ZPO beurteilt. Bei der Ermittlung des Kausalzusammenhangs zwischen dem Haftungsgrund, also der Primärverletzung, und dem eingetretenen Schaden unterliegt der Tatrichter also nicht den strengen Anforderungen des § 286 ZPO. Vielmehr ist er nach Maßgabe des § 287 ZPO freier gestellt.[16] Voraussetzung für Bejahung der haftungsausfüllenden Kausalität ist, dass der Ursachenzusammenhang zwischen Unfallereignis und den Beschwerden überzeugend dargestellt ist. Konkret kommt es darauf an darzulegen, dass die behaupteten Beschwerden auf das Unfallereignis zurückzuführen sind. Aspekte, die für die Darstellung zur Überzeugung wichtig sind, können zB sein die objektive Feststellung der Beschwerden, enger zeitlicher Zusammenhang zwischen Unfall und Beschwerden, keine Ursächlichkeit von Vorerkrankungen sowie schließlich der mögliche Ausschluss anderer Ursachen mit der Folgerung, dass für die behaupteten Beschwerden „als einzig realistische Ursache" das Unfallereignis in Betracht kommt. So kann zB bei einem nachfolgenden Ereignis, speziell Unfallereignis, festzustellen sein, dass dieses Ereignis keinen bleibenden Einfluss hatte auf die geltend gemachten unfallbedingten Beschwerden. Der BGH sieht es nicht als erforderlich an, dass eine richtunggebende Veränderung erfolgt. Vielmehr reicht eine bloße Mitverursachung aus, um den Ursachenzusammenhang zu bejahen.[17]

15 Zum Straßenverkehrshaftungsrecht steht im Vordergrund der Beweisfragen, insbesondere zum Nachweis der Ursächlichkeit einer HWS-Verletzung, ob eine solche eingetreten sein kann bei einer geringen kollisionsbedingten Geschwindigkeitsänderung („Harmlosigkeitsgrenze"). Als Fazit ist hier festzustellen, dass der BGH[18] festgestellt hat: Allein der Umstand, dass sich ein Unfall mit einer geringen kollisionsbedingten Geschwindigkeitsänderung („Harmlosigkeitsgrenze") ereignet hat, schließt die tatrichterliche Überzeugungsbildung nach § 286 ZPO von seiner Ursächlichkeit für eine HWS-Verletzung nicht aus.

16 Schwierig kann die Beurteilung der Beweislast bei unfallbedingten Verletzungen sein. Entscheidend ist, ob die Regelung des § 286 ZPO oder des § 287 ZPO zur Anwendung kommt. Nach BGH[19] findet § 287 Abs. 1 ZPO keine Anwendung bei der Feststellung der haftungsbegründenden Kausalität, und zwar auch dann nicht, wenn der durch einen Verkehrsunfall Betroffene den Beweis, dass eine zeitlich nach dem Unfall aufgetretene Erkrankung auf den Unfall zurückzuführen ist, wegen der Art der Erkrankung (zB Morbus Sudeck) nach dem Maßstab des § 286 ZPO nicht führen kann. Es ist also festzustellen, dass die Beweisregel des § 287 ZPO für den Beweis einer Primärverletzung keine Anwendung findet.

2. Praktische Hinweise zur Darstellung/Regulierung von (schweren) Unfallverletzungen, speziell HWS-Verletzungen, im Straßenverkehr

17 • **Grundwissen**

Für den Anwalt und auch für den mit der Regulierung von Personenschäden befassten Sachbearbeiter aufseiten der Versicherung ist es wichtig, Basiswissen zum Verständnis von unfallbedingten Verletzungen und Verletzungsfolgen zu haben. Es ist selbstverständlich, dass sowohl der Anwalt als auch der aufseiten der Versicherung mit der Regulierung befasste Sachbearbeiter in der Regel medizinischer Laie ist.

Die Kenntnis von medizinischen Begriffen und ihrem Inhalt ist wichtig sowohl für das Verständnis des Mandanten und das Gespräch mit ihm als auch für die Darstellung des Sachverhaltes unter medizinischen Aspekten, einschließlich des Verständnisses von Gutachten und den Erläuterungen durch medizinische Sachverständige.

Als mögliche Quellen zur Information und Wissensbeschaffung sind beispielhaft folgende Werke zu nennen:

---

[16] BGH (OLG Stuttgart) DAR 2003, 218 mit Anm. *Steiger* DAR 2003, 220 = r+s 2003, 172 = NJW 2003, 1116 = zfs 2003, 287 = NZV 2003, 167; *Jaeger* aaO Rn. 187.
[17] BGH 2005, 441 = ADAJUR-Dok.Nr. 63831.
[18] BGH (OLG Stuttgart) DAR 2003, 218 mit Anm. *Steiger* DAR 2003, 220 = r+s 2003, 172 = NJW 2003, 1116 = zfs 2003, 287 = NZV 2003, 167.
[19] BGH (OLG Celle) NZV 2004, 27.

- *Pschyrembel*, Klinisches Wörterbuch
- *Duden*, Das Wörterbuch medizinischer Fachausdrücke
- *Jaeger/Luckey*, Teil III Lexikon medizinischer Fachbegriffe, S. 1155 ff.

In der Praxis bilden HWS-Verletzungen zahlenmäßig die stärkste Fallgruppe (mehr als 90 % aller Körperverletzungen im Straßenverkehr sind HWS-Schäden). Deshalb ist es besonders wichtig, mit der Thematik der HWS-Verletzungen unter medizinischen und juristischen Aspekten vertraut zu sein. Hierzu wird verwiesen auf die nachstehende Checkliste zu „HWS-Verletzungen".

Checkliste:

1. Begriff
Die HWS-Distorsion bezeichnet kein einheitliches Krankheitsbild. Sie wird laienhaft bezeichnet als Schleudertrauma der Halswirbelsäule. Als Verletzung entsteht sie in der Regel dadurch, dass bei einem Straßenverkehrsunfall, und zwar einem typischen Auffahrunfall von hinten, der Kopf sich rascher nach rückwärts bewegt als der Rumpf. Eine solche Bewegung wird in der Regel nicht durch eine Kopfstütze aufgefangen, insbesondere dann nicht, wenn diese nicht regelrecht eingestellt ist.

2. Entstehen der HWS-Verletzung
Verletzungen kommen, wie ausgeführt, häufig durch Kopfbewegungen nach rückwärts vor. Eine HWS-Verletzung kann aber auch entstehen durch
☐ seitlichen Aufprall,
☐ schrägen Aufprall,
☐ spontanen Aufprall oder
☐ Überschlag,
wobei typischerweise einfache HWS-Distorsionen im Verbund mit schweren Körperverletzungen eher die Ausnahme bilden.[20]

3. HWS-Distorsionen und Schweregrade
Unterschieden werden die HWS-Distorsionen nach Schweregraden (I, II oder III).[21]
Die 3 Kategorien des „HWS-Schleudertraumas" werden auch eingeteilt wie folgt:
☐ Erdmann I (leichte HWS-Verletzung mit Bewegungseinschränkungen an Kopf und Nacken, Schluckbeschwerden, unter anderem Dauerbeschwerden ca. 2 bis 3 Wochen)
☐ Erdmann II (mittelschwere HWS-Verletzung, unter anderem Gelenkkapselrisse, Muskelzerrungen, ausgeprägte Nackensteife; Dauer 4 Wochen bis 1 Jahr)
☐ Erdmann III (schwere HWS-Verletzung, unter anderem Bandscheibenzerreißung, Rupturen, Brüche, Dauer über 1 Jahr).

Grundsätze der Beweisführung für Kausalität
1. Der Beweis für die Primärverletzung
Die Beweislast für den ursächlichen Zusammenhang einer HWS-Verletzung (als Primärverletzung) nach einem Straßenverkehrsunfall trifft den Verletzten. Maßgebend für die Beweisführung ist der strenge Beweismaßstab des § 286 ZPO.
2. Problematik der „Harmlosigkeitsgrenze"
Die Harmlosigkeitsgrenze ist nicht als feste Beweisregel zu bewerten.[22]
3. Notwendige Einzelfallprüfung
Die Ablehnung der schematischen Anwendung der „Harmlosigkeitsgrenze" bedingt die notwendige Darstellung der Umstände des Einzelfalles im Rahmen der Beweisführung gemäß § 286 ZPO.
☐ Wichtiger Umstand im Einzelfall ist die Sitzposition des Verletzten im Unfallzeitpunkt und dessen Reaktion.

---

[20] *Krumbholz* DAR 2004, 434.
[21] *Krumbholz* DAR 2004, 434.
[22] BGH (OLG Stuttgart) DAR 2003, 218 mit Anm. *Steiger* DAR 2003, 220 = r+s 2003, 172 = NJW 2003, 1116 = zfs 2003, 287 = NZV 2003, 167.

☐ Aufprall, Heckanstoß oder Seitenkollision, Streifberührung
☐ Größe der kollisionsbedingten Geschwindigkeitsänderung
☐ Sitz- und Kopfstützenkonstruktion, Einstellung der Kopfstütze
☐ Konstitution und Alter des Anspruchstellers
☐ Vorerkrankungen und Vorschäden der HWS, zB aus früherem Unfall oder infolge degenerativer Veränderungen (Verschleißerscheinungen)
☐ überraschende oder erwartete Kollision
☐ zeitlicher Zusammenhang zwischen Kollision und Auftreten der Beschwerden.[23]

3. Der Ursachenzusammenhang zwischen der Schwere des Unfalls/des Aufpralls und den Verletzungen

19 **a) Problemstellung.** Die juristische Aufarbeitung der Kausalität zwischen unfallbedingten Verletzungen und Unfallereignis, speziell der HWS-Distorsion im Straßenverkehrsbereich, bereitet seit je erhebliche Schwierigkeiten.[24] Die Problematik konkretisiert sich in der Frage, ob es für die Halswirbelsäule (HWS) eine bestimmte Belastungsgrenze/Harmlosigkeitsgrenze gibt. Dies beinhaltet die Frage, ob es einen bestimmten physikalischen Wert gibt (zB die kollisionsbedingte Geschwindigkeitsänderung), bei dessen Unterschreitung eine Verletzung der HWS ausgeschlossen ist.[25]

20 Bei der Beantwortung der Frage, ob eine Verletzung, speziell ein HWS-Trauma, unfallbedingt eingetreten ist, wird die Klärung dieser Frage dadurch erschwert, dass das so genannte „HWS-Trauma" sich im Bereich niedriger Geschwindigkeiten bildgebend nicht nachweisen lässt.[26] Weil ein bildgebender Nachweis in der Regel nicht zu führen ist, werden Anspruchsteller wegen HWS-Schäden nach Verkehrsunfällen oft als Versicherungsbetrüger, Spinner oder Simulanten hingestellt.[27] Bei der Beantwortung der Frage, ob bei einem Unfallereignis eine Verletzung, speziell eine Halswirbelsäulenverletzung (HWS), eingetreten ist, berühren sich bei der Beantwortung dieser Frage medizinische, Kfz-technische bzw. biomechanische und auch juristische Aspekte. Festzustellen ist, dass die Problematik und die Schwierigkeit der Lösung dieser Frage zu einer unterschiedlichen Bewertung der so genannten „Harmlosigkeitsgrenze" in Rechtsprechung und Literatur geführt hat.

21 **b) Köperverletzung im Straßenverkehr und wirtschaftliche Bedeutung.** Zur wirtschaftlichen Bedeutung von Verkehrsunfallschäden und speziell Körperverletzungen hat *Krumbholz*[28] folgende Übersicht und Zahlen zusammengestellt:
- Ca. 10 % aller Verkehrsunfallschäden ziehen Körperverletzungen nach sich.
- 1994: 430.000 Fälle, davon 93 % (400.000) HWS-Schäden
- dafür (früher 1 Mrd. DM) ca. 50.000,– EUR Schmerzensgelder
- im Vergleich Mietwagenkosten: (früher 1,5 Mrd.) ca. 0,75 Mrd. EUR
- Pro HWS-Trauma durchschnittlich (früher DM 2.500,–) ca. 1.250,– EUR (*Geier* VGT Goslar 1996, S. 190).
- Dabei fallen in zahlreichen Fällen die Folgeschäden zB für Haushaltsführung oder Verdienstausfall ungleich höher ins Gewicht.
- Für den Zivilprozess gilt:
- Mehr als 25 % aller zu beurteilenden Körperverletzungen sind (auch) HWS-Traumata.[29]
- Die dargestellte wirtschaftliche Bedeutung ist der eine Aspekt. Aber auch der gerechte Ausgleich für die vom Betroffenen erlittenen Verletzungen ist ebenso eine wichtige Herausforderung für die Schadenregulierung.

---

[23] *Eggert* Verkehrsrecht aktuell 2004, 204.
[24] *Bachmeier* DAR 2004, 421; *Schröder* SVR 2009, 89.
[25] *Wedig* DAR 2003, 393.
[26] *Krumbholz* DAR 2004, 434.
[27] *Krumbholz* DAR 2004, 434.
[28] DAR 2004, 434.
[29] *Krumbholz* DAR 2004, 434.

4. Die „Harmlosigkeitsgrenze" in der Rechtsprechung

a) **Urteile „pro Harmlosigkeitsgrenze".** Ausgehend von der Frage, ob es für die Halswirbelsäule (HWS) eine bestimmte Belastungsgrenze/Harmlosigkeitsgrenze gibt, hat sich eine sehr unterschiedliche Rechtsprechung zu der Frage entwickelt, ob je nach Größe der physikalischen Kraft des Zusammenstoßes von Fahrzeugen, also der hierbei sich ergebenden Differenzgeschwindigkeit, eine Verletzung der HWS erfolgen kann oder nicht.[30] Nachstehend werden die wichtigsten Entscheidungen zu dieser Thematik wiedergegeben, die mit unterschiedlich angenommener Geschwindigkeitsdifferenz von einer „Harmlosigkeitsgrenze" ausgehen:

OLG Köln	Grenze bei delta/v = 5 km/h[31]
OLG Hamm	bei 6 km/h[32]
OLG Frankfurt	bei 7 bis 9 km/h[33]
OLG Hamburg	bei 9 km/h[34]
Kammergericht	bei 10 km/h[35]
OLG Karlsruhe	Mindestkollisionsgeschwindigkeit bei 10 km/h[36]
OLG Hamm	Kollisionsgeschwindigkeit 7 km/h[37]
LG Heilbronn	8 km/h; durch Sachverständigen festgestellt, bei einer anstoßbedingten Geschwindigkeitsänderung von weniger als 5 km/h könne ein Schleudertrauma der HWS nicht verursacht sein.[38]
LG Stuttgart	Ausschluss einer Distorsion bei einer Geschwindigkeitsänderung von unter 8 km/h[39]
Kammergericht	Keine HWS-Verletzung bei 4,5 km/h kollisionsbedingter Geschwindigkeitsänderung[40]
LG Würzburg	Keine HWS-Verletzung der Insassen durch Vollbremsung[41]

b) **Urteile „contra Harmlosigkeitsgrenze".** Entgegen der Rechtsprechung „pro Harmlosigkeitsgrenze" wurde in mehreren land- und oberlandesgerichtlichen Entscheidungen aus rechtlicher Sicht ein Zusammenhang zwischen Beschädigungen am Fahrzeug und aus dem Unfall resultierenden Verletzungen im Bereich der HWS verneint, zumindest aber festgestellt, dass hier neben den Regelverläufen auch Ausnahmeverläufe ins Kalkül gezogen werden müssen. Hierzu die nachfolgende Übersicht über Entscheidungen:

LG Heidelberg	Geschwindigkeitsänderung maximal 5 km/h[42]
OLG Schleswig	Haftung bejaht für anhaltende Schmerzen und Beschwerden nach einem Verkehrsunfall als Folge einer HWS-Verletzung, die aus orthopädischer Sicht nach einem Jahr abgeklungen sein müssten[43]
LG Lübeck	„contra Harmlosigkeitsgrenze" aufgrund einer Wertung der Verletzungen und des Heilungsverlaufs[44]

---

[30] *Wedig* DAR 2003, 393.
[31] OLG Köln r+s 1991, 374.
[32] OLG Hamm r+s 1998, 326 m. Anm. *Lemcke* (328).
[33] OLG Frankfurt/Main Urt. v. 17.10.1995 – 14 U 88/93 – n. v.
[34] OLG Hamburg r+s 1998, 63.
[35] KG VersR 1997, 1416.
[36] OLG Karlsruhe zfs 1998, 375.
[37] OLG Hamm DAR 1997, 55 = VersR 1997, 127.
[38] LG Heilbronn NJW-RR 1998, 1555.
[39] LG Stuttgart r+s 196, 442 = zfs 1997, 15.
[40] NZV 2007, 146.
[41] NJW-Spezial 2008, 75.
[42] DAR 1999, 75.
[43] OLG Schleswig SchlHA 2000, 157.
[44] LG Lübeck zfs 2000, 436.

LG Frankfurt	Beurteilung im Einzelfall[45]
LG Augsburg	Geschwindigkeitsänderung von 10 km/h, jedoch Bedeutung differierenden Faktoren im Einzelfall[46]
LG München	4 km/h[47]
LG Bayreuth	Ärztliche Feststellung haben größeren Beweiswert gegenüber technischen Gutachten[48]
OLG Bamberg	7–7,8 km/h, orientiert an Diagnose „HWS-Distorsion" am Unfalltag[49]
LG Schleswig	Keine Harmlosigkeitsgrenze beim HWS-Syndrom[50]

Gegen die Harmlosigkeitsgrenze sprechen sich auch das OLG Schleswig, das AG Brandenburg und vor allem der BGH aus.[51]

24 c) „Harmlosigkeitsgrenze" und biomechanische Gutachten. HWS-Traumata einfachen Grades sind, wie ausgeführt, im bildgebenden Verfahren nicht nachweisbar. Ergänzend zur Orientierung an der beim Unfallereignis aufgetretenen Geschwindigkeitsänderung werden von der Versicherung gerne auch so genannte „biomechanische Gutachten" herangezogen, um Schadenersatzansprüche abzulehnen. Nach biomechanischer Auffassung kann das Trauma in der Regel nur bei einer anstoßbedingten Geschwindigkeitsänderung (delta/v) von mindestens 13 km/h eintreten.[52] Diese Praxis stößt in Rechtsprechung und Schrifttum zunehmend auf Kritik.[53]

5. Medizinische Lösungswege, speziell neurootologische Untersuchung

25 a) Medizinische Komponente bei HWS-Verletzungen. In der bisherigen Begutachtungspraxis bei HWS-Verletzungen ergaben sich Problembereiche. Im Vordergrund stand der medizinische Beweis oder der Ausschluss eines Primärschadens und die Verbindung zwischen der medizinischen Argumentation im Hinblick auf die physikalische Harmlosigkeitsgrenze.[54]

26 b) Mögliche neurootologische Begutachtung. Nach neuerer Erkenntnis liegt die beschwerde- und einzelfallorientierte Begutachtung eines speziellen posttraumatischen klinischen Schädigungsmusters, nämlich des so genannten „cervico encephalen Syndroms", in besonderem Maße in den Händen von Spezialisten. Als Spezialgebiet ist hier zu nennen die Neurootologie. Bei der Neurootologie handelt es sich um ein noch relativ junges medizinisches Spezialgebiet. Dieses beschäftigt sich mit der gesunden und der krankhaften Funktion der Kopfsinne. Hierbei stützt sich die von den Neurootologen angewendete Methodik überwiegend auf objektive und quantitative Funktionsmessungen, welche in einen Zusammenhang mit Berichten über subjektive sensorische Wahrnehmungsveränderungen und Beschwerdeangaben von Normalpersonen und Patienten gebracht werden.[55]

---

[45] LG Frankfurt Urt. v. 7.9.2001 – 24 U 22/00 – n. v.
[46] LG Augsburg NJW 2000, 880.
[47] DAR 2000, 167 = NZV 2000, 173.
[48] NJW-RR 2001, 389.
[49] OLG Bamberg DAR 2001, 121 = VersR 2002, 78 (LS); ebenso mit gleicher Begründung LG Augsburg NZV 2002, 122 und LG Landau NZV 2002, 121; ebenso mit gleicher Argumentation LG Bonn NZV 2002, 504.
[50] NZV 2007, 203.
[51] OLG Schleswig NZV 2007, 203; AG Brandenburg, Az 32 C 104/02 = ADAJUR-Dok.Nr. 53733; BGH NJW 2008, 2845.
[52] *Krumbholz* DAR 2004, 434 unter Hinweis auf OLG Hamm r+s 2002, 111.
[53] *Kuhn* DAR 2001, 344; OLG Frankfurt/M. NZV 2002, 120; OLG Bamberg NZV 2001, 470; vgl. hierzu auch weitere Nachweise der Rechtsprechung und Meinung in Literatur *Krumbholz* DAR 2004, 434.
[54] *Oppel* DAR 2003, 400 mit der Feststellung, dass beiden Fehlentwicklungen das Urt. des BGH NJW 2003, 1116 = VersR 2003, 474 = DAR 2003, 218 Einhalt gebietet; *Mazzotti/Castro*, Das „HWS-Schleudertrauma" aus orthopädischer Sicht – Stand 2008 NZV 2008, 113.
[55] *Claussen* DAR 2001, 337.

Für den mit der Schadenregulierung befassten Juristen, speziell bei der Bewertung einer 27
HWS-Verletzung, stellt sich die Herausforderung, sich auch mit den medizinischen Komponenten der Begutachtung vertraut zu machen und neueste Erkenntnisse zu den Begutachtungsmöglichkeiten zu berücksichtigen.

6. Die Rechtsprechung des BGH (Urteil vom 28.1.2003)

a) **Der Regelungsgehalt des § 286 ZPO zur Feststellung der Primärverletzung.** Die Frage, 28
ob sich der Verletzte bei dem Unfall überhaupt eine Verletzung zugezogen hat, betrifft die
haftungsbegründende Kausalität. Maßgebend für die Beurteilung dieser haftungsbegründenden Kausalität ist der Regelungsgehalt des § 286 ZPO. Hiernach unterliegt der Nachweis des Haftungsgrundes den strengen Anforderungen des Vollbeweises.[56] Das Gericht hat
unter Berücksichtigung des gesamten Inhalts der Verhandlung und des Ergebnisses einer
Beweisaufnahme nach freier Überzeugung zu entscheiden, ob eine tatsächliche Behauptung
für wahr oder nicht wahr zu erachten ist. Die nach § 286 ZPO erforderliche Überzeugung
des Richters erfordert keine absolute oder unumstößliche Gewissheit und auch keine „an
Sicherheit grenzende Wahrscheinlichkeit", sondern nur einen für das praktische Leben
brauchbaren Grad von Gewissheit, der Zweifeln Schweigen gebietet.[57] Grundlage der Überzeugungsbildung (in dem vom BGH entschiedenen Fall) war ein ärztliches Sachverständigengutachten, der Befund des erstbehandelnden Arztes am Unfalltag einschließlich der hierbei gefertigten Röntgen- und Funktionsaufnahme der Halswirbelsäule mit der Diagnose der
Verletzung.

Im Rahmen der Überzeugungsbildung bei gegebener ärztlicher Bestätigung ist es nicht ge- 29
boten, hinsichtlich des Umfanges der Beschädigungen der beteiligten Fahrzeuge und der sich
daraus ergebenden kollisionsbedingten Geschwindigkeitsänderung ein Sachverständigengutachten einzuholen, um auf der Grundlage eines so genannten „biomechanischen Gutachtens" der Frage nachzugehen, ob der Unfall geeignet war, eine HWS-Distorsion hervorzurufen. Der BGH bestätigt im aufgeführten Urteil im Übrigen, dass „stets die Umstände des
Einzelfalls zu berücksichtigen" sind. Der BGH[58] verweist auf die Kritik an der Rechtsprechung, die die so genannte „Harmlosigkeitsgrenze" bejaht, und führt aus, dass gegen die
schematische Annahme einer solchen „Harmlosigkeitsgrenze" der Umstand spricht, „dass
die Beantwortung der Kausalitätsfrage nicht allein von der kollisionsbedingten Geschwindigkeit, sondern daneben von einer Reihe anderer Faktoren abhängt, wobei unter anderem
auch der Sitzposition des betreffenden Fahrzeuginsassen Bedeutung beizumessen ist". Im
Übrigen weist der BGH darauf hin, dass „gesicherte medizinische Erkenntnisse zu der Frage, ob und in welcher Weise derartige Muskelanspannungen und Kopfdrehungen die Entstehung einer HWS-Distorsion beeinflussen können" bisher nicht bekannt sind, sodass nicht
angenommen werden kann, dass ein Gutachten über die kollisionsbedingte Geschwindigkeitsänderung zu einer weiteren Aufklärung des Unfallablaufes beitragen kann.

b) **Feststellung der Ursächlichkeit der unfallbedingten Verletzungen gemäß § 287 ZPO.** 30
Steht fest, dass das Unfallereignis zu einer Verletzung, speziell einer HWS-Distorsion (Primärverletzung), geführt hat, steht der Haftungsgrund fest. Ob über diese Primärverletzung
hinaus der Unfall auch für die Beschwerden des Verletzten ursächlich ist, betrifft eine Frage
der haftungsbegründenden Kausalität. Diese ist gemäß § 287 ZPO zu beurteilen. Die Ermittlung dieses Kausalzusammenhangs zwischen Haftungsgrund und dem eingetretenen
Schaden unterliegt nicht den strengen Anforderungen des § 286 ZPO. Vielmehr ist die haftungsausfüllende Kausalität nach Maßgabe des § 287 ZPO zu beurteilen und damit unterliegt diese Feststellung weniger strengen Anforderungen. Maßgebend ist, ob der Ursachenzusammenhang zur Überzeugung gegeben ist. An die Beweiswürdigung aber werden gemäß
§ 287 ZPO geringere Anforderungen gestellt. Hier genügt „je nach Lage des Einzelfalles"

---

[56] St. Rspr. vgl. BGHZ 4, 192, 196; BGH VersR 1968, 850, 851; VersR 1975, 540, 541 und VersR 1987, 310 jeweils mwN.
[57] St. Rspr. BGHZ 53, 245, 256; BGH VersR 1977, 721 und VersR 1989, 758, 759.
[58] BGH (OLG Stuttgart) DAR 2003, 218 mit Anm. *Steiger* DAR 2003, 220 = r+s 2003, 172 = NJW 2003, 1116 = zfs 2003, 287 = NZV 2003, 167.

eine höhere oder deutlich höhere Wahrscheinlichkeit für die Überzeugungsbildung. Maßgebend kann hier sein für die Kausalität zwischen Unfallereignis und Geschehen, ob Beeinträchtigungen seitens der Sachverständigen in Zweifel gezogen werden. Weiter kann maßgebend sein der zeitliche Zusammenhang zwischen Unfall und den Beschwerden und insbesondere die Frage, ob Vorerkrankungen als Ursachen in Betracht kommen. Auch kann zur Überzeugungsbildung gemäß § 287 ZPO herangezogen werden, ob sonstige realistische Ursachen für die Beschwerden in Betracht kommen.

31 Als Fazit ist festzustellen, dass allein der Umstand, dass sich ein Unfall mit einer geringen kollisionsbedingten Geschwindigkeitsänderung („Harmlosigkeitsgrenze") ereignet hat, die tatrichterliche Überzeugungsbildung nach § 286 ZPO von seiner Ursächlichkeit für eine HWS-Verletzung nicht ausschließt.

32 In einer weiteren Entscheidung[59] hat der BGH festgestellt, dass zur Feststellung der haftungsbegründenden Kausalität (für die Primärverletzung) § 287 Abs. 1 ZPO auch dann keine Anwendung findet, wenn der durch einen Verkehrsunfall Betroffene den Beweis, dass eine zeitlich nach dem Unfall aufgetretene Erkrankung auf den Unfall zurückzuführen ist, nicht führen kann nach dem Maßstab des § 286 ZPO.

33 **c) Die Bedeutung der BGH-Rechtsprechung.** Soweit ersichtlich, hat der BGH im Urteil vom 28.1.2003[60] sich erstmals mit der Problematik der so genannten „Harmlosigkeitsgrenze" auseinandergesetzt. Bisherige Revisionen, die dem BGH zu diesem Problem vorgelegt wurden, sind zur Entscheidung jeweils nicht angenommen worden.[61]

34 Festzustellen ist, dass die Auffassung, wonach bei Heckunfällen eine bestimmte im Niedriggeschwindigkeitsbereich liegende kollisionsbedingte Geschwindigkeit im Bereich zwischen 4 und 10 km/h anzusetzen sei, zunehmend auf Kritik stößt und in Zweifel gezogen wird. Insbesondere wird in dem Urteil zum Ausdruck gebracht und dies erscheint als eine entscheidende Erkenntnis der Entscheidung: „Gegen die schematische Annahme einer solchen „Harmlosigkeitsgrenze" spricht auch, dass die Beantwortung der Kausalitätsfrage nicht allein von der kollisionsbedingten Geschwindigkeitsänderung, sondern daneben von einer Reihe anderer Faktoren abhängt ...". Als Faktor wird ua angeführt die Sitzposition der betreffenden Fahrzeuginsassen.

35 In der Konsequenz des BGH-Urteils wird sich die Rechtsprechung bei der Prüfung der Kausalität nicht mehr allein an der kollisionsbedingten Geschwindigkeitsänderung orientieren, sondern weitere Umstände des Einzelfalles berücksichtigen und klären müssen.[62]

36 Gegenüber der Rechtsprechung des BGH ist das Urteil des Landgerichtes Köln[63] nicht aussagekräftig. In dieser Entscheidung hatte die Beklagte eine Geschwindigkeitsänderung von lediglich 2 bis 4 km/h behauptet und dem war die Klägerin nach den Feststellungen des Landgerichtes nicht entgegengetreten. Die Entscheidung beruht also auf einem unsubstanziierten Vortrag der Verletzten als Klägerin. Gleiches gilt für die Entscheidung des AG Langen.[64]

37 **d) Die Haftung bei Erst- und Zweitunfall.** Erleidet ein Verletzter zwei voneinander unabhängige Schadenfälle, so stellt sich die Frage, wie die Kausalität zwischen den Verletzungsfolgen des Erstunfalls für den Folgeunfall und umgekehrt zu beurteilen ist. Der BGH[65] hatte sich mit der Frage zu befassen, wie die Kausalität hinsichtlich der Haftung zu beurteilen ist bei zwei voneinander unabhängigen Schadenfällen. Hier hat der BGH festgestellt, dass eine

---

[59] BGH SVR 2004, 379.
[60] BGH (OLG Stuttgart) DAR 2003, 218 mit Anm. *Steiger* DAR 2003, 220 = r+s 2003, 172 = NJW 2003, 1116 = zfs 2003, 287 = NZV 2003, 167.
[61] *Oppel* DAR 2003, 400 und speziell Fn. 44.
[62] Zur Beurteilung der Entscheidung des BGH vgl. Anm. *Steiger* DAR 2003, 220; *Wedig* DAR 2003, 393; *Krumbholz* DAR 2004, 434; *Bachmeier* DAR 2004, 421; *Großer* DAR 2004, 426; *Heß/Burmann* NJW-Spezial 2004, 303; *v. Hadeln/Zuleger* NZV 2004, 273.
[63] LG Köln NZV 2003, 580 = SVR 2004, 142; hinzuweisen ist auch auf die Entscheidung KG NZV 2004, 252 mit Anm. unter Hinweis auf weitere Rspr. und Literaturbeiträge.
[64] NZV 2003, 284 mit Anm., wonach diese Entscheidung die BGH-Rechtsprechung zu pauschal interpretiert.
[65] BGH VersR 2004, 874 = SVR 2004, 379.

Haftung des Erstschädigers für die Folgen des Zweitunfalls nicht begründet ist, wenn bei zwei voneinander unabhängigen Schadenfällen (hier: HWS-Verletzungen) der Beitrag des Erstunfalls zum endgültigen Schadenbild nur darin besteht, dass eine anlagebedingte Neigung des Geschädigten zu psychischer Fehlverarbeitung geringfügig verstärkt wird. Diese Erkenntnis muss sicherlich auch gelten für die haftungsausfüllende Kausalität, wenn einem Erstunfall und einer hieraus resultierenden Primärverletzung ein Zweitunfall folgt, dessen Folgen in keinem Kausalzusammenhang stehen zu den Verletzungsfolgen des Erstunfalls.

7. Beweisfragen bei Vorschaden oder nachträglichen Ursachen

Bei unfallbedingt verursachten Verletzungen ergeben sich besondere Beweisprobleme, wenn der Verletzte bereits vorgeschädigt ist, speziell etwa bei einer HWS-Verletzung ein degenerativer Vorschaden vorliegt. Auch kommen Ursachen in Betracht, die erst nach dem Unfall sich ereignen und eine selbstständige Kausalkette in Lauf setzen. Dies ist etwa der Fall, wenn der bei einem Unfallereignis Geschädigte einen Zweitunfall erleidet.

a) **Vorschaden.** Wer einen gesundheitlich vorgeschädigten Menschen verletzt, kann nicht verlangen, so gestellt zu werden, als hätte er einen Gesunden geschädigt. Der Zurechnungszusammenhang zwischen Handlung und Verletzung ist auch dann zu bejahen, wenn der Schaden auf einem Zusammenwirken von Vorschäden und Unfallverletzungen beruht. Nur wenn sich feststellen lässt, dass der degenerative Vorschaden vergleichbare Beeinträchtigungen bewirkt hätte, ist zu prüfen, ob ein prozessualer Abschlag oder eine zeitliche Begrenzung des Ausgleichs vom Verdienstausfall geboten ist.[66] Macht der Schädiger geltend, dass auch ohne das Unfallereignis der gleiche Gesundheitszustand gegeben wäre, muss er die ihn entlastende Reserveursache beweisen, wobei ihm die Beweiserleichterung des § 287 ZPO zugute kommt.[67]

Besteht ein Vorschaden, kann Schmerzensgeld nur für die Zeit verlangt werden, in der sich der Vorschaden noch nicht ausgewirkt hätte ohne den Unfall.

b) **Nachträgliches Schadenereignis.** Kommt es nach einer gegebenen unfallbedingten Verletzung zu einer Ursache, die sich erst nach dem Unfall ereignet und eine selbstständige Kausalkette in Lauf setzt, etwa ein Zweitunfall, so kommt grundsätzlich in Betracht, dem Erstschädiger die Folgen eines späteren Unfalls zuzurechnen, wenn der Erstunfall sich auf das endgültige Schadenbild in relevanter Weise ausgewirkt hat.[68] Im Ergebnis ist dies also eine Frage der Gewichtung der Kausalität der nacheinander auftretenden Ereignisse.[69]

Im Übrigen ist auch typisch für die Thematik der Zweitschädigung der Mehrfachzusammenstoß im Straßenverkehr. Hier haftet grundsätzlich der Erstschädiger für Schäden, die dadurch entstehen, dass weitere Verkehrsteilnehmer in die Unfallstelle fahren.[70]

Zurechenbar sind dem Schädiger auch Schäden durch ärztliche Kunstfehler bei der Behandlung einer Unfallverletzung.[71] Die Zurechenbarkeit entfällt lediglich, wenn der Arzt gegen jede ärztliche Erfahrung vorgeht.[72]

8. Psychische Erkrankungen nach Unfallereignissen – „posttraumatische Belastungsstörung"

a) **Psychische Überlagerung nachgewiesener Primärverletzungen.** Es ist von dem Grundsatz auszugehen, dass auch psychisch bedingte Gesundheitsbeeinträchtigungen, die durch ein Unfallereignis verursacht werden, grundsätzlich dem Schädiger zuzurechnen und von

---

[66] KG NZV 2003, 239.
[67] *Küppersbusch* Rn. 21.
[68] BGH VersR 2004, 20.
[69] Vgl. auch ausführlich *Dannert* zu dieser Thematik, speziell zur Schädigung einer bereits vorgeschädigten Halswirbelsäule NZV 2000, 9.
[70] *Küppersbusch* Rn. 11 mit Rechtsprechungsnachweisen.
[71] BGHZ 3, 280; BGH VersR 1968, 773; vgl. auch *Küppersbusch* Rn. 11.
[72] Palandt/*Heinrichs* Vorb. § 249 Rn. 73; OLG Hamm r+s 1995, 43 – Revision nicht angenommen: grober Behandlungsfehler.

ihm zu erstatten sind.[73] Andererseits aber muss nachgewiesen werden, dass Kausalität des Unfallereignisses für die psychische Beeinträchtigung gegeben ist. Dies gilt auch dann, wenn sie auf einer psychischen Anfälligkeit des Verletzten beruht oder durch eine neurotische Fehlverarbeitung des Unfallgeschehens und der Primärverletzung verursacht worden ist.[74] Auch die nach einer schweren Unfallverletzung entwickelten Störungen (Angst, Depression) mit einer folgenden Drogenabhängigkeit (etwa Heroin) sind grundsätzlich entschädigungspflichtige Unfallfolgen, jedoch mit hohem Mitverschuldensanteil.[75]

44 Erste Voraussetzung aber für die Zurechnung einer psychischen Folgeerkrankung ist, dass eine Primärverletzung gemäß § 286 ZPO nachgewiesen ist.[76] Ist die Primärverletzung nachgewiesen, so ist Schadenersatz auch für die dadurch bedingten seelisch-psychischen Folgeschäden zu leisten, wenn gemäß § 287 ZPO bewiesen ist, dass diese Ausfälle ohne den Unfall nicht aufgetreten wären. Auch wenn eine besondere abnorme Veranlagung des Geschädigten vorliegt und mitursächlich war, schließt dies den Schadenersatz nicht aus. *Küppersbusch*[77] spricht von dem berühmten „Tropfen, der das Fass zum Überlaufen bringt". Ausreichend ist, dass die unfallbedingte Verletzung nur ein Faktor in einem „Ursachenbündel" ist, das den Gesamtschaden herbeigeführt hat.[78]

45 Eine psychische Fehlverarbeitung eines Verkehrsunfalls ist keine Krankheit iSv § 1 BBBUZ. Unter versicherungsrechtlichen Aspekten ist davon auszugehen, dass ein Anspruch auf Berufsunfähigkeitsrente nicht besteht, wenn bei dem Versicherungsnehmer zwar eine durch einen Versorgungswunsch motivierte Fehlverarbeitung eines Verkehrsunfalls vorliegt, eine depressive Symptomatik oder Angsterkrankung ausgeschlossen werden kann.[79]

46 **b) Einschränkungen der Ersatzpflicht.** Andererseits entfällt der Schadenersatzanspruch für psychische Erkrankungen, wenn die Primärverletzung lediglich ein „Bagatellschaden" war. Hierbei ist jedoch zu berücksichtigen, dass nach BGH[80] eine leichte – nachgewiesene – HWS-Verletzung mit 5-tägiger Arbeitsunfähigkeit nicht mehr als Bagatelle zu qualifizieren ist.

47 Ein Schadenersatzanspruch kommt für psychische Erkrankungen nicht in Betracht, wenn sich das Verhalten des Geschädigten aufgrund der Primärverletzung als Begehrensneurose entwickelt. Jedoch geht der BGH davon aus, dass es sich dabei um eine Ausnahme handelt, die nur durch einen Psychiater beurteilt werden kann.[81]

9. Schockschaden als Gesundheitsschaden

48 Auch ohne dass ein Körperschaden eintritt, kann ein Unfall und seine Folgen Gesundheitsschäden „psychisch vermitteln". Denkbar ist, dass ein solcher „Schockschaden" eintritt etwa als Folge des Todes eines nahen Angehörigen.[82] Ebenso kann ein solcher Schockschaden gegeben sein aufgrund des Miterlebens von schweren lebensbedrohlichen Verletzungen von Angehörigen.[83]

49 Voraussetzung für einen Schadenersatzanspruch ist jedoch nach dem Regelungstatbestand des § 286 ZPO, dass es zu psychopathologischen Ausfällen von einiger Dauer gekommen ist[84] und dass nicht nur eine Störung des körperlichen Wohlbefindens vorliegt. Ist ein psychopathologischer Ausfall nachgewiesen, so ist nicht nur der immaterielle Schaden (Schmerzensgeld), sondern auch der materielle Schaden zu ersetzen.[85]

---

[73] BGH NZV 2000, 121 = VersR 2000, 372 mwN.
[74] *Küppersbusch* Rn. 12, 221.
[75] OLG Koblenz NJW 2004, 3567 = NZV 2005, 317.
[76] OLG Frankfurt a. M. BeckRS 2013, 22732; LG Leipzig NZV 2012, 329.
[77] *Küppersbusch* Rn. 13.
[78] BGH NZV 1999, 201 = r+s 1999, 200.
[79] OLG Koblenz Beschl. v. 27.1.2005 – 10 U 483/04 mit Anm. von *Rixeker* zfs 2005, 404.
[80] BGH NZV 1998, 165 = VersR 1998, 201; vgl. BGH VersR 2003, 474.
[81] *Küppersbusch* Rn. 16.
[82] BGH VersR 1989, 843; vgl. BGH DAR 2007, 511.
[83] BGH VersR 1985, 499.
[84] BGH VersR 1989, 853.
[85] Vgl. hierzu ausführlich *Küppersbusch* Rn. 18, 19.

10. Notwendige Substanziierung zu Verletzungen und Untersuchungsmethoden

Ein besonderes Problem in der juristischen Praxis ist die notwendige Substanziierung zur Primärverletzung (haftungsbegründende Kausalität) gemäß § 286 ZPO sowie zur haftungsausfüllenden Kausalität gemäß § 287 ZPO. In der Praxis kommt es nicht selten vor, dass Ansprüche zurückgewiesen und nicht durchgesetzt werden oder Klagen abgewiesen werden mit der Begründung, die behaupteten Beschwerden seien nicht substanziiert vorgetragen. 50

Mit den Anforderungen an die notwendige Substanziierung hat sich das OLG Celle befasst.[86] Dieses Urteil befasst sich mit den Anforderungen an die Substanziierungspflicht zum Vortrag anspruchsbegründender Tatsachen und kommt zu der Feststellung, dass es grundsätzlich ausreichend ist, diejenigen Tatsachen vorzutragen, die in Verbindung mit einem Rechtssatz geeignet und erforderlich sind, das geltend gemachte Recht zu begründen. Es genüge der Vortrag, dass die geschilderten Beschwerden auf das Unfallereignis zurückzuführen sind. Die Überprüfung der Behauptung des Verletzten ist Gegenstand der Beweisaufnahme und nicht bereits vorher schon Bestandteil der Substanziierungspflicht. 51

Unabhängig von dieser Beurteilung zum Umfang der Substanziierungspflicht ist es für den aufseiten des Verletzten beteiligten Juristen geboten, anhand der feststellbaren und vorliegenden Fakten dies zum Vorliegen der Primärverletzung sowie zur ausfüllenden Kausalität in substanziierter Form vorzutragen. 52

III. Die notwendigen gutachtlichen Feststellungen

1. Die Problemstellung

Bei der Feststellung von Körperverletzungen und speziell der Feststellung einer HWS-Distorsion ergeben sich vielfältige Probleme und bisher kaum für die Praxis brauchbare Lösungsansätze. Hierbei ist zu vergegenwärtigen, dass die juristische Lösung, also die rechtliche Beurteilung in Gerichtsentscheidungen, auf Fakten angewiesen ist nach dem Grundsatz: „Da mihi facta, dabo tibi ius". Das der juristischen Auseinandersetzung und Entscheidungsfindung vorangestellte Problem ist also die Feststellung der Fakten zur geltend gemachten Verletzung. 53

Unbestritten ist, dass die HWS Verletzungs-Problematik einen Schnittpunkt von Physik (Unfallanalytik), Medizin und Rechtswissenschaft betrifft.[87] Es handelt sich also um eine interdisziplinäre Problematik und dies ist vielleicht auch die Ursache dafür, dass bisher keine überzeugende Lösung zu den verschiedenen Aspekten gefunden ist. In der Praxis ist es tatsächlich so, dass wegen des häufig nicht gegebenen Nachweises der Verletzung Anspruchsteller wegen HWS-Schäden nach Verkehrsunfällen oft als Versicherungsbetrüger, Spinner oder Simulanten hingestellt werden.[88] Hier ist also die Praxis gefordert und insbesondere der Anwalt als kompetenter Interessenvertreter. 54

2. Die Bedeutung der Primärverletzung

a) **Feststellung der Primärverletzung.** Für die Behauptung, bei einem Verkehrsunfall verletzt worden zu sein, muss der Geschädigte (Kläger) den Vollbeweis führen.[89] Wichtig ist also, unmittelbar nach dem Unfall die erlittenen Primärverletzungen zu klären. Sind keine äußeren Verletzungen gegeben, so stellt sich bei einer HWS-Distorsion das Problem, dass ein bildgebender Nachweis in der Regel nicht zu führen ist.[90] Umso wichtiger ist es also, für den Verletzten eine Darstellung und Bestätigung einer erlittenen Primärverletzung anhand der unmittelbar nach dem Unfall festgestellten Beschwerden zu konstatieren. Gegebenenfalls muss ein CT gefertigt werden, wenn sich auf dem Röntgenbild keine Veränderungen feststellen lassen. Sollte sich auf dem Röntgenbild „nur" eine Steilstellung der HWS dokumen- 55

---

[86] Vgl. hierzu NJW-Spezial 2004, 208.
[87] *Bachmeier* DAR 2004, 421.
[88] *Krumbholz* DAR 2004, 434.
[89] BGH NZV 2003, 167 = DAR 2003, 218.
[90] *Krumbholz* DAR 2004, 434.

tieren lassen, nehmen das Versicherungen oftmals als Ablehnungsgrund. Sie verweisen darauf hin, dass eine solche Steilstellung auch ohne Unfall alltäglich ist. Sollte sich kein bildgebendes Medium eignen, muss der Geschädigte Tatsachen vortragen, die auf eine Verletzung hindeuten. Hierzu zählen unter anderem die Darstellung der Sitzposition im Zeitpunkt des Unfalls sowie die Einstellung der Kopfstütze.

56   In der Praxis liegt die Problematik darin, dass häufig der Anwalt erst später eingeschaltet wird. Gleichwohl sollten in jedem Fall die erstbehandelnden Ärzte zu einem Bericht über das Verletzungsbild unmittelbar nach dem Unfall angehalten werden, verbunden mit einer konkreten Fragestellung. In die medizinischen Betrachtungen ist von vornherein einzubeziehen die Klärung etwaiger Vorschäden. Nicht zu folgen ist der Ansicht des OLG München, dass Attesten der Ärzte, welche die Verletzten nach dem Unfall behandelt und ihre Beschwerden festgehalten haben, keine entscheidungserhebliche Bedeutung zukommt.[91]

57   b) Feststellungen zum Unfallhergang. Wichtig für die mögliche nachfolgende Auseinandersetzung über die Kausalität zu den erlittenen und bleibenden Verletzungen ist oft die Klärung des Unfallhergangs. Hierbei ist es wichtig, zunächst die Geschwindigkeit der beteiligten Fahrzeuge zu klären. Weiter erscheint es wichtig festzustellen, wie der Unfallhergang im Einzelnen war hinsichtlich der Position der Fahrzeuge, des Unfallablaufes und insbesondere der Sitzposition des/der Verletzten. Hierbei steht im Vordergrund die Befragung des/der Verletzten und möglicher Zeugen. Darüber hinaus ist auch daran zu denken, technische Sachverständige einzuschalten. Im Idealfall kann so eine übereinstimmende biomechanische Unfallanalyse erstellt werden, aus der sich ein Bild ergibt im Sinne einer nachweisbaren Kausalität.

3. Die Beschwerden und der Kausalzusammenhang

58   a) Feststellung verbliebener Schäden. *aa) Physische Verletzungen.* In der Regel dürfte das Verletzungsbild, das zur Begründung von Ansprüchen geltend gemacht wird, diagnostiziert und dokumentiert sein. Entscheidend ist aber dann die Klärung der Frage, dass die festgestellten verbliebenen Verletzungen kausal auf das Unfallereignis zurückzuführen sind.

59   *bb) Psychische Folgeerkrankung.* Eine Haftung für rein psychische Beeinträchtigungen kommt nur in Betracht, wenn sie objektiv und nachvollziehbar sind und Krankheitswert haben. Hierbei ist zu nennen eine mögliche „posttraumatische Belastungsstörung". Die Rechtsprechung und juristische Literatur spricht allgemein von „psychischen Folgeschäden" bzw. „Unfallneurosen". Solche Beschwerden können auch nach einem eher „harmlosen Unfall katastrophale Folgen bis zu einer vollständigen Berufsunfähigkeit" haben.[92]

60   Für die Interessen des/der Verletzten ist es wichtig, solche Beschwerden zunächst festzustellen. Wichtig ist darzustellen, dass psychische Auswirkungen selbst Krankheitswert haben.[93] Die unterschiedlichen Beschwerdebilder nach Kopf-Hals-Beschleunigungstraumen – meist infolge von Kraftfahrzeugunfällen – lassen sich klassifizieren.[94] Wichtig ist eine differenzierte Beurteilung der Art der Beeinträchtigungen. Die Neurootologie befasst sich mit der gesunden und der krankhaften Funktion der Kopfsinne.[95] Die Anerkennung dieser Wissenschaft durch die Versicherungen und Gerichte ist im Zivilrechtsstreit nur sehr sporadisch. Im Sozialversicherungsbereich findet diese Wissenschaft eher Anerkennung und führt zu positiven Urteilen für den Antragsteller. Auch mit dieser Thematik muss der Anwalt als Interessenvertreter des Geschädigten vertraut sein und Wege zur Diagnose weisen.

61   b) Der Kausalzusammenhang. Kausal ist jede Ursache, die nicht hinweg gedacht werden kann, ohne dass eine Folge eingetreten wäre. Rechtlich bedeutet „kausal" jedoch nur eine Ursache von gewisser Erheblichkeit, dh eine adäquat kausale Ursache. Dies bedeutet für die Darstellung einer haftungsbegründenden Kausalität eines HWS-Traumas infolge eines Ver-

---

[91] OLG München r+s 2002, 370.
[92] *Heß* NZV 2001, 287.
[93] BGH NZV 1996, 353; vgl. auch *Heß* NZV 2001, 287.
[94] *Claussen* DAR 2001, 337.
[95] *Claussen* DAR 2001, 337.

kehrsunfalls, dass der Geschädigte zunächst den vollen Nachweis erbringen muss. Nachweisprobleme ergeben sich deshalb, weil das HWS-Trauma einfachen Grades im bildgebenden Verfahren nicht nachweisbar ist.[96]

Eine besondere Problematik ergibt sich bei der Darstellung und dem Nachweis der Kausalität bei psychischen Folgen. Auch für psychische Folgen eines Verkehrsunfalls gilt zunächst der Strengbeweis.[97]

Kehrseite der Darstellung und des Nachweises der Kausalität ist das Thema der so genannten Renten-/Begehrensneurosen. Eine Begehrensneurose kann auf einer Fehlverarbeitung des Unfallgeschehens beruhen. Zu beachten ist, dass für die Entwicklung einer Konversionsneurose immer ein Primärschaden von einigem Gewicht erforderlich ist. Es kann auch bereits ein einfaches HWS-Trauma genügen. Zutreffend weist *Krumbholz*[98] darauf hin, dass es sich bei der Neurose um einen Folgeschaden handelt, bei dem hinsichtlich der Beweisanforderungen § 287 ZPO zur Anwendung kommt.

4. Die Auswahl des Sachverständigen

a) **Allgemeines.** Kommt es im Zusammenhang mit einem Straßenverkehrsunfall zu einem Personenschaden, dann bildet ein ärztlicher Bericht oder ein ärztliches Gutachten die unverzichtbare Grundlage jeder Bewertung von Unfallfolgen. Die Bewertung von Unfallfolgen ist für den Geschädigten und insbesondere für den ihn vertretenden Anwalt wichtig, um alle Positionen in Verbindung mit Personenschaden, speziell den Schmerzensgeldanspruch, richtig darstellen und begründen zu können. Von besonderer Wichtigkeit ist die richtige Beurteilung von Unfallfolgen bei schwerwiegenden Folgeschäden und einer angestrebten vorbehaltlosen Erledigung der Schadenangelegenheit.

b) **Der Auftrag an den medizinischen Gutachter und die Fragestellung.** Wichtig ist, dass der Anwalt, der einen Geschädigten vertritt und eine medizinische Begutachtung seines verletzten Mandanten wünscht, wenn Unfallverletzungen von nicht geringem Ausmaß in Rede stehen, einen genauen Auftrag, also das Thema zur Begutachtung, gegenüber dem Sachverständigen exakt formuliert, etwa in der Form:

> **Formulierungsvorschlag:**
> ...... aus medizinischer Sicht festzustellen,
> • welche Verletzungen bei dem Unfallereignis vom ......, das der Patient erlitten hat, eingetreten sind,
> • wie bisher der Heilverlauf war,
> • wie der Gesundheitszustand sich aktuell darstellt und
> • ggf. ob und in welchem Umfang mit bleibenden Folgen zu rechnen ist.[99]

c) **Aufgaben des Sachverständigen.** Werden dem Sachverständigen konkrete Fragen gestellt, so ist dieser gehalten, die gestellten Fragen konkret aus medizinischer Sicht zu beantworten. Anzumerken ist, dass die vorgenannten Fragen lediglich beispielhaft formuliert wurden. Daran zu denken ist, dass auch ggf. Fragen gestellt werden in Bezug auf die konkreten Verletzungen.

d) **Formular- oder freies Gutachten.** Zunächst ist zu unterscheiden zwischen Formular- und freiem Gutachten/Attest. Ausführliche Beurteilungen sind jedoch nur im Rahmen eines freien wissenschaftlichen Gutachtens möglich. Von einem Gutachten spricht man dann, wenn aufgrund einer jeweiligen Verletzungsart entsprechende gründliche Untersuchungen des Körper- bzw. Geisteszustandes des Verletzten zusammenfassend beschrieben werden unter Verwendung allgemeiner ärztlicher Erfahrungen. Gutachten müssen dem Wissensstand

---
[96] *Krumbholz* DAR 2004, 434.
[97] OLG München NZV 2003, 474.
[98] *Krumbholz* DAR 2004, 434, 436.
[99] Vgl. hierzu auch Übersicht zur Fragestellung im Gutachtenauftrag etc. *Balke* SVR 2005, 78.

der medizinischen Disziplin entsprechen und entsprechend anhand der zugrunde gelegten Literatur nachgewiesen werden.[100]

69 **e) Die Auswahl des Gutachters.** Wichtig zur Vorüberlegung für einen Gutachterauftrag ist das Erkennen der zum Verletzungsbild passenden medizinischen Fachrichtung sowie die fachliche Qualifikation und Reputation des Sachverständigen. Daran zu denken ist, dass das Gutachten gegenüber dem Schädiger und seiner Versicherung als Grundlage für die Begründung der Ansprüche dienen soll. Wenig hilfreich ist es, so genannte „Gefälligkeitsgutachten" anzufordern, die nach Inhalt und Person des Sachverständigen von der Versicherung nicht akzeptiert werden.

70 Selbstverständlich ist es dem Anwalt als Interessenvertreter des Geschädigten unbenommen, mit dem Gutachter die Problematik zu besprechen und vorab zu klären, ob und ggf. in welcher Weise der Sachverständige sich imstande sieht, den Gutachterauftrag zu übernehmen. Geht ein Gutachter über die ihm erteilten Auftrag hinaus, kann das zur Ablehnung wegen Befangenheit führen. Dies gilt auch, wenn der Gutachter seinerseits Empfehlungen zu verfahrensleitenden Maßnahmen erteilt.[101]

5. Speziell: Begutachtung zu den Pflege- und Betreuungskosten

71 Bei der Geltendmachung von Pflege- und Betreuungskosten wollen die Haftpflichtversicherungen in der Regel Ersatzleistungen auf der Grundlage der Pflegekosten des Medizinischen Dienstes. Dies erscheint nicht akzeptabel. Die insoweit dargestellten Kosten betreffen in der Regel lediglich den reinen Pflegebedarf und die hauswirtschaftliche Versorgung. Nicht berücksichtigt wird bei diesem Vorgehen der vielfach weitaus höhere Betreuungsbedarf. Es stellt sich die Frage, wie dieser Betreuungsbedarf festgestellt werden kann.

72 Die zutreffende Feststellung des realen Betreuungsbedarfes kann durch entsprechende Gutachter festgestellt werden, die spezialisiert sind auf die Feststellung des Pflegebedarfs. Diese Gutachter ermitteln insbesondere den Betreuungsbedarf im Ganzen.

73 Auch besteht die Möglichkeit, dass die zuständige Haftpflichtversicherung den Bedarf über einen Reha-Dienst ermitteln lässt, der sich in der Regel ebenfalls entsprechender Sachverständiger bedient. Anzumerken ist, dass der Reha-Dienst auch neben dem erforderlichen Pflege- und Betreuungsbedarf die notwendigen Hilfsmittel feststellt und empfiehlt. Er liefert auch informative Grundlagen für die Gestaltung des Wohnungsumfeldes.[102]

74 Im Gegensatz zum Sachschadenmanagement der Versicherer hat das Personenschadenmanagement sowohl für den Versicherer als auch für den Geschädigten Vorteile. Die Kontakte und Erkenntnisse der vom Versicherer im Einverständnis mit dem Geschädigten und dessen Anwalt eingeschalteten Rehadienste bringen es mit sich, dass ein Geschädigter zeitnah in die richtigen Krankenhäuser und Rehaplätze verbracht werden kann. Auch die Wiedereingliederung kann auf diesem Weg schneller erfolgen.

---

[100] *Balke* SVR 2005, 178.
[101] OLG Celle r+s 2003, 307; OLG Frankfurt/Main BeckRS 2011, 25405.
[102] Vgl. hierzu *Buschbell/Otting*, Stichwort „Reha-Institutionen".

§ 26 Die Ansprüche bei Schwerstverletzungen – Personengroßschäden

Übersicht

	Rn.
I. Die besondere Problemstellung	1–14
1. Die gebotene besondere Betrachtung	1–3
a) Die Unfallschadenregulierung – Allgemeines	1/2
b) Besonderheiten bei schwersten Verletzungen (Personengroßschäden)	3
2. Statistisches	4–7
a) Allgemeine Statistik über (schwer) verletzte sowie getötete Personen im Straßenverkehr	4
b) Speziell: Im Straßenverkehr schwer verletzte/getötete Kinder	5/6
c) Statistik über KFZ-, Sach- und Personenschäden nach Anzahl und Aufwand	7
3. Die Situation für Betroffene mit schweren bleibenden Folgen	8/9
a) Schwerste körperliche Verletzungen und ihre Folgen	8
b) Beeinträchtigung der sozialen Situation	9
4. Die geforderte Kompetenz	10
5. Mitwirkungspflichten des Geschädigten – Belehrungspflichten des Anwaltes	11
6. Mögliche und gebotene anwaltliche berufliche Zusammenarbeit	12–14
II. Das richtige Vorgehen, die Geltendmachung der in Betracht kommenden Ansprüche	15–26
1. Übersicht/Checkliste zur Regulierung der Ansprüche für Verletzte/Schwerverletzte (Personengroßschäden)	15/16
2. Die Geltendmachung/Anmeldung der Ansprüche	17–23
a) Die Anmeldung/Geltendmachung des Anspruches	17–19
b) Rechtliche Wirkung	20–22
c) Besonderheiten bei Unfällen mit Auslandsberührung	23
3. Geltendmachung von Ansprüchen aus Unfallversicherung und sonstigen Versicherungen	24–26
III. Klärung der in Betracht kommenden Ansprüche und Beweisfragen	27–32
1. Der Personenschaden	27–29
2. Beweisfragen	30/31
3. Übersicht Schadenpositionen	32
IV. Heilbehandlungskosten	33–56
1. Grundsätzliches	33–44
a) Die zu ersetzenden Heilbehandlungskosten	33–38
b) Beteiligte Versicherung	39–44
2. Heilbehandlung im Ausland	45
3. Kosten für kosmetische Operationen	46/47
4. Nebenkosten bei stationärer Behandlung	48–53
a) Besuchskosten	48–51
b) Sonstige Nebenkosten	52
c) Ersatz für Zeitaufwand	53
5. Schadensminderungspflicht und Vorteilsausgleich	54/55
a) Schadensminderungspflicht	54
b) Vorteilsausgleich	55
6. Forderungsübergang	56
V. Vermehrte Bedürfnisse	57–102
1. Grundsätzliches	57–59
2. Übersicht: vermehrte Bedürfnisse	60
3. Pflegekosten	61–84
a) Der Anspruch auf Ersatz der Pflegekosten	61/62
b) Unterbringung in Pflegeheim und/oder Behindertenwerkstatt	63–65
c) Einstellung von professionellen Pflegekräften	66/67
d) Feststellung des Pflegebedarfs	68/69
e) Pflege in der Familie	70–84
4. Betreuungskosten	85/86

	Rn.
5. Anspruch auf behindertengerechtes Wohnen und verletzungsbedingte Umzugskosten	87–93
a) Der Anspruch	87/88
b) Der Inhalt des Anspruches	89–91
c) Verletzungsbedingte Umzugskosten	92
d) Sozialrechtliche Aspekte	93
6. Ansprüche bei Umschulung und Rehabilitation	94/95
a) Der Anspruch auf berufliche Umschulung	94
b) Die Mitwirkungspflicht des Geschädigten	95
7. Umbaukosten für Fahrzeug oder Anschaffung eines behindertengerechten Fahrzeuges	96–101
a) Der Anspruch auf Ersatz von Umbaukosten	96–99
b) Der Anspruch auf ein behindertengerechtes Fahrzeug	100/101
8. Sonstige Ansprüche	102
VI. Erwerbsschaden	102–178
1. Grundsätzliches	103–118
a) Gesetzliche Grundlage	103
b) Der Begriff des Erwerbsschadens	104–106
c) Übersicht über Positionen und Arten des Erwerbsschadens	107–109
d) Fragen der Beweislast	110–114
e) Der Nachweis des Einkommens	115/116
f) Prozessuale Fragen zur Leistungs- und Feststellungsklage	117/118
2. Der Erwerbsschaden des unselbstständig Tätigen	119–128
a) Der Verdienstausfall	119–121
b) Berechnung des Verdienstausfalls – brutto oder netto	122–125
c) Muster/Beispiel: Berechnung der Entgeltfortzahlung	126
d) In Betracht kommende speziell auszugleichende Nachteile/Verdienstausfall	127
e) Entgangene Nutzungsmöglichkeit eines Dienstfahrzeuges	128
3. Sonstige auszugleichende Nachteile	129–140
a) Ausgleich für Beitragslücken in der Sozialversicherung	129–132
b) Anspruch auf Ersatz von Versicherungsbeiträgen	133/134
c) Rentenminderung	135
d) Vereitelte Eigenleistungen	136/137
e) Steuerliche Nachteile, speziell bei Verlust von Abschreibungsmöglichkeit	138/139
f) Steuerliche Nachteile bei unfallbedingter Aufhebung der ehelichen Lebensgemeinschaft	140
4. Die Rechtsposition des verletzten Beamten	141/142
a) Bei vorzeitiger Pensionierung	141
b) Bei regulärer Pensionierung	142
5. Der Erwerbsschaden bei Kindern und Jugendlichen sowie sonstigen Personengruppen	143–152
a) Verzögerung der Ausbildung	143–148
b) Die Rechtsposition des Arbeitslosen	149/150
c) Verletzung und Haushaltsführung	151/152
6. Die Folgelast für Arbeitgeber/Dienstherrn	153
7. Erwerbsschaden des Selbstständigen	154–165
a) Der Personenkreis der Selbstständigen	154–156
b) Die Ermittlung des Einkommens des Selbstständigen	157–160
c) Erwerbsschaden des Gesellschafters/Geschäftsführers	161/162
d) Erwerbsschaden des Landwirtes	163
e) Einkommensverlust des Freiberuflers	164
f) Einkommensverlust bei Prostitution	165
8. Steuern	166–168
9. Schadensminderungspflicht und Vorteilsausgleich	169–175
a) Schadensminderungspflicht	169–171
b) Vorteilsausgleich	172/173
c) Kosten für Ermittlung Verdienstausfall	174/175
10. Wertung überobligatorischer Tätigkeit	176–178
VII. Haushaltsführungsschaden	179–278
1. Grundsätzliches und Anspruchsgrundlagen	179–183
a) Die Position „Haushaltsführungsschaden" in der Praxis der Schadenabwicklung	179–181

	Rn.
b) Die in Betracht kommenden Anspruchsgrundlagen	182/183
2. Fallgestaltungen und Kriterien bei der Berechnung des Haushaltsführungsschadens	184–186
a) Die verschiedenen Fallgestaltungen	184
b) Die Berechnung des „Haushaltsführungsschadens"	185
c) Mögliche Kapitalisierung	186
3. Arbeitsinhalte und Zeitaufwand, statistische Arbeitszeit einer Frau bei unterschiedlichen Haushaltssituationen	187–192
a) Allgemeines	187
b) Statistische Arbeitszeit einer Frau bei unterschiedlichen Haushaltsführungssituationen	188
c) Konkrete haushaltsspezifische Minderung der Erwerbsfähigkeit	189
d) Prozessuale Fragen	190
e) Anwendbarkeit des Angehörigenprivilegs	191
f) Der Einschluss des Sozialrechtes	192
4. Die unterschiedlichen Anspruchsgrundlagen und Darlegungslast	193–203
a) Eigener Anspruch der haushaltsführenden Person	194
b) Der Anspruch des Witwers und der Kinder aus § 844 BGB	195–197
c) Die rechtliche Qualifikation der Ansprüche	198
d) Darlegungslast	199
e) Möglicher Übergang gemäß § 116 SGB X	200/201
f) Versorgung durch Dritte	202/203
5. Der Anspruch bei Tötung einer haushaltsführenden Person	204–228
a) Der Anspruch und die Anspruchsberechtigten gemäß § 844 Abs. 2 BGB	204–207
b) Die Voraussetzungen des Anspruches sowie Leistungsumfang	208–224
c) Die Aufteilung des Schadenbetrages zwischen den Berechtigten	225/226
d) Schadenberechnung bei Einsatz einer Ersatzkraft	227/228
6. Bei Verletzung der den Haushalt führenden Person	229–248
a) Eigener Anspruch des/der Verletzten bei lediglich eigener Versorgung	229–231
b) Der Ersatzanspruch bei Versorgung übriger Familienmitglieder/ Ehepartner und Kind(er)	232
c) Die Berechnung des Haushaltsführungsschadens/Erwerbsschadens bei Versorgung und Betreuung einer Familie – Fragen der Berechnung	233–245
d) Haushaltsführungsschaden/Erwerbsschaden bei Einschaltung einer Ersatzkraft	246/247
e) Mögliche Umorganisation	248
7. Der Anspruch auf Rente	249–259
a) Der Rentenanspruch und seine Voraussetzungen	249–251
b) Die Berechnung der Rente	252–257
c) Die Möglichkeit der Kapitalisierung	258/259
8. Möglicher Rechtsübergang auf SVT	260–265
a) Grundsätzliches	260
b) Die Voraussetzungen des Übergangs	261
c) Wirkungen des Forderungsübergangs	262–265
9. Prozessuale Fragen	266–268
a) Die Aktivlegitimation	266
b) Prozessuale Besonderheiten bei dem Anspruch aus § 844 BGB	267/268
10. Fragebogen/Muster zur Ermittlung der Tätigkeit und der zeitlichen Beeinträchtigung	269/270
11. Berechnungsbeispiel	271–273
12. Der Haushaltsführungsschaden bei eingetragener Lebenspartnerschaft und der nichtehelichen Lebensgemeinschaft	274–278
a) Haushaltsführungsschaden bei eingetragener Lebenspartnerschaft	274/275
b) Haushaltsführungsschaden bei nichtehelicher Lebensgemeinschaft	276–278
VIII. Der Schmerzensgeldanspruch	279–397
1. Der Schmerzensgeldanspruch, rechtliche Grundlagen	279–283
a) Die gesetzliche Regelung	279/280
b) Schmerzensgeld auch aus Gefährdungshaftung	281/282
c) Besonderheiten des Schmerzensgeldes	283
2. Checkliste zu den Kriterien der Schmerzensgeldbemessung	284
3. Kriterien zur Bemessung der Höhe des Schmerzensgeldes	285–305
a) Ausgleichsfunktion	289–297
b) Genugtuungsfunktion	298–305

	Rn.
4. Besondere Fallgestaltungen zum Schmerzensgeld	306–328
a) Bagatellverletzungen	306/307
b) Schmerzensgeld bei schweren Verletzungen	308
c) Schockschaden und Schmerzensgeld	309–313
d) Beeinträchtigung der geistigen Persönlichkeit	314
e) Schmerzensgeld und psychischer Schaden	315–317
f) Schmerzensgeld bei kurzer Überlebenszeit	318–322
g) Der Schmerzensgeldanspruch bei Neurosen	323
h) Schmerzensgeld bei Tod der Leibesfrucht	324
i) Schmerzensgeld bei ausländischem Wohnsitz	325/326
j) Die Berücksichtigung von Bemessungsfaktoren und Zeitpunkt	327/328
5. Mögliches Teilschmerzensgeld?	329/330
6. Die Bestimmung der Höhe des Schmerzensgeldes	331–344
a) Die notwendige Konkretisierung der Schmerzempfindung	331–337
b) Die Ermittlung des Schmerzensgeldes anhand von Schmerzensgeldtabellen und Orientierung an Vergleichsentscheidungen	338–342
c) Tendenz zu höherem Schmerzensgeld	343/344
7. Mitverschulden und Vorteilsausgleich	345–348
a) Mitverschulden	345–347
b) Vorteilsausgleich	348
8. Schmerzensgeld als Kapital oder Rente	349–360
a) Kapitalbetrag	349
b) Schmerzensgeldrente	350–357
c) Die Entscheidung für Kapital und/oder Rente in der Praxis	358/359
d) Steuerrechtliche Aspekte	360
9. Schmerzensgeld und erbrechtliche sowie familienrechtliche Aspekte	361–364
a) Erbrecht	361/362
b) Familienrechtliche Aspekte/Zugewinnausgleich	363/364
10. Der Schmerzensgeldanspruch im Prozess	365–384
a) Allgemeines	365/366
b) Der Schmerzensgeldanspruch als einheitlicher Anspruch	367/368
c) Die Parteien des Schmerzensgeldprozesses.	369/370
d) Der Antrag auf Schmerzensgeld als Kapital und/oder Rente	371–373
e) Entscheidung auf Schmerzensgeld durch Grundurteil	374
f) Schmerzensgeldantrag und Rechtsmittelinstanz	375/376
g) Der Zinsanspruch	377/378
h) Fragen der Rechtskraft	379–381
i) Abänderung einer Schmerzensgeldrente	382/383
j) Prozesskostenhilfe trotz Schmerzensgeldguthabens	384
11. Speziell: der Zinsanspruch bei verzögerter Regulierung	385–388
a) Der Zinsanspruch	386/387
b) Zinsanspruch im Prozess	388
12. Besteuerung des Schmerzensgeldes	389
13. Verjährung	390–397
a) Gesetzliche Regelung	390
b) Besonderheiten der Verjährungsfrist	391–393
c) Hemmung der Verjährung	394–397
IX. Entschädigungs- und Leistungsansprüche gegenüber sozialen Leistungsträgern und privaten Versicherungen	398–428
1. Die Beteiligung von sozialen Leistungsträgern	398–403
a) Straßenverkehrshaftungsrecht und Sozialrecht	398–402
b) Der Anspruch auf Ausgleich von Beitragslücken	403
2. Beratungspflicht	404
3. Beachtung der Leistungsansprüche gegenüber sozialen Leistungsträgern	405
4. Voraussetzungen des Rechtsübergangs/Regress des Sozialversicherungsträgers	406–418
a) Sozialrechtliche Leistungen	406–408
b) Die übergangsfähigen Ansprüche	409–411
c) Die zeitlichen Voraussetzungen des Rechtsübergangs	412–414
d) Das Erfordernis der sachlichen und zeitlichen Kongruenz	415–418
5. Ausschluss des Forderungsübergangs aufgrund des sog. „Familienprivilegs"	419/420
6. Der Regress des Rentenversicherungsträgers wegen Beitragszahlung	421–428
a) Trägerbeiträge zur Rentner-Krankenversicherung	421/422

	Rn.
b) Trägerbeiträge bei Tod, speziell bei Haushaltsführung	423/424
c) Regress von Beiträgen bei Lohnersatzleistungen	425–428
X. Verhandlung, Kapitalisierung und Abfindungsvergleich	429–435
1. Die anzustrebende außergerichtliche Erledigung	429/430
2. Auch die Möglichkeit von Teilregulierungen beachten	431–433
3. Der Abfindungsvergleich, ein Spezialthema	434
4. Kapitalisierung	435
XI. Personenschadenmanagement – Case-Management – und Rehabilitation von im Straßenverkehr Schwerverletzten	436–502
1. Der Begriff Case/Personenschadenmanagement sowie Reha-Management	437–441
a) Case-/Personenschadenmanagement	437/438
b) Gründung selbstständiger Reha-Dienste in Deutschland	439–441
2. Bereiche und Arten des Reha-Managements	442–453
a) Medizinisches und soziales Reha-Management	445/446
b) Pflege- und Betreuungs-Management	447–450
c) Berufliches Case-Management – Rehabilitation	451
d) Technik-Management	452/453
3. Speziell Personenschadenmanagement und Reha-Management bei Verletzungen im Straßenverkehr	454–460
a) Verletzte, Schwerverletzte und Getötete im Straßenverkehr	454
b) Personenschaden-/Care- und Reha-Management bei Opfern von Straßenverkehrsunfällen	455–459
c) Statistisches	460
4. Vereinbartes Reha-Management und Rehabilitationsverfahren gemäß SGB XI – Die Regelung in SGB IX und die Schnittstelle zwischen vereinbarten Reha Maßnahmen und Maßnahmen nach SGB XI	461–466
5. Abwicklung/Regeln des Personenschaden-/Case- und Reha-Managements	467–481
a) Die Prüfung der Falleignung	467–471
b) Der Prozess des Reha-Managements	472/473
c) Rechtliche Aspekte bei der Durchführung von Reha-Maßnahmen	474–481
6. Die rechtlichen Beziehungen zwischen den Beteiligten	482–499
a) Die Beteiligten	482–490
b) Die Beteiligung des Anwaltes des Geschädigten	491–499
7. Code of Conduct des Reha-Managements sowie Muster einer Rehabilitationsvereinbarung	500/501
a) Code of Conduct des Reha-Managements	500
b) Mustertext einer Rehabilitationsvereinbarung	501
8. Fazit	502
XII. Das Behindertentestament	503–513
1. Die Problemstellung	503–506
2. Regelungsziele	507
3. Lösungsmöglichkeiten im Überblick	508–512
a) Schutz vor Rückgriff und Vollstreckung durch den Sozialhilfeträger	508
b) Die Lösungsmodelle	509
c) Anordnung/Testamentsvollstreckung	510/511
d) Checkliste Behindertentestament	512
4. Ergebnis	513

Schrifttum: *Balke,* Auswirkungen des Gesundheitsmodernisierungsgesetzes auf die Schadenregulierung von Personenschäden, SVR 2004, Heft 4, I; *ders.,* Der Haushaltsführungsschaden Teil 1 – Anspruchsgrundlagen und Anspruchsberechtigte, SVR 2006, 321; *ders.,* Der Haushaltsführungsschaden Teil 2 – Schadensberechnung, SVR 2006, 361; *ders.,* Die Beeinträchtigung der Haushaltsführung in der nichtehelichen Lebensgemeinschaft, SVR 2007, 16; *Bonk,* Das Behindertentestament, Deutsche Erbrechtszeitschrift 3/2007, 9; *Born ua,* Die Ermittlung des psychischen Folgeschadens, NZV 2008, 1; *Brandt,* Die Behandlung von psychischen Folgeschäden im Schadenersatzrecht, VersR 2005, 616; *Budel/Buschbell,* Neue Wege bei der Rehabilitation Schwerverletzter, VersR 1999, 158; *Buschbell,* Personenschadenmanagement – Eine Herausforderung für die Anwaltschaft, Editorial, SVR 5/2008, I; *Buschbell/Grüber,* Personenschadenmanagement – Case-Management – und Rehabilitation von im Straßenverkehr Schwerverletzten, in: Festschrift Eggert 2008; *Clemens ua,* Psychische Störungen nach Verkehrsunfällen – Implikationen für das Personenschadenmanagement, DAR 2008, 9; *Delank,* Haushaltsführungsschaden bei Verletzungen von Kindern, NZV 2002, 392; *ders.,* Sind nichteheliche Partner im Verkehrs- und Versicherungsrecht den ehelichen Partnern gleichzustellen?, zfs 2007, 183; *Diederichsen,* Neues Schadensersatzrecht: Fragen der Bemessung des Schmerzensgeldes und seiner prozessualen Durchsetzung, VersR 2005, 433; *Domes,* Personenschadenmanagement: Case-Management aus medizinischer Sicht, NZV 2008, 232; *Drees,* Schadensberechnung bei Unfällen mit Todesfolge, 2. Aufl. 1994; *Geigel,* Der

Haftpflichtprozess, 26. Aufl. 2011; *Goebel*, Case-Management zur Erhaltung von Arbeitsplätzen Behinderter, ibv (Informationen für die Beratungs- und Vermittlungsdienste, Zeitschrift) 2000, 93 ff.; *Haas*, Der Pflegebedarf querschnittgelähmter Menschen, zfs 2006, 254; *Hacks/Wellner/Häcker*, Schmerzensgeld-Beträge, 32. Aufl. 2014; *Heß*, Das Schmerzensgeld, zfs 2001, 532; *Heß/Burmann*, Die Ersatzfähigkeit psychischer (Folge-)Schäden nach einem Verkehrsunfall, NJW-Spezial 2004, 15; *dies.*, Die Heilbehandlungskosten, NJW-Spezial 2006, 207; *Hillmann/Schneider*, Das verkehrsrechtliche Mandat, Band 2: Verkehrszivilrecht, 6. Aufl. 2012; *Hoffmann*, Die Höhe häuslicher Pflegekosten – Entwicklungen in der Rechtsprechung, zfs 2007, 428; *Huber*, Höhe des Schmerzensgeldes und ausländischer Wohnsitz des Verletzten, NZV 2006, 169; *ders.*, Nichteheliche Lebensgemeinschaft – Ersatz nur bei Erfüllung einer gesetzlichen Unterhaltspflicht?, NZV 2007, 1; *ders.*, Personenschaden-Management, Diss. 2005; *Hugemann*, Personenschaden-Management, Münster (Westfalen) Univ., Diss., 2005; *Jaeger/Luckey*, Schmerzensgeld, 7. Aufl. 2014; *Jahnke*, Der Verdienstausfall im Schadenersatzrecht, Schriftenreihe der Arbeitsgemeinschaft Verkehrsrecht im Deutschen Anwaltverein, 2. Aufl. 2006; *ders.*, Versorgungsschaden in der nichtehelichen Lebensgemeinschaft nach einem Unfall, NZV 2007, 329; *Jeinsen*, Das Angehörigenschmerzensgeld – Systembruch oder Fortentwicklung, zfs 2008, 61; *Klinger*, Schmerzensgeld für Hinterbliebene von Verkehrsopfern?, NZV 2005, 290; *Küppersbusch/Höher*, Ersatzansprüche bei Personenschaden, 11. Aufl. 2013; *Lang*, Das Reha-Management – Eine Erfolgsgeschichte für alle Beteiligten, NZV 2008, 19; *Langheid*, Die Reform des Versicherungsvertragsgesetzes, 2. Teil. Die einzelnen Versicherungsarten, NJW 2007, 3745; *Lauer*, Case Management in der Rehabilitation von Unfallverletzten, DAR 2006, 712; *Luckey*, Personenschaden, 2013; *ders.*, Aktuelle Rechtsprechung zum Erwerbsschaden, VRR 20/2006, 364; *Medicus*, Schadensersatz bei Verletzung vor Eintritt in das Erwerbsleben, DAR 1994, 442; *Neumann*, Reha-Fall: über den Wolken – die andere Seite des Pilotenmangels PSaktuell (Personenschaden aktuell, Newsletter der Gen Re) 1/2002, 4; *Nieder/Kössinger*, Handbuch der Testamentsgestaltung, 4. Aufl. 2011; *Notthoff*, Schmerzensgeldbemessung im Falle alsbaldigen Versterbens des Geschädigten, r+s 2003, 309; *Pardey*, Der Haushaltsführungsschaden, 8. Aufl. 2013; *ders.*, Berechnung von Personenschäden, 4. Aufl. 2010; *Pardey/Schulz-Borck*, Angemessene Entschädigung für die zeitweise oder dauernde, teilweise oder vollständig vereitelte unentgeltliche Arbeit im Haushalt, DAR 2002, 289; *Plagemann*, Münchener Anwaltshandbuch Sozialrecht, 4. Aufl. 2013; *Pschyrembel*, Klinisches Wörterbuch, 265. Aufl. 2014; *Roth*, Verkehrsrecht, 3. Aufl. 2012; *Schröder*, Personenschadenmanagement der Haftpflichtversicherung, SVR 2008, 89; *Schulz-Borck/Günther*, Der Haushaltsführungsschaden – Entgelttabellen TVöD/Bund zur Bewertung von Personenschäden in der Haushaltsführung (Stand: März 2014); *Slizyk*, Beck'sche Schmerzensgeld-Tabelle 2014, 10. Aufl. 2013; *Thomann*, Medizinische Aspekte des Managements von Personenschäden, VW 2007, 1916.

I. Die besondere Problemstellung

1. Die gebotene besondere Betrachtung

1   a) **Die Unfallschadenregulierung – Allgemeines.** Unter Unfallschadenregulierung wird schlechthin verstanden die Geltendmachung von Ansprüchen für Geschädigte, die bei einem Straßenverkehrsunfall einen Schaden erlitten hatten. Im Vordergrund bei dem Begriff der Unfallschadenregulierung steht die Vorstellung, dass Ansprüche geltend zu machen sind im Zusammenhang mit der Beschädigung eines Fahrzeuges und teilweise auch Ansprüche bei Verletzungen. Zum Stichwort „Verletzungen" wird im Allgemeinen gedacht an Schleudertrauma oder sonstige nicht so schwerwiegende Verletzungen. Im Allgemeinen ist es wenig bewusst, dass im Straßenverkehr auch in erschreckend großer Zahl Personen schwer verletzt werden mit bleibenden Folgen, und zwar zB aufgrund eines schweren Schädelhirntraumas oder infolge einer Querschnittlähmung. Für Unfälle dieser Dimension hat sich in der Praxis der Begriff „Personengroßschaden" eingebürgert. Dieser Begriff wird auch bei den nachfolgenden Ausführungen in diesem Kapitel angewandt.

2   Die Rechtslage zum Sachschaden ist vorstehend behandelt in § 24 und vorab das Haftungsrecht und Beweisfragen hierzu in § 23. Besonderheiten bei der Regulierung von Personenschäden, nämlich Fragen der Haftung, der Kausalität sowie Beweisfragen, sind vorstehend in § 25 dargestellt.

3   b) **Besonderheiten bei schwersten Verletzungen (Personengroßschäden).** Über die Rechtslage hinaus, die gegeben ist bei der Geltendmachung von Körperverletzungen im Straßenverkehr generell, wird in diesem Kapitel besonders eingegangen auf die Situation von Personen, die im Straßenverkehr durch Schwerstverletzungen betroffen sind. In diesem Zusammenhang kann auch angeführt werden, dass die spezielle Thematik der Regulierung von Ansprüchen für Schwerstverletzte, also die Bearbeitung von Personengroßschäden, nach Einschätzung des Autors nicht hinreichend beachtet und behandelt wird. Dies kann verdeut-

§ 26 Die Ansprüche bei Schwerstverletzungen – Personengroßschäden

licht werden mit der Bemerkung, dass in den Stichwortverzeichnissen oder Sachregistern der einschlägigen Werke die Begriffe „Schwerverletzte" oder „Personengroßschaden" nicht zu finden sind. Dies erscheint umso erstaunlicher als das Schicksal von Personen, die im Straßenverkehr durch schwerste Verletzungen betroffen sind, schwerste Einschränkungen der Lebensqualität mit sich bringt. Die nachfolgend dargestellten Statistiken zeigen die zahlenmäßige Dimension dieser Thematik.

2. Statistisches

a) Allgemeine Statistik über (schwer) verletzte sowie getötete Personen im Straßenverkehr[1]

Jahr	2010	2011	2012	2013
Verunglückte insgesamt, davon:	374.818	396.374	387.978	377.481
Getötete	3.648	4.009	3.600	3.339
Schwerverletzte	62.620	68.985	66.279	64.057
Leichtverletzte	308.550	323.380	318.099	310.085

b) Speziell: Im Straßenverkehr schwer verletzte/getötete Kinder

Bei Straßenverkehrsunfällen verunglückte Kinder – schwerverletzt oder getötet – als Fußgänger, Insassen von Personenkraftwagen und als Fahrradfahrer:[2]

Jahr	Schwerverletzte				Getötete			
	als Fußgänger	als Insassen in Personenkraftwagen	Fahrradfahrer	gesamt	als Fußgänger	als Insassen in Personenkraftwagen	Fahrradfahrer	gesamt
1998	4.501	2.486	3.184	10.171	94	127	73	294
1999	4.124	2.377	3.472	9.973	84	139	80	303
2000	3.823	2.057	2.875	8.755	69	103	55	227
2001	3.447	1.883	2.490	7.820	72	93	53	218
2002	3.264	1.705	2.222	7.191	63	104	42	209
2003	2.966	1.580	2.233	6.779	50	93	47	190
2004	2.792	1.462	2.026	6.280	43	80	23	146
2005	2.603	1.350	2.024	5.977	42	67	41	150
2006	2.463	1.173	1.777	5.413	38	52	36	126
2007	2.305	1.278	1.676	5.259	39	41	23	103
2008	2.090	1.002	1.513	4.605	23	51	23	97
2009	2.116	1.043	1.524	4.683	23	37	24	84
2010	1.905	1.017	1.332	4.254	28	49	20	97
2011	2.073	1.162	1.528	4.763	29	32	24	85
2012	1.934	1.146	1.272	4.352	20	34	16	70
2013	1.809	1.203	1.214	4.226	22	25	8	55

[1] Quelle: Statistisches Bundesamt, Verkehrsunfälle, Zeitreihen 2013, Nr. 5.1.1 ff., auszugsweise.
[2] Quelle: Statistisches Bundesamt, Kinderunfälle im Straßenverkehr 2013, Zeitreihen 2.1 Bei Straßenverkehrsunfällen verunglückte Kinder nach Art der Verkehrsbeteiligung und Verletzungsschwere 1953–2013 auszugsweise; auf den Abdruck der Spalten „Motorzweiräder" und „Kraftomnibusse, Obusse" sowie „Übrige" wurde verzichtet.

6 Aus der vorstehend dargestellten Statistik ergibt sich, dass einerseits die Zahlen für schwer verletzte und getötete Kinder im Straßenverkehr rückläufig sind. Andererseits ist aber als erschreckend hervorzuheben neben der Zahl der getöteten Kinder die statistisch nachgewiesene Tatsache, dass im Straßenverkehr immer noch mehr als 4.000 Kinder bei Straßenverkehrsunfällen schwer verletzt werden. Die schweren Verletzungen bedeuten in aller Regel bleibende Beeinträchtigungen der Lebensgestaltung und Lebensqualität. Diese Zahl fordert gleichsam heraus, mit besten Mitteln, also durch Reha-Management, die Situation für Schwerverletzte, soweit möglich, zu verbessern (zum Reha-Management vgl. → Rn. 436 ff.).

7 c) **Statistik über KFZ-, Sach- und Personenschäden nach Anzahl und Aufwand**

Schäden nach Art und Schadenhöhe	Schäden nach Anzahl in %	Schäden nach Aufwand in %
KFZ-Schäden	100 %	100 %
reine Sachschäden	89 %	53 %
Personenschäden < 50.000 EUR Aufwand	10,5 %	22 %
Personenschäden > 50.000 EUR Aufwand	0,50 %	25 %

Quelle: Die vorstehenden Zahlen wurden freundlicherweise zur Verfügung gestellt durch die AMB Generali Schadenmanagement GmbH.

Die vorstehende statistische Übersicht verdeutlicht die Bedeutung der Personengroßschäden. Diese machen nach der Anzahl lediglich 0,5 % aus und verursachen einen Aufwand von 25 %.

3. Die Situation für Betroffene mit schweren bleibenden Folgen

8 a) **Schwerste körperliche Verletzungen und ihre Folgen.** Kaum zu beschreiben oder auch kaum vorstellbar ist das Ausmaß von Verletzungen, die Betroffene erleiden, seien es Verletzungen des Bewegungsapparates, die dazu führen, dass der Betroffene für den Rest des Lebens auf Hilfen bei jeder Bewegung angewiesen ist, oder sei es eine Querschnittlähmung, bis hin zur völligen Bewegungsunfähigkeit, die in allen Lebenssituationen Hilfe erfordert und auch häufig künstliche Ernährung. In vielen Fällen kommt es auch zu Hirnschädigungen. Dies bedeutet schwerste Einschränkungen für Betroffene und nicht selten führen diese Verletzungen zum Koma.

Die aufgeführten Beispiele von Verletzungen und Verletzungsfolgen zeigen die Tragik, die durch einen Unfall im Straßenverkehr verursacht werden kann und in großer Anzahl tatsächlich vorkommt.

9 b) **Beeinträchtigung der sozialen Situation.** Auch ist anzuführen, dass Personenschäden oft zu Beeinträchtigungen führen, die sich nicht immer auf die gesundheitlichen Folgen begrenzen lassen. Vielfach bleibt ein mehr oder minder schwerer Dauerschaden, der zu Einschränkungen im Arbeitsleben bis hin zur Erwerbsunfähigkeit führen kann. Hierdurch kommt es häufig auch zu einer schwersten psychischen Belastung der Familie. Die soziale Stellung des Geschädigten und seiner Familie ist ernstlich gefährdet. Diese Beeinträchtigungen führen erfahrungsgemäß häufig zu einer Chronifizierung der Beschwerden.[3]

4. Die geforderte Kompetenz

10 Die vorstehend aufgezeigte Dimension bei sog. Personengroßschäden zeigt, dass die Interessenvertretung für Geschädigte, die so schwer betroffen sind, auf Seiten des sie vertretenden Anwaltes eine besondere Kompetenz erfordert. Zu der besonderen Verantwortung und Herausforderung bei der Bearbeitung dieser Personengroßschäden ist auch zu vergegenwär-

---

[3] *Hugemann* Personenschaden-Management, Diss. 2005.

tigen, dass auf Seiten des Schädigers bzw. der hinter ihm stehenden Versicherung Sachbearbeiter stehen mit langjähriger spezieller Berufserfahrung. Es ist sicherlich nicht unzutreffend anzuführen, dass in vielen Fällen im Hinblick auf die besondere Erfahrung des Sachbearbeiters auf Seiten der Versicherung „Waffengleichheit" nicht immer gegeben ist. Leider ist nicht zu verkennen, dass häufig Kollegen Mandate für Schwergeschädigte übernehmen, ohne sich der Verantwortung bewusst zu sein und ohne die geforderte Kompetenz und Erfahrung.

5. Mitwirkungspflichten des Geschädigten – Belehrungspflichten des Anwaltes

Den Verletzten können Mitwirkungspflichten treffen. Diese Mitwirkungspflichten kommen in Betracht zu den verschiedenen Schadenpositionen, zB die Schadensminderungspflicht während der Heilbehandlung zum Erwerbsschaden, einschließlich Bereitschaft zur Umschulung oder Einstellen einer Ersatzkraft für den Selbständigen. Grenze der Mitwirkungspflicht ist die Zumutbarkeit und die Möglichkeit der Alternativtätigkeit. Auch kommt Schadensminderungspflicht beim Pflege- und Betreuungsbedarf in Betracht. Der Pflege- und Betreuungsbedarf ist zu kürzen, wenn nachweisbar ist, dass in einem bestimmten Zeitraum ein Mehrbedarf nicht angefallen wäre, wenn der Geschädigten an einer zumutbaren Heilbehandlung teilgenommen hätte.[4]

Pflicht des Anwaltes gegenüber seinem Mandanten ist es auf diese Mitwirkungspflichten hinzuweisen und auf etwaige Folgen, wenn Mitwirkungspflichten nicht erfüllt werden.

6. Mögliche und gebotene anwaltliche berufliche Zusammenarbeit

Bei der Regulierung von Personengroßschäden ist es sicherlich nicht selten der Fall, dass der mandatierte Anwalt bei richtiger Selbsteinschätzung erkennen muss, zu Spezialfragen nicht die notwendigen Kenntnisse und Erfahrungen zu haben. In diesem Fall gebietet die anwaltliche Verantwortung, das Mandat nicht zu übernehmen oder nicht fortzuführen. Eine andere Lösung könnte die sein, dass ein spezialisierter Kollege, quasi beratend, hinzugezogen wird zur Beurteilung der Anspruchssituation oder zu Einzelfragen. Im Bereich der Medizin ist es selbstverständlich, bei Spezialdiagnosen einen Spezialisten konsiliarisch hinzuzuziehen. Diese ggf. bestehende Notwendigkeit und Möglichkeit sollte auch in der Anwaltschaft erkannt und praktiziert werden.

Zu vergegenwärtigen ist, dass das Recht immer komplizierter wird. Zu Recht sagt *Schwackenberg*:[5]

„Keine Angst vor beruflicher Zusammenarbeit".

Die zitierten Beiträge beziehen sich auf Beratung in wirtschaftlichen Angelegenheiten. Dies muss aber um so mehr gelten bei der Beratung und Vertretung von Mandanten, die bei Straßenverkehrsunfällen schwerstverletzt wurden mit schicksalhaften Folgen für ihr Leben.

Schließlich ist auch zu denken an Zusammenarbeit mit Medizinern, um die Schwere der Verletzungen und ihre Folgen richtig einschätzen und beurteilen und gegenüber der Versicherung darstellen zu können. Bei sachlich gebotener Einschaltung eines Spezialisten dürften die hierdurch verursachten Kosten ggf. auch als notwendige Kosten der Rechtsverfolgung vom Schädiger und seiner Versicherung zu erstatten sein.

II. Das richtige Vorgehen, die Geltendmachung der in Betracht kommenden Ansprüche

1. Übersicht/Checkliste zur Regulierung der Ansprüche für Verletzte/Schwerverletzte (Personengroßschäden)

Die nachstehend aufgeführten Punkte bzw. die hierzu gebotene Übersicht betreffen die Aspekte, die sich ergeben bei der Geltendmachung und Abwicklung von Ansprüchen bei Personenverletzungen/-schwerstverletzungen/Personengroßschäden.

---

[4] Vgl. hierzu ausführlich *Höher/Mergner* r+s 2012, 1.
[5] AnwBl. 5/2006, I unter Hinweis auf *Heussen* AnwBl. 2006, 293 ff.

16

Checkliste:

1. Klärung Auftraggeber
   - ☐ Verletzter selbst
   - ☐ Erbe/Erben bei tödlichem Unfall
   - ☐ Ansprüche des mittelbar Geschädigten, §§ 844, 845 BGB
   - ☐ sonstige Geschädigte
     - Dienstherr
     - Arbeitgeber
     - Drittgeschädigte
   - ☐ Prüfung potenzieller Interessenkollision
2. Vollmacht
3. Evtl. notwendige Betreuer-/Pflegerbestellung
4. Klärung Mandatsumfang
5. Ansprüche gegen
   - ☐ Schädiger/dessen Versicherung
   - ☐ eigene Versicherung, sonstige Versicherungen
6. Klärung eingetretener Unfall-/Verletzungsfolgen
   - ☐ tödlicher Unfall
   - ☐ Verletzungen und potenzielle Verletzungsfolgen
   - ☐ Bagatellschäden
   - ☐ Besonderheiten bei sonstigen Unfalltatbeständen
     - Arbeitsunfall/Dienstunfall
7. Klärung von Verjährungsfristen und sonstigen Fristen
8. Erfassen bei Mandatserteilung bereits eingeleiteter Maßnahmen
   - ☐ Maßnahmen durch Verletzten oder Dritte
   - ☐ speziell bei Anwaltswechsel Maßnahmen zur Beweissicherung
     - Unfallursache
     - Maßnahmen zur Feststellung der Verletzungen und Verletzungsfolgen
     - Erfassen bisheriger Feststellungen durch behandelnde Ärzte
     - Erfassen der vorliegenden Atteste/Gutachten, differenziert nach
       - Verletzungen
       - Erwerbs- und sonstigen Vermögensschäden
     - Einholung Erklärung zur Entbindung von der ärztlichen/beruflichen Schweigepflicht, sonstige Einverständniserklärungen
9. Mögliche weitere Maßnahmen zur Feststellung der Verletzungen und Verletzungsfolgen
   - ☐ zur ärztlichen Versorgung
   - ☐ Rehabilitation
   - ☐ Schadensminderung
   - ☐ potenzielle ärztliche Fehlbehandlung
10. Informationen und Unterlagen
    - ☐ Anforderung Vorlage von Bestätigungen
      - Atteste/Gutachten
      - Verdienstbescheinigungen, Rentenbescheid, Sozialhilfebescheid, Bescheid über Arbeitslosengeld II (Hartz IV)
    - ☐ Versicherungsunterlagen

2. Die Geltendmachung/Anmeldung der Ansprüche

17 **a) Die Anmeldung/Geltendmachung des Anspruches.** Der Entschädigungsanspruch kann gegen den Schädiger geltend gemacht werden. Empfehlenswert ist es aber auch – zusätzlich – den Anspruch/Direktanspruch bei der Versicherung des Schädigers iSv § 3 PflVG anzumelden. Die Anmeldung des Anspruches bei der Versicherung des Schädigers sollte aus

Gründen der Beweiserleichterung schriftlich erfolgen; es genügt jedoch auch die mündliche Anmeldung, und zwar aus der Überlegung heraus, dass § 3 Nr. 3 PflVG Schriftform nicht ausdrücklich vorsieht.[6] Die Anmeldung erfordert nicht Spezifizierung der Forderung. Es genügt die Schilderung des Schadenereignisses, die erkennen lässt, dass hieraus Ansprüche hergeleitet werden.[7]

In der Praxis ist es empfehlenswert, gegenüber der Versicherung zu **formulieren:** 18

> **Formulierungsvorschlag:**
> Hiermit werden die sich für den Geschädigten (NN) nach dem Unfallereignis vom . . . . . . ergebenden Ansprüche angemeldet . . . . . .

Empfehlenswert ist es aber auch, neben der pauschalen Formulierung die in Betracht 19 kommenden Schadenpositionen zu bezeichnen mit der Maßgabe, dass es sich hierbei „insbesondere um die Positionen . . ." handelt.

b) Rechtliche Wirkung. § 12 Abs. 3 PflVG regelt, dass der Anspruch des Ersatzberechtig- 20 ten gegen den Entschädigungsfonds in 3 Jahren verjährt.[8]

Streitig und ungeklärt ist der Fall, in dem der Versicherer sich gegenüber einem PKH-Antrag des Geschädigten verteidigt und erklärt, dass er die Ansprüche zurückweise.

Die verjährungshemmende Wirkung der Forderungsanmeldung beim Versicherer erstreckt 21 sich nicht nur auf den Teil des Anspruches, der innerhalb der vereinbarten Versicherungssumme liegt, sondern auf den gesamten Anspruch. Dies gilt aber dann nicht, wenn der Versicherer klar zu erkennen gibt, dass er nur im Rahmen der Versicherungssummen zahlen bzw. regulieren werde.[9]

Der Anspruch des Ersatzberechtigten gegen den Entschädigungsfonds gemäß § 12 PflVG 22 verjährt in 3 Jahren. Die Regelung weicht insoweit von § 115 Abs. 2 VVG ab. In diesem Fall beginnt der Lauf der Frist gemäß § 12 Abs. 3 Satz 2 PflVG mit dem Zeitpunkt an zu laufen, in dem er „von dem Schaden und von den Umständen Kenntnis erlangt", die die Inanspruchnahme des Fonds ermöglichen".[10]

c) Besonderheiten bei Unfällen mit Auslandsberührung. Zunächst ist zu verweisen auf 23 Grundsätze der Unfallschadenregulierung gemäß 4. KH-Richtlinie (vgl. hierzu § 31 Rn. 37, 38). Gerade bei sog. Personengroßschäden, also zur Rechtsposition des Schwerverletzten, ist es Aufgabe des Anwaltes zu prüfen, nach welchem Rechtsstatut die günstigste Rechtsposition des Geschädigten gegeben ist. Die Anspruchslage kann unterschiedlich sein, zB für den Bereich des Schmerzensgeldes oder der Unterhaltsansprüche. Empfehlenswert ist es zu diesem Punkt, wenn hinsichtlich des Rechtsstatutes und der gerichtlichen Zuständigkeit differenzierte Fragen zu klären sind, mit einem auf diesem Gebiet spezialisierten Anwalt im jeweiligen Land Kontakt aufzunehmen und Informationen einzuholen.[11] Unterlässt der Anwalt die gebotene Klärung und klärt er nicht, welches Rechtsstatut für den Mandanten am günstigsten ist, können sich Schadenersatzansprüche ergeben. Dieser Aspekt wird in der Praxis kaum beachtet.[12]

3. Geltendmachung von Ansprüchen aus Unfallversicherung und sonstigen Versicherungen

Bei der Regulierung von Ansprüchen aus Anlass von Straßenverkehrsunfällen mit Kör- 24 perverletzung ist auch eine ggf. bestehende Kraftfahrtunfallversicherung zu beachten (vgl. hierzu im Einzelnen Teil G § 47).

---

[6] BGH VersR 1982, 546.
[7] BGH VersR 1982, 546.
[8] *Feyock/Jacobsen/Lemor* § 12 PflVG Rn. 102.
[9] *Feyock/Jacobsen/Lemor* § 10 AKB Rn. 112 mwN.
[10] *Feyock/Jacobsen/Lemor* § 12 PflVG Rn. 102.
[11] Bei Bestehen einer Rechtsschutzversicherung benennen in der Regel die Rechtsschutzversicherungen einen auf dem jeweiligen Gebiet kompetenten, deutsch sprechenden Anwalt.
[12] Vgl. *Krämer* zfs 2010, 361, vgl. weiter *Wenter* (Anwalt in Bozen) zfs 2012, 4.

25 Anzuführen ist, dass die Unfallversicherung durch die Neufassung des VVG keine wesentlichen Änderungen erfahren hat. In die §§ 178 bis 191 VVG werden einige bisher in den gängigen AUB enthaltenen Regelungen aufgenommen. So regelt § 182 VVG in Bezug auf die Frage der Mitursächlichkeit von Krankheiten an der geltend gemachten Invalidität – entsprechend den bisherigen AUB – die Beweislast zu Lasten des Versicherers. Neu eingeführt wird bei Anzeige eines Versicherungsfalls nach § 186 VVG eine Informationsobliegenheit des Versicherers: Er hat dem Versicherungsnehmer auf vertragliche Anspruchs- und Fälligkeitsvoraussetzungen sowie einzuhaltende Fristen hinzuweisen.[13]

26 Neben der Unfallversicherung kommen Ansprüche in Betracht zB aus einer Gruppenunfallversicherung oder aus einer BUZ-Versicherung. Ggf. ist es empfehlenswert, durch Prüfung der Policen zu den in Betracht kommenden Versicherungen die Notwendigkeit und den Umfang der Geltendmachung sowie hierzu gegebene Fristen zu klären um zu vermeiden, dass die Versicherung sich auf Leistungsfreiheit berufen kann.

III. Klärung der in Betracht kommenden Ansprüche und Beweisfragen

1. Der Personenschaden

27 Als Personenschaden wird allgemein die durch die Körperverletzung entstandene Einbuße an den geschützten Lebensgütern, aber auch der daraus resultierende Vermögensschaden bezeichnet.[14] Beim Personenschaden ist aber auch zu denken an Straßenverkehrsunfälle mit Todesfolge. Die Regulierung des Schadens bei Verletzungen und Unfällen mit Todesfolge stellt aber eine hohe Anforderung an den Anwalt, der die Interessen des Geschädigten und/oder der Betroffenen vertritt.

28 Die in Betracht kommenden Anspruchsgrundlagen sind vorstehend in § 23 dargestellt; Fragen des Zurechnungszusammenhangs, also der Kausalität zwischen Unfallereignis und erlittenen Verletzungen und bleibenden Folgen sind vorstehend in § 25 behandelt. Nachfolgend wird behandelt das Thema der Schadenpositionen, die sich für Verletzte und ggf. Hinterbliebene ergeben können, zu denken ist hierbei auch an die Ansprüche mittelbar Geschädigter. Diese sind in § 27 behandelt.

29 Bei der Regulierung der bei Personenschäden und tödlichen Verletzungen in Betracht kommenden Schadenpositionen muss der Anwalt als Interessenvertreter des Geschädigten und der Hinterbliebenen umfassende Kenntnisse haben zu den in Betracht kommenden Schadenpositionen. Hierzu wird zunächst verwiesen auf die nachfolgend in Ziff. 3 dargestellte „Übersicht der Schadenpositionen".

2. Beweisfragen

30 Der Geschädigte wird häufig mit Schwierigkeiten beim Beweis der erlittenen Verletzungen und der Ursächlichkeit durch das Unfallgeschehen konfrontiert. Hierbei ist davon auszugehen, dass Bemessungsgrundlage für den Schadenersatz der Befund in Form einer Verminderung der physischen oder psychischen Leistungsfähigkeit ist. Hierbei ist davon auszugehen, dass für die Feststellung einer Primärverletzung der Beweismaßstab des § 286 ZPO gilt. Für den Beweis von Folgebeeinträchtigungen gilt die Beweisregel des § 287 ZPO.[15]

31 Bei der Beweisführung zum Nachweis von Körperverletzungen hat sich eine Praxis contra legem entwickelt. In der Regel ist in diesem Punkt die Versicherung des Schädigers aktiv und benennt einen Sachverständigen, bei dem der Verletzte sich zur Begutachtung vorstellen soll. Dies ist eine Praxis contra legem. Dem Geschädigten nämlich obliegt der Nachweis der Voraussetzungen seiner Ansprüche. Es ist also zu empfehlen, dass der Anwalt des Geschädigten aktiv wird und von sich aus einen Sachverständigen benennt. Es kann wichtig und günstig für den Geschädigten sein einen neutralen Sachverständigen zur Begutachtung zu beauftra-

---

[13] *Langheid* NJW 2007, 3745 (3748).
[14] *Küppersbusch/Höher* Rn. 1.
[15] Vgl. hierzu *Eschelbach/Geipel* NZV 2010, 481 sowie *Hepp* NZV 2012, 257; vgl. auch vorstehend § 25 II Rn. 10 ff.

gen, um jede Parteilichkeit eines Sachverständigen zu vermeiden. Häufig sind nämlich Sachverständige, die von Versicherungen benannt werden, auch in größerem Umfang für Versicherungen tätig. Selbstverständlich muss dann Übereinstimmung über den vom Geschädigten benannten Sachverständigen mit der Versicherung erreicht werden. Die Versicherung wird sich schwertun, einem vom Geschädigten benannten Sachverständigen die Qualifikation abzusprechen. Es ist also festzustellen, dass sich hier eine Praxis contra legem entwickelt hat. Der Geschädigte und sein Interessenvertreter sollten also von sich aus aktiv werden und Sachverständige für die Begutachtung benennen.

3. Übersicht der Schadenpositionen

I. Heilbehandlungskosten
- ☐ Evtl. Mehrkosten für privatärztliche Behandlung
- ☐ Kosten der Heilbehandlung
- ☐ Kosten für Erholungsaufenthalt mit oder ohne ärztliche Betreuung sowie für Kuren
- ☐ Pflegegeld
- ☐ Mehrkosten evtl. für Einzelzimmer statt Doppelzimmer
- ☐ Kosten für kosmetische Operationen
- ☐ Nebenkosten
- ☐ Telefonkosten
- ☐ Trinkgelder und Geschenke an Pflegepersonal
- ☐ Kosten für Fahrten zur stationären und erforderlichenfalls ambulanten Behandlung
- ☐ Besuchskosten (Liquidation Drittschaden)
- ☐ Speziell bei Kindern
- ☐ Erstattung von Kosten, die die gesetzliche Krankenkasse nicht übernimmt (Zuzahlungen)

II. Vermehrte Bedürfnisse (vgl. auch § 26 Rn. 36 ff.)
- ☐ Behindertenfahrzeug, Mehrkosten für Automatik und sonstige zusätzliche behindertengerechte Einrichtungen für ein Kfz, Fahrzeug ausgebaut für den Transport behinderter Personen
- ☐ Behindertenwerkstatt, Kosten sind Aufwendungen zur Teilnahme am Erwerbsleben im Rahmen der vermehrten Bedürfnisse
- ☐ Besondere Hilfsmittel (Rollstuhl)
- ☐ Diät
- ☐ Elektronische Schreibhilfe
- ☐ Erhöhte Versicherungsprämien für Krankenkasse
- ☐ Fahrstuhl, einschließlich Folgekosten für Wartung und Ersatzanschaffung
- ☐ Haushaltshilfe
- ☐ Höhere Heizkosten, zB bei Brandverletzung
- ☐ Kleidermehrverschleiß, zB bei Amputationen
- ☐ Körperpflegemittel (abzüglich Eigenersparnis)
- ☐ Kosten für erforderliche Hilfkraft
- ☐ Kosten für Vorrichtung und Errichtung behindertengerechten Wohnens
- ☐ Krankenhaustagegeldversicherung
- ☐ Kuren, bei medizinischer Erforderlichkeit zur Besserung der Linderung von Unfallfolgen
- ☐ Orthopädische Hilfsmittel, zB orthopädische Schuhe (Abzug für Eigenersparnis)
- ☐ Privatunterricht für Schüler
- ☐ Stärkungsmittel
- ☐ Unterbringung Pflegeheim/Behindertenwerkstatt

III. Erwerbsschaden
- ☐ Arbeitslohn oder Gehalt
- ☐ Urlaubsentgelt
- ☐ Sonderzahlungen
- ☐ Überstundenvergütung

§ 26 32   Teil D. Haftungs- und Schadensrecht

☐ Treueprämie, Bergmannsprämie
☐ Arbeitslosengeld und Arbeitslosenhilfe
☐ Nebeneinkünfte, zB aus Trinkgeldern
☐ Lehrlingsvergütung
☐ Schadenersatz wegen verspäteten Eintritts in das Erwerbsleben
☐ Minderung der Rente infolge unfallbedingter Schmälerung des Altersruhegeldes
☐ Einkommensverlust eines Selbstständigen
☐ Zusätzliche Kosten wegen Beeinträchtigung der Haushaltsführung
☐ Sonstige Schadenpositionen, die evtl. teilweise zu ersetzen sind
  • Spesen
  • Auslösung
  • Trennungsentschädigung
  • Ministerialzulage
  • Bordzulage
  • Einnahmeverlust einer Prostituierten

IV. Haushaltsführungsschaden
   ☐ Arbeitsinhalte und Zeitaufwand
   ☐ Statistische Arbeitszeit bei unterschiedlichen Haushaltssituationen
   ☐ Unterschiedliche Fallgestaltung
     • Tötung der haushaltsführenden Person/Hausfrau
     • eigener Anspruch des Verletzten bei eigener Versorgung
   ☐ Haushaltsführungsschaden bei
     • eingetragener Lebenspartnerschaft
     • nichtehelicher Lebensgemeinschaft

V. Schmerzensgeld
   ☐ Kriterien der Schmerzensgeldbemessung
     • Ausgleichsfunktion
     • Genugtuungsfunktion
   ☐ Speziell Ausgleich für Beeinträchtigung der Lebensqualität
   ☐ Art und Schwere der Verletzungen
   ☐ Operationenzahl und -schwere
   ☐ Dauer Heilbehandlung, stationär oder ambulant
   ☐ Arbeitsunfähigkeit
   ☐ Verbleibender Dauerschaden
   ☐ Ausgleich für psychische Auswirkungen
   ☐ Verminderte Heiratschancen
   ☐ Einschränkungen in der Berufswahl
   ☐ Einschränkung sportlicher Betätigung
   ☐ Wesensänderung
   ☐ Verzögerung Schmerzensgeldregulierung
   ☐ Genugtuungsfunktion orientiert an
   ☐ Verschulden der Schädiger
   ☐ Anlass der Unfallfahrt
   ☐ Wirtschaftliche Verhältnisse
   ☐ Schmerzensgeld oder Schmerzensgeldrente
   ☐ Besonderheit bei Erlöschen aller geistigen Funktionen des Verletzten

VI. Speziell: Leistungen aus der Unfallversicherung bei Arbeitsunfall §§ 26 bis 103 SGB VII
   ☐ Heilbehandlung
   ☐ Verletztengeld
   ☐ Übergangsgeld
   ☐ Besondere Unterstützung
   ☐ Berufshilfe
   ☐ Verletztenrente
   ☐ Hinterbliebenenrente
   ☐ Sterbegeld

VII. Sonstige Schadenspositionen
  ☐ Ausfall Eigenleistung beim Hausbau
  ☐ Babysitterkosten
  ☐ Entgangene Urlaubsfreuden
  ☐ Versicherungsrechtliche Nachteile

IV. Heilbehandlungskosten

1. Grundsätzliches

a) *Die zu ersetzenden Heilbehandlungskosten.* *aa) Ersatz der konkret angefallenen Aufwendungen.* Heilbehandlungskosten sind Aufwendungen, die aufgrund ärztlicher Leistungen, stationären Aufenthaltes und Erwerbs von Arznei- und Hilfsmitteln entstehen. Der Anspruch auf Erstattung ergibt sich aus §§ 11 StVG, 249 Abs. 2 S. 1 BGB nF.

Heilbehandlungskosten sind die unfallbedingten Mehraufwendungen, die der Wiederherstellung der Gesundheit dienen, und sind abzugrenzen von den „vermehrten Bedürfnissen". Diese haben den Zweck, die durch den Unfall beeinträchtigte persönliche Lebensführung wieder der früheren anzunähern.[16]

Gemäß § 249 Abs. 2 S. 1 BGB sind die erforderlichen Heilbehandlungskosten zu ersetzen. Die Notwendigkeit jeder medizinischen Maßnahme (ambulant oder stationär, die Auswahl von Medikamenten und Hilfsmitteln) ist nach objektiven Grundsätzen zu beurteilen. Maßgebend ist die medizinische Erforderlichkeit.[17] Ersatz von Behandlungskosten für Heilpraktiker kommt nur in Betracht bei medizinischer Erforderlichkeit.[18]

Auch Kosten einer so genannten „alternativen Heilbehandlung" und selbst die Behandlung durch Außenseitermethoden sind grundsätzlich zu ersetzen, wenn sie mit hinreichender Wahrscheinlichkeit der Heilung oder zumindest der Linderung der Beschwerden dienen und hierfür geeignet sind. Erforderlich ist jedoch, dass ein medizinisch nachvollziehbarer Ansatz gegeben ist.[19]

Im Übrigen ist die Notwendigkeit zu beurteilen nach den Grundsätzen der haftungsausfüllenden Kausalität iSv § 287 ZPO.

bb) Keine fiktive Abrechnung. Ein Anspruch auf Erstattung von Heilbehandlungskosten, die zwar erforderlich sind, aber nicht in Anspruch genommen wurden, ist nicht gegeben. Es ist von dem Grundsatz auszugehen, dass Personenschäden nur konkret und nicht etwa fiktiv abzurechnen sind. Abrechnung auf der Grundlage eines Kostenvoranschlages kann sich ergeben, wenn die konkrete Absicht bestand, eine Behandlung tatsächlich durchführen zu lassen, hiervon aber abgesehen wird, etwa aus Gründen eines besonders hohen Risikos.[20]

cc) Zuzahlungen als Schadenposition. Die Einsparungen durch die Gesundheitsreformen führen dazu, dass die Geschädigten in vielen Fällen für Kosten der Heilbehandlung aufkommen müssen. Während früher die Abwicklung im Wesentlichen zwischen den Krankenkassen und den Haftpflichtversicherern erfolgte, ist die mögliche Zuzahlung als Schadenposition bei der Schadenregulierung zu berücksichtigen.[21]

b) *Beteiligte Versicherung.* *aa) Gesetzliche Krankenversicherung.* Der Anspruch auf Ersatz der Heilbehandlung bestimmt sich nach SGB V, und zwar § 31 SGB V.

Werden die Kosten der Heilbehandlung von einem Sozialversicherungsträger geleistet, findet gemäß § 116 SGB X ein Forderungsübergang statt. Diese Vorschrift gilt für alle So-

---

[16] Roth/*Janeczek* § 3 Rn. 132.
[17] van Bühren/Lemcke/Jahnke/*Jahnke* Teil 4 Rn. 478.
[18] OLG Braunschweig r+s 1991, 199 (nur Leitsatz); KG VersR 2001, 178 und OLG München VersR 1997, 439 zur privaten Krankenversicherung.
[19] *Küppersbusch/Höher* Rn. 228 mit ausführlichen Nachweisen aus Rspr. und Lit.
[20] van Bühren/Lemcke/Jahnke/*Jahnke* Teil 4 Rn. 486; *Küppersbusch/Höher* Rn. 229.
[21] *Heß/Burmann* NJW-Spezial 2006, 207.

zialversicherungsträger (Kranken-, Unfall-, Pflege- und Rentenversicherung) und gemäß § 116 SGB X für die BfA. Einbezogen sind auch die Sozialhilfeträger.[22]

Im Übrigen sind zu beachten die gesetzlichen Regelungen, so zB die Zahlung der Praxisgebühr von 10 EUR.[23]

41 *bb) Übernahme der Kosten einer privatärztlichen Behandlung für geschädigten Kassenpatienten?* Bei Körperverletzungen, insbesondere bei schweren Körperverletzungen, sind Fallgestaltungen denkbar, in denen nach den Umständen des Einzelfalles das Leistungssystem der gesetzlichen Krankenversicherung gegenüber der privatärztlichen Behandlung nur unzureichende Möglichkeiten der Behandlung bietet, während die privatärztliche Behandlung als optimaler zu beurteilen ist.

42 Zu der Möglichkeit der Übernahme der Kosten einer privatärztlichen Behandlung für geschädigten Kassenpatienten ist von dem Grundsatz auszugehen, dass die Haftpflichtversicherung des Schädigers die Übernahme der Kosten einer privatärztlichen Behandlung für einen geschädigten Kassenpatienten umfassen kann. Dies ist dann der Fall, wenn nach den Umständen des Einzelfalles fest steht, dass das Leistungssystem der gesetzlichen Krankenversicherung nur unzureichende Möglichkeiten zur Schadenbeseitigung bietet oder die Inanspruchnahme der vertragsärztlichen Leistung aufgrund besonderer Umstände ausnahmsweise dem Geschädigten nicht zumutbar ist.[24]

43 Der verletzte Kassenpatient kann, soweit dies nicht unverhältnismäßig ist, auch Kosten von Heilbehandlungsmaßnahmen ersetzt verlangen, die die gesetzliche Krankenversicherung nicht übernimmt.[25]

44 *cc) Private Krankenversicherung.* Soweit eine private Krankenversicherung besteht, leistet diese nach den vereinbarten Versicherungsbedingungen Ersatz der Heilbehandlungskosten. Insoweit findet ein Forderungsübergang gemäß § 67 VVG statt.

2. Heilbehandlung im Ausland

45 Kosten für Heilbehandlungen im Ausland sind unter bestimmten Voraussetzungen zu ersetzen. Dies ist der Fall, wenn dort neuere Behandlungsmethoden geboten werden und ärztlicher Rat die Behandlung durch eine besondere Kapazität im Ausland empfiehlt. Gleiches gilt, wenn die bisherige Behandlung in Deutschland erfolglos verlaufen ist.[26]

Besonderheiten können sich ergeben bei der Behandlung von Ausländern in Deutschland.[27]

3. Kosten für kosmetische Operationen

46 Die Kosten für eine kosmetische Operation sind grundsätzlich zu ersetzen, es sei denn, diese sind unverhältnismäßig hoch.[28] Kommt eine kosmetische Operation wegen unverhältnismäßig hoher Aufwendungen nicht in Betracht, hat der Ausgleich über das Schmerzensgeld zu erfolgen.[29] Diese restriktive Auffassung ist nicht zu akzeptieren.[30] Eine Grenze dürfte nur gegeben sein bei willkürlicher medizinisch nicht gerechtfertigter Operation.

47 Über den Anspruch auf Ersatz der Heilbehandlungskosten hinaus besteht ein Anspruch auf Ersatz der Mehrkosten für Telefonate, Trinkgelder und Geschenke in angemessenem Umfang.[31] Hierzu zählen auch Mehrkosten für einen Münzfernseher.[32] Ebenso sind zu er-

---

[22] Palandt/*Heinrichs* § 249 Rn. 8.
[23] Vgl. *Balke* SVR 2004, Heft 4, I.
[24] BGH NZV 2004, 619 (im entschiedenen Fall handelte es sich um Folgebehandlung nach einem ärztlichen Behandlungsfehler; diese Grundsätze sind aber sicherlich auch auf unfallbedingte Verletzungen zu übertragen).
[25] OLG Hamm NZV 2002, 370.
[26] OLG Hamburg VersR 1988, 858; BGH VersR 1969, 1040.
[27] Vgl. *Küppersbusch/Höher* Rn. 234.
[28] BGH VersR 1975, 342; KG VersR 1980, 873.
[29] BGH VersR 1975, 342 = NJW 1975, 640.
[30] So auch Himmelreich/Halm/*Jäger* Kap. 13 Rn. 2 mit anschaulicher Darstellung des Vergleiches zum Ersatz von Sachschadenpositionen.
[31] Zur entsprechenden Übersicht vgl. KG DAR 1975, 281 (282).
[32] OLG Köln NZV 1989, 113 = zfs 1988, 204.

setzen Kosten für Fahrten zur stationären und erforderlichenfalls auch zur ambulanten Heilbehandlung.[33]

4. Nebenkosten bei stationärer Behandlung

a) **Besuchskosten.** Kosten für Besuche naher Angehöriger im Krankenhaus sind zu ersetzen, soweit diese sich in angemessenem Rahmen halten und nach ärztlicher Auffassung für die Heilbehandlung zweckmäßig sind.[34] Die Angemessenheit bestimmt sich nach der Notwendigkeit. So ist bei ernstem Zustand eines Verletzten ein täglicher Besuch der Ehefrau zu akzeptieren.

Der Anspruch auf Ersatz der Besuchskosten steht nicht dem Besucher selbst, sondern dem Verletzten zu.[35] Ein Anspruch des Besuchers selbst kann jedoch hergeleitet werden aus einem Anspruch aus Geschäftsführung ohne Auftrag.[36]

Zu den Voraussetzungen des Anspruches auf Ersatz der Besuchskosten hat der BGH in einer Grundsatzentscheidung vom 19.2.1991[37] entschieden, dass nur ein Anspruch des Verletzten selbst in Betracht kommt, und dass bestimmte Voraussetzungen vorliegen müssen, zB nur für Besuche nächster Angehöriger.[38] Nicht entschieden ist, ob eine Ersatzpflicht auch bei Besuchen von Lebensgefährten besteht. Dies dürfte jedoch zu bejahen sein, weil nicht einzusehen ist, dass orientiert an der ärztlichen Notwendigkeit und der Förderung der Heilung der Besuch naher Angehöriger anders zu bewerten ist als der Besuch von Lebensgefährten und insbesondere von Partnern einer eingetragenen Lebenspartnerschaft (§ 1 Abs. 1 LPartG) und Kindern und nur im Ausnahmefall von Geschwistern oder Großeltern.[39]

Auch kann eine aufwendige Anreise aus dem Ausland erstattungsfähig sein.[40]

Zu den Besuchskosten kann auch der dem Besucher entstandene Verdienstausfall gehören. Hierbei ist jedoch die Schadensminderungspflicht zu beachten in dem Sinne, dass, soweit möglich, die Arbeitszeit zeitlich umdisponiert werden muss.[41]

b) **Sonstige Nebenkosten.** Zu den zu ersetzenden Kosten zählen auch die Kosten für private und beruflich erforderliche Telefonate des Verletzten.[42]

Ebenso sind während eines längerfristigen Krankenhausaufenthaltes entstehende Radio- oder TV-Leihgebühren zu erstatten.[43]

c) **Ersatz für Zeitaufwand.** Vermehrte elterliche Zuwendung (Zeit), was solche ist, wenn sie sich nicht in einem finanziellen Aufwand niederschlägt – auch wenn sie erheblich und erforderlich ist – ist nicht zu ersetzen.[44] Erbringen jedoch Eltern im Krankenhaus oder später zu Hause Pflegeleistungen, die sonst von Pflegekräften entgeltlich übernommen werden, soll dies den Schädiger nicht entlasten. Hier besteht Anspruch auf Ersatz in angemessenem Umfang.[45]

5. Schadensminderungspflicht und Vorteilsausgleich

a) **Schadensminderungspflicht.** Ein Verstoß gegen die Schadensminderungspflicht kommt in Betracht bei Inanspruchnahme einer Privatbehandlung.[46] Die Ablehnung einer erforderlichen Heilbehandlung kann einen Verstoß gegen die Schadensminderungspflicht darstellen (vgl. hierzu im Einzelnen → § 28).[47]

---

[33] Vgl. im Übrigen zu den einzelnen weiteren Positionen *Küppersbusch/Höher* Rn. 236.
[34] BGH VersR 1982, 441.
[35] BGH VersR 1979, 350 = NJW 1979, 598.
[36] BGH VersR 1979, 350 = NJW 1979, 598.
[37] NZV 1991, 225 = VersR 1991, 559 = r+s 1991, 232.
[38] Vgl. hierzu ausführlich *Küppersbusch/Höher* Rn. 237.
[39] Vgl. hierzu im Einzelnen van Bühren/Lemcke/Jahnke/*Jahnke* Teil 4 Rn. 506, 507.
[40] OLG Düsseldorf NJW 1973, 2112.
[41] van Bühren/Lemcke/Jahnke/*Jahnke* Teil 4 Rn. 516.
[42] OLG Köln r+s 1989, 40 = zfs 1990, 46.
[43] OLG Köln NJW 1988, 2947 = VersR 1988, 642 (nur Leitsatz).
[44] BGH VersR 1989, 188 = NJW 1989, 766.
[45] Vgl. *Berz/Burmann* 6 B Rn. 16 und 17.
[46] KG VersR 1981, 64; OLG Nürnberg zfs 1983, 103.
[47] Vgl. auch *Hentschel* § 10 StVG Rn. 3.

55 **b) Vorteilsausgleich.** Im Wege des Vorteilsausgleichs muss der Verletzte sich ersparte Verpflegungskosten anrechnen lassen.[48] Ebenso sind häufig Ersparnisse zu berücksichtigen bei Kindern, Hausfrauen und auch bei Nichterwerbstätigen (vgl. hierzu im Einzelnen → § 28).[49]

6. Forderungsübergang

56 Werden die Kosten der Heilbehandlung vom Sozialversicherungsträger oder einem Versicherer getragen, findet gem. § 116 SGB X ein Forderungsübergang statt.[50]

V. Vermehrte Bedürfnisse

1. Grundsätzliches

57 Rechtsgrundlage für den Anspruch auf Ersatz vermehrter Bedürfnisse ist die Regelung in § 843 Abs. 1, 2. Alt. BGB. Vermehrte Bedürfnisse sind alle verletzungsbedingten, dauernd und regelmäßig anfallenden vermögenswerten objektivierbaren Mehraufwendungen, die dem Verletzten im Vergleich zu einem gesunden Menschen erwachsen, im Gegensatz zu den allgemeinen Lebenshaltungskosten.

58 Der Anspruch auf Ersatz der vermehrten Bedürfnisse beinhaltet diejenigen Nachteile auszugleichen, die dem Verletzten infolge dauernder Beeinträchtigung seines körperlichen Wohlbefindens entstehen.[51]

59 Vermehrte Bedürfnisse sind konkret darzulegen. Während Maßnahmen zur Wiederherstellung der Gesundheit, also Heilbehandlungskosten, nach § 249 Abs. 1 BGB ersetzt werden müssen, sind einmalige Aufwendungen, zB für Maßnahmen behindertengerechten Wohnens, nicht in Form einer Geldrente nach § 843 BGB, sondern nach § 249 Abs. 2 BGB zu ersetzen.

2. Übersicht: vermehrte Bedürfnisse[52]

60
- ☐ Behindertenfahrzeug, Mehrkosten für Automatik und sonstige zusätzliche behindertengerechte Einrichtungen für ein Kfz, Fahrzeug ausgebaut für den Transport behinderter Personen
- ☐ Behindertenwerkstatt, Kosten sind Aufwendungen zur Teilnahme am Erwerbsleben im Rahmen der vermehrten Bedürfnisse
- ☐ Besondere Hilfsmittel (Rollstuhl)
- ☐ Diät
- ☐ Elektronische Schreibhilfe
- ☐ Erhöhte Versicherungsprämien für Krankenkasse
- ☐ Fahrstuhl, einschließlich Folgekosten für Wartung und Ersatzanschaffung
- ☐ Haushaltshilfe
- ☐ Höhere Heizkosten, zB bei Brandverletzung
- ☐ Kleidermehrverschleiß, zB bei Amputationen
- ☐ Körperpflegemittel (abzüglich Eigenersparnis)
- ☐ Kosten für erforderliche Hilfskraft
- ☐ Kosten für Vorrichtung und Errichtung behindertengerechten Wohnens
- ☐ Krankenhaustagegeldversicherung
- ☐ Kuren, bei medizinischer Erforderlichkeit zur Besserung der Linderung von Unfallfolgen
- ☐ Orthopädische Hilfsmittel, zB orthopädische Schuhe (Abzug für Eigenersparnis)
- ☐ Privatunterricht für Schüler
- ☐ Stärkungsmittel
- ☐ Unterbringung Pflegeheim/Behindertenwerkstatt

Vgl. auch „Übersicht der Schadenpositionen", vorstehend → Rn. 32.

---

[48] BGH VersR 1984, 583 = NJW 1984, 2628.
[49] Vgl. hierzu ausführlich *Küppersbusch/Höher* Rn. 241 ff. mit ausführlichen Berechnungsbeispielen.
[50] Palandt/*Heinrichs* § 249 Rn. 8.
[51] *Berz/Burmann* 6 C Rn. 1.
[52] Vgl. auch ausführlich *Küppersbusch/Höher* Rn. 264 mit ausführlichen Hinweisen aus Rspr. und Lit. zu den einzelnen Schadenpositionen; vgl. auch *Pardey* Berechnung von Personenschäden Rn. 1829 ff.

3. Pflegekosten

a) Der Anspruch auf Ersatz der Pflegekosten. Es sind grundsätzlich die Kosten zu ersetzen, die konkret für die Pflege anfallen, und zwar für die Pflege, die der Verletzte gewählt hat oder die für ihn durch den gesetzlichen Vertreter oder den Betreuer gewählt worden ist. Maßgebend ist selbstverständlich das erforderliche Maß. Zu ersetzen sind die Kosten, die für die angemessene Pflege in der gewählten Form anfallen.[53] In der Praxis kommen verschiedene Formen der Pflege vor, nämlich
- Unterbringung im Pflegeheim
- Einstellung von professionellen Pflegekräften
- Pflege in der Familie.

Je nach der gewählten Art der Pflege gestaltet der Anspruch auf Ersatz der Kosten sich unterschiedlich.

Eine besondere Situation und ein besonderer Pflegebedarf kann sich ergeben bei querschnittgelähmten Menschen.

Der Pflegebedarf ist vom Selbständigkeitsgrad des Betroffenen bei der Verrichtung von alltäglichen körperbezogenen Tätigkeiten abhängig. Hierbei handelt es sich um die Atmung, die Körperpflege, die Nahrungsaufnahme, die Ausscheidung, das An- und Auskleiden und die Mobilisation, also die Fortbewegung in und außerhalb der Wohnung, den Transfer ins Bett oder auf den Duschstuhl und die Lagerung im Bett. Es müssen Ärzte und Behörden aufgesucht werden.[54]

b) Unterbringung in Pflegeheim und/oder Behindertenwerkstatt. Bei Unterbringung im Pflegeheim sind die hierfür konkret anfallenden Kosten zu erstatten. Zu denken ist auch an einen möglichen Vorteilsausgleich für das Wohnen im privaten Bereich. Hierbei ist zu denken an einen Vergleich zwischen dem Wert der eigenen Wohnung und dem in der Regel eingeschränkteren Wohnkomfort im Pflegeheim.[55] In der Regel dürfte aber, wenn der Verletzte zuvor im Familienverbund gewohnt hat, eine Reduzierung der Wohnkosten nicht eintreten. Im Übrigen ist es nicht gerechtfertigt, einen höheren Vorteilsausgleich zugunsten des Schädigers vorzunehmen, da der Verletzte in der Regel bei Unterbringung in einem Pflegeheim hierauf verzichtet.

Wird der Verletzte in einer Behindertenwerkstatt untergebracht, sind zusätzlich die hiermit verbundenen Kosten zu übernehmen. Ggf. anfallende Transportkosten sind ebenfalls zu übernehmen. Unter dem Aspekt des Vorteilsausgleichs ist daran zu denken, dass bei Pflege im familiären Bereich sich diese entsprechend reduziert.[56]

Weiter ist darauf hinzuweisen, dass bei Unterbringung von Behinderten in einer anerkannten Werkstätte für Behinderte (§ 1 S. 1 Nr. 2 lit. a SGB VI) Versicherung in der gesetzlichen Kranken-, Pflege- und Rentenversicherung besteht. Die Beiträge sind an relativ hohen Fiktivwerten ausgerichtet.[57]

c) Einstellung von professionellen Pflegekräften. Werden professionelle Pflegekräfte eingestellt, so sind die hierfür anfallenden Kosten – brutto – zu erstatten. Maßstab für den Anspruch auf Erstattung der Kosten ist die Erforderlichkeit der Pflege.

Auch sind die Kosten von professionellen Pflegekräften zu erstatten, wenn diese höher sind als die Kosten einer optimalen Heimunterbringung. Hier ist von dem Grundsatz auszugehen, dass der Schwerstgeschädigte einen Anspruch auf angemessene Pflege hat in den ihm vertrauten Lebensumständen.[58] Hierbei gilt der Grundsatz, dass der Schwerstverletzte sich nicht in ein Heim „abschieben" lassen muss. Bei Einstellung von Pflegekräften ist jedoch das angemessene Verhältnis zwischen den Kosten der Pflegekräfte und einer Versorgung im

---

[53] BGH VersR 1978, 149; OLG Stuttgart VersR 1998, 366.
[54] Vgl. *Haas* zfs 2006, 254.
[55] OLG Hamm NZV 2001, 474.
[56] OLG Hamm NZV 1994, 68 = r+s 1994, 15 = zfs 1993, 333.
[57] van Bühren/Lemcke/Jahnke/*Jahnke* Teil 4 Rn. 607.
[58] OLG Koblenz VersR 2002, 244 = DAR 2001, 364 (Revision nicht angenommen); vgl. im Übrigen *Küppersbusch/Höher* Rn. 265.

Pflegeheim zu beachten.[59] Im entschiedenen Fall betrugen die Kosten für die Heimunterbringung umgerechnet 5.000 EUR, während für professionelle familiäre Pflege 21.000 EUR monatlich geltend gemacht wurden. Zugebilligt wurden 9.000 EUR monatlich.[60]

68 d) **Feststellung des Pflegebedarfs.** Der Pflegebedarf ist von der jeweiligen persönlichen Situation abhängig. Hier können keine konkreten Angaben allgemein dargestellt werden. Vielmehr ist der Pflegbedarf festzustellen entsprechend der jeweils gegebenen konkreten Situation.

69 Es ist zu empfehlen, den konkreten Pflegeaufwand durch ein Pflegegutachten feststellen zu lassen. In einem solchen Gutachten werden die Versorgungssituation und notwendigen Therapien geklärt. Private Pflegedienste spezialisieren sich zunehmend auf die Behandlung und Pflege von schwerverletzten Unfallopfern; diese Pflege mündet in der Regel in eine teure ambulante Maximalversorgung. Nicht unrealistisch sind Kosten von täglich 1.500 EUR bis 2.000 EUR, die sich dann auf monatliche Pflegekosten von 45.000 EUR bis 60.000 EUR summieren.[61]

70 e) **Pflege in der Familie.** *aa) Der Anspruch auf Ersatz der Kosten für Betreuung.* Es ist von dem Grundsatz auszugehen, dass die zusätzliche Tätigkeit und Mühe der pflegenden Familienangehörigen angemessen auszugleichen ist.[62] Zur Tendenz der Rechtsprechung ist festzustellen, dass zu erstatten ist der Nettolohn einer vergleichbaren entgeltlich eingesetzten Hilfskraft.[63] Die Berechnung des zu ersetzenden Nettobetrages orientiert sich an der Schätzung des erforderlichen Zeitaufwandes einer fiktiven Hilfskraft mit deren (Netto-)Entlohnung. Diese Schätzung muss sich an den unterschiedlichen Leistungen orientieren, nämlich
- Pflegeleistungen, die ihrer Art nach auch ohne weiteres von einer fremden Hilfskraft übernommen werden könnten (wie zB Füttern, Waschen, Ankleiden, Umbetten)
- Bereitschaftsdienst für gelegentliche Hilfsleistungen bei Pflegeanlässen, die unvorhergesehen zu jeder Tages- und Nachtzeit auftreten können, zB Hilfe bei Hustenanfällen, Wechseln von Windeln, Entschleimen
- Spezielle Betreuungsleistungen entsprechend elterlicher Zuneigung.[64]

---

[59] OLG Bremen VersR 1999, 1030 (Revision nicht angenommen).
[60] OLG Bremen VersR 1999, 1030 (DM-Beträge) vgl. auch OLG Koblenz VersR 2002, 244.
[61] *Hoffmann* zfs 2007, 428.
[62] Vgl. hierzu *Küppersbusch/Höher* Rn. 265 unter Hinweis auf Beispiele aus der Rspr.:
BGH VersR 1986, 391: Gleichgewichtsstörungen, Kopfschmerzen, Konzentrations- und Merkstörungen, weitgehende Betreuung – überwiegend allerdings im geistig-seelischen Bereich: 300 EUR monatlich nicht beanstandet.
BGH VersR 1986, 173: Bei ständiger Anwesenheit von Bezugspersonen (rechter Arm gebrauchsunfähig, rechtes Bein stark behindert, Schwierigkeiten beim Essen, psychische Störungen, Sprachstörungen): 900 EUR monatlich noch vertretbar. OLG München NZV 1989, 471: Für Unterstützung bei der Grundpflege im Krankenhaus und bei Therapiemaßnahmen durch die Ehefrau 4 EUR stündlich für 10 Stunden täglich (bei einer Anwesenheit von 7.00 bis 21.00 Uhr und dreimaliger Hilfe in der Nacht). OLG Frankfurt zfs 1991, 155: 250 EUR monatlich für Betreuung der Mutter durch Zubereitung von Mahlzeiten, Waschen von Wäsche und Fahrten zum Arzt für unfallverletzten Sohn, der nicht mehr im Haushalt der Mutter wohnte. OLG Bremen zfs 1991, 229: 7500 EUR monatlich für Pflege eines Kindes bei apallischem Syndrom durch die Großmutter. Zusätzlich Hilfe durch eine Pflegerin (6 Stunden täglich) und eine Putzfrau (zweimal wöchentlich). OLG Köln VersR 1992, 506: 900 EUR monatlich für Familienpflege bei Querschnittslähmung und Hirnschaden. OLG Oldenburg VersR 1993, 753: 2.250 EUR für schwerstgeschädigtes (Mikrozephalus/Hirnatrophie) Kind infolge Geburtsfehlers. Dauernde Beaufsichtigung und Pflege durch 2,3 Pflegekräfte pro Tag grundsätzlich erforderlich. Durchführung der Pflege durch teilweise Einstellung von Pflegekräften, im Übrigen Betreuung durch Familienangehörige. OLG Hamm NZV 1994, 68 = zfs 1993, 333: 1.800 EUR (10 EUR pro Stunde) bei Querschnittslähmung (8./9. BWK). OLG Hamm DAR 1994, 496: Zugebilligt werden 55 Stunden monatlich (vom medizinischen Sachverständigen als erforderlich geschätzt) à 7,50 EUR, also 412,50 EUR monatlich für ein schwerstverletztes 5-jähriges Kind, das lediglich an Wochenenden, Feiertagen und während der Ferien von der Mutter gepflegt wurde; jetzt zu beachten: gesetzlicher Mindestlohn 8,50 EUR. OLG Hamm NZV 1995, 318 (n. Lts.): Stundensatz 7,50 EUR, wenn Mutter nicht besonders ausgebildet ist und die sachgerechte Pflege auch keine besonderen Kenntnisse und Fähigkeiten erfordert. OLG Koblenz VersR 2002, 244: 2.350 EUR monatlich für ca. 7 Stunden tägliche reine Pflegeleistung und 14 Stunden täglich Pflegebereitschaft der Familienangehörigen. LG Hamburg NJW-Spezial 2012, 11: Stundensatz für die pflegende Mutter 10 EUR für beobachtende Pflege und 13 EUR für Grundpflege.
[63] BGH NZV 1999, 76 = VersR 1999, 252; vgl. hierzu auch *Küppersbusch/Höher* Rn. 265.
[64] Vgl. hierzu *Küppersbusch/Höher* Rn. 265 unter Hinweis auf Rspr. Fn. 56, 57 und 58; vgl. auch OLG Bamberg Urt. v. 26.6.2005 – 5 U 23/05, VersR 2005, 1593 ff.

Bei der Vergütung für Pflegeleistungen muss sich die Entschädigung orientieren an den 71 Kosten einer Hilfskraft, etwa vergleichbar der Berechnung des Haushaltsführungsschadens, also an einem „Marktwert".

Die Höhe der Vergütung orientiert sich an TVöD,, also dem Lohn der fiktiven Ersatzkraft, orientiert an dem gesetzlichen Mindestlohn von 8,50 EUR.[65]

Wird die Betreuung durch Familienangehörige wahrgenommen, so soll nach der Recht- 72 sprechung des BGH[66] der Schädiger nicht etwa voll entlastet werden. Diese materiellrechtlich ausgerichtete Betrachtung berücksichtigt jedoch nicht, dass der Verletzte gesetzlich das Recht hat, sich für eine bestimmte Pflege zu entscheiden. Durch die Entscheidung, die Pflege durch Familienangehörige in Anspruch zu nehmen, sollte nicht der Schädiger entlastet werden.

Wenn ein Familienangehöriger aufgrund der Übernahme der Pflegeleistung eine eigene 73 Erwerbstätigkeit aufgibt, um den Verletzten oder Hinterbliebene zu betreuen, bildet der entgangene Nettoverdienst die Grundlage für die Schadenschätzung. Es dürfte unangemessen sein, die Kosten einer professionellen Ersatzkraft als Grenze des Schadenersatzes zu bewerten.[67] Hierbei wird nämlich nicht berücksichtigt, dass bei der Entscheidung des Verletzten für die Inanspruchnahme familiärer Pflege die insoweit sich ergebenden Nachteile voll auszugleichen sind. Das nachfolgende **Beispiel** verdeutlicht die Problematik:

Ein Kind, dessen Eltern nichteheliche Lebenspartner sind, wird bei einem Zusammenstoß des vom Vater gelenkten Fahrzeuges mit einem Linksabbieger schwerstverletzt und erleidet ein Schädelhirntrauma 3. Grades. Das Kind bedarf quasi rund um die Uhr der Pflege und Betreuung. Die Mutter war früher mit Erfolg im öffentlichen Dienst tätig. Aus Liebe zu ihrem Kind gibt sie die berufliche Tätigkeit auf, um das Kind „rund um die Uhr" zu pflegen und zu betreuen. Gegenüber der Erstattung der Kosten für Pflege und Betreuung hätte sie, wenn sie im öffentlichen Dienst weiter tätig geblieben wäre, auch unter Berücksichtigung der Karrieremöglichkeiten ein erheblich höheres Verdienst gehabt.

Bei der Regulierung stellt sich die Problematik, wie die Differenz zwischen der Erstattung der Kosten für Pflege und Betreuung und dem fiktiven Einkommen (etwa im öffentlichen Dienst) bei potenziell weiterer Tätigkeit im öffentlichen Dienst zu bewerten ist.

Eine besondere Konstellation kann sich ergeben, wenn die Betreuungsperson, etwa die 74 Mutter, tödlich verunglückt und bis zu ihrem Tod für ihr Kind aufgrund dessen Gesundheitszustandes Betreuungsunterhalt geleistet hat und nach dem Tod Heimunterbringung erforderlich ist mit hiermit verbundenen Heimkosten. Nach OLG Celle[68] kommt es für den Anspruch auf Ersatz der Kosten einer nach dem Tod der Mutter notwendigen Heimunterbringung nicht darauf an, ob der geleistete Betreuungsunterhalt seiner Qualität nach für die Förderung des Jugendlichen ausreichend war. Auf die Ansprüche nach §§ 843, 844 Abs. 2 BGB findet § 1613 BGB und die zur Verwirkung von Unterhaltsansprüchen entwickelte Rechtsprechung keine Anwendung, weil diese Ansprüche ihrem Wesen nach keine Unterhaltspflicht, sondern eine Schadenersatzleistung betreffen.

Ein besonderer zusätzlicher Anspruch kann sich ergeben für die Organisation eines Ur- 75 laubs des Verletzten und die Betreuung im Urlaub. Auch insoweit besteht ein Anspruch auf erhöhte Leistungen, etwa Ersatz der Kosten für die notwendige Begleitperson.

bb) Pflege in der Familie. Ein durch einen Autounfall Schwerstgeschädigter hat einen An- 76 spruch auf Ersatz der Kosten der angemessenen Pflege in dem ihm vertrauten Lebensumstand. Es kann ihm grundsätzlich nicht zugemutet werden, sich in einer stationären Einrichtung versorgen zu lassen, auch wenn dies kostengünstiger wäre. Die Höhe des zu ersetzenden Mehrbedarfs bei häuslicher Pflege wird dadurch begrenzt, dass die Aufwendungen zu ersetzen sind, die durch eine vom Geschädigten gewählte und ihm in seiner besonderen Lage zumutbare Lebensgestaltung notwendig werden. Nicht zu ersetzen sind hingegen

---

[65] Der Tarif ist bei *Pardey* Der Haushaltsführungsschaden Tabelle 7.3 (vgl. auch *Schulz-Borck/Günther* Der Haushaltsführungsschaden Entgelttabellen TVöD/Bund zur Bewertung von Personenschäden in der Haushaltsführung [Stand: März 2014]).
[66] Vgl. auch BGHZ 85, 365; OLG Hamm DAR 1994, 496; NZV 1995, 318.
[67] Vgl. *Küppersbusch/Höher* Rn. 267 Fn. 65.
[68] OLG Celle NZV 2004, 307 = zfs 2004, 208.

Kosten, die in keinem vertretbaren Verhältnis mehr zur Qualität der Versorgung des Geschädigten stehen.[69]

77 cc) *Sozialrechtliche Aspekte und evtl. anfallende Steuern.* Zahlt für einen pflegebedürftigen Verletzten die gesetzliche Krankenkasse nach § 45 SGB V Krankengeld an die Pflegeperson, ist der Übergang des Ersatzanspruches wegen der Kosten nach § 116 SGB X zu beachten.

78 Im Übrigen erscheint es empfehlenswert bei Regelungen zum Ersatz der Pflegekosten daran zu denken, dass auch für Familienangehörige Sozialversicherungsbeiträge gezahlt werden, speziell zur Rentenversicherung.

79 Im Übrigen ist klarzustellen, ob diese Beträge in dem zu zahlenden Pflegebetrag eingeschlossen sind oder ob diese separat zu erstatten sind. In der Regel dürfte es empfehlenswert sein zu regeln, dass dem Verletzten, um dessen Anspruch auf Ersatz der Pflegekosten es geht, zusätzlich die zu zahlenden Sozialversicherungsbeiträge bzw. Krankenkassenbeiträge erstattet werden, ggf. einschließlich zu zahlender Steuern.

80 Soweit SVT und sonstige Dritte kongruente Leistungen erbringen, geht der Ersatzanspruch des Verletzten nach § 116 SGB X oder vergleichbarer Legalzession auf diese über.

Zu beachten ist, dass Leistungen aus der Pflegeversicherung und Leistungen zu vermehrten Bedürfnissen kongruent sind.

81 Auf die gesetzliche Krankenkasse geht der Ersatzanspruch wegen Pflegekosten insoweit über, als diese Krankengeld nach § 45 SGB V zahlt. Keine Kongruenz ist gegeben zwischen dem anrechnungsfreien Teil der Verletztenrente eines Unfallversicherungsträgers gemäß § 93 Abs. 2 Nr. 2a SGB VI und den vermehrten Bedürfnissen.[70]

82 Der Anspruch auf Ersatz vermehrter Bedürfnisse wird nicht berührt dadurch, dass für den Unfall ein naher Angehöriger mitverantwortlich ist. Erbringt eine unterhaltspflichtige Mutter für ihr Kind, das durch einen Unfall geschädigt ist, Pflegeleistungen, so bleibt der Anspruch gegen den Schädiger wegen vermehrter Bedürfnisse gemäß § 843 auch in dem Fall unberührt, wenn bei dem Unfall eine Verletzung der Obhutspflicht durch die Mutter mitgewirkt hat.[71]

83 dd) *Anspruch auf Rente.* Auch ist daran zu denken, dass der Verletzte Anspruch hat auf eine nicht zu versteuernde,[72] gemäß §§ 843 Abs. 2 S. 1, 760 Abs. 2 BGB vierteljährlich im Voraus zu zahlende Rente.

84 Ein Anspruch auf eine Kapitalzahlung besteht nur bei Vorliegen eines wichtigen Grundes iSv § 843 Abs. 3 BGB.[73] Ein wichtiger Grund iSv § 843 Abs. 3 BGB liegt vor, wenn etwa die Kapitalisierung wirtschaftlich vernünftig ist.[74]

4. Betreuungskosten

85 Grundsätzlich sind von den Pflegekosten begrifflich zu unterscheiden Betreuungskosten aufgrund der Betreuung. Dieser Aspekt wird in der Praxis häufig nicht differenziert genug gesehen gegenüber dem Pflegeaufwand. Betreuung kommt in Betracht, wenn für die verletzte Person eine Bezugsperson zur Verfügung stehen muss. Dies kann der Fall sein, wenn die verletzte Person nicht allein gelassen werden kann. Auch kann Betreuung erfordern, dass verletzte Personen, speziell Kinder, beschäftigt werden.

86 Auch zur Betreuung kommt in Betracht hierzu ein spezielles Betreuungsgutachten einzuholen. Dieses kann notwendig sein unter medizinischen Gesichtspunkten oder auch unter organisatorischen Gesichtspunkten.

5. Anspruch auf behindertengerechtes Wohnen und verletzungsbedingte Umzugskosten

87 a) **Der Anspruch.** Anspruchsgrundlage für den Anspruch auf behindertengerechtes Wohnen ist § 249 BGB.

---

[69] OLG Koblenz DAR 2001, 364.
[70] Vgl. hierzu ausführlich *Küppersbusch/Höher* Rn. 270.
[71] BGH zfs 2004, 506.
[72] BFH vom 25.10.1994 – VIII R 79/91, VersR 1995, 856.
[73] OLG Stuttgart VersR 1998, 366 (BGH hat Revision nicht angenommen); vgl. auch *Jahnke* in: *van Bühren/Lemcke/Jahnke* Teil 4 Rn. 621.
[74] *Küppersbusch/Höher* Rn. 263.

Hierbei ist von dem Grundsatz auszugehen, dass der Anspruch auf behindertengerechtes **88**
Wohnen nur in Betracht kommt, wenn die Kosten konkret anfallen; es gibt grundsätzlich
keinen Ersatz fiktiver Kosten des behindertengerechten Wohnbedarfs.[75]

b) Der Inhalt des Anspruches. Grundsätzlich beinhaltet der Anspruch auf behinderten- **89**
gerechtes Wohnen Erstattung der Mehrkosten, die für die Herrichtung einer geeigneten Wohnung erforderlich sind. Hierbei ist an folgende Fallgestaltungen zu denken
- Anmietung einer geeigneten Wohnung.[76] Evtl. kommt die Anmietung einer Wohnung bzw. eines Hauses mit Garten in Betracht, wenn dies im Hinblick auf die Art der Behinderung aus Therapiegründen angemessen ist.
- Umbau einer vorhandenen Wohnung oder eines Hauses (zB Einbau eines Aufzuges, Verbreiterung von Türen etc.).[77]
- Bei Neubau oder Ausbau sind die Kosten zu erstatten, Mehrkosten bedingt durch Baumaßnahmen, die erforderlich sind zur Errichtung von behindertengerechtem Wohnraum und Wohnverhältnissen.

Die Angemessenheit von Kosten bzw. Mehrkosten ist durch Kostenvoranschlag bzw. **90**
Sachverständigengutachten zu ermitteln. In diesem Zusammenhang ist darauf hinzuweisen, dass es Unternehmen gibt, die spezialisiert sind auf die Errichtung oder den Ausbau behindertengerechten Wohnraumes.

Im Einzelfall ist auch zu diskutieren, ob Kosten für die Errichtung eines privaten **91**
Schwimmbades als Mehrbedarf in Betracht kommen. Das OLG Nürnberg[78] hat dies in einem Fall bejaht, in dem der Aufwand geeignet ist, Aufwendungen für ärztliche Behandlungen, Operationen und andere Maßnahmen zu vermeiden oder jedenfalls hinauszuzögern und so zur Gesunderhaltung oder Verbesserung beizutragen.

c) Verletzungsbedingte Umzugskosten. Verletzungsbedingte Umzugskosten sind zu erstat- **92**
ten und evtl. auch erhöhte Kosten für die Fahrt zur Arbeitsstelle.[79] Erstattung von Umzugskosten kann unter den verschiedensten Aspekten in Betracht kommen. Dieser Anspruch muss differenziert gesehen werden, zB im Hinblick auf die Erreichbarkeit des Arbeitsplatzes oder wenn, zB nach einem beruflichen Auslandsaufenthalt, die Rückkehr in die Heimat geplant ist, aber wegen der schweren Verletzungen ein anderer Wohnsitz zu wählen ist[80] oder zB nach dem Tod eines Familienangehörigen, zB des Ehegatten, wenn die bisherige Wohnung aus Kostengründen nicht zu halten ist.[81]

d) Sozialrechtliche Aspekte. Es ist zu beachten, dass für Kosten, die in den Leistungsbe- **93**
reich der Pflegekasse fallen, zB Zuschüsse für Maßnahmen zur Verbesserung des individuellen Wohnumfeldes, gem. § 40 Abs. 4 SGB XI auf die Pflegekasse übergehen.[82]

6. Ansprüche bei Umschulung und Rehabilitation

a) Der Anspruch auf berufliche Umschulung. Bei dem Anspruch auf Umschulung und **94**
Rehabilitation ist zu unterscheiden zwischen beruflichen und medizinischen Aspekten. Grundsätzlich hat der Geschädigte einen Anspruch auf Umschulung, wenn er infolge des Unfalls seinen früheren Beruf nicht mehr ausüben kann. Die Umschulung wird vom Rehabilitationsträger, so zB von der Berufsgenossenschaft oder der Bundesagentur für Arbeit, durchgeführt. Inzwischen ist es in der Praxis so, dass die ersatzpflichtigen Versicherer von sich aus Rehabilitationen initiieren.[83] Der Anspruch beinhaltet Umschulung zu einem Beruf, der dem bisherigen Beruf gleichwertig ist.[84]

---

[75] OLG Hamm VersR 2003, 87; *Küppersbusch/Höher* Rn. 268.
[76] OLG Köln VersR 1992, 506; OLG Stuttgart VersR 1998, 366.
[77] OLG Frankfurt VersR 1990, 912.
[78] VersR 1971, 260; vgl. auch *Pardey* Berechnung von Personenschäden Rn. 1975.
[79] *Pardey* Berechnung von Personenschäden Rn. 1977.
[80] *Pardey* Berechnung von Personenschäden Rn. 789.
[81] *Pardey* Berechnung von Personenschäden Rn. 3112.
[82] *Küppersbusch/Höher* Rn. 268.
[83] *Böhme/Biela* Kap. 4 Rn. 148 Fn. 504 unter Hinweis auf *Budel/Buschbell* VersR 1999, 158.
[84] BGH VersR 1991, 596.

95 **b) Die Mitwirkungspflicht des Geschädigten.** Ein Geschädigter ist verpflichtet, sich umschulen zu lassen, wenn Aussicht auf Erfolg der Umschulung besteht und eine nutzbringende Tätigkeit möglich erscheint.[85]

7. Umbaukosten für Fahrzeug oder Anschaffung eines behindertengerechten Fahrzeuges

96 **a) Der Anspruch auf Ersatz von Umbaukosten.** Ist es infolge der unfallbedingt erlittenen Verletzungen dem Verletzten nicht möglich, ein Fahrzeug mit normaler technischer Ausstattung zu führen, so sind die Kosten zu erstatten, die erforderlich sind für die Ausstattung eines behindertengerechten Fahrzeuges.

97 Zu den Fahrzeugkosten ist stets der Mehrbetrag zu ersetzen, der oberhalb der regelmäßigen gewöhnlichen Kosten liegt, also der Differenzbetrag, der aufgewendet werden muss für erhöhte Anschaffungs- und Betriebskosten.

98 Auf die Kosten der Erstanschaffung für ein behindertengerechtes Fahrzeug ist dann abzustellen, wenn ein Fahrzeug unerlässlich ist, um den Grundbedarf der Mobilität in angemessener Weise zu sichern. Hinzu kommen ggf. erhöhte Betriebskosten. So sind zB die Kosten für einen Pkw mit Automatikgetriebe zu erstatten, wenn ein anderes Fahrzeug ohne Automatik nicht mehr geführt werden kann.[86]

99 Hat ein Geschädigter, der infolge eines Verkehrsunfalles querschnittgelähmt ist, vom Schädiger Ersatz der Kosten für den behindertengerechten Umbau seines Pkw erhalten, so kann er in der Regel jedoch nicht noch zusätzlich Ersatz der Kosten für den Umbau eines Motorrades beanspruchen.[87]

100 **b) Der Anspruch auf ein behindertengerechtes Fahrzeug.** Hat der Verletzte bis zum Zeitpunkt des Unfalls kein Fahrzeug, und dies trifft in der Regel bei Personen unter 18 Jahren, speziell bei Jugendlichen, zu, so ist zu klären, wer Inhaber des Anspruches auf die Leistung für ein behindertengerechtes Fahrzeug ist. Bei dieser Fallgestaltung ist zu vergegenwärtigen und dies wird regelmäßig in der Literatur übersehen und nicht behandelt, dass Anspruchsberechtigter auf ein behindertengerechtes Fahrzeug der Behinderte selbst ist, etwa für Fahrten zum Arzt, zu Reha-Maßnahmen. Dies bedeutet, dass ggf. für die behinderte Person ein behindertengerechtes Fahrzeug anzuschaffen ist. In der bisherigen Regulierungspraxis wird zu Unrecht zB auf die Eltern und deren Fahrzeug abgestellt. Eindeutig beinhaltet der Anspruch die Anschaffung eines Fahrzeuges, das den Bedürfnissen der behinderten Person genügt.

Bei dieser Fallgestaltung ist die notwendige Tätigkeit eines Fahrers als Mehrbedarf im Rahmen der Betreuung einzuordnen.

101 Zu beachten ist, dass in Betracht kommt, auch diesen Anspruch zu kapitalisieren. Hierbei ist zunächst von den Anschaffungskosten des behindertengerechten Fahrzeuges auszugehen. Darüber hinaus ist zu beachten, dass in angemessenen Zeitabständen ein Ersatzfahrzeug anzuschaffen ist. Der sich hiernach für die Anschaffung eines Ersatzfahrzeuges ergebende Betrag ist zu kapitalisieren, orientiert an der in Betracht kommenden Zahl der Anschaffung eines Ersatz- bzw. Neufahrzeuges. Insoweit kann sich ein hoher Betrag bei der Kapitalisierung ergeben.[88]

8. Sonstige Ansprüche

102 In jedem Einzelfall ist orientiert an der persönlichen Situation, den speziellen Verletzungen und dem besonderen Einschnitt in die Lebenshaltung zu prüfen, welche sonstigen Ansprüche in Betracht kommen zum Ausgleich der verletzungsbedingten Nachteile. Beispielhaft sind zu nennen:

---

[85] BGH NZV 1991, 145 = DAR 1991, 52; vgl. auch *Böhme/Biela* Kap. 4 Rn. 151.
[86] *Pardey* Berechnung von Personenschäden Rn. 1882.
[87] BGH NZV 2004, 195 = r+s 2004, 171.
[88] Diese Problematik stellte sich dem BGH im Urteil vom 20.1.2004 – VI ZR 46/03, NZV 2004, 195 = r+s 2004, 171 nicht, da in dem entschiedenen Fall Streitgegenstand war der Anspruch auf Umbaukosten für ein vorhandenes Motorrad.

- erhöhte Versicherungsprämien, zB in der freiwilligen und privaten Krankenkasse
- Zuschlag bei Prämie für Lebensversicherung[89]
- erhöhte Kosten für Benutzung öffentlicher Verkehrsmittel.

VI. Erwerbsschaden

1. Grundsätzliches

a) **Gesetzliche Grundlage.** Gemäß § 842 BGB beinhaltet die Verpflichtung zum Schadenersatz wegen einer gegen die Person gerichteten unerlaubten Handlung auch den Anspruch auf Ersatz der Nachteile, welche die Handlung für den Erwerb oder das Fortkommen des Verletzten herbeiführt. Nach § 843 BGB kann der Schadenausgleich erfolgen durch Kapitalabfindung oder Geldrente. Die entsprechende Bestimmung für den Bereich der Gefährdungshaftung ist in § 11 StVG getroffen. Nach den genannten Bestimmungen erfasst der zu ersetzende Erwerbsschaden nicht nur den Verlust des Einkommens, sondern alle wirtschaftlichen Beeinträchtigungen, die der Geschädigte erleidet, weil er seine Arbeitskraft verletzungsbedingt nicht verwerten kann.[90]

b) **Der Begriff des Erwerbsschadens.** Der Erwerbsschaden ist entgeltorientiert und nicht orientiert am Wert der Arbeit. Allein der Wegfall oder die Beeinträchtigung der Arbeitskraft an sich stellt für den Erwerbsschaden noch keinen ersatzfähigen Nachteil dar. Hier ist der Unterschied zum Sozialrecht zu sehen. Im Bereich des Sozialrechtes kann allein die abstrakte Minderung der Erwerbsfähigkeit (MdE) Ansprüche nach dem Sozialrecht begründen. Dies gilt nicht für den Anspruch auf Ersatz eines Erwerbsschadens.[91]

Derjenige, der seine Arbeitskraft aus tatsächlichen oder rechtlichen Gründen nicht verwerten kann, zB der Rentner, Pensionär, hat bei der Beeinträchtigung seiner Arbeitskraft keinen Anspruch auf Ersatz des Erwerbsschadens.[92]

Voraussetzung für das Entstehen eines Erwerbsschadens ist also, dass eine Beeinträchtigung zum Erwerb eines Verdienstes oder Entgeltes eintritt. Ist durch die Beeinträchtigung der Arbeitskraft dem Verletzten in dessen Vermögen ein konkreter Schaden entstanden, so ist dieser zu ersetzen. Dieser Ersatzanspruch umfasst auch die konkreten Vermögenseinbußen, die dadurch entstehen, dass der Verletzte in seiner beruflichen Weiterentwicklung beeinträchtigt ist. Es ist von dem Grundsatz auszugehen, dass der Erwerbsschaden alle Beeinträchtigungen umfasst, die der Geschädigte erleidet, weil er seine Arbeitskraft verletzungsbedingt nicht mehr verwerten kann.[93] Beispielhaft sind zu nennen versicherungsrechtliche Nachteile als Folgeschaden der Körperverletzung, zB Beitragszuschlag in der Kranken-, Lebens- oder Unfallversicherung.[94] Ebenfalls kann ein Erwerbsschaden dadurch entstehen, dass Eigenleistungen beim Bau eines Eigenheimes nicht möglich sind und hierdurch Einsparungen verloren gehen.

c) **Übersicht über Positionen und Arten des Erwerbsschadens.** *aa) Des unselbstständig Tätigen*
- Entgangener Arbeitslohn,
einschließlich der ggf. anteiligen Positionen
  - Urlaubsentgelt, Weihnachtsgratifikation, Sonderzahlungen, Treueprämie, Bergmannsprämie, Schicht- und Erwerbszulagen sowie Sachbezüge, Überstundenvergütung
  - Nebeneinkünfte
  - Ausbildungsvergütung
  - Trinkgelder

---

[89] OLG Karlsruhe NZV 1994, 396 = VersR 1994, 1250 = zfs 1994, 241; vgl. auch *Pardey* Berechnung von Personenschäden Rn. 523.
[90] *Küppersbusch/Höher* Rn. 40.
[91] *Jahnke* Der Verdienstausfall im Schadenersatzrecht § 2 Rn. 1 ff.
[92] So zB bei Verletzung eines Ordensbruders, der nach Satzung und Gelübde zu unentgeltlicher Arbeit verpflichtet war, OLG Celle NJW 1988, 2618 = VersR 1988, 1240 = zfs 1988, 37.
[93] BGH NJW 1984, 1811.
[94] *Jahnke* Kap. 2 Rn. 16.

108 bb) *Erwerbsschaden des Selbstständigen/Gewerbetreibenden oder freiberuflich Tätigen*
- Entgangener Gewinn
- Entgangene Gewinnbeteiligung.

109 cc) *Sonstige Erwerbseinkünfte mindernde Positionen*
- Haushaltsführungsschaden
- Versicherungsrechtliche Nachteile
- Rentenminderung
- Steuernachteile bzw. Steuervorteile.[95]

110 **d) Fragen der Beweislast.** aa) *Verteilung der Beweislast.* Der Geschädigte trägt die Beweislast für die Körperverletzung, also die haftungsbegründende Kausalität, und den Eintritt des Schadens sowie für die Höhe des entstandenen Schadens – haftungsausfüllende Kausalität (vgl. hierzu → § 25 Rn. 10 ff.).[96]

111 Für die haftungsbegründende Kausalität ist der Strengbeweis des § 284 ZPO zu führen. Auch hier gilt: Es muss ein „für das praktische Leben brauchbarer Grad von Gewissheit bestehen, der vernünftigen Zweifeln Schweigen gebietet".[97]

112 In Betracht kommt auch, dass seitens des Schädigers dargelegt und bewiesen wird, dass sich das Einkommen des Verletzten auch ohne den Unfall, etwa wegen einer Vorerkrankung, gemindert hätte oder der Geschädigte seine Stellung verloren haben würde, zB wegen Insolvenz seines Arbeitgebers. Zur überholenden Kausalität kommen dem Schädiger die Beweiserleichterungen der §§ 252 S. 2 BGB, 287 ZPO zugute.[98] Umgekehrt kann der Geschädigte nachweisen, dass er bei Insolvenz seines Arbeitgebers eine andere Arbeitsstelle gefunden hätte.[99]

113 bb) *Die Prognose der beruflichen Entwicklung.* Ist die mögliche berufliche Entwicklung des Geschädigten streitig, so ist eine Prognose zu finden für die berufliche Entwicklung, die der Geschädigte ohne den Unfall genommen hätte. Die Anforderungen an die Prognose der beruflichen Entwicklung dürfen aber nicht überspannt werden. Der Schädiger hat in die berufliche Entwicklung eingegriffen. Hierbei sind tatsächliche Erkenntnisse einzubeziehen. Die Kontinuität der beruflichen Laufbahn vor dem Unfall ist als wesentlicher Faktor bei der „Soll-Prognose" zu bewerten.[100]

114 cc) *Fragen der Kausalität.* Bei der Abgrenzung zwischen unfallbedingten und unfallunabhängigen Schäden spielt es eine Rolle, dass degenerative Beeinträchtigungen des Bewegungsapparates, insbesondere an Bandscheibe, Hüfte, Knie etc., schon bei Menschen nach dem 30. Lebensjahr häufig und mit dem Alter fortschreitend anzutreffen sind. Hier bilden insbesondere Fragen zu den Folgen von HWS-Schleudertraumen einen besonderen Schwerpunkt, und diese Fragen sind zunehmend seit Jahren Gegenstand medizinischer und juristischer Diskussionen.[101]

115 **e) Der Nachweis des Einkommens.** Nicht nur die berufliche Entwicklung ist zu beweisen, sondern auch das wahrscheinlich entgangene Einkommen von dem Verletzten. Der Verletzte hat konkrete Anhaltspunkte und Anknüpfungsdaten darzutun und zu beweisen als Grundlage für eine Schadenschätzung.[102] Bei der Schätzung der möglichen Einkommensentwicklung ist einmal die Prognose der beruflichen Entwicklung zu beachten. Zum anderen, wenn insoweit Anhaltspunkte bei der Schätzung gegeben sind, kommt in Betracht, bei entsprechenden Berufsverbänden Auskunft über vergleichbare Einkommensentwicklungen einzuholen.

---

[95] Vgl. Himmelreich/Halm/*Euler* Kap. 10 Rn. 4; *Berz/Burmann* 6 D Rn. 17 ff.; vgl. auch *Palandt* § 842 Rn. 2, Stichwort „Beispiele"; vgl. auch *Luckey* VRR 10/2006, 364.
[96] Vgl. *Küppersbusch/Höher* Rn. 46 ff.; *Berz/Burmann* Kap. 6 D Rn. 4.
[97] BGH NZV 2003, 167 m. w. H.
[98] BGH VersR 1965, 491.
[99] OLG Zweibrücken VersR 1978, 67; OLG Karlsruhe r+s 1989, 358.
[100] *Küppersbusch/Höher* Rn. 51.
[101] *Pardey* Berechnung von Personenschäden Rn. 134 ff.
[102] BGH VersR 1995, 469 = NZV 1995, 183.

Bei Ersatzansprüchen wegen Personenschäden muss der Geschädigte nach dem hohen Beweismaß des § 286 ZPO nachweisen, dass er bei dem Unfall die Verletzungen erlitten hat. Ist der Nachweis der Primärverletzung erbracht, kommen dem Geschädigten Beweiserleichterungen des § 287 ZPO zugute.[103]

f) Prozessuale Fragen zur Leistungs- und Feststellungsklage. Ist in einem Klageverfahren zur Zeit der Klageerhebung bereits ein Teil des Schadens entstanden, die Entstehung eines weiteren Schadens aber noch zu erwarten, muss wegen des Vorrangs der Leistungsklage die Klage in eine Leistungs- und Feststellungsklage aufgespalten werden.[104]

Zum Feststellungsantrag empfiehlt sich folgende Fassung:

> **Formulierungsvorschlag:**
> Es wird beantragt, festzustellen, dass der Beklagte/die Beklagten als Gesamtschuldner verpflichtet sind, dem/der Kläger(in) allen materiellen und immateriellen Schaden aus dem Unfallereignis vom . . . . . . zu ersetzen, soweit die Ansprüche nicht auf öffentlich-rechtliche Versorgungsträger übergegangen sind.[105]

(Fragen und speziell prozessuale Fragen des Haftungs- und Deckungsprozesses sind behandelt in § 37 Rn. 31 ff.).

2. Der Erwerbsschaden des unselbstständig Tätigen

a) Der Verdienstausfall. Der Verdienstausfall wird berechnet nach dem Einkommen zum Zeitpunkt des Unfalls. Jedoch hat der Arbeitnehmer regelmäßig Anspruch auf Lohnfortzahlung, sodass der Ersatzanspruch für den Zeitraum und im Umfang der Lohnfortzahlung durch cessio legis gemäß § 6 Entgeltfortzahlungsgesetz – EFZG – auf den Arbeitgeber übergeht.

Erhält der Verletzte nach der Entgeltfortzahlung Krankengeldzahlungen seitens der Krankenkasse, so ist der Geschädigte nicht nur von der Beitragspflicht zur Krankenversicherung befreit, sondern die Krankenkasse gleicht auch die Rentenversicherungsbeiträge aus. Der Schaden für den Zeitraum der Krankengeldzahlung besteht daher grundsätzlich in der Differenz zwischen dem fiktiven Nettolohn und den tatsächlich erhaltenen Krankengeldzahlungen.

Gehaltserhöhungen, die sich nach dem Schadenereignis ergeben, sind zu berücksichtigen, wenn hierfür entsprechende sichere Aussicht auf Erhalt der erhöhten Leistungen bestand.[106]

Hat der Geschädigte unfallbedingt seinen Arbeitsplatz verloren und dann eine neue Arbeitsstelle gefunden, so hängt, falls er diese später ebenfalls wieder verliert, die Verpflichtung des Schädigers zum Ersatz des Verdienstausfallschadens im Regelfall nicht davon ab, ob der Verlust des zweiten Arbeitsplatzes auf den Unfall zurückzuführen ist. Dies ergibt sich daraus, dass ohne das Unfallereignis die Frage der Kausalität des Verlustes des zweiten Arbeitsplatzes sich nicht gestellt hätte.[107]

b) Berechnung des Verdienstausfalls – brutto oder netto. Nach der Rechtsprechung des BGH kommen bei der Ermittlung des Verdienstausfalles sozialversicherter Arbeitnehmer zwei Berechnungsmethoden in Betracht.[108] Beide Berechnungswege sind nach der Rechtsprechung des BGH zu billigen und kommen in Betracht und sollen bei richtiger und vollständiger Anwendung zum gleichen Ergebnis kommen.[109] Es wird darauf hingewiesen, dass es sich bei den genannten Berechnungsmethoden lediglich um zwei Berechnungstechniken

---

[103] Heß/Burmann NJW-Spezial 2012, 393.
[104] BGH VersR 1991, 788.
[105] Vgl. hierzu Berz/Burmann 6 A Rn. 55.
[106] Berz/Burmann 6 D Rn. 33.
[107] OLG Hamm DAR 2000, 264.
[108] Zuletzt umfassende Darstellung vom BGH NJW 1995, 389 = zfs 1995, 90 ff.
[109] Berz/Burmann 6 D Rn. 37; vgl. BGH, zuletzt eingehend NJW 1999, 3711 = r+s 1999, 505.

ohne eigenständige normative Aussage handelt. Im Ergebnis muss es gleich sein, ob das Nettoeinkommen um bestehen bleibende unfallbedingte Nachteile aufgestockt oder das Bruttoeinkommen um ausgleichspflichtige unfallbedingte Vorteile des Geschädigten im Wege des Vorteilsausgleichs vermindert wird.[110]

123 Bei der vorgenannten Bruttomethode ist der Bruttoverdienst des Geschädigten Ausgangspunkt. Ersparte Steuern und etwaig wegfallende Sozialabgaben werden im Rahmen des Vorteilsausgleichs abgezogen. Hierfür ist der Schädiger darlegungs- und beweispflichtig. Diese Berechnungsmethode ist für den Geschädigten deshalb günstiger, weil er einerseits sein Bruttoeinkommen darlegen und beweisen muss. Dies ist in der Regel leicht möglich. Umgekehrt muss bei dieser Methode der Schädiger die Voraussetzungen des Vorteilsausgleichs darlegen und beweisen.

124 Nach der Nettomethode bzw. der sog. „modifizierten Nettolohnmethode" ist das fiktive Nettoeinkommen Ausgangspunkt der Schadenberechnung. Hinzuzurechnen sind die von dem Geschädigten zu zahlenden Steuern und Sozialabgaben.

125 Zu anrechenbaren Steuerersparnissen gehören nach der Rechtsprechung des BGH vor allem diejenigen, die eintreten, wenn der Geschädigte neben der steuerpflichtigen Schadenersatzleistung auch Leistungen aus einer Sozialversicherung erhält, die gemäß § 3 EStG steuerfrei sind. In diesem Fall würde eine Außerachtlassung der steuerrechtlichen Vor- und Nachteile den Schädiger verpflichten, die erwartete Steuerbelastung nach der Höhe des Gesamtbetrages der Einkünfte zu erstatten, obwohl nur ein Teilbetrag steuerpflichtig ist. Zur Vermeidung eines ungerechtfertigten Vorteils muss deshalb die Steuerersparnis entweder dadurch ausgeglichen werden, dass vom fiktiven Bruttogehalt der Differenzbetrag abgezogen wird, der sich aus einem Vergleich der auf den Bruttolohn entfallenden fiktiven Steuern und Abgaben und der auf die Ersatzleistung tatsächlich entfallenden Steuern und Abgaben ergibt, oder es muss auf die modifizierte Nettolohnberechnung zurückgegriffen werden.[111]

In jedem Fall ist der Verdienstausfall gemäß § 24 Abs. 1 Nr. 1 EStG zu versteuern (zu Steuerfragen vgl. nachstehend → Rn. 166).

126 c) Muster/Beispiel: Berechnung der Entgeltfortzahlung

Berechnung der Entgeltfortzahlung

gegen einen schädigenden Dritten bei Ersatzansprüchen des Arbeitnehmers wegen Verdienstausfall.
(§ 4 LFZG, § 616 BGB iVm §§ 6,7 EFZG)

Name: ...... Vorname: ...... geb. am: ......

1. Arbeitsentgelt

Monatliches Arbeitsentgelt ...... EUR
Arbeitsunfähig vom: ...... bis ......
= ...... Kalendertage
Arbeitsentgelt während der Arbeitsunfähigkeit
Monatliches Arbeitsentgelt x Krankheitstage

$$\frac{30}{30} \times \underline{\qquad} = \ldots\ldots \text{ EUR}$$

2. Anteil Sonderzuwendung (zB Urlaubs- oder Weihnachtsgeld)

Sonderzuwendung ...... EUR
Sonderzuwendung x Krankheitstage

$$\frac{365 ./. \text{Urlaubstage}}{\times \underline{\qquad}} = \ldots\ldots \text{ EUR}$$

---

[110] *Pardey* Berechnung von Personenschäden Rn. 2256, speziell zum Erwerbsschaden *Pardey* aaO Rn. 1996 ff. sowie Berechnungsbeispiel Rn. 2042 ff.
[111] BGH Urt. v. 28.9.1999 – NZV 1999, 508 = VersR 2000, 65 = DAR 2000, 62.

3. Urlaubsentgelt

$$\frac{\text{Jahreseinkommen} \times \text{Urlaubstage}}{\text{Arbeitstage}}$$

_____ × _____ = ... EUR

anteiliges Urlaubsentgelt

$$\frac{\text{Urlaubsentgelt} \times \text{Krankheitstage}}{365 \text{ Kalendertage jährl.} ./. \text{Urlaubstage}}$$

_____ × _____ = ... EUR

4. Arbeitgeberanteil zur Sozialversicherung

Krankenversicherung ...... %
Rentenversicherung ...... %
Arbeitslosenversicherung ...... %
Pflegeversicherung ...... %

_____ % aus EUR _____ = ... EUR

5. Arbeitgeberanteil zur Rheinischen Zusatzversorgungskasse Köln

_____ × _____ % = ... EUR

Ansprüche insgesamt: ...... EUR

d) In Betracht kommende speziell auszugleichende Nachteile/Verdienstausfall 127
- Berechnung des Verdienstausfalls einschließlich Urlaubsentgelt und Sonderzahlungen, wie Gratifikationen, Überstundenvergütung, Treueprämie, Bergmannsprämie, Schichtarbeiter- und Erschwerniszulage sowie sonstige Sachbezüge
- Nebeneinkünfte, Trinkgelder.[112]

Auch die einer Soldatin entgangene Auslandsverwendungszulage stellt einen ersatzfähigen Verdienstausfall dar.[113]

e) Entgangene Nutzungsmöglichkeit eines Dienstfahrzeuges. Steht wegen unfallbedingter 128 Verletzungen und der hiernach eingeschränkten Tätigkeit ein Dienstfahrzeug nicht mehr zur Verfügung, so kann dies einen ersatzfähigen Nachteil darstellen. Hierbei ist die Thematik jedoch differenziert zu sehen. Soweit dienstliche Tätigkeiten nicht mehr ausgeführt werden können und hierdurch die Benutzung des Dienstfahrzeuges entfällt, ergibt sich kein Schaden. Anders ist die Fallgestaltung jedoch gelagert, wenn das Dienstfahrzeug auch ansonsten teilweise zur privaten Nutzung zur Verfügung gestanden hat. Insoweit kann sich ein ersatzfähiger Schaden ergeben.

3. Sonstige auszugleichende Nachteile

a) Ausgleich für Beitragslücken in der Sozialversicherung. Der Schädiger hat auch die 129 Nachteile auszugleichen, die dem Verletzten dadurch entstehen, dass Sozialversicherungsbeiträge nicht abgeführt werden. Hierbei tritt die Ersatzpflicht nicht erst im Versicherungsfall ein, sondern der Geschädigte hat grundsätzlich einen Anspruch darauf, dass Beitragslücken durch eine unfallbedingte Nichtabführung von Sozialversicherungsbeiträgen nicht entstehen.[114]

Bei einem unfallbedingt gesundheitlichen Dauerschaden mit entsprechenden Erwerbs- 130 schäden besteht ein Anspruch auf Ausgleich des künftigen Erwerbsschadens. Dieser ist gemäß §§ 843 II, 760 BGB durch Zahlung einer drei Monate im Voraus zu entrichtenden Geldrente zu erfüllen. Schwierig kann sein, die Prognose des künftigen Erwerbsschadens und damit des Rentenschadens zu berechnen. Für die Prognose gilt das Beweismaß des

---

[112] Vgl. _Küppersbusch/Höher_ Rn. 42.
[113] OLG Hamm – 13 U 52/05, NJW-Spezial 2006, 113.
[114] BGHZ 64, 330, 331; BGH NJW 1994, 131; vgl. hierzu im Einzelnen _Berz/Burmann_ 6 D Rn. 44 und 45.

§ 287 ZPO. Die künftig zu zahlende Rente kann evtl. für bestimmte Zeiträume unterschiedlich bemessen werden. Ein Rentenurteil muss eine kalendermäßig festgelegte zeitliche Begrenzung enthalten. Dies gilt auch für die wegen des Haushaltsführungsschadens zu zahlende Rente. Zu denken hierbei ist auch an eine Abänderungsklage gemäß § 323 ZPO.

Renten wegen Erwerbsschäden sind zu versteuern. Anders ist es bei Renten wegen vermehrter Bedürfnisse und auch bei Unterhaltsschadenrenten. Diese unterliegen nicht der Steuer.[115]

131 Für die Beweislast gelten die allgemeinen Regeln. Die Beweislast für haftungsbegründende Kausalität unterliegt dem Strengbeweis nach § 286 ZPO. Zu fordern ist ein „für das praktische Leben brauchbarer Grad von Gewissheit, der vernünftigen Zweifeln Schweigen gebietet".[116]

132 Für die Praxis des beratenden Anwalts ist es wegen der Kompliziertheit des Sozialrechts hinsichtlich der Renten- und Krankenversicherung ratsam, bei Zweifelsfragen Auskünfte des Rentenversicherungsträgers einzuholen. Hierbei ist nämlich davon auszugehen, dass eine umfassende Beratungspflicht besteht, die sich nicht nur auf die Beantwortung konkreter Fragen beschränkt, sondern auch die Hinweispflicht begründet für bestimmte Gestaltungsmöglichkeiten. Entsprechende Nachteile sind auch abgesichert durch einen entsprechenden Feststellungstitel.[117]

133 **b) Anspruch auf Ersatz von Versicherungsbeiträgen.** Ein Geschädigter, der unfallbedingt arbeitslos ist, bleibt beitragslos krankenversichert (§ 155 AFG). Für den Fall, dass eine Beitragspflicht zur Arbeitslosenversicherung besteht, zB in Zeiten der Krankengeldzahlung oder der Zahlung von Übergangsgeld, muss der Schädiger diese Beiträge ersetzen.

134 Bei bestehender gesetzlicher Krankenversicherung muss der Schädiger die Beiträge zur gesetzlichen Krankenversicherung erstatten, sofern der Geschädigte nicht von der Beitragspflicht entbunden ist.[118] Für den Bereich der Pflegeversicherung gilt, dass der geschädigte Arbeitnehmer/Rentner in Höhe des von ihm gezahlten Beitrages zur Pflegeversicherung einen Anspruch auf Ersatz hat hinsichtlich des auf ihn entfallenden Anteils. Ebenfalls muss der Schädiger dem Arbeitgeber dessen gezahlten Anteil ersetzen. Einzelheiten zu Beiträgen zur Pflegeversicherung sind im SGB XI geregelt.

135 **c) Rentenminderung.** Ergibt sich unfallbedingt eine Schmälerung des Altersruhegeldes, so ist die Differenz zu ersetzen. Hierbei ist jedoch zu berücksichtigen, dass bei abhängig Beschäftigten der Rentenminderungsschaden vermieden wird durch Regress des Rentenversicherungsträgers gemäß § 119 SGB X.[119]

136 **d) Vereitelte Eigenleistungen.** Führt das Unfallereignis dazu, dass Arbeitsleistungen nicht mehr oder nur reduziert erbracht werden können, so stellt dies einen ersatzpflichtigen Schaden dar. Neben der vereitelten Eigenleistung im Haushalt (Haushaltsführungsschaden, vgl. → Rn. 179 ff.) ist auch daran zu denken, dass infolge unfallbedingter Verletzungen handwerkliche Arbeiten nicht mehr ausgeführt werden können. Dies kann sowohl bei Reparaturarbeiten im Haus oder in der Gartenarbeit der Fall sein als auch insbesondere beim Hausbau.[120]

137 Bei vereitelter Eigenleistung beim Hausbau sind zwei Fallgestaltungen zu unterscheiden. Hat der Hausbau tatsächlich begonnen, so ist die entfallene Eigenleistung auszugleichen durch Erstattung der Aufwendungen für Handwerker. Wurde der Hausbau noch nicht begonnen, ist er aber geplant, so ist die konkrete Planung und beabsichtigte Ausführung darzulegen und zu beweisen.

---

[115] Vgl. hierzu ausführlich *Heß/Burmann* NJW-Spezial 2014, 329; zur Prognose des Erwerbsschadens bei jugendlichen Verletzten vgl. auch BGH Urt. v. 5.10.2010 – VI ZR 186/08, NJW 2011, 1148 = NZV 2011, 79; zur Prognose des Erwerbsschadens bei zweitem Bildungsweg BGH, Urt. v. 9.12.2010 – VI ZR 300/08, NJW 2011, 1145 = NZV 2011, 241.
[116] BGH NZV 2003, 167; vgl. auch *Luckey* Personenschaden Rn. 617 ff.
[117] Vgl. hierzu *Berz/Burmann* 6 D Rn. 43 ff.
[118] Vgl. hierzu ausführlich *Berz/Burmann* 6 D Rn. 47, 48.
[119] Berz/Burmann/*Heß* 6 D Rn. 26a.
[120] Berz/Burmann/*Heß* 6 D Rn. 23.

e) **Steuerliche Nachteile, speziell bei Verlust von Abschreibungsmöglichkeit.** Kann ein Geschädigter unfallbedingt Abschreibungen nicht mehr bzw. nicht mehr in der früheren Höhe vornehmen und erhöht sich hierdurch die Steuerbelastung, so ist dies ein Schaden, den der Schädiger zu ersetzen hat.[121] 138

Zu denken ist auch an die Fallgestaltung, dass sich ein Geschädigter bzw. Eheleute vor dem Schadenereignis an Abschreibungsobjekten beteiligt haben. Ergeben sich unfallbedingt wegen Minderung des Einkommens steuerliche Nachteile durch Einschränkung der Abschreibungsmöglichkeit, so ist dieser Steuerschaden ebenfalls ersatzfähig.[122] 139

f) **Steuerliche Nachteile bei unfallbedingter Aufhebung der ehelichen Lebensgemeinschaft.** Kommt es unfallbedingt zur Aufhebung der ehelichen Lebensgemeinschaft und ergibt sich hieraus der Verlust des Splittingtarifes, so stellt dies keinen Vermögensschaden dar, der nach §§ 844, 845 BGB zu ersetzen wäre.[123] 140

4. Die Rechtsposition des verletzten Beamten

a) **Bei vorzeitiger Pensionierung.** Kommt es unfallbedingt zu einer vorzeitigen Pensionierung, so geht der Schadenersatzanspruch des Beamten wegen des entgangenen Gehalts bis zur Höhe der (Brutto-)Pension auf den Dienstherrn über. Dies gilt grundsätzlich selbst dann, wenn die Pensionierung – objektiv betrachtet – aufgrund der Unfallfolgen an sich nicht erforderlich war.[124] 141

Maßgebend ist die Entscheidung der Verwaltungsbehörde hinsichtlich der Pensionierung, und dies ist seitens des Schädigers einer Nachprüfung entzogen.[125]

Unabhängig hiervon zu sehen ist jedoch die Frage der Kausalität zwischen vorzeitiger Pensionierung und Unfallgeschehen.

b) **Bei regulärer Pensionierung.** Bei regulärer Pensionierung des Beamten, regelmäßig mit Erreichen des 65. Lebensjahres, hat der Geschädigte Anspruch auf Ausgleich der Differenz zwischen dem Ausfall der vollen Dienstbezüge (einschließlich aller Zulagen) und den gewährten Versorgungsbezügen.[126] 142

5. Der Erwerbsschaden bei Kindern und Jugendlichen sowie sonstigen Personengruppen

a) **Verzögerung der Ausbildung.** Für einen Geschädigten, der noch nicht im Berufs- und Erwerbsleben stand, kann in mehrfacher Hinsicht ein Schaden entstehen. Als mögliche Fallgestaltungen sind denkbar: 143
- Der Eintritt in das Berufsleben verzögert sich, weil sich die Schul- und Berufsausbildung unfallbedingt verzögert[127]
- Einstieg in das Berufsleben zu schlechteren Bedingungen
- Keine oder verzögerte Beförderung und geringere Einkommenssteigerung[128]
- Die geplante Schul- und Berufsausbildung entfällt aufgrund unfallbedingter Verletzungen
- Berufswechsel, ggf. nach Umschulung[129]
- Abbruch der Ausbildung oder Ausfall der beruflichen Tätigkeit aufgrund der Schwere der Verletzungen.

aa) **Grundsätze der Prognose.** Bei einem unfallbedingten Erwerbs- und Fortkommensschaden ist die Schadenberechnung zu orientieren an einer vorzunehmenden Prognose. Hierfür gelten wiederum Beweiserleichterungen gemäß den §§ 252 S. 2 BGB, 287 ZPO. Diese Prognose ist besonders schwierig, weil „praktisch ein vollständiges imaginäres Berufsle- 144

---

[121] BGH NJW 1980, 1788.
[122] Berz/Burmann/Heß 6 O Rn. 7; vgl. auch BGH NZV 1990, 306, betreffend unfallbedingte Auswirkungen auf die Einkommensteuerschuld bei Abschreibungsobjekten.
[123] BGH VersR 1990, 670; vgl. auch Berz/Burmann/Heß 6 O Rn. 8.
[124] *Küppersbusch/Höher* Rn. 744.
[125] OLG Frankfurt NZV 1993, 471.
[126] Vgl. hierzu ausführlich *Berz/Burmann* 6 D Rn. 51, 52.
[127] So zB entgangene Gewinnbeteiligung am väterlichen Unternehmen BGH NJW 1973, 700.
[128] Vgl. *Küppersbusch/Höher* Rn. 51.
[129] BGH VersR 1973, 423 = NJW 1973, 700; OLG Frankfurt VersR 1983, 1083.

ben entworfen werden muss".[130] Bei jüngeren Kindern, bei denen zum Unfallzeitpunkt noch keine zuverlässige Aussage über ihre schulische und mögliche berufliche Entwicklung möglich ist, muss das Umfeld als Orientierungskriterium hinzugenommen werden, und zwar Beruf, Bildungsstand der Eltern, Entwicklung der Geschwister etc.[131]

145 Nach § 252 S. 2 BGB muss der Geschädigte die Umstände darlegen und ggf. beweisen, aus denen er nach dem gewöhnlichen Verlauf oder nach den besonderen Umständen des Falles eine Gewinnerwartung herleitet. Stehen diese Tatsachen zur Überzeugung des Gerichtes fest, so genügt es, wenn der Gewinn nach dem gewöhnlichen Lauf der Dinge mit Wahrscheinlichkeit erwartet werden konnte. Auch kommt in Betracht, dass der Geschädigte (zB ein Student) die Verzögerung seines Studiums nachweist durch Vorlage einer Privaturkunde (§ 416 ZPO).[132]

146 *bb) Die zu ersetzenden Schadenpositionen.* Als Schadenpositionen kommen in Betracht
- entgangene Ausbildungsvergütung für den Zeitraum der Verzögerung,
- Nachteile durch Erschwernisse im Studiengang infolge veränderter Studienbedingungen,
- Nachteile wegen verschlechterter Einstiegschancen in den Beruf,
- Verlust des Entgeltes für die Zeit der Verzögerung des Berufseintrittes,
- Verdienstnachteile bei Verlust von Einkommenssteigerungen,
- Nachteile wegen unterbliebener oder verzögerter Beförderung,
- Nachteile in der Altersrente sowie Verlust der Zahlung von Rentenversicherungsbeiträgen.[133]

147 *cc) Beweisfragen.* Zur Darlegungs- und Beweislast gilt, dass der Geschädigte seinen Lebens- und Ausbildungsverlauf darlegen und ggf. beweisen muss. Die Anforderungen an die Wahrscheinlichkeit sind jedoch erleichtert, insbesondere kann ein Schaden nicht mit der Begründung verneint werden, dass über die berufliche Entwicklung keine sichere Prognose getroffen werden kann. Es reicht schon eine gewisse Wahrscheinlichkeit. Hier gelten noch die Beweiserleichterungen der §§ 252 BGB, 287 ZPO. Jedoch kommen Grundsätze des Anscheinsbeweises nicht zur Anwendung.[134] Maßgebend ist die wahrscheinliche künftige Entwicklung, nicht die im Unfallzeitpunkt bestehende Situation.[135] Für die gemäß § 252 BGB erforderliche Prognose über die voraussichtliche Entwicklung der Erwerbstätigkeit des Geschädigten ohne das Unfallereignis hat der Tatrichter auch Erkenntnisse aufgrund von Entwicklungen einzubeziehen, die sich erst nach dem Unfallereignis bis zur letzten mündlichen Verhandlung ergeben.[136]

148 Die Fallgestaltungen beim Fortkommensschaden können sehr unterschiedlich sein. Es ist jeweils im Einzelfall die Prognose zu prüfen. Zunächst ist bei der Berechnung des Verdienstausfalls wegen unfallbedingter Verzögerung des Berufseintritts zu berücksichtigen, dass in aller Regel der – männliche – Verletzte ohne den Unfall Wehr- oder Ersatzdienst hätte leisten müssen. Studiert der Verletzte aus unfallbedingten Gründen Rechtswissenschaft statt – wie ursprünglich beabsichtigt – Naturwissenschaft für die Gymnasiallehrerlaufbahn, so ist für die Berechnung des Verzögerungsschadens dieselbe Studiendauer zugrunde zu legen, auch wenn der Verletzte tatsächlich länger studiert hat, ohne dies auf Unfallfolgen oder sonstige seinem Einfluss entzogene Umstände zurückzuführen.[137]

149 **b) Die Rechtsposition des Arbeitslosen.** Auch für denjenigen, der im Unfallzeitpunkt arbeitslos war, kommt grundsätzlich ein Erwerbsschaden in Betracht. Hier stellt sich jedoch auch die Prognosefrage, also die Frage, wie der berufliche Weg und die Erwerbsmöglichkeiten des Verletzten sich ohne den Unfall entwickelt hätten. Konkret bedeutet dies die Klärung der Prognose, ob und wann der Verletzte ohne den Unfall erneut eine Beschäftigung gefunden hätte.

---

[130] *Medicus* DAR 1994, 442 ff.
[131] *Medicus* DAR 1994, 442 ff.
[132] KG DAR 2006, 205.
[133] Vgl. hierzu auch *Jahnke* Kap. 6 Rn. 4 ff.
[134] BGH VersR 1965, 489.
[135] BGH NZV 1997, 937.
[136] BGH VersR 1999, 106.
[137] OLG Hamm NZV 1999, 248.

Maßgebende Aspekte können sein
- Tendenz der Arbeitslosigkeit, erhöhte Arbeitslosigkeit oder verstärkte Nachfrage,
- Orientierung am Berufsbild,
- bisherige Dauer der Arbeitslosigkeit,
- berufliche Qualifikation,
- bisher erreichte berufliche Position, zB Aufbau einer Existenz.

Zunächst ist Voraussetzung für das Entstehen eines Erwerbsschadens für den Arbeitslosen, dass er dem Arbeitsmarkt auch tatsächlich zur Verfügung steht.[138]

Bei demjenigen, der sich bereits eine Existenz aufgebaut hat, ist in der Regel davon auszugehen, dass er ohne den Unfall seine berufliche Existenz weiter aufgebaut hätte.[139]

c) **Verletzung und Haushaltsführung.** Auch derjenige, speziell der haushaltsführende Ehegatte, der eine Verletzung erleidet, kann hierdurch in der Verwertung seiner Arbeitskraft beeinträchtigt sein. Die hieraus entstehenden Nachteile sind dem Verletzten zu ersetzen. Grundsätzlich stellt der verletzungsbedingte Ausfall im Haushalt einen Erwerbsschaden iSv § 842 BGB dar, und zwar insoweit als die Haushaltsführung als Beitrag zum Familienunterhalt der Versorgung von Familienangehörigen dient.

Bei Beeinträchtigung der Eigenversorgung ist der Anspruch als Anspruch wegen vermehrter Bedürfnisse iSv § 843 BGB zu qualifizieren.

Bei der Beeinträchtigung der Haushaltsführung kommt es auf die konkrete und spürbare Beeinträchtigung an. Nicht maßgebend sind abstrakte Grade der Erwerbsminderung.[140]

Andererseits ist die Beeinträchtigung in der Haushaltsführung nicht auf das Erreichen des Rentenalters, also auf das 65. Lebensjahr, begrenzt.

Auf den Anspruch wegen Beeinträchtigung der Haushaltsführung sind unter Umständen Leistungen des gesetzlichen Unfallträgers, also Verletztenrente, anzurechnen.[141]

Im Übrigen ist daran zu denken, dass unter Umständen ein Anspruch gegenüber der gesetzlichen Krankenkasse gemäß § 38 SGB V in Betracht kommt, bei stationärer Behandlung eine Haushaltshilfe zur Verfügung zu stellen. Dies kommt in Betracht, wenn mindestens ein Kind unter 12 Jahren zum Haushalt gehört. Auch in sonstigen Fällen kommt der Anspruch auf Haushaltshilfe in Betracht.[142]

Zum Haushaltsführungsschaden vgl. → Rn. 179–278.

6. Die Folgelast für Arbeitgeber/Dienstherrn

Wird ein Arbeitnehmer, also eine unselbstständig tätige Person, verletzt, können sich bei Fortbestand des Arbeitsverhältnisses bzw. des Dienstverhältnisses Folgelasten für den Arbeitgeber oder den Dienstherrn ergeben. Die Folgelast aber bei Weiterbeschäftigung der verletzten Person ist als mittelbarer Vermögensschaden zu qualifizieren. Für diese sieht die Rechtsordnung keinen Ersatzanspruch vor.[143]

Die vorstehenden Ausführungen betreffen nicht den Erstattungsanspruch des Arbeitgebers wegen Entgeltfortzahlung.[144]

7. Erwerbsschaden des Selbstständigen

a) **Der Personenkreis der Selbstständigen**
- Freiberufler
- Gewerbetreibende
- Handwerker

---

[138] *Jahnke* Kap. 6 Rn. 45.
[139] BGH NJW 1998, 1634 = NZV 1998, 279 = DAR 1998, 231 = VersR 1998, 772.
[140] Vgl. hierzu ausführlich *Jahnke* Kap. 7 Rn. 27 mit ausführlichen Nachweisen aus Rspr. und Literatur.
[141] BGH NJW 1985, 735 = VersR 1985, 356 = zfs 1985, 141.
[142] Vgl. hierzu ausführlich *Jahnke* Kap. 7 Rn. 48.
[143] *Pardey* Berechnung von Personenschäden Rn. 2061 mit dem Hinweis, dass insoweit nur der Gesetzgeber eine Änderung herbeiführen kann.
[144] *Pardey* Berechnung von Personenschäden Rn. 2020.

- Landwirte sowie
- Unternehmer.

155 Hiervon zu unterscheiden sind „arbeitnehmerähnliche" Selbstständige. Dieser Personenkreis ist seit dem 1.1.1999 gemäß § 2 Nr. 9 SGB VI rentenversicherungspflichtig. Bei diesem Personenkreis handelt es sich um Personen, die im Zusammenhang mit selbstständiger Tätigkeit einmal keine weiteren versicherungspflichtige Personen beschäftigen und im Wesentlichen nur für einen Auftraggeber tätig sind.

156 Zu beachten ist die Regelung des § 2 SGB VI. Hiernach ist die Stellung eines arbeitnehmerähnlichen Selbstständigen gemäß § 2 Nr. 9 SGB VI gegeben bei demjenigen, der
- im Zusammenhang mit seiner selbstständigen Tätigkeit keinen versicherungspflichtigen Arbeitnehmer beschäftigt, dessen Arbeitsentgelt regelmäßig 400 EUR übersteigt, und
- auf Dauer und im Wesentlichen nur für einen Auftraggeber tätig ist.[145]

157 **b) Die Ermittlung des Einkommens des Selbstständigen.** *aa) Ermittlung.* Während beim Lohn- und Gehaltsempfänger das Einkommen aufgrund der Nachweise der Sachbezüge festzustellen ist, stellt sich bei der Ermittlung des Einkommens eines beruflich Selbstständigen eine Problematik, die durch eine Vielzahl von Faktoren beeinflusst wird. Von Bedeutung können verschiedene Aspekte sein, nämlich konjunkturelle Entwicklungen, Besonderheiten der Branche oder unternehmensspezifische Aspekte. Die für die Ermittlung wesentlichen Tatsachen sollten im Einvernehmen zwischen Geschädigtem und Schädiger möglichst schnell nach dem Unfall festgestellt, die Unterlagen möglichst bald durchgesehen werden.[146]

In der Regel können Einkünfte des selbstständig Tätigen nur ermittelt werden durch Hinzuziehung von Sachverständigen, speziell Wirtschaftsprüfern.

158 *bb) Die Materialien.* Als Unterlagen für die Ermittlung der Gewinnminderung kommen in Betracht:
- Bilanzen,
- Gewinn- und Verlustrechnungen,
- Einkommenssteuerbescheide und -erklärungen,
- Umsatzsteuervoranmeldungen und
- Steuerbescheide.

Untersucht werden sollte ein Zeitraum vor dem Unfall von mindestens 3 Jahren.

159 Festzustellen ist zunächst die Entwicklung des Umsatzes (Bruttoentgelt) für die vom Betrieb erwirtschafteten Lieferungen und Leistungen und des Rohgewinns (Umsatz abzüglich Aufwendungen für Roh-, Hilfs- und Betriebsstoffe sowie für bezogene Waren).[147]

160 *cc) Beweisfragen.* Auch dem Selbstständigen kommen die Beweiserleichterungen der §§ 252 S. 2 BGB, 287 ZPO zugute. Für den verletzten Selbstständigen ist es ausreichend, wenn dieser ausreichend Tatsachen für die Schadenschätzung vorträgt und ggf. beweist.[148] Die Vorlage einer Bilanz bzw. einer Gewinn- und Verlustrechnung ist allerdings nur dann ausreichend, wenn auf ihrer Grundlage ggf. unter Heranziehung zusätzlicher Umstände die künftige Geschäftsentwicklung geschätzt werden kann mit einer gemäß §§ 252 S. 2 BGB, 287 ZPO zu fordernden Wahrscheinlichkeit.[149]

Spezielle Probleme ergeben sich bei jungen Unternehmen. Hier ist die Darlegungslast schwieriger. Maßgebend sind alle Gesichtspunkte, aus denen eine hypothetische Bewertung möglich ist.[150]

161 **c) Erwerbsschaden des Gesellschafters/Geschäftsführers.** Beim Gesellschafter, der zugleich Geschäftsführer ist, muss zwischen der Tätigkeitsvergütung und dem Schaden in Form eines verringerten Gewinns unterschieden werden.

---

[145] Zum Begriff der Regelungen zu Beiträgen und Beitragsbefreiungsmöglichkeiten vgl. im Einzelnen *Jahnke* Kap. 4 Rn. 14, 15.
[146] *Küppersbusch/Höher* Rn. 136 ff.
[147] Vgl. hierzu im Einzelnen *Küppersbusch/Höher* Rn. 147.
[148] BGH NJW 1993, 2673.
[149] BGH NJW 1993, 263.
[150] Zu Rechtsprechungsbeispielen zu verschiedenen freien Berufen vgl. ausführlich *Berz/Burmann* 6 D Rn. 81, speziell für den Bereich der Landwirtschaft *Berz/Burmann* 6 D Rn. 82.

Ist das dargelegte Geschäftsführergehalt echtes Arbeitsentgelt und nicht etwa verdeckte Gewinnausschüttung, so erfolgt die Berechnung wie bei einem unselbstständig Tätigen.
Fließt in das Geschäftsführergehalt verdeckte Gewinnausschüttung ein, so richtet sich der Schadenersatzanspruch nach der Verminderung des Gewinnanteils des Verletzten. Jedoch besteht kein Anspruch der Gesellschaft. 162

d) **Erwerbsschaden des Landwirtes.** Bei Landwirten wird der Erwerbsschaden konkret ermittelt.[151] Die Ermittlung des Verdienstausfalls erfolgt regelmäßig unter Beiziehung eines Sachverständigen unter Auswertung der parallelen konjunkturellen und klimatischen Entwicklung. 163

Der Hofertrag ist bestimmt durch den Reinertrag, vermindert um Betriebskosten, Steuern, Abgaben und Investitionskosten.

Bei Mitarbeit von Familienmitgliedern sind deren Kosten unter Berücksichtigung der steuerlichen Aspekte zu ersetzen.

Auch ist daran zu denken, die fiktiven Gehaltskosten eines Landwirtschaftsmeisters zu ersetzen.[152]

e) **Einkommensverlust des Freiberuflers.** Die Ermittlung des Verdienstausfalls eines Freiberuflers ist zu orientieren am durchschnittlichen Monatsumsatz abzüglich ersparter variabler Kosten, zB der Erwerbsschaden eines selbstständigen Apothekers.[153] 164

f) **Einkommensverlust bei Prostitution.** Problematisch kann es sein, die Einnahmen bzw. den Einnahmenverlust aus Prostitution infolge einer Körperverletzung zu ermitteln. Nach BGH[154] kommt eine Begrenzung auf „die Höhe eines existenzdeckenden Einkommens, das auch in einfachen Verhältnissen von jedem gesunden Menschen erfahrungsgemäß erreicht werden kann" in Betracht.[155] 165

8. Steuern

Es ist von dem Grundsatz auszugehen, dass schadensbedingte Steuerersparnisse dem Geschädigten und nicht dem Schädiger zugute kommen.[156] 166

Der Steuervorteil aufgrund des Fortfalls gemeinsamer Veranlagung bei unfallbedingtem Ausfall des Einkommens eines Ehegatten ist nach ständiger Rechtsprechung kein zusätzlicher Erwerbsschaden.[157]

Zu unterscheiden ist zwischen Steuervorteilen, die sich zugunsten des Schädigers auswirken, und solchen, die nicht angerechnet werden.[158]

Keine Anrechnung von Steuervorteilen findet statt für Steuervorteile, die gerade wegen der Behinderung des Verletzten gewährt werden (Pauschalbetrag für Körperbehinderte nach § 33b EStG).[159] Steuervorteile, die gerade wegen der Behinderung des Verletzten gewährt werden (zB Pauschbetrag für Körperbehinderte gem. § 33 EStG), werden nicht angerechnet. Gleiches gilt steuervergünstigend für eine Kapitalentschädigung gem. § 34 EStG nF Ebenso findet keine Anrechnung statt für Steuervorteile, die sich ergeben infolge einer Verzögerung der Schadenersatzleistung (Ermäßigung des Steuertarifs) oder die für eine Kapitalentschädigung nach § 34 EStG nF gewährt werden. 167

Im Übrigen ist von dem Grundsatz auszugehen, dass unfallbedingte Steuerersparnisse den Schädiger entlasten, soweit dies nicht dem Zweck der Steuervergünstigung widerspricht.[160] 168

---

[151] BGH VersR 1966, 1158; vgl. auch *Berz/Burmann* 6 D Rn. 82.
[152] AA *Jahnke* Kap. 4 Rn. 16.
[153] OLG Hamm NZV 1995, 316 betreffend unfallbedingter Ausfall eines Zahnarztes, hier Abzug ersparter variabler Kosten, angenommen in Höhe von 14 %; OLG Saarbrücken NZV 2007, 469.
[154] VersR 1976, 491.
[155] Vgl. hierzu auch *Jahnke* Kap. 4 Rn. 51, 52.
[156] BGH ständige Rspr. NJW 1986, 245, zuletzt BGH NJW 1995, 391 = zfs 1995, 290.
[157] BGH NJW 1970, 1251.
[158] Vgl. hierzu ausführlich *Berz/Burmann* 6 D Rn. 41 und 42.
[159] BGH VersR 1988, 464.
[160] BGH NZV 1995, 63 = VersR 1995, 104.

Hierbei kommt es nicht darauf an, ob der Verdienstausfall gezahlt wird nach der modifizierten Netto- oder nach der Bruttolohntheorie.[161]

9. Schadensminderungspflicht und Vorteilsausgleich

169 **a) Schadensminderungspflicht.** Es ist von dem Grundsatz auszugehen, dass der Geschädigte verpflichtet ist, seine Arbeitskraft so gut wie möglich und zumutbar einzusetzen.[162] Er ist verpflichtet, an Umschulungsmaßnahmen teilzunehmen.

170 Verstößt der Geschädigte gegen die ihm obliegende Schadensminderungspflicht, weil er es unterlässt, einer ihm zumutbaren Erwerbstätigkeit nachzugehen, sind die erzielbaren (fiktiven) Einkünfte auf den Schaden anzurechnen. Eine quotenmäßige Anspruchskürzung kommt grundsätzlich nicht in Betracht.[163]

171 Auch ist der Verletzte verpflichtet, sich um einen Arbeitsplatz zu bemühen. Jedoch besteht keine Verpflichtung, eine weniger qualifizierte Stelle anzunehmen. Die Meldung beim Arbeitsamt ist grundsätzlich nicht ausreichend.

Erzielbare und erzielte Einkünfte werden auf den Verdienstausfall angerechnet.[164]

Einkommen, das aufgrund überobligatorischer Tätigkeit erzielt wird, ist nicht anzurechnen, so etwa das Einkommen eines Querschnittgelähmten bei geringer Teilzeitbeschäftigung. Dem Schädiger obliegt die Beweislast für einen etwaigen Verstoß des Geschädigten gegen seine Schadensminderungspflicht.

172 **b) Vorteilsausgleich.** Alle Vorteile, die dem Geschädigten aufgrund seiner verletzungsbedingten Situation zufließen, sind anzurechnen, so etwa ersparte Aufwendungen für Fahrten zwischen Wohnung und Arbeitsstelle.[165] Das Gleiche gilt für die Kosten einer beruflich bedingten doppelten Haushaltsführung. Jedoch muss sich der Geschädigte, dem durch seinen Arbeitgeber wegen der unfallbedingten Verletzung gekündigt worden ist, die im Kündigungsschutzprozess gezahlte Abfindung grundsätzlich nicht anrechnen lassen.[166] Jedoch ist eine von der Berufsgenossenschaft gezahlte Unfallrente anzurechnen. Der Anspruch insoweit geht auf den zahlenden Sozialversicherungsträger über.[167]

173 Eine Berufsunfähigkeitsrente für den selbstständig Tätigen, zB Handelsvertreter, ist nach den Grundsätzen der Vorteilsausgleichung nicht anzurechnen. Dies gilt auch für Bezüge, die zB ein Versicherungsvertreter von dem Vertreterversorgungswerk des Versicherungsunternehmens erhält.[168]

174 **c) Kosten für Ermittlung Verdienstausfall.** In Betracht kommt, dass die Kosten für die Ermittlung des Verdienstausfalles vom Schädiger oder der Versicherung zu erstatten sind, wenn der Geschädigte nicht über die zur Ermittlung seines Verdienstausfalles erforderlichen betriebswirtschaftlichen Kenntnisse verfügt und über die korrekte Ermittlung des Verdienstausfalles zwischen den Parteien Streit besteht.

175 Die Einholung eines Gutachtens ist zur zweckentsprechenden Rechtsverfolgung erforderlich. Deshalb muss der Schädiger dem Geschädigten die hierdurch entstandenen Kosten in voller Höhe ersetzen.[169] Dieser Entscheidung ist eindeutig zuzustimmen, da die Kosten für die Ermittlung des Verdienstausfalls notwendige Kosten der Rechtsverfolgung sind, selbstverständlich begrenzt durch die zu beachtende Schadensminderungspflicht.

10. Wertung überobligatorischer Tätigkeit

176 Ist ein Verletzter erwerbstätig und erzielt er hierdurch Einkünfte, obwohl er aufgrund der Verletzungen und der hiernach gegebenen gesundheitlichen Situation nicht verpflichtet ist

---

[161] Vgl. hierzu ausführlich unter Hinweise auf Rspr. *Küppersbusch/Höher* Rn. 80 und 126.
[162] BGHZ 91, 357, 365 = NJW 1984, 2520.
[163] BGH NZV 2007, 29.
[164] BGH NJW 1984, 354; *Küppersbusch/Höher* Rn. 54.
[165] BGH VersR 1980, 455 = NJW 1980, 1787.
[166] BGH VersR 1990, 495, 496 = NJW 1990, 1360.
[167] Vgl. im Einzelnen *Berz/Burmann* 6 D Rn. 109.
[168] OLG München DAR 2001, 364.
[169] LG Gera Urt. v. 19.1.2007 – 3 O 496/06.

zu arbeiten, so stellt sich die Frage, ob und inwieweit die durch sog. „überobligatorische Tätigkeit" erzielten Einkünfte anrechenbar sind.

Bei der Klärung dieser Frage stellt sich zunächst die Frage der Abgrenzung zwischen der gebotenen Tätigkeit aufgrund der Schadensminderungspflicht und einer Tätigkeit, zu der der Geschädigte nicht verpflichtet ist. Von einer sog. „überobligatorischen Tätigkeit" ist auszugehen, wenn die Tätigkeit erhebliche Risiken für den Geschädigten mit sich bringen kann.[170] Ergänzend zu den Ausführungen von *Jahnke*[171] ist anzumerken, dass auch der Aspekt eine Rolle spielen kann, dass der Geschädigte zwar arbeiten will, aber die Ausübung der Tätigkeit Risiken für Dritte bedeuten kann (so zB der Zahnarzt, der schwer verletzt und in der Mobilität eingeschränkt ist, möchte unbedingt in seinem Beruf arbeiten). Zu allgemein und missverständlich sind die Ausführungen bei *Jahnke*,[172] dass eine Vermutung gegeben ist, wenn jemand arbeitet, dass es sich um eine zumutbare Tätigkeit handelt. Nicht die Selbsteinschätzung des Verletzten kann maßgebend sein, sondern die objektiv feststellbaren Umstände hinsichtlich seiner Gesundheitssituation sowie hinsichtlich der potenziell mit seiner Tätigkeit verbundenen Risiken für Dritte. Ist streitig, ob einer sog. „überobligatorische Tätigkeit" vorliegt oder nicht, so empfiehlt es sich dies zu klären durch ein medizinisches oder ein arbeitsmedizinisches Gutachten.

Will ein Verletzter arbeiten, obwohl er hierzu nicht verpflichtet und nicht imstande ist, so kann auch der Aspekt zum Tragen kommen, dass die Tätigkeit den gesundheitlichen Heilungsprozess verzögert.[173] Das Thema der überobligatorischen Tätigkeit spielt auch in der Rechtsprechung zum Unterhaltsrecht der Familiengerichte eine Rolle. Die dort entwickelten Grundsätze, wonach eine eingeschränkte oder quotale Anrechnung in Betracht kommt, sind auf die Thematik der Anrechnung im Schadenersatzrecht nicht übertragbar.[174]

VII. Haushaltsführungsschaden

1. Grundsätzliches und Anspruchsgrundlagen

a) Die Position „Haushaltsführungsschaden" in der Praxis der Schadenabwicklung. Der Begriff „Haushaltsführungsschaden" hat sich eingebürgert. Abgesehen davon, dass der Anspruch auch in der Person eines Mannes entstehen kann, ist die Bezeichnung „Haushaltsführungsschaden" oder „Hausfrauenschaden" irreführend.[175] Ebenso irreführend zum Thema Haushaltsführungsschaden ist, die Begriffe „Haushaltsführung" und „Pflegedienstleistungen" als verbundene Begriffe zu verwenden.[176] Der Begriff „Pflege" wird einheitlich verwandt als Position unter dem Begriff „vermehrte Bedürfnisse".

In der Praxis wird diese Schadenposition auch seitens des anwaltlich vertretenen Anspruchstellers häufig übersehen. Die Schadenposition „Haushaltsführungsschaden" führt ein Schattendasein und scheint für viele Anwälte überhaupt nicht zu existieren. Dies ergibt sich aus zahlreichen Erhebungen.[177] Auch in der Literatur wird die Schadenposition „Haushaltsführungsschaden" nicht umfangreich dargestellt.[178]

---

[170] Vgl. *Jahnke* Kap. 9 Rn. 16.
[171] *Jahnke* aaO.
[172] AaO.
[173] BGH VersR 1974, 142.
[174] *Jahnke* aaO, speziell dort Fn. 31 unter Hinweis auf OLG Karlsruhe NJW 2004, 859.
[175] *Berz/Burmann* 6 D Rn. 122; vgl. auch ausführlich *Balke* SVR 2006, 321; *Balke* SVR 2006, 361.
[176] *Huber* DAR 2010, 677; zum Thema Haushaltsführungsschaden vgl. auch *Burmann* DAR 2012, 127 mit Erläuterungen zur Tabelle Schulz-Borck/Pardey, *Burmann* aaO (129).
[177] Hierzu ist zu verweisen vor allem auf die Datensammlungen und überarbeiteten Tabellen des Werkes von *Pardey* Der Haushaltsführungsschaden (s. auch *Schulz-Borck/Günther* Der Haushaltsführungsschaden – Entgelttabellen TVöD/Bund zur Bewertung von Personenschäden in der Haushaltsführung, Stand: März 2014).
[178] Bei *Küppersbusch/Höher* ist die Schadenposition „Haushaltsführungsschaden" nicht in der Inhaltsübersicht aufgeführt, sondern lediglich behandelt unter der jeweiligen Anspruchsgrundlage, also bei Erwerbsschaden und/oder Unterhaltsschaden und/oder Mehrbedarf (Position 14 unter der Schadenposition Erwerbsschaden).

181 Es kann festgestellt werden, dass die Position des „Haushaltsführungsschadens" nicht allgemein im Bewusstsein ist. Darüber hinaus ist es auch für einen Anwalt schwierig, die Positionen sachgerecht geltend zu machen und zu berechnen.

182 **b) Die in Betracht kommenden Anspruchsgrundlagen.** Die rechtliche Einordnung des Haushaltsführungsschadens und die Grundzüge seiner Bewertung können inzwischen als durch die Rechtsprechung geklärt gelten, jedoch bleibt nach wie vor eine Reihe offener Fragen.[179] Zu nennen sind 3 mögliche Anspruchstatbestände, nämlich:
- Der fremdverschuldete verletzungsbedingte Ausfall der vor dem Unfall tatsächlich erbrachten Arbeitsleistungen ist als Erwerbsschaden anzusehen iSv §§ 842, 843 BGB.[180]
- Anspruch auf Mehrbedarf ist gegeben, wenn die Tätigkeit im Haushalt den eigenen Bedürfnissen dient. In diesem Fall fällt sie in den Bereich der Schadenpositionen der vermehrten Bedürfnisse iSv § 843 I 2. Alt. BGB.[181]
- Ein Anspruch in den Grenzen des Schadenersatzes wegen entgangenen Unterhalts ist gegeben im Fall der Tötung eines Mitgliedes des Haushaltes, das familienrechtlich zur Führung des Haushaltes verpflichtet ist.[182]

183 Die vorstehend aufgeführten unterschiedlichen Anspruchsgrundlagen erfordern eine differenzierte Darstellung der Ansprüche. Darüber hinaus ist auch die Berechnung des Haushaltsführungsschadens schwierig, was sich zeigt an der umfangreichen Judikatur, auch des BGH.[183] Im Ergebnis ist also festzustellen, dass bei Geltendmachung der Anspruchsposition „Haushaltsführungsschaden" die gegebene Fallgestaltung, die dem Anspruch zugrunde liegt, zu berücksichtigen ist. Dies ist sowohl wichtig für die richtige Darstellung der Aktivlegitimation als auch für die Schlüssigkeit der Darstellung der Anspruchsgrundlage und die richtige Berechnung des geltend zu machenden Anspruches.

2. Fallgestaltungen und Kriterien bei der Berechnung des Haushaltsführungsschadens

184 **a) Die verschiedenen Fallgestaltungen.**[184] Die Vereitlung der Arbeitsleistung in der Haushaltsführung kann in vielfältigen Fallgestaltungen vorkommen wie folgt:
- Tötung der haushaltsführenden Person, regelmäßig des Ehepartners
  - bei Haushalt mit Ehemann
  - ohne/mit Kind(er)
  - ohne/mit Einstellung einer Ersatzkraft[185]
- Anspruch auf Haushaltsführungsschaden auch für Alleinstehenden[186]
- Verletzung der den Haushalt führenden Person
  - Ausfall der eigenen Haushaltsführung
  - für Ehepartner
  - ohne/mit Kind(er)
  - ohne/mit Einstellung einer Ersatzkraft
- speziell: Ausfall des Partners in der Haushaltsführung bei nichtehelicher Lebensgemeinschaft[187]
  - eingetragene Lebenspartnerschaft.[188]

---

[179] *Pardey* Haushaltsführungsschaden 2023, 1.2, S. 18.
[180] *Küppersbusch/Höher* Rn. 184 mit Rechtsprechungsnachweisen Fn. 449; BGH NJW 1974, 41 = VersR 1974, 162; BGH NJW 1985, 735.
[181] *Hillmann/Schneider* § 9 Rn. 456; Palandt/*Sprau* § 843 Rn. 8.
[182] *Küppersbusch/Höher* Rn. 360.
[183] *Pardey/Schulz-Borck* DAR 2002, 289; *Pardey* Berechnung von Personenschäden Rn. 2452 mit Darstellung der Entwicklung der Rspr. des BGH.
[184] Vgl. hierzu *Burmann* aaO, 131.
[185] Vgl. hierzu *Pardey* Der Haushaltsführungsschaden 7 ff.
[186] KG DAR 2008, 25.
[187] *Burmann* aaO, 131.
[188] van Bühren/Lemcke/Jahnke/*Jahnke* Teil 4 Rn. 1169 sowie *Küppersbusch/Höher* Rn. 183; vgl. auch *Luckey* Personenschaden Rn. 773 mit Praxistipp für die Begründung des Anspruches (Rn. 775). Anders ist die Rechtslage, wenn zu diesem Anspruch vor dem Unfall vertragliche Regelungen getroffen wurden, vgl. hierzu *Luckey* Personenschaden Rn. 778; vgl. hierzu auch *Böhme/Biela* Kraftverkehrs-Haftpflicht-Schäden Kap. 4

b) Die Berechnung des „Haushaltsführungsschadens". Zusätzlich ist bei der Berechnung 185 des Ausgleichs des Haushaltsführungsschadens in verschiedenen Schritten vorzugehen:
- Ermittlung der haushaltsspezifischen Behinderung
- Festlegung des Haushaltstyps
- Ermittlung der Wochenarbeitsstundenzahl sowie
- Ermittlung der Vergütung
- Aufteilung des Ausgleichsbetrages
  - unter verschiedenen Berechnungen
  - unter Berücksichtigung des ersparten Aufwandes
  - nach Abzug der Mitarbeitspflicht der zu versorgenden Person.

c) Mögliche Kapitalisierung. Weiter sind zu berücksichtigen Fragen der möglichen Kapi- 186 talisierung einschließlich
- der Bemessung und der Dauer der Rente sowie
- der Anpassung.

3. Arbeitsinhalte und Zeitaufwand, statistische Arbeitszeit einer Frau bei unterschiedlichen Haushaltssituationen

a) Allgemeines. Der Ausgleich eines materiellen Schadens ergibt sich aus der Behinderung 187 bei der Hausarbeit. Zeitangaben zur Hausarbeit sind stets bezogen auf den Einzelfall zu klären. Nur Häufigkeitswerte, die einen Erfahrungswert erkennen lassen, können Basis einer Schätzung sein.[189]

b) Statistische Arbeitszeit einer Frau bei unterschiedlichen Haushaltsführungssituationen 188
(Beispiele: Zeitangaben nach *Schulz-Borck*)[190]
Einfluss einer Behinderung (Beispiel: beiderseitiger Hörverlust), Berechnung der Gesamtbehinderung

	1-PH		3-PH			
	HH-Typ 10 (alleinstehende berufstätige Frau)		HH-Typ 5 (Frau nicht erwerbstätig; Kind 6 bis unter 18 Jahren)		HH-Typ 13 (Frau erwerbstätig; Kind 6 bis unter 18 Jahren)	
Aufwand für den Haushalt insgesamt		21,7		71,6		56
Anteiliger Aufwand der Frau	100 %	21,7	67 %	47,8	56 %	31,4
Tätigkeiten, Behinderungen	Zeitanteil	Std./Wo.	Zeitanteil	Std./Wo.	Zeitanteil	Std./Wo
Beschaffung	18 %	3,9	13 %	6,2	14 %	4,4
MdH dazu	**50 %**		**50 %**		**50 %**	
MdH quotal	9 %		7 %		7 %	
geminderte Zeit		2,0		3,1		2,2
	21 %	4,6	22 %	10,5	22 %	6,9
MdH dazu	**20 %**		**20 %**		**20 %**	
MdH quotal	4 %		4 %		4 %	
geminderte Zeit		0,9		2,1		1,4

Rn. 200/201; vgl. ebenso *Himmelreich/Halm* Teil 1 Kap. 11 Rn. 7 und ebenso van Büren/Lemcke/Janhnke/*Jahnke* Teil 4 Rn. 1167 ff.

[189] *Pardey* DAR 2006, 671.
[190] Entnommen *Pardey* DAR 2006, 671 (673).

	1-PH		3-PH			
	HH-Typ 10 (alleinstehende berufstätige Frau)		HH-Typ 5 (Frau nicht erwerbstätig; Kind 6 bis unter 18 Jahren)		HH- Typ 13 (Frau erwerbstätig; Kind 6 bis unter 18 Jahren)	
Aufwand für den Haushalt insgesamt		21,7		71,6		56
Anteiliger Aufwand der Frau	100%	21,7	67%	47,8	56%	31,4
Tätigkeiten, Behinderungen	Zeitanteil	Std./Wo.	Zeitanteil	Std./Wo.	Zeitanteil	Std./Wo
Geschirrreinigung	7%	1,5	7%	3,3	7%	2,2
MdH dazu	**10%**		**10%**		**10%**	
MdH quotal	1%		1%		1%	
geminderte Zeit		0,2		0,3		0,2
Reinigung Wohnung	18%	3,9	18%	8,6	15%	4,7
MdH dazu	**10%**		**10%**		**10%**	
MdH quotal	2%		2%		2%	
geminderte Zeit		0,4		0,9		0,5
Wäschepflege	14%	3,0	12%	5,7	15%	4,7
MdH dazu	**10%**		**10%**		**10%**	
MdH quotal	1%		1%		2%	
geminderte Zeit		0,3		0,6		0,5
Gartenarbeit	5%	1,1	5%	2,4	5%	1,6
MdH dazu	**5%**		**5%**		**5%**	
MdH quotal	0%		0%		0%	
geminderte Zeit		0,1		0,1		0,1
Planung	9%	2,0	6%	2,9	6%	1,9
MdH dazu	**25%**		**25%**		**25%**	
MdH quotal	2%		2%		2%	
geminderte Zeit		0,5		0,7		0,5
Betreuung	4%	0,9	14%	6,7	15%	4,7
MdH dazu	**80%**		**80%**		**80%**	
MdH quotal	3%		11%		12%	
geminderte Zeit		0,7		5,4		3,8
Sonstiges	4%	0,9	3%	1,4	1%	0,3
MdH dazu	**10%**		**10%**		**10%**	
MdH quotal	0,4%		0%		0%	
geminderte Zeit		0,1		0,1		0,0
	MdH insgesamt (gerundet):	insgesamt geminderte Zeit:	MdH insgesamt (gerundet):	insgesamt geminderte Zeit:	MdH insgesamt (gerundet):	insgesamt geminderte Zeit:
	23%	5,03	28%	13,31	29%	9,09

c) **Konkrete haushaltsspezifische Minderung der Erwerbsfähigkeit.** In der Praxis ist häufig streitig, ab welchem Prozentsatz von einer Minderung der Erwerbsfähigkeit bei Ausführung der Haushaltstätigkeit ausgegangen werden kann. Eine solche kann schon gegeben sein bei einer prozentualen Minderung von 15 %. Eine solche Minderung und mehr stellt eine erhebliche Beeinträchtigung dar. Der hierdurch entstehende Mehrbedarf bei der Haushaltsführung ist durch den Schädiger auszugleichen.[191] 189

d) **Prozessuale Fragen.** Bei der Geltendmachung der Ansprüche ist abzustellen auf die Person, für die der Anspruch geltend gemacht wird. Zu den unterschiedlichsten Aspekten der Anspruchsgrundlagendarlegung vgl. nachstehend → Rn. 193 ff. 190

e) **Anwendbarkeit des Angehörigenprivilegs.** Der BGH hat die Anwendbarkeit des Angehörigenprivilegs auch bei nichtehelicher Lebensgemeinschaft (§ 67 VVG aF) bejaht.[192] 191

f) **Der Einschluss des Sozialrechtes.** Hinsichtlich der Bedeutung des Sozialrechtes für den Anspruch auf den Haushaltsführungsschaden stellt sich die Frage, ob und inwieweit Leistungen des Sozialversicherungsträgers auf die zivilrechtlichen Ansprüche angerechnet werden. Ansatzpunkt ist die Regelung in § 26 II SGB VII. Diese verpflichtet die gesetzlichen Unfallversicherer, hinsichtlich der ihnen obliegenden Leistungen „mit allen geeigneten Mitteln tätig" zu werden. Einzelheiten sind in § 42 SGB VII iVm § 54 I–III SGB IX geregelt. 192

4. Die unterschiedlichen Anspruchsgrundlagen und Darlegungslast

Zu beachten ist, dass die unterschiedlichen Anspruchsgrundlagen auch die Frage der Aktivlegitimation betreffen und somit auch das Klageverfahren und die Fassung des Antrages. 193

a) **Eigener Anspruch der haushaltsführenden Person.** Wird eine den Haushalt führende Person infolge eines von dem Unfallgegner zu verantwortenden Unfalls so verletzt, dass sie vorübergehend oder mit bleibenden Folgen ganz oder teilweise nicht zur Haushaltsführung in der Lage ist, steht ihr ein Anspruch gegen den Unfallgegner aus § 843 Abs. 1 BGB auf Schadenersatz zu. Dies ist ein eigener Anspruch der verletzten Person. Der Anspruch wird auch nicht dadurch aufgehoben, dass die verletzte Person im Krankenhaus liegt und der Haushalt von ihrem Ehemann und den Kindern geführt wird. Dies gilt auch für den Ausfall bei einer Tätigkeit im Erwerbsgeschäft des Ehemannes. Hier steht dem Ehemann kein Ersatzanspruch aus § 845 BGB zu wegen entgangener Dienste. Seit dem In-Kraft-Treten des Gleichberechtigungsgesetzes im Jahre 1958 ist die Tätigkeit der Ehefrau im Haushalt für die Familie nicht mehr Dienst für den Ehemann, sondern Berufsarbeit. Diese Tätigkeit für die Familie ist als Erwerbstätigkeit und der Ausfall bei dieser Tätigkeit als Erwerbsschaden zu qualifizieren. 194

b) **Der Anspruch des Witwers und der Kinder aus § 844 BGB.** Im Falle der Tötung der haushaltsführenden Ehefrau erwerben Ehepartner sowie die Kinder einen eigenen Schadenersatzanspruch gegen den Schädiger aus § 844 BGB. 195

Nicht nur Eltern sind gegenseitig zu Dienstleistungen im Haushalt verpflichtet, sondern auch die im Hause lebenden Kinder, soweit ihnen Unterhalt gewährt wird und sei dies nur in Form der Unterkunft und der Verpflegung. Gemäß § 1619 BGB sind Jungen wie Mädchen während der Zeit, in der sie dem elterlichen Hausstand angehören und erzogen sowie unterhalten werden, in einer ihren körperlichen und geistigen Kräften sowie ihrer Lebensstellung entsprechenden Weise an der Haushaltstätigkeit zu beteiligen.[193] 196

Die Regelung des § 844 BGB durchbricht in diesem Fall den allgemeinen Grundsatz, wonach im Haftpflichtrecht nur der unmittelbar Geschädigte einen Ersatzanspruch hat.

Fazit ist also, dass der eigene Anspruch der haushaltsführenden Person bei Verletzung und Ausfall in der Haushaltsführung als Erwerbsschaden gemäß § 843 Abs. 1 BGB auszugleichen ist, während im Falle der Tötung der haushaltsführenden Person der hinterbliebene 197

---

[191] LG Wuppertal MittBl. der Arge VerkR 2006, 110.
[192] BGH NJW 2009, 2062 mit Bspr. *Lang* NZV 2009, 425, *Terno* zfs 2009, 362, 370 f., *Günther* VersR 2009, 816.
[193] *Delank* NZV 2002, 392 mit weiteren Hinweisen und Beispielen aus der Rspr.

Ehepartner und die Kinder einen eigenen Schadenersatzanspruch gegen den Schädiger aus § 844 BGB haben. Dies ist eine wichtige Unterscheidung im Falle eines Prozesses hinsichtlich der Aktivlegitimation und der Fassung des Antrages.

198 c) **Die rechtliche Qualifikation der Ansprüche.** Die Haushaltsführung ist, soweit sie die beeinträchtigte eigene Versorgung betrifft, als Schaden zu qualifizieren wie ein Schadenersatzanspruch gemäß § 843 Abs. 1 BGB und dem Begriff der vermehrten Bedürfnisse zuzuordnen. Die beeinträchtigte eigene Versorgung ist also in den Bereich der vermehrten Bedürfnisse einzuordnen. Dem Alleinstehenden steht im Fall des verletzungsbedingten Ausfalls bei der Führung seines Haushaltes nur ein Anspruch wegen vermehrter Bedürfnisse zu. Ein Anspruch auf Ersatz des Erwerbsschadens hat er nur, wenn er einer zusätzlichen Erwerbstätigkeit nachgeht. Ist wegen der Verletzung die Betreuung und Versorgung des Ehepartners und/oder des Kindes oder der Kinder beeinträchtigt, so ist der Anspruch als Erwerbsschaden zu qualifizieren.

199 d) **Darlegungslast.** Bei der Geltendmachung eines Haushaltsführungsschadens muss der Geschädigte im Einzelfall darlegen, welche Tätigkeiten, die vor dem Unfall im Haushalt verrichtet wurden, unfallbedingt nicht mehr oder nicht mehr vollständig ausgeübt werden können. Ein bloßer allgemeiner Verweis auf eine bestimmte prozentuale Minderung der Erwerbsfähigkeit oder der Fähigkeit zur Haushaltsführung genügt nicht.[194] Es ist Sache des Geschädigten, die Anknüpfungstatsachen für die Berechnung des Haushaltsführungsschadens darzulegen. Die Bezugnahme auf Tabellenwerke genügt nicht. Sie können den Vortrag nur ergänzen, quasi als Plausibilitätskontrolle.[195] Der Geschädigte hat konkret darzulegen, welche Haushaltstätigkeiten während welchen Zeitraums aufgrund welcher Verletzungen nicht ausgeübt werden können.[196] Vgl. auch nachstehend → Rn. 233.

200 e) **Möglicher Übergang gemäß § 116 SGB X.** *aa) Haushaltsführung als Erwerbstätigkeit.* Der Beitrag zur Haushaltsführung für Familienangehörige ist rechtlich als Erwerbstätigkeit iSv §§ 842, 843 BGB zu qualifizieren. Dies hat die Konsequenz des möglichen Forderungsübergangs nach § 116 SGB X, soweit Kongruenz etwa gegeben ist mit einer Rente wegen verminderter Erwerbsfähigkeit oder mit einer Verletztenrente eines Unfallversicherungsträgers.[197]

201 *bb) Forderungsübergang.* Die Unterscheidung kann aber von Bedeutung sein, wenn wegen der gleichen Verletzung, die die Haushaltsführung beeinträchtigt, eine Erwerbsunfähigkeits- oder Verletztenrente gezahlt wird. Hier kann ein Übergang des Anspruches nach § 116 SGB X auf den Sozialversicherungsträger in Betracht kommen ggf. mit entsprechender Quotelung.

202 f) **Versorgung durch Dritte.** Denkbar ist auch die Fallgestaltung, dass anstelle der Eltern ein Kind versorgt wird, zB das Enkelkind durch die Großmutter, sei es entgeltlich oder unentgeltlich. Erfolgt die Versorgung entgeltlich, so entsteht insoweit ein Erwerbsschaden.

203 Im Ergebnis ist es also wichtig, in jedem Falle eines Personschadens zu vergegenwärtigen und zu prüfen, ob die verletzte Person in der Haushaltsführung beeinträchtigt ist und ggf. in welcher Eigenschaft, also – ggf. als Alleinstehende/r – für den eigenen Haushalt oder in der Versorgung des Ehepartners ohne oder mit Kind sowie evtl. auch im Rahmen einer nichtehelichen Lebensgemeinschaft.

5. Der Anspruch bei Tötung einer haushaltsführenden Person

204 a) **Der Anspruch und die Anspruchsberechtigten gemäß § 844 Abs. 2 BGB.** *aa) Der Anspruch.* Der Anspruch aus § 844 Abs. 2 BGB bei Tötung einer haushaltsführenden Person ist ein Anspruch des Unterhaltsberechtigten aus eigenem Recht, also ein spezieller Anspruch. Dieser Anspruch gehört nicht zum Nachlass und unterliegt nicht erbrechtlichen Regelungen.

---

[194] OLG Celle Urt. v. 14.12.2006 – 14 U 73/06, VRR 2007, 187.
[195] *Heß/Burmann* NJW-Spezial 2013, 585 mwN aus der Rspr.
[196] LG Kassel SVR 2011, 106.
[197] *Küppersbusch/Höher* Rn. 184, 212.

Die Regelung des § 844 Abs. 2 BGB durchbricht den allgemeinen Grundsatz des Haftpflichtrechtes, dass dem lediglich mittelbar Geschädigten ein Anspruch nicht zusteht. Ist ein gesetzlicher Haftungsausschluss gemäß §§ 104 ff. SGB VII bei einem Arbeits- und Wegeunfall gegeben, so scheidet ein Anspruch des Unterhaltsgeschädigten aus § 844 Abs. 2 BGB aus.

Auch ist ein etwaiges Mitverschulden gemäß §§ 846, 254 BGB zu berücksichtigen. Ebenso ist bei einer Haftung lediglich aus Betriebsgefahr die Regelung des § 17 StVG iVm § 846 BGB zu berücksichtigen. **205**

bb) Die Anspruchsberechtigten. Anspruchsberechtigt nach § 844 Abs. 2 BGB sind **206**
- der gemäß § 1360 BGB anspruchsberechtigte Ehepartner sowie
- die Kinder gemäß § 1601 ff. BGB, die einen Unterhaltsanspruch gegen die getötete Person haben. Hierzu zählen die noch nicht geborenen, aber schon gezeugten Kinder sowie die nichtehelichen, für ehelich erklärten und adoptierten Kinder (§§ 1601 ff., 1615a ff., 1736, 1754 BGB) sowie
- die übrigen gemäß §§ 1601 ff. in gerader Linie verwandten Personen, soweit sie anspruchsberechtigt sind.

Einen Anspruch haben nicht **207**
- das Stiefkind,
- Geschwister sowie
- der Partner einer nichtehelichen Lebensgemeinschaft, dieser auch nicht bei vertraglich geregelten Unterhaltsansprüchen.

b) Die Voraussetzungen des Anspruches sowie Leistungsumfang. *aa) Die Voraussetzungen des Anspruches.* Die Voraussetzungen des Anspruches nach § 844 Abs. 2 BGB richten sich nach dem Bestehen eines Unterhaltsanspruchs. Weitere Voraussetzung ist, dass der Getötete leistungsfähig war bzw. gewesen wäre. Hinsichtlich des Haushaltsführungsschadens ist hier relevant, dass die getötete Person auch tatsächlich in der Lage war, den Haushalt zu führen und hieran nicht etwa wegen gesundheitlicher Behinderungen gehindert war. **208**

Auch sind Fälle denkbar, in denen zum Zeitpunkt des Todes die Leistungsfähigkeit noch nicht bestanden hat, etwa wenn bei einem jungen Ehepaar sich die Ehefrau noch im Studium befand, aber davon ausgegangen werden kann, dass sie nach Abschluss des Studiums oder der Ausbildung die Rolle der Hausfrau übernommen hätte. **209**

bb) Der zu ersetzende Betrag. Maßgebend für den Umfang des Ersatzanspruches nach § 844 Abs. 2 BGB ist, in welchem Umfang die getötete Person zur Unterhaltsgewährung verpflichtet gewesen wäre. Maßgebend ist der gesetzlich geschuldete, nicht der tatsächlich geleistete Unterhalt. **210**

Hinsichtlich der gegenseitigen Unterhaltspflicht ist von der Regelung des § 1360 Abs. 1 BGB auszugehen. Hiernach sind Eheleute untereinander verpflichtet, sich angemessen zu unterhalten. Derjenige Ehepartner, der die Haushaltsführung übernommen hat, erfüllt seine Unterhaltspflicht nach § 1360 Abs. 2 BGB durch die Führung des Haushaltes. Es ist von dem Grundsatz auszugehen, dass die Erfüllung der Unterhaltspflicht durch Haushaltsführung und die Tätigkeit zum Erwerb gleichwertig sind. Im gesetzlichen Rahmen können die Eheleute also Art und Weise der gegenseitigen Unterhaltsgewährung frei gestalten. Denkbar ist, dass die herkömmliche Rollenverteilung angewandt ist, also Nurhausfrauen-Ehe, oder dass eine andere Aufgabenverteilung praktiziert wird, also in Form der Doppelverdiener-Ehe oder einer teilweisen Erwerbstätigkeit des anderen Ehepartners. Entsprechend dieser geübten Praxis bemisst sich der Anspruch aus § 844 Abs. 2 BGB. Jedoch sind vom Unterhaltspflichtigen erbrachte überobligationsmäßige Unterhaltsleistungen im Rahmen des § 844 Abs. 2 BGB nicht zu ersetzen.[198] **211**

Im Falle der Tötung des Barunterhaltspflichtigen bemisst sich der Unterhaltsanspruch nach der Höhe des Unterhaltsschadens. Ebenso bemisst sich der Ausfall des Naturalunterhaltes, also beim Ausfall des haushaltsführenden Ehepartners, in gleicher Weise. Der Unterhaltsanspruch ist also so zu bemessen, dass der Unterhaltsberechtigte so zu stellen ist, wie er **212**

---

[198] BGH NZV 1993, 21 = VersR 1993, 56; OLG Düsseldorf NZV 1993, 473.

stehen würde ohne Tötung desjenigen, der den Naturalunterhalt erbracht hat. Es wird im gleichen Umfang geschuldet wie der Unterhaltsberechtigte von dem Getöteten an Unterhalt hätte beanspruchen können. Es ist dies also ein fiktiver Unterhaltsanspruch. Über den Anspruch ist quasi im Rahmen eines fiktiven Unterhaltsprozesses zu entscheiden.[199] Zu denken ist hier an einen Vergleich zwischen den im Unterhaltsverfahren angewandten Tabellen, etwa der Düsseldorfer Tabelle. Die als Ausgleich für den Fortfall des Naturalunterhaltes zu erbringende Schadenrente ist jedoch in der Regel höher als die Unterhaltsrente wegen Fortfalls der doppelten Haushaltsführung (im Falle der Trennung).

213 *cc) Die Mithilfepflicht des Berechtigten.* Es ist von dem Grundsatz auszugehen, dass die Verpflichtung zur Mithilfe im Haushalt, soweit diese gesetzlich bestand, den Anspruch entsprechend mindert. Für die Praxis ist es empfehlenswert, von der tatsächlichen Handhabung auszugehen. Hinsichtlich des etwaigen Nachweises einer behaupteten Absprache kann die Tabelle 8[200] angewandt werden.

214 Einmal ist der Fall denkbar, dass eine feste Übung darzulegen und zu beweisen ist. Ist dies nicht der Fall, so kann nach *Pardey*[201] von folgenden Grundsätzen ausgegangen werden:
- Für Kinder ergibt sich eine Mithilfepflicht aus § 1619 BGB. Diese kommt etwa im Alter von 12 Jahren in Betracht. Abweichungen können sich durch die tatsächlichen Verhältnisse, zB durch Ausbildung, Studium etc., ergeben.
- Für Ehepartner gilt, dass der Zeitaufwand, der nach Abzug der Mithilfe seitens des Kindes oder der Kinder verbleibt, entsprechend aufzuteilen ist.
- Bei Berufstätigkeit beider Ehepartner ist zu unterscheiden zwischen voller Berufstätigkeit oder einer Teilberufstätigkeit. In Betracht kommt, die restliche Haushaltsführung hälftig zu teilen; war der den Haushalt überwiegend führende Ehepartner nur teilweise erwerbstätig, könnte dessen Mithilfepflicht in Höhe von 25 % in Ansatz gebracht werden.
- War ein Ehepartner berufstätig und wurde der Haushalt allein durch den anderen Ehepartner besorgt, so entfällt die Anrechnung einer Mithilfepflicht.

215 *dd) Ermittlung des Wertes der Haushaltsführung.* Es ist von dem Grundsatz auszugehen, dass beim Haushaltsführungsschaden ohne Einschaltung einer Ersatzkraft der Nettolohn zu ersetzen ist, der für eine „vergleichbare" Ersatzkraft anfällt. Von Bedeutung ist die zu fordernde Qualifikation der – fiktiven – Ersatzkraft. Folgende Aspekte sind maßgebend:
- Zuschnitt des Haushaltes
- Bewertung der Leitungsfunktion im Haushalt (durch getöteten Ehepartner), schon vorher geleistet ganz oder teilweise durch überlebenden Ehepartner oder durch Ersatzkraft
- Betreuung von Kindern.

216 Als Maßstab für die Bewertung der Haushaltsführung können die Grundsätze des Tarifvertrages für den öffentlichen Dienst herangezogen werden. Hieraus ergeben sich je nach Qualifikation verschiedene Vergütungsgruppen. Für die Eingruppierung der fiktiven Ersatzkraft kann die Tabelle 7.3 bei *Pardey* herangezogen werden.[202]

217 In Betracht kommt auch, den Schaden nicht nach Tabellenwerten zu regulieren, sondern den Schaden konkret nach den individuellen Verhältnissen zu bemessen, wobei Tabellenwerte nur Anhaltspunkte bilden, und immer eine Plausibilitätsprüfung erforderlich ist.[203]

218 *ee) Der Zeitbedarf für den „reduzierten" Haushalt.* Grundsätzlich ist in Abzug zu bringen der Anteil der notwendigen Haushaltsführung, der auf die Eigenversorgung der getöteten Person entfiel. Hierbei ist davon auszugehen, dass der Ersatzanspruch sich nur auf die notwendige Versorgung der Berechtigten bezieht.

---

[199] BGH VersR 1987, 1243; *Küppersbusch/Höher* Rn. 360 ff.
[200] Vgl. *Pardey* Der Haushaltsführungsschaden Tabelle 9, 108 ff.
[201] *Pardey* Der Haushaltsführungsschaden 32.
[202] *Pardey* Der Haushaltsführungsschaden Ziffer 2.4, 101; vom BGH wird die Anwendung der auf Erfahrungswerten beruhenden Tabellen von *Schulz-Borck* im Rahmen des § 287 ZPO akzeptiert, vgl. hierzu auch *Küppersbusch/Höher* Rn. 189.
[203] Vgl. hierzu *Pardey/Schulz-Borck* DAR 2002, 289 (293) mit Darstellung von konkreten Berechnungsbeispielen.

Für die Praxis ist aber davon auszugehen, dass der überwiegende Teil der Haushaltsarbeit 219
nicht von der Personenzahl abhängig ist. Es ist also nicht gerechtfertigt, den Zeitbedarf anteilig entsprechend der reduzierten Kopfzahl zu kürzen.[204]

ff) Der Ersatzbetrag bei Doppelverdiener-Ehe. Sind bzw. waren beide Ehepartner ganz 220
oder teilweise berufstätig, so ist nicht nur von einer wechselseitigen Verpflichtung zum Barunterhalt auszugehen, sondern auch von der Verpflichtung beider, sich anteilig an der Haushaltsführung zu beteiligen. Soweit Kinder vorhanden sind, haben diese gegen beide einen anteiligen Anspruch auf Bar- und Naturalunterhalt.

Auch ist denkbar, dass trotz teilweiser Erwerbstätigkeit der Ehefrau diese es übernommen 221
hatte, gleichwohl den Haushalt allein zu führen. Sofern entsprechende Vereinbarungen nicht dargelegt und bewiesen werden, muss davon ausgegangen werden, dass sich bei beiderseitiger ganztägiger oder auch reduzierter Erwerbstätigkeit die Eheleute die Hausarbeit teilen mit der Folge, dass der Ehepartner, der voll berufstätig ist, sich an der Hausarbeit beteiligt infolge einer entsprechenden Minderung des Ausgleichsbetrages.[205]

Wird einer der Ehepartner bei einem Unfall, der von einem Dritten allein verschuldet 222
wird, getötet und ergeben sich sowohl Bar- als auch Naturalunterhaltsansprüche, so besteht grundsätzlich der Anspruch auf Ersatz des gesamten Unterhaltsbetrages (Bar- und Naturalunterhalt). Die Ersparnis ist sowohl beim Bar- als auch beim Naturalunterhalt im Wege der „Vorteilsausgleichung" anzurechnen unter Kombination der Grundsätze des Barunterhalts und des Naturalunterhalts.[206]

Durch Wiederverheiratung erworbene Unterhaltsansprüche sind gegenüber den aus der Heirat mit dem getöteten Ehepartner erwachsenen Ansprüchen anzurechnen.[207]

Anzumerken ist, dass die gemeinsamen Kinder aus der Ehe mit dem getöteten Ehepartner 223
sich jedoch den Versorgungsvorteil durch die Stiefmutter nicht anspruchsmindernd anrechnen lassen müssen.[208]

Begründet der Witwer eine nichteheliche Lebensgemeinschaft, so entstehen keine gesetzlichen Unterhaltsansprüche. Die Unterhaltsleistungen des neuen Partners führen daher nicht 224
zu einer Minderung des Ersatzanspruches aus § 844 Abs. 2 BGB.[209]

c) *Die Aufteilung des Schadenbetrages zwischen den Berechtigten.* Mehrere Unterhaltsberechtigte sind hinsichtlich des Anspruches aus § 844 Abs. 2 BGB nicht Gesamtgläubiger, 225
sondern Teilgläubiger. Dies bedeutet, dass der Ersatzbetrag also auf die Unterhaltsgeschädigten aufzuteilen ist. Die Quotierung wird unterschiedlich beurteilt. Während *Drees*[210] Anteile in gleicher Höhe für angemessen hält, ist nach *Küppersbusch*[211] die Aufteilung wie folgt vorzunehmen:

- Witwer, 1 Kind $2/3 : 1/3$
- Witwer, 2 Kinder $1/2 : 1/4 : 1/4$
- Witwer, 3 Kinder $2/5 : 1/5 : 1/5 : 1/5$

Zu berücksichtigen ist ggf. ein erheblicher Altersunterschied zwischen den Kindern. In diesem Fall ist eine Altersabstufung erforderlich.[212] Jedoch ist auch nicht zu übersehen, dass un- 226
ter Umständen der Betreuungsaufwand für ein Kleinkind größer ist als für ein älteres Kind.[213]

d) *Schadenberechnung bei Einsatz einer Ersatzkraft.* Bei Ausfall der haushaltsführenden 227
Person ist entsprechend dem gegebenen Anspruch der hierdurch verursachte tatsächliche Aufwand zu ersetzen. Der Aufwand besteht in dem gezahlten Bruttolohn einschließlich der Arbeitgeberanteile zur Sozialversicherung.

---

[204] *Pardey* Der Haushaltsführungsschaden Tabelle 10; die Anwendung dieser Tabelle hat auch der BGH gebilligt, BGH NJW 1988, 1783 = VersR 1988, 490.
[205] *Pardey* Der Haushaltsführungsschaden Tabelle 10, 109.
[206] BGH NZV 1988, 60 mit Anm. *Schlund* = VersR 1988, 490.
[207] BGH VersR 1970, 522; VersR 1979, 55.
[208] OLG Stuttgart VersR 1993, 1536.
[209] BGH VersR 1984, 936.
[210] *Drees* Schadensberechnung bei Unfällen mit Todesfolge, 65.
[211] *Küppersbusch* Rn. 351.
[212] BGH NJW 1988, 2365 = NZV 1988, 136 m. Anm. *Nehls* = VersR 1988, 954.
[213] OLG Stuttgart VersR 1993, 1536, 1538.

Diese Grundsätze gelten sowohl für den Fall der Tötung als auch für den Fall der Verletzung der haushaltsführenden Person.

228 Für die Schadenberechnung ist grundsätzlich § 249 S. 2 BGB anwendbar. Von Bedeutung ist jedoch, ob die eingeschaltete Ersatzkraft bei der vereinbarten und zu ersetzenden Vergütung in dem gleichen zeitlichen Umfang tätig ist wie die in der Haushaltsführung ausgefallene Person. Auch hier können die gleichen Maßstäbe angelegt werden, die für den Fall der fiktiven Abrechnung ohne Einschaltung einer Ersatzkraft gelten. Ersetzt die eingeschaltete Ersatzkraft den Ausfall nur teilweise, kann der durch die Ersatzkraft nicht ausgeglichene Ausfall fiktiv nach den allgemeinen Grundsätzen auf der Nettolohnbasis abgerechnet werden. Ersetzt die eingeschaltete Ersatzkraft aufgrund geringerer Qualifikation den Ausfall nur teilweise, kann hinsichtlich des nicht gedeckten Ausfalls ein vermehrter Ersatz beansprucht werden.[214]

6. Bei Verletzung der den Haushalt führenden Person

229 a) **Eigener Anspruch des/der Verletzten bei lediglich eigener Versorgung.** *aa) Die Anspruchsvoraussetzungen.* Wird jemand durch einen Unfall, der von einem Dritten – allein – verschuldet wird, verletzt, so entsteht ihm ein gemäß § 843 BGB erstattungspflichtiger eigener Haushaltsführungsschaden. Voraussetzung ist, dass vor dem Unfallereignis die Haushaltsführung ganz oder jedenfalls teilweise ausgeführt wurde und infolge des Unfalles die Ausführung dieser Tätigkeit vorübergehend oder auf Dauer nicht mehr oder nicht mehr in vollem Umfang möglich ist.

230 Der Haushaltsführungsschaden ist (vgl. → Rn. 193 ff.) als Schadenersatzanspruch wegen vermehrter Bedürfnisse zu qualifizieren, während demgegenüber der Anspruch des Ehepartners und der Kinder als Erwerbsschaden zu qualifizieren ist.[215]

231 *bb) Der zu ersetzende Schaden wegen vermehrter Bedürfnisse.* Der Anspruch ist der Höhe nach zu orientieren an dem tatsächlich erbrachten Umfang der Arbeitsleistung im Haushalt.[216]

Im Übrigen gehören zur Haushaltsführung auch Reparatur- und Unterhaltungsarbeiten an Haus, Wohnung, Hausrat sowie Gartenarbeiten.[217]

232 b) **Der Ersatzanspruch bei Versorgung übriger Familienmitglieder/Ehepartner und Kind(er).** Zu vergegenwärtigen ist, dass der Ersatzanspruch, der lediglich die eigene Versorgung betrifft, als Ersatzanspruch gemäß § 843 Abs. 1 BGB zu qualifizieren ist auf der Grundlage vermehrter Bedürfnisse. Demgegenüber entsteht bei Beeinträchtigung der Haushaltsführung, die die eigene Versorgung und die Betreuung und Versorgung weiterer Familienmitglieder, also des Ehepartners und des/der Kind/er umfasst, ein Erwerbsschaden (vgl. → Rn. 229).

233 c) **Die Berechnung des Haushaltsführungsschadens/Erwerbsschadens bei Versorgung und Betreuung einer Familie – Fragen der Berechnung.**[218] Zu empfehlen ist, bei der Darlegung in verschiedenen Schritten vorzugehen wie folgt:
- Im 1. Schritt ist festzustellen, welche Arbeitsleistung die verletzte Person im Haushalt vor dem Unfall erbracht hat,
  - welcher Zeitaufwand benötigt wird, orientiert am tatsächlichen wöchentlichen Zeitaufwand,
  - Klärung der Anteile der Mitarbeit anderer Familienmitglieder/Personen
- 2. Schritt: Ermittlung des ausgleichspflichtigen Zeitaufwandes
- 3. Schritt: Ermittlung der unfallbedingten prozentualen Minderung der Fähigkeit zur Haushaltsführung
- 4. Schritt: Ermittlung des Ersatzbetrages.[219]

---

[214] Vgl. *Schulz-Borck/Hofmann*, 10.
[215] BGH VersR 1996, 1565 = r+s 1997, 22.
[216] BGH VersR 1996, 1565 = r+s 1997, 22; OLG Oldenburg VersR 1993, 1491 = r+s 1993, 104.
[217] BGH VersR 1989, 857 = DAR 1989, 341; siehe auch *Küppersbusch/Höher* Rn. 42.
[218] Vgl. hierzu ausführlich *Balke* SVR 2011, 412 mit Darstellung aktueller Rspr.
[219] Vgl. hierzu im Einzelnen *Heß/Burmann* aaO.

aa) Die Ermittlung des Aufwandes der Arbeitszeit des/der Verletzten vor dem Unfall. Der 234
Umfang der tatsächlich erbrachten Arbeitsleistung der haushaltsführenden Person vor dem
Unfall ist zu ermitteln. Maßgebend hierfür ist der Umfang der Haushaltsführung. Dieser
wiederum wird bestimmt durch verschiedene Faktoren, nämlich:
- Anzahl der Familienmitglieder,
- Alter der Kinder,
- Größe und Ausstattung der Wohnung,
- Weiter ist maßgebend der allgemeine Lebenszuschnitt.

Bei der Berechnung des sich somit ergebenden Aufwandes kann von statistisch ermittelten 235
Durchschnittswerten ausgegangen werden. Diese sind dahin gehend zu überprüfen, ob im
konkreten Fall eine Abweichung anhand der Fakten geboten ist.

Der somit tatsächlich anfallende Arbeitszeitaufwand ist zu errechnen anhand der Tabel- 236
len 9 und 10 bei *Pardey*.[220] Im Übrigen können zur Erfassung des tatsächlichen Arbeitszeitaufwandes und zur Frage der Mithilfe sowie zur Ermittlung evtl. notwendiger Zu- und Abschläge die bei *Pardey*[221] veröffentlichten Tabellen herangezogen werden.

Auch kann zur Ermittlung der tatsächlichen Arbeitsleistung die Schätzung erfolgen gemäß § 287 ZPO.

bb) Ermittlung der tatsächlichen Behinderung bei der Haushaltsführung. Geht es um die 237
Ermittlung der tatsächlichen Behinderung in der Haushaltsführung, so ist maßgebend das
Ausmaß der konkreten Behinderung und nicht die sonstige Minderung der Erwerbsfähigkeit.

Denkbar ist der Fall, dass eine Person, die unfallbedingt eine sich ebenso in der Haus- 238
haltsführung auswirkende 100%ige Minderung der Erwerbsfähigkeit (MdE) erlitten hat,
wieder teilweise im Haushalt mithilft. In diesem Fall wird eine überobligationsmäßige Leistung erbracht mit der Folge, dass dies den Schädiger nicht entlasten kann. Eine solche
überobligationsmäßige Leistung hat bei der Ermittlung des Erwerbsschadens außer Acht zu
bleiben.[222]

Das Ausmaß der körperlichen Behinderung muss, und zwar im Hinblick auf die Behinde- 239
rung bei der Haushaltsführung, konkret festgestellt werden, ggf. differenziert nach verschiedenen Zeiträumen.[223]

Die sozialrechtliche Aufteilung der MdE ist für den Haushaltsführungsschaden nicht
maßgeblich. Die unfallbedingten Beeinträchtigungen sind konkret zu bemessen.[224]

Auch psychische Unfallfolgen können sich bei der konkreten Behinderung in der Haushaltsführung auswirken.

cc) Berechnung des zu ersetzenden Betrages. Maßgebend ist der erforderliche Aufwand 240
für die Beschäftigung einer „gleichwertigen Ersatzkraft". Hierbei ist es gleichgültig, ob diese
tatsächlich eingestellt wird oder nicht. Es handelt sich also um die mögliche fiktive Schadenberechnung. Zunächst ist (wie bei Beschäftigung einer Ersatzkraft im Falle der Tötung)
der gezahlte Bruttolohn maßgebend einschließlich der Arbeitgeberbeiträge. Wird eine Ersatzkraft nicht beschäftigt, ist der Nettolohn zu ersetzen. Hierbei erfolgt die Orientierung an
der Eingruppierung der Ersatzkraft nach TVöD. Hierzu ist zu verweisen auf die Ausführungen zur Berechnung im Falle der Tötung (vgl. → Rn. 204 ff.).

dd) Berücksichtigung des Ausfalls nach Zeit und Umfang. Hinsichtlich der Dauer und des 241
Umfanges des Ausfalls der haushaltsführenden Person sind verschiedene Fallgestaltungen
denkbar, nämlich
- völliger Ausfall
  – auf Zeit oder
  – auf Dauer

---

[220] *Pardey* Der Haushaltsführungsschaden Tabelle 9 und 10, 108 ff.
[221] *Pardey* Der Haushaltsführungsschaden 8. Aufl. 2013.
[222] BGH VersR 1994, 186 = r+s 1994, 58.
[223] Vgl. Tabellen 5.1, 5.2, 6, 9 und 10 bei *Pardey* Der Haushaltsführungsschaden.
[224] OLG Hamm DAR 2002, 450.

- Teilausfall
  - auf Zeit oder
  - auf Dauer.

242 Bei völligem Ausfall, also wenn die haushaltsführende Person im Ganzen nicht mehr imstande ist, Arbeiten bei der Haushaltsführung auszuführen, liegt ein Anspruch auf Ersatz des Erwerbsschadens vor, und zwar in voller Höhe.

243 Im Übrigen ist zu berücksichtigen, dass unabhängig von dem Erwerbsschaden auch der eigene Ersatzanspruch des Verletzten in Betracht kommt in Form des Mehrbedarfs, etwa bei dauernder Heimunterbringung.

Ist der – völlige – Ausfall nur zeitweise gegeben, so erfolgt die Berechnung des hierdurch bedingten Erwerbsschadens für den entsprechenden Zeitabschnitt.

244 Ist ein teilweiser Ausfall auf Dauer gegeben, liegt in der Regel eine entsprechende Minderung der Erwerbsfähigkeit (MdE) vor. In diesem Fall ist zunächst der Umfang der tatsächlichen Arbeitsleistung vor dem Unfall zu ermitteln. Der sich ergebende Erwerbsschaden kann dann entsprechend der MdE ermittelt, ggf. gemäß § 287 ZPO geschätzt werden.

Ist der teilweise Ausfall nur auf Zeit gegeben, so ist entsprechend den vorstehenden Ausführungen der sich ergebende Erwerbsschaden für den jeweiligen Zeitabschnitt zu ersetzen.

245 *ee) Ausfall des lediglich mithelfenden Ehepartners.* Wird der Ehepartner, der lediglich im Haushalt mithilft, verletzt, so ist für diesen ein entsprechender anteiliger Betrag für den Schaden, der wegen der Einschränkung der Mitarbeit im Haushalt entsteht, zu berechnen. Zu beachten ist, dass dieser Anspruch neben dem Anspruch auf Ersatz des Verdienstausfalls bzw. Erwerbsschadens besteht. Beschränkt sich die Mithilfe des Ehemannes vor allem auf Reparatur- und Pflegearbeiten an Haus bzw. Wohnung sowie Pkw und Garten, so gehören diese Tätigkeiten im weiteren Sinne auch zur Haushaltsführung.[225] Können die vorgenannten Arbeiten im Ganzen oder teilweise nicht mehr ausgeführt werden, so ist ein entsprechender Betrag für den Erwerbsschaden zu ermitteln.

246 d) Haushaltsführungsschaden/Erwerbsschaden bei Einschaltung einer Ersatzkraft. *aa) Haushaltsführung und Beschäftigung Ersatzkraft.* Wird bei einem verletzungsbedingten Ausfall der Haushaltsführung eine Ersatzkraft beschäftigt, so ist dieser Betrag zu ersetzen nach den gleichen Grundsätzen wie im Falle der Tötung der haushaltsführenden Person.

Zu ersetzen ist bei Beschäftigung einer Ersatzkraft der gezahlte Bruttolohn einschließlich der Arbeitgeberanteile zur Sozialversicherung.

Auch kommt fiktive Schadenberechnung gemäß § 249 S. 2 BGB in Betracht (im Übrigen ist zu verweisen auf die diesbezüglichen Ausführungen vgl. → Rn. 227/228).

247 *bb) Der zu vergütende Stundensatz.* Fraglich ist häufig der in Ansatz zu bringende Nettolohn. Dieser ist maßgeblich. Es wird aber häufig auf den Tarif für den öffentlichen Dienst (TVöD) oder Tarifverträge für hauswirtschaftliche Tätigkeiten abgestellt. Zu beachten ist der ab 1.1.2015 geltende gesetzliche Mindestlohn.[226]

248 e) Mögliche Umorganisation. Es kann sich auch die Frage ergeben, ob der Geschädigte verpflichtet ist, unter dem Aspekt der Schadensminderungspflicht gemäß § 254 BGB den Haushalt umzuorganisieren. Jedoch ist von dem Grundsatz auszugehen, dass eine Verpflichtung, die Verteilung der Hausarbeiten zwischen dem Geschädigten und seinem Ehegatten umzuorganisieren, nicht ohne weiteres gegeben ist.[227]

7. Der Anspruch auf Rente

249 a) Der Rentenanspruch und seine Voraussetzungen. *aa) Allgemeine Voraussetzungen.* Im Falle der Tötung hat jeder, wenn mehrere Ersatzberechtigte vorhanden sind, einen selbstständigen Ersatzanspruch gemäß § 844 Abs. 2 BGB.

Im Falle der Verletzung steht allein dem Verletzten der Ersatzanspruch aus § 843 Abs. 1 BGB zu.

---

[225] Vgl. auch *Küppersbusch/Höher* Rn. 204.
[226] KG DAR 2008, 25 m. Anm. von *Forster*; vgl. Himmelreich/Halm/*Euler* Kap. 11 Rn. 19.
[227] OLG Hamm DAR 2002, 450.

Im Falle der Rentenzahlung sind Veränderungen für die Zukunft zu berücksichtigen, soweit diese sich bereits beurteilen lassen. Auch der Rentenanspruch ist zeitlich kalendermäßig zu begrenzen. 250

bb) Die Kapitalabfindung. Sowohl im Falle der Tötung als auch im Falle der Verletzung kann der Anspruchsberechtigte statt der Schadenersatzrente Kapitalabfindung verlangen. Voraussetzung hierfür ist gemäß §§ 843 Abs. 3, 844 Abs. 2 S. 1 2. Halbs. BGB das Vorliegen eines wichtigen Grundes. Es ist aber davon auszugehen, dass in der Regulierungspraxis der Versicherer an einer Kapitalabfindung regelmäßig mehr interessiert ist als der Anspruchsberechtigte. 251

b) Die Berechnung der Rente. *aa) Im Tötungsfall.* Für die Berechnung des Anspruches für zurückliegende Zeit gelten die allgemeinen Berechnungsgrundsätze (vgl. → Rn. 227/228 bzw. 233 ff.). 252

Die Rentenberechnung für die Zukunft orientiert sich an der voraussichtlichen Bedürftigkeit der Anspruchsberechtigten, also des überlebenden Ehepartners und der Kinder, sowie an der – voraussichtlichen – Leistungsfähigkeit und Leistungspflicht des Verpflichteten. Hinsichtlich der Person des anspruchsberechtigten Ehepartners kann der Bestand der Ehe Zweifeln unterliegen. Auch können sich die Voraussetzungen und der Umfang der Mitarbeitspflicht verändern, zB bei Eintritt in das Rentenalter. Andererseits kann eingewandt werden, dass aufseiten der getöteten Person die Fähigkeit zur Haushaltsführung altersbedingt nachlässt und umgekehrt die Mitarbeitspflicht des Anspruchsberechtigten sich aufgrund veränderter Umstände steigert. 253

Schwierig ist es oft bei Kindern, die Höhe des Anspruches richtig zu bemessen. Die Höhe des Anspruches kann sich bei Kindern entsprechend fortschreitendem Alter und ihrer beruflichen Entwicklung, zB Studium, Ausbildung etc., verändern. 254

Für die Berechnung des Anspruches sowohl für den überlebenden Ehegatten als auch für die Kinder können keine allgemeinen Regeln und Berechnungsbeispiele gegeben werden. Die Berechnung des Anspruches hängt von den jeweiligen Umständen des Einzelfalles und den voraussichtlichen Entwicklungen ab. 255

bb) Der Schadenersatzanspruch als Rente im Falle der Verletzung. Hier ist zu vergegenwärtigen, dass es um den eigenen Anspruch der haushaltsführenden Person geht. 256

Bei der Berechnung des Schadenersatzanspruches für die Zukunft sind die möglichen Veränderungen aller maßgebenden Kriterien zu berücksichtigen (zu den Kriterien vgl. → Rn. 233 ff., betreffend Fragen der Berechnung). 257

c) Die Möglichkeit der Kapitalisierung. Es wurde bereits ausgeführt (vgl. → Rn. 251), dass unter bestimmten gesetzlich definierten Voraussetzungen eine Kapitalabfindung verlangt werden kann. Kapitalabfindungen kommen in der Praxis aber in verstärktem Maße vor. Dies gilt insbesondere für Kapitalabfindungen im Falle der Tötung für den überlebenden Ehegatten, aber auch hinsichtlich des Anspruches bei Verletzung der haushaltsführenden Person hinsichtlich ihres eigenen Anspruches. 258

Vorsicht ist in aller Regel geboten bei einer möglichen Kapitalabfindung für Kinder hinsichtlich ihres Anspruches gemäß § 843 Abs. 2 BGB bei Tötung eines Elternteils oder beider Elternteile.

Für den Anwalt, der in solchen Angelegenheiten berät und vertritt, ist es wichtig, die Anspruchsberechtigten und bei minderjährigen Kindern die gesetzlichen Vertreter hinreichend über die Voraussetzungen und Konsequenzen einer Regelung und insbesondere einer Abfindung zu belehren und sich die Kenntnisnahme vom Inhalt der Belehrung ebenso bestätigen zu lassen wie die zu vereinbarende Regelung und ggf. Abfindung. 259

Zur Berechnung des sich durch Kapitalisierung ergebenden Betrages vgl. Anhang E. zum Stichwort „Kapitalisierungstabellen".

8. Möglicher Rechtsübergang auf SVT

a) Grundsätzliches. Werden seitens eines Sozialversicherungsträgers aufgrund eines Unfalls Sozialleistungen erbracht, so kommt ein gesetzlicher Übergang der Schadenersatzan- 260 sprüche des Geschädigten gegen den Schädiger gemäß § 116 SGB X in Betracht. Der Anspruch des Verletzten oder des Unterhaltsberechtigten auf Schadenersatz geht gemäß § 116 Abs. 1 SGB X insoweit auf den Sozialleistungsträger über, als dieser aufgrund des Unfalles Sozialleistungen zu erbringen hat. Hierbei bleibt der Anspruch des Berechtigten gegen den Schädiger und dessen Haftpflichtversicherung inhaltlich unverändert.

261 **b) Die Voraussetzungen des Übergangs.** Gemäß § 116 Abs. 1 SGB X gehen Ersatzansprüche auf den leistenden Versicherungsträger oder Träger der Sozialhilfe über, soweit dieser aufgrund des Schadenereignisses Sozialleistungen zu erbringen hat, die
- der Behebung eines Schadens der gleichen Art dienen und
- sich auf denselben Zeitraum wie der vom Schädiger zu leistende Schadenersatz beziehen.

Hier gelten die Grundsätze der so genannten „sachlichen und zeitlichen Kongruenz".
Für den Bereich der Beamtenversorgung gelten hier die §§ 87a BBG, 52 BRRG.

262 **c) Wirkungen des Forderungsübergangs.** Wird in dem Fall, in dem für einen getöteten Ehepartner, der den Haushalt führt oder im Haushalt mitgeholfen hat, eine Leistung aus der gesetzlichen Rentenversicherung erbracht, kommt in Betracht, dass die Ansprüche hinsichtlich der Mithilfe im Haushalt für die Familie gemäß § 116 Abs. 1 SGB X auf den Sozialversicherungsträger übergehen.

263 Jedoch ist zu beachten, dass hinsichtlich des Erwerbsschadens ein Forderungsübergang nicht stattfindet hinsichtlich des Schadenanteils, der als vermehrte Bedürfnisse zu qualifizieren ist. Dieser auf die Eigenbedarfsdeckung entfallende Anteil ist gemäß § 287 ZPO zu schätzen, ggf. nach Kopfanteilen.[228]

264 Zum Bereich dieser komplexen Rechtsfragen ist zB hinzuweisen auf Besonderheiten bei Zahlung eines Pflegegeldes. Wird Pflegegeld für eine verletzte Hausfrau gemäß § 36 SGB XI gezahlt, so ist Pflegegeld nur anzurechnen auf ihren Ersatzanspruch wegen vermehrter Bedürfnisse, nicht auf ihren Anspruch wegen Erwerbsschadens.[229]

265 Geboten ist die Unterscheidung zwischen der Haushaltsführung für Familienangehörige, diese ist Erwerbsschaden, und die Einschränkung der Haushaltsführung für sich selbst, diese fällt unter die Position „vermehrte Bedürfnisse". Die rechtliche Unterscheidung hat Relevanz für den Regress. Der Erwerbsschaden ist kongruent zum Krankengeld und geht kraft Gesetzes nach § 116 SGB X über.[230]

9. Prozessuale Fragen

266 **a) Die Aktivlegitimation.** Im Falle der Verletzung einer haushaltsführenden Person ist allein diese aktivlegitimiert, da dieser Schadenersatzanspruch in Form vermehrter Bedürfnisse nur ihr allein zusteht. Dementsprechend ist sie allein aktivlegitimiert und Klagepartei. Der Antrag ist auf Leistungen an sie gerichtet.[231] Der Anspruch ist vom Umfang der Arbeiten abhängig. Deshalb ist es erforderlich vorzutragen, welche Tätigkeiten im Haushalt konkret ausgeführt wurden und wie die Haushaltssituation gegeben ist hinsichtlich Größe der Wohnung, Anzahl der Personen sowie deren Alter und evtl. notwendige Gartenarbeiten oder Versorgung von Haustieren.[232] Zu Berechnungsbeispielen und Tabellen hierzu vgl. *Luckey*.[233]

267 **b) Prozessuale Besonderheiten bei dem Anspruch aus § 844 BGB.** Anspruchsberechtigt ist der Unterhaltsberechtigte bzw. die Unterhaltsberechtigte (vgl. § 37 Rn. 55).

Die Anspruchsberechtigten müssen im Klagefall jeweils den ihrer Person zustehenden Anspruch, die minderjährigen Kinder ggf. vertreten durch den gesetzlichen Vertreter, geltend machen.

268 Hinsichtlich des Antrages sind Besonderheiten zu beachten. Für den Fall, dass das Gericht den insgesamt bestehenden Anspruch abweichend von den jeweiligen Klageansprüchen anders aufteilt, ergeben sich Änderungen der jeweils anderen Ansprüche.

---

[228] BGH VersR 1985, 356.
[229] BGH VersR 1996, 1565 = r+s 1997, 22.
[230] *Luckey* Personenschaden Rn. 771.
[231] Vgl. hierzu ausführlich und als Arbeitshilfe *Balke* SVR 2011, 372.
[232] *Luckey* Personenschaden Rn. 786.
[233] *Luckey* Personenschaden Rn. 843–852.

10. Fragebogen/Muster zur Ermittlung der Tätigkeit und der zeitlichen Beeinträchtigung

1.1 Name und Anschrift des Patienten: ......
......
1.2 Geburtsdatum: ......
1.3 Unfalltag und Unfallort: ......
2. Festgestellte Diagnose: ......
......
3.1 Dauer der Arbeitsunfähigkeit: ......% vom: ...... bis ......
3.2 In welchem Maße ist der/die Verletzte bisher durch den Unfall bei der Ausführung folgender Tätigkeiten beeinträchtigt?

Beschaffung, Einkauf	zu	bis ......
Ernährung, Zubereitung, Vorratshaltung	zu	bis ......
Geschirr spülen	zu	bis ......
Putzen, Aufräumen, Raum reinigen	zu	bis ......
Wäschereinigung, -pflege, -instandsetzung	zu	bis ......
Gartenarbeit	zu	bis ......
Planung und Beaufsichtigung des Haushaltes	zu	bis ......
Betreuung von Kindern ua Haushaltsangehörigen	zu	bis ......
Häusliche Kleinarbeit, Sonstiges	zu	bis ......

Es ist zu berücksichtigen, dass die Einstufung der Erwerbsminderung in Höhe von beispielsweise 100 % sich auf den allgemeinen Arbeitsmarkt bezieht. Zu bewerten ist die konkrete Behinderung bei der Haushaltstätigkeit einer Hausfrau. Dies ist zu orientieren an den konkreten Verletzungen und deren Auswirkung auf die einzelnen Verrichtungen, bezogen auf den jeweiligen Zeitraum. Dies ist ggf. bei sukzessiver Verbesserung gestaffelt darzustellen.

11. Berechnungsbeispiel

Die Berechnung des so genannten „Haushaltsführungsschadens" ist zu orientieren am in Betracht kommenden Anspruchsgrund (vgl. → Rn. 182 f.).

Zur Berechnung vom Haushaltsführungsschaden weist *Pardey*[234] zu Recht darauf hin, dass Irrtümer zu Lasten betroffener Personen nicht selten darauf beruhen, dass nicht ausreichend zwischen den Zeitansätzen und den einzelnen Haushaltsmitgliedern (auch bei unterstützenden Tätigkeiten) sowie dem Eigenbereich (der Eigenversorgung) und der Tätigkeit für andere Personen (der Fremdversorgung) innerhalb einer Lebens- und Wohngemeinschaft unterschieden wird.[235]

Es ist das Arbeitszeitdefizit auszugleichen, das sich nach dem Maßstab des tatsächlichen Zeitaufwandes ergibt. Der Wert der beeinträchtigten Haushaltsführung ist daran zu messen, für wie viele Arbeitsstunden eine Hilfskraft benötigt wird und welcher Geldbetrag für eine solche Hilfsleistung angemessen ist. Der Schaden ist messbar an der Entlohnung, die für eine Hilfe gezahlt wird.[236]

12. Der Haushaltsführungsschaden bei der eingetragenen Lebenspartnerschaft und der nichtehelichen Lebensgemeinschaft

a) **Haushaltsführungsschaden bei eingetragener Lebenspartnerschaft.** In der gleichgeschlechtlichen, eingetragenen Lebenspartnerschaft schulden nach der Neufassung des LPartG die Lebenspartner sich gegenseitig nicht nur Barunterhalt, sondern auch Haushaltsführung. Die Situation ist daher rechtlich mit der Ehe vergleichbar.[237]

---

[234] *Pardey* Berechnung von Personenschäden Rn. 2449 ff.
[235] Zum Arbeitszeitbedarf in Haushalten ist zu verweisen auf die Tabellen bei *Pardey* Der Haushaltsführungsschaden, 108 ff.
[236] Vgl. *Pardey* Berechnung von Personenschäden, Berechnungsmodelle zB Rn. 2550.
[237] *Küppersbusch/Höher* Rn. 183.

275 Wird die Haushaltsführung zugunsten von Familienangehörigen, zB Eltern des Partners, geleistet, wird sie vom BGH rechtlich als Erwerbstätigkeit iSd §§ 842, 843 BGB qualifiziert.[238] Zu beachten ist in diesem Zusammenhang im Hinblick auf den möglichen Forderungsübergang nach § 116 SGB X die Frage der Kongruenz.

Zu beachten ist das Familienprivileg. Dieses ist problematisch für den Bereich der nichtehelichen Lebensgemeinschaft.[239]

Soweit die Haushaltsführung die eigenen Bedürfnisse des Haushaltsführenden deckt, fällt ihre Beeinträchtigung in die Schadenposition der vermehrten Bedürfnisse.[240]

Soweit kein konkretes bezifferbares Einkommen gegeben ist, kommt Schätzung nach §§ 252 BGB, 287 ZPO in Betracht.[241]

276 **b) Haushaltsführungsschaden bei nichtehelicher Lebensgemeinschaft.** Zunächst ist von dem Grundsatz auszugehen, dass der nichteheliche Partner nicht familienrechtlich unterhaltsberechtigt ist. *Jahnke* bezeichnet seine Existenz als „schadenrechtlich irrelevant". Jedoch ist zu beachten, dass die Haushaltsführung bei dem Lebenspartner Erwerbstätigkeit sein kann.[242]

277 Einer Lösung dieser nicht eindeutig beurteilten und in der Rechtsprechung nicht eindeutig entschiedenen Thematik ist zu erreichen, wenn nichteheliche Lebenspartner eine Vereinbarung schließen, wonach sie sich wechselseitig zur Haushaltsführung verpflichten. Dieser Aspekt muss auch dazu führen, dass bei anwaltlicher Beratung zu dieser Thematik eine solche Vereinbarung empfohlen wird.

278 Mit dieser Thematik hat sich auch der 45. VGT Goslar 2007 befasst und folgende Empfehlung geschlossen:

„1. ...

2. **Unterhaltsschaden**
Die haftungsrechtlichen Bestimmungen zum Unterhaltsschaden sollten nicht geändert werden.

3. **Hausarbeitsschaden** in der nichtehelichen Lebensgemeinschaft
Der Arbeitskreis stellt fest:
– Bei Verletzung der haushaltsführenden Person entsteht dieser wegen der Beeinträchtigung der Eigenversorgung ein ersatzfähiger Mehrbedarf.
– Die Versorgung eines eigenen Kindes der verletzten Person ist grundsätzlich beim Haushaltsführungsschaden berücksichtigungsfähig.
Die Empfehlung des Arbeitskreises lautet daher:
– Haben sich die in einem gemeinsamen Haushalt lebenden Partner verpflichtet, zur Lebenshaltung gegenseitig beizutragen, ist die verletzungsbedingte Beeinträchtigung bei der Hausarbeit wie bei Ehegatten zu ersetzen.
Die wechselseitige Verpflichtung ist im Einzelfall nachzuweisen".[243]

VIII. Der Schmerzensgeldanspruch

1. Der Schmerzensgeldanspruch, rechtliche Grundlagen

279 **a) Die gesetzliche Regelung.** Durch das Zweite Gesetz zur Änderung schadensersatzrechtlicher Vorschriften,[244] das am 1.8.2002 in Kraft getreten ist, wird der Schmerzensgeldanspruch geregelt in § 253 Abs. 2 BGB nF.

---

[238] *Küppersbusch/Höher* Rn. 184 unter Hinweis auf BGH VersR 1974, 162 = NJW 1974, 41; BGH NJW 1985, 735; VersR 1989, 1273; OLG Oldenburg VersR 1993, 1491; OLG Schleswig zfs 1995, 10.
[239] *Luckey* Personenschaden Rn. 774.
[240] *Küppersbusch/Höher* aaO.
[241] *Küppersbusch/Höher* Rn. 185 ff.; vgl. auch *Jahnke* NZV 2007, 329 (334).
[242] *Jahnke* aaO; vgl. auch zur dogmatischen Begründung eines Anspruches auf Ersatz des Haushaltsführungsschadens in nichtehelicher Lebensgemeinschaft, *Huber* NZV 2007, 1 ff.; vgl. auch *Balke* SVR 2007, 16 mit Übersicht über die Rspr. zu dieser Thematik, insbesondere unter Hinweis auf OLG Düsseldorf NZV 2007, 40; vgl. auch *Delank* zfs 2007, 183.
[243] *Jahnke* aaO, 337.
[244] 2. SchadÄndG BGBl. I 2002, 2674.

Gemäß § 253 BGB wird Schmerzensgeld einheitlich für Delikt und Vertragsverletzung 280
gewährt. Diese Vorschrift stellt die „zentrale Anspruchsgrundlage" dar. Die Regelung des
Schmerzensgeldes ist im Schuldrecht angesiedelt und zwar iVm den Vorschriften der
§§ 249 ff. BGB.[245]

b) Schmerzensgeld auch aus Gefährdungshaftung. Der Ersatz immateriellen Schadens, 281
also der Anspruch auf Schmerzensgeld, war für Schadenfälle bis zum 31.7.2002 nur gegeben bei Verschuldenshaftung nach §§ 823 ff. BGB (847 BGB aF).

Aufgrund der Regelung des § 253 Abs. 2 BGB besteht ein Anspruch auf Schmerzensgeld 282
auch bei Gefährdungshaftung. Ergänzende klarstellende Regelungen befinden sich für den
Bereich des Straßenverkehrshaftungsrechtes in den Vorschriften der §§ 11 S. 2 StVG, 6 S. 2
HPflG.

c) Besonderheiten des Schmerzensgeldes. Das Schmerzensgeld ist nicht pfändbar. Auch 283
kommt ein Übergang auf einen Sozialversicherungsträger oder auf sonstige soziale Leistungsträger nicht in Betracht. Auch die Verletztenrente des UVT ist voll – und ausschließlich
– kongruent zum Erwerbsschaden und hat daher keine immaterielle Funktion.[246]

2. Checkliste zu den Kriterien der Schmerzensgeldbemessung[247]

1. Die Rechtsgrundlage für den Schmerzensgeldanspruch   284
   - ☐ Schmerzensgeld aus Verschuldenshaftung
     (unbegrenzte Deckung)
   - ☐ Schmerzensgeld aus Gefährdungshaftung
     (begrenzt durch die Deckungshöchstsummen gemäß § 12 StVG)
2. Kriterien zur Bemessung der Höhe des Schmerzensgeldes
   - ☐ Ausgleichsfunktion
     - Primärverletzung
     - Maß der Lebensbeeinträchtigung
     - Verbleibender Dauerschaden und verbleibende MdE
     - Zerbrechen der Familie
     - Psychische Auswirkungen
   - ☐ Genugtuungsfunktion
     - Maß des Verschuldens
     - Wirtschaftliche Verhältnisse
     - Verzögerliches Regulierungsverhalten
3. Sonderfälle des Schmerzensgeldanspruches bei
   - ☐ Bagatellverletzungen eingeschränkt
   - ☐ Schockschaden
   - ☐ Beeinträchtigung der geistigen Persönlichkeit
   - ☐ kurzer Überlebenszeit
   - ☐ Neurosen
   - ☐ Tod der Leibesfrucht
4. Teilschmerzensgeld (nur, wenn Gesamtbetrag noch nicht zu ermitteln ist)
5. Bestimmung der Höhe des Schmerzensgeldes
   - ☐ Notwendige Konkretisierung
   - ☐ Ermittlung Schmerzensgeld anhand von Schmerzensgeldtabellen

---

[245] *Jaeger/Luckey* Teil 1 Rn. 43; vgl. auch *Jaeger/Luckey* Teil 1 Rn. 47 Übersicht: Schmerzensgeldansprüche aus Vertragsverhältnissen; vgl. hierzu auch ausführlich *Diederichsen* VersR 2005, 433 ff.
[246] *Küppersbusch/Höher* Rn. 273.
[247] Vgl. auch *Jaeger/Luckey* Schmerzensgeld Teil 1 Rn. 1389, Checkliste für die Schmerzensgeldbemessung.

6. Schmerzensgeld als Kapital oder Rente
    ☐ Kapitalbetrag
    ☐ Schmerzensgeldrente
    ☐ Voraussetzungen des Anspruchs
    ☐ Höhe der Schmerzensgeldrente
7. Steuerliche Aspekte
8. Schmerzensgeld und erbrechtliche sowie familienrechtliche Aspekte
    ☐ Erbrecht
    ☐ Familienrecht, Zugewinn
9. Der Schmerzensgeldanspruch im Prozess
    ☐ Schmerzensgeldanspruch als einheitlicher Anspruch
    ☐ Aktivlegitimation
    ☐ Antrag auf Schmerzensgeld
    ☐ Kapital oder Rente
    ☐ Der Zinsanspruch
    ☐ Fragen und Rechtskraft
10. Beachtung von Verjährungsfristen
    ☐ Gesetzliche Verjährungsfristen
    ☐ Hemmung der Verjährung durch
    ☐ Rechtsverfolgung nach PflVG aus familiären und ähnlichen Gründen.

3. Kriterien zur Bemessung der Höhe des Schmerzensgeldes

285 Die Höhe des Schmerzensgeldes ist grundsätzlich zu orientieren an zwei Begriffen, nämlich
• der Ausgleichs- und
• der Genugtuungsfunktion.
Bei der Haftung im Straßenverkehrsrecht steht im Vordergrund die Ausgleichsfunktion.

286 Das OLG Celle[248] hat klargestellt, dass in Verkehrsunfallsachen wegen der im Vordergrund stehenden Ausgleichsfunktion des immateriellen Schadenersatzanspruchs das Schmerzensgeld, das nur auf Gefährdungshaftung gestützt werden kann, nicht niedriger zu bemessen ist als bei einer Haftung aus (einfachem) fahrlässigem Verhalten.[249] Es entspricht auch dem Zweck der Schmerzensgeldregelung, die Höhe des Schmerzensgeldes bei Gefährdungshaftung anders zu beurteilen als bei Verschuldenshaftung.

287 Hinzuweisen ist auch auf die Diskussion und die Überlegungen zum Schmerzensgeld für Hinterbliebene von Verkehrsopfern.[250] *Schwintowski/Schah Sedi* entwickeln eine Matrix, die Prozentsätze pro Tag für die Beeinträchtigung als Maßstab zu nehmen.[251]

288 Zu der Frage einer evtl. Differenzierung des Schmerzensgeldes hinsichtlich Verschuldenshaftung einerseits und Gefährdungshaftung andererseits hat sich auch der 42. Deutsche Verkehrsgerichtstag befasst und sich gegen eine Differenzierung ausgesprochen unter Hinweis auf die im Vordergrund stehende Ausgleichsfunktion.[252]
Nachfolgend werden zur Ausgleichsfunktion die Kriterien im Einzelnen behandelt:

289 a) **Ausgleichsfunktion.** *aa) Primärverletzung.* Die Art und Schwere der (Primär-)Verletzung ist von Bedeutung für die Bemessung der Höhe des Schmerzensgeldes, ebenso die Zahl und Schwere der nachfolgenden Operationen sowie die Dauer der stationären und ambulanten Heilbehandlung.[253]

---

[248] OLG Celle Beschl. v. 23.1.2004 – 14 W 51/03, NZV 2004, 251.
[249] OLG Celle Beschl. v. 23.1.2004 – 14 W 51/03, NZV 2004, 251.
[250] Vgl. hierzu *Klinger* NZV 2005, 290.
[251] *Schwintowski e.a.* Handbuch Schmerzensgeld, Bundesanzeiger Verlag 2013.
[252] Vgl. NZV 2004, 122 (124).
[253] *Küppersbusch/Höher* Rn. 275.

Als wichtiges Kriterium für den Verletzten ist anzuführen ein durch den Unfall herbeigeführtes Gefühl der Hilflosigkeit und das Erleben, auf fremde Hilfe angewiesen zu sein.[254]

Ist bei dem Verletzten ein Vorschaden vorhanden, der zur erlittenen Verletzung nicht abgrenzbar ist, ist im Einzelfall zu klären, ob und ggf. in welchem Umfang sich der Vorschaden auf die Verletzung auswirkt. Jedenfalls findet keine Reduzierung des Schmerzensgeldes statt, wenn der Geschädigte vor dem Unfall beschwerdefrei war.[255]

Ebenso ist ein ungünstiger Heilungsverlauf ein Kriterium für die Bemessung eines höheren Schmerzensgeldes.[256]

Das LG Kleve erkannte bei Geburtsschaden ein Schmerzenskapital von 400.000 EUR sowie eine monatliche Schmerzensgeldrente in Höhe von 500 EUR.[257] Hinsichtlich der Berechtigung sind diese grundsätzlich auch auf Verletzungen infolge von Straßenverkehrsunfällen zu übertragen.

bb) Maß der Lebensbeeinträchtigung. Die Heftigkeit und Dauer der Schmerzen sind ein wichtiges Kriterium für die Bemessung des Schmerzensgeldes im Rahmen der Ausgleichsfunktion. Für die Bewertung von Schmerzen ist zu beachten, dass diese einerseits subjektiv sehr unterschiedlich empfunden werden. Wichtig aber ist, sie anhand medizinischer Fakten zu objektivieren.[258] Ebenso sind Entstellungen und hierdurch bedingte psychische Beeinträchtigungen wichtige Faktoren. Insbesondere kommt für Frauen bei Entstellungen die Minderung der Heiratschancen in Betracht.[259] Auch ist ein gewichtiges Kriterium die Einschränkung der Sportmöglichkeiten, insbesondere für denjenigen, der Sport nicht mehr in gewohnter Weise wie vor dem Unfall ausüben kann.

cc) Verbleibender Dauerschaden und verbleibende MdE. Für die Bemessung des Schmerzensgeldes sind der Zeitraum der Arbeitsunfähigkeit sowie ein evtl. verbleibender Dauerschaden von Bedeutung.[260]

Auch die mögliche Einschränkung der Berufswahl ist als Kriterium zu sehen für die Bemessung der Höhe des Schmerzensgeldes.[261]

dd) Zerbrechen der Familie, Partnerprobleme. In der Realität ist es häufig so, dass erlittene schwere Unfallverletzungen auch Auswirkungen haben auf die familiären Verhältnisse und ebenso Auswirkungen haben auf Ehe und Partnerschaft. Schmerzensgeldmindernd wirkt sich nicht aus in dem Fall, in dem ein 3-jähriges Kind in behüteten Verhältnissen lebt.[262]

Das Zerbrechen der Familie ist als Kriterium zu berücksichtigen, jedenfalls dann, wenn die Unfallverletzung wesentliche Ursache für das Auseinanderleben bzw. Auswirkungen auf das eheliche Zusammenleben hat, insbesondere Auswirkungen auf das sexuelle Verhalten.[263]

ee) Psychische Auswirkungen. Ergeben sich aufgrund eines Miterlebens des Todes von Angehörigen oder anderen Unfallbeteiligten psychische Auswirkungen, so ist dies auch bei der Bemessung des Schmerzensgeldes erhöhend zu berücksichtigen. Dies gilt auch dann, wenn sich hieraus noch kein Krankheitswert ergibt (zum Schockschaden vgl. → Rn. 309 ff.).[264]

Erlittene schwere Unfallverletzungen und bleibende Folgen können zu Angstzuständen und Suizidgedanken führen und wirken sich insoweit auch für die Bemessung des Schmerzensgeldes aus.[265]

---

[254] OLG Düsseldorf VersR 1993, 113 = DAR 1993, 258.
[255] OLG Hamm DAR 2000, 263.
[256] OLG München NZV 1993, 434.
[257] LG Kleve Zfs 2005, 235.
[258] *Küppersbusch/Höher* Rn. 275 unter Hinweis auf OLG Frankfurt SP 2002, 163.
[259] OLG Frankfurt DAR 1994, 119.
[260] *Küppersbusch/Höher* Rn. 277.
[261] *Küppersbusch/Höher* Rn. 277 Fn. 26 mit Hinweis auf Rspr.
[262] OLG Celle VersR 2004, 526.
[263] OLG Köln NZV 1995, 399 = VersR 1996, 726; OLG Hamm MDR 1975, 490 (Unterleibsverletzung).
[264] OLG Hamm NZV 1998, 328.
[265] OLG Düsseldorf VersR 1993, 113 = DAR 1993, 228.

Bei psychischen Unfallfolgen, die darauf beruhen, dass das Unfallereignis zu neurotischer Fehlverarbeitung führt, kann dies dem Schädiger schmerzensgelderhöhend zurechenbar sein.[266]

Psychische Beeinträchtigungen und seelische Schmerzen können vielfältig sein. Diese sind im Einzelfall zu klären und substanziiert darzustellen.[267]

Auch der Schlaganfall nach Verkehrsunfall der Tochter ist als psychisch vermittelte organische Verletzung grundsätzlich ein ersatzfähiger eigener Gesundheitsschaden.[268]

298 b) **Genugtuungsfunktion.** Nicht zu verkennen ist, dass unter Berücksichtigung der Genugtuungsfunktion bei der Beurteilung des Schmerzensgeldanspruches verschiedene Aspekte zu beachten sind. Nachfolgend werden wichtigste Kriterien zur Genugtuungsfunktion dargestellt:

299 aa) *Maß des Verschuldens.* Im Rahmen der Genugtuungsfunktion ist die Schwere des Verschuldens des Schädigers zu berücksichtigen.[269]

300 Anerkannt ist, dass die Alkoholisierung des Fahrers, der den Unfall verursacht hat, sich schmerzensgelderhöhend auswirkt.[270] Dies ist jedoch einschränkend zu bewerten für einen Insassen, der die Alkoholisierung des Fahrers hätte erkennen müssen. In diesem Fall kommt eine Herabsetzung des Schmerzensgeldes in Betracht, und zwar auch dann, wenn gegen den Insassen ein Vorwurf des Mitverschuldens nicht begründet ist.[271]

Reduziert wird das Schmerzensgeld auch bei einem Unfall im Rahmen einer Gefälligkeitsfahrt.[272]

Jedoch kommt bei einer Schädigung unter Ehegatten eine wesentliche Reduzierung des angemessenen Schmerzensgeldes nicht in Betracht, da im Vordergrund steht der Ausgleichsgedanke.[273]

301 bb) *Wirtschaftliche Verhältnisse.* Für die Bemessung des Schmerzensgeldes können auch die wirtschaftlichen Verhältnisse beider Seiten eine Rolle spielen. Steht hinter dem Schädiger eine Haftpflichtversicherung, kommt es auf die wirtschaftlichen Verhältnisse des Schädigers nicht an,[274] und zwar auch dann, wenn aufgrund einer schuldhaften Obliegenheitsverletzung der Versicherungsschutz versagt wurde;[275] hierbei ist zu beachten, dass nach AKB der Regress auf 5.000 EUR beschränkt ist.

302 cc) *Verzögerliches Regulierungsverhalten.* Die Berücksichtigung des Regulierungsverhaltens und speziell des verzögerlichen Regulierungsverhaltens ist als Ausfluss der Genugtuungsfunktion zu sehen. Verzögerliches Regulierungsverhalten wird gewertet als Ausnutzung der wirtschaftlichen Machtstellung aufseiten des Ersatzpflichtigen bzw. der Versicherung sowie die Herabwürdigung des Verletzten.[276]

303 Auf einen angemessenen Schmerzensgeldbetrag von 22.000 EUR kann schmerzensgelderhöhend ein Betrag zuerkannt werden, wenn erst nach einem halben Jahr 5.000 EUR gezahlt wurden und danach ein Jahr nichts gezahlt wurde.[277]

304 In der Rechtsprechung wird anerkannt, dass durch ein verzögerliches Regulierungsverhalten das Leid des Verletzten erhöht wird, sodass sich hieraus eine zusätzliche Beeinträchtigung ergibt, die auch zu entschädigen ist.[278] Verzögerliches Regulierungsverhalten kann mit

---

[266] OLG Frankfurt VersR 1995, 276 (Revision nicht angenommen).
[267] Vgl. hierzu *Jaeger/Luckey* Rn. 1077 Übersicht 13: Kriterien für die Beschreibung und Bewertung seelischer Schmerzen.
[268] OLG Nürnberg NZV 2008, 38.
[269] Entscheidung des Großen Senates des BGH NJW 1955, 1675 = VersR 1955, 615.
[270] *Küppersbusch* Rn. 274.
[271] BGH VersR 1979, 622.
[272] *Küppersbusch* Rn. 274.
[273] OLG Düsseldorf NZV 1990, 47.
[274] BGH VersR 1962, 622.
[275] BGH VersR 1967, 607.
[276] *Jaeger/Luckey* Teil 1 Rn. 1013; OLG Naumburg VersR 2004, 1423.
[277] OLG Brandenburg Urt. v. 14.6.2007 – 12 U 244/06, VRR 2007, 345.
[278] OLG Hamm VersR 203, 780.

einem Zuschlag auf das Schmerzensgeld belegt werden,[279] zB mit einem Zuschlag von 20 %.[280]

Auch ist verzögerliches Regulierungsverhalten als eine zusätzliche psychische Belastung des Geschädigten zu werten, das zu einer Erhöhung des Schmerzensgeldes führt.[281]

Beruht die Verzögerung der Schmerzensgeldzahlung auf Passivität des Anwaltes, so kann dies dem Versicherer nicht entgegengehalten werden.[282]

Verhält sich der Haftpflichtversicherer des Schädigers bei einer klar erkennbaren Schadenersatzverpflichtung im Rahmen der Regulierung treuwidrig (sog. „Erlassfalle"), so ist dies bei der Festsetzung eines angemessenen Schmerzensgeldes zu berücksichtigen.[283]

Das OLG Köln[284] hat bei einer nicht gerechtfertigen Leistungsverweigerung über 4 Jahre hinaus einen Zuschlag von 15.000 EUR zusätzlich zuerkannt.

Auch kann in der Gesamtwürdigung aller Umstände eine herabsetzende Art und Weise der Prozessführung die Bemessung des Schmerzensgeldes zugunsten des Geschädigten beeinflussen.[285]

4. Besondere Fallgestaltungen zum Schmerzensgeld

a) **Bagatellverletzungen.** Zunächst ist von dem Grundsatz auszugehen, dass auch eine nur geringfügige Beeinträchtigung des körperlichen und seelischen Wohlbefindens einen immateriellen Schaden iSv § 253 Abs. 2 BGB nF (früher § 847 BGB aF) darstellt.

Auch gilt jedoch der Grundsatz, dass der Tatrichter im Rahmen des ihm gemäß § 287 ZPO eingeräumten Ermessens prüfen kann, ob bei einer geringfügigen Verletzung (Bagatellverletzung) ohne wesentliche Beeinträchtigung in der Lebensführung und ohne Dauerfolgen ein Schmerzensgeld zuzubilligen ist.[286]

b) **Schmerzensgeld bei schweren Verletzungen.** Es kann festgestellt werden, dass bei den Gerichten eine Tendenz festzustellen ist, bei Schwerstverletzungen die Schmerzensgelder erheblich anzuheben.[287] Durch das Landgericht München[288] wurde erstmals ein Betrag von 1.000.000 DM (500.000 EUR) zugesprochen. In diesem Bereich liegen inzwischen auch weitere Urteile vor.[289]

c) **Schockschaden und Schmerzensgeld.** Als Schockschaden ist zu verstehen eine allgemeine seelische Erschütterung, die darauf beruht, dass ein an einem Unfall selbst nicht Beteiligter bzw. nicht Verletzter durch das Miterleben des Unfalls und des Anblicks der Unfallfolgen oder durch die Nachricht seelische Erschütterungen erleidet.[290] Hierunter sind nicht zu verstehen bloße Aufregungen und Verärgerungen oder Empörungen.

Dogmatisch ist davon auszugehen, dass die Verletzung desjenigen, der einen Schock erlitten hat, kein Drittschaden, sondern grundsätzlich ein eigener Gesundheitsschaden des Betroffen ist.[291]

Der Anspruch auf Schmerzensgeld für Schockschäden ist als dogmatisch und rechtspolitisch unbedenklich zu werten. Dies ergibt sich daraus, dass der Grund des Schmerzens-

---

[279] OLG Köln VersR 2001, 1396.
[280] *Geigel* Kap. 7 Rn. 51.
[281] OLG Nürnberg r+s 1999, 23 f. m. Anm. *Lemcke* sowie OLG Nürnberg zfs 1995, 452.
[282] *Jaeger/Luckey* Teil 1 Rn. 1027 unter Hinweis auf OLG Frankfurt NZV 2004, 39.
[283] LG Berlin VersR 2006, 499 (im entschiedenen Fall Erhöhung des Schmerzensgeldes um 3.000 EUR).
[284] VersR 2001, 1396 (Vorinstanz LG Aachen DAR 2000, 313).
[285] *Geigel* aaO mit ausführlichen Zitaten und Beispielen aus der Rspr.; vgl. auch eine ausführliche Darstellung und Auswertung einzelner Entscheidungen *Quirmbach* zfs 2013, 670.
[286] Vgl. hierzu *Küppersbusch/Höher* Rn. 285 und Fn. 74 (Zusammenstellung von Rspr. zu Bagatellverletzungen).
[287] *Heß/Burmann* NJW-Spezial 2005, 207.
[288] VersR 2001, 1124.
[289] *Heß/Burmann* NJW-Spezial 2005, 207 unter Hinweis auf OLG Hamm VersR 2002, 1163, VersR 2003, 780 sowie kritisch zu dieser Entwicklung *Diederichsen* VersR 2005, 438.
[290] *Jaeger/Luckey* Teil 1 Rn. 903.
[291] *Jaeger/Luckey* Teil 1 Rn. 908 mit Hinweis auf die Lit.

geldes nicht von der Art abhängt, in der die Gesundheitsverletzung herbeigeführt worden ist.[292]

Bei einem erlittenen Schockschaden gehört zum Schadenausgleich wie bei allen Gesundheitsverletzungen der Anspruch auf Schmerzensgeld.

311 Es ist von dem Grundsatz auszugehen, dass ein Schmerzensgeldanspruch bei Schockschäden nur unter bestimmten Voraussetzungen in Betracht kommt.
- Es müssen Gesundheitsschäden vorliegen, die nach Art und Schwere den Rahmen dessen überschreiten, was an Beschwerden bei einem Erleben eines Unfallereignisses aufzutreten pflegt.
- Der Anlass für den Schock muss verständlich sein. Dies beinhaltet, dass der Schock geeignet sein muss, bei einem durchschnittlichen Empfinden eine entsprechende Reaktion auszulösen.
- Der Ersatzanspruch wird beschränkt auf nahe Angehörige des Opfers.

312 Ein Schockschaden, der einen Schmerzensgeldanspruch begründet, erfordert zusätzlich, dass die psychische Reaktion einen eigenständigen Krankheitswert hat. Erforderlich ist hierzu die ärztliche Dokumentation. In Betracht kommt auch insoweit eine Beweiserleichterung zugunsten des Geschädigten.[293]

313 Ob dem so genannten „Trauerschmerz" ein eigener Krankheitswert zukommt, ist medizinisch nicht ohne weiteres zu beantworten.[294] So wurde den Eltern aufgrund des Verlustes ihres 3-jährigen Sohnes bei einem Unfall ein Schmerzensgeld zugesprochen.[295] Es bestätigte eine Entscheidung des Landgerichtes, das dem Vater 35.000 EUR zuerkannte und der Mutter 20.000 EUR. Der BGH hat die Revision der Kläger, die ein höheres Schmerzensgeld begehren, nicht angenommen.[296]

314 **d) Beeinträchtigung der geistigen Persönlichkeit.** Sind alle geistigen Funktionen des Verletzten erloschen, so spricht man von einer „menschlichen Hülle". Der BGH[297] hat seine frühere Rechtsprechung aufgegeben, wonach in einem solchen Fall ein Schmerzensgeldanspruch nicht in Betracht kommt. Hiernach gilt, dass das Ausmaß der Beeinträchtigung eine eigenständige Bewertung verlangt.

Das Schmerzensgeld ist grundsätzlich niedriger zu bewerten, orientiert am verbliebenen Maß der Erlebnis- und Empfindungsfähigkeit.[298]

315 **e) Schmerzensgeld und psychischer Schaden.** Hat sich der psychische Schaden aus einer körperlichen Primärverletzung entwickelt, so spricht man von einem – psychischen – Folgeschaden. Der Schädiger ist auch verantwortlich für die psychischen Auswirkungen als weitere Schadensfolge, die sich aus einer Primärverletzung entwickelt haben.[299]

316 Inzwischen hat sich die Rechtsprechung auch befassen müssen mit der Zurechnung unfallbedingter psychischer Störungen. Grundsätzlich haftet ein Schädiger für alle gesundheitlichen Beeinträchtigungen, die der Geschädigte durch die Schädigungshandlung erleidet, gleich ob körperlicher oder seelischer Art. Zur Beweisfrage gilt, dass der Anspruchsteller für die Rechtsgutverletzung, also den so genannten „Ersterfolg", den Beweis für die haftungsbegründende Kausalität zu führen hat mit dem Maßstab des § 286 ZPO. Für die Ursächlichkeit zwischen einer feststehenden Verletzung und der Weiterentwicklung oder den Umfang des Schadens, also der haftungsausfüllenden Kausalität, gilt § 287 ZPO.[300]

Auch eine entstehende zeitweise Drogenabhängigkeit als Unfallfolge kann eine Entschädigungspflicht begründen.[301]

---

[292] *Jaeger/Luckey* Teil 1 Rn. 907 unter Hinweis auf *Staudinger/Schiemann* BGB § 249 Rn. 43 (46).
[293] BGH NJW 1986, 1541 (1542).
[294] *Jaeger/Luckey* Teil 1 Rn. 912.
[295] OLG Nürnberg zfs 1995, 370 = VersR 1997, 328 (L).
[296] Zu weiteren Beispielen aus der Rspr. vgl. *Jaeger/Luckey* Teil 1 Rn. 925 ff.
[297] VersR 1993, 327.
[298] BGH VersR 1993, 272 = DAR 193, 228; *Küppersbusch/Höher* Rn. 286 ff. Fn. 80 mit Darstellung der Rspr. OLG Celle VersR 1976, 297.
[299] *Heß/Burmann* NJW-Spezial 2004, 15.
[300] KG NZV 2005, 311; OLG Celle NZV 2005, 313; *Clemens ua* DAR 2008, 9 ff.
[301] OLG Koblenz NZV 2005, 317; vgl. auch *Brandt* VersR 2005, 616.

Die Fortentwicklung der Thematik zum Angehörigenschmerzensgeld bzw. zur Ermittlung des Schmerzensgeldes bei psychischen Folgeschäden ist Gegenstand umfangreicher Erörterungen in der Literatur.[302] 317

f) Schmerzensgeld bei kurzer Überlebenszeit. Nachdem Rechtshängigkeit oder vertragliches Anerkenntnis als Voraussetzung für die Vererblichkeit des Schmerzensgeldes entfallen ist, hat nunmehr die Bemessung des Schmerzensgeldes in den Fällen, in denen Verletzte kurze Zeit überleben, in der Praxis erhebliche Bedeutung. 318

Zunächst ist für die Höhe des Schmerzensgeldes die Dauer der Überlebenszeit maßgebend, zum anderen, ob der Verletzte bei Bewusstsein war und seinen lebensbedrohenden Zustand kannte oder ob er sich bis zu seinem Tod durchgehend oder überwiegend in einem Zustand befand, der ein Empfinden ausschloss. 319

Hinzuweisen ist auf eine grundlegende Entscheidung des BGH[303] zum Schmerzensgeld bei baldigem Tod. In dem zugrunde liegenden vom BGH entschiedenen Fall waren die Eltern des Klägers mit einem Pkw verunglückt. Der Vater erlitt ein Schädelhirntrauma I. Grades. Er war zunächst bei Bewusstsein und ansprechbar und wurde nach Verabreichung eines schmerzstillenden Medikamentes in ein künstliches Koma versetzt. Er starb 9 Tage nach dem Unfall. Die Mutter des Klägers erlitt bei demselben Unfall so schwere Verletzungen, dass sie etwa eine Stunde nach dem Unfall verstarb. Das OLG hatte für den Vater ein Schmerzensgeld von 14.000 EUR und für die Mutter ein Schmerzensgeld von 1.500 EUR zugesprochen und der BGH hat die auf Zahlung weiteren Schmerzensgeldes gerichtete Revision zurückgewiesen.[304] 320

Hinzuweisen ist auf folgende Entscheidungen: 321
- Bei unmittelbar eintretendem Tod kein Schmerzensgeld[305]
- Überlebenszeit 7 Minuten, Schmerzensgeld 1.000 EUR[306]
- Überlebenszeit 3,5 Stunden, Schmerzensgeld zuerkannt[307]
- Überlebenszeit 1 Tag, Schmerzensgeld 5.000 EUR[308]
- Überlebenszeit 5 Tage bzw. 8 Tage im Koma, Schmerzensgeld 5.000 EUR[309]
- Überlebenszeit 32 Tage, Schmerzensgeld 15.000 EUR[310]

Als Bemessungskriterien für Schmerzensgeld bei baldigem Tod sind anzuführen 322
- Schwere der Verletzungen
- Leiden (Schmerzen) und deren Dauer
- das Ausmaß der Wahrnehmung der Beeinträchtigung der Verletzten und
- das Verschulden des Schädigers.

An den vorgenannten Kriterien sind die Voraussetzungen und die Höhe des Schmerzensgeldes bei baldigem Tod zu orientieren.[311]

g) Der Schmerzensgeldanspruch bei Neurosen. Auch bei psychischen Ausfällen kann ein Anspruch auf Schmerzensgeld in Betracht kommen, selbst dann, wenn die Neurosen organisch nicht zu erklären sind. Voraussetzung eines solchen Anspruches ist jedoch der Zusammenhang der Rechtswidrigkeit zwischen Verletzungshandlung und den im Raum stehenden psychischen Folgen. 323

h) Schmerzensgeld bei Tod der Leibesfrucht. Wird bei einem Unfall die Leibesfrucht getötet, so stellt dies grundsätzlich keine Körperverletzung der Mutter dar. Jedoch kommt Schmerzensgeld in Betracht unter dem Gesichtspunkt des Schockschadens.[312] 324

---

[302] *Born ua* NZV 2008, 1 ff. sowie *Jeinsen* zfs 2008, 61.
[303] BGH Urt. v. 12.5.1998 – VI ZR 182/97, NZV 1998, 370 f. = VersR 1998, 1034 = r+s 1998, 332 f.
[304] *Jaeger/Luckey* Teil 1 Rn. 841 ff.
[305] OLG Karlsruhe VersR 2001, 1123.
[306] OLG Rostock Beschl. v. 23.4.1999 – 1 W 86/98, OLGR 2000, 67 f.
[307] OLG Hamburg Urt. v. 8.12.1998 – 9 U 111/98, OLGR 1999, 206 f.
[308] KG VersR 2000, 734.
[309] OLG Köln VersR 2000, 974.
[310] OLG Hamm r+s 2000, 458 f.
[311] Vgl. hierzu auch *Jaeger/Luckey* Übersicht: Anwendung der Bemessungskriterien bei baldigem Tod des Verletzten nach einem Verkehrsunfall, Teil 1 Rn. 858–869 mit Übersichten zum Schmerzensgeld bei Bewusstlosigkeit (Übersicht 10), Tod des Verletzten nach einigen Wochen (Übersicht 11); vgl. auch *Notthoff* r+s 2003, 309.
[312] *Küppersbusch/Höher* Rn. 294.

325 **i) Schmerzensgeld bei ausländischem Wohnsitz.** Eine besondere Thematik kann sich ergeben, wenn der Anspruchsberechtigte einen ausländischen Wohnsitz hat.[313]

326 Bei der Bemessung des Schmerzensgeldes ist zwischen den individuellen Vermögensverhältnissen und der Kaufparität am gewöhnlichen Wohnsitz des Verletzten zu unterscheiden. Hierbei ist zu sehen, dass der Charakter des Schmerzensgeldes „die anderen auf Ausgleich des Vermögensschadens gerichteten Ansprüche ergänzt". Nach *Huber*[314] geht es um die „Adjustierung des Schmerzensgeldes nach der Kaufkraftparität am gewöhnlichen Aufenthaltsort des Verletzten".

327 **j) Die Berücksichtigung von Bemessungsfaktoren und Zeitpunkt.** Bei der Bestimmung der Höhe des Schmerzensgeldes sind vielfältige Bemessungsfaktoren zu berücksichtigen. Zu differenzieren ist hier zwischen Umständen auf Seiten des Verletzten sowie Umständen auf Seiten des Schädigers.

Umstände auf Seiten des Verletzten können sein zu erwartende Langzeitfolgen sowie der Lebensstandard des Verletzten.

328 Als Umstände auf Seiten des Schädigers können relevant sein verwandtschaftliche Beziehungen zwischen dem Geschädigten und dem Schädiger sowie der Anlass der Begegnung, die zum Unfall geführt hat.[315]

5. Mögliches Teilschmerzensgeld?

329 Es ist von dem Grundsatz auszugehen, dass es unzulässig ist, einen Teilschmerzensgeldbetrag geltend zu machen. Ein Teilschmerzensgeld kann nur zugesprochen werden, wenn die Schadensentwicklung noch nicht abgeschlossen ist und sich das Gericht deshalb außerstande sieht, den Betrag in voller Höhe zu ermitteln.[316]

330 Es kommt darauf an, dem Verletzten, wenn die Schadenentwicklung noch nicht abgeschlossen ist, eine Entschädigung für künftige Schäden nicht abzuschneiden. In diesem Fall kann ihm für den bisher überschaubaren Zeitraum ein Teilschmerzensgeld zugesprochen werden. Ebenso kann die Geltendmachung einer weiteren Entschädigung für die Zukunft vorbehalten werden. Zeitliche Zäsur ist stets die letzte mündliche Verhandlung. Alle bis dahin eingetretenen Beeinträchtigungen müssen berücksichtigt werden und werden infolgedessen abgegolten. Es muss möglich sein, alle in der Zukunft liegenden ungewissen Schäden auszuklammern.[317]

6. Die Bestimmung der Höhe des Schmerzensgeldes

331 **a) Die notwendige Konkretisierung der Schmerzempfindung.** Die – vorstehend dargestellten – Kriterien für die Bemessung des Schmerzensgeldes stellen die Grundlage dar für die Ermittlung der Höhe des in Betracht kommenden Schmerzensgeldes. Bei der Bestimmung des zu fordernden und zuzubilligenden Schmerzensgeldes, orientiert an den Kriterien, kommt es im Einzelfall darauf an, konkret die Fakten zu den einzelnen Kriterien darzustellen, die für die Bemessung des Schmerzensgeldes relevant sind. Die körperlichen und seelischen Schmerzen und Missempfindungen und Unlustgefühle als Reaktion auf die bestehenden Schmerzen sind anhand von Fakten konkret darzulegen.[318]

332 Aufseiten des Verletzten ist es Aufgabe des Anwaltes, körperliche und seelische Schmerzen anhand von Fakten darzulegen. So kann zB bei erlittenen Wundverletzungen ausgeführt werden, dass der Kläger täglich mit der Versorgung evtl. noch offener Wunden über längere Zeit beschäftigt ist. Auch ist daran zu denken, bei Kopfverletzungen verbleibende Konzentrationsdefizite oder Einschränkungen der zeitlichen Leistungsfähigkeit konkret darzulegen anhand von Beispielen. In Betracht kommt, körperliche Schmerzen darzustellen unter Wie-

---

[313] *Huber* NZV 2006, 169 ff.
[314] *Huber* aaO, 175.
[315] Vgl. hierzu ausführlich *Geigel* Kap. 7 Rn. 35 bis 43.
[316] OLG Stuttgart Urt. v. 12.2.2003 – 3 U 176/02, NZV 2003, 330.
[317] OLG Stuttgart NZV 2003, 330 unter Hinweis auf OLG Düsseldorf VersR 1996, 984.
[318] *Jaeger/Luckey* Teil 1 Rn. 1071.

dergabe medizinischer Gutachten, Vorlage von Lichtbildern und ggf. durch Augenschein, wenn es um die Bewertung von Narben geht.

Die Darstellung von seelischen Schmerzen, zB bei verbliebenen sichtbaren Narben, kann etwa dadurch konkretisiert werden, dass der/die Verletzte sich aus der Öffentlichkeit zurückzieht und anders als zuvor Kontakte meidet oder unter Minderwertigkeitsgefühlen leidet. 333

Jaeger/Luckey[319] weisen darauf hin, dass zu seelischen Schmerzen von Klägerseite zu wenig vorgetragen wird. Hierbei ist zu vergegenwärtigen, dass Richter sich nur mit den Fakten auseinander setzen, die vom Klägeranwalt vorgetragen wurden. Wird der Schmerzensgeldanspruch aber im Einzelnen anhand von Fakten begründet, ist das Gericht gezwungen, sich mit den einzelnen Argumenten auseinander zu setzen. 334

Auch seelische, also gefühlsmäßig empfundene, Schmerzen können dargestellt werden. Als Stichworte sind hier zu nennen: Erleben des Unfalls, erlebte „Todesangst" bei Zwischenfällen wie Embolie oder Herzbeschwerden im Zusammenhang mit der ärztlichen Behandlung sowie seelische Belastungen aufgrund bleibender Verletzungsfolgen.[320] 335

Der Anwalt, der für den Verletzten tätig ist, muss quasi im Mandantengespräch eingehend und differenziert fragen, um so Fakten für die Darstellung der körperlichen und seelischen Schmerzen zu ermitteln. Die Ermittlung konkreter Fakten ist geboten schon bei der außergerichtlichen Geltendmachung von Schmerzensgeldansprüchen, um so dem Sachbearbeiter bei der Regulierung von Schmerzensgeldansprüchen eine Grundlage zu bieten für die Begründung der Höhe des Schmerzensgeldes. Dies gilt insbesondere aber auch für die Begründung im Klageverfahren. Daran zu denken ist zusätzlich, wenn möglicherweise allein das Vorbringen nicht zur Überzeugungsbildung des Gerichtes ausreicht, Beweisangebote zu formulieren durch Sachverständigengutachten zu den in Raum stehenden Fakten oder diese ggf. zuvor durch die Vorlage medizinischer Gutachten zu belegen. 336

Die Bestimmung der Höhe des Schmerzensgeldes orientiert sich an der Ausgleichs- und Genugtuungsfunktion sowie an der konkreten Feststellung von Fakten zu körperlichen und seelischen Schmerzen. 337

b) **Die Ermittlung des Schmerzensgeldes anhand von Schmerzensgeldtabellen und Orientierung an Vergleichsentscheidungen.** aa) *Die Nutzung von Schmerzensgeldtabellen.* Für die Bestimmung des Schmerzensgeldanspruches ist die Orientierung an Schmerzensgeldtabellen zu empfehlen. 338

Schmerzensgeldtabellen stellen die in Betracht kommenden Ansprüche dar nach Art sowie Schwere der Verletzungen und geben einen Überblick über die in Betracht kommenden Schmerzensgeldbeträge. 339

Als Schmerzensgeldtabellen sind zu nennen: *Hacks/Wellner/Häcker,* Schmerzensgeld-Beträge, 32. Aufl. 2014, *Slizyk,* Beck'sche Schmerzensgeld-Tabelle 2014 (beide Tabellen werden auch als elektronische Version angeboten) sowie insbesondere ausführliche Darstellung des Themas „Schmerzensgeld" bei *Jaeger/Luckey,* Schmerzensgeld, Systematische Erläuterungen, Muster und Sterbetafeln, medizinisches Lexikon, Schmerzensgelddatenbank online, 7. Aufl. 2014. Hervorzuheben ist die in diesem Werk enthaltene Schmerzensgeldtabelle, Teil 2 unter Darstellung von Vergleichsentscheidungen zu einzelnen Körperteilen von A bis Z.[321] 340

bb) Orientierung an Vergleichsentscheidungen. Bei der Orientierung an Vergleichsentscheidungen ist insbesondere zu beachten, dass Entscheidungen aus zurückliegender Zeit nicht stets eine Orientierungshilfe sein können. Neben dem zu berücksichtigenden Faktor der Geldentwertung ist zu beachten, dass zurückliegende Entscheidungen nicht im Einklang stehen mit der Tendenz der Schmerzensgeldentwicklung, nämlich der Tendenz zu höheren Schmerzensgeldentscheidungen. Zuzustimmen ist der Darstellung von *Jaeger/Luckey,*[322] dass Entscheidungen zum Schmerzensgeld, die älter als einige Jahre sind, nicht oder nur 341

---

[319] Teil 1 Rn. 1072.
[320] Vgl. hierzu ausführlich *Jaeger/Luckey* Teil 1 Rn. 1077, betreffend Übersicht: Kriterien für die Beschreibung und Bewertung seelischer Schmerzen.
[321] *Jaeger/Luckey* Teil 2 Schmerzensgeldtabelle Rn. E 1 bis Rn. E 2384.
[322] Teil 1 Rn. 1068.

noch eingeschränkt herangezogen werden können. Entscheidungen, die länger als 10 Jahre zurückliegen, bieten keine Orientierungshilfe mehr. Jedenfalls muss die Zeit der zum Vergleich herangezogenen Entscheidung und die inzwischen eingetretene Geldentwertung berücksichtigt werden.[323]

342   cc) *Nutzung von Lexika medizinischer Fachbegriffe.* Hinzuweisen ist auch auf die Möglichkeit und darüber hinaus Notwendigkeit der Orientierung an Werken und Orientierungshilfen zu medizinischen Fachbegriffen. Dies sollte für den Anwalt, der in der Regel medizinischer Laie ist, ein Muss sein zur Kenntnis medizinischer Aspekte und als Hilfe für die notwendige konkrete Argumentation.[324]

343   **c) Tendenz zu höherem Schmerzensgeld.** Es zeichnet sich eine Tendenz zur Zuerkennung höherer Schmerzensgeldbeträge ab.[325] Beachtung fand eine Entscheidung des Landgerichtes München, das auf ein Schmerzensgeld von 500.000 EUR (Kapital und Rente) erkannt hatte. In diesem Fall hatte der Verletzte ua schwerste Hirnschäden erlitten und war an allen 4 Extremitäten gelähmt.[326]

Nachfolgend werden wichtige aktuelle Entscheidungen, die diese Tendenz verdeutlichen, wiedergegeben, und zwar durch Darstellung der Leitsätze:

Die nachstehend dargestellten Entscheidungen beziehen sich meistens auf Schadenfälle, die durch ärztliche Behandlungsfehler verursacht sind. Die Grundsätze sind jedoch auch zu übertragen auf schwerste Verletzungen, die sich bei Straßenverkehrsunfällen ergeben.

344   Nachstehend werden also aufgeführt die Leitsätze von Entscheidungen, die diese Tendenz verdeutlichen.

- Immaterielle Schadenersatz in Höhe von 230.000 EUR zuzüglich einer monatlichen Rente von 360 EUR (bei Hirnschädigung eines Kindes).[327]
- Schmerzensgeld von 350.000 EUR bei Hirnschädigung zuzüglich einer monatlichen Schmerzensgeldrente von 500 EUR; maßgebend für die Bemessung des Schmerzensgeldes sind unter anderem das Alter des Verletzten und damit die Lebensdauer (75 Jahre), für die der Zustand zu ertragen ist, und der Umstand, dass der Verletzte das Ausmaß der Behinderung wahrnehmen kann und darunter zusätzlich ständig leiden wird.[328]
- Schmerzensgeldkapital in Höhe von 400.000 EUR sowie monatliche Schmerzensgeldrente in Höhe von 500 EUR bei grobem Behandlungsfehler in der pränatalen Phase (Folge ausgeprägte Zerebralparese bzw. hypoxischer Enzephalopathie mit ausgeprägter psychomotorischer Retardierung bei eingeschränkter Kontrolle der Hauptkopfhaltung sowie eingeschränktem Sprechvermögen).[329]
- Schmerzensgeld bei schwersten Unfallverletzungen mit schweren lebenslangen Dauerschäden 500.000 EUR Schmerzensgeld sowie einer monatlichen Schmerzensgeldrente in Höhe von 500 EUR, bestehende Lähmung unterhalb einer Linie Ohr/Mund; erforderliche Betreuung durch Eltern sowie 7 Krankenschwestern und einem Pfleger rund um die Uhr im 3-Schichten-Dienst (das Gericht ist über den in der Klageschrift für angemessen erachteten Betrag hinausgegangen).[330]
- Schmerzensgeldbetrag von 500.000 EUR für ein Kind, das infolge eines ärztlichen Behandlungsfehlers schwerst hingeschädigt geboren wird und dadurch lebenslanger Pflege bedarf.[331]

---

[323] KG NZV 2004, 473.
[324] Als wichtige Werke und Orientierungshilfen für medizinische Fachbegriffe sind zu nennen: *Pschyrembel* Klinisches Wörterbuch; *Jaeger/Luckey* Schmerzensgeld, Teil 3 Lexikon medizinischer Fachbegriffe; *Hacks/Werner/Häcker* Schmerzensgeld-Beträge, Unfallmedizinisches Wörterbuch, 773.
[325] *Jaeger* VersR 2013, 134.
[326] LG München I Urt. v. 29.3.2001 – 19 O 8647/00, NJW-RR 2001, 1246 = VersR 2001, 1124 f., Verfahren wurde durch Vergleich beendet.
[327] OLG Brandenburg Urt. v. 9.10.2002 – 1 U 7/02, VersR 2004, 199.
[328] LG München Urt. v. 8.3.2006 – 9 O 12 986/04, VersR 2007, 1139.
[329] LG Kleve Urt. v. 9.2.2005 – 2 O 370/01, zfs 2005, 235.
[330] LG Kiel Urt. v. 11.7.2003 – 6 O 13/03, DAR 2006, 396 = VersR 2006, 279.
[331] OLG Köln Urt. v. 20.12.2006 – 5 U 130/01, VersR 2007, 219; zu Hinweisen auf Entscheidungen mit hohen Schmerzensgeldbeträgen vgl. *Jaeger/Luckey* aaO, 1073 f. Rn. E 2066.

7. Mitverschulden und Vorteilsausgleich

a) Mitverschulden. Wichtig ist, und dies wird in der Praxis häufig übersehen, dass anders als im übrigen Haftungsrecht ein Mitverschulden des Verletzten nicht als Quote ausgeworfen wird. Der Mitverschuldensanteil wird als Faktor bei der Bemessung der Höhe des Schmerzensgeldes berücksichtigt.[332] Bei der Urteilsfassung zum Schmerzensgeld wird jedoch, ausgehend von einem Schmerzensgeld, das sich bei 100%iger Haftung ergibt, der Mitverursachungsanteil entsprechend der – gedachten – Quote abgezogen.[333]

Auch die Betriebsgefahr muss der Verletzte sich entgegenhalten lassen, wenn die Betriebsgefahr nicht hinter dem überwiegenden Verschulden des Klägers zurücktritt.[334] Jedoch ist die bloße Teilnahme am modernen Straßenverkehr ein sozialadäquates Verhalten und kann daher als solches nicht schmerzensgeldmindernd angelastet werden.[335]

Nach früherer Rechtslage kommt in Betracht, dass ein schuldunfähiges Kind sich ein grob verkehrswidriges Verhalten des gesetzlichen Vertreters als Mitverschulden anrechnen lassen muss mit der Folge der Reduzierung des Schmerzensgeldes.[336] In einem solchen Fall ist dies bei der Ermittlung der Höhe des Schmerzensgeldes nicht als Mithaftungsquote, sondern als Kriterium zur Ermittlung der Schmerzensgeldhöhe zu berücksichtigen.

b) Vorteilsausgleich. Ein Vorteilsausgleich kommt hinsichtlich des Schmerzensgeldes nicht in Betracht.[337] Ebenso braucht der Anspruchsteller sich materielle Ausgleichszahlungen, etwa aus einer Versicherung, nicht anrechnen lassen. Auch stellen diese keinen schmerzensgeldmindernden Umstand dar.[338]

8. Schmerzensgeld als Kapital oder Rente

a) Kapitalbetrag. Grundsätzlich wird der Schmerzensgeldbetrag als Kapitalbetrag geschuldet. Nur in besonders gelagerten Fällen kommt neben einem Kapitalbetrag die Zahlung einer Rente in Betracht.

b) Schmerzensgeldrente. Eine Schmerzensgeldrente kommt neben einem Kapitalbetrag nur bei schweren oder schwersten Dauerschäden in Betracht.[339] Es ist davon auszugehen, dass grundsätzlich eine Kapitalentschädigung zu gewähren ist.[340]

aa) Die Voraussetzungen des Anspruches auf Schmerzensgeldrente. Im Gesetz ist abweichend von den Regelungen der §§ 843, 844 BGB ein Anspruch auf Schmerzensgeldrente nicht vorgesehen. Trotzdem kann der Tatrichter anstelle oder neben Kapital auch eine Schmerzensgeldrente zubilligen.[341]

Voraussetzung für die Zubilligung einer Schmerzensgeldrente sind lebenslange, schwere Dauerschäden, die der Verletzte immer wieder schmerzlich empfindet. Gegen ein großzügiges Zusprechen einer Rente bestehen Bedenken. Der Schutz des Verletzten vor Geldentwertung ist kein Grund für die Zubilligung einer Rente. Ein Anspruch auf Schmerzensgeldrente kommt auch dann nicht in Betracht, wenn der Verletzte zB infolge eines Hirnschadens nicht dauernd und immer wieder fühlbar unter den Folgen der Verletzung leidet und die Rente nicht als Genugtuung empfindet.[342]

Die Zubilligung einer Schmerzensgeldrente kommt in Betracht, wenn zB bei Minderjährigen die Gefahr besteht, dass der Verletzte nicht in den vollen Genuss des Schmerzensgeldes kommt, oder insbesondere auch bei höherem Alter des Verletzten.

---

[332] BGH VersR 1970, 624, 625; NZV 1991, 305.
[333] Vgl. hierzu *Küppersbusch/Höher* Rn. 283; BGH VersR 1981, 1178.
[334] BGHZ 26, 69, 76.
[335] BGH NJW 1997, 455.
[336] OLG Celle VersR 1976, 297.
[337] BGH VersR 1982, 552.
[338] Vgl. *Berz/Burmann* 6 F Rn. 39.
[339] BGH NJW 1994, 1592 ff.
[340] *Küppersbusch/Höher* Rn. 298.
[341] *Küppersbusch/Höher* Rn. 297.
[342] *Küppersbusch/Höher* Rn. 298 unter Hinweis auf Rspr.

354 **bb) Die Höhe der Schmerzensgeldrente.** Es ist von dem Grundsatz und der Praxis auszugehen, dass eine Schmerzensgeldrente in der Regel neben einem Kapitalbetrag zuerkannt wird. Die Gewährung einer Schmerzensgeldrente führt zu einer Reduzierung des Kapitalbetrages. Bei der Zubilligung einer Rente ist der Schmerzensgeldbetrag als Kapitalbetrag im Ganzen zu sehen und die Kapitalzahlung zu reduzieren um den kapitalisierten Rentenbetrag. Die Findung von Renten- und Kapitalbetrag kann wie folgt erfolgen: Zunächst wird der in Betracht kommende Gesamtbetrag für das Schmerzensgeld geschätzt. Sodann soll die Höhe der Rente pro Monat und Jahr festgelegt werden. Der sich ergebende Jahresbetrag wird dann kapitalisiert unter Berücksichtigung der statistischen Lebenserwartung und des üblichen Zinsfußes, der mit 5 % anzunehmen ist. Der sich dann ergebende Kapitalbetrag wird dann von dem Gesamtschmerzensgeldbetrag abgezogen.

355 Zur Höhe des anzunehmenden Rentenbetrages dürfte von einem Mindestbetrag von monatlich 100 EUR auszugehen sein. Abzulehnen ist die Gewährung einer Schmerzensgeldrente lediglich in Höhe von 25 EUR bis 50 EUR monatlich.[343]

356 Als Richtgröße zur möglichen Zuerkennung einer Rente kommt ein Betrag von 100.000,00 EUR in Betracht. Auch kann eine Grenze bei einer dauerhaften MdE von mindestens 40 % als Richtgröße genannt werden.[344]

Stirbt der Verletzte, der Rentenzahlung begehrt, während des Rechtsstreites, so kommt Rente nicht mehr in Betracht. Der sich ergebende Kapitalbetrag steht dann den Erben zu.[345]

Eine Dynamisierung des Betrages der Schmerzensgeldrente ist nach BGH zu verneinen.[346]

357 Die denkbare und prozessual mögliche Abänderungsmöglichkeit der Schmerzensgeldrente nach § 323 ZPO wird in Rechtsprechung und Literatur abgelehnt.[347] Zu denken ist aber auch an die Möglichkeit, dass Zahlung einer Schmerzensgeldrente in einem Vergleich festgelegt wird. Es muss in einem solchen Fall auch möglich sein, eine Dynamisierung oder Koppelung an die Entwicklung der Lebenshaltungskosten zu vereinbaren.

358 **c) Die Entscheidung für Kapital und/oder Rente in der Praxis.** Grundsätzlich ist aufseiten des Verletzten zunächst zu prüfen, ob die Voraussetzungen für einen Anspruch auf Schmerzensgeldrente gegeben sind, also ob schwere und schwerste Verletzungen gegeben sind mit spürbaren bleibenden Folgen.

359 Sodann stellt sich die Frage, wenn die Anspruchsvoraussetzungen gegeben sind, ob und unter welchen Bedingungen eine Schmerzensgeldrente beansprucht werden sollte. Die Entscheidung dieser Frage muss sich an der Interessenlage des Verletzten orientieren. Einem älteren Menschen ist eher an einem Kapitalbetrag gelegen, während für jüngere Menschen je nach Lebenssituation der ggf. auch dynamisierte Rentenanspruch einen besseren Ausgleich für erlittene und bleibende Verletzungsfolgen bietet.

360 **d) Steuerrechtliche Aspekte.** Das als Kapitalbetrag gezahlte Schmerzensgeld ist nicht Einkommen und unterliegt daher nicht der Einkommens- oder Lohnsteuer.[348] Jedoch sind steuerpflichtig Zinsen, die aus einem Schmerzensgeldbetrag erwirtschaftet werden.[349] Ebenso wie die Steuerfreiheit der Mehrbedarfsrente zu bejahen ist, ist auch davon auszugehen, dass die Schmerzensgeldrente nicht steuerpflichtig ist.[350]

Zinsen aus dem angelegten Schmerzensgeldkapital sind dann nicht als Einkommen zu berücksichtigen, wenn sie die Grundrente nach § 31 BVG nicht überschreiten.[351]

Als Kapitalbetrag gezahlte Schmerzensgelder sind kein Einkommen und daher weder einkommen- noch lohnsteuerpflichtig.[352]

---

[343] *Jaeger/Luckey* Teil 1 Rn. 131.
[344] *Geigel* Kap. 7 Rn. 20.
[345] *Jaeger/Luckey* Teil 1 Rn. 133; *Geigel* Kap. 7 Rn. 20.
[346] BGH NJW 1973, 1653; BGB VersR 1973, 1067.
[347] AA *Küppersbusch/Höher* Rn. 301.
[348] *Heß* zfs 2001, 532 (534); *Jaeger/Luckey* Teil 1 Rn. 231.
[349] *Jaeger/Luckey* Teil 1 Rn. 230.
[350] BFH NJW 1995, 1238 ff.; *Heß* zfs 2001, 532 (534); ebenso van *Bühren/Lemcke/Jahnke/Jahnke* Teil 4 Rn. 784.
[351] *Jaeger/Luckey* Teil 1 Rn. 222 und Rn. 231.
[352] Vgl. auch *Böhme/Biela* Kap. 7 Rn. 4.

9. Schmerzensgeld und erbrechtliche sowie familienrechtliche Aspekte

a) Erbrecht. Der Anspruch auf Schmerzensgeld ist ohne Einschränkung übertragbar, vererblich, pfändbar und verpfändbar.[353] Die Vererblichkeit beruht auf einer gesetzlichen Regelung, die ab 1.7.1990 in Kraft ist. Diese Regelung gilt auch für alle Schadenfälle, in denen der Verletzte zum Zeitpunkt des In-Kraft-Tretens, also zum 1.7.1990, noch gelebt hat. 361

Zur Vererblichkeit eines Rentenanspruches ist anzumerken, dass ein Rentenanspruch zu versagen ist, wenn der Verletzte während eines Rechtsstreites stirbt. In diesem Fall steht den Erben nur der sich ergebende Kapitalbetrag zu.[354] 362

b) Familienrechtliche Aspekte/Zugewinnausgleich. Ein Schmerzensgeldbetrag, der an einen Ehegatten gezahlt wird, fällt vorbehaltlich der Härteregelung des § 1381 BGB in den Zugewinn.[355] 363

Eine Ausnahme von dem Grundsatz, dass ein Schmerzensgeldbetrag in den Zugewinn fällt, kommt in Betracht gemäß § 1381 BGB, also wenn der Ausgleich des Zugewinns nach den Umständen des Falles grob unbillig wäre. Dies ist sicherlich dann zu bejahen, wenn der Schmerzensgeldanspruch resultiert aus einem Anspruch gegen den anderen Ehegatten, etwa der den Unfall schuldhaft verursacht hat. 364

Der Gesetzgeber sieht sich derzeit zu einer grundlegenden Änderung der Rechtslage zum Thema Zugewinnausgleich und Schmerzensgeld nicht veranlasst.[356]

Das Schmerzensgeld selbst ist höchstpersönlich und stellt kein für Unterhaltszwecke einsetzbares Einkommen dar.[357]

10. Der Schmerzensgeldanspruch im Prozess

a) Allgemeines. Die Geltendmachung des Schmerzensgeldanspruches ist auch einzuordnen in den Bereich des Kraftschadenprozesses. Die sich hierzu ergebenden Fragen werden dargestellt nachfolgend in § 37. 365

Bei der prozessualen Geltendmachung eines Schmerzensgeldanspruches ergeben sich jedoch in nicht geringem Umfang Besonderheiten, die nachfolgend dargestellt werden.

Hinzuweisen ist auch auf die dem Verletzten oder seinem Erben gegebene Möglichkeit, im Adhäsionsverfahren gemäß §§ 403 ff. StPO die Ansprüche auf Schadenersatz und damit auch auf Schmerzensgeld geltend zu machen.[358] 366

b) Der Schmerzensgeldanspruch als einheitlicher Anspruch. Es ist von dem Grundsatz auszugehen, dass der Anspruch auf Schmerzensgeld, sei es als Kapitalbetrag und/oder Rente, ein einheitlicher Anspruch ist. Er kann grundsätzlich nicht willkürlich in mehrere Teilbeträge aufgeteilt werden. Dies berührt die Frage der Zulässigkeit einer Klage. 367

Eine Begrenzung des Anspruches auf den Zeitpunkt der letzten mündlichen Verhandlung ist nur ausnahmsweise zulässig, wenn die Schadenentwicklung noch nicht abgeschlossen und überschaubar ist.[359] 368

c) Die Parteien des Schmerzensgeldprozesses. Kläger ist in der Regel der Verletzte selbst. Gegen eine Abtretung des Anspruches und damit gegen die Klage eines Dritten bestehen rechtlich keine Bedenken. Auch kommt in Betracht, dass der Erbe oder die Erben aufgrund der Erbenstellung klagen. Insoweit ist auch eine Abtretung der Erben untereinander möglich. Die Aktivlegitimation ist zu belegen durch den Nachweis der Erbenstellung, also durch Vorlage des Erbscheins oder der entsprechenden letztwilligen Verfügung. 369

Zu denken ist auch an die Besonderheit, dass für einen Erben auch ein eigener Anspruch in Betracht kommen kann, etwa der Anspruch auf Schmerzensgeld aufgrund eines erlittenen Schocks.

---

[353] BGH NJW 1995, 783.
[354] *Jaeger/Luckey* Teil 1 Rn. 133.
[355] *Jaeger/Luckey* Teil 1 Rn. 224 unter Hinweis auf van Bühren//Lemcke/Jahnke/*Jahnke* Teil 4 Rn. 262; BGH VersR 1981, 219.
[356] *Jaeger/Luckey* Teil 1 Rn. 224, speziell Fußnote 367.
[357] *Jaeger/Luckey* Teil 1 Rn. 225.
[358] *Jaeger/Luckey* Teil 1 Rn. 1390 ff.
[359] BGH NJW 2004, 1243.

370 Die Klage auf Schmerzensgeld ist gegen den Schädiger zu richten. Beruht der Körperschaden auf einem Verkehrsunfall, müssen in der Regel Fahrer, Halter und Versicherer als Gesamtschuldner verklagt werden. Dies gilt auch, wenn die Haftung ausschließlich aus Gefährdungshaftung gemäß StVG hergeleitet wird. Dies gilt jedoch nur für Unfälle, die sich nach dem 31.7.2002 ereignet haben.[360]

371 **d) Der Antrag auf Schmerzensgeld als Kapital und/oder Rente.** Die Zulässigkeit eines unbezifferten Antrages ist nach § 253 Abs. 2 Nr. 2 ZPO zu beurteilen. Ausreichend ist die Angabe einer Größenordnung des Schmerzensgeldes.[361] Auch ist es möglich, einen Mindestbetrag anzugeben oder auch nur die ungefähre Größenordnung eines Betrages.

372 Durch die Angabe eines Mindestbetrages oder der ungefähren Größenordnung eines Betrages erfolgt keine Begrenzung. Das Gericht kann auch bei einem unbezifferten Antrag, bei dem die Höhe des Schmerzensgeldes in das Ermessen des Gerichtes gestellt wird gemäß § 308 ZPO, einen wesentlich höheren Betrag zuerkennen.

373 Umgekehrt ergibt sich aufseiten des Anspruchstellers und Klägers ein Kostenrisiko, wenn das Gericht bei einem angegebenen Mindestbetrag diesen unterschreitet. In einem solchen Fall ist nämlich die Klage teilweise abzuweisen. Das Gericht kann jedoch zugunsten des Klägers die Regelung des § 92 Abs. 2 ZPO berücksichtigen.

Die gleichen Grundsätze zur Bezifferung des Klageantrages sind auch auf die Geltendmachung eines Rentenanspruches zu übertragen.

Auch ist daran zu denken, dass der Rentenanspruch in Form eines Hilfsantrages verfolgt werden kann.

374 **e) Entscheidung auf Schmerzensgeld durch Grundurteil.** Ein Gericht darf über einen geltend gemachten Schmerzensgeldanspruch durch Grundurteil entscheiden.

Als Voraussetzung für den Erlass eines Grundurteils reicht es aus, wenn sich der Mitverschuldensanteil erst aus den Entscheidungsgründen ergibt.[362]

375 **f) Schmerzensgeldantrag und Rechtsmittelinstanz.** Der prozessuale Nutzen eines unbezifferten Klageantrages mit Angabe einer Mindestvorstellung für das Kostenrisiko hat aber auch umgekehrt wieder den Nachteil, dass bei Zuerkennung des genannten Mindestbetrages oder wenn das Gericht einen Betrag zuspricht, der den geäußerten Vorstellungen des Klägers entspricht, für ein Rechtsmittel eine Beschwer entfällt, sodass ein Rechtsmittel nicht mehr zulässig ist. Eine Beschwer des Klägers ist nur dann gegeben, wenn der von ihm genannte Mindestbetrag unterschritten wird.[363]

Auch ist denkbar, dass in der Berufungsinstanz noch neben Kapital ein Anspruch auf Rente geltend gemacht wird.

376 Das Berufungsgericht muss auch nach dem neuen Rechtsmittelrecht die Schmerzensgeldbemessung überprüfen. Es darf sich nicht auf eine Überprüfung des Ermessens der Vorinstanz beschränken.[364]

377 **g) Der Zinsanspruch.** Auch auf den Schmerzensgeldbetrag als Kapital können Zinsen in gesetzlicher Höhe beansprucht werden, also 5 % über dem Basiszinssatz gemäß § 247 Abs. 1 BGB. Zinsen können grundsätzlich von der Rechtshängigkeit an beansprucht werden. Notwendig ist jedoch ein Antrag in der Klage.[365] Dies gilt auch bei unbeziffertem Klageantrag.[366]

378 Zinsen auf Schmerzensgeld werden geschuldet mit Verzug des Schädigers, jedenfalls mit Rechtshängigkeit. Verzug tritt jedoch nur ein, wenn der geforderte Schmerzensgeldbetrag realistisch und nicht (erheblich) überzogen ist. Die Zinspflicht gilt für das gesamte Schmer-

---

[360] *Jaeger/Luckey* Teil 1 Rn. 1460.
[361] St. Rspr. des BGH, zuletzt BGH DAR 1992, 56; OLG Düsseldorf zfs 1991, 242.
[362] BGH NJW 2006, 2110.
[363] BGH NZV 1999, 204 = VersR 1999, 902 mwN; vgl. auch *Küppersbusch/Höher* Rn. 314.
[364] BGH NJW 2006, 1589.
[365] *Küppersbusch/Höher* Rn. 318.
[366] BGH NJW 1965, 531.

zensgeld auch dann, wenn die Höhe in das Ermessen des Gerichtes gestellt wird und das Gericht über den genannten Minderbetrag hinausgeht.[367]
Es kann festgestellt werden, dass diese Position häufig nicht geltend gemacht wird. Dies stellt für den Anwalt eine Regressfalle dar.

h) **Fragen der Rechtskraft.** Wird der geltend gemachte Anspruch auf Schmerzensgeld, sei es in Form eines Kapitalbetrages oder einer Rente, zugesprochen, erstreckt sich die Rechtskraft des Urteils auf alle Verletzungsfolgen, die bereits eingetreten und objektiv erkennbar waren oder deren Eintritt jedenfalls vorhersehbar war und berücksichtigt werden konnte.[368]

Auszugehen ist davon, dass die Erkennbarkeit nach objektiven Gesichtspunkten zu beurteilen ist. Ein weiteres Schmerzensgeld kann nur für solche Spätfolgen verlangt werden, mit denen bei Schluss der mündlichen Verhandlung nicht oder nicht ernstlich zu rechnen war und die daher bei der Schmerzensgeldbemessung keine Berücksichtigung finden konnten.[369] Auch ist hinsichtlich der Spätfolgen eine Feststellungsklage zulässig.[370] Gleiches gilt gegenüber einem gerichtlichen Vergleich.[371]

Zu beachten ist, dass mit einem unbeschränkten Schmerzensgeldanspruch alle diejenigen Schadenfolgen abgegolten werden, die entweder bereits eingetreten und objektiv erkennbar waren oder deren Eintritt jedenfalls vorhergesehen und bei der Entscheidung berücksichtigt werden konnten.[372]

i) **Abänderung einer Schmerzensgeldrente.** In der Praxis stellt sich häufig die Frage, ob nach einer Schadenregulierung bzw. vereinbarten Abfindung ein Schmerzensgeldbetrag oder eine Schmerzensgeldrente abgeändert werden kann. So hat der BGH[373] entschieden, dass eine Schmerzensgeldrente im Hinblick auf den gestiegenen Lebenshaltungskostenindex abgeändert werden kann, wenn eine Abwägung aller Umstände des Einzelfalles ergibt, dass die bisher gezahlte Rente ihre Funktion eines billigen Schadenausgleichs nicht erfüllt. Eine unter 25 % liegende Steigerung der Lebenshaltungskosten rechtfertigt eine Abänderung nicht, wenn nicht besondere Umstände vorliegen.

Besteht die konkrete Möglichkeit des Eintritts eines weiteren letztlich noch nicht absehbaren Schadens im Rahmen eines Schmerzensgeldanspruchs, besteht die Möglichkeit der Erhebung einer offenen Teilklage.[374]

j) **Prozesskostenhilfe trotz Schmerzensgeldguthabens.** Ein Guthaben aus Schmerzensgeldzahlung hindert nicht die Zubilligung der Prozesskostenhilfe. Das Bundesverwaltungsgericht hat dem Kläger Prozesskostenhilfe bewilligt, obwohl dieser über ein Bankguthaben von 95.000 EUR verfügt. Das Geld stammt aus einer Schmerzensgeldzahlung.[375]

11. Speziell: der Zinsanspruch bei verzögerter Regulierung

Auch auf das Schmerzensgeld ist bei Verzug des Schädigers ein Anspruch auf Zinsen gegeben. Es ist davon auszugehen, dass Verzug nur eintritt, wenn der geforderte Schmerzensgeldbetrag realistisch und nicht (erheblich) überzogen ist.[376]

a) **Der Zinsanspruch.** Jedenfalls ist ein Zinsanspruch geltend zu machen bei Rechtshängigkeit des Anspruches. Der Zinsanspruch entspricht dem gesetzlichen Zinsanspruch, also 5 % über dem Basiszinssatz.

Bei verzögerter Regulierung und längerem Prozessverfahren kann sich insoweit ein erheblicher Betrag ergeben. In diesem Zusammenhang muss gesehen werden, dass gerade Versi-

---

[367] *Jaeger/Luckey* Teil 1 Rn. 227.
[368] *Küppersbusch/Höher* Rn. 316 unter Hinweis auf Rspr. (Fn. 151 bis 155).
[369] OLG Hamm VersR 1998, 730.
[370] BGH VersR 2001, 876.
[371] OLG Hamm r+s 2001, 505.
[372] BGH SVR 2006, 335.
[373] NZV 2007, 450 = r+s 2007, 391 = NJW-Spezial 2007, 306; BGH zfs 2006, 381.
[374] OLG Brandenburg Urt. v. 30.8.2007 – 12 U 55/07, Zitat VRR 12/07, 468.
[375] BVerwG NJW-Spezial 2011, 681.
[376] *Jaeger/Luckey* Teil 1 Rn. 227.

cherer sorgfältig darauf achten, nicht noch zusätzlich durch einen hohen Zinsschaden belastet zu sein.[377]

388 **b) Zinsanspruch im Prozess.** Nicht selten wird die Geltendmachung eines Zinsantrages im Prozess versäumt. Nach OLG Köln[378] muss das Gericht hierauf nicht aufmerksam machen. Die gegenteilige Ansicht von *Jaeger/Luckey* verkennt, dass der Zivilprozess kein Offizialverfahren ist. Vielmehr ist es Pflicht des Anwaltes, den Zinsanspruch geltend zu machen. Das Unterlassen eines solchen Antrages kann einen Regressanspruch gegen einen Anwalt begründen.[379]

12. Besteuerung des Schmerzensgeldes

389 Der als Kapital gezahlte Schmerzensgeldbetrag ist nicht Einkommen und daher nicht einkommens- oder lohnsteuerpflichtig.[380]

Nach *Jaeger/Luckey*[381] sollen Zinsen, die auf den Schmerzensgeldbetrag gezahlt werden, steuerpflichtig sein wie auch erwirtschaftete Zinsen aus dem Kapitalbetrag steuerpflichtig sind.

Nach der Rechtsprechung des BFH zur Steuerfreiheit der Mehrbedarfsrente dürfte auch die Schmerzensgeldrente nicht steuerpflichtig sein.[382]

13. Verjährung

390 **a) Gesetzliche Regelung.** Das Verjährungsrecht ist durch das Schuldrechtsmodernisierungsgesetz umfassend reformiert worden. Die regelmäßige Verjährungsfrist beträgt nunmehr gemäß § 195 BGB nF nicht mehr 30, sondern lediglich 3 Jahre. Gemäß § 199 Abs. 1 BGB nF beginnt die Verjährung am Ende des Jahres, in dem der Anspruch entstanden ist und der Gläubiger von den den Anspruch begründenden Umständen und der Person des Schuldners Kenntnis erlangt hat oder ohne grobe Fahrlässigkeit hätte erlangen müssen. Hierbei ist die Kenntnis von der Schadenhöhe nicht erforderlich. Die Regelungen der §§ 195, 199 BGB nF knüpfen nicht mehr allein an die Entstehung des Anspruches, also nicht mehr an objektiven Fakten, an, sondern an subjektiven Kriterien, nämlich der Kenntnis oder grob fahrlässigen Unkenntnis.[383]

391 **b) Besonderheiten der Verjährungsfrist.** *aa) 30-jährige Verjährungsfrist bei Feststellungsurteil.* Nach § 197 Abs. 1 Ziff. 3 BGB verjähren rechtskräftig festgestellte Ansprüche in 30 Jahren. Dies gilt auch für ein Feststellungsurteil, dass nur allgemein die Ersatzpflicht des Schädigers ausspricht.[384] Diese Verjährungsfrist muss jedoch differenziert gesehen werden. Soweit das Feststellungsurteil wiederkehrende Leistungen betrifft, also zB Erwerbsschaden, vermehrte Bedürfnisse, entgangener Unterhalt oder Schmerzensgeldrente, tritt an die Stelle der 30-jährigen Verjährungsfrist gemäß § 197 Abs. 2 BGB die regelmäßige Verjährungsfrist von 3 Jahren.

Auf den Lauf der Frist finden die üblichen Gründe für Hemmung oder Neubeginn Anwendung.[385]

392 *bb) Vertragliche Verlängerung der Verjährungsfrist.* Die Verjährungsfrist kann gemäß § 202 Abs. 2 BGB vertraglich bis zu 30 Jahren verlängert werden, soweit die Ansprüche nicht auf einer vorsätzlichen Tat beruhen.

---

[377] Vgl. auch *Jaeger/Luckey* Teil 1 Rn. 229.
[378] VersR 1972, 1150.
[379] In dem vom OLG Köln VersR 1972, 1150 entschiedenen Fall ergab sich aus dem Zinsrückstand ein Zinsanspruch wegen der langen Rechtshängigkeit ein Betrag von 15.000 EUR (im Urteil noch 30.000 DM); vgl. hierzu auch *Jaeger/Luckey* Teil 1 Rn. 229.
[380] BFH Urt. v. 29.10.1963 – VI 290/62 U, NJW 1964, 774.
[381] *Jaeger/Luckey* Teil 1 Rn. 230.
[382] BFH NJW 1995, 1238.
[383] *Jaeger/Luckey* Teil 1 Rn. 233; vgl. auch *Küppersbusch/Höher* Rn. 782.
[384] *Küppersbusch/Höher* Rn. 784 unter Hinweis auf Rspr.
[385] Vgl. hierzu und speziell Verjährungsfrist für Spätschäden *Küppersbusch/Höher* Rn. 784.

cc) 30-jährige Verjährungsfrist bei konstitutivem Anerkenntnis. Ein konstitutives Aner- 393
kenntnis begründet eine 30-jährige Verjährungsfrist. Jedoch ist zu beachten, dass im Zweifel
ein deklaratorisches Anerkenntnis vorliegt.

c) Hemmung der Verjährung. *aa) Hemmung durch Rechtsverfolgung gemäß § 204 BGB.* 394
Der Schmerzensgeldanspruch ist im Verhältnis zum Anspruch auf Ersatz des materiellen Scha-
dens ein rechtlich selbstständiger Anspruch. Dies hat Bedeutung für die Verjährung mit der
Folge, dass die Erhebung einer Klage auf Ersatz des Vermögensschadens die Verjährung des
Schmerzensgeldanspruches nicht hemmt. Eine einheitliche Verjährung ist nur gegeben, wenn
die Leistungsklage auf Ersatz von Vermögensschaden und immateriellen Schaden gerichtet ist.
Durch die Erhebung einer Klage auf Zahlung eines unbezifferten Schmerzensgeldanspruches wird die Verjährung gehemmt.[386]
Auch ist zu beachten, dass die Verjährung im Ganzen nicht gehemmt wird durch die Er-
hebung einer Teilklage.
Für die Praxis ist bei einer inhaltlich begrenzten Leistungsklage (Teilklage) zu beachten,
dass eine zusätzliche Feststellungsklage zu empfehlen ist.

bb) Hemmung nach Pflichtversicherungsgesetz. Gemäß § 3 Nr. 3 S. 3 PflVG ist die Ver- 395
jährungsfrist nach Anmeldung der Ansprüche an den Versicherer gehemmt bis zu dessen
schriftlicher Entscheidung.

Werden Verhandlungen wiederaufgenommen, kann hierdurch der Lauf der Verjährungs- 396
frist erneut gehemmt werden. Auch bleibt die Verjährung gehemmt wegen schwebender
Vergleichsverhandlungen.[387]

cc) Hemmung der Verjährung aus familiären und ähnlichen Gründen. In der Praxis we- 397
nig beachtet ist die besondere Regelung des § 207 BGB. Diese Regelung wird in der Praxis
häufig übersehen. Die Regelung des § 207 BGB, die die Regelung der Hemmung aus familiären Gründen betrifft, beinhaltet, dass zwischen Ehegatten die Verjährung von Schadenersatzansprüchen gehemmt ist, solange die Ehe besteht. Diese Regelung gilt auch für eingetragene gleichgeschlechtliche Lebenspartner, solange die Lebenspartnerschaft besteht.[388] Der
gleiche Hemmungstatbestand ist gegeben bei Ansprüchen zwischen Eltern und Kindern
während der Minderjährigkeit der Kinder.
Die Hemmung des § 207 BGB gilt auch für Ansprüche gegen die Kraftfahrthaftpflichtversicherung des Familienangehörigen[389] und ebenso für die eingetragene Lebenspartnerschaft.

IX. Entschädigungs- und Leistungsansprüche gegenüber sozialen Leistungsträgern und privaten Versicherungen

1. Die Beteiligung von sozialen Leistungsträgern

a) Straßenverkehrshaftungsrecht und Sozialrecht. *aa) Der Anspruch auf „soziale Entschä-* 398
digung bei Gesundheitsschäden". Auch bei der Abwicklung von Ansprüchen aus Anlass eines Straßenverkehrsunfalls kommen für den Geschädigten nicht nur Ansprüche gegenüber
dem Schädiger und dessen Haftpflichtversicherung in Betracht. Vielmehr ist auch daran zu
denken, dass für den Geschädigten und für Angehörige bzw. Hinterbliebene Ansprüche auf
soziale Leistungen in Betracht kommen.[390]

§ 5 SGB I begründet unter der Überschrift „Soziale Entschädigung bei Gesundheitsschä- 399
den" ein Recht auf Sozialleistungen für denjenigen, der einen Gesundheitsschaden erleidet,
für dessen Folgen die staatliche Gemeinschaft in Abgeltung eines besonderen Opfers oder
aus anderen Gründen nach versorgungsrechtlichen Grundsätzen einsteht.[391]

---

[386] Zur Problematik der Verjährung bei unbeziffertem Schmerzensgeldanspruch und der Geltendmachung eines höheren Schmerzensgeldanspruches in der Berufungsinstanz vgl. *Jaeger/Luckey* Teil 1 Rn. 263.
[387] *Jaeger/Luckey* Teil 1 Rn. 276, 277.
[388] *Küppersbusch/Höher* Rn. 812 Fn. 134.
[389] BGH VersR 1987, 561.
[390] Vgl. hierzu ausführlich *Plageman/Probst* DAR 2012, 61; vgl. auch *Marburger* NZV 2011, 477.
[391] Vgl. hierzu ausführlich mit Übersicht über die für das soziale Entschädigungsrecht maßgebenden Gesetze MAH SozialR/*Plagemann* § 32 Rn. 4.

400 bb) *Die sozialrechtlichen Leistungsbereiche.* Weiter kommen Ansprüche in weiteren sozialrechtlichen Leistungsbereichen in Betracht, die in den einzelnen Sozialgesetzbüchern geregelt sind. Hierbei handelt es sich um
- Sozialgesetzbuch (SGB), Zweites Buch (II) – Grundsicherung für Arbeitssuchende[392]
- Sozialgesetzbuch – gesetzliche Krankenversicherung (SGB V)
- gesetzliche Rentenversicherung (SGB VI)
- gesetzliche Unfallversicherung (SGB VII)
- soziale Pflegeversicherung (SGB XI).[393]

401 Zu den einzelnen Leistungsansprüchen ist zu verweisen auf die diesbezügliche Spezialliteratur zum Sozialgesetzbuch (SGB), Zweites Buch (II): *Löschau/Marschner* und im Übrigen insbesondere auf *Plagemann,* Münchener Anwaltshandbuch Sozialrecht.

402 *cc) Der Regress des Sozialversicherungsträgers.* Zu vergegenwärtigen ist, dass bei Leistungsansprüchen gegenüber sozialen Leistungsträgern diese gegenüber dem Schädiger im Rahmen der gegebenen Verantwortlichkeit Regressansprüche haben. Nach § 116 Abs. 1 S. 1 SGB X[394] geht ein auf anderen gesetzlichen Vorschriften beruhender Anspruch eines Versicherten auf Ersatz seines Schadens insoweit auf den Träger der Sozialversicherung (SVT) über, als dieser nach sozialrechtlichen Vorschriften Leistungen zu gewähren hat. Begrenzt ist der Regress einerseits durch die Höhe der erbrachten Leistungen und zum anderen durch die Höhe des Schadenersatzanspruchs des Versicherten. Die Legalzession bezweckt eine Doppelentschädigung des Versicherten oder seiner Hinterbliebenen zu vermeiden, ohne den Schädiger zu entlasten. Die Leistungen des SVT sollen dem Schädiger nicht zugute kommen.[395]

403 **b) Der Anspruch auf Ausgleich von Beitragslücken.** Der Schädiger hat dem Verletzten auch den Schaden auszugleichen, der dadurch entsteht, dass Beiträge zur Sozialversicherung nicht abgeführt werden. Grundsätzlich hat der Geschädigte einen Anspruch darauf, dass Beitragslücken, die dadurch entstehen, dass unfallbedingt Sozialversicherungsbeiträge nicht abgeführt werden, ausgeglichen werden.[396] Dieser Anspruch entsteht nicht erst im Versicherungsfall, also zu dem Zeitpunkt, zu dem sich Ansprüche auf Leistungen aus der Sozialversicherung ergeben, sondern dieser Anspruch entsteht grundsätzlich im Zeitpunkt des Schadenereignisses. Es ist jedoch nach dem Unfallzeitpunkt zu differenzieren. Einen Anspruch gegen den Schädiger hat der Geschädigte dann nicht, wenn er eine so genannte „unfallfeste Position" erlangt hat. Diese entsteht (nach RVO-Rechtslage), wenn die Wartezeit (§ 25 Abs. 7 AVG bzw. § 1248 Abs. 7 RVO) gegeben und die so genannte Halbbelegung nach § 36 Abs. 3 AVG bzw. § 1259 Abs. 3 RVO erreicht ist.[397]

2. Beratungspflicht

404 Auch soweit private Versicherungen bestehen, ist an die sich hieraus ergebenden Leistungsansprüche zu denken. Jedenfalls gehört es zu den Pflichten des mit einer Unfallregulierung befassten Anwaltes zu klären, ob und ggf. welche privaten Versicherungen bestehen und welche Ansprüche in Betracht kommen. Insbesondere ist hier auch an die notwendige Beratung über Obliegenheiten und die Beachtung von Fristen zu denken.

3. Beachtung der Leistungsansprüche gegenüber sozialen Leistungsträgern

405 Bei der Abwicklung von Ansprüchen aufgrund Personenschadens aus Anlass eines Verkehrsunfalls ist es wichtig, Ansprüche auf Sozialleistungen zu beachten und geltend zu

---

[392] BGBl. I 2954 v. 24.12.2003, verkündet als Art. 1 des Vierten Gesetzes für moderne Dienstleistungen am Arbeitsmarkt vom 24.12.2003 (BGBl. I 2954), zuletzt geändert durch Siebtes Gesetz zur Änderung des Dritten Buches Sozialgesetzbuch und anderer Gesetze vom 8.4.2008, BGBl. I 2008, 681.
[393] Vgl. im Übrigen MAH SozialR/*Plagemann* Teil A. Das sozialrechtliche Mandat, § 1 Tabellarischer Überblick über das Sozialrecht.
[394] Diese Bestimmung, die den § 1543 RVO abgelöst hat, gilt für Schadenfälle ab 1.7.1983.
[395] *Küppersbusch/Höher* Rn. 577, 578.
[396] BGHZ 67, 330, 331; BGH NJW 1994, 131; vgl. auch *Berz/Burmann* 6 D Rn. 43.
[397] BGH NJW 1987, 3179 = VersR 1987, 1048; vgl. hierzu ausführlich *Berz/Burmann* 6 D Rn. 45.

machen. Nachfolgend wird eine Übersicht geboten über die in Betracht kommenden Ansprüche.[398]

Übersicht:
- Anspruch auf Leistungen der gesetzlichen Krankenversicherung, SGB V
  – Anspruch auf medizinische (ambulante oder stationäre) Leistungen als Sachleistung, also Krankenbehandlung
  – Ein Anspruch gegenüber der gesetzlichen Krankenversicherung besteht nicht, wenn Leistungen als Folge eines Arbeitsunfalls von der Berufsgenossenschaft zu erbringen sind.
  – Der Verletzte muss sich gegenüber dem Schädiger, was Art und Umfang der Heilbehandlung angeht, grundsätzlich auf Leistungen der GKV verweisen lassen.
- Krankengeld, § 44 SGB V
- Erwerbsminderungsrente, § 43 SGB VI.
  – Bei Verkehrsunfällen mit schweren langwierigen Personenschäden kommt ein Anspruch auf teilweise bzw. volle Erwerbsminderungsrente in Betracht.
- Speziell Arbeitsunfall
  – Leistungspflicht der BG[399]
- Persönliches Budget, § 17 SGB IX
- Häusliche und stationäre Pflege, SGB XI
  – Gemäß § 44 SGB XI, 2 Abs. 1, Nr. 17 SGB VII besteht Unfallversicherungsschutz für Pflegepersonen, wenn die mit der Pflege befasste „Pflegeperson" bei der Pflege einen Körperschaden erleidet.
- Anspruch auf Grundsicherung für Langzeitarbeitslose, SGB II (Neufassung BGBl. I 2011, 850).

4. Voraussetzungen des Rechtsübergangs/Regress des Sozialversicherungsträgers

a) Sozialrechtliche Leistungen. Voraussetzung für den Regressanspruch des Sozialversicherungsträgers ist, dass Leistungen erbracht wurden, die im SGB gesetzlich vorgesehen sind. In Betracht kommen auch Leistungen an freiwillig Versicherte. Dies ist auch gegeben bei freiwilliger Versicherung und einer auf Satzung beruhenden Leistung (zB einer Ersatzkasse).[400] Weitere Voraussetzung ist, dass die Leistung des SVT infolge eines Unfalls erbracht worden ist.[401]

In dem Fall, in dem der Verletzte selbst die Heilbehandlungskosten trägt, weil er etwa Privatbehandlung gewünscht hat, also keine kassenärztliche Leistung in Anspruch nimmt, findet ein Übergang auf die Krankenkasse nicht statt.[402] In diesem Fall bleibt der Geschädigte hinsichtlich des Schadenersatzanspruches selbst aktivlegitimiert.

Dem SVT obliegt die Darlegungs- und Beweislast für die von ihm erbrachten Leistungen. Kosten für das Durchgangsarztverfahren der Berufsgenossenschaft fallen nur insoweit unter § 116 SGB X, als sie im Zusammenhang stehen mit einer Heilbehandlungsmaßnahme. In diesem Zusammenhang angefallene Rechtsanwaltskosten fallen nicht unter die Regelung des § 116 SGB X, da insoweit weder eine Leistung des SVT noch ein übergangsfähiger Schaden des Versicherten vorliegt.[403]

b) Die übergangsfähigen Ansprüche. Auf den SVT können übergehen Ansprüche aus Verschuldenshaftung (§§ 823 ff. BGB) sowie aus Gefährdungshaftung (§§ 7 ff. StVG, §§ 1 ff. HaftPflG), aber auch wegen positiver Vertragsverletzung. Auch der Amtshaftungsanspruch

---

[398] Vgl. ausführlich *Plagemann/Probst* DAR 2012, 61.
[399] Zum Überblick über die Leistungen der BG *Plagemann/Probst* aaO, 65.
[400] *Küppersbusch/Höher* Rn. 580.
[401] *Küppersbusch/Höher* Rn. 583; vgl. hier auch die Darstellung zu der Fallgestaltung, dass unfallursächliche und unfallunabhängige körperliche Beeinträchtigungen zusammentreffen.
[402] BGH VersR 1965, 161.
[403] *Küppersbusch/Höher* Rn. 586 unter Hinweis auf Rspr. (Fn. 17).

gemäß § 839 BGB geht grundsätzlich auf den SVT über. Im Hinblick auf die subsidiäre Haftung nach § 839 Abs. 1 S. 2 BGB ist die Leistung des SVT keine anderweitige Ersatzmöglichkeit im Sinne dieser Gesetzesbestimmung.

Zu dem auch im Straßenverkehrshaftungsrecht vorkommenden Anspruch der Geschäftsführung ohne Auftrag, also bei Hilfe im Unglücksfall, erfolgt keine Legalzession.

Ansprüche aus einer Unfallversicherung gehen nicht auf den SVT über.

Nicht erforderlich ist Identität zwischen Leistungserbringer und Schadenersatzberechtigtem, zB bei direkter Zahlung der Pflegekasse an eine Pflegekraft.[404]

410 Auf den Forderungsübergang finden die Regelungen der §§ 412, 399ff. BGB Anwendung. Dies hat zur Folge, dass dem Schädiger gegenüber dem SVT alle Einwendungen zustehen, die er auch gegenüber dem Geschädigten selbst gehabt hätte, also der Einwand der Mithaftung oder der Verstoß gegen die Schadensminderungspflicht.

411 Zu beachten ist auch die Besonderheit hinsichtlich der Verjährungsfrist. Diese beginnt zu Lasten des SVT erst zu laufen, wenn dessen zuständiger Bediensteter Kenntnis – oder grob fahrlässige Unkenntnis – vom Schadenfall und vom Schädiger erlangt hat.

412 c) Die zeitlichen Voraussetzungen des Rechtsübergangs. *aa) Die zeitlichen Bedingungen.* Es ist von dem Grundsatz auszugehen, dass sich der Übergang auf den SVT dem Grunde nach im Unfallzeitpunkt vollzieht,[405] jedoch unter folgenden Voraussetzungen:
- Zum Unfallzeitpunkt muss das Sozialversicherungsverhältnis bestanden haben.
- Die Leistungspflicht des SVT muss aufgrund des Personenschadens in Betracht kommen.
- Die Leistung des SVT muss gesetzlich vorgesehen sein.[406]

413 *bb) Der Umfang des Übergangs.* Der Rechtsübergang auf den SVT erfolgt grundsätzlich uneingeschränkt und unbefristet. Ausgehend vom Rechtsübergang im Unfallzeitpunkt umfasst dieser auch alle künftig zu erbringenden Leistungen.

414 *cc) Besonderheiten bei Vergleichsregelung.* Ein Vergleich, den der Geschädigte vor dem Rechtsübergang mit dem Schädiger geschlossen hat, muss der SVT sich entgegenhalten lassen.

Kommt die Leistungspflicht des SVT in Fortfall, fällt der Anspruch wieder zurück an den Geschädigten.[407]

415 d) Das Erfordernis der sachlichen und zeitlichen Kongruenz. *aa) Das Erfordernis sachlicher Kongruenz.* Erforderlich ist in sachlicher Hinsicht, dass die Leistung des SVT der „Behebung eines Schadens der gleichen Art" iSv § 116 Abs. 1 SGB X dient.

Sachliche Kongruenz besteht in der Regel für Leistungen des SVT für
- Heilungskosten
- vermehrte Bedürfnisse
- Erwerbsschaden
- Unterhaltsschaden
- Beerdigungskosten.

416 Die Einteilung nach Schadengruppen für die sachliche Kongruenz wird als „Gruppentheorie" bezeichnet. Dem gegenüber steht die Einführung der „relativen Theorie" durch § 116 Abs. 3 SGB X. Diese beinhaltet, dass der Geschädigte immer die Haftungsquote aus der Differenz zwischen dem Schaden und der Leistung des SVT erhält.[408]

417 *bb) Zeitliche Kongruenz.* Das Erfordernis zeitlicher Kongruenz beinhaltet, dass die Leistungen des SVT sich immer auf denselben Zeitraum beziehen müssen, für den Schadenersatzansprüche bestehen. Hierzu ergeben sich Besonderheiten bei der Abrechnung von Verdienstausfall in Bezug auf den Zeitraum, für den die Arbeitsleistung unfallbedingt ausfällt und somit Krankengeld gezahlt wird.

---

[404] *Küppersbusch/Höher* Rn. 588.
[405] BGH r+s 2011, 447.
[406] Vgl. hierzu und im Übrigen *Küppersbusch/Höher* Rn. 590.
[407] BGH NZV 1999, 158 = VersR 1999, 382 = r+s 1999, 510 m. Anm. *Lemcke.*
[408] Vgl. *Küppersbusch/Höher* Rn. 600, 601 sowie Übersicht über sachliche Kongruenz zu Schadensersatz und Leistung SVT (Rn. 602).

Eine Besonderheit gilt bei Abrechnung des Verdienstausfalls/Gewinns eines Selbstständigen. Hier ist abzustellen auf die Gewinnminderung bezogen auf das gesamte Jahr.

cc) Der Forderungsübergang bei anderen Sozialleistungen. Entfällt durch die Leistung des SVT eine andere Sozialleistung, wie etwa Kinderzuschuss oder Kinderzulage, ist der Regress des SVT beschränkt auf den übersteigenden Betrag der anderweitigen Sozialleistung.[409] 418

5. Ausschluss des Forderungsübergangs aufgrund des sog. „Familienprivilegs"

Die Regelung des § 116 VI SGB X sieht einen Ausschluss des Forderungsübergangs vor. Es geht hier um einen Ausschluss, durch den der Gesetzgeber vermeiden will, dass der Familienfrieden durch einen evtl. Forderungsübergang, also durch Geltendmachung von Schadenersatzansprüchen der Leistungsträger geschädigt wird. Das sog. „Familienprivileg" findet Anwendung bei Ansprüchen zwischen Familienangehörigen. Familienangehörige in diesem Sinne sind insbesondere Eheleute, Verwandte und Verschwägerte iSd §§ 1589, 1590 BGB. Gemäß § 1589 BGB sind Personen, von denen eine von der anderen abstammt, in gerader Linie verwandt. Personen, die nicht in gerader Linie verwandt sind, aber von derselben dritten Person abstammen, sind in der Seitenlinie miteinander verwandt. 419

Eine häusliche Gemeinschaft iSv § 116 VI SGB X ist dann gegeben, wenn die Lebensführung in einem gemeinsamen Haushalt, also in gemeinsamen Räumen mit wirtschaftlicher Einheit praktiziert wird. Wichtig ist: Ist der Forderungsübergang einmal ausgeschlossen, dann bleibt es dabei.[410] 420

6. Der Regress des Rentenversicherungsträgers wegen Beitragszahlung

a) Trägerbeiträge zur Rentner-Krankenversicherung. aa) Bei Rentenbezug. Bei Personen, die eine Rente beziehen, ergeben sich Besonderheiten hinsichtlich der Beiträge zur Krankenversicherung. Hier tragen Rentner und Rentenversicherungsträger die Beiträge je zur Hälfte. In der Abwicklung gestaltet sich dies so, dass der Rentenversicherungsträger (RVT) den gesamten Beitrag an die Krankenkasse zahlt, sich aber den Versicherungsanteil durch entsprechenden Abzug von der Rente wieder zurückholt. Der RVT hat gegen den Schädiger Anspruch auf Erstattung des Trägerbeitrags, soweit der Verletzte bzw. Rentner Schadenausgleich verlangt, soweit er belastet ist.[411] 421

bb) Besonderheiten bei Berufsunfall. Liegt ein Berufsunfall vor, so ist zu beachten, dass zwischen Erwerbsminderungsrente bzw. Verletztenrente und dem Ersatzanspruch des Rentners Kongruenz besteht. Grundsätzlich geht der Ersatzanspruch dann auf den RVT bzw. UVT über.[412] 422

b) Trägerbeiträge bei Tod, speziell bei Haushaltsführung. Ergeben sich im Hinblick auf die Haushaltsführung Belastungen mit Beiträgen zur Rentner-Krankenversicherung, hat der Berechtigte Anspruch auf Ausgleich. Dies gilt ebenso bei Tod eines Elternteils bei Erwerbstätigkeit beider Eltern. 423

Im Übrigen ist davon auszugehen, dass der Unterhaltsanspruch nicht die Sicherstellung des Krankenversicherungsschutzes umfasst, sodass insoweit Kongruenz nicht gegeben ist mit der Folge, dass hinsichtlich eines Unterhaltsanspruches kein Anspruch besteht auf Erstattung bzw. Übergang des Trägerbeitrages.[413] 424

c) Regress von Beiträgen bei Lohnersatzleistungen. aa) Allgemeines. Lohnersatzleistungen, also Entgeltzahlungen, unterliegen der Beitragspflicht zur Sozialversicherung. Die Beiträge werden durch den SVT getragen. Voraussetzung ist jedoch, dass 425
- der Verletzte im Unfallzeitpunkt rentenpflichtversichert ist
- oder derjenige, der nicht pflichtversichert ist, zu einem späteren Zeitpunkt dann erstmalig oder erneut rentenpflichtversichert wird

---

[409] *Küppersbusch/Höher* Rn. 606.
[410] *Marburger* NZV 2011, 477.
[411] Vgl. hierzu *Küppersbusch/Höher* Rn. 608 mit Abrechnungsbeispiel.
[412] *Küppersbusch/Höher* Rn. 609 mit Berechnungsbeispiel.
[413] Vgl. hierzu *Küppersbusch/Höher* Rn. 610 bis 615.

- oder im Unfallzeitpunkt nicht mehr pflichtversichert ist, aber irgendwann vor dem Unfallzeitpunkt bereits Pflichtversicherungsbeiträge in der gesetzlichen Rentenversicherung gezahlt hat.[414]

426 bb) *Der Forderungsübergang.* Auf den Rentenversicherungsträger geht die Forderung über ab dem Zeitpunkt der ersten Abführung der Rentenversicherungsbeiträge. Diese weitere Regelung des § 119 SGB X nF gilt rückwirkend auch für die vor dem 1.1.2001 vorgenommenen Schadenregulierungen, wenn über diese noch nicht abschließend entschieden wurde.[415]
In §§ 1 ff. SGB VI ist geregelt, welche Personen in der gesetzlichen Rentenversicherung versicherungspflichtig sind.[416]
Der Leistungsumfang zur Rentenversicherung richtet sich nach dem Ausfall derjenigen Rentenversicherungsbeiträge, die ohne den Unfall für den Verletzten geleistet worden wären.[417]

427 cc) *Forderungsübergang zu behinderungsbedingtem Mehrbedarf.* Der gesamte behinderungsbedingte Mehrbedarf des Verletzten gilt als eine einheitliche Schadenposition („Pflegebedarf") iSv § 843 BGB. Jedoch bleibt der Geschädigte nach der Rechtsprechung trotz des Übergangs seines Anspruchs auf den Sozialhilfeträger gegenüber dem Schädiger anspruchsberechtigt. Dies wird hergeleitet aus dem Zusammenspiel der Vorschriften des § 116 SGB X und des § 2 BSHG.[418]

428 dd) *Regress des Sozialversicherungsträgers und Schmerzensgeld.* Es ist von dem Grundsatz auszugehen, dass ein Sozialversicherungsträger wegen der von ihm erbrachten Aufwendungen bei Rückgriff nach § 110 SGB VII grundsätzlich auch auf den fiktiven Schmerzensgeldanspruch des Geschädigten gegen den nach den §§ 104 ff. SGB VII haftungsprivilegierten Schädiger zurückgreifen kann.[419]

X. Verhandlung, Kapitalisierung und Abfindungsvergleich

1. Die anzustrebende außergerichtliche Erledigung

429 Zum Thema der Regulierung von Ansprüchen für Schwerstverletzte muss der mit der Geltendmachung und Durchsetzung von Ansprüchen befasste Anwalt stets die Möglichkeit beachten, zu einer außergerichtlichen Regelung zu kommen. Hierfür spricht insbesondere auch die Erfahrung, dass gerichtliche Auseinandersetzungen sich häufig über viele Jahre, also über einen längeren Zeitraum hinziehen.

430 Dies hat die schwerwiegende Konsequenz, dass der Geschädigte, der als Laie die Rechtssituation kaum einschätzen kann, sehr betroffen ist. Dies kann zu negativen Persönlichkeitsentwicklungen und zu psychischen Schäden oder Depressionen führen.

2. Auch die Möglichkeit von Teilregulierungen beachten

431 Grundsätzlich kommt eine endgültige Abfindung nur in Betracht, wenn das Risiko zu der zu regulierenden Schadenposition oder zu den in Betracht kommenden Ansprüchen überschaubar ist und ebenso hierzu eine Prognose möglich ist.

---

[414] van Bühren/Luckey/Jahnke/*Jahnke* Teil 4 Rn. 1012; BGH Urt. v. 18.12.2007 – VI ZR 278/06, zfs 2008, 261; OLG Stuttgart r+s 2007, 127; LG Landshut Urt. v. 13.6.2006 – 55 O 2933/06, Spektrum für Versicherungsrecht 2008, 16 m. Anm. von *Furtmayr*.

[415] Vgl. hierzu Neufassung des § 119 SGB X durch das Vierte Euro-Einführungsgesetz vom 29.12.2000, BGBl. I 2000, 1983; BGH zfs 2007, 442.

[416] Vgl. hierzu van Bühren/Luckey Jahnke/*Jahnke* Teil 4 Rn. 1016.

[417] Vgl. hierzu ausführlich sowie zu Leistungsbeschränkung, Kongruenz van Bühren/Luckey/Jahnke/*Jahnke* Teil 4 Rn. 1017 ff.

[418] BGH NZV 2007, 33 (34) = zfs 2006, 618 unter Hinweis auf Literatur, *Heß/Burmann* NJW-Spezial 2006, 159.

[419] BGH r+s 2006, 479 = zfs 2007, 206 = DAR 2006, 631 = SVR 2007, 58 (in dem entschiedenen Fall handelte es sich um einen Unfall, den der Verletzte im Betrieb erlitten hatte und sich hierbei schwer verletzte). Diese Entscheidung erscheint problematisch im Hinblick auf die Haftungsprivilegierung beim Arbeitsunfall. Dies kann nämlich in der Konsequenz zur Aushöhlung der Haftungsprivilegierung führen, insbesondere auch in dem Fall, in dem soziale Leistungsträger Regress gegen den Unternehmer nehmen können.

Andererseits ist auch die Möglichkeit von Teilregulierungen zu beachten, zB zu den Bereichen Haushaltsführungsschaden oder Schmerzengeld, wenn der Grad der endgültig verbleibenden Verletzungsfolgen feststeht. In einem solchen Fall empfiehlt es sich, Teilregulierungen anzustreben.
Andererseits ist neben den vorgenannten Schadenpositionen in der Regel zum Erwerbsschaden oder zum Mehrbedarf eine abschließende Beurteilung nicht möglich.
Teilregulierungen bzw. Teilregelungen haben zudem noch den Vorteil, dass sich eine bessere Übersicht in der Abwicklung der Schadenangelegenheiten ergibt.
Wichtig ist, dass bei einer Teilregelung ein klarer Vorbehalt formuliert wird.

Formulierungsvorschlag:
Diese Teilregelung betrifft nur die Position(en) ...... Die Ansprüche aller übrigen Positionen sind von dieser Regelung nicht erfasst.

3. Der Abfindungsvergleich, ein Spezialthema

Die vorstehenden Ausführungen sollen nur als Hinweis dienen auf die Möglichkeit des Abfindungsvergleiches und insbesondere von möglichen Teilregulierungen.
Das Gesamtthema des Abfindungsvergleiches wird in einem besonderen Kapitel (§ 36) ausführlich dargestellt.

4. Kapitalisierung

Zum Thema Kapitalisierung wird verwiesen auf die Ausführungen in § 36 III sowie auf die Kapitalisierungstabelle, Anhang E.[420]

XI. Personenschadenmanagement – Case-Management – und Rehabilitation von im Straßenverkehr Schwerverletzten

Ausgangssituation ist, dass – laut Statistischem Bundesamt – neben mehr als 3.300 im Jahr 2013 getöteten Personen mehr als 370.000 Menschen verletzt wurden. Schwer verletzt wurden mehr als 64.000. Hervorzuheben ist, dass bei Straßenverkehrsunfällen nahezu 4.800 Kinder schwer verletzt wurden (zu statistischen Zahlen vgl. vorstehend Rn. 4–6). Dies ist als eine Herausforderung zu sehen, den so getroffenen Menschen und ihren Familien sowie Angehörigen mögliche Wege aufzuzeigen und Rehabilitation zu ermöglichen und diese Herausforderung bestmöglich zu managen.

1. Der Begriff Case-/Personenschadenmanagement sowie Reha-Management

a) **Case-/Personenschadenmanagement.** Der Begriff Case-Management ist laut *Goebel*[421] wie folgt definiert:
„Case-Management ist ein Prozess der Zusammenarbeit, in dessen Verlauf eingeschätzt, geplant, umgesetzt, koordiniert und überwacht wird, in dem aber auch Optionen und Dienstleistungen ermittelt werden, um den gesundheitlichen Bedarf eines Individuums mittels Kommunikation und mit den verfügbaren Leistungsressourcen auf qualitätsvolle und kostensparende Weise zu decken."
Aus der vorstehend wiedergegebenen Definition ergibt sich, dass der Schwerpunkt des Case-Managements im gesundheitlichen Sektor liegt.
Ausgehend davon, dass der Schwerpunkt des Case-Managements im gesundheitlichen Sektor liegt, leitet sich hieraus ab (in deutscher Sprache) der Begriff des Personenschadenmanagements.

---
[420] Vgl. auch *Deller/Gräfenstein* zfs 2014, 69.
[421] Ibv (Informationen für die Beratungs- und Vermittlungsdienste, Zeitschrift) 2000, 93 (94).

438 Das Case- bzw. Personenschadenmanagement beinhaltet die Durchführung von Reha-Maßnahmen, also das Reha-Management. Die Idee des Reha-Managements stammt aus dem angloamerikanischen Raum. Dort begannen bereits zu Beginn des 20. Jahrhunderts Mitarbeiter der Gesundheitsbehörden und Sozialarbeiter Angebote auf dem gesundheitlichen Gesundheitssektor zu koordinieren. Üblicherweise spricht man dort von „Case-Management".[422]

439 **b) Gründung selbstständiger Reha-Dienste in Deutschland.** Zunächst wurden im Bereich der gesetzlichen Unfallversicherung in Deutschland Rehabilitationen zentralisiert und optimiert. Diese Idee der Zentralisierung und Optimierung von Rehabilitationen wurde etwa ab Mitte der 90er Jahre zunächst von den Rückversicherern in Deutschland aufgegriffen. Diese gründeten selbstständige Reha-Dienste.[423] Die Rückversicherer betreuten im Auftrag der Erstversicherer die Rehabilitation von Schwerverletzten.

440 Ursprünglich beschränkte sich das Konzept des Case-Managements auf die medizinische Rehabilitation. Eine Ausweitung ergab sich auf eine vollwertige Reintegration des Geschädigten, und zwar über das medizinische Reha-Management hinaus zum beruflichen, sozialen sowie pflegerischen Management. Zwischenzeitlich sind auch erste private Reha-Dienste am europäischen Markt tätig. Deren Leistungsangebote decken sich weitestgehend mit denen der Reha-Dienste der Rückversicherer.[424]

441 Das Reha-Management wird inzwischen auch durch Haftpflichtversicherer initiiert und teilweise auch als aktives Fallmanagement durch eigene Mitarbeiter betrieben. Allein bei der Regulierung von Straßenverkehrsunfällen wurden bei der Allianz Versicherung AG in den letzten 10 Jahren ca. 3.500 Schadenfälle an den Reha-Dienstleister abgegeben.[425] In diesem Zusammenhang ist auch anzuführen, dass das Reha-Management bei Beteiligung der Haftpflichtversicherer auf die Erzielung einer „win-win-Situation" gerichtet ist.[426] Anzuführen und hervorzuheben ist, dass die Berufsgenossenschaften bereits seit mehr als 50 Jahren nach dem Prinzip handeln, „Reha vor Rente". Hier stellt sich die Frage, warum die privaten Versicherer so lange Zeit gebraucht haben, um die segensreichen Erfahrungen der Berufsgenossenschaften in ihrem eigenen Umfeld umzusetzen.

2. Bereiche und Arten des Reha-Managements

442 Es kann festgestellt werden, dass grundsätzlich 4 Tätigkeitsfelder für den Bereich des Reha-Managements zu unterscheiden sind, nämlich
- medizinisches Reha-Management
- Pflege-Management
- berufliches Reha-Management sowie
- Technik-Management.

443 Es ist jedoch zu vergegenwärtigen, dass zwischen den vorgenannten Bereichen in der Regel keine feste Grenze zu sehen ist, sondern die Tätigkeitsbereiche sind häufig ineinander fließend.[427]

444 Auch bei psychischen Störungen nach Verkehrsunfällen kommt die Implikation für das Personenschadenmanagement in Betracht. Umfangreiche Studien haben gezeigt, dass etwa ein Drittel der Opfer von Verkehrsunfällen mit schweren Personenschäden eine klinisch relevante psychische Störung entwickelten.[428]

445 **a) Medizinisches und soziales Reha-Management.** Das Medizin-Management beinhaltet in der Regel die Einholung von Einschätzungen zu Arztberichten und Gutachten sowie die

---

[422] Vgl. *Hugemann* Personenschaden-Management, 20 Fn. 164; auch Hinweis auf die Koordination von Hilfeleistungen für Kriegsveteranen nach dem 2. Weltkrieg als Reha-Management.
[423] Die GeneralCologne Re (jetzt: Gen Re) gründete beispielsweise die Rehabilitations-Dienst GmbH, die Münchener Rück die Mercur RehaCare GmbH und die Bayerische Rück die ReIntra GmbH.
[424] *Hugemann* aaO, 23; vgl. auch dort Fn. 178.
[425] *Lang* NZV 2008, 19 unter Hinweis auf repräsentative Aktenuntersuchungen der Allianz-Versicherungs-AG.
[426] *Höfle* zfs 2001, 197 (199).
[427] *Lauer* DAR 2006, 712.
[428] *Clemens ua* DAR 2008, 9 ff.; vgl. auch *Domes* NZV 2008, 232 sowie *Thomann* VW 2007, 1916.

Begleitung von veranlassten Maßnahmen mit dem Ziel, bestmöglich und weitestgehend eine gesundheitliche Wiederherstellung für den Betroffenen zu erreichen.

Soziales Reha-Management hat zur Aufgabe und zum Anliegen, „den Geschädigten umfassend und aktiv zu unterstützen, damit er ein Höchstmaß an Selbstständigkeit erreicht". Ziel ist die soziale Desintegration zu vermeiden und auszuräumen. Dies kann als zentraler Aspekt sämtlicher Rehabilitationsaktivitäten gewertet werden.[429] Zusätzlich ist anzuführen, dass eine wichtige Aufgabe des Medizinmanagements die Qualitätssicherung der medizinischen Behandlung sowie die optimale Steuerung des Heilverfahrens ist.

b) Pflege- und Betreuungs-Management. Eine spezielle Gruppe von Schadenfällen ist gegeben bei notwendiger Pflege. Diese spezielle Gruppe von Schadenfällen erfordert bei notwendiger Pflege, dem Verletzten bei bestimmten Behinderungen temporär oder auf Dauer eine bestimmte Pflege zukommen zu lassen. Dieser Bereich des Pflege-Managements ist durch höchste Kosten in der Schadenregulierung geprägt.[430]

Diese Fälle betreffen in der Regel Querschnittgelähmte, Schädelhirnverletzte oder polytraumatisierte Geschädigte, die der pflegerischen Betreuung bedürfen. In diesen Fällen ist es geboten Abläufe des täglichen Lebens zu organisieren.[431]

Das pflegerische Reha-Management optimiert die Pflegesituation und den Finanzbedarf durch genaue Analyse der konkreten Bedürfnisse bzw. der Flexibilität und Belastbarkeit der Angehörigen und die Vermittlung von Pflegefachkräften, Pflegeinstitutionen und Pflegehilfsmitteln.[432]

Betreuungs-Management ist über das pflegerische Reha-Management hinaus geboten, wenn es erforderlich ist, den Verletzten zu betreuen. Dies dürfte insbesondere in Betracht kommen bei schwer verletzten Kindern.

Festzustellen ist, dass im Bereich des Pflege- und Betreuungs-Managements gerade das besondere Einsparungspotenzial der Versicherer zu sehen ist. Die Neustrukturierung der Pflege- und Betreuungssituation, etwa unter Einbeziehung der Angehörigen bei Gewährung technischer Unterstützung, verursacht lediglich einen Bruchteil der Kosten der Unterbringung in einem Pflegeheim und sichert dem Geschädigten zugleich die Aufrechterhaltung sozialer Kontakte in seiner gewohnten Umgebung zu bei optimaler Befriedigung seiner Bedürfnisse.[433] Das Pflege- und Betreuungsmanagement ist zusätzlich auch zu sehen als Ergänzung zur Pflege durch Familienangehörige und ist sicherlich auch eine Optimierung der Qualität und trägt dazu bei, Fehl- und Unterversorgung zu vermeiden.

c) Berufliches Case-Management – Rehabilitation. Die berufliche Rehabilitation ist darauf gerichtet, für den Betroffenen neue berufliche Tätigkeiten zu finden und zu akquirieren, angepasst auf die gegebenen körperlichen Einschränkungen. Auch kommt in Betracht, bestehende Arbeitsverhältnisse durch Änderungen betrieblicher Abläufe zu sichern.[434]

d) Technik-Management. Unter Technik-Management ist zu verstehen die Planung und Koordination eines barrierefreien Umfeldes. Notwendige erforderliche Baumaßnahmen an Häusern oder Wohnungen werden organisiert und deren Ausführung wird sichergestellt. In diesem Zusammenhang ist auch hinzuweisen auf den behindertengerechten Umbau von Kraftfahrzeugen und die Beratung bei erforderlichen technischen Hilfen.[435]

Bei *Lang*[436] ist ein **Beispiel** angeführt, das die Situation verdeutlicht.

Bei einem Straßenverkehrsunfall wird eine 26-jährige junge Frau sehr schwer verletzt. Sie erleidet ein Polytrauma, insbesondere ein Schädelhirntrauma 3. Grades mit massiven neurologischen Ausfällen. Die Ärzte stellen eine MdE von 80 % auf Dauer und eine lebenslange Pflegebedürftigkeit fest. Die Verletzte wird ihren vor dem Unfall ausgeübten Beruf als Reisekauffrau mit einem Jahreseinkommen von 30.000,00 EUR nicht mehr ausüben können.

---

[429] *Hugemann* S. 31.
[430] *Schröder* SVR 2008, 89.
[431] Vgl. hierzu im Einzelnen *Schröder* SVR 2008, 89 (91).
[432] *Hugemann* S. 33.
[433] *Hugemann* S. 33.
[434] *Lauer* DAR 2006, 712 (714) mit Hinweis auf Beispiel.
[435] *Lauer* DAR 2006, 712 (715) unter Darstellung eines Beispielfalls zu diesem Bereich der Rehabilitation.
[436] *Lang* NZV 2008, 19.

3. Speziell Personenschadenmanagement und Reha-Management bei Verletzungen im Straßenverkehr

454 a) **Verletzte, Schwerverletzte und Getötete im Straßenverkehr.** Die Zahl der Verkehrsunfälle mit Personenschaden in Deutschland ist nach den Statistiken des Gesamtverbandes der Deutschen Versicherungswirtschaft und des Statistischen Bundesamtes in den vergangenen Jahrzehnten zwar gesunken, aber immer noch sehr hoch. Insgesamt werden im Straßenverkehr jährlich ca. 400.000 Personen verletzt. Ein Anteil von ca. 20 % war von schwersten Verletzungen betroffen, für das Jahr 2013 statistisch ausgewiesen 64.057 (vgl. → Rn. 4). Etwa 3.500 Menschen werden jährlich im Straßenverkehr getötet.

455 b) **Personenschaden-/Care- und Reha-Management bei Opfern von Straßenverkehrsunfällen.** Es ist festzustellen, dass gerade bei Verletzungen im Straßenverkehr das Personenschadenmanagement bzw. Reha-Management in Betracht kommt. Bei dieser Fallgestaltung erfährt der zu Schadenregulierung beteiligte Versicherer am schnellsten von dem Personenschaden und seinen Auswirkungen. In der Regel wird der Schaden dem Versicherer bereits innerhalb weniger Tage nach dem Unfallereignis durch die Unfallschadenmeldung seitens des Versicherungsnehmers oder des Verletzten selbst bzw. dessen Rechtsanwalt angezeigt.

456 Auf Seiten der Versicherung ist dann die Chance gegeben, unverzüglich weitere Informationen zu den in Betracht kommenden Maßnahmen einzuleiten zur medizinischen, beruflichen oder sozialen Situation der verletzten Person.

457 Bei *Hugemann*[437] wird auf folgendes **Beispiel** verwiesen:

Bei einem rechtshändigen Konzertgeiger droht nach einem Unfall der Verlust des kleinen Fingers seiner linken Hand: obwohl der Grad der aus einem Verlust folgenden Behinderung objektiv marginal ist, könnte der Geschädigte bei Realisierung des Risikos seinen bisherigen Beruf in Zukunft nicht mehr ausüben.

458 Anhand eines weiteren **Beispiels** kann gezeigt werden, wie effizient Personenschadenmanagement sein kann:

Die Rehabilitationsdienst-GmbH hat tatsächlich einen Unfallgeschädigten betreut, der aufgrund schwerer Weichteilverletzungen der Ober- und Unterlippe mit Narbenbildung und Sensibilitätsstörungen seinen Beruf als Hornist in einem namhaften Orchester nicht mehr ausüben konnte. Mit Unterstützung des Versicherers konnte dem Geschädigten mit Erfolg die vom zuständigen SVT abgelehnte Umschulung zum Piloten ermöglicht werden.[438]

459 Die vorgenannten Beispiele zeigen, dass, was oft verkannt wird, das Reha-Management keinesfalls nur bei Schwerstverletzten in Betracht kommt, sondern auch in Fällen, die sich zunächst aus medizinischer Sicht nicht im eigentlichen Sinn als schwere Verletzungen darstellen. Hierauf wird zu Recht von *Budel/Buschbell* hingewiesen.[439]

460 c) **Statistisches.** Zu statistischen Zahlen vgl. → Rn. 4 bis 6.

4. Vereinbartes Reha-Management und Rehabilitationsverfahren gemäß SGB XI – Die Regelung in SGB IX und die Schnittstelle zwischen vereinbarten Reha-Maßnahmen und Maßnahmen nach SGB XI

461 Sedes materiae für das gesetzlich geregelte Rehabilitationsverfahren ist das SGB XI. Dieses Gesetz enthält (in den §§ 1–25 SGB XI) Regelungen zur Ausführung von „Leistungen zur Teilhabe". Zu verweisen ist auf die in Betracht kommende Schnittstelle zwischen vereinbarten Reha-Maßnahmen und Maßnahmen nach SGB XI. Für die Praxis ist sicherlich festzustellen, dass bei Maßnahmen der sozialen Leistungsträger häufig ein erheblicher Zeitverlust für die Einleitung der Maßnahmen gegeben ist. Dies ist sicherlich sehr nachteilig für das mögliche Ergebnis der Reha-Maßnahmen.

462 In der Praxis ist es so, dass in Betracht kommende zu vereinbarende Reha-Maßnahmen seitens der Versicherung einzuleiten und durchzuführen sind ohne Koordination mit den sozialen Leistungsträgern.

---

[437] *Hugemann* S. 39.
[438] *Neumann* PSaktuell (Personenschaden aktuell, Newsletter der Gen Re) 1/2002, 4 bis 5.
[439] *Budel/Buschbell* VersR 1999, 158, 159.

In wirtschaftlicher Hinsicht ist festzustellen, dass die Versicherung auch die Kosten für 463 Maßnahmen zu tragen hat, die verursacht sind durch Unfallgeschehen, soweit sie vom sozialen Leistungsträger erbracht werden. Diese werden vom sozialen Leistungsträger ggf. im Wege des Regresses zurückgefordert. Somit ergeben sich für die Versicherung als Leistungsträger von Reha-Maßnahmen keine Mehrkosten, abgesehen von der in der Regel erfahrungsgemäß gegebenen besseren Effizienz von Reha-Maßnahmen, die durch die Versicherung initiiert und begleitet werden.

Anzuführen ist in diesem Zusammenhang auch die Möglichkeit der Kostenerstattung bei 464 selbst beschaffter Rehabilitation. Zu erwähnen ist in diesem Zusammenhang, dass § 15 Abs. 1 Satz 4 SGB IX für unaufschiebbare Leistungen die Kostenerstattung regelt. Hiernach kommen 3 Fälle der Kostenerstattung in Betracht, nämlich bei verzögerter Sachentscheidung, unaufschiebbaren Leistungen sowie bei zu Unrecht abgelehnten Leistungen. Hinzu kommen von der Rechtsprechung zugelassene Fallgestaltungen.[440]

Nach den Erfahrungen in der praktischen Abwicklung ist davon auszugehen, dass bei in 465 Betracht kommenden Reha-Maßnahmen der Versicherer eigenständig entscheidet und handelt, sodass faktisch eine Schnittstelle zwischen „selbst beschaffter Rehabilitation", dh der von der Versicherung initiierten Maßnahme, und Maßnahmen der sozialen Leistungsträger de facto nicht in Betracht kommen.

In einer McKinsey-Studie ist Folgendes festgestellt: „Die Erstversicherer sind prädestiniert, eine aktive Rolle im Management von Personenschäden zu übernehmen. Sie müssen die Qualität der bezahlten Leistungen sicherstellen und verbessern. Doch die wenigsten haben diese Rolle bis jetzt aktiv angenommen".[441] 466

5. Abwicklung/Regeln des Personenschaden-/Case- und Reha-Managements

a) **Die Prüfung der Falleignung.** In der Praxis stellt sich die Frage, an welchen Kriterien 467 Rechtsanwälte oder Versicherer geeignete Fallkonstellationen erkennen können.

Nicht jeder Schadenfall mit Personenschaden ist geeignet für die Durchführung eines Reha-Managements. Wichtig ist, zunächst einen geeigneten Fall zu erkennen.

Wichtig ist, dass die Sachbearbeiter der Versicherung die Schwere und Komplexität der 468 medizinischen Aspekte richtig einschätzen. Hiervon kann ausgegangen werden. Jede notwendige Einschätzung korrespondiert auch mit der richtigen Reservesetzung zum jeweiligen Schaden.[442]

Diese nicht zu bestreitende Situation macht deutlich, dass bei der Regulierung von Scha- 469 denvorgängen bei schwersten Verletzungen nicht nur die rechtlichen Aspekte eine Rolle spielen, sondern auch die medizinischen.[443]

Es ist davon auszugehen, dass bei der in Betracht kommenden beruflichen Rehabilitation 470 ein Fall dann geeignet ist, wenn Aussicht besteht, bei (sach-)verständiger Würdigung aller sozioökonomischer Parameter eine angemessene, auf den Betroffenen zugeschnittene wirtschaftlich sinnvolle Beschäftigung zu erhalten oder eine dem (Rest-)Leistungspotenzial entsprechende neue berufliche Tätigkeit zu finden.

Zu beachten ist, dass es unbedingt geboten erscheint, keine Erwartungen und Hoffnungen 471 zu wecken, die nicht zu verwirklichen sind. In diesem Zusammenhang ist anzuführen, dass eine berufliche Rehabilitation in der Regel ausscheidet bei schwersten Verletzungen, hohem Lebensalter des Verletzten, schlechten beruflichen Chancen vor Ort und ebenso Defiziten in der beruflichen Qualifikation.[444]

b) **Der Prozess des Reha-Managements.** Das nachstehende dargestellte Schaubild gibt ei- 472 nen Überblick über den Ablauf des Case-Managements:[445]

---

[440] Vgl. MAH SozialR/*Plagemann* § 28 Rn. 83.
[441] Quelle: Personenschäden: Kosten senken, Versorgungsqualität verbessern (McKINSEY HEALTH 2002 NUMMER 2 S. 42).
[442] Zu dieser Thematik vgl. *Hugemann* S. 45.
[443] Zu medizinischen Aspekten vgl. den Beitrag zum gleichen Thema von *Buschbell/Grüber* Teil 2, FS Eggert.
[444] *Lauer* DAR 2006, 712 [713].
[445] Quelle: *Lauer* MittBl. der Arge VerkR 2006, 43 ff. (46).

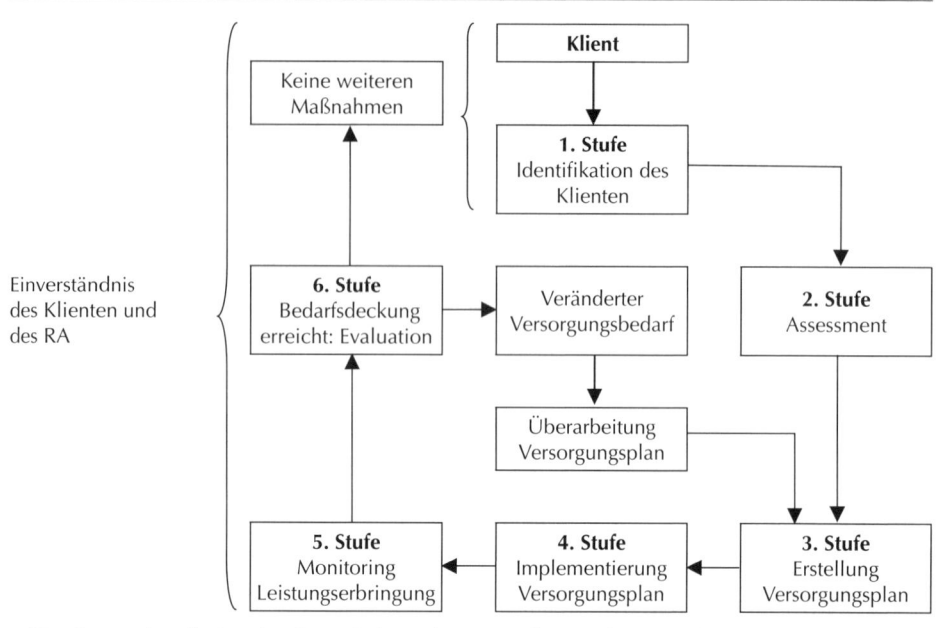

```
                           Klient
                             │
              ┌──────────────┤
Keine weiteren │              1. Stufe
Maßnahmen     │           Identifikation des
              │              Klienten
              ▲                   │
              │                   ▼
Einverständnis  6. Stufe      Veränderter      2. Stufe
des Klienten und Bedarfsdeckung ◄── Versorgungsbedarf    Assessment
des RA         erreicht: Evaluation               │
                                   │
                              Überarbeitung
                              Versorgungsplan
                                   │
              5. Stufe        4. Stufe         3. Stufe
              Monitoring   ◄─ Implementierung ◄─ Erstellung
              Leistungserbringung Versorgungsplan  Versorgungsplan
```

473 Zu diesem Aspekt ist also festzuhalten, dass es aufseiten des Anwaltes sowie des Versicherers geboten ist, geeignete Fälle zu identifizieren und das Case-Management einzuleiten nach dem Grundsatz: „Je schneller, je besser".[446]

474 c) *Rechtliche Aspekte bei der Durchführung von Reha-Maßnahmen.* aa) *Die Teilnahme ist freiwillig.* Es ist davon auszugehen, dass zwischen dem Geschädigten und der Versicherung ein Vertragsverhältnis besteht (Zuwendungs- und Valuta-Verhältnis). Der Geschädigte kann grundsätzlich nicht gezwungen werden oder ist nicht verpflichtet, an einer ihm angebotenen Reha-Maßnahme teilzunehmen. Dies ergibt sich aus der aus § 249 BGB abzuleitenden Dispositionsbefugnis des Geschädigten. Eine bestimmte Schadenersatzleistung oder Zuwendung kann ihm nicht aufgedrängt werden und er ist nicht zur Annahme einer solchen Leistung verpflichtet. Dieser Grundsatz findet selbstverständlich seine Begrenzung an den Grundsätzen des Mitverschuldens gem. § 254 BGB.

475 bb) *Risiken für den Geschädigten.* Festzustellen ist bei allen Vorzügen, die das Reha-Management gegenüber dem gesetzlichen Rehabilitationsverfahren für den Geschädigten bietet, dass auch praxisrelevante Risiken in Betracht kommen. Solche Risiken kommen insbesondere dann in Betracht, wenn durch eine der beteiligten Parteien die Reha-Maßnahme beendet wird oder die Reha-Maßnahme sich als gescheitert darstellt. Anzuführen ist auch unter diesem Aspekt eine mögliche Schlechterfüllung des Reha-Dienstes.[447]

476 cc) *Risiken bei anteiliger Mithaftung.* Ist bei dem Schadenereignis, das zur Verletzung geführt hat, Mithaftung des Geschädigten gegeben, so stellt sich die Frage, wie die Kostenlast zu verteilen ist. Bei dieser Fallgestaltung ist nach überwiegender Meinung davon auszugehen, dass auch bei anteiliger Mithaftung der Geschädigte mit den Kosten der Reha-Maßnahme auch bei quotaler Haftung nicht belastet werden soll.[448]

477 dd) *Rechtsfolgen aus der Schadensminderungspflicht gem. § 254 Abs. 2 BGB.* Bricht der Geschädigte die ihm angebotene und begonnene Reha-Maßnahme, soweit sie sich als aus-

---

[446] *Lauer* aaO unter Hinweis auf *Bals/Lauer* Case Management in der Rehabilitation von Unfallopfern – ein integratives Konzept zur Hilfe bei Personenschäden, 142.
[447] Vgl. im Einzelnen *Hugemann* S. 119.
[448] *Steffen* VersR 2000, 793 (794 f.), zfs 2001, 389 (391) = MittBl. der Arge VerkR 3/2001, 61 (71); *Budel/Buschbell* VersR 1999, 158 (161); *Hillmann/Schneider* § 9 Rn. 577; *Höfle* zfs 2001, 197 (200), der in dem Wort „grundsätzlich" bei *Budel/Buschbell* (VersR 1999, 158, 161) eine mögliche Einschränkung zu erkennen glaubt.

sichtsreich darstellt, ab, so setzt der Geschädigte sich dem Risiko aus, mit den aufgewandten Kosten belastet zu werden. Der Versicherer könnte in diesem Fall gegenüber weiteren Ansprüchen die Aufrechnung erklären.

Auch ist denkbar eine Fallgestaltung, bei der der Geschädigte die bereits begonnene Reha-Maßnahme abbricht und eine weitere Reha-Maßnahme durchführt mit Unterstützung des zuständigen Sozialversicherungsträgers. Bei dieser Fallgestaltung dürfte dem Versicherer in der Regel ein Schaden nicht entstehen.[449]   478

Kommt es zum Abbruch der angebotenen und begonnenen Reha-Maßnahme, so kann dies rechtliche Konsequenzen haben für die Entschädigungspflicht der Versicherung, etwa bei sich weiter verzögernder beruflicher Reintegration.   479

ee) Reha-Management und Datenschutz. In Betracht kommt, dass aus den Vorschriften des § 675 iVm §§ 666, 667 BGB eine vertragliche Auskunftspflicht des Geschädigten herzuleiten ist. Jedoch ist davon auszugehen, dass die Auskunfts- und Herausgabepflicht auf solche Daten beschränkt ist, auf deren Weitergabe der Reha-Dienst zur Begründung seiner Konzepte gegenüber dem Versicherer angewiesen ist.[450]   480

ff) Beendigung der Reha-Maßnahme durch den Versicherer. Auch kann die Fallgestaltung in Betracht kommen, dass der Versicherer aufgrund ihm bekannt gewordener Umstände die Reha-Maßnahme nicht weiter durchführt. Denkbar ist, dass dies für den Geschädigten negative Folgen hat. Andererseits ist auch daran zu denken, dass der Geschädigte seinen Anspruch auf Fortführung der Reha-Maßnahme oder auf Durchführung einer Reha-Maßnahme geltend machen kann.   481

6. Die rechtlichen Beziehungen zwischen den Beteiligten

a) Die Beteiligten. Bei der Anwendung eines Personenschaden-Case-Managements bzw. Reha-Managements sind, wie das nachstehend dargestellte Schaubild zeigt, zumindest 3 Beteiligte zu sehen und in ihren rechtlichen Wechselwirkungen einzuordnen.   482

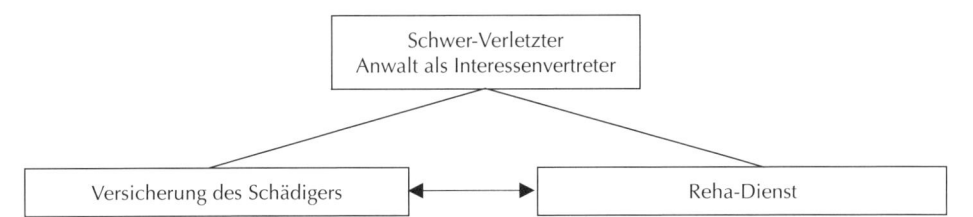

```
                    Schwer-Verletzter
                 Anwalt als Interessenvertreter

  Versicherung des Schädigers  ←→  Reha-Dienst
```

Das vorstehende Schaubild zeigt, dass beim Personenschadenmanagement unter Einschaltung eines selbstständigen Reha-Dienstes durch den Versicherer ein Dreiecksverhältnis gegeben ist. Hieran sind beteiligt: 483
- der Schwer-Verletzte, in der Regel vertreten durch den Anwalt als Interessenvertreter[451]
- der Haftpflichtversicherer des Schädigers sowie
- der Reha-Dienst.

aa) Rechtsverhältnis zwischen dem Geschädigten und dem Versicherer. Zu unterscheiden ist im Falle der Einschaltung eines Reha-Dienstes das Rechtsverhältnis zwischen dem Geschädigten und der Versicherung, das sich zunächst aus dem Anspruch auf Schadenersatz ergibt. Zum anderen ist zu sehen die Rechtsbeziehung, die sich für den Geschädigten ergibt, wenn ein Reha-Dienst eingeschaltet wird, und zwar gemeint ist die Rechtsbeziehung zwi-   484

---
[449] Vgl. hierzu *Hugemann* S. 122.
[450] Vgl. *Hugemann* aaO, 129 unter Hinweis auf § 28 Abs. 1 Nr. 1 BDSG; vgl. auch *Fleischmann* MittBl. der Arge VerkR 3/2001, 61 (65) mit Darstellung eines Negativbeispiels aus der Praxis.
[451] Vgl. auch *Buschbell* SVR Editorial 5/2008 Personenschadenmanagement – Eine Herausforderung speziell für die Anwaltschaft.

schen dem Geschädigten und der Versicherung des Schädigers. Dies ist zunächst eine über den Anspruch auf Schadensersatz hinausgehende Rechtsbeziehung.

485 Will der Versicherer hingegen im Rahmen der Regulierung eines KH-Schadens auf seine eigene unmittelbare Verpflichtung gemäß § 3 PflVG durch ein Personenschadenmanagement leisten, so ist eine vertragliche Vereinbarung notwendig, um von dem gesetzlich vorgesehenen Grundmodell des Geldersatzes aus § 3 Nr. 1 Satz 2 PflVG abweichen zu können.[452]
Das Valuta-Verhältnis verwandelt sich bei dieser Fallgestaltung in eine vertragliche Vereinbarung der Naturalrestitution.

486 Es ist davon auszugehen, dass Versicherer und Geschädigter das Valuta-Verhältnis entsprechend dem Grundsatz der Privatautonomie regeln können. Wichtig ist, dass zwischen dem Verletzten, regelmäßig vertreten durch seinen Rechtsanwalt, und dem Haftpflichtversicherer als Leistungsträger eine Vereinbarung über die Abwicklung der Rehabilitationsmaßnahme getroffen wird.[453]

487 *bb) Rechtsbeziehung zwischen Haftpflichtversicherung und Reha-Dienst (Deckungsverhältnis).* Zwischen Haftpflichtversicherer und Reha-Dienst wird ein Vertrag zugunsten Dritter geschlossen, und zwar im Deckungsverhältnis.

488 Die Rechtslage bei einem solchen Vertrag zugunsten Dritter ergibt sich daraus, ob die Parteien des Vertrages ausdrücklich oder stillschweigend eine entsprechende rechtsgeschäftliche Regelung getroffen haben. Besteht eine solche ausdrückliche Regelung, ist gem. § 328 Abs. 2 BGB aus den Umständen, insbesondere dem Vertragszweck im Wege der Auslegung zu ermitteln, ob der Dritte – der Geschädigte – das Recht auf die Leistung des Versprechenden unmittelbar erwerben soll. Hierbei ist davon auszugehen, dass die Parteien des Deckungsverhältnisses, also der Haftpflichtversicherer und der Geschädigte, es in der Hand haben, durch eine ausdrückliche vertragliche Vereinbarung positiv oder negativ zu regeln, ob der Geschädigte berechtigt sein soll, die geschuldete Leistung des Reha-Dienstes selbst zu fordern.[454]

489 *cc) Rechtsbeziehung zwischen Geschädigtem und Reha-Dienst.* Causa für die Leistung des Reha-Dienstes an den Geschädigten ist die Vereinbarung mit der Haftpflichtversicherung im Deckungsverhältnis und dem Reha-Dienst.

490 Im Übrigen ist davon auszugehen, dass zwischen dem Geschädigten und dem Reha-Dienst, soweit nicht anders vereinbart, keine unmittelbaren vertraglichen Beziehungen bestehen. Hierbei ist zu vergegenwärtigen, dass insbesondere zwischen dem Geschädigten und dem Reha-Dienst starke und schützenswerte Interessen bestehen.[455] In diesem Zusammenhang ist zu vergegenwärtigen die zu empfehlende Anwendung des Code of Conduct des Reha-Managements (vgl. → Rn. 500).

491 **b) Die Beteiligung des Anwaltes des Geschädigten. aa) *Rechtsbeziehung zwischen Geschädigtem und Anwalt.*** Die Rechtsbeziehung zwischen dem Geschädigten als Mandant und dem von ihm beauftragten Anwalt ist unproblematisch. Insoweit besteht eine Rechtsbeziehung, die sich richtet nach den üblichen Bedingungen eines anwaltlichen Mandates.

492 *bb) Rechtsbeziehung zu Versicherung und Reha-Dienst.* Es ist davon auszugehen, dass grundsätzlich eine Rechtsbeziehung zwischen dem Anwalt des Geschädigten und dem Versicherer sowie dem Reha-Dienst nicht besteht. Eine solche kann nur in Betracht kommen, wenn hierzu eine ausdrückliche Vereinbarung geschlossen wird. Selbstverständlich ist in diesem Zusammenhang zu sehen das Risiko potenzieller Interessenkollision.

493 In Betracht kommt jedoch selbstverständlich eine Rechtsbeziehung zwischen dem Geschädigten und dem von ihm beauftragten Anwalt einerseits und möglicherweise andererseits zwischen Anwalt und dem Versicherer, speziell für eine Vergütungsvereinbarung.

494 Die Muster-Rehabilitationsvereinbarung bei *Hugemann*,[456] → in Rn. 501 wiedergegeben, enthält in § 8 in den Ziffern 1, 2 und 3 Regelungsvorschläge zur Vergütung bzw. den Vorschlag einer Vergütungsvereinbarung.

---

[452] *Hugemann* S. 59.
[453] *Hugemann* S. 59 unter Hinweis auf MAH VerkehrsR/*Buschbell* § 24 Rn. 213.
[454] Vgl. hierzu ausführlich *Hugemann* aaO, 62 zu Auslegungsregeln sowie Indizien.
[455] *Hugemann* S. 66.
[456] Vgl. *Hugemann* M. Anhang, 166.

Bei der nachstehend wiedergegebenen vorgeschlagenen Regelung zur anwaltlichen Vergütung ist von einer vertraglichen Beziehung zwischen Anwalt und Versicherung auszugehen. Das gleiche Ergebnis hinsichtlich der Vergütung der anwaltlichen Tätigkeit ist aber auch zu erreichen, wenn die Vereinbarung zwischen Versicherung und dem Geschädigten erweitert wird durch eine Regelung, quasi als Vertrag zugunsten Dritter, also zugunsten des Anwaltes. Empfehlenswerter erscheint jedoch die Vergütungsregelung so zu gestalten, dass diese Gegenstand der Vereinbarung zwischen Versicherung und Geschädigtem wird mit der Maßgabe, dass der Geschädigte hinsichtlich der genau geregelten Vergütungshöhe gegenüber der Versicherung insoweit einen Freistellungsanspruch hat.

Zu der in Betracht kommenden Vergütungsvereinbarung zwischen Anwalt und Versicherung ist festzustellen, dass der Anwalt des Geschädigten eng in das Personenschadenmanagement eingebunden werden sollte und in der Regel eingebunden ist. Er steht dem Geschädigten in jeder Phase der Rehabilitation beratend zur Seite. Auch ist in der Regel davon auszugehen, dass der Anwalt als Vertreter des Geschädigten mit dem Versicherer die Rehabilitationsvereinbarung konzipiert und abschließt. Weiter gehört zu den Aufgaben des Anwaltes die Einhaltung der vereinbarten Pflichten zu überwachen.

Aus den vorstehend beispielhaft aufgeführten Aspekten ist zu ersehen, dass sich für den im Reha-Management engagierten Anwalt ein erheblicher Mehraufwand gegenüber der sonstigen Regulierungspraxis ergibt. Er hat weiter die Berichte des Reha-Dienstes zu prüfen und zu werten. Er hat in diesem Zusammenhang die Rechtsposition des Geschädigten zu vertreten und ihn vor Rechtsverlusten zu bewahren.

Schließlich kann auch ausgeführt werden, dass der Anwalt, der in der Regel nur mit der Regulierung von Sachschäden und kleineren Personenschäden befasst und nicht vertraut ist mit dem Personenschadenmanagement, bei richtiger Einschätzung seiner anwaltlichen Pflichten Mandate, die verbunden sind mit Personenschadenmanagement, ablehnen sollte. Nicht zu übersehen ist in diesem Zusammenhang, dass sich für den Anwalt auch ein hohes Risiko einer beruflichen Haftung ergeben kann.[457]

Auch ist nach der neuen Rechtslage möglich, Ein Erfolgshonorar zu vereinbaren. Inzwischen ist in Kraft getreten das Gesetz zur Neuregelung des Verbots der Vereinbarung von Erfolgshonoraren.[458]

7. Code of Conduct des Reha-Managements sowie Muster einer Rehabilitationsvereinbarung

a) Code of Conduct des Reha-Managements. Die Einrichtung des Rehabilitations-Managements wird allgemein begrüßt. Wichtig ist jedoch die Abwicklung nach bestimmten Regeln. Hierzu hat die Arbeitsgemeinschaft Verkehrsrecht ein Regelwerk aufgestellt, das diesen Zielen in ausgewogener Weise gerecht wird und damit die Akzeptanz der am Reha-Management Beteiligten rechtfertigt. Dies sind die nachfolgenden Grundsätze:

Code of Conduct des Reha-Managements[459]

1. Der Rehabilitationsdienst

Das Reha-Management darf nicht vom Haftpflichtversicherer selbst durchgeführt werden, sondern liegt in der Hand eines Rehabilitationsdienstes (Reha-Dienst).

a) Er ist personell und organisatorisch vom Haftpflichtversicherer unabhängig.
b) Er ist weisungsfrei und neutral.
c) Art und Umfang seiner Tätigkeit wird ausschließlich durch das Rehabilitationsziel bestimmt.
d) Hinsichtlich aller außerhalb des Rehabilitationszieles liegender Erkenntnisse ist er zur Verschwiegenheit verpflichtet.

---

[457] Vgl. *Hugemann* S. 143 f.
[458] BT-Drs. 16/8384, BR-Drs. 280/08.
[459] Regelwerk der Arge VerkR im DAV (MittBl. der Arge VerkR 4/2002, 86).

e) Er hat sich jeglicher Einflussnahme oder gar Beurteilung auf die Regulierung des Schadens zum Grund oder zur Höhe der Ansprüche zu enthalten und bereits der Möglichkeit des Entstehens eines dahingehenden Anscheins entgegen zu wirken.

f) Zur Sicherung der Qualität, der Objektivität und Wahrung der Unabhängigkeit muss bei dem Rehabilitationsdienst ein Beirat oder eine vergleichbare Einrichtung errichtet sein, bestehend aus mindestens 3 Experten aus den Bereichen Medizin, Recht und Arbeits-/Sozialwesen. Die Berufung des Vertreters aus dem Bereich Recht bedarf der Zustimmung der Arbeitsgemeinschaft Verkehrsrecht des Deutschen AnwaltVereins.

2. Das Verfahren

Die Einrichtung des Reha-Managements durch Einschaltung eines Reha-Dienstes, der die Voraussetzungen nach Ziffer 1 erfüllt und anerkennt, erfolgt stets auf ausschließlich freiwilliger Basis und im Einzelfall durch Vereinbarung zwischen dem Haftpflichtversicherer und dem Anwalt des Unfallopfers einerseits und andererseits zwischen dem Haftpflichtversicherer und dem Reha-Dienst. In letzterer sind zunächst stets die in Ziffer 1 genannten Bestimmungen aufzunehmen.

Im Übrigen gilt:

a) Der von dem Haftpflichtversicherer zu beauftragende Reha-Dienst wird einvernehmlich mit dem Anwalt des Unfallopfers vorher bestimmt.

b) Der Anwalt des Unfallopfers und der Haftpflichtversicherer legen das Rehabilitationsziel zuvor fest.

c) Die Kosten des Reha-Managements trägt, auch bei nur quotaler Haftung, der Haftpflichtversicherer. Das Unfallopfer ist auch dann nicht zu einer auch nur teilweisen Kostenerstattung, auch soweit Zahlungen an andere als den Rehabilitationsdienst erfolgt sind, wie zB Kosten einer Arbeitsprobe, Lohnzuschüsse etc. verpflichtet, wenn das Reha-Management fehlt schlägt oder, gleich aus welchen Gründen, abgebrochen wird.

d) Die Entbindungserklärung gegenüber Ärzten, Sozialleistungsträgern und Arbeitgebern ist ausschließlich dem Reha-Dienst und nicht etwa dem oder auch dem Haftpflichtversicherer zu erteilen. In der Entbindungserklärung ist das Rehabilitationsziel zu definieren.

e) Der Haftpflichtversicherer wie auch das Unfallopfer und dessen Anwalt haben sich einseitiger fernmündlicher Informationen zu enthalten und, sollten sie im Interesse der Erreichung des Rehabilitationszieles unbedingt notwendig gewesen sein, so ist der andere Teil hiervon unverzüglich schriftlich zu unterrichten.

f) Sowohl der Haftpflichtversicherer als auch der Anwalt des Unfallopfers verpflichten sich, in einem etwaigen Rechtsstreit auf die Benennung solcher für den Reha-Dienst tätiger Personen als Beweismittel zu verzichten.

g) In der schriftlichen Beauftragung des Reha-Dienstes, wovon dem Anwalt des Unfallopfers Abschrift zu erteilen ist, hat der Haftpflichtversicherer dem Reha-Dienst die folgenden vertraglichen Nebenpflichten aufzuerlegen:

aa) Der Reha-Dienst darf Daten ausschließlich zum Zwecke der Erreichung des Rehabilitationszieles erheben. Die von ihm erhobenen Daten darf er nur zum Zwecke der Rehabilitation verwenden und weitergeben; so genannte Zufallsfunde dürfen nicht an den Haftpflichtversicherer weitergegeben werden.

bb) Sämtliche im Zusammenhang mit der medizinischen und/oder beruflichen Rehabilitation erstellten Konzepte und gegebenen Empfehlungen des Reha-Dienstes sind zeitgleich dem Anwalt des Unfallopfers in Abschrift zu übersenden, wie dieser auch von jedweder Korrespondenz des Reha-Dienstes mit dem Haftpflichtversicherer Abschrift zu erhalten hat. Fernmündlich im Sinne von e) erteilte Informationen hat der Reha-Dienst unverzüglich schriftlich dem Haftpflichtversicherer bzw. dem Anwalt des Unfallopfers mitzuteilen.

b) Mustertext einer Rehabilitationsvereinbarung. Wichtig ist bei der Entscheidung für die 501 Durchführung eines Reha-Managements, die Durchführung auch durch eine „Rehabilitationsvereinbarung" zu regeln.

Nachfolgend wird ein Muster zu einer Rehabilitationsvereinbarung abgedruckt wie folgt:[460]

Rehabilitationsvereinbarung

Zwischen
_____
im Folgenden „Versicherung"

und

_____
im Folgenden „Geschädigter"

wird folgende Rehabilitationsvereinbarung geschlossen:

§ 1 Haftungsquote und Freiwilligkeit

(1) Die Parteien sind sich darüber einig, dass die Versicherung hinsichtlich der aus dem Schadensereignis vom _____ folgenden materiellen und immateriellen Schäden des Geschädigten mit einer Quote von _____% eintrittspflichtig ist. Der Versicherer erkennt diese Ersatzpflicht im Rahmen der vereinbarten Deckungssumme mit Wirkung eines am _____ rechtskräftigen Feststellungsurteils an, soweit nicht ein Forderungsübergang auf Drittleistungsträger stattgefunden hat oder stattfinden wird.[461]

(2) Die Parteien sind sich ferner über die Freiwilligkeit dieser Vereinbarung einig. Insbesondere kann der Geschädigte den Abschluss dieses Vertrages ohne nähere Angaben von Gründen ablehnen.[462]

§ 2 Beauftragung des Reha-Dienstes

(1) Die Versicherung beauftragt zur Optimierung der medizinischen, beruflichen und sozialen Rehabilitation des Geschädigten einen selbstständigen, von dem Versicherer personell und organisatorisch unabhängigen Reha-Dienst mit der Betreuung der Interessen des Geschädigten.[463]

(2) Der zu beauftragende Reha-Dienst muss einen Beirat haben, der die Aufgaben der Qualitätssicherung, Überwachung und Optimierung der Rehabilitation sowie der Sicherstellung der Unabhängigkeit des Reha-Dienstes satzungsgemäß übernommen hat.[464]

(3) Die Auswahl des zu beauftragenden Reha-Dienstes ist mit dem Geschädigten und seinem Rechtsanwalt vor Auftragserteilung abzustimmen.[465]

(4) Der Geschädigte verpflichtet sich, mit dem beauftragten Reha-Dienst zu kooperieren und im Rahmen seiner Möglichkeiten zu dem Erfolg der von diesem organisierten und initiierten Rehabilitationsmaßnahmen beizutragen.

§ 3 Kostenlast

(1) Die Versicherung trägt die durch die Beauftragung des Reha-Dienstes und der von diesem vermittelten Maßnahmen entstehenden Kosten auch dann zu 100%, wenn er nach § 1 lediglich mit einer geringeren Quote eintrittspflichtig ist.[466]

---

[460] Entnommen *Hugemann* S. 166 ff.
[461] Diese Klausel schützt den Geschädigten vor dem Eintritt der Verjährung während des Reha-Managements. Dazu *Hugemann* aaO Kap. J. VIII., 141.
[462] Zur Freiwilligkeit des Reha-Managements für den Geschädigten *Hugemann* S. 66 ff.
[463] Vgl. Empfehlung des Arbeitskreises II des 38. VGT, Goslar 2000, 8.
[464] Empfehlung des Arbeitskreises II des 38. VGT, Goslar 2000, 8. Zum Beirat allgemein siehe *Hugemann* aaO Kap. E., 35 ff.; vgl. auch die Beiratsordnung der ReIntra GmbH, abgedruckt bei *Hugemann* im Anhang unter M. III., 175 ff.
[465] Für eine Beteiligung bei der Auswahl des Reha-Dienstes auch *Höfle* zfs 2001, 197 (201) und Ziff. 2.a) des Code of Conduct des Reha-Managements der Arge VerkR (vgl. § 26 Rn. 323).
[466] Zu den Risiken der Kostenlast bei fehlender vertraglicher Regelung vgl. *Hugemann* S. 119.

(2) Eine auch nur anteilige Haftung des Geschädigten für diese Kosten sowie eine Rückforderung der von dem Versicherer an den Reha-Dienst oder durch diesen vermittelte Einrichtungen erbrachten Zahlungen von dem Geschädigten ist in jedem Fall ausgeschlossen.

§ 4 Loyalitätspflicht des Reha-Dienstes

(1) Das Augenmerk des zu beauftragenden Reha-Dienstes ist stets auf den Geschädigten zu richten. Im Idealfall sollte der Reha-Dienst für die Interessen des Geschädigten und der Versicherung gleichermaßen eintreten, um die Erzielung positiver Ergebnisse zu erleichtern. Sollte es dabei jedoch zu einem Interessenkonflikt kommen, müssen die Interessen des Geschädigten vorrangig sein.[467]

(2) Die Versicherung ist nicht berechtigt, dem zu beauftragenden Reha-Dienst Weisungen zu erteilen.[468]

§ 5 Datenschutz

(1) Die Parteien sind sich darüber im Klaren, dass der Reha-Dienst im Rahmen seiner Tätigkeit für den Geschädigten in den Besitz von Informationen gelangen kann, die für den Erfolg der Rehabilitation ohne oder nur von untergeordneter Bedeutung sind, die jedoch im Falle einer späteren gerichtlichen Auseinandersetzung von dem Versicherer gegen den Geschädigten verwendet werden könnten.

(2) Die Versicherung hat daher dem Reha-Dienst bei seiner Beauftragung die unwiderrufliche Weisung zu erteilen, nur solche Informationen über den Geschädigten an sie weiterzugeben, die für den Erfolg der Rehabilitation von Bedeutung sind.[469]

(3) Um den Geschädigten in die Lage zu versetzen, die Einhaltung dieser Vereinbarung zu kontrollieren, hat der Versicherer den Reha-Dienst zu verpflichten, dem Geschädigten bzw. seinem Rechtsbeistand zeitgleich eine Ausfertigung jedes an die Versicherung gerichteten Berichtes zu übersenden. (Fern-)mündliche Informationen des Versicherers durch den Reha-Dienst haben im Hinblick auf die fehlende Nachvollziehbarkeit für den Geschädigten grundsätzlich zu unterbleiben; sollten sie im Einzelfall im Dienste der Rehabilitation dennoch dringend notwendig erscheinen, ist ihr Inhalt umgehend schriftlich zu fixieren und dem Geschädigtenanwalt zur Kenntnis zu bringen.[470]

(4) Die Versicherung vereinbart mit dem Reha-Dienst, dass dieser in Zweifelsfällen die Information zunächst dem Geschädigtenanwalt zuleitet, der über die Freigabe gegenüber der Versicherung entscheidet.[471] Können sich Reha-Dienst und Geschädigtenanwalt nicht über die Freigabe der Informationen einigen, so entscheidet der Beirat mit einfacher Mehrheit verbindlich über die Berechtigung zur Weitergabe der Information an die Versicherung.

(5) Sämtliche Beteiligten verzichten unwiderruflich darauf, im Falle einer etwaigen streitigen Auseinandersetzung Mitarbeiter des zu beauftragenden Reha-Dienstes als Zeugen zu benennen[472] oder die Berichte des Reha-Dienstes als Beweismittel vorzulegen.

§ 6 Rechtliche Qualifikation und Beendigung des Reha-Managements

(1) Die Parteien sind sich darüber einig, dass der zwischen der Versicherung und dem Reha-Dienst zu schließende Vertrag das Deckungsverhältnis eines echten Vertrags zugunsten Dritter regelt, aus dem dem Geschädigten ein eigener vertraglicher Anspruch gegen den Reha-Dienst erwächst.[473] Der vorliegende Vertrag regelt das Valutaverhältnis.

---

[467] Dieser Passus entspricht sinngemäß Ziffer III.G. „Advocacy" der „Standards of Practice for Case Management" der CMSA, 27.

[468] Vgl. Empfehlung des Arbeitskreises II des 38. VGT, Goslar 2000, S. 8 sowie *Remsperger* Praxis VerkR 2002, 322 (326).

[469] Dazu ausführlich *Hugemann* S. 127 ff.; vgl. auch Empfehlungen des Arbeitskreises II des 38. VGT, Goslar 2000, S. 8 und CMSA, Standards., 26.

[470] Vgl. *Hugemann* S. 134 ff. sowie Ziff. 2e) des Code of Conduct des Reha-Managements (vgl. § 26 Rn. 323).

[471] Vgl. *Hugemann* S. 134 ff.

[472] Ebenso Ziffer 2.f) des Code of Conduct des Reha-Managements der Arge VerkR (vgl. § 26 Rn. 323).

[473] Dazu *Hugemann* S. 61 ff.

(2) Das Reha-Management endet automatisch mit der Erreichung des von dem Reha-Dienst in Abstimmung mit dem Geschädigten und mit Zustimmung der Versicherung erarbeiteten Rehabilitationszieles.[474]
(3) Der Geschädigte kann das Reha-Management jederzeit ohne Angabe von Gründen beenden.[475]
(4) Die Versicherung kann diesen und den mit dem Reha-Dienst zu schließenden Vertrag ausschließlich aus wichtigem Grund kündigen. Die Versicherung verzichtet unwiderruflich darauf, mit dem Reha-Dienst im Deckungsverhältnis einen weitergehenden Vorbehalt gem. § 328 Abs. 2 BGB zu vereinbaren. Als wichtige Gründe für eine Kündigung gelten insbesondere
- die endgültige Unerreichbarkeit der avisierten Rehabilitationsziele,
- die endgültige Zerstörung des Vertrauensverhältnisses zwischen dem Geschädigten und dem Reha-Dienst oder
- eine die Rehabilitation gefährdende unzureichende Mitwirkung des Geschädigten.

Vor Ausspruch einer Kündigung, die in einem Verhalten des Geschädigten begründet ist, hat die Versicherung den Geschädigten schriftlich abzumahnen.[476] Besteht zwischen den Parteien Uneinigkeit darüber, ob ein zur Kündigung berechtigender Grund vorliegt, entscheidet hierüber für beide Parteien verbindlich der Beirat mit einfacher Mehrheit. Der ordentliche Rechtsweg ist ausgeschlossen.

§ 7 Schweigepflichtentbindung

(1) Der Geschädigte entbindet durch seine Unterschrift Arbeitgeber, Krankenversicherung, alle behandelnden Ärzte und Krankenhäuser einschließlich des dort tätigen Hilfspersonals sowie die zuständigen Träger der gesetzlichen Rehabilitation umfassend und unbefristet gegenüber dem zu beauftragenden Reha-Dienst von ihrer Verschwiegenheitspflicht. Diese Erklärung gilt nicht gegenüber der Versicherung.
(2) Der Geschädigte verpflichtet sich, im Bedarfsfall eine einzelfallbezogene Schweigepflichtentbindungserklärung gegenüber dem Reha-Dienst zu erteilen, sofern dies für die sachgemäße Planung und Durchführung von Rehabilitationsmaßnahmen erforderlich ist.

§ 8 Anwaltliche Vergütung – Vergütungsvereinbarung[477]

(1) Der Rechtsanwalt des Geschädigten ist für die Tätigkeit im Rahmen des Reha-Managements angemessen zu vergüten. Schuldner dieser Vergütung ist die Versicherung. Der Rechtsanwalt erhält zur Abgeltung seiner Honoraransprüche pauschal eine 3,5-Gebühr.[478] Der Streitwert für die Bemessung dieser Gebühr bestimmt sich nach den Gesamtkosten der getroffenen Reha-Maßnahmen.[479] Nach Beendigung des Reha-Managements hat der Versicherer dem Rechtsanwalt des Geschädigten über diese Kosten binnen 2 Monaten unaufgefordert Auskunft zu erteilen.
(2) Der Rechtsanwalt kann von der Versicherung einen angemessenen Vorschuss fordern (§ 9 RVG).

---

[474] Die abweichende Forderung der Arge VerkR (Ziffer 2b) des Code of Conduct des Reha-Management (vgl. § 26 Rn. 323), das Rehabilitationsziel *vor* Beauftragung des Reha-Dienstes zwischen dem Anwalt des Geschädigten und dem Versicherer festzulegen, ist nach Ansicht von *Hugemann* (S. 169 Fn. 944) wenig sachgerecht. Es ist Aufgabe des Reha-Dienstes, erreichbare Rehabilitationsziele durch intensive Auseinandersetzung mit dem Geschädigten zu ermitteln. Die Festschreibung des Rehabilitationszieles *vor* seiner Beauftragung schränkt den Reha-Dienst in einer seiner ursprünglichsten Aufgaben unnötig sein.

[475] Siehe *Hugemann* S. 112 ff. Durch diese Klausel schützt sich der Geschädigte vor dem Vorwurf einer positiven Vertragsverletzung aus diesem Vertrag. Er kann sich jedoch im Falle einer Kündigung einer erhöhten Darlegungslast im Rahmen des § 254 Abs. 2 BGB aussetzen (siehe dazu *Hugemann* S. 123).

[476] Wegen der nachhaltigen Bedeutung eines Abbruchs des Reha-Managements für den Geschädigten (vgl. dazu *Hugemann* S. 137) sollte diesem – ähnlich der verhaltensbedingten ordentlichen Kündigung im Arbeitsrecht – die Gelegenheit gegeben werden, sein Verhalten zu überdenken und zu ändern (siehe dazu *Hugemann* S. 138).

[477] Wird die Rehabilitationsvereinbarung einschließlich der Regelung der Vergütung durch den Anwalt vorgegeben, sollte er den entsprechenden Abschnitt – wenn die Vereinbarung nicht in einem gesonderten Vertrag erfolgt – wegen § 4 Abs. 1 S. 2 RVG ausdrücklich als Vergütungsvereinbarung überschreiben und deutlich von den anderen Vereinbarungen absetzen (vgl. *Hugemann* S. 157 f.).

[478] Dazu *Hugemann* S. 154 ff.

(3) Die Tätigkeit des Rechtsanwaltes im Rahmen des Reha-Managements ist als eine „andere Angelegenheit" im Sinne des § 15 RVG gesondert zu vergüten.

§ 9 Salvatorische Klausel

Sollten Teile dieser Vereinbarung mit dem Gesetz nicht vereinbar und daher unwirksam sein, wird dadurch die Wirksamkeit des Vertrags im Übrigen nicht berührt. Die unwirksame Klausel ist durch eine rechtlich zulässige Vereinbarung zu ersetzen, die dem Willen der Parteien am nächsten kommt.

_____
Datum

_____   _____
Versicherung   Geschädigter

                                              _____
                                              Geschädigtenanwalt[480]

8. Fazit[481]

502
- Das Reha-Management erzeugt für alle Beteiligten eine „win-win-Situation".
- Geeignet sind grundsätzlich alle Fälle mit mittelschweren und schweren Verletzungen, unabhängig von einer eventuellen Mithaftung des Geschädigten.
- Bei der Durchführung des Reha-Managements ist der Code of Conduct von allen Beteiligten strikt einzuhalten.
- Angesichts von immer noch bestehenden Informationsdefiziten müssen die Vorteile des Reha-Managements weiter in der Öffentlichkeit kommuniziert werden.

XII. Das Behindertentestament

1. Die Problemstellung

503   Ist ein Mensch durch einen Straßenverkehrsunfall schwer verletzt, so kann dies, wie sich aus den vorstehenden Ausführungen ergibt, schwerwiegende Verletzungsfolgen haben. Neben schwerwiegenden Köperverletzungen, etwa Einschränkung der Bewegungsfähigkeit, sind aber auch sehr häufig die Fälle, in denen es zu traumatischen Hirnverletzungen schwersten Grades kommt. In solchen Situationen, insbesondere wenn ein Kind betroffen ist, stellt sich für die Angehörigen, insbesondere die Eltern, die Frage, alles zu tun um die materielle Existenz des Kindes sowie seine Pflege und Betreuung bestmöglich zu sichern. Über die Regelung der materiellen Ansprüche gegenüber dem Schädiger oder sozialen Leistungsträger hinaus ist auch an eine weitergehende Sicherung, speziell erbrechtliche Sicherung, des Betroffenen und behinderten Kindes zu denken.

504   Bei einem Mandat, in dem es um die Ansprüche schwersthirngeschädigter Personen, speziell von hirngeschädigten Kindern, geht, muss der Anwalt daran denken, den Angehörigen oder Eltern eine Regelung zur Sicherung der betroffenen Person oder des hirngeschädigten Kindes zu unterbreiten.

505   Eine solche Regelung ist sicherlich Gegenstand eines zusätzlichen Mandates. Der Hinweis auf diese Notwendigkeit und Möglichkeit ist aber als Nebenpflicht des Anwalts im Rahmen des Mandates zur Regelung der Schadenforderungen zu werten.

506   Nachfolgend werden die wichtigsten Aspekte hierzu angeführt. Gegenstand dieser Ausführungen ist aber nicht die umfassende Darstellung der Regelungsinhalte für ein in Betracht kommendes Behindertentestament.

---

[479] Siehe dazu *Hugemann* S. 156.
[480] Vergütungsvereinbarungen bedürfen gem. § 4 Abs. 1 RVG der Schriftform, wenn eine höhere als die gesetzliche Vergütung vereinbart werden soll. Im Interesse der Rechtssicherheit sollte der Vertrag daher auch vom Geschädigtenanwalt unterzeichnet werden (vgl. *Hugemann* S. 157).
[481] Vgl. *Lang* NZV 2008, 19 (21).

Die nachfolgenden Ausführungen beziehen sich insbesondere auf die Situation eines körperlich behinderten Kindes.

2. Regelungsziele

In der Regel verfolgen Eltern für ein behindertes Kind bei einer letztwilligen Verfügung meist folgende Regelungsziele:
- Die Verbesserung der Lebenssituation des Behinderten.
- Sicherung des Anspruches des Behinderten auf Leistungen der Sozialhilfeträger.[482]
- Gegenüber dem Sozialhilfeträger besteht Anspruch auf Eingliederungshilfe (§§ 53 ff. SGB XII), Hilfe zur Pflege (§§ 61 ff. SGB XII) sowie ergänzende Hilfe zum Lebensunterhalt (§§ 27 ff. SGB XII).[483]

Weiter ist Regelungsziel eine erbrechtliche Gestaltung so zu fassen, dass soziale Leistungsträger nicht auf den Nachlass zugreifen können.[484]

3. Lösungsmöglichkeiten im Überblick

a) Schutz vor Rückgriff und Vollstreckung durch den Sozialhilfeträger. Ziel erbrechtlicher Lösungen ist es, Zuwendungen vor dem Zugriff des Sozialhilfeträgers als Eigengläubiger zu schützen. Hierzu kommen als Gestaltungsmittel nur in Betracht die Vor- und Nacherbschaft und die Testamentsvollstreckung.[485]

b) Die Lösungsmodelle. Auszugehen ist davon, dass die nachfolgend aufgeführten Lösungsmodelle in Betracht kommen:
- Die (Vor)- und Nacherbschaftslösung als „Klassiker" des Behindertentestaments, wonach das behinderte Kind Vorerbe wird. Die Erbquote muss über der Pflichtteilsquote liegen, da bei einer Erbeinsetzung unter oder gleich seiner Pflichtteilsquote die Beschwerungen des Erbteils des Behinderten durch Nacherbfolge und Testamentsvollstreckung gem. § 2306 Abs. 1 Satz 1 BGB automatisch wegfallen würden.[486]
- Die Trennungslösung. Nach dieser Lösung wird der überlebende Ehegatte zum alleinigen befreiten Vorerben eingesetzt, beschwert mit einer quotalen Nacherbschaft zugunsten des Behinderten. Dieser wiederum ist belastet mit einer weiteren Nacherbschaftsanordnung zugunsten der Geschwister, also der gesunden Kinder/Geschwister. Dies führt dazu, dass nach dem Tod des Erstversterbenden keine Erbengemeinschaft mit dem Behinderten entsteht.[487]
- Weiter kommt auch die so genannte „Nachvermächtnislösung" in Betracht, wonach das behinderte Kind nicht Erbe wird, sondern mit einem Vorvermächtnis bedacht wird.
- Schließlich wird auch als so genannte „Auflagenlösung" vorgeschlagen, den überlebenden Elternteil und/oder die gesunden Geschwister des Behinderten zu Erben einzusetzen und die Erben mit einer Auflage zu beschweren, dem Behinderten seine Lebensqualität verbessernde, laufende Zuwendungen zukommen zu lassen.[488]

c) Anordnung/Testamentsvollstreckung. Daran zu denken ist, den Aufgabenbereich des Testamentsvollstreckers so zu regeln, dass dieser neben einer etwaigen Abwicklungsvollstreckung bezüglich angeordneter Vermächtnisse, Auflagen und Teilungsanordnungen eine Dauerverwaltungsvollstreckung übernimmt.[489]

Die Auswahl des richtigen Testamentsvollstreckers stellt die Eltern nicht selten vor große Probleme.[490]

---
[482] Vgl. hierzu im Einzelnen Nieder/Kössinger/*Kössinger* § 21 Rn. 68.
[483] Vgl. Nieder/Kössinger/*Kössinger* Rn. 64.
[484] Nieder/Kössinger/*Kössinger* Rn. 68.
[485] Nieder/Kössinger/*Kössinger* Rn. 69.
[486] Nieder/Kössinger/*Kössinger* Rn. 84.
[487] Vgl. hierzu im Einzelnen Nieder/Kössinger/*Kössinger* Rn. 71 bis 74.
[488] Nieder/Kössinger/*Kössinger* Rn. 75, 76.
[489] Vgl. hierzu Nieder/Kössinger/*Kössinger* Rn. 92.
[490] Vgl. hierzu auch *Bonk* Deutsche Erbrechtszeitschrift 2007, 9.

511 Selbstverständlich ist auch daran zu denken, dass der mit der Regulierung der Schadenersatzansprüche betraute Anwalt selbst die Testamentsvollstreckung übernimmt oder eine andere vertrauenswürdige Person benennt.

512 **d) Checkliste Behindertentestament.** Es liegt auf der Hand, dass eine Regelung zum Behindertentestament ausführlicher fachkundiger Beratung bedarf.
Nachfolgend werden wesentliche Eckpunkte des klassischen Behindertentestamentes quasi als Checkliste zusammengefasst:
- Einsetzung des behinderten Erben in beiden Erbfällen als nicht befreiter Vorerbe
- Bemessung der Erbquote, jeweils über der Pflichtteilsquote
- Anordnung von Dauertestamentsvollstreckung auf Lebenszeit in Verbindung mit Verwaltungsanordnungen
- Einsetzung von Nach- und Ersatzerben
- Benennung des Testamentsvollstreckers sowie eines Nachfolgers
- Anordnung der Nacherbenvollstreckung
- Änderungsbefugnis für den überlebenden Elternteil
- Salvatorische Klausel für den Fall der Sittenwidrigkeit des Behindertentestaments.[491]

4. Ergebnis

513 Als Ergebnis zur Sicherung der Lebensqualität und Rechte eines Behinderten, speziell behinderten Kindes, gehört es zum Pflichtenkreis des mit der Regulierung von Schadenersatzansprüchen bei einer solchen Fallgestaltung betrauten Anwaltes, die Beteiligten, speziell die Angehörigen und Eltern, auf die Möglichkeit und Notwendigkeit eines Behindertentestaments und auf seine Gestaltungsmöglichkeiten hinzuweisen.

---

[491] *Bonk* Deutsche Erbrechtszeitschrift 2007, 14.

§ 27 Die Ansprüche mittelbar Geschädigter und Dritter

Übersicht

	Rn.
I. Rechtsgrundlagen und Übersicht Schadenpositionen	1–8
1. Die in Betracht kommenden Anspruchsgrundlagen	1–7
a) Ansprüche nach §§ 844, 845 BGB	1–6
b) Ansprüche aus Gefährdungshaftung gemäß StVG	7
2. Checkliste: Ansprüche der mittelbar Geschädigten	8
II. Anspruch der Erben wegen Beerdigungskosten	9–14
1. Der Anspruch auf Ersatz der Beerdigungskosten	9–11
2. Die zu ersetzenden Kosten	12–14
a) Die Beerdigungskosten	12
b) Erstattungspflichtige Kostenpositionen (alphabetisch geordnet)	13
c) Nicht zu ersetzende Kostenpositionen	14
III. Anspruch wegen entgangener Unterhaltsleistungen	15–62
1. Der Unterhaltsschaden gemäß § 844 Abs. 2 BGB	15–19
a) Die Anspruchsgrundlage	15/16
b) Besondere Fallgestaltungen	17/18
c) Die Rechtsstellung des nichtehelichen Lebenspartners	19
2. Die Anspruchsberechtigten – Fallgestaltungen	20–29
a) Anspruchsberechtigte	20–23
b) Die wichtigsten Fallgestaltungen des Unterhaltsanspruchs	24–29
3. Die Berechnung des Schadenersatzes wegen entgangenen Unterhaltes	30–51
a) Umfang des Unterhaltsanspruches	30–33
b) Berechnungsmethoden beim Barunterhalt, „fixe Kosten" sowie prozentuale Verteilung	34–51
4. Schadensminderungspflicht und Vorteilsausgleich	52–57
5. Steuerfragen	58–60
6. Fragen des Forderungsübergangs	61/62
IV. Anspruch wegen entgangener Dienste	63–73
1. Dienstleistungspflicht kraft Gesetzes	63–66
a) Die Verpflichtung zu Diensten	63–65
b) Zeitliche Prognose	66
2. Die Höhe des Schadens für entgangene Dienste	67–72
a) Fortfall gesetzlicher Verpflichtung	67–71
b) Speziell: mögliche spätere Übernahme eines Betriebes	72
3. Feststellung der Ansprüche	73

Schrifttum: *Drees,* Schadensberechnung bei Unfällen mit Todesfolge, 2. Aufl. 1994; *Ege,* Unterhaltsschaden und fixe Kosten, in: Ersatz des Unterhaltsschadens, Schriftenreihe der Arbeitsgemeinschaften des Deutschen Anwaltvereins, 1989, S. 87; *Freyberger,* Der Unterhaltsschaden, MDR 2000, 117; *Jahnke,* Mittelbare Betroffenheit und Schadensersatzanspruch, r + s 2003, 89; *Jahnke,* Versorgungsschaden in der nichtehelichen Lebensgemeinschaft nach einem Unfall, NZV 2007, 329; *Küppersbusch,* Ersatzansprüche bei Personenschaden, 11. Aufl. 2013; *Scheffen/Pardey,* Schadensersatz bei Unfällen mit Minderjährigen, 2. Aufl. 2003; *Schirmer,* Die nichteheliche Lebensgemeinschaft im Versicherungs- und Verkehrsrecht – Motto: Tempora mutantur et nos in illis, DAR 2007, 2; *Wenker,* Die Kosten der Beerdigung gemäß § 844 Abs. 1 BGB, VersR 1998, 557.

I. Rechtsgrundlagen und Übersicht Schadenpositionen

1. Die in Betracht kommenden Anspruchsgrundlagen

a) **Ansprüche nach §§ 844, 845 BGB.** In den Vorschriften der §§ 844, 845 BGB sind die 1 Ansprüche Dritter, die infolge der Verletzung eines anderen Schaden erlitten haben, geregelt. Die vorgenannten Vorschriften stellen die einzige Ausnahme von dem Grundsatz dar, dass nur der in seinem Rechtsgut selbst Verletzte ersatzberechtigt ist.[1] Die Vorschriften der

---
[1] Palandt/*Sprau* § 844 Rn. 1.

§§ 844, 845 BGB haben Ausnahmecharakter und schließen eine entsprechende Anwendung auf andere mittelbar Geschädigte regelmäßig aus.² Die Ansprüche Dritter bestehen unabhängig von dem Anspruch des unmittelbar Verletzten. Sie sind jedoch nicht gegeben, wenn der unmittelbar Verletzte selbst keinen Anspruch, etwa wegen alleinigen Verschuldens, haben würde.³ Die Regelung der Ansprüche Dritter gilt für alle unerlaubten Handlungen, auch in den Fällen der Gefährdungshaftung (§§ 833, 836 BGB) sowie auch im Falle der Billigkeitshaftung gemäß § 829 BGB. Jedoch findet die Regelung keine Anwendung auf vertragliche Ansprüche.⁴

2 § 844 Abs. 1 BGB regelt die Verpflichtung, die Kosten der Beerdigung zu ersetzen. Die Ersatzpflicht für Unterhaltsleistungen bei Tötung des Unterhaltsverpflichteten ist in § 844 Abs. 2 BGB geregelt, und § 845 BGB betrifft die Ersatzansprüche Dritter wegen entgangener Dienste.

3 Wichtig für die Praxis ist: Bei Klagen von Hinterbliebenen ist zu unterscheiden zwischen eigenen Ansprüchen der Hinterbliebenen aus §§ 844, 845 BGB und dem auf sie als Erben übergegangenen Anspruch des Getöteten.⁵

4 Eine besondere Thematik kann sich ergeben bei der Verpflichtung zur Befreiung von der ärztlichen Schweigepflicht nach dem Tode des Versicherten. Diese Thematik wird insbesondere behandelt zur Unfallversicherung und speziell Kraftfahrtunfallversicherung.⁶ Es ist von dem Grundsatz auszugehen, dass die Verpflichtung zur Entbindung von der Schweigepflicht auf die Erben als Rechtsnachfolger übergeht.

5 Als „mittelbar geschädigt" bezeichnet man jemanden, der, ohne selbst körperlich verletzt worden zu sein, infolge der Körperverletzung eines Dritten oder durch die Beschädigung einer fremden Sache mittelbar einen Vermögensschaden erleidet.⁷
Die Ansprüche der unmittelbar Geschädigten sind in → § 26 behandelt.

6 Nachfolgend werden dargestellt die Ansprüche der mittelbar Geschädigten, und zwar der Anspruch wegen
- Beerdigungskosten,
- entgangener Unterhaltsleistungen sowie
- entgangener Dienste.

Der Anspruch des Arbeitgebers (als mittelbar Geschädigter) ist im Hinblick auf den gesetzlichen Forderungsübergang gemäß § 6 EFZG behandelt in → § 26 Rn. 65 sowie → § 30 Rn. 119 ff.

7 **b) Ansprüche aus Gefährdungshaftung gemäß StVG.** Wird bei dem Kraftfahrzeugbetrieb ein Mensch getötet, so hat der nach den §§ 7, 8a, 18 StVG Haftpflichtige die in § 10 StVG bezeichneten Schäden zu ersetzen.⁸

2. Checkliste: Ansprüche der mittelbar Geschädigten

8
Checkliste:

1. Beerdigungskosten
   ☐ Mit der Beerdigung verbundene Kosten
   - Beerdigungsakt
   - Sterbeurkunde
   - Anzeigen
   - Kränze
   - Blumen
   - Bewirtungskosten

---

² BGHZ 7, 30; OLG Celle, VersR 2006, 1376.
³ Vgl. im Einzelnen Palandt/*Sprau* Rn. 1a.
⁴ Palandt/*Sprau* § 844 Rn. 2.
⁵ BGH NJW 1962, 1055.
⁶ Vgl. hierzu OLG Frankfurt NVersZ 1999, 533 sowie Besprechung von *Knappmann* NVersZ 1999, 511.
⁷ Geigel/*Schlegelmilch* Kap. 8 Rn. 1.
⁸ *Hentschel* § 10 StVG Rn. 2.

- ☐ Kosten für Überführung der Leiche
- ☐ Trauerkleidung
- ☐ Kosten für Grabstelle und Grabstein

2. Unterhaltsschaden
   - ☐ Unterhaltsschaden des Ehegatten, § 1360 BGB
   - ☐ Evtl. auch geschiedener Ehegatte, § 1570 BGB
   - ☐ Unterhaltsschaden der Kinder
     - Eheliche Kinder, §§ 1601 ff. BGB
     - Nichteheliche Kinder gegenüber Mutter und Erzeuger, §§ 1615a ff. BGB
     - Ehelich erklärte oder adoptierte Kinder, §§ 1736, 1754 BGB
   - ☐ Ausgleich gesetzlich geschuldeten Unterhalts

3. Schadenersatz wegen entgangener Dienste
   - ☐ Bei Verletzung des haushaltsführenden Ehepartners, § 843 BGB
   - ☐ Bei Tötung des haushaltsführenden Ehepartners
   - ☐ Ersatzanspruch des Hinterbliebenen, § 844 Abs. 2 BGB
   - ☐ Ausgleich für familienrechtlich geschuldete Dienstleistungen von Kindern, § 1619 BGB, zB speziell in der Landwirtschaft

II. Anspruch der Erben wegen Beerdigungskosten

1. Der Anspruch auf Ersatz der Beerdigungskosten

Die Beerdigungskosten sind gemäß § 844 Abs. 1 BGB demjenigen zu erstatten, dem die Verpflichtung obliegt, diese Kosten zu übernehmen. Diese treffen regelmäßig den Erben, der gemäß § 1968 BGB für eine standesgemäße Beerdigung des Erblassers zu sorgen hat.[9] Die Besonderheiten eines fremden Kulturkreises sind dabei zu berücksichtigen.[10]

Als Kostenträger für die Beerdigungskosten kommen auch sonstige unterhaltspflichtige Personen in Betracht. Werden die Beerdigungskosten durch einen Dritten übernommen, der hierzu nicht verpflichtet ist, so erfüllt dieser dadurch eine Pflicht des Erben iSv § 677 BGB. Demgemäß hat er einen Erstattungsanspruch aus Geschäftsführung ohne Auftrag gegen die Erben. Dieser Anspruch kann sich aber auch unmittelbar gegen den ersatzpflichtigen Schädiger richten.[11]

Die Möglichkeit, dass der Getötete aufgrund schlechten Gesundheitszustandes ohnehin kurze Zeit später gestorben wäre, hebt die Verpflichtung zum Ersatz der Beerdigungskosten nicht auf. Eine überholende Kausalität greift hier nicht ein.[12]

2. Die zu ersetzenden Kosten

a) **Die Beerdigungskosten.** In § 844 Abs. 1 BGB ist bestimmt, dass die Kosten der Beerdigung zu ersetzen sind. Der oder die Erben sind anspruchsberechtigt.[13] Hier ist maßgebend, was nach Herkommen, Lebensstellung und wirtschaftlichen Verhältnissen des Verstorbenen und nach den in seinen Kreisen herrschenden Gebräuchen zu einer würdigen Bestattung zählt. „Bestattung" iSv § 844 Abs. 1 BGB ist der Bestattungsakt als solcher. Dieser ist abgeschlossen mit der Herrichtung einer zur Dauereinrichtung bestimmten und geeigneten Grabstätte.[14]

---

[9] Palandt/*Edenhofer* § 1968 Rn. 1 ff.
[10] KG VersR 1999, 504.
[11] OLG Saarbrücken VersR 1964, 1257; vgl. auch *Küppersbusch* Rn. 448 sowie Fn. 3 unter Hinweis auf den Anspruch des Staates wegen Aufwendungen für Beerdigung eines Soldaten; *Heß/Burmann* Rn. 20.
[12] OLG Düsseldorf zfs 1994, 405 m. w. H.
[13] *Pardey* Rn. 71.
[14] *Küppersbusch* Rn. 450; *Berz/Burmann* Rn. 3.

13 b) **Erstattungspflichtige Kostenpositionen (alphabetisch geordnet)**[15]
- Anzeige
- Beerdigungsakt
- Bepflanzung/nur Erstbepflanzung
- Bewirtung und Unterbringung von Trauergästen
- Blumenschmuck/Kränze
- Feuerbestattung
- Gebühren
- Grablaterne
- Grabstein, jedoch nur Kosten für Einzelgrabstein
- Grabstelle
- Sterbeurkunde
- Trauerkleidung
- Todesanzeige
- Überführungskosten
- Umbettung
- Verdienstausfall.[16]

14 c) **Nicht zu ersetzende Kostenpositionen.** Nicht zu ersetzende Kostenpositionen sind:
- Doppelgrab, Doppelgrabstein
- Erbschein
- Grabpflege
- Nachlassverwaltung
- Testamentseröffnungskosten
- Verlorene Aufwendungen, zB für nicht angetretene Reise.

Unter Umständen kommt gesetzlicher Forderungsübergang des Schadenersatzanspruches in Betracht, soweit Sterbegeld durch einen Sozialversicherungsträger gezahlt wird.[17]

Bei Tod durch einen Arbeitsunfall unterliegt der Anspruch auf Ersatz der Beerdigungskosten ebenfalls dem Haftungsausschluss des § 104 SGB VII (früher § 636 Abs. 1 RVO).[18]

III. Anspruch wegen entgangener Unterhaltsleistungen

1. Der Unterhaltsschaden gemäß § 844 Abs. 2 BGB

15 a) **Die Anspruchsgrundlage.** Im Falle der Tötung einer Person, die kraft Gesetzes unterhaltspflichtig war, haben die Unterhaltsberechtigten gemäß § 844 Abs. 2 BGB, § 10 Abs. 2 StVG einen eigenen Anspruch auf Ersatz des Schadens, der ihnen durch den Entzug der Unterhaltsleistungen entsteht. Dieser Anspruch beinhaltet die Verpflichtung des Schädigers, die durch den Tod bei den Hinterbliebenen, die einen Unterhaltsanspruch haben, „entstandene Lücke dadurch zu schließen, dass er unterhaltsrechtlich grundsätzlich an die Stelle des Getöteten" tritt.[19] Der Schädiger hat den Unterhaltsberechtigten Schadenersatz zu leisten, wie der Getötete während der mutmaßlichen Dauer seines Lebens Unterhalt hätte leisten müssen.[20] Der Unterhaltsanspruch bestimmt sich danach, wie dieser sich bei Weiterleben des Getöteten wahrscheinlich entwickelt hätte.[21]

16 Der Anspruch aus § 844 Abs. 2 BGB ist ebenso wie der Anspruch aus § 845 BGB ein eigener Schadenersatzanspruch des Berechtigten gegen den Schädiger. Die Vorschrift hat Ausnahmecharakter. Die Regelung über den Schadenersatzanspruch auf Unterhaltsleistungen findet keine Anwendung auf ähnlich gelagerte Fälle.

---

[15] Vgl. *Balke*, Die Kosten der Beerdigung und ihre Erstattungsfähigkeit beim Tod des Unfallopfers, SVR 2009, 132.
[16] Vgl. im Einzelnen *Küppersbusch* Rn. 452; *Berz/Burmann* Rn. 4 ff.
[17] *Küppersbusch* Rn. 455 und 602 unter Hinweis auf § 64 SGB VII; vgl. BGH, VersR 1986, 698 = ADAJUR-Dok.Nr. 10554; LG Magdeburg, = ADAJUR-Dok.Nr. 97625; OLG Saarbrücken, ADAJUR-Dok.Nr. 103646.
[18] BAG NJW 1989, 2838; *Berz/Burmann* 6 I Rn. 24.
[19] BGH, NJW 1988, 1783 = ADAJUR-Dok.Nr. 9979.
[20] BGH NJW 1974, 1373.
[21] BGH NJW-RR 1988, 1238, 1239.

Der Anspruch auf Schadenersatz wegen Entzuges der Unterhaltsleistung ist als Ausgleich für den Verlust des Rechtes auf die gesetzlich geschuldeten und nicht tatsächlich gewährten Unterhaltsleistungen zu qualifizieren.[22] Es handelt sich um einen Schadenersatzanspruch und nicht um einen Unterhaltsanspruch.[23]

b) Besondere Fallgestaltungen. Problematisch kann sein, ob der gesetzlich geschuldete Unterhalt iSv des § 844 Abs. 2 BGB auch gegenüber Volljährigen in Betracht kommt. Dies hat der BGH bejaht.[24] In Betracht kommt nicht nur ein Anspruch auf Barunterhalt. Vielmehr richtet der gesetzliche Unterhalt sich nach dem Unterhaltsanspruch, der dem Volljährigen gegen ein Elternteil zusteht.

Beispiel:
Die verletzte volljährige Person, deren Mutter bei einem Unfall getötet wurde, erhielt Pflegegeld und eine Halbwaisenrente und verlangt Erstattung der Kosten für Pflege, die die (bei einem Unfall getötete) Mutter geleistet hatte.

Es kommt darauf an, ob durch den Tod der Mutter der gesetzlich geschuldete Betreuungsunterhalt entzogen wurde. Hier ist von dem Grundsatz auszugehen, dass auch gegenüber volljährigen Kindern die Eltern gem. § 1612 Abs. 2 Satz 1 BGB bestimmen können, in welcher Art der Unterhalt gewährt wird. Diese Bestimmung ist solange verbindlich, solange sie nicht auf Antrag des Kindes durch das Familiengericht geändert wird. Im Ergebnis besteht ein gesetzlich geschuldeter Unterhalt iSd § 844 Abs. 2 BGB auch bei Gewährung des Naturalunterhaltes gem. § 1612 BGB gegenüber Volljährigen.

In Betracht kommt auch ein Anspruch gem. § 844 Abs. 2 BGB für ein nichteheliches Kind auf Ersatz seines Unterhaltsschadens nach Tötung des alleinverdienenden Vaters.[25]

c) Die Rechtsstellung des nichtehelichen Lebenspartners. In Betracht kommen kann auch ein Anspruch auf Geldrente bei Tötung des anderen nichtehelichen Partners gem. § 844 Abs. 2 BGB.[26] Der Anspruch auf Schadenersatz bei Tötung des Partners der nichtehelichen Lebensgemeinschaft gem. § 844 Abs. 2 BGB auf Geldrente setzt voraus, dass der Getötete eine gesetzliche Unterhaltspflicht gegenüber dem Anspruchsteller hatte oder in Zukunft haben würde. Eine direkte Anwendung der Gesetzesvorschrift des § 844 Abs. 2 BGB kommt nicht in Betracht angesichts des Wortlautes des Gesetzes. Es verbleibt nur die Möglichkeit einer analogen Anwendung auf die nichteheliche Lebensgemeinschaft. Im Ergebnis ist ein solcher Anspruch zu verneinen.[27] Seit der Änderung des § 5 LPartG durch das „Gesetz zur Überarbeitung des Lebenspartnerschaftsgesetzes" besteht ab dem 1.1.2005 in dieser Konstellation ein Schadenersatzanspruch wegen entgangenen Unterhalts. Eingetragene Lebenspartnerschaften werden der Verbindung in der Ehe gleichgestellt.

2. Die Anspruchsberechtigten – Fallgestaltungen

a) Die Anspruchsberechtigten. Unterhaltsberechtigt sind:
- Ehegatten untereinander gemäß § 1360 BGB
- Geschiedene Ehegatten mit Einschränkung gemäß § 1570 BGB[28]
- Partner einer eingetragenen Lebenspartnerschaft gem. § 5 LPartG
- Verwandte in gerader Linie gemäß §§ 1360 ff. BGB
- Kinder gegenüber ihren Eltern, auch der Nasciturus nach § 844 Abs. 2 S. 2 BGB
- Nichteheliche Kinder gegenüber Mutter oder Vater gemäß §§ 1615a ff. BGB[29]

---

[22] BGH NJW 1979, 760.
[23] Heß/Burmann Rn. 24; vgl. auch Freyberger MDR 2000, 117 ff.
[24] BGH NJW 2006, 2327.
[25] BGH DAR 2007, 201.
[26] Vgl. Jahnke, Versorgungsschaden in der nicht ehelichen Lebensgemeinschaft nach einem Unfall, NZV 2007, 329.
[27] Vgl. Schirmer DAR 2007, 2, 10, 11; vgl. auch Jahnke NZV 2007, 329.
[28] Vgl. hierzu ausführlich Küppersbusch Rn. 322 Fn. 11.
[29] BGH VersR 1976, 291.

- Ehelich erklärte oder adoptierte Kinder gemäß §§ 1736, 1754 BGB
- Eltern gegenüber ihrem Kind.[30]

21 Die Kosten einer standesgemäßen Beerdigung sind demjenigen gemäß §§ 844 Abs. 1 BGB, 10 Abs. 1 S. 2 StVG zu erstatten, der zur Übernahme dieser Kosten verpflichtet ist. Der Erbe, bei Erbenmehrheit die Erbengemeinschaft, trägt die standesgemäßen Beerdigungskosten (§§ 1968, 1615 Abs. 2, 1615m, 1360a Abs. 3, 1361 Abs. 4 S. 4, 1360o BGB).[31] Im Ausnahmefall kann einem Dritten, der die Beerdigungskosten tatsächlich getragen hat, ein Anspruch aus Geschäftsführung ohne Auftrag zustehen.[32] Trifft den Verstorbenen eine Mitverantwortlichkeit, ist Ersatz nur entsprechend der Quote zu leisten (§ 846 BGB). Es kommen die gleichen Grundsätze wie beim Unterhaltsschaden zur Anwendung.[33]

22 Demgegenüber haben keinen Unterhaltsanspruch:
- Partner einer nicht eingetragenen nichtehelichen Lebensgemeinschaft[34] sowie
- Stiefkinder gegen den Ehepartner des leiblichen Elternteils[35]
- Vertraglich geregelte Unterhaltsansprüche fallen nicht unter § 844 Abs. 2 BGB.[36]

23 Zum Unterhaltsschaden im deutschen Recht vgl. hinsichtlich der Personen der Berechtigten die nachstehende Übersicht:

Der Unterhaltsschaden im deutschen Recht

Unterhaltsberechtigte Personen

```
                              Großeltern
                                 |
Onkel    Tante              Vater    Mutter
                                 \  /
                                  A ——— Ehefrau          nichteheliche
Bruder   Schwester           (Unfallopfer)                Lebensgefährtin
                                 /  \
                              Sohn   Tochter
Neffe    Nichte                |      |
                              Enkelkinder                 andere Freunde
```

Quelle: *Assessor Luckhaupt*, R + V Versicherung, abgedruckt mit freundlicher Genehmigung des Verfassers

24 **b) Die wichtigsten Fallgestaltungen des Unterhaltsanspruchs.** Bei der Prüfung der Frage, ob Schadenersatzansprüche wegen Entzuges des Unterhalts in Betracht kommen, sind die verschiedenen Fallgestaltungen zu unterscheiden, und zwar orientiert an der gesetzlichen Regelung zum Unterhaltsrecht.

25 *aa) Anspruch bei Tod eines Ehegatten.* Auch hier sind hinsichtlich der Bedürftigkeit und Leistungsfähigkeit verschiedene Aspekte zu unterscheiden, nämlich:
- Der Getötete war Alleinverdiener
- Beide Ehepartner sind erwerbstätig
- Der Getötete war ohne Erwerbstätigkeit und ohne Einkommen.

---

[30] Beispielhaft OLG Stuttgart zfs 1991, 83 = r+s 1991, 165.
[31] *Jahnke* r+s 2003, 89.
[32] OLG Saarbrücken VersR 1964, 1257; KG VersR 1979, 379.
[33] *Jahnke* r+s 2003, 89, 93.
[34] BGH NJW 1980, 1520; *Jahnke*, NZV 2007, 329.
[35] BGH NJW 1969, 2007.
[36] BGH VersR 1979, 1066.

bb) Anspruch bei Tod eines Elternteils oder beider Elternteile. Zunächst sind hinsichtlich 26
des Kreises der Unterhaltsberechtigten folgende Fallgestaltungen möglich:
Ein Kind ist unterhaltsberechtigt
- Mehrere Kinder sind unterhaltsberechtigt
- Ein Kind oder mehrere Kinder sind unterhaltsberechtigt zusammen mit dem überlebenden Elternteil
- Speziell: Der Tod des alleinerziehenden Elternteils.

cc) Anspruch bei Tod eines unterhaltspflichtigen Kindes oder sonstiger unterhaltspflichti- 27
ger Verwandter.[37] Wird ein unterhaltspflichtiges Kind oder ein sonstiger unterhaltspflichtiger Verwandter getötet, so kommt bei Unterhaltsbedürftigkeit ein Anspruch auf Unterhalt in Betracht, orientiert an der Leistungsfähigkeit des Getöteten gemäß §§ 1601 ff. BGB sowie an der Bedürftigkeit des Anspruchsberechtigten. Maßgebend ist das, was als Unterhalt tatsächlich hätte beansprucht und geleistet werden können.

Es ist daran zu denken, dass der Anspruch im Wege der Feststellungsklage geltend ge- 28
macht werden kann. Dies hat jedoch zur Voraussetzung, dass eine nicht entfernt liegende Möglichkeit besteht, dass das getötete Kind nach dem gewöhnlichen Lauf der Dinge unterhaltspflichtig geworden wäre. Dies gilt zB beim Altenteilsrecht in der Landwirtschaft oder bei nicht vorhandenen Rentenansprüchen der Eltern oder bei sonstigen Unterhaltsberechtigten.

dd) Unterhaltsschaden und Haushaltsführung. Soweit die Haushaltstätigkeit ein Beitrag 29
zum Familienunterhalt war, ergibt sich ein Erwerbsschaden iSv § 843 Abs. 1 Alt. 1 BGB.
Hiervon zu unterscheiden ist die Haushaltstätigkeit, die sich auf die eigenen Bedürfnisse bezieht. Ein solcher Anspruch ist der Schadenkategorie der vermehrten Bedürfnisse zuzuordnen. Vgl. hierzu → § 26 Rn. 57 ff.

3. Die Berechnung des Schadenersatzes wegen entgangenen Unterhaltes

a) **Umfang des Unterhaltsanspruches.** Maßgeblich ist der gesetzlich geschuldete Unterhalt 30
entsprechend den gesetzlich geregelten Unterhaltstatbeständen. Nur der Entzug gesetzlicher Unterhaltsansprüche begründet gemäß § 844 Abs. 2 BGB einen Schadenersatzanspruch.
Vertraglich geschuldeter Unterhalt fällt nicht unter den Anspruchstatbestand des § 844 Abs. 2 BGB, also auch nicht bei einer nicht eingetragenen nichtehelichen Lebensgemeinschaft.[38]
Ebenso fallen nicht unter § 844 Abs. 2 BGB freiwillige Unterhaltszahlungen.

Als Konsequenz daraus, dass der Unterhaltsanspruch ausschließlich bestimmt wird durch 31
den gesetzlich geschuldeten Unterhalt, kann es problematisch sein, ob und inwieweit sich unterhaltsrechtliche Auswirkungen ergeben, wenn wohlhabende Eltern ihre Kinder mit Luxusgütern, zB Pferden, ausstatten oder teure Sportarten (Golf) ermöglichen.[39]

Der gesetzliche Unterhaltsanspruch umfasst die wirtschaftliche Unterstützung (Barunter- 32
halt) und die persönliche Betreuung (Naturalunterhalt) sowie ggf. Haushaltsführung (zB Erziehung) für den Unterhaltsberechtigten.[40]

Maßgebend ist, dass die Unterhaltspflicht zum Zeitpunkt des Unfalls bestanden hat.

Fraglich ist, ob Unterhaltsrückstände, die zum Zeitpunkt des Todes des Verpflichteten be- 33
standen, gemäß § 844 Abs. 2 BGB zu ersetzen sind. Nach *Heß*[41] soll eine Haftung nicht in Betracht kommen für Unterhaltsrückstände, die zum Zeitpunkt des Todes des Verpflichteten bestanden. Vielmehr sollen die Hinterbliebenen ihre Ansprüche gegen die Erben des Getöteten (falls keine Identität besteht) geltend machen können. Dies entspricht auch der Rechtsprechung des BGH.[42]

---

[37] *Born* III, Rn. 3 ff.
[38] BGH NJW 1984, 977; OLG München VersR 1979, 1066; *Küppersbusch* Rn. 323.
[39] Anders ist dies bei Ehegatten zu beurteilen. Vgl. hierzu *Berz/Burmann* 6 G Rn. 6; *Pardey* Rn. 1331.
[40] Vgl. *Küppersbusch* Rn. 327.
[41] *Berz/Burmann/Heß* 6 G Rn. 15.
[42] BGH NJW 1973, 1076 = ADAJUR-Dok.Nr. 9921.

34 b) **Berechnungsmethoden beim Barunterhalt, „fixe Kosten" sowie prozentuale Verteilung.** Bei der Berechnung des Barunterhaltsschadens ist in verschiedenen, bestimmten Schritten vorzugehen. Die nachfolgend dargestellten Schritte entsprechen der vom BGH zur Berechnung des Barunterhaltsschadens bewilligten Methode.[43]

35 Im Einzelnen handelt es sich um folgende Schritte:
- Feststellung des fiktiven Nettoeinkommens des Getöteten
- Abzug der fixen Haushaltskosten
- Verteilung des so verbliebenen Einkommens auf den Getöteten und die unterhaltsberechtigten Hinterbliebenen nach Quoten
- zuzüglich des Anteils der auf die unterhaltsberechtigten Hinterbliebenen aufzuteilenden fixen Kosten, und zwar nur aufzuteilen zwischen den Hinterbliebenen
- zuzüglich zusätzlicher Aufwendungen, um den Lebensstandard zu erhalten.[44]

36 *aa) Das fiktive Nettoeinkommen des Getöteten.* Bei der Berechnung des Barunterhaltes, der den Unterhaltsberechtigten des Unfallopfers zusteht, ist zunächst das Nettoeinkommen des oder der Getöteten zu ermitteln. Hierfür sind maßgeblich folgende Einkommensteile: Regelmäßiges Arbeitseinkommen einschließlich aller Zulagen, also Überstundenvergütung, Gratifikationen, Urlaubsgeld, Weihnachtsgeld, sonstige Zahlungen, wie Sparzulagen, Treueprämie etc. Weiter sind hinzuzurechnen Sachzuwendungen, zB Dienst-Pkw, Dienstwohnung, Werksrabatte, freie Kost etc. Umzulegen auf den Monat sind: Abfindungen sowie Steuerrückerstattungen und das Weihnachtsgeld. Bei der Berechnung des anrechenbaren Nettoeinkommens bleiben außer Ansatz Einkommensteile, die zur Bildung des Vermögens verwandt wurden. Umgekehrt jedoch sind Erträge aus Vermögen, die zur Bestreitung des Unterhaltes verwandt wurden, bei der Ermittlung des Nettoeinkommens zu berücksichtigen.[45]

37 Erziehungsgeld/Kindergeld bleibt außer Ansatz.[46] Einkommen aus verbotener Tätigkeit, also zB Einkünfte aus Schwarzarbeit, sind nicht zu berücksichtigen.[47] Demgegenüber sind abzuziehen Aufwendungen, die nicht als Unterhalt dienten, wie Steuern und Sozialversicherungsbeiträge, Zahlungen für die Altersvorsorge/Vermögensbildung, Versicherungsbeiträge, Werbungskosten.

Steuern, die der Geschädigte auf den Unterhaltsbetrag zahlen muss, sind als zusätzlicher Schaden vom Schädiger zu ersetzen.[48]

38 *bb) Berücksichtigung und Abzug der so genannten „Fixkosten".* Ausgehend von dem Grundsatz, dass nicht alle Ausgaben des täglichen Lebens im gleichen Umfang personengebunden sind, muss der feste Aufwand für die Haushaltsführung – die so genannten „Fixkosten" – ermittelt werden. Hierbei handelt es sich um Kosten, die durch die Anzahl der Haushaltsmitglieder nicht beeinflusst werden bzw. die sich zumindest nach dem Wegfall des Unfallopfers nicht um dessen prozentualen Anteil am Gesamteinkommen der Familie reduzieren.[49]

39 Zu den Fixkosten gehören: die Wohnungsmiete, die entsprechenden Nebenkosten für Heizung, Strom, Wasser etc. sowie Kosten für Rundfunk, Fernsehen, Zeitung und Telefon. Ebenso ansatzfähig sind Kosten für die Unterhaltung eines Pkw, wie Inspektionskosten, Steuer, Versicherung und Garagenmiete, sowie generell die Kosten für Versicherungen zum Schutz der Familie, die nicht mit der Person des Getöteten verbunden waren und die nach dem Unfallereignis aufrecht erhalten werden, zB Gebäudeversicherung, Hausratversicherung, Haftpflichtversicherung oder Rechtsschutzversicherung. Ebenso sind zu berücksichtigen Rücklagen für Reparaturen der Wohnung und Reparatur bzw. Neuanschaffung von

---

[43] BGH NZV 1994, 475; VersR 1984, 79, 81; BGH NZV 2012, 530; r+s 1998, 153; BeckRS 2008, 169343; OLG Zweibrücken VersR 1994, 613, 614.
[44] Vgl. auch *Berz/Burmann* 6 G Rn. 28.
[45] Vgl. BGH NZV 1988, 136; BGH NJW 1988, 66; OLG Brandenburg, NZV 2001, 213.
[46] BGH VersR 1979, 1029; vgl. *Heß/Burmann*, § 844 Abs. 2 Rn. 36.
[47] BGH NJW 1982, 41; BGH NJW 1994, 851; vgl. *Geiger*, DAR 2013, 737.
[48] *Berz/Burmann* 6 G Rn. 39.
[49] Vgl. BGH, VersR 1986, 39 = ADAJUR-Dok.Nr. 9961; BGH, DAR 1998, 99 = ADAJUR-Dok.Nr. 29802; OLG Brandenburg, NZV 2001, 213.

Einrichtungsgegenständen. Ebenso sind die Kosten für Kindergartenbesuch gemeinsamer Kinder Fixkosten. Kosten für Zinsen und Tilgung zur Erstellung oder zum Erwerb eines Eigenheimes können als Fixkosten berücksichtigt werden bis zur Höhe der angemessenen Miete für vergleichbaren Wohnraum.[50]

Anfallende fixe Kosten werden sich regelmäßig durch den Tod des Unterhaltspflichtigen nicht wesentlich ändern. Die nachstehende Checkliste[51] gibt eine Übersicht über die fixen Kosten, differenziert nach den verschiedenen Bereichen und Kostenpositionen: 40

Checkliste: Aufwand für Wohnung, Garten, Haustierhaltung und Grabpflege etc. 41

- ☐ Wohnung
  - Bettenreinigung
  - Christbaum mit Zubehör
  - Energiekosten ohne Strom und in Nebenkosten enthaltener Energie (Gas, Heizöl)
  - Ersatzkosten (Batterien, Besen, Bürsten, Geschirr, Geräte, Gläser)
  - Feuerlöscherwartung
  - Gebäudebrandversicherung
  - Gemeinschaftsanlagen (Strom und Wartung)
  - Grundsteuer
  - Hausmeisterkosten
  - Kaminkehrer samt Abgasmessungen
  - Kerzen (Zier-, Advents und Notfallkerzen)
  - Miete/Mietwert
  - Müllabfuhr
  - Nebenkosten
  - Reinigungsmaterialien/Putzmittel
  - Reparaturaufwendungen (beim Mieter Kleinreparaturen gemäß Vertrag)
  - Schönheitsreparaturen/Rücklagen (mietvertragliche und übliche)
  - Streumaterial, Eisschaber, Schneeräumgeräte
  - Stromgeld samt Grundgebühr und Zählermiete
  - Teppichreinigung
  - Ungezieferbekämpfung
  - Verbrauchserfassungskosten
  - Wartungskosten Heizkessel samt Brenner/Blitzableiter
  - Warmwasserkosten
  - Wasch- evtl. Entkalkungsmittel/Salz für Entkalkungsgerät, Spülmaschine
  - Wasch- und Abwasserkosten samt Wasseruhrmiete
  - Wohnungseinrichtung (Raten/Rücklagen für Neu-/Ersatzkäufe, Instandhaltung)
  - Zimmerpflanzen (Schnitt- und Topfpflanzen)
- ☐ Gartenpflege
  - Düngemittel
  - Ersatzpflanzen für Zier- und Obstgarten
  - Herbizide, Insektizide
  - Obstbaumschnitt
  - Rasenmäher (Treibstoff, Wartung)
  - Torfmull
- ☐ Tierhaltung
  - Hundefutter
  - Hundesteuer
  - Tierarztkosten
  - Tierhalterhaftpflichtversicherung
- ☐ Grabpflege
  - Grabpflegekosten

---

[50] Vgl. im Einzelnen *Berz/Burmann* 6 G Rn. 43.
[51] Entnommen *Ege* S. 87 ff.; vgl. auch *Küppersbusch* Rn. 335 ff.

☐ Informations-, Unterhaltungs-, Bildungs- und Vereinsaufwand
  • Büchereinkäufe für Familie/Buchclub
  • Fernseh- und Radioprogramm-Zeitschrift
  • Gemeindeblatt
  • Illustrierte/Lesezirkel
  • Kabelanschlussgebühr (Satellitenempfangsgebühr bei Eigenanlage)
  • Kirchenblatt
  • Kirchenzeitung
  • Radio- und Fernsehgebühren
  • Sonntagszeitung
  • Tageszeitung
  • Telefongrundgebühr
  • Trinkgeld Zeitungsträger/Postzusteller
  • Vereinsbeiträge bei Familienmitgliedschaft
☐ Versicherungsaufwand zur Risikodeckung (ohne Kfz und Tiere)
  • Auslandskrankenversicherung
  • Familienunfallversicherung
  • Familien-Rechtsschutzversicherung
  • Gewässerschadenversicherung
  • Hausratversicherung (verbundene)
  • Krankenversicherung
  • Mieterrechtsschutzversicherung
  • Neuwertversicherung Elektro- und Gasgeräte des Hausrates
  • Privathaftpflichtversicherung
  • Reisegepäckversicherung
  • Sterbegeldversicherung
☐ Aufwand für Familienfahrzeuge
  • ASU-Untersuchung (jährlich)
  • Automobilclub-Beitrag
  • Garagenmiete/Stellplatzkosten
  • Insassenunfallversicherung
  • Kaskoversicherung
  • Kraftfahrzeug-Haftpflichtversicherung
  • Kraftfahrzeug-Rechtsschutzversicherung
  • Kraftfahrzeugsteuer
  • Kundendienste/Reparaturrücklagen
  • Rücklagen/Raten für Ersatz- oder Neufahrzeug
  • Trinkgelder
  • TÜV-Gebühren
  • Verkehrs-Service-Versicherung/Schutzbrief In- und Ausland
  • Wagenpflege (Waschen, Konservieren, Pflegemittel)

42 *cc) Quotierung des nach Abzug der Fixkosten verbliebenen Einkommens auf die Unterhaltsberechtigten entsprechend den Berechnungsschritten* (vgl. vorstehend → Rn. 34 ff.). Das nach Abzug der Fixkosten verbleibende verfügbare Nettoeinkommen ist auf die unterhaltsberechtigten Hinterbliebenen aufzuteilen. Der Anteil der Unterhaltsberechtigten an dem so verfügbaren Nettoeinkommen muss festgestellt werden. In der Praxis wurden hierzu bestimmte Quoten entwickelt. Ausgangspunkt für diese Quoten ist der Grundsatz der gleichmäßigen Teilhabe am Familieneinkommen zwischen Eheleuten.[52] Grundsätzlich gilt diese gleichmäßige Teilhabe für den Fall, dass beide oder keiner mehr berufstätig ist.[53] Andernfalls werden zugunsten des Alleinverdieners berufsbedingte Mehraufwendungen als erhöhter Bedarf berücksichtigt. Die berufsbedingten Mehraufwendungen des Alleinverdieners

---

[52] BGH NJW 1982, 41, 42; *Diederichsen,* Ansprüche naher Angehöriger von Unfallopfern, NJW 2013, 641.
[53] BGH VersR 1987, 507, 508.

werden pauschal mit 5 % des Nettoeinkommens angesetzt.[54] Die Feststellung des anteiligen Unterhaltsanspruches erfolgt anhand von Quotentabellen. Der BGH hat ausdrücklich die Anwendung solcher Quoten im Rahmen des tatrichterlichen Ermessens im Interesse einer praktikablen Handhabung gebilligt.[55] Nach *Drees*[56] kommen bei durchschnittlichen wirtschaftlichen Verhältnisse folgende Quoten zur Anwendung:

Getötete Person	Anteil Getöteter	Anteil Witwe	Anteil Kind(er)
Getöteter (Witwe)	52,5 %	47,5 %	
Getöteter (Witwe 1 Kind)	45 %	40 %	15 %
Getöteter (Witwe 2 Kinder)	37,5 %	32,5 %	je 15 %
Getöteter (Witwe 3 Kinder)	34,5 %	29,5 %	je 12 %

Beim Alleinverdienenden werden die berufsbedingten Mehraufwendungen pauschal mit 5 % des Nettoeinkommens angesetzt.[57]

Demgegenüber hat *Küppersbusch*[58] folgende Quotierung entwickelt:

Getöteter (Witwe)   55 % : 45 %
Getöteter (Witwe 1 Kind)   45 % : 35 % : 20 %
Getöteter (Witwe 2 Kinder)   40 % : 30 % : je 15 %
Getöteter (Witwe 3 Kinder)   34 % : 27 % : je 13 %.

Bei der bedarfsgerechten Feststellung des anteiligen Unterhaltsanspruches können sich spezielle Fallgestaltungen und Einzelfragen ergeben. So hat der BGH bei kinderlosen Eheleuten im Jahr 1986 eine Aufteilung von 52,5 % : 47,5 % gebilligt.[59] Demgegenüber hat OLG Düsseldorf[60] bei zusätzlichen Arbeitseinkünften (Überstunden, Nachtarbeit etc.) der Witwe lediglich eine Quote von 40 % des verfügbaren Nettoeinkommens zugebilligt.

Das Alter der Kinder oder auch der Altersabstand zwischen Kindern kann beachtlich sein.[61] Der BGH hat sich in ständiger Rechtsprechung auf den Standpunkt gestellt, dass eine pauschalierende Bemessung der Schadensrente nach einem geeigneten Prozentsatz des für Unterhaltszwecke verfügbaren Einkommens des Getöteten von dem tatrichterlichen Schätzungsermessen des § 287 ZPO gedeckt werde. Dabei hat er auch wiederholt festgestellt, dass das Gericht im Rahmen des ihm zustehenden tatrichterlichen Beurteilungsspielraums nicht gehindert ist, aus praktischen Gründen und im Interesse einer möglichst einheitlichen Handhabung sich an Erfahrungswerten zu orientieren und sich hierbei auch der Quotentabellen zum Beispiel von Eckelmann-Nehls-Schäfer wie auch der sonst bestehenden Unterhaltsrichtsätze zu bedienen, soweit das Gericht sich der Besonderheit der zur Entscheidungsfindung herangezogenen Tabellen und Auswertungen bewusst ist.[62]

Spezielle Probleme können sich ergeben bei der Unterhaltsberechnung bei einem tödlich verunglückten ausländischen Arbeitnehmer.[63]

Bei zunehmendem Alter der Kinder kann die Aufteilung in der Weise vorgenommen werden, dass sich die Quote geringfügig für den Getöteten verringert. Bei einem getöteten geschiedenen Vater und seinem bei ihm lebenden 12-jährigen Kind kommt eine Verteilung von 75 % : 25 % in Betracht.[64]

---

[54] *Drees* S. 37 ff.
[55] BGH NJW-RR 1988, 66; VersR 1986, 264, 266.
[56] AaO; vgl. MüKoBGB/*Wagner* § 844 Rn. 50.
[57] *Drees* S. 37; vgl. auch *Berz/Burmann* 6 G Rn. 58.
[58] *Küppersbusch* Rn. 344.
[59] BGH VersR 1987, 507, 508.
[60] NZV 1993, 473.
[61] Vgl. *Berz/Burmann* 6 G Rn. 60.
[62] BGH NJW 1988, 2365.
[63] OLG Hamm NZV 1989, 271, 273 OLG Frankfurt a. M., BeckRS 2008, 16029.
[64] OLG Hamm NJW-RR 1990, 452, 453; vgl. hierzu im Einzelnen auch *Berz/Burmann* mit weiteren Beispielen aus der Rechtsprechung 6 G Rn. 64.

48 *dd) Die Anteile der fixen Kosten für die Unterhaltsberechtigten und die Hinzurechnung.* Den Quoten bzw. Unterhaltsanteilen der Unterhaltsberechtigten an dem zur Verteilung zur Verfügung stehenden Nettoeinkommen sind die Anteile an den Fixkosten hinzurechnen, die auf die jeweiligen Anspruchsberechtigten entfallen. Hierdurch soll erreicht werden, dass jedem Anspruchsberechtigten der gleiche Unterhaltsbetrag zum Leben (ungeschmälert durch die fixen Kosten) zur Verfügung steht, wie dies vor dem Unfallereignis der Fall war.

Die (vorstehend → Rn. 34 ff.) ermittelten Fixkosten werden den Anteilen des jeweils Unterhaltsberechtigten hinzugerechnet.

Wichtig für die Praxis ist: Je höher die Fixkosten sind, desto höher ist der Unterhaltsanspruch, der sich aus § 844 BGB ergibt.

49 Der Anteil der Fixkosten wiederum wird auch nach Anteilen oder einem bestimmten Schlüssel ermittelt.

In der Praxis werden folgende Aufteilungsverhältnisse angewandt:[65]
- Witwe ohne Kinder   100 %
- Witwe, ein Kind   60 % : 40 %[66]
- Witwe, zwei Kinder   50 % : je 25 %[67]
- Witwe, drei Kinder   40 % : je 20 %
- 2 Vollwaisen   je 50 %.[68]

Im Übrigen ist zu beachten, dass sich im Einzelfall Abweichungen ergeben können, so zB bei auswärtigem Wohnen eines Kindes im Studium.

50 *ee) Besondere Aufwendungen.* Es ist von dem Grundsatz auszugehen, dass möglichst der Lebensstandard des Unterhaltsberechtigten erhalten bleiben soll. Dies bedeutet, dass besondere Aufwendungen zu berücksichtigen sind.

51 So sind evtl. zu zahlende Steuern separat zu berücksichtigen. Diese muss der Schädiger separat ersetzen.[69] Bei zusätzlichen Aufwendungen, etwa für Krankheitsvorsorge, sind diese als weitergehender Unterhaltsschaden, den der Schädiger zu ersetzen hat, hinzurechnen. Hierbei handelt es sich jedoch nicht um die vor dem Schadenereignis angefallenen Krankheitskosten, sondern evtl. zusätzliche Kosten.[70]

Zu beachten ist, dass beim Tod eines Beamten die Hinterbliebenen selbst beihilfebedürftig sind, sodass kein zusätzlicher Aufwand für die Krankenversicherung entsteht.[71]

4. Schadensminderungspflicht und Vorteilsausgleich

52 Es ist von dem Grundsatz auszugehen, dass der Unterhaltsanspruch gemäß § 844 Abs. 2 S. 1 BGB unberührt bleibt und auch nicht gemindert wird dadurch, dass ein Dritter anstelle des Getöteten Unterhalt zu gewähren hat. Dies gilt insbesondere auch, wenn ein Dritter freiwillig Unterhalt leistet.[72]

53 Wird jedoch der Unterhalt aus demselben Vermögen oder Vermögensanteil, zB bei Fortführung des Erwerbsgeschäftes des Bauernhofes des getöteten Ehemannes, durch die Witwe fortgeführt, so sind die hieraus erzielten Einkünfte auf den Schadenersatzanspruch wegen entgangenen Unterhaltes grundsätzlich anzurechnen (Quellentheorie).[73]

54 Im Falle der Wiederheirat des unterhaltsberechtigten Ehepartners entfällt der Unterhaltsanspruch nur insoweit, als der neue Ehepartner tatsächlich Bar- oder Naturalunterhalt leistet.[74] Der unterhaltsberechtigte Ehepartner, der im Hinblick auf die Rechtsfolgen für den Unterhaltsanspruch nicht heiratet, verstößt nicht gegen die Schadensminderungspflicht.[75]

---

[65] Vgl. *Drees* S. 42.
[66] OLG Hamburg VersR 1988, 135.
[67] BGH VersR 1990, 319.
[68] BGH VersR 1986, 264.
[69] BGH VersR 1979, 670, 672 = NJW 1979, 1501.
[70] Vgl. im Einzelnen *Drees* S. 43.
[71] Vgl. hierzu BGH VersR 1986, 463, 464 f.
[72] *Küppersbusch* Rn. 419.
[73] Vgl. hierzu im Einzelnen *Küppersbusch* Rn. 420.
[74] BGH VersR 1970, 522, 524.
[75] Zu dieser Thematik vgl. *Küppersbusch* Rn. 421 bis 423.

Der gegenteiligen Ansicht kann nicht gefolgt werden, weil diese nicht berücksichtigt, dass die Entscheidung zur Wiederheirat eine persönliche Entscheidung zur Lebensgestaltung ist und nicht den Grundsätzen der Schadensminderungspflicht unterliegt.

Erträgnisse aus Vermögen sind nur dann als Vermögensvorteil in Ansatz zu bringen, wenn sie schon vor dem Tod zum Unterhalt verwendet worden sind.[76]

Beim Erbe gilt grundsätzlich, dass weder der Stamm noch die Erträgnisse des dem Unterhaltsberechtigten als Erbe/Pflichtteil zufallenden Vermögens als Vorteil anzurechnen sind.[77]

Erträgnisse aus einem von dem Getöteten ererbten Unternehmen sind als Gewinn dieses Unternehmens als Vorteil anzurechnen, wenn die Fortführung des Erwerbsgeschäftes für die Witwe zumutbar ist.[78]

Unterlassen die Erben eine zumutbare Fortführung des Geschäftes, kann hierin ein Verstoß gegen die Schadensminderungspflicht liegen. In einem solchen Fall erfolgt die Berechnung des anrechenbaren Anteils fiktiv.[79]

Leistungen aus privaten Personenversicherungen und Erträgnisse hieraus sind grundsätzlich nicht anrechenbar, und zwar weder aus der Unfall- noch aus der Lebensversicherung.[80]

Kindergeld, das nach dem Tod eines Elternteils, auch des barunterhaltspflichtigen Elternteils, fortgezahlt wird, ist bei der Berechnung des Unterhaltsanspruches nicht zu berücksichtigen.[81]

5. Steuerfragen

Eine wegen Verlustes des Naturalunterhaltes gezahlte Unterhaltsrente ist als Einkommen iSv § 22 Nr. 1 S. 1 EStG in vollem Umfang zu versteuern. Diese Steuern sind jedoch zusätzlich vom Schädiger zu erstatten.[82] Dem Berechtigten soll zumindest der Nettobetrag bleiben.

Zu empfehlen ist, mit dem Schädiger bzw. seiner Versicherung hinsichtlich der Steuerlast eine Freistellungsvereinbarung zu treffen, sofern diese entsprechend der Nettolohntheorie den Erstattungsbetrag nur netto ausgleicht.

> **Formulierungsvorschlag:**
>
> Der/die ...... übernimmt es, den Anspruchsteller von etwaigen Steuerlasten freizustellen, die sich aus der Entschädigung für Verdienstausfall ergeben.
>
> Hinsichtlich der Verjährung dieses Anspruches gilt die gleiche Regelung, wie diese getroffen ist hinsichtlich des Verdienstausfallschadens bzw. der übrigen Schadenpositionen, also wie mit der Wirkung eines rechtskräftigen Feststellungsurteils.

Andererseits sind steuerliche Nachteile, etwa wegen Verlustes des Splittingtarifes oder anderer Freibeträge, als mittelbarer Schaden vom Schädiger nicht zu ersetzen.[83]

6. Fragen des Forderungsübergangs

Zunächst ist von dem Grundsatz auszugehen, dass für einen gesetzlichen Forderungsübergang nach § 116 SGB X bzw. § 87 BBG sachliche Kongruenz besteht zwischen
- der üblichen Hinterbliebenenversorgung durch SVT, Dienstherrn etc. und
- dem Schadenersatzanspruch wegen entgangenen Barunterhaltes und entgangener Haushaltsführung.[84]

---

[76] BGH VersR 1974, 700 = NJW 1974, 1236.
[77] Berz/Burmann 6 G Rn. 75.
[78] BGH VersR 1972, 391.
[79] Vgl. hierzu unter Hinweis auf die Rechtsprechung *Küppersbusch* Rn. 429.
[80] BGH VersR 1979, 323.
[81] Vgl. hierzu sowie zur Anrechnung der Ausbildungsvergütung, Bafög, speziell bei Adoption *Küppersbusch* Rn. 435 ff.; *Heß/Burmann*, § 844 Abs. 2 Rn. 36.
[82] Berz/Burmann 6 G Rn. 110.
[83] BGH NJW 1979, 1501; vgl. auch *Küppersbusch* Rn. 390.
[84] Vgl. *Küppersbusch* Rn. 441 und speziell Fn. 284.

62 Bei Mithaftung des Getöteten ist hinsichtlich des Forderungsübergangs zu berücksichtigen: Erbringt der SVT aufgrund des Unfallereignisses keine höheren Leistungen als ohne den Unfall, steht den Hinterbliebenen ein Quotenvorrecht zu.[85] Für Schadenfälle ab 1.7.1983 gilt die Regelung des § 116 Abs. 5 SGB X.[86]

IV. Anspruch wegen entgangener Dienste

1. Dienstleistungspflicht kraft Gesetzes

63 a) Die Verpflichtung zu Diensten. Voraussetzung der Ersatzansprüche wegen entgangener Dienste ist eine kraft Gesetzes bestehende Dienstleistungspflicht.

Hauptanwendungsfall für Ansprüche wegen entgangener Dienstleistung in der Praxis ist der Bereich Landwirtschaft[87] bzw. elterlicher Handwerksbetrieb.[88] Ein solcher Anspruch aus § 845 BGB kann auch bei Volljährigkeit bestehen.

64 Es ist eine Frage der tatrichterlichen Beurteilung, ob die Mitarbeit des erwachsenen Kindes auf dem elterlichen Hof auf einer familienrechtlichen Arbeitsverpflichtung iSv § 1619 BGB beruht oder auf der Basis eines schuldrechtlichen Vertrages erfolgt.[89] Es gibt weder eine Vermutung für ein familienrechtliches (Arbeits-)Verhältnis[90] noch ein Regel-Ausnahme-Verhältnis zugunsten einer vertragsrechtlichen Grundlage.[91]

65 Als Kriterium für eine Mitarbeit auf familienrechtlicher Grundlage ist zB zu nennen das Geld bzw. Entgelt, das das Kind für seine Mitarbeit erhält. Ist das Entgelt (wesentlich) niedriger als die übliche Vergütung für die geleistete Arbeit, so ist dies ein Indiz für die Tätigkeit auf familienrechtlicher Grundlage. Dies ist zB zu ermitteln anhand der tatsächlich gezahlten Vergütung in Verbindung mit den sich hieraus ergebenden sozialversicherungsrechtlichen Beiträgen.

Andererseits gilt, dass keine familienrechtliche Dienstleistungspflicht anzunehmen ist, wenn das Kind eine andere entgeltliche Vollzeittätigkeit ausübt.[92]

Umgekehrt ist festzustellen, dass Eltern grundsätzlich gegenüber Kindern keine Dienstleistungspflicht haben.[93]

66 b) Zeitliche Prognose. Bei der Feststellung familienrechtlicher Arbeitsverpflichtung ist auch die zeitliche Prognose zu berücksichtigen. Dies beinhaltet die Klärung, wann das Kind den elterlichen Haushalt voraussichtlich verlassen wird. Geht man davon aus, dass die Voraussetzungen des § 1619 BGB nicht gegeben sind, wenn der auf dem landwirtschaftlichen Hof lebende und als Erbe vorgesehene Bauernsohn anderweitig einer Ganztagsbeschäftigung nachgeht, so muss umgekehrt gelten, dass die auf Dauer angelegte Tätigkeit und die vorgesehene Betriebsnachfolge für das Vorliegen der Voraussetzungen eines Anspruchs aus § 845 bzw. § 10 Abs. 2 StVG sprechen.

2. Die Höhe des Schadens für entgangene Dienste

67 a) Fortfall gesetzlicher Verpflichtung. *aa) Art der Ersatzleistung.* Nach der Regelung des § 845 BGB kommt ein Anspruch auf Geldrente in Betracht. Zu ersetzen ist der Wert des Verlustes der Dienste, dh der Betrag, der auf dem freien Arbeitsmarkt für eine Ersatzkraft aufzuwenden ist, die die Leistungen des Verletzten erbringt.[94]

---

[85] BGH VersR 1981, 334.
[86] Vgl. auch hierzu mit Berechnungsbeispielen *Küppersbusch* Rn. 444.
[87] Vgl. zB BGH NJW 1998, 307; AG Celle NZV 2006, 95 (Mitarbeit des erwachsenen Sohnes auf dem elterlichen Hof).
[88] OLG Köln VersR 1991, 1292.
[89] Vgl. BGH NJW 1958, 706; OLG Stuttgart VersR 1990, 902.
[90] OLG Celle NZV 1990, 434.
[91] *Scheffen/Pardey* Rn. 563, vgl. auch Berz/Burman/Heß 6 H Rn. 8.
[92] BGH NJW 1998, 3007; OLG Celle r+s 1997, 160; OLG Jena Urt. v. 3.12.2008 – 2 U 157/08, BeckRS 2010, 04224.
[93] BGH VersR 1985, 290; vgl. auch Palandt/*Sprau* § 845 Rn. 2.
[94] OLG Karlsruhe FamRZ 1988, 1050.

Bei Haftung nur nach StVG besteht umgekehrt kein Anspruch wegen entgangener Dienste 68
des getöteten Kindes. Dies folgt daraus, dass § 10 StVG eine dem § 845 BGB entsprechende
Vorschrift nicht enthält.[95]

Einem Dienstberechtigten stehen bei Wegfall von Dienstleistungen Ersatzansprüche aus- 69
schließlich nach § 845 BGB bzw. § 10 Abs. 2 StVG zu, sofern und soweit die verletzte oder
getötete Person im Unfallzeitpunkt diesem gesetzlich (familienrechtlich) zur Leistung von
Diensten in Haushalt und/oder Gewerbe verpflichtet war.

Wird ein Kind durch einen Unfall verletzt oder getötet, kommen Ersatzansprüche der El- 70
tern gegen den Schädiger in Betracht, sofern und soweit das Kind ihnen, also den Eltern, gesetzlich zur Leistung von Diensten in Haushalt und/oder Gewerbe verpflichtet war.[96] Umgekehrt besteht keine Verpflichtung der Eltern ihren Kindern gegenüber und auch nicht eine
Dienstpflicht gegenüber anderen Verwandten.[97]

bb) Die Höhe. Für den Unterhaltsschaden der Hinterbliebenen eines landwirtschaftlichen 71
Hofeigentümers kommt in Betracht, dass der Reinertrag, den der Betrieb unter Leitung des
Verstorbenen in den Jahren abgeworfen hätte, für die Rentenberechnung maßgebend ist und
eine entsprechende Rente beansprucht werden kann.[98]

b) Speziell: mögliche spätere Übernahme eines Betriebes. In dem Fall, in dem das getötete 72
Kind später das elterliche bzw. väterliche Geschäft übernehmen konnte, gilt es als wahrscheinlich, dass das Kind seinen Eltern unterhaltspflichtig geworden sein würde. Zum berechtigten Feststellungsinteresse vgl. nachstehend → Rn. 73.[99]

3. Feststellung der Ansprüche

In Betracht kommt auch ein Anspruch auf Feststellung der Ersatzpflicht. Bei Klage auf 73
Feststellung späterer Ersatzpflicht sind mutmaßliche künftige Bedürfnisse der Eltern und
Leistungsfähigkeit des Kindes sachlich-rechtliche Voraussetzung. Zum Beweis genügt eine
Wahrscheinlichkeit. Konnte der getötete Sohn später das väterliche Geschäft oder den Be-
trieb übernehmen, so ist es wahrscheinlich, dass er seinen Eltern unterhaltspflichtig gewor-
den wäre. In diesem Fall haben die Eltern ein rechtliches Interesse an der Feststellung der
Ersatzpflicht.[100]

---

[95] *Hentschel* § 10 StVG Rn. 17.
[96] AG Eisenach, zfs 2006, 446 = ADAJUR-Dok.Nr. 67808.
[97] *Jahnke* r+s 2003, 89, 95; BGH DAR 2001, 159 = r+s 2001, 245 = VersR 2001, 648.
[98] *Hentschel* § 10 StVG Rn. 9.
[99] *Hentschel* § 10 StVG Rn. 17.
[100] OLG Hamm DAR 1956, 217; AG Eisenach, zfs 2006, 446 = ADAJUR-Dok.Nr. 67808.

§ 28 Schadensminderungspflicht und Vorteilsausgleich

Übersicht

	Rn.
I. Schadensminderungspflicht	1–46
1. Grundlagen	3–10
a) Allgemeines	3–8
b) Anwalt und Schadensminderungspflicht	9/10
2. Schadensminderungspflicht und Sachschaden	11–24
a) Schadensminderung und Kaskoversicherung	11/12
b) Fahrzeugschaden, speziell Verfügung über Restwert	13–17
c) Die Beauftragung des Sachverständigen	18
d) Mietwagenkosten	19–24
3. Schadensminderungspflicht bei Personenschaden	25–45
a) Heilbehandlung	25–31
b) Erwerbsschaden und Schadensminderungspflicht	32–41
c) Schadensminderungspflicht im Rahmen des Ersatzanspruches für Haushaltsführung	42
d) Schadensminderungspflicht und Unterhaltsanspruch	43
e) Schmerzensgeld und Mitverschulden	44/45
4. Ersatz für Aufwendungen	46
II. Vorteilsausgleich	47–63
1. Grundlagen	47–53
a) Allgemeines und Grundsätzliches	47
b) Einzelfragen	48–52
c) Schadensmindernde Vorteile	53
2. Beim Sachschaden	54/55
a) Fahrzeugschaden	54
b) Mietwagenkosten und ersparte Eigenkosten	55
3. Vorteilsausgleich bei Ansprüchen aus Körperverletzung	56–59
a) Mögliche Anrechnung von Leistungen	56–58
b) Rechtslage bei überobligatorischen Leistungen	59
4. Anzurechnende Leistungen	60–63
a) Ersparte Aufwendungen	60
b) Sonstige (nicht) anzurechnende Leistungen	61
c) Ererbtes Vermögen	62
5. Einzelfälle zu nicht anzurechnenden Leistungen	63

Schrifttum: *Huber*, Verletzungsbedingte Vereitlung unbezahlter Arbeit – niemals Ersatz?, VersR 2007, 1330; *Jahnke*, Der Verdienstausfall im Schadenersatzrecht, 4. Aufl. 2014; *Küppersbusch*, Ersatzansprüche bei Personenschaden, 11. Aufl. 2013; *Otting*, Überlegungsfristen im Haftpflichtschadensrecht, zfs 1995, 322.

I. Schadensminderungspflicht

1 Im Haftpflichtrecht spielt die schuldhafte Verletzung der Schadensabwendungs- oder Schadensminderungspflicht eine bedeutende Rolle. Für die Schadensminderungspflicht gelten die gleichen Regeln und Maßstäbe wie im Rahmen der Anwendung des § 254 Abs. 1 BGB. Der Geschädigte soll über die Forderung dieser Vorschrift dazu angehalten werden, sich wie ein wirtschaftlich und vernünftig denkender Mensch zu verhalten und von sich aus dazu beizutragen, dass der Schaden nicht größer als unbedingt notwendig wird. Die Schadensminderungspflicht besteht im Rahmen des Zumutbaren und ergibt sich von Fall zu Fall aus einer Interessenabwägung.[1] Die Schadensminderungspflicht betrifft sowohl die Sachschadenpositionen als auch den Personenschaden.

Nach den Grundsätzen der Vorteilsausgleichung darf der Geschädigte aus dem Schaden keine Vorteile ziehen. Ob mit dem Schadenfall eintretende Vorteile zu einer Verminderung des Schadens – und damit zu einer Entlastung des Schädigers – führen, bestimmt das Gesetz

---

[1] Palandt/*Heinrichs* § 254 Rn. 36.

nur in besonderen Fällen, die allerdings Schlüsse auf einen allgemeinen Rechtsgedanken erlauben.²

Von besonderer Bedeutung ist es aufseiten des Geschädigten, dass der ihn beratende oder vertretende Anwalt auf die ihn treffenden Schadensminderungspflichten und auf die Regeln des Vorteilsausgleichs hinweist.

Nachfolgend werden zu den einzelnen Schadenpositionen, und zwar sowohl zum Sach- als auch zum Personenschaden, die Aspekte der Schadensminderung und des Vorteilsausgleichs dargestellt.

1. Grundlagen

a) Allgemeines. Dem Geschädigten obliegt im Schadenersatzrecht die Verpflichtung, den Schaden abzuwenden oder zu mindern. Die schuldhafte Verletzung dieser Schadenabwendungs- oder Schadensminderungspflicht spielt im Haftpflichtrecht eine große Rolle. Dies gilt insbesondere auch für den Bereich des Haftungsrechtes beim Straßenverkehrsunfall.

Das Gebot, den Schaden zu mindern, verpflichtet den Geschädigten dazu, sich wie ein wirtschaftlich und vernünftig denkender Mensch zu verhalten und von sich aus dazu beizutragen, dass der Schaden nicht größer als unbedingt notwendig wird.

Dem Geschädigten kann eine Verletzung der Schadensminderungspflicht nur entgegengehalten werden, wenn sie vorwerfbar ist. Hier gelten die gleichen Regeln und Maßstäbe wie im Rahmen der Anwendung des § 254 Abs. 1 BGB. In § 254 BGB ist der Grundsatz normiert, dass der Geschädigte alle Maßnahmen zu treffen hat, die nach allgemeiner Lebenserfahrung von einem ordentlichen Menschen angewendet werden müssen, um den Schaden abzuwenden oder geringer zu halten.³

Bei der Frage, ob der Schadensminderungspflicht ausreichend entsprochen wird, ist entscheidend, was ein verständiger, wirtschaftlich denkender Geschädigter aufwenden würde, um den Schaden zu beseitigen.⁴

Es ist von dem Grundsatz auszugehen, dass der Geschädigte seiner Schadensminderungspflicht entspricht, wenn er sich so verhält, wie wenn er den Schaden selbst bezahlen müsste und eine eintrittspflichtige Haftpflichtversicherung nicht vorhanden wäre.⁵ Gerade im Bereich des Kraftfahrthaftpflichtrechtes spielt die Schadensminderungspflicht eine bedeutsame Rolle, und zwar sowohl im Grundsatz als auch hinsichtlich aller in Betracht kommenden Schadenpositionen. Der Grundsatz, wonach der Geschädigte sich so verhalten muss, wie wenn er den Schaden selbst bezahlen müsste, muss im Straßenverkehrshaftungsrecht jedoch eingeschränkt gesehen werden. Der Geschädigte wird bei einem Eigenschaden möglicherweise Verzichte und Beschränkungen hinnehmen, die im Verhältnis zum Schädiger überobligatorisch sein können. Beispielsweise wird der Geschädigte bei einem Eigenschaden eine Urlaubsreise verschieben oder öffentliche Verkehrsmittel benutzen. Bei einem bestehenden Anspruch auf Entschädigung aufgrund Haftung eines Dritten geht die Schadensminderungspflicht nicht so weit.⁶

Im Übrigen muss bei Straßenverkehrsunfallschäden gesehen werden, dass oft zweifelhaft ist, wer den Schaden im Ergebnis zu tragen hat, weil die Haftungsquote von vornherein nicht klar zu beurteilen ist. Hieraus folgt, dass der Geschädigte im eigenen Interesse den jedenfalls sichersten und kostengünstigsten Weg wählen wird.

Nachfolgend werden zu den einzelnen Schadenpositionen, differenziert nach Sach- und Personenschaden, Fragen der Schadensminderungspflicht behandelt.

b) Anwalt und Schadensminderungspflicht. Der Anwalt, der einen Mandanten in einer verkehrsrechtlichen Schadenangelegenheit vertritt, muss den Mandanten auf die ihm obliegende Schadensminderungspflicht hinweisen. Diese Hinweispflicht betrifft zunächst die

---
² Vgl. hierzu *Geigel* Kap. 9 Rn. 1.
³ BGH VersR 1965, 1173.
⁴ BGH VersR 1985, 1090; BGH DAR 1996, 314.
⁵ BGH r+s 1986, 257; LG Köln zfs 1987, 137; BGH DAR 2010, 460 = ADAJUR-Dok.Nr. 88545 zur Frage der Mietwagenkosten.
⁶ BGH DAR 1996, 314.

Darlegung der Rechtslage, die regionale Rechtsprechung zum Schadenersatzanspruch und ebenso die Regulierungspraxis. Dies betrifft alle in Betracht kommenden Schadenpositionen, insbesondere aber die Rechtslage zur fiktiven Abrechnung, zur Verwertung eines Restwertes, die mögliche Nutzungsdauer eines Mietwagens.

10 Spezielle Beratungspflichten können sich ergeben bei der Übernahme eines Mandates zur Regulierung von Schadenersatzansprüchen bei Verkehrsunfällen mit Auslandsberührung, speziell bei der Regulierung nach den Grundsätzen der 7. KH-Richtlinie. Hier ist der Mandant insbesondere über den Ablauf der Regulierung zu informieren, die Anwendung des Rechtes des Schadenortes sowie die Abweichungen der Schadenersatzansprüche gegenüber dem deutschen Schadenersatzrecht.

Schließlich ist der Mandant insbesondere zu beraten über ein evtl. Kostenrisiko sowie bei bestehender Rechtsschutzdeckung über den Umfang der Rechtsschutzdeckung.

Nachstehend werden Voraussetzungen und Umfang der Schadensminderungspflicht zu den einzelnen Schadenpositionen differenziert zur Schadensminderungspflicht bei Sachschaden sowie bei Personenschaden dargestellt.

2. Schadensminderungspflicht und Sachschaden

11 **a) Schadensminderung und Kaskoversicherung.** Nimmt der Geschädigte bei bestehender Mithaftung zunächst seine Kaskoversicherung in Anspruch und wartet er nicht das Regulierungsverhalten des Haftpflichtversicherers des Schädigers ab, kann er den dort entstehenden Rückstufungsschaden – unter Berücksichtigung der Mithaftungsquote – gegenüber dem Haftpflichtversicherer des Schädigers geltend machen.[7] Dies gilt auch dann, wenn die unter Einbeziehung des Prämienschadens vom Haftpflichtversicherer des Schädigers insgesamt zu leistenden Zahlungen den ohne Kaskoabwicklung nach der Haftungsquote zu ersetzenden Betrag deutlich übersteigen.[8]

12 Bei einer anteiligen Haftung muss der Geschädigte vor Inanspruchnahme seiner Vollkaskoversicherung grundsätzlich nicht die Mitteilung über die Regulierungsbereitschaft des Haftpflichtversicherers seines Unfallgegners abwarten.[9]

13 **b) Fahrzeugschaden, speziell Verfügung über Restwert.** Grundsätzlich hat der Geschädigte das mildeste Mittel der Schadenbeseitigung zu wählen, also den Aufwand des Schadenersatzes möglichst gering zu halten.[10]

14 Bei der Entscheidung, ob das Fahrzeug repariert oder verwertet wird, darf der Geschädigte das Sachverständigengutachten abwarten. Er wird dann ggf. nach Rücksprache mit dem Anwalt entscheiden, ob er das Fahrzeug reparieren lässt oder verkaufen will. Entscheidet der Geschädigte sich für eine Reparatur, dann ist er verpflichtet, nach Kenntnis des Sachverständigengutachtens umgehend Reparaturauftrag einer zuverlässigen und nach ihrer Kapazität geeigneten Werkstatt zu erteilen.[11]

15 Ebenfalls hat der geschädigte Kfz-Eigentümer innerhalb angemessener Frist zu entscheiden, ob er den Schaden durch Reparatur oder durch Ersatzbeschaffung beseitigen lässt.[12] Nach Erhalt des Gutachtens werden ihm in der Regel drei Tage für diese Entscheidung zugestanden.[13]

16 Beim Kauf eines Ersatzfahrzeuges ist abzustellen auf die Dauer der Beschaffung eines dem Unfallwagen gleichwertigen Fahrzeugs. Entscheidet sich der Geschädigte für die Anschaffung eines Neufahrzeugs, dessen Auslieferung erheblich mehr Zeit in Anspruch nimmt als die nur zu fordernde Ersatzbeschaffung eines vergleichbaren Fahrzeugs, geht die längere Frist bis zum Erhalt des bestellten Kfz zu Lasten des Geschädigten.[14]

Zur Verwertung der Restwerte vgl. vorstehend → § 24 Rn. 82 ff.

---

[7] Vgl. BGH DAR 2007, 21 = ADAJUR-Dok.Nr. 70582.
[8] LG Aachen DAR 2000, 36.
[9] BGH zfs 2007, 87.
[10] Berz/Burmann/*Born* 5 A Rn. 9.
[11] KG NZV 1995, 311; vgl. auch Berz/Burmann/*Born* 5 B Rn. 16; vgl. BGH r+s 1986, 257.
[12] OLG Hamm NJW 1964, 406.
[13] AG Hamburg-St. Georg, Urt. v. 30.10.2013 – 912 C 106/13, ADAJUR-Dok.Nr. 103004.
[14] Vgl. OLG Oldenburg VersR 1967, 362.

Es ist von dem Grundsatz auszugehen, dass dem Geschädigten eine gewisse Prüfungszeit zusteht, innerhalb derer er anhand eines Sachverständigengutachtens prüfen kann, ob eine Instandsetzung des beschädigten Fahrzeuges mit einem wirtschaftlich vertretbaren Aufwand in zumutbarer Weise möglich ist oder ob Totalschaden vorliegt.[15]

c) Die Beauftragung des Sachverständigen. Der Geschädigte ist in der Auswahl des Sachverständigen frei.[16]

Ist das in Auftrag gegebene Gutachten falsch, so muss der Schädiger trotzdem die Kosten tragen.[17] Etwas anderes kann nur gelten, wenn die mangelnde Qualifikation dem Geschädigten bekannt war. Der Geschädigte muss nicht den von der Versicherung vorgeschlagenen Sachverständigen nehmen. Er hat ein eigenes Recht, seinen Sachverständigen des Vertrauens zu beauftragen. Es gilt der Grundsatz, dass der Geschädigte stets Anspruch auf Ersatz der Sachverständigenkosten hat, unabhängig von einer etwaigen Überprüfung durch die Versicherung. Dies kann nur relevant sein unter dem Gesichtspunkt, ob der Geschädigte durch das von ihm in Auftrag gegebene und vorgelegte Gutachten seiner Darlegungs- und Beweispflicht zum Schaden Genüge getan hat. Gegenteilige Tatsachen sind von der Versicherung darzulegen und zu beweisen.

d) Mietwagenkosten. Gerade zum Bereich des Ersatzes der Mietwagenkosten besteht unter verschiedenen Gesichtspunkten Streit darüber, unter welchen Voraussetzungen und in welchem Umfang den Geschädigten eine Schadensminderungspflicht trifft (vgl. im Übrigen → § 24 Rn. 135 ff.).

Unter dem Gesichtspunkt der Schadensminderungspflicht ist zunächst zu klären, ob die Anmietung eines Fahrzeuges erforderlich ist. Die Erkundigungsobliegenheit ist nunmehr durch die Rechtsprechung des BGH eingeschränkt.[18]

Es ist nunmehr entschieden, dass der Geschädigte nicht immer gegen seine Pflicht zur Geringhaltung des Schadens verstößt, wenn er den Ersatzwagen zum Unfallersatztarif anmietet.[19]

Gerade in dem Bereich der Anmietung des Fahrzeuges besteht für den Anwalt als Berater oder Interessenvertreter eine umfassende Belehrungspflicht hinsichtlich der Anspruchsvoraussetzungen, aber auch hinsichtlich der Schadensminderungspflicht unter den verschiedensten Gesichtspunkten, also der Notwendigkeit der Anmietung eines Ersatzfahrzeuges und der Erkundigungsobliegenheit. Er muss den Geschädigten darauf hinweisen, dass dieser mehrere Angebote einholen soll und dass möglichst nicht zum Unfallersatztarif angemietet werden soll. Sollte der Mandant kurzfristig bereits einen überteuerten Mietwagen gemietet haben, soll er darauf hinwirken, dass dieser zurückgegeben und gegen einen günstigeren ausgetauscht wird.

Auch der verletzte Geschädigte hat einen Anspruch auf Ersatz der Mietwagenkosten, wenn nicht nur er allein, sondern auch Angehörige oder andere Personen das Fahrzeug benutzen oder er sich zB zum Arzt, zu Einkäufen oder zur Suche eines Ersatzfahrzeuges fahren lässt. Das Nutzen eines Mietfahrzeuges durch den Geschädigten ist nicht dadurch ausgeschlossen, dass er krankgeschrieben ist. Ihm steht zB auch dann ein Mietwagen zu, wenn ihm vom Arzt wegen einer HWS-Verletzung eine „Halskrawatte" und Bettruhe verordnet ist.[20]

Bei Anschaffung eines Ersatzfahrzeuges und evtl. langer Lieferzeit muss ein Interimsfahrzeug erworben werden, um besonders hohe Mietwagenkosten zu vermeiden.[21] Dies kann

---

[15] Vgl. auch *Otting* zfs 1995, 322; zur Verwertung der Restwerte des beschädigten Fahrzeuges unter dem Gesichtspunkt der Schadensminderungspflicht vgl. ausführlich *Hentschel* § 12 StVG Rn. 6 f. mit ausführlichen Nachweisen aus Rechtsprechung und Literatur.
[16] *Hentschel* § 12 StVG Rn. 6.
[17] AG Augsburg zfs 1990, 194; AG Berlin-Mitte SP2010, 449 = ADAJUR-Dok.Nr. 91299; *Hentschel* § 12 StVG Rn. 6.
[18] BGH NJW 1996, 1958 = DAR 1996, 314 f.; vgl. BGH DAR 2007, 327.
[19] BGH NJW 1996, 1958, 1959; vgl. hierzu ausführlich Berz/Burmann/*Born* 5 C Rn. 28 ff. unter dem Stichwort „keine Marktforschung, aber Erkundigung".
[20] OLG Hamm NJW-RR 1994, 793.
[21] OLG Hamm zfs 1991, 234; OLG Celle DAR 2008, 205.

auch bei außergewöhnlich langer Reparaturzeit, zB aufgrund von Schwierigkeiten bei der Ersatzteilbeschaffung, in Betracht kommen.

24 Steht eine längere Fahrt, speziell eine Urlaubsreise oder eine längere Geschäftsreise an, hat der Geschädigte grundsätzlich Anspruch auf Anmietung eines Ersatzfahrzeuges zur Durchführung dieser Fahrt.[22] Evtl. kommt die Anmietung eines Interimsfahrzeuges in Betracht. Die Zumutbarkeit, die eigene Disposition zu ändern, hängt von den Umständen des Einzelfalles ab.[23]

3. Schadensminderungspflicht bei Personenschaden

25 a) *Heilbehandlung. aa) Duldung von Heilbehandlung.* Der Geschädigte ist in bestimmten Grenzen zur Duldung von Heilbehandlungen gemäß § 254 Abs. 2 BGB verpflichtet. Es muss sich als Mitverschulden anrechnen lassen, wenn er erforderliche Heilbehandlungsmaßnahmen nicht durchführt. Hier kommen jedoch Grenzen in Betracht. Es ist von folgenden Grundsätzen auszugehen:
Dem Verletzten ist nur dann ein Eingriff zuzumuten, wenn dieser
- gefahrlos und einfach ist,
- mit hoher Wahrscheinlichkeit eine Heilung oder zumindest wesentliche Besserung zur Folge hat[24] und
- nicht mit besonderen Schmerzen verbunden ist.[25]

Die Duldungspflicht ist differenziert zu sehen nach einzelnen Heilbehandlungsmaßnahmen. Beispielhaft sind anzuführen:
- Eine Narkose ist nur zumutbar und zu dulden, wenn die Operation medizinisch indiziert ist und dem Betroffenen von mehreren Ärzten die Operation empfohlen wird, wobei Risiken und Chancen abzuwägen sind.[26]

26 Bei psychischen Unfallfolgen (Neurosen) setzt ein Mitverschuldenseinwand nach § 254 BGB voraus, dass der Verletzte trotz seiner psychischen und intellektuellen Anlage die Notwendigkeit einer Therapie erkennen konnte.[27]

27 Ein Mitverschulden scheidet aus, wenn der Geschädigte sich auf den Rat seines Arztes verlässt. Hierbei ist von dem Grundsatz auszugehen, dass der Arzt nicht Erfüllungsgehilfe des Geschädigten ist. Hieraus folgt, dass der Geschädigte ggf. auch die Kosten einer nutzlosen Heilbehandlung zu tragen hat, soweit diese aus vorheriger Sicht des ärztlich beratenen Verletzten angemessen erscheint.[28]

28 *bb) Bei Heilbehandlungskosten.* Wie dem Verletzten der Anspruch auf Heilbehandlungskosten zusteht, so hat er auch im Hinblick auf Heilbehandlungskosten bestimmte Schadensminderungspflichten.

So muss sich der Verletzte einer erforderlichen Behandlung unterziehen.[29] Er muss ärztliche Verordnungen befolgen und unter Umständen Diät halten.[30]

29 Kein Verstoß gegen die Schadensminderungspflicht liegt vor, wenn der Verletzte nach Verschlechterung seines Zustandes nicht die von seinem Arzt vorgeschlagene weitere Behandlung, sondern von einem anderen Facharzt empfohlene, jedoch ebenfalls nicht zu einer Besserung führende Operation durchführen lässt.[31] Eine Verpflichtung, eine bestimmte Operation zu dulden, ist dahingehend eingeschränkt, dass eine Duldungspflicht nur besteht, wenn die Operation einfach und gefahrlos ist. Hierbei muss jedoch gesehen werden, dass es im Grunde eine gefahrlose Operation nicht gibt. Jede Operation trägt zumindest ein Restri-

---

[22] OLG Karlsruhe VersR 1981, 885; OLG Frankfurt zfs 1987, 327.
[23] *Hentschel* § 12 StVG Rn. 8a; *Fleischmann/Hillmann* § 8 Rn. 65 ff.
[24] BGH r+s 1994, 217.
[25] Berz/Burmann/*Heß* 6 J Rn. 5.
[26] BGH NZV 1994, 271.
[27] OLG Hamm NZV 1997, 272.
[28] Berz/Burmann/*Heß* 6 J Rn. 9.
[29] BGH VersR 1964, 94.
[30] OLG Hamm VersR 1960, 859; vgl. einschränkend OLG Hamm r+s 1993, 418.
[31] Vgl. *Küppersbusch* Rn. 250 Fn. 72.

siko. Es muss deshalb zwischen operationsspezifischen Gefahren und ggf. besonderen Risiken unterschieden werden.[32]

Umgekehrt ist die Verlegung in eine Spezialklinik, zB Unfallklinik der Berufsgenossenschaft bei Gefahr eines Dauerschadens, kein Verstoß gegen § 254 BGB.[33]

Bei der Anwendung besonders teurer Medikamente/Heilmethoden kann ein Mitverschuldenseinwand in Betracht kommen, wenn der gleiche Erfolg auch mit wesentlich geringeren finanziellen Aufwendungen möglich gewesen wäre. Im Einzelfall können allerdings besondere zusätzliche Aufwendungen, zB Arztbehandlungen im Ausland bei entsprechenden Kapazitäten, zu erstatten sein. Es ist von dem Grundsatz auszugehen, dass in Deutschland die ärztliche Versorgung ausreichend ist. Dies hat zur Folge, dass einem sozialversicherten Geschädigten die Kosten einer privatärztlichen Behandlung nur unter engen Voraussetzungen erstattet werden.[34]

cc) Schadensminderung und Rentenantrag. Der Geschädigte ist im Rahmen seiner Schadensminderungspflicht nicht verpflichtet, einen Rentenantrag zu stellen.[35]

b) Erwerbsschaden und Schadensminderungspflicht. *aa) Beim unselbstständig Tätigen.* Ist es dem Verletzten unfallbedingt nicht mehr möglich, in seinem erlernten Beruf zu arbeiten, so ist er grundsätzlich verpflichtet, sich einer geeigneten Umschulung für einen anderen Beruf zu unterziehen, wenn er diesen Beruf voraussichtlich ausüben kann.[36] Auch kommt in Betracht, dass für die Umschulung ein Umschulungsort an einem weiter entfernt gelegenen Ort akzeptiert werden muss.[37]

Der beruflichen Neigung und Begabung des Verletzten kommt jedoch bei der Wahl der Umschulungsmaßnahmen kein besonderes Gewicht zu.[38] Auch kann es für den Verletzten geboten sein, um der Schadensminderungspflicht zu genügen, sich selbst um eine Umschulung zu bemühen.[39]

Anzumerken ist, dass bei Unterlassen erforderlicher Umschulungsmaßnahmen durch den Reha-Träger auch diesem gegenüber ggf. § 254 Abs. 2 BGB eingewandt werden kann.

Ein Verstoß des Geschädigten gegen die Verpflichtung, seine verbliebene Arbeitskraft gewinnbringend einzusetzen, kann nur dann angenommen werden, wenn er zur Verwertung der Arbeitskraft in der Lage ist.[40] Es kommt auch darauf an, ob eine Umschulung in einen anderen Beruf wegen der dort schlechten Perspektiven überhaupt Erfolg verspricht und zu erzielbaren Erlösen führt.

Verstößt der Geschädigte gegen die ihm obliegende Schadensminderungspflicht, weil er es unterlässt, eine ihm zumutbare Erwerbstätigkeit aufzunehmen, sind die erzielbaren (fiktiven) Einkünfte auf den Schaden anzurechnen. Eine quotenmäßige Anspruchskürzung kommt grundsätzlich nicht in Betracht.[41]

Hat ein Geschädigter aufgrund einer Verletzung bei einem Straßenverkehrsunfall seinen Arbeitsplatz verloren, so kommt in Betracht, dass er gemäß § 254 Abs. 2 BGB verpflichtet ist, ein Kraftfahrzeug anzuschaffen, um einen neuen Arbeitsplatz unter zumutbaren Bedingungen zu erreichen. Zunächst ist davon auszugehen, dass dem Geschädigten aus seiner Schadensminderungspflicht gemäß § 254 Abs. 2 BGB eine solche Minderungspflicht nur in den Grenzen des Zumutbaren obliegt. Im Ergebnis hat der BGH[42] eine solche Verpflichtung gemäß § 254 Abs. 2 bejaht. Im Übrigen trifft den Schädiger die Beweislast für die Anwendungsvoraussetzungen des § 254 BGB.[43]

---

[32] *Küppersbusch* Rn. 176 Fn. 250.
[33] OLG Frankfurt zfs 1984, 358.
[34] OLG Düsseldorf VersR 1985, 64; OLG Karlsruhe zfs 1994, 241.
[35] OLG Hamm VersR 1984, 1049; Berz/Burmann/*Heß* 6 J Rn. 21.
[36] BGH VersR 1961, 1018; BGH NZV 1991, 145 = VersR 1991, 437; *Berz/Burmann* VII Rn. 114 f.
[37] BGH VersR 1962, 1100.
[38] OLG Karlsruhe zfs 1988, 281 = DAR 1988, 241; vgl. OLG München BeckRS 2010, 14333.
[39] Vgl. hierzu *Küppersbusch* Rn. 65, 71.
[40] BGH NZV 1996, 105.
[41] BGH DAR 2007, 141.
[42] NJW 1998, 3706.
[43] BGH NJW 1998, 3706.

37 bb) *Beim selbstständig Tätigen.* Ein Selbstständiger, der seiner beruflichen Arbeit nicht nachkommen kann, ist zunächst aufgrund der Schadensminderungspflicht gehalten, sich um eine geeignete Ersatzkraft zu bemühen.[44] Unterlässt er dies, wird der Verdienstausfall, der hierdurch entsteht, gegebenenfalls mit den Kosten verglichen, die eine Ersatzkraft verursacht hätte.[45] In Betracht kommt auch die Forderung, den Betrieb erforderlichenfalls anders zu organisieren und entsprechend seiner Behinderung umzudisponieren,[46] und zwar unter Einsatz der verbliebenen Arbeitskraft, jedoch nur im Rahmen des Zumutbaren.[47] In Betracht kommt auch, im Rahmen der Schadensminderungspflicht unterbliebene Arbeitsleistungen durch eine maßvolle Verlängerung der täglichen Arbeitszeit nachzuholen.[48]

38 cc) *Umschulung/Berufswechsel.* Es kann eine Verpflichtung des Geschädigten sein, der aufgrund unfallbedingter Verletzungen seinen bisherigen Beruf nicht mehr ausüben kann, einen Berufswechsel anzustreben. Voraussetzung ist jedoch, dass der in Betracht kommende Beruf seiner Ausbildung und seinem bisherigen beruflichen Werdegang entspricht. Eine Verpflichtung zur Umschulung besteht nur, wenn diese
- Aussicht auf Erfolg hat und
- eine nutzbringende Tätigkeit in dem neuen Beruf zu erwarten ist.[49]

Die Kosten der Umschulung hat der Schädiger zu tragen.

39 Auch kommt im Einzelfall in Betracht, dass die Annahme einer geringer bewerteten Stellung zuzumuten ist, jedoch nicht eine nennenswerte Verschlechterung unter Berücksichtigung der sozialen Position.[50]

40 Der unverschuldete Abbruch einer unfallbedingten Umschulungsmaßnahme ist dem Geschädigten nicht als Mitverschulden vorzuwerfen.[51] Dieser Grundsatz gilt auch im Zusammenhang mit dem Personenschadenmanagement der Versicherungen. Dort werden im Einvernehmen mit dem Geschädigten und dessen Anwalt speziell hierfür eingerichtete Institute beauftragt, sich um die schnelle Wiedereingliederung des Betroffenen zu kümmern. Mit der Einschaltung solcher Institutionen werden gute Ergebnisse erzielt. Es ergibt sich in den meisten Fällen eine win-win-Situation für Geschädigten und Versicherung. Der eine kommt früher wieder in das Berufsleben, die andere spart Verdienstausfall. Die Kosten der Maßnahme trägt der Versicherer.

41 dd) *Rehabilitationsmaßnahmen.* Es ist von dem Grundsatz auszugehen, dass eine sinnvolle Rehabilitationsmaßnahme dem Geschädigten zuzumuten ist. Wird der Geschädigte jedoch nicht auf die Möglichkeit einer Rehabilitationsmaßnahme hingewiesen, etwa vom Sozialversicherungsträger oder bewilligt dieser die Durchführung einer Rehabilitationsmaßnahme nicht, so ist dies dem Geschädigten nicht als Mitverschulden entgegenzuhalten.

42 c) **Schadensminderungspflicht im Rahmen des Ersatzanspruches für Haushaltsführung.** Im Rahmen der in Betracht kommenden Schadensminderungspflicht muss der Sachverhalt differenziert gesehen werden, und zwar nach den Folgen des Unfalls und den Umständen. Also ist zu unterscheiden der Fall der Tötung einer Person sowie der Behinderung aufgrund einer Verletzung.

Ein alleinstehender Witwer kann unter Umständen gehalten sein, in eine zwar qualitativ gleichwertige, aber kleinere Wohnung umzuziehen.[52]

43 d) **Schadensminderungspflicht und Unterhaltsanspruch.** In Betracht kommt, dass die hinterbliebene Witwe eine Erwerbstätigkeit aufzunehmen hat. Für die Frage der Arbeitspflicht sind jedoch maßgeblich das Alter, die Leistungsfähigkeit sowie sonstige Lebensverhältnisse,

---

[44] OLG Koblenz VersR 1991, 194.
[45] Vgl. KG NZV 2011, 442.
[46] BGH VersR 1966, 851; zu den Grenzen vgl. OLG Saarbrücken VersR 2004, 1401.
[47] *Küppersbusch* Rn. 151.
[48] BGH VersR 1971, 544; LG Regensburg SVR 2008, 305.
[49] BGH NJW 1991, 1412.
[50] Berz/Burmann/*Heß* 6 J Rn. 16.
[51] Berz/Burmann/*Heß* 6 J Rn. 18.
[52] BGH NZV 1988, 60; OLG Karlsruhe VersR 1991, 1190.

frühere Erwerbstätigkeit und Ausbildung.[53] Eine Arbeitspflicht kommt in der Regel in Betracht, wenn eine Witwe jung, arbeitsfähig und kinderlos ist.[54] Die Arbeitspflicht kann jedoch entfallen, wenn die in Betracht kommende Tätigkeit „sozial niedriger ist".[55]

e) **Schmerzensgeld und Mitverschulden.** In Österreich erhalten Angehörige Schmerzensgeld nur in Höhe des Mitverschuldensanteils des Schädigers.[56] Auch in Deutschland schlägt ein Mitverschulden der getöteten Person auf den Anspruch der in der Regel Erben durch.[57] Der Mitverschuldensvorwurf ist allerdings zum Beispiel nur dann gerechtfertigt, wenn der verletzte Beifahrer die Alkoholisierung des Fahrers bei gehöriger Sorgfalt hätte erkennen können. Allein normale Müdigkeit zur Nacht, kombiniert mit leichtem Alkoholgenuss bietet aus der Sicht des Beifahrers noch keinen Anlass, an der Fahrtüchtigkeit des Fahrers zu zweifeln.

Im Rahmen der Schmerzensgeldbemessung ist der weitgehende Verlust der Möglichkeit Laufsport zu betreiben, insbesondere bei einem jungen Menschen, nicht als geringfügig zu bewerten. Dies gilt auch dann, wenn er bisher keinen Sport ausgeübt hat. Dagegen führen eine bestehende Freundschaft zu dem Schädiger sowie der Umstand, dass der Unfall auf einer Gefälligkeitsfahrt für den Geschädigten geschah, bei bestehender Pflichtversicherung nicht zu einer Kürzung des Schmerzensgeldanspruchs.[58]

4. Ersatz für Aufwendungen

Aufwendungen, die der Geschädigte tatsächlich zur Erfüllung seiner Schadensminderungspflicht erbringt, die er für erforderlich halten durfte, sind als adäquat verursachter Folgeschaden zu ersetzen. Dies gilt auch dann, wenn diese Maßnahme ohne Verschulden des Geschädigten erfolglos geblieben ist.[59]

II. Vorteilsausgleich

1. Grundlagen

a) **Allgemeines und Grundsätzliches.** Mit einem Schadenereignis können auch Vorteile für den Geschädigten verbunden sein. Dies gilt auch bei Personenschaden. Zu denken hierbei ist an Leistungen des Arbeitgebers, des Dienstherrn oder eines Sozialversicherungsträgers.[60]

Vorteilsausgleichung setzt voraus, dass der Verletzte aus dem Schadenereignis unmittelbare Vorteile erhält. Hierbei ist nicht volle Identität zwischen dem schädigenden Ereignis und dem gegebenen Vorteil erforderlich.[61]

b) **Einzelfragen.** Beim möglichen Vorteilsausgleich stellt sich die Frage, ob mit dem Schadenfall eintretende Vorteile zu einer Verminderung des Schadens und damit zu einer Entlastung des Schädigers führen. Dies ist im Gesetz nur in besonderen Fällen geregelt, so zB in § 843 Abs. 4 BGB. Diese Vorschrift beinhaltet, dass der auf Zahlung einer Geldrente oder einer Kapitalabfindung gerichtete Schadenersatzanspruch wegen einer Verletzung des Körpers oder der Gesundheit nicht dadurch ausgeschlossen wird, dass ein anderer dem Verletzten Unterhalt gewährt.

---

[53] BGH VersR 1974, 142; BGH VersR 1984, 936, 938; vgl. *Münckel,* 8 Kapitel Schadenersatzansprüche des mittelbar Geschädigten, Rn. 58 ff.
[54] OLG Düsseldorf NZV 1993, 473 = zfs 1993, 81; vgl. OLG Brandenburg zfs 1999, 330; *Wenker,* VersR 2014, 680.
[55] BGH VersR 1960, 159, betreffend den Fall einer früheren Stenotypistin, die angesehenen Rechtsanwalt geheiratet und seitdem nicht mehr gearbeitet hatte; vgl. *Scheffen,* Erwerbsausfallschaden bei verletzten und getöteten Personen, VersR 1990, 926.
[56] OGH Wien ZVR 2004, 371 m. Anm. *Danzl* = ADAJUR-Dok.Nr.
[57] BGH NJW 1998, 2741.
[58] OLG Hamm r+s 1998, 236.
[59] *Küppersbusch* Rn. 33.
[60] *Heß/Burmann* NJW-Spezial 2006, 447; *Pauge,* Vorteilsausgleich bei Sach- und Personenschäden, VersR 2007, 569.
[61] Berz/Burmann//*Heß* 6 K Rn. 1.

49 Im Übrigen sind anzuführen Regelungen, die einen gesetzlichen Forderungsübergang statuieren (§ 116 Abs. 1 SGB X, § 6 EFZG, § 87 BBG, § 67 Abs. 1 VVG). Diese Regelungen schließen ein, dass die von dem Zessionar an den Zedenten erbrachten Leistungen dem Schädiger nicht zugutekommen sollen.

50 Grundsätzlich ist festzustellen, dass – von ausdrücklichen Regelungen abgesehen – Voraussetzung einer Anrechnung von Vorteilen ist, dass sie dem Schadenereignis zugerechnet werden können. Demgemäß ist nach der Rechtsprechung entscheidend, ob es sich um adäquat kausal verursachte Vorteile handelt oder um solche, die nicht nur aufgrund besonders eigenartiger, unwahrscheinlicher und nach dem gewöhnlichen Lauf der Dinge außer Betracht zu lassender Umstände eingetreten sind.[62] Schaden und Vorteil müssen insoweit nicht aus demselben Ereignis herrühren, jedoch ihre Wurzeln im gleichen Tatsachenkomplex finden. Es muss ein zeitlicher Zusammenhang zwischen dem schädigenden und dem vorteilhaften Ereignis bestehen, damit beide einem einheitlichen Ursprung zugerechnet werden können.

51 Freiwillige Leistungen Dritter werden nicht angerechnet. Dies gilt für Spenden, freiwillige Zuwendungen, insbesondere für Hilfeleistungen durch Angehörige oder Arbeitgeber.[63]

Es kommt dem Geschädigten nicht zugute, wenn der Verletzte die Hausarbeiten durch eine Verwandte für ihn unentgeltlich erledigen lässt.[64]

Leistungen aus privaten Lebens- oder Unfallversicherungen werden nicht angerechnet.[65] Dies gilt auch für Leistungen einer privaten Berufsunfähigkeitsversicherung oder einer Krankentagegeldversicherung.

52 Zum Bereich des Arbeits- und Dienstrechtes ist zu beachten, dass eine Abfindung, die wegen des unfallbedingten Verlustes des Arbeitsplatzes gezahlt wird, nicht anzurechnen ist.[66]

Erzielt der Geschädigte nach einer unfallbedingten Umschulung durch Berufswechsel ein Mehrverdienst, so ist dies nicht anzurechnen.[67] Dies gilt selbst dann, wenn die Kosten der Umschulung von dem Schädiger zu tragen sind.

Demgegenüber sind ersparte Aufwendungen, zB ersparte Fahrtkosten, Arbeitskleidung und ersparte doppelte Haushaltsführung anzurechnen.[68] Ebenfalls sind anzurechnen Ersparnisse in der privaten Lebensführung, etwa wegen eines Krankenhaus- oder Kuraufenthaltes.

53 c) **Schadensmindernde Vorteile.** Die Anrechnung schadensmindernder Vorteile stellt rechtlich eine Einwendung dar. Die Darlegungs- und Beweislast für die Tatsachen, aus denen sich die Vorteilsausgleichung ergibt, trifft den Schädiger.[69] Darüber hinaus ist es Aufgabe des Schädigers, Im Einzelnen zu den Vorteilen vorzutragen.[70]

2. Beim Sachschaden

54 a) **Fahrzeugschaden.** Bei einer Wertverbesserung kommen Abzüge neu für alt in Betracht.

Hat der Geschädigte durch besonderes Verkaufsgeschick einen höheren Restwert erreicht, so kommt dieser dem Schädiger nicht zugute.[71]

Erreicht der Geschädigte, wenn er das beschädigte Fahrzeug in Zahlung gibt und ein neues Fahrzeug kauft, eine Gutschrift, die den vom Sachverständigen geschätzten Restwert übersteigt, so braucht er sich im Verhältnis zum Schädiger diesen Mehrerlös nicht anrechnen zu lassen. Ein „versteckter Rabatt" steht dem Geschädigten, nicht dem Schädiger zu.[72] Im Übrigen ist der Geschädigte nicht verpflichtet, die Restwertrealisierung offenzulegen.[73]

---

[62] BGHZ 49, 56; vgl. auch *Geigel* Kap. 9 Rn. 2 ff.
[63] *Filthaut*, HPflG § 5 Umfang des Schadenersatzes bei Tötung, IV. Vorteilsausgleichung, Rn. 32 ff.
[64] Vgl. OLG Düsseldorf BeckRS 2012, 14681.
[65] BGH VersR 1979, 32.
[66] BGH NZV 1990, 225; OLG Hamm r+s 1994, 417; vgl. im Einzelnen *Huber* VersR 2007, 1330.
[67] BGH NJW 1987, 2741; OLG Nürnberg NZV 1991, 267.
[68] BGH NJW 1980, 1787.
[69] BGH NJW 1979, 706, 761.
[70] Berz/Burmann/*Heß* 6 K Rn. 13.
[71] OLG Düsseldorf zfs 1993, 338; BGH DAR 2005, 152.
[72] OLG Köln NZV 1994, 24.
[73] *Hentschel* § 12 StVG Rn. 8.

b) Mietwagenkosten und ersparte Eigenkosten. Bei Anmietung eines Ersatzfahrzeuges 55 kommt grundsätzlich ein Abzug für ersparte Eigenkosten in Betracht. Hierbei handelt es sich um Ersparnisse dafür, dass das Unfallbeschädigte Fahrzeug während der Reparatur bzw. des Wiederbeschaffungszeitraumes gewisse Kosten nicht verursacht. Es entfallen etwa Abnutzung, Pflegekosten, und es entsteht kein Ölverbrauch (vgl. hierzu auch im Einzelnen vorstehend → § 24 Rn. 145).[74] Ein solcher Abzug entfällt in der Regel allerdings, wenn der Geschädigte ein Kfz anmietet, das einer Gruppe unter seinem eigenen zugerechnet wird.[75]

3. Vorteilsausgleich bei Ansprüchen aus Körperverletzung

a) Mögliche Anrechnung von Leistungen. Auch beim Schadenersatzrecht aufgrund von 56 Körperverletzung ist davon auszugehen, dass in der Regel eine Anrechnung von Leistungen aufgrund individueller oder kollektiver Schadenvorsorge nicht erfolgt. Bei einem Schadenereignis, das neben dem Vermögensschaden auch finanzielle Vorteile gebracht hat, kommt die Anrechnung von Vorteilen nur unter bestimmten Voraussetzungen in Betracht. Das Schadenereignis muss den Vorteil adäquat verursacht haben.[76] Weitere Voraussetzung ist, dass die Anrechnung des Vorteils für den Geschädigten zumutbar ist,[77] und die Anrechnung muss dem Zweck des Schadenersatzausgleiches entsprechen und darf den Schädiger nicht unbillig entlasten.[78]

Als anrechenbar kommen in Betracht Leistungen 57
- eines Sozialversicherungsträgers (Legalzession nach § 116 SGB X),
- eines privaten Versicherungsunternehmens gemäß § 86 VVG,
- des Staates als Dienstherrn (§ 87a BBG) und ähnliche Versorgungsregelungen,
- des Arbeitgebers gemäß § 6 EFZG oder aus Arbeitsvertrag,
- einer Pensions- oder Versorgungskasse.[79]

Gesetzliche Leistungen nach § 843 Abs. 4 BGB sind nicht anzurechnen, ebenso nicht freiwillige Leistungen Dritter, Leistungen eines Arbeitgebers aus sozialen Erwägungen, der Ertrag einer Sammlung für den Geschädigten, Arbeitsleistungen von Familienangehörigen oder Mitgesellschaftern, die für den arbeitsunfähigen Betriebsinhaber einspringen.[80]

Jedoch findet eine Anrechnung bei bestimmten ersparten Aufwendungen statt. Dies sind 58
- Steuern,[81]
- Unterhaltsleistungen,
- Werbungskosten eines Arbeitnehmers,
- Aufwendungen für Unterkunft und Verpflegung des Dienstpflichtigen, zB bei der Bundeswehr.[82]

b) Rechtslage bei überobligatorischen Leistungen. Zunächst ist von dem Grundsatz aus- 59 zugehen, dass überobligatorische Leistungen des Geschädigten mit dem Ziel, den Schaden zu mindern, den Schädiger nicht entlasten.

Erzielt ein Verletzter durch sog. „überobligatorische Arbeit" Einkünfte, ist dieses Einkommen grundsätzlich nicht auf den Erwerbsschaden anzurechnen. Eine überobligatorische Tätigkeit ist anzunehmen, wenn die Tätigkeit mit erheblichen Risiken, vor allem gesundheitlicher oder wirtschaftlicher Art, verbunden ist.[83]

Umgekehrt darf der Heilungsprozess durch überobligatorische Tätigkeit nicht verzögert werden.[84]

---

[74] *Fleischmann/Hillmann* § 8 Rn. 134 ff.; vgl. OLG Hamm BeckRS 2008, 25925.
[75] OLG Hamm, NZV 1994, 316 = ADAJUR-Dok.Nr. 936.
[76] BGHZ 8, 326; BGHZ 49, 56, 62, kritisch zu dieser Entscheidung BGH VersR 1979, 323 = NJW 1979, 716.
[77] BGHZ 10, 108.
[78] Vgl. hierzu ausführlich *Küppersbusch* Rn. 34 ff.
[79] Vgl. hierzu *Küppersbusch* Rn. 36.
[80] Vgl. *Küppersbusch* Rn. 37.
[81] RG JW 1935, 369.
[82] Vgl. *Küppersbusch* Rn. 38.
[83] BGH VersR 1992, 86; vgl. auch *Jahnke* § 9 Rn. 16.
[84] Vgl. *Jahnke* § 9 Rn. 17; zur Anrechnung einer Erwerbsunfähigkeitsrente vgl. *Jahnke* aaO Rn. 18 ff.

4. Anzurechnende Leistungen

60 **a) Ersparte Aufwendungen.** Anzurechnen sind ersparte Aufwendungen. Hierbei sind zu nennen
- ersparte Fahrtkosten zur Arbeit
- ersparte Arbeitsleistung
- ersparte doppelte Haushaltsführung.
- Bei der Bewertung der ersparten Aufwendungen kommt § 287 ZPO zur Anwendung.[85]

61 **b) Sonstige (nicht) anzurechnende Leistungen.** Leistungen des Sozialhilfeträgers werden dann nicht schadensmindernd angerechnet, wenn ein Forderungsübergang wegen des „Familienprivilegs" gemäß § 116 Abs. 6 Satz 1 SGB X ausgeschlossen ist.[86]

Altersruhegeld, etwa bei Inanspruchnahme der „flexiblen Altersgrenze" von 63 Jahren wird angerechnet.[87]

62 **c) Ererbtes Vermögen.** Die Hinterbliebenen brauchen sich den Stammwert der Erbschaft auf den Anspruch aus § 844 BGB grundsätzlich nicht anrechnen zu lassen.[88]

5. Einzelfälle zu nicht anzurechnenden Leistungen

63 Nicht angerechnet werden
- freiwillige Leistungen Dritter,
- Vorteile aus eigenen Leistungen, zB aus eigener Vorsorge oder aus einer eigenen privaten Lebens- und Unfallversicherung, ggf. auch nicht aus einer Insassenunfallversicherung,
- Erbschaften,
- überobligatorische Leistungen,
- Mehrverdienst, etwa nach unfallbedingter Umschulung.[89]

---

[85] Berz/Burmann/*Heß* 6 K Rn. 11.
[86] OLG Bremen VersR 1994, 995; vgl. *Möller*, Das Angehörigenprivileg im Wandel? NZV 2009, 218.
[87] *Böhme/Biela* D IX Rn. 305.
[88] Vgl. hierzu im Einzelnen und zu einzelnen Fallgestaltungen *Böhme/Biela* D IX Rn. 308.
[89] Berz/Burmann/*Heß* 6 K Rn. 2–9.

§ 29 Der Arbeits- und Wegeunfall

Übersicht

	Rn.
I. Die Rechtslage	1–10
1. Grundgedanke der Unfallversicherung	1
2. Die Rechtslage	2–10
a) Bis 31.12.1996	2–4
b) Gesetzeslage ab 1.1.1997	5–10
II. Der Arbeitsunfall	11–18
1. Begriff „Arbeitsunfall"	11–16
a) Arbeits- und Wegeunfall	11–14
b) Abgrenzungen zum Arbeitsunfall zwischen beruflichem und privatem Bereich	15/16
2. Verfahrensfragen bei Arbeitsunfall	17/18
a) Anzeigepflicht	17
b) Rechtsmittelweg	18
III. Ausschluss der Haftung bei Arbeits- und Wegeunfall	19–23
1. Ausschluss der Haftung	19–21
2. Die ausgeschlossenen Ansprüche	22/23
IV. Haftungsbeschränkungen beim Arbeits- und Wegeunfall	24–54
1. Die Haftungsbeschränkung nach SGB VII	24–27
a) Die gesetzliche Regelung	24
b) Der Arbeitsunfall gemäß § 8 SGB VII	25/26
c) Prüfschema Arbeitsunfall	27
2. Die Haftungsbeschränkungen im Einzelnen	28–44
a) Die wichtigsten Fallgestaltungen	28/29
b) Haftungsbeschränkung zugunsten des Unternehmers sowie des Arbeitskollegen	30–40
c) Haftungsprivilegierung für sonstige Personen	41
d) Ausschluss der Haftung bei Unfällen von Beamten und Soldaten	42–44
3. Beschränkung der Haftung und gemeinsame Betriebsstätten	45–54
a) Die gesetzliche Regelung	45–51
b) Fallgestaltungen zur gemeinsamen Betriebsstätte und Haftungsprivilegierung	52–54
V. Die Rechtslage bei Teilnahme am allgemeinen Straßenverkehr	55–65
1. Allgemeines	55–57
2. Die Haftung bei Wegeunfällen im Einzelnen	58–63
a) Die Haftungsprivilegierung	58
b) Die Teilnahme am allgemeinen Straßenverkehr	59–63
3. Die Rechtslage beim Sachschaden bei einem Verkehrsunfall	64/65
VI. Unfallversicherung und Hilfeleistung bei Unglücksfällen	66–75
1. Normzweck	67–69
2. Voraussetzungen	70–74
3. Anspruchsübergang	75
VII. Die Leistungsansprüche bei einem versicherten Unfall	76/77
VIII. Abwicklung mit sozialrechtlichen Leistungsträgern	78–82
1. Verfahren	78
2. Bindungswirkung	79–82

Schrifttum: *Elsner*, Haftungsausschluss nach SGB VII, zfs 2000, 475; *Halm/Steinmeister*, Arbeitsrecht im Straßenverkehr, SVR 2004, 241; *Kasseler Kommentar*, Sozialversicherungsrecht, 81. Aufl. 2014 (zitiert: KassKomm/*Bearbeiter*); *Küppersbusch*, Ersatzansprüche bei Personenschaden, 10. Aufl. 2010; *Lemcke*, Ist in die Haftungsfreistellung nach § 106 Abs. 3 Alt. 3 SGB VII auch der Unternehmer einbezogen?, r+s 2000, 221; *Lepa*, Die Haftung des Arbeitnehmers im Straßenverkehr, NZV 1997, 137; *Leube*, Haftungsbegrenzung auf gemeinsamer Betriebsstätte – Begriff der „Betriebsstätte", VersR 2005, 622; *Nehls*, Der Straßenverkehrsunfall als Arbeits- und Wegeunfall, SVR 2004, 409; *Plagemann* (Hrsg.), Münchener Anwaltshandbuch Sozialrecht, 4. Aufl. 2013 (zitiert: Plagemann/*Bearbeiter* MAH Sozialrecht); *ders.*, Verkehrsunfallschadenregulierung und Sozialrecht, zfs 2004, 201 (Teil 1) und zfs 2004, 246 (Teil 2); *ders.*, Verkehrsunfall als Arbeitsunfall, NZV

2001, 233; *Schmitt*, SGB VII Gesetzliche Unfallversicherung, 4. Aufl. 2009; *Stöber*, Haftungsausschluss nach § 104 SGB VII in den Fällen der Pannen- oder Unfallhilfe, NZV 2007, 57; *Stöhr*, Haftungsprivilegierung bei einer gemeinsamen Betriebsstätte und bei Verkehrsunfällen, VersR 2004, 809; *Waltermann*, Haftungsfreistellung bei Personenschäden – Grenzfälle und neue Rechtsprechung, NJW 2004, 901.

I. Die Rechtslage

1. Grundgedanke der Unfallversicherung

1   Kennzeichnende Merkmale der Unfallversicherung sind unverändert seit Beginn:
- Ablösung der zivilrechtlichen Haftpflicht der Unternehmer gegenüber ihren Beschäftigten durch verschuldensunabhängige sozialversicherungsrechtliche Ansprüche gegen den Unfallversicherungsträger als Körperschaft des öffentlichen Rechtes
- Finanzierung allein durch die Unternehmer
- Gliederung weitestgehend nach Gewerbezweigen in Fachberufsgenossenschaften als Ausdruck solidarischer Haftung der in ihnen als „Berufsgenossen" zusammengefassten Unternehmer
  (Ausnahme hiervon Unfallversicherungsträger der öffentlichen Hand)
- Zuständigkeit der Unfallversicherungsträger auch für die Prävention
  (Verhütung von Arbeitsunfällen und Berufskrankheiten; jetzt auch Abwehr aller arbeitsbedingten Gesundheitsgefahren).[1]

2. Die Rechtslage

2   **a) Bis 31.12.1996.** Für die Rechtslage bis zum 31.12.1996 sind bzw. waren maßgebend Vorschriften der §§ 636, 637 RVO. Diese regeln, dass ein Unternehmer oder ein sonstiger Betriebsangehöriger bei einem Arbeitsunfall nicht für die Personenschäden haften sollte, die ein Mitarbeiter des gleichen Betriebes hierdurch erleidet. Der Umfang der gesetzlichen Unfallversicherung richtete sich gemäß der alten Gesetzeslage nach den Vorschriften der §§ 539, 540, 543–545 RVO.

3   Nach der Rechtslage bis zum 31.12.1996 hatte ein Arbeitnehmer oder ein in den Betrieb des Unternehmens eingegliederter Beschäftigter bei einem Arbeitsunfall, der durch das Verschulden des Unternehmers oder eines Arbeitskollegen verursacht wurde, Anspruch auf Ersatz nur bei Sachschäden bei vorsätzlicher Herbeiführung des Arbeitsunfalls oder bei der Teilnahme am allgemeinen Verkehr. Nur in diesem Fall kamen Schadenersatzansprüche gegenüber dem Schädiger in Betracht.

Die Teilnahme am allgemeinen Verkehr hing davon ab, ob der Verletzte den Unfall als normaler Verkehrsteilnehmer oder als Betriebsangehöriger erlitten hat.[2]

4   Die Vorschrift des § 640 RVO regelte, dass derjenige, dessen Haftung gemäß §§ 636, 637 RVO beschränkt war, in den Fällen, in denen der Arbeitsunfall vorsätzlich oder grob fahrlässig herbeigeführt wurde, den Trägern der Sozialversicherung, insbesondere dem Unfallversicherungsträger (Berufsgenossenschaft), in vollem Umfang die entstandenen Aufwendungen zu ersetzen hatte, und zwar unabhängig von einem etwaigen Mitverschulden des Geschädigten. Der Regressanspruch des Sozialversicherungsträgers bestand immer in voller Höhe. Dies hatte zur Folge, dass unter Umständen die Regresspflicht nach § 640 RVO einen höheren Regressanspruch gewährte als nach BGB-Haftung geschuldet war.

Die vorstehend wiedergegebene Rechtslage findet nur noch Anwendung für Schadenfälle, die sich bis zum 31.12.1996 ereignet haben. Für hiernach eingetretene Fälle gilt die Rechtslage nach dem SGB VII.[3]

5   **b) Gesetzeslage ab 1.1.1997.** *aa) Gesetzliche Regelung.* Durch das Gesetz zur Eingliederung der gesetzlichen Unfallversicherung in das Sozialgesetzbuch (UVEG) vom 7. August

---
[1] KassKomm/*Ricke* vor § 1 SGB VII Rn. 3.
[2] *Küppersbusch* Rn. 538, 539.
[3] Zur früheren Rechtslage vgl. ausführlich *Küppersbusch*, und zwar zum Haftungsausschluss bei Arbeits- oder Dienstunfall Rn. 512 sowie zum Regressanspruch der Sozialversicherungsträger Rn. 558 ff.

1996⁴ wurden die einschlägigen Bestimmungen im SGB VII zusammengefasst. An die Stelle der §§ 636, 637 RVO traten die §§ 104 bis 106 SGB. Es fand die Rechtsprechung des BGH und des BSG Niederschlag.

Die Neuregelung der §§ 116, 119 SGB X zum 1.1.2001 stellen eine Systemänderung dar.[5]

bb) Die Änderungen. Wichtigste Änderungen enthält das 4. Kapitel des SGB VII: Haftung von Unternehmern, Unternehmensangehörigen und anderen Personen. In diesem Kapitel sind folgende Regelungen getroffen: **6**
- 1. Abschnitt: Beschränkungen der Haftung gegenüber Versicherten, ihren Angehörigen und Hinterbliebenen (§§ 104 bis 109)
- 2. Abschnitt: Haftung gegenüber den Sozialversicherungsträgern (§§ 110 bis 113).

Normzweck des § 104 SGB VII ist der grundsätzliche Ausschluss der sonst gegebenen Schadenersatzansprüche des Versicherten gegen seinen Unternehmer wegen Personenschadens infolge eines Versicherungsfalles.

Die Vorschrift des § 105 SGB VII dehnt die Haftungsbefreiung des § 104 SGB VII wegen der Friedensfunktion auf Mitarbeiter der Versicherten aus, und § 105 SGB VII regelt die Beschränkung der Haftung anderer Personen, die in ähnlich enger Gefahrengemeinschaft stehen. Neue Regelungen gelten gemäß §§ 104, 105 iVm § 8 Abs. 2 Nr. 1 bis 4 SGB VII für die Teilnahme am allgemeinen Straßenverkehr mit der Maßgabe, dass der Anspruch auf Ersatz des Personenschadens bestehen bleibt für einen Versicherungsfall, der sich ereignet auf einem nach § 8 Abs. 2 Nr. 1 bis 4 SGB VII versicherten Weg. **7**

Nachstehend werden die einzelnen Aspekte beim Arbeits- und Wegeunfall, nämlich die Haftungsbeschränkungen im Einzelnen und die Rechtslage bei Teilnahme am allgemeinen Straßenverkehr sowie die Leistungsansprüche, behandelt: **8**

cc) Die Änderungen im Einzelnen. In der gesetzlichen Unfallversicherung ist eine Haftungsfreistellung von zivilrechtlichen Ansprüchen wegen Personenschadens geregelt, jedoch nicht für Sachschäden. Dies wird in der Praxis häufig übersehen. Grundgedanke der Haftungsfreistellung ist, dass die in den gesetzlichen Leistungsträgern, und zwar der Berufsgenossenschaft, zusammengeschlossenen Arbeitgeber Beiträge an die Berufsgenossenschaft abführen. Das Kapital aus den Beiträgen ist die Grundlage für die Entschädigung der Opfer.[6] **9**

Die Regelungen der §§ 636 ff. RVO wurden zum 1.1.1997 ersetzt durch die §§ 104–113 SGB VII.[7]

Im Hinblick auf Regelungen zu Unfällen, die sich vor dem 1.1.1997 ereignet haben, ist es wichtig, sich die unterschiedlichen gesetzlichen Regelungen zu vergegenwärtigen und diese zu beachten. Im Übrigen ist darauf hinzuweisen, dass seit dem In-Kraft-Treten des Gesetzes zahlreiche Gesetze und Verordnungen in Kraft getreten sind, durch die Bestimmungen des SBG VII geändert worden sind. Dies geschah „in der Regel weitgehend unbemerkt".[8] Schließlich ist zu verweisen auf eine Gegenüberstellung der Regelungen nach RVO und SGB VII bei *Berz/Burmann*.[9] **10**

II. Der Arbeitsunfall

1. Begriff „Arbeitsunfall"

a) **Arbeits- und Wegeunfall.** Der Begriff des Arbeitsunfalls ergibt sich aus § 8 SGB VII. Diese Vorschrift lautet: **11**

„Arbeitsunfälle sind Unfälle von Versicherten infolge einer den Versicherungsschutz nach §§ 2, 3 oder 6 begründenden Tätigkeit (versicherte Tätigkeit). Unfälle sind zeitlich begrenzte, von außen auf den Körper einwirkende Ereignisse, die zu einem Gesundheitsschaden oder zum Tod führen."

---

[4] BGBl. I S. 1254.
[5] Böhme/Biela F I Rn. 6; zur Entwicklung der Rechtslage vgl. auch *Fleischmann/Hillmann* § 3 Rn. 223 ff.
[6] *Lepa* NZV 1997, 137.
[7] *Küppersbusch* Rn. 512.
[8] Vgl. *Schmitt* SGB VII Vorwort.
[9] *Berz/Burmann/Heß* 6 Q Rn. 13, 20.

12 In Abs. 2 des § 8 SGB VII sind dann enumerativ die versicherten Tätigkeiten aufgeführt. In Abs. 3 der genannten Vorschrift ist geregelt, dass als Gesundheitsschaden auch die Beschädigung oder der Verlust eines Hilfsmittels gilt.

13 Ein Unfall auf dem Weg nach oder von dem Ort der versicherten Tätigkeit (Wegeunfall) gilt ebenfalls als Arbeitsunfall. Nach BVerfG[10] ist es nicht als objektiv willkürlich zu werten, das Vorliegen eines in der gesetzlichen Unfallversicherung versicherten Wegeunfalls zu verneinen, wenn der Betroffene die zum versicherten Ziel führende Straße unter Inkaufnahme eines Umweges von 100 m verlässt, um an einem Automaten Geld abzuheben. Ein Berufskraftfahrer, der seine vorgegebene Wegstrecke verlässt, um zu Hause vergessene Medikamente zu holen, steht auf dem Weg dorthin nicht unter Unfallversicherungsschutz.[11]

14 Für denjenigen, der mit der Abwicklung eines Unfallgeschehens befasst ist, sei es als Anwalt oder als Sachbearbeiter aufseiten der Versicherung, ist es wichtig, die Frage zu beachten, ob ein Arbeits- oder Wegeunfall vorliegt mit der Folge des Haftungsausschlusses. Andererseits aber sind insbesondere für den Anwalt, der einen Geschädigten berät oder vertritt, nicht nur der gegebene Haftungsausschluss zu sehen, sondern auch die bei Vorliegen eines Arbeitsunfalls in Betracht kommenden Leistungen. Diese wiederum sind im 3. Kapitel des SGB VII, und zwar in den §§ 26 ff. SGB VII, geregelt. Zu erwähnen sind hier vor allem die Leistungen zur Heilbehandlung, zur Rehabilitation sowie mögliche Rentenzahlungen.

15 b) *Abgrenzungen zum Arbeitsunfall zwischen beruflichem und privatem Bereich.* Zunächst ist festzustellen, dass nach der Regelung in § 8 SGB VII zu erkennen ist, dass der Gesetzgeber sämtliche Personen in den Schutz der Haftungsbeschränkung aufnehmen wollte, die für das Unternehmen oder den Unternehmer tätig geworden sind oder zu dem Unternehmen in einer sonstigen, die Versicherung begründenden Beziehung gestanden haben. Es gilt also die Haftungsbeschränkung zugunsten aller Personen, die als gesetzlich Unfallversicherte für das Unternehmen tätig werden unabhängig vom Umfang ihrer Tätigkeit.[12]

16 Ein Arbeitsunfall liegt gemäß § 8 Abs. 1 SGB VII vor, wenn er der versicherten Tätigkeit zuzurechnen ist. Er muss in einem rechtlich wesentlichen inneren Zusammenhang mit der Berufstätigkeit stehen.[13] Ein innerer Zusammenhang mit der versicherten Tätigkeit ist zB nicht gegeben, wenn ein Verkehrsunfall auf einen Vollrausch zurückzuführen ist oder Trunkenheit wesentliche Bedingung/Ursache des Unfalls war.

2. Verfahrensfragen bei Arbeitsunfall

17 a) *Anzeigepflicht.* Zunächst ist bei der Beratung und Interessenvertretung von Beteiligten zu beachten, dass der Unternehmer einen Arbeitsunfall gemäß § 193 Abs. 4 SGB VII dem Unfallversicherungsträger (UVT) binnen 3 Tagen anzuzeigen hat.[14]

18 b) *Rechtsmittelweg.* Gegen den Bescheid des UVT kann innerhalb eines Monats nach Zustellung gemäß § 87 SGG Klage erhoben werden. Gegen Urteile des Sozialgerichtes ist Berufung beim Landessozialgericht möglich, sofern das Gesetz keine andere Regelung vorschreibt. Gemäß § 109 SGB VII können Personen, also zB Unternehmer oder Betriebsangehörige, deren Haftung nach den §§ 104 ff. SGB beschränkt ist und gegen die Versicherte, ihre Angehörigen und Hinterbliebenen Schadenersatzforderungen erheben, Feststellung nach § 108 SGB VII beantragen oder das entsprechende Verfahren nach dem SGG betreiben, und zwar anstelle der Berechtigten. Die Regelung des § 108 SGB VII betrifft die Entscheidung über das Vorliegen des Arbeitsunfalls nach dem SGB VII. Das – ansonsten – angerufene Gericht hat sein Verfahren auszusetzen, bis eine Entscheidung gemäß § 108 Abs. 1 SGB VII ergangen ist. Hier ist zu beachten, dass der Ablauf von Fristen nicht gegen die das Verfahren betreibenden Personen, zB Unternehmer oder Betriebsangehörige, wirkt. Dies gilt

---

[10] NJW 2005, 816, die Verfassungsbeschwerde wurde nicht zur Entscheidung angenommen.
[11] BSG NJW 2005, 1599 = ADAJUR-Dok.Nr. 63423.
[12] *Fleischmann/Hillmann* § 3 Rn. 239, 240.
[13] BSG NJW 1996, 2951; vgl. auch *Böhme/Biela* B Rn. 26.
[14] Vgl. *Schmitt* SGB VII Rn. 1 ff.

III. Ausschluss der Haftung bei Arbeits- und Wegeunfall

1. Ausschluss der Haftung

Soweit ein Versicherungsfall nicht vorsätzlich verursacht worden ist oder sich nicht im Rahmen der Teilnahme am allgemeinen Straßenverkehr ereignet hat, ist die Haftung ausgeschlossen.

Arbeitsunfälle iSv § 8 Abs. 1 SGB VII sind Unfälle Versicherter infolge einer den Versicherungsschutz begründenden Tätigkeit. Unfälle sind zeitlich begrenzte, von außen auf den Körper einwirkende Ereignisse, die zu einem Gesundheitsschaden oder zum Tod führen.[16]

Die Haftungsausschlüsse haben in der Praxis und für den Schädiger große Bedeutung. Andererseits ist zu berücksichtigen, dass für den Geschädigten die sich aus dem 3. Kapitel des SGB VII ergebenden Leistungen attraktiver und hilfreicher sein können als die sich aus dem Schadenrecht ergebenden Rechtsfolgen. Bei der Unfallregulierung ist es wichtig, die Vor- und Nachteile abzuwägen. Wer die Vorschriften nicht kennt, riskiert als Rechtsanwalt eigene Haftpflichtschäden, als Richter falsche Urteile und als Versicherer eine fehlerhafte Regulierung. Andererseits genügt schon die Kenntnis weniger Paragraphen für einen Überblick über die schadenrechtliche Bedeutung. Hier sind als Paragraphen zu nennen die Vorschriften der §§ 2, 8, 26, 56, 81 sowie 104–109 SGB VII.[17]

Die Haftungsausschlüsse sind normiert in den §§ 104 bis 106 SGB VII.[18] Zum Gesetzeszweck ist darauf hinzuweisen, dass die Unfallversicherung finanziert wird durch die Beiträge der Unternehmer (Finanzierungsargument). Der Ausschluss der zivilrechtlichen Haftung soll dem Betriebsfrieden (Friedensargument) dienen.

2. Die ausgeschlossenen Ansprüche

Grundsätzlich sind die Ansprüche versicherter Betriebsangehöriger gegen den Unternehmer auf Ersatz des beim Arbeitsunfall eingetretenen Personenschadens – nicht des Sachschadens – ausgeschlossen. Wichtig ist zu beachten, dass dies auch für den Schmerzensgeldanspruch gilt. Diese Beschränkung ist nicht verfassungswidrig.[19] Sie gilt allerdings nicht bei persönlich erlittenen Schockschäden von Angehörigen im Zusammenhang mit dem Tod eines nahen Angehörigen bei einem Arbeitsunfall.[20] Maßgeblich für den Ausschluss ist das Vorliegen einer gemeinsamen Betriebsstätte.[21]

Auch Körperschaften des öffentlichen Rechts sind Unternehmer. Dies gilt auch für Kfz-Halter in diesem Bereich entsprechend.

Bei Verletzung in einem „fremden" Betrieb kommt es auf die versicherungsrechtliche Zuordnung der Tätigkeit an.[22]

Ausgeschlossen werden lediglich die gesetzlichen Ansprüche auf Ersatz des Personenschadens, und zwar:
- Schmerzensgeld
- Erwerbsschaden
- Unterhaltsschaden
- Heilbehandlungskosten

---

[15] BSG VersR 1997, 1347; BGH NZV 1995, 274 = VersR 1995, 1209; vgl. hierzu auch *Küppersbusch* Rn. 555, 556.
[16] Zur Definition des Unfalls im Sozialgesetzbereich siehe *Köhler*, SGb 2014, 69.
[17] *Elsner* zfs 2000, 475 ff.
[18] Die Vorschriften der §§ 104 bis 106 SGB ersetzen ab dem 1.1.1997 die früher geltenden Regelungen der §§ 636 ff. RVO.
[19] BVerfG NJW 1995, 1607.
[20] BGH DAR 2007, 511.
[21] BAG r+s 2005, 304; BAG NJW 2004, 3360 für Streitigkeiten zwischen Arbeitnehmern desselben Betriebs.
[22] Vgl. auch *Waltermann* NJW 2004, 901.

- Vermehrte Bedürfnisse
- Haushaltsführungsschaden
- Bestattungskosten.

23 Der Ausschluss der Ansprüche greift unabhängig davon, ob der Schaden durch die gesetzliche Unfallversicherung ersetzt wird. Dies ist in der Regel der Fall. Entscheidend allein ist das Vorliegen der Voraussetzungen des Haftungsausschlusses. Der Haftungsausschluss greift auch dann, wenn für den Schädiger eine Haftpflichtversicherung besteht. Es ist zu beachten, dass im Übrigen Sachschäden von der Regelung des SGB VII unberührt bleiben.[23]

IV. Haftungsbeschränkungen beim Arbeits- und Wegeunfall

1. Die Haftungsbeschränkung nach SGB VII

24 **a) Die gesetzliche Regelung.** Im 4. Kapitel des SGB VII sind die Vorschriften über die Haftung von Unternehmen, Unternehmensangehörigen und anderen Personen, die den Arbeitsunfall eines Versicherten verursacht haben, geregelt. Maßgeblich sind die Vorschriften der §§ 104 ff. SGB VII. Durch diese Regelung wird die privatrechtliche Haftung der dort genannten Personen bei einem nicht vorsätzlich oder auf einem Weg zur oder von der Arbeit herbeigeführten Unfall gegenüber dem verletzten Arbeitnehmer beschränkt. Einbezogen in den Versicherungsschutz sind viele Wegeabweichungen auf dem Weg von und zur Arbeit, die früher nicht mitversichert waren.

25 **b) Der Arbeitsunfall gemäß § 8 SGB VII.** Ein Arbeitsunfall iSv § 8 SGB VII setzt – ähnlich wie eine Berufskrankheit iSv § 9 SGB VII – zunächst voraus, dass die Schädigung bei einer nach den §§ 2, 3 oder 6 SGB VII versicherten Tätigkeit eingetreten ist. Dies wiederum setzt voraus, dass die schädigende Handlung in einem inneren Zusammenhang mit der versicherten Tätigkeit steht und dieser wesentlich dient.[24]

26 Ein versicherter Wegeunfall liegt auch dann vor, wenn ein Arbeitnehmer zum Mittagessen nach Hause fährt und sich auf dem folgenden Weg zur Arbeit eine Panne ereignet, bei der er sich beim Versuch, den Schaden zu beheben, verletzt.[25]

Zur Abgrenzung zwischen dem nicht gegebenen Arbeitsunfall und dem Arbeitsunfall gibt es umfangreiche, kasuistische Rechtsprechung.[26]

Die Ansprüche gegen den ihn schädigenden Unternehmer bzw. Mitbeschäftigte aufgrund vorsätzlicher Schädigung verbleiben gem. §§ 104 Abs. 1 Satz 2, 105 Abs. 1 Satz 3 SGB VII beim Geschädigten.[27]

27 **c) Prüfschema Arbeitsunfall**[28]

Checkliste: Entschädigungsvoraussetzungen bei Arbeitsunfall

☐ **Versicherte Person:** Gehört die verunglückte Person nach den §§ 2, 3 oder 6 SGB VII kraft Gesetzes oder kraft Satzung zum versicherten oder zum freiwillig versicherten Personenkreis?
Beweisanforderung: Vollbeweis[29]

☐ **Unfall (Unfallereignis):** Liegt ein Unfall – von außen einwirkendes, körperlich schädigendes, zeitlich begrenztes Ereignis – vor? Kein „Unfall", soweit Sturz durch „innere Ursache" verursacht wurde, zB Kollaps oder Anfall.
Beweisanforderung: Vollbeweis

---

[23] *Elsner* aaO S. 476.
[24] *Schmitt* SGB VII § 8 Rn. 4.
[25] BSG DAR 2008, 352.
[26] Vgl. hierzu im Einzelnen – nach Begriffen/Tätigkeiten alphabetisch geordnet – *Schmitt* SGB VII § 8 Rn. 15 bis 104.
[27] BGH DAR 2006, 201.
[28] Vgl. Plagemann/*Plagemann* MAH Sozialrecht § 25 Rn. 44.
[29] Ausführlich zum „Anscheins- und Indizienbeweis im Recht der gesetzlichen Unfallversicherung": *Köhler* Die BG 2002, 184.

- **Versicherte Tätigkeit:** Ist die Tätigkeit, bei der sich der Unfall ereignet hat, versichert? Wertende Entscheidung darüber, ob das zum Unfall führende Verhalten des Betroffenen der versicherten Tätigkeit oder dem privaten Bereich zuzurechnen ist.
  Beweisanforderung: Vollbeweis bezüglich der für die versicherte Tätigkeit sprechenden Tatsachen
- **Haftungsbegründende Kausalität:** Ist die versicherte Tätigkeit rechtlich wesentliche Ursache des Unfalls?
  Beweisanforderung: Hinsichtlich des rechtlich wesentlichen Zusammenhangs zwischen der versicherten Tätigkeit und dem Unfall muss eine Wahrscheinlichkeit bestehen.
- **Haftungsausfüllende Kausalität:** Ist der Unfall rechtlich wesentliche Ursache – Entstehung oder Verschlimmerung – des Gesundheitszustandes oder des Todesfalles?
  Beweisanforderung: Hinsichtlich des rechtlich wesentlichen Zusammenhangs zwischen Unfall und Entstehung/Verschlimmerung des Körperschadens bzw. Tod muss eine überwiegende Wahrscheinlichkeit bestehen.

Sind die vorstehenden Fragen zu bejahen, steht dem Betroffenen Anspruch auf Entschädigung zu.[30]

2. Die Haftungsbeschränkungen im Einzelnen

a) Die wichtigsten Fallgestaltungen. Die Frage, ob ein Unfall bzw. Arbeitsunfall der gesetzlichen Unfallversicherung unterfällt oder nicht, ist von großer Bedeutung für die Frage,
- ob der Schädiger und ggf. in welchem Umfang schadenersatzpflichtig ist und ob der Geschädigte – die seine Anspruchslage erheblich verbessernden – Ansprüche aus der gesetzlichen Unfallversicherung in Anspruch nehmen kann.

Zunächst ist darauf hinzuweisen, dass die Rechtslage zu Fragen der Haftungsbeschränkung und/oder -ausweitung sowie zur Frage der Voraussetzungen und Ausgestaltung des Versicherungsschutzes durch die Regelung der §§ 104 ff. SGB VII erhebliche Änderungen gegenüber der vor dem 1.1.2007 aufweist (vgl. vorstehend → Rn. 2 ff.).

b) Haftungsbeschränkung zugunsten des Unternehmers sowie des Arbeitskollegen. In § 104 Abs. 1 SGB VII sind Unternehmer den Versicherten, die für ihre Unternehmen tätig sind oder zu ihren Unternehmen in einer sonstigen die Versicherung begründenden Beziehung stehen, sowie deren Angehörigen und Hinterbliebenen nach anderen gesetzlichen Vorschriften zum Ersatz des Personenschadens, den ein Versicherungsfall verursacht hat, nur verpflichtet, wenn sie den Versicherungsfall vorsätzlich verursacht haben oder der Unfall sich auf einem nach § 8 Abs. 2 Nr. 1 bis 4 SGB VII versicherten Weg ereignet hat.

Nach der Regelung des § 8 Abs. 2 Nr. 1 bis 4 SGB sind solche Wege:
- Das Zurücklegen des mit der versicherten Tätigkeit zusammenhängenden unmittelbaren Weges nach und von dem Ort der Tätigkeit,
- das Zurücklegen des von einem unmittelbaren Weg nach und von dem Ort der Tätigkeit abweichenden Weges, um
  (1) Kinder von Versicherten, die mit ihnen in einem gemeinsamen Haushalt leben, wegen ihrer oder ihrer Ehegatten beruflichen Tätigkeit fremder Obhut anzuvertrauen oder
  (2) mit anderen Berufstätigen oder Versicherten gemeinsam ein Fahrzeug zu benutzen,
- das Zurücklegen des von einem unmittelbaren Weg nach und von dem Ort der Tätigkeit abweichenden Weges der Kinder von Personen, die mit ihnen in einem gemeinsamen Haushalt leben, wenn die Abweichung darauf beruht, dass die Kinder wegen der beruflichen Tätigkeit dieser Personen oder deren Ehegatten fremder Obhut anvertraut werden,
- das Zurücklegen des mit der versicherten Tätigkeit zusammenhängenden Weges von und nach der ständigen Familienwohnung, wenn die Versicherten wegen der Entfernung ihrer Familienwohnung von dem Ort der Tätigkeit an diesem oder in dessen Nähe eine Unterkunft haben.

---

[30] Vgl. dazu Plagemann/*Plagemann* MAH Sozialrecht § 25 Rn. 92 ff.

32 Die vorstehend aufgeführte Darstellung des versicherten Weges zeigt, dass auch zB bei Zurücklegen eines abweichenden Weges oder für die Fahrt zur Kindertagesstätte oder zum Kindergarten oder die entsprechende Rückfahrt nunmehr Versicherungsschutz besteht.[31]

33 Die Abgrenzung der betrieblichen Tätigkeit in Bezug auf den örtlichen Bereich ist oft schwierig. Dies hat aber große Bedeutung für die Haftungsbeschränkung. So hat das BAG[32] entschieden, dass das Verlassen des Arbeitsplatzes einschließlich des Wegs auf dem Werksgelände bis zum Werkstor regelmäßig noch eine betriebliche Tätigkeit iSv § 105 Abs. 1 SGB VII darstellt. Der Weg vom Ort der Tätigkeit iSv § 8 Abs. 2 SGB VII beginnt mit dem Durchschreiten oder Durchfahren des Werkstors. Im Übrigen sind ganz kleine, privaten Zwecken dienende Umwege, die nur zu einer unbedeutenden Verlängerung des Weges führen, für den Versicherungsschutz unter der Voraussetzung unschädlich, dass die private Besorgung im Bereich der Straße selbst, mithin „so im Vorbeigehen" erledigt wird. Muss aber der Verkehrsraum der Straße, die den unmittelbaren Weg darstellt, verlassen werden und verlängert sich dabei der Weg zwischen Wohnung und Arbeitsstätte auch nur um 100m, dann ist der innere Zusammenhang mit der betrieblichen Tätigkeit im Unfallzeitpunkt gelöst mit der Folge, dass kein Arbeitsunfall (Wegeunfall) vorliegt.[33] Ein Wegeunfall liegt nicht vor, wenn sich ein Arbeitnehmer nach Aufleuchten der Reservelampe im Kfz zur Tankstelle begibt und dort stürzt.[34] Selbst wenn eine Tankstelle unmittelbar am Weg von der Arbeitsstätte zur Wohnung liegt, stellt es keinen Wegeunfall dar, wenn der Arbeitnehmer sein Kfz dort betankt, um am nächsten Tag zur Arbeit zu kommen, und hierbei verletzt wird.[35] Hingegen liegt ein Wegeunfall vor, wenn ein Beamter seinen Wagen nachbetanken muss, weil die Wegstrecke von der Arbeitsstätte zum Wohnort nicht mit einer Tankfüllung zu bewältigen ist.[36]

34 Im Übrigen ist wichtig die Unterscheidung zwischen Betriebswegen und anderen Wegen. Bei Unfällen von Betriebsangehörigen ist nach In-Kraft-Treten der §§ 104, 105 SGB VII zwischen Betriebswegen und anderen, nach § 8 Abs. 2 Nr. 1 bis 4 SGB VII versicherten Wegen zu unterscheiden. Für die Abgrenzung können die Kriterien herangezogen werden, die die Rechtsprechung zur „Teilnahme am allgemeinen Verkehr" (früher §§ 636, 637 RVO) entwickelt hat. So gilt zB: Wenn ein Arbeitnehmer die vom Arbeitgeber eröffnete Möglichkeit zur Mitfahrt mit einem Sammeltransport in einem betriebseigenen Fahrzeug und mit einem Betriebsangehörigen Fahrer in Anspruch nimmt, handelt es sich bei der Fahrt um einen nach § 8 Abs. 1 SGB VII versicherten Betriebsweg.[37] Ebenso handelt es sich um eine Fahrt iSv § 8 Abs. 1 SGB VII, also um einen versicherten Betriebsweg, wenn ein Arbeitnehmer die Möglichkeit in Anspruch nimmt, mit einem Arbeitskollegen, der mit einem betriebseigenen Fahrzeug Gerätschaften und Material vom Betriebsgelände zum auswärtigen Beschäftigungsort transportiert, mitzufahren.[38]

35 Werden Mitarbeiter im firmeneigenen Bus transportiert, unterfallen solche Fahrten dem Haftungsausschluss des § 104 Abs. 1 SGB VII. Dies gilt auch für im Bus beförderte Leiharbeitnehmer.[39]

36 In dem Fall, in dem ein nicht zum Betrieb gehörender Dritter einem Angestellten des Unternehmens beim Rangieren durch Handzeichen behilflich ist und schließlich hierbei zu Schaden kommt, stellt sich die Frage des Haftungsausschlusses. Nach der alten Rechtslage hätte es zugunsten des Dritten keinen Haftungsausschluss gegeben mit der Folge der vollen Haftung. Der Haftungsausschluss nach § 105 SGB VII greift ein mit der Folge, dass der Fahrer des Lkw sich auf die Haftungsbeschränkung berufen kann. Anderseits genießt der Geschädigte Unfallversicherungsschutz.

---

[31] Zu Beispielen vgl. auch *Fleischmann/Hillmann* § 3 Rn. 257 ff.
[32] NJW 2001, 2039.
[33] BSG DAR 2003, 483.
[34] LSG Berlin-Brandenburg Urt. v. 16.5.2013 – L 3 U 268/11, ADAJUR-Dok.Nr. 101960.
[35] BSG NJW 1999, 84.
[36] BVerwG NZV 2011, 268.
[37] BGH DAR 2004, 344 = Der Verkehrsjurist 2/2004.
[38] BGH NZV 2004, 347.
[39] LG Erfurt Urt. v. 5.3.2010, BeckRS 2011, 01216.

In die die Haftungsbeschränkung sind auch einbezogen: **37**
- Lernende während der beruflichen Aus- und Fortbildung in Betriebsstätten, Lehrwerkstätten, Schulungskursen und ähnlichen Einrichtungen,
- Personen, die sich Untersuchungen, Prüfungen oder ähnlichen Maßnahmen zur Vorbereitung der Aufnahme einer versicherten Tätigkeit stellen,
- Kinder in Kindertagesstätten, Schüler und Studierende.[40]

Schwierig ist oft die Abgrenzung, ob ein Wegeunfall oder ein Unfall auf dem Betriebsweg **38** vorliegt. Zur Abgrenzung hat der BGH entschieden: „Führt" der Unternehmer (eine Stadt als Träger einer Förderschule) den Versicherungsfall auf einem Weg „herbei", den der Versicherte (der Schüler einer Förderschule) im Zusammenhang mit der versicherten Tätigkeit nach und von dem Ort der Tätigkeit zurücklegt, so besteht gemäß § 104 Abs. 1 S. 1 SGB VII keine Verpflichtung zum Ersatz des Personenschadens, wenn die Beförderung des Versicherten in den Betrieb eingegliedert war. Die Entsperrung der Haftungsbeschränkung gemäß § 104 Abs. 1 S. 1 letzter Hs., 2. Alt. SGB VII greift bei einem Unfall auf einem solchen Betriebsweg nicht ein.[41] Ein solcher Schülertransport ist vergleichbar dem so genannten Werksverkehr, bei dem der Unternehmer Betriebsangehörige laufend mit dem werkseigenen Fahrzeug zur Betriebsstätte bringen lässt.[42] Dies gilt selbst dann, wenn ein Landkreis die Schülerbeförderung im Rahmen des öffentlichen Personennahverkehrs organisiert.[43]

Ebenfalls ist zu beachten, dass nach der Regelung der §§ 104 ff. SGB VII die Haftungsprivilegierung zugunsten des Schädigers auch dann eingreift, wenn er den Unternehmer selbst schädigt.[44] **39**

Voraussetzung der Haftungsprivilegierung bei gemeinsamer Betriebsstätte ist eine Verbindung zwischen den Tätigkeiten des Schädigers und des Geschädigten in der konkreten Unfallsituation, die eine Bewertung als „gemeinsame" Betriebsstätte rechtfertigt.[45] **40**

c) Haftungsprivilegierung für sonstige Personen. Nach § 105 Abs. 1 S. 2 SGB VII gilt diese Regelung auch für bestimmte versicherungsfreie Personen, die für das Unternehmen tätig sind (zB Beamte). Diese stehen den versicherten Unternehmensangehörigen gleich. Auch zugunsten dieser Personen greift also der Haftungsausschluss des § 105 SGB VII ein. Hiervon ist zum Beispiel auszugehen, wenn bei einem betrieblichen Rangiervorgang ein Polizeibeamter Einweisungen gibt und hierbei zu Schaden kommt. In diesem Fall bedeutet dies, dass ein Haftungsausschluss zugunsten des Dritten auch dann eingreift, wenn der Verletzte ein versicherungsfreier Beamter iSv § 4 Abs. 1 Nr. 1 SGB VII ist und nicht etwa ein nach § 8 Abs. 1 SGB VII versicherter Mitarbeiter des Unternehmens gewesen wäre. Zu beachten ist jedoch, dass in diesem Fall nicht die Vorschriften der gesetzlichen Unfallversicherung bei einem Beamten eingreifen, sondern die spezielleren Vorschriften des Beamtenversorgungsgesetzes, und zwar § 46 Abs. 2 Beamtenversorgungsgesetz.[46] **41**

d) Ausschluss der Haftung bei Unfällen von Beamten und Soldaten. Der Neuregelung gemäß § 104 SGB VII entsprechende Haftungsbeschränkungen gelten auch bei Dienstunfällen von Beamten und Soldaten, und zwar gemäß § 46 Abs. 1 Beamtenversorgungsgesetz und § 91a Abs. 1 und 2 SVG iVm dem Gesetz über die erweiterte Zulassung von Schadenersatzansprüchen bei Dienst- und Arbeitsunfällen vom 7.12.1943 (RGBl. I S. 674).[47] Nach diesen Vorschriften sind Ansprüche von Beamten und Soldaten bei Dienstunfällen oder Wehrdienstschäden gegen den Dienstherrn, den Bund und Kollegen ausgeschlossen, es sei denn, die Schädigung wurde durch eine vorsätzliche unerlaubte Handlung verursacht oder ist bei der Teilnahme am allgemeinen Verkehr entstanden.[48] **42**

---

[40] Vgl. zu den einzelnen versicherten Tätigkeiten auch *Böhme/Biela* B Rn. 42 ff.
[41] BGH r+s 2001, 28 f.
[42] BGH r+s 2001, 28, 29 mit ausführlichen Hinweisen auf Rechtsprechung und Literatur.
[43] OLG Celle VersR 2006, 1086.
[44] *Fleischmann/Hillmann* § 3 Rn. 288.
[45] BGH zfs 2005, 73; vgl. auch LG Aschaffenburg SVR 2005, 190 (betreffend die Beteiligung eines ausländischen Kraftfahrzeuges); vgl. auch *Leube* VersR 2005, 622.
[46] *Fleischmann/Hillmann* § 3 Rn. 298.
[47] Vgl. OLG Hamm Urt. v. 20.9.2004 – 13 U 89/04, NJOZ 2005, 1220.
[48] *Fleischmann/Hillmann* § 3 Rn. 298.

43 Schließlich muss bei den Haftungsbeschränkungen vergegenwärtigt werden, dass diese nicht eingreifen bei vorsätzlicher Herbeiführung des Versicherungsfalles sowie bei der „Teilnahme am allgemeinen Verkehr". Die sich hiernach ergebende Rechtslage ist nachstehend in Rn. 43 ff. behandelt.

44 Zu beachten sind auch die mögliche Verjährung und die Konsequenzen der Verjährung bei Anwendung des Quotenvorrechtes. Lässt ein Beamter den kraft seines Quotenvorrechtes ihm zustehenden Teil seines Schadenersatzanspruches verjähren, kann auch der Dienstherr diesen Teil nicht mehr gegen den Schädiger geltend machen.[49]

3. Beschränkung der Haftung und gemeinsame Betriebsstätte

45 **a) Die gesetzliche Regelung.** Die Regelung zur gemeinsamen Betriebsstätte ist geregelt in § 106 SGB VII und speziell in Abs. 3 Alt. 3. Diese gesetzliche Regelung verfolgt den Zweck, die Haftungsbeschränkungen der §§ 104, 105 SGB VII auf Personen auszudehnen, die in ähnlich engen Gefahrengemeinschaften tätig sind, wie die unmittelbar von den §§ 104, 105 SGB VII erfassten Versicherten, also der Regelung zur Beschränkung der Haftung der Unternehmer (§ 104 SGB VII) sowie der Beschränkung der Haftung anderer im Betrieb tätiger Personen (§ 105 SGB VII).[50]

46 Die Regelung in § 106 Abs. 3 betrifft zunächst Fälle des Zusammenwirkens von Rettungs- und Zivilschutzunternehmen sowie das Zusammenwirken mehrerer Unternehmen auf einer gemeinsamen Betriebsstätte. Eine gemeinsame Betriebsstätte setzt ein bewusstes Miteinander im Arbeitsablauf voraus. Nicht erforderlich sind eine rechtliche Verfestigung und auch nicht eine ausdrücklich Vereinbarung. Die Haftungsbeschränkung aus § 106 Abs. 3 Alt. 3 SGB VII erfasst damit über die Fälle der Arbeitsgemeinschaft hinaus betriebliche Aktivitäten von Versicherten mehrerer Unternehmen, die bewusst und gewollt bei einzelnen Maßnahmen oder bei einzelnen Aktivitäten ineinander greifen. Umgekehrt gilt die Haftungsbefreiung nach § 106 Abs. 3 Alt. 3 SGB VII grundsätzlich nur für die auf einer gemeinsamen Betriebsstätte Tätigen und nicht die hinter ihnen stehenden Unternehmer. Diese sind nur dann haftungsprivilegiert, wenn sie, was sicherlich selten vorkommt, selbst auf der Betriebsstätte tätig werden.

47 Im Übrigen setzt eine gemeinsame Betriebsstätte iSd § 106 Abs. 3 Alt. 3 SGB VII wechselseitig aufeinander bezogene betriebliche Aktivitäten von Versicherten mehrerer Unternehmen voraus. Ein lediglich einseitiger Bezug reicht nicht aus.[51]

48 Andererseits liegt eine „gemeinsame Betriebsstätte" iSv § 106 Abs. 3 Alt. 3 SGB VII nicht vor, wenn Arbeiten beziehungslos nebeneinander ausgeführt werden, also rein zufällig aufeinander treffen, zB bei Dachabdichtung und Feinplanierung des Eingangsbereiches eines Gebäudes.[52] Eine gemeinsame Betriebsstätte ist auch dann verneint worden, wenn eine Injektionsnadel von einem Mitarbeiter des Krankenhauses auf der Intensivstation fehlerhaft entsorgt wird und dadurch ein Mitarbeiter des Reinigungsunternehmens bei der Arbeit verletzt wurde. Die Begründung hierfür ergibt sich daraus, dass die einzelnen Arbeitsabläufe sich voneinander unabhängig vollziehen und es an einem gemeinsamen Miteinander im Arbeitsablauf fehlt.[53]

49 Weiter kommt in Betracht, dass der Haftungsausschluss normalerweise voraussetzt, dass die beteiligten Versicherten der gesetzlichen Unfallversicherung angehören. Ist dagegen ein Beamter, etwa ein beamteter Ingenieur auf einer Baustelle, eingesetzt, kommt es nicht zur Haftungsprivilegierung.[54]

50 Der nicht selbst auf der gemeinsamen Betriebsstätte tätige Unternehmer, der neben seinem nach § 106 Abs. 3 Alt. 3 SGB VII haftungsprivilegierten Verrichtungsgehilfen lediglich nach §§ 831, 823, 840 Abs. 1 BGB als Gesamtschuldner haftet, ist gegenüber dem Geschädigten

---

[49] KG NZV 1999, 208.
[50] Plagemann/*Plagemann* MAH Sozialrecht § 26 Rn. 23 ff.
[51] BGH NJW 2004, 947 = NZV 2004, 191 = VersR 2004, 381; BAG BeckRS 2005, 40489.
[52] OLG Stuttgart VersR 2003, 508.
[53] OLG Hamm r+s 2004, 347; zur Haftungsprivilegierung bei einer gemeinsamen Betriebsstätte vgl. auch *Stöhr* VersR 2004, 809.
[54] BGHZ 151, 198; vgl. *Lemcke* r+s 2000, 221; BGH zfs 2001, 64 = VersR 2001, 372; BGH zfs 2001, 206 = VersR 2001, 372.

nach den Grundsätzen des gestörten Gesamtschuldnerverhältnisses von der Haftung für erlittene Personenschäden gemäß § 840 Abs. 2 BGB freigestellt. Hierbei bleibt ein etwaiger vertraglicher Freistellungsanspruch zwischen dem Verrichtungsgehilfen und dem Unternehmer außer Betracht. Im Übrigen ist die Haftung des nicht auf der gemeinsamen Betriebsstätte tätigen Unternehmers beschränkt auf die Fälle, in denen ihn nicht nur eine Haftung wegen vermuteten Ausfall- und Überwachungsverschuldens gemäß § 831 BGB trifft, sondern eine eigene „Verantwortlichkeit" zur Schadenverhütung, etwa wegen der Verletzung von Verkehrssicherungspflichten oder wegen eines Organisationsverschuldens.

Im Übrigen findet die Haftungsprivilegierung des § 106 Abs. 3 Alt. 3 SGB VII keine Anwendung, wenn ein Handwerker ein von einem Dritten errichtetes Gerüst, das ihn bei der Ausführung seiner Arbeiten behindert, teilweise abbaut und es anschließend nur unvollständig wieder aufbaut und ein in einem anderen Unternehmen tätiger Handwerker am nächsten Tag von diesem unvollständig befestigten Teil des Gerüstes stürzt.[55]

b) Fallgestaltungen zur gemeinsamen Betriebsstätte und Haftungsprivilegierung. Die begriffliche Abgrenzung zwischen gemeinsamer Betriebsstätte und fremdem Betriebsgelände ist oft schwierig und nur nach dem Sachverhalt und der Einzelfallgestaltung zu entscheiden. Nach der gefestigten Rechtsprechung des BGH erfasst der Begriff der „gemeinsamen Betriebsstätte" betriebliche Aktivitäten von Versicherten mehrerer Unternehmen, die bewusst und gewollt bei einzelnen Maßnahmen ineinander greifen, sich ergänzen oder unterstützen, wobei es ausreicht, dass die gegenseitige Verständigung stillschweigend durch bloßes Tun erfolgt. Erforderlich ist ein bewusstes Miteinander im Betriebsablauf, das sich zumindest tatsächlich als ein aufeinander bezogenes betriebliches Zusammenwirken mehrerer Unternehmen darstellt. Die Tätigkeit der Mitwirkenden muss im faktischen Miteinander der Beteiligten aufeinander bezogen, miteinander verknüpft oder auf gegenseitige Ergänzung oder Unterstützung ausgerichtet sein.[56]

Wird ein betriebsfremder Lkw-Fahrer, der seinen Lkw auf dem fremden Betriebsgelände zum Beladen aufplant, von einem Betriebsangehörigen mit einem Gabelstapler angefahren und verletzt, der zu diesem Zeitpunkt nicht mit dem Beladevorgang, sondern anderweitig beschäftigt ist, ist weder der Gabelstaplerfahrer noch dessen Unternehmen nach §§ 104, 105, 106 Abs. 3 SGB VII von der Haftung freigestellt. Der Lkw-Fahrer hat im Augenblick des Unfalls Aufgaben seines Stammbetriebes wahrgenommen. Es bestand keine gemeinsame Betriebsstätte. Im Übrigen sind an den Entlastungsbeweis des Unternehmers nach § 831 Abs. 1 S. 2 BGB strenge Anforderungen zu stellen. Anders ist die Situation, wenn der Gabelstaplerfahrer durch den LKW verletzt wird, der beim Einparken ist, um Güter zu laden. Hier wird von einer gemeinsamen Betriebsstätte ausgegangen.[57]

Eine sorgfältige Überwachung erfordert fortdauernde planmäßige, unauffällige und unerwartete Kontrollen.[58] Umgekehrt kann eine Haftungsprivilegierung nach § 106 Abs. 3 Alt. 3 SGB VII in Betracht kommen, wenn Beschäftigte, obgleich Angehörige verschiedener Unternehmen, zum Unfallzeitpunkt „vorübergehend betriebliche Tätigkeiten auf einer gemeinsamen Betriebsstätte" verrichten. Hier kommt es auf eine vorübergehende Eingliederung oder ein Tätigwerden für das andere Unternehmen nicht an.[59] So ist auch die zivilrechtliche Haftung des Arbeitgebers und des Fahrers nach §§ 104 Abs. 1, 105 SGB VII ausgeschlossen, wenn ein Arbeitnehmer einen Unfall mit Personenschaden auf einem vom Arbeitgeber mit einem Betriebsfahrzeug und einem vom Betrieb gestellten Fahrer durchgeführten Transport von der Wohnung zu einer Baustelle erleidet.[60] Kriterium für das Haftungsprivileg ist im Übrigen die Ausrichtung der wahrgenommenen Aufgaben durch den Arbeitnehmer. Eine gleichermaßen eigen- wie fremdbezogene Handlungstendenz reicht nicht aus zur Haftungsprivilegierung gemäß § 106 Abs. 3 Alt. 3 SGB VII.[61]

---

[55] BGH NZV 2003, 374.
[56] BGH ständige Rechtsprechung des erkennenden Senats, NJW 2013, 2031.
[57] OLG Hamm Beschluss 2.11.2011, BeckRS 2012, 04023.
[58] OLG Köln r+s 2002, 416.
[59] Schleswig-Holsteinisches OLG SVR 2004, 152.
[60] BAG VersR 2004, 1047; BGH r+s 2005, 397 = DAR 2005, 467.
[61] BGH NZV 2004, 349.

V. Die Rechtslage bei Teilnahme am allgemeinen Straßenverkehr

1. Allgemeines

55 Ziel der gesetzlichen Regelung ist es, die Haftungsbeschränkung des Unternehmers nicht mehr wie früher bei der Teilnahme am allgemeinen Straßenverkehr entfallen zu lassen. Haftung soll gegeben sein bei allen so genannten Wegeunfällen, auch wenn auf dem Weg zur Arbeitsstätte ein Umweg enthalten ist oder eine Wochenendfahrt durchgeführt wird (vgl. im Einzelnen auch → Rn. 59 ff.).

56 Nach der gesetzlichen Regelung des § 104 Abs. 1 S. 1 SGB VII haften der Unternehmer und seine KH-Versicherung für die unfallbedingt entstandenen Personenschäden des Angestellten, ohne dass die Haftungsbeschränkung des § 104 SGB VII gilt. Nach der Rechtslage kann der Arbeitnehmer Schadenersatzansprüche gegen den Unternehmer sowie gegen den Arbeitskollegen geltend machen, weil hier ein Ausnahmetatbestand von der Haftungsbeschränkung des § 104 Abs. 1 S. 1 SGB VII normiert ist, bezogen auf den geschützten Weg iSv § 8 Abs. 2 Nr. 3 SGB VII.

57 Die Regelung des § 104 SGB VII iVm § 8 Abs. 2 SGB VII stellt somit nicht mehr auf das zivilrechtliche Abgrenzungsmerkmal der Teilnahme am allgemeinen Verkehr ab. Stattdessen werden richtigerweise das unfallversicherungsrechtliche Tatbestandsmerkmal und die Unterscheidung zwischen Wegeunfall und Betriebsunfall eingeführt.[62]

2. Die Haftung bei Wegeunfällen im Einzelnen

58 **a) Die Haftungsprivilegierung.** Zunächst gilt nach § 104 Abs. 1 S. 1 SGB VII, dass der Ersatzanspruch für Personenschaden erhalten bleibt bei vorsätzlicher Herbeiführung des Versicherungsfalles. Diese Vorschrift hat allerdings im Straßenverkehrsrecht praktisch keine Bedeutung.

59 **b) Die Teilnahme am allgemeinen Straßenverkehr.** Für die Teilnahme am allgemeinen Straßenverkehr haben die §§ 104, 105 iVm § 8 Abs. 2 Nr. 1–4 SGB VII Regelungen und Maßstäbe aufgestellt. Die entsprechende Regelung in § 104 Abs. 1 S. 1 SGB VII, betreffend Beschränkung der Haftung, hat folgende Fassung:

> „Unternehmer sind den Versicherten, die für ihre Unternehmen tätig sind oder zu ihrem Unternehmen in einer sonstigen die Versicherung begründenden Beziehung stehen, sowie deren Angehörigen und Hinterbliebenen nach anderen gesetzlichen Vorschriften zum Ersatz des Personenschadens, den ein Versicherungsfall verursacht hat, nur verpflichtet, wenn sie den Versicherungsfall vorsätzlich oder auf einem nach § 8 Abs. 2 Nr. 1 bis 4 versicherten Weg herbeigeführt haben …".

Hieraus folgt, dass die Haftung bestehen bleibt für einen Versicherungsfall auf einem nach § 8 Abs. 2 Nr. 1 bis 4 SGB VII versicherten Weg.[63]

60 Ziel der Gesetzesregelung war es, die Haftungsbeschränkung des Unternehmers nicht mehr wie früher nur bei der Teilnahme am allgemeinen Straßenverkehr entfallen zu lassen, sondern bei allen so genannten Wegeunfällen. Dies gilt auch, wenn auf dem Weg zur Arbeitsstätte ein Umweg iSd § 8 Abs. 2 Nr. 2 und 3 SGB VII enthalten ist und ebenso für eine Wochenend-Familienfahrt nach § 8 Abs. 2 Nr. 4 SGB VII.[64]

61 Unternehmer bzw. Betriebsangehörige sind einem Versicherten zum Ersatz des eingetretenen Personenschadens gemäß § 104 Abs. 1 S. 1 SGB VII verpflichtet, wenn sie diesen vorsätzlich oder – was für den Bereich des Straßenverkehrsrechtes in Betracht kommt – auf einem versicherten Weg herbeigeführt haben.[65] Es gilt also: Bei Wegeunfällen tritt keine Haftungsbeschränkung ein, da die Versicherten auch ohne betriebliche Gegebenheiten als „normale" Verkehrsteilnehmer den gleichen Schaden erleiden können.[66]

---

[62] *Böhme/Biela* B Rn. 62.
[63] Zur Abgrenzung „gemeinsame Betriebsstätte und Teilnahme am allgemeinen Straßenverkehr" vgl. BGH NZV 2001, 168; vgl. auch *Stöhr* VersR 2004, 809; *Plagemann/Plagemann* MAH Sozialrecht § 25 Rn. 68.
[64] Vgl. *Fleischmann/Hillmann* § 3 Rn. 257.
[65] Vgl. *Böhme/Biela* B Rn. 60.
[66] Vgl. hierzu ausführlich *Nehls* SVR 2004, 409 sowie *Plagemann* zfs 2004, 201 und zfs 2004, 246.

Für Unfälle bis zum 31.12.1996 galt die Regelung des § 636 RVO.[67] Das Kriterium der Teilnahme am allgemeinen Verkehr ist durch das Erfordernis ersetzt worden, dass es sich bei dem – nicht vorsätzlich – herbeigeführten Versicherungsfall um einen Wegeunfall iSd § 8 Abs. 2 Nr. 1 bis 4 SGB VII handelt.[68] Das Haftungsprivileg betrifft also auch Ansprüche nach § 7 StVG, also auch aus Gefährdungshaftung.

Die Regelung betrifft nur den Personenschaden und dessen Vermögensfolgen[69] einschließlich Schmerzensgeld gemäß § 253 Abs. 2 BGB, § 11 S. 2 StVG. Bei Sachschäden bleibt es bei den allgemeinen Vorschriften. Die Haftungsbeschränkung gilt auch für alle betrieblichen Arbeitsunfälle, zB auch wenn der Unternehmer das Kraftfahrzeug selbst lenkt.[70]

3. Die Rechtslage beim Sachschaden bei einem Verkehrsunfall

Zu unterscheiden von der Haftung und dem Haftungsausschluss für Personenschäden beim Arbeits- und Wegeunfall ist die Rechtslage hinsichtlich der möglichen Schadenersatzansprüche des Arbeitgebers gegen den Arbeitnehmer beim Eintritt eines Sachschadens infolge eines Straßenverkehrsunfalls. Hier handelt es sich um Fragen, die dem Bereich des Versicherungsvertragsrechtes sowie des Arbeitsrechtes zuzuordnen sind. So haftet zB ein Berufskraftfahrer, der eine auf „Rot" geschaltete Lichtzeichenanlage nicht beachtet, in aller Regel dem Arbeitgeber wegen grob fahrlässig begangener positiver Vertragsverletzung für den dadurch verursachten Schaden.[71]

Es besteht die Möglichkeit, hier Haftungserleichterungen zu schaffen durch die Vereinbarung einer so genannten „Dienstreisekaskoversicherung".

VI. Unfallversicherung und Hilfeleistung bei Unglücksfällen

Eine spezielle Regelung zu Hilfeleistungen bei Unglücksfällen enthält § 2 Abs. 1 Nr. 13a SGB VII.[72]

1. Normzweck

Die Regelung des § 2 Abs. 1 Nr. 13 SGB VII beinhaltet die versicherungsrechtliche Absicherung des strafrechtlichen Hilfsgebotes, jedoch ohne Abhängigkeit von der Hilfspflicht nach § 223 StGB im konkreten Fall.[73]

Personen, die bei Unglücksfällen oder gemeiner Gefahr Nothilfe leisten oder einen anderen aus erheblicher gegenwärtiger Gefahr für seine Gesundheit retten, stehen unter Unfallversicherungsschutz.[74]

Kommt es bei einer Pannen- oder Unfallhilfe zu einer Verletzung des Hilfeleistenden, so kann grundsätzlich auch ein Anspruch aus § 7 Abs. 1 StVG sowie gegen den Haftpflichtversicherer aus § 3 Nr. 1 PflVG in Betracht kommen. Bei bestimmten Fallgestaltungen kann auch Haftungsausschluss nach § 104 Abs. 1 Satz 1 SGB VII möglich sein, also der Verlust eines Schmerzensgeldanspruches.[75]

2. Voraussetzungen

Als Voraussetzungen sind nach der Norm folgende Aspekte zu nennen:
- Vorliegen eines Unglücksfalles oder

---

[67] Vgl. hierzu *Hentschel* § 7 StVG Rn. 61 unter Hinweis auf die diesbezüglichen früheren Erläuterungen in der 36. Aufl.
[68] BGHZ 145, 311 = NZV 2001, 74.
[69] BGHZ 145, 311 = NZV 2001, 74.
[70] *Hentschel* § 7 StVG Rn. 61.
[71] BAG NZV 1999, 164; vgl. hierzu ausführlich mit differenzierter Darstellung der Problematik *Halm/Steinmeister* SVR 2004, 241 sowie *Plagemann* NZV 2001, 233.
[72] Vgl. hierzu ausführlich *Küppersbusch* Rn. 529, 530, betreffend Hilfeleistungen bei Unglücksfällen oder gemeiner Gefahr sowie Pannenhilfe.
[73] *Böhme/Biela* B Rn. 80.
[74] *Plagemann/Plagemann* MAH Sozialrecht § 25 Rn. 15.
[75] *Stöber* NZV 2007, 57 ff.

- Vorliegen einer gemeinen Gefahr sowie
- Vorliegen einer gemeinen Not oder
- Gesundheitsgefahr und
- „Hilfeleisten" und „Retten".[76]

Der Versicherungsschutz für eine Hilfeleistung gem. § 2 Abs. 1 Nr. 13a SGB VII führt grundsätzlich nicht zu einem Haftungsausschluss nach § 104 SGB VII. Der Versicherungsschutz gilt auch bei Hilfeleistung im Ausland.[77]

71 Der Versicherungsschutz nach § 2 Abs. 1 Nr. 13a SGB VII führt nicht zur Haftungsbeschränkung des Veranlassers nach §§ 104 ff. SGB VII.[78] Bei Hilfeleistung gilt der Gerettete nicht als Unternehmer iSd SGB VII, sodass dem Helfer Ansprüche aus Geschäftsführung ohne Auftrag gemäß §§ 677 ff. BGB zustehen können.

72 Bei einer Rettungshandlung, die ein unter elterlicher Aufsicht stehendes Kind betrifft, richtet sich, wenn ein Anspruch nach § 832 BGB ausscheidet, der Anspruch nach § 670 BGB gegen die Eltern. Der Hilfeleistende muss sich die Leistung des Sozialversicherungsträgers anrechnen lassen.[79]

73 Eine spezielle Problematik kann sich ergeben bei der so genannten „Pannenhilfe". Ob im Falle der Hilfeleistung ein Arbeitsunfall iSd § 8 Abs. 1 SGB VII vorliegt, richtet sich danach, ob die Tätigkeit des Helfers in einem ursächlichen Zusammenhang zu dem Unternehmen steht. Dies ist bei Pannenhelfern in der Regel der Fall.[80]

74 Bei der so genannten „Pannenhilfe" kann auch ein Mitverschulden eines Pannenhelfers bei der Hilfeleistung in Betracht kommen. Einem durch einen Auffahrunfall verletzten Pannenhelfer kann es zu Mitverschulden gereichen, wenn er sich einem auf der rechten Fahrspur der Autobahn mit eingeschalteter Warnblinkanlage liegen gebliebenen Fahrzeug, das nicht durch zusätzliche Aufstellung eines Warndreiecks gesichert ist, zum Zwecke der Befestigung eines Abschleppseils zu schaffen macht, es sei denn, die Nachholung einer entsprechenden Absicherung ist wegen der an der Pannenstelle vorhandenen Gegebenheiten gefahrlos nicht möglich oder in sonstiger Weise untunlich.[81] Bei gelegentlichen Hilfeleistungen von sonst am Betrieb eines Kfz unbeteiligten Personen scheidet ein Haftungsausschluss nach § 8 Nr. 2 StVG grundsätzlich aus.[82]

3. Anspruchsübergang

75 Bei der Hilfeleistung gehen Ansprüche aus Geschäftsführung ohne Auftrag dann nicht nach § 116 SGB X auf den Sozialversicherungsträger über, wenn dessen Eintrittspflicht allein auf § 2 Abs. 1 Nr. 13a SGB VII beruht und wenn derjenige, dem Nothilfe geleistet wurde, sich nicht schuldhaft in die Notlage gebracht hat.[83]

VII. Die Leistungsansprüche bei einem versicherten Unfall

76 Bei einem Unfall auf einem versicherten Weg, also bei der Teilnahme am allgemeinen Straßenverkehr, ergeben sich folgende Rechtsfolgen: Die versicherten Geschädigten/Hinterbliebenen können nach §§ 7 ff. StVG, 823 ff. BGB gegen den Schädiger, der nicht Angehöriger des gemeinsamen Betriebs ist, auch den eingetretenen Personenschaden geltend machen. Die Sozialversicherungsträger haben die gesetzlichen Leistungen zu erbringen, also folgende Kosten zu tragen:
- Kosten der Heilbehandlung und Rehabilitation (§§ 26 ff. SGB VII)
- Hilfsmittel (§ 31 SGB VII)

---

[76] *Küppersbusch* Rn. 529.
[77] BSG NJW 1985, 2912.
[78] BGH VersR 1990, 995.
[79] *Böhme/Biela* B Rn. 81.
[80] *Böhme/Biela* B Rn. 37 sowie zum Versicherungsschutz in der gesetzlichen Unfallversicherung für Kinder, Schüler und Studenten *Böhme/Biela* B Rn. 41 bis 45.
[81] BGH VersR 2001, 76 ff. = r+s 2001, 21 ff.
[82] BGH DAR 2010, 698.
[83] BGH MDR 1985, 212; vgl. auch *Böhme/Biela* B Rn. 81.

- Häusliche Krankenpflege (§ 32 SGB VII)
- Kraftfahrzeug-, Wohnungs- und Haushaltshilfe (§§ 40 ff. SGB VII)
- Bei Pflegebedürftigkeit sind zu ersetzen die Kosten für Pflegegeld oder Pflegekraft oder Heimunterbringung (§ 44 SGB VII).
- Verletzten- und Übergangsgeld (§§ 45 ff. SGB VII)
- Verletztenrente bei einer Erwerbsminderung von mindestens 20 % (§ 56 SGB VII)
- Bei Tod sind folgende Leistungen zu erbringen: Sterbegeld, Erstattung der Überführung an den Ort der Bestattung, Hinterbliebenenrenten und Beihilfen (§§ 63 ff. SGB VII).[84]

Zunächst ist also wichtig, bei der Abwicklung eines Straßenverkehrsunfalls, bei dem die Voraussetzungen gemäß § 104 iVm § 8 Abs. 2 SGB VII vorliegen, den Ausschluss der Haftungsbeschränkung nach den allgemeinen gesetzlichen Bestimmungen zu beachten und darüber hinaus die zusätzlich in Betracht kommenden Leistungen gemäß den Regelungen des 3. Kapitels SGB VII, Leistungen nach Eintritt eines Versicherungsfalles, also nach §§ 26 ff. SGB VII, zu sehen.

Zum Rückgriffsanspruch der Sozialversicherungsträger nach § 640 RVO bzw. nach § 110 SGB VII → § 30.

VIII. Abwicklung mit sozialrechtlichen Leistungsträgern

1. Verfahren

Ist ein Arbeitsunfall gegeben, so hat der Unternehmer diesen dem Unfallversicherungsträger (UVT) gemäß § 193 Abs. 4 SGB VII anzuzeigen. Gegen einen Bescheid des UVT kann innerhalb eines Monats nach Zustellung Klage erhoben werden gemäß § 87 SGG. Gegen Urteile des SG ist die Berufung beim LSG möglich, sofern das Gesetz keine andere Regelung vorschreibt. Auch kommt Feststellungsbegehren gemäß § 108 SGB VII in Betracht. Der Ablauf von Fristen wirkt nicht gegen Dritte. Dies gilt auch für den Kfz-Haftpflichtversicherer, wenn er gemäß dem PflVG direkt in Anspruch genommen wird.[85]

2. Bindungswirkung

In § 108 SGB VII ist geregelt, dass die Gerichte an die Entscheidungen der Versicherungsbehörden und der Sozialgerichte gebunden sind, und zwar an solche Bescheide, die darüber ergehen, ob ein entschädigungspflichtiger Unfall vorliegt und in welchem Umfang und von welchem UVT die Leistungen zu erbringen sind.[86] Ebenso sind Gerichte an die Entscheidung darüber gebunden, in welchem Betrieb sich der Unfall ereignet hat und wer danach der verantwortliche Unternehmer ist.

Im Übrigen setzt das (Zivil-)Verfahren aus bis zur Entscheidung des UVT bzw. des Sozialgerichtes. Gemäß § 108 Abs. 2 SGB VII kommt in Betracht, dass das Gericht eine Frist bestimmt mit der Maßgabe, dass es nach Ablauf der Frist zulässig ist, das ausgesetzte Verfahren wiederaufzunehmen.

Die Bindungswirkung gem. § 108 SGB VII erfordert die Beteiligung des Betroffenen und setzt darüber hinaus voraus, dass dieser in Kenntnis des Verfahrens und dessen Auswirkung auf seine eigene rechtliche Position darüber entscheiden kann, ob er an dem sozialrechtlichen Verfahren teilnehmen will oder nicht.[87]

Die Bindungswirkung des § 108 Abs. 1 SGB VII erstreckt sich auch auf die Entscheidung darüber, ob der Geschädigte den Unfall als Versicherter aufgrund eines Beschäftigungsverhältnisses iSd § 2 Abs. 1 Nr. 1 oder Abs. 2 Satz 1 SGB VII oder als Hilfeleistender nach § 2 Abs. 1 Nr. 13a SGB VII erlitten hat.[88]

---

[84] Vgl. *Böhme/Biela* B Rn. 23.
[85] BGH NZV 1995, 274 = VersR 1995, 1209; BSG VersR 1997, 1347; vgl. auch *Böhme/Biela* B III Rn. 76 f.
[86] *Küppersbusch* Rn. 555 ff.
[87] BGH zfs 2008, 196.
[88] BGH DAR 2006, 321.

§ 30 Der Regress des Sozialversicherungsträgers und sonstiger Leistungsträger

Übersicht

	Rn.
I. Die Rechtslage	1–8
1. Allgemeines	1–3
2. Die geänderte Rechtslage	4/5
3. Die Sozialleistungsträger	6–8
a) Die sozialen Leistungsträger	6
b) Speziell: Bundesagentur für Arbeit	7/8
II. Forderungsübergang	9–36
1. Die Voraussetzungen des Forderungsübergangs	9–20
a) Sachliche Kongruenz	10–13
b) Zeitliche Kongruenz	14
c) Der Leistungsanspruch gegenüber dem SVT	15
d) Kongruenztabelle	16
e) Einzelentscheidungen und Rechtslage zur sachlichen Kongruenz	17/18
f) Rückgriff und Schmerzensgeld	19/20
2. Ausnahmen vom Forderungsübergang	21–30
a) Befriedigungsvorrecht des Geschädigten	22/23
b) Unzureichende Haftungshöchstsumme	24
c) Sozialbedürftigkeit	25/26
d) Quotenvorrecht nach § 116 Abs. 5 SGB X (Rentnertum)	27–30
3. Das Angehörigenprivileg	31–34
a) Allgemeines	31
b) Einzelfragen zum Angehörigenprivileg	32–34
4. Berechnung des Kapitalwertes	35/36
III. Regress der Pflegekasse	37–47
1. Gesetzliche Grundlage	37–39
2. Die Versicherungspflicht	40–43
a) Die versicherungspflichtigen Personen	40/41
b) Beiträge gemäß §§ 54 ff. SGB XI	42/43
3. Übersicht: Leistungen der Pflegekasse	44
4. Feststellung der Pflegestufen	45
5. Regress der Pflegekasse	46/47
IV. Regress der Bundesagentur für Arbeit	48–56
1. Die in Betracht kommenden Leistungen	50
2. Der Forderungsübergang	51
3. Übergang von Unterhaltsansprüchen beim Bezug von Arbeitslosengeld II und Sozialgeld nach dem SGB II	52–56
a) Gesetzliche Regelungen und Anspruchsberechtigung	52/53
b) Der Forderungsübergang	54/55
c) Vorrang der §§ 115, 116 SGB X	56
V. Regress des Dienstherrn	57–59
1. Rechtsgrundlagen	57
2. Die übergangsfähigen Ansprüche	58
3. Quotenvorrecht des Beamten	59
VI. Der Beitragsregress gemäß § 119 SGB X	60–64
1. Gesetzliche Grundlage	60/61
2. Einzelfragen	62–64
VII. Der Forderungsübergang bei Entgeltfortzahlung durch den Arbeitgeber gemäß § 6 EFZG	65–71
1. Gesetzliche Grundlage	65
2. Der Forderungsübergang	66–69
3. Kosten der Rechtsverfolgung	70/71
VIII. Prozessuales – Fragen der Beweislast	72

§ 30 Regress des Sozialversicherungs- und sonstigen Leistungsträger

Schrifttum: *Diehl*, Entgeltfortzahlung des Arbeitgebers nach Unfall seines Arbeitnehmers im Straßenverkehr und Regress gegen Drittschädiger, zfs 2007, 543; *Eicher/Spellbrink*, SGB II Grundsicherung für Arbeitsuchende, 3. Aufl. 2013; *Küppersbusch*, Ersatzansprüche bei Personenschaden, 11. Aufl. 2011; *Küppersbusch*, Aktuelle Fragen beim Regress des Sozialversicherungsträgers nach § 110 SGB VII, NZV 2005, 393; *Löschau/Marschner*, Zusammenlegung von Arbeitslosen- und Sozialhilfe – Hartz IV, 2004.

I. Die Rechtslage

1. Allgemeines

1 Die Ansprüche aus einem Straßenverkehrsunfall stehen dem Geschädigten gegen den Schädiger nicht zu, soweit er Leistungen erhält von einem Sozialversicherungsträger.
Nach der jetzt geltenden Regelung des § 116 Abs. 1 S. 1 SGB X geht ein auf anderen gesetzlichen Vorschriften beruhender Anspruch eines Versicherten auf Ersatz seines Schadens insoweit auf den Träger der Sozialversicherung (SVT) über, als dieser nach sozialrechtlichen Vorschriften Leistungen zu gewähren hat.

2 Der Regressanspruch des SVT ist begrenzt, und zwar einmal durch die Höhe seiner Leistung. Zum anderen ergibt sich eine Begrenzung durch die Höhe des Schadenersatzanspruches des Geschädigten bzw. Versicherten.[1]

3 Ziel und Inhalt der Legalzession ist es, eine Doppelentschädigung des Versicherten oder seiner Hinterbliebenen zu vermeiden, ohne den Schädiger zu entlasten. Hierbei ist von dem Grundsatz auszugehen, dass die Leistungen des SVT dem Schädiger nicht zugutekommen. Im Übrigen tritt durch Forderungsübergang eine wirtschaftliche Entlastung des SVT ein.
Durch den Forderungsübergang gemäß § 116 SGB X wird keine erweiterte Einstandspflicht des Schädigers begründet für gesetzlich angeordnete Leistungen.[2]
Der SVT seinerseits kann aufgrund der übergangenen Ansprüche Regress nehmen.

2. Die geänderte Rechtslage

4 Für Schadenfälle ab dem 1.7.1983 sind Regelungen zu Teilbereichen erweitert worden. Rechtsgrundlage für den Forderungsübergang ist
- für Schadenfälle nach dem 1.7.1983 § 116 SGB X.

5 Geregelt sind dort (vgl. auch § 29 Rn. 2)
- der Übergang des Schadenersatzanspruches bei einer Haftungsquotierung („relative Theorie" anstatt Quotenvorrecht des SVT)
- die Pauschalierung ambulanter Heilbehandlungskosten (§ 116 Abs. 8 SGB X).
- gemäß § 113 SGB VII beträgt die Verjährungsfrist 3 Jahre ab dem Tag, an dem die Leistungspflicht des Versicherers festgestellt wurde.

3. Die Sozialleistungsträger

6 **a) Die sozialen Leistungsträger.** Sozialleistungsträger sind
- die Sozialversicherungsträger, also die gesetzlichen Krankenkassen, Rentenversicherer (LVA, BfA, Knappschaft),
- die Unfallversicherungsträger sowie
- die Pflegekassen,
- Träger der Sozialhilfe,
- die Bundesagentur für Arbeit.[3]

7 **b) Speziell: Bundesagentur für Arbeit.** Zum 1.1.2005 ist das Zweite Buch Sozialgesetzbuch (SGB II) in Kraft getreten. Durch die gesetzliche Regelung ist als neuer Sozialleistungsbereich die Grundsicherung für Arbeitssuchende eingeführt worden. Beim SGB II handelt es sich um Art. 1 des Vierten Gesetzes für moderne Dienstleistungen am Arbeitsmarkt vom

---
[1] *Küppersbusch* Rn. 577.
[2] BGH NJW 1982, 1638 = VersR 1982, 767; vgl. *Küppersbusch* Rn. 579.
[3] *Küppersbusch* Rn. 706 ff.

24.12.2003[4] (bekannt unter dem Namen „Hartz IV"). In diesem Gesetz werden Arbeitslosenhilfe und Sozialhilfe als zwei bisher nebeneinander bestehende staatliche Förderungssysteme für erwerbsfähige Hilfsbedürftige zu einer Grundsicherung für Arbeitsuchende zusammengefasst.[5]

8 Bei der Grundsicherung für Arbeitsuchende ist grundsätzlich eine duale Trägerschaft festgelegt. Für den Hauptkomplex der Leistungen ist im Regelfall die Bundesagentur für Arbeit mit ihren örtlichen Gliederungen (Agenturen für Arbeit) gemäß § 6 Abs. 1 S. 1 Nr. 1 SGB II als Träger bestimmt. Im Übrigen ist zu verweisen auf die Experimentierklausel gemäß §§ 6a und 6b SGB II. Hiernach nehmen die Aufgaben der Bundesagentur für Arbeit optional die zugelassenen kommunalen Träger wahr.[6]

II. Forderungsübergang

1. Die Voraussetzungen des Forderungsübergangs

9 Voraussetzung für den Übergang von Schadenersatzansprüchen gemäß § 116 Abs. 1 SGB X sind
- sachliche Kongruenz des übergehenden Anspruches, dh es muss sich um einen Schaden der gleichen Art handeln, und
- zeitliche Kongruenz in dem Sinne, dass sich die zu erbringenden Schadenersatzleistungen auf denselben Zeitpunkt beziehen müssen wie der vom Schädiger zu leistende Schadenersatz.

10 a) *Sachliche Kongruenz.* Die Leistung des SVT muss, wie in § 116 Abs. 1 SGB X wörtlich geregelt, der „Behebung eines Schadens der gleichen Art dienen" und muss in einem inneren Zusammenhang mit dem Schaden stehen. Die Leistung des SVT und der Schadenersatz müssen denselben Zweck, nämlich den Ausgleich ein und derselben Einbuße des Geschädigten erfüllen. Identität zwischen Leistungsempfänger und dem zum Schadenersatz Berechtigten braucht dagegen nicht zu bestehen, so zB der Regress des SVT wegen Krankengeldes nach § 45 SGB V bei Pflege eines verletzten Kindes.[7]

11 Im Allgemeinen besteht Kongruenz, wenn die Leistung des SVT und der Schadenersatz derselben Schadengruppe zuzurechnen sind (Gruppentheorie). Diese Schadenpositionen sind:
- Heilungskosten
- Vermehrte Bedürfnisse
- Erwerbsschaden
- Unterhaltsschaden
- Beerdigungskosten.

12 Aufgrund der Einführung der genannten relativen Theorie gemäß § 116 Abs. 3 SGB X entstehen dem Geschädigten keine Nachteile mehr, da das Quotenvorrecht des SVT weggefallen ist. Der Geschädigte erhält immer die Haftungsquote aus der Differenz zwischen dem Schaden und der Leistung des SVT. Eine Ausnahme insoweit ist nur gegeben, wenn, etwa bei Barleistungen, die Sozialleistung den kongruenten Schaden übersteigt. Hier ist ein Rückgriff des SVT auf Schadenposten, für die er keine Deckung gewährt, ausgeschlossen.

Eine ausführliche Übersicht über Kongruenz zwischen
- Schadenersatz und
- Leistung des SVT

bietet *Küppersbusch*.[8]

13 Im Übrigen ist zu verweisen auf die Übersicht bei *Küppersbusch* zur sachlichen Kongruenz zwischen Schadenersatz und den Leistungen des SVT.[9] In der nachfolgenden Über-

---
[4] BGBl. I S. 2954.
[5] Vgl. *Löschau/Marschner* S. V.
[6] Vgl. hierzu ausführlich *Löschau/Marschner* Rn. 82.
[7] *Küppersbusch* Rn. 597 ff.
[8] Vgl. ausführlich *Küppersbusch* Rn. 597 ff. mit Hinweisen auf Rspr. und Literatur.
[9] *Küppersbusch* Rn. 602.

sicht werden die Unterschiede dargestellt zwischen dem Schadenersatzrecht und den Leistungen des SVT.

Schadensersatz	Leistung SVT
Sachschaden	1. • Ersatz für die Beschädigung künstlicher Körperteile, § 33 SGB V[10]
Schmerzensgeld	2. • Keine Kongruenz zu irgendwelchen Leistungen des SVT.[11]
Heilungskosten Kein Regress wegen der *Besuchskosten*.[12] Bei stationärer Behandlung Regress nur wegen der Aufwendungen für die allgemeine Pflegekasse, nicht die *Kosten* der *privatärztlichen Behandlung* und des Doppel- oder Einzelzimmers.[13]	3. **Gesetzliche Krankenkasse:** Leistungen für • ambulante und stationäre Krankenbehandlung (§§ 27, 39 SGB V) • Versorgung mit Arznei-, Verband- (§ 31 SGB V), Heil- und Hilfsmitteln (§§ 32, 33 SGB V) • weitere Leistungen zur medizinischen Rehabilitation (§ 40 SGB V), • Fahrtkosten bei zwingender medizinischer Notwendigkeit (§ 60 SGB V) **Unfallversicherungsträger:** Leistungen für • ambulante und stationäre ärztliche Behandlung (§§ 28, 33 SGB VII), • Heil- und Hilfsmittel (§§ 29 ff. SGB VII) • Rehabilitation (§§ 26, 33 SGB VII), • Fahrtkosten (§ 43 SGB VII). **Rentenversicherungsträger:** • medizinische Reha (§ 15 SGB VI) und ergänzende Leistungen (§ 28 SGB VI)
Vermehrte Bedürfnisse • nur soweit vermehrte Bedürfnisse fortlaufend entstehen (Rentenanspruch),[14] nicht jedoch bei vorübergehendem, einmaligem Mehrbedarf[15]	4. **Gesetzliche Krankenkasse:** Leistungen für • häusliche Krankenpflege neben ärztlicher Behandlung (§ 37 SGB V), • Haushaltshilfe bei Krankenhausbehandlung (§ 38 SGB V), • Krankengeld nach § 45 SGB V bei Pflege eines Kindes (Kongruenz zum Ersatzanspruch des Kindes wegen Pflegekosten – Identität zwischen Leistungsempfänger und Schadensersatzberechtigten bei § 116 SGB X nicht erforderlich). **Unfallversicherungsträger:** Leistungen für • häusliche Krankenpflege (§ 32 SGB VII), • Haushaltshilfe (§§ 42, 54 SGB VII), • Pflegegeld[16] (§ 44 SGB VII), • Kleidermehrverschleiß (§ 31 Abs. 2 SGB VII), • Kfz-Hilfe (§ 40 SGB X).

---

[10] *Geigel* Kap. 30 Rn. 23; WJ 68, 69.
[11] Vgl. *Küppersbusch* Rn. 273.
[12] Vgl. *Küppersbusch* Rn. 600, 236 ff.; OLG München VersR 1978, 373.
[13] LG Berlin r+s 1987, 71.
[14] Vgl. auch *Küppersbusch* Rn. 263.
[15] LG Berlin r+s 1987, 71.
[16] BGH VersR 2004, 1192 = NZV 2004, 513.

Schadensersatz	Leistung SVT
Erwerbsschaden • Erwerbseinkommen im engeren Sinn, i. d. R. netto[18] • auch nicht versicherte Nebeneinkünfte,[19] Eigenleistungen beim Hausbau[20] etc.[21] • Haushaltsführungsschaden, soweit für Familienangehörige gearbeitet wird[22]	**Pflegeversicherer:** • Leistungen nach dem Pflegeversicherungsgesetz[17] 5. **Barleistungen** **Krankenkasse:** • Krankengeld (§ 44 SGB V),[23] auch bei freiwilliger Versicherung[24] **Unfallversicherungsträger:** • Verletztengeld (§ 45 SGB VII) oder Übergangsgeld (§§ 49 ff. SGB VII) • (Teil- oder Voll-)Verletzten-Rente (§§ 56 ff. SGB VII)[25] **Rentenversicherungsträger** • Übergangsgeld (§ 20 SGB VI), • Erwerbsminderungsrente (§ 43 SGB VI), • vorgezogenes Altersruhegeld (vor dem 63. Lebensjahr bei Männern) bei Schwerbehinderung, Berufs- bzw. Erwerbsunfähigkeit oder Arbeitslosigkeit (§§ 37, 38 SGB VI aF; jetzt bei Anerkennung als Schwerbehinderter, § 37 Abs. 2 SGB VI nF); Kongruenz zum Schaden gegeben,[26] allerdings nach Ansicht von *Küppersbusch*[27] begrenzt bis zu dem Zeitpunkt, zu dem Altersruhegeld nach den Regelvoraussetzungen bezogen worden wäre. • Kinderzulage (§ 583 Abs. 1 RVO):[28] Kongruenz besteht an sich zum Erwerbsschaden.[29] Dem steht auch nicht entgegen, dass diese Leistungen zu einem Wegfall des staatlichen Kindergeldes führen.[30] Der Regress des SVT ist nach einer einschränkenden Auslegung der Legalzession nach ihrem Sinn und Zweck allerdings auf den Betrag beschränkt, der das Kindergeld übersteigt.[31] • Aufwendungen eines Unfall- (§§ 35 ff. SGB VII) oder Rentenversicherungsträgers (§ 16 SGB VI) für die **berufliche Rehabilitation:** zB Umschulung,[32] Eingliederungshilfe.[33]

---

[17] Vgl. *Küppersbusch* Rn. 679.
[18] BGH VersR 1976, 756; VersR 1977, 768; VersR 1983, 686.
[19] OLG Stuttgart VersR 1978, 838; OLG Karlsruhe VersR 1977, 1096.
[20] OLG Hamm NZV 1989, 72 = DAR 1989, 305.
[21] Vgl. *Küppersbusch* Rn. 42.
[22] Vgl. *Küppersbusch* Rn. 212.
[23] OLG Nürnberg VersR 2004, 1290 = zfs 2003, 283 m. Anm. *Diehl*.
[24] BGH VersR 1967, 1068.
[25] Die gesamte Verletztenrente (inkl. des Anteils in Höhe einer Grundrente) ist – ausschließlich – kongruent zum Erwerbsschaden – BGH VersR 2003, 390 = NZV 2003, 172. Dies gilt generell und nicht nur bei einer hohen MdE (insoweit unzutreffend OLG Karlsruhe VersR 2001, 1429). Dagegen besteht keine Kongruenz zu den vermehrten Bedürfnissen (BGH NZV 2004, 514).
[26] BGH VersR 1986, 812 für den Schwerbehinderten; OLG Bamberg VersR 1997, 71.
[27] *Küppersbusch* Rn. 602.
[28] Diese Bestimmung gilt für das Gebiet der ehemaligen DDR fort – §§ 215, 217 Abs. 2, 3 SGB VII.
[29] BGH VersR 1975, 446 = NJW 1975, 978.
[30] Vgl. *Küppersbusch* Rn. 606.
[31] BGH VersR 1983, 52 = NJW 1983, 114.
[32] Zu den Problemen des Regresses wegen der Umschulungskosten s. im Einzelnen *Küppersbusch* Rn. 65 f.
[33] Ein Regress wegen der Eingliederungshilfe kommt nur in Betracht, wenn die Einstellung des Verletzten beim Arbeitgeber nur aufgrund dieser Leistung erfolgte (OLG Celle VersR 1988, 1252), wenn andernfalls der

Schadensersatz	Leistung SVT
• Sozialversicherungsbeiträge	• Leistungen der Krankenkasse für die stationäre Behandlung in Höhe der ersparten Verpflegungskosten.[34] Kein Regress[35] wegen fehlender Kongruenz bei Altersruhegeld, das unter den sog. Regelvoraussetzungen bezogen wird (Männer mit dem 65. – § 35 SGB VI – bzw. 63. Lebensjahr[36] – § 36 SGB VI, Frauen mit dem 60. Lebensjahr – § 39 SGB VI). Übernahme eines Teils („Trägerbeiträge") oder der gesamten Sozialversicherungsbeiträge durch einen SVT.[37] Keine Kongruenz der Barleistungen im Übrigen.[38]
Kein Schaden ist die Kürzung einer Erwerbsminderungs- oder Altersrente wegen des Zusammentreffens mit einer Unfallrente.[39] • Beeinträchtigung der Haushaltsführung, soweit durch sie Unterhaltsleistungen für die Familie erbracht worden wären; die Abgrenzung zu den nicht übergangsfähigen vermehrten Bedürfnissen kann im Regelfall nach der Kopfzahl der Familie erfolgen.[40] **Beerdigungskosten**	• Barleistungen • Leistungen zur sozialen Rehabilitation und ergänzende Leistungen (§§ 39 ff. SGB VII) 6. • Sterbegeld und Überführungskosten nach § 64 SGB VII)[41]
Schadensersatz wegen entgangenen Unterhalts • Übergangsfähig ist auch der Schadensersatzanspruch wegen entgangener persönlicher Betreuung.[42] • Verlust des Krankenversicherungsschutzes[44] **Schadensersatz wegen entgangener Dienste (§ 845 BGB)**	7. • Hinterbliebenenrenten • Trägerbeiträge zur Rentnerkrankenversicherung[43] Keine übergangsfähige Leistung ist die Witwenbeihilfe nach § 600 RVO.[45] • EU/BU-Rente oder Verletztenrente an den Dienstleistungsverpflichteten.[46]

b) Zeitliche Kongruenz. Der Zeitraum, auf den sich die Leistungen des SVT beziehen, und **14** der Zeitraum, für den Schadenersatzansprüche in Betracht kommen, müssen identisch sein. So gilt zB, dass der Verdienstausfall wegen einer ständigen Erwerbstätigkeit für das tage-

---

Verletzte in das Erwerbsleben nicht hätte wieder eingegliedert werden können (Darlegungs- und Beweislast bei der Bundesanstalt für Arbeit, OLG Köln zfs 1988, 43). Vgl. auch OLG Celle zfs 1982, 239; OLG Köln VersR 1985, 94; *Westphal* VersR 1982, 1126.

[34] BGH VersR 1984, 583 = NJW 1984, 2628; Einzelheiten s. *Küppersbusch* Rn. 168 ff.
[35] BGH VersR 1982, 166 = NJW 1982, 984.
[36] BGH VersR 1982, 166 = NJW 1982, 984. Der Geschädigte muss sich auf seinen Schadensersatzanspruch allerdings die gezahlte Rente anrechnen lassen.
[37] Vgl. *Küppersbusch* Rn. 616 ff.
[38] BGH VersR 1981, 675; VersR 1986, 698; KG VersR 1981, 536; OLG Köln SP 1995, 135 = r+s 1995, 141; OLG Düsseldorf zfs 1994, 405. Achtung: Neuregelung § 58 SGB V: Sterbegeld wird nur noch für Versicherte gezahlt, die am 1.1.1989 schon versichert waren. Die Höhe beträgt gemäß § 59 SGB V bei Mitgliedern 1.050 EUR, bei Familienangehörigen 525 EUR.
[39] BGH VersR 1977, 130.
[40] BGH VersR 1974, 162 = NJW 1974, 41; VersR 1985, 356 = NJW 1985, 735.
[41] Das Sterbegeld für gesetzlich Krankenversicherte nach § 59 SGB V aF wurde mit Wirkung zum 1.1.2004 aus dem Leistungskatalog gestrichen.
[42] Vgl. *Küppersbusch* Rn. 441.
[43] Vgl. *Küppersbusch* Rn. 607.
[44] Zum Problem der Kongruenz zu den RKV-Beiträgen vgl. *Küppersbusch* Rn. 609 ff.
[45] § 600 RVO gilt weiter für das Gebiet der ehemaligen DDR – §§ 215, 217 Abs. 2, 3 SGB VII.
[46] BGH VersR 1978, 90; vgl. *Küppersbusch* Rn. 462.

weise abgerechnete Krankengeld ebenfalls auf Tage umzulegen ist. Der 7. Teil des Wochenlohnes entspricht einem Tag Krankengeld.[47]

15   c) **Der Leistungsanspruch gegenüber dem SVT.** Voraussetzung für den Anspruch und damit den Übergang des Anspruches ist, dass der SVT gegenüber dem Geschädigten, also seinem Mitglied gegenüber, aufgrund Gesetzes oder Satzung zur Leistung verpflichtet war. Eine solche Verpflichtung besteht auch gegenüber einem freiwillig Versicherten.[48]

Bei Wechsel des SVT, etwa bei Wechsel der Krankenkasse wegen Umzuges oder aus anderem Grund, geht die Leistungspflicht von einem SVT – für gleichartige Leistungen – auf einen anderen über.[49]

16   d) **Kongruenztabelle.** Zur Kongruenz der Schadenpositionen ist zu verweisen auf *Küppersbusch*.[50]

17   e) **Einzelentscheidungen und Rechtslage zur sachlichen Kongruenz.** Sachliche Kongruenz wurde bejaht
- zwischen einem von dem Dienstherrn eines Beamten gezahlten Sterbegeld und dem Ersatz der Beerdigungskosten durch die Haftpflichtversicherung des Schädigers;[51]
- zwischen Leistung des Dienstherrn eines Beamten (zB Beihilfe) und Leistungen des Versicherers des Schädigers bei unfallbedingten Heilungskosten;[52]
- bei der von der Berufsgenossenschaft gezahlten Verletztenrente ist der Anteil, der auf die Tätigkeit, zB Haushaltsführung, entfällt, durch die Verletztenrente anzurechnen; auch insoweit besteht sachliche Kongruenz;[53]

Der Schmerzensgeldanspruch wird von einem Forderungsübergang nicht erfasst, da es an der erforderlichen Kongruenz fehlt.[54]

18   Im Übrigen sind Ansprüche bzw. Zahlungen sachlich nicht kongruent, die der Geschädigte aus abgeschlossenen privaten Versicherungsverträgen erhält. Hierzu gehören insbesondere Ansprüche aus
- privater Unfallversicherung,
- privater Krankengeld-, Krankentagegeld-, Pflegeversicherung,
- freiwilligen Leistungen Dritter (zB Unterhaltszahlungen Verwandter).

19   f) **Rückgriff und Schmerzensgeld.** In Betracht kommt auch, dass ein Sozialversicherungsträger wegen der von ihm erbrachten Leistungen auf den fiktiven Schmerzensgeldanspruch des Geschädigten zurückgreifen kann.

20   Der Regressanspruch des Sozialversicherungsträgers ergibt sich aus § 110 SGB VII. Nach dieser Vorschrift kommt auch in Betracht, dass der Sozialversicherungsträger wegen der von ihm erbrachten Aufwendungen bei Rückgriff nach § 110 SGB VII grundsätzlich auch auf den fiktiven Schmerzensgeldanspruch des Geschädigten zurückgreifen kann, auch gegen den nach §§ 104 ff. SGB VII haftungsprivilegierten Schädiger.[55] Dies ergibt sich daraus, dass der Wortlaut des § 110 SGB VII anders als § 116 SGB X keine Einschränkung enthält hinsichtlich der zivilrechtlichen Ansprüche des Versicherten für Arbeitsunfälle außerhalb des Sozialversicherungsverhältnisses.

2. Ausnahmen vom Forderungsübergang

21   In § 116 Abs. 1 SGB X sind 4 Ausnahmen vom Forderungsübergang normiert. Dies sind
- Befriedigungsvorrecht des Geschädigten,
- Quotenvorrecht des Geschädigten bei unzureichender Haftungshöchstsumme,

---

[47] BGH VersR 1973, 436; vgl. hierzu im Einzelnen sowie zu Besonderheiten der Legalzession für den Fall des Fortfalls einer Versicherungsleistung *Küppersbusch* Rn. 603 f.
[48] BGH VersR 1981, 347, 349.
[49] Vgl. hierzu *Böhme/Biela* F Rn. 8; vgl. auch *Küppersbusch* Rn. 667.
[50] Siehe *Küppersbusch* Rn. 602, ebenso abgedr. bei *Berz/Burmann* 6 P Rn. 11.
[51] BGH NJW 1977, 802.
[52] BGH VersR 1983, 686, 687.
[53] BGH NJW 1985, 735.
[54] BGH VersR 1970, 1053, 1054.
[55] BGH NZV 2007, 31.

- Sozialbedürftigkeit,
- Quotenvorrecht bei Rentnertum.

Die vorgenannten Ausnahmen wirken sich zugunsten des Geschädigten aus. Es ist daher wichtig für den Vertreter des Geschädigten, diese Ausnahmen zu beachten.[56]

Zu den vorgenannten Ausnahmen ist im Einzelnen Folgendes auszuführen:

a) **Befriedigungsvorrecht des Geschädigten.** Ein Forderungsübergang findet nicht statt, wenn der Durchsetzung der Ansprüche auf Ersatz eines Schadens tatsächliche Hindernisse entgegenstehen. Unter dem Begriff „tatsächliche Hindernisse" ist zu verstehen, dass aufseiten des Schädigers oder seiner Haftpflichtversicherung nicht genügend Mittel zur Verfügung stehen, etwa wegen Ausschöpfung der Versicherungssumme. Dies ist zB der Fall, wenn ein mittelloser Schädiger, zu dessen Gunsten eine Kraftfahrthaftpflichtversicherung lediglich mit einer Mindestdeckungssumme von 500.000,– EUR Personenschaden besteht, einen Verkehrsunfall verschuldet, bei dem das Unfallopfer eine Querschnittlähmung erleidet, sodass die genannte Versicherungssumme nicht ausreichend ist. 22

In einem solchen Fall kann gemäß § 116 Abs. 1 S. 1 SGB X der SVT nur nachrangig regressieren.[57] Diese Einschränkung gilt jedoch nur gegenüber dem eigenen Sozialversicherungsträger des Geschädigten. Auch ist zu beachten, dass das Befriedigungsvorrecht des Geschädigten im Rahmen des Rechtsstreites bereits im Erkenntnisverfahren zu berücksichtigen ist.[58] 23

b) **Unzureichende Haftungshöchstsumme.** In § 116 Abs. 2 SGB X ist geregelt, dass in dem Fall, in dem der Anspruch auf Ersatz eines Schadens durch Gesetz der Höhe nach begrenzt ist, ein Forderungsübergang auf den Sozialleistungsträger nur insoweit stattfindet, soweit er nicht zum Ausgleich des Schadens des Geschädigten oder seiner Hinterbliebenen erforderlich ist. Diese Regelung beinhaltet ein uneingeschränktes Quotenvorrecht zugunsten des Geschädigten mit der Folge, dass die Schadenersatzansprüche des Geschädigten insgesamt quotenbevorrechtigt sind gegenüber den Leistungen der Sozialversicherungsträger und dementsprechend bevorrechtigt vom Schädiger zu ersetzen sind. Dieses Quotenvorrecht des § 116 Abs. 2 SGB X ist insbesondere in den Fällen von Bedeutung, in denen der Schädiger lediglich nach StVG oder HaftpflG haftet. Dies ist hier von Bedeutung im Hinblick auf die unterschiedlichen Haftungshöchstsummen des § 12 StVG bzw. § 9 HaftpflG (vgl. Übersicht über aktuelle Haftungshöchstgrenzen § 23 Rn. 207). 24

Gemäß § 116 Abs. 2 SGB X haben der Geschädigte oder seine Hinterbliebenen mit ihren Ansprüchen Vorrang vor den Regressen der Sozialleistungsträger.

c) **Sozialbedürftigkeit.** In § 116 Abs. 3 S. 3 SGB X ist geregelt, dass ein Anspruchsübergang auf die Sozialleistungsträger nach der relativen Theorie in den Fällen des Mitverschuldens ausgeschlossen ist, soweit der Geschädigte oder seine Hinterbliebenen hilfsbedürftig werden iSd BSHG. Entgegen der Darstellung bei *Fleischmann/Hillmann*[59] dürfte auch diese Vorschrift in der Praxis eine Rolle spielen und vorkommen. Denkbar ist zB der Fall, dass bei einem Unfall zwischen einem Fahrzeug und einem Radfahrer nach der gegebenen Sach- und Rechtslage den Radfahrer ein überwiegendes Mitverschulden trifft oder aufseiten des Fahrzeugführers lediglich StVG-Haftung in Betracht kommt. Handelt es sich bei dem geschädigten Radfahrer etwa um einen jungen Arbeitnehmer, der etwa als Fliesenleger seinen Beruf nicht mehr ausüben kann, so ist durchaus denkbar, dass mangels anderweitiger Ersatzleistungen die Familie zum Sozialhilfefall wird. 25

In der genannten Vorschrift des § 116 Abs. 3 S. 3 SGB X ist geregelt, dass die regressberechtigten Sozialleistungsträger von Amts wegen verpflichtet sind, dieses Quotenvorrecht des Geschädigten zu beachten. 26

d) **Quotenvorrecht nach § 116 Abs. 5 SGB X (Rentnertum).** Die vorgenannte Vorschrift erfasst die Fälle, in denen der SVT aufgrund des Schadenereignisses dem Geschädigten oder seinen Hinterbliebenen keine höheren Sozialleistungen zu erbringen hat als vor dem Unfall. 27

---

[56] Vgl. *Fleischmann/Hillmann* § 4 Rn. 69 ff.
[57] BGH VersR 1979, 30.
[58] BGH NJW 1982, 2321; OLG Koblenz FamRZ 1977, 68.
[59] *Fleischmann/Hillmann* § 4 Rn. 85 ff.

28 Für den Fall, dass der Geschädigte oder seine Hinterbliebenen sich ein Mitverschulden anrechnen lassen müssen, findet ein Forderungsübergang auf den Sozialleistungsträger erst dann statt, wenn der verbleibende Eigenschaden des Geschädigten oder seiner Hinterbliebenen voll ausgeglichen ist. Ein solcher Fall ist gegeben, wenn beispielsweise der Rentenversicherungsträger im Falle des Todes eines Rentners in der Folgezeit geringere Aufwendungen hat im Hinblick auf die gemäß § 46 SGB VI zu erbringende Witwenrente. Hier ist folgendes **Beispiel** anzuführen:[60]

Ein Rentner, der Alleinernährer der Familie ist, erhält von der BfA eine EU- oder Altersrente in Höhe von 1.500 EUR monatlich. Er verunglückt bei einem Verkehrsunfall tödlich. Nunmehr ergibt sich, dass die Witwenrente, also 60 % von 1.500 EUR, lediglich noch 900 EUR beträgt. Somit hat die BfA geringere Leistungen zu erbringen als vor dem Unfall.

Im Übrigen könnte die BfA ohne das Quotenvorrecht der Witwe des § 116 Abs. 5 SGB X bei einer 50 %igen Mithaftung des Schädigers 50 % ihrer Aufwendungen, also 450 EUR, beim Schädiger regressieren mit der Folge, dass die Witwe wegen des Anspruchsübergangs nach § 116 Abs. 1 und 3 SGB X nur 50 % ihres verbleibenden Unterhaltsschadens gemäß § 844 Abs. 2 BGB iVm § 116 Abs. 3 SGB X erhalten würde.

29 Dies wird allseits als unbillig empfunden mit der Folge, dass die Witwe ihre große Witwenrente von der BfA erhält sowie den restlichen Unterhaltsschaden quotenmäßig auch, soweit dieser über die Witwenrente hinausgeht. Dies mögen die nachfolgenden Beispiele verdeutlichen.

Beispiel 1:

Rente	1.500,– EUR
Angenommene Nebeneinkommen	500,– EUR
Summe des Einkommens vor Schadenfall	2.000,– EUR
Abzuziehen sind die fixen Haushaltskosten in Höhe von angenommen	1.000,– EUR
somit ist von einem verbleibenden Rentnereinkommen von auszugehen. Anteil des Rentners	1.000,– EUR 500,– EUR
Anteil der Ehefrau	500,– EUR
Unterhaltsschaden der Witwe gemäß § 844 Abs. 2 BGB: Fixe Haushaltskosten	1.000,– EUR
Anteil am verbleibenden Mannes-Nettoeinkommen	500,– EUR
Summe	1.500,– EUR
Bei einer Haftungsquote von 1/3, also	500,– EUR
erhält die Witwe Witwenrente wie im Beispiel dargestellt worden	900,– EUR
Somit verbleibt ein ungedeckter Unterhaltsschaden in Höhe von	600,– EUR
Aufgrund des Quotenvorrechts nach § 116 Abs. 5 SGB X erhält die Witwe vom Schädiger die zu ersetzenden 500,– EUR voll.	

Beispiel 2:

Vergleichbar Beispiel 1, jedoch bei einer Haftungsquote von 50 % (statt 500,– EUR)	750,– EUR
Quotenbevorrechtigte Witwe gemäß § 116 Abs. 5 SGB X	600,– EUR
Somit kommt ein Forderungsübergang an BfA gemäß § 116 Abs. 1 und 3 SGB X in Betracht in Höhe von	150,– EUR

30 Aus den vorstehend dargestellten Beispielen[61] findet ein Forderungsübergang auf die BfA als Sozialleistungsträger erst dann statt, wenn der Unterhaltsschaden der Hinterbliebenen voll gedeckt ist.

3. Das Angehörigenprivileg

31 a) **Allgemeines.** Gemäß § 116 Abs. 6 S. 1 SGB X ist ein Forderungsübergang auf einen Sozialleistungsträger ausgeschlossen bei nicht vorsätzlichen Schädigungen durch Familienangehörige, die mit dem Geschädigten oder seinen Hinterbliebenen in häuslicher Gemeinschaft leben. Es handelt sich hierbei um eine Regelung, die der Regelung des § 67 Abs. 2 VVG im

---

[60] Vgl. auch *Fleischmann/Hillmann* § 4 Rn. 93.
[61] Entnommen *Fleischmann/Hillmann* § 4 Rn. 98.

Privatversicherungsrecht entspricht. Grundgedanke dieses Angehörigenprivilegs ist es, eine Störung des Familienfriedens zu vermeiden.[62] Im Übrigen ist die Familie als wirtschaftliche Einheit zu begreifen, sodass bei einem Rückgriff aufgrund gesetzlichen Forderungsübergangs gegen den Schädiger die finanzielle Grundlage der Familie belastet würde.[63]

b) Einzelfragen zum Angehörigenprivileg. Angehörige iSd § 116 SGB X sind Eheleute, Verwandte auf- und absteigender Linie und Verschwägerte iSd §§ 1589, 1590 BGB. Auch gilt das Familienprivileg in den Fällen, in denen Schädiger und Geschädigter nach dem Schadenereignis heiraten und in häuslicher Gemeinschaft leben.[64] Ebenso fällt das Pflegekind unter das Angehörigenprivileg bei länger andauerndem Pflegeverhältnis.[65] 32

Umgekehrt ist das Familienprivileg nicht anzuwenden auf eheähnliche Lebensgemeinschaften.[66]

Häusliche Gemeinschaft iSv § 116 SGB X erfordert, dass die Lebens- und Wirtschaftsführung auf Dauer in einem gemeinsamen Haushalt angelegt ist und der Lebensmittelpunkt sich in einem gemeinsam bewohnten Haus oder einer gemeinsamen Wohnung befindet.[67] Erforderlichenfalls ist eine gemeinsame Wirtschaftsführung nachzuweisen.[68] 33

Zu beachten ist, dass das Familienprivileg des § 116 SGB X nicht anwendbar ist auf folgende Fälle: 34
- Regress der Sozialhilfeträger, und zwar aufgrund der Subsidiarität der Sozialhilfe[69]
- Beitragsregress der Sozialversicherungsträger gemäß § 119 Abs. 1 SGB X[70]
- Regress der KH-Versicherung gemäß § 3 Nr. 9 PflVG.[71]

4. Berechnung des Kapitalwertes

Bei der Kapitalisierung des Regressanspruches des SVT sind die voraussichtliche Lebenserwartung des Geschädigten sowie die voraussichtliche Rentensteigerung der prognostizierten Lebenserwartung zu berücksichtigen. Nach der allgemeinen Finanzlage ist die voraussichtliche Rentensteigerung nur mit 1,5 % anzusetzen. Außerdem ist angesichts der in den letzten Jahren eingetretenen und der sich für die nahe Zukunft abzeichnenden Zinsentwicklung 4 % als Kapitalisierungswert zu berücksichtigen.[72] 35

Die vorstehend aufgeführten Grundsätze für die Berechnung des Kapitalisierungswertes des Regressanspruches eines SVT können sicherlich auch Orientierung bieten für die Berechnung der Kapitalisierung der Schadenersatzleistung für den Geschädigten, vgl. hierzu § 36 Rn. 34 ff. 36

III. Regress der Pflegekasse

1. Gesetzliche Grundlage

Das Pflegeversicherungsgesetz (PflegeVG) ist zum 1.1.1995 in Kraft getreten. Die in diesem Gesetz vorgesehenen Leistungen für häusliche Pflege, teilstationäre und Kurzzeitpflege wurden ab 1.4.1995 gewährt. Leistungen für die stationäre Pflege gibt es ab dem 1.7.1996. 37

Zur Absicherung des Risikos der Pflegebedürftigkeit wurde ein neuer eigenständiger Zweig der Sozialversicherung geschaffen (§ 1 Abs. 1 SGB XI). Träger der Versicherung sind 38

---

[62] Vgl. hierzu BGH VersR 1986, 333 ff.
[63] Zu speziellen Regressstatbeständen, nämlich Regress des Rentenversicherungsträgers (RVT) wegen der Trägerbeiträge zur Rentnerkrankenversicherung, zum Regress von Beiträgen bei Lohnersatzleistungen (Beiträge zur Rentenversicherung, Arbeitslosenversicherung, Krankenversicherung, Pflegeversicherung) vgl. ausführlich *Küppersbusch* Rn. 635 bis 644.
[64] BGH VersR 1976, 289.
[65] BGH VersR 1980, 526.
[66] Vgl. hierzu *Fleischmann/Hillmann* § 4 Rn. 103 mit Darstellung der gegenteiligen Tendenzen in der Literatur.
[67] BGH VersR 1980, 644.
[68] BGH NJW 1996, 2934.
[69] BGH VersR 1996, 1258.
[70] BGH VersR 1989, 492.
[71] BGH VersR 1998, 1063; LG Bielefeld zfs 1998, 338.
[72] LG Köln VersR 2005, 710.

die eingerichteten Pflegekassen, die bei jeder Krankenkasse des SGB V als rechtlich selbstständige Körperschaft eingerichtet werden. Die Aufgaben werden von der jeweiligen Krankenkasse wahrgenommen.

39 Die Pflegekasse kann für ihre Leistungen nach § 116 SGB X für sachlich und zeitlich kongruente Schadenersatzansprüche regressieren. Dies sind die Ansprüche wegen vermehrter Bedürfnisse im Sinne des Unterhaltsrechts.[73] Im Übrigen ist wegen der vermehrten Bedürfnisse zu verweisen auf vorstehend § 26 Rn. 36 ff.

2. Die Versicherungspflicht

40 a) **Die versicherungspflichtigen Personen.** *aa) Gesetzliche Krankenversicherung.* Gemäß §§ 20 ff. SGB XI ist der Kreis der versicherungspflichtigen Personen sehr weit definiert. Hiernach sind pflichtversichert insbesondere
- in der gesetzlichen Krankenversicherung versicherte Mitglieder gemäß § 20 Abs. 1 SGB XI, und zwar insbesondere
- gegen Entgelt Beschäftigte (Arbeiter, Angestellte und Auszubildende),
- Leistungen der Grundsicherung[74] (Leistungen zur Eingliederung in Arbeit und Leistungen zur Sicherung des Lebensunterhalts),
- Landwirte und ihre Angehörigen, die krankenversicherungspflichtig sind,
- nach dem Künstlersozialversicherungsgesetz Versicherte,
- in Behindertenwerkstätten tätige Verletzte,
- Teilnehmer an einer beruflichen Rehabilitation,
- versicherungspflichtige Studenten,
- krankenversicherungspflichtige Rentner,
- freiwillig in der gesetzlichen Krankenversicherung versicherte Mitglieder gemäß § 20 Abs. 3 SGB XI, soweit sie nicht von der Versicherungspflicht befreit sind gemäß § 22 Abs. 2. Dieser Antrag ist innerhalb von 3 Monaten nach Beginn der Versicherungspflicht bei der Pflegekasse zu stellen.
- Familienangehörige des Pflichtversicherten unter bestimmten Voraussetzungen gemäß § 25 SGB XI,
- „sonstige Personen" gemäß § 21 SGB XI. Dies sind zB Zeitsoldaten und Personen, die Anspruch auf Heilbehandlung nach dem BFG haben.

41 *bb) Privat Versicherte.* Personen, die privat versichert sind, sind verpflichtet, bei einer privaten Krankenversicherung eine Pflegeversicherung gemäß § 23 SGB XI abzuschließen. Entsprechendes gilt für Beamte gemäß § 23 Abs. 3 SGB XI.
Beim Forderungsübergang ist insoweit die Regelung des § 86 VVG einschlägig.

42 b) **Beiträge gemäß §§ 54 ff. SGB XI.** Die zur Pflegeversicherung zu zahlenden Beiträge werden von Arbeitnehmer und Arbeitgeber je zur Hälfte getragen.

43 Rentner, Rentenversicherungsträger, Studenten, Selbstständige und sonstige nicht beschäftigte freiwillig Versicherte sowie Empfänger von Versorgungsbezügen tragen die Beiträge allein. Bei Bezug von Krankengeld zahlt die Krankenkasse § 60 Abs. 2 SGB XI die Beiträge in vollem Umfang.

44 **3. Übersicht: Leistungen der Pflegekasse**[75]

A. Leistungen bei häuslicher Pflege

1. Pflegesachleistung (§ 36) Häusliche Pflegehilfe, Grundpflege und hauswirtschaftliche Versorgung als Sachleistung (Stellung von Pflegekräften)	Je Kalendermonat werden gezahlt: Pflegestufe I: Pflegeeinsätze bis zu 450,– EUR Pflegestufe II: Pflegeeinsätze bis zu 1.100,– EUR Pflegestufe III: Pflegeeinsätze bis zu 1.550,– EUR besondere Fälle in Pflegestufe III: Pflegeeinsätze bis zu 1.918,– EUR

---

[73] Vgl. hierzu *Küppersbusch* Rn. 673.
[74] *Löschau/Marschner* Rn. 91, 92.
[75] Vgl. auch Übersicht bei *Küppersbusch* Rn. 679.

§ 30 Regress des Sozialversicherungs- und sonstigen Leistungsträger

2. Pflegegeld für selbst beschaffte Pflegehilfen anstelle der häuslichen Pflegehilfe (§ 37)	Je Kalendermonat werden gezahlt: Pflegestufe I: 235,– EUR Pflegestufe II: 440,– EUR Pflegestufe III: 700,– EUR
3. Kombination von Geldleistung und Sachleistung (§ 38)	Anteiliges Pflegegeld iSd § 37 bei nur teilweiser Inanspruchnahme von Sachleistung nach § 36
4. Häusliche Pflege bei Verhinderung der Pflegeperson (§ 39)	Kosten für eine Ersatzkraft für längstens 4 Wochen je Kalenderjahr. Maximale Leistung: 1.550,– EUR im Kalenderjahr
5. Pflegehilfsmittel und technische Hilfen (§ 40)	Versorgung mit Pflegehilfsmitteln, maximal 31,– EUR im Monat teilweise Überlassung technischer Hilfsmittel Zuschüsse zur Verbesserung des individuellen Wohnumfeldes bis zu 2.557,– EUR je Maßnahme

B. Teilstationäre Pflege und Kurzzeitpflege

6. Teilstationäre Pflege in Einrichtungen der Tages- oder Nachtpflege einschließlich Beförderung von der Wohnung zur Einrichtung und zurück (§ 41)	Pflegestufe I: bis zu 450,– EUR Pflegestufe II: bis zu 1.100,– EUR Pflegestufe III: bis zu 1.550,– EUR Zusätzlich anteiliges Pflegegeld, wenn der vorgesehene Höchstwert für die Sachleistung nicht voll ausgeschöpft wird.
7. Kurzzeitpflege in vollstationärer Einrichtung für eine Übergangszeit in Krisensituationen (§ 42)	Maximal 1.550,– EUR im Kalenderjahr

C. Vollstationäre Pflege

8. Pflegeleistungen der Pflegeeinrichtung ohne Aufwendung für Unterkunft und Verpflegung (§ 43)	Pflegestufe I: 1.023,– EUR Pflegestufe II: 1.279,– EUR Pflegestufe III: 1.550,– EUR Härtefall 1.918,– EUR

D. Leistungen für Pflegepersonen

9. Leistungen zur sozialen Sicherung der Pflegeperson (§ 44)	Beiträge an den Träger der gesetzlichen Rentenversicherung (§§ 166, 170 SGB VI) Beiträge zur gesetzlichen Unfallversicherung Unterhaltsgeld für Pflegepersonen, die ins Erwerbsleben zurückkehren nach § 153 SGB III
10. Pflegekurse für Angehörige und ehrenamtliche Pflegepersonen (§ 45)	Unentgeltliche Schulungskurse

4. Feststellung der Pflegestufen

Wichtig ist die Differenzierung zwischen den 3 Pflegestufen. Diese werden gemäß § 18 SGB XI vom Medizinischen Dienst der Krankenversicherung (MDK) festgestellt.
Für die einzelnen Pflegestufen gilt Folgendes:

- **Pflegestufe I („erheblich Pflegebedürftige")**
  Die erhebliche Pflegebedürftigkeit besteht bei Personen, die bei der Körperpflege, bei der Ernährung oder der Mobilität für wenigstens 2 Verrichtungen aus einem oder mehreren Bereichen mindestens einmal täglich der Hilfe bedürfen und zusätzlich mehrfach in der Woche Hilfe bei der hauswirtschaftlichen Versorgung benötigen.
- **Pflegestufe II**
  Unter die Pflegestufe II fallen schwer Pflegebedürftige. Dies sind Personen, die mindestens dreimal täglich zu verschiedenen Tageszeiten Hilfe brauchen.
- **Pflegestufe III**
  Bei Hilfsbedürftigkeit rund um die Uhr, auch nachts, besteht Pflegestufe III.

5. Regress der Pflegekasse

Es ist davon auszugehen, dass zwischen den Leistungen der Pflegekasse und dem Schadenersatzanspruch des Verletzten wegen seiner Pflegebedürftigkeit im Sinne vermehrter Bedürfnisse grundsätzlich sachliche Kongruenz besteht.[76] Somit steht der leistenden Kasse wegen ihrer Leistungen ein Regress gemäß § 116 SGB X bis zur Höhe des Ersatzanspruches des Verletzten zu.

In Betracht kommen folgende Leistungen:
- Pflegesachleistung (Pflegehilfe, § 36 SGB XI),
- Pflegegeld für selbst beschaffte Pflegehilfen (§ 38 SGB XI) in kombinierter Geld- und Sachleistung,
- technische Hilfsmittel (§ 40 SGB XI),
- teil- und vollstationäre Pflege inklusive Beförderungskosten (§§ 41, 43 SGB XI),
- Rentenversicherungsbeiträge für Pflegepersonen (§ 44 SGB XI),
- Pflegekurse für Angehörige und sonstige Pflegepersonen (§ 45 SGB XI).[77]

47 Für den Vertreter des Geschädigten gilt einmal zu beachten, welche Ansprüche dem Geschädigten nach SGB XI zustehen. Diese zu erkennen und geltend zu machen, ist allein Angelegenheit des Geschädigten oder seines Interessenvertreters. Andererseits kommt in Betracht, die Ansprüche direkt gegen die Pflegekasse geltend zu machen; diese regressiert dann ihrerseits gegenüber dem Schädiger und seiner Versicherung.

IV. Regress der Bundesagentur für Arbeit

48 Durch das Zweite Buch Sozialgesetzbuch (SGB II) ist ein neuer Sozialleistungsbereich der Grundsicherung für Arbeitssuchende eingeführt worden. Beim SGB II handelt es sich um Art. 1 des 4. Gesetzes für moderne Dienstleistungen am Arbeitsmarkt vom 24.12.2003.[78]

Somit bestimmen sich die Leistungen der Bundesagentur für Arbeit nach diesem Gesetz und hiernach auch der mögliche Regress. Zu den Leistungen nach diesem Sicherungssystem wird auf die nachfolgende Übersicht verwiesen:[79]

49 Für die **Bundesagentur** ergibt sich schwerpunktmäßig eine **Zuständigkeit** als Träger der Grundsicherung bei folgenden Leistungen:
als Leistungen in Eingliederung in Arbeit
- Beratung und Vermittlung bezüglich des Arbeitsmarktes
- Förderung der Aufnahme einer Beschäftigung
- Förderung von Arbeitsbeschaffungsmaßnahmen (ABM)
- Leistungen zur Teilhabe am Arbeitsleben für behinderte Menschen
- Förderung der Berufsausbildung und beruflichen Weiterbildung

als Leistungen zur Sicherung des Lebensunterhalts
- Arbeitslosengeld II
- Sozialgeld
- Leistungen für Mehrbedarf
- Befristeter Zuschlag nach Bezug von Arbeitslosengeld
- Beiträge zur Sozialversicherung.

1. Die in Betracht kommenden Leistungen

50 Seitens der Bundesagentur für Arbeit (BA) kommen gemäß SGB III folgende Leistungen in Betracht
- Arbeitslosengeld (§§ 137 ff. SGB III),
- Arbeitslosengeld II (§§ 2 ff. SGB II),
- Rehabilitationsleistungen (§§ 33, 44, 45, 51 SGB IX).

2. Der Forderungsübergang

51 Besteht ein Arbeitslosenversicherungsverhältnis, so geht gemäß § 116 SGB X der Schadenersatzanspruch bereits im Unfallzeitpunkt auf die BA über.

---

[76] OLG Koblenz VersR 1999, 911.
[77] Vgl. hierzu im Einzelnen *Küppersbusch* Rn. 671 ff.; zum Vergleich über vermehrte Bedürfnisse vor In-Kraft-Treten des SGB XI am 1.1.1995 vgl. *Küppersbusch* Rn. 700 ff.
[78] BGBl. I S. 2954 (Gesetz „Hartz IV").
[79] *Löschau/Marschner* Rn. 92.

Beim Arbeitslosengeld II ist zu beachten, dass diese Leistung subsidiär ist. Ein Forderungsübergang findet erst mit Zugang einer Überleitungsanzeige beim Schädiger statt. Bei in Betracht kommenden Rehabilitationsleistungen findet der Forderungsübergang in dem Zeitpunkt statt, in dem (ernsthaft) mit Leistungen der BA für Rehabilitation zu rechnen ist.[80]

Auszugehen ist davon, dass die Grundsätze des Forderungsübergangs, die sich bisher zu den Leistungen der Bundesanstalt für Arbeit ergaben, nunmehr auch für Rückforderungsansprüche der Bundesagentur für Arbeit gelten.[81]

3. Übergang von Unterhaltsansprüchen beim Bezug von Arbeitslosengeld II und Sozialgeld nach dem SGB II

a) **Gesetzliche Regelungen und Anspruchsberechtigung.** Durch das „Vierte Gesetz für moderne Dienstleistungen am Arbeitsmarkt"[82] wurde als wesentlicher Teil durch die Zusammenlegung von Arbeitslosen- und Sozialhilfe eine neue Grundsicherung für Arbeitsuchende geschaffen, die im SGB II geregelt ist.

Gemäß § 7 SGB II sind anspruchsberechtigt alle erwerbsfähigen Hilfsbedürftigen zwischen 15 und 65 Jahren sowie die mit ihnen in einer Bedarfsgemeinschaft lebenden Angehörigen, soweit sie ihren gewöhnlichen Aufenthalt in der Bundesrepublik Deutschland haben.[83]

b) **Der Forderungsübergang.** Die Gewährung von Ansprüchen nach § 7 SGB II und die mögliche Überleitung von Schadenersatzansprüchen auf den Leistungsträger ist für das Straßenverkehrshaftungsrecht relevant. Hierbei ist nämlich zu vergegenwärtigen, dass bei verzögerter Regulierung der Geschädigte und Anspruchsberechtigte häufig auf Leistungen nach dem SGB II angewiesen ist. Im Falle der Leistung von Entschädigung kommt dann die Überleitung der gewährten Leistungen auf den Leistungsträger in Betracht. Hierbei ist zu beachten, ob und in welchem Umfang Ansprüche übergeleitet werden können und auf die Entschädigungsleistungen anzurechnen sind.

Voraussetzung für die Überleitung nach § 33 SGB II ist, dass Leistungen zur Sicherung zum Lebensunterhalt gemäß §§ 19 ff. SGB II gewährt worden sind.[84]

Als überzuleitende Ansprüche kommt eine Vielzahl von Ansprüchen in Betracht, zB der Anspruch aus Haftpflichtversicherung, Pflegeleistungen, Ansprüche gegen Arbeitgeber sowie gesetzliche Ansprüche wegen Schadenersatz. Demgegenüber sind Ansprüche auf Schmerzensgeld nicht überleitbar.[85]

c) **Vorrang der §§ 115, 116 SGB X.** Für die Schadenregulierung ist zu beachten, dass gemäß § 33 Abs. 4 SGB II die Regelungen in §§ 115, 116 SGB X der Regelung des § 33 Abs. 1 SGB II vorgehen. Die Regelung des § 33 Abs. 4 SGB II stellt klar, dass für eine Überleitung nach § 33 SGB II kein Raum mehr besteht, wenn Ansprüche des Hilfsbedürftigen bereits nach §§ 115, 116 SGB X auf den Leistungsträger übergegangen sind. Der gesetzliche Forderungsübergang hat Vorrang, da ein Arbeitsentgeltanspruch gemäß § 115 SGB X oder ein Schadenersatzanspruch gemäß § 116 SGB X bereits mit Gewährung der Sozialleistung auf den Leistungsträger übergeht.[86]

V. Regress des Dienstherrn

1. Rechtsgrundlagen

Gemäß § 87a BBG (entsprechend § 30 Abs. 3 SoldG) und den entsprechenden landesrechtlichen Vorschriften gehen Schadenersatzansprüche eines Beamten, eines Versorgungs-

---

[80] Vgl. hierzu *Küppersbusch* Rn. 709.
[81] Vgl. hierzu *Küppersbusch* Rn. 706 ff.
[82] Sozialgesetzbuch (SGB) Zweites Buch (II) – Grundsicherung für Arbeitsuchende, verkündet als Artikel 1 Viertes Gesetz für moderne Dienstleistungen am Arbeitsmarkt vom 24.12.2003 (BGBl. I S. 2954). Das Gesetz ist am 1.1.2005 in Kraft getreten, soweit bei den einzelnen Paragraphen nichts anderes vermerkt ist; zu den gesetzlichen Regelungen im Einzelnen vgl. *Eicher/Spellbrink*, SGB II Grundsicherung für Arbeitsuchende.
[83] Vgl. im Einzelnen *Eicher/Spellbrink* § 7 Rn. 7.
[84] *Eicher/Spellbrink/Link* § 33 Rn. 13.
[85] *Eicher/Spellbrink/Link* § 33 Rn. 22.
[86] *Eicher/Spellbrink/Link* § 33 Rn. 41.

trägers, eines Soldaten oder ihrer jeweiligen Angehörigen auf den Dienstherrn insoweit über, als dieser infolge der unfallbedingten Körperverletzung oder Tötung zur Gewährung von Leistungen verpflichtet ist. Voraussetzungen und Inhalt der Legalzession decken sich weitgehend mit § 116 SGB X.

2. Die übergangsfähigen Ansprüche

58 Als übergangsfähige Leistungen kommen in Betracht
- Fortzahlung von Dienstbezügen,
- Beihilfe zu den unfallbedingten Heilungskosten,
- Ruhegehalt nach vorzeitiger Pensionierung.[87]

3. Quotenvorrecht des Beamten

59 Gemäß § 87a S. 2 BBG kann der Übergang des Anspruchs nicht zum Nachteil des Beamten und seiner Angehörigen geltend gemacht werden. Im Unterschied zu § 116 SGB X steht dem Beamten ein so genanntes „Quotenvorrecht" zu.[88]

VI. Der Beitragsregress gemäß § 119 SGB X

1. Gesetzliche Grundlage

60 Gemäß § 119 SGB X ist der Schädiger verpflichtet, dem Sozialversicherungsträger die Beiträge zur Rentenversicherung zu erstatten, soweit der Schadenersatzanspruch eines Sozialversicherten, der der Versicherungspflicht unterliegt, auch den Anspruch auf Ersatz von Beiträgen zur Sozialversicherung umfasst. Sinn und Zweck der Regelung des § 119 SGB X ist es zu vermeiden, dass ein Unfallgeschädigter im Hinblick auf seine Rentenansprüche Nachteile erleidet, weil für ihn infolge des Unfalls nur geringere oder keine Pflichtbeiträge zur Rentenversicherung geleistet werden.

61 Zu beachten ist, dass ein Übergang auf den Sozialleistungsträger nicht möglich ist, weil in keiner der nachgenannten Versicherungen die Möglichkeit zur freiwilligen Weiterversicherung besteht. Es handelt sich hierbei um die
- Unfallversicherung,
- Pflegekasse sowie
- Arbeitslosenversicherung.

2. Einzelfragen

62 Für die Zeit des Bezuges von Krankengeld hat ein Verletzter Anspruch auf kostenfreien Versicherungsschutz nach §§ 224, 192 SGB V. In dieser Zeit sind jedoch auch Beiträge zur gesetzlichen Krankenkasse zu entrichten. Der Anspruch geht gemäß § 119 SGB X auf die zuständige gesetzliche Krankenversicherung über.

63 Für die für eine Pflegeperson zu entrichtenden Rentenversicherungsbeiträge entsteht ein ersatzpflichtiger Schaden des pflegebedürftigen Geschädigten. Dessen Ersatzanspruch geht gemäß § 116 Abs. 1 SGB X auf die Pflegekasse über.[89] Ein den Ersatz des Beitragsausfalls zur Rentenversicherung (als Teils eines Erwerbsschadens) betreffender Schadenersatzanspruch des Verletzten geht gemäß § 119 Abs. 1 SGB X in der Regel auch insoweit auf den Sozialversicherungsträger über, als er gegen den Entschädigungsfonds iSd § 12 Abs. 1 PflVG gerichtet ist.[90]

Schaden iSd § 116 Abs. 2 SGB X ist der gesamte Schaden des Geschädigten.[91]

---

[87] Vgl. hierzu im Einzelnen *Küppersbusch* Rn. 732 bis 758; vgl. auch *Küppersbusch* NZV 2005, 393.
[88] Vgl. hierzu mit Berechnungsbeispiel *Küppersbusch* Rn. 748 ff.
[89] BGH zfs 1999, 98.
[90] BGH VersR 2000, 471 = DAR 2000, 216.
[91] BGH MDR 1997, 637.

§ 30 Regress des Sozialversicherungs- und sonstigen Leistungsträger

Probleme können sich ergeben bei einer Differenz zwischen der Regelung in einem Abfindungsvergleich, der den Rentenschaden regelt (zB bis zum 65. Lebensjahr), während der Rentenversicherungsträger von einem Rentenanspruch ab einem früheren Zeitpunkt ausgeht. Dies hat Auswirkung auf den Beitragsregress des Leistungsträgers.[92]

VII. Der Forderungsübergang bei Entgeltfortzahlung durch den Arbeitgeber gemäß § 6 EFZG

1. Gesetzliche Grundlage

Seit dem 1.6.1994 besteht das Entgeltfortzahlungsgesetz (EFZG). Dieses Gesetz regelt die Einkommensfortzahlung für alle Arbeitnehmer, dh für Arbeiter, Angestellte und Auszubildende.

2. Der Forderungsübergang

Gemäß § 6 EFZG geht der Anspruch des verletzten Arbeitnehmers auf Ersatz seines Erwerbsschadens auf den Arbeitgeber insoweit über, als dieser das Arbeitsentgelt weiterzahlt und darauf entfallende Beiträge an die Bundesagentur für Arbeit, zur Sozial- und Pflegeversicherung sowie an Einrichtungen für die zusätzliche Alters- und Hinterbliebenenversorgung abführt. Hierbei handelt es sich um eine Legalzession. **Zeitpunkt** des Übergangs ist der Augenblick der Leistung.

Für den **Umfang** des Übergangs gilt der Bruttolohn.[93] Eingeschlossen in den Übergang sind Steuern einschließlich Arbeitnehmer- und Arbeitgeberbeiträge zur Arbeitslosen- und Sozialversicherung, Zahlungen an Einrichtungen der zusätzlichen Alters- und Hinterbliebenenversorgung und Rückstellungen für eine direkte Versorgungszusage.

Der Regress des Arbeitgebers umfasst darüber hinaus den auf die Zeit der Arbeitsunfähigkeit entfallenden Anteil an bestimmten Leistungen. Hierzu wird im Einzelnen verwiesen auf die Ausführungen bei → § 26 Rn. 126 mit Vordruck für die Berechnung.

Nicht vom Übergang gemäß § 6 EFZG werden erfasst Aufwendungen, die der Arbeitgeber im eigenen Interesse oder aufgrund gesetzlicher Verpflichtung zugunsten eines allgemeinen sozialen Ausgleichs macht, wie Beiträge des Arbeitgebers zur Berufsgenossenschaft. Auch im Rahmen des Rechtsstreites des Arbeitgebers eines geschädigten Versicherten gegen den Schädiger ist § 108 SGB VII anzuwenden.[94]

3. Kosten der Rechtsverfolgung

Bei Einschaltung eines Anwaltes für die Durchsetzung des Regressanspruches sind die Kosten nur bei Verzug des Schädigers zu ersetzen. Für den insoweit tätigen Anwalt ist es wichtig, vor Mandatsannahme die Frage der Erstattung der Gebühren bzw. die Voraussetzungen des Verzuges zu klären. Zahlen der Schädiger oder dessen Versicherung nach Setzung einer angemessenen Frist nicht, so ist Verzug gegeben.

---

[92] Vgl. hierzu ausführlich LG Landshut Spektrum für Versicherungsrecht 2008, 16 mit Anm. *Furtmayr* a.a.O.
[93] BGH VersR 1965, 620; BGH VersR 1965, 786; BGH VersR 1973, 1028; vgl. hierzu auch ausführlich *Diehl* zfs 2007, 543.
[94] BGH r+s 2007, 437.

Muster: Geltendmachung des Anspruches auf Erstattung der Gebühren

71 An Versicherungs-AG ......
Erstattung der Beträge wegen Entgeltfortzahlung
Unfall vom ......
zu Schaden-Nr.: ......

Sehr geehrte Damen und Herren,

aus Anlass o. g. Unfalls wird hier vertreten der Arbeitgeber des Geschädigten ......
Der Mandant seinerseits hat die auszugleichenden Ansprüche wegen Entgeltfortzahlung Ihnen gegenüber geltend gemacht und eine Frist bis zum ...... gesetzt.
Innerhalb der genannten Frist konnte der Eingang der Beträge nicht festgestellt werden. Somit ist Verzug gegeben.
Der Anspruch auf Erstattung der Aufwendungen für Entgeltfortzahlung wird hiermit nochmals geltend gemacht. Auf den Inhalt des Schreibens des Mandanten wird Bezug genommen.
Aufgrund Verzuges sind die durch die anwaltliche Tätigkeit angefallenen Gebühren zu erstatten. Diese sind unten berechnet.
Der Anspruch auf Erstattung der Entgeltfortzahlungskosten sowie der Gebühren ist bis spätestens zum ...... auszugleichen.

Rechtsanwalt

Zum Erwerbsschaden des unselbstständig Tätigen vgl. im Einzelnen → § 26 Rn. 119 ff.

VIII. Prozessuales – Fragen der Beweislast

72 Bei einem Rückgriff gem. § 110 SGB VII trägt der SVT die Darlegungs- und Beweislast hinsichtlich der Höhe des fiktiven zivilrechtlichen Schadenersatzanspruches des Geschädigten gegen den gem. §§ 104 ff. SGB VII haftungsprivilegierten Schädiger.[95]

---

[95] BGH r+s 2008, 172.

§ 31 Der Unfall mit Auslandsberührung

Übersicht

	Rn.
I. Vorbemerkungen und Problemstellung	1–3
II. Versicherungsschutz bei Unfall mit Ausländern im Inland	4–23
1. Die Versicherungsdeckung	4–19
a) Versicherungsdeckung durch das Grüne-Karte-System	4
b) Grundlagen des Grüne-Karte-Systems	5/6
c) System und Aufgabe des „Grüne-Karte-Systems"	7–9
d) Die Schadenregulierung	10/11
e) Grenzversicherung	12
f) Garantiefonds	13/14
g) Das „Besucher-Schutzabkommen" des Council of Bureaux	15–19
2. Das Recht des Unfallortes	20–23
III. Geltendmachung und Abwicklung von Ersatzansprüchen bei Unfall im Inland mit Auslandsbezug	24–29
1. Die außergerichtliche Geltendmachung	24–28
a) Zuständigkeit des Grüne-Karte-Büros	24/25
b) Geltendmachung der Ansprüche bei Deutsches Büro Grüne Karte e.V.	26
c) Speziell: Schädigerfahrzeug nicht ermittelt, so genannter „Fahrerfluchtfonds"	27/28
2. Das gerichtliche Verfahren	29
IV. Unfall im Ausland	30–78
1. Beide Beteiligte Inländer/Deutsche	33–36
a) Rechtslage	33–35
b) Die Regulierung	36
2. Die wichtigsten Punkte zur Unfallschadenregulierung gemäß 6. KH-Richtlinie	37/38
a) Ziel und Inhalt der 4. KH-Richtlinie	37
b) Die Grundlagen des Systems	38
3. Die Abwicklung im Einzelnen	39–62
a) Anwendungsbereich	39
b) Feststellung des ausländischen Versicherers und des Schadenregulierungsbeauftragten	40–45
c) Die Schadenabwicklung	46–60
d) Die Schadenregulierung nach dem Recht des Schadenortes	61/62
4. Fragen des Gerichtsstandes	63–69
a) Gerichtsstand	63/64
b) Klage gegen den Schadenregulierungsbeauftragten	65–67
c) Klage gegen die Entschädigungsstelle	68/69
5. Die Rechtsverfolgungskosten	70–78
a) Kosten des deutschen Rechtsanwaltes bei der Regulierung gegenüber dem Schadenregulierungsbeauftragten	71–74
b) Die Kosten des deutschen Anwaltes bei der Regulierung gegenüber der Entschädigungsstelle	75/76
c) Schadenregulierung gemäß 6. KH-Richtlinie und die Beteiligung von Rechtsschutz	77/78
V. Übersicht über Entschädigungsleistungen bei Kraftfahrzeugunfällen	79
VI. Ausländische Kfz-Mindestversicherungssummen	80–83
1. Geltung der Mindestversicherung	80
2. Möglichkeit der Absicherung	81/82
a) Für Sachschäden	81
b) Versicherungsschutz bei Mietwagen	82
3. Versicherungsschutz für Personenschäden	83

Schrifttum: *Bachmeier,* Regulierung von Auslandsunfällen, 1. Auflage 2013; *Backu,* Schadenersatz nach Kfz-Unfällen in Polen, Tschechien und Ungarn, DAR 2005, 378; *Bartels,* Verkehrsunfall im Ausland – Das neue

Internationale Privatrecht – Haftungsbeispiele Ausland – praktischer Hinweis, zfs 2000, 374 ff.; *Becker,* Die 5. KH-Richtlinie – ihre Umsetzung in Deutschland, DAR 2008, 187; *Hauptfleisch/Hirtler,* Die 5. Kraftfahrzeug-Haftpflichtversicherungs-Richtlinie (KH-RL), DAR 2006, 560; *Hering,* Der Verkehrsunfall in Österreich – Ein Überblick – SVR 2004, 182; *Heiss,* „Die Direktklage vor dem EuGH – Sechs Antithesen zu BGH vom 29.9.2006 VersR 2006, 1677", VersR 2007, 327; *Lemor/Becker,* Ein weiterer Schritt in Richtung Europa, VW 2006, 18 ff.; *ders.,* 4. KH-Richtlinie: Erste Erfahrungen, DAR 2004, 677; *Lemor,* Europarechtliche Perspektiven in der KH-Versicherung – eine Bestandsaufnahme, Editorial SVR III/2008; *ders.,* Vierte Kraftfahrzeughaftpflicht-Richtlinie – Inhalt, Umsetzung und offene Fragen, NJW 2002, 3666; *Neidhart,* Russland: Wenig Verkehr und viele Unfälle, DAR 2005, 391; *Reiß,* Schadensersatzansprüche aus Verkehrsunfällen nach italienischem Recht, ACE Verkehrsjurist 2005 Nr. 2, 1 ff.; *Riedmeyer,* Praxis der Regulierung von Auslandsunfällen innerhalb Europas, AnwBl. 2008, 17; *Staudinger,* Mindestdeckungssummen und Regulierungsfristen bei Verkehrsunfällen in Europa, DAR 2007, 557; *Ziegert,* Verkehrsunfälle mit Auslandsbeteiligung, zfs 2000, 5 f.

I. Vorbemerkungen und Problemstellung:

1   Kommt es zu einem Schaden bei einem Straßenverkehrsunfall mit Auslandsberührung, so stellt sich für den Geschädigten die Frage, ob, in welchem Umfang und auf welchem Weg Schadenausgleich zu erreichen ist. Diese Problematik muss differenziert gesehen werden, nämlich nach
• Unfall im Inland mit Ausländern,
• Unfall im Ausland, in der Regel zwischen einem Inländer/Deutschen und einem Ausländer.

2   Die vorgenannten Fallgestaltungen sind die wichtigsten und werden nachstehend behandelt. Spezielle Probleme können sich ergeben bei einem Unfall – im Inland – mit Angehörigen der Stationierungsstreitkräfte, im Übrigen bei einem Unfall im Ausland bei Beteiligung eines Ausländers, der im Inland bzw. in Deutschland seinen Lebensmittelpunkt hat. Die sich zu dieser Thematik ergebenden Fragen werden nachstehend behandelt unter den verschiedenen Aspekten, nämlich Versicherungsdeckung, Haftungsvoraussetzungen, anzuwendendes Recht sowie Geltendmachung des Anspruches – außergerichtlich und gerichtlich.

Die vorstehend angesprochenen Aspekte zeigen, wie vielschichtig die Problematik bei einem Unfall mit Auslandsberührung sein kann.

3   Bei einem Unfall im Ausland werden zu den wichtigsten Reiseländern die praxisrelevanten Aspekte dargestellt, nämlich die Haftungsvoraussetzungen sowie die einzelnen Ansprüche, differenziert nach Sach- und Personenschaden. Weiter werden zum Unfall im Ausland versicherungsrechtliche Fragen behandelt und schließlich Fragen der praktischen Abwicklung beim Unfall im Ausland. Die Darstellung erfolgt nach einer einheitlichen Strukturierung der einzelnen Aspekte zum jeweiligen Land. Zusätzlich wird behandelt die Funktion des Schadenregulierungsbeauftragten gemäß 6. KH-Richtlinie.[1]

Ziel der europarechtlichen Regelungen ist es, gleiche Anknüpfungsregeln für grenzüberschreitende Sachverhalte festzulegen.[2]

II. Versicherungsschutz bei Unfall mit Ausländern im Inland

1. Die Versicherungsdeckung

4   **a) Versicherungsdeckung durch das Grüne-Karte-System.** Unfälle, bei denen ein inländisches Verkehrsopfer durch ein ausländisches Kraftfahrzeug geschädigt wird, werden durch das Grüne-Karte-System gedeckt. Keine Anwendung findet dieses System bei einem Schaden infolge eines Kraftfahrtunfalls im Ausland. In diesem Fall ist eintrittspflichtig der Kraftfahrtversicherer des im Ausland zugelassenen Fahrzeuges (vgl. hierzu die Ausführungen in

---

[1] Richtlinie 2009/103/EG des Europäischen Parlaments und des Rates vom 16. September 2009 über die Kraftfahrzeughaftpflichtversicherung und die Kontrolle der Versicherungspflicht.
[2] *Lemor/Becker,* Ein weiterer Schritt in Richtung Europa, VW 2006, 18 ff.; *Lemor,* Europarechtliche Perspektiven in der KH-Versicherung – eine Bestandsaufnahme, Editorial SVR III/2008; *Becker,* Die 5. KH-Richtlinie – ihre Umsetzung in Deutschland DAR 2008, 187; *Staudinger,* Mindestdeckungssummen und Regulierungsfristen bei Verkehrsunfällen in Europa DAR 2007, 557 sowie *Riedmeyer,* Praxis der Regulierung von Auslandsunfällen innerhalb Europas, AnwBl. 2008, 17; *Hauptfleisch/Hirtler,* Die 5. Kraftfahrzeug-Haftpflichtversicherungs-Richtlinie (KH-RL) DAR 2006, 560.

§ 42 Rn. 15 ff. und speziell zur Stellung des Schadenregulierungsvertreters nach der 6. KH-Richtlinie).

b) **Grundlagen des Grüne-Karte-Systems.** Aufgabe des Vereins „Deutsches Büro Grüne Karte e. V." (DBGK) ist die Verbesserung des Verkehrsunfallopferschutzes bei Unfällen, die von Kraftfahrzeugen außerhalb ihres Zulassungslandes verursacht werden. Wichtig ist hervorzuheben, dass nach Art. 6 des Londoner Abkommens, Uniform Agreement (UA), eine Regulierungspflicht besteht. Bei der Regulierung sind zu unterscheiden das
- Behandelnde Büro sowie das
- Zahlende Büro.

Das Behandelnde Büro hat gegenüber dem Verkehrsopfer die Pflicht, den durch ein ausländisches Fahrzeug verursachten Schaden zu regulieren. Es soll hierbei das Zahlende Büro oder dessen Mitglied über jeglichen Anspruch, der gegen sein Büro erhoben wurde, unterrichten. Wichtig ist, hier zu erwähnen den Fall der Interessenkollision. Hiernach soll möglichst kein Versicherer mit der Schadenregulierung beauftragt werden, bei welchem der Geschädigte versichert ist. Eine Ausnahme ist nur vorgesehen für den Fall der Einwilligung durch das Zahlende Büro. In diesem Zusammenhang werden jedoch nicht weiter behandelt die internen Regelungen der Schadenabwicklung zwischen dem Behandelnden und dem Zahlenden Büro. Im Übrigen wird hierzu verwiesen auf die Ausführungen in § 42 Rn. 66 ff.

c) **System und Aufgabe des „Grüne-Karte-Systems".** Das „Grüne-Karte-System" deckt solche Unfälle ab, bei denen ein inländisches Verkehrsopfer durch ein ausländisches Kraftfahrzeug geschädigt wird. Dieses System findet keine Anwendung auf Straßenverkehrsunfälle, bei denen ein inländisches Verkehrsopfer im Ausland geschädigt wird.[3]

Verursacht ein ausländisches Kraftfahrzeug im Inland einen Straßenverkehrsunfall, so wird der Schaden reguliert durch das von den Versicherern in den einzelnen Ländern errichtete Büro. In Deutschland firmiert dieses Büro unter dem Titel „Verein Deutsches Büro Grüne Karte e. V.".

Offizieller Sitz des Deutschen Büros Grüne Karte e. V. ist
Wilhelmstraße 43/43 G
10117 Berlin.

Die Schadenmeldung an das Deutsche Büro Grüne Karte (DBGK) erfolgt nach wie vor über Hamburg:
Tel.: 0 40/3 34s40-0
Fax: 0 40/3 34 40–70 40
E-Mail (allgemeine Anfragen): dbgk@gruene-karte.de
E-Mail (Meldung von Schadenfällen): claims@gruene-karte.de

Für Klagen, die sich gegen das Deutsche Büro Grüne Karte richten, ist die Anschrift Berlin anzugeben.

Zentrale Aufgabe des Büros ist es, den Inhabern einer Grünen Karte für die von ihnen in Deutschland verursachten Schäden Versicherungsschutz zu gewähren und den Schaden zu regulieren sowie die Schadenersatzbeträge zu zahlen. Umgekehrt regressiert das Büro gegenüber dem Büro des Heimatlandes. Das Deutsche Büro Grüne Karte beauftragt einen inländischen Versicherer oder ein Schadenregulierungsbüro mit der Schadenregulierung. Oftmals beauftragt der ausländische Versicherer ein solches Schadenbüro oder aber seine Partnerversicherung.

d) **Die Schadenregulierung.** Zentrale Aufgabe und Pflicht des Deutschen Büros Grüne Karte e. V. als Behandelndes Büro ist die Regulierung der Schäden, die von einem ausländischen Fahrzeug im Inland verursacht werden. Die Schadenregulierung wird selbstständig bearbeitet.

Zu unterscheiden von dem „Behandelnden Büro" ist das „Zahlende Büro". Dieses erstattet dem Behandelnden Büro die Schadenpositionen, welches das Behandelnde Büro bzw. die regulierende Gesellschaft dem Zahlenden Büro bzw. dem zuständigen Haftpflichtversicherer in Rechnung stellen kann.

---

[3] Himmelreich/Halm/*Lemor/Becker* Kap. 3 Rn. 26; *Bachmeier* § 2 A.

Dies betrifft
- alle Leistungen, die an den/die Geschädigten erbracht worden sind;
- die externen Regulierungskosten sowie
- die Bearbeitungsgebühren.[4]

12 **e) Grenzversicherung.** Die Grenzversicherung ist eine KH-Versicherung. Diese deckt das Haftpflichtrisiko für Halter und Fahrer von Fahrzeugen, die keinen regelmäßigen Standort in einem EWR-Staat oder einem Staat haben, der in das System des Multilateralen Garantieabkommens einbezogen ist. Die Grenzversicherung muss immer dann erworben werden, wenn trotz Einbindung des Herkunftsstaates in das Grüne-Karte-Abkommen der Fahrzeugführer die Grüne Karte oder eine sonstige Versicherungsbescheinigung nicht bei sich führt. Schließlich ist eine Grenzversicherung dann zu erwerben, wenn ein Fahrzeug nur vorübergehend in Deutschland zugelassen ist, um mit eigener Antriebskraft in das Ausland verbracht zu werden. In diesem Fall wird ein Ausfuhrkennzeichen erteilt.[5]

Die Grenzversicherung kann bei Einreise in die Bundesrepublik Deutschland an den Außengrenzen des EWR-Gebietes erworben werden (vgl. hierzu auch § 22 Rn. 49/50, 122).

13 **f) Garantiefonds.** Der Schutz für Opfer von Straßenverkehrsunfällen wird durch die Eintrittspflicht des so genannten Garantiefonds ergänzt. Eintrittspflicht des Garantiefonds kommt in Betracht in dem Fall, in dem ein ausländisches Fahrzeug keine Versicherungsdeckung hat, also bei einer nicht gegebenen KH-Versicherung oder bei fehlender Grenzversicherung, oder wenn schließlich der durch Grüne Karte oder der durch das Kfz-Zeichen gegebene Versicherungsschutz tatsächlich nicht bestand.

14 Die Entschädigungsverpflichtung des Deutschen Garantiefonds der Verkehrsopferhilfe e. V. knüpft an die Verursachung eines Schadens im Geltungsbereich des PflVG an, unabhängig davon, ob es sich um ein ausländisches Fahrzeug oder um ein Fahrzeug mit regulärem Standort im Inland handelt.[6]

15 **g) Das „Besucherschutzabkommen" des Council of Bureaux.** *aa) Die rechtliche Grundlage.* In der Praxis ist die Situation desjenigen, der außerhalb seines Heimatlandes, also im Ausland, Schaden durch einen Kraftfahrzeugunfall erleidet, mit Problemen verbunden. Diese Problematik wurde durch die europäischen Versicherer aufgegriffen. Zunächst war daran gedacht, die Grundsätze des Grüne-Karte-Systems auf im Ausland erlittene Unfälle auszudehnen. Schließlich wurde hiervon abgesehen und das so genannte „Protection-of-visitors-Abkommen" (Besucherschutzabkommen) geschlossen.

16 Das Abkommen sieht vor, den bei einem Verkehrsunfall im Ausland Geschädigten unter Einschaltung des jeweiligen Grüne-Karte-Büros des Unfalllandes eine Reihe von Hilfeleistungen zu gewähren. Insbesondere ist dies technische Hilfe. Unter dem Begriff „technische Hilfe" ist zu verstehen, dass der Auslandsreisende nach Rückkehr sich an sein eigenes Heimatbüro wenden kann. Die angebotenen Hilfeleistungen beinhalten im Wesentlichen folgende Fallgestaltungen:
- Ermittlung des Halters des schadenverursachenden Fahrzeuges,
- Ermittlung des zuständigen Haftpflichtversicherers,
- Weiterleitung und Vermittlung von Beschwerden bei unzulänglicher Schadenabwicklung,
- Beschaffung von bestimmten Schadenunterlagen, wie zB medizinischen und technischen Gutachten,
- Vermittlung von Informationen über den Garantiefonds im Unfallstaat.[7]

17 *bb) Inanspruchnahme der Hilfe nach Besucherschutzabkommen.* Die Möglichkeiten des Besucherschutzabkommens sind in der Praxis wenig bekannt, können aber im Einzelfall hilfreich sein, um dem von einem Unfall im Ausland betroffenen Mandanten bei der Geltendmachung und Abwicklung seiner Schadenersatzansprüche behilflich zu sein. Demgemäß

---

[4] Vgl. hierzu im Einzelnen und ausführlich *Feyock/Jacobsen/Lemor* AuslUnf Einf. Rn. 35 bis 72 (S. 763 ff.).
[5] Vgl. *Feyock/Jacobsen/Lemor* AuslUnf Einf. Rn. 4 (S. 763).
[6] Vgl. im Einzelnen *Feyock/Jacobsen/Lemor* AuslUnf Einf. Rn. 3 (S. 764); *Lemor* Regulierung von Schäden durch die Verkehrsopferhilfe DAR 2014, 248.
[7] Vgl. hierzu im Einzelnen und ausführlich *Feyock/Jacobsen/Lemor* 5. Teil B Rn. 10 ff. (S. 816).

kommt in Betracht, sich wegen der in Betracht kommenden Hilfen an das Deutsche Büro Grüne Karte zu wenden.

> **Formulierungsvorschlag:**
>
> Deutsches Büro Grüne Karte
> Wilhelmstraße 43/43 G
> 10117 Berlin.
> Hilfe gemäß Besucherschutzabkommen des Council of Bureaux
> Sehr geehrte Damen und Herren,
> wegen eines in ...... erlittenen Unfalls wird hier vertreten ......
> Vollmacht des Mandanten ist beigefügt.
> Für den Mandanten wird unter Bezugnahme auf das Besucherschutzabkommen um technische Hilfe gebeten zu folgenden Punkten: ......[8]

cc) Kosten und Gebühren. Nimmt der Auslandsreisende nach seiner Rückkehr in das Inland die Serviceleistung seines Heimatbüros in Anspruch, so können Kosten entstehen. Nach bisheriger Praxis wird von dem Büro für die allgemeine Bearbeitung eine Bearbeitungsgebühr von 30 EUR pauschal erhoben. Muss das ausländische Büro eingeschaltet werden, etwa für die Beschaffung von Schadenunterlagen, zB medizinischen und technischen Gutachten, so stellt dieses Büro eine Pauschalgebühr von 50 EUR in Rechnung.[9]

2. Das Recht des Unfallortes

Bei der Schadenregulierung ist grundsätzlich das Recht des Unfallortes (lex loci) anzuwenden, Bei einem Unfall in der Bundesrepublik Deutschland mit einem Ausländer findet demnach deutsches Recht Anwendung. Dies gilt sowohl hinsichtlich der verkehrsrechtlichen Vorschriften und des Schadenersatzrechtes als auch hinsichtlich des Pflichtversicherungsrechtes. Die Zuständigkeit zur Auslegung von Gesetzen und Gerichtsentscheidungen liegt insoweit beim Behandelnden Büro.[10]

Eine Besonderheit kann sich ergeben, wenn die an einem Unfall Beteiligten Angehörige des gleichen Staates sind (zB beide sind Deutsche) bzw. beide ihren Lebensmittelpunkt im selben Staat haben. Es ist davon auszugehen, dass zwischen den Beteiligten in diesem Fall auch das Recht des eigenen gemeinsamen Staates zum Tragen kommt. Gleichwohl ist das Recht des Schadenortes nicht ausgeschlossen. Es besteht also Wahlmöglichkeit für die Beteiligten zwischen dem Recht des eigenen gemeinsamen Staates sowie des Rechtes des Unfallortes.

Die Thematik kann an folgendem **Beispiel** dargestellt werden:

Es kommt zu einem Unfall zB in Frankreich zwischen einem linksabbiegenden, in Frankreich zugelassenen Pkw und einem Krad. Der Lenker des Krades ist Deutscher. Auf dem Krad befindet sich seine Partnerin als Sozia. Der Kradfahrer weicht dem linksabbiegenden Pkw aus. Es kommt nicht zu einem Zusammenstoß mit dem Pkw, aber der Kradfahrer gerät gegen eine Hauswand. Neben Schaden am Krad wird insbesondere die Sozia schwer verletzt. Versicherungsschutz für das Krad besteht bei einer deutschen Kraftfahrtversicherung.

In einem solchen Fall kommt für den Geschädigten, etwa für die schwer verletzte Sozia, in Betracht, Ansprüche geltend zu machen gegen den Kradfahrer und/oder dessen Versicherung oder gegen den Unfallverursacher, also den Halter und Fahrer des ausländischen Fahrzeuges bzw. dessen Versicherung. In einem solchen Fall ist es wichtig zu prüfen, nach welcher Rechtslage sich für den/die Geschädigten die günstigste Anspruchslage ergibt, etwa für das Schmerzensgeld. Werden Ansprüche zunächst gegen den ausländischen Versicherer ge-

---

[8] Zum Verfahren vgl. *Feyock/Jacobsen/Lemor* 5. Teil B Rn. 17.
[9] Vgl. *Feyock/Jacobsen/Lemor* 5. Teil B Rn. 18, 19.
[10] *Feyock/Jacobsen/Lemor* AuslUnf A Einf. Rn. 41.

mäß 4. KH-Richtlinie geltend gemacht, so stellt sich die Frage, ob nicht die Anspruchslage nach dem eigenen Recht oder umgekehrt günstiger ist. Hier kann sich für den beauftragten Anwalt eine risikoreiche Fallgestaltung ergeben. Zusätzlich stellt sich die – nicht entschiedene – Frage, ob bei einer zunächst erfolgten Rechtswahl, zB Geltendmachung von Ansprüchen gegen den ausländischen Versicherer, der Geschädigte alternativ auch – nicht regulierte – Ansprüche gegen den Beteiligten mit gleicher Staatsangehörigkeit bzw. dessen Versicherung geltend machen kann.

23   Im Übrigen ist aus anwaltlicher Sicht zu beachten, dass die Geltendmachung von Ansprüchen gegen den ausländischen Schädiger bzw. dessen Versicherung und nachfolgend die Geltendmachung von Ansprüchen gegen den Schädiger bzw. dessen Versicherung **aus gemeinsamen Heimatrecht** zwei verschiedene Mandatsangelegenheiten darstellen.

III. Geltendmachung und Abwicklung von Ersatzansprüchen bei Unfall im Inland mit Auslandsbezug

1. Die außergerichtliche Geltendmachung

24   a) **Zuständigkeit des Grüne-Karte-Büros.** Für die Regulierung von Unfallschäden mit Ausländern im Inland ist das Deutsche Büro Grüne Karte zuständig. Viele Geschädigte – und auch Anwälte – wissen immer noch nicht, dass es in einem solchen Fall leichter ist, den Anspruch nicht gegen den Ausländer in dessen Heimatland zu verfolgen, sondern hierfür das Deutsche Büro Grüne Karte einzuschalten. Das Grüne-Karte-Büro hat als so genanntes „Behandelndes Büro" mehrere Möglichkeiten, die Schadenregulierung zu organisieren. Dies geschieht in der Praxis in der Weise, dass durch das Grüne-Karte-Büro ein deutsches Versicherungsunternehmen oder Schadenregulierungsbüro mit der Abwicklung beauftragt wird.[11]

Zunächst aber muss der Geschädigte sich an das Deutsche Büro Grüne Karte wenden (zum Formulierungsvorschlag → § 22 Rn. 69).

25   Es ist empfehlenswert, dem Anschreiben an das Deutsche Büro Grüne Karte bereits das Anspruchsschreiben für die Schadenersatzansprüche beizufügen.

Zentrale Aufgabe und Pflicht des Grüne-Karte-Büros als so genanntes „Behandelndes Büro" ist die Regulierung der Schäden, die von einem ausländischen Fahrzeug, dessen Fahrer im Besitz einer gültigen Grünen Karte ist, in seinem Territorium verursacht werden. Das Behandelnde Büro übernimmt damit im Rahmen der gesetzlichen Mindestdeckung gegenüber dem Verkehrsopfer die Funktion des KH-Versicherers.[12]

26   b) **Geltendmachung der Ansprüche bei Deutsches Büro Grüne Karte e. V.** Es ist zu beachten, dass durch das Büro ein inländischer Versicherer oder ein Schadenregulierungsbüro mit der Regulierung des Unfallschadens beauftragt wird. Ebenso ist zu beachten, dass bei gerichtlicher Geltendmachung nicht der beauftragte inländische Versicherer oder das Schadenregulierungsbüro passivlegitimiert ist. Vielmehr ist in diesem Fall das Deutsche Büro Grüne Karte e. V. passivlegitimiert.

27   c) **Speziell: Schädigerfahrzeug nicht ermittelt, so genannter „Fahrerfluchtfonds".** Kann das Schädigerfahrzeug, etwa im Fall der Fahrerflucht, nicht ermittelt werden, ergeben sich zunächst für den Geschädigten Beweisprobleme. Der Geschädigte hat die volle Beweislast für die Beteiligung eines anderen Kraftfahrzeuges und für den Ursachenzusammenhang.

28   Zunächst ist zu beachten, dass die Aufgaben des gesetzlichen Entschädigungsfonds durch den Verein „Verkehrsopferhilfe e. V." wahrgenommen werden. Gemäß § 12 Abs. 1 PflVG hat derjenige, der in Deutschland durch den Gebrauch eines Kraftfahrzeuges oder Anhängers einen Personen- oder Sachschaden erlitten hat, immer dann Ansprüche gegen die Ver-

---

[11] Vgl. hierzu auch *Ziegert*, Verkehrsunfälle mit Auslandsbeteiligung, zfs 2000, 5f; *Halm* in Himmelreich/Halm, Teil 1, Kap. 3, III.1; *Bachmeier*, § 2 A Rn. 1 ff.

[12] Vgl. hierzu *Feyock/Jacobsen/Lemor* AuslUnf A Einf. Rn. 35 und weiter zur internen Abwicklung und Rückerstattung der Schadenaufwendungen an das so genannte „Zahlende Büro" an das „Behandelnde" Büro *Feyock/Jacobsen/Lemor* 5. Teil B Rn. 46 ff.

kehrsopferhilfe (VOH), wenn bei einem an sich ersatzpflichtigen Halter, Fahrer oder Eigentümer des Fahrzeuges Schadenersatz nicht zu erlangen ist. Der Sachschaden kann bei „Unfallflucht" nur dann geltend gemacht werden, wenn und soweit die Leistung einer Entschädigung wegen der besonderen Schwere der Verletzung zur Vermeidung einer groben Unbilligkeit erforderlich ist. Für Sachschäden gilt auch unter diesen Umständen eine Selbstbeteiligung von 500 EUR.[13]

2. Das gerichtliche Verfahren

Kommt es nicht zur – vollständigen – außergerichtlichen Regulierung der Schadenersatzansprüche und ist gerichtliche Geltendmachung erforderlich, so ist nur das Grüne-Karte-Büro passiv legitimiert.

Die Klage ist zu richten gegen:

Deutsches Büro Grüne Karte e. V., vertreten durch den Vorstand,
Wilhelmstraße 43/43 G,
10117 Berlin.

Das Prozessverfahren wird nach den normalen Prozessregeln abgewickelt.

IV. Unfall im Ausland

Das Grüne-Karte-System findet nur Anwendung auf Unfälle, bei denen ein inländisches Verkehrsopfer durch ein ausländisches Kraftfahrzeug geschädigt wird. Es kommt nicht zur Anwendung, wenn ein Verkehrsopfer außerhalb seines Heimatlandes, also im Ausland, in einen Unfall verwickelt wird und hierbei einen Schaden erleidet.

Auf Unfälle, die sich im Ausland ereignen, kommt die 6. KH-Richtlinie zur Anwendung.[14] Diese Richtlinie ist im Januar 2003 in Deutschland in Kraft getreten.

Zum Verhältnis zwischen dem Grüne-Karte-System und der 6. KH-Richtlinie ist zu vergegenwärtigen, dass „das System der Grünen Karte grundsätzlich die spiegelbildliche Situation des nach der 6. KH-Richtlinie geregelten Auslandsunfalls ..." zum Gegenstand hat.[15] Die Rechtslage bei einem Unfall, bei dem ein Verkehrsopfer außerhalb seines Heimatlandes, also im Ausland, Schaden erleidet, wird nachstehend im Einzelnen dargestellt.

1. Beide Beteiligte Inländer/Deutsche

a) **Rechtslage.** Kommt es im Ausland zu einem Unfall, bei dem die Beteiligten Inländer bzw. Deutsche sind, so gilt eine Besonderheit, nämlich nicht das „Tatortrecht", sondern deutsches Schadenrecht. Jedoch ist davon auszugehen, dass hinsichtlich der Verhaltensnormen das Recht des Unfallortes gilt.[16]

Es gilt zwar der Grundsatz, dass für die Haftung und Folgen im Ausland grundsätzlich das Haftpflichtrecht des Tatortes anzuwenden ist.[17] Kommt es jedoch zu einem Straßenverkehrsunfall, an dem auf beiden Seiten Personen beteiligt sind, die ihren Lebensmittelpunkt in Deutschland haben, so gilt grundsätzlich deutsches Haftpflichtrecht.[18]

Eine Besonderheit gilt bei einem Straßenverkehrsunfall, den in Deutschland lebende Ausländer mit gemeinsamer Staatsangehörigkeit gegeneinander erleiden mit einem in Deutschland zugelassenen Kraftfahrzeug. Hier gilt deutsches Recht.[19] Der Entscheidung lag der Fall

---

[13] § 12 Abs. 2 PflVG.
[14] Richtlinie 2009/103/EG des Europäischen Parlaments und des Rates vom 16.9.2009 über die Kraftfahrzeug-Haftpflichtversicherung und die Kontrolle der entsprechenden Versicherungspflicht.
[15] *Feyock/Jacobsen/Lemor* InlUnf im Ausl Rn. 22.
[16] Vgl. ausführlich *Bartels*, Verkehrsunfall im Ausland – Das neue Internationale Privatrecht – Haftungsbeispiele Ausland – praktischer Hinweis, zfs 2000, 374 ff.
[17] BGH NJW 1984, 2032 = VersR 1984, 542; OLG Köln NZV 1995, 448 mwN.
[18] *Böhme/Biela* M Rn. 3.
[19] BGH NJW 1992, 394 = NZV 1992, 438 mit Anm. von *Wezel* = DAR 1993, 21 = VersR 1993, 1237 = zfs 1992, 363.

zugrunde, dass eine türkische Gastarbeiterfamilie in ihr Heimatland fuhr. Dort (Türkei) verschuldete die Fahrerin einen Unfall, bei dem ihr Sohn schwer verletzt wurde.[20]

36 **b) Die Regulierung.** Bei einem Unfall im Ausland zwischen deutschen Beteiligten erfolgt die Regulierung mit den beteiligten deutschen Versicherungen. Ist die Haftungslage nicht eindeutig und stehen zum Tatgeschehen nicht Deutsche als Zeugen zur Verfügung, kann die Feststellung des Sachverhaltes Schwierigkeiten bereiten. Bisher ist es nämlich schwierig, von ausländischen Polizeistationen oder Staatsanwaltschaften Unterlagen und speziell Ermittlungsakten zu erhalten.

In diesem Fall ist es empfehlenswert, deutsche Botschaften oder Konsulate um Hilfe zu bitten. Diese können die Akten besorgen und gegen Kostenerstattung Aktenkopien fertigen.

2. Die wichtigsten Punkte zur Unfallschadenregulierung gemäß 6. KH-Richtlinie

37 **a) Ziel und Inhalt der 6. KH-Richtlinie.** In dieser Richtlinie sind die vorhergehenden Richtlinien zusammengeführt worden. Dort finden sich auch die Regelungen der 4. KH-Richtlinie. Die 4. KH-Richtlinie hatte die Verbesserung des Versicherungsschutzes bei Unfällen im Ausland zum Ziel. Dies wird dadurch erreicht, dass der Geschädigte zur Abwicklung des Unfalls, den er im Ausland erlitten hat, einen Ansprechpartner in seinem eigenen Land, also im Heimatland, erhält. Mit diesem kann er in seiner eigenen Sprache kommunizieren.

38 **b) Die Grundlagen des Systems.** Grundlagen des Systems sind 3 Punkte, nämlich
- die Einrichtung einer Auskunftsstelle zur Ermittlung des verantwortlichen Versicherers
- die Verpflichtung zur Benennung von Schadenregulierungsbeauftragten in jedem EU-Mitgliedstaat sowie
- die Errichtung einer Entschädigungsstelle, die tätig wird, wenn „das System nicht funktioniert".[21]

3. Die Abwicklung im Einzelnen

39 **a) Anwendungsbereich.** Die 6. KH-Richtlinie findet grundsätzlich Anwendung auf Unfälle, die sich in einem Mitgliedstaat ereignen und durch ein in einem Mitgliedstaat versichertes Fahrzeug verursacht werden, welches auch dort seinen gewöhnlichen Standort hat.[22]

40 **b) Feststellung des ausländischen Versicherers und des Schadenregulierungsbeauftragten.** Zur erfolgreichen Regulierung kommt es zunächst auf die Identifizierung des eintrittspflichtigen Versicherers und zur Regulierungserleichterung dann auf die des Schadenregulierungsbeauftragten an. Dem dient die Auskunftsstelle, die sowohl im Land des Geschädigten als auch im Unfallland, ggf. auch bei Dreieckskonstellationen (Beispiel: Deutscher erleidet Unfall in den Niederlanden, aber mit belgischem Schädiger) im Schädigerland ansprechbar ist.

41 Die Auskunftsstelle im Land des Geschädigten ist am leichtesten und zweifelsfrei in deutscher Sprache erreichbar.

Auskunftsstelle in Deutschland:
GDV-Dienstleistungs-GmbH & Co. KG – „Zentralruf der Autoversicherer"
Glockengießerwall 1, 20095 Hamburg
Tel.: 0 80 02 50 26 00 (aus dem Ausland 0049(40)–3 00 33 03 00 (24 Stunden))
Fax: 0 40/3 34 49–70 60
E-Mail: info@gdv-dl.de
Unter www.gdv-dl.de werden ein Mailabfrageformular und ein Faxabfrageformular angeboten.

42 **Auskunftsberechtigt** ist der Geschädigte, der seinen Wohnsitz in der Bundesrepublik Deutschland hat, aber auch ein außerdeutscher Geschädigter, wenn das Fahrzeug, das den

---

[20] Vgl. hierzu mit weiteren Nachweisen aus der Rspr. *Böhme/Biela* M Rn. 3 (dem vom BGH [NJW 1992, 3091] entschiedenen Rechtsstreit lag ein Fall aus der Kanzlei des Autors zugrunde).
[21] Vgl. im Einzelnen *Feyock/Jacobsen/Lemor* InlUnf im Ausl Teil A Rn. 2.
[22] Vgl. hierzu im Einzelnen *Feyock/Jacobsen/Lemor* InlUnf im Ausl Teil A Rn. 6 bis 9; *Lemor/Becker* DAR 2004, 677.

Unfall verursacht haben soll, seinen gewöhnlichen Standort in der Bundesrepublik Deutschland hat oder wenn sich der Unfall in der Bundesrepublik Deutschland ereignet hat (§ 8a Abs. 1 PflVG).

Die Auskunftsstelle setzt sich im Falle des Auslandsunfalls eines Inländers mit der Auskunftsstelle im Land des Schädigers in Verbindung und beschafft die notwendigen Informationen. Die **Auskunftsstelle des Schädigerlandes** kann auch unmittelbar eingeschaltet werden. Deren Adresse lässt sich ggf. über die nationale Auskunftsstelle ermitteln. 43

Bei beiden Wegen bedarf es **identifizierender Angaben zum Schädigerfahrzeug**. Hier unterscheiden sich die Anforderungen nicht von denen einer innerdeutschen Informationssuche. Ideal sind das Kfz-Kennzeichen und der Fahrzeughalter, im Zweifel genügt auch das Kfz-Kennzeichen oder sogar die vehicel-identification-number (VIN = Fahrgestellnummer). Auskunftsfristen sieht das Gesetz nicht vor. 44

Über die Auskunftsstelle(n) ist die Adresse des ausländischen Versicherers ebenso ermittelbar wie die des Schadenregulierungsbeauftragten. Kann das zuständige Versicherungsunternehmen nicht binnen zwei Monaten nach dem Unfall ermittelt werden, ist nach § 12a Abs. 1 Nr. 3 PflVG die **Entschädigungsstelle** eintrittspflichtig.[23] 45

c) Die Schadenabwicklung. *aa) Die Tätigkeit des Schadenregulierungsbeauftragten.* Wird zur Schadenregulierung der Schadenregulierungsbeauftragte des ausländischen Versicherers im Inland in Anspruch genommen, so ist dieser aus Sicht des Geschädigten mit dem eintrittspflichtigen Versicherer jedenfalls außergerichtlich gleichzusetzen. Ihm gegenüber sind die Ansprüche geltend zu machen und zu beziffern. Nach Artikel 4 4. KH-Richtlinie hat der Schadenregulierungsbeauftragte in der Kraftfahrzeug-Haftpflichtversicherung im Auftrag des Versicherungsunternehmens Ansprüche auf Ersatz von Personen- und Sachschäden zu bearbeiten und zu regulieren, die wegen eines Unfalls entstanden sind, welcher sich in einem anderen Mitgliedstaat als dem Wohnsitzmitgliedstaat des Geschädigten ereignet hat und der durch die Nutzung eines Fahrzeugs verursacht wurde, das in einem Mitgliedstaat versichert ist und dort seinen gewöhnlichen Standort hat. 46

Der Schadenregulierungsbeauftragte hat die Regulierungsfrist aus § 3a Nr. 1 PflVG zu beachten und unverzüglich, spätestens aber innerhalb von **drei Monaten** ab Anspruchsgeltendmachung zu regulieren oder aber qualifiziert und begründet abzulehnen. 47

In der praktischen Abwicklung können sich verschiedene nicht geklärte Fragen ergeben. Hierbei ist zu denken etwa an die Frage, ob der Geschädigte sich bei einem Unfall im Ausland und der Schadenabwicklung gemäß 4. KH-Richtlinie einer Untersuchung im Ausland, also am Unfallort, stellen muss. Vertretbar ist der Standpunkt, dass der Geschädigte Anspruch darauf hat, in seinem Heimatland untersucht zu werden, entsprechend der Zielsetzung der 4. KH-Richtlinie, Erleichterungen für den Geschädigten zu schaffen durch die Abwicklung seiner Ansprüche im Heimatland. Wird die Untersuchung im Ausland durchgeführt, so stellt sich weiter die Frage, ob der Geschädigte Anspruch darauf hat, dass das in der jeweiligen Landessprache erstellte Attest in seine Heimatsprache zu übersetzen ist. 48

bb) Die mögliche Beteiligung des ausländischen Versicherers. Der Weg über den Schadenregulierungsbeauftragten ist nicht zwingend. Der ausländische Versicherer kann auch unmittelbar in Anspruch genommen werden. Dies und die Einschaltung eines Anwalts im Unfallland empfehlen sich vor allem bei Personenschäden. 49

Ansonsten betrifft die Beteiligung des ausländischen Versicherers im außergerichtlichen Stadium das Innenverhältnis zwischen dem Schadenregulierungsbeauftragten und dem eintrittspflichtigen Versicherer. 50

Gemäß Art. 4 Abs. 8 der Richtlinie ist der Schadenregulierungsbeauftragte keine Zweigniederlassung des ausländischen Versicherers im Inland, was wohl auch dann gilt, wenn der ausländische Versicherer eine deutsche Konzerntochter oder -schwester zum Regulierungsbeauftragten bestimmt. Daher kommt der ausländische Versicherer dann wieder ins Spiel, wenn zur Regulierung gerichtliche Hilfe in Anspruch genommen werden muss: Die Ver- 51

---

[23] Vgl. hierzu *Buschbell/Otting*, Arbeitshilfen für die Schadensregulierung, S. 470.

sicherung ist dann nach den ausländischen prozessualen Zuständigkeitsregelungen zumeist am ausländischen Schadensort an deren Sitz zu verklagen.

52 Zu denken ist auch an die Fallgestaltung, dass für den Insassen (mit deutscher Nationalität) Ansprüche geltend zu machen sind. Sind Halter und Fahrer ebenfalls Deutsche, so kommen Ansprüche aus Gefährdungshaftung gemäß § 7 Abs. 1 StVG in Betracht, und zwar materielle und immaterielle Entschädigungsansprüche. Unberührt hiervon ist selbstverständlich, dass der in Anspruch genommene deutsche Schädiger bzw. dessen Versicherung beim ausländischen Versicherer Rückgriff nehmen kann, sicherlich in Höhe der nach dem Recht des Unfallortes in Betracht kommenden Ansprüche. Diese Situation kann sich ergeben, wenn Ansprüche nach deutschem Recht höher sind als nach dem Recht des Unfallortes. Dies kann insbesondere gelten für Schmerzensgeldansprüche.

53 Werden zunächst seitens des Geschädigten Ansprüche gegen den Schadenregulierungsbeauftragten gemäß 4. KH-Richtlinie geltend gemacht, so stellt sich die Frage, ob der Geschädigte dann auch im Ganzen oder partiell bei der vorgenannten Fallgestaltung seine Ansprüche weiterverfolgen kann gegenüber dem deutschen Versicherer des Halters und Fahrers.

54 *cc) Die mögliche Beteiligung der Entschädigungsstelle.* Die Entschädigungsstelle für Schäden aus Auslandsunfällen kann gemäß § 13a PflVG in Anspruch genommen werden:
- wenn der ausländische Versicherer oder sein Schadenregulierungsbeauftragter nicht innerhalb der Dreimonatsfrist reguliert oder qualifiziert und begründet abgelehnt hat,
- wenn das ausländische Versicherungsunternehmen pflichtwidrig keinen Schadenregulierungsbeauftragten bestellt hat und der Geschädigte nicht den direkten Weg zum ausländischen Versicherer beschritten hat oder
- wenn das ausländische Unfallbeteiligte Fahrzeug oder dessen Versicherer nicht innerhalb von zwei Monaten nach dem Unfall ermittelt werden kann.

55 Entschädigungsstelle in Deutschland für Schäden aus Auslandsunfällen:

Verkehrsopferhilfe e. V.
Wilhelmstraße 43/43 G
10117 Berlin
Tel.: 0 30/20 20 58 58
Fax: 0 30/20 20 57 22
E-Mail: voh@verkehrsopferhilfe.de

56 Die Inanspruchnahme der Entschädigungsstelle ist jedoch nicht mehr möglich, wenn der Geschädigte bereits unmittelbar gerichtliche Schritte gegen das eintrittspflichtige Versicherungsunternehmen eingeleitet hat.

57 Die Entschädigungsstelle fungiert nicht als Vertreter oder „Oberschadenregulierungsbeauftragter" des Versicherers, sondern haftet dann selbst gleich einer eintrittspflichtigen Versicherung. In Konsequenz dessen geht der Anspruch des Geschädigten im Umfange der Regulierung durch die Entschädigungsstelle kraft gesetzlichen Forderungsübergangs gemäß § 12b PflVG auf die Entschädigungsstelle über.

58 Nach Eingang des Entschädigungsantrages informiert die Entschädigungsstelle den eintrittspflichtigen ausländischen Versicherer über den gestellten Antrag und setzt damit die Zwei-Monats-Nachfrist des § 12a Abs. 3 PflVG in Lauf. Sie kündigt an, nach fruchtlosem Fristablauf in die Regulierung einzutreten. Die Zeit bis dahin nutzt sie zur formellen Prüfung des Entschädigungsantrages. Mehr muss sie zunächst nicht tun, denn der Versicherer oder dessen Schadenregulierungsbeauftragter können die Regulierung oder die begründete Ablehnung innerhalb einer Frist nachholen. Nach fruchtlosem Fristablauf geht die Regulierung dann aber endgültig und vom Versicherer nicht mehr beeinflussbar auf die Entschädigungsstelle über.

59 Bei den Zuständigkeitsvarianten der nicht innerhalb von zwei Monaten seit dem Unfall erfolgreichen Ermittlung des Fahrzeuges oder der ihm zugeordneten Versicherung ist vom Anspruchsteller zu verlangen, dass er mindestens eine **Negativauskunft der Auskunftsstelle** vorlegt. Anderseits könnte mancher versucht sein, durch Untätigkeit den vermeintlich bequemeren Weg über die Entschädigungsstelle zu gehen. Offen ist bisher mangels Regelung im Gesetz, ob die Entschädigungsstelle auch eintreten muss, wenn der Geschädigte in vor-

werfbarer Weise, zB durch für ihn offen erkennbar unzureichende von der Unfallstelle mitgebrachte Informationen, die Unmöglichkeit der Ermittlung verursacht hat.

Wenn die Entschädigungsstelle eintritt, reguliert sie den dem Anspruchsteller zustehenden Schadenersatz unter Beachtung des geltenden (zumeist ausländischen) Rechtes und unter Beachtung eventueller Deckungshöchstgrenzen etc.

d) Die Schadenregulierung nach dem Recht des Schadenortes. Es ist davon auszugehen, dass bei einem Unfall im Ausland grundsätzlich das Recht des Schadenortes gilt (vgl. vorstehend Rn. 17). Dies bedeutet, dass die Ansprüche geltend zu machen sind, die sich nach der Rechtslage am Unfallort ergeben.

Für den mit der Geltendmachung von Ansprüchen aus Anlass eines Unfalls im Ausland nach der dort gegebenen Rechtslage beauftragten Anwalt, der mit dieser Rechtslage nicht vertraut ist, ist es schwierig, die in Betracht kommenden Ansprüche zutreffend geltend zu machen und zu begründen. Zudem sind im Einzelfall auch besondere Verfahrenswege und Fristen zu beachten. Beste Orientierung wird gegeben durch die in der Literatur gebotene Darstellung zum Schadenersatz im Ausland – Länderberichte.[24]

4. Fragen des Gerichtsstandes

a) Gerichtsstand. Seit längerem war streitig, ob der Geschädigte, der bei einem Unfall im Ausland geschädigt wird, den Schädiger und/oder dessen Versicherung in seinem Heimatland verklagen muss, also nur dort einen Gerichtsstand zur Verfügung hat oder ob auch ein Gerichtsstand im Heimatland gegeben ist. Selbst der BGH[25] hat dem EuGH die Frage vorgelegt, ob der Geschädigte vor dem Gericht des Ortes in einem Mitgliedsstaat, an dem er seinen Wohnsitz hat, eine Klage unmittelbar gegen den Versicherer erheben kann, sofern eine solche unmittelbare Klage zulässig ist und der Versicherer seinen Wohnsitz im Hoheitsgebiet eines Mitgliedsstaates hat.

Der EuGH hat dahingehend entschieden, dass dem Geschädigten, der bei einem Unfall im Ausland zu Schaden kommt, ein Gerichtsstand in seinem Heimatland gegeben ist.[26] Im Übrigen ist nunmehr gemäß 5. KH-Richtlinie Art. 5 klargestellt, dass der Geschädigte seine Ansprüche auch am Gericht seines Wohnsitzes geltend machen kann, auch den Direktanspruch gegen den verantwortlichen Versicherer.[27]

b) Klage gegen den Schadenregulierungsbeauftragten. Die 4. KH-Richtlinie regelt in Ziff. (13) und (16) der Erwägungsgründe und in Art. 4 Ziff. 8 der Richtlinie selbst, dass die Tätigkeit des Schadenregulierungsbeauftragten keine Zweigniederlassung begründet und damit auch keinen eigenen Gerichtsstand im Wohnsitzmitgliedsstaat des Geschädigten. In das nationale Prozessrecht ist ebenfalls keine Sonderregelung eingefügt. Somit bleibt streitig, ob der Schadenregulierungsbeauftragte im Land seiner Tätigkeit verklagt werden kann. Zur Klage gegen den ausländischen Versicherer vgl. → vorstehend Rn. 63 f. sowie nachfolgend Rn. 66 f.

Teilweise wird die Auffassung vertreten, dass die Verordnung (EG) Nr. 44/2201 einschlägig sei. In deren Art. 9 I b ist geregelt, dass ein Versicherer auch im Land des Begünstigten eines Vertrages verklagt werden kann. Nach überwiegender Ansicht bezieht sich die Vorschrift jedoch auf vertragliche Ansprüche aus einem Versicherungsvertrag, nicht dagegen auf deliktische Ansprüche.

---

[24] *Feyock/Jacobsen/Lemor*, Kraftfahrtversicherung, Kommentar, 2. Aufl., S. 844 zu den einzelnen Ländern, alphabetisch geordnet; im Übrigen ist auch auf Länderberichte in einzelnen Fachzeitschriften zu verweisen, vgl. www.adac.de – Unfall im Ausland – was nun?.
[25] BGH Vorlagebeschluss vom 26.9.2006 – NZV 2007, 37 = DAR 2007, 19 (Ausgangspunkt war eine Entscheidung des AG Aachen, 8 C 545/04 sowie die Entscheidung des OLG Köln 16 U 36/05); anders noch Hamburg DAR 2006, 575; vgl. auch *Heiss*, „Die Direktklage vor dem EuGH – Sechs Antithesen zu BGH vom 29.9.2006 – VersR 2006, 1677", VersR 2007, 327.
[26] EuGH Urt. v. 13.12.2007 – Rs C-463/06 – NZV 2008, 133 = SVR 2008, 108 = DAR 2008, 17 = NJW-Spezial 2008, 11 = zfs 2008, 139 = VersR 2008, 111 mit Anm. *Thiede/Ludwichowska* VersR 2008, 631.
[27] *Lemor/Becker* VW 2006, 18; *Hering* SVR 2006, 209.

67 Ein weiterer Ansatz, den Gerichtsstand im Wohnsitzland des Geschädigten zu sehen, wird ebenfalls der Verordnung (EG) Nr. 44/2001 entnommen. Bestimmt ein Versicherer seine Zweigniederlassung im Wohnsitzland als Schadenregulierungsbeauftragten, könnte man die Auffassung vertreten, nun handle der Versicherer aus seiner Zweigniederlassung heraus, was nach Art. 9 II der genannten Richtlinie den Gerichtsstand der Zweigniederlassung begründe. Aber auch hier wird überwiegend die Auffassung vertreten, dass die Tätigkeit des Repräsentanten aus der Zweigniederlassung keine solche iSd Art. 9 II ist.

68 c) **Klage gegen die Entschädigungsstelle.** Gegen die Entschädigungsstelle sind zwei Klagegründe denkbar. Zum einen könnte es sein, dass die Entschädigungsstelle die Voraussetzungen für ihr Tätig werden verneint. Dann kann sie mit einer Feststellungsklage in Anspruch genommen werden. Zum anderen kann sie nach Tätig werden zu dem Ergebnis kommen, nicht oder nicht im vom Geschädigten gewünschten Umfang zu regulieren. Es ist aus der Richtlinie und deren Umsetzung heraus nicht eindeutig, ob dem Geschädigten der Rechtsweg gegen die Entschädigungsstelle offen steht, also ob die Entschädigungsstelle passivlegitimiert ist. Vor dem Hintergrund, dass die Regulierung des Schadens nach fruchtlosem Ablauf der Dreimonatsfrist und nach ebenfalls fruchtlosem Ablauf der weiteren Zweimonatsfrist endgültig auf die Entschädigungsstelle übergeht, ist es einzig schlüssig, die Stelle als passivlegitimiert anzusehen. Die Rückverweisung auf den ausländischen Versicherer wäre ein Systembruch.[28]

69 Die Richtlinie und die nationale Umsetzung enthalten keine besondere Gerichtsstandsregelung, sodass die deutsche Entschädigungsstelle nach §§ 12 ff. ZPO an ihrem Sitz und aus Sicht des Geschädigten damit in seinem Wohnsitzstaat verklagt werden kann.

5. Die Rechtsverfolgungskosten

70 Es ist selbstverständlich, dass sich der Geschädigte anwaltlicher Hilfe in der Schadenregulierung bedienen darf. Nicht selbstverständlich ist, dass er das auf Kosten des Schädigers tun darf, dass also der Schädiger die Kosten des anwaltlichen Beistandes in der außergerichtlichen Schadenregulierung erstatten muss. Die 6. KH-Richtlinie enthält hierzu keine spezielle Regelung. Es sind drei Fragenkreise zu unterscheiden:

71 a) **Kosten des deutschen Rechtsanwaltes bei der Regulierung gegenüber dem Schadenregulierungsbeauftragten.** *aa) Allgemeines.* Der Sache nach handelt es sich bei der Regulierung gegenüber dem Schadenregulierungsbeauftragten um eine formelle Vereinfachung in dem Sinne, dass der Geschädigte des innereuropäischen Auslandsunfalles einen Ansprechpartner in seiner Sprache und in seinem Wohnsitzmitgliedstaat vorfindet. Es bleibt materiell aber ein Schadenersatzanspruch, der in aller Regel[29] dem Recht des Unfallortes (lex loci) unterliegt.

72 Dass der Geschädigte eines Verkehrsunfalls nahezu immer – mit Ausnahme einfachster Fallkonstellationen – quasi von Anfang an einen Rechtsanwalt in der Regulierung hinzuziehen darf und der Schädiger die Kosten hierfür erstatten muss, ist in Europa, anders als in Deutschland, nicht die Regel. Die Erstattungsfähigkeit entstehender außergerichtlicher Anwaltskosten richtet sich also nach dem jeweiligen auf den Unfall anzuwendenden Schadenrecht.

73 Wenn die Kosten des Rechtsanwaltes zu erstatten sind, stellt sich die Frage, ob sie nach deutschem Gebührenrecht (RVG) „erforderlich" sind, oder ob in Anwendung der lex-loci-Regel die Kosten so zu erstatten sind, wie sie im Schadenland angefallen wären. Die 6. KH-Richtlinie will den Geschädigten in die Lage versetzen, komfortabel in seiner Sprache und in seinem Wohnsitzmitgliedstaat in der Schadenregulierung gegenüber dem ausländischen Versicherer zu agieren. Einzig konsequent ist es dann, ihm ggf. die Inanspruchnahme eines heimischen Rechtsanwaltes zu heimischen Bedingungen zuzugestehen.

---

[28] Vgl. *Lemor* NJW 2002, 3666 ff.
[29] Ausnahme: Beteiligte aus gleichem Rechtskreis haben Unfall miteinander im Ausland, BGH NJW 1993, 1009 ff.

bb) Übersicht über Erstattung/Nichterstattung der Rechtsverfolgungskosten[30]

Land	Erstattungsfähigkeit außergerichtlicher RA-Kosten	Erstattungsfähigkeit gerichtlicher RA-Kosten	Gerichtskosten
Belgien	Nein	Nein	Ja
Dänemark	Nein	i. d. R. nein	Ja
Deutschland	Ja	Ja	Ja
Finnland	Nein	Ermessen des Gerichts	Ja (eingeschränkt)
Frankreich	Nein	Ermessen des Gerichts	Ja
Griechenland	Nein	eingeschränkt (gering)	Ja (eingeschränkt)
Großbritannien	Ja (eingeschränkt)	Ja (eingeschränkt)	Ja
Irland	Ja (eingeschränkt)	Ja (eingeschränkt)	Ja
Italien	Ja	Ja	Ja
Luxemburg	Nein	Nein	Ja
Niederlande	Ja (eingeschränkt)	Ja (meist nur bis ½)	Ja (i. d. R. nur ½)
Österreich	Ja (pauschal 5–10% des Streitwerts)	Ja	Ja
Portugal	Nein	Nein	Ja
Schweden	Nein	Ermessen des Gerichts, bei Ausländern i. d. R. ja	Ja
Spanien	Nein	Ja (Ermessen)	Meist keine Kosten

b) Die Kosten des deutschen Anwaltes bei der Regulierung gegenüber der Entschädigungsstelle. *aa) Der Gebührenanspruch im Allgemeinen.* Hier gilt zunächst das Gleiche wie bei der Regulierung gegenüber dem Schadenregulierungsbeauftragten. Jedoch tritt die Entschädigungsstelle erst ein, wenn der ausländische Versicherer oder sein Schadenregulierungsbeauftragter entweder mit der Regulierung in Verzug ist oder einen anderweitigen Rechtsverstoß begangen hat. Für solche Fälle sehen deutlich mehr Rechtsordnungen die Erstattungspflicht vor als für die Fälle der erstmaligen Anspruchsmeldung.

Zur Höhe der ggf. zuzugestehenden Rechtsanwaltskosten gilt das vorstehend unter → Rn. 71 ff. Gesagte.

bb) Kosten eines ausländischen Verkehrsanwaltes. Die Kosten eines ausländischen Verkehrsanwaltes, dessen Hinzuziehung zur zweckentsprechenden Rechtsverfolgung oder Rechtsverteidigung geboten war, sind (nur) in Höhe der Gebühren eines deutschen Rechtsanwaltes erstattungsfähig.[31]

c) Schadenregulierung gemäß 6. KH-Richtlinie und die Beteiligung von Rechtsschutz. Bei der Regulierung gemäß 6. KH-Richtlinie ergeben sich drei Verfahren. In Betracht kommen:
- das Verfahren vor dem inländischen Regulierungsbeauftragten und
- ersatzweise oder anschließend das Verfahren vor der Entschädigungsstelle

das Gerichtsverfahren im Ausland bei einer ablehnenden Entscheidung der Entschädigungsstelle

In beiden Verfahren ist Gegenstand der rechtlichen Interessenwahrnehmung die Durchsetzung von Schadenersatzansprüchen aus einem Verkehrsunfallereignis.

Zu beachten ist die unterschiedliche Bedingungslage und Definition des Auslandsschadens nach ARB 2000/94 einerseits sowie nach ARB 75 andererseits.

Nach ARB 75 ist der Auslandsschaden definiert als die „erforderliche Wahrnehmung der rechtlichen Interessen im Ausland" (§ 2 Abs. 1a ARB 75). Diese Bedingungslage gilt heute noch für knapp die Hälfte der Versicherungsverträge.

Demgegenüber ist der Auslandsrechtsschutzfall in § 5 Abs. 1b ARB 2000/94 geregelt.

---
[30] Vgl. Terbille/*Rümenapp* § 13 Rn. 150.
[31] So BGH AnwBl. 2005, 431 unter Hinweis auf gegenteilige Rspr. und Lit. = DAR 2006, 596.

78   ARB 2008, und zwar § 5 Abs. 1 Buchst. b, regelt die Pflicht zur Kostentragung der Rechtsschutzversicherung beim Auslandsunfall.[32] Zur Beteiligung von Rechtsschutz beim Auslandsschaden und speziell bei der Schadenabwicklung gemäß 4. KH-Richtlinie vgl. im Einzelnen nachfolgend → § 32 Rn. 42 ff.

V. Übersicht über Entschädigungsleistungen bei Kraftfahrzeugunfällen

79   Zu den einzelnen Schadenpositionen ist zunächst zu vergegenwärtigen, dass neben den Haftungsvoraussetzungen auch die Schadenpositionen sich nach dem Recht des Schadenortes richten. Hieraus ergibt sich, dass die Entschädigungsleistungen, die ein Verkehrsunfallopfer bei einem Unfall im jeweiligen Land beanspruchen kann, unterschiedlich sind.[33]

VI. Ausländische Kfz-Mindestversicherungssummen

1. Geltung der Mindestversicherung

80   Bei einem Unfall im Ausland findet grundsätzlich das Recht des Unfallortes, wie ausgeführt, Anwendung. Es gelten die dort festgelegten Mindestversicherungssummen.

2. Möglichkeit der Absicherung

81   a) **Für Sachschäden.** Es ist grundsätzlich zu empfehlen, bei Auslandsfahrten eine Vollkaskoversicherung abzuschließen. Hierbei ist es wichtig, dass die abzuschließende Versicherung auch für das jeweilige Land Deckungsschutz gewährt.

82   b) **Versicherungsschutz bei Mietwagen.** Es ist davon auszugehen, dass nicht nur geringer Versicherungsschutz aufseiten des potenziellen Unfallgegners besteht. Auch ist zu beachten, dass möglicherweise die Haftpflichtsumme bei einem Mietwagen zu gering ist. Es ist daher zu empfehlen, in dem abzuschließenden Versicherungsvertrag ausdrücklich höhere Versicherungssummen zu vereinbaren.

3. Versicherungsschutz für Personenschäden

83   In vielen Ländern ist die Mindestversicherungssumme bei möglichen schwerwiegenden Personenschäden nicht ausreichend. Deshalb ist es empfehlenswert, zumindest für die Dauer einer Urlaubsreise eine ausreichende Insassenunfallversicherung abzuschließen.[34] Besser ist eine allgemeine Unfallversicherung, in der auch Kfz-Unfälle eingeschlossen sind.

---

[32] Vgl. *Buschbell/Hering* Handbuch Rechtsschutzversicherung, 3. Aufl. § 2 F II.

[33] Weiterführende Hinweise zum Schadenrecht der Länder bei *Feyock/Jacobsen/Lemor*, 3. Aufl. 2009, 4. Teil C. Schadenersatz im Ausland/Länderberichte. Im Übrigen liegen auch zwischenzeitlich Berichte zur Rechtslage und zu den Entschädigungsansprüchen in einzelnen Ländern vor, so zB *Hering*, Der Verkehrsunfall in Österreich – Ein Überblick – SVR 2004, 182; *Backu* DAR 2005, 378 und *Neidhart* DAR 2005, 391; zur Schadenabwicklung nach italienischem Recht vgl. *Reiß* ACE Verkehrsjurist 2005 Nr. 2, 1 ff.

[34] Spezialpolicen werden von deutschen Reiseunternehmen oder von der ADAC-Reise-GmbH angeboten.

§ 32 Die Beteiligung von Rechtsschutz und Prozessfinanzierung

Übersicht

	Rn.
Vorbemerkungen	1
I. Das System der Rechtsschutzversicherung im Straßenverkehrszivilrecht	2–24
1. Der Schadenersatzrechtsschutz in den Allgemeinen Bedingungen für die Rechtsschutzversicherung (ARB)	2
2. Ausschluss für die Abwehr von Schadenersatzansprüchen	3–5
3. Versicherter Personenkreis	6–10
a) Die versicherte(n) Person(en)	6/7
b) Fahrzeugrechtsschutz	8/9
c) Fahrer-Rechtsschutz	10
4. Der Versicherungsschutz bei Tötung oder Verletzung	11–14
5. Notwendige Angaben im Schadenersatzrechtsschutzfall	15–17
6. Einholung Deckungszusage	18–24
a) Die Tätigkeit zur Einholung der Deckungszusage	18–21
b) Korrespondenz zur Einholung der Deckungszusage	22–24
II. Umfang des Versicherungsschutzes für die Geltendmachung von Schadenersatzansprüchen	25–46
1. Die außergerichtliche Geltendmachung	25–37
a) Leistungsumfang	26–34
b) Versicherungsumfang	35–37
2. Gerichtliches Beweisverfahren	38/39
3. Gebühren für die Bestellung eines Pflegers	40/41
4. Im Prozessverfahren	42–46
III. Einzelne Leistungsansprüche gegen die Rechtsschutzversicherung	47–50
1. Rechtsschutz und Hebegebühr	47
2. Versicherungsschutz für Nebenverfahren	48
3. Abrategebühr	49/50
IV. Die Erstattung der Gebührendifferenz bei Teilregulierung	51–54
V. Vorgehen bei Differenzen über Versicherungsschutz, Stichentscheid oder Schiedsverfahren	55–61
1. Nach ARB 75	55
2. Nach ARB 94	56–59
3. Nach ARB 2000/2010	60/61
VI. Rechtsschutz-Schaden-Service-Gesellschaft	62
VII. Die Auswirkungen der 4. und 5. KH-Richtlinie auf den Rechtsschutzfall im Ausland	63–85
1. Inhalt und Ziel der 4. KH-Richtlinie für Auslandsschäden	63
2. Die Regelungen zum Auslandsschaden	64–72
a) Die unterschiedlichen Regelungen in den ARB	64–71
b) Darstellung zur Bedingungslage des Rechtsschutz-Auslandsschadens	72
3. Auswirkungen der 4. KH-Richtlinie auf die Abwicklung des Auslandsschadenfalles, speziell im Straßenverkehrsrecht, sowie 5. KH-Richtlinie	73–85
a) ARB 2000/94	74
b) ARB 75	75/76
c) Die Neuerungen nach der 4. KH-Richtlinie	77–81
d) 5. KH-Richtlinie	82–85
VIII. Die mögliche Beteiligung der Prozessfinanzierung	86–105
1. Was ist Prozessfinanzierung?	86–88
2. Prozessfinanzierung in der anwaltlichen Praxis	89–93
a) Hinweis- und Belehrungspflicht	89–92
b) Anbahnung der Prozessfinanzierung	93
3. Prozessfinanzierungsauftrag	94–96
a) Die Übernahme des Prozesses durch den Prozessfinanzierer	94
b) Die Position des Prozessfinanzierers	95/96

§ 32 1–4　　　　　　　　　　　　　　　Teil D. Haftungs- und Schadensrecht

	Rn.
4. Kosten und Gebühren in einer Prozessfinanzierungsangelegenheit	97–100
a) Anbahnung	97
b) Kosten und Gebühren bei Annahme des Prozesses	98
c) Kosten der Ablehnung	99/100
5. Der Nutzen der Prozessfinanzierung	101–105

Schrifttum: *Beck,* Das Gutachtenverfahren nach ARB 94, DAR 1995, 306; *Buschbell,* Anwalt und Prozessfinanzierung, AnwBl. 2004, 435; *van Bühren/Plote,* ARB, 2. Aufl. 2008; *van Bühren,* Rechtsschutzversicherung und alternative Prozessfinanzierung, AnwBl. 2001, 537 = NVersZ 2001, 347; *ders.,* Bericht über die Veranstaltung der Arbeitsgemeinschaft Versicherungsrecht auf dem DAT in Bremen, Thema: Rechtsschutzversicherungen und alternative Prozessfinanzierungen, Mittbl. der ARGE Versicherungsrecht 2001, 48; *Buschbell,* Rationelle Rechtsschutzkorrespondenz, Sammlung der Korrespondenz zwischen Anwalt, Rechtsschutzversicherung und Mandant, 2000; *ders./Hering,* Handbuch Rechtsschutz, 5. Aufl. 2011; *Fleischmann/Hillmann,* Das verkehrsrechtliche Mandat, Band 2: Verkehrszivilrecht, 6. Aufl. 2012; *Frechen/Kochheim,* Fremdfinanzierung von Prozessen gegen Erfolgsbeteiligung, NJW 2004, 1213; *Gerold/Schmidt,* RVG, 21. Aufl. 2013; *Harbauer,* Rechtsschutzversicherung, 8. Aufl. 2004; *Kalthoener/Büttner/Wrobel-Sachs,* Prozesskostenhilfe und Beratungshilfe, NJW-Schriftenreihe Bd. 47, 3. Aufl. 2003; *Kochheim,* Die gewerbliche Prozessfinanzierung, 2003; *Madert,* Anwaltsgebühren in Zivilsachen, 4. Aufl. 2000; *Mathy,* Rechtsschutzalphabet, Definitionen, Erläuterungen, Abgrenzungen, 2. Aufl. 2000; *Maulbach,* Gewerbliche Prozessfinanzierung gegen Erfolgsbeteiligung, 2002; *Prölss,* Risikoausschlüsse in der Rechtsschutzversicherung (Teil I), r+s 2005, 225 sowie (Teil II) r+s 2005, 269; *Wilde,* Titelthema: Prozessfinanzierer – Das Risikogeschäft kommt in Schwung, BRAKMagazin 02/2002, 4.

Vorbemerkungen

1　Zu ARB vgl. auch *Buschbell/Bruns,* ARB 2000 – Tendenzen und Entwicklungen in der Bedingungs- und Tarifgestaltung, AnwBl. Heft 5/2001 sowie Synopse zu ARB 75/94/2000 im Internet: Homepage DAV und bzgl. ARB 94/2000 bzw. ARB 2000/2008 in *van Bühren/Plote,* ARB. Die nachfolgenden Paragraphenangaben beziehen sich auf die ARB 2010. Die ARB 2000 enthalten gegenüber den ARB 94 hinsichtlich des Verkehrs- und Fahrerrechtsschutzes keine inhaltlichen Abweichungen, wohingegen in den ARB 2008 das neue VVG Berücksichtigung gefunden hat.

I. Das System der Rechtsschutzversicherung im Straßenverkehrszivilrecht

1. Der Schadenersatzrechtsschutz in den Allgemeinen Bedingungen für die Rechtsschutzversicherung (ARB)

2　Bei einem verkehrsrechtlichen Mandat, insbesondere zur Geltendmachung von Schadenersatzansprüchen, ist es wichtig zu klären, ob für den Mandanten Rechtsschutzdeckung in Betracht kommt. Die Geltendmachung von Schadenersatzansprüchen aufgrund gesetzlicher Haftpflichtbestimmungen ist im Rahmen der Leistungsarten des Schadenersatzrechtsschutzes versichert.

2. Ausschluss für die Abwehr von Schadenersatzansprüchen

3　Zu beachten ist, dass nicht jede Art der Interessenwahrnehmung im Zusammenhang mit Schadenersatzansprüchen gedeckt ist, sondern nur deren Geltendmachung durch den Versicherungsnehmer oder mitversicherte Personen.

4　Für die Abwehr gesetzlicher Schadenersatzansprüche besteht im Rahmen dieser Leistungsart kein Versicherungsschutz.[1] Wichtig ist also zu beachten, dass im Schadenersatzrechtsschutz nur die Geltendmachung von Schadenersatzansprüchen durch den Versicherungsnehmer und mitversicherte Personen versichert ist und nicht die Abwehr von

---
[1] LG Karlsruhe zfs 1990, 234 = r+s 1990, 308.

Schadenersatzansprüchen, die Dritte gegenüber dem Versicherten geltend machen.² Versicherungsschutz für die Abwehr von Schadenersatzansprüchen kommt nur beim Vertragsrechtsschutz in Betracht, soweit im Rahmen eines Vertragsverhältnisses gesetzliche Schadenersatzansprüche gegen den VN erhoben werden.³

Im Falle einer Klageerhebung seitens des Gegners geht das Prozesskostenrisiko auf den Mandanten über. Für den Passivprozess hat er keinen Versicherungsschutz bei der Rechtsschutzversicherung. Jedoch ist zu beachten, dass für die Abwehr von Schadenersatzansprüchen aus Anlass eines Straßenverkehrsunfalls nach dem System der Ergänzung zwischen der Haftpflichtversicherung, speziell der Krafthaftpflichtversicherung, und der Rechtsschutzversicherung die Haftpflichtversicherung die Rechtsschutzfunktion übernimmt.

3. Versicherter Personenkreis

a) **Die versicherte(n) Person(en).** Gemäß § 21 Abs. 1 ARB 2000/2008/2010 „Verkehrsrechtsschutz" wird Versicherungsschutz gewährt dem VN in seiner Eigenschaft als
- Eigentümer,
- Halter oder
- Insasse

aller bei Vertragsabschluss und während der Vertragsdauer auf ihn zugelassenen Fahrzeuge sowie als Fahrer von Fahrzeugen. Zusätzlich besteht Versicherungsschutz für zum vorübergehenden Gebrauch gemietete Motorfahrzeuge (Selbstfahrer-Vermietfahrzeug) zu Lande und Anhänger.

Der Versicherungsschutz erstreckt sich auf alle Personen in ihrer Eigenschaft als berechtigte Fahrer oder berechtigte Insassen dieser Motorfahrzeuge. Gem. Abs. 7 besteht Versicherungsschutz auch bei der Teilnahme am öffentlichen Verkehr als Fahrer jedes Fahrzeuges, das weder ihm gehört noch auf ihn zugelassen oder auf seinen Namen mit einem Versicherungskennzeichen versehen ist, als Fahrgast, Fußgänger und Radfahrer.

b) **Fahrzeugrechtsschutz.** Beim Fahrzeugrechtsschutz steht gemäß § 21 Abs. 3 ARB 2000/2008/2010 im Gegensatz zum Verkehrsrechtsschutz das versicherte Fahrzeug im Mittelpunkt. Abs. 3 entspricht dem Fahrzeug-Rechtsschutz gem. § 22 ARB 75. Es handelt sich hierbei um einen objektbezogenen Rechtsschutz. Beim Fahrzeugrechtsschutz wird Versicherungsschutz gewährt dem
- Eigentümer,
- Halter,
- Mieter,
- Entleiher,
- berechtigten Fahrer und
- berechtigten Insassen.⁴

Bei dieser Regelung, die abweichend von Abs. 1 vereinbart werden kann, beschränkt sich der Versicherungsschutz auf ein bestimmtes , im Versicherungsschein oder im Nachtrag genau bezeichnetes Fahrzeug.⁵ Dieser objektbezogene Versicherungsschutz kann auch auf ein Wasserfahrzeug oder ein Luftfahrzeug bezogen werden. Der Versicherungsschutz beschränkt sich aber auf Motorfahrzeuge, so dass alle Fahrzeuge ausgenommen sind, die durch Menschen-, Tier- oder Naturkraft bewegt werden.⁶ Für die Abgrenzung, wann ein Motorfahrzeug vorliegt, kommt es entscheidend darauf an, ob das Fahrzeug bestimmungsgemäß durch einen Motor betrieben wird oder nicht.⁷ Ein Segelboot mit Hilfsmotor ist danach kein Motorfahrzeug unabhängig von seiner Größe.⁸ So wäre zB das Segelschulschiff des Bundesmarine „Gorch Fock" nach dieser Definition kein Motorfahrzeug, wohl aber ein sogenannter

---
² *Buschbell/Hering* § 12 Rn. 22 ff.
³ *Buschbell/Hering* § 12 Rn. 25; vgl. auch *Prölss* r+s 2005, 225 sowie r+s 2005, 269.
⁴ Vgl. *Mathy* S. 294 Stichwort „Fahrzeugrechtsschutz".
⁵ *van Bühren/Plote* ARB 2010 § 21 Rn. 41.
⁶ *van Bühren/Plote* ARB 2010 Rn. 43; *Harbauer* ARB 2010 § 21 Rn. 13.
⁷ *van Bühren/Plote* ARB 2010 Rn. 43; *Harbauer* ARB 2010 § 21 Rn. 16.
⁸ *Harbauer* ARB 2000 § 21 Rn. 58.

Motorsegler, bei dem der Motor keine reine Hilfsmaschine ist. Ein Fahrrad mit Hilfsmotor (auch mit Elektromotor-Pedelecs[9]/E-Bikes)[10] ist aber ein Motorfahrzeug, weil es im Regelfall und nicht nur im Not- oder Ausnahmefall durch Motorkraft angetrieben wird.[11] Hierunter fallen auch die sogenannten Segways. Letztere unterliegen den Regelungen der StVO. Für das Führen ist eine Berechtigung zum Führen eines Mofas (§ 3 MobHV) erforderlich.[12]

10   c) **Fahrer-Rechtsschutz.** Versicherungsschutz besteht gem. § 22 Abs. 1 ARB 2000/2008/2010 für die im Versicherungsschein genannte Person bei der Teilnahme am öffentlichen Verkehr in ihrer Eigenschaft als Fahrer jedes Motorfahrzeuges zu Lande, zu Wasser oder in der Luft sowie Anhängers (Fahrzeug), das weder der versicherten Person gehört noch auf sie zugelassen oder auf ihren Namen mit einem Versicherungskennzeichen versehen ist. Der Versicherungsschutz besteht auch bei der Teilnahme am öffentlichen Verkehr als Fahrgast, Fußgänger und Radfahrer.

4. Der Versicherungsschutz bei Tötung oder Verletzung

11   Bei Verträgen gemäß §§ 21–28 ARB ist Versicherungsschutz allen Personen zu gewähren, denen aus der Tötung oder Verletzung des VN oder einer mitversicherten Person entsprechende Schadenersatzansprüche zustehen.

12   Gem. § 12 Abs. 2 besteht im Falle des Todes des Versicherungsnehmers der vertragsgemäße Versicherungsschutz bis zum Ende der laufenden Beitragsperiode fort. Im Übrigen besteht grundsätzlich im Falle des Todes des VN der Versicherungsschutz bis zum Ende der laufenden Beitragsperiode fort, soweit der Beitrag am Todestag gezahlt war und nicht aus sonstigen Gründen ein Risikowegfall vorliegt.

13   Wird der nach dem Tod nächstfällige Beitrag gezahlt, bleibt der Versicherungsschutz in dem am Todestag bestehenden Umfang aufrecht erhalten. Derjenige, der den Beitrag gezahlt hat oder für den gezahlt wurde, tritt als Versicherungsnehmer an die Stelle des Verstorbenen.[13]

14   Empfehlenswert ist es also, gegenüber dem Mandanten darauf hinzuweisen, dass es ratsam ist, den Versicherungsvertrag fortzuführen. Zu denken ist an die Möglichkeit, dass bei der Verfolgung von Ansprüchen, zB gegenüber öffentlichen Leistungsträgern, also gegenüber der Berufsgenossenschaft oder der Agentur für Arbeit, der Anspruch abgelehnt wird. In diesem Fall tritt erst zu diesem Zeitpunkt der Versicherungsfall ein.

5. Notwendige Angaben im Schadenersatzrechtsschutzfall

15   Empfehlenswert ist es, bei einem Mandat zur Verfolgung von Schadenersatzansprüchen, speziell aus Anlass eines Straßenverkehrsunfalles, den Rechtsschutzfall der Rechtsschutzversicherung umgehend zu melden:

16   Im Übrigen ist es wichtig bei der Meldung des Rechtsschutzfalles, schon in der ersten Korrespondenz alle notwendigen Angaben zu machen, damit die Rechtsschutzversicherung ohne weitere Anfragen und Korrespondenz ihre Eintrittspflicht prüfen kann. Die notwendigen Angaben beziehen sich zunächst auf
- Angaben zum Versicherungsverhältnis sowie
- Darstellung des dem Versicherungsfall zugrunde liegenden Sachverhaltes.

17   Notwendige Angaben zum Versicherungsverhältnis sind
- Versicherungsscheinnummer,
- Versicherungsnehmer,
- Versicherungsschutz für (mitversicherte) Person,

---

[9] Pedelecs mit Tretunterstützung bis zu 25 km/h und max. 250 Watt gelten als Fahrräder Heß/Burmann/*Jahnke/Janker* Straßenverkehrsrecht § 24 StVO Rn. 3.
[10] E-Bikes, die bis zu 20 km/h allein mit der Motorleistung gefahren werden können und solche, die mit Tretunterstützung über 25 km/h bis 45 km/h gefahren werden können, zählen als führerschein- und zulassungspflichtige Kleinkrafträder, Heß/Burmann/*Jahnke/Janker* Straßenverkehrsrecht § 24 StVO Rn. 3.
[11] *Harbauer* ARB 2000 § 21 Rn. 14, 16.
[12] Heß/Burmann/*Jahnke/Janker* Straßenverkehrsrecht § 24 StVO Rn. 3.
[13] Vgl. *Buschbell/Hering* § 6 Rn. 20 zum Thema Rechtsschutz und Rechtsnachfolge Rn. 20, 25.

- Form des Versicherungsschutzes, zB Verkehrsrechtsschutz oder Fahrzeugrechtsschutz,
- Ereignisdatum/Datum des Versicherungsfalles/Unfalles,
- Angaben über das Bestehen oder Nichtbestehen einer anderweitigen Rechtsschutzversicherung.

Die notwendigen Angaben zum Sachverhalt beinhalten die Darstellung des Unfallgeschehens.[14]

6. Einholung Deckungszusage

a) Die Tätigkeit zur Einholung der Deckungszusage. Die Einholung der Deckungszusage beim Rechtsschutzversicherer ist eine besondere Angelegenheit. Sie ist nicht identisch mit dem Grundsätzlich ist die Tätigkeit für die Einholung der Deckungszusage gesondert zu vergüten gemäß Nr. 2300 VV RVG.[15] 18

In der Praxis werden diese Kosten jedoch nicht bzw. nur sehr selten erhoben. Um einen Streit mit dem Auftraggeber zu vermeiden, empfiehlt es sich, den Auftraggeber darauf hinzuweisen, dass evtl. durch das Besorgen der Deckungszusage besondere Kosten anfallen, die vom Auftraggeber zu zahlen und nicht erstattungsfähig sind, es sei denn, es liegt Verzug seitens der Rechtsschutzversicherung vor.[16] In einfach bzw. normal gelagerten Fällen liegt es ja im Interesse des Rechtsanwaltes, die Zahlung seiner Vergütung sicherzustellen. Für den Rechtsanwalt ist es daher auch eine Serviceleistung, die Deckungszusage einzuholen. 19

Es gibt aber auch die Fälle, in denen die Korrespondenz mit der Rechtsschutzversicherung den Umfang des eigentlichen Mandates übersteigt. Hier sollte der Rechtsanwalt dann seinem Mandanten den Hinweis erteilen, dass der Mandant grundsätzlich verpflichtet ist, die Deckungszusage seiner Rechtsschutzversicherung beizubringen und dass jede weitere Tätigkeit des Rechtsanwaltes Gebührenansprüche nach sich zieht. Es empfiehlt sich, mit dem Mandanten einen gesonderten Anwaltsvertrag abzuschließen, in dem zB solche Fälle geklärt werden können. 20

Fraglich ist, ob die für die Einholung einer Deckungszusage entstandene Gebühr vom Schädiger zu ersetzen ist.[17] In Betracht käme, dass der Schädiger bzw. dessen Haftpflichtversicherung für diese anwaltliche Tätigkeit die hierdurch anfallenden Gebühren als adäquate Schadenfolge zu übernehmen hat. Dies könnte eventuell dann in Betracht kommen, wenn für den Versicherungsnehmer bzw. Mandanten Korrespondenz geführt werden muss hinsichtlich der geltend gemachten Erfolgsaussicht der beabsichtigten Rechtsverfolgung, die von der Rechtsschutzversicherung bestritten wird bzw. bestritten wurde. Es sind allerdings keine Entscheidung von Gerichten zu einem solchen Fall bekannt. Allenfalls kann versucht werden, solche Kosten im Rahmen eine Klageverfahrens als „Nebenkosten" gesondert geltend zu machen, ähnlich den Kosten der außergerichtlichen, anwaltlichen Tätigkeit gem. VV 2300 RVG. Diese Kostenposition erhöht nicht den Streitwert und hat im Falle einer Entscheidung keinen Einfluss auf die gerichtliche Kostenentscheidung. Diese Kostenposition gehört aber nicht in die Kostenfestsetzung nach Abschluss des Verfahrens. Es handelt sich auch um eine Rahmengebühr (§ 14 Abs. 1 RVG), über deren Angemessenheit im Bestreitensfall der Rechtspfleger nicht entscheiden kann, da insoweit ein Gutachten der zuständigen Rechtsanwaltskammer gem. § 14 Abs. 2 RVG zur Frage der Angemessenheit der berechneten Gebühren eingeholt werden müsste. An der Rechtsansicht aus der Vorauflage hierzu wird nicht mehr festgehalten. 21

b) Korrespondenz zur Einholung der Deckungszusage. Die Korrespondenz mit der Rechtsschutzversicherung eignet sich bestens für die Verwendung von Standardtexten. In den letzten Jahren hat sich eine gewisse Dynamik im Bereich der Korrespondenz mit der Rechtsschutzversicherung ergeben, da viele Rechtsschutzversicherer diese Korrespondenz in einem teilweise automatisch ablaufenden Verfahren via Internet bzw. Web-Akte abwickeln, 22

---

[14] Vgl. hierzu im Einzelnen *Buschbell* § 2 Rn. 30 ff., speziell Prüfschema zur Klärung der Eintrittspflicht der Rechtsschutzversicherung, Textkennung: 1000 III. Prüfschema.
[15] *Buschbell/Hering* § 24 Rn. 3 f.
[16] *Madert* XIV Rn. 23.
[17] *Buschbell/Hering* § 24 Rn. 4.

zB die ADAC-Rechtsschutzversicherung über das Verfahren „Amade". In einfach gelagerten Fällen wird so die Korrespondenz auf einen Minimum reduziert. Ein weiterer Vorteil ist, dass in der Regel die Deckungszusagen umgehend oder innerhalb eines Tages vorliegen.

Für Standardtexte kommen folgende Texte in Betracht:
- Meldung Schadenvorgang (neu)
- Meldung Weiterung im Schadenfall, speziell Klageverfahren.

Nachfolgend werden zu den vorgenannten Korrespondenzvorgängen folgende Muster geboten:[18]

aa) Meldung Schadenvorgang (neu)

Muster: Meldung Schadenvorgang (neu)

23
VS-Nr.: ......
VN: ......
Versicherungsschutz für: ......
Ereignisdatum: ......
Anspruchsgrund: ......

Sehr geehrte Damen und Herren,

aus Anlass o. g. Ereignisses hat Ihr VN, zu dessen Gunsten bei Ihnen unter o. g. Mitgliedsnummer eine Rechtsschutzversicherung besteht, Auftrag zur Interessenvertretung erteilt.

Das Mandat wurde übernommen.

Der zugrunde liegende Sachverhalt ist den als Anlage beigefügten Unterlagen zu entnehmen.

Für Ihren VN wird gebeten, für die Tätigkeit bedingungsgemäß Kostenschutz zu gewähren und dies zu bestätigen.

Über den Fortgang und Abschluss der Angelegenheit wird in üblicher Weise berichtet.

Rechtsanwalt

Anlagen

24 *bb) Meldung Weiterung im Schadenfall, speziell Klageverfahren*

Muster: Meldung Weiterung im Schadenfall, speziell Klageverfahren

Schadensache ......

Sehr geehrte Damen und Herren,

in oben bezeichneter Angelegenheit sind wir für Ihren Versicherungsnehmer bzw. mitversicherte Person/en anwaltlich tätig und mit der Geltendmachung von Schadenersatzansprüchen befasst. Für die außergerichtliche Verfolgung der Schadenersatzansprüche haben Sie bereits Kostenzusage erteilt.

Die Ansprüche wurden bisher nicht im gegebenen Umfang durch die gegnerische Haftpflichtversicherung erledigt. Hierzu wird verwiesen auf das Abrechnungs- bzw. Ablehnungsschreiben der gegnerischen Versicherung.

Es ist nunmehr Klage geboten.

Die Rechtsverfolgung bietet Aussicht auf Erfolg. Hierzu wird verwiesen auf den beigefügten Klageentwurf.

Es wird gebeten, für die Durchführung des Prozessverfahrens bedingungsgemäß Kostenschutz zu gewähren und dies nach hier zu bestätigen.

---

[18] Vgl. hierzu auch *Buschbell* § 2 Rn. 35 mit ausführlichen Hinweisen zur Meldung Rechtsschutzfall *Buschbell* Rn. 36.

Im Übrigen sind an Gerichts- und Zustellungskosten einzuzahlen
EUR ......
Es wird gebeten, gleichzeitig diesen Betrag zur Verfügung zu stellen.
Im Übrigen wird, wie üblich, über den Fortgang der Angelegenheit berichtet.

Rechtsanwalt

Anlagen:
1. Abrechnungs- bzw. Ablehnungsschreiben der Versicherung
2. Fotokopie des Klageentwurfs

II. Umfang des Versicherungsschutzes für die Geltendmachung von Schadenersatzansprüchen

1. Die außergerichtliche Geltendmachung

a) *Leistungsumfang.* Der Leistungsumfang der Rechtsschutzversicherung ergibt sich aus § 5 ARB 2010 und ist gleich lautend in die Rechtsschutzbedingungen (GDV-Musterbedingungen) übernommen worden. Der Leistungsumfang ist bzw. war in ARB 75 in § 2 Abs. 1a geregelt.

aa) *Rechtsschutzfall im Inland.* Bei einem Rechtsschutzfall im Inland übernimmt der Versicherer nach § 5 Abs. 1a in sämtlichen Leistungsarten des § 2 ARB 2010 die Kosten für einen beliebigen, für den VN tätigen Rechtsanwalt.

bb) *Interessenwahrnehmung in größerer Entfernung vom Wohnsitz des VN.* In dem Fall, in dem eine gerichtliche Interessenwahrnehmung in größerer Entfernung vom Wohnsitz des VN notwendig wird, legt § 5 Abs. 1a S. 3 ARB 2000 fest, dass der Versicherungsschutz bei Leistungsarten gemäß §§ 2a bis g ARB 2010 (also nicht für Fälle des Straf- und Ordnungswidrigkeitenrechtsschutzes) auch weitere Kosten für einen im LG-Bezirk des VN ansässigen Rechtsanwalt umfasst, und zwar, wie schon in § 2 Abs. 1a S. 4 ARB 75, bis zur Höhe der gesetzlichen Vergütung eines Verkehrsanwaltes gemäß VV 3400 ff.[19] Wird kein Verkehrsanwalt eingeschaltet, tragen die Rechtsschutzversicherer in der Regel die anfallenden Gebühren des Rechtsanwaltes für Reiskosten und sonstige Auslagen nach VV 7003 bis 7006 RVG bis zur Höhe der Verkehrsanwaltsgebühr.[20] Dies sollte der Rechtsanwalt aber mit der Rechtsschutzversicherung vorab klären.

cc) *Versicherungsschutz bei Auslandsunfall.* In § 5 Abs. 1b ARB 2010 ist der Umfang des Versicherungsschutzes für die Vergütung des für den VN tätigen Anwaltes bei einem Auslandsunfall festgelegt. Abweichend von § 2 Abs. 1a S. 2 ARB 75 trägt die Rechtsschutzversicherung in diesem Fall die gesetzliche oder übliche Vergütung eines am Ort des zuständigen Gerichts ansässigen, also nicht eines gerichtsbezirksfremden, ausländischen Anwaltes oder rechts- sowie sachkundigen Bevollmächtigten oder aber auch eines im Inland zugelassenen Anwaltes.

Für einen im Inland ansässigen Anwalt trägt der Versicherer in diesem Fall dessen Kosten bis zur Höhe der gesetzlichen Vergütung, die entstanden wäre, wenn das Gericht am Kanzleisitz des Anwaltes zuständig wäre. Beauftragt der VN in einem solchen Fall später doch noch zusätzlich einen ausländischen Anwalt, besteht für die Kosten des inländischen Anwalts nur Versicherungsschutz, soweit dieser als Verkehrsanwalt tätig wird.[21]

Beim Unfall im Ausland ergibt sich hinsichtlich der Korrespondenzgebühr eine Besonderheit. Wohnt der VN mehr als 100 km Luftlinie vom zuständigen ausländischen Gericht entfernt und ist ein ausländischer Anwalt oder Bevollmächtigter für ihn tätig, übernimmt die Rechtsschutzversicherung gemäß § 5 Abs. 1b S. 6 ARB 2010 zusätzlich eine Korrespon-

---
[19] *Harbauer* ARB 2000 § 5 Rn. 27.
[20] Vgl. auch *Harbauer* ARB 2000 § 5 Rn. 72.
[21] *Harbauer* ARB 2000 § 5 Rn. 85.

denzgebühr, und zwar bis zur Höhe der gesetzlichen Vergütung eines Verkehrsanwaltes gemäß Nr. 3400 VV-RVG. Diese Erweiterung des Leistungsumfanges gilt für sämtliche Leistungsarten des § 2 ARB mit Ausnahme des Leistungsfalles des § 2 lit. k (Beratungsrechtsschutz).

31 Die ARB 2008 erweitern in § 5 Abs. 1b S. 7 den Versicherungsschutz für den Fall, dass der Rechtsschutz durch einen Kraftfahrunfall im europäischen Ausland eingetreten ist und eine zunächst betriebene Regulierung mit dem Schadenregulierungsbeauftragten bzw. der Entschädigungsstelle im Inland erfolglos geblieben ist, so dass eine Rechtsverfolgung im Ausland notwendig wird. In diesen Fällen trägt der Rechtsschutzversicherer zusätzlich die Kosten eines inländischen Rechtsanwaltes bei der Regulierung mit dem Schadensregulierungsbeauftragten bzw. der Entschädigungsstelle im Inland für dessen gesamte Tätigkeit im Rahmen der gesetzlichen Gebühren bis zu einer Höhe von ...... Euro. Die Limitierung der Gebühren soll eine nicht zu kalkulierende Leistungspflicht des Rechtsschutzversicherers verhindern. Generell trägt der Rechtsschutzversicherer aber bei Scheitern der Regulierung im Inland die im Ausland entstehenden Kosten. Diese Regelung ist im Hinblick auf die 4. KH-Richtlinie (2000/26/EG vom 15.5.2000) sowie die 5. KH-Richtlinie (2005/14/EG vom 11.5.2005) erfolgt. Im Einzelfall kann es auch nach Inkrafttreten der 5. KH-Richtlinie, die auch eine Klagemöglichkeit am Wohnort des Unfallopfers ermöglicht, empfehlenswert sein, im Ausland zu klagen, vor allem dann, wenn die Entschädigung immaterieller Ansprüche ansteht. So sind zB die Entschädigungen für immaterielle Personenschäden in Italien deutlich höher als in Deutschland. Der Rechtsanwalt muss daher genau überprüfen, welches Recht zur Anwendung kommt. Es ist nicht immer empfehlenswert, den Auslandsunfall im Inland gerichtlich zu klären. Als grobe Richtlinie heißt es allgemein: Blech ja, Blut nein.

32 Aber auch bei materiellen Ansprüchen ist manchmal das ausländische Recht/Gericht vorzuziehen, zumal bei ungeklärter Schuldfrage. So wird zum Beispiel bei ungeklärter Schuldfrage nach französischem Recht keine Schadenteilung vorgenommen, sondern jede Seite ersetzt den Schaden des anderen.

33 Nach der erfreulichen Rechtsprechung des EuGH[22] (passive Zustellungsmacht des Schadensregulierungsbeauftragten) kann nunmehr auch die ausländische Versicherung am Wohnort des Geschädigten verklagt werden, ohne dass die Klage im Ausland zugestellt werden muss. Zustellungsbevollmächtigter ist jetzt der im Inland eingeschaltete Schadensregulierungsbeauftragte. Hierdurch entfallen auch die Kosten für eine früher notwendige Übersetzung der Klage bzw. Schriftsätze in die fremde Sprache. Dies führt zu einer wesentlichen Verbesserung und Beschleunigung dieser Verfahren, zumal auch die nicht unbeträchtlichen Kosten für eine Übersetzung entfallen, was zu einer spürbaren Entlastung der Rechtsschutzversicherung führt.

34 Zu beachten, dass die Rechtsschutzversicherung auch die Kosten der Reisen des Versicherungsnehmers zu einem ausländischen Gericht, wenn das Erscheinen als Partei vorgeschrieben ist, gemäß § 5 Abs. 1 lit. g ARB 2010 zu tragen hat.

35 **b) Versicherungsumfang.** Der in den §§ 21–28 ARB dem Versicherungsnehmer zustehende Versicherungsschutz wird auch gemäß § 15 ARB 2010 mitversicherten Personen gewährt. Also besteht Versicherungsschutz nicht nur für den Versicherungsnehmer, sondern auch für sonstige im Versicherungsschein bezeichnete Personen im jeweils bestimmten Umfang. Diese Personen sind jeweils durch denselben Vertrag wie der VN mitversichert, ohne selbst VN zu sein.

36 Im Übrigen ist in § 15 Abs. 1 S. 2 ARB 2010 geregelt, dass mittelbar Geschädigte für die Geltendmachung gesetzlicher Schadenersatzansprüche Versicherungsschutz haben. Dies gilt allerdings nur für natürliche Personen als[23] Antragsteller.

37 Zu beachten ist jedoch, dass Mitversicherte untereinander und gegen den VN keinen Versicherungsschutz haben. Dies ist jetzt geregelt in § 3 Abs. 4a und b ARB 2010, früher in § 11 Abs. 2 S. 2 ARB 75. Diese Konstellation kann von Bedeutung sein in dem Fall, in dem die mitversicherte Ehefrau Schadenersatzansprüche geltend macht. Hier kommt Rechts-

---

[22] Urteil vom 10.10.2013 Rechtssache C-306/12=DAR 2013, 699: NJW 2014, 44; ZfS 2013, 689.
[23] *van Bühren/Plote* ARB 2010 § 15 Rn. 4.

schutzdeckung nicht in Betracht in dem Fall, in dem der Ehemann als Versicherungsnehmer das Fahrzeug gelenkt hat. Wohl aber ist Versicherungsschutz zu gewähren, wenn die Schadenersatzansprüche direkt gegen die Kraftfahrthaftpflichtversicherung gemäß § 3 PflVG als Direktanspruch geltend gemacht werden. Soweit der Rechtsanwalt aber in diesem Fall auch die Interessen des Ehemanns vertritt, kann hier ein Fall der Interessenkollision vorliegen!

2. Gerichtliches Beweisverfahren

Für das gerichtliche Beweisverfahren kommt Rechtsschutzdeckung gemäß § 5 Abs. 1 lit. f ARB 94 in Betracht. Die Regelung des § 5 Abs. 1 lit. f ARB 94 regelt die übliche Vergütung eines öffentlich bestellten technischen Sachverständigen. Insbesondere ist hervorzuheben, dass zu erstatten ist die übliche Vergütung eines im Ausland ansässigen Sachverständigen in Fällen der Geltendmachung von Ersatzansprüchen wegen der im Ausland eingetretenen Beschädigung eines Motorfahrzeuges zu Lande sowie Anhängers.

Im Übrigen ist in diesem Zusammenhang darauf hinzuweisen, dass die Regelungen zur Tragung der Kosten für Sachverständige, die vom Gericht herangezogen werden, in § 5 Abs. 1 lit. c ARB 2010 geregelt sind.

3. Gebühren für die Bestellung eines Pflegers

Ist es erforderlich, für die Geltendmachung eines Anspruches die Bestellung eines Pflegers zu beantragen, so kommt Rechtsschutzdeckung in Betracht. Dies gilt insbesondere für einen Antrag auf Betreuung nach §§ 1896 ff. BGB (früher Gebrechlichkeitspflegschaft nach § 1910 BGB) zum Zwecke der gerichtlichen Geltendmachung, zB eines Schmerzensgeldanspruches eines geschäftsunfähigen Schwerverletzten.[24]

Ebenso ist Rechtsschutzdeckung zu gewähren für die Einholung der vormundschaftsgerichtlichen Genehmigung zu einem Abfindungsvergleich über einen unter Versicherungsschutz stehenden Schadenersatzanspruch.[25] In Betracht kommt auch Versicherungsschutz für die Beantragung des Erbscheines, wenn dieser erforderlich ist, um die Berechtigung für die Geltendmachung des übergegangenen Anspruches auf Schmerzensgeld geltend zu machen.

4. Im Prozessverfahren

Der Leistungsumfang ist in § 5 ARB 2010 geregelt. In § 5 Abs. 1 ARB 2010 ist geregelt, in welcher Höhe der Versicherer die Vergütung des für den VN tätigen Rechtsanwaltes zu übernehmen hat. Hier ist zu unterscheiden zwischen Rechtsschutzfällen im Inland (§ 5 Abs. 1a ARB 2010 sowie in § 5 Abs. 1b ARB 2010 für Rechtsschutzfälle im Ausland. Nach der genannten Vorschrift trägt die Rechtsschutzversicherung die Anwaltsvergütung des ausländischen Anwaltes sowie die Korrespondenzgebühr.

Der Rechtsschutzversicherer trägt das Kostenrisiko im Prozessfall, also für die gesamten Anwaltsvergütungen, die Gerichtskosten einschließlich der Entschädigung für Zeugen und Sachverständige, die vom Gericht herangezogen werden, sowie die Kosten des Gerichtsvollziehers.

Der Rechtsschutzversicherer ist an eine Streitwertfestsetzung gebunden.[26] Ebenso ist eine Rechtsschutzversicherung an eine Entscheidung gemäß § 91a ZPO gebunden. Dies gilt insbesondere, wenn die Parteien sich in der Hauptsache vergleichen, ohne sich über die Kosten einigen zu können. Erlässt das Gericht in diesem Fall einen Beschluss nach § 91a ZPO, ist der Rechtsschutzversicherer daran auch gebunden, wenn die Entscheidung nicht der Quote des Obsiegens und Unterliegens entspricht.[27] Häufig steht der Abschluss eines Vergleiches mit der Kostenregelung in einem engen Zusammenhang. Hier ist beachten, dass die Rechtsschutzversicherung gem. § 5 Abs. 3b) bei einer einverständlichen Regelung nicht die Kosten

---
[24] BGH NJW 1986, 1039 = VersR 1986, 292.
[25] LG Hanau zfs 1995, 431; vgl. auch *Harbauer* ARB 75 § 4 Rn. 130 a.
[26] AG Stuttgart NJOZ 2004, 1782.
[27] OLG Hamm r+s 2005, 246.

übernimmt, soweit sie nicht dem Verhältnis des vom VN angestrebten Ergebnisses zum erzielten Ergebnis entsprechen, es sei denn, dass eine hiervon abweichende Kostenverteilung gesetzlich vorgeschrieben ist. In solchen Fällen empfiehlt sich entweder eine vorherige Kontaktaufnahme mit dem Rechtsschutzversicherer oder das Gericht entscheidet über die Kosten. eine Kostenentscheidung des Gerichts (bei Verzicht auf Begründung und Rechtsmittel) hat den Vorteil, dass der Rechtsschutzversicherer an diese Entscheidung gebunden ist. Auf der anderen Seite fallen durch die Entscheidung des Gerichtes Kosten an, so dass der Vergleich nicht kostenprivilegiert ist.

45 Wichtig ist zu beachten, dass Unfälle sich auch häufig in größerer Entfernung vom Wohnort des Versicherungsnehmers ereignen. In dem Fall, dass eine gerichtliche Interessenwahrnehmung in größerer Entfernung vom Wohnsitz des VN notwendig wird, ist in § 5 Abs. 1a S. 3 ARB 2010 geregelt, dass der Versicherungsschutz bei den Leistungsarten gemäß §§ 2a–g ARB 2010 auch weitere Kosten für einen im Landgerichtsbezirk des VN ansässigen Rechtsanwalt umfasst, und zwar bis zur Höhe der gesetzlichen Vergütung eines „Verkehrsanwaltes", also die Verkehrsanwaltsgebühr gemäß VV 3400 ff. Voraussetzung ist jedoch, dass der zweite Anwalt tatsächlich tätig wird.[28] Die Mindestentfernung zwischen Wohnort des VN und Gerichtsort ist auf 100 km „Luftlinie" festgelegt.[29] Trotz des Wortlauts „Luftlinie" sind nicht die Luftlinie maßgebend, sondern Straßen- oder Bahnkilometer nach amtlichen Entfernungsangaben.[30]

46 In § 5 Abs. 1b ARB 2010 ist der Umfang des Versicherungsschutzes für die Vergütung des für den VN tätigen Anwaltes bei einem Rechtsschutzfall im Ausland geregelt. Nach dieser Regelung übernimmt der Versicherer in diesem Fall die – gesetzliche oder übliche – Vergütung eines am Ort des zuständigen Gerichts ansässigen ausländischen Anwalts oder aber eines im Inland zugelassenen Anwaltes. Auch im Prozessfall gilt in gleicher Weise der Versicherungsschutz wie bei außergerichtlicher Vertretung (vgl. hierzu vorstehend Rn. 20 bis 22 insbesondere zu der neuen erweiterten Kostenregelung in § 5 Abs. 1b ARB 2010).

Im Prozessverfahren bemisst sich die Korrespondenzgebühr nach Nr. 3400 VV-RVG, § 13 RVG.

III. Einzelne Leistungsansprüche gegen die Rechtsschutzversicherung

1. Rechtsschutz und Hebegebühr

47 Die Übernahme der gemäß VV 1009 ff. anfallenden Hebegebühr durch die Rechtsschutzversicherung wird nach überwiegender Meinung abgelehnt mit der Begründung, dass es sich hierbei um eine unnötige Kostenerhöhung handele, die der VN zu vermeiden hat. Etwas anderes muss jedoch gelten in komplizierter gelagerten Fällen und bei notwendiger Verwaltung des Geldes als Treuhänder.[31]

2. Versicherungsschutz für Nebenverfahren

48 Der Versicherungsschutz erstreckt sich auch auf die zur Durchsetzung der Schadenersatzansprüche notwendigen Nebenverfahren, zB im Beweisverfahren sowie Verfahren wegen einer einstweiligen Verfügung, Schiedsgerichtsverfahren oder Verfahren vor Einigungs- und Schlichtungsstellen, sofern und soweit diese Interessenvertretung des VN iSv § 1 ARB 2010 erforderlich ist. Eingeschlossen ist auch die evtl. notwendige Zwangsvollstreckung.[32]

3. Abrategebühr

49 Auch in den Fällen, in denen nach Eintritt eines Versicherungsfalles iSv § 4 Abs. 1 ARB 2010, also zB nach einem Verkehrsunfall, ein Anwalt konsultiert wird und wenn dieser

---

[28] Harbauer ARB 2000 § 5 Rn. 72.
[29] Harbauer ARB 94 § 5 Rn. 4.
[30] Prölls/Martin/Armbrüster § 5 ARB 2008/II Rn. 23; van-Bühren/Plote ARB 2010 § 5 Rn. 29.
[31] Vgl. Harbauer ARB 75 § 2 Rn. 42.
[32] Harbauer ARB 75 § 2 Rn. 20.

von einer Rechtsverfolgung abrät, weil er diese nicht für hinreichend aussichtsreich hält, kommt für die dann anfallende Abrategebühr Versicherungsschutz in Betracht.[33]

Hieraus folgt, dass zB über die Erfolgsaussicht der beabsichtigten Verfolgung von Scha- 50 denersatzansprüchen oder zum Vorgehen aus Versicherungsverträgen gegen die eigene Versicherung, wenn der Anwalt von einer Weiterverfolgung der Rechte abrät, Versicherungsschutz zu gewähren ist. Voraussetzung ist jedoch, dass das Risiko, auf das sich der anwaltliche Rat bezieht, selbst unter Versicherungsschutz steht. Im Grunde genommen handelt es sich nicht um eine „Abratgebühr", sondern um die Beratungsgebühr.

IV. Die Erstattung der Gebührendifferenz bei Teilregulierung

Werden die dem Geschädigten bei außergerichtlicher Geltendmachung entstandenen 51 Schäden und damit auch die Anwaltskosten nur zum Teil ersetzt, so besteht hinsichtlich der darüber hinausgehenden Geltendmachung von Schadenersatzansprüchen und der hierdurch bedingten höheren Gebühren ein Freistellungsanspruch des Mandanten bzw. VN gegenüber der Rechtsschutzversicherung. Beachtlich hierbei ist, dass die ursprünglich weitergehende Geltendmachung von Schadenersatzansprüchen sachlich gerechtfertigt war, und zwar bezogen auf den Zeitpunkt der Geltendmachung der Ansprüche. Werden die weitergehenden Ansprüche nicht gerichtlich weiterverfolgt, so ergibt sich ein Freistellungsanspruch gegenüber der Rechtsschutzversicherung hinsichtlich der verbleibenden Gebührendifferenz. Hier ist nach folgendem Schema abzurechnen:
- Gebührenanspruch aus Gesamtgegenstandswert
- abzüglich der vom Schädiger bzw. dessen Versicherung gezahlten Gebühren, bezogen auf den regulierten Teilbetrag.

Hat bei einer quotenmäßigen Haftung die Haftpflichtversicherung des Schädigers die an- 52 gefallenen Gebühren nur teilweise zu tragen, so kommt in Betracht, dass die Rechtsschutzversicherung die Kostendifferenz trägt zwischen den Gebühren, die insgesamt angefallen sind, abzüglich der Gebühren, die die Haftpflichtversicherung des Schädigers gezahlt hat. Hierzu das folgende Abrechnungsbeispiel:

Die Abrechnung stellt sich beispielsweise wie folgt dar: 53

Gegenstandswert der insgesamt geltend gemachten Forderung: 10.000,– EUR	
1,3 Geschäftsgebühr gemäß Nr. 2300 VV RVG	725,40 EUR
Auslagenpauschale gemäß Nr. 7002 VV RVG	20,– EUR
Summe	745,40 EUR
19 % Umsatzsteuer gemäß Nr. 7008 VV RVG	141,63 EUR
insgesamt angefallene Gebühren	887,03 EUR

Berechnung der von der Haftpflichtversicherung zu zahlenden Gebühren bei der Regulierung eines Betrages von 5.000,– EUR ergibt folgende Gebührenrechnung:

Gegenstandswert: 5.000,– EUR		
1,3 Geschäftsgebühr gemäß Nr. 2300 VV RVG	393,90 EUR	
Auslagenpauschale gemäß Nr. 7002 VV RVG	20,– EUR	
Summe	413,90 EUR	
19 % Umsatzsteuer gemäß Nr. 7008 VV RVG	78,64 EUR	
Summe		492,54 EUR
Hiernach bleibt eine Gebührendifferenz zu Lasten des Mandanten von		394,49 EUR

Von diesem im dargestellten Beispiel errechneten Gebührenbetrag hat die Rechtsschutzversicherung den Mandanten freizustellen.

Häufig wird bei der Abwicklung eines verkehrsrechtlichen Mandates übersehen, diese 54 Gebührendifferenz gegenüber dem Mandanten zu liquidieren und insbesondere den Freistellungsanspruch gegenüber der Rechtsschutzversicherung geltend zu machen.[34]

---

[33] *Harbauer* ARB 75 § 17 Rn. 3 a.; *van Bühren/Plote* ARB 2010 § 1 Rn. 76–81a.
[34] Vgl. auch *Fleischmann/Hillmann* § 8 Rn. 349 ff. mit Berechnungsbeispielen.

V. Vorgehen bei Differenzen über Versicherungsschutz, Stichentscheid oder Schiedsverfahren

1. Nach ARB 75

55   Ist die Rechtsschutzversicherung gemäß § 17 S. 1 ARB 75 der Auffassung, dass die Wahrnehmung rechtlicher Interessen des Versicherungsnehmers keine hinreichende Aussicht auf Erfolg bietet oder mutwillig erscheint, so kann sie ihre Leistungspflicht verneinen. Dies hat sie dem Versicherungsnehmer unter Angabe der Gründe unverzüglich schriftlich mitzuteilen. Im Übrigen ist zu beachten, dass bei dem Vorwurf der Verletzung einer Vorschrift des Straf- und Ordnungswidrigkeitenrechtes die Rechtsschutzversicherung in der Tatsacheninstanz die Erfolgsaussicht nicht zu prüfen hat.[35]

2. Nach ARB 94

56   Anstelle des früheren in § 17 ARB 75 geregelten Stichentscheides ist in § 18 ARB 94 das „Schiedsgutachten bei Ablehnung des Rechtsschutzes" durch den Versicherer geregelt. In Betracht kommt, dass der Versicherer den Rechtsschutz wegen groben Missverhältnisses oder fehlender Erfolgsaussicht ablehnt.

57   Bei der Beurteilung der Frage, ob „hinreichende Aussicht auf Erfolg" gegeben ist und ob die Rechtsverfolgung „nicht mutwillig erscheint", ist Orientierung möglich an den Voraussetzungen für die Bewilligung von Prozesskostenhilfe. Hieraus folgt, dass die Notwendigkeit der Wahrnehmung rechtlicher Interessen im Rahmen einer Rechtsschutzversicherung nur und erst dann zu bejahen ist, wenn bei dem gegebenen Sachverhalt einer Partei Prozesskostenhilfe zu gewähren ist. Die Anforderungen an die Erfolgsaussicht entsprechen den sachlichen Voraussetzungen für die Gewährung von Prozesskostenhilfe.[36]

58   Auch nach OLG Köln[37] decken sich die sachlichen Voraussetzungen der Bewilligung der Prozesskostenhilfe mit der hinreichenden Aussicht auf Erfolg der Rechtsverfolgung in der Rechtsschutzversicherung.[38]

59   Die Stellungnahme des Rechtsanwaltes genügt den inhaltlichen Anforderungen an einen Stichentscheid, wenn unter zulässiger Bezugnahme auf die dem Versicherer vorliegende Berufungsbegründung klargestellt wird, dass der Anwalt mit bindender Wirkung im Gegensatz zu der ihm bekannten Auffassung des Versicherers darlegen wollte, dass er die Rechtsverfolgung des Versicherungsnehmers für aussichtsreich halte.[39]

3. Nach ARB 2000/2010

60   In die ARB 2000 sind sowohl das Schiedsverfahren als auch der Stichentscheid übernommen worden. § 18 der ARB ist in den Muster-ARB in zwei Alternativen vorhanden. In den ARB 2010 sind gleichfalls sowohl Schiedsgutachterverfahren wie auch Stichentscheid (§ 3a) aufgeführt.

61   Überwiegend hat sich bei den Rechtsschutzversicherern das Stichentscheid-Verfahren in den ARB durchgesetzt. Dies aber wohl deshalb, weil weder das Schiedsgutachterverfahren noch der Stichentscheid eine besondere Bedeutung haben, so dass die Rechtsschutzversicherer es überwiegend bei der alten Regelung des Stichentscheides belassen haben.[40]

VI. Rechtsschutz-Schaden-Service-Gesellschaft

62   Zahlreiche Rechtsschutzgesellschaften haben bereits mit Genehmigung der Bundesanstalt für Finanzdienstleistungsaufsicht (BaFin) von der Option gemäß § 126 Abs. 1 VVG Ge-

---

[35] Vgl. hierzu im Einzelnen *Buschbell/Hering* § 32 Rn. 1 ff. sowie *Mathy* S. 824, Stichwort „Stichentscheid".
[36] BGH VersR 1990, 414 ff.
[37] Vgl. zfs 1989, 307 f.
[38] Vgl. im Übrigen *Beck* DAR 1995, 306.
[39] OLG Karlsruhe r+s 1996, 271.
[40] *van Bühren/Plote* ARB 2010 § 3a Rn. 2.

brauch gemacht, mit der Leistungsbearbeitung ein selbstständiges Schadenabwicklungsunternehmen zu beauftragen. Hierbei handelt es sich um einen Funktionsausgliederungsvertrag. Gem. § 126 Abs. 2 VVG können Ansprüche auf die Versicherungsleistung aus einem Vertrag über eine Rechtsschutzversicherung in diesem Fall nur gegen dieses geltend gemacht werden.

VII. Die Auswirkungen der 4. und 5. KH-Richtlinie auf den Rechtsschutzfall im Ausland

1. Inhalt und Ziel der 4. KH-Richtlinie für Auslandsschäden

Mit der Schadenregulierung nach den Grundsätzen der 4. KH-Richtlinie werden sich 63 zwei neue Verfahren in der Abwicklung ergeben, nämlich
- das Verfahren vor dem inländischen Regulierungsbeauftragten und ersatzweise oder anschließend
- das Verfahren vor der Entschädigungsstelle.

In beiden Verfahren ist Gegenstand die rechtliche Interessenwahrnehmung zur Durchsetzung von Schadenersatzansprüchen aus einem Verkehrsunfallereignis.

2. Die Regelungen zum Auslandsschaden

a) **Die unterschiedlichen Regelungen in den ARB.** Zunächst ist zu beachten, dass der Aus- 64 landsschaden unterschiedlich definiert ist nach ARB 2000/94 sowie ARB 75.

Abweichend von der früheren Sachlage bei einem Auslandsschadenfall hat nicht mehr nur die Interessenwahrnehmung in Ermangelung inländischer Verfahrensmöglichkeiten zwingend im Ausland zu erfolgen. Nunmehr wird durch die Schaffung eines rechtsstaatlich anerkannten Verfahrens vor dem inländischen Regulierungsbeauftragten der ausländischen Versicherung die Interessenwahrnehmung für den Versicherungsnehmer im Inland zum Standardfall, quasi der Auslandsfall zum „normalen" Inlandsfall. Es ist davon auszugehen, dass die Einschaltung eines außergerichtlich tätigen ausländischen Rechtsanwaltes gemäß 4. KH-Richtlinie zum Ausnahmefall wird. Nach bisheriger Erfahrung lassen sich 90 % und mehr der Fälle außergerichtlich regulieren und die Geschädigten wenden sich zunächst an den Regulierungsbeauftragten, ersatzweise auch anschließend an die Entschädigungsstelle.

Auch nach In-Kraft-Treten der 4. KH-Richtlinie bleibt die Möglichkeit, den Schädiger 65 oder dessen KH-Versicherung unmittelbar im Ausland in Anspruch zu nehmen. Dies dürfte jedoch angesichts der nunmehr geschaffenen Möglichkeit zur Inanspruchnahme im Inland kaum vorkommen oder jedenfalls der Ausnahmefall bleiben.

Problematisch können jedoch die Fälle werden, in denen nach Scheitern der außergericht- 66 lichen Bemühungen – einschließlich der Interessenwahrnehmung vor der Entschädigungsstelle – doch noch eine Klage im Ausland gegen den Schädiger oder die ausländische Versicherung notwendig wird. In diesen Fällen wird es erforderlich, einen zweiten Rechtsanwalt, und zwar den im Ausland, einzuschalten. Dies könnte bedeuten, dass in derselben Sache ein zweiter Rechtsanwalt eingesetzt werden würde, dessen Kosten dann nicht mehr gedeckt wären.

Hier stellt sich die Frage, ob diese Fallgestaltung der Kostenbeschränkung für die Kosten 67 nur eines Anwaltes unterfällt. Dieser Sachverhalt ist jedoch so zu beurteilen, dass aufgrund der bei der 4. KH-Richtlinie gegebenen Rechtslage die nach gescheiterter außergerichtlicher Regulierung im Inland notwendige Beauftragung eines ausländischen Anwaltes als ein einheitliches, insgesamt auf Schadenersatz gerichtetes Verfahren zu werten ist. Dies ist als ein Fall notwendigen Anwaltswechsels zu beurteilen. Hier kommen daher die Grundsätze zum Tragen, dass die Rechtsschutzversicherung bei notwendigem Anwaltswechsel auch die Kosten des zweiten Rechtsanwalts zu übernehmen hat. Somit umfasst die Rechtsschutzdeckung die Eintrittspflicht für
- das Verfahren vor dem Regulierungsbeauftragten,
- der Entschädigungsstelle und

- erforderlichenfalls nach Scheitern der inländischen Regulierung für das im Ausland durchzuführende Prozessverfahren.

Diese Bedingungslage gilt bei Anwendung der ARB 75 und ggf. mit Erweiterungsklausel (Klausel 46).

68 Für die nach ARB 2000/94 notwendige rechtliche Interessenwahrnehmung im Auslandsschadenfall ist zunächst beachtlich, dass nicht darauf abzustellen ist, wo diese erfolgt oder erfolgen kann, sondern dass bei Eintritt des Schadenereignisses im Ausland die Regelung über den Auslandsschaden Anwendung findet.

69 Hierbei stellt sich die Frage, ob die bei nicht erfolgreicher Regulierung des Auslandsschadens durch den Schadenregulierungsbeauftragten erforderliche Einschaltung des ausländischen Rechtsanwaltes im Prozessfall dazu führt, dass die Gebühren des inländischen Rechtsanwaltes zusätzlich als Verkehrsanwalt zu übernehmen sind.

Die ARB 2010 haben auf die aktuelle Rechtslage abgestellt. § 5 Abs. 1 S. 7 lautet:

„Ist der Rechtsschutzfall durch einen Kraftfahrtunfall im europäischen Ausland eingetreten und eine zunächst betriebene Regulierung mit dem Schadenregulierungsbeauftragten bzw. der Entschädigungsstelle im Inland erfolglos geblieben, so dass eine Rechtsverfolgung im Ausland notwendig wird, trägt der Versicherer zusätzlich die Kosten eines inländischen Rechtsanwaltes bei der Regulierung mit dem Schadenregulierungsbeauftragten bzw. der Entschädigungsstelle im Inlands für dessen gesamte Tätigkeit im Rahmen der gesetzlichen Gebühren bis zur Höhe von …EUR."

In der Regel haben die Rechtsschutzversicherer die Höhe der Gebühr auf eine 1,5-fache Gebühr nach VV 2300 RVG festgeschrieben.

70 Die Gesamtregelung der verschiedenen ARB ist recht undurchsichtig. Der Rechtsanwalt muss daher in Zweifelsfällen immer die aktuellen, dem jeweiligen Rechtsschutzvertrag zu Grunde liegenden ARB einsehen. Da die Mandanten in der Regel diese ARB nicht in Händen haben, muss der Rechtsanwalt sie beim Rechtsschutzversicherer anfordern.

71 Auch die Internetrecherche gestaltet sich schwierig, da die Rechtsschutzversicherer die ARB gut verstreckt (teilweise auch überhaupt nicht) zugänglich machen. Eine beinahe vollständige Auflistung der zugänglichen ARB findet sich unter http://www.rsv-blog.de/arb-rechtsschutzbedingungen.

72 **b) Darstellung zur Bedingungslage des Rechtsschutz-Auslandsschadens**

Bedingungslage des Rechtsschutz-Auslandsschadens
Versicherungsfall nach ARB 75: „Wahrnehmung der rechtlichen Interessen im Ausland"
- **ARB 75** (vor 1992)
  - übernommen werden die Kosten eines Rechtsanwalts
  - der Rechtsanwalt muss am Ort des zuständigen Gerichtes wohnhaft oder bei diesem Gericht zugelassen sein
- **ARB 75 mit Erweiterungsklausel,** sog. Klausel 46
  - wie oben
  - übernommen werden zusätzlich in verkehrsrechtlichen Angelegenheiten die Kosten **eines** inländischen Korrespondenzanwaltes

Versicherungsfall nach ARB 94/2000: „Eintritt des Rechtsschutzfalles im Ausland"
- **ARB 94/2000**
  - Übernommen werden
  - die Kosten **eines** am Ort des zuständigen Gerichtes ansässigen ausländischen Rechtsanwalts oder rechts- und sachkundigen Bevollmächtigten
- **oder**
  - eines im Inland zugelassenen Rechtsanwalts.
  - bei Beauftragung eines ausländischen Rechtsanwalts die Kosten eines inländischen Korrespondenzanwalts.

Quelle: *Schlitt,* Auswirkungen der 4. KH-Richtlinie auf den Auslandsschadensfall-Rechtsschutz, Vortrag Interiura Fachtagung, Düsseldorf, 2001

3. Auswirkungen der 4. KH-Richtlinie auf die Abwicklung des Auslandsschadenfalles, speziell im Straßenverkehrsrecht, sowie 5. KH-Richtlinie

Für die Organisation und Abwicklung des Rechtsschutz-Auslandsschadens bedeutet die Bedingungs- und Variantenvielfalt zunächst, dass genau darauf geachtet werden muss, welches Bedingungswerk dem Vertrag des jeweiligen Versicherungsnehmers zugrunde liegt. 73

a) ARB 2000/94. Beim Auslandsschadenfall wendet der Versicherungsnehmer sich in der Praxis zunächst an die Rechtsschutzversicherung. Diese wiederum kann wegen der Möglichkeit der Geltendmachung der Ansprüche bei dem Schadenregulierungsvertreter sich an einen inländischen Anwalt wenden. Dies wird die Praxis sein. Auch hat er die Möglichkeit, sich an einen ausländischen Anwalt zu wenden bei gleichzeitiger Beauftragung eines Korrespondenzanwaltes. Dies wird verdeutlicht durch die nachstehende Übersicht: 74

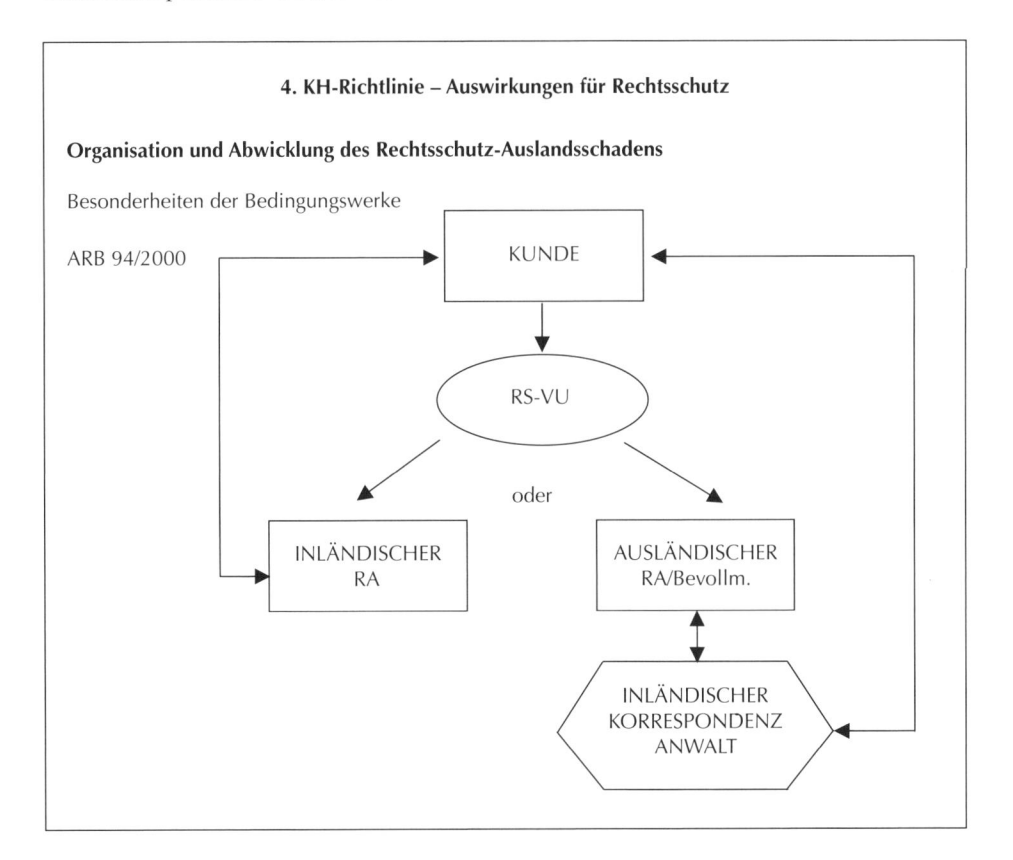

4. KH-Richtlinie – Auswirkungen für Rechtsschutz

Organisation und Abwicklung des Rechtsschutz-Auslandsschadens

Besonderheiten der Bedingungswerke

ARB 94/2000 → KUNDE ←

KUNDE → RS-VU

RS-VU → INLÄNDISCHER RA oder AUSLÄNDISCHER RA/Bevollm.

AUSLÄNDISCHER RA/Bevollm. ↔ INLÄNDISCHER KORRESPONDENZ ANWALT

Quelle: *Schlitt*, Auswirkungen der 4. KH-Richtlinie auf den Auslandsschadensfall-Rechtsschutz, Vortrag Interiura Fachtagung, Düsseldorf, 2001

b) ARB 75. Besteht für den Versicherungsnehmer Rechtsschutzdeckung nach ARB 75, so sind seine Möglichkeiten beim Schadenfall im Ausland eingeschränkt. Dies verdeutlicht die nachstehende Übersicht: 75

4. KH-Richtlinie – Auswirkungen für Rechtsschutz

Organisation und Abwicklung des Rechtsschutz-Auslandsschadens
Besonderheiten der Bedingungswerke

ARB 75, ARB 75 mit Erweiterungsklausel

[Diagramm: KUNDE → RS-VU → INLÄNDISCHER RA (durchgestrichen) / AUSLÄNDISCHER RA; KUNDE → RS-VU → INLÄNDISCHER RA (durchgestrichen) / AUSLÄNDISCHER RA ↔ INLÄNDISCHER KORRESPONDENZANWALT]

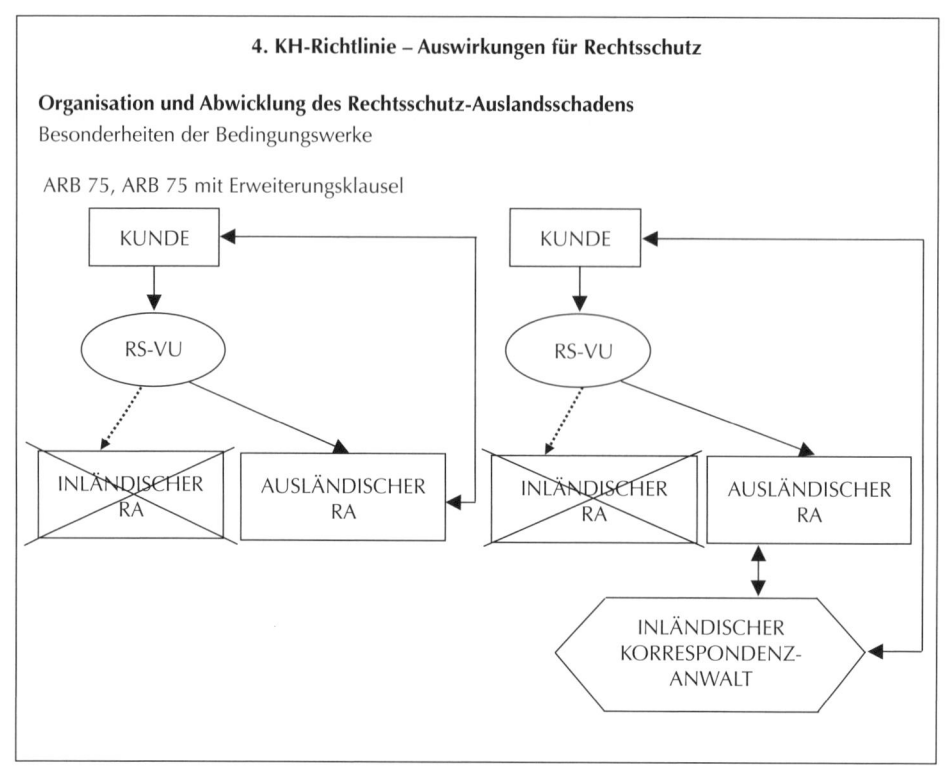

Quelle: *Schlitt*, Auswirkungen der 4. KH-Richtlinie auf den Auslandsschadensfall-Rechtsschutz, Vortrag Interiura Fachtagung, Düsseldorf, 2001

76   Hervorzuheben ist, dass bei einem Rechtsschutzvertrag nach ARB 75 zunächst nur der ausländische Anwalt beauftragt werden kann. Bei ARB 75 mit Erweiterungsklausel kommt auch zusätzlich die Möglichkeit in Betracht, einen inländischen Korrespondenzanwalt zu beauftragen. Es wird jedoch davon auszugehen sein, dass bei Abwicklung nach den Regeln der 4. KH-Richtlinie auch beim Auslandsschadenfall die Einschaltung eines inländischen Anwaltes möglich sein wird. Hierbei stellt sich jedoch die Frage von Mehrkosten, wenn die Schadenregulierung nicht durch den inländischen Anwalt gegenüber dem Schadenregulierungsvertreter endgültig möglich ist.

77   **c) Die Neuerungen nach der 4. KH-Richtlinie.** Festzuhalten ist, dass zwei neue Verfahren der Schadenabwicklung des Auslandsschadens nach der 4. KH-Richtlinie in Betracht kommen. Es sind dies
• das Verfahren vor dem inländischen Regulierungsbeauftragten und
• ersatzweise oder anschließend das Verfahren vor der Entschädigungsstelle.
   In beiden Verfahren ist Gegenstand die rechtliche Interessenwahrnehmung zur Durchsetzung von Schadenersatzansprüchen aus einem Schadenereignis im Straßenverkehr.

78   Nunmehr wird durch die Schaffung eines rechtsstaatlich anerkannten Verfahrens vor dem inländischen Regulierungsbeauftragten der ausländischen Versicherung die Interessenwahrnehmung für den Versicherungsnehmer im Inland zum Standardfall. Der Auslandsfall wird damit zum „normalen" Inlandsfall.

79   Der Rechtsschutzversicherung wird es auf Grund der Regelung der 4. KH-Richtlinie nicht möglich sein, den Geschädigten darauf zu verweisen, den Schädiger oder dessen KH-Versicherung unmittelbar im Ausland in Anspruch zu nehmen. Das inländische Verfahren vor dem Regulierungsbeauftragten bedeutet nämlich weder eine unnötige Kostenauslösung

noch wird damit ersichtlich eine andere Obliegenheit verletzt. Es handelt sich im Gegenteil um das wirtschaftlich sinnvollste Verfahren.

Problematisch können jedoch die Fälle werden, in denen nach Scheitern der außergerichtlichen Bemühungen – einschließlich der Interessenwahrnehmung vor der Entschädigungsstelle – doch eine Klage im Ausland gegen den Schädiger oder die ausländische Versicherung notwendig wird. In diesen Fällen wird es erforderlich, einen zweiten Rechtsanwalt, und zwar den im Ausland, einzuschalten. Dessen Kosten wären als „zweiter" Rechtsanwalt in der gleichen Sache nach dem Text der ARB nicht mehr gedeckt. Eine Rechtsschutzdeckung in diesem Fall ist jedoch zu bejahen, da die weitere Rechtsanwaltsbeauftragung in dem dann „echten" Auslandsschaden nicht mit der Beschränkung der Kostenübernahme für die Kosten nur eines Anwaltes kollidiert.

Nach der Bedingungslage der ARB 75 könnte eine Deckungslücke bleiben, und zwar dann, wenn der inländische Rechtsanwalt im Ergebnis den Rechtsschutzfall im Verfahren vor dem Regulierungsbeauftragten nicht endgültig abschließen kann und die Einschaltung eines ausländischen Rechtsanwaltes erforderlich wird. In diesem Fall ist nach den Bedingungen daran zu denken, dass die Gebühren des inländischen Rechtsanwaltes nur eingeschränkt als Verkehrsanwalt zu übernehmen sind. Die Lösung dieser Problematik muss erfolgen aus der Sicht einer kundenorientierten und zweckmäßigen Regulierung und unter Berücksichtigung der zunehmenden Mobilität und der damit wachsenden Bedeutung von Auslandsschadenfällen.

d) 5. KH-Richtlinie Die 5. KH-Richtlinie (2005/14/EG vom 11.5.2005) ist zum Zeitpunkt ihrer Veröffentlichung im EU-Amtsblatt (ABl. EG L 194 vom 11.6.2005) zwar bereits in Kraft getreten, aber erst nach der Umsetzung ins jeweilige nationale Recht bis zum 11.6.2007 anzuwenden. Neben Erhöhung der Kfz-Mindestversicherungssummen, besserem Schutz sog. schwacher Verkehrsteilnehmer, Sachschadenerstattung durch den Garantiefonds, einer Zentralstelle für Unfalldokumente, Fahrzeuginsassenschutz bei Fahruntauglichkeit des Kfz-Führers, Deckung bei Auslandsaufenthalt von Fahrzeugen, Direktanspruch gegenüber der Kfz-Versicherung und einigen anderen Regelungen ist insbesondere der Gerichtsstand für Klagen am Wohnsitz des Geschädigten geregelt. Unter Hinweis auf die EU-Verordnung 44/2001 stellt die Richtlinie klar, dass ein Verkehrsopfer bei einem Unfall im Ausland – unter Wahrung der bisherigen Klagemöglichkeiten – auch im eigenen Wohnsitzland gegen den haftpflichtigen Versicherer klagen kann. Auch ohne die 5. KH-Richtlinie hatte der EuGH durch Urteil vom 13.12.2007 unter Hinweis auf die Verordnung EG 44/2001 vom 22.12.2000 unter bestimmten Umständen die gerichtliche Zuständigkeit des Wohnortes des Geschädigten anerkannt.[41]

Der Vorteil liegt natürlich für den Geschädigten in der Eröffnung des Rechtsweges in Deutschland. Allerdings muss der deutsche Richter das jeweilige Tatortrecht anwenden. Hier sind Schwierigkeiten vorprogrammiert. Eine weitere Schwierigkeit ist die Zwangsvollstreckung aus einem deutschen Urteil im Ausland. Hier müsste die Möglichkeit bestehen, im Inland zu vollstrecken, um die Rechte des Geschädigten richtig durchsetzen zu können.

Die ARB 2008/2010 berücksichtigen in § 5 Abs. 1b die geänderten Möglichkeiten der Schadensregulierung beim Auslandsunfall (vgl. Rn. 20–22).

Durch das oben genannte Urteil des EuGH vom 10.10.2013[42] ist eine weitere Erleichterung bei der Durchsetzung der Ansprüche aus einem Auslandsunfall eingetreten, da der Schadenregulierungsbeauftragte jetzt auch Zustellungsbevollmächtigter ist.

VIII. Die mögliche Beteiligung der Prozessfinanzierung

1. Was ist Prozessfinanzierung?[43]

Prozessfinanzierung ist ein verhältnismäßig neues Rechtsinstitut, das sich mehr und mehr etabliert. Das Magazin der Bundesrechtsanwaltskammer widmete der Prozessfinanzie-

---

[41] EuGH Urt. v. 13.12.2007 – C-463/06 VersR 2008, 631 – NJW 2008, 819 mit Anm. *Leible*.
[42] Urteil vom 10.10.2013 Rechtssache C-306/12 = DAR 2013, 699: NJW 2014, 44; ZfS 2013, 689.
[43] Vgl. *Buschbell* AnwBl. 2004, 435.

rung bereits in der Ausgabe 02/2002 das Titelthema mit der Aussage: „Das Risikogeschäft kommt in Schwung".[44]

87 Prozessfinanzierung beinhaltet die gewerbliche Finanzierung von Prozessen gegen Erfolgsbeteiligung. Wesentliches Merkmal ist also die Erfolgsbeteiligung zugunsten des Prozessfinanzierungsunternehmens bei Übernahme der (Vor-)Finanzierung aller Kosten und des Kostenrisikos. Prozessfinanzierung gegen Erfolgsbeteiligung ist nicht Versicherung, wie durch eine Beschlussentscheidung des Bundesaufsichtsamtes (jetzt: Bundesanstalt für Finanzdienstleistungsaufsicht – BaFin) bestätigt wird. Sie ist eine Dienstleistung „sui generis" mit Versicherungs- und Finanzierungselementen und ersetzt daher nicht die Rechtsschutzversicherung, sondern kann als Ergänzung angesehen werden. Im Gegensatz zum amerikanischen Modell der anwaltlichen Erfolgsbeteiligung (sog. „contigency fees") sind hier anwaltliche Beratung/Prozessführung und Finanzierung/Erfolgsbeteiligung klar getrennt.

88 Obwohl inzwischen auch wissenschaftlich aufbereitet,[45] ist festzustellen, dass das Institut der Prozessfinanzierung nicht nur allgemein, sondern selbst bei Anwälten immer noch zu wenig bekannt ist. Obwohl die Finanzierer teilweise großen Werbeaufwand betreiben: Sie sind noch lange nicht in aller Munde. Auf Befragen vermelden fast alle regionalen Rechtsanwaltskammern: „Prozessfinanzierung – kein Thema".[46] Dennoch muss sich die Anwaltschaft mit dem Thema „Prozessfinanzierung" mehr und mehr beschäftigen und vertraut machen[47] und sogar erkennen, dass eine Hinweis- und Belehrungspflicht des Anwaltes über die Möglichkeit der Prozessfinanzierung gegeben ist.

2. Prozessfinanzierung in der anwaltlichen Praxis

89 **a) Hinweis- und Belehrungspflicht.** Entsprechend der Grundidee der Prozessfinanzierung kommt diese für einen Mandanten in Betracht, der nicht imstande ist einen Prozess zu finanzieren oder nicht gewillt ist, das Kostenrisiko eines Prozesses zu übernehmen. Dies gilt insbesondere dann, wenn eine Rechtsschutzversicherung nicht besteht oder Rechtsschutzdeckung nicht gegeben ist.

90 Es drängt sich somit die Frage auf, ob ein Anwalt in dem Fall, in dem ein Mandant wirtschaftlich nicht imstande ist, die Finanzierung oder das Kostenrisiko eines Prozesses zu tragen, gehalten ist, seinen Mandanten über die Möglichkeit der Beteiligung eines Prozessfinanzierers zu informieren. Hierbei ist zu vergegenwärtigen, dass der Anwalt grundsätzlich verpflichtet ist, den Mandanten über das Kostenrisiko zu belehren.[48] Zu den Voraussetzungen und zum Inhalt der Belehrungspflicht des Anwaltes über die Möglichkeit der Prozessfinanzierung kommt eine Orientierung an den entsprechenden Anwaltspflichten zu Hinweis und Belehrung über die Möglichkeit einer Prozessfinanzierung mittels PKH in Betracht. Die Pflicht, den Mandanten über die Möglichkeit einer Prozessfinanzierung mittels PKH zu belehren, besteht ungefragt,[49] wenn sich aus den Verhältnissen Anhaltspunkte für eine Prozesskostenhilfebedürftigkeit ergeben. Entscheidend ist, ob nach den ersichtlichen Umständen Prozesskostenhilfe zumindest möglich ist.[50] Nahe liegend ist, diese Grundsätze auf die Belehrungspflicht über die Möglichkeit der Prozessfinanzierung zu übertragen. Wenn einerseits der Mandant nicht über die notwendigen Mittel einer Prozessfinanzierung verfügt und andererseits hinreichende oder darüber hinaus überwiegende Erfolgsaussicht besteht, muss davon ausgegangen werden, dass den Anwalt eine Pflicht zur Belehrung über die Möglichkeit der Prozessfinanzierung trifft.

---

[44] *Wilde* BRAKMagazin 02/2002, 4; vgl. auch *Frechen/Kochheim* NJW 2004, 1213.
[45] *Kochheim*, Die gewerbliche Prozessfinanzierung; *Maulbach*, Gewerbliche Prozessfinanzierung gegen Erfolgsbeteiligung.
[46] *Wilde* a. a. O.
[47] Vgl. auch *van Bühren* AnwBl. 2001, 537 = NVersZ 2001, 347; ders. MittBl. der ARGE Versicherungsrecht 2001, 48.
[48] *Gerold/Schmidt/Madert* RVG § 1 Rn. 52; *Buschbell/Hering* § 23 Rn. 11 unter Hinweis auf Haftungsrechtsprechung *Borgmann/Haug* § 19 Rn. 65.
[49] OLG Köln FamRZ 1983, 633 und 635; vgl. im Übrigen ausführlich *Kalthoener/Büttner/Wrobel-Sachs* Rn. 143 ff.
[50] OLG Düsseldorf AnwBl. 1987, 147.

Weiter ist daran zu denken, den Mandanten darüber zu belehren, dass die Gebühren für 91
die anwaltliche Prüfung sowie die Kontaktaufnahme zum Finanzierer von diesem selbst zu
tragen sind, sofern es nicht zu einer Finanzierung kommt. Dies ist jedoch nicht anders, wenn
der Mandant unabhängig von einer Finanzierungsanfrage vom Anwalt beraten wird oder
ein Antrag auf Prozesskostenhilfe gestellt wird. Allerdings bedarf eine erfolgreiche Anfrage
wegen Prozesskostenfinanzierung natürlich eines höheren Beratungsaufwandes als in einer
Erstberatung. Zudem wird von allen Finanzierungsunternehmen ein Klageentwurf verlangt.

Insofern sollte der Anwalt dem Mandanten deutlich machen, was er für seine Beratung 92
(inkl. Klageentwurf) und die Gespräche mit dem Prozessfinanzierer verlangen wird. Dem
Anwalt ist anzuraten, vom Mandanten für diese Leistung einen entsprechenden Kostenvorschuss zu verlangen.

b) Anbahnung der Prozessfinanzierung. Ist der Mandant an der Prozessfinanzierung inte- 93
ressiert und bereit, den Prozessfinanzierer einzuschalten, so ist es Angelegenheit des beauftragten Anwaltes, Kontakt zum Prozessfinanzierer herzustellen. Hierbei ist selbstverständlich, dass dazu der Sach- und Streitstand gegenüber dem Prozessfinanzierer vollständig
offen zu legen ist. Daran zu denken ist, den Entwurf einer Klageschrift zu übersenden.

Der Prozessfinanzierer prüft sodann auf Basis der anwaltlichen Einschätzung und anhand
der übersandten Unterlagen, ob er den Fall finanzieren will. Diese Prüfung ist für den Mandanten seitens des Prozessfinanzierers ohne Kosten.

3. Prozessfinanzierungsauftrag

a) Die Übernahme des Prozesses durch den Prozessfinanzierer. Ist der Prozessfinanzierer 94
bereit, den ihm angetragenen Fall zu übernehmen, so steht in der nächsten Phase der Abschluss eines Prozessfinanzierungsvertrages an. Die wichtigsten Regelungspunkte dieses Vertrages sind:
- Der Prozessfinanzierer stellt den Mandanten von allen Verfahrenskosten frei und finanziert diese komplett vor.
- Der Mandant und der Prozessfinanzierer vereinbaren, dass im Erfolgsfall der Prozesserlös im vereinbarten Verhältnis geteilt wird.
- In der Regel ist die streitige Forderung an den Prozessfinanzierer zur Sicherung seiner Erfolgsbeteiligung/Kosten im Rahmen einer stillen Zession abzutreten.
- Zur Information des Mandanten gehört eine Aufklärung über die grundsätzlichen Bedingungen und insbesondere über den Anteil, den der Prozessfinanzierer beansprucht.[51]

b) Die Position des Prozessfinanzierers. Der Anwalt des Mandanten übernimmt die Pro- 95
zessführung. Während des gesamten Prozesses bleibt der Prozessfinanzierer gegenüber Gericht und Anspruchsgegner üblicherweise vollständig im Hintergrund. Jedoch können Mandant und Prozessfinanzierer die Offenlegung der Unterstützung vereinbaren. Dies bietet sich
insbesondere dann an, wenn vorgerichtlich (erneut) eine vergleichsweise Lösung angestrebt
wird. Durch die Beteiligung des Prozessfinanzierers wird dem Anspruchsgegner signalisiert,
dass der Anspruchsinhaber nunmehr alle finanzielle und logistische Unterstützung zur
Durchsetzung seiner Ansprüche erhält. Diese Tatsache – das zeigt die Praxis – führt in Einzelfällen bereits zu einem Einlenken des Anspruchsgegners, der auf ein „Aushungern" oder
„Kleinbeigeben" des Anspruchsinhabers jetzt nicht mehr hoffen kann. Der Nutzen für den
Mandanten kann groß sein: Er erhält schneller Liquidität, teilweise mehr als er alleine verhandeln könnte, und der Erfolgsanteil des Prozessfinanzierers ist deutlich geringer als mit
Gerichtsprozess.[52]

Im Falle eines vom Gericht oder der Gegenseite vorgeschlagenen Vergleichs haben sowohl 96
der Mandant als auch der Prozessfinanzierer das Recht, die Annahme des angebotenen Vergleiches zu begehren. Möchte entweder der Mandant oder der Prozessfinanzierer den Ver-

---

[51] Mehr Informationen bieten die auf Anfrage erhältlichen Broschüren der Unternehmen. Schneller findet man die Information im Internet, vgl.: www.allianz-profi.de; www.das-profi.de, www.roland-prozessfinanz.de.
[52] Die Allianz ProzessFinanz GmbH verlangt in diesem Fall (wie auch bei Mediation) zum Beispiel lediglich pauschal 20 %.

gleich nicht annehmen und den Prozess allein weiterführen, so ist vorgesehen, dass der jeweils andere ausbezahlt wird, also so gestellt wird, als ob der Vergleich angenommen worden wäre. An dem weiteren Verfahren ist dann jeweils nur noch der andere Teil beteiligt. In der Praxis kommt dieser Fall jedoch sehr selten vor. Mandant, Rechtsanwalt und Prozessfinanzierer einigen sich in der Regel unproblematisch und schnell auf eine gemeinsame Haltung. Sie wissen nämlich genau, dass der Verbleibende durch den Ausstieg eines „Teammitglieds" den Streit nur noch geschwächt fortführen könnte.

4. Kosten und Gebühren in einer Prozessfinanzierungsangelegenheit

97 **a) Anbahnung.** Die Anbahnung und Regelung mit dem Prozessfinanzierer ist ein selbstständiger Gebührengegenstand.

Das Antragen eines Rechtsstreites an einen Prozessfinanzierer und ggf. die Vertragsverhandlung mit diesem ist gegenüber dem zugrunde liegenden Mandat zur Geltendmachung und Durchsetzung eines Anspruches ein gesonderter Auftrag. Diese Fallgestaltung, nämlich einerseits die Führung des Mandates und andererseits die Anbahnung und Korrespondenz mit einem Prozessfinanzierer, ist vergleichbar der Einholung der Deckungszusage bei der Rechtsschutzversicherung. Unstreitig ist, dass die Einholung der Deckungszusage beim Rechtsschutzversicherer eine besondere Angelegenheit iSv §§ 16 ff. RVG (vgl. hierzu vorstehend Rn. 12 ff.) ist mit der Folge, dass hierfür gesondert eine Gebühr nach Nr. 2300 VV RVG anfällt.[53] Es ist also davon auszugehen, dass die Anbahnung und ggf. vertragliche Regelung mit dem Prozessfinanzierer eine besondere Angelegenheit iSd §§ 16 ff. RVG ist.

98 **b) Kosten und Gebühren bei Annahme des Prozesses.** Hinsichtlich der Kosten und Gebühren ist unproblematisch der Fall, in dem der Prozessfinanzierer den ihm angetragenen Prozess übernimmt. In diesem Fall zahlt der Prozessfinanzierer für die Abwicklung des Prozessfinanzierungsvertrages eine (zusätzliche) 1,3 Verfahrensgebühr nach Nr. 3100 VV RVG aus dem Streitwert des angetragenen und übernommenen Prozesses. Dazu bedarf es einer entsprechenden Vereinbarung zwischen Rechtsanwalt und Mandant, die dem Finanzierer vorzulegen ist.

99 **c) Kosten der Ablehnung.** Kommt es nicht zur Übernahme des Prozesses durch den Prozessfinanzierer, so stellt sich die Frage der Gebührenlast. Der Mandant ist Auftraggeber und schuldet somit dem mit der Anbahnung eines Vertrages mit einem Prozessfinanzierer beauftragten Anwalt die Gebühr gemäß Nr. 2300 VV RVG.

100 Ist der Mandant nicht imstande, diese Gebühr zu tragen, und liegen die Voraussetzungen für die Bewilligung von Beratungshilfe vor, so ist daran zu denken, dass die Gebühren ggf. abzugelten sind im Rahmen der Beratungshilfe. Auch bei bestehender Rechtsschutzversicherung kommt Rechtsschutzdeckung nicht in Betracht, da es am Rechtsschutzfall fehlt.

5. Der Nutzen der Prozessfinanzierung

101 Der Mandant als Anspruchsteller, der wirtschaftlich nicht imstande oder sonst nicht willens ist, das Kostenrisiko eines Prozesses zu tragen, kann durch die Prozessfinanzierung eine Rechtsposition verfolgen ohne Kostenrisiko, jedoch belastet mit dem Anspruch des Prozessfinanzierers auf prozentuale Erfolgsbeteiligung. Übliche Erfolgsquoten des Prozessfinanzierers sind heute ca. 30 %, bei hohen Streitwerten ca. 20 %.[54] Da der beauftragte Rechtsanwalt unabhängig vom Prozessausgang seine gesetzlichen Gebühren erhält, bestehen auch keine berufsrechtlichen Bedenken.[55] Es handelt sich nämlich insoweit nicht um eine sogenannte „quota-litis-Vereinbarung".

102 Fraglich ist, ob die zum 1.7.2008 in Kraft getretene gesetzliche Neuregelung zum Erfolgshonorar an der Praxis der Prozessfinanzierung zu Änderungen führt. Bei genauer Betrachtung des in § 4a RVG normierten Erfolgshonorars und dem Institut der Prozessfinanzierung stellt man aber unschwer fest, dass beides nicht miteinander zu vergleichen ist.

---

[53] Vgl. hierzu *Buschbell/Hering* § 24 Rn. 3 unter Hinweis auf Rspr. und Lit.
[54] Vgl. *van Bühren/Plote* ARB Einl. Rn. 18.
[55] Vgl. *van Bühren/Plote* ARB Einl. Rn. 19.

§ 32 Die Beteiligung von Rechtsschutz und Prozessfinanzierung

Während bei der Vereinbarung eines Erfolgshonorars der Auftraggeber immer noch dem nicht unerheblichen Risiko der Kostenerstattung an den Gegner oder Dritte im Unterliegensfall ausgesetzt ist, teilt er dieses Risiko bei der Prozessfinanzierung nicht.

Für den Anspruchsteller und Mandanten besteht lediglich in dem Fall, in dem ein Anwalt mit der Anbahnung einer Prozessfinanzierung beauftragt ist und der Streitgegenstand nicht zur Prozessfinanzierung übernommen wird, das Kostenrisiko, die hierdurch bedingten Anwaltskosten tragen zu müssen.

Für die Frage der Zulässigkeit der Vereinbarung eines Erfolgshonorars nach § 4a RVG spielt auch die Prozessfinanzierung eine Rolle. Denn ein Erfolgshonorar darf der Rechtsanwalt nur im absoluten Ausnahmefall vereinbaren, nämlich dann, wenn alle anderen Möglichkeiten der Rechtsverfolgung für den Mandanten ausgeschieden oder nicht möglich sind. Angesichts von Prozesskostenhilfe und Prozessfinanzierung bleiben nur noch Ausnahmefälle, in denen der Auftraggeber ohne die Vereinbarung eines Erfolgshonorars aufgrund seiner wirtschaftlichen Verhältnisse von der Rechtsverfolgung, und nicht etwa von dem hohen Risiko des Rechtsstreits von der Rechtsverfolgung abgehalten wird.[56]

Nachstehende Tabelle erhebt nicht den Anspruch auf Vollständigkeit und Richtigkeit. Die Tabelle hat den Stand vom 30. Oktober 2013 und wurde dem Verfasser vom DAV zur Verfügung gestellt. Der Verfasser dankt Herrn Geschäftsführer Udo Henke sowie Frau *Sabrina Reckin* für die freundliche Genehmigung zum Abdruck der Tabelle. Der DAV ist bemüht, die Tabelle zu gegebener Zeit zu aktualisieren.

	Prozessfinanzierer	zu finden unter	Schwerpunkt auf bestimmte Rechtsgebiete?	Streitwertabhängig?	Höhe des Erlöses im Erfolgsfall
1	Acivo Prozessfinanzierung AG	www.acivo.de	nein	mind. 10.000 EUR	50 % des realisierten Ergebnisses bei Streitwert bis 50.000 EUR, 30 % zw. 50.000 EUR u. 500.000 EUR, 20 % bei mehr als 500.000 EUR; Mglk. einer Flex-Finanzierung ab 10 %
2	ADVO Prozessfinanz AG	www.advo-prozessfinanz.com	k. A.	k. A.	k. A.
3	EAS-Erste Allgemeine Schadenshilfe AG	www.schadenshilfe.com	Versicherungs- und Kapitalmarktbereich	k. A.	i. d. R. 15–25 %, max. 50 % des realisierten Betrages
4	ECR	www.copyright-research.net	Urheberrecht	k. A.	k. A.
5	ExActor AG	www.exactor.de	ja	zw. 10.000 EUR u. 100.000 EUR (ggf. auch unterhalb 10.000 EUR)	50 % von Beträgen bis 25.000 EUR, 40 % bis 50.000 EUR, 30 % bis 100.000 EUR
6	FORIS AG	www.foris-prozessfinanzierung.de	Zivil- und Wirtschaftsrecht	mind. 200.000 EUR	Erfolgsbeteiligung ab 10 %, abhängig vom Einzelfall
7	Intract GmbH	www.intract.de	Kapitalanlagerecht	k. A.	k. A.
8	Jurafinance	www.jurafinance.de	k. A.	k. A.	i. d. R. 30–50 % des Erlöses
9	LEGIAL AG (ehemals D. A. S. Prozessfinanzierung)	www.legial.de	nein	mind. 100.000 EUR	30 % von Beträgen bis 500.000 EUR, 20 % von Beträgen, die darüber liegen

---

[56] Mayer/Kroiß/*Teubel* RVG § 4a Rn. 33.

	Prozessfinanzierer	zu finden unter	Schwerpunkt auf bestimmte Rechtsgebiete?	Streitwertabhängig?	Höhe des Erlöses im Erfolgsfall
10	metaclaims Sammelklagen Finanzierungsgesellschaft mbH	www.sammelklage.org	Verbraucherrecht	ab 150,00 EUR je Forderung und 50.000 EUR Gesamtvolumen	33,33 % des Erlöses
11	PatForce	www.patforce.com	Gewerblicher Rechtsschutz	k. A.	k. A.
12	Preußische Prozessfinanzierung GmbH	www.preussische-prozessfinanzierung.com	k. A.	k. A.	10–25 % des Erlöses
13	Proxx AG	www.proxx.de	Bauhonorare	k. A.	k. A.
14	Rixalis Prozessfinanzierung UG	www.rixalis.de	ja	nein	k. A.
15	Roland ProzessFinanz AG	www.roland-prozessfinanz.de	nein	mind. 100.000 EUR	30 % von Beträgen bis 500.000 EUR, 20 % von Beträgen die darüber liegen (20 % bei vorgerichtlicher Einigung über den Anspruch)
16	SLB Verwaltungsgesellschaft mbH	www.slb-prozessfinanz.de	k. A.	mind. 19.000 EUR	25 % von Beträgen bis 500.000 EUR, 15 % von Beträgen, die darüber liegen (bei vorgerichtlicher Einigung Ermäßigung auf 5 %)
17	SOLVANTIS AG	www.solvantis.de	ja	25.000 EUR	30 % von Beträgen bis 500.000 EUR, 20 % von Beträgen, die darüber liegen
18	TKL Forensische Dienstleistungen GmbH	www.prozessfinanzierung24.de	Zahlungsansprüche, insbes. wiederkehrende Leistungen	auch unter 100.000 EUR	k. A.

Stand: 30. Oktober 2013
Hinweis: Die Tabelle erhebt keinen Anspruch auf Vollständigkeit und Richtigkeit. Die Auflistung ist mit keinerlei Empfehlung oder Bewertung durch den DAV verbunden.
Bearbeitung: Jessika Kallenbach, Ass. jur., Referentin Berufsrecht/DAV und Sabrina Reckin, Ass. jur., Wiss. Mitarbeiterin/DAV

Die Tabelle kann im Internet über die Adresse:
http://anwaltverein.de/downloads/bersicht-Prozessfinanzierer-Stand-30102013.pdf
abgerufen werden.

§ 33 Die Anwaltsvergütung bei der Unfallschadenabwicklung

Übersicht

	Rn.
I. Der Vergütungsanspruch	1–17
1. Das Mandat als Grundlage	1–4
2. Umfang des Mandates	5
3. Vertretung mehrerer Unfallgeschädigter	6–17
a) Das Vorliegen eines Mandates	8
b) Der Begriff „eine Angelegenheit"	9–17
II. Die außergerichtlichen Gebühren	18–58
1. Beratungsgebühr und Erstgespräch gem. § 34 RVG	19–23
a) Die Rechtsgrundlage	19
b) Die Beratungsgebühr	20–22
c) Vergütung für die Prüfung der Erfolgsaussichten eines Rechtsmittels	23
2. Die Geschäftsgebühr der Nr. 2300 VV-RVG	24/25
a) Die Rechtsgrundlage	24
b) Vergütung Akteneinsicht	25
3. Die Höhe der Geschäftsgebühr der Nr. 2300 VV-RVG	26–43
a) Die Regelung zur Geschäftsgebühr	26–29
b) Die Gebührenhöhe	30–40
c) Vertretung mehrerer Unfallgeschädigter	41–43
4. Einigungsgebühr der Nr. 1000 VV-RVG	44–46
5. Hebegebühr der Nr. 1009 VV-RVG	47–49
6. Auslagen des 7. Teils des VV-RVG	50–53
a) Die Pauschale für Entgelte für Post- und Telekommunikationsdienstleistungen	50
b) Die Dokumentenpauschale	51
c) Reisekosten	52
d) Die Umsatzsteuer	53
7. Abwicklung der Gebühren durch die Versicherer in Kfz-Haftpflichtschäden	54/55
8. Kein Verzicht auf weitere Ansprüche bei Abrechnung nach Abrechnungsgrundsätzen	56–58
III. Gegenstandswert und Vergütungsvereinbarung	59–71
1. Der Gegenstandswert	59–67
a) Die Höhe des Gegenstandswerts	60–63
b) Gebührenberechnung gegenüber Mandanten bei Teilregulierung	64–67
2. Vergütungsvereinbarung	68–71
IV. Der Anspruch auf Erstattung der Gebühren	72–94
1. Grundsätzliches	72–74
a) Die Rechtsgrundlage	72/73
b) Der Erstattungsanspruch	74
2. Einzelfragen	75–83
3. Gebührenberechnung bei Teilregulierung	84/85
4. Anwaltsgebühren bei Regelung unter Inanspruchnahme der Kaskoversicherung	86–91
5. Vergütung für die Einholung einer vormundschaftsgerichtlichen Genehmigung	92
6. Rechtsanwaltskosten bei Schaden mit Leasingfahrzeugen	93
7. Anwaltsgebühren in eigener Sache	94
V. Gebühren im gerichtlichen Verfahren	95–117
1. Die Verfahrensgebühr der Nr. 3100 VV-RVG	96–105
a) Die Rechtsgrundlage	96
b) Vertretung mehrerer Unfallgeschädigter	97
c) Anrechnung	98–105
2. Die Terminsgebühr der Nr. 3104 VV-RVG	106–116
3. Die Einigungsgebühr der Nr. 1003 VV-RVG	117
VI. Erstattung der Gebührendifferenz bei Teilregulierung	118–122
VII. Erstattung der Gebühren für die Einholung der Deckungszusage der Rechtsschutzversicherung?	123–126

	Rn.
VIII. Musterschriftsätze zur Kosten- und Gebührenkorrespondenz und Abrechnungsmuster	127–135
1. Geschäftsgebühr, Nr. 2300 VV-RVG	127
2. Geschäfts- und Einigungsgebühr, Nr. 2300 und Nr. 1000 VV-RVG	128
3. Gebührenanspruch auf Gebührendifferenz gegen Mandant bzw. Rechtsschutzversicherung bei Teilregulierung	129
4. Abrechnungsmuster für anwaltliche Tätigkeit nach Erteilung des Prozessauftrages und Vermeidung des Verfahrens durch Besprechung mit der Gegenseite vor Klageerhebung	130
5. Abrechnungsmuster hinsichtlich Anrechnung der Geschäftsgebühr auf die Verfahrensgebühr bei gleich hohem Streitwert	131
6. Abrechnungsmuster hinsichtlich Anrechnung der Geschäftsgebühr auf die Verfahrensgebühr bei unterschiedlichem Streitwert	132
7. Abrechnungsmuster hinsichtlich Anrechnung der über der Schwelle liegenden Geschäftsgebühr auf die Verfahrensgebühr bei gleich hohem Streitwert	133
8. Abrechnungsmuster hinsichtlich Anrechnung der über der Schwelle liegenden Geschäftsgebühr auf die Verfahrensgebühr bei unterschiedlichem Streitwert	134
9. Einbeziehung nicht rechtshängiger Ansprüche in Vergleichsverhandlungen in einem laufenden Rechtsstreit	135

Schrifttum: *Baumgärtel/Föller/Hergenröder/Houben/Lompe,* RVG Kommentar zum Rechtsanwaltsvergütungsgesetz, 1. Aufl. 2004; *Bliesener,* Die Anrechnung der halben Geschäftsgebühr gemäß Vorbemerkung 3 RVG – Überlegungen für die Umsetzung in die Praxis, NZV 2004, 613; Braun, Gebührenabrechnung nach dem neuen Rechtsanwaltsvergütungsgesetz, 1. Auflage 2004; *Brieske,* Erstattung von Anwaltsgebühren durch Gegner und Dritte, Seminarschriften der Deutschen Anwaltsakademie, Band 4, 2. Aufl. 1993; *Brieske/Teubel/Scheungrab* (Hrsg.), Münchener Anwaltshandbuch Vergütungsrecht, 2007; *Ebert,* Die Vergütung im Verkehrs- und Versicherungsrecht, SpV 2005, 41; *Enders,* RVG für Anfänger, 16. Aufl. 2014; *ders.,* JurBüro 2005, 27; *Engels,* Die Honorarvereinbarung in der anwaltlichen Praxis, MDR 1999, 124; *Fleischmann/Hillmann,* Das verkehrsrechtliche Mandat, Band 2: Verkehrszivilrecht, 3. Aufl. 2003; *Geigel,* Der Haftpflichtprozess, 24. Aufl. 2004; *Gerold/Schmidt,* RVG, 21. Aufl. 2013 (zitiert: Gerold/Schmidt/*Bearbeiter*); *Greißinger,* Erstattbarkeit von Rechtsanwaltskosten bei der Kfz-Schadenregulierung, zfs 1999, 504; *Hambloch,* Die Geschäftsgebühr gem. 2400 RVG-Vergütungsverzeichnis, VersR 2005, 767; *Hansens,* RVGreport 2004, 426; *ders.,* Die neue Hinweispflicht nach § 49b Abs. 5 BRAO, ZAP 2005 Nr. 9, 479; *Hartmann,* Kostengesetze, 44. Aufl. 2014; *Hartmann,* Hinweispflicht des Anwalts bezüglich Wertgebühren, NJW 2004, 2484; *Hartung/Schons/Enders,* RVG, 2. Aufl. 2013; *Hartung,* Außergerichtliche Regulierung von Kfz-Schäden ohne DAV-Abkommen, SVR 2005, 86; *Henssler,* Aktuelle Praxisfragen anwaltlicher Vergütungsvereinbarungen, NJW 1999, 1537; *Hentschel,* Straßenverkehrsrecht, 38. Aufl. 2005;*König,*Anerkenntnis statt Säumnis – nach dem RVG vielfach ein anwaltlicher Kunstfehler – NJW 2005, 1243; *Leicht/Sell-Kanyi,* RVG, 2004; *Madert,* Anwaltsgebühren in Zivilsachen, 4. Aufl. 2000; *ders.,* Die Gebühren des Rechtsanwalts für die Regulierung von Verkehrsunfallschäden, 4 Teile, zfs 2005, 326, 377, 427 und 482; *ders.,* Gesetzliche Gebühren die Regel, Honorarvereinbarungen die Ausnahme – oder umgekehrt?, AGS 2005, 321; *ders.,* 1,3-Geschäftsgebühr bei der Regulierung von Verkehrsunfallschäden – eine Rechtsprechungsübersicht –, AGS 2005, 225; *ders.,* Die Gebühren des Rechtsanwalts für die Regulierung von Verkehrsunfallschäden, AGS 2000, 1; *ders.,* Gebühren des Rechtsanwalts für die Regulierung von Verkehrsunfallschäden, AGS 1999, 177; *ders.,* Anwaltspraxis und Rechtsschutzversicherung, AnwBl. 1983, 78; *Mayer/Kroiß,* Rechtsanwaltsvergütungsgesetz: RVG, 6. Aufl. 2013; *Onderka,* Anwaltsgebühren in Verkehrssachen, 4. Aufl. 2013; *Otto,* Die angemessene Rahmengebühr nach dem RVG, NJW 2007, 1472–1477; *Petzold/von Seltmann,* Das neue Kostenrecht, GKG, JEVG, RVG, 2004; *Schneider,* Abrechnungsgrundsätze bei der Verkehrsunfallschadenregulierung, AGS 2005, 136; *ders.,* Gebührenerhöhung nach Nr. 1008 VV-RVG in der Beratungshilfe, ZAP 2005 Nr. 9, 483; *ders.,* Fälle und Lösungen zum RVG, 2005; *ders.,* Die Vergütung des Anwaltes in der Verkehrsunfallschadenregulierung nach dem RVG, zfs 2004, 396; *ders.,* Vergütung für die Prüfung der Erfolgsaussichten eines Rechtsmittels, ZAP 2004 Nr. 24, 1379; weitere Rechtsprechung zur Geschäftsgebühr bei der Unfallschadenregulierung, VRR 2005, 98; *Sonderkamp,* Die Geschäftsgebühr nach dem RVG in Verkehrsunfallsachen im Lichte der Rechtsprechung, NJW 2007, 1477–1480; *Teubel/Schons,* Erfolgshonorar für Anwälte, 2008.

I. Der Vergütungsanspruch

1. Das Mandat als Grundlage

1   Häufig wird der Anwalt beauftragt, aus Anlass eines Verkehrsunfalls Schadenersatzansprüche oder sonstige Ansprüche geltend zu machen. Der Anspruch auf Vergütung ent-

steht aufgrund des Abschlusses eines Vertrages zwischen Anwalt und Auftraggeber. Für den Anwaltsvertrag ist nach dem Gesetz Schriftform nicht vorgeschrieben. Somit kann der Vertrag auch mündlich erteilt werden oder durch schlüssige Handlungen zustande kommen.[1] Der Rechtsanwalt ist aber gut beraten, den Auftrag schriftlich zu fixieren. Der Abschluss eines schriftlichen Anwaltsvertrages kann nicht nur den Verlust des Vergütungsanspruchs verhindern, sondern den Rechtsanwalt auch von Haftungsproblemen verschonen.[2]

Gemäß § 1 Abs. 1 RVG[3] erhält der Anwalt für seine anwaltliche Tätigkeit eine Vergütung, die sich nach dem RVG bemisst. Der Vergütungsanspruch entsteht nicht mit dem Abschluss des Vertrages, sondern mit der ersten Tätigkeit. Diese besteht in der Regel in der Entgegennahme der Information,[4] also im Bereich des Straßenverkehrsunfalls mit der Aufnahme des Sachverhaltes.

Im Bereich der Tätigkeit bei der Abwicklung von Verkehrsunfallschäden handelt es sich in aller Regel um eine Angelegenheit des 2. Teils des Vergütungsverzeichnisses gemäß Anlage 1 zu § 2 Abs. 2 RVG, und es entsteht die Geschäftsgebühr der Nr. 2300 VV RVG.

Für die Entstehung der Gebühr ist der Inhalt des Auftrages maßgebend. Hier ist also zu unterscheiden, ob der Mandant Auftrag erteilt zur außergerichtlichen Vertretung und Geltendmachung von Ansprüchen oder sogleich Prozessauftrag erteilt. Im Falle des Prozessauftrages entstehen die Gebühren des 3. Teils des VV. Jedoch ist es auch möglich, dass dem Anwalt von vornherein sowohl der Auftrag zur außergerichtlichen Geltendmachung der Schadenersatzansprüche erteilt wird und ebenso sogleich für den Fall des Scheiterns der Regulierung der Auftrag, Klage zu erheben. Hier liegt einmal ein unbedingter Auftrag zur außergerichtlichen Erledigung einer Angelegenheit vor und – aufschiebend bedingt – ein Klageauftrag. Bis zum Eintritt der Bedingung erhält der Anwalt die Gebühren des 2. Teils des VV. Erst mit dem Scheitern der Verhandlungen entstehen die Gebühren des 3. Teils des VV. Zusätzlich können Gebühren des 1. Teils, zB Einigungsgebühr, und die Auslagen des 7. Teils, zB Pauschale für Post- und Telekommunikationsentgelte oder die Umsatzsteuer, entstehen.

Zur Hinweispflicht gemäß § 49b Abs. 5 BRAO, betreffend Hinweis auf Gebühren und Gegenstandswert vgl. nachfolgend Rn. 23.

2. Umfang des Mandates

Bei der Bearbeitung von Verkehrsunfallangelegenheiten ist es wichtig zu klären, welche Ansprüche gegen wen geltend zu machen sind. In aller Regel wird nur daran gedacht, Haftpflichtansprüche gegen den Schädiger und/oder dessen Versicherung geltend zu machen. Andererseits ist auch daran zu denken, dass Ansprüche in Betracht kommen gegen die eigene Versicherung, zB Fahrzeugversicherung (Teil- oder Vollkaskoversicherung) sowie Kraftfahrtunfallversicherung, oder Leistungsträger der Sozialversicherung. Hierbei handelt es sich jeweils um separate Angelegenheiten mit der Folge, dass hierdurch jeweils getrennt Gebührenansprüche ausgelöst werden.[5] Ob und inwieweit Erstattungsansprüche in Betracht kommen, ist nach der Rechtslage zu beurteilen, etwa bei Verzug seitens der Fahrzeugversicherung bei der Geltendmachung von Ansprüchen gegen die eigene Versicherung.

3. Vertretung mehrerer Unfallgeschädigter

Für die Gebührenberechnung in einer Unfallschadenangelegenheit ist es wichtig und sollte geklärt sein, ob mehrere Unfallgeschädigte aus Anlass eines Unfallereignisses in einem einheitlichen Mandat oder auf der Grundlage jeweils separater Mandate vertreten werden, § 15 Abs. 2 RVG.

Das Interesse der Kfz-Haftpflichtversicherer ist verständlicherweise darauf gerichtet, dass nur eine Angelegenheit vorliegt. Dies ist hinsichtlich der anfallenden Gebühren für den

---
[1] Vgl. zu Rechtsnatur und Inhalt des Anwaltsvertrages ausführlich *Madert* I Rn. 3 bis 10.
[2] *Hansens*, Anm. zu AG Köln v. 11.11.2013, RVGReport 2014, 247, 248.
[3] Das Rechtsanwaltsvergütungsgesetz vom 5. Mai 2004 (BGBl. I S. 718, 788), zuletzt geändert durch Gesetz vom 10.10.2013 (BGBl. I S. 3799).
[4] *Madert* II Rn. 2.
[5] *Schneider* zfs 2004, 396, 397.

Schädiger und dessen Haftpflichtversicherung aufgrund der Degression der Gebührentabelle (Anlage 2 zu § 13 Abs. 1 RVG) günstiger. Gleichwohl muss der Rechtsanwalt prüfen, ob eine Regulierung der Ansprüche in einer Angelegenheit sinnvoll oder überhaupt möglich ist.

8   a) **Das Vorliegen eines Mandates.** Für die Annahme einer Angelegenheit genügt es nicht, dass verschiedene Rechtsverhältnisse, auf die sich die anwaltliche Tätigkeit bezieht, durch einen einheitlichen Lebenssachverhalt, also den Unfall, begründet worden sind. Die auf verschiedene Rechtsverhältnisse bezogenen Aufträge müssen vielmehr einander nach
- Inhalt,
- Ziel und
- Zweck

so weitgehend entsprechen, dass sie den Anwalt zu einem gleich gerichteten Vorgehen für alle Auftraggeber berechtigen und verpflichten.[6]

9   b) **Der Begriff „eine Angelegenheit".** Für die allseits interessierende Frage der Gebührenberechnung ist es entscheidend, ob „eine Angelegenheit" vorliegt oder nicht. Den Begriff der Angelegenheit hat der BGH wie folgt formuliert:

„Die Angelegenheit bedeutet den Rahmen, innerhalb dessen sich die anwaltliche Tätigkeit abspielt, wobei im Allgemeinen der dem Anwalt erteilte Auftrag entscheidet. Als Gegenstand wird das Recht oder Rechtsverhältnis angesehen, auf das sich auftragsgemäß die jeweilige anwaltliche Tätigkeit bezieht".[7]

10 Von einer gebührenrechtlichen Angelegenheit iSd § 15 RVG ist auszugehen, wenn 3 Voraussetzungen erfüllt sind:
- Einheitlicher Auftrag,
- einheitlicher Rahmen für die Tätigkeit,
- innerer Zusammenhang.

11 Mehrere Einzelaufträge, die zur Verfolgung des Gesamtauftrags erteilt werden, haben auf den Angelegenheitsbegriff keinen Einfluss.[8] Erweitert sich der bereits erteilte Auftrag um verschiedene Schadenpositionen, stellt die weitere Tätigkeit keine gesonderte Angelegenheit dar. Ist die Schadenregulierung aber irgendwann zu einem Abschluss gekommen, löst eine weitere Tätigkeit, zB Verdienstausfallschaden für Folgejahre, neue Gebühren aus.[9]

12 Sind also aus Anlass des gleichen Unfallereignisses für Eheleute oder Insassen des Fahrzeuges Schadenersatzansprüche geltend zu machen, so kommt es darauf an, ob der Anwalt sich einen einheitlichen Auftrag oder getrennte Aufträge erteilen lässt. Auf die gebührenrechtlichen und erstattungsrechtlichen Folgen muss der Anwalt hinweisen.[10]

13 In der Praxis können verschiedene sachliche Gründe dafür sprechen, Ansprüche für jeden Auftraggeber getrennt geltend zu machen. In diesem Fall entstehen die Gebühren für jeden Auftrag gesondert.[11] Hierfür können als Umstände angeführt werden zB unterschiedliche Schadenpositionen, zB Haushaltsführungsschaden für den einen Ehegatten und Haushaltsführungsschaden für den anderen oder Unterhaltsansprüche für den allein verdienenden Ehemann oder das verletzte Kind. Da ein gemeinschaftlicher Schriftwechsel geführt wird, kann dieser ggf. vertrauliche Informationen enthalten, zB bei der Geltendmachung von Verdienstausfallschäden.

14 Alle diese Umstände sprechen dafür, auch bei außergerichtlicher Unfallregulierung sich von mehreren Auftraggebern Einzelvollmachten geben zu lassen und die Ansprüche des einzelnen Auftraggebers getrennt von den Ansprüchen des anderen Auftraggebers in getrennten Schreiben gegenüber der Haftpflichtversicherung geltend zu machen und selbstverständlich hierüber auch organisatorisch getrennt Akten zu führen. Empfehlenswert ist es, in der Mandantenkorrespondenz die Auftraggeber hierüber auch zu informieren.

---

[6] Vgl. Gerold/Schmidt/*Mayer* § 15 Rn. 6–9.
[7] BGH MDR 1972, 766; BGH AnwBl. 1976, 337.
[8] OLG Nürnberg JurBüro 1991, 337.
[9] BGH JurBüro 1995, 363, 364.
[10] AG München AGS 1993, 42.
[11] BGH NJW 2004, 1043.

> **Formulierungsvorschlag:**
> Es wird, wie auch mündlich erörtert, darauf hingewiesen, dass die in Betracht kommenden Ansprüche für Sie und für die anderen Geschädigten in separater Angelegenheit jeweils auf der Grundlage eines separaten Mandates geltend gemacht werden.
> Grundsätzlich werden Sie getrennt informiert, soweit es sich nicht um gleich lautende notwendige Informationen handelt.
> Auf die kostenrechtlichen Aspekte wurden Sie hingewiesen.

Auch sollte die Versicherung darüber informiert werden, dass jeweils Parallelvorgänge auf der Grundlage getrennter Mandate bearbeitet werden.

> **Formulierungsvorschlag:**
> ...... Aus Anlass des gleichen Unfallereignisses werden aufgrund eines separaten Mandates auch Ansprüche geltend gemacht für ......

In größeren Schadenssachen legen häufig auch die Versicherungen Wert auf die Führung einer getrennten Korrespondenz für mehrere Auftraggeber, da auch bei den Versicherungen getrennte Schadensakten geführt werden. Der Rechtsanwalt muss aber genau prüfen, ob er in einer Unfallsache mehrere Geschädigte vertreten darf. Dagegen könnte eine mögliche Interessenkollision stehen. Diese liegt immer dann vor, wenn von der gegnerischen Haftpflichtversicherung ein Mitverschuldenseinwand gemacht wird.

II. Die außergerichtlichen Gebühren

Allein der Auftrag des Geschädigten entscheidet, welche Gebühren anfallen. Wird der Anwalt um einen Rat gebeten, entsteht die Beratungsgebühr. Soll eine außergerichtliche Interessenvertretung erfolgen, erwächst die Geschäftsgebühr und zwar unabhängig davon, ob und ggf. welche Tätigkeiten nach der Informationsaufnahme tatsächlich entfaltet werden.

1. Beratungsgebühr und Erstgespräch gem. § 34 RVG

a) **Die Rechtsgrundlage.** Auch im Bereich der Unfallschadenregulierung ist es nicht selten, dass der Mandant zunächst ein erstes Gespräch wünscht. Diese Beratung ist eine „Einstiegsberatung", quasi eine pauschale, überschlägige Information über die Sach- und Rechtslage.[12] Hierbei kommt es darauf an, ob die Tätigkeit des Anwaltes im Rahmen des Erstkontakts liegt oder darüber hinausgeht. Als erstes Gespräch wird eine „Einstiegsberatung" anzusehen sein, dh eine anwaltliche Beratung ohne genaue Alternativberechnungen.[13] Gerade in der Unfallregulierung kommt es immer wieder vor, dass Mandanten nur beraten werden wollen, die Abwicklung des Schadens wollen sie dann selber machen. Dies kann dazu führen, dass Mandanten mehrfach Beratungsbedarf haben. Diese Mandate sind unerfreulich. Hier ist der Anwalt gut beraten, von Anfang an auf den Abschluss einer Gebührenvereinbarung hinzuwirken, wie es so schön auch im Gesetzestext heißt. Damit wird man solche Beratungsmandate in der Regel schnell wieder los.

b) **Die Beratungsgebühr.** Im RVG gibt es seit dem 1.7.2006 keine Gebührenvorschrift mehr, nach der eine solche Beratung abgerechnet werden kann. Zwar regelt § 34 Abs. 1 RVG die Beratungstätigkeit, enthält aber keinen Vergütungstatbestand. Vielmehr erhält der Rechtsanwalt eine Vergütung nach den Vorschriften des bürgerlichen Rechts, wenn keine Gebührenvereinbarung getroffen worden ist. Ist der Mandant Verbraucher im Sinne von

---
[12] AG Augsburg AGS 2000, 132.
[13] Zur Abgrenzung der Erstberatung vgl. AG Augsburg a.a.O. mit Anm. *Madert* AGS 2000, 133.

§ 13 BGB, kann dieses Honorar, wenn keine Gebührenvereinbarung getroffen worden ist, einen Betrag von 190,00 EUR im Fall der sogenannten Erstberatung nicht übersteigen. Dies gilt aber gem. § 34 Abs. 1 S. 3 RVG nur für das **erste Beratungsgespräch**. Erteilt der Rechtsanwalt eine schriftliche Beratung oder Auskunft, so gilt diese erste Kappungsgrenze nicht. Liegt keine Erstberatung vor, beträgt das Honorar maximal 250,00 EUR. Der Verbraucherbegriff bezieht sich insoweit auf das Mandatsverhältnis und nicht die Rechtssache, welche dem Mandatsverhältnis zugrunde liegt.[14] Hierüber kann Aufschluss geben, ob der Auftraggeber das am Unfall beteiligte Fahrzeug zu betrieblichen Zwecken nutzt bzw. ob Vorsteuerabzugsberechtigung besteht, er demnach Selbstständiger ist oder nicht. Schließlich ist die Schutzvorschrift mit dem Kostenrechtsmodernisierungsgesetz 1994 eingeführt worden, um den Ratsuchenden möglichst frühzeitig den Gang zum Anwalt zu erleichtern, indem sie ihm ermöglicht, die zu erwartenden Kosten der Höhe nach einzuschätzen.[15] Bei den genannten Beträgen von 190,00 EUR bzw. 250,00 EUR handelt es sich um Kappungsgrenzen.

21 Grundsätzlich sollte der Rechtsanwalt daher für eine Tätigkeit nach § 34 RVG mit seinem Auftraggeber eine Gebührenvereinbarung abschließen. Der Streit, ob für diese Gebührenvereinbarung die strengen Formvorschriften gem. § 3a Abs. 1 S. 1 u. 2 RVG Anwendung finden, ist durch das Gesetz vom 12.6.2008 (Gesetz zur Neuregelung des Verbots der Vereinbarung von Erfolgshonoraren) beendet worden.[16] Gem. § 3a Abs. 1 S. 3 RVG gelten die strengen Formvorschriften nicht für die Gebührenvereinbarung gem. § 34 RVG.

Als Erstberatung wird eine „Einstiegsberatung" als eine pauschale, überschlägige Beratung angesehen.[17]

22 Die Beratungsgebühr ist auf eine sonstige Tätigkeit, die mit der Beratung zusammenhängt, anzurechnen, § 34 Abs. 2 RVG. Allein wegen der Anrechnungsvorschrift drängt sich in den Beratungsfällen der Abschluss einer Gebührenvereinbarung auf, in der die Anrechnung ausgeschlossen wird. Andernfalls kann bei einem Übergang von der Beratungstätigkeit zur Vertretung, die nach VV 2300 RVG abzurechnen ist, ein weiterer Gebührenanspruch des Rechtsanwaltes durch die Anrechnung der Beratungsgebühr im schlimmsten Fall sogar ganz entfallen.

23 c) **Vergütung für die Prüfung der Erfolgsaussichten eines Rechtsmittels.** Die Prüfung der Erfolgsaussichten eines Rechtsmittels regelt das RVG von der allgemeinen Beratung losgelöst. Zu dieser Tätigkeit enthält das RVG eine abschließende eigenständige Regelung in Teil 2 Abschnitt 1 VV-RVG (Nr. 2100 ff. VV-RVG).[18]

2. Die Geschäftsgebühr der Nr. 2300 VV-RVG

24 a) **Die Rechtsgrundlage.** Mit dem Auftrag der außergerichtlichen Vertretung und der ersten Tätigkeit des Anwaltes, also regelmäßig mit Entgegennahme der Informationen, entsteht die Geschäftsgebühr der Nr. 2300 VV-RVG. Durch die Geschäftsgebühr, die eine sog. Betriebsgebühr ist, wird die gesamte anwaltliche Tätigkeit für Schriftverkehr, sei es mit dem Auftraggeber, dem Schädiger oder dessen Anwalt oder der Haftpflichtversicherung abgegolten. Besprechungen mit der Gegenseite oder Dritten sowie Teilnahmen an behördlichen Beweisaufnahmen, zB in Verwaltungsrechtsangelegenheiten, lösen keine besonderen Gebühren aus. Vielmehr haben diese Tätigkeiten Einfluss auf die zu bestimmende Gebührenhöhe.[19] Durch die Geschäftsgebühr werden auch Nebentätigkeiten abgegolten, die das Hauptgeschäft fördern und den beabsichtigten Erfolg herbeiführen, zB Einsicht in die Akten der Polizei oder der Staatsanwaltschaft, Ermittlung des Gegners und dessen Versicherung, § 19 Abs. 1 RVG.[20]

25 b) **Vergütung Akteneinsicht.** Bei der Akteneinsicht ist zu unterscheiden zwischen der Akteneinsicht, die erfolgt im Interesse des Mandanten, und der Akteneinsicht, die erfolgt im

---

[14] *Leicht/Sell-Kanyi* RVG S. 139; *Enders* JurBüro 2005, 27; *Hansens* RVGreport 2004, 426.
[15] *Schneider* ZAP 2005 Nr. 9, 483.
[16] BGBl. I, 1000 ff.
[17] Gerold/Schmidt/*Madert* § 34 Rn. 39.
[18] Vgl. hierzu *Schneider* ZAP 2004 Nr. 24, 1379 ff. mit Abrechnungsbeispielen.
[19] *Schneider* zfs 2004, 396; *ders.* AGS 2005, 136.
[20] Gerold/Schmidt/*Mayer* VV 2300 Rn. 14.

Auftrag eines Dritten, also in der Regel der Haftpflichtversicherung des Schädigers. Die Kosten für diese Tätigkeit entstehen separat und sind durch den Dritten als Auftraggeber zu vergüten, vgl. § 34 Rn. 91 ff.

3. Die Höhe der Geschäftsgebühr der Nr. 2300 VV-RVG

a) *Die Regelung zur Geschäftsgebühr.* aa) *Die Regelung.* Die Vergütung des Rechtsanwalts für außergerichtliche Tätigkeiten – einschließlich der Vertretung im Verwaltungsverfahren – ist im Abschnitt 4 des Teils 2 des Vergütungsverzeichnisses (VV) geregelt. Diese Regelung gehört systematisch entsprechend ihrer praktischen Bedeutung für die außergerichtliche Rechtsbesorgung vor die Vorschriften, die die Gebühren in gerichtlichen Verfahren regeln.[21] Die Gebühr gemäß VV 2300 ist somit die wichtigste Vergütungsregelung im Bereich der außergerichtlichen Regulierung von Schadenfällen im Straßenverkehrsrecht. Besprechungen oder Verhandlungen können im Rahmen der Bemessungskriterien nach § 14 RVG zu einem höheren Gebührensatz führen.[22]

bb) *Die Hinweispflicht nach § 49b Abs. 5 BRAO.* Durch Artikel 4 Abs. 18 Nr. 1d Kostenrechtsmodernisierungsgesetz ist mit Wirkung vom 1.7.2004, also zum Zeitpunkt des In-Kraft-Tretens des RVG, die Bestimmung des § 49b Abs. 5 BRAO angefügt worden. In dieser Vorschrift heißt es:

„Richten sich die zu erhebenden Gebühren nach dem Gegenstandswert, hat der Rechtsanwalt vor Übernahme des Auftrages hierauf hinzuweisen."

Die Hinweispflicht besteht in allen Angelegenheiten, in denen sich die Anwaltsgebühren nach dem Gegenstandswert berechnen.[23] Diese Hinweispflicht geht aber nicht soweit, dass der Anwalt ungefragt auf die konkrete Höhe der Gebühren hinweisen muss. Hierbei handelt es sich auch um eine schwierige Prognose, da vor der Übernahme des Mandates die voraussichtliche Höhe der Gebühren nicht abzusehen ist. Bei reinen Beratungsmandaten nach § 34 RVG erübrigt sich der Hinweis, da diese nicht nach Gegenstandswert abgerechnet werden können. Es wird dringend geraten, sich den Hinweis auf § 49b Abs. 5 BRAO vom Mandanten gesondert bestätigen zu lassen, damit man nicht später in Beweisnot gerät. Sinnvoll wäre es, den notwendigen Hinweis inhaltlich in einen Anwaltsvertrag (Auftrag) aufzunehmen. Viele Standardvollmachtformulare enthalten bereits entsprechende Möglichkeiten, wovon aber abgeraten wird, da hier nur die Möglichkeit besteht, den Passus in der Vollmacht anzukreuzen. Dies könnte im Streitfall zu der Behauptung des Mandanten führen, der Anwalt habe dies nach der Unterzeichnung der Vollmacht selbst gemacht.

Der Anwalt, der schuldhaft nicht auf die Vorschrift gem. § 49 Abs. 5 BRAO hinweist, macht sich gegenüber seinem Mandanten schadensersatzpflichtig.[24] Die Hinweispflicht ist im übrigen ein guter Ansatzpunkt, dem Mandanten den Abschluss einer Vergütungsvereinbarung vorzuschlagen.

b) *Die Gebührenhöhe.* aa) *Allgemeines.* Der Gebührenrahmen der Geschäftsgebühr reicht von 0,5 bis 2,5. Eine Bestimmung der Gebührenhöhe erfolgt durch Gewichtung der folgenden Kriterien des § 14 RVG:
- Umfang und Schwierigkeit der anwaltlichen Tätigkeit,
- Bedeutung der Angelegenheit für den Auftraggeber,
- Einkommens- und Vermögensverhältnisse des Auftraggebers.
- Ein besonderes Haftungsrisiko des Anwalts kann Berücksichtigung finden.

Die Bestimmung der Höhe, speziell im zivilrechtlichen Bereich in Verkehrsangelegenheiten, ist seit In-Kraft-Treten des RVG Gegenstand umfangreicher Beschäftigung mit diesem Thema in Rechtsprechung und Literatur. *Ebert*[25] formuliert, dass das Thema „Vergütung im

---

[21] Gerold/Schmidt/*Mayer* VV 2300 Rn. 1; *Hambloch* VersR 2005, 767; vgl. auch AGS 2005, II Änderungen beim RVG seit dem 1.7.2004 bis zum 1.4.2005.
[22] Mayer/Kroiß/*Teubel* VV Nr. 2300 Rn. 8.
[23] *Hansens* ZAP 2005 Nr. 9, 479.
[24] BGH NJW 2007, 2332.
[25] SpV 2005, 41.

Verkehrsrecht ... nach allen Seiten offen und insoweit im fontaneschen Sinn ein weites Feld" ist.

32 *Hambloch*[26] stellt fest, dass es bei Anwendung der BRAGO so gut wie keinerlei gerichtliche Auseinandersetzung über die Gebührenhöhe gab und dass das jetzige System „gerechter" und für die Gerichte entlastend ist. Tatsächlich beschäftigte die Bestimmung der Gebührenhöhe in starkem Maße die Gerichte, wie die nachstehenden Ausführungen zeigen. *Otto* gibt lesenswerte praktische Hinweise zur Bestimmung der angemessenen Rahmengebühr gem. § 14 RVG.[27]

33 Zunächst hatte *Braun*[28] die Ansicht vertreten, dass Nr. 2300 VV-RVG einen gespaltenen Gebührenrahmen habe, der nämlich für einfache und unterdurchschnittliche Angelegenheiten nur einen Rahmen von 0,5 bis 1,3 (woraus eine „Mittelgebühr" von 0,9 resultierte) ausweise. Diese Ansicht stand schon im krassen Gegensatz zur der amtlichen Begründung.[29]

34 *Madert* hatte in seiner Kommentierung zu § 14 RVG für eine *übliche* Regulierung von Verkehrsunfallschäden eine Rahmengebühr von 1,0 genannt.[30] Zwischenzeitlich haben sowohl *Braun* wie auch *Madert* ihre Ansichten revidiert.[31] *Madert* hat sogar ausdrücklich darauf hingewiesen, es habe sich in der 16. Auflage seines Kommentars um einen Druckfehler gehandelt[32]. Gleichwohl hat dies zahlreiche Haftpflichtversicherer nicht gehindert, sich auf *Braun* und *Madert* zu berufen, wenn es um die Frage der Bemessung der „richtigen" Rahmengebühr gem. § 14 RVG geht. Die Auseinandersetzungen zwischen Rechtsanwälten einerseits und Haftpflichtversicherungen andererseits über die Frage der Bestimmung der angemessenen Gebühr bei einer Unfallregulierung sind zwar noch nicht vollständig beendet, spielen aber keine wesentliche Rolle mehr.[33] Die Flut der gerichtlichen Verfahren und Entscheidungen ist spürbar abgeebbt. Nur noch einige wenige Haftpflichtversicherungen versuchen hin und wieder, die vom Rechtsanwalt in Ansatz gebrachte Rahmengebühr streitig zu machen.

35 *bb) Die Gebührenhöhe im Einzelnen.* Die Geschäftsgebühr nach VV 2300 beträgt 0,5 bis 2,5. Hieraus errechnet sich eine Mittelgebühr von 1,5. Gem. Anmerkung zu VV 2300 kann aber eine Gebühr von mehr als 1,3 kann nur gefordert werden, wenn die Tätigkeit umfangreich oder schwierig war.[34] Die Mittelgebühr wird somit gekappt. Die Kappungsgrenze von 1,3 liegt damit ca. 13,4 % unter der Mittelgebühr.

36 *cc) Die Geschäftsgebühr in der Regulierungspraxis.* Nicht zu übersehen ist, dass es in der Praxis zu zahlreichen Klagen gekommen ist, die aber in dem weitaus größten Teil zugunsten der Kläger, also der Anwälte, entschieden wurde.[35] Die Rechtsprechung zur Höhe der Gebühren bei der Regulierung von Verkehrsunfallschäden ist inzwischen – nach 10 Jahren Anwendung des RVG bzw. der Nr. 2300 VV (bzw. VV 2400 bis zum 30.6.2006) – umfangreich. Wegen des Umfanges der inzwischen vorliegenden Rechtsprechung soll davon abgesehen werden, die gesamte Rechtsprechung aufzuführen. Vielmehr wird auf die entsprechenden praxisorientierten Übersichten in der Literatur verwiesen.[36]

---

[26] *Hambloch* VersR 2005, 767.
[27] *Otto* NJW 2006, 1472.
[28] *Braun* S. 62.
[29] Bundestagsdrucksache 15/1971 S. 207.
[30] Gerold/Schmidt/*Madert* § 14 RVG Rn. 101 (16. Auflage).
[31] Zu *Braun* Hansens RVGreport, 2004, 211; *Braun*, Praxis des Vergütungsrechts, Teil 1 Rn. 223; Gerold/Schmidt/*Madert* § 14 RVG Rn. 31 (17. Auflage).
[32] Widerruf von Madert in AGS 2005, 1.
[33] Mayer/Kroiß/*Teubel* VV 2300 Rn. 30.
[34] Zur Gesetzesbegründung zu VV 2300 vgl. Gerold/Schmidt/*Madert* VV 2300 Rn. 2.
[35] *Madert* AGS 2005, 225, im Übrigen unter Hinweis und zurückweisend die Ansicht von *Braun* DAR 2004, 61.
[36] *Madert* AGS 2005, 225; zfs 2005, 305 sowie AG Chemnitz zfs 2005, 308; AG Kempen zfs 2005, 309; AG Karlsruhe zfs 2005, 309 mit Anm. *Madert* sowie AG Kempen zfs 2005, 309; ebenso AG Bad Neustadt a. d. Saale zfs 2005, 310 mit Anm. *Madert* sowie weitere Entscheidungen, abgedr. in zfs 2005, 252; AG Köln AGS 2005, 146; vgl. auch Zusammenstellung der Rechtsprechung zum RVG JurBüro 2005, 192, JurBüro 2005, 252, speziell JurBüro 2005, 253 mit einer Übersicht über den Ansatz einer 1,3 Geschäftsgebühr sowie darunter liegender Gebühren; vgl. weiter ebenso Übersicht über Gebührenhöhe, JurBüro 2005, 307 so-

37 Die Angemessenheit der Geschäftsgebühr bei der Regulierung von Verkehrsunfallangelegenheiten ist in großem Umfang Gegenstand der Rechtsprechung und im Übrigen zahlreicher Beiträge in der Literatur. Festzustellen ist, dass die 1,3 Geschäftsgebühr überwiegend als angemessen bewertet wird.[37] Zwischenzeitlich hat die Klageflut gegen Haftpflichtversicherungen merklich nachgelassen. Sowohl in der Rechtsprechung wie auch in der Praxis hat sich in weiten Teilen für die Regulierung einer durchschnittlichen Unfallsache die 1,3 Gebühr gem. Nr. 2300 VV-RVG als Regelgebühr durchgesetzt. Nur noch wenige Haftpflichtversicherer halten sporadisch das Fähnchen der Verteidiger einer 0,9 bis 1,1 Gebühr für die Regulierung durchschnittlicher Unfallsachen aufrecht. Dies dürfte im wesentlichen der richtungsweisenden BGH-Entscheidung vom 31.10.2006 zu verdanken sein, in der der BGH ausdrücklich feststellt, dass es nicht unbillig sei, wenn ein Rechtsanwalt für seine Tätigkeit bei einem durchschnittlichen Verkehrsunfall eine Geschäftsgebühr von 1,3 bestimmt.[38] Weiter schließt sich der BGH der Rechtsprechung an, dass in durchschnittlichen Fällen die Schwellengebühr von 1,3 eine Regelgebühr darstelle und ähnliche Funktion erfülle wie die 7,5/10 Gebühr gem. § 118 Abs. 1 Nr. BRAGO unter Hinweis auf die amtliche Begründung (BT-Drucksache 15/1974 S. 205 f.).[39] Auch die weiteren Ausführungen des BGH sind erwähnenswert, zumal Ausführungen dazu gemacht werden, unter welchen Voraussetzungen von einer unterdurchschnittlichen Verkehrsunfallsache auszugehen sei. Der BGH führt weiter aus, dass eine schnelle und problemlose Regulierung nicht notwendigerweise darauf hindeute, dass die anwaltliche Tätigkeit unterdurchschnittlich sei. Eine derartige Regulierung kann vielmehr im Einzelfall auf einer vorherigen und womöglich umfangreichen Klärung der Sach- und Rechtslage durch den Anwalt beruhen. In einem solchen Fall widerspräche es dem Sinn und Zweck des § 14 RVG, wenn der Haftpflichtversicherer es durch eine schnelle Regulierung in der Hand hätte, dem Rechtsanwalt die Bestimmung einer angemessenen Vergütung für bereits erbrachte Tätigkeiten zu versagen.[40]

38 *dd) Gebührenpraxis verschiedener KH-Versicherungen.* Mehrere KH-Versicherungen haben inzwischen Regelungen zur Gebührenhöhe vorgeschlagen, um die Regulierung zu erleichtern und Streitigkeiten sowie eventuelle Gebührenprozesse zu vermeiden. Es ist im Einzelfall zu empfehlen zu klären, ob beteiligte Versicherungen entsprechende Regelungen vorgeschlagen haben oder anwenden vgl. nachfolgend Rn. 40.

39 *ee) Die durchschnittliche Angelegenheit.* Ist von einer durchschnittlichen Angelegenheit auszugehen, beträgt die zugrunde zu legende Mittelgebühr 1,5. Nach der Anmerkung zu Nr. 2300 VV-RVG kann aber

„eine Gebühr von mehr als 1,3 nur gefordert werden, wenn die Tätigkeit umfangreich oder schwierig war".

40 Liegt der Umfang oder die Schwierigkeit über dem Durchschnitt, ist die Berechnung einer höheren Gebühr als 1,3 möglich. Für alle anderen Fälle stellt die sog. Schwellengebühr von 1,3 eine Regelgebühr dar.[41] Somit kommt eine geringere Gebühr als 1,3 nur dann in Betracht, wenn das Mandatsverhältnis vorzeitig beendet wird oder eine denkbar einfache Unfallregulierung vorliegt, die deutlich vom Durchschnitt abweicht, zB vollständige Schadenregulierung innerhalb kürzester Zeit, klare Haftungslage, einfach zu beziffernde Schadenersatzansprüche. Denn es ist stets zu berücksichtigen, dass die Schwellengebühr bereits 13% unterhalb der Mittelgebühr liegt. Bei einem hohen Schwierigkeitsgrad, zB komplizier-

---

wie zu weiteren Entscheidungen, im Wesentlichen die 1,3 Geschäftsgebühr bestätigend, JurBüro 2005, 307, 308; AG Aachen AnwBl. 2005, 223; AG Landstuhl NJW 2005, 161; AG Coburg MittBl. der Arge VerkR 2005, 76; AG Köln MittBl. der Arge VerkR 2005, 75; insbesondere ist zu verweisen auf *Zorn* VRR 2005, 98; ausführliche Aufstellung bei Brieske/Teubel/Scheungrab/*Baschek* § 8 Rn. 32–39; *Sonderkamp* NJW 2006, 1477 ff. mit vielen Entscheidungen.
[37] Vgl. hierzu ausführlich *Madert* AGS 2005, 225 mit Rechtsprechungsübersicht in alphabetischer Reihenfolge der Gerichte, vgl. auch *Madert* zfs 2005, 326 und zfs 2005, 327: Die Gebühren des Rechtsanwaltes für die Regulierung von Verkehrsunfallschäden.
[38] BGH NZV 2007, 181 = MDR 2007, 491 = NJW-RR 2007, 420 = DAR 2007, 234.
[39] BGH NZV 2007, 181.
[40] BGH NZV 2007, 181.
[41] BT-Drucks. 15/1971, S. 206, 207; AG Landstuhl NJW 2005, 161; AG Kelheim zfs 2005, 200 f.

ter Unfallhergang oder schwierig zu berechnende Schadenpositionen, zB Verdienstausfall oder Unterhaltsschaden, kann eine Gebühr bis zu 2,5 entstehen. Gleiches gilt hinsichtlich eines überdurchschnittlichen Umfangs, zB Schadenregulierung über mehrere Jahre, stattfindende Regulierungsgespräche mit dem Haftpflichtversicherer. Dagegen ist ein kurzes Telefonat nicht geeignet, eine höhere Gebühr als 1,3 zu begründen.[42] Sehr anschaulich hat *Teubel*[43] hierzu wie folgt ausgeführt:

> „Von den Bemessungskriterien des § 14 RVG werden in Unfallregulierungsangelegenheiten zumindest zwei Kriterien immer als mindestens durchschnittlich zu werten sein, nämlich die Bedeutung der Angelegenheit für den Auftraggeber (bei einem besonderen Affektionsinteresse zu dem beschädigten Kraftfahrzeug wird im Einzelfall eine überdurchschnittliche Bedeutung anzunehmen sein) und die Einkommens- und Vermögensverhältnisse des Auftraggebers, letztere deswegen, weil im Einzelfall möglicherweise unterdurchschnittliche Einkommens- und Vermögensverhältnisse der geschädigten Person ausgeglichen werden durch den Rückgriff auf einen zweifellos zahlungsfähigen Schuldner, nämlich die zahlungspflichtige Haftpflichtversicherung. Der Anwalt braucht bei seiner Ermessensentscheidung nach § 14 RVG in einer solchen Konstellation nicht auf eine ansonsten zu berücksichtigende schlechte wirtschaftliche Situation seines Auftraggebers Rücksicht zu nehmen. Das hat zur Folge, dass selbst wenn Umfang und Schwierigkeit deutlich unterdurchschnittlich anzusetzen sind, bei einem Gebührenrahmen von 0,5 bis 2,5 ganz regelmäßig zumindest eine 1,0-fache Gebühr angemessen erscheint."

> **Praxistipp:**
> Aufgrund der dem Anwalt im Streitfall obliegenden Darlegungs- und Beweislast sollte ein gesondertes Aktenblatt geführt werden, in dem die geführten Telefonate hinsichtlich
> • Gesprächspartner
> • Gesprächsdauer und
> • Gesprächsinhalt
> aufgezeichnet werden können.
>
> Dieses Aktenblatt ist ggf. auch verwendbar, wenn eine Abrechnung mit dem Mandanten oder Rechtsschutzversicherer zu fertigen ist.

41 **c) Vertretung mehrerer Unfallgeschädigter.** *aa) Vertretung in einer Angelegenheit.* Werden in einer Unfallangelegenheit mehrere Unfallgeschädigte vertreten, so ist Folgendes zu beachten:

Gemäß § 15 Abs. 2 S. 1 RVG kann der Anwalt die Gebühren in derselben Angelegenheit nur einmal fordern. Die Werte mehrerer Gegenstände werden gemäß § 22 Abs. 1 RVG zusammengerechnet. Vorsicht ist allerdings geboten, wenn mehrere Unfallgeschädigte vertreten werden, da es unter Umständen zu einem Interessenkonflikt kommen kann. Trifft den Fahrer eventuell ein Mitverschulden am Zustandekommen des Unfallgeschehens, dann liegen zwischen den Beteiligten (Fahrer, Beifahrer, Mitfahrer) widerstreitende Interessen vor, so dass der Anwalt nicht allen Unfallbeteiligten vertreten darf. Häufiger Fall ist zum Beispiel die Verletzung einer Familie mit Kindern.

42 Gemäß Nr. 1008 VV-RVG erhöht sich die Geschäftsgebühr in derselben Angelegenheit bei mehreren Auftraggebern durch jeden weiteren Auftraggeber um 0,3, soweit die anwaltliche Tätigkeit denselben Gegenstand betrifft, Anm. Abs. 1 zu Nr. 1008 VV-RVG. Für jeden Auftraggeber sind zur Geschäftsgebühr, zB 1,3, jeweils 0,3 zu addieren, zB 1,3 + 0,3 = 1,6. Mehrere Erhöhungen dürfen einen Gebührensatz von 2,0 nicht übersteigen, zB 1,3 + 2,0 = 3,3, Anm. Abs. 3 zu Nr. 1008 VV-RVG.

43 *bb) Mehrere Mandate.* Ist es geboten, aus Anlass des gleichen Unfallereignisses die Schadenersatzansprüche getrennt zu verfolgen, liegen mehrere – gebührenrechtliche – Angelegenheiten vor. Viele Versicherungen legen in umfangreichen Unfallsachen für jeden Geschädigten eine gesonderte Schadensakte an und führen die Korrespondenz auch getrennt nach den Geschä-

---

[42] BT-Drucks. a. a. O.
[43] *Mayer-Kroiß/Teubel* VV 2300 Rn. 33.

digten. Die Geschäftsgebühr und auch die weiteren Gebühren entstehen dann separat. Das gilt auch für die Pauschale für Post- und Telekommunikationsentgelte, Nr. 7002 VV-RVG, die in jeder Angelegenheit gesondert berechnet werden kann, Anm. zu Nr. 7002 VV-RVG.

4. Einigungsgebühr der Nr. 1000 VV-RVG

Die Einigungsgebühr gemäß Nr. 1000 VV-RVG entsteht für die Mitwirkung beim Abschluss eines Vertrages, durch den der Streit oder die Ungewissheit der Parteien über ein Rechtsverhältnis beseitigt wird, Anm. Abs. 1 zu Nr. 1000 VV-RVG. Soweit über den Gegenstand der Einigung kein gerichtliches Verfahren anhängig ist, beträgt die Einigungsgebühr 1,5, Nr. 1003 VV-RVG.

In der Praxis kommt es häufig vor, dass die Versicherung ein Abrechnungsschreiben erteilt und den von ihr als angemessen bezeichneten Betrag zahlt. In diesem Fall kommt ein die Einigungsgebühr begründender Vertrag nicht zustande, weil ein bloßes Anerkenntnis vorliegt, Anm. Abs. 1 zu Nr. 1000 VV-RVG. Dies gilt auch dann, wenn der Geschädigte erklärt, dass er die Abrechnung akzeptiert und auf weitergehende Ansprüche verzichtet. Hat der Versicherer zuvor eine Haftung abgelehnt, entsteht die Einigungsgebühr. Beseitigt ist der Streit aber nur, wenn der Geschädigte auf weitergehende Ansprüche verzichtet und sich somit eine spätere weitere Geltendmachung nicht vorbehält.

Wird nach teilweisem Ausgleich der Schadenpositionen schließlich über die restlichen Ansprüche eine Abfindungserklärung unterzeichnet unter Verzicht auf alle weiteren Ansprüche, liegt kein Teilvergleich, sondern ein Gesamtvergleich über den gesamten Schaden vor.[44] Es kommt nicht darauf an, worauf man sich einigt, sondern worüber. Mit Abschluss einer Einigung iSv VV 1000 RVG werden in der Regel die Gesamtansprüche aus dem Unfallgeschehen erledigt. Dies gilt nicht, wenn lediglich bestimmte Schadenpositionen streitig sind, zB Höhe des Nutzungsausfalls und sich die Einigung nur auf diese Schadensposition erstreckt.

5. Hebegebühr der Nr. 1009 VV-RVG

Gemäß Nr. 1009 VV-RVG fällt die Hebegebühr an, wenn die Versicherungsgesellschaft des Schädigers an den Anwalt des Geschädigten Zahlungen leistet. Leitet dieser die Zahlungen an seinen Auftraggeber weiter, entsteht die Hebegebühr.

Voraussetzung für den Anfall der Hebegebühr ist, dass der Anwalt den Auftrag zur Entgegennahme und zur Auszahlung des Geldes hat. Hierbei ist davon auszugehen, dass in den üblichen Vollmachten die Ermächtigung zur Entgegennahme von Geld enthalten ist. Hierin liegt gleichzeitig der Auftrag, die Auszahlung abzuwickeln. Der Auftraggeber sollte vorsorglich auf die Kostensituation hingewiesen werden, um die Vermeidung der zu erwartenden Kosten zu ermöglichen. Die Hebegebühr ist von der Gegenseite aber nur dann zu erstatten, wenn der Schuldner, also die Versicherung des Schädigers, an den Anwalt des Geschädigten zahlt, ohne hierzu aufgefordert worden zu sein. In diesem Fall ist die Hebegebühr zu erstatten.

Ein **Freistellungsanspruch gegenüber der Rechtsschutzversicherung** entsteht in der Regel nicht, da nach den Rechtsschutzbedingungen vermeidbare Kosten nicht erstattet werden. Ausnahmen können jedoch im Einzelfall möglich sein, zB komplizierte Unfallschadenregulierung, die eine Überwachung der Zahlungsabwicklung durch den beauftragten Anwalt erforderlich macht.

6. Auslagen des 7. Teils des VV-RVG

a) **Die Pauschale für Entgelte für Post- und Telekommunikationsdienstleistungen.** Die Pauschale gemäß Nr. 7002 VV-RVG, die anstelle der tatsächlichen Aufwendungen verlangt werden kann, Nr. 7001 VV-RVG, ist zu erstatten.

---

[44] LG Karlsruhe AnwBl. 1983, 95.

In jeder Angelegenheit fällt die Pauschale an, Anm. zu Nr. 7002 VV-RVG, und beträgt 20 % der abgerechneten Gebühren, höchstens 20,– EUR.

51 **b) Die Dokumentenpauschale.** Um Wiederholungen zu vermeiden, wird bzgl. der Berechnung und des Anfalls der Dokumentenpauschale auf die ausführlichen Ausführungen des Verfassers in § 21 Rn. 28 und 29 verwiesen.

52 **c) Reisekosten.** Findet eine Besprechung bzw. Terminswahrnehmung außerhalb der Gemeinde statt, in der sich die Kanzlei oder die Wohnung des Rechtsanwalts befindet, zB auf Einladung des Versicherers, können Reisekosten berechnet werden, vgl. Vorb. 7 Abs. 2 VV-RVG. Bei Benutzung öffentlicher Verkehrsmittel sind die tatsächlichen Aufwendungen ersatzfähig, Nr. 7003 VV-RVG. Bei Benutzung des eigenen Pkw können EUR 0,30 je gefahrenen Kilometer berechnet werden, Nr. 7004 VV-RVG. Tage- und Abwesenheitsgelder der Nr. 7005 VV-RVG sind an die jeweilige Abwesenheitsdauer geknüpft. Sonstige Auslagen, zB Parkgebühren unterfallen der Regelung der Nr. 7006 VV-RVG.

53 **d) Die Umsatzsteuer.** Soweit keine Vorsteuerabzugsberechtigung seitens des Auftraggebers besteht, ist die Umsatzsteuer, Nr. 7008 VV-RVG, zu erstatten.

7. Abwicklung der Gebühren durch die Versicherer in Kfz-Haftpflichtschäden

54 Vor allem seit Geltung des RVG seit dem 1.7.2004 ist es ein wichtiges Anliegen, die Abwicklung von Schadensfällen möglichst unkompliziert und unbürokratisch zu gestalten, um überflüssige Diskussionen bei der Abrechnung mit Versicherern zu vermeiden. Verschiedene Versicherungsgesellschaften haben den Deutschen Anwaltverein vor diesem Hintergrund darüber informiert, dass sie die Rechtsanwaltsgebühren nach den folgenden Grundsätzen abrechnen werden. Sie wenden diese Verfahrensweise jedoch nur gegenüber solchen Rechtsanwälten an, die sich mit ihr in allen Fällen uneingeschränkt einverstanden erklären.

Arbeitsanweisungen zur Abrechnung von RA Gebühren

Gebiet	Kraftfahrzeughaftpflicht (vgl. unten 2)
Umfang	Außergerichtliche Schadenregulierung
Gebührenhöhe:	maßgebend ist immer der Gesamterledigungswert
Ein Geschädigter	Gebührenhöhe
Sachschaden	1,8
Personenschaden (und Sachschaden) mit einem Gesamterledigungswert unter 10.000,– EUR	1,8
Personenschaden (und Sachschaden) mit einem Gesamterledigungswert von 10.000,– EUR oder mehr	2,1
Mehrere Geschädigte	Gebührenhöhe
Sachschaden	2,4
Personenschaden (und Sachschaden) mit einem Gesamterledigungswert unter 10.000,– EUR	2,4
Personenschaden (und Sachschaden) mit einem Gesamterledigungswert von 10.000,– EUR oder mehr	2,7
Auslagen:	Gesetzliche Regelungen bzw. individuelle Vereinbarungen

55 Entgegen den Ausführungen beispielsweise Gerold/Schmidt/RVG S. 1624 ist es nicht richtig, dass das Pauschalhonorar für die Akteneinsicht und die Aktenauskunft aus Unfallstraf-

akten für Versicherungsgesellschaften mit Inkrafttreten des RVG ausgelaufen ist. Als übliche Vergütung für diese Tätigkeit sind weiterhin 26,– EUR für die erste und 13,– EUR für die zweite und jede weitere Einsicht neben den Auslagen und der gesetzlichen Umsatzsteuer zu berechnen.

Folgende Versicherungsgesellschaften hatten bzw. haben dem Deutschen Anwaltverein angezeigt, dass sie ihre Schadenbüros entsprechend den oben dargestellten Grundsätzen angewiesen haben:
1. DEVK Versicherungen (für Kraftfahrzeughaftpflichtschäden und Kfz-Schäden in der allgemeinen Haftpflichtversicherung nach dem 30.6.2004).
2. Öffentliche Landesbrandkasse Versicherungen Oldenburg (für Kraftfahrzeughaftpflichtschäden nach dem 1.10.2004).
3. VGH Versicherungen Landschaftliche Brandkasse Hannover (für Kraftfahrzeughaftpflichtschäden und allgemeine Haftpflichtschäden ab dem 1.7.2004, sofern sie zum 31.10.2004 noch nicht abgerechnet sind).

Die nachfolgend aufgeführten Versicherungen haben das Abrechnungsabkommen gekündigt:
4. Allianz Gruppe (Allianz-Versicherung AG, Frankfurter Versicherung AG einschließlich Volkswagen Versicherungsdienst GmbH [VVD] und Opel Händler Versicherungsdienst GmbH [OVD], Vereinte Versicherung AG, Bayrische Versicherungsbank AG) für Kraftfahrzeughaftpflichtschäden nach dem 30.6.2004; individuelle Gebührenvereinbarungen im Rahmen des RVG sind möglich, wenn die Regulierung (auch) Körperschäden betrifft und der Gesamterledigungswert 100.000,– EUR oder mehr beträgt. (**gekündigt zum 31.3.2012**)
5. VHV-Versicherungen (für Kraftfahrzeughaftpflichtschäden ab dem 1.1.2005).[45] (**gekündigt zum 31.7.2010**)
6. Württembergische Versicherung AG, Stuttgart (**gekündigt zum 31.12.2007**)

Eine jeweils aktuelle Aufstellung der Versicherungen, die nach den Abrechnungsgrundsätzen abrechnen, steht hier:
www.verkehrsanwaelte.de/uploads/media/Abrechnungsgrundsaetze.pdf

Die HUK Coburg bietet Rechtsanwälten den Abschluss einer Gebührenvereinbarung an, die im wesentlichen dem alten „DAV-Abkommen" entspricht: Einheitlicher Pauschalbetrag von 1,5 Gebühr nach dem Gesamterledigungswert. Sind Gegenstand der Regulierung auch Körperschäden, erhöht sich die Gebühr auf 1,75 Gebühr ab 10.000,– EUR Gesamterledigungswert.

Vertritt der Rechtsanwalt mehrere Geschädigte, erhöht sich die Gebühr von 1,5 auf 2,0, bei Körperschäden bei einem Gesamterledigungswert von über 10.000,– EUR auf 2,25 Gebühr. Die von der HUK-Coburg angebotene Gebührenvereinbarung bleibt damit erheblich unter den anderen Abrechnungsgrundsätzen. Ob eine solche Vereinbarung abgeschlossen werden sollte, muss jeder Rechtsanwalt sehr genau überlegen.

8. Kein Verzicht auf weitere Ansprüche bei Abrechnung nach Abrechnungsgrundsätzen

Aus der Tatsache, dass ein Rechtsanwalt nach teilweiser Regulierung eines Verkehrsunfallschadens durch den gegnerischen Haftpflichtversicherer diesem gegenüber seine Anwaltsgebühren unter Bezugnahme auf das DAV-Abkommen abrechnet, kann nicht ohne weiteres der Schluss gezogen werden, er verzichte zugleich namens seines Mandanten auf die Geltendmachung weiterer Ansprüche.[46]

Sind noch Ansprüche streitig, sollte der Rechtsanwalt bei nur teilweiser Regulierung entweder auf eine vorzeitige Abrechnung verzichten, oder einen Vorbehalt erklären. Die von den KH-Versicherern angebotenen Abrechnungsgrundsätze unterscheiden sich insoweit: Teilweise enthalten sie nämlich Regelungen des Inhaltes, dass die Vereinbarung nur für den Fall der vollständigen außergerichtlichen Regulierung Anwendung findet.[47]

---

[45] *Greißinger* MittBl. der Arge VerkR 2005, 57, Darstellung der Abrechnungsgrundsätze, im Übrigen mit Darstellung der Regulierungsempfehlungen der HUK-Coburg *Greißinger* a. a. O. S. 58.
[46] BGH NJW 2006, 1511.
[47] So bei HUK-Coburg; Öffentliche Landesbrandkasse Oldenburg; VGH.

> **Praxistipp:**
> Generell sollte bei allen Abrechnungen nach den Abrechnungsgrundsätzen ein Vorbehalt dahin erklärt werden, dass mit der Abrechnung keine endgültige Erledigung aller unfallbedingten Ansprüche des Mandanten verbunden ist und gegebenenfalls die Stellung weiterer Ansprüche ausdrücklich vorbehalten bleibt.

58 Von dem vorstehenden Vorbehalt werden dann auch eventuell vergessene Ansprüche erfasst. Vielfach wird empfohlen, den Vorbehalt bezgl. der streitigen Unfallforderungen zu erklären. Dieser Vorbehalt würde dann aber eben nicht die versehentlich nicht gestellten oder erst später – nach Abrechnung – vorliegenden Schadenspositionen erfassen.

III. Gegenstandswert und Vergütungsvereinbarung

1. Der Gegenstandswert

59 Die Höhe der Anwaltsgebühren richtet sich nach dem Gegenstandswert der anwaltlichen Tätigkeit. Vor Übernahme des Auftrages ist der Anwalt verpflichtet, den Mandanten darauf hinzuweisen, dass sich die zu erhebenden Gebühren nach dem Gegenstandswert richten, § 49b Abs. 5 BRAO.[48]

60 **a) Die Höhe des Gegenstandswerts.** Der Gegenstandswert für die außergerichtliche Tätigkeit bestimmt sich nach § 23 Abs. 1 S. 3 RVG und ergibt sich aus der Summe der Beträge, die als Schadenersatz aus dem Unfallereignis gefordert werden.

61 Mehrere Gegenstände (Schadenspositionen) sind zusammenzurechnen, § 22 Abs. 1 RVG. Gleiches gilt für später neu hinzu kommende Schadenpositionen, soweit vorher kein Abschluss der Schadenregulierung angenommen werden kann.[49]

62 Bei der Unfallschadenregulierung muss differenziert gesehen werden, dass der Gebührenberechnung bzw. dem Gebührenerstattungsanspruch seitens der Versicherung des Schädigers der Gegenstandswert zugrunde zu legen ist, der sich aus den Zahlungen der Versicherung ergibt. Hiervon zu unterscheiden ist die Gebührenberechnung auf der Grundlage der gesamten Ansprüche, die auftragsgemäß geltend zu machen waren.[50]

63 Neben der Erstattung der Gebühren durch die gegnerische Haftpflichtversicherung als Teil des Schadens ist daran zu denken, dass die Gebühren, die angefallen sind nach dem Gesamtgegenstandswert der geltend gemachten Forderung, über den regulierten Betrag hinaus vom Auftraggeber und ggf. von der hinter diesem stehenden Rechtsschutzversicherung zu tragen sind. Im Übrigen gilt hinsichtlich des Gegenstandswertes der Einigungsgebühr der allgemeine Satz: Gegenstandswert für die Einigungsgebühr ist nicht der Betrag, auf den man sich vergleicht, sondern über den man sich vergleicht. Hier handelt es sich ausschließlich um den Gegenstandswert, aus dem die Einigungsgebühr des Anwaltes gegenüber dem Mandanten als dem Vergütungsschuldner entstanden ist.

64 **b) Gebührenberechnung gegenüber Mandanten bei Teilregulierung.** Gegenüber dem Mandanten kann der Anwalt stets den Gegenstandswert seines Auftrages zugrunde legen. Wird schließlich lediglich in Höhe einer Quote reguliert, so zahlen der Schädiger bzw. dessen Versicherung lediglich die Gebühren aus dem regulierten Teilbetrag. In diesem Fall kann gegenüber dem Mandanten die Gebührendifferenz berechnet werden, die sich aus dem Unterschied der Gebührenberechnung nach dem Gegenstandswert des Auftrages und den Gebühren des regulierten Teilbetrages ergibt (im Übrigen wird verwiesen auf das Abrechnungsbeispiel bei § 35 Rn. 35 ff. und § 36 Rn. 82).

65 Bei Abrechnung nach den Abrechnungsgrundsätzen einiger Versicherer ergeben sich aber insoweit Besonderheiten, die zu beachten sind. Durch die unterschiedlichen Gebührenansät-

---

[48] *Hartmann* NJW 2004, 2484 f.
[49] BGH JurBüro 1995, 362, 363.
[50] Vgl. hierzu *Madert* XIV Rn. 14.

ze ist bei Abrechnung nach Abrechnungsgrundsätzen bei nur teilweiser Regulierung Vorsicht geboten. Häufig reguliert die Haftpflichtversicherung weniger als gefordert wurde, weil zB das verlangte Schmerzensgeld zu hoch angesetzt oder aber ein Mitverschulden zu berücksichtigen war.

Beispiel:
Verlangt der Rechtsanwalt außergerichtlich von der Haftpflichtversicherung insgesamt 12.000,00 EUR, die Versicherung reguliert nach Einigung nur 8.000,00 EUR, so errechnen sich die Gebühren wie folgt:
Gegenüber der Versicherung wird nach Abrechnungsgrundsätzen abgerechnet:
Wert: 8.000,00 EUR
1,8 Gebühr   820,80 EUR
Diese Gebühren (zzgl. Auslagen und USt) erstattet die Versicherung.
Gegenüber dem Mandanten sind folgende Gebühren angefallen:
Wert: 12.000,00 EUR
1,3 Verfahrensgebühr gem. Nr. 2300 VV RVG   785,20 EUR
1,5 Einigungsgebühr gem. Nr. 1000 VV RVG   906,00 EUR
Summe: 1.691,20 EUR

Hier wäre es falsch, einfach in Höhe der Differenz der beiden Gebührenbeträge (1.691,20 EUR – 820,80 EUR = 870,40 EUR) abzurechnen.

Durch die Anwendung der Abrechnungsgrundsätze hat sich der Rechtsanwalt nämlich bzgl. seiner Gebühren gebunden und kann diese nicht anderweitig abrechnen.[51] Die Erklärung des Rechtsanwaltes, nach dem geringeren Gebührensatz der Empfehlungen abzurechnen, muss daher insoweit konkludent auch als Verzicht gegenüber dem Mandanten gedeutet werden, die Gebührendifferenz von ihm noch einzufordern.[52]

Vielmehr wäre wie folgt abzurechnen:

Beispiel:
Summe der Gebühren aus Wert 12.000,00 EUR   1.691,20 EUR
abzgl. Summe der Gebühren aus Wert 8.000,00 EUR
(1,3 + 1,5 = 2,8 Gebühren aus Wert 8.000,00 EUR)   1.276,80 EUR
Summe: 414,40 EUR
Diese Gebühr steht dem Rechtsanwalt noch gegen seinen Mandanten zu.

Umgekehrt kann der Rechtsanwalt von seinem Mandanten keine Erstattung der „Mehrgebühren" verlangen, wenn nach RVG-Abrechnung mehr Gebühren als nach Abrechnungsgrundsätzen entstanden sind:

Beispiel:
RA verlangt von Unfallgegner 10.000,00 EUR für Sachschaden. Es handelt sich um eine sehr schwierige und sehr umfangreiche Tätigkeit, so dass nach § 14 RVG eine 2,5 Gebühr angemessen wäre.

Bei Abrechnung nach den Abrechnungsgrundsätzen (HUK-Coburg 1,5 oder Allianz 1,8) steht dem Rechtsanwalt eine geringere als die gesetzliche Gebühr zu. Hier wirken die Abrechnungsgrundsätze auch für den Mandanten.[53] Der Rechtsanwalt hat sich durch die Anwendung der Abrechnungsgrundsätze bindend verpflichtet, nicht höher abzurechnen.[54]

2. Vergütungsvereinbarung

Auch ist daran zu denken, dass bei schwierig gelagerten Unfallschadenregulierungen, insbesondere bei Großschäden, die Vereinbarung des Honorars mit der Mandantschaft in Betracht kommt, § 3a RVG. Hierbei ist der Mandant darüber zu belehren, dass einmal die Haftpflichtversicherung des Schädigers im Rahmen der Regulierung die gesetzlichen Gebüh-

---
[51] Im Ergebnis auch *Enders* Rn. 822.
[52] Gerold/Schmidt/*Madert* 16. Aufl. S. 1480 m. w. Nachweisen.
[53] Gerold/Schmidt/*Madert* 16. Aufl. S. 1479.
[54] Im Ergebnis auch *Beck* DAR 1989, S. 41.

ren zu erstatten hat und im Übrigen hinsichtlich der gesetzlichen Gebühren ggf. hinsichtlich der – vorerwähnten – Gebührendifferenz ein Freistellungsanspruch gegenüber der Rechtsschutzversicherung besteht. Andererseits ist sicherlich bei umfangreicher und schwieriger Unfallschadenregulierung dem Mandanten überzeugend darzulegen, dass die Vereinbarung des Honorars angemessen ist. Dies kann insbesondere dadurch verdeutlicht werden, dass die insgesamt zu zahlenden Gebühren in Vergleich gesetzt werden zu dem in Betracht kommenden Zeitaufwand und dem hierdurch bedingten Stundenhonorar.

69 Die besondere Vereinbarung zu Gebühren wird gewöhnlich „Vergütungsvereinbarung" genannt. Früher war die Bezeichnung „Honorarvereinbarung" geläufig. Sie muss gem. § 3a RVG als Vergütungsvereinbarung oder in **vergleichbarer Weise** bezeichnet werden. Sie ist grundsätzlich in allen Angelegenheiten zulässig, nicht jedoch für den im Wege der Prozesskostenhilfe beigeordneten Rechtsanwalt, § 3a Abs. 3 S. 1. RVG. Die Vorschrift des § 3a RVG enthält zwingendes Recht und kann nicht abbedungen werden.

Muster: Vorschlag Vergütungsvereinbarung

70 In der Unfallschadenangelegenheit erfordert die Klärung der Haftungsvoraussetzungen sowie die Klärung der verschiedensten Schadenpositionen nach Grund und Höhe umfangreiche Bearbeitung.
Zunächst kann hinsichtlich der anfallenden Anwaltsgebühren darauf hingewiesen werden, dass die Haftpflichtversicherung des Gegners die im Rahmen der Regulierung anfallenden Gebühren als Schadenposition zu ersetzen hat. Soweit Rechtsschutzdeckung besteht, hat die Rechtsschutzversicherung das Kostenrisiko und ggf. auch eine Gebührendifferenz zwischen den Gebühren aus dem regulierten Betrag und den darüber hinaus angefallenen Gebühren zu tragen.
Durch die somit gedeckten gesetzlichen Gebühren erscheint jedoch der Aufwand nicht angemessen ausgeglichen. Es wird deshalb vorgeschlagen, über die gesetzlichen Gebühren hinaus eine Vergütungsvereinbarung zu schließen. Anliegend ist beigefügt der Entwurf einer Vergütungsvereinbarung mit der Bitte um Unterzeichnung und Rückgabe. Alsdann wird ein Exemplar nach diesseitiger Gegenzeichnung zurückgesandt.
Im Übrigen wird über den Fortgang der Angelegenheit weiter berichtet.

Rechtsanwalt

71 Bei der abzustimmenden Vergütungsvereinbarung ist auf die Einhaltung der gesetzlichen Form etc. zu achten, § 3a RVG.[55] Als angemessener Stundensatz dürfte ein Orientierungsbetrag zwischen 200,– EUR und 300,– EUR in Betracht kommen.[56] Zu beachten sind die Grenzen der Angemessenheit einer Vergütungsvereinbarung. Hier wird auf die ausführlichen Ausführungen zur Problematik der Vergütungsvereinbarungen in → § 21 verwiesen.

IV. Der Anspruch auf Erstattung der Gebühren

1. Grundsätzliches

72 **a) Die Rechtsgrundlage.** Die Anspruchsgrundlage für den materiell-rechtlichen Kostenerstattungsanspruch ergibt sich aus § 249 BGB iVm dem jeweils anwendbaren Haftpflichttatbestand, also zum Straßenverkehrshaftungsrecht zB § 823 Abs. 1 und 2 BGB, § 7 StVG usw. Anwaltskosten sind nach hM Sachfolgeschaden. Die Kosten der Rechtsverfolgung stellen einen materiell-rechtlichen Kostenerstattungsanspruch dar.[57] Damit gehören die Kosten der Rechtsverfolgung zum Schaden und sind gegenüber der Kraftfahrthaftpflichtversicherung geltend zu machen. Gegenstandswert für die Abrechnung der anwaltlichen Gebühren ist der anerkannte oder gezahlte Schadensbetrag.[58]

---

[55] Vgl. hierzu *Engels* MDR 1999, 124.
[56] Zu Höhe und Einzelheiten des vereinbarten Honorars LG Köln AGS 2000, 179.
[57] BGHZ 30, 154.
[58] BGH NJW 1970, 1122.

Die Kosten der anwaltlichen Inanspruchnahme sind damit abweichend von dem Grundsatz, dass Kosten nur zu erstatten sind bei Verzug, im Verkehrsunfallschadenrecht zu ersetzen. Dies folgt aus dem Grundsatz, dass der Geschädigte aus einem Straßenverkehrsunfall bereits vor Eintritt des Verzuges einen Anwalt mit der Durchsetzung seiner Ansprüche beauftragen darf. Die Begründung hierfür ist das Prinzip der Waffengleichheit. Aufseiten des Haftpflichtversicherers stehen eine Organisation und sachkundige Spezialisten zur Verfügung. Aus dem Prinzip der Waffengleichheit folgt hieraus, dass der rechtsunkundige Anspruchsteller als Gegengewicht einen Anwalt beauftragen kann.[59] 73

b) Der Erstattungsanspruch. Maßgebend für die Entstehung des Erstattungsanspruches ist die Sach- und Rechtslage. In Betracht kommt ein Erstattungsanspruch gegen 74
- den Fahrer, Halter und Haftpflichtversicherer des schädigenden Fahrzeuges,
- Kaskoversicherer des beschädigten Fahrzeuges (insbesondere bei Verzug),
- Rechtsschutzversicherer des Geschädigten.

Grundsätzlich gehören die Kosten der Rechtsverfolgung und damit auch die Anwaltskosten zum erforderlichen Herstellungsaufwand.[60] Entscheidend ist, ob ein verständiger wirtschaftlich vernünftig handelnder Geschädigter auch bei mangelnder geschäftlicher Erfahrung allein tätig wird. Nur dann sind die anfallenden Anwaltskosten nicht zu erstatten.[61]

2. Einzelfragen

Der BGH[62] hat entschieden, dass ein Erstattungsanspruch auf Ersatz der Gebühren zu verneinen ist. Die Leitsätze zu dieser Entscheidung lauten: 75

„1. Ist die Verantwortlichkeit für den Schaden und damit die Haftung von vornherein nach Grund und Höhe derart klar, dass aus der Sicht des Geschädigten kein vernünftiger Zweifel daran bestehen kann, dass der Schädiger ohne weiteres seiner Ersatzpflicht nachkommen werde, so wird es grundsätzlich nicht erforderlich sein, schon für die erstmalige Geltendmachung des Schadens gegenüber dem Schädiger bzw. seiner Versicherung einen RA zuzuziehen. In derart einfach gelagerten Fällen kann der Geschädigte, ob es sich nun um einen Privatmann oder eine Behörde handelt, grundsätzlich den Schaden selbst geltend machen, sodass sich die sofortige Einschaltung eines RA nur unter besonderen Voraussetzungen als erforderlich erweisen kann, wenn etwa der Geschädigte aus Mangel an geschäftlicher Gewandtheit oder sonstigen Gründen, wie etwa Krankheit oder Abwesenheit, nicht in der Lage ist, den Schaden anzumelden.
2. Ist der Schadenfall von vornherein schwieriger gelagert oder wird bei einfach gelagerten Fällen der Schaden nicht bereits aufgrund der ersten Anmeldung reguliert, so darf der Geschädigte sogleich einen RA mit der weiteren Geltendmachung beauftragen und kann sodann dessen Kosten im Rahmen des materiell-rechtlichen Schadenersatzanspruches geltend machen."

In dem entschiedenen Fall war Geschädigter die Bundesrepublik Deutschland, und der Schaden bestand in der Beschädigung von Autoleitplanken. In der Anmerkung zu diesem Urteil weist *Höfle*[63] zu Recht darauf hin, dass es sich um einen „Sonderfall" handelt. In diesem speziellen Fall standen sich rechtskundige, gleichwertige Gegner gegenüber, und es handelte sich um einen völlig problemlosen Schadenfall. 76

Für den Normalfall der Schadenregulierung hat der BGH erneut den allgemeinen anerkannten Grundsatz verfestigt, wonach die Beauftragung eines Anwaltes zur Durchsetzung von Rechtsansprüchen durchweg als schadensbedingte Aufwendung anzuerkennen ist. 77

Die Verneinung des Anspruches auf Ersatz der Anwaltsgebühren als schadenbedingter Aufwand ist im Rahmen des § 254 Abs. 2 BGB zu beurteilen, also ob ein Verstoß gegen die Schadensminderungspflicht vorliegt. Es ist von dem Grundsatz auszugehen, dass generell der Geschädigte nicht gegen seine Schadensminderungspflicht verstößt, wenn er von vornherein einen Anwalt seines Vertrauens mit seiner Vertretung beauftragt.[64] 78

---

[59] BGH VersR 1955, 674; 1960, 1046 und 1076; vgl. auch *Madert* AGS 1999, 177; vgl. auch *Hentschel* § 12 StVG Rn. 50.
[60] Geigel/*Rixecker* Kap. 3 Rn. 107, vgl. auch Geigel/*Freimann* Kap. 41 Rn. 29, beim außergerichtlichen Vergleich a. a. O. Rn. 44 sowie zur Erstattung beim Auslandsunfall Geigel/*Haag* Kap. 43 Rn. 80.
[61] Geigel/*Rixecker* a. a. O.; vgl. im Übrigen ausführlich *Greißinger* zfs 1999, 504.
[62] Urteil vom 8.11.1994 BGHZ 127, 348 = NZV 1995, 103 mit Anm. *Höfle* zfs 1995, 50.
[63] AaO.
[64] Vgl. ausführlich mit Nachweisen *Madert* AGS 1999, 177f.

79 In der Praxis ergibt sich häufig Streit darüber, ob bei der Geltendmachung von Schadensersatzansprüchen aus Anlass eines Verkehrsunfalls für eine juristische Person mit eigener Rechtsabteilung ein Anspruch auf Ersatz der Anwaltskosten besteht, speziell vor Eintritt der Verzugsreife. Die überwiegende Rechtsprechung bejaht den Kostenerstattungsanspruch.[65]

80 Teilweise streitig ist auch die Frage, ob die Anwaltsgebühren auch zu erstatten sind an den Anwalt, der seinen eigenen Unfallschaden selbst bearbeitet. Dies ist im Grundsatz zu bejahen.[66] In diesem Fall muss auch gesehen werden, dass der seinen eigenen Unfallschaden regulierende Anwalt Arbeit investiert, die er ansonsten gebührenbringend in anderer Angelegenheit einsetzen könnte.

81 Werden Ansprüche aus übergegangenem Recht geltend gemacht, so sind diese nur bei Verzug zu erstatten. Hier spielt insbesondere der Fall eine Rolle, in dem der Arbeitgeber die auf ihn übergegangenen Ansprüche auf Entgeltfortzahlung/Lohnfortzahlung an seinen Arbeitnehmer geltend macht aufgrund der Legalzession des § 6 EFZG. Jedenfalls aber sind diese Kosten nach Eintritt des Verzuges zu ersetzen, und zwar wenn die Versicherung sich bei Beauftragung des Anwaltes bereits in Verzug befand.[67]

82 Im Ergebnis ist von dem Grundsatz auszugehen, dass nach einem Verkehrsunfall der Geschädigte grundsätzlich einen Anwalt mit der Regulierung gegenüber der Haftpflichtversicherung beauftragen kann. Dies gilt selbst bei rechtzeitiger Zahlung des Geschädigten an Zessionare. Auch in diesem Falle verstößt der Geschädigte nicht gegen seine Schadensminderungspflicht, wenn ihm nicht bekannt war, dass der Schädiger die sicherungshalber abgetretenen Forderungen bereits erfüllt hat.[68]

83 Auch eine Leasingfirma darf sich bei der Unfallschadenregulierung eines Anwaltes bedienen.[69] Dies gilt ebenfalls für die Unfallschadenregulierung für eine Autovermietungsfirma.[70]

3. Gebührenberechnung bei Teilregulierung

84 Wird nur ein Teil des geltend gemachten Schadens durch den Schädiger bzw. dessen Versicherung reguliert oder ein Teilvergleich geschlossen, so hat die Haftpflichtversicherung die hinsichtlich des außergerichtlich regulierten Teils angefallenen Gebühren zu übernehmen.

---

[65] **Für RA:** OLG Köln VersR 1975, 1105; AG Hagen zfs 1994, 65 (auch einer Leasingfirma, die eine eigene Rechtsabteilung betreibt, muss grundsätzlich gestattet sein, bei der Abwicklung von Schäden, die aus Straßenverkehrsunfällen entstanden sind, einen RA einzuschalten. Dies gilt jedenfalls dann, wenn es nicht alleinige Aufgabe der Rechtsabteilung ist, sich mit den speziellen Rechtsproblemen des Leasinggeschäftes zu befassen; AG Essen zfs 1994, 143 (auch ein Autofirmen-Vertragshändler darf einen RA mit der Regulierung eines Verkehrsunfallschadens beauftragen, es sei denn, die Haftpflichtversicherungsgesellschaft hat eine schriftliche Zusage für eine vollständige Regulierung gegeben); AG Frankfurt zfs 1995, 148 (auch einer Leasingfirma stehen grundsätzlich unter dem Gesichtspunkt notwendiger Rechtsverfolgungskosten die beanspruchten RA-Kosten als Schadensatz zu); AG Wuppertal zfs 1996, 270 (bei einem großen Unternehmen, das über keine eigene Rechtsabteilung verfügt, ist die sofortige Einschaltung eines RA zur Regulierung von Unfallschäden gerechtfertigt, um einen reibungslosen Geschäftsablauf zu gewähren); AG Ludwigshafen zfs 1996, 391 (auch ein Geschädigter, der ein kaufmännisches Gewerbe betreibt, darf zur Durchsetzung von unfallbedingten Schäden einen RA auf Kosten des Schädigers in Anspruch nehmen; AG Nürnberg zfs 1996, 391 (auch eine große Autovermietungsfirma kann anwaltliche Hilfe auch in Fällen, in den die Verschuldensfrage des Verkehrsunfalls klar und eindeutig ist, in Anspruch nehmen, wenn auf die erstmalige Anforderung hin nicht sofort der Schaden reguliert wird); AG Wiesbaden zfs 196, 428 (auch ein Taxi-Unternehmer darf einen RA mit der Regulierung eines Verkehrsunfallschadens beauftragen. Dies gilt selbst dann, wenn die Schadenersatzpflicht dem Grunde nach unstreitig ist.); **aA (kein RA):** AG Nürnberg AnwBl. 1973, 364; AG München AnwBl. 1976, 168; AG Stuttgart VersR 1979, 828; AG Frankfurt zfs 1993, 278 (Leasingfirma) [Die Zusammenstellung der Rechtsprechung und Literatur wurde entnommen: *Madert* AGS 1999, 177, 178].
[66] Vgl. Gerold/Schmidt/*Müller-Rabe VV 3100* Rn. 112.; *Madert*, Die Gebühren des Rechtsanwalts für die Regulierung von Verkehrsunfallschäden, 4 Teile zfs 2005, 326, 377, 427 und 482.
[67] BGH NJW 1961, 1141 = VersR 1962, 202; ebenso LG Koblenz VersR 1977, 1.
[68] AG Erfurt zfs 1999, 487; zur nicht gegebenen Notwendigkeit der Einschaltung eines Rechtsanwaltes bei der Unfallschadenregulierung AG Wiesloch zfs 1998, 306 mit Anm. *Madert* a. a. O.; ebenso AG Karlsruhe zfs 1998, 307.
[69] AG Ratingen zfs 2000, 168.
[70] AG Kusel zfs 1999, 487 mit Anm. *Madert*.

Diese Gebühren, also die Geschäftsgebühr, die ggf. angefallene Einigungsgebühr und die Auslagen sind aus dem Regulierungsbetrag als Gegenstandswert zu erstatten.

Werden die Ansprüche hinsichtlich des nicht regulierten Teils nicht weiterverfolgt, so hat der Anwalt Anspruch auch auf Ersatz der Gebührendifferenz (hierzu wird verwiesen auf die Ausführungen zu § 32 Rn. 35 ff.).

4. Anwaltsgebühren bei Regelung unter Inanspruchnahme der Kaskoversicherung

Umstritten ist, ob zu den Anwaltskosten des Geschädigten, die der Haftpflichtversicherer grundsätzlich erstatten muss, auch die Kosten gehören, die durch die Einschaltung des Anwaltes entstehen, wenn dieser den Ersatzanspruch bei der Kaskoversicherung geltend macht.[71]

Madert vertritt die Ansicht, dass der Geschädigte, für den sich zunächst ein Anwalt an die Kaskoversicherung wendet, hierdurch den Anspruch gegen die Haftpflichtversicherung mindert mit der Folge, dass nach den Grundsätzen der Billigkeit der Haftpflichtversicherer die Kosten bzw. Gebühren zu erstatten hat, die entstanden wären, wenn sich der Geschädigte wegen seiner gesamten Ansprüche an den Haftpflichtversicherer gewandt hätte.[72]

Jedenfalls aber sind die Kosten für die Geltendmachung von Kaskoansprüchen gegen die eigene Versicherung durch den Anwalt des Geschädigten dann zu ersetzen, wenn der Versicherer sich mit dem Ausgleich der Ansprüche in Verzug befindet.

Es ist von dem Grundsatz auszugehen, dass auch die Anwaltsgebühren, die im Zusammenhang mit der Kaskoregulierung entstehen, grundsätzlich ersatzpflichtiger Schaden des Geschädigten sind.[73] Anwaltskosten für die Kaskoregulierung sind im Rahmen der Haftungsquote zu erstatten.[74]

In der Praxis ist es häufig so, dass der Kaskoschaden, und zwar der reine Kaskoschaden, unmittelbar durch den Geschädigten bzw. Fahrzeughalter geltend gemacht wird oder die Versicherung nach Schadenmeldung sofort nach Einschaltung eines Sachverständigen in die Regulierung eintritt. Anders liegt es bei der Inanspruchnahme der Kaskoversicherung bei unklarer Haftungslage. Hier gilt das bereits Gesagte, dass die Kosten für die Inanspruchnahme der Kaskoversicherung zu regulieren sind im Rahmen der Schadenregulierung seitens des Schädigers bzw. seiner Haftpflichtversicherung. Die Anwaltsgebühren sind jedenfalls dann ersatzpflichtiger Schaden, wenn die gegnerische Haftpflichtversicherung die Regulierung ablehnt und vom Ausgang des Ermittlungsverfahrens abhängig macht oder in sonstiger Weise die Regulierung verzögert und nicht Vorschüsse zahlt.[75]

Der BGH sieht dies anders. In seiner Entscheidung vom 8.5.2012[76] führt der BGH aus, dass der Geschädigte nicht vom Ersatzpflichtigen die Erstattung außergerichtlicher Rechtsanwaltskosten für die Geltendmachung der Unfallschäden gegenüber seinem Kaskoversicherer verlangen kann. Die Anwaltskosten des Schädigers für die Geltendmachung des Schadens bei seinem Kaskoversicherer sind nicht erstattungsfähig, wenn es sich um einen einfach gelagerten Fall handelt, der Geschädigte die ihm entstandenen Schäden zunächst selbst ohne Einschaltung eines Rechtsanwaltes geltend gemacht hat und keine Anhaltspunkte dafür bestehen, dass der Kaskoversicherer seine Leistungspflicht aus dem Versicherungsvertrag in Abrede stellen würde.[77]

---

[71] **Bejahend:** KG VersR 1973, 926: Hamm AnwBl. 1983, 181; LG Gießen VersR 1981, 963; AG Marburg VersR 1974, 71 mit zustimmender Anmerkung von *Klimke* (VersR 1974, 350); AG Saarbrücken AnwBl. 1982, 38. Demgegenüber **verneinend:** OLG Celle VersR 1958, 344; OLG Düsseldorf VersR 1954, 179; LG Konstanz VersR 1961, 95.
[72] Vgl. *Madert* AGS 2000, 1 (mit Berechnungsbeispielen).
[73] Vgl. hierzu *Fleischmann/Hillmann* § 8 Rn. 318 sowie § 6 Rn. 29 ff. und § 8 Rn. 287.
[74] AG Straußberg MittBl. der Arge VerkR 2005, 77; *Bliesener* NZV 2004, 613.
[75] OLG Stuttgart zfs 1989, 83; vgl. *Fleischmann/Hillmann* § 8 Rn. 380 mit Nachweisen aus der Rechtsprechung.
[76] BGH v. 8.5.2012 VI ZR 196/11 = DAR 2012, 387; MDR 2012, 759; NJW 2012, 2194; NJW-spezial 2012, 361; NZV 2012, 475; VersR 2012, 998; r + s 2012, 359.
[77] BGH aaO.

5. Vergütung für die Einholung einer vormundschaftsgerichtlichen Genehmigung

92 Bei der Einholung einer vormundschaftsgerichtlichen Genehmigung für einen Vergleich handelt es sich um ein besonderes gerichtliches Verfahren. Die in diesem Zusammenhang erfolgte anwaltliche Tätigkeit ist gesondert zu berücksichtigen.[78]

6. Rechtsanwaltskosten bei Schaden mit Leasingfahrzeugen

93 Rechtsanwaltskosten sind auch für einen Leasinggeber erstattungsfähig und auch bei einfach gelagerten Fällen in Höhe einer Geschäftsgebühr von 1,3 zu vergüten. Auch für eine Leasingfirma ist die Einschaltung eines Anwaltsbüros zur Geltendmachung ihrer Schadenersatzansprüche eine erforderliche und Erfolg versprechende Maßnahme.[79]

7. Anwaltsgebühren in eigener Sache

94 In der Schadenregulierungspraxis kommt es vor, dass seitens des Schädigers die Versicherung sich bei Schadenabwicklung eines Anwaltes in eigener Sache darauf beruft, dass ein Gebührenanspruch nicht besteht. Maßgebend ist die sinngemäße Anwendung des § 91 Abs. 2 S. 4 ZPO. Das BVerfG hat diese Vorschrift im Falle eines sich selbst vertretenden Anwaltes zB auf das Verfassungsbeschwerdeverfahren angewandt.[80] Diese Grundsätze entsprechen einem allgemeinen Rechtsgrundsatz, dass jeder, der zugunsten eines Ersatzpflichtigen eine berufliche Leistung erbringt, von diesem die dafür bestimmte angemessene Vergütung verlangen kann. Denn ein Ersatz- oder Erstattungspflichtiger kann nicht verlangen, dass ein anderer an seiner Stelle zur Erfüllung seiner Ersatz- oder Erstattungspflicht beruflich tätig wird. Dies gilt auch für die anwaltliche Tätigkeit in eigener Sache in Bezug auf die Verfolgung von Schadenersatzansprüchen.[81]

V. Gebühren im gerichtlichen Verfahren

95 Der mit der Durchführung des Prozesses beauftragte Anwalt erhält im gerichtlichen Verfahren die gesetzlichen Gebühren des 3. Teils des VV-RVG, also die Verfahrens- und die Terminsgebühr. Ergänzend können die Einigungsgebühr (1. Teil VV-RVG) und die Auslagen (7. Teil VV-RVG) entstehen. Die außergerichtlich entstandene Geschäftsgebühr ist zur Hälfte, höchstens jedoch 0,75 auf die Verfahrensgebühr anzurechnen.

1. Die Verfahrensgebühr der Nr. 3100 VV-RVG

96 a) Die Rechtsgrundlage. Mit Erteilung des Prozessauftrages entsteht eine 0,8 Verfahrensgebühr der Nr. 3101 VV-RVG.[82] Wird die Klageschrift oder ein Schriftsatz eingereicht, der Sachanträge oder ein Sachvortrag enthält, erwächst die 1,3 Verfahrensgebühr der Nr. 3100 VV-RVG, anstelle der ermäßigten Verfahrensgebühr. Es kann demnach nur eine Verfahrensgebühr je Rechtszug gefordert werden, § 15 Abs. 2 S. 2 RVG. Eine Ausnahme stellt das Einbeziehen von nicht rechtshängigen Ansprüchen in Vergleichsverhandlungen dar, vgl. Abrechnungsmuster § 36 Rn. 88.

97 b) Vertretung mehrerer Unfallgeschädigter. Die Gebühren können in jedem Rechtszug nur einmal geltend gemacht werden, § 15 Abs. 2 S. 2 RVG. Verfolgen mehrere Personen mit derselben Klage denselben Gegenstand (Schadenposition), entsteht insoweit aus diesem Streit-

---

[78] LG Hanau zfs 2004, 35.
[79] AG Coburg MittBl. der Arge VerkR 2005, 76.
[80] AGS 1996, 68.
[81] AG Fulda DAR 1999, 270; Berz/Burmann/*Born* 5 C Rn. 84; Geigel/*Rixecker* Kap. 3 Rn. 107; Gerold/Schmidt/*Müller-Raabe* VV 3100 Rn. 112.
[82] Gerold/Schmidt/*Müller-Rabe* VV 3101 Rn. 5.

wert die Erhöhungsgebühr der Nr. 1008 VV-RVG. Ansonsten findet eine Zusammenrechnung der geltend gemachten Schadenersatzansprüche statt, § 23 Abs. 1 RVG iVm § 39 Abs. 1 GKG. Auf die Ausführungen zu § 36 Rn. 5 wird hingewiesen.

c) **Anrechnung.** Auf die Verfahrensgebühren gemäß Nrn. 3100 und 3101 VV-RVG ist die Geschäftsgebühr der Nr. 2300 VV-RVG zur Hälfte, höchstens jedoch 0,75 anzurechnen, Vorb. 3 Abs. 4 VV-RVG, vgl. Abrechnungsmuster § 36 Rn. 84. Hierbei ist zu beachten, dass eine Anrechnung nur aus dem Wert zu erfolgen hat, der auch in das gerichtliche Verfahren übergeht, zB außergerichtlich werden 10.000,– EUR geltend gemacht, später eine Teilklage über 5.000,– EUR erhoben. Es verbleibt ein beträchtlicher Honoraranspruch, vgl. Abrechnungsmuster § 36 Rn. 85, insbesondere in den Fällen, in denen eine höhere Geschäftsgebühr als 1,3 entstanden ist, vgl. Abrechnungsmuster § 36 Rn. 87.

Die Anrechnungsvorschrift hatte vielfach die Gerichte beschäftigt. In der anwaltlichen und auch gerichtlichen Praxis wurde die Anrechnung so vorgenommen, dass die anteilige Anrechnung auf die bereits entstandene Geschäftsgebühr gem. Nr. 2300 VV RVG erfolgte und nicht etwa auf die Verfahrensgebühr des gerichtlichen Verfahren gem. Nr. 3100 VV RVG. Dies war die Regel und wurde allgemein praktiziert. Nach überwiegender Ansicht hatte die Anrechnung nicht im gerichtlichen Verfahren zu erfolgen. Der Wortlaut der Anrechnungsvorschrift, Vorb. 3 Abs. 4 VV RVG, sieht aber eine Anrechnung auf die Verfahrensgebühr gem. Nr. 3100 VV RVG vor. Der BGH hatte in mehreren Entscheidungen klargestellt, dass sich durch die anteilige Anrechnung einer vorgerichtlich entstandenen Geschäftsgebühr nach Nr. 2300 VV RVG auf die Verfahrensgebühr des gerichtlichen Verfahrens gem. Teil 3 Vorbemerkung 3 Absatz 4 VV RVG nicht die bereits entstandene Geschäftsgebühr, sondern die in dem anschließenden gerichtlichen Verfahren nach Nr. 3100 VV RVG anfallende Geschäftsgebühr vermindert.[83] Schneider[84] verwies zu Recht darauf, dass die unsägliche Rechtsprechung des BGH ein Ärgernis sei.

Wegen der großen Bedeutung für die gerichtliche Praxis sollte die Problematik möglichst kurzfristig einer Lösung zugeführt werden.[85] Der Ruf nach dem Gesetzgeber hat kurzfristig für Abhilfe sorgt. Durch Gesetz vom 5.8.2009 (BGBl. I S 2449) ist § 15a RVG in Kraft getreten.

In ungewöhnlich deutlicher Form hat der Gesetzgeber in den Motiven zur Gesetzesänderung ausgeführt, dass das Verständnis der Anrechnung zu unbefriedigenden Ergebnissen führe, weil es den Auftraggeber benachteilige.[86] Der Gesetzgeber führt aus, das die Konsequenz der Rechtsprechung den Absichten zuwider laufe, die der Gesetzgeber mit dem Rechtsanwaltsvergütungsgesetz verfolgt habe.[87]

Die Vorschrift des § 15a regelt nun die Art und Weise der Anrechnung. Damit ist die unglückliche Rechtsprechung des BGH überholt.

Eine Besonderheit gilt für den in der Praxis möglichen und häufig vorkommenden Fall, dass der Anwalt des Unfallgeschädigten dessen Schaden zunächst außergerichtlich gegenüber der Haftpflichtversicherung des Schädigers geltend macht, später jedoch die Klage allein gegen den Schädiger und nicht gegen dessen Haftpflichtversicherung erhebt. In diesem gegen den Schädiger eingeleiteten Prozessverfahren erhält der Anwalt also die Gebühren des 3. Teils des VV-RVG, wie vorstehend ausgeführt.

Gegenüber der Haftpflichtversicherung des Schädigers, die nicht Partei im Rechtsstreit ist oder war, weil die Klage nicht gegen sie erhoben wurde, besteht ein Gebührenanspruch entsprechend der Unfallregulierung. Diese außergerichtlich entstandene Geschäftsgebühr wird auf die Verfahrensgebühr des Rechtsstreites gemäß Vorb. 3 Abs. 4 VV-RVG nicht angerechnet.[88]

---

[83] BGH NJW-Spezial 2008, 411 = BeckRS 2008, 10235 = BRAK-Mitteilungen 2008, 174; BGH DAR 2008, 295; BGH NJW 2007, 2049 = DAR 2007, 493; BGH NJW 2007, 2050; BGH NJW 2007, 3500; BGH 2006, 2560.
[84] *Schneider* NJW-Spezial 2008, 411.
[85] Schreiben des BJM vom 7.7.2008 an BRAK, DAV, Bund Deutscher Rechtspfleger und DRB.
[86] BT-Drucks. 16/12717 S. 58.
[87] BT-Drucks. 16/12717 S. 58.
[88] OLG München AnwBl. 1990, 325 mit Anm. *Madert* aaO.

105 Trifft der Rechtsanwalt mit seinem Mandanten eine Vergütungsvereinbarung für die außergerichtliche Tätigkeit, so findet eine Anrechnung dieser Gebühren nicht statt, da sich die Anrechnung nach dem Wortlaut der Vorbemerkung nur auf Gebühren bezieht, die nach Teil 2 VV RVG entstanden sind.

2. Die Terminsgebühr der Nr. 3104 VV-RVG

106 Für die Teilnahme an mündlichen Verhandlungen entsteht die 1,2 Terminsgebühr. Auch diese Gebühr kann nur einmal je Rechtszug berechnet werden, § 15 Abs. 2 Satz 2 RVG. Auch die Wahrnehmung eines Termins, der durch einen Sachverständigen während des gerichtlichen Verfahrens anberaumt wird, zB Besichtigung der Unfallstelle zur Erstellung eines Gutachtens, löst die Terminsgebühr aus, Vorb. 3 Abs. 3 VV-RVG.

107 Mit dem 2. Kostenrechtmodernisierungsgesetz[89] vom 23.7.2013 wurde eine neue Ziff. VV 1010 eingeführt. Hierbei handelt es sich um eine Zusatzgebühr für besonders umfangreiche Beweisaufnahmen in Angelegenheiten, in denen sich die Gebühren nach Teil 3 richten und mindestens drei gerichtliche Termine stattfinden, in denen Sachverständige oder Zeugen vernommen werden. Es handelt sich um eine Festgebühr mit dem Faktor 0,3 bzw. erfolgt bei Betragsrahmengebühren eine Erhöhung des Mindest- und Höchstbetrages der Terminsgebühr um 30 %.

108 So notwendig insoweit eine Änderung des Gesetzes erfolgte, ist die Gebühr der Höhe nach nicht ausreichend. Gefordert wurde von DAV und BRAK mindestens eine 0,5 Gebühr. Auch ist der Wortlaut der Vorschrift nicht eindeutig und führt schon jetzt zu unterschiedlichen Auslegungen bzgl. des Tatbestandsmerkmals „besonders umfangreiche Beweisaufnahme". Wann eine solche vorliegt, gibt der Gesetzestext nicht her. Es reicht zB nicht aus, dass eine Beweisaufnahme umfangreich ist.[90] Sie muss „besonders umfangreich" sein. Es müssen mindestens drei gerichtliche Termine stattgefunden haben, in den Sachverständige oder Zeugen vernommen wurden. Nach Enders reicht es nicht aus, dass drei gerichtliche Beweisaufnahmetermine stattfinden, vielmehr müssen diese auch noch besonders umfangreich sein.[91] Nach anderer Ansicht ist der besondere Umfang der Beweisaufnahme gesetzlich indiziert, wenn mindestens drei gerichtliche Termine stattgefunden haben, in denen Sachverständige oder Zeugen vernommen werden mussten.[92] Dieser Ansicht ist der Vorzug zu geben, zumal auch der Wortlaut des Gesetzes dafür spricht.[93]

109 Durch das 2. KostRModG wurde die Vorbemerkung 3 vor VV 3100 redaktionell geändert. Klargestellt ist jetzt in Abs. 1, dass die Gebühren nach diesem Teil der Rechtsanwalt erhält, dem ein unbedingter Auftrag als Prozess- oder Verfahrensbevollmächtigter erteilt worden ist. Dies war in der bisherigen Fassung so klar nicht geregelt.

110 Das bedeutet, dass der Rechtsanwalt, sobald ihm ein unbedingter Auftrag als Prozess- oder Verfahrensbevollmächtigter erteilt wurde, sich abrechnungstechnisch in Teil 3 befindet, mit der Maßgabe, dass er die dort aufgeführten Gebühren verdienen kann. Wichtig ist dies für den Anfall der Terminsgebühr gem. VV 3104 RVG.

> **Praxistipp:**
> Besprechungen mit der Gegenseite auch ohne Beteiligung des Gerichts, welche auf die Vermeidung oder Erledigung des Verfahrens gerichtet sind, begründen ebenfalls die Terminsgebühr, Vorb. 3 Abs. 3 RVG. Voraussetzung ist aber das Vorliegen eines unbedingten Auftrages als Prozess- oder Verfahrensbevollmächtigter.

111 Zu beachten ist, dass auch vor Erhebung der Klage ein Verfahren durch eine Besprechung vermieden werden kann. Voraussetzung ist, dass ein unbedingter Auftrag durch den Man-

---

[89] BGBl. I S. 2586.
[90] Hartung/Schons/Enders/*Enders* VV 1010 Rn. 12.
[91] Hartung/Schons/Enders/*Enders* VV 1010 Rn. 10.
[92] Mayer/Kroiß/*Pukall* VV 1010 Rn. 5; Gerold/Schmidt/*Mayer* VV 1010 Rn. 1.
[93] Gerold/Schmidt/*Pukall* a. a. O.

danten erteilt worden ist, zB die Versicherung ruft nach Übersendung des Klageentwurfs an und schlägt eine Einigung vor. In diesem Fall entsteht neben der Geschäftsgebühr die Verfahrensgebühr, die Termins- und die Einigungsgebühr, vgl. Abrechnungsmuster § 33 Rn. 83. Nach Erhebung der Klage führen **Einigungsgespräche** mit der Gegenseite ebenfalls zur Terminsgebühr, weil das Verfahren im Sinne der Vorbemerkung zu Teil 3 VV-RVG erledigt werden kann. Auf den Erfolg der Besprechungen kommt es nicht an.[94]

Ein recht häufiger Fall in der anwaltlichen Praxis in Verkehrsunfallsachen ist der, dass die Haftpflichtversicherung erst nach Einreichung der Klage zahlt und den Rechtsanwalt um Klagerücknahme bittet. Im vorgenannten Fall liegt eine Einigung gem. Nr. 1000 bzw. 1003 VV RVG. **112**

Beispiel:
Der Rechtsanwalt fordert von der Haftpflichtversicherung außergerichtlich einen Betrag in Höhe von 5.000,00 EUR. Die Versicherung zahlt nicht und der RA reicht Klage ein. Nach Zustellung zahlt die Versicherung und bittet den RA schriftlich um Klagerücknahme.
Folgende Gebühren sind entstanden:

1,3 Geschäftsgebühr Nr. 2300 VV RVG	393,30 EUR
1,3 Verfahrensgebühr Nr. 3100 VV RVG	393,30 EUR
abzgl. 0,65 Geschäftsgebühr gem. Teil 3 Vorb. 3 Abs. 4	196,95 EUR
Zwischensumme:	589,65 EUR
1,0 Einigungsgebühr gem. Nr. 1003 VV RVG	303,00 EUR
Summe:	892,65 EUR

Zwar hat die Versicherung hier die eingeklagte Summe gezahlt, jedoch liegt die Einigung darin, dass der RA die Klage gegen die KH-Versicherung zurücknimmt und das Verfahren nicht weiter betreibt. Die Absprache mit der Versicherung betrifft nicht lediglich deren Anerkenntnis, sondern die Beseitigung/Erledigung des Rechtsstreites.

Würde der RA nach Einreichung der Klage die vorgenannte Einigung mit der Versicherung am Telefon besprechen, so würde zusätzlich die Terminsgebühr gem. Nr. 3104 VV RVG anfallen (vgl. Teil 3 Vorbem. 3 Abs. 3).

Ein ebenfalls häufiger Fall: **113**

Beispiel:
Der RA fordert die Versicherung vergeblich außergerichtlich zur Zahlung von 5.000,00 EUR auf. Er teilt der Versicherung nunmehr mit, Klageauftrag erhalten zu haben und fügt seinem Schreiben den Entwurf einer Klageschrift bei. Die Versicherung meldet sich telefonisch und führt ein Regulierungsgespräch. Man einigt sich auf Zahlung von 4.500,00 EUR.
Hier sind folgende Gebühren (gegenüber der Versicherung) angefallen:

Wert:	4.500,00 EUR
1,3 Geschäftsgebühr Nr. 2300 VV RVG	393,90 EUR
abzgl. 0,65 Gebühr gem. Teil 3 Vorbem. 3 Abs. 4 VV)	196,95 EUR
Pauschale gem. Nr. 7002 VV RVG	20,00 EUR
Summe:	216,95 EUR
0,8 Verfahrensgebühr gem. Nr. 3101 Nr. 1 VV RVG	242,40 EUR
1,2 Terminsgebühr gem. Nr. 3104 VV RVG	363,60 EUR
1,5 Einigungsgebühr gem. Nr. 1000 VV RVG	454,50 EUR
Pauschale gem. Nr. 7002 VV RVG	20,00 EUR
Summe:	1297,45 EUR

Insgesamt sind in diesem Beispiel 4,15 Gebühren angefallen.
Das Ergebnis würde sich nicht ändern, wenn der Rechtsanwalt die Klage tatsächlich eingereicht hätte. In diesem Fall würde sich nämlich die Verfahrensgebühr nicht auf 0,8 ermäßigen, sondern 1,3 betragen. Andererseits würde sich die Einigungsgebühr von 1,5 (VV 1000) auf 1,0 (VV 1003) ermäßigen, so dass sich das Gesamtgebührenaufkommen auf 4,15 Gebühren beläuft.

Für den Anfall der Verfahrensgebühr gem. Nr. 3100 VV RVG ist die Erteilung eines unbedingten Auftrages Voraussetzung. Sobald der Rechtsanwalt einen unbedingten Auftrag er- **114**

---

[94] *Schneider* zfs 2004, 396, 399; *König* NJW 2005, 1243.

halten hat, endet das außergerichtliche Verfahren und alle weiteren Gebührentatbestände richten sich nach Teil 3 VV RVG.

115 Die Terminsgebühr gem. Nr. 3104 VV RVG entsteht, sobald der unbedingte Auftrag erteilt ist und der Rechtsanwalt zur Vermeidung oder Erledigung des Verfahrens an einer Besprechung auch ohne Beteiligung des Gerichtes mitwirkt (Teil 3 Vorbem. 3 Abs. 3 VV RVG).

116 Bei Flucht in die Säumnis erhält der Rechtsanwalt gleichwohl die 1,2 Terminsgebühr nach Nr. 3104 des Vergütungsverzeichnisses zum RVG.[95] Lediglich in den Fällen der echten Säumnis reduziert sich die Terminsgebühr auf 0,5. Voraussetzung ist, dass eine Partei nicht erschienen oder nicht ordnungsgemäß vertreten ist. Im amtsgerichtlichen Verfahren erscheint der Gegner nicht. Hier fällt die Gebühr nach VV 3105 in Höhe von 0,5 an. Erscheint der Gegner, ist für die Anwendung von VV 3105 kein Raum mehr. Gleiches gilt im Verfahren vor dem Landgericht: ist der Gegner nicht anwaltlich vertreten, entsteht die Säumnisgebühr nach VV 3105 in Höhe von 0,5.

Erscheint der RA, stellt aber keinen Antrag und lässt sich versäumen, entsteht eine Terminsgebühr nach VV 3104 in Höhe von 1,2.

3. Die Einigungsgebühr der Nr. 1003 VV-RVG

117 Ist über den Gegenstand der Einigung ein anderes Verfahren als ein selbstständiges Beweisverfahren anhängig, entsteht die Einigungsgebühr zu 1,0, Nr. 1003 VV-RVG. Im Übrigen gilt das in § 36 Rn. 33 Gesagte. Werden neben den anhängigen Gegenständen nicht rechtshängige Schadenpositionen mit verglichen, ist unter Beachtung der Kappungsgrenze des § 15 Abs. 3 RVG eine Splittung der 1,5- und 1,0-Gebühr vorzunehmen. Daneben entsteht aus dem nicht rechtshängigen Teil eine 0,8 Verfahrensgebühr der Nr. 3101 VV-RVG, vgl. Abrechnungsmuster Rn. 112 ff.

VI. Erstattung der Gebührendifferenz bei Teilregulierung

118 Werden die dem Geschädigten bei außergerichtlicher Geltendmachung entstandenen Schäden und damit auch die Anwaltskosten nur zum Teil ersetzt, so besteht hinsichtlich der darüber hinausgehenden Geltendmachung von Schadenersatzansprüchen und der hierdurch bedingten höheren Gebühren ein Gebührenanspruch, der über den Gebührenbetrag hinausgeht, den die Versicherung entsprechend der Regulierungsquote erstattet.

119 In diesem Fall besteht grundsätzlich ein Gebührenanspruch des Anwaltes gegen den Mandanten. Beachtlich hierbei ist jedoch, dass die ursprünglich weitergehende Geltendmachung von Schadenersatzansprüchen sachlich gerechtfertigt war, und zwar bezogen auf den Zeitpunkt der Geltendmachung der Ansprüche. Werden die weitergehenden Ansprüche nicht gerichtlich weiterverfolgt, so verbleibt eine Gebührendifferenz. Dies verdeutlicht das nachfolgende Berechnungsbeispiel.

120 Hat bei einer quotenmäßigen Haftung die Haftpflichtversicherung des Schädigers die angefallenen Gebühren nur teilweise zu tragen, so verbleibt eine Kostendifferenz zwischen den Gebühren, die die Haftpflichtversicherung gezahlt hat, und den Gebühren, die sich ergeben auf der Grundlage der insgesamt geltend gemachten Ansprüche.

121 Die Gebührendifferenz kann der Anwalt gegenüber seinem Auftraggeber geltend machen. Besteht eine Rechtsschutzversicherung, so hat diese den Mandanten bzw. VN von diesem Gebührenanspruch des Anwaltes freizustellen.[96] Zur Eintrittspflicht der Rechtsschutzversicherung im Übrigen vgl. § 32 Rn. 35 ff.

122 Zur Geltendmachung des Anspruches auf Gebührendifferenz gegen Mandanten bzw. Rechtsschutzversicherung bei Teilregulierung wird verwiesen auf den Musterschriftsatz nachfolgend Rn. 129 und § 32 Rn. 35 ff.

---

[95] OLG Koblenz NJW 2005, 1955.
[96] Vgl. hierzu auch mit Abrechnungsbeispielen *Madert* AGS 2000, 1, 2.

VII. Erstattung der Gebühren für die Einholung der Deckungszusage der Rechtsschutzversicherung?

Zunächst muss das Verhältnis zwischen der Einholung der Deckungszusage bei der Rechtsschutzversicherung und dem zugrunde liegenden Mandatsverhältnis gesehen und geklärt werden.

Der Rechtsanwalt ist innerhalb seines Mandates nicht verpflichtet, mit der Rechtsschutzversicherung zu korrespondieren.[97] Wenn der Rechtsanwalt gleichwohl im Auftrag des Mandanten mit einer Rechtsschutzversicherung korrespondiert zur Einholung einer Deckungszusage, ist dies grundsätzlich als ein gesondertes Mandat zu sehen, das eine gesonderte Haftung auslöst.[98] Wird der Mandant auf das gesondert entstehende Honorar hingewiesen, liegt eine eigenständige gebührenpflichtige Tätigkeit vor. Ohne diesen Hinweis wird die Tätigkeit als „Annex" des jeweiligen Mandats angesehen.[99]

Es entsteht die Geschäftsgebühr der Nr. 2300 VV-RVG.[100] Diese Geschäftsgebühr ist von der Rechtsschutzversicherung nicht zu ersetzen, es sei denn, es liegt Verzug vor.[101] Für die somit vom Mandanten bzw. Geschädigten grundsätzlich zu erstattenden Kosten für die Einholung der Kostendeckungszusage seitens der Rechtsschutzversicherung kommt ein Erstattungsanspruch seitens des Schädigers oder seiner Versicherung in Betracht, weil es sich hier um einen Sachfolgeschaden handelt.[102]

Der Gegenstandswert bei der Gebührenberechnung für die Einholung der Kostenzusage bei der Rechtsschutzversicherung bestimmt sich nach den voraussichtlich anfallenden oder den angefallenen Gebühren der anwaltlichen Tätigkeit. Bei einem einzuleitenden Zivilprozess bestimmt sich der Gegenstandswert für die Deckungszusage nach dem gesamten Kostenrisiko, folglich den klägerischen Kosten, den Kosten des Beklagten und der voraussichtlich entstehenden Gerichtskosten.[103]

VIII. Musterschriftsätze zur Kosten- und Gebührenkorrespondenz und Abrechnungsmuster

1. Geschäftsgebühr, Nr. 2300 VV-RVG

Muster: Abrechnung Geschäftsgebühr

Betr.: ......

Sehr geehrte Damen und Herren,

in o.b. Angelegenheit, die abgeschlossen ist, werden die Gebühren gemäß unten stehender Liquidation berechnet. Es wird gebeten, den ausgewiesenen Gebührenbetrag auf eines der angegebenen Konten zu überweisen.

Rechtsanwalt

Liquidation

Gegenstandswert:	
1,3 Geschäftsgebühr, § 14 RVG, Nr. 2300 VV-RVG	...... EUR
Pauschale für Post- u. Telekommunikationsentgelte, Nr. 7002 VV-RVG	...... EUR
Dokumentenpauschale (...... Seiten), Nr. 7000 Ziffer ...... VV-RVG	...... EUR
Summe	...... EUR
19% Umsatzsteuer, Nr. 7008 VV-RVG	...... EUR
Gesamt	...... EUR

---

[97] *Brieske* S. 150.
[98] OLG Karlsruhe VersR 1978, 334; *Brieske* S. 150.
[99] OLG München JurBüro 1993, 163 mit krit. Anm. *Mümmler*.
[100] *Madert* AnwBl. 1983, 78.
[101] *Madert* XIV Rn. 21.
[102] AA *Madert* XIV Rn. 21.
[103] Zur Einholung der Deckungszusage der Rechtsschutzversicherung vgl. auch *Madert* XIV Rn. 21.

2. Geschäfts- und Einigungsgebühr, Nr. 2300 und Nr. 1000 VV-RVG

Muster: Abrechnung Geschäfts- und Einigungsgebühr

128 Betr.: ......

Sehr geehrte Damen und Herren,

in o. b. Angelegenheit, die abgeschlossen ist, werden die Gebühren gemäß unten stehender Liquidation berechnet. Es wird gebeten, den ausgewiesenen Gebührenbetrag auf eines der angegebenen Konten zu überweisen.

Rechtsanwalt

Liquidation

Gegenstandswert:	
1,3 Geschäftsgebühr, § 14 RVG, Nr. 2300 VV-RVG	...... EUR
1,5 Einigungsgebühr, § 13 RVG, Nr. 1000 VV-RVG	...... EUR
Pauschale für Post- u. Telekommunikationsentgelte, Nr. 7002 VV-RVG	...... EUR
Dokumentenpauschale (...... Seiten), Nr. 7000 Ziffer ...... VV-RVG	...... EUR
Summe	...... EUR
19 % Umsatzsteuer, Nr. 7008 VV-RVG	...... EUR
Gesamt	...... EUR

3. Gebührenanspruch auf Gebührendifferenz gegen Mandant bzw. Rechtsschutzversicherung bei Teilregulierung

Musterschriftsatz an Rechtsschutzversicherung

129 Schadenvorgang ......

Sehr geehrte Damen und Herren,

bei obigem Schadenvorgang wurden die Ansprüche des hier vertretenen VN bzw. der mitversicherten Person teilweise reguliert. Soweit Regulierung erfolgt ist, hat die Gegenseite die Gebühren gezahlt.

Hinsichtlich des nicht regulierten Teils erfolgt Abrechnung wie folgt:

Gegenstandswert der insgesamt geltend gemachten Forderung: 10.000,– EUR	
1,3 Geschäftsgebühr, § 14 RVG, Nr. 2300 VV-RVG	725,40 EUR
Pauschale für Post- u. Telekommunikationsentgelte, Nr. 7002 VV-RVG	20,— EUR
Summe	745,40 EUR
19 % Umsatzsteuer, Nr. 7008 VV-RVG	141,63 EUR
insgesamt angefallene Gebühren	887,03 EUR

Berechnung der von der Haftpflichtversicherung zu zahlenden Gebühren bei der Regulierung eines Betrages von 5.000,– EUR ergibt folgende Gebührenrechnung:

Gegenstandswert: 5.000,– EUR	
1,3 Geschäftsgebühr, § 14 RVG, Nr. 2300 VV-RVG	393,30 EUR
Pauschale für Post- u. Telekommunikationsentgelte, Nr. 7002 VV-RVG	20,— EUR
Summe	413,30 EUR
19 % Umsatzsteuer, Nr. 7008 VV-RVG	78,53 EUR
Summe	491,83 EUR
Hiernach bleibt eine Gebührendifferenz zu Lasten des Mandanten von	395,20 EUR

Es wird gebeten, den VN bzw. die mitversicherte Person von dem vorgenannten restlichen Gebührenbetrag freizustellen.

Zur Begründung des geltend gemachten Gebührenanspruches ist darauf hinzuweisen, dass ursprünglich nach Sach- und Rechtslage die zunächst geltend gemachte Gesamtforderung gerechtfertigt erschien. Somit sind die insgesamt berechneten Gebühren angefallen. Abzuziehen sind, wie geschehen, die von der Gegenseite gezahlten Gebühren.

Es wird um Ausgleich gebeten.

Rechtsanwalt

Vgl. im Übrigen zum Anspruch auf Erstattung der Gebührendifferenz vorstehend Rn. 118 ff.

4. Abrechnungsmuster für anwaltliche Tätigkeit nach Erteilung des Prozessauftrages und Vermeidung des Verfahrens durch Besprechung mit der Gegenseite vor Klageerhebung

Musterabrechnung: Abrechnung Geschäfts-, Verfahrens-, Termins- und Einigungsgebühr

Termins- und Einigungsgebühr

Liquidation

Gegenstandswert/Streitwert: ……	
1,3 Geschäftsgebühr, § 14 RVG, Nr. 2300 VV-RVG	…… EUR
Pauschale für Post- u. Telekommunikationsentgelte, Nr. 7002 VV-RVG	…… EUR
abzgl. Anrechnung gemäß Vorb. 3 Abs. 4 VV-RVG	…… EUR
0,65 Geschäftsgebühr, § 14 RVG, Nr. 2300 VV-RVG	…… EUR
0,8 Verfahrensgebühr, § 13 RVG, Nr. 3101 VV-RVG	…… EUR
1,2 Terminsgebühr, § 13 RVG, Vorb. 3 Abs. 3, Nr. 3104 VV-RVG	…… EUR
1,5 Einigungsgebühr, § 13 RVG, Nr. 1000 VV-RVG	…… EUR
Pauschale für Post- u. Telekommunikationsentgelte, Nr. 7002 VV-RVG	…… EUR
Dokumentenpauschale (…… Seiten), Nr. 7000 Ziffer …… VV-RVG	…… EUR
Summe	…… EUR
19 % Umsatzsteuer, Nr. 7008 VV-RVG	…… EUR
Gesamt	…… EUR

5. Abrechnungsmuster hinsichtlich Anrechnung der Geschäftsgebühr auf die Verfahrensgebühr bei gleich hohem Streitwert

Muster: Abrechnung Geschäfts- und Verfahrensgebühr unter Berücksichtigung der Anrechnungsvorschrift der Vorb. 3 Abs. 4 VV-RVG bei gleich hohem Streitwert außergerichtlich und gerichtlich

Liquidation

1. Außergerichtlich

Gegenstandswert: 10.000,– EUR	
1,3 Geschäftsgebühr, § 14 RVG, Nr. 2300 VV-RVG	725,40 EUR
Pauschale für Post- u. Telekommunikationsentgelte, Nr. 7002 VV-RVG	
abzgl. Anrechnung gemäß Vorb. 3 Abs. 4 VV-RVG	20,— EUR
0,65 Geschäftsgebühr, § 14 RVG, Nr. 23 631,800 VV-RVG	−362,70 EUR
19 % Umsatzsteuer, Nr. 7008 VV-RVG	72,7 EUR
Verbleiben	455,41 EUR
und zusätzlich (je nach Anfall der Terminsgebühr):	

2. Gerichtlich

Streitwert: 10.000,– EUR	
1,3 Verfahrensgebühr, § 13 RVG, Nr. 3100 VV-RVG	725,40 EUR
1,2 Terminsgebühr, § 13 RVG, Nr. 3104 VV-RVG	669,60 EUR
Pauschale für Post- u. Telekommunikationsentgelte, Nr. 7002 VV-RVG	20,— EUR
19 % Umsatzsteuer, Nr. 7008 VV-RVG aus 1.415,00	268,85 EUR
Summe:	1.683,85 EUR
Insgesamt sind deshalb entstanden:	**2.139,26 EUR**

6. Abrechnungsmuster hinsichtlich Anrechnung der Geschäftsgebühr auf die Verfahrensgebühr bei unterschiedlichem Streitwert

Muster: Abrechnung Geschäfts- und Verfahrensgebühr unter Berücksichtigung der Anrechnungsvorschrift der Vorb. 3 Abs. 4 VV-RVG bei unterschiedlichem Streitwert außergerichtlich und gerichtlich

132

Liquidation	
1. Außergerichtlich	
Gegenstandswert: 10.000,– EUR	
1,3 Geschäftsgebühr, § 14 RVG, Nr. 2300 VV-RVG	725,40 EUR
Pauschale für Post- u. Telekommunikationsentgelte, Nr. 7002 VV-RVG	20,— EUR
abzgl. Anrechnung gemäß Vorb. 3 Abs. 4 VV-RVG aus 5.000,– EUR	
0,65 Geschäftsgebühr, § 14 RVG, Nr. 2300 VV-RVG	− 196,95 EUR
19 % Umsatzsteuer, Nr. 7008 VV-RVG	104,21 EUR
Verbleiben	652,66 EUR
und zusätzlich (je nach Anfall der Terminsgebühr):	
2. Gerichtlich	
Streitwert: 5.000,– EUR	
1,3 Verfahrensgebühr, § 13 RVG, Nr. 3100 VV-RVG	393,90 EUR
1,2 Terminsgebühr, § 13 RVG, Nr. 3104 VV-RVG	363,60 EUR
Pauschale für Post- u. Telekommunikationsentgelte, Nr. 7002 VV-RVG	20,— EUR
19 % Umsatzsteuer, Nr. 7008 VV-RVG	147,73 EUR
Summe:	925,23 EUR
Insgesamt sind deshalb entstanden:	**1.577,89 EUR**

7. Abrechnungsmuster hinsichtlich Anrechnung der über der Schwelle liegenden Geschäftsgebühr auf die Verfahrensgebühr bei gleich hohem Streitwert

Muster: Abrechnung Geschäfts- und Verfahrensgebühr unter Berücksichtigung der Anrechnungsvorschrift der Vorb. 3 Abs. 4 VV-RVG bei gleich hohem Streitwert außergerichtlich und gerichtlich und einer höheren Geschäftsgebühr als 1,3

133

Liquidation	
1. Außergerichtlich	
Gegenstandswert: 10.000,– EUR	
2,0 Geschäftsgebühr, § 14 RVG, Nr. 2300 VV-RVG	1.116,— EUR
Pauschale für Post- u. Telekommunikationsentgelte, Nr. 7002 VV-RVG	20,— EUR
abzgl. Anrechnung gemäß Vorb. 3 Abs. 4 VV-RVG	
0,75 Geschäftsgebühr, § 14 RVG, Nr. 2300 VV-RVG	− 418,50 EUR
19 % Umsatzsteuer, Nr. 7008 VV-RVG	136,33 EUR
Verbleiben	853,83 EUR
und zusätzlich (je nach Anfall der Terminsgebühr):	
2. Gerichtlich	
Streitwert: 10.000,– EUR	
1,3 Verfahrensgebühr, § 13 RVG, Nr. 3100 VV-RVG	725,40 EUR
1,2 Terminsgebühr, § 13 RVG, Nr. 3104 VV-RVG	669,60 EUR
Pauschale für Post- u. Telekommunikationsentgelte, Nr. 7002 VV-RVG	20,— EUR
19 % Umsatzsteuer, Nr. 7008 VV-RVG	268,85 EUR
Summe:	1.683,85 EUR
Insgesamt sind deshalb entstanden:	**2.537,68 EUR**

8. Abrechnungsmuster hinsichtlich Anrechnung der über der Schwelle liegenden Geschäftsgebühr auf die Verfahrensgebühr bei unterschiedlichem Streitwert

Muster: Abrechnung Geschäfts- und Verfahrensgebühr unter Berücksichtigung der Anrechnungsvorschrift der Vorb. 3 Abs. 4 VV-RVG bei unterschiedlichem Streitwert außergerichtlich und gerichtlich und einer höheren Geschäftsgebühr als 1,3

Liquidation	
1. Außergerichtlich	
Gegenstandswert: 10.000,– EUR	
2,0 Geschäftsgebühr, § 14 RVG, Nr. 2300 VV-RVG	1.116,— EUR
Pauschale für Post- u. Telekommunikationsentgelte, Nr. 7002 VV-RVG	20,— EUR
abzgl. Anrechnung gemäß Vorb. 3 Abs. 4 VV-RVG aus 5.000,– EUR	
0,75 Geschäftsgebühr, § 14 RVG, Nr. 2300 VV-RVG	– 418,50 EUR
16 % Umsatzsteuer, Nr. 7008 VV-RVG	136,33 EUR
Verbleiben	853,83 EUR
und zusätzlich (je nach Anfall der Terminsgebühr):	
2. Gerichtlich	
Streitwert: 5.000,– EUR	
1,3 Verfahrensgebühr, § 13 RVG, Nr. 3100 VV-RVG	393,90 EUR
1,2 Terminsgebühr, § 13 RVG, Nr. 3104 VV-RVG	363,60 EUR
Pauschale für Post- u. Telekommunikationsentgelte, Nr. 7002 VV-RVG	20,— EUR
19 % Umsatzsteuer, Nr. 7008 VV-RVG	147,73 EUR
Summe:	925,23 EUR
Insgesamt sind deshalb entstanden:	**1.779,06 EUR**

9. Einbeziehen nicht rechtshängiger Ansprüche in Vergleichsverhandlungen in einem laufenden Rechtsstreit

Muster: Einbeziehung nicht rechtshängiger Ansprüche in Vergleichsverhandlungen in einem laufenden Rechtsstreit

Liquidation	
Streitwert rechtshängiger Teil	
1,3 Verfahrensgebühr, § 13 RVG, Nr. 3100 VV-RVG	...... EUR
1,2 Terminsgebühr, § 13 RVG, 3104 VV-RVG	...... EUR
1,0 Einigungsgebühr, § 13 RVG, Nr. 1003 VV-RVG	...... EUR
Streitwert nicht anhängiger Teil	
0,8 Verfahrensgebühr, § 13 RVG, Nr. 3101 VV-RVG	...... EUR
1,5 Einigungsgebühr, § 13 RVG, Nr. 1000 VV-RVG	...... EUR
Pauschale für Post- u. Telekommunikationsentgelte, Nr. 7002 VV-RVG	...... EUR
Dokumentenpauschale (...... Seiten), Nr. 7000 Ziffer ...... VV-RVG	...... EUR
Summe	...... EUR
19 % Umsatzsteuer, Nr. 7008 VV-RVG	...... EUR
Gesamt:	...... EUR

Die beiden entstandenen Verfahrensgebühren und die beiden Einigungsgebühren dürfen die Höchstbegrenzung des § 15 Abs. 3 RVG nicht überschreiten. Hinsichtlich der Verfahrensgebühren liegt diese Höchstgrenze bei einer 1,3 Gebühr aus dem zusammengerechneten Streitwert. Bezüglich der Einigungsgebühr bei 1,5 aus dem zusammengerechneten Streitwert.

Tipp:
Ist über den nicht anhängigen Teil des Vergleichs bereits ein Prozessauftrag erteilt worden, entsteht durch die Vermeidung des Rechtsstreits auch eine Terminsgebühr aus dem nicht anhängigen Teil. Auch insoweit ist auf die Höchstbegrenzung des § 15 Abs. 3 RVG zu achten.

Anhang Teil D

1. Mandanteninformation in Unfallsachen

Zur Information und zur Beachtung für die Abwicklung von Schadensangelegenheiten im Straßenverkehr

Vorbemerkungen

Bei einem Straßenverkehrsunfall, der ein Massenphänomen ist, kommt es zu teilweise erheblichen Fahrzeugschäden, insbesondere aber auch in vielen Fällen zu Personenschäden, die teilweise schwerste Verletzungen und damit schwerste Folgen für Betroffene mit sich bringen.

Für Geschädigte ist es wichtig, nach einem Straßenverkehrsunfall richtig zu handeln, um den sich ergebenden Schadenersatz zu erlangen. Die von Versicherungen unter dem Stichwort „Schadenmanagement" geförderte Praxis der unmittelbaren Regulierung mit dem Geschädigten oder in Kooperation mit Werkstätten oder sonstigen Dritten kann – verständlicherweise – mit Nachteilen verbunden sein in dem Sinne, dass die Versicherung als Schuldner der Entschädigung nicht alle Positionen ausgleicht. Es ist kaum anzunehmen, dass sie dem Geschädigten objektiv aufklärt über die ihm zustehenden Ansprüche. Hier gilt die Lebenserfahrung: „Der Schuldner zahlt sicherlich nicht mehr als von ihm gefordert". Welcher Geschädigte aber weiß ohne kompetente Beratung, welche Schadensersatzansprüche ihm tatsächlich zustehen? Es erscheint somit angezeigt, nach einem Straßenverkehrsunfall sich in jedem Fall kompetenter anwaltlicher Beratung und Vertretung zu bedienen. Hier ist auch darauf hinzuweisen, dass der Schädiger bzw. dessen Versicherung auch die Kosten der Rechtsverfolgung zu tragen hat und eine ggf. bestehende Rechtsschutzversicherung das Kostenrisiko trägt.

Die nachfolgenden Hinweise sollen eine kurze Information geben zum Schadensersatzrecht bei einem Straßenverkehrsunfall.

I. Haftungsvoraussetzungen

Auch im Straßenverkehrsrecht gilt die sog. „Gefährdungshaftung". Diese beinhaltet, dass der Schädiger zum Schadenersatz verpflichtet ist, sofern das Unfallereignis nicht zurückzuführen ist auf „höhere Gewalt". Letztere liegt zB vor bei Naturereignissen.

Kommt bei einem Straßenverkehrsunfall eine Verantwortung auf Seiten eines anderen Fahrzeuges in Betracht, findet eine Abwägung hinsichtlich der Haftung statt.

Wichtig ist zu beachten, dass Kinder, die das siebente Lebensjahr noch nicht vollendet haben, für den Schaden nicht verantwortlich sind; Kinder, die das siebente, aber noch nicht das zehnte Lebensjahr vollendet haben, sind bei einem Straßenverkehrsunfall nicht verantwortlich, es sei denn, sie handeln vorsätzlich.

Wird bei einem Unfallereignis ein Beifahrer bzw. Insasse verletzt, so stehen diesem ebenfalls Ansprüche gegen den Schädiger, also auch gegen die ggf. eigene Versicherung, zu. Diese Ansprüche können im Wege des sog. Direktanspruches gegen die beteiligte Haftpflichtversicherung geltend gemacht werden.

1. **Fahrzeugschaden**

    Der am Fahrzeug entstehende Schaden ist ggf. durch Vorlage der Rechnung oder durch Sachverständigengutachten nachzuweisen. Übersteigen die Reparaturkosten den genannten Wiederbeschaffungswert, so kann Ersatz der Reparaturkosten beansprucht werden bis 130 % des Wiederbeschaffungswertes. Bei einem Schaden an einem Neufahrzeug (das etwa weniger als 1.000 km gelaufen hat), kommt Anspruch auf Ersatz eines Neuwagens in Betracht.
    Zusätzliche Positionen zum Fahrzeugschaden sind etwa Kosten für Neuzulassung etc.
    Wichtig ist, dass die Mehrwertsteuer bei Reparaturkosten und auch bei der Beschaffung eines Ersatzfahrzeuges nur erstattet wird, soweit diese nachgewiesen wird.

1. Mandanteninformation in Unfallsachen — Anhang Teil D

2. Abschleppkosten und Standgebühren
Abschleppkosten sind zu ersetzen, soweit nachgewiesen und angemessen. Gleiches gilt auch für notwendige Standkosten.

3. Sachverständigenkosten
Bei einem Schaden ab 800,– EUR bis 1.000,– EUR kann der Geschädigte einen Sachverständigen mit der Schadenfeststellung beauftragen. Ist wirtschaftlicher Totalschaden eingetreten, kann immer ein SV-Gutachten eingeholt werden.

4. Mietwagenkosten oder Nutzungsausfall

4.1 Mietwagenkosten
Mietwagenkosten sind zu erstatten, wenn ein Mietfahrzeug in Anspruch genommen wird. Der Geschädigte ist aber aus dem Gesichtspunkt der sog. Schadensminderungspflicht gehalten, darauf zu achten, dass der sog. „Unfallersatztarif" angemessen und nicht überhöht ist. Evtl. kommt die Einholung von Vergleichsangeboten in Betracht. Hier empfiehlt sich auch eine Rückfrage bei der gegnerischen Versicherung.
Aus dem Gesichtspunkt der Schadensminderungspflicht ist auch darauf zu achten, dass ein Mietwagen nur in Anspruch genommen wird bei entsprechender Nutzung. Wären zB die Kosten für ein Taxi niedriger als die Mietwagenkosten, kann hierin ein Verstoß gegen die Schadensminderungspflicht liegen. Grundsätzlich kann ein Mietwagen aber nur genommen werden für die Dauer der Reparatur des Fahrzeugs des Geschädigten oder für die Dauer der für die Ersatzbeschaffung eines Fahrzeuges notwendigen Zeit, die in der Regel der Sachverständige in seinem Gutachten angibt. Es besteht kein Anspruch auf einen Mietwagen, wenn dem Geschädigten ein weiteres, eigenes Fahrzeug zur Verfügung steht.

4.2 Nutzungsausfall
Nutzungsausfall wird, wenn ein Mietwagen nicht in Anspruch genommen wird, erstattet für die angemessene Dauer der Reparatur oder Wiederbeschaffungszeit. Die in Betracht kommende Höhe richtet sich nach den insoweit entwickelten Tabellen.

5. Sonstiger Sachschaden
Sonstiger nachweisbarer Sachschaden, etwa Kleiderschaden oder Verlust bzw. Beschädigung von Gegenständen, ist zu ersetzen.

6. Verdienstausfall und/oder Erwerbsschaden

6.1 Verdienstausfall
Verdienstausfall, soweit dieser neben der Entgeltfortzahlung anfällt, ist zu erstatten.

6.2 Ersatz von Entgeltfortzahlungen
Der Arbeitgeber hat wegen der Entgeltfortzahlung einen Anspruch auf Erstattung. Dieser Anspruch ist von ihm geltend zu machen.

6.3 Erwerbsschaden
Erwerbsschaden ist der Schaden, der sich ergibt durch die Beeinträchtigung der beruflichen Erwerbstätigkeit.
Ein spezielles Problem ergibt sich, wenn Kinder und Jugendliche infolge unfallbedingter Verletzungen berufliche Nachteile haben, etwa verzögerter Eintritt in das Berufsleben. Diese Position ist zu berechnen anhand der Prognose der möglichen beruflichen Entwicklung.

7. Ersatz des „Haushaltsführungsschadens"
Der Haushaltsführungsschaden ergibt sich, wenn in Folge unfallbedingter Verletzungen eine Einschränkung der Tätigkeit im Haushalt auftritt. Dies kann sowohl in der Person des Verletzten selbst sein oder auch, wenn dieser gehindert ist eine Haushaltstätigkeit für andere auszuführen, speziell zB als Hausfrau/Hausmann und/oder Mutter etc.

8. Schmerzensgeld
Derjenige, der bei einem Straßenverkehrsunfall Verletzungen erleidet, hat einen Anspruch auf Schmerzensgeld. Die Höhe wird bestimmt durch die Schwere der Verletzungen, Heilungsverlauf etc. Zur möglichen Höhe des Schmerzensgeldes sind sog. „Schmerzensgeldtabellen" entwickelt worden.

9. **Speziell: Ansprüche bei tödlichem Unfall**

   Bei tödlichem Unfall haben die Erben Anspruch auf Ersatz der Kosten für eine standesgemäße Beerdigung, ggf. auch Erstattung der Kosten für Trauerkleidung sowie Ersatz der Kosten für die Grabstelle/den Grabstein.

10. **Pauschale Nebenkosten**

    Diese sind zu ersetzen in Höhe von regelmäßig 25,– EUR, soweit nicht ein höherer Schaden konkret nachgewiesen und belegt wird.

11. **Rechtslage speziell beim Arbeits- und Wegeunfall**

    Grundsätzlich scheiden bei einem Arbeits- und Wegeunfall Ansprüche gegen Arbeitskollegen und Arbeitgeber aus. Stattdessen kommen Ansprüche gegen soziale Leistungsträger, speziell die Berufsgenossenschaft, in Betracht. Die sich in diesem Zusammenhang ergebenden Fragen sind durch anwaltliche Beratung zu klären.

12. **Die Kosten der Rechtsverfolgung**

    Diese Kosten sind ebenfalls als Schadenposition von der gegnerischen Haftpflichtversicherung für die durchsetzbaren Ansprüche zu ersetzen.
    Eine evtl. bestehende Rechtsschutzversicherung trägt das Kostenrisiko.

II. Die mögliche Beteiligung der Kasko-Versicherung

Besteht eine Vollkaskoversicherung, so ist es möglich, zum Schadenausgleich – zunächst – die eigene Vollkaskoversicherung in Anspruch zu nehmen. Ggf. sind entsprechend der Haftung des Gegners sich ergebende Prämiennachteile zu ersetzen.

Auch kommen Ansprüche gegen die Teilkaskoversicherung in Betracht, soweit Schäden gegeben sind, die in den Deckungsbereich der Teilkaskoversicherung fallen.

III. Ansprüche aus eigenen privaten Versicherungen

1. **Verkehrsservice- und Mobilitätsversicherung**

   Bestehen private Versicherungen, etwa eine Verkehrs-Service- oder eine sog. Mobilitätsversicherung, so trägt diese ggf. Bergungs- und Abschleppkosten und auch sonstige Leistungen. Maßgebend sind die vereinbarten Versicherungsleistungen.

2. **Ansprüche aus privaten Unfallversicherungen**

   Bei erlittenen Unfallfolgen kommen auch Ansprüche gegen die eigene Unfallversicherung in Betracht.
   Besteht eine private Krankenversicherung, kommt neben dem Ersatz der Heilbehandlungskosten, soweit vereinbart, auch ein Anspruch auf Tagegeld bzw. Krankenhaustagegeld in Betracht.
   Zur Rechtslage bei der Verfolgung von Ansprüchen gegen die eigene Versicherung ist zu verweisen auf die entsprechende Mandanteninformation zum Thema „Versicherungsrecht".

IV. Verteidigung bei einem Straf- und Verkehrsordnungswidrigkeitenverfahren

Von der Verfolgung der vorstehend dargestellten zivilrechtlichen Angelegenheit, also der Verfolgung von Schadensersatzansprüchen, ist zu unterscheiden das ggf. eingeleitete verkehrsrechtliche Straf- und OWi-Verfahren. Dieses wird durch die Polizei bei der Unfallaufnahme eingeleitet, insbesondere bei Verdacht einer Verkehrsstraftat, zB bei fahrlässiger Körperverletzung, oder einer Ordnungswidrigkeit. In einem solchen Fall ist die Beauftragung eines Rechtsanwalts als Verteidiger geboten.

Im Übrigen wird hierzu verwiesen auf die Mandanteninformation zum Straf- und OWi-Verfahren.

Eine ggf. bestehende Rechtsschutzversicherung erstattet die hierfür anfallende Anwaltsvergütung.

Im Übrigen wird verwiesen auf die entsprechende Information zum Thema „Rechtsschutzversicherung".

V. Strafantrag bei erlittenen Verletzungen

Bei Unfallverletzungen kommt unter Umständen gegenüber dem schuldigen Unfallgegner die Stellung eines Strafantrages und die Verfolgung der Angelegenheit als Nebenkläger in Betracht. Ob dies in Betracht kommt und ratsam ist, muss durch anwaltliche Beratung geklärt werden.

2. Merkblatt zum Unfall mit Auslandsberührung*

Deutsches Büro Grüne Karte e. V.
Wilhelmstraße 43/43G 10117 Berlin

Telefon: (030) 20 20 5757
Telefax: (030) 20 20 6757

Verkehrsopferhilfe e. V.
Wilhelmstraße 43/43 G
10117 Berlin

Telefon: (030) 20 20 5858
Telefax: (030) 20 20 5722

MERKBLATT

zur Bearbeitung von Auto-Haftpflichtschäden
durch den Verein Deutsches Büro Grüne Karte
und
den Verein Verkehrsopferhilfe

sowie über die Möglichkeiten der Geltendmachung von Ersatzansprüchen
bei Schadenfällen im Ausland

Im Normalfall ist der jeweilige Auto-Haftpflichtversicherer des Unfallgegners für die Schadenregulierung zuständig. Im Folgenden geben wir Hinweise für die Schadenregulierung in Sonderfällen.

I. Deutsches Büro Grüne Karte e. V.

Ansprüche aus Auto-Haftpflichtschadenfällen in Deutschland, die durch ein im Ausland zugelassenes Kraftfahrzeug verursacht wurden, können – außer gegen den Schädiger und den ausländischen Haftpflichtversicherer – auch gegen den Verein Deutsches Büro Grüne Karte geltend gemacht werden, sofern dieser nach § 2 des Gesetzes über die Haftpflichtversicherung für ausländische Kraftfahrzeuge und Kraftfahrzeuganhänger vom 24. Juli 1956 (AuslPflVersG) die Pflichten eines Haftpflichtversicherers übernommen hat. Das ist dann – aber auch nur dann – der Fall, wenn folgende Voraussetzungen erfüllt sind, die vom Anspruchsteller nachzuweisen sind:

1. **Internationale Grüne Versicherungskarte**

   Für das beteiligte Kraftfahrzeug war eine Grüne Karte ausgestellt. Dieser Nachweis ist zu erbringen bei Fahrzeugen aus folgenden Ländern:

   Albanien, Bosnien-Herzegowina, Iran, Israel, Marokko, Mazedonien, Moldawien, Russland, Montenegro, Tunesien, Türkei, Ukraine und Weißrussland.

2. **Amtliches Kennzeichen**

   Auf der Basis des amtlichen Autokennzeichens besteht Deckungsschutz für Deutschland (§ 8a AuslPflVersG). Dies gilt grundsätzlich für Fahrzeuge aus folgenden Ländern:

   Andorra, Belgien, Bulgarien, Dänemark, Estland, Finnland, Frankreich, Griechenland, Großbritannien, Irland, Island, Italien, Kroatien, Lettland, Liechtenstein, Litauen, Luxemburg, Malta, Monaco, Niederlande, Norwegen, Österreich, Polen, Portugal, Rumänien, Schweden, Schweiz, Serbien, Slowakische Republik, Slowenien, Spanien, Tschechische Republik, Ungarn und Zypern.

3. **Schadenmeldung und Schadenregulierung***)

   3.1 In der ersten Fallgruppe (s.o. 1) sind in der formlosen Schadenmeldung folgende Angaben erforderlich, ohne die eine Schadenbearbeitung nicht möglich ist:
   – Vorlage der Grünen Karte
      Kann das Dokument selbst nicht vorgelegt werden, möglichst vollständige Angaben aus der Grünen Karte einschließlich des Gültigkeitszeitraumes

---

* Quelle: www.gruene-karte.de.

- Namen und Anschriften der am Schadenfall unmittelbar Beteiligten,
- Unfallort,
- Unfalldatum

3.2 In der zweiten Fallgruppe (s. o. 2.) sind in der formlosen Schadenmeldung folgende Angaben erforderlich:
- amtliches Kennzeichen des Fahrzeuges des Unfallgegners,
- Namen und Anschriften der am Schadenfall unmittelbar Beteiligten,
- Unfallort,
- Unfalldatum,
- möglichst Namen des ausländischen Haftpflichtversicherers und die Versicherungsschein-Nummer,
- möglichst Marke und Typ des Fahrzeuges des Unfallgegners

Soweit die Eintrittspflicht des Deutschen Büros Grüne Karte e. V. gegeben ist, wird von diesem ein hiesiges Versicherungsunternehmen oder ein Schadenregulierungsbüro bestimmt, den Schadenfall im Auftrag des ausländischen Versicherers oder des ausländischen Grüne Karte Büros zu bearbeiten.

3.3 Wichtige Hinweise:

Das mit der Regulierung beauftragte Versicherungsunternehmen oder Schadenregulierungsbüro ist im Falle eines Gerichtsverfahrens nicht der richtige Beklagte. Passivlegitimiert ist das Deutsche Büro Grüne Karte e. V..

Sofern es dem Geschädigten nicht möglich ist, die unter Ziff. 1 bzw. 2 genannten Angaben zu liefern, ist der Verein Deutsches Büro Grüne Karte nicht eintrittspflichtig und auch nicht passivlegitimiert.

Das Deutsche Büro Grüne Karte e. V. ist – allerdings ohne dazu verpflichtet zu sein – bereit, bei der Ermittlung fehlender Angaben behilflich zu sein. Die Ermittlung der notwendigen Angaben im Ausland ist teilweise schwierig und langwierig. Je mehr Angaben vorliegen, desto größer sind die Erfolgsaussichten, die noch fehlenden Daten zu ermitteln. Solange die notwendigen Angaben fehlen, sind Schadenersatzansprüche gegen das Deutsche Büro Grüne Karte e. V. nicht durchsetzbar.

In diesem Fall bleibt lediglich die Möglichkeit, gegen den Schädiger bzw. seinen ausländischen Versicherer direkt vorzugehen.

In diesem Zusammenhang wird verwiesen auf die Ausführungen von Schmitt in VersR 70, 497.

II. Verkehrsopferhilfe e. V. (VOH)

Die VOH leistet Schadenersatz bei Unfällen in Deutschland, wenn
- das Schädigerfahrzeug (nur Kraftfahrzeuge oder Anhänger) nicht zu ermitteln ist oder pflichtwidrig nicht oder nicht mehr haftpflichtversichert ist oder
- der Schaden vorsätzlich und widerrechtlich durch ein Kraftfahrzeug oder Anhänger verursacht wurde (§ 152 VVG) oder
- der Kraftfahrzeug-Haftpflichtversicherer des Verursachers zahlungsunfähig ist.

Die genauen Leistungsvoraussetzungen und der -umfang ergeben sich aus § 12 Pflichtversicherungsgesetz sowie den §§ 10 und 11 der Verordnung über den Entschädigungsfonds für Schäden aus Kraftfahrzeugunfällen vom 14. Dezember 1965 (BGBl. I S. 2093), zuletzt geändert durch VO vom 17. Dezember 1994 (BGBl. I S. 3845).

Wichtig ist, dass bei Schäden durch nicht ermittelte Kraftfahrzeuge – und nur hier -für Sachschäden am Kraftfahrzeug und die daraus resultierenden Sachfolgeschäden nur dann eine Leistungspflicht des Entschädigungsfonds besteht, wenn bei demselben Unfall erhebliche Verletzungen eingetreten sind.

Von den Sachschäden ist ein Selbstbehalt von 500,00 Euro abzuziehen.

Schmerzensgeldzahlungen erfolgen nur, wenn diese wegen der besonderen Schwere der Verletzung zur Vermeidung einer groben Unbilligkeit erforderlich sind.

2. Merkblatt zum Unfall mit Auslandsberührung — Anhang Teil D

III. Schadenfälle mit Fahrzeugen/Anhängern von in Deutschland stationierten ausländischen Streitkräften bzw. mit Privatfahrzeugen von Mitgliedern der ausländischen Streitkräfte, ihres zivilen Gefolges oder ihrer Angehörigen

Zu unterscheiden ist danach, ob es sich um ein Fahrzeug der Truppen (Dienstfahrzeug) oder um ein Privatfahrzeug handelt.

1. Für Schadenfälle mit Dienstfahrzeugen der Truppen sind zuständig die Schadenregulierungsstellen des Bundes (SRB), die zum Geschäftsbereich Verwaltungsaufgaben der Bundesanstalt für Immobilienaufgaben gehören.
Schadenfälle sind innerhalb von 3 Monaten anzumelden!

2. Für Schadenfälle mit Privatfahrzeugen ist zuständig der jeweilige Auto-Haftpflichtversicherer des Fahrzeugs.
Die Registrierung und Zulassung privater Kfz und Anhänger von Truppenangehörigen erfolgt durch die zuständigen Militärbehörden der Truppen. Bei diesen sind Auskünfte über den zuständigen Kfz-Haftpflichtversicherer des Unfallgegners zu erhalten.
Es handelt sich um folgende Institutionen:

> **Für amerikanische Kraftfahrzeuge:**
> Amerikanische Zulassungsstelle
> Abteilung Correspondence
> Postfach 12 63
> 67673 Enkenbach-Alsenborn
>
> **Für belgische Kraftfahrzeuge:**
> Belgischer Verbindungsdienst
> Germanicusstraße 5
> 50968 Köln
>
> **Für britische Kraftfahrzeuge:**
> Vehicle Licensing Office
> Block 7, Catterick Kaserne
> Detmolder Straße 440
> 33605 Bielefeld
>
> **Für französische Kraftfahrzeuge:**
> Antenne de Commandement
> des Forces Françaises et de l'Elément Civil
> Stationnés en Allemagne
> SAJJ
> Postfach 19 62
> 78159 Donaueschingen

Eine Besonderheit bei den Privatfahrzeugen der Truppenangehörigen besteht insofern, als diese auch bei einem Versicherer im Entsendestaat, also bei einem ausländischen Versicherer versichert sein können. Nach Art. 11 des Zusatzabkommens zum NATO-Truppenstatut ist dafür Voraussetzung, dass neben diesem ausländischen Versicherer ein in Deutschland zum Geschäftsbetrieb befugter Versicherer oder ein Verband solcher Versicherer die Pflichten eines Haftpflichtversicherers für Schadenfälle im Bundesgebiet übernommen hat. Schadenfälle können beim Deutschen Büro Grüne Karte e. V. angemeldet werden, wenn für das Fahrzeug des Unfallgegners eine Grüne Versicherungskarte des ausländischen Versicherers vorgelegt werden kann. Für Privatfahrzeuge der Truppenangehörigen aus Belgien, Großbritannien und Frankreich reicht allerdings die Angabe des amtlichen Kennzeichens aus.

IV. Schadenfälle deutscher Autofahrer im Ausland

1. **Allgemeines**

Das Deutsche Büro Grüne Karte e. V. ist für im Ausland eingetretene Schadenfälle grundsätzlich nicht zuständig.
Die Schadenersatzansprüche sind beim Haftpflichtversicherer des Unfallgegners geltend zu machen. Falls eine Rechtsschutzversicherung besteht, wird empfohlen, sich mit dem Rechtsschutzversicherer in Verbindung zu setzen, der einen deutschsprachigen Rechtsanwalt benennen kann.

Besteht keine Rechtsschutzversicherung kann der

> Deutscher Anwaltverein e. V.
> Littenstraße 11
> 10179 Berlin
> Tel.: 0 30/72 61 52–0
> Fax: 0 30/72 61 52–1 90

deutschsprachige Rechtsanwälte benennen. Zu beachten ist, dass die mit der Einschaltung eines Anwaltes verbundenen Kosten in einigen Ländern auch dann nicht vom gegnerischen Haftpflichtversicherer erstattet werden, wenn der Unfallgegner in vollem Umfang ersatzpflichtig ist.

2. **Schadenfälle innerhalb der EU-Mitgliedstaaten einschließlich der EWR-Länder sowie der Schweiz**

Aufgrund der im Rahmen der EU-Richtlinie 2000/26/EG (4. KH-Richtlinie) geschaffenen „Regulierungsstellen" besteht die Möglichkeit, den Schadenfall auch bei dem im Wohnsitzland des Geschädigten bestellten Vertreter (Schadenregulierungsbeauftragten (SB)) des zuständigen ausländischen Haftpflichtversicherers anzumelden und von diesem die Schadenbearbeitung vornehmen zu lassen.

a) Auskunftsstelle § 8a) Pflichtversicherungsgesetz

Auskunft darüber, wer in Deutschland der zuständige SB des in Betracht kommenden ausländischen Haftpflichtversicherers ist, kann die „Auskunftsstelle" geben. Die Funktion der Auskunftsstelle übernimmt in Deutschland die GDV-Dienstleistungs GmbH & Co. KG (Zentralruf der Autoversicherer). Telefon Nr.: 0800 2502600.

Ist der zuständige ausländische Versicherer noch nicht bekannt und muss dieser zunächst ermittelt werden, kann zu diesem Zweck ebenfalls der o. a. Zentralruf der Autoversicherer eingeschaltet werden.

Die Ermittlung des Haftpflichtversicherers und sonstiger gegebenenfalls für die Schadendurchführung notwendiger Angaben erfolgen durch die Zusammenarbeit mit der jeweiligen nationalen Auskunftsstelle des Unfalllandes. Der Zentralruf der Autoversicherer stellt in diesem Falle lediglich die ihm übermittelten Daten zur Verfügung.

b) Entschädigungsstelle § 12a) Pflichtversicherungsgesetz

Die Funktion der sog. „Entschädigungsstelle" in Deutschland wird wahrgenommen vom Verein Verkehrsoperhilfe e. V., Wilhelmstraße 43 /43 G, 10117 Berlin, Telefon: 030 20 20 5858. Die Entschädigungsstelle ist im wesentlichen nur dann zuständig für die Schadenabwicklung des Auslandsunfalls in folgenden Situationen

– der zuständige ausländische Haftpflichtversicherer hat in Deutschland keinen SB bestellt
– der zuständige ausländische Haftpflichtversicherer und/oder dessen SB haben binnen drei Monaten ab der Geltendmachung von Entschädigungsleistungen keine mit Gründen versehene Antwort auf den Entschädigungsantrag erteilt
– das schädigende Kraftfahrzeug oder der zuständige Haftpflichtversicherer konnten binnen zwei Monaten nicht ermittelt werden.

Bei Vorliegen dieser Voraussetzungen kann der Antrag auf Schadenregulierung bei der Entschädigungsstelle gestellt werden. Die Entschädigungsstelle wird sich um die Sache kümmern.

Die Regulierung des Schadenfalles erfolgt in der Regel nach dem Recht des Unfalllandes.

Wichtiger Hinweis:

Die Entschädigungsstelle ist nicht zuständig und kann nicht tätig werden, wenn die vom ausländischen Versicherer bzw. dessen Repräsentanten durchgeführte Schadenregulierung nicht zufriedenstellend ist bzw. Differenzen in der Beurteilung der Berechtigung der Forderungen bestehen.

3. **Schadenfälle in Drittstaaten (außerhalb des EU-EWR-Raumes)**

Das unter Ziffer 2 beschriebene Regulierungsverfahren kann auch dann zur Anwendung kommen, wenn der Schadenfall sich in einem nicht EU/EWR-Land ereignet hat. Voraussetzungen dazu sind

– die Fahrzeuge der Unfallbeteiligten haben ihren gewöhnlichen Standort in einem EU/EWR-Land und
– der Schadenfall ist in einem Land eingetreten, das dem Grüne Karte System angehört (Hinweise hierzu unter www.gruene-karte.de)

3. Schadensmeldung an das Deutsche Büro Grüne Karte e. V.

Die Informationen sind nach bestem Wissen zusammengestellt; eine Gewähr für die Richtigkeit kann nicht übernommen werden.

* Wir bitten, der Schadenmeldung **keine Originalunterlagen** beizufügen. Die für die Anmeldung wichtigen Nachweisunterlagen wie zB die Grüne Karte des Unfallgegners u. ä. bitte nur als Kopie übersenden. Ggf. reicht die Angabe der Versicherung des Unfallgegners bei der Anmeldung aus, um die Auskunft über den zuständigen Schadenregulierer zu erhalten.

3. Schadensmeldung an das Deutsche Büro Grüne Karte e. V.*

An:
**Deutsches Büro Grüne Karte e. V.
Wilhelmstr. 43/43 G
10117 Berlin**

1. Angaben über den Unfall und das Schädigerfahrzeug

Schadentag*	
Schadenort*	
Schadenland*	

Kennzeichen des Schädiger-Kfz*			
Herkunftsland des Schädiger-Kfz*			
Versicherer des Schädigers (falls namentlich bekannt)			
Versicherungsschein-Nr.			
Grüne-Karte-Nr.			
Gültigkeit der Grünen Karte	von:		bis:
Fahrzeughersteller			
Typ /Modell			
Fahrzeugart (PKW / LKW / Motorrad / Sonstiges)			

2. Angaben zum Halter des gegnerischen Fahrzeuges

Name	
Vorname	
Straße	
PLZ	
Ort	
Land	

3. Angaben zum Anspruchsteller

Name	
Vorname	
Straße	
PLZ	
Ort	

* Quelle: www.gruene-karte.de.

Anhang Teil D

4. Checkliste Prozessfinanzierung

E-Mail-Adresse	
Telefon-Nr.	
Fax-Nr.	
Aktenzeichen	

4. Angaben zum Geschädigten (falls abweichend von 3.)

Name	
Vorname	

5. Anlagen (Beigefügtes bitte ankreuzen)

	Grüne Karte	
	Polizeilicher Unfallbericht	
	Europäischer Unfallbericht	

Hinweise:

→ Bitte füllen Sie dieses Formular in Druckschrift aus

→ Die mit einem Stern („*") gekennzeichneten Felder sind Mindestangaben, ohne welche eine Bearbeitung nicht stattfinden kann.

→ Beachten Sie bitte, dass Sie keine Originalunterlagen beifügen, sondern – wenn überhaupt – ausschließlich Kopien.

Datum Unterschrift

4. Übersicht für Rechtsanwälte und Anspruchsteller zur Beteiligung von Prozessfinanzierung

Voraussetzungen der Prozessfinanzierung
Anspruch über Euro mit einer bestimmten Mindestdeckungssumme
Anspruch mit überwiegender Wahrscheinlichkeit durchsetzbar

Leistungen des Prozessfinanzierers
Übernahme sämtlicher Kosten und deren Vorfinanzierung nach Abschluss des Finanzierungsvertrages
Zusätzliche 1,0 Gebühr für den beauftragten Rechtsanwalt
Separater Bonitätsscheck über unseren Partner ...... Kreditsicherung
Unterstützung als „Team Player" für einen gemeinsamen Erfolg
Bankbürgschaft durch eine Bank für eine vorläufige Vollstreckung nach erster Instanz

Der zu vereinbarende Erfolgsanteil: 20 – 30 – 20
20 % aus vorgerichtlichen bzw. im Wege einer Mediation erzielten Erträgen
30 % aus Erträgen bis zu 500.000,– EUR durch (schieds-)gerichtlichen Vergleich oder Urteil
20 % aus dem Betrag der 500.000,– EUR übersteigt

Vorbereitung durch Anspruchsteller und Anwalt
Ausführliche Information und Übergabe aller Unterlagen an den Rechtsanwalt
Begutachtung des Anspruchs durch den Rechtsanwalt
Übersendung der Stellungnahme (ggf. Gutachten) mit Klageentwurf mit Anlagen sowie aller sonst noch wesentlichen Unterlagen (zB bisherige Korrespondenz und Stellungnahmen der Gegenseite) an Prozessfinanzierer durch Rechtsanwalt

4. Checkliste Prozessfinanzierung

Anhang Teil D

Notwendige Informationen durch Anspruchssteller und speziell Vorkorrespondenz
1. Zu nennen sind alle Namen, Adressen und Telefon-/Telefaxnummern sowie Rechts- bzw. Gesellschaftsverhältnisse aller Anspruchsinhaber und Anspruchsgegner
2. Mitteilung über den Verfahrensstand und über sonstige Verfahren zwischen den Beteiligten
3. Angabe der Rechtsgrundlage
4. Mitteilung zur möglichen Verjährung des Anspruchs
5. Mitteilung über Einwendungen und Gegenansprüche der Gegenseite, soweit bereits erhoben
6. Mitteilung zum möglichen Prozessrisiko
7. Mitteilung der Einschätzung zur Bonität des Anspruchsgegners (zB Auszug Handelsregister, Grundbuch, Kreditauskunft)
8. Mitteilung über PKH, soweit bereits beantragt oder hierzu eine Entscheidung vorliegt
9. Angaben darüber, ob Anspruchsinhaber und Anspruchsgegner zum Vorsteuerabzug berechtigt sind
10. Information darüber, ob bereits bei anderen Prozessfinanzierern zum gleichen Vorrang angefragt wurde.

Übersicht Prozessfinanzierer

	Prozess-finanzierer	zu finden unter	Schwerpunkt auf bestimmte Rechtsgebiete?	Streitwert-abhängig?	Höhe des Erlöses im Erfolgsfall
1	Acivo Prozess-finanzierung AG	www.acivo.de	nein	mindestens 10.000 EUR	50% des realisierten Ergebnisses bei Streitwert bis 50.000 EUR, 30% zw. 50.000 EUR u. 500.000 EUR, 20% bei mehr als 500.000 EUR; Mglk. einer Flex-Finanzierung ab 10%
2	ADVO Prozess-finanz AG	www.advo-prozessfinanz.com	k. A.	k. A.	k. A.
3	EAS – Erste Allgemeine Schadenshilfe AG	www.schadenshilfe.com	Versicherungs- und Kapitalmarktbereich	k. A.	i. d. R. 15–25%, max. 50% des realisierten Betrages
4	ECR	www.copyright-research.net	Urheberrecht	k. A.	k. A.
5	ExActor AG	www.exactor.de	ja	zw. 10.000 EUR und 100.000 EUR (ggf. auch unterhalb 10.000 EUR)	50% von Beträgen bis 25.000 EUR, 40% bis 50.000 EUR, 30% bis 100.000 EUR
6	FORIS AG	www.foris-prozessfinanzierung.de	Zivil- und Wirtschaftsrecht	mindestens 200.000 EUR	Erfolgsbeteiligung ab 10%, abhängig vom Einzelfall
7	Intract GmbH	www.intract.de	Kapitalanlagerecht	k. A.	k. A.
8	Jurafinance	www.jurafinance.de	k. A.	k. A.	i. d. R. 30–50% des Erlöses

Anhang Teil D

4. Checkliste Prozessfinanzierung

	Prozessfinanzierer	zu finden unter	Schwerpunkt auf bestimmte Rechtsgebiete?	Streitwertabhängig?	Höhe des Erlöses im Erfolgsfall
9	LEGIAL AG (ehemals D. A. S. Prozessfinanzierung)	www.legial.de	nein	mindestens 100.000 EUR	30 % von Beträgen bis 500.000 EUR, 20 % von Beträgen, die darüber liegen
10	metaclaims Sammelklagen Finanzierungsgesellschaft mbH	www.sammelklage.org	Verbraucherrecht	ab 150,00 EUR je Forderung und 50.000 EUR Gesamtvolumen	33,33 % des Erlöses
11	PatForce	www.patforce.com	Gewerblicher Rechtsschutz	k. A.	k. A.
12	Preußische Prozessfinanzierung GmbH	www.preussische-prozessfinanzierung.com	k. A.	k. A.	10–25 % des Erlöses
13	Proxx AG	www.proxx.de	Bauhonorare	k. A.	k. A.
14	Rixalis Prozessfinanzierung UG	www.rixalis.de	ja	nein	k. A.
15	Roland ProzessFinanz AG	www.roland-prozessfinanz.de	nein	mindestens 100.000 EUR	30 % von Beträgen bis 500.000 EUR, 20 % von Beträgen die darüber liegen (20 % bei vorgerichtlicher Einigung über den Anspruch)
16	SLB Verwaltungsgesellschaft mbH	www.slb-prozessfinanz.de	k. A.	mindestens 19.000 EUR	25 % von Beträgen bis 500.000 EUR, 15 % von Beträgen, die darüber liegen (bei vorgerichtlicher Einigung Ermäßigung auf 5 %)
17	SOLVANTIS AG	www.solvantis.de	ja	25.000 EUR	30 % von Beträgen bis 500.000 EUR, 20 % von Beträgen, die darüber liegen
18	TKL Forensische Dienstleistungen GmbH	www.prozessfinanzierung24.de	Zahlungsansprüche, insbes. wiederkehrende Leistungen	auch unter 100.000 EUR	k. A.

Stand: 30. Oktober 2013
Hinweis: Die Tabelle erhebt keinen Anspruch auf Vollständigkeit und Richtigkeit. Die Auflistung ist mit keinerlei Empfehlung oder Bewertung durch den DAV verbunden.
Bearbeitung: Jessika Kallenbach, Ass. jur., Referentin Berufsrecht/DAV und Sabrina Reckin, Ass. jur., Wiss. Mitarbeiterin/DAV
Der Verfasser dankt dem DAV, Herrn Geschäftsführer Henke und Frau Sabrina Reckin für die freundliche Genehmigung zur Veröffentlichung.

5. Praxistipps: Schadenersatz in Deutschland

I. Haftung

Gefährdungshaftung (§ 7 I StVG)
Der Halter muss – auch ohne Verschulden – für alle Personen- und Sachschäden beim Betrieb seines Kraftfahrzeuges oder Anhängers Schadenersatz leisten. Diese Haftung besteht auch gegenüber Insassen.

Ausnahme:
Die Ersatzpflicht ist nur ausgeschlossen bei Vorliegen von höherer Gewalt (§ 7 II StVG)
Die Entschädigungsleistung umfasst auch ein Schmerzensgeld (Haftung für immaterielle Schäden).
Die Haftung besteht nur im Rahmen von gesetzlich festgelegten Höchstbeträgen.

II. Fahrzeugschaden

1. Reparaturschaden
Ersetzt wird der zur Wiederherstellung des Fahrzeuges erforderliche Geldbetrag.
Die Höhe des Betrages kann sowohl durch eine Reparaturkostenrechnung als auch einen Kostenvoranschlag oder ein Sachverständigengutachten bestimmt werden.
Der Anspruch besteht auch dann, wenn das Fahrzeug überhaupt nicht oder in eigener Arbeit des Anspruchstellers repariert wird.
Übersteigen die Reparaturkosten den Wiederbeschaffungswert für ein gleichwertiges Fahrzeug um nicht mehr als ca. 30 %, sind auch diese Kosten vom Schädiger bzw. dessen Haftpflichtversicherer zu erstatten, wenn die Reparatur tatsächlich durchgeführt und das Fahrzeug vom Geschädigten weiter genutzt wird.

2. Totalschaden
Wird das Fahrzeug des Anspruchstellers zerstört, hat dieser einen Anspruch in Höhe des Wiederbeschaffungswertes. Bei der Abrechnung werden die Restwerte des Fahrzeuges berücksichtigt.
Ist dem Geschädigten die Ersatzleistung durch eine Reparatur bzw. Beschaffung eines Gebrauchtfahrzeugs nicht zumutbar, weil sein Fahrzeug fast neu war (Fahrleistung bis 1.000 km, Nutzungsdauer bis 1 Monat) und einen nicht geringfügigen Schaden erlitten hat, kann der Geschädigte auf Basis des Neupreises abrechnen, wenn er wiederum ein Neufahrzeug anschafft.

3. Wertminderung
Wird ein Kraftfahrzeug nicht unerheblich beschädigt, so kann auch nach sachgerechter Reparatur eine von der Rechtsprechung zuerkannte Wertminderung verbleiben; bei älteren Fahrzeugen und bei Bagatellschäden entfällt regelmäßig eine Wertminderung.
Die Höhe der Wertminderung wird durch Sachverständigengutachten festgestellt. Dabei bestimmen ua der Wert des Fahrzeuges, Art und Umfang der Beschädigungen sowie die durchgeführten Reparaturarbeiten sowie Marktgegebenheiten die Höhe des Minderwertes.

4. Gutachterkosten
Wird das beschädigte Fahrzeug durch einen Sachverständigen des Haftpflichtversicherers – sei es als Mitarbeiter des Versicherers oder als freier Sachverständiger in dessen Auftrag – begutachtet, trägt auch der Haftpflichtversicherer die Kosten.
Beauftragt der Geschädigte von sich aus einen Sachverständigen seiner Wahl, so sind die Gebühren dieses Sachverständigen regelmäßig zu erstatten; Ausnahme: Bagatellschäden.

5. Mietwagenkosten
Kann der Geschädigte sein Fahrzeug bis zum Abschluss der Reparatur bzw. bis zur Beschaffung eines Ersatzfahrzeugs bei einem Totalschaden nicht nutzen, kann er für die entsprechende Dauer ein Mietfahrzeug auf Kosten des Schädigers bzw. dessen Haftpflichtversicherers in Anspruch nehmen. Sein Anspruch mindert sich allerdings um die ersparten Kosten, die ansonsten für Verschleiß und Betrieb des eigenen Fahrzeugs angefallen wären.

6. Nutzungsausfall

Kann der Geschädigte sein Fahrzeug bis zum Abschluss der Reparatur bzw. bis zur Beschaffung eines Ersatzfahrzeugs bei einem Totalschaden nicht nutzen und nimmt er trotzdem kein Mietfahrzeug in Anspruch, steht ihm ein Anspruch auf Nutzungsausfall zu, wenn ohne den Unfall hinsichtlich des beschädigten Fahrzeugs ein Nutzungswillen und eine Nutzungsmöglichkeit bestanden hätten, und wenn dem Geschädigten kein Zweitfahrzeug zur Verfügung steht.

Dieser Anspruch besteht für jeden Tag, an welchem dem Geschädigten das Fahrzeug unfallbedingt nicht zur Verfügung steht.

Die Höhe der täglichen Nutzungsausfallpauschale wird von den Mietkosten für ein vergleichbares Fahrzeug abgeleitet und in jährlichen Tabellen festgehalten. Die Sätze bewegen sich z. Zt. je nach Fahrzeugtyp zwischen 25 EUR und 100 EUR pro Tag.

7. Finanzierungskosten

Kann der Geschädigte zB Reparatur- oder Mietwagenkosten nicht aus eigenen Mitteln bezahlen, darf er zur Erfüllung dieser Verbindlichkeiten einen Kredit aufnehmen und den Schädiger mit den entsprechenden Kosten belasten, wenn er zuvor den Schädiger bzw. dessen Haftpflichtversicherer rechtzeitig auf die Notwendigkeit der Kreditaufnahme hingewiesen hatte.

III. Personenschäden

1. Heilbehandlungskosten

Der Verletzte hat Anspruch auf Ersatz der tatsächlich entstehenden Kosten für alle erforderlichen Heilbehandlungsmaßnahmen. Auch Kosten für kosmetische Operationen sind zu erstatten, solange deren Höhe nicht außer Verhältnis zur Beeinträchtigung des Verletzten stehen.

Die Kosten des Besuchs naher Angehöriger im Krankenhaus hat der Schädiger bzw. sein Haftpflichtversicherer zu erstatten, wenn die Besuche in angemessenem Rahmen nach ärztlicher Bestätigung zur Heilung des Verletzten förderlich sind.

Soweit ein Sozialversicherer oder ein privater Krankenversicherer Heilbehandlungskosten zahlt, geht insoweit der Anspruch gegen den Schädiger auf den Leistenden über. Der Haftpflichtversicherer erstattet dann diese Leistungen.

2. Pflegekosten – vermehrte Bedürfnisse

Kosten für eine Pflegekraft bei Pflegebedürftigkeit, Kosten für orthopädische Hilfsmittel, Mehrverschleiß an Kleidern, Kuren, Diät, Kosten für eine behindertengerechte Einrichtung einer Wohnung, Stärkungsmittel etc. sind in vollem Umfang erstattungspflichtig.

Bei Inanspruchnahme professioneller Pflege sind die entstehenden Kosten brutto zu erstatten. Werden die notwendigen Pflegeleistungen von Familienangehörigen des Verletzten erbracht, sind diese Bemühungen angemessen abzugelten maximal bis zur Höhe der netto entstehenden Kosten für eine professionelle Pflegekraft.

Soweit Sozialversicherungsträger Leistungen erbringen, gehen die Ansprüche gegen den Schädiger und seinen Haftpflichtversicherer auf den Leistenden über. Der Haftpflichtversicherer erstattet dann diese Leistungen.

3. Verdienstausfall von Erwerbstätigen

Kann ein Verletzter seinen Beruf unfallbedingt nicht ausüben bzw. seinem Gewerbe nicht nachgehen, ist der entstehende Verdienstausfallschaden vom Schädiger bzw. seinem Haftpflichtversicherer auszugleichen. Zu entschädigen ist die konkrete Vermögenseinbuße durch die unfallbedingte Arbeitsunfähigkeit. Die Berechnung erfolgt entweder auf Basis des Bruttolohns, wobei ersparte Steuern und Versicherungsbeiträge im Wege des Vorteilsausgleichs abzusetzen sind, oder auf Basis des Nettolohns, wobei tatsächlich anfallende Steuern und Beiträge dann noch zusätzlich zu erstatten sind.

Soweit Arbeitgeber, Dienstherren oder Sozialversicherungsträger Leistungen an den Verletzten erbringen, gehen Ansprüche gegen den Schädiger und seinen Haftpflichtversicherer auf diese über. Der Haftpflichtversicherer erstattet diese Leistungen.

Die Abwicklung erfolgt von Gesetzes wegen in Form einer Rente, die sich – dynamisch – am jeweiligen Verdienstausfall orientiert.

5. Praxistipps: Schadenersatz in Deutschland

In der Regulierungspraxis werden diese Ansprüche jedoch meist – soweit es sich um laufende Leistungen handelt – kapitalisiert abgefunden.

4. Verdienstausfall von Nichterwerbstätigen (Hausfrau)

Wird der haushaltsführende Ehegatte verletzt und ist deshalb ganz oder teilweise nicht mehr in der Lage, den Haushalt zu versorgen, steht ihm ein eigener Schadenersatzanspruch zu. Zu entschädigen ist die konkrete unfallbedingte Minderung der Arbeitsleistung im Haushalt. Die Berechnung erfolgt auf Basis der Kosten für eine Ersatzkraft, die die entsprechende Arbeitsleistung im Haushalt übernehmen könnte. Deren Lohn ist brutto zu erstatten, wenn tatsächlich eine Ersatzkraft eingestellt wird, netto, wenn der Ausfall durch Mehrarbeit der Familie oder unentgeltliche Hilfe Dritter aufgefangen wird.

5. Schmerzensgeld

Ein Verletzter hat Anspruch auf Ersatz des immateriellen Schadens, das sogenannte Schmerzensgeld.

Voraussetzung ist, dass die Verletzung schuldhaft herbeigeführt wurde. Bei reiner Gefährdungshaftung besteht kein Anspruch.

Die Schmerzensgeldentschädigung muss den Verletzungen und ihren Folgen „angemessen" sein. Kriterien dafür sind Intensität und Dauer der Schmerzen, Leiden, Entstellungen und psychische Beeinträchtigungen. Auch die Schwere des Verschuldens des Schädigers wird berücksichtigt. Die Regulierungspraxis orientiert sich dabei an bereits ergangenen und veröffentlichten Urteilen in vergleichbaren Fällen.

Das Schmerzensgeld wird in einem Betrag festgesetzt. In seltenen Fällen (bei schwersten Verletzungen) wird neben einem dann reduzierten Kapitalbetrag auch eine monatliche Rente zugesprochen. Der Rahmen des Schmerzensgeldes erstreckt sich derzeit von 100,– EUR bis ca. 500.000,– EUR. Hinterbliebene haben wegen der Tötung eines Angehörigen keinen Anspruch auf Schmerzensgeld.

6. Beerdigungskosten

Die Erben eines bei einem Unfall Getöteten haben gegen den Schädiger und seinen Haftpflichtversicherer Anspruch auf Ersatz der ihnen entstandenen Beerdigungskosten. Dazu gehören die Kosten für eine Überführung, die Beerdigungsfeier, Anzeigen, Kränze, Blumen, die Grabstelle und den Grabstein sowie die Bewirtung von Trauergästen.

Erhalten die Erben ein Sterbegeld von einem Dienstherrn oder einem Sozialversicherungsträger, gehen deren Ansprüche auf die Leistenden über. Der Haftpflichtversicherer erstattet dann diese Leistungen.

7. Entgangener Unterhalt im Falle der Tötung von Erwerbstätigen

Bei der Tötung eines gesetzlich zum Unterhalt Verpflichteten haben die unterhaltsberechtigten Angehörigen Anspruch auf Ersatz des Schadens wegen entgangenen Unterhalts.

Maßgeblich ist der geschuldete Unterhalt, nicht die tatsächlichen Leistungen.

Der Unterhaltsbedarf der berechtigten Hinterbliebenen (regelmäßig Ehepartner und Kinder) wird in der Praxis meist nach pauschalen Prozentsätzen ermittelt. Ohne gesonderte Berücksichtigung der fixen Kosten ergibt sich etwa nach dem Tod eines Alleinverdieners eine Verteilung in Prozent des Nettoeinkommens von

       50 % nur für die Witwe
bzw. 40 % + 20 % für die Witwe und ein Kind
bzw. 35 % + 15 % + 15 % für die Witwe und zwei Kinder usw.

Soweit Sozialversicherungsträger Leistungen erbringen, gehen Ansprüche gegen den Schädiger und seinen Haftpflichtversicherer auf diese über. Der Haftpflichtversicherer erstattet dann diese Leistungen.

8. Entgangener Unterhalt im Falle der Tötung von Nichterwerbstätigen (Hausfrau)

Wird der haushaltsführende Ehegatte getötet, haben die unterhaltsberechtigten Angehörigen Anspruch auf Ersatz des Schadens wegen des entgangenen Naturalunterhalts (Führung des Haushalts, Betreuung der Kinder etc.).

Maßgeblich ist der rechtlich geschuldete Unterhalt, der sich nach Größe und Ausstattung des Haushalts und nach Zahl und Alter der zu versorgenden Familienmitglieder, sowie dem sozialen Status der Familie bestimmt.

Die Berechnung erfolgt auf Basis der Kosten für eine Ersatzkraft, die die entsprechende Arbeitsleistung im Haushalt übernehmen könnte. Deren Lohn ist brutto zu erstatten, wenn tatsächlich eine Ersatzkraft eingestellt wird, netto, wenn der Ausfall durch Mehrarbeit der Familie oder unentgeltliche Hilfe Dritter aufgefangen wird. Der Unterhaltsanspruch ist auch hier für die berechtigten Hinterbliebenen jeweils getrennt zu ermitteln. Der erwerbstätige Ehegatte muß sich insoweit den Wegfall der Barunterhaltsverpflichtung gegenüber seinem verstorbenen Partner als Vorteil auf seinen Schadenersatzanspruch anrechnen lassen.

IV. Ersatz von Anwaltskosten und allgemeinen Kosten

1. Anwaltskosten

In Rechtsstreitigkeiten – also Prozessen – hat der unterliegende Teil dem obsiegenden Teil die ihm entstandenen Kosten nach Prozeßrecht voll zu erstatten.

Bei außergerichtlicher Schadenabwicklung gelten Grundsätze des Schadenersatzrechts. Die Einschaltung eines Rechtsanwalts ist regelmäßig zur zweckentsprechenden Rechtsverfolgung erforderlich. Die dadurch entstehenden Kosten sind deshalb damit Bestandteil des Schadens und des Erstattungsanspruchs.

2. Kostenpauschale

Dem Geschädigten entstehen regelmäßig Kosten dadurch, dass er den Haftpflichtversicherer des Schädigers ermitteln und anschreiben muss, Kosten für Telefonate, Porto etc.

Ohne einen konkreten Nachweis kann der Geschädigte nach der Rechtsprechung einen pauschalen Betrag von bis zu 25,– EUR verlangen, um diese Kosten auszugleichen.

Teil E. Verfahrensrecht, Steuerrecht und Haftungsrecht

§ 34 Fristen, Verzug, Verjährung

Übersicht

	Rn.
I. Regulierungsfristen und Verzug	1–14
1. Regulierungsfristen	1–8
a) Allgemeines	1–3
b) Der Bearbeitungs- und Prüfungszeitraum für die Versicherung	4–7
c) Neue Wege zur Beschleunigung	8
2. Verzug	9–12
a) Voraussetzungen	9/10
b) Schadenregulierung und das Gesetz zur Beschleunigung fälliger Zahlungen	11/12
3. Frist für Klageerhebung	13/14
a) Prüfungszeitraum für die Kfz-Versicherung	13
b) Anlass zur Klage	14
II. Die Verjährung	15–44
1. Verjährung von Schadenersatzansprüchen	15
2. Beginn und Hemmung der Verjährung	16–37
a) Beginn	16–18
b) Hemmung	19–30
c) Vereinbarungen zur Hemmung der Verjährung	31–33
d) Übersicht über Hemmungstatbestände	34–37
3. Verjährung und Unfallspätschäden	38–42
4. Tabellarische Übersicht über Verjährungsfristen im Haftungsrecht	43/44
a) Deliktische Ansprüche nach BGB	43
b) Ansprüche aus Versicherungsvertrag	44

Schrifttum: *Buschbell/Buschbell-Kaniewski*, Fristentabelle für die Anwaltspraxis, 9. Aufl. 2015; *Buschbell/Janker*, Gewährung von Akteneinsicht durch die Polizei – ein Weg zur Beschleunigung der Schadenabwicklung in Verkehrsunfallsachen?, ZRP 1996, 475; *Gebhardt*, Regulierungsfristen und Verfahrensbeschleunigung, MittBl. der Arge VerkR 1999, 80; *Grüneberg*, Verjährungsanpassungsgesetz, Anhörungsrügengesetz und Justizkommunikationsgesetz, SVR 2005, 174; *Wolf-Hegerbekermeier*, Das neue Gesetz zur Beschleunigung fälliger Zahlungen – ein Überblick, BB 2000, 786; *Helm*, Das Problem der Verjährung bei Ansprüchen aus einem Verkehrsunfall, zfs 1993, 253; *Heß*, Neuregelung des Verjährungsrechtes: Auswirkungen auf das Verkehrszivilrecht, NZV 2002, 65; *Human*, Verjährungsregelungen im Verkehrszivilrecht, NJW-Spezial 2005, 399; *Schneider*, Verjährungshemmende Verhandlungen, MDR 2000, 1114.

I. Regulierungsfristen und Verzug

1. Regulierungsfristen

a) Allgemeines. Der mit der Regulierung befassten Versicherung ist eine angemessene Prü- 1 fungsfrist zu gewähren. Hier lässt sich nicht generell und schematisch ein bestimmter Zeitraum angeben. Vielmehr muss die angemessene Prüfungsfrist nach den Umständen des Einzelfalles bemessen werden. Ein Zuwarten bis zur Akteneinsicht würde aber den berechtigten Interessen des Geschädigten an einer raschen Regulierung zuwider laufen.[1] Sicherlich ist zu differenzieren zwischen eindeutig gelagerten Sachverhalten und solchen, bei denen die Haftungsvoraussetzungen unklar sind.

Im Bereich der Geltendmachung von Haftpflichtschäden tritt der Verzug mit seinen Fol- 2 gen erst dann ein, wenn der Gläubiger nach Eintritt der Fälligkeit und nach ordnungsge-

---

[1] OLG Saarbrücken zfs 1991, 16; OLG Dresden SVR 2008, 188; OLG Stuttgart DAR 2013, 708.

mäßer Bezifferung und Belegung des Schadens sowie nach Ablauf einer angemessenen Bearbeitungs- und Regulierungsfrist eine rechtswirksame Mahnung ausgesprochen hat. Für die Praxis bedeutet dies, dass der Schaden ordnungsgemäß darzulegen und mit Unterlagen zu belegen ist. Erst nach Mahnung tritt Verzug iSv § 286 Abs. 4 BGB ein.[2] Auch ohne Mahnung kann ein Anspruch auf Zinszahlung begründet sein ab dem Zeitpunkt, der der Bestimmung des Wertes zugrunde gelegt wird.[3]

3   Auch ohne Mahnung kann der Verzug eintreten, wenn der Schuldner, also der Schädiger, oder dessen Versicherung die Ersatzansprüche des Geschädigten ganz oder teilweise ablehnt, insbesondere wenn sich die Ablehnung auf den Grund des Anspruches bezieht.

4   **b) Der Bearbeitungs- und Prüfungszeitraum für die Versicherung.** Konträr sind die Ansichten darüber, welcher Bearbeitungs- und Prüfungszeitraum einer Versicherung zuzugestehen ist.

5   Das LG Oldenburg meint, einem Haftpflichtversicherer sei dann ein Bearbeitungs- und Prüfungszeitraum von mindestens 7 Wochen zuzubilligen, wenn vorher – was in der Praxis die Regel ist – eine Einsichtnahme in die Ermittlungsakte nicht möglich war.[4]

6   Zuzustimmen ist der Ansicht von *Gebhardt*,[5] dass diese Entscheidung falsch ist. Auch eine Regulierungsfrist von 4 Wochen[6] ist in aller Regel unangemessen lang. Zusätzlich zu den Argumenten von *Gebhardt*[7] ist zu bedenken, dass auch die modernen Bearbeitungs- und Kommunikationsmittel eine Beschleunigung ermöglichen. Während in vergangener Zeit die Anlage der Schadenakte mehrere Tage dauerte, ist es heute bei Nutzung der EDV möglich, eine Schadenakte in wenigen Minuten anzulegen, und der Sachbearbeiter hat sogleich Zugriff auf den Schadenvorgang. Auch ist es der Versicherung möglich, per Fax oder E-Mail bei ihren Agenturen Erklärungen des Versicherungsnehmers oder von Zeugen einzuholen. Es ist nicht einzusehen, dass einmal im Schadenmanagement die Versicherer darlegen, dass es ihnen möglich ist, mit dem Geschädigten umgehend in Kontakt zu treten und den Schaden zu regulieren, während ein Kontakt zu ihrem eigenen VN sich oft verzögert. Nicht selten kommt es in der Praxis vor, dass eine Versicherung erklärt, zur Regulierung noch nicht imstande zu sein, weil die Schadenmeldung des VN noch nicht vorliegt. Der Versicherungsnehmer ist nach den Versicherungsbedingungen verpflichtet, vollständig und zeitnah zu informieren. Tut er dies nicht, so hat der Versicherer die Möglichkeit, sich wegen der Verletzung von Obliegenheiten bei ihm schadlos zu halten. Versicherungen gehen in der Regel dazu über, auf die Schadenmeldung ihres Versicherungsnehmers zu verzichten, wenn dieser nach mehrmaliger Mahnung nicht geantwortet hatte. Unter diesen Umständen wird die Schadenmeldung des Geschädigten als wahr unterstellt und ggf. Regress beim eigenen Versicherungsnehmer genommen.

7   Häufig verzögert sich die Schadenregulierung, weil die Versicherung vor Eintritt in die Regulierung Einsicht in die amtlichen Ermittlungsakten wünscht. Dieses der Versicherung zuzubilligende Recht muss aber zeitlich begrenzt sein. Von der Versicherung ist zu verlangen, alles Mögliche zu tun, auf schnellstem Weg die Ermittlungsakten zu erhalten. Während zum Beispiel das OLG Stuttgart dem Versicherer bei notwendiger Akteneinsicht vier Wochen Zeit für die Prüfung zugesteht,[8] geht das OLG Dresden davon aus, dass ein Geschädigter stillschweigend einer Verlängerung bis zu einem Monat zustimmen kann.[9] In einer neueren Entscheidung vertritt das OLG Stuttgart die Ansicht, dass eine Prüfungsfrist von sechs Wochen ausreicht, auch wenn keine Akteneinsicht innerhalb dieser Zeit genommen werden konnte. Nach Ablauf dieser Frist kommt der Versicherer in Verzug.[10]

---

[2] *Himmelreich/Halm* Kfz-Schadenregulierung Rn. 100.
[3] *Himmelreich/Halm* Kfz-Schadenregulierung Rn. 100; vgl. OLG Düsseldorf Urt. v. 14.10.2003 – 9 O 63/02 – JurBüro 2004, 636; OLG Köln BeckRS 2014, 01636.
[4] DAR 1999, 76.
[5] DAR 1999, 140 (Besprechung zu LG Oldenburg DAR 1999, 76).
[6] OLG Saarbrücken zfs 1991, 16.
[7] DAR 1999, 140 (Besprechung zu LG Oldenburg DAR 1999, 76).
[8] DAR 2010, 468.
[9] SVR 2008, 188 m. Anm. *Siegel*.
[10] DAR 2013, 708.

c) **Neue Wege zur Beschleunigung.** Der häufigste genannte Grund für die Verzögerung der Regulierung ist seitens der Versicherung das Argument, vor Einsicht in die Ermittlungsakten nicht imstande zu sein zu regulieren. Dieses Problem kann ausgeräumt werden, wenn nach Unfallaufnahme durch die Polizei Kopien der dortigen Akte dem Interessenvertreter des Beteiligten oder Geschädigten zur Verfügung gestellt werden.[11] *Gebhardt*[12] berichtet über die Erteilung von Akteneinsicht durch Übersendung von Ablichtungen der Verkehrsunfallanzeigen an bevollmächtigte Rechtsanwälte. Zu der Möglichkeit der unmittelbaren Akteneinsicht durch Übersendung von Ablichtungen der Verkehrsunfallanzeigen an Rechtsanwälte ist im Saarland eine konkrete Regelung getroffen worden. Diese Regelung wird nachstehend auszugsweise hinsichtlich der Überlassung von Kopien der Verkehrsunfallanzeigen wiedergegeben. Die Verfügung des Ministeriums des Inneren des Saarlandes lautet:[13]

8

„Zurverfügungstellung von Kopien der Verkehrsunfallanzeige (nur bei Strafsachen) an Anwälte der Unfallbeteiligten

- Die Staatsanwaltschaft erteilt der Polizei eine Vollmacht, auf Anfrage von Anwälten einen Ausdruck bzw. eine Kopie von der Verkehrsunfallanzeige (nur bei Strafsachen) übersenden zu können (es handelt sich um max. drei Seiten).
- Der Anwalt schreibt unter Beifügung einer Vertretungsvollmacht sowie eines adressierten und frankierten Antwortkuverts an die Polizeidienststelle, die den Verkehrsunfall bearbeitet.
- Die Dienststelle übersendet einen Ausdruck (als PC-Ausdruck ohne Unterschrift) bzw. eine Kopie der Verkehrsunfallanzeige.
- Auf der Dienststelle bedarf es keiner Dokumentation im Verkehrsunfallbuch bzw. im Brieftagebuch; die Dienststelle ist nicht verpflichtet, Auskünfte zu geben, wer Kopien erhalten hat.
- Kosten erhebt die Polizei nicht.[14]

Diese Handhabung müsste sicherlich auch in anderen Bundesländern, Landgerichts- oder OLG-Bezirken möglich sein.

2. Verzug

a) **Voraussetzungen.** Nach Ablauf der gesetzten angemessenen Prüfungsfrist ist seitens der Versicherung Verzug gegeben. Hiernach kann gegen den Schädiger bzw. dessen Versicherung Klage erhoben werden. Das Prozessrisiko trifft bei gegebenem Verzug die Versicherungsgesellschaft.

9

Ebenso ist bei gegebenem Verzug zu beachten, dass der Verzugsschaden, zB der Anspruch auf Zinsen, zu erstatten ist. Beim – vertraglichen – Anspruch aus der Kaskoversicherung hat die zur Leistung verpflichtete Gesellschaft ab Verzug die Anwaltsgebühren zu tragen. Voraussetzung ist ein Mahnschreiben des Versicherungsnehmers mit Fristsetzung.

10

b) **Schadenregulierung und das Gesetz zur Beschleunigung fälliger Zahlungen.** Das Gesetz zur Beschleunigung fälliger Zahlungen hat das Ziel, die Verzögerung von Zahlungen wirtschaftlich unattraktiv zu machen und die Möglichkeit, fällige Ansprüche zügig gerichtlich geltend zu machen.

11

Die gesetzliche Änderung findet auch Anwendung auf die Fälligkeit der Entschädigung in Unfallsachen. Gemäß § 286 Abs. 3 BGB gilt ebenfalls eine 30-Tage-Regelung. Grundsätzlich tritt der Verzug nach Ablauf von 30 Tagen seit Eingang einer Rechnung kraft Gesetzes ein. Hierdurch wird der Eintritt des Verzuges erleichtert.[15] Die Voraussetzungen des Verzuges nach dieser maßgeblichen gesetzlichen Regelung sollte auch der im Bereich der Kraftfahrtschadenregulierung tätige Anwalt im Auge haben.

12

---

[11] Zur rechtlichen Problematik der Gewährung von Akteneinsicht durch die Polizei vgl. ausführlich *Buschbell/Janker* ZRP 1996, 475 ff.; Vertragsanwaltmitteilung des ADAC Nr. 12/2003, ADAJUR-Dok.Nr. 56691.
[12] MittBl. der Arge VerkR 1999, 80 f.
[13] Vgl. MittBl. der Arge VerkR 1999, 80 f.
[14] Die Vollmacht zur Erteilung der Akteneinsicht auf dem vorgenannten Weg wurde durch den Leitenden Oberstaatsanwalt des Saarlandes mit Verfügung erteilt; vgl. MittBl. der Arge VerkR 1999, 81.
[15] *Wolf-Hegerbekermeier* BB 2000, 786, 787.

3. Frist für Klageerhebung

13 **a) Prüfungszeitraum für die Kfz-Versicherung.** Bei durchschnittlichen Verkehrsunfallangelegenheiten wird in der Regel ein Prüfungszeitraum für den Kfz-Haftpflichtversicherer von 4 bis 6 Wochen ausreichen, bei notwendigen Rückfragen ein solcher von 6 bis 8 Wochen.[16] Hierbei ist sicherlich noch zu berücksichtigen, dass bei den jetzt gegebenen Möglichkeiten moderner Kommunikation und EDV-gestützter Sachbearbeitung ein solcher Zeitraum absolut unangemessen sein kann, selbst dann, wenn der Versicherer nicht auf die Einsicht in die amtlichen Ermittlungsakten angewiesen ist und die Akteneinsicht sich verzögert.

14 **b) Anlass zur Klage.** Von den Voraussetzungen des Verzuges zu unterscheiden ist die Frage, ob der Schädiger oder die KH-Versicherung Anlass zur Klage gegeben hat.
Eine Klageerhebung 3 Monate nach der Schadenanzeige ist auch dann nicht verfrüht, wenn der KH-Versicherer des Schädigers die Schadenersatzzahlung von der Überlassung eines Auszuges aus den Ermittlungsakten abhängig gemacht hatte.[17] Zahlt der KH-Versicherer des Schädigers den eingeklagten Schadensbetrag (zB 18 Tage) nach Klagezustellung und geht der Betrag 3 Tage später auf dem Konto des Anwaltes des Geschädigten bzw. Klägers ein und erklären daraufhin die Parteien im Termin zur mündlichen Verhandlung übereinstimmend die Hauptsache für erledigt, dann entscheidet das Gericht unter Berücksichtigung des Sach- und Streitstandes über die Kosten des Rechtsstreites nach billigem Ermessen. Haben die Beklagten Anlass zur Klageerhebung gegeben und hätte der Kläger voraussichtlich in vollem Umfang obsiegt, dann sind die Kosten des Rechtsstreits den Beklagten als Gesamtschuldnern aufzuerlegen.[18]

II. Die Verjährung

1. Verjährung von Schadenersatzansprüchen[19]

15 Die regelmäßige Verjährungsdauer beträgt 3 Jahre (§ 195 BGB). Diese dreijährige Verjährungsfrist besteht auch bereits gemäß §§ 852 BGB, 14 StVG.
Im Übrigen ist darauf hinzuweisen, dass die dreijährige Verjährungsfrist auch gilt für Direktansprüche gegen den Haftpflichtversicherer gemäß § 3 Nr. 3 S. 1 PflVG. Dies gilt auch gemäß § 12 PflVG für Ansprüche gegen den Verein Verkehrsopferhilfe sowie für Ausgleichsansprüche unter Gesamtschuldnern gemäß § 426 Abs. 1 BGB.[20]

2. Beginn und Hemmung der Verjährung

16 **a) Beginn.** Sobald der Geschädigte aufgrund der bekannten Tatsachen gegen eine bestimmte Person Schadenersatzklage erheben kann, insbesondere für Tatsachen, die ein schuldhaftes Verhalten des Schädigers begründen, beginnt der Lauf der Verjährungsfrist mit der Kenntnis dieser Tatsache.[21]

17 Der für den Beginn der Verjährung nach § 199 Abs. 1 BGB erforderlichen positiven Kenntnis des Geschädigten vom Schaden einschließlich des Schadenhergangs und des Schädigers bedarf es nur dann ausnahmsweise nicht, wenn der Geschädigte es versäumt hat, eine gleichsam auf der Hand liegende Erkenntnismöglichkeit wahrzunehmen und deshalb letztlich das Sichberufen auf Unkenntnis als Formelei erscheint, weil jeder andere in der Lage des Geschädigten unter denselben konkreten Umständen die Kenntnis gehabt hätte. Jedoch ist der Geschädigte nicht verpflichtet, im Interesse des Schädigers an einem möglichst frü-

---

[16] AG Landstuhl zfs 2003, 145 unter Hinweis auf Rspr; OLG München DAR 2010, 644 mwN.
[17] Vgl. OLG Düsseldorf DAR 2007, 611.
[18] LG Karlsruhe MittBl. der Arge VerkR 2000, 58.
[19] Vgl. auch *Grüneberg* SVR 2005, 174.
[20] van Bühren/*van Bühren* Teil 1 Rn. 90 bis 95.
[21] Vgl. im Einzelnen *Helm* zfs 1993, 253 ff.; BGH NJW 1973, 316 = VersR 1973, 232; MüKoBGB/*Schramm* § 166 Rn 55, 6. Aufl. 2012.

zeitigen Beginn der Verjährungsfrist eigene Initiativen zur Erlangung der Kenntnis über den Schadenhergang und die Person des Schädigers zu entfalten.[22]

Eine besondere Problematik kann sich ergeben bei der Bearbeitung durch einen unzuständigen Haftpflichtversicherer. Teilt der vermeintliche Haftpflichtversicherer dem Geschädigten auf dessen Schadenmeldung mit, er sei für die Bearbeitung des Schadenfalles zuständig, und unterlässt er die Mitteilung sich später ergebender ernsthafter Zweifel an seiner Zuständigkeit als Haftpflichtversicherer, so ist er dem Geschädigten zum Schadenersatz verpflichtet, wenn dieser infolgedessen seinen Anspruch gegen den richtigen Haftpflichtversicherer verjähren lässt.[23]

b) *Hemmung.* aa) *Allgemeines.* Nach verschiedenen Regelungen kann die Verjährung gehemmt sein, und zwar unterschiedlich nach den Verjährungstatbeständen. Für den Bereich des Straßenverkehrshaftungsrechtes sind zu nennen die dreijährige Verjährungsfrist gemäß § 195 BGB, die Verjährungsfrist des § 14 StVG sowie die Vorschrift des § 3 Nr. 3 PflVG.

Die Voraussetzungen der Hemmung der Verjährung sind im Einzelnen zu prüfen. Wichtigster Tatbestand zur Hemmung der Verjährung sind Verhandlungen nach Anmeldung der Ansprüche.

bb) *Hemmung der Verjährung durch Verhandlungen.* Es gilt der Grundsatz, dass durch Verhandlungen die dreijährige Verjährungsfrist gemäß § 203 BGB gehemmt ist.[24] Die Annahme einer Begrenzung der verjährungshemmenden Wirkung von Verhandlungen auf den vom Verletzten „konkretisierten" Schaden ist nur dann gerechtfertigt, wenn sich der Beschränkungswille eindeutig aus der Anspruchsanmeldung ergibt. Die Ansprüche des Verletzten auf Zahlung einer Erwerbsschadenrente gemäß §§ 842, 843 BGB stellen auch dann, wenn sie auf demselben Unfall beruhen, prozessual verschiedene Ansprüche dar.[25]

Grundsätzlich ist die Verjährung gehemmt, solange Verhandlungen geführt werden und keine ablehnende Entscheidung des Kfz-Haftpflichtversicherers getroffen ist. Hierbei ist zu beachten, dass an die Entscheidung des Kfz-Haftpflichtversicherers für die Beendigung der Hemmung der Verjährung bestimmte Anforderungen zu stellen sind. Durch die Regelung in § 3 Nr. 3 S. 3 PflVG soll eine Verbesserung der Stellung des Unfallgeschädigten bewirkt werden.[26] Eine Beschränkung der Anmeldung kann nur dann angenommen werden, wenn sich der Beschränkungswille hinsichtlich bestimmter Ansprüche eindeutig aus dem Inhalt der Anmeldung ergibt.[27] Zur Eindeutigkeit der Entscheidung ist zu verlangen, dass aus der Entscheidung des Kfz-Haftpflichtversicherers, wenn sie die Hemmung der Verjährung nach § 3 Nr. 3 S. 3 PflVG beenden soll, für den Geschädigten eindeutig der Entschluss hervorgeht, sich zu den angemeldeten Ansprüchen erschöpfend und endgültig zu erklären. Dies ist aus Gründen der Rechtssicherheit und Rechtskraft – im Lichte der Verwirklichung des zitierten Gesetzeszwecks – notwendig.[28]

Die Hemmung der Verjährung gemäß § 15 VVG endet erst in dem Zeitpunkt, in dem eine abschließende Stellungnahme des Versicherers zu Grund und Umfang der Entschädigung ergeht. Wichtig ist, dass die „Entscheidung des Versicherers" iSd § 15 VVG abschließend und endgültig ist.[29]

Die Hemmung der Verjährung nach § 15 VVG endet nicht nur mit einer negativen, sondern auch mit einer positiven Entscheidung des Versicherers. Werden die Verhandlungen danach weitergeführt, wird dadurch zwar die Verjährung erneut gehemmt. Diese Hemmung kann aber durch Einschlafenlassen der Verhandlungen beendet werden.[30]

Teilt die Versicherung dem Geschädigten mit, dass sie die Haftung dem Grunde nach anerkennt, bedeutet dies nur dann eine Ende der Hemmung, wenn aus Sicht des Geschädigten

---

[22] BGH DAR 2000, 215.
[23] BGH NJW 1996, 2724.
[24] *Dörner/Schulze* BGB § 203, Rn. 1–4.
[25] BGH VersR 1985, 1141.
[26] BGH VersR 1991, 179; vgl. auch BGH NZV 2004, 239 (ergangen zu § 852 Abs. 2 aF).
[27] BGH VersR 1982, 674, 675.
[28] BGH VersR 1991, 179; LG Lüneburg ZfS 2002, 279 m. Anm. Diehl.
[29] OLG München VersR 1992, 606.
[30] LG Münster r+s 2005, 264.

hiervon auch die Positionen mit umfasst sind, die erst in Zukunft entstehen und bisher noch nicht abgerechnet sind.[31]

26 Zu beachten ist, dass die Rechtskrafterstreckung nach § 124 VVG (ersetzt § 3 Nr. 8 PflVG) auch Wirkung hat gegenüber dem Geschädigten. So gilt, dass ein mit seiner Klage auf Schadenersatz gegen den Versicherer „nur" wegen Verjährung iSd § 15 VVG abgewiesener Geschädigter nicht mehr mit Erfolg gegen den Schädiger klagen kann.[32]

27 *cc) Unzulässige Berufung auf Hemmung der Verjährung.* In Betracht kommt auch, dass die Berufung auf Hemmung der Verjährung unzulässig ist. Es gilt, dass der Geschädigte sich auf die Hemmung der Verjährung durch Anmeldung seiner Ansprüche beim Haftpflichtversicherer nicht mehr berufen kann, wenn er sich, nachdem der Versicherer die angemeldeten Ansprüche im Wesentlichen befriedigt hat, jahrelang nicht mehr gemeldet hat.[33] Maßgebend ist hier die Erwägung, dass es nicht hingenommen werden kann, dass die Verjährung eines Schadensersatzanspruches aus einem Verkehrsunfall gehemmt bleibt, wenn der Versicherer den einzigen angemeldeten Schadensersatzanspruch voll befriedigt und der Geschädigte sich dann über Jahre nicht mehr gemeldet hat. Aus dieser Entscheidung folgt, dass einmal maßgebend ist die Art der angemeldeten Ansprüche und die jeweils zu den einzelnen Ansprüchen ergangene Entscheidung der Versicherung.

28 *dd) Verjährungshemmung für Ansprüche zwischen Ehegatten und Kindern.* Für die Verjährungshemmung bei Ansprüchen zwischen Ehegatten sowie Eltern und Kindern ist die Vorschrift des § 207 BGB zu beachten. Hiernach ist Verjährungshemmung gegeben, solange die Ehe besteht, und für das Rechtsverhältnis zwischen Eltern und Kindern gilt, dass die Verjährung gehemmt ist bis zur Erreichung der Volljährigkeit.

29 Die Vorschrift des § 207 S. 1 BGB bezweckt, den anspruchsberechtigten Ehegatten von der Notwendigkeit einer rechtzeitigen Klageerhebung gegen den Ehepartner im Interesse des Familienfriedens zu befreien. Dies gilt auch, soweit es sich um Ansprüche aus einem Straßenverkehrsunfall handelt und der Haftpflichtversicherer des schädigenden Ehegatten nach § 115 VVG einzustehen hat.[34]

30 *ee) Hemmung der Verjährung durch Anerkenntnis des Versicherers.* Die Zahlung des Haftpflichtversicherers stellt grundsätzlich ein die Verjährung hemmendes Anerkenntnis zu Lasten des Versicherungsnehmers dar, auch für den Teil der Ansprüche, für den der Versicherer wegen Erschöpfung der Versicherungssumme nicht einzustehen hat.[35]

31 **c) Vereinbarungen zur Hemmung der Verjährung.** Um Risiken zur Hemmung der Verjährung zu entgehen, ist es aufseiten des Geschädigten für den Anwalt empfehlenswert, in einer Abfindungserklärung, um eine 30-jährige Verjährungsfrist sicherzustellen, zu klären, dass die gleiche Verjährungsregelung gelten soll wie bei einem rechtskräftigen Feststellungsurteil.

Formulierungsvorschlag:

32 Es wird vereinbart, dass der Geschädigte so gestellt wird als ob ein rechtskräftiges Feststellungsurteil ergangen wäre.

33 Eine besondere Problematik zur Verjährungshemmung kann sich ergeben, wenn ein rechtshängiger Prozess nicht weiterbetrieben wird.
Der bei einem Unfallereignis Verletzte kann, auch wenn er einen allgemein auf die Feststellung der Schadenersatzverpflichtung des beklagten Schädigers gerichteten Klageantrag gestellt und zugesprochen erhalten hat, daneben ein rechtliches Interesse iSd § 256 Abs. 1

---

[31] KG VersR 2007, 1507.
[32] BGH zfs 2004, 12.
[33] OLG Düsseldorf NZV 1990, 74.
[34] BGH r+s 1987, 88.
[35] BGH r+s 2005, 262 (ergangen zu § 208 BGB aF); DAR 2004, 697.

ZPO haben für einen auf Ersatz einer bestimmten Schadenposition gerichteten Feststellungsantrag.[36]

d) *Übersicht über Hemmungstatbestände.* In § 204 BGB sind die nachführend aufgeführten Hemmungstatbestände geregelt:

aa) Übersicht. Die wichtigsten Hemmungstatbestände sind
Nr. 1: Klageerhebung (bei Teilklage nur hinsichtlich des eingeklagten Teils)
Nr. 3: Zustellung eines Mahnbescheides
Nr. 4: Güteantrag bei einer durch die Landesjustizverwaltung anerkannten Gütestelle (§ 794 Abs. 1 Nr. 1 ZPO)
Nr. 5: Aufrechnung im Prozess
Nr. 6: Streitverkündung
Nr. 7: Antrag auf Durchführung eines selbstständigen Beweisverfahrens
Nr. 9: Zustellung eines Arrestantrages (Antrages auf Erlass einer einstweiligen Verfügung)
Nr. 10: Anmeldung im Insolvenzverfahren
Nr. 11: Beginn eines Schiedsverfahrens
Nr. 14: Antrag auf Prozesskostenhilfe

bb) Ende der Hemmung. Zu beachten ist, dass durch eine Klage bzw. andere Rechtsverfolgungsmaßnahme die Verjährung nicht mehr unterbrochen, sondern nur noch gehemmt wird. Die Hemmung endet hinsichtlich der in § 204 Abs. 1 BGB aufgezählten Hemmungstatbestände 6 Monate nach der rechtskräftigen Entscheidung oder anderweitiger Beendigung des Verfahrens.[37]

cc) Besondere Hemmungstatbestände. Bei Ansprüchen zwischen Eltern bzw. Lebenspartnern[38] sowie bei Ansprüchen zwischen Eltern und Kindern gelten die Hemmungstatbestände nach § 207 BGB.

3. Verjährung und Unfallspätschäden

Ergeben sich bei einem durch einen Straßenverkehrsunfall Verletzten Spätschäden, so kann das Risiko gegeben sein, dass weitere Ansprüche verjährt sind und die Versicherung sich auf Verjährung beruft. Auch hier stellt sich die Frage, ob Spätschäden voraussehbar waren oder nicht und wie das Merkmal positiver Kenntnis zu definieren ist.

Die Verjährung des deliktischen Anspruchs auf Ausgleich von Spätfolgen eines Körperschadens, die zum Zeitpunkt der allgemeinen Kenntnis vom Schaden auch für Fachkreise nicht voraussehbar waren und daher außerhalb der „Schadeneinheit" liegen, beginnt erst, wenn der Geschädigte selbst von der Möglichkeit des konkreten Schadeneintritts und des Ursachenzusammenhangs mit der Verletzungsfolge positive Kenntnis erlangt. Dies gilt bei mehreren, zeitlich auseinander fallenden Spätfolgen auch hinsichtlich der zuletzt eingetretenen selbst dann, wenn diese für Fachkreise aufgrund der vorausgegangenen Spätschäden voraussehbar gewesen wären.[39]

Um hinsichtlich der Verjährung von Spätschäden einem Risiko zu entgehen, ist es in jedem Fall empfehlenswert, ggf. in Abstimmung mit der Versicherung eine spezielle abschließende ärztliche Untersuchung zu veranlassen mit der speziellen Frage, ob und ggf. welche Spätfolgen möglich sind oder ob solche auszuschließen sind.

Formulierungsvorschlag:

Es wird gebeten, gutachtlich zu der Frage Stellung zu nehmen, ob bei dem beim Verletzten gegebenen Verletzungsbild Spätfolgen möglich sind und ggf. welche oder ob solche mit an Sicherheit grenzender Wahrscheinlichkeit auszuschließen sind.

---
[36] BGH DAR 2000, 31.
[37] § 204 Abs. 2 BGB.
[38] Heß NZV 2002, 65, 68.
[39] BGH NZV 2000, 204 = r+s 2000, 110 = VersR 2000, 331.

42 Liegt eine solche ärztliche Bestätigung vor, kann der Schädiger oder seine Versicherung sich nicht auf Verjährung berufen, weil bei einer solchen Vorgehensweise klargestellt ist, dass die ggf. eingetretenen Spätschäden nicht voraussehbar waren.

Auch kommt in Betracht, dass die Erhebung der Einrede der Verjährung bei nicht voraussehbaren Spätschäden eine unzulässige Rechtsausübung darstellt.[40]

4. Tabellarische Übersicht über Verjährungsfristen im Haftungsrecht

43 a) Deliktische Ansprüche nach BGB[41]

Anspruch	Normen	Frist	Fristbeginn
Schadensersatzanspruch aus §§ 823 ff. BGB	§§ 195, 199 Abs. 1 BGB	3 Jahre	Regelverjährung
Ausnahmen (bei allen Schadensersatzansprüchen zu beachten, für die die Regelverjährung gilt): Schadensersatzansprüche, die auf der Verletzung des Lebens, des Körpers, der Gesundheit oder der Freiheit beruhen.	§ 199 Abs. 2 BGB	30 Jahre	Begehung der Handlung, der Pflichtverletzung oder mit dem sonstigen, den Schaden auslösenden Ereignis, § 199 Abs. 2 BGB
Hinweis: Auch für die Ansprüche aus unerlaubter Handlung gilt § 199 Abs. 3 Nr. 2 BGB (gilt auch für andere Schadensersatzansprüche).			

44 b) Ansprüche aus Versicherungsvertrag

Anspruch	Normen	Frist	Fristbeginn
Anspruch aus Versicherungsvertrag	§§ 195, 199 Abs. 1 BGB	3 Jahre	Schluss des Jahres, in dem der Anspruch entstanden ist
Ansprüche des Versicherers	§§ 195, 199 BGB	3 Jahre	Ab Schluss des Jahres, in dem der Anspruch entstanden ist
Direktanspruch ggü. Versicherer	§ 115 VVG	Wie Schadensersatzanspruch des Versicherten, spätestens 10 Jahre	Wie Schadensersatzanspruch des Versicherten. Der Anspruch ist gehemmt bis zur schriftlichen Entscheidung des Versicherers
Haftung des Versicherers als Gesamtschuldner	§§ 195, 199 BGB	3 Jahre	Schluss des Jahres, in dem Anspruch des Dritten erfüllt ist.
Anspruch des Kfz-Haftpflichtversicherers gegen Versicherungsnehmer und umgekehrt	§§ 195, 199 BGB	3 Jahre	Schluss des Jahres, in dem Anspruch des Dritten erfüllt wird.

---

[40] OLG Hamburg VersR 1960, 546.
[41] Vgl. *Buschbell/Kaniewski* A Ziff. 4.1.16 S. 29; vgl. auch *Human* NJW-Spezial 2005, 399 ff.

Anspruch	Normen	Frist	Fristbeginn
Anspruch des Ersatzberechtigten gegen den Entschädigungsfonds für Schäden aus Kraftfahrzeugunfällen	§ 12 Abs. 3 1, 2 PflVG	3 Jahre	Zeitpunkt, in dem der Ersatzberechtigte von dem Schaden und von den Umständen Kenntnis erlangt, aus denen sich ergibt, dass er seinen Ersatzanspruch gegen den Entschädigungsfonds geltend machen kann. **Beachte:** Sonderregelung der Hemmung in § 13 Abs. 3 S. 2 PflVG: zwei Jahre!

§ 35 Steuerliche Aspekte der Unfallschadenregulierung

Übersicht

	Rn.
I. Allgemeines	1–3
1. Schadenersatz und Steuern	1
2. Klärung der evtl. Steuerlast	2/3
II. Sachschaden und Steuern	4/5
1. Sachschaden	4
2. Besonderheiten bei Auslandsberührung	5
III. Personenschaden und Steuern	6–35
1. Entschädigung infolge Personenschadens	6–12
a) Erwerbsschaden	6/8
b) Wiederkehrende Rentenbezüge	9
c) Verlust der Steuervergünstigung nach § 7b EStG	10
d) Die Steuerlast	11/12
2. Nicht zu versteuernde Entschädigungsleistungen	13–18
a) Allgemeines	13–17
b) Umsatzsteuer	18
3. Steuervorteile	19/20
a) Allgemeines	19
b) Spezielles	20
4. Steuerersparnisse und Lohn	21–29
a) Ersparte Steuern	21–25
b) Die einzelnen Steuerarten	26–29
5. Steuerpflicht für Schmerzensgeld, Unterhalt und Haushaltsführungsschaden	30–32
a) Steuern und Schmerzensgeld	30
b) Unterhalt und Steuer	31
c) Haushaltsführungsschaden	32
6. Gemeinsame Steuerveranlagung	33
7. Vorbehalt des Ersatzes für Steuern	34/35
IV. Steuerliche Absetzbarkeit von Unfallkosten	36–43
1. Steuerliche Grundsätze	36
2. Voraussetzungen der steuerlichen Absetzbarkeit	37/38
3. Die abzugsfähigen Posten	39–43
a) Steuerlich abzugsfähige Positionen	39
b) Dienstwagen und sog. „1 %-Regelung"	40
c) Unfallfahrt und Arbeitsverhältnis	41
d) Kosten für Schadenersatzprozess	42
e) Keine steuerliche Abzugsfähigkeit für Strafen	43

Schrifttum: *Böhme/Biela*, Kraftverkehrs-Haftpflicht-Schäden, 25. Aufl. 2013; *Berz/Burmann*, Handbuch des Straßenverkehrsrechts, 32. Aufl. 2014; *Behnke*, „Vorsteuerschaden" bei Verkehrsunfällen, DAR 2000, 60; *Ebner*, Pauschalisierte Bewertung privater Kfz-Nutzung nach der 1 v.H.-Regelung des § 6 Abs. 1 Nr. 4 Satz 2 EStG, SVR 2007, 213; *Geigel,* Der Haftpflichtprozess, 26. Aufl. 2011; *Küppersbusch*, Ersatzansprüche bei Personenschaden, 11. Aufl. 2013; *Schmidt,* EStG Einkommensteuergesetz, 33. Aufl. 2014.

I. Allgemeines

1. Schadenersatz und Steuern

1   Bei der Unfallschadenregulierung ist es von Wichtigkeit, mit den steuerlichen Grundsätzen vertraut zu sein und diese bei der Unfallschadenregulierung zu berücksichtigen.

Für den Geschädigten ist nicht nur von entscheidender Bedeutung, was er an Entschädigung erhält, sondern auch, was ihm nach der evtl. zu zahlenden Steuer verbleibt. Die steuerlichen Folgen von Schadenersatzleistungen haben für den Geschädigten erhebliche Bedeu-

tung. Dies gilt insbesondere für einen Abfindungsvergleich.[1] Hierbei muss gesehen werden, dass unterschiedliche Aspekte eine Rolle spielen, nämlich
- ob eine Entschädigungsleistung und ggf.
- mit welchem Steuersatz zu versteuern ist und
- ob steuerliche Vorteile dem Schädiger oder dem Geschädigten zugute kommen sowie
- Klärung der Frage, ob und inwieweit ein Schaden steuerlich absetzbar ist.

Werden steuerliche Auswirkungen bei der Entschädigungszahlung nicht berücksichtigt, so können sich gegen den Anwalt erhebliche Regressansprüche ergeben.

2. Klärung der evtl. Steuerlast

Dem Anwalt, der nicht fachkundig ist in steuerlichen Angelegenheiten, ist zu empfehlen, einen Steuerberater, ggf. den Steuerberater des Mandanten, zu konsultieren und von diesem eine Stellungnahme einzuholen. Hierbei ist daran zu denken, dass diese notwendigen Klärungen auch Kosten der Rechtsverfolgung sind, die in die Entschädigung als Schadenposition einfließen. Im Übrigen ist es nicht ratsam, sich auf Grundwissen zu verlassen. Hierbei muss nämlich gesehen werden, dass die steuerliche Gesetzgebung und Rechtsprechung häufig wechseln. Im Übrigen ist zu verweisen auf die Darstellung des umfangreichen Schrifttums zum Stichwort „Steuern" bei *Geigel*.[2]

Die steuerlichen Folgen von Schadenersatzleistungen haben für den Geschädigten erhebliche Bedeutung. Dies gilt es insbesondere zu beachten beim Abschluss eines Abfindungsvergleiches. Hier ist stets für den Geschädigten zu klären, welcher Betrag ihm nach Abzug der Steuern verbleibt. Zu beachten ist, dass die steuerlichen Konsequenzen zu einzelnen Schadenpositionen, speziell zu Erwerbsschaden, Schmerzensgeld, vermehrten Bedürfnissen und Haushaltsführungsschaden, unterschiedlich sind.

Nachfolgend werden die wichtigsten steuerlichen Aspekte zu den einzelnen Schadenpositionen behandelt.

II. Sachschaden und Steuern

1. Sachschaden

Für die nachgenannten Sachschadenpositionen, also
- Fahrzeugschaden,
  - Reparaturschaden,
  - Totalschaden,
  - Neuwagenersatz,
- Sachverständigenkosten,
- Mietwagenkosten,
- Abschleppkosten,
- Anwaltskosten,

kommt Erstattung der Mehrwertsteuer in Betracht unter den Voraussetzungen des § 249 Abs. 2 S. 2 BGB. Hierzu wird verwiesen auf die Ausführungen zum Thema „Mehrwertsteuer" in § 24 Rn. 197 ff.

2. Besonderheiten bei Auslandsberührung

Besonderheiten gelten in dem Fall, in dem das Kraftfahrzeug eines durchreisenden Ausländers zerstört wird und dieser ein Ersatzfahrzeug erwirbt, das er in sein Heimatland ausführt. In diesem Fall ist der Erwerb gemäß §§ 4 Abs. 1, 6 UStG steuerfrei. Dies gilt nicht für Angehörige der NATO-Truppen.[3]

---

[1] Berz/Burmann/Heß(Burmann 6. O. Rn. 1; *Lang* VersR 2005, 894; *Luckey* DAR-Extra 2013, 772.
[2] *Geigel* Kap. 5 S. 196; Einkommensteuergesetz (EStG) vom 16.10.1934 in der Fassung der Bekanntmachung vom 8.10.2009, BGBl. I 3366 (3862) zuletzt geändert durch Artikel 3 Gesetz vom 25.4.2014, BGBl. I S. 1266.
[3] *Böhme/Biela* G Rn. 22; *Schaumburg/Winter*, Formularbuch Recht und Steuern, c) Steuerrecht Rn. 5–7, 7. Aufl. 2011; *Bachmeier*, Rechtshandbuch Autokauf, 2. Aufl., 2013 § 1 Rn. 2099 ff.

III. Personenschaden und Steuern

1. Entschädigung infolge Personenschadens

6 a) **Erwerbsschaden.** Nach § 24 Nr. 1a EStG sind Entschädigungen, die als Ersatz für entgangene oder entgehende Einnahmen bestimmt sind, zu versteuern, so insbesondere der Verdienstausfall.[4] Bei Abrechnung nach der Bruttolohntheorie sind die ersparten Steuern als Vorteil vom Schaden abzuziehen. Bei der modifizierten Nettolohntheorie steht dem Verletzten von vornherein nur ein Anspruch auf das fiktive Nettogehalt zuzüglich der darauf zu entrichtenden Steuern zu.[5] Der Geschädigte muss die vom Versicherer erhaltene Steuer an das Finanzamt abführen.

7 *aa) Erwerbsschaden des Selbstständigen.* Grundsätzlich ist der Schadenersatz wegen unfallbedingter Minderung der Erwerbsfähigkeit einkommensteuerrechtlich als Einkünfte zu versteuern; er unterliegt jedoch gemäß § 7 GewStG nicht der Gewerbesteuer.[6]

Es ist von dem Grundsatz auszugehen, dass „Entschädigungen, die gewährt worden sind als Ersatz für entgangene oder entgehende Einnahmen", nach § 24 Nr. 1a EStG (§ 2 Abs. 1 EStG) steuerpflichtig sind.[7]

Einem in seinem Erwerbsleben durch ein schädigendes Ereignis Betroffenen sind zunächst nur seine Nettoeinbußen zu ersetzen.

8 *bb) Kirchensteuer.* Kirchensteuer ist vom Schädiger zu erstatten, wenn der Verletzte nachweislich Mitglied einer Kirche und damit kirchensteuerpflichtig ist.[8]

9 b) **Wiederkehrende Rentenbezüge.** Renten nach §§ 843 Abs. 1, 844 Abs. 2, 845 BGB, §§ 10, 11 StVG unterliegen als wiederkehrende Bezüge der Einkommensteuer.[9] Sie sind als Einkommen zu versteuern.[10]

10 c) **Verlust der Steuervergünstigung nach § 7b EStG.** Kann der Geschädigte die Steuervergünstigung nicht in Anspruch nehmen, weil er keinen Verdienst hat, so ist ihm der entgangene Nachteil zu erstatten.[11]

11 d) **Die Steuerlast.** Schadenersatzleistungen können sowohl die betriebliche, berufliche wie die private Sphäre des Ersatzberechtigten betreffen. Der Ersatzpflichtige hat bei dem dem Erwerb zuzuordnenden Schadenersatz auch denjenigen Steuerbetrag zu erstatten, mit dem die Finanzverwaltung den Verletzten belastet, sobald ihm der Schädiger (oder dessen Haftpflichtversicherer) den zu versteuernden Teil des Nettoverdienstausfallschadens ersetzt hat.[12]

12 Es hat sich der Begriff „Steuerschraube" eingebürgert. Dies ergibt sich daraus, dass der Ersatz des Steuerbetrages eine nach § 24 Nr. 1a EStG zu versteuernde Einnahme ist. Dies ist sicherlich zu vermeiden, wenn die Steuerlast in eine gezahlte Abfindung einbezogen wird.[13] Die mögliche Steuerlast muss festgestellt werden. Empfehlenswert ist es, einen Fachanwalt für Steuerrecht oder einen Steuerberater oder gar das Finanzamt zur Klärung sich ergebender Fragen einzubinden.[14]

2. Nicht zu versteuernde Entschädigungsleistungen

13 a) **Allgemeines.** Während die vorstehend aufgeführten Leistungen grundsätzlich der Steuerpflicht unterliegen, gilt dies nicht für folgende Schadenpositionen:

---

[4] *Böhme/Biela* G Rn. 2; Berz/Burmann/*Heß/Burmann* 6. O. Rn. 2.
[5] *Küppersbusch* Rn. 128, OLG München VersR 2005, 1150.
[6] *Böhme/Biela* G Rn. 11.
[7] *Böhme/Biela* G Rn. 2.
[8] BGH NJW-RR 1988, 149.
[9] *Böhme/Biela* G Rn. 3.
[10] Berz/Burmann/*Heß/Burmann* 6. O. Rn. 2, 32.
[11] BGH VersR 1980, 529 = NJW 1980, 1788; vgl. auch *Küppersbusch* Rn. 126 ff.
[12] *Jahnke* § 4 Rn. 2; vgl. auch Fn. 1 aaO; r+s 1996, 205.
[13] *Jahnke* § 4 Rn. 6.
[14] *Jahnke* § 4 Rn. 8.

- Schmerzensgeld,[15]
- Ersatz für Heilbehandlungskosten,
- vermehrte Bedürfnisse,[16]
- Haushaltsführungsschaden,[17]
- Beerdigungskosten,[18]
- entgangener Unterhalt, sofern es sich nicht um wiederkehrende Leistungen handelt.[19]

Einmalig gezahltes Schmerzensgeld ist kein Einkommen iSd Steuerrechts. Soweit eine 14 Schmerzensgeldrente der Steuerpflicht unterliegt, hat der Geschädigte die Möglichkeit, die zu entrichtende Steuer als weitere Schadenersatzposition zusätzlich vom Schädiger ersetzt zu verlangen. Nach neuer Rechtslage ist jedoch davon auszugehen, dass die Schmerzensgeldrente nicht der Einkommensteuer unterliegt.[20] Wird der Schmerzensgeldbetrag angelegt und bringt Gewinne, sind diese zu versteuern.[21]

Auch die sog. „Mehrbedarfsrente" gemäß § 843 Abs. 1 BGB ist weder als Leibrente noch 15 als sonstiger wiederkehrender Bezug einkommensteuerpflichtig.[22]

Steuerfrei sind weiter Leistungen aus gesetzlicher Krankenversicherung und Unfallversi- 16 cherung, Sachleistungen und Kinderzuschüsse aus den gesetzlichen Rentenversicherungen einschließlich der Sachleistungen nach dem Gesetz über eine Altershilfe für Landwirte, Geldleistungen während einer medizinischen oder berufsfördernden Maßnahme zur Rehabilitation.[23]

Renten und Pensionen werden unterschiedlich besteuert. Pensionen, die vor allem von 17 Beamten, Richtern und deren Witwen und Waisen bezogen werden, sind steuerpflichtig, jedoch durch einen Versorgungsfreibetrag begünstigt.[24]

b) Umsatzsteuer. Die Schadenersatzleistung ist nicht umsatzsteuerpflichtig. Unfallbedingt 18 reduzierte oder weggefallene Umsatzsteuer ist als Steuervorteil auf den Erwerbsschaden anzurechnen.[25]

3. Steuervorteile

a) Allgemeines. Unfallbedingte Steuerersparnisse entlasten den Schädiger, soweit dies 19 nicht dem Zweck der Steuervergünstigung widerspricht.[26]

Steuerfreiheit oder Steuerermäßigung von Leistungen entlasten den Schädiger.

Die Höhe der Steuerersparnis kann nicht ermittelt werden mithilfe des durchschnittlichen Steuersatzes, sondern muss aus der Progressionsspitze errechnet werden.[27]

b) Spezielles. Nicht anrechenbare Steuervorteile sind 20
- Pauschbetrag für Körperbehinderte gemäß § 33b EStG,[28]
- Ermäßigung des Steuertarifs infolge Verzögerungen in der Schadenersatzleistung,
- Verjährung der Steuerforderung.

4. Steuerersparnisse und Lohn

a) Ersparte Steuern. Es ist von dem Grundsatz auszugehen, dass unfallbedingte Steuer- 21 ersparnisse den Schädiger nur entlasten, soweit dies nicht dem Zweck der Steuervergünsti-

---

[15] *Jahnke* § 4 Rn. 26 und Fn. 24 aaO.
[16] *Jahnke* r+s 1996, 205.
[17] *Jahnke* § 4 Rn. 26, 24.
[18] *Berz/Burmann/Heß(Burmann* 6. O. Rn. 1a.
[19] *Berz/Burmann/Heß(Burmann* 6. O. Rn. 2.
[20] BFH NJW 1995, 1238; vgl. auch *Berz/Burmann/Heß(Burmann* 6. O. Rn. 3.
[21] BFH ADAJUR-Dok.Nr. 37680.
[22] *Berz/Burmann/Heß(Burmann* 6. O. Rn. 2; BFH NZV 1995, 206.
[23] *Böhme/Biela* G Rn. 4.
[24] *Jahnke* § 4 Rn. 36; BVerfG NJW 1980, 2569.
[25] BGH NJW 1987, 1814 = VersR 1987, 668.
[26] *Küppersbusch* Rn. 126.
[27] *Küppersbusch* Rn. 131.
[28] BGH NJW 1986, 245.

gung widerspricht.²⁹ Dies gilt generell, es kommt nicht darauf an, ob nach der modifizierten Netto- oder nach der Bruttolohntheorie gerechnet wird.

22   Bei Anwendung der Bruttolohntheorie sind die ersparten Steuern als Vorteil vom Schaden abzuziehen. Hierbei ist vom fiktiven Bruttogehalt der Differenzbetrag abzuziehen, der sich aus dem Vergleich ergibt zwischen den fiktiven Steuern, die auf den Bruttolohn entfallen würden, und der tatsächlichen Steuer, die für die Ersatzleistung zu entrichten ist.³⁰

23   Bei Anwendung der modifizierten Nettolohntheorie hat der Verletzte von vornherein nur einen Anspruch auf das fiktive Nettogehalt zuzüglich der darauf zu entrichtenden Steuer. Hierbei ist maßgebend der Steuersatz des Jahres, in dem die Entschädigung zufließt. In beiden Fällen verbleibt es bei der sich aus der Nettoberechnung ergebenden Entschädigung, nachdem bei der Nettolohntheorie zwar die hierauf entfallende Steuer erstattet werden muss, der Geschädigte diese aber abführen muss.

24   Eine Besonderheit gilt bei einer Ermäßigung der Einkommensteuer aufgrund einer Veränderung der persönlichen Verhältnisse, etwa aufgrund einer Eheschließung. In diesem Fall ist das entsprechend höhere Nettoeinkommen zu ersetzen, also lediglich der geringere Steuersatz in Abzug zu bringen.

25   Im Übrigen ist die Steuer nach der Einkommensteuer-, nicht aber nach der Lohnsteuertabelle zu berechnen.³¹

26   **b) Die einzelnen Steuerarten. aa) *Einkommensteuer*.** Schadenersatz wegen Verdienstausfall ist als Einkommen zu versteuern. Dieser Steuerschaden ist ebenfalls vom Schädiger zu ersetzen.³² Eine Schadenersatzrente wegen Verdienstausfall ist ebenfalls als Einkommen zu versteuern.³³

27   *bb) Kirchensteuer.* Kirchensteuer ist vom Schädiger wie auch Einkommensteuer zu erstatten. Voraussetzung ist jedoch, dass der Verletzte nachweislich Mitglied einer Kirche und somit kirchensteuerpflichtig ist.³⁴ Auch diese an den Geschädigten bezahlte Steuer muss dieser abführen.

28   *cc) Umsatzsteuer.* Schadenersatzleistungen sind nicht umsatzsteuerpflichtig.³⁵

29   *dd) Gewerbesteuer.* Ersatzleistungen unterliegen nicht der Gewerbesteuer.

5. Steuerpflicht für Schmerzensgeld, Unterhalt und Haushaltsführungsschaden

30   **a) Steuern und Schmerzensgeld.** Das einmalig gezahlte Schmerzensgeld ist kein Einkommen im Sinne des Steuerrechts. Nach einer Entscheidung des BFH³⁶ ist anerkannt, dass auch die Schmerzensgeldrente nicht der Einkommensteuer unterliegt.

31   **b) Unterhalt und Steuer.** Schadenersatzrente wegen entgangenen Unterhalts ist als wiederkehrender Bezug einkommensteuerpflichtig, wenn die Rente Ersatz für andere steuerbare Einkünfte ist.³⁷

32   **c) Haushaltsführungsschaden.** Ersatzleistungen wegen Beeinträchtigung in der Haushaltsführung sind nicht zu versteuern. Dies gilt nicht nur, soweit es sich um einen Ersatzanspruch wegen vermehrter Bedürfnisse, sondern auch um einen Erwerbsschaden handelt.³⁸

---

[29] *Küppersbusch* Rn. 126 mit Hinweisen auf Rspr.
[30] *Küppersbusch* Rn. 127, zur Bruttolohntheorie vgl. *Küppersbusch* Rn. 95.
[31] Vgl. hierzu im Einzelnen *Küppersbusch* Rn. 128, 129.
[32] Berz/Burmann/*Heß(Burmann* 6. O. Rn. 1a unter Hinweis auf BFH NJW 1995, 1238.
[33] Vgl. hierzu im Einzelnen und zur möglichen Versteuerung vermehrter Bedürfnisse Berz/Burmann/*Heß/ Burmann* 6. O. Rn. 2.
[34] *Küppersbusch* Rn. 133.
[35] *Küppersbusch* Rn. 134.
[36] NJW 1995, 1238.
[37] Berz/Burmann/*Heß(Burmann* 6. O. Rn. 5.
[38] Berz/Burmann/*Heß(Burmann* 6. O. Rn. 5 a.

6. Gemeinsame Steuerveranlagung

Grundsätzlich ist der Schädiger verpflichtet, die Steuern zu ersetzen, die auf das Einkommen des Geschädigten entfallen. Demgemäß kann der Steuerbetrag als Ersatz verlangt werden, der sich ergäbe, wenn er allein steuerlich veranlagt würde.[39]

Der beim Tod eines Ehegatten bedingte Verlust des Splittingtarifs ist vom Schädiger nicht zu erstatten, weil ein allgemeiner Vermögensschaden, der durch Aufhebung der Lebensgemeinschaft entsteht, nicht erstattungsfähig ist.[40]

7. Vorbehalt des Ersatzes für Steuern

Kommt in Betracht, dass auf zu zahlende und vereinbarte Entschädigungen Steuern anfallen, so ist es unbedingt empfehlenswert, hierzu einen Vorbehalt zu vereinbaren mit dem Inhalt, dass auf die Entschädigung entfallende Steuern zu erstatten sind.

Formulierungsvorschlag:

Es wird vereinbart, dass auf die Entschädigungsposition (N) anfallende Steuern gemäß Nachweis erstattet werden; insoweit wird auf die Einrede der Verjährung verzichtet in gleicher Weise, wie wenn hinsichtlich dieses Anspruches ein rechtskräftiges Feststellungsurteil vorliegen würde.

IV. Steuerliche Absetzbarkeit von Unfallkosten

1. Steuerliche Grundsätze

Gemäß § 9 Abs. 1 Nr. 4 EStG gelten Unfallkosten als Werbungskosten, die bei den Einkünften aus nicht selbstständiger Arbeit absetzbar sind, soweit sie nicht von dritter Seite steuerfrei ersetzt werden.[41]

2. Voraussetzungen der steuerlichen Absetzbarkeit

Unfallschäden am Kfz eines unselbstständig Tätigen können als Werbungskosten abgesetzt werden, wenn sie auf einer beruflich veranlassten Fahrt entstanden sind. Unfallkosten auf dem Weg zwischen Wohnung und Arbeitsstätte können als außergewöhnliche Belastung iSd § 9 Abs. 1 S. 1 EStG geltend gemacht werde. Die verauslagten Reparaturkosten können angesetzt werden. Im Fall des Totalschadens kann der Wert des Kfz abzüglich Schrottwert berücksichtigt werden. Wird dieser Schaden über die Vollkaskoversicherung abgewickelt, kann die Selbstbeteiligung angesetzt werden.[42] Dieser Abzug ist auch möglich bei bewusstem und leichtfertigem Verstoß gegen Verkehrsvorschriften.

Entscheidend für die Absetzbarkeit ist, dass der Schaden eingetreten ist auf einer durch das Arbeitsverhältnis des Steuerpflichtigen veranlassten Fahrt. Hier gilt eine Verbindung zwischen anfallenden Fahrtkosten und Unfallkosten. Ist demgegenüber eine Fahrt privat veranlasst, so sind Unfallkosten dem privaten Lebensbereich zuzuordnen.

3. Die abzugsfähigen Posten

a) *Steuerlich abzugsfähige Positionen.* Sind die Voraussetzungen für steuerliche Abzugsfähigkeit gegeben, so sind folgende Positionen abzugsfähig:
- Reparaturaufwand,
- Wertminderung,
- Krankheitskosten,
- Kleiderreparaturkosten,

---

[39] BGH VersR 1970, 640.
[40] BGH NJW 1979, 1501 = VersR 1979, 670.
[41] *Böhme/Biela* G Rn. 24 mwN aus Rspr. und Lit.
[42] *Heß*, Beck'sches Steuer- und Bilanzlexikon, Werbungskosten, Rn. 84, Edition 2/14.

- Prozesskosten,
- Schadenersatzleistungen an Dritte,
- bei Totalschaden ist der Kaufpreis um die zeitanteilige AfA (Absetzung für Abnutzung) und den Restwert zu kürzen,
- Kosten für Schadenersatzprozess.

Zu prüfen ist, welche steuerlichen Konsequenzen sich bei teils gegebener privater Nutzung ergeben. So sind zB Ausgaben, die im Zusammenhang mit teils privatem Nutzen stehen, nur noch hälftig abzugsfähig.

40 b) **Dienstwagen und sog. „1 %-Regelung".** Der nach der sog. „1 %-Regelung" gem. § 40 Abs. 1 EStG pauschaliert besteuerte Vorteil eines vom Arbeitgeber dem Arbeitnehmer zur Privatnutzung überlassenen Dienstwagens ist nicht um die vom Arbeitnehmer selbst getragenen Treibstoffkosten zu mindern.[43] In Betracht kommt auch die Führung eines Fahrtenbuchs, um dienstlich veranlasste Kilometer und private trennen zu können.[44] Übernommene individuelle Kosten sind kein Entgelt für die Einräumung der Nutzungsmöglichkeit.[45]

41 c) **Unfallfahrt und Arbeitsverhältnis.** Die steuerliche Abzugsfähigkeit eines Schadens im Zusammenhang mit einer Unfallfahrt hängt von den Umständen des Einzelfalles ab. Es muss ein objektiver Zusammenhang der Fahrt mit dem Beruf des Steuerpflichtigen bestehen. Dies ist dann gegeben, wenn die Fahrt im Rahmen der beruflichen Tätigkeit des Steuerpflichtigen liegt und der Unfall nicht auf eine private, der Lebensführung des Steuerpflichtigen zuzurechnende Veranlassung zurückzuführen ist.[46]

42 d) **Kosten für Schadenersatzprozess.** Die durch einen Schadenersatzprozess als Folge eines Unfalls anfallenden Kosten sind in der Regel eine außergewöhnliche Belastung iSv § 33 EStG. Dies gilt bei einem verkehrswidrigen Verhalten.[47]

43 e) **Keine steuerliche Abzugsfähigkeit für Geldstrafen.** Geldstrafen und damit zusammenhängende Prozesskosten sind nicht abzugsfähig. Dies gilt auch, wenn eine Verbindung zwischen den Kosten und dem Beruf besteht. Hier gilt der Grundgedanke, dass es nicht vertretbar erscheint, Strafen und hiermit zusammenhängende Prozesskosten auf die Allgemeinheit abzuwälzen.[48] Nicht abzugsfähig sind insbesondere Strafen im Zusammenhang mit einem Verkehrsunfall.[49]

---

[43] FG München DStRE 2001, 231.
[44] *Fohrmann/Eskandari/Sartorius*, Dienstwagen V, Rn. 19, *Grobys/Panzer*, Stichwort Kommentar Arbeitsrecht 2. Aufl., 1. Edition 2014
[45] BFH DAR 2008, 227; vgl. *Ebner*, Pauschalisierte Bewertung privater Kfz-Nutzung nach der 1 v. H.-Regelung des § 6 Abs. 1 Nr. 4 Satz 2 EStG, SVR 2007, 213.
[46] *Böhme/Biela* G Rn. 25 ff.
[47] *Becker/Böhme/Biela* G Rn. 29; FG Münster BeckRS 2006, 260219.
[48] *Becker/Böhme/Biela* G Rn. 30.
[49] Vgl. *Becker/Böhme/Biela* G Rn. 30; *Laws* DAR 2010, 691.

§ 36 Verhandlung, Kapitalisierung und Abfindungsvergleich

Übersicht

	Rn.
I. Anwaltliche Verhandlung	1–8
1. Die außergerichtliche Erledigung	1–3
2. Sachgerechtes Vorgehen	4–8
II. Der Abfindungsvergleich	9–49
1. Rechtliche Aspekte	9–12
a) Rechtliche Grundlagen	9–11
b) Abfindungsvergleich und SVT	12
2. Vollmacht und Vertretung	13–26
a) Vertretung Minderjähriger	13–15
b) Der Vergleich durch den Ehegatten	16/17
c) Vertretung Geschäftsunfähiger	18–21
d) Genehmigung durch Vormundschaftsgericht	22–24
e) Vertretung und Güterstand	25/26
3. Außergerichtlicher/gerichtlicher Vergleich	27–31
a) Der außergerichtliche Vergleich	27
b) Der Inhalt des Vergleiches	28/29
c) Der Prozessvergleich	30/31
4. Grenzen der Regelung	32–39
a) Die zu regelnden Ansprüche	32–34
b) Ansprüche wegen Entgeltfortzahlung	35/36
c) Ansprüche der Sozialversicherungsträger	37/38
d) Unwirksamkeit bei unangemessen niedriger Abfindungssumme	39
5. Form	40
6. Notwendige Belehrung des Anspruchstellers	41–45
7. Notwendige ausführliche Formulierung	46/47
8. Störung der Geschäftsgrundlage iSv § 313 BGB	48
9. Checkliste: Voraussetzungen und Inhalt eines Abfindungsvergleiches	49
III. Kapitalisierung	50–69
1. Rente und/oder Kapital	50/51
2. Das Recht auf Kapitalisierung	52–55
a) Allgemeines	52–54
b) Die Kapitalisierung von Renten	55
3. Vorteile und Risiken der Kapitalisierung	56
4. Die Berechnung der Kapitalabfindung	57–65
a) Allgemeines	57/58
b) Zu beachtende Faktoren	59–63
c) Sterbetafeln und ihre Anwendung	64/65
5. Steuerliche Aspekte	66–69
IV. Vorbehalte	70–94
1. Allgemeines	70/71
2. Vorbehalt zu einzelnen Positionen	72–79
a) Allgemeines	72
b) Speziell: Vorbehalt zur Schmerzensgeldforderung	73–79
3. Vorbehalt des Verzichtes auf Einrede der Verjährung	80–82
4. Lösungsmöglichkeit von einem Abfindungsvergleich nur in engen Grenzen	83/84
5. Anwaltspflichten beim Abfindungsvergleich	85–93
a) Allgemeine Beratungspflichten	85–91
b) Das Risiko der Verjährung	92/93
6. (Un-)Wirksamkeit eines Abfindungsvergleichs	94
V. Anpassung oder Änderung einer Abfindungsvereinbarung	95–101
1. Unvorhergesehene Spätschäden	96–99
2. Rentenanpassung	100
3. Speziell: Zuerkennung eines weiteren Schmerzensgeldes	101

	Rn.
VI. Abfindungsvergleich und Anwaltshonorar	102–107
1. Der Erstattungsanspruch	102
2. Die Höhe der Anwaltsvergütung gemäß RVG	103/104
3. Vereinbarung über Gebührenausgleich	105–107

Schrifttum: *Böhme/Biela,* Kraftverkehrs-Haftpflicht-Schäden, 25. Aufl. 2013; *Burkhart,* Anwaltshaftung beim Abschluss eines Abfindungsvergleichs, NZV 2005, 441; *v. Crailsheim/Mühlbauer,* Betreuungsrecht, in: Beck' sches Rechtsanwalts-Handbuch, 10. Aufl. 2011, § 32 (zitiert: Beck-RAHdb/*v. Crailsheim/Mühlbauer*); *Euler,* Der Abfindungsvergleich in der Regulierungspraxis: Chancen und Risiken im Personenschadenbereich, SVR 2005, 10; *Hillmann/Schneider,* Das verkehrsrechtliche Mandat, Band 2: Verkehrszivilrecht, 6. Aufl. 2012; *Geigel,* Der Haftpflichtprozess, 26. Aufl. 2011; *Heiß/Heiß,* Familienrecht, in: Beck'sches Rechtsanwalts-Handbuch, 10 Aufl. 2011, § 30 (zitiert: Beck-RAHdb/*Heiß/Heiß*); *Jaeger,* Kapitalisierung von Renten im Abfindungsvergleich, VersR 2006, 597; *Jahnke,* Der Verdienstausfall im Schadenersatzrecht, 3. Aufl. 2009; *ders.,* Abfindung von Personenschadenansprüchen, 2. Aufl. 2008; *ders.,* Steuern und Schadenersatz, r+s 1996, 205; *Kornes,* Flexibler Realzins statt 5 %-Tabellenzins bei Kapitalisierungen von Schadenersatzrenten, r+s 2003, 485 und r+s 2004, 1; *Küppersbusch,* Ersatzansprüche bei Personenschaden, 11. Aufl. 2013; *Meiendresch/ Heinke,* Der Abfindungsvergleich mit einem Betreuten, r+s 1998, 485; *Messerle/Weingart,* Nichteheliche Lebensgemeinschaft und Lebenspartnerschaft, in: Beck'sches Rechtsanwalts-Handbuch, 10. Aufl. 2011, § 31; *Nehls,* Der Abfindungsvergleich beim Personenschaden, SVR 2005, 161; *Schah Sedi/Schah Sedi,* Abfindung oder Rente beim Personenschaden? – aus Anwaltssicht, zfs 2008, 183; *Schneider,* Nochmals: Flexibler Realzins statt 5 %-Tabellenzins bei Kapitalisierungen von Schadenersatzrenten? – (Teil I), r+s 2004, 177; *ders.,* Nochmals: Flexibler Realzins statt 5 % Tabellenzins bei Kapitalisierungen von Schadenersatzrenten? – (Teil II), r+s 2004, 221; *Schneider/Schneider,* Berücksichtigung von Zinsschwankungen bei der Kapitalisierung von Schadenersatzrenten, NZV 2005, 497.

I. Anwaltliche Verhandlung

1. Die außergerichtliche Erledigung

1 Mehr als 90 % aller Unfallschäden werden außergerichtlich geregelt, und – schätzungsweise – die Hälfte dieser Regulierungen erfordern Verhandlungen mit der Versicherungsgesellschaft zu den Haftungsvoraussetzungen und zu einzelnen Schadenpositionen.

2 Es ist nicht zu verkennen, dass sich bei Abfindungsverhandlungen häufig ungleiche Partner gegenüberstehen. Aufseiten der Versicherung verhandelt regelmäßig der routinierte, mit der Materie bestens vertraute und speziell geschulte Regulierer, insbesondere der Großschadenregulierer. Auf der anderen Seite steht nicht selten der unerfahrene Geschädigte allein. Aber auch der Anwalt hat gegenüber dem spezialisierten Großschadenregulierer eine schwierige Position, weil er in aller Regel nicht die Kenntnis hat, die ein Großschadenregulierer mit sich bringt, häufig aufgrund langjähriger Erfahrung und täglicher Arbeit mit dieser Materie.[1]

3 Es kann davon ausgegangen werden, dass die Qualifikation des Fachanwaltes für Verkehrsrecht hier eine Verbesserung bedeutet. Ziel muss es sein, dass der unbestreitbaren Kompetenz des qualifizierten und erfahrenen juristischen Sachbearbeiters aufseiten der Versicherung mit gleicher Qualifikation der Anwalt als Interessenvertreter des Geschädigten gegenübersteht. Nach bisheriger Erfahrung ist festzustellen, dass allein die Fachanwaltsqualifikation im Verkehrsrecht nicht ausreichend ist für die notwendige Kompetenz für die Bearbeitung von sog. Personengroßschäden. Der Anwalt, der sich an diese Materie herantraut, sollte zuvor möglichst bei einer Versicherung oder einer spezialisierten Kanzlei Erfahrungen sammeln. Ein anderes Vorgehen entspricht nicht der gebotenen Verantwortung gegenüber dem Mandanten, der bei einem Straßenverkehrsunfall schwer verletzt wurde.

2. Sachgerechtes Vorgehen

4 Werden durch einen Anwalt Schadenersatzansprüche geltend gemacht, die – bei objektiver Betrachtung – keine sachliche Grundlage haben, unterstreicht dies beim Verhandlungspartner nicht die Fachkompetenz des Anwaltes. Vielmehr ist es empfehlenswert, bei not-

---

[1] Vgl. hierzu ausführlich auch *Hillmann/Schneider* § 12 Rn. 10 ff. mit der Empfehlung, durch Teilnahme an Fortbildungsveranstaltungen das Wissen und Verhandlungsgeschick zu optimieren.

wendigen Verhandlungen mit der Gegenseite den Sachverhalt genauestens zu erfassen und hinsichtlich streitiger Positionen bestens vorbereitet zu sein.

Hilfreich hierbei ist es sicherlich, anhand von Checklisten zum Anspruchsgrund und zu den einzelnen Schadenpositionen die Geltendmachung der Ansprüche und die Verhandlung vorzubereiten (vgl. → § 24 Rn. 12 ff. und → § 26 Rn. 15 ff. und → Rn. 19). Die Schwierigkeit, die Ansprüche des Geschädigten umfassend geltend zu machen, dürfte nicht im Bereich der Sachschadenpositionen liegen. Vielmehr dürfte die Hauptproblematik gegeben sein bei der Regulierung von Personenschäden, speziell bei Schwerstverletzungen und Unfällen mit tödlichem Ausgang. Hier ergibt sich häufig eine Konfrontation bei der Beweisfrage, nämlich der Darlegung und dem Beweis der erlittenen Verletzungen, speziell bei HWS-Verletzungen. Hier ist der Anwalt als Interessenvertreter des Geschädigten gefordert, mit den Möglichkeiten der notwendigen gutachtlichen Feststellungen in medizinischer, technischer und ggf. biomechanischer Hinsicht vertraut zu sein (vgl. hierzu → § 25 Rn. 53 ff.). Alsdann ergibt sich bei den Schadenpositionen, insbesondere bei Zukunftsschäden, etwa dem Erwerbsschaden, die Problematik der richtigen Berechnung und Kapitalisierung. Bei Vergleichen, insbesondere einer Abfindungsregelung, ist an die notwendigen Vorbehalte zu denken und diese sind exakt zu fassen.

Bei der Geltendmachung der Ansprüche gegenüber der Gegenseite ist, wenn erkennbar die Verhandlungspositionen aufgebaut werden, zu beachten, dass hierdurch unter Umständen beim Mandanten falsche Vorstellungen erweckt werden können. Wenn in einem solchen Fall eine geringere Entschädigung gezahlt wird als ursprünglich geltend gemacht wurde, so beurteilt der Mandant das erreichte Verhandlungsergebnis nicht positiv, auch wenn dieses nach Sach- und Rechtslage angemessen ist. In einem solchen Fall ist es in jedem Fall empfehlenswert, den Mandanten – möglichst schriftlich – über die realistische Verhandlungsposition und darüber zu informieren, dass die Geltendmachung von Ansprüchen gegenüber der Versicherungsgesellschaft im dargelegten Umfang erfolgt, um eine bessere Ausgangsposition für Verhandlungen mit der Versicherungsgesellschaft zu erreichen.

Formulierungsvorschlag:

Die Ansprüche wurden gegenüber der Versicherungsgesellschaft dargelegt und begründet. Es muss jedoch darauf hingewiesen werden, dass die dargelegte Forderung so zu verstehen ist, dass eine Verhandlungsposition aufgebaut wird.

Nicht zu übersehen ist, dass evtl. nicht auszuräumende Einwendungen der Gegenseite zum Haftungsgrund in Betracht kommen.

Auch die Höhe der geltend gemachten Positionen muss verhandelt werden. Dies gilt insbesondere für . . . . .

Wenn ein endgültiges Ergebnis nicht zu erzielen ist, sollte in jedem Fall eine Regelung für Teilbereiche angestrebt werden, zB Schmerzensgeld oder Verdienstausfall für eine bestimmte Zeit. Ebenfalls sollte, wenn nur eine Teilregelung möglich ist, gleichzeitig das weitere Vorgehen in einem Vermerk oder Anschreiben dargelegt werden. Auch sollte, wenn es nicht zu einer endgültigen Regelung kommt, festgelegt werden, welche Seite bis wann was zur Vorbereitung weiterer Schritte und Verhandlungen zu unternehmen hat.

II. Der Abfindungsvergleich

1. Rechtliche Aspekte

a) **Rechtliche Grundlagen.** Der Vergleich ist ein Vertrag, für den eine bestimmte Form nicht vorgeschrieben ist. Der Haftpflichtversicherer handelt bei Abschluss eines Vergleiches als Bevollmächtigter des Versicherungsnehmers gemäß § 10 Abs. 5 AKB und aufgrund des Direktanspruches gegen den Versicherer gemäß § 3 PflVG auch im eigenen Namen.

10 Auf den Vergleich finden materiellrechtlich außer § 779 BGB auch die allgemeinen Vorschriften über Rechtsgeschäfte, also die §§ 104 ff. BGB, sowie über Schuldverhältnisse (§ 242 BGB) Anwendung.[2]

11 Durch die Versicherungsaufsicht, und zwar Bundesanstalt für Finanzdienstleistungsaufsicht – BaFin – (früher Bundesaufsichtsamt für das Versicherungswesen), wurden strikte Anordnungen getroffen hinsichtlich des Gebrauchs und Inhalts von Abfindungserklärungen.[3] Den bei einem Vergleichsabschluss mitwirkenden Anwalt trifft eine besondere Fürsorge- und Beratungspflicht.[4]

12 **b) Abfindungsvergleich und SVT.** Die in einem Abfindungsvergleich vereinbarte Quote ist für einen SVT hinsichtlich der übergegangenen Ansprüche nach § 116 SGB X nicht bindend.[5] In der Praxis ist es jedoch so, dass die Sozialversicherungsträger sich auch an der Quote orientieren, die zwischen der Versicherung und dem Geschädigten festgelegt worden ist. In der Regulierungspraxis ist es aber auch so, dass häufig die Versicherungen keine Festlegung der Quote wünschen und insbesondere keine Festschreibung voller Haftung, um insoweit kein Präjudiz zu schaffen für die oft hohen Regressansprüche des SVT.

2. Vollmacht und Vertretung

13 **a) Vertretung Minderjähriger.** *aa) Gesetzliche Vertretung.* Minderjährige werden durch die Eltern gemeinschaftlich gemäß § 1629 BGB vertreten. Ist ein Elternteil verstorben, so steht dem überlebenden Elternteil allein die gesetzliche Vertretung des Kindes gemäß § 1681 BGB zu. Leben die Eltern getrennt oder sind sie geschieden, so ist die Regelung des Vormundschaftsgerichtes oder des Familiengerichtes hinsichtlich der Vermögenssorge für das Kind zu prüfen. Der Katalog der Genehmigung für bestimmte Geschäfte ergibt sich aus § 1822 BGB.

Bei nichtehelichen minderjährigen Kindern hat die Mutter die elterliche Sorge gemäß § 1705 BGB.

14 Ist für den Minderjährigen ein Vormund oder Pfleger bestellt, so bedarf ein Vergleich über 3.000,– EUR vormundschaftsgerichtlicher Genehmigung. Dies ist jedoch nicht erforderlich bei einem gerichtlichen Vergleichsvorschlag (§§ 1822 Ziff. 12, 1919 BGB). Das Gleiche gilt, wenn für die Mutter oder den Vater ein Beistand bestellt worden ist (§§ 1865, 1690 Abs. 2, 1822 Ziff. 12 BGB).

15 *bb) Die gesetzliche Vertretung des Kindes in der Lebenspartnerschaft.* Ist das Kind in einer Lebenspartnerschaft beteiligt, so sind besondere Regelungen zum Sorgerecht zu beachten. Hat ein Lebenspartner ein minderjähriges Kind mit in die eingetragene Lebenspartnerschaft gebracht und übt er für dieses Kind das alleinige Sorgerecht aus, so hat sein Lebenspartner im Einvernehmen mit ihm die Befugnisse zur Mitentscheidung in Angelegenheiten des täglichen Lebens. Dies betrifft aber nicht Regelungen zu einem Abfindungsvergleich. Hier gilt nicht das sog. „kleine Sorgerecht" gemäß § 9 Abs. 1 LPartG. Vielmehr gilt hier das Sorgerecht des Elternteils.[6] Die Eltern sind in ihrer Vertretung dann beschränkt, wenn der Vergleich aufgrund des Verzichts der Geltendmachung weiterer Ansprüche im Einzelfall eine Verfügung über das Vermögen im Ganzen iSv §§ 1643, 1822 Nr. 1 BGB darstellt. Auch kommt Unwirksamkeit in Betracht bei möglicher Eigenhaftung der Eltern. In diesem Fall kann die Regelung sich als In-sich-Geschäft nach §§ 1795 Abs. 2, 181 BGB darstellen.[7]

16 **b) Der Vergleich durch den Ehegatten.** *aa) Zulässigkeit.* Gemäß § 1364 BGB kann jeder Ehegatte, abgesehen vom Fall des § 1365 BGB, selbst über sein Vermögen verfügen. Er kann daher auch ohne Zustimmung des Ehepartners einen Vergleich über eine Kapitalabfindung, auch wenn diese eine Unterhaltszahlung betrifft, abschließen.[8]

---

[2] Vgl. *Luckey* Personenschaden Rn. 1705.
[3] VerBAV 80, 242, vgl. auch *Böhme/Biela* Kap. 9 Rn. 6.
[4] *Böhme/Biela* Kap. 9 Rn. 8 unter Hinweis auf BGH VersR 1983, 86; OLG Koblenz VersR 1983, 450.
[5] OLG Celle VersR 1990, 911.
[6] Vgl. hierzu Beck-RAHdb/*Heiß/Heiß* § 30 Rn. 56 sowie Beck-RAHdb/*Messerle/Weingart* § 31 Rn. 112.
[7] *Luckey* aaO Rn. 1743.
[8] Vgl. hierzu *Böhme/Biela* Kap. 9 Rn. 3.

bb) Abfindungskapital und Zugewinnausgleich. Zu beachten ist die Frage, ob Entschädigungszahlungen und speziell Schmerzensgeldzahlungen dem Endvermögen gemäß § 1375 BGB zuzurechnen sind. Nach BGH[9] ist das Schmerzensgeld vorbehaltlich der Härteregelung des § 1381 BGB in den Zugewinnausgleich einzubeziehen.[10] Hiernach ist der Anspruch auf Schmerzensgeld nach § 253 BGB kein Schadenersatzanspruch im üblichen Sinne, sondern ein Anspruch eigener Art mit einer doppelten Funktion. Er soll dem Geschädigten einen angemessenen Ausgleich für diejenigen Schäden bieten, die nicht vermögensrechtlicher Art sind, und zugleich Genugtuung gewähren. Jedoch ist er seinem Inhalt nach auf Ersatz von Vermögensschäden gerichtet und stellt einen Vermögenswert dar. Im Übrigen ist zu beachten, dass es sicherlich zu den anwaltlichen Belehrungspflichten gehört, auf diese Rechtsfolge hinzuweisen.

c) Vertretung Geschäftsunfähiger. Ist ein Geschädigter gemäß § 104 BGB geschäftsunfähig oder wird er dies aufgrund eines Unfalls, ist es notwendig, dass ein Betreuer bei einem Vergleichsabschluss mitwirkt.[11]

Wird ein Vergleich unter Mitwirkung des Betreuers geschlossen, so bedarf dieser Vergleich gemäß §§ 1919, 1822 Ziff. 12 BGB der gerichtlichen Genehmigung. Liegen wegen der Geschäftsunfähigkeit Bedenken vor, empfiehlt sich die Einholung eines ärztlichen, unter Umständen amtsärztlichen Gutachtens.

Die Regelung des § 1822 Nr. 12 BGB ist für die anwaltliche Praxis bedeutsam. Danach ist bei Vergleichen und Schiedsverträgen eine vormundschaftsgerichtliche Genehmigung nicht nötig, wenn der Vergleich einem schriftlichen oder protokollierten Vorschlag des Gerichtes entspricht oder wenn der Gegenstand des Streites den Wert von 3.000,– EUR nicht übersteigt. Hierbei ist entscheidend der Streitgegenstand, nicht etwa die Vergleichssumme.[12]

Zu beachten sind die Abgrenzungen zu bestimmten Aufgabenkreisen. Schwierig ist, ob diese zur Vermögenssorge gehören. So soll zB die Geltendmachung von Unterhaltsansprüchen des Betreuten nicht unter die Vermögenssorge fallen und ebenso wenig die Geltendmachung von Sozialhilfe. Diese Thematik kann sich stellen, wenn der Betreute etwa in einer Reha-Maßnahme untergebracht werden soll. Zu empfehlen ist, die in Rede stehende Maßnahme genau zu benennen und ggf. die Genehmigung einzuholen oder ein sog. „Negativattest".[13]

d) Genehmigung durch Vormundschaftsgericht. Aus der Gesetzeslage folgt, dass bei Abschluss eines Vergleiches durch den Vormund bei einem Streitgegenstand von mehr als 3.000,– EUR die Genehmigung des Vormundschaftsgerichtes gemäß § 1822 Nr. 12 BGB erforderlich ist.[14] Dies gilt nicht bei einem vom Gericht vorgeschlagenen Vergleich. Die gleiche Rechtsfolge ist gegeben für den Betreuer gemäß § 1908 Buchst. i Abs. 1 BGB. Der Inhaber der elterlichen Sorge bedarf der Genehmigung des Vormundschaftsgerichtes nicht. Dies folgt aus § 1643 Abs. 1 BGB, der nicht auf § 1822 Nr. 12 BGB verweist. Beim Vorhandensein eines Betreuers muss das Familiengericht im Rahmen des § 1630 Abs. 2 BGB entscheiden.[15]

Der Abfindungsvergleich einer Mutter über eigene Ansprüche betrifft nicht Ansprüche eines Kindes, das im Unfallzeitpunkt noch nicht geboren war.[16]

Jedenfalls ist bei Minderjährigen auf die gemeinschaftliche Vertretung durch beide Elternteile zu achten (§ 1629 Abs. 1 BGB).[17]

Für die Erteilung von Genehmigungen, die Kinder betreffen, die unter elterlicher Sorge stehen, ist nicht das Vormundschaftsgericht, sondern das Familiengericht zuständig.[18]

---

[9] BGHZ 80, 384 ff.
[10] Vgl. ebenso Palandt/*Brudermüller* § 1374 Rn. 19.
[11] Betreuungsgesetz vom 12.9.1990 BGBl. I 2002; *Meiendresch/Heinke* r+s 1998, 485.
[12] Beck-RAHdb/*v. Crailsheim/Mühlbauer* § 32 Rn. 69.
[13] Vgl. hierzu ausführlich Beck-RAHdb/*v. Crailsheim/Mühlbauer* § 32 Rn. 70, 71.
[14] *Geigel* Kap. 40 Rn. 78.
[15] *Geigel* Kap. 40 Rn. 78.
[16] Vgl. hierzu im Einzelnen *Geigel* Kap. 40 Rn. 78; OLG Celle OLGR 2001, 104 (105).
[17] *Küppersbusch* Rn. 826.
[18] AG Aachen – 21 F 293/07, n. v.

24 Im Übrigen ist zu beachten, dass bei Abfindungsverhandlungen über Ansprüche von Kindern Eltern wegen möglicher Gefährdung der Kindesinteressen gem. §§ 1629 Abs. 2 Satz 1, 1795 BGB in ihrer gesetzlichen Vertretungsbefugnis beschränkt sein können, wenn sie an der Schadenentstehung beteiligt waren (zB ein Elternteil als Lenker des am Unfall beteiligten Fahrzeuges). Die besondere Problematik ergibt sich, dass bei der Halterhaftung gem. § 7 StVG die Haftung nur entfällt im Falle höherer Gewalt.

Wird ein verletztes Kind im Verlauf der Regulierung volljährig, trifft es die Entscheidungen selbst.

25 **e) Vertretung und Güterstand.** Bei dem gesetzlichen Güterstand der Zugewinngemeinschaft verwaltet jeder Ehegatte sein Vermögen gemäß § 1364 BGB selbst. Hieraus folgt, dass die Ehefrau beim Abschluss eines Vergleiches nicht der Zustimmung ihres Ehemannes bedarf.

26 Bei dem vertraglichen Güterstand der Gütergemeinschaft gemäß § 1415 BGB kommt es darauf an, ob die Schadenersatzansprüche zum Gesamtgut iSv § 1416 BGB oder zum Sondergut iSv § 1417 BGB gehören. Gehören die Ansprüche zum Sondergut, ist der betreffende Ehegatte zum Abschluss eines Vergleiches berechtigt, ohne dass es der Zustimmung des anderen Ehegatten bedarf. Bei Schadenersatzansprüchen, die zum Gesamtgut gehören, müssen beide Ehegatten einem Vergleich zustimmen, wenn sie gemäß § 1421 BGB das Gesamtgut verwalten.[19]

3. Außergerichtlicher/gerichtlicher Vergleich

27 **a) Der außergerichtliche Vergleich.** Der außergerichtliche Vergleich beendet nur den materiellrechtlichen Streit, nicht aber den evtl. anhängigen Prozess.

28 **b) Der Inhalt des Vergleiches.** Nicht selten entsteht nach einem abgeschlossenen Vergleich Streit über den Inhalt. Bei der Ermittlung des Inhaltes eines Vergleiches ist erforderlichenfalls der vorangegangene Schriftwechsel zu berücksichtigen; ist ein Widerspruch gegeben zwischen dem Schreiben des Haftpflichtversicherers und der diesem beigefügten formularmäßigen Abfindungserklärung, gebührt dem auf den Einzelfall abgestellten Text des Schreibens für die Ermittlung des Parteiwillens der Vorrang.[20]

29 Ein Vergleich liegt nicht vor, wenn der Schadenersatzpflichtige im Wege einer „Abrechnung" die von ihm für objektiv gerechtfertigt oder noch für vertretbar gehaltenen Schadenbeträge an den Geschädigten leistet und dieser daraufhin von der Verfolgung seiner ursprünglichen Mehrforderung absieht. Eine einseitige Schadenregulierung, die der andere Teil hinnimmt, ist nämlich nicht Teil eines Vergleiches iSv § 779 BGB.[21]

30 **c) Der Prozessvergleich.** Der Prozessvergleich gemäß § 794 Abs. 1 Nr. 1 ZPO beendet nicht nur den materiellen Streit der Parteien, sondern auch den Prozess.

Für die Ausübung des Prozessvergleiches gelten dieselben Auslegungsregeln wie für privatrechtliche Verträge. Maßgebend ist allein der protokollierte Inhalt.[22]

31 Der außergerichtlich geschlossene Vergleich beendet nur den materiellen Streit, nicht aber unmittelbar den Prozess. Zur Beendigung des Prozesses ist Klage- oder Rechtsmittelrücknahme erforderlich.[23]

4. Grenzen der Regelung

32 **a) Die zu regelnden Ansprüche.** Abfindungsvereinbarungen dürfen nie Ansprüche umfassen, die kraft Gesetzes auf Sozialleistungsträger übergegangen sind. Sowohl der Geschädigte als auch der Anwalt wissen oftmals nicht, welche Ansprüche insoweit in Betracht kommen, geregelt sind oder noch zu regeln sind. Der gesamte Bereich der Ansprüche der SVT sollte ausgeklammert werden.

---

[19] Vgl. im Einzelnen *Geigel* Kap. 40 Rn. 80.
[20] *Geigel* Kap. 40 Rn. 20; vgl. auch *Luckey* Rn. 1714, 1718.
[21] BGH NJW 1970, 1122.
[22] *Geigel* Kap. 40 Rn. 36 ff.; *Luckey* aaO Rn. 1705.
[23] *Geigel* Kap. 40 Rn. 41.

Ebenso ist vor Abschluss eines Abfindungsvergleiches durch den Anwalt zu klären, ob 33
private Schadenversicherer, zB Krankenversicherung, Lebensversicherung, Unfallversicherung, übergangsfähige Leistungen erbracht haben. Hierzu sollte der Mandant befragt und aufklärend belehrt werden.

Formulierungsvorschlag:

Soweit Leistungen von privaten Schadenversicherungen in Betracht kommen oder erbracht worden 34
sind, zB durch die Krankenversicherung, Unfallversicherung, Lebensversicherung, kommt in Betracht, dass hinsichtlich dieser Leistungen Regressansprüche auf die genannten Versicherungen übergegangen sind. Hierüber kann in einer Abfindungsvereinbarung nicht verfügt werden.

b) Ansprüche wegen Entgeltfortzahlung. Auch ist Vorsicht geboten hinsichtlich der An- 35
sprüche wegen Entgeltfortzahlung, die gemäß § 6 EFZG auf den Arbeitgeber übergehen. Bei Abfindungsvereinbarungen mit der Haftpflichtversicherung, die Ansprüche wegen Verdienstausfall betreffen, sollte klargestellt werden, dass hiervon nicht nach dem EFZG übergangsfähige Positionen erfasst werden.
Zu beachten ist, dass bei Vergleichsabschluss dieser sich nicht auf Ansprüche auf Entgelt- 36
fortzahlung bezieht bzw. diese ausdrücklich auszuklammern sind. Hier lauert eine Regressgefahr für Anwälte.[24]

c) Ansprüche der Sozialversicherungsträger. Um alle Unklarheiten auszuschließen, emp- 37
fiehlt sich eine entsprechende Klarstellung in der Abfindungsvereinbarung. Auch die gemäß § 116 SGB X auf die Träger der Sozialversicherung kraft Gesetzes übergegangenen Ansprüche werden durch einen Vergleich mit dem Verletzten nicht berührt. Zu beachten ist hier auch insbesondere der mögliche Übergang von Ersatzansprüchen auf die Bundesagentur für Arbeit.[25]

Formulierungsvorschlag:

...... soweit nicht Ansprüche des Geschädigten auf Sozialleistungsträger oder Dritte übergegan- 38
gen sind oder übergehen.[26]

d) Unwirksamkeit bei unangemessen niedriger Abfindungssumme. Ein von einer ge- 39
schäftsfähigen, schadenersatzberechtigten Person abgeschlossener Abfindungsvergleich kann als sittenwidriges Geschäft unwirksam sein, wenn ein auffälliges Missverhältnis zwischen Leistung und Gegenleistung besteht. Bei der Bewertung eines solchen Missverhältnisses ist das beiderseitige Nachgegeben gegeneinander abzuwägen. Auch kann das Beharren auf einem Abfindungsvergleich rechtsmissbräuchlich sein, wenn ein krasses Missverhältnis zwischen geleisteter Entschädigung und dem später tatsächlich vorhandenen, auf den Unfall zurückführenden Schadenbild besteht.[27]

5. Form

Für den Abfindungsvergleich ist keine besondere Form vorgeschrieben. Die Bundesanstalt 40
für Finanzdienstleistungsaufsicht – BaFin – (früher: Bundesaufsichtsamt für das Versicherungswesen) hat hinsichtlich des Gebrauchs und Inhalts von Abfindungserklärungen strikte Anforderungen getroffen.[28] Abfindungsvereinbarungen, wie sie in der Praxis gebräuchlich

---

[24] Vgl. *Geigel* Kap. 40 Rn. 87.
[25] *Geigel* Kap. 40 Rn. 87.
[26] Vgl. hierzu *Hillmann/Schneider* § 12 Rn. 28; zum Abschluss eines Vergleiches zwischen Schädiger bzw. Versicherung und dem SVT vgl. *Geigel* Kap. 40 Rn. 92.
[27] OLG Celle (Revision nicht angenommen durch BGH Beschl. v. 14.3.2000) Urt. v. 10.6.1999, 14 U 82/98, NZV 2000, 505.
[28] *Böhme/Biela* Kap. 9 Rn. 6 mit Quellenangabe.

sind, umfassen regelmäßig einen Verzicht auf alle Ansprüche gegen jeden gesamtschuldnerisch haftenden Dritten und sehen keinen „Zukunftsvorbehalt" vor.[29]

6. Notwendige Belehrung des Anspruchstellers

41 Kommt ein Abfindungsvergleich in Betracht oder wird ein solcher angestrebt, so ist der Anspruchsteller eingehend über Sinn, Inhalt und Wirkung eines Vergleiches zu informieren. Dies gilt sowohl für den vorbehaltlos abgeschlossenen Abfindungsvergleich als auch für in Betracht kommende und zu vereinbarende Vorbehalte.

42 Es ist auch daran zu denken, dass die Beteiligung eines sozialen Leistungsträgers, etwa die Berufsgenossenschaft, in Betracht kommt.

Zudem kommt in Betracht, dass den Anspruchsberechtigten im Rahmen der Schadenabwicklung originäre Aufklärungs- und Hinweispflichten treffen, beispielsweise hinsichtlich Drittleistung und Aufnahme bzw. Wiederaufnahme einer Erwerbstätigkeit.[30]

43 In jedem Fall sollte die Belehrung an den Mandanten schriftlich erfolgen. Eine formularmäßige Belehrung dürfte problematisch sein. Vielmehr sollte die Belehrung individuell erfolgen und es sollte der Erhalt der Belehrung vom Mandanten bzw. Anspruchsberechtigten bestätigt werden.[31]

44 Ist unklar, ob gesundheitliche Folgeschäden nicht auszuschließen sind, so ist es empfehlenswert, ein ärztliches Gutachten einzuholen. Es wird kaum ein Mediziner formulieren, dass weitere Folgeschäden absolut auszuschließen sind. Ist aber eine Stellungnahme des Arztes eingeholt, so dürfte jedenfalls eine Verletzung der Belehrungspflicht des Anwaltes ausgeschlossen sein.

Besonderheiten sind zu beachten, wenn ein Geschäftsunfähiger als Geschädigter und Anspruchsberechtigter beteiligt ist oder eine unter Betreuung stehende Person.[32]

45 Steht das Gebäude, in dem behindertengerechter Wohnraum geschaffen werden soll, nicht im Eigentum des Geschädigten, so ist daran zu denken, für den Geschädigten zur Sicherung dieses Rechtes im Grundbuch ein Wohn- oder Mitbenutzungsrecht einzutragen.

7. Notwendige ausführliche Formulierung

46 An die Formulierung eines Vergleiches sind strikte Anforderungen zu stellen. Wichtig ist es, in einem Vergleich darzustellen
- die Grundlagen sowie
- Regelungsinhalt und
- Vorbehalte.

In kompliziert gelagerten Vorgängen dürfte es empfehlenswert sein, einer Abfindungsvereinbarung eine sog. „Präambel" voranzustellen. Hier ist es sinnvoll, den Streitstoff darzustellen, etwa anhängige oder anhängig gewesene Prozesse, zB Deckungsprozess. Auch kann es in Betracht kommen, im Rahmen der Präambel die Gutachten darzustellen, und zwar medizinische und/oder technische Gutachten.

47 Des Weiteren kann es angezeigt sein, die Abfindungssumme differenziert darzustellen zu den einzelnen Schadenpositionen. Dies kann hilfreich sein in dem Fall, in dem zu einzelnen Schadenpositionen vorhergesehene und nicht vorhersehbare Spätfolgen auftreten, etwa weitere Operationen oder Verschlimmerungen, die zu beruflichen Beeinträchtigungen führen. Besonders wichtig ist es, vereinbarte Vorbehalte umfassend und klar zu formulieren.

8. Störung der Geschäftsgrundlage iSv § 313 BGB

48 Treten unvorhergesehene Spätschäden ein, so führt dies nicht in der Regel zur Nichtigkeit des Vergleichs, sondern zu einem Anspruch auf Anpassung.[33] Bei der Bearbeitung und Regu-

---

[29] *Böhme/Biela* Kap. 9 Rn. 7.
[30] *Jahnke*, Abfindung von Personenschadensansprüchen, 2008, § 2 Rn. 33 und 55.
[31] *Burkhart*, Anwaltshaftung beim Abschluss eines Abfindungsvergleichs, NZV 2005, 441.
[32] *Jahnke* aaO § 2 Rn. 110.
[33] *Luckey* aaO Rn. 1722.

lierung von sog. „Personengroßschäden" steht in der Regel die Überlegung im Raum und wird auch von den Versicherungen favorisiert, die Angelegenheit durch einen Abfindungsvergleich endgültig abzuschließen. Beim Abschluss eines solchen Vergleiches kommen viele rechtliche Aspekte zum Tragen.[34]

9. Checkliste: Voraussetzungen und Inhalt eines Abfindungsvergleiches

Checkliste: 49

- ☐ Vergleich und Interessenlage des/der Geschädigten
  - Haftungsgrund und/oder Schadenpositionen sowie Schadenhöhe streitig
  - Vermeidung oder Abkürzung eines lange dauernden gerichtlichen Verfahrens
  - Vermeidung eines Kostenrisikos
  - Gründe in der persönlichen Situation des Geschädigten
  - Vermeidung der Belastung bei Auseinandersetzung
  - Positive psychologische Wirkung
  - Wirtschaftliche Aspekte
  - Mögliche Existenzgründung, Existenzsicherung
  - Klarheit über wirtschaftliche Perspektiven
- ☐ Rechtliche Aspekte zum Abfindungsvergleich
  - Beilegung/Regelung aller strittigen Punkte zu Haftungsrund und/oder Höhe
  - Besondere rechtliche Aspekte bei
    – Minderjährigkeit – Vertretung gemäß § 1629 BGB
    – Notwendige vormundschaftsgerichtliche Genehmigung/Genehmigung des Familiengerichts gemäß §§ 1829 Nr. 2 und 12, 1643 BGB.
- ☐ Kriterien zum Risiko
  - Haftungsfragen
  - Beweissituation
    – Rechtliche Situation gemäß Rechtsprechung und Literatur
  - Die Bestimmung der Schadenpositionen beim
    – Sachschaden
    – Personenschaden
  - Einschätzung des Deckungsrisikos
    – Entwicklung der Verletzungen und Verletzungsfolgen
    – Speziell Dauerschaden
  - Wirtschaftliche Aspekte, speziell beim
    – Unterhaltsschaden
    – Erwerbsschaden
    – Bei sonstigen Schadenpositionen (zB Haushaltsführung etc.)
  - Klärung Prozessrisiko
- ☐ Der Vergleichsabschluss
  - Gegenstand des Vergleiches
  - Regelungspunkte
  - Einzelne Schadenpositionen
  - Die Abfindungsvereinbarung
  - Gesamtvergleich
  - Teilvergleich (problematisch bei Schmerzensgeld)
  - Zeitliche Befristung der Regelung
  - Vorbehalt
  - Die einzelnen Positionen
  - Zukunftsschaden
  - Vereinbarung zum wirksamen Verzicht auf Einrede der Verjährung

---

[34] Vgl. zur Thematik „Abfindungsvergleich" *Günter*, Wichtige Entscheidungen zum Abfindungsvergleich mit der gegnerischen Haftpflichtversicherung, SVR 2014, 54; *Heß/Bußrmann*, Grundlagen des Abfindungsvergleichs bei Personenschäden, NJW-Spezial 2013, 713.

- Form und Inhalt des Vergleiches
  - Schriftform
  - Wechselseitige übereinstimmende Bestätigung
  - Bindungserklärung
  - Formulierung der Vorbehaltspositionen
  - Klärung/Benennung der nicht geregelten Positionen
    - Anspruch auf Entgeltfortzahlung
    - Ansprüche, übergegangen auf SVT
    - Kostenregelung
- ☐ bei anhängigem Prozessverfahren
  - Vereinbarung zur Kostenregelung

III. Kapitalisierung

1. Rente und/oder Kapital

50 Für den Geschädigten kommt Entschädigung in Rentenform, zB für vermehrte Bedürfnisse, Erwerbs- und Unterhaltsschaden sowie Haushaltsführungsschaden in Betracht.[35] Grundsätzlich erfolgt Entschädigung in Form einer Rente. Der Geschädigte kann anstatt einer Rente wegen vermehrter Bedürfnisse, Erwerbs- und Unterhaltsschadens gemäß §§ 843 Abs. 1, 844 Abs. 2 S. 1 BGB bei Vorliegen eines wichtigen Grundes eine Abfindung in Kapital gemäß § 843 Abs. 3 BGB verlangen.[36]

51 In der Praxis ist es so, dass Versicherungen regelmäßig eine Kapitalabfindung anstreben. Der Grund hierfür liegt in der angestrebten Einsparung von Verwaltungskosten und der Vermeidung von Rückstellungen für die Zukunft.

2. Das Recht auf Kapitalisierung

52 a) **Allgemeines.** Ein Recht, Kapitalisierung zu verlangen, kommt nur in Betracht für den unmittelbar und den mittelbar Geschädigten. Voraussetzung für den Anspruch auf Kapitalisierung ist das Vorliegen eines **wichtigen Grundes,** der es rechtfertigt, anstatt einer Rente eine Kapitalabfindung zu begehren. Als wichtiger Grund werden ua von der Rechtsprechung anerkannt der Aufbau einer neuen Existenz, ein günstiger Einfluss auf den Zustand des Verletzten oder die Möglichkeit, sich durch den Kauf eines Erwerbsgeschäftes selbstständig zu machen.[37]
Ein Anspruch des Schädigers auf Kapitalabfindung besteht dagegen nicht.[38]

53 In der Praxis kommen jedoch Kapitalisierungen häufiger vor, auch ohne dass das Vorliegen der Voraussetzungen im Einzelnen geprüft wird. Dies gilt für die außergerichtlich vereinbarte Kapitalisierung. Bei gerichtlich geltend gemachter Kapitalisierung ist es selbstverständlich erforderlich, die Voraussetzungen einer Kapitalabfindung schlüssig darzulegen und erforderlichenfalls zu beweisen. Jedoch kann davon ausgegangen werden, dass zwischenzeitlich auch die Rechtsprechung den Anspruch des Geschädigten an einer Erledigung von Schadenersatzansprüchen durch Kapitalabfindung für sinnvoll erachtet.[39]

54 Bei einer Kapitalabfindung ist insbesondere aber der Forderungsübergang auf andere Leistungsträger, so zB Sozialhilfeträger, Arbeitsverwaltung Krankenkasse, zu berücksichtigen. Hierbei ist eine genaue Abgrenzung nötig zwischen den übergangsfähigen Ansprüchen und den zu kapitalisierenden Ansprüchen.
Umgekehrt hat der Schädiger oder der Ersatzverpflichtete kein Recht auf Kapitalabfindung, s. o.[40]

---

[35] *Hillmann/Schneider* § 11 Rn. 1.
[36] *Küppersbusch* Rn. 853.
[37] *Küppersbusch* Rn. 853 mit Hinweisen auf die Rspr. zu den einzelnen genannten Gründen.
[38] *Küppersbusch* Rn. 853; *Schah Sedi/Schah Sedi* zfs 2008, 183.
[39] BGH Urt. v. 12.12.1995, VI ZR 271/94, NZV 1996, 110 = VersR 1996, 349.
[40] BGH Urt. v. 8.1.1981, VI ZR 128/79, NJW 1981, 818 = VersR 1981, 283 = DAR 1981, 46.

b) Die Kapitalisierung von Renten. Ausgangspunkt für die Möglichkeit der Kapitalisierung einer Rente sind die Regelungen in §§ 843 Abs. 3, 844 Abs. 2 BGB. Ein Anspruch auf Kapitalisierung besteht grundsätzlich nur, wenn ein wichtiger Grund vorliegt. Die genannten Bestimmungen sehen die Kapitalisierung von Renten als Ausnahme vor.[41] 55

3. Vorteile und Risiken der Kapitalisierung

Kommt eine Kapitalisierung in Betracht, so ist es wichtig für den Geschädigten, Vor- und Nachteile einer Kapitalisierung im konkreten Fall und orientiert an den persönlichen Verhältnissen des Geschädigten abzuwägen. Diese Risiken sind seitens des Anwaltes, orientiert an den konkreten persönlichen Verhältnissen, mit dem Geschädigten und Mandanten zu erörtern. Als Vorteile oder kritische Aspekte bei einer Kapitalisierung sind zu beachten: 56
- Unsicherheit der Zinsentwicklung
- Inflationsrisiko
- gesundheitliche Risiken
- berufliche Risiken
- Arbeitsplatzrisiko
- Einschränkung der beruflichen Chancen (berufliches Fortkommen)
- geringere Aussicht auf Lohnerhöhung
- Berufsrisiko, speziell für Jugendliche
- Wiederverheiratungschance und -risiko junger Witwen
- Schwangerschaftsrisiken
- Risiko des Vorversterbens
- Risiko nachträglicher Versteuerung.[42]

4. Die Berechnung der Kapitalabfindung

a) Allgemeines. Die Ermittlung des Kapitalbetrages erfolgt durch Multiplikation der jährlichen Schadenhöhe mit dem maßgebenden Kapitalisierungsfaktor. Hier gilt folgende Berechnungsformel: 57
- Jahresschadenbetrag, ermittelt aus dem Monatsbetrag, multipliziert mit 12.
- Dieser Jahresbetrag wird mit dem Kapitalisierungsfaktor multipliziert.
- Die Multiplikation des Jahresschadenbetrages mit dem Kapitalisierungsfaktor ergibt den Kapitalbetrag.

Der Kapitalisierungsfaktor ergibt sich aus mathematischen Tabellen. Diese setzen sich wiederum zusammen aus: 58
- Laufzeit,
- Zinsfuß und
- Zahlungsweise.

Zu den Kapitalisierungstabellen → Anhang E.

b) Zu beachtende Faktoren. Bei der Ermittlung des Kapitalbetrages sind zusätzlich bestimmte Faktoren zu berücksichtigen, nämlich 59
- Dauer der Verpflichtung zur Rentenzahlung,
- Zinsfuß,[43]
- evtl. Änderung der Höhe des Anspruches auf Rente.

Grundsätzlich ist der Unfallzeitpunkt maßgebend. Etwas anderes kann dann gelten, wenn bis zu einem bestimmten Stichtag bereits auf die zu kapitalisierende Schadenposition Zahlungen geleistet worden sind. Zu beachten ist, dass zu erwartende positive Entwicklungen, etwa Beförderungen, bei der Ermittlung des zugrunde zu legenden Einkommens zu berücksichtigen sind. 60

---

[41] Vgl. *Jaeger*, Kapitalisierung von Renten im Abfindungsvergleich, VersR 2006, 597.
[42] Vgl. hierzu auch ausführlich *Nehls* SVR 2005, 161.
[43] Vgl. *Schneider/Schneider*, Berücksichtigung von Zinsschwankungen bei der Kapitalisierung von Schadenersatzrenten NZV 2005, 497.

61 Grundsätzlich ist auch daran zu denken, dass individuelle Umstände, etwa die Unterbringung eines Verletzten in einer Behinderteneinrichtung, erhebliche Auswirkungen auf die Verdienstentwicklung haben können und ebenso auf die Entwicklung des Rentenanspruches.[44]

62 Die Ermittlung der Rente, orientiert am Zinsfuß, ist abhängig von dem Zinsfuß, den der Geschädigte erwartungsgemäß nachhaltig erzielen kann. Den Tabellen liegt ein Zinsfuß von 3,5 bzw. 4 bis 7 % zugrunde.

In der Praxis dürfte ein Zinsfuß von nicht niedriger als 5,5 % angemessen sein.[45]

63 Für die Höhe des Kapitalisierungsbetrages ist insbesondere zu berücksichtigen die zu erwartende Höhe des Einkommens. Besondere Problematiken können sich ergeben bei Verletzung eines Kindes, das noch nicht im Erwerbsleben steht.

Zunächst ist Ausgangspunkt für die Berechnung der Kapitalisierung das Lebensalter für den Abfindungszeitraum.[46]

64 c) **Sterbetafeln und ihre Anwendung.** Durch das Statistische Bundesamt werden in Deutschland regelmäßig „Allgemeine Sterbetafeln für die Bundesrepublik Deutschland" ermittelt und veröffentlicht. Diese Tabellen geben zunächst nur Differenzierungen nach dem Geschlecht wieder und berücksichtigen im Übrigen die gesamte Bevölkerung ohne weitere Differenzierungen.

65 Andererseits ist zu beachten, dass die ermittelte „durchschnittliche Lebenserwartung" bei der Kapitalisierung nicht heranzuziehen ist. Vielmehr ist hier maßgebend der Kapitalisierungsfaktor. Das nachfolgende Beispiel verdeutlicht die zu beachtenden Aspekte.

Maßgebender monatlicher Geldbetrag 400,– EUR.
32-jähriger Mann hat nach Sterbetafel 1986/88 eine Lebenserwartung von noch 42 Jahren.
Bei Zugrundelegung eines Zinssatzes von 5,5 % ergibt sich folgende Berechnung:
  400,– EUR/Monat × 12 Monate × Kapitalisierungsfaktor 16,26300
Dies ergibt einen Kapitalbetrag von 78.062,40 EUR.[47]

5. Steuerliche Aspekte

66 Es ist von dem Grundsatz auszugehen, dass gemäß § 24 Nr. 1a EStG nur „Entschädigungen, die gewährt worden sind als Ersatz für entgangene oder entgehende Einnahmen", steuerpflichtig sind. Hiernach unterliegen nicht der Einkommensteuer
- Schmerzensgeld,
- Ersatz für Heilbehandlungskosten,
- vermehrte Bedürfnisse,
- entgangener Unterhalt.

67 Zu versteuern sind Entschädigungen, die als Ersatz für entgangene oder entgehende Einnahmen bestimmt sind, somit der Verdienstausfall. Ebenso unterliegen wiederkehrende Bezüge, zB Renten, gemäß §§ 843 Abs. 1, 844 Abs. 2, 845 BGB, §§ 10, 11 StVG der Einkommensteuer.

68 Nicht der Einkommensteuer unterliegen Schadenersatzrenten zum Ausgleich vermehrter Bedürfnisse gemäß § 843 Abs. 1 BGB sowie Schmerzensgeldrenten. Eine Schmerzensgeldrente ist also nicht zu versteuern. Diese Aspekte sind auch bei der Kapitalabfindung sowie bei Rentenansprüchen zu beachten.[48] Im Übrigen ist auf die Darstellung „Steuerliche Aspekte der Unfallschadenregulierung" in § 35 zu verweisen.

69 Steuerliche Aspekte können bei der Unfallschadenregulierung, insbesondere bei der Regulierung von Ansprüchen für schwerverletzte Personen, speziell unter dem Aspekt des Er-

---

[44] Vgl. hierzu ausführlich *Jahnke,* Der Verdienstausfall im Schadenersatzrecht, 2. Aufl. 2006, Kap. 13 Rn. 39 ff.; vgl. *Kornes* r+s 2003, 485 und r+s 2004, 1 sowie Erwiderung *Schneider* r+s 2004, 177; *Schneider/Schneider* NZV 2005, 497.

[45] *Schneider* r+s 2004, 221 unter Hinweis auf Würzburger Tabelle Fn. 11; vgl. auch *Jahnke* aaO Kap. 13 Rn. 49 ff. speziell Fn. 35 unter Hinweis auf Rspr. und Literatur.

[46] Als Berechnungsbeispiel für den Kinderunfall mit hinausgeschobener Leibrente vgl. *Jahnke* aaO Kap. 13 Rn. 76 ff.

[47] Beispiel entnommen *Jahnke* aaO Kap. 13 Rn. 86.

[48] Vgl. hierzu *Böhme/Biela* Kap. 7 Rn. 3 sowie *Jahnke* r+s 1996, 205 mwN.

werbsschadens einerseits oder andererseits zu Schmerzensgeld oder Haushaltsführung, eine bedeutende Rolle spielen. Empfehlenswert ist es für den Anwalt, der im Steuerrecht nicht versiert ist, insoweit eine Prüfung durch einen im Steuerrecht spezialisierten Kollegen vornehmen zu lassen.[49]

IV. Vorbehalte

1. Allgemeines

Ist es nicht sachgerecht, über bestimmte Schadenpositionen eine endgültige Regelung zu treffen, etwa weil die Entwicklung der jeweiligen Schadenposition nicht endgültig abschätzbar ist, so muss unbedingt hierzu in der Abfindungsvereinbarung ein Vorbehalt gemacht werden.

Es ist wichtig, vorhersehbare Folgeschäden aus einer Abfindung herauszunehmen und ggf. die Abfindung zeitlich und sachlich einzuschränken. Dies geschieht in der Form der Vereinbarung eines „Vorbehaltes für Zukunftsschaden".[50]

2. Vorbehalt zu einzelnen Positionen

a) **Allgemeines.** Der mögliche Vorbehalt kommt zu einzelnen Positionen in Betracht. Praktisch ist hierbei an alle Schadenpositionen, speziell zum Personenschaden, zu denken, also zB Unterhaltsleistungen, Rente wegen vermehrter Bedürfnisse, Haushaltsführungsschaden, Steuern. Insbesondere hinsichtlich der Steuern, die möglicherweise auf Entschädigungsleistungen zu zahlen sind, ist es ratsam, hierzu eine klarstellende Vorbehaltsvereinbarung zu treffen (vgl. hierzu → § 35 Rn. 5 ff.).

b) **Speziell: Vorbehalt zur Schmerzensgeldforderung.** Zu beachten ist, dass ein Abfindungsvergleich über ein Schmerzensgeld auch vorhersehbare nachträgliche Beeinträchtigungen umfassen kann. Ein Wegfall der Geschäftsgrundlage scheidet bei Auftreten nachträglicher Beeinträchtigungen grundsätzlich aus. Dem Festhalten am Abfindungsvergleich steht der Einwand der unzulässigen Rechtsausübung nicht entgegen, solange nicht eine erhebliche Opfergrenze überschritten wird.[51]

Umgekehrt hat das OLG Schleswig[52] entschieden, dass ein Abfindungsvergleich dem Einwand der unzulässigen Rechtsausübung ausgesetzt sein kann, wenn sich nach dem Auftreten unvorhergesehener Spätfolgen ein krasses Missverhältnis zwischen Vergleichssumme und Schaden ergibt. Hierbei gilt, dass die Frage unvorhergesehener Spätfolgen nach dem maßgeblichen normativen Standard verständiger und redlicher Vertragspartner zu beurteilen ist. Bei der Entscheidung zur berechtigten Höhe einer Nachforderung ist zum einen der bereits geleistete Schadenersatz zu berücksichtigen und zum anderen die Vergleichssumme, die geboten gewesen wäre. Hieraus ist das mögliche krasse Missverhältnis zu definieren.

Aus der vorstehend dargestellten Problematik ergibt sich für den Anwalt, der bei der Vereinbarung eines Abfindungsvergleiches speziell zum Schmerzensgeld mitwirkt, dass die Verletzungsfolgen und der jeweils aktuelle Gesundheitszustand genau beschrieben werden sollten. Soweit aus medizinischer Sicht aus dem Gesundheitszustand Spätfolgen sich ergeben können, sollte dies formuliert werden, etwa zB weitere Operationen, Amputation oder sonstige gesundheitliche Folgen. Bei einer solchen Fallgestaltung erscheint es auch angezeigt unter Umständen medizinische Fachleute zu konsultieren und nach potenziellen Spätfolgen zu befragen.

Als Text für den Vorbehalt von Zukunftsschäden kommen folgende **Formulierungsvorschläge** in Betracht:

---

[49] Zu den steuerlichen Aspekten, speziell bei der Abfindung von Personenansprüchen, vgl. *Jahnke* Abfindung von Personenansprüchen § 4.
[50] *Hillmann/Fleischmann* § 12 Rn. 65, 66.
[51] OLG Koblenz NZV 2004, 197.
[52] OLG Schleswig VersR 2001, 983.

Formulierungsvorschläge:

76 Vorbehalten bleiben alle materiellen und immateriellen Zukunftsschäden.

Alternative

77 Vorbehalten bleiben sämtliche zukünftigen Ansprüche wegen Verdienstausfall ab dem ......, soweit sie nicht auf Sozialleistungsträger oder Dritte übergehen.

Alternative

78 Vorbehalten bleiben immaterielle Zukunftsschäden, soweit sich ein unfallbedingtes Risiko (zB Amputationsrisiko) realisieren sollte.[53]

79 Auch ist es empfehlenswert, bei einem Vorbehalt für Zukunftsschäden, etwa für das Schmerzensgeld, den Sachverhalt genau zu beschreiben, auf den sich die Teilregelung bezieht, damit bei späteren Weiterungen sofort die Anknüpfungstatsachen unstreitig sind.

3. Vorbehalt des Verzichtes auf Einrede der Verjährung

80 Bleibt ein Zukunftsschaden vorbehalten, so können sich Probleme hinsichtlich des Verzichtes auf die Einrede der Verjährung ergeben. Es ist in jedem Fall empfehlenswert, hinsichtlich der vorbehaltenen Ansprüche eine klare Regelung zu treffen zur Frage der Verjährung und den Verzicht rechtlich unangreifbar zu formulieren.

Formulierungsvorschlag:

81 Hinsichtlich der vorbehaltenen Zukunftsschäden wird vereinbart, dass auf die Einrede der Verjährung verzichtet wird mit der Rechtswirkung eines rechtskräftigen Feststellungsurteils.

82 Insbesondere sind die Grundsätze der Hemmungswirkung zu beachten. Die Hemmungswirkung des § 3 Nr. 3 S. 3 PflVG endet mit der Unterzeichnung einer Abfindungserklärung, ohne dass es einer – weiteren – schriftlichen Entscheidung des Haftpflichtversicherers bedarf. Nach eingetretener Verjährung ist eine Klage auf Ersatz von Körperschäden nur noch begründet, wenn für einen medizinischen Sachverständigen nicht voraussehbare Spätschäden unerwartet eingetreten sind. Für sie läuft ab Kenntnis eine besondere Verjährung. Ein handschriftlicher Zusatz „vorbehaltlich eventueller Dauerschäden" in einer Abfindungserklärung rechtfertigt dann nicht die Annahme eines Teilvergleiches, wenn die Vertragsschließenden davon ausgingen, eine umfassende Regelung zu treffen. Auch bei vorhersehbaren Spätfolgen verstößt die Berufung des Schädigers dann gegen Treu und Glauben, wenn zunächst alle Beteiligten einschließlich der Ärzte von nur vorübergehenden Verletzungsfolgen ausgegangen sind und sich zunächst hierauf einstellen durften und eingestellt haben, die später eingetretene Gesundheitsschädigung demgegenüber außergewöhnlich und existenzbedrohend ist.[54]

4. Lösungsmöglichkeit von einem Abfindungsvergleich nur in engen Grenzen

83 Es ist von dem Grundsatz auszugehen, dass dem Geschädigten ein Festhalten an einem Abfindungsvergleich nur dann nicht mehr zumutbar ist, wenn entweder die Geschäftsgrundlage für den Vergleich weggefallen ist bzw. sich geändert hat, sodass eine Anpassung an die veränderten Umstände erforderlich erscheint. Weiter kann dies gegeben sein, wenn

---

[53] Textvorschläge entnommen *Hillmann/Schneider* § 12 Rn. 67.
[54] OLG Hamm Urt. v. 14.9.1998 – 6 U 48/98, zfs 1999, 93.

nachträglich erhebliche Äquivalenzstörungen in den Leistungen der Parteien eingetreten sind, die für den Geschädigten nach den gesamten Umständen des Falles eine ungewöhnliche Härte bedeuten. Eine Lösungsmöglichkeit ist jedenfalls dann nicht gegeben, wenn zum Zeitpunkt des Vergleichsabschlusses außer Zweifel stand, dass für die Zukunft die Möglichkeit einer Verschlechterung des Zustandes in Betracht kommt.[55]

Eine Problematik kann sich ergeben, wenn aufgrund einer gesetzlichen Änderung eine Leistungsposition in Fortfall kommt. So hat der BGH[56] entschieden, dass der Fortfall des Landesblindengeldes in Niedersachsen keine Anpassung eines umfassenden und vorbehaltlosen Abfindungsvergleiches wegen einer Veränderung der Vertragsgrundlage rechtfertigt. Zur Begründung ist ausgeführt, dass nicht jede Veränderung im Gefüge der Sozialleistungen zu einer Störung der Vergleichsgrundlage führt. Diese Begründung erscheint aber nicht überzeugend, da andererseits der Bestand des Vergleiches den Fortbestand eines bestimmten Sachverhaltes oder einer bestimmten Gesetzeslage voraussetzt. 84

5. Anwaltspflichten beim Abfindungsvergleich

a) **Allgemeine Beratungspflichten.** Beim Abschluss eines Abfindungsvergleiches treffen den Anwalt, der den oder die Geschädigten vertritt, besondere Pflichten. Als wichtigste Aspekte dieser Pflichten sind zu nennen: 85
- Beratung über die Rechtslage,
- klare Formulierung des Abfindungsvergleiches einschließlich der Vorbehalte,
- Belehrung des/der Geschädigten bzw. Mandanten über die Wirkung des Vergleiches,
- Beachtung des Verjährungsrisikos und Schutz vor Einrede der Verjährung.

Besondere Vorsicht ist bei Abschluss eines Abfindungsvergleiches geboten, wenn Spätfolgen in Betracht kommen.

Bei Abschluss eines Abfindungsvergleiches mit der Haftpflichtversicherung des Unfallgegners gehört es zur Pflicht eines Anwaltes, bei in Frage kommenden zukünftigen Schäden und Spätfolgen, die von der Abfindungssumme nicht erfasst sein sollen, den dahin gehenden Vorbehalt klar und unmissverständlich so zu vereinbaren und niederzulegen, dass der Mandant auch nach Ablauf der 3-jährigen Verjährungsfrist gemäß § 14 StVG gegen die Erhebung einer Verjährungseinrede sicher geschützt ist. 86

Bei Abschluss eines Abfindungsvergleiches mit der Haftpflichtversicherung muss der Anwalt den Grundsatz des sichersten Weges hinsichtlich zukünftiger Schäden/Spätfolgen wählen. Ein Vorbehalt muss klar und unmissverständlich vereinbart und niedergelegt werden.[57] Nach OLG Hamm[58] ist es ein in der Praxis üblicher und bewährter Weg, ein selbstständiges (konstitutives) Anerkenntnis iSv § 781 BGB zu vereinbaren oder eine schriftliche Vereinbarung im Sinne einer vertraglichen Ersetzung eines Feststellungsurteils mit den Wirkungen des § 218 BGB.[59] 87

Wird in einem Abfindungsvergleich ein zukünftiger unfallbedingter Verdienstausfallschaden vorbehalten, so liegt hierin nicht ohne weiteres ein Verzicht auf die Einrede der Verjährung. Um den Eintritt der Verjährung zu verhindern, muss der Berechtigte deshalb eine Feststellungsklage erheben.[60] Im Übrigen kommt in Betracht, hinsichtlich der Verjährung zu vereinbaren, dass die Verjährung gehemmt ist in gleicher Weise wie bei Vorliegen eines rechtskräftigen Feststellungsurteils. 88

> **Formulierungsvorschlag:**
> Es ist vereinbart, dass die Verjährung von Ansprüchen gehemmt ist mit der Wirkung eines rechtskräftigen Feststellungsurteils (hinsichtlich folgender Ansprüche . . . . . .). 89

---

[55] OLG Düsseldorf Beschl. v. 27.6.2007 – I-1 W 23/07, NZV 2008, 151 = zfs 2008, 140.
[56] DAR 2008, 333.
[57] OLG Hamm Urt. v. 16.6.1998 – 28 U 237/97, MDR 1999, 388 mit ausführlichen Nachweisen der hierzu vorliegenden Literatur und Rechtsprechung.
[58] MDR 1999, 388.
[59] Vgl. auch zum Stichwort „Schutz gegen Verjährung" *Hillmann/Schneider* § 12 Rn. 70 ff.
[60] KG VersR 2000, 1145.

90 Hervorzuheben ist, dass, um Eindeutigkeit zu erreichen, auch festzulegen ist, zu welchen Ansprüchen eine Verjährungshemmung vereinbart ist. Am sichersten ist es, dass alle Ansprüche offen bleiben.

> **Formulierungsvorschlag:**
> **91** Die Vereinbarung zur Hemmung der Verjährung gilt für alle Ansprüche aus dem Unfallereignis vom . . . . . ., gleich aus welchem Rechtsgrund.

92 b) Das Risiko der Verjährung. Bei einem Abfindungsvergleich und generell bei Beendigung eines Mandates ist das Risiko der Verjährung von nicht endgültig geregelten Ansprüchen zu beachten.

Hierbei ist an die unterschiedlichen Verjährungsfristen aus BGB-Haftung oder StVG-Haftung zu denken sowie an spezielle Verjährungen aus sonstigen Haftungstatbeständen und Sachverhalten. Hierzu wird verwiesen auf die Ausführungen in → § 34.

93 Bei Beendigung eines Mandates bei nicht endgültiger Regelung ist der Mandant auf mögliche laufende Verjährungsfristen sowie Hemmung der Verjährung hinzuweisen:

> **Muster eines Hinweisschreibens (Verjährung)**
>
> In der Unfallangelegenheit wegen des Unfallereignisses vom . . . . . .
>
> Sehr geehrte . . . . . .
>
> in der o. b. Unfallangelegenheit wurde ein (Teil-)Abfindungsvergleich geschlossen.
> Das Mandat soll beendet werden.
> Nicht endgültig geregelt sind folgende Ansprüche: . . . . . .
> Zu beachten ist die Frage der Verjährung. Soweit die Verjährung durch laufende Verhandlungen gehemmt ist bzw. gehemmt war, ist der nach Beendigung der Hemmung beginnende Lauf der Verjährung wiederum zu beachten.
> Das Risiko der Verjährung betrifft folgende Sachverhalte und Ansprüche: . . . . . .
> Die vorstehende Information wird erteilt. Soweit die Frage der Verjährung im Einzelnen geklärt werden soll oder die genannten Ansprüche weiterverfolgt werden sollen, wird um Erteilung eines entsprechenden Auftrages gebeten oder empfohlen, einen anderen Anwalt mit der weiteren Bearbeitung zu betrauen.
> Hier wird das Mandat vorbehaltlich etwaiger offener Gebührenansprüche als beendet betrachtet.
>
> Rechtsanwalt

6. (Un-)Wirksamkeit eines Abfindungsvergleichs

94 Der Abschluss eines Abfindungsvergleichs beruht nach den Grundsätzen eines Vergleiches auf einem wechselseitigen Nachgeben. Unter diesem Gesichtspunkt kommt aber auch in Betracht, dass ein Abfindungsvergleich unwirksam sein kann. Dies gilt jedoch nur in engen Grenzen. Auch in diesem Zusammenhang kann darauf hingewiesen werden, dass die Möglichkeit besteht, dass ein Abfindungsvergleich wegen Sittenwidrigkeit unwirksam ist. Dies ist gegeben, wenn ein auffälliges Missverhältnis zwischen Leistung und Gegenleistung besteht. Maßgebend ist die Wertung des beiderseitigen Nachgebens. Für die Praxis ist empfehlenswert gegenüberzustellen die Abfindungsleistung sowie die Berechnung der tatsächlich in Betracht kommenden Ansprüche. Das Beharren auf einem Abfindungsvergleich kann rechtsmissbräuchlich sein bei einem krassen Missverhältnis zwischen geleisteter Entschädigung und dem rechtlich gegebenen wirklichen Anspruch, vgl. hierzu auch vorstehend → Rn. 39.[61]

---

[61] OLG Celle (Revision gemäß Beschluss des BGH v. 14.3.2000 nicht angenommen) Urt. v. 10.6.1999 – 14 U 82/98, NZV 2000, 505 f.

V. Anpassung oder Änderung einer Abfindungsvereinbarung

Es ist von dem Grundsatz auszugehen, dass eine Abfindungsvereinbarung grundsätzlich Bestand hat und nicht angepasst oder geändert werden kann.
Grundsätzlich wirkt der Vergleich nur innerhalb der Vertragsparteien.

1. Unvorhergesehene Spätschäden

Häufigster Fall des Streites über den Bestand eines Vergleiches ist der Eintritt unvorhergesehener Spätschäden. In diesem Zusammenhang ist zunächst zu verweisen auf die vorstehenden Ausführungen zum Thema „Vorbehalte", vgl. vorstehend Rn. 47ff. Zu dieser Problematik wird in der Rechtsprechung auf § 442 BGB zurückgegriffen.[62]

Tritt infolge nicht vorhergesehener und nicht vorhersehbarer Spätfolgen ein „krasses Missverhältnis" oder „ungewöhnliche Diskrepanz" zwischen Schaden und Abfindungssumme ein, so kommt in Betracht, dass dem Schädiger ein Verstoß gegen Treu und Glauben entgegengehalten wird. Hier ist abzustellen auf die „die zumutbare Opfergrenze überschreitende Härte" für den Geschädigten. In diesem Fall kann wegen der Spätfolgen ein weiterer Schadenersatzanspruch geltend gemacht werden.[63]

Im Falle unvorhergesehener Spätschäden findet nicht eine völlige Neuberechnung des Schadens statt. In diesem Fall ist bei der Bemessung der Höhe einer Nachforderung zum einen der bereits geleistete Schadenersatz zu berücksichtigen. Zum anderen ist entscheidend der weitere Ausgleich zur Vermeidung eines krassen Missverhältnisses zwischen Vergleichssumme und Schaden.[64]

Das Gericht hat nicht nur die Möglichkeit der Schätzung nach § 287 ZPO, sondern darüber hinaus kann es auch pauschalieren ohne detaillierte Aufschlüsselung der Entschädigung.[65]

2. Rentenanpassung

Bei Rentenansprüchen können künftige Änderungen vom Gericht berücksichtigt werden, wenn sie nach den Maßstäben der §§ 252 BGB, 287 ZPO vorhersehbar sind. Dies gilt auch für außergerichtliche Vergleiche.

Für den Prozessvergleich über eine Rente gilt, dass insoweit eine Anpassung gemäß § 323 Abs. 4 ZPO möglich ist.[66]

Die Bestimmungen des § 323 ZPO ist auf außergerichtliche Rentenvergleiche nur anzuwenden, wenn dies ausdrücklich vereinbart ist.[67]

Im Übrigen ist es möglich, eine Rentenanpassung vertraglich auszuschließen.

3. Speziell: Zuerkennung eines weiteren Schmerzensgeldes

Nach rechtskräftiger Zuerkennung eines Schmerzensgeldes kommt ein weiteres Schmerzensgeld in Betracht für Verletzungsfolgen, die bei der ursprünglichen Bemessung noch nicht eingetreten waren und mit deren Eintritt bei der Bemessung des ursprünglich zuerkannten Schmerzensgeldes nicht oder nicht ernstlich zu rechnen war.[68]

VI. Abfindungsvergleich und Anwaltshonorar

1. Der Erstattungsanspruch

Der durch die Tätigkeit des Anwaltes entstehende Vergütungsanspruch ist durch die Versicherung als Schadenposition auszugleichen.

---

[62] *Küppersbusch* Rn. 848.
[63] *Küppersbusch* Rn. 848 mit Nachweisen der Rspr.
[64] OLG Schleswig VersR 2001, 983 (pauschal noch 125.000,– DM zusätzlich Zugewinn).
[65] *Küppersbusch* Rn. 848 unter Hinweis auf OLG Schleswig VersR 2001, 983.
[66] *Küppersbusch* Rn. 850.
[67] BGH VersR 1960, 130.
[68] *Böhme/Biela* Kap. 9 Rn. 12 unter Hinweis auf Rspr. des BGH.

> **Praxistipp:**
> Wichtig ist es, daran zu denken, dass zusätzliche Tätigkeiten neben der Abfindungsregelung separat zu vergüten sind, soweit es sich um einen separaten Streitgegenstand handelt. Dies trifft zB zu für die Einholung der Genehmigung des Vormundschaftsgerichtes zu einer ausgehandelten Abfindungsvereinbarung (vgl. auch → § 33 Rn. 61).

2. Die Höhe der Anwaltsvergütung gemäß RVG

103 Die gesetzliche Vergütung ist nunmehr geregelt im RVG in Verbindung mit VV-RVG 2300 ff. Bei Großschäden dürfte der Höchstbetrag der Vergütung, nämlich 2,8, in Betracht kommen.

104 Für das anwaltliche Gebührenrecht gilt seit dem 1.7.2004 das RVG. Eine besondere Neuerung ergibt sich daraus, dass eine Einigungsgebühr nach Nr. 1000 des Vergütungsverzeichnisses entsteht auch ohne beiderseitiges Nachgeben. Jedoch löst ein vollständiges Anerkenntnis oder ein vollständiger Verzicht auch keine Einigungsgebühr aus.[69]

3. Vereinbarung über Gebührenausgleich

105 Wenn auch der Anspruch auf Erstattung der angefallenen Anwaltsvergütung als Schadenposition sowohl dem Grunde nach als auch in der Regel der Höhe nach unstreitig ist, ist es empfehlenswert, auch in die Abfindungsvereinbarung eine Regelung zur Erstattung der Anwaltsgebühren aufzunehmen.

> **Formulierungsvorschlag:**
> 106 Das Anwaltshonorar wird zusätzlich mit ...... (zB 2,8) Gebühren aus einem Gegenstandswert von ...... EUR.

Zu den Anwaltsgebühren bei der Unfallschadenabwicklung vgl. im Einzelnen → § 33.

107 Im Übrigen ist schließlich daran zu denken, dass in dem Fall, in dem eine Abfindungsvereinbarung die ursprünglich geltend gemachten Ansprüche nur teilweise regelt wegen nicht auszuräumender Einwendungen, etwa zum Grund, ein Vergütungsanspruch des Anwaltes besteht hinsichtlich der Gebührendifferenz zwischen den insgesamt gerechtfertigten Gebühren und dem Gebührenbetrag, der von der Haftpflichtversicherung als Schadenposition zu übernehmen ist. Insoweit kommt auch ein Erstattungsanspruch gegenüber der Rechtsschutzversicherung bei bestehender Rechtsschutzdeckung in Betracht (vgl. hierzu im Einzelnen → § 32 Rn. 35 bis 37).

---

[69] BGH Beschl. v. 28.3.2006 – III ZB 29/05 – NJW 2006, 1523; vgl. auch *Geigel* Kap. 40 Rn. 3.

§ 37 Der Kraftschadenprozess

Übersicht

	Rn.
I. Grundlagen	1–9
1. Allgemeines	1–6
2. Berufsrechtliche Aspekte im Kraftfahrthaftpflichtprozess	7/8
3. Mögliche Besonderheiten bei erhobener Widerklage	9
II. Der Aktivprozess	10–21
1. Prüfung der Aktivlegitimation	10–18
a) Aktivlegitimation	10–12
b) Aktivlegitimation bei Verletzung von Ehepartnern und Kindern	13–18
2. Aktivlegitimation bei Forderungsübergang auf Sozialleistungsträger	19
3. Aktivlegitimation bei Leasingfahrzeugen	20/21
III. Passivlegitimation	22–37
1. Prüfung der Passivlegitimation	22–24
a) Allgemeine Grundsätze	22
b) Prozesstaktik	23/24
2. Der Direktanspruch gegen die Versicherung	25–30
a) Direktklage	25–27
b) Besonderheiten bei der Annahme eines fingierten Unfalls	28–30
3. Unfall mit Auslandsbeteiligung	31–37
a) Unfall im Inland mit Ausländer	31–33
b) Unfall im Ausland zwischen deutschen Staatsangehörigen	34–37
IV. Prozessuale Fragen	38–67
1. Die Zuständigkeit	38–49
a) Allgemeine Grundsätze	38/39
b) Die Zuständigkeit nach NATO-Truppenstatut	40/41
c) Anwendung des Schlichtungsgesetzes	42–45
d) Zuständigkeit für Rückgriffsansprüche	46/47
e) Zuständigkeit der Arbeitsgerichte	48
f) Zuständigkeitsfragen beim Direktanspruch gegen den Versicherer über Art. 40 Abs. 4 EGBGB	49
2. Widerklage	50–52
3. Streitwert	53–56
a) Bei beziffertem Antrag	53
b) Bei Feststellungsklagen	54–56
4. Bindungswirkung	57–60
a) Entscheidung zur Haftpflichtfrage	57
b) Der versicherungsrechtliche Deckungsprozess	58
c) Bindungswirkung	59/60
5. Eigener Anwalt bei „fingiertem" Unfall	61/62
6. Prozessuale Besonderheiten bei Vorliegen eines Unfalls nach SGB VII	63–67
V. Klageanträge – Leistungs- und Feststellungsklage	68–91
1. Leistungsklage	68–80
a) Notwendige Bestimmtheit gemäß § 253 Abs. 2 ZPO	68
b) Klage mehrerer Kläger	69
c) Auflockerungen des Bestimmtheitsgrundsatzes	70–73
d) Antragsprobleme bei § 844 Abs. 2 BGB	74/75
e) Die – mögliche – Schmerzensgeldteilklage	76–80
2. Feststellungsklage	81–91
a) Verhältnis Feststellungsklage/Leistungsklage	81/82
b) Feststellungsklage auf Begehren des Nichtbestehens der Ersatzpflicht sowie auf Abänderung	83
c) Kein nachträglicher Übergang von der Feststellungs- zur Leistungsklage	84
d) Feststellungsinteresse	85–87
e) Feststellungsklage zur Abwendung drohender Verjährung	88/89
f) Auslegung des Feststellungsantrages in Verbindung mit den Gründen	90
g) Rechtskraftwirkung eines Feststellungsurteils	91

	Rn.
VI. Beweisfragen	92–114
1. Die Beweislastverteilung	92–95
a) Grundsätze	92–94
b) Beweislast bei künftigem Schadeneintritt	95
2. Beweisführung	96–101
3. Anscheinsbeweis	102–104
4. Sachverständigenbeweis	105–112
a) Die Einholung des Sachverständigengutachtens im Prozess gemäß §§ 402 ff. ZPO	105/106
b) Anhörung des Sachverständigen	107–109
c) Ablehnung des Sachverständigen	110/111
d) Bedeutung des Privatgutachtens	112
5. Die Haftung des gerichtlichen Sachverständigen	113/114
VII. Streitwert und Kosten	115–129
1. Streitwert	115–117
a) Streitwert und Zuständigkeit	115
b) Die Streitwertbestimmung	116/117
2. Kosten und Gebühren	118–128
a) Grundsätzliches	118
b) Kostenentscheidung bei Beteiligung von Streitgenossen	119
c) Besonderheiten im Kraftschadenprozess	120–122
d) Anwaltskosten bei Bestellung eines eigenen Anwaltes durch VN	123
e) Kosten eines Aktenauszuges	124–127
f) Prozesskostenhilfe	128
3. Entschädigung wegen überlangen Verfahrens	129
VIII. Rechtsmittel	130–175
1. Checkliste: Rechtsmittel im Kraftschaden(-Prozess)	130
2. Tatbestandsprüfung und Tatbestandsberichtigung	131/132
a) Prüfung der Richtigkeit des Tatbestandes	131
b) Der Antrag auf Tatbestandsberichtigung	132
3. Die Berufung im Einzelnen	133–157
a) Statthaftigkeit	133–135
b) Das Rechtsmittelgericht	136/137
c) Form der Berufung	138–142
d) Fristen	143–145
e) Der Inhalt der Berufungsbegründung	146–150
f) Anschlussberufung	151/152
g) Berufungsentscheidung	153–156
h) Kostenentscheidung	157
4. Die Revision	158–165
a) Die Voraussetzung der Zulassung der Revision	159–161
b) Die Revisionsfrist	162
c) Sprungrevision	163
d) Nichtzulassungsbeschwerde	164/165
5. Beschwerde	166–173
a) Sofortige Beschwerde	167–169
b) Rechtsbeschwerde	170–172
c) Nichtzulassungsbeschwerde	173
6. Rechtskraftwirkung	174/175
IX. Muster Klageschrift Schadenersatzforderung und Feststellungsklage	176/177
1. Muster: Klageschrift Schadenersatzforderung	176
2. Muster: Feststellungsklage, unbezifferter Klageantrag	177

Schrifttum: *Elsner*, Haftungsausschluss nach SGB VII, zfs 2000, 475; *Finke*, Streitwerttabelle, 8. Aufl. 2014; *Hillmann/Schneider*, Das verkehrsrechtliche Mandat, Band 2: Verkehrszivilrecht, 6. Aufl. 2012; *Geigel*, Der Haftpflichtprozess, 26. Aufl. 2011; *Greißinger*, Auswirkungen der Justizreform auf den Verkehrshaftpflichtprozess, zfs 2001, 193; *Grüneberg*, Haftungsquoten bei Verkehrsunfällen, 13. Aufl. 2013; *Hacks/Wellner/Häcker*, Schmerzensgeld-Beträge 2014, 32. Aufl. 2014; *Heß*, Das (Teil-)Schmerzensgeld, NJW-Spezial 2004, 63; *Heß/Burmann*, Die Feststellungsklage im Schadensersatzprozess, NJW-Spezial 2005, 255; *dies.*, Das gerichtliche Sachverständigengutachten und die prozessualen Reaktionsmöglichkeiten, NJW-Spezial 2005, 303; *Höfle*, Prozessuale Besonderheiten im Haftpflichtprozess, zfs 2003, 325; *ders.*, Prozessuale Besonderheiten im Haftpflichtprozess, r+s 2002, 397; *Hofmann*, Der Schadenersatzprozess, 2. Aufl. 1999; *Hübner/Schneider*, Das „kranke" Versicherungsverhältnis im Haftpflichtprozess, in: Der Haftpflichtprozess, Schriftenreihe der Arge Versicherungsrecht,

2002; *Lepa*, Typische Probleme im Haftpflichtprozess, 2007; *ders.*, Beweislast und Beweiswürdigung im Haftpflichtprozess, 2. Aufl. 1994; *Meiendresch*, Eigener Anwalt bei „fingiertem" Unfall?, r+s 2005, 50; *Schlüter*, Rechtsmittel im Zivilprozess, in: Beck'sches Rechtsanwalts-Handbuch, 10. Aufl. 2011, § 2; *Schmidt*, Die obligatorische außergerichtliche Streitschlichtung, DAR 2001, 481; *Splitter/Kuhn*, Schadensverteilung bei Verkehrsunfällen, 8. Aufl. 2013; *Terbille*, Die Schmerzensgeldteilklage – anwaltliche Pflicht oder risikobehaftet?, VersR 2005, 37; *Wielke*, Verkehrsunfall: Würdigung „falscher" Zeugenaussagen, DAR 2002, 551.

I. Grundlagen

1. Allgemeines

Unter **Kraftschadenprozess** ist das zivilrechtliche Prozessverfahren zu verstehen, in dem es um die Geltendmachung oder die Abwehr von Schadenersatzansprüchen aus Anlass eines Straßenverkehrsunfalles geht.

Hiervon zu unterscheiden ist der **Deckungsprozess.** Im Deckungsprozess geht es um gerichtliche Auseinandersetzungen aus dem Versicherungsvertragsrecht, und zwar um die Frage, ob die Versicherung des Schädigers diesem Versicherungsdeckung zu gewähren hat in der Form der Gewährung von Rechtsschutz und Freistellung von Schadenersatzansprüchen des Geschädigten, die sich gegen den Schädiger und ggf. bei einem Direktanspruch auch gegen die Versicherung selbst richten. Mit der versicherungsvertraglichen Auseinandersetzung ist häufig die Frage der Regressforderung der Versicherung gegen den Versicherungsnehmer verbunden. Dies kommt in Betracht, wenn die Versicherung aufgrund der Bestimmungen des PflVG und der KfzPflVV einerseits zur Leistung verpflichtet ist, andererseits aber aufgrund gesetzlicher oder vertraglicher Obliegenheitsverletzung oder Gefahrerhöhung gegenüber dem Versicherungsnehmer oder mitversicherten Personen Regress nehmen kann. Dies kommt auch in Betracht, wenn die Versicherung geleistet hat, obwohl sie zur Leistung nicht verpflichtet war, zB beim manipulierten Unfall (Fragen zu dieser Thematik sind behandelt in § 48 unter dem Titel „Der Regress in der Kraftfahrversicherung").

Für den Kraftfahrtprozess gelten die allgemeinen Regeln der Zivilprozessordnung (ZPO). Hinzuweisen ist auf eine Entscheidung des Gemeinsamen Senats der Obersten Gerichtshöfe des Bundes, wonach in Prozessen mit Vertretungszwang bestimmende Schriftsätze formwirksam durch elektronische Übertragung einer Textdatei mit eingescannter Unterschrift auf ein Faxgerät des Gerichts übermittelt werden können.[1] Nachfolgend werden spezielle Fragen des Kraftschadenprozesses, also der gerichtlichen Auseinandersetzung, über die Geltendmachung oder Abwehr von Schadenersatzansprüchen aus Anlass eines Straßenverkehrsunfalles dargestellt.

Interessant sind die Ausführungen von *Greißinger*.[2] Zunächst stellt *Greißinger* fest, dass es seit langem keinen Anstieg der Eingangszahlen erster Instanz gegeben hat.

Rechtskräftig abgeschlossen wurden in 1. Instanz bei AG   93,9 %,
- beim LG   83,2 %.
- Berufung wurde eingelegt in ca.   10 %
  der Sachen.
- Erfolg des Berufungsrechtsmittels knapp   45 %.

Zur Dauer der Prozesse, bezogen auf das Jahr 1998, ergaben sich für die 1. Instanz folgende Zahlen
- bei den AG   4,6 Monate
- bei den LG   6,7 Monate
In 2. Instanz
- bei den LG   5,4 Monate
- bei den OLG   8,5 Monate.

Somit stellt *Greißinger* fest, dass Deutschland in Europa eine Spitzenstellung für schnelle Erledigung einnimmt.

---

[1] Gemeinsamer Senat der Obersten Gerichtshöfe des Bundes DAR 2000, 523.
[2] *Greißinger* zfs 2001, 193.

6 Für den Bereich des Verkehrshaftpflichtrechtes ist zu erwähnen, dass
- außergerichtlich erledigt werden müssen ca. 98 %,
- sodass lediglich in ca. 2 %

der Verkehrshaftpflichtsachen die Gerichte angerufen werden.

Die vorgenannten Feststellungen beziehen sich zwar auf einen etwas zurückliegenden Zeitraum, dürften aber weiterhin die Wirklichkeit widerspiegeln.

2. Berufsrechtliche Aspekte im Kraftfahrthaftpflichtprozess

7 Für den Anwalt, der als Vertreter des Klägers in einem Kraftfahrthaftpflichtprozess das Mandat führt, können sich unter verschiedenen Aspekten erhebliche berufsrechtliche Risiken ergeben.[3]

8 Es kommt immer wieder vor, dass sich in einem Mandat zur Geltendmachung von Ansprüchen für den Geschädigten eines Straßenverkehrsunfalls oder insbesondere im Prozess der Verdacht ergibt, dass der Unfall manipuliert ist, also Betrug im Raum steht. Erfahrungsgemäß sind die Kraftfahrversicherer sehr schnell imstande zu erkennen, dass es sich um einen manipulierten Unfall handelt. Der Anwalt, der den angeblich Geschädigten vertritt und Ansprüche aus einem manipulierten Unfall geltend macht, gerät leicht in den Verdacht, „als Beihelfer des Betrugs angesehen zu werden".[4] Kritisch kann es für den Anwalt bei einer solchen Fallkonstellation werden, wenn etwa in der mündlichen Verhandlung im Zivilprozess der Kläger, also der angeblich Geschädigte, befragt wird, ab welchem Zeitpunkt und was der Anwalt von diesem Sachverhalt gewusst hat. Wenn der Mandant alsdann geltend macht, der Anwalt habe von dem Sachverhalt gewusst, ergeben sich für den Anwalt zwangsläufig strafrechtliche und berufsrechtliche Konsequenzen.[5] Vgl. im Übrigen auch nachfolgend → Rn. 28.

3. Mögliche Besonderheiten bei erhobener Widerklage

9 Wird der Halter des Fahrzeuges im Passivprozess zusammen mit dem Haftpflichtversicherer durch einen Anwalt vertreten und erhebt der Beklagte als Geschädigter Widerklage, so ist davon auszugehen, dass ein besonderer sachlicher Grund besteht für die Beauftragung eines eigenen Anwaltes.[6] Vgl. nachfolgend auch → Rn. 50.

II. Der Aktivprozess

1. Prüfung der Aktivlegitimation

10 a) **Aktivlegitimation.** *aa) Allgemeine Grundsätze.* Zunächst ist zu unterscheiden zwischen der Aktivlegitimation als materieller Sachbefugnis und der Prozessführungsbefugnis. Materiell sachbefugt (aktivlegitimiert) ist der Inhaber des Rechtes. Hierbei ist grundsätzlich nur der Inhaber des Rechtes derjenige, der das Recht im eigenen Namen einklagen darf.

11 Die hiervon zu unterscheidende **Prozessführungsbefugnis** beinhaltet die Berechtigung, den Prozess zu führen. Neben der Befugnis, Rechte im eigenen Namen einzuklagen, kommt die Befugnis kraft Gesetzes in Betracht. Dies ist der Fall der gesetzlichen Prozessstandschaft, etwa bei Abtretung einer rechtshängigen Forderung iSv § 265 ZPO.

Im Kraftschadenprozess klagt in aller Regel derjenige, der Inhaber des Anspruches, also des Rechtes, ist. Dies ist in aller Regel der Geschädigte selbst.

12 *bb) Prüfung der Aktivlegitimation.* Bei notwendiger Klageerhebung ist darauf zu achten, die Klage für den richtigen Kläger zu erheben, also für denjenigen, der für die geltend gemachten Ansprüche aktivlegitimiert ist. Hier ist im Kraftschadenprozess wegen der beson-

---

[3] *Wendel*, Berufsrechtliche Fallstricke im Kraftfahrthaftpflicht- und Kaskoprozess, MittBl. der ARGE Verkehrsrecht 2007, 142.
[4] *Wendel* aaO.
[5] Zum Versicherungsbetrug in der Kaskoversicherung vgl. *Münstermann*, Der Versicherungsbetrug in der Kaskoversicherung, DAR 1994, 388.
[6] LG Mönchengladbach Beschl. v. 4.1.2008 – 5 T 438/07, VRR 2008, 147.

deren und differenzierten Anspruchsart auf den Anspruchsgrund abzustellen. So sind für den unmittelbar Geschädigten, zB die Ansprüche wegen Sachschadens geltend zu machen für denjenigen, der Eigentümer der beschädigten Sache ist, also zB für den Halter oder Eigentümer des beschädigten Fahrzeuges.

b) Aktivlegitimation bei Verletzung von Ehepartnern und Kindern. *aa) Ansprüche von Ehepartnern.* Bei Ehepartnern, die im gesetzlichen Güterstand der Zugewinngemeinschaft gemäß §§ 1363 bis 1390 BGB leben, verwaltet jeder sein Vermögen gemäß § 1364 BGB selbst. Dies hat zur Folge, dass jeder die ihm aus einem Unfall erwachsenden Schadenersatzansprüche selbstständig geltend machen muss. Dies gilt auch bei dem Güterstand der Gütertrennung gemäß §§ 1414, 1388, 1449, 1470 BGB.[7]

Auch können für die Eltern oder für den Inhaber der elterlichen Gewalt eigene Schadenersatzansprüche entstehen. Als hier in Betracht kommende Schadenpositionen sind zu nennen:
- Schadenersatzansprüche für den Entgang von Diensten des Kindes im elterlichen Hausanwesen und Geschäft gemäß §§ 1619, 845 BGB.
- Erstattung von Heilbehandlungskosten bei Abschluss eines Behandlungsvertrages zugunsten des Kindes.[8]
- Anspruch auf Erstattung von Arzt- und Pflegekosten für das Kind, soweit die Eltern insoweit verpflichtet sind. In Betracht kommt, dass die Eltern aus eigenem Recht Ersatzansprüche unter dem Gesichtspunkt der Geschäftsführung ohne Auftrag beanspruchen.
- Anspruch wegen Mehraufwendungen für die Pflege und Versorgung des Kindes, wenn die Eltern diese Leistung erbringen oder entsprechende Verträge im eigenen Namen abgeschlossen haben.[9]
- Im Falle der Tötung eines Kindes steht den Eltern ein selbstständiger Schadenersatzanspruch gemäß §§ 844 Abs. 2, 1601 BGB zu.

Im Übrigen kann ein Ehepartner dem anderen die Aktivlegitimation verschaffen, soweit Haftpflichtansprüche wirksam abgetreten werden können.

bb) Schadenersatz bei Verletzung eines Kindes. Ist ein Kind zu Schaden gekommen, so stellt sich die Frage, wer berechtigt ist, Schadenersatzansprüche geltend zu machen, also das Kind oder die Eltern bzw. der Inhaber der elterlichen Gewalt.

Von dieser materiellen Berechtigung, also der Frage, wer Inhaber des Anspruches ist, muss unterschieden werden die Frage der Prozessführung für das minderjährige Kind gemäß § 52 ZPO. Kinder unter 7 Jahren sind prozessunfähig und Minderjährige über 7 Jahre in der Prozessfähigkeit beschränkt. Sie werden vertreten durch den gesetzlichen Vertreter. Von dieser Prozessführungsbefugnis ist die Sachbefugnis zu unterscheiden. Grundsätzlich ist das Kind nur selbst befugt, die ihm zustehenden Schadenersatzansprüche geltend zu machen, vertreten durch den oder die gesetzlichen Vertreter. Als Schadenposition, die dem Kind alleine zusteht, ist insbesondere der Fortkommensschaden zu nennen (vgl. hierzu im Einzelnen → § 26 Rn. 143 ff.).

Bei der Klärung der gesetzlichen Vertretung für das Kind ist von dem Grundsatz auszugehen, dass gemäß § 1626 BGB die Sorge für das Vermögen des minderjährigen Kindes den Eltern obliegt. Diese vertreten das Kind gemeinschaftlich. Bei geschiedener Ehe ist maßgeblich, welchem Elternteil die elterliche Gewalt gemäß § 1671 BGB zugesprochen ist.[10]

cc) Aktivlegitimation der mittelbar Geschädigten. Anspruchsberechtigt im Falle mittelbaren Schadens, also zB im Falle des Todes des unmittelbar Geschädigten, sind die Erben (zu den Ansprüchen der mittelbar Geschädigten vgl. ausführlich, zB für Beerdigungskosten → § 27 Rn. 9 ff.).

Auch kommt in Betracht, dass der oder die Erben Ansprüche auf Schmerzensgeld aus übergegangenem Recht gemäß § 253 BGB geltend machen.

---

[7] Vgl. hierzu im Einzelnen *Geigel* Kap. 4 Rn. 5.
[8] BGH NJW 1989, 1538.
[9] *Geigel* Kap. 4 Rn. 12, 13.
[10] *Geigel* Kap. 4 Rn. 9.

2. Aktivlegitimation bei Forderungsübergang auf Sozialleistungsträger

19 Bei der Aktivlegitimation ist zu beachten, dass gemäß § 116 Abs. 1 SGB X (gemäß § 1542 RVO bis zum 30.6.1993) ein auf anderen gesetzlichen Vorschriften beruhender Anspruch auf Ersatz eines Schadens auf die Sozialversicherungsträger oder Träger der Sozialhilfe übergeht, soweit diese aufgrund des Schadenereignisses Sozialleistungen zu erbringen haben. Hierzu gehören auch die Beiträge, die gemäß § 119 SGB X auf Sozialleistungen zu zahlen sind. Aus der vorstehend dargestellten Rechtslage folgt, dass der Geschädigte selbst Schadenersatzansprüche gegen den Schädiger nicht geltend machen kann, soweit er seinerseits Ansprüche gegen den Sozialleistungsträger erworben hat. Vielmehr erwirbt der Sozialleistungsträger die Schadenersatzansprüche des Geschädigten und kann diese gegen den Schädiger aufgrund gesetzlichen Forderungsübergangs gemäß § 116 Abs. 1 SGB X geltend machen.[11]

3. Aktivlegitimation bei Leasingfahrzeugen

20 Zunächst ist zu unterscheiden zwischen dem so genannten Teilschaden und einem Totalschaden am Fahrzeug. Im Übrigen sind die vereinbarten Vertragsbedingungen zu beachten.

Es ist davon auszugehen, dass bei einem Reparaturschaden des Fahrzeuges der Leasingnehmer regelmäßig einerseits verpflichtet ist, die Reparatur vornehmen zu lassen, und auch andererseits die Ansprüche geltend machen kann. Ebenfalls kann der Leasingnehmer die Abschleppkosten, die Gutachterkosten sowie seine Pauschalauslagen und die Kosten der Rechtsverfolgung geltend machen.[12]

21 Zu beachten ist jedoch, dass die zum Substanzschaden zählende Wertminderung dem Leasinggeber zusteht.

Bei einem Totalschaden sowie bei hiermit verbundener vorzeitiger Auflösung des Leasingvertrages ist Anspruchsberechtigter hinsichtlich der Wiederbeschaffungskosten sowie der Wertminderung der Leasinggeber.[13] Andererseits ist der Leasingnehmer hinsichtlich der Ansprüche Abschleppkosten, Sachverständigenkosten, Nutzungsausfall bzw. Ersatz von Mietwagenkosten und der Kosten der Rechtsverfolgung anspruchsberechtigt.

III. Passivlegitimation

1. Prüfung der Passivlegitimation

22 a) **Allgemeine Grundsätze.** Aufseiten des Beklagten spricht man bei gegebener Sachbefugnis von der Passivlegitimation. Im Falle eines notwendigen Prozesses ist genauestens zu prüfen, wer als Beklagter in Anspruch genommen wird, wer also passivlegitimiert ist. Die Gesellschaft Bürgerlichen Rechts als „Grundform der Personengesellschaft" ist rechtsfähig und parteifähig.[14]

23 b) **Prozesstaktik.** Aufseiten des Anwaltes ist bei Einleitung eines Kraftschadenprozesses zu prüfen, wer aus prozesstaktischen Gründen als Beklagter in Anspruch zu nehmen ist. Regelmäßig kommt als Beklagter der Halter in Betracht. Ebenso kommt als Beklagter der Fahrer in Betracht, wenn für diesen die Voraussetzungen der Gefährdungshaftung gemäß § 18a StGB oder gemäß §§ 823 ff. BGB oder aus sonstigen Haftungstatbeständen gegeben sind. Die Inanspruchnahme des Fahrers als Beklagten führt dazu, dass dieser im Prozess nicht mehr als Zeuge in Betracht kommt.

24 In versicherungsrechtlicher Hinsicht ist darauf zu achten, dass gemäß § 158d Abs. 2 VVG dem Versicherer unverzüglich schriftlich Anzeige zu machen ist, wenn in einem gerichtlichen Verfahren lediglich Halter und/oder Fahrer in Anspruch genommen werden und nicht der Direktanspruch gegen die Versicherung rechtshängig gemacht wird.

---

[11] Vgl. auch *Hillmann/Schneider* § 4 Rn. 26 ff.
[12] Vgl. auch *Hillmann/Schneider* § 4 Rn. 5.
[13] *Hillmann/Schneider* § 4 Rn. 6.
[14] BGH Urt. v. 29.1.2001 – II ZR 331/00, NJW 2001, 1056.

2. Der Direktanspruch gegen die Versicherung

a) **Direktklage.** Gemäß § 3 Abs. 1 PflVG hat derjenige, der durch ein Kraftfahrzeug geschädigt wird, gemäß § 3 Abs. 1 PflVG einen Direktanspruch gegen die Kraftfahrthaftpflichtversicherung des Schädigers. Der Direktklageprozess ist möglich nur „im Rahmen der Leistungspflicht" des Versicherers aus dem Versicherungsverhältnis. Es handelt sich um einen Haftpflichtprozess und nicht um eine Deckungsklage.[15]

Im Direktklageprozess sind der Kraftfahrthaftpflichtversicherer, der VN und der gemäß § 10 Abs. 2c AKB mitversicherte Fahrer, wenn sie nebeneinander verklagt werden, lediglich einfache Streitgenossen.[16] Dies hat zur Folge, dass bei Säumnis eines Streitgenossen gegen den betreffenden Streitgenossen ein Versäumnisurteil ergehen kann, und dass eine Rechtsmitteleinlegung durch einen Streitgenossen nicht zugleich für die anderen wirkt.[17]

Auch kommt in Betracht eine Haftung des so genannten „Schein-Haftpflichtversicherers". Zu beachten ist jedoch, dass im Wege einer unselbstständigen Anschlussberufung die Klage auch dann nicht auf einen bisher nicht am Rechtsstreit beteiligten Dritten erweitert werden kann, wenn der Versuch des Klägers, den Dritten im ersten Rechtszug in den Prozess einzubeziehen, daran gescheitert ist, dass das erstinstanzliche Gericht einen auf die Klageerweiterung gerichteten Schriftsatz nicht an den Dritten zugestellt hat.[18]

b) **Besonderheiten bei der Annahme eines fingierten Unfalls.** Der Kfz-Haftpflichtversicherer hat ein rechtliches Interesse iSd § 66 Abs. 1 ZPO, dem Rechtsstreit des Versicherungsnehmers beizutreten, wenn der Versicherungsnehmer den in der Klageschrift geschilderten Unfallhergang bestätigt und ein Verdacht besteht, dass es sich bei dem Schadenereignis aufgrund kollusiven Zusammenwirkens um einen fingierten Unfall handelt. Zur Thematik des „gestellten" und „provozierten" Unfalls vgl. → § 23 Rn. 354 ff.

Der Versicherer hat dann ein rechtliches Interesse daran, dass nicht nur in Bezug auf ihn, sondern auch in Bezug auf den Versicherungsnehmer eine klageabweisende Entscheidung ergeht. Dies ergibt sich zunächst aus § 3 Nr. 8 PflVG. Kommt es nämlich zu einer Verurteilung des Versicherungsnehmers, weil dieser den vom Kläger behaupteten Sachverhalt bestätigt, so hat eine solche Entscheidung auch rechtliche Wirkungen für die Versicherung.

Aus der vorstehend gegebenen Sachlage ergibt sich, dass Elemente der rechtskräftigen Sachentscheidung im Haftpflichtprozess Bindungswirkung für den Deckungsprozess erlangen.[19]

3. Unfall mit Auslandsbeteiligung

a) **Unfall im Inland mit Ausländer.** Bei einer Klage aus Anlass eines Unfalles mit einem Fahrzeug, das den Standort im Ausland hat, sind im Falle eines Prozesses Besonderheiten zu beachten.

Passivlegitimiert ist das Deutsche Büro Grüne Karte e. V. für eine Direktklage des Geschädigten aufgrund des PflVG wegen eines Kraftfahrzeug-Haftpflichtanspruches aus einem im Inland erlittenen Unfall, wenn der Schädiger bei einem ausländischen Versicherer versichert ist und aus einem Staat kommt, der entweder der EU angehört oder mit dieser ein Garantieabkommen hat. Das Deutsche Büro Grüne Karte e. V. hat gemäß § 2 Abs. 1b AuslPflVG die Haftpflichtdeckung neben dem im Inland nicht zum Geschäftsbetrieb zugelassenen ausländischen Versicherer übernommen. Deshalb kann es anstelle des ausländischen Versicherers oder neben diesem mit der Direktklage aus § 3 PflVG verklagt werden.[20] Dies stellt eine Prozessstandschaft für das Deutsche Büro Grüne Karte e. V. dar für den haftenden Versicherer.

---

[15] *Hofmann* § 7 Rn. 3.
[16] BGH Urt. v. 14.7.1981 – VI ZR 304/79, NJW 1982, 996, 999 = VersR 1981, 1156, 1158.
[17] *Hofmann* § 3 Rn. 17.
[18] BGH zfs 2000, 330.
[19] OLG Düsseldorf Urt. v. 29.3.2004 – I 1 U 161/03, Info-Letter 2004, Heft 11, 124.
[20] BGHZ 57, 265 = VersR 1972, 253.

Zu beachten ist, dass der bei der Geltendmachung und mit der Abwicklung beauftragte deutsche Versicherer nicht passivlegitimiert ist.[21]

33 Voraussetzung für die Passivlegitimation des Vereins ist jedoch, dass für das ausländische Kraftfahrzeug entweder eine „Grüne Versicherungskarte" mitgeführt wird oder das Kfz ein Kennzeichen eines der EWG-Staaten führt.[22]

34 **b) Unfall im Ausland zwischen deutschen Staatsangehörigen.** Bei einem Unfall im Ausland kann aufgrund Gerichtsstandes der unerlaubten Handlung (Art. 5 III EuGÜbK) der Direktanspruch gegen den Versicherer erhoben werden. Hier hat der Geschädigte das Wahlrecht, die Klage entweder an dem Ort des Schadenereignisses oder dem des Erfolgseintrittes zu erheben.

35 Bei einem Kraftfahrzeugunfall zwischen deutschen Staatsangehörigen, der sich im Ausland ereignet, richtet sich die Rechtslage nach der Verordnung vom 7.12.1942 (RGBl. 1942 Teil 1706). Diese Verordnung ist heute noch geltendes Recht.[23] Es ist deutsches Haftungsrecht anzuwenden.

36 Gemäß § 36 Abs. 1 Nr. 3 ZPO ist ein zuständiges Gericht durch das im Instanzenzug nächste gemeinsame höhere Gericht zu bestimmen, wenn Schädiger und Haftpflichtversicherer bei verschiedenen Gerichten ihren allgemeinen Gerichtsstand haben.

37 Der gemeinsame besondere Gerichtsstand der unerlaubten Handlung bleibt, da im Ausland gelegen, unberücksichtigt.[24]

Gemäß § 36 Abs. 2 ZPO (in Kraft seit dem 1.4.1998) ist zur Entscheidung berufen anstelle des BGH, wenn dieser das zunächst höhere gemeinschaftliche Gericht ist, das OLG, zu dessen Bezirk das zuerst mit der Sache befasste Gericht gehört.[25]

IV. Prozessuale Fragen

1. Die Zuständigkeit

38 **a) Allgemeine Grundsätze.** Bei Klage aufgrund unerlaubter Handlung oder aus Gefährdungshaftung ist gemäß § 32 ZPO zuständig das Gericht des Schadenortes, an dem der Täter gehandelt hat.[26]

Der Gerichtsstand der unerlaubten Handlung ist kein ausschließlicher, sondern ein Wahlgerichtsstand.

39 Zu Besonderheiten der internationalen Zuständigkeit vgl. vorstehend → Rn. 28 ff. Im Übrigen ist zu beachten, dass bei Straßenverkehrsunfällen ausschließlich die verkehrsrechtlichen Verhaltensvorschriften des Handlungsortes (Deliktsortes) anzuwenden sind.[27]

40 **b) Die Zuständigkeit nach NATO-Truppenstatut.** Die Rechtsgrundlage für Schadenersatzansprüche Dritter gegen die Entsendestaaten und die Bundesrepublik Deutschland sind geregelt in Art. VIII NATO-Truppenstatut (NTS).

41 Die Entsendestaaten und ihre Streitkräfte als solche unterliegen der deutschen Zivilgerichtsbarkeit nicht. Gegen sie können Ansprüche aus Drittschäden nur aufgrund der Sonderregelung des Art. VIII Abs. 5 NTS und der hierzu ergangenen Ergänzungsvorschriften geltend gemacht werden.[28]

42 **c) Anwendung des Schlichtungsgesetzes.** Zu beachten ist, dass gemäß § 15a Abs. 2 EGZPO der Bundesgesetzgeber geregelt hat, dass für bestimmte Streitigkeiten eine obligatorische Schlichtung als Prozessvoraussetzung durch Landesrecht eingeführt werden kann. Ist eine solche obligatorische Streitschlichtung durch ein Bundesland geregelt, so fallen hierun-

---

[21] OLG Hamm Urt. v. 21.9.1970 – 13 U 142/69, VersR 1972, 1040.
[22] OLG Karlsruhe Urt. v. 27.8.1997 – 14 W 16/97, NZV 1998, 287; vgl. im Einzelnen *Hofmann* § 5 Rn. 6; zu Besonderheiten des europäischen und internationalen Haftpflichtprozesses vgl. *Geigel* Kap. 43 Rn. 3–5.
[23] BGH Urt. v. 31.5.1983 – VI ZR 182/81, NJW 1983, 2771 = VersR 1983, 858.
[24] BayObLG Beschl. v. 22.3.1988 – AR 1 Z 12/88, NJW 1988, 2184 = VersR 1988, 642.
[25] Vgl. im Einzelnen *Hofmann* § 7 Rn. 5.
[26] *Geigel* Kap. 36 Rn. 6.
[27] Vgl. hierzu ausführlich *Geigel* Kap. 36 Rn. 1.
[28] Vgl. hierzu im Einzelnen *Geigel* Kap. 34 Rn. 8, 9.

ter auch rechtliche Auseinandersetzungen aus dem Bereich des Straßenverkehrshaftungsrechtes.[29]

Zu beachten ist, dass die obligatorische Streitschlichtung ua auch vermögensrechtliche Streitigkeiten, also Haftpflichtansprüche, betrifft.

Bei vermögensrechtlichen Streitigkeiten bis zu einem Streitwert von 600,– EUR (in NRW) ist eine Klageerhebung nur zulässig, wenn die Erfolglosigkeit einer einvernehmlichen Streitbeilegung vor einer Gütestelle nachgewiesen wird.[30]

Die obligatorische Streitschlichtung führt in der Praxis, speziell bei Streitigkeiten über straßenverkehrsrechtliche Haftungstatbestände, dazu, dass statt Klageerhebung der Weg des Antrages auf Erlass eines Mahnbescheides gewählt wird.

Gemäß § 15a Abs. 2 EGZPO ist eine obligatorische Streitschlichtung für die Durchführung des streitigen Verfahrens dann nicht vorgesehen, wenn ein Anspruch im Mahnverfahren geltend gemacht worden ist. Hieraus folgt, dass in dem Fall, in dem der Schadenersatzanspruch im Wege des Mahnverfahrens geltend gemacht wird, das obligatorische Streitschlichtungsverfahren keine Anwendung findet.

d) **Zuständigkeit für Rückgriffsansprüche.** Über die Rückgriffsansprüche der Sozialversicherungsträger hatten von jeher die ordentlichen Gerichte zu entscheiden gemäß §§ 110, 111 SGB VII.

Gerichte der Sozialgerichtsbarkeit entscheiden nach § 51 SGG über öffentlich-rechtliche Streitigkeiten in Angelegenheiten der Sozialversicherung. Der Regress nach §§ 110, 111 SGB VII stellt aber keinen Ausfluss des öffentlich-rechtlichen Gewaltverhältnisses zwischen Versicherungsträger und Regresspflichtigem dar.[31]

e) **Zuständigkeit der Arbeitsgerichte.** Ausschließlich zuständig sind Arbeitsgerichte gemäß § 2 Nr. 3 und 4 ArbGG für bürgerliche Rechtsstreitigkeiten aus unerlaubten Handlungen, soweit diese mit dem Arbeitsverhältnis im Zusammenhang stehen. Dies betrifft insbesondere Schadenersatzansprüche,[32] also auch solche, die sich ergeben aufgrund straßenverkehrsrechtlicher Haftungstatbestände.

f) **Zuständigkeitsfragen beim Direktanspruch gegen den Versicherer über Art. 40 Abs. 4 EGBGB.** Aus Art. 40 Abs. 4 EGBGB ergibt sich eine Ausweitung des Anwendungsbereiches von § 3 PflVG bei Auslandsunfällen. Der Anwendungsbereich eines bei einem deutschen Versicherer und in Deutschland zugelassenen Kfz ist erheblich erweitert.[33] Nach Art. 40 Abs. 1 EGBGB kann ein Verletzter seinen Anspruch aus unerlaubter Handlung dann unmittelbar gegen einen Versicherer des Ersatzpflichtigen geltend machen, wenn das auf die unerlaubte Handlung anwendbare Recht oder das dem Versicherungsvertrag zugrunde liegende Recht dies vorsehen. Die Zuständigkeit des deutschen Wohnsitzgerichtes des Geschädigten für Direktklage gegen den ausländischen Kfz-Haftpflichtversicherer ist gegeben, sofern eine solche unmittelbare Klage zulässig ist und der Versicherer seinen Wohnsitz im Hoheitsgebiet eines anderen Mitgliedsstaates hat.[34]

2. Widerklage

Im Bereich des Kraftschadenhaftpflichtprozesses kommt es häufig zur Fallgestaltung der Widerklage.

Häufigster Anlass für die Erhebung einer Widerklage ist einmal die streitige Haftung. Insbesondere aber spielen hier prozesstaktische Überlegungen eine Rolle. Durch die Erhebung der Widerklage, die sich auch gegen den Fahrer richtet, wird dieser als Zeuge ausgeschaltet.

Bei Klage und Widerklage wird zum gleich gelagerten Sachverhalt über den Haftungsgrund und Haftungsumfang entschieden.

---

[29] Vgl. hierzu *Schmidt* DAR 2001, 481.
[30] AG Köln Urt. v. 18.3.2002 – 264 C 559/01, r+s 2002, 318.
[31] Vgl. hierzu ausführlich *Geigel* Kap. 36 Rn. 15.
[32] *Geigel* Kap. 36 Rn. 11.
[33] Palandt/*Heldrich* EGBGB Art. 40 Rn. 22.
[34] BGH Urt. v. 6.5.2008 – VI ZR 200/05, r+s 2008, 322.

Zu beachten ist jedoch, dass solange über den Haftungsgrund lediglich auf der Grundlage einer Klage entschieden wird, hiermit nicht rechtskräftig auch über die Gegenansprüche entschieden wird. In der Praxis ist es aber häufig so und empfehlenswert, wenn eine Widerklage nicht angezeigt ist, mit der Gegenseite, also mit der Haftpflichtversicherung des Schädigers, zu vereinbaren, dass die Entscheidung im anhängigen Prozess auch verbindlich sein soll für die eigenen Ansprüche des Beklagten.

52 In diesem Zusammenhang ist darauf hinzuweisen, dass sich eine andere Thematik ergibt, wenn anstelle der Widerklage die eigenen Schadenersatzansprüche des Beklagten zur Aufrechnung gestellt werden. In diesem Fall erfolgt zwar keine Titulierung der Ansprüche des Beklagten und Widerklägers, aber andererseits eine einheitliche Entscheidung über Haftungsgrund und Haftungsverteilung.

3. Streitwert

53 **a) Bei beziffertem Antrag.** Wird eine bezifferte Forderung verfolgt, so entspricht der Streitwert dem Betrag der gerichtlich anhängig gemachten Forderung. Bei Klageerhebung ergibt sich beim bezifferten Antrag der Streitwert aus der Klagesumme.

54 **b) Bei Feststellungsklagen.** Bei der positiven Feststellungsklage ist nach ständiger Rechtsprechung des BGH von dem Streitwert auszugehen, der sich bei einem entsprechenden Leistungsantrag ergäbe. Gemäß § 3 ZPO ist jedoch ein Abschlag zu machen. Dieser wird in der Regel mit 20 % bemessen. Dieser Abschlag beruht darauf, dass der Kläger mit dem Feststellungsurteil einen Titel erlangt, der in seiner Wirkung geringer ist als ein Leistungsurteil.

55 Bei Klage auf Feststellung der Ersatzpflicht für künftigen Schaden bemisst sich der Streitwert nicht nur nach der Höhe des drohenden Schadens, sondern auch danach, wie hoch oder wie gering das Risiko des Schadeneintrittes und der tatsächlichen Inanspruchnahme ist.[35]

56 Für Leistungs- und Feststellungsklagen über Schadenersatzrenten bemisst sich der Gebührenstreitwert nach § 17 Abs. 2 S. 1 GKG, und zwar auch dann, wenn Direktklage gegen den Kraftfahrthaftpflichtversicherer erhoben wird.[36]

4. Bindungswirkung

57 **a) Entscheidung zur Haftpflichtfrage.** Die Haftpflichtfrage wird im Haftpflichtprozess ausgetragen. Die Haftpflichtfrage spielt zwar auch im Deckungsprozess eine Rolle, kann jedoch grundsätzlich nur im Haftpflichtprozess entschieden werden.[37]

58 **b) Der versicherungsrechtliche Deckungsprozess.** Streitigkeiten über den Umfang der Deckung und über die Auslegung der allgemeinen Versicherungsbedingungen sind im Deckungsprozess zu klären. Dies ist ein Prozess zwischen dem Versicherungsnehmer und der Versicherungsgesellschaft.

59 **c) Bindungswirkung.** Obwohl nach dem Trennungsprinzip über Fragen der Haftpflicht sowie der Versicherungsdeckung getrennt zu entscheiden ist, können die im Haftpflichtprozess getroffenen gerichtlichen Feststellungen sich auch auf den Deckungsprozess erstrecken.

60 Die Bindungswirkung der im Haftpflichtprozess getroffenen gerichtlichen Feststellungen erstreckt sich allerdings dann nicht auf den Deckungsprozess, wenn nur die Frage zu entscheiden ist, ob der Versicherungsschutz ausnahmsweise, zB wegen Gefahrerhöhung, ausgeschlossen ist[38] oder Leistungsfreiheit wegen Obliegenheitsverletzung eingetreten ist.[39] Macht der Versicherer geltend, der Schadenfall sei auf Vorsatz zurückzuführen, so hat die Feststellung vorsätzlichen Handelns im Urteil des Haftpflichtprozesses für den Deckungsprozess keine bindende Wirkung. Die bindende Wirkung reicht nur so weit, als im Haftpflichtpro-

---

[35] BGH Beschl. v. 28.11.1990 – VIII ZB 27/90, AnwBl. 1992, 451; vgl. hierzu *Geigel* Kap. 41 Rn. 2.
[36] BGH Beschl. v. 11.11.1981 – IVa ZR 56/80, NJW 1982, 1399 = VersR 1982, 133; vgl. auch *Hofmann* § 23 Rn. 1.
[37] BGH Urt. v. 26.11.1959, VersR 1960, 73.
[38] OLG Köln Urt. v. 2.2.1970 – 5 U 57/67, VersR 1970, 998.
[39] OLG Hamm VersR 1987, 88.

zess festgestellt worden ist, dass der Schädiger dem Geschädigten aufgrund eines bestehenden Sachverhaltes aus einem bestimmten Rechtsgrund haftet.[40]

5. Eigener Anwalt bei „fingiertem" Unfall

Steht der Verdacht eines fingierten Unfalls im Raum, so ergibt sich für den Kfz-Haftpflichtversicherer die Situation, für den verklagten Fahrer einen Anwalt nicht zu bestellen. Für den Versicherer kommt in Betracht, sich auf Umstände zu berufen, die ihn berechtigen, Fahrer und Halter den Versicherungsschutz zu verweigern. In einem solchen Fall können Halter und Fahrer entgegen der Prozessführungsbefugnis des Versicherers gemäß § 7 Abs. 2 (5) AKB berechtigt sein, die Prozessführung seitens des Versicherers abzulehnen.[41] Beauftragen Halter und Fahrer bei einem so genannten „fingierten" Unfall einen eigenen Anwalt, so stellt sich die Frage, ob der Versicherer für die Kosten der anwaltlichen Tätigkeit für Halter und Fahrer aufzukommen hat. Gemäß § 150 Abs. 1 S. 1 VVG hat der Haftpflichtversicherer die Kosten der gebotenen Rechtsverteidigung zu tragen. Es ist davon auszugehen, dass die Beauftragung eines eigenen Anwaltes seitens des Versicherungsnehmers geboten ist[42] mit der Folge, dass der Versicherer gemäß §§ 150 Abs. 1 S. 1, 149 VVG die Kosten zu übernehmen hat, die durch die Inanspruchnahme des eigenen Rechtsanwaltes entstehen.[43]

Auch kann sich die Problematik des Anspruches auf Prozesskostenhilfe ergeben. In dem Fall, in dem der Kfz-Haftpflichtversicherer nicht für die anwaltliche Vertretung des neben ihm verklagten Fahrers sorgt, weil er diesen der Unfallmanipulation verdächtigt, hat dieser ggf. dann keinen Anspruch auf Prozesskostenhilfe für einen „eigenen" Anwalt. Dies gilt jedenfalls bei in Rede stehender fahrlässiger Unfallverursachung, wenn der Klage nichts entgegenzusetzen ist und lediglich der Vorsatz bestritten wird.[44]

6. Prozessuale Besonderheiten bei Vorliegen eines Unfalls nach SGB VII

Das ordentliche Gericht oder Arbeitsgericht, das über die Ansprüche wegen Personenschäden zu entscheiden hat, kann nicht selbst über das Vorliegen eines Versicherungsfalles der gesetzlichen Unfallversicherung entscheiden. Vielmehr ergibt sich insoweit eine Bindung gemäß § 108 SGB VII an bestandskräftige Verwaltungsakte der Unfallversicherungsträger bzw. rechtskräftige Urteile der Sozialgerichte.

Die Bindungswirkung erfasst auch Art, Ausmaß und Dauer der zu gewährenden Leistungen sowie des ursächlichen Zusammenhangs zwischen dem Versicherungsfall und der Gesundheitsbeeinträchtigung.

Solange eine bestandskräftige Entscheidung noch nicht vorliegt, muss das ordentliche Gericht bzw. das Arbeitsgericht gemäß § 108 Abs. 2 SGB VII das Verfahren aussetzen, bis eine Entscheidung ergangen ist. In dem Fall, in dem noch kein Verfahren eingeleitet ist, hat das Gericht eine Frist für dessen Durchführung zu setzen. Erst wenn eine solche Frist abgelaufen ist, kann das Gericht selbst Feststellungen zum Vorliegen eines Versicherungsfalls treffen.

In § 109 SGB VII ist eine Erweiterung der Antragsberechtigung zur Feststellung eines Versicherungsfalls auf Personenschäden geregelt, für die eine Haftungsprivilegierung gemäß §§ 104 bis 107 SGB VII in Betracht kommt und die bereits tatsächlich in Anspruch genommen worden sind.[45] Die erweiterte Antragsberechtigung erstreckt sich jedoch nicht auf den Haftpflichtversicherer.[46]

Für die Praxis bedeutet die vorstehend angesprochene Regelung, dass ein potenzieller Schädiger eine Entscheidung über den Eintritt der gesetzlichen Unfallversicherung herbeiführen kann, wenn der geschädigte Versicherte keine Ansprüche aus ihr geltend macht, weil er die Schadenersatzansprüche gegen den Schädiger zB wegen des Schmerzensgeldes für besser hält.

---

[40] Vgl. hierzu im Einzelnen *Geigel* Kap. 13 Rn. 24.
[41] *Meiendresch* r+s 2005, 50.
[42] Anders OLG Hamm Beschl. v. 6.1.2009 – 9 W 57/08, VersR 2009, 947.
[43] *Meiendresch* r+s 2005, 50 mit Nachweisen aus Rspr. Fn. 12; ebenso OLG Köln NZV 2005, 376.
[44] OLG Hamm Beschl. v. 10.3.2005 – 6 W 13/05, NZV 2005, 376.
[45] Vgl. hierzu ausführlich *Elsner* zfs 2000, 475 (478).
[46] *Elsner* aaO.

Dieses Antragsrecht des Schädigers besteht aber nur dann, wenn der Versicherte bzw. seine Hinterbliebenen nicht selbst Feststellungen gemäß § 108 SGB VII beantragt haben.[47]

V. Klageanträge – Leistungs- und Feststellungsklage

1. Leistungsklage

68   a) **Notwendige Bestimmtheit gemäß § 253 Abs. 2 ZPO.** Es ist von dem Grundsatz auszugehen, dass Gegenstand und Grund des Klageanspruchs sowie der Klageantrag „bestimmt" sein müssen. Werden mehrere prozessual selbstständige Ansprüche, zB Heilungskosten, Verdienstausfall und Schmerzensgeld, aus einem Unfallereignis geltend gemacht, so muss bei einer Teilklage angegeben werden, wie sich die verschiedenen Ansprüche verteilen. Dies ist geboten aus dem Gesichtspunkt der Klarheit zur Rechtskraft.[48] Ebenso ist dies geboten zur Klarheit über die Verjährungshemmung, § 204 BGB.[49]

69   b) **Klage mehrerer Kläger.** Das Gebot der Bestimmtheit erfordert, dass einzelne Ansprüche jeweils geltend gemacht werden für den Anspruchsberechtigten/Aktivlegitimierten. So können zB nach einem Straßenverkehrsunfall aufgrund der Haftung gemäß §§ 7 und 10 StVG die Hinterbliebenen, etwa die Witwe und ein Kind, nicht gemeinsam einen Rentenanspruch verfolgen. Die rechtliche Verschiedenheit der Voraussetzungen für die einzelnen Ansprüche der Aktivlegitimierten verbietet eine Zusammenfassung in einem einzigen Anspruch. Vielmehr muss der Anspruch jedes einzelnen Gläubigers im Klageantrag beziffert und in der Klagebegründung im Einzelnen dargetan werden.

70   c) **Auflockerungen des Bestimmtheitsgrundsatzes.** Wird ein Antrag zum Schmerzensgeld gestellt, so ist es zulässig, dass der Kläger die Bezifferung des Schmerzensgeldes in das pflichtgemäße Ermessen des Gerichtes stellt. Der Kläger muss beim Schmerzensgeldanspruch die tatsächlichen Feststellungs- und Schätzungsgrundlagen dartun und darüber hinaus auch den Größenbereich (die „Größenordnung") des geltend gemachten Schmerzensgeldanspruches. Dieser muss so genau wie möglich angegeben werden. Der Anspruchsteller muss eine Betragsvorstellung nennen.[50] Es ist empfehlenswert, im Feststellungsantrag anstelle der Formulierung „... ein in das Ermessen des Gerichtes gestelltes Schmerzensgeld" zu beantragen „ein angemessenes Schmerzensgeld" zu zahlen. Die zuerst genannte Formulierung beschränkt die Berufungsmöglichkeit, abgesehen von der angegebenen Mindestsumme, weil maßgebend ist das „Ermessen" des Gerichtes. Die zuletzt genannte alternative Formulierung, nämlich ein „angemessenes" Schmerzensgeld zu zahlen, hat den Vorteil, dass die Möglichkeit des Rechtsmittels gegeben ist, wenn der zuerkannte Schmerzensgeldbetrag für nicht angemessen erachtet wird.

71   Beim Schmerzensgeldantrag ist es dem Kläger unbenommen, in der Berufungsinstanz eine höhere Größenordnung als in der I. Instanz zu nennen. Hierin liegt keine Änderung des Streitgegenstandes.[51]

Ein Kläger, der seine Klageforderung nicht genau beziffert hat, ist in der Regel nicht beschwert, wenn ihm mindestens die in seinem Antrag genannte Mindestsumme zugesprochen worden ist.[52]

72   Zu beachten ist, dass die „billige Entschädigung in Geld" iSv § 253 Abs. 2 BGB nicht nur in einem Kapitalbetrag, sondern auch in einer Rente verlangt werden kann. Hieran hat die Neuregelung, wonach an die Stelle des § 847 BGB die Bestimmung § 253 Abs. 2 BGB getreten ist, nichts geändert. Kapitalbetrag und Rente können auch nebeneinander geltend gemacht und zugesprochen werden.

73   Beantragt der Kläger jedoch ausdrücklich die Zuerkennung einer Schmerzensgeldrente, so sind prozessrechtliche Besonderheiten zu beachten. Gibt das Gericht diesem Antrag nicht

---

[47] *Elsner* aaO.
[48] BGH Urt. v. 19.6.2000 – II ZR 319/98, NJW 2000, 3718.
[49] BGH Urt. v. 2.5.2002 – III ZR 135/01, VersR 2002, 1253.
[50] BGH Urt. v. 2.2.1999 – VI ZR 25/98, NJW 1999, 1339.
[51] BGH Urt. v. 10.10.2002 – III ZR 205/01, NJW 2002, 3769.
[52] BGH Urt. v. 30.3.2004 – VI ZR 25/03, NJW 2004, 2224.

statt, ist eine Beschwer des Klägers gegeben. Dies gilt selbst dann, wenn der zugesprochene Kapitalbetrages des Schmerzensgeldes wertmäßig dem Betrag entspricht, der sich bei Zuerkennung der Rente insgesamt ergeben hätte. Hierbei ist der sachliche Unterschied zu beachten, dass das Schmerzensgeldkapital später nicht heraufgesetzt werden kann, während dies nicht auf die Schmerzensgeldrente zutrifft. Es ist also möglich, gegen die Versagung einer ausdrücklich beantragten Rente mit einem Rechtsmittel vorzugehen.[53]

d) Antragsprobleme bei § 844 Abs. 2 BGB. Es ist davon auszugehen, dass gemäß § 844 Abs. 2 BGB jedem Geschädigten ein eigener Anspruch zusteht, der sein eigenes rechtliches Schicksal hat und deshalb isoliert beziffert werden muss. Hierbei stellt sich das Problem, dass der Gesamtschadensbetrag unter den Hinterbliebenen aufgeteilt werden muss. Wird dabei für einen der Antragsteller, etwa für das Kind, zu viel verlangt, dann erfolgt insoweit eine Klageabweisung. Der abgewiesene Betrag kommt aber nicht dem anderen Antragsteller bei der Berechnung, etwa der Witwe, zugute. Dies folgt daraus, dass der Richter nicht über den Klageantrag hinausgehen darf. 74

Es ist möglich, bei dem geltend gemachten Gesamtunterhaltsanspruch die Aufteilung in das Ermessen des Gerichtes zu stellen. Hiergegen bestehen rechtlich keine Bedenken.[54] Für die Anspruchsteller ist es also möglich, innerhalb des Gesamtbetrages die Aufteilung des Unterhaltsschadens für die einzelnen Kläger in das Ermessen des Gerichtes zu stellen.[55] 75

e) Die – mögliche – Schmerzensgeldteilklage. *aa) Zulässigkeit der Teilklage.* Der BGH hat sich mit der Thematik der prozessualen Voraussetzungen der Klage auf ein (Teil-)Schmerzensgeld befasst.[56] 76

Bei der Thematik des Teilschmerzensgeldanspruches handelt es sich um eine für den Anwalt regressträchtige Problematik.[57]

Dem entschiedenen Fall lag der Sachverhalt zugrunde, dass der Kläger bei einem Vorfall (tätliche Auseinandersetzung) gravierende Dauerfolgen erlitten hatte. Aufgrund des Verletzungsbildes war davon auszugehen, dass erneute Operationen bis hin zu einer Schulterprothese erforderlich werden könnten. Der Kläger forderte ausdrücklich nur einen Betrag von 5.000,– EUR mit dem Hinweis, dass sich wegen der ungewissen weiteren Folgen der Verletzungen das Gesamtschmerzensgeld noch nicht verlässlich beziffern lasse. Der BGH[58] hat im Gegensatz zum Berufungsgericht die Zulässigkeit dieser Teilklage bejaht. 77

bb) Rechtliche Konsequenzen der Teilschmerzensgeldklage. Das Schmerzensgeldteilurteil erfasst nicht Verletzungsfolgen, die im Zeitpunkt der letzten mündlichen Verhandlung noch nicht objektiv vorhersehbar waren und mit denen nicht oder zumindest nicht ersichtlich zu rechnen war.[59] 78

Um insoweit dem Einwand der Rechtskraft zu entgehen, ist es angezeigt, eine sog. „offene Teilklage" zu erheben.[60] Bei einer solchen Teilklage sind verschiedene Aspekte zu beachten, nämlich 79
- Darstellung der Verletzungen, die der Teilklage zugrunde liegen,
- Darlegung möglicher unsicherer Spätfolgen.

Im Übrigen ist zu beachten, dass der mögliche weitergehende Schmerzensgeldanspruch der regulären Verjährung unterliegt. Hierbei ist zu beachten, dass sogar bei grob fahrlässiger Unkenntnis gemäß § 199 Abs. 1 BGB die 3-jährige Verjährungsfrist gemäß § 195 BGB läuft. Empfehlenswert ist es daher, hinsichtlich möglicher weiterer Spätfolgen Vereinbarungen zum Verjährungsverzicht zu treffen. Zu denken ist hierbei auch an eine Feststellungsklage, wobei die hierfür notwendigen Voraussetzungen zu beachten sind.[61] 80

---
[53] BGH Urt. v. 15.5.1984 – VI ZR 155/82, VersR 1984, 739.
[54] BGH Urt. v. 12.6.1979 – VI ZR 192/78, NJW 1979, 2155; 1989, 3225.
[55] BGH Urt. v. 8.4.1981 – IVb ZR 559/80, NJW 1981, 2462.
[56] BGH Urt. v. 20.1.2004 – VI ZR 70/03, NJW 2004, 1243 = VersR 2004, 1334.
[57] *Heß* (Rechtsprechungsübersicht: Das Teilschmerzensgeld, NJW-Spezial 2004, 63.
[58] BGH Urt. v. 20.1.2004 – VI ZR 70/43, NJW 2004, 1243 = VersR 2004, 1334.
[59] BGH Urt. v. 20.3.2001 – VI ZR 325/99, NJW 2001, 3414.
[60] *Heß* NJW-Spezial 2004, 63.
[61] Vgl. im Einzelnen *Terbille* VersR 2005, 37.

2. Feststellungsklage

81 **a) Verhältnis Feststellungsklage/Leistungsklage.** Es ist von dem Grundsatz auszugehen, dass der Leistungsklage gegenüber der Feststellungsklage der Vorrang gebührt.[62]
Eine Feststellungsklage ist auch dann zulässig, wenn eine Leistungsklage möglich ist, die Durchführung des Feststellungsverfahrens jedoch unter dem Gesichtspunkt der Prozesswirtschaftlichkeit zu einer sinnvollen und sachgemäßen Erledigung der aufgetretenen Streitpunkte führt.

82 Es besteht nicht die Verpflichtung, das Klagebegehren in einen Leistungs- und einen Feststellungsantrag aufzuspalten, wenn im Zeitpunkt der Klageerhebung oder der letzten mündlichen Verhandlung ein Teil des Schadens schon entstanden ist, die Entstehung weiteren Schadens aber noch zu erwarten ist. In solchen Fällen – ausschließlich oder neben einer Teilleistungsklage – ist die Feststellungsklage zulässig.

83 **b) Feststellungsklage auf Begehren des Nichtbestehens der Ersatzpflicht sowie auf Abänderung.** Möglich ist auch die Fallgestaltung, dass seitens des Schädigers die Haftpflichtversicherung das Nichtbestehen einer Ersatzpflicht geltend macht. Dieses Begehren kann gerichtet sein auf Abweisung im Ganzen oder der Feststellung nur partieller Haftung. Eine Klage, mit der die Feststellung des Nichtbestehens einer Ersatzpflicht für einen Unfallschaden begehrt wird, setzt – für den Fall der Abweisung des auf ein vollständiges Entfallen der Pflicht gerichteten Antrags – nicht die Angabe voraus, dass die Ersatzpflicht auf einen bestimmten geringeren Betrag zu reduzieren ist. Denn der jeweils geringere Betrag ist als „Minus" in dem auf Feststellung des vollständigen Nichtbestehens gerichteten Antrag enthalten.[63] Auch ist es möglich, ein Abänderungsbegehren zu einer Vereinbarung über Ersatz von Haushaltsführungsschaden durch eine Feststellungsklage zu verfolgen.[64]

84 **c) Kein nachträglicher Übergang von der Feststellungs- zur Leistungsklage.** Eine Feststellungsklage, die von vornherein zulässig ist, bleibt zulässig, auch wenn nachträglich der Anspruch im Rahmen einer Leistungsklage beziffert werden kann. In diesem Fall muss nicht zur Leistungsklage übergegangen werden, wenn im Laufe des Verfahrens der Anspruch beziffert werden kann.[65]

85 **d) Feststellungsinteresse.** Die Feststellungsklage verlangt gemäß § 256 ZPO ein Feststellungsinteresse. Ein Rechtsschutzbedürfnis für die Feststellungsklage ist schon in einem Stadium gegeben, in dem die Schadenabwicklung noch unklar ist. Ein Feststellungsinteresse darf nur verneint werden, wenn aus der Sicht des Klägers bei verständiger Würdigung kein Grund besteht, mit dem Eintritt eines Schadens wenigstens zu rechnen.

86 Bei Spätfolgen ist von dem Grundsatz auszugehen, dass bei schweren Verletzungen das Feststellungsinteresse nur verneint werden kann, wenn bei verständiger Beurteilung kein Grund bestehen kann, mit Spätfolgen zu rechnen. Eine hinreichende Schadenwahrscheinlichkeit kann im Rahmen der Zulässigkeit der Feststellungsklage nicht gefordert werden.[66]

87 In einem Schadenersatzprozess ist es möglich, Feststellung zu beantragen, dass der Schädiger verpflichtet ist, Schadenersatz zu leisten, etwa für die Kosten einer Ersatzkraft gemäß einer bestimmten Lohngruppe, und zwar bis zu einem bestimmten Ereignis, etwa Eintritt in das Rentenalter oder bis zur Betriebsaufgabe. In diesem Fall muss der Kläger nicht bezifferte Zahlungsansprüche hinsichtlich der Ersatzkraft geltend machen. In einem solchen Fall erscheint der Ausspruch der Feststellung der Ersatzpflicht sinnvoller als eine Zahlungsverurteilung, die jeweils wieder der Abänderung bedarf.[67]

88 **e) Feststellungsklage zur Abwendung drohender Verjährung.** Hier ist von dem Grundsatz auszugehen, dass auch die unbezifferte Feststellungsklage gemäß § 204 BGB die Verjährung

---

[62] Vgl. hierzu *Heß/Burmann* NJW-Spezial 2005, 255; vgl. auch *Lepa* Typische Probleme im Haftpflichtprozess Rn. 23.
[63] OLG Hamm Urt. v. 14.12.2004 – 9 U 129/04, NZV 2005, 150.
[64] OLG Hamm Urt. v. 14.12.2004 – 9 U 129/04, , NZV 2005, 150.
[65] BGH Urt. v. 28.9.21999 – VI ZR 1295/98, VersR 1999, 1555.
[66] BGH Urt. v. 16.12.2001 – VI ZR 381/99, VersR 2001, 874.
[67] Vgl. hierzu BGH Urt. v. 9.3.2004 – VI ZR 439/02, VersR 2004, 788.

für streitige Ansprüche im Ganzen hemmt. Es ist zu beachten, dass Verjährung nicht ausgeschlossen ist, wenn lediglich die Feststellung auf einen Teil des Anspruchs beschränkt ist.

Ist aufgrund eines Schadenereignisses, etwa eines Straßenverkehrsunfalls, ein Unterhaltspflichtiger iSv § 844 BGB fortgefallen, kann im Wege der Feststellungsklage Feststellung dahin gehend verlangt werden, dass der Schädiger verpflichtet ist, gemäß §§ 7, 10 StVG, §§ 823, 844 BGB Schadensersatz zu leisten. 89

Zu beachten ist, dass Feststellung begehrt werden kann sowohl für materielle als auch immaterielle Schäden.

f) Auslegung des Feststellungsantrages in Verbindung mit den Gründen. Wird dem Feststellungsantrag für materielle und immaterielle Ansprüche uneingeschränkt entsprochen und ist aber zweifelhaft, ob die Deckungssumme ausreicht, so ist ein solcher Urteilsausspruch nicht zu beanstanden. Auch wenn der Feststellungsausspruch seinem Wortlaut nach keine Begrenzung der Leistungspflicht der Haftpflichtversicherung auf die Versicherungssumme enthält, muss der Urteilstenor nicht isoliert gesehen werden, sondern im Licht der Entscheidungsgründe. Hieraus ist die Begrenzung auf die Deckungssumme abzuleiten.[68] 90

g) Rechtskraftwirkung eines Feststellungsurteils. Durch das Feststellungsurteil wird über das Bestehen geltend gemachter prozessualer Ansprüche rechtskräftig entschieden mit der Folge, dass bei Rechtskraft eines Feststellungsurteils die Ersatzpflicht für die geltend gemachten Ansprüche nicht mehr in Zweifel gezogen werden kann und nicht mehr überprüfbar ist. Die Rechtskraft des Feststellungsurteils lässt die Berücksichtigung von Einwendungen, die das Bestehen des festgestellten Anspruchs betreffen und sich auf vorgetragene Tatsachen stützen, die schon zur Zeit der letzten Tatsachenverhandlung vorgelegen haben, nicht zu.[69] Zum Umfang der Rechtskraft eines Feststellungsurteils hat der BGH entschieden: Die Frage, ob und in welcher Höhe Verdienstausfall entstanden ist, wird durch eine vorangegangene rechtskräftige Feststellung der Pflicht zum Ersatz sämtlicher materieller Schäden nicht erfasst.[70] 91

VI. Beweisfragen

1. Die Beweislastverteilung

a) Grundsätze. Im Kraftschadenprozess ist besonders auf die sich ergebende Beweislastverteilung und hiernach bestehende Substantiierungspflicht zu achten. Es ist von dem Grundsatz auszugehen, dass jede Partei die Anwendungsvoraussetzungen der für sie günstigen Norm zu beweisen hat. Dies gilt für rechtsbegründende, -hindernde, -hemmende und -vernichtende Rechtsnormen. 92

Bei der Gefährdungshaftung gemäß § 7 StVG ist zu beachten, dass gemäß § 7 Abs. 2 StVG die Haftung ausgeschlossen ist bei höherer Gewalt. Derjenige, der sich nach § 7 Abs. 2 StVG entlasten will, muss die Verursachung des Unfalls durch höhere Gewalt beweisen. Unaufklärbarkeit tatsächlicher Umstände geht zu Lasten des Beweispflichtigen. 93

Im Übrigen ist in diesem Zusammenhang die differenzierte Rechtsprechung zur Haftungsverteilung auch entsprechend den Quotentabellen zu beachten.[71]

Es ist von dem Grundsatz auszugehen, dass jede Partei die Beweislast dafür trägt, dass die Voraussetzungen der Norm gegeben sind, die ihr Begehren stützt. Der Gegner ist beweispflichtig für die Voraussetzungen der Norm, die dieses Begehren rechtlich hindern, vernichten oder hemmen.[72] 94

b) Beweislast bei künftigem Schadeneintritt. Schwierig ist die Darlegungs- und Beweislast für künftige Schäden. Erleidet ein Kind vor Eintritt in das Erwerbsleben einen Schaden, der zu 95

---

[68] BGH Urt. v. 21.1.1986 – VI ZR 63/85, VersR 1986, 565.
[69] BGH Urt. v. 15.6.1982 – VI ZR 179/80, VersR 1982, 877.
[70] BGH Urt. v. 28.6.2005 – VI ZR 108/04, NJW-RR 2005, Heft 21 = NJW-Spezial 2005, 449; zur Rechtskraftwirkung eines Feststellungsurteils vgl. auch *Lepa* aaO Rn. 46; vgl. auch OLG Naumburg Beschl. v. 8.7.2013 – 9 W 5/13 (PKH), NZV 2014, 80.
[71] ZB *Grüneberg* Haftungsquoten bei Verkehrsunfällen, sowie *Splitter/Kuhn* Schadensverteilung bei Verkehrunfällen.
[72] Vgl. hierzu im Einzelnen *Geigel* Kap. 37 Rn. 65.

einer Verzögerung des Eintritts in das Erwerbsleben oder zu einer möglichen Minderung der Erwerbsfähigkeit führt, so dürfen nicht zu Lasten des Kindes zu strenge Anforderungen an die Darlegungs- und Beweislast der hypothetischen Berufsausbildung und -ausübung gestellt werden. Hier ist entscheidend, dass das schädigende Ereignis selbst die Ursache für Aufklärungsprobleme hinsichtlich des Schadenumfanges darstellt. Bei jüngeren Kindern, über deren berufliche Zukunft noch keine zuverlässige Aussage möglich ist, können auch der Beruf, die Vor- und Weiterbildung der Eltern, ihre Qualifikation der Berufstätigkeit, die beruflichen Pläne für das Kind, schulische und berufliche Entwicklungen von Geschwistern herangezogen werden. Soweit in der Entwicklung des Kindes bereits Anhaltspunkte für die Art der späteren Erwerbstätigkeit, seine Begabungen und Fähigkeiten erkennbar sind, ist von einem normalen weiteren beruflichen Werdegang auszugehen. Unter Umständen lassen sich Anhaltspunkte auch aus der Entwicklung des Kindes nach seiner Verletzung entnehmen.[73]

2. Beweisführung

96 Als Mittel der Beweisführung kommen in Betracht:
- Augenschein
- Vernehmung eines Zeugen
- Begutachtung durch einen Sachverständigen
- Parteivernehmung.[74]

97 Zu der möglichen Beweisführung durch Augenscheinnahme ist zu beachten, dass auch entsprechend der zunehmenden Praxis der Gerichte Fotos, die eine Partei zu den Akten reicht, verwertet werden und ggf. eine beantragte Ortsbesichtigung nicht durchgeführt wird. Darauf zu achten ist, dass Fotografien nur dann zu verwerten sind, wenn sie den Gesamteindruck der Örtlichkeit vermitteln und die Partei, die die Fotografien vorgelegt hat, keine von ihnen abweichenden Merkmale behauptet.[75]

98 Eine Klage auf Ersatz des Fahrzeugschadens kann auch dann teilweise Erfolg haben, wenn es dem Kläger nicht gelingt, die Unfallbedingtheit sämtlicher von ihm geltend gemachter Beschädigungen nachzuweisen. Ist eine Berührung der Fahrzeuge unstreitig oder erwiesen, beurteilt sich die Frage nach dem Umfang und der Höhe des Schadens nicht nach § 286 ZPO, sondern nach § 287 ZPO.[76] Andererseits ist der Klage der Erfolg zu versagen, wenn die Beweisaufnahme und -würdigung ergibt, dass der Unfall sich nicht so wie behauptet ereignet haben kann.[77]

99 Im Kraftschadenprozess kommt es in der Praxis häufig vor, dass Gutachten aus einem vorangegangenen Ermittlungsverfahren im Wege des Urkundenbeweises verwertet werden sollen. Hier sind jedoch Grenzen gegeben. Reicht das urkundenbeweislich verwertete Gutachten aus einem Ermittlungsverfahren nicht aus, um die von einer Partei zum Beweisthema angestellten Überlegungen und die in ihrem Vortrag angesprochenen aufklärungsbedürftigen Fragen zu beantworten, so muss der Tatrichter auf Antrag der Partei einen Sachverständigen hinzuziehen und eine schriftliche oder mündliche Begutachtung anordnen.[78]

100 Auch der Beifahrer ist nicht als Zeuge ausgeschlossen. Es gibt keinen Erfahrungssatz des Inhalts, dass die Aussagen von Insassen unfallbeteiligter Kraftfahrzeuge stets von einem „Solidarisierungseffekt" beeinflusst und deshalb grundsätzlich unbrauchbar sind. Ebenso wenig können Aussagen von Unfallzeugen, die mit einem Unfallbeteiligten verwandt oder verschwägert sind, als von vornherein parteiisch und unzuverlässig gelten. Derartige Aussagen sind im Rahmen von § 286 Abs. 1 ZPO stets individuell zu würdigen, wobei verwandtschaftliche oder freundschaftliche Verbundenheit mit einem Beteiligten selbstverständlich gebührend zu berücksichtigen ist.[79]

---

[73] OLG Karlsruhe Urt. v. 25.11.1988 – 10 U 188/88, NZV 1989, 149 = DAR 1988, 104.
[74] Vgl. hierzu im Einzelnen *Geigel* Kap. 37 Rn. 5; vgl. auch *Wielke* DAR 2002, 551.
[75] Vgl. im einzelnen *Lepa* Beweislast und Beweiswürdigung im Haftpflichtprozess, 83.
[76] OLG Düsseldorf Urt. v. 11.2.2008 – 1 U 181/07, NZV 2008, 295 = DAR 2008, 344.
[77] OLG Hamm Urt. v. 21.1.2005 – 20 U 228/03, zfs 2005, 396.
[78] BGH DAR 2000, 476.
[79] BGH Urt. v. 3.11.1987 – VI ZR 95/87, NJW 1988, 566 = VersR 1988, 416.

Es hat sich seitens der Versicherungen die Praxis eingebürgert, bei Begutachtung durch 101 einen Sachverständigen den Sachverständigen zu benennen und den Geschädigten aufzufordern, sich durch einen medizinischen Sachverständigen begutachten zu lassen. Diese Praxis ist contra legem. Dem Geschädigten obliegt die Beweisführung mit der Folge, dass seitens des Geschädigten der Sachverständige benannt werden kann. Als Vorgehen wird empfohlen, einen Sachverständigen oder mehrere vorzuschlagen und sich dann mit der Versicherung über den in Betracht kommenden Sachverständigen zu verständigen. Ebenfalls ist es unbedingt empfehlenswert, das Beweisthema vorzuformulieren.

3. Anscheinsbeweis

Gerade im Bereich des Straßenverkehrsrechtes haben sich zwischenzeitlich bestimmte 102 Grundsätze für einen Anscheinsbeweis (Prima-facie-Beweis) herausgebildet. Die Grundsätze des Anscheinsbeweises kommen zum Tragen, wenn ein allgemeiner Erfahrungssatz ermittelt und angegeben werden kann, nach dem sich aus allen feststehenden Umständen, also dem festgestellten Gesamtgeschehen, der Schluss auf eine bestimmte Ursache oder Wirkung oder ein bestimmtes haftpflichtiges Verhalten aufdrängt.[80]

Speziell beim Auffahrunfall kommt der Anscheinsbeweis zum Tragen. 103

So gilt der Anscheinsbeweis, wenn unter den Beteiligten streitig ist, ob der eine aufgefahren oder der andere zurückgerollt ist. Es spricht der Anscheinsbeweis für ein Auffahren, wenn die Straße in Fahrtrichtung ein Gefälle aufweist.[81] Die Rechtsgrundsätze zum Anscheinsbeweis dürfen nur dann herangezogen werden, wenn sich unter Berücksichtigung aller unstreitigen und festgestellten Einzelumstände und besonderen Merkmalen des Sachverhaltes ein für die zu beweisende Tatsache nach der Lebenserfahrung typischer Geschehensablauf ergibt.[82]

Der Anscheinsbeweis ist immer nur ein vorläufiger Beweis. Er ist dann erschüttert, wenn 104 sich aus einer unstreitigen oder bewiesenen Zusatztatsache die Möglichkeit eines anderen (atypischen) Geschehensablaufs ergibt.[83]

4. Sachverständigenbeweis

a) Die Einholung des Sachverständigengutachtens im Prozess gemäß §§ 402 ff. ZPO. Im 105 Kraftschadenprozess kommt häufig die Einholung eines Sachverständigengutachtens in Betracht zur Aufklärung des Hergangs eines Verkehrsunfalls. Wird ein Sachverständigengutachten nicht eingeholt bei unklarer Haftungslage, so kann ein Verstoß gegen § 286 ZPO darin liegen, dass das Gericht hinsichtlich des Unfallhergangs mit Vermutungen und Unterstellungen sich begnügt hat, anstatt durch Einschaltung eines Sachverständigen und erforderlichenfalls auch durch Anhörung des Sachverständigen die gebotene Sachverhaltsaufklärung vorzunehmen.[84]

Auch kommt in Betracht, ein Gutachten aus einem Ermittlungsverfahren im Wege des 106 Urkundenbeweises zu verwerten. Reicht das urkundenbeweislich verwertete Gutachten aus einem Ermittlungsverfahren jedoch nicht aus, um die von einer Partei zum Beweisthema angestellten Überlegungen und die in ihrem Vortrag angesprochenen aufklärungsbedürftigen Fragen zu beantworten, so muss der Tatrichter auf Antrag der Partei einen Sachverständigen hinzuziehen und eine schriftliche oder mündliche Begutachtung anordnen.[85]

b) Anhörung des Sachverständigen. In Betracht kommt auch, dass der Sachverständige, 107 der sein Gutachten schriftlich erstattet hat, dieses auf Antrag gemäß §§ 402, 397 ZPO erläutert.

---

[80] Vgl. zum Bereich des Verkehrshaftpflichtrechtes *Geigel* Kap. 37 Rn. 44.
[81] LG Stuttgart Urt. v. 20.12.1989 – 13 S 326/89, NZV 1990, 236.
[82] BGH Urt. v. 19.3.1996 – VI ZR 380/94, NJW 1996, 1828 (im Anschluss an Senat NJW-RR 1986, 383 = VersR 86, 343, 344).
[83] van Bühren/*Lemcke* Teil 2 Rn. 685.
[84] BGH Urt. v. 23.2.1999 – VI ZR 76/98, NZV 1999, 242 = VersR 1999, 644.
[85] BGH Urt. v 6.6.2000 – VI ZR 98/99, NJW 2000, 3072 = DAR 2000, 476.

108 Das Berufungsgericht muss einen Sachverständigen anhören, soweit es sein Gutachten anders als der Erstrichter würdigen will.[86] Im Übrigen gilt, dass das Berufungsgericht von Amts wegen auf eine Vervollständigung des Gutachtens hinzuwirken hat, wenn ein in der Vorinstanz eingeholtes Gutachten eines Sachverständigen sich nicht mit allen entscheidungserheblichen Punkten befasst. Konkrete Anhaltspunkte, die Zweifel an der Richtigkeit und Vollständigkeit der Feststellungen des Gutachtens in der Vorinstanz begründen, können sich aus einer fehlerhaften Rechtsanwendung ergeben. Einem erstmals in zweiter Instanz gestellten Antrag auf Anhörung eines Sachverständigen gemäß §§ 402, 397 ZPO hat das Berufungsgericht stattzugeben, wenn er entscheidungserhebliche Gesichtspunkte betrifft, die das Gericht des ersten Rechtszuges aufgrund einer fehlerhaften Beurteilung der Rechtslage übersehen hat.[87]

109 Liegen einander widersprechende Gutachten vor, so kann das Gericht den Streit der Sachverständigen nicht dadurch entscheiden, dass es ohne einleuchtende und logisch nachvollziehbare Begründung einem der Sachverständigen den Vorzug gibt. Hierbei spielt es keine Rolle, ob sich der Widerspruch aus einem von einer Partei vorgelegten Privatgutachten ergibt.[88] Vielmehr muss das Gericht insoweit alle vorhandenen Aufklärungsmöglichkeiten nutzen. Insbesondere kommt die Einholung einer ergänzenden Stellungnahme des gerichtlichen Sachverständigen zu den aufzuzeigenden Widersprüchen in Betracht oder gemäß § 412 Abs. 1 ZPO die Einholung eines weiteren Gutachtens.[89]

110 c) **Ablehnung des Sachverständigen.** Ein Sachverständiger kann aus denselben Gründen, die zur Ablehnung eines Richters berechtigen, abgelehnt werden. Der Sachverständige ist als Gehilfe des Richters anzusehen und kann demnach von beiden Parteien aus denselben Gründen abgelehnt werden wie ein Richter.[90] Die Ablehnung ist auf Befangenheit zu stützen. Befangenheit ist nach den so genannten „parteiobjektiven Maßstäben" zu beurteilen, also wenn ein Grund gegeben ist, der bei verständiger Würdigung ein Misstrauen der Partei gegenüber dem Sachverständigen von ihrem Standpunkt rechtfertigen kann. War der Sachverständige parteiisch, so liegt eine Besorgnis der Befangenheit vor. Ist zB der vom Gericht genannte Sachverständige an dem Institut für medizinische Begutachtung tätig und wird dieses Institut nach der Erfahrung des Gerichtes ganz überwiegend im Auftrag von Versicherungsgesellschaften tätig, rechtfertigt dies die Besorgnis der Befangenheit. Es besteht nämlich zumindest eine wirtschaftliche Abhängigkeit. Hierzu ist im Beschluss des LG Köln[91] ausgeführt: „Die Versicherungsgesellschaften beauftragen den Sachverständigen regelmäßig mit Gutachten, insbesondere dann, wenn die Versicherungsnehmer Gutachten vorgelegt haben, die ihren Anspruch stützen. Dabei gelangt der Sachverständige regelmäßig zu anderen, der jeweiligen Versicherung günstigeren Ergebnissen".[92]

111 Das Instrument der Ablehnung des Sachverständigen hat erfahrungsgemäß bisher in der Praxis keine große Bedeutung. Es sollte jedoch im Einzelfall, wenn Gründe für die Annahme einer Befangenheit erkennbar sind, gründlich geprüft werden, ob die Voraussetzungen der Ablehnung gegeben sind.[93]

112 d) **Bedeutung des Privatgutachtens.** Auch in verkehrsrechtlichen Fällen kann das von der Partei eingeholte Privatgutachten einen wichtigen – manchmal auch entscheidenden – Beitrag zur Unterstützung des Parteibegehrens in Verkehrsrechtsstreitigkeiten darstel-

---

[86] BGH Urt. v. 8.6.1993 –VI ZR 192/92, NJW 1993, 2380.
[87] BGH Urt. v. 8.6.2004 – VI ZR 230/03, SVR 2004, 454.
[88] BGH Urt. v. 6.3.1986 – III ZR 245/84, NJW 1986, 1928 (1930); NJW 1998, 2735; NJW 2001, 2796; NJW-RR 2000, 44 (46); OLG Zweibrücken Urt. v. 3.3.1998 – 5 U 57/96, NJW-RR 1999, 1156.
[89] *Heß/Burmann* NJW-Spezial 2005, 303 (jedoch Darstellung der Einwände gegen das Gutachten die Möglichkeit zu erörtern, den Sachverständigen gemäß §§ 406 Abs. 1, 42 Abs. 1 ZPO abzulehnen).
[90] VGH München Beschl. v. 4.8.2003 – 1 C 03.950, NJW 2004, 90.
[91] Vom 15.1.2004 – 23 T 1/04, bisher n. v.
[92] LG Köln MittBl. der Arge VerkR 2005, 74.
[93] Zu Beispielen zur Frage der Begründetheit einer Ablehnung vgl. *Baumbach/Lauterbach/Albers/Hartmann* § 406 ZPO Rn. 6 ff.

5. Die Haftung des gerichtlichen Sachverständigen

Nach § 839a BGB[96] ist ein vom Gericht ernannter Sachverständiger zum Ersatz des Schadens verpflichtet, wenn er vorsätzlich oder grob fahrlässig ein unrichtiges Gutachten erstattet und hierdurch einem Verfahrensbeteiligten aufgrund der Entscheidung, die auf dem falschen Gutachten beruht, ein Schaden entsteht. Haftungsvoraussetzung ist ein unrichtiges Gutachten, etwa wenn von einem unzutreffenden Sachverhalt ausgegangen wird.[97]

Eine Haftung ist nicht gegeben, wenn das Verfahren ohne gerichtliche Entscheidung endet. Im Übrigen ist zu beachten, dass gemäß § 839 Abs. 2 BGB die Vorschrift des § 839 Abs. 3 BGB entsprechend anzuwenden ist mit der Folge, dass die Haftung des Sachverständigen entfällt, wenn schuldhaft ein Rechtsmittel nicht eingelegt wird. Ersichtlich ist, dass diese Vorschrift auch von großer praktischer Bedeutung sein kann für den Kraftfahrzeug-Haftpflichtprozess, in dem die gerichtliche Entscheidungsfindung häufig auf Sachverständigengutachten, etwa einem unfallanalytischen Gutachten oder einem Gutachten zu Verletzungsfolgen, beruht.

VII. Streitwert und Kosten

1. Streitwert

a) **Streitwert und Zuständigkeit.** Zunächst ist der Streitwert im Zivilprozess maßgebend für die Abgrenzung der sachlichen Zuständigkeit des Amts- und des Landgerichtes (sog. „Zuständigkeitsstreitwert"). Weiter ist hinsichtlich des möglichen Rechtsmittels der Rechtsmittelstreitwert zu beachten und schließlich ist der Streitwert maßgebend für die Gebührenberechnung, und zwar die Gebühren des Gerichtes nach GKG sowie der Rechtsanwälte nach RVG.

b) **Die Streitwertbestimmung.** Der Streitwert richtet sich grundsätzlich nach dem Antrag des Klägers. Bei Feststellungsansprüchen erfolgt ein Wertabschlag in der Regel um 20 %;[98] im Übrigen ist zu verweisen zu Besonderheiten der Streitwertberechnung im Versicherungsprozess, → § 49 Rn. 27 ff.

Wird ein Schmerzensgeldanspruch durch unbezifferten Antrag geltend gemacht, hängt die Ermittlung der Schadenhöhe und die Festlegung des Ersatzbetrages vom billigen Ermessen des Gerichtes ab. Es ist davon auszugehen, dass der Streitwert bei unbezifferten Schmerzensgeldanträgen sich bestimmt nach dem zugesprochenen Betrag. Er beträgt aber mindestens die vom Kläger mitgeteilte Größenordnung.[99]

2. Kosten und Gebühren

a) **Grundsätzliches.** In jeder gerichtlichen Endentscheidung ist über die Kosten des Rechtsstreites zu entscheiden. Die Pflicht zur Kostentragung entspricht grundsätzlich dem Verhältnis von Obsiegen und Unterliegen.[100] Zur Anwaltsvergütung bei der Unfallschadenregulierung bzw. im Prozess vgl. auch vorstehend → § 33.

b) **Kostenentscheidung bei Beteiligung von Streitgenossen.** Die Kostenentscheidung muss bezüglich jedes einzelnen Streitgenossen eine Entscheidung darüber enthalten, in welchem Verhältnis er zum Gegner bzw. in welchem Verhältnis der Gegner zu ihm die Kosten zu tragen hat.[101]

---

[94] Heß/Burmann, Die Bedeutung des Privatgutachtens in verkehrsrechtlichen Fällen, NJW-Spezial 2012, 329.
[95] OLG München Beschl. v 17.8.2009 – 25 U 3331/09, Spektrum Versicherungsrecht Heft 3/2010, 48.
[96] Eingefügt durch Art. 2 Nr. 5 des 2. SchadÄndG vom 19.7.2002 (BGBl. I 2674).
[97] Palandt/Sprau § 839a Rn. 3.
[98] Geigel Kap. 41 Rn. 2; im Übrigen ist zu verweisen auf die Möglichkeit der Orientierung an Streitwerttabellen, vgl. zB Finke Streitwerttabelle.
[99] Geigel Kap. 41 Rn. 16, 17 mit Beispielen.
[100] Vgl. hierzu im Einzelnen Geigel Kap. 41 Rn. 27.
[101] Geigel Kap. 41 Rn. 31, 32 unter Hinweis auf die Anwendung der Baumbach'schen Formel.

120 c) **Besonderheiten im Kraftschadenprozess.** Kosten eines vorprozessualen Privatgutachtens sind nicht erstattungsfähig, wenn sie dem Haftpflichtversicherer der Partei nicht prozessbezogen, sondern zur Prüfung der Einstandspflicht entstanden sind.[102] Eine Besonderheit gilt bei einem möglichen manipulierten Schadenereignis. In diesem Fall kommt die Erstattungsfähigkeit der Kosten für die Einholung eines privaten Schadengutachtens durch die beklagte Haftpflichtversicherung im Kostenfestsetzungsverfahren in Betracht.[103]

121 Umgekehrt ist auch daran zu denken, dass die Kosten, die für die Beschaffung eines Aktenauszuges anfallen, grundsätzlich zu erstatten sind. Die Beiziehung von Strafakten ist in Unfallhaftpflichtprozessen sinnvoll und vernünftig. Die Kosten für die Beschaffung von Strafakten sind also im Kostenausgleichsverfahren geltend zu machen[104] (vgl. nachfolgend → Rn. 124 ff.).

122 Der Kfz-Haftpflichtversicherer ist nicht verpflichtet, die Kosten eines gerichtlichen Mahnverfahrens gegen den VN zu erstatten, wenn der Mahnbescheid vor Geltendmachung der Ansprüche gegen den Versicherer beantragt wurde und der Versicherer nach Eingang der Schadenanzeige unverzüglich reguliert hat.[105]

123 d) **Anwaltskosten bei Bestellung eines eigenen Anwaltes durch VN.** Es ist von dem Grundsatz auszugehen, dass die Bestellung eines eigenen Anwaltes durch den Versicherungsnehmer bei Geltendmachung des Direktanspruches gegen den Haftpflichtversicherer und des Schadenersatzanspruches gegen den Halter/Fahrer des versicherten Fahrzeuges dann nicht notwendig und damit nicht erstattungsfähig ist, wenn kein besonderer sachlicher Grund für die Einschaltung eines eigenen Anwaltes besteht.[106]

124 e) **Kosten eines Aktenauszuges.** In aller Regel wird durch die Haftpflichtversicherung, insbesondere bei unklarer Haftungslage, Einsicht in die amtlichen Ermittlungsakten genommen. Mit der Beschaffung ist ebenso in aller Regel ein Anwalt beauftragt. Hierdurch entstehen zu Lasten der Versicherung Kosten.

125 Bei außergerichtlicher Erledigung sind dies Kosten der Regulierung. Hier ist von dem Grundsatz auszugehen, dass Aufwendungen für Auskünfte, die der Haftpflichtversicherer einholt, um sich Klarheit über seine Einstandspflicht iSv §§ 1, 3 PflVG zu verschaffen, zu den Leistungen gehören, die durch die Prämienzahlungen abgegolten sind.

126 Kommt es jedoch zu einem Rechtsstreit, so stellt sich die Frage, ob im Rahmen der Kostenfestsetzung die Kosten für die Beschaffung des Aktenauszuges erstattungsfähige Kosten iSv §§ 91 Abs. 1, 92 ZPO sind. Dies wiederum muss differenziert gesehen werden. Wird der Aktenauszug beschafft im Stadium außergerichtlicher Regulierung und Regulierungsverhandlungen, so dürfte auch beim nachfolgenden Prozess die Erstattungspflicht zu verneinen sein. In diesem Fall kommt wiederum, wie vorstehend dargestellt, zum Tragen, dass Aufwendungen für Auskünfte, einschließlich also auch für Aktenauszüge, nicht erstattungsfähige Leistungen sind, sondern Aufwendungen darstellen, die im Rahmen der Regulierung nach den Grundsätzen des PflVG abgegolten sind. Wird aber erst der Aktenauszug im Hinblick auf einen angedrohten Prozess eingeholt, so sind die Kosten für die Beschaffung des Aktenauszuges als notwendige Kosten der Rechtsverteidigung zu qualifizieren mit der Folge, dass sie zu erstatten sind.[107]

127 Wird während des laufenden Prozesses der Anwalt beauftragt, einen Aktenauszug zu erstellen, so ist diese Tätigkeit nicht gesondert zu vergüten, sondern durch die Gebühren des Rechtsstreites abgegolten.[108]

128 f) **Prozesskostenhilfe.** Auch kommt selbstverständlich im Prozessverfahren, das eine verkehrsrechtliche Angelegenheit zum Gegenstand hat, die Bewilligung von Prozesskostenhilfe

---

[102] OLG Koblenz Beschl. v. 12.3.2002 – 14 W 165/02, zfs 2002, 298.
[103] OLG Düsseldorf Beschl. v. 18.5.2001 – 1 W 16/01, DAR 2002, 125.
[104] LG Görlitz Beschl. v. 19.3.2003 –4 O 367/99, NZV 2003, 429.
[105] AG Würzburg Urt. v. 16.8.2001 –12 C 1601/01, VersR 2002, 1097.
[106] BGH Beschl. v. 20.1.2004 – VI ZB 76/03, MDR 2004, 569 = VersR 2004, 622.
[107] Vgl. hierzu AG Siegburg Beschl. v. 14.1.2005 – 5a C 8/02, AGS 2005, 176 m. Anm. *Schneider*.
[108] OLG Düsseldorf Beschl. v. 8.6.2004 – I-10 W 42/04, AGS 2004, 317.

in Betracht. Der bedürftigen Partei kann auch eine Rechtsanwaltssozietät beigeordnet werden.[109]

3. Entschädigung wegen überlangen Verfahrens

Zunächst ist davon auszugehen, dass die Beurteilung eines „überlangen Verfahrens" – angemessene Dauer – zu beurteilen ist nach einem allgemeinen Wertungsrahmen, der insbesondere durch verfassungs- und menschenrechtliche Maßstäbe geprägt wird. Von Bedeutung kann sein, in welcher Zeit vergleichbare Verfahren erledigt werden.[110]

VIII. Rechtsmittel

1. Checkliste: Rechtsmittel im Kraftschaden (-Prozess)

Checkliste[111]

I. Prüfung Tatbestand/Tatbestandsberichtigung
- ☐ Prüfung der Richtigkeit des Tatbestandes
- ☐ Antrag auf Tatbestandsberichtigung
- ☐ Berufung/Voraussetzung
- ☐ Zulassung der Berufung
- ☐ Zuständiges Rechtsmittelgericht
- ☐ Prüfung der Postulationsbefugnis
- ☐ Berufungsfrist
  - 1 Monat ab Zustellung
  - 5 Monate ab Verkündung
  - Prüfung Berufungsfrist, evtl. Fristverlängerung
- ☐ Berufungsschrift
  - Vollständigkeit
  - Rechtswirksame Unterzeichnung
- ☐ Berufungsbegründung
  - Begründungsfrist

II. Berufung – neue Angriffs- und Verteidigungsmittel
- ☐ Berufungsantrag
  - Aktualisierung
  - Erweiterung des Begehrens oder Veränderung
  - Neue Angriffs- und Verteidigungsmittel
- ☐ Anschlussberufung
  - Prüfung Frist
  - Einlegung
  - Begründung

III. Revision
- ☐ Revisionsfrist
  - 1 Monat ab Zustellung
  - 5 Monate ab Verkündung
- ☐ Prüfung der Zulassung der Revision
  - Ist Zulassung angeregt?
  - Nachträgliche Zulassung

---

[109] BGH Beschl v. 17.9.2008 – IV ZR 343/07, VersR 2009, 237.
[110] BSG Urt. v. 21.2.2013 – B 10 ÜG 1/12 KL, NJW 2014, 248 mit Darstellung konkreter Einzelumstände, Feststellung der Verfahrensdauer und Entschädigungshöhe.
[111] Vgl. hierzu auch Beck-RAHdb/*Schlüter* § 2.

- Nichtzulassungsbeschwerde
  - 1 Monat ab Zustellung
  - 6 Monate ab Verkündung
- Evtl. sofortige Beschwerde
- Rechtsbeschwerde

2. Tatbestandsprüfung und Tatbestandberichtigung

131 **a) Prüfung der Richtigkeit des Tatbestandes.** Neben der Einlegung von Rechtsmitteln ist es wichtig zu prüfen, ob der Tatbestand richtig ist oder ob Fehler bzw. unrichtige Angaben und irreführende Ausführungen vorliegen, und zwar orientiert am Sachvortrag und am Ergebnis der Verhandlung sowie der Beweisaufnahme.

132 **b) Der Antrag auf Tatbestandberichtigung.** Der Antrag auf Tatbestandsberichtigung ist gemäß § 320 ZPO innerhalb einer Frist von 2 Wochen zu stellen. Spätestens ist der Antrag jedoch innerhalb von 3 Monaten nach Verkündung des Urteils zu stellen, auch wenn der Tatbestand noch nicht vorliegt. Dies ergibt sich aus der gesetzlichen Regelung des § 320 Abs. 2 S. 2 ZPO.[112]

3. Die Berufung im Einzelnen

133 **a) Statthaftigkeit.** Nach § 511 ZPO findet die Berufung gegen erstinstanzliche Endurteile statt. Endurteil ist ein Urteil, dass den Prozess insgesamt für die Instanz endgültig abschließt, also ein Schlussurteil iSv § 300 ZPO.

134 Einem Endurteil gleich behandelt werden, obwohl hierdurch der Prozess nicht endgültig abgeschlossen wird, das
- Teilurteil (§ 301 ZPO)
- Zwischenurteil (§§ 303, 280 Abs. 2 ZPO)
- Zwischenurteil über den Grund (§ 304 ZPO)
- Vorbehaltsurteil (§§ 302 Abs. 3, 599 Abs. 3 ZPO).

135 Die Berufung ist nicht zulässig, wenn die Beschwerdesumme gemäß § 511 Abs. 2 Nr. 1 ZPO den Betrag von 600,– EUR nicht überschreitet. Die Beschwer ergibt sich aus dem Vergleich der in der letzten mündlichen Verhandlung gestellten Anträge mit dem Urteil. Maßgebend für den Beschwerdegegenstande ist der Betrag, um den der Berufungskläger das Urteil zu seinen Gunsten abzuändern begehrt.[113]

136 **b) Das Rechtsmittelgericht.** Zuständig für die Berufung ist das zweitinstanzliche Gericht. Gemäß § 72 GVG ist das Landgericht in Zivilsachen zuständig für Berufungen gegen Endurteile des Amtsgerichtes. Das Oberlandesgericht ist gemäß § 119 GVG zuständig in Zivilsachen für Berufungen gegen Endurteile des Landgerichtes.

137 Außerdem sind Oberlandesgerichte gemäß § 119 Abs. 1 Nr. 1b und c GVG zuständig für Fälle mit Auslandsberührung. Dies ist gegeben, wenn Beteiligte mit allgemeinem Gerichtsstand im Ausland beteiligt sind oder wenn ausländisches Recht anzuwenden ist.[114]

138 **c) Form der Berufung.** Die Durchführung der Berufung erfolgt in 2 Schritten, nämlich durch Einreichung
- der Berufungsschrift und
- der Berufungsbegründung.

139 *aa) Die Berufungsschrift.* Möglich ist die Einlegung der Berufung durch Telegramm, Telex, Telefax sowie durch Btx-Mitteilung.[115]

---

[112] Beck-RAHdb/*Schlüter* § 2 Rn. 6.
[113] *Baumbach/Lauterbach/Albers/Hartmann* § 511 ZPO Rn. 13 ff.
[114] Beck-RAHdb/*Schlüter* § 2 Rn. 13 (Zuständigkeitsregelungen des § 119 I Nr. 1b und c GVG aF sind ab 1.9.2009 entfallen).
[115] Vgl. hierzu mit Rechtsprechungsnachweisen Beck-RAHdb/*Schlüter* § 2 Rn. 14.

Die Einlegung der Berufung ist nicht möglich per Telefon und auch nicht per Telefax, wenn die Telefaxnummer für zwei Gerichte gilt und das zuständige Gericht in der Berufungsschrift falsch bezeichnet ist.

140 Erforderlich für die Einhaltung der gebotenen Form ist die richtige Bezeichnung der Parteien. Ein wirksames Mittel, die Gefahr formaler Mängel auszuschließen, ist die Möglichkeit, eine beglaubigte Kopie des angefochtenen Urteils beizufügen entsprechend der Soll-Vorschrift des § 519 Abs. 3 ZPO.[116]

Muster: Berufung

141 In dem Rechtsstreit
......
...... u. Berufungskläger –
Prozessbevollmächtigte/r: ......
gegen
......
...... u. Berufungsbeklagte –
wird gegen das Urteil des Amts-/Landgerichts ......, Aktenzeichen ......, zugestellt am ......
Berufung
eingelegt. Es wird beantragt,
unter Aufhebung des angefochtenen Urteils nach den in erster Instanz zuletzt gestellten Anträgen zu erkennen.
Ergänzung oder Änderung des Antrages bleiben vorbehalten.
Urteilsausfertigung mit der Bitte um Rückgabe ist beigefügt.

Rechtsanwalt

3fach dem Gericht
Anlage
Urteilsausfertigung

142 *bb) Die Berufungsbegründung.* Maßgebend für die inhaltlichen Voraussetzungen der Berufungsbegründung ist die Regelung des § 520 ZPO. Hiernach ist es erforderlich, Berufungsanträge zu stellen und die Berufungsgründe darzulegen.

143 *d) Fristen. aa) Berufungsfrist.* Die Berufungsfrist beträgt gemäß § 517 ZPO einen Monat. Sie ist eine Notfrist, die nicht verlängert werden kann. Sie beginnt mit der Zustellung des Urteils. Maßgebend ist die Zustellung des Urteils von Amts wegen. Längstens beträgt die Frist für die Berufungsbegründung 5 Monate seit Verkündung.

144 *bb) Die Frist für die Berufungsbegründung.* Die Frist für die Berufungsbegründung beträgt – abweichend von der bis 2001 geltenden Rechtslage – 2 Monate ab Zustellung des vollständigen Urteils, längstens aber 5 Monate ab Verkündung des Urteils.

145 In Betracht kommt die Verlängerung gemäß § 520 ZPO auf Antrag vom Gericht ohne Zustimmung des Gegners um einen Monat. Mit Zustimmung des Gegners kann die Berufungsbegründungsfrist verlängert werden, und zwar unbegrenzt.
Wichtig ist zu beachten, dass die Berufung nur zulässig ist, wenn mit den Berufungsanträgen die Beseitigung einer Beschwer aus dem angegriffenen Urteil erstrebt wird.

146 *e) Der Inhalt der Berufungsbegründung. aa) Der Antrag in der Berufungsinstanz.* Wichtig ist es, den richtigen und sachgerechten Antrag zu stellen. So kann zB ein Antrag lauten:
... unter Abänderung des angefochtenen Urteils ... zu erkennen
oder
... unter teilweiser Abänderung des angefochtenen Urteils zu erkennen ...

---

[116] BGH VersR 1989, 276.

147 bb) *Die Gefahr verspäteten Vorbringens.* Gemäß § 531 ZPO ist die Möglichkeit für neues Vorbringen erheblich eingeschränkt. Angriffs- und Verteidigungsmittel, die das erstinstanzliche Gericht bereits zu Recht zurückgewiesen hat, sind ausgeschlossen. Gemäß § 531 Abs. 2 ZPO hat das Berufungsgericht neue Angriffs- und Verteidigungsmittel nur zuzulassen, wenn diese
- einen vom erstinstanzlichen Gericht erkennbar übersehenen oder für unerheblich gehaltenen Gesichtspunkt betreffen,
- infolge eines Verfahrensmangels in erster Instanz nicht geltend gemacht wurden oder
- ohne Nachlässigkeit der Parteien nicht geltend gemacht worden sind.

Diese Voraussetzungen sollen in der Berufungsbegründung bereits dargelegt werden und sind auf Verlangen glaubhaft zu machen.[117]

148 cc) *Beispiele für neue Angriffs- und Verteidigungsmittel.* Hierzu gehören Behauptungen, Bestreiten, Einwendungen, wie die Geltendmachung der Aufrechnung, Einreden, Beweisanträge und Beweiseinreden, nicht aber der Angriff selbst, nämlich Klage und Widerklage.

149 Es gilt generell der Grundsatz: Angriffs- und Verteidigungsmittel sind neu, wenn sie in der 1. Instanz bis zum Schluss der mündlichen Verhandlung nicht vorgebracht worden sind, ferner dann, wenn sie vorgebracht, aber später fallengelassen worden sind, und auch dann, wenn sie im 1. Rechtszug verspätet vorgebracht sind.[118]

150 dd) *Zulassung neuer Angriffs- und Verteidigungsmittel.* Neues Vorbringen bedarf gemäß § 531 Abs. 2 ZPO der Zulassung. Diese Beschränkung setzt einmal einen Verstoß gegen die Prozessförderungspflicht voraus. Sie gilt deshalb nicht für Tatsachen, die erst nach Schluss der letzten mündlichen Verhandlung I. Instanz entstanden sind, und auch nicht für Vorbringen, das erst durch das angefochtene Urteil oder durch einen neuen Vortrag der Gegenpartei veranlasst worden ist. Hierzu ist auf die obigen Ausführungen zu verweisen. Über die Zulassung wird im Endurteil entschieden.

151 f) **Anschlussberufung.** Es ist von dem Grundsatz auszugehen, dass gegen ein erstinstanzliches Urteil, das dem Klageanspruch nur teilweise stattgibt, beide Parteien Berufung einlegen können. Die frühere Unterscheidung zwischen selbstständiger und unselbstständiger Anschlussberufung ist aufgegeben worden.[119]

152 Nach geltendem Recht kommt eine Anschlussberufung nur in Betracht, wenn die Berufungsfrist für den Berufungsbeklagten bereits verstrichen ist. Dies ist gemäß § 524 Abs. 2 S. 2 ZPO spätestens einen Monat nach Zustellung der Berufungsbegründung gegeben. Für die Anschlussberufung ist weder eine Beschwer erforderlich noch müssen die Voraussetzungen des § 511 ZPO vorliegen.

153 g) **Berufungsentscheidung.** Grundsätzlich entscheidet das Berufungsgericht durch Urteil. Unter den Voraussetzungen des § 526 ZPO kann jedoch durch Beschluss die Entscheidung einem Mitglied des Berufungsgerichts übertragen werden, und zwar dann, wenn
- die angefochtene Entscheidung von einem Einzelrichter erlassen wurde
- die Sache keine besonderen Schwierigkeiten aufweist
- die Sache keine grundsätzliche Bedeutung hat und
- nicht bereits im Haupttermin verhandelt wurde, es sei denn, es sei inzwischen ein Vorbehalts-, Teil- oder Zwischenurteil ergangen.

154 Der Einzelrichter kann bei wesentlicher Veränderung der Prozesslage oder übereinstimmendem Antrag der Parteien die Kammer bzw. den Senat gemäß § 526 Abs. 2, 3 ZPO um Rücknahme bitten.

155 Auch kann das Gericht einen Einzelrichter mit der Vorbereitung des Rechtsstreits beauftragen, dem eingeschränkte Kompetenzen zustehen. Im Einvernehmnis der Parteien kann gemäß § 527 Abs. 4 ZPO der Einzelrichter auch den Rechtsstreit entscheiden.

156 Auch ist es möglich, die Berufung durch einstimmigen Beschluss als unbegründet zurückzuweisen, wenn

---

[117] Beck-RAHdb/*Schlüter* § 2 Rn. 33, 34 unter Hinweis auf *Schneider* NJW 2003, 1434.
[118] *Baumbach/Lauterbach/Albers/Hartmann* § 531 ZPO Rn. 11, 12.
[119] Vgl. hierzu und zur amtlichen Begründung Beck-RAHdb/*Schlüter* § 2 Rn. 37.

- die Berufung keine Aussicht auf Erfolg hat
- die Sache keine grundsätzliche Bedeutung hat
- die Fortbildung des Rechtes oder die Sicherung einer einheitlichen Rechsprechung nicht entgegensteht (§ 522 Abs. 2 ZPO).

h) Kostenentscheidung. Die Kosten eines erfolglosen Rechtsmittels trägt gemäß § 97 Abs. 1 ZPO der Rechtsmittelführer.

Im Falle eines Obsiegens des Rechtsmittelführers aufgrund sachlichen neuen Vorbringens hat er gleichwohl die Kosten des Rechtsmittels gemäß § 97 Abs. 2 ZPO zu tragen.[120]

4. Die Revision

Zu vergegenwärtigen ist, dass auch in Kraftschadenprozessen, insbesondere bei Personengroßschäden, eine Revision in Betracht kommt. Eine zivilprozessuale Revision kann nur von einem beim Bundesgerichtshof zugelassenen Anwalt eingelegt werden, sodass davon auszugehen ist, dass dieser sowohl mit den prozessualen als auch materiellrechtlichen Aspekten vertraut ist. Darüber hinaus dürfte aber auch der mit der Abwicklung befasste Anwalt bei der Beurteilung haftungsrechtlicher Fragen oder Fragen der einzelnen Anspruchspositionen gefordert sein.

a) Die Voraussetzung der Zulassung der Revision. Die Revision zum Bundesgerichtshof findet nur statt gegen die in der Berufungsinstanz erlassenen Endurteile. Revisionen bedürfen nach der seit dem 1.1.2002 geltenden gesetzlichen Regelung grundsätzlich der Zulassung.

Das Berufungsgericht – auch das Landgericht als Berufungsgericht – hat von Amts wegen über die Zulassung der Revision zu entscheiden.

Revision ist, und zwar unabhängig vom Streitwert, gemäß § 543 ZPO zuzulassen, wenn
- die Rechtssache grundsätzliche Bedeutung hat oder
- die Fortbildung des Rechts oder die Sicherung einer einheitlichen Rechtsprechung eine Entscheidung des Revisionsgerichtes erfordert.

Die Entscheidung über die Zulassung muss sich aus dem Endurteil des Landgerichtes oder Oberlandesgerichtes ergeben.

Das Revisionsgericht ist gemäß § 543 Abs. 2 ZPO gebunden.

b) Die Revisionsfrist. Die Revisionsfrist beträgt 1 Monat. Die Revisionsbegründung ist innerhalb von 2 Monaten ab Zustellung des Urteils einzureichen; Revision und Revisionsbegründung sind gemäß §§ 548, 551 Abs. 2 ZPO jeweils spätestens 5 Monate nach der Verkündung des Urteils einzureichen. In der Praxis des BGH werden Revisionsbegründungsfristen großzügig verlängert.

c) Sprungrevision. Sprungrevision ist gemäß § 566 ZPO zulässig, wenn der Gegner in die Übergehung der Berufungsinstanz einwilligt und der BGH dies zulässt.

d) Nichtzulassungsbeschwerde. In dem Fall, in dem die Revision nicht zugelassen ist, kommt Nichtzulassungsbeschwerde gemäß § 544 Abs. 1 ZPO in Betracht. Die Nichtzulassungsbeschwerde muss durch einen beim Revisionsgericht zugelassenen Anwalt eingelegt werden. Die Einlegung muss innerhalb einer Notfrist von 1 Monat erfolgen, spätestens jedoch bis zum Ablauf von 6 Monaten seit Urteilsverkündung.

Innerhalb von 2 Monaten ab Zustellung des Urteils, spätestens innerhalb von 7 Monaten ab Verkündung des Urteils ist die Beschwerde zu begründen. Gemäß § 544 Abs. 2 ZPO ist eine Verlängerung zulässig.

Hinzuweisen ist auf eine Übergangsbestimmung des § 26 Ziff. 8 EGZPO. Hiernach muss bis zum 31.12.2006 die Beschwer 20.000,- EUR übersteigen.

5. Beschwerde

Nach der Umgestaltung des Beschwerderechtes aufgrund der ZPO-Reform ist zwischen den einzelnen Beschwerdeformen zu unterscheiden wie folgt:
1. Sofortige (Erst-)Beschwerde (§§ 567 bis 573 ZPO)

---

[120] Vgl. hierzu im Einzelnen Beck-RAHdb/*Schlüter* § 2 Rn. 45.

2. Rechtsbeschwerde (§§ 574 bis 577 ZPO)
3. Nichtzulassungsbeschwerde (§ 544 ZPO).

167 a) **Sofortige Beschwerde.** Die sofortige Beschwerde ist statthaft gegen Entscheidungen der Amts- und Landgerichte, bei denen dies im Gesetz ausdrücklich bestimmt ist oder bei denen es sich um Entscheidungen handelt, die keine mündliche Verhandlung erfordern und in denen ein das Verfahren betreffendes Gesuch gemäß § 567 Abs. 1 ZPO zurückgewiesen worden ist. Gemäß § 567 Abs. 3 ZPO kann der Gegner sich der Beschwerde anschließen.

168 Die Beschwerde ist gemäß § 569 ZPO innerhalb einer Notfrist von 2 Wochen einzulegen. Eingelegt werden kann die Beschwerde sowohl beim Erstgericht als auch beim Beschwerdegericht (§ 569 Abs. 1 Satz 1 ZPO).

169 Auch ist es möglich, mit der Beschwerde neue Angriffs- und Verteidigungsmittel vorzutragen. Die Begründung ist nicht obligatorisch, soll jedoch gemäß § 571 Abs. 1 ZPO erfolgen.

170 b) **Rechtsbeschwerde.** Die (neu eingeführte) Rechtsbeschwerde ist statthaft, wenn sie im Gesetz ausdrücklich vorgesehen ist oder wenn das Beschwerdegericht, das Berufungsgericht oder das OLG die Rechtsbeschwerde zugelassen hat.

171 Ist die Rechtsbeschwerde nicht ausdrücklich zugelassen, so ist weiter Voraussetzung, dass die Rechtssache grundsätzliche Bedeutung hat oder der Fortbildung des Rechtes oder der Sicherung einer einheitlichen Rechtsprechung dient (§ 574 Abs. 2 ZPO).

Die Rechtsbeschwerde ist innerhalb einer Frist von 1 Monat gemäß § 575 Abs. 1 ZPO beim Rechtsbeschwerdegericht einzureichen und gemäß § 575 Abs. 2 ZPO zu begründen.

172 Eine Verlängerung der Begründungsfrist ist entsprechend den Vorschriften der Revision möglich. Auch kann der Rechtsbeschwerdegegner sich innerhalb einer Notfrist von 1 Monat ab Zustellung der Begründungsschrift der Beschwerde anschließen.[121]

173 c) **Nichtzulassungsbeschwerde.** Zur Nichtzulassungsbeschwerde ist zu verweisen auf die vorstehenden Ausführungen Rn. 164.

6. Rechtskraftwirkung

174 Eine besondere Konstellation kann sich ergeben, wenn im Verhältnis der Ansprüche gegenüber der Haftpflichtversicherung die Klage abgewiesen wird mit der Rechtskraftwirkung des § 3 Nr. 8 PflVG und die Berufung im Verhältnis zum beklagten Versicherungsnehmer und Schädiger zugelassen wird.

175 Die Rechtskraftwirkung des § 3 Nr. 8 PflVG hat zur Folge, dass im Rahmen einer nur im Verhältnis zum beklagten Versicherungsnehmer zugelassenen Berufung eine erneute Überprüfung der Haftungsfrage ausgeschlossen ist.[122]

IX. Muster Klageschrift Schadenersatzforderung und Feststellungsklage

1. Muster: Klageschrift Schadenersatzforderung[123]

176 An das
Landgericht Köln
50922 Köln

           Klage
des Kaufmannes Heinz Muster, An der Linde 14, 50668 Köln

                    – Klägers –

Prozessbevollmächtigte: RAe Gerecht & Partner, Köln
gegen

1. den Angestellten Werner Rowdy, Efeustr. 52, 47249 Duisburg

---

[121] Vgl. im Einzelnen Beck-RAHdb/*Schlüter* § 2 Rn. 56.
[122] BGH Urt. v. 15.1.2008 – VI ZR 131/07, zfs 2008, 260 = r+s 2008, 167.
[123] Vgl. auch Muster Klageschrift van Bühren/*van Bühren* Teil 9 Rn. 26 (aktualisiert).

2. Aurora Versicherungs-AG, vertreten durch den Vorstand, dieser vertreten durch den Vorstandsvorsitzenden Ludwig Müller, Akazienweg 1, 50827 Köln, Schadennummer: 01 KH 98765
– Beklagten –

wegen: Schadenersatz aus Verkehrsunfall.
Streitwert: 18.330,– EUR

Anträge:

1. Die Beklagten werden als Gesamtschuldner verurteilt, an den Kläger 18.330,– EUR nebst Zinsen in Höhe von 5 Prozentpunkten über dem Basiszinssatz seit dem 1.7.2014 zu zahlen
2. zzgl. . . . . . . EUR Gebühr nach 2300 VV-RVG.
3. Im schriftlichen Vorverfahren ergeht Versäumnisurteil, wenn die Beklagten ihre Verteidigungsabsicht nicht rechtzeitig mitteilen.

Gründe:

Gegenstand der Klage sind Schadensersatzansprüche aus einem Verkehrsunfall, den der Beklagte zu 1) mit seinem bei der Beklagten zu 2) versicherten Fahrzeug allein verursacht und verschuldet hat.
Beweis für alles Vorstehende: 1. Beiziehung der Bußgeldakten der Bußgeldstelle Köln,
Az.: U 234/13, K 1
2. Zeugnis des Peter Genau, Komödienstraße 1,
50667 Köln

1. Am 16.5.2013 befuhr der Kläger mit seinem Pkw Golf in Köln die Luxemburger Straße stadtauswärts mit einer Geschwindigkeit von etwa 40 km/h. Es herrschte auf allen drei Fahrbahnen dichter Kolonnenverkehr. Als die vor ihm befindlichen Fahrzeuge abbremsten, musste der Kläger sein Fahrzeug bis zum Stillstand abbremsen. Nachdem das Fahrzeug des Klägers bereits mehrere Sekunden stand, fuhr der Beklagte zu 1) auf das *stehende* Fahrzeug des Klägers auf. Die Wucht des Aufpralls war so stark, dass das Fahrzeug des Klägers auf das vor ihm befindliche Fahrzeug des Zeugen Genau aufgeschoben wurde.

2. Die Beklagte zu 2) hat eine Schadensregulierung abgelehnt, weil der Beklagte zu 1) in seiner Schadenanzeige mitgeteilt hat, dass der Kläger unmittelbar vor dem Auffahrunfall einen Fahrspurwechsel vorgenommen habe. Für den Frontschaden bestehe ohnehin keine Ersatzpflicht, da der Kläger bereits auf das vor ihm befindliche Fahrzeug des Zeugen Genau aufgefahren sei, bevor der Heckanstoß erfolgte.
Diese Schutzbehauptungen der Beklagten werden durch den Inhalt der Bußgeldakte, insbesondere die Aussage des Zeugen Genau widerlegt werden, da dieser nur **einen** Anstoß verspürt hat.

3. In rechtlicher Hinsicht ist davon auszugehen, dass der Beklagte zu 1) den Verkehrsunfall durch einen Verstoß gegen § 4 StVO allein verursacht und verschuldet hat, während das Unfallgeschehen für den Kläger ein unabwendbares Ereignis war.

3.1. Gemäß § 4 Abs. 1 StVO muss der Abstand zu einem vorausfahrenden Fahrzeug „so groß sein, dass auch dann hinter ihm gehalten werden kann, wenn es plötzlich gebremst wird".
Wenn der Beklagte zu 1) diesen erforderlichen Sicherheitsabstand eingehalten hätte, hätte er rechtzeitig hinter dem stehenden Fahrzeug des Klägers anhalten können.
Bei einem Auffahrunfall ist nach den Regeln des Anscheinsbeweises davon auszugehen, dass der Auffahrende entweder unaufmerksam oder mit einem nicht ausreichenden Sicherheitsabstand gefahren ist, (vgl. *Hentschel* § 4 StVO Rn. 17 mwN; OLG Köln v. 23.6.1995 – 19 U 48/95 – r+s 1996, 17).
Der Beklagte zu 1) müsste daher einen atypischen Geschehensablauf nicht nur **behaupten,** sondern **beweisen.**

3.2. Demgegenüber war das Unfallgeschehen für den Kläger ein unabwendbares Ereignis, zumal er weder nach links noch nach rechts ausweichen konnte, da sämtliche Fahrspuren besetzt waren.
Letztlich bedarf es ohnehin nicht des Nachweises der Unabwendbarkeit durch den Kläger: Wenn ein Unfallbeteiligter schuldhaft gehandelt hat, bleibt die Betriebsgefahr des anderen Fahrzeuges in der Regel unberücksichtigt (OLG Karlsruhe v. 6.2.1991 – 1 U 269/90 –, VersR 1991, 1071).

4. Die Klageforderung errechnet sich wie folgt:

Reparaturkosten	16.400,– EUR
merkantiler Minderwert	600,– EUR
Sachverständigenkosten	580,– EUR
Nutzungsausfall 10 Tage Reparaturdauer	720,– EUR
Kostenpauschale	30,– EUR
insgesamt:	**18.330,– EUR**

Der Kläger hat den Sachverständigen Sorglos mit der Erstellung eines Gutachtens beauftragt. Der Sachverständige hat Reparaturkosten in Höhe von 16.400,– EUR ermittelt.

Beweis: 1. Das in Fotokopie beigefügte Gutachten Sorglos, Anlage K 1
2. Vorlage des Originalgutachtens durch die Beklagte zu 2) gemäß § 421 ZPO

Der Sachverständige hat auch eine Reparaturdauer von 10 Tagen und einen merkantilen Minderwert von 600,– EUR ermittelt.

Beweis: Wie vor

5. Der Gebührenrückforderungsanspruch ergibt sich daraus, dass der Kläger die Beklagte zu 2) mit Schreiben vom . . . . . . unter Fristsetzung zur Zahlung aufgefordert hat. Hierbei sind gemäß Nr. 2300 VV-RVG . . . . . . an Kosten entstanden.

6. Der Zinsanspruch ergibt sich aus § 288 Abs. 1 S. 2 BGB.
Nach dieser Vorschrift ist während des Verzuges eine Geldschuld mit 5 Prozentpunkten über dem Basiszinssatz zu verzinsen. Die Beklagte zu 2) ist mit Schreiben vom 20.6.2014 mit Fristsetzung bis zum 30.6.2014 zur Schadenregulierung aufgefordert worden. Sie befindet sich seit dem 1.7.2014 in Verzug.

Rechtsanwalt

2. Muster: Feststellungsklage, unbezifferter Klageantrag[124]

177

An das
Landgericht Köln
50922 Köln

Klage

der Schülerin Christina Fleißig, gesetzlich vertreten durch die Eltern Hans und Jutta Fleißig, An der Linde 14, 50668 Köln,

– Klägerin –

Prozessbevollmächtigte: RAe Gerecht & Partner, Köln

gegen

Aurora Versicherungs-AG, vertreten durch den Vorstand, dieser vertreten durch den Vorstandsvorsitzenden Ludwig Müller, Akazienweg 1, 50827 Köln, Schadennummer: 01 KH 98765

– Beklagte –

wegen Schmerzensgeld und Zukunftsschäden.
Streitwert: 40.000,– EUR

Anträge:

1. Die Beklagte wird verurteilt, an die Klägerin ein angemessenes Schmerzensgeld zu zahlen, mindestens in Höhe von 20.000,– EUR, zuzüglich Zinsen in Höhe von 5 Prozentpunkten über dem Basiszinssatz seit . . . . . . (Verzug, Rechtshängigkeit)
2. zzgl. . . . . . . EUR Gebühr nach 2300 VV-RVG.
3. Es wird festgestellt, dass die Beklagte verpflichtet ist, der Klägerin sämtliche materiellen und immateriellen Zukunftsschäden zu ersetzen, die aus dem Verkehrsunfallereignis vom 11.4.2013 resultieren.

---

[124] Vgl. auch Muster Klageschrift van Bühren/*van Bühren* Teil 9 Rn. 27 (Beträge geändert).

4. Im schriftlichen Vorverfahren ergeht Versäumnisurteil, wenn die Beklagte ihre Verteidigungsabsicht nicht rechtzeitig mitteilt.

Gründe:

Gegenstand der Klage sind Schadensersatzansprüche der Klägerin aus einem Verkehrsunfall vom 11.4.2013. Die Eintrittspflicht der Beklagten für das Unfallgeschehen ist unstreitig.

1. Am Unfalltag befuhr Sascha Meyer, Versicherungsnehmer der Beklagten, mit einem bei der Beklagten versicherten Fahrzeug in Köln die Rheinuferstraße stadtauswärts. Durch alkoholbedingte absolute Fahruntüchtigkeit und überhöhte Geschwindigkeit verlor er die Gewalt über sein Fahrzeug, geriet ins Schleudern und erfasste auf dem Bürgersteig die Klägerin. Die Klägerin wurde schwer verletzt. Der Versicherungsnehmer der Beklagten ist gemäß § 315c StGB rechtskräftig verurteilt worden.
   Beweis: Beiziehung der Akten des Amtsgerichts Köln, Az.: 123 Ds 456/13.
2. Die Klägerin, die zum Unfallzeitpunkt 14 Jahre alt war, wurde erheblich verletzt: Sie erlitt eine Gehirnerschütterung, einen Wadenbeinbruch, diverse Prellungen und einen Ausriss der Kniescheibe.
   Die Klägerin wurde drei Monate stationär behandelt, die ambulante Behandlung dauert noch an. Es besteht eine Beinverkürzung von 1 cm. Es verbleibt eine dauernde Bewegungseinschränkung im linken Knie und im Sprunggelenk.
3. Angesichts des Umfangs der Verletzungen und des Dauerschadens ist ein Schmerzensgeld in Höhe von mindestens 20.000,– EUR gerechtfertigt. In der Tabelle *Hacks/Wellner/Häcker*, Schmerzensgeld-Beträge 2014, 32. Aufl. 2014, sind Entscheidungen abgedruckt, die für vergleichbare Verletzungen Schmerzensgeldbeträge zwischen 10.000,– EUR und 30.000,– EUR zusprechen. So hat zB das LG München I in seiner Entscheidung vom 17.7.1997 bei vergleichbaren Verletzungen einen Betrag von 25.000,– EUR zuerkannt (vgl. *Hacks/Wellner/Häcker*, a. a. O., lfd. Nr. 1431).
   Beweis für alles Vorstehende: 1. Das anliegende Attest des Dr. Genau vom 5.9.2013, Anlage K 1
   2. Sachverständigengutachten
4. Die Klägerin wird täglich durch deutlich sichtbare Narben an den Beinen und durch Belastungsschmerz an das Unfallgeschehen erinnert. Sie ist gezwungen, ständig blickdichte Strümpfe zu tragen, sie hat Schwierigkeiten, am Tanzunterricht und Sport teilzunehmen.
   Eine Verschlechterung des Gesundheitszustandes, insbesondere der Belastungsfähigkeit des Knies ist zu befürchten.
5. Eine Erhöhung der Schmerzensgeldforderung ist geboten, weil die Beklagte bislang zu keiner Vorschusszahlung bereit war, sondern jede Zahlung eines Schmerzensgeldes von der Unterzeichnung einer Abfindungserklärung abhängig gemacht hat. In derartigen Fällen lässt die Rechtsprechung ein entsprechend höheres Schmerzensgeld zu (OLG Nürnberg Urt. v. 30.4.1997 – 6 U 3535/96, VersR 1997, 1108 = NJW-RR 1998, 44). Auch ist eine Erhöhung des Schmerzensgeldes geboten, weil es sich bei den zitierten Entscheidungen um ältere Rechtsprechung handelt und die Tendenz zu höheren Schmerzensgeldern zu beachten ist. Im Übrigen ist auch zu beachten die Geldentwertung.[125]
6. Das Ausmaß des Dauerschadens und der gesundheitlichen Beeinträchtigung der Klägerin, insbesondere bei der Berufsausbildung sind nicht absehbar. Es ist davon auszugehen, dass die Klägerin zeitlebens in ihrer persönlichen und beruflichen Entwicklung behindert ist. Die Klägerin hat daher ein Rechtsschutzinteresse daran, dass die Eintrittspflicht der Beklagten auf Dauer festgestellt wird.
7. Der Gebührenrückforderungsanspruch ergibt sich daraus, dass der Kläger die Beklagte zu 2) mit Schreiben vom ...... unter Fristsetzung zur Zahlung aufgefordert hat. Hierbei sind gemäß Nr. 2300 VV-RVG ...... EUR an Kosten entstanden.
8. Streitwert für Klageantrag zu 1)   20.000,– EUR
   Streitwert für Klageantrag zu 3)   20.000,– EUR
                                               40.000,– EUR

Rechtsanwalt

---

[125] Vgl. *Hacks/Ring/Böhm*, SchmerzensgeldBeträge, 32. Aufl. 2014, „IV. Bemessungsformen", S. 20–22.

§ 38 Der Anwalt in eigener Sache, Haftungsrisiko und Rechtsdienstleistungsgesetz

Übersicht

	Rn.
I. Problemstellung	1–6
1. Haftungsrisiken	1–3
2. Vergütungsanspruch und Pflichtverletzung	4
3. Belehrungspflichten	5
4. Berufsrechtliche Risiken, speziell Interessenkollision	6
II. Vermeidung von Haftungsrisiken	7–14
1. Übersicht über die wichtigsten Haftungstatbestände	8
2. Ausreichende Versicherungssumme	9
3. Verjährungsbeginn bei anwaltlichen Beratungsfehlern	10
4. Verjährung und Hemmung	11/12
5. Verhalten im Haftpflichtfall	13/14
III. Das Rechtsdienstleistungsgesetz	15–28
1. Rechtsdienstleistungsgesetz und Rechtsdienstleistungsverordnung – RDV	15–20
a) Die Rechtslage nach RDG/RDV	15–17
b) Zwecks des Gesetzes	18
c) Erforderlichkeit einer rechtlichen Prüfung	19/20
2. Rechtsdienstleistung in Verkehrsangelegenheiten, speziell bei der Schadenregulierung	21–28
a) Die Grenze des Erlaubten	21–24
b) Anwendungsfälle für zulässige Rechtsdienstleistung als Nebenleistung	25–28

Schrifttum: *Brouwer*, Steigt die Qualität der anwaltlichen Arbeit durch überprüfbare Fortbildung?, BRAK-Mitt. 2005, 100; *Burmann*, Rechtsberatungsgesetz – Die Auswirkungen des RDG auf das Verkehrsrecht, DAR 2008, 373; *van Bühren*, Haftung und Haftpflichtversicherung der rechtsberatenden Berufe, r+s 2004, 89; *Franz*, Das neue Rechtsdienstleistungsgesetz, 2008; *Geigel*, Der Haftpflichtprozess, 26. Aufl. 2011.

I. Problemstellung

1. Haftungsrisiken

1   Es wird häufig nicht bedacht, dass auch gerade die Abwicklung von Haftpflichtschäden aus Straßenverkehrsunfällen ein großes Potenzial von Haftungsrisiken in sich birgt. Hierbei ist selbstverständlich nicht zu denken an die routinemäßige Abwicklung des dem Grunde und der Höhe nach einfach gelagerten Sachverhaltes mit Sachschaden, sondern vielmehr ist zu denken an die Abwicklung von Haftpflichtschäden mit beachtlichen Personenschäden, insbesondere Zukunftsschäden zu verschiedensten Positionen. Neben der vertieften Kenntnis des materiellen Rechtes ist es auch erforderlich, die in der Abwicklung und in der Regulierung liegenden Haftungsrisiken zu erkennen. Hierbei ist zu denken an das Übersehen von Schadenpositionen, zB Haushaltsführungsschaden. Beim Unterhaltsschaden sind die unterschiedlichen Anspruchspositionen und bei einer Kapitalisierung die richtige Anwendung der Kapitalisierung zu Vermeidung von Haftungsrisiken zu beachten. Insbesondere aber birgt das Unterlassen oder die unrichtige Fassung von Anspruchsvorbehalten ein erhebliches Potenzial von Haftungsrisiken in sich. Schließlich ist beispielhaft zu nennen die nicht sachgerechte Behandlung der Ansprüche aus einem Arbeits- und Wegeunfall.

2   Besondere Anforderungen sind gegeben bei der Geltendmachung von Ansprüchen aus Anlass eines Straßenverkehrsunfalles im Wege der Klage. Hierbei ist zunächst zu denken an Darstellung der richtigen Aktivlegitimation, also zB die differenzierte Anspruchsberechtigung bei Unterhaltsansprüchen, etwa für den Ehegatten, die Kinder oder den Elternteil nach tödlichem Unfall des Unterhaltspflichtigen. Auch ist zu denken an Besonderheiten bei der Feststellungsklage und den richtigen Antrag, etwa bezogen auf einen bestimmten Zeitraum.

Häufig bereitet besondere Schwierigkeiten das schlüssige Vorbringen, etwa zum Unterhaltsanspruch oder zur Darstellung des Schmerzensgeldanspruches.

Aus all diesen Aspekten ist zu folgern, dass Fortbildung Not tut. Der Fachanwalt für Verkehrsrecht ist der richtige Einstieg, aber ohne Fortbildung ist ein Wissensstand nicht zu sichern.[1] Die vorgenannten Aspekte können nur beispielhaft genannt werden. Es gilt, dass sicherlich eine abschließende Erfassung von allen Haftungsrisiken kaum möglich ist. Notwendig ist es, für diese Thematik und die sich ergebenden Probleme aufgeschlossen zu sein.

2. Vergütungsanspruch und Pflichtverletzung

Bei der Vertretung in Angelegenheiten der sog. „Personengroßschäden", die in der Regel intensiv und langwierige Bearbeitung erfordern, ist auch an die Möglichkeit der Vergütungsvereinbarung zu denken.[2] Der Mandant kann den Honoraranspruch/Vergütungsanspruch des Anwaltes nicht wegen Schlechterfüllung seitens des Anwalts kürzen, da das Dienstvertragsrecht keine Gewährleistung kennt. Der Vergütungsanspruch aus einem Anwaltsdienstvertrag kann wegen einer unzureichenden und pflichtwidrigen Leistung des Rechtsanwaltes nicht gekürzt werden oder in Wegfall geraten. Vereitelt der Anwalt durch seine Pflichtverletzung einen Kostenerstattungsanspruch des Mandanten, liegt darin in der Regel ein Schaden, der dem Vergütungsanspruch entgegengehalten werden kann.[3] In der Praxis ist häufig der Fall gegeben, dass der Vergütungsanspruch nicht durchsetzbar ist, wenn die Gebühren des Anwaltes gerade aufgrund seiner anwaltlichen Pflichtverletzung ganz oder teilweise den Schaden des Mandanten darstellen, zB bei einem durch Pflichtverletzung verlorenen Prozess.[4] Zur Vergütungsregelung ist zu verweisen auf § 33 betreffend Anwaltsvergütung bei der Unfallschadenabwicklung.

3. Belehrungspflichten

Grundsätzlich hat der Anwalt, der einen Mandanten in einer verkehrsrechtlichen Angelegenheit, speziell zur Geltendmachung und Durchsetzung von Schadenersatzansprüchen, vertritt, den Mandanten über alle in Betracht kommenden Aspekte zu belehren. Hierbei ist zu denken an die Belehrungspflicht über die Möglichkeit der Beratungshilfe, Prozesskostenhilfe sowie die mögliche Prozessfinanzierung. Neben der selbstverständlichen Belehrungspflicht über alle in Betracht kommenden Schadenpositionen, muss der Anwalt auch über die Möglichkeit der Nebenklage in einem Strafverfahren gegen den Unfallgegner belehren und über das hiermit verbundene Kostenrisiko. Insbesondere aber obliegt dem Anwalt zu beachten, welche Kosten der Schädiger oder seine Versicherung als Rechtsverfolgungskosten zu übernehmen hat. Hierzu gehören die Kosten der Schadenabwendung und Schadenbeseitigung. Ebenso gehören hierzu auch die Kosten eines erforderlichen Dolmetschers.[5] In Betracht kommt auch zur Vorbereitung der Rechtsverfolgung einen Detektiv einzuschalten. Die hierzu aufgewandten Kosten sind erstattungsfähig, wenn die Einschaltung vernünftigerweise geboten war und hierdurch die prozessuale Stellung des Mandanten vorteilhaft verändert werden kann.[6] Selbstverständlich obliegt dem Anwalt ggf. die Belehrung des Mandanten über das Verjährungsrisiko (vgl. nachstehend → Rn. 11, 12).

4. Berufsrechtliche Risiken, speziell Interessenkollision

Bei Mandaten in Verkehrsangelegenheiten besteht insbesondere aufgrund der tatsächlichen Zusammenhänge, etwa zwischen Regulierung zB für mehrere Personen und/oder Verteidigung, ein deutlicher Zusammenhang. Dieser bringt wiederum das Risiko der Interessenkollision mit sich. Hierzu ist zu verweisen auf die diesbezüglichen Ausführungen in

---

[1] *Brouwer* BRAK-Mitt. 2005, 100; vgl. auch *van Bühren* r+s 2004, 89.
[2] Vgl. hierzu im Einzelnen → § 21 Rn. 69.
[3] BGH BRAK-Mitt. 2004, 263 mAnm *Grams*.
[4] *Grams* aaO.
[5] *Geigel* Kap. 3 Rn. 113, 114 und 115.
[6] Vgl. hierzu im Einzelnen *Geigel* Kap. 3 Rn. 117.

→ § 1 Rn. 13 ff. Darüber hinaus aber ist ein besonderes Risiko gegeben bei einem Mandat, bei dem sich herausstellt, dass potenziell ein manipulierter Unfall vorliegt. Hier ergeben sich berufsrechtliche Risiken und das Risiko, in ein Strafverfahren verwickelt zu werden. Hierzu wird verwiesen auf die vorstehenden Ausführungen in → § 37 Rn. 5.

II. Vermeidung von Haftungsrisiken

7   Schon bei der Darstellung der Problemstellung (vgl. vorstehend Rn. 1) sind beispielhaft einige besonders haftungsträchtige Sachverhalte angesprochen worden. Nachstehend wird – ohne Anspruch auf Vollständigkeit – eine Übersicht geboten über die wichtigsten Sachverhalte und Aspekte, aus denen sich Haftungsrisiken ergeben können:

8   **1. Übersicht über die wichtigsten Haftungstatbestände**

- ☐ Klärung Mandatsverhältnis, Auftraggeber
  - Fahrzeughalter, speziell Leasinggeber
  - Fahrer
  - Insasse
  - Sonstiger Geschädigter
- ☐ Klärung des Mandatsumfanges
  - Haftpflichtansprüche gegen Schädiger/Haftpflichtversicherung
  - Ansprüche gegen eigene Versicherung
    - Kraftfahrtversicherung
      - Teilkasko
      - Vollkasko
  - Sonstige Versicherungen
    - Reisegepäck
    - Mobilitäts-/Serviceversicherung
    - Allgemeine Unfallversicherung
- ☐ Beachtung aller möglichen Schadenpositionen
  - Sachschaden
    - Fahrzeugschaden
    - 130 %-Grenze
    - Anspruch auf fiktive Schadenabrechnung (Belehrung des Mandanten)
    - Anspruch auf Neuwagenersatz
  - Schadenpositionen Personenschaden
    - Erwerbsschaden des Unselbstständigen und des Selbstständigen
    - Zukunftsschaden
    - Unterhaltsschaden
    - Haushaltsführungsschaden
    - Vermehrte Bedürfnisse
    - Sonstige Schadenpositionen
  - Belehrung über Schadensminderungspflicht zu allen Schadenpositionen
    - Sachschadenpositionen
    - Personenschadenpositionen
  - Vorbehalt von Schäden
    - Erkennen notwendiger Vorbehalte
    - Richtige Fassung von Vorbehalten
    - Beachtung/Ausschluss von Verjährung
    - Speziell Ansprüche bei Arbeits- und Wegeunfall
- ☐ Der Kraftschadenprozess
  - Aktivlegitimation

- Passivlegitimation
- Die richtige Fassung des Antrages, speziell bei Feststellungsantrag zu Schmerzensgeld und sonstigen Zukunftsschadenpositionen
- Die richtige Belehrung des Mandanten
- Kosten-/Gebührenfrage

☐ Klärung der Eintrittspflicht der Rechtsschutzversicherung auch für mitversicherte Personen, speziell bei Tötung von Personen

☐ Klärung und ggf. Empfehlung der möglichen Einschaltung eines Prozessfinanzierers

Die vorstehenden Aspekte können nur beispielhaft angeführt werden, um auf die wichtigsten Sachverhalte, aus denen sich Haftungsrisiken ergeben, hinzuweisen.

2. Ausreichende Versicherungssumme

Das Berufsrecht gebietet den Abschluss einer ausreichenden Haftpflichtversicherung. Gerade bei Haftpflichtschäden im Straßenverkehr mit schwerwiegenden Personenschäden, auch zukünftigen Schäden, erscheint es geboten, stets Klarheit darüber zu haben, um welche Dimension von Ansprüchen es sich handelt. Hier ist zu klären, ob die vereinbarte Versicherungssumme ausreichend ist. Sofern eine Versicherungssumme nicht ausreichend erscheint, ist es empfehlenswert, für den Einzelfall eine Spezialpolice zu vereinbaren. Auch ist daran zu denken, mit den evtl. Mehrprämien den/die Auftraggeber zu belasten. Dies ist allerdings Vereinbarungssache.

3. Verjährungsbeginn bei anwaltlichen Beratungsfehlern

Die Verjährung beginnt zu laufen, wenn der Mandant den Schaden und die Pflichtwidrigkeit des Beraters erkannt oder infolge grober Fahrlässigkeit nicht erkannt hat.[7]

4. Verjährung und Hemmung

Neben den sicherlich allgemein bekannten Verjährungsvorschriften und der Dauer der Verjährung sind zu diesem Bereich besondere Aspekte zu beachten. Hier ist insbesondere von Bedeutung die Kenntnis von Hemmung der Verjährung. Hierzu ist zu verweisen auf die diesbezüglichen Ausführungen bei → § 34 Rn. 12 ff. In diesem Zusammenhang ist auch zu vergegenwärtigen, dass die Hemmung nur solche Ansprüche betreffen kann, die gegenüber dem Schädiger und seiner Versicherung geltend gemacht wurden. Insbesondere ist zu verweisen auf die Problematik der Verjährung und Unfallspätschäden (vgl. → § 34 Rn. 31 ff.).

Soweit eine Vereinbarung über den Verzicht der Einrede der Verjährung in Betracht kommt, ist darauf zu achten, dass diese formal und inhaltlich richtig gefasst wird. In der Regel dürfte in Betracht kommen, eine Vereinbarung über den Verzicht der Verjährung so zu fassen, dass Verzicht vereinbart wird mit der Wirkung eines rechtskräftigen Feststellungsurteils.

5. Verhalten im Haftpflichtfall

Kommt ein Haftungstatbestand in Betracht oder werden seitens der Mandantschaft Haftpflichtansprüche angemeldet, so ist es selbstverständlich angezeigt, diese gegenüber der bestehenden Berufshaftpflichtversicherung anzumelden. Nicht empfehlenswert und nicht honorig ist es, hierüber von vornherein mit dem Mandanten zu streiten.

Neben der Klärung der Haftungsvoraussetzungen spielt auch oft die Frage der Verjährung eine Rolle. Wichtig ist hier, die Hinweispflicht bzw. sekundäre Hinweispflicht des Anwaltes zu beachten.

---

[7] BGH Urt. v. 6.2.2014 – IX ZR 245/12, NJW 2014, 993.

III. Das Rechtsdienstleistungsgesetz

1. Rechtsdienstleistungsgesetz und Rechtsdienstleistungsverordnung – RDV

15 a) **Die Rechtslage nach RDG/RDV.** Zum 1. Juli 2008 ist das Rechtsdienstleistungsgesetz in Kraft getreten.[8] Dieses wird ergänzt durch die Rechtsdienstleistungsverordnung – RDV.[9]

16 Kern des Gesetzes zur Neuregelung des Rechtsberatungsrechtes ist das neue Rechtsdienstleistungsgesetz. Dieses löst das Rechtsberatungsgesetz aus dem Jahre 1935 ab. Ziel des Rechtsdienstleistungsgesetzes (RDG) ist es, dieses historisch belastete Gesetz abzulösen. Die früher hiernach gegebene Rechtslage war auch inhaltlich und strukturell infolge der tatsächlichen und rechtlichen Entwicklungen überholt.[10]

17 Das RDG regelt gemäß § 1 Abs. 1 Satz 1 RDG nur die Erbringung außergerichtlicher Rechtsdienstleistungen. Ein Einführungsgesetz zum RDG (RDGEG Art 2 des Gesetzes) enthält neben Übergangsvorschriften für Erlaubnisinhaber nach dem RBerG Vorschriften über die Vergütung registrierter Personen nach dem RDG. Im Übrigen war zu beachten die erforderliche Neuregelung des Verbots der Vereinbarung anwaltlicher Erfolgshonorare.[11]

18 b) **Zweck des Gesetzes.** Das Gesetz dient gem. § 1 Abs. 1 Satz 2 RDG wie auch schon das RBerG dem Schutz der Rechtsuchenden und dem Schutz des Rechtsverkehrs vor unqualifizierten Rechtsdienstleistungen. Nicht Ziel des Gesetzes ist der Schutz der Anwaltschaft vor Konkurrenz.[12]

19 c) **Erforderlichkeit einer rechtlichen Prüfung.** Das Erfordernis einer rechtlichen Prüfung bildet den Kern der Legaldefinition des § 2 Abs. 1 RDG. Diese Vorschrift dient der Abgrenzung „allgemeiner Dienstleistung" von „Rechtsdienstleistung".

20 Für den Bereich des Straßenverkehrsrechtes stellt sich die Frage, welche Rechtsdienstleistungen, also Rechtsberatung und Interessenvertretung, durch Nichtanwälte, speziell durch Werkstätten erbracht werden können.

2. Rechtsdienstleistung in Verkehrsangelegenheiten, speziell bei der Schadenregulierung

21 a) **Die Grenze des Erlaubten.** Die Grenze von der allgemeinen Dienstleistung zur Rechtsdienstleistung ist auch im Bereich des Schadenmanagements, also der Abwicklung von Verkehrsunfallschäden für den Unfallgeschädigten, stets dort zu ziehen, wo eine besondere rechtliche Prüfung erforderlich wird. Dies ist, wenn die Unfallschadenregulierung von der Ermittlung von Haftungs- oder Mitverschuldensquoten abhängen kann, stets der Fall. Zulässig sind nur bei einer solchen Fallgestaltung allgemeine Auskünfte darüber, dass die Erstattungsfähigkeit des Schadens von der Haftungslage abhängt und aufgrund Mitverschuldens oder der von dem Fahrzeug des anderen Unfallbeteiligten ausgehenden Betriebsgefahr eingeschränkt sein kann. Solche allgemeinen Auskünfte sind auch keine Rechtsdienstleistung iSv § 2 Abs. 1 RDG.

22 Gleiches gilt für die Beurteilung der Schuldfrage oder die Abwägung der Verursachungsanteile. Ebenso kann zB ein Kfz-Meister, ein Sachverständiger oder ein Mitarbeiter eines Mietwagenunternehmens nicht beraten zu Fragen des Beweises oder etwa des Anscheinsbeweises.

23 Die Regulierung dem Grunde nach streitiger Schadensfälle ist niemals eine nach § 5 Abs. 1 RDG zulässige Nebenleistung einer Kfz-Reparatur, der Vermietung eines Ersatzfahrzeuges oder der Erstellung eines Schadengutachtens. Dies folgt daraus, dass die Klärung dieser Fragen essenzielle Bedeutung zum Schadenfall und zu den sich ergebenden Ansprüchen hat.[13]

---

[8] BGBl. I 2840.
[9] BGBl. I 2008, 25, 1069.
[10] *Franz* Das neue Rechtsdienstleistungsgesetz, S. 9.
[11] BVerfG Beschl. v. 12.12.2006 –1 BvR 2576/04, NJW 2007, 979.
[12] *Franz* aaO, 13.
[13] *Franz* aaO, 82.

Auch in Fällen, in denen der Haftungsgrund unstreitig ist, etwa bei einem eindeutigen 24
Auffahrunfall, kann sich im Verlauf der Schadenregulierung eine besondere rechtliche Prüfung als notwendig erweisen, etwa bei der Ermittlung des Schmerzensgeldanspruches oder der Beurteilung des Mitverschuldens, weil der Anspruchsteller nicht angeschnallt war. Zu denken ist auch zusätzlich an in Betracht kommende Ansprüche auf Zahlung des Erwerbs- oder Haushaltsführungsschadens. Hieraus folgt, dass auch in diesen Fällen die Rechtsdienstleistung, also Beratung oder Geltendmachung von Ansprüchen, nicht zulässig ist.

b) Anwendungsfälle für zulässige Rechtsdienstleistung als Nebenleistung. Für den Bereich 25
Unfallschadenregulierung kann festgestellt werden, dass die Erteilung allgemeiner Ratschläge, etwa durch Kfz-Werkstätten, Mietwagenunternehmen oder Sachverständige, nicht als Rechtsdienstleistung anzusehen ist. Schwierig kann die Abgrenzung sein, etwa in dem Fall, in dem ein Kfz-Reparaturbetrieb, ein Mietwagenunternehmen oder Kraftfahrzeug-Sachverständiger dem Unfallgeschädigten Hinweise gibt zur Erstattungsfähigkeit bestimmter Schadenpositionen. Eine besondere rechtliche Prüfung iSd § 2 Abs. 1 RDG ist sicherlich anzunehmen, wenn die Abgrenzung zwischen wirtschaftlichem Totalschaden und möglicher Reparatur streitig ist.

Als Anwendungsfall, der als Nebenleistung einer zulässigen Inkassotätigkeit anzusehen 26
ist, kommt im Bereich der Unfallschadenregulierung auch in Betracht die Geltendmachung von Sachverständigen-, Mietwagen- oder Reparaturkosten.[14]

Die Einziehung abgetretener Kundenforderungen durch einen gewerblichen Unternehmer 27
sind als zulässig anzusehen, wenn es im Wesentlichen darum geht, ihm, also dem gewerblichen Unternehmer, durch die Abtretung eingeräumte Sicherheiten zu verwirklichen.[15]

Die Praxis wird zeigen, ob sich bei der Beurteilung bzw. Abgrenzung der zulässigen 28
Rechtsdienstleistung bzw. der Rechtsdienstleistung iVm Nebentätigkeit Streitpunkte ergeben. Die Arbeitsgemeinschaft Verkehrsrecht im DAV hat mit Sonderletter 17/2008 vom 4.7.2008 ihre Mitglieder, also Anwälte, gebeten, Fälle mitzuteilen, bei denen ein Verstoß gegen das RDG vorliegen könnte.[16]

---

[14] *Franz* S. 96, vgl. auch *Burmann*, Rechtsberatungsgesetz – Die Auswirkungen des RDG auf das Verkehrsrecht DAR 2008, 373.
[15] *Franz* S.96, 97 unter Anführung der umfangreichen diesbezüglichen Rspr. des BGH; vgl. auch Informationspapier des Deutschen Anwaltvereins zu dem vom Deutschen Bundestag am 11.10. beschlossenen Gesetz, Der Verkehrsanwalt (DV) 2008, 9.
[16] Verkehrsanwälte Info, Sonderletter 17/2008 vom 4.7.2008.

Anhang Teil E

Kapitalisierungstabellen

Auszug aus: *Geigel*, Der Haftpflichtprozess, 26. Aufl. 2011

Barwert einer vorschüssig zahlbaren Monatsrente (Sterbetafel für Deutschland 2003/2005)

Alter	Männer					
	Zins 4 %			Zins 5 %		
	bis zum Tod	bis zum 65. LJ	bis zum 60. LJ	bis zum Tod	bis zum 65. LJ	bis zum 60. LJ
0	23,884	23,145	22,775	19,764	19,397	19,193
1	23,928	23,156	22,769	19,817	19,430	19,215
2	23,873	23,070	22,668	19,789	19,382	19,157
3	23,811	22,976	22,558	19,755	19,329	19,092
4	23,747	22,878	22,443	19,720	19,272	19,023
5	23,679	22,775	22,322	19,683	19,212	18,951
6	23,608	22,667	22,197	19,643	19,148	18,874
7	23,533	22,555	22,066	19,600	19,081	18,793
8	23,456	22,439	21,930	19,556	19,011	18,708
9	23,376	22,318	21,788	19,510	18,937	18,620
10	23,292	22,192	21,641	19,461	18,860	18,526
11	23,204	22,060	21,487	19,409	18,778	18,427
12	23,114	21,924	21,328	19,355	18,692	18,324
13	23,020	21,782	21,162	19,298	18,602	18,216
14	22,923	21,635	20,990	19,239	18,508	18,103
15	22,822	21,483	20,812	19,178	18,411	17,984
16	22,719	21,326	20,628	19,115	18,309	17,861
17	22,614	21,165	20,439	19,051	18,204	17,734
18	22,508	21,000	20,245	18,985	18,096	17,602
19	22,403	20,833	20,047	18,921	17,987	17,468
20	22,294	20,660	19,842	18,854	17,872	17,327
21	22,180	20,479	19,628	18,784	17,752	17,179
22	22,062	20,292	19,407	18,710	17,626	17,024
23	21,938	20,097	19,175	18,632	17,493	16,861
24	21,810	19,893	18,934	18,550	17,353	16,689
25	21,676	19,681	18,683	18,464	17,207	16,508
26	21,537	19,461	18,422	18,374	17,053	16,319
27	21,393	19,233	18,151	18,280	16,891	16,120
28	21,243	18,994	17,869	18,180	16,721	15,911
29	21,086	18,746	17,575	18,076	16,543	15,691
30	20,923	18,488	17,268	17,965	16,355	15,460
31	20,753	18,218	16,950	17,849	16,157	15,217
32	20,578	17,940	16,620	17,730	15,951	14,963
33	20,397	17,651	16,277	17,604	15,735	14,697
34	20,209	17,351	15,921	17,473	15,509	14,418
35	20,015	17,040	15,551	17,336	15,272	14,126
36	19,814	16,717	15,167	17,194	15,025	13,820
37	19,607	16,383	14,769	17,046	14,766	13,499
38	19,392	16,035	14,355	16,891	14,494	13,163
39	19,172	15,676	13,926	16,731	14,211	12,811
40	18,946	15,305	13,482	16,566	13,916	12,444
41	18,714	14,920	13,022	16,395	13,608	12,060
42	18,475	14,523	12,545	16,219	13,287	11,658
43	18,232	14,113	12,052	16,038	12,953	11,239
44	17,984	13,690	11,541	15,852	12,604	10,801
45	17,729	13,252	11,011	15,659	12,241	10,342

Kapitalisierungstabellen — Anhang Teil E

Alter	Männer					
	Zins 4 %			Zins 5 %		
	bis zum Tod	bis zum 65. LJ	bis zum 60. LJ	bis zum Tod	bis zum 65. LJ	bis zum 60. LJ
46	17,468	12,799	10,461	15,461	11,862	9,863
47	17,204	12,331	9,893	15,259	11,467	9,362
48	16,934	11,848	9,302	15,052	11,056	8,837
49	16,658	11,347	8,689	14,839	10,626	8,287
50	16,376	10,829	8,053	14,620	10,177	7,710
51	16,089	10,293	7,391	14,396	9,708	7,105
52	15,795	9,735	6,702	14,164	9,217	6,470
53	15,498	9,159	5,986	13,929	8,704	5,803
54	15,194	8,560	5,240	13,686	8,166	5,101
55	14,884	7,938	4,461	13,438	7,602	4,362
56	14,567	7,291	3,648	13,183	7,010	3,583
57	14,245	6,617	2,799	12,921	6,389	2,761
58	13,915	5,914	1,909	12,652	5,734	1,892
59	13,582	5,182	0,978	12,378	5,045	0,973
60	13,242	4,417		12,097	4,319	
61	12,898	3,618		11,811	3,553	
62	12,548	2,780		11,517	2,742	
63	12,193	1,900		11,219	1,883	
64	11,833	0,975		10,914	0,971	
65	11,468			10,602		
66	11,103			10,290		
67	10,733			9,971		
68	10,360			9,648		
69	9,992			9,327		
70	9,620			9,001		
71	9,251			8,677		
72	8,881			8,349		
73	8,519			8,027		
74	8,159			7,706		
75	7,805			7,388		
76	7,456			7,074		
77	7,106			6,757		
78	6,758			6,441		
79	6,414			6,126		
80	6,075			5,815		
81	5,744			5,509		
82	5,422			5,211		
83	5,116			4,927		
84	4,842			4,671		
85	4,562			4,410		
86	4,288			4,153		
87	4,004			3,885		
88	3,741			3,636		
89	3,510			3,417		
90	3,290			3,208		
91	3,089			3,017		
92	2,891			2,828		
93	2,698			2,644		
94	2,508			2,461		
95	2,313			2,275		
96	2,104			2,073		
97	1,864			1,841		
98	1,564			1,549		
99	1,152			1,145		
100	0,535			0,534		

Anhang Teil E — Kapitalisierungstabellen

Barwert einer vorschüssig zahlbaren Monatsrente (Sterbetafel für Deutschland 2003/2005)

Alter	Frauen					
	Zins 4 %			Zins 5 %		
	bis zum Tod	bis zum 65. LJ	bis zum 60. LJ	bis zum Tod	bis zum 65. LJ	bis zum 60. LJ
0	24,242	23,302	22,903	19,964	19,501	19,282
1	24,281	23,299	22,883	20,010	19,523	19,291
2	24,239	23,218	22,785	19,990	19,479	19,235
3	24,192	23,130	22,679	19,967	19,430	19,175
4	24,142	23,037	22,568	19,942	19,378	19,109
5	24,088	22,940	22,452	19,915	19,322	19,040
6	24,034	22,839	22,332	19,886	19,264	18,968
7	23,976	22,734	22,206	19,856	19,203	18,892
8	23,916	22,624	22,075	19,824	19,138	18,812
9	23,854	22,509	21,939	19,790	19,070	18,727
10	23,788	22,390	21,796	19,755	18,998	18,638
11	23,720	22,266	21,649	19,718	18,923	18,545
12	23,650	22,138	21,496	19,679	18,844	18,448
13	23,577	22,004	21,336	19,638	18,761	18,345
14	23,501	21,864	21,170	19,595	18,675	18,237
15	23,422	21,720	20,998	19,550	18,584	18,125
16	23,342	21,571	20,820	19,504	18,490	18,007
17	23,258	21,417	20,635	19,457	18,391	17,885
18	23,172	21,257	20,444	19,407	18,288	17,756
19	23,084	21,091	20,245	19,356	18,181	17,622
20	22,992	20,919	20,039	19,302	18,068	17,481
21	22,897	20,741	19,825	19,246	17,950	17,333
22	22,797	20,554	19,601	19,187	17,825	17,178
23	22,693	20,360	19,369	19,124	17,694	17,014
24	22,585	20,158	19,127	19,059	17,557	16,843
25	22,473	19,948	18,876	18,990	17,412	16,662
26	22,356	19,729	18,614	18,917	17,260	16,473
27	22,235	19,502	18,342	18,841	17,101	16,274
28	22,109	19,266	18,059	18,762	16,934	16,066
29	21,978	19,021	17,765	18,678	16,759	15,847
30	21,842	18,766	17,460	18,591	16,575	15,617
31	21,702	18,501	17,143	18,501	16,383	15,376
32	21,556	18,227	16,813	18,405	16,181	15,124
33	21,404	17,941	16,470	18,305	15,969	14,859
34	21,248	17,644	16,114	18,201	15,747	14,581
35	21,086	17,336	15,744	18,093	15,515	14,290
36	20,919	17,017	15,360	17,980	15,272	13,985
37	20,745	16,685	14,962	17,862	15,017	13,665
38	20,566	16,341	14,548	17,740	14,751	13,330
39	20,381	15,984	14,118	17,612	14,471	12,978
40	20,191	15,615	13,672	17,480	14,180	12,611
41	19,994	15,231	13,209	17,342	13,874	12,225
42	19,792	14,833	12,728	17,199	13,554	11,821
43	19,584	14,422	12,230	17,051	13,220	11,399
44	19,370	13,995	11,712	16,898	12,871	10,956
45	19,150	13,552	11,175	16,740	12,505	10,492
46	18,924	13,093	10,618	16,576	12,123	10,006
47	18,693	12,618	10,039	16,407	11,723	9,497
48	18,455	12,125	9,438	16,232	11,305	8,962
49	18,211	11,614	8,813	16,052	10,867	8,403

Kapitalisierungstabellen — Anhang Teil E

Alter	Frauen					
	Zins 4%			Zins 5%		
	bis zum Tod	bis zum 65. LJ	bis zum 60. LJ	bis zum Tod	bis zum 65. LJ	bis zum 60. LJ
50	17,961	11,085	8,165	15,867	10,410	7,816
51	17,703	10,534	7,490	15,673	9,929	7,199
52	17,438	9,962	6,787	15,473	9,425	6,551
53	17,166	9,368	6,057	15,266	8,898	5,870
54	16,885	8,750	5,296	15,051	8,343	5,155
55	16,598	8,108	4,503	14,829	7,762	4,402
56	16,302	7,440	3,677	14,600	7,152	3,611
57	16,000	6,746	2,816	14,364	6,511	2,778
58	15,689	6,022	1,918	14,119	5,837	1,900
59	15,371	5,269	0,980	13,866	5,129	0,976
60	15,043	4,484		13,604	4,383	
61	14,706	3,664		13,334	3,598	
62	14,360	2,808		13,052	2,770	
63	14,003	1,914		12,761	1,897	
64	13,636	0,979		12,458	0,975	
65	13,257			12,144		
66	12,871			11,822		
67	12,477			11,490		
68	12,077			11,151		
69	11,671			10,805		
70	11,262			10,454		
71	10,847			10,096		
72	10,428			9,732		
73	10,008			9,364		
74	9,584			8,991		
75	9,158			8,614		
76	8,732			8,235		
77	8,308			7,855		
78	7,882			7,472		
79	7,461			7,091		
80	7,047			6,714		
81	6,644			6,345		
82	6,250			5,984		
83	5,869			5,631		
84	5,514			5,303		
85	5,157			4,971		
86	4,819			4,655		
87	4,468			4,325		
88	4,143			4,019		
89	3,853			3,744		
90	3,572			3,478		
91	3,312			3,231		
92	3,080			3,010		
93	2,858			2,798		
94	2,640			2,589		
95	2,419			2,378		
96	2,185			2,153		
97	1,922			1,898		
98	1,599			1,583		
99	1,167			1,159		
100	0,535			0,534		

Anhang Teil E

Kapitalisierungstabellen

Barwert einer vorschüssig zahlbaren Monatsrente (Sterbetafel für Deutschland 2003/2005)

Alter	Männliche Kinder					
	Zins 4 %			Zins 5 %		
	bis zum 21. LJ	bis zum 18. LJ	bis zum 16. LJ	bis zum 21. LJ	bis zum 18. LJ	bis zum 16. LJ
0	14,246	12,859	11,837	13,087	11,935	11,067
1	13,859	12,410	11,343	12,775	11,560	10,644
2	13,397	11,889	10,779	12,392	11,116	10,154
3	12,914	11,346	10,191	11,987	10,647	9,637
4	12,412	10,780	9,579	11,562	10,155	9,094
5	11,888	10,192	8,943	11,115	9,637	8,523
6	11,344	9,579	8,280	10,645	9,093	7,923
7	10,778	8,942	7,591	10,152	8,523	7,294
8	10,189	8,279	6,874	9,634	7,923	6,633
9	9,576	7,590	6,128	9,091	7,293	5,938
10	8,939	6,873	5,353	8,519	6,632	5,209
11	8,276	6,127	4,546	7,919	5,938	4,444
12	7,586	5,352	3,707	7,290	5,209	3,640
13	6,869	4,545	2,834	6,628	4,443	2,795
14	6,124	3,706	1,926	5,934	3,639	1,909
15	5,348	2,833	0,982	5,205	2,795	0,978
16	4,542	1,926		4,440	1,908	
17	3,703	0,982		3,636	0,978	
18	2,832			2,793		
19	1,925			1,908		
20	0,982			0,977		

Alter	Weibliche Kinder					
	Zins 4 %			Zins 5 %		
	bis zum 21. LJ	bis zum 18. LJ	bis zum 16. LJ	bis zum 21. LJ	bis zum 18. LJ	bis zum 16. LJ
0	14,262	12,872	11,849	13,102	11,948	11,078
1	13,863	12,412	11,345	12,779	11,562	10,646
2	13,401	11,891	10,781	12,395	11,118	10,155
3	12,919	11,348	10,193	11,991	10,649	9,638
4	12,416	10,782	9,581	11,566	10,156	9,095
5	11,892	10,193	8,944	11,118	9,639	8,524
6	11,348	9,581	8,281	10,649	9,095	7,924
7	10,782	8,944	7,592	10,156	8,524	7,295
8	10,193	8,281	6,875	9,638	7,924	6,633
9	9,580	7,591	6,129	9,094	7,295	5,939
10	8,942	6,874	5,353	8,523	6,633	5,210
11	8,279	6,128	4,546	7,923	5,939	4,444
12	7,590	5,353	3,707	7,293	5,209	3,640
13	6,873	4,546	2,834	6,632	4,444	2,795
14	6,127	3,707	1,926	5,937	3,639	1,909
15	5,351	2,834	0,982	5,208	2,795	0,978
16	4,545	1,926		4,443	1,909	
17	3,706	0,982		3,639	0,978	
18	2,833			2,795		
19	1,926			1,909		
20	0,982			0,978		

Teil F. Vertragliche Beziehungen im Verkehrsrecht – „Verkehrsvertragsrecht"

§ 39 Der Pkw-Kauf

Übersicht

	Rn.
I. Verbrauchsgüterkauf	1–25
1. Rechtsgrundlagen	1–3
2. Unternehmer	4–6
3. Passivlegitimation bei Umgehungsgeschäft	7–9
4. Verbraucher- und Unternehmerstatus nicht disponibel	10
5. Täuschungen über Status	11–13
6. Existenzgründerfälle	14/15
7. Doppelstatus (Dual Use)	16/17
8. Beweislast für das Vorliegen eines Verbrauchsgüterkaufs	18/19
9. Nicht-Verbraucher und Nicht-Unternehmer	20
10. Kauf des Fahrzeugs durch Verbraucher am Ende der Leasingzeit	21/22
11. Agenturgeschäft	23/24
12. Verbraucherschutzrechte beim Verbrauchsgüterkauf	25
II. Der Vertragsabschluss	26–33
III. Einbeziehung von AGB	34–40
IV. Vertragstypen mit Verbraucher – Widerrufsrecht	41–79
1. Außerhalb von Geschäftsräumen geschlossene Verträge	41–49
2. Verbraucher-Teilzahlungskauf	50–55
3. Verbundener Vertrag aus Kauf und Darlehen	56–61
4. Fernabsatz	62–79
V. Inzahlungnahme	80–87
1. Kaufvertrag mit Ersetzungsbefugnis	81–83
2. Doppelkauf mit Verrechnungsabrede	84–86
3. Getrennte Kaufverträge	87
VI. Nichtabnahme des Fahrzeugs durch den Käufer	88–94
VII. Sachmangel	95–200
1. Neufahrzeug	96–135
a) Abgrenzung fabrikneu zu neu	96–109
b) Stand der Technik	110–119
c) Kraftstoffverbrauch/Emissionen	120–126
d) Sachmängel wegen Funktionsstörungen	127–131
e) EU-Fahrzeug	132–135
2. Gebrauchtwagen	136–200
a) Gebrauchtwagen ist ein objektiver Begriff	136–138
b) Jahreswagen	139–143
c) Aufklärungspflichten	144–162
d) Anzahl der Vorbesitzer	163–165
e) Funktionsstörungen, Verschleiß und Sachmangel	166–182
f) Konstruktionsbedingte Schwächen	183–186
g) Plakative Negativbeschreibung	187–193
h) Plakative Positivbeschreibung	194
i) Angaben zur Laufleistung/zum Kilometerstand	195–200
VIII. Ausschluss von Sachmangelansprüchen	201–204
1. Individualvertragliche Klauseln	202
2. Klauseln in AGB	203/204
IX. Beweislastumkehr	205–218
X. Die Sachmangelhaftungsansprüche	219–271
1. Ersatzlieferung	220–222
2. Nachbesserung	223–245

	Rn.
3. Minderung	246/247
4. Rücktritt	248–254
5. Nutzungsvergütung nach Rücktritt	255–263
6. Nutzungsvergütung für nach Kauf montiertes Zubehör	264–267
7. Nutzungsvergütung für Überführungs- und Zulassungskosten	268
8. Schadenersatz zusätzlich zu den Sachmangelhaftungsrechten	269–271
XI. Garantie	272–296
1. Neuwagengarantien	276–286
2. Gebrauchtwagengarantien, Gebrauchtwagengarantieversicherungen	287–296

Schrifttum: *Bachmeier*, Rechtshandbuch Autokauf, 2013; *Otting*, Zur Offenbarungspflicht der Ex-Mietwageneigenschaft des Gebrauchtwagens, ZGS 2004; *Reinking*, Tageszulassung und Fabrikneuheit, DAR 2005, 320; *Reinking/Eggert*, Der Autokauf, 12. Aufl. 2014.

I. Verbrauchsgüterkauf

1. Rechtsgrundlagen

1 Quasi vor der Klammer aller vertragsabschlussseitig aufkommenden Rechtsfragen steht beim Autokauf der **Verbrauchsgüterkauf**. Seit der Schuldrechtsreform wird das Kaufrecht gemäß §§ 474 ff. BGB dann von einem besonderen Verbraucherschutzgedanken geprägt, wenn ein Verbraucher eine bewegliche Sache von einem Unternehmer kauft:

„Verbrauchsgüterkäufe sind Verträge, durch die ein Verbraucher von einem Unternehmer eine bewegliche Sache kauft." (§ 474 Abs. 1 S. 1 BGB)

2 Der Begriff „Verbrauchsgüterkauf" ist sprachlich unsinnig. Denn zum Beispiel ein Auto ist kein Verbrauchsgut. Richtig wäre „Verbrauchergüterkauf" gewesen. Im Folgenden wird jedoch der Sprachgebrauch des Gesetzes verwendet.

3 So einfach § 474 Abs. 1 S. 1 BGB auf den ersten Blick zu sein scheint, so viele Probleme ranken sich um die Vorschrift herum:
Der **Verbraucherbegriff** ist in § 13 BGB,

„Verbraucher ist jede natürliche Person, die ein Rechtsgeschäft zu Zwecken abschließt, die überwiegend weder ihrer gewerblichen noch ihrer selbständigen beruflichen Tätigkeit zugeordnet werden können."

der **Unternehmerbegriff** in § 14 Abs. 1 BGB definiert:

„Unternehmer ist eine natürliche oder juristische Person oder eine rechtsfähige Personengesellschaft, die bei Abschluss eines Rechtsgeschäfts in Ausübung ihrer gewerblichen oder selbständigen beruflichen Tätigkeit handelt."

2. Unternehmer

4 Umstritten war anfangs, ob ein Verbrauchsgüterkauf nur dann anzunehmen sei, wenn der das Auto verkaufende Unternehmer den **Unternehmenszweck** des Autoverkaufes verfolge. Denn § 474 Abs. 1 S. 1 BGB stelle auf das überlegene Produktwissen des unternehmerischen Verkäufers ab. Wenn aber eine Zahnärztin ihr Praxisauto an einen Verbraucher verkaufe, habe sie keine überlegene Produktkenntnis, weshalb die Anwendung der Verbraucherschutzvorschriften zu unangemessenen Ergebnissen führe.[1] Das provozierte die Gegenfrage, ob denn dann ein Kraftfahrzeugsachverständiger, der sein Privatfahrzeug verkauft, wegen seiner überlegenen Produktkenntnisse wie ein Unternehmer zu behandeln sei.

5 Die Literatur steht überwiegend auf dem Standpunkt, eine besondere Produktsachkunde sei für den Unternehmerstatus nicht erforderlich.[2] Seit der Entscheidung des BGH zum branchenfremden Nebengeschäft[3] ist geklärt, dass mit § 474 Abs. 1 S. 1 BGB **jeder verkau-**

---
[1] So LG Frankfurt a. M. Urt. v. 7.4.2004 – 16 S 236/03, NJW-RR 2004, 1208.
[2] Z. B. *Reinking/Eggert* Rn. 2102 f.
[3] BGH Urt. v. 13.7.2011 – VIII ZR 215/10, NJW 2011, 535.

fende **Unternehmer** gemeint ist. Denn die verkaufende GmbH war ein Druckereibetrieb und somit kein Autohandelsunternehmen. Leitsatz a) der Entscheidung lautet:

„Der Verkauf beweglicher Sachen durch eine GmbH an einen Verbraucher fällt, auch soweit es sich um branchenfremde Nebengeschäfte handelt, im Zweifel unter die Bestimmungen der §§ 474 ff. BGB zum Verbrauchsgüterkauf (im Anschluss an BGH, Urteil vom 9. Dezember 2008 – XI ZR 513/07, BGHZ 179, 126, zum Verbraucherdarlehensvertrag)."

In den Urteilsgründen heißt es unter Rn. 18 bis 20:

„Der Bundesgerichtshof hat für den Verbraucherdarlehensvertrag bereits entschieden, dass Darlehensgeber im Sinne des § 491 BGB auch ein Unternehmer sein kann, dessen unternehmerische Tätigkeit sich nicht auf die Kreditvergabe bezieht. Notwendig ist nur, dass er bei Abschluss des Darlehensvertrages in Ausübung seiner gewerblichen oder selbständigen beruflichen Tätigkeit handelt. Bei Kaufleuten wie einer GmbH streitet gemäß §§ 343, 344 HGB eine Vermutung für einen unmittelbaren Bezug des Darlehensvertrags zur gewerblichen Tätigkeit des Darlehensgebers (BGH, Urteil vom 9. Dezember 2008 – XI ZR 513/07, BGHZ 179, 126 Rn. 14 ff., 22). Für den Verbrauchsgüterkauf gilt nichts anderes. Auch der Verkauf beweglicher Sachen durch eine GmbH an einen Verbraucher gehört im Zweifel zum Betrieb des Handelsgewerbes der GmbH (§ 344 Abs. 1 HGB) und fällt damit, auch soweit es sich um branchenfremde Nebengeschäfte handelt, unter die Bestimmungen der §§ 474 ff. BGB für den Verbrauchsgüterkauf, sofern die gesetzliche Vermutung des § 344 Abs. 1 HGB nicht widerlegt ist. Die Anwendung der §§ 343, 344 HGB bei der Prüfung, ob bei Kaufleuten ein Unternehmergeschäft im Sinne der §§ 14, 474 BGB vorliegt, entspricht nicht nur der Rechtsprechung des Bundesgerichtshofs zum Verbraucherdarlehensvertrag, sondern auch der ganz einhelligen Auffassung im Schrifttum. … Die von der Revision für den Verkauf von Gebrauchtfahrzeugen durch eine Handelsgesellschaft geforderte Beschränkung des Anwendungsbereichs der §§ 474 ff. BGB auf professionelle Verkäufer, das heißt den engeren Kreis gewerblicher Kraftfahrzeughändler, ist abzulehnen (ebenso MünchKommBGB/S. Lorenz, aaO, § 474 Rn. 21; Bamberger/Roth/Faust, aaO, § 474 Rn. 12 aE; aA Brüggemeier, WM 2002, 1376, 1385). Sie findet in der gesetzlichen Regelung keine Stütze und liefe auch dem weiten Schutzzweck der §§ 474 ff. BGB zuwider, bei denen es auf die Schutzbedürftigkeit des Käufers und nicht auf die des Verkäufers ankommt (vgl. BGH, Urteil vom 9. Dezember 2008 – XI ZR 513/07, aaO Rn. 18 f. zum Verbraucherdarlehensvertrag)."

3. Passivlegitimation bei Umgehungsgeschäft

Ist der Käufer der Auffassung, der Privatverkäufer sei nur vorgeschobener Verkäufer für einen Unternehmer, der der „eigentliche" Verkäufer sei, gilt: In einem solchen Fall **muss der Unternehmer verklagt** werden,[4] der dann offenbar außerhalb des zwischen dem vorgeschobenen „Verbraucherverkäufer" und dem „Verbraucherkäufer" haften soll:

„Schiebt beim Verkauf einer beweglichen Sache an einen Verbraucher der Verkäufer, der Unternehmer ist, einen Verbraucher als Verkäufer vor, um die Sache unter Ausschluss der Haftung für Mängel zu verkaufen, so richten sich Mängelrechte des Käufers nach § 475 Abs. 1 Satz 2 BGB wegen Umgehung der Bestimmungen über den Verbrauchsgüterkauf gegen den Unternehmer und nicht gegen den als Verkäufer vorgeschobenen Verbraucher (im Anschluss an Senatsurteil vom 26. Januar 2005 – VIII ZR 175/04, NJW 2005, 1039)."

Der Sachmangelhaftungsausschluss zwischen den Vertragsparteien bleibt nämlich wirksam:

„Dem Beklagten ist die Berufung auf den individualvertraglich vereinbarten Gewährleistungsausschluss nicht gemäß § 475 Abs. 1 Satz 1 BGB verwehrt. Die Vorschriften über den Verbrauchsgüterkauf (§§ 474 ff. BGB) finden keine Anwendung, weil der Kläger das Fahrzeug nicht von einem Unternehmer gekauft hat; auch wenn, wie die Revision geltend macht, ein Umgehungsgeschäft vorläge, würde dies nicht zur Anwendung des Verbrauchsgüterkaufrechts im Verhältnis des Klägers zum Beklagten führen."

Und weiter:

„Selbst wenn die GmbH in wirtschaftlicher Hinsicht als ‚eigentliche' Verkäuferin des Fahrzeugs anzusehen wäre, würde die Anwendung des § 475 Abs. 1 Satz 2 BGB nur dazu führen können, dass sich die GmbH – also der Unternehmer – gemäß § 475 Abs. 1 Satz 2 BGB so behandeln lassen müsste, als hätte sie selbst das Fahrzeug an den Kläger verkauft, nicht aber dazu, dass die Vorschriften über den Ver-

---

[4] BGH Urt. v. 22.11.2006 – VIII ZR 72/06, NZV 2007, 137.

brauchsgüterkauf im Verhältnis des Klägers zum Beklagten – also zwischen zwei Verbrauchern – Anwendung fänden. Etwaige Mängelrechte hätte der Kläger demzufolge gegen die GmbH, nicht aber gegen den Beklagten geltend zu machen."

Das alles gilt, solange nicht die Voraussetzungen für ein Scheingeschäft vorliegen.[5]

4. Verbraucher- und Unternehmerstatus nicht disponibel

10   Die Parteien können nicht – auch nicht individualvertraglich[6] – gegen den objektiven Status zum Nachteil des kaufenden Verbrauchers vereinbaren, Unternehmer auf der Käufer- oder Verbraucher auf der Verkäuferseite zu sein. Der Verbraucherschutz der §§ 474 ff. BGB wirkt insoweit „zwangsbeglückend".
Individualvertragliche Festlegungen in Zweifelsfällen sind allerdings möglich.[7]

5. Täuschungen über Status

11   Täuscht jedoch der Verbraucher den Unternehmer über seinen Status und gaukelt vor, Unternehmer zu sein, kann er sich im Nachhinein nicht auf seinen tatsächlichen Verbraucherstatus berufen und Sachmangelhaftungsrechte gegen den vereinbarten Ausschluss geltend machen.[8] Das betrifft die Fälle, bei denen der Verkäufer nicht an Verbraucher veräußern möchte. Gestützt auf § 242 BGB hat der BGH hier den Schutz des Unternehmers vor einer **Täuschung im Rechtsverkehr** höher angesiedelt, als den Schutz des Verbrauchers vor sich selbst.

12   Der umgekehrte Fall, dass sich ein verkaufender Verbraucher zum Unternehmer überhöht, ist nahezu nicht denkbar. Er wäre aber wohl genau so zu lösen: Vertraut der Käufer darauf, beim Unternehmer zu kaufen, kann sich der täuschende Verkäufer nicht auf einen eventuell im Vertrag enthaltenen Sachmangelhaftungsausschluss berufen. Auch das wäre ein **venire contra factum proprium**.

13   Das LG Mainz[9] hat sich mit einem Verkäufer befasst, der auf einer Internetplattform einerseits als so genannter „PowerSeller" auftrat, andererseits seinen Status mit „privater Verkäufer" angab. Das Gericht hat ihn als Unternehmer eingestuft:

> „Vorliegend spricht der Beweis des ersten Anscheins dafür, dass der Kläger als Unternehmer gehandelt hat. Das Vorgehen des Klägers lässt auf ein typischerweise planmäßiges und auf Dauer angelegtes Handeln schließen. Der Kläger hat eine Vielzahl von Rechtsgeschäften über die Internetplattform e. getätigt. Es trifft zwar zu, dass derjenige, der regelmäßige über eine Internetplattform Waren anbietet, damit nicht zugleich zwangsläufig dauerhaft planmäßig handelt. Es ist nämlich gerade in Kreisen der jüngeren Bevölkerung verbreitet, private Geschäfte über das Internet abzuwickeln (AG Detmold, Urt. vom 27.4.2004 – 7 C 117/04, zitiert nach Juris). Vorliegend spricht der Beweis des ersten Anscheins jedoch dafür, dass der Kläger als Verkäufer gewerbsmäßig handelte. Schon die hohe Anzahl von Verkäufen, mindestens 252 in einem Zeitraum von zwei Jahren und sieben Monaten, kann als – wenn auch nicht als alleiniges – Indiz für ein planmäßiges Handeln gewertet werden. Hinzu kommt, dass der Kläger sich als PowerSeller bezeichnete. Als PowerSeller darf sich bezeichnen, wer kontinuierlich besonders viele Artikel verkauft oder ein hohes Handelsvolumen vorweisen kann. Zusätzlich müssen PowerSeller mindestens 100 Bewertungspunkte erhalten haben, von denen mindestens 98 % positiv sein müssen. Die Teilnahme an dem PowerSeller Programm ist freiwillig und kann jederzeit beendet werden. Der Kläger hat die Bezeichnung als PowerSeller folglich freiwillig gewählt und damit nach Außen den Anschein eines Profiverkäufers erweckt (AG Radolfzell NJW 2004, 3342; LG Schweinfurt Urt. v. 30.12.2003 – 110 O 32/03, zitiert nach Juris; *Teuber/Melber* MDR 2004, 186; *Mankowski* VuR 2004, 79). Schließlich kommt hinzu, dass der Kläger innerhalb eines kürzeren Zeitraums drei PKWs zum Kauf angeboten hatte. Auch dies indiziert eine planmäßige und auf Dauer angelegte Tätigkeit. Schließlich sind die von dem Kläger verwandten Versteigerungsbedingungen zu berücksichtigen, nach denen bei nicht fristgerechter Abholung eine rechtliche Verfolgung und eine Vertragsstrafe in Aussicht gestellt werden. Gerade Vertragsstrafen werden zwischen privaten Personen typischerweise nicht vereinbart. ... Auch der Hin-

---

[5] BGH Urt. v. 12.12.2012 – VIII ZR 89/12, NJW-RR 2013, 687.
[6] Einzelheiten hierzu *Reinking/Eggert* Rn. 1996.
[7] Siehe Fn. 6.
[8] BGH Urt. v. 22.12.2004 – VIII ZR 91/04, NJW 2005, 1045.
[9] LG Mainz Urt. v. 6.7.2005 – 3 O 184/04, NJW 2006, 783.

weis, dass der Kläger weder ein Gewerbe angemeldet habe, noch bei dem für die Umsatzbesteuerung zuständigen Finanzamt als umsatzsteuerpflichtig geführt werde, vermag den Anscheinsbeweis nicht zu erschüttern. Denn es liegt an dem Kläger, ob er sich bei den Behörden anmeldet oder nicht."

6. Existenzgründerfälle

Die Existenzgründerfälle sind seit der Entscheidung des BGH[10] dazu geklärt:

„Unternehmer- (§ 14 BGB) und nicht Verbraucherhandeln (§ 1031 Abs. 5 Satz 1 ZPO iVm § 13 BGB) liegt schon dann vor, wenn das betreffende Geschäft im Zuge der Aufnahme einer gewerblichen oder selbständigen beruflichen Tätigkeit (sogenannte Existenzgründung) geschlossen wird."

Zu beachten ist aber, dass der das Geschäft **finanzierende Existenzgründer** gemäß § 507 BGB als Verbraucher behandelt wird, soweit es die Widerrufsmöglichkeiten und damit die Belehrungspflicht angeht, wenn das Darlehen den Betrag von 50.000,- EUR nicht übersteigt.

7. Doppelstatus (Dual Use)

Vielfach haben die Fälle der **Mischnutzung** des Fahrzeugs sowohl auf Verkäufer- wie auf Käuferseite die Rechtsprechung beschäftigt. Auf der Verkäuferseite entsteht die Problematik vordringlich dann, wenn der Verkäufer sein Unternehmen als Einzelfirma nur „nebenbei" betreibt und das Fahrzeug privat wie auch für seine unternehmerische Tätigkeit nutzt. Verschärft werden die Fälle regelmäßig dadurch, dass der Mischnutzer aus steuerlichen Gründen zuvor möglichst viele Kosten seiner unternehmerischen Tätigkeit aufgelastet hat.

Seit der Änderung des § 13 BGB zum 13.6.2014 ist dieser Fragenkreis auf der Käuferseite wie auf der Verkäuferseite jedoch geklärt: Es kommt darauf an, ob die Dual Use-Vertragspartei überwiegend zu privaten oder zu geschäftlichen Zwecken handelt.

8. Beweislast für das Vorliegen eines Verbrauchsgüterkauf

Entscheidend kommt es damit auch auf die **Beweislastverteilung** an. Sie folgt dem Grundsatz, dass derjenige, der einen Anspruch durchsetzen möchte, die dafür erforderlichen bestrittenen Tatsachen beweisen muss.

So hat der BGH entschieden: Wer sich zu seinen Gunsten auf die Verbrauchereigenschaft beruft, muss sie beweisen.[11] Entsprechend muss aber auch der Käufer beweisen, dass der Verkäufer in seiner Eigenschaft als Unternehmer verkauft hat.[12]

9. Nicht-Verbraucher und Nicht-Unternehmer

Als Käufer wie auch als Verkäufer kommen auch Subjekte in Betracht, die weder Unternehmer noch – weil keine natürliche Person – Verbraucher sind, wie zum Beispiel **Vereine** oder **Körperschaften**. § 474 Abs. 1 S. 1 BGB ist aber keiner erweiternden Auslegung offen. Verkauft ein Unternehmer ein Fahrzeug zum Beispiel an einen Verein, denn ist das ebenso wenig ein Verbrauchsgüterkauf wie wenn ein Verein an einen Verbraucher verkauft.

10. Kauf des Fahrzeugs durch Verbraucher am Ende der Leasingzeit

Kauft ein Verbraucher ein bis dahin von ihm selbst genutztes Fahrzeug am Ende der Leasingzeit entweder **von der Leasinggesellschaft direkt oder vom Händler**, der es als Durchgangsgeschäft zuvor von der Leasinggesellschaft erworben hat, ist auch das ein Verbrauchsgüterkauf.[13] Denn bis dahin hatte er den Wagen nur von der Leasinggesellschaft, die die Eigentümerin war, auf Zeit gegen Geld genutzt. Bei Mängelfragen wird vielfach § 442 BGB zu beachten sein.

---

[10] NJW Beschl. v. 24.2.2005 – III ZB 36/04, 2005, 1273.
[11] BGH Urt. v. 11.9.2007 – VIII ZR 110/06, NJW 2007, 2619.
[12] *Reinking/Eggert* Rn. 1976.
[13] BGH Urt. v. 1.6.2005 – VIII ZR 234/04, NZV 2005, 521.

22 Ist der Händler in der Situation nur gegen Abschluss einer Gebrauchtwagengarantieversicherung zum Verkauf an den Verbraucher bereit, geht das im Wege ergänzender Auslegung der bei Leasingbeginn getroffenen Vereinbarung unter Umständen in Ordnung.[14]

11. Agenturgeschäft

23 Auch einem gewerblichen Autohändler ist es erlaubt, Fahrzeuge nur zu vermitteln. Im Segment von Exotenfahrzeugen, Oldtimern oder Wohnmobilen ist das durchaus üblich. Auch im Motorradhandel ist es verbreitet, dass ein Kunde sein Motorrad über den Winter dem Händler zum Agenturverkauf übergibt, bei Erfolg im Frühjahr ein anderes erwirbt oder bei Misserfolg im Frühjahr damit weiterfährt.

24 Ursprünglich wollte der Gesetzgeber den Agenturverkauf durch gewerbliche Händler untersagen. Wenngleich ein Agenturverkauf manchmal den Ruch eines **Umgehungsgeschäftes** in sich trägt, ist er nicht von vornherein ein unseriöses Geschäftsgebaren. Dieser Erkenntnis folgend hat er davon dann wieder Abstand genommen. Der BGH hat entschieden, dass ein Agenturgeschäft dann kein Umgehungsgeschäft im Sinne des § 475 Abs. 1 Satz 2 BGB ist, wenn es **transparent** abläuft und der **wirtschaftlichen Wahrheit** entspricht.[15] Wenn der Vermittler bereits im Inserat in der Zeitung oder im Internet und auf dem Verkaufsschild offen legt, dass das Fahrzeug nicht im eigenen Namen verkauft wird, ist der erste Schritt in die Transparenz gemacht. Auch der schriftliche Vertrag muss ausreichend klar sein. Die Anforderungen, die der BGH an die Transparenz stellt, sind bei weitem nicht so hoch, wie von Verbraucherschützern gefordert wurde. Teilweise forderten sie getrennte Verkaufsräume, was der BGH ablehnt.

12. Verbraucherschutzrechte beim Verbrauchsgüterkauf

25 Wenn ein Verbrauchsgüterkauf vorliegt, greifen die besonderen Verbraucher schützenden Regeln aus §§ 475 ff. BGB:
- Für Neu- und Gebrauchtwagen ist der **Ausschluss der Sachmangelhaftung** nicht zulässig (§ 475 Abs. 1 S. 1 BGB). Umgehungsgestaltungen sind unzulässig (§ 475 Abs. 1 S. 2 BGB). Bei Gebrauchtwagen darf die **Verjährungsfrist** für Sachmangel auf **minimal ein Jahr** verkürzt werden (§ 475 Abs. 2 BGB). Jegliche Vertragsgestaltung, die diese Mindesthaftung zu umgehen versucht, ist unzulässig.
- Zugunsten des Käufers besteht eine im Gesetz unzutreffend als Beweislastumkehr bezeichnete **Rückwirkungsvermutung** im Hinblick darauf, dass ein sich zeigender Mangel bereits bei Übergabe der Sache vorhanden war (§ 476 BGB), siehe → Rn. 164 ff.
- In § 477 BGB sind formale Fragen zu einer eventuellen die Sachmangelhaftung ergänzenden Garantieerklärung geregelt. Zu Garantieinhalten macht § 477 jedoch keine Vorgaben.
- § 478 BGB gibt dem Unternehmer für neu hergestellte Sachen Erleichterungen für den **Rückgriff** auf den Unternehmer. § 479 BGB regelt eine **Ablaufhemmung für die Verjährung** der Ansprüche des Unternehmers gegen seinen Neuwarenlieferanten mit der Folge, dass diese Ansprüche nicht schneller verjähren können, als die des Verbrauchers gegen den Verkäufer. Die Grenze der Verjährungshemmung liegt aber bei fünf Jahren.

II. Der Vertragsabschluss

26 Gewerbliche Autohändler arbeiten in aller Regel nicht mit einem Kaufvertragsformular, sondern mit einem Formular „**Verbindliche Bestellung**". Dabei unterzeichnet lediglich der Käufer sein Kaufangebot. Der Händler behält sich vor, das Angebot innerhalb einer auf dem Formular bezeichneten Zeitspanne (häufig zehn Tage) schriftlich (den Zugang muss im Bestreitensfall der Verkäufer beweisen, denn es gibt keinen Anscheinsbeweis, dass ein zur

---

[14] BGH Urt. v. 1.6.2005 – VIII ZR 234/04, NZV 2005, 521.
[15] BGH Urt. v. 26.1.2005 – VIII ZR 175/04, NJW 2005, 1039.

Post gegebenes Schreiben auch ankommt)[16] oder durch Auslieferung faktisch anzunehmen.[17] Sinn dieser Abwicklungsweise ist es für den Verkäufer, einerseits bei nicht am Lager befindlichen Fahrzeugen die **Lieferfähigkeit** zu prüfen, andererseits durch die **Verkaufsleitung** zu prüfen, ob die vom angestellten Verkaufspersonal ausgehandelten Bedingungen so gewollt sind. Der Käufer ist in der Zeit einseitig gebunden. Lediglich per Anfechtung könnte er sich lösen. Schlicht von seinem Kaufangebot zurücktreten kann er nicht.

In der Literatur wird bereits die zehntägige Bindung des Käufers in der Ungewissheit, ob der Verkäufer annimmt, jedenfalls für vorrätige Fahrzeuge für zu lang gehalten.[18] Die Rechtsprechung trägt die Zehntagesfrist jedoch überwiegend – für vorrätige Fahrzeuge aber nicht ausnahmslos[19] – mit. Längere **Bindungsfristen** sind unter AGB-Gesichtspunkten problematisch.[20] Eine Klausel, wonach das Kaufangebot als angenommen gilt, wenn der Verkäufer nicht innerhalb der vereinbarten Zeit ablehnt, geht in Ordnung.[21]

Eine schriftliche Annahmeerklärung muss dem Käufer in der vereinbarten Zeit – oder bei Unwirksamkeit der Bindungsfristklausel – in den Grenzen des § 147 Abs. 2 BGB zugegangen sein.

Gut geschulte Händler greifen zur **Sofortannahme** auf dem Bestellschein, wenn die interne Klärung – insbesondere bei vorrätigen Fahrzeugen – sofort möglich ist. Damit vermeiden sie in zulässiger Weise spätere Konflikte.

In diesem Zusammenhang stellen sich gegebenenfalls Vertretungsberechtigungsfragen. Die sind nach allgemeinem Vertretungsrecht unter Einbeziehung von **§ 56 HGB** zu lösen. § 56 HGB lautet:

„Wer in einem Laden oder in einem offenen Warenlager angestellt ist, gilt als ermächtigt zu Verkäufen und Empfangnahmen, die in einem derartigen Laden oder Warenlager gewöhnlich geschehen."

Der angestellte Verkäufer sollte also, wenn nicht sofort angenommen wird, dem Käufer den Hinweis geben, dass er den Vorgang der Verkaufsleitung vorlegen muss, um die Vermutung des § 56 HGB zu entkräften.

Denkbar ist auch, dass die Parteien das formularmäßige **Schriftformerfordernis individuell aufgehoben** haben und der Vertrag anderweitig zustande kam.[22] Die Beweislast dafür trägt nach allgemeinen Grundsätzen derjenige, der sich auf den Abschluss des Vertrages beruft. Das kann der Käufer sein, der das Fahrzeug unbedingt haben möchte, aber auch der Verkäufer, der angenommen zu haben behauptet. An den Nachweis behaupteter **konkludenter Annahmehandlungen** sind hohe Anforderungen zu stellen.

Will der Verkäufer nicht annehmen, muss er den Käufer gemäß den Bedingungen des ZDK unverzüglich darüber informieren. Anderenfalls könnte der Käufer Ansprüche aus einem Verschulden bei Vertragsabschluss geltend machen. Allerdings wird es regelmäßig schwer fallen, das zeitliche Auseinanderfallen von Ablehnungsentschluss und Ablehnungsmitteilung darzulegen. Leicht fällt das jedoch, wenn der Verkäufer das Fahrzeug innerhalb der Bindungsfrist des Käufers an einen Dritten verkauft hat.

III. Einbeziehung von AGB

Für die Einbeziehung von AGB gelten keine autokaufrechtlichen Besonderheiten. Sie muss bei Vertragsabschluss erfolgen, § 305 Abs. 2 BGB. Der ZDK hat die seinen Händlern empfohlenen **Neuwagenverkaufsbedingungen** ebenso wie die **Gebrauchtwagenverkaufsbedin-**

---

[16] OLG Saarbrücken Beschl. v. 8.12.2010 – 1 U 111/10, BeckRS 2010, 30658; zu den Möglichkeiten siehe BGH Beschl. v. 12.3.2013 – VIII ZR 179/12, BeckRS 2013, 06022.
[17] So in den zumeist verwendeten Bedingungen des ZDK.
[18] *Reinking/Eggert* Rn. 2006 f.
[19] LG Bremen Urt. v. 9.9.2003 – 1 O 565/03, NJW 2004, 1050, AG Northeim Urt. v. 12.2.2009 – 3 C 820/08, ADAJUR Dok.Nr. 82696.
[20] Nachweise bei *Reinking/Eggert* Rn. 2008.
[21] OLG Düsseldorf NJW 2005, 1515.
[22] BGH Beschl. v. 12.3.2013 – VIII ZR 179/12, BeckRS 2013, 06022.

gungen mehrfach geändert. Es sind also je nach Verkaufszeitpunkt unterschiedliche Klauseln zu berücksichtigen.

35 Der äußere Anlass einer Renovierung der Bedingungswerke war die „Fohlen-Entscheidung" des BGH zur Unwirksamkeit einer die Sachmangelhaftung ausschließenden oder zeitlich begrenzenden Klausel, wenn darin nicht die gesetzlich bestimmten Ausschlüsse hineinformuliert sind:[23]

„Eine Klausel in Allgemeinen Geschäftsbedingungen, mit der die gesetzliche Verjährungsfrist für die Ansprüche des Käufers wegen eines Mangels der verkauften Sache abgekürzt wird, ist wegen Verstoßes gegen die Klauselverbote des § 309 Nr. 7 Buchst. a und b BGB insgesamt unwirksam, wenn die in diesen Klauselverboten bezeichneten Schadensersatzansprüche nicht von der Abkürzung der Verjährungsfrist ausgenommen werden."

36 Dabei macht es keinen Unterschied, ob der Vertragspartner ein Unternehmer oder ein Verbraucher ist. Auch Unternehmern gegenüber, so hat es der BGH[24] entschieden, muss die Sachmangelhaftungsausschlussklausel entsprechend formuliert sein:

„Eine umfassende Freizeichnung in Allgemeinen Geschäftsbedingungen (Hier: eines Gebrauchtwagenverkäufers), nach der die Haftung auch des Klauselverwenders auch für Körper- und Gesundheitsschäden (§ 309 Nr. 7 Buchst. a BGB) und für sonstige Schäden auch bei grobem Verschulden (§ 309 Nr. 7 Buchst. b BGB) ausgeschlossen ist, ist nicht nur gegenüber Verbrauchern, sondern ebenso im Geschäftsverkehr zwischen Unternehmern wegen unangemessener Benachteiligung des Vertragspartners des Verwenders unwirksam."

37 Wohl die überwiegende Zahl der gewerblichen Autohändler hat in den Jahren seit der Schuldrechtsreform mit der verkürzten Klausel gearbeitet, weil die Bedingungen zentral vom ZDK zur Verfügung gestellt wurden. Daraus folgt, dass in einer Unzahl von Verträgen weder die Sachmangelhaftungsverkürzung gegenüber dem Verbraucher noch der Sachmangelhaftungsausschluss gegenüber dem Unternehmerkäufer gelungen ist. Die Folge ist die gesetzliche zweijährige Verjährungsfrist.

38 Eine weitere massenhaft verwendete Klausel, die der Kontrolle durch den BGH[25] nicht standgehalten hat, ist die zur Informationserteilungsverpflichtung des Käufers, wenn er Garantie- oder Sachmangelhaftungsansprüche bei Neuwagen bei einem anderen autorisierten Partner der Marke geltend macht, als bei seinem Verkäufer. Einzelheiten dazu siehe → Rn. 278.

39 Seitdem der Fahrzeughandel Neuwagen nicht mehr ausschließlich vom Hersteller oder Importeur direkt bezieht, sondern sich aus Reimporten oder bei Aufkäufern von Überproduktionsmengen bedient, ist das Risiko gestiegen, den verkauften Neuwagen selbst nicht geliefert zu bekommen. Händler, die auf dem dünnen Eis gehen, versuchen sich mit **Selbstbelieferungsklauseln** zu schützen. Eine häufig verwendete Klausel lautet:

„Ausbleibende Lieferung seitens des Exporteurs/Lieferanten, die der Verkäufer nicht zu vertreten hat, schließen eine Haftung des Verkäufers aus (zB höhere Gewalt/Kontingentierung). Der Liefer-/Bestellvertrag ist damit erloschen."

Sie wird ergänzt durch:

„Der Verkäufer ist nicht schadenersatzpflichtig, sofern er selbst nicht beliefert wird oder nicht abnehmen kann (zB Streik, Exportstop, organisatorische Umstände durch den Hersteller, Fehlbestellung des Lieferanten, Zwischenfinanzierungsausfall etc.). Er verpflichtet sich, den Vertragspartner unverzüglich zu informieren und evtl. Anzahlungen des Vertragspartners unverzüglich zu erstatten. Der Kaufvertrag oder der Bestellauftrag sind nach der Anzeige der Nichtbelieferung erloschen, soweit keine andere schriftliche Absprache getroffen wurde."

40 Die Klauselkombination wurde vom LG Duisburg[26] gekippt. Nach § 308 Nr. 3 BGB ist eine Allgemeine Geschäftsbedingung, die es dem Verwender ermöglicht, sich ohne sachlich

---

[23] BGH Urt. v. 15.11.2006 – VIII ZR 3/06, NJW 2007, 674.
[24] BGH Versäumnisurteil v. 19.9.2007 – VIII ZR 141/06, NJW 2007, 3774.
[25] BGH Urt. v. 15.11.2006 – VIII ZR 166/06, NJW 2007, 504.
[26] LG Duisburg Urt. v. 27.4.2007 – 10 O 581/05, BeckRS 2007, 08347; in Anlehnung an BGH Urt. v. 22.3.1995 – VIII ZR 98/94, NJW 1995, 1959.

gerechtfertigten Grund von seiner Leistungspflicht zu lösen, unwirksam. Gegenüber Verbrauchern ist ein Selbstbelieferungsvorbehalt nur dann zulässig, wenn der Verkäufer die Ware bereits bestellt hat, wenn er sie weiterverkauft. Bestellt der Verkäufer aber erst nach erfolgreichem „Weiterverkauf", fehlt es an einem solchen **„kongruenten Deckungsgeschäft"**. Diese Differenzierung, dass die Voraussetzungen beim Verkauf an einen Verbraucher schärfer sind, als bei einem Verkauf an einen Unternehmer, muss in die AGB-Klausel hineinformuliert sein.

IV. Vertragstypen mit Verbraucher – Widerrufsrecht

1. Außerhalb von Geschäftsräumen geschlossene Verträge

Die vormaligen unter dem Stichwort „Haustürgeschäft" bekannten Regelungen sind zum 13.6.2014 von § 312b BGB abgelöst worden. Nunmehr lautet die Überschrift „Außerhalb von Geschäftsräumen geschlossene Verträge". Als Kurzform hat sich die Bezeichnung „AGV" eingeschliffen. Es kommt nun nur noch darauf an, ob der Vertrag in den Geschäftsräumen des Unternehmers geschlossen wurde oder nicht. Der früher das Haustürwiderrufsrecht tragende Gedanke der Überrumpelung ist nicht mehr von Bedeutung. Dass der Verbraucher den Unternehmer gebeten hat, ihn andernorts aufzusuchen schließt – anders als früher – das Widerrufsrecht nicht mehr aus. Die einzige Ausnahme enthält die im Kaufrecht nicht relevante „Rohrbruchregelung" aus § 312g Abs. 2 Ziffer 11 BGB. 41

Was Geschäftsräume sind, regelt § 312b Abs. 2 BGB:

„Geschäftsräume im Sinne des Absatzes 1 sind unbewegliche Gewerberäume, in denen der Unternehmer seine Tätigkeit dauerhaft ausübt, und bewegliche Gewerberäume, in denen der Unternehmer seine Tätigkeit für gewöhnlich ausübt. Gewerberäume, in denen die Person, die im Namen oder Auftrag des Unternehmers handelt, ihre Tätigkeit dauerhaft oder für gewöhnlich ausübt, stehen Räumen des Unternehmers gleich."

Eine sehr relevante Frage für den Autokauf ist, ob die Freiflächen, auf denen Autos ausgestellt sind, zu den Geschäftsräumen gehören. Der Wortlaut der Vorschrift spricht dagegen. Allerdings ist hier eine teleologische Reduktion erforderlich. Käufern von Produkten, die typischer Weise unter freiem Himmel offeriert werden, mehr Schutz einzuräumen, als Käufern von typischen Ladenlokalprodukten, ist weder erforderlich noch sinnvoll. 42

Außerhalb von Geschäftsräumen geschlossene Verträge sind gemäß § 312b Abs. 1 BGB Verträge, 43

1. die bei gleichzeitiger körperlicher Anwesenheit des Verbrauchers und des Unternehmers an einem Ort geschlossen werden, der kein Geschäftsraum des Unternehmers ist,
2. für die der Verbraucher unter den in Nummer 1 genannten Umständen ein Angebot abgegeben hat,
3. die in den Geschäftsräumen des Unternehmers oder durch Fernkommunikationsmittel geschlossen werden, bei denen der Verbraucher jedoch unmittelbar zuvor außerhalb der Geschäftsräume bei gleichzeitiger körperlicher Anwesenheit des Verbrauchers und des Unternehmers persönlich und individuell angesprochen wurde, oder
4. die auf einem Ausflug geschlossen werden, der von dem Unternehmer oder mit seiner Hilfe organisiert wurde, um beim Verbraucher für den Verkauf von Waren oder die Erbringung von Dienstleistungen zu werben und mit ihm entsprechende Verträge abzuschließen.

Dem Unternehmer stehen Personen gleich, die in seinem Namen oder Auftrag handeln.

Erforderlich ist also die gleichzeitige körperliche Anwesenheit von Unternehmer und Verbraucher. Gemäß Ziffer 2 genügt es, wenn die verbindliche Bestellung außerhalb der Geschäftsräume unterzeichnet wird. Dass der Vertrag dann erst mit Zugang der Auftragsbestätigung in der Regel ohne gleichzeitige körperliche Anwesenheit zustande kommt, ist ohne Relevanz. 44

Die Frage, ob die Freiflächen Geschäftsräume sind, ist für Ziffer 3 von besonderer Bedeutung. Wenn der Käufer bei den unter freiem Himmel stehenden Fahrzeugen angesprochen und dann im Verkäuferbüro der Vertrag abgeschlossen wird, hängt das Widerrufsrecht entscheidend davon ab. 45

46 Bei sonstigem Gesprächsbeginn außerhalb der Geschäftsräume, zum Beispiel bei einer externen Fahrzeugpräsentation anlässlich einer Veranstaltung, wird selten ein AGV anzunehmen sein, denn in der Regel vergeht dann eine Zeitspanne bis zum Verkauf in den Geschäftsräumen, die das Unmittelbarkeitserfordernis nicht erfüllt.

47 Erledigt hat sich mit der Gesetzesänderung der frühere Streitschauplatz, ob der Verkauf anlässlich einer gemeinsamen Neuwagen- oder Gebrauchtwagenausstellung der örtlichen Händler „auf dem Kirmesplatz" ein widerrufliches Geschäft vorliegt. Nun ist das eindeutig ein AGV, denn mit den beweglichen Gewerberäumen, in denen der Unternehmer seine Tätigkeit für gewöhnlich ausübt, meint § 312b Abs. 2 BGB die Markthändler, die Schausteller, die in jeder Saison langfristig aufgebauten Spargelstände, aber eben nicht eine nur punktuelle Nutzung eines Partyzeltes etc. als Verkaufsraum.

48 Wenn ein AGV vorliegt, ist die Rechtsfolge die Widerruflichkeit der Willenserklärung des Verbrauchers, § 312g Abs. 1 BGB in Verbindung mit § 356 BGB. Eine fehlerhafte oder fehlende Belehrung über das Widerrufsrecht führt zu einer Verlängerung des Widerrufsrechts von den vierzehn Tagen auf vierzehn Tage plus ein Jahr, § 356 Abs. 3 S. 2 BGB.

49 Die Frist beginnt – anders als nach dem früheren Haustürwiderrufsrecht – mit der Lieferung der Ware, § 356 Abs. 2 BGB.

Trifft ein AGV mit einem finanzierten Geschäft zusammen, sind zwei Widerrufsbelehrungen erforderlich, weil die jeweilige Widerrufsfrist zu unterschiedlichen Zeitpunkten zu laufen beginnt.

2. Verbraucher-Teilzahlungskauf

50 Wenn der Unternehmer selbst dem kaufenden Verbraucher eine entgeltliche Zahlungserleichterung gibt, greift § 491 BGB. Zwar schalten Autohändler im Regelfall Banken zur Finanzierung ein, doch ist es insbesondere bei preiswerten Gebrauchtwagen oder bei guten Kunden, die in Kürze frei werdendes Geld erwarten (Sparvertrag, Lebensversicherung etc.) nicht gänzlich unüblich, dass der **Verkäufer selbst die Zahlungserleichterung** gibt. Voraussetzung ist für die Anwendung von § 499 BGB jedoch stets, dass die Zahlungserleichterung **entgeltlich** ist, also Mehrkosten (Zinsen, Pauschalzuschläge) auslöst. Der Klassiker „Anzahlung sofort, Restzahlung bei Abholung" fällt also nicht darunter.

51 Sobald jedoch Finanzierungskosten entstehen, greift der Verbraucherschutz. Nach §§ 491, 492 BGB bedarf der Vertrag dann der Schriftform und zwingender sich aus § 492 Abs. 2 BGB ergebender Angaben. Fehlt es daran, ist der Vertrag nach § 494 Abs. 1 BGB nichtig. Wurde die Darlehenssumme jedoch ausgezahlt, wird das Geschäft nach § 494 Abs. 2 Satz 1 BGB gültig. Jedoch schuldet der Verbraucher dann nach § 494 Abs. 2 Satz 2 BGB nur den gesetzlichen Zinssatz. Weiterhin hat der Verbraucher ein **Widerrufsrecht nach §§ 491, 495 Abs. 1, 355 BGB**. Hier beginnt die Frist ohne eine entsprechende Belehrung nicht zu laufen.

52 Die Praxis lehrt, dass es bei einem solchen Verkauf „auf Raten" ohne Einschaltung einer Bank bei den Autohändlern regelmäßig am **Problembewusstsein** fehlt, so dass die Belehrung massenhaft nicht erfolgt. Mangels Bewusstseins des Verkäufers für das dadurch entstehende Widerrufsrecht kommt es dann gelegentlich zu folgendem „**Trick**" des kauffreudigen Käufers: Nach Vereinbarung eines Bargeschäftes spricht der Käufer noch einmal beim Verkäufer vor und trägt eine plötzliche und unerwartete Liquiditätslücke vor. Er überredet den Verkäufer zur **nachträglichen Änderung des Vertrages** auf drei oder mehr Raten und bietet von sich aus eine Verzinsung an. Lässt sich der Verkäufer darauf ein, entsteht mit der Vertragsmodifikation das Widerrufsrecht. Kurz danach tritt der Käufer, sei er belehrt, sei er nicht belehrt, zurück. Den Beweis **rechtsmissbräuchlichen Verhaltens** wird der Verkäufer regelmäßig nicht führen können.

53 Das „Gegenmittel" für den aufmerksamen Verkäufer ist die nur **bedingte Aufhebung** des Barkaufvertrages etwa mit folgender Klausel:

Formulierungsvorschlag:

„Mit Vertrag vom ...... haben die Parteien dieses Vertrages bereits einen Barkaufvertrag über dasselbe Fahrzeug abgeschlossen. Der Barkaufvertrag wird nur unter der aufschiebenden Bedingung aufgehoben, dass der nunmehr abgeschlossene finanzierte Vertrag nicht vom Käufer wegen des ihm gesetzlich zustehenden Widerrufsrechtes widerrufen wird."

Wenn der Käufer nur den oben beschriebenen Trick versuchen möchte, wird er das nicht unterschreiben. Dann bleibt es beim Barkaufvertrag. Unterschreibt er hingegen, will er offenbar tatsächlich finanziert kaufen.

Die nur bedingte Aufhebung des Barkaufvertrages nimmt dem Verbraucher keine Schutzrechte. Denn immerhin muss der Verkäufer sich ja gar nicht auf die Vertragsmodifikation einlassen. Und den finanzierten Vertrag kann der Verbraucher immer noch widerrufen. Dann hat er die Mehrkosten aus der Finanzierung, die das Motiv des Gesetzgebers für das Widerrufsrecht darstellen, erfolgreich abgeschüttelt. Bezüglich des zu erfüllenden Barkaufvertrages steht er nicht schlechter da, als vor dem Widerruf.[27]

3. Verbundener Vertrag aus Kauf und Darlehen

Massenhaft werden Autos vom Handel in der Weise verkauft, dass der Händler die Finanzierung durch eine – meist **spezialisierte, oft herstellerseitige** – **Bank** organisiert. Nach §§ 491, 358 BGB sind dann der Kaufvertrag und der Darlehensvertrag **schicksalhaft miteinander verbunden,** wenn der Käufer Verbraucher ist. Löst der Käufer sich rechtswirksam vom Kaufvertrag, ist er auch an den Darlehensvertrag nicht mehr gebunden, löst er sich rechtswirksam vom Darlehensvertrag, ist er auch an den Kaufvertrag nicht mehr gebunden, § 358 Abs. 2 BGB.

Das für den Darlehensvertrag nach §§ 495, 355 BGB erforderliche **Widerrufsbelehrungserfordernis** wird dabei in aller Regel zuverlässig erfüllt. Die entsprechenden Formulare werden nämlich von den Banken zur Verfügung gestellt. Ohne die gesondert unterzeichnete Belehrung werden sie dort nicht bearbeitet. Zum Formerfordernis und dem obligatorischen Vertragsinhalt sowie zu den Rechtsfolgen von Formfehlern siehe §§ 492 und 494 BGB. Die unter obigem Punkt 2 behandelten Erwägungen zur nachträglichen Finanzierung eines bereits abgeschlossenen Bargeschäftes gelten hier ebenso.

Insbesondere bei Neuwagen, aber auch bei hochwertigen Gebrauchten steht der Händler stets vor dem Risiko, dass der Käufer den Vertrag innerhalb der Frist widerruft. Ist das Fahrzeug dann bereits auf den Käufer zugelassen und gar durch ihn bereits genutzt, ist ein **erheblicher Wertverlust** zu verzeichnen. Der sicherste Weg ist folglich, das Fahrzeug erst **nach Ablauf der Widerrufsfrist auszuliefern.** Bei einem vorrätigen Auto wird der Käufer jedoch oft die sofortige Auslieferung verlangen. Dann steht der Sicherheitsgedanke für den (seltenen) Fall des Widerrufes gegen den Dienst am Kunden.

Der oft vom Kunden vorgebrachte Vorschlag, dass er einen Verzicht auf sein Widerrufsrecht unterschreibe, ist untauglich. Ein solcher **Verzicht ist unwirksam.** Jedoch stellt § 357 Abs. 7 BGB ein Instrument für den Interessensausgleich zur Verfügung:

„Der Verbraucher hat Wertersatz für einen Wertverlust der Ware zu leisten, wenn
1. der Wertverlust auf einen Umgang mit den Waren zurückzuführen ist, der zur Prüfung der Beschaffenheit, der Eigenschaften und der Funktionsweise der Waren nicht notwendig war, und
2. der Unternehmer den Verbraucher nach Artikel 246a § 1 Absatz 2 Satz 1 Nummer 1 des Einführungsgesetzes zum Bürgerlichen Gesetzbuche über sein Widerrufsrecht unterrichtet hat."

Die Zulassung und Ingebrauchnahme ist ohne Zweifel ein über die Prüfung der Beschaffenheit, der Eigenschaften und der Funktionsweise des Autos hinausgehender, also beim Widerruf zum Wertersatz verpflichtender Umstand. Die erforderliche Belehrungskomponente ist die Variable 5c aus dem vom Gesetzgeber zur Verfügung gestellten Muster Anlage 1 zu Art 246a § 1 Abs. 2 S. 2 EGBGB.[28]

---

[27] Bei *Reinking/Eggert* Rn. 1626 wird das gar nicht problematisiert.
[28] BGBl. I 2013, 51, 3663.

61 Hieraus ergibt sich in der anwaltlichen Praxis eine **Regressgefahr:** Wenn innerhalb der Widerrufsfrist bei einem finanzierten und mangelbehafteten Fahrzeug zu entscheiden ist, ob der formale Weg des Widerrufs oder der beweisbelastete Weg des Rücktritts wegen eines Mangels gewählt wird, scheint der Weg des Widerrufs der einfachere zu sein. Wenn dann allerdings der Verkäufer den Käufer ordnungsgemäß im obigen Sinne belehrt hat, hat der Käufer den Wertverlust zu tragen. Beim Rücktritt wegen des Mangels hätte nur eine minimale Nutzungsentschädigung zu Buche geschlagen. Wenn der Rechtsanwalt darauf nicht aufmerksam macht und diese Belastung einerseits nicht mit dem Beweisrisiko wegen des Mangels andererseits abwägt und auf dieser Basis den Mandanten belehrt, kann es böse Überraschungen geben.

4. Fernabsatz

62 Durch den Siegeszug des **Internet** in allen Bereichen des Lebens hat sich auch im Autohandel ein Wandel ergeben. War der Autoverkauf früher ein weit überwiegend lokales Geschäft, ist heute der Autoverkauf auch außerhalb des Wirtschaftsraumes des Händlers an der Tagesordnung. Die Instrumente dafür sind neben der eigenen **Homepage** vor allem die **Fahrzeugbörsen** im Internet, zunehmend aber auch **virtuelle Marktplätze** wie eBay und andere.

63 Für die Einordnung eines Geschäftes auf den virtuellen Marktplätzen wie eBay und anderen ist es im Hinblick auf § 474 Abs. 2 Satz 2 BGB von Bedeutung, dass es sich dabei regelmäßig nicht um Versteigerungen handelt, sondern um Kaufverträge mit vorweggenommener Annahmeerklärung bei dynamischer Preisbildung.

Denn die Legaldefinition aus § 383 Abs. 3 Satz 1 BGB gilt auch hier. Diese Vorschrift lautet:

„Die Versteigerung hat durch einen für den Versteigerungsort bestellten Gerichtsvollzieher oder zu Versteigerungen befugten anderen Beamten oder öffentlich angestellten Versteigerer öffentlich zu erfolgen (öffentliche Versteigerung)."

Dazu (zur alten Fassung des § 474 Abs. 1 Satz 2 BGB, jetzt § 474 Abs. 2 Satz 2 BGB) der BGH:[29]

„Was nach § 474 Abs. 1 Satz 2 BGB unter einer öffentlichen Versteigerung, an der der Verbraucher persönlich teilnehmen kann, zu verstehen ist, ist umstritten. Die herrschende Auffassung hält anders als das Berufungsgericht die Legaldefinition der öffentlichen Versteigerung in § 383 Abs. 3 BGB für maßgeblich, nach der die Versteigerung durch einen für den Versteigerungsort bestellten Gerichtsvollzieher, durch einen zu Versteigerungen befugten anderen Beamten oder durch einen öffentlich angestellten Versteigerer, auch durch einen gemäß § 34b Abs. 5 GewO allgemein öffentlich bestellten Versteigerer, öffentlich zu erfolgen hat.

Nach anderer Ansicht erfasst § 474 Abs. 1 Satz 2 BGB jede für den Verbraucher allgemein zugängliche Versteigerung unabhängig von der Person des Versteigerers. Das folge daraus, dass § 474 Abs. 1 Satz 2 BGB auf Art. 1 Abs. 3 der Richtlinie 1999/44/EG des Europäischen Parlaments und des Rates vom 25.5.1999 zu bestimmten Aspekten des Verbrauchsgüterkaufs und der Garantien für Verbrauchsgüter beruhe, nach der die Mitgliedstaaten festlegen können, dass unter „Verbrauchsgütern" keine gebrauchten Güter zu verstehen sind, die in einer öffentlichen Versteigerung verkauft werden, bei der die Verbraucher die Möglichkeit haben, dem Verkauf persönlich beizuwohnen. Diese Regelung privilegiere eine bestimmte Vertriebsmethode.

Der Senat hält die erstgenannte Auffassung für richtig. § 383 Abs. 3 Satz 1 BGB bezeichnet nur eine Versteigerung, die durch einen für den Versteigerungsort bestellten Gerichtsvollzieher oder zu Versteigerungen befugten anderen Beamten oder öffentlich angestellten Versteigerer öffentlich erfolgt, als „öffentliche Versteigerung". Eine derartige Legaldefinition eines Rechtsbegriffes beansprucht grundsätzlich für den gesamten Anwendungsbereich des Gesetzes, in dem sie erfolgt, Geltung, wenn nicht der Gesetzgeber für einen Einzelfall erkennbar davon abgewichen ist. Dafür gibt es hier keine Anhaltspunkte."

64 Seitdem sind Versuche einiger gewerblicher Verkäufer auf diesen Plattformen zu beobachten, das Vorliegen einer Versteigerung zu vereinbaren. Beispielhaft ist die unsinnige Klausel, die offenbar Einer beim Anderen abschreibt:

---

[29] BGH Urt. v. 9.11.2005 – VIII ZR 116/05, NJW 2006, 613.

„Dies ist eine Versteigerung im Sinne § 156 BGB. Dies bedeutet, dass der Höchstbietende nach § 312d Absatz 4 Ziffer 5 BGB kein Rücktrittsrecht genießt. Jeder Bieter erkennt diese Klausel mit Gebotsabgabe an. Der Artikel ist nach bestem Wissen und Gewissen beschrieben. Mit der Abgabe eines Gebotes gelten alle Mängel (auch nicht aufgelistete) als akzeptiert. Bitte stellen Sie alle Fragen vor Abgabe eines Gebotes. Eine Rücknahme, Wandlung oder Preisminderung ist ausgeschlossen. Nach Abgabe des Gebotes erklären Sie sich einverstanden und akzeptieren, dass es sich bei dem Angebot um eine Versteigerung im Sinne § 312d Absatz 4 Ziffer 5 BGB handelt. Dies bedeutet für den Höchstbietenden, dass er kein Widerrufsrecht genießt."

Das ist eine unzulässige Umgehung der Verbraucherschutzvorschriften. Denn damit würden die speziellen Vorschriften zum Verbrauchsgüterkauf ausgehebelt. Gleichzeitig würden die Schutzrechte aus § 312c BGB ausgehöhlt. Wer also ein Fahrzeug bei eBay zur „Online-Auktion" einstellt, gibt ein verbindliches Verkaufsangebot ab. Wenn der Anbieter die Auktion vorzeitig abbricht, wird die Wirksamkeit des verbindlichen Angebotes davon nicht berührt. Dann steht demjenigen, der zum Zeitpunkt des Auktionsabbruchs das höchste Gebot abgegeben hat, die Ware zu.[30] Anderenfalls läge es in der Willkür des Anbieters, bei ihm zu niedrig erscheinenden Angeboten durch Abbruch des Vorganges „die Notbremse zu ziehen". Im konkreten Fall hatte der Verkäufer nicht geliefert und wurde verurteilt, die Differenz zwischen dem Marktwert des Fahrzeugs und dem Gebot des Klägers zum Abbruchzeitpunkt als Schadenersatz zu bezahlen.

Fernabsatzgeschäfte sind in §§ 312c BGB geregelt. Die **Legaldefinition** für ein Fernabsatzgeschäft in § 312c Abs. 1 BGB lautet:

„Fernabsatzverträge sind Verträge, bei denen der Unternehmer oder eine in seinem Namen oder Auftrag handelnde Person und der Verbraucher für die Vertragsverhandlungen und den Vertragsschluss Fernkommunikationsmittel verwenden, es sei denn, dass der Vertragsschluss nicht im Rahmen eines für den Fernabsatz organisierten Vertriebs- oder Dienstleistungssystems erfolgt."

In § 312c Abs. 2 BGB heißt es:

„Fernkommunikationsmittel im Sinne dieses Gesetzes sind alle Kommunikationsmittel, die zur Anbahnung oder zum Abschluss eines Vertrags eingesetzt werden können, ohne dass die Vertragsparteien gleichzeitig körperlich anwesend sind, wie Briefe, Kataloge, Telefonanrufe, Telekopien, E-Mails, über den Mobilfunkdienst versendete Nachrichten (SMS) sowie Rundfunk und Telemedien."

Bedeutsam für die Einordnung eines Vertrages als Fernabsatzvertrag ist zunächst, dass auf der Verkäuferseite ein **Unternehmer** und auf der Käuferseite eine **Verbraucher** steht. Der Vertrag muss ohne „Auge-in-Auge"-Kontakt mittels der genannten **Fernkommunikationsmittel** erfolgen. Dabei ist – anders als nach dem alten Recht – nicht mehr nur auf den Vertragsabschluss abzustellen. Wurde Auge in Auge verhandelt, erbittet sich der Käufer dann Bedenkzeit und kommt es danach mit Fernkommunikationsmitteln zum Vertragsabschluss, ist das kein Fernabsatz mehr. Denn nach der aktuellen Gesetzesfassung müssen für die Vertragsverhandlungen **und** den Vertragsschluss Fernkommunikationsmittel verwendet worden sein.

Ein persönlicher Kontakt bei der Abholung nach einem Vertragsschluss mit Fernkommunikationsmitteln ändert allerdings nichts mehr.

Streitpotential liegt in der Frage, die sich aus § 312c Abs. 1 letzter Halbsatz BGB ergibt, nämlich ob der Vertragsschluss in einem **für den Fernabsatz organisierten Vertriebssystem** erfolgt. Entscheidend für die Annahme eines solchen Systems ist, „ob der Unternehmer in personeller und sachlicher Ausstattung innerhalb seines Betriebes die **organisatorischen Voraussetzungen** geschaffen hat, die notwendig sind, um regelmäßig im Fernabsatz zu tätigende Geschäfte zu bewältigen".[31] Folgende Fallgruppen sind an der Tagesordnung:
- Systeme wie eBay sind zweifellos auf den Verkauf ohne persönlichen Kontakt ausgerichtet. Für die **Sofortkaufoption** liegt das auf der Hand. Aber auch beim Verkauf mit vorweggenommener Annahmeerklärung bei dynamischer Preisbildung (Systeme wie eBay

---

[30] OLG Oldenburg Urt. v. 28.7.2005 – 8 U 93/05, NJW 2005, 2556.
[31] RegE, BT-Drs. 14/2658.

- führen nicht zur Versteigerung,³² siehe auch → Rn. 63) sehen die Konzepte vor, dass die Parteien erst nach Vertragsschluss persönlichen Kontakt miteinander aufnehmen. Insoweit sind diese virtuellen Marktplätze zweifellos für den Fernabsatz organisierte Vertriebssysteme. Macht sich der Unternehmer eine solche Plattform zu Nutze, ist ihm diese Organisation zuzurechnen, denn betriebsintern wird sie von ihm auch bedient. Dasselbe gilt, wenn der Verkäufer einen **Onlineshop** betreibt.³³
- Das andere Extrem ist die **Annonce in einer Zeitung** mit Angabe einer Telefon- oder Faxnummer. Kommt es daraufhin ohne persönliche Kontaktaufnahme zu einem Kauf durch einen Verbraucher per Telefon und ggf. Fax, ist der Vertrag mittels Fernkommunikationsmitteln abgeschlossen. Ob darin aber ein für den Fernabsatz organisiertes Vertriebssystem zu sehen ist, ist umstritten. Einerseits lässt die Literatur bereits minimale **organisatorische Maßnahmen** im Betrieb ausreichen.³⁴ Der Ausnahmetatbestand „... es sei denn ..." sei im Zweifel eng auszulegen.³⁵ Danach würde bereits genügen, dass jemand das Telefon und das Fax bedient. Andererseits sieht die Begründung zum Regierungsentwurf 2002 eine nur ausnahmsweise Verwendung von Fernkommunikationsmitteln nicht als ausreichend für die Annahme eines Fernabsatzvertrages an.³⁶
- Nach hier vertretener Auffassung ist die Kombination aus einer Zeitungsannonce und dem Bereithalten eines Telefons bzw. Telefaxgerätes oder der Benennung einer E-Mail-Adresse und von Personal, das Anrufe entgegen nimmt und E-Mails abruft, für sich genommen kein für den Fernabsatz organisiertes Vertriebssystem. Veröffentlichte Rechtsprechung dazu ist nicht bekannt.
- Die moderne Form der Zeitungsannonce ist die Bereithaltung einer **Homepage** oder die Nutzung von „Fahrzeugbörsen". Im Unterschied zur Zeitungsanzeige allerdings kann der Interessent kraft programmierter Möglichkeiten in der Regel direkt von der Seite, auf der er das Fahrzeug gefunden hat, „per Mausklick" via E-Mail **Kontakt** mit dem Verkäufer aufnehmen, und zwar **ohne Medienbruch**. Entsprechend gibt es im Betrieb des Händlers Personal, das sich um solche eingehenden Kontakte kümmert. Das rückt das System deutlich mehr in die Nähe eines für den Fernabsatz organisierten Systems, als es beim Klassiker der Printannonce der Fall ist. Entscheidend ist das Bild, das der Verkäufer gegenüber dem typischen Verbraucher abgibt.³⁷ Am Ende ist das eine Frage des Einzelfalles. Die **Beweislast** für die „... es sei denn ..."-Ausnahme liegt beim Verkäufer.³⁸

70 Wenn ein Fernabsatzvertrag vorliegt, hat der Unternehmer die Pflichten aus §§ 312d und 312f Abs. 2 BGB und der Verbraucher die **Schutzrechte** aus § 312g Abs. 1 BGB. Die Widerrufsfrist beginnt mit der Lieferung der Ware, § 356 Abs. 2 BGB. Auch hier kann sich der Verkäufer auf dem Wege des **§ 357 Abs. 7 BGB** davor schützen, die durch die Zulassung und Inbetriebnahme entstehende Entwertung tragen zu müssen (siehe → Rn. 59). Daraus ergibt sich in der anwaltlichen Praxis eine **Regressgefahr:** Wenn innerhalb der Widerrufs- bzw. Rückgabefrist bei einem im Fernabsatz verkauften Fahrzeug zu entscheiden ist, ob der formale Weg des Widerrufs bzw. der Rückgabe oder der beweisbelastete Weg des Rücktritts wegen eines Mangels gewählt wird, scheint der Weg des Widerrufs bzw. der Rückgabe der einfachere zu sein. Wenn allerdings der Verkäufer den Käufer ordnungsgemäß im obigen Sinne belehrt hat, hat der Käufer den Wertverlust zu tragen. Beim Rücktritt wegen des Mangels hätte nur eine minimale Nutzungsentschädigung (siehe → Rn. 256 ff.) zu Buche geschlagen. Wenn der Rechtsanwalt darauf nicht aufmerksam macht und diese Belastung einerseits nicht mit dem Beweisrisiko wegen des Mangels andererseits abwägt und den Mandanten nicht auf dieser Basis belehrt, kann es böse Überraschungen geben.

71 § 312g Abs. 2 BGB sieht eine Anzahl von Ausnahmen vor, bei denen der Vertrag zwar Fernabsatz bleibt, aber in Abweichung von der Regel kein Widerrufsrecht besteht. Eine die-

---

³² BGH Urt. v. 7.11.2001 – VIII ZR 13/01, NJW 2002, 363; ähnlich BGH NJW 2005, 53.
³³ *Wilmer/Hahn* Fernabsatzrecht VI 2 Rn. 15.
³⁴ *Wilmer/Hahn* ebenda.
³⁵ Palandt/*Heinrichs* § 312b Rn. 11.
³⁶ RegE, BT-Drs. 14/2658.
³⁷ *Wilmer/Hahn* Fernabsatzrecht VI 2 Rn. 17.
³⁸ Palandt/*Heinrichs* § 312b Rn. 11.

ser Ausnahmen ist gemäß Ziffer 1 der Kauf von Waren, die nicht vorgefertigt sind und für deren Herstellung eine individuelle Auswahl oder Bestimmung durch den Verbraucher maßgeblich ist oder die eindeutig auf die persönlichen Bedürfnisse des Verbrauchers zugeschnitten sind.

Ein speziell für den Käufer konfiguriertes und produziertes Fahrzeug fällt wohl unter diese Ausnahme. Wenn jedoch zB ein Standardfahrzeug mit Sonderrädern bestellt wird, genügt das nicht. Wenn nämlich die Individualisierung problemlos rückgängig gemacht werden kann („Sonderräder abschrauben, Standardräder anschrauben"), hat der Verkäufer nicht den Nachteil eines anderweitig schwer verkäuflichen Individualobjektes.[39]

Dass bei Abholung des Fahrzeugs der bis dahin nur per Mausklick existierende Kaufvertrag noch schriftlich niedergelegt wird, lässt das Fernabsatzgeschäft nicht entfallen. Es kommt auf den Zeitpunkt der Vertragsverhandlungen und des Vertragsabschlusses an. Die „Wiederholung" des bis dahin regelmäßig nur per Mausklick oder gegebenenfalls per Fax geschlossenen Vertrages „auf Papier" ist nur **deklaratorisch**.

Ob sich eine Nachverhandlung und substantielle Änderung der Konditionen als **Neuabschluss eines Vertrages „Auge in Auge"** unter konkludenter Aufhebung des „alten" per Fernabsatz geschlossenen Vertrages darstellt, ist Sache des Einzelfalles. Wenn der im Fernabsatz abgeschlossene Vertrag ausdrücklich aufgehoben und ersetzt wird, ist das nach der hier vertretenen Auffassung zulässig. Es gibt aber auch beachtliche Argumente dagegen, zumal, wenn das bei dem Verkäufer Methode hat.

Insgesamt ist es bei allen „per Mausklick" abgeschlossenen Verträgen nach heutigem Stand der Dinge kaum möglich, die **Identität des Vertragspartners** zu beweisen, wenn der „Inhaber der Maus" bestreitet, „geklickt" zu haben. Ein Fall des OLG Köln[40] zeigt das: Ein Autohändler stellt ein Fahrzeug bei eBay ein. Er nennt auch einen Preis für die „Sofortkauf"-Option. Davon macht „Jemand" Gebrauch. Später verweigert die Person, die hinter dem eBay-Account steht, die Abnahme. Sie behauptet, zu keiner Zeit den Sofortkauf angeklickt zu haben. Der Händler wiederum stellt sich auf den Standpunkt, über die Funktion „eBay-alias – Name" und „Passwort" sei – insbesondere wegen des Passwortschutzes – ausgeschlossen, dass jemand anderes der vermeintliche Käufer sei. Jedenfalls aber müsste sich der Inhaber des eBay-Accounts zurechnen lassen, wenn jemand anderes mit seinem **Passwort** arbeite. Das Gericht folgte dem Vortrag des Beklagten, die gängigen Benutzername- und Passwortlösungen seien alles andere als sicher. Die **Beweislast** dafür, dass der Beklagte tatsächlich derjenige sei, der den Kaufvertrag abgeschlossen hat, liegt auf Verkäuferseite. Dies folgt dem üblichen Grundsatz, dass der, der einen Anspruch herleiten möchte, das Vorliegen der Voraussetzungen beweisen muss.

In einem anderen Fall hatte sich vermutlich der elfjährige Sohn des Beklagten auf einer Internet-Verkaufsplattform umgesehen und dann ein edles Auto „gekauft". Der Junge hatte sich das Passwort des Vaters unbefugt angeeignet. Das Landgericht Bonn[41] hat mit lesenswerten Fakten erklärt, dass und warum aus der Passwortverwendung nicht auf den Inhaber des Passwortes als handelnde Person geschlossen werden kann: Die **Missbrauchsmöglichkeiten** sind zu vielfältig. Es kommt zum Ergebnis, dass ein Klageanspruch aus elektronischem Vertragsschluss wohl so gut wie nie zu beweisen sein wird. Das sei hinzunehmen. Im Ergebnis hat der Vater nicht gehaftet.

Auch das OLG Naumburg[42] hat in einem ähnlichen Fall die Beweislast beim Verkäufer gesehen. Es sah zwar die Gefahr, dass Fälle von Kaufreue auf Seiten des Käufers durch ein einfaches „... Ich war es nicht ..." folgenlos blieben. Das müsse beim Internetverkauf aber hingenommen werden.

Wenn ein Fernabsatzvertrag vorliegt, ist die Rechtsfolge die Widerruflichkeit der Willenserklärung des Verbrauchers, § 312g Abs. 1 BGB in Verbindung mit § 356 BGB. Die Frist beginnt mit der Lieferung der Ware, Einzelheiten dazu in § 356 Abs. 2 BGB. Eine fehlerhafte

---

[39] Vgl. zu konfiguriertem Computer BGH Urt. v. 19.3.2003 – VIII ZR 295/01, NJW 2003, 1665.
[40] OLG Köln Urt. v. 13.1.2006 – 19 U 120/05, NJW 2006, 1676.
[41] LG Bonn Urt. v. 19.12.2003 – 2 O 472/03, MMR 2004, 179.
[42] OLG Naumburg Urt. v. 2.3.2004 – 9 U 145/03, IBR 2005, 1059.

oder fehlende Belehrung über das Widerrufsrecht führt zu einer Verlängerung des Widerrufsrechts von den vierzehn Tagen auf vierzehn Tage plus ein Jahr, § 356 Abs. 3 S. 2 BGB. Für die Rückabwicklung und vor allem die Rückerstattung des Geldes sind die Einzelheiten des § 357 BGB zu beachten.

79 Trifft ein Fernabsatzvertrag mit einem finanzierten Geschäft zusammen, sind zwei Widerrufsbelehrungen erforderlich, weil die jeweilige Widerrufsfrist zu unterschiedlichen Zeitpunkten zu laufen beginnt.

V. Inzahlungnahme

80 Wird das bisherige Fahrzeug des Käufers in den Kauf eines anderen Fahrzeuges einbezogen, wird oft unscharf von der „Inzahlungnahme" gesprochen. Jedoch verbergen sich dahinter drei grundverschiedene Modelle. Je nach Ausgestaltungen der Vereinbarung kann ein **Kaufvertrag mit Ersetzungsbefugnis** vorliegen, ein **Doppelkauf mit Verrechnungsabrede** oder gar ein **Paket aus zwei Kaufverträgen**, deren Schicksal unabhängig voneinander sein soll.

1. Kaufvertrag mit Ersetzungsbefugnis

81 Wenn der gebrauchte Wagen des Käufers quasi als Zahlungsmittel dienen soll (daher auch der Begriff der Inzahlungnahme), gibt es lediglich einen Kaufvertrag. Darin wird dem Käufer – meist in der Rubrik „**Zahlungsvereinbarung**" – die Möglichkeit gegeben, einen Teil des Kaufpreises durch seinen Gebrauchtwagen zu erfüllen („zu ersetzen"). Dieser Kaufvertrag mit Ersetzungsbefugnis ist das Grundmodell.[43] Dann darf der Käufer aber auch den Gesamtbetrag in Geld entrichten, wenn es ihm gelingt, den Gebrauchten „besser" zu verkaufen. Es ist eben nur eine Ersetzungsbefugnis.

82 Im Falle eines **Rücktritts** vom Kaufvertrag gewährt der Verkäufer dann den Kaufpreis so zurück, wie er ihn empfangen hat. Er gibt also den hereingenommenen Wagen, sofern noch möglich, zurück. Ist er bereits verkauft oder gar verschrottet, leistet er Wertersatz.

83 Der Wertersatz wird dann problematisch, wenn das hereingenommene Fahrzeug mit einer **Anreizprämie** überbewertet worden ist. Es ist umstritten, ob dann der Hereinnahmebetrag als „Wert" zu betrachten ist oder ob darauf abzustellen ist, ob der Käufer bei einer Hereingabe bei einem anderen Händler einen ähnlichen Übererlös erzielt hätte. Richtig scheint, den Anrechnungspreis als Wert zu betrachten.

2. Doppelkauf mit Verrechnungsabrede

84 Will der Verkäufer den Gebrauchten aber unbedingt haben, weil er einen daraus erzielbaren Gewinn in das Gesamtgeschäft einkalkuliert hat, greift er zum **Doppelkauf mit Verrechnungsabrede**. Über den hereinzunehmenden Gebrauchten erstellt er einen oft „**Ankaufschein**" genannten Vertrag. Dann muss der Käufer des Neuen oder Gebrauchten sein bisheriges Fahrzeug an den Verkäufer übergeben. Jedoch soll nach dem Parteiwillen der jeweils eine Vertrag nicht ohne den jeweils anderen gelten. Eine solche Kombination ist zulässig, wie der BGH schon in der genannten Entscheidung zum Kaufvertrag mit Ersetzungsbefugnis durchblicken ließ. Teilweise wird darin auch ein **typengemischter Kauf-Tausch-Vertrag** gesehen.[44]

85 Im Falle eines **Rücktritts** vom Kaufvertrag wird auch – weil die Verträge nach dem Parteiwillen nicht unabhängig voneinander gelten sollen – der zweite Vertrag rückabgewickelt. Der Verkäufer gibt also den hereingenommenen Wagen, sofern noch möglich, zurück. Ist er bereits verkauft oder gar verschrottet, leistet er Wertersatz.

86 Der Wertersatz wird dann problematisch, wenn das hereingenommene Fahrzeug mit einer **Anreizprämie** überzahlt worden ist. Es ist umstritten, ob dann der Hereinnahmebetrag als „Wert" zu betrachten ist oder ob darauf abzustellen ist, ob der Käufer bei einer Hereingabe

---

[43] BGH Urt. v. 18.1.1967 – VIII ZR 209/64, NJW 1967, 553.
[44] Nachweise bei *Reinking/Eggert* Rn. 1471 ff.

bei einem anderen Händler einen ähnlichen Übererlös erzielt hätte.⁴⁵ Richtig scheint, den Anrechnungspreis als Wert zu betrachten.

3. Getrennte Kaufverträge

Wenn es dem Parteiwillen entspricht, können auch zwei **unabhängige Kaufverträge** abgeschlossen werden. Dazu greift der Händler dann, wenn das ihm vom Käufer angebotene Fahrzeug so attraktiv ist, dass er es auch frei zugekauft hätte. Allerdings muss der **Parteiwille** insoweit eindeutig sein. Im Falle eines **Rücktritts** vom Kaufvertrag bleibt dabei der andere Kaufvertrag unberührt. 87

VI. Nichtabnahme des Fahrzeugs durch den Käufer

Nimmt der Käufer das Fahrzeug nicht ab, fordert der Verkäufer regelmäßig Schadenersatz. Der Schaden liegt in seinem entgangenen Gewinn. Der Handel arbeitet nahezu durchgängig mit einer **Pauschalierungsklausel** in den AGB. Der Schaden wird mit 10 % vom Verkaufspreis pauschaliert, wobei dem Käufer die Möglichkeit des Entstehens eines niedrigeren Schadens und dem Verkäufer die Möglichkeit des Entstehens eines höheren Schadens nachzuweisen verbleibt. Es war umstritten, ob diese Klausel gemessen an **§ 309 Nr. 5 BGB** wirksam ist. 88

§ 309 Nr. 5b BGB verlangt nämlich, dass die Klausel ausdrücklich auch die Möglichkeit für den Käufer offen lässt, den Nachweis zu erbringen, dass gar kein Schaden entstanden ist. Die langjährig und häufig von den Händlern verwendete Klausel sieht das jedoch nicht vor. 89

Im Schrifttum wird die Klausel jedoch auch unter dem Aspekt des § 309 Nr. 5a BGB für unwirksam gehalten. Unter den heutigen Verhältnissen am Neuwagenmarkt sei die Erzielung eines Gewinnes von 10 % vom Verkaufspreis illusorisch.⁴⁶ Nur für reine Gebrauchtwagenhändler könne das anders gesehen werden.⁴⁷ Der BGH hat die Klauseln sowohl für Gebrauchtwagen mit 10 Prozent als auch für Neuwagen mit 15 Prozent jedoch gehalten.⁴⁸ Neben der Pauschale können die **Rechtsverfolgungskosten** geltend gemacht werden. Sie sind nicht von der Pauschale umfasst.⁴⁹ 90

Der Käufer hat die **Beweislast** für das Entstehen eines niedrigeren Schadens, wenn er sich darauf beruft.⁵⁰ Allerdings hat er keine Kenntnisse von der Kalkulation des Händlers. Umstritten ist, ob den Verkäufer eine sekundäre Darlegungslast trifft. Teilweise wird das verneint.⁵¹ 91

Zugunsten des Händlers wird aus § 252 BGB kraft Gesetzes vermutet, dass er einem Zweitkäufer, der das nicht abgenommene Fahrzeug erwirbt, ein anderes hätte verkaufen können.⁵² 92

Wird der Schaden nicht pauschaliert, sondern konkret berechnet, ist der Ausgangspunkt der vereinbarte **Verkaufspreis**. Der **Einkaufspreis** und die konkret auf das Fahrzeug entfallenden **Aufwendungen** (Verkäuferprovision, Handlingkosten etc.) sind zu subtrahieren. Die **Gemeinkosten** des Händlers sind nicht zu berücksichtigen, denn sie wären auch ohne den geplatzten Verkauf angefallen.⁵³ 93

Verschärft wird die Problematik dadurch, dass das Geschäft des Händlers bei Neuwagen oft nicht mehr im unmittelbaren Ertrag aus dem konkreten Fahrzeugverkauf liegt, sondern dass der Lieferant des Händlers, sei es der Hersteller, sei es der Importeur, bei Erreichung 94

---

⁴⁵ Einzelheiten bei *Reinking/Eggert* Rn. 1465 ff.
⁴⁶ *Reinking/Eggert* Rn. 380.
⁴⁷ *Reinking/Eggert* Rn. 2066.
⁴⁸ BGH Urt. v. 14.4.2010 – VIII ZR 123/09, NJW 2010, 2122 – Gebrauchtwagen; BGH Beschl. v. 27.6.2012 – VIII ZR 165/11, 2012, 3230 – Neuwagen.
⁴⁹ LG Bonn Urt. v. 11.9.2007 – 8 S 85/07, BeckRS 2008, 02563.
⁵⁰ *Reinking/Eggert* Rn. 383 sowie 2067.
⁵¹ OLG Naumburg Urt. v. 19.3.1999 – 6 U 13/98, NJW-RR 2000, 720.
⁵² *Reinking/Eggert* Rn. 39; BGH Urt. v. 29.6.1994 – VIII ZR 317/93, NJW 1994, 2478.
⁵³ *Reinking/Eggert* Rn. 366 ff. sowie 2074 ff.

bestimmter Absatzmengen am Jahresende oder zu anderen festgelegten Zeitpunkten sehr nennenswerte Prämien ausschüttet. So ist es in der Handelspraxis nicht unbekannt, dass der Händler zu bestimmten Zeitpunkten Fahrzeuge unter seinen Einstandskosten verkauft, um die Prämienausschüttung zu erreichen. Jedes verkaufte Fahrzeug ist dabei ein Baustein auf dem Weg zur **Bonuserzielung.** Veröffentlichte Urteile zu diesem Problemkreis sind bisher nicht bekannt. Mindestens kommt dem Käufer § 254 Abs. 2 BGB zugute.

VII. Sachmangel

95   Der Dreh- und Angelpunkt des Autokaufrechtes ist die Frage, wann ein Fahrzeug mangelbehaftet ist. Schon bei Neufahrzeugen gibt es insoweit ein reiches Spektrum an Fragenkreisen. Erst recht gilt das für Gebrauchte, bei denen die Abgrenzung zwischen dem alters- und laufleistungsgerechten Verschleiß einerseits und dem Sachmangel andererseits hinzukommt.
Die Basisnorm dazu ist **§ 434 Abs. 1 BGB.** Sie lautet:

„Die Sache ist frei von Sachmängeln, wenn sie bei Gefahrübergang die vereinbarte Beschaffenheit hat. Soweit die Beschaffenheit nicht vereinbart ist, ist die Sache frei von Sachmängeln,
1. wenn sie sich für die nach dem Vertrag vorausgesetzte Verwendung eignet, sonst
2. wenn sie sich für die gewöhnliche Verwendung eignet und eine Beschaffenheit aufweist, die bei Sachen der gleichen Art üblich ist und die der Käufer nach der Art der Sache erwarten kann."

1. Neufahrzeug

96   a) **Abgrenzung fabrikneu zu neu.** Wer ein Auto als Neufahrzeug erwirbt, kann – wenn ihm kein anders lautender Hinweis gegeben wird – erwarten, dass es nicht nur **neu,** sondern auch **fabrikneu** ist.[54] „Nur neu" ist ein Fahrzeug dann, wenn es **aus neuen Materialien** hergestellt und bisher **unbenutzt** ist. Unbenutzt zu sein bedeutet, dass es seinem bestimmungsgemäßen Gebrauch als Verkehrsmittel noch nicht zugeführt ist.[55] Eine **Überführungsfahrt** auf eigener Achse, die der Zuführung zum Käufer dient, schadet dabei jedoch nicht.[56] Teilweise wird die Auffassung vertreten, eine Überführung auf eigener Achse müsse vereinbart sein.[57] Anderenfalls müsse der Käufer nicht damit rechnen. Auch wenn die Fahrtstrecke auf einer **qualitätssichernden Stichprobe** des Herstellers beruht, bevor das Fahrzeug das Werk verlässt, ist das Fahrzeug nicht als Verkehrsmittel genutzt.[58] Allerdings gibt es hierzu noch keine veröffentlichten Urteile. **Ungeklärte Fahrtstrecken** gehen zu Lasten des Verkäufers und lassen die Neuheit entfallen.

97   Fabrikneu ist ein Kraftfahrzeug, wenn es neu ist, darüber hinaus
• es noch modellaktuell ist, also unverändert weitergebaut wird,
• zwischen seiner Herstellung und der Bestellung durch den Käufer nicht mehr als 12 Monate liegen
• es nach Verlassen des Herstellerwerkes nicht beschädigt wurde.

98   Für die **Modellaktualität** kommt es auf das Datum des Vertragsabschlusses, im Zweifel also auf die Auftragsbestätigung oder die Auslieferung an[59] Umgekehrt ist der Stichtag die Produktionsumstellung im Werk und nicht etwa das Datum der Erstauslieferung des modellgepflegten Fahrzeugs oder gar insgesamt des neuen Modells.[60] Bereits kleine Änderungen genügen.[61]

---

[54] BGH Urt. v. 16.7.2003 – VIII ZR 243/02, NJW 2003, 2824.
[55] *Reinking/Eggert* Rn. 563.
[56] BGH Urt. v. 6.2.1980 – VIII ZR 275/78, NJW 1980, 1097; OLG Stuttgart Urt. v. 28.6.2000 – 4 U 53/00, DAR 2000, 573; OLG Hamm Urt. v. 18.12.1992 – 19 U 57/92, NZV 1993, 151.
[57] OLG Düsseldorf Urt. v. 11.12.2006 – 1 U 55/06, NJW-RR 2007, 1129.
[58] So auch *Reinking/Eggert* Rn. 561.
[59] BGH Urt. v. 15.10.2003 – VIII ZR 227/02, NJW 2004, 160; aA: LG Flensburg Urt. v. 27.9.2006 – 3 O 136/06, SVR 2006, 421: Stichtag ist Bestelldatum.
[60] *Reinking/Eggert* Rn. 256.
[61] BGH Urt. v. 6.2.1980 – VIII ZR 275/78, NJW 1980, 1097.

99 Die Begrenzung der **Lagerdauer** auf 12 Monate folgt der technisch richtigen Überlegung, dass sich auch ohne Benutzung **Standschäden** an einem Fahrzeug einstellen.[62] Die Materialien altern, Wellendichtungen werden wegen der punktuellen Belastung nicht besser, wenn sich die Welle darin nicht dreht, unter Lichteinfluss verändert sich die Farbe von Lack und Polstern. Wird das Fahrzeug nicht benutzt und dabei durchlüftet und immer wieder erwärmt, beschleunigt sich die Oxydation.

100 Einen Sonderfall hat das OLG Brandenburg[63] entschieden: Der Hersteller von Wohnmobilen bezieht das Chassis mit Teilführerhaus und Antriebsaggregaten von einem Automobilhersteller. Darauf baut er dann das Wohnmobil auf. Zum Auslieferungszeitpunkt an den Käufer war das Chassis bereits 18 Monate alt. Das OLG hat jedoch auf den Zeitpunkt der Herstellung des gesamten Wohnmobils und nicht isoliert des Chassis abgestellt. Damit hat es die Fabrikneuheit nicht verneint.

101 Absurd ist die bisherige Rechtsprechung zu **Beschädigungen**: Ereigneten sie sich **im Werk** und wurden dort auch wieder beseitigt, soll das die Fabrikneuheit nicht beeinträchtigen.[64] Ereignet sich der Schaden **außerhalb des Werkes**, etwa beim Transport, soll das den unwiederbringlichen Verlust der Fabrikneuheit bewirken. Diese Differenzierung stößt auf Kritik und wird auch von den Instanzgerichten nicht uneingeschränkt mitgetragen. So hat das LG Duisburg akzeptiert, dass die beschädigte Motorhaube eines Neuwagens gegen die unbeschädigte eines gleichen Fahrzeugs gleicher Farbe getauscht wurde.[65] Umgekehrt hat das LG Bonn[66] auch bei einem im Werk entstandenen und behobenen Schaden die Fabrikneuheit verneint.

102 Unabhängig vom Ort der Schadenentstehung und der Reparatur muss es darauf ankommen, ob das Fahrzeug so **erheblich beschädigt** wurde, dass es als Unfallfahrzeug gilt. Kleinstschäden sind dabei ohne Bedeutung.

103 So hat das OLG Hamm entschieden, dass ein auf dem Transport entstandener und fachkundig ohne Spachtelarbeiten beseitigter Lackschaden die „Fabrikneuheit" des Fahrzeugs nicht beeinträchtigt.[67]

104 **Tages- bzw. Kurzzeitzulassungen** von Fahrzeugen durch den Händler sind rein formale Zulassungen, ohne dass dadurch eine Benutzung erfolgt oder gar nur vorgesehen ist. Hintergrund sind regelmäßig Prämien, die der Hersteller dem Händler für aus dessen Bestand zugelassene Fahrzeuge gibt. Die gibt der Händler dann oft an den Endkunden weiter, so dass er das Auto um die Prämie billiger anbieten kann. Ähnlich der Last-Minute-Problematik in der Reisebranche war das früher die Ausnahme. Heute hat der Käufer oft eine Erwartung, ein per Tageszulassung verbilligtes Auto erwerben zu können. Im wirtschaftlichen Ergebnis handelt es sich um eine Senkung der Werksabgabepreise, für die man mit der Tageszulassung einen Grund vorgaukelt. So will man auf der Herstellerseite einem allgemeinen Preisverfall begegnen.

105 Zur Frage der Tages- bzw. Kurzzeitzulassung hat der BGH entschieden:[68]

„Ein unbenutztes Kraftfahrzeug hat nach einer kurz vor dem Verkauf datierenden Tages- oder Kurzzulassung auf den Autohändler noch die zugesicherte Eigenschaft fabrikneu".

Dabei ließ er sich von dem Gedanken leiten, dass Tageszulassungen heute einen Normalfall darstellen und der Nachteil des Käufers lediglich in der um die Zeit seit der Zulassung **verkürzten Garantie** liegt. Daraus ist aber auch ersichtlich, dass eine lange vor Verkauf liegende Tageszulassung die Fabrikneuheit beseitigt, weil dann ein erheblicher Teil der Garantie fehlt. Das Urteil ist auf Kritik gestoßen.[69] Dennoch folgt die Instanzgerichtsrechtsprechung[70] dem BGH. Der Verkäufer tut immer gut daran, die Tageszulassung mit deren Da-

---

[62] BGH Urt. v. 15.10.2003 – VIII ZR 227/02, NJW 2004, 160.
[63] OLG Brandenburg Urt. v. 17.1.2008 – 12 U 107/07, BeckRS 2011, 16774.
[64] BGH Urt. v. 18.6.1980 – VIII ZR 185/79, NJW 1980, 2127.
[65] LG Duisburg Urt. v. 24.11.2004 – 7 S 207/02, BeckRS 2005, 04082.
[66] LG Bonn Urt. v. 26.9.2006 – 3 O 372/05, NJW-RR 2007, 1424.
[67] OLG Hamm Urt. v. 17.11.2011 – I-28 U109/11, BeckRS 2011, 29217.
[68] BGH NJW 2005, 1422.
[69] *Reinking* DAR 2005, 320.
[70] LG Wuppertal Urt. v. 9.2.2006 – 9 S 146/05, BeckRS 2007, 65216.

tum im Verkaufsdokument offen zu legen, denn dann ist sie Bestandteil der vertraglichen Vereinbarung.

106 Legt der Verkäufer im Verkaufsgespräch den jeweiligen „Makel" offen, kann der Käufer kein fabrikneues Auto mehr erwarten. Denn nur beim Verkauf als Neuwagen ohne abweichenden Hinweis greift die vom BGH aufgestellte These.

107 Probleme bereiten die Fälle, bei denen der Käufer über ein Merkmal aufgeklärt wurde, aber **mehrere Merkmale** vorliegen. Wenn ein Auto beispielsweise überlagert und nicht mehr modellaktuell ist, ist es aus zwei auch einzeln betrachteten Gründen nicht mehr fabrikneu. Wenn der Verkäufer nun die harmlosere Problematik offenbart, zum Beispiel die fehlende Modellaktualität wegen Ausstattungsänderungen, weiß der Käufer (ohne dass er es für sich juristisch korrekt formuliert), dass das Fahrzeug nicht mehr fabrikneu ist. Damit hat er keinen Anspruch mehr auf Fabrikneuheit. Muss er, wenn er später von der Überlagerung erfährt, diese als nur weiteres fehlendes Merkmal der nicht geschuldeten Fabrikneuheit hinnehmen? Das OLG Köln hat so entschieden.[71] Danach ist die Fabrikneuheit **unteilbar**.

108 Das OLG Oldenburg[72] hat gegenteilig geurteilt: Der Verkäufer hatte dem Käufer gesagt, das Fahrzeug werde „seit einiger Zeit" nicht mehr produziert. Das ist wohl die schärfste denkbare Form der fehlenden Modellaktualität. Später hat der Käufer erfahren, dass der Wagen seit mehr als 23 Monaten auf einen Käufer gewartet hatte. Das hat das Gericht als **zwei unterschiedliche Aspekte** für den Käufer bewertet. Auf Modellaktualität zu verzichten, bedeutet nicht gleichzeitig, Standschäden in Kauf zu nehmen.

109 Verkäufer unterliegen manchmal der Versuchung, den **Makel nur anzudeuten**, aber nicht zu deutlich zu werden. Damit wollen sie die Rechtsposition verbessern, ohne den Käufer abzuschrecken. Das scheitert in der Regel. Bezeichnet der Verkäufer ein Fahrzeug als „**Lagerwagen**", besagt das längst nicht, dass es überlagert ist. Denn jedes – und sei es „seit gestern" – vorrätige Fahrzeug ist ein Lagerwagen. Wird jedoch im Jahr 2004 ein Fahrzeug mit dem Hinweis „Lagerwagen, **Modelljahr 2002**" verkauft, hat der Verkäufer ausreichend aufgeklärt.[73]

110 **b) Stand der Technik.** Nach übereinstimmender Auffassung in Rechtsprechung und Literatur muss ein Neuwagen dem „Stand der Technik" entsprechen. Das bedeutet aber nicht, dass er über jegliche aktuelle technische Entwicklungen und Finessen verfügen muss. Schon vor dem Hintergrund, dass es eine weite **Spreizung von Fahrzeugsegmenten** gibt, kann nicht alles über einen Kamm geschoren werden. Wer ein **Low-Budget-Auto** kauft, das als niedrigpreisiges Einfachmodell angeboten wird, kauft etwas anderes als der, der im obersten **Premiumsegment** einsteigt. Das Korrektiv liegt insoweit in § 434 Abs. 1 Ziffer 2 zweiter Halbsatz BGB:

„... und eine Beschaffenheit aufweist, die bei Sachen der gleichen Art üblich ist und die der Käufer nach der Art der Sache erwarten kann."

111 Dann kann als **Mindeststandard** nur die Einhaltung der Grundregeln der Technik verlangt werden. Mit guten Gründen lässt sich aber vertreten, dass der Käufer auch bei Low-Budget-Fahrzeugen Standards wie ABS, ESP sowie zwei Airbags ebenso erwarten kann, wie eine angemessene Rostschutzvorsorge, wenn er vor Vertragsabschluss keine gegenteilige Aufklärung bekommt.

112 Problematisch sind die Fälle, bei denen der Verzicht auf solche Standards gar nicht kostenmotiviert ist. Mancher Kleinseriensportwagen hat – im Sinne eines vermeintlich „echten" Fahrgefühls, quasi „ohne Filter" – die heute dem Standard entsprechenden elektronischen Fahrwerkshilfen nicht. Ein auf eine Nachkriegskonstruktion zurückgehender und noch heute neu angebotener Geländewagen (Land Rover Defender) hat große Defizite bei der passiven Sicherheit und ist insoweit vom Stand der Technik weit entfernt. Auch seine sichtbar genieteten Alubleche sind sicher nicht mehr Stand der Technik. Er gilt aber als „kultig". Wer als Verkäufer ganz sicher gehen möchte, sollte auch hier mit Aufklärung nicht sparen. Weiß

---

[71] OLG Köln Urt. v. 1.4.2004 – 8 U 89/03, BeckRS 2004, 11637.
[72] OLG Oldenburg Beschl. v. 8.1.2007 – 15 U 71/06, BeckRS 2007, 01967.
[73] OLG Braunschweig Urt. v. 7.7.2005 – 2 U 128/04, SVR 2006, 62.

der Käufer, dass er abweichend vom Stand der Technik kauft, ist das vereinbarter Vertragsbestandteil.

Inzwischen stoßen die Autohersteller mit ihren Angeboten auch in die kleinste Nische. **113** Dabei sind dann die Eigenheiten zu berücksichtigen. Wer ein geländegängiges Fahrzeug kauft, kann nicht per se limousinengleiches Fahrverhalten erwarten, auch wenn manche Hersteller das mit hohem konstruktivem und damit Kosten treibendem Aufwand erreichen. Wer einen „Salongeländewagen" kauft, kann keine echte Geländegängigkeit erwarten. Wer ein Cabriolet kauft, darf sich über Zugluft bei offenem Dach nicht beklagen. Wer eine große Limousine mit einem coupéartigen Kuppeldach kauft, muss beengtere Einstiegsverhältnisse hinnehmen. Jede solche Konstruktion – bis hin zum Geländewagen-Coupé – ist ein **Kompromiss** aus verschiedenen Anforderungen. Dabei Aufklärungshinweise zu verlangen, überspannt die Anforderungen.

Auch jede technische Komponente ist stets ein **Kompromiss** zwischen verschiedenen An- **114** forderungen. Instruktiv zum Thema „Stand der Technik" und „konstruktive Eigenheiten" ist ein Urteil des OLG Brandenburg zu einer neuen Getriebetechnologie, deren Auswirkungen auf den Fahrbetrieb dem Käufer (wohl, weil ihm ungewohnt) nicht gefielen. Das Gericht hat einen Sachmangel verneint.[74]

Entspricht ein Fahrzeug dem Stand der Technik, entsteht dabei aber bei Verwendung einer **115** neuen Technologie eine Einschränkung der Gebrauchstauglichkeit, stellt sich die Frage, ob das ein Sachmangel ist. Ein verbreitetes Problem ist das der **Rußpartikelfilter** im Kurzstreckeneinsatz. Eine verbreitete und von einer Vielzahl von Herstellern verwendete Rußpartikelfiltertechnologie funktioniert in der Weise, dass der entstehende Ruß in einem Behälter im Abgassystem gesammelt wird. Hat der Behälter eine definierte Füllungsmenge erreicht, gibt das System einen Impuls, den gesammelten Ruß zu verbrennen. Zu diesem Zweck wird eine definierte Menge Kraftstoff zugeführt, der Verbrennungsvorgang wird gestartet. Das geschieht für den Nutzer unmerklich. Allerdings setzt das System eine ausreichend hohe Betriebstemperatur voraus, die im reinen **Kurzstreckenbetrieb** nicht erreicht wird. Will das System den Verbrennungsvorgang einleiten, hat aber nicht die nötige Temperatur, wird der Verbrennungsvorgang nicht in Gang gesetzt, sondern bei nächster von der Betriebstemperatur ermöglichter Gelegenheit nachgeholt. Wird das Fahrzeug aber weiter nur auf Kurzstrecken eingesetzt, kommt es nicht dazu. Irgendwann ist der Filter voll, das Auto meldet eine Störung. Dann muss der Freibrennvorgang in der Werkstatt durch einen Eingriff von außen ausgelöst werden.

Der BGH[75] hat das nicht als Sachmangel eingestuft. **116**

„a) Für die Beurteilung, ob ein Kraftfahrzeug mit Dieselpartikelfilter deswegen im Sinne des § 434 Abs. 1 Satz 2 Nr. 2 BGB mangelhaft ist, weil der Partikelfilter von Zeit zu Zeit der Reinigung (Regenerierung) bedarf und dazu eine Abgastemperatur benötigt wird, die im reinen Kurzstreckenbetrieb regelmäßig nicht erreicht wird, kann nicht auf die Eignung zur gewöhnlichen Verwendung, die übliche Beschaffenheit oder die aus der Sicht des Käufers zu erwartende Beschaffenheit von Kraftfahrzeugen ohne Dieselpartikelfilter abgestellt werden.

b) Der Umstand, dass ein Kraftfahrzeug mit Dieselpartikelfilter für eine Verwendung im reinen Kurzstreckenbetrieb nur eingeschränkt geeignet ist, weil die zur Reinigung des Partikelfilters erforderliche Abgastemperatur im reinen Kurzstreckenbetrieb regelmäßig nicht erreicht wird, so dass zur Filterreinigung von Zeit zu Zeit Überlandfahrten unternommen werden müssen, stellt keinen Sachmangel im Sinne des § 434 Abs. 1 Satz 2 Nr. 2 BGB dar, wenn dies nach dem Stand der Technik nicht zu vermeiden ist und aus demselben Grund auch die Kurzstreckeneignung der Fahrzeuge anderer Hersteller, die mit einem Dieselpartikelfilter ausgerüstet sind, in gleicher Weise beeinträchtigt ist.

c) Eine Sache, die dem Stand der Technik vergleichbarer Sachen entspricht, ist nicht deswegen im Sinne des § 434 Abs. 1 Satz 2 Nr. 2 BGB mangelhaft, weil der Stand der Technik hinter der Käufererwartung zurückbleibt."

Die Dieselpartikelfilterentscheidung des BGH ist hoch instruktiv hinsichtlich der Heran- **117** gehensweise bei der Beurteilung, ob ein Sachmangel vorliegt. Das OLG Stuttgart als Vorin-

---

[74] OLG Brandenburg Urt. v. 19.3.2008 – 4 U 135/07, BeckRS 2008, 05194.
[75] BGH Urt. v. 4.3.2009 – VIII ZR 160/08, NJW 2009, 2056.

stanz hatte die Problematik als Sachmangel eingestuft und dabei so krass falsch gelegen, dass der BGH mit dem Urteil quasi ein „Mangellehrbuch" geschrieben hat.

118 Ein Fall eines Geländewagens mit ganz ungewöhnlichem **Beschleunigungsverhaltens** beschäftigte unter dem Gesichtspunkt „Stand der Technik" das OLG Karlsruhe.[76] Es kam zu dem Ergebnis, dass der Wagen nicht dem Stand der Technik entspreche und daher mangelhaft sei:

„Das streitgegenständliche Fahrzeug erfüllt nicht nur den Entwicklungsstand vergleichbarer Geländewagen nicht, es leidet auch an einem Mangel, der zu einer Beeinträchtigung der Verkehrssicherheit führt. ... Das klägerische Fahrzeug beschleunigt nach dem automatischen Gangwechsel bei Geschwindigkeiten über 140 km/h nur verzögert. Das 3-Gang-Getriebe mit einer zu-/abschaltbaren Overdrive-Stufe bewirkt mit seiner Leistungsauslegung einen zu starken Abfall der Drehzahl und damit verbunden eine zu lange Spanne, bis sich die Beschleunigung trotz unveränderter Gaspedalstellung nach Gangwechsel in den höheren Gang von 2 auf 3 wieder fortsetzt. Stattdessen tritt zunächst ein Geschwindigkeitsgleichstand von mindestens 10 Sekunden ein, der nicht dem üblichen Standard eines Geländewagens vergleichbarer Art und Preisklasse entspricht. Geländewagen werden hierzulande üblicherweise weitgehend auch im normalen Straßenverkehr eingesetzt, so dass der Geschwindigkeitsbereich über 140 km/h für den Fahrbetrieb von Bedeutung ist. Die Zeitspanne von 10 Sekunden ist im Fahrbetrieb ungewöhnlich und störend. Sie führt zu einer Beeinträchtigung der Verkehrssicherheit, wenn ein Überholvorgang knapp ist. Da selbst ein vorausschauender Fahrer nicht alle schwierigen Verkehrssituationen vorhersehen wird, kann dieses Sicherheitsrisiko nicht vollständig durch ein Mehr an Sorgfalt und Vorsicht ausgeschaltet werden. Unabhängig davon kann einem redlichen und vernünftigen Durchschnittskäufer nicht zugemutet werden, bei allen Überhol- und Beschleunigungsvorgängen jeweils eine 10 Sekunden-Verzögerung in sein Fahrverhalten einzubeziehen. Hinzu kommt, dass das streitgegenständliche Fahrzeug mit diesem Mangel nicht nur vom Standard der Fahrzeugklasse sondern auch vom Vorgängermodell abweicht. Der Kläger, der das Vorgängermodell zuvor gefahren und bei der Beklagten in Zahlung gegeben hat, durfte erwarten, über die gravierende, die Verkehrssicherheit beeinflussende Änderung zum Vorgängermodell von der Beklagten informiert zu werden, was nicht der Fall war. Dieser Mangel war auch im Rahmen der erfolgten innerstädtischen Probefahrt nicht feststellbar, weshalb die Aufklärung des Klägers nicht entbehrlich war."

119 Ebenso entschied das OLG Düsseldorf[77] bei einem Automatikfahrzeug, dass beim Beschleunigen aus etwa 40 bis 50 km/h nur deutlich verzögert zurückschaltete, im Kraftfluss eine spüre Unterbrechung zeigte und einen deutlichen Schaltruck vernehmen ließ. Das sei heute nicht mehr Stand der Technik.

120 c) **Kraftstoffverbrauch/Emissionen.** An einen niedrigen Kraftstoffverbrauch stellt der Käufer hohe Erwartungen. Die vermutlich dauerhafte Energieverteuerung einerseits und die Abgaswertediskussion andererseits haben dieses Thema noch mehr in den Fokus gerückt. Entsprechend wird dieses Kriterium beworben. Die Werbung bezieht sich aber auf den **Normverbrauch im standardisierten Messverfahren.** Im Alltag relevante Verbrauchswerte liegen oftmals darüber, denn sie hängen von vielen Parametern und insbesondere von der Fahrweise ab.

121 Schnell entbrennt – zumeist auf der Grundlage von § 434 Abs. 1 Satz 3 BGB – Streit, ob der Verbrauch des Fahrzeugs zu hoch ist. Auf die Alltagswerte kommt es aber nicht an.[78] Die Verbrauchswerte des konkreten Fahrzeugs müssen ebenfalls mit dem Normverfahren geprüft werden.[79]

122 Ergibt sich dabei ein höherer Verbrauch, stellt sich die Frage, ob er innerhalb einer zu tolerierenden **fertigungsbedingten Streubreite** liegt. Nach altem Recht (§ 459 BGB aF) galt ein Mehrverbrauch von bis zu 10 % als unerheblich. Da es im neuen Recht aber keine Erheblichkeitsschwelle für den Mangel als solchen (anders als für die Rechtsfolge) mehr gibt, erscheint diese Spanne nun als zu hoch.[80] Eine obergerichtliche oder höchstrichterliche Festlegung dazu liegt noch nicht vor. Einiges spricht für eine Reduzierung der Spanne. Eine

---

[76] OLG Urt. v. 28.6.2007 – 9 U 239/06, Karlsruhe NJW-RR 2008, 137.
[77] OLG Düsseldorf Urt. v. 18.1.2008 – I-17 U 2/07, BeckRS 2008, 08866.
[78] OLG Brandenburg Urt. v. 19.3.2008 – 4 U 135/07, BeckRS 2008, 05194.
[79] Siehe auch OLG Karlsruhe Urt. v. 1.2.2008 – 1 U 97/07, BeckRS 2008, 07903.
[80] Vgl. *Reinking/Eggert* Rn. 615.

Nulltoleranz ist technisch aber nicht erzielbar. Ob es eine generalisierte technische Aussage zu der zwingenden Toleranzbreite geben kann, ist zweifelhaft. Denn das hängt wiederum vom technischen Aufwand ab, der hinter der Gesamtkonstruktion des Motors steht (siehe die Ausführungen zum Stand der Technik, Rn. 110). Auch die Messmethode hat bereits eine **Messungenauigkeit** in sich, die von der in diesen Messungen marktführenden Sachverständigenorganisation mit +/– fünf Prozent angegeben wird.[81] Ab welchem Schwellenwert ein Mangel anzunehmen ist, ist eine Sache. Wann der als erheblicher Mangel zum Rücktritt berechtigt, ist eine andere Sache.

Das LG Berlin hat bei einer Abweichung von 3,4 Prozent bereits das Vorliegen eines Mangels verneint.[82] Das LG Ravensburg[83] hat dagegen entschieden: Wenn ein Fahrzeug bei einer individuellen Messung auf dem Prüfstand einen Mehrverbrauch von 3,03 Prozent gegenüber den Prospektangaben nach der Richtlinie 80/1268/EWG aufweist, ist das ein Sachmangel. Jedoch ist der Mangel unerheblich und berechtigt nicht zum Rücktritt. Weil der Normverbrauch nach Prospekt mit 9,9 Litern im Drittelmix ohnehin nicht auf ein besonders sparsames Auto hinweist, berechtigt dieser Mehrverbrauch auch nicht zur Minderung. Es ist nämlich nicht feststellbar, dass das zu einem Preisabschlag auf dem Fahrzeugmarkt führt, zumal bereits das Messverfahren unausweichlich eine Toleranzbreite von +/– 2 Prozent mit sich bringe.

Der BGH[84] und ihm folgend das OLG Naumburg[85] sehen die Erheblichkeit des Mangels nach wie vor bei zehn Prozent. Das OLG Naumburg führt in dem Urteil auch noch aus, dass sich sie **Verbrauchsangaben stets auf Neuwagen beziehen**. Auf Gebrauchtwagen sind sie nicht mehr präzise übertragbar. Ob das bei einem erst fünf Monate alten Gebrauchtfahrzeug anders ist, hat das Gericht offen gelassen, weil es mangels Erheblichkeit nicht darauf ankam.

Wenn im Verkaufsprospekt angegeben ist, dass das Fahrzeug mit **Normalbenzin** betrieben werden kann, es dabei aber zu Funktionsstörungen kommt, ist das ein Sachmangel.[86] Angesichts der zwischenzeitlich eingetretenen Preisgleichheit von Normal- und **Superbenzin**, womit die Mineralölindustrie die Abschaffung des Normalbenzins und des damit verbundenen Logistikaufwandes vorbereitet, ist diese Entscheidung jedoch im Ergebnis überholt. Superbenzin tanken zu müssen, bringt keinen finanziellen Nachteil mehr, so dass nur ein unerheblicher Mangel vorliegt, der keinesfalls zum Rücktritt und wohl auch nicht zur Minderung berechtigt.

So aktuell wie das Thema Kraftstoffverbrauch ist der Fragenkreis rund um die **Emissionen**. Aus der Angabe zur **Schadstoffklasse** (im Fall: EURO 3 oder EURO 2) kann der Käufer keine Angaben zur Einstufung durch das Finanzamt zur Kraftfahrzeugsteuer herleiten.[87] Das OLG Brandenburg[88] hätte zwar einen Mangel bejaht (EURO 3 statt EURO 4), wenn dem Käufer der Beweis der Vereinbarung gelungen wäre. Angesichts der Steuerdifferenz, die weniger als ein Prozent des Kaufpreises ausmacht, hat es aber die Erheblichkeit verneint.

d) Sachmängel wegen Funktionsstörungen. Um Sachmängel wegen Funktionsstörungen gibt es bei Neuwagen wenig Streit. Denn Sachmangelhaftung und Garantie laufen insoweit zwar nicht rechtlich, aber doch faktisch parallel. Weil Garantiearbeiten eine ganz wesentliche Stütze der Betriebswirtschaft eines Markenhändlers sind, hat auch der ein Interesse an der Mangelbeseitigung. So stehen sich hier, jedenfalls soweit es um Nachbesserungen geht, im Regelfall Käufer und Verkäufer nicht gegenüber, sondern sie haben ein gemeinsames Interesse: Der Hersteller bzw. Importeur soll die erforderlichen Maßnahmen bezahlen. Erst wenn ein Rücktritt vom Vertrag droht, ändert sich die Interessenlage des Verkäufers.

---

[81] Siehe OLG Naumburg Urt. v. 28.3.2007 – 5 U 99/06, BeckRS 2008, 02898.
[82] LG Berlin Urt. v. 5.4.2007 – 52 S 104/06, BeckRS 2007, 18365.
[83] LG Ravensburg Urt. v. 6.3.2007 – 2 O 297/06, NJW 2007, 2127.
[84] BGH NJW 2007, 2111 mit der ausdrücklichen Differenzierung zwischen Mangel und Mangelerheblichkeit.
[85] OLG Naumburg Urt. v. 28.2.2007 – 5 U 99/06, BeckRS 2008, 02898.
[86] LG Schweinfurt Urt. v. 11.1.2006 – 42 O 365/05, DAR 2006, 512.
[87] OLG Hamm Urt. v. 28.6.2007 – 2 U 28/07.
[88] OLG Brandenburg Urt. v. 14.2.2007 – 13 U 92/05, BeckRS 2009, 07283.

128 Die Rechtsfragen zu Sachmängeln sind bei Neu- und Gebrauchtwagen identisch. Zur Vermeidung von Wiederholungen wird daher auf die Ausführungen unter Gebrauchtwagen (→ Rn. 95 ff.) verwiesen.

129 Eine spezifische Besonderheit ergibt sich allerdings aus dem **Zusammenspiel von Sachmangelhaftung und Garantie:** Die Garantiebedingungen nahezu aller Hersteller und Importeure sind so ausgestaltet, dass der Käufer bei Funktionsstörungen jede beliebige Werkstatt, die von der Marke autorisiert ist, in Anspruch nehmen kann. Die Beseitigung einer Funktionsstörung im Wege der Garantie erledigt dabei den Sachmangelhaftungsanspruch mit. Damit dem Käufer aber auch die Sachmangelrechte gegenüber seinem Verkäufer erhalten bleiben und der Verkäufer sich nicht auf ein „Wir hatten ja noch keine Gelegenheit zur Nachbesserung" berufen kann, sehen die Neuwagenverkaufsbedingungen des ZDK eine entsprechende Regelung vor. Der Käufer darf auch unter Nachbesserungsgesichtspunkten jede andere Werkstatt der Marke in Anspruch nehmen. Allerdings muss er seinen Verkäufer über eine solche Fremdnachbesserung **informieren**.

130 Die bis Mitte 2008 verwendete Klausel ist vom BGH jedoch beanstandet worden.[89] Zugrunde lag ein Sachverhalt, bei dem der Käufer zweimal bei einer Drittwerkstatt der Marke dieselbe Beanstandung vortrug. Beide Versuche der Werkstatt, die Störung zu beseitigen, bleiben erfolglos. Daraufhin erklärte der Käufer gegenüber dem Verkäufer, der von den Vorgängen bis dahin keine Kenntnis hatte, den Rücktritt. Der Verkäufer berief sich auf die Informationsklausel. Aus seiner Sicht kam es ja darauf an, im unmittelbaren Zusammenhang mit dem Fremdeingriff informiert zu sein, um gegebenenfalls Einfluss nehmen zu können. Weil die Klausel aber keine Bestimmung dazu enthält, wann der Käufer seinem Verkäufer die Mitteilung machen muss, hat der BGH sie nicht dahingehend ausgelegt, dass die Information vor dem Rücktritt erfolgen muss:

„Die Klausel

‚Ansprüche auf Mängelbeseitigung kann der Käufer beim Verkäufer oder bei anderen vom Hersteller/Importeur für die Betreuung des Kaufgegenstandes anerkannten Betrieben geltend machen; im letzteren Fall hat der Käufer den Verkäufer hiervon zu unterrichten'

(Ziffer VII 2a der Allgemeinen Geschäftsbedingungen für den Verkauf von fabrikneuen Kraftfahrzeugen und Anhängern – NWVB) ist wegen Mehrdeutigkeit nicht dahin auszulegen, dass die Unterrichtung des Verkäufers über die Geltendmachung von Ansprüchen des Käufers auf Mängelbeseitigung bei anderen vom Hersteller/Importeur für die Betreuung des Kaufgegenstandes anerkannten Betrieben zu erfolgen hat, bevor die Nachbesserung durch wiederholte erfolglose Mängelbeseitigungsversuche derartiger Betriebe fehlgeschlagen ist."

131 Diese Klausel wurde bis Mitte 2008 von weiten Teilen des gewerblichen Neuwagenhandels verwendet. Die fehlgeschlagenen Nachbesserungsversuche Dritter wurden dem Verkäufer damit zugerechnet. Der Rücktritt des Verkäufers scheiterte nicht an der bis dahin nicht erfolgten Information.

132 e) **EU-Fahrzeug.** Wegen der unterschiedlichen Mehrwertsteuersätze in den Mitgliedstaaten der EU und wegen der daran und an die unterschiedliche Kaufkraft angepassten Werksabgabepreise kann es für den deutschen Händler nach wie vor interessant sein, Neufahrzeuge im EU-Ausland zu beziehen. Angesichts des gemeinsamen Marktes in Europa kann die Eigenschaft eines Fahrzeugs, vom Hersteller für ein anderes europäisches Land vorgesehen gewesen zu sein, an sich kein Mangel (mehr) sein. Wenn jedoch – das wird seltener, ist aber noch nicht gänzlich egalisiert – die Ausstattungsumfänge in den Ländern unterschiedlich sind und der Käufer die berechtigte Vorstellung hat, ein Fahrzeug mit deutschem **Ausstattungsstandard** geliefert zu bekommen, ist die Minderausstattung ein Sachmangel.

133 Dasselbe gilt, wenn der Käufer die berechtigte Vorstellung hat, ein noch nicht zugelassenes Fahrzeug zu erhalten, der Wagen aber bereits aus in der Hersteller-Händlerbeziehung liegenden Gründen im anderen Land bereits zugelassen war. Dann nämlich ist die **Garantie** um die Zeitspanne seit der Zulassung **verkürzt**. Darauf ist nach hier vertretener Auffassung die Rechtsprechung zur Tageszulassung (siehe → Rn. 104 ff.) anzuwenden: Ist die Zulassung in engster zeitlicher Nähe zur Auslieferung erfolgt, ist die Garantieverkürzung unschädlich.

---

[89] BGH Urt. v. 15.11.2006 – VIII ZR 166/06, NJW 2007, 504.

Liegt eine längere Zeitspanne dazwischen, ist ein Sachmangel zu bejahen, wenn der Käufer darauf bei Vertragsabschluss nicht hingewiesen wurde.

Anspruchsgegner für Sachmangelhaftungsansprüche ist zunächst der Verkäufer im Ausland. Das begegnet praktischen Schwierigkeiten. Jedoch flankieren nahezu alle Hersteller die Sachmangelhaftung des Verkäufers mit einer Garantie. Nach deren Bedingungen darf der Käufer sich bei Störungen an jede autorisierte Werkstatt der Marke in Europa wenden. Weil technische Störungen bei Neufahrzeugen regelmäßig sowohl Sachmangelhaftungsansprüche als auch Garantieansprüche auslösen, ist die Beseitigung eines Mangels im Wege der Garantie gleichzeitig eine faktische Erledigung des Sachmangelhaftungsanspruches.

Versuche einiger Hersteller, die Garantiegewährung davon abhängig zu machen, dass der Käufer im „richtigen" Land gekauft hat (der Parallelimport setzt die für das teurere Land etablierten Preise unter Druck), haben die EU-Kommission auf den Plan gebracht.[90]

2. Gebrauchtwagen

a) **Gebrauchtwagen ist ein objektiver Begriff.** Ein Auto ist dann **gebraucht**, wenn es **nicht neu** ist (dazu siehe → Rn. 96). Dazu muss es nicht notwendiger Weise förmlich zugelassen gewesen sein. Wird ein Fahrzeug zum Beispiel ausschließlich auf einem abgeschlossenen Betriebsgelände (aus der Praxis sind die Fälle aus dem Braunkohletagebau oder der Flughäfen bekannt) benutzt, ohne zugelassen zu sein, wird es dadurch trotzdem zum Gebrauchtwagen. Dasselbe gilt, wenn es mit einem Roten Kennzeichen bewegt wird. Maßgeblich ist allein, dass es bereits als Verkehrsmittel eingesetzt worden ist (Zur Abgrenzung zu Überführungs- oder Qualitätssicherungsfahrten siehe → Rn. 96).

Es ist eine unzulässige Umgehung der Mindestsachmangelhaftung gegenüber einem Verbraucher, wenn sich bei einem Verbrauchsgüterkauf der Verkäufer und der Käufer bei einem Neuwagen darauf einigen, dass er ein Gebrauchtwagen sei, um die Sachmangelhaftungsverjährung verkürzen zu können. Selbst bei einem Fohlen, bei dem es kaum greifbare Abgrenzungskriterien zwischen neu und gebraucht gibt und damit einen echten Anlass, die Zweifelsfrage per Vereinbarung zu klären, hat der BGH[91] das nicht zugelassen:

„Sachen oder Tiere, die nach objektiven Maßstäben noch neu sind, können durch einen Unternehmer an einen Verbraucher nicht mit der vereinbarten Beschaffenheit „gebraucht" verkauft werden, um eine Abkürzung der Verjährung von Mängelansprüchen des Verkäufers zu ermöglichen."

Wenn ein objektiv neues Fahrzeug mit Formularen für Gebrauchtwagen verkauft wird, ändert das nichts. Die darin enthaltene Verkürzung der Sachmangelhaftung ist dann unwirksam, es gilt die gesetzliche zweijährige Verjährung. Allerdings kann das wettbewerbswidrig sein, weil dem Käufer eines objektiven Neuwagens vorgetäuscht wird, er kaufe ein Gebrauchtfahrzeug mit einer auf ein Jahr verkürzten Sachmangelhaftungsverjährung.

b) **Jahreswagen.** Der Begriff „Jahreswagen" war früher eindeutig besetzt. Damit waren die Fahrzeuge bezeichnet, die von **Werksangehörigen** zu Sonderkonditionen gekauft wurden und die nicht vor Ablauf eines Jahres verkauft werden durften. In den guten Zeiten lag der Weiterverkaufspreis für den Werksangehörigen nicht unter seinem Einstandspreis, so dass er ohne Wertverlust fuhr. In Zeiten langer Lieferfristen konnte er daran sogar verdienen. Damit die Rechnung aufging, waren die Werksangehörigen im Umgang mit den Fahrzeugen mehr als pfleglich. Der Jahreswagen ist also jedenfalls nach bisheriger Verkehrsauffassung ein „Fahrzeug aus Werksangehörigenhand". Und dabei wird von der Verkehrsauffassung ein besonders guter Zustand erwartet.

Faktisch verschwimmt die Bedeutung des Begriffes nun aber. Weil insbesondere aus den Buy-back-Geschäften mit den Autovermietern große Mengen von gebrauchten Fahrzeugen im Alter von vier bis sechs Monaten in den Handel fließen, ist nämlich auch der Begriff des „Halbjahreswagen" entstanden.

---
[90] Einzelheiten bei *Reinking/Eggert* Rn. 1390 ff.
[91] BGH Urt. v. 15.11.2006 – VIII ZR 3/06, NJW 2007, 674.

141 Dennoch neigt der BGH offenbar der Definition des Begriffes „Jahrswagen" als Werksangehörigenfahrzeug noch immer zu.[92] Es ist jedoch eine Rechtsmeinung im Vordringen begriffen, die von einer neuen Definition des Jahreswagens ausgeht. Spätestens seit der Abwrackprämie wurden alle nicht neuen prämienberechtigten Fahrzeuge marktweit als Jahreswagen bezeichnet. Sogar das Bundesamt für Ausfuhrförderung ging in seiner offiziellen Statistik zum Erfolg der Abwrackprämie so vor. Alle prämienberechtigten Nicht-Neuwagen hat es als Jahreswagen bezeichnet, weil in der ersten Phase die Gebrauchten nicht älter als 12 Monate sein durften.

142 Weiß der Käufer allerdings, dass der Erstbesitzer kein Werksangehöriger ist, kommt es auf die Definition nicht entscheidend an.[93]

Dabei ist es in der Rechtsprechung unzweifelhaft, dass die Fahrzeuge nicht zum Zeitpunkt der Übergabe maximal sechs oder zwölf Monate alt sein müssen sondern zum Zeitpunkt der Beendigung der Vornutzung. Mit einer **Vermarktungsstandzeit** muss gerechnet werden.[94]

143 Der BGH hat im Zusammenhang mit Jahreswagen seine 12-Monats-Rechtsprechung zur Fabrikneuheit quasi „verlängert": Was als Jahreswagen verkauft wird, darf nicht mehr als 12 Monate vor der Erstzulassung produziert worden sein.[95]

144 c) **Aufklärungspflichten.** *aa) atypische Vornutzung.* Ein häufiges Thema ist eine aus Sicht des Käufers „atypische Vornutzung" des Fahrzeugs. Fälle, die die Rechtsprechung bereits beschäftigt haben, sind die der ehemaligen **Mietwagen** oder **Fahrschulwagen**. Seitdem Behörden auch auf Leasingkonzepte umgestiegen sind, stellt sich auch die Frage nach der Vornutzung als **Polizeifahrzeug**. Denn bei den aktuellen Nutzungsmodellen wird zum Beispiel eine Streifenwagenausrüstung spurlos rückgerüstet. Die Blaulichtanlage ist nur wie ein Dachgepäckträger auf dem Dach fixiert, die Funkanlage sitzt im Radioschacht, und die grünen oder blauen Farbflächen der Karosserie sind lediglich mit Folie beklebt.

145 Die Vornutzung eines Fahrzeugs als **Mietwagen** wird teilweise als ungefragt offenbarungspflichtig angesehen. Das lässt sich jedoch nicht mehr aufrechterhalten. Im Jahr 2007 wurden nach Angaben des ZDK etwa 3,1 Millionen Neufahrzeuge zugelassen. Dabei ist der Anteil der nicht auf private Nutzer zugelassenen Fahrzeuge deutlich gestiegen. Mehr als 60 Prozent aller Neuwagen werden auf Fahrzeugflotten erstzugelassen. Darunter haben die Vermietunternehmen einen großen Anteil. Neben den großen Autovermietungen und dem vermietenden Mittelstand gibt es auch bei den Autohändlern eine immense Zahl von Fahrzeugen, die für die Mobilhaltung der Kunden bei Reparaturen als Mietwagen eingesetzt sind. Mindestens 12 Prozent aller Neuwagen werden „im ersten Leben" als Mietwagen genutzt. Das Autovermietgewerbe ist ein **strategischer Absatzkanal** fast aller Hersteller und Importeure. Dabei ist es typisch, dass die Mietwagen nur bis zum Alter von etwa sechs Monaten als solche eingesetzt werden. Vielfach haben sich die Hersteller und Importeure direkt oder über einen ihrer Händler zur Rücknahme der Fahrzeuge nach diesem Zeitraum zu zuvor festgelegten Preisen verpflichtet („Buy-back-Vereinbarungen"). Diese „ex-rentals" speisen dann in großer Zahl den Markt für junge Gebrauchtwagen.

146 Entscheidend für die Einstufung der Fahrzeuge als „atypisch vorgenutzt" ist nun, wie die **Vergleichsmenge** gewählt wird. Schaut man auf alle am Markt angebotenen Gebrauchten, sind die vormaligen Mietwagen in der Größenordnung von zehn Prozent daran beteiligt. Schaut man aber auf das Marktsegment der angebotenen „**Jungfahrzeuge**", also der Gebrauchtwagen, die im Alter von bis zu einem Jahr offeriert werden, ist es eher eine atypische Vornutzung, wenn das Objekt zuvor kein Mietwagen war. In dieser Gruppe spielen noch die so genannten Vorführwagen eine Rolle. Die sind aber ebenso „polygam" genutzt, wie Mietwagen. Und beide Gruppen werden zu vergleichbaren Abschlägen vom Neupreis angeboten.

---

[92] BGH Urt. v. 7.6.2006 – VIII ZR 180/05, NJW 2006, 2694.
[93] BGH Urt. v. 7.3.1989 – 3 U 149/88, NJW 2006, 2694.
[94] OLG Köln Urt. v. 7.6.2006 – VIII ZR 180/05, NJW-RR 1989, 699.
[95] BGH Urt. v. 7.6.2006 – VIII ZR 180/05, NJW 2006, 2694.

Angebote von Gebrauchtfahrzeugen, die jünger als ein Jahr sind, sind insoweit „selbsterklärend", sodass eine Offenbarungspflicht zu verneinen ist.[96] Eine Vornutzung als Mietwagen entspricht in diesem **Marktsegment** also der üblichen Beschaffenheit, der Käufer muss sie in seine berechtigte Erwartung einbeziehen.[97] Fragt er allerdings konkret und bringt damit eine willensbildende Erwartung ausdrücklich zum Ausdruck, darf die Mietwageneigenschaft nicht unterdrückt werden. Spätestens nach dem Kauf wird sie anhand des Eintrages in die Zulassungsbescheinigung Teil II (vormals Fahrzeugbrief) und durch die auf ein Jahr verkürzte Prüffrist für die Hauptuntersuchung ohnehin offenbar. Bei späteren abermaligen Verkäufen aus zweiter oder noch weiterer Hand spielt eine frühere Mietwagennutzung keine Rolle mehr.[98]

bb) Behördenfahrzeuge. Behördenfahrzeuge wurden früher aufgebraucht und dann über Verwertungsgesellschaften veräußert. Heute werden sie in der Regel auf Zeit genutzt und dann an den Fahrzeughandel zurückgegeben. Eine generelle Annahme, die Behördenfahrzeugeigenschaft sei offenbarungspflichtig, lässt sich nicht begründen. Die Nutzung eines Dienstwagens durch den Außenprüfer des Finanzamtes unterscheidet sich nicht von der Nutzung eines Firmenfahrzeuges durch einen Außendienstler. Das Auto eines (auch privaten) **Post**zustellers „von Haustür zu Haustür" dürfte jedoch eine außergewöhnliche Belastung durch untypisch viele Start- und Stop-Vorgänge und durch extremen Kurzstreckeneinsatz aufweisen. Insoweit lässt sich eine Offenbarungspflicht begründen. Ein Pkw im Polizeiverwaltungsdienst weist keine vom Üblichen abweichende Nutzung auf. Ein **Streifenwagen** mag die berechtigte Vermutung auf sich ziehen, er sei besonders hart genutzt. Insoweit ist also zu differenzieren. Bei den nicht bundeswehreigentümlichen Fahrzeugen aus dem zwischenzeitlich auch weitgehend geleastem Fuhrpark der **Bundeswehr** wird genauso zu differenzieren sein.

cc) Fahrschulwagen. Auch Fahrschulwagen werden heute überwiegend im Leasing genutzt. Nach Ablauf des Vertrages wird die Sondereinrichtung (Doppelpedale, Zusatzspiegel) spurlos rückgerüstet. Dann werden die Autos dem normalen Gebrauchtwagenhandel zugeführt. Eine Vornutzung als **Fahrschulwagen** begegnet bei vielen Käufern Bedenken, weil sie fast nur von Fahranfängern bedient werden. Rund um die Kupplung mögen solche Bedenken auch sachlich begründet sein. Hier wird man (Stichwort: Käufererwartung) von einer atypischen und damit offenbarungspflichtigen Vornutzung ausgehen müssen. Beim Kauf aus zweiter oder weiterer Hand relativiert sich das aber auch.

dd) Taxis. Bei einer Vornutzung als **Taxi** ist ebenfalls von einer Offenbarungspflicht auszugehen, soweit diese Nutzung nicht durch die Ausstattung des Fahrzeugs selbsterklärend ist. Der Selbsterklärungsaspekt schrumpft aber deutlich. In vielen Bundesländern ist keine Taxieinheitsfarbe mehr vorgeschrieben. Auch die Taxiuhr setzt kein anders geformtes Armaturenbrett mehr voraus. Sie ist bei modernen Fahrzeugen mittels LED-Ziffern im Innenspiegel untergebracht. Bedenkt man, dass das Attribut „Langstreckenfahrzeug" als Positivum gilt, ist der radikale und zumeist innerstädtische **Kurzstreckenverkehr** eines Taxis mit einer überproportional großen Menge an Anlass- und Anfahrvorgängen entsprechend belastend. Dem steht nicht entgegen, dass Taxen oft legendär hohe Fahrleistungen erreichen. Das ist darin begründet, dass die Motoren selten kalt werden. Die Gesamtbelastung für ein Fahrzeug durch den Kurzstreckenverkehr ist erhöht.

ee) EU-Importfahrzeug. Wenn ein Gebrauchtwagen verkauft wird, der als Neuwagen aus einem EU-Parallelimport stammt, ist das nach Ansicht des OLG Hamm[99] offenbarungspflichtig. Ebenso hat das OLG Naumburg[100] entschieden. Beide Gerichte sehen den Grund darin, dass EU-Importfahrzeug am Markt niedriger bewertet werden. Das OLG Naumburg formuliert aber ausdrücklich, dass wegen der EU-Importeigenschaft „*zum Zeitpunkt*

---
[96] *Otting* ZGS 2004, 12; so nun auch *Reinking/Eggert* Rn. 3198 ff.
[97] OLG Nürnberg Beschl. v. 22.7.2010 – 3 U 882/10 (wettbewerbsrechtlich); LG Kaiserslautern Beschluss vom 25.3.2009 – 2 O 498/08 (kaufrechtlich).
[98] OLG Düsseldorf Urt. v. 13.5.2003 – 28 U 150/02, OLGR 2001, 19.
[99] OLG Hamm Urt. v. 13.5.2003 – 28 U 150/02, NJW-RR 2003, 1360.
[100] OLG Naumburg Urt. v. 7.12.2005 – 6 U 24/05.

des Abschlusses des Kaufvertrages im Februar 2004 noch eine Preisdifferenz für das konkrete Fahrzeug von mindestens 10% gegenüber einem Fahrzeug mit Erstzulassung in Deutschland bestand." Je mehr der grenzüberschreitende Handel im Binnenmarkt zur wirtschaftlichen Selbstverständlichkeit wird, desto eher wird die Aufklärungspflicht zu verneinen sein.

152 *ff) Fahrzeuge aus Rücktritt vom Vertrag.* Ist es dem Verkäufer zunächst nicht gelungen, einen technisch begründeten Mangel zu beseitigen, kann er verpflichtet gewesen sein, den Wagen **nach Rücktritt** des Käufers zurückzunehmen. Auch ein solches Fahrzeug wird dann regelmäßig dem Gebrauchtwagenmarkt wieder zugeführt. Wenn jedoch nach erfolgter Rückabwicklung der zum Rücktritt geführt habende Grund sicher endgültig beseitigt ist, gibt es keinen Anlass, das Fahrzeug als makelbehaftet anzusehen. Hätte der Erstkäufer mehr Geduld gehabt und wäre das technische Problem ohne Rücktritt beim dritten oder vierten Versuch gelöst worden, wäre der Wagen als Gebrauchtwagen im gleichen Zustand mit gleicher technischer Historie. Niemand käme auf den Gedanken, es sei offenbarungspflichtig, dass das Fahrzeug einen – nun behobenen – Mangel hatte.

Wurde der Mangel hingegen wissentlich nicht beseitigt, ist das Fahrzeug immer noch und für den Zweitkäufer erstmals mangelhaft. Dann wurde er getäuscht.

In einem Fall eines nach dem Weiterverkauf abermals auftretenden Mangels hat das OLG Frankfurt eine Offenbarungspflicht für den vorherigen Rücktritt angenommen.[101]

153 *gg) Unfallwageneigenschaft.* Die Unfallwageneigenschaft und der Versuch der sicheren Abgrenzung füllen in Summe ganze Literaturbände. Und dennoch ist das bis heute nicht so gelöst, dass eine rechtliche Beurteilung sicher vorhersehbar ist. Neue BGH-Urteile helfen hier jedoch ein Stück weiter. Vorwegzustellen ist: Es geht nicht um die Frage einer qualitativ guten oder schlechten Unfallschadenreparatur. Selbst bei einer technisch perfekten Reparatur bleibt dem Fahrzeug der Makel, den Unfall gehabt zu haben.[102]

154 Zunächst ist jetzt vom BGH klargestellt:[103] Wenn keine besonderen Umstände vorliegen, kann der Gebrauchtwagenkäufer bei einem fünfeinhalb Jahre alten Fahrzeug mit ca. 55.000 km Laufleistung von der **Unfallfreiheit** ausgehen. Lediglich **Bagatellbeschädigungen** sind damit kein Sachmangel. Damit ist die **Unfallfreiheit zur üblichen Beschaffenheit** geworden, die der Käufer erwarten kann. Was besondere Umstände sind, die einen anderen Blickwinkel rechtfertigen, hat das Gericht offen gelassen. Das mögen ein hohes Fahrzeugalter, viele Vorbesitzer, ein schlechter Allgemeinzustand oder ein besonders niedriger Preis sein. Bei einem 17 Jahre alten Auto, das für 1.600 EUR verkauft wird, kann gemäß AG Pankow-Weißensee Unfallfreiheit mangels Üblichkeit nicht erwartet werden.[104] Auch die Art der Vorbenutzung wird eine Rolle spielen.

155 Offengelassen hat das Gericht auch, wann die Schwelle von der Bagatellbeschädigung zum Unfallschaden überschritten wird. Es scheint, als dass alles das, was über **ganz geringfügige äußere Schäden** hinausgeht, oberhalb der Schwelle liegen soll:[105]

„Die Grenze für nicht mitteilungspflichtige ‚Bagatellschäden' ist bei Personenkraftwagen sehr eng zu ziehen. Als „Bagatellschäden" hat der Senat bei Personenkraftwagen nur ganz geringfügige, äußere (Lack-)Schäden anerkannt, nicht dagegen andere (Blech-)Schäden, auch wenn sie keine weitergehenden Folgen hatten und der Reparaturaufwand nur gering war."

156 Ein Schaden mit Reparaturkosten von etwa 1.800 EUR ist keine Bagatelle mehr. In einem weiteren Urteil[106] waren auch Reparaturkosten von 1.020 EUR nicht als Bagatelle durchgegangen. Mit lesenswerten Gründen hat das OLG Düsseldorf[107] dazu tendiert, einen Lack- und Blechschaden in der Größenordnung von unter 800 EUR als Bagatelle einzustufen. Am Ende kam es darauf aber nicht an, weil der Schaden im Verhältnis zum Gebrauchtwagen-

---

[101] OLG Frankfurt Urt. v. 19.5.2011 – 12 U 152/09, DAR 2011, 525.
[102] BGH Urt. v. 10.10.2007 – VIII ZR 330/06 Leitsatz 3.
[103] BGH Versäumnisurteil v. 10.10.2007 – VIII ZR 330/06, NJW 2008, 53.
[104] AG Pankow/Weißensee – 6 C 24/12.
[105] BGH Urt. v. 10.10.2007 – VIII ZR 330/06, Rn. 20.
[106] BGH Urt. v. 12.3.2008 – VIII ZR 253/05, NJW 2008, 1517.
[107] OLG Düsseldorf Urt. v. 25.2.2008 – I-1 U 169/07, BeckRS 2008, 05765.

preis von 17.500 EUR die Schwelle der Erheblichkeit für den Rücktritt nicht überschritten hat.

Ein Beispiel der Umsetzung in der Rechtsprechung liefert das OLG Thüringen:[108]

„Bei der Abgrenzung zwischen einem Bagatellschaden und einem Sachmangel kann auf die ständige Rechtsprechung des Bundesgerichtshofs zur Offenbarungspflicht von Schäden und Unfällen bei dem Gebrauchtwagenkauf zurückgegriffen werden. Danach muss der Verkäufer eines Gebrauchtwagens einen Schaden oder einen Unfall, der ihm bekannt ist oder mit dessen Vorhandensein er rechnet, grundsätzlich auch ungefragt dem Käufer mitteilen, wenn er sich nicht dem Vorwurf arglistigen Verschweigens aussetzen will, es sei denn, der Schaden oder der Unfall war so geringfügig, dass er bei vernünftiger Betrachtungsweise den Kaufentschluss nicht beeinflussen kann. Die Grenze für nicht mitteilungspflichtige Bagatellschäden ist bei Personenkraftwagen sehr eng zu ziehen. Als Bagatellschäden hat der Bundesgerichtshof bei Personenkraftwagen nur ganz geringfügige äußere Lackschäden anerkannt, nicht dagegen andere Blechschäden, auch wenn sie keine weitergehenden Folgen hatten und der Reparaturaufwand nur gering war (vgl. BGH Urt. v. 10.10.2007 – VIII ZR 330/06 – NSW BGB § 434 [BGH intern]; BGH WM 1987, 137; BGH WM 1982, 511). Ob das Fahrzeug nach dem Unfall fachgerecht repariert worden ist, hat hierfür keine Bedeutung (vgl. BGH WM 1983, 934). Allein die Tatsache, dass das Fahrzeug durch einen Unfall einen erheblichen Schaden erlitten hat, stellt einen Sachmangel iS von § 434 Abs. 1 Satz 2 Nr. 1 BGB dar. Denn bei dem Kauf eines gebrauchten Kraftfahrzeugs kann der Käufer, wenn keine besonderen Umstände vorliegen, erwarten, dass das Fahrzeug keinen Unfall erlitten hat, bei dem es zu mehr als Bagatellschäden gekommen ist. Die Erheblichkeit des Schadens betrifft daher im Bereich des § 434 Abs. 1 Satz 2 Nr. 1 bereits die Reichweite der Beschaffenheitsvereinbarung und nicht erst die Frage, ob ein vorhandener Mangel erheblich ist (vgl. OLG Hamm OLGR 1995, 55; OLG Karlsruhe OLGR 2001, 301).

Nach diesen Grundsätzen liegt im Streitfall, wie die Berufung zu Recht rügt, kein Bagatellschaden vor. … Hinsichtlich der am Kotflügel vorne links vorgenommenen Nachlackierung schloss der Sachverständige zwar massive Instandsetzungsmaßnahmen im Motorinnenraum links, also insbesondere am Übergang zwischen Radhausschale und Kotflügel, aus, da die dortige Lackschichtdicke einer Werkslackierung entspricht. Allerdings konnte der Sachverständige keine eindeutigen Angaben darüber machen, ob es sich tatsächlich nur um die Behebung von unerheblichen Lackkratzern gehandelt hat. Der Sachverständige hat insoweit ausgeführt, dass die Nachlackierung entweder auf Grund einer plastischen Deformation im Kotflügel oder zur Behebung eines Lackkratzers erfolgt ist. Ein weiteres Eingrenzen des Vorschadens sei mit den gegebenen Anknüpfungstatsachen, nämlich einem fach- und sachgerecht instandgesetzten Pkw nicht möglich. Der Sachverständige konnte demnach nicht ausschließen, dass die Nachlackierung wegen der Behebung von Blechschäden erforderlich geworden ist. Dass das Fahrzeug einen Blechschaden im Zeitpunkt des Gefahrübergangs hatte, ergibt sich allerdings aus der schriftlichen Aussage des Zeugen R, der bekundet hat, dass ein Blechschaden vorne links von der Fa. G GmbH beseitigt worden sei. Nach der Entscheidung des BGH (vgl. Urt. v. 10.10.2007 – NSW BGB § 434 [BGH intern];) sind indes Blechschäden, selbst wenn sie keine weitergehenden Folgen hatten und der Reparaturaufwand nur gering war, nicht mehr als Bagatellschäden anzusehen. Gleiches gilt hinsichtlich des von dem Sachverständigen Dipl.-Ing. S hinten im Bereich des Seitenteils oberhalb des rechten hinteren Rades festgestellten Schadens. Dieser beruht nach den Feststellungen des Sachverständigen auf einer deutlichen plastischen Deformation des Seitenteils und damit auf einem Blechschaden."

Der BGH[109] hat auch geklärt, dass die Angabe „Unfall lt. Vorbesitzer: Nein" nur eine Wissenserklärung ist. Die Übernahme einer Garantie im Sinne des § 443 BGB (früher: zugesicherte Eigenschaft) für eine Unfallfreiheit ist damit ersichtlich nicht gegeben. Eine Beschaffenheitsvereinbarung im Sinne von § 434 Abs. 1 Satz 1 BGB ist das auch nicht. Damit ist der Verkäufer aber nicht aus dem Schneider. Mit dieser Klausel ist weder vereinbart, dass das Fahrzeug unfallfrei, noch dass es vorverunfallt ist. Mangels Vereinbarung kommt es dann wieder auf das Übliche gemäß § 434 Abs. 1 Satz 2 Ziffer 2 BGB und auf die berechtigte Käufererwartung an. Das ist, siehe oben, im Normalfall die Unfallfreiheit. Die Garantieerklärung würde jedoch dazu führen, dass der Verkäufer auch ohne Verschulden haftet. So liegt der Unterschied also allein auf der Rechtsfolgenseite.

Wenn der Verkäufer die Unfallwageneigenschaft offen legt, hilft ihm das nicht, wenn er den Schadenumfang dabei **bagatellisiert**. Denn dem Käufer kommt es regelmäßig nicht nur darauf an, dass ein Unfallschaden vorgelegen hat, sondern auch, welche **Intensität** der hatte.

---

[108] OLG Thüringen Urt. v. 22.12.2007 – 1 U 535/06, BeckRS 2008, 10254.
[109] BGH Urt. v. 12.3.2008 – VIII ZR 253/05, NJW 2008, 1517.

So hat das OLG Düsseldorf[110] Mangelhaftigkeit angenommen, als der Verkäufer im Vertrag notierte: „Einparkbeule hinten rechts behoben" und „Dem Verkäufer sind auf andere Weise Unfallschäden bekannt: Nein.", sich später aber herausstellte, dass am Fahrzeug umfangreiche Nachlackierungen und Spachtelarbeiten auch außerhalb des Bereiches „hinten rechts" vorgenommen waren:

„Das Fahrzeug war zum Zeitpunkt des Gefahrübergangs (Übergabe) mangelhaft. Denn es entsprach nicht der vereinbarten Beschaffenheit (§ 434 Abs. 1 Satz 1 BGB). Eine Beschaffenheitsvereinbarung haben die Parteien dadurch getroffen, dass man in der Bestellschein-Rubrik „Zahl, Art und Umfang von Unfallschäden lt. Vorbesitzer" festgehalten hat: „Einparkbeule hinten rechts behoben". Dadurch hat der Beklagte zum Einen zum Ausdruck gebracht, dass hinten rechts eine „Einparkbeule" vorhanden war, die jedoch inzwischen behoben worden sei. Zum anderen konnte und durfte die Klägerin die besagte Notiz in der verbindlichen Bestellung dahin verstehen, dass das Fahrzeug im Übrigen frei von Unfallschäden ist (§§ 133, 157 BGB)."

159 Beim Verkehrsgerichtstag 2004 wurde diskutiert, ob der Verkäufer das Risiko eines eventuellen Unfallvorschadens, den er nicht kennt, aber auch nicht ausschließen kann, offen legen und damit auf den Verbraucher abwälzen kann, oder ob das dann ein partieller Sachmangelhaftungsausschluss ist, der gegen § 475 BGB verstößt. Der VGT kam zu der Empfehlung, eine solche Offenlegung solle dann zu akzeptieren sein, wenn sie individualvertraglich vorgenommen werde.

160 Steht der Arglistvorwurf im Raum, stellt sich die Frage nach der Untersuchungspflicht des professionellen Autoverkäufers hinsichtlich von Unfallschäden.

Dazu hat der BGH[111] entschieden:

„Nach ständiger Rechtsprechung trifft den Verkäufer eines Gebrauchtwagens ohne Vorliegen besonderer Anhaltspunkte für einen Unfallschaden nicht die Obliegenheit, das zum Verkauf angebotene Fahrzeug auf Unfallschäden zu untersuchen. Der Händler ist grundsätzlich nur zu einer fachmännischen äußeren Besichtigung („Sichtprüfung") verpflichtet. Wenn sich daraus – wie hier – keine Anhaltspunkte für einen Vorschaden ergeben, dann besteht keine Pflicht zu weiteren Nachforschungen und damit auch nicht zu einer Abfrage bei der zentralen Datenbank des Herstellers betreffend die dort etwa vorhandene ,Reparaturhistorie' des Fahrzeugs über bei anderen Vertragshändlern/-werkstätten in den vergangenen Jahren durchgeführte Reparaturen. Nur wenn die Erst-Untersuchung des Händlers zu anderen Erkenntnissen führt, kann dieser zu weiteren Nachforschungen verpflichtet sein, etwa zu gezielten Rückfragen oder auch zur Einsichtnahme in ihm zugängliche Dateien bzw. Online-Datenbanken des Herstellers."

161 Das bedeutet: Nach wie vor ist eine fachmännische Sichtprüfung geschuldet. Das Augenmerk muss auf Lackunterschiede, Spaltmaße, eventuell Reparaturungenauigkeiten etc. gerichtet sein. Tritt dabei kein Verdachtsmoment zu Tage, gibt es auch keine weiteren Untersuchungspflichten. Und damit gibt es auch keine Pflicht, die Datenbanken einzusehen. Ist aber etwas zu erkennen, was ein Hinweis auf einen gehabten Unfallschaden sein kann, muss intensiver untersucht werden: Das Lackschichtendickenmessgerät muss dann zum Einsatz kommen, notfalls muss auch („Stoßfänger runter") hinter die Kulissen geschaut werden. Und zur Verfügung stehende Datensammlungen müssen ggf. zu Rate gezogen werden.

162 Auch der Inzahlunggeber kann gegenüber dem Autohändler kaufrechtlich haften, wenn er einen Unfallschaden verschweigt. Da hilft ihm auch ein geschriebener oder als stillschweigend vereinbart in den Kaufvertrag hineininterpretierten Sachmangelhaftungsausschluss auch nicht. Denn der umfasst keine Beschaffenheitsvereinbarung. [112]

163 **d) Anzahl der Vorbesitzer.** Die Problematik der Vorbesitzeranzahl hat sich dadurch verschärft, dass letztere aus der „Zulassungsbescheinigung Teil II" nicht mehr zuverlässig entnehmbar ist. Jedenfalls das Merkmal „aus erster Hand" gilt nach der Verkehrsanschauung noch als wesentlicher Wert bildender Faktor. Mit zunehmender **Zahl von Vorbesitzern** nimmt die Bedeutung ab. In der Fahrzeugofferte oder im Kaufvertrag genannte Vorbesitzerzahlen sind Teil der vereinbarten Beschaffenheit. Eine größere tatsächliche Zahl von Vorbesitzern ist ein Sachmangel.

---

[110] OLG Düsseldorf Urt. v. 8.3.2004 – I-1 U 206/04, SVR 2006 5, 177.
[111] BGH Urt. v. 19.6.2013 – VIII ZR 183/12, BeckRS 2013, 17074.
[112] BGH Urt. v. 19.12.2012 – VIII ZR 117/12, NJW 2013, 1733.

Problematisch ist ein formaler Halterwechsel ohne tatsächliche Änderung der Verhältnisse. 164
Wenn zum Beispiel aus einer Einzelfirma eine GmbH wird, der Nutzer des Fahrzeugs aber derselbe bleibt (erst Inhaber, dann Geschäftsführer), liegt ein zweiter Eintrag im Brief bzw. der Zulassungsbescheinigung Teil II vor. Teilweise wird darin die „zweite Hand" gesehen.[113]

Eine formale **Tageszulassung** kann jedoch seit der Entscheidung des BGH zu deren Einfluss auf die Fabrikneuheit[114] jedenfalls dann keinen negativen Einfluss mehr haben, wenn sie im unmittelbaren zeitlichen Zusammenhang zum Erstverkauf erfolgte (siehe auch → Rn. 104). So hat es das OLG Brandenburg[115] auch gesehen. 165

e) **Funktionsstörungen, Verschleiß und Sachmangel.** Nicht jeder technische Defekt an einem Gebrauchtwagen ist auch zugleich ein Sachmangel. 166

Nach § 434 Abs. 1 Satz 1 BGB ist die Kaufsache frei von Sachmängeln, wenn sie bei Gefahrübergang die vertraglich vereinbarte Beschaffenheit hat. Insoweit ist es problemlos möglich, **Negativmerkmale** des Fahrzeugs zum vertraglich vereinbarten Zustand des Fahrzeugs zu machen. Will der Käufer zum Beispiel einen Gebrauchtwagen besonders preisgünstig kaufen und akzeptiert er deshalb bestimmte Negativabweichungen vom üblichen Zustand, muss das zum Vertragsinhalt gemacht werden. Restunfallspuren, unreparierte Schäden, übermäßige Gebrauchsspuren, gar ein Motorschaden: Alles das kann als vertragsgemäße Beschaffenheit vereinbart werden. Streit vermeidend wirkt dabei eine präzise Beschreibung der Negativmerkmale. **Bagatellisiert** der Verkäufer allerdings ein solches Negativmerkmal, ist der tatsächliche Umfang der Abweichung vom Normalzustand nicht Vertragsinhalt geworden. Kritisch sind die plakativen Beschaffenheitsbeschreibungen wie „Bastlerfahrzeug", „Ersatzteilspender" etc. Siehe dazu Rn. 187 ff.

Fehler in der vorvertraglichen Fahrzeugbeschreibung, also **Fehler in der Annonce oder auf dem Verkaufsschild**, setzen sich via § 434 Abs. 1 Satz 3 BGB auch dann in den Vertrag fort, wenn sie dort nicht wiederholt werden. Häufig sind die Fälle, bei denen ein **Ausstattungsmerkmal** angegeben war, das das Fahrzeug gar nicht hat. Insbesondere bei den Annoncen im Internet ist das Fehlerpotential hoch, weil in den Eingabemasken schnell ein Häkchen gesetzt ist, wo es nicht hingehört. Der Verkäufer kann dann nicht damit gehört werden, dass das Zubehörteil in der verbindlichen Bestellung oder im Vertrag nicht gelistet ist. Um das versehentlich angepriesene Ausstattungsmerkmal nicht zum Vertragsinhalt zu machen, muss der Verkäufer im Vertrag vermerken, dass es abweichend von der Annonce nicht vorhanden ist.[116] 167

Nach § 434 Abs. 1 Satz 2 Ziffer 1 BGB muss sich der Kaufgegenstand für die **nach dem Vertrag vorausgesetzte Verwendung** eignen. Dahinter stecken vor allem die Fälle, bei denen ein bestimmter Einsatzweck vorausgesetzt wird. Wenn zum Beispiel eine bestimmte mögliche Anhängelast vertraglich vorausgesetzt wird, wobei auch mündlich Besprochenes zum Vertragsinhalt wird, die Anhängelast dann aber beim gelieferten Fahrzeug darunter liegt, wäre das ein Fall § 434 Abs. 1 Satz 2 Ziffer 1 BGB. Im Nutzfahrzeugsegment sind die Fälle einer vorausgesetzten Verwendung häufiger, als im Pkw-Segment. Insgesamt haben diese Fälle die Rechtsprechung bisher kaum beschäftigt. 168

Im Gebrauchtwagensegment gibt es jedoch häufig Streit um den vom Käufer ohne Detailvereinbarung erwarteten **Fahrzeugzustand**. Nach § 434 Abs. 1 Satz 2 Ziffer 2 BGB ist die Kaufsache frei von Sachmängeln, 169

„... wenn sie sich für die gewöhnliche Verwendung eignet und eine Beschaffenheit aufweist, die bei Sachen der gleichen Art üblich ist und die der Käufer nach der Art der Sache erwarten kann."

Der Gebrauchte muss also so sein, wie Fahrzeuge dieses Typs (im Ausnahmefall dieser Art, siehe Rn. 183 ff.), dieses Alters und dieser Laufleistung „nun mal so sind". Vergleichsfahrzeug ist dabei ein gebrauchtes Fahrzeug, das bauart- und typgleich ist und auch nach 170

---

[113] OLG Düsseldorf Urt. v. 12.3.2003 – I-3 U 45/02, OLGR 2003, 338.
[114] BGH Urt. v. 12.1.2005 – VIII ZR 109/04, NJW 2005, 1422.
[115] OLG Brandenburg Urt. v. 14.2.2007 – 4 U 68/06, DAR 2007, 396.
[116] AG Aachen, SVR 2004, 32; in anderem Zusammenhang auch BGH Urt. v. 7.6.2006 – VIII ZR 209/05, NJW 2006, 2839; auch OLG Düsseldorf Urt. v. 26.4.2007 – I-12 U 113/06, BeckRS 2007, 13301.

Alter und Laufleistung dem Kaufobjekt soweit wie möglich entspricht.[117] Anders gesagt: Wer ein Fahrzeug mit 100.000 km Laufleistung kauft, kauft, wenn nichts anderes vereinbart ist, den **Verschleiß** und den **Nutzungsgrad** der 100.000 km mit, wenn die Abnutzung im Rahmen dessen liegt, was für diese Laufleistung bei dem entsprechenden Fahrzeugalter üblich ist. Hier ist also eine Abgrenzung zwischen „normalem Verschleiß" und Sachmängeln vorzunehmen. Ein Bonmot lautet: „Kein Mangel liegt vor, wenn sich das Auto statistisch korrekt verhält."

171 Was die Instanzrechtsprechung längst herausgearbeitet hatte, hat der BGH[118] bestätigt:

„Angesichts des hohen Alters des gebraucht gekauften Fahrzeugs von rund neun Jahren und seiner großen Laufleistung von über 190.000 km liegt insoweit vielmehr ein normaler Verschleiß nahe, der, sofern wie hier keine besonderen Umstände vorliegen, nach der zutreffenden Ansicht des Berufungsgerichtes keinen Mangel darstellt."

172 Daraus folgt, dass der Mangelbegriff kein technischer, sondern ein vertraglicher Begriff ist. Was „**technisch mangelhaft**" ist, kann **rechtlich in Ordnung** sein. Insoweit empfiehlt es sich zur Vermeidung von Denkfallen, das Wort „Mangel" mit Sorgfalt zu benutzen. Das technische Problem sollte zunächst neutral als „**Defekt**" bezeichnet werden. Ob der Defekt ein Sachmangel ist, ist dann am Vertrag zu messen. Dieser Sprachgebrauch hat sich in der Literatur und in der Rechtsprechung durchgesetzt.[119] In einem der ersten veröffentlichten Urteile zur Sachmangeleinordnung nach der Schuldrechtsreform hat das AG Neukölln[120] prägnant formuliert:

„Im Bereich des Gebrauchtwagenhandels kann der Käufer nicht jeden Defekt am Fahrzeug zum Anlass nehmen, Gewährleistungsrechte geltend zu machen. Vielmehr stellen solche **Defekte** keine **Sachmängel** im Sinne von § 434 Abs. 1 BGB dar, die als Beschaffenheit zu betrachten sind, die bei Sachen der gleichen Art üblicherweise in Erscheinung treten und vom Käufer nach Art der Sache erwartet werden müssen. Danach fallen Verschleiß- und Abnutzungserscheinungen nicht unter den Sachmangelbegriff, wenn sie nicht über das hinausgehen, was bei einem Fahrzeug des betreffenden Typs angesichts seiner Laufleitung zu erwarten ist."

173 Anlass des Rechtsstreites war ein im Rahmen eines Verbrauchsgüterkaufes erworbener, zum Kaufzeitpunkt zehn Jahre alter BMW 750i mit einer Laufleistung von etwas mehr als 230.000 km. Vier Monate und mehrere tausend Kilometer nach dem Kauf reklamierte der Käufer Beeinträchtigungen an den Querlenkerlagern, der Lenkanlage, der Radaufhängung an der Hinterachse und der Schalldämpferanlage. Das alles hat das Gericht als den mitgekauften Verschleiß eingestuft.

174 Das AG Offenbach[121] entschied bei gleicher vorzunehmender Abgrenzung:

„Ob das Versagen eines Katalysators also als Verschleiß oder Mangel einzuordnen ist, kann nicht generell, sondern nur für den Einzelfall beurteilt werden. Hier ist der gekaufte Pkw ca. 10 Jahre alt gewesen und wies eine Laufleistung von ca. 150.000 km auf. Damit ist nach allgemeiner Lebenserfahrung ein Zeitpunkt erreicht, in dem erfahrungsgemäß auch mit dem Ableben des Katalysators gerechnet werden muss. Wenn also in einem derartigen Fall der Katalysator funktionsunfähig wird, so kann in Anbetracht des Alters und der Laufleistung des PKW durchaus von einem üblichen Verschleiß gesprochen werden."

175 Das OLG Brandenburg[122] kam zu dem Ergebnis: Wenn bei einem 10 Jahre alten Gebrauchtwagen mit 126.000 km Laufleistung die Gummilager am Trag- und Führungslenker der Vorderachse porös sind, ist das kein Mangel, sondern lediglich eine Verschleißerscheinung.

176 Das Kammergericht[123] hat entschieden, mit typischen Verschleißerscheinungen eines Fahrzeugs des betreffenden Typs und Alters müsse der Gebrauchtwagenkäufer rechnen,

---

[117] OLG Düsseldorf Urt. v. 1.9.2005 – I-1 U 28/05, BeckRS 2005, 30362047.
[118] BGH Urt. v. 23.11.2005 – VIII ZR 43/05, NJW 2006, 434.
[119] ZB OLG Düsseldorf Urt. v. 8.1.2007 – I-1 U 180/06, BeckRS 2007, 04967; auch BGH Urt. v. 23.11.2005 – VIII ZR 43/05, NJW 2006, 434.
[120] AG Neukölln Urt. v. 3.8.2004 – 18 C 114/04, SVR 2004, 431.
[121] AG Offenbach Urt. v. 27.9.2004 – 38 C 276/04, SVR 2004, 432.
[122] OLG Brandenburg Urt. v. 2.10.2007 – 11 U 177/06, BeckRS 2008, 09537.
[123] Kammergericht Urt. v. 16.7.2004 – 25 U 17/04, BeckRS 2004, 08099.

und zwar mit bis zum Kaufzeitpunkt vorhandenen und mit sich danach weiter entwickelnden:

„Das Fahrzeug war jedenfalls für die Dauer von ca. 25.000 km nach dem unstreitigen Sachverhalt für den Einsatz im Straßenverkehr geeignet. Es war beim Kauf etwa sechs Jahre alt und wies einen Kilometerstand von 158.000 km auf. Der Kläger konnte damit nicht erwarten, praktisch ein Neufahrzeug zu erwerben. Er durfte erwarten, dass die Funktionsfähigkeit des Fahrzeugs zum Zeitpunkt des Verkaufs nicht beeinträchtigt war. Allerdings musste er die typischen Verschleißerscheinungen eines Fahrzeugs dieses Alters und dieser Laufleistung in Rechnung stellen. Zu rechnen war mit schon vorhandenen, jedoch noch nicht offenbar gewordenen Verschleißerscheinungen, die im weiteren Verlauf zur Funktionsunfähigkeit führen konnten, wenn das Verschleißteil nicht erneuert wurde. Das OLG Köln hat in einer Entscheidung (VersR 1997, 1019) Folgendes ausgeführt: ‚Zur Zeit des Verkaufs beeinträchtigte der Zahnriemen trotz seines angeblich schadhaften Zustandes die Funktionsfähigkeit nicht. Es liegt demnach der typische Fall vor, dass Material infolge Gebrauchs zu einem bestimmten, im vorhinein aber nicht exakt bestimmbaren Zeitpunkt versagt.' Hier liegt eine vergleichbare Sachlage vor. Zur Zeit des Verkaufs beeinträchtigte die Wasserpumpenlagerung, ihre behauptete Schadhaftigkeit unterstellt, die Fahrtüchtigkeit offenkundig noch nicht. Dies ergibt sich aus der mit dem Fahrzeug seit dem Kauf zurückgelegten Wegstrecke. Der Schaden ist – wie bei Verschleißerscheinungen üblich – erst im Laufe des Gebrauchs aufgetreten."

Das LG Aachen[124] hat sich bei einem Gebrauchtwagen mit einer Laufleistung von 122.000 km mit Ölundichtigkeiten und einem defekten Scheibenwischermotor befasst:

„Der Ölaustritt aufgrund eines Defektes des linken Motorlagers und der Beschädigung des Gummilagers der Motorlagerung stellen schon keinen Mängel iSd § 434 BGB dar. ... Der Wagen weist ferner gemäß § 434 Abs. 1 Satz 2 Nr. 2 BGB eine Beschaffenheit auf, die bei Sachen der gleichen Art üblich ist und die der Käufer nach Art der Sache erwarten kann. Der Kläger hat keinen Neuwagen, sondern einen 6 Jahre alten Gebrauchtwagen mit einer Laufleistung von 122.000 km erworben. Anders als bei einem Neuwagen muss ein Käufer bei einem älteren Gebrauchtwagen mit alterstypischen Verschleißerscheinungen und einer entsprechenden Reparaturanfälligkeit rechnen. Er muss sich darauf einstellen, dass einzelne Teile aufgrund Verschleißes ausgetauscht werden müssen. Ein solcher Fall kann – jedenfalls bei älteren Fahrzeugen – auch schon kurze Zeit nach dem Kauf eintreten. ... Ein defekter Scheibenwischermotor kann bei einem Wagen, der zu einem Kaufpreis von 12.500,– EUR verkauft worden ist, schon mangels Erheblichkeit iSd § 323 Abs. 5 Satz 2 BGB einen Rücktritt nicht rechtfertigen. Im Übrigen ist auch nicht feststellbar, dass dieser bereits bei Übergabe des Fahrzeugs defekt war."

Als schulbuchartige und als Checkliste taugliche Abgrenzung kann das Urteil des OLG Düsseldorf[125] gelten bei der Einordnung erhöhten Verschleißes an den Reifen eines fahrwerksveränderten („tiefer gelegten") Pkw:

„Ausgangspunkt der rechtlichen Prüfung ist § 434 Abs. 1 Satz 2 Nr. 2 BGB. Für eine ausdrückliche Beschaffenheitsvereinbarung im Hinblick auf Fahrwerk und Reifen hat der Kläger nichts vorgetragen. Prüfungsmaßstab ist auch nicht § 434 Abs. 1 Satz 2 Nr. 1 BGB, wonach eine Sache frei von Sachmängeln ist, wenn sie sich für die nach dem Vertrag vorausgesetzte Verwendung eignet. Mit ‚vertraglich vorausgesetzter Verwendung' ist nicht die ‚gewöhnliche Verwendung' gemeint, denn die ist Prüfungsmaßstab in § 434 Abs. 1 Satz 2 Nr. 2 BGB. Unter ‚vertraglich vorausgesetzter Verwendung' kann also nur eine Verwendung zu verstehen sein, die außerhalb der gewöhnlichen Verwendung liegt, also von besonderer Natur ist.

Haben die Vertragsparteien, wie hier, keine Beschaffenheitsvereinbarung getroffen und liegt auch keine Abweichung von der vertraglich vorausgesetzten Verwendung vor, so ist anhand der Kriterien des § 434 Abs. 1 Satz 2 Nr. 2 BGB zu prüfen, ob die Kaufsache von vertragswidriger Beschaffenheit ist oder nicht. Ein Sachmangel liegt hiernach vor, wenn das Fahrzeug sich für die gewöhnliche Verwendung nicht eignet oder ihm ein Beschaffenheitsmerkmal fehlt, das bei einer Sache gleicher Art üblich ist und/oder das der Käufer nach Art der Sache erwarten kann. Die Formulierung „gewöhnliche Verwendung" soll deutlich machen, dass es auf die normale (übliche) Einsatzmöglichkeit ankommt. Schon aus technischer Sicht ist bei einem gebrauchten Kfz nicht durch jeden Fall von Verschleiß in Frage gestellt. Erst wenn der Verschleißzustand einen bestimmten Grad erreicht und sich als Störung der Funktionstauglichkeit und/oder Beeinträchtigung der Verkehrs- und Betriebssicherheit konkret auswirkt oder auszuwirken unmittelbar droht, kann in technischer Hinsicht von einem Eignungsmangel gesprochen werden.

---

[124] LG Aachen Urt. v. 21.12.2005 – 7 O 165/05.
[125] OLG Düsseldorf Urt. v. 1.9.2005 – I-1 U 28/05, BeckRS 2005, 10326.

Die Unregelmäßigkeiten als solche, die der Sachverständige an der Vorderbereifung festgestellt hat, rechtfertigen nicht die Annahme eines Sachmangels im Sinne des § 434 Abs. 1 Satz 2 Nr. 2 BGB. Die gesetzlichen Mindestprofiltiefen waren gegeben. Mit der Feststellung, dass die Vorderreifen selbst nach dieser Laufleistung noch verkehrstechnisch zulässig waren, ist es allerdings nicht getan. Der Senat hatte auch und vor allem der vom Kläger in das Zentrum seiner Mängelrüge gerückten Behauptung nachzugehen, die Vorderreifen müssten verschleißbedingt rascher erneuert werden, als dies normalerweise und auch entsprechend seiner Erwartung erforderlich sei.

Dieser Sichtweise vermag sich der Senat nicht anzuschließen. Soweit die Ursache des höheren Verschleißes an der Tieferlegung des Fahrzeugs liegt, ist die Annahme eines Sachmangels im Sinne des § 434 Abs. 1 Satz 2 Nr. 2 BGB nicht gerechtfertigt. Zur gewöhnlichen Verwendung im Sinne dieser Vorschrift gehört zwar auch, dass Fahrzeugteile wie Reifen nicht ungewöhnlich schnell verschleißen und damit erneuerungsbedürftig werden, so dass der Käufer mit Zusatzkosten belastet wird, mit denen er bei seiner Kaufentscheidung nicht gerechnet hat. Das Kriterium der „gewöhnlichen Verwendung" kann indessen nicht isoliert betrachtet werden. Es steht in einer Wechselbeziehung zum Gesichtspunkt der üblichen Beschaffenheit und zum weiteren Merkmal der Käufererwartung. Bei der gebotenen ganzheitlichen Betrachtungsweise, die sämtliche drei Kriterien des § 434 Abs. 1 Satz 2 Nr. 2 BGB in richtlinienkonformer Auslegung in den Blick nimmt, hat der Senat das Vorhandensein eines Sachmangels verneint.

Soweit es um das Merkmal der Beschaffenheit geht, die bei ‚Sachen der gleichen Art üblich ist', ist nicht von einem fabrikneuen Fahrzeug auszugehen. Vergleichsfahrzeug ist ein gebrauchtes Fahrzeug, das bauart- und typgleich ist und auch nach Alter und Laufleistung dem Kaufobjekt soweit wie möglich entspricht. Unter dem Blickwinkel ist zu berücksichtigen, dass der Wagen des Klägers serienmäßig mit einem Sportfahrwerk ausgestattet ist. Das war dem Kläger, wie er selbst einräumt, auch von Anfang an bekannt. Was das Merkmal „Käufererwartung" angeht, so ist auf den Erwartungshorizont eines Durchschnittskäufers abzustellen.[126] Dass nur die berechtigte Erwartung schutzwürdig ist, steht dabei außer Frage. Was ein Käufer vernünftigerweise nicht erwarten kann, bleibt außer Betracht.

Geprägt wird die Erwartung eines Gebrauchtwagenkäufers nicht nur vom Alter und von der Laufleistung des Fahrzeugs. Auch seine Ausstattung, hier das Sportfahrwerk, spielt eine Rolle. Auch wer von Achsgeometrie, von Sturz und Vorspur keinerlei Kenntnisse hat und wer den Einfluss einer Tieferlegung auf die Bereifung nicht kennt, wird aus seiner Laiensphäre heraus mit gewissen Besonderheiten im Vergleich mit „normalen" Pkw rechnen.

179 Instruktiv ist auch das Urteil des OLG Düsseldorf[127] zu Geräuschen aus dem Ventiltrieb eines Motors bei einem 9 Jahre alten PKW mit einer Laufleistung von etwa 81.000 km. Darin heißt es:

„Dass der Sachverständige diese Geräusche als ‚nicht normal' bezeichnet hat, bedeutet noch nicht, dass es sich hier um einen Mangel im Rechtssinn handelt. Wenn die Ursache für die regelwidrigen Geräusche normaler Verschleiß oder Abnutzung ist, liegt ein Fall der Sachmängelhaftung nach den oben dargestellten Grundsätzen 1 bis 3 nicht vor."

180 Ebenso instruktiv ist die Entscheidung des OLG Düsseldorf zu einem im Alter von 10 Jahren mit einer Laufleistung von 184.000 km für 4.800 EURO verkauften Jaguar XJ 8:[128]

„Der Käufer eines gebrauchten Pkw muss die typischen Verschleißerscheinungen eines Fahrzeugs dieses Alters und dieser Laufleistung in Rechnung stellen und mit schon vorhandenen, jedoch noch nicht offenbar gewordenen Verschleißerscheinungen rechnen, die im weiteren Verlauf zur Funktionsunfähigkeit führen können, wenn das Verschleißteil nicht erneuert wird. Daher löst ein alterstypischer Verschleißmangel, der sich nach Übergabe verstärkt und ggfs. zur Funktionsunfähigkeit führt, keine Sachmängelhaftung aus. So lag es hier mit dem Verschleiß des Achswellenlagers am Ausgleichsgetriebe bei einer Laufleistung des Fahrzeugs von 187.403 km. Der Sachverständige hat hierzu in seinem schriftlichen Ergänzungsgutachten vom 4.4.2007 festgestellt, ein derartiger Verschleiß könne bei einer solchen Laufleistung durchaus schon einmal vorkommen.

Eine andere Beurteilung ergibt sich auch nicht auf Grund der weiteren Feststellung des Sachverständigen, aus dem bei der Begutachtung vorgefundenen Verschleißzustand des linken Achswellenlagers lasse sich schließen, dass dessen Austausch schon längst fällig gewesen sei, dh bei ordnungsgemäßer Wartung des Fahrzeugs. Je älter nämlich ein Fahrzeug ist und je mehr Kilometer es zurückgelegt hat, desto stärker muss ein verständiger Käufer mit Fahr- und Bedienungsfehlern, aber auch mit unzulänglichen Reparaturen und Versäumnissen bei der Pflege und Wartung rechnen."

---

[126] Vgl. BT-Drs. 14/6014, 214.
[127] OLG Düsseldorf Urt. v. 8.1.2007 – I-1 U 180/06, BeckRS 2007, 04697.
[128] OLG Düsseldorf Urt. v. 25.3.2010 – I-18 U 1/08, BeckRS 2009, 86560.

181 Abweichend kann die Verschleißfrage jedoch zu beurteilen sein, wenn die **Abwesenheit definierter Verschleißzustände vereinbart** ist. Wenn sich aus der Anpreisung des Fahrzeugs oder aus dem Kaufvertrag ergibt, dass bestimmte Teile bei bestimmten Kilometerleistungen erneuert wurden, ist für diese Komponenten nicht auf die Gesamtlaufleistung des Fahrzeugs abzustellen. Dann beginnt für die erneuerten Teile die Verschleißtoleranz von vorne. Solche Vereinbarungen können sich auch aus dem Hinweis auf durchgeführte **Inspektionen** ergeben, wenn bei bestimmten Inspektionen bestimmte Teile planmäßig zu erneuern waren.[129]

182 Beispiele für Fälle, bei denen übermäßiger Verschleiß angenommen wurde, gibt es ebenfalls. So hat das OLG Hamm[130] entschieden, dass das Abscheren einer Halteschraube im Zahnriementrieb bei 87.000 km einen Sachmangel darstellt:

„Der Sachverständige M hat in seinem Gutachten vom 6.4.2006 festgestellt, dass der Schwingbruch der Schraube einen übermäßigen, dh nach Alter und Laufleistung des Fahrzeugs nicht zu erwartenden Verschleiß darstellt. Diese Feststellung ist überzeugend. Denn sie steht in Übereinstimmung mit dem Serviceplan des Herstellers Audi. Nach den Angaben auf Seite 7 dieses Serviceplans sind Zahnriemen und Spannrolle bei näher gekennzeichneten Audi-Fahrzeugen mit 4-Zylinder-Turbo-Dieselmotor, 2,8 Liter V6-Motor und V6-Biturbomotor alle 60.000, 90.000 oder 120.000 km zu ersetzen. Hinsichtlich des streitgegenständlichen Fahrzeugs mit einem 2,4 Liter V6-Motor sieht der Serviceplan nur einen Ersatz des Zahnriemens alle 120.000 km vor, den Ersatz der Spannrolle überhaupt nicht. Zeitliche Fristen für den Austauch von Zahnriemen und Spannrolle sieht der Serviceplan nicht vor. Die gegenteilige Behauptung der Beklagten, bei dem Fahrzeug sei nach dem Herstellerwartungsplan ein Austausch der Spannrolle nach einer Laufleistung von 60–80.000 km, spätestens nach fünf Jahren vorgesehen, ist damit widerlegt. Wenn mithin nach dem Herstellerplan noch nicht einmal bei einer Laufleistung von 120.000 km der Austausch der hier relevanten Spannrolle vorgesehen ist, dann ist der hier vorliegende Verschleiß der Spannrollenschraube bereits bei einer Laufleistung von rd. 87.000 km übermäßig."

183 f) **Konstruktionsbedingte Schwächen.** Im Grundsatz muss bei der Beurteilung, ob ein technischer Defekt zugleich im Rechtssinne ein Mangel ist, das jeweilige Fahrzeug mit Fahrzeugen des gleichen Modells, des gleichen Baujahres und etwa gleicher Laufleistung verglichen werden.[131] Eine Abweichung von diesem Grundsatz ist aber erforderlich, wenn eine Baureihe insgesamt von einem technischen Problem („Serienfehler") betroffen ist. Sonst käme man zu dem unangemessenen Schluss, weil alle Fahrzeuge der Baureihe den gleichen eingebauten Fehler haben, sei das normal und deshalb kein Sachmangel.[132]

184 Drei Fälle aus der Fallgruppe, bei denen bei ungewöhnlich niedriger Laufleistung Bauteile ausgefallen sind, waren schon Gegenstand obergerichtlicher Rechtsprechung:
- An einem französischen Mittelklassewagen des Baujahrs 1996 war beim Kilometerstand von etwa 86.000 das Automatikgetriebe defekt. Ursache war ein Druckzylinder im Getriebe. Es stellte sich dann bei der Recherche durch den Verkäufer, der kein Händler der betroffenen Marke war und daher keine Detailkenntnisse hatte heraus, dass bei dem Baumuster ein zu klein dimensionierter Druckzylinder verbaut war. Das Problem war dem Hersteller recht bald aufgefallen, so dass dieses Konstruktionsmerkmal in der laufenden Serie verbessert wurde. Von den betroffenen Getrieben jedenfalls hat kaum eines mehr als 100.000 km gehalten.

Der Verkäufer hatte den Standpunkt eingenommen, nach § 434 Abs. 1 Satz 2 Ziffer 2 BGB sei der Maßstab „Sachen der gleichen Art". Also müsse man diesen Fahrzeugtyp aus diesem Baumuster mit anderen Fahrzeugen des gleichen Typs und des gleichen Baumusters vergleichen. Bei Anlegung dieses Maßstabes sei der Ausfall bei etwa dieser Laufleistung üblich und folglich kein Sachmangel.

Das OLG Düsseldorf[133] sah das anders: Grundsätzlich sei es richtig, den gleichen Fahrzeugtyp des gleichen Baujahres mit vergleichbarer Laufleistung zum Vergleich heranzuziehen. Eine Ausnahme davon sei aber stets zu machen, wenn ein „Serienfehler" dieses

---

[129] Instruktiv hierzu OLG Koblenz Urt. v. 19.4.2007 – 5 U 768/06, NJW 2007, 1828.
[130] OLG Hamm Urt. v. 18.6.2007 – 2 U 220/06, BeckRS 2007, 14370.
[131] OLG Düsseldorf Urt. v. 1.9.2005 – I-1 U 28/05, BeckRS 2005, 30362047.
[132] Instruktiv mit Darstellung der Literaturmeinungen OLG Düsseldorf Urt. v. 19.6.2006 – 1 U 38/06, NJW 2006, 2858.
[133] OLG Düsseldorf Urt. v. 19.6.2006 – 1 U 38/06, NJW 2006, 2858.

Baumuster belaste. Denn wenn alle Fahrzeuge dieses Typs und dieses Baujahres mit einem Konstruktionsfehler behaftet sind, führt der Vergleich nach obigem Maßstab zu einem Zirkelschluss.

Als Stufe zwei sei der Vergleichsrahmen maßvoll zu erweitern. Einzubeziehen seien europäische Fahrzeuge ähnlicher Art, im konkreten Fall also Mittelklasselimousinen mit Benzinmotoren von etwa 1,8 Litern Hubraum und einem Automatikgetriebe. Denn, so § 434 Abs. 1 Satz 2 BGB, es sei auch darauf abzustellen, was der vernünftige Käufer erwarten könne.

Ausdrücklich verwies das Gericht darauf, dass für **Exoten**, die vordringlich für andere Märkte gebaut seien, andere Vergleichsmaßstäbe gelten können.

Bei Anlegung dieses Maßstabes war die **konstruktive Schwäche** für das Gericht als **Sachmangel** einzuordnen. Die zugelassene Revision zum Bundesgerichtshof hat der Händler nicht eingelegt.

185 • Ein weiterer Getriebefall führte zum Streit um die Mangelfrage bei einem hubraumgroßen amerikanischen Van mit Automatikgetriebe, der in Deutschland unter Stückzahlgesichtspunkten nicht über einen Exotenstatus hinausgekommen war. Als Gebrauchtwagen hatten die Fahrzeuge wegen der schwachen Nachfrage äußerst günstige Preise. Das Getriebe war bei Kilometerstand 115.000 endgültig verschlissen. Im Gerichtsverfahren erklärte der Sachverständige, bei Fahrzeugen dieses Typs und Baujahres sei der Getriebeausfall bei dieser Laufleistung häufig zu verzeichnen.

Die Ursache für den ungewöhnlichen Getriebeverschleiß lag in dessen Einbauposition. Bei diesem Fahrzeuggrundriss ist das Getriebe so hinter dem Motor positioniert, dass nur unzureichende Mengen kühlender Luft an ihm vorbeiströmen. Unter amerikanischen Verhältnissen fiel das nicht auf, weil bei der dortigen Fahrweise mit rigiden Geschwindigkeitsbegrenzungen die Kühlung ausreicht. Unter deutschen Verhältnissen wurde diese Schwäche aber zum verbreiteten Problem.

Das OLG Stuttgart[134] hat wie das OLG Düsseldorf den Vergleichsmaßstab erweitert. Allerdings hat es nicht nur Fahrzeuge ähnlichen Zuschnitts in den Vergleich einbezogen. Hätte es das getan, wäre das Ergebnis gewesen: Den beiden anderen amerikanischen Van's, die seinerzeit auf dem deutschen Markt angeboten wurden, war das thermische Problem mit dem Automatikgetriebe auch nicht fremd, denn die Einbaulage des Getriebes war dort gleich.

Das OLG Stuttgart hat stattdessen auf den **Stand der Technik** abgestellt. Tut man das, kommt man tatsächlich zu dem Ergebnis, dass ein Automatikgetriebe in der Regel so lange hält, wie das ganze Fahrzeug. Dann war es mangelhaft.

186 • Der Fall des OLG Thüringen[135] betraf einen Zylinderkopfschaden an einem amerikanischen Geländewagen. Bei vielen Fahrzeugen jenes Baujahres waren die Zylinderköpfe bei einem Kilometerstand von unter 100.000 km (die Laufleistung des streitbefangenen Fahrzeugs war zum Schadenzeitpunkt 94.000 km) defekt. Auch das basierte auf einer thermischen Problematik aufgrund einer Fehlkonstruktion.

Das OLG Thüringen hat ebenfalls den Stand der Technik als Maßstab herangezogen und – folgerichtig – den Zylinderkopfdefekt als Sachmangel eingestuft.

Nach Auffassung des Verfassers ist die Beschränkung der Vergleichsgruppe auf ähnliche Fahrzeuge statt auf den Stand der Technik richtig. Denn allein wegen der extrem breiten Angebotspalette mit noch extremerer Preisspreizung führt der Vergleich mit dem Stand der Technik zu absurden Ergebnissen. Es kann bei einer solchen Preisspreizung keine Einheitsqualität geben (siehe → Rn. 82 ff.). Low-Budget-Fahrzeug können nicht am Stand der Technik im High-End-Segment gemessen werden.

187 **g) Plakative Negativbeschreibungen.** Weil das Fahrzeug dann frei von Sachmängeln ist, wenn es die vertraglich vereinbarte Beschaffenheit hat, kommt es also darauf an, auch Negativmerkmale vertraglich zu fixieren. Das soll gelegentlich mit plakativen Begriffen geschehen wie „**Bastlerfahrzeug**" oder „**Ersatzteilspender**" etc. Die Frage, inwieweit solche „abge-

---

[134] OLG Stuttgart Urt. v. 15.8.2006 – 10 U 84/06, NJW 2007, 612.
[135] OLG Thüringen Urt. v. 19.1.2006 – 1 U 846/04, SVR 2006, 262.

kürzte" Beschaffenheitsbeschreibungen auch beim Verbrauchsgüterkauf ihren Zweck erfüllen, ist auf der Grenzlinie zwischen der **Beschreibung** des Kaufgegenstandes im Sinne des § 434 Abs. 1 BGB und der **unzulässigen Umgehung** des Sachmangelhaftungsausschlussverbotes aus § 475 BGB zu beantworten.

Ein Urteil zum Begriff „Bastlerfahrzeug" kam zum Ergebnis, diese Beschreibung sei der Versuch eines faktischen Sachmangelhaftungsausschlusses und ließ ihn dem Umgehungsverbot anheim fallen.[136] In jenem Fall war der Verkaufsgegenstand ein Gebrauchtwagen mittlerer Preisklasse, der vom Käufer definitiv zum ganz normalen Gebrauch gekauft wurde. Der Preis lag auch in der Größenordnung dessen, was für den jeweiligen Fahrzeugtyp bei den betreffenden Eckdaten üblicher Weise bezahlt wird („Schwacke"). Dass bei solchen Konstellationen die Beschreibung des Fahrzeugs als Umgehungskonstruktion zum faktischen Sachmangelhaftungsausschluss angesehen wird, ist richtig. Dasselbe gilt für den Begriff „Schrottauto", wenn es für den normalen Fahrbetrieb gekauft wird.[137] 188

Das bedeutet aber nicht, dass die Verwendung dieses Begriffes oder ähnlicher plakativer Beschreibungen stets unzulässig sei. Das Abgrenzungskriterium ist der beiderseitige Parteiwille. Wenn im beiderseitigen Einverständnis ein Bastlerfahrzeug gewollt ist, ist der Vertragsgegenstand damit ausreichend präzise beschrieben und die vertragliche Beschaffenheit ist damit ausreichend präzisiert. Wenn bei einem 10 Jahre alten Volvo mit 235.000 km Laufleistung, bei dem das Getriebe – was der Käufer weiß – seit einem Reparaturversuch im Kofferraum liegt, zur Fahrzeugbeschreibung statt vieler Worte der Begriff „Bastlerfahrzeug" verwendet wird, hält das der gerichtlichen Prüfung stand.[138] 189

Schematische Grenzen für die Zulässigkeit („Bastlerauto geht bis 1.000,- EUR Kaufpreis") verbieten sich von selbst. Im Segment höchstpreisiger Fahrzeuge kann ein Fahrzeug mit fünfstelligem Preis als Bastlerfahrzeug korrekt und dem beiderseitigen Parteiwillen entsprechend beschrieben sein (alter Porsche, Ferrari etc.). Als Indizien können jedoch **widersprüchliche Angaben** gelten. Wenn ein Fahrzeug einerseits als „Ersatzteilspender" bezeichnet wird, andererseits aber der Verkäufer die Organisation der Zulassung zum Straßenverkehr übernimmt, am Ende gar mit von ihm zu organisierender neuer Hauptuntersuchung, dann sind das deutliche Hinweise darauf, dass die Funktion des Wagens als Ersatzteilspender nicht gewollt ist. 190

Anderseits schließen sich die Begriffe „**Bastlerfahrzeug**" und „**Hauptuntersuchung** neu" nicht zwingend aus. Denn die Hauptuntersuchungsplakette bescheinigt nichts anderes, als dass das Fahrzeug am Tag der Prüfung den zulassungsrechtlichen Vorschriften entspricht. Generell wird von Gebrauchtwagenkäufern die **Aussagekraft der Hauptuntersuchung überschätzt**. 191

Beschreibt der Verkäufer das Fahrzeug als „**fahrbereit**", ist das nicht per se eine in die Zukunft gerichtete Qualitätsaussage. Dazu der BGH:[139] 192

„Einem Gebrauchtwagen, der bei Gefahrübergang auf den Käufer betriebsfähig und verkehrssicher ist, fehlt nicht deswegen die vereinbarte Beschaffenheit ‚fahrbereit', weil der Motor wegen eines fortschreitenden Schadens nach einer Fahrtstrecke von höchstens 2.000 km ausgetauscht werden muss.

Mit der Angabe in einem Gebrauchtwagenkaufvertrag, dass das Fahrzeug „fahrbereit" ist, übernimmt der Verkäufer nicht ohne weiteres die Gewähr im Sinne einer Haltbarkeitsgarantie (§ 443 BGB) dafür, dass das Fahrzeug auch noch nach Gefahrübergang über einen längeren Zeitraum oder über eine längere Strecke fahrbereit bleibt (im Anschluss an BGHZ 122, 256)."

Der Begriff **Unfallwagen** ist ohne präzise Aussagekraft. Soll es ein fachmännisch reparierter, ein unfachmännisch reparierter oder gar ein unreparierter Wagen sein? Mit diesem Begriff ist ausschließlich eindeutig gesagt, dass das Fahrzeug nicht unfallfrei ist. Im Gesamtzusammenhang des Vertrages bedarf der Begriff daher der Auslegung. Den Wagen als Unfallwagen zu bezeichnen, gleichzeitig aber den Umfang des Unfallschadens zu bagatellisieren, führt auch in die Sachmangelhaftung. 193

---

[136] AG Marsberg Urt. v. 9.10.2002 – 1 C 143/02, DAR 2003, 322.
[137] AG Zeven DAR 2003, 379.
[138] AG Marsberg Urt. v. 13.10.2004 – 1 C 22/04, SVR 2005, 145.
[139] BGH Urt. v. 22.11.2006 – VIII ZR 72/06, NJW 2007, 759.

194   h) **Plakative Positivbeschreibungen.** Gelegentlich werden Gebrauchtfahrzeug mit dem Attribut „scheckheftgepflegt" angepriesen. Dann müssen alle herstellerseitig vorgeschriebenen Inspektionen etwa zur angegebenen Laufleistung in einer autorisierten Werkstatt wahrgenommen worden sein.

Umgekehrt: Ohne jede Angabe dazu kann der Käufer nicht erwarten, dass das Auto die Inspektionen genossen hat.[140]

195   i) **Angaben zur Laufleistung/zum Kilometerstand.** Das Thema „Kilometerstand" beschäftigt die Rechtsprechung rund um den Autokauf intensiv. Es ist eine leichte und von „Dienstleistern" offen angebotene Übung, angesichts der heutigen digitalen Kilometerzähltechnik den angezeigten Kilometerstand in jeder Größenordnung zu manipulieren. Der Verkäufer kann den angezeigten Kilometerstand nicht mit vertretbarem Aufwand auf seine Echtheit prüfen. Eine Prüforganisation überraschte mit der Schätzung, an jedem dritten Gebrauchtwagen sei der Kilometerstand manipuliert. Das stößt auf Zweifel, aber das Problem ist jedenfalls äußerst virulent. Es steht auch im Zusammenhang mit Leasingangeboten, bei denen um der niedrigen Rate willen mit unrealistisch niedrigen vertraglich vereinbarten Jahreslaufleistungen operiert wird.

196   Wenn der Leasingnehmer bei Beendigung des Leasingvertrages das Fahrzeug mit manipuliertem niedriger anzeigenden Kilometerstand zurückgibt, kann es sein, dass der Verkäufer beim Weiterverkauf besten Gewissens diesen niedrigeren Kilometerstand „weitergibt". Beim Verkehrsgerichtstag 2004 wurde diskutiert, ob der Verkäufer das Risiko eines nicht der wahren Laufleistung entsprechenden Kilometerstandes offen legen und damit auch auf den Verbraucher abwälzen kann, oder ob das dann ein partieller Sachmangelhaftungsausschluss ist, der gegen § 475 BGB verstößt. Der VGT kam zu der Empfehlung, eine solche Offenlegung solle dann zu akzeptieren sein, wenn sie individualvertraglich vorgenommen werde.

197   Wie bei der Problematik des Unfallschadens (siehe → Rn. 153 ff.) ist eine Angabe „Kilometerstand lt. Angabe des Vorbesitzers" eine Wissenserklärung ohne Garantieübernahme im Sinne des § 443 BGB.[141] Das hat Bedeutung für die Frage der verschuldensunabhängigen Haftung des Verkäufers auf Schadenersatz. Jedenfalls ist dann kein Kilometerstand konkret im Sinne des § 434 Abs. 1 S. 1 BGB vereinbart. Also kommt es auf die übliche Beschaffenheit gemäß § 434 Abs. 1 S. 2 Ziffer 2 BGB an und darauf, was der Käufer berechtigter Weise erwarten darf. Da hat der BGH[142] in einer Entscheidung zum „abgelesenen Kilometerstand" einen Hinweis gegeben:

„In diesem Fall ist allein fraglich, ob ein Sachmangel im Sinne von § 434 Abs. 1 BGB gegeben ist, weil die tatsächliche Laufleistung des Kraftfahrzugs von der im Kilometerzähler ausgewiesenen nach oben abweicht. Dies wird das Berufungsgericht auch im Hinblick darauf zu prüfen haben, ob der Käufer eines gebrauchten Kraftfahrzeugs auf Grund der gesamten Umstände erwarten darf, daß die tatsächliche Laufleistung des Fahrzeuges nicht wesentlich höher ist als der Kilometerzähler anzeigt (§ 434 Abs. 1 Satz 2 Nr. 2 BGB; vgl. dazu OLG Köln NJW-RR 1986, 988; OLG Bremen NJW 2003, 3713; *Reinking/Eggert*, Der Autokauf, 8. Aufl., Rn. 1284 f.; Münch-KommBGB/*Westermann*, 4. Aufl., § 434 Rn. 58). Sollte das Berufungsgericht dies bejahen, käme es auf die Frage, ob die im Kaufvertrag enthaltene Angabe „abgelesener km-Stand ca. 86.000" eine Beschaffenheitsvereinbarung im Sinne des § 434 Abs. 1 Satz 1 BGB darstellt, nicht an."

198   Diese Passage kann kaum anders verstanden werden, als dass der BGH der Auffassung zuneigt, der Käufer könne ohne gegenteiligen Hinweis erwarten, dass der tatsächliche Kilometerstand vom angezeigten nicht wesentlich abweicht. Seit Kilometerzähler nahezu ausnahmslos (außer bei Motorrädern) sechsstellig anzeigen, gibt es auch keinen Grund, eine abweichende Käufererwartung anzunehmen.

199   Wenn der Verkäufer weiß, dass der Tachostand nicht mit der tatsächlichen Laufleistung übereinstimmt, muss er das ungefragt offenbaren. In einem Fall des OLG Köln[143] hatte der

---

[140] KG Urt. v. 16.7.2004 – 23 U 17/04, SVR 2004, 427; OLG Düsseldorf Urt. v. 25.3.2010 – I-18 U 1/08, BeckRS 2009, 86560.
[141] Vgl. BGH NJW 2008, 1517.
[142] BGH Urt. v. 16.3.2005 – VIII ZR 130/04, BeckRS 2005, 05902.
[143] OLG Köln Urt. v. 13.3.2007 – 22 U 170/06, SVR 2008, 19.

Verkäufer selbst bei einer Laufleistung von 90.000 km wegen eines Defektes das Tachometer mit integriertem Kilometerzähler getauscht. Daraufhin hatte er den Käufer nicht hingewiesen, als er den Wagen mit gefahrenen 158.000 km und angezeigten 68.000 km verkaufte. Das ist eine eindeutige Täuschung, das Fahrzeug ist mangelhaft. Ohne eine solche Einschränkung, also nur mit beispielsweise dem Text „Kilometerstand: 30.000", stellt sich die Frage, ob das eine schlichte Beschaffenheitsvereinbarung ist, oder aber eine Erklärung, für die der Käufer garantiert. Der BGH[144] will insoweit offenbar immer noch zwischen den Angaben eines Privatverkäufers und eines gewerblichen Verkäufers differenzieren:

„Die Frage, ob die Angabe der Laufleistung lediglich als Beschaffenheitsangabe (§ 434 Abs. 1 Satz 1 BGB) oder aber als Beschaffenheitsgarantie (§ 444 Alt. 2 BGB) zu werten ist, ist unter Berücksichtigung der beim Abschluss eines Kaufvertrages über ein Gebrauchtfahrzeug typischerweise gegebenen Interessenlage zu beantworten (vgl. Senat WM 1975, 895, unter III 2). Dabei ist nach der bisherigen Rechtsprechung des Senats grundsätzlich danach zu unterscheiden, ob der Verkäufer ein Gebrauchtwagenhändler oder eine Privatperson ist.

Handelt es sich bei dem Verkäufer um einen Gebrauchtwagenhändler, so ist die Interessenlage typischerweise dadurch gekennzeichnet, dass der Käufer sich auf die besondere, ihm in aller Regel fehlende Erfahrung und Sachkunde des Händlers verlässt. Er darf daher darauf vertrauen, dass der Händler für Erklärungen zur Beschaffenheit des Fahrzeuges, die er in Kenntnis dieses Umstandes abgibt, die Richtigkeitsgewähr übernimmt. Der Senat hat deshalb zum alten, bis zum 31. Dezember 2001 geltenden Kaufrecht in ständiger Rechtsprechung entschieden, der Kaufinteressent könne und dürfe den Angaben des Gebrauchtwagenhändlers über die Laufleistung des Fahrzeugs besonderes Vertrauen entgegenbringen und davon ausgehen, der Händler wolle sich für die Kilometerangabe „stark machen", mithin zusichern – in heutiger Terminologie: garantieren –, dass die bisherige Laufleistung nicht wesentlich höher liege als die angegebene (vgl. Senat WM 1975, 895, unter III 2 und 3; WM 1998, 1590, unter II; WM 1984, 534, unter II 1; WM 1981, 380, unter II 1b aa). Wolle der Händler für die von ihm angegebene Laufleistung nicht einstehen, müsse er dies gegenüber dem Käufer hinreichend deutlich zum Ausdruck bringen, indem er etwa darauf hinweise, dass er die Laufleistung nicht überprüft habe (vgl. Senat Urt. v. 13. Mai 1998 - VIII ZR 292/97, WM 1998, 1590, unter II).

Ob an dieser Beurteilung, die nicht ohne Kritik geblieben ist (vgl. *Reinking/Eggert* aaO Rn. 1352 ff.), auch nach der Verbesserung der Rechtsstellung des privaten Gebrauchtwagenkäufers durch das Schuldrechtsmodernisierungsgesetz uneingeschränkt festzuhalten ist oder ob an das Vorliegen einer Beschaffenheitsgarantie im Gebrauchtwagenhandel nunmehr strengere Anforderungen zu stellen sind (so etwa *Stöber* DAR 2004, 570, 572 f.; *Reinking/Eggert* aaO Rn. 1329), braucht hier nicht entschieden zu werden. Denn diese für den gewerblichen Gebrauchtwagenhandel entwickelten Grundsätze lassen sich jedenfalls nicht auf den – hier zu beurteilenden – privaten Direktverkauf übertragen.

Auf den privaten Verkauf trifft die für den gewerblichen Verkauf maßgebliche Erwägung, dass der Käufer sich auf die besondere Erfahrung und Sachkunde des Händlers verlässt und in dessen Erklärungen daher die Übernahme einer Garantie sieht, in der Regel nicht zu. Hier steht vielmehr dem Interesse des Käufers gleichgewichtig das Interesse des Verkäufers gegenüber, für nicht mehr als dasjenige einstehen zu müssen, was er nach seiner laienhaften Kenntnis zu beurteilen vermag (Senat Urt. v. 17. April 1991 – VIII ZR 114/90, WM 1991, 1224, unter II 2a cc). Der Käufer kann nicht ohne weiteres davon ausgehen, dass der Verkäufer als Laie nachprüfen kann, ob der Tachometerstand die Laufleistung des Fahrzeugs zutreffend wiedergibt. Alleine aus der Angabe der Laufleistung kann der Käufer beim Privatkauf eines Gebrauchtfahrzeugs daher nicht schließen, der Verkäufer wolle für die Richtigkeit dieser Angabe unter allen Umständen einstehen und gegebenenfalls auch ohne Verschulden auf Schadensersatz haften. Von der Übernahme einer Beschaffenheitsgarantie darf der Käufer unter diesen Umständen deshalb grundsätzlich auch dann nicht ausgehen, wenn der Verkäufer nicht zum Ausdruck gebracht hat, dass er für die angegebene Laufleistung nicht einstehen will (KG NJW-RR 2005, 60, 61; zur Rechtslage vor Inkrafttreten des Schuldrechtsmodernisierungsgesetzes vgl. KG KGR Berlin 2001, 10, 11; OLG Nürnberg NJW-RR 1997, 1212, 1213; aA OLG Braunschweig OLGR Braunschweig 1997, 27, 29; KG NJW-RR 1996, 173, 174). Soweit der Senat in einem obiter dictum seines Urteils vom 15.2.1984 (WM 1984, 534, unter II 1a) ausgesprochen hat, dass (auch) der private Verkäufer mit der Angabe der Laufleistung regelmäßig eine Zusicherung des Inhalts abgebe, die Laufleistung liege nicht wesentlich höher als die angegebene, wird daran nicht festgehalten.

Will der Käufer beim privaten Gebrauchtwagenkauf eine Garantie für die Laufleistung des Fahrzeugs haben, muss er sich diese regelmäßig ausdrücklich von dem Verkäufer geben lassen. Von einer stillschweigenden Garantieübernahme kann beim Privatverkauf eines Gebrauchtfahrzeugs nur dann aus-

---

[144] BGH Urt. v. 29.11.2006 – VIII ZR 92/06, NJW 2007, 1346.

nahmsweise auszugehen sein, wenn über die Angabe der Laufleistung hinaus besondere Umstände vorliegen, die bei dem Käufer die berechtigte Erwartung wecken, der Verkäufer wolle für die Laufleistung des Fahrzeugs einstehen. So kann es sich etwa verhalten, wenn der Verkäufer bei den vorvertraglichen Verhandlungen auf ausdrückliche Nachfrage erklärt, die Gesamtfahrleistung des Fahrzeugs stimme mit dem Tachometerstand überein (OLG Koblenz NJW 2004, 1670, 1671), oder wenn der Verkäufer sich als Erstbesitzer bezeichnet, denn auf die Kilometerangabe eines Verkäufers, der sein Fahrzeug vom „Tachostand Null" an kennt, darf der Käufer in aller Regel vertrauen (*Reinking/Eggert* aaO Rn. 1358; OLG Köln NJW 1999, 2601, 2602). Im Streitfall liegen aber keine derartigen Umstände vor. Insbesondere rechtfertigen die Besonderheiten des Kaufs über das Internet mittels eines von eBay zur Verfügung gestellten Bietverfahrens entgegen der Ansicht des Berufungsgerichts nicht die Annahme, der Verkäufer wolle jedenfalls für die eindeutige Beschreibung der preisbildenden Faktoren hochwertiger Waren – wie für den Kilometerstand eines Gebrauchtfahrzeugs – garantieren."

200 Mithin ist es eine Sache der Umstände, wann eine Beschaffenheitsvereinbarung und wann eine Garantie anzunehmen ist. So oder so: Weicht die tatsächliche Laufleistung davon ab, liegt ein Sachmangel vor. Die Unterschiede zwischen Beschaffenheitsvereinbarung und Garantie liegen in der Rechtsfolge.

VIII. Ausschluss von Sachmangelhaftungsansprüchen

201 Außerhalb der Sachmangelhaftung, also in jeder anderen Konstellation als der des Unternehmers auf der Verkäuferseite und des Verbrauchers auf der Käuferseite, ist der Ausschluss der Sachmangelhaftung nach wie vor zulässig.

1. Individualvertragliche Klauseln

202 Individualvertraglich sind die Parteien in der Formulierung des Sachmangelhaftungsausschlusse weitgehend frei. Es kommt im Wesentlichen darauf an, dass der Parteiwille verständlich wird. Wenn Laien „keine Garantie" schreiben, wird das regelmäßig als Ausschluss der Sachmangelhaftung auszulegen sein.

2. Klauseln in AGB

203 Nachdem der BGH[145] für die formularmäßige Verkürzung der Verjährung für Sachmangelhaftungsansprüche entscheiden hatte, dass die zwingenden Ausnahmen des § 309 Nr. 7 Buchst. a und b BGB in die Klausel hineinformuliert sein müssen, hat er im gleiche Sinne für den formularmäßigen Ausschluss der Sachmangelhaftung entschieden. Dabei macht es keinen Unterschied, ob der Vertragspartner ein Unternehmer oder ein Verbraucher ist. Auch Unternehmern gegenüber, so hat es der BGH[146] entschieden, muss die Sachmangelhaftungsausschlussklausel entsprechend formuliert sein:

„Eine umfassende Freizeichnung in Allgemeinen Geschäftsbedingungen (Hier: eines Gebrauchtwagenverkäufers), nach der die Haftung auch des Klauselverwenders auch für Körper- und Gesundheitsschäden (§ 309 Nr. 7 Buchst. a BGB) und für sonstige Schäden auch bei grobem Verschulden (§ 309 Nr. 7 Buchst. b BGB) ausgeschlossen ist, ist nicht nur gegenüber Verbrauchern, sondern ebenso im Geschäftsverkehr zwischen Unternehmern wegen unangemessener Benachteiligung des Vertragspartners des Verwenders unwirksam."

204 Soweit ein Sachmangelhaftungsausschluss vereinbart ist, bezieht er sich nicht auf die vereinbarte Beschaffenheit. So hat der BGH[147] entschieden:

„Die Frage, ob ein vereinbarter Haftungsausschluss in uneingeschränktem Sinne aufzufassen ist, ist nicht nur nach dem Wortlaut der Ausschlussbestimmung, sondern nach dem gesamten Vertragstext zu beurteilen (vgl. BGH WM 1966, 1183, unter III). Das Berufungsgericht hat in diesem Zusammenhang übersehen, dass die Parteien in ihrem Kaufvertrag nicht nur die Gewährleistung für das Motorrad ausgeschlossen, sondern zugleich eine bestimmte Soll-Beschaffenheit des Fahrzeugs, nämlich eine Laufleis-

---

[145] BGH Urt. v. 15.11.2006 – VIII ZR 3/06, NJW 2007, 674.
[146] BGH Urt. v. 19.9.2007 – VIII ZR 141/06, NJW 2007, 3774.
[147] BGH Urt. v. 29.11.2006 – VIII ZR 92/06, NJW 2007, 1346.

tung von 30.000 km, vereinbart haben. Beide Regelungen stehen, zumindest aus der Sicht des Käufers, gleichrangig nebeneinander und können deshalb nicht in dem Sinne verstanden werden, dass der umfassende Gewährleistungsausschluss die Unverbindlichkeit der Beschaffenheitsvereinbarung zur Folge haben soll (aA *Emmert* NJW 2006, 1765, 1768). Denn bei einem solchen Verständnis wäre letztere für den Käufer – außer im Falle der Arglist des Verkäufers (§ 440 Alt. 1 BGB) – ohne Sinn und Wert. Eine nach beiden Seiten interessengerechte Auslegung der Kombination von Beschaffenheitsvereinbarung und Gewährleistungsausschluss kann deshalb nur dahin vorgenommen werden, dass der Haftungsausschluss nicht für das Fehlen der vereinbarten Beschaffenheit (§ 434 Abs. 1 Satz 1 BGB), sondern nur für solche Mängel gelten soll, die darin bestehen, dass die Sache sich nicht für die nach dem Vertrag vorausgesetzte Verwendung eignet (§ 434 Abs. 1 Satz 2 Nr. 1 BGB) bzw. sich nicht für die gewöhnliche Verwendung eignet und keine Beschaffenheit aufweist, die bei Sachen der gleichen Art üblich ist und die der Käufer nach der Art der Sache erwarten kann (§ 434 Abs. 1 Satz 2 Nr. 2 BGB). Ob durch ausdrückliche Vereinbarung auch die Haftung des Verkäufers für die vereinbarte Beschaffenheit der Kaufsache ausgeschlossen oder eingeschränkt werden kann, bedarf im vorliegenden Fall keiner Entscheidung, weil die Parteien eine dahin gehende Abrede nicht getroffen haben."

IX. Beweislastumkehr

Ausschließlich in der **Verbrauchsgüterkaufkonstellation** gilt zugunsten des Verbrauchers als Käufer die so genannte Beweislastumkehr des § 476 BGB. In jeder anderen Konstellation bleibt es bei der üblichen Beweislastverteilung, wonach der, der einen Anspruch durchsetzen möchte, die dafür notwendigen Fakten vortragen und beweisen muss. § 476 BGB ist wohl die Vorschrift, die für die meiste Verwirrung im Kaufrecht nach der Schuldrechtsreform gesorgt hat. Bis heute sind nicht alle Facetten beleuchtet und gelöst. § 476 BGB hat folgenden Wortlaut:

„Zeigt sich innerhalb von 6 Monaten seit Gefahrenübergang ein Sachmangel, so wird vermutet, dass die Sache bereits bei Gefahrübergang mangelhaft war, es sei denn, diese Vermutung ist mit der Art der Sache oder des Mangels unvereinbar."

In der Anfangszeit nach der Schuldrechtsreform hatten ungezählte Juristen, Journalisten und Autokäufer wie -verkäufer eine falsche Vorstellung vom Inhalt der Vorschrift. Offenbar hatte sich ein falsches Verständnis wie folgt eingebrannt: *„Zeigt sich innerhalb von sechs Monaten seit Gefahrübergang ein Defekt, so wird vermutet, dass der Defekt ein Sachmangel ist"*. Außerdem flackerte eine Diskussion auf, ob die Beweislastumkehr für gebrauchte Kraftfahrzeuge gelte, was an der „… es sei denn …"-Ausnahme in der Variante „Art der Sache" aufgehängt wurde. Das allerdings ist erledigt, der BGH hat in einem ersten Fall die Beweislastumkehr, ohne das überhaupt zu problematisieren, auf den Gebrauchtwagen angewandt.[148] In einer zweiten Entscheidung[149] zu einem Gebrauchtwagen hat er dazu ausgeführt:

„§ 476 BGB findet gemäß § 474 Abs. 1 BGB auf den hier zu beurteilenden Kauf eines Kraftfahrzeugs, einer beweglichen Sache, durch den Kläger als Verbraucher (§ 13 BGB) von der Beklagten, die als Kraftfahrzeughändlerin Unternehmerin (§ 14 BGB) ist, Anwendung."

Mit der ersten Aufsehen erregenden Entscheidung zur Beweislastumkehr, dem „Zahnriemenfall", hat der BGH[150] am Wortlaut des § 476 BGB und nicht an überhöhten Verbraucherschutzideen orientiert, formuliert:

„Macht der Käufer Rechte gemäß § 437 BGB geltend, nachdem er die Kaufsache entgegengenommen hat, trifft ihn die Darlegungs- und Beweislast für die einen Sachmangel begründenden Tatsachen. § 476 enthält insoweit keine Beweislastumkehr. Die Bestimmung setzt einen binnen sechs Monaten seit Gefahrübergang aufgetretenen Sachmangel voraus und begründet eine lediglich in zeitlicher Hinsicht wirkende Vermutung, dass dieser Mangel bereits im Zeitpunkt des Gefahrübergangs vorlag."

Zu Grunde lag ein Fall eines übergesprungenen Zahnriemens mit anschließendem kapitalem Motorschaden. Die Ursachen konnten ein Materialfehler, mündend in einen übermäßi-

---

[148] BGH Urt. v. 2.6.2004 – VIII ZR 329/03, NJW 2004, 2299.
[149] BGH Urt. v. 14.9.2005 – VIII ZR 363/04, NJW 2005, 3490.
[150] BGH Urt. v. 2.6.2004 – VIII ZR 329/03, NJW 2004, 2299.

gen Verschleiß sein, oder ein Schaltfehler beim Herunterschalten bei zu hoher Motordrehzahl. Dazu wörtlich:

„Macht der Käufer, wie hier der Kläger, unter Berufung auf das Vorliegen eines Sachmangels Rechte gemäß § 437 BGB geltend, nachdem er die Kaufsache entgegengenommen hat, trifft ihn auch nach neuem Schuldrecht die Darlegungs- und Beweislast für die einen Sachmangel begründenden Tatsachen (*Bamberger/Roth/Faust* BGB § 434 Rn. 119; Palandt/*Putzo* BGB 63. Aufl., § 434 Rn. 57/59; vgl. auch Begründung zum Entwurf eines Gesetzes zur Modernisierung des Schuldrechts, BT-Drucks. 14/ 6040 S. 245). Soweit § 476 BGB für den – hier gegebenen – Verbrauchsgüterkauf die Beweislast zugunsten des Käufers umkehrt, betrifft das nicht die Frage, ob überhaupt ein Sachmangel vorliegt. Die Vorschrift setzt vielmehr einen binnen sechs Monaten seit Gefahrübergang aufgetretenen Sachmangel voraus und enthält eine lediglich in zeitlicher Hinsicht wirkende Vermutung, dass dieser Mangel bereits im Zeitpunkt des Gefahrübergangs vorlag.

Das Berufungsgericht hat die nach den Darlegungen des Sachverständigen nicht auszuschließende Möglichkeit eines Fahrfehlers in Form eines fehlerhaften Gangwechsels zwar in seinen weiteren Ausführungen erwähnt, bei der Prüfung, ob ein Sachmangel vorliegt, aber außer acht gelassen. Es hat diese Möglichkeit vielmehr erst nachfolgend im Rahmen der Prüfung des § 476 BGB berücksichtigt und ausgeführt, für das Vorliegen eines Fahrfehlers des Klägers, den dieser bestritten habe, fehle jeglicher Anhaltspunkt und Nachweis; allein die Behauptung eines solchen Fahrfehlers seitens der Beklagten reiche zur Widerlegung der Vermutung des § 476 BGB nicht aus. Die Möglichkeit eines schadenverursachenden fehlerhaften Gangwechsels bei im Übrigen ordnungsgemäß funktionierendem Getriebe war jedoch bereits im Rahmen der Prüfung eines – vom Kläger darzulegenden und zu beweisenden – Sachmangels in die Beweiswürdigung einzubeziehen."

209   Das Urteil verursachte helle Aufregung. Die Beweislastumkehr sei damit für den Verbraucher wertlos. Der Verkäufer müsse sich nur einen Bedienungsfehler ausdenken, der den Defekt verursacht haben könnte, und den vortragen. Dann sei der Käufer machtlos.

210   Im nächsten den Motor betreffenden Beweislastumkehrfall, dem „Turboladerfall", hatte der BGH[151] einen Sachverhalt, bei dem der Turbolader bei einer Laufleistung von etwa 190.000 km entweder final verschlissen war (was kein Sachmängel gewesen wäre) oder aber ein Teil einer unfachmännisch angebrachten Papierdichtung (ein Mangel) den Turbolader außer Gefecht setzte. Auch hier musste der Käufer zunächst den Mangel beweisen, was er nicht konnte:

„Zwar stellt eine unfachmännisch eingebaute Papierdichtung am Ansaugkrümmer des Motors eine vertragswidrige Beschaffenheit dar. Dagegen muss jedoch der schlagartige Defekt eines Dichtungsrings im Turbolader nicht notwendigerweise auf einem Mangel beruhen. Das Berufungsgericht hat dies ausdrücklich offen gelassen. Angesichts des hohen Alters des gebraucht gekauften Fahrzeugs von rund neun Jahren und seiner großen Laufleistung von über 190.000 Kilometern liegt insoweit vielmehr ein normaler Verschleiß nahe, der, sofern wie hier keine besonderen Umstände gegeben sind, nach der zutreffenden Ansicht des Berufungsgerichts keinen Sachmangel darstellt.

Der Umstand, dass nicht mehr zu klären ist, ob der Turboladerdefekt auf einem Mangel beruht, geht zu Lasten des Klägers. Macht der Käufer – wie hier der Kläger – Rechte nach § 437 BGB geltend, nachdem er die Kaufsache entgegengenommen hat, trifft ihn die Darlegungs- und Beweislast für die einen Sachmangel begründenden Tatsachen. Das folgt aus § 363 BGB, wonach den Gläubiger, der eine ihm als Erfüllung angebotene Leistung als Erfüllung angenommen hat, die Beweislast trifft, wenn er die Leistung deshalb nicht als Erfüllung gelten lassen will, weil sie eine andere als die geschuldete Leistung oder weil sie unvollständig gewesen sei.

Aus § 476 BGB, der auf den – hier gegebenen – Verbrauchsgüterkauf (§ 474 BGB) Anwendung findet, ergibt sich vorliegend nichts anderes. Nach dieser Vorschrift wird dann, wenn sich innerhalb von sechs Monaten seit Gefahrübergang ein Sachmangel zeigt, vermutet, dass die Sache bereits bei Gefahrübergang mangelhaft war, es sei denn, diese Vermutung ist mit der Art der Sache oder des Mangels unvereinbar. Nach der Rechtsprechung des Senats gilt die in § 476 BGB vorgesehene Beweislastumkehr zugunsten des Käufers nicht für die – hier offene – Frage, ob überhaupt ein Sachmangel vorliegt. Die Vorschrift setzt vielmehr einen binnen sechs Monaten seit Gefahrübergang aufgetretenen Sachmangel voraus und enthält eine lediglich in zeitlicher Hinsicht wirkende Vermutung, dass dieser Mangel bereits im Zeitpunkt des Gefahrübergangs vorhanden war."

211   Dass der Käufer (Verbraucher) nicht darauf hingewirkt hatte, sich von der Werkstatt die defekten Teile aushändigen zu lassen, ging zu seinen Lasten:

---

[151] BGH Urt. v. 23.11.2005 – VIII ZR 43/05, NJW 2006, 434.

„Hier erfüllt das Verhalten des Klägers die Voraussetzungen einer fahrlässigen Beweisvereitelung. Der Kläger hätte erkennen können und durch eine entsprechende Anweisung verhindern müssen, dass die von ihm mit dem Austausch des defekten Turboladers beauftragte Werkstatt diesen nicht aufbewahrt."

Dagegen wirkte die „Zylinderkopfentscheidung" des BGH[152] wie eine Rolle rückwärts. 212

„Zeigt sich bei einem gebrauchten Kraftfahrzeug, das ein Verbraucher von einem Unternehmer gekauft hat, innerhalb von sechs Monaten nach der Übergabe an den Käufer ein Mangel (hier: defekte Zylinderkopfdichtung, gerissene Ventilstege) und können die dafür als ursächlich in Frage kommenden Umstände (Überhitzung des Motors infolge zu geringen Kühlmittelstands oder Überbeanspruchung) auf einen Fahr- oder Bedienungsfehler des Käufers zurückzuführen, ebenso gut aber auch bereits vor der Übergabe des Fahrzeugs an den Käufer eingetreten sein, so begründet § 476 BGB die Vermutung, dass der Mangel bereits bei Gefahrübergang vorhanden war."

Hier also musste der Käufer den Bedienungsfehler nicht ausschließen. Es waren sowohl 213 eine dem Fahrzeug innewohnende Ursache denkbar (Fehler im Kühlsystem) als auch ein Bedienungsfehler (Unzureichender Kühlwasserstand). Der Unterschied zum Zahnriemenfall, bei dem auch eine dem Fahrzeug innewohnende Ursache (Materialfehler) denkbar war als auch ein Bedienungsfehler (Verschalten), erschließt sich nicht auf Anhieb. Aber er ist im Urteil erläutert:

„Nach der angesprochenen Senatsrechtsprechung trifft – wie bereits oben (unter II 1) erwähnt – den Käufer, der unter Berufung auf das Vorliegen eines Sachmangels Rechte gemäß § 437 BGB geltend macht, nachdem er die Kaufsache entgegen genommen hat, die Darlegungs- und Beweislast für die einen Sachmangel begründenden Tatsachen. § 476 BGB enthält insoweit für den Verbrauchsgüterkauf keine Beweislastumkehr. Die Bestimmung setzt vielmehr einen binnen sechs Monaten seit Gefahrübergang aufgetretenen Sachmangel voraus und begründet eine lediglich in zeitlicher Hinsicht wirkende Vermutung, dass dieser Mangel bereits im Zeitpunkt des Gefahrübergangs vorlag (BGHZ 159, 215, 217 f.; NJW 2005, 3490, unter B II 1b bb (1); NJW 2006, 434, unter II 1b und b aa; ferner NJW 2006, 1195, unter II 2b aa). In den beiden Fällen, die den an erster und dritter Stelle zitierten Entscheidungen zugrunde lagen, griff die Vermutung jeweils nicht ein, weil in tatsächlicher Hinsicht nicht hatte geklärt werden können, ob im Zahnriemenfall (BGHZ aaO) der Motorschaden durch einen Sachmangel des betreffenden Fahrzeugs oder auf andere Weise – durch einen zur sofortigen Zerstörung des Motors führenden Fahrfehler des Käufers – verursacht worden war, und weil im Turboladerfall (NJW 2006, 434) kein Mangel, sondern normaler Verschleiß für den Ausfall des Turboladers ursächlich war."

Das Gericht sieht den entscheidenden Unterschied darin: Im Zahnriemenfall hätte der 214 Bedienungsfehler zur sofortigen Zerstörung des Motors geführt. Der Motorschaden wäre dem Schaltfehler also auf dem Fuße gefolgt. Im Zylinderkopffall hingegen kann das Fahrzeug schon lange – und damit schon vor der Übergabe – mit kritisch niedrigem Kühlmittelstand unterwegs gewesen sein. Das geht so lange gut, wie das Fahrzeug nicht thermisch hoch belastet wird. Erst mit einer Spitzenbelastung kommt es zum Schadeneintritt.

Fazit: Denkbare Bedienungs- oder Wartungsfehler, die zum sofortigen Eintritt eines De- 215 fektes führen, belasten beweisseitig den Käufer. Denkbare Bedienungs- oder Wartungsfehler hingegen, die zum schleichenden oder erst unter ungünstigen Umständen erfolgenden Eintritt eines Defektes führen, belasten beweisseitig den Verkäufer.

Weitere Problemkreise rund um die Beweislastumkehr betreffen Karosserie- und Anbau- 216 teilschäden. Aufgehängt an der Ausnahme „*... es sei denn, diese Vermutung ist mit der Art ... des Mangels unvereinbar*" hat das OLG Celle[153] die Anwendung der Beweislast verneint, als ein Käufer innerhalb der sechs Monate nach Übergabe deutlich verbogene Chromleisten und einen deutlich nicht passgenauen, hervorstehenden Stoßfänger beanstandete. Weil diese Beschädigungen bei Fahrzeugübergabe nicht zu übersehen wären, wenn sie denn schon vorgelegen hätten, hielt das Gericht diese Mängel für unvereinbar mit der Beweislastumkehr. Das Urteil zeigt, dass es von Zeit zu Zeit auch Anlass geben kann, den Unternehmer vor dem Verbraucher zu schützen.

Daraus lässt sich jedoch nicht generell herleiten, äußerlich sichtbare Karosserieschäden 217 seien der Beweislastumkehr nicht angemessen. In einem Fall des BGH[154] ging es um eine

---

[152] BGH Urt. v. 18.7.2007 – VIII ZR 259/06, NJW 2007, 2621.
[153] OLG Celle Urt. v. 4.8.2004 – 7 U 30/04, NJW 2004, 3566.
[154] BGH Urt. v. 14.9.2005 – VIII ZR 363/04, NJW 2005, 3490.

minimale Karosserieverformung, die auch das Instanzgericht bei einer Inaugenscheinnahme des Objektes erst erkannte, als der Sachverständige quasi mit dem Finger draufgezeigt hatte. Wie im Fall aus Celle ging es zwar auch um eine Verformung der Karosserie, aber um eine so unscheinbare, die man nicht zwangsläufig bei der Übergabe erkennen musste. Als Zusammenfassung zum Thema „Karosserieschaden und Beweislastumkehr" eignet sich der Leitsatz c) der Entscheidung:

„Die Vermutung, dass ein Sachmangel bereits bei Gefahrübergang vorgelegen hat, kann auch für äußere Beschädigungen der Kaufsache wie etwa einen Karosserieschaden eines verkauften Kraftfahrzeugs eingreifen. Sie ist jedoch dann mit der Art des Mangels unvereinbar, wenn es sich um äußerliche Beschädigungen handelt, die auch dem fachlich nicht versierten Käufer auffallen müssen."

218   Darüber hinaus stellt der BGH in diesem Urteil klar:

„Die Vermutung, dass ein Sachmangel bereits bei Gefahrübergang vorgelegen hat, ist nicht schon dann mit der Art des Mangels unvereinbar, wenn der Mangel typischerweise jederzeit auftreten kann und deshalb keinen hinreichend sicheren Rückschluss darauf zulässt, dass er schon bei Gefahrübergang vorhanden war."

X. Die Sachmangelhaftungsansprüche

219   Seit der Schuldrechtsreform sind die Sachmangelhaftungsansprüche hierarchisch strukturiert. Auf der ersten Stufe liegt die Nacherfüllung nach § 439 BGB (Nachbesserung oder Ersatzlieferung). Auf der zweiten Stufe folgen Minderung (§ 441) oder Rücktritt (§§ 440, 437 Nr. 2 iVm §§ 323, 326 und 346 BGB). Nur über die erfolglos erklommene erste Stufe kommt der Käufer auf die zweite. Denn der Erhalt des Vertrages („Recht zur zweiten Andienung") hat Priorität. Die Verjährungsregeln finden sich in § 438 BGB. Auf die Sachmangelhaftungsansprüche beim Fahrzeugkauf trifft § 438 Absatz 1 Ziffer 3 BGB mit der Verjährungsfrist von zwei Jahren zu. Bei Arglist greift jedoch gemäß § 438 Absatz 3 BGB die Regelverjährungsfrist von drei Jahren aus § 195 BGB.

1. Ersatzlieferung

220   Der Käufer kann statt der Nachbesserung die Lieferung einer mangelfreien Sache verlangen. Er hat die – gemäß § 439 Abs. 3 Satz 1 BGB eingeschränkte – Wahl. Bei Neuwagen ist das Ersatzlieferungsverlangen durchaus möglich.

221   Wenn die Ersatzlieferung gewählt wird, gibt der Käufer das mangelhafte Fahrzeug zurück. Im Gegenzug erhält er ein Mangelfreies. Anders als beim Rücktritt werden hier jedoch nicht alle empfangenen Leistungen dem jeweils anderen zurückgewährt. Stattdessen bleibt bei unverändert bestehendem Kaufvertrag lediglich der Kaufgegenstand ausgetauscht. Vor diesem Hintergrund hat der EuGH[155] aufgrund eines Vorabentscheidungsersuchens des BGH entschieden, dass der Verbraucher als Käufer für die Nutzung des ersten Kaufgegenstandes bis zur Ersatzlieferung keine Nutzungsvergütung bezahlen muss:

„Art. 3 der Richtlinie 1999/44/EG des Europäischen Parlaments und des Rates vom 25. Mai 1999 zu bestimmten Aspekten des Verbrauchsgüterkaufs und der Garantien für Verbrauchsgüter ist dahin auszulegen, dass er einer nationalen Regelung entgegensteht, die dem Verkäufer, wenn er ein vertragswidriges Verbrauchsgut geliefert hat, gestattet, vom Verbraucher Wertersatz für die Nutzung des vertragswidrigen Verbrauchsguts bis zu dessen Austausch durch ein neues Verbrauchsgut zu verlangen."

Das ist durch eine Aufnahme dieser Regelung in das BGB (jetzt § 474 Abs. 5 BGB) inzwischen auch kodifiziert.

222   Zur Vermeidung von Missverständnissen: Das betrifft nicht die Frage der Nutzungsentschädigung beim Rücktritt vom Vertrag, siehe → Rn. 255 ff.
Für Gebrauchtwagen scheidet das Ersatzlieferungsverlangen jedoch aus Rechtsgründen regelmäßig aus, weil es keinen zweiten identischen Wagen gibt. Dazu der BGH:[156]

---
[155] EuGH Urt. v. 17.4.2008 – C 404/06, NJW 2008, 1433.
[156] BGH Urt. v. 7.6.2006 – VIII ZR 209/05, NJW 2006, 2839.

„Die Nacherfüllung durch Lieferung einer anderen, mangelfreien Sache ist auch beim Stückkauf nicht von vornerherein wegen Unmöglichkeit ausgeschlossen. Möglich ist die Ersatzlieferung nach der Vorstellung der Parteien dann, wenn die Kaufsache im Falle ihrer Mangelhaftigkeit durch eine gleichartige und gleichwertige ersetzt werden kann. Beim Kauf eines Gebrauchtwagens liegt es in der Regel nahe, dies zu verneinen, wenn dem Kaufentschluss eine persönliche Besichtigung des Fahrzeugs vorangegangen ist."

In den Gründen heißt es:

„Ob eine Ersatzlieferung in Betracht kommt, ist nach dem durch Auslegung zu ermittelnden Willen der Vertragsparteien bei Vertragsschluss zu beurteilen (§§ 133, 157 BGB; vgl. Palandt/*Putzo* a.a.O. § 439 Rn. 15). Möglich ist die Ersatzlieferung nach der Vorstellung der Parteien dann, wenn die Kaufsache im Falle ihrer Mangelhaftigkeit durch eine gleichartige und gleichwertige ersetzt werden kann. Das Berufungsgericht ist bei seiner Auslegung des Kaufvertrages zu dem Ergebnis gelangt, es könne nicht davon ausgegangen werden, dass die Kaufsache nach dem Willen der Beteiligten austauschbar war, und hat dies damit begründet, dass der Kläger seine Kaufentscheidung nicht nur aufgrund objektiver Anforderungen, sondern auch aufgrund des bei der Besichtigung gewonnenen persönlichen Eindrucks von dem Fahrzeug getroffen habe. Diese tatrichterliche Würdigung, die vom Revisionsgericht nur beschränkt überprüfbar ist, aus Rechtsgründen nicht zu beanstanden. Soweit die Revision meint, der Beklagten sei die Lieferung eines gleichwertigen Gebrauchtfahrzeugs nicht unmöglich, weil der Kläger nicht auf ein bestimmtes individuelles Fahrzeug Wert gelegt habe, sondern es ihm nur um einen bestimmten Typ mit einer bestimmten Ausstattung gegangen sei, kann sie damit keinen Erfolg haben. Der tatrichterlichen Auslegung des Kaufentschlusses durch das Berufungsgericht setzt die Revision nur ihre eigene Auffassung von der Austauschbarkeit des Fahrzeugs entgegen, ohne Auslegungsfehler aufzuzeigen.

Die Auslegung des Berufungsgerichts beruht auf der Überlegung, dass beim Kauf eines Gebrauchtwagens, auch wenn es dem Käufer – wie von der Revision unter Bezugnahme auf entsprechendes Vorbringen in der Klageschrift dargetan – auf einen bestimmten Typ und eine bestimmte Ausstattung des Fahrzeugs ankommt, in der Regel erst der bei einer persönlichen Besichtigung gewonnene Gesamteindruck von den technischen Eigenschaften, der Funktionsfähigkeit und dem äußeren Erscheinungsbild des individuellen Fahrzeugs ausschlaggebend für den Entschluss des Käufers ist, das konkrete Fahrzeug zu kaufen, das in der Gesamtheit seiner Eigenschaften dann nicht gegen ein anderes austauschbar sein soll. Diese Sichtweise des Berufungsgerichts liegt nicht nur beim Gebrauchtwagenkauf nahe, sondern ist beim Kauf gebrauchter Sachen in der Regel sachgerecht. Angesichts der vielfältigen Unterschiede im Abnutzungsgrad gebrauchter Sachen – auch gleichen Typs – ist Zurückhaltung bei der Annahme geboten, dass beim Kauf einer gebrauchten Sache auch die Lieferung einer anderen Sache dem Parteiwillen entspreche."

2. Nachbesserung

Die häufigste Form der Nacherfüllung ist die Nachbesserung. Für den Käufer kostenlos bringt der Verkäufer den mangelhaften Kaufgegenstand in Ordnung. Nach § 440 Satz 2 BGB gilt eine Nachbesserung im Regelfall nach dem zweiten erfolglosen Versuch als **fehlgeschlagen**. Aus den Umständen kann sich etwas anderes ergeben. Der BGH[157] hat zu den besonderen Umständen ausgeführt:

„Die Nacherfüllung in der Variante Nachbesserung, für sich die Klägerin entschieden hat, gilt gemäß § 440 Satz 2 BGB nach dem zweiten erfolglosen Versuch als fehlgeschlagen, wenn sich nicht aus der Art der Sache oder des Mangels oder aus sonstigen Umständen etwas anderes ergibt. Mehr als zwei Nachbesserungsversuche kommen deshalb etwa bei besonderer(technischer) Komplexität der Sache, schwer zu behebenden Mängeln oder ungewöhnlich widrigen Umständen bei vorangegangenen Nachbesserungsversuchen in Betracht (*Staudinger/Matusche-Beckmann* BGB 2004, § 440 Rn. 18; *Schmidt* in *Prütting/Wegen/Weinreich* BGB 2006 § 440 Rn. 10; MünchKomm/*Westermann* BGB 4. Aufl. § 440 Rn. 11; *Faust* in Beck'scher Online-Komm. BGB, Stand 1.8.2006, § 440 Rn. 32)."

Dem Verkäufer werden zwei Versuche pro Mangel zugestanden, nicht nur zwei Versuche pro Fahrzeug.[158]

Allerdings kann die Summe der Mängel das Fass zum Überlaufen bringen. Das läuft in der Rechtsprechung unter dem Stichwort des „Montagsautos". Hinsichtlich eines Neuwagens, aber sicher auch auf junge Gebrauchte zu übertragen, hat der BGH dazu gesagt:[159]

---

[157] BGH Urt. v. 15.11.2006 – VIII ZR 166/09, NJW 2007, 504.
[158] OLG Naumburg Urt. v. 13.2.2008 – 6 U 131/07.
[159] BGH Urt. v. 23.1.2013 – VIII ZR 140/12, BeckRS 2013, 01603.

„Ein Neufahrzeug ist dann als „Montagsauto" zu qualifizieren, wenn der bisherige Geschehensablauf aus Sicht eines verständigen Käufers bei wertender und prognostischer Betrachtung die Befürchtung rechtfertigt, es handele sich um ein Fahrzeug, das wegen seiner auf herstellungsbedingten Qualitätsmängeln namentlich auf schlechter Verarbeitung beruhenden Fehleranfälligkeit insgesamt mangelhaft ist und das auch zukünftig nicht über längere Zeit frei von herstellungsbedingten Mängeln sein wird. Ob diese Voraussetzungen vorliegen, hängt von den Umständen des Einzelfalls ab. Regelmäßig erforderlich ist wovon auch die Revision ausgeht –, dass sich innerhalb eines kürzeren Zeitraums eine Vielzahl herstellungsbedingter auch kleiner – Mängel zeigt, die entweder wiederholt oder erstmals auftreten. Entscheidend ist dabei letztlich, ob bei verständiger Würdigung aus Sicht des Käufers das Vertrauen in eine ordnungsgemäße Herstellung des Fahrzeugs durch die zutage getretene Fehleranfälligkeit ernsthaft erschüttert worden ist. Ist dies der Fall, ist ihm eine Nacherfüllung regelmäßig nicht (mehr) zuzumuten."

225 Eine sukzessive Mangelbeseitigung in mehreren Schritten („Versuch und Irrtum") ist jedenfalls dann nur ein Versuch, wenn das Fahrzeug nicht zwischendurch „als geheilt entlassen" an den Käufer zurückgegeben wird. [160]

226 Es ging um defekte Kurbelwellenlager, die durch eine zunächst nicht eindeutig lokalisierbare Geräuschentwicklung beim Auskuppeln auf sich aufmerksam machten. Der Hersteller des Fahrzeugs sah bei solchen Geräuschen vor, dass zunächst der Kupplungsnehmer ausgetauscht werden solle. Wenn das Geräusch dadurch nicht beseitigt ist, solle das Getriebe gewechselt werden. Wenn auch das nicht hilft, solle der Motor gegen einen Austauschmotor ausgewechselt werden. Und so ging der Verkäufer im Rahmen eines einzigen und ununterbrochenen Werkstattaufenthaltes im Rahmen der Mangelbeseitigung auch vor, informierte den Käufer aber nach jedem Schritt, weil der wegen dessen Erfolglosigkeit noch auf sein Fahrzeug warten musste. Der Käufer erklärte den Rücktritt. Sein Argument: Die Arbeiten an der Kupplung seien der erste erfolglose Nachbesserungsversuch. Der Austausch des Getriebes sei der zweite erfolglose Versuch der Sanierung gewesen. Und damit sei er jetzt zum Rücktritt berechtigt. Das Gericht hat das aber nur als einen Versuch eingestuft. Der Verkäufer hätte den Käufer überhaupt nicht über den Zwischenstand informieren müssen. Er entscheide bei der Nachbesserung allein, wie er vorzugehen gedenkt. Eine Abstimmung mit dem Käufer sei nicht erforderlich.

227 Wenn hingegen beim Justieren eines Faltdaches zur Beseitigung einer Wasserundichtigkeit an anderer Stelle des Daches und nach einem nochmaligen Versuch an einer wiederum anderen Stelle des Daches Wasser eintritt, sind das nicht drei verschiedene Mängel („Undichtigkeit vorne, Undichtigkeit hinten, Undichtigkeit Mitte"), sondern ein einziger Mangel („Dach undicht"). Damit ist die Zahl der vom Käufer hinzunehmenden Versuche verbraucht. [161]

228 Wird der Mangel zwar behoben, dabei jedoch ein anderer Schaden am Fahrzeug angerichtet, begründet das kein Fehlschlagen der Nachbesserung, sondern nur ein Recht auf Schadenersatz wegen der Schadenbeseitigung. [162]

229 Umgekehrt kann auch ein einziger Nachbesserungsversuch die Obergrenze darstellen. Das OLG Saarbrücken hat entschieden: Wenn der Verkäufer nach einer berechtigten Reklamation des Käufers eine Maßnahme zur Nachbesserung vornimmt, die völlig unsachgemäß oder von vornherein nicht auf eine nachhaltige, sondern nur eine provisorische Mängelbeseitigung angelegt war, steht ihm kein weiterer Nachbesserungsversuch zu. Denn dann ist es für den Käufer unzumutbar, sich auf einen zweiten Nachbesserungsversuch des Verkäufers einzulassen. [163]

230 Im Urteilsfall hatte der Käufer anomale Geräusche des Motors gerügt. Daraufhin ist ein Mitarbeiter des Verkäufers zu ihm nach Hause gefahren und hat am Straßenrand versucht, die Spannrolle des Zahnriemens einzustellen. Er hat sie, wie Kratzspuren an der Trägerplatte belegen, mit Gewalt in eine bestimmte Position bringen wollen. Als er die Schrauben angezogen hat, hat er dabei einen Positionierungswinkel verbogen. Also war die Spannrolle

---

[160] OLG Celle Urt. v. 19.12.2012 – 7 U 103/12, NJW 2013, 2203.
[161] OLG Hamm Urt. v. 22.7.2010 – I-2 U 242/09, DAR 2011, 23.
[162] OLG Saarbrücken Urt. v. 25.7.2007 – 1 U 467/06, NJW 2007, 3503.
[163] OLG Saarbrücken Urt. v. 18.4.2013 – 4 U 52/12-16, BeckRS 2013, 07420.

nicht in der richtigen Position. Die Folge war ein Motorschaden, der rechtlich betrachtet nicht ein neuer Mangel, sondern eine Ausprägung des alten Mangels ist.

Das Urteil liefert aber das Abgrenzungskriterium gleich mit: 231

„Dazu genügt es aber noch nicht, dass der erste Nachbesserungsversuch nicht erfolgreich war. Da der Verkäufer gemäß § 439 Abs. 1 BGB eine nachhaltige Nachbesserungsmaßnahme schuldet, muss allerdings bereits der erste Nachbesserungsversuch, auch wenn er im Ergebnis fehlschlägt, sachgemäß sein."

Das bedeutet: Wenn die Entscheidung für die Art der Nachbesserung fachmännisch war, die Ausführung jedoch nicht gelungen ist, ist daraus nicht auf die Unzumutbarkeit einer zweiten Nachbesserungschance für den Verkäufer zu schließen. 232

Es kann aber auch die Art des Mangels entscheidend sein. Denkt man sich ein Bremsversagen, muss der Käufer sicher nur einen Nachbesserungsversuch hinnehmen. Läge aber eine Fehlfunktion der Schminkspiegelbeleuchtung vor, dürfte ein dritter oder gar ein vierter Versuch auch noch im Rahmen liegen. 233

Der Verkäufer hat nicht nur die Pflicht, sondern auch das **Recht zur Nachbesserung.** Der Käufer kann also (wenn nicht wie mit Neuwagenverkaufsbedingungen des ZDK oder anderweitig anderes vereinbart ist, siehe → Rn. 184) nicht bei einem Dritten reparieren lassen, um dem Verkäufer dann die Rechnung zu präsentieren. Das hat der BGH[164] bestätigt: 234

„Beseitigt der Käufer den Mangel selbst, ohne dem Verkäufer zuvor eine erforderliche Frist zur Nacherfüllung gesetzt zu haben, kann er auch nicht gemäß § 326 Abs. 2 Satz 2, Abs. 4 BGB (analog) die Anrechnung der vom Verkäufer ersparten Aufwendungen für die Mangelbeseitigung auf den Kaufpreis verlangen oder den bereits gezahlten Kaufpreis in dieser Höhe zurückfordern."

In den Gründen heißt es: 235

„Das Berufungsgericht hat zutreffend ausgeführt, dass dem – erfüllungsbereiten – Verkäufer die Möglichkeit genommen wird, sich den Kaufpreis durch eine „zweite Andienung" endgültig zu verdienen, wenn der Käufer die Sache selbst repariert, ohne dem Verkäufer zuvor Gelegenheit zur Nachfüllung gegeben zu haben. Der gesetzliche Vorrang der Nacherfüllung beziehungsweise das „Recht zur zweiten Andienung" würden unterlaufen, wenn der Käufer die Kosten der Mängelbeseitigung (durch den Verkäufer) gemäß § 326 Abs. 2 Satz 2 BGB ohne vorherige Fristsetzung ganz oder teilweise von diesem verlangen könnte. ... Das Berufungsgericht hat zu Recht darauf abgestellt, dass die vom Käufer grundsätzlich einzuräumende Gelegenheit zur Nacherfüllung es dem Verkäufer ermöglicht, die verkaufte Sache darauf zu überprüfen, ob der behauptete Mangel besteht und ob er bereits im Zeitpunkt des Gefahrübergangs vorgelegen hat, auf welcher Ursache er beruht, sowie ob und auf welche Weise er beseitigt werden kann (vgl. § 439 Abs. 3 BGB), und hierzu gegebenenfalls Beweise zu sichern. Diese Möglichkeit einer Untersuchung und Beweissicherung verliert der Verkäufer, wenn er nach der vom Käufer durchgeführten Reparatur im Rahmen der Geltendmachung eines Erstattungsanspruchs gemäß § 326 Abs. 2 Satz 2, Abs. 4 BGB vor „vollendete Tatsachen" gestellt wird. Hierdurch würden sich seine Verteidigungsmöglichkeiten ungerechtfertigt verschlechtern."

Eine Ausnahme von diesem Grundsatz kann aber vorliegen, wenn die Nachbesserung keinen Aufschub duldet. Das ergibt sich aus der **„Welpenentscheidung"** des BGH:[165] 236

„Beim Kauf eines Tieres können besondere Umstände, die nach § 437 Nr. 3 iVm § 281 Abs. 2 BGB die sofortige Geltendmachung des Schadensersatzanspruches statt der Leistung rechtfertigen, dann vorliegen, wenn der Zustand des Tieres eine unverzügliche tierärztliche Behandlung als Notmaßnahme erforderlich erscheinen lässt, die vom Verkäufer nicht rechtzeitig veranlasst werden könnte."

Auf Kraftfahrzeugfälle übertragen sind Fälle denkbar, bei denen nur ein **sofortiger Eingriff technisch Schlimmeres vermeidet** („Noch schmort es nur, gleich brennt es ..."). Fälle aus der Rechtsprechung sind noch nicht bekannt. Auch aus der Situation heraus kann eine Eilsituation möglich sein, nämlich wenn das Fahrzeug an einem höchst gefährlichen Pannenort mit wenigen, aber kostenpflichtigen Handgriffen eines professionellen Pannenhelfers wieder flott gemacht werden kann. 237

Wenn ein Neuwagen der Kaufgegenstand ist und die Neuwagenverkaufsbedingungen des ZDK vereinbart sind, darf der Käufer für Nachbesserungen jede autorisierte Werkstatt der 238

---

[164] BGH Urt. v. 23.5.2005 – VIII ZR 100/04, NJW 2005, 1348.
[165] BGH Urt. v. 22.6.2005 – VIII ZR 1/05, NJW 2005, 3211.

Marke in Anspruch nehmen. Dann muss er sich deren erfolglosen Nachbesserungsversuche zurechnen lassen.[166]

239 Kommt der Verkäufer aber mit der **Nachbesserung in Verzug,** kann ihm der Käufer gemäß § 323 Abs. 1 BGB eine **Frist** setzen. Nach fruchtlosem Ablauf kann er die Mangelbeseitigung durch den Verkäufer ablehnen und Fremdkosten für die Mangelbeseitigung als Schadensersatz nach § 281 BGB verlangen.

240 **Verweigert** der Verkäufer zu Unrecht oder wegen unverhältnismäßiger Kosten nach § 439 Abs. 3 BGB zu Recht die Nachbesserung, ist die Fristsetzung nach § 281 Abs. 2 BGB bzw. nach § 440 Satz 1 BGB entbehrlich. Manche Mängel können nicht beseitigt werden. Eine vertragswidrig zu hohe Laufleistung oder eine vertragswidrige Unfallwageneigenschaft, eine vertragswidrig zu hohe Anzahl an Vorbesitzern, alles das ist irreversibel. War der Verkäufer unfähig, den Mangel zu beseitigen, war der **Mangel objektiv nicht beseitigbar,** hat der Verkäufer wegen Unverhältnismäßigkeit der Kosten zu Recht die Nacherfüllung verweigert oder hat er sie zu Unrecht verweigert, kommt der Käufer auf die zweite Stufe, nämlich die der Minderung oder des Rücktritts. Von Heiterkeitswert ist in diesem Zusammenhang eine Entscheidung des OLG Düsseldorf[167] zu der interessanten Frage, ob das Kürzel „LM" in einer SMS des Verkäufers an den Käufer (unstreitig als „Leck mich ..." auszulegen) eine endgültige Erfüllungsverweigerung darstellt, die zur Selbstvornahme ohne Fristsetzung berechtigt.

241 Weniger heiter sind die Fälle der **arglistigen Täuschung:** Verschweigt der Verkäufer arglistig einen Mangel, kann der Käufer die erste Stufe der Nacherfüllung überspringen und sofort mindern oder den Rücktritt erklären:[168]

„Der Käufer ist im Regelfall berechtigt, den Kaufpreis sofort – ohne vorherige Fristsetzung zur Nacherfüllung – zu mindern, wenn der Verkäufer ihm einen Mangel bei Abschluss des Kaufvertrages arglistig verschwiegen hat (Bestätigung von BGH NJW 2007, 835). In einem solchen Fall ist die für die Beseitigung eines Mangels erforderliche Vertrauensgrundlage in der Regel auch dann beschädigt, wenn die Mangelbeseitigung durch einen vom Verkäufer zu beauftragenden Dritten vorzunehmen ist."

242 Verlangt der Käufer Nachbesserung, investiert der Verkäufer dann in Untersuchungskosten und stellt sich dabei heraus, dass die Beanstandung auf Umständen aus der Sphäre des Käufers beruht, kann der Verkäufer die Erstattung der aufgewendeten Kosten verlangen. Voraussetzung ist aber, dass der Käufer die Ursache und deren Wurzel in seiner Sphäre selbst hätte erkennen können. Im Fall des BGH[169] ging es um eine vermeintliche defekte Maschine. Ein Mechaniker fuhr heraus. Die Ursache des Defektes lag aber im bauseitig hergestellten Elektroanschluss:

„Ein unberechtigtes Mangelbeseitigungsverlangen des Käufers nach § 439 Abs. 1 BGB stellt eine zum Schadensersatz verpflichtende schuldhafte Vertragsverletzung dar, wenn der Käufer erkannt oder fahrlässig nicht erkannt hat, dass ein Mangel der Kaufsache nicht vorliegt, sondern die Ursache für das Symptom, hinter dem er einen Mangel vermutet, in seinem eigenen Verantwortungsbereich liegt."

243 Der **Erfüllungsort** für die Nacherfüllung ist nach wie vor umstritten. Jedenfalls bei ohne Umstände transportfähigen Objekten (hier: rollfähiger Faltwohnwagen) ist der Erfüllungsort der Sitz des Verkäufers.[170] Dasselbe gilt für ein Boot.[171] Auch ein fahrunfähiges oder verkehrsunsicheres Fahrzeug kann der Käufer per Transporter zum Verkäufer transportieren lassen, zumal der Verkäufer die Kosten dafür tragen muss.[172] Ein taugliches Nacherfüllungsverlangen muss daher auch die Bereitschaft des Käufers umfassen, dem Verkäufer die Kaufsache zur Überprüfung der erhobenen Mängelrügen für eine entsprechende Untersuchung zur Verfügung zu stellen. Der Verkäufer ist deshalb nicht verpflichtet, sich auf ein

---

[166] OLG Düsseldorf Urt. v. 28.1.2008 – I-1 U 151/07, BeckRS 2008, 17148.
[167] OLG Düsseldorf Urt. v. 21.11.2005 – I-1 U 69, BeckRS 2006, 01600.
[168] BGH Urt. v. 9.1.2008 – VIII ZR 210/06, NJW 2008, 1371.
[169] BGH Urt. v. 23.1.2008 – VIII ZR 246/06, NJW 2008, 1147.
[170] BGH Urt. v. 13.4.2011 – VIII ZR 220/10, NJW 2011, 2278.
[171] BGH Urt. v. 19.12.2012 – VIII ZR 96/12, NJW 2013, 1074.
[172] AG Düsseldorf Urt. v. 13.3.2014 – 51 C 14931/13.

Nacherfüllungsverlangen des Käufers einzulassen, bevor dieser ihm am Erfüllungsort der Nacherfüllung die Gelegenheit zu einer solchen Untersuchung gegeben hat.[173]

In diesem Zusammenhang ist es also von Bedeutung, dass der Käufer diese Bereitschaft bei seinem Nacherfüllungsverlangen auch formuliert. Anderenfalls ist das Nacherfüllungsverlangen nicht geeignet, Pflichten des Verkäufers auszulösen. Der Verkäufer ist nämlich nicht verpflichtet, sich auf ein Nacherfüllungsverlangen des Käufers einzulassen, bevor dieser ihm die Gelegenheit zu einer solchen Untersuchung der Kaufsache gegeben hat.[174] 244

Dennoch muss aufgrund der Kostenzuordnungsnorm des § 439 Absatz 2 BGB der Verkäufer sämtliche Transport- und Wegekosten bezahlen. Will er das bei Standortentfernungen zwischen Werkstatt und Fahrzeug vermeiden, kann er einen Kollegen am Standort des Fahrzeugs beauftragen, die Nachbesserung für ihn zu erledigen. Dieser Dritte wird dann aber nicht für den Käufer, sondern als „**verlängerter Arm**" für den Verkäufer tätig. Wenn er dabei ergebnislose Nachbesserungsversuche produziert, muss sich der Verkäufer diese zurechnen lassen. Da gilt auch, wenn ein Verkäufer, der selbst keine Werkstatt hat, stets einen Kollegen mit der Nachbesserung beauftragt. 245

3. Minderung

Die Minderung ist wirtschaftlich betrachtet eine nachträgliche Kaufpreisreduzierung. In der gerichtlichen Praxis rund um den Autokauf spielt sie deshalb so gut wie keine Rolle. Denn wenn die Parteien im Grundsatz zur Minderung bereit sind, finden sie in aller Regel eine kaufmännische Lösung. Diese finden sie regelmäßig dann nicht, wenn sie bereits gründlich zerstritten sind. Dann aber will der Käufer zumeist nicht mehr am Vertragspartner festhalten, so dass er den Rücktritt präferiert. 246

Kommen die Parteien trotz grundsätzlichen Minderungswillens auf keine Betragseinigung, gibt § 441 Abs. 3 Satz 1 BGB die Formel: Der Kaufpreis wird in dem **Verhältnis** herabgesetzt, in welchem zur Zeit des Vertragsschlusses der Wert der Sache in mangelfreiem Zustand zu dem wirklichen Wert gestanden haben würde. Die Differenzierung zwischen Kaufpreis und tatsächlichem Wert dient dazu, den „**Schnäppchencharakter**" jeweils zu erhalten. Hat jemand einen Gegenstand aufgrund günstiger Umstände „unter Wert" gekauft, soll es auch nach der Minderung dabei bleiben, vice versa. Wenn also ein Gegenstand mit einem objektiven Wert von (mangelfrei) 2.000,– EUR für 1.500,– EUR gekauft wurde und der Gegenstand mit dem Mangel objektiv 1.500,– EUR wert ist, kann das Ergebnis ja nicht sein, dass der Käufer ohnehin nicht mehr bezahlt hat. Also werden die gezahlten 1.500,– EUR um die gleichen 25 Prozent reduziert, die der objektive Wert mit Mangel unter dem objektiven Wert ohne Mangel liegt. Der geminderte Betrag wäre dann 1.150,– EUR. 247

4. Rücktritt

Der Rücktritt vom Vertrag ist ausgeschlossen, wenn der Mangel **unerheblich** ist (§ 323 Absatz 5 Satz 2 BGB). Dann kann der Käufer nur mindern. Die Erheblichkeit wird in der Regel an den Kosten der Schadenbeseitigung oder an der Minderung der Gebrauchstauglichkeit im Verhältnis zum Kaufpreis festgemacht. Die Kosten der Schadenbeseitigung oder die Minderung der Gebrauchstauglichkeit werden teilweise als „**Mangelunwert**" bezeichnet. 248

Dem BGH[175] lag ein Fall vor, bei dem die Reparaturkosten in der Größenordnung von einem Prozent des Kaufpreises lagen. Diesen Mangel hat er als unerheblich betrachtet. Dabei bildet „Ein Prozent" nicht die Obergrenze, denn dazu musste der BGH angesichts des niedrigen Mangelunwertes nicht sagen. 249

Danach hat der BGH entschieden: Ein Sachmangel ist in der Regel dann „erheblich", wenn seine Beseitigungskosten 5 Prozent des Fahrzeugkaufpreises übersteigen.[176]

Das OLG Düsseldorf[177] hat auf die Relation des Preises für ein „Extra" im Verhältnis zum Kaufpreis für das Auto abgestellt. Eine Bedieneinrichtung für die Autoradiosteuerung 250

---

[173] BGH Urt. v. 19.12.2012 – VIII ZR 96/12.
[174] BGH Urt. v. 19.12.2012 – VIII ZR 96/12; AG Wedding Urt. v. 27.8.2014 – 19a C 359/14.
[175] BGH Urt. v. 14.9.2005 – VIII ZR 363/04, NJW 2005, 3490.
[176] BGH Urt. v. 28.5.2014 – VIII ZR 94/13, NJW 2014, 3229.

vom Lenkrad aus funktionierte trotz dreier Nachbesserungsversuche nicht. Das Radio als solches funktionierte einwandfrei. Bei einem Preis für das Extra von unter 1.000,- EUR im Verhältnis zum Neupreis von mehr als 30.000,- EUR hielt das Gericht den Mangel für unverhältnismäßig.

Fünf Prozent vom Kaufpreis hat das OLG Köln[178] ausreichen lassen. Es ging um ein Navigationssystem in einem 50.000,- EUR Auto. Viereinhalb Prozent reichten dem LG Kiel[179] aber nicht.

251 Ein Ausreißer nach oben ist das Urteil des OLG Bamberg,[180] das die Erheblichkeitsschwelle bei einem Mangelunwert von 10 Prozent sieht. Vor dem Hintergrund der zeitlich danach ergangenen 5 Prozent-Entscheidung des BGH ist das Urteil nicht mehr haltbar.

252 Für die Erheblichkeitsbeurteilung kommt es auf die Situation im Zeitpunkt der Rücktrittserklärung an. War der Verkäufer bis dahin nicht in der Lage, den Mangel zu beseitigen und stellt sich im Rahmen einer Beweisaufnahme durch ein Gutachten des gerichtlich eingesetzten Sachverständigen heraus, dass die Mangelbeseitigung eine Lappalie mit unter der Erheblichkeitsschwelle liegenden Kosten ist, kann sich der Verkäufer nicht mehr auf die fehlende Erheblichkeit als Rücktrittssperre berufen.[181]

253 Liegen die Voraussetzungen für den Rücktritt vor, wird gemäß § 346 BGB die **Rückabwicklung** durchgeführt. Jeder hat dem anderen das zurück zu geben, war er empfangen hat. Gezogene Nutzungen sind anzurechnen (siehe dazu → Rn. 255 ff.). Kann dabei ein in Zahlung gegebener Wagen nicht mehr zurückgewährt werden, weil er weiterverkauft oder entsorgt ist, ist insoweit **Wertersatz** zu leisten (§ 346 Abs. 2 BGB). Der Wert drückt sich in der Regel – auch bei einer Überzahlung – im vereinbarten Kaufpreis aus.[182] Hat der Händler das in Zahlung genommene Fahrzeug bereits zu Verkaufszwecken verbessert, steht ihm für **notwendige Verwendungen** Ersatz nach § 437 Absatz 2 BGB zu, für sonstige Verwendungen nur, wenn der Inzahlunggeber bei Rückgewähr des Fahrzeugs dadurch bereichert ist. Ist das zurückzugewährende Fahrzeug beschädigt, greift § 346 Abs. 2 Ziffer 3 BGB. Schäden durch **bestimmungsgemäßen Gebrauch** sind nicht ersatzpflichtig. **Unfallschäden** gehören nach überwiegender Ansicht nicht zu den üblichen Folgen bestimmungsgemäßen Gebrauchs. Die Wertersatzpflicht kann aber nach den Regeln der eigenüblichen Sorgfalt entfallen.[183]

254 Mit dem Kaufpreis erwirtschaftete **Habenzinsen** oder mit ihm gesparte **Sollzinsen** sind gemäß § 346 Abs. 1 BGB herauszugeben.[184] Dem Verkäufer steht aber nur der Nettokaufpreis zur Zinserwirtschaftung zur Verfügung, weil er den USt-Anteil an den Fiskus abführen muss.[185] Auch wenn der Kaufpreis finanziert wurde, der Käufer bis zum Rücktritt also nur die Raten an die Bank bezahlt hat, ist dem Verkäufer der volle Kaufpreisbetrag zugeflossen.[186] Es spricht eine Vermutung dafür, dass gewerbliche Händler mit dem eingenommenen Kaufpreis ihren Kontokorrentrahmen entlasten.[187]

5. Nutzungsvergütung nach Rücktritt

255 Sind nach Rücktritt des Käufers vom Vertrag die gegenseitigen Leistungen zurückzugewähren, liegt ein unübersehbares Streitpotential in der Höhe der **Nutzungsvergütung.** Ursache der Konflikte ist die unterschiedliche Betrachtungsweise beider Seiten. Allein durch die Zulassung und Inbetriebnahme eines Neuwagens entsteht ein erheblicher Wertverlust.

---

[177] OLG Düsseldorf Urt. v. 8.1.2007 – I-1 U 177/06, BeckRS 2007, 02255.
[178] OLG Köln Urt. v. 12.12.2006 – 3 U 70/06, NJW 2007, 1694.
[179] LG Kiel Urt. v. 3.11.2004 – 12 O 90/04, DAR 2005, 38.
[180] OLG Bamberg Urt. v. 10.4.2006 – 4 U 295/05, DAR 2006, 456.
[181] BGH Urt. v. 5.11.2008 – VIII ZR 166/07, NJW 2009, 508; BGH Urt. v. 15.6.2011 – VIII ZR 139/09, NJW 2011, 3708.
[182] Einzelheiten dazu siehe *Reinking/Eggert* Rn. 1096 ff.
[183] *Reinking/Eggert* Rn. 1106 ff.
[184] Zur Berechnung OLG Hamm Urt. v. 5.8.2010 – I-28 U 22/10, BeckRS 2010, 28631; OLG Frankfurt Beschl. v. 17.6.2010 – 4 W 12/10, BeckRS 2011, 00350.
[185] OLG Hamm Urt. v. 5.8.2010 – 28 U 22/10, BeckRS 2010, 28631.
[186] OLG Hamm wie vor.
[187] *Reinking/Eggert* Rn. 1151.

Durchaus zwanzig Prozent des Fahrzeugwertes können dadurch vernichtet werden. Die weitere Nutzung tut ihr Übriges. Erst nach dem Zeitraum, in dem üblicher Weise der Rücktritt erfolgt, flacht die Entwertungskurve ab. Für den Verkäufer ist es wirtschaftlich betrachtet schwer einzusehen, warum ihm bei Rücknahme des Fahrzeugs dieser Wertverlust nicht ausgeglichen wird. Jedoch handelt es sich hier nicht um einen Rückkauf zum Zeitwert. Der Käufer muss nämlich nur die von ihm gezogenen Nutzungen erstatten.

Das **Berechnungsmodell** der Rechtsprechung,[188] ausgehend vom BGH,[189] basiert auf der wirtschaftlichen Theorie, dass der Käufer eines Fahrzeugs mit dem Kaufpreis die mögliche Nutzung vom Start bis zum technisch letztmöglichen Kilometer erwirbt, quasi von der Wiege bis zur Bahre. Entsprechend kommt es darauf an, wie hoch die mögliche Laufleistung des Fahrzeugs veranschlagt wird. Das Ende des anzusetzenden Potentials ist nicht schon erreicht, wenn mit ersten Reparaturen zu rechnen ist, sondern erst dann, wenn das Fahrzeug nicht mehr wirtschaftlich sinnvoll instand zu halten ist. Das ist nicht präzise berechenbar, so dass es zur richterlichen Schätzung (§ 287 ZPO) kommt.

Auf dieser Basis hatte sich lange Zeit der Wert „0,67 Prozent pro Tausend Kilometer" eingeprägt. Ältere Rechtsprechung nahm an, ein Pkw halte 150.000 km. Dann sind 1.000 km 0,6666 Prozent, aufgerundet 0,67 Prozent des gekauften Autolebens.

Angesichts der technischen Veränderungen und der deutlich **gestiegenen Dauerhaltbarkeit** der modernen Fahrzeuge verschiebt sich dieser Wert zusehends. Schon die **Inspektionsintervalle** von bis zu 50.000 km belegen das.

Beispiele aus der Rechtsprechung sind:

OLG Frankfurt Urt. v. 13.2.2004 – 13 U 92/02, NJOZ 2004, 1355 – Mittelklassewagen, 250.000 km
OLG Hamm Urt. v. 19.7.2001 – 2 U 40/01, BMW 525 TD Automatik, 250.000 km
OLG Karlsruhe Urt. v. 7.3.2003 – 14 U 154/01, NJW 2003, 1950 – Audi A 6 Diesel, 250.000 km
OLG Karlsruhe Urt. v. 28.7.2007 – 9 U 239/06 – Mazda Tribute 250.000 km
OLG Oldenburg Urt. v. 10.2.2000 – 8 U 211/99, DAR 2000, 219 – gehobene Mittelklasse, 250.000 km
LG Ravensburg Urt. v. 27.7.2004 – 2 O 71/04, BeckRS 2004, 16419 – Skoda Superb 2,5TDI, 250.000 km
LG Zweibrücken Urt. v. 2.8.2004 – 1 O 274/03, BeckRS 2004, 16326 – Mercedes 270 CDI, 200.000 km

Für Fahrzeuge der Mittelklasse aufwärts geht die Tendenz in der Rechtsprechung nun ganz eindeutig in Richtung einer zu erwartenden Laufleistung von 250.000 km. Auf dieser Basis errechnet sich ein Betrag von 0,4 Prozent vom Kaufpreis je angefangene 1.000 km. Bei Fahrzeugen der unteren Mittelklasse geht die Tendenz in Richtung 200.000 km und damit zu 0,5 Prozent vom Kaufpreis je 1.000 km. Nur 150.000 km erwartbare Laufleistung und damit die alte 0,67-Prozent-Faustregel lassen sich allenfalls bei Kleinwagen noch begründen.

In eine Formel gefasst lautet die Berechnung für **Neuwagen**:

(Kaufpreis × gefahrene Kilometer) : erwartbare Gesamtlaufleistung

Mit sachverständiger Beratung im Hinblick auf die erwartbare Gesamtlaufleistung (bei großen **Nutzfahrzeugen** durchaus siebenstellig, bei **Motorrädern** durchaus auch deutlich unter 100.000 km) passt das auf alle Arten von Fahrzeugen, soweit die Streckenüberwindung deren Haupteinsatzzweck ist.

Für **Wohnmobile** hingegen ist das umstritten. Jedenfalls dann, wenn der Zweck mehr „Wohn-" als „-mobil" ist, dürfte es richtig sein, in Monaten zu rechnen und die auf das erwartbare Höchstalter umzulegen.[190] Bei **Maschinen** kann die gleiche Formel angewandt werden, wenn statt Kilometern die dabei regelmäßig gezählten **Betriebsstunden** eingesetzt werden.

Das Grundprinzip der Nutzungsentschädigungsberechnung für **Gebrauchtwagen** unterscheidet sich nicht von dem bei Neuwagen. Nur muss zuvor von der erwartbaren Ge-

---

[188] Umfangreiche Nachweise bei *Reinking/Eggert* Rn. 1161.
[189] BGH Urt. v. 17.5.1995 – VIII ZR 70/94, NJW 1995, 2159.
[190] OLG Düsseldorf Urt. v. 28.10.1994 – 22 O 48/94, NZV 1995, 69.

samtlaufleistung die Laufleistung zum Kaufzeitpunkt subtrahiert werden. Wenn die Gesamtlaufleistung für den betreffenden Typ nach Faustregel bei 250.000 km liegt, von denen beim Kauf schon 100.000 km verbraucht sind, kauft der Gebrauchtwagenkäufer noch 150.000 km.

Die Formel für **Gebrauchtwagen** lautet dann:

(GW-Kaufpreis × gefahrene Kilometer) : erwartbare Restlaufleistung

263 Allerdings versagt die Formel als Schätzgrundlage, wenn das Fahrzeug mit einer Laufleistung in der Nähe oder jenseits der Faustregel-Gesamtlaufleistung erworben wurde. Dann muss mit sachverständiger Unterstützung die erwartbare Restlaufleistung anhand des konkreten Fahrzeugs ermittelt werden.

6. Nutzungsvergütung für nach Kauf montiertes Zubehör

264 Hat der Käufer das Fahrzeug nach dem Kauf noch mit spezifischem oder fest eingebautem Zubehör aufgerüstet, sind diese Investitionen für ihn nach dem Rücktritt wirtschaftlich sinnlos. Der Verkäufer wiederum steht auf dem wirtschaftlichen Standpunkt, er habe das Zubehör nicht verkauft. Der Käufer solle rückrüsten.

265 Ein solcher Fall ist vom BGH[191] entschieden. Grundlage war, dass der Käufer nach Übernahme des Neufahrzeugs die Stoßfänger des Fahrzeugs lackieren, Leichtmetallfelgen und Breitreifen montieren sowie Schmutzfänger, einen Tempomat, ein Autotelefon und ein Navigationssystem einbauen ließ. Ferner schaffte er Fußmatten für das Fahrzeug an. Für diese Zusatzausstattung wendete er insgesamt 5.080,28 EUR auf.

266 Die Leitsätze der Entscheidung lauten:

„Der Käufer einer mangelhaften Sache hat auch dann gemäß § 284 BGB Anspruch auf Ersatz vergeblicher Aufwendungen, wenn er wegen des Mangels vom Kaufvertrag zurücktritt. Der Anspruch ist nicht gemäß § 347 Abs. 2 BGB auf den Ersatz notwendiger Verwendungen oder solcher Aufwendungen beschränkt, durch die der Verkäufer bereichert wird.

Aufwendungen des Käufers auf eine gekaufte Sache, die sich später als mangelhaft erweist, sind in der Regel vergeblich, wenn der Käufer die Kaufsache wegen ihrer Mangelhaftigkeit zurückgibt oder sie jedenfalls nicht bestimmungsgemäß nutzen kann und deshalb auch die Aufwendungen nutzlos sind."

In den Gründen hat das Gericht ausgeführt:

„Der Käufer einer mangelhaften Sache hat auch dann gemäß § 284 BGB Anspruch auf Ersatz vergeblicher Aufwendungen, wenn er wegen des Mangels vom Kaufvertrag zurücktritt. Der Anspruch ist nicht gemäß § 347 Abs. 2 BGB auf den Ersatz notwendiger Verwendungen oder solcher Aufwendungen beschränkt, durch die der Verkäufer bereichert wird. ... Aufwendungen des Käufers auf eine gekaufte Sache, die sich später als mangelhaft erweist, sind in der Regel vergeblich, wenn der Käufer die Kaufsache wegen ihrer Mangelhaftigkeit zurückgibt oder sie jedenfalls nicht bestimmungsgemäß nutzen kann und deshalb auch die Aufwendungen nutzlos sind. ... Das Berufungsgericht hat den Aufwendungsersatzanspruch der Klägerin für die Fahrzeugzusatzausstattung um 20 % gekürzt und dies damit begründet, dass die Klägerin das angeschaffte Zubehör bei einer anzusetzenden Nutzungszeit des Fahrzeugs von insgesamt fünf Jahren jeweils etwa ein Jahr bis zur vereinbarten Rückabwicklung habe nutzen können. Demgegenüber hält es die Revision im Anschluss an die Berechnungsmethode des Landgerichts für überzeugender, die Gebrauchsvorteile in der Weise zu berücksichtigen, dass die Aufwendungen der Klägerin für die Zusatzausstattung auf den Fahrzeugkaufpreis aufgeschlagen und die Nutzungsvergütung nach der Laufleistung aus dem um die Aufwendungen erhöhten Kaufpreis berechnet wird.

Die Frage bedarf für den hier zu beurteilenden Fall keiner Entscheidung, weil sich der Unterschied zwischen den beiden Berechnungsmethoden im Ergebnis nicht nennenswert auswirkt. Denn bei Ansatz einer Nutzungsvergütung von 0,5 % pro gefahrene 1.000 Kilometer, auf die die Parteien sich geeinigt haben, ergibt sich bei tatsächlich gefahrenen rund 42.000 Kilometern ein Abzugsbetrag von ca. 21 %, was einem Unterschiedsbetrag von nur rund 50,– EUR zu der zeitanteiligen Berechnung des Berufungsgerichts entspricht."

267 Unabhängig von der Frage, ob eine zeitanteilige oder kilometeranteilige Verrechnung richtig ist, ist jedenfalls der bisherige Nutzen der Investition für den Käufer dem Verkäufer gegenüber auszugleichen.

---

[191] BGH Urt. v. 20.6.2005 – VIII ZR 275/04, NJW 2005, 2848.

7. Nutzungsvergütung für Überführungs- und Zulassungskosten

Auch die Kosten der **Überführung** und der **Zulassung** sieht der BGH[192] als dem Käufer nach § 284 BGB zu erstattende vergebliche Aufwendung. Allerdings muss er sich auch darauf den anteiligen Nutzen anrechnen lassen:

„Kosten, die dem Käufer eines Kraftfahrzeugs für dessen Überführung und Zulassung entstehen, sind Aufwendungen im Sinne des § 284 BGB. Wird der Kauf wegen Mangelhaftigkeit des Fahrzeugs rückabgewickelt, nachdem der Käufer das Fahrzeug zeitweise genutzt hat, so mindert sich der Anspruch auf Ersatz auch dieser Aufwendungen entsprechend der Nutzungsdauer oder der Laufleistung des Fahrzeugs."

8. Schadenersatz zusätzlich zu den Sachmangelhaftungsrechten

Verlangt der Käufer über die Nacherfüllung, die Minderung oder den Rücktritt hinaus Schadenersatz, schuldet der Verkäufer diesen unter den Voraussetzungen des § 280 BGB. Die Frage des Mangels als solchem ist verschuldensunabhängig. Weicht der Kaufgegenstand von der vertraglichen Vereinbarung ab, ist er mangelhaft. Dabei kommt es nicht darauf an, ob der Verkäufer den Mangel zu vertreten hat.

Für die Rechtsfolge des Schadenersatzes aus § 281 BGB jedoch ist ein **Verschulden des Verkäufers** erforderlich.[193] Arglist oder Aufklärungsdefizite begründen regelmäßig ein Verschulden. Verkauft der Verkäufer ein Fahrzeug, dem der Hersteller „einen Defekt eingebaut" hat, trifft ihn kein Verschulden. Wenn jedoch der Hersteller selbst als Verkäufer auftritt, hat er den Mangel stets verschuldet, denn er hat das Fahrzeug selbst gebaut. Das betrifft die Hersteller, die ausschließlich oder überwiegend über eigene **Niederlassungen** verkaufen. Verkauft eine solche Werksniederlassung jedoch ein Fremdfabrikat als Gebrauchtwagen, ist sie diesbezüglich wieder nur nicht herstellender Verkäufer. Auch die Übernahme einer Garantie im Sinne des § 443 BGB (früher war das die „zugesicherte Eigenschaft") führt in die Schadenersatzhaftung.

Die typischen Schadenpositionen, die auch im Sinne der Neuwagenverkaufsbedingungen für Fälle der Begrenzung bei leichter Fahrlässigkeit vorhersehbar sind, sind der **Ausfallschaden** (Mietwagen oder Nutzungsausfallentschädigung), die **Vertragskosten** und die **Kosten der Kaufpreisfinanzierung**.

XI. Garantie

Wenn die Sachmangelhaftung – jedenfalls beim Verbrauchsgüterkauf – die „gesetzliche Pflicht" ist, dann ist die Garantie die „vertragliche Kür". Eine Garantie ist also immer eine nicht obligatorische Leistung, die der gesonderten Vereinbarung bedarf. Im Neuwagensegment ist es jedoch Marktstandard, über die Sachmangelhaftung hinausgehende und sie ergänzende Garantien in Form eines Haltbarkeits- und zunehmend auch Mobilitätsversprechens auszusprechen.

Dieses Kapitel befasst sich nicht mit der „garantierten Beschaffenheitsangabe" im Sinne des § 443 BGB, also der alten „zugesicherten Eigenschaft", sondern mit dem Marketing- und Kundenbindungsinstrument der hersteller-, importeurs- oder händlerseitigen Garantie. Die Garantie ist erstmals im Gesetz geregelt, aber nicht inhaltlich, sondern nur formal. § 477 BGB, eine der den Verbraucher schützenden Vorschriften aus dem Verbrauchsgüterkauf, bestimmt:

„(1) Eine Garantieerklärung (§ 443 BGB) muss einfach und verständlich abgefasst sein. Sie muss enthalten
1. den Hinweis auf die gesetzlichen Rechte des Verbrauchers sowie darauf, dass sie durch die Garantie nicht eingeschränkt werden und
2. den Inhalt der Garantie und alle wesentlichen Angaben, die für die Geltendmachung der Garantie erforderlich sind, insbesondere die Dauer und den räumlichen Geltungsbereich des Garantieschutzes sowie Namen und Anschrift des Garantiegebers.

---

[192] BGH Urt. v. 20.6.2005 – VIII ZR 275/04, NJW 2005, 2848.
[193] Instruktiv insoweit das Urteil des BGH Urt. v. 28.11.2007 – VIII ZR 16/07, NJW 2008, 911.

(2) Der Verbraucher kann verlangen, dass ihm die Garantieerklärung in Textform mitgeteilt wird.
(3) Die Wirksamkeit der Garantieverpflichtung wird nicht dadurch berührt, dass eine der vorstehenden Anforderungen nicht erfüllt wird."

274 § 477 BGB will also erreichen, dass dem Verbraucher einerseits der Inhalt der Garantie transparent wird und dass er andererseits versteht, dass ihm durch Verstöße gegen Obliegenheiten der Garantie der weiterhin „darunter liegende" Schutz der Sachmangelhaftung nicht abhanden kommt.

275 Eine den Garantiegeber unmittelbar treffende **Sanktion** für eine formal unzureichende Garantieerklärung gibt es aber nicht. Nur **auf wettbewerbsrechtlicher Ebene** riskiert er, in Anspruch genommen zu werden.

Was materieller Inhalt der Garantie ist, bleibt den Vertragspartnern überlassen. Im Kraftfahrzeugbereich haben sich aber verschiedene Garantietypen herausgebildet.

1. Neuwagengarantien

276 Neuwagengarantien werden wirtschaftlich vom Hersteller oder vom Importeur getragen. Ob die dabei unmittelbar Anspruchsgegner des Käufers werden oder ob der Verkäufer der Garantiegeber ist und im Leistungsfall vom Hersteller/Importeur im Innenverhältnis freigestellt wird, muss bei der Bearbeitung von Garantiefällen jeweils geprüft werden. Beide Konzepte sind am Markt. Ein elementarer Unterschied zwischen der Sachmangelhaftung und der Garantie liegt also darin, dass die Sachmangelhaftung nur zwischen Verkäufer und Käufer begründet ist, Garantiegeber jedoch ein Dritter sein kann.

277 Dabei gehört es zum Standard, dass der Garantieanspruch europaweit bei jeder autorisierten Werkstatt der Marke geltend gemacht werden kann. Faktisch ist es so, dass mit einer Garantiereparatur die sachmangelhaftungsrechtliche Nachbesserung meist zwingend mit erledigt wird. Deshalb erlauben die Neuwagenverkaufsbedingungen des ZDK, auch die Nachbesserung von Sachmängeln in allen autorisierten Betrieben der Marke durchführen zu lassen. Denn sonst käme der Käufer in unlösbare Schwierigkeiten, wenn sich der Verkäufer wegen der Garantiereparatur mit zwingender gleichzeitiger Nachbesserung auf das unzulässige **Eingreifen Dritter** berufen könnte. Jedoch sehen die Neuwagenverkaufsbedingungen vor, dass der Käufer dann den verkaufenden Händler informieren muss. Gewollt ist eine so frühe Information, dass der Verkäufer durch Kontaktaufnahme mit dem Betrieb, der vom Käufer mit dem Garantiefall oder dem Nachbesserungsverlangen konfrontiert wurde, eingreifen kann.

278 Die diesbezügliche Klausel aus den bis Mitte 2008 gültigen Neuwagenverkaufsbedingungen des ZDK wurde jedoch vom BGH[194] gekippt:

„Die Klausel
‚Ansprüche auf Mängelbeseitigung kann der Käufer beim Verkäufer oder bei anderen vom Hersteller/ Importeur für die Betreuung des Kaufgegenstandes anerkannten Betrieben geltend machen; im letzteren Fall hat der Käufer den Verkäufer hiervon zu unterrichten'
(Ziffer VII 2a der Allgemeinen Geschäftsbedingungen für den Verkauf von fabrikneuen Kraftfahrzeugen und Anhängern – NWVB) ist wegen Mehrdeutigkeit nicht dahin auszulegen, dass die Unterrichtung des Verkäufers über die Geltendmachung von Ansprüchen des Käufers auf Mängelbeseitigung bei anderen vom Hersteller/Importeur für die Betreuung des Kaufgegenstandes anerkannten Betrieben zu erfolgen hat, bevor die Nachbesserung durch wiederholte erfolglose Mängelbeseitigungsversuche derartiger Betriebe fehlgeschlagen ist."

279 Der Käufer hatte seinen Verkäufer erst nach den fehlgeschlagenen Nachbesserungsversuchen gleichzeitig mit seiner Rücktrittserklärung unterrichtet. Das hielt der Verkäufer unter Berufung auf die Klausel für zu spät. Die **Unterrichtungsklausel** enthält jedoch, so der BGH, keine eindeutige Bestimmung, wann die Unterrichtung zu erfolgen hat. Mit den neuen Bedingungen ab Mitte 2008 hat der ZDK diesen Kritikpunkt beseitigt.

280 Inhaltlich sind die Neuwagengarantien regelmäßig als **Haltbarkeitsversprechen** ausgestaltet. In der Abwicklung gibt es offenbar wenige Probleme, die den Käufer betreffen. Das mag

---

[194] BGH Urt. v. 15.11.2006 – VIII ZR 166/09, NJW 2007, 504.

auch daran liegen, dass für den Verkäufer oder die autorisierten Werkstätten Garantiearbeiten auf Kosten des Herstellers/Importeur einen erheblichen Teil der erforderlichen Werkstattauslastung sichern. Damit ist die Interessenlage von Käufer und Verkäufer oder Käufer und autorisierter Werkstatt synchron. Der typische „Abwehrreflex" gegenüber einer Reklamation ist damit stillgelegt. Die Probleme liegen eher im Abrechnungsverhältnis der ausführenden Werkstatt mit dem Hersteller oder Importeur.

Strategisch will der Hersteller mit dem Garantieversprechen einerseits dem Kunden als Kaufanreiz finanzielle Sicherheit geben. Andererseits und vor allem will er ihn aber an das autorisierte Werkstattnetz binden. Deshalb werden die Garantiemöglichkeiten zeitlich immer mehr ausgedehnt. Für die Zeit nach der Standardgarantie werden dem Käufer bereits beim Kauf **Anschlussgarantien** angeboten, die entweder mit einem Einmalbetrag zu bezahlen sind oder mit Werkstatttreue „verdient werden" müssen. Aktuell sind für den Neuwagenkäufer Zeiträume bis zu sieben Jahren abdeckbar, allerdings oft aber begrenzt durch Höchstfahrstrecken („Sieben Jahre, aber maximal 100.000 km"). 281

Um das strategische Ziel der **Kundenbindung** zu erreichen, binden die Hersteller das Garantieversprechen regelmäßig an Loyalitätspflichten, insbesondere an die Einhaltung aller Wartungsintervalle, wobei die Wartung in einer autorisierten Werkstatt erfolgen muss. Dabei soll es nicht darauf ankommen, ob zwischen einer Wartungsilloyalität und dem Defekt ein Zusammenhang besteht. Das hat der BGH[195] akzeptiert: 282

> „Gewährt ein Fahrzeughersteller Neuwagenkäufern zusätzlich zu den gesetzlichen Gewährleistungsrechten formularmäßig eine Garantie für die Haltbarkeit des Fahrzeugs (hier: Durchrostungsgarantie), liegt eine unangemessene Benachteiligung der Kunden (§ 307 Abs. 1 BGB) nicht darin, dass der Hersteller die Leistungen aus der Garantie zum Zweck der Kundenbindung von der regelmäßigen Wartung des Fahrzeugs in seinen Vertragswerkstätten abhängig macht."

Anders als bei einer versicherungsgedeckten Gebrauchtwagenversicherung (siehe → Rn. 287) hält der BGH das Interesse des Herstellers an der **Markenkettenloyalität** für legitim und schützenswert: 283

> „Mit Klauseln, wie sie hier im Streit stehen, wird in zulässiger Weise eine Bindung des Kunden an bestimmte Werkstätten bezweckt (vgl. OLG Karlsruhe aaO; OLG Nürnberg aaO; *Reinking/Eggert*, Der Autokauf, 9. Aufl., Rn. 692, 713). Auch die Revision macht geltend, die Beklagte habe ein berechtigtes Interesse daran, dass die Wartungsdienste nach ihren Vorgaben in Mercedes-Benz-Werkstätten durchgeführt würden. Damit ist zum einen gemeint, dass durch die regelmäßigen Wartungsdienste in Vertragswerkstätten das Risiko von Garantiefällen vermindert werden soll. Dieser Aspekt hat allerdings im Streitfall nur untergeordnete Bedeutung, weil Rostschäden in der Regel auch durch regelmäßige Inspektionen nicht verhindert werden können. Hinzu kommt aber das Interesse der Beklagten, Eigentümer von Mercedes-Fahrzeugen dazu zu bewegen, ihre Autos in Mercedes-Benz-Werkstätten warten zu lassen, also eine langfristige Bindung an das Vertragswerkstättennetz der Beklagten zu erreichen. Die Beklagte bietet dem Kunden mit der langfristigen „mobilo-life"-Garantie gegen Durchrostung eine zusätzliche Leistung zum Fahrzeugkauf an, mit der sie ein absatzförderndes Qualitätsmerkmal für die Fahrzeuge schaffen will (vgl. BGHZ 104, 82, 91). Die langfristige Garantie soll dem Kunden nur „um den Preis" der regelmäßigen Durchführung der Wartungsdienste in den Vertragswerkstätten zustehen, sodass – bei wirtschaftlicher Betrachtung – von einer „Gegenleistung" gesprochen werden kann, die für die Garantie gefordert wird. Die Interessen des Kunden werden dadurch nicht unangemessen beeinträchtigt. Er kann sich alle Ansprüche aus der Garantie bis zu einer Dauer von 30 Jahren erhalten, indem er die – ohnehin regelmäßig notwendigen – Wartungsarbeiten nach Herstellervorgaben in Mercedes-Benz-Werkstätten durchführen lässt. Ihm selbst ist die Entscheidung überlassen, ob und ab wann er – etwa im Hinblick auf das Alter des Fahrzeugs – von den regelmäßigen Wartungen Abstand nimmt oder diese bei anderen (preisgünstigeren) Werkstätten durchführen lässt. Anders als in den bisher vom Senat entschiedenen Fällen, in denen dritte Unternehmen (also nicht die Fahrzeughersteller) Garantiegeber waren (Senatsurteil vom 24. April 1991, aaO; Senatsurteil vom 17. Oktober 2007 – VIII ZR 251/06, z. V. b., unter II 2b), liegt hier keine unangemessene Benachteiligung der Kunden darin, dass der Verlust der Garantieansprüche auch dann eintritt, wenn das Unterlassen der Wartungsdienste bzw. die Durchführung bei anderen Werkstätten für den Garantiefall nicht ursächlich war. Dies rechtfertigt sich durch das legitime Interesse der Beklagten als Fahrzeugherstellerin, eine Kundenbindung an ihr Vertragswerkstättennetz zu erreichen."

---

[195] BGH Urt. v. 12.12.2007 – VIII ZR 187/06, NJW 2008, 843.

284 Das Urteil leidet allerdings darunter, dass die „europäische Komponente" der GVO ausdrücklich nicht Entscheidungsgrundlage war, weil der Käufer dazu nicht zeitgerecht vorgetragen hatte.

285 Nachdem der BGH zeitlich danach diverse weitere Garantiefälle im Hinblick auf die Loyalitätsklauseln entschieden hat (siehe → Rn. 287 ff.), ist klar geworden: Das maßgebliche Kriterium war hier nicht „Neuwagen" in Abgrenzung zum Gebrauchtwagen. Es kommt dem BGH offenbar darauf an, ob der Käufer für die Garantie einen Aufpreis zahlen muss oder ob er sie kostenlos bekommt.

286 Für eine kostenlose Garantie kann der Verkäufer Loyalität erwarten. Kauft der Käufer jedoch den Schutz der Garantie, sollen Loyalitätserfordernisse eine unzumutbare Benachteiligung sein.

2. Gebrauchtwagengarantien, Gebrauchtwagengarantieversicherungen

287 Gebrauchtwagengarantien sind in den unterschiedlichsten Erscheinungsformen am Markt präsent. Es ist eine kaufmännische Entscheidung des Verkäufers, ob er sie in den Kaufpreis für das Auto einkalkuliert oder ob er sie gegen einen Aufpreis optional anbietet. Zu klären ist, ob der Händler eine im Branchenjargon **„Eigengarantie"** genannte Variante vereinbart hat. Dabei bildet er aus dem Verkaufspreis Rückstellungen, woraus er die Garantieschäden bezahlt. Oft wickelt er die Schäden auch selbst ab. Er ist dann passiv legitimiert.

288 Manchmal wird bei der Garantieschadenbearbeitung eine **Abwicklungsgesellschaft** zwischengeschaltet. Der Hintergrund liegt darin, dass dort die erforderliche rechtliche und organisatorische Kompetenz gebündelt wird. Weil diese Abwicklungsgesellschaften für eine größere Zahl von Händlern arbeiten, können sie sich auch einen guten Überblick über die typischen Schwachstellen der Fabrikate und Typen verschaffen. Dazu fehlt dem einzelnen Händler im Hinblick auf als Gebrauchtwagen vertriebene Fremdfabrikate die Menge, um statistisch relevante Erhebungen erstellen zu können. Die Schwachstellenkenntnis wiederum macht vorbeugende Maßnahmen möglich. Ob die Abwicklungsgesellschaft, die mit dem Geld des Verkäufers arbeitet, **passiv legitimiert** ist, muss dem Garantiedokument entnommen werden.

289 Die gleiche Kompetenzsteigerung erreicht der Händler mit versicherungsgedeckten Lösungen. Dabei bildet er keine Rückstellungen, sondern er zahlt pro verkauftem Fahrzeug eine Prämie an eine spezialisierte **Garantieversicherung**. Die Abwicklung erfolgt in der Regel durch die Versicherung. Dazu gelten die obigen Erwägungen. Ob der Händler selbst oder die Versicherung passiv legitimiert ist, ist abermals eine Frage der Vereinbarungen.

290 Eine weitere Variante ist die, dass der Händler dem Käufer eine **Reparaturkostenversicherung** vermittelt. Dann hat der Käufer direkte Ansprüche gegen die Versicherung. Oft wird die reparierende Werkstatt dabei bevollmächtigt, direkt mit der Versicherung in Kontakt zu treten. Jedenfalls entsteht bei der Variante kein Garantieverhältnis zwischen Käufer und Verkäufer. Passiv legitimiert ist ausschließlich die Versicherung.

291 Inhaltlich dominiert die so genannte „Baugruppengarantie". Darin wird beschrieben, welche Baugruppen am Fahrzeug von der Garantie umfasst sind. Regelmäßig werden je nach Laufleistung zum Kaufzeitpunkt und zum Schadeneintrittszeitpunkt Quoten vereinbart, in welcher Höhe der Garantiegeber leistet. Mit zunehmender Fahrleistung wird der Eigenanteil des Käufers höher. Teilweise werden die Quoten für die Teilekosten und die Arbeitskosten unterschiedlich gebildet. Das ist alles legitim, denn es unterliegt als vertraglich vereinbarter „Neu-für-Alt-Abzug" der Vertragsfreiheit. Im Einzelfall muss der Käufer dann prüfen, ob der nicht gedeckte Teil im Wege der Sachmangelhaftung vom Verkäufer zu erstatten ist. Je jünger das Fahrzeug ist, und je näher der Schadeneintritt zum Kaufzeitpunkt liegt, desto aussichtsreicher ist das. Jedenfalls ergänzt die Garantie die Sachmangelhaftung nur, sie verdrängt sie nicht. Möglich und verbreitet ist aber außerhalb des Verbrauchsgüterkaufes die Kombination eines Sachmangelhaftungsausschlusses mit dem Abschluss einer Garantievereinbarung.

292 Mit der Garantie möchte auch der Gebrauchtwagenverkäufer im ersten Schritt Vertrauen schaffen, im zweiten Schritt aber auch zur Werkstattauslastung eine Kundenbindung errei-

chen. Folglich enthalten die Garantievereinbarungen regelmäßig Klauseln, wonach die vom Hersteller vorgeschriebenen Wartungsmaßnahmen beim Verkäufer oder – wenn das zB wegen Ortswechsels nicht geht – bei einer vom Verkäufer oder von der hinter dem Verkäufer stehenden Garantieversicherung benannten Werkstatt durchgeführt werden.

Der BGH[196] hat dem Garantieversicherer – anders als (siehe → Rn. 282) dem Hersteller, eine als Obliegenheit gestaltete Wohlverhaltensklausel („Wartung bei Verkäufer") nicht zugestanden: 293

„Eine Klausel in einem vom Garantiegeber formularmäßig verwendeten Gebrauchtwagengarantievertrag, die für den Fall, dass der Garantienehmer die vom Fahrzeughersteller vorgeschriebenen oder empfohlenen Wartungs-, Inspektions- und Pflegearbeiten nicht durchführen lässt, die Leistungspflicht des Garantiegebers unabhängig von der Ursächlichkeit für den eingetretenen Schaden ausschließt, ist wegen unangemessener Benachteiligung des Kunden unwirksam".

In den Gründen heißt es dazu:

„Eine Formularklausel ist nach der Rechtsprechung des Bundesgerichtshofs unangemessen, wenn der Verwender missbräuchlich eigene Interessen auf Kosten des Vertragspartners durchzusetzen versucht, ohne von vornherein die Interessen seines Partners hinreichend zu berücksichtigen (BGHZ 90, 280, 284; 120, 108, 118; 143, 103, 113). Das trifft auf eine Klausel zu, den der Verwender – wie hier § 3 der Garantiebedingungen – von seiner Leistungsverpflichtung ohne Rücksicht darauf freistellt, ob der Verstoß des Kunden gegen seine Obliegenheit zur Durchführung der Wartungsarbeiten für den reparaturbedürftigen Schaden ursächlich geworden ist (Senatsurteil vom 24. April 1991, aaO, unter III 1 und 2c). Entgegen der Auffassung der Revision gebietet der Umstand, dass umfangreiche, unter Heranziehung von Sachverständigen zu führende Auseinandersetzungen über die Kausalitätsfrage durch einen Leistungsausschluss im Falle versäumter Inspektionen von vornherein verhindert werden können, keine andere Bewertung. Der Beklagten ist es nicht verwehrt, den Beweis fehlender Ursächlichkeit dem Kunden aufzuerlegen; dadurch wird der Gefahr ungerechtfertigter Inanspruchnahme wirksam begegnet. Dass die Beklagte sich mit ernsthaft streitigen Kausalitätsfällen befassen muss, hat sie hinzunehmen."

Im konkreten Fall war der Leistungsausschluss als Obliegenheit ausgestaltet. Bei dieser Konstruktion wird der zunächst entstandene Anspruch durch die **Obliegenheitsverletzung** wieder beseitigt. Obliegenheitsklauseln unterliegen der Inhaltskontrolle nach § 307 Abs. 1, 2 BGB. 294

Es handelt sich um eine Garantie, für die der Käufer einen Aufpreis bezahlt hat. Das ist, wie eine Gesamtschau der Urteile des BGH[197] zu diesem Fragenkreis ergibt, das Kriterium: Für eine kostenlose Garantie kann der Verkäufer Loyalität erwarten. Kauft der Käufer jedoch den Schutz der Garantie, sollen Loyalitätserfordernisse eine unzumutbare Benachteiligung sein. 295

Als Reaktion darauf begannen Gebrauchtwagenhändler, die Kosten für die Garantie einzupreisen. Ein Fall mit einem „Kaufpreis inklusive Garantie" hat jedoch vor dem[198] BGH auch nicht standgehalten. Das Berufungsgericht hatte diese Formulierung so ausgelegt, dass die Garantie erkennbar doch etwas gekostet habe. Lediglich seien die Preisbestandteile nicht einzeln ausgewiesen. Auf die äußere Darstellung des Preises könne es aber nicht ankommen, wenn der Hinweis „Inkl." zeige, dass die Garantie in den Kaufpreis hineingerechnet wurde. Der BGH hat die Auffassung des Berufungsgerichtes gestützt, dass das ein „verkappter Aufpreis" sei. 296

---

[196] BGH Urt. v. 17.10.2007 – VIII ZR 251/06, NJW 2008, 214.
[197] BGH Urt. v. 12.12.2007 – VIII ZR 187/06, NJW 2008, 843; BGH Urt. v. 17.10.2007 – VIII ZR 251/06, NJW 2008, 214; BGH Urt. v. 14.10.2009 – VIII ZR 354/08, NJW 2009, 3714; BGH Beschl. v. 9.10.2012 – VIII ZR 349/11, BeckRS 2012, 23767.
[198] BGH Urt. v. 25.9.2013 – VIII ZR 206/12, NJW 2014, 209.

§ 40 Das Pkw-Leasing

Übersicht

	Rn.
I. Grundsätzliches, Vertragstypen	1–6
1. Verbreitete Modelle und daraus resultierende Rechtsprobleme des Leasings	2–4
2. Das Dreiecksverhältnis	5/6
II. Verbraucherschutzaspekte	7–10
1. Widerrufsrecht	7
2. Abtretung wirksam ausgeschlossener Sachmangelhaftungsansprüche	8–10
III. Inzahlunggabe eines Fahrzeugs	11–13
IV. Sachmangelhaftungsansprüche	14–22
1. Grundsätzliches	14
2. Abwicklung	15–22
V. Erwerb des Fahrzeugs durch den Leasingnehmer nach Leasingende	23/24
VI. Diebstahl des Fahrzeugs während der Laufzeit des Leasingvertrages	25–27
VII. Unfall mit Totalschaden während der Leasingzeit	28–31
VIII. Unplanmäßige Beendigung des Leasingvertrages	32–37
IX. Planmäßige Beendigung des Leasingvertrages	38–52
1. Die Abrechnung des Restwertvertrages	40/41
2. Verwertung des Fahrzeugs nach Vertragsbeendigung	42–45
3. Die Abrechnung des Kilometervertrages	46–52
X. Verjährung	53–55

Schrifttum: *Engel*, Handbuch Kraftfahrzeugleasing, 2. Aufl. 2004; *Müller-Sarnowski*, Die „vertragsgemäße Rückgabe des Leasingfahrzeugs", DAR 1997, 142; *Reinking/Eggert*, Der Autokauf, 12. Aufl. 2014; *Reinking/Kessler/Sprenger*, AutoLeasing und AutoFinanzierung, 4. Aufl. 2007.

I. Grundsätzliches, Vertragstypen

1   Obwohl insbesondere im Segment Kraftfahrzeuge weit verbreitet, ist der Vertragstyp „Leasing" im Gesetz noch immer nicht umfassend geregelt. Der Sache nach ist Leasing eine Form der **Gebrauchsüberlassung auf Zeit gegen Geld,** also quasi eine Langzeitmiete. Im gewerblichen Bereich hat es neben der **Liquiditätsschonung** auch eine **steuerliche Komponente,** denn Leasingraten können pro rata tempore abgesetzt werden. Die Alternative ist die **Abschreibung** über lange Zeiträume beim Kauf. Im privaten Bereich hat Leasing aber nur eine **Finanzierungsfunktion.** So findet man es auch in vielen Dokumenten: Unter der Rubrik „Finanzierung" findet sich dann ein Eintrag „Leasing".

1. Verbreitete Modelle und daraus resultierende Rechtsprobleme des Leasings

2   **Kilometerleasing:** Beim Kilometerleasing ist ein vereinbartes **Kilometerkontingent** mit der Leasingrate abgegolten. **Mehr- oder Minderkilometer** werden finanziell ausgeglichen. Das Fahrzeug muss im vertragsgemäßen und dem Alter und der Laufleistung entsprechenden Zustand zurückgegeben werden. Darin liegt das Streitpotential. Für den Leasinggeber liegt das Risiko in der Restwertrealisierung, weil er den Leasingnehmer nicht an Mindererlösen beteiligen kann. Teilweise kalkulieren die Leasinggeber intern planmäßig mit überhöhten Restwerten, mindestens aber mit extrem optimistischen Zahlen. Vor einiger Zeit hat ein deutscher Premiumhersteller einen Abschreibungsbedarf für 2008 in Höhe von 695 Millio-

nen EUR gesehen, weil „die Erlöse für Autos, die aus Leasingverträgen zurückkommen, nicht so hoch liegen, wie angenommen".[1] Ein Folge dieser Entwicklung ist, dass der Leasinggeber oftmals bei Rückgabe des Fahrzeug jedenfalls dann, wenn es nicht zu einen neuen Geschäft mit dem Leasingnehmer kommt, durch Beanstandungen des Zustandes und entsprechender Nachforderung versucht, den Vertrag bestmöglich zu sanieren. Die Folge sind mannigfache Streitigkeiten um die Frage des vertragsgemäßen Zustandes.

Restwertleasing: Beim Restwertleasing wird mit der Leasingrate auf die **Entwertung** des Fahrzeugs in der Nutzungszeit gezahlt. Die **Vollamortisation** muss durch die **Verwertung** des Fahrzeugs am Ende der Leasingzeit erreicht werden. Ein eventueller **Mehrerlös** wird gequotelt, einen **Mindererlös** trägt der Leasingnehmer. Risikopotential ist dabei der „**kalkulierte Restwert**", denn der muss die Preisentwicklung für Gebrauchsfahrzeuge prognostisch abbilden. Das unter dem Stichwort „Kilometerleasing" angesprochene Problem unrealistisch prognostizierter Restwerte belastet dabei die Leasingnehmer. Es ist für diese Vertragsgestaltung nicht unüblich, dass der Leasinggeber mit dem Leasingnehmer ein **Andienungsrecht** vereinbart. So kann er den Leasingnehmer durch einseitige Erklärung am Ende des Leasingverhältnisses zum Kauf des Fahrzeugs veranlassen. Er darf das Andienungsrecht allerdings nicht in einer AGB-Klausel verstecken.[2] Umgekehrt hat aber der Leasingnehmer keinen Anspruch darauf, das Fahrzeug kaufen zu können. Denn damit würde das Leasing steuerlich als verkappte Ratenzahlung behandelt mit der Folge, dass der Vorteil der ratenweisen steuerlichen Anrechnungsmöglichkeit entfiele. Der Leasingnehmer müsste das Objekt dann nach AfA-Tabelle abschreiben („**Leasingerlass**").[3] Allerdings ist diese steuerliche Komponente beim Leasing durch einen privaten Leasingnehmer ohne Belang, sodass bei solchen Konstellationen dem Leasingnehmer gelegentlich ein Recht auf Erwerb des Fahrzeugs in einem Sideletter außerhalb der Vertragsurkunde zugesichert wird. Damit wird das Leasinggeschäft dann im wirtschaftlichen Ergebnis zu einer Finanzierung. Anders liegen die Dinge, wenn die Parteien erst am Ende des Leasingvertrages den Kauf durch den Leasingnehmer vereinbaren. Das ist nicht steuerschädlich. Die Pflicht zur bestmöglichen Verwertung (siehe → Rn. 42) führt beim Restwertleasing im Ergebnis sogar zur Verpflichtung des Leasinggebers, dem Leasingnehmer das Objekt anzubieten. 3

Full-Service-Leasing: Das Kilometerleasing kommt auch in der Variante des Full-Service-Leasing vor. Dabei trägt der Leasinggeber außer dem Kraftstoffverbrauch alle weiteren **Nutzungskosten** wie Steuern, Versicherung, Wartung, Reparaturen etc. Diese legt er dann kalkulatorisch auf die monatliche Leasingrate um. Hauptanwendungsgebiet dieser Variante ist das **Flottengeschäft**. 4

2. Das Dreiecksverhältnis

Das Leasingverhältnis rund um das Kraftfahrzeug ist in der Regel ein **Dreiecksverhältnis**. Der Interessent sucht sich im Autohaus (Lieferant) ein Fahrzeug aus. Er veranlasst, dass der Lieferant den Wagen an eine Leasinggesellschaft verkauft. Jene wiederum vermietet ihm das Objekt auf Zeit gegen Geld. Kaufrechtliche Ansprüche entstehen also nur zwischen Lieferant und Leasinggesellschaft. Zwischen dem Leasingnehmer und dem Leasinggeber bestehen mietvertragliche Ansprüche. Möglicherweise besteht zwischen dem Lieferanten und der Leasinggesellschaft auch noch eine Vereinbarung, dass das Autohaus das Fahrzeug am Ende des Leasingvertrages zwischen Leasinggeber und Leasingnehmer von der Leasinggesellschaft kaufen muss („**Buy-back-Vereinbarung**"). 5

Vereinzelt kommt es auch vor, dass der Interessent selbst den Leasinggegenstand kauft, ihn dann an die Leasinggesellschaft verkauft und stehenden Fußes im Rahmen eines Leasingvertrages zur Nutzung erhält („**Sale and Lease Back**"). Diese Gestaltung betrifft aber eher andere Investitionsgüter als Autos und kann beim Massenthema Fahrzeugleasing vernachlässigt werden. 6

---

[1] Vgl. www.autohaus.de, Meldung vom 1.8.2008.
[2] AG Langenfeld Urt. v. 11.12.1989 – 13 C 451/89 NJW-RR. 1990, 565.
[3] Leasingerlass BStBl. 1971 I 264; BMF-Schreiben vom 22.12.1975, BB 1976, 72.

II. Verbraucherschutzaspekte

1. Widerrufsrecht

7   Schließt ein **Verbraucher** einen Leasingvertrag mit einem Leasinggeber, geben ihm §§ 506 Abs. 2 S. 1 Ziffern 1 bis 3 sowie 495 BGB ein **Widerrufsrecht** wie beim finanzierten Kauf. Es bedarf also einer gesonderten **Widerrufsrechtsbelehrung**. Diese wird in der Praxis so gut wie nie versäumt, weil der Leasinggeber professionell organisiert ist und Anträge ohne diese Widerrufsbelehrung nicht bearbeitet werden. Ist ein Verbraucher bei einem zwischen einem Leasinggeber und einem Unternehmer als Leasingnehmer abgeschlossenen Vertrag mithaftende Person, sei es durch einen Schuldbeitritt oder durch eine Übernahme des Vertrages, hat er die Rechte aus § 506 Abs. 2 S. 1 BGB ebenso.[4] Widerruft die mithaftende Person, ist vom Einheitlichkeitswillen der am Vertrag beteiligten Parteien auszugehen, sodass damit der gesamte Leasingvertrag fällt.[5] Für einen Bürgen gilt das allerdings nicht.

2. Abtretung wirksam ausgeschlossener Sachmangelhaftungsansprüche

8   Bei Leasingverträgen über Gebrauchtfahrzeuge kann es zu folgender, den Verbraucher benachteiligenden Konstruktion kommen: Der Lieferant verkauft das Fahrzeug unter **Ausschluss der Sachmangelhaftung** an den Leasinggeber. Weil der Leasinggeber kein Verbraucher ist, ist der Ausschluss zulässig.[6] Der Leasinggeber überlässt das Fahrzeug einem Verbraucher als Leasingnehmer und tritt seine Sachmangelhaftungsansprüche gegen den Lieferanten an ihn ab. Praktisch geht diese **Abtretung** dann **ins Leere,** denn die abgetretenen Ansprüche gibt es nicht. Nur Ansprüche, die per Sachmangelhaftungsausschluss nicht ausgeschlossen werden können (arglistige Täuschung oder Beschaffenheitsvereinbarungen) blieben bestehen. Gleichzeitig vereinbart der Leasinggeber mit dem Leasingnehmer den Ausschluss mietrechtlicher Sachmangelhaftungsansprüche. Nach der vertraglichen Konstruktion war der Leasingnehmer also ohne das Fahrzeug betreffende Sachmangelhaftungsansprüche geblieben. Einen solchen Fall hat der BGH[7] entschieden. Der Leitsatz lautet:

„Ein Finanzierungsleasingvertrag zwischen einem Leasinggeber und einem Leasingnehmer mit Verbrauchereigenschaft, der im Rahmen der leasingtypischen Abtretungskonstruktion die Abtretung der kaufrechtlichen Gewährleistungsansprüche des Leasinggebers gegen den Lieferanten der Leasingsache an den Leasingnehmer vorsieht, ist kein Umgehungsgeschäft im Sinne des § 475 Abs. 1 Satz 2 BGB. Dem Lieferanten der Leasingsache (hier eines gebrauchten Kraftfahrzeuges) ist es aus diesem Grund nicht verwehrt, sich dem Leasingnehmer mit Verbrauchereigenschaft gegenüber auf den mit dem Leasinggeber als Käufer der Leasingsache vereinbarten Gewährleistungsausschluss zu berufen. In diesem Fall stehen dem Leasingnehmer mit Verbrauchereigenschaft mietrechtliche Gewährleistungsansprüche gegen den Leasinggeber zu."

Die Gründe dazu sind lesenswert:

„Ein kaufrechtlicher Anspruch gegen die Beklagte steht dem Kläger nicht zu. Die in den AGB der Leasinggeberin enthaltene leasingtypische Abtretungskonstruktion, nämlich die Abtretung der kaufrechtlichen Gewährleistungsansprüche des Leasinggebers gegen den Lieferanten der Leasingsache an den Leasingnehmer als Ersatz für den Ausschluss der mietrechtlichen Gewährleistung des Leasinggebers, ist hier ins Leere gegangen. Die Leasinggeberin hat dem Kläger keine Gewährleistungsansprüche gegen die Beklagte aus dem mit dieser geschlossenen Kaufvertrag abtreten können, weil nach diesem Vertrag die Gewährleistung der Beklagten ausgeschlossen ist. Das ist bei einem Kaufvertrag zwischen Unternehmern (§ 14 BGB) wie der Leasinggeberin und der Beklagten grundsätzlich möglich, wie sich aus § 444 BGB ergibt.

Der Auffassung des Klägers, der Beklagten sei es nach § 475 Abs. 1 BGB verwehrt, sich ihm gegenüber auf den Gewährleistungsausschluss in ihrem Kaufvertrag mit der Leasinggeberin zu berufen, ist das Berufungsgericht zu Recht nicht gefolgt. Es ist nämlich kein Verbrauchsgüterkauf gegeben, weil die Beklagte den Kaufvertrag über das Fahrzeug nicht, auch nicht zunächst, mit dem Kläger, sondern von

---

[4] *Reinking/Sprenger/Kessler* 4. Aufl. § 5 Rn. 72 ff.
[5] BGH Urt. v. 5.6.1996 – VIII ZR 151/95, NJW 1996, 2156.
[6] LG Ravensburg Urt. v. 27.7.2004 – Z 071/04, SVR 2005, 231; so im Ergebnis auch BGH Urt. 21.12.2005 – VIII ZR 85/05, NJW 2006, 1066.
[7] BGH Urt. 21.12.2005 – VIII ZR 85/05, NJW 2006, 1066.

vorneherein mit der Leasinggeberin, einer Unternehmerin, abgeschlossen hat. ... Ein Leasingvertrag mit einem Verbraucher, wie ihn im vorliegenden Fall die Leasinggeberin mit dem Kläger über das von ihr aus diesem Anlass von der Beklagten gekaufte Fahrzeug geschlossen hat, stellt entgegen der Ansicht der Revision keine Umgehung der in § 475 Abs. 1 Satz 1 BGB bezeichneten Vorschriften des Verbrauchsgüterkaufs dar.

Der Abschluss des Leasingvertrages zwischen der Leasinggeberin und dem Kläger hat nicht den Zweck, der Beklagten in deren Kaufvertrag mit der Leasinggeberin zu Lasten des Klägers den Ausschluss der Gewährleistung für das in Rede stehende Fahrzeug zu ermöglichen. Der Abschluss des Leasingvertrages beruht vielmehr allein darauf, dass der Kläger – ersichtlich aus wirtschaftlichen Gründen – keinen Kaufvertrag mit der Beklagten schließen konnte oder wollte. In einem solchen Fall dient das hier gegebene Finanzierungsleasing, bei dem der Leasingnehmer dem Leasinggeber die volle Amortisation des für den Erwerb der Leasingsache eingesetzten Kapitals einschließlich des kalkulierten Gewinns schuldet, als Finanzierungshilfe (§§ 499 Abs. 2, 500 BGB), die dem Leasingnehmer – gegen Leistung von Leasingraten und gegebenenfalls von sonstigen Zahlungen (Sonderzahlung, Schlusszahlung) – wie einem Mieter die zeitlich begrenzte Nutzung der Leasingsache ermöglicht. Zugleich verhilft sie dem Leasinggeber zu dem angestrebten Gewinn und dem Lieferanten der Leasingsache mittelbar zu einem – mit dem Leasingnehmer selbst nicht möglichen – Umsatzgeschäft.

Dass der Leasinggeber dem Leasingnehmer im Rahmen der leasingtypischen Abtretungskonstruktion seine kaufrechtlichen Gewährleistungsansprüche gegen den Lieferanten der Leasingsache abtritt, rechtfertigt keine andere Beurteilung. Diese Abtretung erfolgt nach der zutreffenden Ansicht des Berufungsgerichts nicht, um dem Leasingnehmer wieder eine ihm eigentlich zukommende Käuferposition zu verschaffen, die ihm durch den Leasingvertrag mit dem Leasinggeber entgangen ist, sondern dient allein dem Zweck, den vom Leasinggeber angestrebten Ausschluss seiner mietrechtlichen Gewährleistung auszugleichen und damit in rechtlicher Hinsicht zu ermöglichen.

Nach alledem ist es der Beklagten mangels Umgehung der für den Verbrauchsgüterkauf geltenden Vorschriften nicht verwehrt, sich dem Kläger gegenüber auf den formularmäßigen Gewährleistungsausschluss in ihrem Kaufvertrag mit der Leasinggeberin zu berufen."

Diese Passage betraf nur den **kaufrechtlichen Sachmangelhaftungsausschluss.** Den **mietrechtlichen Haftungsausschluss** hat das Gericht dann aber gekippt und dem Leasingnehmer damit sogar ein Mehr an Rechten gegeben: 9

„Er kann sich wegen der von ihm behaupteten Mängel des Fahrzeugs an die Leasinggeberin halten. Jedenfalls ist der Ausschluss der mietrechtlichen Gewährleistung des Leasinggebers einem Leasingnehmer mit Verbrauchereigenschaft gegenüber gemäß der zitierten Senatsrechtsprechung dann unwirksam, wenn die Abtretung der kaufrechtlichen Gewährleistungsansprüche des Leasinggebers nicht nur eingeschränkt ist, sondern – wie hier – vollständig leer läuft, weil diese Ansprüche im Kaufvertrag zwischen Leasinggeber und Lieferant ausgeschlossen sind. Andernfalls wäre der Leasingnehmer rechtlos gestellt. Die mietrechtlichen Gewährleistungsansprüche bieten dem Leasingnehmer generell nicht weniger Rechte als die kaufrechtlichen Gewährleistungsansprüche aus § 437 BGB dem Käufer. So kann der Leasingnehmer von dem Leasinggeber Beseitigung eines Mangels der Leasingsache verlangen (§ 535 Abs. 1 Satz 2 BGB), wegen eines solchen Mangels die Leasingraten mindern (§ 536 BGB), Schadens- und Aufwendungsersatz beanspruchen (§ 536a BGB) oder den Leasingvertrag wegen Vorenthaltung des vertragsgemäßen Gebrauchs fristlos kündigen (§ 543 Abs. 1, Abs. 2 Satz 1 Nr. 1 BGB). Die mietrechtliche Gewährleistung ist sogar in einem wesentlichen Punkt erheblich günstiger als die kaufrechtliche. Während der Verkäufer nach § 434 Abs. 1 BGB nur dafür haftet, dass die Kaufsache bei Gefahrübergang, regelmäßig also bei Übergabe (§ 446 Satz 1 BGB), vertragsgemäß ist, hat der Leasingnehmer die oben genannten Rechte auch wegen eines erst nach Übergabe während der Laufzeit des Leasingvertrages auftretenden Mangels. Dies geht selbst über die zeitlich begrenzte Beweislastumkehr nach § 476 BGB hinaus."

Das ist also im Ergebnis für den Leasingnehmer vorteilhaft, weil der „**Vermieter**" die **Pflicht zur Instandhaltung** auf eigene Kosten hat. Außerdem kann der Leasingnehmer dann auch während der Mangelhaftigkeit die Leasingraten mindern oder gar zurückhalten. Wegen dieser Konsequenz findet man die oben geschilderte Konstellation jedenfalls in seit der BGH-Entscheidung abgeschlossenen Gebrauchtwagen-Leasingverträgen kaum noch. 10

III. Inzahlunggabe eines Fahrzeugs

Gibt der Leasingnehmer sein bisheriges Fahrzeug **in Zahlung**, verkompliziert sich das Dreiecksverhältnis aus Lieferanten, Leasinggeber und Leasingnehmer um diese Komponen- 11 te. Die Leasinggesellschaft nimmt wohl nie ein Fahrzeug in Zahlung, sondern überlässt das dem liefernden Händler.

12 Wirtschaftlich sind dabei zwei Varianten möglich. Entweder verrechnet der Händler den für den hereingenommenen Wagen vereinbarten Preis mit dem Verkaufspreis für den zu leasenden Wagen. Dann wird der um den Anrechnungspreis billiger, was sich auf die Kalkulation der Leasinggesellschaft auswirkt. Die Gesamtsumme aus der gegebenenfalls zu leistenden Leasingsonderzahlung und den Raten verringert sich entsprechend. Oder es bleibt beim ursprünglichen Neuwagenbetrag und der Händler leitet den Hereinnahmebetrag an die Leasinggesellschaft zur Verrechnung mit deren Ansprüchen gegen den Leasingnehmer weiter. Wird aus dem Text der Vertragsurkunden nicht ausreichend klar, welche Variante gewählt wurde, lässt sich das anhand der Zahlen rekonstruieren.

13 In seltenen Fällen kauft der Händler das Gebrauchtfahrzeug auch isoliert an und zahlt den Betrag an den Kunden aus, oder aber das Fahrzeug wird im Rahmen eines Agenturgeschäftes vermarktet.

IV. Sachmangelhaftungsansprüche

1. Grundsätzliches

14 Die Sachmangelhaftungsansprüche als solche ergeben sich aus dem Kaufrecht **ohne wesentliche Besonderheit** (siehe → § 39 Rn. 219 bis 271). Allerdings stellt sich die Frage, auf wessen Kenntnis im Rahmen des **§ 442 BGB** (Übernahme in Kenntnis eines Mangels) abzustellen ist. Käufer ist der Leasinggeber, aber der bekommt das Fahrzeug in der Regel nicht zu Gesicht. Deshalb erscheint es sachgerecht, auf die **Kenntnis des Leasingnehmers** abzustellen.[8]

2. Abwicklung

15 Besonderheiten ergeben sich nur in der **Abwicklung**, und das ist eine häufige Fehlerquelle mit Regressgefahr in der anwaltlichen Arbeit. Der Käufer des Autos ist im Normalfall die Leasinggesellschaft. Die kaufrechtlichen Ansprüche bestehen nur zwischen Autohaus und Leasinggesellschaft. Die **Leasinggesellschaft** ist aber **kein Verbraucher,** so dass die Segnungen des Verbrauchsgüterkaufes (siehe → § 39 Rn. 1 bis 25) dem Leasingnehmer auch dann nicht zu Gute kommen, wenn der wiederum Verbraucher ist.[9] So sind alle Überlegungen zum besonderen Verbraucherschutz der §§ 474 ff. BGB auszublenden.

16 Tatsächlich aber versteht sich der Leasinggeber nicht als Fahrzeugkäufer und -vermieter, sondern als Bank. Daher hat er kein Interesse daran, sich mit dem Autohaus über eventuelle Mängel am Fahrzeug auseinanderzusetzen, zumal ihm oft die räumliche Nähe und immer der Zugriff auf das Auto fehlen. Das wird in der weit überwiegenden Zahl der Verträge wie folgt gelöst: Der Leasinggeber tritt dem Leasingnehmer seine Sachmangelhaftungsansprüche gegen den Lieferanten ab. Der Leasingnehmer kann diese Ansprüche im Bedarfsfall im eigenen Namen geltend machen. Aber, das noch einmal zur Verdeutlichung, es sind die Ansprüche, wie sie beim Leasinggeber als Käufer entstanden sind. Macht der Leasingnehmer also **Sachmangelhaftungsansprüche aus abgetretenem Recht** geltend, steht ihm insbesondere die Beweislastumkehr aus § 476 BGB nicht zur Seite.

17 Viele Leasinggeber haben vertraglich vereinbart, dass der Leasingnehmer sie über geltend gemachte Sachmangelhaftungsansprüche informieren muss. Insbesondere bei Minderung und Rücktritt ist das wegen der rechtlichen Folgen für den Leasingvertrag von Relevanz. Hat der Leasingnehmer seine **Informationspflicht** verletzt und kann der Leasinggeber nachweisen, dass er bei erfolgter Information erfolgreich eingegriffen hätte, können sich daraus Schadenersatzansprüche des Leasinggebers gegen den Leasingnehmer ergeben,[10] die im ungünstigen Fall zu einem Regressanspruch des Leasingnehmers gegen seinen Anwalt führen können.

---

[8] *Reinking/Kessler/Sprenger* § 8 Rn. 5.
[9] LG Ravensburg Urt. v. 27.7.2004 – Z O 71/04 SVR 2005, 231; so im Ergebnis auch BGH Urt. v. 21.12.2005 – VIII ZR 85/05, NJW 2006, 1066.
[10] BGH Urt. v. 13.3.1991 – VIII ZR 34/90, ZIP 1991, 519.

Im Kontrast zur tatsächlichen Rechtslage hat der Leasingnehmer bei Sachmangelhaftungsansprüchen regelmäßig das Gefühl, er sei Kunde des Lieferanten und der Lieferant würde „für ihn" haften. Bei der Nachbesserung macht das im Ergebnis auch keinen Unterschied. Das Fahrzeug wird in Ordnung gebracht. Schon bei der **Eratzlieferung** geht es jedoch nicht ohne Mitwirkung der Leasinggesellschaft, denn der **Fahrzeugbrief (Zulassungsbescheinigung Teil II)** muss ausgetauscht werden.

Beim Schritt in die Minderung oder in den Rücktritt schnappt dann oft die Falle (und damit die anwaltliche Regressfalle) zu: Klagt der Leasingnehmer auf Rückzahlung der von ihm geleisteten Leasingsonderzahlung und der bisherigen Raten an sich selbst Zug um Zug gegen Rücknahme des Fahrzeugs, ist das falsch. Geklagt werden muss gegen den Lieferanten auf Rückzahlung des Kaufpreises abzüglich der gezogenen Nutzungen an den Leasinggeber. Vom Leasinggeber müssen dann die dorthin geleisteten Zahlungen abzüglich der gezogenen Nutzung zurückverlangt werden. Klagt der Leasingnehmer hingegen auf Rückzahlung der von ihm gezahlten Leasingentgelte Zug um Zug gegen Rückgabe des Fahrzeugs und wird das Urteil rechtskräftig, bleibt der Kaufpreis, den der Leasinggeber an den Lieferanten gezahlt hat, „in der Luft hängen". Erfolgen Rücktritt und Klage nach nur wenigen Monaten, ist der Fehlbetrag sehr hoch.

Mit Wegfall des Kaufvertrages muss auch der Leasingvertrag entfallen. Umstritten ist seit der Schuldrechtsreform jedoch der Weg dorthin.[11] Eine Auffassung besagt, dass mit dem **Wegfall des Kaufvertrages die Geschäftsgrundlage für den Leasingvertrag entfällt**. Auch unter dieser Prämisse stellt sich die Frage, ob der Leasingvertrag damit automatisch erledigt ist oder ob auch insoweit der Rücktritt erklärt werden muss. Eine andere Meinung besagt, dass der Leasingnehmer mit Wegfall des Kaufvertrages ein Kündigungsrecht hinsichtlich des Leasingvertrages hat und das dieser erst mit der Kündigung entfällt. Eine dritte Meinung will die Rechtsfolge des § 326 Absatz 4 BGB auf die Situation anwenden. Solange dieser Fragenkreis nicht höchstrichterlich geklärt ist, sollte der Anwalt sich auf den Standpunkt des automatischen Wegfalls des Leasingvertrages stellen, jedoch hilfsweise den **Rücktritt vom Leasingvertrag erklären** und ebenfalls hilfsweise den **Leasingvertrag kündigen**. Nur von der Automatikwirkung auszugehen, ohne das durch die Hilfserklärungen zu flankieren, könnte fatale Folgen haben.

Bei **Minderung** kann nur zur **Zahlung an den Leasinggeber** (gewillkürte Prozessstandschaft) verlangt werden. Der Minderungsbetrag muss dann im Innenverhältnis mit dem Leasinggeber verrechnet werden. Eine solche Verrechnung berücksichtigt die Interessen des Leasingnehmers nur dann ausreichend, wenn der damit verbundene Kapitalrückfluss zu einer sofortigen Reduzierung der Leasingraten führt. Gleichzeitig muss beim Restwertvertrag der kalkulierte Restwert neu festgesetzt werden. Eine Verrechnung erst am Ende der Laufzeit würde den Leasingnehmer benachteiligen.[12]

Ein Sachmangel ist aufgrund der Abtretung der Ansprüche zwischen Leasingnehmer und Lieferant abzuwickeln. Der Leasinggeber ist außen vor. Ob der Leasingnehmer dem Leasinggeber gegenüber nach fehlgeschlagener Nacherfüllung bis zur Durchsetzung eines Rücktritts die Leasingraten zurückhalten kann, hängt davon ab, ob er Verbraucher ist, oder nicht. § 506 Abs. 2 S. 1 BGB verweist auf § 359 BGB. Der wiederum gibt dem Verbraucher das Recht die Rückzahlung des Darlehens, hier gleichbedeutend mit den Leasingraten, zu verweigern. Voraussetzung ist nach § 359 Abs. Satz 3 BGB aber das Fehlschlagen der Nacherfüllung. Ist der Leasingnehmer kein Verbraucher, muss er die Leasingraten bis zur Beendigung des Leasingvertrages weiterzahlen.

V. Erwerb des Fahrzeugs durch den Leasingnehmer nach Leasingende

Wenn Leasing vom Leasingnehmer nicht als Nutzung auf Zeit, sondern als Finanzierung verstanden wird, möchte er das Auto zum Schluss gegen Zahlung einer „Schlussrate" er-

---

[11] Zum Gesamten siehe *Reinking/Kessler/Sprenger* § 8 Rn. 54 ff.
[12] *Reinking/Kessler/Sprenger* § 8 Rn. 83 ff.

werben. Diese „Schlussrate" ist aber nichts anderes, als der Kaufpreis für das Auto nach Beendigung des Leasingvertrages.

24 Rechtlich passiert dann vielfach Folgendes: Die Leasinggesellschaft verkauft das Fahrzeug an den buy-back-verpflichteten Händler, der wiederum an den bisherigen Leasingnehmer. Oder der Leasinggeber verkauft – was selten vorkommt – unmittelbar an den Leasingnehmer. Das ist dann der erste Kauf durch den Nutzer, und ggf. ist das auch ein **Verbrauchsgüterkauf** mit allen Verbraucherschutzaspekten inklusive der Beweislastumkehr.[13] Allerdings wird dann vielfach § 442 BGB eingreifen (Kenntnis vom Mangel).

VI. Diebstahl des Fahrzeugs während der Laufzeit des Leasingvertrages

25 Wird das Fahrzeug während der Laufzeit des Leasingvertrages gestohlen, steht die Ersatzleistung der Versicherung dem Leasinggeber zu. Zur Absicherung dieses Anspruches lässt er sich regelmäßig einen **Sicherungsschein** der Kaskoversicherung zu seinen Gunsten ausstellen. Wurde am Anfang des Leasingvertrages vom Leasingnehmer eine Leasingsonderzahlung geleistet und wird das Fahrzeug zu Beginn der Vertragslaufzeit entwendet, kommt es gegebenenfalls durch die Versicherungsleistung zur **Überzahlung,** weil die Erstattung auf den Wiederbeschaffungswert höher sein kann, als die offene Forderung aus dem Leasingvertrag. Das ist dann eine Sache der Abrechnung im Innenverhältnis.

26 Eine Klausel, mit der dem Leasinggeber im Falle eines Fahrzeugverlustes entweder der **Zeitwert** des Fahrzeugs oder der „**Restvertragswert**" zustehen sollte, wobei entscheidend dafür war, welcher Betrag der höhere ist, hat der BGH[14] für wirksam erachtet:

„Eine Klausel in den Allgemeinen Geschäftsbedingungen eines Kraftfahrzeug-Leasinggebers, wonach dieser im Falle der Kündigung des Leasingvertrages wegen Verlusts des Leasingfahrzeugs Anspruch auf dessen Zeitwert oder den Restvertragswert in Höhe seines nicht amortisierten Gesamtaufwandes hat, wobei der höhere Wert maßgebend ist, benachteiligt den zur Versicherung des Fahrzeugs verpflichteten Leasingnehmer nicht unangemessen im Sinne des § 307 Abs. 1 BGB."

27 In dem Fall kam es allerdings auf das Zusammenspiel mehrerer Klauseln an, wobei nach den dort zugrunde liegenden Bedingungen der Diebstahlsfall wie der Fall einer außerordentlichen Kündigung zu behandeln war. Es muss also für jeden Fall anhand des Urteils abgeglichen werden, ob das Zusammenspiel der Bedingungen vergleichbar ist.

VII. Unfall mit Totalschaden während der Leasingzeit

28 Nahezu alle Leasingverträge sehen vor, dass bei einem Unfallschaden ein **Totalschaden** vorliegt, wenn die Reparaturkosten 50 oder 60 Prozent des Wiederbeschaffungswertes erreichen oder übersteigen. Zumeist ist für solche Fälle auch vertraglich vereinbart, dass der Leasinggeber bei **Haftpflichtschäden** dann die auf das Fahrzeug bezogene Schadenregulierung selbst vornimmt. Aufgrund des Eigentums am Fahrzeug ist er der Gläubiger. Bei **Kaskoschäden** veranlasst der Leasingnehmer die Abrechnung. Aufgrund des regelmäßig erteilten Sicherungsscheines zu dessen Gunsten zahlt die Kaskoversicherung dann an den Leasinggeber. Kommt es während der Laufzeit des Leasingvertrages zu einem Unfall mit Totalschaden, hat der Leasingnehmer ein **nicht abdingbares Kündigungsrecht.**[15] Eine Reparaturpflicht hat er nicht. Der Leasinggeber hat nur dann ein Kündigungsrecht, wenn er es – was regelmäßig der Fall ist – vertraglich vereinbart hat. Der durch Kündigung beendete Leasingvertrag wird dann abgerechnet.

29 Insbesondere, wenn sich der Unfall in einem frühen Stadium der Leasinglaufzeit ereignet, wenn also die gezahlten Leasingentgelte den rasanten Wertverlust zu Beginn der Fahrzeugnutzung noch nicht abdecken, kommt es dabei zu finanziellen Lücken zu Lasten des Leasingnehmers. Jedenfalls bei Privatleasingverträgen wird daher vielfach eine so genannte

---

[13] So im Ergebnis BGH Urt. v. 1.6.2005 – VIII ZR 234/04, NJW-RR 2005, 1421.
[14] BGH Urt. v. 27.9.2006 – VIII Z 217/05, NJW 2007, 290.
[15] BGH Urt. v. 11.12.1991 – VIII ZR 31/9, NJW 1992, 683.

Gap-Versicherung (nach dem englischen Wort gap = Lücke) abgeschlossen, womit der Leasinggeber im Ergebnis das Liquiditätsrisiko auf Seiten des Leasingnehmers abwälzt.

Umgekehrt kann es sein, dass die Entschädigung der Haftpflicht- oder Kaskoversicherung den **Amortisationsanspruch** des Leasinggebers aus dem Leasingvertrag **übersteigt**. Die unter → Rn. 26 (Diebstahl) zitierte BGH-Entscheidung, dass sich der Leasinggeber vertraglich den Anspruch auf nach seiner Wahl den „Restvertragswert" oder den Zeitwert sichern darf, ist auch auf die Unfallsituation anwendbar.[16]

Hat der Leasingnehmer den Unfall ganz oder nach Quote selbst verschuldet und tritt eine Kaskoversicherung nicht ein, haftet er dem Leasinggeber selbst auf Ersatz des Fahrzeugschadens. Das gilt auch für Reparaturfälle.

VIII. Unplanmäßige Beendigung des Leasingvertrages

Eine Kündigung des Leasingvertrages durch den Leasinggeber wegen **vertragswidrigen Gebrauchs** oder wegen sonstiger **Vertragsverletzungen** setzt eine vorherige Abmahnung voraus, sofern sie Erfolg versprechend ist. Kündigt der Leasinggeber wegen **Zahlungsrückstand** des Leasingnehmers mit zwei oder mehr Raten fristlos, kann der Leasingnehmer die Kündigung durch unverzügliche Zahlung des gesamten offen stehenden Betrages ausgleichen. Damit ist aber nicht zwingend auch eine gleichzeitig hilfsweise erklärte fristgemäße Kündigung vom Tisch.[17] Wird ein Leasingvertrag mit einem **Verbraucher** wegen Zahlungsrückstandes gekündigt, sind die Regelungen aus §§ 498, 506 Abs. 2 Satz 1 BGB zu beachten. Die Bezifferung des offen stehenden Betrages muss präzise erfolgen. Nur eine vollständige Zahlung des Leasingnehmers lässt die Kündigungswirkung entfallen, eine Teilzahlung genügt nicht.[18]

Wurde der Vertrag wirksam gekündigt, hat der Leasinggeber einen Anspruch auf **Herausgabe** des Fahrzeugs. Die weit verbreitete Selbstjustiz, das Fahrzeug „sicherzustellen", ist unzulässig,[19] aber aus Sicht der Leasinggesellschaften offenbar (eigens dafür sind Dienstleistungsfirmen am Markt tätig) effizient.

Hat der Leasingnehmer die Kündigung durch den Leasinggeber verschuldet, haftet er auf **Ersatz des Amortisationsschadens** inklusive des **Unternehmergewinns**. Der besteht aus den künftigen Leasingraten und dem Restwert, wobei sich der Leasinggeber den **Vorteil** vorzeitigen Kapitalrückflusses anrechnen lassen muss, was durch Abzinsung zu berechnen ist.[20] Den höheren Wert oder Verwertungserlös des nun jüngeren Fahrzeugs muss sich der Leasinggeber ebenfalls anrechnen lassen, gegebenenfalls in einer (bis zur Verwertung) vorläufigen Abrechnung durch ein Wertgutachten. Ebenfalls muss sich der Leasinggeber den Wegfall laufzeitabhängiger Kosten, insbesondere seiner auf das Fahrzeug bezogenen **Verwaltungskosten** anrechnen lassen. **Berechnungsmodelle und Formeln** zur Ermittlung des Schadens und der anzurechnenden Vorteile finden sich bei *Reinking/Kessler/Sprenger* AutoLeasing und AutoFinanzierung § 9 Rn. 55 bis 72.

Der Schadenersatz nach Vertragskündigung ist keine „steuerbare Leistung", er unterliegt also **nicht der Umsatzsteuer.** Dazu der BGH:[21]

„Es wird daran festgehalten, dass Schadensersatzleistungen, die der Leasingnehmer nach einer von ihm schuldhaft veranlassten außerordentlichen Kündigung des Leasingvertrages zu erbringen hat, ohne Umsatzsteuer zu berechnen sind, weil ihnen eine steuerbare Leistung (§ 1 Abs. 1 Nr. 1 UStG) nicht gegenübersteht und der Leasinggeber deshalb Umsatzsteuer auf sie nicht zu entrichten hat (Senatsurteil vom 11. Februar 1987 – VIII ZR 27/86, WM 1987, 562 = NJW 1987, 1690).

Nichts anderes gilt für den leasingtypischen Ausgleichsanspruch des Leasinggebers, der auf Ausgleich seines noch nicht amortisierten Gesamtaufwandes zum Zeitpunkt einer ordentlichen Kündigung, einer

---

[16] *Reinking/Kessler/Sprenger* § 14 Rn. 84.
[17] BGH Urt. v. 16.2.2005 – VIII ZR 6/04, NZM 2005, 334, das zwar dem Wohnungsmietrecht entstammt, jedoch übertragbar ist.
[18] BGH Urt. v. 26.1.2005 – VIII ZR 90/04, WM 2005, 459.
[19] Wegen der Einzelheiten zum Rechtsschutz siehe *Reinking/Kessler/Sprenger* § 9 Rn. 36 ff.
[20] BGH, zfs 1997, 336.
[21] BGH Urt. v. 14.3.2007 – VIII ZR 68/06, NJW-RR 2007, 1066.

nicht durch den Leasingnehmer schuldhaft veranlassten außerordentlichen Kündigung oder einer einvernehmlichen vorzeitigen Beendigung des Leasingvertrages gerichtet ist."

36 Muss der Leasinggeber am Fahrzeug **Reparaturen** vornehmen, um es überhaupt verkaufen zu können, oder führen Reparaturen voraussichtlich zu einem die Reparaturkosten übersteigenden Mehrerlös, schuldet der Leasingnehmer auch die.[22]

37 Beim Kilometerleasingvertrag bleibt es bei einer vorzeitigen Beendigung bei diesem Kalkulationsprinzip. Eine früher verbreitete Klausel, nach der sich ein Kilometerleasingvertrag bei unplanmäßiger Beendigung in einen Restwertleasingvertrag mit Überwälzung des Verwertungsrisikos auf den Leasingnehmer umwandelt, ist unzulässig.

IX. Planmäßige Beendigung des Leasingvertrages

38 Am Ende des Leasingvertrages schuldet der Leasingnehmer die **Rückgabe** des Fahrzeugs in **vertragsgemäßem Zustand** nebst Schlüsseln und Papieren. Dabei wird oft vereinbart, dass die Rückgabe beim Lieferanten erfolgen soll. Die Rückgabepflicht besteht ausnahmsweise dann nicht, wenn der Leasinggeber von einem vereinbarten Andienungsrecht Gebrauch macht.

39 Gibt der Leasingnehmer das Fahrzeug pflichtwidrig nicht zurück, schuldet er dem Leasinggeber für die entsprechende Zeit Nutzungsersatz. Der Mindestschadenersatz ist, gestützt auf § 546a BGB, die vereinbarte zeitanteilige Leasingrate. Bei taggenauer Abrechnung ist dann pro Tag $1/30$ der monatlichen Rate geschuldet. Der BGH[23] wendet diese Vorschrift auch auf Leasingverträge an, obwohl der tatsächliche Schaden vermutlich niedriger liegt. Denn die Vollamortisation ist ja bereits kalkulatorisch erreicht.

1. Die Abrechnung des Restwertvertrages

40 Der Restwertleasingvertrag kann erst nach der Verwertung des Fahrzeugs abschließend abgerechnet werden. Wird für das Fahrzeug ein **Mindererlös** erzielt, als kalkulatorisch angenommen, muss der Leasinggeber die Lücke schließen. Am **Mehrerlös** partizipiert er mit 75 Prozent, soweit der Vertrag dem Leasingerlass (siehe → Rn. 3) konforme Bedingungen enthält.

41 Auch hier stellt sich die Frage nach der umsatzsteuerlichen Behandlung der Ausgleichszahlung. Der BGH[24] hat entschieden:

„Ein vom Leasingnehmer nach Vertragsablauf zu zahlender Restwertausgleich ist umsatzsteuerpflichtig."

Er begründet:

„Denn anders als bei dem Anspruch auf Minderwertausgleich bei einem Kilometerleasingvertrag (vgl. hierzu Senatsurteil vom 18. Mai 2011 – VIII ZR 260/10) handelt es sich bei der Restwertgarantie der vorliegenden Art nicht um einen Anspruch, der ein bei Vertragsbeendigung bestehendes Leistungsungleichgewicht ausgleichen will. Die Restwertgarantie ist vielmehr ein bereits bei Vertragsschluss vereinbarter, dem Grunde nach bestimmter Teil des Leasingentgelts; sie stellt sicher, dass der gesamte Anschaffungs- und Finanzierungsaufwand (zuzüglich des Geschäftsgewinns) des Leasinggebers amortisiert wird (vgl. dazu Senatsurteil vom 2. Januar 1986 – VIII ZR 318/84). Dieser Hauptleistungspflicht des Leasingnehmers steht die Gebrauchsüberlassungspflicht des Leasinggebers, auch wenn sie bereits erfüllt ist, gegenüber. Der Restwertausgleich ist daher ein steuerbares Entgelt des Leasingnehmers im Sinne von § 10 Abs. 1 Satz 2 UStG für die bereits erhaltene Gebrauchsüberlassung."

2. Verwertung des Fahrzeugs nach Vertragsbeendigung

42 Wenn der erzielte Erlös für das Fahrzeug in der Abrechnung eine Rolle spielt, wie es einerseits beim Restwertvertrag und andererseits wegen der Schadenberechnung bei der Verwertung des Objekts im Rahmen einer unplanmäßigen Beendigung des Leasingvertrages der

---

[22] BGH Urt. v. 27.11.1991 – VIII ZR 39/91, NJW-RR. 1992, 378.
[23] BGH Urt. v. 5.4.1987 – VIII ZR 49/77, NJW 1978, 1432.
[24] BGH Urt. v. 28.5.2014 – VIII ZR 179/13, NJW 2014, 2944.

Fall ist, schuldet der Leasinggeber die **bestmögliche Verwertung**.[25] Einem Streit darüber kann er sich entziehen, indem er das Fahrzeug unter Benennung seines bisher besten Angebotes oder des Schätzwertes auch dem **Leasingnehmer anbietet**. Dem muss er dann eine **angemessene Frist** einräumen, in der er entscheiden kann, entweder selbst zu kaufen oder aber einen Käufer zu suchen, der mehr bietet.[26] Die Länge der Frist hat zu berücksichtigen, dass der Leasingnehmer nicht „über Nacht" einen Käufer finden kann, aber auch, dass das Fahrzeug durch Zeitablauf an Wert verliert. Jedenfalls wenn keine Feiertage darin liegen, wird eine **zweiwöchige Frist** als ausreichend lang angesehen.[27]

Umstritten und ein häufiger Streitpunkt ist, ob der Leasinggeber das Fahrzeug zum **Händlereinkaufspreis** vermarkten darf oder ob er einen Endabnehmer zum **Händlerverkaufspreis** suchen muss. Der BGH[28] hat das offen gelassen. Die Pflicht zur bestmöglichen Vermarktung erfülle der Leasinggeber „nicht ausnahmslos" mit der Vermarktung zum Händlereinkaufspreis. Andererseits müsse er auch nicht unbedingt den Händlerverkaufspreis erzielen. Das alles sei eine Sache des Einzelfalles.

Das OLG Stuttgart[29] hat zu dieser Frage entschieden:

„1. Will ein Leasinggeber seiner Pflicht zur bestmöglichen Verwertung eines Leasinggegenstands dadurch genügen, dass er ihn dem Leasingnehmer nach Einholung eines Schätzgutachtens zum Schätzwert anbietet (BGH NJW 1997, 3166), so genügt es, wenn er dem Leasingnehmer das Ergebnis des Gutachtens mitteilt. Die Übersendung des Gutachtens ist nicht erforderlich.
2. Jedenfalls dann, wenn der Leasingnehmer weiß, dass das Schätzgutachten einen zu niedrigen Preis ausweist, kann der Leasinggeber selbst dann nach den vom BGH in NJW 1997, 3166 festgelegten Grundsätzen vorgehen, wenn er den zu geringen Schätzwert nicht vertreten hat.
3. Auch der markengebundene Leasingnehmer ist bei einer Verwertung des Leasingfahrzeuges nicht verpflichtet, dem Leasingnehmer den Händlerverkaufspreis ohne Abzüge gutzuschreiben (Abweichung von OLG Brandenburg NJW-RR 1998, 1671).
4. Beauftragt der Leasinggeber im Rahmen der Verwertung des Leasinggegenstands einen Schätzgutachter mit der Feststellung des Wertes des Leasinggegenstands, so ist der Gutachter – bei Vorliegen der sonstigen Voraussetzungen des § 278 BGB – der Erfüllungsgehilfe des Leasinggebers."

Das OLG Stuttgart begründet seine Auffassung unter Berücksichtigung dessen, dass der Leasinggeber zuvor das Fahrzeug angeboten hatte, wie folgt:

„Die Anwendung der referierten Rechtsprechung des BGH scheitert auch nicht daran, dass die Leasinggeberin markengebunden ist und daher nach der überwiegenden Meinung der Oberlandesgerichte eine Verwertung über das Händlernetz zu versuchen hat (zB OLG Koblenz NJW 1995, 1227, 1228; OLG Düsseldorf OLGR 1999, 333, 335), der Leasingnehmer deswegen einen Anspruch auf Gutschrift des HVK hätte (so OLG Brandenburg NJW-RR 1998, 1671 f.; aA OLG Düsseldorf aaO) und der Leasingnehmer damit nicht auf eine eigene Verwertung verwiesen werden könnte, bei dem dem Leasingnehmer dieser Verkaufsvorteil verloren gehen würde (so aber OLG Brandenburg NJW-RR 1998, 1671, 1672).

Der Rechtsprechung des OLG Brandenburg steht entgegen der Auffassung der Klägerin allerdings keine andere Rechtsprechung des BGH entgegen. Dieser hat weder in seiner älteren noch in seiner neuesten Rechtsprechung die Verwertung zum HEK als angemessen beurteilt. In seiner neueren Rechtsprechung (insb. NJW 1996, 455) heißt es vielmehr, dass der Leasinggeber seine Pflicht zur bestmöglichen Verwertung „ nicht ausnahmslos durch Veräußerung an einen Händler zu dessen Einkaufspreis" erfüllt. Etwas anderes ergibt sich auch nicht aus dem in der Klage weiter zitierten Urteil des OLG Düsseldorf BB 1997, 701, das gerade weitere Maßnahmen des Leasinggebers verlangt. Einzig passend ist, dass das OLG Düsseldorf ausführt, dass im dortigen Fall nicht der HVK gutzubringen ist, was bei einer Leasinggeberin wohl aus der Sparkassenorganisation aber ohnehin allgemeiner Meinung entspricht.

Auch wenn keine Rechtsprechung des BGH entgegensteht, überzeugt die Argumentation des OLG Brandenburg den Senat nicht. Kein Leasinggeber ist verpflichtet, den vollen HVK gutzubringen. Selbst wenn dem Leasinggeber nach der Rechtsprechung des BGH zuzumuten ist, Verkaufsbemühungen zu unternehmen, führt dies nicht dazu, dass sich der Leasinggeber als unbezahlter Autohändler betätigen

---

[25] BGH Urt. v. 10.10.1990 – VIII ZR 256/89, NJW 1991, 221.
[26] BGH Urt. v. 4.6.1997 – VIII ZR 312/96, NJW 1997, 3166.
[27] *Reinking/Kessler/Sprenger* § 9 Rn. 81 mwN.
[28] BGH Urt. v. 10.10.1990 – VIII ZR 256/89, NJW 1991, 221.
[29] OLG Stuttgart Urt. v. v. 29.5.2007 – 1 U 28/07, BeckRS 2007, 18851.

muss, der zudem nach der Schuldrechtsreform seine Gewährleistung gegenüber Verbrauchern nicht ausschließen (§ 475 Abs. 1 BGB), den HVK aber idR nur gegenüber Endverbrauchern erzielen kann. Zudem ist nicht ersichtlich, wie ein Leasinggeber wirtschaftlich durchsetzen könnte, dass der rechtlich selbständige Fahrzeughändler auf seine Marge verzichtet (so auch *Engel* aaO § 9 Rn. 86). Diese Argumente greifen genauso, wenn der Leasinggeber zur Firmengruppe des Fahrzeugherstellers gehört. Damit kann Ziff. XVII Nr. 2 lit. b der Leasingbedingungen, also das Andienungsrecht, auch bei der Verwendung durch einen markengebundenen Leasinggeber nicht gegen § 307 BGB verstoßen.

Darf der Leasinggeber pauschale Unkosten für die Verwertung abziehen und setzt man dafür 10 % an (so OLG Düsseldorf OLGR 99, 333, 335, das Landgericht im vorliegenden Fall und *Beckmann* aaO § 8 Rn. 236), so bringt dem Kläger hier der Verkauf über das Händlernetz nicht mehr als die Verwertung durch ihn selbst: Der Mittelpreis zwischen den vom Gerichtssachverständigen festgestellten HVK und HEK, der beim Verkauf zwischen Privaten erzielt wird, liegt bei [(42.950,– EUR + 50.900,– EUR) : 2 =] 46.925,– EUR. Demgegenüber ergeben HVK (von 50.900,– EUR) abzüglich 10 % 45.810,– EUR."

3. Die Abrechnung des Kilometervertrages

46 Beim Kilometerleasingvertrag spielt die Verwertung in der Abrechnung jedenfalls dann keine Rolle, wenn das Fahrzeug in vertragsgemäßem Zustand zurückgegeben wird. Die **Mehr- oder Minderkilometer** werden abgerechnet. Den Maßstab dafür bilden die vertraglichen Vereinbarungen. Meist ist eine **Karenz von +/– 2.500 km** vorgesehen, die ausgleichsfrei bleibt.

47 Der Streitpunkt ist beim Ende des Kilometerleasingvertrages oft die Frage nach dem **vertragsgemäßen Zustand**. Vielfach versucht der Leasinggeber, Instandsetzungsbedarf zu behaupten, um noch eine zusätzliche Zahlung zu erlangen. Denn die Minderung des Verkaufserlöses ist im Verhältnis zu den Reparaturkosten degressiv. Viele professionelle Aufkäufer von Leasingrückläufern kalkulieren mit niedrigeren internen Kosten oder suchen Käufer, denen die eine oder andere Beschädigung nicht so viel ausmacht, dass sie den Kaufpreis proportional zu den kalkulierten Reparaturkosten herunterhandeln.

48 Die Bestimmung des vertragsgemäßen Zustandes ist zunächst abhängig vom **vereinbarten Vertragszweck**. Dass ein Baustellenkipper bei bestimmungsgemäßem Einsatz ganz andere Gebrauchsspuren trägt, als ein privat genutzter Pkw, liegt auf der Hand. Dazwischen gibt es jede erdenkliche Abstufung. Dass ein an einen Fischhändler verleaster Transporter am Ende einen spezifischen Geruch tragen wird, ist auch vom Einsatzzweck gedeckt. Penetranter Hundegeruch in einem privat genutzten Pkw liegt dagegen eher außerhalb des vertraglich Erwartbaren.

49 Die Schwierigkeit liegt in der **Abgrenzung** des angemessenen Verschleißes sowie der Spuren des normalen Gebrauchs in Ansehung des Alters und der Laufleistung zu darüber hinausgehenden Schäden und Mängel. Denn der Verschleiß und die Gebrauchsspuren sind mit den Leasingraten bezahlt. Schließlich war der Zweck der Gebrauchsüberlassung der Gebrauch des Fahrzeugs im Straßenverkehr. Insoweit hielt das LG München I[30] in einem viel diskutierten Urteil neben kleineren Kratzern auch leichte Einbeulungen in den Türen, wie sie typischer Weise auf Parkplätzen durch unvorsichtig geöffnete Türen der Nachbarautos entstehen, für mit der Leasingrate abgegoltene **Spuren des üblichen Gebrauchs** im Stadtverkehr und bei engem Parkraum. Das LG Gießen[31] sieht in Kratzern im Inneren des Kofferraums und in ebenfalls leicht eingebeulten Türen keinen über den normalen Gebrauch hinausgehenden Mangel, denn Schrammen, Kratzer und Beulen gehören zur **vertragsgemäßen Abnutzung**.

50 Diese Urteile sind lebensnah.[32] Die zu Grunde liegenden Sachverhalte zeigen aber auch das ganze Dilemma: Hätte der Leasinggeber einen Betrag für die Kofferrauminnenlackierung durchsetzen können, hätte er das Geld zur „Sanierung" des Leasingvertrages nutzen können. Es wäre völlig lebensfremd, anzunehmen, dass der Kofferraum je lackiert worden wäre oder dass sich Kratzer im Inneren des Kofferraums auf den Verkaufspreis ausgewirkt hätten. Auch die Parkplatzbeulen an den Türen werden gerne mit klassischen Reparaturme-

---

[30] LG München I Urt. v. 9.10.1996 – 15 S 9301/96, DAR 1998, 19.
[31] LG Gießen Urt. v. 25.1.1998 – 1 S 539/94, NJW-RR 1995, 687.
[32] Die Verbraucherschutzsicht ist dargelegt von der ADAC-Juristin *Müller-Sarnowski* DAR 1997, 142.

thoden inklusive Neulackierung kalkuliert und dann mit SPOT-Repair-Methoden aus der Gebrauchtwagenaufbereitung mit weit niedrigeren Kosten beseitigt. Die Differenz wäre ein Sonderertrag. Weil aktuell mit Kampfpreisen, die teilweise von vornherein unrealistisch sind, der schleppende Automobilabsatz angekurbelt wird (siehe → Rn. 2), sind eine Vielzahl von Leasingverträgen aus Sicht des Leasinggebers und des einbezogenen Händlers Not leidend. Daher wird das Thema an Aktualität gewinnen. Häufig wird um die Einzelfälle gestritten werden müssen, denn es gibt auch gegenläufige Urteile.[33]

Wenn Schäden und Mängel vom Leasingnehmer finanziell auszugleichen sind, sind die Reparaturkosten nicht immer der maßgebliche Betrag, sondern es ist die durch die Schäden eingetretene **Wertdifferenz**. Die kann niedriger sein. Jedoch sollen die Reparaturkosten dann in voller Höhe ersatzpflichtig sein, wenn sie der Wiederherstellung der **Betriebs- und Verkehrssicherheit** oder der Beseitigung eines **Unfallschadens** dienen. Auch sollen die Kosten einer vertragswidrig nicht durchgeführten **Inspektion** in voller Höhe für deren Nachholung vom Leasinggeber zu ersetzen sein.[34]

Auch hier stellt sich die Frage nach der umsatzsteuerlichen Behandlung der Ausgleichszahlung. Der BGH[35] hat entschieden:

„Ein Minderwertausgleich, den der Leasinggeber nach regulärem Vertragsablauf wegen einer über normale Verschleißerscheinungen hinausgehenden Verschlechterung der zurückzugebenden Leasingsache vom Leasingnehmer beanspruchen kann, ist ohne Umsatzsteuer zu berechnen, weil ihm eine steuerbare Leistung des Leasinggebers (§ 1 Abs. 1 Nr. 1 UStG) nicht gegenübersteht und der Leasinggeber deshalb darauf keine Umsatzsteuer zu entrichten hat."

Er begründet:

„Die Leistung der Klägerin als Leasinggeberin war nicht derart mit der vom Beklagten zu erbringenden Zahlung verknüpft, dass sie auf die Erlangung einer solchen Gegenleistung gerichtet war. Vielmehr war die vertragliche Hauptleistungspflicht der Klägerin beendet, nachdem sie das Fahrzeug – hier aus Anlass des Ablaufs der Leasingdauer – zurückerlangt und auf diese Weise zugleich die dem Beklagten eingeräumte Kapitalnutzung geendet hatte. Damit fehlt es – ähnlich wie bei Schadensersatzzahlungen, die der Leasingnehmer für den Ausfall seiner Leasingraten zu erbringen hat (vgl. BGH, Urteil vom 11. Februar 1987 – VIII ZR 27/86, aaO) – zwischen den Leistungspflichten der Klägerin und der Ausgleichspflicht des Beklagten an der für den erforderlichen unmittelbaren Zusammenhang dauerhaften Abhängigkeit in Entstehung und Fortbestand dieser Pflichten (Senatsurteil vom 14. März 2007 – VIII ZR 68/06, aaO Rn. 16)."

X. Verjährung

Die mietrechtlichen Ansprüche wegen **Aufwendungen** und wegen **Verschlechterung** des Objektes verjähren nach § 548 BGB in sechs Monaten ab Beendigung des Leasingvertrages.

Die **Erfüllungsansprüche** wie die auf die Leasingsonderzahlung, die Leasingraten, die Schlussabrechnungsansprüche wie Mehr- oder Minderkilometerausgleich oder der Ausgleich des Mehr- oder Mindererlöses beim Restwert verjähren nach § 195 BGB in der Regelverjährungszeit von drei Jahren.

Die Ansprüche wegen der **Sachmangelhaftung gegen den Lieferanten** verjähren in zwei Jahren, § 438 Absatz 1 Nr. 3 BGB, bei arglistig verschwiegenen Mängeln in drei Jahren, § 195 BGB.

Nach erklärtem Rücktritt verjähren die Ansprüche aus dem **Rückabwicklungsverhältnis** in der Regelverjährung von drei Jahren aus § 195 BGB.

---

[33] Nachweise über unveröffentlichte Urteile bei *Reinking/Kessler/Sprenger* § 10 Rn. 44.
[34] *Reinking/Kessler/Sprenger* § 10 Rn. 47 bis 52.
[35] BGH Urt. v. 18.5.11 – VIII ZR 260/10, NJW-RR 2011, 1625

§ 41 Die Pkw-Reparatur

Übersicht

	Rn.
I. Außerhalb von Geschäftsräumen geschlossene Verträge sowie Fernabsatz	1–16
II. Grundsätzliches, Abgrenzung zum Kauf mit Montageverpflichtung	17–23
III. Einbeziehung der Allgemeinen Geschäftsbedingungen	24–26
IV. Die finanzierte Reparatur	27–32
V. Kostenvoranschlag	33–39
VI. Sachmangelhaftungsausschluss	40–44
VII. Pflichten des Auftragnehmers	45–53
VIII. Pflichten des Auftraggebers	54–58
IX. Werkunternehmerpfandrecht und Zurückbehaltungsrecht	59–65
X. Sachmangelhaftungsansprüche	66–71
XI. Sachmangelhaftung bei „Ohne-Rechnung-Abrede"	72–77
XII. Verjährung	78
XIII. Gerichtsstand	79

Schrifttum: *Köhler,* Die Überschreitung des Kostenvoranschlags, NJW 1983, 1633; *Reinking/Schmidt/Woyte,* Die Autoreparatur, 2. Aufl. 2006; *Schmid,* Die fehlgeschlagene Reparatur, NJW 1994, 1824.

I. Außerhalb von Geschäftsräumen geschlossene Verträge sowie Fernabsatz

1 **Außerhalb von Geschäftsräumen geschlossene Verträge:** Seit durch die Reform des Widerrufsrechtes am 13.6.2014 die Regelungen des Haustürgeschäftes durch „Außerhalb von Geschäftsräumen geschlossene Verträge" (AGV) ersetzt wurden, spielt dieser Fragenkreis im Alltag der Kfz-Werkstätten bei Verträgen mit Verbrauchern eine bedeutende Rolle.

2 Denn es kommt nun nur noch darauf an, ob der Vertrag in den Geschäftsräumen des Unternehmers geschlossen wurde oder nicht. Der früher das Haustürwiderrufsrecht tragende Gedanke der Überrumpelung ist nicht mehr von Bedeutung. Dass der Verbraucher den Unternehmer gebeten hat, ihn andernorts aufzusuchen schließt – anders als früher – das Widerrufsrecht nicht mehr aus. Die einzige Ausnahme enthält die „Rohrbruchregelung" aus § 312g Abs. 2 Ziffer 11 BGB für dringende Reparatur- und Instandhaltungsarbeiten.

3 Was Geschäftsräume sind, regelt § 312b Abs. 2 BGB:
„Geschäftsräume im Sinne des Absatzes 1 sind unbewegliche Gewerberäume, in denen der Unternehmer seine Tätigkeit dauerhaft ausübt, und bewegliche Gewerberäume, in denen der Unternehmer seine Tätigkeit für gewöhnlich ausübt. Gewerberäume, in denen die Person, die im Namen oder Auftrag des Unternehmers handelt, ihre Tätigkeit dauerhaft oder für gewöhnlich ausübt, stehen Räumen des Unternehmers gleich."

4 Außerhalb von Geschäftsräumen geschlossene Verträge sind gemäß § 312b Abs. 1 BGB Verträge,
1. die bei gleichzeitiger körperlicher Anwesenheit des Verbrauchers und des Unternehmers an einem Ort geschlossen werden, der kein Geschäftsraum des Unternehmers ist,
2. für die der Verbraucher unter den in Nummer 1 genannten Umständen ein Angebot abgegeben hat,
3. die in den Geschäftsräumen des Unternehmers oder durch Fernkommunikationsmittel geschlossen werden, bei denen der Verbraucher jedoch unmittelbar zuvor außerhalb der Geschäftsräume bei gleichzeitiger körperlicher Anwesenheit des Verbrauchers und des Unternehmers persönlich und individuell angesprochen wurde, oder
4. die auf einem Ausflug geschlossen werden, der von dem Unternehmer oder mit seiner Hilfe organisiert wurde, um beim Verbraucher für den Verkauf von Waren oder die Er-

bringung von Dienstleistungen zu werben und mit ihm entsprechende Verträge abzuschließen.
Dem Unternehmer stehen Personen gleich, die in seinem Namen oder Auftrag handeln.
Erforderlich ist also die gleichzeitige körperliche Anwesenheit von Unternehmer und Verbraucher.

Viele Werkstätten bieten einen Hol- und Bringservice an. Der Vertrag wird dann beim Kunden abgeschlossen. Auch im Abschleppgeschäft ist der Abschluss der Verträge außerhalb der Geschäftsräume an der Tagesordnung. 5

Wird der Kunde schon im Abschleppwagen auf die folgende Reparatur angesprochen, der Werkvertrag dann aber in den Geschäftsräumen abgeschlossen, kann das die Konstellation aus § 312b Abs. 1 Ziffer 3 BGB sein. 6

Wenn ein AGV vorliegt, ist die Rechtsfolge die Widerruflichkeit der Willenserklärung des Verbrauchers, § 312g Abs. 1 BGB in Verbindung mit § 356 BGB. Eine fehlerhafte oder fehlende Belehrung über das Widerrufsrecht führt zu einer Verlängerung des Widerrufsrechts von den vierzehn Tagen auf vierzehn Tage plus ein Jahr, § 356 Abs. 3 S. 2 BGB. 7
Die Frist beginnt beim Werkvertrag am Tag des Vertragsabschlusses, § 355 Abs. 2 BGB.
Ein an Ort und Stelle auswärts erledigter Pannendienstauftrag zieht kein Widerrufsrecht nach sich, denn dabei greift die Ausnahmeregelung aus § 312g Abs. 2 Ziffer 11 BGB.

Fernabsatz: Fernabsatzgeschäfte sind in § 312c BGB geregelt. Die Legaldefinition für ein Fernabsatzgeschäft in § 312c Abs. 1 BGB lautet: 8
„Fernabsatzverträge sind Verträge, bei denen der Unternehmer oder eine in seinem Namen oder Auftrag handelnde Person und der Verbraucher für die Vertragsverhandlungen und den Vertragsschluss Fernkommunikationsmittel verwenden, es sei denn, dass der Vertragsschluss nicht im Rahmen eines für den Fernabsatz organisierten Vertriebs- oder Dienstleistungssystems erfolgt."

In § 312c Abs. 2 BGB heißt es: 9
„Fernkommunikationsmittel im Sinne dieses Gesetzes sind alle Kommunikationsmittel, die zur Anbahnung oder zum Abschluss eines Vertrags eingesetzt werden können, ohne dass die Vertragsparteien gleichzeitig körperlich anwesend sind, wie Briefe, Kataloge, Telefonanrufe, Telekopien, E-Mails, über den Mobilfunkdienst versendete Nachrichten (SMS) sowie Rundfunk und Telemedien."

Die gängigen Fahrzeugbörsen bieten seit einiger Zeit die Möglichkeit, auch Werkstattleistungen preislich miteinander zu vergleichen. So kommt es auch zum Abschluss von Werkverträgen im Fernabsatz. 10

Überraschend, aber bei Subsumtion der Merkmale unter § 312c BGB wohl zwingend, führen auch organisierte Nachtannahmemöglichkeiten zur Annahme eines Fernabsatzvertrages. Dort wird nämlich in einem dafür organisierten System die Möglichkeit geboten, durch Ausfüllen eines bereitgehaltenen Formulars ohne gleichzeitige körperliche Anwesenheit mit dem Unternehmer Werkverträge abzuschließen. 11

Wenn ein Fernabsatzvertrag vorliegt, hat der Unternehmer die Pflichten aus §§ 312d und 312f Abs. 2 BGB und der Verbraucher die Schutzrechte aus § 312g Abs. 1 BGB. Die Widerrufsfrist beginnt mit dem Vertragsschluss, § 355 Abs. 2 BGB. 12

Eine fehlerhafte oder fehlende Belehrung über das Widerrufsrecht führt zu einer Verlängerung des Widerrufsrechts von den vierzehn Tagen auf vierzehn Tage plus ein Jahr, § 356 Abs. 3 S. 2 BGB. 13

Beim Werkvertrag kann es zu der Situation kommen, dass der Widerruf erst erfolgt, nachdem die Arbeit ganz oder teilweise erledigt ist. Da bieten die Möglichkeiten aus § 356 Abs. 4 BGB und § 357 Abs. 8 BGB dem Unternehmer Schutz. 14

Gemäß § 356 Abs. 4 BGB erlischt das Widerrufsrecht bei einem Vertrag zur Erbringung von Dienstleistungen auch dann, wenn der Unternehmer die Dienstleistung vollständig erbracht hat und mit der Ausführung der Dienstleistung erst begonnen hat, nachdem der Verbraucher dazu seine ausdrückliche Zustimmung gegeben hat und gleichzeitig seine Kenntnis davon bestätigt hat, dass er sein Widerrufsrecht bei vollständiger Vertragserfüllung durch den Unternehmer verliert. 15

Entsprechende Belehrungen und Erklärungen sind also Voraussetzung.

16 § 357 Abs. 8 BGB lautet:

„Widerruft der Verbraucher einen Vertrag über die Erbringung von Dienstleistungen ..., so schuldet der Verbraucher dem Unternehmer Wertersatz für die bis zum Widerruf erbrachte Leistung, wenn der Verbraucher nach Aufforderung durch den Unternehmer von diesem ausdrücklich verlangt hat, dass dieser mit der Leistung vor Ablauf der Widerrufsfrist beginnt. Der Anspruch aus Satz 1 besteht nur, wenn der Unternehmer den Verbraucher nach Artikel 246a § 1 Absatz 2 Satz 1 Nummer 1 und 3 des Einführungsgesetzes zum Bürgerlichen Gesetzbuche ordnungsgemäß informiert hat. Bei außerhalb von Geschäftsräumen geschlossenen Verträgen besteht der Anspruch nach Satz 1 nur dann, wenn der Verbraucher sein Verlangen nach Satz 1 auf einem dauerhaften Datenträger übermittelt hat. Bei der Berechnung des Wertersatzes ist der vereinbarte Gesamtpreis zu Grunde zu legen. Ist der vereinbarte Gesamtpreis unverhältnismäßig hoch, ist der Wertersatz auf der Grundlage des Marktwerts der erbrachten Leistung zu berechnen."

Also sind auch hier entsprechende Belehrungen und Erklärungen erforderlich.

II. Grundsätzliches, Abgrenzung zum Kauf mit Montageverpflichtung

17 Das wesentliche Merkmal des Werkvertrages (§§ 631 ff. BGB) ist der vom Auftragnehmer geschuldete **Erfolg**. Der typische Reparaturauftrag mündet in einen Werkvertrag. Die Werkleistung muss nicht vom Auftragnehmer persönlich erbracht werden. Die Einschaltung von Subunternehmern ist zulässig und üblich (Lackiererei, Autoglas, Fahrwerksvermessung etc.).

18 Typisch für die Autoreparatur ist, dass sich manchmal nur das Symptom zeigt, die Ursache für das technische Problem aber erst am Objekt ermittelt werden muss. Bei dieser „**Reparatur mit verdeckter Fehlerursache**"[1] ist der Unternehmer verpflichtet, den Fehler orientiert am Stand der Technik Schritt für Schritt, beginnend mit der technisch wahrscheinlichsten Ursache, einzukreisen. Diese Sparsamkeitsverpflichtung ist das Äquivalent zu der Pflicht des Kunden, auch die Schritte zu bezahlen, die nicht zum Erfolg geführt haben.[2] Durchaus üblich ist es auch, den Auftrag zunächst auf die Fehlersuche zu beschränken, um dann in einem zweiten vertraglichen Schritt über die Beseitigungsmaßnahme zu entscheiden.

19 Angesichts explodierender Unterhaltskosten für Kraftfahrzeuge steigt die Zahl der Vorgänge, bei denen der Auftragnehmer ausdrücklich eine **Behelfs- oder Billigreparatur**, gegebenenfalls unter Verwendung **gebrauchter Ersatzteile**, wünscht. Im Streitfall liegt die Beweislast dafür, dass eine solche vom Stand der Technik und vom Üblichen abweichende Reparatur vereinbart ist, beim Auftragnehmer.[3]

20 Probleme ergeben sich immer wieder aus dem Fragenkreis der **nachträglichen Auftragserweiterung**. Diese bedarf einer vorherigen Zustimmung des Auftraggebers. Die Schwierigkeiten liegen vielfach auf der **Beweisebene**, nämlich dann, wenn für die Auftragserweiterung keine schriftliche Vereinbarung getroffen wurde. Das oft zugrunde liegende Telefonat zwischen Werkstatt und Kunde ist in seinen Einzelheiten ebenso oft umstritten.

21 Durch den mit der Schuldrechtsreform in das Gesetz eingeführten „**Kauf mit Montageverpflichtung**" (§ 434 Abs. 2 Satz 1 BGB) gibt es die Notwendigkeit der Abgrenzung. Handfeste **Abgrenzungskriterien** sind noch nicht gefunden. Auf einen **Wertvergleich** von Kaufanteil und Montageanteil kommt es jedenfalls nicht an.[4] Zwei typische Beispiele aus dem Autobereich illustrieren das: Kauft der Kunde vier Felgen und vier Winterreifen, werden die Reifen vom Kfz-Betrieb üblicher Weise auch auf die Felgen montiert. Die Räder werden dann ausgewuchtet und an das Fahrzeug montiert. Das Rechtsgefühl sagt, das es sich hierbei um einen Kauf mit Montage handelt („Ich habe mir heute neue Winterräder gekauft."). Das deckt sich in diesem Fall auch mit den Wertanteilen. Die Arbeitsleistung ist nicht so aufwendig, dass sie den Wert der Ware übersteigt. Ist hingegen an einem Auto das Motorsteuergerät (das man auch als einen Computer bezeichnen könnte) defekt, ist

---

[1] So bezeichnet von *Schmid* NJW 1994, 1824.
[2] *Reinking/Schmidt/Woyte* Rn. 34.
[3] OLG Düsseldorf Urt. v. 6.1.1994 – 5 U 83/92, NJW 1995, 142.
[4] Palandt/*Weidenkaff* § 434 Rn. 41.

das Ersatzteil hochpreisig. Die Montage ist bei vielen Fahrzeugen sehr einfach (nahe an „plug and play"). Nun ist das Teil ebenfalls wesentlich teurer als die Arbeitsleistung. Dennoch sagt das Rechtsgefühl, dass bei diesem Vorgang das Auto repariert worden ist („Ich habe mein Auto durch den Einbau eines neuen Steuergerätes reparieren lassen."). Entscheidend dürfte insoweit der **Parteiwille**[5] sein, und der wird durch das Rechtsgefühl gesteuert. Ein Indiz ist auch die **Vertragsgestaltung**. Für das Steuergerät wird sich die Werkstatt einen Reparaturauftrag unterzeichnen lassen. Die Winterräder werden als Kauf behandelt.

Dass sich echte Abgrenzungskriterien noch nicht durch Rechtsprechung herausgebildet haben, mag an der eingeschränkten praktischen Relevanz liegen. Der **Mangelbegriff** ist durch die dem Kaufrecht synchrone Definition der Mangelfreiheit in § 633 Absatz 2 BGB nämlich identisch: 22

„Das Werk ist frei von Sachmängeln, wenn es die vereinbarte Beschaffenheit hat. Soweit die Beschaffenheit nicht vereinbart ist, ist das Werk frei von Sachmängeln,
1. wenn es sich für die nach dem Vertrag vorausgesetzte, sonst
2. für die gewöhnliche Verwendung eignet und eine Beschaffenheit aufweist, die bei Werken der gleichen Art üblich ist und die der Besteller nach der Art des Werkes erwarten kann."

Allerdings gibt es bei den Rechtsfolgen einige Unterschiede. Beim Werkvertrag hat der Käufer anders als im Kaufrecht die Möglichkeit der Selbstvornahme (§ 637 Abs. 1 BGB) und einen darauf gerichteten Vorschussanspruch auf die Kosten (§ 637 Abs. 3 BGB), siehe Rn. 69. Der **Montagemangel** beim Kauf mit Montageverpflichtung ist jedoch dem Kaufrecht untergeordnet (§ 434 Abs. 2 BGB) mit der Folge, dass die Möglichkeit der Selbstvornahme und des Kostenvorschussanspruchs nicht besteht. Außerdem hat beim Kaufmangel der Käufer die Wahl zwischen Nachbesserung und Ersatzlieferung. Beim Werkvertrag liegt die Wahl beim Auftragnehmer. 23

III. Einbeziehung der Allgemeinen Geschäftsbedingungen

Die maßgeblichen Verbände der Reparaturwerkstätten, insbesondere der ZDK, haben den Betrieben **Allgemeine Reparaturbedingungen** zur Verwendung empfohlen. Die allergrößte Zahl der Betriebe verwendet die auch. Jedoch ist es jedenfalls dem Verbraucher gegenüber erforderlich, sie jedes Mal aufs Neue in den Werkvertrag einzubeziehen. Auch bei Stammkunden, die bereits vielmals mit der Werkstatt Verträge abgeschlossen haben, erfordert § 305 Absatz 2 BGB die immer wiederholte **Einbeziehung**. Der Aushang genügt nicht, denn diese Möglichkeit gibt es nach § 305 Absatz 2 Ziffer 1 BGB nur, wenn die ausdrückliche Einbeziehung wegen der Art des Vertragsschlusses nur unter unverhältnismäßigen Schwierigkeiten möglich ist. Das ist praktisch nur bei Automatengeschäften oder bei selbst zu bedienender Technik der Fall (Waschanlage, Parkhausschranke etc.). Möglich, aber Privatkunden gegenüber in der Praxis nicht vorzufinden, ist die Einbeziehung per Rahmenvereinbarung im Voraus (§ 305 Absatz 3 BGB). 24

An der Einbeziehung der Reparaturbedingungen fehlt es oft, wenn der Auftrag nicht auf dem üblichen Weg an der „Annahmetheke" erteilt wurde. Pannendienstaufträge außerhalb der Werkstatt, Aufträge über den Nachtannahmekasten mit Anruf zur Geschäftszeit und Aufträge durch die so genannten „Schlüsselwurfkunden" („Mir ist die Schlange zu lang. Hier ist der Schlüssel. Ich rufe vom Büro aus an ...") sind die typischen Situationen, in denen die AGB nicht einbezogen werden. 25

§ 305 Absatz 2 und 3 BGB finden auf Unternehmer gemäß § 310 BGB keine Anwendung. Dennoch bedarf es auch insoweit einer Einbeziehung der AGB in den Vertragsabschluss. Jedoch kann durch Auslegung ermittelt werden, ob sie **konkludent** durch schlüssiges Handeln einbezogen wurden. Wenn Kunden, die keine Verbraucher sind, bereits vielmals unter Einbeziehung der AGB Verträge mit der Werkstatt abgeschlossen haben, gelten die AGB im 26

---
[5] So im Ergebnis auch *Reinking/Schmidt/Woyte* Rn. 9.

Einzelfall auch ohne ausdrückliche Einbeziehung als vereinbart.[6] Im Umgang mit Flottenkunden sind auch **Rahmenvereinbarungen** an der Tagesordnung.

IV. Die finanzierte Reparatur

27 Was man vom Autokauf ganz selbstverständlich kennt, ist auch rund um die Instandsetzung von Fahrzeugen im Vormarsch: Der Kunde benötigt **Kredit**. Ist der Auftraggeber kein Verbraucher, ergeben sich daraus keine rechtlichen Besonderheiten. Denn nur dem **Verbraucher** stehen die besonderen **Schutzrechte** bei der Finanzierung zu.

28 Wenn die Werkstatt dem Kunden lediglich zugesteht, den Reparaturbetrag in Raten „abzustottern", ohne dass dadurch Mehrkosten entstehen, gibt es keine Besonderheiten. Die Verbraucherschutzrechte aus den §§ 491 ff. BGB setzen nämlich eine **entgeltliche Zahlungserleichterung** voraus. Erst wenn durch vereinbarte **Zinsen** oder **Bearbeitungspauschalen** die Finanzierung den Gesamtvorgang verteuert, wird die Sache zum **Verbraucher-Teilzahlungsgeschäft**. Dann hat der Verbraucher ein **Widerrufsrecht** aus §§ 495 Absatz 1, 355 BGB. Der Fristbeginn ergibt sich aus § 356b BGB und setzt die Übergabe diverser in § 356b Abs. 1 BGB genannter Dokumente voraus. Vielfach fehlt dem Unternehmer die Sensibilisierung für die Notwendigkeit der Belehrung. Die Folge ist eine zeitlich unbegrenzte Widerruflichkeit.

29 Zwischenzeitlich haben aber auch die auf den Autohandel spezialisierten, oft herstellereigenen **Banken** Finanzierungsangebote für Reparaturen im Portfolio. Wenn der Reparateur für den Kunden die Finanzierung über eine Bank organisiert, gelten Hauptleistung und Darlehen als miteinander verwoben. Nach § 358 BGB stehen und fallen sie gemeinsam. Einem Verbraucher steht dabei aus §§ 495 Abs. 1, 355 BGB ein zweiwöchiges **Widerrufsrecht** im Hinblick auf den Darlehensvertrag zu. Der Fristbeginn ergibt sich auch hier aus § 356b BGB und setzt die Übergabe diverser Dokumente voraus. Fehlt die **Belehrung**, beginnt die Frist nicht zu laufen. Das Widerrufsrecht läuft dann ewig. Bei professioneller Bankfinanzierung fehlt die Belehrung in der Praxis jedoch nie, weil widrigenfalls die Bank den Vorgang nicht bearbeitet, bis die Belehrung unterzeichnet ist.

30 Nach § 358 Abs. 2 BGB führt der Widerruf des entgeltlichen Darlehensvertrag dazu, dass der Verbraucher auch nicht mehr an den **verbundenen Vertrag**, hier also den Werkvertrag, gebunden ist. Widerruft der Verbraucher, hat er aber die Leistung schon empfangen, muss der Vertrag nach § 346 BGB rückabgewickelt werden.

31 Wäre zum Beispiel ein Steuergerät („teures Teil mit relativ wenig Arbeit") eingebaut worden, lässt sich das wieder ausbauen. Der Kunde wird nicht sagen können, dass es mit dem Einbau in das Fahrzeug so mit dem Fahrzeug verbunden ist, dass es im Sinne von § 950 BGB automatisch in das Eigentum des Fahrzeugeigentümers übergeht. Die doppelte Arbeitszeit ist dann verloren. Das teure und ggf. wieder verwendbare Teil wäre jedoch gerettet. Aber die meisten Reparaturen und vor allem Wartungsarbeiten lassen sich nicht „zurückgeben". Dieses Problem hindert nicht die Anwendung der Verbraucherschutzvorschriften als solcher. Will der Reparateur ganz sicher gehen, muss er nach der Unterschrift des Kunden unter den Finanzierungsvertrag die zweiwöchige Widerrufsfrist abwarten. Dass diese Lösung aber nicht immer marktgerecht ist, liegt auf der Hand. Wenn der Kunde schnellstmöglich auf das Auto angewiesen ist, wird er sich dann eine andere gleichermaßen finanzierungsbereite, aber ungleich risikobereitere Werkstatt suchen.

32 Hat der Werkunternehmer bereits repariert, wenn der Kunde widerruft, sieht das Gesetz in § 346 Abs. 2 Ziffer 1 BGB vor, dass der Kunde für die empfangene Leistung **Wertersatz** leisten muss. Basis der Wertberechnung ist nach § 346 Abs. 2 Satz 2 BGB die vereinbarte Gegenleistung. Die Gegenleistung ist aber nicht zwingend der Wert. Nach einer verbreiteten Auffassung[7] ist der vereinbarte Gegenleistungsbetrag um die Gewinnanteile zu kürzen. Wirtschaftlich kann sich aber das Problem stellen, dass der Kunde ohne das Darlehen nicht in der Lage ist, den Wertersatz zu bezahlen. Ganz klamm kann er jedoch nicht sein, denn sonst wäre die Finanzierung von der Bank nicht genehmigt worden.

---

[6] *Reinking/Schmidt/Woyte* Rn. 20.
[7] Palandt/*Grüneberg* § 346 Rn. 10.

Ein Werkunternehmerpfandrecht besteht bei Nichtzahlung des Wertersatzes nicht, weil es nach dem Rücktritt keinen Werkvertrag mehr gibt.

V. Kostenvoranschlag

Ein **Kostenvoranschlag** (das Gesetz spricht vom „Kostenanschlag") ist nach § 632 Absatz 3 BGB **im Zweifel kostenfrei** zu erstellen. Das entspricht dem Grundgedanken, dass es sich beim Kostenvoranschlag im Grundsatz um eine Akquisitionsleistung handelt, mit dem der Unternehmer sich um den Auftrag „bewirbt". Allerdings gibt es insbesondere rund um Unfallschäden das massenhafte Phänomen, dass dem Kostenvoranschlag aus Sicht des „Kunden" von vornherein kein Auftrag folgen soll. Denn er braucht das Dokument für nichts anderes als die **fiktive Abrechnung** eines Unfallschadens mit der eintrittspflichtigen Versicherung. Die wiederum möchte mit dem Hinweis auf einen Kostenvoranschlag die Kosten für ein Schadengutachten einsparen. Die Lösung liegt für den Werkstattunternehmer darin, dass er die Kostenpflichtigkeit des Kostenvoranschlages ausdrücklich vereinbart und damit die „Zweifel" beseitigt. Die **Beweislast** dafür, dass die Kostenpflichtigkeit vereinbart wurde, liegt beim Auftragnehmer. Eine entsprechende Vereinbarung per AGB ist nicht möglich.[8] Es kann auch nicht von einer **Branchenüblichkeit** ausgegangen werden, bei der die Literatur[9] doch die Möglichkeit der Vereinbarung per AGB sieht. Denn die Branche vereinbart die Kostenpflichtigkeit des Kostenvoranschlages nicht generell, sondern vordringlich in den geschilderten Fällen, und das auch nicht durchgängig.

Will der Auftraggeber trotz klarer Vereinbarung nicht zahlen, hat der Auftragnehmer ein **Zurückbehaltungsrecht am Kostenvoranschlag** aus § 273 BGB. Es wird auch die Auffassung[10] vertreten, dass er sogar ein **Zurückbehaltungsrecht am Fahrzeug** hat, wenn die Grenzen der Verhältnismäßigkeit nicht gesprengt werden.

Der Kostenvoranschlag ist eine **unverbindliche** fachmännische Berechnung der voraussichtlichen Kosten.[11] Damit wird er nicht zum Vertragsbestandteil des Werkvertrages, sondern er bildet die **Geschäftsgrundlage**. Unabhängig von Fragen des Kostenvoranschlages kann der Auftraggeber ohnehin jederzeit kündigen. Teilt der Auftragnehmer im Verlaufe der Arbeiten mit, dass sich eine **wesentliche Überschreitung** des Kostenvoranschlages ergeben wird und kündigt der Auftraggeber aus diesem Grund, kann der Auftragnehmer nur den auf die bisher erbrachten Teilleistungen entfallenden Werklohnanteil beanspruchen (§ 645 BGB). In den sonstigen Fällen der Kündigung durch den Auftragnehmer steht dem Auftraggeber gemäß § 649 BGB mehr zu, nämlich der vereinbarte Werklohn abzüglich ersparter Aufwendungen. Somit erhält er im Normalfall den gesamten kalkulierten Gewinn.

Um diese Rechtsfolge der privilegierten Kündigung auszulösen, muss die Überschreitung allerdings **wesentlich** sein. Lediglich als Faustregel mag die Größenordnung „15 Prozent" gelten. Auf den Einzelfall bezogen können die Eigenart der Werkleistung, das Kosten-Nutzen-Verhältnis, der Zeitpunkt der Erkennbarkeit der Kostenüberschreitung und der Bestimmtheitsgrad des Kostenvoranschlages eine Rolle spielen.[12]

Daraus, dass der Auftragnehmer den Auftraggeber pflichtwidrig nicht zeitgerecht über die wesentliche Überschreitung informiert hat, können sich ebenso **Schadenersatzansprüche** des Auftraggebers gegen den Auftragnehmer ergeben, wie aus einem von vornherein schuldhaft fehlerhaften Kostenvoranschlag. Dadurch entsteht dann regelmäßig eine **Aufrechnungslage** gegenüber der Mehrforderung. Überschießende Materialkosten sollen allerdings dann vergütungspflichtig bleiben, wenn sie im Interesse des Kunden lagen.[13]

Die Parteien können auch die **Verbindlichkeit** des Kostenvoranschlages vereinbaren. Dann ist er nicht mehr nur Geschäftsgrundlage, sondern Vertragsbestandteil im Sinne eines Festpreises. Das Überschreitungsrisiko liegt dann ebenso wie die Unterschreitungschance

---

[8] BGH Urt. v. 12.1.1982 – VII ZR 368/80, NJW 1982, 765.
[9] Palandt/*Sprau* § 632 Rn. 10.
[10] *Reinking*/*Schmidt*/*Woyte* Rn. 104.
[11] Palandt/*Sprau* § 650 Rn. 1.
[12] *Köhler* NJW 1983, 1633.
[13] *Reinking*/*Schmidt*/*Woyte* Rn. 109.

beim Auftragnehmer. Mit Einwänden dergestalt, dass der tatsächliche Reparaturaufwand nicht im Vorhinein absehbar war, ist er dann ausgeschlossen.

39 Eine Klausel, mit der sich der Unternehmer nur für drei Wochen an den Kostenvoranschlag bindet, geht in Ordnung. Damit schützt er sich davor, dass jemand nach langer Zeit unter gegebenenfalls bereits veränderten Umständen, die Reparatur zu den alten Bedingungen verlangen kann.[14]

VI. Sachmangelhaftungsausschluss

40 Anders als im Kaufrecht gibt es im Werkvertragsrecht **keine besonderen Verbraucherschutzrechte**. Die Rechtsbeziehung zwischen einem Unternehmer als Auftragnehmer und einem Verbraucher als Auftraggeber ist damit nicht anders zu behandeln, als die bei jeder anderen Auftraggeber-/Auftragnehmerkonstellation.

41 Folglich ist die **formularmäßige Einschränkung** oder der **formularmäßige Ausschluss der Sachmangelhaftung** zulässig. Allerdings ist auch dabei zu beachten, dass die Ausschlussklausel den Anforderungen des § 309 Abs. 7 BGB entspricht. Das ergibt sich aus der „Fohlen-Entscheidung" des BGH zur Unwirksamkeit einer die Sachmangelhaftung ausschließenden oder zeitlich begrenzenden Klausel, wenn darin nicht die gesetzlich bestimmten Ausschlüsse hineinformuliert sind:[15]

„Eine Klausel in Allgemeinen Geschäftsbedingungen, mit der die gesetzliche Verjährungsfrist für die Ansprüche des Käufers wegen eines Mangels der verkauften Sache abgekürzt wird, ist wegen Verstoßes gegen die Klauselverbote des § 309 Nr. 7 Buchst. a und b BGB insgesamt unwirksam, wenn die in diesen Klauselverboten bezeichneten Schadensersatzansprüche nicht von der Abkürzung der Verjährungsfrist ausgenommen werden."

42 Dabei macht es keinen Unterschied, ob der Vertragspartner ein Unternehmer oder ein Verbraucher ist. Auch Unternehmern gegenüber, so hat es der BGH[16] entschieden, muss die Sachmangelhaftungsausschlussklausel entsprechend formuliert sein:

„Eine umfassende Freizeichnung in Allgemeinen Geschäftsbedingungen (Hier: eines Gebrauchtwagenverkäufers), nach der die Haftung auch des Klauselverwenders auch für Körper- und Gesundheitsschäden (§ 309 Nr. 7 Buchst. a BGB) und für sonstige Schäden auch bei grobem Verschulden (§ 309 Nr. 7 Buchst. b BGB) ausgeschlossen ist, ist nicht nur gegenüber Verbrauchern, sondern ebenso im Geschäftsverkehr zwischen Unternehmern wegen unangemessener Benachteiligung des Vertragspartners des Verwenders unwirksam."

43 Weil gerade das Argument der Sachmangelhaftung für das professionelle Kraftfahrzeugreparaturgewerbe ein strategisch genutztes und entsprechend herausgestelltes Argument gegen die Konkurrenz aus der Schwarzarbeit ist, wird von der Möglichkeit des Sachmangelhaftungsausschluss bei „normalen" Aufträgen nur äußerst selten Gebrauch gemacht. Bei Behelfs- oder Notreparaturen oder dann, wenn der Auftragnehmer ausdrücklich eine Billigreparatur eingeschränkten Umfanges wünscht, ist der Sachmangelhaftungsausschluss jedoch sinnvoll und wird dementsprechend auch durchaus angewandt. Allerdings trägt der Unternehmer die Beweislast dafür, dass eine Behelfs- oder Billigreparatur vereinbart war.[17]

44 Weil auch die Beistellung der Ersatzteile durch den Auftragnehmer den Werkvertrag nicht durch eine Kaufkomponente verwässert, weil es also auch dabei bei der rechtlichen Einordnung als Werkvertrag bleibt, ist es dem Auftragnehmer auch möglich, die Sachmangelhaftung nur für die Qualität der von ihm beschafften **Gebrauchtteile** auszuschließen, womit es für die Sachmangelhaftung für die handwerklich ordnungsgemäße Ausführung der Reparatur bleibt.

VII. Pflichten des Auftragnehmers

45 Der Auftragnehmer hat die Pflicht zur **mangelfreien Reparatur**. Wenn kein **Fertigstellungstermin** vereinbart ist, muss die Erledigung in angemessener Zeit erfolgen. Es ist mög-

---

[14] *Reinking/Schmidt/Woyte* Rn. 1113.
[15] BGH Urt. v. 15.11.2006 – VIII ZR 3/06, NJW 2007, 674.
[16] BGH Urt. v. 19.9.2007– VIII ZR 141/06, NJW 2007, 3774.
[17] OLG Düsseldorf Urt. v. 6.1.1994 – 5 U 83/92, NJW 1995, 142.

lich und üblich, einen Fertigstellungstermin zu vereinbaren. Ist eine Zeit nach dem Kalender bestimmt, ist bei Nichteinhaltung eine Mahnung entbehrlich, Verzug tritt gemäß § 286 Absatz 2 Nr. 1 BGB automatisch ein. Ansonsten gerät die Werkstatt erst mit der Mahnung in Verzug.

Die Reparaturbedingungen des ZDK sehen, wenn sie in den Vertrag einbezogen sind, eine 24-stündige **Karenzzeit** für den Unternehmer vor. Danach schuldet der Unternehmer einen von ihm zu stellenden **Ersatzwagen** oder 80 Prozent der Kosten eines vom Kunden extern gemieteten Fahrzeugs. Ist das zu reparierende Fahrzeug gewerblich genutzt, kann der Auftraggeber den Auftragnehmer statt der Mobilität auch auf einen nachzuweisenden Verdienstausfall verweisen. Damit soll wohl der Situation Rechnung getragen werden, dass es für spezielle Fahrzeuge gar keine oder keine unkomplizierte Anmietmöglichkeit gibt. Für aufgrund höherer Gewalt oder unverschuldeter Betriebsstörungen eingetretene Verzögerungen haftet der Unternehmer nach dieser Klausel nicht. Die Klausel ist nicht zu beanstanden,[18] denn sie bringt einen angemessenen Interessenausgleich und wiederholt im Hinblick auf die bei höherer Gewalt oder unverschuldeter Störungen nicht gegebene Ersatzpflicht nur die gesetzliche Grundregel „kein Verzug ohne Verschulden". Liegt die Ursache der Verzögerungen in **Ersatzteilrückständen**, kommt es darauf an, ob dem Unternehmer eine nachlässige Lagerhaltung vorgeworfen werden kann oder ob er bei üblicherweise nicht vorrätigen Teilen trotz sorgfältiger Lieferantenauswahl nicht rechtzeitig beliefert wurde. 46

Verzug rechtfertigt einen **Rücktritt** des Auftragnehmers nach § 323 Abs. 1 BGB, was aber eine Fristsetzung durch ihn voraussetzt, sofern keine der Ausnahmen des § 323 Absatz 2 BGB vorliegt. Ist bereits eine **Teilleistung** erfolgt, kann er vom ganzen Vertrag nur zurücktreten, wenn er an der Teilleistung kein Interesse hat. 47

Schadenersatz statt der Leistung oder statt der ganzen Leistung schuldet der Unternehmer nach §§ 280, 281 BGB. Weil der Schaden aber in den allermeisten Fällen durch vom Auftragnehmer zur Verfügung gestellte Mobilität durch ein gleichartiges Fahrzeug abgewendet wird, wird das nur äußerst selten in der Praxis relevant. 48

Auch das **absolute Fixgeschäft**, bei dem die Leistungserbringung für den Auftraggeber nach dem vereinbarten Termin mit der Folge des Gegenleistungsverlustes aus §§ 275, 326 Absatz 1 BGB gänzlich ohne Interesse ist, kennt die Praxis kaum. 49

Der Auftragnehmer hat als **Nebenpflicht** eine Pflicht zur **Beratung** des Kunden. Mangels eigener technischer Kenntnisse darf der Auftraggeber erwarten, dass der Auftragnehmer auf der Grundlage dessen zu erwartender Fachkenntnisse und Diagnose **technisch** richtig berät und dabei **zulassungsrechtliche** wie **wirtschaftliche** Fragestellungen („Lohnt das noch?") anspricht. Wenn der Wunsch des Kunden die Grundlagen der Betriebserlaubnis (Chiptuning, Gasanlageneinbau) oder der vom Hersteller ausgelobten Garantie berührt, bedarf das der Aufklärung ebenso wie der Einfluss auf **versicherungsvertragliche** Fragestellungen. Ob die Reparatur eines Motors oder der Einbau eines Austauschmotors wirtschaftlicher ist, bedarf ebenso der Aufklärung wie die Relation von Fahrzeugwert und Reparaturkosten.[19] Ist dem Auftragnehmer bekannt, dass es zu dem Fahrzeugtyp eine **Maßnahmenempfehlung** oder gar eine **Rückrufaktion** des Herstellers gibt, muss er darauf hinweisen und gegebenenfalls prüfen, ob die Maßnahme durchgeführt wurde.[20] Nach AG Brandenburg muss die Werkstatt den Kunden auch auf einen demnächst erforderlichen **Zahnriemenwechsel** hinweisen, wenn das Fahrzeug aus anderen Gründen in der Werkstatt ist. Die Pflicht sieht das Gericht, wenn zwischen dem Werkstattaufenthalt und der bald erforderlichen Maßnahme weniger als 5.000 km oder weniger als drei Monate liegen.[21] 50

Der Auftragnehmer hat auch eine **Obhuts- und Verwahrungspflicht**. Diese beginnt bereits, wenn der Vertragsabschluss noch in der Schwebe ist, also zB, wenn das Fahrzeug in der Werkstatt befindlich ist, weil dort ein zunächst unverbindlicher Blick auf die Fehlerursache geworfen werden soll. Der **übliche Sicherheitsstandard** darf nicht herabgesetzt sein. 51

---

[18] *Reinking/Schmidt/Woyte* Rn. 47.
[19] Beispielhaft LG Braunschweig DB 1974, 2230; weitere Kasuistik bei *Reinking/Schmidt/Woyte* Rn. 51 ff.
[20] BGH Urt. v. 18.5.2004 – X ZR 60/03, NJW-RR 2004, 1427.
[21] AG Brandenburg a. d. Havel Urt. v. 8.1.2007 – 31 C 59/06, NJW 2007, 3072.

Fahrzeugaufbewahrung mit **steckendem Schlüssel** auf dem frei zugänglichen Hof wird stets, über Nacht in der Halle häufig als Pflichtverstoß angesehen.²² Die Obhutspflicht endet erst mit Rückgabe des Fahrzeugs an den Kunden, nicht bereits mit der Fertigmeldung. Wenn der Kunde erkennen kann, dass der Werkstatthof frei zugänglich ist und kein ausreichender Raum zur Übernachtverwahrung hinter verschlossenen Toren vorhanden ist, kann er nur eine Verwahrung auf dem Freigelände erwarten,²³ allerdings verschlossen und mit eingerastetem Lenkradschloss. Ein Nachtannahme-Schlüsselkasten muss gesichert sein. Ein Blechbriefkasten oder ein Briefschlitz in der Glastür genügen diesen Anforderungen nicht.

52 Auch auf die Haftungsbeschränkungsklauseln in den Reparaturbedingungen des ZDK ist der Inhalt der „Fohlenentscheidung" des BGH anzuwenden, siehe → Rn. 41. Im Übrigen begegnet die formularmäßige Beschränkung des Schadenersatzes auf den vorhersehbaren Schaden Bedenken.²⁴

53 Baut der Auftragnehmer im Zuge einer Reparatur zu erneuernde Teile aus, darf er sie entsorgen. Solange nicht erkennbar ist, dass der Vorgang im Streit enden wird und die Teile daher ggf. noch als Beweismittel benötigt werden, liegt in der Entsorgung kein Fall einer schuldhaften Beweisvereitelung.²⁵

Es gibt auch keine Pflicht der Werkstatt, ohne äußeren Anlass Ausleseprotokolle des Fehlerspeichers ähnlich einer medizinischen Krankenakte zu archivieren.²⁶

VIII. Pflichten des Auftraggebers

54 Der Auftraggeber hat die Pflicht zur Abnahme des Werkes und zur Bezahlung. Die **Abnahme** des Werkes ist nach § 641 Abs. 1 BGB **Fälligkeitsvoraussetzung** für die Vergütung. Die Abnahme ist die körperliche Entgegennahme des Gegenstandes verbunden mit der (regelmäßig stillschweigenden) Erklärung, die Leistung entspreche in der Hauptsache dem Vertrag. Ein Problem der Abnahme bei der Autoreparatur liegt darin, dass der Kunde manchmal erst nach einigen Kilometern Fahrtstrecke oder bei „Manchmal-da-manchmal-nicht-da"-Fehlern erst nach Tagen erkennen kann, ob die Werkstatt den Fehler erfolgreich beseitigt hat. Dementsprechend sieht die Rechtsprechung die Abnahme auch noch nicht in der körperlichen Übernahme des Fahrzeugs, sondern lässt eine gewisse **Zeit oder Fahrtstrecke Karenz**.²⁷

55 Die Abnahme darf nicht wegen unwesentlicher Mängel verweigert werden, § 640 Absatz 1 Satz 2 BGB. Holt der Auftraggeber das Fahrzeug nicht ab, kann der Auftraggeber ihm eine **Frist** setzen, nach deren Ablauf die Abnahme unterstellt wird, § 640 Absatz 1 Satz 3 BGB. Ist der Auftraggeber in **Abnahmeverzug**, reduziert sich die Haftung des Auftragnehmers gemäß § 300 Absatz 1 BGB auf Vorsatz und grobe Fahrlässigkeit. Nach § 304 BGB kann er für die Aufbewahrung Kosten geltend machen.

56 Der Auftraggeber hat die weitere Pflicht zur Bezahlung. **Barzahlung bei Abholung** ist nach wie vor der gesetzliche Standard, § 245 BGB. Jede andere Zahlungsweise bedarf der vorherigen Vereinbarung. Wenn die Werkstatt allerdings die EC- oder Kreditkartensymbole im Eingangsbereich oder im Kassenbereich angebracht hat, kann der Kunde davon ausgehen, dass dieser Zahlungsweise zugestimmt wird.

57 Die Erstellung einer **Rechnung** ist keine gesetzliche Fälligkeitsvoraussetzung. Jedoch sehen die Reparaturbedingungen des ZDK die Rechnungserstellung vor. Außer in Kleinstbetrieben sind die Abläufe in der Praxis EDV-seitig auch so eingerichtet, dass die Rechnung bei Abholung vorliegt oder jedenfalls sofort erstellt werden kann. Fälle zu dieser Rechtsfrage sind praktisch unbekannt.

58 Zahlung bei Abholung und Fälligkeit durch Abnahme widersprechen sich, wenn der Kunde erst nach einigen Kilometern oder Tagen beurteilen kann, ob die Reparatur erfolg-

---

²² Rechtsprechungsnachweise bei *Reinking/Schmidt/Woyte* Rn. 58.
²³ Vergleiche BGH Urt. v. 19.11.1996 – X ZR 75/95, NJW-RR 1997, 342 = VersR 1997, 591.
²⁴ *Reinking/Schmidt/Woyte* Rn. 61.
²⁵ LG Bielefeld Urt. v. 5.9.2012 – 18 O 89/12, BeckRS 2013, 20038; AG Stendal Urt. v. 10.7.2012 – 3 C 192/11.
²⁶ OLG Naumburg Urt. v. 11.10.2012 – 1 U 2/12, BeckRS 2013, 05532.
²⁷ OLG Düsseldorf Urt. v. 61.1994 – 5 U 83/92, NZV 1994, 433.

reich war. Wegen der Vorleistungspflicht des Werkunternehmers ist er aber nur Zug-um-Zug gegen Bezahlung zur Herausgabe verpflichtet.[28] Anderenfalls liefen seine Sicherungsrechte leer. Der Auftraggeber kann bei Abholung einen Vorbehalt erklären, damit seine Zahlung keine anerkennende Wirkung hat.

IX. Werkunternehmerpfandrecht und Zurückbehaltungsrecht

Beim Werkvertrag ist Bezahlung bei Abholung die gesetzliche Regel, wenn nichts Anderes vereinbart ist (§ 641 BGB). Als Äquivalent zur Vorleistungspflicht des Unternehmers hält das BGB das Werkunternehmerpfandrecht (§ 647 BGB) bereit. Zahlt der Auftraggeber bei Abholung nicht, bekommt er das Fahrzeug nicht. Das Pfandrecht gibt dem Unternehmer ein Absonderungsrecht aus § 50 Abs. 1 InsO. 59

Wird das Fahrzeug herausgegeben, erlischt das **gesetzliche Werkunternehmerpfandrecht**. Das Auto muss sich also noch aus dem konkreten Auftrag in der Werkstatt befinden. Das Pfandrecht lebt auch nicht wieder auf, wenn das Fahrzeug aufgrund eines neuen Auftrages abermals in die Werkstatt des Auftragnehmers kommt.[29] Wegen alter Rechnungen kann der Wagen aufgrund des gesetzlichen Werkunternehmerpfandrechtes also nicht einbehalten werden. 60

Neben dem gesetzlichen kann auch ein vertragliches Werkunternehmerpfandrecht nach § 1205 BGB bestellt werden. Die Kfz-Reparaturbedingungen des ZDK sehen, wenn sie in den Werkvertrag einbezogen wurden, ein solches erweitertes Pfandrecht vor. Die Klausel lautet: 61

„Dem Auftragnehmer steht wegen seiner Forderung aus dem Auftrag ein vertragliches Pfandrecht an den aufgrund des Auftrages in seinen Besitz gelangten Gegenständen zu.

Das vertragliche Pfandrecht kann auch wegen Forderungen aus früher durchgeführten Arbeiten Ersatzteillieferungen und sonstigen Leistungen geltend gemacht werden, soweit sie mit dem Auftrag in Zusammenhang stehen. Für sonstige Ansprüche aus der Geschäftsverbindung gilt das vertragliche Pfandrecht nur, soweit diese unbestritten sind oder ein rechtskräftiger Titel vorliegt und der Auftragsgegenstand dem Auftraggeber gehört."

Die Klausel wurde bereits vom BGH[30] gebilligt. Auch das vertraglich vereinbarte Pfandrecht gibt dem Unternehmer ein Absonderungsrecht aus § 50 Abs. 1 InsO, wenn es vor Eröffnung des Insolvenzverfahrens bestellt wurde. 62

Voraussetzung für das Werkunternehmerpfandrecht ist, dass der „Besteller" der Reparatur auch der **Eigentümer** des Fahrzeugs ist. Ein **gutgläubiger Erwerb** des **gesetzlichen Pfandrechtes** an nicht dem Besteller gehörenden Gegenständen ist nicht möglich.[31] Selbst wenn der Eigentümer dem Reparaturauftrag zustimmt, was in Leasingfällen durchaus praktische Relevanz hat, entsteht das gesetzliche Werkunternehmerpfandrecht nicht.[32] Der gutgläubige Erwerb eines **vertraglichen Pfandrechtes** ist hingegen möglich, §§ 1207, 932 BGB. Anders als in Kauffällen wird dafür nicht die Einsichtnahme in den Fahrzeugbrief gefordert, weil dieses Dokument regelmäßig nicht mitgeführt wird.[33] Als Alarmsignal muss aber gelten, wenn der Auftraggeber nicht mit der im Fahrzeugschein eingetragenen Person identisch ist. 63

Die **Verwertung des Fahrzeuges** muss dem Schuldner mit einer Vorlauffrist von einem Monat unter Angabe des geschuldeten Betrages angedroht werden, § 1234 BGB. Der Zugang dieser **Androhung** muss beweisbar sein. Sinnvoll ist deshalb die Zustellung der Androhung durch den Gerichtsvollzieher. Bleibt die Androhung fruchtlos, erfolgt die Verwertung des Fahrzeugs zumeist durch **Versteigerung** nach §§ 1235 ff. BGB. Über § 1235 Absatz 2 BGB iVm § 1221 BGB ist auch ein **freihändiger Verkauf durch den Gerichtsvollzieher** möglich, denn Autos haben in Anlehnung an allgemein anerkannte Listen (Schwacke oder DAT) 64

---

[28] *Reinking/Schmidt/Woyte* Rn. 114.
[29] BGH Urt. v. 16.5.1983 – VIII ZR 86/82, NJW 1983, 2140.
[30] BGH Urt. v. 14.7.1987 – X ZR 38/86, NJW 1987, 2818.
[31] BGH Urt. v. 15.6.1983 – VIII ZR 86/82, NJW 1983, 2140; aA Palandt/*Bassenge* § 1257 Rn. 2.
[32] BGH Urt. v. 21.12.1960 – VIII ZR 89/59, BGHZ 34, 122; aA Palandt/*Bassenge* § 1257 Rn. 2.
[33] BGH Urt. v. 22.10.1980 – VIII ZR 209/79, NJW 1981, 226.

einen **Marktpreis**. Ein Marktpreis ist gegeben, wenn für Sachen der betreffenden Art am Verkaufsort aus einer größeren Zahl von Verkäufen ein Durchschnittspreis ermittelt werden kann.[34]

65 Ein **Zurückbehaltungsrecht** aus § 273 BGB hat der Auftragnehmer bei Nichtzahlung durch den Auftraggeber ohnehin.[35] Allerdings gibt ihm dieses Zurückbehaltungsrecht kein Verwertungsrecht. In vielen Fällen einer Eigentümer-/Auftraggeberdivergenz wird aber auch der Rückgriff auf das Zurückbehaltungsrecht aus § 1000 BGB helfen können. Ein häufiger Fall: Das Fahrzeug ist geleast, der Auftraggeber zahlt nicht, der Auftragnehmer hält das Auto fest. Später meldet sich die Leasinggesellschaft, bei der der Auftraggeber auch mit Leasingraten im Rückstand ist, und verlangt das Auto heraus. Gegenüber diesem „Dritten" existiert das Werkunternehmerpfandrecht, wenn es nicht gutgläubig erworben wurde, tatsächlich nicht. Aber § 1000 BGB gibt gegenüber dem Dritten ein Zurückbehaltungsrecht, wenn es sich bei der Reparatur um eine „**notwendige Verwendung**" handelte. Faustregel: Alles das, was gemacht werden musste, damit das Auto wieder nutzbar wird, ist eine solche notwendige Verwendung. Waren die Arbeiten nur „nützlich", aber nicht „notwendig", greift § 1000 BGB nicht. Inspektionen gelten in der Rechtsprechung[36] nur als nützlich.

X. Sachmangelhaftungsansprüche

66 Der Sachmangelhaftungsbegriff ist in § 633 Absatz 2 BGB definiert:

„Das Werk ist frei von Sachmängeln, wenn es die vereinbarte Beschaffenheit hat. Soweit die Beschaffenheit nicht vereinbart ist, ist das Werk frei von Sachmängeln,
1. wenn es sich für die nach dem Vertrag vorausgesetzte Verwendung, sonst
2. für die gewöhnliche Verwendung eignet und eine Beschaffenheit aufweist, die bei Werken der gleichen Art üblich ist und die der Besteller nach der Art des Werkes erwarten kann."

67 Bei **Wartungs- und Inspektionsarbeiten** wird der vereinbarte Arbeitsumfang regelmäßig durch die Wartungspläne der Hersteller bestimmt. Bei **Reparaturarbeiten** ist der Vertragsinhalt durch Auslegung zu ermitteln, soweit er – wie üblich – nicht detailliert niedergelegt ist. Insbesondere ist zu klären, ob neben dem Reparaturziel der Fehlerbeseitigung auch ein Reparaturweg (zB Instandsetzen oder Erneuern) vereinbart ist. Bei **Umbau- oder Tuningarbeiten** ist der Umfang üblicher Weise im Detail festgelegt.

68 Markant ist, dass im Kaufrecht seit der Schuldrechtsreform unzählige Urteile bekannt geworden sind, aus dem Werkvertragsrecht jedoch nur eine verschwindend geringe Zahl, obwohl die Zahl der Reparaturvorgänge die der Kaufvorgänge um ein Vielfaches übersteigt.

69 Die Rechte des Bestellers ergeben sich aus § 634 BGB in Verbindung mit den dort genannten Vorschriften. Ist die Werkleistung mangelhaft, hat der Besteller zunächst das Recht auf **Nacherfüllung** aus § 635 BGB. Das **Wahlrecht** zwischen den Alternativen der **Nachbesserung** oder der **Neuherstellung** des Werkes hat der Auftragnehmer. Bei der Autoreparatur wird das regelmäßig die Nachbesserung sein. Alle daraus resultierenden Kosten hat der Auftragnehmer zu tragen, § 635 Absatz 2 BGB. Wenn die Nachbesserung fehlgeschlagen ist (anders als im Kaufrecht gibt es keine Faustregel für die Anzahl der Nachbesserungsversuche, aber schon frühere Rechtsprechung[37] ging und aktuelle Rechtsprechung[38] geht von mindestens zwei Versuchen aus), oder wenn der Auftragnehmer die Nacherfüllung zu Unrecht verweigert oder eine ihm zur Nacherfüllung gesetzte Frist ungenutzt verstreichen lässt,[39] kann der Besteller zur **Selbstvornahme** greifen, § 637 BGB. Verweigert der Unternehmer die Nacherfüllung wegen Unverhältnismäßigkeit zu Recht, besteht das Selbstvor-

---

[34] Palandt/*Grüneberg* § 385 Rn. 1.
[35] Prozesstaktische Hinweise siehe *Reinking/Schmidt/Woyte* Rn. 183.
[36] OLG Oldenburg Urt. v. 27.10.1995 – 5 U 80/92, DAR 1993, 467; siehe auch *Reinking/Schmidt/Woyte* Rn. 186.
[37] Nachweise bei *Reinking/Schmidt/Woyte* Rn. 217.
[38] OLG Frankfurt Urt. v. 19.7.2006 – 19 U 70/06, BeckRS 2006, 10071.
[39] Dazu OLG Köln Urt. v. 25.1.2005 – 9 U 52/04, SP 2006, 26.

nahmerecht nicht (§ 637 Absatz 1 Halbsatz 2 BGB) Die durch die Selbstvornahme entstehenden Kosten hat der Unternehmer – gegebenenfalls auch als **Vorschuss** (§ 637 Absatz 3 BGB), zu bezahlen.

Der Besteller kann sich bei erfolgloser oder verweigerter Nacherfüllung auch für den **Rücktritt vom Vertrag** entscheiden, §§ 634 Nr. 3, 323 und 326 Absatz 5 BGB. Rund um die Autoreparatur kommt diese Variante jedoch in der Praxis kaum vor. Alternativ kann der Besteller den **Werklohn mindern**, § 638 Absatz 1 BGB. Die Berechnung erfolgt wie im Kaufrecht. 70

Unter der Voraussetzung des § 280 BGB, nämlich des Verschuldens des Auftragnehmers, kann der Auftraggeber auch **Schadensersatz** verlangen. Besonders bedeutend ist das, wenn der Reparaturmangel zu Schäden an anderen Teilen des Fahrzeugs führt („Weiterfresserschaden"). 71

XI. Sachmangelhaftung bei „Ohne-Rechnung-Abrede"

Galt lange Zeit die Faustregel, dass bei „schwarz" durchgeführten Werkverträgen keine Sachmangelhaftungsansprüche bestehen, liess sich dieser Merksatz nach zwei Entscheidungen des BGH[40] zu diesem Fragenkreis nicht mehr uneingeschränkt aufrechterhalten. 72

Liegt einem Werkvertrag zwischen einem Unternehmer und seinem Kunden eine „**Ohne-Rechnung-Abrede**" zugrunde, um Steuern zu hinterziehen, ist eine solche „Ohne-Rechnung-Abrede" nichtig. Jedoch ist damit nicht zwingend der ganze Vertrag nichtig. Es richtet sich nach § 139 BGB, ob damit der gesamte Vertrag nichtig ist. § 139 BGB lautet: 73

„Ist ein Teil eines Rechtsgeschäfts nichtig, so ist das ganze Geschäft nichtig, wenn nicht anzunehmen ist, dass es auch ohne den nichtigen Teil vorgenommen sein würde."

Wenn nicht die **Steuerhinterziehung der Hauptzweck** des Vertrages ist, sondern die ordnungsgemäße Durchführung der Reparatur, sei, so der BGH im April 2008, anhand der Umstände des Einzelfalles der hypothetische Parteiwille dahingehend zu ermitteln, ob das Geschäft auch ohne die „Ohne-Rechnung-Abrede" zu den **gleichen Konditionen** abgeschlossen worden wäre. Vermutlich wäre der Vertrag dann zwar oft auch abgeschlossen worden, aber zum mindestens um die Umsatzsteuer oder gar um Anteile der Einkommensteuer des Unternehmers erhöhten Preis. An seiner Vermutung aus einem älteren Urteil,[41] der Vertrag wäre regelmäßig zum selben Preis abgeschlossen werden, hielt der BGH ausdrücklich nicht mehr fest. So kommt man dann zum Ergebnis der Gesamtnichtigkeit. Aber auch auf einen solchen nichtigen Vertrag wandte der BGH die **Grundsätze von Treu und Glauben** an: 74

„Der Senat muss nicht abschließend entscheiden, ob im Streitfall die Nichtigkeit der Ohne-Rechnung-Abrede zur Gesamtnichtigkeit des Vertrages führt. Denn jedenfalls kann sich der Beklagte, nachdem er die Bauleistung erbracht hat, nach Treu und Glauben nicht auf eine etwaige Nichtigkeit des Vertrages berufen, § 242 BGB."

Der damalige Fall basierte auf einem vor 2004 geschlossenen Vertrag. 75

Für einen nach dem 1.8.2004 geschlossenen Vertrag hat der BGH jedoch anders entschieden. Denn am 1.8.2004 trat das Gesetz zur Bekämpfung der Schwarzarbeit und illegalen Beschäftigung (SchwarzArbG) in Kraft.

Auf dieser Basis hat der BGH[42] entschieden: 76

a) § 1 Abs. 2 Nr. 2 SchwarzArbG enthält das Verbot zum Abschluss eines Werkvertrages, wenn dieser Regelungen enthält, die dazu dienen, dass eine Vertragspartei als Steuerpflichtige ihre sich aufgrund der nach dem Vertrag geschuldeten Werkleistungen ergebenden steuerlichen Pflichten nicht erfüllt.

b) Das Verbot führt jedenfalls dann zur Nichtigkeit des Vertrages gemäß § 134 BGB, wenn der Unternehmer vorsätzlich hiergegen verstößt und der Besteller den Verstoß des Unternehmers kennt und bewusst zum eigenen Vorteil ausnutzt.

---

[40] BGH Urt. v. 245.4.2008 – VII ZR 42/07 – VII ZR 140/07, NJW-RR 2008, 1050, 1051.
[41] BGH Urt. v. 21.12.2000 – VII ZR 192/08, NJW-RR 2001, 380.
[42] BGH Urt. v. 1.8.2013 – VII ZR 6/13, NJW 2013, 3167.

c) Mängelansprüche des Bestellers bestehen in diesem Fall grundsätzlich nicht.

In den Gründen heißt es:

„Die Nichtigkeit des Werkvertrages führt dazu, dass der Klägerin keine Mängelansprüche zustehen. Die Rechtsprechung des Bundesgerichtshofs zu Mängelansprüchen aus einem Bauvertrag, der eine Ohne-Rechnung-Abrede enthält (BGH, Urteile vom 24. April 2008 VII ZR 42/07, BGHZ 176, 198 und VII ZR 140/07, BauR 2008, 1330 = NZBau 2008, 436), betrifft nicht die Fälle, in denen ein Verstoß gegen das Gesetz zur Bekämpfung der Schwarzarbeit in Rede steht (vgl. BGH, Urteil vom 24. April 2008 – VII ZR 42/07, aaO S. 204 unter III. Rn. 19). Der Einwand der unzulässigen Rechtsausübung (§ 242 BGB), den der Bundesgerichtshof in diesen Fällen zugelassen hat, überwand dort nur die unter bestimmten Voraussetzungen aus § 139 BGB folgende Nichtigkeit des Gesamtvertrages aufgrund einer Nichtigkeit der Ohne-Rechnung-Abrede mit der Folge, dass Mängelansprüche geltend gemacht werden konnten.

Derartige Erwägungen kommen vorliegend nicht in Betracht. Die Schaffung des Schwarzarbeitstatbestandes des § 1 Abs. 2 Nr. 2 SchwarzArbG führt wie dargelegt dazu, dass die Verstöße gegen steuerrechtliche Pflichten bereits ohne weiteres zur Nichtigkeit des gesamten zugrunde liegenden Werkvertrages führen. Eine isolierte Prüfung nur der Ohne-Rechnung-Abrede erfolgt nicht.

Eine nach § 134 BGB im öffentlichen Interesse und zum Schutz des allgemeinen Rechtsverkehrs angeordnete Nichtigkeit kann – anders als die Nichtigkeitsfolge aus § 139 BGB – allenfalls in ganz engen Grenzen durch eine Berufung auf Treu und Glauben überwunden werden (vgl. BGH, Urteil vom 24. April 2008 VII ZR 42/07, aaO S. 202 mwN; Urteil vom 23. September 1982 VII ZR 183/80, BGHZ 85, 39, 47 ff.; ganz ablehnend etwa MünchKommBGB/Armbrüster, 6. Aufl., § 134 Rn. 112). Hierfür reicht es jedenfalls nicht aus, dass ein widersprüchliches Verhalten des Unternehmers darin liegt, dass er bei einem Bauvertrag die von ihm geschuldeten Bauleistungen regelmäßig an dem Grundstück des Bestellers erbringt und er sich bei der Inanspruchnahme wegen Mängeln anschließend auf die Nichtigkeit des Bauvertrags beruft, obwohl der Besteller wegen der Schwierigkeiten einer Rückabwicklung das Werk typischerweise behalten wird. Vielmehr bleibt es bei dem Grundsatz, dass wegen der Nichtigkeit des Vertrages Mängelansprüche von vornherein nicht gegeben sind (vgl. BGH, Urteil vom 31. Mai 1990 – VII ZR 336/89, aaO, 314)."

77 Auch wenn die Abrede „Einen Teilbetrag des Werklohnes gegen Rechnung, den Rest ohne Rechnung" lautet, ist der gesamte Vertrag nichtig. Keine Seite kann daraus Ansprüche herleiten.[43]

XII. Verjährung

78 Die **Zahlungsansprüche** des Auftragnehmers unterliegen der dreijährigen **Regelverjährung** nach § 195 BGB. Die **Sachmangelhaftungsansprüche** des Auftraggebers verjähren nach § 634a Absatz 1 Nr. 1 BGB innerhalb von zwei Jahren ab Abnahme oder Fertigstellungsbescheinigung. Bei **arglistigem Verschweigen** von Mängeln verlängert sich die Verjährungsfrist auf drei Jahre, § 634a Absatz 1 Nr. 3 BGB.

XIII. Gerichtsstand

79 Gerichtsstand für Ansprüche gegen die Werkstatt ist das Gericht, in dessen Bezirk die Werkstatt ihren Sitz hat. Der **Gerichtsstand** für Ansprüche gegen den Kunden ist für Verbraucher nach dessen Wohnsitz zu bestimmen, §§ 12, 13 ZPO. Ist der Kunde Kaufmann, kann eine **Gerichtsstandsvereinbarung** getroffen werden. Generell gibt aber auch § 29 Absatz 1 ZPO den Gerichtsstand am Ort der Werkstatt, denn es handelt sich regelmäßig um Ansprüche aus einem Vertrag. Weil bei Übergabe des Fahrzeugs bezahlt werden muss, ist die Zahlungsverpflichtung am Orte der Werkstatt zu erfüllen.

---

[43] OLG Schleswig Urt. v. 13.8.2013 – 1 U 24/13.

Teil G. Die Kraftfahrtversicherung

§ 42 Rechtsgrundlagen der Kraftfahrtversicherung[*]

Übersicht

	Rn.
I. Allgemeines und Rechtsentwicklung	1–6
1. Der Begriff der Kraftfahrtversicherung	1
2. Die Rechtsentwicklung	2–5
3. Das neue Versicherungsvertragsgesetz	6
II. KH-Versicherung und internationale sowie europarechtliche Regelungen	7–61
1. Verordnung über Internationalen Kraftfahrzeugverkehr (IntVO)	12
2. Europarechtliche Regelungen zur Harmonisierung der Rahmenbedingungen in der Kfz-Haftpflichtversicherung	13–17
a) Straßburger Übereinkommen	13
b) Erste KH-Richtlinie von 1982	14
c) Zweite KH-Richtlinie von 1983	15
d) Dritte KH-Richtlinie von 1990	16/17
3. Der Schadenregulierungsvertreter	18–51
a) Rechtsgrundlagen	19–31
b) Wichtiges für die praktische Schadenabwicklung	32–38
c) Prozessuale Fragen und Vollstreckung	39–48
d) Deckungsprozess und Regress	49–51
4. Neuere Europarechtliche Rechtsentwicklung	52–59
a) Vierte KH-Richtlinie	52–57
b) Fünfte KH-Richtlinie	58
c) Sechste KH-Richtlinie	59
5. Sonstige Zielsetzungen in der KH-Versicherung sowie des Pflichtversicherungsgesetzes	60/61
a) Gleichheitsgebot	60
b) Regelungen zur Tarifgestaltung	61
III. Die Rechtsgrundlagen des deutschen Versicherungsrechtes	62–108
1. Versicherungsvertragsgesetz (VVG)	63/64
a) Allgemeines	63
b) Die Kraftfahrtversicherung und ihre Sparten	64
2. Versicherungsaufsichtsgesetz (VAG)	65/66
a) Allgemeines	65
b) Die Versicherungsaufsicht im Einzelnen	66
3. Pflichtversicherungsgesetz (PflVG)	67–69
4. Ausländer-Pflichtversicherungsgesetz (AuslPflVG)	70–92
a) Die Regelung des Versicherungsschutzes	70–73
b) Die Eintrittspflicht der Grenzversicherung	74–78
c) Das System der Grünen Versicherungskarte	79–86
d) Londoner Abkommen, Uniform Agreement (UA)	87–90
e) Das Multilaterale Garantieabkommen	91/92
5. Kraftfahrzeug-Pflichtversicherungsverordnung (KfzPflVV)	93–101
a) Geltung der KfzPflVV	93–95
b) Zweck und Inhalt der Verordnung	96–101
6. AKB und TB	102–104
a) Allgemeines	102/103
b) AKB und TB in der Vertragsgestaltung	104
7. BGB und HGB	105
8. Internationales Versicherungsrecht und grenzüberschreitende Versicherungsverträge	106–108

---

[*] Der Verfasser bedankt sich herzlich bei Herrn Rechtsanwalt *Carsten Kunz* für die Unterstützung bei den Manuskriptarbeiten.

Schrifttum: *Bartels*, Unerlaubte Rechtsberatung in Verkehrssachen – Regulierungspraxis, VersR 1995, 632; *Becker*, Die 5. KH-Richtlinie – ihre Umsetzung in Deutschland; *Buschbell/Krause*, Der Schadenregulierungsvertreter in der Kraftschadenregulierungspraxis, DAR 2000, 337 ff.; *Elvers*, Polizei/Verkehr/Technik 1988, 194; *Feyock/Jacobsen/Lemor*, Kraftfahrtversicherung, 3. Aufl. 2009; *Hofmann*, Die neue Kfz-Versicherung, 1. Aufl. 1994; *Lemor*, Die rechtlichen Rahmenbedingungen für die Kraftfahrtversicherung nach der Deregulierung, VW 1994, 1133; *ders.*, GDV: Kfz-Unfälle im Ausland/4. KH-Richtlinie, NVersZ 2000, 507; *Lübbert/ Vogl*, Grenzüberschreitende Versicherungsverträge, r+s 2000, 265 ff. (Teil 1) und r+s 2000, 311 ff. (Teil 2); *Mindorf*, Internationaler Straßenverkehr, 2001; *Prölss*, Versicherungsaufsichtsgesetz: VAG, 12. Aufl. 2005; *Pukall*, Neue EU-Gruppenfreistellungsverordnung für Vertriebsbindungen, NJW 2000, 1375 ff.; *Renger*, Stand, Inhalt und Probleme des neuen Versicherungsrechts – Bemerkungen zum Dritten Gesetz zur Durchführung versicherungsrechtlicher Richtlinien des Rates der Europäischen Gemeinschaften; *Römer*, Reformbedarf des Versicherungsvertragsrechts aus höchstrichterlicher Sicht, VersR 2000, 661 ff.; *ders.*, Alles-oder-Nichts-Prinzip?, NVersZ 2000, 259 ff.; *Schimikowski*, Überlegungen zu einer Reform des Versicherungsvertragesgesetzes, r+s 2000, 353 ff.; *Theda/Buschbell/Elvers*, Haftungs- und Versicherungsrecht, 4. Aufl. 1997.

I. Allgemeines und Rechtsentwicklung

1. Der Begriff der Kraftfahrtversicherung

1 Unter dem Begriff „Kraftfahrtversicherung" ist nicht eine Einheitsversicherung zu verstehen. Vielmehr gliedert sich die Kraftfahrtversicherung in drei Sparten, nämlich
- Kfz-Haftpflichtversicherung,
- Kaskoversicherung als
  - Teilkaskoversicherung und
  - Vollkaskoversicherung sowie
- Kraftfahrtunfallversicherung.

Bei den vorgenannten drei Versicherungsarten handelt es sich um rechtlich eigenständige Versicherungsverträge.[1]

Der vorstehend genannten Qualifizierung steht nicht entgegen, dass in der Praxis die genannten drei Versicherungsarten meist einheitlich beantragt und die Verträge nur in einem Versicherungsschein policiert werden.

2. Die Rechtsentwicklung

2 Die Versicherungspflicht für Halter von inländischen Kraftfahrzeugen und Anhängern wird in Deutschland gesetzlich normiert durch das **Pflichtversicherungsgesetz (PflVG)** vom 7. November 1939,[2] in Kraft getreten am 1. Juli 1940. Die Erstreckung der Versicherungspflicht auf Kraftfahrzeuge ohne regelmäßigen Standort im Inland wurde eingeführt durch das Ausländer-Pflichtversicherungsgesetz (AuslPflVG) vom 24. Juli 1956[3] mit Wirkung zum 1. Januar 1957.

3 Eine weitere wichtige Entwicklung erfolgte durch das Gesetz zur Änderung von Vorschriften über die Pflichtversicherung für Kraftfahrzeughalter vom 5. April 1965.[4] Hierdurch wurde der Versicherungsschutz entsprechend der Regelung des Europäischen Übereinkommens vom 20. April 1959 (**Straßburger Übereinkommen**; siehe nachfolgend Rn. 10) über die obligatorische Haftpflichtversicherung für Kraftfahrzeuge[5] geregelt und es wurden wesentliche neue Regelungen zusätzlich getroffen. Diese Regelungen betrafen aufgrund des genannten Übereinkommens die Gewährung eines unmittelbaren Anspruches (**Direktanspruch**) des Geschädigten gegen den Haftpflichtversicherer (§ 3 PflVG aF, § 115 Abs. 1 Nr. 1 VVG) und die gesetzliche Einführung eines **Entschädigungsfonds** (**Verkehrsopferhilfe**) für Schäden aus Kraftfahrzeugunfällen, geregelt in den §§ 12 bis 14 PflVG.[6]

4 Hervorzuheben ist im Hinblick auf das Vertreiben von Versicherungen im grenzüberschreitenden Dienstleistungsverkehr die Einführung eines **Schadenregulierungsvertreters**, geregelt in § 8 Abs. 2 PflVG.

---

[1] BGH VersR 1978, 426; vgl. ausführl. Feyock/Jacobsen/Lemor/*Jacobsen* AKB Vor § 1 Rn. 1.
[2] RGBl. S. 22 f.
[3] BGBl. I S. 667.
[4] BGBl. I S. 213.
[5] BGBl. 1965 II S. 281.
[6] Zur weiteren Entwicklung vgl. ausführlich Feyock/Jacobsen/Lemor/*Feyock* PflVG Vor § 1 Rn. 1 f.

Als Ziele der Umsetzung des EU-Rechtes sind zu nennen: 5
- **Deregulierung** des Versicherungsmarktes, also Schaffung der Möglichkeit für den Versicherungsnehmer als Verbraucher, einen möglichst breiten Zugang zu Versicherungsprodukten zu erhalten.
  Freie Produktgestaltung mit dem Ziel einer Intensivierung des **Wettbewerbs** und Förderung der Kreativität von Versicherungsunternehmen zur Schaffung von Versicherungsprodukten.
  Freie Preisgestaltung mit dem Ziel und Inhalt, dass die **Preisgestaltung** weder inhaltlich noch durch allgemeine Rechtsgrundsätze beschränkt werden darf.[7]
- **Tarifkriterien/Risikomerkmale** sind frei zu gestalten, und es gibt keine „unzulässigen" Tarifkriterien mit Ausnahme des „Ausländertarifs"[8] und des „Unisextarifes".[9]
  Markttransparenz mit dem Ziel des Fortfalls einer einheitlichen Marktordnung. Es bleibt jedoch für Verbände die Möglichkeit, Musterbedingungen zu empfehlen.
- **Preisoffenheit**.
  Gewollt ist Preisklarheit und Preiswahrheit. In der Anlage D zum VAG wurde die „**Verbraucherinformation**" vorgeschrieben, die sicherstellen sollte, dass vor Abschluss eines Versicherungsvertrages Produkt- und Preisgestaltung offen zu legen sind.[10]
- **Verbraucherschutz**.
  Hiernach darf die Vertrags- und Tarifgestaltungsfreiheit nur eingeschränkt werden zum Schutze der allgemeinen Interessen.[11]

3. Das neue Versicherungsvertragsgesetz

Seit längerem bestand Einigkeit darüber, dass eine Reform des Versicherungsvertragsgesetzes dringend geboten war. Wie stets, gingen die Überlegungen bei der Diskussion je nach Interessenlage in unterschiedliche Richtungen. Mitte 2000 wurde durch das Justizministerium eine Kommission eingesetzt, deren Abschlussbereicht aus dem Jahr 2004 weitgehend zunächst in den Regierungsentwurf vom Februar 2006 und dann in die endgültige Fassung einfloss. Das neue Versicherungsvertragsgesetz trat am 1.1.2008 in Kraft. 6
Wesentliche Punkte für die Kraftfahrtversicherung sind:
- Gesetzliche Regelung von Beratungs- und Dokumentationspflichten (§ 6 VVG)
- Abschaffung des Policenmodells und Einführung umfassender Informationspflichten (§ 7 VVG)
- Abschaffung des „Alles-oder-nichts-Prinzips" bei Gefahrerhöhung (§ 26 VVG), bei Obliegenheitsverletzungen (§ 28 VVG) und bei grob fahrlässiger Herbeiführung des Versicherungsfalls (§ 81 VVG)
- Gesetzliche Regelung der vorläufigen Deckung (§§ 49 ff. VVG)
- Abschaffung der 6-Monats-Frist des § 12 Abs. 3 VVG aF.

Hinsichtlich der Einzelheiten der Änderungen wird auf die Ausführungen in den betreffenden Kapiteln verwiesen.

II. KH-Versicherung und internationale sowie europarechtliche Regelungen

Ausgangspunkt europarechtlicher Regelungen zur Kraftfahrtversicherung war die Tatsache, dass Haftungs- und Versicherungsbestimmungen sowie die Regulierungspraxis in den einzelnen europäischen Staaten erhebliche Unterschiede aufwiesen. Dies führte insbesondere zu Problemen im grenzüberschreitenden Verkehr. Ausgehend von der Überlegung, dass der Schutz von Verkehrsopfern auch im grenzüberschreitenden Verkehr verbessert werden musste, nahm sich auf Anregung der Schweiz der „Ausschuss für Landverkehr der europäi- 7

---
[7] Feyock/Jacobsen/Lemor/*Feyock* PflVG Vor § 1 Rn. 6.
[8] Feyock/Jacobsen/Lemor/*Feyock* PflVG Anh. II Rn. 4.
[9] EuGH EuZW 2011, 301; kritisch *Lüttringhaus* EuZW 2011, 296.
[10] Feyock/Jacobsen/Lemor/*Feyock* PflVG Vor § 1 Rn. 10.
[11] Vgl. hierzu ausführlich Feyock/Jacobsen/Lemor/*Feyock* PflVG Vor § 1 Rn. 11, 12, 13.

schen Wirtschaftskommission" der UNO in Genf das Ziel vor, den Verkehrsopferschutz zu verbessern. Hierbei standen zwei Ziele im Vordergrund:
- Kein Verkehrsopfer sollte dadurch benachteiligt werden, dass der ihm entstandene Schaden durch ein ausländisches Kraftfahrzeug verursacht wurde.
- Innerhalb Europas muss der grenzüberschreitende Straßenverkehr verbessert werden, indem die Pflicht entfällt, sich an der Grenze den erforderlichen Versicherungsschutz für das Besuchsland zu beschaffen.

8   Der vorgenannte Ausschuss der UNO setzte im Mai 1948 einen Unterausschuss für „Straßenverkehr" ein, und von diesem wurde ein einheitliches Versicherungszertifikat, nämlich die „Grüne Karte" entwickelt. Ziel und Inhalt dieses Dokumentes sollte es sein, beim Grenzübertritt nach den Bedingungen des besuchten Landes gegen Haftpflichtschäden versichert zu sein. Auf dieser Grundlage wurde im Jahre 1949 die UNO-Empfehlung Nr. 5 vom 25. Januar 1949 verfasst. Diese richtete sich an die Regierungen. In dieser Empfehlung sind die Richtlinien des Grüne-Karte-Systems enthalten.

9   Weiter wurde festgelegt, dass in jedem europäischen Land eine zentrale Organisation, „Büro" genannt, geschaffen werden sollte. Dieses Büro sollte für die Aufgaben des Grüne-Karte-Systems zuständig sein. Hierauf fußt das „Deutsche Büro Grüne Karte" (DBGK).

10 In der Folgezeit wurden weitere europarechtliche Regelungen zur Harmonisierung der Kfz-Pflichtversicherung entwickelt. Diese europarechtlichen Regelungen gewinnen mehr und mehr an Bedeutung und werden nachstehend im Überblick dargestellt.

11 Der GDV ist bereits seit weit mehr als 10 Jahren in Brüssel vertreten und unterhält inzwischen dort ein eigenes Büro. Die Präsenz dieses Büros ist wichtig, um beteiligt zu sein an den Beschlussentwicklungen im europäischen Gesetzgebungsverfahren.[12]

1. Verordnung über Internationalen Kraftfahrzeugverkehr (IntVO)

12 Die aus dem Jahre 1934 stammende IntVO hat heute – nach verschiedenen Änderungen – immer noch Gültigkeit.[13] Wichtigste Regelungsmaterien der IntVO sind die Zulassung ausländischer Fahrzeuge, ausländischer Kennzeichen und Nationalitätszeichen.[14] Die Entwicklung des Verkehrsrechtes und speziell des Straßenverkehrsrechtes erforderte multilaterale (weltweite) Übereinkommen für den allgemeinen Straßenverkehr sowie speziell europarechtliche Regelungen.[15] Hinzuweisen ist insbesondere auf die Steuerpflicht für das Halten ausländischer Fahrzeuge,[16] zollrechtliche Beurteilung ausländischer Fahrzeuge[17] sowie speziell NATO-Truppenstatut und Streitkräfteaufenthaltsgesetz.[18]

2. Europarechtliche Regelungen zur Harmonisierung der Rahmenbedingungen in der Kfz-Haftpflichtversicherung

13 a) **Straßburger Übereinkommen.** Der erste Anstoß zur europaweiten Harmonisierung der Krafthaftpflichtversicherung erfolgte durch das so genannte „Europäische Übereinkommen über die obligatorische Haftpflichtversicherung für Kraftfahrzeuge" vom 20. April 1959 (auch „Straßburger Übereinkommen" genannt). Ziel dieses Übereinkommens war es, die Rechte der Opfer von Kraftfahrzeugunfällen in den Mitgliedsstaaten des (damaligen) Europarates durch die Einführung einer Pflichtversicherung für Kraftfahrzeuge und weitere ergänzende Maßnahmen (wie die Einführung eines Direktanspruches gegen den KH-Versicherer und einer Pflicht zur Einrichtung eines Entschädigungsfonds) sowie sonstige Maßnahmen zu regeln.

---
[12] Vgl. hierzu „Lobby – Arbeit in Brüssel: Kompromissfähige Vorschläge gefragt", Interview mit Direktor Ulf Lemor, VW 2003, 1429.
[13] Vgl. hierzu *Mindorf* S. 9.
[14] Vgl. hierzu im Einzelnen *Mindorf* S. 11 ff., betreffend Inhaltsübersicht und Wortlaut der IntVO.
[15] Zur Entwicklung des Internationalen sowie des europäischen Verkehrsrechtes vgl. *Mindorf* Einführung S. 2 ff.
[16] Vgl. hierzu *Mindorf* S. 193–200.
[17] *Mindorf* S. 221 ff.
[18] Vgl. im Einzelnen *Mindorf* S. 235–258.

b) Erste KH-Richtlinie von 1982. Ziel der **Ersten KH-Richtlinie** war insbesondere die Aufhebung der Kontrolle der **Grünen Karte** an den Grenzen innerhalb der Gemeinschaft.

c) Zweite KH-Richtlinie von 1983. Wesentlicher Inhalt der **Zweiten KH-Richtlinie** waren Maßnahmen mit dem Ziel, ein gewisses Mindestversicherungsniveau sicherzustellen. Es wurden obligatorische Mindestdeckungssummen festgelegt. Insbesondere wurde die Pflichtversicherung auch ausgedehnt auf Personenschäden von Familienangehörigen des Haftpflichtigen sowie auf Sachschäden. Bestimmte Ausschlussklauseln wurden entschärft. Insbesondere wurde für die Fälle, in denen der Unfall durch nicht ermittelte oder nicht versicherte Fahrzeuge verursacht wurde, die Errichtung oder Anerkennung eines Entschädigungsfonds vorgeschrieben.

d) Dritte KH-Richtlinie von 1990. *aa) Allgemeines.* Inhalt und Ziel der **Dritten KH-Richtlinie** war es, bestehende Lücken im Versicherungsschutz und praktische Schwierigkeiten bei der Durchsetzung von Entschädigungsansprüchen zu schließen. Die Dritte KH-Richtlinie sollte der wesentliche Schritt sein auf dem Weg zu einem EU-einheitlichen KH-Versicherungssystem. Der Schwerpunkt liegt im weiteren Ausbau des Mindestversicherungsschutzes sowie in der Erleichterung des Zugangs zum Garantiefonds, und ebenso sollten Regelungen getroffen werden, die die Identifizierung des KH-Versicherers fördern.

bb) Umsetzung in deutsches Recht. Die Richtlinie musste bis zum 31. Dezember 1992 in nationales Recht transformiert werden. Eine Umsetzung der Dritten KH-Richtlinie in deutsches Recht erfolgte jedoch zunächst nicht, weil dies für nicht erforderlich gehalten wurde mangels eines Regelungsbedarfs. Eine spezielle Regelung erfolgte jedoch in § 1 Abs. 1 der Kfz-Pflichtversicherungsverordnung[19] zu **Mindestdeckungssummen** bei **Auslandsunfällen**.

3. Der Schadenregulierungsvertreter

Seit der Umsetzung der Dritten Koordinierungsrichtlinie Schaden vom 18. Juni 1992 zum 1. Juli 1994 gibt es die in der Kraftschadenregulierungspraxis wenig beachtete Institution des Schadenregulierungsvertreters, obwohl es neben den deutschen Versicherungsunternehmen (VU), die das KH-Geschäft betreiben, bereits zahlreiche Schadenregulierungsvertreter gibt. Die jeweiligen Unternehmen und Schadenregulierungsvertreter sind beim GdV registriert und können dort ermittelt werden. Die Schadenregulierungsvertreter betreiben die Schadenregulierung für ausländische VU, die im Wege des Dienstleistungsverkehrs als KH-Versicherer tätig sind. Für den in der Kraftfahrtschadenregulierung tätigen Anwalt ist es daher wichtig, mit der Funktion des Schadenregulierungsvertreters vertraut zu sein. Dies gilt sowohl für die sachgerechte Geltendmachung des (Direkt-)Anspruches gegen den Schadenregulierungsvertreter und auch im KH-Prozess sowie schließlich auch bei Fragen des Versicherungsschutzes und des Regresses.

a) Rechtsgrundlagen. *aa) Europarechtliche Regelung.* Die Dritte Koordinierungsrichtlinie Schaden von 1992 (3. RL-Sch) führte zur Fortentwicklung und zur Vollendung des Versicherungsbinnenmarktes.[20] In der Bundesrepublik wurde die 3. RL-Sch durch das Dritte DchfG/EWG zum VAG vom 21. Juli 1994 umgesetzt.[21]

Die Umsetzung des EG-Rechtes brachte im Wesentlichen folgende Änderungen: Wegfall aller Vorschriften, die auf eine Genehmigung von Bedingungen und Tarifen durch die BaFin (früher BAV) abgestellt hatten. Ebenso wurde der Entschädigungsfonds gemäß §§ 12 ff. PflVG um den Fall von Insolvenzverfahren über das Vermögen des leistungspflichtigen VU erweitert. Auch wurden die Voraussetzungen für den grenzüberschreitenden Dienstleis-

---

[19] BGBl. I S. 1837.
[20] RL 92/49/EWG des Rates vom 18.6.1992 zur Koordinierung der Rechts- und Verwaltungsvorschriften für die Direktversicherung (mit Ausnahme der Lebensversicherung) sowie zur Änderung der RL 73/239/EWG und 88/357/EWG; ABl. EG Nr. L 228 S. 1 vom 11.8.1992 – abgedruckt bei *Feyock/Jacobsen/Lemor* S. 1186 ff.
[21] Drittes Gesetz zur Durchführung versicherungsrechtlicher Richtlinien des Rates der Europäischen Gemeinschaften BGBl. I S. 1630.

tungsverkehr durch Einführung eines „Schadenregulierungsvertreters" gemäß § 8 Abs. 2 PflVG geschaffen.[22]

21 Die Bestellung eines Schadenregulierungsvertreters soll die Schadenabwicklung in der KH-Sparte als einer typischen Massensparte mit Pflichtcharakter in allen EG/EWR-Staaten mit Dienstleistungsverkehr erleichtern. Sie dient dem Schutz der Verkehrsopfer, die sich – im Gegensatz zum Versicherungsnehmer (VN) – nicht den Versicherer aussuchen können, bei dem sie ihre Ansprüche geltend machen können.

22 *bb) Die Institution des „Schadenregulierungsvertreters" und die Rechtsgrundlagen nach deutschem Recht.* VU, die ohne Sitz oder Niederlassung in einem Mitgliedsstaat der Europäischen Gemeinschaft die Kraftfahrzeug-Haftpflichtversicherung im Dienstleistungsverkehr betreiben, müssen im jeweiligen Dienstleistungsland einen inländischen Vertreter bestellen.[23] Diese Regelung wird in § 8 Abs. 2 PflVG in deutsches Recht umgesetzt und schafft die Institution des „Schadenregulierungsvertreters". Die diesbezügliche Regelung in § 8 Abs. 2 PflVG lautet:

„Versicherungsunternehmen, die im Dienstleistungsverkehr die Kraftfahrzeug-Haftpflichtversicherung für Kraftfahrzeuge und Anhänger mit regelmäßigem Standort im Inland betreiben, sind verpflichtet, einen im Inland ansässigen oder niedergelassenen Vertreter zu bestellen, der den Anforderungen nach § 13c des Versicherungsaufsichtsgesetzes zu genügen hat...".

23 Im Gesetz ist also bestimmt, dass VU, die die Kraftfahrzeug-Haftpflichtversicherung im Dienstleistungsverkehr betreiben, einen „Vertreter" zu bestellen haben. Ein bestimmter Begriff ist nicht verwandt. Inzwischen hat sich für diesen zu bestellenden Vertreter der Begriff „Schadenregulierungsvertreter" eingebürgert, z.T. auch „Schadenrepräsentant".[24] Der Begriff „Schadenregulierungsvertreter" erscheint als der am besten geeignete Begriff, zumal zum einen das Wort „Vertreter" auch im Gesetzestext verwendet wurde und zum anderen dies auch am ehesten in Einklang steht mit den (nachstehend beschriebenen) Funktionen des bestellten Vertreters.

24 Der Aufgabenkatalog des Schadenregulierungsvertreters ergibt sich aus § 13c Abs. 1 Nr. 2 VAG. Jedoch beinhaltet diese Regelung keine Verpflichtung des VU, den Schadenregulierungsvertreter mit Vermögen auszustatten, was sicherlich nach dem bisherigen Regelungsstand ein Defizit darstellt. Auch braucht das VU keine Rückstellungen für noch nicht abgewickelte Schadenfälle zu bilden. Der Schadenregulierungsvertreter kann also nur zahlen, soweit seine liquiden Zahlungsmittel reichen. Es gibt keine Regelung, wonach diese Mittel in Deutschland sicherzustellen sind, weder auf Treuhandkonten noch durch Hinterlegung noch durch Bürgschaften u. Ä.[25]

25 Jedoch sind ausländische Dienstleister an deutschen Gemeinschaftseinrichtungen, also am „Büro Grüne Karte" und an der „Verkehrsopferhilfe", zu beteiligen.[26] Im Übrigen regelt § 8 Abs. 1 PflVG Mitwirkungspflichten auch für VU im Dienstleistungsverkehr. Diese Versicherer sind ebenso wie die Versicherer mit Sitz im Inland verpflichtet, sich am Grüne-Karte-System und an der Verkehrsopferhilfe zu beteiligen. Entsprechende Bescheinigungen werden vom Deutschen Büro Grüne Karte e.V. und von der Verkehrsopferhilfe e.V. ausgestellt und sind der BaFin vorzulegen.

26 Im Übrigen bestehen jedoch für VU, die im Dienstleistungsverkehr tätig sind, europarechtliche Informationspflichten. So sind die Unternehmen gemäß Art. 9 der RL-DL-KH sowie Art. 44 der 3. RL-Sch verpflichtet, der Aufsichtsbehörde des Herkunftslandes ihre Prämieneinnahme in der Kfz-Haftpflichtversicherung mitzuteilen.[27]

---

[22] Vgl. hierzu Feyock/Jacobsen/Lemor/*Feyock* PflVG Vor 1 Rn. 2; die Änderungen sind am 29.7.1994 in Kraft getreten.
[23] Zu Auslegungsfragen des freien Dienstleistungsverkehrs, des Allgemeininteresses im Versicherungswesen und speziell zur Abgrenzung zwischen Niederlassungsfreiheit und Dienstleistungsfreiheit vgl. Informationsdienst der Deutschen Versicherungswirtschaft – GDV Bericht aus Brüssel, Ausgabe Nr. 20 Februar 2000, S. 18 ff.
[24] Feyock/Jacobsen/Lemor/*Lemor* PflVG § 8 Rn. 24 verwenden den Begriff „Schadenregulierungsvertreter".
[25] Feyock/Jacobsen/Lemor/*Lemor* PflVG § 8 Rn. 40.
[26] Vgl. hierzu ausführlich Feyock/Jacobsen/Lemor/*Lemor* PflVG § 8 Rn. 7 ff.
[27] Vgl. Feyock/Jacobsen/Lemor/*Lemor* PflVG § 8 Rn. 21 f.

cc) Die Befugnisse des Schadenregulierungsvertreters. An die Tätigkeit des Schadenregulierungsvertreters sind gemäß § 13c Abs. 1 Ziff. 2 lit. a bis d VAG bestimmte Anforderungen zu stellen. Hiernach

- hat er alle erforderlichen Informationen über Schadenfälle zu sammeln und muss die dafür notwendige Geschäftsausstattung besitzen,
- muss er über ausreichende Befugnisse verfügen, um das VU gegenüber Personen, die Schadenersatzansprüche geltend machen, gerichtlich oder außergerichtlich, insbesondere vor Verwaltungsbehörden, zu vertreten sowie diesbezügliche Vollmachten zu erteilen,
- muss er bis zur endgültigen Befriedigung der Schadenersatzansprüche über ausreichende Befugnisse verfügen, um die diesen Ansprüchen entsprechenden Beträge auszuzahlen,
- muss er die Befugnis besitzen, das VU gegenüber den Behörden des anderen Mitgliedstaats oder Vertragsstaats hinsichtlich des Bestehens und der Gültigkeit der Versicherungsverträge zu vertreten.

Der Schadenregulierungsvertreter hat im Zusammenhang mit dieser Bestimmung auch alle Vollmachten, die das VU selbst nach Gesetz und AKB im Verhältnis zum VN oder zu mitversicherten Personen hat (zB Entzug des Versicherungsschutzes, Regresse gegen VN und Fahrer). Schadenanzeigen sind an ihn zu richten. Er kann Weisungen erteilen, die der VN zu befolgen hat. Regresse gegen Dritte gehören ebenfalls zur Schadenregulierung; der Schadenregulierungsvertreter ist insoweit auch aktivlegitimiert.

Demgegenüber ist zu beachten, dass der Schadenregulierungsvertreter keinesfalls Versicherungsverträge abschließen, verlängern, verändern oder beenden kann. Es ist ihm untersagt, „Direktgeschäfte" zu betreiben. Die Bestellung eines Schadenregulierungsvertreters bedeutet nicht die Eröffnung einer Zweigniederlassung.[28]

dd) Schadenregulierungsvertreter und RBerG (heute RDG). Ausgangspunkt für die Frage, ob die Tätigkeit des Schadenregulierungsvertreters mit den Bestimmungen des RBerG/RDG in Einklang steht, ist die nach den gesetzlichen Regelungen definierte Position des Schadenregulierungsvertreters. Einerseits beinhaltet die Tätigkeit des Schadenregulierungsvertreters die Besorgung fremder Rechtsangelegenheiten und stellt damit eine grundsätzlich erlaubnispflichtige Rechtsdienstleistung dar.[29]

Andererseits muss aber gesehen werden und dies ist entscheidend, dass der Schadenregulierungsvertreter eine vom Gesetzgeber normierte Tätigkeit wahrnimmt. Diese vom Gesetzgeber normierte Tätigkeit kann aber wiederum keinen Gesetzesverstoß darstellen. Im Übrigen weist *Bartels*[30] darauf hin, dass durch die Tätigkeit des Schadenregulierungsvertreters der Anwaltschaft ohnehin kein Tätigkeitsfeld verloren geht, weil der Schadenregulierungsvertreter – anstelle eines VU – für den VN/bzw. Schädiger, die ansonsten bei einem deutschen VU versichert wären, die Schadenregulierung vornimmt.

b) Wichtiges für die praktische Schadenabwicklung. In der Regel macht der Anwalt den Schadenersatz des Geschädigten gegen den Schädiger geltend. Hierbei können sich aber verschiedene zusätzliche Problembereiche und Tätigkeiten ergeben. Zu denken ist an die Abwehr eines Regresses (zB nach Trunkenheitsfahrt des Schädigers). Auch können sich Fragen des Versicherungsschutzes in vielfältigster Fallgestaltung ergeben, so zB bei der Frage der vorläufigen Deckung seitens des im Dienstleistungsverkehr agierenden VU oder Fragen zum Versicherungsschutz wegen Obliegenheitsverletzung oder Gefahrerhöhung.

Die nachfolgenden Ausführungen befassen sich mit der Stellung des Schadenregulierungsvertreters bei der Abwicklung von Schadenersatzansprüchen aus Anlass eines Kraftschadens (zu Deckungsprozess und Regress vgl. nachstehend → Rn. 49 ff.).

aa) Erforderliche aktuelle Information an Behörden, speziell Straßenverkehrszulassungsbehörden. Die Kenntnis von Name und Anschrift des Schadenregulierungsvertreters ist für

---

[28] Vgl. im Einzelnen Feyock/Jacobsen/Lemor/*Lemor* PflVG § 8 Rn. 30.
[29] Vgl. hierzu *Bartels* VersR 1995, 632 (634), Wiedergabe des Vortrages, gehalten auf dem 33. Deutschen Verkehrsgerichtstag in Goslar.
[30] *Bartels* VersR 1995, 632, 634.

das Verkehrsopfer und insbesondere den Anwalt als Interessenvertreter notwendig zur sachgerechten Geltendmachung und Verfolgung von Schadenersatzansprüchen.

Das Verzeichnis der im Inland zum Betrieb der KH-Versicherung gemäß § 5 I PflVG befugten VU wird im Amtsblatt des BMVBS auf dem Laufenden gehalten und muss den Zulassungsstellen in einem stets aktualisierten Stand zur Verfügung stehen.[31]

Diese Vorschrift dient nicht nur einem reinen Informationsbedürfnis des VN und der Verkehrsopfer. Vielmehr haben diese Angaben auch ansonsten rechtserhebliche Bedeutung, weil sie über § 171 BGB die Vertretungsmacht des Schadenregulierungsvertreters mitteilen und auch nach Beendigung der Bestellung nachwirken lassen, bis die Beendigung auf gleiche Weise wie die Bestellung mitgeteilt wird.[32]

35 Für den als Interessenvertreter im Kraftfahrzeugschadenrecht tätigen Anwalt sind diese Zusammenhänge von besonderer Bedeutung, damit Schadenersatzansprüche von Verkehrsopfern, die von einem im Dienstleistungsverkehr tätigen VU zu entschädigen sind, gegenüber dem Schadenregulierungsvertreter ordnungsgemäß geltend gemacht werden können. Für den auf diesem Gebiet tätigen Anwalt ist es geboten, sich mit dieser sich sicherlich ausweitenden Thematik vertraut zu machen.

36 *bb) Die Beteiligung des Schadenregulierungsvertreters.* Zunächst ist zu vergegenwärtigen, dass der Schadenregulierungsvertreter im Zusammenhang mit der Abwicklung von Kraftfahrzeug-Haftpflichtschäden alle Vollmachten hat, die das VU selbst nach Gesetz oder AVB im Verhältnis zum VN oder zu den mitversicherten Personen hat. Die AVB gelten, soweit sie sich auf die Schadenregulierung beziehen, auch für den bestellten Vertreter.[33]

37 Im Verhältnis des Schadenregulierungsvertreters zum VN ist zu beachten, dass Schadenanzeigen an den Schadenregulierungsvertreter zu richten sind. Dieser wiederum kann Weisungen erteilen, die der VN zu befolgen hat. Er hat auch die Befugnis, wie ein VU in Streitigkeiten über Versicherungsfälle die Prozessführung zu übernehmen. Der Umfang bestimmt sich nach den AVB.[34]

38 *cc) Die Geltendmachung des Direktanspruches gegen den Schadenregulierungsvertreter.* Es besteht eine Auskunftsverpflichtung des Schadenregulierungsvertreters über das Bestehen oder die Gültigkeit des Haftpflichtvertrages.

Der Geschädigte kann Ansprüche gegen den Schadenregulierungsvertreter gerichtlich oder außergerichtlich geltend machen mit der Wirkung für und gegen den Versicherer.[35] Das bedeutet also, dass bei der Geltendmachung von Ansprüchen für den Geschädigten diese als Direktanspruch sowohl außergerichtlich als auch im Prozess gegen den Schadenregulierungsvertreter geltend gemacht werden können. Dies ergibt sich aus der Formulierung in § 8 II PflVG. Hiernach kann „auch" gegen den bestellten Vertreter geklagt werden. Hiermit hat das Verkehrsopfer als Anspruchsteller zunächst die Wahl zwischen drei Schuldnern: dem VU, seinem bestellten Vertreter und dem haftpflichtigen Versicherten. Nach *Feyock/Jacobsen/Lemor*[36] kann der Anspruchsteller das VU und seinen bestellten Vertreter nicht kumulativ verklagen. Klage kann nur gegen den einen oder anderen gerichtet werden. Dem ist zuzustimmen, denn bei der Klage gegen den Schadenregulierungsvertreter besteht Prozessstandschaft, für die kein Bedürfnis besteht, wenn gleichzeitig auch der Kraftfahrthaftpflichtversicherer verklagt wird.

39 **c) Prozessuale Fragen und Vollstreckung.** *aa) Prozessstandschaft.* Wird gegen den Schadenregulierungsvertreter geklagt, so liegt „Prozessstandschaft" vor. Das ergehende Urteil wirkt gegen ihn, obwohl dies ist im Gesetz nicht ausdrücklich geregelt ist. Die für den Regulierungsvertreter gegebene Prozessstandschaft schränkt jedoch die Möglichkeit des Schadenregulierungsvertreters nicht ein, sich seinerseits gerichtlich oder außergerichtlich durch

---

[31] Feyock/Jacobsen/Lemor/*Feyock* PflVG § 7 Rn. 2.
[32] Vgl. Feyock/Jacobsen/Lemor/*Feyock* PflVG § 5 Rn. 87 sowie § 8 Rn. 49 ff.
[33] Feyock/Jacobsen/Lemor/*Lemor* PflVG § 8 Rn. 26.
[34] Vgl. Feyock/Jacobsen/Lemor/*Feyock* AKB § 7 Rn. 117 unter Hinweis auf *Stiefel/Hofmann* AKB § 7 Rn. 202 (16. Aufl.).
[35] Feyock/Jacobsen/Lemor/*Feyock* AKB § 7 Rn. 117.
[36] Feyock/Jacobsen/Lemor/*Feyock* Kraftfahrtversicherung PflVG § 8 Rn. 34.

Rechtsanwälte vertreten zu lassen. Bei Beauftragung eines Anwaltes gelten die üblichen anwaltsvertraglichen Regelungen.[37]

Jedoch ist neben der Klage gegen den Schadenregulierungsvertreter auch die Möglichkeit gegeben, gegen haftende versicherte Personen Klage zu erheben. Der Direktanspruch des Geschädigten gegen das VU oder den Schadenregulierungsvertreter und der Schadenersatzanspruch gegen den Schädiger stehen gleichberechtigt nebeneinander.[38] Somit könnte sich in der Praxis ergeben, dass neben dem Schadenregulierungsvertreter gleichzeitig auch versicherte Personen mitverklagt werden können.

bb) Fragen der Rechtskraft. Über die allgemeinen Grundsätze der Rechtskraftwirkung hinaus wirkt die Rechtskraft eines gegen den Schadenregulierungsvertreter ergangenen Urteils auch gegen das VU, weil der bestellte Vertreter gemäß § 13c Abs. 1 Nr. 2b und c VAG gesetzlich befugt ist, ohne Zustimmung des VU als Rechtsträger eigenhändig zu verfügen.[39] Wie von *Feyock/Jacobsen/Lemor*[40] ausgeführt, hätte der Gesetzgeber gut daran getan, die Rechtskraftwirkung im Gesetz anzuordnen, um alle Rechtszweifel auszuräumen. Hier ist nämlich zu vergegenwärtigen, dass in der Literatur zur Prozessstandschaft verschiedentlich die Auffassung vertreten wird, eine Rechtskrafterstreckung sei bei gesetzlicher Prozessstandschaft nur anzunehmen, wenn dem Prozessführungsbefugten die ausschließliche Prozessführungsbefugnis zuerkannt ist.[41] Für eine Rechtskrafterstreckung auch gegen das VU spricht der Umstand, dass nach dem Gesetz das dienstleistende VU lediglich verpflichtet ist, einen Vertreter mit Prozessführungsbefugnis zu bestellen. Hierbei erfolgt die Bestellung vertragsrechtlich durch Übertragung der Ermächtigung zur Verfügung iSv § 185 BGB mit der Folge, dass die Prozessstandschaft quasi als „gewillkürte Prozessführungsbefugnis" anzusehen ist.[42]

cc) Fragen des Rechtsschutzbedürfnisses. Zum Rechtsschutzbedürfnis wird von *Feyock/Jacobsen/Lemor*[43] die Meinung vertreten, dass kein Rechtsschutzbedürfnis besteht, das VU und seinen Schadenregulierungsvertreter gleichzeitig zu verklagen. Zur Begründung ist ausgeführt, dass die durch die Klage gegen den einen bewirkte Rechtshängigkeit auch gegen andere mögliche Passivlegitimierte Rechtskraft herbeiführe. Dem ist zu folgen.

dd) Fragen der Vollstreckung. Der in § 13c Abs. 1 Nr. 2 VAG geregelte Aufgabenkatalog beinhaltet keine Verpflichtung des VU, den Schadenregulierungsvertreter mit Vermögen auszustatten. Ebenso ist nicht geregelt, dass für Rückstellungen eine Finanz- und Vermögensausstattung zu erfolgen hat. Es gibt keine Vorschriften, die regeln, dass Mittel in Deutschland sicherzustellen sind, etwa auf Treuhänderkonten, weder durch Hinterlegung noch durch Bankbürgschaft.[44]

Gegen den Schadenregulierungsvertreter besteht Vollstreckungsmöglichkeit im Inland und ebenso gegen den VN und mitversicherte Personen, soweit gegen diese Titel vorliegen.

Die Möglichkeit der Vollstreckung gegen den VN und mitversicherte Personen legt es nahe, nicht nur den Schadenregulierungsvertreter zu verklagen, sondern auch den haftpflichtigen Halter und Fahrer mit dem Ziel, gegen sie im Inland die Vollstreckung betreiben zu können. Dies dürfte insbesondere von praktischer Bedeutung sein bei geringen Schäden und günstiger Vermögenslage von Halter und Fahrer als Vollstreckungsschuldner.

Weder die EU-Richtlinien, § 8 Abs. 2 PflVG noch § 13c Abs. 1 Nr. 2 VAG stellen ausreichend leider sicher, dass der „ständige" Vertreter als Anspruchsgegner tatsächlich zur Verfügung bleibt, wenn das dienstleistende Versicherungsunternehmen sein Interesse am deutschen Geschäft verloren hat.[45] Diese Situation dürfte mit dem Schutzzweck des PflVG

---

[37] Feyock/Jacobsen/Lemor/*Feyock* PflVG § 8 Rn. 35 ff.
[38] Prölss/Martin/*Knappmann* VVG § 115 Rn. 26.
[39] Feyock/Jacobsen/Lemor/*Feyock* PflVG § 8 Rn. 35.
[40] Feyock/Jacobsen/Lemor/*Feyock* PflVG § 8 Rn. 35.
[41] Feyock/Jacobsen/Lemor/*Feyock* PflVG § 8 Rn. 35.
[42] Feyock/Jacobsen/Lemor/*Feyock* PflVG § 8 Rn. 35.
[43] Feyock/Jacobsen/Lemor/*Feyock* PflVG § 8 Rn. 36.
[44] Feyock/Jacobsen/Lemor/*Feyock* PflVG § 8 Rn. 40.
[45] Vgl. Feyock/Jacobsen/Lemor/*Feyock* PflVG § 8 Rn. 44.

nicht vereinbar sein. Hier sind insbesondere schutzwürdige Interessen des Fahrers, der nicht mit dem VN identisch ist, zu sehen. Im Übrigen hat der Fahrer (soweit er nicht selbst auch VN ist) anders als der VN nicht den Versicherungsvertrag mit dem Dienstleister abgeschlossen. *Feyock/Jacobsen/Lemor*[46] fordern hier zu Recht eine alsbaldige Nachbesserung.

46 In den Fällen, in denen Zahlungsmittel des Schadenregulierungsvertreters nicht zur Verfügung stehen oder nicht ausreichend sind und die Realisierung auch nicht gegen den VN und mitversicherte Personen erfolgt, kommt eine Vollstreckung aus Vergleichen oder sonstigen Rechtstiteln gegen das VU in Betracht, am sinnvollsten dort, wo sich Vermögen des betreffenden VU befindet. Dies ist in aller Regel das Sitzland.

47 Zunächst ist nicht zu übersehen, dass auch die Möglichkeit, dass das Verkehrsopfer das ausländische VU gemäß Art. 9 Abs. 1b), Art. 10, Art. 11 Abs. 2 EuGVVO[47] sowohl am Wohnsitz des VU als auch am Unfallort verklagen kann, ebenso wenig hilfreich ist wie die mögliche Anerkennung der Entscheidung gemäß Art. 33 EuGVVO.

48 Jedenfalls muss das Urteil in dem Staat für vollstreckbar erklärt werden, in dem die Vollstreckung durchzuführen ist (Art. 38 Abs. 1 EuGVVO). Für die Stellung dieses Antrages und für die Durchführung der Vollstreckung ist das Recht des Vollstreckungsstaates maßgebend (Art. 40 EuGVVO). Das notwendige anschließende Klauselerteilungsverfahren ist häufig langwierig und mit finanziellem Aufwand verbunden, weil Anwalts- und Gerichtskosten entstehen. Hierbei ist zu beachten, dass die Kostentragungspflicht des Vollstreckungsschuldners nicht überall gleich geregelt ist.

49 **d) Deckungsprozess und Regress.** *aa) Deckungsprozess.* Unklarheit besteht darüber, ob nach dem Wortlaut der EG-Richtlinie und nach der Formulierung des § 13c Abs. 1 Nr. 2 VAG der Schadenregulierungsvertreter bei abgelehntem Versicherungsschutz, also im Deckungsprozess, passivlegitimiert ist. *Feyock/Jacobsen/Lemor*[48] weisen darauf hin, dass im VAG der „ständige Vertreter" durch eine Klammerbemerkung als „Vertreter für die Schadenregulierung" definiert ist. Bei wörtlicher Auslegung des Begriffs „Schadenregulierung" kann man zu dem Ergebnis kommen, dass nur das Verkehrsopfer seinen Haftungsanspruch auch gegen den Schadenregulierungsvertreter geltend machen kann, während VN und mitversicherte Personen ihre Ansprüche auf Versicherungsschutz nur gegen das dienstleistende VU gerichtlich durchsetzen können.[49]

50 Zunächst muss gesehen werden, dass der Katalog der Regelungen in Art. 12a Abs. 4 der 2. RL-Sch keine weitere Einschränkung enthält, insbesondere keine Einschränkung betreffend Regelung von Deckungsangelegenheiten. Bei einem Deckungsstreit geht es nach *Feyock/Jacobsen/Lemor*[50] nicht um die Frage des Bestehens eines Versicherungsvertrags, weil dieser bereits zustande gekommen ist. Bei dieser Betrachtung wird aber übersehen, dass ein Deckungsstreit auch aus der Frage des wirksamen Abschlusses eines Versicherungsvertrages entstehen kann. Außerdem steht die Masse der Problematiken von Obliegenheitsverletzungen vor und nach dem Versicherungsfall, die zur (teilweisen) Leistungsfreiheit führen, in einem engen Zusammenhang mit der Abwicklung des Schadenfalles. Hieraus folgt, dass aus der Gesamtbetrachtung der Regelungen des § 8 Abs. 2 PflVG iVm § 13c Abs. 1 Nr. 2 VAG gefolgert werden muss, dass der Schadenregulierungsvertreter auch im Deckungsstreit passivlegitimiert ist.[51]

51 *bb) Durchführung von Regressen.* Nach dem Begriff des Schadenregulierungsvertreters, der weit auszulegen ist, muss gefolgert werden, dass der Schadenregulierungsvertreter auch befugt ist, gegen andere VU oder andere Personen Regresse durchzuführen, soweit diese auf einer Gesamtschuldnerschaft aus Anlass eines Schadenfalles beruhen. Hier ist von der Aktiv-

---

[46] Feyock/Jacobsen/Lemor/*Feyock* PflVG § 8 Rn. 45.
[47] Verordnung über die gerichtliche Zuständigkeit und die Anerkennung und Vollstreckung von Entschädigungen in Zivil- und Handelssachen, Verordnung Nr. 44/2001 des Rates vom 22.12.2000 (ABl. Nr. L 12 vom 16.1.2001, S. 1).
[48] Feyock/Jacobsen/Lemor/*Feyock* PflVG § 8 Rn. 29.
[49] Feyock/Jacobsen/Lemor/*Feyock* PflVG § 8 Rn. 29; aA *Hofmann* S. 19.
[50] Feyock/Jacobsen/Lemor/*Feyock* PflVG § 8 Rn. 30.
[51] Feyock/Jacobsen/Lemor/*Feyock* PflVG § 8 Rn. 30.

legitimation des Schadenregulierungsvertreters auszugehen bis hin zur Durchführung der Zwangsvollstreckung. In diese Regelungsbefugnis ist eingeschlossen die Vollmacht zum Abschluss von Teilungs- und Regressverzichtsabkommen.[52]

4. Neuere Europarechtliche Rechtsentwicklung

a) Vierte KH-Richtlinie. Ziel der Vierten KH-Richtlinie ist die Verbesserung des Verkehrsopferschutzes bei Unfällen im EU-Ausland. Es war schon ein Anliegen der bisher vorliegenden 1., 2. und 3. KH-Richtlinie, die Entschädigung für Opfer von Straßenverkehrsunfällen in der Europäischen Union zu verbessern. 52

Schwierigkeiten in der Schadenregulierung wurden für Reisende innerhalb der Europäischen Union bisher aber nicht hinreichend ausgeräumt, auch nicht durch die Vereinbarung zwischen den Büros über den Schutz der „Reisenden".[53] Insbesondere ist die Situation des Geschädigten schlecht, wenn er in der Regulierung mit einer Verzögerungstaktik des Versicherers konfrontiert wird. Ziel der Vierten KH-Richtlinie ist es, diese Schwierigkeiten auszuräumen oder zumindest zu mildern. 53

Die Richtlinie geht davon aus, dass die Lage des Geschädigten im Einklang mit dem Subsidiaritätsprinzip durch die Bereitstellung eines „Ansprechpartners" erleichtert werden kann. Dies kann, wovon die Richtlinie ausgeht, ohne Änderung des derzeit in den Mitgliedstaaten geltenden Haftpflichtrechtes und der Rechtsprechungsregeln erfolgen. Die Vierte KH-Richtlinie regelt Folgendes: 45
- Einführung eines Direktanspruches in der gesamten EU (Art. 1),
- Benennung eines Schadenregulierungsbevollmächtigten (Art. 2) und
- Einrichtung von Auskunftsstellen (Art. 3).

Außerdem hat die Kommission vorgeschlagen, Aufsichtsstellen einzurichten, die sich mit dem Kraftfahrversicherungsgeschäft im Einzelnen befassen (vgl. vorstehend zitiert Art. 3). Außerdem soll im Herkunftsland des „Reisenden" eine Stelle eingerichtet werden, die dessen Ansprüche in den Fällen bearbeitet, in denen es keinen Bevollmächtigten gibt oder der Versicherer sich „taub stellt" (Art. 4). 55

Die 4. KH-Richtlinie zur Angleichung der Rechtsvorschriften der Mitgliedstaaten über die Kraftfahrzeug-Haftpflichtversicherung ist im Amtsblatt der Europäischen Gemeinschaften L 181 vom 20. Juli 2000 Seite 65 ff. veröffentlicht und damit in Kraft getreten. Wegen der Abwicklung von Schadenfällen gemäß 4. KH-Richtlinie wird verwiesen auf die diesbezüglichen Ausführungen in § 32. 56

Die 4. KH-Richtlinie ist vom deutschen Gesetzgeber mit dem „Gesetz zur Änderung des Pflichtversicherungsgesetzes und anderer versicherungsrechtlicher Vorschriften" vom 10.7.2002, das zum 10.7.2002 in Kraft getreten ist, fristgerecht in nationales Recht umgesetzt worden.[54] 57

b) Fünfte KH-Richtlinie. Die Fünfte KH-Richtlinie ist mit ihrer Veröffentlichung im Amtsblatt der Europäischen Union (L 149 auf S. 14 ff.) am 11. Juni 2005 in Kraft getreten. Die Fünfte KH-Richtlinie regelt ua folgende Themen: 58
- Erhöhung der Mindestdeckungssummen für Personenschäden auf 1 Mio. EUR pro Person oder 5 Mio. EUR pro Schadenfall und für Sachschäden auf 1 Mio. EUR pro Schadenfall
  Deckungserweiterung auf Fußgänger und Radfahrer
- Ersatz von Sachschäden durch die Garantiefonds bei zugleich eingetretenen beträchtlichen Personenschäden
- Änderungen für KH-Versicherungen im Dienstleistungsverkehr
  Klarstellung für die Auslegung der Vorschriften des Gerichtsstandsverordnung 44/2001, wonach Gerichtsstand bei Auslandsunfällen auch der Gerichtsstand des Geschädigten ist.

---

[52] Feyock/Jacobsen/Lemor/*Feyock* PflVG § 8 Rn. 28; vgl. auch *Buschbell/Krause* DAR 2000, 337 ff.; vgl. auch *Lemor* NVersZ 2000, 507.
[53] Das so genannte „Rome Agreement" vom 27. Mai 1994, vgl. Begründung und Vorgeschichte zum Entwurf der Vierten KH-Richtlinie.
[54] BGBl. I S. 2586.

Der EuGH hat mittlerweile nach einem Vorabentscheidungsersuchen des BGH[55] unter Bezugnahme auf die 5. KH-Richtlinie diese Klagemöglichkeit des Geschädigten bestätigt.[56] Die 5. KH-Richtlinie trat in Deutschland am 18.12.2007 mit dem Zweiten Gesetz zur Änderung des Pflichtversicherungsgesetzes und anderer versicherungsrechtlicher Vorschriften in Kraft.[57]

59 c) **Sechste KH-Richtlinie** Am 27.2.2008 hat die EU-Kommission ihren Vorschlag für eine übersichtlichere Zusammenfassung der fünf KH-Richtlinien vorgelegt.[58] Dieser entsprechend wurde die 6. KH-Richtlinie (Richtlinie 2009/103/EG) durch den Europäischen Rat erlassen. Durch diese wurden die bisher erlassenen fünf Richtlinien „aus Gründen der Klarheit und der Übersichtlichkeit"[59] zusammengefasst.

5. Sonstige Zielsetzungen in der KH-Versicherung sowie des Pflichtversicherungsgesetzes

60 a) **Gleichheitsgebot.** Die Bestimmungen des Pflichtversicherungsgesetzes sowie der Kfz-Pflichtversicherungsverordnung haben, wie sich aus ihrem Gesamtzusammenhang ergibt, das Ziel, ein **Gleichheitsgebot** zu normieren. So gelten gemäß § 10 KfzPflVV Änderungen der Verordnung und Änderungen der Mindesthöhe der Versicherungssumme mit Wirkung auf bestehende Versicherungsverhältnisse (Altbestand). Somit ergibt sich ein Gesamtbild, wonach die KH-Versicherung ebenso wie die Lebens- und substitutive Krankenversicherung ihre soziale Funktion nur erfüllt, wenn ohne Rücksicht auf die Rechtsform des Versicherungsunternehmens das Gleichheitsgebot beachtet wird.[60]

Umgekehrt ist in diesem Zusammenhang zu sehen die ebenso angestrebte Produktgestaltungsfreiheit der Versicherungsunternehmen. Diese muss gewährleistet sein.

61 b) **Regelungen zur Tarifgestaltung.** Die früher geltenden Regelungen und speziell die Ermächtigungsnorm zum Erlass der Tarifverordnung (TVO) sind aufgehoben worden mit Wirkung zum 30. Juni 1994. Dies bedeutet den Fortfall aller Vorschriften über Inhalt, Berechnung, Genehmigung und Anwendung von Unternehmenstarifen zur gesetzlichen Beitragsermäßigung sowie zur Festlegung von Höchstprovisionen für Versicherungsvermittler. Hierzu gehören ebenso alle in diesem Zusammenhang abgegebenen **Geschäftsplanmäßigen Erklärungen.**[61]

III. Die Rechtsgrundlagen des deutschen Versicherungsrechtes

62 Für den Bereich der Kraftfahrzeugversicherung kommen verschiedene zu beachtende Rechtsgrundlagen in Betracht: Die maßgebenden europarechtlichen Regelungen, die in deutsches Recht transformiert sind, wurden vorstehend unter → Rn. 13 ff. behandelt. Nachstehend werden die für den Bereich der Kraftfahrtversicherung maßgebenden Rechtsgrundlagen, insbesondere auch in ihren rechtlichen Zusammenhängen, dargestellt, beginnend mit
- dem **Versicherungsvertragsgesetz (VVG)** sowie
- dem **Versicherungsaufsichtsgesetz (VAG),**
- den Regelungen des **Pflichtversicherungsgesetzes (PflVG),** des **Ausländer-Pflichtversicherungsgesetzes (AuslPflVG)** und der **Kfz-Pflichtversicherungsverordnung (KfzPflVV),** sowie
- den Bedingungen und Tarifbestimmungen zur **Kraftfahrtversicherung (AKB und TB).**
- Weiter werden nachstehend behandelt die Regelungen zum **BGB** und **HGB** und schließlich
- Fragen des internationalen Versicherungsrechtes.

---

[55] BGH VersR 2006 1677.
[56] EuGH VersR 2008, 631; ausführlich Feyock/Jacobsen/Lemor/*Feyock* PflVG 1. Teil B Rn. 65–74.
[57] BGBl. I S. 2833; vgl. zu den Umsetzungen *Becker* DAR 2008, 537.
[58] Vorschlag für eine Richtlinie des Europäischen Parlaments und des Rates über die Kraftfahrzeug-Haftpflichtversicherung und die Kontrolle der entsprechenden Versicherungspflicht (kodifizierte Fassung, KOM (2008) 98).
[59] Vgl. Abs. I der Richtlinie 2009/103/EG des Europäischen Parlamentes und des Rates vom 16.9.2009.
[60] Vgl. hierzu ausführlich Feyock/Jacobsen/Lemor/*Feyock* PflVG Vor § 1 Rn. 19.
[61] Feyock/Jacobsen/Lemor/*Feyock* PflVG Vor § 1 Rn. 23 bis 28, vgl. zu steuerlichen Aspekten auch Feyock/Jacobsen/Lemor/*Feyock* PflVG Vor § 1 Rn. 29, 30.

1. Versicherungsvertragsgesetz (VVG)

a) Allgemeines. Das VVG enthält zwingende, halb zwingende und dispositive Vorschriften für sämtliche Versicherungszweige. Es ist so aufgebaut, dass zunächst in einem Allgemeinen Teil (Teil 1) die spartenübergreifenden Regelungen vorangestellt sind (Kapitel 1), und darauf die Regelungen für die Schadenversicherung folgen (Kapitel 2). Daran anschließend sind in Teil 2 die einzelnen Versicherungssparten aufgeführt. Teil 3 enthält Schlussvorschriften.

b) Die Kraftfahrtversicherung und ihre Sparten. Für die einzelnen bereits erwähnten Sparten der Kraftfahrtversicherung gelten zunächst die alle Versicherungszweige betreffenden Vorschriften des Allgemeinen Teils und darüber hinaus in der Kfz-Haftpflichtversicherung insbesondere die Regelungen zur Haftpflichtversicherung, in der Kaskoversicherung die Vorschriften über die Schadenversicherung und die Sachversicherung und in der Kraftfahrtunfallversicherung die für die Unfallversicherung geltenden Normen.

2. Versicherungsaufsichtsgesetz (VAG)

a) Allgemeines. Das **Versicherungsaufsichtsgesetz (VAG)** ist – mit den späteren Änderungen und Ergänzungen – weiterhin die Hauptquelle des Versicherungsaufsichtsrechtes, und zwar als übergeleitetes Bundesrecht nach Art. 123 Abs. 1, 125 Nr. 1 GG. Das Recht der **Versicherungsaufsicht** ist Teil des besonderen Verwaltungsrechtes. Das VAG wurde mehrfach novelliert.[62]

b) Die Versicherungsaufsicht im Einzelnen. Die Versicherungsaufsicht beinhaltet im wesentlichen folgende Regelungen und Inhalte:[63]
- Aufrechterhaltung der allgemeinen **Missstandsaufsicht**
- Pflicht zur Vorlage im Bereich der Pflichtversicherungen
- **Wegfall** der **Bedingungsgenehmigungspflicht**
- **Wegfall** der **Tarifgenehmigungspflicht** und Forderung der Verbraucherinformation.

3. Pflichtversicherungsgesetz (PflVG)

Für Halter von inländischen Kraftfahrzeugen und Anhängern wurde in Deutschland die gesetzliche Versicherungspflicht durch das Pflichtversicherungsgesetz (PflVG) vom 7. November 1939[64] eingeführt, in Kraft getreten am 1. Juli 1940.[65] Eine Änderung des PflVG wurde erforderlich zur Umsetzung versicherungsrechtlicher Richtlinien des Rates der Europäischen Gemeinschaften, insbesondere der 3. RL-Sch (92/49/EWG vom 18. Juni 1992, ABl. EG Nr. L 228 S. 1 vom 11.8.1992) und der RL-DL-KH (90/618/EWG vom 8. November 1990, ABl. EG Nr. L 330 S. 44 vom 29.11.1990).[66]

Ausnahmen von der Versicherungspflicht nach PflVG sind in § 2 PflVG geregelt. In dieser Vorschrift ist im Einzelnen festgelegt, welche Institutionen bzw. Kraftfahrzeughalter von der Versicherungspflicht nach dem PflVG ausgenommen sind. Dies sind zB die Bundesrepublik Deutschland, die Länder, die Gemeinden mit mehr als 100.000 Einwohnern etc.[67]

Mit dem Gesetz zur Reform des Versicherungsvertragsgesetzes wurden wesentliche Regelungen bzgl. der Rechtsbeziehungen zwischen dem Geschädigten und dem Versicherer, insbesondere der Direktanspruch des Geschädigten, der nunmehr in § 115 Abs. 1 S. 2 VVG normiert ist, in das Versicherungsvertragsgesetz übernommen, so dass der Anwendungsbereich des PflVG erheblich geringer geworden ist. Zur Eintrittspflicht der Verkehrsopferhilfe zB bei nicht versicherten Fahrzeugen sind die Vorschriften der §§ 12 ff. PflVG zu beachten. Bzgl. Einzelheiten wird an dieser Stelle auf die Ausführungen in § 23 verwiesen.

---

[62] Gesetz zur Änderung des Versicherungsaufsichtsgesetzes, insbesondere zur Durchführung der EG-Richtlinie 98/78/EG vom 27. Oktober 1998 über die zusätzliche Beaufsichtigung der einer Versicherungsgruppe angehörenden Versicherungsunternehmen sowie zur Umstellung von Vorschriften auf Euro vom 21.12.2000 – BGBl. I S. 1857; Gesetz zur Änderung des Versicherungsaufsichtsgesetzes vom 23.12.2007 – BGBl. I S. 3248.
[63] Vgl. *Feyock/Jacobsen/Lemor* Rn. 170 ff.
[64] RGBl. I S. 22 f.
[65] Vgl. ausführlich Feyock/Jacobsen/*Feyock* PflVG Vor § 1 Rn. 1.
[66] Vgl. Feyock/Jacobsen/*Feyock* PflVG Vor § 1 Rn. 2 ff.
[67] Vgl. hierzu im Einzelnen Feyock/Jacobsen/*Feyock* PflVG § 2 Rn. 1 ff.

4. Ausländer-Pflichtversicherungsgesetz (AuslPflVG)

70 **a) Die Regelung des Versicherungsschutzes.** In den meisten Ländern, so auch in Deutschland, betraf die obligatorische Kraftfahrzeug-Haftpflichtversicherung zunächst die **Versicherungspflicht** für Halter von Kraftfahrzeugen und Anhängern mit regelmäßigem Standort im **Inland**. Der zunehmende grenzüberschreitende Kraftfahrzeugverkehr erforderte jedoch, den Versicherungsschutz für Verkehrsopfer auch über die nationalen Grenzen hinaus auf ausländische Fahrzeuge auszudehnen. In Deutschland geschah dies durch das **Ausländer-Pflichtversicherungsgesetz (AuslPflVG)** vom 24. Juli 1956 (Gesetz über die Haftpflichtversicherung für ausländische Kraftfahrzeuge und Kraftfahrzeuganhänger – Ausländer-Pflichtversicherungsgesetz). Das Gesetz wurde am 8.11.2006 durch die neunte Zuständigkeitsanpassungsverordnung geändert, wobei die Änderungen nur sprachlicher Natur waren.[68]

71 In § 1 Abs. 1 AuslPflVG ist in Ergänzung zu § 1 PflVG die Versicherungspflicht für alle Fahrzeuge angeordnet, die keinen regelmäßigen Standort im Inland haben.[69] Bei dieser Versicherungspflicht war der Nachweis des Versicherungsschutzes zu regeln. Hiernach muss der Führer des Fahrzeuges eine Versicherungsbescheinigung bei sich führen. Nur für Fahrzeuge mit **Ausfuhrkennzeichen** ist bestimmt, wie diese Versicherungsbescheinigung auszusehen hat.[70] Für die übrigen Fälle fehlt es an Regelungen. In der Praxis werden verwandt und anerkannt die (**Rosa**) **Grenzversicherungspolice** und die internationale (**Grüne**) **Versicherungskarte**.[71]

72 Wird durch ein ausländisches Fahrzeug ein Schaden verursacht, ohne dass die erforderliche Versicherungsgarantie im Rahmen des § 12 PflVG besteht, ist der Schaden durch die **Verkehrsopferhilfe e. V.** auszugleichen. Hierbei stellt § 12 PflVG nur darauf ab, ob sich der Schaden im Geltungsbereich des PflVG ereignet hat, und nicht darauf, wo das schädigende Fahrzeug seinen gewöhnlichen Standort hat.[72]

73 Eine **Ausnahme** von der **Versicherungspflicht** besteht für Dienstfahrzeuge der **ausländischen Streitkräfte**, insbesondere der **NATO-Streitkräfte**, soweit sie zum Aufenthalt im Geltungsbereich des Pflichtversicherungsgesetzes befugt sind. Ebenfalls nicht erfasst von der Versicherungspflicht sind Dienstfahrzeuge der aufgrund des Nordatlantikpaktes errichteten militärischen Hauptquartiere. Für die Regulierung von Schäden sind in diesen Fällen die Behörden für **Verteidigungslasten** zuständig. Auch Privatfahrzeuge im Inland stationierter Mitglieder der Truppe, des zivilen Gefolges und deren Angehöriger unterliegen nicht dem Anwendungsbereich des AuslPflVG, wenn die Fahrzeuge von den Behörden der Truppe des Entsendestaates in Deutschland zugelassen sind. Jedoch ist Voraussetzung für die Zulassung eine Haftpflichtversicherung nach deutschem Recht.[73]

74 **b) Die Eintrittspflicht der Grenzversicherung.** *aa) Versicherungsdeckung durch Grenzversicherung.* Die **Grenzversicherung** deckt als KH-Versicherung das Haftpflichtrisiko für Halter und Fahrer von Fahrzeugen, die keinen regelmäßigen Standort in einem EWR-Staat oder einem anderen Staat haben, der in das System des **Multilateralen Garantieabkommens** einbezogen ist.[74]

75 Die ursprüngliche Versicherungsdeckung nur für Deutschland wurde aufgrund der EU-Richtlinien zur KH-Versicherung zur obligatorischen Deckung ausgedehnt auf das gesamte **Gemeinschaftsgebiet** (heute: **EWR**).

76 *bb) Erwerb der Grenzversicherung/Haftpflichtversicherung für Fahrzeuge mit ausländischer Zulassung.* Die KH-Versicherung kann genommen werden
- bei einem inländischen Versicherer oder
- bei einem ausländischen Versicherer, wenn neben ihm ein Verband die Pflichten eines Haftpflichtversicherers übernimmt (gemeint ist damit die Garantie im Rahmen des Grüne-Karte-Systems).

---

[68] BGBl. I S. 2407.
[69] Vgl. Feyock/Jacobsen/Lemor/*Lemor* AuslPflVG § 1 Rn. 1.
[70] Vgl. *Elvers* Polizei/Verkehr/Technik 1988, 194.
[71] Vgl. hierzu ausführlich Feyock/JacobsenLemor/*Lemor* AuslPflVG § 1 Rn. 4 ff.
[72] Feyock/Jacobsen/Lemor/*Lemor* AuslPflVG § 1 Rn. 12.
[73] Vgl. hierzu Feyock/Jacobsen/Lemor/*Lemor* AuslPflVG § 1 Rn. 13 f.
[74] Vgl. Feyock/Jacobsen/Lemor/*Lemor* AuslUnf Einf Rn. 4b, 58 ff.

Für Zwecke des AuslPflVG können sich die Autoversicherer auch zu einer Gemeinschaft zusammenschließen (§ 2 Abs. 2 AuslPflVG). Einige Mitglieder des (früheren) HUK-Verbandes haben daher in den 50er Jahren des letzten Jahrhunderts eine Grenzversicherungsgemeinschaft gegründet. Die Grenzversicherung wird heute im Wesentlichen betrieben von der Gemeinschaft der Grenzversicherer. Daneben gibt es auch einzelne Gesellschaften, die ebenfalls Grenzversicherungspolicen verkaufen. Mitglieder der Gemeinschaft der Grenzversicherer sind nahezu alle Autohaftpflichtversicherungen, die die KH-Versicherung als Erstversicherer betreiben. Die Gemeinschaft der Grenzversicherer ist eine Mitversicherergemeinschaft. Die Verwaltung, Abrechnung etc. erfolgen jedoch über das Deutsche Büro Grüne Karte e. V.

Die Bestätigung der **Versicherungsdeckung** kann bei Einreise in die Bundesrepublik Deutschland an den Außengrenzen des **EWR-Gebietes** erworben werden.[75]

cc) Passivlegitimation. Nach den Regelungen der Gemeinschaft der Grenzversicherer ist passivlegitimiert der bestimmte führende Versicherer.[76]

c) **Das System der Grünen Versicherungskarte.** *aa) Entstehung und Funktion.* Das seit mehr als 40 Jahren bestehende **System der Grünen Versicherungskarte** bezieht mittlerweile 44 Staaten ein und garantiert einem Verkehrsopfer, das durch ein ausländisches Kraftfahrzeug bei einem Unfall geschädigt wird, das gleiche Entschädigungsniveau wie bei einem durch ein inländisches Fahrzeug verursachten Unfall.

Die Aufgaben des „Grüne-Karte-Büros" wurden bis Ende 1993 wahrgenommen durch den früheren HUK-Verband. Seit dem 1.1.1994 werden diese Aufgaben durch den eingetragenen Verein „Deutsches Büro Grüne Karte" wahrgenommen. Satzungsgemäße Aufgabe ist die „Verbesserung des Schutzes der Opfer von Unfällen, die durch Kraftfahrzeuge außerhalb ihres Zulassungslandes verursacht worden sind". Hierbei sind im Einzelnen aufgeführt die Durchführung des Londoner Abkommens und des Multilateralen Garantieabkommens. De facto sind alle KH-Versicherer Mitglied im Büro und **Garantiefonds** geworden. Die KH-Versicherer haben die „satzungsmäßigen Leistungen und Beiträge ... zu erbringen". Dies sichert die finanzielle Ausstattung des Vereins. Die Aufwendungen werden von den Mitgliedern durch Umlage entsprechend ihrer Bruttobeitragseinnahme in der KH-Versicherung getragen. Hierbei wird ein Mindestbeitrag von 0,1 % der Schadenaufwendungen und Verwaltungskosten des laufenden Geschäftsjahres erhoben.[77]

Die praktische Durchführung stützt sich auf die **UNO-Empfehlungen** vom 25.1.1949, betreffend „Muster-Abkommen zwischen Büros", genannt das „Londoner Abkommen" (LA).[78]

Die – vom Versicherer – ausgestellte **Grüne Versicherungskarte** selbst ist kein Versicherungsvertrag, sondern vielmehr eine Beweisurkunde gegenüber den ausländischen Behörden über das Vorliegen einer Versicherungsdeckung im Rahmen der in ihr angegebenen räumlichen und zeitlichen Gültigkeit.[79] Inhalt der Grünen Versicherungskarte ist die Gewährleistung der ausstellenden Versicherung, dass sie den Geschädigten in den Staaten, für die die Grüne Karte gültig geschrieben worden ist, entsprechend den dortigen Schadenersatz- und Pflichtversicherungsbestimmungen Schadenersatz leisten wird.

bb) Die Schadenabwicklung. Auf der Grundlage der Grünen Karte übernimmt das „Zahlende Büro" die für die Schadenregulierung erforderliche finanzielle Garantie (Art. 11 LA).[80]

Die Regulierung der Schäden ist zentrale Aufgabe und Pflicht des „**Behandelnden Büros**". Dies beinhaltet die Regulierung von Schäden, die von einem ausländischen Fahrzeug, dessen

---

[75] Vgl. hierzu ausführlich Feyock/Jacobsen/*Lemor* AuslPflVG § 1 Rn. 5.
[76] Im Falle notwendiger Klärung der Passivlegitimation wird empfohlen, wegen der Passivlegitimation eine – schriftliche – Auskunft beim Deutschen Büro Grüne Karte e. V. in Hamburg, Glockengießerwall 1, anzufordern; Feyock/Jacobsen/*Lemor* AuslUnf Einf Rn. 7.
[77] Feyock/Jacobsen/*Lemor* AuslUnf Einf Rn. 20.
[78] Vgl. hierzu im Einzelnen Feyock/Jacobsen/*Lemor* AuslUnf Einf Rn. 21 ff.
[79] Vgl. Stiefel/*Maier* AKB 2008 A.1.4 Rn. 18.
[80] Vgl. hierzu ausführlich *Feyock/Jacobsen/Lemor* AuslUnf Einf Rn. 29 f.

Führer im Besitz einer gültigen Karte ist, in seinem Territorium verursacht werden. Hiermit übernimmt das Behandelnde Büro im Rahmen der gesetzlichen **Mindestdeckung** gegenüber dem Verkehrsopfer die Funktion des KH-Versicherers. Das Behandelnde Büro ist immer dann zuständig, wenn die Unfallbeteiligung eines ausländischen Kraftfahrzeuges gegeben ist, dessen Haftpflichtrisiko durch eine Grüne Karte gedeckt ist.[81]

83 Das Deutsche Büro Grüne Karte e. V. hatte sich im Jahre 2012 mit insgesamt **54.663** und im Jahre 2013 mit insgesamt **58.911** Schäden zu befassen. Hierbei ergab sich folgende Verteilung nach beteiligten Fahrzeugen und Ländern:[82]

Fälle des DBGK (Unfall in Deutschland)

Land	2012	2013	Land	2012	2013
A	1.940	2.020	LT	1.430	1.373
AL	13	21	LV	383	513
AND	1	3	M	6	2
B	1.875	1.719	MA	9	18
BG	2.332	2.674	MD	44	42
BIH	178	201	MK	102	123
BY	202	185	MNE	15	13
CH	1.614	1.636	N	168	145
CY	39	43	NL	7.201	7.149
CZ	4.008	4.309	P	408	411
DK	1.427	1.376	PL	12.393	14.386
E	1.341	1.430	RO	2.679	3.537
EST	201	201	RUS	334	283
F	3.250	3.472	S	648	655
FIN	252	235	SK	1.524	1.700
GB	1.186	1.165	SLO	762	820
GR	207	227	SRB	239	282
H	2.309	2.666	TN	7	3
HR	195	219	TR	910	848
I	1.658	1.696	UA	291	326
IR	19	15			
IRL	86	81			
IS	5	2			
L	772	686	Summe	54.663	58.911

Die vorstehenden Zahlen sind auch ein interessanter Hinweis für die Verkehrsströme und belegen die Stellung Deutschlands als Transitland. Ebenso machen diese Zahlen deutlich, welche Bedeutung die Regulierung durch das „Deutsche Büro Grüne Karte e. V." hat.

84 Das Grüne-Karte-System ist ein auf Europa und einige wenige Mittelmeerstaaten begrenztes System. Probleme ergeben sich im Zusammenhang mit der Abwicklung von Schäden im asiatischen Teil der Türkei, für den die Grüne Karte zunächst nicht gilt. Sofern auch für diesen Teil Versicherungsschutz benötigt wird, muss dies auf der Grünen Karte ausdrücklich vermerkt sein. Diesbezüglich kann sich eine Beratungspflicht des Versicherers ergeben. Bei Verletzung dieser Beratungspflicht kommen Ansprüche für den Versicherungsnehmer in Betracht.[83]

Im Übrigen wird der Schadenregulierung das Recht des Staates zugrunde gelegt, in dem sich der Unfall zugetragen hat.

85 Es ist Angelegenheit des Behandelnden Büros, die Schadenregulierung zu organisieren. Andererseits haben viele Büros von der Fakultativklausel des Londoner Abkommens Gebrauch gemacht und lassen so genannte „**Korrespondenzabkommen**" zu. Dies bedeutet in

---

[81] Vgl. hierzu ausführlich Feyock/Jacobsen/Lemor *Lemor* AuslUnf Einf Rn. 35 ff.
[82] Quelle: Auskunft Deutsches Büro Grüne Karte e. V.
[83] OLG Köln VersR 1992, 487.

der Praxis, dass die Regulierung ohne Einschaltung des Behandelnden Büros vorgenommen wird. Jedoch befreit die Einschaltung von Korrespondenzpartnern das Behandelnde Büro nicht von seiner Verantwortung für die ordnungsgemäße Schadenregulierung. Aus diesem Grunde bedürfen die Korrespondenzabkommen der Genehmigung durch das Behandelnde Büro. Unbeschadet nationaler Bestimmungen gibt es nach dem Musterabkommen nur ein Verbot, die Schadenregulierung durch einen Dritten vornehmen zu lassen. Derjenige, der ein finanzielles Interesse an dem Ergebnis der Schadenregulierung hat, darf nicht beauftragt werden.[84] Nach *Feyock/Jacobsen/Lemor*[85] gilt hinsichtlich der praktischen Abwicklung Folgendes: „In der Praxis kommt eine Interessenkollision am häufigsten vor, wenn der Geschädigte ein Haftpflicht- und Kaskoversicherter des Beauftragten ist. Wird die Schadenregulierung in einem solchen Fall dennoch übernommen, wird der Rückerstattungsanspruch auf die Hälfte reduziert".

Im Übrigen hat das zahlende Büro die Schadenaufwendungen zu erstatten und zusätzlich eine Bearbeitungsgebühr.[86]

cc) Council of Bureaux (CoB). Das CoB ist eine nicht eingetragene Organisation mit Sitz in London und zuständig für die Verwaltung und das Funktionieren des Grüne-Karte-Systems. Es steht unter der Schirmherrschaft des Unterausschusses für Straßenverkehr des Binnenverkehrsausschusses der Wirtschaftskommission der Vereinten Nationen und setzt sich zusammen aus den Büros aller Länder, die sich am Grüne-Karte-System beteiligen. Es muss alle erforderlichen Maßnahmen und Initiativen ergreifen, um die erfolgreiche Umsetzung der UNO-Empfehlung Nr. 5 zu gewährleisten. Gleichzeitig wacht das CoB über die Einhaltung der Abkommen. Die Hauptorgane des CoB sind die Mitgliederversammlung und das Management.[87]

d) Londoner Abkommen, Uniform Agreement (UA). *aa) Entstehung.* Die im Council of Bureaux zusammengeschlossenen Länder vereinbaren zur Wahrnehmung ihrer Aufgaben bestimmte Grundsätze in bilateralen Verträgen. Es handelt sich hierbei um verbindliche Musterabkommen – Uniform Agreement (UA) –, auch nach dem Ort der Unterzeichnung „Londoner Abkommen" genannt.

bb) Rechtsgrundlage. Das Londoner Abkommen wurde mehrfach überarbeitet. Die auf der Grundlage des Londoner Abkommens geschlossenen bilateralen Verträge sind rechtlich als Verträge des internationalen Privatrechts zu werten. Der jeweilige Staat muss das nationale Büro als solches anerkennen. Im Übrigen müssen die Regierungen der Länder, die in das System einbezogen sind, eine Garantie für die ungehinderte Ausfuhr der zur Erstattung der Schadenaufwendungen erforderlichen Geldmittel abgeben.[88]

cc) Die einzelnen Regelungen. Die wichtigsten Bestimmungen des Londoner Abkommens betreffen die Ausgabe und Wirkung der Grünen Karte, die Aufgaben und Verpflichtungen des Behandelnden Büros sowie die Rückerstattung der Schadenaufwendungen an das Behandelnde Büro. Im Übrigen gehören zu den zentralen Bestimmungen ein Definitionskatalog, eine Schiedsklausel sowie Bestimmungen zum In-Kraft-Treten und zur Kündigung.

Die offiziellen Sprachen des Londoner Abkommens sind Englisch und Französisch. Im Zweifel ist der englische Text maßgebend. Im deutschsprachigen Raum ist man aber übereingekommen, die unverbindliche deutsche Fassung bei der Interpretation zugrunde zu legen.[89]

e) Das Multilaterale Garantieabkommen.[90] Aufgrund der 1. RL-KH vom 24. April 1972 wurde der Durchbruch zur Anerkennung des **Kennzeichens** als **Versicherungsnachweis** er-

---

[84] Vgl. Feyock/Jacobsen/Lemor/*Lemor* AuslUnf Einf Rn. 43 ff.
[85] Feyock/Jacobsen/Lemor/*Lemor* AuslUnf Einf Rn. 45.
[86] Vgl. hierzu Feyock/Jacobsen/Lemor/*Lemor* AuslUnf Einf Rn. 46 bzw. 50 ff.
[87] Vgl. hierzu Feyock/Jacobsen/Lemor/*Lemor* AuslUnf Einf Rn. 15 bis 20.
[88] Vgl. Feyock/Jacobsen/Lemor/*Lemor* AuslUnf Einf Rn. 22.
[89] Feyock/Jacobsen/Lemor/*Lemor* AuslUnf Einf Rn. 23 f.; zu Zusatzabkommen, zum Multilateralen Garantieabkommen und zum Luxemburger Protokoll vgl. Feyock/Jacobsen/Lemor/*Lemor* AuslUnf Einf. Rn. 25.
[90] Abgedruckt bei *Feyock/Jacobsen/Lemor* S. 1300.

reicht.[91] Die früheren bilateralen Zusatzabkommen wurden durch das **Multilaterale Garantieabkommen** (MGA) vom 15. März 1991 abgelöst.

92 Das **Multilaterale Garantieabkommen** entspricht inhaltlich im Wesentlichen dem **Londoner Abkommen** (LA). Die Funktionen von „Zahlenden" und „Behandelnden" Büros sind in gleicher Weise definiert. Ein entscheidender Unterschied besteht jedoch darin, dass die Schadenregulierung nicht von der Vorlage einer gültigen Versicherungskarte abhängig ist. Es genügt vielmehr für die Regulierung durch das Behandelnde Büro, dass an dem Schadenfall ein Fahrzeug beteiligt ist, dessen **gewöhnlicher Standort** in einem der Unterzeichnerstaaten des Multilateralen Garantieabkommens liegt. Dies sind derzeit die Büros von 14 Ländern.[92] Eine besondere Problematik ergibt sich, wenn das an dem Unfall beteiligte Fahrzeug ein gefälschtes Kennzeichen hat. Hierzu gab es unterschiedliche Interpretationen. Nach deutscher Auffassung war in diesen Fällen das Kriterium des „amtlichen Kennzeichens" nicht erfüllt mit der Folge, dass eine Eintrittspflicht des Garantiefonds gegeben war.[93] Inzwischen ist dieses Problem durch eine Zusatzvereinbarung gelöst. Hiernach ist entscheidend der letzte nachweisbare gewöhnliche Standort des Fahrzeuges. Das Büro dieses Staates ist in dem internen Ausgleichsverhältnis zur Rückerstattung verpflichtet.[94]

5. Kraftfahrzeug-Pflichtversicherungsverordnung (KfzPflVV)

93 a) **Geltung der KfzPflVV.** Die **Kraftfahrzeug-Pflichtversicherungsverordnung** (KfzPflVV) ist am 3. August 1994 (BGBl. I S. 1837) verkündet worden und am 4. August 1994 in Kraft getreten und gilt für alle Kfz-Haftpflichtverträge, die gemäß § 1 PflVG ab dem 4. August 1994 abgeschlossen wurden. Bis zum 31. Dezember 1994 galt eine Übergangsregelung.[95]

Geltung hat die KfzPflVV auch für Versicherungsverträge, die gemäß AuslPflVG abgeschlossen werden. Dies ergibt sich aus § 4 des AuslPflVG.[96] Geändert wurde die KfzPflVV durch das zweite Gesetz zur Änderung des Pflichtversicherungsgesetzes vom 18.12.2007.[97]

94 Die KfzPflVV gilt auch für ausländische Versicherer, die ohne Niederlassung im Inland im Wege der „Dienstleistung" in Deutschland zugelassene Fahrzeuge gemäß § 1 PflVG versichern. Auch hat die KfzPflVV Geltung für Kfz-Halter, die gemäß § 2 PflVG von der Versicherungspflicht befreit sind.[98]

Die Verordnung ist zwingend und schränkt somit den Grundsatz der freien Vertragsgestaltung in der Kfz-Haftpflichtversicherung sowohl für den Versicherer als auch für den VN ein. Die Verordnung ist Schutzgesetz iSv § 823 Abs. 2 BGB.

95 Bezüglich der Anwendbarkeit der **§§ 305 ff. BGB** im Hinblick auf die KfzPflVV gilt, dass die **Allgemeinen Versicherungsbedingungen** für die Kfz-Haftpflichtversicherung insoweit einer Nachprüfung entzogen sind, als sie der KfzPflVV entsprechen. Verwendet jedoch ein Kfz-Haftpflichtversicherer Allgemeine Versicherungsbedingungen, die der Verordnung nicht oder nicht vollständig entsprechen, führt das insoweit zu einer Teilnichtigkeit der betroffenen vertraglichen Regelung. An die Stelle dieser nichtigen Regelung tritt nach § 306 Abs. 2 BGB die Verordnung entsprechend ihrem zwingenden Inhalt.

96 b) **Zweck und Inhalt der Verordnung. Ermächtigungsnorm** für den Erlass der **KfzPflVV** ist § 4 Abs. 1 PflVG. Hiernach war es Aufgabe des Bundesministeriums der Justiz, im Einvernehmen mit dem Bundesministerium der Finanzen und dem Bundesministerium für Verkehr ohne Zustimmung des Bundesrates durch Rechtsverordnung den Umfang des Ver-

---

[91] Feyock/Jacobsen/*Lemor* AuslUnf. Einf. Rn. 57.
[92] Vgl. hierzu Feyock/Jacobsen/*Lemor* AuslUnf Einf. Rn. 60.
[93] Vgl. hierzu ausführlich Feyock/Jacobsen/*Lemor* AuslUnf Einf Rn. 66 f. unter Hinweis auf das Urteil des Europäischen Gerichtshofes vom 12.11.1992 (ABl. 1992 C 316/13).
[94] Vgl. hierzu und zur Garantie für das Zahlende Büro Feyock/Jacobsen/*Lemor* AuslUnf. Einf. Rn. 68 ff.
[95] *Lemor* VW 1994, 1133.
[96] Zu Besonderheiten für die Grenzversicherung vgl. Feyock/Jacobsen/*Jacobsen* KfzPflVV Einf. Rn. 2.
[97] BGBl. I S. 2833.
[98] Zu weiteren Besonderheiten der Geltung der PflVV vgl. Feyock/Jacobsen/*Jacobsen* KfzPflVV Einf. Rn. 3 ff.

sicherungsschutzes zu bestimmen, den ein Versicherungsvertrag, der gemäß § 1 PflVG geschlossen wird, zu gewährleisten hat.

aa) Zweck der Verordnung. Zweck der Verordnung ist es zu gewährleisten, dass nach Wegfall der Genehmigung von Allgemeinen Versicherungsbedingungen durch die BaFin die gemäß § 1 PflVG abgeschlossenen Kfz-Haftpflichtverträge einen für Verkehrsopfer und versicherte Personen **ausreichenden Versicherungsschutz** gewährleisten. Dies ist das Postulat an die Versicherer. Umgekehrt aber ist die Verordnung auch verbindlich für den versicherungspflichtigen Halter, Eigentümer oder Fahrer des Kraftfahrzeuges in dem Sinne, dass der Kfz-Haftpflichtversicherungsvertrag den geforderten Mindestbedingungen entsprechen muss und Abweichungen hiervon unzulässig sind. Die KfzPflVV hat eine „unmittelbar vertragsgestaltende Wirkung".[99]

bb) Inhalt der Verordnung. Für den Inhalt der KfzPflVV sind zunächst die europarechtlichen Vorgaben maßgebend. Bei den getroffenen Regelungen im PflVG und den ergänzenden Regelungen der KfzPflVV ist die Abgrenzung der Normenbereiche zwischen der gesetzlichen Regelung und der Verordnungsregelung nicht immer konsequent.[100] Grundsätzlich ergänzt die Verordnung die im PflVG und VVG enthaltenen Bestimmungen über die Kfz-Haftpflichtversicherung.[101]

In der Verordnung wird zwischen Regelungen, die Bestandteil jedes Kfz-Haftpflichtversicherungsvertrages sein müssen, dh so genannten „Muss-Vereinbarungen", und so genannten „Kann-Vereinbarungen" die Gegenstand eines KFZ-Haftpflichtversicherungsvertrags sein können unterschieden.[102]

Durch die **KfzPflVV** wurde geregelt, welche **Obliegenheiten** vor Eintritt des Versicherungsfalles vereinbart werden können. Beispielhaft seien die Obliegenheiten erwähnt, das Fahrzeug nicht von einem unberechtigten Fahrer, von einem Fahrer ohne vorgeschriebene Fahrerlaubnis oder von einem Fahrer, der aufgrund Alkohols oder anderer Mittel berauscht ist, benutzen zu lassen (§ 5 Abs. 1 Nr. 3, 4 und 5 iVm Abs. 2 KfzPflVV). Hinsichtlich der Trunkenheitsfahrt ist die durch das zweite Gesetz zur Änderung des Pflichtversicherungsgesetzes vom 18.12.2007[103] eingefügte Regelung des § 5 Abs. 2 S. 2 KfzPflVV zu beachten, nach der Leistungsfreiheit ausscheidet, soweit der Versicherungsnehmer, Halter oder Eigentümer als Fahrzeuginsasse, der das Fahrzeug nicht geführt hat, geschädigt wurde.

Bei dem möglichen Umfang der **Leistungsfreiheit** des Versicherers ist zu unterscheiden zwischen

- begrenzter Leistungsfreiheit bei **Obliegenheitsverletzung vor Eintritt** des Versicherungsfalles oder wegen Gefahrerhöhung. Hier tritt Leistungsfreiheit bis zu einem Betrag von je 5.000,– EUR gegenüber dem VN und den mitversicherten Personen gemäß § 5 Abs. 3 KfzPflVV ein;
- begrenzter Leistungsfreiheit bei vorsätzlicher oder grob fahrlässig begangener **Obliegenheitsverletzung nach Eintritt** des Versicherungsfalles 2.500,– EUR bzw. 5.000,– EUR bei besonders schwerwiegender, vorsätzlich begangener Verletzung der Aufklärungs- und Schadensminderungspflicht iSv § 6 KfzPflVV.

Darüber hinaus richten sich die Folgen der Obliegenheitsverletzung nach dem VVG.

6. AKB und TB

a) Allgemeines. **Allgemeine Bedingungen für die Kraftfahrtversicherung (AKB)** und **Tarifbestimmungen (TB)** sind vom Verband der Schadenversicherer – bis 31.12.1994 HUK-Verband/ab 1.1.1997 Gesamtverband der Deutschen Versicherungswirtschaft e.V. – unverbindlich empfohlene Musterbedingungen für seine Mitglieder.[104] Bis zum 31.12.1994 konn-

---

[99] Feyock/Jacobsen/Lemor/*Jacobsen* KfzPflVV Einf Rn. 12.
[100] Feyock/Jacobsen/Lemor/*Jacobsen* KfzPflVV Einf Rn. 14.
[101] Vgl. hierzu im Einzelnen ausführlich Feyock/Jacobsen/Lemor/*Jacobsen* KfzPflVV Einf Rn. 14 ff.
[102] Vgl. hierzu im Einzelnen Feyock/Jacobsen/Lemor/*Jacobsen* KfzPflVV Einf Rn. 18 f.
[103] BGBl. I S. 2833.
[104] Zu den einzelnen Empfehlungen gemäß Rundschreiben und Sonderrundschreiben vgl. ausführlich Feyock/Jacobsen/Lemor/*Jacobsen* Einführung AKB/TB Rn. 2 ff.

ten vom damaligen BAV genehmigte AKB von den Autoversicherern verwendet werden. Die nunmehr empfohlenen Muster-AKB sind als Allgemeine Geschäftsbedingungen iSd §§ 305 ff. BGB für die Kraftfahrzeughaftpflicht-, für die Fahrzeug- und Kraftfahrtunfallversicherung zu qualifizieren. Demgegenüber sind die TB den üblichen AVB nicht gleichgestellt, sondern sie haben einen Sonderstatus.[105]

103 AKB und TB haben einen unterschiedlichen Regelungsgehalt. Die **TB** regeln die Höhe der Beitrags-/Prämienschuld. Im Übrigen enthalten die Muster-TB auch Regelungen für Zahlungsverzug und Beitragsänderungen aufgrund von versicherungstechnisch gebotenen Umverteilungen des Beitragsaufkommens im Bestand des Versicherers, zB Typenklassenumstufung bei Pkw. Demgegenüber regeln die **AKB** die sonstigen gegenseitigen Rechte und Pflichten aus dem Versicherungsvertrag. Im Interesse eines einheitlichen Bedingungswerks und verbesserter Transparenz wurde die bisherige Aufteilung in AKB und TB aufgegeben, die aktuellen Bedingungen 2008 beinhalten beide Elemente in einem Werk.

104 b) **AKB und TB in der Vertragsgestaltung.** Der Versicherer hat dem Versicherungsnehmer gem. § 7 VVG iVm der Informationspflichtenverordnung[106] rechtzeitig vor Abgabe von dessen Vertragserklärung seine Allgemeinen Versicherungsbedingungen und Tarifbestimmungen in Textform mitzuteilen. Hinsichtlich der Einzelheiten wird verwiesen auf die Ausführungen in § 44 Rn. 34 ff.

7. BGB und HGB

105 BGB und HGB gelten auch im Rahmen des Versicherungsrechtes, da das **Versicherungsvertragsrecht** dem **Privatrecht** zugerechnet wird. Als Normen des BGB, die auch im Versicherungsrecht praktische Bedeutung haben seien erwähnt die Bestimmungen über Geschäftsfähigkeit (§§ 104 ff. BGB), Willenserklärungen (§§ 119 ff. BGB), Sittenwidrigkeit von Rechtsgeschäften (§ 138 BGB), zum Zustandekommen des Versicherungsvertrages die §§ 145 ff. BGB und zur Verjährung gem. §§ 195 ff. BGB. Auch die Bestimmungen des HGB können im Rahmen des privaten Versicherungsrechtes relevant werden, zB hinsichtlich der Zinshöhe oder der Zuständigkeit der Kammer für Handelssachen gemäß § 95 GVG.

8. Internationales Versicherungsrecht und grenzüberschreitende Versicherungsverträge

106 Das internationale Versicherungsvertragsrecht ist Teil des deutschen internationalen Privatrechtes. Je nachdem, wo das versicherte Risiko belegen ist, finden andere Normen zur Bestimmung des Versicherungsvertragsstatus Anwendung. Bei der Fahrzeugversicherung ist nach Art. 7 Abs. 2 Ziff. 2 1. HS. EGVVG der Zulassungsstaat entscheidend. Abweichend hiervon ist bei einem Fahrzeug, das von einem Mitgliedsstaat in einen anderen überführt wird, während eines Zeitraums von 30 Tagen nach Abnahme des Fahrzeugs durch den Käufer der Bestimmungsmitgliedsstaat als der Mitgliedsstaat anzusehen, in dem das Risiko belegen ist (Art. 7 Abs. 2 Ziff. 2 2. HS.). Hintergrund hierfür ist, dass nicht ein Statutenwechsel eintreten soll, wenn mit dem Kraftfahrzeug eine Grenze passiert wird. Die Kfz-Versicherung, die Kraftfahrtunfallversicherung und die Kfz-Haftpflichtversicherung sind die wichtigsten Anwendungsbereiche der vorstehend zitierten Norm.[107]

107 Schadenersatzansprüche nach dem PflVG sind bei Beteiligung eines Ausländers an einem Unfall im Inland, dessen Haftpflichtversicherung dem so genannten „Grüne-Karte-System" angeschlossen ist, als Direktanspruch gegen das Deutsche Büro Grüne Karte e. V. geltend zu machen. Dieses wiederum beauftragt in der Regel ein inländisches Versicherungsunternehmen oder Schadenregulierungsbüro. Umgekehrt ist im Fall der Klage jedoch nicht **passivlegitimiert** das beauftragte inländische Versicherungsunternehmen, sondern das **Deutsche Büro Grüne Karte e. V.** Im Übrigen gilt, dass Deckungsansprüche nach deutschem Recht auch gegen einen ausländischen Versicherer vor einem deutschen Gericht geltend zu machen

---

[105] Vgl. hierzu Feyock/Jacobsen/Lemor/*Jacobsen* Einführung AKB/TB Rn. 2.
[106] BGBl. I S. 2631.
[107] Vgl. hierzu ausführlich *Lübbert*/*Vogl* r+s 2000, 265 ff. (Teil I) und r+s 2000, 311 ff. (Teil II) = Forum Versicherungsrecht 2000, 6 ff. (Teil I) sowie Forum Versicherungsrecht 2000, 33 ff. (Teil II).

sind,[108] da ausländische Versicherer gemäß §§ 105 ff. VAG einer behördlichen Erlaubnis bedürfen und im Inland eine Niederlassung errichten müssen, für die ein Hauptbevollmächtigter gemäß § 106 VAG zu bestellen ist.

Zur Tätigkeit des Deutschen Büros Grüne Karte e. V. vgl. vorstehend → Rn. 79 sowie die diesbezüglichen Ausführungen in § 32.

---

[108] BGH NZV 2013, 177 für LugÜ 2007.

§ 43 Der Versicherungsvertrag in der Kraftfahrtversicherung*

Übersicht

	Rn.
I. Anwendung des neuen VVG/Überleitungsvorschriften	1–3
II. Beteiligte Personen	4–8
1. VN und Versicherer	4
2. Versicherungsvertreter- und -makler	5
3. Der geschädigte Dritte in der Kfz-Haftpflichtversicherung	6
4. Mitversicherte Personen	7/8
III. Allgemeines zum Versicherungsvertrag in der Kraftfahrtversicherung	9–72
1. Vertragsschluss	10–14
a) Antragsmodell	11–13
b) Invitatiomodell	14
2. Beginn und Dauer des Versicherungsvertrages	15–25
a) Formelle, materielle und technische Versicherungsdauer	15–19
b) Rückwärtsversicherung	20/21
c) Ruheversicherung/Saisonfahrzeuge	22–25
3. Beratungs- und Dokumentationspflichten	26–33
a) Allgemeines	26/27
b) Beratungsumfang	28/29
c) Dokumentationspflicht	30/31
d) Verzicht	32
e) Rechtsfolgen bei Verletzung der Pflichten aus §§ 6, 61 VVG	33
4. Informationspflichten	34–43
a) Inhalt der Informationspflichten	35
b) Form, Zeitpunkt und Adressat	36/37
c) Verzicht	38
d) Einbeziehung der AVB	39–42
e) Rechtsfolgen bei Verletzung von Informationspflichten	43
5. Das Widerrufsrecht nach §§ 8, 9 VVG	44–49
a) Beginn der Widerrufsfrist	45
b) „Ewiges" Widerrufsrecht	46
c) Rechtsfolgen des Widerrufs	47–49
6. Anfechtung, Rücktritt, Kündigung	50–57
a) Anfechtung	51
b) Rücktritt	52
c) Kündigung	53–57
7. Divergenz zwischen Antrag und Versicherungsschein	58
8. Tarifierungsmerkmale	59
9. Grenzüberschreitende Versicherungsverträge	60–71
a) Allgemeines und Problemstellung	60–62
b) Das auf Versicherungsverträge nach IPR anwendbare Recht	63–68
c) Direktversicherungsverträge	69–71
10. Kaskoversicherung bei Leasingfahrzeugen	72
IV. Die Pflicht zur Prämienzahlung	73–83
1. Allgemeines	73
2. Erst- und Folgeprämie	74–77
3. Rechtsfolgen bei verspäteter Zahlung der Erstprämie	78
4. Rechtsfolgen bei verspäteter Zahlung der Folgeprämie	79–82
5. Risikoadäquater Prämienanspruch des Versicherers bei frühzeitiger Beendigung des Versicherungsverhältnisses	83
V. Vorläufige Deckung	84–96
1. Allgemeines	84–87
a) Rechtsnatur und Inhalt	85
b) Beginn	88
c) Ende und rückwirkender Wegfall des Versicherungsschutzes	89–92

---

* Der Verfasser bedankt sich herzlich bei Herrn Rechtsanwalt *Carsten Kunz* für die Unterstützung bei den Manuskriptarbeiten.

	Rn.
d) Verzicht auf Vorabinformationen nach § 7 VVG	93
e) Einbeziehung der AVB	94
f) Beratungs- und Dokumentationspflichten	95
g) Widerrufsrecht	96
VI. Risikoausschlüsse und -begrenzungen sowie Leistungsfreiheit des Versicherers	97–140
1. Primäre Risikobegrenzung	100
2. Sekundäre Risikobegrenzung	101/102
3. Obliegenheiten	103–109
a) Allgemeines	103/104
b) Adressat	105/106
c) Der Repräsentant in der Kraftfahrtversicherung	107
d) Wissensvertreter/Wissenserklärungsvertreter	108/109
4. Vertraglich vereinbarte Obliegenheiten gem. § 28 VVG	110–119
a) Allgemeines	110
b) Rechtsfolgen bei Verletzungen	111–117
c) Kausalitätsgegenbeweis und Belehrungspflicht	118/119
5. Gefahrerhöhung gem. §§ 23 bis 27, 29 VVG	120–128
a) Allgemeines	120
b) Arten der Gefahrerhöhung	121–124
c) Rechtsfolgen bei Verstößen	124–128
6. Die vorvertragliche Anzeigeobliegenheit gem. §§ 19 bis 22 VVG	129–133
a) Umfang der Anzeigepflicht	130
b) Rechtsfolgen bei Verstößen	131/132
c) Belehrungspflicht	133
7. Weitere Obliegenheiten	134
8. Schuldhafte Herbeiführung des Versicherungsfalles	135–138
a) Allgemeines	135
b) Vorsatz	136
c) Grobe Fahrlässigkeit	137/138
9. Anzeigepflichten im Zusammenhang mit Tarifierungsmerkmalen	139/140
VII. Verjährung von Ansprüchen aus dem Versicherungsvertrag	141–150
1. Allgemeine Verjährungsvorschriften	141–143
2. Beginn und Unterbrechung der Verjährung	144–146
3. Die Verjährung des Direktanspruchs nach § 115 Abs. 2 VVG	147–150

Schrifttum: *Bauer,* Die Kraftfahrtversicherung, 6. Aufl. 2010; *Baumann/Sandkühler,* Das neue Versicherungsvertragsgesetz, 2008; *Benthäuser,* Aktuelle Rechtsprechung zum Kfz-Leasing, DAR 2006, 429 ff.; *Beckmann/Matusche-Beckmann,* Versicherungshandbuch, 2004; *Burmann/Heß/Höke/Stahl,* Das neue VVG im Straßenverkehrsrecht; 2008; *Bühren van,* Familienrechtliche Probleme im Versicherungsrecht, FF 2003, 10; *Bühren van,* Handbuch Versicherungsrecht, 5. Aufl. 2012; *Deutsch,* Das neue Versicherungsvertragsrecht, 6. Aufl. 2008; *Felsch,* Neuregelung von Obliegenheiten und Gefahrerhöhung, r+s 2007, 485 ff.; *Feyock/Jacobsen/Lemor,* Kraftfahrtversicherung, 3. Aufl. 2009; *Fricke,* Der Widerruf des Widerspruchs – Noch ein Problem des § 5a VVG, VersR 1999, 521 ff.; *Funck,* Ausgewählte Fragen aus dem Allgemeinen Teil zum neuen VVG aus der Sicht einer Rechtsabteilung, VersR 2008, 163 ff.; *Goebel,* Die neuen Verjährungsfristen, 2005; *Hofmann,* Die neue Kfz-Versicherung, 1. Aufl. 1994; *Hofmann,* Die neuen Kfz-Versicherungsbedingungen nach der Deregulierung, NZV 1996, 12 ff.; *Janker,* Versicherungsrechtliche Aspekte bei vorsätzlichen und fahrlässigen Trunkenheits- und Drogenfahrten, DAR 1995, 142 ff.; *Klimke,* Die Hinweispflicht des Versicherers bei Einführung neuer AVB, NVersZ 1999, 449 ff.; *Knappmann,* Rechtsfragen der neuen Kraftfahrtversicherung, VersR 1996, 401 ff.; *Koppenfels-Spies,* Zum Verhältnis der so genannten Nachfrageobliegenheit des Versicherers zur vorvertraglichen Anzeigeobliegenheit des Versicherungsnehmers, zfs 2004, 489; *Langheid,* Die Reform des Versicherungsvertragsrecht, NJW 2007, 3665 ff. (1. Teil); *Leverenz,* Zurückweisung unwirksamer Kündigungen des VN durch den Versicherer, VersR 1999, 525 ff.; *Looschelders,* Schuldhafte Herbeiführung des Versicherungsfalls nach der VVG-Reform, VersR 2008, 1 ff.; *Lübbert/Vogl,* Grenzüberschreitende Versicherungsverträge, r+s 2000, 265 ff. (Teil I) und r+s 2000, 311 ff. (Teil II); *Maier,* Die vorläufige Deckung nach dem Regierungsentwurf zur VVG-Reform, r+s 2006, 485 ff.; *Maier/Stadler,* AKB 2008 und VVG-Reform, 2008; *Marlow/Spuhl,* Das neue VVG, 3. Aufl. 2008; *Meixner/Steinbeck,* Das neue Versicherungsvertragsrecht, 2008; *Neuhaus,* Zwischen den Jahrhundertwerken – Die Übergangsregelungen des neuen VVG, r+s 441 ff.; *ders.,* Die vorvertragliche Anzeigepflichtverletzung im neuen VVG, VersR 2008, 45 ff.; Palandt, BGB, 73. Aufl. 2014; *Pohlmann,* Beweislast für das Verschulden des Versicherungsnehmers bei Obliegenheitsverletzungen, VersR 2008, 437 ff.; *Präve,* Die VVG-Informationspflichtenverordnung, VersR 2008, 151 ff.; Prölss/Martin, Versicherungsvertragsgesetz, 28. Aufl. 2010 (zitiert: Prölss/Martin/*Bearbeiter*); *Reusch,* Die vorvertraglichen Anzeigepflichten im neuen VVG 2008, VersR 2007, 1313 ff.; *Rischar,* Leasingfahrzeuge: Besonderheiten bei der Regulierung von Kaskoschäden, NZV 1998, 59 f.; *Rixecker,* Eine Einführung, VI. Vorläufige Deckung, Zfs 2007, 314 ff.; *ders.,* Eine Einführung, II. Obliegenheiten vor dem Versicherungsfall, Zfs 2007, 73 ff.; *Römer,* Das so genannte Augenblicksversagen, VersR 1992, 1187; *ders.*, Die Rechtsprechung des BGH zum Versicherungsrecht, zfs 2000, 277; *ders.*, Die Rechtsprechung des BGH zum Kraftfahrtversicherungsrecht, DAR 2000, 254; *ders.*, Zu ausgewählten Problemen der VVG-Reform nach dem Referentenentwurf vom 13. März 2006 (Teil 1), VersR 2006, 740 ff.; *Römer/Langheid*, Versicherungsvertragsgesetz VVG, 4. Aufl. 2014; *Stiefel/Maier*, Kraftfahrtversicherung, 18. Aufl. 2010; *Stockmeier*, Das Vertragsabschlussverfahren nach neuem VVG, VersR 2008, 717 ff.; *Schimikowski*, Verbraucherinformation – Einbeziehung von AVB und Abschluss des Versicherungsvertrags, r+s 1996, 1; *ders.*, Abschluss des Versicherungsvertrages nach neuem Recht, r+s 2006, 441 ff.; *ders.*, VVG-Reform: Die vorvertraglichen Informationspflichten des Versicherers und das Rechtzeitigkeitserfordernis, r+s 2007, 133 ff.; *ders.*, Versicherungsvertragsrecht, 5. Aufl. 2014; *Schirmer*, Beratungspflichten und Beratungsverschulden der Versicherer und ihrer Agenten, r+s 1999, 133 ff. (Teil 1) und r+s 1999, 177 f.; *Terbille*, Münchener Anwaltshandbuch Versicherungsrecht, 2. Aufl. 2008; *Terno*, Gerichtliche Inhaltskontrolle Allgemeiner Versicherungsbedingungen r+s 2004, 45 ff.; *ders.*, Die Rechtsprechung des BGH zum Kraftfahrtversicherungsrecht, DAR 2004, 321; *Wandt/Ganster*, Die Rechtsfolgen des Widerrufs eines Versicherungsvertrags gem. § 9 VVG 2008, VersR 2008, 425 ff.; *Weber*, Die Entwicklung des Leasingrechts von Mitte 2003 bis Mitte 2006, NJW 2005, 2195 ff.; *Weidner/Schuster*, Quotelung von Entschädigungsleistungen bei grober Fahrlässigkeit in der Sachversicherung nach neuem VVG; r+s 2007; 138 ff.; *Werber*, Information und Beratung des Versicherungsnehmers vor und nach Abschluss des Versicherungsvertrags, VersR 2007, 1153 ff.

I. Anwendung des neuen VVG/Überleitungsvorschriften

1   Im Bereich der Kraftfahrtversicherung gilt das neue VVG uneingeschränkt für Neu- und Ersatzverträge, die ab dem Zeitpunkt seines Inkrafttretens am 1.1.2008 geschlossen werden. Maßgeblicher Zeitpunkt ist das Zustandekommen des Vertrages, nicht hingegen der gegebenenfalls hiervon abweichende Beginn des Versicherungsschutzes.

2   Für vor dem 1.1.2008 geschlossene (Alt-)Verträge gilt gem. Art. 1 Abs. 1 EGVVG grundsätzlich eine Übergangszeit von einem Jahr, so dass bis zum 31.12.2008 das alte VVG und danach das neue Recht auf diese Verträge Anwendung fanden. Ausgenommen sind Vorschriften, die beim Vertragsabschluss zu beachten sind, wie insbesondere die zur vorvertraglichen Anzeigeobliegenheit nach §§ 19 bis 22 VVG. Insoweit gelten auch nach Ablauf der Übergangszeit die §§ 16 ff. VVG aF fort, soweit es um die Frage geht, was bei Vertragsabschluss anzugeben war. Die Rechtsfolgen einer etwaigen Anzeigepflichtverletzung richteten sich nach Ablauf der Übergangszeit aber nach neuem Recht.

Für den Fall, dass bei Altverträgen ein Versicherungsfall bis zum 31.12.2008 eintrat, bestimmt Art. 1 Abs. 2 EGVVG, dass der Schaden nach altem Recht abgewickelt wurde. Trat der Versicherungsfall nach dem 31.12.2008 ein, war und ist nur noch neues VVG anwendbar.

3   Neue Vorschriften, welche den VN im Vergleich zum alten Recht begünstigen, kann der Versicherer bereits in der Übergangszeit einseitig auf Altverträge anwenden. Ein einseitiges Vorziehen aller Regelungen des neuen Rechts unter Einschluss der den VN benachteiligenden Vorschriften durch den Versicherer ist hingegen nicht möglich. Insoweit bedarf es einer vertraglichen Vereinbarung zwischen Versicherer und VN.[1]

II. Beteiligte Personen

1. VN und Versicherer

4   Neben dem VN und Versicherer als Vertragsparteien sowie dem Versicherungsvertreter/(-agenten) und Versicherungsmakler als Versicherungsvermittler gibt es im Bereich der Kraftfahrtversicherung den geschädigten Dritten in der Kfz-Haftpflichtversicherung, die (mit-)versicherten Personen sowie die Gefahrsperson in der Kfz-Unfallversicherung.

VN kann jede natürliche oder juristische Person sein. Veräußert der VN die versicherte Sache – den Pkw – geht der Versicherungsvertrag nach § 95 Abs. 1 VVG auf den Erwerber über. Dieser wird neuer Vertragspartner des Versicherers und genießt lückenlosen Versicherungsschutz aus dem übertragenen Versicherungsvertrag. Gem. § 96 Abs. 1 und 2 VVG können Versicherer und Erwerber die Veräußerung zum Anlass nehmen, den Versicherungsvertrag zu kündigen. Die Veräußerung ist vom ursprünglichen VN nach § 97 Abs. 1 VVG

---

[1] *Neuhaus* r+s 2007, 441, 442; *Maier/Stadler* Rn. 11.

unverzüglich dem Versicherer anzuzeigen, da dieser ansonsten unter – strengen – Voraussetzungen leistungsfrei wird.[2]

2. Versicherungsvertreter- und -makler

Versicherungsvertreter und -makler sind in § 59 Abs. 1 und 2 VVG legaldefiniert. Der Versicherungsvertreter steht „im Lager" des Versicherers und wird in dessen Auftrag tätig. Der Umfang seiner Vertretungsmacht ergibt sich aus den §§ 69, 71 und 72 VVG sowie den AVB. Gem. § 70 VVG ist er „Auge-und-Ohr" des Versicherers, so dass dem Versicherer mit Ausnahme im privaten Bereich erlangter Informationen sämtliche Kenntnisse seines Vertreters wie eigene Kenntnisse zugerechnet werden. Über § 278 BGB haftet der Versicherer für schuldhafte Verstöße seines Vertreters gegen Aufklärungs-, Beratungs-, Mitwirkungs- und sonstige Sorgfaltspflichten gegenüber dem VN.[3] Versicherungsmakler hingegen sind treuhänderische Sachwalter des VN, für deren Fehlverhalten Versicherer nicht haften und auch § 70 VVG nicht gilt. Insoweit bestehen jedoch Schadensersatzansprüche zwischen Makler und dem ihn beauftragenden VN.[4]

3. Der geschädigte Dritte in der Kfz-Haftpflichtversicherung

Der Geschädigte Dritte hat in der Kfz-Haftpflichtversicherung nach § 115 Abs. 1 Nr. 1 VVG – § 3 Nr. 1 PflVG aF – einen Direktanspruch gegen den Versicherer.[5] Diesem gegenüber kann sich der Versicherer gem. § 117 Abs. 1 und 2 VVG – § 3 Nr. 4 und 5 PflVG aF – nicht darauf berufen, im Innenverhältnis zu seinem VN zur Leistung nicht verpflichtet zu sein; sog. **krankes Versicherungsverhältnis**. Eine Ausnahme bestimmt § 117 Abs. 3 S. 2 VVG dann, wenn und soweit der Dritte Ersatz seines Schadens von einem anderen Schadensversicherer oder einem Sozialversicherungsträger erlangen kann.[6]

4. Mitversicherte Personen

Versicherte Personen sind in der Kfz-Haftpflicht die in A.1.2 AKB genannten Personen; insbesondere der mitversicherte Fahrer, der nicht zugleich VN ist. Hieran wird deutlich, dass es sich bei der Kfz-Haftpflichtversicherung um eine Versicherung für fremde Rechnung iSd §§ 43 ff. VVG handelt, bei der das Interesse eines anderen – Versicherten – zumindest mitversichert ist. Abweichend von der gesetzlichen Regelung kann der Mitversicherte in der Kfz-Haftpflichtversicherung seine Ansprüche gem. A.1.2. AKB selbstständig gegenüber dem Versicherer geltend machen. Inwieweit Obliegenheitsverletzungen des VN die Rechtsstellung der mitversicherten Person und umgekehrt beeinflussen, wird bei der Darstellung der Obliegenheiten in diesem Kapitel erörtert.[7] In der Kaskoversicherung gibt es mitversicherte Personen in Ausnahmefällen nur dann, wenn sie als Versicherung für fremde Rechnung ausgestaltet ist, wie zB Gesellschafter einer OHG oder KG als VN.[8]

Wird in der Kraftfahrzeug-Unfallversicherung, der Vertrag für den Fall des Todes einer anderen Person abgeschlossen, ohne dass diese „Versicherter" wird, so spricht man von der „Gefahrperson", deren Zustimmung gemäß § 179 Abs. 2 VVG erforderlich ist.

III. Allgemeines zum Versicherungsvertrag in der Kraftfahrtversicherung

Nachfolgend werden die Grundzüge zum Versicherungsvertrag in der Kraftfahrtversicherung dargestellt. Spezielle Fragen zu den einzelnen Arten der Kraftfahrversicherung werden bei der Darstellung der jeweiligen Versicherungsart behandelt:

---

[2] Weitere Voraussetzungen nach der Rspr. sind Verschulden, Interessenabwägung: vgl. BGH VersR 1987, 477.
[3] Vgl. die Ausführungen zu den Rechtsfolgen bei Verstößen gegen Beratungspflichten unter Rn. 33.
[4] Vgl. ausführlich zum Schadensersatz und zu Abgrenzungsproblemen *Baumann/Sandkühler* B 9.5.1 S. 97 ff.
[5] Nach § 115 VVG besteht ein Direktanspruch außer im Fall der Kfz-Haftpflichtversicherung bei Insolvenz oder unbekanntem Aufenthalt des VN.
[6] Vgl. § 44 Rn. 95/96.
[7] Vgl. Rn. 106.
[8] *Bauer* Rn. 1171 f.

- Kraftfahrthaftpflichtversicherung, § 45
- Fahrzeugversicherung – Teilkaskoversicherung, § 46
- Fahrzeugversicherung – Vollkaskoversicherung, § 47
- Kraftfahrtunfallversicherung, § 48.

Aus der Sicht des Anwaltes liegt der Schwerpunkt der Problematik im Versicherungsvertragsrecht bei den einzelnen Versicherungsarten, bei Fragen der Obliegenheiten, Gefahrerhöhung, Repräsentantenstellung und den Leistungsansprüchen. Deshalb werden diese Problempunkte auch schwerpunktmäßig behandelt zu den einzelnen Arten der Kraftfahrtversicherung.[9]

1. Vertragsschluss[10]

10   Aufgrund der neu gestalteten Informationspflichten des Versicherers in § 7 VVG haben sich die bisherigen Regeln für den Abschluss von Versicherungsverträgen nachhaltig geändert. Das gerade in der Kraftfahrtversicherung bisher vorherrschende **Policenmodell**, bei dem der VN erst nach Antragsstellung die vertragsbezogenen Versicherungsbedingungen und Verbraucherinformationen zusammen mit der Police vom Versicherer erhielt und der Vertrag erst dann zustande kam, wenn der VN nicht innerhalb von 14 Tagen nach Zugang der Unterlagen widersprochen hatte, ist abgeschafft worden.[11]

11   a) **Antragsmodell.** Das neue VVG ist auf das Antragsmodell zugeschnitten. Dabei erhält der VN die Versicherungsbedingungen und die gesetzlich nach § 7 VVG iVm der VVG-InfoV vorgeschriebenen Informationen rechtzeitig vor oder spätestens bei Antragsstellung. Der Versicherungsvertrag kommt wie jeder andere privatrechtliche Vertrag durch Annahme des Antrages – regelmäßig also durch Übersendung der Police – durch den Versicherer zustande. Wird seitens des VN eingewandt, er habe den Versicherungsschein nicht erhalten, muss der Versicherer dessen Zugang sowie dessen Zeitpunkt beweisen.[12]

12   Die Annahmeerklärung des Versicherers muss dem VN innerhalb einer Annahmefrist zugehen, denn nur solange ist der VN an seinen Antrag gem. § 147 Abs. 2 BGB gebunden. Annahmefristen sind regelmäßig in den Antragsformularen angegeben. Ansonsten wird für den Bereich der Kaskoversicherung ein Zeitraum von 4 Wochen angenommen.[13] Bei verspäteter Annahme liegt hierin bzw. in der Übersendung des Versicherungsscheins ein neuer Antrag des Versicherers gem. § 150 Abs. 1 BGB auf Abschluss eines Versicherungsvertrages. Eine irrtümlich angeforderte oder einbehaltene Prämienzahlung gilt weder als konkludenter Abschluss eines neuen Versicherungsvertrages noch als Fortsetzung eines gekündigten Versicherungsvertrages. Dagegen kann die Abbuchung der Prämie auf Grund einer vom VN erteilten Einzugsermächtigung u. U. als Entschluss des Versicherers gewertet werden, den Antrag des VN anzunehmen, so dass der Vertrag selbst ohne formelle Annahmebestätigung/zugestellte Police zustande kommt, wenn der VN der Abbuchung nicht widerspricht.[14]

13   Für die Kfz-Haftpflichtversicherung beinhaltet § 5 PflVG eine Annahmefiktion. Hiernach gilt für Zweiräder, Personen- und Kombinationskraftwagen bis zu 1 t Nutzlast der Antrag zu den für den Geschäftsbetrieb des Versicherers maßgebenden Grundsätzen und zum allgemeinen Unternehmenstarif als angenommen, wenn der Versicherer ihn nicht innerhalb einer Frist von 2 Wochen vom Eingang des Antrages an schriftlich abgelehnt oder wegen einer nachweisbaren höheren Gefahr ein vom allgemeinen Unternehmenstarif abweichendes schriftliches Angebot unterbreitet hat.

14   b) **Invitatiomodell.**[15] Beim so genannten Invitatiomodell verschiebt sich die Vertragserklärung des VN zeitlich nach hinten. Ohne über die nach § 7 VVG nötigen Informationen zu verfügen, füllt der VN einen Vordruck des Versicherers aus, der den deutlichen gestalteten

---

[9] Vgl. *Römer* zfs 2000, 277, speziell zur Kraftfahrtversicherung (278 ff.).
[10] Vgl. insgesamt *Stockmeier* VersR2008, 717 ff.; *Schimikowski* r+s 2006, 441 ff.
[11] Vgl. zu den Gründen *Marlow/Spuhl* II 1.
[12] LG Hannover VersR 1990, 1377.
[13] OLG Frankfurt NJW-RR 1986, 329, 330.
[14] BGH VersR 1975, 1090, 1092 sowie BGH VersR 1991, 910.
[15] Vgl. zum Invitatiomodell *Schimikowski* r+s 2006 441, 443.

Hinweis enthält, die Erklärung des VN bleibe ohne rechtlichen Bindungswillen, so dass lediglich eine **invitatio ad offerendum** vorliegt. Nach Prüfung durch den Versicherer unterbreitet dieser ein mit den erforderlichen Verbraucherinformationen ausgestattetes Angebot auf Vertragsabschluss, welches der VN dann annehmen kann. Aufgrund einer Vielzahl noch ungeklärter praktischer und rechtlicher Probleme bleibt abzuwarten, inwieweit sich das Invitatiomodell in der Praxis durchsetzen wird.[16]

2. Beginn und Dauer des Versicherungsvertrages

a) **Formelle, materielle und technische Versicherungsdauer.** Es ist zwischen formeller, technischer und materieller Versicherungsdauer zu unterscheiden. Diese können voneinander abweichen.

Die **formelle Versicherungsdauer** bezeichnet den Vertragszeitraum und beginnt mit dem wirksamen Abschluss des Versicherungsvertrages und endet durch Zeitablauf, Aufhebungsvertrag, Anfechtung, Rücktritt, Kündigung oder Wegfall des versicherten Interesses nach § 80 VVG. In der Kraftfahrversicherung tritt letzteres zB bei Tod des VN oder Zerstörung – nicht bereits bei einem Totalschaden – des versicherten Pkw ein.

Die **materielle Versicherungsdauer** beschreibt den Zeitraum, für den der Versicherer Versicherungsschutz schuldet, und richtet sich zunächst nach den entsprechenden Vereinbarungen der Parteien im Versicherungsvertrag. Ausnahmen gelten für die Rückwärtsversicherung gem. § 2 VVG sowie für die vereinbarte vorläufige Deckung. Wurde keine Regelung getroffen, beginnt sie gem. § 10 VVG mit Beginn des Tages des Vertragsschlusses.

Wird die Erstprämie verspätet gezahlt, gefährdet dies den Versicherungsschutz. In den AKB wird üblicherweise – eine „erweiterte Einlösungsklausel" vereinbart; B.2.4 AKB. § 37 Abs. 2 VVG wird dann zugunsten des VN abbedungen und der Versicherungsschutz wirkt trotz verspäteter Zahlung auf den vereinbarten Zeitpunkt seines Beginns zurück. Vorraussetzung ist jedoch, dass der VN die Erstprämie ohne Verschulden nicht bezahlt hat und dies unverzüglich nachholt. In Anlehnung an B.2.4 AKB bedeutet unverzüglich spätestens innerhalb von 14 Tagen. Eine Mahnung des Versicherers ist nicht erforderlich.[17]

Die materielle Versicherungsdauer endet mit der Auflösung des Versicherungsvertrages.

Mit **technischer Dauer** des Versicherungsverhältnisses ist der prämienbelastete Zeitraum gemeint.

b) **Rückwärtsversicherung.** Anwendungsfall der Rückwärtsversicherung nach § 2 VVG kann auch die Kfz-Kaskoversicherung sein, wenn sie nachträglich beantragt wird, also nicht in die vorläufige Deckung der Haftpflicht einbezogen worden war.[18] Bei ihr wird der materielle Versicherungsbeginn auf einen vor dem Vertragsschluss liegenden Zeitpunkt vorverlegt. Weiß der VN bereits bei der Antragsstellung, dass der Versicherungsfall eingetreten ist, ist der Versicherer gem. § 2 Abs. 2 VVG unabhängig von der Annahme des Antrages nicht mehr zur Leistung verpflichtet. Ferner behält er seinen Prämienanspruch bis zum Schluss der Versicherungsperiode, in welcher er diese Kenntnis erlangt. Beim Einsatz von Vertretern ist hinsichtlich der Kenntniserlangung gem. § 2 Abs. 3 VVG sowohl auf die Person des Vertreters als auch die des Vertretenen abzustellen. Weiß hingegen der Versicherer vor dem Vertragsschluss, dass der Eintritt eines Versicherungsfalles ausgeschlossen ist, verliert er den Anspruch auf die Prämie. § 37 Abs. 2 VVG gilt bei der Rückwärtsversicherung als stillschweigend abbedungen.

Zu unterscheiden ist die Rückwärtsversicherung von der reinen **Rückdatierung**, bei der es nur um die Vorverlegung des technischen Versicherungsbeginns geht.

c) **Ruheversicherung/Saisonfahrzeuge.** In der Kfz-Haftpflichtversicherung besteht auch bei vorübergehender Stilllegung des Fahrzeuges gemäß H.1 AKB Versicherungsschutz in vollem Umfang und in der Fahrzeugversicherung im Umfang der Teilversicherung gem. A.2.2 bis 3 AKB.[19]

---

[16] Vgl. hierzu *Baumann/Sandkühler* B 1.5.8, S. 51 bis 54; *Marlow/Spuhl* II 1cc, S. 10 bis 13.
[17] BGH VersR 1963, 376.
[18] BGH VersR 1990, 618 = r+s 1990, 189; OLG Düsseldorf r+s 1994, 85.
[19] Vgl. im Einzelnen *Feyock/Jacobsen/Lemor* AKB § 5 Rn. 7.

23 Für die Dauer der Stilllegung eines Fahrzeuges, und zwar längstens für 1 Jahr, wird beitragsfreier Versicherungsschutz gewährt; sog. **Nachhaftung** des Versicherers. Das Fahrzeug darf jedoch außerhalb des Einstellraumes bzw. des umfriedeten Abstellplatzes[20] nicht benutzt werden – Obliegenheit des VN. Ein Verstoß des VN führt unter den in D.3 AKB bzw. § 28 VVG genannten Voraussetzungen zur Leistungsfreiheit des Versicherers im Innenverhältnis. Die vorübergehende Stilllegung erfolgt gemäß § 27 Abs. 6 StVZO durch Ablieferung des Kraftfahrzeugscheins und Entstempelung der amtlichen Kennzeichen durch die Zulassungsstelle. Die Stilllegung wird im Kraftfahrzeugbrief vermerkt. Der Vertrag erlischt, wenn das Fahrzeug nicht innerhalb eines Jahres wieder zum Verkehr zugelassen wird. Sobald das Fahrzeug bei der Zulassungsstelle wieder angemeldet wird, lebt der Versicherungsschutz uneingeschränkt auf. Es besteht voller Versicherungsschutz für Fahrten im Zusammenhang mit der Abstempelung des Kennzeichens. Gleiches gilt für solche Fahrten, die der VN mit dem Fahrzeug zur Vorbereitung der Wiederzulassung vornimmt, zB die Fahrt zur Tankstelle sowie evtl. auch zur Reparaturwerkstatt.[21]

24 Teilweise ist geregelt, dass eine Einstufung des Versicherungsvertrages in die nächst höhere Schadenfreiheitsklasse im folgenden Kalenderjahr nicht möglich ist, wenn die Stilllegung länger als 6 Monate dauert. Empfehlenswert ist es, diesen Punkt mit der Versicherung zu klären. Für die Wiederanmeldung des Fahrzeuges wird eine neue Versicherungsbestätigung (Doppelkarte) benötigt.

25 Für Fahrzeuge, die mit Saisonkennzeichen ausgestattet sind, gewährt H.2 AKB den vollen, vereinbarten Versicherungsschutz während der Saison. In der übrigen Zeit besteht Versicherungsschutz im Umfang der Ruheversicherung nach H.1 AKB.

3. Beratungs- und Dokumentationspflichten

26 a) **Allgemeines.** In den §§ 6 und 61 ff. VVG sind erstmals umfassende Beratungs- und Dokumentationspflichten für Versicherer und Versicherungsvermittler in das VVG aufgenommen worden. Mit der Umsetzung der EU – Vermittlerrichtlinie[22] wurden bereits zum 22.5.2007 in den §§ 42a bis 42k VVG aF Beratungs- und Dokumentationspflichten für Versicherungsvermittler normiert. Diese Vorschriften finden sich nun in §§ 61 bis 68, 214 VVG wieder. Beratungs- und dokumentationspflichtige Versicherungsvermittler gem. § 61 Abs. 1 VVG sind die nach § 59 Abs. 1 bis 3 VVG zu unterscheidenden Versicherungsmakler und Versicherungsvertreter. Der zu § 61 VVG im wesentlichen inhaltsgleiche § 6 VVG legt dieselben Pflichten den Versicherungsunternehmen auf, soweit der Zeitraum vor Abschluss des Versicherungsvertrags betroffen ist.

27 Wird der Vertrag von einem Versicherungsmakler vermittelt, treffen den Versicherer nach § 6 Abs. 6 Alt. 2 VVG jedoch keine eigenen Beratungspflichten. Wird hingegen ein im Lager der Versicherungswirtschaft stehender Versicherungsvertreter tätig, bestehen für diesen und den Versicherer separate Beratungs- und Dokumentationspflichten, die jedoch aufgrund des Vertretungsvertrages zwischen dem Versicherer und seinem Versicherungsvertreter gleichzeitig vom Vertreter wahrgenommen werden.[23] Eine „doppelte" Beratung ist demnach weder nötig, noch vom Gesetzgeber gewollt. Zu beraten ist nach dem Gesetzeswortlaut nur der VN, eine versicherte Person nur dann, wenn sie erkennbar eigentlicher Vertragspartner des Versicherers werden soll.[24]

28 b) **Beratungsumfang.** Nach §§ 6 Abs. 1 S. 1, 61 Abs. 1 S. 1 VVG muss der VN, soweit nach den konkreten Umstände ein erkennbarer Anlass dazu besteht, nach seinen Wünschen und Bedürfnissen befragt und dementsprechend beraten werden. Es gilt mithin eine auf den konkreten Anlass und Einzelfall bezogene Befragungs- und Beratungspflicht, die sich nach der Person und Situation des VN sowie der Komplexität des Versicherungsprodukts richtet. Geschuldet ist keine Rundumberatung bzw. -befragung, welche auf den gesamten Versiche-

---

[20] Zum Begriff: OLG Karlsruhe NZV 2013, 136.
[21] Vgl. im Einzelnen *Stiefel/Maier* AKB 2008 H.3.2 Rn. 2.
[22] Richtlinie 2002/92/EG vom 9.12.2002 über Versicherungsvermittlung ABl. EG 2003 L 9.
[23] Vgl. Regierungsbegründung S. 146.
[24] *Maloh/Spuhl* II 3b S. 23 und 24.

rungsstatus des VN unter Berücksichtigung sämtlicher Versicherungssparten und -produkte abzielt. Maßgeblich ist der durch die konkrete Anfrage angesprochene Versicherungsbedarf, der insbesondere zwecks Vermeidung von Deckungslücken zunächst durch eine situationsspezifische Risikoanalyse aufzudecken ist.[25] Geht es also dem VN im Gespräch um Fragen zu seiner Kraftfahrzeugversicherung, bracht nicht ohne ersichtlichen, vom VN geäußerten Anlass auch über die Möglichkeit und Ausgestaltung einer gegebenenfalls bereits vorhandenen Hausratsversicherung beraten zu werden.

Versicherer müssen ihren Befragungs- und Beratungspflichten dabei sowohl vor Abschluss des Versicherungsvertrages als auch während der Dauer des Versicherungsverhältnisses nachkommen; § 6 Abs 2 und 4 VVG. Letzteres gilt für Versicherungsvermittler nach dem Gesetz nicht, für Versicherungsmakler kann sich eine solche Pflicht aber aus dem Versicherungsmaklervertrag ergeben. Im späteren Verlauf eines Versicherungsverhältnisses kann sich zum Beispiel bei der Anpassung oder Verlängerung eines Altvertrages eine Unterdeckung des versicherten Risikos herausstellen, was für den Versicherer dann Anlass weiterer Nachfrage und Beratung sein kann bzw. muss.

c) **Dokumentationspflicht.** Das neue VVG sieht in den §§ 6 Abs. 2, 61 Abs. 1 S. 2 VVG eine Dokumentationspflicht der Versicherer und der Versicherungsvermittler vor. Der Inhalt der Dokumentation ist gesetzlich nicht vorgeschrieben, allerdings hat die Praxis hier schon Beratungsprotokolle nach Umsetzung der EU-Vermittlerrichtlinie entwickelt. Eine Pflicht, den Beratungsprozess umfassend zu dokumentieren, besteht hingegen nicht. Für die Befragung- und Beratungspflicht während des laufenden Versicherungsvertrages sieht das Gesetz keine Dokumentationspflicht vor.

Die zu dokumentierenden Angaben dürfen mündlich übermittelt werden, wenn der VN dies wünscht oder wenn und soweit der Versicherer vorläufige Deckung gewährt. Sie sind dann dem VN unverzüglich nach Vertragsschluss in Textform zu übermitteln. Auch dies gilt allerdings nicht, wenn ein Vertrag nicht zustande kommt und für Verträge über vorläufige Deckung bei Pflichtversicherungen, §§ 6 Abs. 2, 62 Abs. 2 VVG. Ansonsten gilt der allgemeine Grundsatz, dass dem VN die Dokumentation vor Abschluss des Vertrags klar und verständlich in Textform zu übermitteln ist. Wird die Dokumentation versäumt führt dies in einem Prozess zwischen VN und Beratungspflichtigem zu Beweiserleichterungen zugunsten des VN.[26]

d) **Verzicht.** Nach §§ 6 Abs. 3, 61 Abs. 2 VVG kann der VN durch eine gesonderte schriftliche Erklärung auf Beratung und Dokumentation verzichten. Erforderlich ist jedoch ein ausdrücklicher Hinweis des Versicherers, dass sich der Verzicht nachteilig auf die Möglichkeit auswirken kann, gegen den Versicherer oder den Versicherer einen Schadenersatzanspruch gem. § 6 Abs. 5 oder 63 VVG geltend zu machen. Ferner gelten die §§ 6 und 61 ff. nicht bei Verträgen über Großrisiken. Für § 6 VVG gilt gem. § 6 Abs. 6 VVG eine weitere Ausnahme bei Vertragsschlüssen im Fernabsatzgeschäft, die aber für Versicherungsvermittler nicht gilt.[27]

e) **Rechtsfolgen bei Verletzung der Pflichten aus §§ 6, 61 VVG.** Bei Pflichtverstößen begründen §§ 6 Abs. 5 und 63 VVG selbstständige und vom Zustandekommen des Vertrages unabhängige Schadensersatzansprüche des VN gegen den Versicherer und/oder Versicherungsvermittler. In den Fällen, in denen ein Versicherungsvermittler tätig wird und dabei gleichzeitige die Pflichten des Versicherers wahrnimmt, haften beide als Gesamtschuldner. Bei unvollständiger oder fehlerhafter Beratung ist entscheidend, ob für beide ein Beratungsanlass erkennbar war. Ein nur dem Vermittler erkennbarer Anlass schadet grundsätzlich auch dem Versicherer wegen der in § 70 VVG normierten „Auge-und-Ohr" Rechtsprechung. War der Anlass hingegen nur dem Versicherer erkennbar, haftet dieser allein.[28]

---

[25] Vgl. ausführlich *Baumann/Sandkühler* B 9.2 S. 71 bis 89.
[26] OLG Hamm r+s 2011, 88; OLG Saarbrücken r+s 2011, 496; OLG München VersR 2014, 317; *Burmann/Heß/Höke/Stahl* Rn. 27.
[27] *Marlow/Spuhl* II 3f S. 28 und 29.
[28] Vgl. hierzu *Marlow/Spuhl* II 3a S. 23 sowie ausführlich *Werber* VersR 2007, 1153 ff.

4. Informationspflichten

34 Die neuen Informationspflichten spielen in der Praxis schon jetzt eine große Rolle. Während diese bisher in § 10a VAG sowie § 48b VVG aF zu finden waren, werden die Informationspflichten des Versicherers nunmehr für alle Versicherungsverträge einheitlich in § 7 VVG in Verbindung mit der VVG-InfoV zusammengefasst.

35 **a) Inhalt der Informationspflichten.**[29] Wie bisher umfasst die Informationspflicht die Vertragbestimmungen des Versicherers einschließlich der auf den Vertrag anwendbaren AKB. Die aufgrund § 7 Abs. 2 VVG erlassene VVG-Informationspflichtenverordnung ersetzt die bisherigen Verbraucherinformationen nach § 10a VAG. Damit besteht erstmals eine zivilrechtliche Pflicht der Versicherer, ihre Kunden gem. § 7 VVG rechtzeitig vor Abschluss des Vertrages umfassend zu unterrichten. Nach § 1 VVG-InfoV muss der Versicherer insgesamt 20 Informationen zu seinem Unternehmen, den angebotenen Leistungen, zum Vertrag und zum Rechtsweg in Streitfällen zur Verfügung stellen. Ist der VN ein Verbraucher iSd § 13 BGB muss der Versicherer nach § 4 VVG-InfO ferner ein **Produktinformationsblatt** zur Verfügung stellen, welches die für den Abschluss und die Erfüllung des Versicherungsvertrages besonders bedeutsamen Bestimmungen beinhaltet.[30] Die Informationspflicht ist nicht mehr wie im alten Recht auf Verbraucher beschränkt. Eine Ausnahme gilt für die Pflicht zur Übermittlung des Produktinformationsblattes, diese ist nur gegenüber Verbrauchern zu erfüllen. Die §§ 5 und 6 VVG-InfoV beinhalten weitere Informationspflichten bei telefonischer Kontaktaufnahme durch den Versicherer sowie während der Laufzeit des Versicherungsvertrags. Verpflichtet zur Information ist nur der Versicherer, nicht auch der Versicherungsvermittler oder -makler.

36 **b) Form, Zeitpunkt und Adressat.** Die Informationsunterlagen müssen in Textform gem. § 126b BGB ausgehändigt werden. Bei elektronischen Medien ist entscheidend, dass sie zur dauerhaften Wiedergabe geeignet sind. Ferner ist erforderlich, dass dem VN eine Kenntnisnahme in elektronischer Form zumutbar und möglich ist.

37 § 7 Abs. 1 VVG spricht von einer „rechtzeitigen" Information vor Vertragsschluss. Dies gilt auch für den Zeitpunkt der Annahmefiktion gemäß § 5 PflVG. Insoweit reicht es aus, dass der VN die Möglichkeit hat, vom Inhalt der Informationen vor dem Vertragsschluss Kenntnis zu nehmen. Positive Kenntnis ist nicht erforderlich. Wann das Kriterium der Rechtzeitigkeit im Einzelfall erfüllt ist, hängt von den konkreten Umständen wie etwa Art, Umfang, Verständlichkeit oder der Bedeutung des Versicherungsschutzes für den VN ab,[31] der grundsätzlich Adressat der Information ist. Wird der Versicherungsvertrag auf Verlangen des VN telefonisch oder unter Verwendung eines anderen Kommunikationsmittels geschlossen, das die Information in Textform vor der Vertragserklärung des VN nicht gestattet, muss die Information unverzüglich nach Vertragserklärung nachgeholt werden. Dies gilt auch, wenn der VN durch eine gesonderte schriftliche Erklärung auf eine Information vor Abgabe seiner Vertragserklärung ausdrücklich verzichtet.

38 **c) Verzicht.** § 7 Abs. 1 S. 3 VVG ermöglicht dem VN durch eine gesonderte schriftliche Erklärung auf eine Vorabinformation unter Einschluss der AKB vor Abgabe seiner Vertragserklärung zu verzichten. Die Information ist jedoch unverzüglich nach Vertragsschluss nachzuholen. Der Verzicht muss auf einem eigenen Dokument erklärt und kann nicht bloß in das Antragsformular mit aufgenommen werden. Gerade in der Kraftfahrtversicherung dürfte diese Möglichkeit häufig relevant werden, da viele Versicherungsvermittler nicht berechtigt sind, eine vorläufige Deckungszusage zu erteilen, wenn vom VN kein Antrag auf Abschluss eines Hauptvertrages gestellt wird, was wiederum ohne Vorabinformation nach § 7 Abs. 1 VVG nicht möglich ist.[32]

39 **d) Einbeziehung der AVB.** In § 7 Abs. 1 VVG sind die AVB ausdrücklich als zwingender Bestandteil der Vorabinformation des Versicherers genannt. Ihre Einbeziehung in den

---

[29] Vgl. ausführlich *Präve* VersR 2008, 151 ff.; *Werber* VersR 2007, 1153 ff.; *Schimikowski* r+s 2007, 133 ff.
[30] Zu Einzelheiten und Problemen vgl. *Maier/Stadler* Rn. 20 bis 22.
[31] Vgl. vertiefend *Schimikowski* r+s 2007, 133, 134 ff.; *Baumann/Sandkühler* B 1.4.3, S. 44 bis 46.
[32] *Maier/Stadler* Rn. 27.

Versicherungsvertrag erfolgt nach den allgemeinen Vorschriften der §§ 305 ff. BGB. Gem. § 305 Abs. 2 BGB werden sie nur dann Vertragbestandteil, wenn der Versicherer ausdrücklich auf sie hingewiesen hat und der VN die Möglichkeit hatte, vom Inhalt Kenntnis zu nehmen.

aa) Anpassung der AVB bei Altverträgen. Nach Ablauf der Übergangsfrist des Art. 1 Abs. 1 EGVVG für Altverträge am 31.12.2008,[33] trifft das neue VVG auf die in den Verträgen noch weiterhin geltenden alten AVB. Sofern diese mit dem neuen Recht – etwa wegen § 307 Abs. 2 BGB oder Verstoßes gegen halbzwingende Vorschriften – nicht vereinbar sind, werden sie unwirksam und an ihre Stelle tritt gem. § 306 Abs. 2 VVG geltendes Recht. Nach Art. 1 Abs. 2 EGVVG hatten die Versicherer jedoch die Möglichkeit, ihre Bedingungswerke einseitig ohne Zustimmung des VN bis zum 1.1.2009 an das neue VVG anzupassen soweit sie von dem neuen VVG abweichen. Erforderlich ist allerdings, dass dem VN die Unterschiede der geänderten Bedingungen spätestens einen Monat zuvor kenntlich gemacht worden sind.

bb) Anwendung der AVB. Die AVB – wie auch die AKB für die Kraftfahrtversicherung – unterliegen der Kontrolle nach den Vorschriften der §§ 307 ff. BGB. Aufgrund des Wegfalls des Genehmigungsvorbehaltes im Jahre 1994 sind Versicherungsbedingungen, insbesondere Leistungsvoraussetzungen und Leistungsumfang, in den AVB unterschiedlich gestaltet. Dies bringt es mit sich, dass die Rechtsprechung in zunehmendem Maße mit der Inhaltskontrolle der AVB befasst wird. Die Überprüfung bezieht sich ua auf die Frage, ob der Versicherungsschutz bestimmte Schäden in die Leistungspflicht einschließt. Unzulässig ist es, dass in solchen Fällen der jeweilige Tarif den Deckungsschutz doch wieder deutlich begrenzt.[34]

cc) Auslegung der AVB. Bei der Auslegung von AVB ist eine wichtige Frage, wie der Maßstab der AGB-Kontrolle zu definieren ist, und zwar im Hinblick auf das Verständnis des durchschnittlichen VN. Es ist zu fragen, wie ein durchschnittlicher VN ohne versicherungsrechtliche Spezialkenntnisse die jeweilige Klausel bei aufmerksamer Durchsicht und Berücksichtigung des erkennbaren Sinnzusammenhangs versteht.[35] Hierbei ist zunächst vom Wortlaut auszugehen. Die Entstehungsgeschichte der Regelung hat bei der Auslegung außer Betracht zu bleiben, weil der VN diese regelmäßig nicht kennt. Versicherungswirtschaftliche Überlegungen können nur insoweit Berücksichtigung finden, wie sie sich für den verständigen, durchschnittlichen VN aus dem Wortlaut der Bedingungen unmittelbar erschließen.[36] Für das Verständnis der AVB gilt vordergründig, dass sie mit dem Inhalt verstanden werden, den ihnen die Rechtsprechung beimisst. Gehört hingegen der Rechtsbegriff gleichzeitig zur allgemeinen Sprache, bleibt es bei der Auslegung nach dem Verständnis eines durchschnittlichen VN, weil dieser sich in diesen Fällen typischerweise keinen Rechtsrat holt.[37]

e) *Rechtsfolgen bei Verletzung von Informationspflichten.* Erteilt der Versicherer die Verbraucherinformation nicht, unvollständig oder nicht rechtzeitig, so hat dies zunächst nur zur Folge, dass ein Einschreiten der BaFin nach § 81 VAG möglich ist. Da auch der neue § 7 VVG keine Sanktion beinhaltet, gilt weiterhin, dass Verträge, die unter Verstoß gegen die Informationspflichten des Versicherers geschlossen werden, wirksam bleiben. Allerdings kann die Verletzung der Informationspflicht folgende Konsequenzen haben:
- Gem. § 8 Abs. 2 VVG kann dem VN bei fehlendem oder unvollständigem Zugang ein „ewiges" Widerrufsrecht zustehen.
- Bei nicht rechtzeitigem Zugang iSd § 7 Abs. 1 VVG ist fraglich, ob die AVB überhaupt Vertragbestandteil werden, da gem. § 305 Abs. 2 BGB vom gesetzlichen Leitbild abgewichen wurde.[38]

---

[33] Vgl. Rn. 2.
[34] Vgl. ausführlich MAH Versicherungsrecht/*Terbille* § 1 Rn. 44 mwN aus Rspr. und Lit.; vgl. auch *Terno* r+s 2004, 45 ff.
[35] BGH NVersZ 2002, 64.
[36] BGHZ 123, 83.
[37] MAH Versicherungsrecht/*Terbille* § 1 Rn. 45.
[38] *Baumann/Sandkühler* B 1.4.5.

- Schließlich können Schadensersatzansprüche nach §§ 311 Abs. 2 Nr. 1, 280 Abs. 1 BGB in Betracht kommen.

5. Das Widerrufsrecht nach §§ 8, 9 VVG

44 Nach § 8 Abs. 1 VVG hat der VN die ihm nach altem Recht zuvor nur eingeschränkt gegebene Möglichkeit, jede Vertragserklärung innerhalb von zwei Wochen ohne Angabe von Gründen in Textform zu widerrufen. Damit ist ein einheitliches und grundsätzliches Widerrufsrecht geschaffen worden, welches die früher an verschiedenen Stellen im VVG geregelten Lösungsrechte ersetzt.[39] In den von § 8 Abs. 3 VVG genannten Fällen ist ein Widerruf jedoch ausgeschlossen. Für die Kraftfahrtversicherung bedeutsam ist dabei insbesondere § 8 Abs. 3 Nr. 2 VVG – kein Widerrufsrecht in Fällen vorläufiger Deckungszusage[40] sowie bei Fernabsatzverträgen.[41]

45 **a) Beginn der Widerrufsfrist.** Nach § 8 Abs. 2 VVG beginnt die Widerrufsfrist einheitlich dann, wenn der VN – kumulativ – den Versicherungsschein, sämtliche Informationen iSd § 7 VVG sowie eine den Anforderungen des § 8 Abs. 2 Nr. 2 VVG iVm § 1 Abs 1 Ziff. 13 VVG-InfoV entsprechende **Belehrung** in Textform erhalten hat. Den Zugang der Unterlagen hat der Versicherer nach § 8 Abs. 2 S. 3 VVG zu beweisen. Eine wirksame Belehrung setzt voraus, dass auf die vorgeschriebene Form des Widerspruchs (hier: Textform), seine Rechtsfolgen und darauf hingewiesen wird, dass die rechtzeitige Absendung des Widerspruchs die Frist wahrt. Ferner bedarf es einer deutlich hervorgehobenen und gestalteten Form. Eine drucktechnisch deutliche Form wie nach § 5a Abs. 2 Satz 1 VVG aF ist zwar nicht mehr gefordert. Durch ihren Standort in den Gesamtunterlagen und ihre äußere Gestaltung muss die Belehrung jedoch ohne weiteres erkennbar sein. Die schlichte Einbindung in ein Konvolut von Vertragsunterlagen reicht nicht.[42]

46 **b) „Ewiges" Widerrufsrecht.** Werden die nach § 7 VVG erforderlichen Informationen nicht oder nur unvollständig übersandt, steht dem VN nach dem Gesetz ein unbefristetes Widerrufsrecht zu, das bei großer zeitlicher Diskrepanz zwischen Vertragsbeginn und Ausübung des Widerrufsrecht allenfalls unter dem Gesichtspunkt der Verwirkung nach § 242 BGB entfallen kann. Auch eine fehlende oder falsche Belehrung führt zu einem „ewigen" Widerrufsrecht.[43]

47 **c) Rechtsfolgen des Widerrufs.** Beginnt der Versicherungsschutz wie insbesondere in den Fällen des „ewigen" Widerrufsrechts vor dem Ende der Widerrufsfrist, richten sich die Rechtsfolgen nach § 9 VVG,[44] ansonsten nach den allgemeinen Vorschriften der §§ 357, 346 ff. BGB. In beiden Fällen gilt, dass anders als im Policenmodell des § 5a VVG aF die Vertragserklärung und damit auch der Vertrag – schwebend – wirksam bleibt.[45]

48 Nach § 9 S. 1 VVG sind dem VN zunächst nur seine für die Zeit nach dem Zugang des Widerrufs bezahlten Prämien zurück zu erstatten. War auch die Widerrufsbelehrung nicht ordnungsgemäß, muss der Versicherer nach § 9 S. 2 VVG zusätzlich die für das erste Jahr gezahlten Prämien zurückzahlen, es sei denn, der VN hat Leistungen aus dem Versicherungsvertrag in Anspruch genommen.[46] Bereits erbrachte Leistungen des Versicherers muss der VN nicht zurückgewähren.

49 Beginnt der Versicherungsschutz erst nach dem Ende der Widerrufsfrist, sind gem. §§ 357, 346 ff. BGB alle gezahlten Prämien zurückzuzahlen und vom Versicherer erbrachte Versicherungsleistungen zurückzugewähren. Es kommt zu einer Rückabwicklung des Vertragsverhältnisses mit Wirkung ex-tunc.

---

[39] § 5a Abs. 1 S. 1 VVG aF – vgl. hierzu die Vorauflage § 40 Rn. 7–112, § 8 Abs. 4, 5 VVG aF, § 48c VVG aF.
[40] Zu weiteren Einzelheiten bei vorläufiger Deckungszusage s. Rn. 84 bis 96.
[41] Vgl. kritisch hierzu *Maier* r+s 2006, 485, 488.
[42] BGH VersR 2004, 497 = r+s 2004, 271.
[43] *Marlow/Spuhl* II 4 b.
[44] Vgl. ausführlich zu § 9 VVG *Wandt/Ganster* VersR 2008, 425 ff.
[45] Prölss/Martin/*Prölss* § 8 VVG Rn. 6.
[46] Zur Frage, ob ggfls. hinsichtlich der weiteren Prämien ein Schadensersatzanspruch des VN in Betracht kommt vgl. *Marlow/Spuhl* II 4d aa, *Funck* VersR 2008, 163 ff.

6. Anfechtung, Rücktritt, Kündigung

Auf den Versicherungsvertrag finden die allgemeinen zivilrechtlichen Regelungen über Anfechtung, Rücktritt und Kündigung Anwendung. Diese Möglichkeiten bestehen neben dem speziell geregelten Widerrufsrecht nach § 8 VVG.

a) **Anfechtung.** Für die Möglichkeit der Anfechtung gelten die §§ 119 ff. BGB. Zu unterscheiden ist zwischen dem Anfechtungsrecht des VN und dem des Versicherers. Dem VN steht ein uneingeschränktes Anfechtungsrecht gemäß §§ 119 ff. und § 123 BGB zu. Hat dabei etwa ein Versicherungsvertreter den VN arglistig getäuscht, ist dieser kein Dritter nach § 123 Abs. 2 S. 1 BGB, so dass die Täuschung dem Versicherer nach § 70 VVG zugerechnet wird. Der Versicherer hingegen kann den Versicherungsvertrag wegen Irrtums über gefahrerhebliche Umstände nicht nach § 119 Abs. 2 BGB anfechten, da die Vorschriften über die vorvertragliche Anzeigepflicht als gesetzliche Sonderregelungen vorgehen. Die Anfechtung wegen arglistiger Täuschung bleibt nach § 22 VVG iVm § 123 BGB möglich. Für eine Anfechtung nach § 119 BGB muss der Versicherer substantiiert darlegen und beweisen, dass sein Irrtum keine gefahrerheblichen Umstände betrifft.[47] Die Rechtsfolge der Anfechtung ist in jedem Fall die gem. § 142 Abs. 1 BGB rückwirkende Unwirksamkeit des Vertrages und Rückabwicklung erbrachter Leistungen nach §§ 812 ff. BGB.

b) **Rücktritt.** Der Rücktritt führt ebenfalls rückwirkend – ex tunc – zu einer Beendigung des Versicherungsvertrages und die beiderseits empfangenen Leistungen sind nach den Vorschriften der §§ 346 ff. BGB zurückzugewähren. Ein Rücktrittsrecht räumt das VVG nur dem Versicherer und nicht dem VN ein. Nach § 37 Abs. 1 VVG kann der Versicherer zurücktreten, wenn und solange der VN die Erstprämie schuldhaft nicht gezahlt hat. § 19 Abs. 2 und 3 VVG normieren ein Rücktrittsrecht bei vorsätzlicher oder grob fahrlässiger Verletzung der vorvertraglichen Anzeigepflicht. Nach § 29 VVG ist u. U. nur ein Teilrücktritt möglich.

c) **Kündigung.** Die Kündigung, die sowohl für den Versicherer als auch für den VN möglich ist, wirkt nur bezogen auf den Kündigungszeitpunkt mit Wirkung für die Zukunft (ex nunc). Zu unterscheiden ist die ordentliche und die außerordentliche Kündigung. Erstere kann nur bei Einhaltung einer Kündigungsfrist, letztere nur bei Vorliegen eines Kündigungsgrundes wirksam erklärt werden.

Auf unbestimmte Zeit eingegangene Versicherungsverhältnisse können von beiden Seiten gem. § 11 Abs. 2 und 3 VVG nur für den Schluss der laufenden Versicherungsperiode – ordentlich – gekündigt werden, wobei die Kündigungsfrist nicht weniger als ein und nicht mehr als drei Monate betragen darf. Dauerhafte Versicherungsverhältnisse sind in der Kraftfahrzeugversicherung nicht üblich. Hier werden die Verträge regelmäßig nur für ein Jahr geschlossen, wobei sich in den AKB typischerweise Verlängerungsklauseln wie etwa in G.1.2 befinden, nach denen sich der Versicherungsvertrag um ein Jahr verlängert, wenn nicht spätestens einen Monat vor Ablauf der Versicherungsperiode eine Kündigung erteilt wird.[48] Nach G.2.3 AKB kann der Vertrag ebenfalls binnen Monatsfrist nach Eintritt eines Versicherungsfalls gekündigt werden.

Ein außerordentliches Kündigungsrecht steht dem Versicherer im Fall
- der Obliegenheitsverletzung, § 28 Abs. 1 VVG
- der Gefahrerhöhung, § 24 Abs. 1 VVG
- des Zahlungsverzugs mit der Folgeprämie, § 38 Abs. 3 VVG
- der Veräußerung des versicherten Gegenstandes, § 96 Abs. 1 VVG
- sowie im Fall positiver Vertragsverletzungen durch den VN[49] zu.

Der VN kann bei
- Teilkündigung durch den Versicherer nach § 29 VVG, § 29 Abs. 2 VVG
- Übergang des Versicherungsvertrages auf den Erwerber der versicherten Sache, § 96 Abs. 2 VVG

---

[47] BGH r+s 1995, 167 = VersR 1995, 457.
[48] Vgl. § 5 Abs. 5 S. 2 PflVG; G.2.1 AKB 2008.
[49] BGH VersR 1972, 917; *Deutsch* Rn. 100.

- Prämienerhöhung, § 40 Abs. 1 VVG
- positiver Vertragsverletzung durch den Versicherer[50]
- sowie finanzieller Unsicherheit des Versicherers[51] fristlos kündigen.

56 Zu beachten ist jedoch, dass bei erklärten Kündigungen eine Vielzahl von Umständen zur Unwirksamkeit der Kündigung führen kann. Dies können Mängel in der Person des Erklärenden, Mängel in der Kündigungserklärung, und zwar speziell hinsichtlich Form und Frist, sowie Mängel bei den Kündigungsvoraussetzungen sein. Letzteres kommt dann in Betracht, wenn das in Anspruch genommene Kündigungsrecht nicht existiert bzw. für das Vertragsverhältnis weder vorgesehen noch tatbestandsmäßig erfüllt ist.[52]

57 Im Übrigen ist zu beachten, dass eine unwirksame Kündigung des VN nach dem Rechtsgedanken des § 242 BGB wirksam wird, wenn der Versicherer eine solche Kündigung nicht unverzüglich zurückweist und über den Mangel belehrt.[53] Antwortet der Versicherer auf eine unwirksame Kündigung des VN mit einem rechtzeitigen Zwischenbescheid, wird die unwirksame Kündigung nicht wirksam, wenn der Versicherer die Kündigung später zurückweist.[54]

7. Divergenz zwischen Antrag und Versicherungsschein

58 Bei Abweichungen der Police vom Antrag ist der VN durch § 5 VVG geschützt. Gem. § 5 Abs. 2 VVG muss der Versicherer den VN sowohl auf die Abweichungen als auch darauf hinweisen, dass der Vertrag mit den Änderungen nur dann zustande kommt, wenn der VN nicht binnen eines Monats nach dem Zugang der Unterlagen den Abweichungen in Textform widerspricht. Fehlt dieser Hinweis, wird der Vertrag nach den ursprünglichen Angaben im Antragsformular des VN geschlossen. Hierbei genügt auch der Hinweis auf einem gesonderten Blatt, das der Police beigeheftet ist.[55] Jedoch genügt ein vorangestellter, durch Sternchen kenntlich gemachter Hinweis nicht.[56]

8. Tarifierungsmerkmale

59 Unter Tarifierungsmerkmalen versteht man die vom Versicherer zur Berechnung seiner verschiedenen Prämientarife – frei – verwendeten Unterscheidungs- und Abgrenzungskriterien. In keiner anderen Versicherungssparte wie der Kraftfahrtversicherung gibt es ein ähnlich umfangreiches Tarifierungssystem mit Einteilung in zB Garagen-, Wenigfahrer-, Singlebonus-, Frauentarifen, Typenklassen, Regionalklassen, Berufsgruppen … etc. In den Anhänge 1 bis 6 zu den AKB 2008 werden die gebräuchlichsten Einteilungen genannt, die jedoch von Versicherer zu Versicherer voneinander abweichen können. Verzichtet der Versicherer auf die Anhänge, müssen die Tarifmerkmale mit dem VN im Antrag und Versicherungsschein konkret vereinbart werden.[57]

9. Grenzüberschreitende Versicherungsverträge

60 a) *Allgemeines und Problemstellung.* Ein wichtiger Bereich und wichtiger Teil des Programms der Europäischen Union zur Vollendung des einheitlichen Marktes ohne Binnengrenzen war auch die Lösung der privaten Versicherungswirtschaft aus den nationalen Beschränkungen der Mitgliedsstaaten. Dies gilt insbesondere auch für den Bereich der Kraftfahrtversicherung. Hier ist insbesondere wichtig die wachsende grenzüberschreitende Mobilität des Verkehrs zum einen und zum anderen das Angebot von Versicherungen im

---

[50] BGH VersR 1972, 970.
[51] *Deutsch* Rn. 99.
[52] Vgl. ausführlich *Leverenz* VersR 1999, 525 ff.; zur Fristgebundenheit (Trunkenheitsklausel) OLG Köln r+s 2000, 227.
[53] OLG Hamm VersR 1977, 999.
[54] Versicherungsombudsmann E v. 19.12.2002 – 3430/2002-K, zfs 2003, 407.
[55] OLG Saarbrücken r+s 1993, 324.
[56] OLG Köln r+s 1995, 283; vgl. auch *van Bühren* § 1 Rn. 43.
[57] Nach der früher vom GDV unverbindlich empfohlenen Fassung der Tarifbestimmungen (HUK-TB) waren Sondertarife für bestimmte Personenkreise sowie Prämien nach Art und Verwendung des Fahrzeuges möglich. Die Wirksamkeit dieser Bedingungen war zweifelhaft vgl. *Knappmann* VersR 1996, 401, 407.

Dienstleistungsverkehr, also grenzüberschreitend speziell für den Bereich der Kraftfahrtversicherung. Es kann festgestellt werden, dass zwischenzeitlich über die nationalen Grenzen hinaus Versicherungsverträge „europäisch" angeboten und nachgefragt werden.[58]

Das Internationale Versicherungsprivatrecht ist Bestandteil des Internationalen Privatrechtes (IPR). Nach diesen Bestimmungen wird geregelt, welche materielle Rechtsordnung auf ein Versicherungsverhältnis mit Auslandsberührung anwendbar ist. Das deutsche Internationale Versicherungsprivatrecht wurde seit 1986 schrittweise kodifiziert. Mit der Umsetzung eines EWG-Übereinkommens und mehrerer EG-Richtlinien in verschiedene deutsche Gesetze ist ein kompliziertes, unübersichtliches Nebeneinander von Rechtsquellen entstanden. Für die Bestimmung des anwendbaren Rechts bei Versicherungsverträgen mit Auslandsberührung sind inzwischen 3 Rechtsquellen maßgebend, nämlich

- das früher allgemein geltende Gewohnheitsrecht,
- teils die Art. 27–37 nF EGBGB sowie
- die teils davon in wesentlichen Punkten abweichenden Art. 7–15 EGVVG.

Auf die vor In-Kraft-Treten der IPR-Reform am 1.9.1986 geschlossenen Verträge sind weiterhin die hergebrachten ungeschriebenen Rechtsgrundsätze anzuwenden. Dies ergibt sich aus Art. 220 Abs. 1 EGBGB. Hiernach gilt das alte IPR weiter für „abgeschlossene" Vorgänge.[59]

Die Regelungen der EU zielen darauf ab, das Internationale Privatrecht der Versicherungsverträge in gewissem Maße zu vereinheitlichen, also harmonisierte Regeln zu schaffen, aus denen sich ergibt, welchem nationalen Recht grenzüberschreitende Versicherungsverträge unterliegen. Dies bezieht sich grundsätzlich nur auf Versicherungsverträge, bei denen das versicherte Risiko im Gebiet der Europäischen Union bzw. des Europäischen Wirtschaftsraumes belegen ist. Diese Kollisionsnormen gelten also nicht für Verträge über Risiken, die im Sinne dieses europäischen IPR zB in den USA oder in der Schweiz zu lokalisieren sind.[60] Es ist davon auszugehen, dass grundsätzlich in Deutschland jetzt als Spezialmaterie gelten die Art. 7–15 des Einführungsgesetzes zum Versicherungsvertragsgesetz (EGVVG). Hierbei handelt es sich um ein außerordentlich kompliziertes, auf verschiedenen und sich gegenseitig teilweise widersprechenden Grundregeln beruhendes Rechtssystem, das zusätzlich von zahlreichen Ausnahmen durchlöchert ist.

Für den Anwalt und speziell den im Verkehrsrecht tätigen Anwalt ist diese Materie bei weitem nicht etwa nur Exotik oder Spielplatz für esoterische Spezialisten, sondern kann – was nahe liegend ist – bei der Beurteilung von Versicherungsverträgen und Rechten aus solchen Verträgen, die grenzüberschreitend sind, ein schwieriges Beratungsthema darstellen.[61]

b) Das auf Versicherungsverträge nach IPR anwendbare Recht. Nachfolgend werden die wichtigsten Aspekte zur Bestimmung des nach IPR auf Versicherungsverträge anwendbaren Rechtes behandelt.

aa) Freie Rechtswahl. Nach Art. 27 EGBGB ist vorrangig die freie – ausdrückliche oder konkludente – Rechtswahl. Jedoch sind für eine stillschweigende Rechtswahl stets konkrete Anhaltspunkte erforderlich. Solche Anhaltspunkte können sich aus dem Vertragsinhalt ergeben, zB Regelungen zu Gerichtsstand- oder Schiedsklauseln sowie die Vereinbarung eines gemeinsamen Erfüllungsortes oder die Bestimmung der Währung für Prämien und Versicherungsleistungen.

bb) Rechtswahl aufgrund der engsten Verbindungen. Gemäß Art. 28 Abs. 1 EGBGB ist mangels einer Rechtswahl der Vertragsparteien festgelegt, dass maßgebend ist das Recht des

---

[58] Vgl. hierzu im Einzelnen *Lübbert/Vogl* r+s 2000, 265 ff. (Teil I) und r+s 2000, 311 ff. (Teil II) = Forum Versicherungsrecht 2000, 6 ff. (Teil I) sowie Forum Versicherungsrecht 2000, 33 ff. (Teil II).
[59] Vgl. hierzu sowie zur Rechtsanwendung generell *Prölss/Martin/Prölss/Armbrüster* EGVVG Vor Art. 7 Rn. 4 und 5.
[60] *Lübbert/Vogl* r+s 2000, 265 ff. (Teil I) und r+s 2000, 311 ff. (Teil II) = Forum Versicherungsrecht 2000, 6 ff. (Teil I) sowie Forum Versicherungsrecht 2000, 33 ff. (Teil II).
[61] Vgl. hierzu *Lübbert/Vogel* r+s 2000, 265 ff. mit dem Hinweis, dass das IPR der Versicherungsverträge zumindest für die Mitglieder der DAV Arbeitsgemeinschaft Versicherungsrecht Pflichtstoff von zentraler Bedeutung ist und immer mehr eine Art „tägliches Brot" wird.

Staates, zu dem der Vertrag die engsten Verbindungen hat. Gemäß Art. 28 Abs. 2 S. 1 EGBGB wird vermutet, dass dies der Sitzstaat derjenigen Partei ist, die die vertragscharakteristische Leistung erbringt. Hierzu werden zwei Theorien vertreten, nämlich die Gefahrtragungstheorie sowie die modifizierte Geldleistungstheorie. Die Vermutung des Art. 28 Abs. 2 EGBGB wird nicht schon dadurch widerlegt, dass der VN bei Vertragsschluss mit einem ausländischen Versicherer einen deutschen Versicherungsmakler als Beauftragten einschaltet.[62]

66 *cc) Verbraucherschutzklausel.* Art. 29 EGBGB enthält eine Verbraucherschutzklausel. Nach Art. 29 Abs. 1 EGBGB sind im Falle einer Rechtswahl zwingende Vorschriften des Aufenthaltsrechtes zu beachten. Im deutschen Recht fallen hierunter die absolut und die halb zwingenden Regelungen des VVG.[63]

67 *dd) Eingriffsnormen.* Art. 34 EGBGB bestimmt, dass diejenigen zwingenden Vorschriften des deutschen Rechtes zur Anwendung kommen, die als derart bedeutsam anzusehen sind, dass sie das Schuldvertragsstatut überlagern.[64] Erfasst werden hierdurch allein die für das Versicherungsverhältnis der Vertragspartner schlechthin grundlegenden Regeln.

68 *ee) Anwendbares Recht und Kollisionsnormen.* In Art. 35 Abs. 1 EGBGB ist geregelt, dass – abweichend vom Grundsatz der Gesamtverweisung nach Art. 4 Abs. 1 EGBGB – die Art. 27, 28 EGBGB unmittelbar das anwendbare materielle Recht bestimmen, also nicht zugleich auf die Kollisionsnormen der berufenen Rechtsordnung verweisen.[65]

69 c) **Direktversicherungsverträge.** Auf Direktversicherungsverträge kommen vorrangig die Art. 7–15 EGVVG zur Anwendung. Hiernach gilt Folgendes:
In dem Fall, in dem der Staat, in dem der VN seinen gewöhnlichen Aufenthalt bzw. seine Hauptniederlassung hat, zugleich der Staat der Risikobelegenheit ist, gilt gemäß Art. 7 Abs. 2, 8 EGVVG dessen Recht. Ist jedoch der Staat der Risikobelegenheit ein anderer als der Wohnsitz- oder Niederlassungsstaat, so besteht eine eingeschränkte Rechtswahlfreiheit nach Maßgabe des Art. 9 EGVVG. Kommt keine der beiden vorgenannten möglichen Rechtswahlen in Betracht, gilt das Recht des Staates, mit dem der Versicherungsvertrag die engsten Verbindungen hat. Als solcher wird gemäß Art. 11 EGVVG der Staat vermutet, in dem das Risiko belegen ist.[66]

70 Bei der Fahrzeugversicherung ist nach Art. 7 Abs. 2 Ziff. 2 EGVVG der Zulassungsstaat maßgebend. Hierfür ist entscheidend, dass nicht ein Statutenwechsel eintreten soll, wenn mit dem Kraftfahrzeug eine Grenze passiert wird. Die vorzitierte gesetzliche Regelung gilt nur für zulassungspflichtige Fahrzeuge. Die Kraftfahrzeugversicherung, die Kraftfahrzeug-Haftpflichtversicherung sowie die Kraftfahrtunfallversicherung sind die wichtigsten Anwendungsbereiche des Art. 7 Abs. 2 Ziff. 2 EGVVG.

71 Eine Besonderheit gilt für **Reisen und Ferien**. Bei der Absicherung von Reisen und Ferien bis zu einer 4-monatigen Dauer ist gemäß Art. 7 Abs. 1 Ziff. 3 EGVVG das Recht des Staates anzuwenden, in dem die zum Abschluss des Vertrages erforderlichen Rechtshandlungen vorgenommen wurden. Andererseits ist zu beachten, dass der Abschlussort in den verschiedenen Rechtsordnungen unterschiedlich definiert wird.[67]

10. Kaskoversicherung bei Leasingfahrzeugen

72 Beim Abschluss einer Fahrzeugversicherung für ein geleastes Fahrzeug sind Besonderheiten zu beachten.[68] Bei sog. Finanzierungsleasing ist der Leasinggeber Eigentümer und Versicherter, während der Leasingnehmer Versicherungsnehmer (VN), Halter und Besitzer

---

[62] Vgl. hierzu ausführlich Prölss/Martin/*Prölss/Armbrüster* EGVVG Vor Art. 7 Rn. 17 ff.
[63] Vgl. hierzu die Aufstellung bei Prölss/Martin/*Armbrüster* Vorb. Art. 7 Rn. 23.
[64] Vgl. hierzu auch Palandt/*Thorn* Art. 6 EGBGB Rn. 4.
[65] Prölss/Martin/*Prölss/Armbrüster* EGVVG Vor Art. 7 Rn. 29.
[66] Prölss/Martin/*Prölss/Armbrüster* EGVVG Vor Art. 7 Rn. 38.
[67] Vgl. hierzu und mit Beispielen *Lübbert/Vogl* r+s 2000, 265 ff. (Teil I) und r+s 2000, 311 ff. (Teil II) = Forum Versicherungsrecht 2000, 6 ff. (Teil I) sowie Forum Versicherungsrecht 2000, 33 ff. (Teil II).
[68] *Benthäuser* DAR 2006, 429 ff.; *Weber* NJW 2005, 2195 ff.

IV. Die Pflicht zur Prämienzahlung

1. Allgemeines

Die Pflicht zur Zahlung der Prämie ist gemäß § 1 Abs. 1 Abs. S. 2 VVG die vertragliche Hauptleistungspflicht des VN. Bis auf die Fälle einer mit dem Versicherer ausdrücklich vereinbarten Stundung oder vorläufigen Deckungszusage ist der VN im Verhältnis zur Leistungspflicht des Versicherers vorleistungspflichtig. Bei der Erfüllung seiner Prämienschuld kann sich der VN gem. § 267 BGB beliebiger Dritter bedienen, deren Zahlung der Versicherer in den Fällen des § 34 Abs. 1 VVG nicht nach § 267 Abs. 2 BGB zurückweisen kann. Als Versicherung für fremde Rechnung gilt dies auch für die Kraftfahrtversicherung. Nach § 35 VVG kann der Versicherer den Betrag einer fälligen Prämienforderung gegen Forderungen des VN oder eines Dritten aus dem Versicherungsvertrag aufrechnen. Die gilt in der Kraftfahrtversicherung regelmäßig jedoch nur für die Kaskoversicherung, da es bei der Kfz-Haftpflichtversicherung an der Gleichartigkeit der beiden Leistungsverpflichtungen fehlt; Geldzahlungsanspruch des Versicherers gegenüber Befreiungsanspruch des VN. Etwas anderes gilt, wenn der VN den Geschädigten erlaubterweise entschädigt hat. 73

2. Erst- und Folgeprämie

Zu unterscheiden ist zwischen Erst- und Folgeprämie. Die Erstprämie setzt den materiellen Versicherungsschutz in Gang. Unter „Erstprämie" ist zeitlich die erste Jahresprämie bei Verträgen über mehrjährige Laufzeiten zu verstehen. Bei vereinbarter Ratenzahlung ist die erste Rate einer Jahresprämie die Erstprämie. Alle anderen Raten sind Folgeprämien. Hatte der VN schon Versicherungsschutz, etwa aufgrund der Zusage vorläufiger Deckung, so bleibt es bei der Behandlung als Erstprämie und der grundsätzlichen Anwendung des § 37 VVG.[70] 74

Nach § 33 Abs. 1 VVG ist die Erstprämie zwei Wochen nach Zugang des Versicherungsscheins fällig. Nach C.1.1 AKB wird dem VN in der Kraftfahrtversicherung im Anschluss eine weitere zweiwöchige Karenzzeit eingeräumt. Voraussetzung ist jedoch, dass der VN die Höhe der Prämie, die er selbst nicht berechnen kann, kennt. Sie kann sich auch aus dem Versicherungsschein ergeben. Eine ordnungsgemäß Anforderung der Erstprämie liegt nur dann vor, wenn in ihr mit zutreffender Bezifferung und richtiger Kennzeichnung derjenige Betrag ausgewiesen ist, den der VN aufwenden muss, um den Versicherungsschutz zu erlangen oder bei vorläufiger Deckung aufrecht zu erhalten. Der angeforderte Betrag muss richtig sein. Im Lastschriftverfahren muss bei mehreren Erstprämien, Folgeprämien oder Rückständen je eine gesonderte Lastschrift ausgestellt sein, weil der VN einer Lastschrift nur einheitlich widersprechen kann. 75

Die Folgeprämien sind gem. C.2.1 AKB zu den im Versicherungsschein oder in der Beitragrechnung angegebenen Zeitpunkten fällig. Die Prämienansprüche des Versicherers verjähren nach den allgemeinen Vorschriften der §§ 194ff. BGB in drei Jahren. 76

Der VN muss Erfüllung der Prämienzahlung beweisen. Dies gilt auch, wenn der Versicherer aus der Nichtzahlung Rechte nach §§ 37, 38 VVG herleitet.[71] 77

3. Rechtsfolgen bei verspäteter Zahlung der Erstprämie

Wird die Erstprämie nicht rechtzeitig gezahlt[72] ist der Versicherer gem. § 37 VVG zum Rücktritt berechtigt und von seiner Leistungspflicht befreit. Für die Rechtzeitigkeit der Zah- 78

---

[69] Zu weiteren Besonderheiten bei Leasingfahrzeugen vgl. *Rischar* NZV 1998, 59f.
[70] *Römer/Langheid* VVG § 37 Rn. 3.
[71] *Römer/Langheid* VVG § 36 Rn. 4.
[72] Vgl. *Marlow/Spuhl* VI 2a S. 116: Trotz der Überschrift zu 38 VVG ist Verzug nicht erforderlich.

lung kommt es nicht auf den Zeitpunkt der Tilgung an. Entscheidend ist, wann der VN die Zahlung der Prämie bewirkt hat. Rechtzeitigkeit iSv § 37 Abs. 2 VVG erfordert, dass die Prämie vor Eintritt des Versicherungsfalles gezahlt ist. Zurücktreten oder sich auf seine Leistungsfreiheit berufen kann der Versicherer jedoch nur, wenn dem VN nicht der Nachweis gelingt, die Zahlung schuldlos verspätet geleistet zu haben. Leistungsfreiheit setzt nach § 37 Abs. 2 S. 2 VVG zusätzlich voraus, dass der Versicherer den VN durch gesonderte Mitteilung in Schriftform oder durch auffälligen Hinweis im Versicherungsschein auf die Folgen verspäteter Zahlung aufmerksam gemacht hat. Grundsätzlich hat der VN nicht rechtzeitig gezahlt, wenn er nur Teilleistungen auf die Erstprämie erbracht hat.[73] Bei ganz geringfügigen Ausständen ist es dem Versicherer jedoch nach Treu und Glauben gem. § 242 BGB untersagt, sich auf Leistungsfreiheit zu berufen.[74]

4. Rechtsfolgen bei verspäteter Zahlung der Folgeprämie

79   Bei verspäteter Zahlung einer Folgeprämie bleibt der Versicherungsschutz zunächst erhalten. Leistungsfreiheit und Kündigungsmöglichkeit des Versicherers treten gem. § 38 VVG erst nach qualifizierter Mahnung und anschließenden Verzug des VN ein. Nach § 38 Abs. 1 VVG kann der Versicherer den VN mit einer Zahlungsfrist von mindestens 2 Wochen zum Ausgleich der Folgeprämie anmahnen. Die Mahnung muss jedoch den Hinweis auf die Rechtsfolgen des Prämienverzuges enthalten und insbesondere den Prämienrückstand zutreffend angeben. Selbst wenn nur wenige Cent zu viel gefordert werden, soll die qualifizierte Mahnung unwirksam sein.[75] Den Beweis für den Zugang der Mahnung hat der Versicherer zu führen.[76]

> **Praxistipp:**
> Dem Versicherer kommen Beweiserleichterungen nicht zu, weil der Versicherer die Möglichkeit hat, statt eines einfachen Briefes die Mahnung durch Einschreiben mit Rückschein zu versehen.[77]

80   Ferner muss der VN gleichzeitig über die Rechtsfolgen belehrt werden, die mit dem Fristablauf nach § 38 Abs. 2 und 3 VVG verbunden sind. Fehlt es an einer ordnungsgemäßen Belehrung, ist die Mahnung unwirksam mit der Folge, dass sich der Versicherer schon deshalb nicht auf die Leistungsfreiheit berufen kann.[78]

81   Ist der VN nach Ablauf der Zahlungsfrist in Verzug, tritt hinsichtlich späterer Versicherungsfälle gem. § 38 Abs. 2 VVG Leistungsfreiheit des Versicherers ein. Darüber hinaus kann er unter den Voraussetzungen des § 38 Abs. 3 VVG fristlos kündigen. Nach § 38 Abs. 3 S. 3 VVG kann der VN durch Nachzahlung der Folgeprämie binnen Monatsfrist die Kündigung des Versicherers verhindern. Eine Leistungsfreiheit bleibt jedoch hiervon unberührt.

82   Die Leistungsfreiheit wegen Prämienzahlungsverzuges wirkt grundsätzlich auch gegenüber mitversicherten Personen in der Kfz-Haftpflichtversicherung. Nach § 123 Abs. 1 VVG bleibt der Fahrer im Rahmen der Mindestsummen jedoch gedeckt, wenn er vom Prämienverzug des VN keine Kenntnis oder grob fahrlässige Unkenntnis hatte.

5. Risikoadäquater Prämienanspruch des Versicherers bei frühzeitiger Beendigung des Versicherungsverhältnisses

83   Nach altem Recht stand dem Versicherer bei außerplanmäßiger Beendigung des Versicherungsverhältnisses vor Ablauf der Versicherungsperiode ein Anspruch auf die volle Jahres-

---

[73] *Römer/Langheid* VVG § 37 Rn. 8.
[74] Vgl. Prölss/Martin/*Knappmann* § 37 Rn. 13 und Erläuterungen.
[75] BGH VersR 1992, 1501.
[76] Vgl. hierzu im Einzelnen Prölss/Martin/*Knappmann* VVG § 39 Rn. 16.
[77] *Römer/Langheid* VVG § 38 Rn. 20 ff.
[78] BGH NVersZ 2000, 72 = VersR 1999, 1525 = r+s 2000, 52 = MDR 2000, 29.

prämie zu. Dieser Grundsatz der Unteilbarkeit der Leistung gibt es im neuen VVG nicht mehr. Gem. § 39 Abs. 1 VVG beschränkt sich der Anspruch nunmehr auf denjenigen Teil der Prämie, der dem anteilig getragenen Risiko entspricht – pro rata temporis.

V. Vorläufige Deckung

1. Allgemeines

Mithilfe einer vorläufigen Deckungszusage wird der Zeitraum zwischen dem beantragten Versicherungsbeginn und der späteren Entscheidung des Versicherers über die Annahme des Antrages auf Versicherungsschutz zugunsten des VN überbrückt. Insbesondere im Bereich der Kraftfahrversicherung ist sie gängige Praxis, damit der VN sein Fahrzeug schon vor den Zustandekommen des eigentlichen Versicherungsvertrages durch die – zeitlich verzögerte – Annahmeerklärung des Versicherers nutzen kann. Aufgrund ihrer Bedeutung sind in den §§ 49 bis 52 VVG erstmals grundlegende Bestimmungen zur vorläufigen Deckung Gesetz geworden. 84

a) **Rechtsnatur und Inhalt.** Die vorläufige Deckungszusage ist ein selbstständiger, vorläufiger Versicherungsvertrag und von dem später abgeschlossenen, endgültigen Vertrag streng zu unterscheiden. Versicherungsvertreter benötigen für die Zusage vorläufiger Deckung eine besondere Abschlussvollmacht. Dies geschieht zB durch Überlassung von Versicherungsbestätigungen in der Kraftfahrzeug-Haftpflichtversicherung. 85

Sie ist zu unterscheiden von der **Rückwärtsversicherung** gemäß § 2 VVG. Der Vorteil der vorläufigen Deckung gegenüber der Rückwärtsversicherung besteht darin, dass bei gewährter vorläufiger Deckung sofort Versicherungsschutz zu gewähren ist, während bei der Rückwärtsversicherung der Versicherungsvertrag nur zustande kommt, wenn das Versicherungsunternehmen den Antrag auch tatsächlich annimmt. 86

Nach B.2.1 AKB gilt die Aushändigung der zur behördlichen Zulassung notwendigen Versicherungsbestätigung nach § 29a StVZO nur für die Kraftfahrzeug-Haftpflichtversicherung als Zusage einer vorläufigen Deckung. Die AKB 2008 stellen dies deutlicher heraus als ihre Vorgänger. Nach B.2.2 AKB erweitert sich die vorläufige Zusage nur dann auf die Kasko- und Kfz-Unfallversicherung, wenn dies vom Versicherer ausdrücklich zugesagt wurde. Da jedoch gem. § 49 Abs. 1 VVG ein formloser und stillschweigender Verzicht auf die Vorabinformationen des Versicherers – unter Einschluss der AKB – zulässig und in der Praxis regelmäßig anzunehmen ist, muss das Versicherungsunternehmen bei Aushändigung der Versicherungsbestätigung, für den Fall, dass der VN gleichzeitig eine Kaskoversicherung beantragt hat, ausdrücklich darauf hinweisen, dass die vorläufige Deckung nur für die Kraftfahrzeug-Haftpflichtversicherung und nicht auch für die Kaskoversicherung gelten soll.[79] Ansonsten ist davon auszugehen, dass die Aushändigung der Doppelkarte an den VN, regelmäßig dazu führt, dass der Versicherer auch zur Gewährung vorläufigen Deckungsschutzes in der Fahrzeugversicherung verpflichtet ist.[80] 87

b) **Beginn.** Die vorläufige Deckung beginnt mit dem Zeitpunkt der behördlichen Zulassung des Fahrzeuges oder bei einem bereits zugelassenen Fahrzeug vom Zeitpunkt der Einreichung der Versicherungsbestätigung bei der Zulassungsstelle an. In der Kfz-Haftpflichtversicherung gilt die Aushändigung der nach § 29a StVZO für die Zulassung notwendigen Versicherungsbestätigungskarte (Doppelkarte) als Zusage der vorläufigen Deckung iSv B.2.1 AKB. 88

c) **Ende und rückwirkender Wegfall des Versicherungsschutzes.** Der Abschluss des endgültigen Versicherungsvertrages beendet nach § 52 Abs. 1 VVG/B.2.3 AKB die Haftung des Versicherers aus der vorläufigen Deckungszusage, wenn der Versicherungsschutz „gleichartig" ist. Gleichartigkeit ist dabei nicht zwingend gleichbedeutend mit Gleichwertigkeit, sondern es muss sich nur um einen im wesentlichen gleichen Versicherungsschutz handeln, der 89

---

[79] BGH VersR 1986, 541 (542); OLG Frankfurt VersR 1993, 1347; LG Frankfurt VersR 1994, 301.
[80] BGH NJW 1999, 3560 = zfs 1999, 522 = VersR 1999, 1254 = DAR 1999, 499.

im Einzelfall etwa durch Aufnahme in der vorläufigen Deckung nicht enthaltener Risikoausschlüsse oder Selbstbehalte für den VN sogar ungünstiger sein kann.[81]

90 Gem. § 52 Abs. 1 S. 2 VVG tritt die vorläufige Deckung, wenn der Beginn des Versicherungsschutzes nach dem Hauptvertrag oder dem weiteren Vertrag über vorläufige Deckung von der Zahlung der Prämie durch den VN abhängt, nicht schon mit dem Zeitpunkt des Zugangs des Versicherungsscheines außer Kraft, sondern erst beim Verzug des VN mit der Erstprämie des Hauptvertrages, wenn er durch einen auffälligen Hinweis im Versicherungsschein auf die drohende Rechtsfolge des Verzugs hingewiesen wurde. Da das Einlösungsprinzip des § 37 Abs. 2 VVG bei der vorläufigen Deckung regelmäßig abbedungen ist, wird die Prämie für die Zeit der Deckungszusage gestundet und in die erstmals vom VN zu entrichtende Prämie des Hauptvertrages eingerechnet. Anders als nach § 33 Abs. 1 VVG bestimmt C.1.1 AKB für die Kraftfahrtversicherung, dass der VN die Erstprämie nicht bereits zwei Wochen nach Zugang des Versicherungsscheins, sondern erst innerhalb weiterer 14 Tage zu zahlen hat.[82] Folglich kann auch zu einem früheren Zeitpunkt kein Verzug eintreten. Eine Mahnung ist nicht erforderlich.[83]

91 In Verbindung mit B.2.4 AKB hat die nicht fristgerechte Prämienzahlung des VN i.d.R. eine noch weiterreichende Konsequenz, als nur das Ende des vorläufigen Versicherungsschutzes. Denn nach B.2.4 AKB kann weiterhin der **rückwirkende Wegfall der vorläufigen Deckung** vereinbart werden. Nach dieser Klausel tritt der Versicherungsschutz aus der vorläufigen Deckung rückwirkend außer Kraft, wenn der Vertrag unverändert angenommen, der Versicherungsschein aber nicht innerhalb der 14-tägigen Frist eingelöst wird und der VN die Verspätung zu vertreten hat. Den Versicherer trifft die Beweislast für das Verschulden des VN an der verspäteten Einlösung des Versicherungsscheines.[84] Im Übrigen treten die Rechtsfolgen des B.2.4 AKB nur ein, wenn der VN bei Anforderung der Einlösungsprämie ordnungsgemäß über die Folgen verspäteter Zahlung und die Gefahr rückwirkenden Wegfalls des Versicherungsschutzes belehrt worden ist. Der Hinweis muss deutlich an hervorgehobener Stelle erfolgen und sachlich richtig und verständlich sein.[85] Der rückwirkende Wegfall des vorläufigen Deckungsschutzes wegen verspäteter Prämienzahlung setzt auch bei Vereinbarung des Einzuges im Lastschriftverfahren die Fälligkeit der Prämie und Aushändigung des Versicherungsscheins voraus.[86]

92 Die vorläufige Deckungszusage endet außerdem mit Ende der u.U. vereinbarten Dauer, Kündigung einer der Vertragsparteien nach § 52 Abs. 4 VVG sowie bei Widerruf des Hauptvertrages gem. §§ 52 Abs. 3, 8 VVG. Nach § 52 Abs. 2 VVG führt auch der Abschluss des Hauptvertrages oder einer weiteren vorläufigen Deckung bei einem anderen Versicherer zum Wegfall der Deckungszusage. Um Schadensersatzansprüche zu verhindern, muss der VN dies dem ursprünglich beauftragten Versicherer jedoch unverzüglich mitteilen.

Das Scheitern der Verhandlungen über den Hauptvertrag führt allein nicht mehr zum Wegfall des vorläufigen Versicherungsschutzes.[87]

93 **d) Verzicht auf die Vorabinformationen nach § 7 VVG.** Bis auf Fernabsatzverträge kann und wird regelmäßig – gem. § 49 Abs. 1 VVG bei der vorläufigen Deckung formlos und stillschweigend auf die Übersendung der Informationen nach § 7 VVG verzichtet, denn der VN benötigt kurzfristig Versicherungsschutz. Die Information ist jedoch spätestens mit dem vom Versicherer zu übermittelnden Versicherungsschein nachzuholen.[88]

94 **e) Einbeziehung der AVB.** Wird auf die Informationen nach § 7 VVG – darunter die AVB – verzichtet, bestimmt § 49 Abs. 2 VVG, dass auch ohne ausdrücklichen Hinweis des Versicherers zunächst die zum Zeitpunkt des Vertragsschlusses von ihm üblicherweise bei Verträ-

---

[81] *Rixecker* ZfS 2007, 314, 315; *Maier* r+s 2006, 485, 489.
[82] Im Ergebnis letztlich wie bisher nach der § 1 Abs. 4 S. 2 AKB aF entnommenen zweiwöchigen „Karenzzeit" zusätzlich zur Widerrufsfrist nach dem Policenmodell.
[83] *Maier/Stadler* Rn. 43.
[84] LG Mühlheim r+s 1994, 325.
[85] *van Bühren* § 2 Rn. 26.
[86] BGH NJW 1996, 729 = NJWE-VHR 1996, 3 = VersR 1996, 445.
[87] Beckmann/Matusche-Beckmann/*Hermanns* § 7 Rn. 72 mwN.
[88] *Rixecker* ZfS 2007, 314; *Langheid* NJW 2007, 3665, 3670; *Marlow/Spuhl* VIII, 1.

gen über vorläufige Deckung verwendeten AVB Vertragsbestandteil werden. Gibt es beim Versicherer keine entsprechenden AVB gelten die des Hauptvertrages und bei Zweifel, dh verschiedenen AVB, diejenigen, welche für den VN günstiger sind.

f) **Beratungs- und Dokumentationspflichten.** Während die Befragungs- und Beratungspflichten aufgrund des Charakters der vorläufigen Deckungszusage als selbstständiger Vertrag unverändert bleiben, genügt bei den Dokumentationspflichten nach §§ 6 Abs. 2 S. 1, 62 Abs. 2 S. 1 VVG eine mündliche Übermittlung vor Vertragsschluss. Da es sich bei der Kfz-Haftpflichtversicherung um eine Pflichtversicherung handelt, ist anders als bei der Kaskoversicherung entbehrlich, eine Dokumentation in Textform unverzüglich nach dem Vertragsschluss nachzuholen.[89]

g) **Widerrufsrecht.** Ein Widerrufsrecht existiert gem. § 8 Abs. 3 Nr. 2 VVG nicht; ausgenommen sind Fernabsatzverträge.

VI. Risikoausschlüsse und -begrenzungen sowie Leistungsfreiheit des Versicherers

Nachfolgend werden die möglichen Risikoausschlüsse und -begrenzungen sowie die Leistungsfreiheit des Versicherers im Überblick dargestellt. Dabei werden insbesondere die Voraussetzungen und Rechtsfolgen von Obliegenheitsverletzungen/Gefahrerhöhungen und schuldhafter Herbeiführung des Versicherungsfalls durch den VN unter Einschluss beweisrechtlicher Fragen beleuchtet. Einzelheiten zu den speziellen, spartenbezogenen Obliegenheiten, Gefahrerhöhungstatbeständen etc. finden sich in den entsprechenden Kapiteln zur Kraftfahrthaftpflichtversicherung (§ 45), Fahrzeugversicherung – Teilkasko (§ 46), Fahrzeugversicherung – Vollkasko (§ 47) sowie Kraftfahrtunfallversicherung (§ 48).

Der Umfang des Versicherungsschutzes ergibt sich aus den AVB. Diese regeln im Einzelnen, welche Ereignisse welche Leistungsansprüche bei Eintritt des Versicherungsfalles auslösen. In der Kraftfahrzeug-Haftpflichtversicherung wird der Versicherungsumfang bestimmt durch die Regelung des § 10 AKB aF bzw. A.1 AKB. Im Übrigen ist zu verweisen auf die Regelungen in §§ 114 VVG, 1, 2 und 3 KfzPflVV. Der Umfang des Versicherungsschutzes für die Fahrzeugversicherung ist geregelt in den §§ 12 bis 15 AKB aF bzw. A.2 AKB. Die Regelung zur Kraftfahrtunfallversicherung ist in §§ 16 bis 23 AKB aF bzw. A.4 AKB enthalten.

Der Umfang des Versicherungsschutzes wird entweder durch positive Beschreibungen (primäre Risikobegrenzung) oder durch den Ausschluss bestimmter Gefahren vom Versicherungsschutz (sekundäre Risikobegrenzung) bestimmt. Von diesen Risikoausschlüssen sind zu unterscheiden Obliegenheiten, die Verhaltensnormen für den Versicherungsnehmer begründen.

1. Primäre Risikobegrenzung

Die primäre Risikobegrenzung ergibt sich aus dem Inhalt des Versicherungsvertrages und den diesem Vertrag zugrunde liegenden AVB. In A.1.4 AKB ist der örtliche Geltungsbereich der Kraftfahrversicherung als primäre Risikobegrenzung geregelt.

Der VN ist beweispflichtig dafür, dass der eingetretene Schaden durch eine versicherte Gefahr eingetreten ist.

2. Sekundäre Risikobegrenzung

Von einem sekundären Risikoausschluss ist auszugehen, wenn ein an sich versichertes Risiko durch eine gesonderte Bestimmung ausdrücklich vom Versicherungsschutz ausgenommen ist, so zB die in den AKB enthaltenen Ausschlüsse der A.1.5, A.2.16 und A.4.10.[90]

Die primäre und sekundäre Risikobeschränkung unterscheidet sich vor allem hinsichtlich der **Beweislast.** Der VN hat zu beweisen, dass der Sachverhalt, aus dem er seinen Anspruch

---
[89] Vgl. umfassend *Maier* r+s 2006, 485, 486 ff.
[90] Vgl. im Einzelnen *Hofmann* S. 51 zu den entsprechenden Vorschriften in den AKB aF.

auf die Versicherungsleistung herleitet, unter die primäre Risikoabgrenzung fällt, also unter die im Versicherungsvertrag vorgenommene Risikobeschreibung. Umgekehrt hat der Versicherer das Vorliegen der sekundären Risikobeschränkung zu beweisen, also den Ausnahmetatbestand.

3. Obliegenheiten

103 a) **Allgemeines.** Unter Obliegenheiten sind keine erzwingbaren, bei Nichterfüllung in eine Schadensersatzpflicht übergehenden Verbindlichkeiten zu verstehen, sondern **vertragliche oder gesetzliche** Nebenpflichten des VN, die dieser zu beachten hat, um seine Ansprüche aus dem Versicherungsvertrag zu erhalten.[91] Sie können ihn zu einem bestimmten Tun oder Unterlassen auffordern. Im Bereich der Kraftfahrtversicherung zu beachtende gesetzliche Obliegenheiten sind
- vorvertragliche Anzeigepflichten (§§ 19 bis 22, 29 VVG),
- Regelungen über die Vornahme einer Gefahrerhöhung (§§ 23 bis 27, 29 VVG),
- Anzeige des Eintritts des Versicherungsfalles (§§ 30, 104 VVG),
- Auskunft- und Belegobliegenheit (§ 31 VVG),
- Schadensabwendung- und Schadensminderungsobliegenheit (§§ 82, 83 VVG),
- Anzeige von Doppelversicherungen (§ 77 VVG),
- Anzeige bei Veräußerung der versicherten Sache (§ 97 VVG).[92]

Darüber hinaus werden Obliegenheiten regelmäßig zwischen den Parteien vertraglich – zumeist in den AVB/AKB – vereinbart. Dabei ist zwischen Obliegenheiten zu unterscheiden, die vor oder nach dem Eintritt des Versicherungsfalls zu erfüllen sind. Für den Bereich der Kraftfahrtversicherung regelt Kap. D AKB die vor – zB Fahrerlaubnisklausel – und Kap. E AKB die nach – zB Mitwirkungspflichten – Eintritt des Versicherungsfalles zu erfüllenden Obliegenheiten. Zentrale Vorschrift bei Verstößen ist § 28 VVG.

104 Versicherer versuchen in Einzelfällen den besonderen Schutz des § 28 VVG dadurch zu umgehen, dass sie in ihren AVB in der Formulierung einer primären oder sekundären Risikobegrenzung ein bestimmtes Tun oder Unterlassen als Voraussetzung für die Erhaltung des Versicherungsschutzes aufgegeben. Derartige Risikobeschränkungen bezeichnet man als **verhüllte Obliegenheiten,** auf die ebenfalls § 28 VVG anzuwenden ist.[93]

105 b) **Adressat.** Schuldner der Obliegenheiten ist primär der VN.[94] Da es sich insbesondere bei der Kraftfahrthaftpflichtversicherung hinsichtlich des nach A.1.2 AKB mitversicherten Fahrers, der nicht gleichzeitig VN ist, um eine Versicherung für fremde Rechnung gem. §§ 43 ff. VVG handelt, ist dieser wie auch die sonstigen (Mit-)Versicherten nach § 47 Abs. 1 VVG bzw. F.1 AKB ebenfalls verpflichtet, die Obliegenheiten zu erfüllen. Verletzen sie eine Obliegenheit, treffen sie auch die hieran geknüpften Rechtsfolgen im Bezug auf die ihnen nach A.1.2. AKB eingeräumte Möglichkeit, ihre Ansprüche aus dem Versicherungsvertrag selbstständig gegen den Versicherer geltend zu machen.

106 Obliegenheitsverletzungen des VN und der Mitversicherten haben jedoch unterschiedliche Konsequenzen für die Rechtsstellung des jeweils anderen. Da es sich nicht um echte, durchsetzbare Rechtspflichten handelt, kann bei Zurechnungsfragen nicht auf **§ 278 BGB** abgestellt werden. Im Verhältnis VN/Mitversicherte wird diese „Lücke" wie folgt geschlossen: Wenn Sinn und Zweck der Obliegenheit sowie das Gewicht der durch sie geschützten Interessen des Versicherers dies rechtfertigen, kann eine mitversicherte Person ohne eigenes Verschulden seinen Versicherungsschutz bei Fehlverhalten des VN verlieren.[95] Jedoch bestimmt § 123 Abs. 1 VVG in der Kfz-Haftpflichtversicherung, dass bei zur Leistungsfreiheit des Versicherers führenden Verstößen des VN diese nur dann auch dem Mitversicherten entgegengehalten werden können, wenn er diese kannte oder sie ihm infolge grober Fahrlässigkeit unbekannt waren. Obliegenheitsverletzungen, die allein der Mitversicherte begangen

---
[91] Prölss/Martin/*Prölss* VVG § 28 Rn. 38 mwN.
[92] Vgl. zur Rechtsfolge bei Verstoß § 41 III und Fn. 123.
[93] BGH NJW 1992, 1099; VersR 1985, 854 f.
[94] In Fällen, bei denen es mehrere VN gibt vgl. Prölss/Martin/*Prölss* VVG § 28 Rn. 47 f.
[95] BGH NJW 1968, 447.

hat, wirken hingegen nie gegen den VN, sondern führen nur zu gegebenenfalls in einem Regress des Versicherers bestehenden Sanktionen für den Versicherten.[96] Etwas anderes gilt nur, wenn der Versicherte zugleich Repräsentant des VN ist.

c) **Der Repräsentant in der Kraftfahrtversicherung.** Bei Obliegenheiten, die durch positives Tun oder Unterlassen zu erfüllen sind – nicht bei Erklärungen im Rahmen von Anzeige- und Auskunftsobliegenheiten –, muss sich der VN das Verhalten und Verschulden seines sog. Repräsentanten zurechnen lassen. Repräsentant ist, wer in dem Geschäftsbereich, zu dem das versicherte Risiko gehört, aufgrund eines Vertretungs- oder ähnlichen Verhältnisses an die Stelle des VN getreten ist. Die bloße Überlassung der Obhut über die versicherte Sache reicht dabei nicht aus. Repräsentant kann in diesen Fällen nur sein, wer zudem befugt ist, selbstständig in einem gewissen, nicht ganz unbedeutenden Umfang für den VN zu handeln und dabei auch dessen Rechte und Pflichten als VN wahrzunehmen (Risikoverwaltung). Übt der Dritte aufgrund eines Vertretungs- oder ähnlichen Verhältnisses die Verwaltung des Versicherungsvertrages aus, kann dies unabhängig von der Übergabe der versicherten Sache für eine Repräsentantenstellung sprechen (Vertragsverwaltung).[97] In der Praxis ist nur die Risikoverwaltung von Bedeutung, welche eine auf längere Zeit angelegte vollständige Obhutsübertragung voraussetzt.[98]

d) **Wissensvertreter/Wissenserklärungsvertreter.** Im Zusammenhang mit Anzeige- und Auskunftspflichten kommt es auf die Kenntnis rechtserheblicher Tatsachen an, über die nicht zwangsläufig auch der VN verfügen muss. Dort, wo das VVG oder die AKB an die Kenntnis oder das Kennenmüssen bestimmter Tatsachen rechtliche Konsequenzen knüpfen, treten diese ein, wenn entweder der VN oder sein **Wissensvertreter** hiervon Kenntnis haben. Wissensvertreter ist, wer von dem VN in nicht ganz untergeordneter Stellung damit betraut ist, für ihn rechtserhebliche Tatsachen zur Kenntnis zu nehmen.[99] Der VN muss sich die Kenntnis seines Wissensvertreters gem. § 166 BGB analog zurechnen lassen.

Personen, die vom VN damit betraut sind, dessen Anzeige- und Auskunftsobliegenheiten für ihn aus eigenem Wissen zu erfüllen, sind sogenannte **Wissenserklärungsvertreter**.[100] Im Unterschied zum schlichten Wissensvertreter, der häufig zugleich Wissenserklärungsvertreter ist, geht es nicht lediglich um das Vorhandensein von Kenntnissen, sondern um die Abgabe eigener Erklärungen des Vertreters anstelle des VN. Gem. § 166 BGB analog wird dem VN das Verhalten seines Wissenserklärungsvertreters zugerechnet. Falsche oder fehlende Erklärungen seines Vertreters schaden ihm jedoch nur, wenn er hiervon Kenntnis hatte.[101]

4. Vertraglich vereinbarte Obliegenheiten gem. § 28 VVG

a) **Allgemeines.** Vertragliche Obliegenheiten werden durch AVB, einzelne Klauseln oder gegebenenfalls speziellen Vertrag zwischen Versicherer und VN vereinbart. Durch sie werden die zumeist recht allgemein formulierten gesetzlichen Obliegenheiten erweitert und konkretisiert. Für den Bereich der Kraftfahrtversicherung sind die in den AKB vereinbarten Obliegenheiten bei jedem Versicherungsfall heranzuziehen und mithin von entscheidender Bedeutung für den Umfang des Versicherungsschutzes.

b) **Rechtsfolgen bei Verletzungen.** Verletzt der VN oder eine mitversicherte Person eine der vereinbarten Obliegenheiten, richten sich die Rechtsfolgen nach § 28 VVG. Die nach § 6 VVG aF wichtige Unterscheidung zwischen Obliegenheiten, die vor oder nach dem Versicherungsfall zu erfüllen sind, ist nach neuem Recht nur noch für das Kündigungsrecht des Versicherers nach § 28 Abs. 1 VVG bedeutsam. Für den Bereich der Leistungsfreiheit ist sie aufgegeben worden:

aa) *Kündigungsrecht.* Bei vorsätzlicher oder grob fahrlässiger Verletzung einer vor Eintritt des Versicherungsfalls zu erfüllenden Obliegenheit kann der Versicherer nach § 28 Abs. 1

---

[96] *Bauer* Rn. 995.
[97] BGH VersR 1993, 828.
[98] BGH VersR 1994, 45, 48.
[99] BGH NJW 1982, 1585 sowie zu Beispielen Prölss/Martin/*Prölss* VVG § 28 Rn. 86.
[100] Prölss/Martin/*Prölss* VVG § 28 Rn. 61 ff. mit weiteren Beispielen.
[101] OLG Hamm r+s 1998, 491.

VVG den Versicherungsvertrag binnen Monatsfrist ab positiver Kenntnis – Kennenmüssen genügt insoweit nicht – der Obliegenheitsverletzung fristlos kündigen.[102] Die Obliegenheitsverletzung ist – wie immer – vom Versicherer zu beweisen. Vorsatz und grobe Fahrlässigkeit werden nach dem Gesetzeswortlaut zum Nachteil des VN vermutet. Leichte Fahrlässigkeit bleibt folgenlos, sofern sie nicht gleichzeitig eine Gefahrerhöhung gem. § 24 VVG bedeutet.[103]

113 *bb) Leistungsfreiheit.* Sowohl bei der Verletzung einer vor als auch nach Eintritt des Versicherungsfalles zu erfüllenden Obliegenheit kann sich der Versicherer unter den Voraussetzungen des § 28 Abs. 2 bis 4 VVG auf Leistungsfreiheit berufen. Anders als noch nach § 6 Abs. 1 S. 3 VVG aF muss er aber bei der Verletzung einer vor Eintritt des Versicherungsfalls zu erfüllenden Obliegenheit nicht mehr zusätzlich kündigen.[104] Dieser Verschlechterung der Rechtslage für den VN stehen Erleichterungen bei der Beweisführung sowie die Ersetzung des „Alles-oder-nichts-Prinzips" durch ein am Grad des Verschuldens orientiertes quotales Leistungskürzungsrecht gegenüber.

114 Gem. § 28 Abs. 2 VVG kann der Versicherer grundsätzlich nur noch bei nunmehr von ihm zu beweisendem **Vorsatz** des VN vollständig leistungsfrei werden. Da es sich bei den gegebenenfalls auf den Vorsatz schließenden Indizien um Umstände aus der für den Versicherer nicht bekannten Sphäre des VN handelt, muss dieser trotz der beim Versicherer liegenden Beweislast hierzu zunächst vortragen; sog. sekundäre Darlegungslast.

115 Bei **grober Fahrlässigkeit,** die zum Nachteil des VN vermutet wird, steht dem Versicherer nach § 28 Abs. 2 S. 2 VVG nur noch ein am Grad der groben Fahrlässigkeit orientiertes quotales Leistungskürzungsrecht zu.[105] Im Rahmen eines Abwägungsprozesses ist nach dem Willen des Gesetzgebers eine Form „qualifizierter" grober Fahrlässigkeit festzustellen, die dann der Regulierung zu Grunde zu legen ist. Weder im Abschlussbericht der VVG – Reformkommission (S. 37), in der Begründung zum Regierungsentwurf (S. 172 ff.) noch im Gesetz werden jedoch Abwägungskriterien genannt und die Ausfüllung damit in der Praxis den Gerichten überlassen. Erste Entscheidungen liegen vor.[106] In der Literatur werden das objektive Gewicht der verletzten Sorgfalt, die Offenkundigkeit der Obliegenheit und ihrer Verletzung, der Grad der Ursächlichkeit, die Schwierigkeit obliegenheitsgerechten Verhaltens, die Motive und wirtschaftlichen Verhältnisse des VN sowie sonstige subjektive Besonderheiten, die vorhersehbare Schadenshöhe, der bisherige Versicherungsverlauf, ein Mitverschulden des Versicherers sowie mehrfache Obliegenheitsverletzungen als Abwägungsparameter genannt.[107]

116 Problematisch ist außerdem, dass es eine im Gesetz und in der Begründung des Regierungsentwurf offensichtlich angelegte „doppelte" Beweislastverteilung gibt. Während § 28 Abs. 2 S. 2 VVG grobe Fahrlässigkeit zum Nachteil des VN vermutet, heißt es auf S. 173 der Gesetzesbegründung, dass die Beweislast für das Verschuldensmaß i. R. d. groben Fahrlässigkeit beim Versicherer liege. Die überwiegende Ansicht in der Literatur greift dies auf,[108] während von anderer Seite bei der Abwägung eine Einstiegsquote von 50 % vorgeschlagen wird. Diejenige Partei, die hiervon nach oben oder unten abweichen wolle, müsse die dafür

---

[102] Ob der Versicherer trotz Wegfalls der Kündigungspflicht als Voraussetzung späterer Leistungsfreiheit den Beginn der Monatsfrist durch unterlassene Nachfrage zu einer möglichen Obliegenheitsverletzung trotz Anlass weiterhin hinauszögern kann – so die vor der Reform hM: vgl. Prölss/Martin/*Prölss* VVG § 28 Rn. 101 mwN – ist fraglich: vgl. *Marlow/Spuhl* V 1b S. 88, 89.
[103] Vgl. Rn. 126 ff.
[104] Nach *Marlow/Spuhl* V 2a) S. 90 bis 92 soll anstelle der Kündigungs- zumindest eine Hinweispflicht treten.
[105] Das quotale Leistungskürzungsrecht gilt auch bei Gefahrerhöhung und der Herbeiführung des Versicherungsfalles §§ 26, 81 VVG.
[106] Vgl. hierzu BGH r+s 2011, 376; BGH r+s 2012, 14; BGH NZV 2012, 24; BGH NJW-RR 2012, 724; OLG Köln BeckRS 2014, 13074; OLG Naumburg VersR 2014, 621; OLG Saarbrücken NJW-RR 2013, 934; OLG Düsseldorf BeckRS 2012, 21872; LG Bonn BeckRS 2014, 13144; LG Hechingen BeckRS 2013, 11367; LG Nürnberg-Fürth r+s 2010, 145.
[107] *Felsch* r+s 2007, 485, 493 ff.; *Marlow/Spuhl* V 2c cc) S. 96 bis 103.
[108] *Marlow* VersR 2007, 43, 44; *Rixecker* Zfs 2007, 73, Burmann/Heß/Höke/Stahl Rn. 155, 180, 323, 400; *Deutsch* Rn. 212, 222.

sprechenden Gründe geltendmachen und beweisen.¹⁰⁹ Trotz des gegenteiligen Ansatzes in der Gesetzesbegründung scheint diese Ansicht aus Praktikabilitätsgründen gerade in den Fällen, in denen keine Abwägungskriterien zur Verfügung stehen, vorzugswürdiger und gerechter. Auch muss es innerhalb der Leistungskürzung im Einzelfall bei einem dem Vorsatz nahe kommenden Verhalten möglich sein, den Leistungsanspruch bis auf Null zu kürzen und umgekehrt.¹¹⁰ Klärungsbedürftig ist ferner die Frage, wie eine Quotelung bei mehreren Obliegenheitsverstößen in einem Versicherungsfall auszusehen hat.¹¹¹ Im Ergebnis ist damit alles eine Frage des Einzelfalls.¹¹²

Bei **einfacher Fahrlässigkeit** kann sich der Versicherer nicht auf Leistungsfreiheit berufen. 117

c) **Kausalitätsgegenbeweis, Belehrungspflicht.** Nach § 28 Abs. 3 S. 1 VVG kann der VN 118
sowohl bei vorsätzlicher als auch grob fahrlässig begangener Obliegenheitsverletzung – Ausnahme: Arglist – den sog. **Kausalitätsgegenbeweis** führen, dh er behält seinen Anspruch gegen den Versicherer in dem Umfang wie er konkret nachweisen kann, dass die Obliegenheitsverletzung keinen Einfluss auf Grund oder Höhe der Entschädigung bzw. deren Feststellung hatte. Entscheidend ist, wie der Versicherer ohne die Obliegenheitsverletzung stünde. In diesem Zusammenhang wird der Versicherer nach dem Prinzip der sekundären Darlegungslast im Einzelfall aufdecken müssen, worin der durch die Obliegenheitsverletzung eingetretene Mehrschaden besteht. Da sich der Kausalitätsgegenbeweis im neuen VVG auch auf vorsätzliche Obliegenheiten erstreckt, ist die nach altem Recht bei folgenlosen, vorsätzlichen Verstößen zu beachtende **Relevanzrechtsprechung** gegenstandslos geworden. Nach ihr setzte Leistungsfreiheit zusätzlich voraus, dass der Verstoß generell geeignet war, die Interessen des Versicherers zu gefährden und den VN der Vorwurf schweren Verschuldens traf.¹¹³

Von ihr übernommen wurde die in § 28 Abs. 4 VVG normierte **Belehrungspflicht**. Danach 119
kann sich der Versicherer nur auf Leistungsfreiheit berufen, wenn er den VN durch gesonderte Mitteilung in Textform auf die Rechtsfolgen einer Obliegenheitsverletzung hingewiesen hat. Dies gilt allerdings nur bei Auskunfts- und Aufklärungsobliegenheiten nach Eintritt des Versicherungsfalls.

5. Gefahrerhöhung gem. §§ 23 bis 27, 29 VVG

a) **Allgemeines.** Eine Gefahrerhöhung ist jede erhebliche – vgl. § 27 VVG – und nach hM 120
von einer gewissen Dauer gekennzeichnete nachträgliche Änderung der bei Abgabe der Vertragserklärung des VN vorhandenen Gefahrumstände, die den Eintritt des Versicherungsfalles oder eine Vergrößerung des Schadens wahrscheinlicher macht.¹¹⁴ Unausweichliche, voraussehbare Änderungen der Gefahr für das versicherte Risiko sind irrelevant.¹¹⁵ Typisches Beispiel einer Gefahrerhöhung in der Kraftfahrtversicherung ist etwa der verkehrsunsichere Zustand des Pkw im Hinblick auf Bremsen, Reifen etc.¹¹⁶ § 23 VVG fasst die drei rechtlich relevanten Gefahrerhöhungstatbestände zusammen.

b) **Arten der Gefahrerhöhung.** Gem. § 23 Abs. 1 VVG darf der VN ohne Einwilligung des 121
Versicherers keine Gefahrerhöhung selbst vornehmen oder deren Vornahme durch einen Dritten gestatten – **subjektive Gefahrerhöhung**. „Vornahme" bedeutet willentliche – und damit schuldhafte – Herbeiführung durch aktives Tun in Kenntnis oder arglistiger Unkenntnis

---

[109] *Schimikowski*, Versicherungsvertragsrecht, Rn. 214; *Felsch* r+s 2007, 485, 493; *Langheid* NJW 2007, 3665, 3669; *Weidner/Schuster* r+s 2007, 363, 364; für eine Beweislast allein beim VN vgl. *Pohlmann* VersR 2008, 437, 441, 443.
[110] So auch BGH NZV 2011, 597 für besondere Ausnahmefälle; *Felsch* r+s 2007, 485, 292; *Looschelders* VersR 2008, 1, 6; *Römer* VersR 2006, 740, 741; **aA** *Marlow/Spuhl* V 2c bb) S. 94, 95.
[111] Vgl. zu den verschiedenen Lösungsvorschlägen: *Felsch* r+s 2007, 485, 496 ff.; *Schimikowski*, Versicherungsvertragsrecht, Rn. 230.
[112] BGH NZV 2011, 597 mit Übersicht zum Meinungsstand.
[113] BGH VersR 1975, 752.
[114] BGH VersR 1997, 1255.
[115] Prölss/Martin/*Prölss* VVG § 23 Rn. 24.
[116] Vgl. zu weiteren Beispielen § 45 Rn. 86.

der die Gefahrerhöhung begründenden Umstände, was der Versicherer zu beweisen hat. Durch ein Unterlassen ist eine subjektive Gefahrerhöhung nach hM nicht möglich.[117]

122 Bei erst nachträglich vom VN erkannter – und damit zum Vornahmezeitpunkt schuldlos – vorgenommener oder gestatteter Gefahrerhöhung muss der VN dies dem unwissenden Versicherer unverzüglich nach § 23 Abs. 2 VVG anzeigen. Der Unterschied zu Abs. 1 liegt darin, dass der VN hier zwar Kenntnis der die Gefahrerhöhung begründenden Umstände hat, sie jedoch schuldlos nicht als gefahrerhöhend erkennt. Verschulden liegt vor, wenn der VN weiß oder unter Außerachtlassung der im Verkehr erforderlichen Sorgfalt verkennt, dass die vorgenommene oder gestattete Änderung den Schadenseintritt wahrscheinlicher macht.[118]

123 § 23 Abs. 3 VVG regelt die sog. **objektive Gefahrerhöhung**. Dies sind alle von dritter Seite ohne Zutun und Kenntnis des VN herbeigeführten Gefahrerhöhungen.[119] Der VN ist nach Kenntniserlangung verpflichtet, diese dem VN unverzüglich, dh ohne schuldhaftes Zögern, anzuzeigen.

124 **c) Rechtsfolgen bei Verstößen.** Verstößt der VN gegen seine Pflichten aus § 23 VVG stehen dem Versicherer ein **Kündigungs-**,[120] **Prämienerhöhungs-** oder **Ausschlussrecht** zu. Unter den Vorraussetzungen des § 26 VVG kann er ferner **leistungsfrei** werden.

125 *aa) Kündigung.* Nimmt der VN eine subjektive Gefahrerhöhung iSd § 23 Abs. 1 VVG vor, so wird gem. § 24 Abs. 1 S. 1 VVG Vorsatz und grobe Fahrlässigkeit vermutet. Kann sich der VN nicht entlasten, kann der Versicherer den Versicherungsvertrag fristlos kündigen. Gelingt der Entlastungsbeweis, steht dem Versicherer noch ein binnen Monatsfrist auszuübendes **Kündigungsrecht** zu, wenn er dem VN zumindest einfache Fahrlässigkeit nachweisen kann. Dasselbe – ordentliche – Kündigungsrecht steht ihm zu, wenn der VN gegen seine Anzeigeobliegenheiten aus § 23 Abs. 2 und 3 VVG verstoßen hat. Gem. § 24 Abs. 3 VVG erlöschen sämtliche Kündigungsrechte – auch das außerordentliche nach Abs. 1 –, wenn sie nicht spätestens innerhalb eines Monats ab Kenntnis des Versicherers von der Gefahrerhöhung ausgeübt werden oder die die Gefahrerhöhung begründenden Umstände wieder beseitigt worden sind. Für den nachträglichen Wegfall ist der VN beweisbelastet.

126 *bb) Prämienerhöhung/Risikoausschluss.* Anstelle der Kündigung kann der Versicherer, möchte er den Vertrag fortsetzen, eine ab dem Zeitpunkt der Gefahrerhöhung erhöhte Prämie verlangen – **Prämienerhöhungsrecht** – oder die Absicherung der Gefahr im Vertrag ausschließen – **Ausschlussrecht** –; § 25 Abs. 1 VVG. Beträgt die Prämienerhöhung mehr als 10 % oder macht der Versicherer von seinem Ausschlussrecht Gebrauch, muss er den VN darauf hinweisen, dass dieser innerhalb eines Monats nach Zugang der Mitteilung das Recht hat, den Vertrag zu kündigen. Da die Rechtsfolgen des § 25 VVG „anstelle" einer Kündigung treten, gilt ebenfalls die Ausschlussfrist des § 24 Abs. 3 VVG.[121]

127 *cc) Leistungsfreiheit.* Wann der Versicherer bei Eintritt des Versicherungsfall nach Gefahrerhöhung **leistungsfrei** wird, bestimmt § 26 VVG. Danach tritt bei vorsätzlicher subjektiver Gefahrerhöhung gem. § 23 Abs. 1 VVG, die vom Versicherer zu beweisen ist, vollständige Leistungsfreiheit ein, sofern der VN seinerseits nicht nachweisen kann, dass die Gefahrerhöhung nicht ursächlich für den Eintritt des Versicherungsfalles oder den Umfang der Leistungspflicht gewesen ist – Kausalitätsgegenbeweis nach § 26 Abs. 3 Nr. 1 VVG. Ferner bleibt die Leistungspflicht nach § 26 Abs. 3 Nr. 2 VVG bestehen, wenn die Kündigungsfrist des Versicherers nach § 24 Abs. 3 VVG zur Zeit des Eintrittes des Versicherungsfalles erfolglos verstrichen war. Handelt der VN nur grob fahrlässig, kommt wie bei § 28 VVG lediglich ein quotales Leistungskürzungsrecht in Betracht. Grobe Fahrlässigkeit wird jedoch zum Nachteil des VN vermutet.

---

[117] Prölss/Martin/*Prölss* VVG § 23 Rn. 48.
[118] BGH VersR 1969, 117.
[119] BGH VersR 1981, 245.
[120] Da ein Kündigungsrecht bei nur einfach fahrlässiger Obliegenheitsverletzung vor Eintritt des Versicherungsfalles nach § 28 Abs. 1 VVG nicht besteht, kann § 24 VVG nach der Reform gesteigerte Bedeutung zukommen, wenn die Obliegenheitsverletzung gleichzeitig eine Gefahrerhöhung darstellt.
[121] Vgl. auch *Marlow/Spuhl* IV 2b dd).

Kommt der VN seinen Anzeigepflichten aus § 23 Abs. 2 und 3 VVG nicht nach, wird der Versicherer gem. § 26 Abs. 2 VVG ebenfalls bei Vorsatz vollständig und bei grober Fahrlässigkeit gegebenenfalls nur teilweise leistungsfrei. Anders als bei § 26 Abs. 1 VVG muss sich der VN jedoch auch für Vorsatz entlasten, da dieser wie grobe Fahrlässigkeit nach dem Gesetz vermutet wird.[122] Zusätzlich verlangt Leistungsfreiheit, dass der Versicherungsfall später als einen Monat nach dem fiktiven Zugang der Anzeige des VN eintritt und der Versicherer die Gefahrerhöhung zu diesem Zeitpunkt noch nicht kannte. § 26 Abs. 3 Nr. 1 und 2 VVG gilt ebenfalls.

Einfache Fahrlässigkeit bleibt in allen Varianten sanktionslos.

6. Die vorvertragliche Anzeigeobliegenheit gem. §§ 19 bis 22 VVG

Da dem VN in der Kraftfahrtversicherung nur wenige Fragen im Versicherungsantrag gestellt werden, deren unzureichende Beantwortung in den wichtigsten Fällen zudem in den AKB als vertragliche Obliegenheitsverletzung – vgl. D.1.1 AKB – geregelt sind, spielt die vorvertragliche Anzeigepflicht der §§ 19 bis 22 VVG in der Kraftfahrtversicherung nur eine untergeordnet Rolle.[123]

a) **Umfang der Anzeigepflicht.** Gem. § 19 Abs. 1 S. 1 VVG hat der VN bis zur Abgabe der Vertragserklärung – nicht erst Vertragsschluss – die ihm bekannten **und** vom Versicherer in Textform erfragten Gefahrumstände anzugeben. Nur wenn der Versicherer zwischen Abgabe der Erklärung und eigener Vertragsannahme weitere Nachfragen stellt, hat der VN diese zu beantworten; § 19 Abs. 1 S. 2 VVG. Eine ungefragte Anzeigepflicht gibt es nicht mehr.

b) **Rechtsfolgen bei Verstößen.** Hat der Versicherer eine Verletzung der Anzeigeobliegenheit des VN bewiesen, hängen die daran geknüpften Rechtsfolgen vom Grad des Verschuldens auf Seiten des VN ab. Gem. § 19 Abs. 3 S. 1 VVG werden Vorsatz und grobe Fahrlässigkeit sowie Kausalität zum Nachteil des VN zunächst vermutet. Kann dieser Vorsatz nicht widerlegen, ist der Versicherer zum uneingeschränkten **Rücktritt** berechtigt. Kann der VN zwar Vorsatz, nicht aber die Vermutung grober Fahrlässigkeit entkräften, bestimmt § 19 Abs. 4 VVG ein Rücktrittsrecht des Versicherers nur für den Fall, wenn der VN nicht beweisen kann, dass der Versicherer das Risiko auch in Kenntnis der verschwiegenen Umstände – wenn auch zu geänderten Bedingungen – versichert hätte; Kausalitätsgegenbeweis. Gelingt dieser Nachweis, erfolgt nur noch eine rückwirkende **Vertragsanpassung** zu den geänderten Bedingungen. Bei einfacher Fahrlässigkeit oder Schuldlosigkeit besteht ein **Kündigungsrecht** des Versicherers, welches sich jedoch nach den Voraussetzungen des § 19 Abs. 4 VVG in eine schlichte Vertragsanpassung wandeln kann. Im Fall des Rücktritts wird der Versicherer zudem **leistungsfrei,** wenn sich die Verletzung der Anzeigepflicht gerade auf den Umstand bezieht, der gem. § 21 Abs. 2 VVG für den Eintritt oder die Feststellung des Versicherungsfalles oder den Leistungsumfang des Versicherers maßgeblich ist.

Der Versicherer muss seine Rechte aus § 19 Abs. 2 bis 4 VVG gem. § 21 Abs. 1 VVG innerhalb eines Monats ab dem Zeitpunkt seiner Kenntniserlangung von der Anzeigepflichtverletzung schriftlich geltend machen. Dabei darf er gem. § 21 Abs. 1 S. 3 2. Hs. VVG nachträglich weitere Rücktritts- oder Kündigungsgründe anführen, sofern die Frist des S. 1 für diese noch nicht verstrichen ist.[124]

c) **Belehrungspflicht.** Auf diese Rechtsfolgen kann sich der Versicherer jedoch nur berufen, wenn er den VN gem. § 19 Abs. 5 VVG durch gesonderte Mitteilung in Textform auf die Folgen der Obliegenheitsverletzung hingewiesen und seine Rechte nach § 21 Abs. 1 VVG innerhalb eines Monats schriftlich geltend gemacht hat; Ausnahme: Arglist – § 22 VVG.[125]

---

[122] Eine kritische Auseinandersetzung hierzu findet sich bei *Flesch* r+s 2007, 485, 488 sowie *Marlow/Spuhl* IV 2c bb (1) S. 76.

[123] Vgl. ausführlich zur vorvertraglichen Anzeigepflicht: *Baumann/Sandkühler* 2 S. 57 bis 62; *Marlow/Spuhl* III S. 43 bis 68; *Neuhaus* r+s 2008, 45 ff.; *Lange* r+s 2008, 56 ff.; *Reusch* VersR 2007, 1313 ff.

[124] Vgl. zum mehrdeutigen Verständnis des § 21 Abs. 1 S. 3 2. Hs. VVG *Reusch* VersR 2007, 2007, 1313, 1321.

[125] Zur gesonderten Mitteilung: BGH r+s 2013, 114; OLG Stuttgart BeckRS 2014, 049497.

7. Weitere Obliegenheiten

134 Die Folgen eines Verstoßes gegen die nach dem Gesetz ohne gesonderte Sanktionen geregelten Anzeigepflichten nach §§ 30, 104, 77 VVG, Auskunft- und Belegobliegenheit gem. § 31 VVG und Schadensabwendung- und Schadensminderungsobliegenheit nach §§ 82, 83 VVG richten sich ebenfalls nach der Vorschrift des § 28 VVG; insbesondere dann, wenn sie wie im Bereich der Kraftfahrtversicherung Eingang in die AKB gefunden haben.

8. Schuldhafte Herbeiführung des Versicherungsfalles

135 a) **Allgemeines.** Nach § 81 Abs. 1 VVG wird der Versicherer von seiner Leistungspflicht vollständig befreit, wenn der VN oder sein Repräsentant den Versicherungsfall vorsätzlich herbeigeführt hat. Grobe Fahrlässigkeit hat gem. § 81 Abs. 2 VVG unter den gleichen Voraussetzungen wie bei § 28 Abs. 2 S. 2 VVG eine anteilige Leistungskürzung entsprechend der Schwere des vorwerfbaren Verschuldens zur Folge.[126] In der Kfz-Haftpflichtversicherung ist nur die vorsätzliche Herbeiführung des Versicherungsfalls deckungsschädlich, § 103 VVG.

Bei §§ 81, 103 VVG handelt es sich um subjektive Risikoausschluss, bei denen im Unterschied zu schlichten Obliegenheiten ein hierbei eingetretener Schaden von vorn herein nicht vom Versicherungsschutz umfasst ist. Dies hat zur Konsequenz, dass der Versicherer anders als etwa i. R. d. § 28 VVG den kompletten objektiven und subjektiven Tatbestand der Vorschriften – Vorsatz und/oder grobe Fahrlässigkeit – beweisen muss. Ferner kann er sich in der Kfz-Haftpflichtversicherung auch im Außenverhältnis zum geschädigten Dritten auf Leistungsfreiheit berufen; vgl. §§ 115 Abs. 1 S. 2, 117 Abs. 3 VVG.

136 b) **Vorsatz.** Im Bereich der Kfz-Haftpflichtversicherung schadet dem VN gem. § 103 VVG ausschließlich vorsätzliches Verhalten, welches sich auf die Handlung und die Schadensfolge erstrecken muss.

137 c) **Grobe Fahrlässigkeit** iSd § 61 VVG aF setzte nach ständiger Rechtsprechung – objektiv – ein Verhalten des VN voraus, von dem er wusste oder wissen musste, dass es geeignet war, den Eintritt des Versicherungsfalles oder die Vergrößerung des Schadens zu fördern. In subjektiver Hinsicht musste das Verhalten zusätzlich unentschuldbar sein, so dass ein gesteigerter Verschuldensvorwurf verlangt wurde.[127] Hieran ist unter Berücksichtigung der Prämisse einer möglichst gerechten Schadensverteilung sowie des Interesses des VN an angemessenem Versicherungsschutz auch i. R. d. § 81 Abs. 2 VVG festzuhalten.

138 Besondere Bedeutung im Bereich der groben Fahrlässigkeit hat das sog. **Augenblicksversagen.** Darunter ist eine momentane Unaufmerksamkeit in einem zur Routine gewordenen Handlungsablauf zu verstehen, die in subjektiver Sicht dem Vorwurf grober Fahrlässigkeit entgegenstehen kann.[128] Der klassische Fall ist die vom VN bei rot überfahrene Ampel. Jedoch reicht ein Augenblicksversagen alleine nicht aus, um ein grundsätzlich als grob fahrlässig einzustufendes Verhalten subjektiv zu entschuldigen. Nach ständiger Rechtsprechung müssen darüber hinaus weitere subjektive Milderungsgründe hinzutreten.[129] Ob dann grobe Fahrlässigkeit verneint werden kann ist Frage des Einzelfalles.[130] Gelingt dies nicht dürfte ein Augenblicksversagen auch beim Fehlen weiterer Entschuldigungsgründe zumindest beim Umfang der quotalen Leistungskürzung mitzuberücksichtigen sein.[131]

9. Anzeigepflichten im Zusammenhang mit Tarifierungsmerkmalen

139 Nach K.4.1 AKB ist der VN verpflichtet, Änderungen der Tarifierungsmerkmale anzuzeigen. Verletzt er diese Pflicht, gilt nach K.4.3 AKB rückwirkend ab Beginn der laufenden Versicherungsperiode derjenige Prämienbetrag, der den tatsächlichen Merkmalen der Beitragsberechnung entspricht. Der Versicherer kann also einen Zuschlag verlangen.

---

[126] Vgl. Rn. 115/116.
[127] BGH VersR 1989, 141.
[128] Prölss/Martin/*Prölss* VVG § 81 Rn. 18 mwN.
[129] BGH VersR 2003, 364.
[130] Zu Beispielsfällen vgl. § 47 Rn. 15 ff.
[131] *Looschelders* VersR 2008, 1, 6.

Bei vorsätzlich abgegebenen unzutreffenden Angaben oder unterlassener Änderung einer Anzeige kann der Versicherer nach K.4.4 AKB zusätzlich eine Vertragsstrafe geltend machen. Sieht man diese Anzeige- und Mitteilungspflichten als Obliegenheiten, weil von dem VN ein bestimmtes vorbeugendes Verhalten verlangt wird,[132] wären sie wegen fehlender Nennung im Katalog des § 5 Abs. 1 KfzPflVV unwirksam.[133] In § 5 KfzPflVV werden die in zulässiger Weise in der Kraftfahrtversicherung zu vereinbarenden Obliegenheiten vor Eintritt des Versicherungsfalles abschließend aufgezählt.[134]

VII. Verjährung von Ansprüchen aus dem Versicherungsvertrag

1. Allgemeine Verjährungsvorschriften

Im neuen VVG ist bis auf eine Ausnahme auf Vorschriften zur Verjährung der Ansprüche aus den Versicherungsverträgen verzichtet worden. Die früher maßgebliche Vorschrift des § 12 VVG aF wurde bis auf den Hemmungstatbestand seines Abs. 2 – nun § 15 VVG – ersatzlos gestrichen.[135] Im Sinne der weiteren Vereinheitlichung der Verjährungsvorschriften, wie sie bereits mit dem Schuldrechtsreformgesetz in Gang gesetzt wurde, verjähren nun auch sämtliche Ansprüche aus Versicherungsverträgen nach den allgemeinen Vorschriften der §§ 194 ff. BGB **in drei Jahren** nach § 195 BGB.

Art. 3 EGVVG regelt den Umgang mit laufenden Verjährungsfristen in der Übergangsphase. Nach Art. 3 Abs. 1 EGVVG finden die neuen – allgemeinen –Verjährungsvorschriften anstelle des § 12 VVG aF auf alle am 1.1.2008 – auch aus Altverträgen – bestehenden und noch nicht verjährten Ansprüche Anwendung. Für die Vollendung der Verjährung bestimmt Art. 3 Abs. 2 VVG, dass der Zeitpunkt maßgeblich ist, zu dem die kürzere Frist abläuft. Dies ist mit nur zwei anstelle von drei Jahren die des § 12 Abs. 2 VVG aF. Sie bleibt somit auch über die Geltung des neuen VVG hinaus für Ansprüche maßgeblich, die schon vor dem 1.1.2008 entstanden sind.

Hiervon streng zu unterscheiden ist die nach altem Recht für den Versicherer bestehende Möglichkeit, dem VN gem. § 12 Abs. 3 VVG aF mit schriftlicher Leistungsablehnung eine Frist von sechs Monaten zu setzen, innerhalb derer die Ansprüche aus dem Versicherungsvertrag gerichtlich geltend gemacht werden müssen. Da es sich nicht um eine echte Verjährungsvorschrift handelt gilt insoweit nicht Art. 3, sondern Art. 1 EGVVG.[136] Dies bedeutet, dass der Versicherer bei Altverträgen während der Übergangszeit bis zum 1.1.2009 die Frist noch setzen darf, auch wenn das Fristende nach diesem Datum liegt.[137]

2. Beginn und Unterbrechung der Verjährung

Gem. § 199 Abs. 1 Nr. 1 BGB beginnt die Verjährung frühestens mit dem Schluss des Jahres, in dem der Anspruch entstanden ist, d. h., im Wege der Klage durchgesetzt werden kann, was wiederum **Fälligkeit** des Anspruchs voraussetzt.[138] Hinsichtlich Geldleistungen des Versicherers bestimmt § 14 VVG wie schon § 11 VVG aF, dass diese erst mit Beendigung der zur Feststellung des Versicherungsfalls und des Umfangs der Leistung des Versicherers notwendigen Erhebungen fällig werden. Sind demnach Anzeige- und Mitwirkungspflichten des VN für die endgültigen Erhebungen erforderlich, kann der VN durch Unterlassen der Anzeige und Mitwirkung den Verjährungsbeginn hinauszögern. Sofern dies nicht treuwidrig tut, was vom Versicherer bewiesen werden muss, kommt eine Vorverlegung des Verjährungsbeginns zugunsten des Versicherers nach der Rechtsprechung des BGH nicht in Betracht.[139] Nach den Obliegenheiten aus den AVB kann ein solches Verhalten jedoch entsprechende Sanktionen wie u. U. Leistungsfreiheit des Versicherers zur Folge haben. Ferner ist

---

[132] Vgl. 2. Aufl. § 45 Rn. 70, 71.
[133] *Knappmann* VersR 1996, 401, 408.
[134] Vgl. § 44 Rn. 31/32.
[135] Vgl. zur alten Rechtslage ausführlich Prölss/Martin/*Prölss* VVG § 15 Rn. 4 ff.
[136] Vgl. Rn. 1 bis 3.
[137] *Neuhaus* r+s 2008, 441, 442.
[138] BGH NJW 2001, 1724 mwN.
[139] BGH VersR 2002, 698.

für den Verjährungsbeginn gem. § 199 Abs. 1 Nr. 2 BGB **Kenntnis** des VN von den den Anspruch begründen Umständen erforderlich.

Von den §§ 199 ff. BGB kann gem. § 18 VVG nicht zum Nachteil des VN abgewichen werden. Begünstigende Regelungen in den AVB sind hingegen möglich.

145 Die Verjährungsfrist kann nach den allgemeinen Vorschriften der §§ 203 ff. BGB in ihrem Ablauf gehemmt sein oder neu beginnen. § 15 VVG normiert einen gesonderten Hemmungsgrund für Ansprüche aus Versicherungsverträgen. Hat der VN einen Anspruch aus dem Versicherungsvertrag beim Versicherer angemeldet, ist die Verjährung bis zur umfassenden und endgültigen Entscheidung des Versicherers und dessen Zugang in Textform beim VN gehemmt.

146 Ist beim Ombudsmann ein Beschwerdeverfahren anhängig, so ergibt sich eine entsprechende Verlängerung der Frist. Hierbei ist davon auszugehen, dass während des Laufs des Beschwerdeverfahrens ebenfalls Hemmung gegeben ist.[140]

3. Die Verjährung des Direktanspruchs nach § 115 Abs. 2 VVG

147 Der unmittelbare Anspruch des geschädigten Dritten gegen den Haftpflichtversicherer in der Kfz-Haftpflichtversicherung nach § 115 Abs. 1 Nr. 1 VVG unterliegt einer eigenen Verjährung nach § 115 Abs. 2 VVG.[141] Der Anspruch des Dritten unterliegt danach der gleichen Verjährung wie der Schadenersatzanspruch gegen den ersatzpflichtigen VN. Die Verjährung beginnt in dem Zeitpunkt, in dem die Verjährung des Schadensersatzanspruchs gegen den Schädiger beginnt, also nach den allgemeinen Vorschriften der §§ 194 ff. BGB. Hiervon unabhängig endet sie spätestens 10 Jahre vom Eintritt des Schadens an.

148 Hat der geschädigte Dritte seinen Ersatzanspruch gem. § 115 Abs. 2 S. 3 VVG beim Versicherer angemeldet, was form- und fristlos erfolgen kann, ist die Verjährung neben den Hemmungstatbeständen der §§ 194 ff. BGB bis zu dem Zeitpunkt gehemmt, zu dem eine Entscheidung des Versicherers – gewährend oder ablehnend – dem Dritten in Textform zugeht. Der Geschädigte kann von sich aus die Hemmung nicht beenden. Eine die Verjährung wieder zum Laufen bringende Entscheidung des Versicherers liegt nur bei einer eindeutigen und endgültigen Bescheidung vor. Diese darf sich nicht nur auf einzelne Schadenspositionen beziehen. Tut sie es, wird die Verjährung auch bezüglich dieser Einzelposten nicht beendet, es sei denn, die restlichen Ansprüche werden ausdrücklich abgelehnt.[142] Erkennt der Versicherer die Ansprüche nur teilweise an, ist es erforderlich, dass der VN erkennen kann, welche restlichen Ansprüche der Versicherer ablehnt. Auch nach gescheiterten Vergleichsverhandlungen bedarf es der schriftlichen Entscheidung des Versicherers. Für zukünftige Ansprüche muss klar sein, dass der Versicherer entsprechende Schadenspositionen bei ausreichendem Nachweis zur Höhe bezahlen wird.[143] In Ausnahmefällen kann dem VN trotz unzureichender Bescheidung des Versicherers die Berufung auf die Hemmung nach § 242 BGB verwehrt sein.[144]

149 Zu beachten ist, dass bei Verhandlungen iSd § 203 BGB nach einem vorangegangenen ablehnenden Bescheid die Verjährung wieder gehemmt sein kann, wenn der Versicherer zu erkennen gibt, dass er erneut die Ansprüche prüft und die ablehnende Entscheidung nicht aufrecht erhält.

Erhebt der Versicherer eine Rückforderungsklage nach Zahlung eines unter Vorbehalt geleisteten Vorschusses, wird hierdurch die Verjährung des Deckungsanspruchs nicht gehemmt.[145]

150 Gem. § 115 Abs. 2 S. 4 VVG wirken die Hemmung und Neubeginn der Verjährung des Anspruchs gegen den Versicherer auch gegenüber dem ersatzpflichtigen VN und umgekehrt. Damit wird verhindert, das die verschiedenen Ansprüche des geschädigten Dritten zu verschiedenen Zeitpunkten verjähren.

---

[140] Prölss/Martin/*Prölss* VVG Vorbem. I Rn. 147.
[141] Vgl. § 3 Nr. 3 PflVG aF.
[142] BGH VersR 1996, 369; VersR 1991, 179.
[143] OLG Rostock VersR 2003, 363; OLG Hamm NZV 2002, 39.
[144] Prölss/Martin/*Knappmann* VVG § 115 Rn. 10.
[145] OLG Köln VersR 1990, 373.

§ 44 Die Kraftfahrthaftpflichtversicherung[*]

Übersicht

	Rn.
I. Das Mandat in der Kraftfahrthaftpflichtversicherung	1–3
1. Das Haftungsverhältnis	2
2. Das Deckungsverhältnis	3
II. Allgemeines	4–16
1. Die Rechtsquellen	5
2. Besonderheiten der KH-Versicherung	6–16
a) Versicherungspflicht und Kontrahierungszwang	7–11
b) Inhalt des Vertrages, speziell Bedingungen und Tarife	12
c) Laufzeit und Dauer	13
d) Verfallpolicen, Saisonfahrzeuge	14
e) Der Schadenfreiheitsrabatt	15
f) Übersicht über Schadenfreiheitsklassen sowie Schadenklassen nach Tarifbestimmungen	16
III. Versichertes Risiko	17–30
1. Gegenstand der KH-Versicherung	17–23
a) Allgemeines zum Versicherungsschutz	17
b) Gebrauch eines Kraftfahrzeuges	18/19
c) Benzinklausel	20/21
d) Anhängerversicherung	22/23
2. Der Anspruch auf Versicherungsschutz	24–26
3. Räumlicher Geltungsbereich	27
4. Haftpflichtversicherung bei Prüfungsfahrten, Probefahrten, Überführungsfahrten	28
5. Fahrzeugwechsel	29/30
IV. Einschränkungen und Ausschluss des Versicherungsschutzes durch Obliegenheitsverletzung/Leistungsfreiheit	31–91
1. Einteilung der Obliegenheiten	31/32
2. Obliegenheiten vor Eintritt des Versicherungsfalles	33–62
a) Verwendungsklausel	36–40
b) Unberechtigter Fahrer/Schwarzfahrtklausel	41–44
c) Fahrerlaubnisklausel	45–50
d) Teilnahme an Rennveranstaltungen	51–53
e) Trunkenheitsklausel	54–60
f) Beschränkter Rückgriff des Versicherers	61/62
3. Obliegenheiten nach Eintritt des Versicherungsfalles	63–85
a) Anzeigeobliegenheiten	64/65
b) Aufklärungsobliegenheit	66–74
c) Die Prozessführungsbefugnis des Versicherers	75
d) Schadensminderungspflicht	76–80
e) Beschränkte Leistungsfreiheit des Versicherers	81–85
4. Gefahrerhöhung	86–89
a) Beispiele	87
b) Weitere Voraussetzungen: Kenntnis, Kausalität, Verschulden, Kündigung	88/89
5. Herbeiführung des Versicherungsfalles	90/91
V. Der Repräsentant in der KH-Versicherung	92–94
1. Allgemeines	92
2. Beispiele für Repräsentanteneigenschaft	93
3. Verneinung der Repräsentanteneigenschaft	94
VI. Der Direktanspruch in der KH-Versicherung nach § 115 Abs. 1 Nr. 1 VVG	95–99
1. Allgemeines	95
2. Das Verweisungsprivileg	96/97
3. Rechtskrafterstreckung	98
4. Anzeigepflichten des Dritten	99

[*] Der Verfasser bedankt sich herzlich bei Herrn Rechtsanwalt *Carsten Kunz* für die Unterstützung bei den Manuskriptarbeiten.

	Rn.
VII. Deckungsklage in der Kraftfahrthaftpflichtversicherung	100–102
1. Die Leistungspflicht des Versicherers gegenüber dem Geschädigten	100
2. Trennungsprinzip und Bindungswirkung	101/102
VIII. Abwicklung des Versicherungsfalles	103–112
1. Regulierungsbefugnis und Prozessführungsrecht des Versicherers	103–108
a) Regulierungsbefugnis	103–105
b) Prozessführungsrecht	106–108
2. Anerkenntnis- und Befriedigungsrecht des VN	109/110
3. Verfügungsverbot nach § 108 Abs. 1 VVG	111
4. Abtretungsrecht nach § 108 Abs. 2 VVG	112
IX. KH-Versicherung und internationales Recht	113–116
X. Verkehrsopferhilfe e. V.	117/118

Schrifttum: *Adolpffs/Burkard*, Das pflichtgemäße Ermessen des Versicherers gem. § 10 Abs. 5 AKB; *Bauer*, Die Kraftfahrtversicherung, 6. Aufl. 2010; *Burmann/Heß/Höke/Stahl*, Das neue VVG im Straßenverkehrsrecht, 2008; *Feyock/Jacobsen/Lemor*, Kraftfahrtversicherung, 2. Aufl. 2002; *Hentschel*, Straßenverkehrsrecht, 42. Aufl. 2013; *Hofmann*, Deckungsschutz für den eigenmächtig Fahrerhandlungen vornehmenden Fahrzeuginsassen, NZV 1999, 153 f.; *ders.*, Die neue Kfz-Versicherung, 1. Aufl. 1994; *Lange*, Das Zusammenspiel von Anerkenntnis und Abtretung in der Haftpflichtversicherung nach der VVG-Reform, r+s 2007, 401 ff.; *Langheid*, Tücken in den §§ 100 ff. VVG-RegE, VersR 2007, 865; *Prölss/Martin*, Versicherungsvertragsgesetz, 28. Aufl. 2010 (zitiert: Prölss/Martin/*Bearbeiter*); *Riedmeyer*, Die Obliegenheitsverletzung in der Kraftfahrtversicherung, zfs 2000, 47; *Rixecker*, Eine Einführung, V. Rettungsobliegenheit und Rettungskostenersatz, ZfS 2007, 255 ff.; *Stamm*, Die neue „Trunkenheitsklausel" in der Kfz-Haftpflichtversicherung – Rechtsgrundlagen und Auswirkungen auf die Schadenspraxis, VersR 1995, 261; *Stiefel/Maier*, Kraftfahrtversicherung, 18. Aufl. 2010; *Terbille*, Münchener Anwaltshandbuch Versicherungsrecht, 2. Aufl. 2008.

I. Das Mandat in der Kraftfahrthaftpflichtversicherung

1 Bei der Führung eines Mandates in einer Kraftfahrzeug-Haftpflichtangelegenheit sind verschiedene Besonderheiten zu beachten. Die Kraftfahrthaftpflichtversicherung ist ein Zweig der Kraftfahrtversicherung neben der Fahrzeugversicherung als Teil- und Vollkaskoversicherung sowie der Kraftfahrzeug-Unfallversicherung. Neben diesen Unterscheidungen der verschiedenen Arten der Kraftfahrzeugversicherung sind bei der Führung eines Mandates in einer Kraftfahrt-Haftpflichtangelegenheit verschiedene Aspekte zu berücksichtigen, nämlich das Haftungs- sowie Deckungsverhältnis, die Besonderheit der Kraftfahrzeug-Haftpflichtversicherung als Pflichtversicherung sowie die besonderen Befugnisse der Kraftfahrthaftpflichtversicherung gegenüber dem Versicherungsnehmer, nämlich das Prozessführungsrecht gemäß E.2.4 AKB 2008.

1. Das Haftungsverhältnis

2 Das Haftungsverhältnis in der Kraftfahrzeug-Haftpflichtversicherung beinhaltet die Frage, ob und in welchem Umfang der Kraftfahrzeug-Haftpflichtversicherer Schadenersatz zu leisten hat bei einer Haftung des VN und einer mitversicherten Person aufgrund des Gebrauchs des versicherten Kraftfahrzeuges. Betroffen ist insoweit das Außenverhältnis zwischen dem Geschädigten und dem Schädiger, der gegenüber der Kraftfahrzeug-Haftpflichtversicherung als Pflichtversicherung einen Direktanspruch hat; § 115 Abs. 1 Nr. 1 VVG.

2. Das Deckungsverhältnis

3 Das Deckungsverhältnis beinhaltet die versicherungsvertragliche Beziehung zwischen dem Versicherer und dem VN. In der Kraftfahrzeug-Haftpflichtversicherung umfasst der Deckungsanspruch des VN die Befriedigung begründeter und die Abwehr unbegründeter Schadenersatzansprüche, die sich aufgrund der gesetzlichen Haftpflichtbestimmungen privatrechtlichen Inhalts gegen den VN und mitversicherte Personen im Zusammenhang mit dem Gebrauch des versicherten Fahrzeuges gemäß A.1.1 und A.1.2 AKB 2008 ergeben. Im Rahmen des Deckungsverhältnisses kann sich ergeben, dass der Versicherer gegenüber dem VN und/oder der mitversicherten Person leistungsfrei geworden ist. Ist der Versicherer im In-

nenverhältnis leistungsfrei, etwa wegen Obliegenheitsverletzung, kann der Versicherer, der aufgrund der Regelungen des § 117 Abs. 1 und 2 VVG im Außenverhältnis zum geschädigten Dritten grundsätzlich zur Leistung verpflichtet bleibt, gegenüber dem VN und/oder mitversicherten Person, soweit Leistungsfreiheit gegeben ist, regressieren (vgl. hierzu im Einzelnen § 48).

II. Allgemeines

Nachfolgend wird die Kraftfahrthaftpflichtversicherung behandelt unter dem Gesichtspunkt des Versicherungsvertrages und der sich aus diesem ergebenden Rechtsbeziehungen zwischen VN und Versicherer.

1. Die Rechtsquellen

In der Kraftfahrzeug-Haftpflichtversicherung sind folgende Rechtsquellen zu beachten:
- das Versicherungsvertragsgesetz (VVG)
- das Pflichtversicherungsgesetz (PflVG)
- Gesetz über die Haftpflichtversicherung für ausländische Kraftfahrzeuge und Kraftfahrzeuganhänger (AuslPflVG)
- die Kraftfahrzeug-Pflichtversicherungsverordnung (KfzPflVV)
- die Allgemeinen Bedingungen für die Kraftfahrtversicherung (AKB).

Das VVG ist sozusagen das „Grundgesetz" auch im Bereich der Kraftfahrzeug-Haftpflichtversicherung. Jedoch wird die Kraftfahrzeug-Haftpflichtversicherung durch zahlreiche spezialgesetzliche und vertragliche Rechtsquellen ergänzt.

2. Besonderheiten des Vertrages in der Kfz-Haftpflichtversicherung

In § 43 sind die bei Abschluss eines Versicherungsvertrages allgemein zu beachtenden Voraussetzungen dargestellt worden. Die nachfolgenden Ausführungen behandeln die Besonderheiten in der Kfz-Haftpflichtversicherung.

a) **Versicherungspflicht und Kontrahierungszwang.** Gem. § 1 PflVG ist der Halter eines Kraftfahrzeuges iSd § 1 Abs. 2 StVG und/oder Anhängers mit regelmäßigem Standort im Inland **verpflichtet**, für sich, den Eigentümer und den Fahrer eine Haftpflichtversicherung abzuschließen und aufrechtzuerhalten, wenn das Fahrzeug auf öffentlichen Wegen und Plätzen verwendet wird. Im Falle eines Verstoßes gilt der Straftatbestand des § 6 Abs. 1 PflVG. Eigentümer und Fahrer sind mitversicherte Personen nach A.1.2 AKB 2008. Der Halter muss aber nicht zwingend auch der VN sein, etwa wenn eine andere Person aus Gründen der Prämienbemessung den Versicherungsvertrag abschließt. In diesem Fall ist der nach § 7 Abs. 1 StVG schadensersatzpflichtige Halter mitversicherte Person. In § 2 Abs. 1 Nr. 1 bis 6 PflVG werden Ausnahmen von der generellen Versicherungspflicht genannt. Gegenüber einem danach nur freiwillig versicherten Fahrzeughalter kann sich der geschädigte Dritte jedoch ebenfalls auf den gesetzlichen Direktanspruch gegen den Versicherer berufen.[1]

Gem. § 5 Abs. 3 PflVG gilt der Versicherungsantrag in der Kfz-Haftpflichtversicherung – nicht in der Kasko- und Kfz-Unfallversicherung – als angenommen, wenn der Versicherer ihn nicht innerhalb einer Frist von 2 Wochen ab Eingang des Antrages dem Antragsgegner gegenüber schriftlich ablehnt oder wegen einer nachweisbaren höheren Gefahr ein vom allgemeinen Unternehmenstarif abweichendes schriftliches Angebot unterbreitet – Annahmefiktion. Dies gilt nicht für Kraftfahrzeuge mit einer höheren Nutzlast als 1 t und nicht für Taxen, Personenmietwagen und Selbstfahrermietfahrzeuge. Durch die Absendung der Ablehnungserklärung oder des Angebotes wird die Frist gewahrt.[2] Die Annahmefiktion gilt jedoch nur hinsichtlich der **Mindestversicherungssummen**,[3] die sich aus der Anlage zu § 4 PflVG ergeben.

---
[1] BGH VersR 1987, 1034.
[2] Vgl. im Einzelnen *Stiefel/Maier* Einl. Rn. 46 ff.
[3] Vgl. BGH VersR 1986, 986, 987.

9 Die **Ablehnung des Versicherungsantrages** in der Kraftfahrthaftpflichtversicherung setzt voraus, dass eine der in § 5 PflVG genannten Gründe vorliegt – Anfechtung des Versicherungsvertrages wegen Drohung oder arglistiger Täuschung, Rücktritt wegen Verletzung vorvertraglicher Anzeigepflichten oder Nichtzahlung der Erstprämie, Kündigung wegen Prämienverzuges oder nach Eintritt des Versicherungsfalles – oder dass das zu versichernde Fahrzeug nicht unter den Kontrahierungszwang gemäß § 5 Abs. 3 S. 1, 3 PflVG fällt. Der Versicherungswirtschaft ist es nicht gestattet, nach kaufmännischen Gesichtspunkten von der Übernahme schlechter Risiken allgemein abzusehen, sondern sie muss Abgrenzungen nach objektiven Gesichtspunkten vornehmen. Als solche kommen sachliche oder örtliche Beschränkungen im Geschäftsplan des Versicherers in Betracht, also zB eine Regelung, nach der sich der Geschäftsbereich nur auf bestimmte regionale Bereiche oder nur auf bestimmte Berufsgruppen, zB Beamte, bezieht.[4]

10 Der VN kann zwar bei pflichtwidriger Ablehnung seines Antrages gem. § 81 Abs. 2 VAG die BaFin anrufen und den Versicherer auf Abschluss des Vertrages in Anspruch nehmen. Kurz- und mittelfristig wird ihm jedoch nichts anderes übrig bleiben, als sich einen anderen Versicherer zu suchen und den pflichtwidrig ablehnenden Versicherer gegebenenfalls schadensersatzpflichtig zu machen, da er ja in der Regel kurzfristig Versicherungsschutz benötigt.

11 Wenn der Versicherer bei gewerblich genutzten und damit vom Kontrahierungszwang zumeist ausgenommenen Fahrzeugen die Bindungsfrist des VN gemäß Antrag verstreichen lässt oder innerhalb der Frist ablehnt, kommt zunächst und trotz der gesetzlich bestehenden Verpflichtung zur Gewährung von Versicherungsschutz aus § 5 Abs. 2 PflVG kein Vertrag zustande.

12 **b) Inhalt des Vertrages, speziell Bedingungen und Tarife.** Neben der inhaltlich zulässigen Vereinbarung von Tarifbestimmungen sind auch der Änderung der Tarifmerkmale in der Kraftfahrtversicherung seitens der Kraftfahrzeug-Haftpflichtversicherung Grenzen gesetzt. So ist es Kraftfahrzeug-Haftpflichtversicherern verwehrt, in Bezug auf bereits geschlossene Verträge bestimmte Änderungen der Tarifmerkmale vorzunehmen.

Fall:[5] Ein Kraftfahrzeug-Haftpflichtversicherer will Tarifbestimmungen zu einer abgeschlossenen KH-Versicherung wie folgt ändern: „Der Versicherer ist berechtigt, die im Tarif vorgesehenen Gefahrenmerkmale durch andere zu ersetzen oder neue hinzuzufügen, wenn ein angemessenes Verhältnis von Versicherungsbeitrag und Versicherungsleistung gewährleistet ist und ein unabhängiger Treuhänder bestätigt, dass sie für die Art und Größe des Versicherungsrisikos bestimmend sind und den anerkannten Grundsätzen der Versicherungsmathematik und der Versicherungstechnik entsprechen".

Auf eine solche ändernde Regelung kann sich der Versicherer nicht berufen. Im Übrigen verstößt der Vorbehalt, Tarifbestimmungen entsprechend dem generellen Vorbehalt durch andere zu ersetzen, gegen § 307 BGB, weil er nicht hinreichend konkretisiert ist.[6]

13 **c) Laufzeit und Dauer.** In § 5 Abs. 5 PflVG sind Dauer und Beendigung des Vertrages geregelt. Hiernach endet der Versicherungsvertrag, wenn er am ersten Tag eines Monats begonnen hat, ein Jahr nach diesem Zeitpunkt, und, wenn es zu einem anderen Zeitpunkt begonnen hat, an dem nach Ablauf eines Jahres folgenden Monatsersten mit der Maßgabe, dass er sich jeweils um ein Jahr verlängert, wenn er nicht spätestens einen Monat vor Ablauf schriftlich gekündigt wird. Entsprechendes findet sich in G.2.1 AKB 2008. Die Festlegung der Kündigungsfrist auf einen Monat enthält eine Konkretisierung des in § 11 Abs. 3 VVG vorgesehenen Rahmens für die Kraftfahrzeughaftpflichtversicherung und entspricht den Besonderheiten des Kraftfahrzeughaftpflichtgeschäfts. Diese Regelung soll dem Schutz des Allgemeininteresses dienen und den Vertragsparteien ermöglichen, auf aktuelle Entwicklungen im Wettbewerb zu reagieren.[7]

14 **d) Verfallpolicen, Saisonfahrzeuge.** Gemäß § 5 Abs. 5 S. 4 PflVG und G.1.4 AKB 2008 sind so genannte „Verfallpolicen" möglich, also Policen, für die eine kürzere Vertragslauf-

---

[4] *Stiefel/Maier* PflVG § 5 Rn. 59 ff.
[5] OLG Celle NVersZ 2000, 43 = DAR 1999, 450.
[6] BGH VersR 1999, 698; vgl. auch OLG Celle NVersZ 2000, 43 = DAR 1999, 450.
[7] *Feyock/Jacobsen/Lemor* PflVG § 5 Rn. 69.

zeit als ein Jahr vereinbart werden. In diesem Fall bedarf es zur Beendigung des Versicherungsverhältnisses keiner Kündigung. Auch kommen besondere Vertragslaufzeiten für so genannte „Saisonfahrzeuge" in Betracht.[8]

e) **Der Schadenfreiheitsrabatt.** Zunächst ist davon auszugehen, dass Versicherungsunternehmen bei der Gestaltung ihrer Unternehmenstarife bezüglich des Schadenfreiheitssystems uneingeschränkt frei sind. Dies führt dazu, dass einzelne Versicherungsunternehmen abweichende Schadenfreiheitssysteme anbieten und anwenden oder auch kein Schadenfreiheitssystem in den Unternehmenstarifen führen. Eine Verpflichtung zu einem bestimmten Schadenfreiheitssystem besteht nicht. 15

Für den VN ist es bei Abschluss des Versicherungsvertrages wichtig, sich zu informieren, ob und mit welchem Inhalt ein Schadenfreiheitssystem angewandt wird.

f) **Schadenfreiheitsklassen sowie Schadenklassen nach Tarifbestimmungen.** Seit dem Wegfall der Genehmigungspflicht der Tarifbestimmungen durch das Bundesaufsichtsamt für das Versicherungswesen Mitte 1994 kann die Anzahl der Schadenfreiheitsrabattklassen und deren Einteilung von Versicherer zu Versicherer differieren. Anhang 1 der AKB 2008 enthält eine beispielhafte Aufstellung der Schadensfreiheitsklassen für unterschiedliche Fahrzeugtypen.[9] 16

In Kap. I AKB sind die Voraussetzungen der Ein-, Besser- und Rückstufung bei schadensfreiem oder schadensbelastetem Verlauf (I.1 bis 4), der Anrechnung des Schadenverlaufs der Kfz-Haftpflichtversicherung bei einer nachträglich abgeschlossenen Vollkaskoversicherung (I.2.3), der Vermeidung einer Rückstufung durch Erstattung der Entschädigungssumme bei Schäden bis zu 500 EUR (I.5), der Übernahme der Schadensverläufe aus bereits bestehenden Versicherungsverhältnissen mit anderen Versicherern – inklusive eines Auskunftsrechts gegenüber dem alten Versicherer – oder von anderen Personen (I.6 und 8) sowie die Auswirkungen der Unterbrechung des Versicherungsschutzes auf den Schadensverlauf (I.7) geregelt.

Im Übrigen bestimmt § 5 Abs. 7 PflVG, dass das Versicherungsunternehmen verpflichtet ist, dem VN bei Beendigung des Versicherungsverhältnisses eine Bescheinigung über den Schadenverlauf seines – bisherigen – Vertrages auszuhändigen.[10]

III. Versichertes Risiko

1. Gegenstand der KH-Versicherung

a) **Allgemeines zum Versicherungsschutz.** Gegenstand der Kraftfahrthaftpflichtversicherung ist das Risiko, das in der Gefahr besteht, aus einem Schadenereignis dritten Personen gegenüber schadenersatzpflichtig zu werden. Im Gegensatz hierzu deckt die Kaskoversicherung das Kraftfahrzeug als versicherten Sachgegenstand.[11] Im Schadenfall besteht die Leistungspflicht des Versicherers in der Befriedigung begründeter und der Abwehr unbegründeter Entschädigungsansprüche. Der **Leistungsfall** tritt ein, sobald ein Dritter einen Haftpflichtanspruch erhebt. Dieser kann im Wege der Direktklage gegen den Versicherer verfolgt werden. Im Übrigen können mitversicherte Personen iSv A.1.2 AKB 2008 ihre Versicherungsansprüche selbstständig gegen den Versicherer geltend machen. Dieser wiederum gilt gemäß A.1.4 AKB 2008 als bevollmächtigt, alle ihm zur Befriedigung oder Abwehr der Ansprüche zweckmäßig erscheinenden Erklärungen im Namen der versicherten Personen abzugeben. 17

b) **Gebrauch eines Kraftfahrzeuges.** Der Versicherungsvertrag gewährt Deckung für Schäden, die beim Gebrauch eines Kraftfahrzeuges entstehen – A.1.1 AKB 2008. Der Begriff de **Gebrauchs** umfasst den „Betrieb" eines Fahrzeuges iSd § 7 Abs. 1 StVG und geht darüber hinaus. Ausreichend ist, dass sich adäquat kausal eine typische, vom Gebrauch des Kfz 18

---

[8] Vgl. hierzu *Feyock/Jacobsen/Lemor* PflVG § 5 Rn. 74.
[9] Als Beispiel einer typischen Tabelle nach den alten AKB vgl. die 2. Aufl. § 41 Rn. 15.
[10] *Feyock/Jacobsen/Lemor* PflVG § 5 Rn. 80.
[11] *Stiefel/Maier* AKB 2008 A.1.1 Rn. 1 f.

selbst und unmittelbar ausgehende Gefahr realisiert hat.[12] Zeit- und Ortsnähe der Fahrzeugbeteiligung an dem Schaden stiftenden Ereignis sind wichtige Beurteilungskriterien, die wie der gesamte Gebrauchsbegriff nicht zu eng ausgelegt werden dürfen. So sind unter diesen Voraussetzungen etwa auch Schäden durch Tätigkeiten an oder mit dem Kfz – wie das Be- und Entladen sowie Reparaturarbeiten – vom Versicherungsschutz umfasst.[13] Gleiches gilt für Handlungen des Fahrers ohne unmittelbare Mitwirkung des Kfz, wenn sie in den typischen Aufgabenbereich des Fahrers im Bezug auf den Gebrauch seines Kfz fallen, wie etwa das Wegräumen von Hindernissen, um die Fahrt fortzusetzen. Tätliche Auseinandersetzung anlässlich eines Verkehrsunfalls gehören freilich nicht hierzu.[14] Dies gilt auch, wenn der VN oder der mitversicherte Fahrer gerechtfertigt handeln.

19 „Fahrzeug" iSd A.1.1 AKB 2008 ist nur das Fahrzeug als ganzes, so dass Schäden, die im Zusammenhang mit einzelnen aus der Sachgesamtheit heraus gelösten Fahrzeugteilen entstehen, nicht unter die Kfz-Haftpflichtversicherung fallen. Dies gilt auch für Schäden, welche durch die Ladung des Fahrzeuges verursacht wurden, sofern sie nicht beim Be- und Entladen eingetreten sind oder es sich um vom Fahrzeug herabstürzende Ladungsteile handelt. Dauerhafte Fahrzeugaufbauten – wie etwa bei einem Müllfahrzeug – werden vom Versicherungsschutz umfasst.[15] Bei selbst fahrenden Arbeitsmaschinen – Bagger, Kran – sind die mit dem Arbeitsvorgang in Verbindung stehenden Gefahren vom Gebrauchsbegriff des A.1.1 AKB 2008 abgedeckt.

20 c) **Benzinklausel.** Bei der **Abgrenzung** zwischen dem Risikobereich der **Kfz-Haftpflichtversicherung** und der allgemeinen **Privathaftpflichtversicherung** kommt es ebenfalls auf den „Gebrauch" des Fahrzeugs im Sinne des A.1.1 AKB 2008 an. Die Abgrenzung wird in den Versicherungsbedingungen der Privat- und Berufshaftpflichtversicherung in der sog. kleinen bzw. großen Benzinklausel geregelt. Danach werden vom allgemeinen Haftpflichtrisiko all diejenigen Risiken **ausgenommen**, die typischerweise mit dem „Gebrauch" eines Kfz in Verbindung stehen. Die **kleine Benzinklausel** wird in der Privathaftpflichtversicherung verwendet und unterscheidet sich von der im Bereich der Berufshaftpflichtversicherung benutzten **großen Benzinklausel** dadurch, dass letztere auch die von dem VN bestellten oder beauftragten Personen erfasst, um dem Umstand Rechnung zu tragen, dass in der Betriebshaftpflichtversicherung ein größerer Personenkreis versicherte Schäden verursachen kann als in der auf nur wenige Personen beschränkten Privathaftpflichtversicherung.[16]

21 Problematisch kann die Frage des Deckungsschutzes für den Fahrzeuginsassen werden, der ohne selbst Fahrer zu sein, eigenmächtig Fahrerhandlungen vornimmt.

Beispiel:
Der Beifahrer zieht eigenmächtig die Handbremse, um das Bremsmanöver des Fahrers zu unterstützen.

In einem solchen Fall muss die Privathaftpflichtversicherung des Beifahrers diesen von Regressansprüchen des Kfz-Haftpflichtversicherers freistellen, denn er wird durch seine unbefugte Handlung weder zum Fahrer noch zum Besitzer des Fahrzeuges iSd – kleinen – Benzinklausel.[17]

22 d) **Anhängerversicherung.** Zwischen einem gem. § 1 PflVG versicherungspflichtigen Anhänger und seiner Zugmaschine besteht im Außenverhältnis zum geschädigten Dritten grundsätzlich eine Betriebs- und Haftungseinheit. Bei unterschiedlichen Versicherern haften diese daher i.d.R. als Gesamtschuldner. Nur wenn die Betriebseinheit zum Zeitpunkt des schädigenden Ereignisses offensichtlich unterbrochen war und sich die vom Motorfahrzeug auf den Anhänger ausgehende Bewegungsenergie nicht mehr ausgewirkt hat – etwa bei einem von Hand gezogenen Anhänger – ist eine alleinige Haftung des Anhängerversicherers

---

[12] BGH VersR 1994, 83.
[13] Vgl. zu weiteren Beispielen – sowohl positiv als auch negativ – Prölss/Martin/*Knappmann* AKB 2008 A.1.1 Rn. 1.
[14] OLG Saarbrücken VersR 2002, 1417.
[15] Vgl. Hierzu ausführlich *Stiefel/Maier* AKB 2008 A.1.1 Rn. 18 ff.
[16] Vgl. zur Benzinklausel ausführlich *Stiefel/Maier* AKB 2008 A.1.1 Rn. 49 ff. sowie *Bauer* Rn. 810 bis 818.
[17] *Hofmann* NZV 1999, 153 f.

denkbar. In der Rechtsprechung wird das Erstrecken der Bewegungsenergie der Zugmaschine auf den Anhänger teilweise sehr weit ausgelegt.[18]

Ähnliches gilt für die Haftungsverteilung im Innenverhältnis zweier als Gesamtschuldner haftender Versicherer. Nach A.1.5 AKB 2008, der insoweit als Auslegungsregel herangezogen werden kann, umfasst die Versicherung der Zugmaschine auch diejenigen durch den Anhänger verursachten Schäden, die entstanden sind, während der Anhänger noch mit dem Kraftfahrzeug verbunden war oder sich während des Gebrauchs von diesem gelöst hat und noch in Bewegung war. Ein Anhänger löst sich in diesem Sinne jedoch nur dann vom Kraftfahrzeug, wenn er nicht abgekoppelt wurde, sondern von sich aus ohne Zutun der beteiligten Personen die Verbindung mit dem Kraftwagen verliert. Es muss demzufolge eine ungewollte Ablösung des Anhängers vom Kraftfahrzeug vorliegen.[19]

2. Der Anspruch auf Versicherungsschutz

Die Haftpflichtversicherung gewährt gem. A.1.1.1 AKB 2008 iVm § 100 VVG zunächst einmal grundsätzlich die **Freistellung von begründeten Ansprüche** des Geschädigten, die dieser aufgrund der Verantwortlichkeit des VN für eine während der Versicherungszeit eingetretene Tatsache gegen den VN erhebt. Einen unmittelbaren Zahlungsanspruch hat lediglich der Dritte, dem Haftpflichtansprüche zustehen. Dieser kann getrennt gegen den VN oder den Versicherer vorgehen oder eine Klage gegen VN und Versicherer als Gesamtschuldner erheben. Dem VN steht ein Zahlungsanspruch nur in dem Fall zu, in dem er berechtigterweise die Forderung eines geschädigten Dritten erfüllt hat.[20] Der VN kann, sofern keine schuldhafte Verletzung des Versicherungsvertrags vorliegt, keine Rechte daraus herleiten, dass der Versicherer nach seiner Auffassung Ansprüche zu Unrecht befriedigt oder abgelehnt hat.[21]

Neben der Befriedigung begründeter Ansprüche beinhaltet der Deckungsanspruch auch die **Abwehr unbegründeter Ansprüche**; A.1.1.2 AKB 2008 bzw. § 100 VVG. Die Abwehr unbegründeter Ansprüche ist nicht nur eine Nebenpflicht des Versicherers, sondern – als Rechtsschutzfunktion des Versicherungsvertrages – Inhalt der Deckungsverpflichtung des Versicherers.

Die in Erfüllung der Abwehrverpflichtung entstehenden Kosten sind gemäß § 101 VVG neben den für die Befriedigung der begründeten Ansprüche aufzuwendenden Beträgen vom Versicherer zu zahlen.

Der **Deckungsumfang** ist begrenzt auf Ansprüche, die auf gesetzlichen Haftpflichtbestimmungen privatrechtlichen Inhalts beruhen, gleichgültig ob es sich um inländische oder ausländische Haftpflichtbestimmungen handelt.[22] Kommt nach einem Schadensereignis eine Inanspruchnahme des VN sowohl aufgrund einer gesetzlichen Haftpflichtbestimmung privatrechtlichen Inhalts als auch aufgrund eines öffentlich-rechtlichen Anspruchs in Betracht, besteht Versicherungsschutz, unabhängig davon, welcher Anspruch gegen den VN konkret erhoben wird.[23]

3. Räumlicher Geltungsbereich

Gem. § 1 KfzPflVV hat die Kraftfahrzeug-Haftpflichtversicherung **europaweite Deckung** zu gewähren. Außereuropäische Gebiete, die zum Geltungsbereich des EWR-Vertrages gehören, sind einbezogen.[24]

4. Haftpflichtversicherung bei Prüfungsfahrten, Probefahrten, Überführungsfahrten

Die Regelung des § 16 FZV, die eine vereinfachte Zulassung ohne Betriebserlaubnis betrifft, regelt Prüfungsfahrten, Probefahrten sowie Überführungsfahrten. In all diesen Fällen

---

[18] Vgl. BGH VersR 1961, 463; OLG München NZV 1999, 124; OLG Bremen VersR 1984, 1084; einschränkender OLG Köln VersR 1995, 163; OLG Hamm VersR 1991, 219.
[19] Vgl. *Stiefel/Maier* AKB 2008 A.1.1 Rn. 88; Prölss/Martin/*Knappmann* AKB 2008 A.1.1 Rn. 27.
[20] Vgl. hierzu Rn. 109/110.
[21] *Stiefel/Maier* AKB 2008 A.1.1 Rn. 73.
[22] Vgl. hierzu im Einzelnen *Stiefel/Maier* AKB 2008 A.1.1 Rn. 4.
[23] BGH VersR 2007, 200.
[24] *Hofmann* S. 32.

ist für mit Kraftfahrzeugen gewerblich tätige Personen nach § 16 Abs. 3 FZV ein rotes Kennzeichen erforderlich bzw. für Privatpersonen nach § 16 Abs. 2 FZV ein Kurzzeitkennzeichen und für jede Fahrt ein besonderer Fahrzeugschein.[25] Diese Kennzeichen wiederum dürfen nur ausgegeben werden, wenn der Antragsteller nachweist, dass den Vorschriften über die Pflichtversicherung gemäß §§ 29a ff. StVZO genügt ist.[26]

5. Fahrzeugwechsel

29 Wechselt in der Kraftfahrtversicherung ein VN den Versicherer, dann hat der Vorversicherer ihm bzw. dem neuen Versicherer die Dauer des Versicherungsverhältnisses und die Anzahl und Daten der ihm vom VN während der Vertragszeit gemeldeten Schäden zu bescheinigen, die zu einer Leistung oder noch nicht beendeten Schadenrückstellung geführt haben, desgleichen eine Rückstellung, die innerhalb von 3 Jahren nach ihrer Bildung aufgelöst worden ist, ohne dass daraus Leistungen erbracht wurden. Der VN hat gegen den neuen Versicherer keinen Anspruch darauf, dass dieser ihm die gleichen individuellen Vergünstigungen wie der Vorversicherer einräumt.[27]

30 Versichert der VN ein neues anstelle seines alten Fahrzeug bei demselben Versicherer, beinhaltet C.3 AKB 2008 Erleichterungen hinsichtlich der Prämienzahlungsfristen. Außerdem beruft sich der Versicherer freiwillig nicht mehr auf den rückwirkenden Wegfall der vorläufigen Deckung nach B.2.4 AKB 2008.

IV. Einschränkungen und Ausschluss des Versicherungsschutzes durch Obliegenheitsverletzung/Leistungsfreiheit

1. Einteilung der Obliegenheiten

31 Grundsätzlich ist zwischen Obliegenheiten vor und nach dem Versicherungsfall zu unterscheiden.[28] Die KfzPflVV setzt der Vertragsfreiheit allerdings Grenzen. In der Kfz-Haftpflichtversicherung sind gemäß § 5 Abs. 1 KfzPflVV nur die dort genannten Obliegenheiten zulässig.[29] Abs. 2 und 3 enthalten ferner Maximal- bzw. Mindestvoraussetzungen für den Eintritt und den Umfang der Leistungsfreiheit des Versicherers. § 6 KfzPlfVV bestimmt Höchstgrenzen der Leistungsfreiheit bei Obliegenheitsverletzungen nach Eintritt des Versicherungsfalles.

32 Obliegenheiten **vor** dem Versicherungsfall speziell für den Bereich der Kraftfahrtversicherung sind geregelt in D AKB 2008, während E AKB 2008 Verhaltenspflichten des VN und der mitversicherten Personen nach dem Schadenfall beinhaltet. Die in D.1 und E.1 AKB 2008 aufgeführten Obliegenheiten gelten sowohl in der Haftpflicht- als auch in der Kaskoversicherung – Verwendungs-, Schwarzfahrt- und Führerscheinklausel, Anzeige-, Aufklärungs- sowie Schadensminderungspflicht. D.2, E.2 und E.3 AKB 2008 enthalten spartenspezifische, nur in dem jeweiligen Versicherungszweig zu beachtende Obliegenheiten.

Die Rechtsfolgen bei Obliegenheitsverletzungen sind bereits unter → § 43 Rn. 110–119 behandelt worden, so dass zunächst auf die dortigen Ausführungen verwiesen wird.

2. Obliegenheitsverletzung vor Eintritt des Versicherungsfalles

33 Als Obliegenheitsverletzungen vor Eintritt des Versicherungsfalles sind in D.1 und D.2 AKB 2008 folgende Sachverhalte geregelt:
- Verwendungsklausel (D.1.1)
- Schwarzfahrt (D.1.2)

---

[25] *Hentschel/Dauer* FZV § 16 Rn. 3 ff.
[26] Vgl. im Einzelnen und zum Umfang der Versicherung *Hentschel/Dauer* FZV § 16 Rn. 16 f.
[27] AG Lippstadt MittBl. der Arge Verkehrsrecht 2000, 31.
[28] Vgl. *Riedmeyer* zfs 2000, 47.
[29] *Feyock/Jacobsen/Lemor* AKB § 2b Rn. 3.

- Führerscheinklausel (D.1.3)
- Rennveranstaltungen (D.2.2)
- Trunkenheitsklausel (D.2.1).

D.3.1 sowie D.3.2 AKB 2008 nehmen hinsichtlich der Rechtsfolge „Leistungsfreiheit" Bezug auf die Vorschrift des § 28 VVG. Spartenspezifische Besonderheiten in der Kraftfahrthaftversicherung gibt es nur bezüglich des Umfanges der Leistungsfreiheit des Versicherers.

Gegenüber einem Fahrer, der das Fahrzeug durch eine vorsätzliche Straftat erlangt hat, ist der Versicherer gem. D.3.4 AKB 2008 vollständig von seiner Verpflichtung zur Leistung frei.

a) **Verwendungsklausel.** Verschiedene Verwendungsarten des versicherten Kfz beinhalten für den Versicherer meist auch unterschiedlich hohe Risiken, die an sich auch nur zu unterschiedlich hohen Prämiensätzen versichert werden. Aus diesem Grund hat der Versicherer ein berechtigtes Interesse, dass der VN das Fahrzeug auch nur zu dem vertraglich vereinbarten Verwendungszweck einsetzt. Ausgangspunkt für die Bestimmung des Verwendungszwecks ist die im Antragsformular durch den VN genannte Verwendung, zB „Pkw ohne Vermietung", „Taxi", „Privat" ... etc. Die Tarifbestimmungen enthalten in der Regel eine genaue Beschreibung, was unter der jeweiligen Verwendungsart konkret zu verstehen ist.

Die Klausel stellt einen Unterfall der Gefahrerhöhung dar und verdrängt als lex specialis insoweit die §§ 23 ff. VVG.[30] Der Versicherer muss beweisen, dass das Fahrzeug zu einem anderen als dem im Versicherungsantrag angegeben Zweck verwendet wurde[31] und die vertragswidrige Benutzung durch den VN selbst bzw. seinen Repräsentanten erfolgte oder er zumindest die Benutzung durch einen Dritten gestattet hat.

Eine vertragswidrige Verwendungsart liegt nur vor, wenn nach dem Tarif des Versicherers ein höherer Betrag zu zahlen gewesen wäre als für die angegebene Verwendungsart.[32] Auch eine einmalige Vermietung eines Pkw begründet einen Verstoß, etwa wenn das Fahrzeug als Geschäftsfahrzeug einer Autoreparaturwerkstatt versichert ist.[33] Gleiches gilt, wenn für die Vermietung des Fahrzeuges zwar kein Mietzins in Geld gefordert wird, die zeitweise Vermietung den Mieter aber zum Kauf des Fahrzeuges bewegen soll, wenn eine landwirtschaftliche Zugmaschine mit Anhänger bei einem Fastnachtszug eingesetzt wird[34] oder wenn ein Fahrzeug mit Verwendungsart „Werkverkehr" im „Güternahverkehr" eingesetzt wird.[35]

Demgegenüber ist ein Verstoß verneint worden, wenn zB ein Autovermieter ein als Mietwagen versichertes Kfz einem Kunden zum vorübergehenden Selbstfahren unentgeltlich zur Verfügung stellt,[36] wenn sich der Mitfahrende – auch der ständig mitfahrende Arbeitskollege – nur an den Kosten beteiligt und der Kfz-Halter dadurch keinen Gewinn erzielt,[37] wenn eine landwirtschaftliche Zugmaschine beim Feuerlöschdienst eingesetzt wird oder mehr Personen befördert werden als beantragt ist.[38]

Bei der Verwendung eines roten Kennzeichens oder eines Kurzzeitkennzeichens für Prüfungs-, Probe- und Überführungsfahrten gemäß § 16 liegt ein Verstoß gegen die Verwendungsklausel gemäß den Sonderbedingung für die Kfz-Handel und -Handwerkversicherung vor, wenn das Fahrzeug für einen andern Zweck verwendet wird, weshalb ein Obliegenheitsverstoß mit der Folge der Leistungsfreiheit mit der Begrenzung nach § 5 Abs. 1 Nr. 1, Abs. 3 KfzPflVV (5.000 EUR) gegeben ist.[39]

---

[30] BGH ZfS 1997, 377.
[31] BGH VersR 1986, 541.
[32] BGH VersR 1972, 530.
[33] BGH DAR 1965, 97.
[34] OLG Karlsruhe VersR 1986, 1180.
[35] BGH VersR 1972, 530.
[36] OLG Nürnberg VersR 1969, 31.
[37] BGH VersR 1960, 726.
[38] BGH VersR 1964, 156; vgl. im Einzelnen *Feyock/Jacobsen/Lemor* AKB § 2b Rn. 17 f.
[39] Vgl. ausführlich: *Stiefel/Maier* KfzSBHH Rn. 23 ff.

40 Der nach § 28 Abs. 3 VVG mögliche Kausalitätsgegenbeweis ist grds. nur erbracht, wenn der Unfall für den den angegebenen Verwendungszweck überschreitenden VN unabwendbar war oder höhere Gewalt vorlag.[40]

41 **b) Unberechtigter Fahrer/Schwarzfahrtklausel.** Auch die Schwarzfahrtklausel verdrängt die §§ 23 ff. VVG, weil sie die Folgen einer speziellen Gefahrerhöhung regelt.[41]
Unberechtigter Fahrer ist, wer das Fahrzeug gegen den ausdrücklichen oder stillschweigenden Willen des Halters oder desjenigen benutzt, der anstelle des Halters über die Benutzung des Fahrzeuges bestimmen kann.[42] Darüber hinaus dürfen der VN, Halter oder der Eigentümer des Kfz gem. D.1.2 AKB 2008 nicht wissentlich ermöglichen, dass das Fahrzeug von einem unberechtigten Fahrer gebraucht wird. Von dem VN wird verlangt, dass die Fahrzeugschlüssel sicher aufbewahrt und vorhandene Sicherungseinrichtungen des Kfz in Betrieb gesetzt werden. Dem Versicherer obliegt die **Beweislast** dafür, dass es sich um eine Schwarzfahrt bzw. deren schuldhafte Ermöglichung gehandelt hat.
Auch der Schwarzfahrer ist Fahrer. Dies führt dazu, dass der Geschädigte gegenüber dem Kfz-Haftpflichtversicherer seinen Direktanspruch behält und der Schwarzfahrer im Außenverhältnis zu diesem mitversichert ist. Der Versicherer kann jedoch Regress nehmen.[43]

42 Eine Schwarzfahrt ist zu bejahen, wenn der zu einer bestimmten Fahrt berechtigte oder angestellte Fahrer nach Erreichen des Zieles von der Fahrberechtigung bzw. vom Fahrauftrag abweicht, der Halter jedoch nur eine zeitlich, örtlich und inhaltlich beschränkte Benutzungsgenehmigung erteilt hatte.[44] Der irrtümliche Glaube an die Verfügungsberechtigung des Überlassenden ändert nichts an der fehlenden Berechtigung des Fahrzeugnutzers, kann jedoch bei der Beurteilung des Verschuldens eine Rolle spielen.

43 Der Kausalitätsgegenbeweis ist ebenfalls nur erbracht, wenn der Unfall für den unberechtigten Fahrer ein unabwendbares Ereignis iSd § 17 Abs. 3 StVG oder höhere Gewalt gem. § 7 Abs. 2 StVG darstellte.[45]

44 Die Schwarzfahrtklausel spielt besonders in der Kfz-Haftpflichtversicherung eine große Rolle. Im Bereich der Kaskoversicherung, wo der mit dem VN, Halter oder Eigentümer nicht identische Fahrer grds. keine mitversicherte Person ist,[46] ist sie hingegen ohne Bedeutung. In der Fahrzeug-Teilversicherung ist der Deckungsanspruch des VN bei unbefugtem Gebrauch des Kfz durch Betriebsfremde gem. A.2.2 AKB 2008 ausgeschlossen.

45 **c) Fahrerlaubnisklausel.** Gemäß D.1.3 AKB 2008 liegt eine Obliegenheitsverletzung vor, wenn der Fahrer des Fahrzeuges bei Eintritt des Versicherungsfalles auf öffentlichen Wegen oder Plätzen nicht die vorgeschriebene Fahrerlaubnis hat. Außerdem dürfen VN, Halter oder Eigentümer es nicht schuldhaft – vorsätzlich oder grob fahrlässig gem. D.3.1 AKB 2008 – ermöglichen, das ein unberechtigter Fahrer ihr Kfz in Gebrauch nimmt. D.1.3 AKB 2008 geht als Spezialregelung ebenfalls den §§ 23 ff. VVG vor. Unter „Fahrerlaubnis" ist die Fahrerlaubnis im Sinne der Bestimmungen der StVZO bzw. der FeV zu verstehen. Auch der Inhaber einer gültigen ausländischen Fahrerlaubnis im Sinne der Verordnung über den internationalen Kraftfahrzeugverkehr (IntKfzV) ist gem. §§ 4 und 5 StVZO berechtigt, im Inland Kraftfahrzeuge zu führen.

46 Die Voraussetzungen einer gültigen Fahrerlaubnis sind nicht mehr erfüllt, wenn der Führerschein von der Polizei **beschlagnahmt** oder anstelle einer Beschlagnahmung freiwillig herausgegeben worden ist.[47] Eine Entziehung nach § 111a StPO reicht ebenfalls aus,[48] nicht hingegen Fahrverbote nach § 44 StGB sowie § 25 StVG.[49] Das Gleiche gilt, wenn der Inhaber der Fahrerlaubnis (lediglich) die im Führerschein eingetragenen persönlichen Auflagen,

---

[40] Vgl. *Bauer* Rn. 539.
[41] BGH r+s 1986, 197.
[42] BGH VersR 1963, 770.
[43] → § 49.
[44] BGH VersR 1969, 1107; OLG Koblenz VersR 1977, 30; weitere Beispiele bei *Bauer* Rn. 549.
[45] BGH VersR 1972, 530.
[46] Vgl. § 49 Rn. 15.
[47] BGH VersR 1982, 84.
[48] BGH VersR 1962, 1053; LG Oldenburg ZfS 2007, 392.
[49] BGH NJW 1987, 1827.

zB das Tragen einer Brille, nicht befolgt.[50] Kein Verstoß auch dann, wenn der Fahrer die Führerscheinurkunde nicht während der Fahrt bei sich führt.[51]

Fahrer ist nicht nur, wer hinter dem Steuer sitzt, sondern bereits derjenige, der wesentliche mechanische Einrichtungen des Fahrzeugs – wie Bremse oder Lenkung – benutzt.[52]

Der Fahrzeughalter, der einem anderen die Führung seines Fahrzeuges gestattet, muss sich grds. immer durch Einsicht in den Führerschein vergewissern, dass der andere über eine ausreichende Fahrerlaubnis verfügt. Insoweit werden von der Rechtsprechung strenge Anforderungen gestellt.[53] Ausnahmen sind nur gestattet, wenn verlässliche Umstände vorliegen, die auf eine Berechtigung des Fahrers schließen lassen. Das einfache Vertrauen auf die Erklärung des anderen genügt nicht, denn dann wurde die Fahrt des unberechtigten Fahrers schuldhaft ermöglicht und eine eigenständige Obliegenheit des VN, Halters oder Eigentümers ist verletzt worden.

Für die Führerscheinklausel ist der Kausalitätsgegenbeweis geführt, wenn der Versicherungsfall ein für jeden anderen Fahrer unabwendbares Ereignis oder höhere Gewalt darstellt oder der Unfall auf einem Fehler in der Beschaffenheit des Fahrzeuges oder einem Versagen seiner Vorrichtungen beruht und der Fehler von einem geprüften Fahrer nicht vorher hätte erkannt werden können.[54]

Bei – schuldhaftem – Verstoß gegen die Führerscheinklausel in D.1.3 AKB 2008 durch technische Manipulation eines Motorrades besteht Leistungsfreiheit des Versicherers bereits dann, wenn die Obliegenheitsverletzung zu einer abstrakten Erhöhung der Gefahr geführt hat, deren Begrenzung Zweck der Obliegenheit ist.[55]

d) Teilnahme an Rennveranstaltungen. Die Teilnahme an einer behördlich nicht genehmigten Fahrveranstaltung, bei der es auf die Erzielung einer Höchstgeschwindigkeit ankommt, und die Teilnahme an den dazugehörigen Übungsfahrten stellt gem. D.2.2 AKB 2008 eine Obliegenheitsverletzung dar mit der Folge der Einschränkung des Versicherungsschutzes. Die Klausel ist ein Spezialfall der Verwendungsklausel – nur – in der Kfz-Haftpflichtversicherung. Sie ergänzt A.1.5.2 AKB 2008, wonach eine Teilnahme an behördlich genehmigten Rennveranstaltungen grundsätzlich nicht versichert ist.

Rennen mit Kraftfahrzeugen sind auf öffentlichen Verkehrsflächen gemäß § 29 Abs. 1 StVO grundsätzlich verboten. Ausnahmen von diesem Verbot kann lediglich die Oberste Landesbehörde gemäß § 46 Abs. 2 StVO genehmigen. Zu „Rennveranstaltungen" im Sinne dieser Regelung zählen auch Geschicklichkeitsfahrten, Zuverlässigkeits- oder Leistungsprüfungen sowie Berg- oder Sprintprüfungen, wenn zur Siegerermittlung ohne Rücksicht auf die Streckenlänge, also bei Kurzstreckenprüfungen, die Höchstgeschwindigkeit zumindest bestimmt ist.[56] Fahrten, die zwar auf einer Rennstrecke stattfinden, bei der es aber mangels Wertung, Platzierung und Zeitmessung nicht auf die Erzielung einer Höchstgeschwindigkeit ankommt, sondern auf die Verbesserung des Fahrkönnens und der Beherrschung des Fahrzeuges im Alltagsverkehr, insbesondere in extremen Gefahrsituationen, sind hingegen keine Rennveranstaltung iSd Klausel.[57]

Der Grundsatz, dass bei sportlichen Wettbewerben mit nicht unerheblichem Gefahrenpotential die Inanspruchnahme des schädigenden Wettbewerbers für durch gewichtige Regelverletzungen verursachte Schäden eines Mitbewerbers ausgeschlossen ist, gilt nicht, sobald Versicherungsschutz besteht.[58]

e) Trunkenheitsklausel. Ist der Fahrer infolge Genusses alkoholischer Getränke oder anderer berauschender Mittel nicht in der Lage, das Fahrzeug sicher zu führen, führt dies ge-

---

[50] BGH VersR 1969, 603.
[51] BGH NJW 1964, 1566.
[52] BGHSt 13, 226.
[53] Vgl. ausführlich *Burmann/Heß/Höke/Stahl* Rn. 195 und 196.
[54] Vgl. hierzu im Einzelnen *Feyock/Jacobsen/Lemor* AKB § 2b Rn. 38 bis 41.
[55] OLG Nürnberg SVR 2004, 151.
[56] *Feyock/Jacobsen/Lemor* AKB § 2b Rn. 45 unter Hinweis auf *Hentschel* § 29 StVO Rn. 2.
[57] OLG Nürnberg NZV 2008, 506; OLG Karlsruhe r+s 2007, 502.
[58] BGH VersR 2008, 540.

mäß D.2.1 AKB 2008 zu einer Einschränkung des Versicherungsschutzes. Dasselbe gilt, wenn es der VN, der Halter oder der Eigentümer des Kfz – vorsätzlich oder grob fahrlässig gem. D.3.1 AKB 2008 – ermöglichen, das ein fahruntüchtiger Fahrer ihr Fahrzeug führt. Die Fahruntüchtigkeitsklausel gilt nur in der Kfz-Haftpflichtversicherung. In der Kaskoversicherung ist Fahren im fahruntüchtigen Zustand vorsätzliche oder grob fahrlässige Herbeiführung des Versicherungsfalles nach § 81 VVG.

55   aa) *Alkoholgenuss.* In Verbindung mit dem Genusses alkoholischer Getränke kommt die Klausel sowohl bei absoluter als auch nur relativer Fahruntüchtigkeit nach §§ 315c Abs. 1 S. 1a, 316 Abs. 1 StGB zur Anwendung. **Absolute Fahruntauglichkeit** liegt vor, wenn die BAK einen Beweisgrenzwert (Mittelwert) von mindestens 1,1‰ ergibt.[59] Nicht entscheidend ist, ob der Beweisgrenzwert von 1,1‰ zum Zeitpunkt des Versicherungsfalles gegeben ist. Absolute Fahruntüchtigkeit liegt bereits vor, wenn die BAK zum Zeitpunkt des Versicherungsfalles oder, wenn sich der Versicherungsfall während der so genannten „Anflutungsphase" ereignet hat, nach Abschluss der Alkoholresorption 1,1‰ erreicht.[60] Bei Erreichen dieses Wertes wird die Fahrunsicherheit unwiderlegbar vermutet.[61] Bei der so genannten **relativen Fahruntauglichkeit** wird zum Zeitpunkt des Versicherungsfalles ein geringerer Wert als 1,1‰ erreicht. Zusätzlich müssen dann im Hinblick auf den Nachweis der Kausalität noch weitere, typische alkoholbedingte Ausfallerscheinungen hinzukommen, wie etwa das Abkommen von gerader Fahrbahn, Geradeausfahren in einer Rechtskurve, Auffahren auf ein stehendes Fahrzeug, Abkommen von der Straße aufgrund überhöhter Geschwindigkeit.[62] Auch bei relativer Fahruntüchtigkeit kann der Anscheinsbeweis zum Nachweis der Ursächlichkeit für den Versicherungsfall herangezogen werden.[63]

56   Zur Feststellung der Obliegenheitsverletzung gehört die Ermittlung der **BAK.** Hierzu können sich verschiedene Probleme ergeben, insbesondere im Hinblick auf die Rückrechnung. Soweit es auf die Höhe der BAK zum Unfallzeitpunkt ankommt, ist zu beachten, dass sich der Blutalkoholgehalt in der Zeit bis zur Blutentnahme in der Regel verändert hat. Die BAK kann angestiegen sein infolge fortschreitender Resorption oder kann aufgrund inzwischen erfolgten Alkoholabbaus geringer geworden sein. Maßgebend ist aber die BAK zum Unfallzeitpunkt, und diese muss durch Rückrechnung ermittelt werden.[64]

57   Auch bei der Mitnahme eines alkoholisierten Beifahrers kann ein Regresstatbestand gegeben sein. Der Kraftfahrer, der einen stark Betrunkenen unmittelbar neben sich auf dem Beifahrersitz mitfahren lässt, schafft eine vermeidbare Gefahrenquelle; es trifft ihn daher eine erhöhte Sorgfaltspflicht, ähnlich wie bei der Mitnahme gefährlicher Gegenstände. Der Vorwurf der groben Fahrlässigkeit beruht darauf, dass der Lenker des Fahrzeuges ungesichert neben sich im Fahrzeug einen alkoholisierten Insassen Platz nehmen lässt, obwohl diese häufig unbedachte Handlungen vornehmen und der Fahrer hierdurch abgelenkt wird. Den Kraftfahrzeugführer, der eine stark betrunkene Person unmittelbar neben sich auf dem Beifahrersitz mitführt, trifft eine gesteigerte Sorgfaltspflicht.[65]

58   *bb) Andere berauschende Mittel.* Berauschende Mittel sind solche, deren Wirkung denen des Alkohols vergleichbar sind und welche die intellektuellen und motorischen Fähigkeiten und das Hemmungsvermögen beeinträchtigen.[66] Hierunter fallen insbesondere die Stoffe gemäß § 1 BtMG.[67] Zu den berauschenden Mitteln zählen auch Medikamente, welche Alkohol enthalten, oder die Fahrsicherheit durch andere rauschartige Auswirkungen beeinträchtigen. Zu beachten ist, dass Medikamente häufig auch andere Auswirkungen auf die Fahrsicherheit haben. Die Einnahme derartiger Medikamente fällt aufgrund ihres eindeutigen Wortlautes nicht unter die Trunkenheitsklausel. Folgende Medikamente zählen zu den

---

[59] BGH VersR 1990, 1177.
[60] BGH NJW 1974, 276.
[61] BGH VersR 1985, 779.
[62] Vgl. Prölss/Martin/*Knappmann* AKB 2008 A.2.16 Rn. 45 m. w. Bsp.
[63] OLG Karlsruhe zfs 1993, 160; OLG Hamburg zfs 1994, 132.
[64] Vgl. hierzu ausführl. *Stamm* VersR 1995, 261.
[65] LG Frankenthal VersR 2000, 721.
[66] BayObLG NZV 1990, 317.
[67] OLG Düsseldorf NZV 1993, 276.

berauschenden Mitteln: Mandrax, Dolviran, Hustenmittel mit Alkohol, Valium, Phanodorm, Captagon, promazepamhaltige Mittel (zB Normoc, Lexoantil), Melissengeist; auch Haschisch zählt zu den berauschenden Mitteln.[68] Hier lassen sich Beweiswertgrenzen wie bei Alkohol nach derzeitigem Wissensstand nicht ermitteln. In solchen Fällen ist der Ursachenzusammenhang durch zusätzliche Indizien wie bei der relativen Fahruntüchtigkeit festzustellen und zu beweisen.[69]

cc) Ursachenzusammenhang. Die Anwendung der Trunkenheitsklausel setzt voraus, dass ein Ursachenzusammenhang zwischen dem Alkohol- oder Drogengenuss und der Fahrunsicherheit besteht.[70] In diesem Zusammenhang kann der Fahrer den Kausalitätsgegenbeweis nach § 28 Abs. 3 VVG erbringen, wenn der Unfall auch ohne eigene Fahruntüchtigkeit aufgrund eines unabwendbaren Ereignisses oder höherer Gewalt eingetreten ist.[71] Hat etwa ein Fahrer, der unter der Wirkung von Alkohol oder anderen berauschenden Mitteln steht, sein Fahrzeug verkehrsbedingt angehalten und fährt ein anderer Verkehrsteilnehmer auf das ordnungsgemäß angehaltene Fahrzeug auf, so liegt Kausalität nicht vor. 59

dd) Trunkenheitsklausel und Repräsentant. Verstößt der Repräsentant des VN gegen die Trunkenheitsklausel und verursacht er in diesem Zusammenhang einen Verkehrsunfall, kann der Versicherer den VN wegen der an den Geschädigten erbrachten Leistung in Regress nehmen. 60

f) **Beschränkter Rückgriff des Versicherers.** D.3.3 AKB 2008 regelt die beschränkte Leistungsfreiheit des Versicherers in Übereinstimmung mit § 5 Abs. 3 S. 1 KfzPflVV. Hiernach kann bei Obliegenheitsverletzung vor dem Versicherungsfall und Gefahrerhöhung gegenüber dem VN und den mitversicherten Personen grundsätzlich nur eine beschränkte Leistungsfreiheit geltend gemacht werden. Gemäß § 5 Abs. 3 S. 1 KfzPflVV ist die Leistungsfreiheit auf den Betrag von höchstens 5.000,- EUR beschränkt. Die Versicherer können in ihren Verträgen geringere, jedoch keine höheren Leistungsgrenzen vorsehen. 61

Bei Obliegenheitsverletzungen durch mehrere Personen besteht der Rückgriffsanspruch gegenüber jeder Person. Wenn mehrere vor dem Eintritt des Versicherungsfalles zu erfüllende Obliegenheiten gleichzeitig verletzt werden, zB der Verstoß gegen Führerscheinklausel und Trunkenheitsklausel oder in Verbindung mit einer Gefahrerhöhung, bleibt die Leistungsfreiheit bzw. der Rückforderungsanspruch des Versicherers nach hM auf 5.000,- EUR pro Person beschränkt.[72] Haben der berechtigte Fahrer durch eine Trunkenheitsfahrt und der VN durch das Ermöglichen dieser Fahrt jeweils eine Obliegenheit vor Eintritt des Versicherungsfalls verletzt, kann der Versicherer den maximalen Leistungsfreiheitsbetrag nach § 5 Abs. 3 KfzPflVV nicht doppelt berechnen. In diesem Fall liegen keine Verletzungen von Obliegenheiten mit unterschiedlichen Schutzrichtungen, sondern es liegt eine Kumulation von zwei Obliegenheitsverletzungen mit gleichem Schutzzweck vor.[73] 62

3. Obliegenheitsverletzung nach Eintritt des Versicherungsfalles

Als Beispiele für Obliegenheiten, die der VN und die (mit-)versicherten Personen bei oder nach Eintritt des Versicherungsfalles zu erfüllen haben, sind gemäß E AKB 2008 für die Kfz-Haftpflichtversicherung anzuführen: 63
- Anzeige des Versicherungsfalles (E.1.1)
- Aufklärungspflicht (E.1.3)
- Schadensminderungspflicht (E.1.4)
- Beachtung von Weisungen des Versicherers (E.2.5)
- Anzeige strafrechtlicher Maßnahmen (E.1.2)
- Anzeige außergerichtlicher Geltendmachung von Ansprüchen (E.2.1)

---

[68] BGH DAR 1977, 145; BayObLG NZV 1994, 285; vgl. auch im Einzelnen *Feyock/Jacobsen/Lemor* AKB § 2b Rn. 51.
[69] Vgl. *Feyock/Jacobsen/Lemor* AKB § 2b Rn. 58 und *Hentschel* StGB § 316 Rn. 63.
[70] Vgl. auch *Stamm* VersR 1995, 261, 264.
[71] AG Coburg r+s 1998, 227.
[72] Vgl. *Stiefel/Maier* VVG § 116 Rn. 53.
[73] AG Aachen VersR 2008, 202.

- Anzeige gerichtlicher Geltendmachung von Ansprüchen (E.2.3)
- Prozessführungsbefugnis der Kfz-Haftpflichtversicherung (E.2.4).

In E.4 und E.5 AKB 2008 sind darüber hinaus speziell auf die Sparten Kasko-, Autoschutzbrief- und Unfallversicherung zugeschnittene Obliegenheiten bei und nach Eintritt des Versicherungsfalles aufgeführt.

64 a) **Anzeigeobliegenheiten.** Gemäß E.1.1 AKB 2008, der die Regelung der §§ 30 Abs. 1, 104 Abs. 1 VVG konkretisiert, hat der VN dem Versicherer den **Versicherungsfall** innerhalb einer Woche anzuzeigen. Die Anzeigepflicht setzt positive Kenntnis vom Versicherungsfall.[74] Bei Unkenntnis – selbst bei fahrlässiger – besteht sie nicht. Die Absendung der Anzeige wahrt die Frist. Nach der Rechtsprechung ist von dem allgemeinen Erfahrungssatz auszugehen dass kein VN durch die vorsätzliche Nichterfüllung der Anzeigepflicht Rechtsnachteile im Verhältnis zum Versicherer herbeiführen will.[75] Dies hat zur Folge, dass dem insoweit nach § 28 Abs. 2 VVG ohnehin beweisbelasteten Versicherer der Nachweis einer vorsätzlichen Anzeigeobliegenheitsverletzung i.d.R. nur bei Nachweis außergewöhnlicher Umstände gelingen kann. Eine unterlassene Schadenanzeige schadet nach § 30 Abs. 2 VVG ferner nicht, wenn der Versicherer die Kenntnis von dem Schadenfall bereits anderweitig rechtzeitig erlangt hat. „Rechtzeitig" bedeutet innerhalb der Frist, in der dem Versicherer eine unverzügliche oder bei fest vereinbarter Frist eine innerhalb dieser Frist abgesandte Anzeige zugegangen wäre.[76]

65 Daneben gibt es noch eine Vielzahl anderer Anzeigepflichten des VN: So hat er gem. E.1.2 AKB 2008 unverzüglich – ohne schuldhaftes Zögern (§ 121 BGB) – anzuzeigen, wenn Polizei, Staatsanwaltschaft oder eine andere Behörde anlässlich des Schadensereignisses ein **Ermittlungsverfahren** aufnehmen. Will der VN einen **geringfügigen Sachschaden** selbst regulieren, um etwa eine günstigere Schadenfreiheits- und Schadenklasse zu behalten, bleibt eine verspätete oder unterbliebene Anzeige des Versicherungsfalles nach E.2.2 AKB 2008 folgenlos. Zu beachten sind ferner die Anzeigepflichten bei **außergerichtlicher und gerichtlicher Inanspruchnahme** des VN in E.2.1 und E.2.3 AKB 2008.

66 b) **Aufklärungsobliegenheit.** Für alle Versicherungsarten der Kraftfahrtversicherung ist in E.1.3 AKB 2008 eine umfassende Aufklärungsobliegenheit des VN, seines Repräsentanten und der mitversicherten Personen geregelt. Für die Kraftfahrthaftpflichtversicherung sind zwei große Fallgruppen zu nennen, in denen die Aufklärungsobliegenheit des VN besonders wichtig ist:

67 *aa) Beantwortung von Fragen des Versicherers.* Der VN hat nach einem Versicherungsfall die sich auf den Versicherungsfall beziehenden Anfragen des Versicherers zu beantworten. Er muss die Fragen nicht nur **unverzüglich**, sondern auch **richtig und vollständig** beantworten. Die Auskunftspflicht umfasst alle Angaben, die der Versicherer, abgestellt auf die Masse der Versicherungsfälle, nach seinen Erfahrungen für sachdienlich halten kann, um sich ein möglichst zuverlässiges Bild von dem für seine Leistung erheblichen Tatbestand zu verschaffen. Bei mangelnder Kenntnis des VN besteht die Pflicht, sich zu erkundigen und zu informieren.[77] Unklare Fragen des Versicherers – insbesondere in Schadenanzeige-Formularen – gehen zu seinen Lasten. Ferner ist § 70 VVG zu beachten. Die Aufklärungsobliegenheit endet mit der endgültigen Ablehnung des Versicherungsschutzes durch den Versicherer und lebt wieder auf, wenn sich der Versicherer zu einer erneuten Prüfung bereit erklärt.[78] Sie besteht nur gegenüber dem Versicherer, so dass unwahre Angaben des VN gegenüber Strafverfolgungsbehörden nicht schaden. Unabhängige, detaillierte Kenntnis des Versicherers von aufklärungsbedürftigen Umständen steht dessen Berufung auf eine Aufklärungspflichtverletzung des VN entgegen, da diese dann das geschützte Aufklärungsinteresse nicht berührt und die vertraglichen Sanktionen nicht gerechtfertigt sind.[79]

---

[74] BGH VersR 1967, 56.
[75] BGH VersR 1979, 1117, 1119; OLG Hamm r+s 1997, 103.
[76] OLG Hamm VersR 67, 747; vgl. ferner zur Kenntniserlangung des Versicherers *Prölss/Martin/Prölss* VVG § 21 Rn. 17: insbes. zum Problem der Kenntnis des unzuständigen Sachbearbeiters.
[77] BGH VersR 1969, 694.
[78] BGH NJW 1991, 1129.
[79] Prölss/Martin/*Knappmann* AKB 2008 E.1 Rn. 13.

Als besonders wichtige – aufklärungsbedürftige – Umstände sind zum Beispiel zu nennen:[80] 68
- Alkoholgenuss vor dem Unfall
- Nachtrunk
- Veränderung von Unfallspuren
- Einnahme von Schlaftabletten
- Stand und Verlauf des Strafverfahrens
- Benennung von Unfallzeugen
- Fahrgeschwindigkeit
- Unfallhergang
- Fahrer im Unfallzeitpunkt
- Vorschäden, repariert und nicht repariert
- Laufleistung, wirkliche Betriebsleistung ist anzugeben, Kilometerstand.[81]

Das Offenlassen einer Frage in der Schadenanzeige stellt nicht in jedem Fall auch eine 69
Obliegenheitsverletzung dar. Das Offenlassen einer Frage, zB nach Vorschäden, bedeutet nicht stets deren Verneinung. Maßgeblich ist die Auslegung im Einzelfall. Bei Falschangaben eines Wissenserklärungsvertreters kommt es auf dessen Kenntnis an.[82] Eine besondere Problematik kann sich stellen, wenn sich der VN ausdrücklich auf Angaben des Fahrers oder auch eines Dritten beruft, die aber nicht zutreffend sind, was dem VN aber nicht bekannt ist. Diese Falschangaben sind dem VN nicht zuzurechnen.[83]

bb) Unerlaubtes Entfernen vom Unfallort. Eine der wichtigsten Voraussetzungen für die 70
Aufklärung des Unfallhergangs und des Maßes der der Beteiligung des VN an dem Unfall ist, dass sich der VN nach dem Unfall nicht unberechtigt von der Unfallstelle entfernt. Die Unfallflucht nach § 142 StGB gilt sowohl in der Haftpflicht- als auch in der Kaskoversicherung als typischer Fall einer Aufklärungspflichtverletzung.[84] Nach E.6.4 AKB 2008 liegt ua in diesem Verhalten des VN ein Fall besonders schwerwiegender Obliegenheitsverletzung vor, welche eine Heraufsetzung des Leistungsfreiheits- bzw. Regressbetrages nach sich zieht.[85] Das Verbleiben an der Unfallstelle ist wichtig für die Feststellungen zur Unfallstelle, zum Unfallverlauf, zur Verantwortung der Beteiligten und zum Umfang des Schadens. Es ist nicht erforderlich, dass der VN selbst Fahrer war. Auch als Beifahrer kann der VN die Aufklärungsobliegenheit verletzen.[86]

Der Inhalt der Aufklärungsobliegenheit wird durch den Schutzbereich des § 142 StGB in- 71
soweit berührt, als bei fehlendem Verstoß gegen die Strafrechtsnorm auch keine Verletzung der Aufklärungsobliegenheit gegeben ist. Es genügt jedoch die Verwirklichung des subjektiven und objektiven Tatbestandes des § 142 StGB, die jedoch der Versicherer beweisen muss; eine strafrechtliche Verurteilung ist hingegen nicht erforderlich. Die Einstellung des Strafverfahrens nach den §§ 153 ff. StPO hat keine Präjudiz zugunsten des VN.

Die nachträgliche Anzeige bei der Polizei gem. § 142 Abs. 4 StGB ändert an dem Vorlie- 72
gen einer Obliegenheitsverletzung nichts. Dieser Umstand kann jedoch der ebenfalls vom Versicherer zu beweisenden Annahme einer schweren Schuld iSv E.6.4 AKB 2008 entgegenstehen. Eine Unfallflucht ist generell geeignet, das Aufklärungsinteresse des Versicherers zu gefährden und führt in einer Vielzahl von Fällen zur Anwendung des E.6.4 AKB 2008.[87]

Die Wartepflicht gilt in der Kraftfahrzeug-Haftpflichtversicherung und darüber hinaus 73
auch in der Fahrzeugversicherung ebenfalls in den Fällen einer eindeutigen Haftungslage

---

[80] Vgl. ausführliche Darstellung mit Nachweisen aus Rspr. Prölss/Martin/*Knappmann* AKB 2008 E.1 Rn. 19 ff.; *Bauer* Rn. 639.
[81] Vgl. hierzu sowie zur Haftung des Versicherungsvertreters, der Rechtsbelehrung des Versicherungsnehmers sowie Aufklärungsinteresse und möglicher Korrektur unrichtiger Angaben *Bauer* Rn. 641 ff.
[82] OLG Hamm VersR 2004, 1398; OLG Oldenburg VersR 2005, 782 (keine Leistungsfreiheit bei Verschweigen bereits bekannten Vorschadens).
[83] OLG Köln r+s 2003, 278; OLG Köln r+s 2005, 240.
[84] BGH VersR 1996, 1229; OLG Brandenburg r+s 2007, 97.
[85] → Rn. 82.
[86] BGH VersR 1972, 342; OLG Hamm NZV 1994, 323 = VersR 1994, 1414; KG Berlin r+s 2003, 447.
[87] OLG Karlsruhe ZfS 1998, 57; Prölss/Martin/*Knappmann* AKB 2008 E.6 Rn. 10.

und bei fremden Schäden kleineren Umfangs. Allerdings liegt keine Verletzung der Aufklärungsobliegenheit vor, wenn durch den Unfall nur das Fahrzeug des VN beschädigt worden ist. Der VN muss dann nicht an der Unfallstelle bleiben, auch nicht, um eine Blutprobe zu ermöglichen. Wird vom VN nur ein geleastes Fahrzeug beschädigt (ohne Drittbeteiligung) und ist eine Wartepflicht iSv § 142 StGB zu verneinen, liegt ebenfalls keine Verletzung der Aufklärungsobliegenheit vor.[88] Ebenfalls stellt es keine Obliegenheitsverletzung dar, wenn der VN den Unfall zunächst nicht anzeigt, jedoch die Meldung innerhalb der Frist des § 142 Abs. 2 StGB nachholt.[89]

74 Der Versicherer kann, soweit er nach den AKB gegenüber dem Fahrer leistungsfrei ist, diesen wegen des regulierten Haftpflichtschadens nach § 426 BGB iVm § 116 VVG in Regress nehmen. Die Grundsätze der Einschränkung der Arbeitnehmerhaftung kommen dem Fahrer bei vorsätzlicher Verletzung der Aufklärungsobliegenheit durch Unfallflucht regelmäßig nicht zugute.

75 c) **Die Prozessführungsbefugnis des Versicherers.** Gemäß E.2.4 AKB 2008 hat der VN dem Versicherer die Führung des Prozesses zu überlassen. Er hat dem vom Versicherer bestellten Rechtsanwalt Vollmacht und jede gewünschte Auskunft zu erteilen. Ergänzend ist darauf hinzuweisen, dass den VN gemäß E.2.5 AKB 2008 die Obliegenheit trifft, gegen Mahnbescheid, Arrest und einstweilige Verfügung die hierfür vorgesehenen Rechtsbehelfe zu ergreifen. Das Prozessführungsrecht steht dem Versicherer auch gegenüber verklagten mitversicherten Personen zu.

76 d) **Schadensminderungspflicht.** In § 82 Abs. 1 VVG sowie E.1.4 AKB 2008 ist die sog. Rettungs- oder Schadensminderungsobliegenheit geregelt. Danach hat der VN bei Eintritt des Versicherungsfalles nach Möglichkeit für die Abwendung und Minderung des Schadens zu sorgen.

77 aa) *Allgemeines.* Der VN soll um eine Abwendung oder Eindämmung des Schadens bemüht sein.[90] Das Maß der Schadensminderungspflicht bestimmt sich nach dem pflichtgemäßen Ermessen eines ordentlichen VN. Er hat die ihm in der jeweiligen Situation zumutbaren Maßnahmen unverzüglich und mit der im Verkehr erforderlichen Sorgfalt zu ergreifen, so als wenn er nicht versichert wäre.[91] Die Grenze des Zumutbaren ist erreicht, wenn Leib und Leben des VN gefährdet sind. Die Rettungsobliegenheit gilt nicht nur bezüglich versicherter Gegenstände, sondern zwecks Vermeidung von Folgeschäden auch für andere Gegenstände. Maßnahmen, die nur allgemein dem Eintritt des Versicherungsfalles vorbeugen sollen – sog. Schadensverhütungsmaßnahmen – sind keine Rettungsmaßnahmen iSd § 82 VVG.[92] Aus § 90 VVG ist abzuleiten, dass die Rettungsobliegenheit bereits **vor** Eintritt des Versicherungsfalles gilt. Dies gilt jedoch nur in der Sach- und damit Kaskoversicherung; nicht jedoch in der Kfz-Haftpflichtversicherung.[93]

78 Bei Verletzung der Obliegenheit aus § 82 Abs. 1 VVG tritt gem. Abs. 3 unter den gleichen Voraussetzungen Leistungsfreiheit des Versicherers ein wie bei den übrigen vertraglich vereinbarten Obliegenheiten nach § 28 VVG.[94]

79 bb) *Die Erstattung der Rettungskosten nach §§ 83, 90 VVG.* In § 83 Abs. 1 VVG ist der Ersatz der Aufwendungen geregelt, die für die Abwendung oder Minderung des Schadens entstanden sind, zu denen der VN nach § 82 Abs. 1 VVG verpflichtet ist. Grundgedanke des Anspruchs auf Aufwendungsersatz ist, dass die Obliegenheit dem Versicherer zugute kommt. Aufwendungen hat der Versicherer seinem VN gemäß § 82 Abs. 1 und 2 VVG bereits dann zu erstatten, wenn dieser sie nach den Umständen für geboten halten durfte. Dies bedeutet, dass auch zur Schadensabwendung und -minderung von vorn herein ungeeignete – zB auf einem Irrtum des VN beruhende – Maßnahmen zur Einstandspflicht des Versiche-

---

[88] OLG Hamm VersR 1998, 311; OLG Hamburg NZV 1991, 33 = r+s 1990, 362.
[89] BGH NZV 2013, 179.
[90] BGH NJW 1972, 1809 = VersR 1972, 1039, 1040.
[91] BGH VersR 1972, 1039.
[92] Vgl. ausführlich Prölss/Martin/*Voit*/*Knappmann* VVG § 82 Rn. 7.
[93] Vgl. *Rixecker* zfs 2007, 256; *Burmann/Heß/Höke/Stahl* Rn. 425.
[94] Vgl. § 44 Rn. 76–80.

rers führen, wenn der VN in der konkreten Situation ohne grobe Fahrlässigkeit davon ausgehen durfte, sie seien geeignet.[95] Waren die Aufwendungen hingegen objektiv erforderlich, sind die damit verbundenen Aufwendungen des VN erst Recht zu ersetzen. Auf einen Erfolg der Maßnahmen kommt es nach § 83 Abs. 1 VVG nicht an. Ergreift ein Dritter die Rettungsmaßnahmen für den VN ist entscheidend, ob der Dritte die Aufwendungen für geboten halten durfte und zwar auch dann, wenn er nicht Repräsentant des VN ist.[96]

Der Versicherer hat dem VN jegliche Vermögensminderung zu ersetzen, die adäquate Folge einer zur Schadensabwendung und -minderung vorgenommenen Handlung ist. Nach §§ 90, 83 Abs. 2 VVG iVm § 82 Abs. 3 S. 2 VVG ist der Versicherer jedoch berechtigt, den Aufwendungsersatz in dem Maße zu kürzen, in dem er berechtigt wäre, seine Leistung bei grob fahrlässiger Verletzung der Pflichten aus § 82 Abs. 1 VVG zu kürzen. 80

e) Beschränkte Leistungsfreiheit des Versicherers. Nach § 6 Abs. 1 KfzPflVV sowie E.6.3 AKB 2008 ist die Leistungsfreiheit des Versicherers wegen einer nach dem Eintritt des Versicherungsfalles zu erfüllenden Obliegenheit auf einen Betrag von 2.500,– EUR beschränkt. 81

Bei vorsätzlicher Verletzung der in E.1.3 und E.1.4 AKB 2008 geregelten Aufklärungs- und Schadensminderungspflicht erweitert sich die Leistungsfreiheit nach § 6 Abs. 3 KfzPflVV bzw. E.6.4 AKB 2008 auf bis zu 5.000,– EUR, wenn der VN oder die mitversicherte Person in besonderes schwerwiegender Weise gegen die Obliegenheitspflicht verstoßen haben. Vorsatz sowie der besonders schwerwiegende Verstoß sind vom Versicherer zu beweisen. Beruft sich der VN auf Schuldunfähigkeit trifft ihn die Beweislast.[97] Das Erfordernis eines besonders schwerwiegenden Verschuldens geht über die Anforderungen der nach altem Recht bei vorsätzlich begangenen Obliegenheitsverletzungen zu beachtenden und nunmehr in § 28 Abs. 3 und 4 VVG für sämtliche Versicherungssparten der Kraftfahrzeugversicherung Gesetz gewordenen Relevanzrechtsprechung hinaus.[98] 82

Werden vom VN zu unterschiedlichen Zeitpunkten Rechtsgüter unterschiedlicher Personen geschädigt, liegen grundsätzlich mehrere Versicherungsfälle vor, für die den VN jeweils neu die Obliegenheiten aus Kap. E AKB 2008 treffen. Verursacht der VN nacheinander etwa mehrere Versicherungsfälle und verletzt er dabei jeweils seine Aufklärungsobliegenheiten, so wird der Versicherer für jeden Versicherungsfall leistungsfrei, wobei seine Leistungsfreiheit jeweils auf die in § 6 Abs. 1 und 3 KfzPflVV bzw. E.6.3 und E.6.4 AKB 2008 genannten Beträge begrenzt ist.[99] 83

Verletzt der VN eine Obliegenheit vor und eine weitere nach Eintritt des Versicherungsfalles – zB Trunkenheitsfahrt mit anschließender Unfallflucht – können die Beträge, bis zu denen der Versicherer Leistungsfreiheit in Anspruch nehmen kann, addiert werden, da die Klauseln in Kap. D und E AKB 2008 für den durchschnittlichen VN erkennbar dem Schutz unterschiedlicher Interessen dienen.[100] Geht man hiervon aus, ist bei mehreren nach einem Versicherungsfall verletzten Obliegenheiten eine Addition dann ausgeschlossen, wenn die Obliegenheiten dieselbe Schutzrichtung verfolgen. 84

Wird eine Obliegenheit in der Absicht verletzt, sich oder einem Dritten einen rechtswidrigen Vermögensvorteil zu verschaffen – bei fingierten Unfälle bzw. fingierten Schäden – ergibt sich die Leistungsfreiheit des Versicherers aus E.6.5 AKB 2008. 85

4. Gefahrerhöhung

Die für alle Versicherungszweige geltenden Regelungen zu den Folgen einer Gefahrerhöhung werden für den Bereich der Kraftfahrthaftpflichtversicherung durch die in den AKB in D.1 und D.2 enthaltenen Klauseln größtenteils konkretisiert und als lex speciales verdrängt. Die dort nicht erfassten Fällen richten sich nach den allgemeinen Vorschriften der §§ 23 ff. VVG. 86

---

[95] Prölss/Martin/*Voit* VVG § 83 VVG Rn. 7 ff.
[96] BGH VersR 2003, 1250.
[97] Prölss/Martin/*Prölss* VVG § 28 Rn. 105.
[98] Vgl. § 44 Rn. 124.
[99] BGH VersR 2006, 108.
[100] BGH NZV 2006, 78, 79; *Knappmann* NVersZ 2000, 558.

87   a) **Beispiele.** In der Kfz-Haftpflichtversicherung unterscheidet man vor allen Dingen nach Gefahrerhöhungen auf Grund des Zustandes des Kfz und/oder des Fahrers:[101]

Fahrzeugzustand:
- Abgefahrene Reifen[102]
- Mangelhafte Bremsanlage[103]
- Erhöhung der typenmäßig zulässigen Höchstgeschwindigkeit[104]
- Wiederholte und regelmäßige Überladung eines Lkw[105]
- „Frisieren" des Motors[106]
- Überschreitung des Ladegewichts[107]

Zustand des Fahrers:
- Regelmäßige Fahrzeugbenutzung durch alkoholisierten Fahrer[108]
- Überlassen des Wagens an einen Fahrer, der wiederholt unter Alkoholwirkung gefahren ist[109]
- Diabetes, Epilepsie oder sonstige Psychosen[110]
- Ständiges Fahren eines sehbehinderten Fahrers ohne Brille[111]
- Erhebliche und ständige Überbeanspruchung/Übermüdung des Fahrers[112]

Sonstige Fälle:
- Verlust eines Fahrzeugschlüssels und anschließende Weiterbenutzung (ohne Austausch der Schlüsselanlage)[113]

88   b) **Weitere Voraussetzungen: Kenntnis, Kausalität, Verschulden, Kündigung.** Der VN oder sein Repräsentant muss von der Gefahrerhöhung **Kenntnis** haben. Wer zB einen Lkw in Kenntnis der verkehrsunsicheren Bereifung für einen Transport verwendet, führt einen durch Ablösung der Reifen verursachten Unfall grob fahrlässig herbei. Derjenige, der als faktischer Geschäftsführer eines Transportunternehmens auftritt, ist dabei dessen Repräsentant.[114] Die Anforderungen an den vom Versicherer insoweit zu führenden Nachweis sind streng. Er kann sich auf Leistungsfreiheit wegen Vornahme einer Gefahrerhöhung zB durch abgefahrene Reifen bei Unterschreitung der Mindestprofiltiefe von 1,6 mm nur berufen, wenn ihm der Beweis gelingt, dass dem VN der Zustand der stellenweise „völlig blank" abgefahrenen Reifen positiv bekannt war oder der VN mit der Unterschreitung der Mindestprofiltiefe rechnete, aber bewusst von einer Überprüfung Abstand genommen hatte, um seinen Versicherungsschutz nicht zu gefährden.[115]

89   Die weiteren Voraussetzungen der nach §§ 24 bis 26 VVG möglichen Rechtsfolgen – Kündigung, Prämienerhöhung, Deckungsausschluss sowie Leistungsfreiheit – wie **Verschulden, Kausalität/Kausalitätsgegenbeweis** und **Kündigung** sind ebenso wie die Aufteilung der Gefahrerhöhungstatbestände nach § 23 VVG in den Rn. 119 bis 127 zu § 43 dargestellt.

5. Herbeiführung des Versicherungsfalles

90   Da die Herbeiführung des Versicherungsfalles in der Kfz-Haftpflichtversicherung gem. § 103 VVG den Versicherer nur dann von seiner Leistungspflicht befreit, wenn der VN vorsätzlich bezüglich der Herbeiführung des Versicherungsfalles und des beim Dritten ent-

---

[101] Vgl. umfassend Prölss/Martin/*Prölss* VVG § 23 Rn. 36 ff.; *Stiefel/Maier* § 23 VVG Rn. 29 ff.
[102] BGH VersR 1967, 1169.
[103] BGH VersR 1986, 255.
[104] BGH VersR 1970, 412.
[105] OLG Hamm VersR 1991, 50.
[106] BGH VersR 1990, 80; zu Beispielen für Gefahrerhöhung vgl. auch *Feyock/Jacobsen/Lemor* AKB § 2b Rn. 83 ff.
[107] OLG Hamm VersR 1991, 50.
[108] *Bauer* Rn. 473.
[109] Zu Beispielen für bejahte und verneinte Gefahrerhöhung vgl. Prölss/Martin/*Prölss* VVG § 23 Rn. 36 ff.
[110] OLG Nürnberg VersR 2000, 46; OLG Oldenburg ZfS 1985, 55; OLG Stuttgart VersR 1997, 1141; vgl. zu dieser Aufstellung Terbille/*Rümenapp*, MAH Versicherungsrecht, § 12 Rn. 82.
[111] BGH VersR 1971, 118; vgl. hierzu auch *Bauer* Rn. 475.
[112] BGH VersR 1971, 433.
[113] BGH VersR 1996, 703 = r+s 1996, 476; vgl. auch *Bauer* Rn. 479 und Fn. 210 mwN der Rspr.
[114] OLG Köln zfs 2004, 226.
[115] OLG Düsseldorf DAR 2004, 391.

stehenden Schaden gehandelt hatte, kommt ein Leistungsausschluss nur bei bewusster Schadenverursachung – etwa das vorsätzliche Zufahren auf eine Person in Schädigungsabsicht – in Betracht.

In den Fällen der §§ 23 ff. VVG bzw. D.1 und D.2 AKB 2008 besteht Leistungsfreiheit lediglich im Innenverhältnis zwischen Versicherer und VN, während aufgrund des Charakters des § 103 VVG als subjektive Risikobegrenzung bei vorsätzlichem Herbeiführen des Versicherungsfalles Leistungsfreiheit auch im Außenverhältnis zum geschädigten Dritten besteht.[116] Hierzu Folgendes

Beispiel:
Begeht der VN bewusst eine Trunkenheits- und Drogenfahrt, um in diesem Zustand einen Schaden bei einem Dritten zu verursachen, richten sich die Rechtsfolgen nach § 103 VVG. Ohne den vom Versicherer zu führenden Nachweis des Doppelvorsatzes kommen die Klauseln in D.3 AKB 2008 zur Anwendung bzw. § 26 VVG bei nicht in den AKB aufgeführten Gefahrerhöhungen.

V. Der Repräsentant in der KH-Versicherung[117]

1. Allgemeines

Problem- und Zweifelsfälle, ob eine Repräsentantenhaftung zu bejahen oder zu verneinen ist, betreffen in der Praxis regelmäßig die Stellung des Ehegatten, der Familienangehörigen, der Mitarbeiter, Arbeitnehmer, speziell in der Kraftfahrversicherung des Fahrers und schließlich ggf. auch der Rechtsanwälte, insbesondere in der Rechtsschutz- oder Haftpflichtversicherung. Eine Obliegenheitsverletzung in der Kraftfahrversicherung können begehen der VN, der Halter, der Eigentümer oder sonstige versicherte Personen, und zwar jede für sich allein, gemeinsam oder zu mehreren. Der VN muss sich das Verhalten seines Repräsentanten wie eigenes Verhalten zurechnen lassen.[118] Beim **Fahrzeugführer, Ehegatten oder Lebensgefährten** liegt eine Repräsentantenstellung regelmäßig nicht vor, wenn nicht besondere Voraussetzungen wie etwa die Überlassung des Fahrzeuges zur vollständig eigenverantwortlichen Benutzung hinzutreten.[119]

2. Beispiele für Repräsentanteneigenschaft

Eine Repräsentanteneigenschaft liegt regelmäßig vor
- bei einem Geschäftsführer einer GmbH hinsichtlich seines Dienstwagens,[120]
- unter bestimmten Voraussetzungen bei dem Kommanditisten einer KG,[121]
- bei einem Prokuristen, der als einziger im Handelsregister für seine Firma eingetragen ist oder der das Fahrzeug als Dienstwagen mit der Verpflichtung besitzt, für die Betriebs- und Verkehrssicherheit des Fahrzeuges zu sorgen,[122]
- bei einem selbstständigen Handelsvertreter, dem das versicherte Fahrzeug zur eigenverantwortlichen Benutzung einschließlich Instandhaltung anvertraut ist und dem die Befugnis eingeräumt ist, das Fahrzeug Dritten zu überlassen,[123]
- bei dem Inhaber einer Gesellschaft, der ein Firmenfahrzeug zu seiner ständigen Verfügung und in seiner Obhut hat,[124]
- bei dem Ehemann für seine Ehefrau, wenn ihm die Obhut für das Fahrzeug vollständig übertragen worden ist und die Ehefrau (VN) sich damit jeder eigenen Obhutspflicht über das Fahrzeug begeben hat,[125]

---

[116] Vgl. § 44 Rn. 90.
[117] Vgl. allgemein zu diesem Thema § 44 Rn. 113.
[118] *Feyock/Jacobsen/Lemor* AKB § 2b Rn. 4.
[119] Prölss/Martin/*Knappmann* AKB 2008 A.2.16 Rn. 14.
[120] OLG Hamm NZV 1989, 27.
[121] OLG Düsseldorf r+s 1989, 43.
[122] BGH NJW 1996, 2935.
[123] OLG Hamm VersR 1998, 509.
[124] OLG Köln VersR 1983, 293.
[125] OLG Oldenburg r+s 1999, 59; OLG Hamm VersR 1988, 240; OLG Köln VersR 1986, 1233.

- oder wenn ein Ehemann das Kraftfahrzeug ständig fährt, Papiere und sämtliche Schlüssel besitzt und jeden Schaden wirtschaftlich trägt,[126]
- der Sohn, der ständig das Motorrad des Vaters fährt,[127]
- wenn der Sohn des VN Eigentümer und ausschließlicher Benutzer des Fahrzeuges ist,[128]
- der Leasingnehmer während der Dauer des Vertrages für den Leasinggeber, der zugleich Eigentümer des Fahrzeuges ist.[129]

3. Verneinung der Repräsentanteneigenschaft

94 Eine Repräsentanteneigenschaft liegt hingegen nicht vor
- bei wechselnder Benutzung eines Fahrzeuges durch Eheleute sowohl geschäftlich wie privat,[130]
- bei lediglich überwiegender Nutzung des Fahrzeuges durch einen Ehepartner,[131] auch wenn er über das Fahrzeug frei verfügen kann,[132]
- bei einer Ehefrau, die während eines Krankenhausaufenthaltes ihres Ehemannes das Fahrzeug nutzt,[133]
- bei einem Ehemann, der nach Trennung von seiner Ehefrau (VN) deren Wagen an sich genommen hat,
- bei einer Ehefrau, die im Betrieb des Mannes eine einem Angestellten vergleichbare Stellung innehat,[134]
- bei dem Gesellschafter einer juristischen Person,[135]
- bei einem Prokuristen, der das Fahrzeug zwar nutzt, aber nicht die Verantwortung hat für die Verkehrs- und Betriebssicherheit,[136]
- bei demjenigen, der ein geleastes Fahrzeug gegen Übernahme aller Kosten überlassen erhält,[137]
- bei dem Dritten, dem das Fahrzeug mit oder ohne Entgelt lediglich für eine oder mehrere Fahrten überlassen ist,[138]
- bei dem Sohn, der das Fahrzeug zwar benutzt, dessen Vater aber Steuer und Versicherung bezahlt.[139]

Ob eine Repräsentantenstellung mit den sich hieraus ergebenden Rechtsfolgen vorliegt, ist jeweils nach den Umständen des Einzelfalles zu entscheiden. Die Rechtsprechung ist, wie die vorstehend aufgeführten Beispiele zeigen, sehr kasuistisch.

VI. Der Direktanspruch in der KH-Versicherung nach § 115 Abs. 1 Nr. 1 VVG

1. Allgemeines

95 Gem. § 115 Abs. 1 Nr. 1 VVG steht dem Geschädigten in der Kfz-Haftpflichtversicherung neben dem unmittelbaren Anspruch gegen den Schädiger auch ein selbstständig durchsetzbarer Direktanspruch gegen den Haftpflichtversicherer zu. Diesen Direktanspruch verliert er nach § 117 Abs. 1 und 2 VVG auch dann nicht, wenn der Versicherer im Innenverhältnis zum VN leistungsfrei geworden ist. Abs. 1 bezieht sich auf die Verletzung gesetzlicher oder

---

[126] AG Düsseldorf VersR 1990, 1229.
[127] AG Köln zfs 1989, 384.
[128] OLG Hamm r+s 1989, 137.
[129] OLG Nürnberg NJW-RR 1992, 360.
[130] OLG Hamm VersR 1995, 1086.
[131] LG Aachen VersR 1986, 1095.
[132] OLG Frankfurt zfs 1984, 85.
[133] OLG Köln VersR 1990, 1226.
[134] OLG Frankfurt zfs 1983, 88.
[135] LG Bremen zfs 1990, 315.
[136] OLG Hamm VersR 1995, 1086.
[137] BGH VersR 1990, 620.
[138] OLG Hamm VersR 1981, 227.
[139] LG Köln r+s 1992, 155.

vertraglicher Obliegenheiten, die Leistungsfreiheit zur Folge haben sowie auf die nicht fristgerechte Prämienzahlung. Risikobeschränkungen – wie etwa § 103 VVG – fallen nicht unter § 117 Abs. 1 VVG. § 117 Abs. 2 VVG begründet die sogenannte **Nachhaftung** des Versicherers. Hat dieser das Versicherungsverhältnis gekündigt, so enden seine vertraglichen Pflichten gegenüber dem VN mit dem Wirksamwerden der Kündigung. Dem geschädigten Dritten bleibt er jedoch noch für die Zeit von einem Monat ab Meldung gegenüber der Zulassungsstelle nach § 29c StVZO über die Beendigung des Versicherungsverhältnisses zur Leistung verpflichtet. Die Vorschrift des § 117 Abs. 1 VVG gilt gemäß § 6 Abs. 1 AuslPflVG auch für ausländische Kraftfahrzeuge.

2. Das Verweisungsprivileg

Gem. § 117 Abs. 3 VVG haftet der Versicherer dem Dritten gegenüber auch in den Fällen der Abs. 1 und 2 nur bis zur Höhe der vereinbarten Mindestversicherungssumme bzw. nach S. 2 sogar überhaupt nicht, wenn der geschädigte Dritte Ersatz von einem anderen Schadenversicherer oder Sozialversicherungsträger erhalten kann – **Verweisungsprivileg**.[140] Einen anderen, eintrittspflichtigen Schadensversicherer gibt es zB, wenn der Schaden des Dritten nicht allein durch einen, sondern mehrere VN unterschiedlicher Kfz-Haftpflichtversicherer verursacht wurde, die grds. als Gesamtschuldner für den vollen Schaden haften. Dem Verweisungsprivileg liegt folgender Gedanke zugrunde: Kann sich einer der Versicherer wegen einer Obliegenheitsverletzung seines VN im Innenverhältnis auf Leistungsfreiheit berufen – krankes Versicherungsverhältnis –, der oder die anderen Versicherer hingegen nicht, ist der Geschädigte gleichwohl ausreichend geschützt, so dass die Haftung des im Innenverhältnis leistungsfreien Versicherers entfallen kann.[141] Dasselbe gilt bei bestehender Leistungspflicht eines Sozialversicherungsträgers, der aufgrund des Schadenereignisses an den verletzten Dritten Leistungen erbringen muss – gesetzliche Kranken-, Unfall-, Renten- und Pflegeversicherung sowie bei Leistungen der Bundesagentur für Arbeit und der Sozialhilfeträger.

96

Ist der Versicherer gegenüber seinem VN jedoch deshalb nicht zur Leistung verpflichtet, weil das Fahrzeug den Bau- und Betriebsvorschriften der StVZO nicht entsprach oder von einem unberechtigten Fahrer oder von einem Fahrer ohne die vorgeschriebene Fahrerlaubnis geführt wurde, kann der Versicherer den Dritten abweichend von § 117 Abs. 3 S. 2 VVG gem. § 3 PflVG nicht auf die anderweitige Ersatzmöglichkeit verweisen. Auch dies gilt jedoch nicht, wenn der Dritte von einem nach § 2 Abs. 1 Nr. 1 bis 5 PflVG befreiten Fahrzeughalter Ersatz seines Schadens verlangen kann, § 3 Abs. 1 S. 2 PflVG.

97

3. Rechtskrafterstreckung

Gem. § 115 Abs. 1 S. 3 VVG haften Versicherer und VN als Gesamtschuldner nach den Vorschriften der §§ 421 ff. BGB. Jedoch ist der Versicherer im Innenverhältnis zum VN allein verpflichtet, soweit er diesem Versicherungsschutz schuldet; § 116 Abs. 1 VVG. Im Gegensatz zu § 425 Abs. 2 BGB tritt in der Kfz-Haftpflichtversicherung jedoch eine **Rechtskrafterstreckung** im Verhältnis des Geschädigten zu den übrigen Gesamtschuldnern ein. Soweit durch rechtskräftiges Urteil festgestellt wird, dass dem Dritten ein Anspruch auf Schadensersatz **nicht** zusteht, wirkt dieses, wenn es zwischen dem Dritten und dem Versicherer ergeht, auch zugunsten des VN, wenn es zwischen dem Dritten und dem VN ergeht, auch zugunsten des Versicherers, § 124 Abs. 1 VVG. Die Rechtskrafterstreckung tritt nur zugunsten des VN/Versicherers ein, wenn bzw. soweit sie im Prozess obsiegen – also im Umfang eines klageabweisenden Urteils.[142] Ein Prozessvergleich reicht demzufolge nicht aus. § 124 Abs. 1 VVG setzt voraus, dass sachlich über die geltend gemachten Schadensersatzansprüche entschieden wurde.[143]

98

---

[140] Vgl. ausführlich *Bauer* Rn. 943 bis 954.
[141] Vgl. BGH VersR 1963, 1192, 1193.
[142] BGH NJW 1971, 611.
[143] Prölss/Martin/*Knappmann* VVG § 124 Rn. 2.

4. Anzeigepflichten des Dritten

99 § 119 VVG legt dem Dritten zur Geltendmachung seines Direktanspruchs die Obliegenheiten auf, dem Versicherer das Schadensereignis binnen zwei Wochen nach Kenntniserlangung in Textform anzuzeigen, ihm Auskünfte und Belege zwecks Feststellung der Einstandspflicht und deren Höhe vorzulegen sowie im Falle gerichtlicher Inanspruchnahme dies ebenfalls innerhalb von zwei Wochen anzuzeigen. Verletzt der Dritte schuldhaft die Obliegenheiten, so ergeben sich die Rechtsfolgen aus § 120 VVG: Die Haftung des Versicherers beschränkt sich auf den Betrag, den er auch bei gehöriger Erfüllung der Obliegenheiten zu leisten gehabt hätte, sofern der Dritte zuvor ausdrücklich und in Textform auf die Folgen der Verletzung hingewiesen wurde.

VII. Die Deckungsklage in der KH-Versicherung

1. Allgemeines

100 In der Kraftfahrthaftpflichtversicherung ist der Versicherer gegenüber dem Geschädigten, der einen Direktanspruch gegen ihn hat, zur Leistung verpflichtet. Unter den Voraussetzungen der § 117 Abs. 2 und 3 VVG bleibt diese Verpflichtung auch bei Leistungsfreiheit im Innenverhältnis gegenüber dem Dritten im Außenverhältnis bestehen. Die Deckungsklage betrifft hingegen nicht den gerichtlich geltend gemachten Schadensersatzanspruch des Dritten, sondern den Deckungsanspruch der VN oder einer mitversicherten Person gegen den Versicherer. Mit der Deckungsklage wird daher ein Anspruch aus dem Versicherungsvertrag gegen den Versicherer geltend gemacht.

2. Trennungsprinzip und Bindungswirkung

101 In der Kraftfahrthaftpflichtversicherung ist streng zwischen dem Haftpflicht- und Deckungsverhältnis zu unterscheiden – **Trennungsprinzip** Ein rechtskräftiges Urteil im Haftpflichtprozess stellt für den nachfolgenden Deckungsprozess bindend fest, dass der VN dem geschädigten Dritten gegenüber haftet. Weder er noch sein Versicherer können im Deckungsprozess einwenden, im Haftpflichtprozess sei falsch entschieden worden.[144] Umgekehrt tritt keine Bindungswirkung ein, wenn der Deckungs- dem Haftpflichtprozess vorgeht. Dann können beide Seiten alle für sie aus dem Haftpflicht- und Deckungsverhältnis vorhandenen Einwendungen geltend machen.

102 Die Frage der Bindungswirkung ist auch relevant im Hinblick auf die Eintrittspflicht der **Rechtsschutzversicherung**. Der Rechtsschutzversicherer des VN kann im Haftpflichtprozess Versicherungsschutz auch unter dem Vorbehalt übernehmen, die Deckung später wieder zu versagen, je nach Ausgang des Haftpflichtprozesses.[145]

VIII. Abwicklung des Versicherungsfalles

1. Regulierungsbefugnis und Prozessführungsrecht des Versicherers

103 a) **Regulierungsbefugnis.** Der Versicherer, der gemäß A.1.1.1 AKB 2008 verpflichtet ist, begründete Ansprüche zu befriedigen und unbegründete Ansprüche abzuwehren, hat im Rahmen der genannten Klausel die **Regulierungsbefugnis** und gilt als bevollmächtigt, „alle ihm zur Befriedigung oder Abwehr der Ansprüche zweckmäßig erscheinenden Erklärungen im Namen der versicherten Person abzugeben" (A.1.1.4 AKB 2008). Schäden bis zu einer in E.2.2 AKB 2008 genannten Bagatellschadengrenze darf der VN, der sich durch Übernahme des Schadens seinen Schadensfreiheitsrabatt erhalten will, weiterhin selbst und ohne Anzeige des Versicherungsfalls regulieren.

---

[144] BGH VersR 2001, 1103; OLG Hamm r+s 2000, 142.
[145] BGH VersR 1978, 1106.

Gelegentlich stellt sich im Hinblick auf den Schadenfreiheitsrabatt das Problem des sog. „Regulierungsverbotes" (Zahlungssperre). Ein Regulierungsverbot erteilt der VN seinem Versicherer mit dem Ziel, seinen Schadenfreiheitsrabatt nicht zu gefährden. Ohne ausdrückliche Vereinbarung steht dem VN ein solches Regulierungsverbot nicht zu.

Im Innenverhältnis können jedoch gegebenenfalls Schadensersatzansprüche des VN gegen seinen Versicherer entstehen, wenn dieser seine Pflichten aus dem Versicherungsvertrag verletzt. Nach A.1.1.4 AKB 2008 erteilt der VN seinem Haftpflichtversicherer eine umfassende Regulierungsvollmacht.[146] Diese Regulierungsvollmacht bzw. dieses Regulierungsermessen bei der Abwicklung gegnerischer Schadenersatzansprüche muss selbstverständlich auch das Interesse des VN berücksichtigen. Hierbei muss sich der Versicherer allerdings nicht einseitig an den Prämieninteressen des VN ausrichten. Auch muss hinsichtlich der Haftung des VN keine letzte Sicherheit bestehen. Vielmehr kann der Versicherer auch eigene wirtschaftliche Interessen berücksichtigen, so dass es gerechtfertigt sein kann, zwecks Vermeidung einer gerichtlichen Auseinandersetzung und den damit verbundenen Kosten gegen den VN geltend gemachte Schadenersatzansprüche zu befriedigen. Lediglich eine grob treuwidrige, also leichtfertige Erfüllung geltend gemachter Schadensersatzansprüche kann dazu führen, im Sinne einer Vertragshaftung des Versicherers gegenüber seinem VN von einem pflichtwidrigen Regulierungsverhalten zu sprechen. Nur die Befriedigung eindeutig und leicht nachweisbar unbegründeter Haftpflichtansprüche nach völlig unsachgemäßer Behandlung durch den Versicherer braucht der VN nicht gegen sich gelten zu lassen.[147]

b) **Prozessführungsrecht.** Der Versicherer hat nach E.2.4 AKB 2008 das Recht zur Führung des Rechtsstreites. Werden gegen den VN Haftpflichtansprüche gerichtlich geltend gemacht, so hat dieser „die Führung des Rechtsstreites dem Versicherer zu überlassen". Dieses Prozessführungsrecht beinhaltet auch und vor allem das Recht, den Prozessanwalt für den VN und die übrigen Versicherten zu bestellen. VN, die einen Rechtsanwalt eigener Wahl beauftragen, begehen möglicherweise eine Obliegenheitsverletzung mit der Rechtsfolge, dass die anfallenden Anwaltskosten insoweit von ihnen zu tragen sind.[148] Ein VN darf nur dann einen Anwalt seiner Wahl beauftragen, wenn besondere Gründe vorliegen, die eine Vertretung durch den vom Versicherer gestellten Prozessanwalt als unzumutbar erscheinen lassen, beispielsweise für den Fall, wenn der vom Versicherer beauftragte Prozessanwalt bereits in einem anderen Verfahren gegen den Versicherungsnehmer tätig war[149] oder wenn zwischen dem Versicherungsnehmer und Haftpflichtversicherer Meinungsverschiedenheiten über die Deckungspflicht auftreten.[150]

Das Prozessführungsrecht besteht grundsätzlich auch gegenüber mitversicherten Personen sowie in denjenigen Fällen, in denen die Versicherungssumme nicht ausreicht, um den vollen Schaden zu decken bzw. ggf. die geltend gemachten Ansprüche über die Versicherungssumme hinausgehen. Jedoch muss der Versicherer in diesem Fall in besonders hohem Maße auf die Interessen des VN achten.[151] Bei einem während der Vertragslaufzeit eingetretenen Versicherungsfall endet die Prozessführungsbefugnis nicht mit dem Auslaufen des Vertrages; auch nicht, wenn der Versicherer das Vertragsende durch zulässige Kündigung oder Rücktritt vorzeitig herbeigeführt hat.

Argumentiert ein Versicherer im Prozess, der Unfall sei im Einverständnis mit dem VN herbeigeführt worden, liege also ein manipulierter Unfall zum Zwecke eines Versicherungsbetruges vor, besteht für den vom Versicherer beauftragten Rechtsanwalt eine Interessenkollision, die ihn aus standes- und möglicherweise auch aus haftungs- sowie strafrechtlich Gründen zwingt, das Mandat für den VN niederzulegen. Der womöglich in betrügerischer Absicht handelnde VN könnte dann im Prozess ein Versäumnisurteil gegen sich ergehen lassen und auf diese Weise den Versicherer zur Zahlung zwingen. Versicherer und ihre Rechts-

---

[146] BGH VersR 1981, 173.
[147] Vgl. LG Düsseldorf r+s 2004, 406; LG Marburg SP 2001, 247; *Adolpffs/Burkard* VersR 2008, 322 ff.
[148] BGH NJW 1981, 1952 lässt die Frage offen; verneinend KG NZV 1988, 228.
[149] BGH NJW 1981, 1952.
[150] OLG Karlsruhe VersR 1979, 944.
[151] *Stiefel/Hofmann* AKB 2008 E.2.4 Rn. 25.

anwälte umgehen dieses Problem dadurch, dass das Mandat für den VN zwar niedergelegt wird, der Versicherer ihm aber als Streithelfer im Prozess beitritt und über seinen Prozessbevollmächtigten gem. §§ 66, 67 ZPO den Klageabweisungsantrag in zulässiger Weise auch für den – säumigen – VN stellt.

2. Anerkenntnis- und Befriedigungsrecht des VN

109 Während es dem VN nach § 154 Abs. 2 VVG aF bzw. § 7 II Abs. 1 AKB aF unter Androhung von Leistungsfreiheit des Versicherers untersagt war, die Haftpflichtforderung des geschädigten Dritten anzuerkennen oder zu befriedigen, erklärt § 105 VVG ein vertraglich vereinbartes Anerkenntnis- und Befriedigungsverbot für unwirksam. Anerkenntnis und Befriedigung durch den VN bleiben somit grundsätzlich sanktionslos.

110 Allerdings ist der Versicherer im Innenverhältnis zu seinem VN an ein zu Unrecht abgegebenes Anerkenntnis nicht gebunden. Er hat ein Wahlrecht, ob er die anerkannte/befriedigte Forderung auch im Rahmen des Deckungsverhältnisses als bindend akzeptiert, oder ablehnt. Stimmt er dem Vorgehen seines VN nicht zu, braucht er diesen nur insoweit freizustellen, als er dem geschädigten Dritten ohne das Anerkenntnis nach seiner Ansicht gehaftet hätte. Jedoch erlischt mit dem Anerkenntnis bzw. der Befriedigung sein Erfüllungswahlrecht, dh, er kann nicht mehr zwischen der Befriedigung begründeter oder der Abwehr unbegründeter Ansprüche wählen.[152]

3. Verfügungsverbot nach § 108 Abs. 1 VVG

111 Gem. § 108 Abs. 1 VVG sind Verfügungen über den Freistellungsanspruch des VN gegen seinen Versicherer dem geschädigten Dritten gegenüber unwirksam.

4. Abtretungsrecht nach § 108 Abs. 2 VVG

112 Ebenso wie das Anerkenntnis- und Befriedigungsverbot ist gem. § 108 Abs. 2 VVG jede in den AVB/AKB enthaltene Vereinbarung unwirksam, nach welcher es dem VN verboten ist, seinen Freistellungsanspruch gegen den Versicherer an den geschädigten Dritten abzutreten.

Ist der geschädigte Dritte gleichzeitig Inhaber seines Direktanspruches und des – abgetretenen – Deckungsanspruchs des VN gegen seinen Versicherer, stellt sich im Zusammenhang mit den Rechten aus § 105 VVG eine Vielzahl noch ungeklärter Fragen im Hinblick auf die prozessuale Rolle des VN und seines Versicherers, den Inhalt der gegen den Versicherer geführten Zahlungsklage sowie der Bindungswirkung zwischen Deckungs- und Haftungsprozess, die hier allerdings nicht weiter vertieft werden können.[153]

IX. Kraftfahrthaftpflichtversicherung und internationales Recht

113 In § 1 PflVG ist nicht bestimmt, dass eine Versicherungspflicht nur besteht, soweit sich Unfälle im Inland ereignen. Die Versicherungspflicht knüpft nicht an einen bestimmten örtlichen Geltungsbereich des Versicherungsvertrages, sondern nur an den regelmäßigen Standort des Fahrzeuges an.

114 Nach §§ 1, 4 AuslPflVG muss auch für ausländische Kraftfahrzeuge und Anhänger, die am deutschen Straßenverkehr teilnehmen, Haftpflichtversicherungsschutz bestehen, der durch Mitführen einer sog. „Grünen Versicherungskarte" nachzuweisen ist. Diese stellt ein – neben inländischen – auch ein ausländischer Versicherer aus, wenn sich gem. § 2 Abs. 1b AuslPflVG ein inländischer Versicherer oder ein Verband bereit erklärt hat, die Pflichten eines Haftpflichtversicherers im Schadensfall für diesen zu übernehmen. In der BRD ist dies aufgrund internationaler, nahezu europaweit gültiger Vereinbarung der Verein „Deutsche Büro Grüne Karte e. V.".[154] Im Schadensfall reguliert der Verein nicht selbst, sondern beauf-

---

[152] *Lange* VersR 2007, 401, 402.
[153] LG Dortmund r+s 2013, 548 *Langheid* VersR 2007, 865, 866 ff.; *Lange* VersR 2007, 401, 403 ff.
[154] Adresse: Glockengießerwall 1, 20095 Hamburg; Telefon: 0 40/33 44 00; Telefax: 0 40/3 34 40 70 40.

tragt seinerseits einen inländischen Versicherer. Kommt es zum Prozess, muss – gegebenenfalls neben dem ausländischen Schädiger und seinem heimischen Versicherer – der Verein Deutsches Büro Grüne Karte e. V. und nicht der von ihm beauftragte Versicherer verklagt werden.[155]

Besitzt ein ausländischer Kraftfahrer bei seiner Einreise noch keine grüne Versicherungskarte, muss er sich an der Grenze einen „Rosa Grenzversicherungsschein" beschaffen.

Bei einem Unfall eines inländischen Fahrzeugführers im Ausland, ist für die Regulierung des Schadensfalles der Verein Deutsches Büro Grüne Karte e. V. nicht zuständig. Es muss gegen den Schädiger und dessen Haftpflichtversicherer vorgegangen werden. Dabei kann der Geschädigte vom Gericht seines Wohnsitzes aus einen Direktklage erheben, wenn der Schädiger bzw. sein Versicherer in einem EU-Mitgliedsstaat ihren Sitz haben.[156]

Zu beachten ist, dass die Verpflichtung des deutschen Haftpflichtversicherers, der in Deutschland einen **Versicherungsvertrag** abschließt, sich **nach deutschem Recht** richtet. Für den Umfang gelten mindestens die deutschen Versicherungsbedingungen.[157] Zum anzuwendenden Rechtsstatut wird verwiesen auf die Darstellung in § 40 Rn. 30 ff.

X. Verkehrsoperhilfe e. V.

Kann das Kfz, durch dessen Gebrauch der Schaden verursacht wurde, nicht ermittelt werden oder existiert eine nach dem Gesetz erforderliche Haftpflichtversicherung tatsächlich nicht, besteht für den Geschädigten gem. § 12 PflVG die Möglichkeit, sich an den Verein „Verkehrsoperhilfe e. V."[158] zu wenden. Dort wird für diese und weitere Fälle ein Entschädigungsfonds bereit gehalten.

Die Leistungspflicht des Verein ist jedoch stets subsidiär gegenüber anderen Möglichkeiten der Schadenstilgung, etwa durch einen Kfz-Haftpflichtversicherer, allgemeinen Haftpflichtversicherer, Unfallversicherer etc.[159] Darüber hinaus ist der Leistungsumfang stark eingeschränkt. So werden Schmerzensgeldansprüche nur in besonders schweren Fällen und Fahrzeugschäden nur unter bestimmten Voraussetzungen mit recht niedrigen Schadenhöchstsummen befriedigt.[160]

---

[155] OLG Hamm VersR 1972, 1040.
[156] EuGH VersR 2008, 111.
[157] Vgl. im Einzelnen *Stiefel/Maier* AKB 2008 A.1.4 Rn. 12.
[158] Adresse: Glockengießerwall 1, 20095 Hamburg.
[159] Vgl. ausführlich *Bauer* Rn. 1021 ff.
[160] Vgl. ausführlich zum Ganzen *Böhme/Biela* S. 364 bis 373.

§ 45 Die Fahrzeugversicherung – Teilkaskoversicherung (A.2.2 AKB 08)*

Übersicht

	Rn.
I. Der Versicherungsvertrag	1
II. Versichertes Risiko	2–64
1. Allgemeines zum Versicherungsschutz	2/3
a) Umfang und Inhalt	2
b) Räumliche Geltung	3
2. Der Versicherungsschutz im Einzelnen	4–31
a) Brand oder Explosion	4–6
b) Entwendung	7
c) Sturm, Hagel, Blitzschlag	8–13
d) Überschwemmung	14–16
e) Haarwildschäden	17–28
f) Bruchschäden an der Verglasung	29/30
g) Kurzschlussschäden an der Verkabelung	31
3. Der Versicherungsschutz gegen Entwendung	32–50
a) Problemstellung	32–35
b) Das „äußere Bild" der Entwendung	36–42
c) Der vorgetäuschte Diebstahl	43–45
d) Beweisfragen im Einzelnen	46/47
e) Das „Schlüssel"-Thema in der Kaskoversicherung	48–50
4. Die Entschädigung bei Totalschaden, Zerstörung und Verlust des Fahrzeuges	51–61
a) Allgemeines	51/52
b) Einzelfragen	53–57
c) Entschädigung bei Leasingfahrzeug	58–60
d) Kaskoleistung und Schlossaustausch	61
5. „Wieder aufgefundene" Sachen	62–64
a) Eigentumsübergang auf Versicherer	63
b) Kosten der Rückholung	64
III. Einschränkung und Ausschluss des Versicherungsschutzes, speziell bei Obliegenheitsverletzungen, sowie vorsätzliche und grob fahrlässige Herbeiführung des Versicherungsfalles	65–87
1. Allgemeines	65
2. Einzelfragen zur Kaskoversicherung	66–76
a) Anzeige bei Polizei	66
b) Wiederinstandsetzung und Verwertung	67/68
c) Aufklärungs- und Anzeigeobliegenheit	69–76
3. Folgen der Obliegenheitsverletzung	77
4. Grob Fahrlässige Herbeiführung des Versicherungsfalls	78–87
a) Allgemeines	78/79
b) Einzelfälle	80–87

Schrifttum: *Buschbell*, Das „Schlüssel"-Thema in der Kfz-Kasko bei Fahrzeugentwendung, in: Jahrbuch Verkehrsrecht 2000; *Diehl*, Der Nachweis des versicherten Kfz-Diebstahls, zfs 2000, 187; *Hohlweck*, Kraftfahrzeugdiebstahl und grobe Fahrlässigkeit, r+s 2000, 89; *Feyock/Jacobsen/Lemor*, Kraftfahrtversicherung, 3. Aufl. 2009; *Ingenpaß*, Kfz-Diebstahl und Kaskoversicherung, DAR 1998, 81; *Knappmann*, Anhörung des Versicherungsnehmers nach Kfz-Diebstahl nur bei persönlicher Glaubwürdigkeit?, NVersZ 1998, 107; *Looschelders/ Bottek*, Die Rechtsstellung des Versicherers bei Verbringung gestohlener Kfz ins Ausland, VersR 2001, 401; *Maier/Stadler*, AKB 2008 und VVG-Reform, 2008; *Münstermann*, Versicherungsbetrug in der Kaskoversicherung, DAR 1994, 388; *Prölss/Martin*, Versicherungsvertragsgesetz, 28. Aufl. 2010 (zitiert: Prölss/Martin/*Bearbeiter*); *Römer*, Die Rechtsprechung des BGH zum Kraftfahrversicherungsrecht, DAR 2000, 254; *ders.*, Die Rechtsprechung des BGH zum Versicherungsrecht, zfs 1999, 321; *ders.*, Schwierigkeiten beim Kfz-Entwendungsbeweis, NVersZ 1998, 63; *ders.*, Die Rechtsprechung des BGH zum Versicherungsrecht, zfs 1998, 241;

---

* Der Verfasser bedankt sich herzlich bei Herrn Rechtsanwalt *Carsten Kunz* für die Unterstützung bei den Manuskriptarbeiten.

ders., Der Kraftfahrzeugdiebstahl als Versicherungsfall, NJW 1996, 2329; *Sohn*, Zur Bedeutung von Schlüssel- und Schlossgutachten im Bereich des Kaskoprozesses, r+s 1997, 397; *Stiefel/Maier*, Kraftfahrtversicherung, 17. Aufl. 2000; *Wussow*, Sturmschäden im Versicherungs- und Haftpflichtrecht, VersR 2000, 679.

I. Der Versicherungsvertrag

Die Teilkaskoversicherung und die Vollkaskoversicherung stellen neben der Kfz-Haftpflichtversicherung jeweils rechtlich selbstständige Verträge dar.[1] Zu Einzelheiten des Zustandekommens des Versicherungsvertrages, Annahme des Antrages, Verbraucherinformation sowie Widerrufsrecht wird verwiesen auf die diesbezüglichen Ausführungen in → § 43. Stets sollte bei der Bearbeitung von Kasko-Schäden besonderes Augenmerk auf den Wortlaut der jeweiligen AKB gelegt werden, die sich zum Teil erheblich unterscheiden. Die nachfolgenden Ausführungen basieren auf den Musterbedingungen 2008 des GdV. 1

II. Versichertes Risiko

1. Allgemeines zum Versicherungsschutz

a) **Umfang und Inhalt.** Die Regelungen über die den Versicherungsfall auslösenden Ereignisse sind in A.2.1 AKB 2008 geregelt. Durch die Teilkaskoversicherung versichert sind hiernach die Risiken 2
- Brand oder Explosion,
- Entwendung,
- Sturm, Hagel, Blitzschlag und Überschwemmung,
- Zusammenstoß mit Haarwild
- Glasbruch
- Kurzschlussschäden an der Verkabelung.

Der Umfang des Versicherungsschutzes ist in A.2.6–A.2.13 AKB 2008 geregelt, die versicherten Gegenstände in A.2.1 AKB 2008. Versichert ist zunächst das Fahrzeug gem. A.2.1.1 AKB 2008 gegen die dort genannten Gefahren. Beitragsfrei mitversichert sind die unter A.2.1.2 AKB 2008 genannten Gegenstände, die unter A.2.1.3 erwähnten Teile sind ohne Beitragszuschlag mitversichert, wenn sie im Fahrzeug fest eingebaut oder am Fahrzeug fest angebaut sind (zB Radio- und Audiosysteme). Der Gesamtneuwert der dort genannten Teile bildet grundsätzlich die Entschädigungshöchstgrenze, etwas anderes muss vereinbart werden. Unter A.2.1.4 AKB 2008 sind schließlich die nicht versicherbaren Gegenstände aufgeführt, zu denen zum Beispiel auch Handys gehören. Die Kaskoversicherung deckt als reine Schadensversicherung nur das Eigentümerinteresse, so dass der Versicherungsnehmer gegebenenfalls darlegen und beweisen muss, dass ihm das versicherte Interesse auch zusteht, wenn er zB die Beschädigung einer angeblich ihm gehörenden Sache geltend macht.[2] Was generell nicht versichert ist, ergibt sich aus A.2.16 AKB 2008. Zu nennen sind hier Schäden, die vorsätzlich oder grob fahrlässig vom Versicherungsnehmer herbeigeführt werden, die bei Beteiligung an Rennen entstehen, die durch Erdbeben, Kriegsereignisse, innere Unruhen, Maßnahmen der Staatsgewalt oder Kernenergie verursacht werden sowie Reifenschäden.

b) **Räumliche Geltung.** In der Fahrzeugversicherung wird wie bei der Kraftfahrthaftpflichtversicherung regelmäßig die sog. „Europadeckung" nach A.2.5 AKB 2008 vereinbart. Dies kann zu Problemen führen, wenn ein Versicherungsfall im asiatischen Teil der Türkei eintritt. Beratungspflichten des Versicherers oder des Vermittlers bestehen, wenn für den Versicherer/Vermittler erkennbar wird, dass der Versicherungsnehmer irrige Vorstellungen über die Reichweite des bestehenden Versicherungsschutzes hat, oder wenn es dem Versicherer/Vermittler bekannt wird oder es sich ihm hätte aufdrängen müssen, dass der Versicherungsnehmer sich mit dem Fahrzeug außerhalb des Geltungsbereichs begeben will. Werden solche Hinweise nicht gegeben, kommt für den Versicherer wegen unterbliebener Beratung 3

---

[1] Feyock/Jacobsen/Lemor/*Jacobsen* AKB § 12 Rn. 2.
[2] OLG Celle VersR 2007, 1217.

eine Haftung wegen Verstoßes gegen § 6 Abs. 1 VVG in Betracht. Ein Schadenersatzanspruch kann sich aus § 6 Abs. 5 VVG ergeben. Entsprechendes gilt für den Versicherungsvermittler gem. §§ 61, 63 VVG. Liest der Versicherungsnehmer die Versicherungsbedingungen nicht durch, aus denen sich der räumliche Geltungsbereich der Versicherung ergibt, rechtfertigt dies den Einwand eines Mitverschuldens.[3]

2. Der Versicherungsschutz im Einzelnen

4 a) **Brand oder Explosion.** Der Begriff „Brand" iSv A.2.2.1 AKB 2008 entspricht der Formulierung in § 1 Feuerversicherung (AFB). Hiernach ist Brand ein Feuer, das ohne einen bestimmungsgemäßen Herd entstanden ist oder ihn verlassen hat und sich aus eigener Kraft auszubreiten vermag. **Nicht** als Brand gelten das Glühendwerden von Fahrzeugteilen, zB Zündkerzen, Sicherungen, die Zersetzung einer Sache durch Wärmeeinwirkung, soweit keine Flammenbildung entstanden ist, Sengschäden zB am Sitzpolster, die Zerstörung eines Radlagers durch Heißlaufen.[4]

5 Der Versicherer hat ferner den Schaden zu ersetzen, der durch das Löschen oder Ausräumen verursacht wird, sowie der Schaden, der dadurch entsteht, dass versicherte Sachen bei dem Brand abhanden kommen. Nicht zu ersetzen sind die Schäden, die bereits vor dem Versicherungsfall „Brand" etwa durch einen vorausgehenden Unfall entstanden sind.[5]

6 Der Begriff „Explosion" entspricht dem gleichen Begriff, der in der industriellen Feuerversicherung (§ 1 Nr. 4 AFB 87) verwandt wird. Hiernach ist unter Explosion eine auf dem Ausdehnungsbestreben von Gasen oder Dämpfen beruhende, plötzlich verlaufende Kraftäußerung zu verstehen. Demgegenüber ist eine Implosion nicht versichert. Der bei Schweißarbeiten explodierende Tank fällt unter das versicherte Risiko. Demgegenüber ist eine Motorexplosion infolge heißgelaufenen Pleuellagers nicht Explosion iSd des Versicherungsschutzes.

7 b) **Entwendung.** Vgl. nachstehend → Rn. 32 ff. „Der Versicherungsschutz gegen Entwendung".

8 c) **Sturm, Hagel, Blitzschlag.** *aa) Sturm.* Gemäß A.2.2.3 AKB 2008 ist „Sturm" eine wetterbedingte Luftbewegung von mindestens Windstärke 8 (= 17,2 m/s). Kein Sturm iSd Versicherungsschutzes sind Luftbewegungen, die durch eine Explosion, durch eine Lawine oder den Fahrtwind entstehen.[6] Öffnet der Fahrer somit während der Fahrt das Verdeck seines Cabrios, welches sodann durch den Fahrtwind beschädigt wird, liegt kein Sturmschaden vor. Windstärke 8 bedeutet nach der maßgeblichen Beaufort-Skala „stürmischer Wind, der Zweige von Bäumen bricht und das Gehen im Freien erheblich erschwert".[7] Ein Sturmschaden ist zB zu bejahen, wenn der Sturm dem Fahrer die Tür aus der Hand reißt.[8]

9 Die Anspruchsvoraussetzungen und insbesondere die Sturmstärke sind von dem Versicherungsnehmer zu **beweisen**. In der Praxis ist die Sturmstärke festzustellen durch eine Anfrage beim regional zuständigen Wetteramt. Ein Sturmschaden ist nicht nachgewiesen, wenn in dem Gebiet zB Stärke 7 gemessen und angegeben wird mit Abweichung plus/minus 1.[9]

10 Falls ausnahmsweise die Windstärke für den Versicherungsort nicht feststellbar ist, wird die Windstärke 8 nur dann unterstellt, wenn der VN nachweist, dass
- die Luftbewegung in der Umgebung des Versicherungsortes Schäden an Gebäuden in einwandfreiem Zustand oder ebenso widerstandsfähigen anderen Sachen angerichtet hat, oder dass

---

[3] OLG Frankfurt DAR 1998, 71.
[4] LG Stuttgart r+s 1989, 352; vgl. weiter im Einzelnen hierzu sowie zu Brandfolgeschäden Feyock/Jacobsen/Lemor/*Jacobsen* AKB § 12 Rn. 30.
[5] OLG Celle VersR 2007, 1510.
[6] BGH VersR 1984, 28; OLG Hamburg zfs 1986, 374.
[7] *Wussow* VersR 2000, 679.
[8] Zu einer Übersicht über Fälle, in denen Sturmschaden bejaht wurde, vgl. Feyock/Jacobsen/Lemor/*Jacobsen* AKB § 12 Rn. 84 und zur Verneinung des unmittelbaren Sturmschadens Feyock/Jacobsen/Lemor/*Jacobsen* AKB § 12 Rn. 85.
[9] LG Berlin r+s 1990, 171.

- der Schaden wegen des einwandfreien Zustandes des versicherten Gebäudes oder des Gebäudes, in dem sich die versicherten Sachen befunden haben, nur durch Sturm entstanden sein kann.

Beruft der Versicherer sich darauf, der Schaden sei ohne eine Luftbewegung mit Windstärke 8 eingetreten oder schon in einem Zeitpunkt eingetreten, als erst Windstärke 7 erreicht war, obliegt ihm die Beweislast.[10]

Für das in A.2.2.3 AKB 08 eingeschlossene Sturmrisiko ist bedeutsam, dass eine unmittelbare **adäquate Verursachung** durch Sturm gegeben sein muss. Dies ist nach der Vorschrift auch dann der Fall, wenn durch Naturgewalten (Sturm) Gegenstände auf oder gegen das Fahrzeug geworfen werden. Ausgeschlossen sind jedoch Schäden, die auf ein durch diese Naturgewalten veranlasstes Verhalten des Fahrers zurückzuführen sind. Eine unmittelbare Sturmeinwirkung wird zB dann angenommen, wenn ein parkender Pkw von einer Sturmböe umgeworfen und beschädigt wird oder wenn ein Straßenbaum durch Sturmeinwirkung auf einen Pkw fällt. Eine andere Beurteilung des Sachverhaltes kommt in Betracht, wenn ein Gegenstand durch Sturmeinwirkung derart vor das Fahrzeug geworfen wird, dass der Fahrer nicht mehr ausweichen oder anhalten kann und der Schaden am Fahrzeug durch das Auffahren auf den Gegenstand verursacht wird.[11] Kommt jedoch ein Verhalten des Fahrers als letzte unmittelbare Ursache für die Schadenentstehung durch Sturm in Betracht, wird bei verkehrsgerechtem Verhalten des Fahrers zum Teil eingewandt, es könne nicht im Sinne des Ausschlusstatbestandes sein, eine Eintrittspflicht zu verneinen, wenn auf die Sturmeinwirkung verkehrsgerecht reagiert werde, eine Entschädigung aber zu gewähren, wenn ein Fahrer sich nach einer Sturmeinwirkung gänzlich passiv verhält.[12]

bb) Hagel. In der Praxis ergeben sich häufig Schäden durch Hagel. Unter „Hagel" ist atmosphärischer Niederschlag in Form von Eisstücken zu verstehen. Der Versicherungsnehmer hat die Beschädigung seines Fahrzeuges durch Hagel zu beweisen. Bei den Erscheinungsformen des Hagelschadens ergibt sich, dass Hagel keine gleichmäßigen Vertiefungen im Karosserieblech erzeugt. So ist zB bei einem Abrieb in verschiedene Richtungen Hagelschaden undenkbar.[13]

cc) Blitzschlag. Unter „Blitzschlag" ist zu verstehen die Einwirkung eines atmosphärisch entstandenen Blitzes zwischen verschieden elektrisch geladenen Wolken oder Wolken und Erde auf einen Gegenstand oder einen Menschen. Der Blitzschlag ist eine selbstständige Schadenursache und steht selbstständig unter Versicherungsschutz. Somit haftet der Versicherer auch für den so genannten „kalten Schlag", ebenso für Sengschäden oder Schäden, die entstehen, ohne dass der Blitz zur Erde niedergeht.[14]

d) **Überschwemmung**. Unter „Überschwemmung" ist das Auftreten von Wasser in erheblichem Umfang mit schädigender Wirkung zu verstehen, und zwar wenn Wasser nicht auf normalem Weg abfließt. Über die Ufer treten muss das Gewässer nicht.[15] Die Meeresflut ist keine Überschwemmung.[16] Zur Überschwemmung nachfolgende Beispiele:

aa) Überschwemmung bejaht. Eine Überschwemmung ist zu bejahen, wenn Regenwasser in einer Höhe von 10 cm eine Straße hinab strömt,[17] ebenso wenn durch Wassermassen ein Berghang abrutscht und hierdurch Mauern einer Garage umstürzen und das darin befindliche Fahrzeug zerstört wird.[18] Ebenso liegt ein Überschwemmungsschaden vor, wenn so starker Regen auf einen Berghang niedergeht, dass das Regenwasser weder vollständig ver-

---

[10] *Wussow* VersR 2000, 679 (680).
[11] Teilweise wird hier jedoch Einwirkung durch Sturm bejaht, vgl. *Wussow* VersR 2000, 679, Fn. 53 mit Nachweisen aus Rspr. und Literatur.
[12] OLG Köln r+s 1986, 27.
[13] LG Verden zfs 1991, 24.
[14] Vgl. Feyock/Jacobsen/Lemor/*Jacobsen* AKB § 12 Rn. 89 unter Hinweis auf Prölss/Martin/*Kollhosser* VVG § 82 Rn. 9.
[15] BGH VersR 2006, 966.
[16] OLG Hamm VersR 1992, 1506.
[17] LG Kassel VersR 1963, 670.
[18] BGH VersR 1964, 712.

sickern noch sonst geordnet auf natürlichem Weg abfließen kann.[19] Auch wenn die Überschwemmung so plötzlich auftritt, dass der Versicherungsnehmer den Motor nicht mehr rechtzeitig abstellen kann und infolgedessen der Motor durch einen so genannten „Wasserschlag" beschädigt wird, liegt ein versicherter Überschwemmungsschaden vor.[20]

16 bb) *Überschwemmung verneint.* Ein Überschwemmungsschaden ist zu verneinen, wenn der Versicherungsnehmer bei überhöhter Geschwindigkeit auf einer überfluteten, aber noch befahrbaren Straße ins Schleudern gerät,[21] ebenso, wenn der VN in einen überfluteten Bereich hinein fährt, da hier nicht eine unmittelbare Einwirkung iSd Überschwemmung vorliegt.[22] Beim Abstellen eines Fahrzeuges auf einem gefährdeten Parkplatz und einem infolgedessen eintretenden Überschwemmungsschaden kann der Anspruch auf Versicherungsschutz wegen grober Fahrlässigkeit ausgeschlossen bzw. beschränkt sein.[23]

17 e) **Haarwildschäden.** *aa) Zusammenstoß mit Haarwild.* Die Regulierung von Haarwildschäden spielt in der Praxis eine große Rolle. Hierbei ist zu unterscheiden zwischen Schäden, die am Fahrzeug aufgrund eines Zusammenstoßes mit Haarwild entstehen, und solchen Schäden, die dadurch entstehen, dass der Versicherungsnehmer einem plötzlich auftauchenden Wild ausweicht oder bremst. Bei dem zuerst genannten Fall der Verursachung des Schadens durch Zusammenstoß mit Haarwild ist ein Schaden iSv A.2.2.4 AKB 2008 gegeben, während der Anspruch auf Ersatz des Schadens infolge des Ausweichens vor auftauchendem Wild unter den Begriff der „Rettungskosten" einzuordnen ist.

18 Beim Wildschaden iSv A.2.2.4 AKB 2008 ist versichert der Schaden, der infolge eines Zusammenstoßes mit Haarwild entsteht. Voraussetzung des Wildschadens in diesem Sinne ist, dass das Fahrzeug sich beim Zusammenstoß noch in Bewegung befindet.

19 Der Begriff „Haarwild" wird in § 2 Abs. 1 Nr. 1 Bundesjagdgesetz verwendet und meint ausschließlich die dort enumerativ aufgezählten Tiere.[24] Hierunter fallen folgende Tierarten:

„Haarwild:
Wisent (Bison bonasus L.),
Rotwild (Cervus elaphus L.),
Sikawild (Cervus nippon TEMMINCK),
Gamswild (Rupicapra rupicapra L.),
Muffelwild (Ovis ammon musimon PALLAS),
Feldhase (Lepus europaeus PALLAS),
Wildkaninchen (Oryctolagus cuniculus L.),
Wildkatze (Felis silvestris SCHREBER),
Fuchs (Vulpes vulpes L.),
Baummarder (Martes martes L.),
Hermelin (Mustela erminea L.),
Dachs (Meles meles L.),
Seehund (Phoca vitulina L.)."

Elchwild (Alces alces L.),
Damwild (Dama dama L.),
Rehwild (Capreolus capreolus L.),
Steinwild (Capra ibex L.),
Schwarzwild (Sus scrofa L.),
Schneehase (Lepus timidus L.),
Murmeltier (Marmota marmota L.),
Luchs (Lynx lynx L.),
Steinmarder (Martes foina ERXLEBEN),
Iltis (Mustela putorius L.),
Mauswiesel (Mustela nivalis L.),
Fischotter (Lutra lutra L.),

20 Weitere Voraussetzung für den Anspruch auf Ersatz des Wildschadens ist, dass der Schaden durch einen Zusammenstoß mit dem Wild entstanden ist. Eine bloße Berührung mit dem Wild reicht nicht aus. Jedoch ist auch versichert der Schaden, der nach einer Fehlreaktion des Fahrers aufgrund eines Zusammenstoßes mit Wild entsteht.[25] Das Auffahren auf ein auf der Fahrbahn liegendes getötetes Wild ist kein versicherter Zusammenstoß.[26] Anders ist der Fall zu beurteilen, wenn das Wild durch ein unmittelbar vorausfahrendes Fahrzeug überfahren worden ist.[27]

---

[19] BGH VersR 2006, 966.
[20] OLG Stuttgart VersR 1974, 234.
[21] LG Göttingen VersR 1976, 1040.
[22] OLG Hamm VersR 1988, 239.
[23] OLG Oldenburg zfs 1995, 102.
[24] OLG Frankfurt VersR 2005, 1233.
[25] OLG Karlsruhe VersR 1993, 93.
[26] OLG München VersR 1986, 863.
[27] OLG Nürnberg VersR 1994, 929; vgl. hierzu ausführlich Prölss/Martin/*Knappmann* AKB 2008 A.2.2 Rn. 42 ff.

Für den Bereich des Wildschadens ist die Regelung in E.3.3 AKB 2008 zu beachten. Hiernach ist ein Wildschaden, der einen bestimmten Betrag übersteigt, der Polizei zu melden. Der ursprünglich in den AKB festgelegte Betrag von 150 EUR ist jetzt in den meisten Bedingungen auf 500 EUR angehoben worden.[28] Eine solche Regelung ist nicht missverständlich und damit wirksam.[29] 21

In der Praxis stellt sich häufig die Frage, ob der Versicherer eine Entschädigung auch zu leisten hat, wenn Fahrzeugbeschädigungen aufgrund eines Ausweichmanövers entstehen. Gemäß §§ 90, 83 VVG hat der Versicherungsnehmer Aufwendungen des Versicherers zu erstatten, die dieser gemacht hat, um einen unmittelbar bevorstehenden Versicherungsfall abzuwenden oder in seinen Auswirkungen zu mindern. Die bislang vorliegende Rechtsprechung zur Ersatzfähigkeit sog. Rettungskosten ist zu der Frage, ob Rettungskosten überhaupt und ggf. unter welchen Voraussetzungen zu erstatten sind, sehr differenziert und entzieht sich weitestgehend der Anwendung fester Regeln.[30] 22

Eine **Pflicht** des Versicherungsnehmers, Rettungsmaßnahmen in Form eines Ausweichmanövers zu ergreifen, lässt sich aus § 90 VVG nicht ableiten. Allerdings setzt ein Anspruch auf Ersatz von Rettungskosten voraus, dass die Rettungsmaßnahme objektiv auf die Vermeidung des Schadens zielte. Der Versicherer kann außerdem den Aufwendungsersatzanspruch in dem Maße kürzen, wie er berechtigt wäre, seine Leistungen bei grob fahrlässiger Verletzung der Schadensabwendungs- und Schadensminderungspflicht zu kürzen, §§ 90, 83 Abs. 2; 82 Abs. 3 S. 2 VVG. Eine vollständige Leistungsfreiheit besteht grundsätzlich nur bei vorsätzlichem Verhalten. Selbst bei einem grob fahrlässigen Ausweichmanöver bliebt der Versicherer aber zur Leistung verpflichtet, wenn die grob fahrlässiges Rettungshandlung weder für die Feststellung des Schadens noch für die Feststellung oder den Umfang der Leistungspflicht ursächlich war. Dies gilt nicht, wenn arglistiges Verhalten des VN vorliegt, § 82 Abs. 4 VVG. Regelmäßig wird nur eine geringe Kürzung eines Anspruchs in Betracht kommen, da der Fahrer, die Entscheidung, auszuweichen, innerhalb von Sekundenbruchteilen treffen muss. Hier kommt aber letztendlich alles auf den Einzelfall an, wie auch die Rechtsprechung in der Vergangenheit zeigte. 23

Das Ausweichen vor einem Fuchs, um einen Zusammenstoß mit dem Tier zu vermeiden, ist nach OLG Karlsruhe[31] mit einem Pkw Daimler-Benz 260E bei einer angegebenen Geschwindigkeit von 70–80 km/h objektiv nicht geboten. Einen Zusammenstoß mit einem Fuchs muss ein Kraftfahrer nicht in Kauf nehmen, da es sich bei einem Fuchs um kein Kleintier handelt und ein Zusammenstoß mit ihm erhebliche Sachschäden hervorrufen kann.[32] Anders als bei einem Pkw-Fahrer kann bei einem Motorradfahrer, der während der Kurvenfahrt den Zusammenstoß mit einem kleinen Tier (Kaninchen, Hase, Fuchs, Marder, Wiesel oder dergleichen) durch Abbremsen und Ausweichen zu vermeiden versucht, im Regelfall nicht Unverhältnismäßigkeit und grobe Fahrlässigkeit angenommen werden.[33] 24

bb) Beweisfragen. Es stellt sich die Frage, ob die für Entwendungsfälle in der Sachversicherung (Kraftfahrtversicherung) anerkannten Beweiserleichterungen auch auf die Wildschadenfälle übertragen werden können.[34] 25

Diese Frage ist zu verneinen. Für den Nachweis eines Wildausweichschadens kommen dem Versicherungsnehmer keine Beweiserleichterung entsprechend den Kfz-Diebstählen zugute.[35] Der Versicherungsnehmer bzw. Anspruchsteller muss nachweisen, dass eine Kollision mit dem Haarwild vor dem Ausweichmanöver unmittelbar bevorstand. Anders als beim Entwendungsgeschehen ist der Versicherungsnehmer in der Regel bei einem Wildschadenfall nicht von vornherein und unabwendbar in Beweisnot.[36] 26

---

[28] Feyock/Jacobsen/Lemor/*Jacobsen* AKB § 7 Rn. 130; *Maier/Stadler* Rn. 188.
[29] Vgl. OLG Celle VersR 2007, 685.
[30] BGH VersR 2007, 1531.
[31] r+s 1999, 404.
[32] AG Cham DAR 2001, 171.
[33] OLG Hamm VersR 2002, 478; OLG Koblenz VersR 2007, 831.
[34] Vgl. hierzu OLG Jena r+s 1999, 403; ebenso AG *Stade* NJWE-VHR 1997, 154.
[35] OLG Jena NVersZ 2000, 33 = VersR 2000, 578 = zfs 2000, 341; OLG Koblenz r+s 2002, 363.
[36] OLG Jena r+s 1999, 403.

27 Der Versicherungsnehmer kann allerdings den Beweis, dass ein Zusammenstoß mit Haarwild unmittelbar bevorstand und ein Ausweichmanöver zwingend geboten war, auch durch Angaben bei seiner Anhörung gemäß § 141 ZPO führen, sofern diese unter Berücksichtigung des sonstigen Verhandlungs- und Beweisergebnisses für die Überzeugungsbildung des Gerichtes iSv § 286 ZPO ausreichen. Dies setzt allerdings uneingeschränkte Glaubwürdigkeit des VN voraus. Hieran fehlt es bei Ungereimtheiten und Widersprüchen im Vortrag des VN.[37] Im Falle eines behaupteten Zusammenstoßes zwischen einem Hasen und einem verhältnismäßig schweren Fahrzeug spricht kein Anscheinsbeweis für dessen Ursächlichkeit für eine Beschädigung durch Abkommen von der Fahrbahn.[38]

28 cc) *Entschädigung.* Zu ersetzen sind bei der Entschädigung der Rettungshandlung iSv § 82 VVG nur der Fahrzeugschaden und die Abschleppkosten, nicht aber die Kosten für die Abwicklung des Schadens.[39]

29 f) **Bruchschäden an der Verglasung.** Im Rahmen der Teilkaskoversicherung sind gemäß A.2.2.5 AKB 2008 auch Bruchschäden an der Verglasung mitversichert. Ebenfalls kann bei vollkaskoversicherten Fahrzeugen der Glasschaden über die Teilkaskoversicherung geltend gemacht werden. Dies ist möglich, ohne dass der Versicherungsvertrag in eine ungünstigere Schadenfreiheitsklasse zurückgestuft wird. Der Schadenfreiheitsrabatt geht nämlich nicht verloren, wenn die Vollkaskoversicherung eine Leistung erbringt, die eigentlich unter die Teilkaskoversicherung fallen würde. Bei der Teilkaskoversicherung kommt jedoch gemäß A.2.12 AKB 08 die ggf. vereinbarte Selbstbeteiligung zum Tragen.

30 Bei einem Glasschaden in der Fahrzeugteilversicherung ist der Kaufpreis für die Neuteile ohne Abzug „neu für alt" samt Einbaukosten zu ersetzen, da die Verglasung in der Regel die gleiche Lebensdauer wie das Fahrzeug selbst hat, so dass der Versicherungsnehmer durch die neuen Teile nicht bereichert ist.[40]

31 g) **Kurzschlussschäden an der Verkabelung.** Versichert sind Schäden an der Verkabelung des Fahrzeugs durch Kurzschluss. Folgeschäden sind nicht versichert. Durch Verschmoren eines Kabels verursachte Schäden an anderen Teilen des Fahrzeuges sind somit nicht versichert.

3. Der Versicherungsschutz gegen Entwendung

32 a) **Problemstellung.** *aa) Der Kfz-Diebstahl.* Die Entwendung von Kraftfahrzeugen ist ein aktuell bleibendes Thema. Die Zahl der Autodiebstähle ist dank zunehmender Verbreitung elektrischer und elektronischer Wegfahrsperren, schärferer Kontrollen an den Außengrenzen der EU und verbesserter Fahndungsmethoden zurückgegangen. Aktuell wechseln deutsche Autos mit Wegfahrsperren relativ häufig im Ausland gesetzwidrig den Besitzer, wozu wahrscheinlich eine steigende Anzahl vorgetäuschter Entwendungen beiträgt.[41]

33 Dennoch sieht die Versicherungsbranche keinen Grund zur Entwarnung. Als vorrangige Ursache kommt Schlüsseldiebstahl mit anschließendem Fahrzeugdiebstahl zunehmend in Betracht.[42] Auf dem Verkehrsgerichtstag 1997 wurde im Arbeitskreis II „Kfz-Diebstahl und Kaskoversicherung" sowohl seitens der Vertreter der BKA als auch seitens der Versicherer die Ansicht vertreten, dass der Anteil der lediglich vorgetäuschten Diebstähle an der Gesamtzahl der (damals) über 100.000 Fälle mit 30 bis 40 % angesetzt werden muss.[43]

34 Auch *Römer*[44] weist darauf hin, dass die Fälle der Kfz-Diebstähle in ihrer Anzahl nachgelassen haben, andererseits jedoch die Zahl der veröffentlichten Entscheidungen zeigt, dass sich die Gerichte noch reichlich mit Kfz-Diebstählen zu beschäftigen haben. Nach Klärung grundlegender Rechtsfragen ergeben sich jedoch noch einige Detailprobleme.

---

[37] OLG Köln zfs 1999, 341.
[38] OLG Köln zfs 2000, 301.
[39] OLG Frankfurt Mitteilungen der ARGE Verkehrsrecht 1998, 27.
[40] LG Osnabrück NZV 1996, 457.
[41] Vgl. Versicherungswirtschaft 1996, 512.
[42] Vgl. im Einzelnen Versicherungswirtschaft 2000, 776 f.
[43] Vgl. *Ingenpaß* DAR 1998, 81; vgl. auch *Münstermann* DAR 1994, 388 ff.
[44] Zfs 1998, 241.

bb) Rechtliche Problematik. Römer bezeichnet die grundlegenden Rechtsfragen als „im 35 Wesentlichen gelöst".⁴⁵ Richtig ist zwar, dass der BGH mit seiner Rechtsprechung zur Lösung des Problems ein System entwickelt hat, zu dem aber auch *Römer* darauf hinweist, dass nicht verschwiegen werden könne, dass auch bei diesem System ein Rest nicht befriedigt gelöster Fälle bleibe.⁴⁶ Die Rechtsprechung muss sich weiterhin mit zahlreichen Problembereichen beschäftigen. Hierbei ist zu denken an die Abgrenzung zwischen Entwendung und Unterschlagung. Die Rechtsprechung des Bundesgerichtshofes hat sich in erster Linie mit Fragen der tatbestandlichen Voraussetzungen des Anspruches unter dem Gesichtspunkt des äußeren Bildes der Entwendung beschäftigt, der möglichen Vortäuschung der Entwendung und den sich hierzu ergebenden Beweisfragen sowie möglichen Beweiserleichterungen. Ein besonderer Problembereich in diesem Zusammenhang sind die Fragen im Zusammenhang mit den Schlüsselverhältnissen. Zusätzlich ergeben sich Fragen zu den Obliegenheiten des Versicherungsnehmers und ggf. seines Repräsentanten im Zusammenhang mit der Abwicklung des Versicherungsfalles, seien es falsche Angaben zum Fahrzeugwert oder zu früheren Diebstählen. Fragen der grob fahrlässigen Herbeiführung des Versicherungsfalles im Hinblick auf die Umstände der Entwendung, zB das Abstellen des Fahrzeuges, spielen eine Rolle. Schließlich ergeben sich unter verschiedenen Gesichtspunkten rechtliche Probleme bei der Bemessung der Entschädigungsleistung, der evtl. Rückforderung oder des Regresses. An der Vielschichtigkeit der sich somit ergebenden rechtlichen Thematik orientiert sich die nachfolgende Behandlung zu den einzelnen Problembereichen.

b) Das „äußere Bild" der Entwendung. aa) *Der Begriff der Entwendung.* Unter „Entwen- 36 dung" ist eine objektiv unerlaubte, widerrechtliche Sachentziehung zu verstehen, die zur wirtschaftlichen Entrechtung des Eigentümers führt. Hierbei sind die in A.2.2.2 AKB 2008 genannten Tatbestände „Diebstahl" bzw. „Unterschlagung" als Beispiele für eine Entwendung genannt. Dies ergibt sich aus dem Wort „insbesondere".⁴⁷ Wichtig ist die Abgrenzung des versicherten Trickdiebstahls von dem nicht versicherten Betrug.⁴⁸

Andererseits sind die Tathandlungen „Diebstahl" oder „Unterschlagung" voneinander 37 abzugrenzen.⁴⁹ Gemäß A.2.2.2 S. 2 AKB 08 ist die Unterschlagung nur versichert, wenn dem Täter das Fahrzeug nicht zum Gebrauch im eigenen Interesse, zur Veräußerung oder unter Eigentumsvorbehalt überlassen wird. Die Benutzung des Fahrzeugs im eigenen Interesse setzt voraus, dass der Fahrer eine selbständige Verfügungsmacht über das Fahrzeug hat, also selbst entscheidet, wann und wohin er mit dem Fahrzeug fährt.⁵⁰

Steht fest, dass der VN das Fahrzeug einem Dritten überlassen hat, und kann der VN 38 nicht beweisen, dass eine andere Person das Fahrzeug entwendet oder unterschlagen hat, ist nicht von einer Unterschlagung auszugehen. Den Versicherer trifft dann nicht die Beweislast für das Vorliegen des Ausschlusstatbestandes der Unterschlagung durch denjenigen, dem das Fahrzeug zum Gebrauch überlassen worden war.⁵¹

bb) Das „äußere Bild" der Entwendung. Der VN muss den Diebstahl des Fahrzeuges be- 39 weisen.⁵² Die Rechtsprechung hat zu Gunsten des VN Beweiserleichterungen entwickelt. Hierfür war die Erwägung ausschlaggebend, dass ansonsten der Diebstahlversicherungsschutz wertlos wäre. Der VN kann nämlich normalerweise den Diebstahl nicht durch Zeugen belegen. Gewöhnlich warten Diebe nicht, bis Zeugen kommen, die dann dem Eigentümer des Fahrzeuges zur Verfügung stehen. Andererseits ist das Misstrauen der Versicherer nicht zu Unrecht gewachsen, der Versicherungsnehmer könnte den Diebstahl nur vorgetäuscht haben, um sich so einen ungerechtfertigten Vorteil auf Kosten der Versichertengemeinschaft zu verschaffen. Um diesem Dilemma einigermaßen gerecht zu werden, hat die

---

⁴⁵ *Römer* zfs 1998, 241 ff.; vgl. auch ausführlich *Diehl* zfs 2000, 187 ff.
⁴⁶ Vgl. *Römer* NVersZ 1998, 63 ff.
⁴⁷ Feyock/Jacobsen/Lemor/*Jacobsen* AKB § 12 Rn. 39, 4 f.; OLG Hamm r+s 1998, 101.
⁴⁸ OLG Saarbrücken VersR 2007, 830.
⁴⁹ OLG Hamm r+s 1998, 102; vgl. auch OLG Düsseldorf r+s 2001, 12.
⁵⁰ *Maier/Stadler* Rn. 106.
⁵¹ OLG Karlsruhe zfs 1998, 302.
⁵² *Römer* NJW 1996, 2329.

Rechtsprechung besondere Grundsätze der Beweiserleichterung entwickelt.[53] Der VN muss einen Sachverhalt darlegen und beweisen, der mit hinreichender Wahrscheinlichkeit den Schluss auf eine versicherte Entwendung zulässt. Verlang wird nicht der Vollbeweis, sondern der Nachweis des äußeren Bildes einer versicherten Entwendung. Das „äußere Bild eine versicherten Entwendung" im Sinne dieser Beweiserleichterung hat der VN bewiesen, wenn er darlegen und beweisen kann, dass das Fahrzeug zu einer bestimmten Zeit an einem bestimmten Ort abgestellt und später dort nicht wieder aufgefunden wurde. Stellt nämlich der redliche VN ein derartiges Verschwinden seines Fahrzeuges fest, kann nach der Lebenserfahrung mit hinreichender Wahrscheinlichkeit auf einen versicherten Diebstahl geschlossen werden.[54] Für den Nachweis des äußeren Bildes einer versicherten Entwendung gilt allerdings der Beweismaßstab des § 286 ZPO.

Wird das Fahrzeug nach einem Diebstahl wieder aufgefunden, so ergeben sich für den VN zusätzliche Konsequenzen zur Beweissituation. Fehlen diebstahlstypische Spuren, so steht dies nicht zwingend dem äußeren Bild eines Diebstahls entgegen, auch nicht die Tatsache, dass ein Nachschlüssel gefertigt wurde. Dies gilt sogar, wenn das Fahrzeug mit dem Nachschlüssel entwendet wurde und ansonsten keine Verdachtsmomente für einen vorgetäuschten Diebstahl vorliegen. Wenn aber feststeht, dass das Fahrzeug nur mit einem Originalschlüssel gefahren worden sein kann, kann bis zum Beweis des Gegenteils vermutet werden, dass der Fahrer mit Willen des Berechtigten gefahren ist.[55]

40 Das Auffinden des Pkw mit Aufbruchspuren begründet allein nicht das äußere Bild des Diebstahls,[56] anders liegt der Fall bei in sich stimmigen Spuren einer professionellen Entwendung.[57] Problematisch ist der Beweis des äußeren Bildes eines Kfz-Diebstahls, wenn der Versicherungsnehmer zwei gleiche Fahrzeuge besitzt und Widersprüche in den Aussagen der beiden Zeugen, die das Abstellen des gestohlen gemeldeten Fahrzeuges bekunden sollen, es als möglich erscheinen lassen, dass sie das andere nicht als gestohlen gemeldete Fahrzeug gesehen haben.[58]

41 Das äußere Bild einer versicherten Entwendung kann mit Hilfe eines Zeugen, der die Entwendung selbst nicht beobachtet hat, nur bewiesen werden, wenn der Zeuge sowohl das Abstellen als auch das Nichtwiederauffinden des Fahrzeugs bekunden kann. Hat der VN einen Zeugen für das Abstellen und einen anderen für das Nichtwiederauffinden, so ist das äußere Bild einer versicherten Entwendung nur beweisen, wenn sich deren Beobachtungen sich auf ein und dieselbe Örtlichkeit beziehen.[59] Umgekehrt begründet das Auffinden eines Pkw mit Aufbruchspuren allein nicht das äußere Bild eines Diebstahls.[60]

42 Eine besondere Problematik ergibt sich bei der Unterschlagung eines Fahrzeuges durch Mieter oder Dritte. Steht fest, dass dem Versicherungsnehmer das Fahrzeug entwendet wurde, bleibt aber ungeklärt, ob dies durch Unterschlagung oder Diebstahl erfolgte, bleibt der Versicherer beweisfällig, wenn auch nicht geklärt werden kann, ob eine eventuelle Unterschlagung vom Mieter oder von einem Dritten ausgeübt wurde.[61]

43 **c) Der vorgetäuschte Diebstahl.** Dem Mindestnachweis des äußeren Bildes einer versicherten Entwendung kann der Versicherer entgegentreten, indem er Tatsachen vorträgt und beweis, die eine Vortäuschung des Versicherungsfalles mit erheblicher Wahrscheinlichkeit nahe legen.[62]

44 Das Darlegen und Beweisen nur von Verdachtsmomenten reicht nicht aus. Die Vermutung der Redlichkeit des Versicherungsnehmers kann durch einen vorangegangenen Versicherungsbetrug sowie Vorstrafen erschüttert sein. Auch wer einen Versicherungsbetrüger

---

[53] *Römer* NJW 1996, 2329.
[54] BGH VersR 1995, 909.
[55] Vgl. hierzu ausführlich Feyock/Jacobsen/Lemor/*Jacobsen* AKB § 12 Rn. 56.
[56] OLG Hamm MDR 1999, 158.
[57] OLG Hamm VersR 2006, 211.
[58] OLG Köln NVersZ 1999, 221.
[59] BGH VersR 1998, 1012.
[60] OLG Hamm zfs 1998, 467; vgl. hierzu auch ausführlich *Römer* zfs 1999, 321 ff.
[61] OLG Hamm NVersZ 2000, 576 = zfs 2000, 300.
[62] BGH VersR 1991, 924.

erneut versichert, kann sich auf die fehlende Glaubwürdigkeit des Versicherungsnehmers berufen.[63] Die Darstellung des Versicherungsnehmers ist ua dann erschüttert, wenn feststeht, dass bei dem im Besitz des Versicherungsnehmers befindlichen Fahrzeugschlüssel der Originaltransponder ausgebaut worden ist. Dies ergibt nämlich nur dann einen Sinn, wenn ein Diebstahl lediglich vorgetäuscht und das Fahrzeug auf dem Schwarzmarkt veräußert werden sollte.[64] Gelingt dem Versicherer der Beweis, dass Fakten gegen die Redlichkeit des VN sprechen, muss dieser wiederum für den Diebstahl den Vollbeweis führen.[65]

Zu den sich ergebenden Fragen der Glaubwürdigkeit des VN, den Voraussetzungen für den Nachweis eines vorgetäuschten Diebstahls sowie zu den Beweisregeln und der möglichen Parteivernehmung hat sich eine kasuistische Rechtsprechung entwickelt. Hat der VN die zum äußeren Bild der Entwendung gehörenden Tatsachen durch Zeugen bewiesen, kommt es in diesem Stadium der Anspruchsprüfung nicht auf die Glaubwürdigkeit des VN an.[66] Umgekehrt kann die Abweisung einer Klage auf Versicherungsleistung wegen eines Kfz-Diebstahls, mit der Feststellung des Berufungsgerichts, der das äußere Bild des Diebstahls darlegende Versicherungsnehmer habe im Hinblick auf seine persönliche Glaubwürdigkeit einen negativen Eindruck hinterlassen, hinreichend begründet sein.[67]

d) Beweisfragen im Einzelnen. Kann der VN keinen Zeugen aufbieten, kann der Nachweis unter Umständen auch mit den eigenen Angaben des VN erbracht werden, wenn ihm geglaubt werden kann. Hierfür ist eine Anhörung des VN gem. § 141 ZPO oder, falls deren Voraussetzungen ausnahmsweise erfüllt sein sollte; auch eine Parteivernehmung gem. § 448 ZPO möglich. Die Anhörung des VN ist aber immer subsidiär und scheidet aus, wenn der VN zwar einen Zeugen für das Abstellen und Nichtwiederauffinden seines Fahrzeugs hat, ihn aber nicht benennen will. Reicht hingegen die Vernehmung des Zeugen für den Nachweis der Entwendung nicht aus, kann der VN angehört werden. Auch bei Zweifeln an der allgemeinen Glaubwürdigkeit eines Zeugen für das äußere Bild eines Kraftfahrzeugdiebstahls kann der VN den Versicherungsfall durch eigene Angaben beweisen.[68]

Allerdings muss der VN in diesen Fällen uneingeschränkt glaubwürdig sein. Hierbei hat eine Gesamtschau aller zu berücksichtigenden Umstände zu erfolgen. Der Versicherungsnehmer hat nicht mit hinreichender Wahrscheinlichkeit das äußere Bild einer Entwendung des versicherten Kfz bewiesen, wenn seine Angaben zum äußeren Bild des Geschehensablaufs wechselnd und widersprüchlich sind.[69] Sind Verurteilungen des VN im Strafregister getilgt worden oder hätten sie getilgt werden müssen, so sind die der Verurteilung zugrunde liegenden Taten bei der Beurteilung der Glaubwürdigkeit außer Betracht zu lassen.[70]

Für den Nachweis der Entwendung des Fahrzeuges sind die Schlüsselverhältnisse von Bedeutung; so kommt häufig die Einholung eines Schlossgutachtens in Betracht.[71]

e) Das „Schlüssel"-Thema in der Kaskoversicherung. Auch ein redlicher Versicherungsnehmer kann während einer längeren Besitzdauer den Schlüssel so verlegt haben kann, dass er ihn nicht wieder auffindet und keine plausible Erklärung über dessen Verbleib geben kann. In diesem Fall hat der BGH zugunsten des VN entschieden mit der Begründung, dass häufig für ein Fahrzeug mehrere Schlüssel vorhanden sind, sodass der Verlust eines Schlüs-

---

[63] BGH VersR 1997, 733; OLG Hamm VersR 2005, 1071.
[64] OLG Stuttgart VersR 2007, 686.
[65] Feyock/Jacobsen/Lemor/*Jacobsen* AKB § 12 Rn. 52.
[66] BGH Urt. v. 22.9.1999 VersR 1999, 1535 = MDR 1999, 1502 = r+s 1999, 495; vgl. auch zu den Anforderungen an die Annahme einer erheblichen Wahrscheinlichkeit der Vortäuschung des Diebstahls BGH Urt. v. 23.10.1996 VersR 1997, 55 f.
[67] BGH NJWE-VHR 1998, 77; zur Frage der erheblichen Wahrscheinlichkeit der Vortäuschung der Entwendung vgl. OLG Düsseldorf VersR 1998, 755; OLG Hamm VersR 1998, 755.
[68] OLG Hamm zfs 2000, 208; zur Glaubwürdigkeit des Zeugen vgl. auch *Langheid/Müller-Frank* NJW 1999, 3454 ff. (3457, 3458).
[69] OLG Koblenz r+s 2000, 276.
[70] BGH r+s 1998, 141 = DAR 1998, 348; zur Frage der notwendigen Anhörung des Versicherungsnehmers im Hinblick auf die persönliche Glaubwürdigkeit vgl. *Knappmann* NVersZ 1998, 107.
[71] Vgl. hierzu *Sohn* r+s 1997, 397.

sels oft nicht oder erst spät bemerkt wird, ohne dass dann noch der Verbleib des Schlüssels geklärt werden könnte.[72]
Auch die Fallgestaltung, dass das Fahrzeug ohne Entwendungsspuren wieder aufgefunden wurde und somit mit einem passenden Schlüssel weggefahren worden sein muss, hat keine eigenständige Indizwirkung für das Vortäuschen eines Diebstahls.[73]

49 Ob der nicht plausibel zu erklärende Verlust eines Schlüssels oder die Entwendung mittels eines passenden Schlüssels beim äußeren Bild eines Diebstahls eine Indizwirkung beim vorgetäuschten Diebstahl hat oder nicht, kann nur nach den Umständen des Einzelfalles beurteilt werden und ist vorrangig eine Frage des Beweises der Entwendung.[74]

50 Wenn von einem Originalschlüssel eine Kopie gezogen wurde besteht die Möglichkeit, dass von dritter, unbefugter Seite ein Nachschlüssel ohne Wissen des Versicherungsnehmers angefertigt wurde. Diese Möglichkeiten sind zu vielfältig, als dass von ihm schon zur Darlegung des äußeren Bildes verlangt werden könnte, er müsse dazu eine nachvollziehbare und überzeugende Erklärung geben.[75] Grob fahrlässig ist der Einwurf des Autoschlüssels in den Briefkastenschlitz einer Kfz-Werkstatt.[76]

4. Die Entschädigung bei Totalschaden, Zerstörung und Verlust des Fahrzeuges

51 a) **Allgemeines.** Der Umfang der Ersatzleistung in der Kaskoversicherung ist in A.2.6 bis A.2.13 AKB 2008 geregelt. Bei Totalschaden, Zerstörung und Verlust wird nach A.2.6.1 der Wiederbeschaffungswert unter Abzug des Restwerts gezahlt, Im Falle einer Entwendung liegt ein Verlust in diesem Sinne vor. Denkbar ist auch, dass im Falle des Verlustes der Neupreis entschädigt wird, wenn dies entsprechend vereinbart wurde. Regelungen hierzu enthalten die AKB 2008 unter A.2.6.2. und A.2.6.3. Eine Kürzung des Anspruchs auf Entschädigung ist bei fehlender Sicherung durch eine elektronische Wegfahrsperre vorgesehen gem. A.2.6.4 AKB 2008.

52 In A.2.8 AKB 2008 ist der Ersatz der Sachverständigenkosten und in A.2.9 AKB 2008 der Ersatz der Mehrwertsteuer geregelt. A.2.10 AKB 2008 enthält zusätzliche Regelungen bei Entwendungen für den Fall des Wiederauffindens des Fahrzeugs und des Eigentumsübergangs nach einer Entwendung.. Die Höchstentschädigung ist in A.2.11 AKB 2008 geregelt, die Selbstbeteiligung in A.2.12 AKB 2008 und der Ausschluss für Rest- und Altteile in A.2.13 AKB 2008.

53 b) **Einzelfragen.** *aa) Wiederbeschaffungswert, Restwert.* Wiederbeschaffungswert im Sinne der AKB 2008 ist nach A.2.6.6. der Preis, den der VN für den Kauf eines gleichwertigen gebrauchten Fahrzeugs am Tag des Schadenereignisses zahlen müsste. Der Restwert ist nach A.2.6.7. AKB 08 der Veräußerungswert des Fahrzeugs im beschädigten oder zerstörten Zustand. Der Wiederbeschaffungswert ist, wie sich aus dem Wortlaut von A.2.6.6 AKB 08 ergibt, kein von vornherein eindeutig bestimmter Preis, sondern er richtet sich nach der jeweiligen Marktsituation im Fahrzeughandel und nach den individuellen Verhältnissen des VN. Wenn sich der Wiederbeschaffungswert um Preisvorteile mindert, die dem VN individuell zustehen, wie zB ein Fahrlehrerrabatt,[77] ist dies zu berücksichtigen.

54 Nach A.2.10.1 AKB 2008 ist der Versicherungsnehmer zur Rücknahme des Fahrzeugs verpflichtet, wenn das Fahrzeug innerhalb eines Monats nach Eingang der schriftlichen Schadenanzeige wieder aufgefunden wird und der Versicherungsnehmer innerhalb dieses Zeitraums mit objektiv zumutbaren Anstrengungen das Fahrzeug wieder in Besitz nehmen kann. Ob der Versicherungsnehmer nach Ablauf der Monatsfrist des A.2.10.1 AKB 2008

---

[72] BGHZ 130, 1 = NJW 1995, 2196 = NZV 1995, 394 = VersR 1995, 909 = r+s 1995, 288 = zfs 1995, 340.
[73] BGH aaO; vgl. auch *Römer* NJW 1996, 2329 (2332).
[74] Vgl. *Buschbell* in: Jahrbuch Verkehrsrecht 2000, S. 111 ff.; vgl. hierzu auch OLG Hamm r+s 2000, 275 (zum Kopieren eines entwendeten Schlüsselbundes in bewachter Garderobe).
[75] BGH r+s 1996, 341 f. mit Hinweisen der Schriftleitung zur Rechtsprechung des BGH zur Beweisführung des Versicherungsfalles bei Entwendung bzw. Diebstahl bei festgestellten Schlüsselkopien.
[76] OLG Hamm NZV 2001, 38.
[77] AG Köln zfs 1985, 87; vgl. hierzu im Einzelnen Feyock/Jacobsen/Lemor/*Jacobsen* AKB § 13 Rn. 6.

durch eine freiwillige Rücknahme des Fahrzeuges auf seinen Anspruch auf Ersatz des Wiederbeschaffungswertes verzichtet, ist eine Frage der Auslegung.[78]

bb) Sonderausstattung In der Kfz-Kaskoversicherung ist bei einem Totalschaden (Diebstahl) für „Sonderausstattung" und „Zubehör" regelmäßig kein eigener Wiederbeschaffungswert anzusetzen. Vielmehr sind diese Umstände bei der Ermittlung des Wiederbeschaffungswertes des Fahrzeuges zu berücksichtigen.[79] Allerdings ist unter Berücksichtigung der unter A.2.1.2 AKB 2008 getroffenen Regelung zu prüfen, ob die Sonderausstattung überhaupt mitversichert ist. 55

cc) Oldtimer. Bei einem so genannten „Oldtimer" hat der Kaskoversicherer gemäß A.2.6.1 AKB 2008 den Wiederbeschaffungswert zu ersetzen. Wiederbeschaffungswert ist hier der Kaufpreis, der auf dem Spezialmarkt für solche Fahrzeuge aufzuwenden ist. Eine Neupreisentschädigung scheidet aus der Natur der Sache aus.[80] 56

dd) Mehrwertsteuer. Gemäß A.2.9 AKB 2008 ersetzt der Versicherer die Mehrwertsteuer nur, wenn und soweit sie bei der Schadenbeseitigung tatsächlich angefallen ist. 57

c) Entschädigung bei Leasingfahrzeug. Grundsätzlich ist bei der Berechnung der geschuldeten Kaskoentschädigung eines entwendeten Leasingfahrzeuges auf die Verhältnisse des Leasinggebers abzustellen. Eine andere rechtliche Beurteilung kann allerdings bei einer von dem üblichen Fahrzeugleasing abweichenden Ausgestaltung der Leasingbedingungen in Betracht kommen.[81] Diese Grundsätze sind auch zu übertragen auf die Entschädigung bei **Verlust** des geleasten Fahrzeuges. Hierbei kommt es bei üblichen Leasingbedingungen nicht darauf an, ob der Leasingnehmer ein „Ersatzfahrzeug" beschafft. Die Entschädigungshöhe wird durch den vom Versicherungsnehmer aufzuwendenden Preis bestimmt. 58

Ist der Leasingnehmer aufgrund des Leasingvertrages nach einem Kaskoschaden zur Durchführung der Reparatur verpflichtet, besteht bei Fehlen der Vorsteuerabzugsberechtigung des Leasingnehmers ein Anspruch auf Zahlung der Reparaturkosten einschließlich der Umsatzsteuer gegen den Kaskoversicherer. Die Kaskoversicherung stellt nicht nur eine Fremdversicherung zugunsten des Leasinggebers dar; vielmehr ist auch das eigene Sacherhaltungsinteresse des Leasinggebers mitversichert.[82] 59

Eine zugunsten des VN (Leasingnehmer) abweichende Ausgestaltung der Leasingbedingungen liegt nicht schon dann vor, wenn mit dem Abhandenkommen oder dem Totalschaden des geleasten Fahrzeugs der Leasingvertrag aufgehoben ist, der VN (Leasingnehmer) an den Leasinggeber die nach dem Leasingvertrag geschuldete Entschädigung für das geleaste Fahrzeug zu zahlen und der entschädigte Leasinggeber seine Ansprüche gegen Versicherer oder andere Dritte an den VN (Leasingnehmer) abzutreten hat.[83] In der Kfz-Kaskoversicherung ist bei Leasingfahrzeugen zur Frage der Umsatzsteuerabzugsberechtigung auch dann auf den Leasinggeber abzustellen, wenn der Leasingnehmer bei Abschluss des Leasingvertrages eine Leasingsonderzahlung in Höhe von 64,9 % des Anschaffungspreises an den Verkäufer geleistet hat.[84] In Erweiterung der Musterbedingungen des GdV bieten einige Versicherer die sogenannte GAP-Deckung an und übernehmen die den Wiederbeschaffungswert des Fahrzeugs übersteigende Verpflichtung des VN aus dem Leasingvertrag. 60

d) Kaskoleistung und Schlossaustausch. Hat der Versicherungsnehmer Schlüssel des versicherten Fahrzeuges verloren, so ist zu klären, ob der Austausch der Schließanlage unter dem Gesichtspunkt der Gefahrerhöhung oder der grob fahrlässigen Herbeiführung des Versicherungsfalles geboten ist. Darüber hinaus stellt sich weiter die Frage, ob die Kosten für den Austausch der Schließanlage in den Versicherungsschutz der Teilkaskoversicherung fallen. Dies hat das AG Hannover[85] verneint und festgestellt, dass nach dem Diebstahl des Schlüs- 61

---

[78] BGH NZV 1999, 373 = DAR 1999, 449.
[79] OGH VersR 1999, 387.
[80] BGH Urt. v. 23.2.1994 NZV 1994, 224 = VersR 1994, 554 = DAR 1994, 239.
[81] BGH r+s 1993, 329.
[82] LG Hamburg DAR 1997, 361.
[83] OLG Koblenz VersR 2000, 449.
[84] OLG Frankfurt VersR 2000, 1232 f.
[85] NVersZ 2000, 37.

sels eines Pkws und der Wagenpapiere die Kosten für den Austausch der Schließanlage weder als Rettungskosten noch als Reparaturkosten aus der Fahrzeugversicherung zu ersetzen sind.

5. „Wieder aufgefundene" Sachen

62 In A.2.10.1 ABK 2008 ist der Fall geregelt, dass entwendete Sachen innerhalb eines Monates ab Schadenanzeige wieder aufgefunden werden und der Versicherungsnehmer das Fahrzeug unter objektiv zumutbaren Anstrengungen wieder in Besitz nehmen kann.

63 a) **Eigentumsübergang auf Versicherer.** Nach Ablauf der Monatsfrist geht gem. A.2.10.3 ABK 2008 das Eigentum auf den Versicherer über. Zu diesem Zeitpunkt wird auch gemäß A.2.14.3 AKB 2008 die Entschädigung fällig. Dies hat zur Folge, dass der Versicherer einen Herausgabeanspruch gegenüber dem Besitzer hat. Die Eigentumsübertragung beruht rechtlich auf der in A.2.10.3 AKB 2008 enthaltenen Vereinbarung, wonach der VN für den Fall der Entwendung und fehlendem Wiederauffinden innerhalb der Monatsfrist das Fahrzeug dem Versicherer übereignet und die zur Eigentumsübertragung notwendige Übergabe durch Abtretung des Herausgabeanspruchs des VN gegenüber dem Entwender gemäß § 931 BGB ersetzt.

64 b) **Kosten der Rückholung.** Wird das Fahrzeug durch den VN oder einen Dritten von dem Ort der Wiederauffindung zurückgebracht, hat der Versicherer die Kosten zu erstatten, auch zB die Kosten einer Eisenbahnfahrkarte. Auch hat der Versicherer ggf. die Kosten des Rücktransportes durch ein Transportunternehmen zu übernehmen.[86]

III. Einschränkung und Ausschluss des Versicherungsschutzes, speziell bei Obliegenheitsverletzungen, sowie vorsätzliche und grob fahrlässige Herbeiführung des Versicherungsfalles

1. Allgemeines

65 Für den Bereich der Kraftfahrtversicherung enthalten die Vorschriften unter E AKB 2008 Regelungen zu Obliegenheiten im Versicherungsfall (Allgemeines zu den Regelungen der Obliegenheiten → § 44 Rn. 63 ff.). E 1 AKB 2008 regelt allgemeine Obliegenheiten wie die Anzeige- und Aufklärungspflicht sowie die Schadensminderungspflicht, die für alle Sparten der Kraftfahrtversicherung gelten. Spezielle Regelungen zu Obliegenheiten für den Bereich der Kaskoversicherung enthält E.3 AKB 2008. Im Einzelnen handelt es sich um die Obliegenheit, den Versicherungsfall anzuzeigen, Weisungen des Versicherers einzuholen und zu befolgen und den Schadenfall bei der Polizei anzuzeigen, wenn er bei einem Entwendungs-, Wild- oder Brandschaden einen bestimmten vereinbarten Betrag überschreitet.

2. Einzelfragen zur Kaskoversicherung

66 a) **Anzeige bei Polizei.** Bei einem Entwendungs-, Brand- oder Wildschaden hat der VN gemäß E.3.3 AKB 2008 der Polizei das Schadenereignis unverzüglich anzuzeigen, und zwar ab einer bestimmten Höhe. Nachdem die verschiedenen AKB nicht mehr einheitlich gestaltet sind, haben die meisten Versicherer den Betrag nach Wegfall der Genehmigungspflicht auf 500,– EUR angehoben.

67 b) **Wiederinstandsetzung und Verwertung.** In der Kaskoversicherung ist gemäß E.3.2 AKB 2008 geregelt, dass der VN vor Beginn der Verwertung oder der Reparatur des Fahrzeugs die Weisungen des Versicherers einzuholen hat, soweit die Umstände dies gestatten, und diese zu befolgen, soweit dem Versicherungsnehmer dies zumutbar ist.

68 Auch wenn der VN in der Schadenanzeige die Beschädigung am Fahrzeug so weit beschrieben, dass sich der Versicherer eine Vorstellung vom Schadenumfang machen kann, hat

---

[86] Feyock/Jacobsen/Lemor/*Jacobsen* AKB 13 Rn. 69; vgl. im Übrigen *Looschelders/Bottek* VersR 2001, 401.

der VN eine weitere Weisung des Versicherers einzuholen.[87] Umgekehrt muss der Versicherer kurzfristig Weisungen erteilen, ggf. innerhalb weniger Tage.

c) Aufklärungs- und Anzeigeobliegenheit. aa) *Aufklärungsobliegenheit.* Die allgemeine Aufklärungsobliegenheit ergibt sich aus E 1.3 AKB 2008. Sie hat in der Kaskoversicherung eine besondere Bedeutung. Bei Unfällen betreffen Verstöße gegen die Ausklärungsobliegenheit nicht nur die Kraftfahrthaftpflichtversicherung. Der Tatbestand der Unfallflucht stellt zum Beispiel auch bei einer eindeutigen Haftungslage zugleich die Verletzung der Aufklärungsobliegenheit in der Kfz-Haftpflichtversicherung und in der Kaskoversicherung dar mit der Folge der (teilweisen) Leistungsfreiheit. Auch in einem solchen Fall besteht ein schutzwürdiges Aufklärungsinteresse des Versicherers. Dies gilt vor allem dann, wenn alkoholbedingte Fahruntüchtigkeit für den Unfall ursächlich war, weil durch nachträgliche Angaben deren Wahrheitsgehalt oft nicht überprüft werden kann. In diesem Fall ist die Aufklärung nicht zuverlässig gewährleistet.[88] Gibt ein Versicherungsnehmer in der Schadenanzeige zu einem Kfz-Diebstahl seine Vorsteuerabzugsberechtigung beim Kaufpreis des gestohlenen Fahrzeuges nicht an und beantwortet er auch eine gesonderte Frage nach Entwendungen in der Vergangenheit unrichtig (Verschweigen eines Diebstahls), dann ist hinsichtlich dieser Obliegenheitsverletzung von Vorsatz auszugehen.[89] 69

Auch kann schon die unrichtige Verneinung der Frage nach Zeugen zur Leistungsfreiheit oder teilweisen Leistungsfreiheit des Versicherers führen.[90] Ebenso liegt eine Verletzung der Auskunftsobliegenheit vor durch Angabe eines falschen Kaufpreises und Vorlage eines fingierten Kaufvertrages,[91] ebenso bei falschen Angaben zur Schlüsselduplizierung[92] sowie bei Täuschung über Kilometerstand in der Kfz-Diebstahlversicherung.[93] 70

Fragt der Versicherer im Fragebogen nach der Schadenfreiheit eines Kfz, so kann dem VN nicht vorgeworfen werden, er habe die Beteiligung an 2 Unfällen nicht angegeben, wenn zwar nicht unerhebliche Fremdschäden vorgelegen haben, die Schäden am eigenen Pkw sich jedoch nur als geringfügig darstellen und nach Feststellung eines Kfz-Sachverständigen bloße „Macken" darstellen.[94] 71

Auch hat der VN die Fragen nach reparierten Vorschäden zutreffend zu beantworten. So gilt zB, dass eine Obliegenheitsverletzung vorliegt, wenn der VN auf die Frage nach reparierten Vorschäden im Schadenanzeigeformular „Blechschaden repariert" antwortet, obwohl durch grobes Ausbeulen von 2 Türen und Abdecken der übrigen Schäden mithilfe einer Lacksprühdose nur eine behelfsmäßige Reparatur vorgenommen worden war.[95] Eine Unfalldarstellung ist falsch, wenn unrichtig behauptet wird, der Fahrer sei durch ein Verhalten Dritter beeinflusst worden.[96] Auch wird der Kaskoversicherer wegen vorsätzlicher Obliegenheitsverletzung von seiner Leistungspflicht frei, wenn der VN nach dem Diebstahl des Fahrzeuges bewusst wahrheitswidrig erklärt, dass das Fahrzeug mit einer eingeschalteten Wegfahrsperre gesichert gewesen sei, tatsächlich jedoch in dem Fahrzeug eine Wegfahrsperre nicht vorhanden ist.[97] Ebenso stellen falsche Angaben zur Laufleistung eine Obliegenheitsverletzung dar.[98] 72

Unvollständige Angaben des Versicherungsnehmers beim Kfz-Diebstahl führen nicht ohne weiteres zur Leistungsfreiheit, wenn sich notwendige Angaben aber aus beigefügten Urkunden ergeben.[99]

---

[87] Stiefel/*Maier* AKB 2008 E.3 Rn. 6.
[88] BGH zfs 2000, 68.
[89] BGH Urt. vom 11.2.1998 NJWE-VHR 1998, 124.
[90] KG NVersZ 1999, 527.
[91] OLG Hamm r+s 1999, 449; ebenso OLG Hamm r+s 1999, 271, ebenso (auch für den Fall der Möglichkeit eine Neupreisentschädigung) OLG Hamm VersR 1997, 997.
[92] OLG Frankfurt NVersZ 1999, 481.
[93] OLG Karlsruhe NVersZ 1999, 223.
[94] OLG Koblenz VersR 2000, 355 (entschieden für Geländefahrzeug).
[95] OLG Düsseldorf zfs 2000, 158.
[96] OLG Hamm zfs 2000, 211.
[97] OLG Frankfurt VersR 2000, 629.
[98] OLG Köln zfs 2000, 19.
[99] Hans. OLG Hamburg MDR 2000, 1129.

73 Bei den Angaben zur Laufleistung des Fahrzeuges ist die Angabe zur Gesamtlaufleistung von „ca. 37.000 km" zu tatsächlichen 38.500 km nicht zu beanstanden und führt nicht zur Leistungsfreiheit.[100] Das Verschweigen reparierter Vorschäden kann zur Leistungsfreiheit führen.[101]

Auch wird der Versicherer von der Leistungspflicht frei wegen vorsätzlicher Verletzung der Aufklärungsobliegenheit, wenn der VN im Einvernehmen mit dem Vertreter des Versicherers bewusst unrichtige Angaben macht, um den Versicherer zu einer unproblematischen Regulierung zu veranlassen.[102]

74 Beim Ausfüllen der Schadenanzeige, insbesondere durch einen Dritten, ist äußerste Vorsicht für den VN geboten. Auch wenn der VN eine Schadenanzeige schon vor dem Ausfüllen durch einen Dritten unterschreibt, handelt es sich um eine Erklärung des VN und nicht des Dritten. Sind die Angaben in einer solchen Erklärung falsch, ist der Versicherer (teilweise) leistungsfrei, wenn der VN nicht beweisen kann, dass er nicht grobfahrlässig gehandelt hat. Das „blinde" Unterschreiben oder das Unterschreiben einer Blankoerklärung sind schwerwiegende Verstöße, die eine erhebliche Kürzung (> 50 %) rechtfertigen, wenn nicht sogar Vorsatz vorliegt. Der Nachweis eines schweren Verschuldens ist nicht erbracht, wenn offen bleibt, ob der Dritte falsch informiert wurde oder ob er eine richtige Information falsch verstanden hat.[103]

75 Es besteht keine Leistungsfreiheit des Versicherers, wenn der VN falsche Angaben gegenüber dem Außendienstmitarbeiter berichtigt, bevor diese dem entscheidungsbefugten Sachbearbeiter zur Kenntnis gelangen.[104] Eine rechtzeitige die Obliegenheitsverletzung ausschließende Berichtigung falscher Angaben liegt nicht vor, wenn sie erst erfolgt, nachdem der Versicherer Nachforschungen angestellt hat.[105]

76 bb) *Anzeigeobliegenheit.* Die allgemeine Anzeigepflicht ist in E.1.1. AKB 2008 geregelt, wonach jedes Schadenereignis, das zu einer Leistungspflicht des Versicherers führen kann, innerhalb einer Woche anzuzeigen ist. Gemäß E.1.2. AKB 2008 muss der VN dem Versicherer es anzeigen, wenn Polizei, Staatsanwaltschaft oder eine andere Behörde im Zusammenhang mit dem Schadenereignis ermitteln. Anzuzeigen ist auch der Fortgang des Verfahrens (zB Strafbefehl) und zwar auch dann, wenn das Schadenereignis selbst bereits angezeigt wurde. Verletzungen der Anzeigeobliegenheit spielen in der Kaskoversicherung keine geringe Rolle.

3. Folgen der Obliegenheitsverletzung

77 Zu den Folgen der Obliegenheitsverletzung wird verwiesen auf die diesbezüglichen Ausführungen in § 44 sowie § 49.

4. Grob fahrlässige Herbeiführung des Versicherungsfalls

78 a) **Allgemeines.** Gemäß A.2.16 AKB 08 wird der Versicherer in der Kaskoversicherung bei Vorsatz leistungsfrei und bei grober Fahrlässigkeit entsprechend der Schwere des Verschuldens teilweise leistungsfrei.

Der Vorsatzbegriff entspricht dem des Zivilrechts. Vorsätzliches Handeln ist vom Versicherer zu beweisen ohne die Möglichkeit des Anscheinsbeweises.[106]

79 Grobe Fahrlässigkeit ist ebenfalls im zivilrechtlichen Sinn zu verstehen. Sie verlangt objektiv ein grob fehlerhaftes oder grob verkehrswidriges Verhalten und subjektiv ein erhebliches gesteigertes Verschulden. Auch ein „Augenblicksversagen" gilt als grobe Fahrlässigkeit und ist allein ohne Hinzutreten weiterer Umstände nicht geeignet, ein erhebliches

---

[100] OLG Hamm zfs 2000, 20.
[101] OLG Koblenz zfs 2000, 343.
[102] OLG Brandenburg VersR 2000, 354.
[103] OLG Hamm zfs 2000, 211.
[104] OLG Hamm VersR 2000, 577.
[105] Zur Korrektur falscher Angaben: BGH VersR 2002, 173; OLG Hamm VersR 2004, 1452.
[106] OLG Köln r+s 1990, 1515; OLG Saarbrücken zfs 1990, 236.

gesteigertes Verschulden zu verneinen.[107] Auch grob fahrlässiges Handeln ist vom Versicherer zu beweisen.[108] In der Zukunft wird durch die Rechtsprechung weiter herauszuarbeiten sein, in welchem Maße der Entschädigungsanspruch des Versicherungsnehmers gekürzt werden kann. Die bislang vorliegende Rechtsprechung lässt sich nicht ohne weiteres auf die vorzunehmende Quotierung übertragen, denn es kann damit gerechnet werden, dass die Rechtsprechung künftig auch in Fällen quotiert wird, in denen bislang grobe Fahrlässigkeit verneint wurde, weil die Folge des vollständigen Anspruchsverlusts für unangemessen gehalten wurde. Dies hat sich durch die nun vorzunehmende Quotierung geändert. Andererseits kann auch nicht ausgeschlossen werden, dass in einigen Fällen, in denen bislang ein grob fahrlässiges Verhalten bejaht wurde mit der Folge des vollständigen Anspruchsverlusts in Zukunft nur eine Anspruchskürzung erfolgen wird.

b) Einzelfälle. Dies zeigt eine Unfallverursachung im Zustand der alkoholbedingten Fahruntauglichkeit mit einer BAK von mindestens 1,09 Promille, bei welcher eine grobe Fahrlässigkeit angenommen worden ist, auch wenn Ausfallerscheinungen vor Fahrtantritt nicht feststellbar gewesen sind, allerdings der VN bewußt gewesen sein muss, dass sie erhebliche Mengen Rotwein getrunken haben muss und der Wert nah an dem Grenzwert zur absoluten Fahruntauglichkeit liegt. Der Senat erachtete eine Leistungskürzung um 25 % für angemessen.[109] 80

Kommt ein Fahrzeugführer bei geradem Straßenverlauf von der Fahrbahn ab und kollidiert mit dem Gegenverkehr, kann bei einer festgestellten BAK von 0,9 Promille unter Berücksichtigung der Einzelumstände jedoch bereits eine Leistungskürzung um 100 % in Betracht kommen.[110]

Die Entwendung des Pkw mittels aus der im Unkleideraum aufbewahrten Sporttasche angeeigneten Fahrzeugschlüsseln stellt ebenfalls ein grob fahrlässiges Verhalten dar, da dem durchschnittlichen Versicherungsnehmer bekannt sei, dass in dieser Situation eine besondere Vorsicht angezeigt ist. Unter Berücksichtigung der Gesamtumstände und insbesondere des Umstandes, dass der VN keine Dritten durch sein Verhalten gefährdet hat, sei eine Leistungskürzung um 25 % angemessen.[111] 81

Bewahrt die VN ihren Fahrzeugschlüssel während ihrer Nachtschicht in einem Einkaufskorb auf, der in einem nicht abgeschlossenen Aufenthaltsraum abgestellt ist, obwohl abschließbare Spinde bzw. abschließbare Räume zur Verfügung stehen und wird das Fahrzeug mit dem Schlüssel entwendet, so soll das Verschulden der VN schwerer wiegen, weshalb eine Leistungskürzung um 50 % angemessen sein soll.[112] 82

Verliert der VN seinen Pkw-Schlüssel vor der Haustür und bemerkt dies am nächsten Tag und kann trotz Erkundigungen bei Nachbarn und Polizei den Pkw-Schlüssel nicht wieder finden und fährt mittels Benutzungen des Ersatzschlüssels zwei Tage später zur Arbeit und stellt anschließend den Pkw wieder vor der Haustür ab, ist ein Leistungskürzung um 100 % angemessen, wenn der Pkw von einem neunjährigen entwendet wird, der den Pkw mittels Funkverbindung ausfindig machen kann, da durch den VN keinerlei Absicherungsmaßnahmen ergriffen worden sind.[113] 83

Entfernt sich der VN nach einer Kollision mit der Leitplanke auf der Autobahn von der Unfallstelle ohne die erforderlichen Feststellungen durch die Polizei zu ermöglichen, ist eine Leistungskürzung um 100 % angemessen.[114] 84

Informiert der VN jedoch den Versicherer zu einem Zeitpunkt, zu dem eine Strafbarkeit noch nach § 142 Abs. 2 StGB abgewendet werden könnte, so rechtfertigt die unterlassene Erfüllung der Pflichten aus § 142 Abs. 2 StGB jedoch allein keine Aufklärungsobliegenheitsverletzung und somit keine Leistungskürzung.[115] 85

---

[107] BGH VersR 1992, 1086.
[108] Feyock/Jacobsen/Lemor/*Jacobsen* AKB § 12 Rn. 141 bis 143.
[109] OLG Karlsruhe BeckRS 2014, 08417.
[110] LG Kaiserslautern zfs 2014, 332 ff.
[111] LG Berlin NJOZ 2013, 1971.
[112] OLG Koblenz r+s 2012, 430.
[113] LG Kleve r+s 2011, 206.
[114] LG Krefeld NZV 2014, 40.
[115] BGH r+s 2013, 61.

86 Fährt der Mieter eine Klein-Lkw (Höhe 3,50 m), den er für einen Tag gemietet hat, auf grund mangelnder Kenntnis der Höhe des Fahrzeuges, unter Missachtung der am Parkhaus angegebenen Höhe von 2,60 m in dieses, so handelt der Mieter eher an der Grenze der leichten Fahrlässigkeit. Daher ist in Anlehnung an die Quotenbildung des § 81 Abs. 2 VVG eine Mithaftung von 40 % angemessen.[116]

87 Hält der VN an einer Rotlicht anzeigen Lichtzeichenanlage an und fährt wiederum an, weil er den aufleuchtenden Rechtsabbiegerpfeil auf sich bezieht, obwohl er geradeaus die Kreuzung überqueren möchte, so liegt ein grob fahrlässiger Verstoß vor, der eine Leistungskürzung um 50 % rechtfertigt.[117]

Keine grobe Fahrlässigkeit ist anzunehmen, wenn der VN bei teilweisen winterlichen Straßenverhältnissen mit seinem Pkw mit Sommerreifen in eine Region fährt, in der mit solchen Witterungsverhältnissen nicht zu rechnen ist.[118]

Ebenfalls ist keine grobe Fahrlässigkeit bei der Teilnahme an einer Gleichmäßigkeitsprüfung, bei nicht die Erzielung einer Höchstgeschwindigkeit maßgeblich ist.[119]

---

[116] OLG Düsseldorf r+s 2012, 586; LG Köln (NJW-RR 2013, 143) erachtete eine Mithaftung des Mieters in Höhe von 2/3 für angemessen.
[117] LG Essen SVR 2010, 306; so auch LG Münster r+s 2010, 320.
[118] LG Hamburg DAR 2010, 473 f.
[119] LG München II r+s 2012, 384.

§ 46 Die Fahrzeugversicherung – Vollkaskoversicherung (A.2.3 AKB 08)*

Übersicht

	Rn.
I. Allgemeines	1
II. Versicherte Ereignisse	2–10
1. Unfallschäden	4–8
a) Allgemeines	4–6
b) „Betriebsschäden"	7/8
2. Mut- und böswillige Handlungen	9/10
III. Ausschluss und Einschränkung des Versicherungsschutzes	11–38
1. Allgemeines	11
2. Einzelfälle der groben Fahrlässigkeit	12–34
a) Alkoholfahrt	12–18
b) Sonstige Fälle grober Fahrlässigkeit aufgrund eines bestimmten Verkehrsverhaltens oder Handelns	19–33
c) Grobe Fahrlässigkeit bei falscher Ausrüstung des Fahrzeuges	34
3. Obliegenheitsverletzungen	35–38
a) Allgemeines	35
b) Aufklärungsobliegenheit	36
c) Handeln durch Repräsentanten	37
d) Der mögliche Regress des Kaskoversicherers	38
IV. Abwicklung der Ansprüche	39–66
1. Allgemeines	39–48
a) Ersatzleistung und Wiederbeschaffungswert	39/40
b) Abschleppkosten	41
c) Ausschluss für Reifenschäden	42
d) Ersatzleistung und Selbstbeteiligung	43
e) Entschädigung bei entwendetem Leasingfahrzeug	44
f) Rettungskosten	45
g) Entschädigung und Mehrwertsteuer	46–48
2. Die Geltendmachung der Entschädigung und speziell Abrechnung nach Differenztheorie	49–66
a) Allgemeines	49
b) Die Ansprüche nach Quotenvorrecht/Differenztheorie	50–47
c) Sachverständigenkosten in der Kaskoversicherung	58
d) Sachverständigenverfahren	59–64
e) Zahlung der Entschädigung und Fälligkeit	65/66
V. Ansprüche aus der Autoschutzbriefversicherung und sonstigen Versicherungen	67–73
1. Autoschutzbrief	67–71
a) Die Schutzbriefversicherung in der Kaskoversicherung	67
b) Die Bedingungen	68
c) Obliegenheiten	69
d) Spezielle Obliegenheiten beim Personenschaden	70
e) Anzeige- und Aufklärungsobliegenheiten	71
2. Exkurs: Ansprüche aus sonstigen Versicherungen	72/73

Schrifttum: *Bühren van*, Versicherungsrecht in der anwaltlichen Praxis, 3. Aufl. 1997; *ders.*, ZAP Fach 9, 555 ZAP Nr. 3 vom 9.2.2000, ebenso abgedr. in: Forum Versicherungsrecht 2000, 11; *Bost*, Das Quotenvorrecht des Versicherungsnehmers, VersR 2007, 1199; *Deutsch*, Die grobe Fahrlässigkeit im künftigen Versicherungsvertragsrecht, VersR 2004, 1485; *ders.*, JZ 1988, 996; *Eggert*, Grobe Fahrlässigkeit in der Vollkaskoversicherung, Verkehrsrecht aktuell 2004, 97; *Feyock/Jacobsen/Lemor*, Kraftfahrtversicherung, 3. Aufl. 2009; *Frank*, zfs 1997, 361; *Hack*, Rechtsprechung zur groben Fahrlässigkeit (§ 61 VVG) in der Kraftfahrtversicherung,

---

* Der Verfasser bedankt sich herzlich bei Herrn Rechtsanwalt *Carsten Kunz* für die Unterstützung bei den Manuskriptarbeiten.

1999; *Hofmann*, zfs 1996, 418; *Knappmann*, Anwendbarkeit des § 61 VVG bei Beeinträchtigung der Schuldfähigkeit durch Alkohol und Drogen, NVersZ 1998, 13; *Langheid*, Uneingeschränkte Haftpflichtdeckung trotz Vorsatz?, NVersZ 1999, 253; *Maier*, Die Mehrwertsteuerklausel in der Vollkaskoversicherung, NVersZ 2002, 106; *Maier/Stadler*, AKB 2008 und VVG-Reform, 2008; *Otting*, Querschnitt durch Kfz-Kasko, DAR 1998, 34; *ders.*, Gutachterkosen in der Kaskoversicherung, DAR 1996, 200; *Prölss/Martin*, Versicherungsvertragsgesetz, 28. Aufl. 2010 (zitiert: Prölss/Martin/*Bearbeiter*); *Stiefel/Maier*, Kraftfahrtversicherung, 18. Aufl. 2010; *Radermacher/Voigt*, Die Abgrenzung des „Unfallschadens vom Betriebsschaden" in der Kfz-Kaskoversicherung, VersR 2004, 1522; *Terbille*, Grob fahrlässiges Herbeiführen des Versicherungsfalles iSd § 61 VVG, r+s 2000, 45; *Theda/Buschbell/Elvers*, Haftungs- und Versicherungsrecht, 4. Aufl. 1997.

I. Allgemeines

1   Bezüglich des Zustandekommens des Versicherungsvertrages, Annahme des Antrages, Verbraucherinformation sowie Widerrufsrecht wird verwiesen auf die Ausführungen in § 44. Während in der Kfz-Haftpflichtversicherung als Pflichtversicherung ein **Kontrahierungszwang** besteht, besteh ein solcher Abschlusszwang nicht für den Bereich der Fahrzeugversicherung. Das gilt auch für die Vollkaskoversicherung. Auch hier gilt ferner, dass für die Beurteilung der Ansprüche des VN die Überprüfung der dem Vertrag zugrundeliegenden AVB unerlässlich ist.

II. Versicherte Ereignisse

2   Der Versicherungsschutz in der Vollkaskoversicherung umfasst gemäß A 2.3 AKB 2008 neben dem Deckungsbereich der Teilkaskoversicherung die Beschädigung, Zerstörung oder den Verlust des Fahrzeugs einschließlich der mitversicherten Teile durch
- Unfall iSv A.2.3.2 AKB 08 sowie durch
- mut- oder böswillige Handlungen iSv A.2.3.3 AKB 08.

3   Auch in der Vollkaskoversicherung ist eine Vielzahl von **Zubehörteilen** prämienfrei mitversichert. Durch die AKB 2008 wurde die Regelung hinsichtlich der Mitversicherung von Fahrzeugteilen und -zubehör neu konzipiert. Anders als bisher in einer umfangreichen Liste aufgeführt wird die Aufzählung der einzelnen Teile weitgehend durch die abstrakte Regelung von A.2.1.2. AKB 2008 ersetzt. Da auch insoweit die Bedingungen der einzelnen Versicherer stark voneinander abweichen, müssen die jeweiligen AKB eingesehen werden. Bei einem mobilen Navigationssystem handelt es sich schon mangels fester Verbindung nicht um mitversichertes Zubehör.[1] Darüber hinaus dienen mobile Navigationsgeräte gem. A.2.1.4 AKB 2008 nicht ausschließlich dem Gebrauch des Fahrzeugs.

1. Unfallschäden

4   **a) Allgemeines.** Gemäß A.2.3.2 AKB 2008 ist unter „Unfall" ein unmittelbar von außen plötzlich mit mechanischer Gewalt auf ein Fahrzeug einwirkendes Ereignis zu verstehen. Steht fest, dass die Fahrzeugschäden nicht so, wie vom Versicherungsnehmer geschildert, entstanden sein können, wohl aber, dass es sich um einen Unfall gehandelt hat, liegt ein Versicherungsfall vor.[2] Allerdings muss die Entschädigungshöhe jedenfalls mit überwiegender Wahrscheinlichkeit festgestellt werden können.

5   Der Begriff des Unfalls beinhaltet einen streng technischen, fest umrissenen Inhalt, dessen Voraussetzungen der Versicherungsnehmer nachweisen muss. Die Unfreiwilligkeit des Schadenereignisses gehört nicht zum Begriff des Unfalls iSv A.2.3.2 AKB 2008. Nach dieser Vorschrift muss das Schadenereignis mit mechanischer Gewalt von außen auf das Kfz einwirken. Es darf mithin keine elektrische oder chemische Einwirkung und keine psychische Einwirkung auf den Fahrer den Schaden herbeiführen. „Mit mechanischer Gewalt" bedeutet vielmehr, dass die Einwirkung durch Druck oder Zug geschieht. Dabei kommt es maß-

---
[1] LG Hannover VersR 2007, 100.
[2] Zum „So-nicht-Unfall" OLG Hamm NZV 2014, 335; OLG Karlsruhe VersR 2006, 919.

geblich auf die spürbare Krafteinwirkung äußerer Vorgänge auf das Kfz an.[3] Ein **Unfall** ist zB gegeben bei Umstürzen des Fahrzeuges, Auffahren eines Anhängers auf den Triebwagen, Schleudern auf glatter Straße.[4]

Das Ereignis muss unmittelbar auf das Fahrzeug einwirken, also unmittelbar beschädigen oder zerstören. Unmittelbarkeit ist gegeben bei einem Ereignis ohne Dazwischentreten einer anderen Ursache bzw. mindestens gleichzeitig mit einer anderen Ursache. Unmittelbarkeit liegt auch dann vor, wenn das Ereignis nicht schon an sich, sondern erst mit der Inbetriebnahme des Fahrzeugs den Schaden bewirkt, zB wenn im Motor Schrauben liegengelassen werden und dadurch beim Anlassen des Motors Beschädigungen entstehen.[5] Ein Unfallereignis aufgrund mechanischer Gewalt ist zu bejahen bei folgenden Ereignissen:

- Einsinken des Fahrzeuges in den nachgebenden Untergrund (ausgenommen, wenn das Einsinken geschah anlässlich eines Betriebsvorganges, zB beim Abschleppversuch).[6]
- Bei Verkennung einer Wassertiefe in einem überfluteten Bereich.[7]
- Bei Befahren einer überschwemmten Straße, wenn hierdurch Wasser in einen Zylinder des Motors gelangt, wodurch im Zusammenhang mit der Hubbewegung des Kolbens der Motor zu Schaden kommt, sog. „Wasserschlag".[8]
- Bei Anfahren einer Hochspannungsleitung durch einen Lkw mit hochgestelltem Kipper in der Weise, dass durch elektrischen Strom die Ölhydraulik undicht wird, wodurch weiterer Schaden am Lkw entsteht.[9]

Das Ereignis muss von außen her auf das Fahrzeug einwirken. Dies ist der Fall, wenn das Ereignis nicht auf einem inneren Betriebsvorgang beruht. Hieraus folgt, dass für Brems-, Betriebs- und reine Bruchschäden kein Versicherungsschutz besteht.

b) „Betriebsschäden". *aa) Allgemeines.* In A.2.3.2 AKB 2008 ist geregelt, dass Brems-, Betriebs- und reine Bruchschäden keine Unfallschäden sind. Hierbei handelt es sich nicht um einen – vom Versicherer zu beweisenden – Ausschluss, vielmehr ist festgelegt, dass die vorgenannten Ereignisse nicht als Unfallschaden zu qualifizieren sind. Die Abgrenzung des „Unfallschadens vom Betriebsschaden" in der Kfz-Kaskoversicherung kann im Einzelfall schwierig sein.

bb) Einzelfälle für Betriebsschäden. Als Beispiele für Betriebsschäden sind folgende Sachverhalte zu nennen: Ein Betriebsschaden liegt vor bei Schäden am Fahrzeug, die auf Bedienungsfehlern beruhen, sowie bei Schäden durch normale Abnutzung oder durch Materialfehler. Hierbei ist hinsichtlich der Qualifizierung auf einen durchschnittlichen Versicherungsnehmer ohne versicherungsrechtliche Spezialkenntnisse abzustellen.[10] Auch liegt ein Betriebsschaden vor bei der Verwendung falschen Kraftstoffs, etwa Betanken mit Benzin statt Diesel.[11] Umgekehrt liegt kein Betriebsschaden, sondern ein Unfallschaden vor, zB wenn das Fahrzeug aufgrund eines Bedienungsfehlers instabil wird, in den Graben stürzt und hierbei beschädigt wird.[12]

Maßgeblich ist, ob es sich bezogen auf die beabsichtigte konkrete Verwendung des Fahrzeugs um ein vorhersehbares oder um ein außergewöhnliches Ereignis handelt, mit dem der VN nicht rechnen musste.[13] Als Beispiele für einen Betriebsschaden sind zu nennen:

- Herunterschalten des Automatikgetriebes von der 4. auf die 1. Schaltstufe ist Bedienungsfehler.[14]

---

[3] OLG Saarbrücken r+s 2005, 12.
[4] Vgl. hierzu im Einzelnen Prölss/Martin/*Knappmann* AKB 2008 A.2.3 Rn. 9.
[5] Feyock/Jacobsen/Lemor/*Jacobsen* AKB § 12 Rn. 115 unter Hinweis auf Stiefel/*Hofmann* AKB § 12 Rn. 84 mit Rechtsprechungshinweisen.
[6] OLG Hamm VersR 1992, 1506.
[7] OLG Hamm VersR 1988, 239.
[8] OLG Hamm VersR 1990, 85 sowie OLG Stuttgart VersR 1994, 234.
[9] OLG Hamm r+s 1992, 100.
[10] BGH VersR 2003, 1031.
[11] Vgl. hierzu ausführlich *Rademacher/Voigt* VersR 2004, 1522.
[12] OLG Hamm VersR 2003, 1089; vgl. weitere Beispiele zur Abgrenzung des Unfallschadens vom Betriebsschaden, speziell auch bei verbundenen Fahrzeugen *Rademacher/Voigt* VersR 2004, 1522.
[13] OLG Stuttgart VersR 2007, 1121; Prölss/Martin/*Knappmann* AKB § 12 Rn. 50.
[14] OLG Stuttgart r+s 1954, 450.

- Abnutzung und Schäden durch Materialfehler am Fahrzeug und ebenso Schäden infolge von Risiken, denen das Fahrzeug aufgrund seines Verwendungszweckes im gewöhnlichen Fahrbetrieb ausgesetzt ist.[15]
- Aufspringen der Motorhaube während der Fahrt, wenn hieran Schaden entsteht, sowie
- Umstürzen eines Lkw auf frischer Aufschüttung.[16] Demgegenüber sind Schäden, die nach dem Umkippen eines Lkw durch das Aufschlagen auf den Boden entstehen, Unfallschäden und keine Betriebsschäden.[17]
- Es gehört zum Betriebsrisiko, wenn eine landwirtschaftliche Zugmaschine, die in Steillagen eines Weinbergs eingesetzt wird, bei Trockenheit des Bodens und damit schlechtem Halt der Reifen ins Rutschen gerät und von der Spur abkommt.[18] Bei der Kollision einer selbstfahrenden Holzbearbeitungsmaschine mit einem Baumstumpf auf dem Weg zum Einsatzort handelt es sich hingegen um einen Unfallschaden.[19]

2. Mut- und böswillige Handlungen

9 Für die Vollkaskoversicherung ist gemäß A.2.3.3 AKB 2008 geregelt, dass auch Schäden durch mut- und böswillige Handlungen betriebsfremder Personen entschädigungspflichtig sind. Der Schädigungsvorsatz muss das alleinige oder wesentliche Motiv sein.[20] Diese Voraussetzungen sind nicht erfüllt bei Schäden anlässlich eines Diebstahls oder Einbruchs.[21]

Die Handlungen müssen durch betriebsfremde Personen begangen werden. Der Begriff „betriebsfremd" entspricht im Wesentlichen dem Ausschluss bei der Schwarzfahrt.[22]

10 Vom Versicherungsnehmer behauptete Vandalismusschäden iSv A.2.3.3 AKB 2008 können anhand des versicherten und beschädigten Objektes ohne die Notwendigkeit von Beweiserleichterungen festgestellt werden. Auch für den Versicherer bestehen keine Beweiserleichterungen, sodass er den Vollbeweis dafür zu erbringen hat, dass die Schäden nicht auf Handlungen betriebsfremder Personen beruhen.[23]

III. Ausschluss und Einschränkung des Versicherungsschutzes

1. Allgemeines

11 Zur Frage der groben Fahrlässigkeit in der Kraftfahrtversicherung gibt es auch bezüglich der Vollkaskoversicherung eine sehr umfangreiche Rechtsprechung.[24] Auch in der Vollkaskoversicherung wird der Versicherer gem. A.2.16.1 AKB 2008 von der Leistung frei, wenn der Versicherungsnehmer den Versicherungsfall vorsätzlich herbeigeführt hat. Bei grober Fahrlässigkeit ist er berechtigt, die Leistung in einem der Schwere des Verschuldens entsprechenden Verhältnis zu kürzen. Es ist zu befürchten, dass der Umfang der Kürzung die Praxis vor erhebliche Schwierigkeiten stellen wird. Wegen Einzelheiten wird verwiesen auf die nachfolgenden Ausführungen und die Ausführungen in § 44.

2. Einzelfälle der groben Fahrlässigkeit

12 a) *Alkoholfahrt. aa) Allgemeines.* In der Kfz-Haftpflichtversicherung ist Fahren unter Alkohol- oder Drogeneinfluss eine **Obliegenheitsverletzung vor Eintritt des Versicherungsfalles** (so genannte „Trunkenheitsklausel" gemäß D.2.1 AKB 2008).

---

[15] OLG Hamm NZV 1954, 156.
[16] Zu weiteren Beispielen vgl. Feyock/Jacobsen/Lemor/*Jacobsen* AKB § 12 Rn. 127 f.
[17] BGH VersR 1998, 179.
[18] OLG Koblenz r+s 1999, 405 = zfs 1999, 476.
[19] OLG Stuttgart VersR 2007, 1121.
[20] KG VersR 1952, 175; OLG Hamm r+s 1996, 12.
[21] OLG Frankfurt VersR 1988, 1122.
[22] Vgl. im Einzelnen Prölss/Martin/*Knappmann* AKB 2008 A.2.3 Rn. 19.
[23] OLG Oldenburg r+s 2000, 56 f.
[24] Einen umfassenden Überblick bietet *Hack,* Rechtsprechung zur groben Fahrlässigkeit (§ 61 VVG) in der Kraftfahrtversicherung, 1999.

In der Kaskoversicherung unterfällt die Alkoholfahrt hinsichtlich der versicherungsrechtlichen Folgen der Regelung des A.2.16.1, A.3.9.1, A.10.2. AKB 08. In der Kaskoversicherung muss sich das Verschulden anders als in der Haftpflichtversicherung auf die Herbeiführung des Versicherungsfalls und nicht nur auf die Pflichtverletzung beziehen.[25] **13**

Derjenige, der sich in absolut fahruntüchtigem Zustand ein Kraftfahrzeug führt, handelt nach ständiger Rechtsprechung grob fahrlässig. Dabei ist auch im Versicherungsrecht von einer absoluten Fahruntüchtigkeit bei einem Blutalkoholgehalt von 1,1‰ auszugehen. Unterhalb einer Blutalkoholkonzentration von 1,1‰ kann **relative Fahruntüchtigkeit** vorliegen. Ebenso wird der Versicherer nach dem Maße seines Verschuldens leistungsfrei, wenn der VN sein Fahrzeug einem erkennbar alkoholisierten Fahrer überlässt **14**

Hier wird viel vom Einzelfall abhängen. Wird der Versicherungsfall alkoholbedingt grob fahrlässig herbeigeführt, wird in der Regel ein schweres Verschulden des Versicherungsnehmers vorliegen, das eine hohe Kürzung des Entschädigungsanspruchs bis hin zu einer Kürzung auf „Null" rechtfertigt. Dabei ist nicht zwischen einer absoluten und einer relativen Fahruntüchtigkeit zu differenzieren. Welche Auswirkungen der Alkoholgenuss auf sein Fahrvermögen hat, kann der durchschnittliche VN in der konkreten Situation regelmäßig nicht einschätzen. Dass Alkoholgenuss die Fahrtüchtigkeit auch in geringen Mengen beeinträchtigt, ist allgemein bekannt. Es besteht daher grundsätzlich keine Veranlassung, dem VN die Möglichkeit zu geben, auf Kosten der Versichertengemeinschaft zu spekulieren. Im Einzelfall kann eine sehr geringe BAK eine geringere Kürzung rechtfertigen, Ähnliches kann bei Restalkohol im Einzelfall in Betracht kommen. **15**

bb) Alkoholfahrt und grobe Fahrlässigkeit. Absolute Fahruntüchtigkeit, die gegeben ist ab 1,1‰, begründet generell den Vorwurf der groben Fahrlässigkeit.[26] Nach den Regeln des Anscheinsbeweises ist **absolute Fahruntüchtigkeit** für den Unfall ursächlich. Dieser Anscheinsbeweis ist auch nicht dadurch zu entkräften, dass dargelegt wird, ein nüchterner Kraftfahrer begehe unter Umständen denselben Fehler. Regelmäßig wird von einem vollständigen Anspruchsverlust auszugehen sein. **16**

Bei relativer Fahruntüchtigkeit, die in Betracht kommt bei einer BAK unterhalb von 1,1‰, müssen zum Tatbestand der groben Fahrlässigkeit weitere Umstände hinzutreten.[27] Auch schon bei 0,7‰ kann relative Fahruntüchtigkeit vorliegen.[28] Bei relativer Fahruntüchtigkeit bis 1,1‰ können die Regeln des Anscheinsbeweises dafür sprechen, dass der Alkohol ursächlich für den Unfall war.[29] Bei relativer Fahruntüchtigkeit muss der Versicherer die Fahrunfähigkeit aufgrund von Ausfallerscheinungen oder eines Fahrfehlers, der typischerweise durch Alkohol bedingt ist, beweisen. Hier kommen nicht die Regeln des Anscheinsbeweises zur Anwendung.[30] Je mehr sich die BAK dem Grenzwert von 1,1‰ nähert, umso eher liegt auch grob fahrlässiges Verhalten vor. Aus diesem Grund hat die Rechtsprechung bei alkoholbedingter relativer Fahruntüchtigkeit von mindestens 0,85‰ ein grob fahrlässiges Herbeiführen des Versicherungsfalls bei alkoholtypischen Fahrfehlern bejaht.[31] Das Gleiche gilt, wenn der Versicherungsnehmer bei einer Blutalkoholkonzentration von knapp unter 1,1‰ in einer Rechtskurve ohne fremde Beteiligung mit seinem Pkw auf die linke Fahrbahn gerät. Dies ist als ein typisches alkoholbedingtes Fahrverhalten zu qualifizieren. Auch hier spricht in der Regel viel für einen vollständigen Anspruchsverlust. Wie bereits ausgeführt, können aber im Ausnahmefall geringere Kürzungen in Betracht kommen. **17**

cc) Alkoholfahrt und Beifahrer/Insasse. Die Frage der grob fahrlässigen Herbeiführung des Versicherungsfalles kann sich auch stellen, wenn ein Kraftfahrer einen stark Betrunkenen ne- **18**

---

[25] *Maier/Stadler* Rn. 140.
[26] BGH VersR 1991, 1367; OLG Hamm VersR 1991, 539; OLG München r+s 1991, 189; OLG Köln r+s 1994, 329; OLG Köln SP 1996, 397.
[27] Vgl. OLG Köln zfs 1986, 309; OLG Köln VersR 1986, 229; OLG Hamm r+s 1989, 6; OLG Karlsruhe zfs 1993, 161.
[28] KG NZV 1996, 200 = zfs 1996, 421.
[29] OLG Köln r+s 1993, 407; OLG Köln VersR 1996, 178.
[30] BGH VersR 1988, 733, vgl. hierzu auch Feyock/Jacobsen/Lemor/*Jacobsen* AKB § 12 Rn. 147 sowie Beispiele für relative Fahruntüchtigkeit Feyock/Jacobsen/Lemor/*Jacobsen* AKB § 12 Rn. 148.
[31] OLG Koblenz r+s 2002, 498; OLG Naumburg VersR 2005, 1233.

ben sich auf dem Beifahrersitz mitfahren lässt. Der Kraftfahrer, der einen stark Betrunkenen unmittelbar neben sich auf dem Beifahrersitz mitfahren lässt, schafft eine vermeidbare Gefahrenquelle, es trifft ihn daher eine erhöhte Sorgfaltspflicht, ähnlich wie bei der Mitnahme gefährlicher Gegenstände.[32] In Betracht kommt auch hier die Annahme grober Fahrlässigkeit.[33] Allerdings kann hier nicht regelmäßig von einem vollständigen Anspruchsverlust ausgegangen werden. Hier spielt vor allen Dingen eine Rolle, wie stark der Beifahrer alkoholisiert war und wie er nach Kenntnis des Fahrers üblicherweise unter Einfluss von Alkohol reagiert. Gedanklicher Ausgangspunkt einer Kürzung könnten hier 50 % sein.

19 b) **Sonstige Fälle grober Fahrlässigkeit aufgrund eines bestimmten Verkehrsverhaltens oder Handelns.** *aa) Missachten eines Stoppschildes.* Das **Überfahren eines Stoppschildes** rechtfertigt im Regelfall den Schluss auf gesteigertes Verschulden und damit auf grobe Fahrlässigkeit. So ist grobe Fahrlässigkeit anzunehmen bei dem Überfahren eines Stoppschildes, wenn der Fahrer ortskundig ist, das Stoppschild 100 m vorher angekündigt wird und bei zweifacher Aufstellung jedenfalls eines der beiden Schilder bei Annäherung an die Kreuzung frühzeitig erkennbar ist.[34] Das Überfahren eines Stoppschildes stellt wohl in der Regel keinen besonders schweren Fall der groben Fahrlässigkeit dar. Regelmäßig wird man hier von einer Kürzung in Höhe von 25–30 % ausgehen können. Hier kommt aber vieles auf die konkrete Verkehrssituation an, insbesondere zB auf Vorankündigungsschilder.

20 *bb) Rotlichtunfall.* Der durch einen Rotlichtverstoß verursachte Unfall ist der Tatbestand, den die Rechtsprechung am häufigsten beschäftigt. Es ist davon auszugehen, dass der Kraftfahrer, der eine Verkehrsampel bei Rotlicht überfährt, in der Regel auch grob fahrlässig handelt.[35]

Der BGH[36] hat betont, dass der Rechtsbegriff der groben Fahrlässigkeit grundsätzlich einheitlich bestimmt werden muss. Hiernach handelt grob fahrlässig, wer die im Verkehr erforderliche Sorgfalt nach den gesamten Umständen in ungewöhnlich hohem Maße verletzt und unbeachtet lässt. Im Gegensatz zur einfachen Fahrlässigkeit muss es sich bei einem grob fahrlässigen Verhalten um ein auch in subjektiver Hinsicht unentschuldbares Fehlverhalten handeln, das ein gewöhnliches Maß erheblich übersteigt. Hiernach soll der Versicherungsnehmer, der sich in Bezug auf das versicherte Interesse völlig sorglos oder sogar unlauter verhält, keine unverdiente Vergünstigung erhalten. Es gilt, dass § 81 VVG ähnlich wie § 162 BGB den Gedanken von Treu und Glauben übernommen hat.[37] Übertragen auf die Fallgruppe der Rotlichtunfälle ergibt sich hieraus, dass grobe Fahrlässigkeit auch bei Missachtung einer roten Ampel nicht immer vorliegen muss, wie die folgenden Beispiele aus der Rechtsprechung zeigen:[38]

21 • OLG Köln: Geradeausfahrt bei ausschließlicher Freigabe des Rechtsabbiegeverkehrs durch Grünpfeil;[39]
• OLG München: Fahrzeugführer war durch Fußgänger irritiert;[40]
• OLG Hamm: Sichtbehinderung durch beschlagene Scheiben;[41]
• OLG Karlsruhe: VN ist ortsunkundig;[42]
• OLG Köln, OLG Frankfurt, hier: Die Kreuzung ist unübersichtlich;[43]

---

[32] LG Frankenthal VersR 2000, 721.
[33] OLG Frankfurt VersR 1996, 446; OLG Brandenburg VersR 1998, 843 (Leitsatz); OLG Jena VersR 1998, 838.
[34] OLG Hamm DAR 1999, 217; ebenso OLG Hamm VersR 2001, 92; ebenso OLG Köln zfs 2005, 445.
[35] *van Bühren* Forum Versicherungsrecht 2000, 11, Fn. 32 mit ausführlichem Hinweis auf die Rspr.; ebenso OLG Hamm NZV 2001, 38; LG Arnsberg zfs 2005, 505 (wenn mit Lichtzeichenanlage gerechnet werden muss); ebenso OLG Köln zfs 2005, 445.
[36] Urt. v. 29.1.2003 NZV 2003, 275 = VersR 2003, 364 = DAR 2003, 217 = r+s 2003, 144.
[37] BGH Urt. v. 29.1.2003 NZV 2003, 275 = VersR 2003, 364 = DAR 2003, 217 = r+s 2003, 144.
[38] Vgl. Zusammenstellung bei *van Bühren* Forum Versicherungsrecht 2000, 11, Fn. 32 mit ausführlichem Hinweis auf die Rspr.
[39] VersR 1984, 50.
[40] Zfs 1984, 21.
[41] VersR 1984, 727; vgl. auch OLG Hamm NVersZ 2001, 168.
[42] r+s 1990, 364; so auch AG Wetzlar VersR 2006, 787.
[43] r+s 1991, 82; VersR 1992, 230.

- OLG Frankfurt: durch Sonneinwirkung leuchteten alle drei Lichter scheinbar auf;[44]
- OLG Nürnberg: VN war ortsunkundig, die Ampelschaltung unübersichtlich, außerdem bestand Sichtbehinderung durch andere Verkehrsteilnehmer;[45]
- OLG Köln: irritierende Wirkung einer das Rotlicht überlagernden großen grünen Leuchtreklame;[46]
- OLG *Köln*: irritierende Sonneneinstrahlung.[47]

Demgegenüber tendieren zur Annahme grober Fahrlässigkeit bei Rotlichtverstoß oder bejahen grobe Fahrlässigkeit:
- OLG Koblenz: bei kurzfristiger geistiger Abwesenheit und besonders unübersichtlicher Kreuzungsanlage;[48]
- OLG Köln: bei Einmündung und großer Gefährlichkeit;[49]
- OLG Rostock: hohes Verkehrsaufkommen und hektischer Großstadtverkehr;[50]
- OLG Karlsruhe: bei starkem Schneefall;[51]
- OLG Köln: Zusammenstoß mit einem aus entgegengesetzter Richtung kommenden Kfz;[52]
- OLG Nürnberg: klare und eindeutige Verkehrssituation und uneingeschränkte Sichtverhältnisse.[53]

Eine besondere Beurteilung ist geboten, wenn „Augenblicksversagen" in Betracht kommt oder bei Schlafapnoe.[54] Bei Schlafapnoe kann grobe Fahrlässigkeit ausscheiden, jedoch trifft den Kraftfahrer die Beweislast.[55] Die Berufung auf ein so genanntes „Augenblicksversagen" genügt allein noch nicht, um ein objektiv grob fahrlässiges Fehlverhalten zu entschuldigen.[56] Das Maß der Kürzung wird man im Einzelfall entscheiden müssen. Grundsätzlich stellt das Überfahren einer roten Ampel wenigstens einen normalen Fall der groben Fahrlässigkeit dar, der eine Kürzung um 50 % darstellt. Je nach Verkehrssituation kann auch ein höherer Kürzungsgrad gerechtfertigt sein. Dabei spielt zum Beispiel eine Rolle, wie lange die Ampel Rot zeigte, ob Vorampeln existieren, wie groß die Kreuzung und wie eindeutig die Straßenführung ist, etc.

cc) Einnicken am Steuer. Wiederholt mussten sich Gerichte mit der Frage beschäftigen, ob das „kurze Einnicken am Steuer" den Vorwurf der groben Fahrlässigkeit begründet. In diesem Fall geht die Tendenz der Rechtsprechung dahin, dass grobe Fahrlässigkeit zu bejahen ist, jedenfalls wenn sich der Fahrer über Anzeichen der Ermüdung bewusst hinweggesetzt hat.[57] Ist dies der Fall, liegt ein schwerer Fall der groben Fahrlässigkeit vor, der eine Kürzung auf „Null" rechtfertigt, denn wer sich bewusst über Anzeichen der Fahruntauglichkeit hinwegsetzt, zeigt ein besonders sorgloses Verhalten. Beim Überfahren eines Rotlichtes im Sekundenschlaf trifft den VN die Beweislast, wenn er sich auf Unzurechnungsfähigkeit iSv § 827 Satz 1 BGB beruft.[58] Im Übrigen gilt, dass ein einmaliger Fehler, der einem Versicherungsnehmer bei einer Routinetätigkeit unterläuft, nicht unbedingt den Vorwurf grober Fahrlässigkeit begründet.[59]

dd) Medikamenteneinnahme. Die Herbeiführung eines Unfalls nach Einnahme von Medikamenten stellt eine grob fahrlässige Herbeiführung des Unfalls dar und ist im Übrigen

---

[44] VersR 1993, 826.
[45] SP 1996, 219 = NJW-RR 1996, 986; so auch OLG Köln VersR 2007, 1268.
[46] SP 1998, 20.
[47] SP 1998, 430; aA: OLG Hamm SP 1998, 431 = VersR 1999, 200 = r+s 1999, 145.
[48] OLG Koblenz r+s 2001, 234.
[49] OLG Köln r+s 2001, 318.
[50] OLG Rostock r+s 2004, 58.
[51] OLG Karlsruhe r+s 2004, 139 = zfs 2004, 269.
[52] OLG Köln r+s 2004, 101.
[53] OLG Nürnberg r+s 2003, 498.
[54] Vgl. zu den Voraussetzungen des Augenblicksversagens BayObLG DAR 2002, 521.
[55] OLG Saarbrücken zfs 2003, 129 = r+s 2003, 101.
[56] OLG Koblenz r+s 2004, 55 = zfs 2004, 124.
[57] OLG Oldenburg NZV 1999, 212 = VersR 1999, 1100, entgegen OLG Hamm VersR 1997, 961.
[58] BGH zfs 2003, 597.
[59] OLG Hamm r+s 2000, 230.

eine Gefahrerhöhung durch Medikamentengebrauch.[60] Zur Kürzung gelten die Ausführungen zur Alkoholfahrt grundsätzlich entsprechend, wobei der Grad der Kürzung meist geringer ausfallen wird. Allerdings kommt es auch hier auf den Einzelfall an, insbesondere, inwieweit auf eine Beeinträchtigung der Fahrtüchtigkeit in dem Beipackzettel hingewiesen wird, dessen Lektüre dem VN immer zugemutet werden kann. Eine Rolle spielt auch, in welcher Dosis das Medikament eingenommen werden muss.

25 *ee) Aufheben von Gegenständen während der Fahrt.* Das Aufheben von Gegenständen vom Boden des Kraftfahrzeuges während der Fahrt wird in einer Reihe von Entscheidungen als grob fahrlässig angesehen. Beispielhaft seien aufgeführt:
- Aufheben herabgefallener Kassetten,[61]
- Aufheben eines Reisepasses[62] sowie
- Aufheben des Führerscheins,[63]
- Bedienung des CD-Wechslers.[64]

Demgegenüber wurde grobe Fahrlässigkeit verneint:
- Suchen einer Kassette im Beifahrerfußraum,[65]
- Griff nach einem Bonbon im rechten Seitenfach.[66]

Entscheidend für die Beurteilung, ob grobe Fahrlässigkeit vorliegt, ist das Zusammentreffen der Umstände, die zum Unfall geführt haben.[67]

Der Grad der Kürzung hängt vom Einzelfall ab. Ausgangspunkt kann hier eine Kürzung um 50 % sein.

26 *ff) Telefonieren mit Handy.* Wer auf einer Autobahn mit einer Geschwindigkeit von 120 km/h bei Nebel und Nässe fährt und dabei versucht, mit dem auf dem Beifahrersitz liegenden Handy ohne Freisprecheinrichtung zu telefonieren, wobei er von der Fahrbahn abkommt, handelt grob fahrlässig, falls kein Notfall vorliegt, der ein sofortiges Telefonieren erfordert hätte.[68] Der Grad der Kürzung wird hier mindestens 30 % betragen.

27 *gg) Geschwindigkeitsüberschreitung.* Eine Geschwindigkeitsüberschreitung kann als grob fahrlässige Herbeiführung des Versicherungsfalles zu werten sein.

Das Überschreiten der zulässigen Höchstgeschwindigkeit um ungefähr 50 % nachts auf einer Landstraße ist grob fahrlässig. Die Feststellung einer grob fahrlässigen Unfallverursachung iSd § 286 ZPO wird nicht dadurch ausgeschlossen, dass präzise Detailfestlegungen nicht getroffen werden können.[69]

28 Der VN, der mit seinem Pkw bei einer Geschwindigkeit von 140 km/h auf einer Bundesstraße mit einer zulässigen Höchstgeschwindigkeit von 100 km/h einen Überholvorgang einleitet und diesen abbrechen muss, weil er ein entgegenkommendes Fahrzeug übersehen oder sich verschätzt hat, und deshalb scharf bremsen muss und infolgedessen ins Schleudern gerät, handelt grob fahrlässig.[70] Ebenso ist das Fahren mit einer Geschwindigkeit von 85/90 km/h auf schneeglatter Fahrbahn grob fahrlässig.[71] Ebenso liegt grobe Fahrlässigkeit vor bei Fahren in einer Kolonne mit einer Geschwindigkeit von 170 km/h im Dunkeln auf der BAB.[72] Auch das Anfahren mit weit überhöhter Geschwindigkeit nach einem Ampelstopp, das zu einem Ausbrechen des Fahrzeugs führt, ist grob fahrlässig.[73] Demgegenüber begrün-

---

[60] OLG Düsseldorf r+s 2004, 451.
[61] LG Koblenz r+s 1989, 112; LG Nürnberg-Fürth zfs 1989, 313; OLG Hamm zfs 1990, 166; LG Gießen VersR 1996, 1232; LG Darmstadt r+s 1996, 95.
[62] AG Nürnberg zfs 1990, 166.
[63] LG München II zfs 1980, 342.
[64] OLG Hamm zfs 2002, 294; jedoch grobe Fahrlässigkeit verneinend bei Bedienung des Autoradios, OLG Nürnberg zfs 2005, 397.
[65] OLG Hamm VersR 1982, 796; OLG Hamm r+s 1991, 186; ähnlich OLG Bamberg zfs 1984, 86.
[66] LG Arnsberg zfs 1990, 28; OLG Nürnberg (Bedienen Autoradio), NJW 2005, 3078 = r+s 2005, 372.
[67] LG II zfs 1980, 343 (343); vgl. im Übrigen Zusammenstellung *Frank* zfs 1997, 361.
[68] OLG Köln DAR 2001, 283; AG Berlin-Mitte NZV 2005, 157.
[69] OLG Koblenz VersR 2000, 720.
[70] OLG Düsseldorf VersR 2001, 1020.
[71] LG Hannover VersR 2004, 857.
[72] OLG Düsseldorf NZV 2003, 289.
[73] OLG Hamm VersR 207, 112.

det die Überschreitung der zulässigen Geschwindigkeit um 90 % (95 statt 50 km/h) nicht zwangsläufig die Annahme grober Fahrlässigkeit. Vielmehr ist auf den Einzelfall, insbesondere auf Besonderheiten der Straßenführung und der Beschilderung abzustellen.[74]

Der Grad der Kürzung ist sehr stark einzelfallabhängig. Allgemeine Aussagen lassen sich hier angesichts der Vielzahl der Fälle kaum treffen. Jedenfalls bei Geschwindigkeitsüberschreitungen, die ein Fahrverbot rechtfertigen, wird eine Kürzung von 50 % und mehr ja nach Situation in Betracht kommen. 29

hh) Augenblicksversagen. Das Augenblicksversagen ist allein noch kein Grund, den Schuldvorwurf von einer groben zu einer einfachen Fahrlässigkeit herabzustufen, wenn die objektiven Merkmale der groben Fahrlässigkeit gegeben sind.[75] Allerdings kann ein Augenblicksversagen geeignet sein, ein geringeres Maß an Kürzung als üblich zu rechtfertigen. 30

ii) Unzureichende Sicherung des Fahrzeuges. Der VN führt den Versicherungsfall grob fahrlässig herbei, wenn er zB seinen Lkw in unmittelbarer Nähe einer stark abschüssigen Abfahrtsrampe abgestellt hat und das Fahrzeug kurze Zeit nach dem Aussteigen die Rampe hinabrollt, weil weder die Handbremse angezogen noch ein Gang eingelegt war.[76] Auch allein das Einlegen der 3. Ganges ist insoweit nicht ausreichend.[77] In der Regel wird bei dieser Fallgruppe ein „normaler" Fall der groben Fahrlässigkeit vorliegen, der eine Kürzung um 50 % rechtfertigt. 31

jj) Abkommen von der Fahrbahn. Abkommen von der Fahrbahn allein begründet nicht den Vorwurf der groben Fahrlässigkeit. Die Beweislast liegt beim Versicherer, auch wenn der Versicherungsnehmer keinen plausiblen Grund für das Abkommen von der Fahrbahn angeben kann.[78] Allein das Bedienen des Autoradios stellt einen solchen Grund nicht dar, wenn weitere Anhaltspunkte für ein Fehlverhalten des Versicherungsnehmers oder für eine gesteigerte Gefahrenlage nicht feststellbar sind.[79] Wenn allerdings das Abkommen von der Fahrbahn grob fahrlässig war, weil der VN zum Beispiel mit einer überhöhten Geschwindigkeit fuhr, wird meist eine Kürzung oberhalb von 50 % in Betracht kommen, da meist mehrere Fehlverhalten zusammen kommen. 32

kk) Nichtbeachten der Durchfahrtshöhe. Das Nichtbeachten der mehrfach angezeigten Durchfahrtshöhe einer Brückenunterführung ist grob fahrlässig.[80] Je nach Fallgestaltung liegt auch ein Fall schwerer grober Fahrlässigkeit vor, der jedenfalls bei mehrfach angezeigter Durchfahrtshöhe auch eine Kürzung auf „Null" rechtfertigen kann. 33

c) Grobe Fahrlässigkeit bei falscher Ausrüstung des Fahrzeuges. Auch die falsche Ausrüstung eines Fahrzeuges kann zur Annahme grober Fahrlässigkeit führen. So handelt grob fahrlässig, wer im Winter (in der Schweiz) mit seinem mit Sommerreifen ausgestatteten Kfz fährt.[81] Hier kommt vieles auf den Einzelfall an. Gerade beim Nichtgebrauch von Winterreifen in Schneegebieten ist das Fehlverhalten aber als schwerwiegend bis hin zum vollständigen Anspruchsverlust einzustufen, denn das zB in Wintersportgebieten jedenfalls Winterreifen zu benutzen und die von ungeeigneten Reifen ausgehenden Gefahren erheblich sind, ist allgemein bekannt. 34

3. Obliegenheitsverletzungen

a) Allgemeines. Auch in der Vollkaskoversicherung als Kraftfahrtversicherung kommt eine Leistungskürzung in Betracht bei Verletzung von Obliegenheiten. Die Verhaltenspflichten des VN vor und nach dem Schadenfall sind in Abschnitt D und E der AKB 08 geregelt. In Abschnitt D werden die Pflichten bei Gebrauch des Fahrzeugs (Obliegenheiten vor Ein- 35

---

[74] OLG Frankfurt Urt. v. 31.10.2001 – 7 U 81/01, PVR 2002, 181 mit angefügter Rechtsprechungsübersicht zur Annahme grober Fahrlässigkeit bei Geschwindigkeitsüberschreitung, erfasst von *Xanke.*
[75] BGH VersR 1992, 1085.
[76] OLG Düsseldorf VersR 2002, 1503.
[77] OLG Karlsruhe VersR 2007, 145.
[78] OLG Hamm VersR 2007, 1553.
[79] OLG Nürnberg NZV 2005, 478.
[80] OLG Oldenburg VersR 206, 920.
[81] OLG Frankfurt r+s 2004, 184.

tritt des Versicherungsfalls) und in Abschnitt E die Pflichten im Schadenfall (Obliegenheiten nach Eintritt des Versicherungsfalls) geregelt. Die Bezeichnung als Pflichten ist in erster Linie eine sprachliche, nicht aber inhaltliche Änderung. Hinsichtlich der Beweislast gelten in der Vollkaskoversicherung die allgemeinen Regeln.

36 b) **Aufklärungsobliegenheit.** Ein relevanter Verstoß gegen Aufklärungspflichten mit der Folge der Leistungskürzung kommt in Betracht bei falschen Angaben zum Unfallgeschehen über:
- Anschaffungswert des versicherten Fahrzeuges[82]
- Vorschäden[83]
- Schadenzeitpunkt[84]
- Restwerterlös[85]
- angebliche Veräußerung des Fahrzeuges vor dem Schadenfall zu überhöhtem Preis[86]
- Aufenthaltsort zum Zeitpunkt des Schadenfalles[87]
- Unfallhergang und die Unfallbeteiligung.[88]

Weiter liegt ein Verstoß gegen die Aufklärungspflicht vor bei:
- Nichtbenennung des beteiligten Fahrers, um diesen vor der Strafverfolgung zu schützen[89]
- Verzögerung der Unfallschilderung, bis der vom Versicherungsnehmer beauftragte Anwalt die Ermittlungsakte eingesehen hat[90]
- Verschweigen von Vorschäden. Hierbei ist jedoch zu berücksichtigen, dass der Begriff „Vorschaden" nicht zweifelsfrei ist, nämlich abhängig davon, ob reparierte oder unreparierte Vorschäden gemeint sind.[91]

Eine relevante Obliegenheitsverletzung in Form der Verletzung der Aufklärungspflicht liegt nicht vor, wenn der Versicherer bereits aufgrund eigener Ermittlungen detaillierte Kenntnis über den Vorschaden besitzt.[92]

37 c) **Handeln durch Repräsentanten.** Auch eine Obliegenheitsverletzung sowie grobfahrlässiges unfallursächliches Verhalten durch **Repräsentanten** kann in der Kaskoversicherung Leistungsfreiheit begründen. Zur Repräsentantenstellung in der Fahrzeugversicherung vgl. im Übrigen § 44 Rn. 113.

38 d) **Der mögliche Regress des Kaskoversicherers.** Zu beachten ist, dass für die Vollkaskoversicherung bei Leistungspflicht gegenüber dem Verursacher und auch ggf. gegenüber dem VN ein Regressanspruch besteht. Der Vollkaskoversicherer kann bei grob fahrlässiger Verursachung des Kaskoschadens durch den VN von diesem Ersatz verlangen.[93] Zum Regressanspruch der Versicherung bei Obliegenheitsverletzung und Gefahrerhöhung vgl. im Einzelnen nachfolgend § 49.

IV. Abwicklung der Ansprüche

1. Allgemeines

39 a) **Ersatzleistung und Wiederbeschaffungswert.** Der Umfang der **Ersatzleistung** in der Fahrzeugversicherung, also auch der Vollkaskoversicherung, ist in A.2.6 bis A.2.13 AKB

---

[82] BGH VersR 1976, 849, 850; OLG Hamm zfs 1990, 385; OLG Köln VersR 1991, 95; OLG Köln r+s 1992, 368; OLG Köln r+s 1993, 241; OLG Köln r+s 1994, 208, 2.000 DM Differenz; OLG Frankfurt VersR 1994, 927.
[83] BGH VersR 1984, 228; OLG Hamm VersR 1985, 30; OLG Zweibrücken r+s 1988, 291; OLG Köln VersR 1991, 767; OLG Karlsruhe r+s 1991, 81; OLG Köln r+s 1992, 296.
[84] LG Koblenz zfs 1990, 385.
[85] OLG Hamm VersR 1991, 294.
[86] OLG Düsseldorf zfs 1992, 55.
[87] OLG Hamburg VersR 1992, 179, der BGH hat die Revision nicht angenommen.
[88] OLG Düsseldorf zfs 1984, 244.
[89] LG Stuttgart zfs 1984, 245; OLG Hamm VersR 1987, 1083; OLG Hamm VersR 1989, 37; OLG Düsseldorf r+s 1993, 208.
[90] OLG Düsseldorf VersR 1994, 41.
[91] OLG Hamm r+s 1992, 85.
[92] OLG Hamm zfs 1993, 161; OLG Hamm zfs 1994, 256; OLG Hamm, Spektrum für Versicherungsrecht 2005, 58.
[93] OLG Hamm MittBl. der Arge VerkR 2000, 18 (Entscheidung im Falle eines PKH-Verfahrens).

2008 geregelt. Hinsichtlich des Aufbaus der vorbenannten Regelungen wird auf die Ausführungen in § 45 verwiesen.

Was der Vollkaskoversicherer im Falle der Beschädigung des Fahrzeugs zu zahlen hat, ergibt sich aus A.2.7.1 AKB 2008. Im Falle durch Rechnung nachgewiesener vollständiger und fachgerechter Reparatur werden die Reparaturkosten bis zur Höhe des Wiederbeschaffungswertes gezahlt. Bei nicht fachgerechter oder unvollständiger Reparatur werden die Reparaturkosten bis zur Höhe des um den Restwert gekürzten Wiederbeschaffungswerts gezahlt. Dies ist der Wiederbeschaffungsaufwand.

b) **Abschleppkosten.** Die Kosten für das Abschleppen des Fahrzeugs bis zur nächstgelegenen für die Reparatur geeigneten Werkstatt werden gem. A.2.7.2 AKB 2008 ersetzt, wenn nicht ein Dritter diese Kosten übernehmen muss. Dabei darf allerdings die Leistungsobergrenze des Kaskoversicherers nicht überschritten werden.

c) **Ausschluss für Reifenschäden.** In A.2.16.3 AKB 2008 ist geregelt, dass grundsätzlich Reifenschäden von der Versicherungsdeckung ausgeschlossen sind. Versicherungsschutz besteht jedoch, wenn die Reifen aufgrund eines Ereignisses beschädigt oder zerstört werden, das gleichzeitig andere unter den Schutz der Kaskoversicherung fallende Schäden bei dem versicherten Fahrzeug verursacht hat. Schäden am Reserverad sind Schäden an Fahrzeugteilen.[94]

d) **Ersatzleistung und Selbstbeteiligung.** Gem. A.2.12 AKB 2008 wird – sofern vereinbart – eine Selbstbeteiligung von der Entschädigung abgezogen. Ob und in welcher Höhe eine Selbstbeteiligung vereinbart wurde, ist dem Versicherungsschein zu entnehmen.

e) **Entschädigung bei entwendetem Leasingfahrzeug.** Zur Abwicklung der Entschädigung bei entwendetem Leasingfahrzeug ist zu verweisen auf die vorstehenden Ausführungen zu § 45 Rn. 54–56.

f) **Rettungskosten.** Auch in der Vollkaskoversicherung kann sich ein Anspruch auf Ersatz von Rettungskosten ergeben. Insoweit kann auf die allgemeinen Ausführungen verwiesen werden.

g) **Entschädigung und Mehrwertsteuer.** Die Entschädigungsleistung umfasst nach A.2.9 AKB 2008 auch die Mehrwertsteuer, wenn und soweit diese für den Versicherungsnehmer bei der von diesem gewählten Schadensbeseitigung tatsächlich angefallen ist. Die Mehrwertsteuer wird nicht ersetzt, soweit beim Versicherungsnehmer Vorsteuerabzugsberechtigung besteht. Bei geleasten Fahrzeugen ist die Mehrwertsteuer, auch wenn der VN und Leasingnehmer nicht vorsteuerabzugsberechtigt ist, nicht zu erstatten, weil es sich bei der Kaskoversicherung für ein geleastes Fahrzeug um eine Versicherung für fremde Rechnung gemäß §§ 43 ff. VVG handelt. Es kommt nicht auf die Verhältnisse des Leasingnehmers, sondern auf die Verhältnisse des Leasinggebers an.[95]

Handelt es sich um einen ausländischen Versicherungsnehmer, so ist bei Kfz-Reparaturen grundsätzlich kein Anspruch auf Steuerbefreiung gegeben. Dies bedeutet, dass der Versicherer im Rahmen der Kaskoentschädigung die Mehrwertsteuer zu erstatten hat.[96]

Eine Klausel in den AKB eines Kaskoversicherers, wonach der Versicherer die Mehrwertsteuer im Rahmen des Ausgleichs von Wiederherstellungskosten nur dann ersetzt, wenn der VN diese tatsächlich entrichtet, ist weder überraschend noch benachteiligt sie den VN unangemessen.[97] Eine Klausel in älteren AKB, nach der der Versicherer die Mehrwertsteuer nur ersetzt, wenn der Versicherungsnehmer diese tatsächlich bezahlt hat, und nicht deutlich zu erkennen ist, dass hierunter nicht die bei einer Ersatzbeschaffung aufgewendete Mehrwertsteuer fällt, ist wegen Verstoßes gegen das Transparenzgebot unwirksam.[98]

---

[94] Vgl. hierzu im Einzelnen Prölss/Martin/*Knappmann* AKB 2008 A.2.16 Rn. 66.
[95] BGH VersR 1993, 1223; OLG Koblenz VersR 2000, 449.
[96] Vgl. hierzu ausführlich Feyock/Jacobsen/*Jacobsen* AKB § 13 Rn. 47 ff. zur Wirksamkeit der Mehrwertsteuerklausel gemäß § 13 AKB.
[97] OLG Frankfurt VersR 2004, 1551; ebenso LG Erfurt NZV 2002, 188; aA LG Braunschweig NVersZ 2002, 130; vgl. auch *Maier* NVersZ 2002, 106; Versicherungsombudsmann zfs 2004, 20, wenn Ersatz nicht ausdrücklich ausgeschlossen.
[98] BGH VersR 2006, 1066.

2. Die Geltendmachung der Entschädigung und speziell Abrechnung nach der Differenztheorie

49 *a) Allgemeines.* Bei Beschädigung des Fahrzeuges iSv A.2.7 1 AKB 2008 können die **fiktiven Reparaturkosten** verlangt werden. Die tatsächliche Reparatur des Fahrzeuges ist nicht Voraussetzung für die Kaskoentschädigung. Insoweit steht dem VN eine Dispositionsfreiheit zu.[99] Die Höhe der zu erstattenden fiktiven Reparaturkosten wird in der Regel durch ein **Sachverständigengutachten** ermittelt.[100] Der in Betracht kommende Abzug „neu für alt" ist nach A.2.7.3 AKB 2008 grundsätzlich nur gerechtfertigt bei älteren Fahrzeugen.[101] **Nutzungsausfall** ist nach A.2.13 AKB 08 nicht Gegenstand der Kaskoversicherung. Er kann auch nicht als Verzugsschaden geltend gemacht werden.[102]

50 *b) Die Ansprüche nach Quotenvorrecht/Differenztheorie.* Bei einer bestehenden Vollkaskoversicherung kommt für den Versicherungsnehmer die Inanspruchnahme der Kaskoversicherung in Betracht, wenn bei einem Haftpflichtschaden die Haftung des Gegners unklar ist. Dies ist der Fall bei einer Mithaftung des Versicherungsnehmers. In einem solchen Fall kann das sog. „Quotenvorrecht" zugunsten des Versicherungsnehmers dazu führen, dass er vollen Schadenersatz auch bei einer erheblichen Mithaftung erhält. Dies folgt aus dem Umstand, dass die Schadenersatzansprüche des Versicherungsnehmers auf den leistenden Kaskoversicherer übergehen, soweit dieser den Schaden ersetzt. Gemäß § 86 Abs. 1 S. 2 VVG darf sich dies jedoch nicht zum Nachteil des Versicherungsnehmers auswirken.[103] Selbst bei einer nur anteiligen Haftung kann ein Geschädigter ohne Rücksicht auf die Regulierungsbereitschaft des gegnerischen Haftpflichtversicherers seine Vollkaskoversicherung sofort in Anspruch nehmen.[104]

51 *aa) Kongruenter Schaden.* Nach Inanspruchnahme der Vollkaskoversicherung kann der Versicherungsnehmer die Differenz zwischen
- dem kongruenten Fahrzeugschaden und
- der Leistung des Kaskoversicherers

gegenüber dem Schädiger bzw. dessen Haftpflichtversicherung ungekürzt geltend machen. Die Haftungsquote des Haftpflichtversicherers bildet die Obergrenze.

bb) Der kongruente und übergangsfähige Schaden

52 **Hinweis:** Hat der Dritte den kongruenten Schaden des Versicherungsnehmers nur teilweise zu ersetzen (insbesondere bei Mithaftung des Versicherungsnehmers), geht der Ersatzanspruch des Versicherungsnehmers nur über, soweit nach seiner vollen Befriedigung noch eine Ersatzpflicht des Schädigers verbleibt. Der Versicherungsnehmer bleibt in Höhe der Differenz zwischen Schaden und Versicherungsleistung Gläubiger der Ersatzforderung; insoweit kann er sich vor dem Versicherer befriedigen (Quotenvorrecht/Differenztheorie).[105]

Zum unmittelbaren und damit kongruenten und übergangsfähigen Schaden gehören:
- Reparaturkosten,
- Abschleppkosten,
- Sachverständigenkosten und
- merkantiler Minderwert.

53 *cc) Abrechnungsbeispiel:*[106] Das nachfolgende Abrechnungsbeispiel veranschaulicht die Schadenabrechnung zwischen einem kaskoversicherten Geschädigten und dem Haftpflichtversicherer des Schädigers.

---

[99] Feyock/Jacobsen/Lemor/*Jacobsen* AKB § 13 Rn. 30.
[100] Zu den Gutachterkosten vgl. *Otting* DAR 1996, 200 ff.; zur Rechtslage bei Abweichen des Gutachtens über den Wiederbeschaffungswert von der wirklichen Rechtslage vgl. OLG Köln zfs 1999, 198.
[101] Feyock/Jacobsen/Lemor/*Jacobsen* AKB § 13 Rn. 42.
[102] OLG Schleswig r+s 1995, 408 = VersR 1996, 448.
[103] Zum Ganzen: *Bost* VersR 2007, 1199.
[104] BGH VersR 2007, 81.
[105] BGH VersR 1982, 383.
[106] Abrechnungsbeispiel entnommen *van Bühren,* Handbuch Versicherungsrecht, § 2 Rn. 161.

Gesamtschaden:

Reparaturkosten (entsprechend Wiederbeschaffungswert)	3.000,–
merkantile/technische Wertminderung	250,–
Mietwagenkosten/Nutzungsentschädigung	200,–
Sachverständigenkosten	150,–
Abschleppkosten	100,–
Prämienschaden (Rückstufung)	100,–
Kostenpauschale	20,–
Insgesamt	**3.820,–**

Leistung des Kaskoversicherers:

Reparaturkosten (abzüglich Selbstbeteiligung i. H. v. 150 EUR)	2.850,–
Abschleppkosten	100,–
	2.950,–

Es wird eine **Haftungsquote** des Schädigers von 50 % unterstellt.

Kongruenter Fahrzeugschaden:

Reparaturkosten	3.000,–
Wertminderung	250,–
Abschleppkosten	100,–
Sachverständigenkosten	150,–
Insgesamt	3.500,–
./. Leistung des Kaskoversicherers	2.950,–
kongruenter, nicht gedeckter Restschaden	550,–
Schadenersatzanspruch gegen Schädiger (50 % von 3.500 EUR)	1.750,–
Hiervon verbleiben dem Geschädigten aufgrund seines Quotenvorrechts	550,–
Auf den Kaskoversicherer **gehen über** (1.750 EUR ./. 550 EUR)	1.200,–

Nicht kongruenter Sachfolgeschaden:

Mietwagenkosten	200,–
Prämienschaden	100,–
Kostenpauschale	20,–
	320,–
Davon hat der Schädiger 50 % zu zahlen, also	160,–

Gesamtanspruch des Geschädigten gegen den Schädiger und dessen Haftpflichtversicherer:

kongruenter, nicht gedeckter Restschaden	550,–
nicht kongruenter Schaden	160,–
	710,–

dd) Der Bearbeitungsablauf. Empfehlenswert ist es, zunächst beim Vollkaskoversicherer die Kaskoentschädigung geltend zu machen, also die Reparaturkosten abzüglich Selbstbeteiligung.

Sodann sind gegenüber dem Haftpflichtversicherer, soweit nicht von der Kaskoversicherung reguliert, die kongruenten Schäden geltend zu machen, nämlich
- Selbstbeteiligung,
- merkantiler Minderwert,
- Sachverständigenkosten,
- Abschleppkosten.

Diese Positionen muss der Haftpflichtversicherer regulieren, und zwar ohne Rücksicht auf die Leistung des Kaskoversicherers.

Die weiteren Schadenpositionen, nämlich
- Mietwagenkosten,
- Nutzungsentschädigung,

- Unkostenpauschale,
- Schmerzensgeld etc.,

sind zu regulieren entsprechend der Haftungsquote des Haftpflichtversicherers.

56   ee) *Forderungsübergang.* Zu beachten ist, dass die Schadenersatzansprüche des Versicherungsnehmers gegen den Fahrer auf die Kaskoversicherung gemäß § 86 VVG übergehen, soweit der Kaskoversicherer reguliert. Wenn eine andere Person als der Versicherungsnehmer das Fahrzeug berechtigterweise fährt, fordert der Versicherer nach A.2.15 AKB 2008 die gezahlte Leistung nicht zurück, es sei denn, der Fahrer hat das Schadenereignis grob fahrlässig oder vorsätzlich herbeigeführt. Wenn der Fahrer mit dem Versicherungsnehmer in häuslicher Gemeinschaft lebt, kann der Versicherer die Leistung nur bei Vorsatz zurückfordern (A.2.15 AKB 2008). Im Übrigen kann der Kaskoversicherer den Fahrer bei grober Fahrlässigkeit, zB bei grob fahrlässiger Herbeiführung des Versicherungsfalls infolge Trunkenheit, in Regress nehmen. Die in der Haftpflichtversicherung geltende Regresslimitierung gemäß E.6.3 und E.6.4 AKB 2008 greift nicht, so dass der Regressanspruch unbegrenzt ist. Im Fall des beim Versicherungsnehmer angestellten Fahrers macht der Kaskoversicherer Ansprüche des Halters bzw. Arbeitgebers geltend mit der Folge, dass die Zuständigkeit des Arbeitsgerichtes gegeben ist.

Im Übrigen unterliegt dieser Regressanspruch den Verjährungs- und Ausschlussfristen des Arbeitsrechtes und ggf. des Tarifvertrages.[107]

57   ff) *Notwendige Information an Mandanten/Versicherungsnehmer.* Die Inanspruchnahme der Vollkaskoversicherung nach Differenztheorie bzw. Quotenvorrecht kann unter Umständen bei dem Mandanten Irritationen hervorrufen. Deshalb ist es empfehlenswert, dem Mandanten die gebotene Vorgehensweise in einem entsprechenden Informationsschreiben zu erläutern.

Muster: Information über Abrechnung nach Differenztheorie

Sehr geehrte . . . . . .,

in der Schadenangelegenheit aus Anlass des Verkehrsunfalls vom . . . . . . ist nicht klar, ob und in welchem Umfang die Haftung der Gegenseite bzw. volle Haftung der Gegenseite gegeben ist. Andererseits besteht zu Ihren Gunsten eine Vollkaskoversicherung. Unter Berücksichtigung aller Umstände des vorliegenden Falles wird empfohlen, zunächst die Vollkaskoversicherung in Anspruch zu nehmen. In diesem Fall besteht die Besonderheit, dass gegenüber dem gegnerischen Haftpflichtversicherer die Schadenpositionen, die durch die Vollkaskoversicherung nicht reguliert sind, ggf. entsprechend der Haftungsquote geltend gemacht werden können bis zum vollständigen Schadenausgleich.

Anzuführen ist in diesem Zusammenhang, dass der ggf. eintretende Prämiennachteil aufgrund Rückstufung im Versicherungstarif als selbstständige Schadenposition gegenüber dem Schädiger entsprechend der Quote geltend gemacht werden kann.

Im Ergebnis werden also die Ansprüche zum Fahrzeugschaden gegenüber dem Vollkaskoversicherer geltend gemacht. Alsdann wird gegen den Schädiger bzw. dessen Haftpflichtversicherung vorgegangen und die verbleibende Differenz geltend gemacht.

Darauf hinzuweisen ist, dass, soweit der Kaskoversicherer leistet, die Entschädigungsansprüche gegen den Schädiger und dessen Versicherer auf diesen übergehen. In Betracht kommt auch, dass der leistende Kaskoversicherer Regressansprüche geltend macht gegen den Fahrer. Dies kommt jedoch nur in Betracht bei – nachgewiesener – vorsätzlicher oder grob fahrlässiger Herbeiführung des Versicherungsfalles.

Die vorstehenden Informationen werden gegeben zur Erläuterung und zum Verständnis des gebotenen Vorgehens. Weitere Einzelheiten können gelegentlich der nächsten Besprechung erörtert werden.

Über den Fortgang wird weiter berichtet.

Rechtsanwalt

---

[107] Vgl. *van Bühren* § 4 Rn. 215.

Im Übrigen kann dem Abrechnungsschreiben noch ein ggf. erläutertes Abrechnungsbeispiel beigefügt werden (vgl. hierzu das vorstehend aufgeführte Beispiel unter → Rn. 53).

c) **Sachverständigenkosten in der Kaskoversicherung.** Gem. A.2.8 AKB 2008 werden Gutachterkosten in der Kaskoversicherung nur erstattet, wenn der Versicherer dessen Beauftragung veranlasst oder zugestimmt hat.

d) **Sachverständigenverfahren.** *aa) Allgemeines.* In A.2.17 AKB 2008 ist das mögliche Sachverständigenverfahren geregelt. Dieses geht auf die Regelung des § 84 VVG zurück. Das Sachverständigenverfahren gemäß A.2.17 AKB 2008 kommt nur zur Anwendung bei Meinungsverschiedenheiten zwischen VN und Versicherer über die Höhe des Schadens. Das Sachverständigenverfahren kann nicht Fragen der Eintrittspflicht des Versicherers betreffen.

In A.2.17.2 und A.2.17.3 AKB 2008 ist geregelt, dass nur Sachverständige für Kraftfahrzeuge **Ausschussmitglieder** und **Obleute** werden können. Es muss sich hierbei nicht um öffentlich bestellte Kraftfahrzeugsachverständige handeln. Voraussetzung ist eine entsprechende Ausbildung und die berufliche Erfahrung.

Jede Partei hat selbst für die Auswahl eines Sachverständigen zu sorgen und dessen Bereitschaft zur Ausübung des Amtes herbeizuführen. Hiernach ist der ausgewählte Sachverständige der anderen Partei gemäß A.2.17.2 S. 2 AKB 2008 zu benennen. Alsdann sollen die beiden Sachverständigen gemäß A.2.17.3 S. 2 AKB 2008 vor Beginn des Verfahrens einen Obmann bestimmen. Das Verfahren vor dem **Sachverständigenausschuss** ist völlig **formlos.**

Die **Feststellungen** der Sachverständigen und des Obmannes sind verbindlich, es sei denn sie weichen offenbar von der wirklichen Sachlage ab. Das ist der Fall, wenn sich einem sachkundigen und unbefangenen Beobachter – sei es auch erst nach eingehender Prüfung – offensichtliche Fehler der Leistungsbestimmung aufdrängen, die das Gesamtergebnis verfälschen, oder wenn die Ausführungen des Gutachtens so lückenhaft sind, dass selbst der Fachmann das Ergebnis nicht aus dem Zusammenhang des Gutachtens überprüfen kann.[108]

Kommt es nicht zu einem verbindlichen Sachverständigengutachten, so eröffnet dies die Möglichkeit gemäß § 84 Abs. 1 S. 3 VVG, die ordentlichen Gerichte anzurufen.

A.2.17.4 AKB 2008 enthält die Regelung über die **Kosten** des Sachverständigenverfahrens. Hiernach sind die Kosten im Verhältnis des Obsiegens zum Unterliegen zu tragen.[109]

Ein Kaskoversicherer ist nicht gehindert, den Einwand des Sachverständigenverfahrens zu erheben, wenn ein solches Verfahren zwar schon stattgefunden hat, aber nicht ordnungsgemäß durchgeführt worden ist. Umgekehrt kann der Versicherer den Einwand des Sachverständigenverfahrens auch dann erheben, wenn inzwischen der Grund des Anspruches streitig geworden ist.[110]

bb) Klage und Sachverständigenverfahren. Zu beachten ist, dass bei einem Streit über die Höhe der Kaskoentschädigung vor Durchführung des Sachverständigenverfahrens eine Klage keinen Erfolg haben kann, da vor Durchführung des Sachverständigenverfahrens zur Höhe der Entschädigung die Entschädigung selbst nicht fällig ist.[111] Andererseits wird ein zuvor durchgeführtes selbstständiges gerichtliches Beweisverfahren als zulässig angesehen.[112]

e) **Zahlung der Entschädigung und Fälligkeit.** Grundsätzlich bestimmt § 14 Abs. 1 VVG, dass **Geldleistungen** des Versicherers mit der Beendigung der zur Feststellung des Versicherungsfalles und des Umfanges der Leistung notwendigen Erhebungen fällig werden. Für die Kaskoentschädigung gilt nach A.2.14.1 AKB 2008 die Besonderheit, dass sie erst 2 Wochen nach Feststellung fällig wird. Diese abweichende Regelung beruht auf dem Umstand, dass im Bereich der Kaskoentschädigung technische Feststellungen erforderlich sind.

Verzug des Versicherers ist gegeben, wenn dieser trotz Eintritt der Fälligkeit oder bei Verlangen auf Vorschusszahlung nicht zahlt, sofern die sonstigen Voraussetzungen des Verzuges vorliegen. Der Verzugsschaden umfasst auch die Anwaltskosten.[113]

---

[108] LG Landshut MittBl. Arge VerkR 2000, 21.
[109] Vgl. auch LG Kassel NJWE-VHR 1996, 206.
[110] KG NVersZ 1999, 526.
[111] OLG Stuttgart VersR 1980, 1114; OLG Frankfurt VersR 1982, 759.
[112] LG München I NJW RR 1994, 216.
[113] OLG Hamm NZV 1991, 314; vgl. hierzu auch Feyock/Jacobsen/Lemor/*Jacobsen* AKB § 15 Rn. 9, 10.

V. Ansprüche aus der Autoschutzbriefversicherung und sonstigen Versicherungen

1. Autoschutzbrief

Die Regelungen zum Autoschutzbrief finden sich unter A.3 AKB 2008.

67 a) **Die Schutzbriefversicherung in der Kaskoversicherung.** Bei der Abwicklung eines Unfallschadens, insbesondere auch bei Ansprüchen aus einer Kaskoversicherung, ist zu klären, ob eine Schutzbriefversicherung besteht. Dies gilt insbesondere bei alleinverschuldetem oder mitverschuldetem Unfall.

68 b) **Die Bedingungen.** In Betracht kommen folgende Leistungen bzw. die Erstattung der von dem Versicherungsnehmer für diese Leistungen aufgewendeten Kosten:
- Bei Panne oder Unfall: Wiederherstellung der Fahrbereitschaft, Abschleppen des Fahrzeugs, Bergen des Fahrzeugs,
- bei Panne, Unfall oder Diebstahl in einer Entfernung ab 50 km: Weiter- oder Rückfahrt, Übernachtung, Mietwagen, Fahrzeugunterstellung,
- bei Krankheit, Verletzung oder Tod auf einer Reise: Krankenrücktransport, Rückholung von Kindern, Fahrzeugabholung,
- bei einer Auslandsreise: Ersatzteilversand, Fahrzeugtransport, Mietwagen, Fahrzeugverzollung und -verschrottung, Fahrzeugunterstellung, Bestattung oder Überführung des Leichnams.

Panne ist nach A.3.4 AKB 2008 jeder Betriebs-, Bruch- oder Bremsschaden. Der Unfallbegriff entspricht dem der Vollkaskoversicherung.

69 c) **Obliegenheiten.** Für den Autoschutzbrief gelten gemäß E.4 AKB 2008 spezifische Obliegenheiten. So ist vor der Inanspruchnahme einer der Leistungen die Weisung des Versicherers einzuholen, soweit die Umstände dies gestatten, und diese zu befolgen, soweit dem Versicherungsnehmer dies zumutbar ist. Der VN hat dem Versicherer darüber hinaus nicht nur jede zumutbare Untersuchung zur Ursache und zur Höhe des Schadens zu gestatten, sondern er ist auch verpflichtet, dem Versicherer auf Verlangen Originalbelege zur Schadenhöhe vorzulegen. Entstehen dem VN hierdurch Kosten, hat der Versicherer diese gemäß § 85 Abs. 1 VVG zu ersetzen.[114]

70 d) **Spezielle Obliegenheiten beim Personenschaden.** Beim Personenschaden ist der VN zudem verpflichtet, die behandelnden Ärzte von der Schweigepflicht zu entbinden.[115] Dies ist insbesondere von Bedeutung, wenn es um einen Krankenrücktransport geht.

71 e) **Anzeige- und Aufklärungsobliegenheiten.** Neben den Obliegenheiten gemäß E.4 AKB 08 gelten beim Autoschutzbrief auch die Anzeige- und Aufklärungsobliegenheiten gemäß E.1 AKB 08. Eine Verletzung der vorgenannten Obliegenheiten hat gem. E.6 AKB 08 Leistungsfreiheit bzw. Leistungskürzung zur Folge.

2. Exkurs: Ansprüche aus sonstigen Versicherungen

72 Bei der Abwicklung von Schadenfällen müssen nicht nur die Ansprüche aus der Kaskoversicherung beachtet und geltend gemacht werden. Vielmehr kommt auch in Betracht, Ansprüche aus speziellen Versicherungen geltend zu machen, so zB aus der Reparaturkostenversicherung. Nach den Allgemeinen Bedingungen für die Reparaturkostenversicherung von Kraftwagen (ABRK) sind gemäß § 1 folgende Sachen versichert:

„1. Versichert sind die nachstehend bezeichneten Teile der im Versicherungsschein genannten Baugruppen des versicherten Personenkraftwagens oder Lieferwagens (bis 3,5 t zulässigem Gesamtgewicht)

---

[114] Feyock/Jacobsen/Lemor/*Jacobsen* AKB § 7 Rn. 159.
[115] Feyock/Jacobsen/Lemor/*Jacobsen* AKB § 7 Rn. 137.

Baugruppe:	Bezeichnung der Teile:
Motor	Zylinderblock, Kurbelgehäuse, Zylinderkopf, Gehäuse von Kreiskolbenmotoren sowie alle mit dem Ölkreislauf in Verbindung stehenden Innenteile;
Schalt- und Automatikgetriebe	Getriebegehäuse und alle Innenteile einschließlich Drehmomentwandler;
Achsgetriebe	Achsgetriebegehäuse (Front- und Heckantrieb) einschließlich aller Innenteile;
Kraftübertragungswellen	Kardanwellen, Achsantriebswellen und Antriebsgelenke;
Lenkung	Das mechanische oder hydraulische Lenkgetriebe mit allen Innenteilen, Hydraulikpumpe mit allen Innenteilen;
Bremsen	Hauptbremszylinder, Bremskraftverstärker und hydropneumatisches Bremssystem;
Kraftstoffanlage	Kraftstoffpumpe, Einspritzpumpe, Ladepumpe (Turbolader) und Vergaser;
Elektrische Anlage	Lichtmaschine mit Regler, elektronische Zündanlage und Anlasser.

2. Nur gegen Schäden, die im Zusammenhang mit einem entschädigungspflichtigen Schaden an einem der in Nr. 1 genannten Teile entstehen, sind versichert: Dichtungen, Dichtungsmanschetten, Wellendichtringe, Schläuche und Rohrleitungen, Zündkerzen und Glühkerzen.
3. Nicht versichert sind:
   a) Teile, die vom Hersteller nicht zugelassen sind;
   b) Betriebs- und Hilfsstoffe, wie Kraftstoffe, Chemikalien, Filtereinsätze, Kühl- und Frostschutzmittel, Hydraulikflüssigkeit, Öle, Fette und sonstige Schmiermittel."

Versicherte Gefahr ist die Entschädigung, wenn eines der vorbezeichneten Teile nicht mehr funktionsfähig ist und dadurch eine Reparatur erforderlich wird. Die Ausschlusstatbestände sind in § 2 Ziff. 2 ABRK geregelt.

Gemäß § 9 ABRK 1–97 ist ein Vertrauenstatbestand dahin gehend begründet, dass der Versicherer seine unstreitigen Zahlungsverpflichtungen zeitnah erfüllt.[116]

Als weitere Versicherung, aus der sich Ansprüche ergeben können, ist auf die Verkehrs-Service-Versicherung zu verweisen.

---

[116] AG Köln Form Versicherungsrecht 2000, 26.

§ 47 Die Kfz-Unfallversicherung (A 4 AKB 08)*

Übersicht

	Rn.
I. Die Bedeutung der Kfz-Unfallversicherung	1
II. Rechtsgrundlagen	2–5
1. Allgemeines	2–4
2. Vorläufige Deckung	5
III. Versicherte Gefahren und Personen	6–9
1. Gegenstand der Versicherung	6/7
2. Unfallbegriff	8/9
IV. Versicherte Leistungen	10–22
1. Allgemeines	10
2. Leistung bei Invalidität	11–13
3. Leistung bei Tod	14
4. Krankenhaustagegeld, Genesungsgeld, Tagegeld	15–17
a) Krankenhaustagegeld	15
b) Genesungsgeld	16
c) Tagegeld	17
5. Fälligkeit	18–20
6. Neubemessung des Invaliditätsgrades	21
7. Sonstiges	22
V. Einschränkungen und Ausschluss des Versicherungsschutzes	23–33
1. Ausschluss bestimmter Unfallursachen	23–28
a) Straftaten	24
b) Geistesstörung, Bewusstseinsstörung	25
c) Rennen	26
d) Erdbeben, Krieg, innere Unruhen, Maßnahmen der Staatsgewalt	27
e) Kernenergie	28
2. Ausschluss bestimmter Unfallfolgen	29–33
a) Bandscheiben, innere Blutungen	30
b) Infektionen	31
c) Psychische Reaktionen	32
d) Bauch- und Unterleibsbrüche	33

Schrifttum: *Bauer,* Die Kraftfahrtversicherung, 5. Aufl. 2002; *Marlow,* Aktuelle Entwicklung der Rechtsprechung zur privaten Unfallversicherung, r+s 2005, 357; *Prölss/Martin,* Versicherungsvertragsgesetz, 28. Aufl. 2010 (zitiert: Prölss/Martin/*Bearbeiter*); *Stiefel/Maier,* Kraftfahrtversicherung, 18. Aufl. 2010.

I. Die Bedeutung der Kfz-Unfallversicherung

1   Bei Straßenverkehrsunfällen ist nicht selten die Fallgestaltung gegeben, dass Verletzte keinen Schadenersatz gegenüber einem Dritten geltend machen können. Dies gilt nach der Einführung der Gefährdungshaftung gemäß § 7 StVG primär für den Fahrzeugführer selbst. Die Kraftfahrt-Unfallversicherung (Insassen-Unfallversicherung) schließt daher zum Teil für Personenschäden Lücken gegenüber dem geltenden Haftpflichtrecht.[1]

II. Rechtsgrundlagen

1. Allgemeines

2   Wie auch für die Kraftfahrzeug-Haftpflicht- und die Fahrzeugversicherung, so ist auch für die **Kfz-Unfallversicherung** das VVG die wichtigste Rechtsgrundlage. Im neuen VVG ist

---

* Der Verfasser bedankt sich herzlich bei Herrn Rechtsanwalt *Carsten Kunz* für die Unterstützung bei den Manuskriptarbeiten.
[1] Vgl. hierzu *Bauer* Rn. 1281 f.; aufgrund der Einführung der Gefährdungshaftung gemäß StVG jedoch die Aufführung der Fallgestaltungen, in denen Schadenersatzansprüche nicht in Betracht kommen weitestgehend, überholt.

die Unfallversicherung nun in den §§ 172–191 VVG geregelt. § 178 Abs. 2 Satz 2, und die §§ 181, 186–188 VVG sind gem. § 191 VVG halbzwingend.

In den aufgrund der VVG-Reform überarbeiteten AKB ist die Kfz-Unfallversicherung unter A. 4 geregelt. Darüber hinaus hat der GdV auch für die Unfallversicherung die Musterbedingungen überarbeitet. Die AUB 2008 können ebenso wie die AKB 2008 auf der homepage des GdV abgerufen werden. Hinsichtlich der älteren Bedingungswerke wird auf die Darstellung in der Vorauflage verwiesen.

Das Zustandekommen des Kfz-Unfallversicherungsvertrags richtet sich nach den allgemeinen Regeln über das Zustandekommen eines Versicherungsvertrags. Es sind daher keine Besonderheiten zu beachten.

2. Vorläufige Deckung

Abweichend von dem Versicherungsbeginn mit Einlösung des Versicherungsscheines durch Zahlung der Erstprämie kann auch im Bereich der **Kraftfahrtunfallversicherung eine vorläufige Deckung** vereinbart werden. Allerdings ist gemäß B 2.2 AKB 2008 eine ausdrückliche Zusage des Versicherers erforderlich.

III. Versicherte Gefahren und Personen

1. Gegenstand der Versicherung

Gemäß A 4.1.1 AKB 2008 erbringt der Kfz-Unfallversicherer die vereinbarten Leistungen, wenn dem VN oder einer anderen in der Kfz-Unfallversicherung versicherten Person ein Unfall zustößt, der in einem unmittelbaren Zusammenhang mit dem Gebrauch des versicherten Fahrzeugs oder eines damit verbundenen Anhängers entsteht. Dies schließt das Ein- und Aussteigen und das Be- und Entladen ein.

In der Kfz-Unfallversicherung können verschiedene Personen versichert werden. Hiernach kann die Kraftfahrtunfallversicherung abgeschlossen werden

- **als Pauschalsystem,**
  bei dem die jeweiligen berechtigten Fahrzeuginsassen versichert sind. Ausgeschlossen sind bei dem VN angestellte Berufsfahrer und Beifahrer, wenn sie als solche das Fahrzeug gebrauchen.
- **als Kraftfahrt-Unfall-Plusversicherung,**
  bei der die jeweiligen berechtigten Insassen des Fahrzeugs mit den für Invalidität und Tod vereinbarten Versicherungssummen versichert sind.
- **Als Platzsystem,**
  bei dem die im Versicherungsschein bezeichneten Plätze oder eine bestimmte Anzahl von **berechtigten** Insassen des Fahrzeugs versichert sind. Ausgenommen sind bei dem VN angestellte Berufsfahrer und Beifahrer, wenn sie als solche das Fahrzeug gebrauchen.
- **als Berufsfahrerversicherung,**
  bei der die Berufsfahrer und die Beifahrer des im Versicherungsschein genannten Fahrzeugs, die im Versicherungsschein namentlich genannten Berufsfahrer und Beifahrer unabhängig von einem bestimmten Fahrzeug oder alle bei dem VN angestellten Berufsfahrer und Beifahrer unabhängig von einem bestimmten Fahrzeug versichert sind.
- **als namentliche Versicherung,**
  bei der die im Versicherungsschein bezeichnete Person unabhängig von einem bestimmten Fahrzeug versichert ist.

2. Unfallbegriff

Gemäß A 4.1.2 AKB 2008 liegt ein **Unfall** vor, wenn die versicherte Person durch ein plötzlich von außen auf seinen Körper wirkendes Ereignis (Unfallereignis) unfreiwillig eine Gesundheitsschädigung erleidet. Dies entspricht der gesetzlichen Definition des Unfalls in § 178 Abs. 2 Satz 1 VVG. Die Unfreiwilligkeit wird gem. § 178 Abs. 2 Satz 2 VVG bis zum Beweis des Gegenteils vermutet. Ebenso gilt als Unfall gem. A 4.1.3 AKB 2008 auch, wenn durch erhöhte Kraftanstrengung an Gliedmaßen oder Wirbelsäule ein Gelenk verrenkt wird oder Muskeln, Sehnen, Bänder oder Kapseln gezerrt oder zerrissen werden.

9 Problematisch kann sein, ob ein Unfall in den Risikobereich der Kraftfahrtunfallversicherung fällt, wenn sich dieser nicht in **unmittelbarem Zusammenhang** mit dem Fahrvorgang ereignet. Ein Unfall, den ein Pkw-Insasse nach dem Aussteigen beim Überqueren der Fahrbahn erleidet, wird zum Beispiel nicht von der Kraftfahrtunfallversicherung erfasst.[2] Vielmehr ist von dem Grundsatz auszugehen, dass in der Kraftfahrtunfallversicherung derjenige versichert ist, der sich im oder auf dem Fahrzeug befindet oder wer in ursächlichem Zusammenhang mit seiner Beförderung beim Gebrauch des Fahrzeugs iSv A 1.1.1 AKB 2008 tätig ist. Wer ein- oder aussteigt, ist schon oder noch versichert, weil dieser Vorgang wie eine Betätigung an dem Fahrzeug angesehen wird.[3] Erleidet er hierbei durch ein Ereignis iSd A 4.1.2 AKB 2008 eine Gesundheitsbeschädigung, liegt ein versicherter Unfall vor, weil gemäß A 4.1.1. AKB 2008 das Ein- und Aussteigen ausdrücklich den in S. 1 genannten vom Versicherungsschutz umfassten Tätigkeiten gleichgestellt ist. Das Aussteigen ist allerdings beendet, wenn der Insasse das Fahrzeug vollständig verlassen hat und nicht im Zusammenhang mit dem Kfz tätig ist.[4] Hierbei kommt es nicht entscheidend auf die äußere Betrachtung an, ob die Türen des Fahrzeuges noch offen oder schon geschlossen sind, und auch nicht auf einen näheren oder weiteren örtlichen zeitlichen Zusammenhang. Es ist auf den inneren Zusammenhang abzustellen. Entscheidend ist, ob der Unfall auf die typischen Gefahren zurückzuführen ist, denen jemand beim Gebrauch des Kraftwagens, insbesondere zur Beförderung, ausgesetzt ist.[5]

IV. Versicherte Leistungen

1. Allgemeines

10 **Voraussetzungen und Umfang der Leistung** sind in A 4.5–A 4.7 AKB 2008 geregelt. Die Kfz-Unfallversicherung unterscheidet zwischen den folgenden versicherbaren Leistungsarten:
- Leistung bei Invalidität
- Leistung bei Tod
- Krankenhaustagegeld, Genesungsgeld, Tagegeld.

2. Leistung bei Invalidität

11 In A 4.5. AKB 2008 werden die Ansprüche des Verletzten für den Fall einer **Invalidität** geregelt. Ein Anspruch auf Invaliditätsentschädigung liegt nach A 4.5.1. AKB 2008 vor, wenn die versicherte Person durch den Unfall auf Dauer in ihrer körperlichen oder geistigen Leistungsfähigkeit beeinträchtigt ist, die Invalidität innerhalb eines Jahres eingetreten ist und die Invalidität innerhalb von 15 Monaten nach dem Unfall ärztlich festgestellt und von dem VN geltend gemacht worden ist. Dies ist Bedingung für die Eintrittspflicht des Versicherers.[6] Insoweit trifft den Versicherten die Beweislast.[7]

12 Maßgebend ist, ob eine **Invalidität** bereits innerhalb des Jahres feststeht. Auch später eintretende Verschlimmerungen sind gedeckt, soweit sich nur innerhalb der Jahresfrist überhaupt eine Invalidität zu irgendeinem Grad ergeben hat.[8] Auch ist möglich, dass nach **Ablauf eines Jahres ab Unfalldatum** durch eine ärztliche Untersuchung bestätigt wird, dass sich innerhalb dieses ersten Jahres vom Unfalltag an eine Invalidität ergeben hatte. Auch in diesem Fall ist die vom Versicherungsnehmer zu beweisende Bedingung für die Leistungspflicht des Versicherten als erfüllt anzusehen. Auf die rechtzeitige ärztliche Feststellung kommt es

---

[2] OLG Bamberg NZV 1996, 412.
[3] Prölss/Martin/*Knappmann* AKB 2008 A.4.2 Rn. 5 ff.
[4] *Stiefel/Maier* AKB 2008 A.4.2 Rn. 8.
[5] OLG Bamberg NZV 1996, 412.
[6] BGH VersR 1978, 1036.
[7] BGH VersR 1965, 505.
[8] *Stiefel/Maier* AKB 2008 A.4.5 Rn. 4.

hingegen bei dem 15-Monatszeitraum an. Wichtig ist, dass die Gesundheitsbeschädigung innerhalb dieses Zeitraumes nicht nur erkannt und festgestellt, sondern auch geltend gemacht worden ist.[9] Im Übrigen ist zu beachten, dass die **Anmeldefrist** nur gewahrt ist hinsichtlich derjenigen Beschwerden und Krankheitsbilder, die der Versicherte zur Begründung des Invaliditätsanspruches „geltend macht". Auf andere als die geltend gemachten Unfallfolgen braucht sich der Versicherer nach Ablauf der Anmeldefrist nicht mehr einzulassen.[10]

Die Invaliditätsleistung ist nach A 4.5.2 AKB als Kapitalbetrag geschuldet. Grundlagen für die Berechnung der Invaliditätsentschädigung sind die Versicherungssumme und der Grad der unfallbedingten Invalidität. Bei Verlust oder Funktionsbeeinträchtigung bestimmter Körperteile und Sinnesorgane ergeben sich feste Invaliditätsgrade aus der in A 4.5.3a AKB 2008 geregelten Gliedertaxe. Für andere Körperteile oder Sinnesorgane bemisst sich der Invaliditätsgrad danach, inwieweit die normale körperliche oder geistige Leistungsfähigkeit insgesamt beeinträchtigt sind, wobei ausschließlich medizinische Gesichtspunkte zu berücksichtigen sind. Waren von dem Unfall betroffene Körperteile oder Sinnesorgane oder deren Funktionen bereits vor dem Unfall dauernd beeinträchtigt, wird die Invaliditätsentschädigung entsprechend gemindert. Sind mehrere Körperteile oder Sinnesorgane durch den Unfall betroffen, werden die nach A 4.5.3.a bis c AKB 2008 errechneten Invaliditätsgrade zusammengerechnet, wobei 100 % nicht überschritten werden dürfen. Stirbt die versicherte Person aus unfallfremder Ursache innerhalb eines Jahres nach dem Unfall oder, gleichgültig aus welcher Ursache, später als ein Jahr nach dem Unfall, und war ein Anspruch auf Invaliditätsleistung entstanden, leistet der Versicherer auf der Basis der Befunde, mit dem aufgrund der ärztlichen Befunde zu rechnen gewesen wäre. Stirbt der Versicherte innerhalb eines Jahres unfallbedingt, so besteht kein Anspruch auf eine Invaliditätsleistung

3. Leistung bei Tod

Voraussetzung für die Todesfallleistung ist gem. A 4.6 AKB 2008, dass die versicherte Person infolge des Unfalls innerhalb eines Jahres verstorben ist. Der Versicherer schuldet die für den Todesfall vereinbarte Summe.

4. Krankenhaustagegeld, Genesungsgeld und Tagegeld

a) **Krankenhaustagegeld.** Voraussetzung für die Zahlung des Krankenhaustagegelds ist nach A 4.7.1. AKB 2008, dass sich die versicherte Person wegen des Unfall in medizinisch notwendiger vollstationärer Heilbehandlung befindet. Rehabilitationsbehandlungen mit Ausnahme von Anschlussheilbehandlungen sowie Aufenthalte in Sanatorien und Erholungsheimen gelten nicht als medizinisch notwendige Heilbehandlungen. Die Höhe des Krankenhaustagegeldes richtet sich nach der Höhe der versicherten Summe für jeden Tag der vollstationären Heilbehandlung, gerechnet ab dem Tag des Unfalls. Höchstgrenzen können vereinbart werden.

b) **Genesungsgeld** wird nach A 4.7.3 AKB 2008 gezahlt, wenn die versicherte Person aus der vollstationären Behandlung entlassen worden ist und einen Anspruch auf die Zahlung eines Krankenhaustagegeldes im Sinne von A 4.7.1. AKB hatte. Das Genesungsgeld wird in Höhe der versicherte Summe für dieselbe Anzahl von Tagen gezahlt, für die auch ein Krankenhaustagegeld gezahlt wurde. Höchstgrenzen können auch hier vereinbart werden.

c) **Tagegeld.** Das Tagegeld wird nach A 4.7.5 AKB 2008 gezahlt, wenn die versicherte Person unfallbedingt in der Arbeitsfähigkeit beeinträchtigt ist und in ärztlicher Behandlung ist. Es wird nach der versicherten Summe berechnet und nach dem festgestellten Grad der Beeinträchtigung der Berufstätigkeit oder der Beschäftigung abgestuft. Nach A.4.7.7. AKB 2008 wird das Tagegeld für die Dauer der ärztlichen Behandlung, längstens aber für ein Jahr ab dem Tag des Unfalls gezahlt.

---

[9] *Stiefel/Maier* AKB 2008 A.4.5 Rn. 2.
[10] OLG Köln VersR 1989, 352.

5. Fälligkeit

18 Nach A 4.9.1 AKB 2008 muss der Versicherer innerhalb eines Monats erklären, ob und in welcher Höhe er einen Anspruch anerkannt. Wird ein Invaliditätsanspruch geltend gemacht, gilt eine Frist von 3 Monaten. Die Fristen beginnen mit dem Zugang der folgenden Unterlagen beim Versicherer:
- Nachweis des Unfallhergangs und der Unfallfolgen
- beim Invaliditätsanspruch zusätzlich der Nachweis, über den Abschluss des Heilverfahrens, soweit der für die Bemessung der Invalidität erforderlich ist.

19 Die **Gebühren für ärztliche Tätigkeiten** zur Begründung des Leistungsanspruches übernimmt der Versicherer nach A 4.9.2. AKB 2008 und zwar bei Invalidität bis zu einem vereinbarten Prozentsatz der Versicherungssumme, bei Tagegeld bis zu einem Tagegeld- und bei Krankenhaustagegeld bis zu einem Krankentagegeldsatz. Bei Anerkennung der Leistung oder bei Einigung hierüber ist die Leistung innerhalb von 2 Wochen zu erbringen nach A 4.9.3 AKB 2008.

20 Da sich die Überprüfung der Invalidität oft eine längere Zeit hinziehen kann, hat die versicherte Person nach A 4.9.4 AKB 2008 einen Anspruch auf Zahlung eines angemessenen Vorschusses, wenn die Leistungspflicht dem Grunde nach feststeht. Dies ist ein Betrag, der nach Lage der Dinge auf jeden Fall zu zahlen ist. Vor Abschluss des Heilverfahrens kann eine Invaliditätsleistung innerhalb eines Jahres nach dem Unfall nur bis zur Höhe der vereinbarten Todesfallsumme beansprucht werden.

6. Neubemessung des Invaliditätsgrades

21 Der Invaliditätsgrad kann von beiden Seiten des Versicherungsvertrags jährlich, längstens bis zu einer Frist von drei Jahren nach dem Unfall neu ärztlich bemessen werden. Für Kinder ist eine Verlängerung der Frist möglich. Der Versicherer muss sich ein solches Änderungsverlangen mit seinem Anerkenntnis seiner Leistungspflicht vorbehalten, der VN es nur innerhalb der Frist ausüben, A 4.9.6 AKB 2008.

7. Sonstiges

22 Die Zahlung der auf eine versicherte Person entfallenden Versicherungssumme an sich kann der VN gem. A 4.9.7. AKB 2008 nur mit Zustimmung der versicherten Person verlangen. Vor der endgültigen Feststellung der Leistung kann der Anspruch auf die Leistung ohne Genehmigung des Versicherers weder abgetreten noch verpfändet werden.

V. Einschränkung und Ausschluss des Versicherungsschutzes

1. Ausschluss bestimmter Unfallursachen

23 In A 4.10.1 bis A 4.10.5 AKB 2008 sind Unfalle, die durch bestimmte Unfallursachen verursacht wurden, vom Versicherungsschutz ausgeschlossen.

24 a) **Straftaten.** Nicht unter den Versicherungsschutz gemäß A.4.10.1 AKB fallen Unfälle, die dem Versicherten dadurch zustoßen, dass er vorsätzlich eine Straftat – nicht aber eine Ordnungswidrigkeit – begeht oder versucht. Diese Risikobeschränkung greift nur für den Versicherten, in dessen Person diese Voraussetzungen, etwa als Täter, Mittäter, Gehilfe oder Anstifter, vorliegen. Auch greift dieser Risikoausschluss nur, wenn zwischen ausgeführter oder versuchter Straftat und Unfall ein ursächlicher Zusammenhang besteht.

25 b) **Geistesstörung, Bewusstseinsstörung etc.** Unfälle durch Geistes- oder Bewusstseinsstörung, auch soweit sie auf Trunkenheit beruhen, sowie durch Schlaganfälle, epileptische Anfälle oder andere Krampfanfälle, die den ganzen Körper des Versicherten ergreifen, fallen gemäß A.10.2. AKB nicht unter den Versicherungsschutz. Versicherungsschutz besteht allerdings, wenn diese Störungen oder Anfälle durch ein Unfallereignis verursach wurden, dass unter den Kfz-Unfallversicherungsvertrag oder unter eine für ein Vorfahrzeug abgeschlossene Kfz-Unfallversicherung fallen.

c) **Rennen.** Kein Versicherungsschutz besteht nach A.10.3. AKB, wenn der Unfall durch die Beteiligung an einer Fahrtveranstaltung verursacht wurde, bei der es auf die Erzielung einer Höchstgeschwindigkeit ankommt. Dies gilt auch für die dazugehörigen Übungsfahrten, nicht aber zum Beispiel für ein Fahrsicherheitstraining.

d) **Erdbeben, Krieg, innere Unruhen, Maßnahmen der Staatsgewalt.** Kein Versicherungsschutz besteht nach A.10.4. AKB 2008, wenn ein Unfall durch die genannten Ereignisse unmittelbar oder mittelbar verursacht wurde.

e) **Kernenergie.** Gleiches gilt für Schäden durch Kernenergie nach A.10.5 AKB 2008

2. Ausschluss bestimmter Unfallfolgen

In A.4.10.6 bis A.4.10.9 AKB 2009 sind bestimmte Unfallfolgen von dem Versicherungsschutz ausgeschlossen.

a) **Bandscheiben, innere Blutungen.** Bei Schäden an Bandscheiben und Blutungen aus inneren Organen und Gehirnblutungen besteht nach A 4.10.6 AKB 2008 kein Versicherungsschutz, es sei denn, die überwiegende Ursache ist ein unter die Kfz-Unfallversicherung fallendes Ereignis.

b) **Infektionen.** Sie sind vom Versicherungsschutz gem. A.4.10.7 AKB weitgehend ausgenommen. Eine Ausnahme gilt für Wundstarrkrampf und Tollwut, sofern die sie verursachenden Erreger durch ein versichertes Unfallereignis sofort oder später in den Körper gelangen. Ansonsten besteht auch bei Infektionen ausnahmsweise Versicherungsschutz, wenn die sie verursachenden Erreger durch ein versicherten Unfallereignis, das nicht nur geringfügige Haut oder Schleimhautverletzungen verursacht hat, sofort oder später in den Körper gelangt sind. Eine Sonderregelung gilt ferner für Infektionen durch Heilmaßnahmen: Hier besteht in dem praktisch wichtigen Fall Versicherungsschutz, dass die Heilmaßnahmen durch ein unter diesen Vertrag fallendes Unfallereignis veranlasst wurden.

c) **Psychische Reaktionen.** Bei krankhaften Störungen infolge von psychischen Reaktionen besteht auch dann kein Versicherungsschutz, wenn sie durch einen Unfall verursacht wurden, A 4.10.8. AKB

d) **Bauch- und Unterleibsbrüche.** Sie sind ebenfalls vom Versicherungsschutz ausgeschlossen, es sei denn, sie wurden durch eine unter den Kfz-Unfallversicherungsvertrag fallende, von außen kommende Einwirkung verursacht, A 4.10.9.

§ 48 Der Regress in der Kraftfahrtversicherung*

Übersicht

	Rn.
I. Der Regress in der Kfz-Haftpflichtversicherung	1–9
1. Der Regress nach § 116 Abs. 1 VVG	1–8
a) Allgemeines/Anwendungsfälle	1–3
b) Mitversicherte Personen	4
c) Regressumfang	5
d) Nachhaftung	6
e) Regress und Schadensfreiheitsrabatt/Rückstufung	7
f) Verjährung	8
2. Weitere Regresstatbestände	9
II. Der Regress in der Kaskoversicherung	10–26
1. Der Regress nach § 86 Abs. 1 VVG	10–25
a) Allgemeines	10–12
b) Anwendungsbeispiele	13
c) Anspruchsvoraussetzungen	14–17
d) Regressausschluss gem. § 86 Abs. 3 VVG	18–22
e) Verjährung	23
f) Aufgabeverbot und Mitwirkungspflicht des VN	24
g) Regressverzichtsabkommen	25
2. Weitere Regresstatbestände	26
III. Der Regress bei ungerechtfertigter Bereicherung und unerlaubter Handlung	27–41
1. Der Regress nach §§ 812 ff. BGB	28–38
a) Allgemeines	28
b) Fallgestaltungen	29–31
c) Sonderfall: Regress des Haftpflichtversicherers bei mehreren Schädigern	32
d) Beweislast	33–35
e) Ausschluss der Rückforderung	36
f) Entreicherungseinwand	37
g) Verjährung	38
2. Der Regress nach §§ 823 ff. BGB	39–41
IV. Der Regress des Sozialversicherungsträgers	42–44

Schrifttum: *Bauer*, Die Kraftfahrtversicherung, 5. Aufl. 2002; *Beckmann/Matusche-Beckmann*, Versicherungsrechts-Handbuch, 2. Aufl. 2009; *Feyock/Jacobsen/Lemor*, Kraftfahrtversicherung, 3. Aufl. 2009; *Koppenfels-Spies*, Das Familienprivileg im Schadensregress, zfs 2004, 97; *Maier/Biela*, Die Kaskoversicherung, 1998; *Prölss/Martin*, Versicherungsvertragsgesetz, 28. Aufl. 2010 (zitiert: Prölss/Martin/*Bearbeiter*); *Römer/Langheid*, Versicherungsvertragsgesetz VVG, 4. Aufl. 2014; *Stamm*, Die neue „Trunkenheitsklausel" in der Kfz-Haftpflichtversicherung, VersR 1995, 261; *Schirmer*, Das kranke Versicherungsverhältnis zwischen KH-Versicherer und Versicherungsnehmer, VersR 1987, 19 ff.; *Stiefel/Maier*, Kraftfahrtversicherung, 18. Aufl. 2010.

I. Der Regress in der Kfz-Haftpflichtversicherung

1. Die Regress nach § 116 Abs. 1 VVG

1   a) **Allgemeines/Anwendungsfälle.** Aufgrund des Direktanspruches des Geschädigten gegen den Versicherer in der Kfz-Haftpflichtversicherung nach § 115 Abs. 1 Nr. 1 VVG kann der infolge eines Verkehrsunfalls geschädigte Dritte wahlweise den Schädiger und/oder den Fahrzeughalter und/oder dessen Haftpflichtversicherer in Anspruch nehmen. Beide haften gem. § 115 Abs. 1 S. 2 VVG als Gesamtschuldner. Eine gegebenenfalls vorliegende Leis-

---

* Der Verfasser bedankt sich herzlich bei Herrn Rechtsanwalt *Carsten Kunz* für die Unterstützung bei den Manuskriptarbeiten.

tungsfreiheit des Versicherers im Innenverhältnis zu seinem VN ist nach § 117 Abs. 1 und 2 VVG im Außenverhältnis gegenüber dem Dritten unerheblich. Der Versicherer bleibt auch dann voll eintrittspflichtig.[1]

Nach § 116 Abs. 1 S. 1 VVG ist der Versicherer im Innenverhältnis der Gesamtschuldner allein zur Übernahme der an den Dritten zu erbringenden Schadensersatzleistungen verpflichtet, jedoch nach S. 2 nur soweit Versicherungsschutz besteht. § 116 Abs. 1 S. 2 VVG beinhaltet somit eine **spezielle Regressregelung im Rahmen der Pflichtversicherung** für den Fall, dass die Zahlung des Versicherers an den Geschädigten lediglich aufgrund eines „kranken" Versicherungsverhältnisses nach § 117 Abs. 1 und 2 VVG erfolgt ist, er sich also im Innenverhältnis zum VN auf Leistungsfreiheit berufen kann. Ist der Versicherer hingegen im Innenverhältnis in vollem Umfang zur Leistung von Versicherungsschutz verpflichtet, ist kein Raum für einen Regress gegen den VN. Ein „krankes" Versicherungsverhältnis und damit eine Regressmöglichkeit nach § 116 Abs. 1 S. 2 VVG liegt zB in folgenden Fällen vor:[2]

- **Nichtzahlung der Versicherungsprämie**
  - § 37 Abs. 2 VVG (Nichtzahlung der Erstprämie)
  - § 38 Abs. 2 VVG (Nichtzahlung der Folgeprämie)
- **Obliegenheitsverletzung vor Versicherungsfall**, wie
  - Verstoß gegen Verwendungsklausel (D.1.1 AKB 2008)
  - Teilnahme an nicht genehmigten Fahrveranstaltungen, bei denen es auf die Erzielung einer Höchstgeschwindigkeit ankommt (D.2.2 AKB 2008)
  - Unberechtigter Fahrer/Schwarzfahrtklausel (D.1.2 AKB 2008)
  - Fahrerlaubnisklausel (D.1.3 AKB 2008)
  - Trunkenheitsklausel (D.2 AKB 2008)
- **Verletzung bei oder nach Versicherungsfall zu erfüllender Obliegenheiten**, wie Anzeigepflichten
- **Aufklärungspflichten**
- **Sonstige Verhaltenspflichten.**

In diesen Fällen ist der VN im Innenverhältnis zum Versicherer bis zu bestimmten Höchstgrenzen[3] allein verpflichtet und dem Versicherer steht gegen den VN insoweit ein originärer Ausgleichsanspruch aus § 116 Abs. 1 S. 2 VVG iVm § 426 Abs. 1 S. 1 BGB zu. Daneben geht nach § 426 Abs. 2 BGB der Schadensersatzanspruch des geschädigten Dritten gegen den VN auf den Versicherer über, soweit er den Dritten befriedigt.

b) Mitversicherte Personen. § 116 Abs. 1 VVG erwähnt zwar nur den VN, jedoch gilt er ebenso für den Regress gegen mitversicherte Personen.[4] Eine **Regressbeschränkung** folgt aus § 123 VVG. Ein Rückgriffsanspruch aus § 116 Abs. 1 VVG ist ausgeschlossen, wenn die die Leistungsfreiheit begründenden Umstände nur in der Person des VN, nicht aber auch in der des Mitversicherten vorliegen oder diese Umstände dem Versicherten bekannt oder nur infolge grober Fahrlässigkeit unbekannt waren. Nach hM sind diese den Regress einschränkenden Voraussetzungen vom Versicherer zu beweisen.[5]

c) Regressumfang. Bei Leistungsfreiheit aufgrund verspäteter oder unterlassener Prämienzahlung besteht die Regressmöglichkeit des Versicherers in unbegrenzter Höhe.[6]

Bei der Verletzung der vor dem Versicherungsfall von dem VN zu erfüllenden Obliegenheiten und sonstigen Gefahrerhöhungen nach § 23 VVG hat der Versicherer beim Regress die Leistungsfreiheitsgrenzen nach D.3.3 AKB 2008 bzw. § 5 Abs. 3 KfzPflVV zu beachten.[7]

Bei Leistungsfreiheit wegen Verletzung einer bei oder nach dem Versicherungsfall zu beachtenden Obliegenheit wird der Umfang des Regresses durch die Regelungen in E.6.3 und E.6.4 AKB 2008 bestimmt.[8]

---

[1] → § 44 Rn. 95.
[2] → § 44 Rn. 96.
[3] → § 43 Rn. 120 sowie → Rn. 127/128.
[4] BGH NJW 1984, 327.
[5] Prölss/Martin/*Knappmann* VVG § 123 Rn. 8.
[6] *Bauer* Rn. 975.
[7] → § 43 Rn. 120.

§ 48 6–12

6   d) **Nachhaftung.** Im Falle der Nachhaftung nach § 117 Abs. 2 VVG[9] bestehen die Regressansprüche des Versicherers nach § 116 Abs. 1 VVG iVm § 426 Abs. 1 und 2 BGB entsprechend den dargestellten Voraussetzungen. Der VN ist somit auch den Rückgriffsansprüchen seines früheren Versicherers ausgesetzt.[10]

7   e) **Regress und Schadenfreiheitsrabatt/Rückstufung.** Erbringt der Versicherer Leistungen und ergibt sich hieraus ein Rückforderungsanspruch aufgrund eines Regresstatbestandes, so stellt sich bei Erfüllung des Regressanspruches die Frage, ob der VN einen Anspruch auf Ausgleich des Rückstufungsschadens hat. Nach einem Urteil des LG Düsseldorf hat der VN einen vertraglichen Rückzahlungsanspruch gegen den KH-Versicherer in Höhe der durch die Rückstufung ausgelösten Beitragsmehrbelastung, wenn er den Regress des Versicherers aufgrund einer Obliegenheitsverletzung vollständig erfüllt.[11] Demgegenüber wird in der Literatur[12] überwiegend die Ansicht vertreten, dass auch im Falle der vollständigen Zahlung des Regressbetrages durch den VN der Vertrag belastet bleibt, verbunden mit entsprechenden Auswirkungen auf die Schadenfreiheitsklasse. Für diese Auffassung spricht, dass der Versicherer infolge des Schadenfalls mit der Schadenregulierung wie bei einem „normalen" Schadenfall befasst war und die Interessen des VN gegenüber dem Geschädigten wahrgenommen hat.

8   f) **Verjährung.** Nach § 116 Abs. 2 VVG iVm §§ 195ff. BGB verjährt der Regressanspruch in drei Jahren ab dem Schluss des Jahres, in dem der Anspruch des Dritten erfüllt wird.

2. Weitere Regresstatbestände

9   Neben dem Regress nach § 116 Abs. 1 VVG iVm § 426 BGB besteht in bestimmten, hiervon nicht erfassten Konstellationen für den Haftpflichtversicherer die Möglichkeit, zu Unrecht oder irrtümlich erbrachte Versicherungsleistungen nach den §§ 812ff. und 823ff. BGB zu regressieren; vergleiche hierzu die Ausführungen in den Rn. 27 bis 41. Im Falle einer Doppelversicherung des versicherten Pkw kann ausnahmsweise auch in der Haftpflichtversicherung die grundsätzlich nur auf die Sach- bzw. Kaskoversicherung zugeschnittene Regressregelung des § 86 VVG zur Anwendung kommen.[13]

II. Der Regress in der Kaskoversicherung

1. Der Regress nach § 86 Abs. 1 VVG

10   a) **Allgemeines.** Bei der Kaskoversicherung handelt es sich nicht um eine Pflichtversicherung, so dass ein Regress nach § 116 Abs. 1 VVG ausgeschlossen ist. Auch § 123 BGB findet aufgrund seiner systematischen Stellung nur für die Kfz-Haftpflichtversicherung Anwendung. Ein „Regress" des Versicherers gegen den eigenen VN ist grundsätzlich nur in Fällen zu Unrecht erbrachter Versicherungsleistungen nach den §§ 812ff., 823ff. BGB denkbar.[14]

11   In der Kaskoversicherung richtet sich der Regress des Versicherers primär nicht gegen seinen VN, sondern nach § 86 Abs. 1 VVG gegen einen Dritten, der den VN geschädigt hat. Leistet der Versicherer aufgrund des bestehenden Kaskoversicherungsvertrags, weil ein Dritter ein versichertes Rechtsgut des VN schuldhaft geschädigt hat, gehen die Schadensersatzansprüche des VN gegen den Schädiger nach § 86 Abs. 1 VVG insoweit auf den Versicherer über. Der Versicherer hat dann die Möglichkeit, die an den VN erbrachten Leistungen gegenüber dem Dritten geltend zu machen.

12   Im Falle des § 86 Abs. 1 VVG ist der Versicherer daher in Höhe der kraft Gesetzes übergegangenen Forderung Rechtsnachfolger des VN und geht gegen den schädigenden Dritten

---

[8] → § 44 Rn. 81–84.
[9] → § 44 Rn. 95.
[10] Vgl. *Schirmer* VersR 1987, 19, 23.
[11] LG Düsseldorf SVR 2004, 391.
[12] Prölss/Martin/*Prölss* VVG § 86 Rn. 32 mwN; *Bauer* Rn. 969.
[13] Vgl. ausführlich *Stiefel/Maier* VVG § 115 Rn. 206.
[14] → Rn. 27 bis 41.

vor. Bei § 116 Abs. 1 VVG ist er im Fall des § 426 Abs. 2 BGB in Höhe der übergegangenen Forderung hingegen Rechtsnachfolger des geschädigten Dritten und regressiert gegen den VN bzw. die mitversicherte Person.

b) **Anwendungsbeispiele.** Leistet etwa im Entwendungsfall aufgrund einer Teilkaskoversicherung der Versicherer an den Geschädigten, gehen die Ersatzansprüche des entschädigten Halters oder Eigentümers gegen den Dieb auf den Versicherer über. Im Falle der Beschädigung des Fahrzeuges und der Inanspruchnahme der Vollkaskoversicherung gehen die Ansprüche des geschädigten Halters oder Eigentümers gegen den Schädiger auf den Versicherer über, soweit dieser an den geschädigten Halter oder Eigentümer geleistet hat. Eine besondere Fallgestaltung ergibt sich bei einer Leistung aufgrund der Inanspruchnahme der Vollkaskoversicherung nach der Differenztheorie – vgl. hierzu ausführlich § 46 Rn. 39 ff.

c) **Anspruchsvoraussetzungen.** Nach § 86 Abs. 1 VVG sind alle gesetzlichen und vertraglichen **Schadensersatzansprüche im weitesten Sinne** übergangsfähig – auch Ausgleichsansprüche nach § 426 BGB oder auf Abtretung und Befreiung gerichtete Ansprüche[15] –, die sich auf einen Schaden beziehen, der in den Schutzbereich der Kaskoversicherung fällt.[16]

aa) Dritter. Dritter ist grds. jeder, der nicht VN oder versicherte Person ist. Der berechtigte Fahrer des versicherten Kfz ist nach A.3.2. AKB 2008 mitversichert. Ein Regress kommt nur in Betracht, wenn der Fahrer das Schadenereignis gem. A.2.1.5 AKB 2008 grob fahrlässig oder vorsätzlich herbeigeführt hat. Unter den vorgenannten Voraussetzungen gilt dies auch für alle sonstigen mitversicherten Personen, wie Mieter oder Entleiher des Fahrzeugs.[17] Beim angestellten Fahrer kann dieser dem Kaskoversicherer im Falle des Regresses nach A.2.1.5 AKB 2008 arbeitsvertragliche oder tarifvertragliche Haftungsbeschränkungen – Freistellungsanspruch gegen den AG nach den Grundsätzen der betriebsbedingt veranlassten Tätigkeit – entgegen halten.[18] Lebt der berechtigte Fahrer mit dem VN bei Eintritt des Schadens in häuslicher Gemeinschaft, kommt ein Regress nur bei vorsätzlicher Verursachung des Schadens in Betracht, A 2.1.5 AKB 2008.

bb) Leistungserbringung. Weitere Voraussetzung ist die tatsächliche **Leistung des Versicherers** – oder eines hierzu vom Versicherer befugten Dritten – an den VN. Ob eine Leistungsverpflichtung tatsächlich bestand, ist für den Übergang unerheblich.[19] Der Rechtsübergang tritt erst in dem Zeitpunkt ein, in dem die Ersatzleistung erfolgt ist. Ist der Schaden niedriger als die von dem Versicherer gezahlte Entschädigung, kann der in Regress genommene Dritte dies dem Anspruch des Versicherers nach den §§ 401 ff. BGB wie jede andere Einwendung, die ihm gegen den geschädigten VN zustand, entgegenhalten. Grundsätzlich besteht kein Regressanspruch, wenn der Versicherer kulanzweise an den VN zahlt. Macht der Versicherer jedoch trotz Obliegenheitsverletzung des VN aus Kulanz von seinem Leistungsverweigerungsrecht keinen Gebrauch, findet der Rechtsübergang statt.[20]

Im Fall der Doppelversicherung gilt nicht § 86 VVG, sondern es sind die §§ 78 ff. VVG maßgeblich.

d) **Regressausschluss gem. § 86 Abs. 3 VVG.** Nach § 86 Abs. 3 VVG ist im Unterschied zu § 67 Abs. 1 Satz 3 VVG aF nicht mehr der Übergang der Forderung ausgeschlossen, sondern die Regressmöglichkeit, wenn sich der Ersatzanspruch des VN gegen eine mit ihm in häuslicher Gemeinschaft lebende Person richtet und diese den Schaden nicht vorsätzlich herbeigeführt hat.[21] Diese Regelung, früher als sog. **Familienprivileg** bezeichnet, bezweckt die Erhaltung des häuslichen Friedens. Es kommt im Einzelfall nicht darauf an, ob eine Belastung des Familienfriedens unter Umständen deshalb ausscheidet, weil hinter dem Schädiger ein Haftpflichtversicherer steht.[22]

---

[15] Eine Aufstellung findet sich bei Prölss/Martin/*Prölss* VVG § 86 Rn. 4 ff.
[16] Vgl. zu den kongruenten Schadenspositionen in der Kaskoversicherung → § 43 Rn. 51–53.
[17] *Feyock/Jacobsen/Lemor* AKB § 15 Rn. 12.
[18] *Stiefel/Maier* AKB 2008 A.2.15 Rn. 8.
[19] BGH VersR 1989, 250.
[20] BGH NJW 1974, 1241.
[21] *Koppenfels-Spies* zfs 2004, 97; *Stiefel/Maier* VVG § 86 Rn. 48.
[22] *Römer/Langheid* VVG § 86 Rn. 55; BGH NJW 1985, 471; OLG Celle VersR 2005, 681.

19 Die Regelung ist im Rahmen der VVG-Reform von den Familienangehörigen auf sämtliche Personen erweitert worden, die mit dem VN bei Eintritt des Schadens, also nicht später, in einer häuslichen Gemeinschaft lebten.

20 Eine häusliche Gemeinschaft liegt vor, wenn die Person beim VN wohnen oder umgekehrt.[23]

21 Die Regelung des § 86 Abs. 3 VVG greift ein, wenn die Voraussetzungen im Zeitpunkt des Eintritts des Versicherungsfalles gegeben sind. Nur wer zu diesem Zeitpunkt mit dem VN in häuslicher Gemeinschaft lebte, ist durch den Ausschluss des Übergangs privilegiert. Die Privilegierung soll ferner eingreifen, wenn Schädiger und Geschädigter nach dem Schadenfall, aber vor der letzten mündlichen Verhandlung des Regressprozesses die Ehe schließen.[24]

22 Da nunmehr nach § 86 Abs. 3 VVG der Forderungsübergang auf den Versicherer nicht mehr gehindert ist, ist die Gefahr der Doppelentschädigung etwa durch Leistungen des Haftpflichtversicherers des Schädigers gebannt.[25]

23 e) **Verjährung.** Die Verjährung des Regressanspruchs aus § 86 Abs. 1 VVG richtet sich nach der für den auf den Versicherer übergegangenen Anspruch maßgeblichen Verjährungsfrist.

24 f) **Aufgabeverbot und Mitwirkungspflicht des VN.** Nach § 86 Abs. 2 VVG hat der V seinen Ersatzanspruch gegen den Dritten oder ein zur Sicherung dieses Anspruches dienendes Recht zu wahren und muss bei dessen Durchsetzung durch den Versicherer soweit erforderlich mitwirken. Bei vorsätzlicher Verletzung dieser Obliegenheiten, wird der Versicherer gem. § 86 Abs. 2 S. 2 VVG insoweit von seiner Leistungspflicht befreit, als er infolge der Obliegenheitsverletzung keinen Ersatz vom Dritten erlangen kann. Bei grober Fahrlässigkeit des VN steht dem Versicherer ein quotales Leistungskürzungsrecht zu.[26] Grobe Fahrlässigkeit wird nach dem Gesetz zum Nachteil des VN vermutet, vorsätzliches Verhalten des VN ist vom Versicherer zu beweisen.

25 g) **Regressverzichtsabkommen.** Zwischen Haftpflicht- und Kaskoversicherern können ähnlich wie zwischen Haftpflichtversicherern und Sozialversicherungsträgern Schadenteilungs- und Regressverzichtsabkommen eingreifen. Diese Abkommen verfolgen den Zweck, die Kosten einschließlich des Zeit- und Arbeitsaufwandes einer gerichtlichen oder außergerichtlichen Prüfung der Haftpflichtfrage zu vermeiden. Hierbei handelt es sich um Rahmenverträge zur vergleichsweisen Erledigung von Schadensfällen. Diese Abkommen haben den Inhalt, dass der Haftpflichtversicherer sich im eigenen Namen verpflichtet, die Schäden seines VN in Höhe der vereinbarten Quote zu übernehmen, während sich der Vertragspartner verpflichtet, Ansprüche des VN nicht geltend zu machen – pactum de non petendo.[27]

2. Weitere Regressstatbestände

26 Wie in der Kfz-Haftpflichtversicherung kommen als weitere, in bestimmten Konstellationen anwendbare Regressstatbestände die §§ 812 ff. und 823 ff. BGB auch in der Kraftfahrtversicherung in Betracht. Diese werden nachfolgend gesondert dargestellt.

III. Der Regress bei ungerechtfertigter Bereicherung und unerlaubter Handlung

27 In Konstellationen, die von §§ 116 und 86 VVG nicht erfasst werden ist ein „Regress" gegen den VN wegen ungerechtfertigter Bereicherung nach §§ 812 ff. BGB sowie unerlaubter Handlung nach §§ 823 ff. BGB möglich. Einschlägig sind die Vorschriften zum Beispiel bei irrtümlicher Leistung des Versicherers, betrügerischem Verhalten des VN oder sich nachträglich herausstellender Leistungsfreiheit des Versicherers.

---

[23] Vgl. *Prölss/Martin/Prölss* VVG § 86 Rn. 49; Aufhebung auch bei Auszug für Studium: KG ZfS 2014, 31.
[24] OLG Hamburg VersR 1992, 685; vgl. auch *Römer/Langheid* VVG § 67 Rn. 52.
[25] *Römer/Langheid* VVG § 86 Rn. 58.
[26] → § 43 Rn. 127.
[27] Vgl. hierzu ausführlich Prölss/Martin/*Prölss* VVG § 86 Rn. 62 ff.

1. Der Regress nach §§ 812 ff. BGB

a) Allgemeines. Ein bereicherungsrechtlicher Rückforderungsanspruch steht dem Versicherer in der Kfz-Haftpflichtversicherung bei irrtümlicher – also ohne Deckungsanspruch erfolgender – Befriedigung des geschädigten Dritten und in der Kaskoversicherung bei irrtümlicher Entschädigungsleistung an den VN zu. **Bereicherungsschuldner** ist stets der VN, der durch die Zahlung unmittelbar von der Haftpflichtschuld gegenüber dem Dritten befreit wird bzw. die Kaskoentschädigung erhalten hat. Hat der Versicherer die Leistung in Unkenntnis eines leistungsbefreienden Tatbestandes nicht an den VN, sondern unmittelbar an den Versicherten oder einen Dritten, etwa an den mit Sicherungsschein ausgestatteten Leasinggeber oder Sicherungseigentümer, erbracht, so richtet sich der Bereicherungsanspruch nicht gegen diesen Zahlungsempfänger, sondern gleichwohl gegen den VN.

b) Fallgestaltungen. Häufig werden dem Versicherer die zur Leistungsfreiheit führenden Umstände erst bekannt, nachdem er die Versicherungsleistung erbracht hat. Begeht der VN erst im Laufe der Schadenregulierung eine Obliegenheitsverletzung oder eine sonstige Pflichtverletzung, die zur Leistungsfreiheit führen kann, ist wie folgt zu differenzieren:

Die nachträglich eintretende Leistungsfreiheit erfasst die zuvor vertraglich geschuldeten Zahlungen nicht. Ein Rückzahlungsanspruch steht dem Versicherer nicht zu, da sich die nachträgliche Leistungsfreiheit nur auf den noch offenen Entschädigungsanspruch erstreckt.[28] Leistungen, die der Versicherer jedoch nachweisbar in Unkenntnis der bereits eingetretenen Leistungsfreiheit erbracht hat, kann er nach § 812 Abs. 1 S. 1 BGB zurückverlangen, da diese vom VN rechtsgrundlos erlangt wurden.

Weitere wichtige Fälle sind diejenigen, bei denen der VN in der Kaskoversicherung den **Entwendungsfall vorgetäuscht** oder in der Haftpflichtversicherung den „Unfall" manipuliert bzw. absichtlich herbeigeführt hat. In beiden Fällen besteht kein Versicherungsschutz für den VN, da er den vermeintlichen Versicherungsfall vorsätzlich iSd subjektiven Risikoausschlusses nach §§ 81 bzw. 103 VVG herbeigeführt hat. Beim manipulierten Unfall in der Haftpflichtversicherung ist eine Rückforderung der an den Dritten erbrachten Leistungen nur bei kollusivem Zusammenwirken zwischen dem VN und dem „geschädigtem" Dritten möglich, da der Dritte in diesem Fall mangels Schadenersatzanspruches gegen den VN auch keinen Direktanspruch gegen den Versicherer hat. VN und Dritter haften insoweit gesamtschuldnerisch. Hat der angeblich Geschädigte den Unfall einseitig „provoziert", steht dem Versicherer nur gegen den Dritten ein Bereicherungsanspruch oder ein Schadenersatzanspruch wegen betrügerischen Verhaltens zu.

Ist der Ersatzbetrag vom Versicherer irrtümlich falsch errechnet worden, kann die Überzahlung ebenfalls aus ungerechtfertigter Bereicherung zurückgefordert werden.[29]

c) Sonderfall: Regress des Haftpflichtversicherers bei mehreren Schädigern.[30] Gibt es neben dem VN noch weitere dem geschädigten Dritten gegenüber gesamtschuldnerisch haftende Schädiger, ist nach ständiger Rechtsprechung[31] für einen Regress des Versicherers gegen diese bzw. deren Haftpflichtversicherer nach den Vorschriften der §§ 812 ff. BGB kein Raum, da die §§ 116 und 86 VVG insoweit eine abschließende Regelungen darstellen. Ausnahmen sind nur dort zuzulassen, wo die Zahlung völlig außerhalb des Versicherungsverhältnisses lagen, wie zB, wenn ein Haftpflichtversicherungsvertrag mit dem betroffenen Haftpflichtschuldner/VN nicht bestand,[32] oder im Falle manipulierter Unfälle an einen unbeteiligten Dritten geleistet wurde.[33]

d) Beweislast. Der Versicherer, der seine Entschädigungsleistung gemäß § 812 Abs. 1 Satz 1 BGB zurückverlangt, hat nach den allgemeinen Regeln den Vollbeweis dafür zu erbringen, dass die Zahlung ohne Rechtsgrund erfolgt ist.[34] Hierbei ist zu beachten, dass die

---

[28] BGH VersR 1986, 77, 79.
[29] LG Kassel r+s 2001, 325.
[30] Vgl. hierzu ausführlich *Stiefel/Maier* § 115 VVG Rn. 215 bis 225.
[31] BGH VersR 1963, 1192, 1193.
[32] *Stiefel/Maier* § 115 VVG Rn. 225.
[33] OLG Düsseldorf NJW-RR 1993, 1375.
[34] BGH VersR 2001, 1020.

Beweiserleichterungen, die im Deckungsprozess Anwendung finden, im Rückforderungsprozess nicht zur Anwendung kommen. Es reicht deshalb nicht aus, dass der Versicherer zur Begründung seines Rückzahlungsverlangens beweist, dass es zB am äußeren Bild einer versicherten Entwendung fehlt oder eine erhebliche Wahrscheinlichkeit für eine Vortäuschung spricht. Vielmehr erfordert der Vollbeweis gemäß § 286 ZPO den Nachweis, dass eine „echte Entwendung" nicht stattgefunden hat.[35]

34 Auch bei nachträglich bekannt gewordener Obliegenheitsverletzung hat der Versicherer den Vollbeweis dafür zu erbringen, dass seine Leistung ohne Rechtsgrund erfolgt ist. Hieraus folgt, dass im Rückforderungsprozess die in § 28 VVG enthaltenen Beweislastzuweisungen an den VN im Bereich des Verschuldens und des Kausalitätsgegenbeweises nicht anzuwenden sind mit der Folge, dass der Versicherer das Vorliegen der Voraussetzungen einer zur Leistungsfreiheit führenden Obliegenheitsverletzung umfassend zu beweisen hat.[36] Bei arglistiger Täuschung zur Höhe des Versicherungsanspruches kommt eine Einschränkung des Grundsatzes der vollständigen Leistungsfreiheit und damit auch der Rückforderung in Betracht.[37] Entscheidend ist insoweit das Maß des Täuschungsverschuldens des VN sowie dessen Beweggründe.[38]

35 Ferner kann der Versicherer sich der Beweislast nicht dadurch entziehen, dass er seine Leistungen „unter Vorbehalt" erbringt. Gleiches gilt für eine Leistung mit der Bemerkung „ohne Anerkenntnis einer Rechtspflicht".[39]

36 **e) Ausschluss der Rückforderung.** Gem. § 814 BGB entfällt der Anspruch aus ungerechtfertigter Bereicherung, wenn der Versicherer bei der Leistung positive Kenntnis von seiner Nichtschuld hatte.

37 **f) Entreicherungseinwand.** Hat der VN den Versicherer in betrügerischer Weise zur Regulierung veranlasst oder kennt er die Tatsachen, die den Rückforderungsanspruch des Versicherers begründen, kann er sich nicht auf den Fortfall der Bereicherung gemäß § 819 Abs. 1 BGB berufen. Dies folgt daraus, dass ein VN, der die relevanten Tatsachen kennt, weiß, dass er die Versicherungsleistung zu Unrecht erhalten hat und diese deshalb nicht behalten darf. Ist die rechtsgrundlose Regulierungsleistung an einen „gutgläubig" bereicherten VN erfolgt, entfällt dessen Erstattungspflicht bei Inanspruchnahme wegen ungerechtfertigter Bereicherung gemäß § 818 Abs. 3 BGB insoweit, als er nicht mehr bereichert ist. Jedoch ist der VN darlegungs- und beweispflichtig für den Wegfall der Bereicherung.

38 **g) Verjährung.** Regressansprüche aus §§ 812 ff. BGB verjähren gem. § 195 BGB in drei Jahren beginnend mit dem Schluss des Jahres, in dem der Anspruch entstanden ist und der Bereicherungsgläubiger nach § 199 BGB Kenntnis von den den Anspruch begründenden Umständen hat.

2. Der Regress nach §§ 823 ff. BGB

39 Bei betrügerischem Verhalten des VN kann der Versicherer seinen Rückgriffsanspruch ferner auf § 823 Abs. 2 BGB iVm § 263 StGB oder sogar § 826 BGB stützen. Auch insoweit ist er in vollem Umfang beweispflichtig.[40] Der Versicherer, der einen Betrugsversuch des VN aufgedeckt hat, hat gegen diesen einen Anspruch auf Erstattung der zur Aufklärung und Überführung aufgewendeten Kosten. Hierbei sind erstattungsfähig sämtliche durch das strafbare Verhalten des VN veranlassten Aufwendungen, also etwa Kosten für Privatgutachter, Detektiv- und Prozesskosten.

40 Ferner ist in Einzelfällen ein Regress gegen dem Versicherungsverhältnis fremde Dritte möglich. Wurden etwa durch Zeugen im Haftpflicht- oder Deckungsprozess für die Regulierung ursächliche Falschaussagen begangen, ist der Versicherer nicht gehindert, Regress bei

---

[35] BGH VersR 1993, 1007; vgl. auch ausführlich *Beckmann/Matusche-Beckmann* § 23 Rn. 347 sowie Fn. 54 mit ausführlicher Darstellung der Lit.
[36] BGH VersR 1995, 281.
[37] OLG Hamm r+s, 1995, 441, 442.
[38] BGH VersR 1992, 1465.
[39] BGH VersR 1992, 1028.
[40] LG München VersR 1966, 332.

diesen Zeugen zu nehmen, wenn durch das Gericht zu Unrecht ein Versicherungsfall angenommen und der Versicherer dementsprechend verurteilt wurde.[41] Hierbei ist zu beachten, dass § 153 StGB ein Schutzgesetz iSv § 823 Abs. 2 BGB darstellt. Diese Norm bezweckt neben dem Schutz der staatlichen Rechtspflege auch den Schutz derjenigen Personen, die durch eine vorsätzliche Falschaussage Rechtsnachteile erleiden.[42]

Ansprüche aus den §§ 823 ff. BGB verjähren nach den Regelungen der §§ 195, 199 BGB in drei Jahren. Dabei sind die Verjährungshöchstgrenzen in § 199 Abs. 2 und 3 BGB zu beachten, nach denen die Ansprüche unabhängig von den Voraussetzungen des § 199 Abs. 1 BGB in 10 bzw. 30 Jahren verwirkt sind.

IV. Der Regress des Sozialversicherungsträgers

Praxisrelevanz hat schließlich der Regress des Sozialversicherungsträgers gem. § 116 SGB X. Nach dieser Vorschrift geht ein auf anderen gesetzlichen Vorschriften beruhender Schadensersatzanspruch eines (Sozial-)Versicherten insoweit auf den Träger der Sozialversicherung (SVT) über, als dieser nach sozialrechtlichen Vorschriften Leistungen zu gewähren hat. Zweck der Legalzession ist es, eine Doppelentschädigung des Versicherten oder seiner Hinterbliebenen zu vermeiden, ohne den Schädiger zu entlasten. Es ist von dem Grundsatz auszugehen, dass die Leistungen des SVT dem Schädiger nicht zugute kommen sollen. Im Übrigen begründet § 116 SGB X keine erweiterte Einstandspflicht des Schädigers für Belastungen des SVT durch gesetzlich angeordnete Leistungen. Der sog. Beitragsregress wegen aufgrund eines Schadenereignisses nicht geleisteter Beiträge zur gesetzlichen Rentenversicherung ist in § 119 SGB X geregelt.

Der Anspruchsübergang erfolgt anders als bei § 86 VVG bereits zum Zeitpunkt des schädigenden Ereignisses. Eine tatsächliche Leistungserbringung durch den SVT ist für die cessio legis nicht erforderlich. Erfasst werden jedoch nur Sozialleistungen, die mit den Schadensersatzansprüchen des Geschädigten zeitlich und sachlich **kongruent** sind. Dies ist der Fall, wenn die Sozialleistungen dem gleichen Zweck dienen wie der zu leistende Schadensersatz und sich auf denselben Zeitraum beziehen, in dem auch der Schädiger nach dem Gesetz Schadensersatz leisten muss – zB Kranken- und Verletztengeld als kongruente Leistung auf den Verdienstausfallschaden. Die danach noch verbleibenden Restansprüche – die sog. Schadensspitze – kann der Geschädigte ebenso wie von vorn herein nicht kongruente Schadenspositionen – wie etwa Schmerzensgeld – weiterhin selbstständig geltend machen.

Wie beim Regress in der Kaskoversicherung nach § 86 VVG gilt beim Regress des Sozialversicherungsträgers ein Quotenvorrecht zugunsten des Versicherten sowie das Familienprivileg; § 116 Abs. 3 und 6 SGB X.

---

[41] OLG Duisburg Urt. v. 28.7.1999, Schadenpraxis 2000, 62.
[42] *Beckmann/Matusche-Beckmann* § 23 Rn. 358.

§ 49 Verfahrensrecht und Kraftfahrtversicherung*

Übersicht

	Rn.
I. Allgemeines	1–8
1. Die Besonderheiten des Versicherungsprozesses	1–7
a) Die wichtigsten Fallgestaltungen	1–4
b) Besonderheiten im Versicherungsprozess	5
2. Checkliste zur versicherungsrechtlichen (prozessualen) Auseinandersetzung	6
II. Der Versicherungsprozess in der Kraftfahrtversicherung	7–15
1. Prozessuale Besonderheiten im Haftpflicht- und Versicherungsprozesses	7/8
a) Die Abgrenzung des Haftpflichtprozesses und des Versicherungs-, speziell Deckungsprozesses	7
b) Trennungsprinzip und Bindungswirkung	8
c) Einwendungen des Versicherers im Deckungsprozess	9
d) Prozessführungsbefugnis des Versicherers im Kraftfahrt-Haftpflichtprozess	10–12
e) Besonderheit der Rechtskrafterstreckung in der Kraftfahrzeughaftpflichtversicherung	13
2. Klageart und Anträge	14–19
a) Leistungs- und/oder Feststellungsklage	14–17
b) Negative Feststellungsklage durch Versicherung	18/19
3. Gerichtsstand, speziell für die Deckungsklage	20–23
4. Prozessführungsrecht der klagenden Partei	24
a) Grundsätzliches	24
b) Prozessführungsrecht bei Versicherung für fremde Rechnung	25
5. Passivlegitimation	26
6. Streitwert	27
a) Leistungsklage	27
b) Klage auf Feststellung	28
c) Bei wiederkehrenden Leistungen	29/30
III. Beweisfragen und Beweislastverteilung im Versicherungsprozess, speziell Regressprozess	31–42
1. Allgemeines und die einzelnen Fallgestaltungen	31–37
a) Allgemeines – Beweis und Beweislast	31
b) Die Beweislastverteilung	32/33
c) Beweismittel	34–37
2. Beweisfragen im Rückforderung-, Regressprozess des Versicherers	38–40
a) Darlegungs- und Beweislast	38/39
b) Das Beweismaß	40–42
IV. Klage gegen Leistungsablehnung gemäß § 12 Abs. 3 VVG	43
V. Sachverständigenverfahren	44–54
1. Sachverständigenverfahren, Rechtsgrundlage	44
2. Das Sachverständigenverfahren	45–52
a) Die Regelung des Sachverständigenverfahrens	45/46
b) Zusammensetzung des Sachverständigenausschusses	47
c) Kosten des Verfahrens	48
d) Sachverständigenverfahren und gerichtliche Zuständigkeit	49/50
e) Kein Formerfordernis	51
f) Anhörung der Parteien	52
3. Verbindlichkeit/Unverbindlichkeit des Gutachtens	53/54
a) Grundsätzliche Bindung	53
b) Mögliche Unverbindlichkeit	54
VI. Außergerichtliche Streitschlichtung und Ombudsmann	55–65
1. Die mögliche außergerichtliche Streitschlichtung	55–57
a) Informelles Vorgehen	55/56
b) Beschwerde an die Versicherungsaufsicht	57

---

* Der Verfasser bedankt sich herzlich bei Herrn Rechtsanwalt *Carsten Kunz* für die Unterstützung bei den Manuskriptarbeiten.

	Rn.
2. Beschwerde beim Ombudsmann	58–65
a) Die Institution des Ombudsmanns	58
b) Das Verfahren beim Ombudsmann	59–61
c) Prüfung der Begründetheit der Entscheidung des Ombudsmanns	62–65

Schrifttum: *Anders/Gehle/Kunze,* Streitwert-Lexikon, 4. Aufl. 2002; *Bauer,* Die Kraftfahrtversicherung, 6. Aufl. 2010; *Baumbach/Lauterbach/Albers/Hartmann,* Zivilprozessordnung: ZPO, 71. Aufl. 2013; *Baumgärtel,* Beweislastpraxis im Privatrecht, 1996; *Beckmann/Matusche-Beckmann,* Versicherungsrechts-Handbuch, 2. Aufl. 2009 (zitiert: Beckmann/Matusche-Beckmann/*Bearbeiter*); *Berz/Burmann,* Handbuch des Straßenverkehrsrechts, Band 1 Zivilrecht, 2013; *Borgmann,* Typische anwaltliche Fehler im Versicherungsprozess, r+s 2001, 221; *Bühren van,* Versicherungsrecht in der Praxis, 5. Aufl. 2012; *Feyock/Jacobsen/Lemor,* Kraftfahrtversicherung, 3. Aufl. 2009; *Heimbücher,* Deckungsprozesse in „Haftpflicht", Versicherungswirtschaft 2005, 757; *Höfle,* Prozessuale Besonderheiten im Haftpflichtprozess, r+s 2002, 397; *Krämer,* Prozessuale Besonderheiten des Haftpflicht- und Versicherungsprozesses, r+s 2001, 177; *Looschelders,* Ausschluss der Klagebefugnis des Mitversicherten und Teilklageobliegenheit des VN in der Rechtsschutzversicherung nach den ARB 75, VersR 2000, 23; *Prölss/Martin,* Versicherungsvertragsgesetz, 28. Aufl. 2010 (zitiert: Prölss/Martin/*Bearbeiter*); *Römer,* Der Prüfungsmaßstab bei der Missstandsaufsicht nach § 81 VAG und der AVB-Kontrolle nach § 9 AGBG, Münsteraner Reihe, Heft 32, 1996; *Römer/Langheid,* Versicherungsvertragsgesetz VVG, 4. Aufl. 2014; *Schneider,* Beweis und Beweiswürdigung, 5. Aufl. 1994; *Sieg,* Verfassungsrechtlicher Hintergrund in zwei neueren OLG-Urteilen zum Versicherungsvertragsrecht, VersR 1995, 1029; *Terbille,* Münchener Anwaltshandbuch Versicherungsrecht, 2004 (zitiert: Terbille/*Bearbeiter*, MAH Versicherungsrecht …).

I. Allgemeines

1. Die Besonderheiten des Versicherungsprozesses

a) **Die wichtigsten Fallgestaltungen.** Bei rechtlichen Auseinandersetzungen versicherungsrechtlicher Art kommen unterschiedlichste Tatbestände als Streitgegenstand in Betracht. Als wichtigste Fallgestaltungen sind zu nennen: 1
- Auseinandersetzungen aus Versicherungsvertrag, beginnend mit Prämienzahlung sowie Streitigkeiten über Inhalt und Dauer des Versicherungsvertrages, einschließlich der Überprüfung nach den §§ 305 ff. BGB;
- Streitigkeiten über Leistungsansprüche, über Grund und Höhe des Leistungsanspruchs;
- Streitigkeiten bei Ablehnung der Versicherungsleistung; Geltendmachung des Anspruches auf Versicherungsdeckung im Deckungsprozess, zB auf Kaskoleistung bei Streitigkeiten über Obliegenheitsverletzung vor oder nach dem Versicherungsfall, vorsätzliche oder grob fahrlässige Herbeiführung des Versicherungsfalles oder bei Gefahrerhöhung;
- versicherungsrechtliche Streitigkeiten beim manipulierten Unfall.

Eine wichtige Fallgestaltung des Versicherungsprozesses ist der versicherungsrechtliche 2
Regress. Es kommen verschiedene Fallgestaltungen in Betracht, zB **Regressprozess**
- gegen den Versicherungsnehmer, mitversicherte Personen oder Repräsentanten sowie
- gegen den Schädiger.

Beim Regress gegen den Versicherungsnehmer, speziell in der KH-Versicherung als Pflicht- 3
versicherung, sind als wichtigste **Sachverhalte** zu nennen:
- Obliegenheitsverletzung vor Versicherungsfall,
- zB Verletzung der Führerscheinklausel bei Trunkenheitsfahrt
- Obliegenheitsverletzung nach Versicherungsfall,
- zB unerlaubtes Entfernen vom Unfallort,

Weiter kommen in Betracht Auseinandersetzungen über Regressforderungen gegen **ver-** 4
schiedene Leistungsträger bei
- Sachschäden aus
  – Teilkaskoversicherung,
  – Vollkaskoversicherung,
  – Rechtsschutzversicherung.
- Personenschaden
- Regressforderung der privaten Leistungsträger, zB privater Kranken- oder Pflegeversicherer sowie

- Regressforderungen für gesetzliche Leistungsträger aus
  – gesetzlicher Krankenkasse/Pflegekasse sowie
  – Regressforderung der Berufsgenossenschaft.
- Regressforderung der Versicherung wegen ungerechtfertigter Bereicherung aus § 812 BGB aufgrund zu Unrecht erbrachter Versicherungsleistung.

Die vorstehende Aufzählung gibt die wichtigsten in der Praxis relevanten Fallgestaltungen wieder. Die sich hierzu ergebenden prozessualen und materiellrechtlichen Fragen werden nachfolgend behandelt.

5 **b) Besonderheiten im Versicherungsprozess.** Als wichtigste Aspekte sind zu nennen:
- Geltendmachung des Anspruchs durch
  – Klage
  – PKH-Gesuch mit Klageentwurf
- der Antrag im Versicherungsprozess, speziell der Feststellungsantrag
- die Bindungswirkung zwischen Deckungsprozess und Haftpflichtprozess über Ansprüche auf Leistung, zB Rechtsschutzdeckung nach vorangegangenem Deckungsprozess in der Haftpflichtversicherung (vgl. nachstehend → Rn. 13)
- die Beweisregeln sowie
- das Verhältnis zwischen Versicherungsprozess und Schiedsverfahren.
- Anwendung des richtigen materiellen Versicherungsrechts
  1. Prüfung Fristsetzung durch das Versicherungsunternehmen gemäß § 12 Abs. 3 VVG, sofern die Vorschrift noch anwendbar ist[1]
- Beachtung des Formerfordernisses einschließlich der
- Prüfung einer gegebenenfalls erforderlichen Belehrung

2. Checkliste zur versicherungsrechtlichen (prozessualen) Auseinandersetzung

6
Checkliste:

☐ Der Versicherungsvertrag
- Wirksamer Vertragsschluss
  – (Antrags/Invitatiomodell)
  – Kein Widerruf
  – Keine Anfechtung, kein Rücktritt
  – Auswirkungen auf das anwendbare Recht
- Versicherungsbedingungen
  – Allgemeine
  – Besondere
  – Wirksamkeit der Klauseln
- Was ist versichert?
  – Welche Leistungsarten wurden vereinbart?
  – Welche Risikoausschlüsse wurden vereinbart?

☐ Der Versicherungsfall
- Welche Leistungsart ist betroffen?
- Wann tritt der Versicherungsfall ein?
- Ist der Versicherer leistungsfrei trotz eingetretenem Versicherungsfall?
  – Prämienverzug, § 37, 38 VVG
  – Gefahrerhöhung, §§ 23 ff. VVG
  – Herbeiführung des Versicherungsfalls
    ▪ Vorsätzlich
    ▪ Grob fahrlässig
  – Obliegenheitsverletzung, § 28 VVG
    ▪ Vor Eintritt des Versicherungsfalls
    ▪ Nach Eintritt des Versicherungsfalls

---

[1] Vgl. hierzu ausführlich *Borgmann* r+s 2001, 221.

- ☐ Entschädigungshöhe
  - Feststellungen zur Höhe durch
    - Sachverständigengutachten oder
    - in sonstiger Weise, Kostenvoranschlag etc.
  - Kürzung des Entschädigungsanspruchs, zB
    - Grob fahrlässige Herbeiführung des Versicherungsfalls
    - Grob fahrlässige Obliegenheitsverletzung
    - Unterversicherung
- ☐ Fälligkeit der Versicherungsleistung
  - Notwendige Erhebungen
  - Fälligkeit des Leistungsanspruches gemäß § 14 VVG
  - Anspruch auf Abschlagzahlung gemäß § 14 Abs. 2 VVG
- ☐ Prüfung Verjährung
  - Eintritt der Verjährung
  - Verjährungshemmung
- ☐ Klageerhebung
  - Zuständigkeit des Gerichts, zB § 215 VVG
  - Parteien
  - Richtige Klageart (Leistungs- und/oder Feststellungsklage)
  - Sachverständigenverfahren (zB A.2.17 AKB 2008)
  - Ausschlussfrist gem. § 12 Abs. 3 VVG gesetzt?
- ☐ Haftung wegen Beratungsfehlers
  - Versicherer
  - Vermittler
- ☐ Rechtsschutzdeckung
  - Bestehen einer Rechtsschutzversicherung, einschließlich für Ansprüche aus Versicherungsverträgen
  - Deckungszusage der Rechtsschutzversicherung[2]

II. Der Versicherungsprozess in der Kraftfahrtversicherung

1. Prozessuale Besonderheiten im Haftpflicht- und Versicherungsprozesses

a) Die Abgrenzung des Haftpflichtprozesses und des Versicherungs-, speziell Deckungsprozesses. Zunächst ist zu vergegenwärtigen, dass es sich beim Haftpflichtprozess einerseits und Deckungsprozess andererseits um selbstständige Verfahren handelt in der Kraftfahrtversicherung. Das Haftpflichtverhältnis besteht zwischen dem Versicherungsnehmer und dem Geschädigten. Im Rahmen dieses Rechtsverhältnisses ist zu entscheiden, ob und in welchem Umfang der Versicherungsnehmer schadenersatzpflichtig ist. Das Deckungsverhältnis beinhaltet die Rechtsbeziehungen zwischen dem Versicherungsnehmer und dem Haftpflichtversicherer. Im Rahmen dieses Rechtsverhältnisses ist zu prüfen, ob der Versicherungsnehmer Versicherungsschutz im Rahmen der Haftpflichtversicherung genießt. Über beide Rechtsverhältnisse ist in getrennten Prozessen zu entscheiden (Trennungsprinzip). So darf im Versicherungsschutzprozess (Deckungsprozess) nicht geprüft werden, ob der Anspruch des Geschädigten begründet ist oder nicht. Dies folgt daraus, dass der Versicherungsschutz in der Haftpflichtversicherung auch die Abwehr unbegründeter Schadenersatzansprüche beinhaltet.[3]

b) Trennungsprinzip und Bindungswirkung. Im Haftpflichtprozess wird rechtskräftig gemäß § 322 ZPO nur inter partes, also in der Regel zwischen Schädiger und Geschädigtem, entschieden. Somit scheidet schon nach den Regeln der Prozessordnung eine Rechtskraft-

---

[2] Vgl. auch *van Bühren* Checkliste: Anspruch aus Versicherungsvertrag, Anhang, S. 410 f.
[3] *Bauer* Rn. 762; BGH VersR 1992, 568 sowie BGH r+s 1992, 406 = NJW 1993, 68; vgl. auch *Krämer* r+s 2001, 177.

erstreckung auf das Deckungsverhältnis aus. Eine Bindungswirkung für den Deckungsprozess lässt sich nur über eine Streitverkündung erzielen. Für den Versicherungsnehmer ist es, um im Deckungsprozess mit seinem Befreiungsanspruch nicht auszufallen, unter Umständen geboten, dem Versicherer im Haftpflichtprozess den Streit zu verkünden. Die von der Rechtsprechung zum Verhältnis Haftpflichtdeckung und Deckungsprozess entwickelten Grundsätze lassen sich unter den Stichworten „Trennungsprinzip und Bindungswirkung" zusammenfassen.[4]

9 c) **Einwendungen des Versicherers im Deckungsprozess.** Der Versicherer kann im Deckungsprozess eine Klageabweisung nur aufgrund versicherungsrechtlicher Einwendungen erreichen, da diese nicht Gegenstand des Haftpflichtprozesses waren. Somit ergibt sich aus den Haftungstatbeständen als solchen keine Bindungswirkung. Die Frage, ob ein Einwand aus dem Haftpflichtprozess im Deckungsprozess zuzulassen ist, hängt maßgeblich davon ab, ob über den Einwand bereits im Haftpflichtprozess bindend entschieden wurde.[5] Hieraus folgt, dass in den Fällen, in denen bereits im Haftpflichtprozess die Vorsatzfrage verneint wurde, der Versicherer im Deckungsprozess nicht mehr mit dem Einwand gehört werden kann, es greife der subjektive Risikoausschluss gemäß § 103 VVG ein. Ist allerdings im Haftpflichtprozess der Vorsatz des Versicherungsnehmers bejaht worden, muss es jedoch dem Versicherungsnehmer im Deckungsprozess noch möglich sein, im Hinblick auf die spezifischen versicherungsrechtlichen Konsequenzen des § 103 VVG ein vorsätzliches Verhalten zu bestreiten.[6]

10 d) **Prozessführungsbefugnis des Versicherers im Kraftfahrt-Haftpflichtprozess.** Gemäß E II 4 AKB 2008 haben der Versicherer und die mitversicherte Person dem Versicherer die Führung des Rechtsstreites zu überlassen. Hierzu gehört auch die Befugnis, den Prozessanwalt auszuwählen. Der Versicherer ist nicht nur berechtigt, sondern auch verpflichtet, für den Versicherungsnehmer den Prozess auf seine – des Versicherers – Kosten zu führen. Dem Versicherer steht demgemäß im Verhältnis zum Versicherungsnehmer die Prozessführungsmacht – sog. Prozessmundschaft – zu.[7]

11 Bestellt der Versicherungsnehmer neben dem vom Versicherer beauftragten Rechtsanwalt einen eigenen Anwalt, sind die Kosten des vom Versicherungsnehmer bestellten Rechtsanwaltes regelmäßig nicht vom Versicherer zu erstatten. Allerdings gehören solche Kosten im Verhältnis zur Gegenpartei regelmäßig zu den erstattungsfähigen Kosten des Rechtsstreites.[8]

12 Eine Besonderheit ergibt sich, wenn der Versicherer im Haftpflichtprozess einwendet, der Unfall sei von dem Versicherungsnehmer manipuliert oder sonst wie gestellt worden. In einem solchen Fall gerät der Anwalt, der den Versicherer und den Versicherungsnehmer vertritt, in einen Interessenkonflikt. Der Rechtsanwalt, der entgegen der Behauptung des Versicherungsnehmers einen Versicherungsbetrug vorträgt, würde sich gemäß § 356 StGB strafbar machen. In diesem Fall hat der Versicherer für den Versicherungsnehmer einen eigenen Anwalt zu bestellen.[9] Stellt sich der Interessenkonflikt erst im Laufe des Prozesses heraus, muss der Rechtsanwalt die Vertretung der Parteien niederlegen. In dem Fall, in dem der Rechtsanwalt im Prozess mit Manipulationsverdacht ausschließlich den Versicherer vertritt, sollte er dem Rechtsstreit auf Seiten des beklagten Versicherungsnehmer/der mitversicherten Person als dessen/deren Streithelfer gemäß § 66 ZPO beitreten. Die Zulässigkeit eines solchen Beitritts ist anerkannt.[10] Die Rechtsstellung des Streithelfers richtet sich nach § 67 ZPO. Somit ergibt sich die Möglichkeit, den Klageabweisungsantrag zu stellen und damit ein Versäumnisurteil gegen den Versicherungsnehmer zu verhindern. Hierdurch wird die Möglichkeit ausgeschaltet, dass der Kläger des Haftpflichtprozesses den Deckungsanspruch des Versiche-

---

[4] Vgl. ausführlich zu Rspr. u. Lit. *Krämer* r+s 2001, 177.
[5] BGH NJW 1993, 68.
[6] So *Krämer* r+s 2001, 177; vgl. auch *Heimbücher* Versicherungswirtschaft 2005, 757.
[7] *Krämer* r+s 2001, 177 (179); zur Regulierungs- und Prozessführungsvollmacht des Versicherers vgl. OLG Schleswig r+s 2004, 54.
[8] MAH Versicherungsrecht/*Rümenapp* § 12 Rn. 141.
[9] *Höfle* r+s 2002, 397.
[10] BGH VersR 1993, 625; OLG Köln VersR 2000, 1302.

rungsnehmers pfändet und sich überweisen lässt. Dies hätte zur Folge, dass im Deckungsverhältnis aufgrund der Bindungswirkung die Haftung feststehen würde.[11]

e) Besonderheit der Rechtskrafterstreckung in der Kraftfahrzeughaftpflichtversicherung. 13
Ergeht ein rechtskräftiges Urteil (auch Versäumnisurteil) zwischen dem Geschädigten und dem Kraftfahrzeughaftpflichtversicherer, wonach der Anspruch auf Ersatz des Schadens nicht besteht, wirkt das Urteil auch zugunsten des Versicherungsnehmers bzw. des Mitversicherten und umgekehrt, § 124 Abs. 1 VVG. Das Verhältnis des Geschädigten zum Fahrer, falls er gegen den Halter oder einen sonstigen Schädiger klagt, bleibt unberührt.[12]

2. Klageart und Anträge

a) Leistungs- und/oder Feststellungsklage. Bei der Geltendmachung von Ansprüchen aus 14
einem Versicherungsvertrag stellt sich generell die Frage, ob im Wege der Leistungsklage vorgegangen werden kann oder ob Feststellungsklage zu erheben ist.

Generell ist festzustellen, dass eine **Leistungsklage** in Betracht kommt, soweit der geltend 15
zu machende Anspruch der Höhe nach feststeht.

Bei einer Entscheidung für die Feststellungsklage muss genauestens die Frage der Zu- 16
lässigkeit dieser Klage überprüft werden. Der VN hat in der Haftpflichtversicherung ein rechtliches Interesse iSv § 256 Abs. 1 ZPO an der Feststellung der Eintrittspflicht des Versicherers.[13] Eine Feststellungsklage bleibt zulässig, auch wenn im Laufe des Prozesses eine Leistungsklage möglich wird.[14] Im Deckungsrechtsstreit gegen einen Kraftfahrzeughaftpflichtversicherer ist die Feststellungsklage regelmäßig die richtige Klageart.[15] Daran ändert sich auch nichts, wenn es für den Versicherungsnehmer während des Rechtsstreites aufgrund zwischenzeitlich eingetretener Rechtskraft des Haftpflichturteils möglich wird, zur Leistungsklage überzugehen. Daher kann der zulässige Feststellungsantrag weiterverfolgt werden.

Im Bereich der Kaskoversicherung spricht für die Wahl der Feststellungsklage an sich die 17
dann offen bleibende Möglichkeit, das Sachverständigenverfahren durchzuführen.[16] Hierbei ist jedoch zu berücksichtigen, dass das Sachverständigenverfahren nur bei Meinungsverschiedenheiten zwischen VN und Versicherer über die Höhe des Schadens in Betracht kommt und nicht über die Frage der Eintrittspflicht der Versicherung.[17] Regelmäßig wird daher die Leistungsklage die richtige Klageart sein. Aber auch hier hängt alles vom Einzelfall ab.

b) Negative Feststellungsklage durch Versicherung. Denkbar ist auch, dass der Versicherer 18
eine negative Feststellungsklage erhebt mit dem Ziel der Feststellung, dass seine Eintrittspflicht nicht gegeben ist.

Auch ist bei schon erbrachter Versicherungsleistung die Fallkonstellation denkbar, dass 19
die Versicherung den Regressanspruch anhängig macht. In diesem Fall ist der Versicherungsnehmer nicht gehalten, seinerseits Klage zu erheben, um die Eintrittspflicht der Versicherungsgesellschaft zu klären.

3. Gerichtsstand, speziell für die Deckungsklage

Die Gerichtsstandregelung ist neu. Da die alte Regelung des § 48 VVG Unsicherheiten 20
barg und nicht mehr interessengerecht erschien, wurde dem VN das Recht eingeräumt, die Klage gegen den Versicherer, den Versicherungsvermittler oder den Versicherungsberater an seinem Wohnsitz einzureichen, § 215 Abs. 1 VVG. Sie entspricht insofern der Regelung des § 29c ZPO.

---

[11] *Höfle* r+s 2002, 397, 401.
[12] Prölss/Martin/*Knappmann* VVG § 124 Rn. 2; vgl. hierzu im Einzelnen MAH Versicherungsrecht/ *Rümenapp* § 12 Rn. 144.
[13] BGH VersR 2001, 90.
[14] OLG Hamm NZV 2000, 234.
[15] BGH NJW 1981, 870 = VersR 1981, 173; VersR 1984, 252; vgl. auch OLG Karlsruhe NZV 2005, 378.
[16] *Berz/Burmann* 7 M Rn. 1.
[17] *Feyock/Jacobsen/Lemor* AKB § 14 Rn. 1.

21 § 33 Abs. 2 ZPO ist gem. § 215 Abs. 2 VVG auf Widerklagen der anderen Partei nicht anzuwenden.

22 Eine von § 215 Abs. 3 VVG abweichende Regelung ist zulässig, wenn der VN nach Vertragsschluss seinen Wohnsitz oder gewöhnlichen Aufenthalt aus dem Geltungsbereich des VVG verlegt oder sein Wohnsitz oder sein gewöhnlicher Aufenthalt im Zeitpunkt der Klageerhebung nicht bekannt ist. Sonstige von § 215 Abs. 1 VVG abweichende Vereinbarungen sind unzulässig.

23 Die Neuregelung des Gerichtsstandes stellt eine erhebliche Verbesserung des Verbraucherschutzes dar. Allerdings muss der Anwalt des VN anhand der Übergangsvorschriften überprüfen, ob das VVG in der ab dem 1.1.2008 geltenden Fassung anwendbar ist.

> **Praxistipp:**
> Zu beachten ist, dass die gerichtliche Geltendmachung von Schadenersatzansprüchen im Rahmen des Direktanspruchs nicht in die Zuständigkeitsregelung des § 215 VVG fällt.[18]

4. Prozessführungsrecht der klagenden Partei

24 a) *Grundsätzliches.* Das Prozessführungsrecht ist Prozessvoraussetzung und von Amts wegen zu prüfen. Sind mehrere Personen Versicherungsnehmer gemäß den Regelungen des Versicherungsvertrags, so bilden diese eine einfache Forderungsgemeinschaft.[19] In einem solchen Fall kann ein Versicherungsnehmer nur Klage auf Leistung an alle Versicherungsnehmer als Gläubiger erheben. Etwas anderes gilt nur, wenn die klagende Partei von den übrigen zur Prozessführung ermächtigt ist.[20]

25 b) *Prozessführungsrecht bei Versicherung für fremde Rechnung.* Dem Versicherungsnehmer steht das Recht der Prozessführung auch bei einer Fremdversicherung zu. Ist ein Sicherungsschein ausgestellt, so bedarf er der Ermächtigung des Inhabers des Sicherungsscheins, also des Versicherten. Außerdem muss auf Leistung an den Versicherten geklagt werden. Dem Versicherten steht nämlich gemäß § 44 Abs. 2 VVG das Prozessführungsrecht zu, wenn er im Besitz des Versicherungsscheins ist. Ansonsten bedarf der Versicherte der Zustimmung des Versicherungsnehmers. Etwas anderes gilt nur, wenn der Versicherungsnehmer die Zustimmung ohne billigenswerte Gründe verweigert.[21]

Auch kommt in Betracht, dass der Versicherte aufgrund AVB ein eigenes Prozessführungsrecht hat. Eine solche Regelung ist möglich, da die §§ 44 Abs. 2, 45 Abs. 1 VVG dispositiv und somit abweichende vertragliche Regelungen möglich sind. Eine solche Regelung enthält zB F 2; A I 2 AKB 2008 in der Kraftfahrt-Haftpflichtversicherung für mitversicherte Personen.[22] Ebenso steht dem Mitversicherten ein Recht, seine Rechte selbstständig geltend zu machen in der Kraftfahrt-Unfallversicherung gemäß A 4 II 6 AKB 2008 zu, wenn er namentlich Versicherter ist;[23] eine vergleichbare Regelung enthält § 15 Abs. 2 ARB 2000 für mitversicherte Personen, jedoch mit einem Widerspruchsrecht des VN mit Ausnahme Mitversicherter, die nicht eheliche/eingetragene Lebenspartner sind.[24]

5. Passivlegitimation

26 Grundsätzlich ist der Versicherer passivlegitimiert. Bei einer Mehrheit von Versicherern schließt der VN mit jedem der am Konsortium beteiligten Versicherer einen rechtlich selbst-

---

[18] Beckmann/Matusche-Beckmann/*v. Rintelen* § 23 Rn. 16 mit Hinweisen auf Rspr. und Lit.
[19] OLG Hamm VersR 1990, 1337.
[20] Vgl. im Übrigen zum Prozessführungsrecht bei Verpfändung und Abtretung sowie vor und während der Veräußerung einer Immobilie MAH Versicherungsrecht/*Terbille* § 3 Rn. 16, 19.
[21] BGH VersR 1995, 333.
[22] Beckmann/Matusche-Beckmann/*v. Rintelen* § 23 Rn. 52; vgl. auch Fn. 75: vorgeschrieben in § 2 Abs. 3 KfzPflVV.
[23] Beckmann/Matusche-Beckmann/*v. Rintelen* § 23 Rn. 52.
[24] Vgl. auch *Looschelders* VersR 2000, 23.

ständigen Vertrag über dessen anteilige Haftung.[25] Passiv legitimiert ist in der Regel aufgrund einer vereinbarten Führungsklausel der führende Versicherer, der mit dem auf ihn entfallenden Anteil in Anspruch zu nehmen ist. Allerdings muss im Deckungsprozess der führende Versicherer, beschränkt auf den von ihm zu übernehmenden Teil in Anspruch genommen werden.

6. Streitwert

a) Leistungsklage. Wird auf Leistung der Versicherungssumme geklagt, bestimmt sich der Streitwert gemäß § 12 Abs. 1 GKG nach dem bezifferten Antrag.[26]

b) Klage auf Feststellung. Wird auf das Bestehen eines Versicherungsvertrages geklagt, ist der Streitwert gemäß § 3 ZPO nach freiem Ermessen zu schätzen. Hierbei ist das Interesse des Klägers zugrunde zu legen. Auf Seiten des Versicherers ist etwa maßgebend die zu zahlende Prämie. Für den Versicherungsnehmer kommt es auf den Betrag der beanspruchten Versicherungsleistung an.[27]

Bei einer positiven Feststellungsklage ist ein Abschlag, und zwar in der Regel von 20 %, zu machen. Dies gilt auch, wenn grundsätzlich anzunehmen ist, dass der Versicherer aufgrund eines Feststellungstitels leisten wird.[28] Der Wert einer Klage auf Feststellung, dass eine Kraftfahrzeug-Haftpflicht- und Fahrzeugvollversicherung trotz einer Kündigung durch den Versicherer fortbestehe, ergibt sich aus der dreifachen Jahresprämie.[29]

c) Bei wiederkehrenden Leistungen. Bei wiederkehrenden Leistungen gilt grundsätzlich § 9 ZPO für alle Streitwertarten. Nur soweit die Voraussetzungen der §§ 17, 17a, 20 Abs. 2 GKG erfüllt sind, greifen für den Gebührenstreitwert diese Sonderregelungen ein.

Wird ein Anspruch geltend gemacht auf rückständige Leistungen, etwa Rentenleistungen, und Leistungsantrag auf Rentenzahlung für die Zukunft, so berechnet sich der Streitwert für die fällige Forderung nach § 17 Abs. 4 GKG und für den Gegenstandswert des Leistungsantrages, etwa auf Rentenzahlung, ist § 9 ZPO maßgebend. Nach § 9 ZPO gilt: Der Wert des Rechtes auf wiederkehrende Nutzungen oder Leistungen wird nach dem 3,5-fachen Wert des einjährigen Bezuges berechnet. Der 3,5-fache Betrag ist anwendbar, wenn die Dauer des Bezugrechtes unbestimmt ist.[30]

III. Beweisfragen und Beweislastverteilung im Versicherungsprozess, speziell Regressprozess

1. Allgemeines und die einzelnen Fallgestaltungen

a) Allgemeines – Beweis und Beweislast. Auch im Versicherungsprozess gilt der allgemeine zivilrechtliche Grundsatz, wonach jede Partei die tatsächlichen Voraussetzungen des ihr günstigen Rechtssatzes zu beweisen hat. Den Anspruchsteller trifft also die Beweislast für die anspruchsbegründenden Tatsachen, der Gegner muss Beweis für rechtshindernde, rechtsvernichtende oder rechtshemmende Tatsachen erbringen.

Aus den Beweisgrundsätzen folgt, dass der **VN beweispflichtig** ist für die tatsächlichen Voraussetzungen der für ihn günstigen Regelungen, aus denen er seinen Anspruch herleitet. Dies betrifft folgende Voraussetzungen und Rechtsfolgen:
- Umfang des vereinbarten Versicherungsschutzes, einschließlich des bestehenden Versicherungsverhältnisses
- Eintritt des Versicherungsfalles, also die Verwirklichung eines versicherten Risikos in versicherter Zeit am versicherten Ort

---

[25] Vgl. hierzu ausführlich Beckmann/Matusche-Beckmann/*v. Rintelen* § 23 Rn. 66.
[26] *Anders/Gehle/Kunze* S. 317 Rn. 1.
[27] *Anders/Gehle/Kunze* S. 317 Rn. 2.
[28] Vgl. auch Baumbach/Lauterbach/Albers/*Hartmann* ZPO § 3 Anhang Stichwort „Versicherung", speziell Stichwort „Deckungsprozess".
[29] BGH Beschl. v. 11.10.2000, NVersZ 2001, 92.
[30] Baumbach/Lauterbach/Albers/*Hartmann* ZPO § 9 Rn. 8.

- Höhe der geltend gemachten Forderung
- Ggf. muss der VN bei einer für ihn nachteiligen Rechtsfolge eines Leistungsausschlusses oder einer Verwirkung des Anspruchs eine Gegenausnahme beweisen.

Die **Beweislast des Versicherers** betrifft:
- Voraussetzung eines für den Versicherer günstigen Ausschlusstatbestandes (sog. sekundäre Risikobegrenzung)
- Verwirkungstatbestand, also zB die Verletzung folgender Pflichten:
  - Vorvertraglicher Anzeigepflichtverletzung
  - Prämienverzug
  - Obliegenheitsverletzung
  - Gefahrerhöhung.
  - Im Übrigen sind mögliche Beweislastmodifizierungen durch Spezialregelungen, insbes. AVB zu berücksichtigen.[31]

32 **b) Die Beweislastverteilung.** Mögliche Beweislastveränderungen müssen im Einzelfall betrachtet werden. Hier sind zB zu nennen
- kein bedingungsgemäßer Versicherungsfall, Leistungsfreiheit aufgrund Pflichtverletzung durch den VN
- Rückforderung, zB bei
  - Leistung in Unkenntnis der Leistungsfreiheit
  - Leistung vor Rücktritt
  - Leistung vor Anfechtung
  - Leistung trotz Leistungsfreiheit.

33 Aus der vorstehenden Übersicht über die Grundregeln der Beweislast und die möglichen Fallgestaltungen ist ersichtlich, dass im Einzelfall geklärt werden muss, welche Rechtsfolge vom Versicherungsnehmer oder von dem Versicherer geltend gemacht wird.

34 **c) Beweismittel.** In Betracht kommen die in der Zivilprozessordnung vorgesehenen Beweismittel, nämlich vor allem:

35 *aa) Der Zeugenbeweis gemäß § 373 ZPO.* Hierzu muss ausreichend bestimmt vorgetragen werden, zu welchen Tatsachen der Zeuge bekunden kann. Zu beachten ist, dass das Gericht gemäß § 377 Abs. 3 ZPO eine schriftliche Beantwortung der Beweisfrage anordnen kann.

36 *bb) Sachverständigengutachten.* Der Versicherungsnehmer kann der ihn treffenden Beweislast genügen, indem er Beweis durch Sachverständigengutachten antritt. Hierbei ist zu beachten, dass Privatgutachten grundsätzlich in gerichtlichen Verfahren nicht ausreichen.[32] Relevant ist auch die Frage, ob die Kosten eines vor dem Prozess eingeholten Privatgutachtens erstattungsfähig sind, sei es vom Versicherungsnehmer oder vom Versicherer.[33]

Auch ist daran zu denken, dass die Anhörung des Sachverständigen in der mündlichen Verhandlung gemäß § 411 Abs. 3 und 4 ZPO in Betracht kommt.

37 *cc) Verwertung von Akten aus anderen Verfahren.* Auch kommt als Beweisführung in Betracht die Beiziehung von Akten von einem anderen Prozessverfahren. Hierfür ist Einverständnis der Parteien, also auch des Prozessgegners, nicht erforderlich.

2. Beweisfragen im Rückforderungs-, Regressprozess des Versicherers

38 **a) Darlegungs- und Beweislast.** Im Rückforderungsprozess richtet sich die Klage des Versicherers grundsätzlich gegen den Versicherungsnehmer.

Im Streitfall hat der Versicherer alle Voraussetzungen des von ihm geltend gemachten Anspruches darzulegen und zu beweisen. Den Versicherer trifft zB die volle Beweislast für
- die Obliegenheitsverletzung

---

[31] Vgl. hierzu ausführlich Beckmann/Matusche-Beckmann/*v. Rintelen* § 23 Rn. 79 ff.; zur Beweislast bei manipuliertem Unfall vgl. OLG Hamm zfs 2005, 396.
[32] BGH VersR 1989, 587.
[33] Vgl. hierzu ausführlich MAH Versicherungsrecht/*Terbille* § 3 Rn. 30 unter Hinweis auf Rspr. (Fn. 48).

- die Gefahrerhöhung
- Vorsatz des Versicherungsnehmers
- oder die grobe Fahrlässig sowie die Kausalität

In der Praxis ergibt sich häufig die Fallgestaltung, dass im Rahmen des Rückforderungs- 39
prozesses der Versicherer geltend macht, dass ein Versicherungsfall nicht vorgelegen hat. Bei einer solchen Fallgestaltung kommen dem Versicherer im Rückforderungsprozess diejenigen Beweiserleichterungen nicht zugute, die dem Versicherungsnehmer im Deckungsprozess zustehen.

b) Das Beweismaß. Zum Beweismaß ist zu unterscheiden zwischen dem Beweismaß des 40
Vollbeweises gemäß § 286 Abs. 1 Satz 1 ZPO sowie dem – abgesenkten – Beweismaß des § 287 ZPO.

Für den **Vollbeweis** gilt, dass dieser erbracht ist, wenn der Tatrichter von der Wahrheit der behaupteten Tatsache mit dem für das praktische Leben brauchbaren Grad von Gewissheit überzeugt ist, der Zweifeln Schweigen gebietet, ohne diese indes auch theoretisch völlig auszuschließen.[34]

Das **prozessuale Beweismaß** ist insbesondere in den Diebstahlsfällen in Bezug auf das, 41
was der Versicherer beweisen muss, nicht abgesenkt. Der Versicherer muss daher hier nach § 286 ZPO die volle tatrichterliche Überzeugung herbeiführen, dass er zu Unrecht an den VN geleistet hat.

Das **Beweismaß des § 287 ZPO** ist in versicherungsrechtlichen Streitigkeiten ebenfalls be- 42
deutsam. Die Vorschrift des § 287 Abs. 1 ZPO gewährt vor allen Dingen dem Versicherungsnehmer Beweiserleichterungen und räumt dem Tatrichter unter Abweichung vom Grundsatz der Notwendigkeit der Erschöpfung der Beweismittel eine freiere Stellung bei der Auswahl der Beweise und ihrer Würdigung ein. Im Rückforderungsprozess des Versicherers spielt die Beweismaßabsenkung in der Regel keine Rolle, weil dem Versicherer bekannt ist, welche Beträge er an den VN oder für den VN gezahlt hat. In diesem Fall besteht für eine Beweismaßabsenkung kein praktisches Bedürfnis.

IV. Klage gegen Leistungsablehnung gemäß § 12 Abs. 3 VVG

Die Vorschrift des § 12 Abs. 3 VVG ist im Rahmen der VVG-Reform abgeschafft worden. 43
Aufgrund der Übergangsvorschriften, vor allen Dingen des Art. 1 Abs. 2 EGVVG kann die Vorschrift aber für seltene Altfälle durchaus noch Relevanz haben. Gleichwohl soll, da sich die Darstellung auf die neue Rechtslage beschränkt, von einer weiteren Erörterung der Vorschrift abgesehen und stattdessen auf die diesbezüglichen Ausführungen in der Vorauflage verwiesen werden.

V. Sachverständigenverfahren

1. Sachverständigenverfahren, Rechtsgrundlage

Das Sachverständigenverfahren in der Fahrzeugversicherung ist geregelt in A.2.17 AKB 44
2008. Diese Regelung geht zurück auf § 84 VVG und betrifft ein Sachverständigenverfahren, wenn dies „nach dem Vertrag" vereinbart ist.[35] Das Sachverständigenverfahren ist kein Schiedsgerichtsverfahren gemäß § 1025 ZPO.[36] Somit finden die Regeln der §§ 1025 ff. ZPO keine Anwendung.

2. Das Sachverständigenverfahren

a) Die Regelung des Sachverständigenverfahrens. Die Vorschrift der A.2.17 AKB 2008 45
sieht bei Meinungsverschiedenheiten zwischen dem Versicherer und dem Versicherungsnehmer über die Höhe des Schadens die Entscheidung eines Sachverständigenausschusses

---

[34] BGH NJW 1989, 2949.
[35] Römer/Langheid VVG § 84 Rn. 1.
[36] BGH VersR 1978, 121.

vor. Dieser Ausschuss entscheidet nicht über den Versicherungsanspruch, sondern über Vorfragen, die für seine Höhe maßgebend sind.

46 Zuständig ist der Sachverständigenausschuss zur Entscheidung über die Höhe des Schadens einschließlich der Feststellung des Wiederbeschaffungswertes oder über den Umfang der erforderlichen Reparaturarbeiten. Der Sachverständigenausschuss klärt daher nicht den Anspruchsgrund.

47 **b) Zusammensetzung des Sachverständigenausschusses.** Der Ausschuss besteht aus 2 Mitgliedern. Hiervon benennen der Versicherer und der Versicherungsnehmer jeweils ein Mitglied gemäß A.2.17.2 AKB 2008. Benennt eine Partei nicht innerhalb einer Frist von 2 Wochen ab schriftlicher Aufforderung ein Mitglied, so wird auch das fehlende Mitglied vom anderen Vertragsteil benannt. Die beiden benannten Mitglieder sollen vor Beginn des Verfahrens einen Obmann bestimmen, der innerhalb der durch die Schätzung gegebenen Grenzen gemäß A.2.17.3 AKB 2008 entscheidet, wenn sich die beiden Mitglieder nicht einigen. In A.2.17.3 AKB 2008 ist vorgesehen, dass das zuständige Amtsgericht den Obmann benennt, wenn sich die Mitglieder nicht über die Person eines Obmannes einigen.

48 **c) Kosten des Verfahrens.** Gemäß A.2.17.4 AKB 2008 gilt die Kostenregelung der §§ 91 ff. ZPO entsprechend. Die Kosten des Obmanns sind nicht Kosten des Sachverständigenverfahrens.[37]

49 **d) Sachverständigenverfahren und gerichtliche Zuständigkeit.** In dem Fall, in dem der Versicherungsnehmer trotz Zuständigkeit des Sachverständigenausschusses Klage zum ordentlichen Gericht erhebt und der Versicherer die fehlende Durchführung des Sachverständigenverfahrens geltend macht, ist der Anspruch nicht fällig und die Klage als zurzeit unbegründet abzuweisen.[38] In dem Fall, in dem der Versicherer sich nicht auf A.2.17. AKB beruft, entscheidet das Gericht.[39] Im Übrigen ist bei gerichtlicher Anhängigkeit nicht zu berücksichtigen, ob ein Schiedsgutachterverfahren durchgeführt ist.[40]

50 Die Durchführung eines selbstständigen Beweisverfahrens gemäß § 458 Abs. 2 ZPO ist durch A.2.17. AKB nicht ausgeschlossen.[41] Ist ein selbstständiges Beweisverfahren durchgeführt, so stellt sich die Frage, welche Auswirkungen dieses auf das Sachverständigenverfahren hat. Es dürfte lediglich in Betracht kommen, das Ergebnis des Beweisverfahrens durch Urkunde in das Sachverständigenverfahren einzuführen.

51 **e) Kein Formerfordernis.** Das Sachverständigenverfahren ist formlos. Dies betrifft sowohl die Einleitung als auch Durchführung und Feststellung des Ergebnisses. Ausreichend kann ein gemeinsames Gutachten sein, wenn die Parteien hiermit einverstanden sind.[42]

52 **f) Anhörung der Parteien.** Bei beabsichtigter Anhörung einer Vertragspartei muss der Ausschuss jedoch beide Parteien einladen.[43]

3. Verbindlichkeit/Unverbindlichkeit des Gutachtens

53 **a) Grundsätzliche Bindung.** Die vom Sachverständigenausschuss getroffenen Feststellungen sind für beide Parteien grundsätzlich wie bisher bindend.[44]

54 **b) Mögliche Unverbindlichkeit.** Weicht das Gutachten offenbar von der wirklichen Sachlage erheblich ab iSv § 84 Abs. 1 S. 1 VVG, so ist es nicht verbindlich. In diesem Fall kann der Versicherungsnehmer Leistungsklage erheben und umgekehrt kann der Versicherer Klage auf Feststellung der Unverbindlichkeit des Gutachtens erheben. Auch hat er die Möglichkeit, gegenüber einer auf das Gutachten gestützten Leistungsklage (Wider-)Feststellungsklage der Unverbindlichkeit des Gutachtens zu erheben.

---

[37] LG Kassel DAR 1996, 500.
[38] OLG Hamm VersR 1989, 906.
[39] OLG Celle VersR 1984, 227.
[40] OLG Koblenz r+s 1998, 404 = zfs 1998, 425.
[41] LG München NJW-RR 1994, 355.
[42] OLG Hamm VersR 1988, 509.
[43] BGH VersR 1976, 821.
[44] *Bauer* Rn. 1272.

In einem nachfolgenden gerichtlichen Verfahren entscheidet das Gericht neu, notfalls aufgrund eines von ihm einzuholenden Gutachtens.[45]

VI. Außergerichtliche Streitschlichtung und Ombudsmann

1. Die mögliche außergerichtliche Streitschlichtung

a) **Informelles Vorgehen.** In Versicherungsangelegenheiten, speziell in Angelegenheiten des Versicherungsvertrages, ist es verständlich, dass die Beteiligten nicht selten unterschiedliche (Rechts-)Positionen vertreten, und zwar sowohl hinsichtlich des Inhaltes eines Vertrages, der Versicherungsdeckung oder auch der Höhe der beanspruchten Versicherungsleistung.

Zunächst ist zu nennen die informelle Beschwerde seitens des Versicherungsnehmers. Hierzu haben viele Versicherer ein eigenes, hausinternes Beschwerdemanagement eingerichtet. Dieses Vorgehen hat das primäre Ziel der Erhaltung oder Wiederherstellung einer ungetrübten Geschäftsbeziehung. Es kann angenommen werden, dass bei Beschwerden an das betroffene Versicherungsunternehmen ein qualifiziertes Beschwerdemanagement eine wesentliche Hilfe für eine sachgerechte Klärung ist.

b) **Beschwerde an die Versicherungsaufsicht.** Für die Beschwerden im Versicherungsbereich ist nunmehr – anstelle des früheren Bundesaufsichtsamtes – die Bundesanstalt für Finanzdienstleistungsaufsicht (BaFin) zuständig. Hierzu wird verwiesen auf die speziellen Ausführungen in § 50.

2. Beschwerde beim Ombudsmann

a) **Die Institution des Ombudsmanns.** Gegründet wurde der Verein „Versicherungsombudsmann e. V.". Um die institutionelle Unabhängigkeit des Ombudsmanns zu gewährleisten, wurde vom Gesamtverband der Versicherungswirtschaft (GDV) als eigenständiger Träger die Institution gegründet. Mitglied dieses Vereins kann jedes Mitglied des GDV werden. Der Marktanteil der Versicherungsunternehmen, die Mitglieder des Vereins sind, beträgt mehr als 95 %.[46] Geschaffen wurde die Institution des Ombudsmanns im Jahre 2001. Nachfolgend wird das Ombudsmannverfahren kursorisch beschrieben, weitere Einzelheiten können vor allen Dingen seiner website www.versicherungsombudsmann.de entnommen werden.

b) **Das Verfahren beim Ombudsmann.** *aa) Beschwerdebefugnis.* Beschwerdebefugt sind nur Verbraucher iSv § 13 BGB. Dies ergibt sich aus § 2 Abs. 1 VerfO.

Beschwerdegegner ist das Versicherungsunternehmen, das Mitglied des Vereins „Versicherungsombudsmann e. V." ist. Die Mitgliedschaft ist über die Internetseite des Versicherungsombudsmann e. V. festzustellen. Gegenstand des Beschwerdeverfahrens kann nur sein ein eigener vertraglicher Anspruch des Beschwerdeführers aus einem Versicherungsvertrag oder einem Vertrag, der in einem wirtschaftlichen Zusammenhang mit einem Versicherungsvertrag steht, sowie eine Beschwerde, betreffend einen Anspruch aus der Vermittlung oder Anbahnung eines Versicherungsvertrages.

bb) Frist. Gem. § 2 Abs. 2 VerfO behandelt der Ombudsmann die Beschwerde erst dann, wenn der Beschwerdeführer seinen Anspruch zuvor gegenüber dem Versicherer geltend gemacht und dem Versicherer sechs Wochen Zeit gegeben hat, den Anspruch abschließend zu bescheiden. Ist der Anspruch gegen den Versicherer verjährt, findet gem. § 2 Abs. 3i VerfO kein Beschwerdeverfahren statt, wenn sich der Beschwerdegegner auf Verjährung beruft.

cc) Streitwertgrenze und Zuständigkeitsgrenzen. In § 2 Abs. 3 VerfO sind diejenigen Fälle geregelt, in den das Beschwerdeverfahren nicht stattfindet. Das Beschwerdeverfahren ist

---

[45] *Bauer* Rn. 1275.
[46] Vgl. hierzu Beckmann/Matusche-Beckmann/*v. Rintelen* § 23 Rn. 390; die Satzung des Vereins „Versicherungsombudsmann e. V.", Stand 7.3.2002, ist abgedruckt in Beckmann/Matusche-Beckmann/*Rüther* § 23 Rn. 424.

ausgeschlossen bei Streitigkeiten, deren Wert 80.000 EUR übersteigt. Dieser Wert kann auch von den Parteien nicht einvernehmlich außer Kraft gesetzt werden. Dies hat zur Folge, dass vor allem Streitigkeiten aus der Berufsunfähigkeits- und Unfallversicherung dem Ombudsmann-Verfahren aufgrund des regelmäßig hohen Streitwerts häufig entzogen sind.[47] Ebenfalls ist keine Zuständigkeit des Ombudsmanns gegeben für Ansprüche aus einem Kranken-, Pflege- oder Kreditversicherungsvertrag (§ 2 Abs. 3 lit. b VerfO).[48] Für den Bereich der Krankenversicherung ist ein eigener Ombudsmann zuständig. Ein Beschwerdeverfahren findet auch nicht statt bei Ansprüchen Dritter auf die Versicherungsleistung, § 2 Abs. 3 lit. d VerfO.

62   c) *Prüfung der Begründetheit der Entscheidung des Ombudsmanns. aa) Sachverhaltsprüfung.* Der entscheidungserhebliche Sachverhalt wird von Amts wegen ermittelt. Der Ombudsmann fordert den Beschwerdegegner zu einer Stellungnahme unter Setzen einer einmonatigen Stellungnahmefrist auf, die um bis zu einem Monat verlängert werden kann. Wird eine solche Stellungnahme nicht abgegeben, dann ist allein der Vortrag des Beschwerdeführers Entscheidungsgrundlage. Auch kann der Ombudsmann, wenn erforderlich, ergänzende Stellungnahmen der Parteien anfordern unter Beachtung des Grundsatzes der Gewährung rechtlichen Gehörs. Eine persönliche Anhörung der Parteien ist nicht vorgesehen. Beweise werden nicht erhoben. Jedoch ist der Urkundenbeweis möglich.

63   *bb) Die Entscheidung des Ombudsmanns.* Eine unzulässige Beschwerde wird als unzulässig abgewiesen. Bei einem Wert bis 10.000,– EUR ergeht eine Entscheidung, die allerdings nur für den Versicherer verbindlich ist, soweit er dadurch beschwert wird. Für den Versicherungsnehmer ist eine ablehnende Beschwerdeentscheidung unverbindlich, sodass ihm zur Durchsetzung seines Anspruchs nach wie vor der Rechtsweg offen steht. Ergeht eine Entscheidung, die dem Versicherungsnehmer nur teilweise Recht gibt, steht es ihm frei, den erfolglos gebliebenen Teil des Beschwerdegegenstands gerichtlich klären zu lassen. Die weit überwiegende Zahl der eingelegten Beschwerden hat einen Beschwerdewert bis zu 10000 EUR.[49] Bei einem Beschwerdewert zwischen 10.000,– EUR und 100.000,– EUR kann der Ombudsmann keine Entscheidung treffen, sondern lediglich eine Empfehlung aussprechen. Ein solcher Schlichtungsvorschlag ist für beide Parteien unverbindlich. Im Übrigen werden **Zinsen** zugesprochen in gesetzlicher Höhe gemäß § 288 BGB ab dem Zeitpunkt des Beschwerdeeingangs.

64   In § 8 der VerfO sind verschiedene Fallgestaltungen geregelt, bei denen der Ombudsmann die Befassung mit der Beschwerde ablehnen kann. In diesen Fällen wird die Beschwerde als ungeeignet abgewiesen. So kann der Ombudsmann die Befassung mit der Beschwerde gem. § 8 Abs. 1 VerfO in jeder Lage des Verfahrens ablehnen, wenn diese für eine Entscheidung im Ombudsmannverfahren ungeeignet erscheint, sofern der Umfang der Urkundsbeweisaufnahme so außergewöhnlich wäre, dass die Kapazitäten des Ombudsmanns und seiner Mitarbeiter in unzumutbarer Weise beansprucht wären. Wichtig ist auch der Ablehnungsgrund des § 8 Abs. 2 VerfO, wenn es um eine entscheidungserhebliche, höchstrichterlich noch nicht entschiedene Rechtsfrage geht.

65   *cc) Verjährung.* Während der Dauer des gesamten Beschwerdeverfahrens gilt gegenüber dem Beschwerdegegner die Verjährung des streitbefangenen Anspruchs als gehemmt.[50]

---

[47] Beckmann/Matusche-Beckmann/*v. Rintelen* § 23 Rn. 402.
[48] Vgl. im Übrigen zu den Einzelheiten ausgeschlossener Streitigkeiten Beckmann/Matusche-Beckmann/*v. Rintelen* § 23 Rn. 403 ff.
[49] Beckmann/Matusche-Beckmann/*v. Rintelen* § 23 Rn. 425, speziell Fn. 614.
[50] Vgl. Beckmann/Matusche-Beckmann/*v. Rintelen* § 23 Rn. 430.

§ 50 Fragen der Versicherungsaufsicht*

Übersicht

	Rn.
I. Gesetzliche Grundlagen	1–4
1. Versicherungsaufsichtsgesetz	1
2. Regelungen zum Aufsichtsrecht	2–4
a) Aufsichtsrecht des Bundes	2
b) Versicherungsaufsicht der Bundesländer	3
c) Quellen des Versicherungsaufsichtsrechtes	4
II. Versicherungsaufsicht und Verbraucherschutz	5–9
1. Die Organisation der Versicherungsaufsicht	5/6
2. Auflösung des Bundesaufsichtsamtes für das Versicherungswesen (BAV)	7
3. Versicherungsaufsichtsbehörden der Länder	8
4. Beschwerdemöglichkeit	9

Schrifttum: *Fahr/Kaulbach*, Versicherungsaufsichtsgesetz – VAG, 5. Aufl. 2012; *Prölss*, Versicherungsaufsichtsgesetz, 12. Aufl. 2005; *Römer*, Der Prüfungsmaßstab bei der Missstandsaufsicht nach § 81 VAG und der AVB-Kontrolle nach § 9 AGBG, Münsteraner Reihe, Heft 32, 1996; *Zischka*, Bundesversicherungsaufsichtsamt (BAV) Aufgaben und Kompetenzen – unter Berücksichtigung der laufenden Aufsicht, 1997.

I. Gesetzliche Grundlagen

1. Versicherungsaufsichtsgesetz

Das Versicherungsaufsichtsgesetz (VAG) hat in seiner fast 100-jährigen Geschichte vielfache Änderungen erfahren. Die geltende Fassung des VAG wurde zunehmend von der Entwicklung in der EU bestimmt.[1] Das VAG wurde in der jüngeren Vergangenheit außerordentlich häufig geändert. Allein seit dem Jahre 2007 fanden 7 Gesetzesnovellen statt. **1**

2. Regelungen zum Aufsichtsrecht

a) Aufsichtsrecht des Bundes. Das VAG ist Bundesrecht. Die Gesetzgebungskompetenz ist in Art. 74 Nr. 11 GG geregelt. Eine Abgrenzung ergibt sich aus Art. 74 Nr. 12 GG zur Sozialversicherung auf der einen Seite und zum öffentlich-rechtlichen Versicherungswesen andererseits.[2] **2**

In § 1 Abs. 1 VAG ist eine negative Abgrenzung zur Sozialversicherung vorgenommen. Die Notwendigkeit dieser Regelung ergab sich aus der Einbeziehung der öffentlich-rechtlichen Versicherungsunternehmen in den Anwendungsbereich des VAG.[3]

Der Aufsicht nach dem VAG unterliegen nicht die Träger der Sozialversicherung, zB Kranken-, Unfall-, Rentenversicherung.[4]

b) Versicherungsaufsicht der Bundesländer. Die Bundesländer haben ein eigenes Recht der Versicherungsaufsicht, jedoch mit der Einschränkung, dass im Bereich der Landesaufsicht das VAG der Abänderung durch die Länder entzogen ist.[5] **3**

Die Länder haben eigene Gesetzes- und Verwaltungsvorschriften zum Bereich der Versicherungsaufsicht erlassen.[6]

Zur Versicherungsaufsicht nach der Deregulierung vgl. nachstehend → Rn. 5 ff.

---

* Der Verfasser bedankt sich herzlich bei Herrn Rechtsanwalt *Carsten Kunz* für die Unterstützung bei den Manuskriptarbeiten.
[1] Zur Entwicklung vgl. *Fahr/Kaulbach* Vor § 1 Rn. 18 ff. sowie *Prölss* Vorbemerkung Rn. 12 ff.
[2] *Zischka* Rn. 53.
[3] Vgl. hierzu im Einzelnen *Zischka* Rn. 54 ff.
[4] Vgl. hierzu auch *Prölss* § 1 Rn. 7.
[5] *Prölss* Vorbemerkung Rn. 50 ff.
[6] Vgl. hierzu Übersicht bei *Prölss* Vorbemerkung Rn. 79.

4   c) **Quellen des Versicherungsaufsichtsrechtes.** Primäre Grundlage des Versicherungsaufsichtsrechtes ist das VAG. Daneben sind aufsichtsrechtliche Regelungen auch enthalten zB im Kreditwesengesetz (KWG), im GWG oder in Datenschutzgesetzen.

Bedeutend für die Aufsicht (die Versicherungsaufsicht) ist auch das „Gesetz über die Bundesanstalt für Finanzdienstleistungsaufsicht (Finanzdienstleistungsaufsichtsgesetz – FinDAG)".[7]

Mit dem FinDAG wurden die Aufgaben der bisherigen Bundesaufsichtsämter für
- das Kreditwesen
- das Versicherungswesen und
- den Wertpapierhandel

organisatorisch zusammengefasst. Zugleich wurde aus den bisherigen Ämtern gemäß § 1 Abs 1 FinDAG eine Anstalt.

II. Versicherungsaufsicht und Verbraucherschutz

1. Die Organisation der Versicherungsaufsicht

5   Der Errichtungsakt für die „Bundesanstalt für Finanzdienstleistungsaufsicht" (BaFin) ergibt sich aus § 1 Abs. 1 S. 1 FinDAG. Die bisherigen Ämter wurden verschmolzen und erhielten die Rechtsform einer Anstalt.

Die Aufsicht über diese Ämter wurde damit von der unmittelbaren in die mittelbare Staatsverwaltung überführt. Die BaFin ist als rechtsfähige Anstalt berechtigt und verpflichtet, die ihr obliegenden Aufgaben eigenverantwortlich wahrzunehmen. Die BaFin ist, wie sich aus § 1 FinDAG unmittelbar passivlegitimiert.

Die Bundesanstalt untersteht gemäß § 2 FinDAG der Rechts- und Fachaufsicht des Bundesministeriums der Finanzen (Bundesministerium).

6   Der Grundsatz der Versicherungsaufsicht steht der Deregulierung nicht entgegen. Die Forderung nach klaren, übersichtlichen, verständlichen AVB wird vielmehr gerade im Zeichen der Produktvielfalt an Bedeutung gewinnen. Mehr denn je wird der Gedanke des Verbraucherschutzes in den Vordergrund treten. Hierfür sprechen vor allen Dingen die in § 7 VVG iVm den Regelungen der VVG – InfoV getroffenen Regelungen.

Die BaFin sieht in der Möglichkeit zur gerichtlichen Überprüfung der AVB eine Form der nachträglichen Kontrolle, die die aufsichtliche Prüfung ergänzt.[8] In der Praxis stellt die AGB-rechtliche Kontrolle der Versicherungsbedingungen durch die Rechtsprechung allerdings mittlerweile einen wesentlichen Teil der Kontrolle dar.

Missständen soll durch umfangreiche Informationspflichten vorgebeugt werden, die in § 7 VVG iVm den Regelungen der VVG-InfoV eine völlig neue Regelung erfahren haben.

2. Auflösung des Bundesaufsichtsamtes für das Versicherungswesen (BAV)

7   Das Bundesaufsichtsamt für das Versicherungswesen gibt es nicht mehr. Die Behörde ist durch § 1 Abs. 1 FinDAG untergegangen. Ihre Aufgaben sind Aufgaben der Bundesanstalt für Finanzdienstleistungsaufsicht – BaFin – geworden.

3. Versicherungsaufsichtsbehörden der Länder

8   Eingerichtet sind Versicherungsaufsichtsbehörden der Länder.

4. Beschwerdemöglichkeit

9   Eine Generalklausel zur „laufenden" Missstandsaufsicht enthält § 81 des Gesetzes über die Beaufsichtigung der Versicherungsunternehmen (Versicherungsaufsichtsgesetz – VAG). § 81 Abs. 1 Satz 2 VAG enthält Maßstäbe zur Aufsichtsregulierung. Es gilt der Maßstab der

---

[7] Vom 22.4.2002, BGBl. I S. 1310, geändert durch Gesetz vom 23.7.2002 (BGBl. I S. 2778).
[8] *Zischka* Rn. 270.

§ 50 Fragen der Versicherungsaufsicht

„ausreichenden Wahrung der Belange der Versicherten". Die Berichtigungsaufgaben der Versicherungsaufsicht ergeben sich aus § 81 Abs. 2 S. 1 VAG.

Die Aufsichtsbehörde „kann" Anordnungen treffen; sie hat Eingriff- und Auswahlermessen.[9]

Adressaten der aufsichtsrechtlichen Anordnungen sind zunächst die beaufsichtigten Unternehmen. Die Ausführung der Anordnung obliegt dann dem zuständigen Organ des Versicherungsunternehmens, im Regelfall dem Vorstand.[10]

Im Übrigen sind die das Unternehmen kontrollierenden Personen die Mitglieder des Aufsichtsrates.

Die Regelung des § 81 Abs. 2 S. 1 VAG ermächtigt die Aufsichtsbehörden, Anordnungen zu treffen; diese sind ausnahmslos Verwaltungsakte.[11]

---

[9] *Fahr/Kaulbach* VAG § 81 Rn. 43.
[10] *Fahr/Kaulbach* VAG § 81 Rn. 44.
[11] *Fahr/Kaulbach* VAG § 81 Rn. 51.

§ 51 Exkurs: Die Rückversicherung*

Übersicht

	Rn.
I. Rückversicherung und Kraftfahrtversicherung	1–4
1. Begriff	1/2
2. Bedeutung der Rückversicherung in der Kraftfahrtversicherung	3/4
II. Vertragliche Regelungen	5

Schrifttum: *Prölss/Martin,* Versicherungsvertragsgesetz, 28. Aufl. 2010 (zitiert: Prölss/Martin/*Bearbeiter*).

I. Rückversicherung und Kraftfahrtversicherung

1. Begriff

1 Rückversicherung ist die Versicherung der vom Versicherer – Erstversicherer – übernommenen Gefahr. VN des Rückversicherers ist der Erstversicherer. Zu beachten ist, dass der VN des Erstversicherers keinen Direktanspruch gegen den Rückversicherer erwirbt.[1]

2 Für den Geschädigten und somit auch für den Anwalt, der die Interessen des Geschädigten vertritt, kann es sich bei Großschäden anbieten, zu erkunden, ob bei der Abwicklung des Schadenfalles ein Rückversicherer zu beteiligen ist. Dies kann zu einer Abkürzung und damit Beschleunigung der Regulierung von Schäden führen. Regelmäßig wird die Beteiligung eines Rückversicherers aber für den VN ohne größere Bedeutung sein.

2. Bedeutung der Rückversicherung in der Kraftfahrtversicherung

3 Auch in der Kraftfahrtversicherung, insbesondere in der Kraftfahrthaftpflichtversicherung, spielt die Rückversicherung für den Erstversicherer eine bedeutende Rolle. Der Erstversicherer der Kraftfahrthaftpflichtversicherung deckt das von ihm übernommene Versicherungsrisiko nämlich beim Rückversicherer ab.

4 Auf welche Art und Weise der Rückversicherer an dem Risiko beteiligt ist, erfährt der Geschädigte selbst oder der ihn vertretende Anwalt nicht. Vielmehr erfolgt insoweit die Abstimmung zwischen dem Erstversicherer und dem Rückversicherer.

II. Vertragliche Regelungen

5 Die Rückversicherung ist vertraglich nur geregelt zwischen dem Erstversicherer und dem Rückversicherer. Unmittelbare Rechtsbeziehungen zwischen dem Versicherungsnehmer des Erstversicherers und dem Rückversicherer bestehen nicht.[2] Im Übrigen ist in § 209 VVG festgelegt, dass die Vorschriften des VVG auf die Rückversicherung keine Anwendung finden (wie auch nicht auf die Seeversicherung).

---

* Der Verfasser bedankt sich herzlich bei Herrn Rechtsanwalt *Carsten Kunz* für die Unterstützung bei den Manuskriptarbeiten.
[1] BGH VersR 1970, 29; Prölss/Martin/*Klimke* VVG § 209 Rn. 3.
[2] BGH VersR 1970, 29.

§ 52 Die Beteiligung von Rechtsschutz in der Kraftfahrtversicherung

Übersicht

	Rn.
I. Rechtsschutz zum Versicherungsvertragsrecht	1–22
1. Der grundsätzlich mögliche Rechtsschutz	1–8
a) Der Ausschluss nach ARB 69	1
b) Die Rechtsschutzdeckung in ARB 75/94/2000/2008/2010	2–6
c) Die Rechtsschutzdeckung für „mitversicherte Personen"	7/8
2. Ausgeschlossene Rechtsschutzdeckung	9–17
a) Die Regelung in den Bedingungen	9–11
b) Einzelfragen zum Ausschluss der Rechtsschutzdeckung	12–17
3. Die Meldung des Rechtsschutzfalles	18–20
a) Korrespondenz zur Meldung des Rechtsschutzfalles	18/19
b) Spezielle Hinweise zur Meldung des Rechtsschutzfalles	20
c) Korrespondenz mit Rechtsschutzversicherung in gebührenrechtlicher Sicht	21/22
II. Der Versicherungsschutz zu einzelnen Arten der Kraftfahrtversicherung	23–35
1. Versicherungsschutz für Interessenwahrnehmung aus Versicherungsverträgen	23
2. Mitversicherte Personen	24–26
3. Der Umfang der Rechtsschutzdeckung	27–33
a) Die Rechtsschutzdeckung	27–31
b) Der Leistungsumfang	32
c) Keine Streitwertuntergrenze	33
4. Rechtsschutz und Sachverständigenverfahren	34/35
III. Der Versicherungsfall bei Streitigkeiten aus Versicherungsverträgen	36–38

Schrifttum: *Bauer,* Rechtsentwicklung bei den Allgemeinen Bedingungen für die Rechtsschutzversicherung (ARB) in den Jahren 1995/1996, NJW 1997, 1046; *Buschbell,* Rationelle Rechtsschutzkorrespondenz – Sammlung der Korrespondenz zwischen Anwalt, Rechtsschutzversicherung und Mandant, 2000; *Harbauer,* Rechtsschutzversicherung, ARB-Komm., 8. Aufl. 2010; *Mathy,* Aktuelle Fragen zum Versicherungsvertragsrechtsschutz in der Rechtsschutzversicherung, VersR 2005, 872; *Mathy,* Rechtsschutz-Alphabet, 2. Aufl. 2000.

I. Rechtsschutz zum Versicherungsvertragsrecht

1. Der grundsätzlich mögliche Rechtsschutz

a) Der Ausschluss nach ARB 69. Bei der Schaffung des Vertragsrechtsschutzes in den 1 ARB 69 wurde die Rechtsschutzdeckung aus Versicherungsverträgen ausgeschlossen. Dies hatte seinen Grund nicht in der Möglichkeit von Manipulationen zu Lasten der Risikogemeinschaft, sondern vorwiegend in der Tatsache, dass die Rechtsschutzversicherer traditionsgemäß nicht Mittel für einen Streit mit anderen Versicherern zur Verfügung stellen wollten.[1] Hiergegen hat sich bald Kritik erhoben. Mit dem Erstarken des Verbraucherschutzgedankens setzte sich die Erkenntnis durch, dass die – jedenfalls bei nicht gewerblichen Risiken – kalkulierbaren und daher versicherbaren Kosten rechtlicher Auseinandersetzungen mit Versicherern in den Versicherungsschutz einbezogen werden sollten, um auch insoweit den eigentlichen Zweck der Rechtsschutzversicherung zu verwirklichen, nämlich dem VN „Waffengleichheit" für Auseinandersetzungen mit möglicherweise finanzkräftigen Partnern zu garantieren und ihm das Kostenrisiko für Rechtsfälle des täglichen Lebens abzunehmen.[2] Schon 1974 war einzelnen Rechtsschutzversicherern eine Klausel genehmigt worden, durch die der Ausschluss von Versicherungsverträgen teilweise aufgehoben wurde.[3]

---

[1] *Harbauer* ARB 75 § 4 Rn. 66; hiergegen hat sich bald Kritik erhoben.
[2] *Harbauer* ARB 75 § 4 Rn. 66.
[3] Vgl. zur Entwicklung im Einzelnen *Harbauer* ARB 75 § 4 Rn. 66.

§ 52 2–7

2 b) **Die Rechtsschutzdeckung in ARB 75/94/2000/2008/2010.** Bei Klärung der Frage, ob im Versicherungsvertragsrecht Rechtsschutzdeckung in Betracht kommt und gegebenenfalls in welchem Umfang, sind die unterschiedlichen Rechtsschutzbedingungen (ARB 75 bzw. ARB 94 und ARB 2000 bzw. 2008/2010) zu unterscheiden. Grundsätzlich ist davon auszugehen, dass Interessenwahrnehmungen aus Versicherungsverträgen in vollem Umfange versicherbar sind mit Ausnahme des eigenen Rechtsschutzvertrages.[4] Ursprünglich konnten die Rechtsschutzversicherer ihren Verträgen nur solche Bedingungen zugrunde legen, die das Bundesaufsichtsamt für das Versicherungswesen als Bestandteile des sogenannten Geschäftsplans genehmigt hat.[5] Die jetzt den Verträgen zugrunde liegenden ARB sind Musterbedingungen des Gesamtverbandes der Deutschen Versicherungswirtschaft (GDV). Soweit überblickbar, liegen diese Musterbedingungen den meisten Versicherungsverträgen zugrunde.

3 Der Risikoausschluss nach § 4 Abs. 1h ARB 75 (kein Rechtsschutz aus Versicherungsverträgen) ist in die ARB 94 und ARB 2000/2010 nicht übernommen worden, ebenso wenig die Streitwertuntergrenze der Klausel 150,– EUR (früher 300,– DM), mit der der Versicherungsschutz für Versicherungsverträge nach 1978 in die Verträge eingeführt worden ist.[6]

4 Aufgrund des Fortfalls des in § 4 Abs. 1h ARB 75 enthaltenen Ausschlusses der Interessenwahrnehmung aus Versicherungsverträgen besteht nunmehr bei Verträgen nach den §§ 21, 23 und 25 bis 28 ARB 94 auch Versicherungsvertrags-Rechtsschutz in dem dort jeweils festgelegten Umfang, und zwar ohne Streitwertgrenze.[7]

5 Diese Änderung der Rechtsschutzbedingungen in ARB 94 gegenüber der diesbezüglichen Regelung in ARB 75 hat zur Folge, dass nunmehr die Rechtsschutzdeckung in Versicherungsvertragsangelegenheiten ausgeweitet ist. Es sind jedoch risikospezifische Besonderheiten zu beachten.[8]

6 Zu den jetzt von den meisten Rechtsschutzversicherern eingeführten ARB 2000/2010 ist hinsichtlich der Rechtsschutzdeckung im Versicherungsvertragsrecht festzustellen, dass die Rechtsschutzbedingungen mehr und mehr unterschiedlich gestaltet sind. Andererseits sind Änderungen zu der entsprechenden Regelung nach ARB 94 nicht ersichtlich. Gleiches gilt auch für die neuen Rechtsschutzbedingungen ARB 2008 (GDV-Musterbedingungen), die zum einen die Anpassungen an das ab 1.1.2008 geltende neue VVG enthalten, zum anderen auch die Übersichtlichkeit und Verständlichkeit des Bedingungswerks verbessern und Unklarheiten beseitigen.[9]

Wesentliche Neuerungen des ab 1.1.2008 geltenden neuen VVG betreffen für die Rechtsschutzversicherung folgende Bereiche:
- § 125 VVG enthält eine Legaldefinition der Rechtsschutzversicherung
- Die Klagefrist gem. § 12 Abs. 3 VVG aF ist weggefallen
- Für Klagen aus dem Versicherungsvertrag gegen die Versicherung ist auch das Gericht zuständig, in dessen Bezirk der VN seinen allgemeinen Wohnsitz hat. Für Klagen gegen den VN ist dieses Gericht ausschließlich zuständig (§ 215)
- Kausalitätserfordernis bei Obliegenheitsverletzungen
- Aufgabe des Alles-oder-Nichts-Prinzips bei Obliegenheitsverletzung, Gefahrerhöhung oder grober Fahrlässigkeit (vom Grad des Verschuldens abhängige Quotierung bei grober Fahrlässigkeit § 28 II)
- Wegfall der Kündigungspflicht bei Obliegenheitsverletzungen vor Eintritt des Versicherungsfalls
- Verjährung nach BGB mangels eigener Vorschrift

7 c) **Die Rechtsschutzdeckung für „mitversicherte Personen".** Schwierig gestaltet sich oft die Frage der Rechtsschutzdeckung für so genannte „mitversicherte Personen".[10] Rechts-

---
[4] *Buschbell/Hering* § 7 Rn. 1.
[5] MAHVersR/*Bultmann* § 26 Rn. 8.
[6] *Buschbell/Hering* § 7 Rn. 1.
[7] *Harbauer* ARB 94/2000 § 2 Rn. 9.
[8] *Harbauer* ARB 94/2000 § 2 Rn. 9; vgl. hierzu ausführlich *Mathy* VersR 2005, 872.
[9] MAHVersR/*Bultmann* § 26 Rn. 7.
[10] Vgl. hierzu ausführlich *Harbauer* ARB 75 § 4 Rn. 76; vgl. hierzu auch van Bühren/*Bauer* § 12 Rn. 62.

schutzdeckung ist gegeben, wenn der in einem (anderen) Versicherungsvertrag Mitversicherte den VN dieses (anderen) Versicherungsvertrages wegen einer formell allein dem VN zustehenden Versicherungsleistung in Anspruch nimmt. Dies ist beispielsweise gegeben bei einem mitversicherten Arbeitnehmer, der den Arbeitgeber auf Auskehrung einer zugunsten des mitversicherten Arbeitnehmers angefallenen Unfall- oder Lebensversicherung in Anspruch nimmt. Hier handelt es sich zwar mittelbar auch um Interessen aus einem Versicherungsvertrag. Anspruchsgrundlage ist jedoch für den Arbeitnehmer das Arbeitsverhältnis.[11]

Zu der Frage, ob und unter welchen Voraussetzungen der Ausschluss gemäß § 4 Abs. 1 lit. h ARB 75 bzw. § 3 Abs. 2 lit. h ARB 94 bzw. § 3 ARB 2010 greift, vgl. vorstehend Rn. 4 ff. 8

2. Ausgeschlossene Rechtsschutzdeckung

a) **Die Regelung in den Bedingungen.** Der Ausschluss der Rechtsschutzdeckung ist für den Bereich von Versicherungsverträgen war zunächst geregelt in § 4 Abs. 1 lit. h ARB 75 und entsprechend in ARB 94 in § 3 Abs. 2 lit. h (bezogen auf den Rechtsschutzversicherungsvertrag) bzw. in § 3 Abs. 2 lit. h ARB 2010. 9

Nach § 4 Abs. 1 lit. h ARB 75 sind Streitigkeiten aus Versicherungsverträgen ausgeschlossen, können allerdings durch Vereinbarung einer besonderen Klausel in den Versicherungsschutz einbezogen werden.[12] Die ARB 94 sehen keinen generellen Ausschluss von Versicherungsstreitigkeiten mehr vor. Streitigkeiten gegen sich selbst oder das Schadenabwicklungsunternehmen, das das Versicherungsunternehmen als Compositversicherer betreibt, fallen aber nicht unter die Rechtsschutzdeckung.[13] 10

Der Ausschluss der Rechtsschutzdeckung aus Versicherungsverträgen ist heute nur noch von Bedeutung im Bereich des Firmen-Vertrags-Rechtsschutzes des § 24 Abs. 3 ARB 94/2000/2010 sowie bei Altverträgen der §§ 21, 25, 26 und 27, zu denen die Geltung der neuen Klausel noch nicht vereinbart worden ist.[14] 11

b) **Einzelfragen zum Ausschluss der Rechtsschutzdeckung.** Es ist von dem Grundsatz auszugehen, dass der Ausschluss sich nur auf Versicherungsverträge, dh durch Antrag und Annahme gemäß §§ 145 ff. BGB zustande gekommene schuldrechtliche Verträge des Privatrechts mit einem Versicherer über ein von diesem zu deckendes Risiko bezieht. 12

Nicht unter den Ausschluss fällt die Interessenwahrnehmung aus öffentlich-rechtlichen Versicherungs- und Mitgliedschaftsverhältnissen, denen kein schuldrechtlicher Vertrag zugrunde liegt. 13

Der Ausschluss von Streitigkeiten zu Versicherungsverträgen ist in § 3 Abs. 2 lit. h ARB 94/2000/2010 geregelt. Hierunter fällt insbesondere der Ausschluss von Streitigkeiten mit dem eigenen Rechtsschutzversicherer (früher § 4 ARB 75).[15] Dieser Ausschluss ist nunmehr auch ausgedehnt auf Auseinandersetzungen mit dem für den Versicherer tätigen Schadenabwicklungsunternehmen. In § 3 Abs. 2 lit. h ARB 94/2000/2010 ist nunmehr hinsichtlich des Ausschlusses lediglich geregelt: 14

„Rechtsschutz besteht nicht für die Wahrnehmung rechtlicher Interessen ... aus dem Rechtsschutzversicherungsvertrag gegen den Versicherer oder das für diesen tätige Schadenabwicklungsunternehmen."

Demgegenüber war die entsprechende Regelung in § 4 ARB 75 noch weitergehender, indem dort geregelt wurde:

„Der Versicherungsschutz bezieht sich nicht auf die Wahrnehmung rechtlicher Interessen aus ... Versicherungsverträgen aller Art."

Soweit zu übersehen, ist hinsichtlich des Ausschlusstatbestandes aus Versicherungsverträgen die Regelung aus ARB 94 nunmehr in die ARB 2000 und ARB 2008 und ARB 2000/2010 inhaltsgleich übernommen worden. 15

---

[11] *Harbauer* ARB 75 § 4 Rn. 76 unter Hinweis auf Vorb vor § 21 Rn. 117.
[12] Vgl. Prölss/Martin/*Armbrüster* ARB 94 § 3 Rn. 16.
[13] Prölss/Martin/*Armbrüster* ARB 94 § 3 Rn. 16.
[14] *Harbauer* ARB 75 § 4 Rn. 66.
[15] Vgl. *Harbauer* ARB 75 § 4 Rn. 77.

16 Der in den ARB 75 geregelte Ausschluss greift nicht bei einer Interessenwahrnehmung aus gesetzlichen Versicherungsverhältnissen.[16] Hiervon zu unterscheiden ist zB der mit einem öffentlich-rechtlichen Versicherungsunternehmen geschlossene privatrechtliche Vertrag.[17]

17 Im Übrigen ist die Beurteilung der Frage, ob der Streit aus einem Versicherungsverhältnis unter die Deckung fällt oder ob Versicherungsdeckung ausgeschlossen ist, abhängig von der Art des Versicherungsverhältnisses, zB ist kein Streit aus einem Versicherungsverhältnis eine Auseinandersetzung des Arbeitnehmers mit einer Unterstützungskasse seines Arbeitgebers iSd § 1 Abs. 4 Betriebsrentengesetz.[18]

3. Die Meldung des Rechtsschutzfalles

18 **a) Korrespondenz zur Meldung des Rechtsschutzfalles.** Bei der Meldung eines Rechtsschutzfalles zu einer versicherungsrechtlichen Auseinandersetzung sind der Rechtsschutzversicherung alle für die Prüfung der Eintrittspflicht notwendigen Fakten mitzuteilen. Dies kann im Anschreiben geschehen. Zweckmäßig ist es jedoch, neben einem allgemein gehaltenen Text zur Meldung des Rechtsschutzfalles die notwendigen Angaben aus Gründen rationeller Korrespondenzgestaltung in einem Vermerk oder Anhang unter Beifügung der Korrespondenz mitzuteilen.

Muster: Meldung eines Rechtsschutzfalles in einer versicherungsrechtlichen Auseinandersetzung

19 An
Rechtsschutzversicherungs-AG . . . . . .
VS-Nr.: . . . . . .
VN: . . . . . ./(mitversicherte Personen) . . . . . .
hier: Versicherungsrechtliche Auseinandersetzung
Ereignisdatum: . . . . . .
Rechtsschutz für: . . . . . . (zB Deckung für Ansprüche aus einer Teilkaskoversicherung wegen Entwendung des Fahrzeuges)
Aus Anlass des o. g. Ereignisses hat Ihr VN, zu dessen Gunsten bei Ihnen unter der o. g. Mitgliedsnummer eine Rechtsschutzversicherung besteht, Auftrag zur Interessenvertretung erteilt.
Das Mandat wurde übernommen.
Der zugrunde liegende Sachverhalt ist den als Anlage beigefügten Unterlagen zu entnehmen.
Für den VN wird gebeten, für die Tätigkeit bedingungsgemäß Kostenschutz zu gewähren und dies zu bestätigen.
Über den Fortgang und den Abschluss der Angelegenheit wird in üblicher Weise berichtet.

Rechtsanwalt

Anlagen:
(wie bezeichnet)[19]

20 **b) Spezielle Hinweise zur Meldung des Rechtsschutzfalles.** Bei der Meldung des Rechtsschutzfalles ist es wichtig, schon in der ersten Korrespondenz alle notwendigen Angaben zu machen, damit die Rechtsschutzversicherung ohne weitere Anfragen und Korrespondenz ihre Eintrittspflicht prüfen kann. Die notwendigen Angaben beziehen sich auf
- Angaben zum Versicherungsverhältnis sowie
- zum Versicherungsfall/Ereignisdatum,
- Darstellung des dem Versicherungsfall zugrunde liegenden Sachverhaltes.[20]

---

[16] Vgl. hierzu im Einzelnen *Harbauer* ARB 75 § 4 Rn. 67.
[17] Vgl. hierzu und zu privatrechtlichen Versicherungsverhältnissen, evtl. auch aufgrund besonderer Verpflichtung die Zusammenstellung bei *Harbauer* ARB 75 § 4 Rn. 70 sowie Prölss/Martin/*Armbrüster* ARB 94 § 3 Rn. 16.
[18] *Harbauer* ARB 75 § 4 Rn. 72.
[19] Vgl. hierzu auch *Buschbell* § 2 Rn. 29.
[20] Vgl. hierzu *Buschbell* § 2 Rn. 30 ff.

c) Korrespondenz mit Rechtsschutzversicherung in gebührenrechtlicher Sicht. Grundsätzlich ist es nicht Aufgabe des Rechtsanwaltes, die Rechtschutzzusage für seinen Auftraggeber einzufordern. Dies ist Aufgabe des Auftraggebers, die aber meistens und in der Regel vom Anwalt übernommen wird. Da es sich um eine Tätigkeit handelt, die eigentlich vom Auftraggeber erledigt werden müsste, handelt es sich im Prinzip um eine gebührenpflichtige Tätigkeit gem. Nr. 2300 VV-RVG, die gesondert abzurechnen ist. Gegenstandswert dieser Tätigkeit ist die Höhe der **insgesamt** entstehenden Kosten. Der Ansicht,[21] dass es sich bei dieser Tätigkeit um einen Annex zur Hauptsache und damit um eine vorbereitende Maßnahme iSv § 19 RVG handelt, kann nicht gefolgt werden. Es ist nicht die Aufgabe des Rechtsanwaltes, auch noch die Sicherstellung seiner Gebührenansprüche zu betreiben. Allerdings hat der Rechtsanwalt eine Hinweispflicht gegenüber seinem Mandanten, dass durch seine Tätigkeit (Korrespondenz mit der Rechtsschutzversicherung) zusätzliche Kosten anfallen.[22] Vielfach werden diese Tätigkeiten natürlich kostenlos und auch nicht ganz uneigennützig – als Serviceleistung – vom Rechtsanwalt geleistet. Das kann aber nicht dazu führen, dass Gerichte derartige Tätigkeiten generell als kostenlos betrachten.

Wenn die Korrespondenz mit der Rechtsschutzversicherung nicht den Umfang der Hauptsache sprengt, was ja gelegentlich vorkommt, sollte der Rechtsanwalt, um auch die Gebührenzahlung sicher zu stellen, diese Tätigkeiten ohne Berechnung leisten. Letztlich muss aber jeder Rechtsanwalt selbst entscheiden, wie er dies handhabt.

II. Der Versicherungsschutz zu einzelnen Arten der Kraftfahrtversicherung

1. Versicherungsschutz für Interessenwahrnehmung aus Versicherungsverträgen

Der in § 4 Abs. 1 Buchst. h ARB 75 enthaltene Ausschluss der Interessenwahrnehmung aus Versicherungsverträgen ist entfallen.[23] Nunmehr besteht Rechtsschutzdeckung für die Interessenwahrnehmung aus Versicherungsverträgen nach den §§ 21, 23 und 25 bis 28 ARB 1994/2000/2008/2010. Der Firmen-Vertrags-Rechtsschutz ist in den ARB 2000/2008 nicht vorgesehen. Es gibt aber Rechtsschutzversicherer, die für bestimmte Berufsgruppen den Firmen-Vertrags-Rechtsschutz anbieten.[24]

2. Mitversicherte Personen

Der Versicherungsschutz gem. § 21 ARB (Verkehrs-Rechtsschutz) ist **personenbezogen** und bezieht sich nur auf den Versicherungsnehmer, mit Ausnahme von Abs. 3, der **fahrzeugbezogen** ist. Der Versicherungsschutz gem. § 22 ARB (Fahrer-Rechtsschutz) ist für Personen bestimmt, die kein eigenes Fahrzeug besitzen oder versichern wollen.[25] Der Versicherungsschutz bezieht sich hier nur auf den Versicherungsnehmer oder eine sonstige, im Versicherungsschein benannte Person.[26]

Beim Rechtsschutz gem. § 25 ARB (Privat- und Berufsrechtsschutz für Nichtselbständige), § 26 (Privat-, Berufs- und Verkehrsrechtsschutz für Nichtselbständige), § 27 (Landwirtschafts- und Verkehrsrechtsschutz) und § 28 (Privat-, Berufs- und Verkehrsrechtsschutz für Selbständige) sind mitversichert der eheliche oder eingetragene oder im Versicherungsschein genannte sonstige Lebenspartner, die minderjährigen und die unverheirateten, nicht in einer eingetragenen oder sonstigen Lebenspartnerschaft iSd § 3 Abs. 4b ARB lebenden volljährigen Kinder bis zur Vollendung des 25. Lebensjahres, letztere jedoch längstens bis zu dem Zeitpunkt, in dem sie erstmalig eine auf Dauer angelegte berufliche Tätigkeit ausüben und hierfür ein leistungsbezogenes Entgelt erhalten. Einzelne Versicherungsunternehmen haben eine höhere Altersgrenze festgelegt.

---

[21] LG München JurBüro 93, 163.
[22] Gerold/Schmidt/*Müller-Rabe* § 19 RVG Rn. 30.
[23] *Harbauer* ARB 94/2000 § 2 Rn. 9.
[24] *Buschbell/Hering* § 15 Rn. 4.
[25] *Harbauer* ARB 2000 § 22 Rn. 1.
[26] *Harbauer* ARB 2000 § 22 Rn. 2.

26 Während der Lehre, des Militärdienstes, eines Praktikums, Arbeitslosigkeit nach beendeter Schul- oder Berufsausbildung, Referendare während der Ausbildungszeit, Ferienjobs oder des Ersatzdienstes sind sie mitversichert.[27]

3. Der Umfang der Rechtsschutzdeckung

27 a) **Die Rechtsschutzdeckung.** Versicherungsschutz besteht grundsätzlich für eine Interessenwahrnehmung aus allen Unterarten der Kraftfahrtversicherung im Sinne der AKB. Dies betrifft also rechtliche Auseinandersetzungen aus einer Kraftfahrzeug-Reparaturkostenversicherung, einer Pannenversicherung oder einer Verkehrs-Service- (Auto-Schutzbrief, Auto-Sicherheitsbrief, Auto-Schutzpass) Versicherung.

28 Bei Bestehen einer allgemeinen Unfallversicherung, einer Reisegepäckversicherung oder einer Reiserücktrittskostenversicherung besteht Versicherungsschutz aus diesen Versicherungsverträgen auch, wenn der Versicherungsfall – zB unzureichende Leistung des Versicherers – in einer dieser Sparten mit einer der durch § 21 Abs. 1 oder § 22 Abs. 1 ARB geschützten Eigenschaften sachlich zusammenhängt.

29 Beinhaltet ein Verkehrsrechtsschutz gemäß § 21 ARB oder Fahrzeugrechtsschutz gemäß § 22 ARB auch den Versicherungsvertrags-Rechtsschutz, so umfasst er nicht nur Streitigkeiten aus einer Kfz-Unfallversicherung, sondern auch solche aus einer allgemeinen Unfallversicherung, sofern der Versicherungsnehmer den Unfall als Insasse erlitten hat. Die Voraussetzung ist gegeben, wenn Anlass zur versicherungsrechtlichen Auseinandersetzung besteht, zB in der Eigenschaft als Fahrzeuginsasse.[28] Der Begriff des Insassen ist in den ARB nicht definiert. Er deckt sich aber weitgehend mit dem Insassenbegriff in § 17 Abs. 1 S. 2 AKB.[29] Danach sind berechtigte Insassen Personen, die sich mit Wissen und Willen der über die Verwendung des Fahrzeugs Verfügungsberechtigten in oder auf dem versicherten Fahrzeug befinden oder sich im ursächlichen Zusammenhang mit ihrer Beförderung beim Gebrauch des Fahrzeugs im Rahmen des § 18 Abs. 1 (AKB) tätig werden.

30 Der Soziusfahrer auf dem Zweirad ist Insasse. Verlässt der Insasse das Fahrzeug, kann er gleichwohl noch Insasse sein, wenn das Verlassen des Fahrzeugs noch im ursächlichen Zusammenhang mit seiner Beförderung steht.[30] Verlässt der Insasse das Fahrzeug, schließt die Tür und erreicht festen Boden, entfällt seine Insasseneigenschaft, es sei denn, das Verlassen des Fahrzeuges steht noch in einem inneren Zusammenhang mit der Gefahr, die für den Insassen durch das Ein- oder Aussteigen entsteht.[31] Ein Insasse, der bei einem Unfall aus dem Fahrzeug geschleudert wird, hat für diesen Unfall Versicherungsschutz. Wird er anschließend auf der Straße liegend überfahren, besteht für diesen weiteren Unfall kein Versicherungsschutz.[32]

31 Zu ARB 94 ist festzustellen, dass nach Fortfall der Ausschlussregelungen in § 4 Abs. 1 lit. h ARB 75 nunmehr Versicherungsschutz besteht bei Verträgen nach den §§ 21, 23 und 25 bis 28 ARB 94/2000/2008 aus Versicherungsvertrags-Rechtsschutz in dem dort jeweils festgelegten Umfang, und zwar ohne die Streitwertgrenze.[33]

32 b) **Der Leistungsumfang.** Der Leistungsumfang des Versicherers bestimmt sich nach § 5 ARB 94 bzw. § 2 ARB 75 bzw. § 5 ARB 2010.

33 c) **Keine Streitwertuntergrenze.** Im Versicherungsvertrags-Rechtsschutz besteht Rechtsschutzdeckung in dem dort jeweils festgelegten Umfang, und zwar ohne Streitwertuntergrenze, wie in der seit 1978 verwendeten Klausel vorgesehen war.[34]

---

[27] van Bühren/*Plote* § 23 Rn. 22.
[28] AG Weilheim VersR 1996, 1364 = zfs 1996, 151 = r+s 1996, 64; vgl. hierzu auch ausführlich *Mathy* Ziff. 4; vgl. auch Prölss/Martin/*Armbrüster* ARB 75 § 21 ARB 75 Rn. 3 sowie *Harbauer* ARB 75 § 21 Rn. 62.
[29] Harbauer/*Stahl* ARB 2000 § 21 Rn. 38.
[30] Harbauer/*Stahl* ARB 2000 § 21 Rn. 38.
[31] Harbauer/*Stahl* ARB 2000 § 21 Rn. 39.
[32] van Bühren/*Plote* § 21 Rn. 19.
[33] *Harbauer* ARB 94/2000 § 2 Rn. 9.
[34] *Harbauer* ARB 94/2000 § 2 Rn. 9 unter Hinweis auf ARB 75 Rn. 77.

4. Rechtsschutz und Sachverständigenverfahren

Die Rechtsschutzdeckung erstreckt sich auch auf ein Sachverständigenverfahren, wenn Meinungsverschiedenheiten zwischen VN und Versicherung durch ein besonderes Sachverständigenverfahren, zB gemäß § 14 AKB in der Kraftfahrzeug-Kaskoversicherung oder § 12 AUB (aF) zu regeln sind. 34

Beruft sich der Kaskoversicherer nach Meinungsverschiedenheit zur Schadenhöhe auf das Sachverständigenverfahren nach § 14 AKB, ist der Anspruch des VN noch nicht fällig, und es ist somit noch kein Rechtsverstoß des Kaskoversicherers festzustellen. Der Rechtsschutzversicherer ist also für die außergerichtliche Geltendmachung von Ansprüchen des VN nicht eintrittspflichtig.[35] 35

III. Der Versicherungsfall bei Streitigkeiten aus Versicherungsverträgen

Auszugehen ist davon, dass in der Regel der Streit aus Versicherungsverträgen nicht identisch ist mit dem Ereignis, das den Versicherungsfall und damit die Leistungspflicht des Versicherers ausgelöst hat oder ausgelöst haben soll.[36] 36

Diese Definition hat zur Folge, dass der Versicherungsfall zu dem Zeitpunkt zu definieren ist, zu dem der Versicherer die dem Versicherten vertragsgemäß zustehende Leistung ganz oder teilweise verweigert oder sich mit der Erbringung der Leistung in Verzug befindet. Lehnt zB der Kraftfahrthaftpflichtversicherer des rechtsschutzversicherten VN die Deckung ab, weil sich der VN nach dem Unfall unerlaubt vom Unfallort entfernt und dadurch seine versicherungsvertragliche Aufklärungspflicht verletzt habe, dann besteht – soweit nicht aus anderen Gründen der Versicherungsschutz ausgeschlossen ist – die Rechtsschutzdeckung, wenn zum Zeitpunkt der angeblich unerlaubten Entfernung (behaupteter Rechtsverstoß des VN) Versicherungsschutz bestanden hat. In der Regel liegt der Rechtsverstoß dann vor, wenn der Versicherer nach Behauptung des rechtsschutzversicherten VN bedingungswidrig unzureichend oder verspätet reguliert, ohne sich hierbei auf einen vorangegangenen Verstoß des VN gegen dessen versicherungsvertragliche Pflichten zu berufen.[37] 37

Wird ein Sachverständigenverfahren eingeleitet, so stellt sich die Frage, ob allein die Einleitung dieses Verfahrens den Versicherungsfall auslöst oder ob durch dieses vertragsgemäße Verhalten noch kein Versicherungsfall abzuleiten ist. Die Rechtsschutzdeckung besteht jedoch auch bereits für die außergerichtliche Interessenwahrnehmung und somit auch bereits für das Sachverständigenverfahren, zB gemäß § 14 AKB oder § 12 AUB (aF). 38

---

[35] AG Düsseldorf r+s 1996, 448; vgl. hierzu auch *Bauer* NJW 1997, 1046, 1050, vgl. hierzu auch *Mathy* Ziff. 4.
[36] BGH VersR 1984, 434 (für Schadenereignisses in der Haftpflichtversicherung).
[37] AG Düsseldorf r+s 1989, 292; zfs 1983, 17; AG Neuss zfs 1987, 177; vgl. auch ausführlich *Harbauer* ARB 75 § 14 Rn. 55.

§ 53 Kosten, Gebühren, Verfahrenskostenhilfe in der Kraftfahrtversicherung

Übersicht

	Rn.
I. Allgemeines	1/2
II. Kosten und Gebühren	3–9
1. Außergerichtliche Angelegenheit	3–5
a) Anwendung des 2. Teils, Abschnitt 3 VV RVG	3
b) Mehrere Auftraggeber und einzelne Tätigkeiten	4/5
2. Gerichtliches Verfahren	6/7
3. Sachverständigenverfahren gemäß § 14 AKB	8
4. Beratung und „erstes Gespräch"	9
III. Beratungs- und Prozesskostenhilfe	10–37
1. Beratungshilfe	11–21
a) Die allgemeinen Voraussetzungen	11
b) Vergütung	12–21
2. Prozesskostenhilfe	22–35
a) Objektive Voraussetzungen	23–25
b) Subjektive Voraussetzungen	26–34
c) Prozesskostenhilfe und Fristwahrung im Versicherungsrecht	35
3. Kostenschutz durch Rechtsschutzversicherung und/oder Gewerkschaft	36/37
IV. Gegenstandswert	38–40
1. Rechtsgrundlagen des materiellen Streitwertrechtes	38/39
2. Gegenstandswert/Streitwert in versicherungsrechtlichen Angelegenheiten	40

Schrifttum: *Gerold/Schmidt*, Rechtsanwaltsvergütungsgesetz, 21. Aufl. 2013, 18. Aufl. 2006 (zitiert: Gerold/Schmidt/*Bearbeiter*); *Hofmann*, Die neue Kfz-Versicherung, 1. Aufl. 1994; *Kalthoener/Büttner/Wrobel-Sachs*, Prozesskostenhilfe und Beratungshilfe, NJW-Schriftenreihe Bd. 47, 7. Aufl. 2014; *Madert*, Der Gegenstandswert in bürgerlichen Rechtsangelegenheiten, NJW-Schriftenreihe Bd. 20, 4. Aufl. 1999.

I. Allgemeines

1 Im Privatversicherungsrecht ist davon auszugehen, dass das Rechtsverhältnis zwischen Versicherungsnehmer und Versicherungsunternehmen auf privatrechtlicher Grundlage zustande kommt, also als Vertrag, mit der Folge, dass es dem Privatrecht zuzuordnen ist. Das Privatversicherungsrecht steht damit im Gegensatz zum Sozialversicherungsrecht.[1] Auch können sich im Versicherungsrecht verwaltungsrechtliche Streitigkeiten ergeben, so zB im Recht der Versicherungsaufsicht. Maßgebend für die Frage, welche Gebühren entstehen, ist die Zuordnung der jeweiligen Streitsache, also als privatrechtliche Angelegenheit, Angelegenheit des Sozialrechtes oder Verwaltungsrechtes.

2 Für sozialrechtliche Angelegenheiten und speziell für Verfahren vor Gerichten der Sozialgerichtsbarkeit richten sich die Gebühren nach § 3 RVG. Es können je nach Personenkreis (§ 183 SGG) Wertgebühren oder Betragsrahmengebühren des Vergütungsverzeichnisses des RVG (VV RVG) anfallen. Das RVG trennt die außergerichtlichen und gerichtlichen Verwaltungsverfahren oder die versicherungsrechtlichen Streitigkeiten, die dem Privatrecht zuzuordnen sind, gebührenseitig nicht. Im außergerichtlichen Bereich entstehen Gebühren des 2. Teils des VV RVG. In gerichtlichen Verfahren fallen Gebühren des 3. Teils des VV RVG an. Daneben können Allgemeine Gebühren des 1. Teils VV RVG, zB die Einigungsgebühr oder die Erledigungsgebühr, sowie die Auslagen gemäß Teil 7 des VV RVG berechnet werden.

---

[1] *Hofmann* § 1 Rn. 1.

II. Kosten und Gebühren

1. Außergerichtliche Angelegenheit

a) Anwendung des 2. Teils, Abschnitt 3 VV RVG. Mit dem Auftrag der außergerichtlichen 3 Vertretung in einer versicherungsrechtlichen Angelegenheit entstehen die Gebühren des 2. Teils, Abschnitt 3 des VV RVG. Zu denken ist hierbei an die – außergerichtliche – Vertretung gegenüber einem Versicherungsunternehmen, etwa gerichtet auf Versicherungsleistung oder die Abwendung eines Regresses. In diesem Fall kann die Geschäftsgebühr der Nr. 2300 VV RVG berechnet werden. Diese ist eine Rahmengebühr mit einem gemäß § 14 RVG zu gewichtenden Rahmen von 0,5 bis 2,5. Die Mittelgebühr für durchschnittliche Angelegenheiten beträgt 1,5. Ist die Sache weder schwierig noch umfangreich, ist nach der Anmerkung zu Nr. 2300 VV RVG keine höhere Gebühr als 1,3 abrechnungsfähig. Bei der 1,3 Gebühr handelt es sich nicht um die Mittelgebühr, sondern die wegen der Anmerkung gekappte Mittelgebühr.

b) Mehrere Auftraggeber und einzelne Tätigkeiten. Wird von mehreren Personen der Auftrag zur Interessenvertretung erteilt, etwa vom VN und einer mitversicherten Person, etwa dem Fahrer eines Fahrzeuges zB zur Abwendung eines Regresses, so können sachliche Gründe dafür sprechen, dass es sich um verschiedene Angelegenheiten handelt mit der Folge, dass für jeden Auftraggeber separat Gebühren anfallen. Solche Gründe können zB darin liegen, dass die zu vertretenden Parteien wechselseitig als Zeugen zur Verfügung stehen oder je nach Lage des Falles interne Ausgleichsansprüche entstehen könnten, die eine gemeinsame Vertretung unmöglich macht. Liegt nur eine Angelegenheit iSd § 15 RVG vor, erhöht sich die Geschäftsgebühr um 0,3 je weitere Person, VV Nr. 1008 RVG.

Kommt es zu einer Besprechung der Angelegenheit, so ist diese Tätigkeit innerhalb des 5 zur Verfügung stehenden Rahmens von 0,5 bis 2,5 zu berücksichtigen. Nach der Gesetzesbegründung führt aber eine kurze Besprechung mit dem Gegner oder einem Dritten nicht automatisch zu einer höheren Gebühr als die „Schwellengebühr" von 1,3 (Anm. zu 2300 VV RVG). Bei Abschluss eines Vergleiches oder einer Einigung entsteht zusätzlich die Einigungsgebühr der Nr. 1000 VV RVG. Ändert die Behörde einen Verwaltungsakt aufgrund der Tätigkeit des Rechtsanwalts ab, fällt die Erledigungsgebühr der Nr. 1002 VV RVG an.

2. Gerichtliches Verfahren

Im gerichtlichen Verfahren zwischen VN und Versicherungsunternehmen richten sich die 6 Gebühren nach Teil 3 des VV RVG. Es entsteht die Verfahrens- und gegebenenfalls die Terminsgebühr.

Wird eine Angelegenheit teils außergerichtlich geregelt und wird zu dem nicht geregelten 7 Streitgegenstand ein Prozessverfahren geführt, etwa über eine Restentschädigung nach vorangegangener Teilregulierung, so richten sich die Gebühren – vergleichbar der Teilregulierung in Unfallschadenangelegenheiten – nach den gleichen Grundsätzen. Auf die Abrechnungsbeispiele zu § 36 wird ergänzend hingewiesen.

3. Sachverständigenverfahren gemäß § 14 AKB

Für das Sachverständigenverfahren enthält § 14 Abs. 5 AKB eine Kostenregelung. Diese 8 Regelung beinhaltet, dass bei Bewilligung der Forderung des Versicherungsnehmers durch den Sachverständigenausschuss der Versicherer die Kosten voll zu tragen hat. Kommt der Ausschuss dagegen zu einer Entscheidung, die über das Angebot des Versicherers nicht hinausgeht, so sind die Kosten des Verfahrens vom Versicherungsnehmer voll zu tragen. Liegt die Entscheidung zwischen Angebot und Forderung, so tritt eine verhältnismäßige Verteilung der Kosten ein. Die Gebühren richten sich ebenfalls nach Teil 2 Abschnitt 3 des VV RVG.

4. Beratung und „erstes Gespräch"

Die Erteilung eines Rates oder einer Auskunft in einer versicherungsrechtlichen Ange- 9 legenheit ist nach § 34 RVG abzurechnen. Die Beratung in einer versicherungsrechtlichen

Angelegenheit ist, soweit es sich nicht um eine wirtschaftliche Beratung handelt, als eine Rechtsangelegenheit zu qualifizieren. Notwendig ist jedoch, dass die Tätigkeit des Anwaltes in der versicherungsrechtlichen Angelegenheit unter die Berufstätigkeit des Anwaltes fällt, die nach dem RVG vergütet wird. Hierunter fällt auch der Rat oder die Auskunft in einer wirtschaftsrechtlichen Frage.[2] Da § 34 RVG die gesamte Beratungstätigkeit aus dem Vergütungsverzeichnis herausgenommen hat, muss der Anwalt mit seinem Auftraggeber eine Gebührenvereinbarung schließen. Wird keine Gebührenvereinbarung geschlossen, dann berechnen sich die Gebühren nach den Vorschriften des bürgerlichen Rechts. Ist der Auftraggeber Verbraucher iSd § 13 BGB, wobei sich die Verbrauchereigenschaft auf das Mandatsverhältnis bezieht, beschränkt sich die Vergütung auf einen Betrag von maximal 250,– EUR; bei einem ersten Gespräch (**Erstberatung**) kann keine höhere Gebühr als 190,– EUR berechnet werden, § 34 Abs. 1 S. 3 RVG. Die Kappungsgrenze von 190,– EUR betrifft nur das **Beratungsgespräch**, nicht aber den schriftlichen Rat.

III. Beratungs- und Prozesskostenhilfe

10 Als Angelegenheiten des Privatrechts kommen für die außergerichtliche Vertretung und die gerichtliche Vertretung ebenfalls Beratungs- und Prozesskostenhilfe in Betracht.

1. Beratungshilfe

11 a) **Die allgemeinen Voraussetzungen.** Gemäß § 1 Abs. 1 BerHG wird für die Wahrnehmung von Rechten Beratungshilfe gewährt.[3] Auch für die Wahrnehmung von Rechten in versicherungsrechtlichen Auseinandersetzungen wird Beratungshilfe gewährt. Die Begriffsbestimmung der „Angelegenheiten" iSv § 2 Abs. 2 BerHG findet sich weder im BerHG noch im RVG.[4]

12 b) **Vergütung.** *aa) Beratungshilfegebühr.* Eine Pauschalgebühr von 15,– EUR steht gemäß Nr. 2500 VV RVG dem Rechtsanwalt gegen den Ratsuchenden zu, dem er Beratungshilfe gewährt. Diese Gebühr kann nach den Verhältnissen des Mandanten erlassen werden, Anm. zu Nr. 2500 VV RVG.

13 Die Pauschalgebühr soll dazu dienen, dem Ratsuchenden ein gewisses persönliches Opfer aufzuerlegen, um den Wert der erbrachten Leistung hervorzuheben unter Berücksichtigung der Lebenserfahrung: „Was nichts kostet, ist nichts". Die Gebühr steht dem Rechtsanwalt neben der Vergütung aus der Staatskasse zu.[5] Der Erlass „nach den Verhältnissen des Ratsuchenden" steht im freien Ermessen des Anwaltes. Eine gerichtliche Überprüfung der Ermessensausübung ist ausgeschlossen.[6]

14 Ein Anspruch auf **Auslagen** gemäß Teil 7 des VV RVG, zB Umsatzsteuer, besteht daneben nicht, da diese im Pauschalbetrag enthalten sind, Anm. zu Nr. 2500 VV RVG.

15 Eine **Festsetzung** der Beratungshilfegebühr gemäß § 11 RVG ist nicht möglich. In jedem Fall ist daher „Vorkasse" zu empfehlen. In der Regel verzichten Rechtsanwälte auf diese Gebühr. Allenfalls in Ausnahmefällen, speziell dann, wenn die Beratung „lästig" war, wird diese Gebühr erhoben. Ein genereller Verzicht des Rechtsanwaltes auf diese Gebühr sollte aber nicht erfolgen. Es kann nicht schaden, wenn der Mandant auf diese Art erfährt, dass die anwaltliche Leistung, die er in Anspruch nimmt, auch etwas kostet.

16 Das bisher in § 8 BerHG enthaltene Verbot von Vereinbarungen über eine Vergütung im Bereich der Beratungshilfe ist mit Wirkung zum 1.1.2014 außer Kraft.[7]

17 Aus diesem Grunde ist auch die Verweisung in § 3a Abs. 4 aF mit Wirkung zum 1.1.2014 entfallen.

---

[2] Gerold/Schmidt/*Madert* § 34 RVG Rn. 21.
[3] Vgl. *Kalthoener/Büttner/Wrobel-Sachs* Rn. 937.
[4] *Kalthoener/Büttner/Wrobel-Sachs* Rn. 1012 (versicherungsrechtliche Angelegenheit sind bei *Kalthoener/Büttner/Wrobel-Sachs* im Sachverzeichnis nicht ausdrücklich aufgeführt).
[5] *Kalthoener/Büttner/Wrobel-Sachs* Rn. 994 unter Hinweis auf Rspr.
[6] *Kalthoener/Büttner/Wrobel-Sachs* Rn. 996 f.
[7] Mayer/Kroiß/*Teubel* § 3a Rn. 54.

Ab dem 1.1.2014 darf der Rechtsanwalt gem. 8 BerHG ausschließlich die Vergütung nach dem BerHG verlangen. Gem. § 8a Abs. 2 BerHG kann die Beratungsperson vom Rechtsuchenden Vergütung nach den allgemeinen Vorschriften verlangen, wenn sie 1. keine Vergütung aus der Staatskasse fordert oder einbehält und 2. den Rechtsuchenden bei der Mandatsübernahme auf die Möglichkeit der Bewilligung sowie auf die sich für die Vergütung ergebenden Folgen hingewiesen hat.[8]

Gem. § 8a Abs. 4 BerHG kann der Rechtsanwalt im Fall der nachträglichen Antragstellung gem. § 6 BerHG dann von dem Rechtsuchenden Vergütung nach den allgemeinen Vorschriften verlangen, wenn die Beratungshilfe nicht bewilligt wird und der Rechtsanwalt bei Mandatsübermahme hierauf hingewiesen hat. Dieser Fall dürfte häufiger vorkommen, da in der Regel die Rechtsuchenden sofort zum Rechtsanwalt gehen und nicht erst zum Amtsgericht, um sich dort den Beratungshilfeschein zu besorgen. Der Rechtsanwalt sollte daher grundsätzlich in allen Beratungshilfemandaten mit nachträglicher Antragstellung gem. § 8a Abs. 4 BerHG verfahren. 18

Durch die gesetzliche Änderung der Beratungshilfevorschriften zum 1.1.2014 muss der Rechtsanwalt im Fall der nachträglichen Antragstellung auch die neue Frist gem. § 6 Abs. 2 BerHG beachten: In diesem Fall ist der Antrag spätestens vier Wochen nach Beginn der Beratungshilfetätigkeit zu stellen. 19

bb) Ansprüche gegen die Landes-/Staatskasse. Die Vergütung für die Beratungshilfe aus der Landeskasse ist in den §§ 44 ff. RVG geregelt. In Teil 2, Abschnitt 5 VV RVG sind die Gebührentatbestände festgelegt, zB 20
- die Beratungsgebühr (Nr. 2500),
- die Geschäftsgebühr (Nr. 2503),
- die Einigungs- und Erledigungsgebühr (Nr. 2508).

Bei den vorgenannten Gebührentatbeständen handelt es sich um Festgebühren, also streitwertunabhängige Pauschgebühren.[9]

Bei mehreren Auftraggebern ist VV Nr. 1008 RVG entsprechend anzuwenden, sodass sich die Gebühren für jeden Auftraggeber entweder erhöhen oder gesondert anfallen. Diese Erhöhung kommt nicht in Betracht für die Einigungs- oder Erledigungsgebühr der Nr. 2503 VV RVG. 21

2. Prozesskostenhilfe

Für einen Rechtsstreit in einer versicherungsrechtlichen Angelegenheit kommt auch die Gewährung von Prozesskostenhilfe in Betracht. Zu den Voraussetzungen im Einzelnen ist Folgendes zu beachten: 22

a) **Objektive Voraussetzungen.** Es ist davon auszugehen, dass in allen zivilprozessualen Streitigkeiten Prozesskostenhilfe bewilligt werden kann.[10] Objektive Voraussetzung ist „hinreichende Erfolgsaussicht der Rechtsverfolgung". Hinreichende Erfolgsaussicht bedeutet eine gewisse Wahrscheinlichkeit eines Erfolges bei summarischer und rechtlicher Prüfung. Jedoch dürfen an die Prüfung der Erfolgsaussicht keine überspannten Forderungen gestellt werden.[11] 23

Die Prüfung der Erfolgsaussicht erfolgt in zwei Stufen, nämlich in rechtlicher und tatsächlicher Hinsicht. Der Tatsachenvortrag wird im Wesentlichen nur summarisch geprüft. Voraussetzung für die hinreichende Erfolgsaussicht ist, dass das angerufene Gericht örtlich und sachlich zuständig ist. Die Klage muss zulässig und der Vortrag der Parteien muss schlüssig und tatsächlich glaubhaft sein. Hierzu gehört, dass zulässige Beweismittel angeboten werden.[12] Die rechtliche Prüfung ist jedoch nicht eingeschränkt. Schwierige ungeklärte Rechtsfragen sollen im Prozesskostenhilfeverfahren nicht geklärt werden.[13] 24

---

[8] Mayer/Kroiß/*Teubel* § 3a Rn. 54.
[9] Zum Anfall der Auskunftsgebühr, Vertretungsgebühr sowie Vergleichs- und Erledigungsgebühr vgl. *Kalthoener/Büttner/Wrobel-Sachs* Rn. 1002, 1007.
[10] *Kalthoener/Büttner/Wrobel-Sachs* Rn. 10.
[11] BGH NJW 1994, 1160, 1161.
[12] *Kalthoener/Büttner/Wrobel-Sachs* Rn. 410.
[13] BVerfG NJW 1992, 889.

25 Neben der Schlüssigkeit des Tatsachenvortrages und der rechtlichen Prüfung erfolgt auch eine Prüfung der Erfolgsaussicht unter dem Gesichtspunkt der Beweisbarkeit. Die Prüfung der Erfolgsaussicht unter dem Gesichtspunkt der Beweisbarkeit führt zu einer gewissen Beweisantizipation.[14]

Auch kommt in Betracht, dass die Rechtsverfolgung oder Rechtsverteidigung lediglich teilweise Aussicht auf Erfolg bietet, sodass das Gericht Prozesskostenhilfe lediglich für einen beschränkten Antrag bewilligt.[15]

26 **b) Subjektive Voraussetzungen.** Gemäß §§ 114, 115 ZPO ist bestimmt, dass die Gewährung von Prozesskostenhilfe von den „persönlichen und wirtschaftlichen Verhältnissen" der Partei und damit davon abhängt, ob sie die Prozesskosten aus ihrem Einkommen und Vermögen aufzubringen vermag. Die persönlichen und wirtschaftlichen Verhältnisse des Antragstellers sind in einer Erklärung über diese Verhältnisse darzulegen und glaubhaft zu machen.

27 Die Prüfung der persönlichen und wirtschaftlichen Verhältnisse erfolgt in einer bestimmten Reihenfolge. Hierzu ergibt sich folgender Überblick:

Zunächst ist zu prüfen, ob die Partei die Prozesskosten aus dem Vermögen nicht aufbringen kann.[16]

Alsdann ist das Bruttoeinkommen gemäß § 115 Abs. 1 Ziff. 1 ZPO zu ermitteln. Hiervon sind bestimmte Positionen abzustimmen, zB Einkommenssteuern, Versicherungsbeiträge, Werbungskosten etc.[17] Hilfreich sind bei Berechnung so genannte Prozesskostenhilfe-Rechner, die man z. T. kostenlos im Internet herunterladen kann.[18]

28 Die Prozesskostenhilfe kann mit oder ohne Ratenzahlungsanordnung gewährt werden. Für die Praxis bedeutet dies, dass auch in versicherungsrechtlichen Angelegenheiten, soweit es sich um zivilrechtliche Auseinandersetzungen handelt, Prozesskostenhilfe zu gewähren ist. Die Prozesskostenhilfe ist zu beantragen.

Formulierungsvorschlag:

29 An das
Amts-/Landgericht ......

Antrag auf Gewährung von Prozesskostenhilfe

Hiermit wird beantragt,
   dem Kläger/Beklagten für die Durchführung des Rechtsstreites
   Prozesskostenhilfe zu gewähren unter Beiordnung von
   Rechtsanwalt/Rechtsanwältin ......,
   hilfsweise unter Anordnung von Ratenzahlung.

Zur Begründung vorstehenden Antrages wird Folgendes ausgeführt:
Die Rechtsverfolgung des Antragstellers bietet hinreichende Aussicht auf Erfolg. Hierzu wird auf das Vorbringen in der beigefügten/verfassten Klageschrift Bezug genommen.
Der/die Antragsteller/in ist nach den „persönlichen und wirtschaftlichen Verhältnissen" nicht imstande, die Prozesskosten aus dem eigenen Einkommen und Vermögen aufzubringen.
MITTEL DER GLAUBHAFTMACHUNG: Anliegende eidesstattliche Versicherung

30 Zu beachten ist, dass zum 18.1.2014 ein neues PKH-Formular gesetzlich eingeführt wurde. Der Gesetzgeber geht davon aus, dass durch dieses Formular (Erklärung über die persönlichen und wirtschaftlichen Verhältnisse) eine Vereinfachung eintritt. Dieses Formular ist zwingend. Ob damit tatsächlich eine Vereinfachung eingetreten ist, darf bezweifelt werden,

---

[14] *Kalthoener/Büttner/Wrobel-Sachs* Rn. 413.
[15] *Kalthoener/Büttner/Wrobel-Sachs*, Prozesskostenhilfe und Beratungshilfe, Rn. 415.
[16] Ob und inwieweit das Vermögen einzusetzen ist, vgl. *Kalthoener/Büttner/Wrobel-Sachs* Rn. 313 ff.
[17] Vgl. hierzu im Einzelnen *Kalthoener/Büttner/Wrobel-Sachs* Rn. 209.
[18] ZB http://www.pkh-fix.de.

denn das Formular erstreckt sich über 4 Seiten ausschließlich einer unfangreichen 5-seitigen Anleitung. Die Frage, wer wohl dieses Formular ausfüllt, braucht hier sicher nicht beantwortet zu werden.

Bei PKH-Mandaten muss der Rechtsanwalt in Zukunft beachten, dass der Gesetzgeber gewisse Neuerungen eingeführt hat, die sich auch auf den Rechtsanwalt auswirken. So besteht zB für den Mandanten die Verpflichtung, jede Änderung seiner Anschrift unverzüglich mitzuteilen. Gem. § 124 Abs. 1 Nr. 4 ZPO kann Säumnis sogar zur Aufhebung der Bewilligung führen. Die Verpflichtungen der Partei bestehen längstens für die Dauer von 48 Monaten nach dem rechtskräftigen Abschluss der Sache. 31

Der Anwalt sollte nicht nur, sondern er muss die Partei auf die gesetzlichen Vorschriften hinweisen. Das Gericht wird sich ausschließlich an den beigeordneten Anwalt wenden. Der Rechtsanwalt hat also auch noch bis zu vier Jahre nach dem Abschluss der Sache die Akten „auf dem Tisch". Nachfragen oder Aufforderungen des Gerichtes werden an den Anwalt gestellt, der sich dann mit seiner Partei in Verbindung setzen muss. Unter Umständen muss der Rechtsanwalt sogar die neue Anschrift erforschen, hat also zusätzlichen Aufwand, den er nicht bezahlt erhält. 32

Praxistipp:
Aus diesem Grund wird daher empfohlen, unmittelbar nach Abschluss des Verfahrens in den Fällen ohne Anwaltzwang das Mandat niederzulegen. Dann muss das Gericht selbst versuchen, Kontakt mit der Partei aufzunehmen.

Grundsätzlich sollte der Rechtsanwalt schriftlich mit dem Mandanten vereinbaren, dass er nicht verpflichtet ist, eine eventuell neue Anschrift des Mandanten zu erforschen, sondern der Mandant verpflichtet ist, jede Änderung seiner Anschrift unaufgefordert und unverzüglich auch dem Rechtsanwalt mitzuteilen. 33

Zu beachten ist auch, dass neben der Prozesskostenhilfe eine Vergütungsvereinbarung gem. § 3a Abs. 3 S. 1 RVG insoweit nichtig ist, als eine höhere als die gesetzliche Vergütung vereinbart wird. Das bedeutet aber auch, dass die Vergütungsvereinbarung insoweit wirksam ist, als sie die Vergütung eines Wahlanwaltes umfasst.[19] 34

c) Prozesskostenhilfe und Fristwahrung im Versicherungsrecht. Fraglich ist, ob der Antrag auf Prozesskostenhilfe zur Unterbrechung der Verjährung ausreichend ist. Es ist davon auszugehen, dass, um eine Benachteiligung unbemittelter Versicherungsnehmer zu vermeiden, die Einreichung des Prozesskostenhilfegesuches auch ohne Beifügung eines Klageentwurfes für die Fristwahrung ausreichend ist, wenn der VN alles Zumutbare tut, damit die Klage „demnächst" iSv § 270 Abs. 3 ZPO zugestellt werden kann.[20] In einer neuen Entscheidung hat der BGH entschieden, dass die Mittellosigkeit für eine Fristversäumung nicht kausal ist, wenn der beim Berufungsgericht zugelassene Rechtsanwalt bereit war, die Berufung auch ohne die Bewilligung von PKH zu begründen.[21] 35

3. Kostenschutz durch Rechtsschutzversicherung und/oder Gewerkschaft

Bei Eintrittspflicht einer Rechtsschutzversicherung ist Bedürftigkeit nicht gegeben. Jedoch entfällt die Voraussetzung der Bedürftigkeit erst mit der Erteilung der Deckungszusage durch die Rechtsschutzversicherung.[22] 36

Kommt Rechtsschutzgewährung durch die Gewerkschaft oder einen Verband in Betracht, so ist dies nach den gleichen Grundsätzen wie bei Beteiligung einer Rechtsschutzversiche- 37

---

[19] Mayer/Kroiß/*Teubel* § 3a Rn. 51; *Hartung/Schons/Enders* § 3a Rn. 113.
[20] BGHZ 98, 295; ebenso OLG Köln r+s 1989, 309; OLG Koblenz r+s 1989, 310; 1991, 253; vgl. auch ausführlich mit Nachweisen der Rspr. Prölss/Martin/*Prölss* § 12 Rn. 64.
[21] BGH AnwBl. 2008, 639.
[22] BGH JurBüro 1992, 48; vgl. hierzu auch und insbesondere zur Vorrangigkeit der Rechtsschutzdeckung *Kalthoener/Büttner/Wrobel-Sachs* Rn. 331.

IV. Gegenstandswert

1. Rechtsgrundlagen des materiellen Streitwertrechtes

38 Unter Streitwert ist der Wert des Streitgegenstandes in bürgerlichen Rechtsstreitigkeiten zu verstehen. Im Prozessrecht wird der Begriff „Streitwert" verwandt. Das GNotKG spricht vom Geschäftswert (§ 36), das RVG vom Gegenstandswert (Abschnitt 4 RVG).[23]

39 Der Wert eines Streitgegenstandes hat unter anderem Bedeutung für die sachliche Zuständigkeit des angerufenen Gerichtes für mögliche Verfahrensarten, die Zulässigkeit von Rechtsmitteln oder Beschwerden und schließlich für die Berechnung der Gebühren des Gerichtes und der Rechtsanwälte.[24]

2. Gegenstandswert/Streitwert in versicherungsrechtlichen Angelegenheiten

40 In versicherungsrechtlichen Angelegenheiten bestimmt sich der Gegenstandswert, sofern er nicht summenmäßig bestimmt ist, nach dem Interesse. Hierbei werden nachfolgend beispielhaft die wichtigsten Fallgestaltungen aufgeführt:
- Klage auf Abschluss eines Versicherungsvertrages, zB aufgrund Vorvertrages; hier bestimmt der Streitwert sich gemäß § 3 ZPO nach dem Interesse des Klägers, das zu schätzen ist.[25]
- Bei einer Klage auf Feststellung des Bestehens oder Nichtbestehens eines Vertrages beläuft sich der Streitwert auf die Versicherungssumme abzüglich 20 %.[26]
- Bei Klage auf Erfüllung (Prämienklage) ist der Streitwert der Betrag der eingeklagten Prämien.
- Bei der Klage auf Auszahlung der Lebensversicherungssumme ist der Streitwert der Betrag, der begehrt wird.
- Bei einer Klage auf Leistung der Versicherungssumme ist der Streitwert der bezifferte Antrag.
- Bei der Klage auf Feststellung des Bestehens eines Versicherungsvertrages ist der Streitwert nach § 3 ZPO zu schätzen, und zwar differenziert:
  - Für den Versicherer als Kläger sind die zu zahlenden Prämien maßgebend.
  - Für den Versicherungsnehmer kommt es auf die Möglichkeit an, Versicherungsleistung zu erlangen; da es sich um eine positive Feststellungsklage handelt, ist in der Regel ein Abschlag von 20 % zu machen.
  - Ist ungeklärt, ob bereits Berufsunfähigkeit eingetreten ist, sind 50 % des für eine Leistungsklage maßgeblichen Wertes anzusetzen.
  - Hinsichtlich der Unfallzusatzversicherung ist ein Wert von 10 % der Versicherungssumme angemessen.[27]
- Bei der Klage des Versicherungsnehmers gegen den Versicherer auf Gewährung von Haftpflichtversicherungsschutz mittels Feststellungsklage bestimmt sich der Streitwert gemäß § 3 ZPO nach dem Interesse; maßgeblich ist der Streitwert im Regelfall minus 20 %.[28]

---

[23] Vgl. *Madert* Rn. 1; zum Begriff des Streitgegenstandes *Madert* Rn. 3.
[24] Vgl. hierzu *Madert* Rn. 4 sowie Übersicht zu den Streitwertvorschriften *Madert* Rn. 5.
[25] *Madert* Rn. 502.
[26] BGH NJW-RR 1997, 1562.
[27] Zu vorstehenden Beispielen vgl. *Madert* Rn. 503.
[28] BGH NJW 1965, 1198; OLG Hamm AnwBl. 1984, 95; OLG Düsseldorf VersR 1974, 1034; OLG Frankfurt JurBüro 1981, 272; *Madert* Rn. 269.

Anhang Teil G

1. Mandanteninformation zum Versicherungsrecht

A. Allgemeines

Der Bereich Versicherungen gliedert sich in zahlreiche Versicherungssparten. Im privaten Bereich haben mehrere Versicherungen besondere Bedeutung. Als Beispiele aus dem Bereich der Sachversicherungen sind zu nennen: Die Gebäude-, Hausrat-, Haftpflichtversicherung. Im Bereich der Personenversicherung spielt die – private – Krankenversicherung eine wichtige Rolle sowie die Lebens-, die Berufsunfähigkeits- und die Unfallversicherung.

Im privaten Bereich ist auch zusätzlich von besonderer Bedeutung die Kraftfahrtversicherung, die – soweit die Kraftfahrzeughaftpflichtversicherung betroffen ist – als Pflichtversicherung für jedes Fahrzeug abgeschlossen werden muss (vgl. Mandanteninformation zur Kraftfahrtversicherung Anhang D.2).

Als Regelungspunkte für alle Versicherungsarten und als wichtige Aspekte sind zu nennen:
  Abschluss des Versicherungsvertrages sowie Beginn und Dauer;
  versichertes Risiko und Risikoausschlüsse;
  das richtige Verhalten zum Erhalt des Versicherungsschutzes (Obliegenheiten);
  Leistungsansprüche im Versicherungsfall.
Nachfolgend werden die vorgenannten Regelungspunkt und Aspekte im Überblick dargestellt:

I. Abschluss des Versicherungsvertrages

Der Abschluss des Versicherungsvertrages erfolgt regelmäßig in der Weise, dass derjenige, der eine Versicherung abschließen will – genannt Versicherungsnehmer (VN) – den Antrag auf Abschluss einer Versicherung stellt. Seit dem 1.1.2008 ist es aber auch möglich, dass Sie den Versicherer durch Ausfüllen eines Formulars nur auffordern, seinerseits ein Angebot abzugeben, dieses Verfahren bezeichnet man als Invitatio-Modell. Bei diesem Modell müssen sie ein von dem Versicherer unterbreitetes Angebot noch annehmen, da ansonsten kein Versicherungsvertrag zustande gekommen ist.

Der Inhalt eines abzuschließenden Versicherungsvertrages wird zunächst bestimmt durch gesetzliche Vorgaben, zum anderen durch die vereinbarten Versicherungsbedingungen. Zu den zu beachtenden Aspekten wird auf die nachstehenden Ausführungen verwiesen.

Der Versicherungsvertrag kommt wie jeder andere Vertrag durch Annahme eines Antrages, also eines Antrages auf Abschluss der Versicherung zustande. Häufig erfolgt die Annahme durch schlüssiges Handeln, zB durch Übersendung der Versicherungspolice. Wichtig ist für den Versicherungsnehmer zu prüfen, ob der Inhalt der Police mit der gewollten Versicherung, dh mit dem Antrag, identisch ist. Wenn hier Unklarheiten bestehen, sollte man sich an den Versicherer oder den Versicherungsvermittler wenden.

Ein wichtiger Aspekt ist der Inhalt des Versicherungsvertrages. Hierfür sind regelmäßig maßgebend die Allgemeinen Versicherungsbedingungen (AVB). Versicherungsbedingungen können nach § 7 Abs. 2 VVG grundsätzlich nur noch durch Aushändigung vor Abgabe der Vertragserklärung des Versicherungsnehmers gem. § 305 BGB wirksamer Gegenstand des Vertrages werden (sog. „Antragsmodell"). Der Versicherungsnehmer hat ein zweiwöchiges Widerrufsrecht. Ob diese Frist abgelaufen ist, kann beurteilt werden, wenn geklärt ist, welche Unterlagen Ihnen übergeben wurden. Für die Bearbeitung eines versicherungsrechtlichen Mandats ist es daher wichtig, dass Sie uns sämtliche Versicherungsunterlagen einschließlich des Schriftverkehrs mit dem Versicherer zur Verfügung stellen.

II. Beginn und Dauer des Versicherungsschutzes

Beginn und Dauer des Versicherungsschutzes werden bestimmt durch die Vereinbarungen im Versicherungsvertrag. Für den Versicherungsnehmer ist es wichtig, darauf zu achten, für welchen Zeitraum der Versicherungsvertrag abgeschlossen wird.

III. Verpflichtung zur Prämienzahlung

Der versprochenen Versicherungsleistung steht als Äquivalent gegenüber die Verpflichtung zur Zahlung der Versicherungsprämie. Wird die Versicherungsprämie, insbesondere die Erstprämie, nicht zum Fälligkeitszeitpunkt gezahlt, droht der Verlust des Versicherungsschutzes; Einlösungsprinzip. Für den Fall der nicht rechtzeitigen Zahlung der Folgeprämien tritt diese Rechtsfolge auch ein, wenn die Prämie trotz Mahnungen schuldhaft nicht gezahlt wird.

B. Inhalt des Versicherungsvertrages

I. Versichertes Risiko und Ausschlüsse

Als gemeinsame Kriterien für alle Versicherungen sind folgende Punkte zu nennen:

Es ist für den Versicherungsnehmer (VN) wichtig, Klarheit darüber zu haben, welches Risiko versichert ist. Dies wird im Vertrag geregelt und ergibt sich aus der Beschreibung des versicherten Risikos in der Versicherungspolice und den Versicherungsbedingungen. Die Beschreibung des **versicherten Risikos** erfolgt regelmäßig im Versicherungsschein (genannt Versicherungspolice) und den Versicherungsbedingungen. Ebenso ist in der Versicherungspolice und den Versicherungsbedingungen aufgeführt, welche **Ausschlüsse** der vereinbarten Versicherung zugrunde liegen.

II. Richtiges Verhalten zum Erhalt des Versicherungsschutzes (Obliegenheiten)

Von besonderer Wichtigkeit ist, und in der Praxis wird dies häufig nicht hinreichend beachtet, dass mit der Begründung des Versicherungsschutzes und zu seinem Erhalt der Versicherungsnehmer ein bestimmtes Verhalten zu beachten hat. Dieses dem Versicherungsnehmer obliegende Verhalten wird unter dem Begriff „**Obliegenheit**" beschrieben. Hier ist zu unterscheiden zwischen den Obliegenheiten, die schon bei Abschluss des Versicherungsvertrages, vor dem Versicherungsfall und nach dem Versicherungsfall zu beachten sind. Als Beispiele für das richtige Verhalten vor Abschluss des Versicherungsvertrages sind zu nennen: Zutreffende Angaben über eine Vorversicherung oder bei der Vorversicherung vorgekommene Schadenfälle. Genaueste Angaben hierzu sind insbesondere in der Krankenversicherung von besonderer Bedeutung. Werden diese so genannten „**Anzeige-Obliegenheiten**" nicht beachtet, kann die Versicherung vom Vertrag zurücktreten, ihn kündigen oder diesen anfechten mit der Folge des Verlustes des Versicherungsschutzes.

Darüber hinaus sind auch sogenannte **Obliegenheiten** vor dem **Versicherungsfall** zu beachten, zB in der Kraftfahrtversicherung die sogenannte Führerscheinklausel, die beinhaltet, dass nur Versicherungsschutz besteht, wenn der Fahrer des Fahrzeuges die erforderliche Fahrerlaubnis besitzt.

Schließlich sind von besonderer Wichtigkeit die **nach** Eintritt eines **Versicherungsfalles** zu beachtenden Obliegenheiten. Hierunter sind im Wesentlichen zu verstehen: Richtige Angaben zum Eintritt des Schadens und zur Schadenhöhe. Falsche Angaben zum Wert, zB einer gestohlenen Sache, führen zum Verlust des Versicherungsschutzes.

Werden Obliegenheiten schuldhaft, dh vorsätzlich oder grob fahrlässig verletzt, so kann dies zur Leistungsfreiheit der Versicherung oder im Ganzen oder zumindest teilweise führen.

Weiter ist für den Versicherungsschutz auch noch wichtig das richtige Verhalten zur sogenannten **Gefahrerhöhung**. Hierunter sind Umstände zu verstehen, die im Hinblick auf das versicherte Risiko besondere Gefahren und Umstände darstellen.

Ein weiteres wichtiges Stichwort ist der „**Repräsentant**". Hierunter ist im wesentlichen derjenige zu verstehen, der, ohne Versicherungsnehmer zu sein, vom Versicherungsnehmer mit der Erledigung der Versicherungsangelegenheiten betraut ist. Dies kann zB die Ehefrau sein, die etwa Erklärungen zum Eintritt des Versicherungsfalles abgibt. Das Verhalten des Repräsentanten, zB falsche Angaben seitens der Ehefrau, muss der Versicherungsnehmer sich anrechnen lassen. Bei Fehlverhalten durch einen Dritten ist daher genau zu klären, in welchem Verhältnis er zu Ihnen steht.

III. Anspruch auf Versicherungsleistung im Versicherungsfall

Bei Eintritt des Versicherungsfalles hat der Versicherungsnehmer den Anspruch auf die vereinbarten Versicherungsleistungen, also zB den Anspruch auf Entschädigung bei einem Einbruchsdiebstahl.

IV. Geltendmachung von Rechten im Versicherungsrecht

Im Bereich des Versicherungsrechts ergeben sich, wie aufgrund der vorstehenden Ausführungen ersichtlich, vielfältige Problembereiche. Bei Differenzen über die Rechtsposition gegenüber dem Versicherungsunternehmen ist der Laie sicherlich benachteiligt.

Es ist unbedingt empfehlenswert, bei Differenzen mit einem Versicherungsunternehmen kompetente anwaltliche Beratung und Interessenvertretung in Anspruch zu nehmen.

Befindet die Versicherung sich mit der Leistung in Verzug, so hat sie auch die Kosten für die anwaltliche Interessenvertretung zu übernehmen. Ist das Risiko des Vertragsrechtes auch durch eine Rechtsschutzversicherung gedeckt, so hat diese in einem solchen Fall auch Versicherungsschutz zu gewähren und das Kostenrisiko zu tragen.

2. Mandanteninformation zur Kraftfahrtversicherung

A. Allgemeines

Einen besonderen Stellenwert hat auch im privaten Bereich die Kraftfahrtversicherung. Bei der **Kraftfahrtversicherung** sind verschiedene **Versicherungsarten** zu unterscheiden, nämlich vor allem die

- Kraftfahrthaftpflichtversicherung,
- Fahrzeugversicherung (als Teilkasko- oder Vollkaskoversicherung) sowie die
- Unfallversicherung.

Zu den vorgenannten Versicherungssparten ist zu erläutern, dass die **Kraftfahrthaftpflichtversicherung** eine sog. Pflichtversicherung ist. Nach dem Inhalt der Kraftfahrthaftpflichtversicherung hat das Versicherungsunternehmen den Versicherungsnehmer und sog. mitversicherte Personen bei Eintritt eines Versicherungsfalles von den Ansprüchen Dritter freizustellen oder Ansprüche Dritter abzuwehren.

Die **Fahrzeugversicherung** betrifft das Fahrzeug in der Form der Teil- oder Vollkaskoversicherung.

Die **Insassenunfallversicherung** schützt, wie sich aus dem Begriff ergibt, die Insassen eines Fahrzeuges bei Eintritt eines Unfalles.

I. Abschluss des Versicherungsvertrages

Auch der (Versicherungs-)Vertrag in der Kraftfahrtversicherung kommt wie jeder andere privatrechtliche Vertrag und jeder andere Versicherungsvertrag zustande durch Annahme des Antrages auf Abschluss der Kraftfahrtversicherung seitens des Versicherers (vgl. Mandanteninformation „Versicherungsrecht allgemein" Anhang D.1). Für den Bereich der Kraftfahrthaftpflichtversicherung gilt jedoch nach den Bestimmungen des Pflichtversicherungsgesetzes, dass der Antrag auf Abschluss einer Kraftfahrthaftpflichtversicherung für bestimmte Kraftfahrzeuge als angenommen gilt zu den für den Geschäftsbetrieb des Versicherungsunternehmens maßgebenden Grundsätzen zum allgemeinen Unternehmenstarif, wenn der Versicherer den Antrag nicht innerhalb einer Frist von zwei Wochen vom Eingang des Antrages an schriftlich abgelehnt hat oder wegen einer nachweisbaren höheren Gefahr ein vom allgemeinen Unternehmenstarif abweichendes schriftliches Angebot unterbreitet; § 5 PflVG.

II. Beginn und Dauer des Versicherungsvertrages – speziell vorläufige Deckung

Hinsichtlich der Regelung zu Beginn und Dauer des Versicherungsvertrages ist zu verweisen auf die Ausführungen in der allgemeinen Mandanteninformation zum Versicherungsrecht (Anhang D.1).

Eine wichtige Besonderheit im Bereich der Kraftfahrtversicherung ist die vorläufige Deckung. Die vorläufige Deckung erfolgt aufgrund der Überlassung der Versicherungsdoppelkarte. Wichtig ist, hierbei zu beachten, dass stets bei Vereinbarung eines Versicherungsvertrages einer Kraftfahrthaftpflichtversicherung geklärt wird, ob die vorläufige Deckung sich nur auf die Haftpflichtversicherung bezieht oder auch auf die Teil- und/oder Vollkaskoversicherung sowie Unfallversicherung. Wichtig ist, dies bei Vereinbarung der Versicherung und speziell im Antrag auf Abschluss der Versicherung klar festzulegen. Bei der vorläufigen Deckung handelt es sich um ein selbständiges und vom späteren Hauptvertrag unabhängiges Versicherungsverhältnis.

III. Prämienzahlung

Wird die Versicherungsprämie, insbesondere die Erstprämie, nicht zum Fälligkeitszeitpunkt gezahlt, droht der Verlust des Versicherungsschutzes. Für den Fall der nicht rechtzeitigen Zahlung der Folgeprämien tritt diese Rechtsfolge auch ein, wenn die Prämie trotz Mahnungen schuldhaft nicht gezahlt wird.

Eine Besonderheit gilt wiederum für die Fälle der vorläufigen Deckung. Zwar ist das sog. Einlösungsprinzip i. d. R. stillschweigend abbedungen, jedoch besteht für den VN, der die im Anschluss berechnete Erstprämie des Hauptvertrages nicht rechtzeitig zahlt die Gefahr, seinen aus der vorläufigen Deckungszusage resultierenden Versicherungsschutz rückwirkend zu verlieren.

B. Inhalt des Vertrages/der Verträge in der Kraftfahrtversicherung

Die Kraftfahrtversicherung gliedert sich – wie ausgeführt – in verschiedene Versicherungsarten, nämlich die Kraftfahrthaftpflichtversicherung, die Fahrzeugversicherung sowie die Unfallversicherung.

Nachfolgend wird zu den vorgenannten Versicherungsarten über das versicherte Risiko, Ausschlüsse der Versicherungsdeckung, Verhaltensregeln (Obliegenheiten) sowie über Leistungsansprüche und sonstige Aspekte informiert.

I. Versichertes Risiko

1. Haftpflichtversicherung

Gegenstand der Kraftfahrthaftpflichtversicherung ist die Gefahr, aus einem Schadenereignis dritten Personen gegenüber schadenersatzpflichtig zu werden. Im Schadenfall besteht die Leistungspflicht des Versicherers in der Befriedigung begründeter und der Abwehr unbegründeter Entschädigungsansprüche.

2. Fahrzeugversicherung

a) **Teilkasko.** Durch die Teilkaskoversicherung sind folgende Risiken versichert:
- Brand, Explosion, Entwendung, Sturm/Hagel, Blitzschlag, Überschwemmung sowie
- Zusammenstoß mit Haarwild.

b) **Vollkasko.** In der Vollkaskoversicherung werden Schäden gedeckt aus Unfall sowie mut- oder böswillige Handlungen betriebsfremder Personen.

3. Insassenunfallversicherung

Die Kraftfahrtunfallversicherung bezieht sich auf Unfälle, die dem Versicherten während der Wirksamkeit des Vertrages zustoßen und im ursächlichen Zusammenhang stehen mit dem Lenken, Benutzen, Behandeln, dem Be- und Entladen sowie Abstellen des Kraftfahrzeuges einschließlich des Ein- und Aussteigens.

II. Ausschlüsse

Hinsichtlich der in Betracht kommenden Ausschlüsse des Versicherungsschutzes für den Bereich der Kraftfahrtversicherung ist zu beachten, dass die Bedingungen häufig sehr unterschiedlich gestaltet sind. Es ist auf den Inhalt der Versicherungspolice zu verweisen zur jeweiligen Versicherungsart.

Hinzuweisen ist darauf, dass es häufig zu Abgrenzungsproblemen zwischen dem Versicherungsschutz in der **Kraftfahrthaftpflichtversicherung** und der **Allgemeinen Haftpflichtversicherung** kommen kann, zB bei einem Schaden durch das Wegrollen eines Einkaufswagens beim Umladen in das Fahrzeug. Es ist jedoch von dem Grundsatz auszugehen, dass entweder die Kraftfahrthaftpflichtversicherung oder die Allgemeine Haftpflichtversicherung eintrittspflichtig ist; sog. Benzinklauseln in den Bedingungswerken. Hier darf keine Deckungslücke entstehen.

1. Kraftfahrthaftpflichtversicherung

In den Allgemeinen Bedingungen für die Kraftfahrzeug-Haftpflicht-Versicherung – (AKB) sind Einzelheiten geregelt. Es ist im Einzelnen geregelt, für welche Versicherungsfälle Versicherungsschutz nicht gewährt wird. Wegen der weiteren Einzelheiten ist auf die im jeweiligen Vertrag vereinbarten Versicherungsbedingungen zu verweisen.

2. Fahrzeugversicherung (Teil- und Vollkaskoversicherung)

Auch in der Fahrzeugversicherung kommen die Ausschlüsse des Versicherungsschutzes in gleicher Weise zum Tragen wie bei der Fahrzeughaftpflichtversicherung, so zB wenn der Fahrer des Fahrzeuges nicht im Besitz der erforderlichen Fahrerlaubnis ist. Zu Einzelheiten ist auch hier auf den Inhalt des Versicherungsvertrages zu verweisen.

3. Insassenunfallversicherung

Auch in der Kraftfahrtunfallversicherung sind in den Bedingungen Einzelheiten geregelt über Ausschlüsse des Versicherungsschutzes. So zB ist der Versicherungsschutz ausgeschlossen für Unfälle durch Geistesstörung oder schwere Nervenleiden oder für Unfälle im Zusammenhang mit einer vorsätzlich begangenen Straftat. Auch in diesem Zusammenhang ist zu verweisen auf die im jeweiligen Vertrag vereinbarten Versicherungsbedingungen.

III. Wichtige Verhaltensregeln (Obliegenheiten)

Hinsichtlich der Einschränkung des Versicherungsschutzes oder der Leistungsfreiheit der Versicherung im Ganzen oder teilweise in der Fahrzeugversicherung ist zu verweisen auf die Ausführungen unter II., betreffend Ausschlüsse. Im Übrigen ist zu verweisen auf den Inhalt des jeweiligen Versicherungsvertrages.

1. Kraftfahrthaftpflichtversicherung

In den gesetzlichen Regelungen zur Kraftfahrthaftpflichtversicherung ist festgelegt, welche Obliegenheiten der Versicherer in seinen Allgemeinen Versicherungsbedingungen (AKB) verwenden darf. Von besonderer praktischer Bedeutung ist die sog. „Schwarzfahrtklausel", also das Fahren ohne Fahrerlaubnis. Der Versicherer wird gegenüber dem Versicherungsnehmer (Halter, Eigentümer) nicht leistungsfrei, falls den Versicherungsnehmer an der „Schwarzfahrt" kein Verschulden trifft.

Von besonderer Bedeutung in der Praxis ist ferner die Obliegenheitsverletzung beim Versicherungsfall infolge Trunkenheit. In einem solchen Fall kann die Versicherung, die als Pflichtversicherung gegenüber dem geschädigten Dritten leistungspflichtig ist, jedoch bei dem Versicherungsnehmer und/oder Fahrer bis zu einem Betrag von 2.500 EUR Regress nehmen. Ein weiterer häufiger Fall einer Obliegenheitsverletzung in der Kraftfahrthaftpflichtversicherung ist gegeben bei unerlaubtem Entfernen vom Unfallort (Unfallflucht). In diesem Fall kann die Versicherung Regress nehmen in Höhe eines Betrages von bis 5.000 EUR.

2. Fahrzeugversicherung (Teil- und Vollkaskoversicherung)

Auch in der Fahrzeugversicherung hat der Versicherungsnehmer, um den Versicherungsschutz zu erhalten, bestimmte Verhaltensregeln (Obliegenheiten) zu beachten. Als wichtigste Fälle der Obliegenheiten sind zu nennen:

- Vollständige und richtige Anzeige des Versicherungsfalles,
- richtige Angaben zur Person des Fahrers,
- Angaben zu evtl. Alkoholkonsum,
- Aufklärungspflicht, dh Unfallspuren dürfen nicht verändert werden.

In der Fahrzeugversicherung sind die Angaben zum Fahrzeugschlüssel und seiner Verwendung wichtig sowie richtige Angaben über den Fahrzeugwert.
Verletzung der Aufklärungsobliegenheit durch Unfallflucht:
Die Verletzung der Obliegenheiten führen in der Fahrzeugversicherung zur Leistungsfreiheit der Versicherung.

3. Insassenunfallversicherung

Bei der Unfallversicherung kommen Leistungseinschränkungen in Betracht bei Obliegenheitsverletzungen zB für den Fall, dass der Insasse eines Fahrzeuges sich einem erkennbar angetrunkenen Fahrer, mit dem er möglicherweise zusammen Alkohol getrunken hat, als Beifahrer anvertraut.

IV. Leistungsansprüche

1. Haftpflichtversicherung

In der Kraftfahrthaftpflichtversicherung hat die Versicherung entsprechend dem versicherten Risiko begründete Ansprüche von Geschädigten zu erfüllen oder unbegründete Ansprüche abzuwehren. Umgekehrt steht die Regulierungsbefugnis der Versicherung zu. Auch steht der Versicherung das Recht zu entscheiden, ob über geltend gemachte Ansprüche ein Prozess geführt wird oder nicht. Die Versicherung hat das Prozessführungsrecht und ebenso das Recht, den Prozessanwalt zu bestellen.

2. Fahrzeugversicherung

a) Teilkasko. Die Teilkaskoversicherung deckt die in ihren Bereich fallenden Schäden. Eine besondere Problematik ergibt sich beim Versicherungsschutz gegen Entwendung. Probleme ergeben sich hier häufig beim Nachweis der Entwendung und andererseits bei nicht richtiger Handhabung der Schlüssel, zB beim Verlust des Schlüssels oder bei Duplizierung von Schlüsseln. Kommt es hierüber zu Differenzen mit der Versicherung, so ist die Beratung und Interessenvertretung durch einen kompetenten Anwalt unumgänglich.

Hinzuweisen ist auch darauf, dass in der Teilkaskoversicherung Anspruch auf Ersatz des Schadens bei Zusammenstoß mit Haarwild in Betracht kommt und ebenso bei Beschädigung der Windschutzscheibe durch Steinschlag.

b) Vollkasko. In der Vollkaskoversicherung besteht Anspruch auf Ersatz von Unfallschäden sowie mut- oder böswilliger Handlungen betriebsfremder Personen. Wichtig ist, dass in der Vollkaskoversicherung eine Vielzahl von Zubehörteilen prämienfrei mitversichert ist.

Die Versicherungsleistung wird gekürzt bis hin zum vollständigen Anspruchsverlust bei sog. grob fahrlässiger Herbeiführung des Versicherungsfalles. Dies ist zB bei Alkoholeinwirkung der Fall oder bei Nichtberücksichtigen einer roten Ampel. Im Übrigen sind von der Rechtsprechung auch zahlreiche Fälle entschieden worden, in denen der Unfall auf grober Fahrlässigkeit beruht, so zB bei Übermüdung am Steuer oder auch schon bei einem Unfall infolge des Bückens nach heruntergefallenen Gegenständen. Andererseits ist grobe Fahrlässigkeit verneint worden zB bei dem Versuch, einen Sicherheitsgurt während der Fahrt anzulegen und beim Wechseln einer Kassette. Auch hier ist im Streitfall die anwaltliche Beratung und Interessenvertretung unumgänglich.

3. Insassenunfallversicherung

Die Versicherungsleistung in der Unfallversicherung besteht bei vorübergehenden Unfallfolgen, dauernden Unfallfolgen sowie Tod als Unfallfolge. In den Versicherungsbedingungen werden die Ansprüche für den Fall einer Invalidität festgelegt.

Maßgebend ist die Beeinträchtigung der normalen, dh der durchschnittlichen körperlichen oder geistigen Leistungsfähigkeit. Wichtig ist, dass Entschädigung nur gewährt wird für die Invalidität, wenn dauernde Beeinträchtigung der Leistungsfähigkeit innerhalb eines Jahres, vom Unfalltag an gerechnet, eingetreten ist. Ist die Invalidität nicht innerhalb eines Jahres festgestellt, so besteht kein Entschädigungsanspruch. Während der stationären Dauer besteht bei angeschnallten Insassen ein Anspruch auf ein sog. Gurtgeld.

Die Höhe der Ersatzleistung ergibt sich aus einem bestimmten prozentualen Verhältnis zur Versicherungssumme, abhängig vom Grad der Invalidität. Zahlungen seitens einer sonstigen privaten Versicherung sind nicht anzurechnen.

Im Übrigen hat die Versicherung sich innerhalb bestimmter Fristen für die Anerkennung der Leistungsverpflichtung zu erklären.

Der Anspruch ist innerhalb von 15 Monaten geltend zu machen. Bei Nichtbeachten der Ausschlussfrist kann die Versicherung sich auf Leistungsfreiheit berufen.

V. Schlussbemerkung

Der Bereich des Versicherungsrechts und auch die Kraftfahrtversicherung stellt sich als ein in vielen Bereichen sehr differenziertes Thema dar. Für den juristisch nicht vorgebildeten Versicherungsnehmer ist bei Differenzen mit der Versicherung gegenüber dem Sachbearbeiter der Versicherung **keine Waffengleichheit** gegeben. Vielmehr ist es unbedingt bei Differenzen mit Versicherungen, sei es zum Inhalt des Versicherungsvertrages, bei den zu beachtenden Obliegenheiten und den sich hierzu ergebenden Rechtsfolgen sowie zum Umfang der Leistungsansprüche, zu empfehlen, sich des **Rates** oder der **Interessenvertretung** eines zum Versicherungsrecht spezialisierten Anwaltes zu bedienen. Auch in diesem Zusammenhang ist nochmals hinzuweisen auf die ggf. bestehende Eintrittspflicht einer ggf. bestehenden **Rechtsschutzversicherung**.

3. Schreiben an die Kaskoversicherung nach Ablehnung der Kaskodeckung[1]

An die
Versicherungs-AG
Schaden-Nr.: ......
VN: ......
Ereignis vom: ......

Sehr geehrte Damen und Herren,

aus Anlass des o. g. Ereignisses hat Ihr Versicherungsnehmer Auftrag zur Interessenvertretung erteilt. Vollmacht, die auch zum Geldempfang berechtigt, ist beigefügt.

Ihr Ablehnungsschreiben vom ...... liegt hier vor. Die von Ihnen dargestellten Ablehnungsgründe sind nicht gegeben und durchgreifend.

a) Seitens des VN sind alle Fragen in der Schadenanzeige wahrheitsgemäß und vollständig beantwortet worden. Auch wurden sämtliche Fahrzeugschlüssel, die der VN in Besitz hatte, übersandt.
Aufgrund des Inhaltes Ihres Schreibens hat der Mandant nochmals den Inhalt der Unterlagen zum Versicherungsvertrag überprüft und hierbei den fehlenden Schlüssel aufgefunden. Hierbei handelt es sich um einen Werkstattschlüssel, der im Übrigen bisher nicht gebraucht worden ist. Hierbei ist zu berücksichtigen, dass der Kauf des Fahrzeuges bereits 3 Jahre zurückliegt und der Mandant somit nicht direkt an den vorerwähnten Schlüssel gedacht hat.
Dem Mandanten ist nicht bekannt, ob und in welcher Weise während einer Reparatur bzw. Wartung des Fahrzeuges in der Werkstatt eine Schlüsselkopie gefertigt worden ist. Ebenso kommt in Betracht, dass eine Schlüsselkopie gefertigt worden ist während eines Hotelaufenthaltes, bei dem dort wie verlangt der Schlüssel an der Rezeption abgegeben worden ist.

b) Jedenfalls liegt eine grobfahrlässige oder gar vorsätzliche Obliegenheitsverletzung seitens des Mandanten nicht vor.

c) Es wird gebeten, das von Ihnen eingeholte Sachverständigengutachten in Kopie zu übermitteln. Hinsichtlich der Feststellungen zur Schadenhöhe behält der Mandant sich vor, das Sachverständigenverfahren gemäß A 2.17 AKB 08 einzuleiten.

d) Hiermit ergeht die Aufforderung, die Leistungspflicht für den bekannten Schaden spätestens innerhalb von 10 Tagen dem Grunde nach anzuerkennen und entsprechend der festgestellten Schadenhöhe einen angemessenen Vorschuss zur Verfügung zu stellen.

Rechtsanwalt[2]

---

[1] Zu den einzelnen Ablehnungsgründen in der Teilkaskoversicherung vgl. § 46 Rn. 64 ff.
[2] Zu weiteren in Betracht kommenden Leistungsablehnungen der Versicherung, zB wegen Obliegenheitsverletzung, vorsätzlicher oder grob fahrlässiger Herbeiführung des Versicherungsfalles oder Gefahrerhöhung sind die Texte entsprechend anzupassen.

4. Klage auf Kaskoleistung aufgrund von Entwendung[1]

An das
Landgericht ......

Klage

des kaufmännischen Angestellten X ......

– Klägers –

Prozessbevollmächtigte: ......
gegen
Y Versicherung ......, diese vertreten durch den Vorstand, dieser vertreten durch den Vorsitzenden Josef Unklug, ebenda, Schadennummer ......

– Beklagte –

wegen: Ansprüche aus Versicherungsvertrag
Streitwert: 16.000,– EUR
Es wird beantragt,
1. die Beklagte zu verurteilen, an den Kläger 16.000,– EUR zu zahlen nebst 5 % Zinsen über dem Basiszinssatz seit Klagezustellung;
2. hilfsweise dem Kläger nachzulassen, die Zwangsvollstreckung abzuwenden durch Sicherheitsleistung, die auch erbracht werden kann durch Bankbürgschaft eines im Währungsgebiet tätigen Geldinstitutes.
3. gemäß § 331 III ZPO gegen die beklagte Partei ohne mündliche Verhandlung Versäumnisurteil zu erlassen, falls diese nicht rechtzeitig gem. § 276 II 2 ZPO anzeigt, dass sie sich gegenüber dem Klagebegehren verteidigen will,

Gründe:

Der Kläger nimmt die beklagte Versicherungsgesellschaft auf Leistung aus einem Versicherungsvertrag in Anspruch.
Dem Rechtsstreit liegt folgender Sachverhalt zugrunde:
1. Der Kläger ist Eigentümer und Halter des Pkw ...... mit dem amtlichen Kennzeichen ......
Für das vorgenannte Fahrzeug besteht bei der Beklagten eine am 2.1.2008 abgeschlossene Teilkaskoversicherung unter der VS-Nr. ...... mit einer Selbstbeteiligung von 500,– EUR. Versicherungsschein und die dem Versicherungsvertrag zugrunde liegenden Versicherungsbedingungen werden als Anlagen K1 und K2 überreicht.
2. Am Freitag, dem 31.7.2008 gegen 19.00 Uhr fuhr der Kläger mit dem vorgenannten Pkw zu einem Freund nach Düren und kehrte nach Ende der dortigen Geburtstagsfeier, also am 1.8.2008 gegen 2:00 Uhr nach Hause zurück.
Bei dem besuchten Geschäftsfreund handelt es sich um den nachbenannten Zeugen. Dieser hat das Abfahren des Klägers nach Hause beobachtet.
Beweis: Zeugnis des Josef ......

Gegen 2:00 Uhr kam der Kläger am 1.8.2008 mit seinem Fahrzeug zu Hause an und stellte sein Fahrzeug vor dem Hause ab.
Beweis: Zeugnis der Frau ......
Bei der vorgenannten Zeugin handelt es sich um die Ehefrau des Klägers.
Als der Kläger am Morgen des 1.8.2008 gegen 11:00 Uhr zu seinen Eltern fahren wollte, fand er das in der Nacht abgestellte Fahrzeug nicht mehr vor.
Beweis: Wie vor

---

[1] Der nachstehend wiedergegebene Mustertext für eine Klage gegen Kaskoversicherung betrifft den Anspruch der Kaskoversicherung wegen Entwendung; zur möglichen Meldung der Rechtsschutzversicherung bei Rechtsschutzdeckung → § 52.

4. Klage auf Kaskoleistung aufgrund von Entwendung

Sofort informierte der Kläger von seiner Wohnung aus die Polizei.
Beweis: Wie vor
Alsdann wurde gegen 12:00 Uhr die Anzeige wegen Fahrzeugdiebstahls aufgenommen.
Beweis: Beiziehung der Akten der Staatsanwaltschaft Aachen zu Aktenzeichen 11 Js 11/2004.

3. Die Beklagte verweigert zu Unrecht die Auszahlung der Kaskoentschädigung und bestreitet das Vorliegen einer versicherten Entwendung.[2] Der Kläger hat alle in seinem Besitz befindlichen Schlüssel vorgelegt. Auch sind die Angaben seitens des Klägers als Versicherungsnehmer in der Schadenanzeige vollständig und zutreffend.

4. Zur Höhe des Anspruches ist Folgendes auszuführen:
Seitens des Klägers wurden der beklagten Versicherungsgesellschaft alle Unterlagen über den Erwerb des Fahrzeuges vorgelegt.
Ein von der Versicherung beauftragter Sachverständiger hat den Wiederbeschaffungswert mit
    16.500,– EUR
angesetzt.
Nach Abzug der vereinbarten Selbstbeteiligung von   500,– EUR
verbleibt der mit der Klage geltend gemachte Betrag.
Diesen beansprucht der Kläger.
Der Anspruch ist, wie beantragt, zu verzinsen.
Gerichtskosten in Höhe von ...... EUR werden gleichzeitig eingezahlt.

    Rechtsanwalt

---

[2] Als Gründe kommen in Betracht nicht vollständige Vorlage der Fahrzeugschlüssel und/oder falsche Angaben in der Schadenanzeige.

5. Nichtzahlung der Prämie (Erst- und Folgeprämie)

a) Anspruchsbegründung nach Nichtzahlung der Erstprämie

An das
Amtsgericht ......
– Mahnabteilung –
Az.: ......

In dem Rechtsstreit
...... Versicherungs-AG   ./.   ......

wird beantragt,
  den Rechtsstreit an das für die Durchführung des streitigen Verfahrens zuständige Amtsgericht in ...... zu verweisen.[1]

Dort werden wir beantragen,
1. die/den Beklagte(n) zu verurteilen, an die Klägerin einen Betrag in Höhe von ...... EUR zu zahlen zzgl. Zinsen in Höhe von 5 Prozentpunkten über dem Basiszinssatz hieraus seit dem ......,
2. gemäß § 331 III ZPO gegen die/den Beklagte(n) ohne mündliche Verhandlung Versäumnisurteil zu erlassen, falls diese(r) nicht rechtzeitig anzeigt, dass er/sie sich gegenüber dem Klagebegehren verteidigen will, § 276 II 2 ZPO

Es wird angeregt, das schriftliche Vorverfahren anzuordnen.

Begründung:

I. Haftungsvoraussetzungen/Anspruchsgrundlage

Die Klägerin nimmt den/die Beklagte(n) auf Regress in Anspruch gemäß § 116 Abs. 1 Satz 2 VVG iVm § 426 Abs. 1 Satz 1 BGB. Grund der Inanspruchnahme ist die Nichtzahlung der Erstprämie. Dem Rechtsstreit liegt im Einzelnen folgender Sachverhalt zugrunde:

1. Versicherungsfall/Unfallereignis

Die Klägerin ist der Kraftfahrversicherer für das Fahrzeug ...... Halterin dieses Fahrzeuges ist die Beklagte.
Y als Fahrer verursachte am ...... mit dem versicherten Fahrzeug einen Verkehrsunfall, bei dem das Fahrzeug mit dem amtlichen Kennzeichen ...... beschädigt wurde. Halter des beschädigten Fahrzeuges ist Z.
Der Unfallhergang ergab sich wie folgt:
Der Fahrer Y des bei der Klägerin versicherten Fahrzeuges fuhr auf eine Kreuzung, ohne die Vorfahrt des Geschädigten Z zu beachten, sodass es zur Kollision kam. Der Unfallhergang ist zwischen den Parteien unstreitig und wurde vom Fahrer des bei der Klägerin versicherten Fahrzeuges selbst so dargestellt.

Beweis: Mitteilung des Fahrers Y (Anlage K ......)

Im Übrigen wurde der Unfallhergang auch vom Geschädigten Z vergleichbar dargestellt. Der Fahrer Y hat allerdings behauptet, er habe an der Kreuzung angehalten, während der Geschädigte Z angab, Y sei ohne zu halten auf die Kreuzung gefahren.

Beweis: Fragebogen für Anspruchsteller (Anlage K ......)

Dies ändert allerdings nichts an dem Verschulden des Fahrers Y, da dieser in jedem Fall eine vorfahrtsberechtigte Straße überquert hat, ohne auf den Verkehr zu achten.

2. Der Versicherungsschein wurde mit Datum vom ...... ausgestellt.

Beweis: der in Fotokopie beigefügte Versicherungsschein (Anlage K ......)

Auch wurde der Versicherungsschein dem/der Beklagten übersandt und dieser ist spätestens zum ...... zugegangen. Auch die sonstigen dem Versicherungsnehmer zu überlassenden Unterlagen hat der Beklagte erhalten.

---

[1] Nach Einleitung des gerichtlichen Verfahrens durch Mahnverfahren.

5. Nichtzahlung der Prämie (Erst- und Folgeprämie) — Anhang Teil G

Der/die Beklagte hat nicht gemäß § 8 Abs. 1 VVG widersprochen. Die Erstprämie war somit aufgrund des dargestellten Sachverhaltes, also der Übersendung der Police und des nicht gegebenen Widerspruchs spätestens am ...... fällig.

Aus dem dargestellten Sachverhalt ergibt sich, dass die Prämie im Zeitpunkt des Unfalls am ...... nicht gezahlt war.. Bisher hat der/die Beklagte die gegen ihn/sie sprechende Verschuldensvermutung des § 37 Abs. 2 S. 1 VVG nicht entkräftet. Dem Versicherungsschein war eine den Anforderungen des § 37 Abs. 2 S. 2 VVG entsprechende Belehrung beigefügt.

Beweis: die dem Versicherungsschein beigefügte Belehrung (Anlage K ......)

Gemäß § 37 Abs. 2 VVG ist die Klägerin somit von der Verpflichtung zur Leistung frei.

II. Schadenersatzleistungen der Klägerin

A. Sachschaden

Fahrzeugschaden gemäß Reparaturkostenrechnung/ Sachverständigengutachten (Anlage K ......)	...... EUR

B. Personenschaden

Heilbehandlungskosten (Anlage K ......)	...... EUR

In Höhe dieses Betrages nimmt die Klägerin den Beklagten in Regress.

Beweis: das in Fotokopie beigefügte Einschreiben vom ...... und der in Kopie beigefügte Versicherungsschein (Anlagen K ...... und K ......)

Im Übrigen ist geltend zu machen, dass bei verspäteter oder unterlassener Prämienzahlung in voller Höhe Leistungsfreiheit besteht und somit in voller Höhe Regress zu nehmen ist.[2]

C. Verzugsschaden und Zinsanspruch

Die Beklagte wurde von der Klägerin unter Fristsetzung mit Schreiben vom ...... zur Rückzahlung aufgefordert, zahlte jedoch nicht.

Beweis: Schreiben der Klägerin ...... (Anlage K ......)

Der Klägerin ist der Rückforderungsanspruch als Kapitalanlage vorenthalten worden. Der dadurch entstandene Schaden ist der Klägerin zu ersetzen. Die Zinshöhe entspricht dem gesetzlichen Zinssatz.

Die weiteren Gerichtskosten in Höhe von ...... EUR werden gleichzeitig überwiesen.

Rechtsanwalt

b) Anspruchsbegründung nach Nichtzahlung der Folgeprämie

An das
Amtsgericht ......
– Mahnabteilung –
Az.: ......

In dem Rechtsstreit
...... Versicherungs-AG ./. ......

wird beantragt,
den Rechtsstreit an das für die Durchführung des streitigen Verfahrens zuständige Amtsgericht in ...... zu verweisen.[3]

---

[2] *Beckmann/Matusche-Beckmann* § 29 Rn. 239; *Bauer* Rn. 298.
[3] Nach Einleitung des gerichtlichen Verfahrens durch Mahnverfahren.

Anhang Teil G

5. Nichtzahlung der Prämie (Erst- und Folgeprämie)

Dort werden wir beantragen,

1. die/den Beklagte(n) zu verurteilen, an die Klägerin einen Betrag in Höhe von . . . . . . EUR zu zahlen zzgl. Zinsen in Höhe von 5 Prozentpunkten über dem Basiszinssatz hieraus seit dem . . . . . .,
2. gemäß § 331 III ZPO gegen den/die Beklagte ohne mündliche Verhandlung Versäumnisurteil zu erlassen, falls diese(r) nicht rechtzeitig anzeigt, dass sie/er sich gegenüber dem Klagebegehren verteidigen will, § 276 II 2 ZPO

Es wird angeregt, das schriftliche Vorverfahren anzuordnen.

Begründung:

I. Das Versicherungsverhältnis

Zwischen der Klägerin und dem/der Beklagten besteht eine Kraftfahrtversicherung gemäß Versicherungsschein vom . . . .

Beweis: in Fotokopie beigefügter Versicherungsschein (Anlage K . . . . . .)

1. Versicherungsverhältnis und Prämienforderung

   Der Klägerin steht bzw. stand gegenüber dem/der Beklagten eine Forderung auf Zahlung einer Folgeprämie zu gemäß Prämienrechnung vom . . . . . . in Höhe von . . . . . . EUR

   Beweis: in Fotokopie beigefügte Prämienrechnung (Anlage K . . . . . .)

   Gemäß den vereinbarten Versicherungsbedingungen war die Prämienforderung innerhalb von . . . . . . Wochen/Tagen ab Zugang der Prämienrechnung fällig. Insoweit heißt es in den vereinbarten AVB wie folgt: . . . . . .

   Beweis: die in Fotokopie beigefügten Versicherungsbedingungen (Anlage K . . . . . .)

   Bis zum Fälligkeitszeitpunkt wurde die Folgeprämie somit nicht rechtzeitig gezahlt. Hiernach wurde seitens der Klägerin der/die Beklagte per Einschreiben mit einer Zahlungsfrist von mehr als 2 Wochen, und zwar bis zum . . . . . ., zur Zahlung aufgefordert.

   Beweis: das in Fotokopie beigefügte Einschreiben vom . . . . . . (Anlage K . . . . . .)

2. Rechtsbelehrung

   Mit der Zahlungsaufforderung erhielt der/die Beklagte auch eine Rechtsbelehrung. Ausführlich wurde auf die Säumnisfolgen gemäß § 38 Abs. 2 und 3 VVG hingewiesen, nämlich auf das Kündigungsrecht und ebenso darauf, dass nach Ablauf der Zahlungsfrist im Falle eines Versicherungsfalles Leistungsfreiheit eintritt.

   Beweis: wie vor

3. Am . . . . . . ereignete sich ein Versicherungsfall.

   Nach diesem Versicherungsfall und nach Ablauf der Zahlungsfrist und aufgrund des zur Zeit des Versicherungsfalls gegebenen Verzuges des/der Beklagten ist gemäß § 38 Abs. 2 VVG Leistungsfreiheit eingetreten.

   Im Übrigen ist in rechtlicher Hinsicht darauf hinzuweisen, dass bei dem gegebenen Prämienverzug Rückgriff genommen werden kann ohne Begrenzung.[4]

II. Schadenersatzleistungen der Klägerin

A. Sachschaden

Fahrzeugschaden gemäß Reparaturkostenrechnung/ Sachverständigengutachten (Anlage K . . . . . .)	. . . . . . EUR

B. Personenschaden

Heilbehandlungskosten (Anlage K . . . . . .)	. . . . . . EUR

---

[4] *Beckmann/Matusche-Beckmann* § 29 Rn. 239; *Bauer* Rn. 298.

5. Nichtzahlung der Prämie (Erst- und Folgeprämie)

In Höhe dieses Betrages nimmt die Klägerin die Beklagte in Regress.

Beweis: das in Fotokopie beigefügte Einschreiben vom . . . . . . und der in Kopie beigefügte Versicherungsschein (Anlagen K . . . . . . und K . . . . . .)

III. Verzugsschaden und Zinsanspruch

Die Beklagte wurde von der Klägerin unter Fristsetzung mit Schreiben vom . . . . . . zur Rückzahlung aufgefordert, zahlte jedoch nicht.

Beweis: Schreiben der Klägerin vom . . . . . . (Anlage K . . . . . .)

Der Klägerin ist der Rückforderungsanspruch als Kapitalanlage vorenthalten worden. Der dadurch entstandene Schaden ist der Klägerin zu ersetzen. Die Zinshöhe entspricht dem gesetzlichen Zinssatz.

Die weiteren Gerichtskosten in Höhe von . . . . . . EUR werden gleichzeitig überwiesen.

Rechtsanwalt

6. Regress bei Obliegenheitsverletzung vor Versicherungsfall

a) Anspruchsbegründung nach Verstoß gegen Verwendungsklausel gemäß D.1.1 AKB 08

An das
Amtsgericht . . . . . .
– Mahnabteilung –
Az.: . . . . . .
In dem Rechtsstreit
. . . . . . Versicherungs-AG ./. . . . . . .
wird beantragt,
    den Rechtsstreit an das zur Durchführung des streitigen Verfahrens zuständige Amts-/Landgericht in . . . . . . zu verweisen.[1]

Dort werden wir beantragen,

1. die/den Beklagte(n) zu verurteilen, an die Klägerin einen Betrag in Höhe von . . . . . . EUR zu zahlen zzgl. Zinsen in Höhe von 5 Prozentpunkten über dem Basiszinssatz hieraus seit dem . . . . . . ,
2. gemäß § 331 III ZPO gegen den/die Beklagte ohne mündliche Verhandlung Versäumnisurteil zu erlassen, falls diese(r) nicht rechtzeitig anzeigt, dass sie/er sich gegenüber dem Klagebegehren verteidigen will, § 276 II 2 ZPO.

Es wird angeregt, das schriftliche Vorverfahren anzuordnen.

Zur Begründung wird Folgendes ausgeführt:

Die Klägerin nimmt den/die Beklagte im Wege des Regresses gemäß § 116 Abs. 1 VVG in Anspruch auf Erstattung erbrachter Schadenersatzleistungen.

Dem Rechtsstreit liegt im Einzelnen folgender Sachverhalt zugrunde:

I. Versicherungsverhältnis und Unfallgeschehen

1. Versicherungsverhältnis
Die Klägerin ist Kraftfahrtversicherer für das Fahrzeug mit dem amtlichen Kennzeichen . . . . . . gemäß Versicherungsvertrag vom . . . . . .
Beweis: der in Fotokopie beigefügte Versicherungsschein (Anlage K . . . . . .)
Halter/Halterin dieses Fahrzeuges ist der/die Beklagte.
Auszugehen ist davon, dass dies zwischen den Parteien unstreitig ist.

2. Unfallgeschehen
Durch das bei der Klägerin versicherte Fahrzeug wurde ein Verkehrsunfall verursacht mit dem beteiligten Fahrzeug, amtliches Kennzeichen . . . . . . Bei dem Unfallereignis wurde das Fahrzeug des/der Beklagten gelenkt von . . . . . . Bei dem Unfallereignis entstand Sachschaden sowie Personenschaden. Die Klägerin hat an den Geschädigten/die Geschädigte Schadenersatzleistungen erbracht, wie nachstehend unter Ziff. III ausgeführt.

II. Der Anspruch gemäß § 116 Abs. 1 VVG

1. Verstoß gegen die Verwendungsklausel
Das Fahrzeug wurde bei dem dargestellten Unfall zu einem anderen als dem im Versicherungsvertrag angegebenen Zweck verwendet, D.1.1 AKB 08 § 5 Abs. 1 Ziff. 1 KfzPflVV.

Gemäß Versicherungsvertrag ist das Fahrzeug als . . . . . . (Pkw ohne Vermietung) zu nutzen. Im Bestreitensfall können Antrag und Versicherungsschein vorgelegt werden. Tatsächlich wurde das Fahrzeug aber wie folgt genutzt: . . . . . .

2. Schuldhafte Verletzung, D.3.1 AKB 08
Die Verletzung der Obliegenheit beruht auch auf einem vorsätzlichen (grobfahrlässigen) Verhalten des Versicherungsnehmers.
(Evtl. konkret ausführen mit Beweisantritt.)

---

[1] Nach Einleitung des gerichtlichen Verfahrens durch Mahnverfahren.

6. Regress bei Obliegenheitsverletzung vor Versicherungsfall

3. Kausalität gemäß D.3.2 AKB 08
Kausalität ist gegeben, die Pflichtverletzung war für den Eintritt des Versicherungsfalls und für den Umfang der Leistungspflicht ursächlich.
(Evtl. konkret ausführen mit Beweisantritt.)

III. Schadenersatzleistungen der Klägerin

1. Die erbrachten Schadenersatzleistungen

    A. Sachschaden

Fahrzeugschaden gemäß Reparaturkostenrechnung/ Sachverständigengutachten (Anlage K . . . . . .)	. . . . . . EUR

    B. Personenschaden

Heilbehandlungskosten (Anlage K . . . . . .)	. . . . . . EUR

2. Beschränkung der Regressforderung
Ausgehend davon, dass die Regressforderung gemäß D.3.3 AKB 08 beschränkt ist auf . . . . . . EUR fordert die Klägerin im Rahmen dieser Regressbeschränkung Erstattung der von ihr erbrachten Schadenersatzleistung

3. (bei grobfahrlässiger Obliegenheitsverletzung Quotierung gem. D.3.1 S. 2 AKB 08 beachten).

4. Aufforderung und Verzug
Der/die Beklagte wurde seitens der Klägerin mit Schreiben vom . . . . . . zur Rückzahlung aufgefordert.
Beweis: Das in Fotokopie beigefügte Schreiben vom (Anlage K . . . . . .)
Zahlung ist nicht erfolgt, sodass Klage geboten ist.

IV. Verzugsschaden und Zinsanspruch

Die Beklagte wurde von der Klägerin unter Fristsetzung mit Schreiben vom . . . . . . zur Rückzahlung aufgefordert, zahlte jedoch nicht.
Beweis: Schreiben der Klägerin vom . . . . . . (Anlage K . . . . . .)
Der Klägerin ist der Rückforderungsanspruch als Kapitalanlage vorenthalten worden. Der dadurch entstandene Schaden ist der Klägerin zu ersetzen. Die Zinshöhe entspricht dem gesetzlichen Zinssatz.
Die weiteren Gerichtskosten in Höhe von . . . . . . EUR werden gleichzeitig überwiesen.

Rechtsanwalt

b) Anspruchsbegründung nach Schwarzfahrt gemäß D.1.2 AKB 08

An das
Amtsgericht . . . . . .
– Mahnabteilung –

Az.: . . . . . .

In dem Rechtsstreit
. . . . . . Versicherungs-AG   ./.   . . . . . .

wird beantragt,
den Rechtsstreit an das zur Durchführung des streitigen Verfahrens zuständige Amts-/Landgericht in . . . . . . zu verweisen.[2]

---

[2] Nach Einleitung des gerichtlichen Verfahrens durch Mahnverfahren.

Dort werden wir beantragen,

1. die/den Beklagte(n) zu verurteilen, an die Klägerin einen Betrag in Höhe von ...... EUR zu zahlen zzgl. Zinsen in Höhe von 5 Prozentpunkten über dem Basiszinssatz hieraus seit dem ......,
2. gemäß § 331 III ZPO gegen den/die Beklagte ohne mündliche Verhandlung Versäumnisurteil zu erlassen, falls diese(r) nicht rechtzeitig anzeigt, dass sie/er sich gegenüber dem Klagebegehren verteidigen will, § 276 II 2 ZPO.

Es wird angeregt, das schriftliche Vorverfahren anzuordnen.

Zur Begründung wird Folgendes ausgeführt:

Die Klägerin nimmt den/die Beklagte im Wege des Regresses gemäß § 116 Abs. 1 VVG in Anspruch auf Erstattung erbrachter Schadensersatzleistungen.

Dem Rechtsstreit liegt im Einzelnen folgender Sachverhalt zugrunde:

I. Versicherungsverhältnis und Unfallgeschehen

1. Versicherungsverhältnis

   Die Klägerin ist Kraftfahrtversicherer für das Fahrzeug mit dem amtlichen Kennzeichen ...... gemäß Versicherungsvertrag vom ......

   Beweis: der in Fotokopie beigefügte Versicherungsschein (Anlage K ......)

   Halter/Halterin dieses Fahrzeuges ist der/die Beklagte.

   Auszugehen ist davon, dass dies zwischen den Parteien unstreitig ist.

2. Unfallgeschehen

   Durch das bei der Klägerin versicherte Fahrzeug wurde ein Verkehrsunfall verursacht mit dem beteiligten Fahrzeug, amtliches Kennzeichen ......

   Bei dem Unfallereignis wurde das Fahrzeug des/der Beklagten gelenkt von ......

   Bei dem Unfallereignis entstand Sachschaden sowie Personenschaden. Die Klägerin hat an den Geschädigten/die Geschädigte Schadensersatzleistungen erbracht, wie nachstehend unter Ziff. III ausgeführt.

II. Der Anspruch gemäß § 116 Abs. 1 VVG

1. Schwarzfahrt gemäß D.1.2 AKB 08

   Das Fahrzeug wurde bei dem Unfallereignis gelenkt von einem Fahrer, der nicht berechtigt war, das Fahrzeug zu gebrauchen.

   (Wird ggf. konkret ausgeführt und unter Beweis gestellt.)

2. Schuldhafte Verletzung, D.3.1 AKB 08

   Die Verletzung der Obliegenheit beruht auch auf einem vorsätzlichen (grobfahrlässigen) Verhalten des Versicherungsnehmers.

   (Evtl. konkret ausführen mit Beweisantritt.)

3. Kausalität gemäß D.3.1 AKB 08

   Kausalität ist gegeben. Die Pflichtverletzung war für den Eintritt des Versicherungsfalls und den Umfang der Leistungspflicht ursächlich.

   (Evtl. konkret ausführen mit Beweisantritt.)

III. Schadensersatzleistungen der Klägerin

1. Die erbrachten Schadensersatzleistungen

   A. Sachschaden

Fahrzeugschaden gemäß Reparaturkostenrechnung/ Sachverständigengutachten (Anlage K ......)	...... EUR

   B. Personenschaden

Heilbehandlungskosten (Anlage K ......)	...... EUR

6. Regress bei Obliegenheitsverletzung vor Versicherungsfall — Anhang Teil G

2. Beschränkung der Regressforderung
Ausgehend davon, dass die Regressforderung gemäß D.3.3 AKB 08 beschränkt ist auf ...... EUR fordert die Klägerin im Rahmen dieser Regressbeschränkung Erstattung der von ihr erbrachten Schadenersatzleistung
3. (bei grobfahrlässiger Obliegenheitsverletzung Quotierung gem. D.3.1 S. 2 AKB 08 beachten).
4. Aufforderung und Verzug
Der/die Beklagte wurde seitens der Klägerin mit Schreiben vom ...... zur Rückzahlung aufgefordert.
Beweis: das in Fotokopie beigefügte Schreiben vom (Anlage K ......)
Zahlung ist nicht erfolgt, sodass Klage geboten ist.

IV. Verzugsschaden und Zinsanspruch
Die Beklagte wurde von der Klägerin unter Fristsetzung mit Schreiben vom ...... zur Rückzahlung aufgefordert, zahlte jedoch nicht.
Beweis: Schreiben der Klägerin vom ...... (Anlage K ......)
Der Klägerin ist der Rückforderungsanspruch als Kapitalanlage vorenthalten worden. Der dadurch entstandene Schaden ist der Klägerin zu ersetzen. Die Zinshöhe entspricht dem gesetzlichen Zinssatz.
Die weiteren Gerichtskosten in Höhe von ...... EUR werden gleichzeitig überwiesen.

Rechtsanwalt

c) Anspruchsbegründung nach Fahren ohne erforderliche Fahrerlaubnis gemäß D.1.3 AKB 08

An das
Amtsgericht ......
– Mahnabteilung –
Az.: ......

In dem Rechtsstreit
...... Versicherungs-AG ./. ......

wird beantragt,
den Rechtsstreit an das zur Durchführung des streitigen Verfahrens zuständige Amts-/Landgericht in ...... zu verweisen.[3]

Dort werden wir beantragen,
1. die/den Beklagte(n) zu verurteilen, an die Klägerin einen Betrag in Höhe von ...... EUR zu zahlen zzgl. Zinsen in Höhe von 5 Prozentpunkten über dem Basiszinssatz hieraus seit dem ......,
2. gemäß § 331 III ZPO gegen den/die Beklagte ohne mündliche Verhandlung Versäumnisurteil zu erlassen, falls diese(r) nicht rechtzeitig anzeigt, dass sie/er sich gegenüber dem Klagebegehren verteidigen will, § 276 II 2 ZPO

Es wird angeregt, das schriftliche Vorverfahren anzuordnen.

Zur Begründung wird Folgendes ausgeführt:
Die Klägerin nimmt den/die Beklagte im Wege des Regresses gemäß § 116 Abs. 1 VVG in Anspruch auf Erstattung erbrachter Schadenersatzleistungen.
Dem Rechtsstreit liegt im Einzelnen folgender Sachverhalt zugrunde:

I. Versicherungsverhältnis und Unfallgeschehen

1. Versicherungsverhältnis
Die Klägerin ist Kraftfahrtversicherer für das Fahrzeug mit dem amtlichen Kennzeichen ...... gemäß Versicherungsvertrag vom ......

---

[3] Nach Einleitung des gerichtlichen Verfahrens durch Mahnverfahren.

Anhang Teil G 6. Regress bei Obliegenheitsverletzung vor Versicherungsfall

Beweis: der in Fotokopie beigefügte Versicherungsschein (Anlage K ......)
Halter/Halterin dieses Fahrzeuges ist der/die Beklagte. Auszugehen ist davon, dass dies zwischen den Parteien unstreitig ist.

2. Unfallgeschehen
Durch das bei der Klägerin versicherte Fahrzeug wurde ein Verkehrsunfall verursacht mit dem beteiligten Fahrzeug, amtliches Kennzeichen ......
Bei dem Unfallereignis wurde das Fahrzeug des/der Beklagten gelenkt von ......
Bei dem Unfallereignis entstand Sachschaden sowie Personenschaden. Die Klägerin hat an den Geschädigten/die Geschädigte Schadenersatzleistungen erbracht, wie nachstehend unter Ziff. III ausgeführt.

II. Der Anspruch gemäß § 116 Abs. 1 VVG

1. Fahren ohne erforderliche Fahrerlaubnis gemäß D.1.3 AKB 08
Im Unfallzeitpunkt war der Beklagte als Fahrer nicht im Besitz der erforderlichen Fahrerlaubnis. (Ggf. konkret auszuführen und Beweisantritt unter Protest gegen die Beweislast.)

2. Schuldhafte Verletzung, D.3.1 AKB 08
Die Verletzung der Obliegenheit beruht auch auf einem vorsätzlichen (grobfahrlässigen) Verhalten des Versicherungsnehmers.
(Evtl. konkret ausführen mit Beweisantritt.)

3. Kausalität gemäß D.3.2 AKB 08
Kausalität ist gegeben, da die Pflichtverletzung für den Eintritt des Versicherungsfalls und den Umfang der Leistungspflicht ursächlich war.
(Evtl. konkret ausführen mit Beweisantritt.)

III. Schadensersatzleistungen der Klägerin

1. Die erbrachten Schadensersatzleistungen

   A. Sachschaden

Fahrzeugschaden gemäß Reparaturkostenrechnung/ Sachverständigengutachten (Anlage K ......)	...... EUR

   B. Personenschaden

Heilbehandlungskosten (Anlage K ......)	...... EUR

2. Beschränkung der Regressforderung
Ausgehend davon, dass die Regressforderung gemäß D.3.3 AKB 08 beschränkt ist auf ...... EUR fordert die Klägerin im Rahmen dieser Regressbeschränkung Erstattung der von ihr erbrachten Schadenersatzleistung

3. (bei grobfahrlässiger Obliegenheitsverletzung Quotierung gem. D.3.1 S. 2 AKB 08 beachten).

4. Aufforderung und Verzug
Der/die Beklagte wurde seitens der Klägerin mit Schreiben vom ...... zur Rückzahlung aufgefordert.
Beweis: das in Fotokopie beigefügte Schreiben vom (Anlage K ......)
Zahlung ist nicht erfolgt, sodass Klage geboten ist.

IV. Verzugsschaden und Zinsanspruch
Die Beklagte wurde von der Klägerin unter Fristsetzung mit Schreiben vom ...... zur Rückzahlung aufgefordert, zahlte jedoch nicht.
Beweis: Schreiben der Klägerin vom ...... (Anlage K ......)

6. Regress bei Obliegenheitsverletzung vor Versicherungsfall

Der Klägerin ist der Rückforderungsanspruch als Kapitalanlage vorenthalten worden. Der dadurch entstandene Schaden ist der Klägerin zu ersetzen. Die Zinshöhe entspricht dem gesetzlichen Zinssatz.
Die weiteren Gerichtskosten in Höhe von ...... EUR werden gleichzeitig überwiesen.

Rechtsanwalt

d) Anspruchsbegründung nach Teilnahme an einer Rennveranstaltung gemäß D.2.2 AKB 08

An das
Amtsgericht ......
– Mahnabteilung –
Az.: ......

In dem Rechtsstreit
...... Versicherungs-AG   ./.   ......

wird beantragt,
    den Rechtsstreit an das zur Durchführung des streitigen Verfahrens zuständige Amts-/Landgericht in ...... zu verweisen.[4]

Dort werden wir beantragen,
1. die/den Beklagte(n) zu verurteilen, an die Klägerin einen Betrag in Höhe von ...... EUR zu zahlen zzgl. Zinsen in Höhe von 5 Prozentpunkten über dem Basiszinssatz hieraus seit dem ......,
2. gemäß § 331 III ZPO gegen den/die Beklagte ohne mündliche Verhandlung Versäumnisurteil zu erlassen, falls diese(r) nicht rechtzeitig anzeigt, dass sie/er sich gegenüber dem Klagebegehren verteidigen will, § 276 II 2 ZPO.

Es wird angeregt, das schriftliche Vorverfahren anzuordnen.

Zur Begründung wird Folgendes ausgeführt:

Die Klägerin nimmt den/die Beklagte im Wege des Regresses gemäß § 116 Abs. 1 VVG in Anspruch auf Erstattung erbrachter Schadenersatzleistungen.

Dem Rechtsstreit liegt im Einzelnen folgender Sachverhalt zugrunde:

I. Versicherungsverhältnis und Unfallgeschehen

1. Versicherungsverhältnis
   Die Klägerin ist Kraftfahrtversicherer für das Fahrzeug mit dem amtlichen Kennzeichen ......
   gemäß Versicherungsvertrag vom ......
   Beweis: der in Fotokopie beigefügte Versicherungsschein (Anlage K ......)
   Halter/Halterin dieses Fahrzeuges ist der/die Beklagte.
   Auszugehen ist davon, dass dies zwischen den Parteien unstreitig ist.

2. Unfallgeschehen
   Durch das bei der Klägerin versicherte Fahrzeug wurde ein Verkehrsunfall verursacht mit dem beteiligten Fahrzeug, amtliches Kennzeichen ......
   Bei dem Unfallereignis wurde das Fahrzeug des/der Beklagten gelenkt von ......
   Bei dem Unfallereignis entstand Sachschaden sowie Personenschaden.
   Die Klägerin hat an den Geschädigten/die Geschädigte Schadenersatzleistungen erbracht, wie nachstehend unter Ziff. III ausgeführt.

II. Der Anspruch gemäß § 116 Abs. 1 VVG

1. Teilnahme an einer Rennveranstaltung gemäß D.2.2 AKB 08
   Der Unfall geschah in Verbindung mit einer behördlich nicht genehmigten Fahrveranstaltung, bei der es auf die Erzielung einer Höchstgeschwindigkeit ankommt.
   (Ist ggf. konkret auszuführen, verbunden mit entsprechendem Beweisantritt.)

---

[4] Nach Einleitung des gerichtlichen Verfahrens durch Mahnverfahren.

2. Schuldhafte Verletzung, D.3.1 AKB 08
Die Verletzung der Obliegenheit beruht auch auf einem vorsätzlichen (grobfahrlässigen) Verhalten des Versicherungsnehmers.
(Evtl. konkret ausführen mit Beweisantritt.)

3. Kausalität gemäß D.3.2 AKB 08
Kausalität ist gegeben, da die Pflichtverletzung ursächlich für den Eintritt des Versicherungsfalls und für den Umfang der Leistungspflicht war.
(Evtl. konkret ausführen mit Beweisantritt.)

III. Schadenersatzleistungen der Klägerin

1. Die erbrachten Schadenersatzleistungen

A. Sachschaden

Fahrzeugschaden gemäß Reparaturkostenrechnung/ Sachverständigengutachten (Anlage K . . . . . .)	. . . . . . EUR

B. Personenschaden

Heilbehandlungskosten (Anlage K . . . . . .)	. . . . . . EUR

2. Beschränkung der Regressforderung

Ausgehend davon, dass die Regressforderung gem. D.3.3 AKB 08 beschränkt ist auf . . . . . . EUR fordert die Klägerin im Rahmen dieser Regressbeschränkung Erstattung der von ihr erbrachten Schadenersatzleistung

3. (bei grobfahrlässiger Obliegenheitsverletzung Quotierung gem. D.3.1 S. 2 AKB 08 beachten).

4. Aufforderung und Verzug

Der/die Beklagte wurde seitens der Klägerin mit Schreiben vom . . . . . . zur Rückzahlung aufgefordert.

Beweis: das in Fotokopie beigefügte Schreiben vom (Anlage K . . . . . .)

Zahlung ist nicht erfolgt, sodass Klage geboten ist.

IV. Verzugsschaden und Zinsanspruch

Die Beklagte wurde von der Klägerin unter Fristsetzung mit Schreiben vom . . . . . . zur Rückzahlung aufgefordert, zahlte jedoch nicht.

Beweis: Schreiben der Klägerin vom . . . . . . (Anlage K . . . . . .)

Der Klägerin ist der Rückforderungsanspruch als Kapitalanlage vorenthalten worden. Der dadurch entstandene Schaden ist der Klägerin zu ersetzen. Die Zinshöhe entspricht dem gesetzlichen Zinssatz.

Die weiteren Gerichtskosten in Höhe von . . . . . . EUR werden gleichzeitig überwiesen.

Rechtsanwalt

e) Trunkenheits- und Rauschmittelklausel

aa) Anspruchsbegründung nach Verstoß gegen die Trunkenheitsklausel gemäß D.2.1 AKB 08

An das
Amtsgericht . . . . . .
– Mahnabteilung –
Az.: . . . . . .

In dem Rechtsstreit
 . . . . . . Versicherungs-AG ./. . . . . . .

wird beantragt,
 den Rechtsstreit an das zur Durchführung des streitigen Verfahrens zuständige Amts-/Landgericht in . . . . . . zu verweisen.[5]

Dort werden wir beantragen,

1. die/den Beklagte(n) zu verurteilen, an die Klägerin einen Betrag in Höhe von . . . . . . EUR zu zahlen zzgl. Zinsen in Höhe von 5 Prozentpunkten über dem Basiszinssatz hieraus seit dem . . . . . .,
2. gemäß § 331 III ZPO gegen den/die Beklagte ohne mündliche Verhandlung Versäumnisurteil zu erlassen, falls diese(r) nicht rechtzeitig anzeigt, dass sie/er sich gegenüber dem Klagebegehren verteidigen will, § 276 II 2 ZPO.

Es wird angeregt, das schriftliche Vorverfahren anzuordnen.

Zur Begründung wird Folgendes ausgeführt:

Die Klägerin nimmt den/die Beklagte im Wege des Regresses gemäß § 116 Abs. 1 VVG in Anspruch auf Erstattung erbrachter Schadenersatzleistungen.

Dem Rechtsstreit liegt im Einzelnen folgender Sachverhalt zugrunde:

I. Versicherungsverhältnis und Unfallgeschehen

1. Versicherungsverhältnis
 Die Klägerin ist Kraftfahrtversicherer für das Fahrzeug mit dem amtlichen Kennzeichen . . . . . . gemäß Versicherungsvertrag vom . . . . . .
 Beweis: der in Fotokopie beigefügte Versicherungsschein (Anlage K . . . . . .)
 Halter/Halterin dieses Fahrzeuges ist der/die Beklagte. Auszugehen ist davon, dass dies zwischen den Parteien unstreitig ist.

2. Unfallgeschehen
 Durch das bei der Klägerin versicherte Fahrzeug wurde ein Verkehrsunfall verursacht mit dem beteiligten Fahrzeug, amtliches Kennzeichen . . . . . .
 Bei dem Unfallereignis wurde das Fahrzeug des/der Beklagten gelenkt von . . . . . .
 Bei dem Unfallereignis entstand Sachschaden
 sowie Personenschaden.
 Die Klägerin hat an den Geschädigten/die Geschädigte Schadenersatzleistungen erbracht, wie nachstehend unter Ziff. III ausgeführt.

II. Der Anspruch gemäß § 116 Abs. 1 VVG

1. Verstoß gegen Trunkenheitsklausel gemäß D.2.1 AKB 08
 Im Unfallzeitpunkt stand der Fahrer des Fahrzeuges unter der Wirkung alkoholischer Getränke. Die BAK betrug . . . . . . EUR Somit war der Grenzwert absoluter Fahruntüchtigkeit von 1,1 ‰ überschritten.

 (Alternativtext bei relativer Fahruntüchtigkeit:
 Die festgestellte BAK lag zwar unter dem Grenzwert absoluter Fahruntüchtigkeit. Aus dem Unfallablauf und dem Verhalten des Beklagten bzw. Fahrers ist aber zu schießen, dass der Unfall auf alkoholtypische Ausfallerscheinungen beruhte. [ggf. konkret ausführen, verbunden mit Beweisantritt]).

---

[5] Nach Einleitung des gerichtlichen Verfahrens durch Mahnverfahren.

2. Schuldhafte Verletzung, D.3.1 AKB 08
   Die Verletzung der Obliegenheit beruht auch auf einem vorsätzlichen (grobfahrlässigen) Verhalten des Versicherungsnehmers.
   (Evtl. konkret ausführen mit Beweisantritt.)
3. Kausalität gemäß D.3.2 AKB 08
   Kausalität ist gegeben, da die Pflichtverletzung für den Eintritt des Versicherungsfalls und für den Umfang der Leistungspflicht ursächlich war.
   (Evtl. konkret ausführen mit Beweisantritt.)

III. Schadenersatzleistungen der Klägerin
1. Die erbrachten Schadenersatzleistungen
   A. Sachschaden

Fahrzeugschaden gemäß Reparaturkostenrechnung/ Sachverständigengutachten (Anlage K . . . . . .)	. . . . . . EUR

   B. Personenschaden

Heilbehandlungskosten (Anlage K . . . . . .)	. . . . . . EUR

2. Beschränkung der Regressforderung
   Ausgehend davon, dass die Regressforderung gemäß D.3.3 AKB 08 beschränkt ist auf . . . . . EUR fordert die Klägerin im Rahmen dieser Regressbeschränkung Erstattung der von ihr erbrachten Schadenersatzleistung
3. (bei grobfahrlässiger Obliegenheitsverletzung Quotierung gem. D.3.1 S. 2 AKB 08 beachten).
4. Aufforderung und Verzug
   Der/die Beklagte wurde seitens der Klägerin mit Schreiben vom . . . . . . zur Rückzahlung aufgefordert.

   Beweis: das in Fotokopie beigefügte Schreiben vom (Anlage K . . . . . .)

   Zahlung ist nicht erfolgt, sodass Klage geboten ist.

IV. Verzugsschaden und Zinsanspruch
Die Beklagte wurde von der Klägerin unter Fristsetzung mit Schreiben vom . . . . . . zur Rückzahlung aufgefordert, zahlte jedoch nicht.

Beweis: Schreiben der Klägerin vom . . . . . . (Anlage K . . . . . .)

Der Klägerin ist der Rückforderungsanspruch als Kapitalanlage vorenthalten worden. Der dadurch entstandene Schaden ist der Klägerin zu ersetzen. Die Zinshöhe entspricht dem gesetzlichen Zinssatz.
Die weiteren Gerichtskosten in Höhe von . . . . . . EUR werden gleichzeitig überwiesen.

Rechtsanwalt

6. Regress bei Obliegenheitsverletzung vor Versicherungsfall

bb) Anspruchsbegründung nach Verstoß gegen die Rauschmittelklausel gemäß D.2.1 AKB 08

An das
Amtsgericht ......
– Mahnabteilung –
Az.: ......

In dem Rechtsstreit
...... Versicherungs-AG ./. ......

wird beantragt,
    den Rechtsstreit an das zur Durchführung des streitigen Verfahrens zuständige Amts-/Landgericht in ...... zu verweisen.[6]

Dort werden wir beantragen,

1. die/den Beklagte(n) zu verurteilen, an die Klägerin einen Betrag in Höhe von ...... EUR zu zahlen zzgl. Zinsen in Höhe von 5 Prozentpunkten über dem Basiszinssatz hieraus seit dem ......,
2. gemäß § 331 III ZPO gegen den/die Beklagte ohne mündliche Verhandlung Versäumnisurteil zu erlassen, falls diese(r) nicht rechtzeitig anzeigt, dass sie/er sich gegenüber dem Klagebegehren verteidigen will, § 276 II 2 ZPO.

Es wird angeregt, das schriftliche Vorverfahren anzuordnen.

Zur Begründung wird Folgendes ausgeführt:
Die Klägerin nimmt den/die Beklagte im Wege des Regresses gemäß § 116 Abs. 1 VVG in Anspruch auf Erstattung erbrachter Schadenersatzleistungen.
Dem Rechtsstreit liegt im Einzelnen folgender Sachverhalt zugrunde:

I. Versicherungsverhältnis und Unfallgeschehen

1. Versicherungsverhältnis
Die Klägerin ist Kraftfahrtversicherer für das Fahrzeug mit dem amtlichen Kennzeichen ...... gemäß Versicherungsvertrag vom ......
Beweis: der in Fotokopie beigefügte Versicherungsschein (Anlage K ......)
Halter/Halterin dieses Fahrzeuges ist der/die Beklagte.
Auszugehen ist davon, dass dies zwischen den Parteien unstreitig ist.

2. Unfallgeschehen
Durch das bei der Klägerin versicherte Fahrzeug wurde ein Verkehrsunfall verursacht mit dem beteiligten Fahrzeug, amtliches Kennzeichen ......
Bei dem Unfallereignis wurde das Fahrzeug des/der Beklagten gelenkt von ......
Bei dem Unfallereignis entstand Sachschaden sowie Personenschaden.
Die Klägerin hat an den Geschädigten/die Geschädigte Schadenersatzleistungen erbracht, wie nachstehend unter Ziff. III ausgeführt.

II. Der Anspruch gemäß § 116 Abs. 1 VVG

1. Verstoß gegen Rauschmittelklausel gemäß D.2.1 AKB 08
Im Unfallzeitpunkt stand der Beklagte/Fahrer unter der Wirkung von Drogen, Medikamenten.
(Ggf. konkret ausführen verbunden mit Beweisantritt.)
Infolge des Genusses der vorgenannten berauschenden Mittel war Fahruntüchtigkeit gegeben.
(Ggf. konkret ausführen verbunden mit Beweisantritt.)

2. Schuldhafte Verletzung, D.3.1 AKB 08
Die Verletzung der Obliegenheit beruht auch auf einem vorsätzlichen (grobfahrlässigen) Verhalten des Versicherungsnehmers.
(Evtl. konkret ausführen mit Beweisantritt.)

---

[6] Nach Einleitung des gerichtlichen Verfahrens durch Mahnverfahren.

Anhang Teil G 6. Regress bei Obliegenheitsverletzung vor Versicherungsfall

3. Kausalität gemäß D.3.2 AKB 08
Kausalität ist gegeben, da die Obliegenheitsverletzung für den Eintritt des Versicherungsfalls und den Umfang der Leistungspflicht ursächlich war.
(Evtl. konkret ausführen mit Beweisantritt.)

III. Schadenersatzleistungen der Klägerin

1. Die erbrachten Schadenersatzleistungen
   A. Sachschaden

Fahrzeugschaden gemäß Reparaturkostenrechnung/ Sachverständigengutachten (Anlage K . . . . . .)	. . . . . . EUR

   B. Personenschaden

Heilbehandlungskosten (Anlage K . . . . . .)	. . . . . . EUR

2. Beschränkung der Regressforderung
   Ausgehend davon, dass die Regressforderung gemäß D.3.3 AKB 08 beschränkt ist auf . . . . . . EUR fordert die Klägerin im Rahmen dieser Regressbeschränkung Erstattung der von ihr erbrachten Schadenersatzleistung

3. (bei grobfahrlässiger Obliegenheitsverletzung Quotierung gem. D.3.1 AKB 08 beachten).

4. Aufforderung und Verzug
   Der/die Beklagte wurde seitens der Klägerin mit Schreiben vom . . . . . . zur Rückzahlung aufgefordert.
   Beweis: das in Fotokopie beigefügte Schreiben vom (Anlage K . . . . . .)
   Zahlung ist nicht erfolgt, sodass Klage geboten ist.

IV. Verzugsschaden und Zinsanspruch
Die Beklagte wurde von der Klägerin unter Fristsetzung mit Schreiben vom . . . . . . zur Rückzahlung aufgefordert, zahlte jedoch nicht.
Beweis: Schreiben der Klägerin vom . . . . . . (Anlage K . . . . . .)
Der Klägerin ist der Rückforderungsanspruch als Kapitalanlage vorenthalten worden. Der dadurch entstandene Schaden ist der Klägerin zu ersetzen. Die Zinshöhe entspricht dem gesetzlichen Zinssatz.
Die weiteren Gerichtskosten in Höhe von . . . . . . EUR werden gleichzeitig überwiesen.

Rechtsanwalt

f) Anspruchsbegründung nach Obliegenheitsverletzung wegen Verstoßes gegen Benutzung des vorübergehend stillgelegten Fahrzeuges (Ruheversicherung), H.1.5 AKB 08

An das
Amtsgericht . . . . . .
– Mahnabteilung –
Az.: . . . . . .
In dem Rechtsstreit
. . . . . . Versicherungs-AG   ./.   . . . . . .
wird beantragt,
   den Rechtsstreit an das zur Durchführung des streitigen Verfahrens zuständige Amts-/Landgericht in . . . . . . zu verweisen.[7]

---

[7] Nach Einleitung des gerichtlichen Verfahrens durch Mahnverfahren.

6. Regress bei Obliegenheitsverletzung vor Versicherungsfall

Dort werden wir beantragen,

1. die/den Beklagte(n) zu verurteilen, an die Klägerin einen Betrag in Höhe von . . . . . . EUR zu zahlen zzgl. Zinsen in Höhe von 5 Prozentpunkten über dem Basiszinssatz hieraus seit dem . . . . . . ,
2. gemäß § 331 III ZPO gegen den/die Beklagte ohne mündliche Verhandlung Versäumnisurteil zu erlassen, falls diese(r) nicht rechtzeitig anzeigt, dass sie/er sich gegenüber dem Klagebegehren verteidigen will, § 276 II 2 ZPO.

Es wird angeregt, das schriftliche Vorverfahren anzuordnen.

Zur Begründung wird Folgendes ausgeführt:

Die Klägerin nimmt den/die Beklagte im Wege des Regresses gemäß § 116 Abs. 1 VVG in Anspruch auf Erstattung erbrachter Schadenersatzleistungen.

Dem Rechtsstreit liegt im Einzelnen folgender Sachverhalt zugrunde:

I. Versicherungsverhältnis und Unfallgeschehen

1. Versicherungsverhältnis
Die Klägerin ist Kraftfahrtversicherer für das Fahrzeug mit dem amtlichen Kennzeichen . . . . . . gemäß Versicherungsvertrag vom . . . . . .
Beweis: der in Fotokopie beigefügte Versicherungsschein (Anlage K . . . . . .)
Halter/Halterin dieses Fahrzeuges ist der/die Beklagte.
Auszugehen ist davon, dass dies zwischen den Parteien unstreitig ist.

2. Unfallgeschehen
Durch das bei der Klägerin versicherte Fahrzeug wurde ein Verkehrsunfall verursacht mit dem beteiligten Fahrzeug, amtliches Kennzeichen . . . . . .
Bei dem Unfallereignis wurde das Fahrzeug des/der Beklagten gelenkt von . . . . . .
Bei dem Unfallereignis entstand Sachschaden sowie Personenschaden. Die Klägerin hat an den Geschädigten/die Geschädigte Schadenersatzleistungen erbracht, wie nachstehend unter Ziff. III ausgeführt.

II. Der Anspruch gemäß § 116 Abs. 1 VVG

1. Obliegenheitsverletzung wegen Verstoßes gegen Benutzung des vorübergehend stillgelegten Fahrzeuges (Ruheversicherung), H.1.5 AKB 08
Das Fahrzeug befand sich außerhalb des vorgesehenen Einstellraumes bzw. des umfriedeten Abstellplatzes. *(Text ist ggf. konkret auszuführen.)*[8]

2. Schuldhafte Verletzung, D.3.1 AKB 08
Die Verletzung der Obliegenheit beruht auch auf einem vorsätzlichen (grobfahrlässigen) Verhalten des Versicherungsnehmers.
(Evtl. konkret ausführen mit Beweisantritt.)

3. Kausalität gemäß D.3.2 AKB 08
Kausalität ist gegeben, da die Obliegenheitsverletzung für den Eintritt des Versicherungsfalls und den Umfang der Leistungspflicht ursächlich war.
(Evtl. konkret ausführen mit Beweisantritt.)

III. Schadenersatzleistungen der Klägerin

1. Die erbrachten Schadenersatzleistungen

   A. Sachschaden

Fahrzeugschaden gemäß Reparaturkostenrechnung/ Sachverständigengutachten (Anlage K . . . . . .)	. . . . . . EUR

---

[8] Vgl. hierzu im Einzelnen *Bauer* Rn. 520 ff.

B. Personenschaden

Heilbehandlungskosten (Anlage K . . . . . .)	. . . . . . EUR

2. Beschränkung der Regressforderung
Ausgehend davon, dass die Regressforderung gemäß D.3.3 AKB 08 beschränkt ist auf . . . . . . EUR fordert die Klägerin im Rahmen dieser Regressbeschränkung Erstattung der von ihr erbrachten Schadenersatzleistung
3. (bei grobfahrlässiger Obliegenheitsverletzung Quotierung gem. D.3.1 AKB 08 beachten).
4. Aufforderung und Verzug
Der/die Beklagte wurde seitens der Klägerin mit Schreiben vom . . . . . . zur Rückzahlung aufgefordert.
Beweis: das in Fotokopie beigefügte Schreiben vom (Anlage K . . . . . .)
Zahlung ist nicht erfolgt, sodass Klage geboten ist.

IV. Verzugsschaden und Zinsanspruch
Die Beklagte wurde von der Klägerin unter Fristsetzung mit Schreiben vom . . . . . . zur Rückzahlung aufgefordert, zahlte jedoch nicht.
Beweis: Schreiben der Klägerin vom . . . . . . (Anlage K . . . . . .)
Der Klägerin ist der Rückforderungsanspruch als Kapitalanlage vorenthalten worden. Der dadurch entstandene Schaden ist der Klägerin zu ersetzen. Die Zinshöhe entspricht dem gesetzlichen Zinssatz.
Die weiteren Gerichtskosten in Höhe von . . . . . . EUR werden gleichzeitig überwiesen.

Rechtsanwalt

g) Anspruchsbegründung nach Obliegenheitsverletzung gegen Benutzung eines Fahrzeuges mit Saisonkennzeichen H.2. AKB 08

An das
Amtsgericht . . . . . .
– Mahnabteilung –
Az.: . . . .

In dem Rechtsstreit
. . . . . . Versicherungs-AG   ./.   . . . . . .

wird beantragt,
den Rechtsstreit an das zur Durchführung des streitigen Verfahrens zuständige Amts-/Landgericht in . . . . . . zu verweisen.[9]

Dort werden wir beantragen,

1. die/den Beklagte(n) zu verurteilen, an die Klägerin einen Betrag in Höhe von EUR . . . . . . zu zahlen zzgl. Zinsen in Höhe von 5 Prozentpunkten über dem Basiszinssatz hieraus seit dem . . . . . .,
2. gemäß § 331 III ZPO gegen den/die Beklagte ohne mündliche Verhandlung Versäumnisurteil zu erlassen, falls diese(r) nicht rechtzeitig anzeigt, dass sie/er sich gegenüber dem Klagebegehren verteidigen will, § 276 II 2 ZPO.

Es wird angeregt, das schriftliche Vorverfahren anzuordnen.

Zur Begründung wird Folgendes ausgeführt:

Die Klägerin nimmt den/die Beklagte im Wege des Regresses gemäß § 116 Abs. 1 VVG in Anspruch auf Erstattung erbrachter Schadenersatzleistungen.

---

[9] Nach Einleitung des gerichtlichen Verfahrens durch Mahnverfahren.

6. Regress bei Obliegenheitsverletzung vor Versicherungsfall — Anhang Teil G

Dem Rechtsstreit liegt im Einzelnen folgender Sachverhalt zugrunde:

I. Versicherungsverhältnis und Unfallgeschehen

1. Versicherungsverhältnis
Die Klägerin ist Kraftfahrtversicherer für das Fahrzeug mit dem amtlichen Kennzeichen . . . . . .
gemäß Versicherungsvertrag vom . . . . . .
Beweis: der in Fotokopie beigefügte Versicherungsschein (Anlage K . . . . . .)
Halter/Halterin dieses Fahrzeuges ist der/die Beklagte.
Auszugehen ist davon, dass dies zwischen den Parteien unstreitig ist.

2. Unfallgeschehen
Durch das bei der Klägerin versicherte Fahrzeug wurde ein Verkehrsunfall verursacht mit dem beteiligten Fahrzeug, amtliches Kennzeichen . . . . . .
Bei dem Unfallereignis wurde das Fahrzeug des/der Beklagten gelenkt von . . . . . .
Bei dem Unfallereignis entstand Sachschaden
sowie Personenschaden.
Die Klägerin hat an den Geschädigten/die Geschädigte Schadenersatzleistungen erbracht, wie nachstehend unter Ziff. III ausgeführt.

II. Der Anspruch gemäß § 116 Abs. 1 VVG

1. Obliegenheitsverletzung gegen Benutzung eines Fahrzeuges mit Saisonkennzeichen gem. H.2 AKB 08
(Wird ggf. konkret ausgeführt.)[10]

2. Schuldhafte Verletzung, D.3.1 AKB 08
Die Verletzung der Obliegenheit beruht auch auf einem vorsätzlichen (grobfahrlässigen) Verhalten des Versicherungsnehmers.
(Evtl. konkret ausführen mit Beweisantritt.)

3. Kausalität gemäß D.3.2 AKB 08
Kausalität ist gegeben, da die Obliegenheitsverletzung für den Eintritt des Versicherungsfalls und den Umfang der Leistungspflicht ursächlich war.
(Evtl. konkret ausführen mit Beweisantritt.)

III. Schadenersatzleistungen der Klägerin

1. Die erbrachten Schadenersatzleistungen

A. Sachschaden

Fahrzeugschaden gemäß Reparaturkostenrechnung/ Sachverständigengutachten (Anlage K . . . . . .)	. . . . . . EUR

B. Personenschaden

Heilbehandlungskosten (Anlage K . . . . . .)	. . . . . . EUR

2. Beschränkung der Regressforderung
Ausgehend davon, dass die Regressforderung gemäß D.3.3 AKB 08 beschränkt ist auf . . . . . . EUR fordert die Klägerin im Rahmen dieser Regressbeschränkung Erstattung der von ihr erbrachten Schadenersatzleistung

3. (bei grobfahrlässiger Obliegenheitsverletzung Quotierung gem. D.3.1 AKB 08 beachten).

4. Aufforderung und Verzug
Der/die Beklagte wurde seitens der Klägerin mit Schreiben vom . . . . . . zur Rückzahlung aufgefordert.

---

[10] Vgl. hierzu *Bauer* Rn. 525 ff.

Beweis: das in Fotokopie beigefügte Schreiben vom (Anlage K . . . . . .)
Zahlung ist nicht erfolgt, sodass Klage geboten ist.

IV. Verzugsschaden und Zinsanspruch

Die Beklagte wurde von der Klägerin unter Fristsetzung mit Schreiben vom . . . . . . zur Rückzahlung aufgefordert, zahlte jedoch nicht.

Beweis: Schreiben der Klägerin vom . . . . . . (Anlage K . . . . . .)

Der Klägerin ist der Rückforderungsanspruch als Kapitalanlage vorenthalten worden. Der dadurch entstandene Schaden ist der Klägerin zu ersetzen. Die Zinshöhe entspricht dem gesetzlichen Zinssatz.

Die weiteren Gerichtskosten in Höhe von . . . . . . EUR werden gleichzeitig überwiesen.

Rechtsanwalt

7. Satzung des Vereins Versicherungsombudsmann e. V.
Stand: 16. November 2011
(Quelle: www.versicherungsombudsmann.de)

§ 1 Name und Sitz des Vereins
(1) Der Verein führt den Namen „Versicherungsombudsmann e. V.".

(2) Sitz des Vereins ist Berlin.

§ 2 Zweck
(1) Zweck des Vereins ist die Förderung der außergerichtlichen Streitbeilegung zwischen Versicherungsunternehmen und Verbrauchern* (Versicherungsnehmern).

(2) Ebenfalls ist Zweck des Vereins die Förderung der außergerichtlichen Streitbeilegung zwischen Versicherungsvermittlern oder Versicherungsberatern und Versicherungsnehmern im Zusammenhang mit der Vermittlung von Versicherungsverträgen im Sinne von § 214 Abs. 1 Nr. 2 VVG.

(3) Der Satzungszweck wird vor allem durch Einrichtung und Unterhaltung einer Institution zur außergerichtlichen Streitbeilegung im Sinne von Abs. 1 und 2 verfolgt.

§ 3 Mitglieder
(1) Mitglied des Vereins können der Gesamtverband der Deutschen Versicherungswirtschaft e. V. und dessen Mitgliedsunternehmen werden.

(2) Die Mitgliedschaft wird durch schriftliche Beitrittserklärung gegenüber dem Vorstand erworben.

(3) Die Mitgliedschaft endet durch Verlust der Mitgliedschaft beim Gesamtverband der Deutschen Versicherungswirtschaft e. V. oder Austrittserklärung. Die Austrittserklärung erfolgt durch eingeschriebenen Brief gegenüber dem Vorstand. Sie wirkt zum Ende des Geschäftsjahres. Es ist eine Frist von sechs Monaten einzuhalten.

(4) Durch Beschluss der Mitgliederversammlung kann ein Mitglied ausgeschlossen werden, wenn es wiederholt oder schwer gegen die Satzung des Vereins verstößt, dem Zweck des Vereins zuwiderhandelt oder seinen finanziellen Verpflichtungen gegenüber dem Verein trotz Mahnung nicht nachkommt. Der Vorstand kann bis zum Beschluss der Mitgliederversammlung das Ruhen der Mitgliedschaft nach vorheriger Androhung anordnen.

§ 4 Beschwerdeverfahren
(1) Ziel des Beschwerdeverfahrens ist es, Streitigkeiten außergerichtlich beizulegen. Die Aufgaben nach § 2 Abs. 1 und 2 können auf eine oder mehrere Personen übertragen werden.

(2) Näheres regelt die jeweilige Verfahrensordnung.

§ 5 Pflichten der Mitglieder
(1) Die Mitglieder erkennen die für die Aufgabe nach § 2 Abs. 1 durch die Mitgliederversammlung beschlossene Verfahrensordnung des Versicherungsombudsmanns als für sie verbindlich an. Sie lassen auch eine für die Dauer des Verfahrens angeordnete Verjährungshemmung gegen sich gelten.

(2) Sie unterwerfen sich den Entscheidungen des Versicherungsombudsmanns im Rahmen dieser Verfahrensordnung.

(3) Die Mitglieder verpflichten sich, ihre Kunden bei Vertragsschluss oder bei Zusendung der Vertragsunterlagen auf die Mitgliedschaft im Verein und die Möglichkeit des Streitschlichtungsverfahrens vor dem Versicherungsombudsmann hinzuweisen.

§ 6 Organe des Vereins
Organe des Vereins sind der Vorstand und die Mitgliederversammlung.

§ 7 Vorstand, Geschäftsführung
(1) Der Vorstand im Sinne des § 26 BGB besteht aus mindestens fünf und höchstens elf Mitgliedern.

---

* Aus Gründen der Vereinfachung werden die männlichen Bezeichnungen verwendet; gemeint sind selbstverständlich ebenso weibliche Personen. Sollte eine weibliche Ombudsperson im Amt sein, handelt es sich um eine Ombudsfrau.

(2) Der Vorstand wählt seinen Vorsitzenden aus dem Kreis seiner Mitglieder. Eine Wiederwahl ist zulässig. Der Vorstand kann außerdem einen oder mehrere Stellvertreter wählen. Der Vorsitzende des Vorstands leitet die Sitzungen des Vorstands und die Mitgliederversammlungen. Der Vorstand kann sich eine Geschäftsordnung geben. Er stellt die Geschäftsordnung für die Geschäftsführung auf.

(3) Der Verein wird durch zwei Mitglieder des Vorstands gemeinsam vertreten.

(4) Der Vorstand ist für alle Angelegenheiten des Vereins zuständig, soweit sie nicht durch die Satzung einem anderen Organ, dem Beirat oder der Geschäftsführung übertragen sind. Er hat insbesondere folgende Aufgaben:
a) Vertretung des Vereins nach außen,
b) Vorschlag zur Wahl des Ombudsmanns,
c) Regelung der Aufgabenbereiche des Ombudsmanns (§ 4 Abs. 1), soweit diese nicht durch übereinstimmende Beschlüsse der Mitgliederversammlung und des Beirats festgelegt wurden,
d) Abberufung des Ombudsmanns durch Beschluss nach vorherigem Beschluss des Beirats (§§ 12 Abs. 5 lit. a, 13 Abs. 3 S. 2),
e) Vorbereitung und Einberufung der Mitgliederversammlung,
f) Ausführung der Beschlüsse der Mitgliederversammlung,
g) Aufstellung des Wirtschaftsplans,
h) Bestellung und Abberufung eines oder mehrerer Geschäftsführer, die Beaufsichtigung der Geschäftsführung,
i) Beschlussfassung über die Reisekostenordnung.

(5) Die Mitglieder des Vorstands werden von der Mitgliederversammlung für die Dauer von vier Jahren gewählt. Sie müssen zum Zeitpunkt ihrer Wahl dem Organ eines Mitglieds angehören. Die Mitglieder des Vorstands bleiben bis zur Neuwahl im Amt. Eine Wiederwahl ist möglich.

(6) Die laufenden Geschäfte der Geschäftsstelle werden nach Maßgabe einer vom Vorstand aufgestellten Geschäftsordnung von der Geschäftsführung wahrgenommen, sofern der Vorstand nichts anderes bestimmt. Zu den laufenden Geschäften der Geschäftsstelle gehören insbesondere die Geschäfte nach Absatz 4 lit. e–g sowie die Einstellung von Personal. Die Geschäftsführung hat im Rahmen der Geschäftsordnung Vertretungsmacht im Sinne des § 30 BGB.

§ 8 Mitgliederversammlung

(1) Die ordentliche Mitgliederversammlung findet jedes Kalenderjahr statt. Sie wird vom Vorstand oder der Geschäftsführung unter Einhaltung einer Frist von einem Monat schriftlich unter Angabe der Tagesordnung einberufen. Die Frist beginnt mit dem der Absendung der Einladung folgenden Tag. Die Tagesordnung setzt der Vorstand fest.

(2) Jedes Mitglied sowie der Beirat können bis spätestens zwei Wochen vor der Mitgliederversammlung beim Vorstand schriftlich die Ergänzung der Tagesordnung verlangen. Der Versammlungsleiter hat zu Beginn die Ergänzung bekannt zu geben. Über Anträge auf Ergänzung, die in der Versammlung gestellt werden, beschließt diese selbst.

(3) Die Mitglieder des Beirats sind zur Teilnahme an der Mitgliederversammlung berechtigt.

§ 9 Außerordentliche Mitgliederversammlung

Eine außerordentliche Mitgliederversammlung ist vom Vorstand einzuberufen, wenn dies im Vereinsinteresse erforderlich ist oder ein Fünftel der Mitglieder dies schriftlich unter Angabe des Zwecks und der Gründe verlangt.

§ 10 Beschlussfassung der Mitgliederversammlung

(1) Die Mitgliederversammlung wird vom Vorsitzenden des Vorstands, bei Verhinderung durch seinen Stellvertreter oder durch das dienstälteste anwesende Vorstandsmitglied geleitet.

(2) Jedes Mitglied hat eine Stimme. Vollmachtserteilung an ein anderes Mitglied ist möglich, jedoch darf kein Mitgliedsunternehmen außer den mit ihm verbundenen Konzernunternehmen mehr als fünf andere Mitglieder vertreten. Vertretene Mitglieder sind ihrerseits zur Vertretung nicht berechtigt. Beschlüsse werden mit einfacher Mehrheit der vertretenen Mitglieder gefasst.

(3) Änderungen der Satzung sowie der Verfahrensordnungen und Beschlüsse über die Bestellung des Ombudsmanns sowie über den Ausschluss eines Mitglieds bedürfen einer Mehrheit von drei Vierteln der vertretenen Mitglieder.

(4) Beschlüsse der Mitgliederversammlung werden von einem Schriftführer protokollarisch festgehalten.

§ 11 Aufgaben der Mitgliederversammlung

Die Mitgliederversammlung hat insbesondere folgende Aufgaben:
a) Wahl des Vorstands,
b) Bestellung des Ombudsmanns durch Beschluss nach vorherigem Beschluss des Beirats (§ 12 Abs. 5 lit. a),
c) Entgegennahme und Beratung des Berichts des Vorstands über das abgelaufene Geschäftsjahr,
d) Entgegennahme und Beratung des Berichts des Ombudsmanns,
e) Genehmigung des Jahresabschlusses und Erteilung der Entlastung von Vorstand und Geschäftsführung,
f) Wahl von Rechnungsprüfern,
g) Beschlussfassung über den Wirtschaftsplan,
h) Beschlussfassung über die endgültige Festsetzung der Jahresumlage
i) Änderung der Satzung,
j) Änderung der Verfahrensordnungen, vorbehaltlich der Zustimmung des Beirats (§ 12 Abs. 5 lit. b),
k) endgültige Entscheidung über den Ausschluss von Mitgliedsunternehmen,
l) Beschlussfassung über die Kostenordnung (§ 16 Abs. 4).

§ 12 Beirat

(1) Es wird ein Beirat gebildet. Dem Beirat gehören an: acht Mitgliedervertreter (Vorsitzender des Vorstands und sieben von der Mitgliederversammlung gewählte Vertreter der Vereinsmitglieder), acht Verbrauchervertreter (vier Vertreter des Verbraucherzentralen Bundesverbandes und seiner Mitgliedsverbände, zwei Vertreter der Stiftung Warentest, ein Vertreter des Bundes der Versicherten, ein Vertreter des ADAC), zwei Vertreter der Versicherungsaufsicht, drei Vertreter der Wissenschaft und sieben Vertreter des öffentlichen Lebens (zwei Vertreter der SPD-Bundestagsfraktion, zwei Vertreter der CDU/CSU-Bundestagsfraktion, ein Vertreter der FDP-Bundestagsfraktion, ein Vertreter der Bündnis 90/Die Grünen-Bundestagsfraktion, ein Vertreter der Die Linke-Bundestagsfraktion).

(2) Die Amtszeit der Beiratsmitglieder beträgt fünf Jahre. Eine Wiederwahl ist möglich.

(3) Die Auswahl der Mitgliedervertreter erfolgt durch Wahl in der Mitgliederversammlung. Die Vertreter der Wissenschaft werden für den ersten Beirat durch die Mitgliederversammlung bestimmt; bei späteren Wahlen durch den zuvor amtierenden Beirat mit einer Mehrheit von zwei Dritteln seiner Mitglieder. Die übrigen Mitglieder des Beirats werden von den jeweiligen Institutionen und Parteien entsandt.

(4) Der Beirat wählt aus dem Kreis seiner Mitglieder einen Vorsitzenden.

(5) Der Beirat hat die folgenden Aufgaben:
a) Mitwirkung an der Bestellung und Abberufung des Ombudsmanns durch Beschluss,
b) Mitwirkung an Änderungen der Verfahrensordnungen durch Beschluss,
c) Mitsprache bei der Bestellung des Geschäftsführers (Vorschlagsrecht, Beratung),
d) Entgegennahme und Beratung des Berichts des Ombudsmanns,
e) Unterbreiten von Vorschlägen für die Verbesserung der Arbeit des Ombudsmanns und der Verfahrensordnungen sowie für die Tagesordnung der Mitgliederversammlung,
f) Beratung und Unterstützung des Ombudsmanns in Fragen seiner Öffentlichkeitspräsenz (zB Internet-Auftritt, Veröffentlichungen, Anzeigen).

(6) Sitzungen des Beirats finden nach Bedarf, mindestens einmal jährlich statt. Die Sitzungen des Beirats werden von dem Vorsitzenden geleitet. Der Beirat beschließt mit einfacher Mehrheit der anwesenden Beiratsmitglieder, wenn nichts anderes in der Satzung bestimmt ist. Die Sitzungen sind mit einer Frist von mindestens zwei Wochen unter Angabe der Tagesordnung schriftlich einzuberufen. Die Tagesordnung setzt der Vorsitzende fest. Der Vorstand und jedes Beiratsmitglied kann bis eine Woche vor der Sitzung schriftlich eine Ergänzung der Tagesordnung verlangen. Der Vorsitzende hat zu Beginn der Sitzung die Ergänzung bekannt zu geben. Über Anträge auf Ergänzung, die in der Sitzung gestellt werden, beschließt der Beirat selbst.

§ 13 Wahl des Ombudsmanns

(1) Der Ombudsmann wird nach Vorschlag des Vorstands durch Beschluss der Mitgliederversammlung (§ 10 Abs. 3) und vorherigem Beschluss des Beirats (§ 12 Abs. 5 lit. a) bestellt.

(2) Die Amtszeit des Ombudsmanns beträgt höchstens fünf Jahre. Eine einmalige erneute Bestellung ist zulässig.

(3) Die Abberufung ist nur bei offensichtlichen und groben Verfehlungen des Ombudsmanns gegen seine Verpflichtungen aus § 15 oder seinen Dienstvertrag möglich. Sie erfolgt durch Beschluss des Vorstands und Beschluss einer Mehrheit von zwei Dritteln der Mitglieder des Beirats.

§ 14 Persönliche Voraussetzungen des Ombudsmanns

(1) Der Ombudsmann muss die für seine Aufgabe erforderliche Befähigung, Fachkompetenz und Erfahrung haben. Er soll die Befähigung zum Richteramt besitzen und über besondere Erfahrungen in Versicherungssachen verfügen. Er soll seinen Wohnsitz in Deutschland haben. Er darf in den letzten drei Jahren vor Antritt des Amtes weder hauptberuflich für ein Versicherungsunternehmen, eine Interessenvertretung der Branche oder ihrer Mitarbeiter noch als Versicherungsvermittler oder -berater tätig gewesen sein.

(2) Während der Amtsdauer darf eine solche Tätigkeit nicht aufgenommen werden. Auch ist jede sonstige Tätigkeit untersagt, die geeignet ist, die Unparteilichkeit der Amtsausübung zu beeinträchtigen. Der Ombudsmann darf wissenschaftliche Arbeiten erstellen und Vorträge halten, sofern diese nicht die Unparteilichkeit seiner Amtsführung beeinträchtigen.

§ 15 Aufgaben des Ombudsmanns

(1) Der Ombudsmann ist hinsichtlich seiner Entscheidungen, seiner Verfahrens- und Amtsführung im Rahmen der Verfahrensordnungen unabhängig und keinen Weisungen unterworfen. Er hat als Entscheidungsgrundlagen Recht und Gesetz zu beachten. Sofern es daneben allgemeine Grundsätze ordnungsgemäßer Versicherungs-, Kapitalanlage- und Vertriebspraxis (Wettbewerbsrichtlinien) gibt, die das Versicherungsgeschäft und seine Abwicklung beeinflussen, soll er diese mitberücksichtigen.

(2) Der Ombudsmann soll die Beilegung des Streits in geeigneten Fällen durch einen Schlichtungsvorschlag, im Übrigen durch Bescheidung mit verständlicher Erläuterung der Rechtslage fördern.

(3) Über die Mitarbeiter der Schlichtungsstelle übt der Ombudsmann ein fachliches Weisungsrecht und eine fachliche Aufsicht aus.

§ 16 Finanzierung

(1) Die Mitglieder finanzieren den Verein durch Mitgliedsbeiträge und Fallpauschalen. Von anderen Verfahrensbeteiligten können Entgelte erhoben werden, sofern die Verfahrensordnung dies vorsieht.

(2) Die Mitgliedsbeiträge werden in Form einer jährlichen Umlage erhoben, deren Höhe die Mitgliederversammlung aufgrund des vom Vorstand aufgestellten Wirtschaftsplans zunächst vorläufig festsetzt. Der Verein erhebt die vorläufige Umlage zu Beginn des Geschäftsjahres. Geschäftsjahr ist das Kalenderjahr.

(3) Die Höhe der Umlage wird endgültig festgesetzt, wenn das Geschäftsjahr abgeschlossen ist und die in ihm entstandenen Kosten feststehen. Am Jahresschluss nicht verbrauchte Vorschüsse bilden als Guthaben der Mitgliedsunternehmen Vorauszahlungen auf die Umlage des Geschäftsjahres, das der Beschlussfassung der Mitgliederversammlung über die Genehmigung der Jahresrechnung folgt, sofern die Mitgliederversammlung keine andere Verwendung beschließt.

(4) Die Berechnung der Mitgliedsbeiträge und die Entgelte für durchgeführte Verfahren bestimmen sich nach einer Kostenordnung, die von der Mitgliederversammlung beschlossen wird.

§ 17 Rechnungsprüfer, Jahresabschluss und Rechnungsprüfung

(1) Die Rechnungsprüfer werden für die Dauer von zwei Jahren gewählt.

(2) Der Vorstand hat binnen vier Monaten nach Schluss des Geschäftsjahres einen Jahresabschluss aufzustellen.

(3) Dieser Jahresabschluss ist von den Rechnungsprüfern rechtzeitig vor der ordentlichen Mitgliederversammlung zu prüfen. Über das Ergebnis der Prüfung ist in der Mitgliederversammlung zu berichten.

§ 18 Ehrenamtlichkeit

Die Tätigkeiten der Mitglieder des Vorstands und des Beirats sind ehrenamtlich. Die Mitglieder des Vorstands und des Beirats erhalten keine Vergütung. Der Vorstand erlässt eine Reisekostenordnung, die Umfang und Höhe einer Sitzungspauschale und die Erstattung von Reisekosten regelt.

§ 19 Auflösung des Vereins

(1) Die Auflösung des Vereins kann nur durch eine Mitgliederversammlung mit einer Mehrheit von drei Vierteln aller vertretenen Mitglieder beschlossen werden.

(2) Diese Mitgliederversammlung hat über die Verwendung des Vereinsvermögens zu entscheiden.

8. Verfahrensordnung des Versicherungsombudsmanns (VomVO)
Stand: 21. November 2013
(Quelle: www.versicherungsombudsmann.de)

Präambel

Der Versicherungsombudsmann e. V. ist eine unabhängige Einrichtung der deutschen Versicherungswirtschaft zur Schlichtung von Streitigkeiten im Zusammenhang mit Versicherungsverträgen.

§ 1 Anwendungsbereich

Die folgenden Vorschriften finden Anwendung bei einer Beschwerde gegen ein Versicherungsunternehmen (Aufgabenbereich nach § 2 Abs. 1 der Satzung des Versicherungsombudsmann e. V.).

§ 2 Zulässigkeit der Beschwerde

(1) Der Ombudsmann* kann von Verbrauchern angerufen werden. Eine Beschwerde ist zulässig, wenn der Beschwerdegegner Mitglied des Versicherungsombudsmanns e. V. ist und sie einen

a) einen eigenen vertraglichen Anspruch aus einem Versicherungsvertrag oder einem Vertrag, der in einem engen wirtschaftlichen Zusammenhang mit einem Versicherungsvertrag steht,

b) eigenen vertraglichen Anspruch aus einem Realkreditvertrag (§ 14 und § 16 Abs. 1 und 2 Pfandbriefgesetz) oder

c) Anspruch aus der Vermittlung oder der Anbahnung eines solchen Vertrags gegen einen Versicherer betrifft,

Ein Verbraucher ist nach dem Bürgerlichen Gesetzbuch (§ 13 BGB) eine natürliche Person, die ein Rechtsgeschäft zu einem Zweck abschließt, der weder ihrer gewerblichen noch ihrer selbständigen beruflichen Tätigkeit zugerechnet werden kann. Der Ombudsmann kann Beschwerden von anderen Personen behandeln, wenn sich diese in verbraucherähnlicher Lage befinden. Hier für sind die wirtschaftliche Tätigkeit (Art, Umfang und Ausstattung) sowie der Versicherungsvertrag und der geltend gemachte Anspruch maßgeblich. .

(2) Der Ombudsmann behandelt die Beschwerde erst dann, wenn der Beschwerdeführer seinen Anspruch zuvor gegenüber dem Versicherer geltend gemacht und dem Versicherer sechs Wochen Zeit gegeben hat, den Anspruch abschließend zu bescheiden. Fehlt es an einer dieser Voraussetzungen, unterrichtet der Ombudsmann den Beschwerdeführer, aus welchem Grund das Verfahren nicht eröffnet werden kann.

(3) Ein Verfahren vor dem Ombudsmann findet nicht statt,

a) bei Beschwerden, deren Wert 100.000 Euro überschreitet; für die Wertermittlung sind die Grundsätze der ZPO zum Streitwert heranzuziehen, bei einer offen gelegten Teilbeschwerde ist der erkennbare Gesamtwert zu berücksichtigen,

b) bei Beschwerden, die Ansprüche aus einem Kranken-, Pflege- oder Kreditversicherungsvertrag zum Gegenstand haben,

c) bei Beschwerden, deren Gegenstand die bei der versicherungsmathematischen Berechnung angewandten Methoden oder Formeln sind,

d) bei Ansprüchen eines Dritten auf die Versicherungsleistung,

e) solange der Beschwerdegegenstand vor einem Gericht, Schiedsgericht, einer Streitschlichtungseinrichtung oder der Versicherungsaufsicht anhängig ist oder von dem Beschwerdeführer während des Ombudsmannverfahrens anhängig gemacht wird (als anhängig gilt nicht die Einleitung eines Mahnverfahrens wegen des Prämienanspruchs oder das Ruhen des gerichtlichen Verfahrens gem. § 278a ZPO)

f) wenn der Beschwerdegegenstand von einem Gericht, Schiedsgericht oder einer Streitschlichtungseinrichtung abschließend behandelt wurde; das Gleiche gilt, wenn die Streitigkeit durch einen außergerichtlichen Vergleich beigelegt oder hinsichtlich des Beschwerdegegenstands ein Antrag auf Prozesskostenhilfe wegen fehlender Erfolgsaussicht der beabsichtigten Rechtsverfolgung abgewiesen wurde,

---

* Aus Gründen der Vereinfachung werden die männlichen Bezeichnungen verwendet; gemeint sind selbstverständlich ebenso weibliche Personen. Sollte eine weibliche Ombudsperson im Amt sein, handelt es sich um eine Ombudsfrau.

g) wenn von dem Beschwerdeführer wegen des Beschwerdegegenstands Strafanzeige erstattet worden ist oder während des Verfahrens erstattet wird (unschädlich sind Strafanzeigen, die der Versicherungsnehmer erstatten muss, um den Versicherungsschutz nicht zu gefährden),
h) wenn die Beschwerde offensichtlich ohne Aussicht auf Erfolg erhoben worden ist,
i) wenn der Anspruch bereits verjährt ist und sich der Beschwerdegegner auf die Verjährung beruft.

§ 3 Einlegung der Beschwerde

(1) Das Verfahren beginnt mit Anrufung des Ombudsmanns. Die Anrufung kann mündlich, schriftlich oder in jeder anderen geeigneten Form geschehen.

(2) Der Ombudsmann bestätigt den Eingang der Beschwerde und unterrichtet den Beschwerdeführer in allgemeiner Form über den weiteren Verfahrensgang.

(3) Der Beschwerdeführer soll einen klaren und eindeutigen Antrag stellen und alle zur Beurteilung des Falles geeigneten und erforderlichen Tatsachen mitteilen sowie die erforderlichen Unterlagen beifügen. Der Ombudsmann hilft dem Beschwerdeführer bei Bedarf, den Sachverhalt klar darzustellen, einen sachdienlichen Antrag zu stellen und die notwendigen Unterlagen einzureichen. Er kann sich auch an den Beschwerdegegner wenden, um den Sachverhalt aufzuklären.

(4) Wurden die Voraussetzungen gemäß Abs. 3 trotz der Ermittlungen nicht erfüllt, kann das Verfahren nicht durchgeführt werden. Dies wird dem Beschwerdeführer mitgeteilt. Das Verfahren endet damit.

§ 4 Vertretung

Der Beschwerdeführer kann sich in jeder Lage des Verfahrens auf eigene Kosten vertreten lassen.

§ 5 Prüfung der Zulässigkeit

(1) Der Ombudsmann berücksichtigt in jeder Lage des Verfahrens, ob es gemäß § 2 zulässig ist.

(2) In Zweifelsfällen gibt der Ombudsmann den Parteien Gelegenheit zur Stellungnahme, bevor er über die Zulässigkeit entscheidet. Er begründet seine Entscheidung.

§ 6 Beteiligung des Beschwerdegegners

(1) Ist der Gegenstand der Beschwerde geklärt und die Beschwerde zulässig, fordert der Ombudsmann den Beschwerdegegner zu einer Stellungnahme auf und setzt ihm dafür eine Frist von einem Monat. Die Frist kann um bis zu einen Monat verlängert werden, wenn dies sachdienlich erscheint. Der Beschwerdeführer ist hierüber zu informieren.

(2) Der Ombudsmann leitet die Beschwerde derjenigen Stelle des Beschwerdegegners zu, die dieser als Kontaktstelle für den Ombudsmann benannt hat.

(3) Die Stellungnahme des Beschwerdegegners wird in der Regel dem Beschwerdeführer zugeleitet.

(4) Von der Anforderung einer Stellungnahme kann der Ombudsmann absehen, wenn der geltend gemachte Anspruch anhand der vom Beschwerdeführer eingereichten Unterlagen beurteilt werden kann und offensichtlich unbegründet ist.

§ 7 Verfahren

(1) Hat der Beschwerdegegner nicht innerhalb der Monatsfrist Stellung genommen (§ 6 Abs. 1 S. 1) und auch keinen Antrag auf Fristverlängerung gestellt (§ 6 Abs. 1 S. 2), ist allein der Vortrag des Beschwerdeführers die Entscheidungsgrundlage. Gibt der Beschwerdegegner vor Abschluss des Verfahrens eine verspätete Einlassung ab, berücksichtigt der Ombudsmann sie, sofern die Verspätung entschuldigt ist. Wann eine Verspätung entschuldigt ist, entscheidet der Ombudsmann.

(2) Der Ombudsmann ermittelt von Amts wegen. Er klärt den Sachverhalt in jeder Lage des Verfahrens weiter auf, soweit dies zur Entscheidungsfindung erforderlich ist.

(3) Der Ombudsmann gewährleistet eine zügige Bearbeitung der Beschwerden. Er bestimmt in der Geschäftsordnung interne Bearbeitungsfristen und überprüft deren Einhaltung.

(4) Bei Beschwerden, die im Zusammenhang mit versicherungstechnischen Berechnungen in der Lebensversicherung – einschließlich Pensions- und Sterbekassen – sowie in der Unfallversicherung mit Beitragsrückgewähr (UBR) stehen, sind die Berechnungen in nachprüfbarer Form mit allen erforderlichen Angaben (zB technische Vertragsdaten; Berechnungsformeln mit Zahlenwerten; jeweilige Überschussdeklarationen und Ansammlungszinssätze; gegebenenfalls Genehmigungsdaten des entsprechenden Geschäftsplans; Grundsätze für die Berechnung der Prämien- und Deckungsrückstellungen) in einer gesonderten, nur für den Ombudsmann bestimmten Anlage darzustellen. Darüber hinaus sollten gegebenenfalls die dem Versicherungsschein beigegebene Garantiewerttabelle sowie die letzte Unter-

richtung des Versicherungsnehmers über die Höhe des Überschussguthabens beigefügt werden. Bei Beschwerden, die im Zusammenhang mit einem Realkredit stehen, sind die Berechnungen in nachprüfbarer Form mit allen erforderlichen Angaben (zB Kreditsumme, Beleihungswert, Zinssatz, effektiver Jahreszins, Laufzeit, Tilgungsverlauf) in einer gesonderten, nur für den Ombudsmann bestimmten Anlage darzustellen.

(5) Der Ombudsmann kann eine ergänzende Stellungnahme der Parteien zur Klärung des Sach- und Streitstandes anfordern, wenn ihm dies erforderlich erscheint. Er gibt der anderen Partei Gelegenheit, sich in angemessener Frist zu neuem Vortrag zu äußern. Unentschuldigt verspätete Einlassungen bleiben unberücksichtigt. Wann eine verspätete Einlassung entschuldigt ist, entscheidet der Ombudsmann.

(6) Der Ombudsmann ist in seiner Beweiswürdigung frei. Er erhebt keine Beweise, mit Ausnahme des Urkundenbeweises.

§ 8 Ungeeignete Beschwerden

(1) Der Ombudsmann kann die Befassung mit der Beschwerde in jeder Lage des Verfahrens ablehnen, wenn diese ihm für eine Entscheidung in einem Ombudsmannverfahren ungeeignet erscheint, sofern der Umfang der Urkundenbeweisaufnahme so außergewöhnlich hoch wäre, dass die Kapazitäten des Ombudsmanns und seiner Mitarbeiter in unzumutbarer Weise beansprucht wären.

(2) Der Ombudsmann soll die Befassung mit der Beschwerde in jeder Lage des Verfahrens ablehnen, wenn diese eine entscheidungserhebliche, streitige, höchstrichterlich noch nicht entschiedene Frage betrifft, um deren rechtliche Lösung der Autorität der Gerichte zu überlassen. Das Antragsrecht des Beschwerdegegners nach Abs. 4 bleibt unberührt.

(3) Der Ombudsmann kann die Befassung mit der Beschwerde in jeder Lage des Verfahrens ablehnen, wenn entscheidungserhebliche Fragen besonderer Rechtsgebiete (zB Steuerrecht) oder ausländische Recht betreffen.

(4) Der Beschwerdegegner kann in jeder Lage des Verfahrens beantragen, dass der Ombudsmann eine Beschwerde als Musterfall unbeschieden lässt, sofern er plausibel machen kann, dass es sich um eine Frage von rechtsgrundsätzlicher Bedeutung handelt. Der Beschwerdegegner hat sich jedoch zu verpflichten, dem Beschwerdeführer die erstinstanzlichen Gerichts- und Anwaltskosten zu erstatten, und zwar auch, falls der Beschwerdegegner vor Gericht obsiegen sollte.

(5) Der Ombudsmann kann die Befassung der Beschwerde ablehnen, wenn der Vertrag für die Klärung von Meinungsverschiedenheiten über den Beschwerdegegenstand ein geeignetes Verfahren vorsieht und dieses noch nicht in Anspruch genommen wurde.

§ 9 Beurteilungsmaßstab

Entscheidungsgrundlage sind Recht und Gesetz. Sofern es daneben allgemeine Grundsätze ordnungsgemäßer Versicherungs-, Kapitalanlage- und Vertriebspraxis (Wettbewerbsrichtlinien) gibt, die das Versicherungsgeschäft und seine Abwicklung beeinflussen, soll der Ombudsmann diese mitberücksichtigen.

§ 10 Verfahrensbeendigung

(1) Ist die Beschwerde unzulässig, weist der Ombudsmann sie als unzulässig ab.

(2) Der Ombudsmann weist die Beschwerde als ungeeignet ab, wenn sie nach Maßgabe von § 8 Abs. 1 bis 3 nicht geeignet ist, um durch den Ombudsmann entschieden zu werden, oder wenn es sich um einen Musterfall nach Maßgabe von § 8 Abs. 4 handelt.

(3) Eignet sich die Beschwerde nicht für einen Schlichtungsversuch, ist ein solcher erfolglos oder kann der Streit nicht anderweitig beigelegt werden, bescheidet der Ombudsmann die Beschwerde. Bei einem Beschwerdewert von bis zu 10.000 Euro erlässt er eine Entscheidung und bei einem Beschwerdewert von mehr als 10.000 Euro bis zu 100.000 Euro eine Empfehlung.

(4) Die Abweisung, die Entscheidung und die Empfehlung des Ombudsmanns ergehen schriftlich und sind mit Gründen zu versehen. Sie werden beiden Parteien unverzüglich übermittelt. In geeigneten Fällen kann im Einverständnis mit den Parteien von der Schriftform abgesehen werden.

(5) Das Beschwerdeverfahren endet durch Rücknahme, Abhilfe, Vergleich sowie durch Abweisung oder Bescheidung der Beschwerde. Die Beendigungswirkung tritt ein mit Kenntnisnahme von der abschließenden Mitteilung, spätestens drei Tage nach deren Versand.

§ 11 Bindungswirkung des Bescheids

(1) Die Entscheidung ist für den Beschwerdegegner bindend. Die Empfehlung ist für beide Parteien nicht bindend.

(2) Dem Beschwerdeführer steht immer der Weg zu den ordentlichen Gerichten offen. Dem Beschwerdegegner steht der Weg zu den ordentlichen Gerichten nur in dem Fall des Abs. 1 S. 2 offen.

§ 12 Hemmung der Verjährung

(1) Während der Dauer des gesamten Verfahrens gilt gegenüber dem Beschwerdegegner die Verjährung für streitbefangene Ansprüche des Beschwerdeführers als gehemmt. Eröffnet der Ombudsmann das Verfahren, nachdem der Beschwerdeführer das Erfordernis nach § 2 Abs. 2 Satz 1 unverzüglich nachgeholt hat, gilt die Verjährung ab dem Zeitpunkt der ersten Beschwerdeeinlegung als gehemmt. Gesetzliche Verjährungsregelungen bleiben unberührt.

(2) Sofern wegen des Anspruchs auf die Versicherungsprämie des Vertrags, der durch die Beschwerde betroffen ist, das Mahnverfahren eingeleitet wurde, wird das Versicherungsunternehmen auf Veranlassung des Ombudsmanns das Ruhen des Mahnverfahrens bewirken.

§ 13 Zinsen

Trifft der Ombudsmann eine Entscheidung oder Empfehlung, die dem Beschwerdeführer eine Geldsumme zuspricht, so bezieht er die gesetzlichen Zinsen (§ 288 BGB) ab dem Zeitpunkt ein, zu dem sich der Beschwerdeführer bei dem Ombudsmann beschwert hat.

§ 14 Kosten des Verfahrens

(1) Das Verfahren ist für den Beschwerdeführer kostenfrei.

(2) Die Beteiligten des Verfahrens haben ihre eigenen Kosten selbst zu tragen.

§ 15 Besondere Verfahren

Bedient sich das Versicherungsunternehmen zur Erfüllung seiner vertraglichen Leistungen aus dem Versicherungsvertrag eines Dritten, beispielsweise eines Schadenabwicklungsunternehmens im Sinne von § 8a VAG, gelten folgende Regelungen:

(1) Das Versicherungsunternehmen hat sicherzustellen, dass der Dritte daran mitwirkt, die eingegangenen Verpflichtungen aus der Satzung und der Verfahrensordnung in den Beschwerdeverfahren zu erfüllen. Dies gilt insbesondere für die Abgabe von Stellungnahmen, die Umsetzung von Entscheidungen und den Eintritt der Verjährungshemmung. Soweit das Versicherungsunternehmen keine Einzelfallweisung für den Beschwerdefall abgeben kann oder will, hat es durch eine allgemeine Weisung sicherzustellen, dass die Verpflichtungen erfüllt werden.

(2) Der Ombudsmann wirkt im Beschwerdeverfahren daran mit, dass Trennungsgrundsätze, wie sie sich aus § 8a Abs. 4 S. 2 VAG ergeben, beachtet werden.

§ 16 Verschwiegenheit

(1) Der Ombudsmann und die Mitarbeiter der Schlichtungsstelle sind zur Verschwiegenheit über alle die Parteien betreffenden Umstände verpflichtet, von denen sie im Rahmen eines Beschwerdeverfahrens Kenntnis erlangen.

(2) Geschäftsgeheimnisse des Beschwerdegegners werden den Verfahrensbeteiligten gegenüber nicht offenbart. Der Ombudsmann berücksichtigt die insoweit fehlende Verteidigungsmöglichkeit des Beschwerdegegners im Rahmen seiner Beweiswürdigung.

9. Anspruchsbegründung nach Obliegenheitsverletzung bei und/oder nach dem Versicherungsfall am Beispiel des unerlaubten Entfernens vom Unfallort (Aufklärungsobliegenheit)

An das
Amtsgericht ......
– Mahnabteilung –
Az.: ......

In dem Rechtsstreit
...... Versicherungs-AG ./. ......
wird beantragt,
   den Rechtsstreit an das zur Durchführung des streitigen Verfahrens zuständige Amts-/Landgericht in ...... zu verweisen.[1]

Dort werden wir beantragen,
1. die/den Beklagte(n) zu verurteilen, an die Klägerin einen Betrag in Höhe von ...... EUR zu zahlen zzgl. Zinsen in Höhe von 5 Prozentpunkten über dem Basiszinssatz hieraus seit dem ......,
2. gemäß § 307 II ZPO gegen den/die Beklagte(n) ohne mündliche Verhandlung Anerkenntnisurteil zu erlassen, sofern diese(r) auf Aufforderung nach § 276 I 1 ZPO den Anspruch ganz oder teilweise anerkennt,
3. gemäß § 331 III ZPO gegen den/die Beklagte ohne mündliche Verhandlung Versäumnisurteil zu erlassen, falls diese(r) nicht rechtzeitig anzeigt, dass sie/er sich gegenüber dem Klagebegehren verteidigen will,

Es wird angeregt, das schriftliche Vorverfahren anzuordnen.

Zur Begründung wird Folgendes ausgeführt:
Die Klägerin nimmt den/die Beklagte(n) im Wege des Regresses gemäß § 116 Abs. 1 S. 2 VVG i. V. m. E.1.3, 6.1 und 6.4 AKB in Anspruch auf Erstattung erbrachter Schadenersatzleistungen.

I. Versicherungsverhältnis und Unfallgeschehen

1. Versicherungsverhältnis
   Die Klägerin ist Kraftfahrtversicherer für das Fahrzeug mit dem amtlichen Kennzeichen ...... gemäß Versicherungsvertrag vom ......
   Beweis: der in Fotokopie beigefügte Versicherungsschein (Anlage K ......)
   Halter/Halterin dieses Fahrzeuges ist der/die Beklagte.
   Auszugehen ist davon, dass dies zwischen den Parteien unstreitig ist.

2. Unfallgeschehen
   Durch das bei der Klägerin versicherte Fahrzeug wurde ein Verkehrsunfall verursacht mit dem beteiligten Fahrzeug, amtliches Kennzeichen ......
   Bei dem Unfallereignis wurde das Fahrzeug des Klägers/der Klägerin gelenkt von ......
   Bei dem Unfallereignis entstand Sachschaden sowie Personenschaden. Die Klägerin hat an den Geschädigten/die Geschädigte Schadenersatzleistungen erbracht, wie nachstehend unter Ziff. III ausgeführt.

II. Der Anspruch gemäß § 116 Abs. 1 S. 2 VVG

1. Verletzung der Aufklärungsobliegenheit
   Der Beklagte hat gegen die E.1.3 AKB geregelten Aufklärungsobliegenheiten verstoßen. Nach dem dargestellten Unfallereignis hat der Fahrer des diesseits beteiligten und bei der Klägerin versicherten Fahrzeuges sich unerlaubt vom Unfallort entfernt.
   (Ist konkret auszuführen, verbunden mit Beweisantritt, Tatbestandsvoraussetzungen des § 142 StGB)
   Dieser Sachverhalt wurde der Beklagten mit der Schadenanzeige nicht korrekt dargelegt.

---

[1] Nach Einleitung des gerichtlichen Verfahrens durch Mahnverfahren.

2. Verschulden
Die vorgenannte Obliegenheit wurde vorsätzlich (oder grob fahrlässig) gemäß E.1.3, 6.1 und 6.3 iVm § 28 Abs. 3 VVG verletzt.
(Zur Differenzierung ist darzustellen, ob die Obliegenheitsverletzung vorsätzlich begangen wurde oder grob fahrlässig. Im Fall grob fahrlässiger Obliegenheitsverletzung, die anders als der Vorsatz vermutet wird, ist sind Gesichtspunkte anzuführen, welche die grobe Fahrlässigkeit zugunsten der Klägerin qualifizieren; quotales Leistungskürzungsrecht)[2]

3. Belehrung
Mit am ...... zugegangenem Schreiben ist der/die Beklagte ausreichend gem. § 28 Abs. 4 VVG nach Eintritt des Versicherungsfalles über die Folgen einer Obliegenheitsverletzung belehrt worden.
Beweis: ...... (Anlage K ......)

4. Umfang der Leistungsfreiheit gemäß § 6 KfzPflVV/E.6.4 AKB
Die Verletzung der vorsätzlich begangenen Aufklärungs- oder Schadensminderungspflicht ist als besonders schwerwiegend zu qualifizieren, sodass die Klägerin gemäß § 6 Abs. 3 KfzPflVV/ E.6.4 AKB bis zu 5.000,– EUR Regress nehmen kann, also in Höhe der geltend gemachten Forderung.
(Ein besonders schwerwiegendes Verschulden ist darzustellen und zu beweisen. Steht keine Verletzung der in E.6.4 genannten Obliegenheiten, sondern lediglich eine Verletzung der Anzeigeobliegenheit im Raum, ist die Leistungsfreiheit nach E.6.3 auf nur 2.500,– EUR beschränkt)
Somit kann die Klägerin Erstattung der Aufwendungen gemäß nachstehender Aufstellung verlangen.

III. Schadenersatzleistungen der Klägerin
1. Die erbrachten Schadenersatzleistungen
    A. Sachschaden

Fahrzeugschaden gemäß Reparaturkostenrechnung/ Sachverständigengutachten (Anlage K ......)	...... EUR

    B. Personenschaden

Heilbehandlungskosten (Anlage K ......)	...... EUR

2. Beschränkung der Regressforderung
Ausgehend davon, dass die Regressforderung gemäß ...... beschränkt ist auf Euro ......
Die Klägerin fordert im Rahmen dieser Regressbeschränkung Erstattung der von ihr erbrachten Schadenersatzleistung.

3. Aufforderung und Verzug
Der/die Beklagte wurde seitens der Klägerin mit Schreiben vom ...... zur Rückzahlung aufgefordert.
Beweis: das in Fotokopie beigefügte Schreiben vom (Anlage K ......)
Zahlung ist nicht erfolgt, sodass Klage geboten ist.

V. Verzugsschaden und Zinsanspruch
Die Beklagte wurde von der Klägerin unter Fristsetzung mit Schreiben vom ...... zur Rückzahlung aufgefordert, zahlte jedoch nicht.
Beweis: Schreiben der Klägerin vom ...... (Anlage K ......)

---

[2] *Bauer* Rn. 538.

9. Obliegenheitsverletzung bei und/oder nach dem Versicherungsfall

Der Klägerin ist der Rückforderungsanspruch als Kapitalanlage vorenthalten worden. Der dadurch entstandene Schaden ist der Klägerin zu ersetzen. Die Zinshöhe entspricht dem gesetzlichen Zinssatz.

Die weiteren Gerichtskosten in Höhe von ...... EUR werden gleichzeitig überwiesen.

Rechtsanwalt

10. Musterklage: Rückforderung wegen Leistung in der Kaskoversicherung

An das
Amts-/Landgericht

In dem Rechtsstreit

der ......

gegen

......

wird beantragt,

1. den/die Beklage/n zu verurteilen, an die Klägerin ...... EUR zu zahlen, zuzüglich 5 % Zinsen über dem Basiszinssatz seit dem ......;
2. gem. § 307 II ZPO gegen die beklagte Partei ohne mündliche Verhandlung Anerkenntnisurteil zu erlassen, sofern diese auf Anforderung nach § 276 Abs. 1 ZPO den Anspruch ganz oder teilweise anerkennt;
3. gem. § 331 Abs. 3 ZPO gegen die beklagte Partei ohne mündliche Verhandlung Versäumnisurteil zu erlassen, falls diese nicht rechtzeitig anzeigt, dass sie sich gegenüber dem Klagebegehren verteidigen will.

Zur Begründung wird Folgendes ausgeführt:

Die Klägerin nimmt den/die Beklagte wegen in Anspruch aufgrund erbrachter Leistungen in der Kaskoversicherung.

Dem Rechtsstreit liegt im Einzelnen Folgender Sachverhalt zugrunde:

I. Versicherungsverhältnis und Unfallgeschehen

1. Versicherungsverhältnis
   Die Klägerin ist bzw. war Fahrzeugversicherer für das Fahrzeug mit dem amtlichen Kennzeichen ...... Für dieses Fahrzeug bestand bei der Klägerin eine Fahrzeugvollversicherung.
   Dies ist unstreitig. Der Umfang des Versicherungsschutzes ergibt sich aus dem als Anlage K1 überreichten Versicherungsschein und dem als Anlage K2 überreichten Versicherungsbedingungen.

2. Schaden bei Straßenverkehrsunfall
   Der/die Beklagte verursachte am ...... einen Straßenverkehrsunfall. Bei diesem wurde das genannte Fahrzeug mit dem amtlichen Kennzeichen ......, für das bei der Klägerin eine Fahrzeugvollversicherung bestand, beschädigt.
   Beweis: Beiziehung der Akten der Staatsanwaltschaft......, Aktenzeichen ......
   Zeugnis des ......(VN)
   Der/die Beklagte als Halter/in bzw. Fahrer/in des Fahrzeuges verursachte den Unfall und ist nach dem Unfallgeschehen für den entstandenen Schaden haftbar. Das Unfallgeschehen hat sich im Einzelnen wie folgt zugetragen: ...... *(ist im Einzelnen konkret auszuführen)*.
   Beweis: Wie vor

3. Haftung des/der Beklagten
   Aufgrund des Unfallgeschehens haftet der/die Beklagte für den entstandenen Schaden *(ist im Einzelnen konkret auszuführen)*.

4. Forderungsübergang
   Die Klägerin hat an ihren Versicherungsnehmer Versicherungsleistungen aufgrund der Fahrzeugvollversicherung für den am versicherten Fahrzeug entstandenen Schaden erbracht, wie nachstehend unter Ziff. II. ausgeführt.
   Der dem Versicherungsnehmer zustehende Entschädigungsanspruch ist gem. § 86 Abs. 1 VVG auf die Klägerin übergegangen.

10. Musterklage: Rückforderung wegen Leistung in der Kaskoversicherung — Anhang Teil G

II. Erbrachte Entschädigungsleistungen/Kaskoleistungen

1. Kaskoentschädigung
Die Klägerin hat für den Versicherungsnehmer aufgrund der bestehenden Fahrzeugvollversicherung Leistungen wie folgt erbracht:

– Fahrzeugschaden/Reparaturkosten	...... EUR
– abzüglich Selbstbeteiligung in Höhe von	...... EUR
– Sachverständigenkosten	...... EUR
– Wertminderung	...... EUR

2. Die auf die Klägerin übergegangene Forderung

– Entschädigungsleistung	...... EUR
– abzüglich kongruenten, nicht gedeckten Restschaden	...... EUR
– ergibt eine übergegangene Forderung von	...... EUR

Diesen Anspruch macht die Klägerin gegenüber dem/der Beklagten geltend.

III. Verzug und Zinsanspruch

Der/die Beklagte wurde mit Schreiben vom ...... zur Zahlung aufgefordert.

Beweis: Das in Fotokopie beigefügte Schreiben vom ...... (Anlage K ......)

Der Klägerin ist der Rückforderungsanspruch als Kapitalanlage vorenthalten worden. Der dadurch entstandene Schaden ist der Klägerin zu ersetzen. Die Klägerin kann ihren Verzugsschaden auch abstrakt berechnen. Über dessen Höhe ist unter Berücksichtigung der jeweils üblichen Zinsen nach freier Überzeugung des Gerichts zu entscheiden – BGH NJW 1984, 374 ff. –.
Zur Höhe ist festzuhalten, dass der geltend gemachte Zinssatz von der Klägerin als Großanlegerin auf dem Kapitalmarkt jederzeit erzielt werden kann.

Beweis: Sachverständigengutachten

Im Übrigen liegen die geltend gemachten Zinsen noch unter dem gesetzlichen Zinssatz des § 288 BGB, sodass den Zinsen problemlos zu entsprechen ist.

Rechtsanwalt

Teil H. Sonstige Rechtsgebiete und Verfahren mit straßenverkehrsrechtlichem Bezug

§ 54 Sozialvorschriften – Lenk- und Ruhezeiten

Übersicht

	Rn.
I. Rechtsgrundlagen	1–12
1. EU-Regelungen	1–5
a) Verordnung (EG) 561/2006	1
b) Richtlinie 2002/15/EG	2
c) Verordnung (EWG) 3821/85	3
d) Verordnung (EWG) 2135/98	4
e) Verordnung (EU) Nr. 581/2010	5
2. Europäisches Übereinkommen über die Arbeit des im internationalen Straßenverkehr beschäftigten Fahrpersonals (AETR) vom 1. Juli 1970	6
3. Nationale Vorschriften in der Bundesrepublik Deutschland	7–9
a) Fahrpersonalgesetz	7
b) Fahrpersonalverordnung	8
c) Arbeitszeitgesetz	9
4. Rangfolge	10–12
II. Überblick über die Lenk- und Ruhezeiten	13–37
1. Anwendungsbereich	14–16
2. Begriffsbestimmungen	17
3. Lenk- und Ruhezeiten	18–37
a) Ruhezeit	18–22
b) Lenkzeit	23–25
c) Fahrtunterbrechungen	26/27
d) Besonderheiten und Ausnahmen	28–37
III. § 21a ArbZG	38–42
IV. Kontrollmöglichkeiten der Behörden	43–65
1. Straßenkontrolle	44–54
a) Pflichten des Fahrpersonals	46–53
b) Zuständigkeit	54
2. Betriebskontrolle	55–65
a) Pflichten des Unternehmers	56–64
b) Zuständigkeiten	65
V. Bußgeldvorschriften	66–93
1. Überblick über Zuwiderhandlungen	66–76
a) Verstöße gegen Lenk-, Ruhezeiten und Lenkzeitunterbrechungen	67–70
b) Verstöße gegen die Vorschriften über Arbeitszeitnachweisen	71–75
c) Verstöße gegen Mitwirkungspflichten	76
2. Verantwortliche	77–80
3. Bedeutung der Bußgeldrichtlinien/Bemessung der Geldbuße	81–92
a) Ermäßigungen	83–86
b) Erhöhungen	87
c) Tateinheit/Tatmehrheit	88–92
4. Gewerbezentralregister	93
VI. Prozessuales	94–97
1. Verjährung, Verfahrensablauf	94/95
2. Kosten und Gebühren	96/97

Schrifttum: *Arnold/Reinders/Bauer,* Vorschriften über die Beschäftigung des Fahrpersonals im Straßenverkehr, Loseblattsammlung; *Bärlein/Pananis/Rehmsmann,* Spannungsverhältnis zwischen der Aussagefreiheit im Strafrecht und den Mitwirkungspflichten im Verwaltungsverfahren, NJW 2002, 1825 ff.; *Göhler,* Kommentar zum Gesetz über Ordnungswidrigkeiten, 16. Aufl. 2012; Karlsruher Kommentar zum Ordnungswidrigkeitenrecht, 3. Aufl. 2006; *Rang,* Lenk- und Ruhezeiten im Straßenverkehr, 19. Aufl. 2012.

I. Rechtsgrundlagen

1. EU-Regelungen

1 a) **Verordnung (EG) 561/2006 des Europäischen Parlamentes und des Rates vom 15. März 2006 zur Harmonisierung bestimmter Sozialvorschriften im Straßenverkehr und zur Änderung der Verordnungen (EWG) Nr. 3821/85 und (EG) Nr. 2135/98 des Rates sowie Aufhebung der Verordnung (EWG) Nr. 3820/85 des Rates.**[1] Gemäß Art. 1 werden durch diese Verordnung Vorschriften zu den Lenkzeiten, Fahrtunterbrechungen und Ruhezeiten für Kraftfahrer im Straßengüter- und Straßenpersonenverkehr festgelegt, um die Bedingungen für den Wettbewerb im Straßenverkehrsgewerbe anzugleichen und die Arbeitsbedingungen sowie die Straßensicherheit zu verbessern. Ziel dieser Verordnung ist es ferner, zu einer besseren Kontrolle und Durchsetzung durch die Mitgliedsstaaten sowie zu einer besseren Arbeitspraxis innerhalb des Straßenverkehrsgewerbes beizutragen.

2 b) **Richtlinie 2002/15/EG des Europäischen Parlaments und des Rates vom 11. März 2002 zur Regelung der Arbeitszeit von Personen, die Fahrtätigkeiten im Bereich des Straßentransportes ausüben.** Gemäß Art. 1 besteht der Zweck dieser Richtlinie darin, Mindestvorschriften für die Gestaltung der Arbeitszeit festzulegen, um die Sicherheit und die Gesundheit der Personen, die Fahrertätigkeiten im Bereich des Straßentransportes ausüben verstärkt zu schützen, die Sicherheit im Straßenverkehr zu erhöhen und die Wettbewerbsbedingungen einander stärker anzugleichen.

3 c) **Verordnung (EWG) 3821/85 des Rates vom 20. Dezember 1985 über das Kontrollgerät im Straßenverkehr.**[2] Die Verordnung enthält Vorschriften über den Bau, den Einbau, die Benutzung und die Prüfung von Kontrollgeräten im Straßenverkehr.

4 d) **Verordnung (EWG) 2135/98 des Rates zur Änderung der Verordnung (EWG) Nr. 3821/85 über das Kontrollgerät im Straßenverkehr und der Richtlinie 88/599/EWG über die Anwendung der Verordnung (EWG) Nr. 3820/85 und (EWG) Nr. 3821/85.** Neben den Änderungen der genannten Verordnung und Richtlinie enthält die Verordnung (EWG) Nr. 2135/98 Begriffsbestimmungen bezüglich des **digitalen** Kontrollgerätes und des für dessen Anwendung erforderlichen Zubehörs sowie Bauart und Funktionsmerkmale.

5 e) **Verordnung (EU) Nr. 581/2010 der Kommission vom 1. Juli 2010 zur Festlegung der Höchstzeiträume für das Herunterladen relevanter Daten von Fahrzeugeinheiten und Fahrerkarten.**[3] Gemäß Art. 1 werden in dieser Verordnung Höchstzeiträume festgelegt, innerhalb denen die relevanten Daten für die Zwecke von Artikel 10 Abs. 5a) i) der Verordnung (EG) Nr. 561/2006 von der Fahrzeugeinheit und der Fahrerkarte heruntergeladen werden müssen. Gemäß Artikel 2 sind dies sämtliche vom digitalen Fahrtenschreiber aufgezeichneten Daten mit Ausnahme detaillierter Geschwindigkeitsdaten.

2. Europäisches Übereinkommen über die Arbeit des im internationalen Straßenverkehr beschäftigten Fahrpersonals (AETR) vom 1. Juli 1970 zuletzt geändert durch das Gesetz vom 18. August 1997 (BGBl. II S. 1550)[4]

6 Das AETR enthält zusammengefasst die Vorschriften über die Lenk- und Ruhezeiten, über die Kontrollgeräte und die Arbeitszeitnachweise des Fahrpersonals, die von der EU in den Verordnungen (EG) Nr. 561/2006 und (EWG) Nr. 3821/85 getrennt geregelt sind. Das AETR findet somit Anwendung im grenzüberschreitenden Verkehr zu einem AETR-Vertragsstaat,[5]

---

[1] ABl. Nr. L 102 S. 1, ber. ABl. 2009 Nr. L 70 S. 19, zuletzt geändert durch Art. 45 ÄndVO (EU) 165/2014 vom 4.2.2014 (ABl. Nr. L 60 S. 1).
[2] ABl. Nr. L 370 S. 8, zuletzt geändert durch Art. 1 Abs. 1 Buchst. g) ÄndVO (EU) 517/2013 vom 13.5.2013 (ABl. Nr. L 158 S. 1).
[3] ABl. Nr. L 168 vom 2.7.2010, S. 16.
[4] Zuletzt geändert durch das Sechste ÄndProt. vom 31.10.2008 (BGBl. 2011 II S. 1095).
[5] Alle EU-Mitgliedsstatten sowie Albanien, Andorra, Armenien, Aserbaidschan, Bosnien und Herzegowina, Kasachstan, Kroatien, Liechtenstein, Mazedonien, Moldawien, Montenegro, Norwegen, Russische Föderation, San Marino, Schweiz, Serbien, Türkei, Turkmenistan, Ukraine, Usbekistan und Weißrussland.

wenn das Fahrzeug in einem AETR-Vertragsstaat oder einem EU-Mitgliedsstaat zugelassen ist und zwar auf der gesamten Fahrstrecke, sowie im grenzüberschreitenden Verkehr zu einem Drittstaat, der kein AETR-Vertragsstaat ist, wenn das Fahrzeug in einem Drittstaat zugelassen ist, hier aber nur auf der Fahrstrecke innerhalb der EU.

3. Nationale Vorschriften der Bundesrepublik Deutschland

a) **Fahrpersonalgesetz** – Gesetz über das Fahrpersonal von Kraftfahrzeugen und Straßenbahnen vom 19. Februar 1987[6] zuletzt geändert durch Art. 2 des Gesetzes zur Änd. des GüterkraftverkehrsG und anderer Gesetze vom 17.6.2013 (BGBl. I S. 1558). Das Fahrpersonalgesetz enthält Ausführungsvorschriften zu den Regelungen der Verordnungen (EG) Nr. 561/2006 und (EWG) Nr. 3821/85 sowie des AETR, durch welche die Bundesrepublik Deutschland ihrer Verpflichtung zum Erlass von Rechts- und Verwaltungsvorschriften nachgekommen ist. Darüber hinaus enthält es in den §§ 8 ff. die relevanten Bußgeldvorschriften.

b) **Fahrpersonalverordnung** – Verordnung zur Durchführung des Fahrpersonalgesetzes vom 27. Juni 2005[7] zuletzt geändert durch Art. 1 der VO zur Änderung fahrpersonalrechtlicher, güterkraftverkehrsrechtlicher und zulassungsrechtlicher Vorschriften vom 22.5.2013 (BGBl. I S. 1395). Die Verordnung umfasst ua Vorschriften für den Bereich der Güterbeförderung durch Kraftfahrzeuge mit einem zulässigen Gesamtgewicht von mehr als 2,8 t und bis zu 3,5 t, wodurch eine Lücke geschlossen wird, die von dem in Deutschland ansonsten unmittelbar geltenden europäischen Recht nicht abgedeckt ist. Sie enthält Begriffsbestimmungen für Lenk- und Ruhezeiten im nationalen Bereich und definiert die möglichen Zuwiderhandlungen bzw. Ordnungswidrigkeiten.

c) **Arbeitszeitgesetz** vom 6. Juni 1994[8] zuletzt geändert durch Art. 3 Abs. 6 des Gesetzes zur Umsetzung des Seearbeitsübereinkommens 2006 der Internationalen Arbeitsorganisation vom 20.4.2013 (BGBl. I S. 868). Das Arbeitszeitgesetz enthält die nationalen Arbeitszeitregelungen, Definitionen und Bußgeldvorschriften für Zuwiderhandlungen gegen die Bestimmungen. Es gilt grundsätzlich für alle Arbeitnehmer, und damit auch für alle abhängig beschäftigten Mitglieder des Fahrpersonals, unabhängig vom zulässigen Gesamtgewicht des Fahrzeuges. Selbst fahrende Fuhrunternehmer fallen nicht unter den Anwendungsbereich.

4. Rangfolge

Bei der vorstehenden Benennung der Gesetze, Richtlinien und Verordnungen handelt es sich nicht um eine abschließende Aufzählung, sondern nur um die wichtigsten Regelungswerke, die bei der Bearbeitung von Sachverhalten mit Bezug zu den Sozialvorschriften im Straßenverkehr Anwendung finden können. Da diese in ihrer Gesamtheit nicht immer leicht zu überschauen sind, ist vor der jeweiligen Prüfung die Rangfolge zu beachten, um sich nicht unnötig mit Vorschriften zu befassen, die für den Sachverhalt letztlich nicht von Bedeutung sind.

Zu berücksichtigen ist zunächst der Grundsatz, dass **internationale Regelungen den nationalen** vorgehen. Dies gilt in erster Linie allerdings nur für die **EU-Verordnungen**, welche in den Mitgliedstaaten unmittelbar gelten, ohne dass es einer Umsetzung bedarf. So haben beispielsweise die Verordnung (EG) 561/2006 und die Verordnung (EWG) Nr. 3821/85 grundsätzlich Vorrang vor entsprechenden arbeitsrechtlichen Regelungen des Fahrpersonalgesetzes, der Fahrpersonalverordnung oder des Arbeitszeitgesetzes. Etwas anderes gilt nur, soweit Ausnahmen zugelassen sind.[9] **EU-Richtlinien** stellen hingegen nur Anweisungen an die Mitgliedstaaten dar und bedürfen zu ihrer Anwendung der Umsetzung in nationales Recht.

Die **Rangfolge innerhalb der nationalen Vorschriften**, dem Fahrpersonalgesetz und dem Arbeitszeitgesetz ist mittlerweile ausdrücklich in § 1 Abs. 1 FPersG geregelt, wonach dieses dem Arbeitszeitgesetz vorgeht.

---

[6] BGBl I S. 640.
[7] BGBl I S. 1882.
[8] BGBl I S. 1170.
[9] ZB Art. 13 der VO (EG) 561/2006, wonach die Mitgliedsstaaten ermächtigt sind, bestimmte Fahrzeugkategorien von der EG-Regelung freizustellen.

II. Überblick über die Lenk- und Ruhezeiten

13 Die Vorschriften, aus welchen sich die einzuhaltenden Lenk- und Ruhezeiten ergeben, sind in erster Linie der Verordnung (EG) 561/2006 zu entnehmen, welche die zuvor geltende Verordnung (EWG) Nr. 3820/85 am 11.4.2007 ablöste.

1. Anwendungsbereich

14 Gemäß Art. 2 Abs. 1 der Verordnung (EG) 561/2006 finden diese grundsätzlich Anwendung auf **Güterbeförderungen mit Fahrzeugen, deren zulässige Höchstmasse einschließlich Anhänger oder Sattelanhänger 3,5 t übersteigen** sowie auf Personenbeförderungen mit Fahrzeugen, die für die Beförderung von mehr als insgesamt neun Personen konstruiert und zu diesem Zweck bestimmt sind.

15 Der örtliche Anwendungsbereich umfasst gemäß Artikel 2 Abs. 2 der Verordnung (EG) 561/2006 unabhängig vom Land der Zulassung des Fahrzeugs ausschließlich Beförderungen innerhalb der Gemeinschaft[10] oder zwischen der Gemeinschaft, der Schweiz und den Vertragsstaaten des Abkommens über den Europäischen Wirtschaftsraum.[11]

16 Anzumerken ist hierbei, dass der deutsche Gesetzgeber den sachlichen Anwendungsbereich der Verordnung (EG) 561/2006 durch § 1 FPersV erweitert hat. So sind in Deutschland nach § 1 Abs. 1 Nr. 1 der FPersV auch Fahrer von Fahrzeugen, deren zulässige Höchstmasse einschließlich Anhänger oder Sattelanhänger von mehr als 2,8 Tonnen und nicht mehr als 3,5 Tonnen beträgt, dazu verpflichtet, die in der Verordnung (EG) 561/2006 enthaltenen Vorschriften über die Lenk- und Ruhezeiten einzuhalten.

2. Begriffsbestimmungen

17 Gemäß Artikel 4 der Verordnung (EG) 561/2006 bezeichnet im Sinne dieser Verordnung der Ausdruck:
- „Fahrtunterbrechung" jeden Zeitraum, in dem ein Fahrer keine Fahrtätigkeit ausüben und keine anderen Arbeiten ausführen darf und der ausschließlich zur Erholung genutzt wird (Art. 4d);
- „Ruhepause" jeden ununterbrochenen Zeitraum, in dem ein Fahrer frei über seine Zeit verfügen kann (Art. 4f);
- „tägliche Ruhezeit" den täglichen Zeitraum, in dem ein Fahrer frei über seine Zeit verfügen kann und der eine „regelmäßige tägliche Ruhezeit" und eine „reduzierte tägliche Ruhezeit" umfasst (Art. 4g);
  – dabei ist eine „regelmäßige tägliche Ruhezeit" eine Ruhepause von mindestens 11 Stunden. Diese regelmäßige tägliche Ruhezeit kann auch in zwei Teilen genommen werden, wobei der erste Teil einen ununterbrochenen Zeitraum von mindestens 3 Stunden und der zweite Teil einen ununterbrochenen Zeitraum von mindestens 9 Stunden umfassen muss;
  – eine „reduzierte tägliche Ruhezeit" ist hingegen eine Ruhepause von mindestens 9 Stunden, aber weniger als 11 Stunden;
- „wöchentliche Ruhezeit" den wöchentlichen Zeitraum, indem ein Fahrer frei über seine Zeit verfügen kann und der eine „regelmäßige wöchentliche Ruhezeit" und eine „reduzierte wöchentliche Ruhezeit" umfasst (Art. 4h);
  – dabei ist eine „regelmäßige wöchentliche Ruhezeit" eine Ruhezeit von mindestens 45 Stunden
  – eine „reduzierte wöchentliche Ruhezeit" ist hingegen eine Ruhepause von weniger als 45 Stunden, die vorbehaltlich der Bedingungen des Artikels 8 Abs. 6 auf eine Mindestzeit von 24 aufeinander folgenden Stunden reduziert werden kann;

---

[10] Belgien, Bulgarien, Dänemark, Deutschland, Estland, Finnland, Frankreich, Griechenland, Großbritannien und Nordirland, Irland, Italien, Lettland, Litauen, Luxemburg, Malta, Niederlande, Österreich, Polen, Portugal, Rumänien, Schweden, Slowakei, Slowenien, Spanien, Tschechien, Ungarn, Zypern.

[11] Alle EU-Staaten sowie Island, Liechtenstein, und Norwegen.

- „**Lenkzeit**" die Dauer der Lenktätigkeit, aufgezeichnet
  - vollautomatisch oder halbautomatisch durch Kontrollgeräte im Sinne der Anhänge I und I B der Verordnung (EWG) Nr. 3821/85, oder
  - von Hand gemäß den Anforderungen des Artikels 16 Abs. 2 der Verordnung (EWG) Nr. 3821/85
- „**Tageslenkzeit**" die summierte Gesamtlenkzeit zwischen dem Ende einer täglichen Ruhezeit und dem Beginn der darauf folgenden täglichen Ruhezeit oder zwischen einer täglichen und einer wöchentlichen Ruhezeit (Art. 4k);
- „**Wochenlenkzeit**" die summierte Gesamtlenkzeit innerhalb einer Woche (Art. 4l).

3. Lenk- und Ruhezeiten

a) **Ruhezeit.** Gemäß Art. 8 der Verordnung (EG) 561/2006 muss der Fahrer tägliche und wöchentliche Ruhezeiten einhalten. Für die Berechnung der täglichen Ruhezeit ist dabei auf einen **Bezugszeitraum** von 24 Stunden abzustellen, der nicht mit dem Kalendertag identisch zu sein braucht. Dies bedeutet, dass der Fahrer innerhalb von 24 Stunden nach dem Ende der vorangegangenen Ruhezeit eine neue Ruhezeit einlegen muss. Wie bereits dargelegt,[12] beträgt die tägliche **Ruhezeit grundsätzlich mindestens 11 zusammenhängende Stunden**, wobei diese nach Art. 8 Abs. 4 – ohne einen Ausgleich vornehmen zu müssen – **an 3 Tagen pro Woche auf 9 Stunden reduziert** werden kann. Jede Unterbrechung dieses Zeitraums durch eine Fahrtätigkeit führt dazu, dass nach deren Beendigung die Zeit von 11 bzw. 9 Stunden erneut zu laufen beginnt.

Eine Ausnahme hierzu stellt das sog. „Splitting" dar, wonach – wie zuvor – eine Aufteilungsmöglichkeit der 11-stündigen Ruhezeit besteht. Im Gegensatz zur alten Rechtslage, nach welcher eine Aufteilung in zwei bis drei Abschnitte möglich war, ist nach der Verordnung (EG) 561/2006 nur noch ein Splitting in zwei Abschnitte zulässig. Dabei muss nunmehr der erste Abschnitt ununterbrochen **3 Stunden,** der zweite ununterbrochen mindestens **9 Stunden** andauern, so dass sich die Gesamtruhezeit auf 12 Stunden erweitert.

Ein Vorteil besteht hier aber nur nachdem die Möglichkeiten zur Einlegung der reduzierten täglichen Ruhezeit bereits verbraucht sind, da im Gegensatz zur alten Rechtslage nun immer mindestens 9 Stunden Ruhezeit einzuhalten sind. Eine Unterbrechung des 9-Stunden-Zeitraumes führt also notwendig zu dem Erfordernis, die Ruhezeit neu zu beginnen. Hierbei ist darauf zu achten, dass auch diese noch in dem fortdauernden Bezugszeitraum von 24 Stunden zu vollenden ist.

Zu beachten ist ferner, dass ein Fahrer während seiner täglichen oder wöchentlichen Ruhezeit frei über seine Zeit verfügen können muss und somit nicht verpflichtet sein darf, sich in der Nähe seines Fahrzeugs aufzuhalten. Wird die Ruhezeit auch nur kurz unterbrochen, mit der Folge, dass die vorgeschriebene ununterbrochene Ruhezeit innerhalb des vorgeschriebenen Zeitraums nicht eingehalten werden kann, liegt in der Regel ein Verstoß vor.

> **Praxistipp:**
> Hier sollte stets geprüft werden, ob nicht eine Ausnahme nach der Leitlinie Nr. 3 der EU-Kommission zu den Sozialvorschriften im Straßenverkehr vorliegt.[13] Danach sollten Zuwiderhandlungen beispielsweise nicht geahndet werden, wenn der Fahrer das Fahrzeug zB auf Parkplätzen, an Grenzübergängen oder in Notfällen bei Vorliegen objektiver, notfallbedingter Gründe, oder auf entsprechende polizeiliche oder sonstige behördliche Anordnung (zB durch Feuerwehr, Straßenverwaltungsbehörden, Zollbeamte) bewegen und hierdurch seine Pause oder Ruhezeit für einige Minuten unterbrechen muss.[14]

---

[12] → Rn. 17.
[13] Die Leitlinien der EU-Kommission zu den Sozialvorschriften im Straßenverkehr sind nicht verbindlich. Sie sollen lediglich zu einer einheitlichen Handhabung der Kontrollorgane innerhalb der EU führen.
[14] Vgl. auch Punkt 3.9 der Hinweise zu den Sozialvorschriften im Straßenverkehr (gemäß Verordnungen (EG) Nr. 561/2006, (EWG) Nr. 3821/85, Fahrpersonalgesetz (FPersG) und Fahrpersonalverordnung (FPersV)), abgestimmt zwischen den obersten für die Umsetzung der Sozialvorschriften im Straßenverkehr zuständigen Behörden des Bundes und der Länder vom 1.12.2011.

22 Hinsichtlich der wöchentlichen Ruhezeit von normalerweise mindestens 45 Stunden darf nunmehr innerhalb von zwei Wochen **eine Wochenruhezeit generell auf 24 Stunden verkürzt** werden. Bisher galt dies nur für die Fälle, in denen sich der Fahrer nicht am Heimatort oder am Standort des Fahrzeuges aufgehalten hat. Gemäß Art. 8 Abs. 6 der Verordnung (EG) 561/2006 ist diese Verkürzung jedoch durch eine gleichwertige Ruhepause auszugleichen, die ohne Unterbrechung vor dem Ende der dritten Woche nach der betreffenden Woche genommen werden muss.

23 b) **Lenkzeit.** Nach allgemeiner Ansicht sind unter dem Begriff der Lenkzeit solche Zeiten zu verstehen, die tatsächlich mit Fahrtätigkeit (reiner Dienst am Steuer) zugebracht werden. Dazu gehört auch das vorübergehende Stehen des Fahrzeuges, wenn dies zum Fahrvorgang gehört und mehrere Minuten nicht überschreitet, wie zB der verkehrsbedingte Aufenthalt vor Ampeln, Bahnübergängen oder in Staus.[15]

24 Nach Artikel 6 der Verordnung (EG) 561/2006 darf die **tägliche Lenkzeit 9 Stunden** grundsätzlich nicht überschreiten. **Zweimal pro Woche** kann sie **auf höchstens 10** Stunden verlängert werden. Dabei kommt es im Gegensatz zur Ruhezeit nicht auf einen bestimmten Bezugszeitraum an. Denn die neue Lenkzeit kann erst nach einer ordnungsgemäß eingelegten Ruhezeit beginnen. Zur Berechnung der Tageslenkzeit sind daher alle Lenkzeiten zu addieren, die nicht durch ausreichende Ruhezeiten unterbrochen worden sind.[16] Werden also jeweils nur Pausen von unter 9 Stunden eingelegt, gelten diese nicht als Ruhezeiten, mit der Folge, dass auch über Tage hinweg alle Lenkzeiten addiert werden können.

25 Zu beachten ist darüber hinaus, dass in einem Zeitraum von einer Woche die Gesamtlenkzeit von 56 Stunden sowie in einem Zeitraum von zwei Wochen die Gesamtlenkzeit von 90 Stunden nicht überschritten werden darf. Eine wöchentliche Lenkzeit von 56 Stunden ist daher nur in dem Fall zulässig, in welchem sowohl vor, als auch nach dieser Woche nicht mehr als 34 Stunden gefahren wurden bzw. werden. Nach Artikel 6 Abs. 2 der Verordnung (EG) 561/2006 darf dies außerdem nicht dazu führen, dass die in der Richtlinie 2002/15/EG und nunmehr in **§ 21a Arbeitszeitgesetz** festgelegte **wöchentliche Höchstarbeitszeit** überschritten wird. Hiernach darf die wöchentliche Arbeitszeit grundsätzlich 48 Stunden nicht überschreiten. Sie kann zwar auf 60 Stunden verlängert werden. Dies jedoch nur unter der Voraussetzung, dass innerhalb von vier Monaten bzw. 16 Wochen durchschnittlich nicht mehr als 48 Stunden in der Woche gearbeitet wird. Zu bedenken ist dabei außerdem, dass sich diese Höchstgrenzen nach dem Arbeitszeitgesetz nicht nur auf das Lenken eines Fahrzeuges beziehen, sondern auf die Arbeitszeit insgesamt. Unter den Begriff der Arbeitszeit fällt nach § 2 Abs. 1 ArbZG die Zeit vom Beginn bis zum Ende der Arbeit ohne Ruhepausen, wozu neben dem reinen Fahren auch Wartezeiten beim Be- und Entladen, die Wartung des Fahrzeuges, sowie administrative Tätigkeiten gehören.[17]

26 c) **Fahrtunterbrechungen.** Gemäß Art. 7 Abs. 1 der Verordnung (EG) 561/2006 ist nach einer **Lenkzeit von 4½ Stunden** eine **Lenkunterbrechung** von mindestens **45 Minuten** einzulegen, wenn danach weitergefahren und keine Ruhezeit begonnen werden soll. Macht der Fahrer von der Möglichkeit nach Art. 6 der Verordnung (EG) 561/2006 Gebrauch, indem er seine Tageslenkzeit auf 10 Stunden verlängert, ist nach dem Erreichen von 9 Stunden erneut eine Lenkzeitunterbrechung von 45 Minuten vorzunehmen.

27 Im Gegensatz zur bisherigen Rechtslage, nach welcher dieser Zeitraum in drei Abschnitte von jeweils mindestens 15 Minuten unterteilt werden durfte, regelt Artikel 7 Abs. 2 der Verordnung (EG) 561/2006 nunmehr, dass nur noch **zwei Teilunterbrechungen zulässig** sind, wobei die erste mindestens 15 Minuten, die zweite mindestens 30 Minuten betragen muss. Da die Verordnung (EG) 561/2006 durch Art. 4d) die Fahrtunterbrechung nun ausdrücklich

---

[15] Vgl. Punkt 3.1 der Hinweise zu den Sozialvorschriften im Straßenverkehr (gemäß Verordnungen (EG) Nr. 561/2006, (EWG) Nr. 3821/85, Fahrpersonalgesetz (FPersG) und Fahrpersonalverordnung (FPersV)), abgestimmt zwischen der obersten für die Umsetzung der Sozialvorschriften im Straßenverkehr zuständigen Behörden des Bundes und der Länder vom 1.12.2011.
[16] OLG Köln NZV 1989, 484; OLG Koblenz VRR 2012, 470; OLG Koblenz SVR 2009, 340; OLG Frankfurt DAR 2001, 375.
[17] Ausnahmen enthält ua § 21a Abs. 3 ArbZG, vgl. Rn. 38 ff.

als jeden Zeitraum definiert, in dem ein Fahrer keine Fahrtätigkeit ausüben und keine anderen Arbeiten ausführen darf und der ausschließlich zur Erholung genutzt wird, wurde klargestellt, dass während der Unterbrechung keine sonstigen Arbeitstätigkeiten, wie zB Be- oder Entladen erlaubt sind.

d) Besonderheiten und Ausnahmen. *aa) Mehr-Fahrer-Betrieb.* Unter **Mehrfahrerbetrieb** ist 28 nach Art. 4o) S. 1 der Verordnung (EG) 561/2006 der Fall zu verstehen, in dem während der Lenkdauer zwischen zwei aufeinander folgenden täglichen Ruhezeiten oder zwischen einer täglichen und einer wöchentlichen Ruhezeit mindestens zwei Fahrer auf dem Fahrzeug zum Lenken eingesetzt sind. Abweichend von den dargelegten Ruhezeitenregelungen[18] muss ein im Mehrfahrerbetrieb eingesetzter Fahrer gemäß Art. 8 Abs. 5 der Verordnung (EG) 561/2006 **30 Stunden nach dem Ende einer täglichen oder wöchentlichen Ruhezeit eine neue Ruhezeit von mindestens 9 Stunden** genommen haben. Auch hier berechnet sich der Bezugszeitraum also wieder vom Ende einer täglichen oder wöchentlichen Ruhezeit an. Ferner ist zu berücksichtigen, dass als Ruhezeiten nur solche anerkannt werden, die **außerhalb des Fahrzeugs oder im stehenden Fahrzeug** genommen werden.[19] Die Zeit, in welcher der jeweils andere Fahrer lenkt, kann daher für den Beifahrer nicht als Ruhezeit, wohl aber als Lenkzeitunterbrechung, angerechnet werden.[20]

Ferner müssen sich abgesehen von der ersten Stunde des Mehrfahrerbetriebs immer zwei 29 Fahrer auf dem Fahrzeug befinden müssen.[21] Wird ein Fahrer zwischenzeitlich an seinem Wohnort oder einer Raststätte zwecks Ruhepause abgesetzt und später wieder abgeholt, gelten für diesen Zeitraum die Vorschriften für die Einfahrerbesatzung.

bb) Notstandsregelungen. Ausnahmsweise darf ein Fahrer von den unter 3a)–c) genann- 30 ten Regelungen abweichen, wenn dies erforderlich ist, um die Sicherheit von Personen, des Fahrzeuges oder seiner Ladung zu gewährleisten.[22] Dies ist beispielsweise der Fall, wenn der Verderb empfindlicher Ladung durch plötzlichen Stau wegen eines Unfalls oder durch Ausfall der Kühlung oder Heizung von Thermo-Fahrzeugen droht, das Fahrzeug einen Defekt hat und zur Einhaltung fester Liefertermine dringend repariert werden muss, Parkplatzmangel oder extreme Wetterbedingungen herrschen. Die Aufzählung ist nicht abschließend. Nach der Leitlinie Nr. 1 der Europäischen Kommission[23] muss für ein Abweichen von den Vorschriften lediglich eine **außergewöhnliche Situation** vorliegen, die **unerwartet während der Fahrt eintritt** und in welcher sich der Fahrer mit außergewöhnlichen Schwierigkeiten konfrontiert sieht, die von seinem Willen unabhängig, anscheinend unvermeidbar und selbst bei gebotener Sorgfalt unvorhersehbar sind. Zu beachten ist aber in jedem Fall, dass er nach Wegfall des Hindernisses oder der Notstandslage bzw. nach Erreichen eines geeigneten Halteplatzes die erforderliche Ruhezeit oder Lenkzeitunterbrechung einlegen muss. Nach den Umständen des Einzelfalls kann ein geeigneter Halteplatz auch im tatsächlich angesteuerten Zielort liegen, wenn zB gefährliche oder besonders eigentumsempfindliche Güter transportiert werden, die nicht auf jedem Rastplatz abgestellt werden dürfen.[24]

Macht ein Fahrer eine Notstandssituation geltend, liegt es im pflichtgemäßen Ermessen 31 der Behörde bzw. des Gerichts, zu bewerten, ob die Abweichung von Regelungen der Lenk- und Ruhezeiten tatsächlich gerechtfertigt war. Hierbei ist insoweit Vorsicht geboten, als die Behörden nach der Leitlinie Nr. 1 Punkt 3) der Europäischen Kommission bei der Beurteilung der Rechtmäßigkeit einer Abweichung sämtliche Umstände des Einzelfalls sorgfältig zu prüfen haben. Im Rahmen dessen sollen insbesondere frühere Aufzeichnungen über die Lenkzeiten des Fahrers kontrolliert werden, um dessen üblichen Arbeitsrhythmus zu ermitteln und festzustellen, ob es sich bei der Abweichung tatsächlich um eine Ausnahme handelte oder ob er sich generell nicht an die Lenk- und Ruhezeiten hält.

---

[18] → Rn. 16.
[19] Vgl. Art. 8 der VO (EG) 561/2006 a. E.
[20] Vgl. *Arnold/Reinders/Bauer*, Erläuterung zu VO (EWG) Nr. 561/2006 (D10) Art. 8 → Rn. 8.
[21] Vgl. Art. 4o) S. 2 der VO (EG) 561/2006.
[22] Vgl. Art. 12 der VO (EG) 561/2006.
[23] Die Leitlinien der EU-Kommission zu den Sozialvorschriften im Straßenverkehr sind nicht verbindlich. Sie sollen lediglich zu einer einheitlichen Handhabung der Kontrollorgane innerhalb der EU führen.
[24] Vgl. *Arnold/Reinders/Bauer*, Erläuterung zu VO (EWG) Nr. 561/2006 (D10) Art. 12 → Rn. 2.

> **Praxistipp:**
> Bei Geltendmachung einer Notstandslage sollten daher zuvor die Aufzeichnungen des Mandanten über die Lenk- und Ruhezeiten der letzten Wochen eingesehen werden. Sind diesen schwerwiegende Verstöße zu entnehmen, die bisher nicht zur Kenntnis der Behörde gelangt sind, muss abgewogen werden, ob eine Berufung auf Art. 12 der Verordnung (EG) 561/2006 wirklich sinnvoll ist, um eine Ausweitung des Verfahrens auch auf diese Verstöße zu vermeiden.

32 War tatsächlich eine Notstandslage gegeben, die nicht anders abwendbar war, als gegen die Vorschriften über die Lenk- und Ruhezeiten zu verstoßen, kann sich der Fahrer auf § 16 OWiG iVm Artikel 12 der Verordnung (EG) 561/2006 berufen, mit der Folge, dass das Verfahren einzustellen ist.

33 Macht der Fahrer von der Notstandsregelung des Art. 12 der Verordnung (EG) 561/2006 Gebrauch, muss er dies nach S. 2 unter Angabe des Grundes spätestens bei Erreichen des geeigneten Halteplatzes handschriftlich auf dem Schaublatt des Kontrollgerätes oder einem Ausdruck aus dem Kontrollgerät oder im Arbeitszeitplan vermerken. Unterlässt er dies, begeht er gemäß § 8a Abs. 2 Nr. 3 FPersG eine Ordnungswidrigkeit. Dabei ahnden die Behörden ein Fehlen dieses Vermerks nicht selten, als habe gar keine Notstandssituation vorgelegen, mit der Folge, dass dem Fahrer die Überschreitung der höchstzulässigen Tageslenkzeit, die Nichteinhaltung der erforderlichen Tagesruhezeit oder ein Nichteinlegen einer Lenkzeitunterbrechung vorgeworfen wird. Dies ist aber insoweit fehlerhaft, als es sich lediglich um ein Nichtbeschriften bzw. unvollständiges oder unrichtiges Beschriften der Schaublätter nach Art. 15 Abs. 2 der Verordnung (EWG) Nr. 3821/85 iVm § 23 Abs. 2 Nr. 8 FPersV handelt, welches – je nach Lenk- oder Ruhezeitverstoß – ggf. mit einem wesentlich geringeren Bußgeld geahndet wird.

34 *cc) Ausnahmen bestimmter Fahrzeuge.* Wie eingangs dargelegt,[25] findet die Verordnung (EG) 561/2006 grundsätzlich Anwendung auf **Güterbeförderungen mit Fahrzeugen, deren zulässige Höchstmasse einschließlich Anhänger oder Sattelanhänger 3,5t übersteigen** sowie auf Personenbeförderungen mit Fahrzeugen, die für die Beförderung von mehr als insgesamt neun Personen konstruiert und zu diesem Zweck bestimmt sind. Art. 3 der Verordnung (EG) 561/2006 enthält hierzu Ausnahmen. So sind zB Fahrzeuge, die zur Personenbeförderung im Linienverkehr verwendet werden, bei denen die Linienstrecke aber 50 km nicht übersteigt, nicht vom Anwendungsbereich der Verordnung (EG) 561/2006 erfasst. Gleiches gilt beispielsweise für Fahrzeuge mit einer zulässigen Höchstgeschwindigkeit von nicht mehr als 40 km/h, spezielle Pannenhilfefahrzeuge, die innerhalb eines Umkreises von 100 km um ihren Standort eingesetzt werden sowie Fahrzeuge oder Fahrzeugkombinationen mit einer zulässigen Höchstmasse von nicht mehr als 7,5 t, die nur zur nichtgewerblichen Güterbeförderungen verwendet werden.

35 Während der deutsche Gesetzgeber durch § 1 Abs. 1 Nr. 1 FPersV einerseits den Anwendungsbereich der Sozialvorschriften – abweichend von der Verordnung (EG) 561/2006 – auch für Fahrzeuge erweitert hat, deren zulässige Höchstmasse einschließlich Anhänger von mehr als 2,8 Tonnen und nicht mehr als 3,5 Tonnen beträgt, hat er anderseits von Art. 13 der Verordnung (EG) 561/2006 Gebrauch gemacht und zahlreiche Fahrzeugarten vom Geltungsbereich der Lenk- und Ruhezeiten ausgenommen. Artikel 13 der Verordnung (EG) 561/2006 ermächtigt die Mitgliedsstaaten für die Beförderung mit bestimmten Fahrzeugen ihr Hoheitsgebiet betreffend Abweichungen von den Artikeln 5 bis 9[26] zuzulassen und diese an Bedingungen zu knüpfen. Im deutschen Recht finden sich diese Abweichungen in § 18 der FPersV. Hiernach sind zB Behördenfahrzeuge, Fahrzeuge von Gartenbau, Forstwirtschaftsunternehmen und Landwirtschaftsunternehmen (Tier- und Milchtransporte), Fahrzeuge von Postdienstleistern und solche zur Beförderung von Material, Ausrüstungen oder Maschinen, die der Fahrer zur Ausübung seiner Tätigkeit benötigt, unter bestimmten Voraussetzungen von den Lenk- und Ruhezeitenvorschriften ausgenommen.

---

[25] → Rn. 14 ff.
[26] Fahrpersonal, Lenkzeiten, Fahrtunterbrechungen und Ruhezeiten.

Es handelt sich dabei hauptsächlich um Fälle, in denen der Schwerpunkt der Tätigkeit 36
nicht im Führen von Kraftfahrzeugen, sondern in anderen Aktivitäten besteht, wie etwa
beim Leeren von Briefkästen oder beim Transport von Milchbehältern in der Landwirtschaft.[27]

> **Praxistipp:**
> Da die Ausnahmen häufig an Bedingungen, wie zB Entfernungsbeschränkungen, geknüpft sind, muss geprüft werden, welche Strecke der Betroffene zurückgelegt hat bzw. zurücklegen wollte.
> Des Weiteren ist zu beachten, dass die Lenk- und Ruhezeiten auch auf mancher deutschen Insel nicht anwendbar sind. Denn nach § 18 Abs. 1 Nr. 5 FPersV sind hiervon auch solche Fahrzeuge ausgenommen, die ausschließlich auf Inseln mit einer Fläche von nicht mehr als 2.300 Quadratkilometern verkehren und die mit den übrigen Teilen des Hoheitsgebietes weder durch eine befahrbare Brücke, Furt oder einen befahrbaren Tunnel verbunden sind. Dies trifft beispielsweise auf Sylt, Föhr oder Norderney zu.

Liegt eine Ausnahme nach § 18 FPersV vor, müssen die Fahrer dieser Fahrzeuge zwar die 37
Vorschriften nach dem ArbZG, nicht aber die Lenk- und Ruhezeiten einhalten. Ebenso müssen sie kein EG-Kontrollgerät verwenden, sondern können ein vorhandenes digitales Kontrollgerät auf „out of scope" bzw. auf „out" stellen.[28]

III. § 21a ArbZG

Das Arbeitszeitgesetz gilt **unabhängig vom zulässigen Gesamtgewicht des Fahrzeuges** für 38
alle **abhängig beschäftigten Mitglieder des Fahrpersonals**. Im Gegensatz zu der Verordnung
(EG) 561/2006 und der FPersV fallen hierunter somit auch Fahrzeuge mit einem zulässigen
Gesamtgewicht von 3,5t bzw. 2,8t und weniger. Dies dürfte auch der Hauptanwendungsbereich des Arbeitszeitgesetzes sein, während es für die Fahrer und Fahrzeuge, die bereits unter
die Verordnung (EG) 561/2006, das AETR oder die FPersV fallen, nur ergänzend Geltung
hat. Denn nach §§ 1 Abs. 1, 2 Nr. 3 FPersG gehen die Regelungen der FPersV zur Arbeitszeitgestaltung dem Arbeitszeitgesetz vor. Hinsichtlich der Verordnung (EG) 561/2006 und
des AETR ergibt sich dies bereits aus dem Grundsatz, dass internationale Regelungen Vorrang vor nationalen haben.[29]

Die für Fahrer und Fahrzeuge – die Verordnung (EG) 561/2006 oder die FPersV betref- 39
fend – wichtigste Vorschrift des ArbZG stellt der im Jahr 2006 in das Gesetz eingefügte
§ 21a ArbZG dar. Dieser definiert den Begriff der Arbeitszeit genauer und enthält bezüglich
deren Höchstdauer verschiedene Regelungen.

Gemäß § 21a Abs. 4 darf die wöchentliche Arbeitszeit grundsätzlich 48 Stunden nicht 40
überschreiten, kann aber auf 60 Stunden verlängert werden. Vergleicht man dies mit Art. 6
Abs. 2 der Verordnung (EG) 561/2006, wonach die wöchentliche Lenkzeit 56 Stunden nicht
überschreiten darf, kommen zunächst keine Bedenken auf.

Da jedoch unter dem Begriff der Arbeitszeit iSd ArbZG nicht nur reine Lenktätigkeiten zu 41
verstehen sind, kann es hier zu Überschneidungen kommen. Denn nach § 2 Abs. 1 ArbZG
ist Arbeitszeit die Zeit vom Beginn bis zum Ende der Arbeit ohne Ruhepausen, worunter
neben dem reinen Fahren auch Wartezeiten beim Be- und Entladen des Fahrzeugs, die Wartung des Fahrzeuges, sowie administrative Tätigkeiten fallen. Nach § 21a Abs. 4 ArbZG
sind hiervon lediglich die Zeiten auszunehmen, während derer sich ein Arbeitnehmer am
Arbeitsplatz bereit halten muss, um seine Tätigkeit aufzunehmen. Hierzu gehört einerseits

---

[27] *Arnold/Reinders/Bauer* Erläuterungen zur FPersV (D 41) § 18 Rn. 3.
[28] Vgl. Punkt 6.1 der Hinweise zu den Sozialvorschriften im Straßenverkehr (gemäß Verordnungen (EG) Nr. 561/2006, (EWG) Nr. 3821/85, Fahrpersonalgesetz (FPersG) und Fahrpersonalverordnung (FPersV)), abgestimmt zwischen den obersten für die Umsetzung der Sozialvorschriften im Straßenverkehr zuständigen Behörden des Bundes und der Länder vom 1.12.2011.
[29] → Rn. 11.

- die Zeit, während derer sich ein Arbeitnehmer bereithalten muss, um seine Tätigkeit auf Anweisung aufnehmen zu können, ohne sich an seinem Arbeitsplatz aufhalten zu müssen sowie
- die während der Fahrt neben dem Fahrer oder in einer Schlafkabine verbrachte Zeit für Arbeitnehmer, die sich beim Fahren abwechseln.

42 Schöpft ein Fahrer die zulässige wöchentliche Lenkzeit[30] voll aus, indem er an vier Tagen in der Woche je 9 Stunden und an zwei Tagen je 10 Stunden sein Fahrzeug lenkt, darf er nach § 21a Abs. 4 ArbZG nur insgesamt vier weitere Stunden für administrative Tätigkeiten oder das Be- und Entladen des Fahrzeuges aufbringen. Anderenfalls würde ein Verstoß gegen die nach dem ArbZG geltende wöchentliche Höchstarbeitszeit von 60 Stunden vorliegen.[31] Darüber hinaus ist zu beachten, dass bei Erreichen der 60-Stunden Grenze innerhalb von vier Monaten bzw. 16 Wochen ein Ausgleich erfolgen muss, so dass durchschnittlich nicht mehr als 48 Stunden in der Woche gearbeitet wird.

IV. Kontrollmöglichkeiten der Behörden

43 Um die Einhaltung der Sozialvorschriften im Straßenverkehr möglichst effektiv überprüfen zu können, werden regelmäßige Kontrollen durchgeführt. Nach den Vorgaben der Richtlinie 2006/22/EG des Europäischen Parlamentes und des Rates vom 15. März 2006[32] handelt es sich hierbei sowohl um Straßen- als auch um Betriebskontrollen. Während der Kontrollumfang bis zum 31.12.2007 jährlich noch 1 % der Tage ausmachen sollte, an denen Fahrer von Fahrzeugen, die in den Geltungsbereich der Verordnungen (EG) Nr. 561/2006, (EWG) Nr. 3820/85 und Nr. 3821/85 fallen, arbeiten, wurde für die nächsten Jahre eine deutliche Erhöhung vorgeschrieben. So mussten ab dem 1.1.2008 jährlich mindestens 2 % und ab dem 1.1.2010 jährlich mindestens 3 % der Arbeitstage kontrolliert werden, wobei mindestens 30 % aller überprüften Arbeitstage bei Straßenkontrollen und mindestens 50 % durch Betriebskontrollen geprüft werden sollen. Zu beachten ist hierbei auch das unter Punkt 6. der Verlautbarung neu eingeführte Risikoeinstufungssystem. Danach werden Unternehmen mit Sitz im Inland im Hinblick auf das Risiko von Verstößen gegen die genannten Verordnungen klassifiziert. Je höher die Risikoeinstufung eines Unternehmens ausfällt, desto häufiger und strenger hat eine Kontrolle stattzufinden.

1. Straßenkontrolle

44 Nach Punkt 4 der Verlautbarung werden Straßenkontrollen an verschiedenen Orten zu beliebigen Zeiten in einem Teil des Straßennetzes (auf Straßen, Tankstellen und Autohöfen) durchgeführt, der so groß ist, dass eine Umgehung der Kontrollposten schwierig ist. Dabei soll sichergestellt werden, dass die Kontrollen nach einem System der Zufallsrotation mit einem angemessen geografischen Gleichgewicht durchgeführt werden.

45 Im Rahmen der Straßenkontrolle ist vordergründig zu kontrollieren, ob die täglichen und wöchentlichen Lenkzeiten, Fahrzeitunterbrechungen, Ruhepausen sowie tägliche und wöchentliche Ruhezeiten eingehalten werden und ob alle erforderlichen Bescheinigungen, zB über arbeitsfreie Tage etc, beigeführt werden. Daneben sollen anhand der Aufzeichnungen des Kontrollgerätes und der Schaublätter auch die gefahrenen Geschwindigkeiten der letzten 24 Stunden sowie die Funktionstüchtigkeit des Kontrollgerätes überprüft werden.[33]

46 **a) Pflichten des Fahrpersonals.** Um eine effektive Kontrolle gewährleisten zu können, ist das Fahrpersonal verpflichtet, die Arbeitszeiten lückenlos **aufzuzeichnen**,[34] diese Unterlagen während der Fahrt **mit sich zu führen** und den Kontrolleuren auf Verlangen **herauszuge-**

---

[30] Vgl. Art. 6 Abs. 2 der VO (EG) 561/2006.
[31] NK-GVR/*Mielchen* – Lenk- und Ruhezeiten Rn. 37.
[32] Umgesetzt durch Verkehrsblatt-Verlautbarung des Bundesministeriums für Verkehr, Bau und Stadtentwicklung vom 2.2.2007 Heft 4 S. 73, zuletzt geändert durch Bekanntmachung vom 5.11.2009 (VkBl. 2009 S. 720).
[33] Vgl. Punkt 4. Abs. 3 der Verkehrsblatt-Verlautbarung des Bundesministeriums für Verkehr, Bau und Stadtentwicklung vom 2.2.2007 Heft 4 S. 73, zuletzt geändert durch Bekanntmachung vom 5.11.2009 (VkBl. 2009 S. 720).
[34] Vgl. Art. 15 Abs. 2 der VO (EWG) Nr. 3821/85 und § 2 FPersV.

ben.[35] Welche Unterlagen dies im Einzelfall sind, hängt ua davon ab, welches Fahrzeug eingesetzt wird und ob es über ein Kontrollgerät verfügt.

Zunächst muss jeder Fahrer seinen Führerschein und – falls er über eine solche verfügt – 47
eine **Fahrerkarte**,[36] mit sich führen. Benutzt der Fahrer ein **digitales Kontrollgerät**, so hat er die Aufzeichnungen des laufenden Tages und der vorangegangenen 28 Kalendertage mitzuführen und auf Verlangen herauszugeben.[37] Gleiches gilt bei Benutzung eines analogen Kontrollgerätes hinsichtlich der Schaublätter.

Darüber hinaus muss er jederzeit alle in diesem Zeitraum erstellten **handschriftlichen** 48
Aufzeichnungen und Ausdrucke, die gemäß der Verordnungen (EWG) Nr. 3821/85 und (EG) Nr. 561/2006 vorgeschrieben sind, vorlegen können. Zeichnet zB das Kontrollgerät aufgrund einer Betriebsstörung oder einer Fehlfunktion die Daten nicht oder nicht richtig auf, oder ist dem Fahrer die Fahrerkarte abhanden gekommen bzw. diese defekt, ist der Fahrer verpflichtet, auf dem Schaublatt oder einem ggf. zur Fahrerkarte beigefügten Blatt handschriftlich Angaben über die jeweiligen Zeitgruppen (Lenkzeiten, „andere Arbeiten", Bereitschaftszeiten, Arbeitsunterbrechungen und Tagesruhezeiten) zu vermerken.[38] Dabei muss der Fahrer den handschriftlichen Vermerk mit den Angaben zu seiner Person (Name und Nummer seines Führerscheins oder seiner Fahrerkarte) sowie seiner Unterschrift versehen. Hier ist zu beachten, dass der Fahrer ohne Fahrerkarte maximal 15 Tage fahren darf.[39] Etwas anderes gilt nur, wenn es für die Rückkehr des Fahrzeuges zum Betriebshof erforderlich ist, diesen Zeitraum zu überschreiten und nachgewiesen werden kann, dass es unmöglich war, die Fahrerkarte während dieses Zeitraums zu benutzen.

Lenkt der Fahrer zwischenzeitlich zu gewerblichen Zwecken ein Fahrzeug, welches nicht 49
unter die Verordnung (EG) Nr. 561/2006 fällt,[40] müssen diese Aktivitäten vor der nächsten Übernahme eines Fahrzeuges mit EG-Kontrollgerät auf einem Schaublatt eingetragen oder manuell in das Kontrollgerät eingegeben werden.[41]

Für den Fall, dass der Fahrer die vorstehend benannten Unterlagen nicht oder nicht voll- 50
ständig vorlegen kann, weil er am laufenden Tag oder in den vorausgegangenen 28 Tagen ein Fahrzeug gelenkt hat, für dessen Führen eine Nachweispflicht nicht besteht,[42] er erkrankt war, sich im Urlaub befand oder aus anderen Gründen kein Fahrzeug gelenkt hat, ist er gemäß § 20 FPersV verpflichtet, eine entsprechende **Bescheinigung seines Arbeitgebers** vorzuweisen. Diese muss vor Fahrtantritt unter Angabe von Gründen ausgestellt und dem Fahrer ausgehändigt worden sein. Sind die berücksichtigungsfreien Tage erst während der Fahrt angefallen, so dass eine Ausstellung vor Fahrtantritt nicht möglich war, kann diese auch nachgereicht werden.[43] Hierbei ist zu beachten, dass eine Bescheinigung nach § 20 FPersV nicht auszustellen ist, wenn ein Fahrer sein Fahrzeug nicht lenkt, weil er zwischenzeitlich anderweitig für seinen Arbeitgeber (zB im Lager) tätig ist. Diese Zeiträume sind vielmehr gemäß Art. 15 Abs. 2 der Verordnung (EWG) Nr. 3821/85 als „andere Arbeiten"[44] manuell in das digitale Kontrollgerät einzugeben oder handschriftlich auf einem Schaublatt zu vermerken.

Die Bescheinigung muss maschinell[45] erstellt und sowohl vom Fahrer als auch vom Un- 51
ternehmer unterschrieben sein. Darüber hinaus muss der Unternehmer aus dieser erkennbar

---

[35] Vgl. Art. 15 Abs. 7 der VO (EWG) Nr. 3821/85.
[36] Jeder Kraftfahrer, der ein Kraftfahrzeug mit digitalem Kontrollgerät lenkt, muss eine persönliche Fahrerkarte benutzen. Diese enthält einen Speicherchip, der die Identitätsdaten des Fahrers beinhaltet und mindestens die Lenk- und Ruhezeiten, Arbeitszeiten und Lenkzeitunterbrechungen der letzten 28 Tage, sowie Geschwindigkeiten der letzten 24 Stunden sekundengenau speichert.
[37] Vgl. Art. 15 Abs. 7 der VO (EWG) Nr. 3821/85.
[38] Vgl. Art. 15 Abs. 1, Art. 16 Abs. 2 der VO (EWG) Nr. 3821/85.
[39] Vgl. Art. 16 Abs. 3 der VO (EWG) Nr. 3821/85.
[40] ZB solche, die unter den Anwendungsbereich der Fahrpersonalverordnung fallen.
[41] Art. 6 Abs. 5 der VO (EG) Nr. 561/2006.
[42] Vgl. Rn. 31 ff. sowie die in § 1 Abs. 2 FPersV genannten Fahrzeuge.
[43] *Arnold/Reinders/Bauer* Erläuterungen zu den Vorschriften (D42) Bescheinigung gem. § 20 FPersV.
[44] ISd Art. 15 Abs. 3 zweiter Gedankenstrich der VO (EWG) Nr. 3821/85.
[45] Gemäß der Leitlinie Nr. 5 der Europäischen Kommission zu den Sozialvorschriften im Straßenverkehr sind sämtliche auf der Bescheinigung gemachten Angaben maschinell zu erstellen. Lediglich die Unterschriften müssen handschriftlich vorgenommen sein.

Mielchen

sein, so dass seine Unterschrift alleine nicht ausreicht. Viele Behörden verlangen daher, die Bescheinigung mit einem Firmenstempel zu versehen, andere halten es für erforderlich, dass die Bescheinigung auf einem mit dem Briefkopf des Unternehmens versehenen Blatt ausgestellt wird. Für den grenzüberschreitenden Verkehr sollte das von der Kommission der Europäischen Gemeinschaften für die Dokumentation herausgegebene Formblatt[46] verwendet werden, um auf sprachlichen Problemen beruhenden Missverständnissen vorzubeugen. Eine entsprechende Verpflichtung besteht allerdings nicht.[47]

52 Da sich die vorstehenden EU-Vorschriften nicht auf die in der FPersV genannten Fahrzeuge mit einer zulässigen Gesamtmasse von mehr als 2,8 t und bis zu 3,5 t erstrecken, sind die Mitführungspflichten für diese Fahrzeuge in der FPersV separat geregelt. So sind gemäß § 1 Abs. 6 FPersV[48] sämtliche Aufzeichnungen des laufenden und der vorangegangenen 28 Kalendertage mitzuführen. Meist werden solche Fahrzeuge nicht über ein Kontrollgerät verfügen, da ein Einbau erst ab einer zulässigen Gesamtmasse von über 3,5 t vorgeschrieben ist. In den Fällen, in denen das Fahrzeug einschließlich Anhänger nur über ein zulässiges Gesamtgewicht von mehr als 2,8 t bis zu 3,5 t verfügt, sind jedoch handschriftliche Aufzeichnungen auf sogenannten Tageskontrollblättern anzufertigen, anhand derer die Lenk- und Ruhezeiten kontrolliert werden können. Ist freiwillig ein Kontrollgerät oder ein Fahrtenschreiber nach § 57a StVZO in das Fahrzeug eingebaut worden, muss dieses gemäß § 1 Abs. 7 auch entsprechend der darin genannten EU-Vorschriften betrieben werden. Etwas anderes gilt nur für den Fall, dass das Fahrzeug selbst nur über ein zulässiges Gesamtgewicht von 2,8 t oder weniger verfügt. Ist dieses mit einem Kontrollgerät ausgestattet, da es häufig in Verbindung mit einem Anhänger benutzt wird, wodurch die 2,8 t-Grenze überschritten wird, befindet sich aber auf einer Solofahrt, muss das Kontrollgerät nicht bedient werden. Auch handschriftliche Aufzeichnungen sind dann nicht erforderlich.[49]

53 Gibt der Fahrer die genannten Unterlagen nicht freiwillig heraus, kann es unter Umständen[50] zu einer **Durchsuchung** des Fahrzeuges sowie einer anschließenden **Beschlagnahme** kommen.[51]

54 **b) Zuständigkeit.** Für die Kontrolle über die Einhaltung der Verordnungen (EG) Nr. 561/2006, (EWG) Nr. 3820/85 und Nr. 3821/85 sind in der Bundesrepublik grundsätzlich die von den jeweiligen Landesregierungen bestimmten Aufsichtsbehörden[52] zuständig. Die Straßenkontrollen erfolgen jedoch ausschließlich durch Beamten der Verkehrspolizei sowie durch Beauftragte des BAG.[53] Dabei beschränken sich ihre Befugnisse allerdings allein auf die Durchführung der Kontrolle und die damit verbundene Erforschung möglicher Verstöße. Die Ahndung selbst sowie die Befugnis Bußgeldbescheide zu erteilen, bleibt – abgesehen von der Ausnahme des § 9 Abs. 2 FPersV[54] – ausschließlich den Aufsichtsbehörden vorbehalten. Die Polizeibeamten und Straßenkontrolleure des BAG haben daher bei der Feststellung von Zuwiderhandlungen entsprechende Anzeigen zu fertigen und diese an die Aufsichtsbehörden weiterzuleiten.[55] Wird bei einer Kontrolle allerdings nur ein geringfügiger

---

[46] 2007/230/EG: Entscheidung der Kommission vom 12.4.2007 über ein Formblatt betreffend die Sozialvorschriften für Tätigkeiten im Kraftverkehr.
[47] *Arnold/Reinders/Bauer* Erläuterungen zu den Vorschriften (D42) Bescheinigung gem. § 20 FPersV.
[48] Entsprechend Art. 15 Abs. 7 der VO (EWG) Nr. 3821/85.
[49] *Arnold/Reinders/Bauer* § 1 FPersV (D 41) Rn. 1.
[50] Eine Durchsuchung bzw. Beschlagnahme ist grundsätzlich nur bei Gefahr im Verzug zulässig, also in den Fällen zulässig, in denen eine richterliche Anordnung nicht eingeholt werden kann, ohne dass der Zweck der Maßnahme gefährdet wird.
[51] In den nationalen Vorschriften ist dies noch einmal ausdrücklich in § 4 Abs. 3 FPersG geregelt, wonach das Fahrpersonal der zuständigen Behörde innerhalb einer von ihr gesetzten Frist Auskünfte zu erteilen und Unterlagen herauszugeben hat. Da sich § 4 Abs. 3 FPersV jedoch vordergründig an den Unternehmer wendet, wird hierauf erst bei der Erörterung der Betriebskontrolle eingegangen.
[52] Nach Bundesländern verschieden, zB Landesamt für Gesundheit und Arbeitssicherheit, Amt für Arbeitsschutz, Unfallkasse, Gewerbeaufsichtsamt etc.
[53] Ermächtigungsgrundlage § 4 Abs. 2 FPersG iVm § 11 Abs. 2 Nr. 3a und 12 Abs. 6 GüKG.
[54] Das BAG ist allein zuständige Verwaltungsbehörde, wenn in einem Unternehmen, das in Deutschland weder seinen Sitz noch eine Niederlassung hat, eine Zuwiderhandlung begangen wird, und der Betroffene auch nicht im Bundesgebiet wohnt.
[55] *Arnold/Reinders/Bauer* FPersG (D 40) Rn. 2, S. 91.

Verstoß festgestellt, kann der Straßenkontrolleur eigenständig eine Verwarnung aussprechen oder ein Verwarngeld gem. § 56 OWiG erheben.

2. Betriebskontrolle

Betriebskontrollen können **stichprobenartig**, aber auch aufgrund von im Rahmen einer Straßenkontrolle festgestellten schweren Verstößen gegen die Verordnungen (EG) Nr. 561/2006, (EWG) Nr. 3820/85 und Nr. 3821/85 erfolgen.[56] Zusätzlich zu den Prüfgegenständen bei Straßenkontrollen sind hier insbesondere die Einhaltung der wöchentlichen Ruhezeiten und Lenkzeiten zwischen diesen Ruhezeiten sowie die Einhaltung der vierzehntägigen Begrenzung der Lenkzeiten, zu kontrollieren. Werden dabei Verstöße offenbar, sollen die Behörden Nachforschungen anstellen, ob eine Mitverantwortung anderer Beteiligter der Beförderungskette, wie Verlader, Spediteure oder Subunternehmer vorliegt.

a) Pflichten des Unternehmers. aa) Aufbewahrungspflichten. Um auch im Bereich der Betriebskontrollen eine zügige Überprüfung über die Einhaltung der Vorschriften gewährleisten zu können, hat das Unternehmen die **Schaublätter** und sofern **Ausdrucke** nach Art. 15 Abs. 1 der Verordnung (EWG) Nr. 3821/85 erstellt wurden,[57] auch diese in chronologischer Reihenfolge und in lesbarer Form nach der Benutzung **mindestens 1 Jahr** aufzubewahren.[58]

Darüber hinaus muss ein Verkehrsunternehmen, welches mit **digitalen Kontrollgeräten** ausgerüstete Fahrzeuge einsetzt, sicherstellen, dass alle Daten vom Bordgerät und der Fahrerkarte so regelmäßig heruntergeladen werden, wie es der Mitgliedstaat vorschreibt.[59] Der deutsche Gesetzgeber hat dies in § 4 Abs. 3 FPersG und § 2 Abs. 5 FPersV geregelt, wonach der Unternehmer die Daten aus dem Massenspeicher des Kontrollgerätes alle drei Monate nach Beginn der Aufzeichnung, die Fahrerkarten spätestens alle 28 Kalendertage, beginnend mit dem ersten Tag der Aufzeichnung, zur Speicherung im Betrieb zu kopieren hat. Dabei beträgt die Aufbewahrungsfrist ebenfalls grundsätzlich nur 1 Jahr. Nach Ablauf dieses Zeitraums sind bis zum 31. März des auf das Kalenderjahr, in dem die Aufbewahrungsfrist endet, folgenden Kalenderjahres die Daten zu löschen sowie Schaublätter und Ausdrucke zu vernichten.

Etwas anderes gilt nur, wenn diese Unterlagen zur Erfüllung der Aufbewahrungspflichten nach dem ArbZG oder dem SGB IV benötigt werden. Liegt zB eine Aufbewahrungspflicht nach §§ 16 Abs. 2,[60] 21a Abs. 7 u. 8[61] ArbZG, dürfen die Unterlagen abweichend von § 4 Abs. 3 FPersG erst nach 2 Jahren vernichtet werden.

Gemäß § 2a FPersV ist der Unternehmer ferner dazu verpflichtet sämtliche von den Kontrollpersonen überlassenen Unterlagen, wie Niederschriften und Ergebnisprotokolle, die im Zusammenhang mit einer Betriebskontrolle oder einer Straßenkontrolle der von ihm eingesetzten Fahrer angefertigt wurden, 1 Jahr lang aufzubewahren.[62]

Gleiches gilt gemäß § 20 Abs. 3 FPersV hinsichtlich der den Fahrern ausgestellten Bescheinigungen über berücksichtigungsfreie Tage. Hier kommt es für den Beginn der Jahresfrist nicht auf den Zeitpunkt der Ausstellung an, sondern auf die Rückgabe der Bescheinigung an den Unternehmer, welche nach Ablauf der Mitführungspflicht des Fahrers[63] unverzüglich zu erfolgen hat.[64]

bb) Mitwirkungspflichten. Nach § 4 Abs. 3 FPersG sind der Unternehmer sowie der Fahrzeughalter schließlich dazu verpflichtet, der zuständigen Behörde innerhalb einer von ihr gesetzten Frist, Auskünfte zu erteilen und angeforderte Unterlagen herauszugeben.

---

[56] Vgl. Punkt 5 Abs. 1 Verkehrsblatt-Verlautbarung des Bundesministeriums für Verkehr, Bau und Stadtentwicklung vom 2.2.2007 Heft 4 S. 73, zuletzt geändert durch Bekanntmachung vom 5.11.2009 (VkBl. 2009 S. 720).
[57] Ausdrucke von Zeitgruppen bei beschädigter oder fehlender Fahrerkarte.
[58] Vgl. Art. 14 Abs. 2 der VO (EWG) Nr. 3821/85 sowie § 4 Abs. 3 FPersG.
[59] Vgl. Art. 10 Abs. 5a der VO (EG) 561/2006.
[60] Aufzeichnungen von Arbeitszeiten, die über die zulässige werktägliche Arbeitszeit hinausgehen.
[61] Aufzeichnungen sämtlicher Arbeitszeitnachweise.
[62] § 2a FPersV dient der Umsetzung von Artikel 3 Unterabs. 4 der RL 2006/22/EG des Europäischen Parlamentes und des Rates.
[63] Vgl. Rn. 43 ff.
[64] Vgl. § 20 Abs. 1 FPersV a. E.

> **Praxistipp:**
> Erhält der Unternehmer ein Aufforderungsschreiben, dass bis zu einem bestimmten Zeitpunkt sämtliche Aufzeichnungen und Tätigkeitsnachweise (zB Schaublätter, Ausdrucke, Bescheinigungen über berücksichtigungsfreie Tage, Arbeitszeitpläne, Lohn- und Gehaltslisten) seiner Fahrer aus den vergangenen Monaten einzureichen sind, ist immer zu prüfen, ob für die jeweiligen Unterlagen überhaupt noch eine Aufbewahrungspflicht besteht. Denn ist die Aufbewahrungspflicht bereits erloschen und werden die Unterlagen dennoch an die Behörde übersandt, können sich daraus möglicherweise ergebende Verstöße aufgrund der bei Zuwiderhandlungen gegen die Sozialvorschriften geltenden langen Verjährungsfristen häufig dennoch geahndet werden.

62 Im Rahmen von Betriebskontrollen taucht regelmäßig das Problem auf, dass der Unternehmer sich durch die Erteilung von Auskünften und die Herausgabe der in den Kontrollgeräten gespeicherten Daten bzw. der Schaublätter seiner Fahrer möglicherweise selbst belasten müsste. Denn werden anhand dieser Unterlagen Zuwiderhandlungen der Fahrer gegen die Lenk- und Ruhezeiten offenkundig, wird häufig auch gegen den Unternehmer ein Verfahren eingeleitet, wenn zumindest ein Anfangsverdacht dahingehend besteht, dass die Touren derart disponiert wurden, dass die Einhaltung der Lenk- und Ruhezeiten nicht möglich war oder der Verdacht einer Aufsichtspflichtverletzung gem. § 130 OWiG nahe liegt.

63 In diesem Fall kann der Unternehmer sich auf den Grundsatz „nemo tenetur se ipsum accusare",[65] berufen, welcher im Ordnungswidrigkeitenverfahren wie im Strafverfahren gleichermaßen gilt. Im Bereich der Sozialvorschriften wurde dieser hinsichtlich der zur Auskunft verpflichteten Personen ausdrücklich in das FPersG aufgenommen. So regelt § 4 Abs. 4 FPersG, dass der zur Auskunft Verpflichtete die Auskunft auf solche Fragen verweigern kann, deren Beantwortung ihn selbst oder seine Angehörigen der Gefahr eines Straf- oder Ordnungswidrigkeitenverfahrens aussetzen würde. Teilweise wird hierzu die Auffassung vertreten, aufgrund des Wortlautes dieser Regelung könne der Unternehmer lediglich die Mitwirkung bezüglich der Auskunftserteilung verweigern, nicht aber auch hinsichtlich der Herausgabe von Unterlagen.[66] Nach diesseitigem Dafürhalten ist eine solche Interpretation jedoch nicht sachgerecht. Zwar bezieht sich das Recht, sich nicht selbst belasten zu müssen, in erster Linie darauf, belastende Aussagen verweigern zu dürfen. In den Fällen, in denen aufgrund von Mitwirkungsverpflichtungen Unterlagen herausgegeben werden müssen, die den Verpflichteten in der Weise belasten, als hätte er ein Geständnis abgegeben, würde der Schutz der Selbstbelastungsfreiheit jedoch unzulässigerweise ausgehebelt.

64 Es wird nicht übersehen, dass es die Überwachungsinteressen der Aufsichtsbehörden beeinträchtigen würde, könnte die Herausgabe von Unterlagen stets verweigert werden. Die Verwaltungsbehörde wäre häufig gezwungen, von den in § 4 Abs. 5 FPersG genannten Maßnahmen Gebrauch zu machen, die Betriebsräume selbst zu durchsuchen und die erforderlichen Unterlagen einzusehen, was die Kontrollen erschweren würde. Diese Erwägungen können jedoch einen Verstoß gegen das Rechtsstaatsprinzip, der nach vielfach vertretener Ansicht[67] vorliegen dürfte, wollte man den Unternehmer zwingen, belastende Unterlagen herauszugeben, nicht rechtfertigen. Denn zumindest wenn ein Anfangsverdacht vorliegt und die Kontrolle nicht mehr nur präventiven, sondern auch repressiven Zwecken dient – hiervon ist auszugehen, wenn zuvor im Rahmen von Straßenkontrollen bei den Fahrern des Unternehmers Zuwiderhandlungen gegen die Sozialvorschriften festgestellt wurden – muss dem Unternehmer unter rechtsstaatlichen Gesichtspunkten ein umfassendes Schweigerecht zustehen. Hierzu gehört dann neben dem Recht die Auskunft zu verweigern auch das Recht, die belastenden Unterlagen nicht herausgeben zu müssen.[68] Gestützt wird diese Auffassung auch durch die Rechtsprechung des EGMR, welcher zuletzt in seiner Entscheidung vom

---
[65] Niemand ist verpflichtet, sich selbst anzuklagen bzw. zu belasten.
[66] OLG Stuttgart VRS 56, 383; OLG Koblenz VRS 60, 67; OLG Hamm VRS 60, 69; *Arnold/Reinders/Bauer* FPersG (D 40) Rn. 1.
[67] Vgl. hierzu sehr umfassend *Bärlein/Pananis/Rehmsmeier* NJW 2002, 1825 mwN.
[68] Vgl. *Bärlein/Pananis/Rehmsmeier* NJW 2002, 1825.

3.5.2001 den „nemo tenetur"-Grundsatz ausdrücklich auch auf die Herausgabe von Urkunden erstreckt hat.[69]

> **Praxistipp:**
> Soll eine Betriebsprüfung durchgeführt werden und erhält der Unternehmer ein Aufforderungsschreiben der Behörde, entsprechende Unterlagen einzureichen, sollte zunächst Widerspruch eingelegt und Akteneinsicht beantragt werden. Ergibt sich aus der Akte, dass es sich eben nicht um eine stichprobenartige Betriebskontrolle handelt, sondern bereits ein Anfangsverdacht bestanden hat, bestehen gute Chancen, die Herausgabe der Unterlagen erfolgreich zu verweigern.

Werden die Unterlagen unberechtigterweise nicht herausgegeben, kann die Behörde neben der in § 4 Abs. 5 FPersG genannten Durchsuchung auch von Zwangsmaßnahmen, wie zB der Ersatzvornahme oder der Festsetzung eines Zwangsgeldes Gebrauch machen.[70]

b) Zuständigkeiten. Für die Kontrolle über die Einhaltung der Verordnungen (EG) Nr. 561/2006, (EWG) Nr. 3820/85 und Nr. 3821/85 sind die von den jeweiligen Landesregierungen bestimmten Aufsichtsbehörden[71] zuständig, welche in der Regel auch die Ahndung von Zuwiderhandlungen gebietsansässiger Betroffener übernehmen. 65

V. Bußgeldvorschriften

1. Überblick über Zuwiderhandlungen

Da es eine Vielzahl von möglichen Zuwiderhandlungen gibt, werden im Folgenden nur die am häufigsten vorkommenden Verstöße und deren Ahndung dargelegt. Die Bußgeldvorschriften sind in den §§ 8, 8a FPersG enthalten, welche durch die §§ 21 ff. FPersV konkretisiert werden. Sie beinhalten Höchstgeldbußen, welche für den Fahrer auf EUR 5.000,–, für den Unternehmer auf EUR 15.000,– beschränkt sind. 66

a) Verstöße gegen Lenk-, Ruhezeiten und Lenkzeitunterbrechungen. Gemäß § 20a FPersG sind die Unternehmen verpflichtet, ihren Betrieb nach Maßgabe des Art. 10 der Verordnung 561/2006 zu organisieren. Dies bedeutet, dass kein Akkordlohn bezahlt werden darf, die Tourenplanung so vorgenommen werden muss, dass die Fahrer Lenkzeiten, Ruhezeiten und Fahrtunterbrechungen ordnungsgemäß einhalten können und neben einer ordnungsgemäßen Anweisung der Fahrer auch eine regelmäßige Überprüfung über die Einhaltung der Vorschriften stattzufinden hat. 67

Dementsprechend hat der Unternehmer gemäß § 1 Abs. 5 FPersV dafür Sorge zu tragen, dass die Lenk- und Ruhezeiten eingehalten werden. Verstößt er hiergegen, begeht er eine Ordnungswidrigkeit nach § 21 Abs. 1 Nr. 1 FPersV iVm § 8 Abs. 1a Nr. 1a FPersG.

Überschreitet der Fahrer seine zulässige Tageslenkzeit, beträgt die Geldbuße bei Überschreiten bis zu 60 Minuten 30,– EUR, bei Überschreiten von mehr als 1 Stunde bis zu 2 Stunden 30,– EUR je angefangene ½ Stunde und bei Überschreiten von mehr als 2 Stunden je angefangene ½ Stunde sogar 60,– EUR. Für den Unternehmer beträgt die Regelgeldbuße bei Überschreiten bis zu 2 Stunden je angefangene ½ Stunde bereits 90,– EUR und bei Überschreiten von mehr als 2 Stunden je angefangene ½ Stunde sogar 180,– EUR[72] Eine Überschreitung der zulässigen Gesamtlenkzeit innerhalb von zwei aufeinander folgenden Wochen bis zu zwei angefangenen Stunden kann bezüglich des Fahrers mit einer Geldbuße in Höhe von 30,– EUR geahndet werden, welche sich für jede weitere Stunde um weitere 68

---

[69] EGMR NJW 2002, 499.
[70] *Arnold/Reinders/Bauer* FPersG (D 40) Rn. 2, S. 96 aE.
[71] Nach Bundesländern verschieden, zB Landesamt für Arbeitsschutz und Arbeitssicherheit, Amt für Arbeitsschutz, Gewerbeaufsichtsamt, Unfallkasse etc.
[72] Die hier genannten Beträge stammen aus dem Buß- und Verwarnungsgeldkatalog zum Fahrpersonalrecht, herausgegeben vom Länderausschuss für Arbeitsschutz und Sicherheitstechnik (LASI), LV 48, 1. Überarbeitete Auflage, Juni 2012. Die Bußgeldregelsätze gehen von Vorsatz aus.

30,– EUR erhöht. Bei Überschreiten einer Gesamtlenkzeit von mehr als 92 bis 108 Stunden beträgt die Regelgeldbuße für den Fahrer bereits je angefangener Stunde 30,– EUR und für den Unternehmer 90,– EUR. Bei einer Überschreitung von mehr als 108 Stunden droht dem Fahrer je angefangener Stunde schließlich eine Geldbuße in Höhe von 60,– EUR und dem Unternehmer in Höhe von 180,– EUR.

69 Hält ein Fahrer die täglichen Ruhezeiten nicht ein, liegt die Geldbuße für den Fahrer bei Unterschreiten bis zu 3 Stunden je angefangener Stunde bei 30,– EUR und bei Unterschreiten von mehr als 3 Stunden je angefangener Stunde sogar bei 90,– EUR. Der Unternehmer wird für solche Verstöße härter bestraft, indem die Regelgeldbuße für die Nichteinhaltung der Ruhezeit durch den Fahrer bei Unterschreiten bis zu 3 Stunden je angefangener Stunde 90,– EUR und bei Unterschreiten von mehr als 3 Stunden je angefangene Stunde sogar 180,– EUR beträgt.

70 Hinsichtlich der Nichteinhaltung von Fahrtunterbrechungen gibt es zwei verschiedene Varianten, Verstöße zu ahnden. So sieht der Bußgeldkatalog zum einen den Verstoß vor, die Fahrtunterbrechung zu spät eingelegt zu haben, was für den Fahrer bei Überschreiten bis zu 60 Minuten 30,– EUR und danach bereits je angefangener weiterer ½ Stunde 30,– EUR bzw. 90,– EUR für den Unternehmer kostet. Zum anderen gibt es den Verstoß, die Fahrtunterbrechung verkürzt zu haben. Für den Fahrer beträgt der Regelsatz hierfür bei Unterschreiten bis zu 15 Minuten 30,– EUR, während der Unternehmer 90,– EUR bezahlen soll. Schließlich ist bei Unterschreiten von mehr als 15 Minuten und je angefangener weiterer ¼ Stunde eine Geldbuße von 60,– EUR für den Fahrer bzw. 180,– EUR für den Unternehmer vorgesehen.

71 **b) Verstöße gegen die Vorschriften von Arbeitszeitnachweisen.** Gemäß Art. 3 Abs. 1 der Verordnung (EWG) 3821/85 ist der Unternehmer verpflichtet, seine Fahrzeuge mit Kontrollgeräten auszurüsten. Unterlässt er dies liegt eine Ordnungswidrigkeit nach § 23 Abs. 1 Nr. 1 FPersV iVm § 8 Abs. 1 Nr. 1b vor. Die Regelgeldbuße beträgt hier 1.500,– EUR.

72 Darüber hinaus haben der Unternehmer und der Fahrer gemäß Art. 13 der Verordnung (EWG) 3821/85 dafür zu sorgen, dass das Kontrollgerät einwandfrei funktioniert und ordnungsgemäß genutzt wird. Handelt es sich um ein digitales Kontrollgerät muss auch die ordnungsgemäße Funktion und Nutzung der Fahrerkarte sichergestellt werden. Geschieht dies nicht,[73] kann gegen den Fahrer je Arbeitsschicht eine Geldbuße in Höhe von 250,– EUR und gegen den Unternehmer in Höhe von 750,– EUR festgesetzt werden

73 Gleiches gilt, wenn der Fahrer die erforderlichen Aufzeichnungen über seine Lenk- und Ruhezeiten, alle sonstigen Arbeitszeiten und die Lenkzeitunterbrechungen nicht oder nicht vollständig mit sich führt.

74 Ebenso kann gegen den Fahrer je Arbeitsschicht eine Geldbuße in Höhe von 75,– EUR festgesetzt werden, wenn er bei Betriebsstörungen des Kontrollgerätes die erforderlichen handschriftlichen Eintragungen auf dem Schaublatt nicht anfertigt bzw. es bei Verlust, Diebstahl oder Beschädigung der Fahrerkarte unterlässt, die vorgeschriebenen Ausdrucke und Eintragungen vorzunehmen, oder den Zeitgruppenschalter nicht oder nicht richtig betätigt. Dies allerdings nur, wenn dadurch die Kontrolle erschwert wird. Ist eine Kontrolle nicht möglich, erhöht sich der Betrag auf 250,– EUR je 24-Stunden-Zeitraum. Für den Unternehmer ist diesbezüglich grundsätzlich keine Ahndung vorgesehen, da die ordnungsgemäße Vornahme von Aufzeichnungen während der Fahrt allein im Einflussbereich des Fahrers steht. Eine Ahndung kommt allerdings dann in Betracht, wenn der Fahrer wiederholt wegen Zuwiderhandlungen in diesem Bereich auffällig wird, da dieser Umstand eine Aufsichtspflichtverletzung nach § 130 OWiG begründen könnte.

75 Kann der Fahrer für die Tage an denen er kein Fahrzeug geführt bzw. andere Tätigkeiten ausgeübt hat, keine Bescheinigung nach § 20 FPersV vorlegen,[74] beträgt die Regelgeldbuße je 24-Stunden-Zeitraum 75,– EUR, wenn die Kontrolle dadurch erschwert wird bzw. 250,– EUR, wenn die Kontrolle dadurch unmöglich ist. Hat der Unternehmer diese nicht rechtzeitig ausgestellt oder dem Fahrer nicht rechtzeitig ausgehändigt,[75] kann gegen ihn je

---

[73] Vgl. § 23 Abs. 1 Nr. 2 FPersV bzw. § 23 Abs. 2 Nr. 2 FPersV iVm § 8 Abs. 1 Nr. 2.
[74] Vgl. § 21 Abs. 2 Nr. 15 FPersV iVm § 8 Abs. 1 Nr. 2 FPersG.
[75] Vgl. § 21 Abs. 1 Nr. 10 FPersV iVm § 8 Abs. 1 Nr. 1a FPersG.

24-Stunden-Zeitraum eine Geldbuße in Höhe von 250,- EUR bei Erschwernis der Kontrolle bzw. 750,- EUR bei Unmöglichkeit der Kontrolle festgesetzt werden.

> **Praxistipp:**
> Sollte die Bescheinigung nach § 20 FPersV zwar ausgestellt, dem Fahrer aber nicht rechtzeitig übergeben worden sein, ist die Bescheinigung in jedem Falle nachzureichen. In diesem Fall kann dem Betroffenen nur vorgeworfen werden, dass die Kontrolle erschwert wurde, nicht auch, dass sie unmöglich war.[76] Gleiches gilt grundsätzlich bei nicht mitgeführten Schaublättern, die der Fahrer nicht vorzeigen kann, weil er sie zB als Springer in einem anderen Fahrzeug vergessen hat.[77] Hierbei sollte allerdings zuvor überprüft werden, ob sich aus den Schaublättern schwerwiegende Verstöße ergeben. Ansonsten kann aus der freiwilligen und zu diesem Zeitpunkt nicht erforderlichen Herausgabe im Zweifel eine noch höhere Geldbuße erwachsen.

c) **Verstöße gegen Mitwirkungspflichten.** Wie bereits dargelegt,[78] sind der Unternehmer 76 und die Mitglieder des Fahrpersonals gemäß § 4 Abs. 3 FPersG verpflichtet, auf Verlangen Auskünfte zu erteilen und verschiedene Unterlagen herauszugeben. Wird hiergegen verstoßen, liegt eine Ordnungswidrigkeit vor, welche je Fall hinsichtlich des Fahrers[79] mit einer Regelgeldbuße in Höhe von 250,- EUR, bezüglich des Unternehmers[80] in Höhe von 750,- EUR geahndet werden kann.

2. Verantwortliche

Besteht ein begründeter Verdacht, dass eine Ordnungswidrigkeit iSd § 8 bzw. 8a FPersG 77 iVm §§ 21 ff. FPersV begangen wurde, kann die Verfolgungsbehörde ein Bußgeldverfahren einleiten. Hinsichtlich des Fahrers ergibt sich der Verdacht i.d.R. unmittelbar aus den von ihm vorgelegten Unterlagen. Dass der Fahrer eine Zuwiderhandlung begangen hat, muss jedoch nicht auch bedeuten, dass auf der Unternehmerseite ebenfalls ein Verstoß vorliegt. Dies ist in der Regel nur dann der Fall, wenn zu viele Kilometer disponiert wurden und eine Einhaltung der Lenk- und Ruhezeiten nicht möglich gewesen wäre oder wenn der Fahrer bereits mehrmals auffällig geworden ist und daher eine erhöhte Aufsicht geboten war. Manche Behörden verfolgen allerdings die zweifelhafte Routine – unabhängig davon, ob weitergehende Anhaltspunkte für einen Unternehmerverstoß vorliegen –, auch ein Verfahren gegen den Verantwortlichen im Unternehmen einzuleiten, sobald eine Zuwiderhandlung eines Fahrers festgestellt wird.

Höchstwahrscheinlich aufgrund der Befürchtung, nicht den richtigen Adressaten zu ermitteln, stützen einige Behörden ihre Bußgeldbescheide sodann auf § 130 OWiG, indem sie 78 dem Unternehmer ein Organisationsverschulden bzw. eine Aufsichtspflichtverletzung vorwerfen. Hierbei wird unterstellt, der Verstoß des Fahrers wäre nicht begangen worden, wenn der Unternehmer seinen Aufsichtspflichten nachgekommen wäre. In der Praxis stellt sich allerdings zumeist heraus, dass ein Verstoß gegen § 130 OWiG – wenn überhaupt – nur äußerst selten vorliegt. Die Tathandlung des § 130 OWiG besteht in dem Unterlassen der erforderlichen Aufsichtspflicht, wobei die lediglich abstrakte Gefahr irgendwelcher betriebsbezogener Zuwiderhandlungen nicht genügt. Vielmehr muss es der Aufsichtspflichtige unterlassen haben, konkrete Zuwiderhandlungsgefahren abzuwenden oder zu beseitigen.[81] Denn die Aufsichtspflicht soll grundsätzlich so ausgeübt werden, dass betriebsbezogene Pflichten voraussichtlich eingehalten werden.[82] Der Betriebsinhaber hat daher die Mitarbeiter sorgfältig auszuwählen, eine sachgerechte Organisation und Aufgabenverteilung vorzu-

---

[76] Vgl. Drucksache 14/4422, Landtag von Baden-Württemberg – Petition 14/2948.
[77] *Mielchen/Richter*, zfs 2010, 604, 607.
[78] → Rn. 46 und 61.
[79] § 8 Abs. 1 Nr. 2c FPersG.
[80] § 8 Abs. 1 Nr. 1d FPersG.
[81] Vgl. Göhler/*Gürtler* § 130 OWiG Rn. 9.
[82] BGH 9, 322, 25, 158, 163; BayObLG NJW 2002, 766.

nehmen, die Mitarbeiter über ihre Pflichten aufzuklären, zu belehren und diese zu überwachen, sowie bei Unregelmäßigkeiten zu ermahnen und ggf. Sanktionen auszusprechen. Dabei hängt das Ausmaß der Aufsichtspflicht im Einzelfall von der Größe und Organisation des Betriebs, der Vielfalt und der Bedeutung der zu beachtenden Vorschriften und der unterschiedlichen Überwachungsmöglichkeiten ab.[83] In jedem Fall ist eine stichprobenartige Kontrolle der Mitarbeiter erforderlich, aber auch ausreichend. Denn die Anforderungen an den Betriebsinhaber dürfen nicht überspannt werden. Begeht nun ein sonst zuverlässiger Fahrer binnen weniger Tage bzw. Wochen mehrere Verstöße gegen die Lenk- und Ruhezeiten, dürfte eine Aufsichtspflichtverletzung des Unternehmers nicht vorliegen. Hierbei ist zu bedenken, dass die Fahrer häufig tagelang unterwegs sind und der Betriebsinhaber solange keine Kenntnis von den Verstößen bekommt, bis ihm die Schaublätter ausgehändigt werden oder ihm die Daten der Fahrerkarte bzw. des digitalen Kontrollgerätes zur Verfügung stehen. Da dies in der Regel erst mit dem Ende der Mitführpflicht des Fahrers, also erst 28 Tage später, geschieht, kann dem Unternehmer nicht vorgeworfen werden, seine Pflichten vernachlässigt zu haben. Ferner liegt ein Verstoß nach § 130 OWiG nur vor, wenn die Aufsichtspflichtverletzung kausal für die Zuwiderhandlung des Mitarbeiters war.[84] Gerade im Bereich der Lenk- und Ruhezeiten ergeben sich die Verstöße der Fahrer jedoch oft erst während der Fahrt und aus der konkreten Verkehrssituation (Stau, Parkplatzmangel, Verzögerung beim Be- und Entladen, Verweigerung der Annahme verderblicher Güter), so dass sich die Zuwiderhandlungen in derartigen Fällen häufig nur schwer vermeiden lassen und trotz gehöriger Belehrung und Aufsicht aufgrund eines Spontanentschlusses des Fahrers begangen werden. Eine Kausalbeziehung dürfte hier nicht vorliegen.

79 Darüber hinaus ist fraglich, ob § 130 OWiG überhaupt anwendbar ist. Denn § 130 OWiG ist nach herrschender Meinung lediglich ein Auffangtatbestand[85] und die Pflicht des Unternehmers, dafür zu sorgen, dass die Lenk- und Ruhezeiten eingehalten werden, ergibt sich bereits aus § 1 Abs. 5 FPersV iVm Art. 6 ff. der Verordnung (EG) 561/2006.

80 Teilweise werden die Unternehmen jedoch vor der Anordnung einer Anhörung angeschrieben und aufgefordert die verantwortliche Person mitzuteilen. In diesem Fall wird dann zumeist gegen einen Disponenten vorgegangen, wobei hier der Weg über § 9 Abs. 2 OWiG zu wählen wäre. Dies ist jedoch nur möglich, wenn dieser zuvor ausdrücklich beauftragt wurde, in eigener Verantwortung – also mit entsprechender Selbständigkeit und Entscheidungsfreiheit – Aufgaben wahrzunehmen, die eigentlich dem Unternehmer obliegen.[86] Eine Verantwortlichkeit des Disponenten kann sich nur ergeben, wenn ihn ein Dispositionsverschulden trifft, er also eine Tour geplant hat, die unter Einhaltung der Lenk- und Ruhezeiten nicht zu bewältigen war.

3. Bedeutung der Bußgeldrichtlinien/Bemessung der Geldbuße

81 Im Gegensatz zum bundeseinheitlichen Bußgeldkatalog für Straßenverkehrsordnungswidrigkeiten, der in Form einer Rechtsverordnung ausgestaltet ist (sog. BKatV)[87] und der Vereinheitlichung von Massen-Ordnungswidrigkeiten dient, ist der Buß- und Verwarngeldkatalog für Zuwiderhandlungen gegen die Sozialvorschriften im Straßenverkehr nicht bindend. Denn abweichend von dem Bußgeldkatalog auf dem Gebiet des allgemeinen Verkehrsrechts, der unter maßgeblicher Mitarbeit erfahrener Verkehrsrichter erstellt wurde, handelt es sich bei dem Bußgeldkatalog für die Verstöße nach dem Fahrpersonalgesetz lediglich um den Versuch einer verwaltungsinternen Vereinheitlichung für die gleichmäßige Ahndung gleich gelagerter Verstöße.[88] So wurde auch zahlreich obergerichtlich entschieden, dass die außerhalb der Ermächtigung nach § 26a StVG ergangenen Bußgeldkataloge – wie der für Ver-

---

[83] Göhler/*Gürtler* § 130 OWiG Rn. 10 f.
[84] Objektive Bedingung.
[85] Vgl. KK/*Rogall* § 130 OWiG Rn. 108; Göhler/*Gürtler* OWiG § 130 Rn. 25.
[86] Vgl. OLG Düsseldorf DAR 2007, 398, 399.
[87] Bußgeldkatalog-VO BKatV vom 13.11.2001 BGBl. I S. 3033, zuletzt geändert durch Art. 3 Gesetzes vom 19.7.2007 BGBl. I S. 1460.
[88] Vgl. OLG Düsseldorf Beschl. vom 23.9.1986 – 5 Ss (Owi) 265/86 – 234/86 I.

stöße nach dem Fahrpersonalgesetz – trotz Vorliegen einer Indizwirkung grundsätzlich nicht verbindlich sind, weshalb die Sätze des jeweiligen Bußgeldkataloges auf ihre Angemessenheit im Einzelfall zu überprüfen sind.[89]

Die im Buß- und Verwarngeldkatalog bestimmten Beträge sind Regelsätze, die von vorsätzlicher Begehungsweise und gewöhnlichen Tatumständen ausgehen.[90] Aus diesem Grund sind die Bußgeldbehörden verpflichtet, objektive und subjektive Tatumstände, die die Handlung im Vergleich zum Regelfall als weniger schwerwiegend oder auch schwerwiegender kennzeichnen, zugunsten oder zuungunsten des Betroffenen zu berücksichtigen und somit im Einzelfall vom Regelsatz abzuweichen. 82

a) *Ermäßigungen. aa) Qualität der Zuwiderhandlung.* Eine Ermäßigung des Regelsatzes kommt beispielsweise in Betracht, wenn unter Berücksichtigung des Einzelfalls der Vorwurf, der dem Betroffenen zu machen ist, geringer erscheint, als übliche Zuwiderhandlungen. 83

Praxistipp:
Es sollte die Qualität der vorgeworfenen Zuwiderhandlung geprüft werden, da in ihrem Unrechtsgehalt erheblich voneinander abweichende Verstöße durch die vorgegebene schematische Berechnungsweise zu einer ähnlichen Bußgeldhöhe führen können. Dies sollte vor Gericht thematisiert und mit Augenmaß korrigiert werden. So sind zur Berechnung der Tageslenkzeit alle Lenkzeiten zu addieren, die nicht durch ausreichende Ruhezeiten unterbrochen wurden.[91] Hat der Betroffene zB seine Ruhezeit nicht in der vorgeschriebenen Länge von mindestens 9 Stunden eingehalten, sondern ist nach 8 Stunden weitergefahren, kann es im Einzelfall zu einer erheblichen Tageslenkzeitüberschreitung in Tateinheit mit einer Verkürzung der vorgeschriebenen Tagesruhezeit kommen. Diese mit den Regelsätzen zu ahnden, wäre unverhältnismäßig.[92] Denn der Zweck der Sozialvorschriften, die Teilnahme übermüdeter Fahrer am Straßenverkehr zu verhindern, wäre in dem vorgenannten Beispiel gerade nicht gefährdet, da eine Ruhepausen von 8 Stunden gegeben war und somit eine Übermüdung nicht vorlag.

Gleiches dürfte beispielsweise bei kurzzeitigem nächtlichen Umparken während einer Ruhezeit gelten, wenn der Fahrer wegen störender Geräusche nicht schlafen kann (zB Kühlung eines neben ihm parkenden Tanklasters). Die Ruhezeit wäre aufgrund der kurzen Unterbrechung nicht zu berücksichtigen, so dass trotz faktisch ausreichender Ruhe, die Tageslenkzeit des nächsten Tages als Lenkzeitüberschreitung von 10 Stunden (EUR 600,– Bußgeld) bewertet werden würde. Hier kann eine sachgerechte und angemessene Entscheidung nur über eine erhebliche Absenkung des Bußgeldes erfolgen.

bb) *Vorsatz/Fahrlässigkeit.* Da die Verfolgungsbehörden üblicherweise entsprechend der Regelsätze von vorsätzlicher Begehungsweise ausgehen, ist stets zu prüfen, ob nicht auch Fahrlässigkeit vorliegen könnte. Denn bei fahrlässigem Handeln sind die im Bußgeldkatalog genannten Beträge auf die Hälfte zu ermäßigen. 84

Praxistipp:
Begeht der Fahrer gravierende Verstöße gegen die Lenk- und Ruhezeiten, wird die Annahme des Vorsatzes meist berechtigt sein. Handelt es sich jedoch um geringfügige Abweichungen von wenigen Minuten oder Stunden, kann eine fahrlässige Begehungsweise gut begründet werden. Dies insbesondere, wenn das Fahrzeug nur über ein analoges Kontrollgerät verfügt. Denn während zB ein digitales Kontrollgerät den Fahrer zu gegebener Zeit durch ein Warnsignal erinnert, eine Lenkzeitunterbrechung einzulegen, hat der Nutzer eines analogen Kontrollgerätes keine Möglichkeit sich zwischenzeitlich über die Einhaltung seiner Lenk- und Ruhezeiten zu informieren. Er darf das

---

[89] Vgl. OLG Karlsruhe Beschl. vom 23.11.2004 – 1 Ss 93/04; OLG Karlsruhe VRS 67, 475; OLG Köln VRS 89, 393; OLG Hamm VRS 91, 156.
[90] Vgl. LASI-Veröffentlichung – LV 48, Handlungsanleitung „Buß- und Verwarnungsgeldkataloge zum Fahrpersonalrecht", 1. Überarbeitete Auflage, Juni 2012, S. 7.
[91] OLG Köln NZV 1989, 484; OLG Frankfurt DAR 2001, 375.
[92] Vgl. hierzu auch OLG Hamm VRS 91, 156.

Schaublatt dem Kontrollgerät nicht entnehmen und muss somit theoretisch handschriftlich Buch darüber führen, zu welchen Zeiten er seine Fahrt angetreten und Unterbrechungen eingelegt hat. Fahrlässigkeit lässt sich hier auf vielfältige Weise (zB Irrtum über die Start- oder Pausenzeiten) gut begründen.

Bei Verfahren gegen den Unternehmer oder Disponenten ist üblicherweise zunächst von Fahrlässigkeit auszugehen, die darin begründet ist, dass er bei der Planung der Tour fälschlicherweise davon ausging, sie sei unter Einhaltung der Lenk- und Ruhezeiten zu bewältigen. Vorsatz kommt hingegen in Betracht, wenn Anhaltspunkte für positives Wissen des Disponenten vorliegen, dass die geplante Tour unter Beachtung der Vorschriften kaum einzuhalten ist. So wenn er bereits mehrfach wegen Verstößen aufgefallen ist und zB erneut dieselbe Tour disponiert, obwohl er aufgrund eines anderen Verfahrens bereits wissen musste, dass sie unter Einhaltung der Vorschriften nicht durchführbar ist.

85 cc) *Wirtschaftliche Verhältnisse.* Bei Vorliegen schlechter wirtschaftlicher Verhältnisse des Betroffenen können die Regelsätze ermäßigt werden.[93] Da die Geldbußen im Bereich der Zuwiderhandlungen gegen die Sozialvorschriften verhältnismäßig hoch sind, kann aufgrund der teilweise geringen Einkommen der Kraftfahrer eine erhebliche Reduzierung erzielt werden.

Praxistipp:
Nicht selten wird bei Erwähnung der schlechten wirtschaftlichen Verhältnisse darauf hingewiesen, dass eine Ratenzahlung möglich ist. Das OLG Frankfurt hat in seiner letzten Entscheidung[94] vom 13.7.2010 auch noch einmal klargestellt, dass bei der Verhängung der Geldbuße eine kritische Prüfung vorzunehmen ist. Zwar sei das Gefährdungspotential übermüdeter Fahrer von LKW im Straßenverkehr erheblich, jedoch müsse das Sanktionsgefüge zum Einen innerhalb der Norm, aber auch im Ganzen, im Blick behalten werden. Es handele sich (nur) um Ordnungswidrigkeiten, die bei Anwendung des Buß- und Verwarnungsgeldkatalogs Bußgelder ergeben, die Geldstrafen übersteigen, die für wesentlich gefährlichere Verkehrsstraftaten wie zB Trunkenheit im Verkehr verhängt werden.

86 dd) *Einsicht des Betroffenen.* Eine Ermäßigung kommt des Weiteren in Betracht, wenn der Fahrer geständig ist und sich einsichtig zeigt.[95]

87 b) **Erhöhungen.** Dagegen kann der Regelsatz erhöht werden, wenn der Betroffene wiederholt Verstöße gegen seine Pflichten die Sozialvorschriften betreffend begeht oder besondere wirtschaftliche Vorteile aus der Tat gezogen hat. Ferner können die Regelsätze erhöht werden, wenn der Betroffene durch sein Verhalten eine besondere Gefährdung verursacht.[96]

In der Praxis sehr bedeutsam ist die Abschöpfung des wirtschaftlichen Vorteils, die mit der Zumessung der Geldbuße geschehen soll. Dieser Vorteil soll nach § 17 Abs. 4 S. 1 OWiG abgeschöpft werden, damit der Betroffene aus seiner Handlungsweise keinen finanziellen Nutzen ziehen kann. Insoweit soll die Geldbuße so bemessen sein, dass sie den wirtschaftlichen Vorteil übersteigt.

88 c) **Tateinheit/Tatmehrheit.** Im Rahmen der Bußgeldbemessung spielt nicht selten das Zusammentreffen mehrerer Gesetzesverletzungen eine Rolle (bei einer Straßenkontrolle über den zu prüfenden Zeitraum von 28 Tagen werden zB diverse Verstöße gegen die Lenk- und Ruhezeiten festgestellt).

---

[93] Vgl. zB Punkt 3.3.3 der LASI-Veröffentlichung – LV 48, Handlungsanleitung „Buß- und Verwarnungsgeldkataloge zum Fahrpersonalrecht", 1. Überarbeitete Auflage, Juni 2012, S. 8.
[94] OLG Frankfurt NStZ-RR 2010, 355–357.
[95] Vgl. zB Punkt 3.3.2 der LASI-Veröffentlichung – LV 48, Handlungsanleitung „Buß- und Verwarnungsgeldkataloge zum Fahrpersonalrecht", 1. Überarbeitete Auflage, Juni 2012, S. 8.
[96] Vgl. zB Punkt 3.2 der LASI-Veröffentlichung – LV 48, Handlungsanleitung „Buß- und Verwarnungsgeldkataloge zum Fahrpersonalrecht", 1. Überarbeitete Auflage, Juni 2012, S. 7.

Bei mehreren tateinheitlich begangenen Verstößen – durch ein und dieselbe Handlung   89
werden mehrere Vorschriften oder eine Vorschrift mehrmals verletzt, § 19 OWiG – ist nur
eine Geldbuße festzusetzen. In der Praxis wird die Bußgeldbemessung über verwaltungsinterne Richtlinien vorgenommen.
Danach ist zunächst festzustellen, für welchen Verstoß im konkreten Fall die höchste Einzelgeldbuße festzusetzen wäre. Dieser ist sodann für die weitere Berechnung zugrundezulegen. Diesem Betrag sind im Weiteren 50 % der Bußgeldbeträge hinzuzurechnen, die für die anderen Verstöße anzusetzen wären.[97] Wurde eine Bußgeldvorschrift mehrfach verletzt, ist für den ersten Fall der volle Regelsatz und für die weiteren Fälle nur jeweils 50 % zu berechnen. Die Obergrenzen bilden die zulässigen Höchstgeldbußen von 5.000,– EUR beim Fahrer bzw. 15.000,– EUR beim Unternehmer. Diese Berechnungsmethode führt zwar grundsätzlich zu einer gleichmäßigen Ahndung gleich gelagerter Verstöße. Eine derart mathematische Berechnung ist dem Gesetz jedoch nicht zu entnehmen. Vielmehr sind nach obergerichtlicher Rechtsprechung bei – durch Bußgeldkataloge – vorgegeben Regelsätzen, diese nicht zu addieren, sondern der höchste Regelsatz angemessen zu erhöhen.[98] Von Tateinheit ist in der Regel auszugehen, wenn durch eine Verkürzung der Ruhezeit die Lenkzeit des nächsten Tages der des Vortages zuzurechnen ist, es also durch die Ruhezeitverkürzung zu einer Lenkzeitüberschreitung kommt.[99]

> **Praxistipp:**
> In der Praxis ist häufig zu beobachten, dass bei Verfahren gegen den Unternehmer die Einzelgeldbußen addiert werden, so dass es zB bei Betriebsprüfungen nicht selten zu Bußgeldbescheiden im 6-stelligen Bereich kommt. Dies ist zumeist fehlerhaft, da in aller Regel Tateinheit anzunehmen ist, mit der Folge, dass eine Addition der Einzelgeldbußen ohne Höchstbegrenzung nicht sachgerecht ist. Denn werden innerhalb eines bestimmten Zeitraums diverse Verstöße mehrerer Fahrer festgestellt, liegt nach obergerichtlicher Rechtsprechung nur ein einheitlicher Verstoß in Form einer Dauerordnungswidrigkeit des Unternehmers vor. Dieser ist darin zu sehen, dass er über einen längeren Zeitraum seiner Überwachungspflicht nicht nachgekommen ist, indem er Belehrungen und regelmäßige Kontrollen des Fahrpersonals unterlassen hat.[100] Richtigerweise ist hier dann zunächst der Verstoß zu ermitteln, für den die höchste Einzelregelgeldbuße festzusetzen wäre, wozu im Folgenden für die übrigen Verstöße je 50 % der Regelgeldbußen hinzuzurechnen sind. Dies allerdings nur bis zum Erreichen der Höchstgeldbuße, welche i.d.R. wegen fahrlässiger Begehungsweise nur 7.500,– EUR und nur in Ausnahmefällen bei Vorsatz 15.000,– EUR beträgt.[101]

Kritisch zu betrachten ist die neuere Rechtsprechung des OLG Frankfurt,[102] wonach spätestens alle 28 Tage eine Zäsur der Dauerordnungswidrigkeit eintritt und hiernach jeweils ein neuer – zum vorangegangenen Verstoß in Tatmehrheit stehender – Aufsichtsverstoß vorliegen soll. Da der Unternehmer spätestens nach 28 Tagen gehalten sei, die Einhaltung der Vorschriften anhand der ihm vorliegenden und von ihm aufzubewahrenden Aufzeichnungen zu kontrollieren, hält es das OLG Frankfurt für angemessen, nach diesem Zeitraum jeweils eine Zäsur bzgl. der einheitlichen Überwachungspflicht des Unternehmers zu setzen. Der BGH hat mittlerweile in einer anderen Angelegenheit entschieden, dass die Regelungen über die Aufzeichnung der Lenk- und Ruhezeiten im Straßenverkehr und deren Aufbewahrung nicht die Umgrenzung eines prozessualen Tatzeitraumes bezwecken, sondern lediglich der

---

[97] Vgl. zB Punkt 5.2 der LASI-Veröffentlichung – LV 48, Handlungsanleitung „Buß- und Verwarnungsgeldkataloge zum Fahrpersonalrecht", 1. Überarbeitete Auflage, Juni 2012, S. 10.
[98] OLG Düsseldorf NZV 2011, 49, 50; OLG Zweibrücken zfs 2011, 651, 652; BayObLG NJW 1981, 2135; vgl. auch Göhler/*Gürtler*, § 19 Rn 5.
[99] OLG Koblenz VRR 2012, 470 ff.; OLG Koblenz SVR 2009, 340 f.; OLG Köln NZV 1989, 484; OLG Frankfurt DAR 2001, 375.
[100] BayObLG VRS 92, 238 f. (1997).
[101] Vgl. Rn. 64 ff.
[102] OLG Frankfurt NStZ-RR 2010, 357, 358.

wirksamen Durchsetzung von Straßenkontrollen im Sinne der Erwägung 14 zur VO (EG) Nr. 561/2006 dienen. Allein die Verpflichtung, die Aufzeichnung, also ein Beweismittel, vorzuhalten und aufzubewahren, könne eine prozessuale Tat nicht begründen.[103]

90 Ein einheitlicher Verstoß soll nach der Rechtsprechung des OLG Düsseldorf[104] auch vorliegen, wenn der Fahrer bei derselben Kontrolle die nach § 20 Abs. 1 S. 1 FPersV erforderliche Bescheinigung über berücksichtigungsfreie Tage nicht oder nicht vollständig vorlegen kann, unabhängig von der Zahl der durch eine Bescheinigung betroffenen Tage. Daher soll gemäß § 19 OWiG nur eine Geldbuße für die Verletzung von § 20 Abs. 1 S. 1 FPersV festgesetzt werden, wobei die Anzahl der berücksichtigungsfreien Tage, die wegen fehlender Bescheinigung nach § 20 Abs. 1 Satz 1 FPersV nicht nachgewiesen wurden, bei der Festsetzung der Geldbuße berücksichtigt wird.[105]

91 Bei Tatmehrheit werden durch mehrere selbständige Handlungen mehrere Vorschriften oder eine Bußgeldvorschrift mehrmals verletzt, § 20 OWiG. In diesem Fall sind für die einzelnen Ordnungswidrigkeiten getrennt voneinander Geldbußen nach dem Bußgeldkatalog festzusetzen, wobei sich die Geldbuße nach der für jede einzelne Ordnungswidrigkeit angedrohten Höhe bemisst.[106] Die in der jeweiligen Bußgeldvorschrift festgelegte Höchstgrenze einer Geldbuße bezieht sich hier nur auf die einzelnen Geldbußen, jedoch nicht auf den Gesamtbetrag. Die in den Bußgeldvorschriften festgelegten Höchstgrenzen für die Geldbußen können daher bei Abschöpfung des wirtschaftlichen Vorteils sowie durch die sich bei Tatmehrheit ergebende Summe der Einzelbeträge überschritten werden. Tatmehrheit liegt beispielsweise vor, wenn die Ruhezeiten an verschiedenen Tagen unterschritten werden.

92 Bei Fahrerverfahren sind insbesondere Doppelwochenverstöße zu beachten. In einem Prüfungszeitraum von 28 Tagen sind maximal 2 Doppelwochenverstöße denkbar, die zueinander in Tatmehrheit stehen. Ist es – wie normalerweise üblich - innerhalb der Doppelwochenverstöße zusätzlich zu Tages- und/oder Wochenverstößen gekommen, stehen diese mit dem jeweiligen Doppelwochenverstoß allerdings in Tateinheit, so dass sich die Geldbuße entsprechend reduziert.[107]

4. Gewerbezentralregister

93 Zuwiderhandlungen gegen die Sozialvorschriften im Straßenverkehr werden grundsätzlich nicht in das Verkehrszentralregister eingetragen. Etwas anderes gilt nur für den Fall, dass sie in Tateinheit mit einem Verstoß nach § 24 StVG begangen werden. Eine Bepunktung erfolgt hierfür jedoch nicht. Eine größere Rolle spielt bei Zuwiderhandlungen gegen die Sozialvorschriften für den Unternehmer aber das Gewerbezentralregister. Denn gemäß § 149 Abs. 2 Nr. 3 GewO werden in diesem sämtliche rechtskräftigen Bußgeldentscheidungen wegen begangener Ordnungswidrigkeiten vermerkt, die
- bei oder im Zusammenhang mit der Ausübung eines Gewerbes oder dem Betrieb einer sonstigen wirtschaftlichen Unternehmung oder
- bei der Tätigkeit in einem Gewerbe oder einer sonstigen wirtschaftlichen Unternehmung von einem Vertreter oder Beauftragten im Sinne des § 9 des Gesetzes über Ordnungswidrigkeiten (OWiG) oder von einer Person, die in einer Rechtsvorschrift ausdrücklich als Verantwortlicher bezeichnet ist,

begangen worden sind. Dies allerdings nur, wenn die Geldbuße EUR 200,- übersteigt. Hierdurch werden Wiederholungstäter auch dann erfasst, wenn die Verstöße in verschiedenen Regionen begangen wurden. Aus einer Häufung von Zuwiderhandlungen kann sich schließlich eine Unzuverlässigkeit ergeben, welche die Erteilung benötigter Genehmigungen, Erlaubnisse etc. erschweren kann.

---

[103] BGH DAR 2014, 95 ff.
[104] OLG Düsseldorf, NZV 2011, 49 f.
[105] Vgl. Punkt 6.2 der LASI-Veröffentlichung – LV 48, Handlungsanleitung „Buß- und Verwarnungsgeldkataloge zum Fahrpersonalrecht", 1. Überarbeitete Auflage, Juni 2012, S. 11 f. mit Berechnungsbeispiel.
[106] Göhler/*Gürtler* § 20 Rn. 2.
[107] Thüringer Oberlandesgericht, VRS 121, 53 ff.; OLG Frankfurt, NZV 2011, 99 ff.; OLG Hamm, DAR 2012, 401 ff.

VI. Prozessuales

1. Verjährung, Verfahrensablauf

Die Verfolgungsverjährung von Zuwiderhandlungen gegen die Sozialvorschriften beträgt aufgrund der in §§ 8 Abs. 2 und 8a Abs. 4 genannten Höchstgeldbußen in Höhe von 5.000,- EUR bzw. 15.000,- EUR gemäß § 31 Abs. 2 Nr. 2 grundsätzlich zwei Jahre.

> **Praxistipp:**
> Es ist zu beachten, dass sich die angedrohten Höchstbeträge bei Fahrlässigkeit halbieren, mit der Folge, dass sich eine kürzere Verjährungsfrist ergeben kann. So reduziert sich bei Verstößen der Fahrer die Höchstgeldbuße bei Fahrlässigkeit von 5.000,- EUR auf 2.500,- EUR. Gemäß § 31 Abs. 2 Nr. 3 OWiG beträgt die Verjährungsfrist dann nur noch ein Jahr.

Eine Unterbrechung der Verfolgungsverjährung kann durch die in § 33 OWiG aufgezählten Maßnahmen erfolgen.

Vor Erlass eines Bußgeldbescheides und Festsetzung einer Geldbuße ist dem Betroffenen die Gelegenheit zu geben, sich zu den gegen ihn erhobenen Vorwürfen zu äußern, vgl. § 55 Abs. 1 OWiG.[108] Gegen den Bußgeldbescheid kann der Betroffene gemäß § 67 OWiG innerhalb von zwei Wochen nach Zustellung bei der den Bescheid erlassenen Verwaltungsbehörde Einspruch einlegen. Hält die Verwaltungsbehörde an ihrem Bescheid fest, entscheidet grundsätzlich das Amtsgericht, in dessen Bezirk die Verwaltungsbehörde ihren Sitz hat, über den Einspruch gegen den Bußgeldbescheid, vgl. § 68 Abs. 2 OWiG. Gegen das Urteil des Amtsgerichts steht dem Betroffenen nach § 80 OWiG der Antrag auf Zulassung der Rechtsbeschwerde bzw. die Rechtsbeschwerde nach § 79 OWiG zu.

2. Kosten und Gebühren

Grundsätzlich werden dem Betroffenen im Falle einer Verurteilung in sinngemäßer Anwendung des § 465 Abs. 1 S. 1 StPO iVm den §§ 105 Abs. 1, 46 Abs. 1 OWiG die Kosten des Verfahrens sowie die verfahrensbedingten Auslagen auferlegt, während bei Freispruch des Betroffenen die Kostenentscheidung zu Lasten der Staatskasse ausfällt. Wird das Verfahren nach § 47 Abs. 2 OWiG eingestellt, ist es in das Ermessen des Gerichts gestellt, davon abzusehen, die notwendigen Auslagen der Staatskasse aufzugeben, so dass in einem solchen Fall der Betroffene seine notwendigen Auslagen, wie die Verteidigerkosten selbst zu tragen hat.[109]

Die Gebühren des Rechtsanwalts richten sich nach den Nr. 5100 ff. der Anlage 1 des Vergütungsverzeichnisses des Rechtsanwaltsvergütungsgesetzes.[110]

---

[108] Göhler/*Gürtler* § 55 Rn. 1.
[109] Göhler/*Seitz* § 47 Rn. 43 ff.
[110] RVG i. d. F. v. 5.5.2004 (BGBl. I S. 718, 788); zuletzt geändert durch Art. 5 Abs. 7 des Gesetzes zur Modernisierung des GeschmacksmusterG sowie zur Änderung der Regelungen über die Bekanntmachungen zum Ausstellungsschutz vom 10.10.2013 (BGBl. I S. 3799).

§ 55 Transportrecht, Gefahrgut und LKW-Maut

Übersicht

	Rn.
I. Güterkraftverkehrsgesetz (GüKG)	1–99
1. Begriffsbestimmungen	3–11
a) Güterkraftverkehr	3–6
b) Gewerblicher Güterkraftverkehr	7
c) Werkverkehr	8–10
d) Ausnahmen vom GüKG	11
2. Gewerblicher Güterverkehr	12–57
a) Erlaubnispflicht	12–24
b) Grenzüberschreitender Güterkraftverkehr	25–37
c) Pflichten im gewerblichen Güterkraftverkehr	38–57
3. Werkverkehr	58–62
a) Erlaubnisfreiheit	58–61
b) Versicherungsfreiheit	62
4. Bundesamt für Güterverkehr	63–80
a) Organisation, Aufgaben und Befugnisse	63–72
b) Speicherung von Daten (Unternehmens-/Werkverkehrsdatei)	73–79
c) Grenzkontrollen	80
5. Bußgeldvorschriften	81–98
a) Verstöße und ihre Ahndung/Bußgeldkatalog	81–83
b) Bemessung der Geldbuße	84–88
c) Verjährung, Verfahrensablauf	89–92
d) Zuständigkeiten für die Ahndung von Zuwiderhandlungen	93–97
e) Speicherung abgeschlossener Bußgeldverfahren	98
6. Kosten und Gebühren	99
II. Gefahrgut	100–132
1. Begriffsbestimmungen	101/102
a) Gefährliche Güter	101
b) Beförderung	102
2. Gefahrgutvorschriften im Überblick	103–116
a) Internationale Gefahrgutvorschriften	103–105
b) Nationale Gefahrgutvorschriften	106–110
c) Spezielle Regelungen in der Straßenverkehrsordnung (StVO) und Durchfahrtsverbote für Tunnel	111–114
d) Abgrenzung zu anderen Rechtsgebieten	115/116
3. Beförderung gefährlicher Güter	117/118
a) Eigenschaften von Gefahrgütern	117
b) Gefahrklassen	118
4. Begleitpapiere	119–124
a) Beförderungspapier	120
b) Schriftliche Weisungen (Unfallmerkblätter)	121
c) ADR-Bescheinigung	122
d) Lichtbildausweis	123
e) Weitere Papiere	124
5. Fahrzeug- und Beförderungsarten	125
6. Sicherheitsausrüstung der Fahrzeuge	126–128
7. Kennzeichnung von Gefahrgut	129–132
8. Durchführung der Beförderung	133–137
a) Allgemeine Regeln	134
b) Ladungssicherung	135
c) Zusammenladeverbote	136
d) Be- und Entladeregeln	137
9. Gefahrgutbeauftragter	138–149
a) Bestellung des Gefahrgutbeauftragten	139–143
b) Aufgaben des Gefahrgutbeauftragten	144/145
c) Spezielle Ordnungswidrigkeiten des Gefahrgutbeauftragten	146–149

	Rn.
10. Pflichtverletzungen der Beteiligten	150–160
a) Der Absender	152
b) Der Beförderer	153
c) Der Verlader	154/155
d) Der Befüller	156
e) Der Verpacker	157
f) Der Empfänger	158
g) Der Fahrzeugführer	159/160
11. Verstöße und ihre Ahndung	161–179
a) Buß- und Verwarnungsgeldkatalog	161–165
b) Bemessung der Geldbuße	166–171
c) Straftaten und Haftung	172–174
d) Verjährung, Verfahrensablauf	175/176
e) Zuständigkeiten für die Ahndung von Zuwiderhandlungen	177–179
12. Kosten und Gebühren	180/181
13. Nützliche Internet-Adressen für den Bereich Gefahrgutbeförderung	182
III. LKW-Maut	183–243
1. Begriff der Maut	183/184
2. Rechtsgrundlagen	185
3. Mautpflicht	186
4. Befreiung von der Mautpflicht	187–193
a) Gesetzlich geregelte Ausnahmen von der Mautpflicht	187–191
b) Weitere mautbefreite Fahrzeuge	192/192
c) Registrierung mautbefreiter Fahrzeuge	193
5. Mautschuldner	194–199
6. Berechnung und Höhe der Maut	200–205
7. Erhebung der Maut	206–210
a) On-Board-Unit	207
b) Internet-Einbuchung	208
c) Mautstellenterminal	209
d) Nacherhebung	210
8. Pflichten des Mautschuldners	211–221
a) Ordnungsgemäße Entrichtung der Maut	211–217
b) Befolgung von Anweisungen	218
c) Mitführungs- und Nachweispflicht	219
d) Auskunftspflicht	220
e) Anordnen oder Zulassen	221
9. Mautkontrollen	222–227
10. Mautverstöße und deren Ahndung	228–239
11. Kurzüberblick: Mautgebühren in der EU	240–242
12. Kosten und Gebühren	243

Schrifttum: *Beck/Berr*, OWi-Sachen im Straßenverkehrsrecht, 6. Aufl. 2012; *Bender/Bister*, Rechtsgrundlagen der Mauterhebung und die rechtlichen Konsequenzen bei Mautverstößen, DAR 2006, 361 ff.; *Fremuth/ Thume*, Kommentar zum Transportrecht, 2000; *Göhler*, Ordnungswidrigkeitengesetz Kommentar, 16. Aufl. 2012; *Hein/Eichhoff/Pukall/Krien*, Güterkraftverkehrsrecht Kommentar, Loseblattsammlung; *Knorre*, Güterkraftverkehrsgesetz, 1.Auflage, 2012; ders., Der neue § 7a GüKG und seine Auswirkungen auf die Verkehrshaftungsversicherung, TranspR 2006, 228 ff.; *Koller*, Transportrecht Kommentar, 8. Aufl. 2013; *Lammich/ Pöttinger*, Güterkraftverkehrsrecht, Stand Mai 2004; *Lenz*, Straßengütertransportrecht, 1988; *Lüdemann*, Eigentümer als Gebührenschuldner nach dem Autobahnmautgesetz, NZV 2004, 381 ff.; *Martell*, Das neue Güterkraftverkehrsgesetz – „Grundgesetz" des Straßengüterverkehrs, NJW 1999, 193 ff.; *Müglich*, Das neue Transportrecht-TRG, Einführung, Kommentar, Texte, 1. Aufl. 1999; *Süselbeck*, Gefahrgut-Fahrerschulung, Basiskurs ADR 2007, 6. Aufl. 2007; ders., Gefahrgut-Fahrerschulung, Fortbildung ADR 2007, 4. Aufl. 2007; *Tröndle/Fischer*, Strafgesetzbuch und Nebengesetze Kommentar, 61. Aufl. 2014; *Veit*, Wie viele sollen es sein?, Der Gefahrgut-BEAUFTRAGTE 1/2003; *von Witzleben*, Die Praxis des Güterfernverkehrs, Band 1, Stand 1999.

I. Güterkraftverkehrsgesetz (GüKG)

Europäische Entwicklungen zur Schaffung einer gemeinsamen Verkehrspolitik haben den 1 deutschen Gesetzgeber 1998 dazu veranlasst, das aus dem Jahre 1952 stammende und nicht mehr zeitgemäße Güterkraftverkehrsgesetz grundlegend zu reformieren. Hierbei stand die

Angleichung der Wettbewerbsbedingungen zwischen deutschen Transportunternehmen und denen anderer Mitgliedstaaten der Europäischen Union im Vordergrund.

2 Das novellierte und am 1.7.1998 in Kraft getretene Güterkraftverkehrsgesetz (GüKG)[1] regelt die Güterbeförderung mit Kraftfahrzeugen abschließend und stellt insoweit das „Grundgesetz" des Straßengüterverkehrs[2] dar. Es enthält allgemeine verwaltungsrechtliche und verkehrswirtschaftliche Regelungen über den Zugang zum gewerblichen Güterkraftverkehr, den Werkverkehr sowie die Organisation, Aufgaben und Befugnisse des Bundesamtes für Güterverkehr. Ergänzt wird das GüKG durch Allgemeine Verwaltungsvorschriften (GüKVwV)[3] sowie begleitende Rechtsverordnungen, wie die Berufszugangsverordnung für den Güterkraftverkehr (GBZugV),[4] die Verordnung über den grenzüberschreitenden Güterkraftverkehr und den Kabotageverkehr (GüKGrKabotageV)[5] sowie die Kostenverordnung für den Güterkraftverkehr (GüKKostV).[6] Ende 2011 wurden zudem die Anforderungen, die sich aus den sog. Road Package-Verordnungen, den VOen (EG) 1071/2009 und 1072/2009 ergeben, in das deutsche Güterkraftverkehrsrecht eingearbeitet.[7] Spezialmaterien, wie zB das Gefahrgut-, Abfall-, Lebensmittel- oder Tierbeförderungsrecht sind hingegen in speziellen Gesetzen und EU-Bestimmungen außerhalb des GüKG geregelt. Da ein Grundverständnis dieses Regelwerkes für die praktische Bearbeitung straßengüterverkehrsrechtlicher Mandate unumgänglich sein dürfte, soll im Folgenden ein kurzer Überblick über die wesentlichen Bestimmungen des GüKG gegeben werden.

1. Begriffsbestimmungen

3 a) **Güterkraftverkehr.** Unter Güterkraftverkehr im Sinne des § 1 Abs. 1 GüKG versteht man die **geschäftsmäßige,** dh auf Dauer angelegte und in Wiederholungsabsicht vorgenommene oder **entgeltliche** Beförderung von Gütern mit Hilfe von Kraftfahrzeugen,[8] die einschließlich Anhänger über ein zulässiges Gesamtgewicht von mehr als 3,5 Tonnen verfügen. Entgeltlich ist eine Beförderung, wenn als Gegenleistung ein Entgelt zwischen dem Auftraggeber und dem Beförderungsunternehmen vereinbart bzw. gezahlt wird, dessen Höhe der freien Vereinbarung der Parteien unterliegt. Unentgeltliche Beförderungen durch Private unterliegen demnach ebenso wenig wie Transporte mit kleineren Kraftfahrzeugen (unterhalb von 3,5 Tonnen) den Regelungen des GüKG.

4 Für die Bestimmung der Gewichte kommt es ausschließlich auf die Angaben im Fahrzeug- bzw. Anhängerschein an, selbst wenn sie nicht den Tatsachen oder fahrzeugtechnischen Möglichkeiten entsprechen sollten. So werden Fahrzeuge gelegentlich aus steuerlichen Gründen im Fahrzeugschein abgelastet. Unter Gütern im Sinne des GüKG sind alle beweglichen Sachen zu verstehen, unabhängig von ihrem Wert, also beispielsweise auch Abfall.

5 Unerheblich für die Anwendbarkeit des GüKG ist, ob die Güterbeförderung, deren Hauptzweck in der Fortbewegung der Güter von einem Ort zu einem anderen besteht, im öffentlichen oder nichtöffentlichen Straßenverkehr durchgeführt wird. Es fallen mithin auch Transporte auf Baustellen oder innerhalb eines größeren Werksgeländes mit nicht zugelassenen Kraftfahrzeugen unter das GüKG.[9]

6 Um einen Spezialfall handelt es sich bei selbstfahrenden Arbeitsmaschinen.[10] Insoweit kommt es für die Anwendbarkeit des GüKG maßgeblich darauf an, ob die Arbeitsleistung

---

[1] GüKG idF v. 22.6.1998 (BGBl. I S. 1485), zuletzt geändert durch Art. 1 des Gesetzes vom 17.6.2013 (BGBl. I S. 1558).
[2] *Martell* NJW 1999, 193.
[3] GüKVwV idF v. 10.08.2012 (BR-Drucks. Drucksache 447/12).
[4] GBZugV idF v. 21.6.2000 (BGBl. I S. 918), geändert durch Art. 7 VO vom 5.11.2013 (BGBl. I S. 3920).
[5] GüKGrKabotageV idF v. 22.12.1998 (BGBl. I S. 3976), geändert durch VO vom 22.5.2013 (BGBl I S. 1395).
[6] GüKKostV idF v. 22.12.1998 (BGBl. I S. 3982), zuletzt geändert durch zuletzt durch Art. 3a VO vom 8.10.2013 (BGBl. I S. 3772).
[7] *Jürgen Knorre,* Güterkraftverkehrsgesetz, Einleitung Rn. 1.
[8] Legaldefinition in § 1 Abs. 2 StVG.
[9] BVerwG Urt. v. 18.10.1963; OLG Köln Urt. v. 9.7.1980 – 16 U 126/78; *Hein/Eichhoff/Pukall/Krien* III N § 1 S. 4.
[10] Im Sinne der StVZO.

(zB Schneepflug, Verteilung von Streugut mit Streugeräten) oder die Güterbeförderung (zB Teerkocher, Betonmischer) im Vordergrund steht. Werden also in der selbstfahrenden Arbeitsmaschine Güter wie zB Teer oder Beton transportiert, findet das GüKG Anwendung.

b) Gewerblicher Güterkraftverkehr. Gewerblicher Güterkraftverkehr ist jeder Güterkraftverkehr im Sinne des § 1 Abs. 1 GüKG, der nicht Werkverkehr ist, also die Tatbestandsvoraussetzungen des § 1 Abs. 2, 3 GüKG nicht erfüllt. Die negative Abgrenzung im Gesetzeswortlaut soll der Vermeidung von Gesetzeslücken zwischen gewerblichem Güterkraftverkehr und Werkverkehr dienen.
Gewerblich ist Güterkraftverkehr, wenn er fortgesetzt, selbständig und planmäßig ausgeübt wird und dauernd auf die Erzielung eines nicht nur vorübergehenden Gewinns gerichtet ist.[11]

c) Werkverkehr. Beim Werkverkehr werden die Güter **für eigene Zwecke** eines Unternehmens befördert. Der Gesetzgeber hat in § 1 Abs. 2 GüKG explizit geregelt, unter welchen Tatbestandsvoraussetzungen die Güterbeförderung zu eigenen Zwecken erfolgt:
- Die beförderten Güter sind Eigentum des Unternehmens oder von ihm verkauft, gekauft, vermietet, gemietet, hergestellt, erzeugt, gewonnen, bearbeitet oder Instand gesetzt (Nr. 1).
- Die Beförderung muss der Anlieferung der Güter zum Unternehmen, ihrem Versand vom Unternehmen, ihrer Verbringung innerhalb oder – zum Eigengebrauch – außerhalb des Unternehmens dienen (Nr. 2).
- Die für die Beförderung verwendeten Kraftfahrzeuge müssen grundsätzlich vom eigenen Personal des Unternehmens geführt werden oder von Personal, das dem Unternehmen im Rahmen einer vertraglichen Verpflichtung zur Verfügung gestellt wurde. (Nr. 3).
- Die Beförderung darf lediglich eine Hilfstätigkeit im Rahmen der gesamten Tätigkeit des Unternehmens darstellen (Nr. 4).

So betreibt zB ein Tischler, der seine Möbel ausliefert, Werkverkehr im Sinne des GüKG, da der eigentliche Hauptzweck des Betriebes nicht der Möbeltransport an sich ist, sondern die Herstellung der Möbel. Ebenso verhält es sich bei einem metallverarbeitenden Betrieb, der Metallwaren von einem Großhändler abholt und sie in seine Schlosserei überführt. Aber auch reine Beförderungsunternehmen können Werkverkehr betreiben, wenn sie beispielsweise Ersatzteile oder Treibstoff für ihre Fahrzeuge bzw. Büro-, Lager- oder Werkstatteinrichtungen ihrer Unternehmen transportieren.[12]

Den Bestimmungen über den Werkverkehr unterliegt auch die Beförderung von Gütern durch Handelsvertreter, Handelsmakler und Kommissionäre, wenn folgende Voraussetzungen kumulativ erfüllt sind:
- Die geschäftliche Tätigkeit des Handelsvertreters, Handelsmaklers oder des Kommissionärs bezieht sich auf die beförderten Güter (Nr. 1).
- Die Voraussetzungen des § 1 Abs. 2 Nr. 2 bis 4 GüKG (s. o.) liegen vor (Nr. 2).
- Ein Kraftfahrzeug wird verwendet, dessen Nutzlast einschließlich der Nutzlast eines Anhängers 4 Tonnen nicht überschreitet (Nr. 3).

d) Ausnahmen vom GüKG. Bestimmte Beförderungsfälle werden vom Anwendungsbereich des GüKG ausgenommen, da sie aus Sicht des Gesetzgebers nicht besonders ins Gewicht fallen. Die Vorschrift des § 2 Abs. 1 GüKG enthält eine abschließende Aufzählung dieser Ausnahmefälle:
- Beförderungen durch Vereine für ihre Mitglieder oder für gemeinnützige Zwecke, wenn sie nichtgewerbsmäßig erfolgt (Nr. 1),
- Beförderungen von Gütern durch Körperschaften, Anstalten und Stiftungen des öffentlichen Rechts im Rahmen ihrer öffentlichen Aufgaben (Nr. 2),
- Beförderungen von beschädigten oder reparaturbedürftigen Fahrzeugen aus Gründen der Verkehrssicherheit oder zum Zwecke der Rückführung (Nr. 3),
- Beförderungen von Gütern bei der Durchführung von Verkehrsdiensten, die nach dem Personenbeförderungsgesetz[13] genehmigt wurden (Nr. 4),

---

[11] OLG Köln Beschl. v. 21.6.2005 – 8 Ss – OWi 137/05.
[12] *Lammich/Pöttinger* § 1 Rn. 20.
[13] IdF v. 8.8.1990 (BGBl. I S. 1690) in der jeweils geltenden Fassung.

- Beförderungen von Medikamenten, medizinischen Geräten und Ausrüstungen sowie anderen zur Hilfeleistung in dringenden Notfällen bestimmten Gütern (Nr. 5),
- Beförderungen von Milch und Milcherzeugnissen für andere zwischen landwirtschaftlichen Betrieben, Milchsammelstellen und Molkereien durch landwirtschaftliche Unternehmer im Sinne des Gesetzes über die Alterssicherung der Landwirte[14] (Nr. 6),
- Beförderungen von land- und forstwirtschaftlichen Bedarfsgütern oder Erzeugnissen (Nr. 7),
- Beförderungen von Betriebseinrichtungen, die im Rahmen der Gewerbeausübung für eigene Zwecke erfolgen (Nr. 8).
- Beförderung von Postsendungen im Rahmen von Universaldienstleistungen durch Postdienstleister gem. § 1 Abs. 1 der Post-Universaldienstleistungsverordnung.

2. Gewerblicher Güterverkehr

12 a) **Erlaubnispflicht.** Der gewerbliche Güterverkehr ist gemäß § 3 Abs. 1 GüKG grundsätzlich erlaubnispflichtig. Dies bedeutet, dass jeder Unternehmer zur Ausübung eines Güterkraftverkehrsgewerbes einer gültigen Erlaubnis bedarf.

13 *aa) Voraussetzungen für die Erlaubniserteilung.* Auf die Erteilung der Erlaubnis für den gewerblichen Güterverkehr, bei welcher es sich um einen Verwaltungsakt im Sinne des § 35 VwVfG handelt, hat jeder Antragsteller einen Rechtsanspruch, wenn bestimmte subjektive Berufszugangsvoraussetzungen vorliegen.

14 Gemäß § 3 Abs. 2 GüKG wird einem Unternehmer mit Sitz im Inland die Erlaubnis für die Dauer von 10 Jahren erteilt, wenn er die in Art. 3 oder VO (EG) Nr. 1071-2009 des Europäischen Parlaments und des Rates genannten Voraussetzungen erfüllt. Hierbei handelt es sich um die
- persönliche Zuverlässigkeit (Art. 3 Abs. 1b),
- finanzielle Leistungsfähigkeit (Art. 3 Abs. 1c) und
- fachliche Eignung (Art. 3 Abs. 1d).

15 Was unter diesen Begriffen zu verstehen ist, ergibt sich aus Art. 6 ff. der VO (EG) Nr. 1071/2009 iVm §§ 2 ff GBZugV. Sind der Unternehmer selbst oder die gesetzlichen Vertreter des Unternehmens nicht fachkundig, kann zur Führung der Geschäfte eine andere Person (Verkehrsleiter) bestellt werden, die dann ebenfalls zuverlässig und fachkundig sein muss. Im Gegensatz zur bisherigen Rechtslage kann dies gemäß Art. 4 Abs. 2 der VO (EG) 1071/2009 auch eine Person sein, die nicht in einem Beschäftigungsverhältnis zum Unternehmen steht, sondern vertraglich beauftragt ist, wobei der Inhalt der durchzuführenden Aufgaben und der Verantwortlichkeiten eines solchen externen Verkehrsleiters im Vertrag genau zu regeln ist. Die **persönliche Zuverlässigkeit** des Unternehmers und des Verkehrsleiters ist nach § 2 GBZugV gegeben, wenn keine Tatsachen dafür vorliegen, dass bei der Führung des Unternehmens gegen gesetzliche Bestimmungen verstoßen oder bei dem Betrieb des Unternehmens die Allgemeinheit geschädigt oder gefährdet wird. Bei Personengesellschaften müssen **alle vertretungsberechtigten** Gesellschafter zuverlässig sein; also bei einer juristischen Person der oder die gesetzlichen Vertreter; bei einer Kommanditgesellschaft alle Kommanditisten und Komplementäre.[15] In der Praxis werden als Nachweis der Zuverlässigkeit Auskünfte aus dem Verkehrszentralregister, aus dem Gewerbezentralregister sowie ein polizeiliches Führungszeugnis angefordert. Darüber hinaus erteilt das Gewerbeaufsichtsamt auf Anfrage auch Auskünfte zu Lenk- und Ruhezeitverstößen, welche nicht in den üblichen Straf- und Punkteregistern eingetragen sind. Unter Umständen wird gelegentlich sogar eine Betriebsprüfung bezüglich der Lenk- und Ruhezeiten angeordnet, um die Zuverlässigkeit des Unternehmers zu überprüfen. Dies liegt im Ermessen des auskunftserteilenden Beamten. Nach § 2 Abs. 2 GBZugV besitzen der Unternehmer und der Verkehrsleiter die erforderliche Zuverlässigkeit in der Regel nicht, wenn sie wegen eines schwersten Verstoßes[16] gegen Ge-

---

[14] IdF v. 29.7.1994 (BGBl. I S. 1890) in der jeweils geltenden Fassung.
[15] *Knorre* § 3 Rn. 16.
[16] Beachte hier die Auslegehilfe zu Anhang IV der Verordnung (EG) Nr. 1071/2009 vom 25. Januar 2012 (VKBl. 2012 S. 108).

meinschaftsvorschriften im Sinne des Anhangs IV der Verordnung (EG) Nr. 1071/2009 rechtskräftig verurteilt worden sind (Nr. 1) oder ein gegen sie ergangener Bußgeldbescheid unanfechtbar geworden ist (Nr. 2). Ferner kann es gemäß § 2 Abs. 3 GBZugV an der erforderlichen Zuverlässigkeit mangeln, wenn der Unternehmer und der Verkehrsleiter wegen eines schwerwiegenden Verstoßes gegen Gemeinschaftsvorschriften im Sinne des Artikels 6 Absatz 1 Unterabsatz 3 Buchstabe b der Verordnung (EG) Nr. 1071/2009 in einem oder mehreren Mitgliedstaaten der Europäischen Union (Nr. 1), wegen eines schweren Verstoßes gegen strafrechtliche Vorschriften (Nr. 2) oder wegen eines schweren Verstoßes gegen Vorschriften des GüKG und andere Gesetze/Verordnungen[17] (Nr. 3) rechtskräftig verurteilt worden ist oder ein gegen sie ergangener Bußgeldbescheid unanfechtbar geworden ist.

Die **finanzielle Leistungsfähigkeit** liegt nach Art. 7 VO (EG) Nr. 1071/2009 iVm § 3 GBZugV vor, wenn das Unternehmen jederzeit in der Lage ist, im Verlauf des Geschäftsjahres seinen finanziellen Verpflichtungen nachzukommen. In der Praxis wird die finanzielle Leistungsfähigkeit durch Vorlage von steuerlichen Unbedenklichkeitsbescheinigungen, Eigenkapitalbescheinigungen sowie Bescheinigungen der Krankenkassen und der Berufsgenossenschaften über ordnungsgemäße Beitragszahlungen nachgewiesen. Daraus muss sich unter anderem ergeben, dass das Unternehmen jedes Jahr über Eigenkapital und Reserven in Höhe von mindestens EUR 9.000,– für das erste Fahrzeug und EUR 5.000,– für jedes weitere Fahrzeug verfügt.

Für die **fachliche Eignung** werden nach Art. 3 Abs. 1d, Art. 8 VO (EG) Nr. 1071/2009 iVm § 4 GBZugV Kenntnisse vorausgesetzt, die zur ordnungsgemäßen Führung eines Güterkraftverkehrsunternehmens erforderlich sind. Hierzu zählen insbesondere die im Anhang I Teil I der Verordnung (EG) Nr. 1071/2009 in der jeweils geltenden Fassung genannten Fachgebiete, wie Bürgerliches Recht, Handelsrecht, Sozialrecht, Steuerrecht, kaufmännische und finanzielle Unternehmensführung, Zugang zum Markt, technische Normen, technischer Betrieb sowie Sicherheit im Straßenverkehr, jeweils bezogen auf den Güterkraftverkehr.

Im Gegensatz zur Zuverlässigkeit genügt es, wenn der Unternehmer **oder** die zur Führung der Güterkraftverkehrsgeschäfte bestellte Person über die fachliche Eignung verfügt. Entsprechend den Vorgaben des § 5 GBZugV wird der Nachweis der fachlichen Eignung im Regelfall durch eine Fachkundeprüfung vor der Industrie- und Handelskammer erbracht. Nach § 7 GBZugV gelten als Prüfungen der fachlichen Eignung auch die in der Anlage 4 der bis zum 31. Dezember 2011 geltenden Fassung der Berufszugangsverordnung für den Güterkraftverkehr vom 21. Juni 2000 (BGBl. I S. 918), die durch Artikel 485 der Verordnung vom 31. Oktober 2006 (BGBl. I S. 2407) geändert worden ist, aufgeführten Abschlussprüfungen, wenn die Ausbildung vor dem 4. Dezember 2011 begonnen worden ist. Hierbei handelt es sich zB um die Abschlussprüfung zum/zur Kaufmann/-frau im Eisenbahn- und Straßenverkehr, die Abschlussprüfung zum/zur Speditionskaufmann/-frau sowie die Abschlussprüfung zum/zur Diplom-Betriebswirt/-in. Eine Prüfung ist gemäß § 8 GBZugV entbehrlich, wenn die fachliche Eignung durch eine mindestens zehnjährige leitende Tätigkeit in einem oder mehreren Unternehmen des Güterkraftverkehrsgewerbes oder in einem Speditionsunternehmen nachgewiesen wird. Darüber hinaus muss diese Tätigkeit in dem Zeitraum von zehn Jahren vor dem 4. Dezember 2009 ohne Unterbrechung in einem oder mehreren Mitgliedstaaten der Europäischen Union ausgeübt worden sein.

In der Allgemeinen Verwaltungsvorschrift zum Güterkraftverkehrsrecht[18] und der Berufszugangsverordnung für den Güterkraftverkehr[19] werden die näheren Einzelheiten des Erlaubniserteilungsverfahrens geregelt. Der Antrag auf Erteilung einer Erlaubnis ist bei der Erlaubnisbehörde zu stellen, in deren Zuständigkeitsbereich das Unternehmen des Antragstellers

---

[17] Gegen arbeits- oder sozialrechtliche Pflichten, gegen Vorschriften, die im Interesse der Verkehrs-, Betriebs- oder Lebensmittelsicherheit erlassen wurden, insbesondere gegen die Vorschriften des Straßenverkehrsgesetzes, der Straßenverkehrs-Ordnung oder der Straßenverkehrs-Zulassungs-Ordnung, gegen abgabenrechtlichen Pflichten, die sich aus unternehmerischer Tätigkeit ergeben, gegen § 1 des Pflichtversicherungsgesetzes vom 5. April 1965 (BGBl. I S. 213) in der jeweils geltenden Fassung, umweltschützende Vorschriften, insbesondere des Abfall- und Immissionsschutzrechts oder gegen Vorschriften des Handels- und Insolvenzrechts.

[18] → Fn. 3.
[19] → Fn. 4.

seinen Hauptsitz hat. Auf die Erteilung der Erlaubnis für den gewerblichen Güterverkehr hat der Antragsteller einen Rechtsanspruch, wenn alle drei subjektiven Berufszugangsvoraussetzungen vorliegen. Bei diesen subjektiven Kriterien handelt es sich um unbestimmte Rechtsbegriffe, dh dass der Erlaubnisbehörde bei der Entscheidung über deren Vorliegen kein Ermessensspielraum, sondern lediglich ein Beurteilungsspielraum zusteht. Die Entscheidung der Erlaubnisbehörde unterliegt daher der vollen Nachprüfung durch die Verwaltungsgerichte.[20]

19 Neben der Erlaubnis kann der Antragsteller nach § 3 Abs. 3 GüKG so viele Erlaubnisausfertigungen beantragen, wie Fahrzeuge in seinem Unternehmen vorhanden sind. Grund hierfür ist die Mitführungspflicht der Erlaubnis bei jeder Fahrt im Güterkraftverkehr, § 7 GüKG. Die Erlaubnis und die Erlaubnisausfertigungen sind nicht übertragbar, dh sie gelten nur für den in der Urkunde genannten Unternehmer.

20 Wird ein Transport im gewerblichen Güterkraftverkehr ohne die erforderliche Erlaubnis durchgeführt oder ist die Gültigkeit der Erlaubnis abgelaufen und eine neue Erlaubnis noch nicht erteilt, stellt dies eine Ordnungswidrigkeit nach § 19 Abs. 1 Nr. 1b GüKG dar. Die Verstöße können mit einem Bußgeld bis zu 20.000,– EUR geahndet werden. Für den Regelfall sieht der Bußgeldkatalog bei vorsätzlicher Begehungsweise eine Regelgeldbuße von 2.000,– EUR bis 2.500,– EUR vor.[21]

21 *bb) Gültigkeitsdauer.* Die Erlaubnis wird einem inländischen Unternehmer bei seiner ersten Antragstellung zunächst für die Dauer von bis zu zehn Jahren erteilt. Nach Ablauf dieses Zeitraumes erfolgt die Erlaubniserteilung auf Antrag hin ohne zeitliche Beschränkung, wenn eine erneute Prüfung der Erlaubnisbehörde ergibt, dass die Berufszugangsvoraussetzungen nach wie vor gegeben sind. Auch nach Erteilung der unbefristeten Erlaubnis vergewissern sich die zuständigen Behörden regelmäßig – mindestens alle zehn Jahre[22] – darüber, dass das Unternehmen die Berufszugangsvoraussetzungen nach § 3 GüKG noch erfüllt, was je nach Prüfungsergebnis zur Einleitung eines Entziehungsverfahrens führen kann.[23]

22 *cc) Befristungen, Bedingungen, Auflagen, Beschränkungen.* Die Erlaubnisbehörde kann die Erteilung der Erlaubnis nach ihrem Ermessen mit Nebenbestimmungen versehen. Nach der Vorschrift des § 3 Abs. 4 GüKG kann die Erlaubnis befristet, unter Bedingungen, Auflagen oder mit verkehrsmäßigen Beschränkungen erteilt werden. Wird die Erlaubnis nur für einen bestimmten Zeitraum erteilt, liegt eine Befristung vor. Von einer Bedingung ist auszugehen, wenn die Erlaubnis inhaltlich begrenzt wird. Bei der Auflage handelt es sich um eine selbständige Nebenbestimmung, welche eigenständig mit Widerspruch und Anfechtungsklage angefochten werden kann.

Zuwiderhandlungen gegen Bedingungen, Auflagen oder verkehrsmäßige Beschränkungen werden nach § 19 Abs. 1 Nr. 1c GüKG als Ordnungswidrigkeit im Regelfall mit einer Geldbuße in Höhe von 100,– EUR bis 300,– EUR geahndet, das Höchstbußgeld beträgt 5.000,– EUR.[24]

23 *dd) Rücknahme und Widerruf der Erlaubnis.* Für den Fall, dass bei der Erteilung der Erlaubnis eine der Zugangsvoraussetzungen nicht vorgelegen hat oder nachträglich entfallen ist, kann die Erlaubnisbehörde die Erlaubnis zurücknehmen oder widerrufen. Die Voraussetzungen für die Rücknahme einer rechtswidrigen Erlaubnis und den Widerruf einer rechtmäßigen Erlaubnis sind in § 3 Abs. 5 GüKG geregelt. Daneben finden die §§ 48, 49 und 50 VwVfG des Bundes und der Länder Anwendung. Nach dem Gesetzeswortlaut in § 3 Abs. 5 GüKG („ist") handelt es sich bei der Rücknahme und dem Widerruf einer Erlaubnis um einen gebundenen Verwaltungsakt, so dass der Behörde kein Ermessensspielraum, sondern nur ein Beurteilungsspielraum zustehen dürfte.[25] Auf ein Verschulden des Unternehmers kommt es nicht an.[26]

---

[20] BVerwG NJW 1956, 196, *Knorre* § 3 Rn. 15.
[21] Zur genauen Festlegung der Bußgeldhöhe im Einzelfall vgl. Rn. 75 ff.
[22] Art. 12 Abs. 2 VO (EG) Nr. 1071/2009 schreibt bis Dezember 2014 Kontrollen alle 5 Jahre vor.
[23] Vgl. § 11 GBZugV.
[24] Zur genauen Festlegung der Bußgeldhöhe im Einzelfall vgl. Rn. 75 ff.
[25] Vgl. OVG NRW, Beschl. v. 12.4.2013 – 13 B 255/13 aA *Hein/Eichhoff/Pukall/Krien* III N § 3 S. 14.
[26] Vgl. VG Köln, Beschl vom 31. August 2012 – 18 L 1013/12.

Da es sich bei der Erteilung einer Erlaubnis um einen Verwaltungsakt handelt, stellen 24
auch Rücknahme und Widerruf der Erlaubnis Verwaltungsakte dar, gegen welche die verwaltungsrechtlichen Rechtsbehelfe in Form von Widerspruch und Anfechtungsklage zulässig sind.

b) Grenzüberschreitender Güterkraftverkehr. Grundsätzlich würden auch Beförderungen 25
im grenzüberschreitenden gewerblichen Güterkraftverkehr der Erlaubnispflicht unterliegen. Aufgrund der Tatsache, dass die Erlaubnis aber nur an inländische Unternehmen erteilt wird, sieht das Gesetz für derartige Beförderungen eine Befreiung von der Erlaubnispflicht auf dem Streckenanteil in Deutschland vor. Voraussetzung für die Befreiung ist, dass eine der in § 6 S. 2 GüKG aufgeführten Berechtigungen vorliegt:
- Gemeinschaftslizenz,
- Bilaterale Genehmigung, Drittstaatengenehmigung,
- CEMT-Genehmigung oder
- CEMT-Umzugsgenehmigung.

aa) Gemeinschaftslizenz bzw. EU-Lizenz. Die Gemeinschaftslizenz gilt für den gewerbli- 26
chen Güterkraftverkehr zwischen allen EU-Mitgliedsstaaten und der Schweiz. Gemäß Art. 4 der VO (EG) 1072/2009[27] wird sie von den zuständigen Behörden des Niederlassungsstates für einen verlängerbaren Zeitraum von bis zu 10 Jahren ausgestellt.

Nach Ablauf der Gültigkeitsdauer kann sie auf Antrag hin erneuert werden, wenn die 27
subjektiven Berufszugangsvoraussetzungen der persönlichen Zuverlässigkeit, der finanziellen Leistungsfähigkeit und der fachlichen Eignung weiterhin erfüllt sind. Hierbei gelten die in § 3 GüKG iVm Art. 3 Abs. 1 VO(EG) Nr. 1071/2009 festgelegten Maßstäbe.[28] Der Inhaber der Gemeinschaftslizenz erhält neben der Originallizenz, der Anzahl der Fahrzeuge entsprechende beglaubigte Kopien, welche als Abschriften erkennbar und mit einer Seriennummer versehen ist. Die Originallizenz bleibt beim Unternehmer während die beglaubigten Abschriften im LKW mitzuführen sind.

Nach § 5 GüKG wird die Gemeinschaftslizenz der Erlaubnis für den gewerblichen Güter- 28
kraftverkehr nach § 3 GüKG gleichgestellt. Dementsprechend können inländische Unternehmer statt der Erlaubnis auch die Gemeinschaftslizenz im Binnenverkehr einsetzen. Die näheren Einzelheiten über das Lizenzerteilungsverfahren sind in der GüKGrKabotageV geregelt.

bb) Bilaterale Genehmigungen, Drittstaatengenehmigungen. Für den grenzüberschreiten- 29
den gewerblichen Güterkraftverkehr von oder nach einem oder durch einen Staat, der weder Mitgliedsstaat der europäischen Union noch anderer Vertragsstaat des Abkommens über den europäischen Wirtschaftsraum ist (sog. Drittstaat), benötigt der Unternehmer, der seinen Sitz im Inland hat, neben der Erlaubnis für den gewerblichen Güterkraftverkehr zusätzlich eine bilaterale Genehmigung. Im Gegensatz zu den Gemeinschaftslizenzen sind die bilateralen Genehmigungen kontingentiert.

Die bilaterale Genehmigung kann dem Unternehmer für eine oder mehrere Fahrten sowie 30
als Zeitgenehmigung (Jahresgenehmigung) erteilt werden, wenn die subjektiven Berufszugangsvoraussetzungen der persönlichen Zuverlässigkeit, der finanziellen Leistungsfähigkeit und der fachlichen Eignung erfüllt sind. Insoweit sind wiederum die gleichen Maßstäbe anzusetzen wie bei § 3 GüKG.[29]

Ein Unternehmer, dessen Unternehmen seinen Sitz **nicht** im Inland hat, muss über eine 31
sog. Drittstaatengenehmigung verfügen, wenn er grenzüberschreitenden gewerblichen Güterkraftverkehr in sog. Drittstaaten betreiben will.

Die Einzelheiten der Erteilung von bilateralen und Drittstaatengenehmigungen sind in §§ 9 ff. GüKGrKabotageV geregelt.

cc) CEMT-Genehmigungen und CEMT-Umzugsgenehmigungen. Zur Durchführung von 32
Beförderungen im grenzüberschreitenden gewerblichen Straßengüterverkehr, bei denen Be-

---
[27] Verordnung (EG) Nr. 1072/2009 des Europäischen Parlaments und des Rates vom 21. Oktober 2009 über gemeinsame Regeln für den Zugang zum Markt des grenzüberschreitenden Güterkraftverkehrs.
[28] Vgl. Art. 6 VO (EG) 1072/2009.
[29] → Rn. 14 ff.

und Entladeort in zwei verschiedenen Mitgliedstaaten der europäischen Konferenz der Verkehrsminister (CEMT – Conférence péenne des Ministres des Transports)[30] liegen, ist eine sog. CEMT-Genehmigung erforderlich. Mit der CEMT-Genehmigung dürfen nur Fahrzeuge eingesetzt werden, die den technischen Normen (Schadstoff- und lärmarme Fahrzeuge) entsprechen und zusätzlich eine Reihe von Sicherheits-Mindestanforderungen erfüllen.[31] Da die CEMT-Genehmigung nur für multilaterale Beförderungen gilt, berechtigt sie weder zu Binnenverkehren in einem CEMT-Staat noch zu bilateralen Beförderungen mit einem CEMT-Staat.

33   Die Erteilung der kontingentierten CEMT-Genehmigungen erfolgt durch öffentliche Ausschreibung, für welche das Bundesamt für Güterverkehr zuständig ist. Nach Maßgabe der GüKGrKabotageV muss der inländische Unternehmer für die Erteilung einer CEMT-Genehmigung Inhaber einer Erlaubnis für den gewerblichen Güterkraftverkehr oder einer Gemeinschaftslizenz sein und weiterhin die Voraussetzungen dafür bieten, dass die CEMT-Genehmigung hinreichend genutzt wird. Die CEMT-Genehmigung ist eine höchstpersönliche Berechtigung und damit nicht übertragbar. Auf dem Streckenteil im Inland ersetzt sie allerdings – ebenso wie die Gemeinschaftslizenz – die Erlaubnis nach § 3 GüKG.

34   Die Geltungsdauer der CEMT-Genehmigung beträgt grundsätzlich ein Kalenderjahr. Für den Fall, dass sie drei Monate lang nicht genutzt wird, kann sie vor Ablauf dieses Zeitraums widerrufen werden.[32] In Ausnahmefällen besteht auch die Möglichkeit der Erteilung von CEMT-Kurzzeitgenehmigungen, wenn der Antragsteller darlegt, dass die Beförderungen nicht mit bilateralen Genehmigungen durchgeführt werden können.

35   Für jede erteilte CEMT-Genehmigung hat der Unternehmer gemäß § 5 GüKGrKabotageV ein Fahrtenberichtheft zu führen, welches vom Bundesamt für Güterverkehr ausgegeben wird. Dieses Heft ist während jeder Fahrt mitzuführen und Kontrollbeamten auf Verlangen vorzulegen. Des Weiteren sind dem Bundesamt für Güterverkehr die Durchschriften der ausgefüllten Fahrtenberichte innerhalb von vier Wochen nach Ablauf jedes Kalendermonates und das Fahrtenberichtheft innerhalb von zwei Wochen nach Ablauf des Gültigkeitszeitraums vorzulegen. Ist die Genehmigung nicht benutzt worden, hat der Unternehmer eine Fehlanzeige zu erstatten.

36   Darüber hinaus können zur grenzüberschreitenden Beförderung von Umzugsgut sog. CEMT-Umzugsgenehmigungen als Zeitgenehmigungen ausgegeben werden, die den Unternehmer berechtigen, Beförderungen von Umzugsgut zwischen den CEMT-Staaten durchzuführen. Die CEMT-Umzugsgenehmigung gilt jeweils für fünf Jahre.

37   Eine CEMT-Genehmigung berechtigt gemäß Art. 7a GüKGrKabotageV aber nur dann zum grenzüberschreitenden Güterkraftverkehr, wenn der Fahrer diese bei einer Fahrt mit Ladung zwischen dem Beladeort (Ort der ersten Aufnahme von Ladung dieser Fahrt) bis zum Entladeort (Ort der letzten Entladung dieser Fahrt), ebenso wie das Fahrtenberichtheft im Fahrzeug mitführt. Die Genehmigung darf daher auch nicht gleichzeitig für mehr als ein Kraftfahrzeug verwendet werden. Ferner dürfen maximal 3 aufeinander folgende beladene Fahrten ohne Befahren des Staates, in dem das Unternehmen seinen Sitz hat, durchgeführt werden.

38   **c) Pflichten im gewerblichen Güterkraftverkehr.** *aa) Mitführungs- und Aushändigungspflichten.* Damit bei Straßenkontrollen zeitaufwendige Ermittlungen vermieden werden, sieht das Gesetz vor, dass der Unternehmer und das Fahrpersonal zur Mitführung und Aushändigung bestimmter Papiere im gewerblichen Güterkraftverkehr verpflichtet sind.

---

[30] CEMT-Mitgliedsstaaten, in denen CEMT-Genehmigungen gelten: Albanien (AL), Armenien (ARM), Aserbaidschan (AZ), Belgien (B), Bosnien und Herzegowina (BIH), Bulgarien (BG), Dänemark (DK), Deutschland (D), Estland (EST), Finnland (FIN), Frankreich (F), Georgien (GE), Griechenland (GR), Irland (IRL), Italien (I), Kroatien (HR), Lettland (LV), Liechtenstein (FL), Litauen (LT), Luxemburg (L), Makedonien (MK bzw. ERYM, FYROM), Malta (M), Moldawien (MD), Montenegro (MNE), Niederlande (NL), Norwegen (N), Österreich (A), Polen (PL), Portugal (P), Rumänien (RO), Russische Föderation (RUS), Schweden (S), Schweiz (CH), Serbien (SCG), Slowakische Republik (SK), Slowenien (SLO), Spanien (E), Tschechische Republik (CZ), Türkei (TR), Ukraine (UA), Ungarn (H), Vereinigtes Königreich (UK), Weißrussland (Belarus) (BY).
[31] RL für das Verfahren zur Erteilung der CEMT-Genehmigungen, vom 5.9.1988, zuletzt geändert durch die Bekanntmachung vom 9.10.2006 (-vk-bl. 2006 S. 795).
[32] Vgl. § 4 Abs. 6 GüKGrKabotageV.

39 Nach § 7 Abs. 1 GüKG sind die erforderlichen Berechtigungen für den gewerblichen Güterkraftverkehr während der gesamten Fahrt mitzuführen. Solche Berechtigungen sind die Erlaubnis für den gewerblichen Güterkraftverkehr, die Gemeinschaftslizenz, die CEMT-Genehmigung, CEMT-Umzugsgenehmigung und die Drittstaatengenehmigung.

40 Bei der Durchführung von erlaubnispflichtigem Güterkraftverkehr muss das Original oder eine Erlaubnisausfertigung mitgeführt werden. Dagegen genügt im lizenzpflichtigen Güterkraftverkehr eine beglaubigte Abschrift der Gemeinschaftslizenz. In allen übrigen Fällen (CEMT-Genehmigung, CEMT-Umzugsgenehmigung, Drittstaatengenehmigung) ist stets das Original mitzuführen.

41 Gleiches gilt im grenzüberschreitenden Güterkraftverkehr auch für fahrzeugbezogene Nachweise über die Erfüllung bestimmter Technik-, Sicherheits- oder Umweltanforderungen für die eingesetzten Kraftfahrzeuge.

42 Um Schwierigkeiten bei der Echtheitsprüfung der jeweiligen Dokumente zu vermeiden, dürfen die Berechtigungen und die fahrzeugbezogenen Nachweise gemäß § 7 Abs. 1 S. 2 GüKG nicht in Folie eingeschweißt oder in ähnlicher Weise mit einer Schutzschicht überzogen werden.

43 Zur Identifizierung der Ladung, der Verkehrsart, der Fahrtstrecke und des verantwortlichen Auftraggebers muss während der Beförderung im gewerblichen Güterverkehr neben der Berechtigung außerdem ein Begleitpapier mitgeführt werden, in dem bestimmte Angaben über die Ladung enthalten sind. Das Begleitpapier muss zumindest Angaben über das beförderte Gut, den Be- und Entladeort sowie den Auftraggeber enthalten. Statt des Begleitpapiers kann auch ein sonstiger Nachweis mitgeführt werden, beispielsweise in Form elektronischer Lesegeräte.[33]

44 Der Unternehmer hat dafür Sorge zu tragen, dass alle genannten Papiere während der gesamten Fahrt mitgeführt werden. Hierzu hat er das Fahrpersonal vor Fahrtantritt mit diesen Papieren auszustatten. Ferner trägt er die Verantwortung dafür, dass die Papiere nicht laminiert oder in ähnlicher Weise behandelt sind. Ein Verstoß hiergegen stellt eine Ordnungswidrigkeit nach § 19 Abs. 1 Nr. 3 bzw. Nr. 4 GüKG dar, welche – je nachdem, ob eine zweifelsfreie Erkennbarkeit der Echtheit der Urkunde möglich ist – im Regelfall mit einem Verwarngeld in Höhe von 35,– EUR bzw. mit einem Bußgeld in Höhe von 300,– EUR geahndet.[34] Als Höchstmaß sieht das Gesetz in § 19 Abs. 7 S. 1 GüKG ein Bußgeld in Höhe von 5.000,– EUR vor.

45 Das Fahrpersonal trifft die Verpflichtung, die Berechtigung, die fahrzeugbezogenen Nachweise und das Begleitpapier während der Beförderung stets mitzuführen. Darüber hinaus ist das Fahrpersonal verpflichtet, die mitgeführten Dokumente Kontrollberechtigten auf Verlangen zur Prüfung auszuhändigen. Beim Begleitpapier oder sonstigen Nachweis besteht auch die Möglichkeit, diese in anderer Form zugänglich zu machen, etwa ein Zugang über elektronische Datenverarbeitung.[35] Verstöße gegen die Mitführungs- und Aushändigungspflichten sind nach § 19 Abs. 1 Nr. 5 GüKG als Ordnungswidrigkeit bußgeldbewehrt, wobei das Höchstmaß der Geldbuße 5.000,– EUR beträgt. Im Regelfall sieht der Bußgeldkatalog eine Geldbuße in Höhe von 75,– EUR (zB Nichtmitführen eines Begleitpapiers) bis 2.500,– EUR (zB Nichtmitführen des Fahrtenberichtshefts einer CEMT-Genehmigung) vor.[36]

46 *bb) Güterschaden-Haftpflichtversicherung.* Will ein deutscher Unternehmer gewerblichen Güterkraftverkehr betreiben, ist er gemäß § 7a GüKG verpflichtet, eine Haftpflichtversicherung abzuschließen und aufrechtzuerhalten. Diese Verpflichtung gilt ausschließlich für inländische Beförderungen, also solche, bei denen Be- und Entladeort im Inland liegen. Mit der Haftpflichtversicherung wird das Haftungsrisiko des Unternehmers für Güter- und Verspätungsschäden, für die er als Frachtführer nach §§ 425 ff. HGB haftet, abgedeckt.

47 Das Gesetz schreibt eine Mindestversicherungssumme von 600.000,– EUR je Schadensereignis vor, damit auch Schäden an besonders hochwertigen Frachtgütern, wie zB Computern

---

[33] *Lammich/Pöttinger* § 7 Rn. 6.
[34] Zur genauen Festlegung der Bußgeldhöhe im Einzelfall → Rn. 81 ff.
[35] *Hein/Eichhoff/Pukall/Krien* III N § 7 S. 6.
[36] Zur genauen Festlegung der Bußgeldhöhe im Einzelfall → Rn. 81 ff.

oder Mobiltelefonen, abgedeckt sind.[37] Als Pflichtversicherung unterliegt die Güterschaden-Haftpflichtversicherung zusätzlich den Vorschriften des Versicherungsvertragsgesetzes über die Pflichtversicherung (§§ 113 ff. VVG).

48 Nach Abschluss der Güterschaden-Haftpflichtversicherung hat der Unternehmer dafür zu sorgen, dass während jeder Beförderung ein gültiger Versicherungsnachweis mitgeführt wird. Er hat das Fahrpersonal vor Antritt der Fahrt mit einem solchen Nachweis auszustatten. Zu den Pflichten des Fahrpersonals gehört neben dem Mitführen des Versicherungsnachweises während der Beförderung auch dessen Aushändigung an Kontrollberechtigte auf deren Verlangen, § 7a Abs. 4 GüKG.

49 Ein Verstoß gegen die Versicherungspflicht bzw. die Nachweispflicht stellt eine Ordnungswidrigkeit nach § 19 Abs. 1 Nr. 6a und b GüKG dar. Der Bußgeldrahmen geht gemäß § 19 Abs. 7 GüKG bis zu einer Höhe von 5.000 EUR. Im Regelfall sieht der Buß- und Verwarnungsgeldkatalog allerdings nur ein Verwarngeld in Höhe von 25,– EUR vor.[38]

50 *cc) Einsatz von ordnungsgemäß beschäftigtem Fahrpersonal.* Nach der Vorschrift des § 7b GüKG ist ein Unternehmer, der seinen Sitz im Inland hat, verpflichtet, nur Fahrpersonal einzusetzen, das im Besitz einer gültigen Arbeitsgenehmigung im Sinne des § 284 SGB III oder im Besitz einer von einer inländischen Behörde ausgestellten gültigen Fahrerbescheinigung nach Artikel 5 der Verordnung (EG) Nr. 1072/2009 ist. Diese Verpflichtung bezieht sich allerdings nur auf Fahrpersonal aus sog. Drittstaaten.[39]

51 Der Unternehmer hat dafür Sorge zu tragen, dass ausländisches Fahrpersonal neben einem Pass, Passersatz oder Ausweisersatz und einer Aufenthaltsgenehmigung oder Duldung, die Arbeitsgenehmigung bzw. Fahrerbescheinigung mitführt. Das Fahrpersonal muss die Unterlagen während der gesamten Fahrt mitführen und Kontrollberechtigten auf Verlangen zur Prüfung aushändigen.

52 Eine Ausnahme stellt insoweit das türkische Fahrpersonal dar. Denn Fahrer mit türkischer Staatsangehörigkeit benötigen im türkisch-deutschen Güterverkehr nach einem Urteil des EuGH[40] aufgrund der sog. Stillhalteklauseln im Assoziierungsabkommen EWG-Türkei keine deutsche Arbeitsgenehmigung, wenn das von ihnen geführte Kraftfahrzeug in Deutschland zugelassen ist und der Arbeitgeber seinen Sitz in der Türkei hat.

53 *dd) Verantwortung des Auftraggebers.* Mit dem Gesetz zur Bekämpfung der illegalen Beschäftigung im gewerblichen Güterkraftverkehr (GüKBillBG),[41] durch das der illegalen oder missbräuchlichen Beschäftigung von Arbeitnehmern aus Nicht-EU-Staaten entgegengewirkt werden soll, ist dem Auftraggeber, der eine Beförderung durch einen anderen durchführen lässt, aufgegeben worden, sicherzustellen, dass die Beförderung nur ein Unternehmer durchführt, der eine Erlaubnis hat.

54 Hat der Auftraggeber also einen Frachtvertrag oder einen Speditionsvertrag mit einem Unternehmen abgeschlossen, darf er nach § 7c S. 1 GüKG Leistungen aus diesem Vertrag nicht ausführen lassen, wenn er **weiß** oder **fahrlässig nicht weiß**, dass der Unternehmer
- nicht Inhaber einer Erlaubnis für den gewerblichen Güterverkehr im Sinne des § 3 GüKG oder einer Berechtigung nach § 6 GüKG ist,
- bei der Beförderung Fahrpersonal einsetzt, das die Voraussetzungen des § 7b Abs. 1 S. 1 GüKG nicht erfüllt, oder für das er nicht über eine Fahrerbescheinigung nach 3 und 5 der Verordnung (EG) Nr. 1072/2009 verfügt oder
- einen Frachtführer oder Spediteur einsetzt oder zulässt, dass ein solcher tätig wird, der die Beförderungen unter der Voraussetzung von Nr. 1 oder 2 durchführt.

55 Für die Frage der Haftung des Auftraggebers kommt es mithin auf die **Kenntnis** bzw. **fahrlässige Unkenntnis** des nicht ordnungsgemäßen Verhaltens des Beauftragten an. Welches Maß an Sorgfalt insoweit vom Betroffenen zu erwarten ist, hängt grundsätzlich von den

---

[37] *Knorre* TranspR 2006, 229.
[38] Zur genauen Festlegung der Bußgeldhöhe im Einzelfall → Rn. 81 ff.
[39] Als sog. Drittstaaten werden die Staaten bezeichnet, die weder Mitgliedsstaaten der europäischen Union noch andere Vertragsstaaten des Abkommens über den europäischen Wirtschaftsraum sind.
[40] EuGH Urt. v. 21.10.2003 – C-317/01.
[41] GüKBillBG idF v. 2.9.2001 (BGBl. I S. 2272).

Umständen des Einzelfalles ab. Nach obergerichtlicher Rechtsprechung genügt für einen Verstoß nach § 7c GüKG allerdings schon **fahrlässiges Nichtwissen**. Insoweit hat das OLG Köln[42] in seiner richtungsweisenden Entscheidung vom 21.6.2005 klargestellt, dass ein fahrlässiges Nichtwissen im Sinne des § 7c GüKG bereits dann vorliegt, wenn der Auftraggeber nicht überprüft, ob sein neuer und ihm bis dahin unbekannter Vertragspartner die erforderliche Erlaubnisurkunden besitzt. Um seinen Verpflichtungen nach § 7c GüKG nachzukommen, muss der Auftraggeber alles ihm Zumutbare unternehmen, um sich Gewissheit darüber zu verschaffen. Dies gilt auch und gerade dann, wenn erstmals ein Speditions- oder Frachtvertrag mit dem Unternehmer geschlossen wird, von dem nicht bekannt ist, ob er Inhaber der erforderlichen Erlaubnis ist.[43] Also selbst wenn keinerlei Anhaltspunkte dafür vorhanden sind, dass der ausführende Unternehmer unerlaubten Güterkraftverkehr betreibt, muss der Auftraggeber Überprüfungen vornehmen. Dies wird zuweilen in der Praxis recht kritisch beurteilt, da die von der Rechtsprechung formulierten Anforderungen an den Auftraggeber deutlich über das übliche Maß der Unternehmerkontrollpflichten hinausgehen, bei denen häufig zunächst Anhaltspunkte für einen Verstoß vorliegen müssen oder die regelmäßige Stichproben genügen lassen.

Darüber hinaus ist der Auftraggeber verpflichtet, sicherzustellen, dass der ausführende **56** Frachtführer auch an räumlich entfernt liegenden Be- oder Entladeorten überprüft werden kann. Zwar muss er dies nicht selbst oder durch eigene Betriebsangehörige erledigen lassen, sondern kann hierzu auch betriebsfremde Personen einsetzen. Bedient er sich bei der Überprüfung des Frachtführers allerdings eines Dritten, hat er darüber zu wachen und sicherzustellen, dass der Dritte seine Kontrollfunktion ordnungsgemäß ausübt.[44]

Zuwiderhandlungen gegen die Pflichten aus § 7c GüKG sind als Ordnungswidrigkei- **57** ten nach § 19 Abs. 1a GüKG bußgeldbewehrt und können mit einem Bußgeld bis zu 20.000,– EUR geahndet werden. Für den Regelfall sieht der Bußgeldkatalog bei vorsätzlicher Begehungsweise eine Geldbuße von 3.000,– EUR bis 5.000,– EUR und bei fahrlässiger Begehungsweise eine Geldbuße von 1.500,– EUR bis 2.500,– EUR vor. Für den Fall, dass Fahrpersonal unerlaubt eingesetzt wird, reicht der Bußgeldrahmen bis zu einem Bußgeld von 200.000,– EUR.[45]

3. Werkverkehr

a) Erlaubnisfreiheit. Der Werkverkehr ist gemäß § 9 GüKG erlaubnisfrei. Dies bedeutet, **58** dass der Unternehmer zur Durchführung von Transporten im Werkverkehr im Gegensatz zum gewerblichen Güterkraftverkehr keine Erlaubnis benötigt.

Nach § 15a Abs. 2 GüKG ist jeder Unternehmer, der Werkverkehr betreibt, allerdings ver- **59** pflichtet, sein Unternehmen vor Beginn der ersten Beförderung beim Bundesamt für Güterverkehr anzumelden. Diese Meldepflicht besteht für alle Fahrzeuge (LKW, LKW mit Anhänger, Sattelkraftzug) mit einem zulässigen Gesamtgewicht von mehr als 3,5 Tonnen. Eine bestimmte Form der Anmeldung sieht das Gesetz nicht vor. Kommt der Unternehmer seiner Anmeldepflicht nicht nach, handelt er nach § 19 Abs. 1 Nr. 12a GüKG ordnungswidrig.

Im Gegensatz zum gewerblichen Güterkraftverkehr besteht bei Beförderungen im Werk- **60** verkehr keine Verpflichtung, bestimmte Papiere nach dem GüKG mitzuführen.[46] Um den zeitlichen Aufwand bei Straßenverkehrskontrollen gering zu halten, dürfte es aus praktischen Gesichtspunkten jedoch zweckmäßig sein, eine entsprechende Kopie der Anmeldung oder andere werkverkehrsbelegende Unterlagen (zB Lieferscheine) im Fahrzeug mitzuführen.

Darüber hinaus hat der Werkverkehrsunternehmer dem Bundesamt für Güterkraftverkehr **61** Änderungen unverzüglich, also ohne schuldhaftes Zögern,[47] mitzuteilen. So hat er sich ins-

---
[42] OLG Köln Beschl. v. 21.6.2005 – 8 Ss – OWi 137/05.
[43] → Fn. 38.
[44] *Hein/Eichhoff/Pukall/Krien* III N § 7c S. 4.
[45] Zur genauen Festlegung der Bußgeldhöhe im Einzelfall vgl. Rn. 81 ff.
[46] *Knorre* § 9 Rn. 2.
[47] Legaldefinition des § 121 BGB.

besondere abzumelden, wenn er keinen Werkverkehr mehr betreibt. Ein Verstoß hiergegen stellt eine Ordnungswidrigkeit nach § 19 Abs. 1 Nr. 12c, d, e GüKG dar.

62 **b) Versicherungsfreiheit.** Die Versicherungsfreiheit in § 9 Abs. 2 GüKG ist zur Klarstellung ausdrücklich in das Gesetz aufgenommen worden. Im Werkverkehr entfällt daher die Verpflichtung, eine Güterschaden-Haftpflichtversicherung im Sinne des § 7a Abs. 1 GüKG abzuschließen.

4. Bundesamt für Güterverkehr

63 **a) Organisation, Aufgaben und Befugnisse.** Beim Bundesamt für Güterverkehr (BAG) handelt es sich – wie § 10 Abs. 1 S. 1 klarstellt – um eine selbständige Bundesoberbehörde. Sie ist organisatorisch in den Geschäftsbereich des Bundesministeriums für Verkehr, Bau und Stadtentwicklung eingebunden und gliedert sich in eine Zentrale mit Sitz in Köln sowie in mehrere Außenstellen. In der Zentrale werden Aufgaben wahrgenommen, deren einheitliche Bearbeitung für den gesamten Geschäftsbereich des Bundesamtes notwendig oder zweckmäßig ist. Die Aufgaben, die eine enge Zusammenarbeit mit den Verkehrsbehörden der Länder oder Kontakte zu Unternehmen, Verbänden und anderen Stellen sowie Prüfungen und Kontrollen vor Ort erfordern, werden hingegen in den Außenstellen erledigt.

64 Zum Haupttätigkeitsfeld des BAG zählen nach der Novellierung des GüKG die Beobachtung des Marktgeschehens im Güterverkehr, die Führung von Unternehmens- und Werkverkehrsdateien, die Durchführung von Straßenkontrollen, die Überprüfung der Einhaltung von Lenk- und Ruhezeitregelungen des Fahrpersonalgesetzes sowie deren Ahndung bei Gebietsfremden.[48] Diese Tätigkeiten dienen ua dem Schutz der Arbeitnehmer, der Straßenverkehrssicherheit, dem Schutz der Gesundheit, Umwelt sowie der Abgabengerechtigkeit. Sie werden von den Beauftragten des Bundesamtes durchgeführt, bei welchen es sich um angestellte Betriebsprüfer und Straßenkontrolleure handelt.[49]

65 Eine der wichtigsten Aufgaben des BAG besteht nach § 11 Abs. 2 GüKG darin, die Einhaltung der im GüKG und in den Rechtsverordnungen geregelten Pflichten durch die Beteiligten des Beförderungsvertrages zu überwachen. Neben inländischen und ausländischen Unternehmern, die gewerblichen Güterkraftverkehr betreiben, kommen als Beteiligte in diesem Sinne auch deren Vertragspartner in Betracht, wie beispielsweise der Verlader, Versender oder Empfänger. Des Weiteren ist das BAG für die Überwachung der Einhaltung der Vorschriften über den Werkverkehr zuständig. Insoweit hat es insbesondere zu überprüfen, ob der Werkverkehr nach § 15a GüKG ordnungsgemäß angemeldet ist und das sog. Drittladungsverbot, also das Verbot der Beförderung für Dritte, eingehalten wird.

66 In Bezug auf die Überwachung der Einhaltung der Fahrpersonalvorschriften, der zulässigen Maße und Gewichte sowie der Vorschriften bei Beförderungen gefährlicher Güter, leicht verderblicher Lebensmittel und bei der Abfallbeförderung werden die Aufgaben des BAG auf Anhalte- und Kontrollbefugnisse nach § 12 GüKG beschränkt. Hiervon auszunehmen sind allerdings Lenk- und Ruhezeitverstöße durch Gebietsfremde; insoweit sieht das Gesetz keine Beschränkung der Befugnisse des BAG vor, so dass die Ahndung in Deutschland begangener Verstöße durch diese ebenfalls dem BAG unterliegt.

67 Zur Erfüllung seiner Aufgaben wird das BAG durch § 12 Abs. 1 S. 1 GüKG ermächtigt stichprobenartige Kontrollen, zB auf Straßen, auf Autohöfen und an Tankstellen, durchzuführen. Die Entscheidung, ob und in welchem Umfang derartige Stichprobenkontrollen notwendig und erforderlich sind, liegt im Ermessen des BAG.[50] Um die Überprüfung und Kontrolle zu gewährleisten, sind die Beauftragten des BAG befugt Kraftfahrzeuge zur Güterbeförderung anzuhalten. Das Fahrpersonal ist verpflichtet, den Beauftragten des Bundesamtes alle notwendigen Unterlagen auszuhändigen und die Besichtigung des beförderten Gutes und des Fahrzeuges zu gestatten.

---

[48] Unternehmen, die ihren Sitz im Ausland haben.
[49] *Hein/Eichhoff/Pukall/Krien* III N § 12 S. 7.
[50] *Lammich/Pöttinger* § 12 Rn. 3.

Stellt das BAG bei Straßenkontrollen Verkehrsstraftatbestände oder sonstige Zufallsfunde 68
fest, hat es diese Feststellungen den zuständigen Behörden, wie zB der Staatsanwaltschaft,
Polizei oder Bußgeldbehörde zu melden (vgl. § 152 StPO, sog. Offizialprinzip). Gleiches gilt
für schwere Zuwiderhandlungen gegen die in § 11 Abs. 2 Nr. 3 GüKG genannten Rechtsvorschriften.

Die Beauftragten des BAG sind zur Erfüllung ihrer Aufgaben ebenfalls befugt, Grundstü- 69
cke und Geschäftsräume bestimmter Personen zu betreten. Zu diesen Personen zählen neben
dem Eigentümer und Besitzer von Kraftfahrzeugen zur Güterbeförderung, alle an der Beförderung oder an den Handelsgeschäften über die beförderten Güter Beteiligten. Die Befugnis
zum Betreten der Grundstücke und Geschäftsräume gilt während der üblichen Geschäftsund Arbeitszeiten der Unternehmen. Zur Durchsuchung der Räume berechtigt sind sie allerdings nicht, da eine solche stets einer richterlichen Anordnung bedarf. Die Beamten des
BAG sind ferner befugt, Einsicht in die Bücher und Geschäftspapiere bei den genannten Personen zu nehmen.

Durch die Vorschrift des § 13 GüKG wird dem BAG die ausdrückliche Befugnis einge- 70
räumt, die Weiterfahrt eines Kraftfahrzeuges zu untersagen, wenn dies erforderlich ist, um
bestimmten im Gesetz aufgeführten Überwachungsaufgaben nachzukommen. Es handelt
sich hierbei um eine Ermessensentscheidung des BAG.

Werden die für den Güterverkehr erforderlichen Unterlagen nicht ordnungsgemäß mitge- 71
führt oder auf Verlangen ausgehändigt, so können das Bundesamt sowie sonstige Kontrollberechtigte dem Fahrpersonal die Fortsetzung der Fahrt so lange untersagen, bis die Unterlagen vorgelegt werden.

Durch § 12 Abs. 3 GüKG ist zudem ausdrücklich geregelt, dass das Fahrpersonal die Zei- 72
chen und Weisungen der Beauftragten des Bundesamtes zu befolgen und deren Kontrollmaßnahmen zu dulden hat. Kommt der Adressat den Aufforderungen nicht nach, können
diese die Befolgung der Aufforderung gegebenenfalls mittels Zwang durchsetzen.[51]
Zwangsmittel sind Ersatzvornahme,[52] Zwangsgeld und unmittelbarer Zwang. Unter unmittelbarem Zwang ist die Einwirkung auf Personen oder Sachen durch körperliche Gewalt
und durch Waffen zu verstehen. Beim Einsatz von Zwangsmitteln ist der Grundsatz der
Verhältnismäßigkeit zu beachten,[53] Widerstand gegen rechtmäßige Maßnahmen der Beauftragten des BAG stellt eine Straftat nach § 113 StGB dar.[54]

b) Speicherung von Daten (Unternehmens-/Werkverkehrsdatei). Nach der Novellierung 73
des GüKG wurde dem BAG als neue Aufgabe die Marktbeobachtung zugewiesen, deren Ziel
die frühzeitige Erkennung von Fehlentwicklungen auf dem Verkehrsmarkt ist. Unter
Marktbeobachtung ist nach der Legaldefinition des § 14 Abs. 1 S. 1 GüKG die Beobachtung
und Begutachtung der Entwicklung des Marktgeschehens im Güterverkehr zu verstehen. Sie
umfasst den Eisenbahn-, Straßen- und Binnenschiffsgüterverkehr, den Luftverkehr und die
Logistik. Das BAG hat dem Bundesministerium für Verkehr über den jeweiligen Stand der
Entwicklung des Marktgeschehens und die absehbare zukünftige Entwicklung Bericht zu
erstatten.

Die vom Bundesamt im Rahmen der Marktbeobachtung gewonnenen personenbezogenen 74
Daten dürfen gemäß § 14 Abs. 4 S. 1 GüKG nur für Zwecke der Marktbeobachtung gespeichert und genutzt werden. Sobald sie für derartige Zwecke nicht mehr benötigt werden,
sind sie aus Datenschutzgründen unverzüglich zu löschen.

aa) Unternehmensdatei. Nach der Vorschrift des § 15 Abs. 1 S. 1 GüKG ist das BAG ver- 75
pflichtet, eine Datei über alle im Inland niedergelassenen Unternehmen des gewerblichen
Güterverkehrs zu führen, um unmittelbar feststellen zu können, über welche Berechtigungen

---

[51] Grundlage hierfür ist das Verwaltungsvollstreckungsgesetz (VwVG) vom 27.4.1953 (BGBl. I S. 157), und
das Gesetz über den unmittelbaren Zwang bei der Ausübung öffentlicher Gewalt durch Vollzugsbeamte des
Bundes (UZwG) vom 10.3.1961 (BGBl. I S. 165).
[52] Wird die Verpflichtung, eine Handlung vorzunehmen, deren Vornahme durch einen anderen möglich ist
(vertretbare Handlung), nicht erfüllt, so kann die Vollzugsbehörde einen anderen mit der Vornahme der Handlung auf Kosten des Pflichtigen beauftragen (sog. Ersatzvornahme), vgl. § 10 VwVG.
[53] *Lammich/Pöttinger* § 13 Rn. 1.
[54] *Tröndle/Fischer* § 113 Rn. 3 bis 4.

die jeweiligen Unternehmer verfügen. Als Berechtigungen in diesem Sinne kommen die Erlaubnis für den Güterkraftverkehr, die Gemeinschaftslizenz, die CEMT-Genehmigung und die CEMT-Umzugsgenehmigung in Betracht.

76 Soweit die Berechtigungen von den zuständigen Landesbehörden erteilt werden, müssen diese die Daten dem Bundesamt zur Aufnahme in die Unternehmensdatei übermitteln. Von Seiten der Unternehmer des gewerblichen Güterkraftverkehrs besteht keine Meldeverpflichtung.

77 Aus Gründen des Datenschutzes sind die gespeicherten Daten nach § 15a Abs. 6 GüKG zu löschen, wenn sie für die vorgesehenen Aufgaben nicht mehr benötigt werden, spätestens jedoch zwei Jahre, nachdem ein Unternehmen seinen Betrieb eingestellt hat.

78 *bb) Werkverkehrsdatei.* Ebenso wie in Bezug auf den gewerblichen Güterkraftverkehr ist das BAG gemäß § 15a Abs. 1 GüKG verpflichtet, eine Datei über alle im Inland niedergelassenen Unternehmen zu führen, die Werkverkehr mit Lastkraftwagen, Zügen (Lastkraftwagen und Anhänger) und Sattelkraftfahrzeugen durchführen, deren zulässiges Gesamtgewicht 3,5 Tonnen übersteigt. Jeder Unternehmer, der Werkverkehr betreibt, muss sein Unternehmen vor Beginn der ersten Beförderung beim BAG anmelden. Führt der Unternehmer keinen Werkverkehr mehr durch, hat er sich unverzüglich gemäß § 15a Abs. 6 GüKG beim Bundesamt für Güterverkehr abzumelden.

79 Aus Gründen des Datenschutzes sind die gespeicherten Daten nach § 15a Abs. 7 GüKG zu löschen, wenn sie für die vorgesehenen Aufgaben nicht mehr benötigt werden, spätestens jedoch mit Ablauf von einem Jahr nach Abmeldung des Werkverkehrs durch den Unternehmer beim BAG.

80 **c) Grenzkontrollen.** Die Vorschrift des § 18 GüKG berechtigt die für die Kontrolle an der Grenze zuständigen Stellen, ausländische Kraftfahrzeuge zurückzuweisen, wenn die nach dem GüKG vorgeschriebenen Unterlagen nicht mitgeführt bzw. trotz Aufforderung nicht vorgelegt werden. Als zuständige Stellen in diesem Sinne kommen der Bundesgrenzschutz, der Zoll oder die Polizeidienststellen der Länder in Betracht.[55]

5. Bußgeldvorschriften

81 **a) Verstöße und ihre Ahndung/Bußgeldkatalog.** Verstöße gegen das GüKG werden als Ordnungswidrigkeiten ausschließlich nach den Bestimmungen des Ordnungswidrigkeitengesetzes[56] geahndet.

82 Die Vorschrift des § 19 GüKG enthält eine Reihe von Ordnungswidrigkeitentatbeständen, die sowohl vorsätzlich als auch fahrlässig begehbar sind (vgl. § 10 OWiG). Hierunter fallen beispielsweise das Betreiben von gewerblichem Güterkraftverkehr ohne Erlaubnis (§ 19 Abs. 1 Nr. 1b GüKG), Verstöße gegen Rechtsverordnungen (§ 19 Abs. 1 Nr. 2 GüKG), Verstöße gegen die Versicherungs- bzw. Versicherungsnachweispflicht (§ 19 Abs. 1 Nr. 6a und b GüKG) sowie Verstöße gegen Aufsichtspflichten (§ 19 Abs. 1 Nr. 7 GüKG). Der Bußgeldrahmen reicht gemäß § 19 Abs. 7 S. 1 GüKG bis **200.000,– EUR**. Bei fahrlässiger Begehungsweise verringert sich die höchste Bußgeldandrohung nach § 17 Abs. 2 OWiG jeweils auf die Hälfte des höchstzulässigen Betrages. Die Geldbuße kann dabei auch gegen juristische Personen und Personengesellschaften festgesetzt werden (§ 30 OWiG).

Nicht verfolgbar und damit ohne Konsequenzen bleibt der Versuch eines nach § 19 GüKG zu ahndenden Verstoßes gegen die Vorschriften des GüKG (vgl. § 13 OWiG).

83 Bei geringfügigen Ordnungswidrigkeiten kann die Ahndung – statt einer Geldbuße – auch in Form einer Verwarnung mit einem Verwarnungsgeld von 5,– EUR bis 35,– EUr erfolgen, wenn der Betroffene damit einverstanden ist und sofort zahlt (§ 56 Abs. 1 S. 1 OWiG).

Durch den Bund/Länder-Fachausschuss GüKG wurde ein Buß- und Verwarngeldkatalog abgestimmt, welcher auf der Internetseite des Bundesamtes für Güterverkehr unter www.bag-bund.de abgedruckt ist.

---

[55] *Lammich/Pöttinger* § 18 Rn. 1.
[56] OWiG idF v. 19.2.1987 (BGBl. I S. 602), zuletzt geändert durch Art. 18 des Gesetzes v. 10.10.2013 (BGBl I S. 3786).

b) Bemessung der Geldbuße. Im Gegensatz zum bundeseinheitlichen Bußgeldkatalog für 84
Straßenverkehrsordnungswidrigkeiten, der in Form einer Rechtsverordnung ausgestaltet ist
(sog. BKatV)[57] und der Vereinheitlichung von Massen-Ordnungswidrigkeiten dient, ist der
Buß- und Verwarngeldkatalog zum GüKG nicht verbindlich, weshalb die dort genannten Sätze in jedem Einzelfall auf ihre Angemessenheit zu überprüfen sind.[58] Der Bußgeldkatalog enthält lediglich Zumessungsregeln für eine länderübergreifende und gleichmäßige Bemessung
von Buß- und Verwarngeldern aufgrund von Tatbeständen nach dem GüKG, von denen gegebenenfalls auch erheblich abgewichen werden kann.[59] Die im Buß- und Verwarngeldkatalog
bestimmten Beträge sind Regelsätze, die von gewöhnlichen Tatumständen ausgehen und als
solche nur eine grobe Orientierung bilden.[60] Aus diesem Grund sind die Bußgeldbehörden
verpflichtet, objektive und subjektive Tatumstände, die die Handlung im Vergleich zum Regelfall als weniger schwerwiegend oder auch schwerwiegender kennzeichnen, zugunsten oder
zuungunsten des Betroffenen zu berücksichtigen und somit im Einzelfall vom Regelsatz abzuweichen. Eine Verminderung des Regelsatzes kommt beispielsweise in Betracht, wenn sich
der Betroffene einsichtig zeigt, die Schuld, die ihn trifft, gering ist oder bei Vorliegen schlechter
wirtschaftlicher Verhältnisse. Dagegen kann der Regelsatz erhöht werden, wenn der Betroffene wiederholt Verstöße gegen das GüKG begeht oder besondere wirtschaftliche Vorteile aus
der Tat gezogen hat. Bei geringfügigen Ordnungswidrigkeiten (35,– EUR bis 250,– EUR) bleiben die wirtschaftlichen Verhältnisse in der Regel unberücksichtigt.[61]

In der Praxis sehr bedeutsam ist die Abschöpfung des wirtschaftlichen Vorteils, die mit 85
der Zumessung der Geldbuße geschehen soll. Dieser Vorteil soll nach § 17 Abs. 4 S. 1
OWiG abgeschöpft werden, damit der Betroffene aus seiner Handlungsweise keinen finanziellen Nutzen ziehen kann. Insoweit soll die Geldbuße so bemessen sein, dass sie den wirtschaftlichen Vorteil übersteigt.

Im Rahmen der Bußgeldbemessung von Verstößen gegen das GüKG spielt nicht selten das 86
Zusammentreffen mehrerer Gesetzesverletzungen (zB wiederholtes Fahren ohne die erforderliche Genehmigung) eine Rolle. Bei mehreren tateinheitlich begangenen Verstößen –
durch ein und dieselbe Handlung werden mehrere Vorschriften oder eine Vorschrift mehrmals verletzt, § 19 OWiG, – bildet die höchste Bußgeldandrohung den Rahmen für die Bemessung der Geldbuße.[62] Das höchstzulässige Bußgeld bildet die oberste Grenze des für tateinheitlich begangene Handlungen festzusetzenden Bußgeldes.

In der Praxis wird die Bußgeldbemessung über verwaltungsinterne Richtlinien vorge- 87
nommen. Wurde beispielsweise eine Bußgeldvorschrift tateinheitlich mehrmals verletzt, so
ist für den ersten Fall der volle Regelsatz und für die weiteren Fälle jeweils 50 % des Regelsatzes zu berechnen. Hat der Betroffene durch eine Handlung mehrere Bußgeldvorschriften
verletzt, so ist zunächst der höchste Einzelbetrag zugrunde zu legen. Diesem sind sodann
5 % der Bußgeldbeträge hinzuzurechnen, die für die Verstöße gegen die sonstigen Ordnungswidrigkeiten ausgewiesen sind. Die gesetzlich festgeschriebene Höchstgeldbuße darf
hierbei nicht überschritten werden.

Bei Tatmehrheit werden durch mehrere selbständige Handlungen mehrere Vorschriften 88
oder eine Bußgeldvorschrift mehrmals verletzt, § 20 OWiG. In diesem Fall bemisst sich die
Geldbuße nach der für jede einzelne Ordnungswidrigkeit angedrohten Höhe.[63] Die in der
jeweiligen Bußgeldvorschrift festgelegte Höchstgrenze einer Geldbuße bezieht sich jeweils
nur auf die einzelnen Geldbußen, jedoch nicht auf den Gesamtbetrag. Die in den Bußgeldvorschriften festgelegten Höchstgrenzen für die Geldbußen können daher bei Abschöpfung
des wirtschaftlichen Vorteils sowie durch die sich bei Tatmehrheit ergebende Summe der

---

[57] Bußgeldkatalog-VO BKatV idF v. 14.3.2013 (BGBl. I S. 498), zuletzt geändert durch Artikel 7a der Verordnung vom 16.4.2014 (BGBl. I S. 348).
[58] OLG Karlsruhe Beschl. v. 13.10.2006 – 1 Ss 82/06.
[59] OLG Karlsruhe Beschl. v. 13.10.2006 – Ss 82/06; Thüringer OLG Beschl. v. 23.5.2006 – 1 Ss 54/06; Thüringer OLG – 1 Ss 77/06; OLG Düsseldorf – 5 Ss (OWi) 265/86 – 234/86 I.
[60] OLG Düsseldorf – 5 Ss (OWi) 265/86 – 234/86 I.
[61] Göhler/*Gürtler* § 17 Rn. 23.
[62] Göhler/*Gürtler* § 19 Rn. 5; KK-OWiG/*Bohnert* § 19 Rn. 102.
[63] Vgl. Göhler/*Gürtler* § 20 Rn. 2; KK-OWiG/*Bohnert* § 20 Rn. 2.

Einzelbeträge überschritten werden. Unberührt von den Sanktionen aus dem Bereich des Güterkraftverkehrsrechts bleibt eine etwaige strafrechtliche Verantwortung, wenn in Ausübung des Güterkraftverkehrs Strafrechtsnormen verletzt werden.[64]

89 c) **Verjährung, Verfahrensablauf.** Da das GüKG keine Regelung über die Verjährungsfristen trifft, bestimmt sich die Verjährung nach der Höhe der im Gesetz angedrohten Geldbuße für die Ordnungswidrigkeit. Die für die Verjährungsfristen maßgeblichen Höchstmaße sind in § 31 Abs. 2 OWiG festgelegt. Für Zuwiderhandlungen, die mit Geldbußen von mehr von 15.000,- EUR bedroht sind, beträgt die Verjährung drei Jahre. Bei einem Bußgeldrahmen von mehr als 2.500,- EUR bis 15.000,- EUR tritt nach zwei Jahren Verjährung ein. Schließlich beträgt die Verjährungsfrist bei Zuwiderhandlungen, die mit einer Geldbuße im Höchstmaß von mehr als 1.000,- EUR bis zu 2.500,- EUR bedroht sind, ein Jahr.

90 Da für Zuwiderhandlungen nach § 19 Abs. 1 Nr. 6c, Abs. 1a Nr. 2, Abs.4 Nr. 1 und 3 jeweils eine Geldbuße bis zu 200.000,-, für Zuwiderhandlungen nach § 19 Abs. 5 und 6 eine Geldbuße bis zu 100.000,- und für Verstöße nach § 19 Abs. 1 Nr. 1b und Nr. 12, Abs. 1a Nr. 1, Abs. 2 Nr. 1 und Abs. 4 Nr. 2 jeweils eine Geldbuße bis zu 20.000,- EUR festgesetzt werden kann, beträgt die Verjährungsfrist hier drei Jahre. Eine zweijährige Verjährungsfrist gilt hingegen bei allen übrigen Verstößen, da hier gemäß § 19 Abs. 7 GüKG eine Höchstgeldbuße von 5.000,- vorgesehen ist.

> **Praxistipp:**
> Es ist zu beachten, dass sich die angedrohten Höchstbeträge bei Fahrlässigkeit halbieren, mit der Folge, dass sich häufig auch unterschiedliche Verjährungszeiträume ergeben können.

91 Liegt Tateinheit zwischen mehreren Gesetzesverletzungen mit unterschiedlichen Verjährungsfristen vor, muss die Verjährung für jede Vorschrift separat geprüft werden.[65] Ist bereits Verjährung hinsichtlich einzelner Vorschriften eingetreten, entfällt die Verfolgung diesbezüglich. Bei Tatmehrheit unterliegt jede einzelne Tat der für diese vorgesehenen Verjährungsfrist.[66] Eine Unterbrechung der Verfolgungsverjährung kann durch die in § 33 OWiG aufgezählten Maßnahmen erfolgen.

92 Vor Erlass eines Bußgeldbescheid und Festsetzung einer Geldbuße ist dem Betroffenen die Gelegenheit zu geben, sich zu den gegen ihn erhobenen Vorwürfen zu äußern, vgl. § 55 Abs. 1 OWiG.[67] Gegen den Bußgeldbescheid kann der Betroffene gemäß § 67 OWiG innerhalb von zwei Wochen nach Zustellung bei der den Bescheid erlassenen Verwaltungsbehörde Einspruch einlegen. Hält die Verwaltungsbehörde an ihrem Bescheid fest, entscheidet grundsätzlich das Amtsgericht, in dessen Bezirk die Verwaltungsbehörde ihren Sitz hat, über den Einspruch gegen den Bußgeldbescheid, vgl. § 68 Abs. 2 OWiG. Gegen das Urteil des Amtsgerichts steht dem Betroffenen nach § 80 OWiG der Antrag auf Zulassung der Rechtsbeschwerde bzw. die Rechtsbeschwerde nach § 79 OWiG zu.

93 d) **Zuständigkeiten für die Ahndung von Zuwiderhandlungen.** Dem Bundesamt für Güterverkehr wird nach § 20 Abs. 1 S. 1 GüKG die Befugnis eingeräumt, auf dem Gebiet des Güterkraftverkehrs Zuwiderhandlungen selbständig zu erforschen und zu verfolgen.

94 Stellt das BAG nach Abschluss seiner Ermittlungen das Vorliegen einer Ordnungswidrigkeit nach § 19 GüKG fest, gibt es den Vorgang mit dem Antrag auf Erlass eines Bußgeldbescheides an die zuständige Verwaltungsbehörde ab. Für die Ahndung von Ordnungswidrigkeiten von Unternehmen mit Sitz im Ausland ist nach § 21 Abs. 2 GüKG allerdings ausschließlich das BAG zuständig. So hat es insbesondere Verstöße gegen die Vorschriften des Fahrpersonalgesetzes, wie die Lenk- und Ruhezeitregelungen mit Auslandsbezug sowie Mautverstöße zu verfolgen und selbständig zu ahnden.

---

[64] *von Witzleben* Band 1, A I, 1.7.2.2, S. 74.
[65] *von Witzleben* Band 1, A I, 1.7.2.2, S. 71.
[66] *von Witzleben* Band 1, A I, 1.7.2.2, S. 71.
[67] Göhler/*Gürtler* § 55 Rn. 2.

Daneben ist das BAG bei geringfügigen Ordnungswidrigkeiten nach dem GüKG berechtigt, selbst Verwarnungen nach § 56 OWiG zu erteilen und Verwarnungsgelder zwischen 5,– EUR und 35,– EUR zu erheben.

Im Übrigen ist für die Ahndung von Ordnungswidrigkeiten inländischer Unternehmen nach § 21 Abs. 1 GüKG die von der jeweiligen Landesregierung bestimmte oder die oberste Landesbehörde zuständig, in der Regel die Erlaubnisbehörde.

Bei allen Verstößen gegen das GüKG durch Unternehmen mit Sitz im Ausland sowie bei Verstößen inländischer Unternehmen gegen § 7 Abs. 2 S. 3 und 4, § 7b, § 7c GüKG oder die Pflicht, im grenzüberschreitenden Verkehr nur Fahrpersonal einzusetzen, für das eine Fahrerbescheinigung nach Art. 5 Abs. 2 VO (EG) Nr. 1072/2009 ausgestellt worden ist, in denen das BAG Bußgeldbehörde ist (BAG-Zentrale in Köln, acht Außenstellen in Schwerin, Hannover, Münster, Dresden, Erfurt, Mainz, Stuttgart, München und drei Außenstellen mit Schwerpunktaufgaben mit Sitz in Kiel, Bremen und Saarbrücken) entscheidet das Amtsgericht Köln als örtlich und sachlich zuständiges Gericht über Einsprüche gegen insoweit ergangene Bußgeldbescheide (§ 68 Abs. 1 S. 1 OWiG).

e) **Speicherung abgeschlossener Bußgeldverfahren.** Nach der Vorschrift des § 16 GüKG darf das BAG zum Zweck der Verfolgung und Ahndung weiterer Ordnungswidrigkeiten desselben Betroffenen sowie zum Zweck der Beurteilung der Zuverlässigkeit des Unternehmers und der Verkehrsleiter bestimmte personenbezogene Daten über abgeschlossene Bußgeldverfahren des BAG in Dateien speichern, ändern, nutzen und ggf. auch weitergeben. Grund hierfür ist, dass weder das Gewerbezentralregister noch das Verkehrszentralregister ein umfassendes und vollständiges Bild über den gewerblichen Güterverkehr betreibenden Unternehmer abgeben. So hat es zB gemäß § 16 Abs. 3 GüKG schwerwiegende Zuwiderhandlungen der nach Landesrecht zuständigen Behörde mitzuteilen, soweit Anlass besteht, an der Zuverlässigkeit des Unternehmers oder des Verkehrsleiters zu zweifeln. Bezüglich einer Datenweitergabe hat das BAG allerdings grundsätzlich eine Interessenabwägung durchzuführen zwischen dem Geheimhaltungsinteresse des Betroffenen und dem öffentlichen Interesse an der Übermittlung der Daten, vgl. § 16 Abs. 6 GüKG. Es ist daher immer eine Einzelfallprüfung vorzunehmen.[68]

6. Kosten und Gebühren

Grundsätzlich werden dem Betroffenen im Falle einer Verurteilung in sinngemäßer Anwendung des § 465 Abs. 1 S. 1 StPO iVm den §§ 105 Abs. 1, 46 Abs. 1 OWiG die Kosten des Verfahrens sowie die verfahrensbedingten Auslagen auferlegt, während bei Freispruch des Betroffenen die Kostenentscheidung zu Lasten der Staatskasse ausfällt. Wird das Verfahren nach § 47 Abs. 2 OWiG eingestellt, ist es in das Ermessen des Gerichts gestellt, davon abzusehen, die notwendigen Auslagen der Staatskasse aufgeben. In der Regel hat der Betroffene in einem solchen Fall seine notwendigen Auslagen, wie die Verteidigerkosten selbst zu tragen.[69]

Die Gebühren des Rechtsanwalts richten sich nach den Nr. 5100 ff. der Anlage 1 des Vergütungsverzeichnisses des Rechtsanwaltsvergütungsgesetzes.[70]

II. Gefahrgut

Die Beförderung von gefährlichen Gütern ist in verschiedenen Bereichen wie Industrie, Landwirtschaft, Handwerk, privater Gebrauch, Gesundheitswesen, Militär, ua von großer Bedeutung. Das Regelwerk für das Gefahrgutbeförderungsrecht ist außerordentlich umfangreich, sehr stark technisch geprägt und zudem ständigen Änderungen unterworfen. Insoweit soll hier nur ein kurzer Überblick über diese Spezialmaterie und die gängigsten Prob-

---

[68] *Knorre* § 16 Rn. 10.
[69] *Göhler/Seitz* § 47 Rn. 43 ff.
[70] RVG idF v. 5.5.2004 (BGBl. I S. 718, 788); zuletzt geändert durch Art. 5 Abs. 7 des Gesetz vom 10.10.2013 (BGBl I S. 3799).

leme, die im Zusammenhang mit der Bearbeitung eines solchen Mandats auftreten können, gegeben werden, wobei der Schwerpunkt auf die Beförderung von gefährlichen Gütern im Straßenverkehr gelegt wurde.

1. Begriffsbestimmungen

101 a) **Gefährliche Güter.** Gefährliche Güter sind gemäß § 2 Abs. 1 Gefahrgutbeförderungsgesetz (GGBefG)[71] Stoffe und Gegenstände, von denen auf Grund ihrer Natur, ihrer Eigenschaften oder ihres Zustandes im Zusammenhang mit der Beförderung Gefahren für die öffentliche Sicherheit und Ordnung, insbesondere für die Allgemeinheit, für wichtige Gemeingüter, für Leben und Gesundheit von Menschen sowie für Tiere und Sachen ausgehen können.

102 b) **Beförderung.** Die Beförderung umfasst nach § 2 Abs. 2 GGBefG nicht nur den Vorgang der Ortsveränderung, sondern auch die Übernahme und die Ablieferung des Gutes sowie zeitweilige Aufenthalte im Verlauf der Beförderung, Vorbereitungs- und Abschlusshandlungen (Verpacken und Auspacken von Gütern, Be- und Entladen), Herstellen, Einführen und Inverkehrbringen von Verpackungen, Beförderungsmitteln und Fahrzeugen für die Beförderung gefährlicher Güter, auch wenn diese Handlungen nicht vom Beförderer, sondern von anderen Personen ausgeführt werden.[72] Werden während des Verlaufs der Beförderung gefährliche Güter für den Wechsel der Beförderungsart oder des Beförderungsmittels oder aus transportbedingten Gründen zeitweilig abgestellt, handelt es sich um einen zeitweiligen Aufenthalt. Während dessen dürfen die Versandstücke, Tankcontainer, Tanks und Kesselwagen nicht geöffnet werden. Es gelten weiterhin die Vorschriften zum Gefahrgutrecht.

2. Gefahrgutvorschriften im Überblick

103 a) **Internationale Gefahrgutvorschriften.** *aa) Orange Book.*[73] Es handelt sich hierbei um ein rechtlich nicht bindendes, aber für die Gesetzgebung im Bereich des Gefahrgutrechts maßgebliches Regelwerk der Vereinten Nationen. Das Orange Book enthält neben verschiedenen Empfehlungen im Umgang mit Gefahrgütern eine Liste, in der alle gefährlichen Güter klassifiziert sind sowie Kennzeichnungs- und Verpackungshinweise gegeben werden, wobei jedes Gefahrgut durch eine UN-Nummer eindeutig identifiziert wird.

104 *bb) Europäische Übereinkommen vom 30. September 1957 über die internationale Beförderung gefährlicher Güter auf der Straße" (ADR).*[74] Es ist ein umfassendes internationales[75] Basisregelwerk, das Vorschriften insbesondere für die Klassifizierung, Kennzeichnung, Verpackung, Ladungssicherung und Dokumentation beim Gefahrguttransport, für den Umgang der Beteiligten mit dem Gefahrgut während der Beförderung und für die zu verwendenden Fahrzeuge enthält. Neben allen EU-Mitgliedsstaaten gehören zB auch Russland, Kasachstan, Schweiz und Marokko zu den ADR-Vertragsstaaten. Die Unterzeichnerstaaten haben sich verpflichtet die Regelungen des ADR in nationales Recht zu übertragen. Die Anwendbarkeit für das deutsche Recht wird in der GGVSEB geregelt.[76]

105 *cc) Richtlinie 2008/68/EG des Europäischen Parlaments und des Rates vom 24. September 2008 über die Beförderung gefährlicher Güter im Binnenland.*[77] In der EU existieren seit mehreren Jahren einheitliche Vorschriften für die Beförderung gefährlicher Güter auf Straße und Schiene, in denen die Anwendung der Vorschriften von ADR und RID vorgese-

---

[71] Neu gefasst durch Bek. v. 7.7.2009 (BGBl I S. 1774, 3975); geändert durch Art. 2 Abs. 148 des Gesetzes vom 7.8.2013 (BGBl: I S. 3154).
[72] *Müglich* § 410 Rn. 2.
[73] Recommendations on the Transport of Dangerous Goods zuletzt veröffentlicht in zwei Bänden,18. Auflage, 2013 von den vereinten Nationen –; *Lenz* S. 50 Rn. 131.
[74] (BGBl. 1969 II S. 1489), zuletzt geändert durch Bekanntmachung der Neufassung der Anlagen A und B vom 3.6.2013 (BGBl. 2013 II S. 648, ber. BGBl. 2014 II S. 237).
[75] Himmelreich/Halm/*Veit* Kap. 38 Rn. 6.
[76] Vgl. → Rn. 107.
[77] Vgl. ABl. L 260 vom 30.9.2008.

hen ist. Um eine für alle Aspekte der Beförderung gefährlicher Güter zu Lande und auf Binnenwasserstraßen geltende gemeinsame Regelung festzulegen, sollten die Richtlinien 94/55/EG und 96/49/EG durch eine einzige Richtlinie ersetzt werden, die ferner Bestimmungen für die Beförderung auf Binnenwasserstraßen enthält. Daher wurden die Richtlinien 94/55/EG und 96/49/EG ab 30. Juni 2009 aufgehoben und werden nun durch die Richtlinie 2008/68/EG ersetzt. Mit dieser Richtlinie werden nun für alle Aspekte der Beförderung gefährlicher Güter im Binnenland auf der Straße, der Schiene oder Binnenwasserstraßen in der Europäischen Union (EU) eine gemeinsame Regelung festgelegt.

b) Nationale Gefahrgutvorschriften. *aa) Gefahrgutbeförderungsgesetz (GGBefG).*[78] 106
Durch das Gefahrgutbeförderungsgesetz wird das Bundesministerium für Verkehr, Bau und Stadtentwicklung zum Erlass von Rechtsverordnungen ermächtigt, die die Durchführung der Beförderung von gefährlichen Gütern (§ 3), allgemeine Ausnahmen (§ 6) und Sofortmaßnahmen bei nicht ausreichenden Sicherheitsvorschriften (§ 7) betreffen. Darüber hinaus enthält es in § 10 GGBefG die relevanten Ordnungswidrigkeitatbestände.

bb) Verordnung über die innerstaatliche und grenzüberschreitende Beförderung gefährli- 107
cher Güter auf der Straße, mit Eisenbahnen und auf Binnengewässern (Gefahrgutverordnung Straße, Eisenbahn und Binnenschifffahrt – GGVSEB).[79] Die Verordnung legt ua fest, dass bei der Beförderung gefährlicher Güter mit Fahrzeugen auf der Straße die Vorschriften der Teile 1 bis 9 der Anlagen A und B des ADR für das deutsche Recht Anwendung finden. Des Weiteren enthält es Begriffsbestimmungen, regelt deutsche Besonderheiten und definiert die Pflichten und Zuwiderhandlungen bzw. Ordnungswidrigkeiten.

cc) Richtlinien zur Durchführung der Gefahrgutverordnung Straße, Eisenbahn und Bin- 108
nenschifffahrt (RSEB).[80] Die Durchführungsrichtlinien wurden zur Sicherstellung einer einheitlichen Anwendung und Auslegung der Vorschriften für die Gefahrgutbeförderung von Bund und Ländern erarbeitet. Sie enthalten Hinweise zur Anwendung und Erläuterungen zur GGVSEB und dem ADR, Formblätter, Muster sowie den Buß- und Verwarnungsgeldkatalog (Anlage 7 RSEB).

dd) Verordnung über die Kontrollen von Gefahrguttransporten auf der Straße und in den 109
Unternehmen (GGKontrollV).[81] Diese Verordnung dient der Umsetzung der Richtlinie 95/50/EG des Rates vom 6. Oktober 1995 über einheitliche Verfahren für die Kontrolle von Gefahrguttransporten auf der Straße.[82] Sie regelt die Befugnis zu behördlichen Kontrollen auf der Straße und in den Unternehmen sowie der Art ihrer Durchführung. Sie beinhaltet zusätzlich eine Prüfliste und eine nicht abschließende Auflistung möglicher Verstöße und deren Einteilung in Gefahrenkategorien.

ee) Verordnung über die Bestellung von Gefahrgutbeauftragten in Unternehmen (Ge- 110
fahrgutbeauftragtenverordnung – GbV).[83] Diese Verordnung regelt die Bestellung von Gefahrgutbeauftragten, dessen Rechte und Pflichten, die Schulungsanforderungen und Prüfungen des Gefahrgutbeauftragten sowie die Pflichten des Unternehmers.

c) Spezielle Regelungen in der Straßenverkehrsordnung (StVO)[84] und Durchfahrtsverbote 111
für Tunnel. Die StVO enthält verschiedene Vorschriften, die speziell Gefahrguttransporte auf der Straße betreffen.
- Gemäß § 2 Abs. 3a S. 3 StVO, hat der Fahrzeugführer bei der Beförderung von gefährlichen Gütern, bei einer Sichtweite von unter 50 m, jede Gefährdung anderer auszuschließen und notfalls, auf dem nächstgelegenen Parkplatz anzuhalten (sog. „Schlechtwetterregel"). Dies

---

[78] In der Fassung der Bekanntmachung vom 7. Juli 2009 (BGBl. I S. 1774, ber. S. 3975) zuletzt geändert durch Artikel 2 Abs. 148 des Gesetzes zur Strukturreform des Gebührenrechts des Bundes vom 7.8.2013 (BGBl. I S. 3154).
[79] Vom 17.6.2009 (BGBl. I S. 1389) in der Fassung der Bekanntmachung vom 22.1.2013 (BGBl. I S. 110).
[80] Verkehrsblatt 2013 S. 558.
[81] BGBl. I S. 3104 geändert durch Artikel 482 der VO v. 31.10.2006 BGBl. I S. 2407.
[82] ABl. EG Nr. L 249 S. 35.
[83] Vom 25.2.2011 (BGBl. I S. 341) zuletzt geändert durch Artikel 3 der VO v. 19.12.2012 (BGBl. I S. 2715).
[84] Straßenverkehrs-Ordnung in der Neufassung vom 6. März 2013 (BGBl. I S. 367).

gilt ebenfalls bei Schneeglätte und Glatteis, nicht jedoch bei Schneematsch.[85] Ein Verstoß gegen diese Pflicht wird mit einem Bußgeld von 140,– EUR, 1 Punkt[86] geahndet.
- Gemäß § 3 Abs. 1 S. 2,3 StVO muss der Fahrzeugführer bei der Beförderung von gefährlichen Gütern seine Geschwindigkeit den Straßen-, Sicht- und Wetterverhältnissen sowie seinen persönlichen Fähigkeiten und den Eigenschaften von Fahrzeug und Ladung anpassen. Im Bußgeldkatalog ist deshalb bei Geschwindigkeitsüberschreitungen eine erhöhte Sanktion (Bußgeld bis 760,– EUR, Fahrverbot bis 3 Monate, bis zu 2 Punkten)[87] für Gefahrguttransporte vorgesehen.
- Gemäß § 41 Abs. 2 StVO ordnen bestimmte Verkehrszeichen für den Gefahrgutbereich Durchfahrtsverbote an (Zeichen 261, 269) oder ermahnen zu besonderer Vorsicht im Wasserschutzgebiet (Zeichen 354). Bei einer Zuwiderhandlung droht dem Fahrzeugführer ein Bußgeld von 100,– EUR, 1 Punkt[88] und im Wiederholungsfall 250,– EUR, 1 Monat Fahrverbot, 1 Punkt.[89]

112 Neben Durchfahrtsverboten, die in der StVO geregelt sind, müssen bei der Beförderung von gefährlichen Gütern im Besonderen Durchfahrtsverbote für Tunnel beachtet werden. Aufgrund der erheblichen Gefahr die im Gefahrgutbereich von Unfällen in Tunneln ausgeht, räumte das ADR den beigetretenen Ländern in der Vergangenheit das Recht ein, auf ihrem Hoheitsgebiet ergänzende Vorschriften zu erlassen. Von dieser Möglichkeit hat die Bundesrepublik Deutschland Gebrauch gemacht, indem sie in Anlage 3 der GGVSE die mit Tunneln versehenen Autobahnstrecken aufführt, die nicht oder nur beschränkt durch Fahrzeuge mit Gefahrguttransporten benutzt werden dürfen.

113 Seit 1.7.2007 werden in Anlage A Teil 1 Kapitel 1.9.5.2.2 ADR die verschiedenen Straßentunnel sog. Tunnelkategorien (A bis E) zugeordnet, wobei die Tunneleigenschaften, die Risiken die von der Beförderung des jeweiligen Gefahrguts ausgehen und die Möglichkeit, den Verkehr auf Umfahrungsstrecken oder andere Verkehrsträger zu lenken, berücksichtigt wurden. Zudem werden nach der geltenden ADR-Regelung die gefährlichen Güter, je nach Stoffgefährlichkeit, einem Tunnelbeschränkungscode zugeordnet, wobei es Sache des Beförderers ist, für die gesamte Beförderungseinheit entsprechend der Ladung den zutreffenden Tunnelbeschränkungscode festzustellen.[90] Er gibt Aufschluss darüber, ab welcher Tunnelkategorie die Tunneldurchfahrt mit gefährlichen Gütern beschränkt ist. Durch Straßenverkehrszeichen und Zusatztafeln müssen Tunnel mit Beschränkungen für bestimmte gefährliche Güter kenntlich gemacht werden.[91]

114 In der Anlage A Teil 1 Kapitel 1.10 ADR sind Spezialvorschriften geregelt, die der Sicherheit beim Gefahrguttransport dienen sollen. Es sind besondere Maßnahmen oder Vorkehrungen zu treffen, um Diebstähle oder den Missbrauch gefährlicher Güter, durch den Personen, Güter oder die Umwelt gefährdet werden können, zu minimieren. Beispielsweise dürfen dem Beförderer die gefährlichen Güter zur Beförderung erst dann übergeben werden, wenn dessen Identität (Personalausweis, Auftragsbestätigung, etc.) einwandfrei festgestellt wurde.[92] So hat jedes Mitglied der Fahrzeugbesatzung während der Beförderung gefährlicher Güter einen Lichtbildausweis mitzuführen.[93] Darüber hinaus müssen bei eventuellen Zwischenaufenthalten die Plätze und die Beförderungseinheit, soweit Gefahrgüter mit einem besonders hohen Gefahrenpotenzial befördert werden,[94] insbesondere gegen Diebstahl, ordnungsgemäß gesichert und für die Öffentlichkeit unzugänglich sein.[95] Das Kapitel 1.10 wurde aufgrund der Terroranschläge vom 11.9.2001 in das ADR aufgenommen und ist am 1.1.2005 in Kraft getreten.

---

[85] Vgl. BayObLG Beschl. v. 24.7.1989 – 2 Ob OWi 158/89.
[86] 6 BKat.
[87] 11.2.3–11.2.10 BKat.
[88] 152 BKat.
[89] 152.1 BKat.
[90] *Süselbeck* Fortbildung S. 14.
[91] Anlage A Teil 1 Kap. 1.9.5.3 ADR.
[92] Anlage A Teil 1 Kap. 1.10.1.2 ADR.
[93] Anlage A Teil 1 Kap. 1.10.1.4 ADR.
[94] Eine spezielle Diebstahlssicherung ist nur bei gefährlichen Gütern mit hohem Gefahrenpotenzial gemäß der unter Anlage A Teil 1 Kap. 1.10.3.1. ADR aufgeführten Liste erforderlich.
[95] Anlage A Teil 1 Kap. 1.10.3.3 ADR.

d) Abgrenzung zu anderen Rechtsgebieten. Gefahrguttransporte können auch anderen 115 rechtlichen Regelungen unterliegen, wobei diese Vorschriften dann parallel zu GGVSEB und ADR anzuwenden sind. Dazu gehört zum Beispiel das Abfallrecht (Kreislaufwirtschaftsgesetz),[96] welches sich mit der Vermeidung, Verwertung und Beseitigung von Abfällen befasst, zu denen auch Gefahrgüter zählen können. Unter anderem stellen die Behörden zur Überwachung der Entsorgung von gefährlichen Gütern verschiedene Begleitpapiere aus, welche bei dem Transport mitzuführen sind. Dazu zählen zB Transportgenehmigung, Entsorgungsnachweis, Übernahmeschein und Abfallbegleitschein. Die Fahrzeuge bedürfen bei dem Transport von Abfällen einer entsprechenden zusätzlichen Kennzeichnung.[97]

Auch in anderen Bereichen, wie dem Gewässerschutz-, Sprengstoff- und Strahlenschutz- 116 recht, sind bei der Beförderung gefährlicher Güter zusätzliche Besonderheiten zu beachten, die den jeweiligen Spezialgesetzen zu entnehmen sind.[98]

3. Beförderung gefährlicher Güter

a) Eigenschaften von Gefahrgütern. Gefährliche Stoffe, Gegenstände und Gemische kön- 117 nen ua explosionsgefährlich, brandfördernd, entzündlich, selbstentzündlich, giftig, ansteckungsgefährlich, ätzend, krebserzeugend und radioaktiv sein. Diese Gefahrenmerkmale können einzeln oder auch kombiniert vorliegen.[99] Es gibt Stoffe, denen ist nicht anzusehen, dass eine ungeschützte Berührung schwere gesundheitliche Schäden oder Verätzungen der Haut und Atemwege verursacht. Selbst äußerlich unschädliche Stoffe für den Menschen können eine Gefahr für Trinkwasser und Gewässer darstellen und/oder schwere Umweltschäden hervorrufen. Radioaktivität ist nicht wahrnehmbar, aber die Folgen der Strahlung (genetische Schäden des Erbgutes aller Lebewesen, Erkrankung und Krebs) sind verheerend. Die Gefahrgüter sind daher in Gefahrstoffklassen unterteilt.

b) Gefahrklassen. Nach Art der Gefährdung werden Stoffe Gefahrstoffklassen zugeord- 118 net.[100]
- Klasse 1 Explosive Stoffe und Gegenstände mit Explosivstoff
- Klasse 2 Gase
- Klasse 3 Entzündbare flüssige Stoffe
- Klasse 4.1 Entzündbare feste Stoffe
- Klasse 4.2 Selbstentzündliche Stoffe
- Klasse 4.3 Stoffe, die in Berührung mit Wasser entzündliche Gase bilden
- Klasse 5.1 Entzündend (oxidierend) wirkende Stoffe
- Klasse 5.2 Organische Peroxide
- Klasse 6.1 Giftige Stoffe
- Klasse 6.2 Ansteckungsgefährdende Stoffe
- Klasse 7 Radioaktive Stoffe
- Klasse 8 Ätzende Stoffe
- Klasse 9 Verschiedene gefährliche Stoffe und Gegenstände.[101]

4. Begleitpapiere

Begleitpapiere sind vom Fahrzeugführer stets mitzuführen. Sie dienen den kontrollieren- 119 den Beamten von Polizei und BAG (Bundesamt für Güterverkehr) als Nachweis über das

---

[96] Kreislaufwirtschaftsgesetz vom 24.2.2012 (BGBl. I S. 212), zuletzt geändert durch § 44 Absatz 4 des Gesetzes vom 22.5.2013 (BGBl. I S. 1324).
[97] *Süselbeck* Basiskurs S. 15 f.
[98] Vgl. Wasserhaushaltsgesetz (WHG), Sprengstoffgesetz (Spreng), Strahlenschutzverordnung (StrlSchV).
[99] In der Anlage A, Kap. 3.2 ADR, Anlage 1 GGVSEB sind die gefährlichen Güter sowie entsprechende Informationen (zB UN-Nummer, Benennung und Beschreibung des Stoffes/Gegenstandes, Klasse, Klassifizierungscode, Verpackungshinweise, Gefahrzettel, etc.) zur Identifizierung des jeweiligen Gutes und dem Umgang damit aufgelistet.
[100] *Lenz*, S. 51 f., Rn. 136.
[101] Weiterführende Informationen und entsprechendes Material können über die Industrie- und Handelskammer, Gefahrgutbüros oder Spezialanbieter (zB Verlag Günther Hendrisch, Storck Verlag) bezogen werden.

jeweilige Gefahrgut und den korrekten Umgang damit sowie in Notfällen der Polizei und Feuerwehr als Information zur Einleitung schneller Gegenmaßnahmen. Der Fahrzeugführer hat in der Bundesrepublik Deutschland gemäß §§ 1 Abs. III Nr. 1, 28 Nr. 10a) GGVSEB iVm Anlage B Teil 8 Kapitel 8.1.2.1 und 8.1.2.2 ADR nachfolgend bezeichnete Begleitpapiere mitzuführen. Verstöße hiergegen sind gemäß § 37 Nr. 20j) GGVSEB bußgeldbewehrt und werden mit einem Bußgeld von 150,– EUR bis 300,– EUR geahndet.[102]

120   a) **Beförderungspapier.** Hinsichtlich des Beförderungspapiers gibt es keine genauen Vorgaben. Es muss lediglich die vorgeschriebenen Angaben (offizielle und technische Benennung des transportierten Gutes, Nummer der Gefahrzettelmuster, usw.) enthalten, welche im ADR geregelt sind. Das Beförderungspapier muss in einer amtlichen Sprache des Versandlandes verfasst und, wenn diese Sprache nicht Deutsch, Englisch oder Französisch ist, außerdem in eine dieser drei Sprachen übersetzt sein, soweit nicht internationale Tarife für die Beförderung auf der Straße oder Vereinbarungen zwischen den von der Beförderung berührten Staaten etwas anderes vorschreiben.[103] Kann eine Sendung wegen der Größe der Ladung nicht vollständig in eine einzige Beförderungseinheit verladen werden, sind mindestens so viele getrennte Papiere auszustellen bzw. Kopien zu fertigen, wie Beförderungseinheiten verladen werden.[104] Dürfen bestimmte Sendungen nicht zusammen verladen werden, sind getrennte Beförderungspapiere auszufertigen. Ausnahmen nach der Gefahrgut-Ausnahmeverordnung (GGAV)[105] sind ebenfalls zu vermerken.[106]

121   b) **Schriftliche Weisungen (Unfallmerkblätter).** Sollte es während einer Beförderung zu einem Zwischenfall kommen, stellen diese Anweisungen für den Fahrzeugführer eine erste Hilfe dar, deshalb müssen sie in der Sprache verfasst sein, die der Fahrer lesen und verstehen kann, sowie in allen Sprachen der Herkunfts-, Transit- und Bestimmungsländer der Sendung.[107] Der Absender ist für den Inhalt der schriftlichen Weisungen verantwortlich. Sie müssen von diesem bereitgestellt und dem Fahrzeugführer spätestens beim Beladen übergeben werden. Der Fahrer muss sie leicht auffindbar aufbewahren und sollte sie von anderen Dokumenten, die nicht den jeweiligen Gefahrguttransport betreffen, trennen. Informationen über den Inhalt sind dem Beförderer spätestens bei Erteilung des Beförderungsauftrags durch den Absender mitzuteilen, so dass dieser alle erforderlichen Schritte einleiten kann, um sicherzustellen, dass die betreffenden Mitarbeiter diese Weisungen kennen und ordnungsgemäß ausführen können.[108] Der Beförderer hat dafür Sorge zu tragen, dass sich die geforderte Ausrüstung auf dem Fahrzeug befindet bzw. dem Fahrzeugführer übergeben wird gemäß § 19 Abs. 2 Nr. 16 GGVSEB iVm Anlage B Teil 8 Kapitel 8.1.5., Anlage A Teil 1 Kapitel 1.4.2.2.1g) ADR.

122   c) **ADR-Bescheinigung.** Die ADR-Bescheinigung ist der Nachweis, dass der Fahrer an einer entsprechenden Ausbildung zur Beförderung von Gefahrguttransporten erfolgreich teilgenommen hat, wobei Schulungsinhalt und -umfang je nach Fahrzeugtyp variieren kann. Dieser Nachweis ist Pflicht und jeweils 5 Jahre gültig. Hiernach ist ein Auffrischungskurs mit Prüfung erforderlich, der innerhalb von 12 Monaten vor Ablauf der Gültigkeit der ADR-Bescheinigung absolviert werden muss.[109]

123   d) **Lichtbildausweis.** Seit dem 1.1.2005 ist von jedem Mitglied der Fahrzeugbesatzung ein Lichtbildausweis (Führerschein, Personalausweis) mitzuführen.[110]

124   e) **Weitere Papiere.** Bei speziellen Gefahrguttransporten sind vom Fahrzeugführer folgende Papiere zusätzlich mitzuführen:

---

[102] Bußgeldkatalog lfd. Nr. 200 Anlage 7 RSEB; zur Bußgeldfestsetzung im Einzelnen siehe Rn. 149 ff.
[103] § 1 Abs. III Nr. 1 GGVSE iVm Anlage A Teil 5 Kap. 5.4.1.4.1 ADR.
[104] § 1 Abs. III Nr. 1 GGVSE iVm Anlage A Teil 5 Kap. 5.4.1.4.2 ADR.
[105] Gefahrgut-Ausnahmeverordnung vom 6.11.2002 (BGBl. I S. 4350), zuletzt geändert durch Artikel 1 der Verordnung vom 16.12.2011 (BGBl. I S. 2803).
[106] Anlage zur GGAV Ausnahme 18 iVm Anlage A Teil 5 Kap. 5.4.1.5 ADR.
[107] *Fremuth*/Thume § 410 Rn. 13.
[108] § 19 Abs. 2 Nr. 2 GGVSEB iVm Anlage A Teil 1 Kap. 1.4.2.1.1b), Teil 5 Kap. 5.4.3.2 ADR.
[109] Ausführliche Vorschriften zur Ausbildung des Fahrzeugführers in Anlage B Teil 8 Kap. 8.2 ADR.
[110] § 28 Abs. Nr. 10a) GGVSEB iVm Anlage A Teil 1 Kap. 1.10.1.4, Anlage B Teil 8 Kap. 8.1.2.1d) ADR.

- Fahrwegbestimmung[111]
- Ausnahmegenehmigung[112]
- Container – Packzertifikat[113]
- Beförderungsgenehmigung für explosive und explosionsgefährliche oder radioaktive Stoffe und Gegenstände nach dem Sprengstoffgesetz und der Strahlenschutzverordnung
- Begleitpapier gemäß dem Abfallrecht (Entsorgungsnachweis, Transportgenehmigung, etc.).

5. Fahrzeug- und Beförderungsarten

Die an der Gefahrgutbeförderung beteiligten Personen müssen die verschiedenen Fahrzeug- und Beförderungsarten kennen,[114] und die für den jeweiligen Transport geltenden Vorschriften im ADR befolgen. Verstöße hiergegen sind bußgeldbewehrt. Sorgt zB der Absender gemäß §§ 18 Abs. 1 Nr. 5, 37 Abs. 1 Nr. 4e) GGVSEB nicht dafür, dass zugelassene und geeignete Tanks für das speziell zu transportierende Gefahrgut verwendet werden, sieht der Bußgeldkatalog ein Bußgeld in Höhe von EUR 800,– vor.[115]

6. Sicherheitsausrüstung der Fahrzeuge

Bei der Beförderung von gefährlichen Gütern gemäß Anlage A Teil 1 Kapitel 1.1.3.6 ADR ist eine der wichtigsten Sicherheitspflichten, dass das Fahrzeug mit einem tragbaren Feuerlöschgerät für die Brandklassen A, B und C mit einem Mindestfassungsvermögen von 2 kg Pulver (oder einem entsprechenden Fassungsvermögen für ein anderes geeignetes Löschmittel) ausgerüstet ist. Werden andere gefährliche Güter als die eben genannten des Kapitels 1.1.3.6 ADR befördert, sind sogar mehrere Feuerlöschgeräte vorgeschrieben.[116] Feuerlöschgeräte müssen mit einer unbeschädigten Plombierung versehen sein und sollen alle 2 Jahre überprüft werden,[117] wobei Monat und Jahr der nächsten Prüfung aufzudrucken sind. Die Geräte sind so anzubringen, dass der Fahrzeugführer sie leicht erreichen kann und sie vor Witterungseinflüssen und Verschmutzung sowie Beschädigung geschützt werden.[118]

Zur weiteren allgemeinen Sicherheitsausrüstung der Fahrzeuge gehören:
- eine geeignete Warnweste oder Warnkleidung für jedes Mitglied der Fahrzeugbesatzung
- zwei selbststehende Warnzeichen (zB reflektierende Kegel oder Warndreiecke oder orangefarbene Warnblinkleuchten, die von der elektrischen Ausrüstung des Fahrzeugs unabhängig sind)
- mindestens ein Unterlegkeil je Fahrzeug, dessen Abmessungen dem Gewicht des Fahrzeugs und dem Durchmesser der Räder angepasst sein muss
- eine Handlampe für jedes Mitglied der Fahrzeugbesatzung.[119]

Wenn das Gesetz es vorsieht (zB bei Gasen)[120] ist je Fahrzeugbesatzungsmitglied ein Atemschutz mitzuführen. Darüber hinaus sind die schriftlichen Weisungen (Unfallmerkblatt) für den Fahrzeugführer verbindlich, da die darin spezifizierte Ausrüstung dem persönlichen Schutz dient, als auch dafür verwandt werden soll, in Notfällen entsprechende Erstmaßnahmen einleiten zu können. Insofern sind, um je nach befördertem Gefahrgut zusätzliche und/oder besondere Maßnahmen treffen zu können, Schutzanzüge, Schutzhand-

---

[111] § 35 Abs. 3 S. 7 GGVSEB.
[112] § 5 GGVSEB.
[113] § 1 Abs. III Nr. 1 GGVSEB iVm Anlage A Teil 5 Kap. 5.4.2, Anlage B Teil 8 Kap. 8.1.2.1a) ADR.
[114] Bei Stückgut und Versandstücken müssen gedeckte, offene, bedeckte Fahrzeuge und bei Gasen oder Flüssigkeiten verschiedenartige Tanks oder Tankcontainer benutzt werden. Die einzelnen Begriffsbestimmungen sind in Anlage A Teil 1 Kap. 1.2 ADR aufgeführt mit dem Verweis auf die entsprechenden Spezialvorschriften im ADR.
[115] Bußgeldkatalog lfd. Nr. 9 Anlage 7 RSE; zur Bußgeldfestsetzung im Einzelnen siehe Rn. 149 ff.
[116] Bei Beförderungseinheiten mit einer höchstzulässigen Masse von mehr als 7,5 Tonnen (12 kg), von mehr als 3,5 Tonnen bis einschließlich 7,5 Tonnen (8 kg), von höchstens 3,5 Tonnen (4 kg) gemäß Anlage B Teil 8 Kap. 8.1.4.1 ADR.
[117] Anlage B Teil 8 Kap. 8.1.4.4 ADR.
[118] Anlage B Teil 8 Kap. 8.1.4.5 ADR.
[119] Anlage B Teil 8 Kap. 8.1.5 ADR.
[120] Anlage B Teil 8 Kap. 8.1.5b), 8.5 Vorschrift S 7 ADR.

schuhe, Schutzbrillen, Schutzstiefel erforderlich. Für etwaige Leckagen und Undichtigkeiten sind Bindemittel, Schaufel, Besen und kleinere Auffangbehälter mitzuführen.[121] Der Beförderer und der Halter haben dafür Sorge zu tragen, dass der Fahrzeugführer vor dem Beförderungsbeginn die dem persönlichen Schutz dienende Ausrüstung und die erforderliche Ausrüstung, um die in den schriftlichen Weisungen genannten zusätzlichen und/oder besonderen Maßnahmen treffen zu können, erhält und beachtet, ansonsten handeln sie ordnungswidrig gemäß § 19 Abs. 2 Nr. 16 GGVSEB und es droht ihnen ein Bußgeld in Höhe von 200,- EUR.[122] Auch der Fahrzeugführer ist verpflichtet die Sicherheitsausrüstung seines Fahrzeugs vor Fahrtantritt genau zu kontrollieren. Beim Fehlen eines Ausrüstungsgegenstandes liegt eine Ordnungswidrigkeit gemäß § 28 Nr. 10d) GGVSE vor und es droht ihm ein Bußgeld in Höhe von 150,- EUR.[123]

7. Kennzeichnung von Gefahrgut

129 Gefährliche Güter werden oftmals in Behältnissen, sog. Umschließungen, befördert. Um die Gefahren, die von den Gütern ausgehen, sichtbar zu machen, ist eine äußerliche Kennzeichnung notwendig. Diesem Zweck dienen die Gefahrzettel (auf die Spitze gestellte Quadrate mit einer Seitenlänge von 100mm), die die Gefahrenklasse und die Gefahren signalisieren. Die Gefahrzettel sind auf allen Versandstücken anzubringen, die gefährliche Stoffe oder Gegenstände enthalten. Werden mehrere Gefahrgüter gleichzeitig in einem Versandstück transportiert, so muss dieses mit sämtlichen zutreffenden Gefahrzetteln gekennzeichnet werden. Die Gefahrzettel müssen vollständig sichtbar sein und dürfen sich nicht überlappen.

130 Darüber hinaus ist jedes Versandstück, soweit im ADR nichts anderes vorgeschrieben ist, deutlich und dauerhaft mit der UN-Nummer der enthaltenen Güter, der die Buchstaben UN vorangestellt werden, zu versehen.[124]

131 Des Weiteren müssen die Gefahrgutfahrzeuge selbst, gekennzeichnet sein. Dies geschieht mit sog. Großzetteln. Diese haben eine Größe von mindestens 250 mm × 250 mm und entsprechen dem für das jeweilige gefährliche Gut vorgeschriebenen Gefahrzettel hinsichtlich Farbe und Symbol. Großzettel sind an beiden Längsseiten und je nach Fahrzeugtyp an jedem Ende oder nur hinten am Fahrzeug anzubringen.[125]

132 Letztlich ist an den Fahrzeugen eine zusätzliche Kennzeichnung mit zwei rechteckigen, rückstrahlenden, senkrecht angebrachten orangefarbenen Tafeln erforderlich. Auch diese Tafeln haben vorgeschriebene Maße und können neutral oder mit der entsprechenden UN-Nummer und einem Gefahrencode versehen sein. Sie sind vorne, hinten und teilweise zusätzlich seitlich am Fahrzeug senkrecht zur Längsachse deutlich sichtbar anzubringen. Orangefarbene Tafeln, die sich nicht auf die beförderten gefährlichen Güter beziehen, müssen entfernt oder verdeckt sein, dass gilt entsprechend auch für die Großzettel am Fahrzeug.[126] Werden Gefahrgüter in PKW transportiert sind auch hier Großzettel und orangefarbene Tafeln anzubringen.

Verstöße gegen die Kennzeichnungspflicht von Gefahrgütern können je nach Beteiligten mit einem Bußgeld von 100,- EUR bis 500,- EUR geahndet werden.[127]

8. Durchführung der Beförderung

133 Die Durchführung der Beförderung umfasst den tatsächlichen Transport der Gefahrgüter auf der Straße und die dazugehörigen Vorbereitungs- und Abschlusshandlungen.

134 a) **Allgemeine Regeln.** Der Fahrzeugführer hat hinsichtlich des Fahrzeugs, der Ladung, der Begleitpapiere und der Ausrüstung eine sorgfältige Abfahrtskontrolle durchzuführen gemäß

---

[121] Anlage A Teil 5 Kap. 5.4.3.8 ADR; *Süselbeck* Fortbildung S. 91 f.
[122] Bußgeldkatalog lfd. Nr. 46 Anlage 7 RSEB; zur Bußgeldfestsetzung im Einzelnen siehe Rn. 149 ff.
[123] Bußgeldkatalog lfd. Nr. 200.11 Anlage 7 RSEB; zur Bußgeldfestsetzung im Einzelnen siehe Rn. 149 ff.
[124] Anlage A Teil 5 Kap. 5.2.1.1 ADR.
[125] Anlage A Teil 5 Kap. 5.3.1 ADR.
[126] Anlage A Teil 5 Kap. 5.3.2 ADR.
[127] Zur Bußgeldfestsetzung im Einzelnen siehe Rn. 149 ff.

§ 28 GGVSEB. Der Beförderer und der Halter haben entsprechend § 19 Abs. 2 Nr. 15 GGVSEB für die Bereitstellung der Mittel zur Ladungssicherung zu sorgen. Während der Fahrt hat der Fahrzeugführer sein Fahrverhalten dem Zustand der Reifen, der Fahrbahn, dem Umfang und der Verteilung der Ladung sowie der Geschwindigkeit seines Fahrzeugs anzupassen. Anderen Personen als der Fahrzeugbesatzung ist es nicht gestattet an der Beförderung von gefährlichen Gütern teilzunehmen.[128] Bei der Beförderung von Nahrungs-, Genuss- und Futtermitteln sind darüber hinaus besondere Vorsichtsmaßnahmen zu beachten.[129] Ein Verstoß gegen diese Pflichten nach § 29 Abs. 3 GGVSEB kann mit einem Bußgeld bis zu 250,– EUR geahndet werden.[130]

135 b) **Ladungssicherung.** Bei der Ladungssicherung gelten die allgemeinen Regeln nach der Straßenverkehrsordnung nach §§ 22, 23 StVO. Zusätzlich ist die VDI Richtlinie 2700 zu beachten. Die Ladung muss so verstaut sein, dass sie wechselnden Straßenverhältnissen, Ausweichmanövern und Vollbremsungen standhält, dh sie darf nicht verrutschen, umfallen, hin- und herrollen, herabfallen oder vermeidbaren Lärm erzeugen. Die Gefahrgüter müssen mit geeigneten Mittel gesichert sein (durch Blockieren oder Verspannen) ohne dass es zu Beschädigungen an diesen kommt. Eventuell entstehende Hohlräume sind mit entsprechendem Material aufzufüllen.[131] Hier gilt der Grundsatz der formschlüssigen bzw. kraftschlüssigen Ladungssicherung. Keinesfalls darf durch die Ladung die Verkehrssicherheit des Fahrzeugs leiden. Beachtet der Fahrzeugführer oder der Verlader die Vorschriften zur Handhabung und Verstauung nicht, handelt er ordnungswidrig gemäß § 10 Nr. 17 GGVSEB und ihm droht ein Bußgeld in Höhe von 300,– EUR.[132] Zu beachten ist auch die Verwaltungsvorschrift 28.1 RSEB, wonach der Fahrzeugführer – auch wenn er selbst nicht belädt – im Rahmen der zumutbaren Einwirkungsmöglichkeiten neben demjenigen verantwortlich bleibt, der tatsächlich belädt. Vom Fahrzeugführer ist zu verlangen, dass er vor Abfahrt die Ladungssicherung durch äußere Besichtigung prüft und während der Fahrt erkennbare Störungen behebt oder beheben lässt.

136 c) **Zusammenladeverbote.** Für explosive Stoffe und Gegenstände mit Explosivstoff mit Gefahrzetteln der Muster 1,1.4, 1.5 oder 1.6 gilt das Zusammenlade- und Zusammenpackverbot, da ansonsten die Gefahr besteht, dass sie mit anderen Gefahrgütern reagieren könnten.[133] Verstöße hiergegen werden mit einem Bußgeld von 250,– EUR geahndet.[134]

137 d) **Be- und Entladeregeln.** Während der Ladearbeiten muss der Motor abgestellt sein (außer er ist zum Betrieb von Pumpen, etc. erforderlich). Zudem gilt ein absolutes Rauchverbot sowie das Verbot von offenem Feuer und Beleuchtungsgeräten mit offener Flamme.[135] Die Ladefläche ist jeweils vor der Beladung und nach der Entladung zu reinigen, um eventuelle Rückstände vollständig zu entfernen.[136] Die Be- und Entladung darf nicht erfolgen, wenn eine Kontrolle der Dokumente oder eine Sichtprüfung des Fahrzeugs sowie dessen Ausrüstung zeigt, dass diese nicht den Vorschriften genügen.[137] Bei einer Zuwiderhandlung gegen diese Pflichten droht dem jeweiligen Verantwortlichen für jeden Verstoß ein Bußgeld in Höhe von bis zu 1.000,– EUR.[138]

9. Gefahrgutbeauftragter

138 Im Gegensatz zur alten Rechtslage, wonach im Gefahrgutrecht verschiedene Verantwortungsbereiche bestimmten Personenkreisen – wie Gefahrgutbeauftragten, beauftragte Perso-

---

[128] Anlage B Teil 8 Kap. 8.3.1 ADR.
[129] Anlage A Teil 7 Kap. 7.5.4 ADR.
[130] Bußgeldkatalog lfd. Nr. 209 Anlage 7 RSEB; zur Bußgeldfestsetzung im Einzelnen siehe Rn. 149 ff.
[131] Anlage A Teil 7 Kap. 7.5.7 ADR.
[132] Bußgeldkatalog lfd. Nr. 207.3 Anlage 7 RSEB; zur Bußgeldfestsetzung im Einzelnen siehe Rn. 149 ff.
[133] Anlage B Teil 7 Kap. 7.5.2 ADR.
[134] Bußgeldkatalog lfd. Nr. 207.1. Anlage 7 RSEB; zur Bußgeldfestsetzung im Einzelnen siehe Rn. 149 ff.
[135] Anlage B Teil 8 Kap. 8.3.4, 8.3.5, ADR.
[136] Anlage A Teil 7 Kap. 7.5.8, 7.5.1 ADR.
[137] Anlage 7 Teil 7 Kap. 7.5.1.2 ADR.
[138] Bußgeldkatalog lfd. Nr. 105.7 Anlage 7 RSEB; zur Bußgeldfestsetzung im Einzelnen siehe Rn. 149 ff.

nen oder sonstige verantwortliche Personen - übertragen werden konnten, kommt nach der Neufassung der Gefahrgutbeauftragtenverordnung(GbV)[139] als Verantwortlicher nur noch der Gefahrgutbeauftragte selbst in Betracht.

139   a) **Bestellung des Gefahrgutbeauftragten.** Gemäß § 3 Abs. 1 Gefahrgutbeauftragtenverordnung ist vom Unternehmen, das an der Beförderung gefährlicher Güter beteiligt ist, mindestens ein Gefahrgutbeauftragter schriftlich zu bestellen.

140   Gefahrgutbeauftragte können bestellte Personen (Mitarbeiter oder Externe) oder der Unternehmer selbst sein. Dies kann zB durch eine arbeitsvertragliche Regelung oder durch eine schriftliche Mitteilung des Arbeitgebers, die innerhalb des Unternehmens oder des Betriebes bekannt gemacht werden muss, erfolgen. Eine Bestellung ist nicht erforderlich, wenn der Unternehmer die Aufgaben des Gefahrgutbeauftragten selbst wahrnimmt. Es gibt auch die Möglichkeit mehrere Gefahrgutbeauftragte zu bestellen, wenn die jeweiligen Aufgabenbereiche schriftlich voneinander abgegrenzt werden.[140] Eine genaue gesetzliche Regelung fehlt hier, so dass es im Ermessen des Unternehmers liegt die Anzahl der Gefahrgutbeauftragten festzulegen, wobei er sich an der Größe des Unternehmens, der Bedeutung des Gefahrguttransports, dem Gefahrenpotenzial und der räumlichen Strukturierung des Unternehmens (mehrere Filialen, Zweigstellen) orientieren sollte.[141]

141   Eine Bestellung gemäß § 3 Abs. 3 GbV darf nur erfolgen, wenn der Gefahrgutbeauftragte einen gültigen Schulungsnachweis für den entsprechenden Verkehrsträger erbringt. Dieser wird von der örtlich zuständigen Industrie- und Handelskammer erteilt, wenn die betreffende Person an einem von einem von der Industrie- und Handelskammer anerkannten Lehrveranstalter angebotenen Grundlehrgang nach § 5 GbV erfolgreich teilgenommen hat. Die Schulungs- und Prüfungsinhalte ergeben sich gemäß § 5 Abs. 2 GbV aus den Unterabschnitten 1.8.3.3 und 1.8.311 ADR/RID/ADN sowie § 8 GbV.. Der Schulungsnachweis ist gemäß § 4 S. 2 GbV fünf Jahre gültig und wird jeweils um weitere fünf Jahre verlängert, wenn der Gefahrgutbeauftragte vor Ablauf der Gültigkeit an einer erneuten Prüfung gemäß § 6 Abs. 4 GbV teilnimmt.

142   Nicht nur Betriebe, die Gefahrgut befördern, sind verpflichtet einen Gefahrgutbeauftragten zu bestellen, sondern auch solche Unternehmen, denen nach der GGVSEB Pflichten als Beteiligte zugewiesen sind. So sind dies neben dem Beförderer und dem Fahrzeugführer ua auch der Auftraggeber des Absenders, der Absender, der Empfänger, der Verlader, der Verpacker, der Befüller und der Entlader.[142]

143   Befreit von der Bestellung eines Gefahrgutbeauftragten sind derartige Unternehmen nur, wenn:
- deren Tätigkeiten sich auf freigestellte Beförderungen gefährlicher Güter zB auf der Straße beschränken. Die Beförderung des gefährlichen Gutes muss ausdrücklich von den verkehrsträgerspezifischen Vorschriften vollständig ausgenommen sein, dies ergibt sich für den Bereich Straße aus Anlage A Teil 1 Kapitel 1.1.3.1, 3.4 ADR; die Tätigkeiten nicht über den in Anlage A Teil 1 Kapitel 1.1.3.6 ADR festgesetzten Grenzen liegen (Nr. 1)
- sich die Beteiligung nur auf den Eigenbedarf in Erfüllung betrieblicher Aufgaben bezieht und deren Umfang pro Kalenderjahr nicht über 50 Tonnen netto gefährlicher Güter, bei radioaktiven Stoffen nur der UN-Nummern 2908 bis 2911 liegt. Es fallen hierbei nur solche Güter darunter, die ein an der Beförderung dieser Güter Beteiligter für seine Betriebszwecke ge- oder verbraucht, wobei sich die Mengengrenze auf das Unternehmen im Ganzen bezieht (Nr. 2)
- ihnen ausschließlich Pflichten als Fahrzeugführer, Schiffsführer, Empfänger, Reisender, Hersteller und Rekonditionierer von Verpackungen oder als Stelle für Inspektionen und Prüfungen von Großpackmitteln zugewiesen sind. (Nr. 3)
- sie ausschließlich als Auftraggeber des Absenders an der Beförderung gefährlicher Güter, ausgenommen radioaktive Stoffe der Klasse 7 und gefährliche Güter der Beförderungs-

---

[139] Gefahrgutbeauftragtenverordnung vom 25.2.2011 (BGBl. I S. 341), zuletzt geändert durch Artikel 3 der Verordnung vom 19.12.2012 (BGBl. I S. 2715).
[140] § 3 Abs. 1 S. 2 GbV.
[141] Vgl. *Veit,* Der Gefahrgut-BEAUFTRAGTE 1/2003.
[142] § 9 Abs. 5 GGBefG, §§ 17 ff. GGVSEB.

kategorie 0 nach Anlage A Teil 1 Kapitel 1.1.3.6.3 ADR, von nicht mehr als 50 Tonnen netto pro Kalenderjahr beteiligt (Nr. 4)
- sie ausschließlich als Entlader an der Beförderung gefährlicher Güter von nicht mehr als 50 to netto pro Kalenderjahr beteiligt sind. (Nr. 5)

b) Aufgaben des Gefahrgutbeauftragten. Der Gefahrgutbeauftragte stellt eine innerbetriebliche Kontrolleinrichtung dar, die weisungsungebunden arbeitet, dem Unternehmer berichtet und gegenüber der Behörde auskunftspflichtig ist. Seine Hauptaufgabe ist die innerbetriebliche Überwachung sämtlicher Vorgänge, die im Zusammenhang mit der Beförderung gefährlicher Güter stehen. Was das Aufgabengebiet insgesamt umfasst, ergibt sich aus § 8 GbV. Danach hat er

- die Aufgaben nach Unterabschnitt 1.8.3.3 ADR/RID/ADN wahrzunehmen, zB Überwachung der Einhaltung der Vorschriften, Beratung des Unternehmens bei den Tätigkeiten im Zusammenhang mit der Beförderung gefährlicher Güter, Erstellung eines Jahresberichts für die Unternehmensleitung oder gegebenenfalls für eine örtliche Behörde über die Tätigkeiten des Unternehmens in Bezug auf die Beförderung gefährlicher Güter (Abs. 1 u: 5)
- schriftliche Aufzeichnungen über Zeitpunkt der Überwachung, Namen der überwachten Personen und Nennung der überwachten Geschäftsvorgänge (Aufbewahrungspflicht mindestens fünf Jahre) zu führen (Abs. 2 u 3)
- dafür Sorge zu tragen, dass nach einem Unfall, der sich während einer von dem jeweiligen Unternehmen durchgeführten Beförderung oder während des von dem Unternehmen vorgenommenen Be- oder Entladens ereignet hat und bei dem Personen, Sachen oder die Umwelt zu Schaden gekommen sind, nach Einholung aller sachdienlichen Auskünfte ein Unfallbericht für die Unternehmensleitung oder gegebenenfalls für eine örtliche Behörde erstellt wird. (Abs. 4) Dieser Unfallbericht muss dem Unternehmer vorgelegt werden, nicht auch der Behörde. Allerdings kann die Behörde nach § 9 Abs. 5 GbV die Unfallberichte anfordern.

Der gesamte Aufgabenbereich des Gefahrgutbeauftragten stellt eine höchstpersönliche Verpflichtung dar und lässt keine Delegation der Aufgaben zu. Lediglich für bloße Hilfstätigkeiten wie Botengänge und kleinere Schreibarbeiten, darf er sich anderer Personen zu seiner Entlastung bedienen.[143]

c) Spezielle Ordnungswidrigkeiten des Gefahrgutbeauftragten. Verstößt der Gefahrgutbeauftragte gegen eine seiner Pflichten, so ist dies gemäß § 10 Nr. 3 GbV bußgeldbewehrt. Folgende Bußgeldtatbestände kommen in Betracht:

Erstellt der Gefahrgutbeauftragte den Jahresbericht nicht, nicht richtig, nicht vollständig oder nicht rechtzeitig innerhalb eines halben Jahres nach Ablauf des Geschäftsjahres handelt er ordnungswidrig. Im Gegensatz zur bisherigen Rechtslage, droht daher nun auch ein Bußgeld, , wenn der Bericht zwar fristgerecht, aber inhaltlich unvollständig ist.

Der Gefahrgutbeauftragte handelt weiterhin ordnungswidrig, wenn er seine Aufzeichnungen nicht, nicht richtig oder nicht vollständig führt oder diese nicht oder nicht mindestens 5 Jahre aufbewahrt oder nicht rechtzeitig vorlegt. Darüber hinaus handelt der Gefahrgutbeauftragte ordnungswidrig, wenn er nicht dafür Sorge trägt, dass ein Unfallbericht erstellt wird und wenn er den Schulungsnachweis nicht oder nicht rechtzeitig vorlegt

Die gesetzlich angedrohte Höchstgeldbuße für die vorgenannten Verstößen kann gemäß § 10 Abs. 2 GGBefG bis zu 50.000,– EUR betragen.[144]

Ein Bußgeld bis zu dieser Höhe droht auch dem Unternehmer, wenn er gegen die in § 10 Nr. 1 GbV genannten Pflichten verstößt. So verhält der Unternehmer sich zB ordnungswidrig, wenn er einen Gefahrgutbeauftragten nicht, nicht rechtzeitig oder nicht in der vorgeschriebenen Weise bestellt. Ordnungswidrig handelt er auch, wenn er einen Gefahrgutbeauftragten bestellt, oder selbst diese Funktion wahrnimmt, ohne dass eine gültige Schulungsbescheinigung nach § 4 GbV vorliegt.

---

[143] Vgl. *Veit*, Der Gefahrgutbeauftragte 1/2003.
[144] Zur Bußgeldfestsetzung im Einzelnen siehe Rn. 166 ff.

10. Pflichtverletzungen der Beteiligten

150 Die Pflichten der verschiedenen Beteiligten, die bei der Beförderung von gefährlichen Gütern gelten, sind in §§ 17 bis 34a GGVSEB abschließend geregelt. Anlage A Teil 1 Kapitel 1.4 des ADR ist nur im grenzüberschreitenden Verkehr relevant. Ist mehreren Personen dieselbe Pflicht zugeordnet, ist die Person, die die Pflicht tatsächlich erfüllt hat, für die ausgeführte Tätigkeit auch verantwortlich.

151 Die an einem Gefahrguttransport Beteiligten – wie Verpacker, Verlader, Befüller, Beförderer, usw. – können sowohl als abhängig Beschäftigte als auch als Unternehmer handeln. So kann ein selbstfahrender Fuhrunternehmer mit einer pflichtwidrigen Handlung die Pflichten des Unternehmers gleichzeitig mit denen des Fahrzeugführers aber auch jenen des Halters verletzen. Wegen des Grundsatzes „ne bis in idem" wird in diesen Fällen bei der Bußgeldbemessung lediglich der Bußgeldsatz des entsprechenden Beteiligten berücksichtigt, der am höchsten ist. Die jeweiligen Unternehmer haben die Verpflichtung dafür Sorge zu tragen, dass alle am Transport mit gefährlichen Gütern beteiligten Personen in ihrem Arbeits- und Verantwortungsbereich geschult sind. Diese Schulungen sind zu dokumentieren (Zeitpunkt, Inhalt) und vom Arbeitnehmer und vom Unternehmer aufzubewahren. Bei Neueinstellung von Mitarbeitern ist immer eine Schulung durchzuführen, denn die Arbeitsbereiche variieren in den verschiedenen Unternehmen und Betrieben oftmals erheblich. So haben die Beteiligten im Straßenverkehr gem. § 29 Abs. 5 GGVSEB dafür zu sorgen, dass eine Unterweisung aller an der Beförderung gefährlicher Güter beteiligten Personen nach Abschnitt 8.2.3 erfolgt. Verstöße gegen diese Pflicht stellen gemäß § 37 Abs. 1 Nr. 21e) GGVSEB iVm § 10 Abs. 1 Nr. 1 GGBefG eine Ordnungswidrigkeit dar.

Im Folgenden soll ein grober Überblick über die wichtigsten Pflichten der Beteiligten und die dazu gehörigen Bußgeldtatbestände des § 37 GGVSEB gegeben werden.[145]

152 **a) Der Absender.** Der Absender ist die Person oder das Unternehmen, das selbst oder für einen Dritten gefährliche Güter versendet. Erfolgt die Beförderung aufgrund eines Beförderungsvertrages, gilt als Absender der im Vertrag bezeichnete.[146] Zu den Hauptpflichten des Absenders gehört, dass er den Beförderer oder den Verlader bei der Übergabe des gefährlichen Gutes auf die Angaben nach Anlage A Teil 5 Kapitel 5.4.1.1.1a–d (UN-Nr., offizielle Benennung, Gefahrzettelmuster, ggf. Verpackungsgruppe) hinweist und diesen Personen alle für den Transport notwendigen Beförderungspapiere übergibt.[147] Verstößt er gegen diese Pflichten handelt er ordnungswidrig gemäß § 37 Abs. 1 Nr. 4a) GGVSEB und hat ein Bußgeld zwischen 200,- EUR und 500,- EUR zu zahlen.[148] Des Weiteren hat er dafür zu Sorgen, dass ein erforderliches Begleitpapier beigefügt wird, ansonsten handelt er ordnungswidrig gemäß § 37 Abs. 1 Nr. 4j GGVSEB und ihm droht ein Bußgeld von 500,- EUR.[149]

153 **b) Der Beförderer.** Der Beförderer ist das Unternehmen, das die Beförderung durchführt. Der Beförderer hat beispielsweise dafür Sorge zu tragen, dass der Fahrzeugbesatzung vor Antritt der Fahrt die schriftlichen Weisungen nach Unterabschnitt 5.4.3.2 ADR übergeben werden und dass jedes Mitglied der Fahrzeugbesatzung diese lesen, verstehen und richtig anwenden kann Ein Verstoß gegen diese Pflicht stellt eine Ordnungswidrigkeit gemäß § 37 Abs. 1 Nr. 6b) GGVSEB dar. Dem Beförderer droht in diesem Fall ein Bußgeld zwischen 300,- EUR.[150] Weiterhin hat er dafür Sorge zu tragen, dass der Fahrzeugführer über die erforderliche Ausrüstung zur Durchführung der Ladungssicherung verfügt. Dabei genügt es nach obergerichtlicher Rechtsprechung, dass die im Einzelfall benötigten Sicherungsmittel in ausreichender Anzahl an einem Standort zur Verfügung gestellt werden, an dem sich der Fahrzeugführer ihrer ohne Schwierigkeiten bedienen kann. Es ist dann allein Sache des Verladers und des Fahrzeugführers, diese auch zu nutzen, so dass Halter und Beförderer auch

---

[145] Abschließend aufgeführt sind die Pflichten und Ordnungswidrigkeiten in den §§ 17–34a, 37 GGVSEB.
[146] § 2 Nr. 1 GGVSEB.
[147] Gemäß § 18 Abs. 1 Nr. 1a) GGVSEB.
[148] Bußgeldkatalog lfd. Nr. 5 Anlage 7 RSEB; zur Bußgeldfestsetzung im Einzelnen siehe Rn. 166 ff.
[149] Bußgeldkatalog lfd. Nr. 17 Anlage 7 RSEB; zur Bußgeldfestsetzung im Einzelnen siehe Rn. 166 ff.
[150] Bußgeldkatalog lfd. Nr. 32 Anlage 7 RSEB; zur Bußgeldfestsetzung im Einzelnen siehe Rn. 166 ff.

keine Kontroll- und Überwachungspflicht trifft.[151] Wird die Ausrüstung aber gar nicht erst zur Verfügung gestellt, liegt eine Ordnungswidrigkeit nach § 37 Abs. 1 Nr. 6o) vor, welche mit einem Bußgeld von EUR 800,– geahndet wird.[152]

c) Der Verlader. Der Verlader ist das Unternehmen, das die Verladung vornimmt. Verlader ist auch das Unternehmen, das als unmittelbarer Besitzer das gefährliche Gut dem Beförderer zur Beförderung übergibt oder selbst befördert.[153]

Er hat ua die Verpflichtung bei der Übergabe von gefährlichen Gütern zu prüfen, ob die Verpackung beschädigt oder undicht ist. In diesem Fall darf er die Güter erst zur Beförderung übergeben, wenn der Mangel beseitigt ist. Eine Verletzung dieser Pflicht ist als Ordnungswidrigkeit nach § 37 Abs. 1 Nr. 10b) bußgeldbewehrt und kann mit einem Bußgeld von 300,– EUR bis 500,– EUR geahndet werden.[154] Verletzt der Verlader die Vorschriften über die Kennzeichnung und Bezettelung sowie das Anbringen von Großzetteln und orangefarbenen Warntafeln handelt er ordnungswidrig nach § 37 Abs. 1 Nr. 10i), j) GGVSEB. Es droht ein Bußgeld von 500,– EUR.[155]

d) Der Befüller. Der Befüller ist die Person oder das Unternehmen, das die gefährlichen Güter in einen Tank, in ein Batterie-Fahrzeug oder MEGC und/oder in ein Fahrzeug, Großcontainer oder Kleincontainer für Güter in loser Schüttung, ein MEMU, einen Wagen für Güter in loser Schüttung, ein Schiff oder einen Ladetank einfüllt. Ebenso ist das Unternehmen Befüller, welches als unmittelbarer Besitzer dem Beförderer das gefährliche Gut übergibt oder selbst befördert.[156] Vor dem Befüllen der Tanks hat der Beförderer beispielsweise dafür Sorge zu tragen, dass die Tanks nur mit dafür zugelassenen Gütern befüllt werden, sonst handelt er ordnungswidrig gemäß § 37 Abs. 1 Nr. 12b) GGVSEB und ihm droht ein Bußgeld zwischen 500,– EUR und 800,– EUR.[157]

e) Der Verpacker. Der Verpacker ist das Unternehmen, das die gefährlichen Güter in Verpackungen einfüllt oder die Versandstücke zur Beförderung vorbereitet.[158] Verstößt er zB gegen die Kennzeichnung gefährlicher Güter und Zusammenpackverbote stellen diese Verstöße Ordnungswidrigkeiten gemäß § 37 Abs. 1 Nr. 11a), c), GGVSEB dar. Das Bußgeld beträgt in diesen Fällen 500,– EUR bzw. 800,– EUR.[159]

f) Der Empfänger. Der Empfänger ist der Empfänger gemäß Beförderungsvertrag. Bezeichnet der Empfänger im Beförderungsvertrag einen Dritten, so gilt dieser als Empfänger im Sinne des ADR. Erfolgt die Beförderung ohne Beförderungsvertrag, so ist Empfänger derjenige, der die gefährlichen Güter bei der Ankunft übernimmt. Der Empfänger hat insbesondere die Pflicht, die Annahme des Gutes nicht ohne zwingenden Grund zu verzögern sowie nach dem Entladen und vor dem Zurückstellen oder vor der Wiederverwendung zu prüfen, dass die ihn betreffenden Vorschriften des ADR/RID/ADN eingehalten worden sind. Verstöße hiergegen sind nach § 37 Abs. 1 Nr. 9a), b) GGVSEB als Ordnungswidrigkeit bußgeldbewehrt, wobei das Bußgeld 200,– EUR bis 500,– EUR beträgt.[160]

g) Der Fahrzeugführer. Fahrzeugführer ist, wer das Fahrzeug lenkt, dh die tatsächliche Herrschaft über das Fahrzeug ausübt und den Betriebsvorgang beherrscht.[161] Er ist als solcher nicht der Beförderer. Ein selbst fahrender Fuhrunternehmer, ist allerdings gleichzeitig Fahrzeugführer, Beförderer und Halter.

Der Fahrzeugführer ist unter anderem verpflichtet sämtliche Begleitpapiere, Schulungsbescheinigungen, Feuerlöschgeräte, Ausrüstungsgegenstände im Fahrzeug mitzuführen und auf

---

[151] OLG Hamm TranspR 2013, 247, 248.
[152] Bußgeldkatalog lfd. Nr. 45 Anlage 7 RSEB; zur Bußgeldfestsetzung im Einzelnen siehe Rn. 166 ff.
[153] genaue Begriffsbestimmung siehe § 2 Nr. 3 GGVSEB.
[154] Bußgeldkatalog lfd. Nr. 85 Anlage 7 RSEB; zur Bußgeldfestsetzung im Einzelnen siehe Rn. 166 ff.
[155] Bußgeldkatalog lfd. Nr. 92, 93 Anlage 7 RSEB; zur Bußgeldfestsetzung im Einzelnen siehe Rn. 166 ff.
[156] § 2 Nr. 2 GGVSEB.
[157] Bußgeldkatalog lfd. Nr. 118; Anlage 7 RSEB; zur Bußgeldfestsetzung im Einzelnen siehe Rn. 166 ff.
[158] § 2 Nr. 4 GGVSEB.
[159] Bußgeldkatalog lfd. Nr. 109, 111 Anlage 7 RSEB; zur Bußgeldfestsetzung im Einzelnen siehe Rn. 166 ff.
[160] Bußgeldkatalog lfd. Nr. 73, 74 Anlage 7 RSEB; zur Bußgeldfestsetzung im Einzelnen siehe Rn. 166 ff.
[161] *Hentschel* § 23 StVO Rn. 10.

Verlangen auszuhändigen sowie für das Anbringen, Entfernen oder Abdecken von Großzetteln und Warntafeln zu sorgen. Verstöße gegen diese Pflichten sind nach § 37 Abs. 1 Nr. g), j) GGVSEB bußgeldbewehrt, wobei sich das Bußgeld je nach Pflichtverletzung auf 100,- EUR is 500,- EUR beziffert.[162] Des Weiteren handelt er ordnungswidrig gemäß § 37 Abs. 1 Nr. 20m) GGVSEB, wenn er alkoholisiert fährt. Hier droht ihm bei einem Verstoß je nach Promillezahl ein Bußgeld zwischen 250,- EUR und 500,- EUR.[163] Bei wiederholten Verstößen erhöht sich das Bußgeld auf bis zu 1.500,- EUR.[164] Gleiches gilt, wenn der Fahrzeugführer unter der Wirkung eines der in § 24a StVG genannten Mittel steht.[165]

11. Verstöße und ihre Ahndung

161 a) **Buß- und Verwarnungsgeldkatalog.** Verstöße gegen die Vorschriften des Gefahrgutrechts werden als Ordnungswidrigkeiten nach den Bestimmungen der RSEB und dem Gesetz über Ordnungswidrigkeiten (OWiG)[166] geahndet.

162 Die Vorschrift des § 10 Abs. 1 GGBefG enthält eine abschließende Aufzählung der einzelnen Ordnungswidrigkeitentatbestände, die sowohl vorsätzlich als auch fahrlässig begehbar sind. Hierunter fällt jede Zuwiderhandlung gegen eine Rechtsverordnung, maßgeblich ist die GGVSEB, soweit sie auf diese Bußgeldvorschrift verweist,[167] jede Zuwiderhandlung gegen eine vollziehbare Anordnung oder Auflage,[168] eine Verletzung der Auskunftspflicht,[169] eine Verletzung der Duldungs- und Übergabepflicht[170] sowie die Nichtbereitstellung der erforderlichen Hilfsmittel bzw. das Unterlassen der nötigen Mithilfe.[171]

163 In § 10 Abs. 2 GGBefG ist normiert, dass Ordnungswidrigkeiten in den Fällen des § 10 Abs. 1 Nr. 1, Nr. 1a) und Nr. 2 GGBefG mit einer Geldbuße bis **50.000,- EUR** und in den übrigen Fällen mit einer Geldbuße bis zu **1.000,- EUR** geahndet werden können.

164 Bei fahrlässiger Begehung verringert sich die Bußgeldandrohung nach § 17 Abs. 2 OWiG auf die Hälfte des höchstzulässigen Betrages. Die Geldbuße kann dabei auch gegen juristische Personen und Personengesellschaften festgesetzt werden (§ 30 OWiG).

165 Bei geringfügigen Ordnungswidrigkeiten kann die Verwaltungsbehörde auch ein Verwarnungsgeld von 5,- EUR bis 35,- EUR erheben.[172] Mit der Verwarnung soll dem Betroffenen dessen Fehlverhalten vorgehalten werden. Daher ist die Verwarnung mit einem Hinweis auf die Zuwiderhandlung zu verbinden. Die Geringfügigkeit richtet sich dabei nach der Bedeutung der Handlung und dem Grad der Vorwerfbarkeit. So kann bei einer Gesamtbetrachtung der Umstände auch ein schwerwiegenderer Verstoß wegen geringer Vorwerfbarkeit insgesamt geringfügig sein.[173] Das Bundesministerium hat in Zusammenarbeit mit den Verkehrsministerien der Länder einen **Buß- und Verwarnungsgeldkatalog** (Anlage 7 RSEB) ausgearbeitet, welcher auf der Internetseite des Bundesamtes für Güterverkehr unter www.bag-bund.de abgedruckt ist.

166 b) **Bemessung der Geldbuße.** Im Gegensatz zu den Regelsätzen der auf Grund des § 26a StVG erlassenen Bußgeldkatalog-Verordnung (BKatV),[174] die der gleichmäßigen Behandlung und Vereinheitlichung von Massen-Ordnungswidrigkeiten dient, ist der Buß- und Ver-

---

[162] Bußgeldkatalog lfd. Nr. 197, 200 Anlage 7 RSEB; zur Bußgeldfestsetzung im Einzelnen siehe Rn. 166 ff.
[163] Bußgeldkatalog lfd. Nr. 203.1.1, 203.1.2 Anlage 7 RSEB; zur Bußgeldfestsetzung im Einzelnen siehe Rn. 166 ff.
[164] Bußgeldkatalog lfd. Nr. 203.1.3, 203.1.4 Anlage 7 RSEB; zur Bußgeldfestsetzung im Einzelnen siehe Rn. 166 ff.
[165] Bußgeldkatalog lfd. Nr. 203.2 ff. Anlage 7 RSEB; zur Bußgeldfestsetzung im Einzelnen siehe Rn. 166 ff.
[166] IdF der Bekanntmachung vom 19.2.1987 (BGBl. I S. 602), zuletzt geändert durch Artikel 18 des Gesetzes vom 10.10.2013 (BGBl. I S. 3786).
[167] § 10 Abs. 1 Nr. 1 GGBefG iVm § 37 GGVSE.
[168] §§ 10 Abs. 1 Nr. 2, 7, 8 GGBefG.
[169] §§ 10 Abs. 1 Nr. 3, 9 Abs. 2, S. 1, Abs. 3 iVm Abs. 2 S. 1 GGBefG.
[170] §§ 10 Abs. 1 Nr. 4, 9 Abs. 2 S. 3, 4 iVm Abs. 3 GGBefG.
[171] §§ 10 Abs. 1 Nr. 5, 9 Abs. 2 S. 6 GGBefG.
[172] Gemäß § 56 Abs. 1 S. 1 OWiG.
[173] Siehe 37.4 RSEB.
[174] Bußgeldkatalog-VO BKatV 14.3.2013 (BGBl. I S. 498), zuletzt geändert durch Artikel 7a der Verordnung vom 16.4.2014 (BGBl. I S. 348).

warnungsgeldkatalog in Anlage 7 der RSEB nicht verbindlich, weshalb die dort genannten Sätze in jedem Einzelfall auf ihre Angemessenheit zu überprüfen sind.[175] Der Bußgeldkatalog enthält lediglich Zumessungsregeln für eine länderübergreifende und gleichmäßige Bemessung von Buß- und Verwarngeldern aufgrund von Tatbeständen nach der GGVSEB, von denen gegebenenfalls auch erheblich abgewichen werden kann.[176] Die dort aufgeführten Bußgeldbeträge sind Regelsätze, die von fahrlässiger Begehung, normalen Tatumständen und von mittleren wirtschaftlichen Verhältnissen ausgehen.[177]

Aus diesem Grund sind die Bußgeldbehörden verpflichtet, objektive und subjektive Tatumstände, die die Handlung im Vergleich zum Regelfall als weniger schwerwiegend oder auch schwerwiegender kennzeichnen, zugunsten oder zuungunsten des Betroffenen zu berücksichtigen und somit im Einzelfall vom Regelsatz abzuweichen. Eine Verminderung des Regelsatzes kommt beispielsweise in Betracht, wenn sich der Betroffene einsichtig zeigt, die Schuld, die ihn trifft, gering ist oder bei Vorliegen schlechter wirtschaftlicher Verhältnisse. Dagegen kann der Regelsatz erhöht werden, wenn der Betroffene wiederholt Verstöße gegen das Gefahrgutrecht begeht oder besondere wirtschaftliche Vorteile aus der Tat gezogen hat. Bei geringfügigen Ordnungswidrigkeiten (35,- EUR bis 250,- EUR) bleiben die wirtschaftlichen Verhältnisse in der Regel unberücksichtigt.[178]

167

Bei vorsätzlichem Handeln sind die angegebenen Sätze angemessen bis zum doppelten Satz zu erhöhen. Die Regelsätze erhöhen sich, soweit die Angelegenheit nicht strafrechtlich verfolgt wird, um mindestens 25 %, wenn durch die Zuwiderhandlung ein anderer gefährdet oder geschädigt ist.[179] Der Bußgeldkatalog unterscheidet bei den einzelnen Verstößen drei Gefahrenkategorien, wobei die Gefahrenkategorie I die schwerwiegendste ist.[180] Je nach Gefahrenkategorie können die Verstöße unterschiedlich hoch geahndet werden.

168

Im Rahmen der Bußgeldbemessung von Verstößen gegen das Gefahrgutrecht kommt es häufiger zu einem Zusammentreffen mehrerer Gesetzesverletzungen. Bei tateinheitlich begangenen Handlungen – dieselbe Handlungseinheit verletzt verschiedene Gesetze oder dasselbe Gesetz wird mehrfach verletzt nach § 19 OWiG – wird in der Praxis regelmäßig der höchste in Betracht kommende Bußgeldregelsatz um jeweils 25 % der weiteren Bußgeldregelsätze für die anderen Ordnungswidrigkeiten erhöht. Das Bußgeld darf dabei den in § 10 Abs. 2 GGBefG normierten Höchstsatz von 50.000,- EUR nicht überschreiten.

169

Tatmehrheit ist gegeben, wenn die Verwirklichung mehrerer Bußgeldtatbestände oder die mehrfache Verwirklichung eines Bußgeldtatbestandes keine tatsächliche oder rechtliche Handlungseinheit bildet, also durch mehrere selbständige Handlungen mehrere Vorschriften oder eine Bußgeldvorschrift mehrmals verletzt werden, § 20 OWiG.[181] In diesem Falle bemisst sich die Geldbuße nach der für jede einzelne Ordnungswidrigkeit angedrohten Höhe.[182] Die Geldbußen werden addiert.

170

Einen wichtigen Aspekt, gerade im Gefahrgutbereich, stellt der durch die Ordnungswidrigkeit erlangte wirtschaftliche Vorteil dar, der bei der Zumessung der Geldbuße zu berücksichtigen ist. Dieser Vorteil soll im Rahmen der Bußgeldfestsetzung abgeschöpft werden, damit der Betroffene aus seiner Handlungsweise keinen finanziellen Gewinn zieht. Insoweit ist die Geldbuße im Rahmen ihrer Höchstgrenze so zu bemessen, dass sie den wirtschaftlichen Nutzen, den der Betroffene aus der Ordnungswidrigkeit gezogen hat, übersteigt. Bestellt der Unternehmer zB keinen Gefahrgutbeauftragten, obwohl er dazu verpflichtet wäre, so ermittelt die Behörde oftmals durch eine Schätzung, wie viel Geld er dadurch ein-

171

---

[175] *Hentschel* § 24 StVG Rn. 64; OLG Karlsruhe Beschl. v. 13.10.2006 – 1 Ss 82/06.
[176] OLG Karlsruhe Beschl. v. 13.10.2006 – Ss 82/06; Thüringer OLG Beschl. v. 23.5.2006 – BeckRS 2006, 09082; Thüringer OLG – 1 Ss 77/06; OLG Düsseldorf v. Beschl. v. 20.9.1986 – 5 Ss (OWi) 265/86 – 234/86 I.
[177] OLG Düsseldorf Beschl. v. 23.9.1986 – 5 Ss (OWi) 265/86 – 234/86 I.
[178] Göhler/*Gürtler* § 17 Rn. 23 f.
[179] Siehe 37.2 RSEB.
[180] Genaue Definition der einzelnen Gefahrenkategorien sind der Anlage 3 der VO über die Kontrollen von Gefahrguttransporten auf der Straße und in den Unternehmen (GGKontrollV) zu entnehmen.
[181] Göhler/*Gürtler* Vor § 19 Rn. 31.
[182] Göhler/*Gürtler* § 20 Rn. 2.

gespart hat (Schulungen, etc.). Das Bußgeld soll nicht niedriger sein, als die ersparten Aufwendungen. Die Höchstgeldbuße beträgt gemäß § 10 Abs. 2 GGBefG bis zu 50.000,– EUR.

172   c) **Straftaten und Haftung.** Werden im Zusammenhang mit der Beförderung von gefährlichen Gütern Strafrechtsnormen verletzt, finden die entsprechenden Normen aus dem Strafgesetzbuch (StGB) Anwendung. Besondere Straftaten, die im Zusammenhang mit der Beförderung von gefährlichen Gütern begangen werden können sind Straftaten gegen die Umwelt, die im 29. Abschnitt des StGB geregelt sind. Dazu gehören zB § 324 Gewässerverunreinigung, § 324a Bodenverunreinigung, § 325 Luftverunreinigung, § 325a Verursachen von Lärm, Erschütterungen und nichtionisierenden Strahlen, § 326 Unerlaubter Umgang mit gefährlichen Abfällen, § 328 Unerlaubter Umgang mit radioaktiven Stoffen und anderen gefährlichen Stoffen und Gütern,[183] § 329 Gefährdung schutzbedürftiger Gebiete, § 330 besonders schwerer Fall einer Umweltstraftat, § 330 schwere Gefährdung durch Freisetzung von Giften. Allerdings können auch anderweitige Straftaten in Betracht kommen wie zB § 306d fahrlässige Brandstiftung[184] oder § 315c Gefährdung des Straßenverkehrs.

173   Letztlich ist durch das 2. Gesetz zur Änderung des Gefahrgutbeförderungsgesetzes im Jahr 2009 mit § 11 GGBefG eine eigene Strafvorschrift in das Gesetz aufgenommen worden. Danach wird mit Freiheitsstrafe bis zu einem Jahr oder mit Geldstrafe bestraft, wer eine in § 10 Abs. 1 Nr. 1 Buchstabe a bezeichnete vorsätzliche Handlung beharrlich wiederholt oder durch eine solche vorsätzliche Handlung Leben oder Gesundheit eines Anderen, ihm nicht gehörende Tiere oder fremde Sachen von bedeutendem Wert gefährdet.

174   Neben der Ahndung von Ordnungswidrigkeiten und Straftaten kommt es im Zusammenhang mit Unfällen häufig zu Schadensersatzforderungen gemäß §§ 823, 249 BGB. Daneben ist die Halterhaftung, die im Straßenverkehrsgesetz (StVG) geregelt ist, bei Unfällen oftmals von Bedeutung. In §§ 7, 12, 12a StVG ist die Haftung des Halters und deren Begrenzung sowie die Haftung bei der Beförderung gefährlichen Gütern geregelt. Aber auch in anderen Bereichen wie zB aus § 22 Wasserhaushaltsgesetz (WHG) kann es zu einer Haftungsanspruch kommen, wenn Stoffe in ein Gewässer eingebracht oder eingeleitet werden und die Beschaffenheit des Wassers verändern.

175   d) **Verjährung, Verfahrensablauf.** Die Verjährung bei Verstößen gegen das GGBefG richtet sich nach den allgemeinen Vorschriften des OWiG, wobei die im einschlägigen Gesetz als Höchstmaß angedrohten Geldbußen maßgebend sind. Die Verjährung beträgt gemäß § 31 Abs. 2 Nr. 1 OWiG bei der Verfolgung eines Gefahrgutverstoßes mit einer Höchstgeldbuße von 50.000,– EUR (§ 10 Abs. 2 GGBefG) **drei** Jahre und bei einer Bußgeldandrohung von 1.000,– EUR (§ 10 Abs. 2 GGBefG) **sechs Monate**.

176   Vor Erlass eines Bußgeldbescheides ist der Betroffene zunächst anzuhören gemäß § 55 Abs. 1 OWiG.[185] Er hat die Möglichkeit, wie auch im normalen Ordnungswidrigkeitenverfahren, nach § 67 OWiG gegen den Bußgeldbescheid innerhalb von zwei Wochen nach Zustellung Einspruch einzulegen. Wird dem Einspruch seitens der Behörde nicht abgeholfen, steht ihm der Weg zum Amtsgericht, in dessen Bezirk die Verwaltungsbehörde ihren Sitz hat, offen. Gegen ein belastendes Urteil kann der Betroffene gemäß §§ 80, 79 OWiG die Rechtsmittel der Zulassung der Rechtsbeschwerde oder der Rechtsbeschwerde einlegen.

177   e) **Zuständigkeiten für die Ahndung von Zuwiderhandlungen.** Gemäß §§ 5, 8, 9 GGBefG können sowohl Bundes- als auch Landesbehörden als zuständige Behörden für die Gefahrgutüberwachung und Kontrolle bestimmt werden. Auf Bundesebene kann diese Kontrollfunktion das BAG ausüben und auf Länderebene übt diese, je nach Bundesland, fast ausschließlich die Polizei bzw. Wasserschutzpolizei aus. In seltenen Fällen sind für die Kontrollen auf dem Betriebsgelände des Unternehmens auch die Arbeitsschutzämter oder Gewerbeaufsichtsämter zuständig. Die Kontrollen werden durch besonders aus- und fortgebildete Beamten durchgeführt, die überwiegend in speziellen Dienststellen zur Überwachung von Gefahrguttransporten eingesetzt sind.

---

[183] Himmelreich/Halm/*Veit* Kap. 38 Rn. 52.
[184] *Tröndle*/Fischer § 306d Rn. 4.
[185] Göhler/*Gürtler* § 55 Rn. 1.

Gemäß §§ 8, 9 GGBefG sind die zuständigen Behörden ermächtigt, erforderliche Maßnahmen zur Mängelbeseitigung zu treffen und notfalls die Fortsetzung der Fahrt zu untersagen. Ein Fahrzeug, das nicht in einem Mitgliedstaat der Europäischen Union oder einem anderen Vertragsstaat des Abkommens über den Europäischen Wirtschaftsraum zugelassen ist und in die Bundesrepublik Deutschland einfahren will, kann an der Grenze zurückgewiesen werden, wenn es Mängel insbesondere im Zusammenhang mit der Beförderung von gefährlichen Gütern aufweist, die nicht sofort zu beheben sind gemäß § 8 Abs. 1 S. 2 Nr. 3 GGBefG. Darüber hinaus sind gemäß § 9 Abs. 2 die entsprechenden Behörden im Rahmen ihrer Tätigkeit befugt Auskunfts-, Betretungs-, Probenahme- und Unterstützungsrechte wahrzunehmen. 178

Wird von den kontrollierenden Beamten nach Abschluss der Ermittlungen das Vorliegen einer Ordnungswidrigkeit nach § 10 GGBefG festgestellt, geben diese den Vorgang nebst einer ausführlichen Stellungnahme mit dem Antrag auf Erlass eines Bußgeld- bzw. Verwarngeldbescheides an die zuständige Verwaltungsbehörde ab. Örtlich zuständig ist die Verwaltungsbehörde, in deren Bezirk die Ordnungswidrigkeit begangen oder entdeckt wurde gemäß § 37 Abs. 1 Nr. 1 OWiG. Über den Einspruch gegen den Bußgeldbescheid entscheidet das Amtsgericht, in dessen Bezirk die Verwaltungsbehörde (Bußgeldbehörde) sitzt gemäß § 68 Abs. 1 OWiG. 179

12. Kosten und Gebühren

Gemäß § 105 Abs. 1 OWiG iVm § 464 StPO muss jeder Bußgeldbescheid eine Entscheidung über die Kostenlast enthalten. Die Kosten des Verfahrens gehen zu Lasten des Betroffenen, soweit dieser den ihm zur Last gelegten Verstoß begangen hat und das Bußgeld akzeptiert (§ 465 StPO). Er muss also seine eigenen Auslagen und die Gebühren und Auslagen der Verwaltungsbehörde (§ 107 OWiG) tragen. Enthält der Bußgeldbescheid keine Kostenentscheidung, so fallen die Kosten der Staatskasse zur Last.[186] Bei einer Einstellung des Verfahrens durch das Gericht können die dem Betroffenen entstandenen Auslagen diesem auferlegt werden.[187] 180

Die Gebühren des Rechtsanwalts richten sich in Bußgeldangelegenheiten nach den Nr. 5100 ff. der Anlage 1 des Vergütungsverzeichnisses des Rechtsanwaltsvergütungsgesetzes (RVG). Bei Straftaten hingegen sind die Nr. 4100 ff. für die Gebühren des Anwalts maßgebend. 181

13. Nützliche Internet-Adressen für den Bereich Gefahrgutbeförderung

Auf den nachfolgend aufgeführten Internetadressen können weiterführende Informationen (Merkblätter, Downloads, Checklisten) abgerufen werden: 182
- www.bmvbs.de
- www.bam.de
- www.bag.bund.de
- www.gefahrgut.de
- www.bundesrecht.juris.de
- www.fachforum.de
- www.dgg.bam.de
- www.ChemLin.de
- www.der-gefahrgut-beauftragte.de
- www.gefahrgut-online.de
- www.storck-verlag.de

III. LKW-Maut

1. Begriff der Maut

Die LKW-Maut ist eine entfernungsabhängige Straßenbenutzungsgebühr, die ausschließlich Fahrzeuge, die für den **Güterkraftverkehr** geeignet sind, erfasst. Sie wird für die Benut- 183

---
[186] Göhler/*Seitz* § 66 Rn. 30.
[187] Göhler/*Seitz* § 47 Rn. 51.

zung von deutschen Bundesautobahnen inklusive der Tank- und Rastanlagen sowie der Stadtautobahnen für Lkw und Fahrzeugkombinationen **über 12 Tonnen Gesamtgewicht** erhoben.

184 Bis zum Jahre 2003 wurde eine zeitabhängige Autobahnbenutzungsgebühr über die Eurovignette erhoben. Diese ist zum 31.8.2003 entfallen und sollte übergangslos durch die Lkw-Maut ersetzt werden. Die Toll Collect GmbH,[188] zu der die Deutsche Telekom AG und die Daimler AG als Hauptanteilseigner gehören, wurde von der Bundesregierung beauftragt, ein bundesweites Erhebungs- und Abrechnungssystem aufzubauen und zu betreiben. Aufgrund diverser technischer Probleme kam es zu Verzögerungen bei der Einführung der Lkw-Maut, die letztlich dazu führten, dass das System erst zum 1.1.2005 in Betrieb genommen werden konnte.

2. Rechtsgrundlagen

185 Die Rechtsgrundlage für die Erhebung der Maut ist das Gesetz über die Erhebung von streckenbezogenen Gebühren für die Benutzung von Bundesautobahnen und Bundesstraßen (BFStrMG),[189] welches im Juli 2011 das bisher geltende ABMG[190] ablöste. Es regelt, für welche Fahrzeuge auf welchen Autobahnen und Bundesstraßen Maut zu zahlen ist, wie die Maut erhoben und wie sie kontrolliert wird. Das BFStrMG wird ergänzt durch verschiedene Rechtsverordnungen, speziell die Verordnung zur Erhebung, zum Nachweis der ordnungsgemäßen Entrichtung und zur Erstattung der Maut (Lkw-Maut-Verordnung – Lkw-MautV)[191] und die Verordnung zur Anordnung des Beginns der Mauterhebung auf Abschnitten von Bundesstraßen (Bundesfernstraßen-Maut-Erhebungs-Verordnung).[192]

3. Mautpflicht

186 Die Lkw-Maut wird grundsätzlich für Kraftfahrzeuge oder Fahrzeugkombinationen erhoben, deren zulässiges Gesamtgewicht laut Fahrzeugschein – einschließlich Anhänger – mindestens 12 Tonnen beträgt und die ausschließlich für den Güterkraftverkehr bestimmt sind.[193] Letzteres ist der Fall, wenn das eingesetzte Fahrzeug im Rahmen seiner typischen und ausschließlichen Zweckbestimmung für einen regelmäßigen und auf Dauer angelegten Einsatz im Güterkraftverkehr geeignet und bestimmt ist.[194] Unerheblich ist dabei, ob tatsächlich Güter befördert werden, die Güterbeförderung gewerblich oder zu eigenen Zwecken (sog. Werkverkehr)[195] erfolgt oder das betreffende Kfz von der Kraftfahrzeugsteuer befreit ist.[196] Für die begriffliche Einordnung der Bestimmung zum Güterkraftverkehr kommt es daher weder auf die subjektive Zweckbestimmung noch auf den konkreten Zweck der Fahrt im Einzelfall an. Fahrzeuge sind nur dann „ausschließlich" für den Güterkraftverkehr bestimmt, wenn sie nach ihren objektiven Merkmalen nicht auch noch zu anderen als bloßen Transportzwecken bestimmt sind, wobei nicht maßgeblich ist, ob das Fahrzeug objektiv geeignet ist, ausschließlich dem Güterkraftverkehr zu dienen.[197]

4. Befreiung von der Mautpflicht

187 **a) Gesetzlich geregelte Ausnahmen von der Mautpflicht.** Nach § 1 Abs. 2 Nr. 1 bis 5 BFStrMG sind verschiedene Fahrzeuge bzw. Fahrzeugkombinationen von der Mautpflicht

---

[188] Toll Collect GmbH, Postfach 60 13 63 in 14413 Potsdam, www.toll-collect.de.
[189] Bundesfernstraßenmautgesetz vom 12.7.2011 (BGBl. I S. 1378), zuletzt geändert durch Artikel 2 Abs. 152 des Gesetzes vom 7.8.2013 (BGBl. I S. 3154).
[190] AMBG idF v. 2.12.2004 (BGBl. I S. 3122) seit 18.7.2011 außer Kraft.
[191] Lkw-MautV idF v. 24.6.2003 (BGBl. I S. 1003), zuletzt geändert durch Art. 2 des Gesetzes vom 23.7.2013 (BGBl. I S. 2550).
[192] BStrMautErhebV vom 2. Juli 2012 (BAnz. AT 4.7.2012 V1).
[193] Vgl. § 1 Abs. 1 S. 2 BFStrMG.
[194] Vgl. § 1 Abs. 4 GüKG.
[195] Zur Definition des Werkverkehrs vgl. Rn. 54 ff.; *Hein/Eichhoff/Pukall/Krien* III N § 1 S. 5 ff.; VG Köln Urt. v. 4.5.2007 – 25 K 358/06.
[196] VG Berlin Urt. v. 8.2.2008 – 4 A 128.07.
[197] VG Köln Urt. v. 20.5.2011 – 14 K 7547/09.

befreit. Dazu gehören Kraftomnibusse (Nr. 1), Fahrzeuge der Streitkräfte, der Polizeibehörden, des Zivil- und Katastrophenschutzes, der Feuerwehr und anderer Notdienste, sowie Fahrzeuge des Bundes (Nr. 2). Des Weiteren fallen die Fahrzeuge darunter, die ausschließlich für den Straßenunterhaltungs- und Straßenbetriebsdienst einschließlich Straßenreinigung[198] und Winterdienst genutzt werden (Nr. 3). Unter diesen Befreiungstatbestand fallen auch solche Fahrzeuge von Privaten, die vom Bund oder den Gemeinden Aufträge für den Straßenunterhaltungs- und Straßenbetriebsdienst einschließlich Straßenreinigung und Winterdienst erhalten haben. Dabei ist nicht entscheidend, dass unmittelbare bzw. direkte Auftragnehmer der öffentlichen Hand diese Aufträge wahrnehmen, sondern auch der sog. Nachunternehmer bzw. Subunternehmer, der aufgrund eines Werkvertrages im Auftrag eines anderen Unternehmers (Hauptunternehmer) einen Teil der von diesem gegenüber dessen eigentlichen Auftraggebers geschuldeten Leistung erbringt.[199]

Darüber hinaus sind Fahrzeuge nicht mautpflichtig, die ausschließlich für Zwecke des Schausteller- und Zirkusgewerbes eingesetzt werden (Nr. 4). Letztere waren zuvor schon von der früher geltenden Vignettenpflicht ausgenommen und genießen insoweit Bestandsschutz. Sinn und Zweck dieser Ausnahmeregelung ist die Bewahrung traditioneller Feste wie Volksfeste u.ä. Hierbei ist es für die Mautbefreiung nach § 1 Abs. 2 S. 1 Nr. 4 BFStrMG nicht ausreichend, dass ein Gewerbetreibender, selbst wenn er sich grundsätzlich als Schausteller betätigt, lediglich am gewöhnlichen Markthandel teilnimmt. Den Veranstaltungen muss eine derartige Bedeutung zukommen, so dass sie über den Rang eines normalen Wochenmarktes hinausgehen.[200] 188

Letztlich fallen unter die gesetzlich geregelten Mautbefreiungen die Fahrzeuge, die von gemeinnützigen Einrichtungen oder mildtätigen Organisationen für den Transport von humanitären Hilfsgütern (Medikamente, Kleidung, Decken, medizinische Geräte, Nahrungsmittel, etc.), die zur Linderung einer Notlage dienen, eingesetzt werden (Nr. 5). Hiervon werden auch diejenigen Fahrzeuge erfasst, die zu diesem Zweck angemietet oder solchen Organisationen zur Verfügung gestellt werden. 189

Außer Kraftomnibusse müssen die oben genannten Fahrzeugtypen für den jeweils bestimmten Zweck erkennbar sein – überwiegend wird dies bereits durch besondere amtliche Kennzeichen oder einen äußerlichen Schriftzug gewährleistet –, wobei es bei Fahrzeugkombinationen ausschließlich auf das Motorfahrzeug ankommt gemäß § 1 Abs. 2. S. 2, 3 BFStrMG. Dieses muss allerdings dauerhaft und nicht nur vorübergehend unter die Mautbefreiungsvoraussetzungen fallen. 190

Örtlich ausgenommen von der Mautpflicht für alle ansonsten mautpflichtigen Fahrzeuge sind gemäß § 1 Abs. 3 Nr. 1 bis 4 BFStrMG Fahrten auf der A 5 und A 6 im grenznahen Bereich zu Frankreich und der Schweiz sowie privatfinanzierte Strecken (Fernstraßenbauprivatfinanzierungsgesetz)[201] und Abschnitte von Bundesautobahnen, die mit nur einem Fahrstreifen je Fahrtrichtung ausgebaut und nicht unmittelbar an das Bundesautobahnnetz angebunden sind. 191

b) Weitere mautbefreite Fahrzeuge. Nicht der Mautpflicht unterliegen Fahrzeuge, die nicht bestimmungsgemäß Güterverkehr betreiben. Darunter fallen verschiedene Fahrzeuge der Bauwirtschaft (zB Fahrzeuge, die Baumaterialien zu Autobahnbaustellen liefern), der Land- und Forstwirtschaft (zB gewisse Ackerschlepper und Geräteträger), insbesondere aber auch selbstfahrende Arbeitsmaschinen wie beispielsweise Kräne, Betonpumpen (nicht jedoch Betonmischer) sowie Sonder-KFZ Kanalreiniger. Auch Abschleppwagen unterliegen, unabhängig davon, ob hierbei ein liegengebliebenes Fahrzeug unmittelbar von der Autobahn abgeschleppt wird oder es lediglich die Autobahn für einen anderen Einsatz benutzt, nicht der Mautpflicht. LKW-KFZ-Fahrzeugbeförderungen und Pannenhilfsfahrzeuge sind nur dann von der Maut befreit, wenn sie von einem Notdienst betrieben und im Rahmen eines Notfalls eingesetzt werden. Zudem müssen sie äußerlich als Notdienstfahrzeuge ge- 192

---

[198] VG Berlin Urt. v. 2.11.2007 – 4 A 295.05.
[199] VG Berlin Urt. v. 8.6.2007 – 4 A 434.05.
[200] VG Berlin Urt. v. 8.2.2008 – 4 A 227.07.
[201] Fernstraßenbauprivatfinanzierungsgesetz idF v. 6.1.2006 (BGBl. I S. 49).

kennzeichnet sein. Bei all diesen Beispielen besteht eine Mautbefreiung jedoch nur, wenn das Fahrzeug bei objektiver Betrachtung von seiner Bauart her generell nicht zur Güterbeförderung bestimmt ist, unabhängig von seiner Verwendung im Einzelfall.

193 c) Registrierung mautbefreiter Fahrzeuge. Für den Halter besteht die Möglichkeit sein Fahrzeug bei der Betreibergesellschaft Toll Collect registrieren zu lassen. Somit erspart er sich überflüssige Kontrollen oder Nacherhebungsbescheide. Die Registrierung ist maximal zwei Jahre gültig und kann im Anschluss verlängert werden. Die bei Toll Collect als mautbefreit registrierten Fahrzeuge werden vom Kontrollsystem über das Kennzeichen erkannt. Die Mautbefreiung besteht unabhängig von einer etwaigen Registrierung.

5. Mautschuldner

194 Mautschuldner ist derjenige, der zur Zahlung der Lkw-Maut verpflichtet ist. Dies ist gemäß § 2 S. 1 Nr. 1 bis 3 BFStrMG der
- Eigentümer des Motorfahrzeugs
- Halter des Motorfahrzeugs oder die Person, die über den Gebrauch des Motorfahrzeugs bestimmt (zum Beispiel der Beförderer, Mieter, Disponent)
- das Motorfahrzeug führt (Fahrer).

195 In § 2 S. 2 BFStrMG ist normiert, dass mehrere Mautschuldner gemeinsam als Gesamtschuldner haften. Dabei ist es nicht entscheidend, dass der Eigentümer oder der Halter von der mautpflichtigen Fahrt Kenntnis hatte oder hätte haben können. Jede der oben genannten Personen ist demnach im Außenverhältnis zur Zahlung der Maut verpflichtet. Allerdings kann der Mautgläubiger gemäß §§ 421, 422 BGB die Leistung nur einmal fordern.
Im Innenverhältnis richtet sich die Ausgleichspflicht der Mautschuldner untereinander nach den Regeln des § 426 BGB, wobei jeder Gesamtschuldner einen gleichen Anteil tragen muss, es sei denn es ist etwas anderes bestimmt.
In der Regel steht das mautpflichtige Fahrzeug im Eigentum des Transportunternehmers, so dass dieser als Mautschuldner herangezogen werden kann.

196 Für den Fahrzeugführer, der gemäß § 2 S. 1 Nr. 3 BFStrMG ebenfalls als Mautschuldner benannt ist, trifft den Arbeitgeber das betriebliche Risiko, dh sofern der Fahrer die Maut nicht oder nicht rechtzeitig entrichtet, kann er vom Arbeitgeber stets vollständige oder teilweise Freistellung von der Mautpflicht verlangen.

197 Ist das Fahrzeug aufgrund eines Leasingvertrages zur Nutzung überlassen, bleibt der Leasinggeber Eigentümer des Fahrzeugs und der Transportunternehmer erwirbt ein Nutzungsrecht daran. Durch die gleichzeitige Erwähnung von Eigentümer und Halter in § 2 Nr. 1 BFStrMG ist der Transportunternehmer neben dem Eigentümer als Halter des Fahrzeugs zur Entrichtung der Maut verpflichtet.[202] Denn Halter ist, wer das Kraftfahrzeug für eigene Rechnung gebraucht, demnach die Kosten bestreitet und die Nutzungen daraus zieht.[203] Es ist also derjenige der tatsächlich, überwiegend wirtschaftlich, über das Fahrzeug verfügen kann und nicht zwingend derjenige, der im Fahrzeugschein eingetragen ist. Der Leasinggeber ist Eigentümer iSd § 2 Nr. 1 BFStrG und somit ebenfalls Mautschuldner, da das Gesetz diesbezüglich keine Einschränkung vorsieht.[204]

198 Ebenso werden oftmals Autovermietungsunternehmen neben dem Mieter in ihrer Haltereigenschaft gemäß § 2 Nr. 1 BFStrMG als Mautpflichtige herangezogen, wenn die tatsächlichen Mieter der Fahrzeuge nicht ermittelt werden können oder sich anderweitig der Zahlung der Maut entziehen. Selbst wenn bei kurzzeitiger Vermietung nur der jeweilige Mieter und nicht mehr der Vermieter über den Einsatz des Fahrzeugs entscheiden kann, beendet dies nicht die Eigenschaft des Vermieters als Halter.[205] Dabei ist es unbeachtlich, dass der Vermieter keinen Einfluss darauf hat, ob der betreffende Mieter des Fahrzeugs die anfallenden Mautbeträge tatsächlich bezahlt.[206] Somit verbleibt bei dem Vermieter letztlich eine

---

[202] Bender/Bister DAR 2006, 364.
[203] Burmann/Heß/Jahnke/Janker § 7 StVG Rn. 5.
[204] AA Lüdemann NZV 2004, 381.
[205] VG Berlin Urt. v. 25.1.2008 – 4 A 341.07.
[206] VG Berlin Urt. v. 25.1.2008 – 4 A 201.07.

Mitverantwortlichkeit für die Entrichtung der Maut, der er sich nicht entziehen kann. Wird das Fahrzeug allerdings vollständig dem Einflussbereich des Vermieters entzogen, verliert der Vermieter seine Haltereigenschaft an den Mieter. Dies ist der Fall, wenn sich das Fahrzeug bei längerer Mietdauer während der der Mieter alle mit der Kfz-Haltung anfallenden Kosten trägt, an einem entfernten Ort befindet.[207] In diesem Fall ist der Vermieter nur noch als Mautpflichtiger heranzuziehen, wenn er und nicht zB ein Leasinggeber Eigentümer des Fahrzeuges ist.

Da die Maut gemäß § 1 Absatz 1 Satz 1 BFStrMG eine Gebühr ist und Gebühren Zahlungen sind, die von den Zahlungspflichtigen für unmittelbar von ihnen veranlasste öffentliche Leistungen oder für Benutzung von öffentlichen Einrichtungen erhoben werden, sah der Bundesrat es nicht für sachgerecht an, alle Eigentümer, also auch Leasing-Geber, Vermieter und Darlehnsgeber (zB bei Sicherungsübereignung) als Mautschuldner heranzuziehen. Dies zumal sie weder die Leistungen unmittelbar veranlasst, noch die Straßen benutzt haben, weshalb man den „Eigentümer" aus § 2 BFStrMG streichen solle.[208] Nach Ansicht der Bundesregierung stellt die Haftung der Eigentümer jedoch keine unangemessene Benachteiligung für diese Personengruppe dar, weil diese Mautschuldner im Falle einer Inanspruchnahme durch den Bund im Innenverhältnis vom Transportunternehmer, also ihrem Leasingnehmer, Mieter bzw. Darlehensnehmer, die gezahlte Maut zurückverlangen (§ 426 Absatz 2) des Bürgerlichen Gesetzbuchs). Insoweit wurde der „Eigentümer" als Mautschuldner beibehalten.[209]

6. Berechnung und Höhe der Maut

Die Höhe der zu entrichtenden Maut richtet sich gemäß § 3 Abs. 1 BFStrMG nach der auf mautpflichtigen Straßen zurückgelegten Strecke, nach der Anzahl der Achsen des Fahrzeugs oder der Fahrzeugkombination und nach der jeweiligen Emissionsklasse des Fahrzeugs.

Zur konkreten Bestimmung der Mauthöhe ist zunächst auf die Anzahl der Achsen des Fahrzeuges bzw. der Fahrzeugkombination abzustellen. Eine Achse ist die Konstruktion im Mittelpunkt der Räder, die diese miteinander verbindet.[210] Gemäß der Anlage zu § 14 BFStrMG werden die mautpflichtigen Fahrzeuge in zwei Achsklassen eingeteilt. Unter Nr. 1 fallen alle Fahrzeuge mit bis zu **drei** Achsen, unter Nr. 2 alle Fahrzeuge mit **vier oder mehr Achsen. Bei der Bestimmung kommt es ausschließlich auf die Anzahl der tatsächlich** am jeweiligen Fahrzeug vorhandenen Achsen an, weshalb auch Tandem- oder Doppelachsen als zwei eigenständigen Achsen anzusehen sind und nicht, wie gelegentlich angenommen, als eine (Doppel-)Achse.[211] Darüber hinaus sind Lift-, Hub- und Lastverlagerungsachsen stets zu berücksichtigen, unabhängig davon, ob sie tatsächlich eingesetzt wurden oder nicht.[212] Handelt es sich hingegen um eine Fahrzeugkombination, ist bei der Bestimmung das gesamte Gespann und nicht nur das Motorfahrzeug heranzuziehen.

Nach Feststellung der Anzahl der Achsen sind bei der Bemessung der Mauthöhe in einem zweiten Schritt die Emissionskategorien,[213] denen die verschiedenen Schadstoffklassen zugeordnet sind, zu beachten. Je nach Umweltverträglichkeit werden die Fahrzeuge in vier verschiedene Schadstoffklassen – **A, B C und D** – eingestuft, wobei die Schadstoffklasse A die umweltfreundlichste ist.

Die Emissionsklasse ergibt sich aus der im Fahrzeugschein des Motorfahrzeugs unter Ziffer 1 eingetragenen Schlüsselnummer, es sei denn, unter Ziffer 33 ist als Bemerkung eine andere Emissionsklasse eingetragen. Die Schadstoffklasse kann anhand der fünften und

---

[207] *Hentschel* § 7 StVG Rn. 16; VGH Münster VRS 61, 374.
[208] Drucksache 17/13027, Stellungnahme zum Gesetzesentwurf des BFStrMG, 1. Zu Artikel 1 Nummer 1a – neu –; § 2 Satz 1 Nummer 1 BFStrM, Anlage 3 S. 11.
[209] Drucksache 17/13027, Gegenäußerung der Bundesregierung, Zu Nummer 1 (Zu Artikel 1 Nummer 1a – neu –; § 2 Satz 1 Nummer 1 BFStrM, Anlage 4, S. 12.
[210] *Hentschel* § 34 StVZO Rn. 3.
[211] *Bender/Bister* DAR 2006, 362.
[212] *Bender/Bister* DAR 2006, 362.
[213] Vgl. § 48 StVZO iVm Anlage XIV.

sechsten Stelle der unter Ziffer 1 eingetragenen Schlüsselnummer abgelesen und erkannt werden. Daneben kann sie bei allen in Deutschland zugelassenen Fahrzeugen auch durch den Kraftfahrzeugsteuerbescheid nachgewiesen werden.[214]

204 Bei mautpflichtigen Fahrzeugen, die im Ausland zugelassen sind, erfolgt die Einteilung in Schadstoffklassen nach § 9 Abs. 2 Lkw-MautV grundsätzlich nach zeitlich abgestuften Vermutungsregelungen,[215] es sei denn, die Schadstoffklasse kann durch Vorlage entsprechender Unterlagen in deutscher Sprache, insbesondere eines Nachweises über die Erfüllung bestimmter Umweltanforderungen, belegt werden.

205 Je nachdem, wie viele Achsen das Fahrzeug besitzt und unter welche Schadstoffklasse es fällt, gelten nach der Anlage zu § 14 BFStrMG folgende Mautsätze pro gefahrenen Kilometer: Die Berechnung der Maut erfolgt gemäß § 3 Abs. 4 BFStrMG durch Multiplikation der nach § 3 Abs. 2 BFStrMG zu Grunde zu legenden Länge des Mautabschnittes mit dem Mautsatz. Das Ergebnis ist auf einen vollen Cent-Betrag kaufmännisch zu runden. Soweit die zurückgelegte Strecke mehrere Mautabschnitte umfasst, ist die Berechnung nach den Sätzen 1 und 2 für jeden Mautabschnitt gesondert durchzuführen; hieraus wird die Summe der auf die insgesamt zurückgelegte Strecke entfallenden Maut gebildet.

Emissionskategorie	bis maximal 3 Achsen	ab 4 Achsen
Kategorie A	0,141 EUR	0,155 EUR
Kategorie B	0,169 EUR	0,183 EUR
Kategorie C	0,190 EUR	0,204 EUR
Kategorie D	0,274 EUR	0,288 EUR

7. Erhebung der Maut

206 Zur Entrichtung der Maut stehen dem Mautschuldner nach § 4 Lkw-MautV drei Möglichkeiten zur Verfügung:
- Automatisches Mauterhebungssystem (die sog. On-Board-Unit, kurz OBU),
- Interneteinbuchung oder
- Buchung an Mautstellen-Terminals.

207 a) **On-Board-Unit.** Für die Teilnahme am automatischen Mauterhebungssystem ist nach § 6 Lkw-MautV eine Registrierung des Mautschuldners bei der Betreibergesellschaft Toll Collect sowie der fachgerechte Einbau eines speziellen Fahrzeuggerätes, sog. On-Board-Unit (OBU), in das mautpflichtige Fahrzeug erforderlich. Das OBU ermöglicht die satellitengestützte Ortung der genauen Position des jeweiligen Fahrzeuges auf den mautpflichtigen Streckenabschnitten, errechnet die fällige Maut-Gebühr und übermittelt die Daten per Mobilfunk zur weiteren Verarbeitung an die Betreibergesellschaft. Die Mautgebühren werden vom Rechenzentrum der Betreibergesellschaft einmal im Monat per Lastschriftverfahren (sog. Maut-Log-Pay-Verfahren) oder per Tank- oder Guthabenkarte in Rechnung gestellt. In der Praxis hat das automatische Verfahren den Vorteil, dass es ohne Fahrtunterbrechung jeden mautpflichtigen Streckenabschnitt selbständig erkennt und keinen zusätzlichen Aufwand bei Änderungen der Fahrtstrecke verursacht.

208 b) **Internet-Einbuchung.** Als Alternative zum automatischen Erhebungsverfahren steht dem Mautschuldner nach der Vorschrift des § 5 Lkw-MautV das manuelle Mauterhebungssystem zur Verfügung. Die mautpflichtige Strecke wird per Internet eingebucht. Voraussetzung hierfür ist jedoch – ebenso wie beim automatischen Verfahren – eine Anmeldung bei der Betreibergesellschaft Toll Collect. Bei der Interneteinbuchung hat der Mautschuldner die

---

[214] Siehe hierzu § 8 LKW-MautV.
[215] Vgl. § 9 Abs. 2 Lkw-MautV; Schadstoffklasse S 5 bei erstmaliger Zulassung nach dem 30.9.2009, Schadstoffklasse S 4 bei erstmaliger Zulassung nach dem 30.9.2006, Schadstoffklasse S 3 bei erstmaliger Zulassung nach dem 30.9.2001; Schadstoffklasse S 2 bei erstmaliger Zulassung nach dem 30.9.1996 und vor dem 1.10.2001; Schadstoffklasse S 1 bei erstmaliger Zulassung nach dem 30.9.1993 und vor dem 1.10.1996; keiner Schadstoffklasse bei erstmaliger Zulassung vor dem 1.10.1993.

mautpflichtige Strecke sowie Datum und Uhrzeit des geplanten Fahrtbeginns wahrheitsgemäß und vollständig anzugeben. Sodann werden ihm die Einbuchungsnummer und das Zeitfenster mitgeteilt, in dem die mautpflichtige Fahrt durchgeführt werden darf. Die Mautgebühren werden vom Rechenzentrum der Betreibergesellschaft einmal im Monat per Lastschriftverfahren (sog. Maut-Log-Pay-Verfahren) oder per Tank- oder Guthabenkarte in Rechnung gestellt.

c) **Mautstellenterminal.** Es sind rund 3.500 Terminals verfügbar, die sich in der Nähe von Autobahnauf- und -abfahrten, Bundesgrenzen, auf Autohöfen, an Raststätten und an Tankstellen befinden. Die Entrichtung der Maut hat vor Fahrtantritt zu erfolgen. Bei der Einbuchung an einem Mautstellen-Terminal hat der Mautschuldner Angaben über die Länderkennung, Kennzeichen, Schadstoffklasse, Achszahl, Starttermin der Fahrt, Startauffahrt, Zielausfahrt und Zahlungsmittel zu tätigen. Eine vorherige Registrierung ist im Gegensatz zum automatischen Erhebungssystem und zur Internet-Einbuchung nicht erforderlich. Aus diesem Grunde ist diese Alternative vor allem für ausländische Fahrzeuge sowie als Rückgriffslösung im Falle des Ausfalls des GPS-Satelliten vorgesehen. Die Zahlung der Maut an den Mautstellenterminals erfolgt bar, per EC-Karte, Kredit- oder Tankkarte sowie – bei registrierten Nutzern – auch per Lastschriftverfahren. Nach der manuellen Einbuchung an einem Mautstellen-Terminal erhält der Mautschuldner einen Einbuchungsbeleg, welcher den Gültigkeitszeitraum ausweist und zum Nachweis der ordnungsgemäßen Entrichtung der Maut dient.

d) **Nacherhebung.** Bei nicht ordnungsgemäßer Entrichtung der Maut, wird gegenüber dem Mautschuldner – neben der Einleitung des Bußgeldverfahrens – ein Gebührenbescheid erlassen, mit dem die geschuldete Maut nacherhoben wird. Die Höhe der nachzuzahlenden Maut bestimmt sich nach den allgemeinen Grundsätzen der Mauterhebung und der tatsächlich zurückgelegten Wegstrecke auf der mautpflichtigen Straße. Lässt sich nicht mehr feststellen, welche Wegstrecke benutzt wurde, wird gemäß § 8 Abs. 2 BFStrMG eine Maut erhoben, die einer Wegstrecke von 500 Kilometern entspricht.

8. Pflichten des Mautschuldners

a) **Ordnungsgemäße Entrichtung der Maut.** Der Mautschuldner hat gemäß § 4 Abs. 1 S. 1 BFStrMG dafür Sorge zu tragen, dass die Maut spätestens vor Beginn der mautpflichtigen Straßenbenutzung oder im Fall einer Stundung zu dem festgesetzten Zeitpunkt ordnungsgemäß entrichtet ist. Im Falle der Registrierung bei OBU oder Interneteinbuchung hat er dafür sorgen, dass die Daten, die der Berechnung der Maut und späteren Zahlung dienen, ordnungsgemäß erhoben werden können.

Hat er Kenntnis davon (Vorsatz) oder hätte er im Rahmen seiner Verantwortung erkennen müssen (Fahrlässigkeit), dass die Maut nicht oder nicht rechtzeitig entrichtet wurde, handelt er nach § 10 Abs. 1 Nr. 1 BFStrMG ordnungswidrig.

Um seinen Verpflichtungen im Rahmen des automatischen Mauterhebungsverfahrens nachzukommen, hat der Mautschuldner das Fahrzeuggerät (OBU) ordnungsgemäß zu bedienen, dh er muss vor jeder Fahrt die eingegebenen Daten, wie zB die Anzahl der Achsen oder das zulässige Gesamtgewicht von 12 Tonnen, überprüfen und gegebenenfalls anpassen. So ist bei einer fehlerhaften Eingabe von Fahrzeugdaten der bußgeldbewehrte Tatbestand der Nichtentrichtung der Maut nach § 10 Abs. 1 Nr. 1 iVm § 4 Abs. 1 S. 1 BFStrMG erfüllt, da nicht die den tatsächlichen Verhältnissen geschuldete Maut entrichtet wurde.[216]

Ferner ist der Mautschuldner nach § 6 Abs. 3 Lkw-MautV verpflichtet, vor jeder mautpflichtigen Fahrt zu überprüfen, ob das Fahrzeuggerät (OBU) tatsächlich erhebungsbereit ist. Stellt der Mautschuldner im Rahmen seiner Überprüfung fest, dass dies nicht der Fall ist (zB Aufleuchten der roten Kontrollleuchte) und lässt sich der erhebungsbereite Zustand nicht sofort wiederherstellen, hat er die Maut über das manuelle Mauterhebungssystem zu entrichten oder die mautpflichtige Straße unverzüglich[217] zu verlassen.

---

[216] OLG Köln Beschl. v. 29.6.2006 – 82 Ss-OWi 30/06.
[217] Ohne schuldhaftes Zögern, Legaldefinition des § 12 BGB.

> **Praxistipp:**
> Der Fahrzeugführer darf sich im automatischen Mauterhebungssystem darauf verlassen, dass bei Anzeige der grünen LED-Kontrollleuchte das Fahrzeuggerät (OBU) betriebsbereit ist und die Einbuchung ordnungsgemäß erfolgt, da nach den Angaben des Geräteherstellers in diesem Fall der befahrene Streckenabschnitt korrekt erkannt und berechnet wird.[218] Ob dennoch eine nicht selten vorkommende Nichtaufzeichnung vorliegt – die in der Regel auf einen Defekt der technischen Systeme zurückzuführen ist –, hat der Fahrzeugführer nach diesseitigem Dafürhalten nicht zu überprüfen. So stellt auch das BAG derartige Verfahren zumeist ein.

215 Bei der Verwendung des manuellen Mauterhebungssystems erfüllt die Benutzung einer mautpflichtigen Autobahnstrecke außerhalb des Gültigkeitszeitraums, der auf dem Einbuchungsbeleg ausgewiesen ist, den Tatbestand der Nichtentrichtung des § 10 Abs. 1 Nr. 1 BFStrMG.[219] Sollte daher das bei der Internet-Einbuchung vorgegebene Zeitfenster aufgrund eines Staus nicht eingehalten werden können, ist der Mautschuldner nach § 10 Abs. 3 Lkw-MautV verpflichtet, neben einer Stornierung eine Neueinbuchung vorzunehmen.

216 Darüber hinaus darf sich ein Fahrzeugführer nicht ohne weiteres darauf verlassen, dass die Entrichtung der Maut durch einen der übrigen Mautschuldner (zB Disponent) veranlasst wird. So muss er sich zumindest durch einen Telefonanruf bei seiner Firma rückversichern, dass die Maut ordnungsgemäß gebucht wurde, was er durch Erfragen der Buchungsnummer und des Zeitfensters sicherstellen kann.[220] Tut er dies nicht, trifft ihn zumindest ein Fahrlässigkeitsvorwurf in Bezug auf die Nichtentrichtung.

217 Bei Verstößen wegen nicht oder nicht ordnungsgemäß entrichteter Maut (§ 10 Abs. 1 Nr. 1 ABMG) wird gegen den Eigentümer/Halter/Disponenten eine Regelgeldbuße in Höhe von 400,– EUR in Ansatz gebracht, während für den Fahrzeugführer eine Regelgeldbuße in Höhe von 200,– EUR vorgesehen ist.

218 **b) Befolgung von Anweisungen.** Nach § 7 Abs. 4 S. 1 ABMG können die zur Kontrolle berechtigten Personen Kraftfahrzeuge anhalten, um die Einhaltung der Mautpflicht zu überprüfen und hierbei Anordnungen und Weisungen zum Zwecke der Durchführung von Kontrollmaßnahmen erteilen, welchen der Mautschuldner Folge zu leisten hat. Das Nichtbefolgen einer Anordnung bei einer Straßenkontrolle stellt eine Ordnungswidrigkeit nach § 10 Abs. 1 Nr. 2 BFStrMG dar, die für alle Mautschuldner mit einer einheitlichen Regelgeldbuße von 250,– EUR.

219 **c) Mitführungs- und Nachweispflicht.** Nach § 7 S. 1 Lkw-MautV ist der Mautschuldner verpflichtet, die Richtigkeit aller für die Mauterhebung maßgeblichen Tatsachen durch Vorlage geeigneter Unterlagen nachzuweisen und auf Verlangen den zur Kontrolle berechtigten Personen auszuhändigen. Im Rahmen seiner Nachweispflicht nach § 5 ABMG hat der Mautschuldner stets den erteilten Beleg über die Mautentrichtung bei der Autobahnbenutzung mitzuführen, § 7 Abs. 5 S. 1 BFStrMG. Hierzu zählen insbesondere der Einbuchungsbeleg, die Einbuchungsnummer oder der Ausdruck der Interneteinbuchung, § 7 S. 2 Lkw-MautV. Führt der Mautschuldner entgegen seiner Mitführungspflicht einen Beleg oder Nachweis über die Mautentrichtung nicht mit oder händigt er diesen nicht oder nicht rechtzeitig aus, stellt dies nach § 10 Abs. 1 Nr. 3 BFStrMG eine Ordnungswidrigkeit dar, welche mit einer Regelgeldbuße von 50,– EUR bewehrt ist.

220 **d) Auskunftspflicht.** Nach der Vorschrift des § 7 Abs. 5 S. 4 BFStrMG hat der Mautschuldner – hier grundsätzlich der Fahrzeugführer – auf Verlangen Auskunft über alle Tatsachen zu erteilen, die für die Durchführung der Maut-Kontrolle von Bedeutung sind. In Anlehnung an § 55 StPO steht dem Fahrzeugführer allerdings ein Auskunftsverweigerungsrecht bei Auskünften zu, die ihn selbst oder einen Angehörigen der Gefahr strafrechtlicher Verfolgung oder eines Verfahren nach dem Gesetz über Ordnungswidrigkeiten aussetzen

---

[218] Betriebshandbuch von Toll Collect S. 15.
[219] OLG Köln Beschl. v. 19.7.2006 – 82 Ss-OWi 45/06.
[220] OLG Köln Beschl. v. 20.9.2007 – 82 Ss-OWi 61/07.

würden. Weigert er sich die erforderlichen Angaben für die Maut-Kontrolle zu erteilen oder erteilt er sie nicht richtig, nicht vollständig oder nicht rechtzeitig bis zum Ende der Kontrolle, handelt er ordnungswidrig iSd § 10 Abs. 1 Nr. 4 BFStrMG. Für einen Verstoß gegen die Auskunftspflicht ist bei Fahrlässigkeit eine Regelgeldbuße in Höhe von 100,- EUR vorgesehen. Soweit die Überprüfung durch die Auskunftsverweigerung nicht wesentlich erschwert wird, kann der Verstoß allerdings auch mit Verwarnungsgeld in Höhe von 25,- EUR geahndet werden.

e) **Anordnen oder Zulassen.** Ordnungswidrig handelt auch der Eigentümer, Halter oder Disponent, wenn er anordnet oder zulässt, dass der Fahrzeugführer den Beleg über die Entrichtung der Maut nicht mitführt oder der zur Kontrolle befugten Person nicht aushändigt, § 7 Abs. 6 BFStrMG. Dies wird mit einer Regelbuße in Höhe von 150,- EUR geahndet. **221**

> **Praxistipp:**
> Der Halter ist befugt, seine Verantwortlichkeit durch die Bestellung einer sachkundigen und zuverlässigen Hilfsperson einzuschränken bzw. dieser die entsprechenden Verpflichtungen zur eigenverantwortlichen Erfüllung zu übertragen (sog. Halterdelegation).[221] Zwar bleibt die Pflicht bestehen, die ausgewählte Person durch stichprobenartige Kontrollen regelmäßig zu überwachen. Kommt der Halter dieser Verpflichtung in ausreichendem Maße nach und ergeben sich keine Zweifel an der Zuverlässigkeit der eingesetzten Hilfsperson, handelt der Halter nicht ordnungs-widrig.

9. Mautkontrollen

Die Mautkontrolle und die Ahndung von Verstößen gegen die Mautpflicht obliegen nach § 7 BFStrMG in erster Linie der Zuständigkeit des Bundesamtes für Güterverkehr (BAG), welches seinen Hauptsitz in Köln hat. Daneben sind aber auch die Zollbehörden berechtigt, im Rahmen von zollamtlichen Überwachungsmaßnahmen die Einhaltung der Vorschriften des BFStrMG zu überprüfen. Stellt die Polizei im Rahmen einer allgemeinen Straßenkontrolle fest, dass die Maut nicht ordnungsgemäß entrichtet wurde, meldet sie diesen Sachverhalt zur weiteren Verfolgung. **222**

Die Überwachung der Einhaltung der Mautpflicht erfolgt in erster Linie durch automatische Kontrollen mittels ca. 300 fest installierter Kontrollbrücken entlang der deutschen Autobahnen. Hierbei ermitteln Sensoren auf der Kontrollbrücke beim Heranfahren jeden mautpflichtigen Lkw und nehmen per Kamera digitale Bilder des Kennzeichens auf. Ist das Fahrzeug mit einer sog. OBU ausgerüstet, werden die Daten der Mauterhebung vom Fahrzeuggerät zur Kontrollbrücke übertragen und mit den erfassten Kontrolldaten verglichen. **223**

Soweit das Fahrzeug nicht mit einem Fahrzeuggerät ausgerüstet ist, wird dessen Kennzeichen automatisch mit der Liste aller manuellen Einbuchungsdaten abgeglichen, wobei festgestellt werden kann, ob der Mautschuldner die Maut entsprechend der Achszahl und Schadstoffklasse des Fahrzeugs ordnungsgemäß entrichtet hat. Nähert sich ein Fahrzeug der Brücke, wird zunächst ein Frontalfoto des Fahrzeuges erstellt. Der Erkennungscomputer bestimmt anhand einer dreidimensionalen Scannung des Fahrzeugprofils, ob es sich um ein mautpflichtiges oder nichtmautpflichtiges Fahrzeug (zB Pkw) handelt, wobei Datensätze von nichtmautpflichtigen Fahrzeugen sofort wieder gelöscht werden. Verfügt das Fahrzeug über eine On-Board-Unit, erfolgt per Infrarot-Signal ein Datenaustausch mit der Brücke bei der Durchfahrt. Hierbei werden ua das gespeicherte Kennzeichen, die Achszahl und die Schadstoffklasse des Fahrzeugs übermittelt. Stellt sich im Rahmen der automatischen Kontrolle heraus, dass die Maut für ein mautpflichtiges Fahrzeug nicht ordnungsgemäß entrichtet wurde, werden die Daten zur Überprüfung in die Kontrollzentrale und anschließend dem BAG zur Ahndung übermittelt. **224**

Neben dem automatischen Kontrollverfahren ist das BAG auch zur Durchführung von Standkontrollen sowie mobilen Kontrollen befugt. Die Standkontrollen erfolgen zumeist auf Parkplätzen in der Nähe der Kontrollbrücken. Daneben stehen den Beamten des BAG bun- **225**

---
[221] OLG Hamm Beschl. v. 6.6.1999 – 2 Ss OWi 472/99.

deswelt ca. 300 Kontrollfahrzeuge für die mobile Kontrolle der Maut zur Verfügung. Hierbei wird per Infrarot-Technik überprüft, ob vorbeifahrende Lkw im automatischen System eingebucht und deren Fahrzeugdaten ordnungsgemäß angegeben sind. Manuelle Einbuchungsdaten können mittels eines PC direkt bei der Betreiberzentrale abgefragt werden.

226 Nach § 7 Abs. 4, 7 BFStrMG sind die Beamten des BAG bzw. die Zollbeamten berechtigt, Kraftfahrzeuge zum Zwecke der Kontrolle der Einhaltung der Mautpflicht nach § 1 BFStrMG anzuhalten und die geschuldete Maut am Ort der Kontrolle zu erheben. Hierbei wird ihnen durch § 7 Abs. 7 S. 2 BFStrMG zudem die Befugnis eingeräumt, die Weiterfahrt bis zur Entrichtung der Maut zu untersagen, wenn die Maut trotz Aufforderung vor Ort nicht entrichtet wird und Tatsachen vorliegen, die Zweifel an der späteren Einbringlichkeit der Maut begründen.

227 Schließlich sind die Mitarbeiter des BAG auch berechtigt,[222] durch stichprobenartige Betriebskontrollen in ausgewählten Güterkraftverkehrsunternehmen zu überprüfen, ob die Maut ordnungsgemäß beglichen wurde.[223]

10. Mautverstöße und deren Ahndung

228 Zuwiderhandlungen gegen die Vorschriften des BFStrMG werden als Ordnungswidrigkeiten nach den Bestimmungen des Ordnungswidrigkeitengesetzes (OWiG)[224] geahndet. Die Vorschrift des § 10 Abs. 1 BFStrMG enthält eine abschließende Aufzählung der einzelnen Ordnungswidrigkeitentatbestände, die sowohl vorsätzlich als auch fahrlässig begangen werden können.

229 Danach handelt ordnungswidrig, wer die Maut nicht, nicht vollständig oder nicht rechtzeitig entrichtet (Nr. 1), wer einer vollziehbaren Anordnung nach § 7 Abs. 4 S. 2 zuwiderhandelt (Nr. 2), wer Belege oder Nachweise nicht mitführt oder nicht rechtzeitig aushändigt (Nr. 3), wer Auskünfte nicht, nicht richtig, nicht vollständig oder nicht rechtzeitig erteilt (Nr. 4) oder wer anordnet oder zulässt, dass Belege oder Nachweise nicht mitgeführt oder nicht ausgehändigt werden (Nr. 5).

230 In § 10 Abs. 2 BFStrMG ist normiert, dass Ordnungswidrigkeiten in den Fällen des § 10 Abs. 1 Nr. 1 und Nr. 2 BFStrMG mit einer Geldbuße bis zu **20.000,- EUR** und in den übrigen Fällen mit einer Geldbuße bis zu **10.000,- EUR** geahndet werden können. Bei fahrlässiger Begehungsweise verringern sich die im Bußgeldkatalog aufgeführten Bußgeldsätze um die Hälfte.

Nicht verfolgbar und damit ohne Konsequenzen bleibt der Versuch eines nach § 10 BFStrMG zu ahndenden Verstoßes gegen die Vorschriften des BFStrMG (vgl. § 13 OWiG).

231 Bei geringfügigen Ordnungswidrigkeiten kann die Ahndung – statt einer Geldbuße – auch in Form einer Verwarnung mit einem Verwarnungsgeld von 5,- EUR bis 35,- EUR erfolgen, wenn der Betroffene damit einverstanden ist und sofort zahlt (§ 56 Abs. 1 S. 1 OWiG). Die Höhe des jeweiligen Bußgeldes bestimmt sich nach den Regelsätzen des Bußgeldkataloges, welcher auf der Internetseite des Bundesamtes für Güterverkehr unter www.bag-bund.de abgedruckt ist.

232 Im Gegensatz zum bundeseinheitlichen Bußgeldkatalog für Straßenverkehrsordnungswidrigkeiten, der in Form einer Rechtsverordnung ausgestaltet ist (sog. BKatV)[225] und der Vereinheitlichung von Massen-Ordnungswidrigkeiten dient, ist der Buß- und Verwarngeldkatalog für die mautspezifischen Tatbestände nicht verbindlich, weshalb die dort genannten Sätze in jedem Einzelfall auf ihre Angemessenheit zu überprüfen sind.[226] Der Bußgeldkatalog enthält lediglich Zumessungsregeln für eine gleichmäßige Bemessung von Buß- und Verwarngeldern aufgrund von Tatbeständen nach dem ABMG, von denen gegebenenfalls auch

---

[222] Zu den allgemeinen Berechtigungen der BAG-Mitarbeiter vgl. Rn. 58 ff.
[223] *Bender/Bister* DAR 2006, 365.
[224] IdF v. 19.2.1987 (BGBl. I S. 602), zuletzt geändert durch Art. 18 des Gesetzes vom 10.10.2013 (BGBl. I S. 3786).
[225] Bußgeldkatalog-VO BKatV idF v. 13.11.2001 (BGBl. I S. 3033), zuletzt geändert durch Art. 3 des Gesetzes v. 19.7.2007 (BGBl. I S. 1460).
[226] OLG Karlsruhe Beschl. v. 13.10.2006 – 1 Ss 82/06.

erheblich abgewichen werden kann.[227] Die dort aufgeführten Regelgeldbußen gehen von erstmaligen Mautverstößen mit durchschnittlicher Bedeutung aus, bei denen ein mittleres Maß an Vorwerfbarkeit vorliegt. Bei mehrfacher Wiederholung der Verstöße können die im Bußgeldkatalog festgelegten Sätze im Einzelfall jedoch erheblich erhöht werden. Die Bußgeldbehörde ist verpflichtet, objektive und subjektive Tatumstände, die die Handlung im Vergleich zum Regelfall als weniger schwerwiegend oder auch schwerwiegender kennzeichnen, zugunsten oder zuungunsten des Betroffenen zu berücksichtigen und somit im Einzelfall vom Regelsatz abzuweichen. Eine Verminderung des Regelsatzes kommt beispielsweise in Betracht, wenn sich der Betroffene einsichtig zeigt, die Schuld, die ihn trifft, gering ist oder bei Vorliegen schlechter wirtschaftlicher Verhältnisse. Dagegen kann der Regelsatz erhöht werden, wenn der Betroffene wiederholt Verstöße gegen das BFStrMG begeht oder besondere wirtschaftliche Vorteile aus der Tat gezogen hat. Bei geringfügigen Ordnungswidrigkeiten (35,- EUR bis 250,- EUR) bleiben die wirtschaftlichen Verhältnisse in der Regel unberücksichtigt.[228]

In der Praxis sehr bedeutsam ist die Abschöpfung des wirtschaftlichen Vorteils, die mit der Zumessung der Geldbuße geschehen soll. Dieser Vorteil soll nach § 17 Abs. 4 S. 1 OWiG abgeschöpft werden, damit der Betroffene aus seiner Handlungsweise keinen finanziellen Nutzen ziehen kann. Insoweit soll die Geldbuße so bemessen sein, dass sie den wirtschaftlichen Vorteil übersteigt. 233

Die Verjährung bei Verstößen gegen das BFStrMG richtet sich nach den allgemeinen Vorschriften des OWiG, wobei die im einschlägigen Gesetz als Höchstmaß angedrohten Geldbußen maßgebend sind. Die Verjährung beträgt gemäß § 31 Abs. 2 Nr. 1 OWiG bei der Verfolgung eines Mautverstoßes von mehr als 15.000,- EUR (§ 10 Abs. 1 Nr. 1 und 2 BFStrMG) **drei** Jahre und bei einer Bußgeldandrohung von 2.500,- EUR bis 15.000,- EUR (§ 10 Abs. 1 Nr. 3 bis 5 ABMG) **zwei** Jahre. 234

> **Praxistipp:**
> Es ist zu beachten, dass sich die angedrohten Höchstbeträge bei Fahrlässigkeit halbieren, mit der Folge, dass sich häufig auch unterschiedliche Verjährungszeiträume ergeben können.

Eine Unterbrechung der Verfolgungsverjährung kann durch die in § 33 OWiG aufgezählten Maßnahmen erfolgen. Für die Verfolgung und Ahndung von Mautverstößen ist das Bundesamt für Güterverkehr (BAG) die zuständige Verwaltungsbehörde, § 10 Abs. 3 BFStrMG. 235

Grundsätzlich liegt es zwar im Ermessen des BAG, gegen welchen der in § 2 S. 1 ABMG genannten Mautschuldner ein Bußgeldverfahren eingeleitet wird. Da als Voraussetzung für die Ahndung – im Gegensatz zur Nacherhebung der Maut – jedoch zumindest fahrlässiges Handeln erforderlich ist, hat sich eine Verwaltungspraxis herausgebildet, nach der sich das BAG bei Feststellung eines Mautverstoßes zunächst an den Halter des betreffenden Fahrzeuges wendet, welcher durch das amtliche Kennzeichen ermittelt wird. Durch Zusendung eines Informationsbogens wird dem Halter sodann Gelegenheit gegeben, sich zu den gegen ihn erhobenen Vorwürfen zu äußern bzw. die für den Mautverstoß verantwortliche Person zu benennen. Hat beispielsweise eine Leasinggesellschaft das auf sie zugelassene Fahrzeug einem Dritten überlassen und gibt sie diesen Beförderer im Rahmen der informatorischen Befragung gegenüber dem BAG an, wird das Verfahren gegen sie als Eigentümerin und Halterin laut Fahrzeugbrief eingestellt und ein Ordnungswidrigkeitenverfahren gegen den Beförderer eingeleitet. Ebenso verhält es sich in den Fällen, in denen ausschließlich der Fahrzeugführer für den Mautverstoß verantwortlich ist, etwa weil dieser durch Eingabe einer falschen Achszahl bei Einbuchung den Ordnungswidrigkeitstatbestand der Nichtentrichtung der Maut verwirklicht hat. Auch in diesem Fall ist das Verfahren gegen den Halter nach Angabe der persönlichen Daten des Fahrzeugführers in aller Regel einzustellen. 236

---

[227] OLG Karlsruhe Beschl. v. 13.10.2006 – Ss 82/06; Thüringer OLG Beschl. v. 23.5.2006 – 1 Ss 54/06; Thüringer OLG – 1 Ss 77/06; OLG Düsseldorf – 5 Ss (OWi) 265/86 – 234/86 I.
[228] Göhler/Gürtler § 17 Rn. 23.

237 Vor Erlass eines Bußgeldbescheides und Festsetzung einer Geldbuße hat das BAG dem Mautschuldner Gelegenheit zu geben, sich zu den gegen ihn erhobenen Vorwürfen zu äußern, vgl. § 55 Abs. 1 OWiG.[229] Gegen den Bußgeldbescheid kann der Betroffene gemäß § 67 OWiG innerhalb von zwei Wochen nach Zustellung beim Bundesamt Einspruch einlegen. Über die Einsprüche gegen die Bußgeldbescheide des BAG entscheidet bei sämtlichen Mautverstößen stets das Amtsgericht Köln als örtlich und sachlich zuständiges Gericht, vgl. § 68 Abs. 1 S. 1 OWiG. Gegen das Urteil des Amtsgerichts Köln steht dem Betroffenen nach § 80 OWiG der Antrag auf Zulassung der Rechtsbeschwerde bzw. die Rechtsbeschwerde nach § 79 OWiG zu, über welche das Oberlandesgericht Köln zu entscheiden hat.

238 Ist gegen einen Unternehmer ein rechtskräftiger Bußgeldbescheid ergangen, wird dies durch einen Eintrag im Gewerbezentralregister vermerkt, wenn die Geldbuße **mehr als 200,– EUR** beträgt. Ein punktebewehrter Eintrag im Flensburger Kraftfahrtbundesamt erfolgt nicht.

239 Gegen einen (Nacherhebungs-)Gebührenbescheid der Betreibergesellschaft Toll Collect ist die Anfechtungsklage zu den allgemeinen Verwaltungsgerichten statthaft. Über den Widerspruch im Vorverfahren entscheidet allerdings nach § 8 Abs. 1 S. 3 BFStrMG das BAG als Widerspruchsbehörde.

11. Kurzüberblick: Mautgebühren in der EU

240 Sowohl in Österreich als auch der Schweiz besteht Vignettenpflicht. In Österreich gibt es Jahres-, Zweimonats- und Zehn-Tages-Vignetten, die in deutschen Automobilclubs sowie an Tankstellen und Postämtern im grenznahen Bereich erhältlich sind und für Fahrzeuge bis 3,5 Tonnen gelten. Fahrzeuge über 3,5 Tonnen benötigen eine sog. GO-Box, die im Fahrzeug montiert sein muss und ähnlich wie das OBU-Gerät funktioniert. Im Unterschied zur deutschen Maut kommt es jedoch bei der Berechnung der Mauthöhe nur auf die Achszahl und nicht auch auf die Schadstoffkategorien an. Zusätzlich ist für bestimmte Straßen und Tunnel (Brenner-, Tauern-Autobahn, Arlbergtunnel, Felbertauerntunnel) eine gesonderte Gebühr zu zahlen.

241 In der Schweiz wird für Fahrzeuge über 3,5 Tonnen eine leistungsabhängige Schwerverkehrsabgabe erhoben (LSVA), die für alle Straßen und nicht nur für Autobahnen gilt. Das Fahrzeug ist mit einem zusätzlichen Gerät, dem Tripon OBU auszustatten, dass dem deutschen OBU ähnelt. Für die Höhe der LSVA kommt es neben den zurück gelegten Kilometern maßgeblich auf die Emissionsklasse und das zulässige Gesamtgewicht des Fahrzeugs an. Für einige Tunnel sind wiederum Extragebühren zu entrichten. Bei Fahrzeugen unter 3,5 Tonnen ist eine Jahresvignette von 33,– EUR erforderlich.

242 Eine Maut wird aber auch in vielen anderen europäischen Ländern erhoben, wobei unterschiedliche Indikatoren die Höhe der Maut bestimmen. Neben der Fahrtstrecke kommt es für die Höhe der Maut auch hier in der Regel auf die Schadstoffklasse an.

12. Kosten und Gebühren

243 Grundsätzlich werden dem Betroffenen im Falle einer Verurteilung in sinngemäßer Anwendung des § 465 Abs. 1 S. 1 StPO iVm den §§ 105 Abs. 1, 46 Abs. 1 OWiG die Kosten des Verfahrens sowie die verfahrensbedingten Auslagen auferlegt, während bei Freispruch des Betroffenen die Kostenentscheidung zu Lasten der Staatskasse ausfällt. Wird das Verfahren nach § 47 Abs. 2 OWiG eingestellt, ist es in das Ermessen des Gerichts gestellt, davon abzusehen, die notwendigen Auslagen der Staatskasse aufzugeben, so dass in einem solchen Fall der Betroffene seine notwendigen Auslagen (wie die Verteidigerkosten) selbst zu tragen hat.[230] Die Gebühren des Rechtsanwalts richten sich nach den **Nr. 5100 ff. der Anlage 1 des Vergütungsverzeichnisses des Rechtsanwaltsvergütungsgesetzes**.[231]

---

[229] Göhler/*Gürtler* § 55 Rn. 1.
[230] Göhler/*Seitz* § 47 Rn. 44 ff.
[231] RVG idF v. 5.5.2004 (BGBl. I S. 718, 788), zuletzt geändert durch Art. 5 Abs. 7 des Gesetzes v. 10.10.2013 (BGBl I S. 3799).

§ 56 Verfallsverfahren gemäß § 29a OWiG

Übersicht

	Rn.
I. Entstehungsgeschichte	1–5
1. Zweck der Vorschrift	2/3
2. Anwendungsbereich	4/5
II. Struktur des § 29a OWiG	6–41
1. Tatbestandsmerkmale	6–17
a) Tat – mit Geldbuße bedrohte Handlung	7–11
b) „Etwas erlangt"	12–15
c) Unmittelbarkeitszusammenhang	16/17
2. Tatbestandsvarianten	18–29
a) Verfallsanordnung gegen den Täter, § 29a Abs. 1 OWiG	19–21
b) Verfallsanordnung gegen einen Dritten, § 29a Abs. 2 OWiG	22–29
3. Berechnung des Vermögensvorteils	30–41
a) Allgemein	31–33
b) Schätzung	34
c) Konkrete Berechnung	35–39
d) Opportunitätsprinzip	40/41
III. Prozessuales	42–54
1. Verfahrensarten	42–45
a) Verfallsanordnung gegen den Täter	42
b) Verfallsanordnung gegen einen Dritten	43
c) Verfallsanordnung im selbständigen Verfahren, § 29a Abs. 4 OWiG	44/45
2. Zuständigkeiten, Formvorschriften und Verjährung	46–50
a) Richtiger Adressat	47
b) Hinreichende Konkretisierung	48
c) Verjährung	49/50
3. Sicherungsmaßnahmen	51–53
a) Vorläufige Sicherung durch dinglichen Arrest nach OWiG iVm § 111b Abs. 2 iVm § 111d StPO	52
b) Vorläufige Sicherung durch Beschlagnahme nach § 46 OWiG iVm § 111b StPO	53
4. Vollstreckung der rechtskräftigen Verfallsanordnung	54
IV. Rechtsanwaltsgebühren	55–58

Schrifttum: *Bohnert,* Kommentar zum Ordnungswidrigkeitenrecht, 3. Aufl. 2010; *Brenner,* Das Bruttoprinzip gilt für den Einzeltäter und für den Unternehmer, nicht nur für den unschuldigen Täter oder Dritten, NStZ 2004, 256 ff.; *Drathjer,* Die Abschöpfung rechtswidrig erlangter Vorteile im Ordnungswidrigkeitenrecht, 1997; *Göhler,* Kommentar zum Gesetz über Ordnungswidrigkeiten, 16. Aufl. 2012; Heidelberger Kommentar zum Ordnungswidrigkeitenrecht, 1. Aufl. 1999 (zit. HK-OWiG); *König,* Fuhrparkmanagement – Delegation, polizeiliche Überwachung, Haftung, SVR 2008, 121 ff.; Karlsruher Kommentar zum Ordnungswidrigkeitenrecht, 3. Aufl. 2006 (zit. KK-OWiG); *Podolsky/Brenner,* Vermögensabschöpfung im Straf- und Ordnungswidrigkeitenverfahren, 5. Auflage 2012.

I. Entstehungsgeschichte

Das Verfallsverfahren stammt ursprünglich aus dem Strafrecht. Vor dem Hintergrund, 1
dass sich Straftaten nicht lohnen dürfen,[1] wurde dieses Instrumentarium entwickelt, um das durch die Tat rechtswidrigerweise Erlangte von den Beteiligten abschöpfen zu können. Einzug in das Ordnungswidrigkeitenrecht fand der Verfall bereits durch das Zweite Gesetz zur Bekämpfung der Wirtschaftskriminalität vom 15.5.1986, um in den Fällen, in denen keine Geldbuße verhängt werden konnte, zumindest eine Vermögensabschöpfung sicherzustellen.[2]

---

[1] KK-OWiG/*Mitsch* § 29a Rn. 1; *Podolsky/Brenner,* Vermögensabschöpfung im Straf- und Ordnungswidrigkeitenverfahren, S. 21.
[2] Zuletzt geändert wurden die Verfallsvorschriften durch das Gesetz zur Änderung des Außenwirtschaftsgesetz, das Strafgesetzbuches ua Gesetze vom 28.2.1992, in welchem vom bis dahin geltenden Nettoprinzip auf das Bruttoprinzip umgestellt wurde (BGBl. I S. 375).

Zuletzt wurde 1992 im Zuge der Umstellung der §§ 73, 73b StGB auf das Bruttoprinzip[3] auch der Wortlaut des § 29a OWiG entsprechend geändert. In dieser Form ist § 29a OWiG seitdem fester Bestandteil des Ordnungswidrigkeitenrechts. Im straßenverkehrsrechtlichen Bereich blieb eine Anwendung dieser Vorschrift bis vor einigen Jahren jedoch aus, was darauf zurückzuführen sein dürfte, dass vielen Bußgeldbehörden die Vorschrift des § 29a OWiG und insbesondere deren Anwendung nicht oder zumindest nicht hinreichend bekannt war.[4] Denn erst seit die Behörden in den letzten Jahren intensiv geschult wurden, ist eine erhebliche Zunahme eingeleiteter Verfallsverfahren zu verzeichnen.

1. Zweck der Vorschrift

2   Der Zweck des Verfallsverfahrens nach § 29a OWiG besteht darin, zu verhindern, dass sich der Täter einer Ordnungswidrigkeit oder ein Dritter an dieser bereichert. Im Unterschied zum normalen Bußgeldverfahren, welches durch die Festsetzung einer Geldbuße auch ahndenden Charakter hat, soll das Verfallsverfahren nach § 29a OWiG ausschließlich eine präventiv-ordnende, konditionsähnliche Maßnahme darstellen.[5]

3   Für die strafrechtliche Verfallsvorschrift des § 73d StGB hat das Bundesverfassungsgericht zuletzt in seinem Beschluss vom 14.1.2004 ausgeführt, Ziel des Verfalls sei es, dass der betroffene Straftäter deliktisch erlangte Gegenstände nicht behalten soll. Denn die mit der Bereicherung des Täters verbundene Störung der Rechts- und Vermögensordnung solle nicht auf Dauer bestehen bleiben. So erfolge die Anordnung des Verfalls nicht, um dem Betroffenen die Begehung der Herkunftstat vorzuhalten und über sie ein sozialethisches Unwerturteil zu sprechen. Sie ziele vielmehr darauf ab, einen rechtswidrigen Zustand für die Zukunft zu beseitigen.[6] Dementsprechend verfolgt auch die Vorschrift des § 29a OWiG grundsätzlich nur den Zweck, die Vermögensvorteile abzuschöpfen, die durch eine mit Geldbuße bedrohte Handlung erlangt wurden.

2. Anwendungsbereich

4   Anders als im Strafrecht, hat das Verfallsverfahren im Ordnungswidrigkeitenrecht aber eine untergeordnete Funktion und findet nur in den Fällen Anwendung, in welchen eine Vermögensabschöpfung nicht schon durch die Festsetzung einer Geldbuße nach § 17 OWiG erfolgen kann.[7] Denn während die Geldstrafe im Strafrecht ausschließlich sanktionierenden Charakter hat, ist die Geldbuße im Ordnungswidrigkeitenverfahren gemäß § 17 Abs. 4 OWiG bereits so zu bemessen, dass sie den wirtschaftlichen Vorteil, den der Täter aus der Ordnungswidrigkeit gezogen hat, übersteigt. Im Unterschied zu den strafrechtlichen Vorschriften übernimmt die Geldbuße im Ordnungswidrigkeitenverfahren demnach neben der Sanktion zugleich auch die Funktion der Gewinnabschöpfung. (Doppelcharakter).[8]

5   Für eine Abschöpfung im Verfallsverfahren kommen daher nur die Fälle in Betracht, in denen eine Geldbuße gegen den Täter beispielsweise aus Opportunitätsgründen nicht festgesetzt wird[9] oder aus tatsächlichen Gründen nicht festgesetzt werden kann, sowie die Fälle, in denen ein Dritter durch die Handlung des Täters rechtswidrigerweise einen Vorteil erlangt hat.[10]

II. Struktur des § 29a OWiG

1. Tatbestandsmerkmale

6   Je nachdem wer die rechtswidrige Tat begangen und wer den wirtschaftlichen Vorteil erlangt hat, ist innerhalb der Tatbestandsvarianten zu differenzieren. Voraussetzung aller Tat-

---

[3] → Rn. 12 ff.
[4] Vgl. *Podolsky/Brenner* S. 206.
[5] Vgl. BGH NJW 2002, 3339; KK-OWiG/*Mitsch* § 29a Rn. 7; *Göhler/Gürtler* § 29a Rn. 1 u. 6.
[6] Vgl. BVerfG NJW 2004, 2073.
[7] Vgl. *Drathjer* Abschöpfung S. 180; *Bohnert* § 29a Rn. 1; KK-OWiG/*Mitsch* § 29a Rn. 3.
[8] *Podolsky/Brenner* aaO S. 209; *Göhler/König* § 17 Rn. 37a.
[9] OLG Köln Beschl. v.19.8.2011 – 1 RBs 215/1; OLG Köln Beschl. v. 29.1.2010 – 2 Ws 585/09.
[10] *Göhler/Gürtler* § 29a Rn. 1; *König* Fuhrparkmanagement SVR 2008, 121, 127.

bestandsvarianten des § 29a OWiG ist aber zunächst, dass etwas durch eine mit Geldbuße bedrohte Handlung erlangt wurde.

a) **Tat – mit Geldbuße bedrohte Handlung.** In seiner Funktion als „Lückenfüller" bedarf 7 es des Verfalls nicht, wenn der Vermögensvorteil, den der Täter durch eine Ordnungswidrigkeit erlangt hat, bereits durch die Festsetzung einer Geldbuße abgeschöpft werden kann, § 17 Abs. 4 OWiG. Der Verfall setzt daher unterhalb der Schwelle der Ordnungswidrigkeit iSd § 1 Abs. 1 OWiG an und verlangt lediglich das Vorliegen einer mit Geldbuße bedrohten Handlung.[11] Die Begriffsbestimmung ergibt sich aus § 1 Abs. 2 OWiG, wonach eine mit Geldbuße bedrohte Handlung eine rechtswidrige Handlung ist, die den Tatbestand eines Gesetzes verwirklicht, welches die Ahndung mit einer Geldbuße zulässt, auch wenn sie nicht vorwerfbar begangen wurde. Die Handlung muss somit nicht zwingend vorwerfbar begangen worden sein.

Eine nicht vorwerfbare Handlung muss aber in jedem Fall den Tatbestand erfüllen. Ist nur 8 vorsätzliches Handeln tatbestandsmäßig, muss der Täter mit Vorsatz gehandelt haben. Ist hingegen – wie im straßenverkehrsrechtlichen Bereich regelmäßig – auch fahrlässiges Handeln mit Geldbuße bedroht, muss der Täter zumindest objektiv pflichtwidrig gehandelt haben.[12]

Im Ergebnis bedeutet dies wohl, dass bei Fahrlässigkeitsdelikten ein Verschulden in Form 9 der subjektiven Vorwerfbarkeit nicht vorliegen bzw. nicht nachgewiesen werden muss. Da nach der Rechtsprechung die individuellen Kenntnisse und Fähigkeiten des Täters Elemente der Schuld sind, soll allein schon durch die Feststellung, dass der Täter – gemessen an einem besonnenen, auf die Einhaltung der Rechtsordnung bedachten Bürger[13] – die im Verkehr erforderliche Sorgfalt außer Acht gelassen hat, der Weg für das Verfallsverfahren offen sein. Zwar erfahren die Behörden wegen des Verzichts auf den Nachweis der Vorwerfbarkeit gegenüber dem Bußgeldverfahren eine erhebliche Beweiserleichterung. Dennoch darf hierbei nicht übersehen werden, dass eine rechtswidrige Handlung vorliegen und auch entsprechend dargelegt werden muss.[14]

Welche Tatsachen genau nachzuweisen sind, hängt von der Anknüpfungstat ab. Da § 29a 10 OWiG weder einen bestimmten Täterkreis vorgibt, noch ein Vorrangverhältnis zwischen mehreren in Betracht kommenden Anknüpfungstaten benennt, hat die Behörde die Wahl, welche Anknüpfungstat sie zugrunde legt. Voraussetzung ist lediglich, dass eine mit Geldbuße bedrohte Handlung begangen wurde. Im straßenverkehrsrechtlichen Bereich hat dies regelmäßig zur Folge, dass zwei oder sogar drei Anknüpfungstaten in Betracht kommen.[15] So kann auf die Handlung des Halters bzw. eines Büroangestellten, dem beispielsweise die Disposition zur eigenverantwortlichen Bearbeitung überlassen wurde (§ 9 OWiG) oder die Handlung des Fahrers abgestellt werden. Im ersten Fall müsste somit positiv das Anordnen oder Zulassen, im zweiten Fall das Führen des Fahrzeuges in rechtswidrigem Zustand nachgewiesen werden.

Manche Behörden wählen als Anknüpfungstat aber auch eine Aufsichtspflichtverletzung 11 des Betriebsinhabers nach § 130 OWiG, was auf große Bedenken stößt, wenn die sich aus § 130 OWiG ergebenden Pflichten des Halters bereits durch die Straßenverkehrsvorschriften abgedeckt werden. Denn § 130 OWiG stellt nach herrschender Meinung einen Auffangtatbestand dar, der lediglich für den Fall anwendbar sein soll, in dem der Verstoß nicht schon durch eine speziellere Vorschrift – wie beispielsweise die Straßenverkehrsvorschriften – geahndet werden kann.[16] Findet § 130 OWiG jedoch ausnahmsweise Anwendung muss neben den objektiven Tatbestandsmerkmalen auch nachgewiesen werden, dass bei gehöriger Aufsicht die Zuwiderhandlungen im Unternehmen verhindert oder zumindest deutlich erschwert worden wären. Denn für das Vorliegen einer mit Geldbuße bedrohten Handlung muss auch diese objektive Bedingung der Kausalität erfüllt sein.[17]

---

[11] KK-OWiG/*Mitsch* § 29a Rn. 8.
[12] OLG Koblenz ZfSch 2007, 108–111; KK-OWiG/*Rogall* § 2 Rn. 17; Göhler/*Gürtler* § 1 Rn. 1.
[13] Göhler/*Gürtler* § 10 Rn. 10.
[14] OLG Koblenz ZfSch 2007, 108–111.
[15] Vgl. *König* SVR 2008, 121, 128; *Mielchen/Meyer* DAR 2008, 417, 418.
[16] Vgl Thüringer Oberlandesgericht VRS 110, 148, 150 (2006); OLG Hamm GewArch 1999, 246; KK-OWiG/*Rogall* § 130 Rn. 108; Göhler/*Gürtler* § 130 Rn. 25.
[17] Vgl. Göhler/*Gürtlerg* § 1 Rn. 8.

12 **b) „Etwas erlangt".** Da die Rechtsfolge des Verfalls ein Geldzahlungsanspruch gegen den Betroffenen ist, können nur in Geldbeträgen messbare wirtschaftliche Werte abgeschöpft werden.[18] Gegenstände von rein immateriellem Wert scheiden aus.[19] Entscheidend ist, was dem Betroffenen gerade durch die mit Geldbuße bedrohte Handlung zugeflossen ist oder was er durch diese erspart hat.[20] Bei der Vermögensabschöpfung durch die Verfallsvorschriften findet das Bruttoprinzip Anwendung,[21] während im Bußgeldverfahren nach §§ 17 Abs. 4, 30 Abs. 5 OWiG nach ganz herrschender Meinung das Nettoprinzip gilt.[22] Das Nettoprinzip, welches bis zum Jahr 1992 auch im Verfallsverfahren anzuwenden war, besagt, dass nur der durch die Tat tatsächlich erlangte Vermögensvorteil abgeschöpft werden darf, wovon gewinnminimierende Ausgaben, zB geleistete Aufwendungen und entstandene Kosten, abzuziehen sind. Im Gegensatz dazu kann im Verfallsverfahren nach dem Bruttoprinzip nicht bloß der Gewinn, sondern grundsätzlich alles, was der Täter für die Tat oder aus dieser erlangt hat, für verfallen erklärt werden. Die zur Erlangung des Vermögensvorteils erbrachten Leistungen und anfallende Aufwendungen dürfen hierbei nicht abgezogen werden, so dass der Täter sämtlicher Investitionen in die Tat verlustig geht. So können beispielsweise auch die durch eine Überladung entstehenden Mehrkosten bei Beförderungen von Gütern mit überladenen LKW nicht in Abzug gebracht werden.[23]

13 Abzugsfähig ist hingegen die auf dem Erlangten ruhende Steuerlast. Ist die Besteuerung für das jeweilige Jahr schon bestandskräftig erfolgt und versäumt die Behörde dies mildernd zu berücksichtigen, liegt eine verfassungswidrige Doppelbelastung vor.[24] Ist die Besteuerung noch nicht erfolgt und kann der für die Verfallsanordnung relevante Betrag noch steuermindernd geltend gemacht werden, muss die Behörde ihn aber nicht gekürzt um die darauf entfallende Einkommensteuer für verfallen erklären. Denn ausnahmsweise kann sie in diesem Fall die steuerliche Berücksichtigung des für verfallen erklärten Betrages auch dem Veranlagungsverfahren überlassen, was insbesondere dann passiert, wenn die richtige Bemessung des Steuersatzes im Bußgeldverfahren nicht oder nur schwer möglich ist.[25] Hingegen sind viele Steuerberater der Auffassung, dass Verfallsbeträge steuerlich nicht absetzbar seien. Sollten sich die Finanzbehörden dieser Meinung anschließen, wäre die etwaige spätere Steuerlast bereits im Rahmen des Verfallsverfahrens als Ausnahme des Bruttoprinzips zu berücksichtigen.

14 Vor dem Hintergrund, dass im Rahmen des Verfallsverfahrens nur eine rechtswidrige, aber nicht zwingend vorwerfbare Handlung vorliegen muss, sind kritische Fragen zur Rechtsstaatlichkeit der Verfallsvorschriften angebracht. Dies insbesondere, als trotz der im Vergleich zum Bußgeldverfahren – bei welchem auch die Vorwerfbarkeit nachgewiesen werden muss – geringeren Voraussetzungen, wegen der Anwendung des Bruttoprinzips die Folgen des Verfallsverfahrens für den Betroffenen weitaus gravierender sein können, als die einer Geldbuße. Denn der rechtswidrig und vorwerfbar Handelnde, gegen den ein Bußgeldverfahren eingeleitet wird, kann somit deutlich besser stehen, als der zwar rechtswidrig nicht aber vorwerfbar Handelnde, der mit einem Verfallsverfahren überzogen wird. Bei Zugrundelegung dieser Maßstäbe wäre das Verfallsverfahren das schärfere Instrument. Dies wiederum wäre jedoch mit dem eigentlichen Grundgedanken des Verfalls nicht vereinbar, da er doch im Gegensatz zur Geldbuße gerade keine Sanktion, sondern lediglich präventivordnenden, konditionsähnlichen Charakter haben soll.[26]

---

[18] BGHSt 36, 254; BGH NJW 1994, 1357; *Bohnert* § 29a Rn. 4.
[19] *Bohnert* OWiG § 29a Rn. 5; *Fromm/Schmuck* SVR 2007, 405, 406; KK-OWiG/*Mitsch* § 29a Rn. 28.
[20] BGH NJW 2002, 3339; BGH NStZ 1995, 491.
[21] OLG Stuttgart wistra 2012, 283, 284; OLG Celle NZV 2012, 400, 401; BayObLG NStZ 2000, 537, 538; NStZ 1998, 451, 452; NStZ-RR 1997, 339, 340; OLG Stuttgart Justiz 2003, 175; OLG Koblenz zfs 2007, 108 ff.; OLG Zweibrücken NStZ-RR 2010, 256 f.; vgl. auch *Brenner* NStZ 2004, 256, 257, *Drathjer*, Die Abschöpfung rechtswidrig erlangter Vorteile im Ordnungswidrigkeitenrecht, 1997, S. 36 ff.; *Rönnau*, Vermögensabschöpfung im Strafrecht, 2003, Rn. 30; KK-OWiG/*Mitsch*, § 29a Rn 27; Göhler/*Gürtler*, § 29a Rn 6.
[22] Vgl. Göhler/*Gürtler* § 17 Rn. 38 mwN.
[23] KK-OWiG/*Mitsch* § 29a Rn. 27.
[24] BGH NJW 2002, 2257; Göhler/*Gürtler* § 29a Rn. 15; *Fromm/Schmuck* SVR 2007, 405, 407.
[25] BayObLG NStZ 1998, 451, 452.
[26] Vgl. BGH NJW 2002, 3339; KK-OWiG/*Mitsch* § 29a Rn. 7; Göhler/*Gürtler* § 29a Rn. 1.

Praxistipp:
Hat der Mandant nicht vorwerfbar gehandelt oder war gutgläubig sollte dieser Umstand im Verfahren entsprechend des Vorgesagten unbedingt problematisiert werden. Zwar darf dies nach bestehender Rechtsprechung nicht zur Anwendung des Nettoprinzips führen. Dennoch kann durch diese Argumentation erreicht werden, dass sich der letztlich für verfallen zu erklärende Betrag aufgrund von Verhältnismäßigkeitserwägungen deutlich verringert oder sogar ganz von einer Verfallsanordnung abgesehen wird (Opportunitätsprinzip).[27]

Unter anderem die vorgenannten Umstände – geringere Anforderungen an die Tat und die Möglichkeit durch Anwendung des Bruttoprinzips häufig viel höhere Beträge geltend machen zu können, als im Rahmen eines Bußgeldverfahrens, in welchem gesetzliche Höchstgeldbußen zu beachten sind – dürften der Grund dafür sein, dass die Behörden in der letzten Zeit immer mehr dazu übergehen, das grundsätzlich bestehende Regel-Ausnahme-Verhältnis[28] zwischen Geldbuße und Verfall auszuhebeln, indem trotz Vorliegens einer rechtswidrigen und vorwerfbaren Handlung das Bußgeldverfahren eingestellt und ein Verfallsverfahren eingeleitet wird. Dieses Vorgehen entspricht zwar nicht der gesetzgeberischen Konzeption des Verfallsverfahrens, ist aber auch nicht gesetzeswidrig.[29] Denn der Wortlaut des § 29a OWiG „... und wird eine Geldbuße nicht festgesetzt ..." zeigt deutlich, dass die Behörde bei der Entscheidung, welches Instrument zur Vermögensabschöpfung herangezogen wird, eine Wahl hat. Ansonsten müsste es heißen „... und kann eine Geldbuße nicht festgesetzt werden ...".[30]

c) Unmittelbarkeitszusammenhang. Ungeschriebenes Tatbestandsmerkmal des § 29a OWiG ist eine unmittelbare Kausalbeziehung zwischen Tat und Erlangtem. Die Abschöpfung muss spiegelbildlich dem Vermögenszuwachs entsprechen, den der Täter oder der Dritte gezogen hat.[31] Vermögensvorteile, die durch den Einsatz des ursprünglich Erlangten erst nachträglich erzielt worden sind, wie Nutzungen in Form von zB Kapitalzinsen und Surrogaten, unterliegen dem Verfall nach § 29a OWiG nicht.[32]

Abgeschöpft werden können dagegen aber Aufwendungen, die durch die Tat erspart wurden. Dies betrifft beispielsweise Kosten, die bei rechtmäßiger Beladung durch zusätzliche Fahrten erforderlich geworden wären. Ebenso Genehmigungsgebühren oder Kosten für Begleitpersonen, die bei der Durchführung von Schwertransporten anfallen. Zu beachten ist allerdings, dass **entweder** nur die durch den Verstoß ersparten Aufwendungen **oder** der rechtswidrigerweise erlangte Fuhrlohn abzuschöpfen sind, da sonst eine unzulässige Doppelabschöpfung vorläge.

2. Tatbestandsvarianten

Je nachdem wer Täter der Ordnungswidrigkeit ist und wer durch die Ordnungswidrigkeit etwas erlangt hat, ist zwischen den verschiedenen Tatbestandsvarianten des § 29a OWiG zu unterscheiden.

a) Verfallsanordnung gegen den Täter, § 29a Abs. 1 OWiG. § 29 Abs. 1 OWiG besagt, dass gegen den Täter einer mit Geldbuße bedrohten Handlung der Verfall angeordnet werden kann, wenn er durch diese oder aus ihr etwas erlangt hat und gegen ihn wegen der Handlung keine Geldbuße festgesetzt wird.

---

[27] → Rn. 36.
[28] Göhler/*Gürtler* § 29a Rn. 1; *König* SVR 2008, 121, 127; aA *Brenner* Vermögensabschöpfung, 3.Auflage 2007, S. 181; *Brenner* NStZ 2004, 256, 258.
[29] Göhler/*Gürtler* § 29a Rn. 1, 29; *König* SVR 2008, 121, 127.
[30] *Podolsky/Brenner*, S. 213.
[31] BGH NJW 2002, 2257, 2259; OLG Koblenz ZfSch 2007, 108–111; OLG Karlsruhe ZfSch 2013, 172,173; OLG Celle NZV 2012, 400, 402; OLG Köln, Beschl. v. 19.8.2011 – III-1 RBs 215/11, 1 RBs 215/11; LG Tübingen NJW 2006, 3447, 3448; AG Stuttgart NStZ 2006, 246, 247.
[32] LG Stuttgart NStZ 2004, 18; *Podolsky/Brenner* S. 214; vgl. auch *Brenner* NStZ 1998, 558; *Drathjer* Die Abschöpfung rechtswidrig erlangter Vermögensvorteile im Ordnungswidrigkeitenrecht, S. 1197.

20 *aa) Täterbegriff.* Die Verfallsanordnung richtet sich somit an den Täter selbst. Unter den Täterbegriff fällt aber auch der an einer mit Geldbuße bedrohten Handlung Beteiligte, da dieser nach § 14 Abs. 1 OWiG bei Vorsatztaten dem Täter gleichgestellt ist.[33] Diese müssen durch die Handlung oder aus ihr etwas[34] erlangt haben.

21 *bb) Nichtfestsetzung einer Geldbuße.* § 29a Abs. 1 OWiG ist nur anwendbar, wenn gegen den Täter selbst keine Geldbuße festgesetzt wird. Aus welchen Gründen die Festsetzung einer Geldbuße unterbleibt, soll dabei unerheblich sein.[35] Zumeist wird wohl von der Festsetzung einer Geldbuße abgesehen, da der Täter nicht vorwerfbar gehandelt hat oder ihm dies zumindest nicht bewiesen werden kann. Andererseits ist es für die Einleitung eines Verfallsverfahrens auch nicht schädlich, wenn der Täter zwar vorwerfbar gehandelt hat, das Verfahren aber aus Gründen der Prozessökonomie eingestellt oder eine Ahndung nicht für erforderlich gehalten wird. Denn auch wenn der Gesetzgeber das Verfallsverfahren als subsidiäres Instrument für die Fälle entwickelt hat, in denen die Festsetzung einer Geldbuße nicht möglich ist, dürfte es – wie bereits ausgeführt[36] – nicht gesetzeswidrig sein, trotz nachweislich vorwerfbarer Handlung, im Rahmen der Ermessensentscheidung von der Festsetzung einer Geldbuße abzusehen und stattdessen den Verfall anzuordnen.[37]

Beispiel:

Ein selbstfahrender Fuhrunternehmer gerät mit seinem LKW, dessen zulässiges Gesamtgewicht 40t beträgt, in eine Verkehrskontrolle. Dabei wird eine Überladung von 10 % festgestellt. Das gegen ihn eingeleitete Bußgeldverfahren, in welchem gegen ihn im Regelfall eine Geldbuße in Höhe von EUR 75,– festgesetzt worden wäre und er eine Eintragung von einem Punkt in Flensburg bekommen hätte, wird eingestellt. In diesem Fall kann die Behörde einen Verfallsbescheid erlassen, wenn der Fuhrunternehmer durch die Überladung rechtswidrigerweise etwas erlangt hat.

22 *b) Verfallsanordnung gegen einen Dritten, § 29a Abs. 2 OWiG.* Gegen einen anderen als den Täter kann ein Verfall angeordnet werden, wenn der Täter für diesen gehandelt und der Dritte dadurch einen Vermögensvorteil erlangt hat. Hier ist derjenige, der den Vermögensvorteil erlangt hat, ein an der Tat unbeteiligter Dritter. Eine Vermögensabschöpfung durch die Festsetzung einer Geldbuße nach § 17 Abs. 4 OWiG wäre somit ausgeschlossen, da diese nur den Täter betreffen würde. Bei dem Täter selbst kann jedoch nichts abgeschöpft werden, da er nichts erlangt hat. Um nun das aus der Tat rechtswidrigerweise Erlangte zu erhalten, greifen die Behörden auf das Drittverfallsverfahren zurück.

23 *aa) Adressat.* Ob es sich bei dem Dritten um eine natürliche oder eine juristische Personen handelt, ist unerheblich.[38] Denn auch gegen eine juristische Person kann eine Verfallsanordnung erlassen werden. Gegen diese darf allerdings wegen des Tatgeschehens noch keine Geldbuße nach § 30 OWiG festgesetzt worden sein, mit welcher bereits gemäß § 17 Abs. 4 OWiG eine Vermögensabschöpfung erfolgt wäre (§ 30 Abs. 3 und 5 OWiG).

24 Die Entscheidung für das Verfallsverfahren und gegen das Bußgeldverfahren, dürfte der Verfolgungsbehörde folgende Vorteile bieten: Voraussetzung des § 30 OWiG ist, dass eine leitende Person vorwerfbar eine Ordnungswidrigkeit begeht, wodurch eine die juristische Person treffende Pflicht verletzt wurde. Es müsste somit zunächst eine leitende Person ermittelt werden, welcher ein Verschulden nachzuweisen wäre. Dies entfällt im Verfallsverfahren, da als Anknüpfungstat jene des Ursprungstäters gewählt werden kann.[39] Gelingt die Ermittlung eines Halterverantwortlichen im Verfahren nach § 30 OWiG, ist die Behörde hinsichtlich der Höhe der festgesetzten Geldbuße insbesondere bei Massenverstößen und Tateinheit sodann in aller Regel an eine Höchstgeldbuße gebunden, was im Verfallsverfahren nicht der

---

[33] KK-OWiG/*Mitsch* § 29a Rn. 17; Göhler/*Gürtler* § 29a Rn. 18.
[34] ISd Rn. 12 ff.
[35] BT-Drucksache 10/138, Entwurf eines Zweiten Gesetzes zur Bekämpfung der Wirtschaftskriminalität, zu § 29a OWiG S. 37; KK-OWiG/*Mitsch* § 29a Rn. 26; Podolsky/*Brenner* S. 213; Göhler/*Gürtler* § 29a Rn. 18.
[36] Vgl. Rn. 17.
[37] Göhler/*Gürtler* § 29a Rn. 1, 29; *König* SVR 2008, 121, 127; Podolsky/*Brenner* S. 213.
[38] BGH NJW 2002, 3339; Podolsky/*Brenner* S. 216; *Drathjer* Abschöpfung S. 127.
[39] → Rn. 7 ff.

Fall ist. Denn hier ist die Addition des unzulässigerweise Erlangten der jeweiligen Einzelfahrten möglich und nach oben offen.

bb) Vertretungsfälle. Der klassische Anwendungsbereich des Drittverfalls liegt in den sog. Vertretungsfällen im engeren Sinne, dh in den Konstellationen, in denen der Täter als Organ iSd § 9 OWiG, gesetzlicher Vertreter oder kraft besonderen Auftrags gehandelt hat.[40]

Beispiel:
Der Geschäftsführer eines Transportunternehmens, welches als GmbH ausgestaltet ist, vernachlässigt die ihn treffenden Aufsichtspflichten, indem er über einen längeren Zeitraum hinweg die Kraftfahrer Schwertransporte durchführen lässt, ohne zuvor durch die jeweiligen Disponenten Ausnahmegenehmigungen beantragt zu haben. Der Geschäftsführer handelt hier als Organ der GmbH. Diese hat durch die Handlung bzw. das Unterlassen des Geschäftsführers einen Vermögensvorteil in Form der eingesparten Genehmigungsgebühren erlangt. Über diesen Betrag kann gegen die GmbH der Verfall angeordnet werden.

Der Drittverfall ist jedoch nicht auf die Vertretungsfälle im engeren Sinne beschränkt. Voraussetzung ist lediglich, dass der Täter – zumindest faktisch – im Interesse des anderen tätig wird, beispielsweise als Angestellter. Ein gezieltes Handeln des Täters wird dabei nicht gefordert.[41] Häufig wird daher auch in Fällen auf § 29a Abs. 2 OWiG zurückgegriffen, in denen es der Behörde nicht gelingt, innerhalb der nur kurzen dreimonatigen Verjährungsfrist (§ 26 StVG) die verantwortliche leitende Person zu ermitteln. Steht eine mit Geldbuße bedrohte Handlung des Fahrers fest und hat die juristische Person hierdurch etwas erlangt, muss die dafür ebenfalls verantwortliche leitende Person nicht mehr ermittelt werden.

Auch eine Gutgläubigkeit des Dritten, soll an der Anordnung eines Verfalls nichts ändern.[42]

Beispiel:
A beauftragt Unternehmer B mit dem Abtransport einer gewissen Menge Sand. Dabei wird vereinbart, dass pro Tour pauschal 80,– EUR gezahlt werden. B führt die Touren – ohne dass A hiervon Kenntnis hat – in überladenem Zustand durch, so dass weniger Fahrten erforderlich werden, als bei ordnungsgemäßer Beladung. Hier hat der gutgläubige A durch B einen wirtschaftlichen Vorteil (ersparte Touren, die mit 80,– EUR hätten vergütet werden müssen) erlangt, der von den Verfolgungsbehörden im Wege des Drittverfalls abgeschöpft werden kann.

Hier sind verschiedene Konstellationen denkbar, wie beispielsweise auch der Fall, in welchem die bei einem Unternehmer angestellten Fahrer entgegen der Anweisung mehrfach überladen fahren, wovon der Arbeitgeber im Rahmen seiner vorschriftsmäßigen Stichprobenkontrollen jedoch nichts erfährt, weil die Stichproben ohne Beanstandungen verlaufen.

Dabei stimmt die Anwendung des Bruttoprinzips gegenüber gutgläubigen Dritten bedenklich, da es ihnen damit verwehrt bleibt, mögliche zusätzliche, mit dem erlangten Überschuss in Verbindung stehende Ausgaben (zB erhöhter Benzinverbrauch, Verschleiß, Bonuszahlungen für Einhaltung eines Termins o. ä.) dem Erlangten gegen zu rechnen und damit nur den unrechtmäßig erwirtschafteten Überschuss abzuführen. Der Abschöpfung des Brutto wohnt somit durchaus ein pönaler Charakter inne.

Es soll jedoch bewirkt werden, dass der Dritte – auch wenn er gutgläubig ist – Kontrollmechanismen zur Verhinderung solcher Taten errichtet und auf deren Einhaltung achtet. Dies dürfte nicht immer möglich sein und ist zudem nicht geeignet, die Bedenken zur Rechtsstaatlichkeit gänzlich auszuräumen. Man wird in derartigen Fällen in Anlehnung an § 73c StGB eine Härtefallprüfung vornehmen müssen,[43] um den für verfallen zu erklärenden Betrag entsprechend anzupassen.

3. Berechnung des Vermögensvorteils

Das durch die Tat rechtswidrig Erlangte ist grundsätzlich exakt festzustellen,[44] was sich unter verschiedenen Aspekten als sehr schwierig erweisen kann.

---

[40] Vgl. BGH NJW 2000, 297; Göhler/*Gürtler* § 29a Rn. 21.
[41] BGH NJW 2000, 297.
[42] BGH NJW 2002, 3339; Göhler/*Gürtler* § 29a Rn. 23.
[43] Vgl. Göhler/*Gürtler* § 29a Rn. 23; BGH NStZ 2003, 37.
[44] Göhler/*Gürtler* § 29a Rn. 9.

31   a) **Allgemein.** Es bestehen mittlerweile diverse Ansätze zu der Ermittlung, welchem Wert im Einzelfall genau das rechtswidrig „Erlangte" entspricht. Wurde zB ein Fahrzeug geführt, welches die nach dem Gesetz zulässigen Maße überschritt und lag keine Ausnahmegenehmigung vor, hat die Behörde verschiedene Möglichkeiten. Hätte eine Ausnahmegenehmigung grundsätzlich erteilt werden können liegt der erzielte Vorteil nach Ansicht des OLG Koblenz zB nur in den ersparten Aufwendungen in Form von Kosten für Genehmigungen, für die Benutzung eines anderen Fahrzeuges oder für den Einsatz von Begleitfahrzeugen.[45] Hingegen vertreten verschiedene andere Oberlandesgerichte[46] die Meinung, dass bei der Ermittlung des Wertes, der durch die bzw. aus der Tat erlangt wurde, ein sog. rechtmäßiger hypothetischer Kausalverlauf – wie die Genehmigungsfähigkeit – nicht berücksichtigt werden darf. Dies sei mit der Entscheidung des Gesetzgebers, für die Bestimmung der Höhe des Verfallsbetrages das Bruttoprinzip zugrunde zu legen, nicht vereinbar.[47] Nach dieser Ansicht soll das für den jeweiligen Transport tatsächlich erlangte Entgelt abgeschöpft werden,[48] teilweise sogar das vereinbarte Entgelt, unabhängig davon, ob es auch tatsächlich gezahlt wurde.[49] Das OLG Celle wiederum differenziert in seiner jüngsten Entscheidung und meint, für die Bestimmung des Wertes des „Erlangten" iSd § 29a Abs. 1 OWiG bei Begehung einer Ordnungswidrigkeit unter Missachtung einer hoheitlichen Kontrollbefugnis komme es darauf an, ob es sich um ein rein präventives Verbot mit Erlaubnisvorbehalt oder um ein repressives Verbot mit Befreiungsvorbehalt handele. Sei das Genehmigungserfordernis ein sog. präventives Verbot mit Erlaubnisvorbehalt, welches allein der vorherigen hoheitlichen Kontrolle diene, ob die Tätigkeit mit der Rechtsordnung in Einklang stehe, so sei das Erlangte nach den ersparten Aufwendungen für das umgangene Genehmigungsverfahren zu bemessen, wenn die Handlung genehmigungsfähig gewesen wäre. Denn in diesem Fall sei ein rein formaler Verstoß ohne materielles Unrecht gegeben. Stelle die behördliche Gestattung demgegenüber eine Ausnahme von einem generell verbotenen Tun dar (sog. repressives Verbot mit Befreiungsvorbehalt), so verbleibe es bei der generellen Regel, dass das genehmigungslose Tun verboten ist und das Rechtsgeschäft deswegen nur unter Verstoß gegen materielles Recht erfüllt werden kann. Da es sich bei der Erlaubnis nach § 29 Abs. 3 StVO wie auch bei der Ausnahmegenehmigung nach § 70 StVZO jeweils um Ausnahmegenehmigungen von einem generell bestehenden Verbot handele, bestimme sich der Verfall in Höhe des Wertes der Gegenleistung für den Transport abzüglich der Mehrwertsteuer.[50]

32   In Fällen, in denen der durchgeführte Transport nicht rechtmäßig hätte durchgeführt werden können, mag eine Abschöpfung des gesamten Erlöses vertretbar sein. In Fällen von Überladungen beim Transport von teilbarer Ladung dürfte sie hingegen über das gesetzgeberische Ziel hinausschießen. Wie bereits ausgeführt,[51] hat der Verfall lediglich lückenfüllenden Ausnahmecharakter und soll nur in den Fällen Anwendung finden, in welchen eine Vermögensabschöpfung – mangels nachweisbaren Verschuldens oder mangels eigenen Vorteils des Täters – nicht durch die Festsetzung einer Geldbuße nach § 17 OWiG geschehen kann. In allen anderen Fällen soll die Vermögensabschöpfung über die Festsetzung einer Geldbuße erfolgen, welcher der Gesetzgeber in § 17 Abs. 4 ausdrücklich auch die Funktion der Gewinnabschöpfung zugewiesen hat. Wäre es nun tatsächlich die Intention des Gesetzgebers, bei Überladungen generell die Fracht für die gesamte Tour und nicht nur für den überladenen Teil abzuschöpfen, würden die im Bußgeldkatalog vorgegebenen Regelsätze für Überladungen ihren Zweck der Höhe nach nahezu verfehlen. Gemäß Anhang (zu den Nummern 198 und 199 BKat der Anlage) Tabelle 3 der Bußgeldkatalogverordnung sind die

---

[45] Vgl. OLG Koblenz ZfSch 2007, 108.
[46] OLG Karlsruhe (Überhöhe) ZfSch 2013, 172, 173; OLG Celle DAR 2011, 642 ff. (Verstoß gegen Sonntagsfahrverbot).
[47] OLG Karlsruhe (Überhöhe) ZfSch 2013, 172, 173; OLG Celle DAR 2011, 642 ff.(Verstoß gegen Sonntagsfahrverbot); vgl. auch AG Kassel, Urteil v. 18.6.2012, Az. 390 OWi 7624 Js 33677/11 – best. OLG Frankfurt, Beschl. v. 10.10.2012, 2 Ss – Owi 724/12; *Thole*, NZV 2009, 64, 67 ff.
[48] So auch OLG Braunschweig (Überhöhe), ZfSch 2014, 230, 232.
[49] LG Kassel, Beschl. v. 17.12.2012 – Az. 8 Qs 46/12; aA OLG Celle DAR 2011, 642 ff., wonach zwischen dem vereinbarten Entgelt und dem tatsächlich erlangten Entgelt zu unterscheiden ist.
[50] OLG Celle (Überhöhe, Überbreite, Überlänge) NZV 2013 610 ff.
[51] → Rn. 4 f.

Regelgeldbußen je nach Schwere der Überladung[52] gestaffelt, wobei sich die Beträge je nach Grad der Überladung für den Fahrer von 30 EUR bis 380 EUR und für den Halter von 35 EUR bis 425 EUR belaufen. Hieran wird deutlich, dass es eben nicht auf das grundsätzliche Vorliegen einer Überladung ankommen soll, sondern gerade auf den Grad der Überladung, mit der Folge, dass – nach dem Willen des Gesetzgebers – auch nur der überladene Teil das rechtswidrig Erlangte darstellt, das durch Bußgeld oder notfalls durch Verfall abgeschöpft werden soll. Eine Staffelung wäre nämlich überflüssig, wenn der Gesetzgeber der Ansicht wäre, dass der abzuschöpfende Gewinn bei Inbetriebnahme eines überladenen LKW regelmäßig den gesamten Fuhrlohn ausmachte. In diesem Fall wäre die Aufnahme eines einheitlichen Halterbußgeldes für Überladung in den Bußgeldkatalog sinnvoll und notwendig gewesen.

Zu beachten ist außerdem, dass das Bruttoprinzip für die Frage, worin das aus der Tat Erlangte besteht, nicht heranzuziehen ist. Erst wenn das Erlangte festgestellt wurde, ist in einem weiteren Schritt unter Zugrundelegung des Bruttoprinzips zu ermitteln, in welchem Umfang eine Abschöpfung erfolgen kann.[53] Dies dürfte dazu führen, dass zB in Fällen von Überladungen beim Transport teilbarer Ladung nur das abgeschöpft werden kann, was letztlich durch die Überladung selbst erlangt wurde. Anderenfalls käme es unter Berücksichtigung des Bruttoprinzips und der Tatsache, dass die zur Erlangung des Vermögensvorteils erbrachten Leistungen und anfallende Aufwendungen (zB Treibstoff, Fahrerlohn) nicht abgezogen werden dürfen, zu einer Doppelbelastung, die dem Normzweck des Verfalls als lediglich präventiv-ordnende, konditionsähnliche Maßnahme ohne pönalen Charakter entgegenstehen dürfte.[54] 33

b) **Schätzung.** Da die konkrete Berechnung von ersparten Aufwendungen, welche durch zusätzliche Fahrten angefallen wären, sehr schwierig ist, greifen die Verfolgungsbehörden häufig auf § 29a Abs. 3 OWiG zurück und schätzen den rechtswidrig erlangten Vorteil. Dies ist allerdings nur unter der Voraussetzung zulässig, dass die Tat als solche unter Berücksichtigung des Grundsatzes „in dubio pro reo" feststeht und eine Einzelfeststellung auf andere Weise nicht möglich ist oder einen unverhältnismäßigen Aufwand an Zeit bzw. Kosten erfordern würde.[55] Ferner muss die Schätzung nach einer Methode erfolgen, die in sich schlüssige, wirtschaftlich vernünftige und mögliche Ergebnisse bringt.[56] Diesbezüglich ziehen die Verfolgungsbehörden beispielsweise bei Überladungsfällen in der Regel Kalkulationstabellen von Güterkraftverkehrsverbänden heran, anhand derer sie eine Schätzung vornehmen. Die darin aufgeführten Werte entsprechen in einer Vielzahl von Fällen nicht den Gegebenheiten und sind zudem durch allgemeine, für den konkreten Fall aber nicht hinzurechenbare Positionen verfälscht. So führt das OLG Braunschweig zuletzt zu den vom Amtsgericht Braunschweig zur Schätzung herangezogenen Kostensätzen Gütertransport Straße (KGS) aus, dabei „handelt es sich um tabellarisch aufgeführte durchschnittliche Kostenansätze für den Gütertransport auf der Straße auf einer allgemeinen Basis, bei der keinerlei Berücksichtigung spezifischer regionaler, teilmarktbedingter oder einsatzbedingter Situationen stattfindet und insbesondere auftragsabhängige Kosten und besondere Kosten, die im grenzüberschreitenden Güterkraftverkehr entstehen können, nicht berücksichtigt sind."[57] Durch den Unternehmer sollte daher dargelegt werden, welchen Betrag er tatsächlich erspart bzw. was er durch die Überladung erlangt hat (konkrete Berechnung). 34

c) **Konkrete Berechnung.** Besonders umfangreich und komplex kann die Berechnung werden, wenn die Behörde – wie in der Praxis häufig der Fall – aufgrund von Durchsu- 35

---

[52] Gem. Anhang (zu den Nummern 198 und 199 BKat der Anlage) Tabelle 3 bei mehr als 5 % für Fahrer 80 EUR, für Halter 140 EUR; mehr als 10 % für Fahrer 110 EUR, für Halter 235 EUR; mehr als 15 % für Fahrer 140 EUR, für Halter 285 bis hin zu 380 EUR für den Fahrer bei einer Überladung von mehr als 30 % und 425 EUR für den Halter bei Überladung von mehr als 25 %.
[53] BGH NJW 2002, 2257, 2260; OLG Celle VRS 122, 29, 31 f.; König SVR 2008, 121, 126 ff.; Göhler/Gürtler, § 29a Rn. 6.
[54] AA OLG Hamburg NStZ 2014, 340 ff. (Überladung Schüttgut).
[55] *Podolsky/Brenner* S. 219; vgl. auch OLG Braunschweig ZfSch 2014, 230.
[56] *Büttner,* Ermittlung illegaler Vermögensvorteile, S. 98, vgl. auch OLG Braunschweig ZfSch 2014, 230, 232.
[57] OLG Braunschweig ZfSch 2014, 230, 232.

chungsbeschlüssen an diverse Wiegenoten und Abrechnungen der Transportunternehmen gelangt ist und hierbei zahlreiche Überladungen festgestellt werden. Nichts desto trotz ist der erlangte Vorteil grundsätzlich konkret zu berechnen. Dabei sind je nachdem ob der Unternehmer für sich selbst oder im Auftrag eines anderen fährt und je nachdem welche Abrechnungsart (nach Tonnen, nach Kubikmetern, Pauschalfahrten) zugrunde lag, unterschiedliche Berechnungsmethoden anzuwenden. Denn schließlich soll nur das abgeschöpft werden, was tatsächlich erlangt bzw. durch die Tat erspart wurde.

36 Im Bereich der Überladungsfälle sind bei der Berechnung des erlangten Vorteils folgende Fallgruppen zu unterscheiden:

37 *aa) Unternehmer fährt die Ware für sich selbst.* Transportiert der Unternehmer die Ware auf eigene Rechnung, besteht der durch die Überladungen erlangte Vorteil ausschließlich in den ersparten Aufwendungen der ansonsten notwendigen Zusatzfahrten. Hier bleibt dem Betroffenen die Möglichkeit, gegenüber der Behörde darzulegen, welche Aufwendungen er tatsächlich erspart hat. Tut er dies nicht, geht er das Risiko ein, dass auf die oben erwähnten Kalkulationstabellen zurückgegriffen wird. Da diese jedoch meistens auch unproduktive Kostenbestandteile enthalten, deren Berücksichtigung für die Berechnung des Verfalls nicht sachgerecht ist, dürfte von den darin enthaltenden Werten ein Abschlag in Höhe von 30 % bis 55 % erforderlich sein. Empfehlenswert wäre hier u. U. auch die Einholung eines Sachverständigengutachtens.

Beispiel:
Eine Zuckerrübenfabrik beschäftigt einen Fahrer, welcher geerntete Zuckerrüben von den Feldern zur Fabrik abtransportieren soll. Die zu transportierenden Rüben haben ein Gesamtgewicht von 30 t. Die Zuladung ist laut Fahrzeugschein nur bis 24 t zulässig. Der Fahrer macht eine Tour in überladenem Zustand statt der eigentlich erforderlichen zwei Touren. Die Fabrik hat somit eine Tour gespart. Die hierdurch ersparten Aufwendungen für eine zusätzliche Tour können im Verfallsverfahren abgeschöpft werden.

38 *bb) Unternehmer fährt für einen anderen.* Wird der Fuhrunternehmer von einem Dritten mit dem Transport beauftragt, muss jeweils nach der Abrechnungsmethode unterschieden werden.

Beispiel:
- Der Unternehmer wird pro Fahrt bezahlt, zB 100,– EUR/Fahrt und es werden zwei Touren, mithin 200,– EUR pauschal vereinbart. Erspart er sich nun eine Tour, weil er alles mit einer Tour transportiert, obwohl das zulässige Gesamtgewicht überschritten ist, besteht der Vorteil im Wert dieser einen Tour. Der Vorteil würde hier also 100,– EUR betragen.
- Wird der Unternehmer pauschal pro Fahrt bezahlt, ohne, dass eine bestimmte Anzahl von Touren vereinbart war, dürfte durch die Überladung hingegen kein Vorteil erlangt worden sein. Denn wie viel geladen wurde, spielt hier keine Rolle. Eine Abschöpfung wäre dann aber ggf. bei dem Dritten möglich.
- Wird der Unternehmer pro transportierte Tonne bezahlt und bekommt er pro Tonne 5,– EUR, wird der Vorteil nach diesseitigem Dafürhalten nur aus der unzulässigerweise transportierten Menge berechnet. Darf er laut Fahrzeugschein nur 24 t zuladen, transportiert aber 30 t, würde der erlangte Vorteil 30,– EUR betragen (6 × 5,– EUR = 30,– EUR)[58]

39 Um hierbei keine Nachteile durch eine fehlerhafte Berechnung seitens der Behörde zu erleiden, sollte mit dem Mandanten unbedingt eine detaillierte Aufstellung der einzelnen Überladungen angefertigt und unter Berücksichtigung der jeweiligen Abrechnungsmethode eine Kontrollberechnung durchgeführt werden.

40 **d) Opportunitätsprinzip.** Während der Verfall im Strafrecht obligatorisch ist, steht der Behörde auf dem Gebiet des Ordnungswidrigkeitenrechts ein Ermessen dahingehend zu, ob überhaupt ein Verfall angeordnet werden soll und wenn, in welcher Höhe.[59] So heißt es in der Vorschrift des § 29a OWiG auch lediglich, der Verfall kann bis zu der Höhe angeordnet

---

[58] Siehe aber die unter Rn. 30 dargestellte Rechtsprechung.
[59] Vgl. OLG Karlsruhe, Beschluss vom 8. Januar 2014 – 2 (5) SsBs 649/13 – AK 183/12, 2 (5) SsBs 649/13 – AK 183/12; *Bohnert* § 29a Rn. 10; *Brenner* NStZ 2004, 256, 258 f.

werden, die dem Wert des rechtswidrig Erlangten entspricht. Im Rahmen dieser Ermessensentscheidung sind neben all-gemeinen Zweckmäßigkeitsgesichtspunkten auch die Umstände des Einzelfalls zu berücksichtigen. Dabei ist für die Beantwortung der Frage, ob und in welcher Höhe der Verfall angeordnet werden soll, insbesondere
- die Bedeutung und Auswirkung der Tat,
- die Höhe des Erlangten,
- die Wiederholungsgefahr,
- die Auswirkung des Verfalls auf den Betroffenen sowie
- das Bedürfnis nach Befriedigung der Rechtsordnung

maßgeblich.[60]

Da nicht zuletzt wegen der Anwendung des Bruttoprinzips häufig sehr hohe Beträge für verfallen erklärt werden können, sind bei der Entscheidung auch die **wirtschaftlichen Verhältnisse der Betroffenen** zu berücksichtigen. So lautet auch die Empfehlung des Arbeitskreises V beim Verkehrsgerichtstag in Goslar 2008, dass Gewinnabschöpfung keineswegs existenzvernichtend sein darf und die wirtschaftliche Lage des Unternehmens berücksichtigt werden muss.[61] Entscheidet die Behörde bzw. das Gericht, ohne sich mit der Zweckmäßigkeit des Verfalls und den Umständen des Einzelfalls auseinandergesetzt zu haben, liegt ein Ermessensfehlgebrauch vor, welcher im Einspruchsverfahren vor dem Amtsgericht bzw. im Rechtsbeschwerdeverfahren vor dem Oberlandesgericht gerügt werden kann.[62]

III. Prozessuales

1. Verfahrensarten

a) **Verfallsanordnung gegen den Täter.** Der Verfall gegen den Täter nach § 29a Abs. 1 OWiG selbst kommt ausschließlich im Rahmen eines gegen ihn eingeleiteten Bußgeldverfahrens in Betracht. So dürfte es sich hauptsächlich um die Fälle handeln, in welchen gegen den Täter zwar ein Bußgeldverfahren eingeleitet wurde, ihm aber kein Verschulden nachgewiesen werden kann, mit der Folge, dass die Festsetzung der Geldbuße nach § 17 OWiG nicht möglich ist. Hier ergeht die Anordnung des Verfalls gleichzeitig mit der Einstellung des Bußgeldverfahrens. Sollte die Angelegenheit bereits vor Gericht verhandelt werden, ist eine Verfallsanordnung auch neben einem Freispruch denkbar.[63]

b) **Verfallsanordnung gegen Dritten.** In der Variante des § 29a Abs. 2 OWiG, in welchem der Dritte durch eine Ordnungswidrigkeit des Täters etwas erlangt hat, muss der Dritte an dem Bußgeldverfahren des Täters beteiligt werden.[64] Dies geschieht über § 442 Abs. 2 S. 2 StPO iVm § 46 OWiG. Voraussetzung ist dabei aber ebenfalls, dass überhaupt ein Bußgeldverfahren gegen den Täter eingeleitet wird. Von einer Verfahrensbeteiligung des Dritten kann nicht nach § 431 Abs. 1 S. 2, 3 StPO iVm § 46 OWiG abgesehen werden.[65] Vielmehr muss dem Dritten, wie dem Täter selbst der Bußgeldbescheid zugestellt werden, da ihm nach § 163a Abs. 2 StPO iVm § 46 OWiG gleichermaßen ein Beweisantragsrecht zusteht.[66] Auch schon vor dem Erlass des Bußgeldbescheides ist er anzuhören, wenn sich in diesem Verfahrensabschnitt bereits abzeichnet, dass eine Verfallsanordnung gegen den Dritten in Betracht kommt.[67] Innerhalb dieses subjektiven Verfahrens gegen den Täter ist dann auch über die Anordnung des Verfalls gegen den Dritten zu verhandeln, weil die Grundlage für die Ver-

---

[60] OLG Hamburg, NStZ 2014, 340, 343; *Podolsky/Brenner* S. 215; Göhler/*König* § 29a Rn. 24; vgl. auch *Fromm/Schmuck* SVR 2007, 405, 407.
[61] Vgl. Empfehlungen des 46. Deutscher Verkehrsgerichtstag 23. bis 25.1.2008 in Goslar www.deutsche-verkehrsakademie.de/pdf/Empfehlungen_2008.pdf.
[62] OLG Stuttgart StraFo 2014, 26; *Fromm/Schmuck* SVR 2007, 405, 407.
[63] *Bohnert* § 29a Rn. 21; KK-OWiG/*Mitsch* § 29a Rn. 48.
[64] OLG Köln Beschl. v. 5.3.2004 – Ss 60/04 (B) – 38 B.
[65] KK-OWiG/*Mitsch* § 87 Rn. 105.
[66] Göhler/*Gürler* § 87 Rn. 59b.
[67] KK-OWiG/*Mitsch* § 87 Rn. 105; Göhler/*Gürtler* § 87 Rn. 19.

fallsanordnung gerade diejenige mit Geldbuße bedrohte Handlung ist, die auch Gegenstand des Verfahrens gegen den Täter ist.[68]

44   c) **Verfallsanordnung im selbständigen Verfahren, § 29a Abs. 4 OWiG.** Im selbständigen Verfahren nach § 29a Abs. 4 OWiG kann eine Verfallsanordnung sowohl gegen den Täter als auch gegen den Dritten erlassen werden. Dies allerdings nur, wenn gegen den Täter kein Bußgeldverfahren eingeleitet oder dieses bereits nach § 47 OWiG oder § 170 Abs. 2 StPO iVm § 46 OWiG eingestellt wurde. Erst bei Vorliegen dieser Voraussetzung ist der Weg frei für das selbständige Verfahren nach § 29a Abs. 4 OWiG. Denn – wie bereits unter III.1.b. dargestellt – ist bei einem eingeleiteten und noch nicht beendeten Bußgeldverfahren gegen den Täter zugleich über den Verfall gegen den Dritten, für den der Täter gehandelt hat, zu entscheiden. So steht einer Verfallsanordnung gegen den Dritten im selbständigen Verfahren auch ein Verfahrenshindernis entgegen, wenn gegen den Täter bereits eine Sachentscheidung ergangen ist.[69] Insoweit darf das Verfahren gegen den Täter gar nicht erst eingeleitet oder muss zumindest eingestellt worden sein. Hierbei ist es auch unschädlich, wenn das Bußgeldverfahren aus Rechtsgründen nicht eingeleitet wurde.[70]

45   Nach § 87 Abs. 3 S. 1 OWiG, welcher über § 87 Abs. 6 OWiG auch Anwendung auf das Verfallsverfahren findet, ist der Verfall im selbständigen Verfahren durch einen selbständigen Verfallsbescheid anzuordnen.

2. Zuständigkeiten, Formvorschriften und Verjährung

46   Abgesehen von den speziellen Voraussetzungen, die bei den verschiedenen Verfahrensarten im Verfallsverfahren zu beachten sind, gelten im Übrigen hinsichtlich der Zuständigkeits- und Verfahrensregelungen dieselben Vorschriften wie im normalen Bußgeldverfahren. Da der Verfallsbescheid gemäß § 87 Abs. 6 iVm § 87 Abs. 3 S. 2 OWiG dem Bußgeldbescheid gleichsteht, muss er dieselben Angaben enthalten, die auch für einen wirksamen Bußgeldbescheid nach § 66 OWiG erforderlich sind.

Ein besonderes Augenmerk sollte bei der Überprüfung eines Verfallsbescheides auf folgende Punkte gelegt werden:

47   a) **Richtiger Adressat.** Gerade in den Verfahrensvarianten, in welchen der Verfall nicht gegen den Täter sondern gegen einen Dritten angeordnet wird, ist darauf zu achten, dass es sich bei dem Adressaten tatsächlich um diejenige natürliche oder juristische Person handelt, die auch den wirtschaftlichen Vorteil erlangt hat. Wenn beispielsweise ein Geschäftsführer einer GmbH eine Ordnungswidrigkeit begangen hat, wodurch es zu einem wirtschaftlichen Vorteil der GmbH gekommen ist, hat diesen die GmbH erlangt und nicht der Geschäftsführer selbst, so dass Adressat der Verfallsanordnung die GmbH sein muss.

48   b) **Hinreichende Konkretisierung.** Wie der Bußgeldbescheid muss der Verfallsbescheid hinreichend konkretisiert sein und die Tat, durch welche es zu dem erlangten Vermögensvorteil gekommen ist, sowie Zeit und Ort ihrer Begehung explizit genannt werden.[71] So ist es beispielsweise in den Fällen, in welchen aufgrund von Durchsuchungsbeschlüssen und anschließender Beschlagnahme von Wiegenoten aus mehreren Monaten eine Vielzahl von überladenen Fahrten festgestellt werden, zur hinreichenden Bestimmtheit des Verfallsbescheides erforderlich, in diesem jede einzelne Fahrt, konkretisiert durch Fahrtdatum, Uhrzeit, Fahrtstrecke und Höhe der Überladung darzulegen. Die pauschale Angabe, dass in einem bestimmten Zeitraum eine bestimmte Anzahl überladener Fahrten stattgefunden habe, reicht dafür nicht.[72] Gleiches gilt für die pauschale Bezugnahme auf eine Aufstellung, die Aktenbestandteil ist.[73] Zwar kann nach der Rechtsprechung in Einzelfällen über den Aktenin-

---

[68] Begründung des Regierungsentwurfes des 2. Gesetzes zur Bekämpfung der Wirtschaftskriminalität, BT-Drucks. 10/318 S. 38; OLG Hamburg wistra 97, 72, 73.
[69] OLG Köln NJW 2004, 3057; OLG Hamburg wistra 1997, 72, 73; OLG Frankfurt DAR 2009, 97; KK-OWiG/*Mitsch* § 87 Rn. 107; Göhler/*Gürtler* § 87 Rn. 59h.
[70] KK-OWiG/*Mitsch* § 87 Rn. 106.
[71] Göhler/*Seitz* § 66 Rn. 22.
[72] Vgl. auch OLG Düsseldorf NJW 2006, 202, 203.
[73] AG Hamburg Beschl. v. 31.3.2008 – Az. 257 OWi 2102 Js – OWi 831/07 (86/07).

halt eine ergänzende Konkretisierung erfolgen. Doch gilt dies nur ausnahmsweise in den Konstellationen, in denen keine Zweifel an der Tatidentität möglich sind.[74] Dies dürfte bei einer Vielzahl von Überladungen in einem gewissen Zeitraum aber gerade nicht der Fall sein. Folglich kann es wegen mangelnder Konkretisierung im Verfallsbescheid und einer damit einhergehenden unzureichenden Begrenzung des Tatgeschehens an einer wirksamen Verfahrensgrundlage fehlen, so dass ein Verfahrenshindernis vorläge.[75] Selbst wenn man aber zu dem Ergebnis gelangt, dass eine solch unkonkrete Verfallsanordnung keinen so schwerwiegenden Mangel darstellt, dass es an einer hinreichenden Verfahrensgrundlage fehlt, dürfte sie dennoch nicht dazu geeignet sein, die Verjährung zu unterbrechen.[76] Zu prüfen wäre in diesem Fall, ob die nächste Unterbrechungshandlung – regelmäßig die Abgabe der Angelegenheit an das zuständige Gericht – noch rechtzeitig innerhalb der Verjährungsfrist erfolgt ist.

c) **Verjährung.** Besonders zu beachten ist darüber hinaus, dass die Verjährung der dem Verfall zugrunde liegenden Ordnungswidrigkeit auch die Anordnung des Verfalls ausschließt.[77] Insoweit gilt im straßenverkehrsrechtlichen Bereich nach § 26 StVG die dreimonatige bzw. nach Erlass des Bußgeldbescheides die sechsmonatige Verjährungsfrist. Wird vor Ablauf der Verjährungsfrist ein selbständiges Verfahren nach § 29a Abs. 4 OWiG durchgeführt, so wird die Verjährung hinsichtlich des Verfalls durch die dem § 33 Abs. 1 S. 1 OWiG entsprechenden Handlungen zur Durchführung des selbständigen Verfahrens unterbrochen.

49

Selbst wenn dem Geschäftsführer einer GmbH oder dem Inhaber eines Unternehmens eine Aufsichtspflichtverletzung nach § 130 OWiG vorgeworfen wird, welche i.d.R. erst anzunehmen ist, wenn es über einen längeren Zeitraum hinweg, innerhalb des Unternehmens zu straßenverkehrsrechtlichen Zuwiderhandlungen gekommen ist und der Verantwortliche keine Versuche unternommen hat, dies zu unterbinden, gilt nichts anderes. Denn auch die Verjährungsfrist des § 130 OWiG richtet sich nach derjenigen der jeweiligen Ursprungszuwiderhandlung,[78] so dass auch hier die nach § 26 StVG geltende dreimonatige Verjährungsfrist für jede einzelne Zuwiderhandlung gilt.

50

3. Sicherungsmaßnahmen

Nach § 46 Abs. 1 OWiG finden für das Bußgeldverfahren, soweit nichts anderes bestimmt ist, sinngemäß die Vorschriften der StPO Anwendung, wobei nach § 46 Abs. 2 OWiG an die Stelle der Staatsanwaltschaft die Verfolgungsbehörde für Bußgeldsachen tritt. Da das Ordnungswidrigkeitenrecht selbst keine Regelungen über die Sicherung der materiellen Ansprüche aus § 29a OWiG enthält, finden über § 46 OWiG die Vorschriften der §§ 111b ff. StPO Anwendung.

51

a) **Vorläufige Sicherung durch dinglichen Arrest nach § 46 OWiG iVm § 111b Abs. 2 iVm § 111d StPO.** Zur Sicherung des Verfallsbetrages kann – anders als bei der Geldbuße – der dingliche Arrest angeordnet werden, und zwar bereits bevor eine Entscheidung über den Verfall ergangen ist. Zwar wird in der Praxis beim Täter bzw. dem Dritten das Taterlangte nicht individuell vorhanden sein. Dies ist aber insoweit unschädlich als § 29a OWiG regelt, dass der Verfall eines Geldbetrages bis zur Höhe des Erlangten angeordnet werden kann. Diese materiellen Ansprüche können auf der Grundlage der § 111b Abs. 2 ff. StPO iVm § 46 OWiG vorläufig gesichert werden, auch schon im Ermittlungsverfahren. Voraussetzung ist allerdings, dass der Betroffene dringend tatverdächtig ist und zudem dringende Gründe für die Annahme einer Verfallsanordnung vorliegen. Ferner setzt der Arrest die Besorgnis voraus, dass ohne seine Anordnung die künftige Vollstreckung vereitelt oder wesentlich erschwert werden würde. Diese Gefahr besteht vor allem, wenn zu erwarten ist, dass die Arrestforderung später nicht

52

---

[74] Vgl. OLG Düsseldorf NStZ-RR 2008, 51, 52 f.; OLG Düsseldorf NJW 2006, 2647; OLG Köln VRS 49, 128, 129; VRS 1964, 286; OLG Hamm NStZ 1987, 515.
[75] Vgl. OLG Stuttgart, Beschluss vom 26. Februar 2014 – 2 Ss 616/13; Göhler/*Seitz* § 66 Rn. 39.
[76] AG Hamburg Beschl. v. 23.5.2008 – Az. 256 Owi 2010 Js 326/08 (12/08) n.v.; AG Hamburg Beschl. v. 31.3.2008 – 257 Owi 2102 Js-Owi 831/07 (86/07) n.v.; LG Hamburg Beschl. v. 5.8.2008 – Az. 603 Qs Owi 200/08.
[77] Göhler/*Gürtler* § 29a Rn. 30.
[78] OLG Düsseldorf VRS 67, 371; OLG Köln NStZ 1990, 192.

mehr beigetrieben werden kann.[79] Das Gericht soll dabei zu umfangreichen und zeitaufwändigen Ermittlungen vor Erlass der Arrestanordnung nicht verpflichtet sein.[80]

53 **b) Vorläufige Sicherung durch Beschlagnahme nach § 46 OWiG iVm § 111b StPO.** In § 29a OWiG ist zwar vom Verfall eines Geldbetrages die Rede, der dem Erlangten entspricht, so dass materiell auf den Wertersatzverfall entsprechend § 73a StGB Bezug genommen wird, der verfahrensrechtlich auf der Grundlage eines dinglichen Arrestes gem. § 111b Abs. 2 StPO gesichert wird. Sollte jedoch das Taterlangte beim Täter oder Dritten noch vorhanden sein, kann das Erlangte durch Beschlagnahme gesichert werden.[81]

4. Vollstreckung der rechtskräftigen Verfallsanordnung

54 Welche Behörde für die Vollstreckung zuständig ist, richtet sich nach der zugrunde liegenden Entscheidung. Wird gegen den Verfallsbescheid nicht rechtzeitig Einspruch eingelegt, tritt hier – wie im Bußgeldverfahren – Rechtskraft ein. In diesem Fall obliegt die Vollstreckung der Verwaltungsbehörde. Wurde der Verfall hingegen mittels einer gerichtlichen Entscheidung angeordnet, ist gemäß § 91 OWiG iVm § 451 Abs. 1 StPO die Staatsanwaltschaft berufen.

IV. Rechtsanwaltsgebühren

55 Hinsichtlich der Rechtsanwaltsgebühren kann im Wesentlichen auf Teil A. § 11 verwiesen werden. Denn aufgrund der Vergleichbarkeit mit dem Bußgeldverfahren sind hier dieselben Vorschriften (VV 5100 ff.) maßgeblich. Dies ergibt sich unmittelbar aus der Vorbemerkung 5 Abs. 1 VV RVG, wonach für den Vertreter eines Verfallsbeteiligten in einem Verfahren, für das sich die Gebühren nach Teil 5 des Vergütungsverzeichnisses bestimmen, die gleichen Gebühren wie für einen Verteidiger in diesem Verfahren anwendbar sind. Da die in Teil 5 aufgeführten Gebühren an die Höhe der Geldbuße anknüpfen, gegen den Verfallsbeteiligten aber gerade keine Geldbuße festgesetzt wird, dürfte bei der Wahl der jeweiligen Gebührennummer die Geldbuße der Anknüpfungstat zugrunde zu legen sein. Ferner erhält der Verteidiger eines Verfallsbeteiligten eine Gebühr nach Nr. 5116 VV RVG. Dies ist eine Wertgebühr, deren Höhe sich nach der Tabelle des § 13 RVG bzw. des § 49 RVG – bei einem beigeordneten oder gerichtlich bestellten Anwalt – richtet.

56 Für das selbstständige Verfahren nach § 29a Abs. 4 OWiG vertritt das OLG Karlsruhe hingegen die Auffassung, der Verteidiger eines Verfallsbeteiligten erhalte ausschließlich die Verfahrensgebühr Nr. 5116 VV RVG.[82] Da sich die Verteidigertätigkeit in diesem Fall nur auf die Verfallsanordnung, nicht aber auch auf die Abwehr einer Ordnungswidrigkeit erstrecke, könne der Verteidiger daneben nicht noch die Gebühren Nr. 5100–Nr. 5114 VV RVG beanspruchen. Der Fall liege insoweit anders als bei einem Rechtsanwalt, der einen Betroffenen nicht nur gegen die ihm zur Last gelegte Ordnungswidrigkeit verteidige, sondern zusätzlich noch wegen einer gegen den Betroffenen, Nr. 5116 unterfallenden Maßnahme vertritt. Dieser Ansatz, findet im Gesetz jedoch keine Stütze und ist mit dem Wortlaut der Vorbemerkung 5 Abs. 1 VV RVG auch nicht vereinbar.[83] Insoweit dürften auch dem Verteidiger eines Verfallsbeteiligten im selbstständigen Verfahren neben der Gebühr VV 5116 VV RVG die Gebühren aus den Nr. 5100ff VV RVG zustehen.

57 Je nach Umfang der vorgeworfenen Verstöße und dem Arbeitsaufwand, den erlangten Vermögensvorteil konkret zu ermitteln, dürfte nach § 14 Abs. 1 RVG eine Überschreitung der Mittelgebühr – wenn nicht sogar bei sehr umfangreichen Verfahren die Höchstgebühr – in Betracht kommen.

58 Darüber hinaus sollte bei Verfallsverfahren, in denen es um zahlreiche Verstöße und verhältnismäßig hohe Beträge geht, mit dem Mandanten eine Vergütungsvereinbarung getroffen werden. Denn der Arbeitsaufwand kann den einer normalen Verkehrsordnungswidrigkeit bei Weitem überschreiten.

---

[79] *Meyer-Goßner* StPO § 111d Rn. 8.
[80] OLG Köln NJW 2004, 2397.
[81] *Podolski/Brenner* S. 221 f.
[82] OLG Karlsruhe AGS 2013, 173–174.
[83] LG Oldenburg AGS 2014, 65.

Sachverzeichnis

Fette Zahlen bezeichnen die Paragrafen, magere die Randnummern.

Abbauwert **13** 207
Abfindungsvergleich 36 9 ff.
- Abfindungskapital u. Zugewinnausgleich **36** 17
- Anspruchsvergütungshöhe gem. RVG **36** 101
- Anwaltliche Beratungspflicht **36** 82
- Genehmigung d. Vormundschaftsgericht **36** 22
- Gesetzliche Vertretung **36** 13
- Hinweisschreiben (Muster Verjährung) **36** 91
- Lösungsmöglichkeit v. ~ i. engen Grenzen **36** 80
- Rechtliche Aspekte **36** 9
- (Un-)Wirksamkeit **36** 92
- Vereinbarung über Gebührenausgleich **36** 103
- Vergleich d. d. Ehegatten **36** 16
- Verjährungsrisiko **36** 89
- Vertretung Geschäftsunfähiger **36** 18
- Vertretung u. Güterstand **36** 25

Abfindungsvergleich (Anpassung/Änderung)
- Rentenanpassung **36** 97
- Unvorhergesehene Spätschäden **36** 93
- Zuerkennung weiteren Schmerzensgeldes **36** 98

Abfindungsvergleich (Außergerichtlich) 36 27 ff.
- Ansprüche wg. Entgeltfortzahlung **36** 34
- Form **36** 38
- Formulierung **36** 44
- Inhalt **36** 28
- Inhalt/Voraussetzungen (Checkliste) **36** 47
- Notwendige Belehrung d. Anspruchsstellers **36** 39
- Prozessvergleich **36** 30
- Regelungsgrenzen **36** 31
- Sozialversicherungsträgeransprüche **36** 35
- Störung d. Geschäftsgrundlage **36** 46
- Unwirksamkeit b. unangemessener Abfindungssumme **36** 37

Abstandsmessverfahren
- ~ durch Beobachtung a. Polizeifahrzeugen/ Schätzungen **13** 116
- Brücken~ **13** 97
- ~ mit Pro-ViDa (Police-Pilot) **13** 111
- Rechtsfragen **13** 92

Achslast (Gesamtgewicht/Wägungen) 13 163 ff.
- Gewichtsgrenzen **13** 163
- Gewichtsmessungen **13** 164
- Gewichtsüberprüfung **13** 164

Aktenorganisation 3 87 ff.
- Handaktenblatt **3** 91
- Mandanten/Aktenstammdatennutzung **3** 88
- Organisatorische Hilfen **3** 90
- Quittungsvermerke **3** 93

Alkoholfahrten **13** 185 ff.
Allgemeine Bedingungen f. d. Kraftfahrtversicherung (AKB) 42 102
- ~ i. d. Vertragsgestaltung **42** 104

Analysemittelwert **13** 203
Anwalt in eigener Sache (Haftungsrisiko/ Rechtsdienstleistungsgesetz) 38 1 ff.
- Belehrungspflichten **38** 5
- Berufsrechtliche Risiken **38** 6
- Haftungsrisiken **38** 1
- Pflichtverletzung **38** 4
- Spezielle Interessenkollision **38** 6
- Vergütungsanspruch **38** 4

Anwalt in eigener Sache (Rechtsdienstleistung i. Verkehrsangelegenheiten) 38 20 ff.
- Grenzen d. Erlaubten **38** 20

Anwalt in eigener Sache (Rechtsdienstleistungsgesetz/Rechtsdienstleistungsverordnung (RDV)) 38 15 ff.
- Erforderlichkeit rechtliche Prüfung **38** 18
- Gesetzeszweck **38** 17
- Rechtslage **38** 15

Anwalt in eigener Sache (Vermeidung v. Haftungsrisiken) 38 7 ff.
- Ausreichende Versicherungssumme **38** 9
- Hemmung **38** 12
- Verhalten i. Haftpflichtfall **38** 13
- Verjährung **38** 11
- Verjährungsbeginn b. anwaltlichen Beratungsfehlern **38** 10
- Wichtigste Haftungstatbestände (Übersicht) **38** 8

Anwaltliche Verhandlung 36 1 ff.
- Außergerichtliche Erledigung **36** 1

Arbeitsunfall
- Anzeigepflicht **29** 17
- Rechtsmittelweg **29** 18

Arbeits-/Wegeunfall 29 1 ff.
- Geänderte Rechtslage **29** 2
- Unfallversicherung **29** 1

Arbeits-/Wegeunfall (Haftungsausschluss) 29 19 ff.
- Ausgeschlossene Ansprüche **29** 22
- Beamte/Soldaten **29** 42

Arbeits-/Wegeunfall (Haftungsbeschränkung) 29 24 ff.
- Arbeitsunfall (Prüfschema) **29** 27
- Arbeitsunfall (§ 8 SGB VII) **29** 25
- Fallgestaltungen **29** 28
- Gesetzliche Regelung **29** 24
- ~ zu Gunsten d. Unternehmers/d. Arbeitskollegen **29** 30
- Haftungsprivilegien (sonstige Personen) **29** 41

Sachverzeichnis

fette Zahlen = Paragrafen

Arbeits-/Wegeunfall (Haftungsbeschränkung/ Gemeinsame Betriebsstätte) **29** 45 ff.
- Gesetzliche Regelung **29** 45
- Haftungsprivilegierung **29** 52 ff.

Arbeits-/Wegeunfall (Teilnahme a. allgemeinen Straßenverkehr) **29** 55 ff.
- Haftungsprivilegierung **29** 58
- Sachschaden b. Verkehrsunfall **29** 64
- Teilnahme a. allg. Straßenverkehr **29** 59

Ausländer-Pflichtversicherungsgesetz (AuslPflVG) 42 62, 70
- Ausfuhrkennzeichen **42** 71
- Ausländische Streitkräfte **42** 73
- Ausnahme v. Versicherungspflicht **42** 73
- Grenzversicherung **42** 74 ff.
- (Grüne) Versicherungskarte **42** 71, 79 ff.
- Londoner Abkommen (Uniform Agreement (UA)) **42** 87 ff.
- NATO-Streitkräfte **42** 73
- (Rosa) Grenzversicherungspolice **42** 71
- Verkehrsopferhilfe e. V. **42** 72
- Verteidigungslasten **42** 73

Auslandsunfall 31 1 ff.
- Problemstellung **31** 1

Auslandsunfall (Ausländer i. Inland) 31 4 ff.
- Besucherschutzabkommen (Council of Bureaux) **31** 15 ff.
- Garantiefonds **31** 13
- Grenzversicherung **31** 12
- Grüne-Karte-System **31** 5 ff.
- Recht d. Unfallorts **31** 20
- Schadensregulierung **31** 10
- Versicherungsdeckung **31** 4

Auslandsunfall (Ausländische KfZ-Mindestversicherungssummen) 31 80 ff.
- Absicherungsmöglichkeiten **31** 81 f.
- Mindestversicherungsgeltung **31** 80
- Versicherungsschutz f. Personenschäden **31** 83

Auslandsunfall (Ersatzansprüche b. Unfall i. Inland m. Auslandsbezug) 31 24 ff.

Auslandsunfall (Ersatzansprüche b. Unfall i. Inland m. Auslandsbezug/Außergerichtliche Geltendmachung) 31 24 ff.
- Anspruchsgeltendmachung b. Deutsche Büro Grüne Karte e. V. **31** 26
- Fahrerfluchtfonds **31** 27
- Gerichtliches Verfahren **31** 29
- Zuständigkeit d. Grüne-Karte-Büros **31** 24

Auslandsunfall (i. Ausland) 31 30 ff.
- Beide Beteiligte Deutsche **31** 33 ff.
- Rechtslage **31** 33
- Regulierung **31** 36

Auslandsunfall (i. Ausland/Schadensregulierung gem. 4. KH-Richtlinie) 31 37 ff.
- Anwendungsbereich **31** 39
- Auskunftsberechtigung **31** 42
- Feststellung d. ausländischen Versicherers/ Schadensregulierungsbeauftragten **31** 40
- Gerichtsstand **31** 63
- Klage gg. Entschädigungsstelle **31** 68
- Klage gg. Schadensregulierungsbeauftragten **31** 65
- Kosten d. ausländischen Verkehrsanwalts **31** 76
- Kosten d. dt. RA (Regulierung ggü. Entschädigungsstelle) **31** 75
- Kosten d. dt. RA (Regulierung ggü. Schadensregulierungsbeauftragten) **31** 70 ff.
- Kraftfahrzeugunfälle (Übersicht Entschädigungsleistungen) **31** 79
- Negativauskunft **31** 59
- (Nicht-)Erstattung Rechtsverfolgungskosten (Übersicht) **31** 74
- Rechtsschutzbeteiligung **31** 77
- Schadensabwicklung **31** 46 ff.
- Schadensregulierung gem. Recht d. Schadensorts **31** 61
- Systemgrundlagen **31** 38
- Ziel und Inhalt **31** 37

Autohaftpflichtschäden
- Bearbeitung d. Verein Dt. Büro Grüne Karte/ Verein Verkehrsopferhilfe **Anhang Teil D 2**
- Praxistipps **Anhang Teil D 5**
- Schadensmeldung a. Deutsches Büro Grüne Karte e. V. **Anhang Teil D 3**
- Übersicht f. Rechtsanwälte/Anspruchssteller z. Beteiligung v. Prozessfinanzierung **Anhang Teil D 4**

Autohaftpflichtschäden (Klageerhebungsfrist) 34 13
- Klageanlass **34** 14
- Prüfungszeitraum **34** 13

Autohaftpflichtschäden (Regulierungsfristen) 34 1 ff.
- Bearbeitungs-/Prüfungszeitraum f. Versicherungen **34** 4
- Neue Wege z. Beschleunigung **34** 8

Autohaftpflichtschäden (Verjährung) 34 15 ff.
- Beginn **34** 16
- Schadensersatzansprüche **34** 15
- Tabellarische Fristenübersicht **34** 43

Autohaftpflichtschäden (Verjährung/Hemmung) 34 19 ff.
- ~ f. Ansprüche zw. Ehegatten u. Kindern **34** 28
- ~ d. Anerkenntnis d. Versicherers **34** 30
- Hemmungstatbestände **34** 34
- Unzulässige Berufung a. Hemmung **34** 27
- Vereinbarungen zu ~ **34** 31
- ~ durch Verhandlungen **34** 21

Autohaftpflichtschäden (Verjährung/Unfallspätschäden) 34 38 ff.

Autohaftpflichtschäden (Verzug) 34 9 ff.
- Schadensregulierung **34** 11
- Voraussetzungen **34** 9

Behandelndes Büro 42 82
Benzinklausel 44 20
- Große ~ **44** 20
- Kleine ~ **44** 20

Blutalkoholkonzentration (BAK/Blutprobe) 13 199 ff.
- Abbauwert **13** 209

Sachverzeichnis

magere Zahlen = Randnummern

- Analysemittelwert 13 203
- Nachtrunk 13 213
- Resorptionsphase 13 205 ff.
- Rückrechnung 13 215
- Schaubilder 13 218
- Sicherheitszuschlag 13 204
- Tabelle z. Berechnung d. BAK 13 219 ff.
- Untersuchungsmethoden 13 200
- Vorausrechnung 13 217

Brückenabstandsmessverfahren 13 97 ff.
- Verkehrskontrollmessverfahren (VKS) 13 113

Deutsche Büro Grüne Karte e. V. 42 107
Drogenfahrten 13 185 ff.

Fahreignungs-Bewertungssystem (Punktebewertung) 7 59 ff.
- Ausschluss aufschiebende Wirkung 7 73
- Hoher Punktestand ohne Ermahnung 7 75
- Mitteilung über Verfahrensverstöße 7 66
- Mögliche Maßnahmen 7 67 ff.
- Punktelöschung 7 64
- Punkterabatt b. Wohlverhalten 7 77
- Tateinheit 7 62
- Tatmehrheit 7 63
- Übersicht Mögliche Maßnahmen 7 72

Fahreignungsregister
- Auskunft b. Kraftfahrtbundesamt 3 51
- Zweck 7 39

Fahreignungsregister (Eintragungen) 7 41 ff.
- Einzutragende Entscheidungen 7 41
- Fristgebundene Tilgung 7 47
- Hemmung v. ~ 7 54
- Mitteilung a. Kraftfahrtbundesamt 7 44
- Tilgungsfristbeginn 7 52
- Verwertung v.~ 7 56

Fahrerlaubnis 5 1 ff.
- EU-Richtlinien 5 3
- Fahrerlaubnisverordnung (FeV) 5 5
- StVG 5 4

Fahrerlaubnis a. Probe 7 14 ff.
- Aufbauseminar 7 18 ff.
- Bindung a. Entscheidung i. Straf-/Bußgeldverfahren 7 17
- Maßnahmen nach Neuerteilung 7 37
- Maßnahmenübersicht 7 38
- Mögliche Maßnahmen 7 15
- Verwarnung unter Hinweis a. verkehrspsychologische Beratung 7 28

Fahrerlaubnis a. Probe (Aufbauseminar) 7 18 ff.
- Arten 7 20
- Besonderes ~ 7 23
- Einzel~ 7 26
- Gewöhnliches ~ 7 21
- Teilnahme 7 18
- Teilnahmebescheinigung 7 27

Fahrerlaubnis (Befähigung) 6 115 ff.
- Ausnahmen Befähigungsnachweis 6 117
- Nachweis d. theoretische/praktische Prüfung 6 115

Fahrerlaubnis (Befähigung/Begutachtung) 6 123 ff.
- Alkoholproblematik 6 128 ff.
- Auffälligkeiten i. R. einer Fahrprüfung 6 155
- Ausnahmen v. d. Regelbeurteilung 6 161
- Beeinträchtigungen/Erkrankungen 6 147
- Befreiung vom Mindestalter 6 154
- Drogenproblematik 6 134 ff.
- Erhebliche/Wiederholte Verkehrszuwiderhandlungen 6 157
- Fahrerlaubnis a. Probe 6 145
- Fahrerlaubnisrelevante Straftaten 6 158
- Fahrgastbeförderung 6 156
- Frühere Fahrerlaubnisentziehung 6 160
- Gutachtenkosten 6 162
- Mehrfachtäter 6 146
- Musterschriftsätze 6 166 ff.

Fahrerlaubnis (Befähigung/Begutachtungsanforderungen) 6 208 ff.
- Folgen rechtsfehlerhaftes Gutachten 6 219
- Gutachtenvollständigkeit 6 215
- Nachvollziehbarkeit 6 216
- Notwendiger Inhalt 6 208
- Rechtliche Fehler 6 218

Fahrerlaubnis (Befähigung/Begutachtungsanordnung) 6 169 ff.
- Amtlich anerkannter Sachverständiger/Prüfer 6 189
- Ärztliche Gutachter 6 183
- Beibringungsvoraussetzungen 6 170
- Bestimmung d. Begutachtungsstelle 6 186
- Fragestellung 6 179 ff.
- Verfahrensregelungen 6 172

Fahrerlaubnis (Befähigung/Begutachtungsverfahren) 6 190
- Erneute Begutachtung (Oberbegutachtung) 6 206
- Gutachtensauftrag 6 191
- Verfahren b. Gutachtensstelle 6 196 ff.

Fahrerlaubnis (Eignung) 6 3 ff.
- Bedingte ~ 6 14
- Fahrerlaubnis-Verordnung 6 6
- Strafgesetzbuch 6 11
- Straßenverkehrsgesetz 6 4
- Teil~ 6 17

Fahrerlaubnis (Eignungserteilung/Erkenntnisquellen)
- Mitteilungen ausländischer Behörden 6 114
- Polizeiauskünfte 6 113
- Registerauskünfte 6 111
- Strafakten 6 112

Fahrerlaubnis (Eignungsprüfung) 6 58 ff.
- Alkohol-/Trinkgewohnheiten 6 78
- Änderungen i. Eignungsvoraussetzungen 6 70
- Beachtlichkeit strafrechtlicher Sachverhalt 6 105
- Bedeutung strafrechtliche Beurteilung 6 93
- Besondere Eignungsanforderungen 6 69
- Eignungsgrundsätze 6 59
- Eignungsmängel b. strafbarem Verhalten 6 60 ff.
- Fähigkeiten 6 69

1301

Sachverzeichnis

fette Zahlen = Paragrafen

- Fahrerlaubnisverordnung (FeV) **6** 58
- Fertigkeiten **6** 68
- Intellektuelle Eignungsqualitäten **6** 65
- Konkrete Veränderungen d. Lebenssituation/Lebensführung **6** 72
- Körperliche Eignungsqualitäten **6** 63
- Persönlichkeitsfaktoren **6** 67
- Persönlichkeitsimmanente Faktoren **6** 88
- Psychologische Eignungsqualitäten **6** 64
- Strafrechtliche Sperrfrist **6** 99

Fahrerlaubnis (Eignungszweifel/Alkohol) 6 18 ff.
- Alkoholabhängigkeit **6** 19, 27
- Alkoholbedingte Verkehrsauffälligkeit **6** 23, 30
- Alkoholmissbrauch **6** 25, 32
- Eignungswiederherstellung **6** 27 ff.
- Nachweis d. Eignungswiederherstellung **6** 33
- Rechtliche Grundlagen **6** 18
- Wiedererteilung nach Entziehung d. Fahrerlaubnis **6** 34

Fahrerlaubnis (Eignungszweifel/Drogen) 6 35 ff.
- Abhängigkeit (Eignungswiederherstellung) **6** 56
- Drogeneinnahme (Eignungswiederherstellung) **6** 57
- Kontrollen/Maßnahmen d. Polizei **6** 39
- Mögliche Polizeimaßnahmen **6** 42
- Rechtsprechung (Cannabis) **6** 43 ff.
- Rechtsprechung (Harte Drogen) **6** 52 ff.
- Verstärkte Drogenproblematik **6** 36

Fahrerlaubnis (Erwerb) 5 9 ff.
- Allgemeine Erlaubnisfreiheit z. Teilnahme am Straßenverkehr **5** 9
- Beschränkungen d. Erlaubnisfreiheit **5** 11

Fahrerlaubnis (KfZ/Auslanderserwerb) 5 73 ff.
- Inhaber Drittstaaten-~ m. dt. Wohnsitz **5** 89
- Inhaber m. EG-/EWR-~ m. dt. Wohnsitz **5** 80 ff.
- Inhaber ohne dt. Wohnsitz **5** 75 ff.
- Zuerkennungsverfahren **5** 88

Fahrerlaubnis (Kraftfahrzeuge) 5 52 ff.
- Aufbauseminar **5** 40
- Ausbildung **5** 60
- Befähigung **5** 59
- Befristete ~ **5** 45
- Befristetes Fahren ab 17 **5** 56
- Beschlagnahme **5** 38
- Beschränkung **5** 50
- Dienstfahrerlaubnis **5** 30
- Eignung **5** 58
- Endgültige Entziehung **5** 39
- Erfordernisausnahmen **5** 18
- Ersatzführerschein **5** 70
- Fahrerlaubnisklassen **5** 23
- Feuerwehrfahrberechtigung **5** 31
- Führerschein **5** 33
- Grundsatz **5** 15
- Inlandswohnsitz **5** 53
- Internationale ~ **5** 72
- Mindestalter **5** 56
- Mofas **5** 22
- Nachzuweisende Kenntnisse **5** 60

- Neuerteilung **5** 66
- ~ auf Probe **5** 34
- Sicherstellung **5** 38
- Umtausch einer ausländischen ~ **5** 35
- Verfahren **5** 61
- Verlängerung **5** 68
- Verwahrung **5** 38
- Vorbesitz anderer Fahrerlaubnisklassen **5** 41

Fahrerlaubnis (Mandantengespräch/(Therapie) 8 1 ff.
- Akteineinsicht **8** 1
- Aktenauswertung **8** 5
- Fahrerlaubnisverlust **8** 8
- Hinweis a. Vorbereitungskurs **8** 7
- Information/Belehrung **8** 12
- Notwendige Beratung **8** 9
- Zeit ab Fahrerlaubnisentziehung **8** 15

Fahrerlaubnis (Mandantengespräch/(Therapie/Vorbereitung Gutachten) 8 18 ff.
- Anwaltsgebühren **8** 50
- Gutachtenskosten **8** 47
- Information ü. Gutachtensverlauf **8** 31 ff.
- Kursteilnahmekosten **8** 48
- Medizinische Fragen **8** 22
- Negatives Gutachtensergebnis **8** 41 ff.
- Psychologische Begutachtung **8** 25
- Ratschläge z. richtigem Verhalten **8** 29 ff.
- Verwaltungsgebühren **8** 46
- Vorbereitungskurse **8** 28

Fahrerlaubnis (Neuerteilung nach Entziehung) 7 81 ff.
- Gutachtensbeibringung **7** 83
- Sperrfrist **7** 82

Fahrerlaubnis ((Wieder-)Erteilung) 6 1 ff.
Fahrerlaubnisentziehung 16 29 ff.
- Absehen v. d. Erlaubnisentziehung als Regelfall **16** 44
- Ausnahme v. Erlaubnisentziehung **16** 68
- Ausnahmen v. d. Sperrfrist **16** 61 ff.
- Beschleunigtes Verfahren **16** 30
- Entbindung d. d. Erscheinenspflicht **16** 30
- Entziehungsvoraussetzungen **16** 31 ff.
- ~ i. d. Berufungsinstanz **16** 43
- Sperre für Neuerteilung d. Fahrerlaubnis **16** 45 ff.
- Strafbefehl **16** 30
- Verfahren i. Abwesenheit **16** 30
- Verkürzung d. Sperrfrist **16** 53
- Verzicht a .Fahrerlaubnis **16** 59

Fahrerlaubnisentziehung (Verteidigung) 16 69 ff.
- Austausch v. Führerscheinmaßnahmen **16** 72
- Drohende/Vorläufige Entziehung **16** 70
- Entziehung **16** 71
- Entziehung b. Beifahrer **16** 73
- Taten allgemeiner Kriminalität **16** 75

Fahrerlaubnisentziehung (Vorläufige ~/Verteidigung) 16 13 ff.
- Absehen v. Entziehung **16** 23
- Ausnahmen für bestimmte Kraftfahrzeuge **16** 27
- Entziehungsrechtsfolgen **16** 24
- Entziehungsvoraussetzungen **16** 19

1302

- Entziehungswirkung **16** 24
- Mögliche Aufhebung der Maßnahme gem. § 111a Abs. 2 StPO **16** 26
- Notwendiges rechtliches Gehör **16** 17
- Voraussetzungen **16** 13

Fahrerlaubnisverordnung (FeV) 5 5 ff.

Fahrtenbuch
- Ersatzfahrzeug **7** 11
- Fahrerermittlung **7** 5
- Fahrtenbuchführungspflicht **7** 12
- Rechtsgrundlage **7** 4
- Verhältnismäßigkeitsgrundsatz **7** 9
- Zeugnisverweigerungsrecht **7** 5
- Zuständigkeit **7** 10

Fahrtenschreiber 13 140 ff.
- Ahndung v. Verkehrsverstößen wg. ~ aufzeichnung **13** 143 ff.
- Aufbewahrungspflicht **13** 141
- Benutzungsgrundlage **13** 140
- Lenk-/Ruhezeiten **13** 143
- Verfahren **13** 145

Fahrverbot (Bußgeldkatalog-Verordnung (BKatV) 16 113 ff.
- Absehen v. Fahrverbot **16** 126
- Absehen v. Fahrverbot (Rechtsprechungsübersicht) **16** 129
- Aufbauseminar **16** 145
- Ausnahmen bestimmte Fahrzeugarten **16** 147
- Führen eines KfZ unter Alkohol **16** 121
- Geschwindigkeitsüberschreitung **16** 122
- Gesetzliche Grundlage **16** 113
- Notwendige Urteilsfeststellungen **16** 149
- Qualifizierter Rotlichtverstoß **16** 125
- Regelfälle **16** 114
- Verbotsvoraussetzungen **16** 115

Fahrverbot (Bußgeldkatalog-Verordnung (BKatV))
- Vollstreckung **16** 157 ff.

Fahrverbot (§ 25 StVG) 16 97
- Dauer **16** 107
- Rechtsnatur **16** 97
- ~ bei Verurteilung gem. § 24a StVG **16** 102
- Vollstreckung **16** 109
- Voraussetzungen **16** 98
- Wirksamkeit **16** 105

Fahrverbot (§ 44 StGB) 16 78 ff.
- Anrechnung vorläufiger Maßnahmen gem. § 51 Abs. 5 StGB **16** 96
- Ausnahmen **16** 85
- Beschränkung a. bestimmte KfZ-Arten **16** 90
- Inhalt **16** 86
- Regelfall **16** 83
- Verfahrensfragen **16** 79
- Verhängung **16** 81
- Vollstreckung **16** 91 ff.

Fahrzeugversicherung (Anspruchsabwicklung) 46 39 ff.
- Abschleppkosten **46** 41
- Entwendetes Leasingfahrzeug **46** 44
- Ersatzleistung **46** 39, 43
- Mehrwertsteuer **46** 46
- Reifenschäden **46** 42
- Rettungskosten **46** 45
- Selbstbeteiligung **46** 43
- Wiederbeschaffungswert **46** 39

Fahrzeugversicherung (Autoschutzbrief) 46 67 ff.
- Anzeige-/Aufklärungsobliegenheiten **46** 71
- Bedingungen **46** 68
- Obliegenheiten **46** 69
- Obliegenheiten b. Personenschaden **46** 70
- Sonstige Versicherungen **46** 72
- ~ Versicherung i. d. Kaskoversicherung **46** 67

Fahrzeugversicherung (Entschädigungsgeltendmachung) 46 49 ff.
- Ausschussmitglieder **46** 60
- Bearbeitungsablauf **46** 54
- Differenztheorie **46** 50
- Differenztheorie (Muster) **46** 57
- Entschädigungszahlung **46** 65
- Fälligkeitszahlung **46** 65
- Forderungsübergang **46** 56
- Klage u. Sachverständigenverfahren **46** 64
- Kongruenter Schaden **46** 51
- Obleute **46** 60
- Quotenvorrecht **46** 50
- Quotenvorrecht/Differenztheorie (Darstellung) **46** 53
- Sachverständigenausschuss **46** 61
- Sachverständigenfeststellungen **46** 62
- Sachverständigenkosten **46** 58
- Sachverständigenverfahren **46** 59
- Sachverständigenverfahrenskosten **46** 63
- Übergangsfähiger Schaden **46** 52
- Verzug **46** 66

Fahrzeugversicherung (Obliegenheitsverletzung) 46 35
- Aufklärungsobliegenheit **46** 36
- Kaskoversichererregress **46** 38
- Repräsentantenhandeln **46** 37

Fahrzeugversicherung (Teilkaskoversicherung) 45 1 ff.
- Versicherungsvertrag **45** 1

Fahrzeugversicherung (Teilkaskoversicherung/ Schutz gg. Entwendung) 45 32 ff.
- Beweisfragen **45** 36
- Entwendungsbegriff **45** 36
- Entwendungsbild **45** 39
- KfZ-Diebstahl **45** 32
- Rechtliche Problematik **45** 35
- Schlüsselverlust **45** 48
- Vorgetäuschter Diebstahl **45** 43

Fahrzeugversicherung (Teilkaskoversicherung/ Schutzeinschränkung-/Ausschluss) 45 65 ff.
- Anzeige b. Polizei **45** 66
- Anzeigeobliegenheit **45** 69
- Aufklärungsobliegenheit **45** 69
- Einzelfälle **45** 80
- Grob fahrlässige Herbeiführung d. Versicherungsfalls **45** 78
- Verwertung **45** 67
- Wiederinstandsetzung **45** 67

Fahrzeugversicherung (Teilkaskoversicherung/ Totalschaden/Zerstörung/Fahrzeugverlust) 45 51 ff.

Sachverzeichnis

fette Zahlen = Paragrafen

- Leasingfahrzeuge **45** 58
- Mehrwertsteuer **45** 57
- Oldtimer **45** 56
- Restwert **45** 53
- Sonderausstattung **45** 55
- Wieder gefundene Sachen **45** 62
- Wiederbeschaffungswert **45** 53

Fahrzeugversicherung (Teilkaskoversicherung/ Versicherungsschutz) 45 2 ff.
- Blitzschlag **45** 13
- Brand **45** 4
- Entwendung **45** 7
- Explosion **45** 4
- Haarwildschäden **45** 17 ff.
- Hagel **45** 12
- Inhalt **45** 2
- Räumliche Geltung **45** 3
- Sturm **45** 8
- Überschwemmung **45** 14
- Umfang **45** 2
- Verglasungsbruchschäden **45** 29
- Verkabelungskurzschluss **45** 31

Fahrzeugversicherung (Vollkaskoversicherung) 46 1 ff.
- Betriebsschäden **46** 7
- Mut-/Böswillige Handlungen **46** 9
- Unfallschäden **46** 4
- Versicherte Ereignisse **46** 2

Fahrzeugversicherung (Vollkaskoversicherung/ Schutzausschluss-/Einschränkung) 46 11 ff.
- Abkommen v. d. Fahrbahn **46** 32
- Absolute Fahruntüchtigkeit **46** 16
- Alkoholfahrt **46** 12
- Alkoholfahrt u. Beifahrer/Insassen **46** 18
- Aufheben v. Gegenständen während d. Fahrt **46** 25
- Augenblicksversagen **46** 30
- Einnicken a. Steuer **46** 23
- Falsche Fahrzeugausstattung **46** 34
- Geschwindigkeitsüberschreitung **46** 27
- Nichtbeachten d. Durchfahrthöhe **46** 33
- Relative Fahruntüchtigkeit **46** 14
- Rotlichtunfall **46** 20
- Telefonieren m. Handy **46** 26
- Überfahren v. Stoppschild **46** 19
- Unzureichende Fahrzeugsicherung **46** 31

(Drohende) Führerscheinmaßnahme (Verteidigung) 16 1 ff.
- Abwendung d. Fahrerlaubnisentzugs **16** 7
- Problemstellung **16** 1
- Vertretung i. Führerscheinmaßnahmen (Checkliste) **16** 11

Führerscheinmaßnahmen (Bußgeldverfahren/ Einspruch) 17 40 ff.
- Form **17** 42
- Frist **17** 41
- Mögliche Beschränkung **17** 44
- Rücknahme **17** 45
- Weiteres Verfahren **17** 51

Führerscheinmaßnahmen (Bußgeldverfahren/ Rechtsbeschwerde) 17 52 ff.
- Aspekte f. Einlegung/Beschränkung **17** 73

- Beschränkung **17** 67
- Besetzung d. OLG-Senat **17** 63
- Form **17** 58
- Fortbildung d. Rechts **17** 64
- Frist **17** 58
- Fristen OWi-Verfahren (Übersicht) **17** 74
- Gerichtsentscheidung **17** 69
- Muster **17** 62
- Sicherung einheitliche Rechtsprechung **17** 65
- Versagung rechtlichen Gehörs **17** 66
- Vorlage a. BGH **17** 71
- Zulässigkeit **17** 54

Führerscheinmaßnahmen (Entschädigung) 16 165 ff.
- Entschädigung **16** 165
- Entschädigungsantrag (Muster) **16** 175
- Entschädigungsausnahmen **16** 166
- Entschädigungsumfang **16** 170
- Entschädigungsverfahren **16** 172

Führerscheinmaßnahmen (Fristwahrung/ Wiedereinsetzungsantrag) 17 75 ff.
- Muster **17** 77

Führerscheinmaßnahmen (Strafbefehlsverfahren) 17 1 ff.
- Form **17** 1
- Inhalt **17** 2
- Zulässigkeit **17** 1

Führerscheinmaßnahmen (Strafbefehlsverfahren/ Berufung) 17 12 ff.
- Begründung **17** 18
- Beschränkung **17** 19
- Einlegung **17** 13
- Verfahren **17** 21
- Zulässigkeitsvoraussetzungen **17** 14

Führerscheinmaßnahmen (Strafbefehlsverfahren/ Einspruch)
- Einspruch **17** 3 ff.
- ~ gg. Strafbefehl i. laufender Sache **17** 4
- ~ gg. Strafbefehl m. Bestellung **17** 4
- Verfahren nach rechtzeitigem ~ (§ 411 Abs. 1 S. 2 StPO) **17** 6

Führerscheinmaßnahmen (Strafbefehlsverfahren/ Rechtsbehelfe) 17 33 ff.
- Ablehnung Sperrfristverkürzung **17** 38
- Beschwerde (Muster) **17** 37
- ~ gg. vorläufige Entziehung d. Fahrerlaubnis (§ 111a StPO) **17** 34
- Strafverfahrensfristen **17** 39

Führerscheinmaßnahmen (Strafbefehlsverfahren/ Revision) 17 24 ff.
- Begründung **17** 26
- Beschränkung a. Entziehung d. Fahrerlaubnis **17** 28
- Einlegung (Muster) **17** 27
- Sprung ~ **17** 25

Führerscheinverfahren
- Anfechtungsklage **9** 26
- Anordnung sofortige Vollziehung **9** 35 ff.
- Anordnung z. Gutachtensbeibringung **9** 1 ff.
- Berufung **9** 53
- Beschwerde **9** 50

magere Zahlen = Randnummern **Sachverzeichnis**

- Dienstaufsichtliche Verfahren 9 8
- Erörterung m. Erlaubnisbehörde 9 7
- Musterantrag sofortige Vollziehung 9 49
- Musterklagen 9 28
- (Sprung-)Revision 9 63
- Streitwert 9 71
- Verfahrensbeschleunigung 9 6
- Verpflichtungsklage 9 30
- Verwaltungsgerichtsklage 9 18 ff.
- Vorbeugende Feststellungsklage 9 34
- Widerspruch 9 16
- Wiedereinsetzung 9 65 ff.

Grenzüberschreitende Versicherungsverträge 42 106
Grenzversicherung 42 74 ff.
- Deckungsumfang 42 75
- Erwerb f. KfZ m. ausländischer Zulassung 42 76
- Multilaterales Garantieabkommen 42 74
- Passivlegitimation 42 78
- Versicherungsdeckung 42 74, 77

Grüne Versicherungskarte 42 79 ff., 107
- Behandelndes Büro 42 82
- Büros 42 80
- Council of Bureaux 42 86
- Fallübersicht (Deutschland) 42 83
- Garantiefonds 42 80
- Korrespondenzabkommen 42 85
- Londoner Abkommen 42 81
- Schadensabwicklung 42 82
- System 42 79
- UNO-Empfehlungen 42 81
- Zahlendes Büro 42 82

Güterkraftsverkehrsgesetz (GüKG) 55 1 ff.
- Ausnahmen 55 11
- Gewerblicher Geschäftsverkehr 55 7
- Güterkraftsverkehr 55 3
- Werkverkehr 55 8

Güterkraftsverkehrsgesetz (GüKG/Bundesamt f. Güterverkehr) 55 63 ff.
- Aufgaben 55 63
- Befugnisse 55 63
- Datenspeicherung 55 73 ff.
- Grenzkontrollen 55 80
- Organisation 55 63

Güterkraftsverkehrsgesetz (GüKG/Bußgeldvorschriften) 55 81 ff.
- Ahndung 55 81
- Ahndung v. Zuwiderhandlungen 55 93
- Bemessung 55 84
- Bußgeldkatalog 55 81
- Gebühren 55 99
- Kosten 55 99
- Speicherung abgeschlossener Verfahren 55 98
- Verfahrensablauf 55 89
- Verjährung 55 89
- Verstöße 55 81

Güterkraftsverkehrsgesetz (GüKG/Gefahrgut) 55 100 ff.
- Abgrenzung z. anderen Rechtsgebieten 55 115
- Beförderung 55 102

- Durchfahrtsverbote 55 111
- Europäisches Übereinkommen ü. d. internationale Beförderung gef. Güter a. d. Straße (ADR) 55 104
- Gefahrgutbeförderungsgesetz (GGBefG) 55 106
- Gefahrgutverordnung Straße, Eisenbahn & Binnenschifffahrt (GGVSEB) 55 107
- Gefährliche Güter 55 101
- Orange Book 55 103
- Richtlinie ü. Beförderung gef. Güter i. Binnenland 55 105
- Richtlinien z. Durchführung d. Gefahrgutverordnung Straße, Eisenbahn & Binnenschifffahrt (RSEB) 55 108
- Straßenverkehrsordnung (StVO) 55 111
- Verordnung ü. Kontrollen v. Gefahrguttransporten a. d. Straße u. i. d. Unternehmen (GGKontrollV) 55 109

Güterkraftsverkehrsgesetz (GüKG/Gefahrgutbeförderung) 55 117 ff.
- Ahndung v. Zuwiderhandlungen 55 177
- Beförderungsarten 55 125
- Beförderungspapier 55 120
- Bemessung d. Geldbuße 55 166
- Buß-/Verwarnungsgeldkatalog 55 161
- Fahrzeugarten 55 125
- Gebühren 55 180
- Gefahrguteigenschaften 55 117
- Gefahrgutkennzeichnung 55 129
- Gefahrklasse 55 118
- Kosten 55 180
- Nützliche Internet-Adressen 55 182
- Sicherheitsausrüstung d. Fahrzeuge 55 126
- Straftaten 55 172
- Unfallmerkblätter 55 121
- Verfahrensablauf 55 175
- Verjährung 55 175

Güterkraftsverkehrsgesetz (GüKG/Gefahrgutbeförderung/Durchführung) 55 133 ff.
- Allgemeine Regeln 55 133
- Ladungssicherung 55 134
- Zusammenladeverbote 55 136

Güterkraftsverkehrsgesetz (GüKG/Gefahrgutbeförderung/Gefahrgutbeauftragter) 55 138 ff.
- Aufgaben 55 144
- Bestellung 55 139
- Spezielle Ordnungswidrigkeiten 55 146

Güterkraftsverkehrsgesetz (GüKG/Gefahrgutbeförderung/Pflichtverletzungen)
- ~ d. Absenders 55 152
- ~ d. Beförderers 55 153
- ~ d. Befüllers 55 156
- ~ d. Empfängers 55 158
- ~ d. Fahrzeugführers 55 159 f.
- ~ d. Verladers 55 154
- ~ d. Verpackers 55 157

Güterkraftsverkehrsgesetz (GüKG/Gewerblicher Güterkraftverkehr)
- Aushändigungspflichten 55 38
- Fachpersonaleinsatz 55 50
- Güterschaden-Haftpflichtversicherung 55 46

1305

Sachverzeichnis

fette Zahlen = Paragrafen

- Mitwirkungspflichten **55** 38
- Verantwortung d. Auftraggebers **55** 53

Güterkraftverkehrsgesetz (GüKG/Gewerblicher Güterverkehr) 55 12 ff.

Güterkraftverkehrsgesetz (GüKG/Gewerblicher Güterverkehr/Erlaubnis) 55 12 ff.
- Auflagen **55** 22
- Bedingungen **55** 22
- Befristungen **55** 22
- Beschränkungen **55** 22
- Erlaubnispflicht **55** 22
- Erlaubnisrücknahme **55** 23
- Erlaubniswiderruf **55** 23
- Fachliche Eignung **55** 17
- Finanzielle Leistungsfähigkeit **55** 16
- Gültigkeitsdauer **55** 21
- Persönliche Zuverlässigkeit **55** 15
- Voraussetzungen **55** 13 ff.

Güterkraftverkehrsgesetz (GüKG/Grenzüberschreitender Güterkraftverkehr) 55 25 ff.
- Bilaterale Genehmigungen **55** 29
- CEMT-Genehmigungen **55** 32
- CEMT-Umzugsgenehmigungen **55** 32
- Drittstaatengenehmigungen **55** 29
- Gemeinschafts-/EU-Lizenz **55** 26

Güterkraftverkehrsgesetz (GüKG/Werkverkehr) 55 58 ff.
- Erlaubnisfreiheit **55** 58
- Versicherungsfreiheit **55** 62

Haftpflichtansprüche
- Feststellung d. Schadensregulierungsbeauftragten b. Unfallregulierung gem. 4. KH-Richtlinie **22** 73
- Schadensbearbeitung d. Gemeinschaft d. Grenzversicherer **22** 71

Haftpflichtansprüche (Ansprüche gg. Deutsches Büro Grüne Karte e. V.) 22 61 ff.
- Aufgaben n. d. Grüne-Karte-System **22** 62
- Beteiligung d. ~ **22** 61
- Meldung v. Schaden a. ~ (Muster) **22** 69
- Notwendige Angaben **22** 67
- Vorgehen b. gerichtlichem Verfahren **22** 70

Haftpflichtansprüche (Anspruchsgeltendmachung/Unfall i. Inland m. Ausländer) 22 151 ff.
- Anspruchsgeltendmachung b. Deutsche Büro Grüne Karte e. V. **22** 153
- Passivlegitimation b. Klagen **22** 159
- Schadensregulierung **22** 155

Haftpflichtansprüche (Außergerichtliche Geltendmachung gg. Schädiger/Haftpflichtversicherung) 22 1 ff.
- Aufforderung z. Schadensmeldung **22** 5
- Beauftragung b. Geschäftsführung o. Auftrag **22** 28
- Berufsrechtsfallen **22** 18
- Entbindung v. d. Schweigepflicht **22** 5
- Fragebogen (Anspruchsteller) **22** 25
- Gebührenerstattungsanspruch ggü. Haftpflicht/Rechtsschutz **22** 33
- Klärung Auftraggeber/Mandanten **22** 1

- Klärung Mandatsumfang **22** 3
- Kollisionsprüfung (Möglichkeiten) **22** 20
- Mandatsverhältnis b. Leasingfahrzeugen **22** 6
- Minderjährigenvertretung **22** 27
- Mögliche Interessenkollisionen **22** 11
- Rechtsschutzbeteiligung **22** 5
- Schadensminderungspflicht **22** 5
- Vollmachtserteilung d. Gebrechlichkeitsbetreuer **22** 30
- Vollmachtserteilung (Leasing) **22** 36

Haftpflichtansprüche (Beteiligung d. Verkehrsopferhilfe e. V. (VOH)) 22 54 ff.
- Leistungspflichtvoraussetzung-/Umfang **22** 57
- Regulierungsverfahren **22** 56
- Verein **22** 54
- Vereinsanschrift **22** 60

Haftpflichtansprüche (Betreuerbestellung/einstweilige Anordnung) 22 39 ff.
- Aufgabenkreis **22** 41
- Betreuerbestellung **22** 40
- Hinweis-/Beratungspflichten **22** 42
- Voraussetzungen **22** 39

Haftpflichtansprüche (Beweismöglichkeit d. Unfalldatenspeicher-UDS) 22 87 ff.

Haftpflichtansprüche (Beweissicherungsmöglichkeiten) 22 74 ff.
- Außer-/Vorprozessuale Beweissicherung **22** 74
- Gerichtliches Beweisverfahren **22** 77

Haftpflichtansprüche (Bundeswehrfahrzeuge, Bundespolizei-/NATO-Militärfahrzeuge) 22 94 ff.
- Anspruchsgeltendmachung (Muster) **22** 96, 103
- Fristen **22** 101
- Geltendmachung **22** 101
- Haftungsvoraussetzungen **22** 94
- Unfall (NATO-Militärfahrzeuge) **22** 99

Haftpflichtansprüche (gg. Halter/Fahrer/Haftpflichtversicherer) 22 89 ff.
- Direktanspruch **22** 90
- Fristen **22** 93
- Verwirkung **22** 93

Haftpflichtansprüche (Musterschriftsätze/Anspruchsabwicklung gg. Halter/Fahrer/Versicherung/Sonstige Beteiligte) 22 115 ff.
- Allgemeine Darlegungen **22** 119
- Auffahrunfall **22** 120 ff.
- Gegner a. Gegenfahrbahn **22** 127
- Korrespondenz i. Unfallschadensangelegenheiten **22** 128
- Typische Unfallsituationen **22** 116
- Unfall b. Abbiege-/Überholvorgang **22** 125 ff.
- Vorfahrtsmissachtung **22** 122 ff.

Haftpflichtansprüche (Musterschriftsätze/Typische Korrespondenz m. Dritten) 22 113 ff.
- Aktenanforderung b. Polizei **22** 133
- Aktenanforderung b. Polizei (Erinnerung) **22** 134
- Aktenanforderung b. Staatsanwaltschaft/Gericht/Bußgeldstelle **22** 135
- Aktenanforderung b. Staatsanwaltschaft/Gericht/Bußgeldstelle (Erinnerung) **22** 136

magere Zahlen = Randnummern

Sachverzeichnis

- Anfrage a. Arzt wg. Attest **22** 140
- Anschreiben a. Zeugen m. Fragen-Vordruck **22** 137 ff.
- Korrespondenz m. Mandantschaft **22** 144 ff.
- Mandantenkorrespondenz Meldung Rechtsschutz/Kosten-/Gebührenkorrespondenz **22** 149
- Mitteilung a. Mandant ü. Spezifikation **22** 146

Haftpflichtansprüche (Musterschriftsätze/ Vorläufige/ergänzende/endgültige Spezifikation) 22 129 ff.
- Endgültige Spezifikation **22** 132
- Ergänzende Spezifikation **22** 131
- Vorläufige Spezifikation **22** 130

Haftpflichtansprüche (Schädiger-/Versicherungsfeststellung/Sonstige Beteiligte) 22 46 ff.
- Massenunfall **22** 47
- Schädigerfeststellung **22** 46
- Serienunfall **22** 53
- Versicherungsfeststellung **22** 46

Haftpflichtansprüche (Selbständiges Beweisverfahren)
- Antragsverfahren **22** 78
- Durchführung d. ~ **22** 83
- Durchführungsantrag (Muster) **22** 80
- Eintrittspflicht d. Rechtsschutzversicherung **22** 86

Haftpflichtansprüche (Unfall i. Ausland m. Ausländern) 22 161

Haftpflichtansprüche (Unfall zw. Inländern i. Ausland) 22 162

Haftpflichtansprüche (Verein „Verkehrsopferhilfe e. V. (VOH)) 22 104 ff.
- Anspruchsgeltendmachung (Muster) **22** 109
- Begrenzung a. Mindestversicherungssumme **22** 114
- Eintrittspflicht d. VHF **22** 104
- Leistungspflichtumfang **22** 107
- Verfahrensrechtliche Fragen **22** 110
- Verjährung **22** 116
- Voraussetzungen d. Leistungspflicht **22** 105

Harmlosigkeitsgrenze 25 22

Hauptverhandlung
- Anordnung/Sachleitung d. Gericht **15** 56
- Befangenheitsantrag (Muster) **15** 73
- Fragerecht **15** 52
- Gefahr d. Freiheitsstrafe **15** 87
- Gesetzliche Regelungen **15** 50
- Protokollierung **15** 53
- Rechtliche Hinweise (§ 265 StPO) **15** 84
- Sachverständiger **15** 68 ff.
- Strafzumessung **15** 86
- Terminbericht **15** 85
- Verhandlungsleitung **15** 51
- Zeugenvernehmung **15** 59 ff.

Hauptverhandlung (Beweisantrag) 15 76 ff.
- Beweisanregung **15** 81
- ~ auf Einholung v. Sachverständigengutachten (Muster) **15** 83
- Eventual~ **15** 80
- Form **15** 82
- Hilfs-~ **15** 80
- Notwendiger Inhalt **15** 77
- Zeitpunkt **15** 82

Hauptverhandlung (Verteidigertätigkeit) 15 1 ff.
- Anwesenheit d. Angeklagten/Betroffenen **15** 42
- Beweisantrag Zeugenvernehmung (Muster) **15** 49
- Beweisanträge **15** 46
- Checkliste **15** 1
- Gutachtenauseinandersetzung **15** 18
- Hinterlegungsnachweis/Bestätigungsnachweis (Muster) **15** 30
- Materielle Rechtsfragen **15** 8
- Prozessuale Rechtsfragen **15** 7
- Sachverständigenladung **15** 21
- Terminierungsabstimmung **15** 10
- Verteidigungsziel **15** 5
- Vorbereitung m. Mandanten **15** 39
- Zeugenbeweis **15** 12
- Zeugenladung **15** 21
- Zeugen-/Sachverständigenladung (Muster) **15** 28
- Zustellungsersuchen a. Gerichtsvollzieher z. Zeugen/Sachverständigenladung (Muster) **15** 31

Hauptverhandlung (Verwarnung m. Strafvorbehalt) 15 89 ff.
- Besonderheiten **15** 97
- Gesetzliche Voraussetzungen **15** 91 ff.
- Prozessuale Fragen **15** 97
- Rechtsfolgen **15** 102

Hauptverhandlung (Vor-/Außerprozessuale Klärung m. Verfahrensbeteiligten) 15 32
- Absprachen im Strafprozess **15** 37
- Erklärungen nach Abstimmung **15** 36
- Form **15** 33
- Inhalt **15** 33

Hauptverhandlungen (Besonderheiten i. OWi-Verfahren) 15 106 ff.
- Absehen v. Urteilsbegründung **15** 129
- Eingeschränkter Beweisaufnahmeumfang **15** 120
- Entbindung v. persönlichem Erscheinen **15** 108 ff.
- Gefahr d. Übergangs i. Strafverfahren **15** 127
- Persönliches Erscheinen **15** 106
- Vereinfachte Beweisaufnahme **15** 125
- Verfahren b. erlaubter Abwesenheit **15** 118
- Verfahren b. unerlaubter Abwesenheit **15** 119
- Vernehmung v. d. ersuchten Richter **15** 117

Haushaltsführungsschaden 26 179 ff.

Humanbiologisches Gutachten 13 182 ff.
- Gutachterstellung **13** 184
- Problemstellung **13** 182

Internationales Versicherungsrecht 42 106

Kapitalisierung 36 48 ff.
- Kapitalabfindungsberechnung **36** 57
- Recht auf ~ **36** 51
- Risiken **36** 56

Sachverzeichnis

fette Zahlen = Paragrafen

- Steuerliche Aspekte **36** 65
- Vorteile **36** 56
- **Kapitalisierung (Vorbehalte) 36** 69 ff.
- ~ d. Verzichts a. Verjährungseinrede **36** 77
- ~ zur Schmerzensgeldforderung **36** 72
- **Kaskoversicherung (Regress d. Sozialversicherungsträgers) 48** 42
- **Kaskoversicherung (Regress gem. § 86 Abs. 1 VVG) 48** 10 ff.
  - Anspruchsvoraussetzungen **48** 14
  - Anwendungsbeispiele **48** 13
  - Aufgabeverbot **48** 24
  - Ausschluss gem. § 86 Abs. 3 VVG **48** 18
  - Mitwirkungspflicht d. Versicherungsnehmers **48** 24
  - Regressverzichtsabkommen **48** 25
  - Sonstige Tatbestände **48** 26
  - Verjährung **48** 23
- **Kaskoversicherung (Regress gem. § 812 ff. BGB) 48** 27 ff.
  - Beweislast **48** 33
  - Entreicherungseinwand **48** 37
  - Mehrere Schädiger **48** 32
  - Rückforderungsausschluss **48** 36
  - Unfallmanipulation **48** 30
  - Verjährung **48** 38
  - Vortäuschen d. Entwendungsfalls **48** 30
- **Kaskoversicherung (Regress gem. § 823 ff. BGB) 48** 39 ff.
- **KfZ-Pflichtversicherungsverordnung (KfZPflVV) 42** 62
- **KfZ-Unfallversicherung 47** 1 ff.
  - Bedeutung **47** 1
  - Berufsfahrerversicherung **47** 7
  - Fälligkeit **47** 18
  - Gebühren f. ärztliche Tätigkeiten **47** 19
  - Genesungsgeld **47** 16
  - Invalidität **47** 11
  - Kraftfahrt-Unfall-Plusversicherung **47** 7
  - Krankenhaustagesgeld **47** 15
  - Leistungsumfang **47** 10
  - Leistungsvoraussetzungen **47** 10
  - Namentliche Versicherung **47** 7
  - Neubemessung d. Invaliditätsgrades **47** 21
  - Pauschalsystem **47** 7
  - Platzsystem **47** 7
  - Rechtsgrundlagen **47** 2
  - Tagegeld **47** 17
  - Tod **47** 14
  - Unfall **47** 8
  - Vorläufige Deckung **47** 5
- **KfZ-Unfallversicherung (Folgenausschluss) 47** 29 ff.
  - Bandscheiben **47** 30
  - Bauchbrüche **47** 33
  - Infektionen **47** 31
  - Innere Blutungen **47** 30
  - Psychische Reaktionen **47** 32
  - Unterleibsbrüche **47** 33
- **KfZ-Unfallversicherung (Ursachenausschluss) 47** 23 ff.
  - Bewusstseinsstörung **47** 25
- Erdbeben **47** 27
- Geistesstörung **47** 25
- Innere Unruhen **47** 27
- Krieg **47** 27
- Maßnahmen d. Staatsgewalt **47** 27
- Rennen **47** 26
- Straftaten **47** 24
- **Kraftfahrthaftpflichtversicherung 44** 1 ff.
  - Ablehnung d. Versicherungsvertrages **44** 9
  - Absolute Fahruntüchtigkeit **44** 55
  - Andere berauschende Mittel **44** 57
  - BAK **44** 56
  - Beschränkter Rückgriff d. Versicherers **44** 61
  - Dauer **44** 13
  - Deckungsverhältnis **44** 3
  - Einteilung d. Obliegenheiten **44** 31
  - Europaweite Deckung **44** 27
  - Fahrerlaubnisklausel **44** 45
  - Fahrzeugwechsel **44** 29
  - Haftungsverhältnis **44** 2
  - Herbeiführung d. Versicherungsfalls **44** 90
  - Internationales Recht **44** 113 ff.
  - Kontrahierungszwang **44** 7
  - Laufzeit **44** 13
  - Mindestversicherungssummen **44** 8
  - Obliegenheitsverletzung vor Versicherungsfalleintritt **44** 33
  - Probefahrten **44** 28
  - Prüfungsfahrten **44** 28
  - Rechtsquellen **44** 5
  - Relative Fahruntüchtigkeit **44** 55
  - Repräsentant **44** 60
  - Saisonfahrzeuge **44** 14
  - Schadensfreiheitsklassen **44** 16
  - Schadensfreiheitsrabatt **44** 15
  - Schadensklassen nach Tarifbestimmungen **44** 16
  - Schwarzfahrtklausel **44** 41
  - Teilnahme a. Rentnerveranstaltungen **44** 51
  - Trunkenheitsklausel **44** 54, 60
  - Ursachenzusammenhang **44** 59
  - Verfallpolicen **44** 14
  - Versicherungspflicht **44** 7
  - Vertragsinhalt **44** 12
  - Verwendungsklausel **44** 36
- **Kraftfahrthaftpflichtversicherung (Abwicklung d. Versicherungsfalls) 44** 103 ff.
  - Abtretungsrecht (§ 108 Abs. 2 VVG) **44** 112
  - Anerkenntnisrecht d. Versicherungsnehmers **44** 109
  - Befriedigungsrecht d. Versicherungsnehmers **44** 109
  - Prozessführungsbefugnis **44** 106
  - Regulierungsbefugnis **44** 103
  - Verfügungsverbot (§ 108 Abs. 1 VVG) **44** 111
- **Kraftfahrthaftpflichtversicherung (Anzeigeobliegenheit) 44** 63 ff.
  - ~ d. Aufnahme eines Ermittlungsverfahrens **44** 65
  - ~ v. (außer-)gerichtlicher Inanspruchnahme **44** 65

magere Zahlen = Randnummern **Sachverzeichnis**

- ~ geringfügiger Sachschäden **44** 65
- ~ des Versicherungsfalls **44** 64

Kraftfahrthaftpflichtversicherung (Aufklärungsobliegenheit) **44** 66 ff.
- Antwort a. Versichererfragen **44** 67
- Prozessführungsbefugnis d. Versicherers **44** 75
- Unerlaubtes Entfernen v. Unfallort **44** 70

Kraftfahrthaftpflichtversicherung (Deckungsklage) **44** 100 ff.
- Bindungswirkung **44** 101
- Eintrittspflicht d. Rechtsschutzversicherung **44** 102
- Trennungsprinzip **44** 101

Kraftfahrthaftpflichtversicherung (Direktanspruch (§ 115 Abs. 1 Nr. 1 VVG) **44** 95 ff.
- Anzeigepflichten d. Dritten **44** 99
- Rechtskrafterstreckung **44** 98
- Verweisungsprivileg **44** 96

Kraftfahrthaftpflichtversicherung (Gefahrerhöhung) **44** 86 ff.
- Gefahrerhöhung **44** 86
- Kausalität **44** 89
- Kenntnis **44** 88
- Kündigung **44** 89
- Verschulden **44** 89

Kraftfahrthaftpflichtversicherung (Repräsentant) **44** 92 ff.
- ~ Eigenschaft **44** 93
- Verneinung d. ~Eigenschaft **44** 94

Kraftfahrthaftpflichtversicherung (Verkehrsopferhilfe e. V.) **44** 117

Kraftfahrthaftpflichtversicherung (Versichertes Risiko) **44** 17 ff.
- Abgrenzung KfZ-Haftpflicht/Privathaftpflicht **44** 20
- Anhängerversicherung **44** 22
- Benzinklausel **44** 20
- Fahrzeug **44** 19
- Große Benzinklausel **44** 20
- Kleine Benzinklausel **44** 20
- Kraftfahrzeuggebrauch **44** 18
- Leistungsfall **44** 17

Kraftfahrthaftpflichtversicherung (Versicherungsschutzanspruch) **44** 24 ff.
- Abwehr unbegründeter Ansprüche **44** 25
- Deckungsumfang **44** 26
- Freistellung v. begründeten Ansprüchen **44** 24

Kraftfahrtpflichtversicherung
- Beschränkte Leistungsfreiheit d. Versicherers **44** 81

Kraftfahrthaftpflichtversicherung (Schadensminderungspflicht) **44** 76 ff.
- Erstattung Rettungskosten **44** 79

Kraftfahrtversicherung **4** 9 ff.; **42** 1 ff.
- Ausländer-Pflichtversicherungsgesetz (AuslPflVG) **42** 62
- Begriff **42** 1
- BGB **42** 105
- Deregulierung **42** 5
- Direktanspruch **42** 3
- Entschädigungsfonds (Verkehrsopferhilfe) **42** 3
- HGB **42** 105

- KfZ-Pflichtversicherungsverordnung (KfZPflVV) **42** 62
- Mandatsannahme **4** 9
- Pflichtversicherungsgesetz (PflVG) **42** 62
- Preisgestaltung **42** 5
- Preisoffenheit **42** 5
- Rechtsentwicklung **42** 2
- Rechtsschutzdeckung **4** 12
- Risikomerkmale **42** 5
- Schadensregulierungsvertreter **42** 4
- Sonstige Obliegenheiten **43** 134
- Straßburger Übereinkommen **42** 3
- Streitigkeiten a. Versicherungsverträgen **52** 36 ff.
- Tarifkriterien **42** 5
- Verbraucherinformation **42** 5
- Verbraucherschutz **42** 5
- Vergütung **4** 11
- Verkehrsaufsichtsgesetz (VAG) **42** 62
- Verkehrsversicherungsgesetz **42** 6
- Verordnung über internationalen Kraftfahrzeugverkehr (IntVO) **42** 12
- Versicherungsvertragsgesetz (VVG) **42** 62
- Wettbewerb **42** 5

Kraftfahrtversicherung (Anspruchsverjährung) **43** 141 ff.
- Allgemeine Vorschriften **43** 141
- Beginn **43** 144
- ~ d. Direktanspruchs (§ 115 Abs. 2 VVG) **43** 147
- Unterbrechung **43** 144

Kraftfahrtversicherung (Ausgeschlossene Rechtsschutzdeckung) **52** 9 ff.
- Kein Ausschlussfall **52** 13
- Regelung d. Bedingungen **52** 9

Kraftfahrtversicherung (Außergerichtliche Streitschlichtung) **49** 55 ff.
- Beschwerde a. d. Versicherungsaufsicht **49** 57
- Informelles Vorgehen **49** 55

Kraftfahrtversicherung (Beratungshilfe) **53** 11 ff.
- Auslagen **53** 14
- Gebühren **53** 12
- Gebührenfestsetzung **53** 15
- Voraussetzungen **53** 11

Kraftfahrtversicherung (Europarechtliche Regelungen) **42** 13 ff.
- Dritte KH-Richtlinie **42** 16
- Erste KH-Richtlinie **42** 14
- Fünfte KH-Richtlinie **42** 57
- Gleichheitsgebot **42** 60
- Mindestdeckungssummen b. Auslandsunfällen **42** 17
- Sechste KH-Richtlinie **42** 59
- Straßburger Übereinkommen **42** 13
- Tarifgestaltung **42** 61
- Umsetzung i. dt. Recht **42** 17
- Vierte-KH-Richtlinie **42** 52
- Zweite KH-Richtlinie **42** 15

Kraftfahrtversicherung (Gegenstands-/Streitwert) **53** 38 ff.
- Rechtsgrundlagen **53** 38
- ~ in versicherungsrechtlichen Angelegenheiten **53** 40

1309

Sachverzeichnis

fette Zahlen = Paragrafen

Kraftfahrtversicherung (Kosten/Gebühren) **53** 1 ff.
- Außergerichtliche Angelegenheit **53** 3
- Beratung/Erstgespräch **53** 9
- Gerichtliches Verfahren **53** 6
- Sachverständigenverfahren (§ 14 AKB) **53** 8

Kraftfahrtversicherung (Ombudsmann) **49** 58 ff.
- Beschwerdebefugnis **49** 59
- Entscheidung d. ~ **49** 63
- Frist **49** 60
- Institution d. ~ **49** 58
- Sachverhaltsprüfung **49** 62
- Verjährung **49** 65

Kraftfahrtversicherung (Prozesskostenhilfe) **53** 22 ff.
- Formulierungsvorschlag **53** 29
- Fristwahrung **53** 35
- Kostenschutz d. Rechtsschutzversicherung/ Gewerkschaft **53** 36
- Objektive Voraussetzungen **53** 23
- Subjektive Voraussetzungen **53** 26

Kraftfahrtversicherung (Rechtsschutzbeteiligung) **52** 1 ff.
- Grundsätzlich möglicher Rechtsschutz **52** 1
- Rechtsschutzdeckung i. ARB **52** 2

Kraftfahrtversicherung (Rechtsschutzfallmeldung) **52** 18
- Korrespondenz z. Rechtsschutzversicherung (Gebührenrechtl. Sicht) **52** 21
- Muster **52** 19
- Spezielle Hinweise **52** 20

Kraftfahrtversicherung (Regress gem. § 116 Abs. 1 VVG) **48** 1 ff.
- Anwendungsfälle **48** 1
- ~ i. d. Pflichtversicherung **48** 2
- Mitversicherte Personen **48** 3
- Nachhaftung **48** 6
- Nichtzahlung d. Versicherungsprämie **48** 2
- Regressumfang **48** 5
- Rückstufung **48** 7
- Schadensfreiheitsrabatt **48** 7
- Sonstige Regresstatbestände **48** 9
- Verjährung **48** 8

Kraftfahrtversicherung (Rückversicherung) **51** 1 ff.
- Bedeutung **51** 3
- Begriff **51** 1
- Vertragliche Regelungen **51** 5

Kraftfahrtversicherung (Sachverständigengutachten) **49** 53 ff.
- Grundsätzliche Bindung **49** 53
- Mögliche Unverbindlichkeit **49** 54

Kraftfahrtversicherung (Sachverständigenverfahren) **49** 44 ff.
- Anhörung d. Parteien **49** 52
- Form **49** 51
- Gerichtliche Zuständigkeit **49** 49
- Rechtsgrundlage **49** 44
- Regelung **49** 45
- Sachverständigenausschuss **49** 47
- Verfahrenskosten **49** 48

Kraftfahrtversicherung (Schadensregulierungsvertreter) **42** 18 ff.
- Befugnisse d. ~ **42** 27
- Deckungsprozess **42** 49
- Europarechtliche Regelungen **42** 19
- Praktische Schadensabwicklung **42** 32 ff.
- Prozessstandschaft **42** 39
- RBerG (RDG) **42** 30
- Rechtskraftfragen **42** 41
- Rechtsschutzbedürfnis **42** 42
- Regressdurchführung **42** 51
- Schadensversicherungsvertreter **42** 22
- Vollstreckungsfragen **42** 43

Kraftfahrtversicherung (Schuldhafte Herbeiführung d. Versicherungsfalls) **43** 135 ff.
- Augenblicksversagen **43** 138
- Grobe Fahrlässigkeit **43** 137
- Vorsatz **43** 136

Kraftfahrtversicherung (Verfahrensrecht) **49** 1 ff.
- Abgrenzung Haftpflichtprozess/Versicherungs-/ Deckungsprozess **49** 7
- Bindungswirkung **49** 8
- Feststellungsklage **49** 14
- Gerichtsstand **49** 20
- Leistungsklage **49** 14
- Negative Feststellungsklage d. Versicherung **49** 18
- Passivlegitimation **49** 25
- Prozessbesonderheiten **49** 5
- Prozessführungsbefugnis d. Versicherers **49** 10
- Prozessführungsrecht d. klagenden Partei **49** 24
- Rechtskrafterstreckung **49** 13
- Trennungsprinzip **49** 8
- Versicherereinwendungen i. Deckungsprozess **49** 9
- Versicherungsrechtliche Auseinandersetzung (Checkliste) **49** 6
- Wichtigste Fallgestaltungen **49** 1

Kraftfahrtversicherung (Verfahrensrecht/ Beweislast) **49** 31 ff.
- Beweis **49** 31
- Beweislast **49** 31
- Beweislastverteilung **49** 32
- Beweismittel **49** 34

Kraftfahrtversicherung (Verfahrensrecht/ Beweislast/Versichererregress) **49** 38 ff.
- Beweismaß **49** 40 ff.
- Vollbeweis **49** 40

Kraftfahrtversicherung (Verfahrensrecht/ Streitwert) **49** 27 ff.
- Feststellungsklage **49** 28
- Leistungsklage **49** 27
- Wiederkehrende Leistungen **49** 29

Kraftfahrtversicherung (Versicherungsaufsicht) **50** 1 ff.
- Auflösung d. Bundesamt f. d. Versicherungswesen (BAV) **50** 7
- Beschwerdemöglichkeit **50** 9
- Bundesaufsichtsrecht **50** 2
- ~ d. Bundesländer **50** 3
- ~ d. Länder **50** 8
- Organisation d. ~ **50** 5

magere Zahlen = Randnummern

- Rechtsquellen 50 4
- Versicherungsaufsichtsgesetz 50 1

Kraftfahrtversicherung (Versicherungsschutz) 52 23 ff.
- ~ f. Interessenwahrnehmung a. Versicherungsverträgen 52 23
- Mitversicherte Personen 52 24

Kraftfahrtversicherung (Versicherungsschutz/Rechtsschutzdeckung) 52 27 ff.
- Begriff 52 27
- Leistungsumfang 52 32
- Sachverständigenverfahren 52 34

Kraftfahrtversicherung (Vorvertragliche Anzeigenobliegenheit, §§ 19–22 VVG) 43 129 ff.
- Belehrungspflicht 43 132
- Kündigungsrecht 43 131
- Leistungsfreiheit 43 131
- Rechtsfolgen b. Verstößen 43 131
- Umfang 43 130

Kraftfahrtversicherungsvertrag 43 1 ff.
- Antragsmodell 43 11
- Anwendung d. neuen VVG (Überleitungsvorschriften) 43 1
- Beteiligte Personen 43 4
- Direktversicherungsverträge 43 69
- Formelle Versicherungsdauer 43 16
- Geschädigter Dritter 43 6
- Invitationsmodell 43 14
- Kaskoversicherung b. Leasingfahrzeugen 43 72
- Materielle Versicherungsdauer 43 17
- Mitversicherte Personen 43 7
- Nachhaftung d. Versicherers 43 23
- Rückwärtsversicherung 43 20
- Ruheversicherung 43 22
- Saisonfahrzeuge 43 22
- Technische Versicherungsdauer 43 19
- Versicherungsmakler 43 5
- Versicherungsvertreter 43 5

Kraftfahrtversicherungsvertrag (Beratungs-/Dokumentationspflichten) 43 26 ff.
- Dokumentationspflicht 43 30
- Rechtsfolge b. Pflichtverletzung (§§ 6,61 VVG) 43 33
- Umfang 43 28
- Verzicht 43 32

Kraftfahrtversicherungsvertrag (Einbeziehung d. AVB) 43 39 ff.
- Anpassung b. Altverträgen 43 40
- Anwendung d. AVB 43 41
- Auslegung d. AVB 43 42
- Rechtsfolgen b. Informationspflichtverletzung 43 43

Kraftfahrtversicherungsvertrag (Gefahrerhöhung) 43 120 ff.
- Arten 43 121
- Ausschlussrecht 43 124
- Kündigungsrecht 43 125
- Leistungsfreiheit 43 127
- Objektive ~ 43 123
- Prämienerhöhungsrecht 43 126

Sachverzeichnis

- Risikoausschluss 43 126
- Subjektive ~ 43 121

Kraftfahrtversicherungsvertrag (Grenzüberschreitende Verträge) 43 60 ff.
- Problemstellung 43 60

Kraftfahrtversicherungsvertrag (Grenzüberschreitende Verträge/Anwendbares Recht n. IPR) 43 63 ff.
- Anwendbares Recht 43 68
- Eingriffsnormen 43 67
- Freie Rechtswahl 43 64
- Kollisionsnormen 43 68
- Rechtswahl aufgrund d. engsten Verbindung 43 65
- Verbraucherschutzklausel 43 66

Kraftfahrtversicherungsvertrag (Informationspflichten) 43 34 ff.
- Adressat 43 36
- Form 43 36
- Inhalt 43 35
- Produktinformationsblatt 43 35
- Verzicht 43 38
- Zeitpunkt 43 36

Kraftfahrtversicherungsvertrag (Obliegenheiten) 43 103 ff.
- Adressat 43 105
- Repräsentanten 43 107
- Verhüllte Obliegenheiten 43 104
- Vertragliche/Gesetzliche Nebenpflichten 43 103
- Willenserklärungsvertreter 43 109
- Wissensvertreter 43 108

Kraftfahrtversicherungsvertrag (Prämienzahlungspflicht) 43 73 ff.
- Erstprämie 43 74
- Folgeprämie 43 73
- Rechtsfolge b. verspäteter Erstprämienzahlung 43 78
- Rechtsfolge b. verspäteter Folgezahlungsprämie 43 79
- Risikoadäquater Prämienanspruch b. frühzeitiger Versicherungsbeendigung 43 83

Kraftfahrtversicherungsvertrag (Risikoausschlüsse-/Begrenzungen/Versichererleistungsfreiheit) 43 97 ff.
- Beweislast 43 102
- Primäre Risikobegrenzung 43 100
- Sekundäre Risikobegrenzung 43 101

Kraftfahrtversicherungsvertrag (Vertragliche Obliegenheiten, 28 VVG) 43 110 ff.
- Belehrungspflicht 43 119
- Einfache Fahrlässigkeit 43 117
- Grobe Fahrlässigkeit 43 115
- Kausalitätsgegenbeweis 43 118
- Kündigungsrecht 43 112
- Leistungsfreiheit 43 113
- Relevanzrechtsprechung 43 118
- Vorsatz 43 114

Kraftfahrtversicherungsvertrag (Vorläufige Deckung) 43 84 ff.
- Beginn 43 88
- Beratungspflicht 43 95

Sachverzeichnis

fette Zahlen = Paragrafen

- Dokumentationspflicht **43** 95
- Einbeziehung d. AVB **43** 94
- Inhalt **43** 85
- Rechtsnatur **43** 85
- Rückwärtsversicherung **43** 86
- Rückwirkender Wegfall **43** 91
- Versicherungsschutzende **43** 89
- Verzicht a. d. Vorabinformation (§ 7 VVG) **43** 93
- Widerrufsrecht **43** 96

Kraftfahrtversicherungsvertrag (Widerrufsrecht §§ 8,9 VVG) 43 44 ff.
- Anfechtung **43** 51
- Beginn **43** 45
- Divergenz Antrag/Versicherungsschein **43** 58
- Ewiges Widerrufsrecht **43** 46
- Kündigung **43** 53
- Rechtsfolgen **43** 47
- Rücktritt **43** 52
- Tariferkennungsmerkmale **43** 59

Kraftfahrversicherung (Anzeigepflicht i. Zshg. m. Tarifierungsmerkmalen) 43 139

Kraftfahrversicherung (Klage gg. Leistungsablehnung gem. § 12 Abs. 3 VVG) 49 43

Kraftfahrzeug- Pflichtversicherungsverordnung (KfzPflVV) 42 93 ff.
- Allgemeine Versicherungsbedingungen **42** 95
- Dienstleistung **42** 94
- Ermächtigungsnorm **42** 96
- Geltung **42** 93
- Inhalt **42** 96
- Leistungsfreiheit **42** 101
- Obliegenheiten **42** 100
- Obliegenheitsverletzung nach Versicherungsfalleintritt **42** 101
- Obliegenheitsverletzung vor Versicherungsfalleintritt **42** 101
- Verordnungsinhalt **42** 98
- Verordnungszweck **42** 97
- Zweck **42** 96

Kraftfahrzeughaftpflichtschaden (Schadensmanagement) 22 164 ff.
- ~ b. Personenschaden **22** 207
- Bisherige Aktivitäten **22** 191
- Fortentwicklung **22** 206
- Geschädigtenumfrage (Checkliste) **22** 200
- Nutzung moderner Kommunikation **22** 201
- Rechtsanwalt a. „Unfallschadenmanager" **22** 202
- Schadensmanagement (Begriff) **22** 166

Kraftfahrzeughaftpflichtschaden (Schadensmanagement/Interessenlage Geschädigter) 22 183 ff.
- Geschädigtenrisiko **22** 189
- Geschädigtensituation **22** 183

Kraftfahrzeughaftpflichtschaden (Schadensmanagement/Versicherungsposition) 22 172 ff.
- Aktivitäten d. Kraftfahrzeughaftpflichtversicherung **22** 175
- Einzelne Aktivitäten **22** 177
- Unfallzahlen/Schadensaufwand **22** 172

Kraftschadenprozess 37 1 ff.
- Anscheinsbeweis **37** 99 ff.
- Berufsrechtliche Aspekte **37** 7
- Beweisführung **37** 93 ff.
- Deckungsprozess **37** 2
- Erhobene Widerklage **37** 8
- Feststellungsklage/Unbezifferter Klageantrag (Muster) **37** 173
- Klageschrift Schadensersatzforderung/Feststellungsklage (Muster) **37** 172
- Kraftschadenprozess **37** 1
- Rechtskraftwirkung **37** 170 f.

Kraftschadenprozess (Aktivlegitimation) 37 9 ff.
- ~ b. Ehepartnern/Kindern **37** 12
- ~ b. Forderungsübergang a. Sozialleistungsträger **37** 18
- ~ b. Leasingfahrzeugen **37** 19
- Grundsätze **37** 9
- Prozessführungsbefugnis **37** 10
- Prüfung **37** 10
- Schadensersatz b. Kindesverletzung **37** 14
- ~ v. mittelbar Geschädigten **37** 17

Kraftschadenprozess (Berufung) 37 130 ff.
- Anschluss ~ **37** 148
- Begründung **37** 139
- Begründungsfrist **37** 141
- Begründungsinhalt **37** 143
- ~ Entscheidung **37** 150
- Form **37** 135
- Frist **37** 140
- Kostenentscheidung **37** 154
- Muster **37** 138
- Neue Angriffs-/Verteidigungsmittel **37** 145
- Rechtsmittelgericht **37** 134
- Statthaftigkeit **37** 131
- Verspätetes Vorbringen **37** 144
- Zulassung neuer Angriffs-/Verteidigungsmittel **37** 147

Kraftschadenprozess (Beschwerde) 37 163 ff.
- Nichtzulassungs~ **37** 169
- Rechts ~ **37** 166
- Sofortige ~ **37** 164

Kraftschadenprozess (Beweislastverteilung) 37 89 ff.
- ~ b. künftigem Schadenseintritt **37** 92
- Grundsätze **37** 89

Kraftschadenprozess (Bindungswirkung) 37 54 ff.
- Bindungswirkung **37** 56
- Eigener Anwalt b. fingiertem Unfall **37** 58
- Haftpflichtfrage **37** 54
- Versicherungsrechtlicher Deckungsprozess **37** 55

Kraftschadenprozess (Direktanspruch gg. Versicherung) 37 24 ff.
- Annahme eines fingierten Unfalls **37** 27
- Direktklage **37** 24

Kraftschadenprozess (Feststellungsklage) 37 73 ff.
- ~ a. Begehren d. Nichtbestehens d. Ersatzpflicht/Abänderung **37** 80

magere Zahlen = Randnummern

Sachverzeichnis

- Auslegung d. ~ Antrags m. Gründen 37 87
- Feststellungsinteresse 37 82
- Kein nachträglicher Übergang v. ~ z. Leistungsklage 37 81
- Rechtskraftwirkung d. Urteils 37 88
- Verhältnis ~/Leistungsklage 37 78
- ~ z. Abwendung drohender Verjährung 37 85

Kraftschadenprozess (Kosten/Gebühren) 37 114 ff.
- Aktenauszüge 37 120
- Anwaltskosten b. Bestellung eines eigenen RA d. VN 37 119
- Besonderheiten 37 116
- Beteiligung v. Streitgenossen 37 115
- Grundsätze 37 114
- Prozesskostenhilfe 37 125
- Überlanges Verfahren 37 126

Kraftschadenprozess (Leistungsklage) 37 65 ff.
- Antragsprobleme b. § 844 Abs. 2 BGB 37 71
- Auflockerungen d. Bestimmtheitsgrundsatz 37 67
- Klage mehrerer Kläger 37 66
- Notwendige Bestimmtheit gem. § 253 Abs. 2 ZPO 37 65
- Schmerzensgeldteilklage 37 73

Kraftschadenprozess (Passivlegitimation) 37 21 ff.
- Grundsätze 37 21
- Prozesstaktik 37 22

Kraftschadenprozess (Prozessuale Besonderheiten b. Vorliegen v. Unfall nach SGB VII) 37 60

Kraftschadenprozess (Prozessuale Zuständigkeit) 37 35 ff.
- Anwendung d. Schlichtungsgesetz 37 39
- ~ d. Arbeitsgerichte 37 45
- Direktansprüche gg. d. Versicherer gem. Art. 40 Abs. 4 EGBGB 37 46
- Grundsätze 37 35
- ~ nach NATO-Truppenstatut 37 37
- ~ f. Rückgriffsansprüche 37 43

Kraftschadenprozess (Rechtsmittel) 37 127 ff.
- Checkliste 37 127
- Tatbestandsberichtigung 37 129
- Tatbestandsprüfung 37 128

Kraftschadenprozess (Revision) 37 155 ff.
- Nichtzulassungsbeschwerde 37 161
- Sprung ~ 37 160
- Zulassungsvoraussetzungen 37 155

Kraftschadenprozess (Sachverständigenbeweis) 37 102 ff.
- Gutachteneinholung gem. §§ 402 ff. ZPO 37 102
- Haftung d. gerichtlichen Sachverständigen 37 109
- Privatgutachten 37 108
- Sachverständigenablehnung 37 106
- Sachverständigenanhörung 37 104

Kraftschadenprozess (Streitwert) 37 50 ff., 111 ff.
- Bestimmung 37 112
- Bezifferter Antrag 37 50
- Feststellungsklage 37 51
- Zuständigkeit 37 111

Kraftschadenprozess (Unfall m. Auslandsbeteiligung) 37 30 ff.
- Unfall i. Ausland zw. dt. Staatsangehörigen 37 32
- Unfall i. Inland m. Ausländern 37 30

Kraftschadenprozess (Widerklage) 37 47 ff.

Lenk-/Ruhezeiten 54 1 ff.
- Anwendungsbereich 54 13
- Arbeitsgesetz 54 9
- Aufbewahrungspflichten 54 56
- Ausnahmen f. bestimmte Fahrzeuge 54 34
- Bescheinigung d. Arbeitgebers 54 50
- Betriebskontrolle 54 55
- Digitales Kontrollgerät 54 47, 57
- EU-Regelungen 54 1 ff.
- Europäisches Übereinkommen ü. d. Arbeit v. i. internationalen Straßenverkehr beschäftigten Fahrpersonals (AETR) 54 6
- Fahrpersonalgesetz 54 7
- Fahrpersonalverordnung 54 8
- Fahrunterbrechung 54 17, 26
- Fahrzeugbeschlagnahme 54 53
- Fahrzeugdurchsuchung 54 53
- Handschriftliche Aufzeichnungen/Ausdrucke 54 48
- Höchstarbeitszeit 54 25
- Lenkzeit 54 17, 23
- Mehrfahrerbetrieb 54 28
- Mitwirkungspflichten 54 61
- Notstandsregelungen 54 30
- Pflichten d. Fahrpersonals 54 46
- Rangfolge 54 10
- Ruhepause 54 17
- Ruhezeit 54 18
- Splitting 54 19
- Straßenkontrolle 54 44
- Tageslenkzeit 54 17
- Tägliche Ruhezeit 54 17
- Wochenlenkzeit 54 17
- Wochenruhezeit 54 22
- Wöchentliche Ruhezeit 54 17
- Zuständigkeit 54 54, 65

Lenk-/Ruhezeiten (Bußgeldvorschriften b. Verstößen) 54 66 ff.
- Bußgeldrichtlinien 54 81
- Erhöhungen 54 87
- Geldbuße (Bemessung) 54 81
- Gewerbezentralregister 54 93
- ~ gg. Arbeitszeitnachweise 54 71
- ~ gg. Lenk/Ruhezeiten-/Lenkzeitunterbrechungen 54 67
- ~ gg. Mitwirkungspflichten 54 76
- Tateinheit 54 88
- Tatmehrheit 54 88
- Verantwortliche 54 77
- Zuwiderhandlungen 54 66

Lenk-/Ruhezeiten (Bußgeldvorschriften b. Verstößen/Ermäßigungen) 54 83 ff.
- Einsicht d. Betroffenen 54 86
- Vorsatz/Fahrlässigkeit 54 84

1313

Sachverzeichnis

fette Zahlen = Paragrafen

- Wirtschaftliche Verhältnisse 54 85
- Zuwiderhandlungsqualität 54 83

Lenk-/Ruhezeiten (Prozessuales) 54 94 ff.
- Gebühren 54 96
- Kosten 54 96
- Verfahrensablauf 54 94
- Verjährung 54 94

Lenk-/Ruhezeiten (Verstöße)
- Rechtsgrundlagen 13 153
- Überwachung 13 156
- Zuständigkeit 13 156

Lenk-/Ruhezeiten (§ 21a ArbZG) 54 38 ff.
- Geltungsbereich 54 38

LKW-Maut 55 183 ff.
- Auskunftspflicht 55 220
- Befolgung v. Anweisungen 55 218
- Begriff 55 183
- Berechnung 55 200
- Gebühren 55 243
- Gebühren i. d. EU 55 240
- Höhe 55 200
- Kontrollen 55 222
- Kosten 55 243
- Mautpflicht 55 186
- Mitführungspflicht 55 219
- Nachweispflicht 55 219
- Ordnungsgemäße Entrichtung 55 211
- Rechtsgrundlagen 55 185
- Schuldner 55 194
- Verstoß gg. Mitwirkungspflicht (Anordnung/Zulassung) 55 221
- Verstoßahndung 55 228

LKW-Maut (Befreiung) 55 187 ff.
- Gesetzliche Ausnahmen 55 187
- Mautbefreite Fahrzeuge 55 192
- Registrierung mautbefreiter Fahrzeuge 55 193

LKW-Maut (Erhebung) 55 206 ff.
- Internet-Einbuchung 55 208
- Mautstellenterminal 55 209
- On-Board-Unit 55 207

Londoner Abkommen (Uniform Agreement (UA)) 42 87 ff.
- Einzelne Regelungen 42 89
- Entstehung 42 87
- Multilaterales Garantieabkommen (MGA) 42 91
- Rechtsgrundlage 42 88

Mandantenberatung 2 1 ff.
- Beratung z. besonderen Möglichkeiten 2 4
- Existentielle/Wirtschaftliche Bedeutung d. Fahrerlaubnis 2 1
- Fahrerlaubniserhalt-/Behalt-/Wiedererlangung 2 3
- Konkrete Verhaltens-/Vorgehensratschläge 2 6
- Vergütung/Rechtsschutzdeckung 2 5

Mandanteninformation (i. Unfallsachen) ,Anhang Teil D 1

Mandatsanbahnung 3 12 ff.
- Bedeutung Einkommens-/Vermögensverhältnisse 3 36

- Bußgeldverfahren 3 23
- Erstattung notwendiger Auslagen d. Staatskasse 3 70 ff.
- Gesetzliche Gebühren 3 69
- Informationen über Verfahrensablauf 3 35
- Informationsbeschaffung 3 101
- Klärung rechtlicher Thematik 3 99
- Kontakt m. Verletzten/Hinterbliebenen 3 63
- Mandatsannahme nach Anwaltswechsel 3 14
- Nutzung programmierter Textverarbeitung 3 102
- Pflichtverteidigung 3 30
- Sachverhaltsklärung 3 98
- Unfallschaden i. Ausland 3 43
- Verbot d. gemeinschaftlichen Verteidigung (§ 146 StPO) 3 29
- Vergütungsvereinbarung 3 76 ff.
- Verkehrsverstoß i. Ausland 3 38 ff.
- Verteidigeranzahl 3 26
- Verteidigerwechsel 3 16
- Vollmacht 3 20
- Vollmachtsmuster 3 25
- Vorgespräch 3 12

Mandatsannahme
- Ausschluss v. Doppelvertretung 3 8
- Checkliste 3 1
- Interessenkollision 3 2
- Mandatsanbahnung 3 12 ff.
- Parteiverrat 3 6

Mandatsannahme-/Organisation
- Ausschluss d. Doppelvertretung 1 28
- Bearbeitungseinleitung 1 42
- Bearbeitungsunterlagen 1 44
- Checkliste 1 17
- Datenschutz b. Datenübermittlung 1 39
- Daten-/Stammdatenerfassung 1 30
- Erfolgshonorar 1 70
- Gesetzliche Vergütung 1 67
- Hinweispflicht a. Honorarstreitwertabhängigkeit 1 68
- Interessenkollision 1 17 ff.
- Kommunikation zw. RA/Mandant 1 55
- Korrespondenz m. Spezialisten 1 59
- Notwendige Kompetenz 1 53
- Nutzung elektronischer Kommunikation 1 48
- Nutzung v. Arbeitshilfen 1 47
- Parteiverrat 1 23
- Rechtsschutzbeteiligung 1 65
- Schadenspositionenerfassung 1 31
- Schadensregulierungsdaten 1 35
- Skizzenanfertigung d. Unfallgeschehens 1 37
- Vergütungsvereinbarung 1 70
- Verkehrssituationsskizze (Muster) 1 40
- Wissensmanagement 1 56

Mandatsannahme-/Organisation (Auslandsunfall) 1 61 ff.
- Richtiges Vorgehen 1 62
- Schadenspositionen 1 63
- Unfall m. Schwerverletzten 1 64

Mandatsannahme-/Organisation (Grundlagen) 1 1 ff.

magere Zahlen = Randnummern

Sachverzeichnis

Multilaterales Garantieabkommen (MGA) 42 74, 91
- Gewöhnlicher Standort 42 92
- Inhalt 42 92
- Kennzeichen als Versicherungsnachweis 42 91

Nachtrunk 13 213

Oberbegutachtung 6 206
Ordnungswidrigkeitenverfahren
- Drohende Führerscheinmaßnahme 3 55
- Feststellungen z. Unfallsituation 3 58
- Führerscheinbeschlagnahme 3 61
- Führerscheinmaßnahmen 3 60 ff.
- Tätige Reue 3 54
- Verjährungsfristen 3 53

Paritätische Kommission 23 70
Personenschäden (Ansprüche a. Beerdigungskosten) 27 9 ff.
- Beerdigungskosten 27 12
- Ersatzanspruch 27 9
Personenschäden (Ansprüche gg. Soziale Leistungsträger) 26 398 ff.
- Ausgleich v. Beitragslücken 26 403
- Beachtung d. Leistungsansprüche 26 405
- Beratungspflicht 26 404
- Regress d. Sozialversicherungsträgers 26 402
- Soziale Entschädigung 26 398
- Sozialrechtliche Leistungsbereiche 26 400
Personenschäden (Ansprüche mittelbar Geschädigter/Dritter) 27 1 ff.
- Ansprüche aus Gefährdungshaftung 27 7
- Ansprüche gem. §§ 844 f. BGB 27 1
- Ansprüche mittelbar Geschädigter/Dritter (Checkliste) 27 8
Personenschäden (Anspruchsgeltendmachung/Anmeldung/Direktanspruch) 25 1 ff.
- Anmeldung/Geltendmachung 25 1
- Ansprüche a. Unfall-/Sonstigen Versicherungen 25 7
- Rechtliche Wirkung 25 2
Personenschäden (Behindertengerechtes Wohnen/Umzugskosten) 26 87 ff.
- Anspruchsgrundlage 26 87
- Anspruchsinhalt 26 89
- Sozialrechtliche Aspekte 26 93
- Verletzungsbedingte Umzugskosten 26 92
Personenschäden (Behindertentestament) 26 503 ff.
- Checkliste 26 512
- Lösungsmodelle 26 509
- Problemstellung 26 503
- Regelungsziele 26 507
- Schutz vor Rückgriff/Vollstreckung d. Sozialhilfeträger 26 508
- Testamentsvollstreckung 26 510
Personenschäden (Beweisfragen) 25 38 ff.
- Nachträgliches Schadensereignis 25 40
- Vorschaden 25 39
Personenschäden (Beweisfragen/Gutachtliche Feststellungen) 25 53 ff.
- Bedeutung d. Primärverletzung 25 55

- Problemstellung 25 53
- ~ z. Primärverletzung 25 55
- ~ z. Unfallhergang 25 57
Personenschäden (Beweisfragen/Posttraumatische Belastungsstörungen) 25 43 ff.
- Physische Überlagerung d. Primärverletzung 25 43
- Schockschaden 25 48
- Substanziierung Verletzungen/Untersuchungsmethoden 25 50
Personenschäden (Code of Conduct) 26 500 ff.
- Begriff 26 500
- Muster 26 500
- Mustertest Rehabilitationsvereinbarung 26 501
Personenschäden (Entgangene Dienste) 27 63 ff.
- Anspruchsfeststellung 27 73
- Fortfall gesetzlicher Verpflichtung 27 67
- Verpflichtung z. Diensten 27 63
- Zeitliche Prognose 27 66
Personenschäden (Erwerbsschaden) 26 103 ff.
- Begriff 26 104
- Berufliche Entwicklungsprognose 26 113
- Beweislastverteilung 26 110
- Einkommensnachweis 26 115
- Einkommensverlust Freiberufler 26 164
- Einkommensverlust Prostituierte 26 165
- Folgelast Arbeitgeber/Dienstherrn 26 153
- Gesellschafter/Geschäftsführer 26 161
- Gesetzliche Grundlage 26 103
- Kausalitätsfragen 26 114
- Landwirte 26 163
- Leistungs-/Feststellungsklage 26 117
- Positionen/Arten 26 107
- Schadensminderungspflicht 26 169
- Steuern 26 166
- Verdienstausfall 26 174
- Vorteilsausgleich 26 172
- Wertung überobligatorische Tätigkeit 26 176
Personenschäden (Erwerbsschaden/Einkommensermittlung d. Selbständigen) 26 157 ff.
- Beweisfragen 26 160
- Ermittlung 26 157
- Materialien 26 158
Personenschäden (Erwerbsschaden/Kinder/Jugendliche/Sonstige Personen) 26 143 ff.
- Arbeitslose 26 149
- Ausbildungsverzögerung 26 143 ff.
- Haushaltsführung 26 151
Personenschäden (Erwerbsschaden/Sonstige Nachteile) 26 129 ff.
- Ausgleich f. Beitragslücken i. d. Sozialversicherung 26 129
- Ersatzanspruch v. Versicherungsbeiträgen 26 133
- Rentenminderung 26 135
- Steuerliche Nachteile 26 138 f.
- Vereitelte Eigenleistungen 26 136
Personenschäden (Erwerbsschaden/Unselbständig Tätiger) 26 119 ff.
- Entgangener Nutzungsmöglichkeit Dienstfahrzeug 26 128

1315

Sachverzeichnis

fette Zahlen = Paragrafen

- Entgeltfortzahlungsberechnung (Übersicht) 26 126
- Spezielle Nachteile 26 127
- Verdienstausfall 26 119
- Verdienstausfallberechnung 26 122

Personenschäden (Erwerbsschaden/ Verletzter Beamter) 26 141 ff.
- Reguläre Pensionierung 26 142
- Vorzeitige Pensionierung 26 141

Personenschäden (Gutachtliche Feststellungen/ Beschwerden/Kausalzusammenhang) 25 58 ff.
- Kausalzusammenhang 25 61
- Physische Verletzungen 25 58
- Psychische Folgeerkrankungen 25 59

Personenschäden (Gutachtliche Feststellungen/ Sachverständigenauswahl) 25 64 ff.
- Aufgaben 25 67
- Begutachtung z. Pflege-/Betreuungskosten 25 71
- Formular 25 68
- Freies Gutachten 25 68
- Gutachterauftrag 25 65
- Gutachterauswahl 25 69

Personenschäden (Haushaltsführungsschaden) 26 179 ff.
- Angehörigenprivileg 26 191
- Anspruchsgrundlagen 26 182
- Arbeitszeit (statische Haushaltsführung) 26 187
- Arbeitszeit (unterschiedliche Haushaltsführung) 26 188
- Fallgestaltungen 26 184
- Haushaltsspezifische Erwerbsfähigkeitsminderung 26 189
- Kapitalisierung 26 186
- Prozessuale Fragen 26 190
- Sozialrechtseinschluss 26 192

Personenschäden (Haushaltsführungsschaden/ Darlegungslast) 26 193 ff.
- Anspruch d. haushaltsführenden Person 26 193
- Anspruch d. Witwers/d. Kinder (§ 844 BGB) 26 195
- Darlegungslast 26 199
- Möglicher Übergang (§ 116 SGB X) 26 200
- Rechtliche Anspruchsqualifikation 26 198
- Versorgung d. Dritte 26 202

Personenschäden (Haushaltsführungsschaden/ Eingetragene Lebensgemeinschaft) 26 274

Personenschäden (Haushaltsführungsschaden/ Nichteheliche Lebensgemeinschaft) 26 276

Personenschäden (Haushaltsführungsschaden/ Rechtsübergang a. Sozialversicherungsträger) 26 260 ff.
- Aktivlegitimation i. Prozess 26 266
- Forderungsübergangswirkungen 26 262
- Prozessuale Besonderheiten (§ 844 BGB) 26 268
- Tätigkeits-/Zeitliche Beeinträchtigungermittlung (Berechnungsbeispiel) 26 271
- Tätigkeits-/Zeitliche Beeinträchtigungermittlung (Muster) 26 269
- Übergangsvoraussetzungen 26 261

Personenschäden (Haushaltsführungsschaden/ Rentenanspruch) 26 249 ff.
- Kapitalabfindung 26 251
- Kapitalisierungsmöglichkeit 26 258
- Tötungsfall 26 252
- Verletzungsfall 26 256
- Voraussetzungen 26 249

Personenschäden (Haushaltsführungsschaden/ Tötung d. haushaltsführenden Person) 26 204 ff.
- Anspruchsberechtigte (§ 844 BGB) 26 206
- Anspruchsgrundlage 26 204
- Anspruchsvoraussetzungen 26 208
- Doppelverdiener-Ehe 26 220
- Einsatz einer Ersatzkraft 26 227
- Leistungsumfang 26 210
- Mithilfepflicht d. Berechtigten 26 213
- Reduzierter Haushalt 26 218
- Schadensaufteilung 26 225
- Wert d. Haushaltsführung 26 215

Personenschäden (Haushaltsführungsschaden/ Verletzung d. haushaltsführenden Person) 26 229 ff.
- Arbeitszeitermittlung vor Unfall 26 234
- Ausfall d. mithelfenden Ehepartners 26 245
- Ausfallberücksichtigung n. Zeit u. Umfang 26 241
- Einschaltung einer Ersatzkraft 26 246
- Ermittlung tatsächliche Behinderung b. Haushaltsführung 26 237
- Lediglich eigene Versorgung 26 229
- Mögliche Umorganisation 26 248
- Vermehrte Bedürfnisse 26 231
- Versorgung übriger Familienmitglieder/ Ehepartner 26 232
- Versorgung/Betreuung einer Familie 26 233
- Z. ersetzender Betrag 26 240

Personenschäden (Heilbehandlungskosten) 26 33 ff.
- Beteiligte Versicherung 26 39
- Fiktive Abrechnung 26 37
- Heilbehandlung i. Ausland 26 45
- Kosten f. kosmetische Operationen 26 46
- Kostenübernahme (privatärztliche Behandlung/geschädigte Kassenpatienten) 26 41
- Private Krankenversicherung 26 44
- Zu ersetzende ~ 26 33
- Zuzahlungen 26 38

Personenschäden (HWS-Verletzungen/ Medizinische Lösungswege) 25 25 ff.
- Medizinische Komponente 25 25
- Neurootologische Betrachtung 25 26

Personenschäden (Kausalität unfallschwere/ Verletzungen) 25 19 ff.
- Harmlosigkeitsgrenze 25 22
- Wirtschaftliche Bedeutung 25 21

Personenschäden (Kausalität unfallschwere/ Verletzungen/BGH-Rechtsprechung)
- Bedeutung 25 33
- Haftung Erst-/Zweitunfall 25 37
- Primärverletzung 25 28

1316

magere Zahlen = Randnummern

Sachverzeichnis

- Ursächlichkeit unfallbedingte Verletzung 25 30
- **Personenschäden (Kausalität/Zurechenbarkeit/ Beweislast) 25 10 ff.**
- ~ d. Geschädigten 25 10
- Darstellung/Regulierung v. Verletzungen 25 17
- Darstellung/Regulierung v. Verletzungen (Checkliste) 25 18
- Nachweis einer Verletzung 25 12
- **Personenschäden (Nebenkosten stationäre Behandlung) 26 48 ff.**
- Besuchskosten 26 48
- Forderungsübergang 26 56
- Schadensminderungspflicht 26 54
- Sonstige Nebenkosten 26 52
- Vorteilsausgleich 26 55
- Zeitaufwandersatz 26 53
- **Personenschäden (Personen-/Case-/Rehamanagementabwicklung) 26 467 ff.**
- Beteiligte 26 482
- Beziehung Geschädigter/Anwalt 26 491
- Beziehung Geschädigter/Rehadienst 26 489
- Beziehung Versicherung/Rehadienst 26 492
- Deckungsverhältnis 26 487
- Falleignungsprüfung 26 467
- Prozess Rehamanagement 26 472
- Rechtliche Aspekte 26 475
- Rechtsverhältnis Geschädigter/Versicherter 26 484
- **Personenschäden (Personenschadensmanagement/Rehamanagement/Straßenverkehr) 26 454 ff.**
- Getötete 26 454
- Personen-/Rehamanagement b. Opfern v. Straßenverkehrsunfällen 26 455
- Rehamanagement/Rehabilitationsverfahren SGB XI 26 460
- (Schwer-)Verletzte 26 454
- **Personenschäden (Pflegekosten) 26 61 ff.**
- Betreuungskosten 26 85
- Einstellung v. professionellen Pflegekräften 26 66
- Ersatzanspruch 26 61
- Feststellung Pflegebedarf 26 68
- Pflege i. d. Familie 26 70 ff.
- Unterbringung i. Pflegeheim/Behindertenwerkstatt 26 63
- **Personenschäden (Rechtsübergang/Regress Sozialversicherungsträger) 26 406 ff.**
- Familienprivileg 26 419
- Sachliche/Zeitliche Kongruenz 26 415
- Sozialrechtliche Leistungen 26 406
- Übertragungsfähige Leistungen 26 409
- Zeitliche Voraussetzungen 26 412
- **Personenschäden (Regress Rentenversicherungsträger/Beitragszahlung) 26 421 ff.**
- Forderungsübergang 26 426 ff.
- Lohnersatzleistungen 26 422
- Rentner-Krankenversicherung 26 421
- Tod 26 423
- **Personenschäden (Schadenminderungspflicht/ Vorteilsausgleich) 27 52 ff.**

- **Personenschäden (Schadens-/Casemanagement/ Rehabilitation b. Schwerverletzten) 26 436 ff.**
- Bereiche/Arten 26 442
- Berufliches ~ 26 451
- Case-/Personenschadensmanagement 26 437
- Medizinisch/Soziales ~ 26 445
- Pflege-/Betreuungsmanagement 26 447
- Selbständige Reha-Dienste 26 439
- Technik-Management 26 452
- **Personenschäden (Schmerzensgeldanspruch) 26 279 ff.**
- Ausländischer Wohnsitz 26 325
- Bagatellverletzungen 26 306
- Beeinträchtigung d. geistigen Persönlichkeit 26 314
- Bemessung (Checkliste) 26 284
- Bemessung d. Höhe 26 285 ff.
- Bemessungsfaktoren-/Zeitpunktbemessung 26 327
- Besonderheiten 26 283
- Erbrecht 26 361
- ~ aus Gefährdungshaftung 26 281
- Gesetzliche Regelung 26 279
- Kurze Überlebenszeit 26 318
- Maß d. Lebensbeeinträchtigung 26 292
- Maß d. Verschuldens 26 299
- Mögliches Teilschmerzengeld 26 329
- Neurosen 26 323
- Primärverletzung 26 289
- Psychische Auswirkungen 26 296
- Psychischer Schaden 26 315
- Schockschaden 26 309
- Schwere Verletzungen 26 308
- Tod d. Leibesfrucht 26 324
- Verbleibender Dauerschaden 26 293
- Verzögerliches Regulierungsverhalten 26 302
- Wirtschaftliche Verhältnisse 26 301
- Zerbrechen d. Familie/Partnerprobleme 26 294
- Zugewinnausgleich 26 362
- **Personenschäden (Schmerzensgeldanspruch/ Höhe) 26 331 ff.**
- Kapitalbetrag 26 349
- Konkretisierung d. Schmerzempfindung 26 331
- Mitverschulden 26 345
- Schmerzensgeldtabellen 26 338
- Tendenzen bei ~ 26 343
- Vergleichsentscheidungen 26 341
- Vorteilsausgleich 26 348
- **Personenschäden (Schmerzensgeldanspruch/ Prozess) 26 365 ff.**
- Anspruch als Kapital/Rente 26 371
- Besteuerung 26 389
- Einheitlicher Anspruch 26 367
- Entscheidung d. Grundurteil 26 374
- Parteien 26 369
- Prozesskostenhilfe 26 384
- Rechtskraft 26 379
- Rechtsmittelinstanz 26 375
- Rentenabänderung 26 382
- Zinsanspruch 26 377, 386 ff.

1317

Sachverzeichnis

fette Zahlen = Paragrafen

Personenschäden (Schmerzensgeldanspruch/ Rente) **26** 350 ff.
- Anspruchsvoraussetzungen **26** 351
- Entscheidung f.~ o. Kapital **26** 358
- Rentenhöhe **26** 354
- Steuerrechtliche Aspekte **26** 360

Personenschäden (Schmerzensgeldanspruch/ Verjährung) **26** 390 ff.
- Besonderheiten d. ~ Frist **26** 391 ff.
- Gesetzliche Regelung **26** 390
- Hemmung **26** 394 ff.
- Vertragliche Fristverlängerung **26** 392

Personenschäden (Schwerst-/Personengroßschäden) **26** 1 ff.
- Anspruchsanmeldung **26** 17
- Anspruchsgeltendmachung a. Unfallversicherung/Sonstigen Versicherungen **26** 24
- Anwaltliche berufliche Zusammenarbeit **26** 12
- Beeinträchtigung d. sozialen Situation **26** 9
- Belehrungspflichten d. Anwalts **26** 11
- Beweisfragen **26** 30
- Geforderte Kompetenz **26** 10
- Mitwirkungspflichten d. Geschädigten **26** 11
- Personengroßschäden **26** 3
- Personengroßschäden (Checkliste) **26** 15
- Personenschäden **26** 27
- Rechtliche Wirkung **26** 19
- Schadenpositionen (Übersicht) **26** 32
- Schwerste körperliche Verletzungen **26** 8
- Statistiken **26** 4
- Unfall m. Auslandsberührung **26** 23
- Unfallschadensregulierung **26** 1

Personenschäden (Steuerfragen) **27** 58
- Forderungsübergang **27** 61

Personenschäden (Umbaukosten behindertengerechtes Fahrzeug) **26** 96 ff.
- Anspruch **26** 96
- Anspruch a. behindertengerechtes Fahrzeug **26** 100
- Sonstige Ansprüche **26** 102

Personenschäden (Umschulung/Rehabilitation)
- Anspruch **26** 94
- Mitwirkungspflicht **26** 95

Personenschäden (Unterhaltsschaden gem. § 844 Abs. 2 BGB) **27** 15 ff.
- Anspruchsberechtigte **27** 20
- Anteile d. fixen Kosten u. Hinzurechnung **27** 48
- Aufwand Wohnung/Garten/Haustierhaltung/ Grabpflege (Checkliste) **27** 41 ff.
- Berücksichtigung/Abzug d. Fixkosten **27** 38
- Besondere Aufwendungen **27** 50
- Besondere Fallgestaltungen **27** 17
- Fiktives Nettoeinkommen d. Getöteten **27** 36
- Fixe Kosten/Prozentuale Verteilung **27** 34
- Quotierung d. Einkommens nach Berechnungsschritten **27** 42
- Rechtsstellung nichtehelicher Lebenspartner **27** 19
- Unterhaltsanspruch (Fallgestaltungen) **27** 24
- Unterhaltsanspruchumfang **27** 30
- Unterhaltsberechtigte **27** 23

Personenschäden (Verhandlung/Kapitalisierung/ Abfindungsvergleich **26** 429 ff.
- Abfindungsvergleich **26** 434
- Außergerichtliche Einigung **26** 429
- Kapitalisierung **26** 435
- Teilregulierung **26** 431

Personenschäden (Vermehrte Bedürfnisse) **26** 57 ff.
- Übersicht **26** 60

Pflichtversicherungsgesetz (PflVG) **42** 62 f., 67

Pkw-Kauf **39** 1 ff., 40 ff.
- Agenturgeschäft **39** 22
- Außerhalb v. Geschäftsräume geschlossene Verträge **39** 40 ff.
- Begriff **39** 3
- Beweislast f. ~ **39** 18
- Doppelstatus (Dual Use) **39** 16
- Existenzgründerfälle **39** 14
- Fahrzeugkauf d. Verbraucher b. Leasingende **39** 21
- Nicht-Unternehmer **39** 20
- Nicht-Verbraucher **39** 20
- Rechtsgrundlagen **39** 1
- Unternehmenszweck **39** 4
- Unternehmerbegriff **39** 4 ff.
- Verbraucherschutzrechte **39** 25
- Verbraucher-Teilzahlungskauf **39** 49 ff.
- Verkaufender Unternehmer **39** 5

Pkw-Kauf (Ausschluss v. Sachmangelhaftungsansprüchen) **39** 199 ff.
- Individualvertragliche Klauseln **39** 200
- Klauseln i. AGB **39** 201

Pkw-Kauf (Ausschluss v. Sachmangelhaftungsansprüchen/Beweislastumkehr) **39** 203 ff.
- Verbrauchsgüterkaufkonstellation **39** 203
- Zylinderkopfentscheidung **39** 210

Pkw-Kauf (Einbeziehung von AGB) **39** 33 ff.
- Selbstbelieferungsklausel **39** 38

Pkw-Kauf (Fernabsatz) **39** 61 ff.
- Beweislast **39** 68
- Fahrzeugbörsen **39** 68
- Fernabsatzgeschäfte **39** 65
- Fernkommunikationsmittel **39** 66
- Identität d. Vertragspartners **39** 74
- Internet-Fahrzeugbörsen **39** 61
- Kontakt ohne Medienbruch **39** 68
- Missbrauchsmöglichkeiten **39** 75
- Neuabschluss „Auge in Auge" **39** 73
- Onlineshop **39** 68
- Organisatorische Voraussetzungen **39** 68
- Passwort **39** 74
- Regressgefahr **39** 69
- Schutzrechte gem. § 312g Abs. 1 BGB **39** 69
- Sofortkaufoption **39** 68
- Unternehmer/Verbraucher **39** 66
- Virtuelle Marktplätze **39** 62
- Zeitungsannonce **39** 68

Pkw-Kauf (Garantie) **39** 270 ff.
- Ausschluss ~ **39** 279
- Eingriffe Dritter **39** 275
- Haltbarkeitsversprechen **39** 278
- Kundenbindung **39** 280

magere Zahlen = Randnummern

Sachverzeichnis

- Markenkettenloyalität 39 281
- Neuwagen 39 274
- Unterrichtungsklausel 39 277

Pkw-Kauf (Garantie/Gebrauchtwagen) 39 284 ff.
- Abwicklungsgesellschaft 39 285
- Baugruppengarantie 39 288
- Eigengarantie 39 284
- Garantieversicherung 39 286
- Neu-für-Alt-Abzug 39 288
- Obliegenheitsverletzung 39 291
- Passivlegitimation 39 285
- Reparaturkostenversicherung 39 287

Pkw-Kauf (Gebrauchtwagenkauf) 39 134 ff.
- Abwesenheit definierter Verschleißzustände 39 179
- Angaben z. Kilometerstand 39 192
- Angaben z. Laufleistung 39 192
- Anzahl d. Vorbesitzer 39 161
- Aufklärungspflichten 39 142
- Ausstattungsmerkmal 39 165
- Bagatellbeschädigung 39 152
- Bagatellisierung 39 156
- Bastlerfahrzeug 39 185, 189
- Begriff 39 134
- Behördenfahrzeuge 39 146
- Beschreibung d. Kaufgegenstandes 39 185
- Defekt 39 170
- Ersatzteilspender 39 185
- EU-Importfahrzeug 39 149
- Exoten 39 182
- Fahrschulwagen 39 147
- Fahrzeuge a. Vertragsrücktritt 39 150
- Fahrzeugzustand 39 167
- Fehler a. d. Verkaufsschild 39 165
- Fehler i. d. Annonce 39 165
- Funktionsstörungen 39 164
- Geringfügige Äußere Schäden 39 153
- Hauptuntersuchung 39 189
- Inspektionen 39 179
- Jahreswagen 39 137
- Jungfahrzeuge 39 144
- Konstruktionsbedingte Schwäche 39 181
- Konstruktive Schwäche 39 182
- Kurzstreckenverkehr 39 148
- Marktsegment 39 145
- Mietwagen 39 143
- Nutzungsgrad 39 168
- Plakative Negativbeschreibungen 39 185
- Plakative Positivbeschreibungen 39 192
- Sachmangel 39 164
- Scheckheftgepflegt 39 192
- Serienfehler 39 182
- Stand d. Technik 39 184
- Strategischer Absatzkanal 39 143
- Streifenwagen 39 146
- Tageszulassung 39 163
- Taxi 39 148
- Technische Mangelhaftigkeit 39 170
- Unfallfreiheit 39 152
- Unfallwagen 39 191
- Unfallwageneigenschaft 39 151
- Unzulässige Umgehung 39 185
- Vergleichsmenge 39 144
- Vermarktungsstandzeit 39 140
- Verschleiß 39 164, 168
- Vertraglich vorausgesetzte Verwendung 39 166
- Werksangehörige 39 137
- Widersprüchliche Angaben 39 188

Pkw-Kauf (Inzahlungnahme) 39 79 ff.

Pkw-Kauf (Inzahlungnahme/Doppelkauf m. Verrechnungsabrede) 39 83 ff.
- Ankaufschein 39 83
- Anreizprämie 39 85
- Getrennte Kaufverträge 39 86
- Rücktritt 39 84
- Typengemischter Kauf-Tausch-Vertrag 39 83

Pkw-Kauf (Inzahlungnahme/Kaufvertrag m. Ersetzungsbefugnis) 39 80 f.
- Rücktritt 39 81
- Zahlungsvereinbarung 39 80

Pkw-Kauf (Nichtabnahme d. KfZ d. Käufer) 39 87 ff.
- Aufwendungen 39 91
- Beweislast 39 90
- Bonuserzielung 39 92
- Einkaufspreis 39 91
- Gemeinkosten 39 91
- Pauschalierungsklausel 39 87
- Rechtsverfolgungskosten 39 89
- Verkaufspreis 39 91

Pkw-Kauf (Sachmangel) 39 93 ff.

Pkw-Kauf (Sachmangelhaftungsansprüche) 39 217 ff.
- Arglistige Täuschung 39 239
- Berechnungsmodell Nutzungsvergütung 39 254
- Bestimmungsmäßiger Gebrauch 39 251
- Ersatzlieferung 39 213
- Gestiegene Dauerhaltbarkeit 39 256
- Habenzinsen 39 252
- Inspektionsintervalle 39 256
- Minderung 39 244
- Nachbesserung 39 221 ff.
- Nacherfüllungsort 39 241
- Nicht zu beseitigende Mängel 39 238
- Notwendige Verwendungen 39 251
- Nutzungsvergütung f. nach Kauf montiertes Zubehör 39 262 ff.
- Nutzungsvergütung nach Rücktritt 39 253
- Rückabwicklung 39 251
- Rücktritt 39 246
- Schnäppchencharakter 39 245
- Sollzinsen 39 252
- Überführungskosten 39 266
- Unfallschäden 39 251
- Verweigerung d. Nachbesserung 39 238
- Verzug b. Nachbesserung 39 237
- Welpenentscheidung 39 234
- Wertersatz 39 251
- Zulassungskosten 39 266

Pkw-Kauf (Sachmangelhaftungsansprüche u. Schadensersatzanspruch) 39 267 ff.
- Ausfallschaden 39 269
- Kaufpreisfinanzierungskosten 39 269
- Niederlassungen 39 268

1319

Sachverzeichnis

fette Zahlen = Paragrafen

- Verkäuferverschulden **39** 268
- Vertragskosten **39** 269
- **Pkw-Kauf (Sachmangel/Neufahrzeug) 39** 94 ff.
- Abgrenzung fabrikneu/neu **39** 94
- Andeuten eines Makels **39** 107
- Anspruchsgegner **39** 132
- Ausstattungsstandard **39** 130
- Beschädigungen **39** 99
- Beschleunigungsverhalten **39** 116
- Emissionen **39** 118, 124
- EU-Fahrzeug **39** 130
- Fabrikneuheit **39** 106
- Fertigungsbedingte Streubreite **39** 120
- Garantieverkürzung **39** 131
- Informationsklausel **39** 128
- Kompromiss **39** 111
- Kraftstoffverbrauch **39** 118
- Kurzstreckenbetrieb **39** 113
- Lagerdauer **39** 97
- Lagerwagen **39** 107
- Low-Budget-Auto **39** 108
- Messgenauigkeit **39** 120
- Mindeststandard **39** 109
- Modellaktualität **39** 96
- Normalbenzin **39** 123
- Normverbrauch i. standardisierten Musterverfahren **39** 118
- Premiumsegment **39** 108
- Qualitätssichernde Stichprobe **39** 94
- Rußpartikelfilter **39** 113
- Sachmängel wg. Funktionsstörungen **39** 125
- Schadstoffklasse **39** 124
- Spreizung v. Fahrzeugsegmenten **39** 108
- Stand d. Technik **39** 108
- Standschäden **39** 97
- Superbenzin **39** 123
- Tages-/Kurzzeitzulassungen **39** 102
- Überführungsfahrt **39** 94
- Ungeklärte Fahrtstrecke **39** 94
- Verkürzte Garantie **39** 103
- Vorliegen mehrerer Merkmale **39** 105
- Zusammenspiel v. Sachmangelhaftung u. Garantie **39** 127
- **Pkw-Kauf (Statustäuschung) 39** 11 ff.
- ~ i. Rechtsverkehr **39** 11
- Power Seller **39** 13
- Venire contra factum proprium **39** 12
- **Pkw-Kauf (Umgehungsgeschäft) 39** 7 ff.
- Mangelnde Disponibilität v. Verbraucher-/Unternehmensstatus **39** 10
- Passivlegitimation **39** 7
- Sachmängelhaftungsausschluss **39** 8
- **Pkw-Kauf (Verbundener Vertrag a. Kauf/Darlehen) 39** 55 ff.
- Regressgefahr **39** 60
- Widerrufsbelehrungserfordernis **39** 56
- Widerrufsverzicht **39** 58
- **Pkw-Kauf (Vertragsschluss) 39** 26 ff.
- Verbindliche Bestellung **39** 26
- **Pkw-Leasing 40** 1 ff., 7 ff.
- Fahrzeugerwerb nach Leasingende **40** 23
- Finanzierungsfunktion **40** 1
- Inzahlunggabe d. Fahrzeugs **40** 11
- Liquiditätsschonung **40** 1
- Sachmangelhaftungsausschluss **40** 8 ff.
- Vertragsnatur **40** 1
- Widerrufsrecht **40** 7
- Widerrufsrechtbelehrung **40** 7
- **Pkw-Leasing (Dreiecksverhältnis) 40** 5 ff.
- Buy-back-Vereinbarung **40** 5
- Sale and Lease Back **40** 6
- **Pkw-Leasing (Fahrzeugdiebstahl während Laufzeit) 40** 25
- Restvertragswert **40** 25
- Sicherungsschein **40** 25
- Überzahlung **40** 25
- **Pkw-Leasing (Kilometerleasing) 40** 2
- Andienungsrecht **40** 3
- Entwertung **40** 3
- Fahrzeugverwertung **40** 3
- Flottengeschäft **40** 4
- Full-Service-Leasing **40** 4
- Kalkulierter Restwert **40** 3
- Kilometerkontingent **40** 2
- Leasingerlass **40** 3
- Mehr-/Minderkilometer **40** 2
- Nutzungskosten **40** 4
- Restwertleasing **40** 3
- Vollamortisation **40** 3
- **Pkw-Leasing (Kilometervertragsabrechnung) 40** 46 ff.
- Abgrenzung angemessener Verschleiß/Normaler Gebrauch **40** 49
- Inspektion **40** 51
- Mehr-/Minderkilometer **40** 46
- Spuren d. üblichen Gebrauchs **40** 49
- Vereinbarter Vertragszweck **40** 48
- Vertragsgemäßer Zustand **40** 47
- Wertdifferenz **40** 51
- Wiederherstellung d. Betriebs-/Verkehrssicherheit **40** 51
- **Pkw-Leasing (Planmäßige Vertragsbeendigung) 40** 38 ff.
- Vertragsgemäßer Zustand **40** 38
- **Pkw-Leasing (Planmäßige Vertragsbeendigung/Fahrzeugverwertung) 40** 42 ff.
- Angemessene Frist **40** 42
- Bestmögliche ~ **40** 42
- Händlereinkaufspreis **40** 43
- Händlerverkaufspreis **40** 43
- **Pkw-Leasing (Planmäßige Vertragsbeendigung/Restwertvertragsabrechnung) 40** 40 ff.
- Mehrerlös **40** 40
- Mindererlös **40** 40
- **Pkw-Leasing (Sachmangelhaftungsansprüche) 40** 14 ff.
- ~ aus abgetretenem Recht **40** 16
- Abwicklung **40** 15
- Ersatzlieferung **40** 18
- Informationspflicht **40** 17
- Minderung **40** 21
- Rücktritt **40** 20
- Voraussetzungen **40** 14
- Zulassungsbescheinigung Teil II **40** 18

Sachverzeichnis

magere Zahlen = Randnummern

Pkw-Leasing (Unfall m. Totalschaden) 40 28 ff.
– Amortisationsanspruch 40 30
– Gap-Versicherung 40 29
– Haftpflichtschäden 40 28
– Kaskoschäden 40 28
– Nicht abdingbares Kündigungsrecht 40 28
– Totalschaden 40 28
Pkw-Leasing (Unplanmäßige Vertragsbeendigung) 40 32 ff.
– Anrechnung v. Verwaltungskosten 40 34
– Berechnungsmodelle/Formeln 40 34
– Ersatz d. Amortisationsschadens 40 34
– Fahrzeugherausgabe 40 33
– Reparaturen 40 37
– Vertragswidriger Gebrauch 40 32
– Zahlungsrückstand 40 32
Pkw-Leasing (Verjährung) 40 53 ff.
– Anspruch wg. Aufwendungen 40 53
– Anspruch wg. Objektverschlechterung 40 53
– Ansprüche a. Rückabwicklungsverhältnisse 40 55
– ~ d. Erfüllungsansprüche 40 54
– Sachmangelhaftung gg. d. Lieferanten 40 55
Pkw-Reparatur 41 1 ff.
– Außerhalb v. Geschäftsräume geschlossene Verträge 41 1
– Fernabsatz 41 8
Pkw-Reparatur (Abgrenzung z. Kauf m. Montageverpflichtung) 41 16 ff.
– Behelfs-/Billigreparatur 41 18
– Beweisebene 41 19
– Gebrauchte Ersatzteile 41 18
– Kauf m. Montageverpflichtung 41 20
– Mangel 41 21
– Montagemangel 41 22
– Nachträgliche Auftragserweiterung 41 19
– Parteiwille 41 20
– Reparatur m. verdeckter Fehlerursache 41 17
– Vertragsgestaltung 41 20
– Wertvergleich 41 20
Pkw-Reparatur (Auftraggeberpflichten) 41 53 ff.
– Abnahme als Fälligkeitsvoraussetzung 41 53
– Abnahmeverzug 41 54
– Barzahlung b. Abholung 41 55
– Rechnung 41 56
– Zeit-/Fahrstreckenkarenz 41 53
Pkw-Reparatur (Auftragnehmerpflichten) 41 44 ff.
– Absolutes Fixgeschäft 41 48
– Auftragsnehmerrücktritt 41 46
– Beratungspflicht 41 49
– Ersatzfahrzeuge 41 45
– Ersatzteilrückstände 41 45
– Karenzzeit 41 45
– Mangelfreie Reparatur 41 44
– Maßnahmeempfehlung 41 49
– Nebenpflichten 41 49
– Obhuts-/Verwahrungspflicht 41 50
– Rückrufaktion 41 49
– Schadensersatz 41 47
– Steckender Schlüssel 41 50
– Teilleistung 41 46

– Üblicher Sicherheitsstandard 41 50
– Versicherungsrechtliche Fragen 41 49
– Zahnriemenwechsel 41 49
Pkw-Reparatur (Einbeziehung v. AGB) 41 23 ff.
– Allgemeine Reparaturbedingungen 41 23
– Einbeziehung 41 23
– Rahmenvereinbarungen 41 25
– Schlüssiges Handeln 41 25
Pkw-Reparatur (Finanzierte Reparatur) 41 26 ff.
– Banken 41 28
– Bearbeitungspauschalen 41 27
– Entgeltliche Zahlungserleichterung 41 27
– Kredit 41 26
– Verbraucherschutzrechte 41 26
– Verbraucher-Teilzahlungsgeschäft 41 27
– Verbundener Vertrag 41 29
– Widerrufsbelehrung 41 28
– Widerrufsrecht 41 27 f.
– Zinsen 41 27
Pkw-Reparatur (Gerichtsstand) 41 78
– ~ f. Ansprüche gg. d. Kunden 41 78
– Gerichtsstandvereinbarung 41 79
Pkw-Reparatur (Kostenvoranschlag) 41 32 ff.
– Aufrechnungslage 41 36
– Beweislast 41 32
– Branchenüblichkeit 41 32
– Fiktive Abrechnung 41 32
– ~ als Geschäftsgrundlage 41 34
– Kostenfreie Erstellung 41 32
– Schadensersatzansprüche 41 36
– Unverbindliche Berechnung 41 34
– Verbindlichkeit 41 37
– Wesentliche Überschreitung 41 34 f.
– Zurückbehaltungsrecht a. ~ 41 33
– Zurückbehaltungsrecht am Fahrzeug 41 33
Pkw-Reparatur (Sachmangelhaftung/Ohne-Rechnung-Abrede) 41 71 ff.
– Grundsätze v. Treu u. Glauben 41 73
– Ohne-Rechnung-Abrede 41 72
– Steuerhinterziehung als Hauptzweck 41 73
Pkw-Reparatur (Sachmangelhaftungsansprüche) 41 65 ff.
– ~ b. Reparaturarbeiten 41 66
– ~ b. Umbau-/Tuningarbeiten 41 66
– ~ b. Wartungs-/Inspektionsarbeiten 41 66
– Nacherfüllung 41 68
– Schadensersatz 41 70
– Selbstvornahme 41 68
– Vertragsrücktritt 41 69
– Vorschuss 41 68
– Wahlrecht Nachbesserung/Neuherstellung 41 68
– Weiterfresserschaden 41 70
– Werklohnminderung 41 69
Pkw-Reparatur (Sachmangelhaftungsausschluss) 41 39 ff.
– Formularmäßige Einschränkung 41 40
– Formularmäßiger Ausschluss 41 40
– Gebrauchteile 41 43
– Verbraucherschutzrechte 41 39
Pkw-Reparatur (Verjährung) 41 77
– Arglistiges Verschweigen 41 77

Sachverzeichnis

fette Zahlen = Paragrafen

- ~ d. Auftragsnehmerzahlungsansprüche **41** 77
- Sachmangelhaftungsansprüche **41** 77

Pkw-Reparatur (Werkunternehmerpfandrecht/ Zurückbehaltungsrecht) 41 58 ff.
- Fahrzeugverwertung **41** 63
- Freihändiger Verkauf d. Gerichtsvollzieher **41** 63
- Gesetzliches Werkunternehmerpfandrecht **41** 59
- Gutgläubiger Pfandrechtserwerb **41** 62
- Marktpreis **41** 63
- Notwendige Verwendung **41** 64
- Versteigerung **41** 63
- Vertragliches Pfandrecht **41** 62

Polizeiliche Ermittlungen
- Angaben z. Person **3** 45
- Eintragungen i. Bundeszentralregister/ Fahreignungsregister **3** 49
- Erkennungsdienstliche Maßnahmen **3** 48
- Identitätsfeststellung **3** 47
- Ladung b. Staatsanwaltschaft **3** 44
- Vorladung z. Polizei **3** 44

Radarmessverfahren 13 31 ff.
- Bedienungsfehler **13** 35
- Einseitensensorenmessverfahren **13** 60
- Feststellung d. Geschwindigkeit aufgrund Fahrtenschreiber **13** 86
- Funkstopp-Messverfahren **13** 71
- Geometrische Fehler **13** 31
- Geschwindigkeitsermittlung d. Nachfahren **13** 73
- Geschwindigkeitsmessung d. Verkehrsüberwachung ProViDa **13** 79
- Geschwindigkeitsmessung v. Brücke **13** 85
- Kamerafehler **13** 37
- Knickstrahlreflexionen **13** 34
- Koaxialkabelmessverfahren **13** 64
- Laser-Geschwindigkeitsmesssysteme **13** 41 ff.
- Lichtschranken-Messverfahren **13** 51
- MULTANOVA VR 6F **13** 38
- Notwendige richterliche Feststellung **13** 89
- Reflexions-Fehlmessungen **13** 32
- Richtlinien d. Bundesländer **13** 91
- Rotationsfehlmessungen **13** 33
- Spiegel-Messverfahren **13** 69
- TRAFFIPAX-SPEEDOPHOT **13** 40
- Übertragungsfehler **13** 36

Rauschmittel (Drogen/Medikamente u. a.) 13 226 ff.
- Fahreignung **13** 233
- Feststellung **13** 226
- Medikamenteneinnahme **13** 234
- Teilnahme a. Straßenverkehr unter ~einfluss **13** 230

Rechtsschutzversicherung (Prozesskostenfinanzierung) 32 86 ff.
- Anbahnung **32** 93
- Begriff **32** 86
- Belehrungspflicht **32** 89
- Finanziererposition **32** 95
- Hinweispflicht **32** 89
- Nutzen **32** 100
- Prozessübernahme d. Finanzierer **32** 94

Rechtsschutzversicherung (Prozesskostenfinanzierung/Kosten/Gebühren) 32 97 ff.
- Ablehnung **32** 99
- Anbahnung **32** 97
- Prozessannahme **32** 98

Rechtsschutzversicherung (Verkehrszivilrecht) 32 1 ff.
- Abrategebühr **32** 49
- Ausschluss f. Schadensersatzanspruchsabwehr **32** 3
- Fahrer-Rechtsschutz **32** 10
- Fahrzeugrechtsschutz **32** 8
- Gebührendifferenz b. Teilregulierung **32** 51
- Hebegebühr **32** 47
- Nebenverfahren **32** 48
- Notwendige Angaben i. Schadensersatzrechtsschutzfall **32** 15
- Rechtsschutz-Schadens-Service-Gesellschaft **32** 62
- Schadensersatzrechtsschutz i. ARB **32** 2
- Tötung/Verletzung **32** 11
- Versicherte Personen **32** 6

Rechtsschutzversicherung (Verkehrszivilrecht/ Auswirkung 4. KH-Richtlinie b. Abwicklung Auslandsschaden) 32 73 ff.
- ARB 75 **32** 75
- ARB (2009)(94) **32** 74
- 5. KH-Richtlinie **32** 82
- Neuerungen nach 4. KH-Richtlinie **32** 77

Rechtsschutzversicherung (Verkehrszivilrecht/ Auswirkung 4./5. KH-Richtlinie b. Rechtsschutzfall i. Ausland) 32 63 ff.
- Bedingungslage Auslandsschaden **32** 72
- Inhalt **32** 63
- Regelungen i. ARB **32** 64
- Ziel **32** 63

Rechtsschutzversicherung (Verkehrszivilrecht/ Deckungszusage) 32 18 ff.
- Einholungstätigkeit **32** 18
- Korrespondenz **32** 22
- Meldung Schadensvorgang **32** 23
- Weiterung i. Schadensfall **32** 24

Rechtsschutzversicherung (Verkehrszivilrecht/ Differenzen über Versicherungsschutz) 32 55 ff.
- Gem. ARB (75) **32** 55
- Gem. ARB (95) **32** 56
- Gem. ARB (2000/2010) **32** 60

Rechtsschutzversicherung (Verkehrszivilrecht/ Schadensersatz/Außergerichtliche Geltendmachung) 32 25 ff.
- Auslandsunfall **32** 28
- Interessenwahrnehmung i. größerer Wohnsitzentfernung **32** 27
- Leistungsumfang **32** 25
- Versicherungsumfang **32** 35

Rechtsschutzversicherung (Verkehrszivilrecht/ Schadensersatz/Gebühren b. Pflegerbestellung) 32 40

magere Zahlen = Randnummern

Sachverzeichnis

Rechtsschutzversicherung (Verkehrszivilrecht/ Schadensersatz/Gerichtl. Beweisverfahren) 32 38
Rechtsschutzversicherung (Verkehrszivilrecht/ Schadensersatz/Prozessverfahren) 32 42
Resorptionsphase 13 205 ff.
Rotlichtüberwachungsanlagen 13 118 ff.
– Ahndung v. Rotlichtverstoß 13 118
– Feststellung d. Beobachtung 13 137
– Qualifizierter Rotlichtverstoß 13 138
– Rotlichtüberwachungsanlagen 13 120
– Tatrichterliche Feststellungen 13 139

Sachschaden 24 1 ff.
– Übersicht Schadenspositionen 24 12
Sachschaden (Ersatzanspruch) 24 1
– ~ a. Bäumen und Gehölzen 24 177
– ~ a. Gegenständen i. Fahrzeug 24 176
– Haftungsbegrenzung 24 6
– Kausalität 24 10 f.
– Rückstufungsschaden 24 180
– Sachfolgeschäden 24 5
– Schadensersatzanspruch 24 3
– Schadensersatzbegriff 24 2
– Sonstige Positionen 24 179
– Vermögensschäden 24 9
Sachschaden (Ersatzanspruch/Fahrzeugschaden) 24 13 ff.
– 130%-Grenze 24 31 ff.
– Abschleppkosten 24 195
– Abzug „neu für alt" 24 28
– An-/Ab-/Ummeldekosten 24 195
– Bergungs-/Abschlepp-/Überführungskosten 24 106
– BGH-Rechtsprechung 24 95
– Detektivkosten 24 195
– Eigenbewertung d. Geschädigten 24 90
– Eigenreparatur 24 56
– Entsorgungskosten 24 94
– Fahrtkosten 24 195
– Fiktive Reparaturkosten 24 47 ff.
– Finanzierungskosten/Zinsen 24 196
– Konkrete Reparaturkosten 24 15 ff.
– Kostenvoranschlagskosten 24 195
– Kreditkosten 24 195
– Leasinggebühren 24 195
– Neuwertersatz b. Kleidung 24 81
– Rabattverlust 24 195
– Rechtsverfolgungskosten 24 195
– Reparatur mit Gebrauchtteilen 24 29
– Reparaturbescheinigungen 24 195
– Restwert 24 82 ff.
– Schadensfreiheitsrabatt 24 195
– Standkosten 24 195
– Stundenhöhe 24 30
– Überprüfungspauschale 24 195
– Verbringungskosten 24 195
– Wertminderung 24 96
– Zeitaufwand 24 195
– Zeitungsanzeigen 24 195
– Zeitwertgerechte Reparaturen 24 91

Sachschaden (Ersatzanspruch/Fahrzeugschaden/ Anmietung z. Unfallersatztarif) 24 148 ff.
– Aufklärungspflicht d. Vermieters 24 151
– Erforderlichkeit 24 149
– Erkundungspflicht 24 150
– Höhe d. Mietwagenkosten 24 152
– Mietwagenpreisermittlung nach Tabellenwerken 24 156
– Notwendige Darlegung 24 153
– Vertragswirksamkeit 24 154
– Wettbewerbswidriger Hinweis d. Versicherung 24 155
Sachschaden (Ersatzanspruch/Fahrzeugschaden/ Mehrwertsteuer) 24 197 ff.
– Ersatzteilkauf 24 201
– Fahrzeugreparatur 24 199
– Fiktive Abrechnung a. Gutachtenbasis 24 200
– Gebrauchtwagenkauf v. Privat 24 205
– Kauf bei Händler 24 202
Sachschaden (Ersatzanspruch/Fahrzeugschaden/ Mietwagenkosten) 24 128 ff.
– Anmietungsanspruch 24 128
– Anmietungserforderlichkeit 24 132
– Ersparte Eigenkosten 24 145
– Mietwagendauer 24 142
– Mietwagenkostenersatzanspruch 24 131
– Schadensminderungspflicht 24 135
– Versicherungsschutz 24 146
Sachschaden (Ersatzanspruch/Fahrzeugschaden/ Neuwagenersatz) 24 71 ff., 202 ff.
– Anspruchsersatz 24 71
– Leasingfahrzeuge 24 74 ff.
Sachschaden (Ersatzanspruch/Fahrzeugschaden/ Nutzungsausfallentschädigung) 24 157 ff.
– Anspruchsvoraussetzungen 24 164
– Entschädigungshöhe 24 168
– ~ für gewerbliche Fahrzeuge 24 172
– Nutzungsausfallvoraussetzungen 24 157
Sachschaden (Ersatzanspruch/Fahrzeugschaden/ Schadensermittlungskosten) 24 108 ff.
– Anspruchsvoraussetzungen 24 108
– Höhe d. Sachverständigenkosten 24 112
– Kostenvoranschlagskosten 24 125
– Mangelhafte Gutachten 24 120
– Rechercheumfang b. Restwertermittlung 24 127
Sachschaden (Ersatzanspruch/Fahrzeugschaden/ Totalschaden)
– 130%-Grenze 24 67
– Echter ~ 24 59
– Restwert 24 68
Sachschaden (Ersatzanspruch/Fahrzeugschaden/ Vorhaltekosten) 24 172 ff.
– Begriff 24 174
– ~ für gewerbliche Fahrzeuge 24 172
Sachschaden (Ersatzanspruch/Leasingfahrzeuge) 24 213 ff., 221 ff.
– Abrechnung n. Differenztheorie/Quotenvorrecht 24 226
– Abwicklung Teilschaden 24 211
– Abwicklung Totalschaden 24 212
– Ansprüche a. Kaskoversicherung 24 224

Sachverzeichnis

fette Zahlen = Paragrafen

- Anspruchsgeltendmachung **24** 227
- Besonderheiten b. Unfall m. Leasing-KfZ **24** 231
- Gefahrgeneigte Arbeit **24** 234
- Haftungsschaden **24** 219
- ~ auf Mietwagen **24** 221
- ~ auf Nutzungsausfall **24** 221
- Rechtsverfolgungskosten **24** 222
- Teilschaden **24** 213
- Teil/Totalschaden (Übersicht) **24** 209
- Totalschaden **24** 214
- Wertminderung **24** 210, 220

Sachschaden (Ersatzanspruch/Quotenvorrecht) 24 238 ff.
- Abrechnung nach ~ i. d. Praxis **24** 242
- Abrechnungsbeispiele **24** 250
- Auswirkungen d. ~ **24** 248
- Differenzierte Haftung f. Front-/Heckschaden **24** 252
- Grundgedanke d. ~ **24** 240
- Quotenbevorrechtigte Schadenspositionen **24** 243

Sachschaden (Ersatzanspruch/Rechtsanwaltsgebühren) 24 186 ff.
- Ausländischer Rechtsanwalt **24** 192
- Einholung v. vormundschaftsgerichtlicher Genehmigung **24** 191
- Kosten f. Aktenversendung **24** 194

Sachschaden (Fahrzeugschaden/Totalschaden)
- Anspruchsvoraussetzungen **24** 57

Schadensminderungspflicht 28 1 ff.
- Fahrzeugschaden/Verfügung über Restwert **28** 13
- Kaskoversicherung **28** 11
- Sachverständigenauftrag **28** 18
- Vertretender Rechtsanwalt **28** 9

Schadensminderungspflicht (Anzurechnende Leistungen) 28 60 ff.
- Ererbtes Vermögen **28** 62
- Ersparte Aufwendungen **28** 60
- Nicht anzurechnende Leistungen **28** 61, 63

Schadensminderungspflicht (Personenschaden) 28 25 ff.
- Aufwendungsersatz **28** 46
- Ersatzanspruch f. d. Haushaltsführung **28** 42
- Erwerbsschaden **28** 32 ff.
- Heilbehandlung **28** 25
- Heilbehandlungskosten **28** 28
- Mitverschulden **28** 44
- Rehabilitationsmaßnahmen **28** 41
- Rentenantrag **28** 31
- Umschulung/Berufswechsel **28** 38
- Unterhaltsanspruch **28** 43

Schadensminderungspflicht (Sachschaden) 28 54 ff.
- Ersparte Eigenkosten **28** 55
- Fahrzeugschaden **28** 54
- Mietwagenkosten **28** 55

Schadensminderungspflicht (Vorteilsausgleich) 28 47 ff.
- Schadensmindernde Vorteile **28** 53

Schadensminderungspflicht (Vorteilsausgleich/Ansprüche aus Körperverletzung) 28 56 ff.
- Mögliche Leistungsanrechnung **28** 56
- Überobligatorische Leistungen **28** 59

Sozialversicherungsträger (SVT) (Beitragsregress § 119 SGB X) 30 60 ff.
- Einzelfragen **30** 62
- Gesetzliche Grundlage **30** 60

Sozialversicherungsträger (SVT) (Dienstherrnregress) 30 57 ff.
- Quotenvorrecht d. Beamten **30** 59
- Rechtsgrundlagen **30** 57
- Übergangsfähige Ansprüche **30** 58

Sozialversicherungsträger (SVT) (Forderungsübergang b. Entgeltfortzahlung d. Arbeitgeber) 30 65 ff.
- Forderungsübergang **30** 66
- Gebührenerstattungsanspruch (Geltendmachung/Muster) **30** 71
- Gesetzliche Grundlage **30** 65
- Prozessuales (Beweislast) **30** 72
- Rechtsverfolgungskosten **30** 70

Sozialversicherungsträger (SVT) (Pflegekassenregress) 30 37 ff.
- Gesetzliche Grundlage **30** 37
- Leistungen d. Pflegekasse (Übersicht) **30** 44
- Pflegekassenregress **30** 46
- Pflegestufenfeststellung **30** 45
- Versicherungspflicht **30** 40 ff.

Sozialversicherungsträger (SVT) (Regress d. Bundesagentur f. Arbeit) 30 48 ff.
- Forderungsübergang **30** 51
- I. Betracht kommende Leistungen **30** 50

Sozialversicherungsträger (SVT) (Regress d. Bundesagentur f. Arbeit/Übergang v. Unterhaltsansprüchen) 30 52 ff.
- Forderungsübergang **30** 54
- Gesetzliche Regelung **30** 52
- Vorrang §§ 115,116 SGB X **30** 56

Sozialversicherungsträger (SVT) (Regress/Forderungsübergang) 30 9 ff.
- Angehörigenprivileg **30** 20
- Ausnahmen v. Forderungsübergang **30** 21
- Befriedigungsvorrecht d. Geschädigten **30** 22
- Einzelentscheidungen z. sachlichen Kongruenz **30** 17
- Kapitalwertberechnung **30** 35
- Kongruenztabelle **30** 16
- Leistungsanspruch ggü. SVT **30** 15
- Quotenvorrecht (§ 116 Abs. 5 SGB X) **30** 27
- Rückgriff u. Schmerzensgeld **30** 19
- Sachliche Kongruenz **30** 10
- Sozialbedürftigkeit **30** 25
- Unterschied Schadensersatz/Leistungen d. SVT (Übersicht) **30** 13 ff.
- Unzureichende Haftungshöchstsumme **30** 24
- Voraussetzungen **30** 9
- Zeitliche Kongruenz **30** 14

Sozialversicherungsträger (SVT) (Sonstige Leistungsträger/Regress) 30 1 ff.
- Allgemeine Rechtslage **30** 1
- Bundesagentur f. Arbeit **30** 7

magere Zahlen = Randnummern

Sachverzeichnis

- Geänderte Rechtslage 30 4
- Soziale Leistungsträger 30 6

Straf-/OWi-Verfahren
- Beleidigung 14 189
- Kostenregelung 14 276
- Kostentragungspflicht d. Halters 14 277
- Schriftliches Verfahren 14 273
- Unbefugter Fahrzeuggebrauch 14 187
- Urkundenfälschung 14 186
- Zwischenverfahren 14 266

Straf-/OWi-Verfahren (Ahndung v. Verkehrsverstößen) 14 210 ff.
- Beteiligung 14 219
- Bußgeldmessung 14 229
- Fahrlässigkeit 14 213
- Gesetzliche Regelungen 14 210
- Mehrere Geschwindigkeitsverstöße 14 225
- Notstand 14 217
- Täterschaft 14 219
- Vorsatz 14 213

Straf-/OWi-Verfahren (Akteneinsicht) 12 4
- Bedeutung 12 4 ff.
- Gegenstand 12 7
- Neue Wege 12 14
- Rechtsmittel b. Verweigerung 12 13
- Versendungspauschale 12 12

Straf-/OWi-Verfahren (Allgemeine Rechtsfragen) 14 19 ff.
- Actio-libera-in-causa 14 36
- Bedeutung d. Schreck-/Reaktionszeit 14 33
- Beweisrecht 14 42
- Bußgeldmessung 14 51
- Dauerstraftat 14 37
- Fahrlässigkeit b. Verkehrsverhalten 14 29
- Notwendige Kompetenz d. Rechtsanwalts 14 20
- Rechtswidrigkeit v. Verkehrsverstößen 14 25
- Schuldfähigkeit 14 28
- Schuldfähigkeit b. Alkoholgenuss 14 31
- Strafzumessung 14 44
- Straßenverkehrsrechtsentwicklung 14 24
- Tagessatzhöhe 14 44
- Tateinheit 14 37
- Tatmehrheit 14 37
- Verwarnung 14 50
- Verwarnungsgeld 14 50
- Vorsatz b. Verkehrsverhalten 14 29

Straf-/OWi-Verfahren (Bußgeldbescheid) 14 238 ff.
- Erlass 14 248
- Form 14 245
- Verfolgungsverjährung 14 252 ff.
- Verjährungsfristen (Übersichten) 14 265
- Zustellung 14 249

Straf-/OWi-Verfahren (Eigene Ermittlungen) 12 41 ff.
- Anfertigung Fotos/Skizzen 12 46
- Beauftragung eines Privatdetektivs 12 47
- Beauftragung v. Sachverständigen/Sachverständigenorganisation 12 48, 54
- Besichtigung Tat/Unfallort 12 46
- Einholung v. Auskünften 12 43

- Eintrittspflicht einer Rechtsschutzversicherung 12 53
- Informationsschreiben a. d. Rechtsschutzversicherung 12 56
- Möglichkeiten ~ 12 42
- Rechtsanwalt a. Zeuge 12 66
- Zeugenanschreiben 12 61
- Zeugenbefragung 12 57
- Zulässigkeit 12 41

Straf-/OWi-Verfahren (Fahren o. Fahrerlaubnis/Fahrverbot) 14 191 ff.
- Objektive Tatbestand 14 191
- Subjektiver Tatbestand 14 197

Straf-/OWi-Verfahren (Fahrlässige Tötung) 14 62 ff., 80 ff.
- Fahrlässigkeit 14 82
- Objektive Tatbestand 14 62
- Prozessuale Besonderheiten 14 84
- Strafmaß b. Unfall m. Todesfolge 14 78
- Strafzumessung 14 71
- Subjektiver Tatbestand 14 67
- Tatgegenstand 14 80
- ~ bei Trunkenheitsfahrten 14 65
- Versuchter Totschlag b. Zufahren a. Geschädigten 14 75

Straf-/OWi-Verfahren (Gefährlicher Eingriff i. Straßenverkehr) 14 128 ff.
- Innere Tatseite 14 133
- Tathandlung 14 128
- Vollrausch 14 134 ff.

Straf-/OWi-Verfahren (Kostenerstattungsantrag) 18 1 ff.
- Abwicklung d. Kostenangelegenheit 18 2
- Gesetzliche Grundlagen 18 3
- ~ im jugendgerichtlichen Verfahren 18 9
- Kosten d. Verurteilten 18 12
- Kostenerstattungsanspruch b. Freispruch/Ablehnung d. Eröffnung d. Hauptverfahrens 18 13
- Kostenfestsetzungsverfahren 18 4
- Kostengrundentscheidung 18 6
- Muster 18 15

Straf-/OWi-Verfahren (Musterschriftsätze)
- Aktenanforderung f. Aktenauszug 12 104
- Auftrag a. Kollegen (Terminvertretung) 12 109
- Bestellung b. Polizei 12 98 ff.
- Bestellung b. Staatsanwaltschaft/Bußgeldstelle/Gericht 12 102 ff.
- Bestellung i. Trunkenheitssachen 12 103
- Schreiben an StA/Gericht (Einstellung) 12 107
- Terminierungserklärungen 12 105
- Terminvertretung i. Untervollmacht 12 110
- Vertagung 12 106

Straf-/OWi-Verfahren (Nötigung)
- Objektiver Tatbestand 14 180
- Rechtswidrigkeit 14 185
- Subjektiver Tatbestand 14 185

Straf-/OWi-Verfahren (Ordnungswidrigkeitenrecht) 14 202 ff.
- Gesetzliche Regelungen 14 203

1325

Sachverzeichnis

fette Zahlen = Paragrafen

- Opportunitätsprinzip **14** 204
- Verteidigungsstrategien **14** 208

Straf-/OWi-Verfahren (Straßenverkehrsgefährdung) 14 107 ff.
- Fahrzeugführung i. Zustand Fahruntüchtigkeit **14** 109
- Gefährdung **14** 123
- Grob verkehrswidriges/Rücksichtsloses Handeln **14** 113
- Subjektiver Tatbestand **14** 126
- Urteilsbegründung **14** 127

Straf-/OWi-Verfahren (Trunkenheit i. Verkehr) 14 87
- Absolute Fahruntüchtigkeit **14** 94
- Fahrlässigkeit **14** 104
- Führen eines Fahrzeugs **14** 92
- Mofa-/Radfahrer **14** 102
- Relative Fahruntüchtigkeit **14** 94
- Tathandlung **14** 87
- Teilnahme **14** 101
- Verminderte Schuldfähigkeit **14** 106
- Vorsatz **14** 105

Straf-/OWi-Verfahren (Unerlaubtes Entfernen v. Unfallort) 14 139 ff.
- Feststellungsinteresse **14** 150
- Geschädigter **14** 143
- Objektiver Tatbestand **14** 141
- Personen-/Sachschaden **14** 147
- Subjektiver Tatbestand **14** 166
- Unfall i. Straßenverkehr **14** 142

Straf-/OWi-Verfahren (Verantwortung dritter Personen) 14 198 ff.
- Fahrzeughalter **14** 201
- Gastwirte/private Gastgeber **14** 199

Straf-/OWi-Verfahren (Verkehrsunfallflucht/Tätige Reue) 14 171
- Nicht bedeutender Schaden **14** 174
- Strafmilderung/Absehen v. Strafe **14** 177
- Unfall i. ruhenden Verkehr **14** 172
- Zeitliche Grenze **14** 175

Straf-/OWi-Verfahren (Verkehrsverstöße i. Ausland) 14 284 ff.
- Ahndung **14** 284
- Häufigkeit **14** 284
- Rechtsfolgen **14** 285
- Rechtshilfe **14** 287
- Vollstreckungsabkommen **14** 287

Straf-/OWi-Verfahren (Verstöße gem. § 24a StVG) 14 230 ff.
- Bemessung d. Geldbuße **14** 236
- Berauschende Mittel i. Straßenverkehr **14** 234
- Fahren unter Alkoholeinwirkung **14** 231

Straf-/OWi-Verfahren (Verteidigerbestellung/Tätigkeit) 12 1 ff.
- Bestellung **12** 1
- Bestellungsschreiben (Muster) **12** 2

Straf-/OWi-Verfahren (Verteidigervollmacht) 14 1 ff.
- Form **14** 1
- Umfang **14** 2
- Untervollmacht **14** 5
- Wirkung **14** 7

Straf-/OWi-Verfahren (Verteidigungsstrategie) 12 18 ff.
- Belehrung (Fahrerbenennung) **12** 23
- Berufsunfähigkeits-Zusatzversicherung **12** 38
- Fahren o. Fahrerlaubnis **12** 40
- Feststellung d. Verantwortlichen **12** 18 ff.
- Haftpflichtversicherung **12** 33
- Informationsschreiben a. Mandantschaft (Muster) **12** 31
- Kaskoversicherung **12** 35
- Unfallflucht **12** 39
- Unfallversicherung **12** 38
- Verantwortlicher Halter **12** 29
- Versicherungsrecht **12** 39
- Versicherungsschutz **12** 40

Straf-/OWi-Verfahren (Verteidigungsziel) 12 67
- Absehen v. Strafe (§ 60 StGB) **12** 86
- Anregung eines Strafbefehls **12** 90
- Einstellung d. Bußgeldverfahrens **12** 92
- Einstellung i. strafrechtlichen Verfahren **12** 70 ff.
- Einstellungsanregung (§ 47 Abs. OWiG/Muster) **12** 94
- Einstellungsanregung (§ 72 OWiG/Muster) **12** 96
- Erledigung d. Strafbefehl **12** 89
- Verwarnung m. Strafvorbehalt **12** 88
- Vorbereitung d. Hauptverhandlung **12** 91

Straf-/OWi-Verfahren (Zustellungsverfahren) 14 10
- Ersatzzustellung **14** 17
- Form **14** 16

Straf-/OWi-Verfahren (Adhäsionsverfahren) 19 19 ff.
- Antrag **19** 19
- Entschädigungsanspruch **19** 20
- Kosten **19** 21

Straf-/OWi-Verfahren (Angebot ü. Verfahrenseinstellung) Anhang 55

Straf-/OWi-Verfahren (Einspruch gg. Strafbefehl m. Führerscheinentzug) Anhang 50

Straf-/OWi-Verfahren (Gnadengesuch/Haftverschonungsantrag) 18 19

Straf-/OWi-Verfahren (Mandanteninformation) Anhang 1

Straf-/OWi-Verfahren (Mandantenkorrespondenz/Erledigung m. Hauptverhandlung) Anhang 15 ff.
- Einstellung OWi-Verfahren **Anhang** 15
- Einstellung Strafverfahren **Anhang** 16
- Freispruch **Anhang** 23
- Freispruch OWi-Verfahren (Fahrverbot) **Anhang** 30
- Freispruch Strafverfahren **Anhang** 25
- Freispruch Strafverfahren (Entzug Fahrerlaubnis) **Anhang** 31
- Verurteilung m. Fahrverbot OWi-Verfahren **Anhang** 26
- Verurteilung OWi-Verfahren **Anhang** 18
- Verurteilung Strafverfahren **Anhang** 19

magere Zahlen = Randnummern **Sachverzeichnis**

- Verurteilung Strafverfahren (m. Entzug Fahrerlaubnis-MPU) Anhang 28
- Verwarnung m. Strafvorbehalt **Anhang** 21

Straf-/OWi-Verfahren (Mandatsabwicklung (Musterschriftsätze)) Anhang 2 ff.
- Beschlussentscheidung **Anhang** 14
- Einspruchrücknahme **Anhang** 8
- Einspruchrücknahme (Führerscheinmaßnahmen) **Anhang** 11
- Fehlender Einspruch **Anhang** 7
- Fehlender Einspruch (Führerscheinmaßnahmen) **Anhang** 11
- Verfahrenserledigung o. Hauptverhandlung **Anhang** 2

Straf-/OWi-Verfahren (Nachricht a. Mandant ü. Anfrage a. Kraftfahrbundesamt) Anhang 53

Straf-/OWi-Verfahren (Nachricht a. Mandant ü. Kollegenbeauftragung) Anhang 64

Straf-/OWi-Verfahren (Nachricht a. Mandant ü. Rechtsmittel nach Hauptverhandlung) Anhang 66

Straf-/OWi-Verfahren (Nachricht a. Mandant ü. Terminverlegung) Anhang 62

Straf-/OWi-Verfahren (Nebenklage) 19 1 ff.
- Gesetzliche Regelung **19** 1

Straf-/OWi-Verfahren (Nebenklage/Verletzungen infolge Verkehrsunfall) 19 3 ff.
- Anschlussberechtigung **19** 3
- Anschlusserklärung (Muster) **19** 6
- Antrag a. Kostentragung (Muster) **19** 17
- Gerichtliche Entscheidung **19** 8
- ~ bei Jugendlichen **19** 7
- Möglicher Beistand **19** 14
- Nebenklagekosten/notwendige Auslagen **19** 16
- Nebenkläger als Zeuge **19** 10
- Prozesskostenhilfe **19** 15
- Rechtsmittel d. Nebenklägers (§§ 400,401 StPO) **19** 11

Straf-/OWi-Verfahren (OWi-Verfahren) Anhang 43 f.

Straf-/OWi-Verfahren (Ratenzahlung/ Zahlungserleichterung) 18 16 ff.
- Fragebogen z. Vermögensverhältnissen **18** 17
- Gewährungsantrag **18** 16
- Muster **18** 18

Straf-/OWi-Verfahren (Sonstige Mandantenkorrespondenz) Anhang 32 ff.
- Einspruch gg. Bußgeldbescheid m. Fahrverbot **Anhang** 47
- Nachricht a. Mandanten ü. Verteidigerbestellung **Anhang** 32
- Übersendung Einlassung **Anhang** 36
- Verteidigung gg. OWi-Anzeige **Anhang** 39

Straf-/OWi-Verfahren (Strafverfahren) Anhang 45 f.

Straf-/OWi-Verfahren (Terminnachricht a. Mandant) Anhang 58

Straf-/OWi-Verfahren (Terminnachricht a. Nebenkläger) Anhang 61

Straf-/OWi-Verfahren (Verfügungen z. Anwendung d. Mutterschriftsätze) Anhang 70

Straßenverkehrshaftung (Haftungsverzicht) 23 312 ff.
- ~b. Gefälligkeitsfahrt **23** 317
- Fahrgemeinschaften **23** 321
- Mitverschulden **23** 324
- Vereinbarungen/Vereinbarungsgrenzen **23** 312
- Vereinbarungsform **23** 313
- Vertraglicher Ausschluss **23** 320
- Wirkung f. Haftpflichtversicherung **23** 314

Straßenverkehrsrechthaftung (Verschuldenshaftung) 23 108 ff.
- Aufsichtspflichtigenhaftung (§ 832 BGB) **23** 122
- Billigkeitshaftung (§ 829 BGB) **23** 128
- Haftung f. Verrichtungsgehilfen (§ 831 BGB) **23** 119
- Haftungsausschluss-/Einschränkung (§ 828 BGB) **23** 127
- Tierhalterhaftung (§ 833 BGB) **23** 125
- § 823 Abs. 1 BGB **23** 108

Straßenverkehrsrechthaftung (Verschuldenshaftung/§ 823 Abs. 2 BGB) 23 111 ff.
- Arzthaftung i. Verkehrssachen **23** 117
- Beweislastumkehr **23** 113
- Sorgfaltspflichtverletzung **23** 114

Straßenverkehrsrechtshaftung (Besondere Fortbewegungsmittel) 23 192

Straßenverkehrsrechtshaftung (Beweislast)
- Gefährdungshaftung **23** 420
- Schuldanerkenntnis **23** 425
- Schwarzfahrt **23** 423
- Verschuldenshaftung **23** 424

Straßenverkehrsrechtshaftung (Beweislast/ Anscheinbeweis) 23 426 ff.
- Begriff **23** 426
- Grundsätze **23** 429
- Inhalt **23** 426

Straßenverkehrsrechtshaftung (Beweislast/ Regulierungsverzug) 23 433 ff.
- Voraussetzungen **23** 438

Straßenverkehrsrechtshaftung (Beweislast/ Regulierungsverzug/Folgen) 23 441 ff.
- Anwaltskosten **23** 441
- Kreditkosten **23** 443
- Prozesskosten **23** 442
- Weitere Schadenspositionen (Nutzungsausfallentschädigung/Mietwagenkosten u. ä.) **23** 445
- Zinszahlungspflicht **23** 446

Straßenverkehrsrechtshaftung (Beweislast/ Unfall i. Ausland) 23 449 ff.
- Anzuwendendes Recht (Art. 40–42 EGBGB) **23** 450
- Besonderheiten exterritoriale/bevorrechtigte Personen **23** 455
- Recht d. Tatorts **23** 449

Straßenverkehrsrechtshaftung (Eisenbahnhaftung) 23 211 ff.
- Haftungsfragen **23** 212
- Rechtsgrundlagen f. Eisenbahnbetrieb **23** 211

1327

Sachverzeichnis

fette Zahlen = Paragrafen

Straßenverkehrsrechtshaftung (Erreichen d. Versicherungs-/Deckungssumme/ Versicherungssumme a. Höchstgrenze) **23** 327 ff.
- Aktuelle Haftungshöchstgrenze (Übersicht) **23** 339
- Bei Rentenleistungen **23** 334
- Einheitlichkeit d. Schadensereignis **23** 331
- Hinweispflicht d. Versicherers **23** 338
- Höchstsumme b. mehreren Geschädigten **23** 332
- Krankes Versicherungsverhältnis **23** 340
- Rechtsschutzkosten **23** 342

Straßenverkehrsrechtshaftung (Feststellungen z. haftungsrelevanten Tatsachen-/Ursachenfeststellungen (technik-/personenbezogen)) **23** 457

Straßenverkehrsrechtshaftung (Fußgängerunfall) **23** 180

Straßenverkehrsrechtshaftung (Gefährdungshaftung) **23** 1 ff.
- Haftungsanspruch **23** 8
- Rechtliche Grundlagen **23** 1 ff.
- Tatbestände **23** 5

Straßenverkehrsrechtshaftung (Gefährdungshaftung/Halter-/Fahrerhaftung (18 StVG)) **23** 98 ff.
- Arbeitgeberhaftung f. Lkw-Fahrer **23** 104
- Arbeitnehmerhaftung b. Unfall mit Firmen-/Privatwagen **23** 105
- Entlastungsbeweis **23** 100
- Ersatzpflichtumfang (KfZ-/Anhängerführers) **23** 101
- Gesetzliche Regelung **23** 98
- Haftung d. KfZ-/Anhängerführers **23** 99
- Schadenshaftung a. Firmenfahrzeug **23** 106

Straßenverkehrsrechtshaftung (Gefährdungshaftung/Halterhaftung) **23** 13 ff.
- Abgrenzung KfZ-Haftpflicht/Allg. Haftpflicht **23** 49
- Abgrenzungsgedanke **23** 78
- Ausschluss/Einschränkung ggü. Kindern **23** 86
- Benzinklausel **23** 53
- Eintrittspflicht d. Kraftfahrzeughaftpflichtversicherung **23** 76
- Eintrittspflicht d. Privat-/Betriebshaftpflicht **23** 77
- Entscheidung d. Paritätische Kommission **23** 70
- Haftungsausschluss b. Arbeits-/Dienstunfällen **23** 46
- Halterbegriff **23** 39 ff.
- Kraftfahrzeug (§ 7 Abs. 1 StVG) **23** 14 ff.
- Kraftfahrzeugbetrieb **23** 24 ff.
- Risikoabgrenzung (KfZ-Schaden/allg. Schaden) i. Einzelfall **23** 57 ff.
- ~ bei Schwarzfahrt **23** 91

Straßenverkehrsrechtshaftung (Gefährdungshaftung/Höhere Gewalt) **23** 79 ff.
- Entlastung ggü. Höherer Gewalt **23** 83
- Gesetzliche Regelungen **23** 79
- Höhere Gewalt **23** 81

Straßenverkehrsrechtshaftung (Gestellter/Provozierter Verkehrsunfall) **23** 363
- Abrechnung a. fiktiver Basis **23** 403
- Abweichung i. wichtigen Details **23** 400
- Auffahrunfall **23** 370
- Auskunftsverweigerung z. Aufenthalt z. Unfallzeit **23** 398
- Ausgleichspflicht unter deliktischen Gesamtschuldnern **23** 419
- Begriff **23** 365
- Behinderung d. unbekannten Dritten/Tier ohne Fahrzeugberührung **23** 371
- Benennung bekannter Zeugen **23** 401
- Berliner Modell **23** 411
- Berufsrechtliche Fragen **23** 413
- Beteiligte a. d. „Szene" **23** 380
- Beteiligte miteinander bekannt/befreundet/ i. Abhängigkeitsverhältnis **23** 377
- Beteiligter wg. Versicherungsbetrugs bestraft/ a. anderem Unfall beteiligt **23** 379
- Beweisfragen **23** 366 ff.
- Drohender Kaskofristablauf f. Neupreisentschädigung **23** 409
- Enger zeitl. Zshg. zw. Schadenseintritt/ Ersatzfahrzeugerwerb **23** 407
- Fehlendes Motiv f. Unfallfahrt **23** 383
- Geschädigtes Fahrzeug d. gehobenen/Luxusklasse **23** 373
- Gutachtenvorlage „bestimmter" Gutachter **23** 404
- Keine Aufnahme d. Fahrzeugendstellung **23** 392
- Keine Korrektur v. unzutreffenden Gutachterangaben **23** 406
- Keine Nennung d. Fahrzeugaufkäufer **23** 397
- Keine objektiven Unfallspuren **23** 391
- Keine Polizeibeteiligung **23** 393
- Keine Übereinstimmung d. Fahrzeugschäden **23** 390
- Keine Übereinstimmung Schäden/Schadensschilderung **23** 389
- Keine Zeugen **23** 387
- Kurze Versicherungsdauer **23** 375
- Manipulierter Unfall b. Personen m. gesellschaftlicher Anerkennung **23** 410
- Mitwirkung unbekannter Personen/branchenbezogener Beteiligter b. Unfallherbeiführung **23** 378
- Nur Fahrer als Insassen **23** 386
- Provozierter Unfall **23** 416
- Prozessuale Fragen **23** 414
- Schadensrentierlichkeit **23** 405
- Schadensvielfalt i. kurzer Zeit **23** 382
- Schädigendes Fahrzeug m. rotem Nummernschild **23** 372
- Schädigendes Mietfahrzeug **23** 372
- Schädigendes/Geschädigtes Fahrzeug m. Vorschäden **23** 374
- Sofortiges Schuldeingeständnis b. eindeutiger Haftungsgrundlage **23** 394
- TÜV-Untersuchung beteiligter Fahrzeuge unmittelbar bevorstehend **23** 376

magere Zahlen = Randnummern

Sachverzeichnis

- Typische Fahrfehler **23** 388
- Unaufgeklärter Schadensablauf **23** 399
- Unfall a. abgelegenem Ort **23** 385
- Unfall z. Nachtzeit **23** 384
- Ungeordnete Vermögensverhältnisse d. Beteiligten **23** 381
- Ungewöhnlicher Unfallhergang **23** 369
- Unzutreffende Angaben v. Vorschäden **23** 406
- Verhalten d. Versicherungsnehmers nach Unfall/i. Prozess **23** 402
- Verschwinden v. Beteiligten nach Unfall **23** 395
- Versicherungsrechtliche Fragen **23** 415
- Verweigerung d. Nachbesichtigung **23** 396
- Vollkaskoversicherung d. schädigenden Fahrzeugs **23** 372
- Wirtschaftliche Wertlosigkeit d. schädigenden Fahrzeugs **23** 372
- Zeitwertfeststellung f. Pkw vor Schadenseintritt **23** 408

Straßenverkehrsrechtshaftung (Haftungsverteilung) 23 269 ff.
- § 17 StVG **23** 269

Straßenverkehrsrechtshaftung (Haftungsverteilung/Interne Ausgleichspflicht mehrerer Haftungspflichtiger) 23 273 ff., 282 ff.
- Abgestelltes Fahrzeug **23** 292
- Auffahren **23** 293
- Beteiligung v. Radfahrern/Fußgängern (v. a. Kindern) **23** 304
- Betriebsgefahr **23** 279
- Bus **23** 288
- Grundsatz **23** 273
- Haltendes Fahrzeug **23** 291
- Krad **23** 290
- Künstlicher Stau/Auffahrunfall (Zsgh.) **23** 281
- Lastzugbeteiligung **23** 287
- Mitursächliche Betriebsgefahr **23** 285
- Rechtsprechung **23** 305
- Rechtsprechungsübersichten (Quotentabellen) **23** 306
- Schadensursache **23** 283
- Tierhalterhaftung **23** 277
- Türöffnen **23** 303
- Überholen **23** 289
- Unfall Linksabbieger **23** 302
- Unfall unter Ehegatten **23** 275
- Vereinbarter Haftungsausschluss **23** 276
- Verursachungsmaß **23** 282

Straßenverkehrsrechtshaftung (Mitverschulden) 23 219 ff.
- Radfahrer **23** 230 ff.
- Soziusfahrer **23** 228
- ~ v. Fahrzeuginsassen (v. a. nahe Angehörige) **23** 223

Straßenverkehrsrechtshaftung (Mitverschulden/Fußgänger) 23 238 ff.
- Mögliches Mitverschulden **23** 239
- Verkehrssicherungspflicht ggü. ~ **23** 238

Straßenverkehrsrechtshaftung (Mitverschulden/Geschädigter) 23 250 ff.
- Alkohol **23** 252

- Anschnallpflicht **23** 255
- Schutzhelm **23** 258 ff.
- Sicherheitsgurt **23** 263 ff.
- Übermüdung **23** 252

Straßenverkehrsrechtshaftung (Mitverschulden/Kinderunfall) 23 243 ff.

Straßenverkehrsrechtshaftung (Omnibusunternehmen-/Fahrer) 23 214 ff.
- Deliktische Haftung **23** 216
- Fahrerhaftung (§ 831 BGB) **23** 217
- ~ gem. § 7 StVG **23** 214

Straßenverkehrsrechtshaftung (Radfahrerunfall) 23 186

Straßenverkehrsrechtshaftung ((Un-)Entgeltliche Insassenbeförderung) 23 163 ff.

Straßenverkehrsrechtshaftung ((Un-)Entgeltliche Insassenbeförderung/Ansprüche unter Ehegatten/Kindern) 23 170 ff.
- Ansprüche unter Ehegatten/Kindern **23** 172
- Ehegatten-/Kinderanspruch als Insassen **23** 170
- Verjährung(-shemmung) **23** 176
- Verjährungshemmung (familiäre o. ä. Gründe) **23** 177

Straßenverkehrsrechtshaftung ((Un-)Entgeltliche Insassenbeförderung/Insassenhaftung (§ 8a StVG)) 23 163
- Entgeltliche/Geschäftsmäßige Personenbeförderung **23** 164
- Fahrgemeinschaften **23** 169
- Haftungsausschluss **23** 168

Straßenverkehrsrechtshaftung (Unfall m. Kinderbeteiligung) 23 195 ff.
- Kinder unter 7 Jahren **23** 196
- Kinder von 7–10 Jahren b. Verkehrsunfällen **23** 197 ff.

Straßenverkehrsrechtshaftung (Unfallmanipulation) 23 354 ff.
- Erkennen typischer Auffälligkeitsmerkmale **23** 356
- Kontrollsystem d. Versicherungswirtschaft **23** 355
- Steigende Tendenz **23** 354

Straßenverkehrsrechtshaftung (Verschuldenshaftung/Amtspflichtverletzung (§ 839 BGB)) 23 132 ff.
- Beamtenverweisungsprivileg **23** 133
- Sorgfaltspflicht b. Kraftfahrzeug-Hauptuntersuchung **23** 135
- Unterbliebene Entrümpelung/Verzögerte Stilllegung **23** 138

Straßenverkehrsrechtshaftung (Verschuldenshaftung/Selbstaufopferung) 23 140 ff.
- Entschädigungsanspruch **23** 140
- ~ f. Minderjährige **23** 142

Straßenverkehrsrechtshaftung (Verschuldenshaftung/Streupflichtverletzung) 23 144 ff.
- ~ a. Parkplätzen **23** 153
- ~ f. Fahrzeugverkehr **23** 148
- ~ f. Fußgängerverkehr **23** 151
- ~ f. Radfahrer **23** 155
- Streupflichtorganisation **23** 156

1329

Sachverzeichnis

fette Zahlen = Paragrafen

Straßenverkehrsrechtshaftung (Verschuldenshaftung/Verkehrssicherungspflichtverletzung) **23** 157 ff.
- Sonstige Fälle **23** 161
- ~ u. Verkehrsregelung **23** 157

Straßenverkehrsrechtshaftung (Verteilungsverfahren/Erreichen Höchstsumme) **23** 344 ff.
- Befriedigungsvorrecht d. Geschädigten/ Verteilungsverfahren **23** 350
- Hinterlegungsrecht (Abandonrecht) **23** 351
- Höchstsumme u. Rentenleistung **23** 347
- Rangordnung b. mehreren Geschädigten **23** 348
- Rechtslage b. Widerspruch **23** 352
- Versicherungssumme b. Auslandsunfall **23** 353
- Verteilungsverfahren **23** 344

Straßenverkehrsrechtsunfall (Mitverschulden)
- Verkehrssicherungspflicht **23** 241

Straßenverkehrszivilrecht **4** 1 ff.
- Gebührenfrage **4** 7
- Interessenkollision **4** 2
- Mandanten-/Stammdatenerfassung **4** 1
- Mandatsumfang **4** 3
- Mögliche Rechtsschutzdeckung **4** 8
- Unfallaufnahme **4** 1

Tarifbestimmungen (TB) **42** 102
- ~ i. d. Vertragsgestaltung **42** 104

Therapien **8** 1 ff.

Unfalldatenspeicher (USD) **13** 147 ff.
- Aufzeichnungsauswertung **13** 154
- Funktionsweise **13** 148

Unfallschadenregulierung (Steuerliche Aspekte) **35** 1 ff.
- Besonderheiten b. Auslandsberührung **35** 5
- Einkommensteuer **35** 26
- Ersparte Steuern **35** 21
- Gemeinsame Steuerveranlagung **35** 33
- Gewerbesteuer **35** 29
- Haushaltsführungsschaden **35** 32
- Kirchensteuer **35** 8, 27
- Nicht zu versteuernde Entschädigungsleistungen **35** 13 ff.
- Sachschaden **35** 4
- Schadensersatz **35** 1
- Schmerzensgeld **35** 30
- Selbständigenerwerbsschaden **35** 6
- Steuerlast Personenschäden **35** 11
- Steuerlastklärung **35** 2
- Steuervorteile **35** 19
- Umsatzsteuer **35** 28
- Unterhalt **35** 31
- Verlust d. Steuervergünstigung gem. § 7b EStG **35** 10
- Vorbehalt d. Steuerersatzes **35** 34
- Wiederkehrende Rentenbezüge **35** 9

Unfallschadensabwicklung
- Abrechnungsmuster Geschäfts-/Verfahrens-/ Termins-/Einigungsgebühr **33** 130 ff.
- Erstattung Gebührendifferenz b. Teilregulierung **33** 118
- Gebührenerstattung Einholung d. Deckungszusage d. Rechtsschutzversicherung **33** 123 ff.
- Unfallschadensabwicklung (Gebührenanspruch a. Differenz gg. Mandant/Rechtsschutzversicherung b. Teilregulierung) **33** 129 ff.

Unfallschadensabwicklung (Anwaltsvergütung) **33** 1 ff.
- „Eine Angelegenheit" **33** 9
- Grundlage **33** 1
- Mandatsumfang **33** 5
- Vertretung mehrerer Unfallgeschädigter **33** 6

Unfallschadensabwicklung (Auslagen gem. 7. Teil VV-RVG) **33** 50 ff.
- Abrechnung nach Abrechnungsgrundsätzen **33** 56
- Arbeitsanweisung z. Abrechnung RA-Gebühren **33** 55
- Dokumentenpauschale **33** 51
- Gebührenabwicklung d. Versicherer i. KfZ-Haftpflichtversicherungen **33** 54
- Post f. Entgelte f. Post-/Telekommunikationsdienstleistungen **33** 50
- Reisekosten **33** 52

Unfallschadensabwicklung (Außergerichtliche Gebühren) **33** 18 ff.

Unfallschadensabwicklung (Gebühren Beratungs-/Erstgespräch gem. § 34 RVG) **33** 19 ff.
- Akteneinsicht **33** 25
- Beratungsgebühr **33** 20
- Rechtsgrundlage **33** 19
- Vergütung **33** 25

Unfallschadensabwicklung (Gebührenerstattungsanspruch) **33** 72 ff.
- Anwaltsgebühren b. Inanspruchnahme d. Kaskoversicherung **33** 86 ff.
- Anwaltsgebühren i. eig. Sache **33** 94
- Einholung vormundschaftliche Genehmigung **33** 92
- Einzelfragen **33** 75
- Erstattungsanspruch **33** 74
- Gebührenberechnung b. Teilregulierung **33** 84
- Rechtsanwaltskosten Leasingfahrzeugschaden **33** 93
- Rechtsgrundlage **33** 72

Unfallschadensabwicklung (Gegenstandswert) **33** 59 ff.
- Gebührenberechnung ggü. Mandanten b. Teilregulierung **33** 64
- Höhe **33** 60

Unfallschadensabwicklung (Höhe d. Geschäftsgebühr d. Nr. 2300 VV-RVG) **33** 26 ff.
- Durchschnittliche Angelegenheit **33** 39
- Gebührenhöhe **33** 30
- Gebührenpraxis verschiedener Versicherungen **33** 38
- Geschäftsgebühr i. d. Regulierungspraxis **33** 36
- Hinweispflicht **33** 27
- Regelungen **33** 26

magere Zahlen = Randnummern

Sachverzeichnis

Unfallschadensabwicklung (Musterschriftsätze z. Kosten-/Gebührendifferenz/Abrechnungsmustern) 33 127 ff.
- Geschäfts- und Einigungsgebühr Nr. 2300/ Nr. 1000 VV-RVG 33 128
- Geschäftsgebühr Nr. 2300 VV-RVG 33 127

Unfallschadensabwicklung (Terminsgebühr d. Nr. 3104 VV-RVG) 33 106 ff.
- Einigungsgebühr 33 117
- Einigungsgespräche 33 111

Unfallschadensabwicklung (Verfahrensgebühr d. Nr. 3100 VV-RVG) 33 95 ff.
- Anrechnung 33 98
- Rechtsgrundlage 33 96
- Vertretung mehrerer Unfallgeschädigter 33 97

Unfallschadensabwicklung (Vergütungsvereinbarung) 33 68 ff.
- Muster 33 70

Unfallschadensabwicklung (Vertretung mehrerer Geschädigter) 33 41 ff.
- Einigungsgebühr Nr. 1000 VV-RVG 33 44
- Freistellungsanspruch ggü. Rechtsschutzversicherung 33 47
- Hebegebühr d. Nr. 1009 VV-RRVG 33 47
- Mehrere Mandate 33 43
- Vertretung i. einer Angelegenheit 33 41

Unfallschadensregulierung (Steuerliche Absetzbarkeit) 35 36 ff.
- Dienstwagen/1%-Regelung 35 40
- Kosten f. Schadensersatzprozess 35 42
- Steuerlich abzugsfähige Kosten 35 39 ff.
- Steuerliche Grundsätze 35 36
- Strafen 35 43
- Unfallfahrt b. Arbeitsverhältnis 35 41
- Voraussetzungen 35 37

Unglücksfälle (Unfallversicherung/Abwicklung m. sozialrechtl. Leistungsträgern) 29 78 ff.
- Bindungswirkung 29 79
- Verfahren 29 78

Unglücksfälle (Unfallversicherung/Hilfeleistung) 29 66 ff.
- Ansprüche b. versichertem Unfall 29 76
- Anspruchsübergang 29 75
- Voraussetzungen 29 70
- Zweck 29 67

Verfallsverfahren (§ 29a OWiG) 55 1 ff.
- Anwendungsbereich 55 4
- „Etwas erlangt" 55 12
- Geschichte 55 1
- Tatbegriff 55 6
- Unmittelbarkeitszusammenhang 55 16
- Verfallanordnung gg. Dritten (§ 29a Abs. 2 OWiG) 55 22
- Verfallsanordnung gg. d. Täter (§ 29a Abs. 1 OWiG) 55 19
- Zweck 55 1

Verfallsverfahren (§ 29a OWiG/Prozessuales)
- Adressat 55 47
- Hinreichende Konkretisierung 55 48
- Sicherungsmaßnahmen 55 51

- Verfallsanordnung gg. d. Täter (§ 29a Abs. 1 OWiG) 55 42
- Verfallsanordnung gg. Dritten (§ 29a Abs. 2 OWiG) 55 43
- Verfallsanordnung i. selbstständigen Verfahren (§ 29 Abs. 4 OWiG) 55 44
- Vollstreckung d. Verfallsanordnung 55 54
- Vorläufige Sicherung d. Beschlagnahme (§ 46 OWiG/§ 111b StPO) 55 53
- Vorläufige Sicherung (Dingl. Arrest, § 46 OWiG/§ 111b Abs. 2/§ 111d StPO) 55 52

Verfallsverfahren (§ 29a OWiG/Rechtsanwaltsgebühren) 55 55

Verfallsverfahren (§ 29a OWiG/Vermögensvorteilsberechnung) 55 30 ff.
- Konkrete Berechnung 55 35
- Opportunitätsprinzip 55 40
- Schätzung 55 34

Vergütungsvereinbarung
- Muster 3 80
- ~ und Rechtsschutz 3 81
- Rechtsschutzbeteiligung 3 83
- Zulässigkeit 3 76

Verkehrsrecht
- Rechtsgebiete 1 14

Verkehrsrechtliches Bußgeldverfahren (Besondere Gebührentatbestände) 21 123 ff.
- Beratung/Gutachten § 34 RVG 21 127
- Gnadenauftrag 21 124
- Pauschalgebühr 21 126
- Rechtsmittelprüfung 21 123
- Vertretung anderweitig beteiligter Personen 21 125
- Zahlungserleichterungsantrag 21 124

Verkehrsrechtliches Bußgeldverfahren (Gebührenhöhe) 21 97 ff.
- Bestimmung nach Kriterien gem. § 14 RVG 21 98 ff.
- Differenzierung nach Gerichtsart 21 97

Verkehrsrechtliches Bußgeldverfahren (Übergang staatsanwaltsch. Ermittlungsverfahren/ Bußgeldverfahren) 21 92 ff.

Verkehrsrechtliches Bußgeldverfahren (Vergütungsvereinbarung) 21 110 ff.
- Erfolgshonorar 21 116
- Rechtsschutz 21 121

Verkehrsrechtliches Bußgeldverfahren (Verteidigergebühren/Gerichtl. Verfahren 1. Rechtszug) 21 75 ff.
- Grundgebühr 21 77
- Terminsgebühr 21 79
- Verfahrensgebühr 21 78

Verkehrsrechtliches Bußgeldverfahren (Verteidigergebühren/Verfahren vor Verwaltungsbehörde) 21 69
- Terminsgebühr 21 74
- Verfahrensgebühr 21 73

Verkehrsrechtliches Bußgeldverfahren (Verteidigergebühren/Zusätzl. Gebühren) 21 82 ff.
- Aktenversendungspauschale 21 91
- Auslagen 21 86

Sachverzeichnis

fette Zahlen = Paragrafen

- Dokumentenpauschale **21** 88
- Einzeltätigkeiten **21** 85
- Entgelte Post-/Telekommunikationsdienstleistungen **21** 87
- Reisekosten **21** 89
- Umsatzsteuer **21** 90
- Zusatzgebühr **21** 83

Verkehrsrechtliches Straf-/OWi-Verfahren (Rechtsschutzbeteiligung) 20 1 ff.
- ARB 94 **20** 4
- Defizite b. Rechtsschutzfällen **20** 14
- Korrespondenzsystematisierung **20** 15
- Leistungsumfang **20** 7
- Meldung ggü. Rechtsschutzversicherung **20** 30
- Rationelle Korrespondenz **20** 25
- Rechtsschutzbedingungen **20** 1
- Rechtsschutzbeteiligung **20** 3
- Rechtsschutzeintrittspflicht **20** 27
- Rechtsschutzeintrittspflicht (Checkliste) **20** 28
- Rechtsschutzmandatsabwicklung **20** 1
- Vergleich ARB 75/ARB 94 **20** 8

Verkehrsrechtliches Straf-/OWi-Verfahren (Rechtsschutzversicherung/Ausschlussklauseln) 20 84 ff.
- Halterhaftung **20** 93
- Obliegenheiten **20** 96
- Quotenvorrecht **20** 95
- Verkehrsordnungswidrigkeiten (ARB 94) **20** 92
- Vorsätzliche Verkehrsstraftat **20** 101
- Vorsatztat **20** 87

Verkehrsrechtliches Straf-/OWi-Verfahren (Rechtsschutzversicherung/Erstattungsumfang) 20 31 ff.
- Auslandsunfälle **20** 80
- Außergerichtliche Sachverständigengutachten **20** 65
- Gesetzliche Gebühren **20** 53
- Gewährungsumfang **20** 46
- Gutachtenserforderlichkeit **20** 71
- Kostendeckung zivilrechtliche Gutachten **20** 70
- Leistungsfähigkeit **20** 59
- Leistungsumfang b. Bewertungen gem. § 74 RVG **20** 79
- Öfftl. bestellter techn. Sachverständiger **20** 74
- Ordnungsrechtliche Ordnungswidrigkeiten **20** 43
- Rechtsfähig techn. Sachverständiger **20** 77
- Teilweise Eintrittspflicht **20** 54
- Verkehrs-/Fahrerrechtsschutz **20** 31
- Verkehrsrechtliche Straftaten **20** 34
- Verteidigung i. Strafverfahren **20** 69

Verkehrsrechtliches Straf-/OWi-Verfahren (Rechtsschutzversicherung/Leistungspflichtverneinung) 20 113
- Einleitung Schiedsgutachterverfahren **20** 118
- Handeln d. Versicherungsnehmers **20** 114
- Schiedsgutachten/Stichentscheid i. ARB 2010 **20** 120
- Stichentscheid i. ARB **20** 119
- Vorgehen d. Versicherung **20** 113

Verkehrsrechtliches Straf-/OWi-Verfahren (Rechtsschutzversicherung/Mutwilligkeit) 20 106
- Missverhältnis Geldbuße/Verteidigungskosten **20** 109
- Mutwilligkeit **20** 108

Verkehrsrechtliches Straf-/OWi-Verfahren (Rechtsschutzversicherung/ Verletztenvertretung) 20 102 ff.
- Adhäsionsverfahren **20** 103
- Nebenklageverfahren **20** 102
- Opferschutzgesetzverfahren **20** 104

Verkehrsrechtliches Straf-/OWi-Verfahren (Verteidigervergütung) 21 1 ff.
- Gebührentatbestände **21** 2

Verkehrsrechtliches Straf-/OWi-Verfahren (Verteidigervergütung/Gebührensystem) 21 4 ff.
- Bußgeldsachen **21** 7
- Ermittlung d. Gebührenhöhe **21** 12
- Strafsachen **21** 5
- Übergang Straf-/Bußgeldverfahren **21** 15

Verkehrsrechtliches Straf-/OWi-Verfahren (Verteidigervergütung/Gerichtliches Verfahren) 21 27 ff.
- Grundgebühr **21** 29
- Terminsgebühr **21** 31
- Verfahrensgebühr **21** 30

Verkehrsrechtliches Straf-/OWi-Verfahren (Verteidigervergütung/Vorbereitendes Verfahren) 21 18 ff.
- Abgrenzung Grund-/Verfahrensgebühr **21** 26
- Grundgebühr **21** 19
- Terminsgebühr **21** 23

Verkehrsrechtliches Straf-/OWi-Verfahren (Verteidigervergütung/Zusätzliche Gebühren/ Auslagen) 21 34 ff.
- Dokumentenpauschale **21** 52
- Einzeltätigkeiten **21** 48
- Entgelte Post-/Telekommunikationsdienstleistungen **21** 50
- Reisekosten **21** 59
- Umsatzsteuer **21** 60
- Umsatzsteuer a. Aktenversendungspauschale **21** 61
- Zusatzgebühr (Befriedigungsgebühr Nr. 4141 RVG) **21** 35

Verkehrssicherungsaufsichtsgesetz (VAG) 42 65
- Wegfall d. Bedingungsgenehmigungspflicht **42** 66
- Wegfall d. Tarifgenehmigungspflicht **42** 66

Verkehrsstraf-/OWi-Sachen (Beratungs-/Prozesskostenhilfe) 21 130

Verkehrsunfall (a. Massenphänomen) 1 1 ff.
- Kraftfahrversicherung (Beitragseinnahmen/ Schadensaufwand) **1** 13
- ~ m. Schwerstverletzten **1** 2
- Notwendige Kompetenz **1** 3
- Statistische Aussagen **1** 11
- Verkehrsrechtsfachanwälte **1** 9

Verkehrsunterricht 7 1 ff.

magere Zahlen = Randnummern

Sachverzeichnis

Verkehrsverstöße 13 1 ff.
- Beeinträchtigung d. technische Veränderungen 13 13
- Beschädigung v. Messanlagen 13 12
- Eichung v. Überwachungsgeräten 13 17
- Geschwindigkeitsmessverfahren 13 24
- Geschwindigkeitsüberschreitung (Checkliste) 13 30
- Kennzeichenmissbrauch 13 15
- Messungen d. Kommunen 13 4
- Messungen d. Private 13 8
- Messungsverhinderung 13 10
- Sicherstellung v. Warngeräten 13 14
- Technische Messverfahren 13 16
- Warnung v. Messungen 13 10

Verkehrsverstöße (Alkohol-/Drogenfahrten) 13 185 ff.
- Alco-/Drogentest 13 189
- Atemalkoholmessung 13 195
- Feststellung BAK d. Blutprobe 13 199 ff.
- Rechtliche Feststellungsaspekte 13 186

Verkehrsverstöße (Identifizierung)
- ~ d. Fahrerfoto 13 168 ff.
- Datenschutz 13 177
- Erkennungsdienstliche Behandlung 13 180
- Gegenüberstellung 13 180
- Hinweisschreiben a. Betroffenen (Muster) 13 175
- Humanbiologisches Gutachten 13 182 ff.
- ~ bei Kennzeichenanzeigen 13 179

Versicherungsvertragsgesetz (VVG) 42 62

Verwaltungsrechtliches Führerscheinverfahren (Rechtsschutzbeteiligung/Versicherungsschutz) 10 1 ff.
- ARB 75 10 2

Verwaltungsrechtliches Führerscheinverfahren (Rechtsschutzbeteiligung/Versicherungsschutz/ ARB 2010) 10 3 ff.
- Mitversicherte Personen 10 7
- Regelungen 10 3
- Versicherungsfall 10 8
- Versicherungsschutzvoraussetzungen 10 5

Verwaltungsrechtliches Führerscheinverfahren (Rechtsschutzdeckung) 10 12
- Anordnungen ohne Fahrerlaubnisbezug 10 14
- Anordnungen ohne Verwaltungsrechtsschutz 10 16
- Bezug z. Fahrerlaubnis 10 13
- Sonstige Verwaltungsakte 10 15

Verwaltungsrechtliches Führerscheinverfahren (Rechtsschutzgewährungsvoraussetzungen) 10 18 ff.
- Führerscheinrechtsschutz 10 20
- Maßnahmen n. Punktesystem 10 20
- Versicherungsfall 10 18

Wegeunfall
- Begriff 29 11

Zahlendes Büro 42 82